JN247759

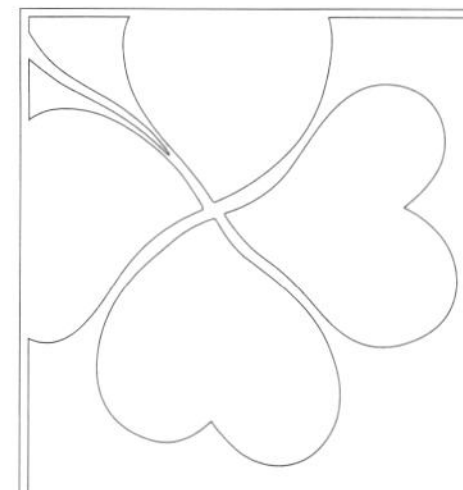

ミネルヴァ書房編集部［編］

社会福祉小六法

2020

［令和２年版］

ミネルヴァ書房

はしがき

この『社会福祉小六法』は、大学・短期大学・専門学校・高等学校等で社会福祉を学ぶ方々及び社会福祉関係の国家試験を受験する方々の学習・受験に欠かせない法令を選んで収録したものです。社会福祉関係の法令・通達等は膨大な量になり、網羅すると大部なものになります。しかしここでは、日常携帯に便利なもの、学習・受験に「これだけは知っておいてほしいもの」をと考えて編集しました。テキストや資格試験に登場する法令を丹念に抽出し、専門の先生方のご意見を得て、取捨選択しています。

(1) 社会福祉法や福祉六法をはじめ、制度の基軸をなす法令は、全文を収録しました。

(2) その他、学習・受験に必要な法令については、主要な条文を抄録しています。

(3) 社会福祉士、介護福祉士、精神保健福祉士の国家試験や、介護支援専門員の資格取得に欠かせない法令を網羅しています。また、保育士国家資格取得に必要な法令も多く取り込んでいます。

(4) 巻末に、社会福祉施設の一覧や調査統計表を中心に、わずかですが資料編を設けています。

ひとつの法律、ひとつの条文は、その時代のニーズを社会的に認識し、権利として表明したものでもあります。先達の先駆的実践や人間らしく生きる権利を求めた訴訟で改正された条項もあります。この意味で本書には、日本国憲法やいくつかの権利宣言等も可能な限り収録しました。

今後、よりよい「小六法」にしていくため、忌憚ないご意見をお寄せくださるようお願いします。

ミネルヴァ書房編集部

◆本書利用の手引き

1　本書の内容は、令和元（二〇一九）年十二月三十一日までの官報などに依拠しています。なお、令和三（二〇二一）年三月三十一日までに施行される改正法令はその内容を本文に織り込み、令和三（二〇二一）年四月一日以降に施行される改正法令については、未施行分として、該当法令の末尾に改正の根拠となる法令の題名、公布日と法令番号、施行期日を示しています。

2　本年版での主な改正法令は、掲載順に、

社会福祉法
民法
生活保護法
生活保護法による保護の基準
子ども・子育て支援法
子ども・子育て支援法施行規則
児童福祉法
児童福祉法施行令
児童福祉法施行規則
児童虐待の防止等に関する法律
子どもの貧困対策の推進に関する法律
雇用の分野における男女の均等な機会及び待遇の確保等に関する法律
育児休業、介護休業等育児又は家族介護を行う労働者の福祉に関する法律
高齢者の医療の確保に関する法律

です。

3　本書では、改正部分を明示するため、本年版で織り込んだ改正部分を傍線で表示しています。

4　改正は、前記「1」の日付以前の最終改正のみを「最新改正」と表記しました。

5　法令の原文に条見出しがついているものは（　）で表示しました。原文に条見出しがついていないものについては〔　〕を付して編集部が見出しをつけました。

6　法令の条文中、「2」「3」と数字で表記されたものは「第二項」「第三項」と読みます。また、「一」「二」と漢数字で表記されたものは「第一号」「第二号」と読みます。原文に項の数字表記のないものは、②③などの記号を付して項数を示しました。

7　法令名の下に（抄）と記載したものは、全文掲載ではなく、省略条文があることを示しています。表示のないものは、全文を掲載しています。

目次

◎社会福祉全般

日本国憲法……一
世界人権宣言〔国連〕……九
経済的、社会的及び文化的権利に関する国際規約〔国際人権（A）規約〕（抄）〔国連〕……一三
市民的及び政治的権利に関する国際規約〔国際人権（B）規約〕（抄）〔国連〕……一五
社会福祉法……一六
社会福祉事業に従事する者の確保を図るための措置に関する基本的な指針……六八
国民の社会福祉に関する活動への参加の促進を図るための措置に関する基本的な指針……七八
個人情報の保護に関する法律（抄）……八一
特定非営利活動促進法……九五
社会福祉士及び介護福祉士法……一二〇
社会福祉士及び介護福祉士法施行令……一三一
社会福祉士及び介護福祉士法施行規則（抄）……一三四
社会福祉士短期養成施設等、社会福祉士一般養成施設等の教育の内容……一四一
介護福祉士養成施設等の教育の内容……一四五
社会福祉に関する科目を定める省令……一四六
精神保健福祉士法……一四九
精神保健福祉士法施行令……一五六
精神保健福祉士法施行規則（抄）……一五七
精神障害者の保健及び福祉に関する科目を定める省令……一五九
精神保健福祉士短期養成施設等及び精神保健福祉士一般養成施設等指定規則第三条第一項第十号及び精神障害者の保健及び福祉に関する科目を定める省令第一条第七項の規定に基づき厚生労働大臣が別に定める施設及び事業……一六一
社会福祉主事の資格に関する科目指定……一六二
社会福祉士の倫理綱領……一六三
精神保健福祉士の倫理綱領……一七〇
日本介護福祉士会倫理綱領……一七二
全国保育士会倫理綱領……一七三
老人福祉施設倫理綱領……一七四
民生委員法……一七五
地域保健法……一七八
地域保健法施行令（抄）……一八一
民法（抄）……一八一
任意後見契約に関する法律（抄）……二二三
後見登記等に関する法律（抄）……二二五

◎生活保護

生活保護法……二二九
生活保護法による保護の基準（抄）……二六五
生活困窮者自立支援法……二八五
救護施設、更生施設、授産施設及び宿所提供施設の設備及び運営に関する基準……二九一
ホームレスの自立の支援等に関する特別措置法……二九七

◎児童家庭福祉

児童憲章……三〇〇
児童の権利に関するジュネーヴ宣言〔国際連盟〕……三〇〇
児童権利宣言〔国連〕……三〇一
児童の権利に関する条約〔国連〕……三〇二
教育基本法……三一四
社会教育法（抄）……三一七
学校教育法（抄）……三一八
学校教育法施行令（抄）……三二三
幼稚園設置基準……三二三
幼稚園教育要領……三二五
就学前の子どもに関する教育、保育等の総合的な提供の推進に関する法律……三三六
就学前の子どもに関する教育、保育等の総合的な提供の推進に関する法律第三条第二項及び第四項の規定に基づき内閣総理大臣、文部科学大臣及び厚生労働大臣が定める施設の設備及び運営に関する基準……三五二
幼保連携型認定こども園の学級の編制、職員、設備及び運営に関する基準……三五九

幼保連携型認定こども園教育・保育要領……三六六
少子化社会対策基本法……三九〇
次世代育成支援対策推進法……三九三
子ども・若者育成支援推進法……四〇〇
子ども・子育て支援法……四〇五
子ども・子育て支援法施行規則（抄）……四四三
児童福祉法……四四九
児童福祉法施行令（抄）……五六五
児童福祉法施行規則（抄）……五六八
児童福祉施設の設備及び運営に関する基準……五九二
児童福祉法に基づく指定通所支援の事業等の人員、設備及び運営に関する基準（抄）……六一六
児童福祉法に基づく指定障害児入所施設等の人員、設備及び運営に関する基準（抄）……六三六
児童福祉法に基づく指定障害児相談支援の事業の人員及び運営に関する基準（抄）……六四八
里親が行う養育に関する最低基準……六五三
保育所保育指針……六五六
児童虐待の防止等に関する法律……六七八
児童買春、児童ポルノに係る行為等の規制及び処罰並びに児童の保護等に関する法律……六八九
児童手当法（抄）……六九二
児童扶養手当法（抄）……六九七
特別児童扶養手当等の支給に関する法律（抄）……七〇二
子どもの貧困対策の推進に関する法律……七〇四
少年法（抄）……七〇七
更生保護法（抄）……七一五
更生保護事業法（抄）……七一九
保護司法（抄）……七二一
母子保健法……七二二
雇用の分野における男女の均等な機会及び待遇の確保等に関する法律（抄）……七二七
育児休業、介護休業等育児又は家族介護を行う労働者の福祉に関する法律（抄）……七四〇
配偶者からの暴力の防止及び被害者の保護等に関する法律……七五四
母子及び父子並びに寡婦福祉法……七六三
売春防止法（抄）……七七八

●高齢者福祉

高齢社会対策基本法……七八二
老人福祉法……七八四
特別養護老人ホームの設備及び運営に関する基準……七九九
養護老人ホームの設備及び運営に関する基準（抄）……八二一
軽費老人ホームの設備及び運営に関する基準……八二八
高齢者虐待の防止、高齢者の養護者に対する支援等に関する法律……八三九
高齢者の医療の確保に関する法律（抄）……八四四
健康増進法（抄）……八六八
高年齢者等の雇用の安定等に関する法律（抄）……八七一
高齢者、障害者等の移動等の円滑化の促進に関する法律（抄）……八七四
福祉用具の研究開発及び普及の促進に関する法律（抄）……八九〇
介護保険法（抄）……八九二
介護保険法施行令（抄）……一〇二四
介護保険法施行規則（抄）……一〇二九
指定地域密着型サービスの事業の人員、設備及び運営に関する基準（抄）……一〇四七
指定地域密着型介護予防サービスの事業の人員、設備及び運営並びに指定地域密着型介護予防サービスに係る介護予防のための効果的な支援の方法に関する基準（抄）……一〇六三
指定介護予防支援等の事業の人員及び運営並びに指定介護予防支援等に係る介護予防のための効果的な支援の方法に関する基準（抄）……一〇七八
指定介護予防サービス等の事業の人員、設備及び運営並びに指定介護予防サービス等に係る介護予防のための効果的な支援の方法に関する基準（抄）……一〇八七
指定居宅サービス等の事業の人員、設備及び運営に関する基準（抄）……一一一三
指定介護老人福祉施設の人員、設備及び運営に関する基準（抄）……一一二四

◉障害者福祉

知的障害者の権利宣言（国連）……一三八
障害者の権利宣言（国連）……一三九
障害者の権利に関する条約（国連）……一四〇
障害者基本法……一五六
障害を理由とする差別の解消の推進に関する法律……一六二
障害者虐待の防止、障害者の養護者に対する支援等に関する法律……一六六
障害者の日常生活及び社会生活を総合的に支援するための法律……一七五
障害者の日常生活及び社会生活を総合的に支援するための法律に基づく指定地域相談支援の事業の人員及び運営に関する基準（抄）……二二五
障害者の日常生活及び社会生活を総合的に支援するための法律に基づく指定計画相談支援の事業の人員及び運営に関する基準（抄）……二三三
障害者の日常生活及び社会生活を総合的に支援するための法律に基づく障害福祉サービス事業の設備及び運営に関する基準（抄）……二三九
障害者の日常生活及び社会生活を総合的に支援するための法律に基づく地域活動支援センターの設備及び運営に関する基準（抄）……二四三
障害者の日常生活及び社会生活を総合的に支援するための法律に基づく福祉ホームの設備及び運営に関する基準……二四五
障害者の日常生活及び社会生活を総合的に支援するための法律に基づく障害者支援施設の設備及び運営に関する基準（抄）……二四八
障害者基本計画（抄）……二五九
身体障害者福祉法……二七〇
身体障害者障害程度等級表……二八二
身体障害者社会参加支援施設の設備及び運営に関する基準……二八八
身体障害者補助犬法（抄）……二九五
障害者の雇用の促進等に関する法律（抄）……二九九
障害者の雇用の促進等に関する法律施行令（抄）……三〇五
知的障害者福祉法……三〇六
精神保健及び精神障害者福祉に関する法律（抄）……三一二
発達障害者支援法……三三一
特定障害者に対する特別障害給付金の支給に関する法律……三三六
特定障害者に対する特別障害給付金の支給に関する法律施行令（抄）……三四三

◉巻末資料

社会福祉施設等の種類と目的……三四八
介護サービス施設・事業所の常勤換算従事者数……三四九
施設の種類別にみた職種別常勤換算従事者数……三五一
社会福祉施設数と定員・在所者数……三五三
母子父子寡婦福祉資金貸付金の概要……三五五
生活福祉資金貸付条件等一覧……三五七
世帯類型別の最低生活保障水準の具体的事例……三五八
生活扶助基準額の推移……三五九
生活保護法による被保護世帯数等の推移……三五九
人口の推移と将来推計人口……三六〇
介護福祉士の資格取得方法……三六一
精神保健福祉士の資格取得方法……三六一
社会福祉士の資格取得方法……三六二

五十音索引

あ 行

育児休業、介護休業等育児又は家族介護を行う労働者の福祉に関する法律(抄)……七四〇

か 行

・介護サービス施設・事業所の常勤換算従事者数……一二四九
・介護福祉士の資格取得方法……一三六一
介護福祉士養成施設等の教育の内容……一四五
介護保険法(抄)……八九二
介護保険法施行規則(抄)……一〇二九
介護保険法施行令(抄)……一〇二四
学校教育法(抄)……三一八
学校教育法施行令(抄)……三二三

キ

救護施設、更生施設、授産施設及び宿所提供施設の設備及び運営に関する基準……二九一
教育基本法……三一四

経済的、社会的及び文化的権利に関する国際規約〔国際人権(A)規約〕(抄)〔国連〕……三
軽費老人ホームの設備及び運営に関する基準……八二八
健康増進法(抄)……八六八

後見登記等に関する法律(抄)……二三五
更生保護事業法(抄)……七二九
更生保護法(抄)……七一五
高年齢者等の雇用の安定等に関する法律(抄)……八七一
高齢社会対策基本法……七八二
高齢者虐待の防止、高齢者の養護者に対する支援等に関する法律……八三九
高齢者、障害者等の移動等の円滑化の促進に関する法律(抄)……八七四
高齢者の医療の確保に関する法律(抄)……八四四
国民の社会福祉に関する活動への参加の促進を図るための措置に関する基本的な指針……七八
個人情報の保護に関する法律(抄)……八一
子ども・子育て支援法……四〇五
子ども・子育て支援法施行規則(抄)……四四三
子どもの貧困対策の推進に関する法律……七〇四
子ども・若者育成支援推進法……四〇〇
雇用の分野における男女の均等な機会及び待遇の確保等に関する法律(抄)……七三七

さ 行

里親が行う養育に関する最低基準……六五三

シ

次世代育成支援対策推進法……三九三
・施設の種類別にみた職種別常勤換算従事者数……一三五一
指定介護予防サービス等の事業の人員、設備及び運営並びに指定介護予防サービス等に係る介護予防のための効果的な支援の方法に関する基準(抄)……一〇八七
指定介護予防支援等の事業の人員及び運営並びに指定介護予防支援等に係る介護予防のための効果的な支援の方法に関する基準(抄)……一〇七八
指定介護老人福祉施設の人員、設備及び運営に関する基準(抄)……一一二四
指定居宅サービス等の事業の人員、設備及び運営に関する基準(抄)……一一一三
指定地域密着型介護予防サービスの事業の人員、設備及び運営並びに指定地域密着型介護予防サービスに係る介護予防のための効果的な支援の方法に関する基準(抄)……一〇六三
指定地域密着型サービスの事業の人員、設備及び運営に関する基準(抄)……一〇四七

児童買春、児童ポルノに係る行為等の規制及び処罰並びに児童の保護等に関する法律……六八九
児童虐待の防止等に関する法律……六七八
児童憲章……三〇〇
児童権利宣言〔国連〕……三〇一
児童手当法（抄）……六九二
児童の権利に関するジュネーヴ宣言〔国際連盟〕……三〇〇
児童の権利に関する条約〔国連〕……三〇二
児童福祉施設の設備及び運営に関する基準……五九二
児童福祉法……四六九
児童福祉法施行規則（抄）……五六八
児童福祉法施行令（抄）……五五五
児童福祉法に基づく指定障害児相談支援の事業の人員及び運営に関する基準（抄）……六四八
児童福祉法に基づく指定障害児入所施設等の人員、設備及び運営に関する基準（抄）……六三六
児童福祉法に基づく指定通所支援の事業等の人員、設備及び運営に関する基準（抄）……六一六
児童扶養手当法（抄）……六九七
市民的及び政治的権利に関する国際規約〔国際人権（B）規約〕（抄）〔国連〕……一五
社会教育法（抄）……三一七
社会福祉士及び介護福祉士法……一二一〇
社会福祉士及び介護福祉士法施行規則（抄）……一二三四
社会福祉士及び介護福祉士法施行令……一二三一
社会福祉事業に従事する者の確保を図るための措置に関する基本的な指針……六
・社会福祉施設数と定員・在所者数……一二五三
・社会福祉施設等の種類と目的……一二四八
社会福祉士短期養成施設等、社会福祉士一般養成施設等の教育の内容……一四
・社会福祉士の資格取得方法……一二三二
社会福祉士の倫理綱領……一二六三
社会福祉主事の資格に関する科目指定……一二六二
社会福祉に関する科目を定める省令……一二四六
社会福祉法……一六
就学前の子どもに関する教育、保育等の総合的な提供の推進に関する法律……三三六
就学前の子どもに関する教育、保育等の総合的な提供の推進に関する法律第三条第二項及び第四項の規定に基づき内閣総理大臣、文部科学大臣及び厚生労働大臣が定める施設の設備及び運営に関する基準……三五二
障害者基本計画（抄）……一二五九
障害者基本法……一二五六
障害者虐待の防止、障害者の養護者に対する支援等に関する法律……一二二六
障害者の権利宣言〔国連〕……一二三九
障害者の権利に関する条約〔国連〕……一二四〇
障害者の雇用の促進等に関する法律（抄）……一二三九
障害者の雇用の促進等に関する法律施行令（抄）……一三〇五
障害者の日常生活及び社会生活を総合的に支援するための法律……一二七五
障害者の日常生活及び社会生活を総合的に支援するための法律に基づく指定計画相談支援の事業の人員及び運営に関する基準（抄）……一二三三
障害者の日常生活及び社会生活を総合的に支援するための法律に基づく指定地域相談支援の事業の人員及び運営に関する基準（抄）……一二三五
障害者の日常生活及び社会生活を総合的に支援するための法律に基づく障害者支援施設の設備及び運営に関する基準（抄）……一二四八
障害者の日常生活及び社会生活を総合的に支援するための法律に基づく障害福祉サービス事業の設備及び運営に関する基準（抄）……一二三九
障害者の日常生活及び社会生活を総合的に支援するための法律に基づく地域活動支援センターの設備及び運営に関する基準（抄）……一二四三
障害者の日常生活及び社会生活を総合的に支援するための法律に基づく福祉ホームの設備及び運営に関する基準（抄）……一二四五
障害を理由とする差別の解消の推進に関する法律……一一六二

少子化社会対策基本法……三九〇
少年法（抄）……七〇七
・人口の推移と将来推計人口……一三六〇
身体障害者社会参加支援施設の設備及び運営に関する基準……一二八八
身体障害者障害程度等級表……一二八二
身体障害者福祉法……一二七〇
身体障害者補助犬法（抄）……一二九五

セ

生活困窮者自立支援法……二八五
・生活福祉資金貸付条件等一覧……一三五七
・生活扶助基準額の推移……一三五九
生活保護法……一二九
・生活保護法による被保護世帯数等の推移……一三五九
生活保護法による保護の基準（抄）……二六五
精神障害者の保健及び福祉に関する科目を定める省令……一五九
精神保健及び精神障害者福祉に関する法律（抄）……一三三二
精神保健福祉士短期養成施設等及び精神保健福祉士一般養成施設等指定規則第三条第一項第十号及び精神障害者の保健及び福祉に関する科目を定める省令第一条第七項の規定に基づき厚生労働大臣が別に定める施設及び事業……一六一
・精神保健福祉士の資格取得方法……一三六一
精神保健福祉士の倫理綱領……一七〇
精神保健福祉士法……一四九
精神保健福祉士法施行規則（抄）……一五七
精神保健福祉士法施行令……一五六
世界人権宣言〔国連〕……九
・世帯類型別の最低生活保障水準の具体的事例……一三五八
全国保育士会倫理綱領……一七三

た行

チ

地域保健法……一七八
地域保健法施行令（抄）……一八一
知的障害者の権利宣言〔国連〕……一二八
知的障害者福祉法……三〇六

ト

特定障害者に対する特別障害給付金の支給に関する法律……一三三六
特定障害者に対する特別障害給付金の支給に関する法律施行令（抄）……一三四三
特定非営利活動促進法……九五
特別児童扶養手当等の支給に関する法律（抄）……七〇二
特別養護老人ホームの設備及び運営に関する基準……七九九

な行

ニ

日本介護福祉士会倫理綱領……一七二
日本国憲法……一
任意後見契約に関する法律（抄）……二三三

は行

ハ

配偶者からの暴力の防止及び被害者の保護等に関する法律……七五四
売春防止法（抄）……七七八
発達障害者支援法……三三一

フ

福祉用具の研究開発及び普及の促進に関する法律（抄）……八九〇

ホ

保育所保育指針……六五六
ホームレスの自立の支援等に関する特別措置法……二九七
保護司法（抄）……七三一
母子及び父子並びに寡婦福祉法……七六三
・母子父子寡婦福祉資金貸付金の概要……一三五五
母子保健法……七三二

ま行

ミ

民生委員法……一七五
民法（抄）……一八一

や行

ヨ

養護老人ホームの設備及び運営に関する基準（抄）……八二

幼稚園教育要領……三五
幼稚園設置基準……三三
幼保連携型認定こども園教育・保育要領……三六
幼保連携型認定こども園の学級の編制、職員、設備及び運営に関する基準……三九

ら行

◇ロ

老人福祉施設倫理綱領……一七四
老人福祉法……七八四

日本国憲法

（昭和二一・一一・三公布
昭和二二・五・三施行）

日本国民は、正当に選挙された国会における代表者を通じて行動し、われらとわれらの子孫のために、諸国民との協和による成果と、わが国全土にわたつて自由のもたらす恵沢を確保し、政府の行為によつて再び戦争の惨禍が起ることのないやうにすることを決意し、ここに主権が国民に存することを宣言し、この憲法を確定する。そもそも国政は、国民の厳粛な信託によるものであつて、その権威は国民に由来し、その権力は国民の代表者がこれを行使し、その福利は国民がこれを享受する。これは人類普遍の原理であり、この憲法は、かかる原理に基くものである。われらは、これに反する一切の憲法、法令及び詔勅を排除する。

日本国民は、恒久の平和を念願し、人間相互の関係を支配する崇高な理想を深く自覚するのであつて、平和を愛する諸国民の公正と信義に信頼して、われらの安全と生存を保持しようと決意した。われらは、平和を維持し、専制と隷従、圧迫と偏狭を地上から永遠に除去しようと努めてゐる国際社会において、名誉ある地位を占めたいと思ふ。われらは、全世界の国民が、ひとしく恐怖と欠乏から免かれ、平和のうちに生存する権利を有することを確認する。

われらは、いづれの国家も、自国のことのみに専念して他国を無視してはならないのであつて、政治道徳の法則は、普遍的なものであり、この法則に従ふことは、自国の主権を維持し、他国と対等関係に立たうとする各国の責務であると信ずる。

日本国民は、国家の名誉にかけ、全力をあげてこの崇高な理想と目的を達成することを誓ふ。

第一章　天皇

〔天皇の象徴的地位、国民主権〕

第一条　天皇は、日本国の象徴であり日本国民統合の象徴であつて、この地位は、主権の存する日本国民の総意に基く。

〔皇位の世襲と継承〕

第二条　皇位は、世襲のものであつて、国会の議決した皇室典範の定めるところにより、これを継承する。

〔天皇の国事行為に対する内閣の助言・承認・責任〕

第三条　天皇の国事に関するすべての行為には、内閣の助言と承認を必要とし、内閣が、その責任を負ふ。

〔天皇の国事行為の限定とその委任〕

第四条　天皇は、この憲法の定める国事に関する行為のみを行ひ、国政に関する権能を有しない。

②　天皇は、法律の定めるところにより、その国事に関する行為を委任することができる。

〔摂政〕

第五条　皇室典範の定めるところにより摂政を置くときは、摂政は、天皇の名でその国事に関する行為を行ふ。この場合には、前条第一項の規定を準用する。

〔天皇の国事行為―内閣総理大臣・最高裁長官の任命〕

第六条　天皇は、国会の指名に基いて、内閣総理大臣を任命する。

②　天皇は、内閣の指名に基いて、最高裁判所の長たる裁判官を任命する。

〔天皇の国事行為―その他〕

第七条　天皇は、内閣の助言と承認により、国民のために、左の国事に関する行為を行ふ。

一　憲法改正、法律、政令及び条約を公布すること。
二　国会を召集すること。
三　衆議院を解散すること。
四　国会議員の総選挙の施行を公示すること。
五　国務大臣及び法律の定めるその他の官吏の任免並びに全権委任状及び大使及び公使の信任状を認証すること。
六　大赦、特赦、減刑、刑の執行の免除及び復権を認証すること。
七　栄典を授与すること。

八　批准書及び法律の定めるその他の外交文書を認証すること。
九　外国の大使及び公使を接受すること。
十　儀式を行ふこと。

〔皇室の財産授受〕
第八条　皇室に財産を譲り渡し、又は皇室が、財産を譲り受け、若しくは賜与することは、国会の議決に基かなければならない。

第二章　戦争の放棄

〔戦争の放棄、戦力の不保持、交戦権の否認〕
第九条　日本国民は、正義と秩序を基調とする国際平和を誠実に希求し、国権の発動たる戦争と、武力による威嚇又は武力の行使は、国際紛争を解決する手段としては、永久にこれを放棄する。
②　前項の目的を達するため、陸海空軍その他の戦力は、これを保持しない。国の交戦権は、これを認めない。

第三章　国民の権利及び義務

〔日本国民たる要件〕
第十条　日本国民たる要件は、法律でこれを定める。

〔国民の基本的人権の永久不可侵性〕
第十一条　国民は、すべての基本的人権の享有を妨げられない。この憲法が国民に保障する基本的人権は、侵すことのできない永久の権利として、現在及び将来の国民に与へられる。

〔自由及び権利の保持責任、濫用の禁止、利用責任〕
第十二条　この憲法が国民に保障する自由及び権利は、国民の不断の努力によつて、これを保持しなければならない。又、国民は、これを濫用してはならないのであつて、常に公共の福祉のためにこれを利用する責任を負ふ。

〔個人の尊重〕
第十三条　すべて国民は、個人として尊重される。生命、自由及び幸福追求に対する国民の権利については、公共の福祉に反しない限り、立法その他の国政の上で、最大の尊重を必要とする。

〔法の下の平等、貴族制度の否認、栄典の授与〕
第十四条　すべて国民は、法の下に平等であつて、人種、信条、性別、社会的身分又は門地により、政治的、経済的又は社会的関係において、差別されない。
②　華族その他の貴族の制度は、これを認めない。
③　栄誉、勲章その他の栄典の授与は、いかなる特権も伴はない。栄典の授与は、現にこれを有し、又は将来これを受ける者の一代に限り、その効力を有する。

〔国民の公務員選定罷免権、公務員の本質、普通選挙及び秘密投票の保障〕
第十五条　公務員を選定し、及びこれを罷免することは、国民固有の権利である。
②　すべて公務員は、全体の奉仕者であつて、一部の奉仕者ではない。
③　公務員の選挙については、成年者による普通選挙を保障する。
④　すべて選挙における投票の秘密は、これを侵してはならない。選挙人は、その選択に関し公的にも私的にも責任を問はれない。

〔請願権〕
第十六条　何人も、損害の救済、公務員の罷免、法律、命令又は規則の制定、廃止又は改正その他の事項に関し、平穏に請願する権利を有し、何人も、かかる請願をしたためにいかなる差別待遇も受けない。

〔公務員の不法行為による損害賠償〕
第十七条　何人も、公務員の不法行為により、損害を受けたときは、法律の定めるところにより、国又は公共団体に、その賠償を求めることができる。

〔奴隷的拘束及び苦役からの自由〕
第十八条　何人も、いかなる奴隷的拘束も受けない。又、犯罪に因る処罰の場合を除いては、その意に反する苦役に服させられない。

〔思想及び良心の自由〕
第十九条　思想及び良心の自由は、これを侵してはならない。

〔信教の自由〕
第二十条　信教の自由は、何人に対してもこれを保障する。いかなる宗教団体も、国から特権を受け、又は政治上の権力を行使してはならない。

② 何人も、宗教上の行為、祝典、儀式又は行事に参加することを強制されない。

③ 国及びその機関は、宗教教育その他いかなる宗教的活動もしてはならない。

〔集会・結社・表現の自由、検閲の禁止〕

第二十一条 集会、結社及び言論、出版その他一切の表現の自由は、これを保障する。

② 検閲は、これをしてはならない。通信の秘密は、これを侵してはならない。

〔居住、移転、職業選択、外国移住、国籍離脱の自由〕

第二十二条 何人も、公共の福祉に反しない限り、居住、移転及び職業選択の自由を有する。

② 何人も、外国に移住し、又は国籍を離脱する自由を侵されない。

〔学問の自由〕

第二十三条 学問の自由は、これを保障する。

〔家族生活における個人の尊厳と両性の平等〕

第二十四条 婚姻は、両性の合意のみに基いて成立し、夫婦が同等の権利を有することを基本として、相互の協力により、維持されなければならない。

② 配偶者の選択、財産権、相続、住居の選定、離婚並びに婚姻及び家族に関するその他の事項に関しては、法律は、個人の尊厳と両性の本質的平等に立脚して、制定されなければならない。

〔国民の生存権、国の保障義務〕

第二十五条 すべて国民は、健康で文化的な最低限度の生活を営む権利を有する。

② 国は、すべての生活部面について、社会福祉、社会保障及び公衆衛生の向上及び増進に努めなければならない。

〔教育を受ける権利、受けさせる義務〕

第二十六条 すべて国民は、法律の定めるところにより、その能力に応じて、ひとしく教育を受ける権利を有する。

② すべて国民は、法律の定めるところにより、その保護する子女に普通教育を受けさせる義務を負ふ。義務教育は、これを無償とする。

〔勤労の権利・義務、勤労条件の基準、児童酷使の禁止〕

第二十七条 すべて国民は、勤労の権利を有し、義務を負ふ。

② 賃金、就業時間、休息その他の勤労条件に関する基準は、法律でこれを定める。

③ 児童は、これを酷使してはならない。

〔勤労者の団結権、団体行動権〕

第二十八条 勤労者の団結する権利及び団体交渉その他の団体行動をする権利は、これを保障する。

〔財産権〕

第二十九条 財産権は、これを侵してはならない。

② 財産権の内容は、公共の福祉に適合するやうに、法律でこれを定める。

③ 私有財産は、正当な補償の下に、これを公共のために用ひることができる。

〔納税の義務〕

第三十条 国民は、法律の定めるところにより、納税の義務を負ふ。

〔法定手続の保障〕

第三十一条 何人も、法律の定める手続によらなければ、その生命若しくは自由を奪はれ、又はその他の刑罰を科せられない。

〔裁判を受ける権利〕

第三十二条 何人も、裁判所において裁判を受ける権利を奪はれない。

〔逮捕に対する保障〕

第三十三条 何人も、現行犯として逮捕される場合を除いては、権限を有する司法官憲が発し、且つ理由となつてゐる犯罪を明示する令状によらなければ、逮捕されない。

〔抑留・拘禁に対する保障〕

第三十四条 何人も、理由を直ちに告げられ、且つ、直ちに弁護人に依頼する権利を与へられなければ、抑留又は拘禁されない。又、何人も、正当な理由がなければ、拘禁されず、要求があれば、その理由は、直ちに本人及びその弁護人の出席する公開の法廷で示されなければならない。

〔住居侵入・捜索・押収に対する保障〕

第三十五条 何人も、その住居、書類及び所持品について、侵入、捜索及び押収を受けることのない権利は、第三十三条の場合を除いては、正当な理由に基いて発せられ、且つ捜索する場所及び押収する物を明示する令状がなければ、侵されない。

② 捜索又は押収は、権限を有する司法官憲が発する各別の令状により、これを行ふ。

〔拷問及び残虐な刑罰の禁止〕

第三十六条 公務員による拷問及び残虐な刑罰は、絶対にこれを禁ずる。

〔刑事被告人の権利〕

第三十七条 すべて刑事事件においては、被告人は、公平な裁判所の迅速な公開裁判を受ける権利を有する。

② 刑事被告人は、すべての証人に対して審問する機会を充分に与へられ、又、公費で自己のために強制的手続により証人を求める権利を有する。

③ 刑事被告人は、いかなる場合にも、資格を有する弁護人を依頼することができる。被告人が自らこれを依頼することができないときは、国でこれを附する。

〔自白の証拠能力等〕

第三十八条 何人も、自己に不利益な供述を強要されない。

② 強制、拷問若しくは脅迫による自白又は不当に長く抑留若しくは拘禁された後の自白は、これを証拠とすることができない。

③ 何人も、自己に不利益な唯一の証拠が本人の自白である場合には、有罪とされ、又は刑罰を科せられない。

〔遡及処罰の禁止、二重処罰の禁止〕

第三十九条 何人も、実行の時に適法であつた行為又は既に無罪とされた行為については、刑事上の責任を問はれない。又、同一の犯罪について、重ねて刑事上の責任を問はれない。

〔刑事補償〕

第四十条 何人も、抑留又は拘禁された後、無罪の裁判を受けたときは、法律の定めるところにより、国にその補償を求めることができる。

第四章　国会

〔国会の地位、立法権〕

第四十一条 国会は、国権の最高機関であつて、国の唯一の立法機関である。

〔両院制〕

第四十二条 国会は、衆議院及び参議院の両議院でこれを構成する。

〔両議院の組織〕

第四十三条 両議院は、全国民を代表する選挙された議員でこれを組織する。

② 両議院の議員の定数は、法律でこれを定める。

〔国会議員及び選挙人の資格〕

第四十四条 両議院の議員及びその選挙人の資格は、法律でこれを定める。但し、人種、信条、性別、社会的身分、門地、教育、財産又は収入によつて差別してはならない。

〔衆議院議員の任期〕

第四十五条 衆議院議員の任期は、四年とする。但し、衆議院解散の場合には、その期間満了前に終了する。

〔参議院議員の任期〕

第四十六条 参議院議員の任期は、六年とし、三年ごとに議員の半数を改選する。

〔選挙に関する事項の法定〕

第四十七条 選挙区、投票の方法その他両議院の議員の選挙に関する事項は、法律でこれを定める。

〔両議院議員兼職の禁止〕

第四十八条 何人も、同時に両議院の議員たることはできない。

〔議員の歳費〕

第四十九条 両議院の議員は、法律の定めるところにより、国庫から相当額の歳費を受ける。

〔議員の不逮捕特権〕

第五十条 両議院の議員は、法律の定める場合を除いては、国会の会期中逮捕されず、会期前に逮捕された議員は、その議院の要求があれば、会期中これを釈放しなければならない。

〔議員の発言・表決の無責任〕

第五十一条 両議院の議員は、議院で行つた演説、討論又は表決について、院外で責任を問はれない。

〔常会〕

第五十二条 国会の常会は、毎年一回これを召集する。

〔臨時会〕

第五十三条　内閣は、国会の臨時会の召集を決定することができる。いづれかの議院の総議員の四分の一以上の要求があれば、内閣は、その召集を決定しなければならない。

〔衆議院の解散と総選挙、特別会〕

第五十四条　衆議院が解散されたときは、解散の日から四十日以内に、衆議院議員の総選挙を行ひ、その選挙の日から三十日以内に、国会を召集しなければならない。

②　衆議院が解散されたときは、参議院は、同時に閉会となる。但し、内閣は、国に緊急の必要があるときは、参議院の緊急集会を求めることができる。

③　前項但書の緊急集会において採られた措置は、臨時のものであつて、次の国会開会の後十日以内に、衆議院の同意がない場合には、その効力を失ふ。

〔議員の資格争訟〕

第五十五条　両議院は、各〻その議員の資格に関する争訟を裁判する。但し、議員の議席を失はせるには、出席議員の三分の二以上の多数による議決を必要とする。

〔議院の定足数、議決〕

第五十六条　両議院は、各〻その総議員の三分の一以上の出席がなければ、議事を開き議決することができない。

②　両議院の議事は、この憲法に特別の定のある場合を除いては、出席議員の過半数でこれを決し、可否同数のときは、議長の決するところによる。

〔会議の公開と秘密会、会議録〕

第五十七条　両議院の会議は、公開とする。但し、出席議員の三分の二以上の多数で議決したときは、秘密会を開くことができる。

②　両議院は、各〻その会議の記録を保存し、秘密会の記録の中で特に秘密を要すると認められるもの以外は、これを公表し、且つ一般に頒布しなければならない。

③　出席議員の五分の一以上の要求があれば、各議員の表決は、これを会議録に記載しなければならない。

〔役員の選任、議院規則、懲罰〕

第五十八条　両議院は、各〻その議長その他の役員を選任する。

②　両議院は、各〻その会議その他の手続及び内部の規律に関する規則を定め、又、院内の秩序をみだした議員を懲罰することができる。但し、議員を除名するには、出席議員の三分の二以上の多数による議決を必要とする。

〔法律案の議決、衆議院の優越〕

第五十九条　法律案は、この憲法に特別の定のある場合を除いては、両議院で可決したとき法律となる。

②　衆議院で可決し、参議院でこれと異なつた議決をした法律案は、衆議院で出席議員の三分の二以上の多数で再び可決したときは、法律となる。

③　前項の規定は、法律の定めるところにより、衆議院が、両議院の協議会を開くことを求めることを妨げない。

④　参議院が、衆議院の可決した法律案を受け取つた後、国会休会中の期間を除いて六十日以内に、議決しないときは、衆議院は、参議院がその法律案を否決したものとみなすことができる。

〔衆議院の予算先議と優越〕

第六十条　予算は、さきに衆議院に提出しなければならない。

②　予算について、参議院で衆議院と異なつた議決をした場合に、法律の定めるところにより、両議院の協議会を開いても意見が一致しないとき、又は参議院が、衆議院の可決した予算を受け取つた後、国会休会中の期間を除いて三十日以内に、議決しないときは、衆議院の議決を国会の議決とする。

〔条約の国会承認と衆議院の優越〕

第六十一条　条約の締結に必要な国会の承認については、前条第二項の規定を準用する。

〔議院の国政調査権〕

第六十二条　両議院は、各〻国政に関する調査を行ひ、これに関して、証人の出頭及び証言並びに記録の提出を要求することができる。

〔国務大臣の議院出席〕

第六十三条　内閣総理大臣その他の国務大臣は、両議院の一に議席を有すると有しないとにかかはらず、何時でも議案について発言するため議院に出席することができる。又、答弁又は説明のため出席を求められたときは、出席しなければならない。

〔弾劾裁判所〕

第六十四条　国会は、罷免の訴追を受けた裁判官を裁判するため、両議院の議員で組織する弾劾裁判所を設ける。

② 弾劾に関する事項は、法律でこれを定める。

第五章　内閣

〔行政権と内閣〕

第六十五条　行政権は、内閣に属する。

〔内閣の組織、国務大臣の文民資格、国会に対する連帯責任〕

第六十六条　内閣は、法律の定めるところにより、その首長たる内閣総理大臣及びその他の国務大臣でこれを組織する。

② 内閣総理大臣その他の国務大臣は、文民でなければならない。

③ 内閣は、行政権の行使について、国会に対し連帯して責任を負ふ。

〔内閣総理大臣の指名、衆議院の優越〕

第六十七条　内閣総理大臣は、国会議員の中から国会の議決で、これを指名する。この指名は、他のすべての案件に先だつて、これを行ふ。

② 衆議院と参議院とが異なつた指名の議決をした場合に、法律の定めるところにより、両議院の協議会を開いても意見が一致しないとき、又は衆議院が指名の議決をした後、国会休会中の期間を除いて十日以内に、参議院が、指名の議決をしないときは、衆議院の議決を国会の議決とする。

〔国務大臣の任命と罷免〕

第六十八条　内閣総理大臣は、国務大臣を任命する。但し、その過半数は、国会議員の中から選ばれなければならない。

② 内閣総理大臣は、任意に国務大臣を罷免することができる。

〔衆議院の内閣不信任、解散又は総辞職〕

第六十九条　内閣は、衆議院で不信任の決議案を可決し、又は信任の決議案を否決したときは、十日以内に衆議院が解散されない限り、総辞職をしなければならない。

〔内閣総理大臣の欠缺又は総選挙後の内閣総辞職〕

第七十条　内閣総理大臣が欠けたとき、又は衆議院議員総選挙の後に初めて国会の召集があつたときは、内閣は、総辞職をしなければならない。

〔総辞職後の内閣の職務執行〕

第七十一条　前二条の場合には、内閣は、あらたに内閣総理大臣が任命されるまで引き続きその職務を行ふ。

〔内閣総理大臣の職務〕

第七十二条　内閣総理大臣は、内閣を代表して議案を国会に提出し、一般国務及び外交関係について国会に報告し、並びに行政各部を指揮監督する。

〔内閣の事務〕

第七十三条　内閣は、他の一般行政事務の外、左の事務を行ふ。

一　法律を誠実に執行し、国務を総理すること。

二　外交関係を処理すること。

三　条約を締結すること。但し、事前に、時宜によつては事後に、国会の承認を経ることを必要とする。

四　法律の定める基準に従ひ、官吏に関する事務を掌理すること。

五　予算を作成して国会に提出すること。

六　この憲法及び法律の規定を実施するために、政令を制定すること。但し、政令には、特にその法律の委任がある場合を除いては、罰則を設けることができない。

七　大赦、特赦、減刑、刑の執行の免除及び復権を決定すること。

〔法律・政令の署名及び連署〕

第七十四条　法律及び政令には、すべて主任の国務大臣が署名し、内閣総理大臣が連署することを必要とする。

〔国務大臣の訴追〕

第七十五条　国務大臣は、その在任中、内閣総理大臣の同意がなければ、訴追されない。但し、これがため、訴追の権利は、害されない。

第六章　司法

〔司法権の独立〕

第七十六条　すべて司法権は、最高裁判所及び法律の定めるところにより設置する下級裁判所に属する。

② 特別裁判所は、これを設置することができない。行政機関は、終審として裁判を行ふことができない。

③ すべて裁判官は、その良心に従ひ独立してその職権を行ひ、この憲法及び法律にのみ拘束される。

〔最高裁判所の規則制定権〕

第七十七条 最高裁判所は、訴訟に関する手続、弁護士、裁判所の内部規律及び司法事務処理に関する事項について、規則を定める権限を有する。

② 検察官は、最高裁判所の定める規則に従はなければならない。

③ 最高裁判所は、下級裁判所に関する規則を定める権限を、下級裁判所に委任することができる。

〔裁判官の身分保障〕

第七十八条 裁判官は、裁判により、心身の故障のために職務を執ることができないと決定された場合を除いては、公の弾劾によらなければ罷免されない。裁判官の懲戒処分は、行政機関がこれを行ふことはできない。

〔最高裁判所裁判官、国民審査〕

第七十九条 最高裁判所は、その長たる裁判官及び法律の定める員数のその他の裁判官でこれを構成し、その長たる裁判官以外の裁判官は、内閣でこれを任命する。

② 最高裁判所の裁判官の任命は、その任命後初めて行はれる衆議院議員総選挙の際国民の審査に付し、その後十年を経過した後初めて行はれる衆議院議員総選挙の際更に審査に付し、その後も同様とする。

③ 前項の場合において、投票者の多数が裁判官の罷免を可とするときは、その裁判官は、罷免される。

④ 審査に関する事項は、法律でこれを定める。

⑤ 最高裁判所の裁判官は、法律の定める年齢に達した時に退官する。

⑥ 最高裁判所の裁判官は、すべて定期に相当額の報酬を受ける。この報酬は、在任中、これを減額することができない。

〔下級裁判所裁判官〕

第八十条 下級裁判所の裁判官は、最高裁判所の指名した者の名簿によつて、内閣でこれを任命する。その裁判官は、任期を十年とし、再任されることができる。但し、法律の定める年齢に達した時には退官する。

② 下級裁判所の裁判官は、すべて定期に相当額の報酬を受ける。この報酬は、在任中、これを減額することができない。

〔最高裁判所の違憲法令審査権〕

第八十一条 最高裁判所は、一切の法律、命令、規則又は処分が憲法に適合するかしないかを決定する権限を有する終審裁判所である。

〔裁判の公開〕

第八十二条 裁判の対審及び判決は、公開法廷でこれを行ふ。

② 裁判所が、裁判官の全員一致で、公の秩序又は善良の風俗を害する虞があると決した場合には、対審は、公開しないでこれを行ふことができる。但し、政治犯罪、出版に関する犯罪又はこの憲法第三章で保障する国民の権利が問題となつてゐる事件の対審は、常にこれを公開しなければならない。

第七章 財政

〔財政処理の基本原則〕

第八十三条 国の財政を処理する権限は、国会の議決に基いて、これを行使しなければならない。

〔租税法律主義〕

第八十四条 あらたに租税を課し、又は現行の租税を変更するには、法律又は法律の定める条件によることを必要とする。

〔国費の支出及び債務負担と国会の議決〕

第八十五条 国費を支出し、又は国が債務を負担するには、国会の議決に基くことを必要とする。

〔予算の作成と国会の議決〕

第八十六条 内閣は、毎会計年度の予算を作成し、国会に提出して、その審議を受け議決を経なければならない。

〔予備費〕

第八十七条 予見し難い予算の不足に充てるため、国会の議決に基いて予備費を設け、内閣の責任でこれを支出することができる。

② すべて予備費の支出については、内閣は、事後に国会の承諾を得なければならない。

〔皇室財産、皇室費用〕

第八十八条 すべて皇室財産は、国に属する。すべて皇室の費用は、予算に計上して国会の議決を経なければならない。

〔公の財産の支出・利用の制限〕

第八十九条 公金その他の公の財産は、宗教上の組織若しくは団体の使用、便益若しくは維持のため、又は公の支配に属しない慈善、教育若しくは博愛の事業に対し、これを支出し、又はその利用に供してはならない。

〔決算、会計検査院〕

第九十条 国の収入支出の決算は、すべて毎年会計検査院がこれを検査し、内閣は、次の年度に、その検査報告とともに、これを国会に提出しなければならない。

② 会計検査院の組織及び権限は、法律でこれを定める。

〔内閣の財政状況報告〕

第九十一条 内閣は、国会及び国民に対し、定期に、少くとも毎年一回、国の財政状況について報告しなければならない。

第八章　地方自治

〔地方自治の原則〕

第九十二条 地方公共団体の組織及び運営に関する事項は、地方自治の本旨に基いて、法律でこれを定める。

〔地方公共団体の議会、長・議員等の直接選挙〕

第九十三条 地方公共団体には、法律の定めるところにより、その議事機関として議会を設置する。

② 地方公共団体の長、その議会の議員及び法律の定めるその他の吏員は、その地方公共団体の住民が、直接これを選挙する。

〔地方公共団体の権能〕

第九十四条 地方公共団体は、その財産を管理し、事務を処理し、及び行政を執行する権能を有し、法律の範囲内で条例を制定することができる。

〔特別法の住民投票〕

第九十五条 一の地方公共団体のみに適用される特別法は、法律の定めるところにより、その地方公共団体の住民の投票においてその過半数の同意を得なければ、国会は、これを制定することができない。

第九章　改正

〔憲法改正の発議・国民投票・公布〕

第九十六条 この憲法の改正は、各議院の総議員の三分の二以上の賛成で、国会が、これを発議し、国民に提案してその承認を経なければならない。この承認には、特別の国民投票又は国会の定める選挙の際行はれる投票において、その過半数の賛成を必要とする。

② 憲法改正について前項の承認を経たときは、天皇は、国民の名で、この憲法と一体を成すものとして、直ちにこれを公布する。

第十章　最高法規

〔基本的人権の本質〕

第九十七条 この憲法が日本国民に保障する基本的人権は、人類の多年にわたる自由獲得の努力の成果であつて、これらの権利は、過去幾多の試錬に堪へ、現在及び将来の国民に対し、侵すことのできない永久の権利として信託されたものである。

〔憲法の最高法規性、条約及び国際法規の遵守〕

第九十八条 この憲法は、国の最高法規であつて、その条規に反する法律、命令、詔勅及び国務に関するその他の行為の全部又は一部は、その効力を有しない。

② 日本国が締結した条約及び確立された国際法規は、これを誠実に遵守することを必要とする。

〔憲法尊重擁護の義務〕

第九十九条 天皇又は摂政及び国務大臣、国会議員、裁判官その他の公務員は、この憲法を尊重し擁護する義務を負ふ。

第十一章　補則

〔施行期日〕

第百条 この憲法は、公布の日から起算して六箇月を経過した日〔昭和二十二年五月三日」から、これを施行する。

② この憲法を施行するために必要な法律の制定、参議院議員の選挙及び国会召集の手続並びにこの憲法を施行するために必要な準備手続は、前項の期日よりも前に、これを行ふことができる。

〔経過規定〕

第百一条 この憲法施行の際、参議院がまだ成立してゐないときは、その成立するまでの間、衆議院は、国会としての権限を行ふ。

〔経過規定〕

第百二条 この憲法による第一期の参議院議員のうち、その半数の者の任期は、これを三年とする。その議員は、法律の定めるところにより、これを定める。

〔経過規定〕

第百三条 この憲法施行の際現に在職する国務大臣、衆議院議員及び裁判官並びにその他の公務員で、その地位に相応する地位がこの憲法で認められてゐる者は、法律で特別の定をした場合を除いては、この憲法施行のため、当然にはその地位を失ふことはない。但し、この憲法によつて、後任者が選挙又は任命されたときは、当然その地位を失ふ。

世界人権宣言

（一九四八・一二・一〇
第三回国際連合総会で採択）

前　文

人類社会のすべての構成員の固有の尊厳と平等で譲ることのできない権利とを承認することは、世界における自由、正義及び平和の基礎であるので、

人権の無視及び軽侮が、人類の良心を踏みにじつた野蛮行為をもたらし、言論及び信仰の自由が受けられ、恐怖及び欠乏のない世界の到来が、一般の人々の最高の願望として宣言されたので、

人間が専制と圧迫とに対する最後の手段として反逆に訴えることがないようにするためには、法の支配によつて人権を保護することが肝要であるので、

諸国間の友好関係の発展を促進することが、肝要であるので、

国際連合の諸国民は、国際連合憲章において、基本的人権、人間の尊厳及び価値並びに男女の同権についての信念を再確認し、かつ、一層大きな自由のうちで社会的進歩と生活水準の向上とを促進することを決意したので、

加盟国は、国際連合と協力して、人権及び基本的自由の普遍的な尊重及び遵守の促進を達成することを誓約したので、

これらの権利及び自由に対する共通の理解は、この誓約を完全にするためにもつとも重要であるので、

よつて、ここに、国際連合総会は、

社会の各個人及び各機関が、この世界人権宣言を常に念頭に置きながら、加盟国自身の人民の間にも、また、加盟国の管轄下にある地域の人民の間にも、これらの権利と自由との尊重を指導及び教育によつて促進すること並びにそれらの普遍的かつ効果的な承認と遵守とを国内的及び国際的な漸進的措置によつて確保することに努力するように、すべての人民とすべての国とが達成すべき共通の基準として、この世界人権宣言を公布する。

第一条 すべての人間は、生れながらにして自由であり、かつ、尊厳と権利とについて平等である。人間は、理性と良心とを授けられており、互いに同胞の精神をもつて行動しなければならない。

第二条 すべて人は、人種、皮膚の色、性、言語、宗教、政治上その他の意見、国民的若しくは社会的出身、財産、門地その他の地位又はこれに類するいかなる事由による差別をも受けることなく、この宣言に掲げるすべての権利と自由とを享有することができる。

2　さらに、個人の属する国又は地域が独立国であると、信託統治地域であると、非自治地域であると、又は他のなんらかの主権制限の下にあるとを問わず、その国又は地

域の政治上、管轄上又は国際上の地位に基づくいかなる差別もしてはならない。

第三条 すべての人は、生命、自由及び身体の安全に対する権利を有する。

第四条 何人も、奴隷にされ、又は苦役に服することはない。奴隷制度及び奴隷売買は、いかなる形においても禁止する。

第五条 何人も、拷問又は残虐な、非人道的な若しくは屈辱的な取扱若しくは刑罰を受けることはない。

第六条 すべて人は、いかなる場所においても、法の下において、人として認められる権利を有する。

第七条 すべての人は、法の下において平等であり、また、いかなる差別もなしに法の平等な保護を受ける権利を有する。すべての人は、この宣言に違反するいかなる差別に対しても、また、そのような差別をそそのかすいかなる行為に対しても、平等な保護を受ける権利を有する。

第八条 すべて人は、憲法又は法律によつて与えられた基本的権利を侵害する行為に対し、権限を有する国内裁判所による効果的な救済を受ける権利を有する。

第九条 何人も、ほしいままに逮捕、拘禁、又は追放されることはない。

第十条 すべて人は、自己の権利及び義務並びに自己に対する刑事責任が決定されるに当つて、独立の公平な裁判所による公正な公開の審理を受けることについて完全に平等の権利を有する。

第十一条 犯罪の訴追を受けた者は、すべて、自己の弁護に必要なすべての保障を与えられた公開の裁判において法律に従つて有罪の立証があるまでは、無罪と推定される権利を有する。

2　何人も、実行の時に国内法又は国際法により犯罪を構成しなかつた作為又は不作為のために有罪とされることはない。また、犯罪が行われた時に適用される刑罰より重い刑罰は課せられない。

第十二条 何人も、自己の私事、家族、家庭若しくは通信に対して、ほしいままに干渉され、又は名誉及び信用に対して攻撃を受けることはない。人はすべて、このような干渉又は攻撃に対して法の保護を受ける権利を有する。

第十三条 すべて人は、各国の境界内において自由に移転及び居住する権利を有する。

2　すべて人は、自国その他いずれの国をも立ち去り、及び自国に帰る権利を有する。

第十四条 すべて人は、迫害を免れるため、他国に避難することを求め、かつ、避難する権利を有する。

2　この権利は、もつぱら非政治犯罪又は国際連合の目的及び原則に反する行為を原因とする訴追の場合には、援用することはできない。

第十五条 すべて人は、国籍をもつ権利を有する。

2　何人も、ほしいままにその国籍を奪われ、又はその国籍を変更する権利を否認されることはない。

第十六条 成年の男女は、人種、国籍又は宗教によるいかなる制限をも受けることなく、婚姻し、かつ家庭をつくる権利を有する。成年の男女は、婚姻中及びその解消に際し、婚姻に関し平等の権利を有する。

2　婚姻は、両当事者の自由かつ完全な合意によつてのみ成立する。

3　家庭は、社会の自然かつ基礎的な集団単位であつて、社会及び国の保護を受ける権利を有する。

第十七条 すべて人は、単独で又は他の者と共同して財産を所有する権利を有する。

2　何人も、ほしいままに自己の財産を奪われることはない。

第十八条 すべて人は、思想、良心及び宗教の自由に対する権利を有する。この権利は、宗教又は信念を変更する自由並びに単独で又は他の者と共同して、公的に又は私的に、布教、行事、礼拝及び儀式によつて宗教又は信念を表明する自由を含む。

第十九条 すべて人は、意見及び表現の自由に対する権利を有する。この権利は、干渉を受けることなく自己の意見をもつ自由並びにあらゆる手段により、また、国境を越えると否とにかかわりなく、情報及び思想を求め、受け、及び伝える自由を含む。

第二十条 すべての人は、平和的な集会及び結社の自由に対する権利を有する。

2　何人も、結社に属することを強制されない。

第二十一条　すべての人は、直接に又は自由に選出された代表者を通じて、自国の政治に参与する権利を有する。

2　すべて人は、自国においてひとしく公務につく権利を有する。

3　人民の意思は、統治の権力の基礎とならなければならない。この意思は、定期のかつ真正な選挙によつて表明されなければならない。この選挙は、平等の普通選挙によるものでなければならず、また、秘密投票又はこれと同等の自由が保障される投票手続によつて行われなければならない。

第二十二条　すべて人は、社会の一員として、社会保障を受ける権利を有し、かつ、国家的努力及び国際的協力により、また、各国の組織及び資源に応じて、自己の尊厳と自己の人格の自由な発展とに欠くことのできない経済的、社会的及び文化的権利の実現に対する権利を有する。

第二十三条　すべて人は、勤労し、職業を自由に選択し、公正かつ有利な勤労条件を確保し、及び失業に対する保護を受ける権利を有する。

2　すべて人は、いかなる差別をも受けることなく、同等の勤労に対し、同等の報酬を受ける権利を有する。

3　勤労する者は、すべて、自己及び家族に対して人間の尊厳にふさわしい生活を保障する公正かつ有利な報酬を受け、かつ、必要な場合には、他の社会的保護手段によつて補充を受けることができる。

4　すべて人は、自己の利益を保護するために労働組合を組織し、及びこれに加入する権利を有する。

第二十四条　すべて人は、労働時間の合理的な制限及び定期的な有給休暇を含む休息及び余暇をもつ権利を有する。

第二十五条　すべて人は、衣食住、医療及び必要な社会的施設等により、自己及び家族の健康及び福祉に十分な生活水準を保持する権利並びに失業、疾病、心身障害、配偶者の死亡、老齢その他不可抗力による生活不能の場合は、保障を受ける権利を有する。

2　母と子とは、特別の保護及び援助を受ける権利を有する。すべての児童は、嫡出であると否とを問わず、同じ社会的保護を受ける。

第二十六条　すべて人は、教育を受ける権利を有する。教育は、少なくとも初等の及び基礎的の段階においては、無償でなければならない。初等教育は、義務的でなければならない。技術教育及び職業教育は、一般に利用できるものでなければならず、また、高等教育は、能力に応じ、すべての者にひとしく開放されていなければならない。

2　教育は、人格の完全な発展並びに人権及び基本的自由の尊重の強化を目的としなければならない。教育は、すべての国又は人種的若しくは宗教的集団の相互間の理解、寛容及び友好関係を増進し、かつ、平和の維持のため、国際連合の活動を促進するものでなければならない。

3　親は、子に与える教育の種類を選択する優先的権利を有する。

第二十七条　すべて人は、自由に社会の文化生活に参加し、芸術を鑑賞し、及び科学の進歩とその恩恵とにあずかる権利を有する。

2　すべて人は、その創作した科学的、文学的又は美術的作品から生ずる精神的及び物質的利益を保護される権利を有する。

第二十八条　すべて人は、この宣言に掲げる権利及び自由が完全に実現される社会的及び国際的秩序に対する権利を有する。

第二十九条　すべて人は、その人格の自由かつ完全な発展がその中にあつてのみ可能である社会に対して義務を負う。

2　すべて人は、自己の権利及び自由を行使するに当つては、他人の権利及び自由の正当な承認及び尊重を保障すること並びに民主的社会における道徳、公の秩序及び一般の福祉の正当な要求を満たすことをもつぱら目的として法律によつて定められた制限にのみ服する。

3　これらの権利及び自由は、いかなる場合にも、国際連合の目的及び原則に反して行使してはならない。

第三十条　この宣言のいかなる規定も、いずれかの国、集団又は個人に対して、この宣言に掲げる権利及び自由の破壊を目的とする活動に従事し、又はそのような目的を有する行為を行う権利を認めるものと解釈してはならない。

経済的、社会的及び文化的権利に関する国際規約〔国際人権(A)規約〕(抄)

（昭和五四・八・四　条約六号）

一九六六・一二・一六　第二一回国際連合総会で採択
一九七九・九・二一　日本国について発効

この規約の締結国は、

国際連合憲章において宣明された原則によれば、人類社会のすべての構成員の固有の尊厳及び平等のかつ奪い得ない権利を認めることが世界における自由、正義及び平和の基礎をなすものであることを考慮し、

これらの権利が人間の固有の尊厳に由来することを認め、

世界人権宣言によれば、自由な人間は恐怖及び欠乏からの自由を享受するものであるとの理想は、すべての者がその市民的及び政治的権利とともに経済的、社会的及び文化的権利を享有することのできる条件が作り出される場合に初めて達成されることになることを認め、

人権及び自由の普遍的な尊重及び遵守を助長すべき義務を国際連合憲章に基づき諸国が負つていることを考慮し、

個人が、他人に対し及びその属する社会に対して義務を負うこと並びにこの規約において認められる権利の増進及び擁護のために努力する責任を有することを認識して、

次のとおり協定する。

第一部

第一条　すべての人民は、自決の権利を有する。この権利に基づき、すべての人民は、その政治的地位を自由に決定し並びにその経済的、社会的及び文化的発展を自由に追求する。

2　すべての人民は、互恵の原則に基づく国際的経済協力から生ずる義務及び国際法上の義務に違反しない限り、自己のためにその天然の富及び資源を自由に処分することができる。人民は、いかなる場合にも、その生存のための手段を奪われることはない。

3　この規約の締約国（非自治地域及び信託統治地域の施政の責任を有する国を含む。）は、国際連合憲章の規定に従い、自決の権利が実現されることを促進し及び自決の権利を尊重する。

第二部

第二条　この規約の各締約国は、立法措置その他のすべての適当な方法によりこの規約において認められる権利の完全な実現を漸進的に達成するため、自国における利用可能な手段を最大限に用いることにより、個々に又は国際的な援助及び協力、特に、

経済上及び技術上の援助及び協力を通じて、行動をとることを約束する。

2　この規約の締約国は、この規約に規定する権利が人種、皮膚の色、性、言語、宗教、政治的意見その他の意見、国民的若しくは社会的出身、財産、出生又は他の地位によるいかなる差別もなしに行使されることを保障することを約束する。

3　開発途上にある国は、人権及び自国の経済の双方に十分な考慮を払い、この規約において認められる経済的権利をどの程度まで外国人に保障するかを決定することができる。

第三条　この規約の締約国は、この規約に定めるすべての経済的、社会的及び文化的権利の享有について男女に同等の権利を確保することを約束する。

第三部

第六条　この規約の締約国は、労働の権利を認めるものとし、この権利を保障するため適当な措置をとる。この権利には、すべての者が自由に選択し又は承諾する労働によつて生計を立てる機会を得る権利を含む。

2　この規約の締約国が1の権利の完全な実現を達成するためとる措置には、個人に対して基本的な政治的及び経済的自由を保障する条件の下で着実な経済的、社会的及び文化的発展を実現し並びに完全かつ生産的な雇用を達成するための技術及び職業の指導及び訓練に関する計画、政策及び方法を含む。

第七条　この規約の締約国は、すべての者が公正かつ良好な労働条件を享受する権利を有することを認める。この労働条件は、特に次のものを確保する労働条件とする。

(a)　すべての労働者に最小限度次のものを与える報酬

(i)　公正な賃金及びいかなる差別もない同一価値の労働についての同一報酬。特に、女子については、同一の労働についての同一報酬とともに男子が享受する労働条件に劣らない労働条件が保障されること。

(ii)　労働者及び家族のこの規約に適合する相応な生活

(b)　安全かつ健康的な作業条件

(c)　先任及び能力以外のいかなる事由も考慮されることなく、すべての者がその雇用関係においてより高い適当な地位に昇進する均等な機会

(d)　休息、余暇、労働時間の合理的な制限及び定期的な有給休暇並びに公の休日についての報酬

第八条　この規約の締約国は、次の権利を確保することを約束する。

(a)　すべての者がその経済的及び社会的利益を増進し及び保護するため、労働組合を結成し及び当該労働組合の規則にのみ従うことを条件として自ら選択する労働組合に加入する権利。この権利の行使については、法律で定める制限であつて国の安全若しくは公の秩序のため又は他の者の権利及び自由の保護のため民主的社会において必要なもの以外のいかなる制限も課することができない。

(b)　労働組合が国内の連合又は総連合を設立する権利及びこれらの連合又は総連合が国際的な労働組合団体を結成し又はこれに加入する権利

(c)　労働組合が、法律で定める制限であつて国の安全若しくは公の秩序のため又は他の者の権利及び自由の保護のため民主的社会において必要なもの以外のいかなる制限も受けることなく、自由に活動する権利

(d)　同盟罷業をする権利。ただし、この権利は、各国の法律に従つて行使されることを条件とする。

2　この条の規定は、軍隊若しくは警察の構成員又は公務員による1の権利の行使について合法的な制限を課することを妨げるものではない。

3　この条のいかなる規定も、結社の自由及び団結権の保護に関する千九百四十八年の国際労働機関の条約の締約国が、同条約に規定する保障を阻害するような立法措置を講ずること又は同条約に規定する保障を阻害するような方法により法律を適用することを許すものではない。

第九条　この規約の締約国は、社会保険その他の社会保障についてのすべての者の権利を認める。

第十条　この規約の締約国は、次のことを認める。

1　できる限り広範な保護及び援助が、社会の自然かつ基礎的な単位である家族に対し、特に、家族の形成のために並びに扶養児童の養育及び教育について責任を有する間に、与えられるべきである。婚姻は、両当事者の自由な合意に基づいて成立するものでなければならない。

2　産前産後の合理的な期間においては、特別な保護が母親に与えられるべきである。働いている母親には、その期間において、有給休暇又は相当な社会保障給付を伴う休暇が与えられるべきである。

3　保護及び援助のための特別な措置が、出生その他の事情を理由とするいかなる差別もなく、すべての児童及び年少者のためにとられるべきである。児童及び年少者は、経済的及び社会的な搾取から保護されるべきである。児童及び年少者を、その精神若しくは健康に有害であり、その生命に危険があり又はその正常な発育を妨げるおそれのある労働に使用することは、法律で処罰すべきである。また、国は、年齢による制限を定め、その年齢に達しない児童を賃金を支払つて使用することを法律で禁止しかつ処罰すべきである。

第十一条　この規約の締約国は、自己及びその家族のための相当な食糧、衣類及び住居を内容とする相当な生活水準についての並びに生活条件の不断の改善についてのすべての者の権利を認める。締約国は、この権利の実現を確保するために適当な措置をとり、このためには、自由な合意に基づく国際協力が極めて重要であることを認める。

2　この規約の締約国は、すべての者が飢餓から免れる基本的な権利を有することを認め、個々に及び国際協力を通じて、次の目的のため、具体的な計画その他の必要な措置をとる。

(a)　技術的及び科学的知識を十分に利用することにより、栄養に関する原則についての知識を普及させることにより並びに天然資源の最も効果的な開発及び利用を達成するように農地制度を発展させ又は改革することにより、食糧の生産、保存及び分配の方法を改善すること。

(b)　食糧の輸入国及び輸出国の双方の問題に考慮を払い、需要との関連において世界の食糧の供給の衡平な分配を確保すること。

第十二条　この規約の締約国は、すべての者が到達可能な最高水準の身体及び精神の健康を享受する権利を有することを認める。

2　この規約の締約国が1の権利の完全な実現を達成するためにとる措置には、次のことに必要な措置を含む。

(a)　死産率及び幼児の死亡率を低下させるための並びに児童の健全な発育のための対策

(b)　環境衛生及び産業衛生のあらゆる状態の改善

(c)　伝染病、風土病、職業病その他の疾病の予防、治療及び抑圧

(d)　病気の場合にすべての者に医療及び看護を確保するような条件の創出

第十三条　この規約の締約国は、教育についてのすべての者の権利を認める。締約国は、教育が人格の完成及び人格の尊厳についての意識の十分な発達を指向し並びに人権及び基本的自由の尊重を強化すべきことに同意する。更に、締約国は、教育が、すべての者に対し、自由な社会に効果的に参加すること、諸国民の間及び人種的、種族的又は宗教的集団の間の理解、寛容及び友好を促進すること並びに平和の維持のための国際連合の活動を助長することを可能にすべきことに同意する。

2　この規約の締約国は、1の権利の完全な実現を達成するため、次のことを認める。

(a)　初等教育は、義務的なものとし、すべての者に対して無償のものとすること。

(b)　種々の形態の中等教育（技術的及び職業的中等教育を含む。）は、すべての適当な方法により、特に、無償教育の漸進的な導入により、一般的に利用可能であり、かつ、すべての者に対して機会が与

えられるものとすること。

(c) 高等教育は、すべての適当な方法により、特に、無償教育の漸進的な導入により、能力に応じ、すべての者に対して均等に機会が与えられるものとすること。

(d) 基礎教育は、初等教育を受けなかつた者又はその全課程を修了しなかつた者のため、できる限り奨励され又は強化されること。

(e) すべての段階にわたる学校制度の発展を積極的に追求し、適当な奨学金制度を設立し及び教育職員の物質的条件を不断に改善すること。

3 この規約の締約国は、父母及び場合により法定保護者が、公の機関によつて設置される学校以外の学校であつて国によつて定められ又は承認される最低限度の教育上の基準に適合するものを児童のために選択する自由並びに自己の信念に従つて児童の宗教的及び道徳的教育を確保する自由を有することを尊重することを約束する。

4 この条のいかなる規定も、個人及び団体が教育機関を設置し及び管理する自由を妨げるものと解してはならない。ただし、常に、1に定める原則が遵守されること及び当該教育機関において行われる教育が国によつて定められる最低限度の基準に適合することを条件とする。

第十四条 この規約の締約国となる時にその本土地域又はその管轄の下にある他の地域において無償の初等義務教育を確保するに至つていない各締約国は、すべての者に対する無償の義務教育の原則をその計画中に定める合理的な期間内に漸進的に実施するための詳細な行動計画を二年以内に作成しかつ採用することを約束する。

市民的及び政治的権利に関する国際規約〔国際人権（B）規約〕（抄）

（昭和五四・八・四 条約七号）

一九六六・一二・一六 第二一回国際連合総会で採択
一九七九・九・二一 日本国について発効

この規約の締約国は、

国際連合憲章において宣明された原則によれば、人類社会のすべての構成員の固有の尊厳及び平等のかつ奪い得ない権利を認めることが世界における自由、正義及び平和の基礎をなすものであることを考慮し、

これらの権利が人間の固有の尊厳に由来することを認め、

世界人権宣言によれば、自由な人間は市民的及び政治的自由並びに恐怖及び欠乏からの自由を享受するものであるとの理想は、すべての者がその経済的、社会的及び文化的権利とともに市民的及び政治的権利を享有することのできる条件が作り出される場合に初めて達成されることになることを認め、

人権及び自由の普遍的な尊重及び遵守を助長すべき義務を国際連合憲章に基づき諸国が負つていることを考慮し、

個人が、他人に対し及びその属する社会に対して義務を負うこと並びにこの規約におい

て認められる権利の増進及び擁護のために努力する責任を有することを認識して、

次のとおり協定する。

第十七条　何人も、その私生活、家族、住居若しくは通信に対して恣意的に若しくは不法に干渉され又は名誉及び信用を不法に攻撃されない。

2　すべての者は、1の干渉又は攻撃に対する法律の保護を受ける権利を有する。

第二十条　戦争のためのいかなる宣伝も、法律で禁止する。

2　差別、敵意又は暴力の扇動となる国民的、人種的又は宗教的憎悪の唱道は、法律で禁止する。

第二十三条　家族は、社会の自然かつ基礎的な単位であり、社会及び国による保護を受ける権利を有する。

2　婚姻をすることができる年齢の男女が婚姻をしかつ家族を形成する権利は、認められる。

3　婚姻は、両当事者の自由かつ完全な合意なしには成立しない。

4　この規約の締約国は、婚姻中及び婚姻の解消の際に、婚姻に係る配偶者の権利及び責任の平等を確保するため、適当な措置をとる。その解消の場合には、児童に対する必要な保護のため、措置がとられる。

第二十四条　すべての児童は、人種、皮膚の色、性、言語、宗教、国民的若しくは社会的出身、財産又は出生によるいかなる差別もなしに、未成年者としての地位に必要とされる保護の措置であつて家族、社会及び国による措置についての権利を有する。

2　すべての児童は、出生の後直ちに登録され、かつ、氏名を有する。

3　すべての児童は、国籍を取得する権利を有する。

社会福祉法

（昭和二六・三・二九　法律四五）

（題名改正＝平成一二法律一一一）

最新改正　令和元法律七一

第一章　総則

（目的）

第一条　この法律は、社会福祉を目的とする事業の全分野における共通的基本事項を定め、社会福祉を目的とする他の法律と相まつて、福祉サービスの利用者の利益の保護及び地域における社会福祉（以下「地域福祉」という。）の推進を図るとともに、社会福祉事業の公明かつ適正な実施の確保及び社会福祉を目的とする事業の健全な発達を図り、もつて社会福祉の増進に資することを目的とする。

（定義）

第二条　この法律において「社会福祉事業」とは、第一種社会福祉事業及び第二種社会福祉事業をいう。

2　次に掲げる事業を第一種社会福祉事業とする。

一　生活保護法（昭和二十五年法律第百四十四号）に規定する救護施設、更生施設その他生計困難者を無料又は低額な料金で入所させて生活の扶助を行うことを目

的とする施設を経営する事業及び生計困難者に対して助葬を行う事業
二　児童福祉法（昭和二十二年法律第百六十四号）に規定する乳児院、母子生活支援施設、児童養護施設、障害児入所施設、児童心理治療施設又は児童自立支援施設を経営する事業
三　老人福祉法（昭和三十八年法律第百三十三号）に規定する養護老人ホーム、特別養護老人ホーム又は軽費老人ホームを経営する事業
四　障害者の日常生活及び社会生活を総合的に支援するための法律（平成十七年法律第百二十三号）に規定する障害者支援施設を経営する事業
五　削除
六　売春防止法（昭和三十一年法律第百十八号）に規定する婦人保護施設を経営する事業
七　授産施設を経営する事業及び生計困難者に対して無利子又は低利で資金を融通する事業
3　次に掲げる事業を第二種社会福祉事業とする。
一　生計困難者に対して、その住居で衣食その他日常の生活必需品若しくはこれに要する金銭を与え、又は生活に関する相談に応ずる事業
一の二　生活困窮者自立支援法（平成二十五年法律第百五号）に規定する認定生活困窮者就労訓練事業
二　児童福祉法に規定する障害児通所支援事業、障害児相談支援事業、児童自立生活援助事業、放課後児童健全育成事業、子育て短期支援事業、乳児家庭全戸訪問事業、養育支援訪問事業、地域子育て支援拠点事業、一時預かり事業、小規模住居型児童養育事業、小規模保育事業、病児保育事業又は子育て援助活動支援事業、同法に規定する助産施設、保育所、児童厚生施設又は児童家庭支援センターを経営する事業及び児童の福祉の増進について相談に応ずる事業
二の二　就学前の子どもに関する教育、保育等の総合的な提供の推進に関する法律（平成十八年法律第七十七号）に規定する幼保連携型認定こども園を経営する事業
二の三　民間あっせん機関による養子縁組のあっせんに係る児童の保護等に関する法律（平成二十八年法律第百十号）に規定する養子縁組あっせん事業
三　母子及び父子並びに寡婦福祉法（昭和三十九年法律第百二十九号）に規定する母子家庭日常生活支援事業、父子家庭日常生活支援事業又は寡婦日常生活支援事業及び同法に規定する母子・父子福祉施設を経営する事業
四　老人福祉法に規定する老人居宅介護等事業、老人デイサービス事業、老人短期入所事業、小規模多機能型居宅介護事業、認知症対応型老人共同生活援助事業又は複合型サービス福祉事業及び同法に規定する老人デイサービスセンター、老人短期入所施設、老人福祉センター又は老人介護支援センターを経営する事業
四の二　障害者の日常生活及び社会生活を総合的に支援するための法律に規定する障害福祉サービス事業、一般相談支援事業、特定相談支援事業又は移動支援事業及び同法に規定する地域活動支援センター又は福祉ホームを経営する事業
五　身体障害者福祉法（昭和二十四年法律第二百八十三号）に規定する身体障害者生活訓練等事業、手話通訳事業又は介助犬訓練事業若しくは聴導犬訓練事業、同法に規定する身体障害者福祉センター、補装具製作施設、盲導犬訓練施設又は視聴覚障害者情報提供施設を経営する事業及び身体障害者の更生相談に応ずる事業
六　知的障害者福祉法（昭和三十五年法律第三十七号）に規定する知的障害者の更生相談に応ずる事業
七　削除
八　生計困難者のために、無料又は低額な料金で、簡易住宅を貸し付け、又は宿泊所その他の施設を利用させる事業
九　生計困難者のために、無料又は低額な料金で診療を行う事業
十　生計困難者に対して、無料又は低額な

社会福祉全般

費用で介護保険法（平成九年法律第百二十三号）に規定する介護老人保健施設又は介護医療院を利用させる事業

十一　隣保事業（隣保館等の施設を設け、無料又は低額な料金でこれを利用させることその他その近隣地域における住民の生活の改善及び向上を図るための各種の事業を行うものをいう。）

十二　福祉サービス利用援助事業（精神上の理由により日常生活を営むのに支障がある者に対して、無料又は低額な料金で、福祉サービス（前項各号及び前各号の事業において提供されるものに限る。以下この号において同じ。）の利用に関し相談に応じ、及び助言を行い、並びに福祉サービスの提供を受けるために必要な手続又は福祉サービスの利用に要する費用の支払に関する便宜を供与することその他の福祉サービスの適切な利用のための一連の援助を一体的に行う事業をいう。）

十三　前項各号及び前各号の事業に関する連絡又は助成を行う事業

4　この法律における「社会福祉事業」には、次に掲げる事業は、含まれないものとする。

一　更生保護事業法（平成七年法律第八十六号）に規定する更生保護事業（以下「更生保護事業」という。）

二　実施期間が六月（前項第十三号に掲げる事業にあつては、三月）を超えない事業

三　社団又は組合の行う事業であつて、社員又は組合員のためにするもの

四　第二項各号及び前項第一号から第九号までに掲げる事業であつて、常時保護を受ける者が、入所させて保護を行うものにあつては五人、その他のものにあつては二十人（政令で定めるものにあつては、十人）に満たないもの

五　前項第十三号に掲げる事業のうち、社会福祉事業の助成を行うものであつて、助成の金額が毎年度五百万円に満たないもの又は助成を受ける社会福祉事業の数が毎年度五十に満たないもの

（**福祉サービスの基本的理念**）

第三条　福祉サービスは、個人の尊厳の保持を旨とし、その内容は、福祉サービスの利用者が心身ともに健やかに育成され、又はその有する能力に応じ自立した日常生活を営むことができるように支援するものとして、良質かつ適切なものでなければならない。

（**地域福祉の推進**）

第四条　地域住民、社会福祉を目的とする事業を経営する者及び社会福祉に関する活動を行う者（以下「地域住民等」という。）は、相互に協力し、福祉サービスを必要とする地域住民が地域社会を構成する一員として日常生活を営み、社会、経済、文化その他あらゆる分野の活動に参加する機会が確保されるように、地域福祉の推進に努めなければならない。

2　地域住民等は、地域福祉の推進に当たつては、福祉サービスを必要とする地域住民及びその世帯が抱える福祉、介護、介護予防（要介護状態若しくは要支援状態となることの予防又は要介護状態若しくは要支援状態の軽減若しくは悪化の防止をいう。）、保健医療、住まい、就労及び教育に関する課題、福祉サービスを必要とする地域住民の地域社会からの孤立その他の福祉サービスを必要とする地域住民が日常生活を営み、あらゆる分野の活動に参加する機会が確保される上での各般の課題（以下「地域生活課題」という。）を把握し、地域生活課題の解決に資する支援を行う関係機関（以下「支援関係機関」という。）との連携等によりその解決を図るよう特に留意するものとする。

（**福祉サービスの提供の原則**）

第五条　社会福祉を目的とする事業を経営する者は、その提供する多様な福祉サービスについて、利用者の意向を十分に尊重し、地域福祉の推進に係る取組を行う他の地域住民等との連携を図り、かつ、保健医療サービスその他の関連するサービスとの有機的な連携を図るよう創意工夫を行いつつ、これを総合的に提供することができるようにその事業の実施に努めなければならない。

（**福祉サービスの提供体制の確保等に関する国及び地方公共団体の責務**）

第六条　国及び地方公共団体は、社会福祉を目的とする事業を経営する者と協力して、社会福祉を目的とする事業の広範かつ計画的な実施が図られるよう、福祉サービスを提供する体制の確保に関する施策、福祉サービスの適切な利用の推進に関する施策その他の必要な各般の措置を講じなければならない。

2　国及び地方公共団体は、地域住民等が地域生活課題を把握し、支援関係機関との連携等によりその解決を図ることを促進する施策その他地域福祉の推進のために必要な各般の措置を講ずるよう努めなければならない。

第二章　地方社会福祉審議会

（地方社会福祉審議会）

第七条　社会福祉に関する事項（児童福祉及び精神障害者福祉に関する事項を除く。）を調査審議するため、都道府県並びに地方自治法（昭和二十二年法律第六十七号）第二百五十二条の十九第一項の指定都市（以下「指定都市」という。）及び同法第二百五十二条の二十二第一項の中核市（以下「中核市」という。）に社会福祉に関する審議会その他の合議制の機関（以下「地方社会福祉審議会」という。）を置くものとする。

2　地方社会福祉審議会は、都道府県知事又は指定都市若しくは中核市の長の監督に属し、その諮問に答え、又は関係行政庁に意見を具申するものとする。

（委員）

第八条　地方社会福祉審議会の委員は、都道府県又は指定都市若しくは中核市の議会の議員、社会福祉事業に従事する者及び学識経験のある者のうちから、都道府県知事又は指定都市若しくは中核市の長が任命する。

（臨時委員）

第九条　特別の事項を調査審議するため必要があるときは、地方社会福祉審議会に臨時委員を置くことができる。

2　地方社会福祉審議会の臨時委員は、都道府県又は指定都市若しくは中核市の議会の議員、社会福祉事業に従事する者及び学識経験のある者のうちから、都道府県知事又は指定都市若しくは中核市の長が任命する。

（委員長）

第十条　地方社会福祉審議会に委員の互選による委員長一人を置く。委員長は、会務を総理する。

（専門分科会）

第十一条　地方社会福祉審議会に、民生委員の適否の審査に関する事項を調査審議するため、民生委員審査専門分科会を、身体障害者の福祉に関する事項を調査審議するため、身体障害者福祉専門分科会を置く。

2　地方社会福祉審議会は、前項の事項以外の事項を調査審議するため、必要に応じ、老人福祉専門分科会その他の専門分科会を置くことができる。

（地方社会福祉審議会に関する特例）

第十二条　第七条第一項の規定にかかわらず、都道府県又は指定都市若しくは中核市は、条例で定めるところにより、地方社会福祉審議会に児童福祉及び精神障害者福祉に関する事項を調査審議させることができる。

2　前項の規定により地方社会福祉審議会に児童福祉に関する事項を調査審議させる場合においては、前条第一項中「置く」とあるのは、「、児童福祉に関する事項を調査審議するため、児童福祉専門分科会を置く」とする。

（政令への委任）

第十三条　この法律で定めるもののほか、地方社会福祉審議会に関し必要な事項は、政令で定める。

第三章　福祉に関する事務所

（設置）

第十四条　都道府県及び市（特別区を含む。以下同じ。）は、条例で、福祉に関する事務所を設置しなければならない。

2　都道府県及び市は、その区域（都道府県にあつては、市及び福祉に関する事務所を設ける町村の区域を除く。）をいずれかの福祉に関する事務所の所管区域としなければならない。

3　町村は、条例で、その区域を所管区域とする福祉に関する事務所を設置することができる。

4　町村は、必要がある場合には、地方自治法の規定により一部事務組合又は広域連合を設けて、前項の事務所を設置することができる。この場合には、当該一部事務組合又は広域連合内の町村の区域をもつて、事務所の所管区域とする。

5　都道府県の設置する福祉に関する事務所は、生活保護法、児童福祉法及び母子及び父子並びに寡婦福祉法に定める援護又は育成の措置に関する事務のうち都道府県が処理することとされているものをつかさどるところとする。

6　市町村（特別区を含む。以下同じ。）の設置する福祉に関する事務所は、生活保護法、児童福祉法、母子及び父子並びに寡婦福祉法、老人福祉法、身体障害者福祉法及び知的障害者福祉法に定める援護、育成又は更生の措置に関する事務のうち市町村が処理することとされているもの（政令で定めるものを除く。）をつかさどるところとする。

7　町村の福祉に関する事務所の設置又は廃止の時期は、会計年度の始期又は終期でなければならない。

8　町村は、福祉に関する事務所を設置し、又は廃止するには、あらかじめ、都道府県知事に協議しなければならない。

（組織）

第十五条　福祉に関する事務所には、長及び少なくとも次の所員を置かなければならない。ただし、所の長が、その職務の遂行に支障がない場合において、自ら現業事務の指導監督を行うときは、第一号の所員を置くことを要しない。

一　指導監督を行う所員

二　現業を行う所員

三　事務を行う所員

2　所の長は、都道府県知事又は市町村長（特別区の区長を含む。以下同じ。）の指揮監督を受けて、所務を掌理する。

3　指導監督を行う所員は、所の長の指揮監督を受けて、現業事務の指導監督をつかさどる。

4　現業を行う所員は、所の長の指揮監督を受けて、援護、育成又は更生の措置を要する者等の家庭を訪問し、又は訪問しないで、これらの者に面接し、本人の資産、環境等を調査し、保護その他の措置の必要の有無及びその種類を判断し、本人に対し生活指導を行う等の事務をつかさどる。

5　事務を行う所員は、所の長の指揮監督を受けて、所の庶務をつかさどる。

6　第一項第一号及び第二号の所員は、社会福祉主事でなければならない。

（所員の定数）

第十六条　所員の定数は、条例で定める。ただし、現業を行う所員の数は、各事務所につき、それぞれ次の各号に掲げる数を標準として定めるものとする。

一　都道府県の設置する事務所にあつては、生活保護法の適用を受ける被保護世帯（以下「被保護世帯」という。）の数が三百九十以下であるときは、六とし、被保護世帯の数が六十五を増すごとに、これに一を加えた数

二　市の設置する事務所にあつては、被保護世帯の数が二百四十以下であるときは、三とし、被保護世帯数が八十を増すごとに、これに一を加えた数

三　町村の設置する事務所にあつては、被保護世帯の数が百六十以下であるときは、二とし、被保護世帯数が八十を増すごとに、これに一を加えた数

（服務）

第十七条　第十五条第一項第一号及び第二号の所員は、それぞれ同条第三項又は第四項に規定する職務にのみ従事しなければならない。ただし、その職務の遂行に支障がない場合に、これらの所員が、他の社会福祉又は保健医療に関する事務を行うことを妨げない。

第四章　社会福祉主事

（設置）

第十八条　都道府県、市及び福祉に関する事務所を設置する町村に、社会福祉主事を置く。

2　前項に規定する町村以外の町村は、社会福祉主事を置くことができる。
3　都道府県の社会福祉主事は、都道府県の設置する福祉に関する事務所において、生活保護法、児童福祉法及び母子及び父子並びに寡婦福祉法に定める援護又は育成の措置に関する事務を行うことを職務とする。
4　市及び第一項に規定する町村の社会福祉主事は、市及び同項に規定する町村に設置する福祉に関する事務所において、生活保護法、児童福祉法、母子及び父子並びに寡婦福祉法、老人福祉法、身体障害者福祉法及び知的障害者福祉法に定める援護、育成又は更生の措置に関する事務を行うことを職務とする。
5　第二項の規定により置かれる社会福祉主事は、老人福祉法、身体障害者福祉法及び知的障害者福祉法に定める援護又は更生の措置に関する事務を行うことを職務とする。

（資格等）
第十九条　社会福祉主事は、都道府県知事又は市町村長の補助機関である職員とし、年齢二十年以上の者であつて、人格が高潔で、思慮が円熟し、社会福祉の増進に熱意があり、かつ、次の各号のいずれかに該当するもののうちから任用しなければならない。
一　学校教育法（昭和二十二年法律第二十六号）に基づく大学、旧大学令（大正七年勅令第三百八十八号）に基づく大学、旧高等学校令（大正七年勅令第三百八十九号）に基づく高等学校又は旧専門学校令（明治三十六年勅令第六十一号）に基づく専門学校において、厚生労働大臣の指定する社会福祉に関する科目を修めて卒業した者（当該科目を修めて同法に基づく専門職大学の前期課程を修了した者を含む。）
二　都道府県知事の指定する養成機関又は講習会の課程を修了した者
三　社会福祉士
四　厚生労働大臣の指定する社会福祉事業従事者試験に合格した者
五　前各号に掲げる者と同等以上の能力を有すると認められる者として厚生労働省令で定めるもの
2　前項第二号の養成機関及び講習会の指定に関し必要な事項は、政令で定める。

第五章　指導監督及び訓練

（指導監督）
第二十条　都道府県知事並びに指定都市及び中核市の長は、この法律、生活保護法、児童福祉法、母子及び父子並びに寡婦福祉法、老人福祉法、身体障害者福祉法及び知的障害者福祉法の施行に関しそれぞれその所部の職員の行う事務について、その指導監督を行うために必要な計画を樹立し、及びこれを実施するよう努めなければならない。

（訓練）
第二十一条　この法律、生活保護法、児童福祉法、母子及び父子並びに寡婦福祉法、老人福祉法、身体障害者福祉法及び知的障害者福祉法の施行に関する事務に従事する職員の素質を向上するため、都道府県知事はその所部の職員及び市町村の職員に対し、指定都市及び中核市の長はその所部の職員に対し、それぞれ必要な訓練を行わなければならない。

第六章　社会福祉法人

第一節　通則

（定義）
第二十二条　この法律において「社会福祉法人」とは、社会福祉事業を行うことを目的として、この法律の定めるところにより設立された法人をいう。

（名称）
第二十三条　社会福祉法人以外の者は、その名称中に、「社会福祉法人」又はこれに紛らわしい文字を用いてはならない。

（経営の原則等）
第二十四条　社会福祉法人は、社会福祉事業の主たる担い手としてふさわしい事業を確実、効果的かつ適正に行うため、自主的にその経営基盤の強化を図るとともに、その提供する福祉サービスの質の向上及び事業経営の透明性の確保を図らなければならない。
2　社会福祉法人は、社会福祉事業及び第二十六条第一項に規定する公益事業を行うに当たつては、日常生活又は社会生活上の支援を必要とする者に対して、無料又は低額な料金で、福祉サービスを積極的に提供するよう努めなければならない。

（要件）

第二十五条　社会福祉法人は、社会福祉事業を行うに必要な資産を備えなければならない。

（公益事業及び収益事業）

第二十六条　社会福祉法人は、その経営する社会福祉事業に支障がない限り、公益を目的とする事業（以下「公益事業」という。）又はその収益を社会福祉事業若しくは公益事業（第二条第四項第四号に掲げる事業その他の政令で定めるものに限る。第五十七条第二号において同じ。）の経営に充てることを目的とする事業（以下「収益事業」という。）を行うことができる。

2　公益事業又は収益事業に関する会計は、それぞれ当該社会福祉法人の行う社会福祉事業に関する会計から区分し、特別の会計として経理しなければならない。

（特別の利益供与の禁止）

第二十七条　社会福祉法人は、その事業を行うに当たり、その評議員、理事、監事、職員その他の政令で定める社会福祉法人の関係者に対し特別の利益を与えてはならない。

（住所）

第二十八条　社会福祉法人の住所は、その主たる事務所の所在地にあるものとする。

（登記）

第二十九条　社会福祉法人は、政令の定めるところにより、その設立、従たる事務所の新設、事務所の移転その他登記事項の変更、解散、合併、清算人の就任又はその変更及び清算の結了の各場合に、登記をしなければならない。

2　前項の規定により登記をしなければならない事項は、登記の後でなければ、これをもつて第三者に対抗することができない。

（所轄庁）

第三十条　社会福祉法人の所轄庁は、その主たる事務所の所在地の都道府県知事とする。ただし、次の各号に掲げる社会福祉法人の所轄庁は、当該各号に定める者とする。

一　主たる事務所が市の区域内にある社会福祉法人（次号に掲げる社会福祉法人を除く。）であつてその行う事業が当該市の区域を越えないもの　市長（特別区の区長を含む。以下同じ。）

二　主たる事務所が指定都市の区域内にある社会福祉法人であつてその行う事業が一の都道府県の区域内において二以上の市町村の区域にわたるもの及び第百九条第二項に規定する地区社会福祉協議会である社会福祉法人　指定都市の長

2　社会福祉法人でその行う事業が二以上の地方厚生局の管轄区域にわたるものであつて、厚生労働省令で定めるものにあつては、その所轄庁は、前項本文の規定にかかわらず、厚生労働大臣とする。

第二節　設立

（申請）

第三十一条　社会福祉法人を設立しようとする者は、定款をもつて少なくとも次に掲げる事項を定め、厚生労働省令で定める手続に従い、当該定款について所轄庁の認可を受けなければならない。

一　目的

二　名称

三　社会福祉事業の種類

四　事務所の所在地

五　評議員及び評議員会に関する事項

六　役員（理事及び監事をいう。以下この条、次節第二款、第六章第八節、第九章及び第十章において同じ。）の定数その他役員に関する事項

七　理事会に関する事項

八　会計監査人を置く場合には、これに関する事項

九　資産に関する事項

十　会計に関する事項

十一　公益事業を行う場合には、その種類

十二　収益事業を行う場合には、その種類

十三　解散に関する事項

十四　定款の変更に関する事項

十五　公告の方法

2　前項の定款は、電磁的記録（電子的方式、磁気的方式その他人の知覚によつては認識することができない方式で作られる記録であつて、電子計算機による情報処理の用に供されるものとして厚生労働省令で定めるものをいう。以下同じ。）をもつて作成することができる。

3　設立当初の役員及び評議員は、定款で定めなければならない。

4　設立しようとする社会福祉法人が会計監査人設置社会福祉法人（会計監査人を置く社会福祉法人又はこの法律の規定により会計監査人を置かなければならない社会福祉法人をいう。以下同じ。）であるときは、設立当初の会計監査人は、定款で定めなければならない。

5　第一項第五号の評議員に関する事項として、理事又は理事会が評議員を選任し、又は解任する旨の定款の定めは、その効力を有しない。

6　第一項第十三号に掲げる事項中に、残余財産の帰属すべき者に関する規定を設ける場合には、その者は、社会福祉法人その他社会福祉事業を行う者のうちから選定されるようにしなければならない。

（認可）

第三十二条　所轄庁は、前条第一項の規定による認可の申請があつたときは、当該申請に係る社会福祉法人の資産が第二十五条の要件に該当しているかどうか、その定款の内容及び設立の手続が、法令の規定に違反していないかどうか等を審査した上で、当該定款の認可を決定しなければならない。

（定款の補充）

第三十三条　社会福祉法人を設立しようとする者が、第三十一条第一項第二号から第十五号までの各号に掲げる事項を定めないで死亡した場合には、厚生労働大臣は、利害関係人の請求により又は職権で、これらの事項を定めなければならない。

（成立の時期）

第三十四条　社会福祉法人は、その主たる事務所の所在地において設立の登記をすることによつて成立する。

（定款の備置き及び閲覧等）

第三十四条の二　社会福祉法人は、第三十一条第一項の認可を受けたときは、その定款をその主たる事務所及び従たる事務所に備え置かなければならない。

2　評議員及び債権者は、社会福祉法人の業務時間内は、いつでも、次に掲げる請求をすることができる。ただし、債権者が第二号又は第四号に掲げる請求をするには、当該社会福祉法人の定めた費用を支払わなければならない。

一　定款が書面をもつて作成されているときは、当該書面の閲覧の請求

二　前号の書面の謄本又は抄本の交付の請求

三　定款が電磁的記録をもつて作成されているときは、当該電磁的記録に記録された事項を厚生労働省令で定める方法により表示したものの閲覧の請求

四　前号の電磁的記録に記録された事項を電磁的方法（電子情報処理組織を使用する方法その他の情報通信の技術を利用する方法であつて厚生労働省令で定めるものをいう。以下同じ。）であつて当該社会福祉法人の定めたものにより提供することの請求又はその事項を記載した書面の交付の請求

3　何人（評議員及び債権者を除く。）も、社会福祉法人の業務時間内は、いつでも、次に掲げる請求をすることができる。この場合においては、当該社会福祉法人は、正当な理由がないのにこれを拒んではならない。

一　定款が書面をもつて作成されているときは、当該書面の閲覧の請求

二　定款が電磁的記録をもつて作成されているときは、当該電磁的記録に記録された事項を厚生労働省令で定める方法により表示したものの閲覧の請求

4　定款が電磁的記録をもつて作成されている場合であつて、従たる事務所における第二項第三号及び第四号並びに前項第二号に掲げる請求に応じることを可能とするための措置として厚生労働省令で定めるものをとつている社会福祉法人についての第一項の規定の適用については、同項中「主たる

事務所及び従たる事務所」とあるのは、「主たる事務所」とする。

(準用規定)

第三十五条 一般社団法人及び一般財団法人に関する法律(平成十八年法律第四十八号)第百五十八条及び第百六十四条の規定は、社会福祉法人の設立について準用する。

2 一般社団法人及び一般財団法人に関する法律第二百六十四条第一項(第一号に係る部分に限る。)及び第二項(第一号に係る部分に限る。)、第二百六十九条(第一号に係る部分に限る。)、第二百七十条、第二百七十二条から第二百七十四条まで並びに第二百七十七条の規定は、社会福祉法人の設立の無効の訴えについて準用する。この場合において、同法第二百六十四条第二項第一号中「社員等(社員、評議員、理事、監事又は清算人をいう。以下この款において同じ。)」とあるのは、「評議員、理事、監事又は清算人」と読み替えるものとする。

第三節 機関

第一款 機関の設置

(機関の設置)

第三十六条 社会福祉法人は、評議員、評議員会、理事、理事会及び監事を置かなければならない。

2 社会福祉法人は、定款の定めによつて、会計監査人を置くことができる。

(会計監査人の設置義務)

第三十七条 特定社会福祉法人(その事業の規模が政令で定める基準を超える社会福祉法人をいう。第四十六条の五第三項において同じ。)は、会計監査人を置かなければならない。

第二款 評議員等の選任及び解任

(社会福祉法人と評議員等との関係)

第三十八条 社会福祉法人と評議員、役員及び会計監査人との関係は、委任に関する規定に従う。

(評議員の選任)

第三十九条 評議員は、社会福祉法人の適正な運営に必要な識見を有する者のうちから、定款の定めるところにより、選任する。

(評議員の資格等)

第四十条 次に掲げる者は、評議員となることができない。

一 法人

二 心身の故障のため職務を適正に執行することができない者として厚生労働省令で定めるもの

三 生活保護法、児童福祉法、老人福祉法、身体障害者福祉法又はこの法律の規定に違反して刑に処せられ、その執行を終わり、又は執行を受けることがなくなるまでの者

四 前号に該当する者を除くほか、禁錮以上の刑に処せられ、その執行を終わり、又は執行を受けることがなくなるまでの者

五 第五十六条第八項の規定による所轄庁の解散命令により解散を命ぜられた社会福祉法人の解散当時の役員

2 評議員は、役員又は当該社会福祉法人の職員を兼ねることができない。

3 評議員の数は、定款で定めた理事の員数を超える数でなければならない。

4 評議員のうちには、各評議員について、その配偶者又は三親等以内の親族その他各評議員と厚生労働省令で定める特殊の関係がある者が含まれることになつてはならない。

5 評議員のうちには、各役員について、その配偶者又は三親等以内の親族その他各役員と厚生労働省令で定める特殊の関係がある者が含まれることになつてはならない。

(評議員の任期)

第四十一条 評議員の任期は、選任後四年以内に終了する会計年度のうち最終のものに関する定時評議員会の終結の時までとする。ただし、定款によつて、その任期を選任後六年以内に終了する会計年度のうち最終のものに関する定時評議員会の終結の時まで伸長することを妨げない。

2 前項の規定は、定款によつて、任期の満了前に退任した評議員の補欠として選任された評議員の任期を退任した評議員の任期の満了する時までとすることを妨げない。

(評議員に欠員を生じた場合の措置)

第四十二条　この法律又は定款で定めた評議員の員数が欠けた場合には、任期の満了又は辞任により退任した評議員は、新たに選任された評議員（次項の一時評議員の職務を行うべき者を含む。）が就任するまで、なお評議員としての権利義務を有する。

2　前項に規定する場合において、事務が遅滞することにより損害を生ずるおそれがあるときは、所轄庁は、利害関係人の請求により又は職権で、一時評議員の職務を行うべき者を選任することができる。

（役員等の選任）

第四十三条　役員及び会計監査人は、評議員会の決議によつて選任する。

2　前項の決議をする場合には、厚生労働省令で定めるところにより、この法律又は定款で定めた役員の員数を欠くこととなるときに備えて補欠の役員を選任することができる。

3　一般社団法人及び一般財団法人に関する法律第七十二条、第七十三条第一項及び第七十四条の規定は、社会福祉法人について準用する。この場合において、同法第七十二条及び第七十三条第一項中「社員総会」とあるのは「評議員会」と、同項中「監事が」とあるのは「監事の過半数をもって」と、同法第七十四条中「社員総会」とあるのは「評議員会」と読み替えるものとするほか、必要な技術的読替えは、政令で定める。

（役員の資格等）

第四十四条　第四十条第一項の規定は、役員について準用する。

2　監事は、理事又は当該社会福祉法人の職員を兼ねることができない。

3　理事は六人以上、監事は二人以上でなければならない。

4　理事のうちには、次に掲げる者が含まれなければならない。

一　社会福祉事業の経営に関する識見を有する者

二　当該社会福祉法人が行う事業の区域における福祉に関する実情に通じている者

三　当該社会福祉法人が施設を設置している場合にあつては、当該施設の管理者

5　監事のうちには、次に掲げる者が含まれなければならない。

一　社会福祉事業について識見を有する者

二　財務管理について識見を有する者

6　理事のうちには、各理事について、その配偶者若しくは三親等以内の親族その他各理事と厚生労働省令で定める特殊の関係がある者が三人を超えて含まれ、又は当該理事並びにその配偶者及び三親等以内の親族その他各理事と厚生労働省令で定める特殊の関係がある者が理事の総数の三分の一を超えて含まれることになつてはならない。

7　監事のうちには、各役員について、その配偶者又は三親等以内の親族その他各役員と厚生労働省令で定める特殊の関係がある者が含まれることになつてはならない。

（役員の任期）

第四十五条　役員の任期は、選任後二年以内に終了する会計年度のうち最終のものに関する定時評議員会の終結の時までとする。ただし、定款によつて、その任期を短縮することを妨げない。

（会計監査人の資格等）

第四十五条の二　会計監査人は、公認会計士（外国公認会計士（公認会計士法（昭和二十三年法律第百三号）第十六条の二第五項に規定する外国公認会計士をいう。）を含む。以下同じ。）又は監査法人でなければならない。

2　会計監査人に選任された監査法人は、その社員の中から会計監査人の職務を行うべき者を選定し、これを社会福祉法人に通知しなければならない。

3　公認会計士法の規定により、計算書類（第四十五条の二十七第二項に規定する計算書類をいう。第四十五条の十九第一項及び第四十五条の二十一第二項第一号イにおいて同じ。）について監査をすることができない者は、会計監査人となることができない。

（会計監査人の任期）

第四十五条の三　会計監査人の任期は、選任後一年以内に終了する会計年度のうち最終のものに関する定時評議員会の終結の時までとする。

2　会計監査人は、前項の定時評議員会にお

いて別段の決議がされなかつたときは、当該定時評議員会において再任されたものとみなす。

3　前二項の規定にかかわらず、会計監査人設置社会福祉法人が会計監査人を置く旨の定款の定めを廃止する定款の変更をした場合には、会計監査人の任期は、当該定款の変更の効力が生じた時に満了する。

（役員又は会計監査人の解任等）

第四十五条の四　役員が次のいずれかに該当するときは、評議員会の決議によつて、当該役員を解任することができる。

一　職務上の義務に違反し、又は職務を怠つたとき。

二　心身の故障のため、職務の執行に支障があり、又はこれに堪えないとき。

2　会計監査人が次条第一項各号のいずれかに該当するときは、評議員会の決議によつて、当該会計監査人を解任することができる。

3　一般社団法人及び一般財団法人に関する法律第二百八十四条（第二号に係る部分に限る。）、第二百八十五条及び第二百八十六条の規定は、役員又は評議員の解任の訴えについて準用する。

（監事による会計監査人の解任）

第四十五条の五　監事は、会計監査人が次のいずれかに該当するときは、当該会計監査人を解任することができる。

一　職務上の義務に違反し、又は職務を怠つたとき。

二　会計監査人としてふさわしくない非行があつたとき。

三　心身の故障のため、職務の執行に支障があり、又はこれに堪えないとき。

2　前項の規定による解任は、監事の全員の同意によつて行わなければならない。

3　第一項の規定により会計監査人を解任したときは、監事の互選によつて定めた監事は、その旨及び解任の理由を解任後最初に招集される評議員会に報告しなければならない。

（役員等に欠員を生じた場合の措置）

第四十五条の六　この法律又は定款で定めた役員の員数が欠けた場合には、任期の満了又は辞任により退任した役員は、新たに選任された役員（次項の一時役員の職務を行うべき者を含む。）が就任するまで、なお役員としての権利義務を有する。

2　前項に規定する場合において、事務が遅滞することにより損害を生ずるおそれがあるときは、所轄庁は、利害関係人の請求により又は職権で、一時役員の職務を行うべき者を選任することができる。

3　会計監査人が欠けた場合又は定款で定めた会計監査人の員数が欠けた場合において、遅滞なく会計監査人が選任されないときは、監事は、一時会計監査人の職務を行うべき者を選任しなければならない。

4　第四十五条の二及び前条の規定は、前項の一時会計監査人の職務を行うべき者について準用する。

（役員の欠員補充）

第四十五条の七　理事のうち、定款で定めた理事の員数の三分の一を超える者が欠けたときは、遅滞なくこれを補充しなければならない。

2　前項の規定は、監事について準用する。

第三款　評議員及び評議員会

（評議員会の権限等）

第四十五条の八　評議員会は、全ての評議員で組織する。

2　評議員会は、この法律に規定する事項及び定款で定めた事項に限り、決議をすることができる。

3　この法律の規定により評議員会の決議を必要とする事項について、理事、理事会その他の評議員会以外の機関が決定することができることを内容とする定款の定めは、その効力を有しない。

4　一般社団法人及び一般財団法人に関する法律第百八十四条から第百八十六条まで及び第百九十六条の規定は、評議員について準用する。この場合において、必要な技術的読替えは、政令で定める。

（評議員会の運営）

第四十五条の九　定時評議員会は、毎会計年度の終了後一定の時期に招集しなければならない。

2　評議員会は、必要がある場合には、いつでも、招集することができる。

3　評議員会は、第五項の規定により招集する場合を除き、理事が招集する。

4　評議員は、理事に対し、評議員会の目的である事項及び招集の理由を示して、評議員会の招集を請求することができる。

5　次に掲げる場合には、前項の規定による請求をした評議員は、所轄庁の許可を得て、評議員会を招集することができる。

一　前項の規定による請求の後遅滞なく招集の手続が行われない場合

二　前項の規定による請求があつた日から六週間（これを下回る期間を定款で定めた場合にあつては、その期間）以内の日を評議員会の日とする評議員会の招集の通知が発せられない場合

6　評議員会の決議は、議決に加わることができる評議員の過半数（これを上回る割合を定款で定めた場合にあつては、その割合以上）が出席し、その過半数（これを上回る割合を定款で定めた場合にあつては、その割合以上）をもつて行う。

7　前項の規定にかかわらず、次に掲げる評議員会の決議は、議決に加わることができる評議員の三分の二（これを上回る割合を定款で定めた場合にあつては、その割合）以上に当たる多数をもつて行わなければならない。

一　第四十五条の四第一項の評議員会（監事を解任する場合に限る。）

二　第四十五条の二十第四項において準用する一般社団法人及び一般財団法人に関する法律第百十三条第一項の評議員会

三　第四十五条の三十六第一項の評議員会

四　第四十六条第一項第一号の評議員会

五　第五十二条、第五十四条の二第一項及び第五十四条の八の評議員会

8　前二項の決議について特別の利害関係を有する評議員は、議決に加わることができない。

9　評議員会は、次項において準用する一般社団法人及び一般財団法人に関する法律第百八十一条第一項第二号に掲げる事項以外の事項については、決議をすることができない。ただし、第四十五条の十九第六項において準用する同法第百九条第二項の会計監査人の出席を求めることについては、この限りでない。

10　一般社団法人及び一般財団法人に関する法律第百八十一条から第百八十三条まで及び第百九十二条の規定は評議員会の招集について、同法第百九十四条の規定は評議員会の決議について、同法第百九十五条の規定は評議員会への報告について、それぞれ準用する。この場合において、同法第百八十一条第一項第三号及び第百九十四条第三項第二号中「法務省令」とあるのは、「厚生労働省令」と読み替えるものとするほか、必要な技術的読替えは、政令で定める。

（理事等の説明義務）

第四十五条の十　理事及び監事は、評議員会において、評議員から特定の事項について説明を求められた場合には、当該事項について必要な説明をしなければならない。ただし、当該事項が評議員会の目的である事項に関しないものである場合その他正当な理由がある場合として厚生労働省令で定める場合は、この限りでない。

（議事録）

第四十五条の十一　評議員会の議事については、厚生労働省令で定めるところにより、議事録を作成しなければならない。

2　社会福祉法人は、評議員会の日から十年間、前項の議事録をその主たる事務所に備え置かなければならない。

3　社会福祉法人は、評議員会の日から五年間、第一項の議事録の写しをその従たる事務所に備え置かなければならない。ただし、当該議事録が電磁的記録をもつて作成されている場合であつて、従たる事務所における次項第二号に掲げる請求に応じることを可能とするための措置として厚生労働省令で定めるものをとつているときは、この限りでない。

4　評議員及び債権者は、社会福祉法人の業務時間内は、いつでも、次に掲げる請求をすることができる。

一　第一項の議事録が書面をもつて作成されているときは、当該書面又は当該書面

の写しの閲覧又は謄写の請求

二　第一項の議事録が電磁的記録をもつて作成されているときは、当該電磁的記録に記録された事項を厚生労働省令で定める方法により表示したものの閲覧又は謄写の請求

（評議員会の決議の不存在若しくは無効の確認又は取消しの訴え）

第四十五条の十二　一般社団法人及び一般財団法人に関する法律第二百六十五条、第二百六十六条第一項（第三号に係る部分を除く。）及び第二項、第二百六十九条（第四号及び第五号に係る部分に限る。）、第二百七十条、第二百七十一条第一項及び第三項、第二百七十二条、第二百七十三条並びに第二百七十七条の規定は、評議員会の決議の不存在若しくは無効の確認又は取消しの訴えについて準用する。この場合において、同法第二百六十五条第一項中「社員総会又は評議員会（以下この款及び第三百十五条第一項第一号ロにおいて「社員総会等」という。）」とあり、及び同条第二項中「社員総会等」とあるのは「評議員会」と、同法第二百六十六条第一項中「社員等」とあるのは「評議員、理事、監事又は清算人」と、「、社員総会等」とあるのは「、評議員会」と、同項第一号及び第二号並びに同条第二項中「社員総会等」とあるのは「評議員会」と、同法第二百七十一条第一項中「社員」とあるのは「債権者」と読み替えるものとするほか、必要な技術的読替えは、政令で定める。

第四款　理事及び理事会

（理事会の権限等）

第四十五条の十三　理事会は、全ての理事で組織する。

2　理事会は、次に掲げる職務を行う。

一　社会福祉法人の業務執行の決定

二　理事の職務の執行の監督

三　理事長の選定及び解職

3　理事会は、理事の中から理事長一人を選定しなければならない。

4　理事会は、次に掲げる事項その他の重要な業務執行の決定を理事に委任することができない。

一　重要な財産の処分及び譲受け

二　多額の借財

三　重要な役割を担う職員の選任及び解任

四　従たる事務所その他の重要な組織の設置、変更及び廃止

五　理事の職務の執行が法令及び定款に適合することを確保するための体制その他社会福祉法人の業務の適正を確保するために必要なものとして厚生労働省令で定める体制の整備

六　第四十五条の二十第四項において準用する一般社団法人及び一般財団法人に関する法律第百十四条第一項の規定による定款の定めに基づく第四十五条の二十第一項の責任の免除

5　その事業の規模が政令で定める基準を超える社会福祉法人においては、理事会は、前項第五号に掲げる事項を決定しなければならない。

（理事会の運営）

第四十五条の十四　理事会は、各理事が招集する。ただし、理事会を招集する理事を定款又は理事会で定めたときは、その理事が招集する。

2　前項ただし書に規定する場合には、同項ただし書の規定により定められた理事（以下この項において「招集権者」という。）以外の理事は、招集権者に対し、理事会の目的である事項を示して、理事会の招集を請求することができる。

3　前項の規定による請求があつた日から五日以内に、その請求があつた日から二週間以内の日を理事会の日とする理事会の招集の通知が発せられない場合には、その請求をした理事は、理事会を招集することができる。

4　理事会の決議は、議決に加わることができる理事の過半数（これを上回る割合を定款で定めた場合にあつては、その割合以上）が出席し、その過半数（これを上回る割合を定款で定めた場合にあつては、その割合以上）をもつて行う。

5　前項の決議について特別の利害関係を有する理事は、議決に加わることができない。

6　理事会の議事については、厚生労働省令で定めるところにより、議事録を作成し、議事録が書面をもつて作成されているときは、出席した理事（定款で議事録に署名し、又は記名押印しなければならない者を当該理事会に出席した理事長とする旨の定めがある場合にあつては、当該理事長）及び監事は、これに署名し、又は記名押印しなければならない。

7　前項の議事録が電磁的記録をもつて作成されている場合における当該電磁的記録に記録された事項については、厚生労働省令で定める署名又は記名押印に代わる措置をとらなければならない。

8　理事会の決議に参加した理事であつて第六項の議事録に異議をとどめないものは、その決議に賛成したものと推定する。

9　一般社団法人及び一般財団法人に関する法律第九十四条の規定は理事会の招集について、同法第九十六条の規定は理事会の決議について、同法第九十八条の規定は理事会への報告について、それぞれ準用する。この場合において、必要な技術的読替えは、政令で定める。

（議事録等）

第四十五条の十五　社会福祉法人は、理事会の日（前条第九項において準用する一般社団法人及び一般財団法人に関する法律第九十六条の規定により理事会の決議があつたものとみなされた日を含む。）から十年間、前条第六項の議事録又は同条第九項において準用する同法第九十六条の意思表示を記載し、若しくは記録した書面若しくは電磁的記録（以下この条において「議事録等」という。）をその主たる事務所に備え置かなければならない。

2　評議員は、社会福祉法人の業務時間内は、いつでも、次に掲げる請求をすることができる。

一　議事録等が書面をもつて作成されているときは、当該書面の閲覧又は謄写の請求

二　議事録等が電磁的記録をもつて作成されているときは、当該電磁的記録に記録された事項を厚生労働省令で定める方法により表示したものの閲覧又は謄写の請求

3　債権者は、理事又は監事の責任を追及するため必要があるときは、裁判所の許可を得て、議事録等について前項各号に掲げる請求をすることができる。

4　裁判所は、前項の請求に係る閲覧又は謄写をすることにより、当該社会福祉法人に著しい損害を及ぼすおそれがあると認めるときは、同項の許可をすることができない。

5　一般社団法人及び一般財団法人に関する法律第二百八十七条第一項、第二百八十八条、第二百八十九条（第一号に係る部分に限る。）、第二百九十条本文、第二百九十一条（第二号に係る部分に限る。）、第二百九十二条本文、第二百九十四条及び第二百九十五条の規定は、第三項の許可について準用する。

（理事の職務及び権限等）

第四十五条の十六　理事は、法令及び定款を遵守し、社会福祉法人のため忠実にその職務を行わなければならない。

2　次に掲げる理事は、社会福祉法人の業務を執行する。

一　理事長

二　理事長以外の理事であつて、理事会の決議によつて社会福祉法人の業務を執行する理事として選定されたもの

3　前項各号に掲げる理事は、三月に一回以上、自己の職務の執行の状況を理事会に報告しなければならない。ただし、定款で毎会計年度に四月を超える間隔で二回以上その報告をしなければならない旨を定めた場合は、この限りでない。

4　一般社団法人及び一般財団法人に関する法律第八十四条、第八十五条、第八十八条（第二項を除く。）、第八十九条及び第九十二条第二項の規定は、理事について準用する。この場合において、同法第八十四条第一項中「社員総会」とあるのは「理事会」と、同法第八十八条の見出し及び同条第一項中「社員」とあるのは「評議員」と、「著しい」とあるのは「回復することができない」と、同法第八十九条中「社員総会」とあるのは「評議員会」と読み替えるものと

するほか、必要な技術的読替えは、政令で定める。

（理事長の職務及び権限等）

第四十五条の十七　理事長は、社会福祉法人の業務に関する一切の裁判上又は裁判外の行為をする権限を有する。

２　前項の権限に加えた制限は、善意の第三者に対抗することができない。

３　第四十五条の六第一項及び第二項並びに一般社団法人及び一般財団法人に関する法律第七十八条及び第八十二条の規定は理事長について、同法第八十条の規定は民事保全法（平成元年法律第九十一号）第五十六条に規定する仮処分命令により選任された理事又は理事長の職務を代行する者について、それぞれ準用する。この場合において、第四十五条の六第一項中「この法律又は定款で定めた役員の員数が欠けた場合」とあるのは、「理事長が欠けた場合」と読み替えるものとする。

第五款　監事

第四十五条の十八　監事は、理事の職務の執行を監査する。この場合において、監事は、厚生労働省令で定めるところにより、監査報告を作成しなければならない。

２　監事は、いつでも、理事及び当該社会福祉法人の職員に対して事業の報告を求め、又は当該社会福祉法人の業務及び財産の状況の調査をすることができる。

３　一般社団法人及び一般財団法人に関する法律第百条から第百三条まで、第百四条第一項、第百五条及び第百六条の規定は、監事について準用する。この場合において、同法第百二条（見出しを含む。）中「社員総会」とあるのは「評議員会」と、同条中「法務省令」とあるのは「厚生労働省令」と、同法第百五条中「社員総会」とあるのは「評議員会」と読み替えるものとするほか、必要な技術的読替えは、政令で定める。

第六款　会計監査人

第四十五条の十九　会計監査人は、次節の定めるところにより、社会福祉法人の計算書類及びその附属明細書を監査する。この場合において、会計監査人は、厚生労働省令で定めるところにより、会計監査報告を作成しなければならない。

２　会計監査人は、前項の規定によるもののほか、財産目録その他の厚生労働省令で定める書類を監査する。この場合において、会計監査人は、会計監査報告に当該監査の結果を併せて記載し、又は記録しなければならない。

３　会計監査人は、いつでも、次に掲げるものの閲覧及び謄写をし、又は理事及び当該会計監査人設置社会福祉法人の職員に対し、会計に関する報告を求めることができる。

一　会計帳簿又はこれに関する資料が書面をもつて作成されているときは、当該書面

二　会計帳簿又はこれに関する資料が電磁的記録をもつて作成されているときは、当該電磁的記録に記録された事項を厚生労働省令で定める方法により表示したもの

４　会計監査人は、その職務を行うため必要があるときは、会計監査人設置社会福祉法人の業務及び財産の状況の調査をすることができる。

５　会計監査人は、その職務を行うに当たつては、次のいずれかに該当する者を使用してはならない。

一　第四十五条の二第三項に規定する者

二　理事、監事又は当該会計監査人設置社会福祉法人の職員である者

三　会計監査人設置社会福祉法人から公認会計士又は監査法人の業務以外の業務により継続的な報酬を受けている者

６　一般社団法人及び一般財団法人に関する法律第百八条から第百十条までの規定は、会計監査人について準用する。この場合において、同法第百九条（見出しを含む。）中「定時社員総会」とあるのは、「定時評議員会」と読み替えるものとするほか、必要な技術的読替えは、政令で定める。

第七款　役員等の損害賠償責任

（役員等又は評議員の社会福祉法人に対する

（損害賠償責任）

第四十五条の二十　理事、監事若しくは会計監査人（以下この款において「役員等」という。）又は評議員は、その任務を怠つたときは、社会福祉法人に対し、これによつて生じた損害を賠償する責任を負う。

2　理事が第四十五条の十六第四項において準用する一般社団法人及び一般財団法人に関する法律第八十四条第一項の規定に違反して同項第一号の取引をしたときは、当該取引によつて理事又は第三者が得た利益の額は、前項の損害の額と推定する。

3　第四十五条の十六第四項において準用する一般社団法人及び一般財団法人に関する法律第八十四条第一項第二号又は第三号の取引によつて社会福祉法人に損害が生じたときは、次に掲げる理事は、その任務を怠つたものと推定する。

一　第四十五条の十六第四項において準用する一般社団法人及び一般財団法人に関する法律第八十四条第一項の理事

二　社会福祉法人が当該取引をすることを決定した理事

三　当該取引に関する理事会の承認の決議に賛成した理事

4　一般社団法人及び一般財団法人に関する法律第百十二条から第百十六条までの規定は、第一項の責任について準用する。この場合において、同法第百十二条中「総社員」とあるのは「総評議員」と、同法第百十三条第一項中「社員総会」とあるのは「評議員会」と、同項第二号中「法務省令」とあるのは「厚生労働省令」と、同号イ及びロ中「代表理事」とあるのは「理事長」と、同条第二項及び第三項中「社員総会」とあるのは「評議員会」と、同条第四項中「法務省令」とあるのは「厚生労働省令」と、「社員総会」とあるのは「評議員会」と、同法第百十四条第二項中「社員総会」とあるのは「評議員会」と、「限る。）についての理事の同意を得る場合及び当該責任の免除」とあるのは「限る。）」と、同条第三項中「社員」とあるのは「評議員」と、同条第四項中「総社員（前項の責任を負う役員等であるものを除く。）の議決権」とあるのは「総評議員」と、「議決権を有する社員が同項」とあるのは「評議員が前項」と、同法第百十五条第一項中「代表理事」とあるのは「理事長」と、同条第三項及び第四項中「社員総会」とあるのは「評議員会」と読み替えるものとするほか、必要な技術的読替えは、政令で定める。

（役員等又は評議員の第三者に対する損害賠償責任）

第四十五条の二十一　役員等又は評議員がその職務を行うについて悪意又は重大な過失があつたときは、当該役員等又は評議員は、これによつて第三者に生じた損害を賠償する責任を負う。

2　次の各号に掲げる者が、当該各号に定める行為をしたときも、前項と同様とする。ただし、その者が当該行為をすることについて注意を怠らなかつたことを証明したときは、この限りでない。

一　理事　次に掲げる行為

イ　計算書類及び事業報告並びにこれらの附属明細書に記載し、又は記録すべき重要な事項についての虚偽の記載又は記録

ロ　虚偽の登記

ハ　虚偽の公告

二　監事　監査報告に記載し、又は記録すべき重要な事項についての虚偽の記載又は記録

三　会計監査人　会計監査報告に記載し、又は記録すべき重要な事項についての虚偽の記載又は記録

（役員等又は評議員の連帯責任）

第四十五条の二十二　役員等又は評議員が社会福祉法人又は第三者に生じた損害を賠償する責任を負う場合において、他の役員等又は評議員も当該損害を賠償する責任を負うときは、これらの者は、連帯債務者とする。

第四節　計算

第一款　会計の原則等

第四十五条の二十三　社会福祉法人は、厚生労働省令で定める基準に従い、会計処理を行わなければならない。

2　社会福祉法人の会計年度は、四月一日に始まり、翌年三月三十一日に終わるものとする。

第二款　会計帳簿

（会計帳簿の作成及び保存）
第四十五条の二十四　社会福祉法人は、厚生労働省令で定めるところにより、適時に、正確な会計帳簿を作成しなければならない。
2　社会福祉法人は、会計帳簿の閉鎖の時から十年間、その会計帳簿及びその事業に関する重要な資料を保存しなければならない。

（会計帳簿の閲覧等の請求）
第四十五条の二十五　評議員は、社会福祉法人の業務時間内は、いつでも、次に掲げる請求をすることができる。
一　会計帳簿又はこれに関する資料が書面をもつて作成されているときは、当該書面の閲覧又は謄写の請求
二　会計帳簿又はこれに関する資料が電磁的記録をもつて作成されているときは、当該電磁的記録に記録された事項を厚生労働省令で定める方法により表示したものの閲覧又は謄写の請求

（会計帳簿の提出命令）
第四十五条の二十六　裁判所は、申立てにより又は職権で、訴訟の当事者に対し、会計帳簿の全部又は一部の提出を命ずることができる。

第三款　計算書類等

（計算書類等の作成及び保存）
第四十五条の二十七　社会福祉法人は、厚生労働省令で定めるところにより、その成立の日における貸借対照表を作成しなければならない。
2　社会福祉法人は、毎会計年度終了後三月以内に、厚生労働省令で定めるところにより、各会計年度に係る計算書類（貸借対照表及び収支計算書をいう。以下この款において同じ。）及び事業報告並びにこれらの附属明細書を作成しなければならない。
3　計算書類及び事業報告並びにこれらの附属明細書は、電磁的記録をもつて作成することができる。
4　社会福祉法人は、計算書類を作成した時から十年間、当該計算書類及びその附属明細書を保存しなければならない。

（計算書類等の監査等）
第四十五条の二十八　前条第二項の計算書類及び事業報告並びにこれらの附属明細書は、厚生労働省令で定めるところにより、監事の監査を受けなければならない。
2　前項の規定にかかわらず、会計監査人設置社会福祉法人においては、次の各号に掲げるものは、厚生労働省令で定めるところにより、当該各号に定める者の監査を受けなければならない。
一　前条第二項の計算書類及びその附属明細書　監事及び会計監査人
二　前条第二項の事業報告及びその附属明細書　監事
3　第一項又は前項の監査を受けた計算書類及び事業報告並びにこれらの附属明細書は、理事会の承認を受けなければならない。

（計算書類等の評議員への提供）
第四十五条の二十九　理事は、定時評議員会の招集の通知に際して、厚生労働省令で定めるところにより、評議員に対し、前条第三項の承認を受けた計算書類及び事業報告並びに監査報告（同条第二項の規定の適用がある場合にあつては、会計監査報告を含む。）を提供しなければならない。

（計算書類等の定時評議員会への提出等）
第四十五条の三十　理事は、第四十五条の二十八第三項の承認を受けた計算書類及び事業報告を定時評議員会に提出し、又は提供しなければならない。
2　前項の規定により提出され、又は提供された計算書類は、定時評議員会の承認を受けなければならない。
3　理事は、第一項の規定により提出され、又は提供された事業報告の内容を定時評議員会に報告しなければならない。

（会計監査人設置社会福祉法人の特則）
第四十五条の三十一　会計監査人設置社会福祉法人については、第四十五条の二十八第三項の承認を受けた計算書類が法令及び定

款に従い社会福祉法人の財産及び収支の状況を正しく表示しているものとして厚生労働省令で定める要件に該当する場合には、前条第二項の規定は、適用しない。この場合においては、理事は、当該計算書類の内容を定時評議員会に報告しなければならない。

（計算書類等の備置き及び閲覧等）

第四十五条の三十二　社会福祉法人は、計算書類等（各会計年度に係る計算書類及び事業報告並びにこれらの附属明細書並びに監査報告（第四十五条の二十八第二項の規定の適用がある場合にあつては、会計監査報告を含む。）をいう。以下この条において同じ。）を、定時評議員会の日の二週間前の日（第四十五条の九第十項において準用する一般社団法人及び一般財団法人に関する法律第百九十四条第一項の場合にあつては、同項の提案があつた日）から五年間、その主たる事務所に備え置かなければならない。

2　社会福祉法人は、計算書類等の写しを、定時評議員会の日の二週間前の日（第四十五条の九第十項において準用する一般社団法人及び一般財団法人に関する法律第百九十四条第一項の場合にあつては、同項の提案があつた日）から三年間、その従たる事務所に備え置かなければならない。ただし、計算書類等が電磁的記録で作成されている場合であつて、従たる事務所における次項第三号及び第四号並びに第四項第二号に掲げる請求に応じることを可能とするための措置として厚生労働省令で定めるものをとつているときは、この限りでない。

3　評議員及び債権者は、社会福祉法人の業務時間内は、いつでも、次に掲げる請求をすることができる。ただし、債権者が第二号又は第四号に掲げる請求をするには、当該社会福祉法人の定めた費用を支払わなければならない。

一　計算書類等が書面をもつて作成されているときは、当該書面又は当該書面の写しの閲覧の請求

二　前号の書面の謄本又は抄本の交付の請求

三　計算書類等が電磁的記録をもつて作成されているときは、当該電磁的記録に記録された事項を厚生労働省令で定める方法により表示したものの閲覧の請求

四　前号の電磁的記録に記録された事項を電磁的方法であつて社会福祉法人の定めたものにより提供することの請求又はその事項を記載した書面の交付の請求

4　何人（評議員及び債権者を除く。）も、社会福祉法人の業務時間内は、いつでも、次に掲げる請求をすることができる。この場合においては、当該社会福祉法人は、正当な理由がないのにこれを拒んではならない。

一　計算書類等が書面をもつて作成されているときは、当該書面又は当該書面の写しの閲覧の請求

二　計算書類等が電磁的記録をもつて作成されているときは、当該電磁的記録に記録された事項を厚生労働省令で定める方法により表示したものの閲覧の請求

（計算書類等の提出命令）

第四十五条の三十三　裁判所は、申立てにより又は職権で、訴訟の当事者に対し、計算書類及びその附属明細書の全部又は一部の提出を命ずることができる。

（財産目録の備置き及び閲覧等）

第四十五条の三十四　社会福祉法人は、毎会計年度終了後三月以内に（社会福祉法人が成立した日の属する会計年度にあつては、当該成立した日以後遅滞なく）、厚生労働省令で定めるところにより、次に掲げる書類を作成し、当該書類を五年間その主たる事務所に、その写しを三年間その従たる事務所に備え置かなければならない。

一　財産目録

二　役員等名簿（理事、監事及び評議員の氏名及び住所を記載した名簿をいう。第四項において同じ。）

三　報酬等（報酬、賞与その他の職務遂行の対価として受ける財産上の利益及び退職手当をいう。次条及び第五十九条の二第一項第二号において同じ。）の支給の基準を記載した書類

四　事業の概要その他の厚生労働省令で定

める事項を記載した書類

2　前項各号に掲げる書類（以下この条において「財産目録等」という。）は、電磁的記録をもつて作成することができる。

3　何人も、社会福祉法人の業務時間内は、いつでも、財産目録等について、次に掲げる請求をすることができる。この場合においては、当該社会福祉法人は、正当な理由がないのにこれを拒んではならない。

一　財産目録等が書面をもつて作成されているときは、当該書面又は当該書面の写しの閲覧の請求

二　財産目録等が電磁的記録をもつて作成されているときは、当該電磁的記録に記録された事項を厚生労働省令で定める方法により表示したものの閲覧の請求

4　前項の規定にかかわらず、社会福祉法人は、役員等名簿について当該社会福祉法人の評議員以外の者から同項各号に掲げる請求があつた場合には、役員等名簿に記載され、又は記録された事項中、個人の住所に係る記載又は記録の部分を除外して、同項各号の閲覧をさせることができる。

5　財産目録等が電磁的記録をもつて作成されている場合であつて、その従たる事務所における第三項第二号に掲げる請求に応じることを可能とするための措置として厚生労働省令で定めるものをとつている社会福祉法人についての第一項の規定の適用については、同項中「主たる事務所に、その写しを三年間その従たる事務所」とあるのは、「主たる事務所」とする。

（**報酬等**）

第四十五条の三十五　社会福祉法人は、理事、監事及び評議員に対する報酬等について、厚生労働省令で定めるところにより、民間事業者の役員の報酬等及び従業員の給与、当該社会福祉法人の経理の状況その他の事情を考慮して、不当に高額なものとならないような支給の基準を定めなければならない。

2　前項の報酬等の支給の基準は、評議員会の承認を受けなければならない。これを変更しようとするときも、同様とする。

3　社会福祉法人は、前項の承認を受けた報酬等の支給の基準に従つて、その理事、監事及び評議員に対する報酬等を支給しなければならない。

第五節　定款の変更

第四十五条の三十六　定款の変更は、評議員会の決議によらなければならない。

2　定款の変更（厚生労働省令で定める事項に係るものを除く。）は、所轄庁の認可を受けなければ、その効力を生じない。

3　第三十二条の規定は、前項の認可について準用する。

4　社会福祉法人は、第二項の厚生労働省令で定める事項に係る定款の変更をしたときは、遅滞なくその旨を所轄庁に届け出なければならない。

第六節　解散及び清算並びに合併

第一款　解散

（**解散事由**）

第四十六条　社会福祉法人は、次の事由によつて解散する。

一　評議員会の決議

二　定款に定めた解散事由の発生

三　目的たる事業の成功の不能

四　合併（合併により当該社会福祉法人が消滅する場合に限る。）

五　破産手続開始の決定

六　所轄庁の解散命令

2　前項第一号又は第三号に掲げる事由による解散は、所轄庁の認可又は認定がなければ、その効力を生じない。

3　清算人は、第一項第二号又は第五号に掲げる事由によつて解散した場合には、遅滞なくその旨を所轄庁に届け出なければならない。

（**社会福祉法人についての破産手続の開始**）

第四十六条の二　社会福祉法人がその債務につきその財産をもつて完済することができなくなつた場合には、裁判所は、理事若しくは債権者の申立てにより又は職権で、破産手続開始の決定をする。

2　前項に規定する場合には、理事は、直ちに破産手続開始の申立てをしなければならない。

第二款　清算

第一目　清算の開始

（清算の開始原因）
第四十六条の三　社会福祉法人は、次に掲げる場合には、この款の定めるところにより、清算をしなければならない。
一　解散した場合（第四十六条第一項第四号に掲げる事由によつて解散した場合及び破産手続開始の決定により解散した場合であつて当該破産手続が終了していない場合を除く。）
二　設立の無効の訴えに係る請求を認容する判決が確定した場合

（清算法人の能力）
第四十六条の四　前条の規定により清算をする社会福祉法人（以下「清算法人」という。）は、清算の目的の範囲内において、清算が結了するまではなお存続するものとみなす。

第二目　清算法人の機関

（清算法人における機関の設置）
第四十六条の五　清算法人には、一人又は二人以上の清算人を置かなければならない。
2　清算法人は、定款の定めによつて、清算人会又は監事を置くことができる。
3　第四十六条の三各号に掲げる場合に該当することとなつた時において特定社会福祉法人であつた清算法人は、監事を置かなければならない。
4　第三節第一款（評議員及び評議員会に係る部分を除く。）の規定は、清算法人については、適用しない。

（清算人の就任）
第四十六条の六　次に掲げる者は、清算法人の清算人となる。
一　理事（次号又は第三号に掲げる者がある場合を除く。）
二　定款で定める者
三　評議員会の決議によつて選任された者
2　前項の規定により清算人となる者がないときは、裁判所は、利害関係人若しくは検察官の請求により又は職権で、清算人を選任する。
3　前二項の規定にかかわらず、第四十六条の三第二号に掲げる場合に該当することとなつた清算法人については、裁判所は、利害関係人若しくは検察官の請求により又は職権で、清算人を選任する。
4　清算人は、その氏名及び住所を所轄庁に届け出なければならない。
5　清算中に就職した清算人は、その氏名及び住所を所轄庁に届け出なければならない。
6　第三十八条及び第四十条第一項の規定は、清算人について準用する。
7　清算人会設置法人（清算人会を置く清算法人をいう。以下同じ。）においては、清算人は、三人以上でなければならない。

（清算人の解任）
第四十六条の七　清算人（前条第二項又は第三項の規定により裁判所が選任した者を除く。）が次のいずれかに該当するときは、評議員会の決議によつて、当該清算人を解任することができる。
一　職務上の義務に違反し、又は職務を怠つたとき。
二　心身の故障のため、職務の執行に支障があり、又はこれに堪えないとき。
2　重要な事由があるときは、裁判所は、利害関係人の申立て若しくは検察官の請求により又は職権で、清算人を解任することができる。
3　一般社団法人及び一般財団法人に関する法律第七十五条第一項から第三項までの規定は、清算人及び清算法人の監事について、同法第百七十五条の規定は、清算法人の評議員について、それぞれ準用する。

（監事の退任等）
第四十六条の八　清算法人の監事は、当該清算法人が監事を置く旨の定款の定めを廃止する定款の変更をした場合には、当該定款の変更の効力が生じた時に退任する。
2　清算法人の評議員は、三人以上でなければならない。
3　第四十条第三項から第五項まで、第四十一条、第四十二条、第四十四条第三項、第五項及び第七項、第四十五条、第四十五条の六第一項及び第二項並びに第四十五条の七第二項の規定は、清算法人については、適用しない。

（清算人の職務）

第四十六条の九　清算人は、次に掲げる職務を行う。

一　現務の結了

二　債権の取立て及び債務の弁済

三　残余財産の引渡し

（業務の執行）

第四十六条の十　清算人は、清算法人（清算人会設置法人を除く。次項において同じ。）の業務を執行する。

2　清算人が二人以上ある場合には、清算法人の業務は、定款に別段の定めがある場合を除き、清算人の過半数をもつて決定する。

3　前項の場合には、清算人は、次に掲げる事項についての決定を各清算人に委任することができない。

一　従たる事務所の設置、移転及び廃止

二　第四十五条の九第十項において準用する一般社団法人及び一般財団法人に関する法律第百八十一条第一項各号に掲げる事項

三　清算人の職務の執行が法令及び定款に適合することを確保するための体制その他清算法人の業務の適正を確保するために必要なものとして厚生労働省令で定める体制の整備

4　一般社団法人及び一般財団法人に関する法律第八十一条から第八十五条まで、第八十八条及び第八十九条の規定は、清算人（同条の規定については、第四十六条の六第二項又は第三項の規定により裁判所が選任した者を除く。）について準用する。この場合において、同法第八十一条中「社員総会」とあるのは「評議員会」と、同法第八十二条の見出し中「表見代表理事」とあるのは「表見代表清算人」と、同条中「代表理事」とあるのは「代表清算人（社会福祉法（昭和二十六年法律第四十五号）第四十六条の十一第一項に規定する代表清算人をいう。）」と、同法第八十三条中「定款並びに社員総会の決議」とあるのは「定款」と、同法第八十四条第一項中「社員総会」とあるのは「評議員会」と、同法第八十五条並びに第八十八条の見出し及び同条第一項中「社員」とあるのは「評議員」と、同法第八十九条中「社員総会」とあるのは「評議員会」と読み替えるものとするほか、必要な技術的読替えは、政令で定める。

（清算法人の代表）

第四十六条の十一　清算人は、清算法人を代表する。ただし、他に代表清算人（清算法人を代表する清算人をいう。以下同じ。）その他清算法人を代表する者を定めた場合は、この限りでない。

2　前項本文の清算人が二人以上ある場合には、清算人は、各自、清算法人を代表する。

3　清算法人（清算人会設置法人を除く。）は、定款、定款の定めに基づく清算人（第四十六条の六第二項又は第三項の規定により裁判所が選任した者を除く。以下この項において同じ。）の互選又は評議員会の決議によつて、清算人の中から代表清算人を定めることができる。

4　第四十六条の六第一項第一号の規定により理事が清算人となる場合においては、理事長が代表清算人となる。

5　裁判所は、第四十六条の六第二項又は第三項の規定により清算人を選任する場合には、その清算人の中から代表清算人を定めることができる。

6　第四十六条の十七第八項の規定、前条第四項において準用する一般社団法人及び一般財団法人に関する法律第八十一条の規定及び次項において準用する同法第七十七条第四項の規定にかかわらず、監事設置清算法人（監事を置く清算法人又はこの法律の規定により監事を置かなければならない清算法人をいう。以下同じ。）が清算人（清算人であつた者を含む。以下この項において同じ。）に対し、又は清算人が監事設置清算法人に対して訴えを提起する場合には、当該訴えについては、監事が監事設置清算法人を代表する。

7　一般社団法人及び一般財団法人に関する法律第七十七条第四項及び第五項並びに第七十九条の規定は代表清算人について、同法第八十条の規定は民事保全法第五十六条に規定する仮処分命令により選任された清算人又は代表清算人の職務を代行する者について、それぞれ準用する。

（清算法人についての破産手続の開始）

第四十六条の十二　清算法人の財産がその債務を完済するのに足りないことが明らかになつたときは、清算人は、直ちに破産手続開始の申立てをし、その旨を公告しなければならない。

2　清算人は、清算法人が破産手続開始の決定を受けた場合において、破産管財人にその事務を引き継いだときは、その任務を終了したものとする。

3　前項に規定する場合において、清算法人が既に債権者に支払い、又は残余財産の帰属すべき者に引き渡したものがあるときは、破産管財人は、これを取り戻すことができる。

4　第一項の規定による公告は、官報に掲載してする。

（裁判所の選任する清算人の報酬）

第四十六条の十三　裁判所は、第四十六条の六第二項又は第三項の規定により清算人を選任した場合には、清算法人が当該清算人に対して支払う報酬の額を定めることができる。この場合においては、裁判所は、当該清算人及び監事の陳述を聴かなければならない。

（清算人の清算法人に対する損害賠償責任）

第四十六条の十四　清算人は、その任務を怠つたときは、清算法人に対し、これによつて生じた損害を賠償する責任を負う。

2　清算人が第四十六条の十第四項において準用する一般社団法人及び一般財団法人に関する法律第八十四条第一項の規定に違反して同項第一号の取引をしたときは、当該取引により清算人又は第三者が得た利益の額は、前項の損害の額と推定する。

3　第四十六条の十第四項において準用する一般社団法人及び一般財団法人に関する法律第八十四条第一項第二号又は第三号の取引によつて清算法人に損害が生じたときは、次に掲げる清算人は、その任務を怠つたものと推定する。

一　第四十六条の十第四項において準用する一般社団法人及び一般財団法人に関する法律第八十四条第一項の清算人

二　清算法人が当該取引をすることを決定した清算人

三　当該取引に関する清算人会の承認の決議に賛成した清算人

4　一般社団法人及び一般財団法人に関する法律第百十二条及び第百十六条第一項の規定は、第一項の責任について準用する。この場合において、同法第百十二条中「総社員」とあるのは、「総評議員」と読み替えるものとするほか、必要な技術的読替えは、政令で定める。

（清算人の第三者に対する損害賠償責任）

第四十六条の十五　清算人がその職務を行うについて悪意又は重大な過失があつたときは、当該清算人は、これによつて第三者に生じた損害を賠償する責任を負う。

2　清算人が、次に掲げる行為をしたときも、前項と同様とする。ただし、当該清算人が当該行為をすることについて注意を怠らなかつたことを証明したときは、この限りでない。

一　第四十六条の二十二第一項に規定する財産目録等並びに第四十六条の二十四第一項の貸借対照表及び事務報告並びにこれらの附属明細書に記載し、又は記録すべき重要な事項についての虚偽の記載又は記録

二　虚偽の登記

三　虚偽の公告

（清算人等の連帯責任）

第四十六条の十六　清算人、監事又は評議員が清算法人又は第三者に生じた損害を賠償する責任を負う場合において、他の清算人、監事又は評議員も当該損害を賠償する責任を負うときは、これらの者は、連帯債務者とする。

2　前項の場合には、第四十五条の二十二の規定は、適用しない。

（清算人会の権限等）

第四十六条の十七　清算人会は、全ての清算人で組織する。

2　清算人会は、次に掲げる職務を行う。

一　清算人会設置法人の業務執行の決定

二　清算人の職務の執行の監督

三　代表清算人の選定及び解職
3　清算人会は、清算人の中から代表清算人を選定しなければならない。ただし、他に代表清算人があるときは、この限りでない。
4　清算人会は、その選定した代表清算人及び第四十六条の十一第四項の規定により代表清算人となつた者を解職することができる。
5　第四十六条の十一第五項の規定により裁判所が代表清算人を定めたときは、清算人会は、代表清算人を選定し、又は解職することができない。
6　清算人会は、次に掲げる事項その他の重要な業務執行の決定を清算人に委任することができない。
一　重要な財産の処分及び譲受け
二　多額の借財
三　重要な役割を担う職員の選任及び解任
四　従たる事務所その他の重要な組織の設置、変更及び廃止
五　清算人の職務の執行が法令及び定款に適合することを確保するための体制その他清算法人の業務の適正を確保するために必要なものとして厚生労働省令で定める体制の整備
7　次に掲げる清算人は、清算人会設置法人の業務を執行する。
一　代表清算人
二　代表清算人以外の清算人であつて、清算人会の決議によつて清算人会設置法人の業務を執行する清算人として選定されたもの
8　第四十六条の十第四項において読み替えて準用する一般社団法人及び一般財団法人に関する法律第八十一条に規定する場合には、清算人会は、同条の規定による評議員会の定めがある場合を除き、同条の訴えについて清算人会設置法人を代表する者を定めることができる。
9　第七項各号に掲げる清算人は、三月に一回以上、自己の職務の執行の状況を清算人会に報告しなければならない。ただし、定款で毎会計年度に四月を超える間隔で二回以上その報告をしなければならない旨を定めた場合は、この限りでない。
10　一般社団法人及び一般財団法人に関する法律第九十二条の規定は、清算人会設置法人について準用する。この場合において、同条第一項中「社員総会」とあるのは「評議員会」と、「「理事会」」とあるのは「「清算人会」」と読み替えるものとするほか、必要な技術的読替えは、政令で定める。

（清算人会の運営）

第四十六条の十八　清算人会は、各清算人が招集する。ただし、清算人会を招集する清算人を定款又は清算人会で定めたときは、その清算人が招集する。
2　前項ただし書に規定する場合には、同項ただし書の規定により定められた清算人（以下この項及び次条第二項において「招集権者」という。）以外の清算人は、招集権者に対し、清算人会の目的である事項を示して、清算人会の招集を請求することができる。
3　前項の規定による請求があつた日から五日以内に、その請求があつた日から二週間以内の日を清算人会の日とする清算人会の招集の通知が発せられない場合には、その請求をした清算人は、清算人会を招集することができる。
4　一般社団法人及び一般財団法人に関する法律第九十四条の規定は、清算人会設置法人における清算人会の招集について準用する。この場合において、同条第一項中「各理事及び各監事」とあるのは「各清算人（監事設置清算法人（社会福祉法（昭和二十六年法律第四十五号）第四十六条の十一第六項に規定する監事設置清算法人をいう。次項において同じ。）にあっては、各清算人及び各監事）」と、同条第二項中「理事及び監事」とあるのは「清算人（監事設置清算法人にあっては、清算人及び監事）」と読み替えるものとする。
5　一般社団法人及び一般財団法人に関する法律第九十五条及び第九十六条の規定は、清算人会設置法人における清算人会の決議について準用する。この場合において、同法第九十五条第三項中「法務省令」とあるのは「厚生労働省令」と、「理事（」とあるのは「清算人（」と、「代表理事」とあ

るのは「代表清算人」と、同条第四項中「法務省令」とあるのは「厚生労働省令」と読み替えるものとするほか、必要な技術的読替えは、政令で定める。

6　一般社団法人及び一般財団法人に関する法律第九十八条の規定は、清算人会設置法人における清算人会への報告について準用する。この場合において、同条第一項中「理事、監事又は会計監査人」とあるのは「清算人又は監事」と、「理事及び監事」とあるのは「清算人（監事設置清算法人（社会福祉法（昭和二十六年法律第四十五号）第四十六条の十一第六項に規定する監事設置清算法人をいう。）にあっては、清算人及び監事）」と読み替えるものとするほか、必要な技術的読替えは、政令で定める。

（評議員による招集の請求）

第四十六条の十九　清算人会設置法人（監事設置清算法人を除く。）の評議員は、清算人が清算人会設置法人の目的の範囲外の行為その他法令若しくは定款に違反する行為をし、又はこれらの行為をするおそれがあると認めるときは、清算人会の招集を請求することができる。

2　前項の規定による請求は、清算人（前条第一項ただし書に規定する場合にあつては、招集権者）に対し、清算人会の目的である事項を示して行わなければならない。

3　前条第三項の規定は、第一項の規定による請求があつた場合について準用する。

4　第一項の規定による請求を行つた評議員は、当該請求に基づき招集され、又は前項において準用する前条第三項の規定により招集した清算人会に出席し、意見を述べることができる。

（議事録等）

第四十六条の二十　清算人会設置法人は、清算人会の日（第四十六条の十八第五項において準用する一般社団法人及び一般財団法人に関する法律第九十六条の規定により清算人会の決議があつたものとみなされた日を含む。）から十年間、同項において準用する同法第九十五条第三項の議事録又は第四十六条の十八第五項において準用する同法第九十六条の意思表示を記載し、若しくは記録した書面若しくは電磁的記録（以下この条において「議事録等」という。）をその主たる事務所に備え置かなければならない。

2　評議員は、清算法人の業務時間内は、いつでも、次に掲げる請求をすることができる。

一　議事録等が書面をもつて作成されているときは、当該書面の閲覧又は謄写の請求

二　議事録等が電磁的記録をもつて作成されているときは、当該電磁的記録に記録された事項を厚生労働省令で定める方法により表示したものの閲覧又は謄写の請求

3　債権者は、清算人又は監事の責任を追及するため必要があるときは、裁判所の許可を得て、議事録等について前項各号に掲げる請求をすることができる。

4　裁判所は、前項の請求に係る閲覧又は謄写をすることにより、当該清算人会設置法人に著しい損害を及ぼすおそれがあると認めるときは、同項の許可をすることができない。

（理事等に関する規定の適用）

第四十六条の二十一　清算法人については、第三十一条第五項、第四十条第二項、第四十三条第三項、第四十四条第二項、第三節第三款（第四十五条の十二を除く。）及び同節第五款の規定中理事又は理事会に関する規定は、それぞれ清算人又は清算人会に関する規定として清算人又は清算人会に適用があるものとする。この場合において、第四十三条第三項中「第七十二条、第七十三条第一項」とあるのは「第七十二条」と、「同法第七十二条及び第七十三条第一項中「社員総会」とあるのは「評議員会」と、同項中「監事が」とあるのは「監事の過半数をもって」と、同法第七十四条」とあるのは「これらの規定」と、「評議員会」と読み替える」とあるのは「、「評議員会」と読み替える」と、第四十五条の九第十項中「第百八十一条第一項第三号及び」とあるのは「第百八十一条第一項中「理事会の決議によって」とあるのは「清算人は」と、

「定めなければならない」とあるのは「定めなければならない。ただし、清算人会設置法人（社会福祉法（昭和二十六年法律第四十五号）第四十六条の六第七項に規定する清算人会設置法人をいう。）においては、当該事項の決定は、清算人会の決議によらなければならない」と、同項第三号及び同法」と、「とあるのは、」とあるのは「とあるのは」と、第四十五条の十八第三項中「第百四条第一項、第百五条」とあるのは「第百五条」とするほか、必要な技術的読替えは、政令で定める。

第三目　財産目録等

（財産目録等の作成等）
第四十六条の二十二　清算人（清算人会設置法人にあつては、第四十六条の十七第七項各号に掲げる清算人）は、その就任後遅滞なく、清算法人の財産の現況を調査し、厚生労働省令で定めるところにより、第四十六条の三各号に掲げる場合に該当することとなつた日における財産目録及び貸借対照表（以下この条及び次条において「財産目録等」という。）を作成しなければならない。

2　清算人会設置法人においては、財産目録等は、清算人会の承認を受けなければならない。

3　清算人は、財産目録等（前項の規定の適用がある場合にあつては、同項の承認を受けたもの）を評議員会に提出し、又は提供し、その承認を受けなければならない。

4　清算法人は、財産目録等を作成した時からその主たる事務所の所在地における清算結了の登記の時までの間、当該財産目録等を保存しなければならない。

（財産目録等の提出命令）
第四十六条の二十三　裁判所は、申立てにより又は職権で、訴訟の当事者に対し、財産目録等の全部又は一部の提出を命ずることができる。

（貸借対照表等の作成及び保存）
第四十六条の二十四　清算法人は、厚生労働省令で定めるところにより、各清算事務年度（第四十六条の三各号に掲げる場合に該当することとなつた日の翌日又はその後毎年その日に応当する日（応当する日がない場合にあつては、その前日）から始まる各一年の期間をいう。）に係る貸借対照表及び事務報告並びにこれらの附属明細書を作成しなければならない。

2　前項の貸借対照表及び事務報告並びにこれらの附属明細書は、電磁的記録をもつて作成することができる。

3　清算法人は、第一項の貸借対照表を作成した時からその主たる事務所の所在地における清算結了の登記の時までの間、当該貸借対照表及びその附属明細書を保存しなければならない。

（貸借対照表等の監査等）
第四十六条の二十五　監事設置清算法人においては、前条第一項の貸借対照表及び事務報告並びにこれらの附属明細書は、厚生労働省令で定めるところにより、監事の監査を受けなければならない。

2　清算人会設置法人においては、前条第一項の貸借対照表及び事務報告並びにこれらの附属明細書（前項の規定の適用がある場合にあつては、同項の監査を受けたもの）は、清算人会の承認を受けなければならない。

（貸借対照表等の備置き及び閲覧等）
第四十六条の二十六　清算法人は、第四十六条の二十四第一項に規定する各清算事務年度に係る貸借対照表及び事務報告並びにこれらの附属明細書（前条第一項の規定の適用がある場合にあつては、監査報告を含む。以下この条において「貸借対照表等」という。）を、定時評議員会の日の一週間前の日（第四十五条の九第十項において準用する一般社団法人及び一般財団法人に関する法律第百九十四条第一項の場合にあつては、同項の提案があつた日）からその主たる事務所の所在地における清算結了の登記の時までの間、その主たる事務所に備え置かなければならない。

2　評議員及び債権者は、清算法人の業務時間内は、いつでも、次に掲げる請求をすることができる。ただし、債権者が第二号又は第四号に掲げる請求をするには、当該清算法人の定めた費用を支払わなければならない。

一　貸借対照表等が書面をもつて作成されているときは、当該書面の閲覧の請求

二　前号の書面の謄本又は抄本の交付の請求

三　貸借対照表等が電磁的記録をもつて作成されているときは、当該電磁的記録に記録された事項を厚生労働省令で定める方法により表示したものの閲覧の請求

四　前号の電磁的記録に記録された事項を電磁的方法であつて清算法人の定めたものにより提供することの請求又はその事項を記載した書面の交付の請求

（貸借対照表等の提出等）

第四十六条の二十七　次の各号に掲げる清算法人においては、清算人は、当該各号に定める貸借対照表及び事務報告を定時評議員会に提出し、又は提供しなければならない。

一　監事設置清算法人（清算人会設置法人を除く。）　第四十六条の二十五第一項の監査を受けた貸借対照表及び事務報告

二　清算人会設置法人　第四十六条の二十五第二項の承認を受けた貸借対照表及び事務報告

三　前二号に掲げるもの以外の清算法人　第四十六条の二十四第一項の貸借対照表及び事務報告

2　前項の規定により提出され、又は提供された貸借対照表は、定時評議員会の承認を受けなければならない。

3　清算人は、第一項の規定により提出され、又は提供された事務報告の内容を定時評議員会に報告しなければならない。

（貸借対照表等の提出命令）

第四十六条の二十八　裁判所は、申立てにより又は職権で、訴訟の当事者に対し、第四十六条の二十四第一項の貸借対照表及びその附属明細書の全部又は一部の提出を命ずることができる。

（適用除外）

第四十六条の二十九　第四節第三款（第四十五条の二十七第四項及び第四十五条の三十二から第四十五条の三十四までを除く。）の規定は、清算法人については、適用しない。

第四目　債務の弁済等

（債権者に対する公告等）

第四十六条の三十　清算法人は、第四十六条の三各号に掲げる場合に該当することとなつた後、遅滞なく、当該清算法人の債権者に対し、一定の期間内にその債権を申し出るべき旨を官報に公告し、かつ、判明している債権者には、各別にこれを催告しなければならない。ただし、当該期間は、二月を下ることができない。

2　前項の規定による公告には、当該債権者が当該期間内に申出をしないときは清算から除斥される旨を付記しなければならない。

（債務の弁済の制限）

第四十六条の三十一　清算法人は、前条第一項の期間内は、債務の弁済をすることができない。この場合において、清算法人は、その債務の不履行によつて生じた責任を免れることができない。

2　前項の規定にかかわらず、清算法人は、前条第一項の期間内であつても、裁判所の許可を得て、少額の債権、清算法人の財産につき存する担保権によつて担保される債権その他これを弁済しても他の債権者を害するおそれがない債権に係る債務について、その弁済をすることができる。この場合において、当該許可の申立ては、清算人が二人以上あるときは、その全員の同意によつてしなければならない。

（条件付債権等に係る債務の弁済）

第四十六条の三十二　清算法人は、条件付債権、存続期間が不確定な債権その他その額が不確定な債権に係る債務を弁済することができる。この場合においては、これらの債権を評価させるため、裁判所に対し、鑑定人の選任の申立てをしなければならない。

2　前項の場合には、清算法人は、同項の鑑定人の評価に従い同項の債権に係る債務を弁済しなければならない。

3　第一項の鑑定人の選任の手続に関する費用は、清算法人の負担とする。当該鑑定人による鑑定のための呼出し及び質問に関す

る費用についても、同様とする。

（債務の弁済前における残余財産の引渡しの制限）

第四十六条の三十三　清算法人は、当該清算法人の債務を弁済した後でなければ、その財産の引渡しをすることができない。ただし、その存否又は額について争いのある債権に係る債務についてその弁済をするために必要と認められる財産を留保した場合は、この限りでない。

（清算からの除斥）

第四十六条の三十四　清算法人の債権者（判明している債権者を除く。）であつて第四十六条の三十第一項の期間内にその債権の申出をしなかつたものは、清算から除斥される。

2　前項の規定により清算から除斥された債権者は、引渡しがされていない残余財産に対してのみ、弁済を請求することができる。

第五目　残余財産の帰属

第四十七条　解散した社会福祉法人の残余財産は、合併（合併により当該社会福祉法人が消滅する場合に限る。）及び破産手続開始の決定による解散の場合を除くほか、所轄庁に対する清算結了の届出の時において、定款の定めるところにより、その帰属すべき者に帰属する。

2　前項の規定により処分されない財産は、国庫に帰属する。

第六目　清算事務の終了等

（清算事務の終了等）

第四十七条の二　清算法人は、清算事務が終了したときは、遅滞なく、厚生労働省令で定めるところにより、決算報告を作成しなければならない。

2　清算人会設置法人においては、決算報告は、清算人会の承認を受けなければならない。

3　清算人は、決算報告（前項の規定の適用がある場合にあつては、同項の承認を受けたもの）を評議員会に提出し、又は提供し、その承認を受けなければならない。

4　前項の承認があつたときは、任務を怠つたことによる清算人の損害賠償の責任は、免除されたものとみなす。ただし、清算人の職務の執行に関し不正の行為があつたときは、この限りでない。

（帳簿資料の保存）

第四十七条の三　清算人（清算人会設置法人にあつては、第四十六条の十七第七項各号に掲げる清算人）は、清算法人の主たる事務所の所在地における清算結了の登記の時から十年間、清算法人の帳簿並びにその事業及び清算に関する重要な資料（以下この条において「帳簿資料」という。）を保存しなければならない。

2　裁判所は、利害関係人の申立てにより、前項の清算人に代わつて帳簿資料を保存する者を選任することができる。この場合においては、同項の規定は、適用しない。

3　前項の規定により選任された者は、清算法人の主たる事務所の所在地における清算結了の登記の時から十年間、帳簿資料を保存しなければならない。

4　第二項の規定による選任の手続に関する費用は、清算法人の負担とする。

（裁判所による監督）

第四十七条の四　社会福祉法人の解散及び清算は、裁判所の監督に属する。

2　裁判所は、職権で、いつでも前項の監督に必要な検査をすることができる。

3　社会福祉法人の解散及び清算を監督する裁判所は、社会福祉法人の業務を監督する官庁に対し、意見を求め、又は調査を嘱託することができる。

4　前項に規定する官庁は、同項に規定する裁判所に対し、意見を述べることができる。

（清算結了の届出）

第四十七条の五　清算が結了したときは、清算人は、その旨を所轄庁に届け出なければならない。

（検査役の選任）

第四十七条の六　裁判所は、社会福祉法人の解散及び清算の監督に必要な調査をさせるため、検査役を選任することができる。

2　第四十六条の十三の規定は、前項の規定により裁判所が検査役を選任した場合について準用する。この場合において、同条中

「清算人及び監事」とあるのは、「社会福祉法人及び検査役」と読み替えるものとする。

（準用規定）

第四十七条の七　一般社団法人及び一般財団法人に関する法律第二百八十七条第一項、第二百八十八条、第二百八十九条（第一号、第二号及び第四号に係る部分に限る。）、第二百九十条、第二百九十一条（第二号に係る部分に限る。）、第二百九十二条、第二百九十三条（第一号及び第四号に係る部分に限る。）、第二百九十四条及び第二百九十五条の規定は、社会福祉法人の解散及び清算について準用する。この場合において、必要な技術的読替えは、政令で定める。

第三款　合併

第一目　通則

第四十八条　社会福祉法人は、他の社会福祉法人と合併することができる。この場合においては、合併をする社会福祉法人は、合併契約を締結しなければならない。

第二目　吸収合併

（吸収合併契約）

第四十九条　社会福祉法人が吸収合併（社会福祉法人が他の社会福祉法人とする合併であつて、合併により消滅する社会福祉法人の権利義務の全部を合併後存続する社会福祉法人に承継させるものをいう。以下この目及び第百三十三条第十一号において同じ。）をする場合には、吸収合併契約において、吸収合併後存続する社会福祉法人（以下この目において「吸収合併存続社会福祉法人」という。）及び吸収合併により消滅する社会福祉法人（以下この目において「吸収合併消滅社会福祉法人」という。）の名称及び住所その他厚生労働省令で定める事項を定めなければならない。

（吸収合併の効力の発生等）

第五十条　社会福祉法人の吸収合併は、吸収合併存続社会福祉法人の主たる事務所の所在地において合併の登記をすることによつて、その効力を生ずる。

2　吸収合併存続社会福祉法人は、吸収合併の登記の日に、吸収合併消滅社会福祉法人の一切の権利義務（当該吸収合併消滅社会福祉法人がその行う事業に関し行政庁の認可その他の処分に基づいて有する権利義務を含む。）を承継する。

3　吸収合併は、所轄庁の認可を受けなければ、その効力を生じない。

4　第三十二条の規定は、前項の認可について準用する。

（吸収合併契約に関する書面等の備置き及び閲覧等）

第五十一条　吸収合併消滅社会福祉法人は、次条の評議員会の日の二週間前の日（第四十五条の九第十項において準用する一般社団法人及び一般財団法人に関する法律第百九十四条第一項の場合にあつては、同項の提案があつた日）から吸収合併の登記の日までの間、吸収合併契約の内容その他厚生労働省令で定める事項を記載し、又は記録した書面又は電磁的記録をその主たる事務所に備え置かなければならない。

2　吸収合併消滅社会福祉法人の評議員及び債権者は、吸収合併消滅社会福祉法人に対して、その業務時間内は、いつでも、次に掲げる請求をすることができる。ただし、債権者が第二号又は第四号に掲げる請求をするには、当該吸収合併消滅社会福祉法人の定めた費用を支払わなければならない。

一　前項の書面の閲覧の請求

二　前項の書面の謄本又は抄本の交付の請求

三　前項の電磁的記録に記録された事項を厚生労働省令で定める方法により表示したものの閲覧の請求

四　前項の電磁的記録に記録された事項を電磁的方法であつて吸収合併消滅社会福祉法人の定めたものにより提供することの請求又はその事項を記載した書面の交付の請求

（吸収合併契約の承認）

第五十二条　吸収合併消滅社会福祉法人は、評議員会の決議によつて、吸収合併契約の承認を受けなければならない。

（債権者の異議）

第五十三条　吸収合併消滅社会福祉法人は、第五十条第三項の認可があつたときは、次に掲げる事項を官報に公告し、かつ、判明している債権者には、各別にこれを催告しなければならない。ただし、第四号の期間は、二月を下ることができない。

一　吸収合併をする旨

二　吸収合併存続社会福祉法人の名称及び住所

三　吸収合併消滅社会福祉法人及び吸収合併存続社会福祉法人の計算書類（第四十五条の二十七第二項に規定する計算書類をいう。以下この款において同じ。）に関する事項として厚生労働省令で定めるもの

四　債権者が一定の期間内に異議を述べることができる旨

2　債権者が前項第四号の期間内に異議を述べなかつたときは、当該債権者は、当該吸収合併について承認をしたものとみなす。

3　債権者が第一項第四号の期間内に異議を述べたときは、吸収合併消滅社会福祉法人は、当該債権者に対し、弁済し、若しくは相当の担保を提供し、又は当該債権者に弁済を受けさせることを目的として信託会社等（信託会社及び信託業務を営む金融機関（金融機関の信託業務の兼営等に関する法律（昭和十八年法律第四十三号）第一条第一項の認可を受けた金融機関をいう。）をいう。以下同じ。）に相当の財産を信託しなければならない。ただし、当該吸収合併をしても当該債権者を害するおそれがないときは、この限りでない。

（吸収合併契約に関する書面等の備置き及び閲覧等）

第五十四条　吸収合併存続社会福祉法人は、次条第一項の評議員会の日の二週間前の日（第四十五条の九第十項において準用する一般社団法人及び一般財団法人に関する法律第百九十四条第一項の場合にあつては、同項の提案があつた日）から吸収合併の登記の日後六月を経過する日までの間、吸収合併契約の内容その他厚生労働省令で定める事項を記載し、又は記録した書面又は電磁的記録をその主たる事務所に備え置かなければならない。

2　吸収合併存続社会福祉法人の評議員及び債権者は、吸収合併存続社会福祉法人に対して、その業務時間内は、いつでも、次に掲げる請求をすることができる。ただし、債権者が第二号又は第四号に掲げる請求をするには、当該吸収合併存続社会福祉法人の定めた費用を支払わなければならない。

一　前項の書面の閲覧の請求

二　前項の書面の謄本又は抄本の交付の請求

三　前項の電磁的記録に記録された事項を厚生労働省令で定める方法により表示したものの閲覧の請求

四　前項の電磁的記録に記録された事項を電磁的方法であつて吸収合併存続社会福祉法人の定めたものにより提供することの請求又はその事項を記載した書面の交付の請求

（吸収合併契約の承認）

第五十四条の二　吸収合併存続社会福祉法人は、評議員会の決議によつて、吸収合併契約の承認を受けなければならない。

2　吸収合併存続社会福祉法人が承継する吸収合併消滅社会福祉法人の債務の額として厚生労働省令で定める額が吸収合併存続社会福祉法人が承継する吸収合併消滅社会福祉法人の資産の額として厚生労働省令で定める額を超える場合には、理事は、前項の評議員会において、その旨を説明しなければならない。

（債権者の異議）

第五十四条の三　吸収合併存続社会福祉法人は、第五十条第三項の認可があつたときは、次に掲げる事項を官報に公告し、かつ、判明している債権者には、各別にこれを催告しなければならない。ただし、第四号の期間は、二月を下ることができない。

一　吸収合併をする旨

二　吸収合併消滅社会福祉法人の名称及び住所

三　吸収合併存続社会福祉法人及び吸収合併消滅社会福祉法人の計算書類に関する事項として厚生労働省令で定めるもの

四　債権者が一定の期間内に異議を述べることができる旨

2　債権者が前項第四号の期間内に異議を述

べなかつたときは、当該債権者は、当該吸収合併について承認をしたものとみなす。

3　債権者が第一項第四号の期間内に異議を述べたときは、吸収合併存続社会福祉法人は、当該債権者に対し、弁済し、若しくは相当の担保を提供し、又は当該債権者に弁済を受けさせることを目的として信託会社等に相当の財産を信託しなければならない。ただし、当該吸収合併をしても当該債権者を害するおそれがないときは、この限りでない。

（吸収合併に関する書面等の備置き及び閲覧等）

第五十四条の四　吸収合併存続社会福祉法人は、吸収合併の登記の日後遅滞なく、吸収合併により吸収合併存続社会福祉法人が承継した吸収合併消滅社会福祉法人の権利義務その他の吸収合併に関する事項として厚生労働省令で定める事項を記載し、又は記録した書面又は電磁的記録を作成しなければならない。

2　吸収合併存続社会福祉法人は、吸収合併の登記の日から六月間、前項の書面又は電磁的記録をその主たる事務所に備え置かなければならない。

3　吸収合併存続社会福祉法人の評議員及び債権者は、吸収合併存続社会福祉法人に対して、その業務時間内は、いつでも、次に掲げる請求をすることができる。ただし、債権者が第二号又は第四号に掲げる請求をするには、当該吸収合併存続社会福祉法人の定めた費用を支払わなければならない。

一　第一項の書面の閲覧の請求

二　第一項の書面の謄本又は抄本の交付の請求

三　第一項の電磁的記録に記録された事項を厚生労働省令で定める方法により表示したものの閲覧の請求

四　第一項の電磁的記録に記録された事項を電磁的方法であつて吸収合併存続社会福祉法人の定めたものにより提供することの請求又はその事項を記載した書面の交付の請求

第三目　新設合併

（新設合併契約）

第五十四条の五　二以上の社会福祉法人が新設合併（二以上の社会福祉法人がする合併であつて、合併により消滅する社会福祉法人の権利義務の全部を合併により設立する社会福祉法人に承継させるものをいう。以下この目及び第百三十三条第十一号において同じ。）をする場合には、新設合併契約において、次に掲げる事項を定めなければならない。

一　新設合併により消滅する社会福祉法人（以下この目において「新設合併消滅社会福祉法人」という。）の名称及び住所

二　新設合併により設立する社会福祉法人（以下この目において「新設合併設立社会福祉法人」という。）の目的、名称及び主たる事務所の所在地

三　前号に掲げるもののほか、新設合併設立社会福祉法人の定款で定める事項

四　前三号に掲げる事項のほか、厚生労働省令で定める事項

（新設合併の効力の発生等）

第五十四条の六　新設合併設立社会福祉法人は、その成立の日に、新設合併消滅社会福祉法人の一切の権利義務（当該新設合併消滅社会福祉法人がその行う事業に関し行政庁の認可その他の処分に基づいて有する権利義務を含む。）を承継する。

2　新設合併は、所轄庁の認可を受けなければ、その効力を生じない。

3　第三十二条の規定は、前項の認可について準用する。

（新設合併契約に関する書面等の備置き及び閲覧等）

第五十四条の七　新設合併消滅社会福祉法人は、次条の評議員会の日の二週間前の日（第四十五条の九第十項において準用する一般社団法人及び一般財団法人に関する法律第百九十四条第一項の場合にあつては、同項の提案があつた日）から新設合併設立社会福祉法人の成立の日までの間、新設合併契約の内容その他厚生労働省令で定める事項を記載し、又は記録した書面又は電磁的記録をその主たる事務所に備え置かなければならない。

2　新設合併消滅社会福祉法人の評議員及び債権者は、新設合併消滅社会福祉法人に対して、その業務時間内は、いつでも、次に掲げる請求をすることができる。ただし、債権者が第二号又は第四号に掲げる請求をするには、当該新設合併消滅社会福祉法人の定めた費用を支払わなければならない。

一　前項の書面の閲覧の請求

二　前項の書面の謄本又は抄本の交付の請求

三　前項の電磁的記録に記録された事項を厚生労働省令で定める方法により表示したものの閲覧の請求

四　前項の電磁的記録に記録された事項を電磁的方法であつて新設合併消滅社会福祉法人の定めたものにより提供することの請求又はその事項を記載した書面の交付の請求

（新設合併契約の承認）

第五十四条の八　新設合併消滅社会福祉法人は、評議員会の決議によつて、新設合併契約の承認を受けなければならない。

（債権者の異議）

第五十四条の九　新設合併消滅社会福祉法人は、第五十四条の六第二項の認可があつたときは、次に掲げる事項を官報に公告し、かつ、判明している債権者には、各別にこれを催告しなければならない。ただし、第四号の期間は、二月を下ることができない。

一　新設合併をする旨

二　他の新設合併消滅社会福祉法人及び新設合併設立社会福祉法人の名称及び住所

三　新設合併消滅社会福祉法人の計算書類に関する事項として厚生労働省令で定めるもの

四　債権者が一定の期間内に異議を述べることができる旨

2　債権者が前項第四号の期間内に異議を述べなかつたときは、当該債権者は、当該新設合併について承認をしたものとみなす。

3　債権者が第一項第四号の期間内に異議を述べたときは、新設合併消滅社会福祉法人は、当該債権者に対し、弁済し、若しくは相当の担保を提供し、又は当該債権者に弁済を受けさせることを目的として信託会社等に相当の財産を信託しなければならない。ただし、当該新設合併をしても当該債権者を害するおそれがないときは、この限りでない。

（設立の特則）

第五十四条の十　第三十二条、第三十三条及び第三十五条の規定は、新設合併設立社会福祉法人の設立については、適用しない。

2　新設合併設立社会福祉法人の定款は、新設合併消滅社会福祉法人が作成する。この場合においては、第三十一条第一項の認可を受けることを要しない。

（新設合併に関する書面等の備置き及び閲覧等）

第五十四条の十一　新設合併設立社会福祉法人は、その成立の日後遅滞なく、新設合併により新設合併設立社会福祉法人が承継した新設合併消滅社会福祉法人の権利義務その他の新設合併に関する事項として厚生労働省令で定める事項を記載し、又は記録した書面又は電磁的記録を作成しなければならない。

2　新設合併設立社会福祉法人は、その成立の日から六月間、前項の書面又は電磁的記録及び新設合併契約の内容その他厚生労働省令で定める事項を記載し、又は記録した書面又は電磁的記録をその主たる事務所に備え置かなければならない。

3　新設合併設立社会福祉法人の評議員及び債権者は、新設合併設立社会福祉法人に対して、その業務時間内は、いつでも、次に掲げる請求をすることができる。ただし、債権者が第二号又は第四号に掲げる請求をするには、当該新設合併設立社会福祉法人の定めた費用を支払わなければならない。

一　前項の書面の閲覧の請求

二　前項の書面の謄本又は抄本の交付の請求

三　前項の電磁的記録に記録された事項を厚生労働省令で定める方法により表示したものの閲覧の請求

四　前項の電磁的記録に記録された事項を電磁的方法であつて新設合併設立社会福祉法人の定めたものにより提供することの請求又はその事項を記載した書面の交

付の請求

第四目　合併の無効の訴え

第五十五条　一般社団法人及び一般財団法人に関する法律第二百六十四条第一項（第二号及び第三号に係る部分に限る。）及び第二項（第二号及び第三号に係る部分に限る。）、第二百六十九条（第二号及び第三号に係る部分に限る。）、第二百七十条、第二百七十一条第一項及び第三項、第二百七十二条から第二百七十五条まで並びに第二百七十七条の規定は、社会福祉法人の合併の無効の訴えについて準用する。この場合において、同法第二百六十四条第二項第二号中「社員等であった者」とあるのは「評議員等（評議員、理事、監事又は清算人をいう。以下同じ。）であった者」と、「社員等、」とあるのは「評議員等」と、同項第三号中「社員等」とあるのは「評議員等」と、同法第二百七十一条第一項中「社員」とあるのは「債権者」と読み替えるものとするほか、必要な技術的読替えは、政令で定める。

第七節　社会福祉充実計画

（社会福祉充実計画の承認）

第五十五条の二　社会福祉法人は、毎会計年度において、第一号に掲げる額が第二号に掲げる額を超えるときは、厚生労働省令で定めるところにより、当該会計年度の前会計年度の末日（同号において「基準日」という。）において現に行つている社会福祉事業若しくは公益事業（以下この項及び第三項第一号において「既存事業」という。）の充実又は既存事業以外の社会福祉事業若しくは公益事業（同項第一号において「新規事業」という。）の実施に関する計画（以下「社会福祉充実計画」という。）を作成し、これを所轄庁に提出して、その承認を受けなければならない。ただし、当該会計年度前の会計年度において作成した第十一項に規定する承認社会福祉充実計画の実施期間中は、この限りでない。

一　当該会計年度の前会計年度に係る貸借対照表の資産の部に計上した額から負債の部に計上した額を控除して得た額

二　基準日において現に行つている事業を継続するために必要な財産の額として厚生労働省令で定めるところにより算定した額

2　前項の承認の申請は、第五十九条の規定による届出と同時に行わなければならない。

3　社会福祉充実計画には、次に掲げる事項を記載しなければならない。

一　既存事業（充実する部分に限る。）又は新規事業（以下この条において「社会福祉充実事業」という。）の規模及び内容

二　社会福祉充実事業を行う区域（以下この条において「事業区域」という。）

三　社会福祉充実事業の実施に要する費用の額（第五項において「事業費」という。）

四　第一項第一号に掲げる額から同項第二号に掲げる額を控除して得た額（第五項及び第九項第一号において「社会福祉充実残額」という。）

五　社会福祉充実計画の実施期間

六　その他厚生労働省令で定める事項

4　社会福祉法人は、前項第一号に掲げる事項の記載に当たつては、厚生労働省令で定めるところにより、次に掲げる事業の順にその実施について検討し、行う事業を記載しなければならない。

一　社会福祉事業又は公益事業（第二条第四項第四号に掲げる事業に限る。）

二　公益事業（第二条第四項第四号に掲げる事業を除き、日常生活又は社会生活上の支援を必要とする事業区域の住民に対し、無料又は低額な料金で、その需要に応じた福祉サービスを提供するものに限る。第六項及び第九項第三号において「地域公益事業」という。）

三　公益事業（前二号に掲げる事業を除く。）

5　社会福祉法人は、社会福祉充実計画の作成に当たつては、事業費及び社会福祉充実残額について、公認会計士、税理士その他財務に関する専門的な知識経験を有する者として厚生労働省令で定める者の意見を聴かなければならない。

6　社会福祉法人は、地域公益事業を行う社会福祉充実計画の作成に当たつては、当該地域公益事業の内容及び事業区域における需要について、当該事業区域の住民その他の関係者の意見を聴かなければならない。

7　社会福祉充実計画は、評議員会の承認を受けなければならない。

8　所轄庁は、社会福祉法人に対し、社会福祉充実計画の作成及び円滑かつ確実な実施に関し必要な助言その他の支援を行うものとする。

9　所轄庁は、第一項の承認の申請があつた場合において、当該申請に係る社会福祉充実計画が、次の各号に掲げる要件のいずれにも適合するものであると認めるときは、その承認をするものとする。

一　社会福祉充実事業として記載されている社会福祉事業又は公益事業の規模及び内容が、社会福祉充実残額に照らして適切なものであること。

二　社会福祉充実事業として社会福祉事業が記載されている場合にあつては、その規模及び内容が、当該社会福祉事業に係る事業区域における需要及び供給の見通しに照らして適切なものであること。

三　社会福祉充実事業として地域公益事業が記載されている場合にあつては、その規模及び内容が、当該地域公益事業に係る事業区域における需要に照らして適切なものであること。

四　その他厚生労働省令で定める要件に適合するものであること。

10　所轄庁は、社会福祉充実計画が前項第二号及び第三号に適合しているかどうかを調査するため必要があると認めるときは、関係地方公共団体の長に対して、資料の提供その他必要な協力を求めることができる。

11　第一項の承認を受けた社会福祉法人は、同項の承認があつた社会福祉充実計画（次条第一項の変更の承認があつたときは、その変更後のもの。同項及び第五十五条の四において「承認社会福祉充実計画」という。）に従つて事業を行わなければならない。

（社会福祉充実計画の変更）

第五十五条の三　前条第一項の承認を受けた社会福祉法人は、承認社会福祉充実計画の変更をしようとするときは、厚生労働省令で定めるところにより、あらかじめ、所轄庁の承認を受けなければならない。ただし、厚生労働省令で定める軽微な変更については、この限りでない。

2　前条第一項の承認を受けた社会福祉法人は、前項ただし書の厚生労働省令で定める軽微な変更をしたときは、厚生労働省令で定めるところにより、遅滞なく、その旨を所轄庁に届け出なければならない。

3　前条第三項から第十項までの規定は、第一項の変更の申請について準用する。

（社会福祉充実計画の終了）

第五十五条の四　第五十五条の二第一項の承認を受けた社会福祉法人は、やむを得ない事由により承認社会福祉充実計画に従つて事業を行うことが困難であるときは、厚生労働省令で定めるところにより、あらかじめ、所轄庁の承認を受けて、当該承認社会福祉充実計画を終了することができる。

第八節　助成及び監督

（監督）

第五十六条　所轄庁は、この法律の施行に必要な限度において、社会福祉法人に対し、その業務若しくは財産の状況に関し報告をさせ、又は当該職員に、社会福祉法人の事務所その他の施設に立ち入り、その業務若しくは財産の状況若しくは帳簿、書類その他の物件を検査させることができる。

2　前項の規定により立入検査をする職員は、その身分を示す証明書を携帯し、関係人にこれを提示しなければならない。

3　第一項の規定による立入検査の権限は、犯罪捜査のために認められたものと解してはならない。

4　所轄庁は、社会福祉法人が、法令、法令に基づいてする行政庁の処分若しくは定款に違反し、又はその運営が著しく適正を欠くと認めるときは、当該社会福祉法人に対し、期限を定めて、その改善のために必要な措置（役員の解職を除く。）をとるべき旨を勧告することができる。

5　所轄庁は、前項の規定による勧告をした場合において、当該勧告を受けた社会福祉法人が同項の期限内にこれに従わなかつたときは、その旨を公表することができる。

6　所轄庁は、第四項の規定による勧告を受けた社会福祉法人が、正当な理由がないのに当該勧告に係る措置をとらなかつたときは、当該社会福祉法人に対し、期限を定めて、当該勧告に係る措置をとるべき旨を命ずることができる。

7　社会福祉法人が前項の命令に従わないときは、所轄庁は、当該社会福祉法人に対し、期間を定めて業務の全部若しくは一部の停止を命じ、又は役員の解職を勧告することができる。

8　所轄庁は、社会福祉法人が、法令、法令に基づいてする行政庁の処分若しくは定款に違反した場合であつて他の方法により監督の目的を達することができないとき、又は正当の事由がないのに一年以上にわたつてその目的とする事業を行わないときは、解散を命ずることができる。

9　所轄庁は、第七項の規定により役員の解職を勧告しようとする場合には、当該社会福祉法人に、所轄庁の指定した職員に対して弁明する機会を与えなければならない。この場合においては、当該社会福祉法人に対し、あらかじめ、書面をもつて、弁明をなすべき日時、場所及びその勧告をなすべき理由を通知しなければならない。

10　前項の通知を受けた社会福祉法人は、代理人を出頭させ、かつ、自己に有利な証拠を提出することができる。

11　第九項の規定による弁明を聴取した者は、聴取書及び当該勧告をする必要があるかどうかについての意見を付した報告書を作成し、これを所轄庁に提出しなければならない。

（公益事業又は収益事業の停止）

第五十七条　所轄庁は、第二十六条第一項の規定により公益事業又は収益事業を行う社会福祉法人につき、次の各号のいずれかに該当する事由があると認めるときは、当該社会福祉法人に対して、その事業の停止を命ずることができる。

一　当該社会福祉法人が定款で定められた事業以外の事業を行うこと。

二　当該社会福祉法人が当該収益事業から生じた収益を当該社会福祉法人の行う社会福祉事業及び公益事業以外の目的に使用すること。

三　当該公益事業又は収益事業の継続が当該社会福祉法人の行う社会福祉事業に支障があること。

（関係都道府県知事等の協力）

第五十七条の二　関係都道府県知事等（社会福祉法人の事務所、事業所、施設その他これらに準ずるものの所在地の都道府県知事又は市町村長であつて、当該社会福祉法人の所轄庁以外の者をいう。次項において同じ。）は、当該社会福祉法人に対して適当な措置をとることが必要であると認めるときは、当該社会福祉法人の所轄庁に対し、その旨の意見を述べることができる。

2　所轄庁は、第五十六条第一項及び第四項から第九項まで並びに前条の事務を行うため必要があると認めるときは、関係都道府県知事等に対し、情報又は資料の提供その他必要な協力を求めることができる。

（助成等）

第五十八条　国又は地方公共団体は、必要があると認めるときは、厚生労働省令又は当該地方公共団体の条例で定める手続に従い、社会福祉法人に対し、補助金を支出し、又は通常の条件よりも当該社会福祉法人に有利な条件で、貸付金を支出し、若しくはその他の財産を譲り渡し、若しくは貸し付けることができる。ただし、国有財産法（昭和二十三年法律第七十三号）及び地方自治法第二百三十七条第二項の規定の適用を妨げない。

2　前項の規定により、社会福祉法人に対する助成がなされたときは、厚生労働大臣又は地方公共団体の長は、その助成の目的が有効に達せられることを確保するため、当該社会福祉法人に対して、次に掲げる権限を有する。

一　事業又は会計の状況に関し報告を徴すること。

二　助成の目的に照らして、社会福祉法人の予算が不適当であると認める場合において、その予算について必要な変更をすべき旨を勧告すること。

三　社会福祉法人の役員が法令、法令に基づいてする行政庁の処分又は定款に違反した場合において、その役員を解職すべき旨を勧告すること。

3　国又は地方公共団体は、社会福祉法人が前項の規定による措置に従わなかつたときは、交付した補助金若しくは貸付金又は譲渡し、若しくは貸し付けたその他の財産の全部又は一部の返還を命ずることができる。

4　第五十六条第九項から第十一項までの規定は、第二項第三号の規定により解職を勧告し、又は前項の規定により補助金若しくは貸付金の全部若しくは一部の返還を命令する場合に準用する。

（**所轄庁への届出**）

第五十九条　社会福祉法人は、毎会計年度終了後三月以内に、厚生労働省令で定めるところにより、次に掲げる書類を所轄庁に届け出なければならない。

一　第四十五条の三十二第一項に規定する計算書類等

二　第四十五条の三十四第二項に規定する財産目録等

（**情報の公開等**）

第五十九条の二　社会福祉法人は、次の各号に掲げる場合の区分に応じ、遅滞なく、厚生労働省令で定めるところにより、当該各号に定める事項を公表しなければならない。

一　第三十一条第一項若しくは第四十五条の三十六第二項の認可を受けたとき、又は同条第四項の規定による届出をしたとき　定款の内容

二　第四十五条の三十五第二項の承認を受けたとき　当該承認を受けた報酬等の支給の基準

三　前条の規定による届出をしたとき　同条各号に掲げる書類のうち厚生労働省令で定める書類の内容

2　都道府県知事は、当該都道府県の区域内に主たる事務所を有する社会福祉法人（厚生労働大臣が所轄庁であるものを除く。）の活動の状況その他の厚生労働省令で定める事項について、調査及び分析を行い、必要な統計その他の資料を作成するものとする。この場合において、都道府県知事は、その内容を公表するよう努めるとともに、厚生労働大臣に対し、電磁的方法その他の厚生労働省令で定める方法により報告するものとする。

3　都道府県知事は、前項前段の事務を行うため必要があると認めるときは、当該都道府県の区域内に主たる事務所を有する社会福祉法人の所轄庁（市長に限る。次項において同じ。）に対し、社会福祉法人の活動の状況その他の厚生労働省令で定める事項に関する情報の提供を求めることができる。

4　所轄庁は、前項の規定による都道府県知事の求めに応じて情報を提供するときは、電磁的方法その他の厚生労働省令で定める方法によるものとする。

5　厚生労働大臣は、社会福祉法人に関する情報に係るデータベース（情報の集合物であつて、それらの情報を電子計算機を用いて検索することができるように体系的に構成したものをいう。）の整備を図り、国民にインターネットその他の高度情報通信ネットワークの利用を通じて迅速に当該情報を提供できるよう必要な施策を実施するものとする。

6　厚生労働大臣は、前項の施策を実施するため必要があると認めるときは、都道府県知事に対し、当該都道府県の区域内に主たる事務所を有する社会福祉法人の活動の状況その他の厚生労働省令で定める事項に関する情報の提供を求めることができる。

7　第四項の規定は、都道府県知事が前項の規定による厚生労働大臣の求めに応じて情報を提供する場合について準用する。

（**厚生労働大臣及び都道府県知事の支援**）

第五十九条の三　厚生労働大臣は、都道府県知事及び市長に対して、都道府県知事は、市長に対して、社会福祉法人の指導及び監督に関する事務の実施に関し必要な助言、情報の提供その他の支援を行うよう努めなければならない。

第七章　社会福祉事業

（経営主体）
第六十条　社会福祉事業のうち、第一種社会福祉事業は、国、地方公共団体又は社会福祉法人が経営することを原則とする。

（事業経営の準則）
第六十一条　国、地方公共団体、社会福祉法人その他社会福祉事業を経営する者は、次に掲げるところに従い、それぞれの責任を明確にしなければならない。
一　国及び地方公共団体は、法律に基づくその責任を他の社会福祉事業を経営する者に転嫁し、又はこれらの者の財政的援助を求めないこと。
二　国及び地方公共団体は、他の社会福祉事業を経営する者に対し、その自主性を重んじ、不当な関与を行わないこと。
三　社会福祉事業を経営する者は、不当に国及び地方公共団体の財政的、管理的援助を仰がないこと。

2　前項第一号の規定は、国又は地方公共団体が、その経営する社会福祉事業について、福祉サービスを必要とする者を施設に入所させることその他の措置を他の社会福祉事業を経営する者に委託することを妨げるものではない。

（社会福祉施設の設置）
第六十二条　市町村又は社会福祉法人は、施設を設置して、第一種社会福祉事業を経営しようとするときは、その事業の開始前に、その施設（以下「社会福祉施設」という。）を設置しようとする地の都道府県知事に、次に掲げる事項を届け出なければならない。
一　施設の名称及び種類
二　設置者の氏名又は名称、住所、経歴及び資産状況
三　条例、定款その他の基本約款
四　建物その他の設備の規模及び構造
五　事業開始の予定年月日
六　施設の管理者及び実務を担当する幹部職員の氏名及び経歴
七　福祉サービスを必要とする者に対する処遇の方法

2　国、都道府県、市町村及び社会福祉法人以外の者は、社会福祉施設を設置して、第一種社会福祉事業を経営しようとするときは、その事業の開始前に、その施設を設置しようとする地の都道府県知事の許可を受けなければならない。

3　前項の許可を受けようとする者は、第一項各号に掲げる事項のほか、次に掲げる事項を記載した申請書を当該都道府県知事に提出しなければならない。
一　当該事業を経営するための財源の調達及びその管理の方法
二　施設の管理者の資産状況
三　建物その他の設備の使用の権限
四　経理の方針
五　事業の経営者又は施設の管理者に事故があるときの処置

4　都道府県知事は、第二項の許可の申請があつたときは、第六十五条の規定により都道府県の条例で定める基準に適合するかどうかを審査するほか、次に掲げる基準によつて、その申請を審査しなければならない。
一　当該事業を経営するために必要な経済的基礎があること。
二　当該事業の経営者が社会的信望を有すること。
三　実務を担当する幹部職員が社会福祉事業に関する経験、熱意及び能力を有すること。
四　当該事業の経理が他の経理と分離できる等その性格が社会福祉法人に準ずるものであること。
五　脱税その他不正の目的で当該事業を経営しようとするものでないこと。

5　都道府県知事は、前項に規定する審査の結果、その申請が、同項に規定する基準に適合していると認めるときは、社会福祉施設設置の許可を与えなければならない。

6　都道府県知事は、前項の許可を与えるに当たつて、当該事業の適正な運営を確保するために必要と認める条件を付することができる。

（社会福祉施設に係る届出事項等の変更）
第六十三条　前条第一項の規定による届出をした者は、その届け出た事項に変更を生じたときは、変更の日から一月以内に、その旨を当該都道府県知事に届け出なければならない。

2　前条第二項の規定による許可を受けた者は、同条第一項第四号、第五号及び第七号並びに同条第三項第一号、第四号及び第五号に掲げる事項を変更しようとするときは、当該都道府県知事の許可を受けなければならない。

3　前条第四項から第六項までの規定は、前項の規定による許可の申請があつた場合に準用する。

（社会福祉施設の廃止）

第六十四条　第六十二条第一項の規定による届出をし、又は同条第二項の規定による許可を受けて、社会福祉事業を経営する者は、その事業を廃止しようとするときは、廃止の日の一月前までに、その旨を当該都道府県知事に届け出なければならない。

（社会福祉施設の基準）

第六十五条　都道府県は、社会福祉施設の設備の規模及び構造並びに福祉サービスの提供の方法、利用者等からの苦情への対応その他の社会福祉施設の運営について、条例で基準を定めなければならない。

2　都道府県が前項の条例を定めるに当たつては、第一号から第三号までに掲げる事項については厚生労働省令で定める基準に従い定めるものとし、第四号に掲げる事項については厚生労働省令で定める基準を標準として定めるものとし、その他の事項については厚生労働省令で定める基準を参酌するものとする。

一　社会福祉施設に配置する職員及びその員数

二　社会福祉施設に係る居室の床面積

三　社会福祉施設の運営に関する事項であつて、利用者の適切な処遇及び安全の確保並びに秘密の保持に密接に関連するものとして厚生労働省令で定めるもの

四　社会福祉施設の利用定員

3　社会福祉施設の設置者は、第一項の基準を遵守しなければならない。

（社会福祉施設の管理者）

第六十六条　社会福祉施設には、専任の管理者を置かなければならない。

（施設を必要としない第一種社会福祉事業の開始）

第六十七条　市町村又は社会福祉法人は、施設を必要としない第一種社会福祉事業を開始したときは、事業開始の日から一月以内に、事業経営地の都道府県知事に次に掲げる事項を届け出なければならない。

一　経営者の名称及び主たる事務所の所在地

二　事業の種類及び内容

三　条例、定款その他の基本約款

2　国、都道府県、市町村及び社会福祉法人以外の者は、施設を必要としない第一種社会福祉事業を経営しようとするときは、その事業の開始前に、その事業を経営しようとする地の都道府県知事の許可を受けなければならない。

3　前項の許可を受けようとする者は、第一項各号並びに第六十二条第三項第一号、第四号及び第五号に掲げる事項を記載した申請書を当該都道府県知事に提出しなければならない。

4　都道府県知事は、第二項の許可の申請があつたときは、第六十二条第四項各号に掲げる基準によつて、これを審査しなければならない。

5　第六十二条第五項及び第六項の規定は、前項の場合に準用する。

（施設を必要としない第一種社会福祉事業の変更及び廃止）

第六十八条　前条第一項の規定による届出をし、又は同条第二項の規定による許可を受けて社会福祉事業を経営する者は、その届け出た事項又は許可申請書に記載した事項に変更を生じたときは、変更の日から一月以内に、その旨を当該都道府県知事に届け出なければならない。その事業を廃止したときも、同様とする。

（社会福祉住居施設の設置）

第六十八条の二　市町村又は社会福祉法人は、住居の用に供するための施設を設置して、第二種社会福祉事業を開始したときは、その事業開始の日から一月以内に、その施設（以下「社会福祉住居施設」という。）を設置した地の都道府県知事に、次に掲げる事項を届け出なければならない。

一　施設の名称及び種類

二　設置者の氏名又は名称、住所、経歴及び資産状況
三　条例、定款その他の基本約款
四　建物その他の設備の規模及び構造
五　事業開始の年月日
六　施設の管理者及び実務を担当する幹部職員の氏名及び経歴
七　福祉サービスを必要とする者に対する処遇の方法

2　国、都道府県、市町村及び社会福祉法人以外の者は、社会福祉住居施設を設置して、第二種社会福祉事業を経営しようとするときは、その事業の開始前に、その施設を設置しようとする地の都道府県知事に、前項各号に掲げる事項を届け出なければならない。

（社会福祉住居施設に係る届出事項の変更）

第六十八条の三　前条第一項の規定による届出をした者は、その届け出た事項に変更を生じたときは、変更の日から一月以内に、その旨を当該都道府県知事に届け出なければならない。

2　前条第二項の規定による届出をした者は、同条第一項第四号、第五号及び第七号に掲げる事項を変更しようとするときは、あらかじめ、その旨を当該都道府県知事に届け出なければならない。

3　前条第二項の規定による届出をした者は、同条第一項第一号から第三号まで及び第六号に掲げる事項を変更したときは、変更の日から一月以内に、その旨を当該都道府県知事に届け出なければならない。

（社会福祉住居施設の廃止）

第六十八条の四　第六十八条の二第一項又は第二項の規定による届出をした者は、その事業を廃止したときは、廃止の日から一月以内に、その旨を当該都道府県知事に届け出なければならない。

（社会福祉住居施設の基準）

第六十八条の五　都道府県は、社会福祉住居施設の設備の規模及び構造並びに福祉サービスの提供の方法、利用者等からの苦情への対応その他の社会福祉住居施設の運営について、条例で基準を定めなければならない。

2　都道府県が前項の条例を定めるに当たつては、次に掲げる事項については厚生労働省令で定める基準を標準として定めるものとし、その他の事項については厚生労働省令で定める基準を参酌するものとする。
一　社会福祉住居施設に配置する職員及びその員数
二　社会福祉住居施設に係る居室の床面積
三　社会福祉住居施設の運営に関する事項であつて、利用者の適切な処遇及び安全の確保並びに秘密の保持に密接に関連するものとして厚生労働省令で定めるもの
四　社会福祉住居施設の利用定員

3　社会福祉住居施設の設置者は、第一項の基準を遵守しなければならない。

（社会福祉住居施設の管理者）

第六十八条の六　第六十六条の規定は、社会福祉住居施設について準用する。

（住居の用に供するための施設を必要としない第二種社会福祉事業の開始等）

第六十九条　国及び都道府県以外の者は、住居の用に供するための施設を必要としない第二種社会福祉事業を開始したときは、事業開始の日から一月以内に、事業経営地の都道府県知事に第六十七条第一項各号に掲げる事項を届け出なければならない。

2　前項の規定による届出をした者は、その届け出た事項に変更を生じたときは、変更の日から一月以内に、その旨を当該都道府県知事に届け出なければならない。その事業を廃止したときも、同様とする。

（調査）

第七十条　都道府県知事は、この法律の目的を達成するため、社会福祉事業を経営する者に対し、必要と認める事項の報告を求め、又は当該職員をして、施設、帳簿、書類等を検査し、その他事業経営の状況を調査させることができる。

（改善命令）

第七十一条　都道府県知事は、第六十二条第一項の規定による届出をし、若しくは同条第二項の規定による許可を受けて社会福祉事業を経営する者の施設又は第六十八条の二第一項若しくは第二項の規定による届出をして社会福祉事業を経営する者の施設

が、第六十五条第一項又は第六十八条の五第一項の基準に適合しないと認められるに至つたときは、その事業を経営する者に対し、当該基準に適合するために必要な措置を採るべき旨を命ずることができる。

（許可の取消し等）

第七十二条　都道府県知事は、第六十二条第一項、第六十七条第一項、第六十八条の二第一項若しくは第二項若しくは第六十九条第一項の規定による届出をし、又は第六十二条第二項若しくは第六十七条第二項の規定による許可を受けて社会福祉事業を経営する者が、第六十二条第六項（第六十三条第三項及び第六十七条第五項において準用する場合を含む。）の規定による条件に違反し、第六十三条第一項若しくは第二項、第六十八条、第六十八条の三若しくは第六十九条第二項の規定に違反し、第七十条の規定による報告の求めに応ぜず、若しくは虚偽の報告をし、同条の規定による当該職員の検査若しくは調査を拒み、妨げ、若しくは忌避し、前条の規定による命令に違反し、又はその事業に関し不当に営利を図り、若しくは福祉サービスの提供を受ける者の処遇につき不当な行為をしたときは、その者に対し、社会福祉事業を経営することを制限し、その停止を命じ、又は第六十二条第二項若しくは第六十七条第二項の許可を取り消すことができる。

２　都道府県知事は、第六十二条第一項、第六十七条第一項、第六十八条の二第一項若しくは第二項若しくは第六十九条第一項の規定による届出をし、若しくは第七十四条に規定する他の法律に基づく届出をし、又は第六十二条第二項若しくは第六十七条第二項の規定による許可を受け、若しくは第七十四条に規定する他の法律に基づく許可若しくは認可を受けて社会福祉事業を経営する者（次章において「社会福祉事業の経営者」という。）が、第七十七条又は第七十九条の規定に違反したときは、その者に対し、社会福祉事業を経営することを制限し、その停止を命じ、又は第六十二条第二項若しくは第六十七条第二項の許可若しくは第七十四条に規定する他の法律に基づく許可若しくは認可を取り消すことができる。

３　都道府県知事は、第六十二条第一項若しくは第二項、第六十七条第一項若しくは第二項、第六十八条の二第一項若しくは第二項又は第六十九条第一項の規定に違反して社会福祉事業を経営する者が、その事業に関し不当に営利を図り、若しくは福祉サービスの提供を受ける者の処遇につき不当の行為をしたときは、その者に対し、社会福祉事業を経営することを制限し、又はその停止を命ずることができる。

（市の区域内で行われる隣保事業の特例）

第七十三条　市の区域内で行われる隣保事業について第六十九条、第七十条及び前条の規定を適用する場合においては、第六十九条第一項中「及び市」とあるのは「、都道府県及び市」と、「都道府県知事」とあるのは「市長」と、同条第二項、第七十条及び前条中「都道府県知事」とあるのは「市長」と読み替えるものとする。

（適用除外）

第七十四条　第六十二条から第七十一条まで並びに第七十二条第一項及び第三項の規定は、他の法律によつて、その設置又は開始につき、行政庁の許可、認可又は行政庁への届出を要するものとされている施設又は事業については、適用しない。

第八章　福祉サービスの適切な利用

第一節　情報の提供等

（情報の提供）

第七十五条　社会福祉事業の経営者は、福祉サービス（社会福祉事業において提供されるものに限る。以下この節及び次節において同じ。）を利用しようとする者が、適切かつ円滑にこれを利用することができるように、その経営する社会福祉事業に関し情報の提供を行うよう努めなければならない。

２　国及び地方公共団体は、福祉サービスを利用しようとする者が必要な情報を容易に得られるように、必要な措置を講ずるよう努めなければならない。

（利用契約の申込み時の説明）

第七十六条　社会福祉事業の経営者は、その提供する福祉サービスの利用を希望する者からの申込みがあつた場合には、その者に対し、当該福祉サービスを利用するための契約の内容及びその履行に関する事項について説明するよう努めなければならない。

（利用契約の成立時の書面の交付）

第七十七条　社会福祉事業の経営者は、福祉サービスを利用するための契約（厚生労働省令で定めるものを除く。）が成立したときは、その利用者に対し、遅滞なく、次に掲げる事項を記載した書面を交付しなければならない。

一　当該社会福祉事業の経営者の名称及び主たる事務所の所在地

二　当該社会福祉事業の経営者が提供する福祉サービスの内容

三　当該福祉サービスの提供につき利用者が支払うべき額に関する事項

四　その他厚生労働省令で定める事項

2　社会福祉事業の経営者は、前項の規定による書面の交付に代えて、政令の定めるところにより、当該利用者の承諾を得て、当該書面に記載すべき事項を電磁的方法により提供することができる。この場合において、当該社会福祉事業の経営者は、当該書面を交付したものとみなす。

（福祉サービスの質の向上のための措置等）

第七十八条　社会福祉事業の経営者は、自らその提供する福祉サービスの質の評価を行うことその他の措置を講ずることにより、常に福祉サービスを受ける者の立場に立つて良質かつ適切な福祉サービスを提供するよう努めなければならない。

2　国は、社会福祉事業の経営者が行う福祉サービスの質の向上のための措置を援助するために、福祉サービスの質の公正かつ適切な評価の実施に資するための措置を講ずるよう努めなければならない。

（誇大広告の禁止）

第七十九条　社会福祉事業の経営者は、その提供する福祉サービスについて広告をするときは、広告された福祉サービスの内容その他の厚生労働省令で定める事項について、著しく事実に相違する表示をし、又は実際のものよりも著しく優良であり、若しくは有利であると人を誤認させるような表示をしてはならない。

第二節　福祉サービスの利用の援助等

（福祉サービス利用援助事業の実施に当たつての配慮）

第八十条　福祉サービス利用援助事業を行う者は、当該事業を行うに当たつては、利用者の意向を十分に尊重するとともに、利用者の立場に立つて公正かつ適切な方法により行わなければならない。

（都道府県社会福祉協議会の行う福祉サービス利用援助事業等）

第八十一条　都道府県社会福祉協議会は、第百十条第一項各号に掲げる事業を行うほか、福祉サービス利用援助事業を行う市町村社会福祉協議会その他の者と協力して都道府県の区域内においてあまねく福祉サービス利用援助事業が実施されるために必要な事業を行うとともに、これと併せて、当該事業に従事する者の資質の向上のための事業並びに福祉サービス利用援助事業に関する普及及び啓発を行うものとする。

（社会福祉事業の経営者による苦情の解決）

第八十二条　社会福祉事業の経営者は、常に、その提供する福祉サービスについて、利用者等からの苦情の適切な解決に努めなければならない。

（運営適正化委員会）

第八十三条　都道府県の区域内において、福祉サービス利用援助事業の適正な運営を確保するとともに、福祉サービスに関する利用者等からの苦情を適切に解決するため、都道府県社会福祉協議会に、人格が高潔であつて、社会福祉に関する識見を有し、かつ、社会福祉、法律又は医療に関し学識経験を有する者で構成される運営適正化委員会を置くものとする。

（運営適正化委員会の行う福祉サービス利用援助事業に関する助言等）

第八十四条　運営適正化委員会は、第八十一条の規定により行われる福祉サービス利用援助事業の適正な運営を確保するために必要があると認めるときは、当該福祉サービス利用援助事業を行う者に対して必要な助言又は勧告をすることができる。

2　福祉サービス利用援助事業を行う者は、前項の勧告を受けたときは、これを尊重しなければならない。

（運営適正化委員会の行う苦情の解決のための相談等）

第八十五条　運営適正化委員会は、福祉サービスに関する苦情について解決の申出があつたときは、その相談に応じ、申出人に必要な助言をし、当該苦情に係る事情を調査するものとする。

2　運営適正化委員会は、前項の申出人及び当該申出人に対し福祉サービスを提供した者の同意を得て、苦情の解決のあつせんを行うことができる。

（運営適正化委員会から都道府県知事への通知）

第八十六条　運営適正化委員会は、苦情の解決に当たり、当該苦情に係る福祉サービスの利用者の処遇につき不当な行為が行われているおそれがあると認めるときは、都道府県知事に対し、速やかに、その旨を通知しなければならない。

（政令への委任）

第八十七条　この節に規定するもののほか、運営適正化委員会に関し必要な事項は、政令で定める。

第三節　社会福祉を目的とする事業を経営する者への支援

第八十八条　都道府県社会福祉協議会は、第百十条第一項各号に掲げる事業を行うほか、社会福祉を目的とする事業の健全な発達に資するため、必要に応じ、社会福祉を目的とする事業を経営する者がその行つた福祉サービスの提供に要した費用に関して地方公共団体に対して行う請求の事務の代行その他の社会福祉を目的とする事業を経営する者が当該事業を円滑に実施することができるよう支援するための事業を実施するよう努めなければならない。ただし、他に当該事業を実施する適切な者がある場合には、この限りでない。

第九章　社会福祉事業等に従事する者の確保の促進

第一節　基本指針等

（基本指針）

第八十九条　厚生労働大臣は、社会福祉事業の適正な実施を確保し、社会福祉事業その他の政令で定める社会福祉を目的とする事業（以下この章において「社会福祉事業等」という。）の健全な発達を図るため、社会福祉事業等に従事する者（以下この章において「社会福祉事業等従事者」という。）の確保及び国民の社会福祉に関する活動への参加の促進を図るための措置に関する基本的な指針（以下「基本指針」という。）を定めなければならない。

2　基本指針に定める事項は、次のとおりとする。

一　社会福祉事業等従事者の就業の動向に関する事項

二　社会福祉事業等を経営する者が行う、社会福祉事業等従事者に係る処遇の改善（国家公務員及び地方公務員である者に係るものを除く。）及び資質の向上並びに新規の社会福祉事業等従事者の確保に資する措置その他の社会福祉事業等従事者の確保に資する措置の内容に関する事項

三　前号に規定する措置の内容に関して、その適正かつ有効な実施を図るために必要な措置の内容に関する事項

四　国民の社会福祉事業等に対する理解を深め、国民の社会福祉に関する活動への参加を促進するために必要な措置の内容に関する事項

3　厚生労働大臣は、基本指針を定め、又はこれを変更しようとするときは、あらかじめ、総務大臣に協議するとともに、社会保障審議会及び都道府県の意見を聴かなければならない。

4　厚生労働大臣は、基本指針を定め、又はこれを変更したときは、遅滞なく、これを公表しなければならない。

（社会福祉事業等を経営する者の講ずべき措

置）

第九十条 社会福祉事業等を経営する者は、前条第二項第二号に規定する措置の内容に即した措置を講ずるように努めなければならない。

2 社会福祉事業等を経営する者は、前条第二項第四号に規定する措置の内容に即した措置を講ずる者に対し、必要な協力を行うように努めなければならない。

（指導及び助言）

第九十一条 国及び都道府県は、社会福祉事業等を経営する者に対し、第八十九条第二項第二号に規定する措置の内容に即した措置の的確な実施に必要な指導及び助言を行うものとする。

（国及び地方公共団体の措置）

第九十二条 国は、社会福祉事業等従事者の確保及び国民の社会福祉に関する活動への参加を促進するために必要な財政上及び金融上の措置その他の措置を講ずるよう努めなければならない。

2 地方公共団体は、社会福祉事業等従事者の確保及び国民の社会福祉に関する活動への参加を促進するために必要な措置を講ずるよう努めなければならない。

第二節 福祉人材センター

第一款 都道府県福祉人材センター

（指定等）

第九十三条 都道府県知事は、社会福祉事業等に関する連絡及び援助を行うこと等により社会福祉事業等従事者の確保を図ることを目的として設立された社会福祉法人であつて、次条に規定する業務を適正かつ確実に行うことができると認められるものを、その申請により、都道府県ごとに一個に限り、都道府県福祉人材センター（以下「都道府県センター」という。）として指定することができる。

2 都道府県知事は、前項の申請をした者が職業安定法（昭和二十二年法律第百四十一号）第三十三条第一項の許可を受けて社会福祉事業等従事者につき無料の職業紹介事業を行う者でないときは、前項の規定による指定をしてはならない。

3 都道府県知事は、第一項の規定による指定をしたときは、当該都道府県センターの名称、住所及び事務所の所在地を公示しなければならない。

4 都道府県センターは、その名称、住所又は事務所の所在地を変更しようとするときは、あらかじめ、その旨を都道府県知事に届け出なければならない。

5 都道府県知事は、前項の規定による届出があつたときは、当該届出に係る事項を公示しなければならない。

（業務）

第九十四条 都道府県センターは、当該都道府県の区域内において、次に掲げる業務を行うものとする。

一 社会福祉事業等に関する啓発活動を行うこと。

二 社会福祉事業等従事者の確保に関する調査研究を行うこと。

三 社会福祉事業等を経営する者に対し、第八十九条第二項第二号に規定する措置の内容に即した措置の実施に関する技術的事項について相談その他の援助を行うこと。

四 社会福祉事業等の業務に関し、社会福祉事業等従事者及び社会福祉事業等に従事しようとする者に対して研修を行うこと。

五 社会福祉事業等従事者の確保に関する連絡を行うこと。

六 社会福祉事業等に従事しようとする者について、無料の職業紹介事業を行うこと。

七 社会福祉事業等に従事しようとする者に対し、その就業の促進に関する情報の提供、相談その他の援助を行うこと。

八 前各号に掲げるもののほか、社会福祉事業等従事者の確保を図るために必要な業務を行うこと。

（関係機関等との連携）

第九十五条 都道府県センターは、前条各号に掲げる業務を行うに当たつては、地方公共団体、公共職業安定所その他の関係機関及び他の社会福祉事業等従事者の確保に関する業務を行う団体との連携に努めなければならない。

（情報の提供の求め）

第九十五条の二　都道府県センターは、都道府県その他の官公署に対し、第九十四条第七号に掲げる業務を行うために必要な情報の提供を求めることができる。

（介護福祉士等の届出等）

第九十五条の三　社会福祉事業等従事者（介護福祉士その他厚生労働省令で定める資格を有する者に限る。次項において同じ。）は、離職した場合その他の厚生労働省令で定める場合には、住所、氏名その他の厚生労働省令で定める事項を、厚生労働省令で定めるところにより、都道府県センターに届け出るよう努めなければならない。

2　社会福祉事業等従事者は、前項の規定により届け出た事項に変更が生じた場合には、厚生労働省令で定めるところにより、その旨を都道府県センターに届け出るよう努めなければならない。

3　社会福祉事業等を経営する者その他厚生労働省令で定める者は、前二項の規定による届出が適切に行われるよう、必要な支援を行うよう努めるものとする。

（秘密保持義務）

第九十五条の四　都道府県センターの役員若しくは職員又はこれらの者であつた者は、正当な理由がないのに、第九十四条各号に掲げる業務に関して知り得た秘密を漏らしてはならない。

（業務の委託）

第九十五条の五　都道府県センターは、第九十四条各号（第六号を除く。）に掲げる業務の一部を厚生労働省令で定める者に委託することができる。

2　前項の規定による委託を受けた者若しくはその役員若しくは職員又はこれらの者であつた者は、正当な理由がないのに、当該委託に係る業務に関して知り得た秘密を漏らしてはならない。

（事業計画等）

第九十六条　都道府県センターは、毎事業年度、厚生労働省令の定めるところにより、事業計画書及び収支予算書を作成し、都道府県知事に提出しなければならない。これを変更しようとするときも、同様とする。

2　都道府県センターは、厚生労働省令の定めるところにより、毎事業年度終了後、事業報告書及び収支決算書を作成し、都道府県知事に提出しなければならない。

（監督命令）

第九十七条　都道府県知事は、この款の規定を施行するために必要な限度において、都道府県センターに対し、第九十四条各号に掲げる業務に関し監督上必要な命令をすることができる。

（指定の取消し等）

第九十八条　都道府県知事は、都道府県センターが次の各号のいずれかに該当するときは、第九十三条第一項の規定による指定（以下この条において「指定」という。）を取り消さなければならない。

一　第九十四条第六号に掲げる業務に係る無料の職業紹介事業につき、職業安定法第三十三条第一項の許可を取り消されたとき。

二　職業安定法第三十三条第三項に規定する許可の有効期間（当該許可の有効期間について、同条第四項において準用する同法第三十二条の六第二項の規定による更新を受けたときにあつては、当該更新を受けた許可の有効期間）の満了後、同法第三十三条第四項において準用する同法第三十二条の六第二項に規定する許可の有効期間の更新を受けていないとき。

2　都道府県知事は、都道府県センターが、次の各号のいずれかに該当するときは、指定を取り消すことができる。

一　第九十四条各号に掲げる業務を適正かつ確実に実施することができないと認められるとき。

二　指定に関し不正の行為があつたとき。

三　この款の規定又は当該規定に基づく命令若しくは処分に違反したとき。

3　都道府県知事は、前二項の規定により指定を取り消したときは、その旨を公示しなければならない。

第二款　中央福祉人材センター

（指定）

第九十九条 厚生労働大臣は、都道府県センターの業務に関する連絡及び援助を行うこと等により、都道府県センターの健全な発展を図るとともに、社会福祉事業等従事者の確保を図ることを目的として設立された社会福祉法人であつて、次条に規定する業務を適正かつ確実に行うことができると認められるものを、その申請により、全国を通じて一個に限り、中央福祉人材センター（以下「中央センター」という。）として指定することができる。

（業務）

第百条 中央センターは、次に掲げる業務を行うものとする。

一 都道府県センターの業務に関する啓発活動を行うこと。

二 二以上の都道府県の区域における社会福祉事業等従事者の確保に関する調査研究を行うこと。

三 社会福祉事業等の業務に関し、都道府県センターの業務に従事する者に対して研修を行うこと。

四 社会福祉事業等の業務に関し、社会福祉事業等従事者に対して研修を行うこと。

五 都道府県センターの業務について、連絡調整を図り、及び指導その他の援助を行うこと。

六 都道府県センターの業務に関する情報及び資料を収集し、並びにこれを都道府県センターその他の関係者に対し提供すること。

七 前各号に掲げるもののほか、都道府県センターの健全な発展及び社会福祉事業等従事者の確保を図るために必要な業務を行うこと。

（準用）

第百一条 第九十三条第三項から第五項まで、第九十五条の四及び第九十六条から第九十八条までの規定は、中央センターについて準用する。この場合において、これらの規定中「都道府県知事」とあるのは「厚生労働大臣」と、第九十三条第三項中「第一項」とあるのは「第九十九条」と、第九十五条の四中「第九十四条各号」とあるのは「第百条各号」と、第九十七条中「この款」とあるのは「次款」と、「第九十四条」とあるのは「第百条」と、第九十八条第一項中「第九十三条第一項」とあるのは「第九十九条」と、「第九十四条」とあるのは「第百条」と、「この款」とあるのは「次款」と読み替えるものとする。

第三節 福利厚生センター

（指定）

第百二条 厚生労働大臣は、社会福祉事業等に関する連絡及び助成を行うこと等により社会福祉事業等従事者の福利厚生の増進を図ることを目的として設立された社会福祉法人であつて、次条に規定する業務を適正かつ確実に行うことができると認められるものを、その申請により、全国を通じて一個に限り、福利厚生センターとして指定することができる。

（業務）

第百三条 福利厚生センターは、次に掲げる業務を行うものとする。

一 社会福祉事業等を経営する者に対し、社会福祉事業等従事者の福利厚生に関する啓発活動を行うこと。

二 社会福祉事業等従事者の福利厚生に関する調査研究を行うこと。

三 福利厚生契約（福利厚生センターが社会福祉事業等を経営する者に対してその者に使用される社会福祉事業等従事者の福利厚生の増進を図るための事業を行うことを約する契約をいう。以下同じ。）に基づき、社会福祉事業等従事者の福利厚生の増進を図るための事業を実施すること。

四 社会福祉事業等従事者の福利厚生に関し、社会福祉事業等を経営する者との連絡を行い、及び社会福祉事業等を経営する者に対し助成を行うこと。

五 前各号に掲げるもののほか、社会福祉事業等従事者の福利厚生の増進を図るために必要な業務を行うこと。

（約款の認可等）

第百四条 福利厚生センターは、前条第三号

社会福祉全般

に掲げる業務の開始前に、福利厚生契約に基づき実施する事業に関する約款（以下この条において「約款」という。）を定め、厚生労働大臣に提出してその認可を受けなければならない。これを変更しようとするときも、同様とする。

2　厚生労働大臣は、前項の認可をした約款が前条第三号に掲げる業務の適正かつ確実な実施上不適当となつたと認めるときは、その約款を変更すべきことを命ずることができる。

3　約款に記載すべき事項は、厚生労働省令で定める。

（契約の締結及び解除）

第百五条　福利厚生センターは、福利厚生契約の申込者が第六十二条第一項若しくは第二項、第六十七条第一項若しくは第二項、第六十八条の二第一項若しくは第二項又は第六十九条第一項（第七十三条の規定により読み替えて適用する場合を含む。）の規定に違反して社会福祉事業等を経営する者であるとき、その他厚生労働省令で定める正当な理由があるときを除いては、福利厚生契約の締結を拒絶してはならない。

2　福利厚生センターは、社会福祉事業等を経営する者がその事業を廃止したとき、その他厚生労働省令で定める正当な理由があるときを除いては、福利厚生契約を解除してはならない。

（準用）

第百六条　第九十三条第三項から第五項まで、第九十五条の四及び第九十六条から第九十八条までの規定は、福利厚生センターについて準用する。この場合において、これらの規定中「都道府県知事」とあるのは「厚生労働大臣」と、第九十三条第三項中「第一項」とあるのは「第百二条」と、第九十五条の四中「第九十四条各号」とあるのは「第百三条各号」と、第九十六条第一項中「に提出しなければ」とあるのは「の認可を受けなければ」と、第九十七条中「この款」とあるのは「次節」と、「第九十四条」とあるのは「第百三条」と、第九十八条第一項中「第九十三条第一項」とあるのは「第百二条」と、「第九十四条」とあるのは「第百三条」と、「この款」とあるのは「次節」と、「違反した」とあるのは「違反したとき、又は第百四条第一項の認可を受けた同項に規定する約款によらないで第百三条第三号に掲げる業務を行つた」と読み替えるものとする。

第十章　地域福祉の推進

第一節　包括的な支援体制の整備

（地域子育て支援拠点事業等を経営する者の責務）

第百六条の二　社会福祉を目的とする事業を経営する者のうち、次に掲げる事業を行うもの（市町村の委託を受けてこれらの事業を行う者を含む。）は、当該事業を行うに当たり自らがその解決に資する支援を行うことが困難な地域生活課題を把握したときは、当該地域生活課題を抱える地域住民の心身の状況、その置かれている環境その他の事情を勘案し、支援関係機関による支援の必要性を検討するよう努めるとともに、必要があると認めるときは、支援関係機関に対し、当該地域生活課題の解決に資する支援を求めるよう努めなければならない。

一　児童福祉法第六条の三第六項に規定する地域子育て支援拠点事業又は同法第十条の二に規定する拠点において同条に規定する支援を行う事業

二　母子保健法（昭和四十年法律第百四十一号）第二十二条第一項に規定する母子健康包括支援センターを経営する事業

三　介護保険法第百十五条の四十五第二項第一号に掲げる事業

四　障害者の日常生活及び社会生活を総合的に支援するための法律第七十七条第一項第三号に掲げる事業

五　子ども・子育て支援法（平成二十四年法律第六十五号）第五十九条第一号に掲げる事業

（包括的な支援体制の整備）

第百六条の三　市町村は、次に掲げる事業の実施その他の各般の措置を通じ、地域住民等及び支援関係機関による、地域福祉の推進のための相互の協力が円滑に行われ、地域生活課題の解決に資する支援が包括的に提供される体制を整備するよう努めるものとする。

一　地域福祉に関する活動への地域住民の参加を促す活動を行う者に対する支援、地域住民等が相互に交流を図ることができる拠点の整備、地域住民等に対する研修の実施その他の地域住民等が地域福祉を推進するために必要な環境の整備に関する事業

二　地域住民等が自ら他の地域住民が抱える地域生活課題に関する相談に応じ、必要な情報の提供及び助言を行い、必要に応じて、支援関係機関に対し、協力を求めることができる体制の整備に関する事業

三　生活困窮者自立支援法第三条第二項に規定する生活困窮者自立相談支援事業を行う者その他の支援関係機関が、地域生活課題を解決するために、相互の有機的な連携の下、その解決に資する支援を一体的かつ計画的に行う体制の整備に関する事業

2　厚生労働大臣は、前項各号に掲げる事業に関して、その適切かつ有効な実施を図るため必要な指針を公表するものとする。

第二節　地域福祉計画

（**市町村地域福祉計画**）

第百七条　市町村は、地域福祉の推進に関する事項として次に掲げる事項を一体的に定める計画（以下「市町村地域福祉計画」という。）を策定するよう努めるものとする。

一　地域における高齢者の福祉、障害者の福祉、児童の福祉その他の福祉に関し、共通して取り組むべき事項

二　地域における福祉サービスの適切な利用の推進に関する事項

三　地域における社会福祉を目的とする事業の健全な発達に関する事項

四　地域福祉に関する活動への住民の参加の促進に関する事項

五　前条第一項各号に掲げる事業を実施する場合には、同項各号に掲げる事業に関する事項

2　市町村は、市町村地域福祉計画を策定し、又は変更しようとするときは、あらかじめ、地域住民等の意見を反映させるよう努めるとともに、その内容を公表するよう努めるものとする。

3　市町村は、定期的に、その策定した市町村地域福祉計画について、調査、分析及び評価を行うよう努めるとともに、必要があると認めるときは、当該市町村地域福祉計画を変更するものとする。

（**都道府県地域福祉支援計画**）

第百八条　都道府県は、市町村地域福祉計画の達成に資するために、各市町村を通ずる広域的な見地から、市町村の地域福祉の支援に関する事項として次に掲げる事項を一体的に定める計画（以下「都道府県地域福祉支援計画」という。）を策定するよう努めるものとする。

一　地域における高齢者の福祉、障害者の福祉、児童の福祉その他の福祉に関し、共通して取り組むべき事項

二　市町村の地域福祉の推進を支援するための基本的方針に関する事項

三　社会福祉を目的とする事業に従事する者の確保又は資質の向上に関する事項

四　福祉サービスの適切な利用の推進及び社会福祉を目的とする事業の健全な発達のための基盤整備に関する事項

五　市町村による第百六条の三第一項各号に掲げる事業の実施の支援に関する事項

2　都道府県は、都道府県地域福祉支援計画を策定し、又は変更しようとするときは、あらかじめ、公聴会の開催等住民その他の者の意見を反映させるよう努めるとともに、その内容を公表するよう努めるものとする。

3　都道府県は、定期的に、その策定した都道府県地域福祉支援計画について、調査、分析及び評価を行うよう努めるとともに、必要があると認めるときは、当該都道府県地域福祉支援計画を変更するものとする。

第三節　社会福祉協議会

（**市町村社会福祉協議会及び地区社会福祉協議会**）

第百九条　市町村社会福祉協議会は、一又は

社会福祉全般

同一都道府県内の二以上の市町村の区域内において次に掲げる事業を行うことにより地域福祉の推進を図ることを目的とする団体であつて、その区域内における社会福祉を目的とする事業を経営する者及び社会福祉に関する活動を行う者が参加し、かつ、指定都市にあつてはその区域内における地区社会福祉協議会の過半数及び社会福祉事業又は更生保護事業を経営する者の過半数が、指定都市以外の市及び町村にあつてはその区域内における社会福祉事業又は更生保護事業を経営する者の過半数が参加するものとする。

一 社会福祉を目的とする事業の企画及び実施

二 社会福祉に関する活動への住民の参加のための援助

三 社会福祉を目的とする事業に関する調査、普及、宣伝、連絡、調整及び助成

四 前三号に掲げる事業のほか、社会福祉を目的とする事業の健全な発達を図るために必要な事業

2 地区社会福祉協議会は、一又は二以上の区（地方自治法第二百五十二条の二十に規定する区及び同法第二百五十二条の二十の二に規定する総合区をいう。）の区域内において前項各号に掲げる事業を行うことにより地域福祉の推進を図ることを目的とする団体であつて、その区域内における社会福祉を目的とする事業を経営する者及び社会福祉に関する活動を行う者が参加し、かつ、その区域内において社会福祉事業又は更生保護事業を経営する者の過半数が参加するものとする。

3 市町村社会福祉協議会のうち、指定都市の区域を単位とするものは、第一項各号に掲げる事業のほか、その区域内における地区社会福祉協議会の相互の連絡及び事業の調整の事業を行うものとする。

4 市町村社会福祉協議会及び地区社会福祉協議会は、広域的に事業を実施することにより効果的な運営が見込まれる場合には、その区域を越えて第一項各号に掲げる事業を実施することができる。

5 関係行政庁の職員は、市町村社会福祉協議会及び地区社会福祉協議会の役員となることができる。ただし、役員の総数の五分の一を超えてはならない。

6 市町村社会福祉協議会及び地区社会福祉協議会は、社会福祉を目的とする事業を経営する者又は社会福祉に関する活動を行う者から参加の申出があつたときは、正当な理由がないのにこれを拒んではならない。

（都道府県社会福祉協議会）

第百十条 都道府県社会福祉協議会は、都道府県の区域内において次に掲げる事業を行うことにより地域福祉の推進を図ることを目的とする団体であつて、その区域内における市町村社会福祉協議会の過半数及び社会福祉事業又は更生保護事業を経営する者の過半数が参加するものとする。

一 前条第一項各号に掲げる事業であつて各市町村を通ずる広域的な見地から行うことが適切なもの

二 社会福祉を目的とする事業に従事する者の養成及び研修

三 社会福祉を目的とする事業の経営に関する指導及び助言

四 市町村社会福祉協議会の相互の連絡及び事業の調整

2 前条第五項及び第六項の規定は、都道府県社会福祉協議会について準用する。

（社会福祉協議会連合会）

第百十一条 都道府県社会福祉協議会は、相互の連絡及び事業の調整を行うため、全国を単位として、社会福祉協議会連合会を設立することができる。

2 第百九条第五項の規定は、社会福祉協議会連合会について準用する。

第四節 共同募金

（共同募金）

第百十二条 この法律において「共同募金」とは、都道府県の区域を単位として、毎年一回、厚生労働大臣の定める期間内に限つてあまねく行う寄附金の募集であつて、その区域内における地域福祉の推進を図るため、その寄附金をその区域内において社会福祉事業、更生保護事業その他の社会福祉を目的とする事業を経営する者（国及び地

方公共団体を除く。以下この節において同じ。）に配分することを目的とするものをいう。

（**共同募金会**）

第百十三条　共同募金を行う事業は、第二条の規定にかかわらず、第一種社会福祉事業とする。

2　共同募金事業を行うことを目的として設立される社会福祉法人を共同募金会と称する。

3　共同募金会以外の者は、共同募金事業を行つてはならない。

4　共同募金会及びその連合会以外の者は、その名称中に、「共同募金会」又はこれと紛らわしい文字を用いてはならない。

（**共同募金会の認可**）

第百十四条　第三十条第一項の所轄庁は、共同募金会の設立の認可に当たつては、第三十二条に規定する事項のほか、次に掲げる事項をも審査しなければならない。

一　当該共同募金の区域内に都道府県社会福祉協議会が存すること。

二　特定人の意思によつて事業の経営が左右されるおそれがないものであること。

三　当該共同募金の配分を受ける者が役員、評議員又は配分委員会の委員に含まれないこと。

四　役員、評議員又は配分委員会の委員が、当該共同募金の区域内における民意を公正に代表するものであること。

（**配分委員会**）

第百十五条　寄附金の公正な配分に資するため、共同募金会に配分委員会を置く。

2　第四十条第一項の規定は、配分委員会の委員について準用する。

3　共同募金会の役員は、配分委員会の委員となることができる。ただし、委員の総数の三分の一を超えてはならない。

4　この節に規定するもののほか、配分委員会に関し必要な事項は、政令で定める。

（**共同募金の性格**）

第百十六条　共同募金は、寄附者の自発的な協力を基礎とするものでなければならない。

（**共同募金の配分**）

第百十七条　共同募金は、社会福祉を目的とする事業を経営する者以外の者に配分してはならない。

2　共同募金会は、寄附金の配分を行うに当たつては、配分委員会の承認を得なければならない。

3　共同募金会は、第百十二条に規定する期間が満了した日の属する会計年度の翌年度の末日までに、その寄附金を配分しなければならない。

4　国及び地方公共団体は、寄附金の配分について干渉してはならない。

（**準備金**）

第百十八条　共同募金会は、前条第三項の規定にかかわらず、災害救助法（昭和二十二年法律第百十八号）第二条に規定する災害の発生その他厚生労働省令で定める特別の事情がある場合に備えるため、共同募金の寄附金の額に厚生労働省令で定める割合を乗じて得た額を限度として、準備金を積み立てることができる。

2　共同募金会は、前項の災害の発生その他特別の事情があつた場合には、第百十二条の規定にかかわらず、当該共同募金会が行う共同募金の区域以外の区域において社会福祉を目的とする事業を経営する者に配分することを目的として、拠出の趣旨を定め、同項の準備金の全部又は一部を他の共同募金会に拠出することができる。

3　前項の規定による拠出を受けた共同募金会は、拠出された金額を、同項の拠出の趣旨に従い、当該共同募金会の区域において社会福祉を目的とする事業を経営する者に配分しなければならない。

4　共同募金会は、第一項に規定する準備金の積立て、第二項に規定する準備金の拠出及び前項の規定に基づく配分を行うに当たつては、配分委員会の承認を得なければならない。

（**計画の公告**）

第百十九条　共同募金会は、共同募金を行うには、あらかじめ、都道府県社会福祉協議会の意見を聴き、及び配分委員会の承認を得て、共同募金の目標額、受配者の範囲及び配分の方法を定め、これを公告しなければならない。

（結果の公告）

第百二十条　共同募金会は、寄附金の配分を終了したときは、一月以内に、募金の総額、配分を受けた者の氏名又は名称及び配分した額並びに第百十八条第一項の規定により新たに積み立てられた準備金の額及び準備金の総額を公告しなければならない。

2　共同募金会は、第百十八条第二項の規定により準備金を拠出した場合には、速やかに、同項の拠出の趣旨、拠出先の共同募金会及び拠出した額を公告しなければならない。

3　共同募金会は、第百十八条第三項の規定により配分を行つた場合には、配分を終了した後三月以内に、拠出を受けた総額及び拠出された金額の配分を受けた者の氏名又は名称を公告するとともに、当該拠出を行つた共同募金会に対し、拠出された金額の配分を受けた者の氏名又は名称を通知しなければならない。

（共同募金会に対する解散命令）

第百二十一条　第三十条第一項の所轄庁は、共同募金会については、第五十六条第八項の事由が生じた場合のほか、第百十四条各号に規定する基準に適合しないと認められるに至つた場合においても、解散を命ずることができる。ただし、他の方法により監督の目的を達することができない場合に限る。

（受配者の寄附金募集の禁止）

第百二十二条　共同募金の配分を受けた者は、その配分を受けた後一年間は、その事業の経営に必要な資金を得るために寄附金を募集してはならない。

第百二十三条　削除

（共同募金会連合会）

第百二十四条　共同募金会は、相互の連絡及び事業の調整を行うため、全国を単位として、共同募金会連合会を設立することができる。

第十一章　雑則

（芸能、出版物等の推薦等）

第百二十五条　社会保障審議会は、社会福祉の増進を図るため、芸能、出版物等を推薦し、又はそれらを製作し、興行し、若しくは販売する者等に対し、必要な勧告をすることができる。

（大都市等の特例）

第百二十六条　第七章及び第八章の規定により都道府県が処理することとされている事務のうち政令で定めるものは、指定都市及び中核市においては、政令の定めるところにより、指定都市又は中核市（以下「指定都市等」という。）が処理するものとする。この場合においては、これらの章中都道府県に関する規定は、指定都市等に関する規定として、指定都市等に適用があるものとする。

（事務の区分）

第百二十七条　別表の上欄に掲げる地方公共団体がそれぞれ同表の下欄に掲げる規定により処理することとされている事務は、地方自治法第二条第九項第一号に規定する第一号法定受託事務とする。

（権限の委任）

第百二十八条　この法律に規定する厚生労働大臣の権限は、厚生労働省令で定めるところにより、地方厚生局長に委任することができる。

2　前項の規定により地方厚生局長に委任された権限は、厚生労働省令で定めるところにより、地方厚生支局長に委任することができる。

（経過措置）

第百二十九条　この法律の規定に基づき政令を制定し、又は改廃する場合においては、その政令で、その制定又は改廃に伴い合理的に必要と判断される範囲内において、所要の経過措置（罰則に関する経過措置を含む。）を定めることができる。

（厚生労働省令への委任）

第百三十条　この法律に規定するもののほか、この法律の実施のため必要な手続その他の事項は、厚生労働省令で定める。

第十二章　罰則

第百三十条の二　次に掲げる者が、自己若しくは第三者の利益を図り又は社会福祉法人に損害を加える目的で、その任務に背く行

社会福祉全般

為をし、当該社会福祉法人に財産上の損害を加えたときは、七年以下の懲役若しくは五百万円以下の罰金に処し、又はこれを併科する。

一　評議員、理事又は監事

二　民事保全法第五十六条に規定する仮処分命令により選任された評議員、理事又は監事の職務を代行する者

三　第四十二条第二項又は第四十五条の六第二項（第四十五条の十七第三項において準用する場合を含む。）の規定により選任された一時評議員、理事、監事又は理事長の職務を行うべき者

2　次に掲げる者が、自己若しくは第三者の利益を図り又は清算法人に損害を加える目的で、その任務に背く行為をし、当該清算法人に財産上の損害を加えたときも、前項と同様とする。

一　清算人

二　民事保全法第五十六条に規定する仮処分命令により選任された清算人の職務を代行する者

三　第四十六条の七第三項において準用する一般社団法人及び一般財団法人に関する法律第七十五条第二項の規定により選任された一時清算人又は清算法人の監事の職務を行うべき者

四　第四十六条の十一第七項において準用する一般社団法人及び一般財団法人に関する法律第七十九条第二項の規定により選任された一時代表清算人の職務を行うべき者

五　第四十六条の七第三項において準用する一般社団法人及び一般財団法人に関する法律第百七十五条第二項の規定により選任された一時清算法人の評議員の職務を行うべき者

3　前二項の罪の未遂は、罰する。

第百三十条の三　次に掲げる者が、その職務に関し、不正の請託を受けて、財産上の利益を収受し、又はその要求若しくは約束をしたときは、五年以下の懲役又は五百万円以下の罰金に処する。

一　前条第一項各号又は第二項各号に掲げる者

二　会計監査人又は第四十五条の六第三項の規定により選任された一時会計監査人の職務を行うべき者

2　前項の利益を供与し、又はその申込み若しくは約束をした者は、三年以下の懲役又は三百万円以下の罰金に処する。

3　第一項の場合において、犯人の収受した利益は、没収する。その全部又は一部を没収することができないときは、その価額を追徴する。

第百三十条の四　第百三十条の二及び前条第一項の罪は、日本国外においてこれらの罪を犯した者にも適用する。

2　前条第二項の罪は、刑法（明治四十年法律第四十五号）第二条の例に従う。

第百三十条の五　第百三十条の三第一項第二号に掲げる者が法人であるときは、同項の規定は、その行為をした会計監査人又は一時会計監査人の職務を行うべき者の職務を行うべき者に対して適用する。

第百三十条の六　第九十五条の四（第百一条及び第百六条において準用する場合を含む。）又は第九十五条の五第二項の規定に違反した者は、一年以下の懲役又は五十万円以下の罰金に処する。

第百三十一条　次の各号のいずれかに該当する者は、六月以下の懲役又は五十万円以下の罰金に処する。

一　第五十七条に規定する停止命令に違反して引き続きその事業を行つた者

二　第六十二条第二項又は第六十七条第二項の規定に違反して社会福祉事業を経営した者

三　第七十二条第一項から第三項まで（これらの規定を第七十三条の規定により読み替えて適用する場合を含む。）に規定する制限若しくは停止の命令に違反した者又は第七十二条第一項若しくは第二項の規定により許可を取り消されたにもかかわらず、引き続きその社会福祉事業を経営した者

第百三十二条　法人の代表者又は法人若しくは人の代理人、使用人その他の従業者が、その法人又は人の事業に関し、前条の違反行為をしたときは、行為者を罰するほか、

社会福祉全般

その法人又はその人に対しても同条の罰金刑を科する。

第百三十三条　評議員、理事、監事、会計監査人若しくはその職務を行うべき社員、清算人、民事保全法第五十六条に規定する仮処分命令により選任された評議員、理事、監事若しくは清算人の職務を代行する者、第百三十条の二第一項第三号に規定する一時評議員、理事、監事若しくは理事長の職務を行うべき者、同条第二項第三号に規定する一時清算人若しくは清算法人の監事の職務を行うべき者、同項第四号に規定する一時代表清算人の職務を行うべき者、同項第五号に規定する一時清算法人の評議員の職務を行うべき者又は第百三十条の三第一項第二号に規定する一時会計監査人の職務を行うべき者は、次のいずれかに該当する場合には、二十万円以下の過料に処する。ただし、その行為について刑を科すべきときは、この限りでない。

一　この法律に基づく政令の規定による登記をすることを怠つたとき。

二　第四十六条の十二第一項、第四十六条の三十第一項、第五十三条第一項、第五十四条の三第一項又は第五十四条の九第一項の規定による公告を怠り、又は不正の公告をしたとき。

三　第三十四条の二第二項若しくは第三項、第四十五条の十一第四項、第四十五条の十五第二項若しくは第三項、第四十五条の十九第三項、第四十五条の二十五、第四十五条の三十二第三項若しくは第四項、第四十五条の三十四第三項、第四十六条の二十第二項若しくは第三項、第四十六条の二十六第二項、第五十一条第二項、第五十四条第二項、第五十四条の四第三項、第五十四条の七第二項若しくは第五十四条の十一第三項の規定又は第四十五条の九第十項において準用する一般社団法人及び一般財団法人に関する法律第百九十四条第三項の規定に違反して、正当な理由がないのに、書類若しくは電磁的記録に記録された事項を厚生労働省令で定める方法により表示したものの閲覧若しくは謄写又は書類の謄本若しくは抄本の交付、電磁的記録に記録された事項を電磁的方法により提供すること若しくはその事項を記載した書面の交付を拒んだとき。

四　第四十五条の三十六第四項の規定に違反して、届出をせず、又は虚偽の届出をしたとき。

五　定款、議事録、財産目録、会計帳簿、貸借対照表、収支計算書、事業報告、事務報告、第四十五条の二十七第二項若しくは第四十六条の二十四第一項の附属明細書、監査報告、会計監査報告、決算報告又は第五十一条第一項、第五十四条第一項、第五十四条の四第一項、第五十四条の七第一項若しくは第五十四条の十一第一項の書面若しくは電磁的記録に記載し、若しくは記録すべき事項を記載せず、若しくは記録せず、又は虚偽の記載若しくは記録をしたとき。

六　第三十四条の二第一項、第四十五条の十一第二項若しくは第三項、第四十五条の十五第一項、第四十五条の三十二第一項若しくは第二項、第四十五条の三十四第一項、第四十六条の二十第一項、第四十六条の二十六第一項、第五十一条第一項、第五十四条第一項、第五十四条の四第二項、第五十四条の七第一項若しくは第五十四条の十一第二項の規定又は第四十五条の九第十項において準用する一般社団法人及び一般財団法人に関する法律第百九十四条第二項の規定に違反して、帳簿又は書類若しくは電磁的記録を備え置かなかつたとき。

七　第四十六条の二第二項又は第四十六条の十二第一項の規定に違反して、破産手続開始の申立てを怠つたとき。

八　清算の結了を遅延させる目的で、第四十六条の三十第一項の期間を不当に定めたとき。

九　第四十六条の三十一第一項の規定に違反して、債務の弁済をしたとき。

十　第四十六条の三十三の規定に違反して、清算法人の財産を引き渡したとき。

十一　第五十三条第三項、第五十四条の三第三項又は第五十四条の九第三項の規定に違反して、吸収合併又は新設合併をしたとき。

十二　第五十六条第一項の規定による報告をせず、若しくは虚偽の報告をし、又は同項の規定による検査を拒み、妨げ、若しくは忌避したとき。

第百三十四条　第二十三条又は第百十三条第四項の規定に違反した者は、十万円以下の過料に処する。

附　則（抄）

（施行期日）

1　この法律は、昭和二十六年六月一日から施行する。〔後略〕

（関係法律の廃止）

2　社会事業法（昭和十三年法律第五十九号）は、廃止する。

3　社会福祉主事の設置に関する法律（昭和二十五年法律第百八十二号）は、廃止する。

別表（第百二十七条関係）

都道府県	第三十一条第一項、第四十二条第二項、第四十五条の六第二項（第四十五条の十七第三項において準用する場合を含む。）、第四十五条の九第五項、第四十五条の三十六第二項及び第四項、第四十六条第一項第六号、第二項及び第三項、第四十六条の六第四項及び第五項、第四十七条の五、第五十条第三項、第五十四条の六第二項、第五十五条の二第一項、第五十五条の三第一項、第五十五条の四、第五十六条第一項、第四項から第八項まで及び第九項（第五十八条第四項において準用する場合を含む。）、第五十七条、第五十八条第二項、第五十九条、第百十四条並びに第百二十一条
市	第三十一条第一項、第四十二条第二項、第四十五条の六第二項（第四十五条の十七第三項において準用する場合を含む。）、第四十五条の九第五項、第四十五条の三十六第二項及び第四項、第四十六条第一項第六号、第二項及び第三項、第四十六条の六第四項及び第五項、第四十七条の五、第五十条第三項、第五十四条の六第二項、第五十五条の二第一項、第五十五条の三第一項、第五十五条の四、第五十六条第一項、第四項から第八項まで及び第九項（第五十八条第四項において準用する場合を含む。）、第五十七条、第五十八条第二項、第五十九条、第百十四条並びに第百二十一条
町村	第五十八条第二項及び同条第四項において準用する第五十六条第九項

〔参考・未施行分〕

・民法の一部を改正する法律（平成三〇・六・二〇法律五九）

附則　抄

（施行期日）

第一条　この法律は、平成三十四〔令和四〕年四月一日から施行する。〔後略〕

・会社法の一部を改正する法律の施行に伴う関係法律の整備等に関する法律（令和元・一二・一一法律七一）

附則

この法律は、会社法改正法の施行の日から施行する。〔後略〕

社会福祉事業に従事する者の確保を図るための措置に関する基本的な指針

（平成一九・八・二八 厚労告二八九）

近年、我が国においては、少子高齢化の進行や世帯構成の変化、国民のライフスタイルの多様化等により、国民の福祉・介護サービスへのニーズ（以下「福祉・介護ニーズ」という。）がさらに増大するとともに、認知症等のより複雑で専門的な対応を必要とするニーズの顕在化等を背景として、質的にもより多様化、高度化している状況にある。

福祉・介護サービスを供給する各種の制度（以下「福祉・介護制度」という。）は、この間様々な見直しが行われ、着実に充実してきている。しかしながら、福祉・介護制度が国民の福祉・介護ニーズに応えるよう十分機能していくためには、福祉・介護サービスを担う人材の安定的な確保が前提となる。

他方、少子高齢化の進行等の下で、十五歳から六十四歳までの者（以下「生産年齢人口」という。）の減少に伴い、労働力人口も減少が見込まれる一方、近年の景気回復に伴い、他の分野における採用意欲も増大している。また、福祉・介護サービス分野においては、高い離職率と相まって、常態的に求人募集が行われ、一部の地域や事業所では人手不足が生じているとの指摘もある。このような状況を考慮すると、福祉・介護サービス分野は最も人材の確保に真剣に取り組んでいかなければならない分野の一つであり、福祉・介護サービスの仕事がこうした少子高齢社会を支える働きがいのある、魅力ある職業として社会的に認知され、今後さらに拡大する福祉・介護ニーズに対応できる質の高い人材を安定的に確保していくことが、今や国民生活に関わる喫緊の課題である。

平成二十七年には、いわゆる団塊の世代の全員が高齢者（六十五歳以上の者をいう。以下同じ。）となり、これらの者が後期高齢者（七十五歳以上の者をいう。以下同じ。）となる平成三十七年には、全人口に占める高齢者人口の割合が三割を超えると見込まれることを見据え、社会福祉法人に限らず、営利法人や特定非営利活動法人等を含めた経営者（福祉・介護サービスに係る事業を経営する者をいい、この指針中、処遇の改善に係る部分を除き、福祉・介護サービスに係る事業を経営する場合の国及び地方公共団体を含む。以下同じ。）、福祉・介護サービスの増進に寄与する取組を行う法人又は団体（以下「関係団体等」という。）並びに国及び地方公共団体が、十分な連携の下、この指針に基づき、それぞれ必要な措置を講じ、福祉・介護サービス分野において質の高い人材の確保に努めることが重要である。

この指針は、社会福祉法（昭和二十六年法律第四十五号）第八十九条第一項の規定に基づき、同法第二条に規定する社会福祉事業における人材確保を図るために定めるものである。一方、介護保険制度における居宅介護支援や訪問リハビリテーション、特定施設入居者生活介護等社会福祉事業には該当しないが社会福祉事業と密接に関連するサービスが拡大している。これらのサービスは社会福祉事業と不可分に運営される場合もあり、同様に国民の福祉・介護ニーズに対応していることから、社会福祉事業とこれらのサービスを合わせ、一体的な人材の確保に努めることが必要となってきている。このため、社会福祉事業には該当しないが社会福祉事業と密接に関連するサービスについても、この指針が人材確保のための取組の参考となるものとの認識の下、この指針では、これらのサービスを合わせて、「福祉・介護サービス」と総称し、人材確保のための取組を共通の枠組みで整理することとする。

第一　就業の動向

一　労働市場全体における就業の現況と今後の見通し

国立社会保障・人口問題研究所による「日本の将来推計人口」（以下「将来推計人口」という。）（平成十八年十二月推計）の中位推計（以下「平成十八年十二月推計」という。）によれば、少子化の進行等により、生産年齢人口は平成十七年の約八千四百四十二万人から、いわゆる団塊の世代の全員が六十五歳以上となる平成二十七年には約七千六百八十一万人にまで減少するものと見込まれており、これに伴い、労働力人口も減少することが見込まれている。

二　福祉・介護サービスにおける就業の現況

　現に福祉・介護サービスに従事する者（以下「従事者」という。）は、平成十七年現在で約三百二十八万人であるが、介護保険制度の創設や障害者福祉制度の見直し等による福祉・介護サービスの質の充実、量の拡大に伴い、その数は急速に増加しており、平成五年と比べて約四・六倍となっている。とりわけ高齢者に関連するサービスに従事する者の伸びは著しく、平成五年の約十七万人と比べて、平成十七年には約百九十七万人と、約十二倍に達しており、従事者の多数を占めている。

　さらに、従事者の特徴として、

①　女性の占める割合が高く、介護保険サービスにおいては、平成十六年の実績で約八割を占めていること

②　非常勤職員の占める割合が近年増加してきており、介護保険サービスにおいては、平成十七年の実績で約四割、このうち、訪問介護サービスについては非常勤職員が約八割を占めていること

③　入職率及び離職率が高く、平成十六年における介護保険サービスに従事する介護職員の数に対するその後一年間の採用者数の割合は約二十％、離職者数の割合は約二十八％であること

④　給与の水準は、業務内容や勤続年数等を勘案して、経営者と従事者との間の契約で決められるものであり、その高低について一律に比較を行うことは困難であるが、例えば平成十七年においては、従事者の給与の平均を他の分野を含む全労働者の給与の平均と単純に比較すると、低い水準にあること

等が挙げられる。

　このように、従事者が着実に増加しているにもかかわらず、離職率が高く、労働移動が激しい状況にあることから、常態的に求人募集が行われることもあり、介護関連職種の平成十八年度における有効求人倍率は、パートタイムを除く常用で一・二一倍、常用的パートタイムで三・〇八倍と、全職種（パートタイムを除く常用で〇・九二倍、常用的パートタイムで一・三五倍）と比較して高い水準にあり、特にパートタイムにおける労働需要は大きなものとなっている。

　介護の専門職である介護福祉士についてみると、介護保険サービスに従事する介護職員のうち、その占める割合が介護保険施設においては約四割、居宅サービスにおいては約二割に達している中、介護の現場では介護職員の量的確保にとどまらず、専門性の高い人材が求められている。一方で、平成十七年までに介護福祉士の国家資格を取得している者約四十七万人のうち、実際に福祉・介護サービスに従事しているものは約二十七万人に留まっており、いわゆる「潜在的介護福祉士」が多数存在している。

　また、相談援助の専門職である社会福祉士についてみると、従来の福祉・介護サービス分野における相談援助にとどまらず、保健医療、司法、教育など多様な分野との連携のほか、地域包括支援センターの職員の任用資格として位置付けられるなど、地域における福祉・介護サービス資源の開発又は活用についての幅広い活動が期待されている。その一方で、社会福祉士の社会的な認知度が必ずしも高くないこともあり、その任用が進んでいないなど、社会福祉士の有する専門性が有効に活用されているとはいえない状況にある。

　さらに、保育士については、保育所の入所児童に対する保育業務以外にも、地域住民の子育てに関する相談業務を始めとする地域の子育て支援など、その活躍の領域が拡大しており、多様化する業務内容に対応できる資質の高い保育士の確

保が求められている。

三　福祉・介護サービスにおける今後の就業の見通し

今後の後期高齢者人口は、将来推計人口（平成十四年一月推計）の中位推計によれば、平成十六年の約千百十万人から平成二十六年には約千五百三十万人（平成十八年十二月推計によれば、約千六百万人）に達すると見込まれるとともに、介護保険制度における要介護認定者及び要支援認定者は、平成十六年の約四百十万人から平成二十六年には約六百万人から約六百四十万人に達すると見込まれ、今後、高齢者に対する介護保険サービスの需要がますます拡大していくこととなる。

また、障害福祉サービスを利用する障害者についても、平成十七年の約四十万人から平成二十三年には約六十万人に達すると見込まれ、高齢者と同様、障害者に対する障害福祉サービスの需要もますます拡大していくこととなる。

さらに、保育分野については、女性の就業継続の希望を実現する観点から、特に三歳未満の児童の保育サービスの拡充が求められており、「子ども・子育て応援プラン」（平成十六年少子化社会対策会議決定）において、保育所の受入れ児童数を平成二十一年度までに約二百十五万人に拡大することとされるなど、保育サービスの需要も今後さらに拡大していくことが見込まれる。

このように、今後、これら以外の分野も含め、少子高齢化の進行や世帯構成の変化、国民のライフスタイルの多様化等に対応して、多様な福祉・介護サービスの需要の拡大が見込まれている。

こうした状況の中で、例えば将来必要となる介護保険サービスに従事する介護職員については、平成十六年の約百万人から、平成二十六年には、

① 仮に後期高齢者人口の伸びに比例して職員数が増加することとした場合、約百四十万人に、

② 仮に要介護認定者数の伸びに比例して職員数が増加することとした場合、約百五十万人から約百六十万人に、

増加するものと見込まれ、少なくとも今後十年間に、約四十万人から約六十万人の介護職員の確保が必要となる。また、この介護職員数を労働力人口に占める割合として示せば、平成十六年の約一・五％から、平成二十六年には、約二・一％から約二・四％にまで増加するものと見込まれる。これに加えて、福祉・介護サービス分野においては、従事者に占める離職者の割合が全労働者に占める離職者の割合と比較して高いことや平成二十七年までに福祉・介護サービス分野においても団塊の世代が退職していくことから、これらの離職者を補充する人材等の確保が相当数必要となる。

第二　人材確保の基本的考え方

第一で述べた状況を踏まえれば、今後ますます拡大していく国民の福祉・介護ニーズに対応していくためには、福祉・介護サービス分野において、他の分野と比較しても特に、人材を安定的に確保していくことが求められている。福祉・介護サービス分野において、将来にわたって安定的に人材を確保していくためには、例えば、主に若年期に入職して正規雇用で長期間にわたり就労する者、ライフスタイルに対応した多様な雇用形態で就労を希望する者など、様々な就労形態の従事者がいることを念頭に置きつつ、人材を確保していくために必要な対策を重層的に講じていくことが必要である。このため、就職期の若年層を中心とした国民各層から選択される職業となるよう、他の分野とも比較して適切な給与水準が確保されるなど、労働環境を整備する必要がある。また、従事者のキャリアアップの仕組みを構築するとともに、国家資格等を取得するなど、高い専門性を有する従事者については、その社会的な評価に見合う処遇が確保され、従事者の努力が報われる仕組みを構築する必要がある。

さらに、今後の少子高齢社会を支える働きがいのある仕事であることを積極的に周知・広報することを通じて、福祉・介護サー

ビスの仕事が魅力ある職業として社会的に認知されていくことが重要である。

こうした取組と併せて、介護福祉士や社会福祉士、ホームヘルパー等の資格を有していながら実際に福祉・介護サービス分野に就業していない者（以下「潜在的有資格者」という。）が多数存在すること等を踏まえ、こうした潜在的有資格者等の掘り起こし等を通じて、これらの者の活用を促進するとともに、多様な人材を確保する観点から、福祉・介護サービス以外の他の分野に従事する者や高齢者等の参入・参画の促進を図ることも重要である。

こうした観点に立って、福祉・介護サービス分野における人材の確保のための視点を整理すれば、

① 就職期の若年層から魅力ある仕事として評価・選択されるようにし、さらには従事者の定着の促進を図るため、「労働環境の整備の推進」を図ること

② 今後、ますます増大する福祉・介護ニーズに的確に対応し、質の高いサービスを確保する観点から、従事者の資質の向上が図られるよう、「キャリアアップの仕組みの構築」を図ること

③ 国民が、福祉・介護サービスの仕事が今後の少子高齢社会を支える働きがいのある仕事であること等について理解し、福祉・介護サービス分野への国民の積極的な参入・参画が促進されるよう、「福祉・介護サービスの周知・理解」を図ること

④ 介護福祉士や社会福祉士等の有資格者等を有効に活用するため、潜在的有資格者等の掘り起こし等を行うなど、「潜在的有資格者等の参入の促進」を図ること

⑤ 福祉・介護サービス分野において、新たな人材として期待されるのは、他分野で活躍している人材、高齢者等が挙げられ、今後、こうした「多様な人材の参入・参画の促進」を図ること

などが挙げられる。

これらの視点に立った具体的対策を着実に講ずることにより、必要な人材を確保することが可能と考えられ、まずは、こうした視点に立って、関係者が第三に掲げる事項に総力を挙げて取り組み、国内における労働力を確保していくことが重要であり、当面、福祉・介護ニーズの一層の拡大が見込まれる、いわゆる団塊の世代の全員が高齢者となる平成二十七年を見据えて、重点的に取り組む必要がある。

なお、今後、国内の労働力のみでこうしたニーズに対応する人材を広く確保していくことは困難であり、外国人労働者の受入れは不可避ではないかとの問題提起もある。これについては、労働市場への影響、滞在の長期化や定住化に伴う社会的コストの発生等の懸念等があることから、慎重に対応していくことが必要である。

第三　人材確保の方策

第二で述べた視点を踏まえて、福祉・介護サービス分野における必要な人材を確保するには、関係者は特に以下に掲げる五項目に総力を挙げて取り組むことが重要である。なお、括弧内は、各事項において取り組むべき主体を示している。

一　労働環境の整備の推進等

(1)　労働環境の改善

① 給与等

ア　キャリアと能力に見合う給与体系の構築等を図るとともに、他の分野における労働者の給与水準、地域の給与水準等も踏まえ、適切な給与水準を確保すること。なお、給与体系の検討に当たっては、国家公務員の福祉職俸給表等も参考とすること。（経営者、関係団体等）

イ　質の高い福祉・介護サービスを提供するためには、質の高い人材を確保する必要があることを踏まえ、従事者に対する事業収入の適切な配分に努めること。（経営者、関係団体等）

ウ　従事者の定着の状況等を勘案し、必要に応じ、従事者に対する事業収入の配分の状況についての実態を把握し、福祉・介護サービス分野における経営者の全般的な状況や個別の優良事例等を公表すること。（国、地方公共団体）

② 介護報酬等の設定

ア 給与、物価等の経済動向や地域間の給与の格差等を勘案しつつ、従事者の給与等の水準や事業収入の従事者の給与等への分配状況を含め、経営実態や従事者の労働実態を把握すること等を通じて、国民の負担している保険料等の水準にも留意しながら、適切な水準の介護報酬等を設定すること。（国、地方公共団体）

イ キャリアと能力に見合う給与体系の構築等の観点から、介護福祉士や社会福祉士等の専門性の高い人材を配置した場合の介護報酬等による評価の在り方について検討を行うこと。（国、地方公共団体）

③ 労働時間等

ア 週四十時間労働制の適用されていない小規模の事業所における週四十時間労働制の導入、完全週休二日制の普及など、労働時間の短縮の推進に努めること。また、仕事と家庭の両立が図られるよう、計画的付与等による有給休暇の完全取得を目指した取組や育児休業・介護休業の取得、職場内保育の充実等を推進すること。（経営者、関係団体等、国、地方公共団体）

イ 従事者に過重な業務の負担を強いることのないよう、適切な勤務体制を確保すること。（経営者、関係団体等）

④ 労働関係法規の遵守等

ア 労働基準法（昭和二十二年法律第四十九号）や労働安全衛生法（昭和四十七年法律第五十七号）等の労働関係法規を遵守すること。（経営者、関係団体等）

イ 短時間労働者については、短時間労働者の雇用管理の改善等に関する法律（平成五年法律第七十六号）に基づき、通常の労働者との均衡を考慮しつつ、短時間労働者の職務の内容や職務の成果、経験等を勘案し、その賃金や教育訓練の実施その他の待遇を決定するなど、多様な人材がそれぞれの希望に応じ、その有する能力を一層発揮できる雇用環境を整備すること。（経営者、関係団体等）

ウ 労働関係法規や福祉・介護制度関連法規等の法令を遵守した適切な運営が確保されるよう、経営者の指導監督等を行うこと。（国、地方公共団体）

⑤ 健康管理対策等

ア 従事者が心身ともに充実して仕事ができるよう、より充実した健康診断を実施することはもとより、腰痛対策等の健康管理対策の推進を図ること。（経営者、関係団体等、国、地方公共団体）

イ 従事者のストレスを緩和し、心の健康の保持増進を図る観点から、相談体制を整備するなど、メンタルヘルス対策等の推進を図ること。（経営者、関係団体等、国、地方公共団体）

ウ 利用者の安全を確保し、従事者が安心して仕事ができるよう、日頃より医療機関や保健所等との連携に努めるとともに、手洗いや消毒の励行等の感染症対策の推進を図ること。（経営者、関係団体等、国、地方公共団体）

⑥ 職員配置

従事者の労働の負担を考慮し、また、一定の質のサービスを確保する観点から、職員配置の在り方に係る基準等について検討を行うこと。（国）

⑦ 福利厚生

従事者の余暇活動や日常生活に対する支援を行うなど、従事者のニーズに的確に対応した福利厚生事業の推進を図ること。（経営者、福利厚生センターその他の関係団体等）

⑧ 適正な雇用管理の推進

経営者に対する雇用管理に関する相談事業、介護労働者の雇用管理の改善等に関する法律（平成四年法律第六十三号）に基づく助成金の活用の促進、福祉・介護サービスの実態に応じた雇用管理の好事例の情報提供等に取り組むこと。（経営者、介護労働安定センターその他の関係団体等）

⑨ 業務の省力化等

ア　IT技術や自助具を含む福祉用具の積極的な活用等を通じて、業務の省力化に努めること。（経営者、関係団体等、国、地方公共団体）

イ　サービスの提供に関する記録等の各種書類の作成に係る事務の効率化・簡素化に努めること。（経営者、関係団体等、国、地方公共団体）

⑩ その他

従事者の育児休業や研修受講等の事情により、欠員が生じる場合に、円滑に代替職員が確保できるよう、支援すること。（福祉人材センター、福祉人材バンクその他の関係団体等）

(2) 新たな経営モデルの構築

① 福祉・介護サービスが人によって支えられる事業であることを踏まえ、福祉・介護サービスを行うのにふさわしい経営理念を確立するとともに、質の高いサービスを確保する観点から、サービスの内容に応じた採用方針や育成方針の確立など、明確な人事戦略を確立すること。（経営者、関係団体等）

② 現状において多数を占める小規模かつ脆弱な経営基盤からの脱却を図るため、複数の福祉・介護サービスの実施又は従事者の共同採用や人事交流、資材の共同購入、設備の共同利用など経営者間のネットワークの構築を進めること等により、経営基盤を強化すること。（経営者、関係団体等）

③ 管理者等が労働環境の改善やキャリアアップの仕組みの構築等の取組の重要性を十分認識すること等を通じて、質の高い人材を確保し、質の高いサービスを提供するための組織体制を確立すること。（経営者、関係団体等）

④ 福祉・介護制度の下で、柔軟かつ創意工夫を活かした経営を行うことができるよう、社会福祉法人制度改革等の規制改革を推進すること。（国、地方公共団体）

⑤ 経営主体や事業の規模・種類、地域特性に応じた経営の実態を把握するとともに、これらを踏まえた福祉・介護サービスを行うのにふさわしい経営理念や経営の在り方を研究し、先進的な取組についての周知を図るなど、その成果について普及を図ること。（関係団体等、国、地方公共団体）

⑥ 福祉・介護サービスに係る事業の施設・設備の整備や事業の運営に資する融資を行うほか、経営の安定化に資するため、経営診断事業等を推進すること。（独立行政法人福祉医療機構その他の関係団体等）

(3) 介護技術等に関する研究及び普及

① 利用者の自立を支援し、より質の高い福祉・介護サービスを提供する観点から、自助具を含む福祉用具や住環境の整備等の研究を行うとともに、その成果について普及を図ること。（経営者、関係団体等、国、地方公共団体）

② 従事者の負担を軽減する観点から、腰痛対策等に関する介護技術について、これまでの研究成果の評価・分析を行いつつ、より適正かつ実践的な技術の研究及び普及を図ること。（経営者、職能団体、養成機関の団体その他の関係団体等、国、地方公共団体）

二　キャリアアップの仕組みの構築

①　質の高い介護福祉士や社会福祉士、保育士等を確保する観点から、資格制度の充実を図り、その周知を行うこと。また、有資格者等のキャリアを考慮した施設長や生活相談員等の資格要件の見直しや社会福祉主事から社会福祉士へのキャリアアップの仕組みなど、福祉・介護サービス分野における従事者のキャリアパスを構築すること。（経営者、関係団体等、国、地方公共団体）

②　福祉・介護サービス分野におけるキャリアパスに対応した生涯を通じた研修体系の構築を図るとともに、施設長や従事者に対する研修等の充実を図ること。（経営者、職能団体その他の関係団体等、国、地方公共団体）

③　従事者のキャリアアップを支援する観点から、働きながら介護福祉士、社会福祉士等の国家資格等を取得できるよう配慮するとともに、従事者の自己研鑽（さん）が図られるよう、業務の中で必要な知識・技術を習得できる体制（ＯＪＴ）や、職場内や外部の研修の受講機会等（ＯＦＦ—ＪＴ）の確保に努めること。（経営者、関係団体等）

④　従事者のキャリアアップを支援する観点から、労働者の主体的な能力開発の取組を支援する教育訓練給付制度を適切に運営すること。（国）

⑤　従事者の多様な業務を経験する機会を確保する観点から、経営者間のネットワークを活かした人事交流等を通じて、人材の育成を図ること。（経営者、関係団体等）

⑥　国家資格等の有資格者について、さらに高い専門性を認証する仕組みの構築を図るなど、従事者の資質向上に取り組むこと。（職能団体、養成機関の団体その他の関係団体等）

三　福祉・介護サービスの周知・理解

①　教育機関等が生徒等に対して、ボランティア体験の機会を提供するなど、成長段階に応じて福祉・介護サービスの意義や重要性についての理解と体験ができるよう、働きかけを行うこと。（経営者、関係団体等、国、地方公共団体）

②　福祉・介護サービスの職場体験の実施、マスメディアを通じた広報活動、これらを重点的に実施する期間の設定等、関係各機関の連携の下、若年層を始めとする幅広い層に対し、認知症等の福祉・介護サービスの利用者やこうした利用者を支える福祉・介護サービスについての理解を求めること。（経営者、職能団体、養成機関の団体その他の関係団体等、国、地方公共団体）

③　施設の地域開放やボランティアの受入れ、地域活動への積極的な参加など、地域との交流を図ること。（経営者、関係団体等）

④　将来を担う人材を育てていくことが、福祉・介護サービスや経営者の社会的な評価を高めていくことにつながるという観点に立って、福祉・介護サービス分野への就業を目指す実習生を積極的に受け入れるとともに、実習を受け入れる施設における適切な受入体制を確保すること。（経営者、関係団体等、国、地方公共団体）

四　潜在的有資格者等の参入の促進等

(1)　介護福祉士や社会福祉士等の有資格者の活用等の促進

介護福祉士や社会福祉士等の資格制度の普及を図るとともに、これらの有資格者の活用等の促進を図ること。（経営者、関係団体等、国、地方公共団体）

(2)　潜在的有資格者等の参入の促進

①　潜在的有資格者等について、就業の現状や離職の理由、福祉・介護サービス分野への再就業の意向等の実態を把握すること。（関係団体等）

②　潜在的有資格者等に対して、就職説明会の実施等を通じて、関心を喚起し、福祉・介護サービス分野への

再就業を働きかけること。（福祉人材センター、福祉人材バンクその他の関係団体等）

③　潜在的有資格者等のうち、再就業を希望するものに対して、再就業が円滑に進むよう、関係団体等や公共職業安定所等との十分な連携による無料職業紹介等の実施や再教育等を通じて、就業の支援に取り組むこと。（福祉人材センター、福祉人材バンクその他の関係団体等、国）

④　福祉・介護サービス分野へ就業した潜在的有資格者等について、将来にわたって安定的に仕事ができるよう、相談体制を整備するなど、その定着の支援に取り組むこと。（福祉人材センター、福祉人材バンクその他の関係団体等）

五　多様な人材の参入・参画の促進

(1)　福祉・介護サービス以外の他の分野に従事する人材の参入の促進

①　多様な人材を確保する観点から、福祉・介護サービス以外の他の分野に従事する者等に対して、就職説明会の実施等を通じて、福祉・介護サービス分野への関心を喚起し、就業を働きかけること。（福祉人材センター、福祉人材バンクその他の関係団体等）

②　福祉・介護サービス以外の他の分野に従事する者等のうち、福祉・介護サービス分野への就業を希望するものに対して、関係団体等と公共職業安定所等との十分な連携による無料職業紹介等の実施を通じて、就業の支援に取り組むこと。（福祉人材センター、福祉人材バンクその他の関係団体等、国）

③　福祉・介護サービス以外の他の分野に従事していた者等で、福祉・介護サービス分野へ就業したものについて、将来にわたって安定的に仕事ができるよう、相談体制を整備するなど、その定着の支援に取り組むこと。（福祉人材センター、福祉人材バンクその他の関係団体等）

④　利用者のサービスの選択に資することを目的とした第三者評価結果の公表や情報開示等は、福祉・介護サービス分野への就業を希望する者にとっても就業先の選択に資するものであることを踏まえ、これらの推進を図ること。（経営者、関係団体等、国、地方公共団体）

(2)　高齢者等の参入・参画の促進等

①　高齢者に対する研修等を通じて、高齢者が福祉・介護サービス分野へ就業しやすい、又は、ボランティアとして参画しやすい環境を整えるほか、これまでの就業経験の中で培ってきた経理や労務管理等の専門的知識・技能の活用を図ること。（経営者、関係団体等、国、地方公共団体）

②　障害者に対し、就労支援を含む様々な支援を通じて、障害者が自らの能力を十分に発揮できる社会参加の活動の一つとして、福祉・介護サービス分野への参入・参画を促進すること。（経営者、関係団体等、国、地方公共団体）

③　日比経済連携協定等に基づく外国からの介護福祉士等の受入れに当たっては、国内における従事者との均衡待遇を確保するなど、外国人介護福祉士等の受入れが適切に行われ、現場に混乱が生ずることのないよう、十分な研修体制や指導体制等を構築すること。（経営者、関係団体等、国）

第四　経営者、関係団体等並びに国及び地方公共団体の役割と国民の役割

福祉・介護サービスの最大の基盤は人材であり、質の高い人材が集まらなければ、質の高いサービスの提供は困難となるという考え方の下に、経営者、関係団体等並びに国及び地方公共団体がそれぞれの役割を果たし、処遇の改善等に取り組むことが重要である。

これらの関係者が十分な連携を図りつつ、さらには国民の参加も得ながら、国民

的な課題として、二十一世紀を担う福祉・介護サービス分野の人材の量と質を高めていくため、誰もが生き生きと働ける魅力ある福祉・介護サービス分野の職場を確立するとともに、その社会的な評価の向上を図ることに取り組んでいく必要がある。

それぞれの役割については、以下のとおりとする。

一　経営者及び関係団体等の役割

経営者は、健全な経営を維持し、従事者を雇用する立場から、適正な給与水準の確保を始めとする労働環境の改善や従事者のキャリアアップの支援等を行っていくことにより、一人一人の従事者がその能力を最大限に発揮することができる働きやすい環境の整備を行う役割を担っている。

特に、福祉・介護サービスに係る事業の経営においては、人材の質がサービスの質に大きな影響を与えることから、福祉・介護サービスの利用者に対して、人材というサービスの提供基盤を最大限に活かして、質の高いサービスを提供していくことが重要である。

また、経営者は、経営理念に裏打ちされた人事制度の改革や経営者間のネットワークの構築、関係団体等による活動への協力を最大限行う必要がある。

さらに、現在、国民は、経営状況やサービスの提供体制等の施設運営の状況についての実態を必ずしも十分に把握できる状況にはないことから、経営者は、積極的にこれらの情報を開示していくことも必要である。

他方、関係団体等は、個々の経営者や従事者のレベルでは対応することが難しい課題について、経営者や従事者の取組を支援するなど、それぞれが果たすべき役割を着実に推進する必要がある。

二　地方公共団体の役割

地方公共団体は、事業者の指定や指導監督を行い、地域の実情に応じて、住民に対し必要な福祉・介護サービスを確保するための計画を策定するほか、事業に係る費用の一部を負担する等の役割を担っている。

このため、地方公共団体は、福祉・介護制度関連法規等の法令を遵守した適切な運営が確保されるよう、経営者に対する指導監督を行うとともに、福祉・介護サービスに関わる法人、施設、関係団体等の取組を把握しながら、個々の経営者では対応が難しい人材確保の取組や研修の実施など人材の質的向上を支援していく必要がある。

特に、都道府県においては、雇用情勢を踏まえ、従事者の需給状況や就業状況を把握するとともに従事者に対する研修体制の整備、経営者や関係団体等のネットワークの構築など、広域的な視点に立って、市区町村単位では行うことが難しい人材確保の取組を進めていくことが重要である。

また、市区町村においては、介護保険制度の保険者として位置付けられているなど、福祉・介護制度の実施主体としての立場から、必要なサービス提供体制を確保するため、都道府県の取組と連携し、ボランティア活動の振興や広報活動等を通じて、福祉・介護サービスの意義や重要性についての啓発に努めるとともに、従事者に対する研修の実施や相談体制の整備、経営者や関係団体等のネットワークの構築など、地域の特色を踏まえたきめ細やかな人材確保の取組を進めていくことが重要である。

三　国の役割

国は、事業に係る費用の一部を負担するとともに、福祉・介護制度等の制度を企画立案し、基準・報酬等を策定するという役割を担っている。

このため、人材を確保し、必要なサービスが国民に提供されるよう、国は、必要に応じて、法人や施設の規模、種類等に応じた経営の状況、従事者の労働環境、定着状況等の実態を把握する必要がある。

その結果を踏まえ、人材の確保のためにどのような政策が必要かを定期的に検討し、適切に福祉・介護制度等の制度の設計・見直しや介護報酬等の設定を行う必要がある。

また、福祉・介護政策と教育政策とが連携を図りつつ、ボランティア体験等を通じて、生徒等の成長段階に応じて福祉・介護サービスに接する機会を積極的に設けることにより、国民一人一人が身近な問題として福祉・介護サービスに対する理解を深めていけるような環境を整備していく必要がある。

これに加え、福祉・介護政策と労働政策とがそれぞれの役割を果たしつつ、連携して効果的な人材確保の取組を推進していく必要がある。

さらに、経営者の指導監督、人材の質の向上等に向けた関係者の取組への支援、福祉・介護サービスのイメージアップなどの対策を迅速かつ適切に行っていく必要がある。

四　国民の役割

国民は、福祉・介護サービスの利用者であるとともに、福祉・介護サービスを支える税や保険料の負担者としての役割を担っている。

これからの福祉・介護サービスは、利用者自らのニーズに基づき、サービスを選択することを基本としており、質の高いサービスの担い手の育成は、賢明な利用者の存在なくして成り立たないものである。この意味で、国民は消費者として質の高いサービスを選り分けるとともに、こうしたサービスを伸ばしていくことに努めなければならず、そのためには必要な情報開示や相談体制の整備を経営者や行政等に求めていくべきである。

また、我が国の福祉・介護制度は、国民が拠出する公的な財源により運営されており、国民一人一人がこれを大切に利用するという節度ある利用者でなければならず、このような認識なしにサービスが利用されれば、真に福祉・介護サービスが必要な利用者にサービスが行き届かないおそれもある。このような意味で、国民は福祉・介護サービスを上手く利用しながら、自立した日常生活を営むことを目指していくことが求められる。

さらに、福祉・介護サービスを支える税や保険料の負担者としての立場から、国民は、必要な福祉・介護サービスの量や質の水準と併せて、これを確保するために必要となる負担の水準も考えていくことが求められる。

このほか、国民の生活を支えていくためには、公的な福祉・介護制度に基づく福祉・介護サービスのみならず、地域社会等における支え合いを併せた重層的な支援体制を整備していくことも重要であり、国民は、ボランティア等への参画を通じて、こうした地域社会等における支え合いを充実させていくことも重要である。

第五　指針の実施状況の評価・検証

国は、この指針が示す人材確保のために講ずべき措置について、福祉・介護制度の見直しの状況を踏まえ、定期的にその実施状況を評価・検証し、必要に応じこの指針の見直しを行いつつ、人材確保対策を着実に推進するものとする。

国民の社会福祉に関する活動への参加の促進を図るための措置に関する基本的な指針

（平成五・四・一四
厚　告　一　一　七）

最新改正　平成一二厚告四七〇

近年、高齢化の進展、家族形態・扶養意識の変化、自由時間の増大、生活の質や心の豊かさの重視等を背景として、社会福祉の分野についても、ボランティア活動等への関心の高まり、ボランティア登録者数の増加、非営利の民間団体による自発的な福祉活動の急速な進展が見られる。また、最近では、地域とのかかわりの重視等の観点から企業及び労働組合による福祉に関する社会貢献活動が活発化している。

これらの活動には次のような意義があり、国民の参加の促進が必要である。

第一に、活動の担い手にとっては、自己実現への欲求及び地域社会への参加意欲が充足される。また、活動の受け手にとっては、社会参加が促されるとともに公的サービスでは対応し難い多様な福祉需要が充足される。

第二に、社会にとっては、社会連帯や相互扶助の意識に基づき地域社会の様々な構成員が共に支え合い、交流する住みよい福祉のまちづくりが進むとともに、公的サービスとあいまって厚みのある福祉サービスの提供体制が形成される。

第三に、福祉の担い手の養成確保の観点からは、総合的かつ体系的にサービスを提供するために、福祉の専門職から一般のボランティアまで多様かつ重層的な構成をとることが必要であり、また、ボランティア活動の経験は、社会福祉事業に従事する者の業務への理解を高めるとともに、将来福祉の職場に参画する契機ともなり得る。さらに、社会福祉施設におけるボランティア活動を通じて、その介護や育児の技術等が地域に伝達され、住民の介護力等の向上の機会としても役立つ。

今後の明るく活力ある長寿社会を創造し、障害者の自立の促進や、子供が健やかに生まれ育つための環境づくりを図る上で、これらの国民の社会福祉に関する活動の一層の発展が期待されるところであるが、現状においては、これらの活動に対する国民の理解、活動しやすくするためのネットワーク体制等はなお十分なものとはいい難く、活動意欲に沿った基盤整備を進める必要がある。

この指針は、以上のような基本的認識の下に、国民の社会福祉に関する活動への参加の促進を図るための措置に関する基本的な指針を定めるものである。

第一　国民の社会福祉に関する活動への参加の促進に当たっての考え方

一　自主性の尊重

ボランティア活動や住民参加による福祉活動等、国民の福祉活動への参加を促進するに当たっては、活動の自主性、自発性及び創造性が最大限に尊重され、その支援策が国民の自己実現や社会参加への意欲に沿い、これらに寄与するよう行われなければならない。

二　公的サービスとの役割分担と連携

高齢化や少子化の進展等の中で必要とされる社会福祉の基礎的需要については、高齢者保健福祉推進十か年戦略等の着実な実施により行政が第一義的に供給するものとし、ボランティア活動等の福祉活動は、これらの公的サービスでは対応し難い福祉需要について柔軟かつ多様なサービスを提供することが期待される。

三　地域福祉の総合的推進

住民生活に密着した地域社会において、住民が自主的な福祉活動を、自由に、かつ、継続的に安定して行うことができるような基盤をつくるとともに、市町村、社会福祉協議会等関係各方面との連携の下に、地域の実情に即して創意工夫することにより、公私の福祉サービスが総合的に提供されるよう努める。

四　皆が支え合う福祉コミュニティーづくり

従来、ボランティア活動は一部の献身的な人が少数の恵まれない人に対して行う一方的な奉仕活動と受けとめられがちであったが、今後はこれにとどまらず、高齢化の進展、ノーマライゼーションの理念の浸透、住民参加型互酬ボランティアの広がり等に伴い、地域社会の様々な構成員が互いに助け合い交流するという広い意味での福祉マインドに基づくコミュニティーづくりを目指す。

第二　国民の社会福祉に関する活動への参加の促進を図るための措置

一　福祉活動に対する理解の増進

1　福祉教育・学習

ア　福祉活動への理解を深めるため、幼少期からの福祉活動の体験を通して、福祉マインドや、社会連帯の意識を育むことが重要であり、また、そのような体験は児童の健全育成に極めて有効である。このため、児童・生徒に対するボランティア活動についての啓発普及、社会福祉施設への訪問、体験宿泊活動等を一層推進する。

イ　今後は、これにとどまらず、幼少期から高齢期に至るまで生涯を通じた福祉教育・学習の機会を提供していく必要がある。福祉教育・学習の推進を図るに当たっては、社会福祉事業経営者等はもとより、学校、教育委員会等教育関係者の理解と協力を得る必要がある。

ウ　職場における研修の中で家庭や地域とのかかわり、老後への備え等福祉に対する理解を深めることも必要である。

2　啓発普及

ア　ボランティア活動への国民の理解を一層深める契機となるような全国的な大会の開催を推進するなど、全国的規模の啓発普及に努める。

イ　また、長寿社会福祉基金を活用し、先駆的モデル的活動についての広報、啓発、情報提供及び調査研究を推進する。

ウ　市町村等においては、各種のモデル事業等を活用し、広報、啓発を集中的に実施する。

エ　その他ボランティア月間の設定等創意工夫を生かした取組が必要である。

3　社会的評価

ア　福祉活動への参加を更に促進するには、福祉活動が社会的に十分評価されることが必要であり、今後は国、都道府県及び市町村のみならず、各種民間団体、企業等においても積極的に評価を行い、社会全体で評価のシステムをつくり上げていくことが必要である。

イ　このため、現在実施している厚生労働大臣表彰等のほか、積極的な評価策を検討する必要がある。

ウ　さらに、採用時等におけるボランティア活動実績の考慮、入学選抜等に対する評価などの動向を踏まえつつ、社会福祉関係団体等の理解と協力を得ながらボランティア活動の実績に関する情報提供等の方策について検討を進める必要がある。

二　福祉活動の条件整備

ボランティア活動等に取り組みやすいような基盤整備を行うことが、ボランティア活動等を振興する上で最も重要である。社会福祉協議会は、社会福祉法に基づき、福祉活動への住民の参加のための援助を行うこととされていることから、これを中心として社会福祉施設、ボランティアに関する各種民間団体等各方面との連携を図り、誰でも、いつでも、気軽に活動を始めることができ、支援を受けられる体制づくりを進めるため、以下の施策を推進する。

1　養成研修及びボランティア保険の普及

ア　ボランティア活動を始めるに当たり必要な、基礎的知識・技術の習得を支援するため、国及び都道府県においてボランティアリーダー等の養成研修を推進する。その際、高齢者、障害者、児童等の特性に応じた研修内容の充実を図るとともに、高齢者等の持つ知識や経験を積極的に生かした取組も必要である。

イ　介護実習普及センターや福祉人材センターの整備、児童館等の積極的活用に努める。

ウ　ボランティア活動に安心して取り組めるような保険制度等の普及拡大に努める。

2　ボランティアセンターの整備充実

ア　ボランティア活動の拠点となり、広報、啓発、ボランティアの登録及びあっせん、グループの組織化並びに活動の場等の情報の収集及び提供を行うボランティアセンターを国、都道府県及び市町村各段階の社会福祉協議会等に整備するとともに、多角的な福祉活動のネットワークの体系化を推進する。

イ　ネットワークの核となり、連絡調整に当たるコーディネーターの配置等機能の充実に努める。

ウ　ボランティアセンターは、ボランティア活動に関し、社会福祉施設、学校、非営利民間団体、企業、労働組合等との連携の強化に努める。

3　地域における福祉活動の推進体制の整備とモデル事業の推進

ア　市町村におけるボランティアセンターを中心とした活動を活発化するため、モデル事業を推進する。

イ　福祉関係者はもとより、幅広く学校、企業、自治会等の地域の関係団体の参加を得て協議の場を設け、地域ぐるみでボランティア活動の気運を醸成するとともに、活動の組織化等の基盤づくりを計画的に進める。

ウ　社会福祉協議会が、地域住民や民生委員・児童委員、社会福祉施設、各種民間団体と協力して、福祉活動のネットワークづくりを推め、地域福祉を推進する体制の整備を推進する。

4　社会福祉施設等の受入れ支援体制の整備

ア　社会福祉施設の持つ機能・専門技術を積極的に地域に開放するとともに、地域住民の福祉活動への参加が円滑に行えるように、施設内の地域交流スペースの確保、モデル事業の活用等による施設への地域福祉コーディネーターの配置により、施設内の受入れ及び活動の支援体制の整備に努める。

イ　また、児童・生徒のボランティア活動や企業等の社会貢献活動の積極的受入れ等に努めるほか、地域住民の社会福祉施設等への訪問や入所者等との交流が日常的に行われるよう努める。

三　住民参加型福祉サービス供給組織の活動

1　ボランティア意識を基盤とした新しい取組として、福祉公社、消費生活協同組合、農業協同組合及び住民参加の自主的福祉組織による福祉活動が活発化し、また、市区町村社会福祉協議会においても住民参加型の自主的な福祉活動が急速に進展しており、これらは会員制、互酬性及び有償性に特色がある。

2　いずれも、国民が福祉活動に参加する多様な選択を提供するものであり、皆参加の福祉社会づくりに欠かせないものとして、これらの活動に対する国民の理解の増進に努める必要がある。

3　その活動が円滑かつ継続的に行えるよう、住民参加型グループの組織化、市町村及び社会福祉協議会の協力による各団体の連携、意識啓発による担い手の確保、活動マニュアル等の開発及び普及、教育研修等の支援に努める。

四　企業及び労働組合の社会貢献活動

1　地域社会に目を向け、社会貢献活動に取り組む企業及び労働組合が増加しており、このような気運を更に高め、条件整備を進めるため行政と民間が共同して各種の調査研究を進める。

2　活動マニュアル及びプログラムの開発及び普及を進める。

3　ボランティアセンター等において、

各企業等のニーズに合ったコーディネートや社会参加に関する教育研修及び各種情報提供を行う体制の整備に努める必要がある。

4　従業員の自主的な活動を企業が支援するためのボランティア休暇制度の啓発、活動評価手法の開発普及等の条件整備も必要である。

5　企業等の社会貢献活動として行われる寄付活動を支援するため、寄付金控除等の税制上の措置に加え、企業等の意向に沿った寄付先の紹介、あっせん等を行うシステムについて検討する。

6　顕彰等社会的評価の充実について各方面の理解の増進に努める。

五　地方公共団体における社会福祉に関する活動への参加の促進のための支援

1　住民に最も身近な市町村の対応が特に重要であり、社会福祉協議会の福祉活動専門員の設置、ボランティアセンターの情報の集約及び提供機能の強化、地域福祉センター等の活動拠点の整備等について支援措置が必要である。

2　これらの事業を実施するほか、都道府県及び市町村において、平成三年度より累次の地方財政措置が講じられている地域福祉基金の積極的活用及び昭和六十一年度より寄付金控除等税制上の優遇措置が講じられているボランティア基金の一層の造成に努めるとともに、地域の実情に即し、地域住民の創意工夫と自主性を尊重しつつ、ボランティア団体や住民参加による福祉活動を行う団体等に対し財政上の措置その他の支援措置を講ずるよう努めるものとする。

3　なお、福祉活動への参加の促進のための支援については、都道府県は市町村との連携の強化を図るとともに、保健医療はもとより、教育、商工、労働等の関係施策との連携に努める必要がある。

個人情報の保護に関する法律（抄）

（平成一五・五・三〇　法律五七）

最新改正　平成三〇法律八〇

第一章　総則

（目的）

第一条　この法律は、高度情報通信社会の進展に伴い個人情報の利用が著しく拡大していることに鑑み、個人情報の適正な取扱いに関し、基本理念及び政府による基本方針の作成その他の個人情報の保護に関する施策の基本となる事項を定め、国及び地方公共団体の責務等を明らかにするとともに、個人情報を取り扱う事業者の遵守すべき義務等を定めることにより、個人情報の適正かつ効果的な活用が新たな産業の創出並びに活力ある経済社会及び豊かな国民生活の実現に資するものであることその他の個人情報の有用性に配慮しつつ、個人の権利利益を保護することを目的とする。

（定義）

第二条　この法律において「個人情報」とは、生存する個人に関する情報であって、次の各号のいずれかに該当するものをいう。

一　当該情報に含まれる氏名、生年月日その他の記述等（文書、図画若しくは電磁的記録（電磁的方式（電子的方式、磁気的方式その他人の知覚によっては認識することができない方式をいう。次項第二号において同じ。）で作られる記録をいう。第十八条第二項において同じ。）に記載され、若しくは記録され、又は音声、動作その他の方法を用いて表された一切の事項（個人識別符号を除く。）をいう。以下同じ。）により特定の個人を識別することができるもの（他の情報と容易に照合することができ、それにより特定の個人を識別することができることとなるものを含む。）

二　個人識別符号が含まれるもの

2　この法律において「個人識別符号」とは、次の各号のいずれかに該当する文字、番号、記号その他の符号のうち、政令で定めるものをいう。

一　特定の個人の身体の一部の特徴を電子計算機の用に供するために変換した文字、番号、記号その他の符号であって、当該特定の個人を識別することができるもの

二　個人に提供される役務の利用若しくは個人に販売される商品の購入に関し割り当てられ、又は個人に発行されるカードその他の書類に記載され、若しくは電磁的方式により記録された文字、番号、記号その他の符号であって、その利用者若しくは購入者又は発行を受ける者ごとに異なるものとなるように割り当てられ、又は記載され、若しくは記録されることにより、特定の利用者若しくは購入者又は発行を受ける者を識別することができるもの

3　この法律において「要配慮個人情報」とは、本人の人種、信条、社会的身分、病歴、犯罪の経歴、犯罪により害を被った事実その他本人に対する不当な差別、偏見その他の不利益が生じないようにその取扱いに特に配慮を要するものとして政令で定める記述等が含まれる個人情報をいう。

4　この法律において「個人情報データベース等」とは、個人情報を含む情報の集合物であって、次に掲げるもの（利用方法からみて個人の権利利益を害するおそれが少ないものとして政令で定めるものを除く。）をいう。

一　特定の個人情報を電子計算機を用いて検索することができるように体系的に構成したもの

二　前号に掲げるもののほか、特定の個人情報を容易に検索することができるように体系的に構成したものとして政令で定めるもの

5　この法律において「個人情報取扱事業者」とは、個人情報データベース等を事業の用に供している者をいう。ただし、次に掲げる者を除く。

一　国の機関

二　地方公共団体

三　独立行政法人等（独立行政法人等の保有する個人情報の保護に関する法律（平成十五年法律第五十九号）第二条第一項に規定する独立行政法人等をいう。以下同じ。）

四　地方独立行政法人（地方独立行政法人法（平成十五年法律第百十八号）第二条第一項に規定する地方独立行政法人をいう。以下同じ。）

6　この法律において「個人データ」とは、個人情報データベース等を構成する個人情報をいう。

7　この法律において「保有個人データ」とは、個人情報取扱事業者が、開示、内容の訂正、追加又は削除、利用の停止、消去及び第三者への提供の停止を行うことのできる権限を有する個人データであって、その存否が明らかになることにより公益その他の利益が害されるものとして政令で定めるもの又は一年以内の政令で定める期間以内に消去することとなるもの以外のものをいう。

8　この法律において個人情報について「本人」とは、個人情報によって識別される特定の個人をいう。

9　この法律において「匿名加工情報」とは、次の各号に掲げる個人情報の区分に応じて当該各号に定める措置を講じて特定の個人を識別することができないように個人情報

を加工して得られる個人に関する情報であって、当該個人情報を復元することができないようにしたものをいう。

一　第一項第一号に該当する個人情報　当該個人情報に含まれる記述等の一部を削除すること（当該一部の記述等を復元することのできる規則性を有しない方法により他の記述等に置き換えることを含む。）。

二　第一項第二号に該当する個人情報　当該個人情報に含まれる個人識別符号の全部を削除すること（当該個人識別符号を復元することのできる規則性を有しない方法により他の記述等に置き換えることを含む。）。

10　この法律において「匿名加工情報取扱事業者」とは、匿名加工情報を含む情報の集合物であって、特定の匿名加工情報を電子計算機を用いて検索することができるように体系的に構成したものその他特定の匿名加工情報を容易に検索することができるように体系的に構成したものとして政令で定めるもの（第三十六条第一項において「匿名加工情報データベース等」という。）を事業の用に供している者をいう。ただし、第五項各号に掲げる者を除く。

（**基本理念**）

第三条　個人情報は、個人の人格尊重の理念の下に慎重に取り扱われるべきものであることにかんがみ、その適正な取扱いが図られなければならない。

第二章　国及び地方公共団体の責務等

（**国の責務**）

第四条　国は、この法律の趣旨にのっとり、個人情報の適正な取扱いを確保するために必要な施策を総合的に策定し、及びこれを実施する責務を有する。

（**地方公共団体の責務**）

第五条　地方公共団体は、この法律の趣旨にのっとり、その地方公共団体の区域の特性に応じて、個人情報の適正な取扱いを確保するために必要な施策を策定し、及びこれを実施する責務を有する。

第三章　個人情報の保護に関する施策等

第一節　個人情報の保護に関する基本方針

第七条　政府は、個人情報の保護に関する施策の総合的かつ一体的な推進を図るため、個人情報の保護に関する基本方針（以下「基本方針」という。）を定めなければならない。

2　基本方針は、次に掲げる事項について定めるものとする。

一　個人情報の保護に関する施策の推進に関する基本的な方向

二　国が講ずべき個人情報の保護のための措置に関する事項

三　地方公共団体が講ずべき個人情報の保護のための措置に関する基本的な事項

四　独立行政法人等が講ずべき個人情報の保護のための措置に関する基本的な事項

五　地方独立行政法人が講ずべき個人情報の保護のための措置に関する基本的な事項

六　個人情報取扱事業者及び匿名加工情報取扱事業者並びに第五十条第一項に規定する認定個人情報保護団体が講ずべき個人情報の保護のための措置に関する基本的な事項

七　個人情報の取扱いに関する苦情の円滑な処理に関する事項

八　その他個人情報の保護に関する施策の推進に関する重要事項

3　内閣総理大臣は、個人情報保護委員会が作成した基本方針の案について閣議の決定を求めなければならない。

4　内閣総理大臣は、前項の規定による閣議の決定があったときは、遅滞なく、基本方針を公表しなければならない。

5　前二項の規定は、基本方針の変更について準用する。

第二節　国の施策

（**苦情処理のための措置**）

第九条　国は、個人情報の取扱いに関し事業者と本人との間に生じた苦情の適切かつ迅速な処理を図るために必要な措置を講ずるものとする。

第三節　地方公共団体の施策

（地方公共団体等が保有する個人情報の保護）

第十一条　地方公共団体は、その保有する個人情報の性質、当該個人情報を保有する目的等を勘案し、その保有する個人情報の適正な取扱いが確保されるよう必要な措置を講ずることに努めなければならない。

2　地方公共団体は、その設立に係る地方独立行政法人について、その性格及び業務内容に応じ、その保有する個人情報の適正な取扱いが確保されるよう必要な措置を講ずることに努めなければならない。

（区域内の事業者等への支援）

第十二条　地方公共団体は、個人情報の適正な取扱いを確保するため、その区域内の事業者及び住民に対する支援に必要な措置を講ずるよう努めなければならない。

（苦情の処理のあっせん等）

第十三条　地方公共団体は、個人情報の取扱いに関し事業者と本人との間に生じた苦情が適切かつ迅速に処理されるようにするため、苦情の処理のあっせんその他必要な措置を講ずるよう努めなければならない。

第四章　個人情報取扱事業者の義務等

第一節　個人情報取扱事業者の義務

（利用目的の特定）

第十五条　個人情報取扱事業者は、個人情報を取り扱うに当たっては、その利用の目的（以下「利用目的」という。）をできる限り特定しなければならない。

2　個人情報取扱事業者は、利用目的を変更する場合には、変更前の利用目的と関連性を有すると合理的に認められる範囲を超えて行ってはならない。

（利用目的による制限）

第十六条　個人情報取扱事業者は、あらかじめ本人の同意を得ないで、前条の規定により特定された利用目的の達成に必要な範囲を超えて、個人情報を取り扱ってはならない。

2　個人情報取扱事業者は、合併その他の事由により他の個人情報取扱事業者から事業を承継することに伴って個人情報を取得した場合は、あらかじめ本人の同意を得ないで、承継前における当該個人情報の利用目的の達成に必要な範囲を超えて、当該個人情報を取り扱ってはならない。

3　前二項の規定は、次に掲げる場合については、適用しない。

一　法令に基づく場合

二　人の生命、身体又は財産の保護のために必要がある場合であって、本人の同意を得ることが困難であるとき。

三　公衆衛生の向上又は児童の健全な育成の推進のために特に必要がある場合であって、本人の同意を得ることが困難であるとき。

四　国の機関若しくは地方公共団体又はその委託を受けた者が法令の定める事務を遂行することに対して協力する必要がある場合であって、本人の同意を得ることにより当該事務の遂行に支障を及ぼすおそれがあるとき。

（適正な取得）

第十七条　個人情報取扱事業者は、偽りその他不正の手段により個人情報を取得してはならない。

2　個人情報取扱事業者は、次に掲げる場合を除くほか、あらかじめ本人の同意を得ないで、要配慮個人情報を取得してはならない。

一　法令に基づく場合

二　人の生命、身体又は財産の保護のために必要がある場合であって、本人の同意を得ることが困難であるとき。

三　公衆衛生の向上又は児童の健全な育成の推進のために特に必要がある場合であって、本人の同意を得ることが困難であるとき。

四　国の機関若しくは地方公共団体又はその委託を受けた者が法令の定める事務を遂行することに対して協力する必要がある場合であって、本人の同意を得ることにより当該事務の遂行に支障を及ぼすおそれがあるとき。

五　当該要配慮個人情報が、本人、国の機関、地方公共団体、第七十六条第一項各

号に掲げる者その他個人情報保護委員会規則で定める者により公開されている場合

六　その他前各号に掲げる場合に準ずるものとして政令で定める場合

（取得に際しての利用目的の通知等）

第十八条　個人情報取扱事業者は、個人情報を取得した場合は、あらかじめその利用目的を公表している場合を除き、速やかに、その利用目的を、本人に通知し、又は公表しなければならない。

2　個人情報取扱事業者は、前項の規定にかかわらず、本人との間で契約を締結することに伴って契約書その他の書面（電磁的記録を含む。以下この項において同じ。）に記載された当該本人の個人情報を取得する場合その他本人から直接書面に記載された当該本人の個人情報を取得する場合は、あらかじめ、本人に対し、その利用目的を明示しなければならない。ただし、人の生命、身体又は財産の保護のために緊急に必要がある場合は、この限りでない。

3　個人情報取扱事業者は、利用目的を変更した場合は、変更された利用目的について、本人に通知し、又は公表しなければならない。

4　前三項の規定は、次に掲げる場合については、適用しない。

一　利用目的を本人に通知し、又は公表することにより本人又は第三者の生命、身体、財産その他の権利利益を害するおそれがある場合

二　利用目的を本人に通知し、又は公表することにより当該個人情報取扱事業者の権利又は正当な利益を害するおそれがある場合

三　国の機関又は地方公共団体が法令の定める事務を遂行することに対して協力する必要がある場合であって、利用目的を本人に通知し、又は公表することにより当該事務の遂行に支障を及ぼすおそれがあるとき。

四　取得の状況からみて利用目的が明らかであると認められる場合

（データ内容の正確性の確保等）

第十九条　個人情報取扱事業者は、利用目的の達成に必要な範囲内において、個人データを正確かつ最新の内容に保つとともに、利用する必要がなくなったときは、当該個人データを遅滞なく消去するよう努めなければならない。

（安全管理措置）

第二十条　個人情報取扱事業者は、その取り扱う個人データの漏えい、滅失又はき損の防止その他の個人データの安全管理のために必要かつ適切な措置を講じなければならない。

（従業者の監督）

第二十一条　個人情報取扱事業者は、その従業者に個人データを取り扱わせるに当たっては、当該個人データの安全管理が図られるよう、当該従業者に対する必要かつ適切な監督を行わなければならない。

（委託先の監督）

第二十二条　個人情報取扱事業者は、個人データの取扱いの全部又は一部を委託する場合は、その取扱いを委託された個人データの安全管理が図られるよう、委託を受けた者に対する必要かつ適切な監督を行わなければならない。

（第三者提供の制限）

第二十三条　個人情報取扱事業者は、次に掲げる場合を除くほか、あらかじめ本人の同意を得ないで、個人データを第三者に提供してはならない。

一　法令に基づく場合

二　人の生命、身体又は財産の保護のために必要がある場合であって、本人の同意を得ることが困難であるとき。

三　公衆衛生の向上又は児童の健全な育成の推進のために特に必要がある場合であって、本人の同意を得ることが困難であるとき。

四　国の機関若しくは地方公共団体又はその委託を受けた者が法令の定める事務を遂行することに対して協力する必要がある場合であって、本人の同意を得ることにより当該事務の遂行に支障を及ぼすおそれがあるとき。

2　個人情報取扱事業者は、第三者に提供さ

れる個人データ（要配慮個人情報を除く。以下この項において同じ。）について、本人の求めに応じて当該本人が識別される個人データの第三者への提供を停止することとしている場合であって、次に掲げる事項について、個人情報保護委員会規則で定めるところにより、あらかじめ、本人に通知し、又は本人が容易に知り得る状態に置くとともに、個人情報保護委員会に届け出たときは、前項の規定にかかわらず、当該個人データを第三者に提供することができる。

一　第三者への提供を利用目的とすること。

二　第三者に提供される個人データの項目

三　第三者への提供の方法

四　本人の求めに応じて当該本人が識別される個人データの第三者への提供を停止すること。

五　本人の求めを受け付ける方法

3　個人情報取扱事業者は、前項第二号、第三号又は第五号に掲げる事項を変更する場合は、変更する内容について、個人情報保護委員会規則で定めるところにより、あらかじめ、本人に通知し、又は本人が容易に知り得る状態に置くとともに、個人情報保護委員会に届け出なければならない。

4　個人情報保護委員会は、第二項の規定による届出があったときは、個人情報保護委員会規則で定めるところにより、当該届出に係る事項を公表しなければならない。前項の規定による届出があったときも、同様とする。

5　次に掲げる場合において、当該個人データの提供を受ける者は、前各項の規定の適用については、第三者に該当しないものとする。

一　個人情報取扱事業者が利用目的の達成に必要な範囲内において個人データの取扱いの全部又は一部を委託することに伴って当該個人データが提供される場合

二　合併その他の事由による事業の承継に伴って個人データが提供される場合

三　特定の者との間で共同して利用される個人データが当該特定の者に提供される場合であって、その旨並びに共同して利用される個人データの項目、共同して利用する者の範囲、利用する者の利用目的及び当該個人データの管理について責任を有する者の氏名又は名称について、あらかじめ、本人に通知し、又は本人が容易に知り得る状態に置いているとき。

6　個人情報取扱事業者は、前項第三号に規定する利用する者の利用目的又は個人データの管理について責任を有する者の氏名若しくは名称を変更する場合は、変更する内容について、あらかじめ、本人に通知し、又は本人が容易に知り得る状態に置かなければならない。

（外国にある第三者への提供の制限）

第二十四条　個人情報取扱事業者は、外国（本邦の域外にある国又は地域をいう。以下同じ。）（個人の権利利益を保護する上で我が国と同等の水準にあると認められる個人情報の保護に関する制度を有している外国として個人情報保護委員会規則で定めるものを除く。以下この条において同じ。）にある第三者（個人データの取扱いについてこの節の規定により個人情報取扱事業者が講ずべきこととされている措置に相当する措置を継続的に講ずるために必要なものとして個人情報保護委員会規則で定める基準に適合する体制を整備している者を除く。以下この条において同じ。）に個人データを提供する場合には、前条第一項各号に掲げる場合を除くほか、あらかじめ外国にある第三者への提供を認める旨の本人の同意を得なければならない。この場合においては、同条の規定は、適用しない。

（第三者提供に係る記録の作成等）

第二十五条　個人情報取扱事業者は、個人データを第三者（第二条第五項各号に掲げる者を除く。以下この条及び次条において同じ。）に提供したときは、個人情報保護委員会規則で定めるところにより、当該個人データを提供した年月日、当該第三者の氏名又は名称その他の個人情報保護委員会規則で定める事項に関する記録を作成しなければならない。ただし、当該個人データの提供が第二十三条第一項各号又は第五項各号のいずれか（前条の規定による個人データの提供にあっては、第二十三条第一項各号のいずれか）に該当する場合は、この限りでない。

2　個人情報取扱事業者は、前項の記録を、当該記録を作成した日から個人情報保護委員会規則で定める期間保存しなければならない。

（第三者提供を受ける際の確認等）

第二十六条　個人情報取扱事業者は、第三者から個人データの提供を受けるに際しては、個人情報保護委員会規則で定めるところにより、次に掲げる事項の確認を行わなければならない。ただし、当該個人データの提供が第二十三条第一項各号又は第五項各号のいずれかに該当する場合は、この限りでない。

一　当該第三者の氏名又は名称及び住所並びに法人にあっては、その代表者（法人でない団体で代表者又は管理人の定めのあるものにあっては、その代表者又は管理人）の氏名

二　当該第三者による当該個人データの取得の経緯

2　前項の第三者は、個人情報取扱事業者が同項の規定による確認を行う場合において、当該個人情報取扱事業者に対して、当該確認に係る事項を偽ってはならない。

3　個人情報取扱事業者は、第一項の規定による確認を行ったときは、個人情報保護委員会規則で定めるところにより、当該個人データの提供を受けた年月日、当該確認に係る事項その他の個人情報保護委員会規則で定める事項に関する記録を作成しなければならない。

4　個人情報取扱事業者は、前項の記録を、当該記録を作成した日から個人情報保護委員会規則で定める期間保存しなければならない。

（保有個人データに関する事項の公表等）

第二十七条　個人情報取扱事業者は、保有個人データに関し、次に掲げる事項について、本人の知り得る状態（本人の求めに応じて遅滞なく回答する場合を含む。）に置かなければならない。

一　当該個人情報取扱事業者の氏名又は名称

二　全ての保有個人データの利用目的（第十八条第四項第一号から第三号までに該当する場合を除く。）

三　次項の規定による求め又は次条第一項、第二十九条第一項若しくは第三十条第一項若しくは第三項の規定による請求に応じる手続（第三十三条第二項の規定により手数料の額を定めたときは、その手数料の額を含む。）

四　前三号に掲げるもののほか、保有個人データの適正な取扱いの確保に関し必要な事項として政令で定めるもの

2　個人情報取扱事業者は、本人から、当該本人が識別される保有個人データの利用目的の通知を求められたときは、本人に対し、遅滞なく、これを通知しなければならない。ただし、次の各号のいずれかに該当する場合は、この限りでない。

一　前項の規定により当該本人が識別される保有個人データの利用目的が明らかな場合

二　第十八条第四項第一号から第三号までに該当する場合

3　個人情報取扱事業者は、前項の規定に基づき求められた保有個人データの利用目的を通知しない旨の決定をしたときは、本人に対し、遅滞なく、その旨を通知しなければならない。

（開示）

第二十八条　本人は、個人情報取扱事業者に対し、当該本人が識別される保有個人データの開示を請求することができる。

2　個人情報取扱事業者は、前項の規定による請求を受けたときは、本人に対し、政令で定める方法により、遅滞なく、当該保有個人データを開示しなければならない。ただし、開示することにより次の各号のいずれかに該当する場合は、その全部又は一部を開示しないことができる。

一　本人又は第三者の生命、身体、財産その他の権利利益を害するおそれがある場合

二　当該個人情報取扱事業者の業務の適正

な実施に著しい支障を及ぼすおそれがある場合

三　他の法令に違反することとなる場合

3　個人情報取扱事業者は、第一項の規定による請求に係る保有個人データの全部又は一部について開示しない旨の決定をしたとき又は当該保有個人データが存在しないときは、本人に対し、遅滞なく、その旨を通知しなければならない。

4　他の法令の規定により、本人に対し第二項本文に規定する方法に相当する方法により当該本人が識別される保有個人データの全部又は一部を開示することとされている場合には、当該全部又は一部の保有個人データについては、第一項及び第二項の規定は、適用しない。

（訂正等）

第二十九条　本人は、個人情報取扱事業者に対し、当該本人が識別される保有個人データの内容が事実でないときは、当該保有個人データの内容の訂正、追加又は削除（以下この条において「訂正等」という。）を請求することができる。

2　個人情報取扱事業者は、前項の規定による請求を受けた場合には、その内容の訂正等に関して他の法令の規定により特別の手続が定められている場合を除き、利用目的の達成に必要な範囲内において、遅滞なく必要な調査を行い、その結果に基づき、当該保有個人データの内容の訂正等を行わなければならない。

3　個人情報取扱事業者は、第一項の規定による請求に係る保有個人データの内容の全部若しくは一部について訂正等を行ったとき、又は訂正等を行わない旨の決定をしたときは、本人に対し、遅滞なく、その旨（訂正等を行ったときは、その内容を含む。）を通知しなければならない。

（利用停止等）

第三十条　本人は、個人情報取扱事業者に対し、当該本人が識別される保有個人データが第十六条の規定に違反して取り扱われているとき又は第十七条の規定に違反して取得されたものであるときは、当該保有個人データの利用の停止又は消去（以下この条において「利用停止等」という。）を請求することができる。

2　個人情報取扱事業者は、前項の規定による請求を受けた場合であって、その請求に理由があることが判明したときは、違反を是正するために必要な限度で、遅滞なく、当該保有個人データの利用停止等を行わなければならない。ただし、当該保有個人データの利用停止等に多額の費用を要する場合その他の利用停止等を行うことが困難な場合であって、本人の権利利益を保護するため必要なこれに代わるべき措置をとるときは、この限りでない。

3　本人は、個人情報取扱事業者に対し、当該本人が識別される保有個人データが第二十三条第一項又は第二十四条の規定に違反して第三者に提供されているときは、当該保有個人データの第三者への提供の停止を請求することができる。

4　個人情報取扱事業者は、前項の規定による請求を受けた場合であって、その請求に理由があることが判明したときは、遅滞なく、当該保有個人データの第三者への提供を停止しなければならない。ただし、当該保有個人データの第三者への提供の停止に多額の費用を要する場合その他の第三者への提供を停止することが困難な場合であって、本人の権利利益を保護するため必要なこれに代わるべき措置をとるときは、この限りでない。

5　個人情報取扱事業者は、第一項の規定による請求に係る保有個人データの全部若しくは一部について利用停止等を行ったとき若しくは利用停止等を行わない旨の決定をしたとき、又は第三項の規定による請求に係る保有個人データの全部若しくは一部について第三者への提供を停止したとき若しくは第三者への提供を停止しない旨の決定をしたときは、本人に対し、遅滞なく、その旨を通知しなければならない。

（理由の説明）

第三十一条　個人情報取扱事業者は、第二十七条第三項、第二十八条第三項、第二十九条第三項又は前条第五項の規定により、本人から求められ、又は請求された措置の全部又は一部について、その措置をとらない旨を通知する場合又はその措置と異なる措置をとる旨を通知する場合は、本人に対し、その理由を説明するよう努めなければならない。

（手数料）

第三十三条 個人情報取扱事業者は、第二十七条第二項の規定による利用目的の通知を求められたとき又は第二十八条第一項の規定による開示の請求を受けたときは、当該措置の実施に関し、手数料を徴収することができる。

2 個人情報取扱事業者は、前項の規定により手数料を徴収する場合は、実費を勘案して合理的であると認められる範囲内において、その手数料の額を定めなければならない。

（事前の請求）

第三十四条 本人は、第二十八条第一項、第二十九条第一項又は第三十条第一項若しくは第三項の規定による請求に係る訴えを提起しようとするときは、その訴えの被告となるべき者に対し、あらかじめ、当該請求を行い、かつ、その到達した日から二週間を経過した後でなければ、その訴えを提起することができない。ただし、当該訴えの被告となるべき者がその請求を拒んだときは、この限りでない。

2 前項の請求は、その請求が通常到達すべきであった時に、到達したものとみなす。

3 前二項の規定は、第二十八条第一項、第二十九条第一項又は第三十条第一項若しくは第三項の規定による請求に係る仮処分命令の申立てについて準用する。

（個人情報取扱事業者による苦情の処理）

第三十五条 個人情報取扱事業者は、個人情報の取扱いに関する苦情の適切かつ迅速な処理に努めなければならない。

2 個人情報取扱事業者は、前項の目的を達成するために必要な体制の整備に努めなければならない。

第二節 匿名加工情報取扱事業者等の義務

（匿名加工情報の作成等）

第三十六条 個人情報取扱事業者は、匿名加工情報（匿名加工情報データベース等を構成するものに限る。以下同じ。）を作成するときは、特定の個人を識別すること及びその作成に用いる個人情報を復元することができないようにするために必要なものとして個人情報保護委員会規則で定める基準に従い、当該個人情報を加工しなければならない。

2 個人情報取扱事業者は、匿名加工情報を作成したときは、その作成に用いた個人情報から削除した記述等及び個人識別符号並びに前項の規定により行った加工の方法に関する情報の漏えいを防止するために必要なものとして個人情報保護委員会規則で定める基準に従い、これらの情報の安全管理のための措置を講じなければならない。

3 個人情報取扱事業者は、匿名加工情報を作成したときは、個人情報保護委員会規則で定めるところにより、当該匿名加工情報に含まれる個人に関する情報の項目を公表しなければならない。

4 個人情報取扱事業者は、匿名加工情報を作成して当該匿名加工情報を第三者に提供するときは、個人情報保護委員会規則で定めるところにより、あらかじめ、第三者に提供される匿名加工情報に含まれる個人に関する情報の項目及びその提供の方法について公表するとともに、当該第三者に対して、当該提供に係る情報が匿名加工情報である旨を明示しなければならない。

5 個人情報取扱事業者は、匿名加工情報を作成して自ら当該匿名加工情報を取り扱うに当たっては、当該匿名加工情報の作成に用いられた個人情報に係る本人を識別するために、当該匿名加工情報を他の情報と照合してはならない。

6 個人情報取扱事業者は、匿名加工情報を作成したときは、当該匿名加工情報の安全管理のために必要かつ適切な措置、当該匿名加工情報の作成その他の取扱いに関する苦情の処理その他の当該匿名加工情報の適正な取扱いを確保するために必要な措置を自ら講じ、かつ、当該措置の内容を公表するよう努めなければならない。

（匿名加工情報の提供）

第三十七条　匿名加工情報取扱事業者は、匿名加工情報（自ら個人情報を加工して作成したものを除く。以下この節において同じ。）を第三者に提供するときは、個人情報保護委員会規則で定めるところにより、あらかじめ、第三者に提供される匿名加工情報に含まれる個人に関する情報の項目及びその提供の方法について公表するとともに、当該第三者に対して、当該提供に係る情報が匿名加工情報である旨を明示しなければならない。

（識別行為の禁止）

第三十八条　匿名加工情報取扱事業者は、匿名加工情報を取り扱うに当たっては、当該匿名加工情報の作成に用いられた個人情報に係る本人を識別するために、当該個人情報から削除された記述等若しくは個人識別符号若しくは第三十六条第一項、行政機関の保有する個人情報の保護に関する法律（平成十五年法律第五十八号）第四十四条の十第一項（同条第二項において準用する場合を含む。）若しくは独立行政法人等の保有する個人情報の保護に関する法律第四十四条の十第一項（同条第二項において準用する場合を含む。）の規定により行われた加工の方法に関する情報を取得し、又は当該匿名加工情報を他の情報と照合してはならない。

（安全管理措置等）

第三十九条　匿名加工情報取扱事業者は、匿名加工情報の安全管理のために必要かつ適切な措置、匿名加工情報の取扱いに関する苦情の処理その他の匿名加工情報の適正な取扱いを確保するために必要な措置を自ら講じ、かつ、当該措置の内容を公表するよう努めなければならない。

第四節　民間団体による個人情報の保護の推進

（認定）

第四十七条　個人情報取扱事業者等の個人情報等の適正な取扱いの確保を目的として次に掲げる業務を行おうとする法人（法人でない団体で代表者又は管理人の定めのあるものを含む。次条第三号ロにおいて同じ。）は、個人情報保護委員会の認定を受けることができる。

一　業務の対象となる個人情報取扱事業者等（以下「対象事業者」という。）の個人情報等の取扱いに関する第五十二条の規定による苦情の処理

二　個人情報等の適正な取扱いの確保に寄与する事項についての対象事業者に対する情報の提供

三　前二号に掲げるもののほか、対象事業者の個人情報等の適正な取扱いの確保に関し必要な業務

2　前項の認定を受けようとする者は、政令で定めるところにより、個人情報保護委員会に申請しなければならない。

3　個人情報保護委員会は、第一項の認定をしたときは、その旨を公示しなければならない。

（欠格条項）

第四十八条　次の各号のいずれかに該当する者は、前条第一項の認定を受けることができない。

一　この法律の規定により刑に処せられ、その執行を終わり、又は執行を受けることがなくなった日から二年を経過しない者

二　第五十八条第一項の規定により認定を取り消され、その取消しの日から二年を経過しない者

三　その業務を行う役員（法人でない団体で代表者又は管理人の定めのあるものの代表者又は管理人を含む。以下この条において同じ。）のうちに、次のいずれかに該当する者があるもの

イ　禁錮以上の刑に処せられ、又はこの法律の規定により刑に処せられ、その執行を終わり、又は執行を受けることがなくなった日から二年を経過しない者

ロ　第五十八条第一項の規定により認定を取り消された法人において、その取消しの日前三十日以内にその役員であった者でその取消しの日から二年を経過しない者

（認定の基準）
第四十九条 個人情報保護委員会は、第四十七条第一項の認定の申請が次の各号のいずれにも適合していると認めるときでなければ、その認定をしてはならない。
一　第四十七条第一項各号に掲げる業務を適正かつ確実に行うに必要な業務の実施の方法が定められているものであること。
二　第四十七条第一項各号に掲げる業務を適正かつ確実に行うに足りる知識及び能力並びに経理的基礎を有するものであること。
三　第四十七条第一項各号に掲げる業務以外の業務を行っている場合には、その業務を行うことによって同項各号に掲げる業務が不公正になるおそれがないものであること。

（廃止の届出）
第五十条 第四十七条第一項の認定を受けた者（以下「認定個人情報保護団体」という。）は、その認定に係る業務（以下「認定業務」という。）を廃止しようとするときは、政令で定めるところにより、あらかじめ、その旨を個人情報保護委員会に届け出なければならない。
2　個人情報保護委員会は、前項の規定による届出があったときは、その旨を公示しなければならない。

（苦情の処理）
第五十二条 認定個人情報保護団体は、本人その他の関係者から対象事業者の個人情報等の取扱いに関する苦情について解決の申出があったときは、その相談に応じ、申出人に必要な助言をし、その苦情に係る事情を調査するとともに、当該対象事業者に対し、その苦情の内容を通知してその迅速な解決を求めなければならない。
2　認定個人情報保護団体は、前項の申出に係る苦情の解決について必要があると認めるときは、当該対象事業者に対し、文書若しくは口頭による説明を求め、又は資料の提出を求めることができる。
3　対象事業者は、認定個人情報保護団体から前項の規定による求めがあったときは、正当な理由がないのに、これを拒んではならない。

（個人情報保護指針）
第五十三条 認定個人情報保護団体は、対象事業者の個人情報等の適正な取扱いの確保のために、個人情報に係る利用目的の特定、安全管理のための措置、開示等の請求等に応じる手続その他の事項又は匿名加工情報に係る作成の方法、その情報の安全管理のための措置その他の事項に関し、消費者の意見を代表する者その他の関係者の意見を聴いて、この法律の規定の趣旨に沿った指針（以下「個人情報保護指針」という。）を作成するよう努めなければならない。
2　認定個人情報保護団体は、前項の規定により個人情報保護指針を作成したときは、個人情報保護委員会規則で定めるところにより、遅滞なく、当該個人情報保護指針を個人情報保護委員会に届け出なければならない。これを変更したときも、同様とする。
3　個人情報保護委員会は、前項の規定による個人情報保護指針の届出があったときは、個人情報保護委員会規則で定めるところにより、当該個人情報保護指針を公表しなければならない。
4　認定個人情報保護団体は、前項の規定により個人情報保護指針が公表されたときは、対象事業者に対し、当該個人情報保護指針を遵守させるため必要な指導、勧告その他の措置をとらなければならない。

（目的外利用の禁止）
第五十四条 認定個人情報保護団体は、認定業務の実施に際して知り得た情報を認定業務の用に供する目的以外に利用してはならない。

（名称の使用制限）
第五十五条 認定個人情報保護団体でない者は、認定個人情報保護団体という名称又はこれに紛らわしい名称を用いてはならない。

（認定の取消し）
第五十八条 個人情報保護委員会は、認定個人情報保護団体が次の各号のいずれかに該当するときは、その認定を取り消すことができる。

社会福祉全般

一　第四十八条第一号又は第三号に該当するに至ったとき。
二　第四十九条各号のいずれかに適合しなくなったとき。
三　第五十四条の規定に違反したとき。
四　前条の命令に従わないとき。
五　不正の手段により第四十七条第一項の認定を受けたとき。

2　個人情報保護委員会は、前項の規定により認定を取り消したときは、その旨を公示しなければならない。

第五章　個人情報保護委員会

（設置）

第五十九条　内閣府設置法第四十九条第三項の規定に基づいて、個人情報保護委員会（以下「委員会」という。）を置く。

2　委員会は、内閣総理大臣の所轄に属する。

（任務）

第六十条　委員会は、個人情報の適正かつ効果的な活用が新たな産業の創出並びに活力ある経済社会及び豊かな国民生活の実現に資するものであることその他の個人情報の有用性に配慮しつつ、個人の権利利益を保護するため、個人情報の適正な取扱いの確保を図ること（個人番号利用事務等実施者（行政手続における特定の個人を識別するための番号の利用等に関する法律（平成二十五年法律第二十七号。以下「番号利用法」という。）第十二条に規定する個人番号利用事務等実施者をいう。）に対する指導及び助言その他の措置を講ずることを含む。）を任務とする。

（所掌事務）

第六十一条　委員会は、前条の任務を達成するため、次に掲げる事務をつかさどる。

一　基本方針の策定及び推進に関すること。
二　個人情報取扱事業者における個人情報の取扱い並びに個人情報取扱事業者及び匿名加工情報取扱事業者における匿名加工情報の取扱いに関する監督、行政機関の保有する個人情報の保護に関する法律第二条第一項に規定する行政機関における同条第九項に規定する行政機関非識別加工情報（同条第十項に規定する行政機関非識別加工情報ファイルを構成するものに限る。）の取扱いに関する監視、独立行政法人等における独立行政法人等の保有する個人情報の保護に関する法律第二条第九項に規定する独立行政法人等非識別加工情報（同条第十項に規定する独立行政法人等非識別加工情報ファイルを構成するものに限る。）の取扱いに関する監督並びに個人情報及び匿名加工情報の取扱いに関する苦情の申出についての必要なあっせん及びその処理を行う事業者への協力に関すること（第四号に掲げるものを除く。）。
三　認定個人情報保護団体に関すること。
四　特定個人情報（番号利用法第二条第八項に規定する特定個人情報をいう。第六十三条第四項において同じ。）の取扱いに関する監視又は監督並びに苦情の申出についての必要なあっせん及びその処理を行う事業者への協力に関すること。
五　特定個人情報保護評価（番号利用法第二十七条第一項に規定する特定個人情報保護評価をいう。）に関すること。
六　個人情報の保護及び適正かつ効果的な活用についての広報及び啓発に関すること。
七　前各号に掲げる事務を行うために必要な調査及び研究に関すること。
八　所掌事務に係る国際協力に関すること。
九　前各号に掲げるもののほか、法律（法律に基づく命令を含む。）に基づき委員会に属させられた事務

（職権行使の独立性）

第六十二条　委員会の委員長及び委員は、独立してその職権を行う。

（組織等）

第六十三条　委員会は、委員長及び委員八人をもって組織する。

2　委員のうち四人は、非常勤とする。
3　委員長及び委員は、人格が高潔で識見の高い者のうちから、両議院の同意を得て、内閣総理大臣が任命する。
4　委員長及び委員には、個人情報の保護及

び適正かつ効果的な活用に関する学識経験のある者、消費者の保護に関して十分な知識と経験を有する者、情報処理技術に関する学識経験のある者、特定個人情報が利用される行政分野に関する学識経験のある者、民間企業の実務に関して十分な知識と経験を有する者並びに連合組織（地方自治法（昭和二十二年法律第六十七号）第二百六十三条の三第一項の連合組織で同項の規定による届出をしたものをいう。）の推薦する者が含まれるものとする。

（任期等）

第六十四条　委員長及び委員の任期は、五年とする。ただし、補欠の委員長又は委員の任期は、前任者の残任期間とする。

2　委員長及び委員は、再任されることができる。

3　委員長及び委員の任期が満了したときは、当該委員長及び委員は、後任者が任命されるまで引き続きその職務を行うものとする。

4　委員長又は委員の任期が満了し、又は欠員を生じた場合において、国会の閉会又は衆議院の解散のために両議院の同意を得ることができないときは、内閣総理大臣は、前条第三項の規定にかかわらず、同項に定める資格を有する者のうちから、委員長又は委員を任命することができる。

5　前項の場合においては、任命後最初の国会において両議院の事後の承認を得なければならない。この場合において、両議院の事後の承認が得られないときは、内閣総理大臣は、直ちに、その委員長又は委員を罷免しなければならない。

（身分保障）

第六十五条　委員長及び委員は、次の各号のいずれかに該当する場合を除いては、在任中、その意に反して罷免されることがない。

一　破産手続開始の決定を受けたとき。

二　この法律又は番号利用法の規定に違反して刑に処せられたとき。

三　禁錮以上の刑に処せられたとき。

四　委員会により、心身の故障のため職務を執行することができないと認められたとき、又は職務上の義務違反その他委員長若しくは委員たるに適しない非行があると認められたとき。

（罷免）

第六十六条　内閣総理大臣は、委員長又は委員が前条各号のいずれかに該当するときは、その委員長又は委員を罷免しなければならない。

（委員長）

第六十七条　委員長は、委員会の会務を総理し、委員会を代表する。

2　委員会は、あらかじめ常勤の委員のうちから、委員長に事故がある場合に委員長を代理する者を定めておかなければならない。

（会議）

第六十八条　委員会の会議は、委員長が招集する。

2　委員会は、委員長及び四人以上の委員の出席がなければ、会議を開き、議決をすることができない。

3　委員会の議事は、出席者の過半数でこれを決し、可否同数のときは、委員長の決するところによる。

4　第六十五条第四号の規定による認定をするには、前項の規定にかかわらず、本人を除く全員の一致がなければならない。

5　委員長に事故がある場合の第二項の規定の適用については、前条第二項に規定する委員長を代理する者は、委員長とみなす。

（専門委員）

第六十九条　委員会に、専門の事項を調査させるため、専門委員を置くことができる。

2　専門委員は、委員会の申出に基づいて内閣総理大臣が任命する。

3　専門委員は、当該専門の事項に関する調査が終了したときは、解任されるものとする。

4　専門委員は、非常勤とする。

（事務局）

第七十条　委員会の事務を処理させるため、委員会に事務局を置く。

2　事務局に、事務局長その他の職員を置く。

3　事務局長は、委員長の命を受けて、局務を掌理する。

（政治運動等の禁止）

第七十一条　委員長及び委員は、在任中、政党その他の政治団体の役員となり、又は積極的に政治運動をしてはならない。
2　委員長及び常勤の委員は、在任中、内閣総理大臣の許可のある場合を除くほか、報酬を得て他の職務に従事し、又は営利事業を営み、その他金銭上の利益を目的とする業務を行ってはならない。

（秘密保持義務）
第七十二条　委員長、委員、専門委員及び事務局の職員は、職務上知ることのできた秘密を漏らし、又は盗用してはならない。その職務を退いた後も、同様とする。

（給与）
第七十三条　委員長及び委員の給与は、別に法律で定める。

（規則の制定）
第七十四条　委員会は、その所掌事務について、法律若しくは政令を実施するため、又は法律若しくは政令の特別の委任に基づいて、個人情報保護委員会規則を制定することができる。

第六章　雑則

（適用範囲）
第七十五条　第十五条、第十六条、第十八条（第二項を除く。）、第十九条から第二十五条まで、第二十七条から第三十六条まで、第四十一条、第四十二条第一項、第四十三条及び次条の規定は、国内にある者に対する物品又は役務の提供に関連してその者を本人とする個人情報を取得した個人情報取扱事業者が、外国において当該個人情報又は当該個人情報を用いて作成した匿名加工情報を取り扱う場合についても、適用する。

（適用除外）
第七十六条　個人情報取扱事業者等のうち次の各号に掲げる者については、その個人情報等を取り扱う目的の全部又は一部がそれぞれ当該各号に規定する目的であるときは、第四章の規定は、適用しない。
一　放送機関、新聞社、通信社その他の報道機関（報道を業として行う個人を含む。）　報道の用に供する目的
二　著述を業として行う者　著述の用に供する目的
三　大学その他の学術研究を目的とする機関若しくは団体又はそれらに属する者　学術研究の用に供する目的
四　宗教団体　宗教活動（これに付随する活動を含む。）の用に供する目的
五　政治団体　政治活動（これに付随する活動を含む。）の用に供する目的
2　前項第一号に規定する「報道」とは、不特定かつ多数の者に対して客観的事実を事実として知らせること（これに基づいて意見又は見解を述べることを含む。）をいう。
3　第一項各号に掲げる個人情報取扱事業者等は、個人データ又は匿名加工情報の安全管理のために必要かつ適切な措置、個人情報等の取扱いに関する苦情の処理その他の個人情報等の適正な取扱いを確保するために必要な措置を自ら講じ、かつ、当該措置の内容を公表するよう努めなければならない。

（地方公共団体が処理する事務）
第七十七条　この法律に規定する委員会の権限及び第四十四条第一項又は第四項の規定により事業所管大臣又は金融庁長官に委任された権限に属する事務は、政令で定めるところにより、地方公共団体の長その他の執行機関が行うこととすることができる。

（外国執行当局への情報提供）
第七十八条　委員会は、この法律に相当する外国の法令を執行する外国の当局（以下この条において「外国執行当局」という。）に対し、その職務（この法律に規定する委員会の職務に相当するものに限る。次項において同じ。）の遂行に資すると認める情報の提供を行うことができる。
2　前項の規定による情報の提供については、当該情報が当該外国執行当局の職務の遂行以外に使用されず、かつ、次項の規定による同意がなければ外国の刑事事件の捜査（その対象たる犯罪事実が特定された後のものに限る。）又は審判（同項において「捜査等」という。）に使用されないよう適切な措置がとられなければならない。
3　委員会は、外国執行当局からの要請があったときは、次の各号のいずれかに該当

する場合を除き、第一項の規定により提供した情報を当該要請に係る外国の刑事事件の捜査等に使用することについて同意をすることができる。

一　当該要請に係る刑事事件の捜査等の対象とされている犯罪が政治犯罪であるとき、又は当該要請が政治犯罪について捜査等を行う目的で行われたものと認められるとき。

二　当該要請に係る刑事事件の捜査等の対象とされている犯罪に係る行為が日本国内において行われたとした場合において、その行為が日本国の法令によれば罪に当たるものでないとき。

三　日本国が行う同種の要請に応ずる旨の要請国の保証がないとき。

4　委員会は、前項の同意をする場合においては、あらかじめ、同項第一号及び第二号に該当しないことについて法務大臣の確認を、同項第三号に該当しないことについて外務大臣の確認を、それぞれ受けなければならない。

第七章　罰則

第八十三条　個人情報取扱事業者（その者が法人（法人でない団体で代表者又は管理人の定めのあるものを含む。第八十七条第一項において同じ。）である場合にあっては、その役員、代表者又は管理人）若しくはその従業者又はこれらであった者が、その業務に関して取り扱った個人情報データベース等（その全部又は一部を複製し、又は加工したものを含む。）を自己若しくは第三者の不正な利益を図る目的で提供し、又は盗用したときは、一年以下の懲役又は五十万円以下の罰金に処する。

附　則（抄）

（施行期日）

第一条　この法律は、公布の日（平成十五年五月三十日）から施行する。〔後略〕

特定非営利活動促進法

（平成一〇・三・二五　法律　七）

最新改正　令和元法律三七

第一章　総則

（目的）

第一条　この法律は、特定非営利活動を行う団体に法人格を付与すること並びに運営組織及び事業活動が適正であって公益の増進に資する特定非営利活動法人の認定に係る制度を設けること等により、ボランティア活動をはじめとする市民が行う自由な社会貢献活動としての特定非営利活動の健全な発展を促進し、もって公益の増進に寄与することを目的とする。

（定義）

第二条　この法律において「特定非営利活動」とは、別表に掲げる活動に該当する活動であって、不特定かつ多数のものの利益の増進に寄与することを目的とするものをいう。

2　この法律において「特定非営利活動法人」とは、特定非営利活動を行うことを主たる目的とし、次の各号のいずれにも該当する団体であって、この法律の定めるところにより設立された法人をいう。

一　次のいずれにも該当する団体であっ

て、営利を目的としないものであること。

イ　社員の資格の得喪に関して、不当な条件を付さないこと。

ロ　役員のうち報酬を受ける者の数が、役員総数の三分の一以下であること。

二　その行う活動が次のいずれにも該当する団体であること。

イ　宗教の教義を広め、儀式行事を行い、及び信者を教化育成することを主たる目的とするものでないこと。

ロ　政治上の主義を推進し、支持し、又はこれに反対することを主たる目的とするものでないこと。

ハ　特定の公職（公職選挙法（昭和二十五年法律第百号）第三条に規定する公職をいう。以下同じ。）の候補者（当該候補者になろうとする者を含む。以下同じ。）若しくは公職にある者又は政党を推薦し、支持し、又はこれらに反対することを目的とするものでないこと。

3　この法律において「認定特定非営利活動法人」とは、第四十四条第一項の認定を受けた特定非営利活動法人をいう。

4　この法律において「特例認定特定非営利活動法人」とは、第五十八条第一項の特例認定を受けた特定非営利活動法人をいう。

第二章　特定非営利活動法人

第一節　通則

（原則）

第三条　特定非営利活動法人は、特定の個人又は法人その他の団体の利益を目的として、その事業を行ってはならない。

2　特定非営利活動法人は、これを特定の政党のために利用してはならない。

（名称の使用制限）

第四条　特定非営利活動法人以外の者は、その名称中に、「特定非営利活動法人」又はこれに紛らわしい文字を用いてはならない。

（その他の事業）

第五条　特定非営利活動法人は、その行う特定非営利活動に係る事業に支障がない限り、当該特定非営利活動に係る事業以外の事業（以下「その他の事業」という。）を行うことができる。この場合において、利益を生じたときは、これを当該特定非営利活動に係る事業のために使用しなければならない。

2　その他の事業に関する会計は、当該特定非営利活動法人の行う特定非営利活動に係る事業に関する会計から区分し、特別の会計として経理しなければならない。

（住所）

第六条　特定非営利活動法人の住所は、その主たる事務所の所在地にあるものとする。

（登記）

第七条　特定非営利活動法人は、政令で定めるところにより、登記しなければならない。

2　前項の規定により登記しなければならない事項は、登記の後でなければ、これをもって第三者に対抗することができない。

（一般社団法人及び一般財団法人に関する法律の準用）

第八条　一般社団法人及び一般財団法人に関する法律（平成十八年法律第四十八号）第七十八条の規定は、特定非営利活動法人について準用する。

（所轄庁）

第九条　特定非営利活動法人の所轄庁は、その主たる事務所が所在する都道府県の知事（その事務所が一の指定都市（地方自治法（昭和二十二年法律第六十七号）第二百五十二条の十九第一項の指定都市をいう。以下同じ。）の区域内のみに所在する特定非営利活動法人にあっては、当該指定都市の長）とする。

第二節　設立

（設立の認証）

第十条　特定非営利活動法人を設立しようとする者は、都道府県又は指定都市の条例で定めるところにより、次に掲げる書類を添付した申請書を所轄庁に提出して、設立の認証を受けなければならない。

一　定款

二　役員に係る次に掲げる書類
イ　役員名簿（役員の氏名及び住所又は居所並びに各役員についての報酬の有無を記載した名簿をいう。以下同じ。）
ロ　各役員が第二十条各号に該当しないこと及び第二十一条の規定に違反しないことを誓約し、並びに就任を承諾する書面の謄本
ハ　各役員の住所又は居所を証する書面として都道府県又は指定都市の条例で定めるもの
三　社員のうち十人以上の者の氏名（法人にあっては、その名称及び代表者の氏名）及び住所又は居所を記載した書面
四　第二条第二項第二号及び第十二条第一項第三号に該当することを確認したことを示す書面
五　設立趣旨書
六　設立についての意思の決定を証する議事録の謄本
七　設立当初の事業年度及び翌事業年度の事業計画書
八　設立当初の事業年度及び翌事業年度の活動予算書（その行う活動に係る事業の収益及び費用の見込みを記載した書類をいう。以下同じ。）
2　所轄庁は、前項の認証の申請があった場合には、遅滞なく、その旨及び次に掲げる事項を公告し、又はインターネットの利用により公表するとともに、同項第一号、第二号イ、第五号、第七号及び第八号に掲げる書類を、申請書を受理した日から一月間、その指定した場所において公衆の縦覧に供しなければならない。
一　申請のあった年月日
二　申請に係る特定非営利活動法人の名称、代表者の氏名及び主たる事務所の所在地並びにその定款に記載された目的
3　第一項の規定により提出された申請書又は当該申請書に添付された同項各号に掲げる書類に不備があるときは、当該申請をした者は、当該不備が都道府県又は指定都市の条例で定める軽微なものである場合に限り、これを補正することができる。ただし、所轄庁が当該申請書を受理した日から二週間を経過したときは、この限りでない。

（定款）
第十一条　特定非営利活動法人の定款には、次に掲げる事項を記載しなければならない。
一　目的
二　名称
三　その行う特定非営利活動の種類及び当該特定非営利活動に係る事業の種類
四　主たる事務所及びその他の事務所の所在地
五　社員の資格の得喪に関する事項
六　役員に関する事項
七　会議に関する事項
八　資産に関する事項
九　会計に関する事項
十　事業年度
十一　その他の事業を行う場合には、その種類その他当該その他の事業に関する事項
十二　解散に関する事項
十三　定款の変更に関する事項
十四　公告の方法
2　設立当初の役員は、定款で定めなければならない。
3　第一項第十二号に掲げる事項中に残余財産の帰属すべき者に関する規定を設ける場合には、その者は、特定非営利活動法人その他次に掲げる者のうちから選定されるようにしなければならない。
一　国又は地方公共団体
二　公益社団法人又は公益財団法人
三　私立学校法（昭和二十四年法律第二百七十号）第三条に規定する学校法人
四　社会福祉法（昭和二十六年法律第四十五号）第二十二条に規定する社会福祉法人
五　更生保護事業法（平成七年法律第八十六号）第二条第六項に規定する更生保護法人

（認証の基準等）
第十二条　所轄庁は、第十条第一項の認証の申請が次の各号に適合すると認めるときは、その設立を認証しなければならない。
一　設立の手続並びに申請書及び定款の内

容が法令の規定に適合していること。

二　当該申請に係る特定非営利活動法人が第二条第二項に規定する団体に該当するものであること。

三　当該申請に係る特定非営利活動法人が次に掲げる団体に該当しないものであること。

イ　暴力団（暴力団員による不当な行為の防止等に関する法律（平成三年法律第七十七号）第二条第二号に規定する暴力団をいう。以下この号及び第四十七条第六号において同じ。）

ロ　暴力団又はその構成員（暴力団の構成団体の構成員を含む。以下この号において同じ。）若しくは暴力団の構成員でなくなった日から五年を経過しない者（以下「暴力団の構成員等」という。）の統制の下にある団体

四　当該申請に係る特定非営利活動法人が十人以上の社員を有するものであること。

2　前項の規定による認証又は不認証の決定は、正当な理由がない限り、第十条第二項の期間を経過した日から二月（都道府県又は指定都市の条例でこれより短い期間を定めたときは、当該期間）以内に行わなければならない。

3　所轄庁は、第一項の規定により認証の決定をしたときはその旨を、同項の規定により不認証の決定をしたときはその旨及びその理由を、当該申請をした者に対し、速やかに、書面により通知しなければならない。

（意見聴取等）

第十二条の二　第四十三条の二及び第四十三条の三の規定は、第十条第一項の認証の申請があった場合について準用する。

（成立の時期等）

第十三条　特定非営利活動法人は、その主たる事務所の所在地において設立の登記をすることによって成立する。

2　特定非営利活動法人は、前項の登記をしたときは、遅滞なく、当該登記をしたことを証する登記事項証明書及び次条の財産目録を添えて、その旨を所轄庁に届け出なければならない。

3　設立の認証を受けた者が設立の認証があった日から六月を経過しても第一項の登記をしないときは、所轄庁は、設立の認証を取り消すことができる。

（財産目録の作成及び備置き）

第十四条　特定非営利活動法人は、成立の時に財産目録を作成し、常にこれをその事務所に備え置かなければならない。

第三節　管理

（通常社員総会）

第十四条の二　理事は、少なくとも毎年一回、通常社員総会を開かなければならない。

（臨時社員総会）

第十四条の三　理事は、必要があると認めるときは、いつでも臨時社員総会を招集することができる。

2　総社員の五分の一以上から社員総会の目的である事項を示して請求があったときは、理事は、臨時社員総会を招集しなければならない。ただし、総社員の五分の一の割合については、定款でこれと異なる割合を定めることができる。

（社員総会の招集）

第十四条の四　社員総会の招集の通知は、その社員総会の日より少なくとも五日前に、その社員総会の目的である事項を示し、定款で定めた方法に従ってしなければならない。

（社員総会の権限）

第十四条の五　特定非営利活動法人の業務は、定款で理事その他の役員に委任したものを除き、すべて社員総会の決議によって行う。

（社員総会の決議事項）

第十四条の六　社員総会においては、第十四条の四の規定によりあらかじめ通知をした事項についてのみ、決議をすることができる。ただし、定款に別段の定めがあるときは、この限りでない。

（社員の表決権）

第十四条の七　各社員の表決権は、平等とする。

2　社員総会に出席しない社員は、書面で、又は代理人によって表決をすることができ

る。

3　社員は、定款で定めるところにより、前項の規定に基づく書面による表決に代えて、電磁的方法（電子情報処理組織を使用する方法その他の情報通信の技術を利用する方法であって内閣府令で定めるものをいう。第二十八条の二第一項第三号において同じ。）により表決をすることができる。

4　前三項の規定は、定款に別段の定めがある場合には、適用しない。

（表決権のない場合）

第十四条の八　特定非営利活動法人と特定の社員との関係について議決をする場合には、その社員は、表決権を有しない。

（社員総会の決議の省略）

第十四条の九　理事又は社員が社員総会の目的である事項について提案をした場合において、当該提案につき社員の全員が書面又は電磁的記録（電子的方式、磁気的方式その他人の知覚によっては認識することができない方式で作られる記録であって、電子計算機による情報処理の用に供されるものとして内閣府令で定めるものをいう。）により同意の意思表示をしたときは、当該提案を可決する旨の社員総会の決議があったものとみなす。

2　前項の規定により社員総会の目的である事項の全てについての提案を可決する旨の社員総会の決議があったものとみなされた場合には、その時に当該社員総会が終結したものとみなす。

（役員の定数）

第十五条　特定非営利活動法人には、役員として、理事三人以上及び監事一人以上を置かなければならない。

（理事の代表権）

第十六条　理事は、すべて特定非営利活動法人の業務について、特定非営利活動法人を代表する。ただし、定款をもって、その代表権を制限することができる。

（業務の執行）

第十七条　特定非営利活動法人の業務は、定款に特別の定めのないときは、理事の過半数をもって決する。

（理事の代理行為の委任）

第十七条の二　理事は、定款又は社員総会の決議によって禁止されていないときに限り、特定の行為の代理を他人に委任することができる。

（仮理事）

第十七条の三　理事が欠けた場合において、業務が遅滞することにより損害を生ずるおそれがあるときは、所轄庁は、利害関係人の請求により又は職権で、仮理事を選任しなければならない。

（利益相反行為）

第十七条の四　特定非営利活動法人と理事との利益が相反する事項については、理事は、代表権を有しない。この場合においては、所轄庁は、利害関係人の請求により又は職権で、特別代理人を選任しなければならない。

（監事の職務）

第十八条　監事は、次に掲げる職務を行う。

一　理事の業務執行の状況を監査すること。

二　特定非営利活動法人の財産の状況を監査すること。

三　前二号の規定による監査の結果、特定非営利活動法人の業務又は財産に関し不正の行為又は法令若しくは定款に違反する重大な事実があることを発見した場合には、これを社員総会又は所轄庁に報告すること。

四　前号の報告をするために必要がある場合には、社員総会を招集すること。

五　理事の業務執行の状況又は特定非営利活動法人の財産の状況について、理事に意見を述べること。

（監事の兼職禁止）

第十九条　監事は、理事又は特定非営利活動法人の職員を兼ねてはならない。

（役員の欠格事由）

第二十条　次の各号のいずれかに該当する者は、特定非営利活動法人の役員になることができない。

一　破産手続開始の決定を受けて復権を得ない者

二　禁錮以上の刑に処せられ、その執行を終わった日又はその執行を受けることが

なくなった日から二年を経過しない者

三　この法律若しくは暴力団員による不当な行為の防止等に関する法律の規定（同法第三十二条の三第七項及び第三十二条の十一第一項の規定を除く。第四十七条第一号ハにおいて同じ。）に違反したことにより、又は刑法（明治四十年法律第四十五号）第二百四条、第二百六条、第二百八条、第二百八条の二、第二百二十二条若しくは第二百四十七条の罪若しくは暴力行為等処罰に関する法律（大正十五年法律第六十号）の罪を犯したことにより、罰金の刑に処せられ、その執行を終わった日又はその執行を受けることがなくなった日から二年を経過しない者

四　暴力団の構成員等

五　第四十三条の規定により設立の認証を取り消された特定非営利活動法人の解散当時の役員で、設立の認証を取り消された日から二年を経過しない者

六　心身の故障のため職務を適正に執行することができない者として内閣府令で定めるもの

（役員の親族等の排除）

第二十一条　役員のうちには、それぞれの役員について、その配偶者若しくは三親等以内の親族が一人を超えて含まれ、又は当該役員並びにその配偶者及び三親等以内の親族が役員の総数の三分の一を超えて含まれることになってはならない。

（役員の欠員補充）

第二十二条　理事又は監事のうち、その定数の三分の一を超える者が欠けたときは、遅滞なくこれを補充しなければならない。

（役員の変更等の届出）

第二十三条　特定非営利活動法人は、その役員の氏名又は住所若しくは居所に変更があったときは、遅滞なく、変更後の役員名簿を添えて、その旨を所轄庁に届け出なければならない。

2　特定非営利活動法人は、役員が新たに就任した場合（任期満了と同時に再任された場合を除く。）において前項の届出をするときは、当該役員に係る第十条第一項第二号ロ及びハに掲げる書類を所轄庁に提出しなければならない。

（役員の任期）

第二十四条　役員の任期は、二年以内において定款で定める期間とする。ただし、再任を妨げない。

2　前項の規定にかかわらず、定款で役員を社員総会で選任することとしている特定非営利活動法人にあっては、定款により、後任の役員が選任されていない場合に限り、同項の規定により定款で定められた任期の末日後最初の社員総会が終結するまでその任期を伸長することができる。

（定款の変更）

第二十五条　定款の変更は、定款で定めるところにより、社員総会の議決を経なければならない。

2　前項の議決は、社員総数の二分の一以上が出席し、その出席者の四分の三以上の多数をもってしなければならない。ただし、定款に特別の定めがあるときは、この限りでない。

3　定款の変更（第十一条第一項第一号から第三号まで、第四号（所轄庁の変更を伴うものに限る。）、第五号、第六号（役員の定数に係るものを除く。）、第七号、第十一号、第十二号（残余財産の帰属すべき者に係るものに限る。）又は第十三号に掲げる事項に係る変更を含むものに限る。）は、所轄庁の認証を受けなければ、その効力を生じない。

4　特定非営利活動法人は、前項の認証を受けようとするときは、都道府県又は指定都市の条例で定めるところにより、当該定款の変更を議決した社員総会の議事録の謄本及び変更後の定款を添付した申請書を、所轄庁に提出しなければならない。この場合において、当該定款の変更が第十一条第一項第三号又は第十一号に掲げる事項に係る変更を含むものであるときは、当該定款の変更の日の属する事業年度及び翌事業年度の事業計画書及び活動予算書を併せて添付しなければならない。

5　第十条第二項及び第三項並びに第十二条の規定は、第三項の認証について準用する。

6　特定非営利活動法人は、定款の変更（第

三項の規定により所轄庁の認証を受けなければならない事項に係るものを除く。）をしたときは、都道府県又は指定都市の条例で定めるところにより、遅滞なく、当該定款の変更を議決した社員総会の議事録の謄本及び変更後の定款を添えて、その旨を所轄庁に届け出なければならない。

7　特定非営利活動法人は、定款の変更に係る登記をしたときは、遅滞なく、当該登記をしたことを証する登記事項証明書を所轄庁に提出しなければならない。

第二十六条　所轄庁の変更を伴う定款の変更に係る前条第四項の申請書は、変更前の所轄庁を経由して変更後の所轄庁に提出するものとする。

2　前項の場合においては、前条第四項の添付書類のほか、第十条第一項第二号イ及び第四号に掲げる書類並びに直近の第二十八条第一項に規定する事業報告書等（設立後当該書類が作成されるまでの間は第十条第一項第七号の事業計画書、同項第八号の活動予算書及び第十四条の財産目録、合併後当該書類が作成されるまでの間は第三十四条第五項において準用する第十条第一項第七号の事業計画書、第三十四条第五項において準用する第十条第一項第八号の活動予算書及び第三十五条第一項の財産目録）を申請書に添付しなければならない。

3　第一項の場合において、当該定款の変更を認証したときは、所轄庁は、内閣府令で定めるところにより、遅滞なく、変更前の所轄庁から事務の引継ぎを受けなければならない。

（会計の原則）

第二十七条　特定非営利活動法人の会計は、この法律に定めるもののほか、次に掲げる原則に従って、行わなければならない。

一　削除

二　会計簿は、正規の簿記の原則に従って正しく記帳すること。

三　計算書類（活動計算書及び貸借対照表をいう。次条第一項において同じ。）及び財産目録は、会計簿に基づいて活動に係る事業の実績及び財政状態に関する真実な内容を明瞭に表示したものとすること。

四　採用する会計処理の基準及び手続については、毎事業年度継続して適用し、みだりにこれを変更しないこと。

（事業報告書等の備置き等及び閲覧）

第二十八条　特定非営利活動法人は、毎事業年度初めの三月以内に、都道府県又は指定都市の条例で定めるところにより、前事業年度の事業報告書、計算書類及び財産目録並びに年間役員名簿（前事業年度において役員であったことがある者全員の氏名及び住所又は居所並びにこれらの者についての前事業年度における報酬の有無を記載した名簿をいう。）並びに前事業年度の末日における社員のうち十人以上の者の氏名（法人にあっては、その名称及び代表者の氏名）及び住所又は居所を記載した書面（以下「事業報告書等」という。）を作成し、これらを、その作成の日から起算して五年が経過した日を含む事業年度の末日までの間、その事務所に備え置かなければならない。

2　特定非営利活動法人は、都道府県又は指定都市の条例で定めるところにより、役員名簿及び定款等（定款並びにその認証及び登記に関する書類の写しをいう。以下同じ。）を、その事務所に備え置かなければならない。

3　特定非営利活動法人は、その社員その他の利害関係人から次に掲げる書類の閲覧の請求があった場合には、正当な理由がある場合を除いて、これを閲覧させなければならない。

一　事業報告書等（設立後当該書類が作成されるまでの間は第十条第一項第七号の事業計画書、同項第八号の活動予算書及び第十四条の財産目録、合併後当該書類が作成されるまでの間は第三十四条第五項において準用する第十条第一項第七号の事業計画書、第三十四条第五項において準用する第十条第一項第八号の活動予算書及び第三十五条第一項の財産目録。第三十条及び第四十五条第一項第五号イにおいて同じ。）

二　役員名簿

三　定款等

（貸借対照表の公告）
第二十八条の二　特定非営利活動法人は、内閣府令で定めるところにより、前条第一項の規定による前事業年度の貸借対照表の作成後遅滞なく、次に掲げる方法のうち定款で定める方法によりこれを公告しなければならない。
一　官報に掲載する方法
二　時事に関する事項を掲載する日刊新聞紙に掲載する方法
三　電子公告（電磁的方法により不特定多数の者が公告すべき内容である情報の提供を受けることができる状態に置く措置であって内閣府令で定めるものをとる公告の方法をいう。以下この条において同じ。）
四　前三号に掲げるもののほか、不特定多数の者が公告すべき内容である情報を認識することができる状態に置く措置として内閣府令で定める方法
2　前項の規定にかかわらず、同項に規定する貸借対照表の公告の方法として同項第一号又は第二号に掲げる方法を定款で定める特定非営利活動法人は、当該貸借対照表の要旨を公告することで足りる。
3　特定非営利活動法人が第一項第三号に掲げる方法を同項に規定する貸借対照表の公告の方法とする旨を定款で定める場合には、事故その他やむを得ない事由によって電子公告による公告をすることができない場合の当該公告の方法として、同項第一号又は第二号に掲げる方法のいずれかを定めることができる。
4　特定非営利活動法人が第一項の規定により電子公告による公告をする場合には、前条第一項の規定による前事業年度の貸借対照表の作成の日から起算して五年が経過した日を含む事業年度の末日までの間、継続して当該公告をしなければならない。
5　前項の規定にかかわらず、同項の規定により電子公告による公告をしなければならない期間（第二号において「公告期間」という。）中公告の中断（不特定多数の者が提供を受けることができる状態に置かれた情報がその状態に置かれないこととなったこと又はその情報がその状態に置かれた後改変されたことをいう。以下この項において同じ。）が生じた場合において、次のいずれにも該当するときは、その公告の中断は、当該電子公告による公告の効力に影響を及ぼさない。
一　公告の中断が生ずることにつき特定非営利活動法人が善意でかつ重大な過失がないこと又は特定非営利活動法人に正当な事由があること。
二　公告の中断が生じた時間の合計が公告期間の十分の一を超えないこと。
三　特定非営利活動法人が公告の中断が生じたことを知った後速やかにその旨、公告の中断が生じた時間及び公告の中断の内容を当該電子公告による公告に付して公告したこと。

（事業報告書等の提出）
第二十九条　特定非営利活動法人は、都道府県又は指定都市の条例で定めるところにより、毎事業年度一回、事業報告書等を所轄庁に提出しなければならない。

（事業報告書等の公開）
第三十条　所轄庁は、特定非営利活動法人から提出を受けた事業報告書等（過去五年間に提出を受けたものに限る。）、役員名簿又は定款等について閲覧又は謄写の請求があったときは、都道府県又は指定都市の条例で定めるところにより、これを閲覧させ、又は謄写させなければならない。

第四節　解散及び合併

（解散事由）
第三十一条　特定非営利活動法人は、次に掲げる事由によって解散する。
一　社員総会の決議
二　定款で定めた解散事由の発生
三　目的とする特定非営利活動に係る事業の成功の不能
四　社員の欠亡
五　合併
六　破産手続開始の決定
七　第四十三条の規定による設立の認証の取消し
2　前項第三号に掲げる事由による解散は、

所轄庁の認定がなければ、その効力を生じない。

3　特定非営利活動法人は、前項の認定を受けようとするときは、第一項第三号に掲げる事由を証する書面を、所轄庁に提出しなければならない。

4　清算人は、第一項第一号、第二号、第四号又は第六号に掲げる事由によって解散した場合には、遅滞なくその旨を所轄庁に届け出なければならない。

（解散の決議）

第三十一条の二　特定非営利活動法人は、総社員の四分の三以上の賛成がなければ、解散の決議をすることができない。ただし、定款に別段の定めがあるときは、この限りでない。

（特定非営利活動法人についての破産手続の開始）

第三十一条の三　特定非営利活動法人がその債務につきその財産をもって完済することができなくなった場合には、裁判所は、理事若しくは債権者の申立てにより又は職権で、破産手続開始の決定をする。

2　前項に規定する場合には、理事は、直ちに破産手続開始の申立てをしなければならない。

（清算中の特定非営利活動法人の能力）

第三十一条の四　解散した特定非営利活動法人は、清算の目的の範囲内において、その清算の結了に至るまではなお存続するものとみなす。

（清算人）

第三十一条の五　特定非営利活動法人が解散したときは、破産手続開始の決定による解散の場合を除き、理事がその清算人となる。ただし、定款に別段の定めがあるとき、又は社員総会において理事以外の者を選任したときは、この限りでない。

（裁判所による清算人の選任）

第三十一条の六　前条の規定により清算人となる者がないとき、又は清算人が欠けたため損害を生ずるおそれがあるときは、裁判所は、利害関係人若しくは検察官の請求により又は職権で、清算人を選任することができる。

（清算人の解任）

第三十一条の七　重要な事由があるときは、裁判所は、利害関係人若しくは検察官の請求により又は職権で、清算人を解任することができる。

（清算人の届出）

第三十一条の八　清算中に就任した清算人は、その氏名及び住所を所轄庁に届け出なければならない。

（清算人の職務及び権限）

第三十一条の九　清算人の職務は、次のとおりとする。

一　現務の結了
二　債権の取立て及び債務の弁済
三　残余財産の引渡し

2　清算人は、前項各号に掲げる職務を行うために必要な一切の行為をすることができる。

（債権の申出の催告等）

第三十一条の十　清算人は、特定非営利活動法人が第三十一条第一項各号に掲げる事由によって解散した後、遅滞なく、公告をもって、債権者に対し、一定の期間内にその債権の申出をすべき旨の催告をしなければならない。この場合において、その期間は、二月を下ることができない。

2　前項の公告には、債権者がその期間内に申出をしないときは清算から除斥されるべき旨を付記しなければならない。ただし、清算人は、判明している債権者を除斥することができない。

3　清算人は、判明している債権者には、各別にその申出の催告をしなければならない。

4　第一項の公告は、官報に掲載してする。

（期間経過後の債権の申出）

第三十一条の十一　前条第一項の期間の経過後に申出をした債権者は、特定非営利活動法人の債務が完済された後まだ権利の帰属すべき者に引き渡されていない財産に対してのみ、請求をすることができる。

（清算中の特定非営利活動法人についての破産手続の開始）

第三十一条の十二　清算中に特定非営利活動法人の財産がその債務を完済するのに足り

社会福祉全般

ないことが明らかになったときは、清算人は、直ちに破産手続開始の申立てをし、その旨を公告しなければならない。

2　清算人は、清算中の特定非営利活動法人が破産手続開始の決定を受けた場合において、破産管財人にその事務を引き継いだときは、その任務を終了したものとする。

3　前項に規定する場合において、清算中の特定非営利活動法人が既に債権者に支払い、又は権利の帰属すべき者に引き渡したものがあるときは、破産管財人は、これを取り戻すことができる。

4　第一項の規定による公告は、官報に掲載してする。

（残余財産の帰属）

第三十二条　解散した特定非営利活動法人の残余財産は、合併及び破産手続開始の決定による解散の場合を除き、所轄庁に対する清算結了の届出の時において、定款で定めるところにより、その帰属すべき者に帰属する。

2　定款に残余財産の帰属すべき者に関する規定がないときは、清算人は、所轄庁の認証を得て、その財産を国又は地方公共団体に譲渡することができる。

3　前二項の規定により処分されない財産は、国庫に帰属する。

（裁判所による監督）

第三十二条の二　特定非営利活動法人の解散及び清算は、裁判所の監督に属する。

2　裁判所は、職権で、いつでも前項の監督に必要な検査をすることができる。

3　特定非営利活動法人の解散及び清算を監督する裁判所は、所轄庁に対し、意見を求め、又は調査を嘱託することができる。

4　所轄庁は、前項に規定する裁判所に対し、意見を述べることができる。

（清算結了の届出）

第三十二条の三　清算が結了したときは、清算人は、その旨を所轄庁に届け出なければならない。

（解散及び清算の監督等に関する事件の管轄）

第三十二条の四　特定非営利活動法人の解散及び清算の監督並びに清算人に関する事件は、その主たる事務所の所在地を管轄する地方裁判所の管轄に属する。

（不服申立ての制限）

第三十二条の五　清算人の選任の裁判に対しては、不服を申し立てることができない。

（裁判所の選任する清算人の報酬）

第三十二条の六　裁判所は、第三十一条の六の規定により清算人を選任した場合には、特定非営利活動法人が当該清算人に対して支払う報酬の額を定めることができる。この場合においては、裁判所は、当該清算人及び監事の陳述を聴かなければならない。

第三十二条の七　削除

（検査役の選任）

第三十二条の八　裁判所は、特定非営利活動法人の解散及び清算の監督に必要な調査をさせるため、検査役を選任することができる。

2　第三十二条の五及び第三十二条の六の規定は、前項の規定により裁判所が検査役を選任した場合について準用する。この場合において、同条中「清算人及び監事」とあるのは、「特定非営利活動法人及び検査役」と読み替えるものとする。

（合併）

第三十三条　特定非営利活動法人は、他の特定非営利活動法人と合併することができる。

（合併手続）

第三十四条　特定非営利活動法人が合併するには、社員総会の議決を経なければならない。

2　前項の議決は、社員総数の四分の三以上の多数をもってしなければならない。ただし、定款に特別の定めがあるときは、この限りでない。

3　合併は、所轄庁の認証を受けなければ、その効力を生じない。

4　特定非営利活動法人は、前項の認証を受けようとするときは、第一項の議決をした社員総会の議事録の謄本を添付した申請書を、所轄庁に提出しなければならない。

5　第十条及び第十二条の規定は、第三項の認証について準用する。

第三十五条　特定非営利活動法人は、前条第

三項の認証があったときは、その認証の通知のあった日から二週間以内に、貸借対照表及び財産目録を作成し、次項の規定により債権者が異議を述べることができる期間が満了するまでの間、これをその事務所に備え置かなければならない。

2　特定非営利活動法人は、前条第三項の認証があったときは、その認証の通知のあった日から二週間以内に、その債権者に対し、合併に異議があれば一定の期間内に述べるべきことを公告し、かつ、判明している債権者に対しては、各別にこれを催告しなければならない。この場合において、その期間は、二月を下回ってはならない。

第三十六条　債権者が前条第二項の期間内に異議を述べなかったときは、合併を承認したものとみなす。

2　債権者が異議を述べたときは、特定非営利活動法人は、これに弁済し、若しくは相当の担保を供し、又はその債権者に弁済を受けさせることを目的として信託会社若しくは信託業務を営む金融機関に相当の財産を信託しなければならない。ただし、合併をしてもその債権者を害するおそれがないときは、この限りでない。

第三十七条　合併により特定非営利活動法人を設立する場合においては、定款の作成その他特定非営利活動法人の設立に関する事務は、それぞれの特定非営利活動法人において選任した者が共同して行わなければならない。

（合併の効果）

第三十八条　合併後存続する特定非営利活動法人又は合併によって設立した特定非営利活動法人は、合併によって消滅した特定非営利活動法人の一切の権利義務（当該特定非営利活動法人がその行う事業に関し行政庁の認可その他の処分に基づいて有する権利義務を含む。）を承継する。

（合併の時期等）

第三十九条　特定非営利活動法人の合併は、合併後存続する特定非営利活動法人又は合併によって設立する特定非営利活動法人の主たる事務所の所在地において登記をすることによって、その効力を生ずる。

2　第十三条第二項及び第十四条の規定は前項の登記をした場合について、第十三条第三項の規定は前項の登記をしない場合について、それぞれ準用する。

第四十条　削除

第五節　監督

（報告及び検査）

第四十一条　所轄庁は、特定非営利活動法人（認定特定非営利活動法人及び特例認定特定非営利活動法人を除く。以下この項及び次項において同じ。）が法令、法令に基づいてする行政庁の処分又は定款に違反する疑いがあると認められる相当な理由があるときは、当該特定非営利活動法人に対し、その業務若しくは財産の状況に関し報告をさせ、又はその職員に、当該特定非営利活動法人の事務所その他の施設に立ち入り、その業務若しくは財産の状況若しくは帳簿、書類その他の物件を検査させることができる。

2　所轄庁は、前項の規定による検査をさせる場合においては、当該検査をする職員に、同項の相当の理由を記載した書面を、あらかじめ、当該特定非営利活動法人の役員その他の当該検査の対象となっている事務所その他の施設の管理について権限を有する者（以下この項において「特定非営利活動法人の役員等」という。）に提示させなければならない。この場合において、当該特定非営利活動法人の役員等が当該書面の交付を要求したときは、これを交付させなければならない。

3　第一項の規定による検査をする職員は、その身分を示す証明書を携帯し、関係人にこれを提示しなければならない。

4　第一項の規定による検査の権限は、犯罪捜査のために認められたものと解してはならない。

（改善命令）

第四十二条　所轄庁は、特定非営利活動法人が第十二条第一項第二号、第三号又は第四号に規定する要件を欠くに至ったと認めるときその他法令、法令に基づいてする行政庁の処分若しくは定款に違反し、又はその

社会福祉全般

運営が著しく適正を欠くと認めるときは、当該特定非営利活動法人に対し、期限を定めて、その改善のために必要な措置を採るべきことを命ずることができる。

（設立の認証の取消し）

第四十三条　所轄庁は、特定非営利活動法人が、前条の規定による命令に違反した場合であって他の方法により監督の目的を達することができないとき又は三年以上にわたって第二十九条の規定による事業報告書等の提出を行わないときは、当該特定非営利活動法人の設立の認証を取り消すことができる。

2　所轄庁は、特定非営利活動法人が法令に違反した場合において、前条の規定による命令によってはその改善を期待することができないことが明らかであり、かつ、他の方法により監督の目的を達することができないときは、同条の規定による命令を経ないでも、当該特定非営利活動法人の設立の認証を取り消すことができる。

3　前二項の規定による設立の認証の取消しに係る聴聞の期日における審理は、当該特定非営利活動法人から請求があったときは、公開により行うよう努めなければならない。

4　所轄庁は、前項の規定による請求があった場合において、聴聞の期日における審理を公開により行わないときは、当該特定非営利活動法人に対し、当該公開により行わない理由を記載した書面を交付しなければならない。

（意見聴取）

第四十三条の二　所轄庁は、特定非営利活動法人について第十二条第一項第三号に規定する要件を欠いている疑い又はその役員について第二十条第四号に該当する疑いがあると認めるときは、その理由を付して、警視総監又は道府県警察本部長の意見を聴くことができる。

（所轄庁への意見）

第四十三条の三　警視総監又は道府県警察本部長は、特定非営利活動法人について第十二条第一項第三号に規定する要件を欠いていると疑うに足りる相当な理由又はその役員について第二十条第四号に該当すると疑うに足りる相当な理由があるため、所轄庁が当該特定非営利活動法人に対して適当な措置を採ることが必要であると認めるときは、所轄庁に対し、その旨の意見を述べることができる。

第三章　認定特定非営利活動法人及び特例認定特定非営利活動法人

第一節　認定特定非営利活動法人

（認定）

第四十四条　特定非営利活動法人のうち、その運営組織及び事業活動が適正であって公益の増進に資するものは、所轄庁の認定を受けることができる。

2　前項の認定を受けようとする特定非営利活動法人は、都道府県又は指定都市の条例で定めるところにより、次に掲げる書類を添付した申請書を所轄庁に提出しなければならない。ただし、次条第一項第一号ハに掲げる基準に適合する特定非営利活動法人が申請をする場合には、第一号に掲げる書類を添付することを要しない。

一　実績判定期間内の日を含む各事業年度（その期間が一年を超える場合は、当該期間をその初日以後一年ごとに区分した期間（最後に一年未満の期間を生じたときは、その一年未満の期間）。以下同じ。）の寄附者名簿（各事業年度に当該申請に係る特定非営利活動法人が受け入れた寄附金の支払者ごとに当該支払者の氏名（法人にあっては、その名称）及び住所並びにその寄附金の額及び受け入れた年月日を記載した書類をいう。以下同じ。）

二　次条第一項各号に掲げる基準に適合する旨を説明する書類（前号に掲げる書類を除く。）及び第四十七条各号のいずれにも該当しない旨を説明する書類

三　寄附金を充当する予定の具体的な事業の内容を記載した書類

3　前項第一号の「実績判定期間」とは、第一項の認定を受けようとする特定非営利活動法人の直前に終了した事業年度の末日以前五年（同項の認定を受けたことのない特定非営利活動法人が同項の認定を受けよう

とする場合にあっては、二年）内に終了した各事業年度のうち最も早い事業年度の初日から当該末日までの期間をいう。

（認定の基準）

第四十五条　所轄庁は、前条第一項の認定の申請をした特定非営利活動法人が次の各号に掲げる基準に適合すると認めるときは、同項の認定をするものとする。

一　広く市民からの支援を受けているかどうかを判断するための基準として次に掲げる基準のいずれかに適合すること。

イ　実績判定期間（前条第三項に規定する実績判定期間をいう。以下同じ。）における経常収入金額（(1)に掲げる金額をいう。）のうちに寄附金等収入金額（(2)に掲げる金額（内閣府令で定める要件を満たす特定非営利活動法人にあっては、(2)及び(3)に掲げる金額の合計額）をいう。）の占める割合が政令で定める割合以上であること。

(1)　総収入金額から国等（国、地方公共団体、法人税法（昭和四十年法律第三十四号）別表第一に掲げる独立行政法人、地方独立行政法人、国立大学法人、大学共同利用機関法人及び我が国が加盟している国際機関をいう。以下この(1)において同じ。）からの補助金その他国等が反対給付を受けないで交付するもの（次項において「国の補助金等」という。）、臨時的な収入その他の内閣府令で定めるものの額を控除した金額

(2)　受け入れた寄附金の額の総額（第四号ニにおいて「受入寄附金総額」という。）から一者当たり基準限度超過額（同一の者からの寄附金の額のうち内閣府令で定める金額を超える部分の金額をいう。）その他の内閣府令で定める寄附金の額の合計額を控除した金額

(3)　社員から受け入れた会費の額の合計額から当該合計額に次号に規定する内閣府令で定める割合を乗じて計算した金額を控除した金額のうち(2)に掲げる金額に達するまでの金額

ロ　実績判定期間内の日を含む各事業年度における判定基準寄附者（当該事業年度における同一の者からの寄附金（寄附者の氏名（法人にあっては、その名称）その他の内閣府令で定める事項が明らかな寄附金に限る。以下このロにおいて同じ。）の額の総額（当該同一の者が個人である場合には、当該事業年度におけるその者と生計を一にする者からの寄附金の額を加算した金額）が政令で定める額以上である場合の当該同一の者をいい、当該申請に係る特定非営利活動法人の役員である者及び当該役員と生計を一にする者を除く。以下同じ。）の数（当該事業年度において個人である判定基準寄附者と生計を一にする他の判定基準寄附者がいる場合には、当該判定基準寄附者と当該他の判定基準寄附者を一人とみなした数）の合計数に十二を乗じてこれを当該実績判定期間の月数で除して得た数が政令で定める数以上であること。

ハ　前条第二項の申請書を提出した日の前日において、地方税法（昭和二十五年法律第二百二十六号）第三十七条の二第一項第四号（同法第一条第二項の規定により都について準用する場合を含む。）に掲げる寄附金又は同法第三百十四条の七第一項第四号（同法第一条第二項の規定により特別区について準用する場合を含む。）に掲げる寄附金を受け入れる特定非営利活動法人としてこれらの寄附金を定める条例で定められているもの（その条例を制定した道府県（都を含む。）又は市町村（特別区を含む。）の区域内に事務所を有するものに限る。）であること。

二　実績判定期間における事業活動のうちに次に掲げる活動の占める割合として内閣府令で定める割合が百分の五十未満であること。

イ　会員又はこれに類するものとして内閣府令で定める者（当該申請に係る特定非営利活動法人の運営又は業務の執

行に関係しない者で内閣府令で定めるものを除く。以下この号において「会員等」という。）に対する資産の譲渡若しくは貸付け又は役務の提供（以下「資産の譲渡等」という。）、会員等相互の交流、連絡又は意見交換その他その対象が会員等である活動（資産の譲渡等のうち対価を得ないで行われるものその他内閣府令で定めるものを除く。）

ロ　その便益の及ぶ者が次に掲げる者その他特定の範囲の者（前号ハに掲げる基準に適合する場合にあっては、(4)に掲げる者を除く。）である活動（会員等を対象とする活動で内閣府令で定めるもの及び会員等に対する資産の譲渡等を除く。）

(1)　会員等

(2)　特定の団体の構成員

(3)　特定の職域に属する者

(4)　特定の地域として内閣府令で定める地域に居住し又は事務所その他これに準ずるものを有する者

ハ　特定の著作物又は特定の者に関する普及啓発、広告宣伝、調査研究、情報提供その他の活動

ニ　特定の者に対し、その者の意に反した作為又は不作為を求める活動

三　その運営組織及び経理に関し、次に掲げる基準に適合していること。

イ　各役員について、次に掲げる者の数の役員の総数のうちに占める割合が、それぞれ三分の一以下であること。

(1)　当該役員並びに当該役員の配偶者及び三親等以内の親族並びに当該役員と内閣府令で定める特殊の関係のある者

(2)　特定の法人（当該法人との間に発行済株式又は出資（その有する自己の株式又は出資を除く。）の総数又は総額の百分の五十以上の株式又は出資の数又は金額を直接又は間接に保有する関係その他の内閣府令で定める関係のある法人を含む。）の役員又は使用人である者並びにこれらの者の配偶者及び三親等以内の親族並びにこれらの者と内閣府令で定める特殊の関係のある者

ロ　各社員の表決権が平等であること。

ハ　その会計について公認会計士若しくは監査法人の監査を受けていること又は内閣府令で定めるところにより帳簿及び書類を備え付けてこれらにその取引を記録し、かつ、当該帳簿及び書類を保存していること。

ニ　その支出した金銭でその費途が明らかでないものがあることその他の不適正な経理として内閣府令で定める経理が行われていないこと。

四　その事業活動に関し、次に掲げる基準に適合していること。

イ　次に掲げる活動を行っていないこと。

(1)　宗教の教義を広め、儀式行事を行い、及び信者を教化育成すること。

(2)　政治上の主義を推進し、支持し、又はこれに反対すること。

(3)　特定の公職の候補者若しくは公職にある者又は政党を推薦し、支持し、又はこれらに反対すること。

ロ　その役員、社員、職員若しくは寄附者若しくはこれらの者の配偶者若しくは三親等以内の親族又はこれらの者と内閣府令で定める特殊の関係のある者に対し特別の利益を与えないことその他の特定の者と特別の関係がないものとして内閣府令で定める基準に適合していること。

ハ　実績判定期間における事業費の総額のうちに特定非営利活動に係る事業費の額の占める割合又はこれに準ずるものとして内閣府令で定める割合が百分の八十以上であること。

ニ　実績判定期間における受入寄附金総額の百分の七十以上を特定非営利活動に係る事業費に充てていること。

五　次に掲げる書類について閲覧の請求があった場合には、正当な理由がある場合を除いて、これをその事務所において閲覧させること。

イ　事業報告書等、役員名簿及び定款等
ロ　前条第二項第二号及び第三号に掲げる書類並びに第五十四条第二項第二号から第四号までに掲げる書類及び同条第三項の書類
六　各事業年度において、事業報告書等を第二十九条の規定により所轄庁に提出していること。
七　法令又は法令に基づいてする行政庁の処分に違反する事実、偽りその他不正の行為により利益を得、又は得ようとした事実その他公益に反する事実がないこと。
八　前条第二項の申請書を提出した日を含む事業年度の初日において、その設立の日以後一年を超える期間が経過していること。
九　実績判定期間において、第三号、第四号イ及びロ並びに第五号から第七号までに掲げる基準（当該実績判定期間中に、前条第一項の認定又は第五十八条第一項の特例認定を受けていない期間が含まれる場合には、当該期間については第五号ロに掲げる基準を除く。）に適合していること。

2　前項の規定にかかわらず、前条第一項の認定の申請をした特定非営利活動法人の実績判定期間に国の補助金等がある場合及び政令で定める小規模な特定非営利活動法人が同項の認定の申請をした場合における前項第一号イに規定する割合の計算については、政令で定める方法によることができる。

（合併特定非営利活動法人に関する適用）
第四十六条　前二条に定めるもののほか、第四十四条第一項の認定を受けようとする特定非営利活動法人が合併後存続した特定非営利活動法人又は合併によって設立した特定非営利活動法人で同条第二項の申請書を提出しようとする事業年度の初日においてその合併又は設立の日以後一年を超える期間が経過していないものである場合における前二条の規定の適用に関し必要な事項は、政令で定める。

（欠格事由）
第四十七条　第四十五条の規定にかかわらず、次のいずれかに該当する特定非営利活動法人は、第四十四条第一項の認定を受けることができない。
一　その役員のうちに、次のいずれかに該当する者があるもの
イ　認定特定非営利活動法人が第六十七条第一項若しくは第二項の規定により第四十四条第一項の認定を取り消された場合又は特例認定特定非営利活動法人が第六十七条第三項において準用する同条第一項若しくは第二項の規定により第五十八条第一項の特例認定を取り消された場合において、その取消しの原因となった事実があった日以前一年内に当該認定特定非営利活動法人又は当該特例認定特定非営利活動法人のその業務を行う理事であった者でその取消しの日から五年を経過しないもの
ロ　禁錮以上の刑に処せられ、その執行を終わった日又はその執行を受けることがなくなった日から五年を経過しない者
ハ　この法律若しくは暴力団員による不当な行為の防止等に関する法律の規定に違反したことにより、若しくは刑法第二百四条、第二百六条、第二百八条、第二百八条の二、第二百二十二条若しくは第二百四十七条の罪若しくは暴力行為等処罰に関する法律の罪を犯したことにより、又は国税若しくは地方税に関する法律中偽りその他不正の行為により国税若しくは地方税を免れ、納付せず、若しくはこれらの税の還付を受け、若しくはこれらの違反行為をしようとすることに関する罪を定めた規定に違反したことにより、罰金の刑に処せられ、その執行を終わった日又はその執行を受けることがなくなった日から五年を経過しない者
ニ　暴力団の構成員等
二　第六十七条第一項若しくは第二項の規定により第四十四条第一項の認定を取り消され、又は第六十七条第三項において準用する同条第一項若しくは第二項の規定により第五十八条第一項の特例認定を

社会福祉全般

取り消され、その取消しの日から五年を経過しないもの

三　その定款又は事業計画書の内容が法令又は法令に基づいてする行政庁の処分に違反しているもの

四　国税又は地方税の滞納処分の執行がされているもの又は当該滞納処分の終了の日から三年を経過しないもの

五　国税に係る重加算税又は地方税に係る重加算金を課された日から三年を経過しないもの

六　次のいずれかに該当するもの

イ　暴力団

ロ　暴力団又は暴力団の構成員等の統制の下にあるもの

（**認定に関する意見聴取**）

第四十八条　所轄庁は、第四十四条第一項の認定をしようとするときは、次の各号に掲げる事由の区分に応じ、当該事由の有無について、当該各号に定める者の意見を聴くことができる。

一　前条第一号ニ及び第六号に規定する事由　警視総監又は道府県警察本部長

二　前条第四号及び第五号に規定する事由　国税庁長官、関係都道府県知事又は関係市町村長（以下「国税庁長官等」という。）

（**認定の通知等**）

第四十九条　所轄庁は、第四十四条第一項の認定をしたときはその旨を、同項の認定をしないことを決定したときはその旨及びその理由を、当該申請をした特定非営利活動法人に対し、速やかに、書面により通知しなければならない。

2　所轄庁は、第四十四条第一項の認定をしたときは、インターネットの利用その他の適切な方法により、当該認定に係る認定特定非営利活動法人に係る次に掲げる事項を公示しなければならない。

一　名称

二　代表者の氏名

三　主たる事務所及びその他の事務所の所在地

四　当該認定の有効期間

五　前各号に掲げるもののほか、都道府県又は指定都市の条例で定める事項

3　所轄庁は、特定非営利活動法人で二以上の都道府県の区域内に事務所を設置するものについて第四十四条第一項の認定をしたときは、当該認定に係る認定特定非営利活動法人の名称その他の内閣府令で定める事項を、その主たる事務所が所在する都道府県以外の都道府県でその事務所が所在する都道府県の知事（以下「所轄庁以外の関係知事」という。）に対し通知しなければならない。

4　認定特定非営利活動法人で二以上の都道府県の区域内に事務所を設置するものは、第一項の規定による認定の通知を受けたときは、内閣府令で定めるところにより、遅滞なく、次に掲げる書類を所轄庁以外の関係知事に提出しなければならない。

一　直近の事業報告書等（合併後当該書類が作成されるまでの間は、第三十四条第五項において準用する第十条第一項第七号の事業計画書、第三十四条第五項において準用する第十条第一項第八号の活動予算書及び第三十五条第一項の財産目録。第五十二条第四項において同じ。）、役員名簿及び定款等

二　第四十四条第二項の規定により所轄庁に提出した同項各号に掲げる添付書類の写し

三　認定に関する書類の写し

（**名称等の使用制限**）

第五十条　認定特定非営利活動法人でない者は、その名称又は商号中に、認定特定非営利活動法人であると誤認されるおそれのある文字を用いてはならない。

2　何人も、不正の目的をもって、他の認定特定非営利活動法人であると誤認されるおそれのある名称又は商号を使用してはならない。

（**認定の有効期間及びその更新**）

第五十一条　第四十四条第一項の認定の有効期間（次項の有効期間の更新がされた場合にあっては、当該更新された有効期間。以下この条及び第五十七条第一項第一号において同じ。）は、当該認定の日（次項の有効期間の更新がされた場合にあっては、従

前の認定の有効期間の満了の日の翌日。第五十四条第一項において同じ。）から起算して五年とする。

2　前項の有効期間の満了後引き続き認定特定非営利活動法人として特定非営利活動を行おうとする認定特定非営利活動法人は、その有効期間の更新を受けなければならない。

3　前項の有効期間の更新を受けようとする認定特定非営利活動法人は、第一項の有効期間の満了の日の六月前から三月前までの間（以下この項において「更新申請期間」という。）に、所轄庁に有効期間の更新の申請をしなければならない。ただし、災害その他やむを得ない事由により更新申請期間にその申請をすることができないときは、この限りでない。

4　前項の申請があった場合において、第一項の有効期間の満了の日までにその申請に対する処分がされないときは、従前の認定は、同項の有効期間の満了後もその処分がされるまでの間は、なお効力を有する。

5　第四十四条第二項（第一号に係る部分を除く。）及び第三項、第四十五条第一項（第三号ロ、第六号、第八号及び第九号に係る部分を除く。）及び第二項、第四十六条から第四十八条まで並びに第四十九条第一項、第二項及び第四項（第一号に係る部分を除く。）の規定は、第二項の有効期間の更新について準用する。ただし、第四十四条第二項第二号及び第三号に掲げる書類については、既に所轄庁に提出されている当該書類の内容に変更がないときは、その添付を省略することができる。

（役員の変更等の届出、定款の変更の届出等及び事業報告書等の提出に係る特例並びにこれらの書類の閲覧）

第五十二条　認定特定非営利活動法人についての第二十三条、第二十五条第六項及び第七項並びに第二十九条の規定の適用については、これらの規定中「所轄庁に」とあるのは、「所轄庁（二以上の都道府県の区域内に事務所を設置する認定特定非営利活動法人にあっては、所轄庁及び所轄庁以外の関係知事）に」とする。

2　二以上の都道府県の区域内に事務所を設置する認定特定非営利活動法人は、第二十五条第三項の定款の変更の認証を受けたときは、都道府県又は指定都市の条例で定めるところにより、遅滞なく、当該定款の変更を議決した社員総会の議事録の謄本及び変更後の定款を所轄庁以外の関係知事に提出しなければならない。

3　第二十六条第一項の場合においては、認定特定非営利活動法人は、同条第二項に掲げる添付書類のほか、内閣府令で定めるところにより、寄附者名簿その他の内閣府令で定める書類を申請書に添付しなければならない。

4　認定特定非営利活動法人は、事業報告書等、役員名簿又は定款等の閲覧の請求があった場合には、正当な理由がある場合を除いて、これをその事務所において閲覧させなければならない。

（代表者の氏名の変更の届出等並びに事務所の新設及び廃止に関する通知等）

第五十三条　認定特定非営利活動法人は、代表者の氏名に変更があったときは、遅滞なく、その旨を所轄庁に届け出なければならない。

2　所轄庁は、認定特定非営利活動法人について、第四十九条第二項各号（第二号及び第四号を除く。）に掲げる事項に係る定款の変更についての第二十五条第三項の認証をしたとき若しくは同条第六項の届出を受けたとき、前項の届出を受けたとき又は第四十九条第二項第五号に掲げる事項に変更があったときは、インターネットの利用その他の適切な方法により、その旨を公示しなければならない。

3　所轄庁は、認定特定非営利活動法人の事務所が所在する都道府県以外の都道府県の区域内に新たに事務所を設置する旨又はその主たる事務所が所在する都道府県以外の都道府県の区域内の全ての事務所を廃止する旨の定款の変更についての第二十五条第三項の認証をしたとき又は同条第六項の届出を受けたときは、その旨を当該都道府県の知事に通知しなければならない。

4　認定特定非営利活動法人は、その事務所が所在する都道府県以外の都道府県の区域内に新たに事務所を設置したときは、内閣府令で定めるところにより、遅滞なく、第四十九条第四項各号に掲げる書類を、当該都道府県の知事に提出しなければならない。

（**認定申請の添付書類及び役員報酬規程等の備置き等及び閲覧**）

第五十四条　認定特定非営利活動法人は、第四十四条第一項の認定を受けたときは、同条第二項第二号及び第三号に掲げる書類を、都道府県又は指定都市の条例で定めるところにより、同条第一項の認定の日から起算して五年間、その事務所に備え置かなければならない。

2　認定特定非営利活動法人は、毎事業年度初めの三月以内に、都道府県又は指定都市の条例で定めるところにより、次に掲げる書類を作成し、第一号に掲げる書類についてはその作成の日から起算して五年間、第二号から第四号までに掲げる書類についてはその作成の日から起算して五年が経過した日を含む事業年度の末日までの間、その事務所に備え置かなければならない。

一　前事業年度の寄附者名簿

二　前事業年度の役員報酬又は職員給与の支給に関する規程

三　前事業年度の収益の明細その他の資金に関する事項、資産の譲渡等に関する事項、寄附金に関する事項その他の内閣府令で定める事項を記載した書類

四　前三号に掲げるもののほか、内閣府令で定める書類

3　認定特定非営利活動法人は、助成金の支給を行ったときは、都道府県又は指定都市の条例で定めるところにより、遅滞なく、その助成の実績を記載した書類を作成し、その作成の日から起算して五年が経過した日を含む事業年度の末日までの間、これをその事務所に備え置かなければならない。

4　認定特定非営利活動法人は、第四十四条第二項第二号若しくは第三号に掲げる書類又は第二項第二号から第四号までに掲げる書類若しくは前項の書類の閲覧の請求があった場合には、正当な理由がある場合を除いて、これをその事務所において閲覧させなければならない。

（**役員報酬規程等の提出**）

第五十五条　認定特定非営利活動法人は、都道府県又は指定都市の条例で定めるところにより、毎事業年度一回、前条第二項第二号から第四号までに掲げる書類を所轄庁（二以上の都道府県の区域内に事務所を設置する認定特定非営利活動法人にあっては、所轄庁及び所轄庁以外の関係知事。次項において同じ。）に提出しなければならない。

2　認定特定非営利活動法人は、助成金の支給を行ったときは、都道府県又は指定都市の条例で定めるところにより、前条第三項の書類を所轄庁に提出しなければならない。

（**役員報酬規程等の公開**）

第五十六条　所轄庁は、認定特定非営利活動法人から提出を受けた第四十四条第二項第二号若しくは第三号に掲げる書類又は第五十四条第二項第二号から第四号までに掲げる書類若しくは同条第三項の書類（過去五年間に提出を受けたものに限る。）について閲覧又は謄写の請求があったときは、都道府県又は指定都市の条例で定めるところにより、これを閲覧させ、又は謄写させなければならない。

（**認定の失効**）

第五十七条　認定特定非営利活動法人について、次のいずれかに掲げる事由が生じたときは、第四十四条第一項の認定は、その効力を失う。

一　第四十四条第一項の認定の有効期間が経過したとき（第五十一条第四項に規定する場合にあっては、更新拒否処分がされたとき。）。

二　認定特定非営利活動法人が認定特定非営利活動法人でない特定非営利活動法人と合併をした場合において、その合併が第六十三条第一項の認定を経ずにその効力を生じたとき（同条第四項に規定する場合にあっては、その合併の不認定処分がされたとき。）。

三　認定特定非営利活動法人が解散したと

き。

2　所轄庁は、前項の規定により第四十四条第一項の認定がその効力を失ったときは、インターネットの利用その他の適切な方法により、その旨を公示しなければならない。

3　所轄庁は、認定特定非営利活動法人で二以上の都道府県の区域内に事務所を設置するものについて第一項の規定により第四十四条第一項の認定がその効力を失ったときは、その旨を所轄庁以外の関係知事に対し通知しなければならない。

第二節　特例認定特定非営利活動法人

（特例認定）

第五十八条　特定非営利活動法人であって新たに設立されたもののうち、その運営組織及び事業活動が適正であって特定非営利活動の健全な発展の基盤を有し公益の増進に資すると見込まれるものは、所轄庁の特例認定を受けることができる。

2　第四十四条第二項（第一号に係る部分を除く。）及び第三項の規定は、前項の特例認定を受けようとする特定非営利活動法人について準用する。この場合において、同条第三項中「五年（同項の認定を受けたことのない特定非営利活動法人が同項の認定を受けようとする場合にあっては、二年）」とあるのは、「二年」と読み替えるものとする。

（特例認定の基準）

第五十九条　所轄庁は、前条第一項の特例認定の申請をした特定非営利活動法人が次の各号に掲げる基準に適合すると認めるときは、同項の特例認定をするものとする。

一　第四十五条第一項第二号から第九号までに掲げる基準に適合すること。

二　前条第二項において準用する第四十四条第二項の申請書を提出した日の前日において、その設立の日（当該特定非営利活動法人が合併後存続した特定非営利活動法人である場合にあっては当該特定非営利活動法人又はその合併によって消滅した各特定非営利活動法人の設立の日のうち最も早い日、当該特定非営利活動法人が合併によって設立した特定非営利活動法人である場合にあってはその合併によって消滅した各特定非営利活動法人の設立の日のうち最も早い日）から五年を経過しない特定非営利活動法人であること。

三　第四十四条第一項の認定又は前条第一項の特例認定を受けたことがないこと。

（特例認定の有効期間）

第六十条　第五十八条第一項の特例認定の有効期間は、当該特例認定の日から起算して三年とする。

（特例認定の失効）

第六十一条　特例認定特定非営利活動法人について、次のいずれかに掲げる事由が生じたときは、第五十八条第一項の特例認定は、その効力を失う。

一　第五十八条第一項の特例認定の有効期間が経過したとき。

二　特例認定特定非営利活動法人が特例認定特定非営利活動法人でない特定非営利活動法人と合併をした場合において、その合併が第六十三条第一項又は第二項の認定を経ずにその効力を生じたとき（同条第四項に規定する場合にあっては、その合併の不認定処分がされたとき。）。

三　特例認定特定非営利活動法人が解散したとき。

四　特例認定特定非営利活動法人が第四十四条第一項の認定を受けたとき。

（認定特定非営利活動法人に関する規定の準用）

第六十二条　第四十六条から第五十条まで、第五十二条から第五十六条まで並びに第五十七条第二項及び第三項の規定は、特例認定特定非営利活動法人について準用する。この場合において、第五十四条第一項中「五年間」とあるのは「三年間」と、同条第二項中「五年間」とあるのは「三年間」と、「その作成の日から起算して五年が経過した日を含む事業年度」とあるのは「翌々事業年度」と、同条第三項中「五年が経過した日を含む事業年度の末日」とあるのは「第六十条の有効期間の満了の日」と、第五十六条中「五年間」とあるのは「三年間」と読

社会福祉全般

み替えるものとする。

第三節　認定特定非営利活動法人等の合併

第六十三条　認定特定非営利活動法人が認定特定非営利活動法人でない特定非営利活動法人と合併をした場合は、合併後存続する特定非営利活動法人又は合併によって設立した特定非営利活動法人は、その合併について所轄庁の認定がされたときに限り、合併によって消滅した特定非営利活動法人のこの法律の規定による認定特定非営利活動法人としての地位を承継する。

2　特例認定特定非営利活動法人が特例認定特定非営利活動法人でない特定非営利活動法人（認定特定非営利活動法人であるものを除く。）と合併をした場合は、合併後存続する特定非営利活動法人又は合併によって設立した特定非営利活動法人は、その合併について所轄庁の認定がされたときに限り、合併によって消滅した特定非営利活動法人のこの法律の規定による特例認定特定非営利活動法人としての地位を承継する。

3　第一項の認定を受けようとする認定特定非営利活動法人又は前項の認定を受けようとする特例認定特定非営利活動法人は、第三十四条第三項の認証の申請に併せて、所轄庁に第一項の認定又は前項の認定の申請をしなければならない。

4　前項の申請があった場合において、その合併がその効力を生ずる日までにその申請に対する処分がされないときは、合併後存続する特定非営利活動法人又は合併によって設立した特定非営利活動法人は、その処分がされるまでの間は、合併によって消滅した特定非営利活動法人のこの法律の規定による認定特定非営利活動法人又は特例認定特定非営利活動法人としての地位を承継しているものとみなす。

5　第四十四条第二項及び第三項、第四十五条、第四十七条から第四十九条まで並びに第五十四条第一項の規定は第一項の認定について、第五十八条第二項において準用する第四十四条第二項及び第三項、第五十九条並びに前条において準用する第四十七条から第四十九条まで及び第五十四条第一項の規定は第二項の認定について、それぞれ準用する。この場合において、必要な技術的読替えその他これらの規定の適用に関し必要な事項は、政令で定める。

第四節　認定特定非営利活動法人等の監督

（報告及び検査）

第六十四条　所轄庁は、認定特定非営利活動法人又は特例認定特定非営利活動法人（以下「認定特定非営利活動法人等」という。）が法令、法令に基づいてする行政庁の処分若しくは定款に違反し、又はその運営が著しく適正を欠いている疑いがあると認めるときは、当該認定特定非営利活動法人等に対し、その業務若しくは財産の状況に関し報告をさせ、又はその職員に、当該認定特定非営利活動法人等の事務所その他の施設に立ち入り、その業務若しくは財産の状況若しくは帳簿、書類その他の物件を検査させることができる。

2　所轄庁以外の関係知事は、認定特定非営利活動法人等が法令、法令に基づいてする行政庁の処分若しくは定款に違反し、又はその運営が著しく適正を欠いている疑いがあると認めるときは、当該認定特定非営利活動法人等に対し、当該都道府県の区域内における業務若しくは財産の状況に関し報告をさせ、又はその職員に、当該都道府県の区域内に所在する当該認定特定非営利活動法人等の事務所その他の施設に立ち入り、その業務若しくは財産の状況若しくは帳簿、書類その他の物件を検査させることができる。

3　所轄庁又は所轄庁以外の関係知事は、前二項の規定による検査をさせる場合においては、当該検査をする職員に、これらの項の疑いがあると認める理由を記載した書面を、あらかじめ、当該認定特定非営利活動法人等の役員その他の当該検査の対象となっている事務所その他の施設の管理について権限を有する者（第五項において「認定特定非営利活動法人等の役員等」という。）に提示させなければならない。

4　前項の規定にかかわらず、所轄庁又は所轄庁以外の関係知事が第一項又は第二項の規定による検査の適正な遂行に支障を及ぼすおそれがあると認める場合には、前項の規定による書面の提示を要しない。

5　前項の場合において、所轄庁又は所轄庁以外の関係知事は、第一項又は第二項の規定による検査を終了するまでの間に、当該検査をする職員に、これらの項の疑いがあると認める理由を記載した書面を、認定特定非営利活動法人等の役員等に提示させるものとする。

6　第三項又は前項の規定は、第一項又は第二項の規定による検査をする職員が、当該検査により第三項又は前項の規定により理由として提示した事項以外の事項について第一項又は第二項の疑いがあると認められることとなった場合において、当該事項に関し検査を行うことを妨げるものではない。この場合において、第三項又は前項の規定は、当該事項に関する検査については適用しない。

7　第四十一条第三項及び第四項の規定は、第一項又は第二項の規定による検査について準用する。

（勧告、命令等）

第六十五条　所轄庁は、認定特定非営利活動法人等について、第六十七条第二項各号（同条第三項において準用する場合を含む。次項において同じ。）のいずれかに該当すると疑うに足りる相当な理由がある場合には、当該認定特定非営利活動法人等に対し、期限を定めて、その改善のために必要な措置を採るべき旨の勧告をすることができる。

2　所轄庁以外の関係知事は、認定特定非営利活動法人等について、第六十七条第二項各号（第一号にあっては、第四十五条第一項第三号に係る部分を除く。）のいずれかに該当すると疑うに足りる相当な理由がある場合には、当該認定特定非営利活動法人等に対し、期限を定めて、当該都道府県の区域内における事業活動について、その改善のために必要な措置を採るべき旨の勧告をすることができる。

3　所轄庁又は所轄庁以外の関係知事は、前二項の規定による勧告をしたときは、インターネットの利用その他の適切な方法により、その勧告の内容を公表しなければならない。

4　所轄庁又は所轄庁以外の関係知事は、第一項又は第二項の規定による勧告を受けた認定特定非営利活動法人等が、正当な理由がなく、その勧告に係る措置を採らなかったときは、当該認定特定非営利活動法人等に対し、その勧告に係る措置を採るべきことを命ずることができる。

5　第一項及び第二項の規定による勧告並びに前項の規定による命令は、書面により行うよう努めなければならない。

6　所轄庁又は所轄庁以外の関係知事は、第四項の規定による命令をしたときは、インターネットの利用その他の適切な方法により、その旨を公示しなければならない。

7　所轄庁又は所轄庁以外の関係知事は、第一項若しくは第二項の規定による勧告又は第四項の規定による命令をしようとするときは、次の各号に掲げる事由の区分に応じ、当該事由の有無について、当該各号に定める者の意見を聴くことができる。

一　第四十七条第一号ニ又は第六号に規定する事由　警視総監又は道府県警察本部長

二　第四十七条第四号又は第五号に規定する事由　国税庁長官等

（その他の事業の停止）

第六十六条　所轄庁は、その他の事業を行う認定特定非営利活動法人につき、第五条第一項の規定に違反してその他の事業から生じた利益が当該認定特定非営利活動法人が行う特定非営利活動に係る事業以外の目的に使用されたと認めるときは、当該認定特定非営利活動法人に対し、その他の事業の停止を命ずることができる。

2　前条第五項及び第六項の規定は、前項の規定による命令について準用する。

（認定又は特例認定の取消し）

第六十七条　所轄庁は、認定特定非営利活動法人が次のいずれかに該当するときは、第四十四条第一項の認定を取り消さなければならない。
一　第四十七条各号（第二号を除く。）のいずれかに該当するとき。
二　偽りその他不正の手段により第四十四条第一項の認定、第五十一条第二項の有効期間の更新又は第六十三条第一項の認定を受けたとき。
三　正当な理由がなく、第六十五条第四項又は前条第一項の規定による命令に従わないとき。
四　認定特定非営利活動法人から第四十四条第一項の認定の取消しの申請があったとき。
2　所轄庁は、認定特定非営利活動法人が次のいずれかに該当するときは、第四十四条第一項の認定を取り消すことができる。
一　第四十五条第一項第三号、第四号イ若しくはロ又は第七号に掲げる基準に適合しなくなったとき。
二　第二十九条、第五十二条第四項又は第五十四条第四項の規定を遵守していないとき。
三　前二号に掲げるもののほか、法令又は法令に基づいてする行政庁の処分に違反したとき。
3　前二項の規定は、第五十八条第一項の特例認定について準用する。この場合において、第一項第二号中「、第五十一条第二項の有効期間の更新又は第六十三条第一項の認定」とあるのは、「又は第六十三条第二項の認定」と読み替えるものとする。
4　第四十三条第三項及び第四項、第四十九条第一項から第三項まで並びに第六十五条第七項の規定は、第一項又は第二項の規定による認定の取消し（第六十九条において「認定の取消し」という。）及び前項において準用する第一項又は第二項の規定による特例認定の取消し（同条において「特例認定の取消し」という。）について準用する。

（所轄庁への意見等）

第六十八条　所轄庁以外の関係知事は、認定特定非営利活動法人等が第六十五条第四項の規定による命令に従わなかった場合その他の場合であって、所轄庁が当該認定特定非営利活動法人等に対して適当な措置を採ることが必要であると認めるときは、所轄庁に対し、その旨の意見を述べることができる。
2　次の各号に掲げる者は、認定特定非営利活動法人等についてそれぞれ当該各号に定める事由があると疑うに足りる相当な理由があるため、所轄庁が当該認定特定非営利活動法人等に対して適当な措置を採ることが必要であると認める場合には、所轄庁に対し、その旨の意見を述べることができる。
一　警視総監又は道府県警察本部長　第四十七条第一号ニ又は第六号に該当する事由
二　国税庁長官等　第四十七条第四号又は第五号に該当する事由
3　所轄庁は、この章に規定する認定特定非営利活動法人等に関する事務の実施に関して特に必要があると認めるときは、所轄庁以外の関係知事に対し、当該所轄庁以外の関係知事が採るべき措置について、必要な要請をすることができる。

（所轄庁への指示）

第六十九条　内閣総理大臣は、この章に規定する認定特定非営利活動法人等に関する事務の実施に関して地域間の均衡を図るため特に必要があると認めるときは、所轄庁に対し、第六十五条第一項の規定による勧告、同条第四項の規定による命令、第六十六条第一項の規定による命令又は認定の取消し若しくは特例認定の取消しその他の措置を採るべきことを指示することができる。

第四章　税法上の特例

第七十条　特定非営利活動法人は、法人税法その他法人税に関する法令の規定の適用については、同法第二条第六号に規定する公益法人等とみなす。この場合において、同法第三十七条の規定を適用する場合には同条第四項中「公益法人等（」とあるのは「公益法人等（特定非営利活動促進法（平成十年法律第七号）第二条第二項に規定する法人（以下「特定非営利活動法人」という。）並びに」と、同法第六十六条の規定を適用する場合には同条第一項及び第二項中「普通法人」とあるのは「普通法人（特定非営利活動法人を含む。）」と、同条第三項中「公益法人等（」とあるのは「公益法人等（特定非営利活動法人及び」と、租税特別措置法（昭和三十二年法律第二十六号）第六十八条の六の規定を適用する場合には同条中「みなされているもの」とあるのは「みなされているもの（特定非営利活動促進法第二条第二項に規定する法人については、小規模な法人として政令で定めるものに限る。）」とする。

2　特定非営利活動法人は、消費税法（昭和六十三年法律第百八号）その他消費税に関する法令の規定の適用については、同法別表第三に掲げる法人とみなす。

3　特定非営利活動法人は、地価税法（平成三年法律第六十九号）その他地価税に関する法令の規定（同法第三十三条の規定を除く。）の適用については、同法第二条第六号に規定する公益法人等とみなす。ただし、同法第六条の規定による地価税の非課税に関する法令の規定の適用については、同法第二条第七号に規定する人格のない社団等とみなす。

第七十一条　個人又は法人が、認定特定非営利活動法人等に対し、その行う特定非営利活動に係る事業に関連する寄附又は贈与をしたときは、租税特別措置法で定めるところにより、当該個人又は法人に対する所得税、法人税又は相続税の課税について寄附金控除等の特例の適用があるものとする。

第五章　雑則

（**情報の提供等**）

第七十二条　内閣総理大臣及び所轄庁は、特定非営利活動法人に対する寄附その他の特定非営利活動への市民の参画を促進するため、認定特定非営利活動法人等その他の特定非営利活動法人の事業報告書その他の活動の状況に関するデータベースの整備を図り、国民にインターネットその他の高度情報通信ネットワークの利用を通じて迅速に情報を提供できるよう必要な措置を講ずるものとする。

2　所轄庁及び特定非営利活動法人は、特定非営利活動法人の事業報告書その他の活動の状況に関する情報を前項の規定により内閣総理大臣が整備するデータベースに記録することにより、当該情報の積極的な公表に努めるものとする。

（**協力依頼**）

第七十三条　所轄庁は、この法律の施行のため必要があると認めるときは、官庁、公共団体その他の者に照会し、又は協力を求めることができる。

（**情報通信技術を活用した行政の推進等に関する法律の適用**）

第七十四条　第十条第一項（第三十四条第五項において準用する場合を含む。）の規定による提出及び第十条第二項（第二十五条第五項及び第三十四条第五項において準用する場合を含む。）の規定による縦覧、第十二条第三項（第二十五条第五項及び第三十四条第五項において準用する場合を含む。）の規定による通知、第十三条第二項（第三十九条第二項において準用する場合を含む。）の規定による届出、第二十三条第一項の規定による届出、第二十五条第四項の規定による提出、同条第六項の規定による届出及び同条第七項の規定による提出、第二十九条の規定による提出、第三十条の規定による閲覧、第三十一条第三項の規定による提出、第三十四条第四項の規定による提出、第四十三条第四項（第六十七条第四項において準用する場合を含む。）の規定による交付、第四十四条第二項（第五十一条第五項、第五十八条第二項（第六十三条第五項において準用する場合を含む。）及び第六十三条第五項において準用する場合を含む。）の規定による提出、第四十九条第一項（第五十一条第五項、第六十二条（第六十三条第五項において準用する場合を含む。）、第六十三条第五項及び第六十七条第四項において準用する場合を含む。）の規定による通知及び第四十九条第四項（第五十一条第五項、第六十二条（第六十三条第五項において準用する場合を含む。）及び第六十三条第五項において準用する場合を含む。）の規定による提出、第五十二条第二項（第六十二条において準用する場合を含む。）の規定による提出、第五十三条第四項（第六十二条において準用する場合を含む。）の規定による提出、第五十五条第一項及び第二項（これらの規定を第六十二条において準用する場合を含む。）の規定による提出並びに第五十六条（第六十二条において準用する場合を含む。）の規定による閲覧について情報通信技術を活用した行政の推進等に関する法律（平成十四年法律第百五十一号）の規定を適用する場合においては、同法第六条第一項及び第四項から第六項まで、第七条第一項、第四項及び第五項、第八条第一項並びに第九条第一項及び第三項中「主務省令」とあるのは、「都道府県又は指定都市の条例」とする。

（民間事業者等が行う書面の保存等における情報通信の技術の利用に関する法律の適用）

第七十五条　第十四条（第三十九条第二項において準用する場合を含む。）の規定による作成及び備置き、第二十八条第一項の規定による作成及び備置き、同条第二項の規定による備置き並びに同条第三項の規定による閲覧、第三十五条第一項の規定による作成及び備置き、第四十五条第一項第五号（第五十一条第五項及び第六十三条第五項において準用する場合を含む。）の規定による閲覧、第五十二条第四項（第六十二条において準用する場合を含む。）の規定による閲覧、第五十四条第一項（第六十二条（第六十三条第五項において準用する場合を含む。）及び第六十三条第五項において準用する場合を含む。）の規定による備置き、第五十四条第二項及び第三項（これらの規定を第六十二条において準用する場合を含む。）の規定による作成及び備置き並びに第五十四条第四項（第六十二条において準用する場合を含む。）の規定による閲覧について民間事業者等が行う書面の保存等における情報通信の技術の利用に関する法律（平成十六年法律第百四十九号）の規定を適用する場合においては、同法中「主務省令」とあるのは、「都道府県又は指定都市の条例」とし、同法第九条の規定は、適用しない。

（実施規定）

第七十六条　この法律に定めるもののほか、この法律の規定の実施のための手続その他その執行に関し必要な細則は、内閣府令又は都道府県若しくは指定都市の条例で定める。

第六章　罰則

第七十七条　偽りその他不正の手段により第四十四条第一項の認定、第五十一条第二項の有効期間の更新、第五十八条第一項の特例認定又は第六十三条第一項若しくは第二項の認定を受けた者は、六月以下の懲役又は五十万円以下の罰金に処する。

第七十八条　次の各号のいずれかに該当する者は、五十万円以下の罰金に処する。

一　正当な理由がないのに、第四十二条の規定による命令に違反して当該命令に係る措置を採らなかった者

二　第五十条第一項の規定に違反して、認定特定非営利活動法人であると誤認されるおそれのある文字をその名称又は商号中に用いた者

三　第五十条第二項の規定に違反して、他の認定特定非営利活動法人であると誤認されるおそれのある名称又は商号を使用した者

四　第六十二条において準用する第五十条第一項の規定に違反して、特例認定特定非営利活動法人であると誤認されるおそれのある文字をその名称又は商号中に用いた者

五　第六十二条において準用する第五十条第二項の規定に違反して、他の特例認定特定非営利活動法人であると誤認されるおそれのある名称又は商号を使用した者

六　正当な理由がないのに、第六十五条第四項の規定による命令に違反して当該命令に係る措置を採らなかった者

七　正当な理由がないのに、第六十六条第一項の規定による停止命令に違反して引き続きその他の事業を行った者

第七十九条　法人（法人でない団体で代表者又は管理人の定めのあるものを含む。以下この項において同じ。）の代表者若しくは管理人又は法人若しくは人の代理人、使用

人その他の従業者が、その法人又は人の業務に関して前二条の違反行為をしたときは、行為者を罰するほか、その法人又は人に対しても、各本条の罰金刑を科する。

2　法人でない団体について前項の規定の適用がある場合には、その代表者又は管理人が、その訴訟行為につき法人でない団体を代表するほか、法人を被告人又は被疑者とする場合の刑事訴訟に関する法律の規定を準用する。

第八十条　次の各号のいずれかに該当する場合においては、特定非営利活動法人の理事、監事又は清算人は、二十万円以下の過料に処する。

一　第七条第一項の規定による政令に違反して、登記することを怠ったとき。

二　第十四条（第三十九条第二項において準用する場合を含む。）の規定に違反して、財産目録を備え置かず、又はこれに記載すべき事項を記載せず、若しくは不実の記載をしたとき。

三　第二十三条第一項若しくは第二十五条第六項（これらの規定を第五十二条第一項（第六十二条において準用する場合を含む。）の規定により読み替えて適用する場合を含む。）又は第五十三条第一項（第六十二条において準用する場合を含む。）の規定に違反して、届出をせず、又は虚偽の届出をしたとき。

四　第二十八条第一項若しくは第二項、第五十四条第一項（第六十二条（第六十三条第五項において準用する場合を含む。）及び第六十三条第五項において準用する場合を含む。）又は第五十四条第二項及び第三項（これらの規定を第六十二条において準用する場合を含む。）の規定に違反して、書類を備え置かず、又はこれに記載すべき事項を記載せず、若しくは不実の記載をしたとき。

五　第二十五条第七項若しくは第二十九条（これらの規定を第五十二条第一項（第六十二条において準用する場合を含む。）の規定により読み替えて適用する場合を含む。）、第四十九条第四項（第五十一条第五項、第六十二条（第六十三条第五項において準用する場合を含む。）及び第六十三条第五項において準用する場合を含む。）又は第五十二条第二項、第五十三条第四項若しくは第五十五条第一項若しくは第二項（これらの規定を第六十二条において準用する場合を含む。）の規定に違反して、書類の提出を怠ったとき。

六　第三十一条の三第二項又は第三十一条の十二第一項の規定に違反して、破産手続開始の申立てをしなかったとき。

七　第二十八条の二第一項、第三十一条の十第一項又は第三十一条の十二第一項の規定に違反して、公告をせず、又は不正の公告をしたとき。

八　第三十五条第一項の規定に違反して、書類の作成をせず、又はこれに記載すべき事項を記載せず、若しくは不実の記載をしたとき。

九　第三十五条第二項又は第三十六条第二項の規定に違反したとき。

十　第四十一条第一項又は第六十四条第一項若しくは第二項の規定による報告をせず、若しくは虚偽の報告をし、又はこれらの項の規定による検査を拒み、妨げ、若しくは忌避したとき。

第八十一条　第四条の規定に違反した者は、十万円以下の過料に処する。

附　則（抄）

（施行期日）

1　この法律は、公布の日（平成十年三月二十五日）から起算して一年を超えない範囲内において政令で定める日（平成十年十二月一日）から施行する。

別表（第二条関係）

一　保健、医療又は福祉の増進を図る活動
二　社会教育の推進を図る活動
三　まちづくりの推進を図る活動
四　観光の振興を図る活動
五　農山漁村又は中山間地域の振興を図る活動
六　学術、文化、芸術又はスポーツの振興を図る活動
七　環境の保全を図る活動

八　災害救援活動
九　地域安全活動
十　人権の擁護又は平和の推進を図る活動
十一　国際協力の活動
十二　男女共同参画社会の形成の促進を図る活動
十三　子どもの健全育成を図る活動
十四　情報化社会の発展を図る活動
十五　科学技術の振興を図る活動
十六　経済活動の活性化を図る活動
十七　職業能力の開発又は雇用機会の拡充を支援する活動
十八　消費者の保護を図る活動
十九　前各号に掲げる活動を行う団体の運営又は活動に関する連絡、助言又は援助の活動
二十　前各号に掲げる活動に準ずる活動として都道府県又は指定都市の条例で定める活動

社会福祉士及び介護福祉士法

（昭和六二・五・二六 法律三〇）

最新改正　令和元法律三七

第一章　総則

（目的）

第一条　この法律は、社会福祉士及び介護福祉士の資格を定めて、その業務の適正を図り、もつて社会福祉の増進に寄与することを目的とする。

（定義）

第二条　この法律において「社会福祉士」とは、第二十八条の登録を受け、社会福祉士の名称を用いて、専門的知識及び技術をもつて、身体上若しくは精神上の障害があること又は環境上の理由により日常生活を営むのに支障がある者の福祉に関する相談に応じ、助言、指導、福祉サービスを提供する者又は医師その他の保健医療サービスを提供する者その他の関係者（第四十七条において「福祉サービス関係者等」という。）との連絡及び調整その他の援助を行うこと（第七条及び第四十七条の二において「相談援助」という。）を業とする者をいう。

2　この法律において「介護福祉士」とは、第四十二条第一項の登録を受け、介護福祉士の名称を用いて、専門的知識及び技術をもつて、身体上又は精神上の障害があることにより日常生活を営むのに支障がある者につき心身の状況に応じた介護（喀痰吸引その他のその者が日常生活を営むのに必要な行為であつて、医師の指示の下に行われるもの（厚生労働省令で定めるものに限る。以下「喀痰吸引等」という。）を含む。）を行い、並びにその者及びその介護者に対して介護に関する指導を行うこと（以下「介護等」という。）を業とする者をいう。

（欠格事由）

第三条　次の各号のいずれかに該当する者は、社会福祉士又は介護福祉士となることができない。

一　心身の故障により社会福祉士又は介護福祉士の業務を適正に行うことができない者として厚生労働省令で定めるもの
二　禁錮以上の刑に処せられ、その執行を終わり、又は執行を受けることがなくなつた日から起算して二年を経過しない者
三　この法律の規定その他社会福祉又は保健医療に関する法律の規定であつて政令で定めるものにより、罰金の刑に処せられ、その執行を終わり、又は執行を受けることがなくなつた日から起算して二年を経過しない者
四　第三十二条第一項第二号又は第二項（これらの規定を第四十二条第二項において準用する場合を含む。）の規定により登録を取り消され、その取消しの日か

ら起算して二年を経過しない者

第二章　社会福祉士

（社会福祉士の資格）
第四条　社会福祉士試験に合格した者は、社会福祉士となる資格を有する。

（社会福祉士試験）
第五条　社会福祉士試験は、社会福祉士として必要な知識及び技能について行う。

（社会福祉士試験の実施）
第六条　社会福祉士試験は、毎年一回以上、厚生労働大臣が行う。

（受験資格）
第七条　社会福祉士試験は、次の各号のいずれかに該当する者でなければ、受けることができない。

一　学校教育法（昭和二十二年法律第二十六号）に基づく大学（短期大学を除く。以下この条において同じ。）において文部科学省令・厚生労働省令で定める社会福祉に関する科目（以下この条において「指定科目」という。）を修めて卒業した者その他その者に準ずるものとして厚生労働省令で定める者

二　学校教育法に基づく大学において文部科学省令・厚生労働省令で定める社会福祉に関する基礎科目（以下この条において「基礎科目」という。）を修めて卒業した者その他その者に準ずるものとして厚生労働省令で定める者であつて、文部科学大臣及び厚生労働大臣の指定した学校又は都道府県知事の指定した養成施設（以下「社会福祉士短期養成施設等」という。）において六月以上社会福祉士として必要な知識及び技能を修得したもの

三　学校教育法に基づく大学を卒業した者その他その者に準ずるものとして厚生労働省令で定める者であつて、文部科学大臣及び厚生労働大臣の指定した学校又は都道府県知事の指定した養成施設（以下「社会福祉士一般養成施設等」という。）において一年以上社会福祉士として必要な知識及び技能を修得したもの

四　学校教育法に基づく短期大学（修業年限が三年であるものに限り、同法に基づく専門職大学の三年の前期課程を含む。次号及び第六号において同じ。）において指定科目を修めて卒業した者（同法に基づく専門職大学の前期課程にあつては、修了した者。以下この条において同じ。）（夜間において授業を行う学科又は通信による教育を行う学科を卒業した者を除く。）その他その者に準ずるものとして厚生労働省令で定める者であつて、厚生労働省令で定める施設（以下この条において「指定施設」という。）において一年以上相談援助の業務に従事したもの

五　学校教育法に基づく短期大学において基礎科目を修めて卒業した者（夜間において授業を行う学科又は通信による教育を行う学科を卒業した者を除く。）その他その者に準ずるものとして厚生労働省令で定める者であつて、指定施設において一年以上相談援助の業務に従事した後、社会福祉士短期養成施設等において六月以上社会福祉士として必要な知識及び技能を修得したもの

六　学校教育法に基づく短期大学を卒業した者（夜間において授業を行う学科又は通信による教育を行う学科を卒業した者を除く。）その他その者に準ずるものとして厚生労働省令で定める者であつて、指定施設において一年以上相談援助の業務に従事した後、社会福祉士一般養成施設等において一年以上社会福祉士として必要な知識及び技能を修得したもの

七　学校教育法に基づく短期大学（同法に基づく専門職大学の前期課程を含む。次号及び第十号において同じ。）において指定科目を修めて卒業した者その他その者に準ずるものとして厚生労働省令で定める者であつて、指定施設において二年以上相談援助の業務に従事したもの

八　学校教育法に基づく短期大学において基礎科目を修めて卒業した者その他その者に準ずるものとして厚生労働省令で定める者であつて、指定施設において二年以上相談援助の業務に従事した後、社会福祉士短期養成施設等において六月以上

社会福祉士として必要な知識及び技能を修得したもの

九　社会福祉法（昭和二十六年法律第四十五号）第十九条第一項第二号に規定する養成機関の課程を修了した者であつて、指定施設において二年以上相談援助の業務に従事した後、社会福祉士短期養成施設等において六月以上社会福祉士として必要な知識及び技能を修得したもの

十　学校教育法に基づく短期大学又は高等専門学校を卒業した者その他その者に準ずるものとして厚生労働省令で定める者であつて、指定施設において二年以上相談援助の業務に従事した後、社会福祉士一般養成施設等において一年以上社会福祉士として必要な知識及び技能を修得したもの

十一　指定施設において四年以上相談援助の業務に従事した後、社会福祉士一般養成施設等において一年以上社会福祉士として必要な知識及び技能を修得した者

十二　児童福祉法（昭和二十二年法律第百六十四号）に定める児童福祉司、身体障害者福祉法（昭和二十四年法律第二百八十三号）に定める身体障害者福祉司、社会福祉法に定める福祉に関する事務所に置かれる同法第十五条第一項第一号に規定する所員、知的障害者福祉法（昭和三十五年法律第三十七号）に定める知的障害者福祉司並びに老人福祉法（昭和三十八年法律第百三十三号）第六条及び第七条に規定する社会福祉主事であつた期間が四年以上となつた後、社会福祉士短期養成施設等において六月以上社会福祉士として必要な知識及び技能を修得した者

（社会福祉士試験の無効等）

第八条　厚生労働大臣は、社会福祉士試験に関して不正の行為があつた場合には、その不正行為に関係のある者に対しては、その受験を停止させ、又はその試験を無効とすることができる。

2　厚生労働大臣は、前項の規定による処分を受けた者に対し、期間を定めて社会福祉士試験を受けることができないものとすることができる。

（受験手数料）

第九条　社会福祉士試験を受けようとする者は、実費を勘案して政令で定める額の受験手数料を国に納付しなければならない。

2　前項の受験手数料は、これを納付した者が社会福祉士試験を受けない場合においても、返還しない。

（指定試験機関の指定）

第十条　厚生労働大臣は、厚生労働省令で定めるところにより、その指定する者（以下この章において「指定試験機関」という。）に、社会福祉士試験の実施に関する事務（以下この章において「試験事務」という。）を行わせることができる。

2　指定試験機関の指定は、厚生労働省令で定めるところにより、試験事務を行おうとする者の申請により行う。

3　厚生労働大臣は、他に指定を受けた者がなく、かつ、前項の申請が次の要件を満たしていると認めるときでなければ、指定試験機関の指定をしてはならない。

一　職員、設備、試験事務の実施の方法その他の事項についての試験事務の実施に関する計画が、試験事務の適正かつ確実な実施のために適切なものであること。

二　前号の試験事務の実施に関する計画の適正かつ確実な実施に必要な経理的及び技術的な基礎を有するものであること。

4　厚生労働大臣は、第二項の申請が次のいずれかに該当するときは、指定試験機関の指定をしてはならない。

一　申請者が、一般社団法人又は一般財団法人以外の者であること。

二　申請者が、その行う試験事務以外の業務により試験事務を公正に実施することができないおそれがあること。

三　申請者が、第二十二条の規定により指定を取り消され、その取消しの日から起算して二年を経過しない者であること。

四　申請者の役員のうちに、次のいずれかに該当する者があること。

イ　この法律に違反して、刑に処せられ、その執行を終わり、又は執行を受けることがなくなつた日から起算して二年を経過しない者

ロ　次条第二項の規定による命令により解任され、その解任の日から起算して二年を経過しない者

（指定試験機関の役員の選任及び解任）

第十一条　指定試験機関の役員の選任及び解任は、厚生労働大臣の認可を受けなければ、その効力を生じない。

2　厚生労働大臣は、指定試験機関の役員が、この法律（この法律に基づく命令又は処分を含む。）若しくは第十三条第一項に規定する試験事務規程に違反する行為をしたとき、又は試験事務に関し著しく不適当な行為をしたときは、指定試験機関に対し、当該役員の解任を命ずることができる。

（事業計画の認可等）

第十二条　指定試験機関は、毎事業年度、事業計画及び収支予算を作成し、当該事業年度の開始前に（指定を受けた日の属する事業年度にあつては、その指定を受けた後遅滞なく）、厚生労働大臣の認可を受けなければならない。これを変更しようとするときも、同様とする。

2　指定試験機関は、毎事業年度の経過後三月以内に、その事業年度の事業報告書及び収支決算書を作成し、厚生労働大臣に提出しなければならない。

（試験事務規程）

第十三条　指定試験機関は、試験事務の開始前に、試験事務の実施に関する規程（以下この章において「試験事務規程」という。）を定め、厚生労働大臣の認可を受けなければならない。これを変更しようとするときも、同様とする。

2　試験事務規程で定めるべき事項は、厚生労働省令で定める。

3　厚生労働大臣は、第一項の認可をした試験事務規程が試験事務の適正かつ確実な実施上不適当となつたと認めるときは、指定試験機関に対し、これを変更すべきことを命ずることができる。

（社会福祉士試験委員）

第十四条　指定試験機関は、試験事務を行う場合において、社会福祉士として必要な知識及び技能を有するかどうかの判定に関する事務については、社会福祉士試験委員（以下この章において「試験委員」という。）に行わせなければならない。

2　指定試験機関は、試験委員を選任しようとするときは、厚生労働省令で定める要件を備える者のうちから選任しなければならない。

3　指定試験機関は、試験委員を選任したときは、厚生労働省令で定めるところにより、厚生労働大臣にその旨を届け出なければならない。試験委員に変更があつたときも、同様とする。

4　第十一条第二項の規定は、試験委員の解任について準用する。

（規定の適用等）

第十五条　指定試験機関が試験事務を行う場合における第八条第一項及び第九条第一項の規定の適用については、第八条第一項中「厚生労働大臣」とあり、及び第九条第一項中「国」とあるのは、「指定試験機関」とする。

2　前項の規定により読み替えて適用する第九条第一項の規定により指定試験機関に納められた受験手数料は、指定試験機関の収入とする。

（秘密保持義務等）

第十六条　指定試験機関の役員若しくは職員（試験委員を含む。次項において同じ。）又はこれらの職にあつた者は、試験事務に関して知り得た秘密を漏らしてはならない。

2　試験事務に従事する指定試験機関の役員又は職員は、刑法（明治四十年法律第四十五号）その他の罰則の適用については、法令により公務に従事する職員とみなす。

（帳簿の備付け等）

第十七条　指定試験機関は、厚生労働省令で定めるところにより、試験事務に関する事項で厚生労働省令で定めるものを記載した帳簿を備え、これを保存しなければならない。

（監督命令）

第十八条　厚生労働大臣は、この法律を施行するため必要があると認めるときは、指定試験機関に対し、試験事務に関し監督上必要な命令をすることができる。

（報告）

第十九条　厚生労働大臣は、この法律を施行するため必要があると認めるときは、その必要な限度で、厚生労働省令で定めるところにより、指定試験機関に対し、報告をさせることができる。

（**立入検査**）

第二十条　厚生労働大臣は、この法律を施行するため必要があると認めるときは、その必要な限度で、その職員に、指定試験機関の事務所に立ち入り、指定試験機関の帳簿、書類その他必要な物件を検査させ、又は関係者に質問させることができる。

2　前項の規定により立入検査を行う職員は、その身分を示す証明書を携帯し、かつ、関係者の請求があるときは、これを提示しなければならない。

3　第一項に規定する権限は、犯罪捜査のために認められたものと解釈してはならない。

（**試験事務の休廃止**）

第二十一条　指定試験機関は、厚生労働大臣の許可を受けなければ、試験事務の全部又は一部を休止し、又は廃止してはならない。

（**指定の取消し等**）

第二十二条　厚生労働大臣は、指定試験機関が第十条第四項各号（第三号を除く。）のいずれかに該当するに至つたときは、その指定を取り消さなければならない。

2　厚生労働大臣は、指定試験機関が次の各号のいずれかに該当するに至つたときは、その指定を取り消し、又は期間を定めて試験事務の全部若しくは一部の停止を命ずることができる。

一　第十条第三項各号の要件を満たさなくなつたと認められるとき。

二　第十一条第二項（第十四条第四項において準用する場合を含む。）、第十三条第三項又は第十八条の規定による命令に違反したとき。

三　第十二条、第十四条第一項から第三項まで又は前条の規定に違反したとき。

四　第十三条第一項の認可を受けた試験事務規程によらないで試験事務を行つたとき。

五　次条第一項の条件に違反したとき。

（**指定等の条件**）

第二十三条　第十条第一項、第十一条第一項、第十二条第一項、第十三条第一項又は第二十一条の規定による指定、認可又は許可には、条件を付し、及びこれを変更することができる。

2　前項の条件は、当該指定、認可又は許可に係る事項の確実な実施を図るため必要な最小限度のものに限り、かつ、当該指定、認可又は許可を受ける者に不当な義務を課することとなるものであつてはならない。

第二十四条　削除

（**指定試験機関がした処分等に係る審査請求**）

第二十五条　指定試験機関が行う試験事務に係る処分又はその不作為について不服がある者は、厚生労働大臣に対し、審査請求をすることができる。この場合において、厚生労働大臣は、行政不服審査法（平成二十六年法律第六十八号）第二十五条第二項及び第三項、第四十六条第一項及び第二項、第四十七条並びに第四十九条第三項の規定の適用については、指定試験機関の上級行政庁とみなす。

（**厚生労働大臣による試験事務の実施等**）

第二十六条　厚生労働大臣は、指定試験機関の指定をしたときは、試験事務を行わないものとする。

2　厚生労働大臣は、指定試験機関が第二十一条の規定による許可を受けて試験事務の全部若しくは一部を休止したとき、第二十二条第二項の規定により指定試験機関に対し試験事務の全部若しくは一部の停止を命じたとき、又は指定試験機関が天災その他の事由により試験事務の全部若しくは一部を実施することが困難となつた場合において必要があると認めるときは、試験事務の全部又は一部を自ら行うものとする。

（**公示**）

第二十七条　厚生労働大臣は、次の場合には、その旨を官報に公示しなければならない。

一　第十条第一項の規定による指定をしたとき。

二　第二十一条の規定による許可をしたとき。

三　第二十二条の規定により指定を取り消し、又は試験事務の全部若しくは一部の停止を命じたとき。
四　前条第二項の規定により試験事務の全部若しくは一部を自ら行うこととするとき、又は自ら行つていた試験事務の全部若しくは一部を行わないこととするとき。

（登録）
第二十八条　社会福祉士となる資格を有する者が社会福祉士となるには、社会福祉士登録簿に、氏名、生年月日その他厚生労働省令で定める事項の登録を受けなければならない。

（社会福祉士登録簿）
第二十九条　社会福祉士登録簿は、厚生労働省に備える。

（社会福祉士登録証）
第三十条　厚生労働大臣は、社会福祉士の登録をしたときは、申請者に第二十八条に規定する事項を記載した社会福祉士登録証（以下この章において「登録証」という。）を交付する。

（登録事項の変更の届出等）
第三十一条　社会福祉士は、登録を受けた事項に変更があつたときは、遅滞なく、その旨を厚生労働大臣に届け出なければならない。
2　社会福祉士は、前項の規定による届出をするときは、当該届出に登録証を添えて提出し、その訂正を受けなければならない。

（登録の取消し等）
第三十二条　厚生労働大臣は、社会福祉士が次の各号のいずれかに該当する場合には、その登録を取り消さなければならない。
一　第三条各号（第四号を除く。）のいずれかに該当するに至つた場合
二　虚偽又は不正の事実に基づいて登録を受けた場合
2　厚生労働大臣は、社会福祉士が第四十五条及び第四十六条の規定に違反したときは、その登録を取り消し、又は期間を定めて社会福祉士の名称の使用の停止を命ずることができる。

（登録の消除）
第三十三条　厚生労働大臣は、社会福祉士の登録がその効力を失つたときは、その登録を消除しなければならない。

（変更登録等の手数料）
第三十四条　登録証の記載事項の変更を受けようとする者及び登録証の再交付を受けようとする者は、実費を勘案して政令で定める額の手数料を国に納付しなければならない。

（指定登録機関の指定等）
第三十五条　厚生労働大臣は、厚生労働省令で定めるところにより、その指定する者（以下この章において「指定登録機関」という。）に社会福祉士の登録の実施に関する事務（以下この章において「登録事務」という。）を行わせることができる。
2　指定登録機関の指定は、厚生労働省令で定めるところにより、登録事務を行おうとする者の申請により行う。
第三十六条　指定登録機関が登録事務を行う場合における第二十九条、第三十条、第三十一条第一項、第三十三条及び第三十四条の規定の適用については、これらの規定中「厚生労働省」とあり、「厚生労働大臣」とあり、及び「国」とあるのは、「指定登録機関」とする。
2　指定登録機関が登録を行う場合において、社会福祉士の登録を受けようとする者は、実費を勘案して政令で定める額の手数料を指定登録機関に納付しなければならない。
3　第一項の規定により読み替えて適用する第三十四条及び前項の規定により指定登録機関に納められた手数料は、指定登録機関の収入とする。

（準用）
第三十七条　第十条第三項及び第四項、第十一条から第十三条まで、第十六条から第二十三条まで並びに第二十五条から第二十七条までの規定は、指定登録機関について準用する。この場合において、これらの規定中「試験事務」とあるのは「登録事務」と、「試験事務規程」とあるのは「登録事務規程」と、第十条第三項中「前項」とあり、及び同条第四項各号列記以外の部分中「第二項」

とあるのは「第三十五条第二項」と、第十六条第一項中「職員（試験委員を含む。次項において同じ。）」とあるのは「職員」と、第二十二条第二項第二号中「第十一条第二項（第十四条第四項において準用する場合を含む。）」とあるのは「第十一条第二項」と、同項第三号中「、第十四条第一項から第三項まで又は前条」とあるのは「又は前条」と、第二十三条第一項及び第二十七条第一号中「第十条第一項」とあるのは「第三十五条第一項」と読み替えるものとする。

（政令及び厚生労働省令への委任）

第三十八条　この章に定めるもののほか、社会福祉士短期養成施設等及び社会福祉士一般養成施設等の指定に関し必要な事項は政令で、社会福祉士試験、指定試験機関、社会福祉士の登録、指定登録機関その他この章の規定の施行に関し必要な事項は厚生労働省令で定める。

第三章　介護福祉士

（介護福祉士の資格）

第三十九条　介護福祉士試験に合格した者は、介護福祉士となる資格を有する。

（介護福祉士試験）

第四十条　介護福祉士試験は、介護福祉士として必要な知識及び技能について行う。

2　介護福祉士試験は、次の各号のいずれかに該当する者でなければ、受けることができない。

一　学校教育法第九十条第一項の規定により大学に入学することができる者（この号の規定により文部科学大臣及び厚生労働大臣の指定した学校が大学である場合において、当該大学が同条第二項の規定により当該大学に入学させた者を含む。）であつて、文部科学大臣及び厚生労働大臣の指定した学校又は都道府県知事の指定した養成施設において二年以上介護福祉士として必要な知識及び技能を修得したもの

二　学校教育法に基づく大学において文部科学省令・厚生労働省令で定める社会福祉に関する科目を修めて卒業した者（当該科目を修めて同法に基づく専門職大学の前期課程を修了した者を含む。）その他その者に準ずるものとして厚生労働省令で定める者であつて、文部科学大臣及び厚生労働大臣の指定した学校又は都道府県知事の指定した養成施設において一年以上介護福祉士として必要な知識及び技能を修得したもの

三　学校教育法第九十条第一項の規定により大学に入学することができる者（この号の厚生労働省令で定める学校が大学である場合において、当該大学が同条第二項の規定により当該大学に入学させた者を含む。）であつて、厚生労働省令で定める学校又は養成所を卒業した後、文部科学大臣及び厚生労働大臣の指定した学校又は都道府県知事の指定した養成施設において一年以上介護福祉士として必要な知識及び技能を修得したもの

四　学校教育法に基づく高等学校又は中等教育学校であつて文部科学大臣及び厚生労働大臣の指定したものにおいて三年以上（専攻科において二年以上必要な知識及び技能を修得する場合にあつては、二年以上）介護福祉士として必要な知識及び技能を修得した者

五　三年以上介護等の業務に従事した者であつて、文部科学大臣及び厚生労働大臣の指定した学校又は都道府県知事の指定した養成施設において六月以上介護福祉士として必要な知識及び技能を修得したもの

六　前各号に掲げる者と同等以上の知識及び技能を有すると認められる者であつて、厚生労働省令で定めるもの

3　第六条、第八条及び第九条の規定は、介護福祉士試験について準用する。

（指定試験機関の指定等）

第四十一条　厚生労働大臣は、厚生労働省令で定めるところにより、その指定する者（以下この章において「指定試験機関」という。）に、介護福祉士試験の実施に関する事務（以下この章において「試験事務」という。）を行わせることができる。

2　指定試験機関の指定は、厚生労働省令で定めるところにより、試験事務を行おうと

する者の申請により行う。

3 第十条第三項及び第四項、第十一条から第二十三条まで並びに第二十五条から第二十七条までの規定は、指定試験機関について準用する。この場合において、第十条第三項第一号中「、試験事務の実施」とあるのは「、第四十一条第一項に規定する試験事務（以下単に「試験事務」という。）の実施」と、第十四条第一項中「社会福祉士として」とあるのは「介護福祉士として」と、「社会福祉士試験委員」とあるのは「介護福祉士試験委員」と、第二十三条第一項及び第二十七条第一号中「第十条第一項」とあるのは「第四十一条第一項」と読み替えるものとする。

（登録）

第四十二条 介護福祉士となる資格を有する者が介護福祉士となるには、介護福祉士登録簿に、氏名、生年月日その他厚生労働省令で定める事項の登録を受けなければならない。

2 第二十九条から第三十四条までの規定は、介護福祉士の登録について準用する。この場合において、第二十九条中「社会福祉士登録簿」とあるのは「介護福祉士登録簿」と、第三十条中「第二十八条」とあるのは「第四十二条第一項」と、「社会福祉士登録証」とあるのは「介護福祉士登録証」と、第三十一条並びに第三十二条第一項及び第二項中「社会福祉士」とあるのは「介護福祉士」と読み替えるものとする。

（指定登録機関の指定等）

第四十三条 厚生労働大臣は、厚生労働省令で定めるところにより、その指定する者（以下この章において「指定登録機関」という。）に介護福祉士の登録の実施に関する事務（以下この章において「登録事務」という。）を行わせることができる。

2 指定登録機関の指定は、厚生労働省令の定めるところにより、登録事務を行おうとする者の申請により行う。

3 第十条第三項及び第四項、第十一条から第十三条まで、第十六条から第二十三条まで、第二十五条から第二十七条まで並びに第三十六条の規定は、指定登録機関について準用する。この場合において、これらの規定中「試験事務」とあるのは「登録事務」と、「試験事務規程」とあるのは「登録事務規程」と、第十条第三項中「前項」とあり、及び同条第四項各号列記以外の部分中「第二項」とあるのは「第四十三条第二項」と、同項第二号中「その行う」とあるのは「その行う職業安定法（昭和二十二年法律第百四十一号）第四条第一項に規定する職業紹介の事業（その取り扱う職種が介護等を含むものに限る。）その他の」と、第十六条第一項中「職員（試験委員を含む。次項において同じ。）」とあるのは「職員」と、第二十二条第二項第二号中「第十一条第二項（第十四条第四項において準用する場合を含む。）」とあるのは「第十一条第二項」と、同項第三号中「、第十四条第一項から第三項まで又は前条」とあるのは「又は前条」と、第二十三条第一項及び第二十七条第一号中「第十条第一項」とあるのは「第四十三条第一項」と、第三十六条第二項中「社会福祉士」とあるのは「介護福祉士」と読み替えるものとする。

（政令及び厚生労働省令への委任）

第四十四条 この章に規定するもののほか、第四十条第二項第一号から第三号まで及び第五号に規定する学校及び養成施設の指定並びに同項第四号に規定する高等学校及び中等教育学校の指定に関し必要な事項は政令で、介護福祉士試験、指定試験機関、介護福祉士の登録、指定登録機関その他この章の規定の施行に関し必要な事項は厚生労働省令で定める。

第四章 社会福祉士及び介護福祉士の義務等

（誠実義務）

○**第四十四条の二** 社会福祉士及び介護福祉士は、その担当する者が個人の尊厳を保持し、自立した日常生活を営むことができるよう、常にその者の立場に立つて、誠実にその業務を行わなければならない。

（信用失墜行為の禁止）

○**第四十五条** 社会福祉士又は介護福祉士は、社会福祉士又は介護福祉士の信用を傷つけるような行為をしてはならない。

（秘密保持義務）

第四十六条　社会福祉士又は介護福祉士は、正当な理由がなく、その業務に関して知り得た人の秘密を漏らしてはならない。社会福祉士又は介護福祉士でなくなつた後においても、同様とする。

（連携）

第四十七条　社会福祉士は、その業務を行うに当たつては、その担当する者に、福祉サービス及びこれに関連する保健医療サービスその他のサービス（次項において「福祉サービス等」という。）が総合的かつ適切に提供されるよう、地域に即した創意と工夫を行いつつ、福祉サービス関係者等との連携を保たなければならない。

2　介護福祉士は、その業務を行うに当たつては、その担当する者に、認知症（介護保険法（平成九年法律第百二十三号）第五条の二第一項に規定する認知症をいう。）であること等の心身の状況その他の状況に応じて、福祉サービス等が総合的かつ適切に提供されるよう、福祉サービス関係者等との連携を保たなければならない。

（資質向上の責務）

第四十七条の二　社会福祉士又は介護福祉士は、社会福祉及び介護を取り巻く環境の変化による業務の内容の変化に適応するため、相談援助又は介護等に関する知識及び技能の向上に努めなければならない。

（名称の使用制限）

第四十八条　社会福祉士でない者は、社会福祉士という名称を使用してはならない。

2　介護福祉士でない者は、介護福祉士という名称を使用してはならない。

（保健師助産師看護師法との関係）

第四十八条の二　介護福祉士は、保健師助産師看護師法（昭和二十三年法律第二百三号）第三十一条第一項及び第三十二条の規定にかかわらず、診療の補助として喀痰吸引等を行うことを業とすることができる。

2　前項の規定は、第四十二条第二項において準用する第三十二条第二項の規定により介護福祉士の名称の使用の停止を命ぜられている者については、適用しない。

（喀痰吸引等業務の登録）

第四十八条の三　自らの事業又はその一環として、喀痰吸引等（介護福祉士が行うものに限る。）の業務（以下「喀痰吸引等業務」という。）を行おうとする者は、その事業所ごとに、その所在地を管轄する都道府県知事の登録を受けなければならない。

2　前項の登録（以下この章において「登録」という。）を受けようとする者は、厚生労働省令で定めるところにより、次に掲げる事項を記載した申請書を都道府県知事に提出しなければならない。

一　氏名又は名称及び住所並びに法人にあつては、その代表者の氏名

二　事業所の名称及び所在地

三　喀痰吸引等業務開始の予定年月日

四　その他厚生労働省令で定める事項

（欠格条項）

第四十八条の四　次の各号のいずれかに該当する者は、登録を受けることができない。

一　禁錮以上の刑に処せられ、その執行を終わり、又は執行を受けることがなくなつた日から起算して二年を経過しない者

二　この法律の規定その他社会福祉又は保健医療に関する法律の規定であつて政令で定めるものにより、罰金の刑に処せられ、その執行を終わり、又は執行を受けることがなくなつた日から起算して二年を経過しない者

三　第四十八条の七の規定により登録を取り消され、その取消しの日から起算して二年を経過しない者

四　法人であつて、その業務を行う役員のうちに前三号のいずれかに該当する者があるもの

（登録基準）

第四十八条の五　都道府県知事は、第四十八条の三第二項の規定により登録を申請した者が次に掲げる要件の全てに適合しているときは、登録をしなければならない。

一　医師、看護師その他の医療関係者との連携が確保されているものとして厚生労働省令で定める基準に適合していること。

二　喀痰吸引等の実施に関する記録が整備

されていることその他喀痰吸引等を安全かつ適正に実施するために必要な措置として厚生労働省令で定める措置が講じられていること。

三　医師、看護師その他の医療関係者による喀痰吸引等の実施のための体制が充実しているため介護福祉士が喀痰吸引等を行う必要性が乏しいものとして厚生労働省令で定める場合に該当しないこと。

2　登録は、登録簿に次に掲げる事項を記載してするものとする。

一　登録年月日及び登録番号

二　第四十八条の三第二項各号に掲げる事項

（変更等の届出）

第四十八条の六　登録を受けた者（以下「登録喀痰吸引等事業者」という。）は、第四十八条の三第二項第一号から第三号までに掲げる事項を変更しようとするときはあらかじめ、同項第四号に掲げる事項に変更があつたときは遅滞なく、その旨を都道府県知事に届け出なければならない。

2　登録喀痰吸引等事業者は、喀痰吸引等業務を行う必要がなくなつたときは、遅滞なく、その旨を都道府県知事に届け出なければならない。

3　前項の規定による届出があつたときは、当該登録喀痰吸引等事業者の登録は、その効力を失う。

（登録の取消し等）

第四十八条の七　都道府県知事は、登録喀痰吸引等事業者が次の各号のいずれかに該当するときは、その登録を取り消し、又は期間を定めて喀痰吸引等業務の停止を命ずることができる。

一　第四十八条の四各号（第三号を除く。）のいずれかに該当するに至つたとき。

二　第四十八条の五第一項各号に掲げる要件に適合しなくなつたとき。

三　前条第一項の規定による届出をせず、又は虚偽の届出をしたとき。

四　虚偽又は不正の事実に基づいて登録を受けたとき。

（公示）

第四十八条の八　都道府県知事は、次に掲げる場合には、その旨を公示しなければならない。

一　登録をしたとき。

二　第四十八条の六第一項の規定による届出（氏名若しくは名称若しくは住所又は事業所の名称若しくは所在地に係るものに限る。）があつたとき。

三　第四十八条の六第二項の規定による届出があつたとき。

四　前条の規定により登録を取り消し、又は喀痰吸引等業務の停止を命じたとき。

（準用）

第四十八条の九　第十九条及び第二十条の規定は、登録喀痰吸引等事業者について準用する。この場合において、これらの規定中「厚生労働大臣」とあるのは、「都道府県知事」と読み替えるものとする。

（厚生労働省令への委任）

第四十八条の十　第四十八条の三から前条までに規定するもののほか、喀痰吸引等業務の登録に関し必要な事項は、厚生労働省令で定める。

（権限の委任）

第四十八条の十一　この法律に規定する厚生労働大臣の権限は、厚生労働省令で定めるところにより、地方厚生局長に委任することができる。

2　前項の規定により地方厚生局長に委任された権限は、厚生労働省令で定めるところにより、地方厚生支局長に委任することができる。

（経過措置）

第四十九条　この法律の規定に基づき命令を制定し、又は改廃する場合においては、その命令で、その制定又は改廃に伴い合理的に必要と判断される範囲内において、所要の経過措置（罰則に関する経過措置を含む。）を定めることができる。

第五章　罰則

第五十条　第四十六条の規定に違反した者は、一年以下の懲役又は三十万円以下の罰金に処する。

2　前項の罪は、告訴がなければ公訴を提起することができない。

社会福祉全般

第五十一条　第十六条第一項（第三十七条、第四十一条第三項及び第四十三条第三項において準用する場合を含む。）の規定に違反した者は、一年以下の懲役又は三十万円以下の罰金に処する。

第五十二条　第二十二条第二項（第三十七条、第四十一条第三項及び第四十三条第三項において準用する場合を含む。）の規定による第十条第一項若しくは第四十一条第一項に規定する試験事務（第五十四条において単に「試験事務」という。）又は第三十五条第一項若しくは第四十三条第一項に規定する登録事務（第五十四条において単に「登録事務」という。）の停止の命令に違反したときは、その違反行為をした第十条第一項若しくは第四十一条第一項に規定する指定試験機関（第五十四条において単に「指定試験機関」という。）又は第三十五条第一項若しくは第四十三条第一項に規定する指定登録機関（第五十四条において単に「指定登録機関」という。）の役員又は職員は、一年以下の懲役又は三十万円以下の罰金に処する。

第五十三条　次の各号のいずれかに該当する者は、三十万円以下の罰金に処する。

一　第三十二条第二項の規定により社会福祉士の名称の使用の停止を命ぜられた者で、当該停止を命ぜられた期間中に、社会福祉士の名称を使用したもの

二　第四十二条第二項において準用する第三十二条第二項の規定により介護福祉士の名称の使用の停止を命ぜられた者で、当該停止を命ぜられた期間中に、介護福祉士の名称を使用したもの

三　第四十八条第一項又は第二項の規定に違反した者

四　第四十八条の三第一項の規定に違反して、同項の登録を受けないで、喀痰吸引等業務を行つた者

五　第四十八条の七の規定による喀痰吸引等業務の停止の命令に違反した者

第五十四条　次の各号のいずれかに該当するときは、その違反行為をした指定試験機関又は指定登録機関の役員又は職員は、二十万円以下の罰金に処する。

一　第十七条（第三十七条、第四十一条第三項及び第四十三条第三項において準用する場合を含む。）の規定に違反して帳簿を備えず、帳簿に記載せず、若しくは帳簿に虚偽の記載をし、又は帳簿を保存しなかつたとき。

二　第十九条（第三十七条、第四十一条第三項及び第四十三条第三項において準用する場合を含む。）の規定による報告をせず、又は虚偽の報告をしたとき。

三　第二十条第一項（第三十七条、第四十一条第三項及び第四十三条第三項において準用する場合を含む。）の規定による立入り若しくは検査を拒み、妨げ、若しくは忌避し、又は質問に対して陳述をせず、若しくは虚偽の陳述をしたとき。

四　第二十一条（第三十七条、第四十一条第三項及び第四十三条第三項において準用する場合を含む。）の許可を受けないで試験事務又は登録事務の全部を廃止したとき。

第五十五条　次の各号のいずれかに該当するときは、その違反行為をした者は、二十万円以下の罰金に処する。

一　第四十八条の九において準用する第十九条の規定による報告をせず、又は虚偽の報告をしたとき。

二　第四十八条の九において準用する第二十条第一項の規定による立入り若しくは検査を拒み、妨げ、若しくは忌避し、又は質問に対して陳述をせず、若しくは虚偽の陳述をしたとき。

第五十六条　法人の代表者又は法人若しくは人の代理人、使用人その他の従業者が、その法人又は人の業務に関して第五十三条第四号若しくは第五号又は前条の違反行為をしたときは、行為者を罰するほか、その法人又は人に対しても各本条の罰金刑を科する。

附　則（抄）

（施行期日）

第一条　この法律は、公布の日（昭和六十二年五月二十六日）から起算して一年を超えない範囲内において政令で定める日（昭和

六十三年四月一日）から施行する。

〔参考・未施行分〕

・社会福祉士及び介護福祉士法等の一部を改正する法律（平成一九・一二・五法律一二五）

附則　抄

（施行期日）

第一条　この法律は、平成二十九年四月一日から施行する。ただし、次の各号に掲げる規定は、それぞれ当該各号に定める日から施行する。

一～五　〔略〕

六　〔中略〕平成三十四〔令和四〕年四月一日

社会福祉士及び介護福祉士法施行令

（昭和六二・一二・一五 政令四〇二）

最新改正　平成三〇政令四一

（法第三条第三号の政令で定める社会福祉又は保健医療に関する法律の規定）

第一条　社会福祉士に係る社会福祉士及び介護福祉士法（以下「法」という。）第三条第三号の政令で定める社会福祉又は保健医療に関する法律の規定は、児童福祉法（昭和二十二年法律第百六十四号）、身体障害者福祉法（昭和二十四年法律第二百八十三号）、精神保健及び精神障害者福祉に関する法律（昭和二十五年法律第百二十三号）、生活保護法（昭和二十五年法律第百四十四号）、社会福祉法（昭和二十六年法律第四十五号）、児童扶養手当法（昭和三十六年法律第二百三十八号）、老人福祉法（昭和三十八年法律第百三十三号）、特別児童扶養手当等の支給に関する法律（昭和三十九年法律第百三十四号）、児童手当法（昭和四十六年法律第七十三号）、介護保険法（平成九年法律第百二十三号）、障害者の日常生活及び社会生活を総合的に支援するための法律（平成十七年法律第百二十三号）、就学前の子どもに関する教育、保育等の総合的な提供の推進に関する法律（平成十八年法律第七十七号）、平成二十二年度等における子ども手当の支給に関する法律（平成二十二年法律第十九号）、平成二十三年度における子ども手当の支給等に関する特別措置法（平成二十三年法律第百七号）、子ども・子育て支援法（平成二十四年法律第六十五号）、国家戦略特別区域法（平成二十五年法律第百七号。第十二条の五第十五項及び第十七項から第十九項までの規定に限る。）、公認心理師法（平成二十七年法律第六十八号）及び民間あっせん機関による養子縁組のあっせんに係る児童の保護等に関する法律（平成二十八年法律第百十号）の規定とする。

2　介護福祉士に係る法第三条第三号の政令で定める社会福祉又は保健医療に関する法律の規定は、前項に規定するもののほか、医師法（昭和二十三年法律第二百一号）、歯科医師法（昭和二十三年法律第二百二号）、保健師助産師看護師法（昭和二十三年法律第二百三号）、医療法（昭和二十三年法律第二百五号）、医薬品、医療機器等の品質、有効性及び安全性の確保等に関する法律（昭和三十五年法律第百四十五号）、薬剤師法（昭和三十五年法律第百四十六号）、再生医療等の安全性の確保等に関する法律（平成二十五年法律第八十五号）及び臨床研究法（平成二十九年法律第十六号）

の規定とする。

（養成施設等の指定の基準）

第二条　法第七条第二号若しくは第三号若しくは第四十条第二項第一号から第三号まで若しくは第五号の規定による学校若しくは養成施設の指定又は同項第四号の規定による高等学校若しくは中等教育学校の指定（次条、第四条及び第十条において「養成施設等の指定」という。）の基準については、教育の内容、教育の方法、施設、設備その他の事項に関し主務省令で定める。

（指定の申請）

第三条　養成施設等の指定を受けようとするときは、その設置者は、申請書を主務大臣（法第七条第二号若しくは第三号又は第四十条第二項第一号から第三号まで若しくは第五号の規定による養成施設の指定（次条第一項、第六条第一項並びに第十一条第四項及び第五項において「養成施設の指定」という。）を受けようとする養成施設の設置者にあつては、その所在地を管轄する都道府県知事）に提出しなければならない。

（変更の承認又は届出）

第四条　養成施設等の指定を受けた学校又は養成施設（以下「指定養成施設等」という。）の設置者は、主務省令で定める事項を変更しようとするときは、主務大臣（養成施設の指定を受けた養成施設の設置者にあつては、その所在地を管轄する都道府県知事。次項、次条及び第八条において同じ。）に申請し、その承認を受けなければならない。

2　指定養成施設等の設置者は、主務省令で定める事項に変更があつたときは、その日から一月以内に、主務大臣に届け出なければならない。

（報告）

第五条　指定養成施設等の設置者は、毎学年度開始後二月以内に、主務省令で定める事項を主務大臣に報告しなければならない。

（報告の徴収及び指示）

第六条　主務大臣（養成施設の指定を受けた養成施設については、その所在地を管轄する都道府県知事。次項及び次条において同じ。）は、指定養成施設等につき必要があると認めるときは、その設置者又は長に対して報告を求めることができる。

2　主務大臣は、第二条に規定する主務省令で定める基準に照らして、指定養成施設等の教育の内容、教育の方法、施設、設備その他の内容が適当でないと認めるときは、その設置者又は長に対して必要な指示をすることができる。

（指定の取消し）

第七条　主務大臣は、指定養成施設等が第二条に規定する主務省令で定める基準に適合しなくなつたと認めるとき、若しくはその設置者若しくは長が前条第二項の規定による指示に従わないとき、又は次条の規定による申請があつたときは、その指定を取り消すことができる。

（指定取消しの申請）

第八条　指定養成施設等について、主務大臣の指定の取消しを受けようとするときは、その設置者は、申請書を主務大臣に提出しなければならない。

（国の設置する養成施設等の特例）

第九条　国の設置する学校又は養成施設に係る第三条から前条までの規定の適用については、次の表の上欄に掲げる規定中同表の中欄に掲げる字句は、それぞれ同表の下欄に掲げる字句と読み替えるものとする。

第三条及び前条	設置者	所管大臣
	申請書を	書面により、
	提出しなければならない	申し出るものとする
第四条第一項	設置者	所管大臣
	申請し、その承認を受けなければならない	協議し、その承認を受けるものとする
第四条第二項	設置者	所管大臣
	届け出なければならない	通知するものとする
第五条	設置者	所管大臣
	報告しなければならない	通知するものとする
第六条第	設置者又は長	所管大臣

一項		
第六条第二項	設置者又は長	所管大臣
	指示	勧告
第七条	認めるとき、若しくはその設置者若しくは長が前条第二項の規定による指示に従わないとき	認めるとき
	申請	申出

（**主務省令への委任**）

第十条　第二条から前条までに定めるもののほか、申請書の記載事項その他養成施設等の指定に関して必要な事項は、主務省令で定める。

（**主務大臣等**）

第十一条　この政令における主務大臣は、文部科学大臣及び厚生労働大臣とする。

2　第六条（附則第二条において準用する場合を含む。）に規定する主務大臣の権限は、文部科学大臣又は厚生労働大臣がそれぞれ単独に行使することを妨げない。

3　前項の規定によりその権限を単独に行使した主務大臣は、速やかに、その結果を他の主務大臣に通知するものとする。

4　都道府県知事は、養成施設の指定をしたとき、第四条第一項の規定により変更の承認をしたとき、同条第二項の規定により変更の届出を受理したとき、第五条の規定により報告を受理したとき、又は第七条の規定により養成施設の指定を取り消したときは、遅滞なく、主務省令で定める事項を厚生労働大臣に報告するものとする。

5　この政令における主務省令は、法第七条第二号若しくは第三号若しくは第四十条第二項第一号から第三号まで若しくは第五号の規定による学校の指定又は同項第四号若しくは附則第二条第一項各号の規定による高等学校若しくは中等教育学校の指定に関する事項については文部科学大臣及び厚生労働大臣の発する命令とし、養成施設の指定に関する事項については厚生労働大臣の発する命令とする。

（**受験手数料**）

第十二条　法第九条第一項の受験手数料の額は、一万五千四百四十円（法第三十八条の規定に基づく厚生労働省令の規定により社会福祉士試験の科目を免除する場合その他厚生労働省令で定める場合には、一万五千四百四十円を超えない範囲内において実費を勘案して厚生労働省令で定める額）とする。

2　法第四十条第三項において準用する法第九条第一項の受験手数料の額は、一万五千三百円とする。

（**変更登録等の手数料**）

第十三条　法第三十四条（法第四十二条第二項において準用する場合を含む。）の手数料の額は、千二百円とする。

（**登録手数料**）

第十四条　法第三十六条第二項の手数料の額は、四千五百五十円とする。

2　法第四十三条第三項において準用する法第三十六条第二項の手数料の額は、三千三百二十円とする。

（**法第四十八条の四第二号の政令で定める社会福祉又は保健医療に関する法律の規定**）

第十四条の二　法第四十八条の四第二号の政令で定める社会福祉又は保健医療に関する法律の規定は、児童福祉法、医師法、歯科医師法、保健師助産師看護師法、医療法、身体障害者福祉法、精神保健及び精神障害者福祉に関する法律、生活保護法、社会福祉法、医薬品、医療機器等の品質、有効性及び安全性の確保等に関する法律、薬剤師法、児童扶養手当法、老人福祉法、特別児童扶養手当等の支給に関する法律、児童手当法、介護保険法、障害者の日常生活及び社会生活を総合的に支援するための法律、就学前の子どもに関する教育、保育等の総合的な提供の推進に関する法律、平成二十二年度等における子ども手当の支給に関する法律、平成二十三年度における子ども手当の支給等に関する特別措置法、子ども・子育て支援法、再生医療等の安全性の確保等に関する法律、国家戦略特別区域法（第十二条の五第十五項及び第十七項から第十九項までの規定に限る。）、公認心理師法、民間あっせん機関による養子縁組のあっせんに係る児童の保護等に関する法律及び臨床研究法の規定とする。

（権限の委任）

第十五条　この政令に規定する厚生労働大臣の権限は、厚生労働省令で定めるところにより、地方厚生局長に委任することができる。

2　前項の規定により地方厚生局長に委任された権限は、厚生労働省令で定めるところにより、地方厚生支局長に委任することができる。

附　則（抄）

（施行期日）

1　この政令は、昭和六十三年四月一日から施行する。〔後略〕

社会福祉士及び介護福祉士法施行規則（抄）

（昭和六二・一二・一五 厚令四九）

最新改正　令和元厚労令四六

第一章　総則

（医師の指示の下に行われる行為）

第一条　社会福祉士及び介護福祉士法（昭和六十二年法律第三十号。以下「法」という。）第二条第二項の厚生労働省令で定める医師の指示の下に行われる行為は、次のとおりとする。

一　口腔内の喀痰吸引

二　鼻腔内の喀痰吸引

三　気管カニューレ内部の喀痰吸引

四　胃ろう又は腸ろうによる経管栄養

五　経鼻経管栄養

（法第三条第一号の厚生労働省令で定める者）

第一条の二　法第三条第一号の厚生労働省令で定める者は、精神の機能の障害により社会福祉士又は介護福祉士の業務を適正に行うに当たつて必要な認知、判断及び意思疎通を適切に行うことができない者とする。

第一章の二　社会福祉士

（厚生労働省令で定める者の範囲）

第一条の三　法第七条第一号の厚生労働省令で定める者は、次のとおりとする。

一　学校教育法（昭和二十二年法律第二十六号）による大学（短期大学を除く。次号、第三号及び次項第一号において同じ。）において法第七条第一号に規定する指定科目（以下この項、第四項及び第七項において「指定科目」という。）を修めて、学校教育法第百二条第二項の規定により大学院への入学を認められた者

二　学校教育法による大学において指定科目（相談援助実習指導及び相談援助実習の科目（以下この号、次号、第五号及び第七号並びに第四項及び第七項において「実習科目」という。）を除く。）を修めて卒業した者であつて、その後、学校教育法による大学、大学院、短期大学又は専修学校の専門課程（修業年限二年以上のものに限る。）（以下「大学等」という。）において実習科目を修めたもの

三　学校教育法による大学において指定科目（実習科目を除く。）を修めて、同法第百二条第二項の規定により大学院への入学を認められた者であつて、その後、大学等において実習科目を修めたもの

四　学校教育法による大学院において指定科目を修めて当該大学院の課程を修了した者

五　学校教育法による大学院において指定科目（実習科目を除く。）を修めて当該大学院の課程を修了した者であつて、そ

の後、大学等において実習科目を修めたもの
六　学校教育法による専修学校の専門課程（修業年限四年以上のものに限る。次号、次項第三号及び第三項第三号において同じ。）において指定科目を修めて卒業した者
七　学校教育法による専修学校の専門課程において指定科目（実習科目を除く。）を修めて卒業した者であつて、その後、大学等において実習科目を修めたもの

2　法第七条第二号の厚生労働省令で定める者は、次のとおりとする。
一　学校教育法による大学において法第七条第二号に規定する基礎科目（次号及び第三号並びに第五項及び第八項において「基礎科目」という。）を修めて、学校教育法第百二条第二項の規定により大学院への入学を認められた者
二　学校教育法による大学院において基礎科目を修めて当該大学院の課程を修了した者
三　学校教育法による専修学校の専門課程において基礎科目を修めて卒業した者

3　法第七条第三号の厚生労働省令で定める者は、次のとおりとする。
一　学校教育法による大学院の課程を修了した者
二　独立行政法人大学改革支援・学位授与機構法（平成十五年法律第百十四号）による独立行政法人大学改革支援・学位授与機構により学士、修士又は博士の学位を授与された者（旧国立学校設置法（昭和二十四年法律第百五十号）による大学評価・学位授与機構により学士、修士又は博士の学位を授与された者を含む。）
三　学校教育法による専修学校の専門課程又は各種学校（同法第九十条第一項に規定する者を入学資格とするものであつて、修業年限四年以上のものに限る。）を卒業した者
四　学校教育法第百二条第二項の規定により大学院への入学を認められた者
五　旧大学令（大正七年勅令第三百八十八号）による大学を卒業した者
六　旧高等師範学校規程（明治二十七年文部省令第十一号）による高等師範学校専攻科を卒業した者
七　旧師範教育令（昭和十八年勅令第百九号）による高等師範学校又は女子高等師範学校の修業年限一年以上の研究科を修了した者
八　旧中等学校令（昭和十八年勅令第三十六号）による中学校若しくは高等女学校を卒業した者又は旧専門学校入学者検定規程（大正十三年文部省令第二十二号）により、これと同等以上の学力を有するものと検定された者を入学資格とする旧専門学校令（明治三十六年勅令第六十一号）による専門学校（以下「専門学校」という。）で修業年限（予科の修業年限を含む。以下この号において同じ。）五年以上の専門学校を卒業した者又は修業年限四年以上の専門学校を卒業し修業年限四年以上の専門学校に置かれた修業年限一年以上の研究科を修了した者
九　防衛省設置法（昭和二十九年法律第百六十四号）による防衛大学校又は防衛医科大学校を卒業した者
十　国立研究開発法人水産研究・教育機構法（平成十一年法律第百九十九号）による国立研究開発法人水産研究・教育機構を卒業した者（旧水産庁設置法（昭和二十三年法律第七十八号）による水産講習所、平成十三年四月一日前の農林水産省組織令（平成十二年政令第二百五十三号）による水産大学校（昭和五十九年七月一日前の農林水産省設置法（昭和二十四年法律第百五十三号）による水産大学校及び平成十三年一月六日前の農林水産省組織令（昭和二十七年政令第三百八十九号）による水産大学校を含む。）及び旧独立行政法人水産大学校法（平成十一年法律第百九十一号）による独立行政法人水産大学校を卒業した者を含む。）
十一　国土交通省組織令（平成十二年政令第二百五十五号）による海上保安大学校（昭和五十九年七月一日前の海上保安庁法（昭和二十三年法律第二十八号）による海上保安大学校及び平成十三年一月六

日前の運輸省組織令（昭和五十九年政令第百七十五号）による海上保安大学校を含む。）を卒業した者

十二　職業能力開発促進法（昭和四十四年法律第六十四号）による職業能力開発総合大学校の総合課程又は長期課程を修了した者（旧職業訓練法（昭和三十三年法律第百三十三号）による中央職業訓練所又は職業訓練大学校の長期指導員訓練課程を修了した者、職業訓練法の一部を改正する法律（昭和六十年法律第五十六号）による改正前の職業訓練法（昭和四十四年法律第六十四号。以下「新職業訓練法」という。）による職業訓練大学校の長期指導員訓練課程を修了した者、職業能力開発促進法の一部を改正する法律（平成四年法律第六十七号）による改正前の職業能力開発促進法（以下「旧職業能力開発促進法」という。）による職業訓練大学校の長期課程を修了した者及び職業能力開発促進法及び雇用促進事業団法の一部を改正する法律（平成九年法律第四十五号）による改正前の職業能力開発促進法による職業能力開発大学校の長期課程を修了した者を含む。）

十三　国土交通省組織令による気象大学校（昭和五十九年七月一日前の運輸省設置法（昭和二十四年法律第百五十七号）による気象大学校及び平成十三年一月六日前の運輸省組織令による気象大学校を含む。）の大学部を卒業した者

4　法第七条第四号の厚生労働省令で定める者は、次のとおりとする。

一　学校教育法による短期大学（修業年限が三年であるものに限り、同法による専門職大学の三年の前期課程を含む。）において指定科目（実習科目を除く。）を修めて卒業した者（同法による専門職大学の前期課程にあつては、修了した者）（夜間において授業を行う学科又は通信による教育を行う学科を卒業し又は修了した者を除く。）であつて、その後、大学等において実習科目を修めたもの

二　学校教育法による専修学校の専門課程（修業年限三年以上のものに限る。次号並びに次項及び第六項において同じ。）又は各種学校（学校教育法第九十条第一項に規定する者を入学資格とするものであつて、修業年限三年以上のものに限る。次号並びに次項及び第六項において同じ。）において指定科目を修めて卒業した者（夜間において授業を行う学科若しくは課程又は通信による教育を行う課程を卒業した者を除く。次号において同じ。）

三　学校教育法による専修学校の専門課程又は各種学校において指定科目（実習科目を除く。）を修めて卒業した者であつて、その後、大学等において実習科目を修めたもの

5　法第七条第五号の厚生労働省令で定める者は、学校教育法による専修学校の専門課程又は各種学校において基礎科目を修めて卒業した者（夜間において授業を行う学科若しくは課程又は通信による教育を行う課程を卒業した者を除く。）とする。

6　法第七条第六号の厚生労働省令で定める者は、次のとおりとする。

一　学校教育法による高等学校若しくは中等教育学校の専攻科（修業年限三年以上のものに限る。）、特別支援学校の専攻科（修業年限三年以上のものに限る。）、専修学校の専門課程又は各種学校を卒業した者（夜間において授業を行う専攻科、学科若しくは課程又は通信による教育を行う課程を卒業した者を除く。）

二　職業能力開発促進法による職業能力開発大学校の専門課程（訓練期間三年以上のものに限る。）若しくは応用課程又は職業能力開発短期大学校の専門課程（訓練期間三年以上のものに限る。）を修了した者（旧職業能力開発促進法による職業訓練短期大学校の専門課程（訓練期間三年以上のものに限る。）を修了した者を含む。）

7　法第七条第七号の厚生労働省令で定める者は、次のとおりとする。

一　学校教育法による短期大学（同法による専門職大学の前期課程を含む。）において指定科目（実習科目を除く。）を修

めて卒業した者（同法による専門職大学の前期課程にあつては、修了した者）であつて、その後、大学等において実習科目を修めたもの

二　学校教育法による専修学校の専門課程（修業年限二年以上のものに限る。次号並びに次項及び第九項において同じ。）又は各種学校（学校教育法第九十条第一項に規定する者を入学資格とするものであつて、修業年限二年以上のものに限る。次号並びに次項及び第九項において同じ。）において指定科目を修めて卒業した者

三　学校教育法による専修学校の専門課程又は各種学校において指定科目（実習科目を除く。）を修めて卒業した者であつて、その後、大学等において実習科目を修めたもの

8　法第七条第八号の厚生労働省令で定める者は、学校教育法による専修学校の専門課程又は各種学校において基礎科目を修めて卒業した者とする。

9　法第七条第十号の厚生労働省令で定める者は、次のとおりとする。

一　学校教育法による高等学校若しくは中等教育学校の専攻科（修業年限二年以上のものに限る。）、特別支援学校の専攻科（修業年限二年以上のものに限る。）、専修学校の専門課程又は各種学校を卒業した者

二　職業能力開発促進法による職業能力開発総合大学校の特定専門課程又は職業能力開発短期大学校の専門課程を修了した者（新職業訓練法による職業訓練短期大学校の専門訓練課程又は特別高等訓練課程を修了した者及び旧職業能力開発促進法による職業訓練短期大学校の専門課程を修了した者を含む。）

（**指定施設の範囲**）

第二条　法第七条第四号の厚生労働省令で定める施設は、次のとおりとする。

一　地域保健法（昭和二十二年法律第百一号）の規定により設置される保健所

二　児童福祉法（昭和二十二年法律第百六十四号）に規定する児童相談所、母子生活支援施設、児童心理治療施設、児童自立支援施設、児童家庭支援センター及び障害児入所施設、児童養護施設、障害児通所支援事業又は障害児相談支援事業を行う施設

三　医療法（昭和二十三年法律第二百五号）に規定する病院及び診療所

四　身体障害者福祉法（昭和二十四年法律第二百八十三号）に規定する身体障害者更生相談所及び身体障害者福祉センター

五　精神保健及び精神障害者福祉に関する法律（昭和二十五年法律第百二十三号）に規定する精神保健福祉センター

六　生活保護法（昭和二十五年法律第百四十四号）に規定する救護施設及び更生施設

七　社会福祉法（昭和二十六年法律第四十五号）に規定する福祉に関する事務所

八　売春防止法（昭和三十一年法律第百十八号）に規定する婦人相談所及び婦人保護施設

九　知的障害者福祉法（昭和三十五年法律第三十七号）に規定する知的障害者更生相談所

十　老人福祉法（昭和三十八年法律第百三十三号）に規定する老人デイサービスセンター、老人短期入所施設、養護老人ホーム、特別養護老人ホーム、軽費老人ホーム、老人福祉センター及び老人介護支援センター

十一　母子及び父子並びに寡婦福祉法（昭和三十九年法律第百二十九号）に規定する母子・父子福祉センター

十二　介護保険法（平成九年法律百二十三号）に規定する介護保険施設及び地域包括支援センター

十三　障害者の日常生活及び社会生活を総合的に支援するための法律（平成十七年法律第百二十三号）に規定する障害者支援施設、地域活動支援センター、福祉ホーム及び障害福祉サービス事業（生活介護、自立訓練、就労移行支援、就労継続支援、就労定着支援又は自立生活援助を行うものに限る。）又は一般相談支援事業若し

くは特定相談支援事業を行う施設

十四　前各号に掲げる施設に準ずる施設として厚生労働大臣が認める施設

（**社会福祉士試験の科目**）

第五条　社会福祉士試験の科目は、次のとおりとする。

一　人体の構造と機能及び疾病
二　心理学理論と心理的支援
三　社会理論と社会システム
四　現代社会と福祉
五　社会調査の基礎
六　相談援助の基盤と専門職
七　相談援助の理論と方法
八　地域福祉の理論と方法
九　福祉行財政と福祉計画
十　福祉サービスの組織と経営
十一　社会保障
十二　高齢者に対する支援と介護保険制度
十三　障害者に対する支援と障害者自立支援制度
十四　児童や家庭に対する支援と児童・家庭福祉制度
十五　低所得者に対する支援と生活保護制度
十六　保健医療サービス
十七　就労支援サービス
十八　権利擁護と成年後見制度
十九　更生保護制度

（**試験科目の免除**）

第五条の二　精神保健福祉士であつて、社会福祉士試験を受けようとする者に対しては、その申請により、前条に規定する社会福祉士試験の科目のうち、厚生労働大臣が別に定める科目を免除する。

（**令第十二条第一項の厚生労働省令で定める場合及び厚生労働省令で定める額**）

第六条の二　社会福祉士及び介護福祉士法施行令（昭和六十二年政令第四百二号。以下「令」という。）第十二条第一項の厚生労働省令で定める場合は、社会福祉士試験を受けようとする者が同時に精神保健福祉士試験を受けようとする場合とする。

2　令第十二条第一項の厚生労働省令で定める額は、第五条の二の規定により社会福祉士試験の科目を免除された場合にあつては一万三千二十円とし、前項に規定する場合にあつては一万三千九百八十円とする。

（**社会福祉士の登録事項**）

第九条　法第二十八条の厚生労働省令で定める事項は、次のとおりとする。

一　登録番号及び登録年月日
二　本籍地都道府県名（日本国籍を有しない者については、その国籍）
三　社会福祉士試験に合格した年月

（**登録の申請**）

第十条　社会福祉士の登録を受けようとする者は、様式第二による社会福祉士登録申請書に戸籍の謄本若しくは抄本又は住民票の写し（住民基本台帳法（昭和四十二年法律第八十一号）第七条第五号に掲げる事項（出入国管理及び難民認定法（昭和二十六年政令第三百十九号）第十九条の三に規定する中長期在留者（以下「中長期在留者」という。）及び日本国との平和条約に基づき日本の国籍を離脱した者等の出入国管理に関する特例法（平成三年法律第七十一号）に定める特別永住者（以下「特別永住者」という。）については、住民基本台帳法第三十条の四十五に規定する国籍等）を記載したものに限る。第十三条第一項において同じ。）（出入国管理及び難民認定法第十九条の三各号に掲げる者については、旅券その他の身分を証する書類の写し。第十三条第一項において同じ。）を添えて、これを厚生労働大臣に提出しなければならない。

（**登録**）

第十一条　厚生労働大臣は、前条の申請があつたときは、社会福祉士登録申請書の記載事項を審査し、当該申請者が社会福祉士となる資格を有すると認めたときは、社会福祉士登録簿に登録し、かつ、当該申請者に社会福祉士登録証を交付する。

2　厚生労働大臣は、前項の審査の結果、当該申請者が社会福祉士となる資格を有しないと認めたときは、その理由を付し、社会福祉士登録申請書を当該申請者に返却する。

（**登録事項の変更の届出**）

第十二条　社会福祉士は、登録を受けた事項に変更があつたときは、様式第三による登録事項変更届出書に戸籍の謄本又は抄本（中長期在留者及び特別永住者については住民票の写し（住民基本台帳法第三十条の四十五に規定する国籍等を記載したものに限る。）及び当該変更が行われたことを証する書類とし、出入国管理及び難民認定法第十九条の三各号に掲げる者については旅券その他の身分を証する書類の写し及び当該変更が行われたことを証する書類とする。）を添えて、これを厚生労働大臣に提出しなければならない。

第二章　介護福祉士

（厚生労働省令で定める者の範囲）

第十九条　法第四十条第二項第二号の厚生労働省令で定める者は、次のとおりとする。

一　学校教育法による大学において法第四十条第二項第二号の規定により文部科学省令・厚生労働省令で定める社会福祉に関する科目（以下この条において「指定科目」という。）を修めて、学校教育法第百二条第二項の規定により大学院への入学を認められた者

二　学校教育法による大学において指定科目（相談援助実習指導及び相談援助実習の科目（以下この号、次号、第五号及び第七号において「実習科目」という。）を除く。）を修めて卒業した者（当該科目を修めて同法による専門職大学の前期課程を修了した者を含む。）であつて、その後、大学等において実習科目を修めたもの

三　学校教育法による大学において指定科目（実習科目を除く。）を修めて、同法第百二条第二項の規定により大学への入学を認められた者であつて、その後、大学等において実習科目を修めたもの

四　学校教育法による大学院において指定科目を修めて当該大学院の課程を修了した者

五　学校教育法による大学院において指定科目（実習科目を除く。）を修めて当該大学院の課程を修了した者であつて、その後、大学等において実習科目を修めたもの

六　学校教育法による高等学校若しくは中等教育学校の専攻科（修業年限二年以上のものに限る。次号において同じ。）、特別支援学校の専攻科（修業年限二年以上のものに限る。次号において同じ。）、専修学校の専門課程（修業年限二年以上のものに限る。次号において同じ。）又は各種学校（学校教育法第九十条第一項に規定する者を入学資格とするものであつて、修業年限二年以上のものに限る。次号において同じ。）において指定科目を修めて卒業した者

七　学校教育法による高等学校若しくは中等教育学校の専攻科、特別支援学校の専攻科、専修学校の専門課程又は各種学校において指定科目（実習科目を除く。）を修めて卒業した者であつて、その後、大学等において実習科目を修めたもの

（他資格養成所の範囲）

第二十条　法第四十条第二項第三号の厚生労働省令で定める学校又は養成所は、次のとおりとする。

一　児童福祉法第十八条の六第一号の指定を受けた学校その他の施設

二　法第七条第二号に規定する社会福祉士短期養成施設等又は同条第三号に規定する社会福祉士一般養成施設等

（介護福祉士試験の受験資格）

第二十一条　法第四十条第二項第六号の厚生労働省令で定めるものは、次のとおりとする。

一　学校教育法による高等学校又は中等教育学校であつて文部科学大臣及び厚生労働大臣の指定したものにおいて、社会福祉士介護福祉士学校指定規則（平成二十年文部科学省厚生労働省令第二号）別表第五に定める高等学校等に係る教科目及び単位数を修めて、同法第九十条第二項の規定により大学への入学を認められた者

二　インドネシア人介護福祉士候補者（経済上の連携に関する日本国とインドネシア共和国との間の協定附属書十第一編第六節2の規定に基づき、入国及び一時的な滞在が許可されたインドネシア人をいう。）、フィリピン人介護福祉士候補者（経

済上の連携に関する日本国とフィリピン共和国との間の協定附属書八第一部第六節1(b)の規定に基づき、入国及び一時的な滞在が許可されたフィリピン人をいう。）又はベトナム人介護福祉士候補者（平成二十四年四月十八日にベトナム社会主義共和国政府との間で交換が完了した看護師及び介護福祉士の入国及び一時的な滞在に関する書簡1(b)の規定に基づき、入国及び一時的な滞在が許可されたベトナム人をいう。）であつて、三年以上介護等（法第二条第二項に規定する介護等をいう。次条第四項及び第二十三条第二項において同じ。）の業務に従事した者

三　三年以上介護等の業務に従事した者であつて、次に掲げる課程のいずれかを修了した後、法第四十条第二項第五号に規定する学校又は養成施設において一月以上介護福祉士として必要な知識及び技能を修得したもの

イ　法附則第四条第二項に規定する喀痰吸引等研修（別表第三第一号の基本研修及び同表第二号の実地研修を除く。）の課程

ロ　介護保険法施行規則（平成十一年厚生省令第三十六号）第二十二条の二十三に規定する介護職員初任者研修課程

ハ　介護保険法施行規則の一部を改正する省令（平成十八年厚生労働省令第百六号）附則第二条の規定による廃止前の訪問介護員に関する省令（ニ及びホにおいて「旧訪問介護員省令」という。）第一条に規定する一級課程

ニ　旧訪問介護員省令第一条に規定する二級課程

ホ　旧訪問介護員省令第一条に規定する三級課程

ヘ　介護保険法施行規則の一部を改正する省令（平成二十四年厚生労働省令第二十五号）による改正前の介護保険法施行規則第二十二条の二十三第一項に規定する介護職員基礎研修課程

ト　イからヘまでに掲げる課程に準ずる課程として厚生労働大臣が認める課程

（介護福祉士試験）

第二十二条　介護福祉士試験は、筆記及び実技の方法により行う。

2　実技試験は、筆記試験に合格した者に限り、受けることができる。

3　法第四十条第二項第一号から第五号まで又は前条第三号に規定する者については、実技試験を免除する。

4　法第四十条第二項第一号から第三号までに規定する文部科学大臣及び厚生労働大臣の指定した学校又は都道府県知事の指定した養成施設の設置者が介護等に関する専門的技術について行う講習であつて、第二十三条の二第一項各号に掲げる要件を満たすものとして、あらかじめ届け出られたものの（以下「介護技術講習」という。）を修了した者については、その申請により、介護技術講習を修了した日後引き続いて行われる次の三回の実技試験を免除する。

第二十三条　筆記試験は、人間と社会の領域、介護の領域、こころとからだのしくみの領域及び医療的ケアの領域に関する知識及び技能について行う。

2　実技試験は、介護等に関する専門的技能について行う。

（介護技術講習）

第二十三条の二　介護技術講習の実施に当たつては、次の各号に掲げる要件をすべて満たすものとする。

一　介護技術講習の時間数は、三十二時間以上とすること。

二　介護技術講習を実施するのに必要な数の講師及び必要な施設を有すること。

三　講師は、介護技術講習の課程を教授するのに必要な講習を受けた者であること。

四　介護福祉士試験を受けようとする者であることを受講の資格とすること。

五　介護技術講習を終了した者に対して、課程修了の認定を適切に行うこと。

2　第二十二条第四項の届出は、介護技術講習を実施する日の属する年度におけるすべての介護技術講習についてそれぞれ次に掲げる事項を記載した書類（次項において「介護技術講習実施届出書」という。）を、当

該年度開始前に、厚生労働大臣（法第四十条第二項第一号から第三号までに規定する都道府県知事の指定した養成施設の設置者が講習を行う場合にあつては、当該都道府県知事。次項及び第四項において同じ。）に提出することにより行うものとする。

一　講習の実施者の名称及び住所
二　講習課程
三　時間数
四　講師の氏名及び履歴
五　実施場所
六　期日及び日程
七　受講定員
八　その他介護技術講習の実施に関する事項

3　介護技術講習の実施者は、介護技術講習実施届出書の内容を変更しようとするときは、あらかじめ、変更しようとする事項及び理由を記載した書面に、変更後の介護技術講習実施届出書を添えて、厚生労働大臣に提出しなければならない。

4　介護技術講習の実施者は、介護技術講習を実施したときは、遅滞なく、次に掲げる事項を記載した報告書を、厚生労働大臣に提出しなければならない。

一　実施年月日
二　実施場所
三　受講者数
四　修了者数

5　介護技術講習の実施者は、介護技術講習の課程、実施場所、期日及び日程その他介護技術講習の実施に必要な事項を、あらかじめ公表しなければならない。

（介護福祉士の登録事項）

第二十四条の二　法第四十二条第一項の厚生労働省令で定める事項は、次のとおりとする。

一　登録番号及び登録年月日
二　本籍地都道府県名（日本国籍を有しない者については、その国籍）
三　介護福祉士試験に合格した年月
四　第一条各号に掲げる行為のうち実地研修を修了したもの

第二章の二　登録喀痰吸引等事業者

（登録の申請）

第二十六条の二　法第四十八条の三第二項の登録を受けようとする者は、申請書に次に掲げる書類を添えて、これを当該申請に係る事業所の所在地を管轄する都道府県知事に提出しなければならない。

一　申請者が法人である場合は、その定款又は寄付行為及び登記事項証明書
二　申請者が個人である場合は、その住民票の写し
三　申請者が法第四十八条の四各号に該当しないことを誓約する書面
四　申請者が法第四十八条の五第一項各号に掲げる要件の全てに適合していることを明らかにする書類

2　法第四十八条の三第二項第四号の厚生労働省令で定める事項は、法第二条第二項に規定する喀痰吸引等（以下「喀痰吸引等」という。）を行う介護福祉士の氏名とする。

（登録基準）

第二十六条の三　法第四十八条の五第一項第一号の厚生労働省令で定める基準は、次のとおりとする。

一　介護福祉士による喀痰吸引等の実施に際し、医師の文書による指示を受けること。
二　喀痰吸引等を必要とする者（以下「対象者」という。）の状態について、医師又は看護職員（保健師、助産師、看護師又は准看護師をいう。以下同じ。）による確認を定期的に行い、当該対象者に係る心身の状況に関する情報を介護福祉士と共有することにより、医師又は看護職員及び介護福祉士の間における連携を確保するとともに、当該医師又は看護職員と当該介護福祉士との適切な役割分担を図ること。
三　対象者の希望、医師の指示及び心身の状況を踏まえて、医師又は看護職員との連携の下に、喀痰吸引等の実施内容その他の事項を記載した計画書を作成すること。
四　喀痰吸引等の実施状況に関する報告書を作成し、医師に提出すること。
五　対象者の状態の急変等に備え、速やか

に医師又は看護職員への連絡を行えるよう、緊急時の連絡方法をあらかじめ定めておくこと。

六　前各号に掲げる事項その他必要な事項を記載した法第四十八条の三第一項に規定する喀痰吸引等業務（次項第二号及び第七号において「喀痰吸引等業務」という。）に関する書類を作成すること。

2　法第四十八条の五第一項第二号の厚生労働省令で定める措置は、次のとおりとする。

一　第一条各号に掲げる行為のうち介護福祉士に行わせようとするものについて、当該介護福祉士が基本研修又は社会福祉士介護福祉士養成施設指定規則（昭和六十二年厚生省令第五十号）別表第四若しくは別表第五若しくは社会福祉士介護福祉士学校指定規則附則第二条第一項第二号の表、別表第四、別表第四の二若しくは別表第五に定める医療的ケア（次号において「医療的ケア」という。）を修了している場合であつて、実地研修を修了している場合にのみその介護福祉士にこれを行わせること。

二　第一条各号に掲げる行為のうち介護福祉士に行わせようとするものについて、当該介護福祉士が基本研修又は医療的ケアを修了している場合であつて、実地研修を修了していない場合には、その介護福祉士に対して次に掲げる要件を満たす実地研修を行うこと。

イ　第一条各号に掲げる行為の区分に応じ、それぞれ当該行為を別表第一第二号の表下欄に定める回数以上実施するものであり、かつ、介護福祉士が修得すべき知識及び技能について、医師、保健師、助産師又は看護師（別表第三において「医師等」という。）が当該行為に関し適切にその修得の程度を審査するものであること。

ロ　イの審査により、実地研修において修得すべき知識及び技能を修得したと認められる介護福祉士に対して、実地研修修了証を交付するものであること。

ハ　ロの実地研修修了証を交付した場合には、当該実地研修修了証の交付を受けた介護福祉士の氏名、生年月日、住所及び交付年月日を記載した帳簿を作成するとともに、喀痰吸引等業務を廃止するまで保存するものであること。

ニ　実地研修修了証の交付状況について、定期的に前条第一項の都道府県知事に報告するものであること。

三　医師又は看護職員を含む者で構成される安全委員会の設置、喀痰吸引等を安全に実施するための研修体制の整備その他の対象者の安全を確保するために必要な体制を確保すること。

四　喀痰吸引等の実施のために必要な備品等を備えること。

五　前号の備品等について衛生的な管理に努めることその他の感染症の発生を予防するために必要な措置を講ずるよう努めること。

六　前項第三号の計画書の内容を対象者又はその家族等に説明し、その同意を得ること。

七　喀痰吸引等業務に関して知り得た情報を適切に管理し、及び秘密を保持するために必要な措置を講じること。

3　法第四十八条の五第一項第三号の厚生労働省令で定める場合は、介護福祉士が医療法第一条の五第一項に規定する病院又は同条第二項に規定する診療所において喀痰吸引等を実施する場合とする。

第三章　雑則

（連携）

第二十七条　社会福祉士及び介護福祉士は、その業務を行うに際し、医療が必要となつた場合の医師を、あらかじめ、確認しなければならない。

2　社会福祉士及び介護福祉士は、その業務を行うに当たり、医師その他の医療関係者の関与が必要となつた場合には、医師その他の医療関係者に連絡しなければならない。

（権限の委任）

第二十八条　法第四十八条の十一及び令第十五条の規定により、次に掲げる厚生労働大臣の権限（国の設置する学校、養成施設、高等学校又は中等教育学校に係るものを除く。）は、地方厚生局長に委任する。ただし、厚生労働大臣が第三号に掲げる権限を自ら行うことを妨げない。

一　法第七条第二号若しくは第三号若しくは第四十条第二項第一号から第三号まで若しくは第五号に規定する学校の指定又は同項第四号に規定する高等学校若しくは中等教育学校の指定に関する権限

二　令第三条から第五条まで及び第八条に規定する権限

三　令第六条及び第七条に規定する権限（学校に係るものに限る。）

2　法第四十八条の十一及び令第十五条の規定により、前項に規定する権限は、地方厚生支局長に委任する。ただし、地方厚生局長が当該権限を自ら行うことを妨げない。

3　第二十三条の二第二項から第四項までに規定する厚生労働大臣の権限は、地方厚生局長に委任する。

4　前項の規定により地方厚生局長に委任された権限は、地方厚生支局長に委任する。ただし、地方厚生局長が当該権限を自ら行うことを妨げない。

附　則（抄）

（施行期日）

第一条　この省令は、昭和六十三年四月一日から施行する。

〔参考〕（第二十一条関係）

社会福祉士介護福祉士学校指定規則別表第五

	教科	科目	単位数
高等学校等（専攻科及び別科を除く。）	福祉	社会福祉基礎	四
		介護福祉基礎	五
		コミュニケーション技術	二
		生活支援技術（医療的ケアを含む。）	十
		介護過程	四
		介護総合演習	三
		介護実習	一三
		こころとからだの理解	八
	公民、数学、理科又は家庭	人間と社会に関する選択科目	四
	合計		五三
高等学校等の専攻科（修業年限が二年以上のものに限る。）		社会福祉基礎	四
		介護福祉基礎	五
		コミュニケーション技術	二
		生活支援技術（医療的ケアを含む。）	十
		介護過程	四
		介護総合演習	三
		介護実習	一三
		こころとからだの理解	八
		人間と社会に関する選択科目	四
	合計		五三

備考　一　各科目の単位数は、一単位時間を五十分とし、三十五単位時間の授業を一単位として計算することを標準とする。

二　医療的ケアについては、講義及び演習により行うものとし、講義の時間数は少なくとも五十時間以上とするものとする。

三　前号の演習を修了した者に対しては、可能な限り実地研修又はこれに代わる見学を行うよう努めるものとする。

○社会福祉士短期養成施設等（法第七条第二号）社会福祉士一般養成施設等（法第七条第三号）の教育の内容（昼間課程及び夜間課程）

社会福祉士介護福祉士養成施設指定規則（昭和六二・一二・一五厚令五〇（最新改正　令和元厚労令四六））別表第一（第三条、第四条関係）

科目	時間数	
	社会福祉士短期養成施設	社会福祉士一般養成施設
人体の構造と機能及び疾病		三〇
心理学理論と心理的支援		三〇
社会理論と社会システム		三〇
現代社会と福祉	六〇	六〇
社会調査の基礎		三〇
相談援助の基盤と専門職		六〇
相談援助の理論と方法	一二〇	一二〇
地域福祉の理論と方法	六〇	六〇
福祉行財政と福祉計画		三〇
福祉サービスの組織と経営		三〇
社会保障		六〇
高齢者に対する支援と介護保険制度		六〇
障害者に対する支援と障害者自立支援制度		三〇
児童や家庭に対する支援と児童・家庭福祉制度		三〇
低所得者に対する支援と生活保護制度		三〇
保健医療サービス		三〇
就労支援サービス		一五
権利擁護と成年後見制度		三〇
更生保護制度		一五
相談援助演習	一五〇	一五〇
相談援助実習指導	九〇	九〇
相談援助実習	一八〇	一八〇
合計	六六〇	一、二〇〇

備考　指定施設において一年以上相談援助の業務に従事した後、入所する者については、相談援助実習及び相談援助実習指導の履修を免除することができる。

○介護福祉士養成施設等（法第四十条第一号―第三号）の教育の内容

社会福祉士介護福祉士養成施設指定規則（昭和六二・一二・一五厚令五〇（最新改正　令和元厚労令四六））別表第四（第五条―第七条関係）

領域	教育内容	時間数		
		第一号養成施設	第二号等養成施設	第三号養成施設
人間と社会	人間の尊厳と自立	三〇以上		
	人間関係とコミュニケーション	六〇以上		
	社会の理解	六〇以上		一五
	人間と社会に関する選択科目			
	合計	二四〇		
介護	介護の基本	一八〇	一八〇	一八〇
	コミュニケーション技術	六〇	六〇	六〇
	生活支援技術	三〇〇	三〇〇	三〇〇
	介護過程	一五〇	一五〇	一五〇
	介護総合演習	一二〇	六〇	六〇
	介護実習	四五〇	二七〇	二一〇
こころとからだのしくみ	こころとからだのしくみ	一二〇	六〇	六〇
	発達と老化の理解	六〇	三〇	三〇
	認知症の理解	六〇	三〇	六〇
	障害の理解	六〇	三〇	三〇
医療的ケア	医療的ケア	五〇	五〇	五〇
合計		一、八五〇	一、二二〇	一、二〇五

備考　一　第一号養成施設における人間と社会に関する選択科目の時間数については、人間の尊厳と自立、人間関係とコミュニケーション及び社会の理解の時間数と合計して二百四十時間以上となるように定めるものとする。

二　医療的ケアについては、講義及び演習により行うものとし、講義の時間数は少なくとも五十時間以上とするものとする。

三　前号の演習を修了した者に対しては、可能な限り実地研修又はこれに代わる見学を行うよう努めるものとする。

社会福祉に関する科目を定める省令

（平成二〇・三・二四
文科・厚労令三）

最新改正　平成二三文科・厚労令五

（法第七条第一号の社会福祉に関する科目）

第一条　社会福祉士及び介護福祉士法（昭和六十二年法律第三十号。以下「法」という。）第七条第一号に規定する文部科学省令・厚生労働省令で定める社会福祉に関する科目は、次のとおりとする。ただし、法第七条第四号に規定する指定施設（以下「指定施設」という。）において一年以上相談援助の業務に従事した後、入学する者については、第一号から第十六号までに掲げる科目とする。

一　次に掲げる科目のうち一科目
　イ　人体の構造と機能及び疾病
　ロ　心理学理論と心理的支援
　ハ　社会理論と社会システム
二　現代社会と福祉
三　社会調査の基礎
四　相談援助の基盤と専門職
五　相談援助の理論と方法
六　地域福祉の理論と方法
七　福祉行財政と福祉計画
八　福祉サービスの組織と経営
九　社会保障
十　高齢者に対する支援と介護保険制度
十一　障害者に対する支援と障害者自立支援制度
十二　児童や家庭に対する支援と児童・家庭福祉制度
十三　低所得者に対する支援と生活保護制度
十四　保健医療サービス
十五　次に掲げる科目のうち一科目
　イ　就労支援サービス
　ロ　権利擁護と成年後見制度
　ハ　更生保護制度
十六　相談援助演習
十七　相談援助実習指導
十八　相談援助実習

（法第七条第二号の社会福祉に関する基礎科目）

第二条　法第七条第二号に規定する文部科学省令・厚生労働省令で定める社会福祉に関する基礎科目は、次のとおりとする。

一　次に掲げる科目のうち一科目
　イ　人体の構造と機能及び疾病
　ロ　心理学理論と心理的支援
　ハ　社会理論と社会システム
二　社会調査の基礎
三　相談援助の基盤と専門職
四　福祉行財政と福祉計画
五　福祉サービスの組織と経営
六　社会保障
七　高齢者に対する支援と介護保険制度
八　障害者に対する支援と障害者自立支援制度
九　児童や家庭に対する支援と児童・家庭福祉制度
十　低所得者に対する支援と生活保護制度
十一　保健医療サービス
十二　次に掲げる科目のうち一科目
　イ　就労支援サービス
　ロ　権利擁護と成年後見制度
　ハ　更生保護制度

（法第四十条第二項第二号の社会福祉に関する科目）

第三条　法第四十条第二項第二号に規定する文部科学省令・厚生労働省令で定める社会福祉に関する科目は、次のとおりとする。ただし、指定施設において一年以上相談援助の業務に従事した後、入学する者については、第一号から第十三号までに掲げる科目とする。

一　人体の構造と機能及び疾病
二　心理学理論と心理的支援
三　社会理論と社会システム
四　現代社会と福祉
五　相談援助の基盤と専門職
六　相談援助の理論と方法
七　社会保障
八　高齢者に対する支援と介護保険制度
九　障害者に対する支援と障害者自立支援制度

十　児童や家庭に対する支援と児童・家庭福祉制度
十一　低所得者に対する支援と生活保護制度
十二　保健医療サービス
十三　相談援助演習
十四　相談援助実習指導
十五　相談援助実習

（実習演習科目の時間数等）
第四条　第一条第十六号から第十八号まで及び前条第十三号から第十五号までに掲げる科目（以下「実習演習科目」という。）は、次に掲げる要件に適合するものとする。
一　次に掲げる科目の区分に応じ、それぞれ次に定める時間数以上であること。
イ　第一条第十六号及び前条第十三号に掲げる科目　百五十時間
ロ　第一条第十七号及び前条第十四号に掲げる科目　九十時間
ハ　第一条第十八号及び前条第十五号に掲げる科目　百八十時間
二　実習演習科目を教授する教員（以下「実習演習担当教員」という。）は、次に掲げる者のいずれかであること。
イ　学校教育法（昭和二十二年法律第二十六号）に基づく大学（大学院及び短期大学を含む。）又はこれに準ずる教育施設において、教授、准教授、助教又は講師として、社会福祉士の養成に係る実習又は演習の指導に関し五年以上の経験を有する者
ロ　学校教育法に基づく専修学校の専門課程の専任教員として、社会福祉士の養成に係る実習又は演習の指導に関し五年以上の経験を有する者
ハ　社会福祉士の資格を取得した後、相談援助の業務に五年以上従事した経験を有する者
ニ　社会福祉士の養成に係る実習及び演習の教員として必要な知識及び技能を修得させるために行う講習会であって、厚生労働大臣が別に定める基準を満たすものとしてあらかじめ厚生労働大臣に届け出られたものを修了した者その他その者に準ずるものとして厚生労働大臣が別に定める者
三　実習演習担当教員の員数は、実習演習科目ごとにそれぞれ学生（生徒を含む。以下この条において同じ。）二十人につき一人以上とすること。
四　実習演習担当教員のうち一人は、専任教員であること。
五　少なくとも学生二十人につき一室の割合で、相談援助演習を行うための演習室及び相談援助実習指導を行うための実習指導室をそれぞれ有すること。ただし、相談援助演習及び相談援助実習指導を行うのに教育上支障がない場合は、演習室と実習指導室とは兼用とすることができる。
六　厚生労働大臣が別に定める施設又は事業のうち、相談援助実習を行うのに適当なもの（以下「実習施設等」という。）を相談援助実習に利用できること。ただし、相談援助実習の一部については、相談援助実習を行うのに適当な市町村（特別区を含む。以下同じ。）において行うことができる。
七　実習施設等における相談援助実習（市町村において相談援助実習を行う場合を含む。次号において同じ。）を指導する実習指導者は、社会福祉士の資格を取得した後、相談援助の業務に三年以上従事した経験を有する者であって、かつ、実習指導者を養成するために行う講習会であって厚生労働大臣が別に定める基準を満たすものとしてあらかじめ厚生労働大臣に届け出られたものを修了した者であること。
八　一の実習施設等における相談援助実習について同時に授業を行う学生の数は、その指導する実習指導者の員数に五を乗じて得た数を上限とすること。

（実習演習科目の確認）
第五条　第一条又は第三条に規定する科目を開設する学校教育法に基づく学校又は専修学校若しくは各種学校（以下「学校等」という。）の設置者は、その学校等の教育課程において開設し、又はしようとする実習演習科目が前条に掲げる要件に適合してい

ることについて文部科学大臣及び厚生労働大臣（専修学校又は各種学校（学校教育法第一条に規定する学校に附設されるものを除く。）にあっては、厚生労働大臣とする。以下同じ。）の確認を受けることができる。

2　前項の確認を受けようとする者は、次に掲げる事項を記載した申請書を文部科学大臣及び厚生労働大臣に提出しなければならない。

一　設置者の氏名及び住所（法人にあっては、名称及び主たる事務所の所在地）

二　名称

三　位置

四　設置年月日

五　長の氏名及び履歴

六　実習演習担当教員の氏名、履歴及び担当科目並びに専任又は兼任の別

七　校舎の概要

八　実習施設等の種類、名称、所在地、設置者若しくは経営者の氏名（法人にあっては、名称）及び設置若しくは開始の年月日並びに当該実習施設等における実習用設備の概要及び実習指導者の氏名又は実習を行う市町村の名称及び当該市町村における実習指導者の氏名

3　前項の申請書には、同項第八号に掲げる実習施設等又は市町村における実習を承諾する旨の当該実習施設等の設置者若しくは経営者又は当該市町村の長の承諾書を添えなければならない。

4　通信課程を設ける学校等にあっては、前二項に規定するもののほか、次に掲げる事項を申請書に記載しなければならない。

一　通信養成を行う地域

二　面接授業の実施期間における講義室及び演習室の使用についての当該施設の設置者の承諾書

（変更の届出）

第六条　前条第一項の確認を受けた者は、前条第二項及び第四項に規定する事項に変更があったときは、その日から一月以内に、文部科学大臣及び厚生労働大臣に届け出なければならない。

2　前条第三項の規定は、同条第二項第八号に掲げる事項の変更に係る届出について準用する。

（確認の取消し）

第七条　文部科学大臣及び厚生労働大臣は、第五条第一項の確認をした実習演習科目が第四条に掲げる要件に適合しなくなったと認めるとき、又は次条の規定による申請があったときは、その確認を取り消すことができる。

（確認の取消しの申請）

第八条　文部科学大臣及び厚生労働大臣の確認の取消しを受けようとするときは、第五条第一項の確認を受けた者は、申請書を文部科学大臣及び厚生労働大臣に提出しなければならない。

（資料の提出等）

第九条　文部科学大臣及び厚生労働大臣は、第五条から第七条までの規定の施行に関し必要があると認めるときは、第五条第一項の確認を受けた者又は同条第二項の申請をした者に対し、資料の提出又は説明を求めることができる。

2　前項の場合において、文部科学大臣及び厚生労働大臣は、第五条第一項の確認をした実習演習科目が第四条各号に掲げる要件に適合しているかどうかを確認するために必要があるときは、実地に調査することができる。

（講習会修了者名簿の提出）

第十条　第四条第二号ニ及び第七号に規定する講習会を行う者は、当該講習会を行ったときは、遅滞なく、当該講習会の課程を修了した者の氏名、性別、当該講習会の受講の開始年月日及び修了年月日を記載した名簿を作成し、厚生労働大臣に提出しなければならない。

（権限の委任）

第十一条　第五条から前条までに規定する厚生労働大臣の権限は、地方厚生局長に委任する。ただし、厚生労働大臣が第七条に規定する権限を自ら行うことを妨げない。

2　前項の規定により地方厚生局長に委任された権限は、地方厚生支局長に委任する。ただし、地方厚生局長が当該権限を自ら行うことを妨げない。

附　則（抄）

（施行期日）
第一条　この省令は、平成二十一年四月一日から施行する。〔後略〕

精神保健福祉士法

（平成九・一二・一九　法律一三一）

最新改正　令和元法律三七

第一章　総則

（目的）
第一条　この法律は、精神保健福祉士の資格を定めて、その業務の適正を図り、もって精神保健の向上及び精神障害者の福祉の増進に寄与することを目的とする。

（定義）
第二条　この法律において「精神保健福祉士」とは、第二十八条の登録を受け、精神保健福祉士の名称を用いて、精神障害者の保健及び福祉に関する専門的知識及び技術をもって、精神科病院その他の医療施設において精神障害の医療を受け、又は精神障害者の社会復帰の促進を図ることを目的とする施設を利用している者の地域相談支援（障害者の日常生活及び社会生活を総合的に支援するための法律（平成十七年法律第百二十三号）第五条第十八項に規定する地域相談支援をいう。第四十一条第一項において同じ。）の利用に関する相談その他の社会復帰に関する相談に応じ、助言、指導、日常生活への適応のために必要な訓練その他の援助を行うこと（以下「相談援助」という。）を業とする者をいう。

（欠格事由）
第三条　次の各号のいずれかに該当する者は、精神保健福祉士となることができない。
一　心身の故障により精神保健福祉士の業務を適正に行うことができない者として厚生労働省令で定めるもの
二　禁錮以上の刑に処せられ、その執行を終わり、又は執行を受けることがなくなった日から起算して二年を経過しない者
三　この法律の規定その他精神障害者の保健又は福祉に関する法律の規定であって政令で定めるものにより、罰金の刑に処せられ、その執行を終わり、又は執行を受けることがなくなった日から起算して二年を経過しない者
四　第三十二条第一項第二号又は第二項の規定により登録を取り消され、その取消しの日から起算して二年を経過しない者

第二章　試験

（資格）
第四条　精神保健福祉士試験（以下「試験」という。）に合格した者は、精神保健福祉士となる資格を有する。

（試験）
第五条　試験は、精神保健福祉士として必要な知識及び技能について行う。

（試験の実施）

第六条　試験は、毎年一回以上、厚生労働大臣が行う。

（受験資格）

第七条　試験は、次の各号のいずれかに該当する者でなければ、受けることができない。

一　学校教育法（昭和二十二年法律第二十六号）に基づく大学（短期大学を除く。以下この条において同じ。）において文部科学省令・厚生労働省令で定める精神障害者の保健及び福祉に関する科目（以下この条において「指定科目」という。）を修めて卒業した者その他その者に準ずるものとして厚生労働省令で定める者

二　学校教育法に基づく大学において文部科学省令・厚生労働省令で定める精神障害者の保健及び福祉に関する基礎科目（以下この条において「基礎科目」という。）を修めて卒業した者その他その者に準ずるものとして厚生労働省令で定める者であって、文部科学大臣及び厚生労働大臣の指定した学校又は都道府県知事の指定した養成施設（以下「精神保健福祉士短期養成施設等」という。）において六月以上精神保健福祉士として必要な知識及び技能を修得したもの

三　学校教育法に基づく大学を卒業した者その他その者に準ずるものとして厚生労働省令で定める者であって、文部科学大臣及び厚生労働大臣の指定した学校又は都道府県知事の指定した養成施設（以下「精神保健福祉士一般養成施設等」という。）において一年以上精神保健福祉士として必要な知識及び技能を修得したもの

四　学校教育法に基づく短期大学（修業年限が三年であるものに限り、同法に基づく専門職大学の三年の前期課程を含む。次号及び第六号において同じ。）において指定科目を修めて卒業した者（同法に基づく専門職大学の前期課程にあっては、修了した者。以下この条において同じ。）（夜間において授業を行う学科又は通信による教育を行う学科を卒業した者を除く。）その他その者に準ずるものとして厚生労働省令で定める者であって、厚生労働省令で定める施設（以下この条において「指定施設」という。）において一年以上相談援助の業務に従事したもの

五　学校教育法に基づく短期大学において基礎科目を修めて卒業した者（夜間において授業を行う学科又は通信による教育を行う学科を卒業した者を除く。）その他その者に準ずるものとして厚生労働省令で定める者であって、指定施設において一年以上相談援助の業務に従事した後、精神保健福祉士短期養成施設等において六月以上精神保健福祉士として必要な知識及び技能を修得したもの

六　学校教育法に基づく短期大学を卒業した者（夜間において授業を行う学科又は通信による教育を行う学科を卒業した者を除く。）その他その者に準ずるものとして厚生労働省令で定める者であって、指定施設において一年以上相談援助の業務に従事した後、精神保健福祉士一般養成施設等において一年以上精神保健福祉士として必要な知識及び技能を修得したもの

七　学校教育法に基づく短期大学（同法に基づく専門職大学の前期課程を含む。次号及び第九号において同じ。）において指定科目を修めて卒業した者その他その者に準ずるものとして厚生労働省令で定める者であって、指定施設において二年以上相談援助の業務に従事したもの

八　学校教育法に基づく短期大学において基礎科目を修めて卒業した者その他その者に準ずるものとして厚生労働省令で定める者であって、指定施設において二年以上相談援助の業務に従事した後、精神保健福祉士短期養成施設等において六月以上精神保健福祉士として必要な知識及び技能を修得したもの

九　学校教育法に基づく短期大学又は高等専門学校を卒業した者その他その者に準ずるものとして厚生労働省令で定める者であって、指定施設において二年以上相談援助の業務に従事した後、精神保健福祉士一般養成施設等において一年以上精

神保健福祉士として必要な知識及び技能を修得したもの

十　指定施設において四年以上相談援助の業務に従事した後、精神保健福祉士一般養成施設等において一年以上精神保健福祉士として必要な知識及び技能を修得した者

十一　社会福祉士であって、精神保健福祉士短期養成施設等において六月以上精神保健福祉士として必要な知識及び技能を修得したもの

（試験の無効等）

第八条　厚生労働大臣は、試験に関して不正の行為があった場合には、その不正行為に関係のある者に対しては、その受験を停止させ、又はその試験を無効とすることができる。

2　厚生労働大臣は、前項の規定による処分を受けた者に対し、期間を定めて試験を受けることができないものとすることができる。

（受験手数料）

第九条　試験を受けようとする者は、実費を勘案して政令で定める額の受験手数料を国に納付しなければならない。

2　前項の受験手数料は、これを納付した者が試験を受けない場合においても、返還しない。

（指定試験機関の指定）

第十条　厚生労働大臣は、厚生労働省令で定めるところにより、その指定する者（以下「指定試験機関」という。）に、試験の実施に関する事務（以下「試験事務」という。）を行わせることができる。

2　指定試験機関の指定は、厚生労働省令で定めるところにより、試験事務を行おうとする者の申請により行う。

3　厚生労働大臣は、他に指定を受けた者がなく、かつ、前項の申請が次の要件を満たしていると認めるときでなければ、指定試験機関の指定をしてはならない。

一　職員、設備、試験事務の実施の方法その他の事項についての試験事務の実施に関する計画が、試験事務の適正かつ確実な実施のために適切なものであること。

二　前号の試験事務の実施に関する計画の適正かつ確実な実施に必要な経理的及び技術的な基礎を有するものであること。

4　厚生労働大臣は、第二項の申請が次のいずれかに該当するときは、指定試験機関の指定をしてはならない。

一　申請者が、一般社団法人又は一般財団法人以外の者であること。

二　申請者がその行う試験事務以外の業務により試験事務を公正に実施することができないおそれがあること。

三　申請者が、第二十二条の規定により指定を取り消され、その取消しの日から起算して二年を経過しない者であること。

四　申請者の役員のうちに、次のいずれかに該当する者があること。

イ　この法律に違反して、刑に処せられ、その執行を終わり、又は執行を受けることがなくなった日から起算して二年を経過しない者

ロ　次条第二項の規定による命令により解任され、その解任の日から起算して二年を経過しない者

（指定試験機関の役員の選任及び解任）

第十一条　指定試験機関の役員の選任及び解任は、厚生労働大臣の認可を受けなければ、その効力を生じない。

2　厚生労働大臣は、指定試験機関の役員が、この法律（この法律に基づく命令又は処分を含む。）若しくは第十三条第一項に規定する試験事務規程に違反する行為をしたとき、又は試験事務に関し著しく不適当な行為をしたときは、指定試験機関に対し、当該役員の解任を命ずることができる。

（事業計画の認可等）

第十二条　指定試験機関は、毎事業年度、事業計画及び収支予算を作成し、当該事業年度の開始前に（指定を受けた日の属する事業年度にあっては、その指定を受けた後遅滞なく）、厚生労働大臣の認可を受けなければならない。これを変更しようとするときも、同様とする。

2　指定試験機関は、毎事業年度の経過後三月以内に、その事業年度の事業報告書及び収支決算書を作成し、厚生労働大臣に提出

しなければならない。

（試験事務規程）

第十三条　指定試験機関は、試験事務の開始前に、試験事務の実施に関する規程（以下この章において「試験事務規程」という。）を定め、厚生労働大臣の認可を受けなければならない。これを変更しようとするときも、同様とする。

2　試験事務規程で定めるべき事項は、厚生労働省令で定める。

3　厚生労働大臣は、第一項の認可をした試験事務規程が試験事務の適正かつ確実な実施上不適当となったと認めるときは、指定試験機関に対し、これを変更すべきことを命ずることができる。

（精神保健福祉士試験委員）

第十四条　指定試験機関は、試験事務を行う場合において、精神保健福祉士として必要な知識及び技能を有するかどうかの判定に関する事務については、精神保健福祉士試験委員（以下この章において「試験委員」という。）に行わせなければならない。

2　指定試験機関は、試験委員を選任しようとするときは、厚生労働省令で定める要件を備える者のうちから選任しなければならない。

3　指定試験機関は、試験委員を選任したときは、厚生労働省令で定めるところにより、厚生労働大臣にその旨を届け出なければならない。試験委員に変更があったときも、同様とする。

4　第十一条第二項の規定は、試験委員の解任について準用する。

（規定の適用等）

第十五条　指定試験機関が試験事務を行う場合における第八条第一項及び第九条第一項の規定の適用については、第八条第一項中「厚生労働大臣」とあり、及び第九条第一項中「国」とあるのは、「指定試験機関」とする。

2　前項の規定により読み替えて適用する第九条第一項の規定により指定試験機関に納められた受験手数料は、指定試験機関の収入とする。

（秘密保持義務等）

第十六条　指定試験機関の役員若しくは職員（試験委員を含む。次項において同じ。）又はこれらの職にあった者は、試験事務に関して知り得た秘密を漏らしてはならない。

2　試験事務に従事する指定試験機関の役員又は職員は、刑法（明治四十年法律第四十五号）その他の罰則の適用については、法令により公務に従事する職員とみなす。

（帳簿の備付け等）

第十七条　指定試験機関は、厚生労働省令で定めるところにより、試験事務に関する事項で厚生労働省令で定めるものを記載した帳簿を備え、これを保存しなければならない。

（監督命令）

第十八条　厚生労働大臣は、この法律を施行するため必要があると認めるときは、指定試験機関に対し、試験事務に関し監督上必要な命令をすることができる。

（報告）

第十九条　厚生労働大臣は、この法律を施行するため必要があると認めるときは、その必要な限度で、厚生労働省令で定めるところにより、指定試験機関に対し、報告をさせることができる。

（立入検査）

第二十条　厚生労働大臣は、この法律を施行するため必要があると認めるときは、その必要な限度で、その職員に、指定試験機関の事務所に立ち入り、指定試験機関の帳簿、書類その他必要な物件を検査させ、又は関係者に質問させることができる。

2　前項の規定により立入検査を行う職員は、その身分を示す証明書を携帯し、かつ、関係者の請求があるときは、これを提示しなければならない。

3　第一項に規定する権限は、犯罪捜査のために認められたものと解釈してはならない。

（試験事務の休廃止）

第二十一条　指定試験機関は、厚生労働大臣の許可を受けなければ、試験事務の全部又は一部を休止し、又は廃止してはならない。

（指定の取消し等）

第二十二条　厚生労働大臣は、指定試験機関

が第十条第四項各号（第三号を除く。）のいずれかに該当するに至ったときは、その指定を取り消さなければならない。

2　厚生労働大臣は、指定試験機関が次の各号のいずれかに該当するに至ったときは、その指定を取り消し、又は期間を定めて試験事務の全部若しくは一部の停止を命ずることができる。

一　第十条第三項各号の要件を満たさなくなったと認められるとき。

二　第十一条第二項（第十四条第四項において準用する場合を含む。）、第十三条第三項又は第十八条の規定による命令に違反したとき。

三　第十二条、第十四条第一項から第三項まで又は前条の規定に違反したとき。

四　第十三条第一項の認可を受けた試験事務規程によらないで試験事務を行ったとき。

五　次条第一項の条件に違反したとき。

（指定等の条件）

第二十三条　第十条第一項、第十一条第一項、第十二条第一項、第十三条第一項又は第二十一条の規定による指定、認可又は許可には、条件を付し、及びこれを変更することができる。

2　前項の条件は、当該指定、認可又は許可に係る事項の確実な実施を図るため必要な最小限度のものに限り、かつ、当該指定、認可又は許可を受ける者に不当な義務を課することとなるものであってはならない。

（指定試験機関がした処分等に係る審査請求）

第二十四条　指定試験機関が行う試験事務に係る処分又はその不作為について不服がある者は、厚生労働大臣に対し、審査請求をすることができる。この場合において、厚生労働大臣は、行政不服審査法（平成二十六年法律第六十八号）第二十五条第二項及び第三項、第四十六条第一項及び第二項、第四十七条並びに第四十九条第三項の規定の適用については、指定試験機関の上級行政庁とみなす。

（厚生労働大臣による試験事務の実施等）

第二十五条　厚生労働大臣は、指定試験機関の指定をしたときは、試験事務を行わないものとする。

2　厚生労働大臣は、指定試験機関が第二十一条の規定による許可を受けて試験事務の全部若しくは一部を休止したとき、第二十二条第二項の規定により指定試験機関に対し試験事務の全部若しくは一部の停止を命じたとき、又は指定試験機関が天災その他の事由により試験事務の全部若しくは一部を実施することが困難となった場合において必要があると認めるときは、試験事務の全部又は一部を自ら行うものとする。

（公示）

第二十六条　厚生労働大臣は、次の場合には、その旨を官報に公示しなければならない。

一　第十条第一項の規定による指定をしたとき。

二　第二十一条の規定による許可をしたとき。

三　第二十二条の規定により指定を取り消し、又は試験事務の全部若しくは一部の停止を命じたとき。

四　前条第二項の規定により試験事務の全部若しくは一部を自ら行うこととするとき、又は自ら行っていた試験事務の全部若しくは一部を行わないこととするとき。

（試験の細目等）

第二十七条　この章に規定するもののほか、試験、精神保健福祉士短期養成施設等、精神保健福祉士一般養成施設等、指定試験機関その他この章の規定の施行に関し必要な事項は、厚生労働省令で定める。

第三章　登録

（登録）

第二十八条　精神保健福祉士となる資格を有する者が精神保健福祉士となるには、精神保健福祉士登録簿に、氏名、生年月日その他厚生労働省令で定める事項の登録を受けなければならない。

（精神保健福祉士登録簿）

第二十九条　精神保健福祉士登録簿は、厚生労働省に備える。

（精神保健福祉士登録証）

第三十条　厚生労働大臣は、精神保健福祉士の登録をしたときは、申請者に第二十八条に規定する事項を記載した精神保健福祉士登録証（以下この章において「登録証」という。）を交付する。

（登録事項の変更の届出等）

第三十一条　精神保健福祉士は、登録を受けた事項に変更があったときは、遅滞なく、その旨を厚生労働大臣に届け出なければならない。

2　精神保健福祉士は、前項の規定による届出をするときは、当該届出に登録証を添えて提出し、その訂正を受けなければならない。

（登録の取消し等）

第三十二条　厚生労働大臣は、精神保健福祉士が次の各号のいずれかに該当する場合には、その登録を取り消さなければならない。

一　第三条各号（第四号を除く。）のいずれかに該当するに至った場合

二　虚偽又は不正の事実に基づいて登録を受けた場合

2　厚生労働大臣は、精神保健福祉士が第三十九条、第四十条又は第四十一条第二項の規定に違反したときは、その登録を取り消し、又は期間を定めて精神保健福祉士の名称の使用の停止を命ずることができる。

（登録の消除）

第三十三条　厚生労働大臣は、精神保健福祉士の登録がその効力を失ったときは、その登録を消除しなければならない。

（変更登録等の手数料）

第三十四条　登録証の記載事項の変更を受けようとする者及び登録証の再交付を受けようとする者は、実費を勘案して政令で定める額の手数料を国に納付しなければならない。

（指定登録機関の指定等）

第三十五条　厚生労働大臣は、厚生労働省令で定めるところにより、その指定する者（以下「指定登録機関」という。）に、精神保健福祉士の登録の実施に関する事務（以下「登録事務」という。）を行わせることができる。

2　指定登録機関の指定は、厚生労働省令で定めるところにより、登録事務を行おうとする者の申請により行う。

第三十六条　指定登録機関が登録事務を行う場合における第二十九条、第三十条、第三十一条第一項、第三十三条及び第三十四条の規定の適用については、これらの規定中「厚生労働省」とあり、「厚生労働大臣」とあり、及び「国」とあるのは、「指定登録機関」とする。

2　指定登録機関が登録を行う場合において、精神保健福祉士の登録を受けようとする者は、実費を勘案して政令で定める額の手数料を指定登録機関に納付しなければならない。

3　第一項の規定により読み替えて適用する第三十四条及び前項の規定により指定登録機関に納められた手数料は、指定登録機関の収入とする。

（準用）

第三十七条　第十条第三項及び第四項、第十一条から第十三条まで並びに第十六条から第二十六条までの規定は、指定登録機関について準用する。この場合において、これらの規定中「試験事務」とあるのは「登録事務」と、「試験事務規程」とあるのは「登録事務規程」と、第十条第三項中「前項の申請」とあり、及び同条第四項中「第二項の申請」とあるのは「第三十五条第二項の申請」と、第十六条第一項中「職員（試験委員を含む。次項において同じ。）」とあるのは「職員」と、第二十二条第二項第二号中「第十一条第二項（第十四条第四項において準用する場合を含む。）」とあるのは「第十一条第二項」と、同項第三号中「、第十四条第一項から第三項まで又は前条」とあるのは「又は前条」と、第二十三条第一項及び第二十六条第一号中「第十条第一項」とあるのは「第三十五条第一項」と読み替えるものとする。

（厚生労働省令への委任）

第三十八条　この章に規定するもののほか、精神保健福祉士の登録、指定登録機関その他この章の規定の施行に関し必要な事項は、厚生労働省令で定める。

第四章　義務等

（誠実義務）

第三十八条の二　精神保健福祉士は、その担当する者が個人の尊厳を保持し、自立した生活を営むことができるよう、常にその者の立場に立って、誠実にその業務を行わなければならない。

（信用失墜行為の禁止）

第三十九条　精神保健福祉士は、精神保健福祉士の信用を傷つけるような行為をしてはならない。

（秘密保持義務）

第四十条　精神保健福祉士は、正当な理由がなく、その業務に関して知り得た人の秘密を漏らしてはならない。精神保健福祉士でなくなった後においても、同様とする。

（連携等）

第四十一条　精神保健福祉士は、その業務を行うに当たっては、その担当する者に対し、保健医療サービス、障害者の日常生活及び社会生活を総合的に支援するための法律第五条第一項に規定する障害福祉サービス、地域相談支援に関するサービスその他のサービスが密接な連携の下で総合的かつ適切に提供されるよう、これらのサービスを提供する者その他の関係者等との連携を保たなければならない。

2　精神保健福祉士は、その業務を行うに当たって精神障害者に主治の医師があるときは、その指導を受けなければならない。

（資質向上の責務）

第四十一条の二　精神保健福祉士は、精神保健及び精神障害者の福祉を取り巻く環境の変化による業務の内容の変化に適応するため、相談援助に関する知識及び技能の向上に努めなければならない。

（名称の使用制限）

第四十二条　精神保健福祉士でない者は、精神保健福祉士という名称を使用してはならない。

（権限の委任）

第四十二条の二　この法律に規定する厚生労働大臣の権限は、厚生労働省令で定めるところにより、地方厚生局長に委任することができる。

2　前項の規定により地方厚生局長に委任された権限は、厚生労働省令で定めるところにより、地方厚生支局長に委任することができる。

（経過措置）

第四十三条　この法律の規定に基づき命令を制定し、又は改廃する場合においては、その命令で、その制定又は改廃に伴い合理的に必要と判断される範囲内において、所要の経過措置（罰則に関する経過措置を含む。）を定めることができる。

第五章　罰則

第四十四条　第四十条の規定に違反した者は、一年以下の懲役又は三十万円以下の罰金に処する。

2　前項の罪は、告訴がなければ公訴を提起することができない。

第四十五条　第十六条第一項（第三十七条において準用する場合を含む。）の規定に違反した者は、一年以下の懲役又は三十万円以下の罰金に処する。

第四十六条　第二十二条第二項（第三十七条において準用する場合を含む。）の規定による試験事務又は登録事務の停止の命令に違反したときは、その違反行為をした指定試験機関又は指定登録機関の役員又は職員は、一年以下の懲役又は三十万円以下の罰金に処する。

第四十七条　次の各号のいずれかに該当する者は、三十万円以下の罰金に処する。

一　第三十二条第二項の規定により精神保健福祉士の名称の使用の停止を命ぜられた者で、当該停止を命ぜられた期間中に、精神保健福祉士の名称を使用したもの

二　第四十二条の規定に違反した者

第四十八条　次の各号のいずれかに該当するときは、その違反行為をした指定試験機関又は指定登録機関の役員又は職員は、二十万円以下の罰金に処する。

一　第十七条（第三十七条において準用する場合を含む。）の規定に違反して帳簿を備えず、帳簿に記載せず、若しくは帳簿に虚偽の記載をし、又は帳簿を保存し

なかったとき。

二　第十九条（第三十七条において準用する場合を含む。）の規定による報告をせず、又は虚偽の報告をしたとき。

三　第二十条第一項（第三十七条において準用する場合を含む。）の規定による立入り若しくは検査を拒み、妨げ、若しくは忌避し、又は質問に対して陳述をせず、若しくは虚偽の陳述をしたとき。

四　第二十一条（第三十七条において準用する場合を含む。）の許可を受けないで試験事務又は登録事務の全部を廃止したとき。

附　則（抄）

（施行期日）

第一条　この法律は、平成十年四月一日から施行する。〔後略〕

精神保健福祉士法施行令

（平成一〇・一・八 政令五）

最新改正　平成二九政令二九〇

（法第三条第三号の政令で定める精神障害者の保健又は福祉に関する法律の規定）

第一条　精神保健福祉士法（以下「法」という。）第三条第三号の政令で定める精神障害者の保健又は福祉に関する法律の規定は、医師法（昭和二十三年法律第二百一号）、保健師助産師看護師法（昭和二十三年法律第二百三号）、精神保健及び精神障害者福祉に関する法律（昭和二十五年法律第百二十三号）、生活保護法（昭和二十五年法律第百四十四号）、社会福祉法（昭和二十六年法律第四十五号）、特別児童扶養手当等の支給に関する法律（昭和三十九年法律第百三十四号）、社会福祉士及び介護福祉士法（昭和六十二年法律第三十号）、障害者の日常生活及び社会生活を総合的に支援するための法律（平成十七年法律第百二十三号）、公認心理師法（平成二十七年法律第六十八号）及び民間あっせん機関による養子縁組のあっせんに係る児童の保護等に関する法律（平成二十八年法律第百十号）の規定とする。

（受験手数料）

第二条　法第九条第一項の受験手数料の額は、一万七千六百十円（法第二十七条の規定に基づく厚生労働省令の規定により精神保健福祉士試験の科目を免除する場合その他厚生労働省令で定める場合には、一万七千六百十円を超えない範囲内において実費を勘案して厚生労働省令で定める額）とする。

（変更登録等の手数料）

第三条　法第三十四条の手数料の額は、千二百円とする。

（登録手数料）

第四条　法第三十六条第二項の手数料の額は、四千五十円とする。

附　則（抄）

（施行期日）

1　この政令は、平成十年四月一日から施行する。〔後略〕

精神保健福祉士法施行規則（抄）

（平成一〇・一・三〇 厚令一一）

最新改正 令和元厚労令四六

（法第三条第二号の厚生労働省令で定める者）

第一条　精神保健福祉士法（平成九年法律第百三十一号。以下「法」という。）第三条第二号の厚生労働省令で定める者は、精神の機能の障害により精神保健福祉士の業務を適正に行うに当たって必要な認知、判断及び意思疎通を適切に行うことができない者とする。

（指定施設の範囲）

第二条　法第七条第四号の厚生労働省令で定める施設は、次のとおりとする。

一　精神科病院

二　市役所、区役所又は町村役場（精神障害者（障害者の日常生活及び社会生活を総合的に支援するための法律（平成十七年法律第百二十三号）第四条第一項に規定する精神障害者をいう。以下同じ。）に対してサービスを提供する部署に限る。）

三　地域保健法（昭和二十二年法律第百一号）に規定する保健所又は市町村保健センター

四　児童福祉法（昭和二十二年法律第百六十四号）に規定する障害児通所支援事業（医療型児童発達支援を除く。）又は障害児相談支援事業を行う施設、乳児院、児童相談所、母子生活支援施設、児童養護施設、福祉型障害児入所施設、児童心理治療施設、児童自立支援施設又は児童家庭支援センター（いずれも精神障害者に対してサービスを提供するものに限る。）

五　医療法（昭和二十三年法律第二百五号）に規定する病院又は診療所（精神病床を有するもの又は精神科若しくは心療内科の広告をしているものに限る。）

六　精神保健及び精神障害者福祉に関する法律（昭和二十五年法律第百二十三号）に規定する精神保健福祉センター

七　生活保護法（昭和二十五年法律第百四十四号）に規定する救護施設又は更生施設（いずれも精神障害者に対してサービスを提供するものに限る。）

八　社会福祉法（昭和二十六年法律第四十五号）に規定する福祉に関する事務所又は市町村社会福祉協議会（いずれも精神障害者に対してサービスを提供するものに限る。）

九　知的障害者福祉法（昭和三十五年法律第三十七号）に規定する知的障害者更生相談所（精神障害者に対してサービスを提供するものに限る。）

十　障害者の雇用の促進等に関する法律（昭和三十五年法律第百二十三号）に規定する広域障害者職業センター、地域障害者職業センター又は障害者就業・生活支援センター（いずれも精神障害者に対してサービスを提供するものに限る。）

十一　法務省設置法（平成十一年法律第九十三号）に規定する保護観察所又は更生保護事業法（平成七年法律第八十六号）に規定する更生保護施設（精神障害者に対してサービスを提供するものに限る。）

十二　発達障害者支援法（平成十六年法律第百六十七号）に規定する発達障害者支援センター（精神障害者に対してサービスを提供するものに限る。）

十三　障害者の日常生活及び社会生活を総合的に支援するための法律に規定する障害福祉サービス事業（生活介護、短期入所、重度障害者等包括支援、自立訓練、就労移行支援、就労継続支援、就労定着支援、自立生活援助又は共同生活援助を行うものに限る。）、一般相談支援事業若しくは特定相談支援事業を行う施設、障害者支援施設、地域活動支援センター又は福祉ホーム（いずれも精神障害者に対してサービスを提供するものに限る。）

十四　前各号に掲げる施設に準ずる施設として厚生労働大臣が定める施設（精神障害者に対してサービスを提供するものに限る。）

（試験施行期日等の公告）
第三条　精神保健福祉士試験を施行する期日、場所その他精神保健福祉士試験の実施に必要な事項は、厚生労働大臣があらかじめ、官報で公告する。
（精神保健福祉士試験の方法）
第四条　精神保健福祉士試験は、筆記の方法により行う。
（精神保健福祉士試験の科目）
第五条　精神保健福祉士試験の科目は、次のとおりとする。
一　人体の構造と機能及び疾病
二　心理学理論と心理的支援
三　社会理論と社会システム
四　現代社会と福祉
五　地域福祉の理論と方法
六　社会保障
七　低所得者に対する支援と生活保護制度
八　福祉行財政と福祉計画
九　保健医療サービス
十　権利擁護と成年後見制度
十一　障害者に対する支援と障害者自立支援制度
十二　精神疾患とその治療
十三　精神保健の課題と支援
十四　精神保健福祉相談援助の基盤
十五　精神保健福祉の理論と相談援助の展開
十六　精神保健福祉に関する制度とサービス
十七　精神障害者の生活支援システム
（試験科目の免除）
第六条　社会福祉士であって、精神保健福祉士試験を受けようとする者に対しては、その申請により、前条に規定する精神保健福祉士試験の科目のうち、同条第一号から第十一号までに定める科目を免除する。
（令第二条の厚生労働省令で定める場合及び厚生労働省令で定める額）
第七条の二　精神保健福祉士法施行令（平成十年政令第五号。次項において「令」という。）第二条の厚生労働省令で定める場合は、社会福祉士試験を受けようとする者が同時に精神保健福祉士試験を受けようとする場合とする。
2　令第二条の規定により精神保健福祉士試験の第六条の規定により精神保健福祉士試験の科目を免除された場合にあっては一万四千八十円とし、前項に規定する場合にあっては一万四千百六十円とする。

附　則（抄）

（施行期日）
1　この省令は、平成十年四月一日から施行する。
（受験資格の特例）
2　法附則第二条の厚生労働省令で定める施設は、次のとおりとする。
一　精神病院
二　病院又は診療所（精神病床を有するもの又は精神科若しくは心療内科を広告しているものに限る。）
三　保健所
四　地域保健法に規定する市町村保健センター
五　精神保健及び精神障害者福祉に関する法律に規定する精神保健福祉センター、精神障害者生活訓練施設、精神障害者福祉ホーム、精神障害者授産施設、精神障害者福祉工場及び精神障害者地域生活援助事業を行う施設
六　前五号に掲げる施設に準ずる施設として厚生労働大臣が認める施設

精神障害者の保健及び福祉に関する科目を定める省令

（平成二三・八・五 文科・厚労令三）

最新改正 平成二七文科・厚労令五

（法第七条第一号の精神障害者の保健及び福祉に関する科目）

第一条 精神保健福祉士法（以下「法」という。）第七条第一号に規定する文部科学省令・厚生労働省令で定める精神障害者の保健及び福祉に関する科目は、次のとおりとする。ただし、法第七条第四号に規定する指定施設（以下「指定施設」という。）において一年以上相談援助の業務に従事した後、入学する者については、第一号から第十八号までに掲げる科目とする。

一 次に掲げる科目のうち一科目

イ 人体の構造と機能及び疾病

ロ 心理学理論と心理的支援

ハ 社会理論と社会システム

二 現代社会と福祉

三 地域福祉の理論と方法

四 社会保障

五 低所得者に対する支援と生活保護制度

六 福祉行財政と福祉計画

七 保健医療サービス

八 権利擁護と成年後見制度

九 障害者に対する支援と障害者自立支援制度

十 精神疾患とその治療

十一 精神保健の課題と支援

十二 精神保健福祉相談援助の基盤（基礎）

十三 精神保健福祉相談援助の基盤（専門）

十四 精神保健福祉の理論と相談援助の展開

十五 精神保健福祉に関する制度とサービス

十六 精神障害者の生活支援システム

十七 精神保健福祉援助演習（基礎）

十八 精神保健福祉援助演習（専門）

十九 精神保健福祉援助実習指導

二十 精神保健福祉援助実習

2 前項第十七号から第二十号までに掲げる科目（以下「実習演習科目」という。）は、次の各号に掲げる科目の区分に応じ、それぞれ当該各号に定める時間数以上としなければならない。

一 前項第十七号に掲げる科目 三十時間

二 前項第十八号に掲げる科目 六十時間

三 前項第十九号に掲げる科目 九十時間

四 前項第二十号に掲げる科目 二百十時間

3 実習演習科目を教授する教員（以下「実習演習担当教員」という。）は、次に掲げる者のいずれかでなければならない。

一 学校教育法（昭和二十二年法律第二十六号）に基づく大学（大学院及び短期大学を含む。以下同じ。）又はこれに準ずる教育施設において、教授、准教授、助教又は講師として、精神保健福祉士の養成に係る実習又は演習の教授に関し五年以上の経験を有する者

二 学校教育法に基づく専修学校の専門課程又は各種学校の専任教員として、精神保健福祉士の養成に係る実習又は演習の教授に関し五年以上の経験を有する者

三 精神保健福祉士の資格を取得した後、相談援助の業務に五年以上従事した経験を有する者

四 精神保健福祉士の養成に係る実習及び演習の教員として必要な知識及び技能を修得させるために行う講習会であって、厚生労働大臣が別に定める基準を満たすものとしてあらかじめ厚生労働大臣に届け出られたものを修了した者その他その者に準ずるものとして厚生労働大臣が別に定める者

4 実習演習担当教員の員数は、実習演習科目ごとにそれぞれ学生（生徒を含む。以下この条において同じ。）二十人につき一人以上としなければならない。

5 実習演習担当教員のうち一人は、専任教員でなければならない。

6 少なくとも学生二十人につき一室の割合で、精神保健福祉援助演習（基礎）及び精神保健福祉援助演習（専門）を行うための演習室並びに精神保健福祉援助実習指導を

行うための実習指導室をそれぞれ有しなければならない。ただし、精神保健福祉援助演習（基礎）及び精神保健福祉援助演習（専門）並びに精神保健福祉援助実習指導を行うのに教育上支障がない場合は、演習室と実習指導室とは兼用とすることができる。

7　精神保健福祉援助実習は、厚生労働大臣が別に定める施設又は事業のうち、精神保健福祉援助実習を行うのに適当なもの（以下「実習施設等」という。）を利用して行わなければならない。

8　実習指導者（実習施設等において精神保健福祉援助実習を指導する者をいう。以下同じ。）は、精神保健福祉士の資格を取得した後、相談援助の業務に三年以上従事した経験を有する者であって、かつ、実習指導者を養成するために行う講習会であって厚生労働大臣が別に定める基準を満たすものとしてあらかじめ厚生労働大臣に届け出られたものを修了した者でなければならない。

9　一の実習施設等における精神保健福祉援助実習について指導を行う実習指導者の数は、同時に指導を行う学生五人につき一人以上としなければならない。

10　社会福祉に関する科目を定める省令（平成二十年文部科学省厚生労働省令第三号）第一条第十六号又は第三条第十三号に規定する相談援助演習（次条において「相談援助演習」という。）を履修した者については、精神保健福祉援助演習（基礎）の履修を免除することができる。

（法第七条第二号の精神障害者の保健及び福祉に関する基礎科目）

第二条　法第七条第二号に規定する文部科学省令・厚生労働省令で定める精神障害者の保健及び福祉に関する基礎科目は、次のとおりとする。

一　次に掲げる科目のうち一科目
　イ　人体の構造と機能及び疾病
　ロ　心理学理論と心理的支援
　ハ　社会理論と社会システム
二　現代社会と福祉
三　地域福祉の理論と方法
四　社会保障
五　低所得者に対する支援と生活保護制度
六　福祉行財政と福祉計画
七　保健医療サービス
八　権利擁護と成年後見制度
九　障害者に対する支援と障害者自立支援制度
十　精神保健福祉相談援助の基盤（基礎）
十一　精神保健福祉援助演習（基礎）

2　相談援助演習を履修した者については、精神保健福祉援助演習（基礎）の履修を免除することができる。

（実習演習科目の確認）

第三条　第一条第一項各号に掲げる科目を開設する学校教育法に基づく大学、専修学校又は各種学校（以下「学校等」という。）の設置者は、その学校等の教育課程において開設し、又はしようとする実習演習科目が同条第二項から第九項までに掲げる要件に適合していることについて文部科学大臣及び厚生労働大臣（専修学校又は各種学校（いずれも学校教育法第一条に規定する学校に附設されるものを除く。）にあっては、厚生労働大臣とする。以下同じ。）の確認を受けることができる。

2　前項の確認を受けようとする者は、次に掲げる事項を記載した申請書を文部科学大臣及び厚生労働大臣に提出しなければならない。

一　設置者の氏名及び住所（法人にあっては、名称及び主たる事務所の所在地）
二　学校等の名称
三　学校等の位置
四　学校等の設置年月日
五　学校等の長の氏名
六　実習演習担当教員の氏名、履歴及び担当科目並びに専任又は兼任の別
七　校舎の概要
八　実習施設等の名称、種別、所在地、設置者又は経営者（当該実習施設等が市役所、区役所又は町村役場である場合にあっては市町村長又は特別区の長）の氏名（当該設置者又は経営者が法人である場合にあっては名称）、設置又は開始の年月日、実習用設備の概要及び実習指導者の氏名

3　前項の申請書には、同項第八号に掲げる実習施設等における実習を承諾する旨の当該実習施設等の設置者又は経営者（当該実習施設等が市役所、区役所又は町村役場である場合にあっては市町村長又は特別区の長）の承諾書を添えなければならない。

4　通信課程を設ける学校等にあっては、前二項に規定するもののほか、次に掲げる事項を申請書に記載しなければならない。

一　通信養成を行う地域

二　面接授業の実施期間における講義室及び演習室の使用についての当該施設の設置者の承諾書

（変更の届出）

第四条　前条第一項の確認を受けた者は、同条第二項又は第四項に規定する事項に変更があったときは、その日から一月以内に、文部科学大臣及び厚生労働大臣に届け出なければならない。

2　前条第三項の規定は、同条第二項第八号に掲げる事項の変更に係る届出について準用する。

（確認の取消し）

第五条　文部科学大臣及び厚生労働大臣は、第三条第一項の確認をした実習演習科目が第一条第二項から第九項までに掲げる要件に適合しなくなったと認めるとき、又は次条の規定による申請があったときは、その確認を取り消すことができる。

（確認の取消しの申請）

第六条　第三条第一項の確認を受けた者が当該確認の取消しを受けようとするときは、その旨を文部科学大臣及び厚生労働大臣に申請しなければならない。

（資料の提出等）

第七条　文部科学大臣及び厚生労働大臣は、第三条から第五条までの規定の施行に関し必要があると認めるときは、第三条第一項の確認を受けた者又は同条第二項の申請をした者に対し、資料の提出又は説明を求めることができる。

2　前項の場合において、文部科学大臣及び厚生労働大臣は、第三条第一項の確認をした実習演習科目が第一条第二項から第九項までに掲げる要件に適合しているかどうかを確認するために必要があるときは、実地に調査することができる。

（講習会修了者名簿の提出）

第八条　第一条第三項第四号及び同条第八項に規定する講習会を行う者は、当該講習会を行ったときは、遅滞なく、当該講習会の課程を修了した者の氏名、性別並びに当該講習会の受講の開始年月日及び修了年月日を記載した名簿を作成し、厚生労働大臣に提出しなければならない。

附　則（抄）

（施行期日）

第一条　この省令は、平成二十四年四月一日から施行する。

精神保健福祉士短期養成施設等及び精神保健福祉士一般養成施設等指定規則第三条第一項第十号及び精神障害者の保健及び福祉に関する科目を定める省令第一条第七項の規定に基づき厚生労働大臣が別に定める施設及び事業

（平成一〇・一一・三〇
厚告一〇）

（題名改正＝平成二四厚労告二〇四）
最新改正　平成三〇厚労告八一

一　精神科病院

二　市役所、区役所又は町村役場（精神障害者（障害者の日常生活及び社会生活を総合的に支援するための法律（平成十七年法律第百二十三号）第四条第一項に規定する精神障害者をいう。以下同じ。）に対してサービスを提供する部署に限る。）

三　地域保健法（昭和二十二年法律第百一号）に規定する保健所又は市町村保健センター

四　児童福祉法（昭和二十二年法律第百六十四号）に規定する障害児通所支援事業（医療型児童発達支援を除く。）若しくは障害児相談支援事業を行う施設、乳児院、児童相談所、母子生活支援施設、児童養護施設、福祉型障害児入所施設、児童心理治療施設、

児童自立支援施設又は児童家庭支援センター（いずれも精神障害者に対してサービスを提供するものに限る。）

五　医療法（昭和二十三年法律第二百五号）に規定する病院又は診療所（精神病床を有するもの又は精神科若しくは心療内科を広告しているものに限る。）

六　精神保健及び精神障害者福祉に関する法律（昭和二十五年法律第百二十三号）に規定する精神保健福祉センター

七　生活保護法（昭和二十五年法律第百四十四号）に規定する救護施設又は更生施設（いずれも精神障害者に対してサービスを提供するものに限る。）

八　社会福祉法（昭和二十六年法律第四十五号）に規定する福祉に関する事務所（精神障害者に対してサービスを提供するものに限る。）

九　知的障害者福祉法（昭和三十五年法律第三十七号）に規定する知的障害者更生相談所（精神障害者に対してサービスを提供するものに限る。）

十　障害者の雇用の促進等に関する法律（昭和三十五年法律第百二十三号）に規定する広域障害者職業センター、地域障害者職業センター又は障害者就業・生活支援センター（いずれも精神障害者に対してサービスを提供するものに限る。）

十一　法務省設置法（平成十一年法律第九十三号）に規定する保護観察所又は更生保護事業法（平成七年法律第八十六号）に規定する更生保護施設（精神障害者に対してサービスを提供するものに限る。）

十二　ホームレスの自立の支援等に関する特別措置法（平成十四年法律第百五号）に規定するホームレス自立支援事業を実施する施設（精神障害者に対してサービスを提供するものに限る。）

十三　発達障害者支援法（平成十六年法律第百六十七号）に規定する発達障害者支援センター（精神障害者に対してサービスを提供するものに限る。）

十四　障害者の日常生活及び社会生活を総合的に支援するための法律に規定する障害福祉サービス事業（生活介護、短期入所、重度障害者等包括支援、自立訓練、就労移行支援、就労継続支援、就労定着支援、自立生活援助又は共同生活援助を行うものに限る。）、一般相談支援事業若しくは特定相談支援事業を行う施設、障害者支援施設、地域活動支援センター又は福祉ホーム（いずれも精神障害者に対してサービスを提供するものに限る。）

十五　前各号に掲げる施設又は事業に準ずる施設又は事業として厚生労働大臣が認めるもの

社会福祉主事の資格に関する科目指定

（昭和二五・八・二九　厚告　二二六）

最新改正　平成一二厚告一五三

社会福祉主事の設置に関する法律（昭和二十五年法律第百八十二号）第二条第一項第一号の規定による社会福祉に関する科目を次のように指定する。

社会福祉主事の資格に関する科目指定

社会福祉概論、社会福祉事業史、社会福祉援助技術論、社会福祉調査論、社会福祉施設経営論、社会福祉行政論、社会保障論、公的扶助論、児童福祉論、家庭福祉論、保育理論、身体障害者福祉論、知的障害者福祉論、精神障害者保健福祉論、老人福祉論、医療社会事業論、地域福祉論、法学、民法、行政法、経済学、社会政策、経済政策、心理学、社会学、教育学、倫理学、公衆衛生学、医学一般、リハビリテーション論、看護学、介護概論、栄養学及び家政学のうち三科目以上

社会福祉士の倫理綱領

（一九九五・一・二〇採択の「ソーシャルワーカーの倫理綱領」を改訂。二〇〇五・六・三・日本社会福祉士会採択）

前文

われわれ社会福祉士は、すべての人が人間としての尊厳を有し、価値ある存在であり、平等であることを深く認識する。われわれは平和を擁護し、人権と社会正義の原理に則り、サービス利用者本位の質の高い福祉サービスの開発と提供に努めることによって、社会福祉の推進とサービス利用者の自己実現をめざす専門職であることを言明する。

われわれは、社会の進展に伴う社会変動が、ともすれば環境破壊及び人間疎外をもたらすことに着目する時、この専門職がこれからの福祉社会にとって不可欠の制度であることを自覚するとともに、専門職社会福祉士の職責についての一般社会及び市民の理解を深め、その啓発に努める。

われわれは、われわれの加盟する国際ソーシャルワーカー連盟が採択した、次の「ソーシャルワークの定義」（二〇〇〇年七月）をソーシャルワーク実践に適用され得るものとして認識し、その実践の拠り所とする。

ソーシャルワークの定義

ソーシャルワーク専門職は、人間の福利（ウェルビーイング）の増進を目指して、社会の変革を進め、人間関係における問題解決を図り、人々のエンパワーメントと解放を促していく。ソーシャルワークは人間の行動と社会システムに関する理論を利用して、人びとがその環境と相互に影響し合う接点に介入する。人権と社会正義の原理は、ソーシャルワークの拠り所とする基盤である。（ＩＦＳＷ、二〇〇〇・七）

われわれは、ソーシャルワークの知識、技術の専門性と倫理性の維持、向上が専門職の職責であるだけでなく、サービス利用者は勿論、社会全体の利益に密接に関連していることを認識し、本綱領を制定してこれを遵守することを誓約する者により、専門職団体を組織する。

価値と原則

1　（人間の尊厳）

社会福祉士は、すべての人間を、出自、人種、性別、年齢、身体的精神的状況、宗教的文化的背景、社会的地位、経済状況等の違いにかかわらず、かけがえのない存在として尊重する。

2　（社会正義）

差別、貧困、抑圧、排除、暴力、環境破壊などの無い、自由、平等、共生に基づく社会正義の実現を目指す。

3　（貢献）

社会福祉士は、人間の尊厳の尊重と社会正義の実現に貢献する。

4　（誠実）

社会福祉士は、本倫理綱領に対して常に誠実である。

5　（専門的力量）

社会福祉士は、専門的力量を発揮し、その専門性を高める。

倫理基準

1）利用者に対する倫理責任

1　（利用者との関係）社会福祉士は、利用者との専門的援助関係を最も大切にし、それを自己の利益のために利用しない。

2　（利用者の利益の最優先）社会福祉士は、業務の遂行に際して、利用者の利益を最優先に考える。

3　（受容）社会福祉士は、自らの先入観や偏見を排し、利用者をあるがままに受容する。

4　（説明責任）社会福祉士は、利用者に必要な情報を適切な方法・わかりやすい表現を用いて提供し、利用者の意思を確認する。

5　（利用者の自己決定の尊重）社会福祉士は、利用者の自己決定を尊重し、利用者がその権利を十分に理解し、活用していけるように援助する。

6 （利用者の意思決定能力への対応）社会福祉士は、意思決定能力の不十分な利用者に対して、常に最善の方法を用いて利益と権利を擁護する。

7 （プライバシーの尊重）社会福祉士は、利用者のプライバシーを最大限に尊重し、関係者から情報を得る場合、その利用者から同意を得る。

8 （秘密の保持）社会福祉士は、利用者や関係者から情報を得る場合、業務上必要な範囲にとどめ、その秘密を保持する。秘密の保持は、業務を退いた後も同様とする。

9 （記録の開示）社会福祉士は、利用者から記録の開示の要求があった場合、本人に記録を開示する。

10 （情報の共有）社会福祉士は、利用者の援助のために利用者に関する情報を関係機関・関係職員と共有する場合、その秘密を保持するよう最善の方策を用いる。

11 （性的差別、虐待の禁止）社会福祉士は、利用者に対して、性別、性的指向等の違いから派生する差別やセクシュアル・ハラスメント、虐待をしない。

12 （権利侵害の防止）社会福祉士は、利用者を擁護し、あらゆる権利侵害の発生を防止する。

2）実践現場における倫理責任

1 （最良の実践を行う責務）社会福祉士は、実践現場において、最良の業務を遂行するために、自らの専門的知識・技術を惜しみなく発揮する。

2 （他の専門職等との連携・協働）社会福祉士は、相互の専門性を尊重し、他の専門職等と連携・協働する。

3 （実践現場と綱領の遵守）社会福祉士は、実践現場との間で倫理上のジレンマが生じるような場合、実践現場が本綱領の原則を尊重し、その基本精神を遵守するよう働きかける。

4 （業務改善の推進）社会福祉士は、常に業務を点検し評価を行い、業務改善を推進する。

3）社会に対する倫理責任

1 （ソーシャル・インクルージョン）社会福祉士は、人々をあらゆる差別、貧困、抑圧、排除、暴力、環境破壊などから守り、包含的な社会を目指すよう努める。

2 （社会への働きかけ）社会福祉士は、社会に見られる不正義の改善と利用者の問題解決のため、利用者や他の専門職等と連帯し、効果的な方法により社会に働きかける。

3 （国際社会への働きかけ）社会福祉士は、人権と社会正義に関する国際的問題を解決するため、全世界のソーシャルワーカーと連帯し、国際社会に働きかける。

4）専門職としての倫理責任

1 （専門職の啓発）社会福祉士は、利用者・他の専門職・市民に専門職としての実践を伝え社会的信用を高める。

2 （信用失墜行為の禁止）社会福祉士は、その立場を利用した信用失墜行為を行わない。

3 （社会的信用の保持）社会福祉士は、他の社会福祉士が専門職業の社会的信用を損なうような場合、本人にその事実を知らせ、必要な対応を促す。

4 （専門職の擁護）社会福祉士は、不当な批判を受けることがあれば、専門職として連帯し、その立場を擁護する。

5 （専門性の向上）社会福祉士は、最良の実践を行うために、スーパービジョン、教育・研修に参加し、援助方法の改善と専門性の向上を図る。

6 （教育・訓練・管理における責務）社会福祉士は教育・訓練・管理に携わる場合、相手の人権を尊重し、専門職としてのよりよい成長を促す。

7 （調査・研究）社会福祉士は、すべての調査・研究過程で利用者の人権を尊重し、倫理性を確保する。

社会福祉士の行動規範

この「社会福祉士の行動規範」は、「社会福祉士の倫理綱領」に基づき、社会福祉士が社会福祉実践において従うべき行動を示したものである。

1) 利用者に対する倫理責任

1 利用者との関係

① 社会福祉士は、利用者との専門的援助関係についてあらかじめ利用者に説明しなければならない。

② 社会福祉士は、利用者と私的な関係になってはならない。

③ 社会福祉士は、いかなる理由があっても利用者およびその関係者との性的接触・行動をしてはならない。

④ 社会福祉士は、自分の個人的・宗教的・政治的理由のため、または個人の利益のために、不当に専門的援助関係を利用してはならない。

⑤ 社会福祉士は、過去または現在の利用者に対して利益の相反する関係になることが避けられないときは、利用者を守る手段を講じ、それを利用者に明らかにしなければならない。

⑥ 社会福祉士は、利用者との専門的援助関係とともにパートナーシップを尊重しなければならない。

2 利用者の利益の最優先

① 社会福祉士は、専門職の立場を私的なことに使用してはならない。

② 社会福祉士は、利用者から専門職サービスの代償として、正規の報酬以外に物品や金銭を受けとってはならない。

③ 社会福祉士は、援助を継続できない何らかの理由がある場合、援助を継続できるように最大限の努力をしなければならない。

3 受 容

① 社会福祉士は、利用者に暖かい関心を寄せ、利用者の立場を認め、利用者の情緒の安定を図らなければならない。

② 社会福祉士は、利用者を非難し、審判することがあってはならない。

③ 社会福祉士は、利用者の意思表出をはげまし支えなければならない。

4 説明責任

① 社会福祉士は、利用者の側に立ったサービスを行う立場にあることを伝えなければならない。

② 社会福祉士は、専門職上の義務と利用者の権利を説明し明らかにした上で援助をしなければならない。

③ 社会福祉士は、利用者が必要な情報を十分に理解し、納得していることを確認しなければならない。

5 利用者の自己決定の尊重

① 社会福祉士は、利用者が自分の目標を定めることを支援しなければならない。

② 社会福祉士は、利用者が選択の幅を広げるために、十分な情報を提供しなければならない。

③ 社会福祉士は、利用者の自己決定が重大な危険を伴う場合、あらかじめその行動を制限することがあることを伝え、そのような制限をした場合には、その理由を説明しなければならない。

6 利用者の意思決定能力への対応

① 社会福祉士は、利用者の意思決定能力の状態に応じ、利用者のアドボカシーに努め、エンパワメントを支援しなければならない。

② 社会福祉士は、自分の価値観や援助観を利用者に押しつけてはならない。

③ 社会福祉士は、常に自らの業務がパターナリズムに陥らないように、自己の点検に務めなければならない。

④ 社会福祉士は、利用者のエンパワメントに必要な社会資源を適切に活用しなければならない。

7 プライバシーの尊重

① 社会福祉士は、利用者が自らのプライバシー権を自覚するように働きかけなければならない。

② 社会福祉士は、利用者の個人情報を収集する場合、その都度利用者の了解を得なければならない。

③ 社会福祉士は、問題解決を支援する目的であっても、利用者が了解しない場合は、個人情報を使用してはならない。

8 秘密の保持

① 社会福祉士は、業務の遂行にあたり、

必要以上の情報収集をしてはならない。

② 社会福祉士は、利用者の秘密に関して、敏感かつ慎重でなければならない。

③ 社会福祉士は、業務を離れた日常生活においても、利用者の秘密を保持しなければならない。

④ 社会福祉士は、記録の保持と廃棄について、利用者の秘密が漏れないように慎重に対応しなければならない。

9 記録の開示

① 社会福祉士は、利用者の記録を開示する場合、かならず本人の了解を得なければならない。

② 社会福祉士は、利用者の支援の目的のためにのみ、個人情報を使用しなければならない。

③ 社会福祉士は、利用者が記録の閲覧を希望した場合、特別な理由なくそれを拒んではならない。

10 情報の共有

① 社会福祉士は、利用者の情報を電子媒体等により取り扱う場合、厳重な管理体制と最新のセキュリティに配慮しなければならない。

② 社会福祉士は、利用者の個人情報の乱用・紛失その他あらゆる危険に対し、安全保護に関する措置を講じなければならない。

③ 社会福祉士は、電子情報通信等に関する原則やリスクなどの最新情報について学ばなければならない。

11 性的差別、虐待の禁止

① 社会福祉士は、利用者に対して性的差別やセクシュアル・ハラスメント、虐待を行ってはならない。

② 社会福祉士は、利用者に対して肉体的・精神的損害または苦痛を与えてはならない。

③ 社会福祉士は、利用者が暴力や性的搾取・虐待の対象となっている場合、すみやかに発見できるよう心掛けなければならない。

④ 社会福祉士は、性的差別やセクシュアル・ハラスメント、虐待に対する正しい知識を得るよう学ばなければならない。

12 権利侵害の防止

① 社会福祉士は、利用者の権利について十分に認識し、敏感かつ積極的に対応しなければならない。

② 社会福祉士は、利用者の権利侵害を防止する環境を整え、そのシステムの構築に努めなければならない。

③ 社会福祉士は、利用者の権利侵害の防止についての啓発活動を積極的に行わなければならない。

2) 実践現場における倫理責任

1 最良の実践を行う責務

① 社会福祉士は、専門職としての使命と職責の重要性を自覚し、常に専門知識を深め、理論と実務に精通するように努めなければならない。

② 社会福祉士は、専門職としての自律性と責任性が完遂できるよう、自らの専門的力量の向上をはからなければならない。

③ 社会福祉士は、福祉を取り巻く分野の法律や制度等関連知識の集積に努め、その力量を発揮しなければならない。

2 他の専門職等との連携・協働

① 社会福祉士は、所属する機関内部での意思疎通が円滑になされるように積極的に働きかけなければならない。

② 社会福祉士は、他の専門職と連携し、所属する機関の機構やサービス提供の変更や開発について提案しなければならない。

③ 社会福祉士は、他機関の専門職と連携し協働するために、連絡・調整の役割を果たさなければならない。

3 実践現場と綱領の遵守

① 社会福祉士は、社会福祉士の倫理綱領を実践現場が熟知するように働きかけなければならない。

② 社会福祉士は、実践現場で倫理上のジレンマが生じた場合、倫理綱領に照らして公正性と一貫性をもってサービス提供を行うように努めなければなら

ない。

③　社会福祉士は、実践現場の方針・規則・手続き等、倫理綱領に反する実践を許してはならない。

4　業務改善の推進

①　社会福祉士は、利用者の声に耳を傾け苦情の対応にあたり、業務の改善を通して再発防止に努めなければならない。

②　社会福祉士は、実践現場が常に自己点検と評価を行い、他者からの評価を受けるように働きかけなければならない。

3)　社会に対する倫理責任

1　ソーシャル・インクルージョン

①　社会福祉士は、特に不利益な立場にあり、抑圧されている利用者が、選択と決定の機会を行使できるように働きかけなければならない。

②　社会福祉士は、利用者や住民が社会の政策・制度の形成に参加することを積極的に支援しなければならない。

③　社会福祉士は、専門的な視点と方法により、利用者のニーズを社会全体と地域社会に伝達しなければならない。

2　社会への働きかけ

①　社会福祉士は、利用者が望む福祉サービスを適切に受けられるように権利を擁護し、代弁活動を行わなければならない。

②　社会福祉士は、社会福祉実践に及ぼす社会政策や福祉計画の影響を認識し、地域福祉の増進に積極的に参加しなければならない。

③　社会福祉士は、社会における意思決定に際して、利用者の意思と参加が促進されるよう支えなければならない。

④　社会福祉士は、公共の緊急事態に対して可能な限り専門職のサービスを提供できるよう、臨機応変な活動への貢献ができなければならない。

3　国際社会への働きかけ

①　社会福祉士は、国際社会において、文化的社会的差異を尊重しなければならない。

②　社会福祉士は、民族、人種、国籍、宗教、性別、障害等による差別と支配をなくすための国際的な活動をささえなければならない。

③　社会福祉士は、国際社会情勢に関心をもち、精通するよう努めなければならない。

4)　専門職としての倫理責任

1　専門職の啓発

①　社会福祉士は、対外的に社会福祉士であることを名乗り、専門職としての自覚を高めなければならない。

②　社会福祉士は、自己が獲得し保持している専門的力量を利用者・市民・他の専門職に知らせるように努めなければならない。

③　社会福祉士は、個人としてだけでなく専門職集団としても、責任ある行動をとり、その専門職の啓発を高めなければならない。

2　信用失墜行為の禁止

①　社会福祉士は、社会福祉士としての自覚と誇りを持ち、社会的信用を高めるよう行動しなければならない。

②　社会福祉士は、あらゆる社会的不正行為に関わってはならない。

3　社会的信用の保持

①　社会福祉士は、専門職業の社会的信用をそこなうような行為があった場合、行為の内容やその原因を明らかにし、その対策を講じるように努めなければならない。

②　社会福祉士は、他の社会福祉士が非倫理的な行動をとった場合、必要に応じて関係機関や日本社会福祉士会に対し適切な行動を取るよう働きかけなければならない。

③　社会福祉士は、信用失墜行為がないように互いに協力し、チェック機能を果たせるよう連携を進めなければならない。

4　専門職の擁護

①　社会福祉士は、社会福祉士に対する不当な批判や扱いに対し、その不当性を明らかにし、社会にアピールするな

ど、仲間を支えなければならない。

② 社会福祉士は、不当な扱いや批判を受けている他の社会福祉士を発見したときは、一致してその立場を擁護しなければならない。

③ 社会福祉士は、社会福祉士として不当な批判や扱いを受けぬよう日頃から自律性と倫理性を高めるために密に連携しなければならない。

5 専門性の向上

① 社会福祉士は、研修・情報交換・自主勉強会等の機会を活かして、常に自己研鑽に努めなければならない。

② 社会福祉士は、常に自己の専門分野や関連する領域に関する情報を収集するよう努めなければならない。

③ 社会福祉士は、社会的に有用な情報を共有し合い、互いの専門性向上に努めなければならない。

6 教育・訓練・管理における責務

① スーパービジョンを担う社会福祉士は、その機能を積極的に活用し、公正で誠実な態度で後進の育成に努め社会的要請に応えなければならない。

② コンサルテーションを担う社会福祉士は、研修会や事例検討会等を企画し、効果的に実施するように努めなければならない。

③ 職場のマネジメントを担う社会福祉士は、サービスの質・利用者の満足・職員の働きがいの向上に努めなければならない。

④ 業務アセスメントや評価を担う社会福祉士は、明確な基準に基づき評価の判断をいつでも説明できるようにしなければならない。

⑤ 社会福祉教育を担う社会福祉士は、次世代を担う人材養成のために、知識と情熱を惜しみなく注がなければならない。

7 調査・研究

① 社会福祉士は、社会福祉に関する調査研究を行い、結果を公表する場合、その目的を明らかにし、利用者等の不利益にならないよう最大限の配慮をしなければならない。

② 社会福祉士は、事例研究にケースを提供する場合、人物を特定できないように配慮し、その関係者に対し事前に承認を得なければならない。

私たちのやくそく—信頼される介護支援専門員になるために—

二〇〇一年六月、第九回日本社会福祉士会全国大会において、「社会福祉士である自分たちの責務をもう一度問い直そう」という趣旨の大会宣言がなされました。

この全国大会の一カ月前に、和歌山県で介護支援専門員による殺人事件が発生していたことから、大会宣言を具体化する取り組みの一つとして、本会は「私たちのやくそく」を作成し、二〇〇二年五月三一日に開催した本会第七回通常総会において報告しました。

本会会員の社会福祉士は「㈳日本社会福祉士会の倫理綱領」を遵守して行動し、権利擁護を推進する社会福祉専門職として、さまざまな場所で利用者と接しています。

「私たちのやくそく」は、介護支援専門員の業務に携わる会員の社会福祉士に対して、その責任と役割を自覚し、利用者に誠実に援助を提供していくことの重要性を再確認していこうと呼びかけるものです。

私たちのやくそく—信頼される介護支援専門員になるために—

1 私たちは、利用者の自立生活の実現を支援します。

介護支援専門員は、利用者の「自立支援」を目標として、社会資源の活用をすすめたり、介護サービスなどの調整や制度に基づくサービスを紹介・あっせんしたりすることが役割です。

2 私たちは、利用者の自己決定を尊重し、その実現を支援します。

利用者の「自己決定」は、すべての基本です。自己決定したことをどのように実現するか、実現が困難であれば何が原因なのか、問題なのかを明らかにすることは介護支援専門員の役割です。

3 私たちは、利用者の自己決定に必要な情報を誠意をもって提供します。

利用者が自己決定するためには、適切な情報が必要です。利用者自身に関すること、社会資源に関することなど、利用者が現状で利用者なりに判断をすることができるようにすることは権利擁護の基本です。

4 私たちは、利用者の声を謙虚に受けとめ、敬意をもって尊重します。

利用者の疑問、不安、不満、苦情などは、利用者が自立して安心できる生活を営むことを損なう原因の一つです。それらに一つ一つ的確に応えていくことは、介護支援専門員がサービス提供する上で必要なことだけでなく、利用者の基本的な権利を守ることにもつながります。

5 私たちは、利用者の納得と承諾を得てサービスの提供と調整をします。

生活するのは利用者自身であり、いくらよいと思われるサービスを提供しても、利用者が納得できなければ、望ましい自立生活を営むことはできません。利用者が自ら利用するサービスを理解し、承諾することは、主体的に日常生活を営む上で欠かすことのできない権利です。

6 私たちは、利用者の生活支援に必要な権利擁護の制度を活用します。

利用者の心身の状況などにより、自ら情報を判断することや判断したことを表明することが困難な場合、利用者自身の権利を行使することが困難な場合には、成年後見制度や地域福祉権利擁護事業など日常生活に必要な権利擁護の制度を活用して、利用者の生活を支援します。

7 私たちは、つねに自己点検し、自らのサービス評価をすすめます。

介護支援専門員は、それぞれが基礎資格とする専門職としての倫理綱領などをもっています。専門職は、利用者や第三者からの評価だけでなく、つねに自己点検をし、自己評価をすることによって、専門職としての倫理を守っています。もちろん、他者からの評価については謙虚に受けとめることを忘れてはなりません。

8 私たちは、つねに自己研鑽に励み、介護支援サービスの向上をめざします。

自己評価や他者からの評価により、自分がその役割を果たす上で必要な知識や技能を確認し、その修得を図っていくことは重要なことです。資質向上を目指す自己研鑽は、自らが満足するだけでなく、利用者によりよいサービスを提供することや、利用者自身が自らの生活を豊かにしていく基礎となります。

9 私たちは、つねに公正な介護支援サービスと介護サービスを求めます。

介護支援専門員は、利用者の自立支援と自己決定をすすめていく役割をもっています。利用者にとって必要なサービスを調整するうえで重要なことは、サービス事業者の利害や関係者の利害からつねに公正な立場を保つことです。それが、利用者の権利を守る基本でもあります。

10 私たちは、介護支援サービスをとおして、利用者の権利擁護につくします。

利用者の権利擁護をすすめる取り組みは、さまざまです。介護支援専門員は、介護支援サービスという業務をとおして、利用者が自立した日常生活を営むことができるように直接的に支援するだけでなく、利用者が安心して暮らすことのできる社会を築く役割をもっています。利用者の権利擁護はさまざまな取り組みによって支えられるのです。介護支援サービスは、権利擁護をすすめるさまざまな活動の一つとして位置づけられるのです。

社会福祉全般

精神保健福祉士の倫理綱領

（一九八八・六・一六・日本精神医学ソーシャルワーカー協会制定／二〇〇三・五・三〇・日本精神保健福祉士協会改訂／二〇〇四・一一・二八・社団法人日本精神保健福祉士協会採択／二〇一三・四・二一・公益社団法人日本精神保健福祉士協会採択（題名改正＝二〇一八・六・一七））

前　文

われわれ精神保健福祉士は、個人としての尊厳を尊び、人と環境の関係を捉える視点を持ち、共生社会の実現をめざし、社会福祉学を基盤とする精神保健福祉士の価値・理論・実践をもって精神保健福祉の向上に努めるとともに、クライエントの社会的復権・権利擁護と福祉のための専門的・社会的活動を行う専門職としての資質の向上に努め、誠実に倫理綱領に基づく責務を担う。

目　的

この倫理綱領は、精神保健福祉士の倫理の原則および基準を示すことにより、以下の点を実現することを目的とする。

1　精神保健福祉士の専門職としての価値を示す
2　専門職としての価値に基づき実践する
3　クライエントおよび社会から信頼を得る
4　精神保健福祉士としての価値、倫理原則、倫理基準を遵守する
5　他の専門職や全てのソーシャルワーカーと連携する
6　すべての人が個人として尊重され、共に生きる社会の実現をめざす

倫理原則

1　クライエントに対する責務

（1）　クライエントへの関わり
精神保健福祉士は、クライエントの基本的人権を尊重し、個人としての尊厳、法の下の平等、健康で文化的な生活を営む権利を擁護する。

（2）　自己決定の尊重
精神保健福祉士は、クライエントの自己決定を尊重し、その自己実現に向けて援助する。

（3）　プライバシーと秘密保持
精神保健福祉士は、クライエントのプライバシーを尊重し、その秘密を保持する。

（4）　クライエントの批判に対する責務
精神保健福祉士は、クライエントの批判・評価を謙虚に受けとめ、改善する。

（5）　一般的責務
精神保健福祉士は、不当な金品の授受に関与してはならない。また、クライエントの人格を傷つける行為をしてはならない。

2　専門職としての責務

（1）　専門性の向上
精神保健福祉士は、専門職としての価値に基づき、理論と実践の向上に努める。

（2）　専門職自律の責務
精神保健福祉士は同僚の業務を尊重するとともに、相互批判を通じて専門職としての自律性を高める。

（3）　地位利用の禁止
精神保健福祉士は、職務の遂行にあたり、クライエントの利益を最優先し、自己の利益のためにその地位を利用してはならない。

（4）　批判に関する責務
精神保健福祉士は、自己の業務に対する批判・評価を謙虚に受けとめ、専門性の向上に努める。

（5）　連携の責務
精神保健福祉士は、他職種・他機関の専門性と価値を尊重し、連携・協働する。

3　機関に対する責務
精神保健福祉士は、所属機関がクライエントの社会的復権を目指した理念・目的に添って業務が遂行できるように努める。

4　社会に対する責務
精神保健福祉士は、人々の多様な価値を尊重し、福祉と平和のために、社会的・政治的・文化的活動を通し社会に貢献する。

倫理基準

1　クライエントに対する責務

(1) クライエントへの関わり
精神保健福祉士は、クライエントをかけがえのない一人の人として尊重し、専門的援助関係を結び、クライエントとともに問題の解決を図る。

(2) 自己決定の尊重
a クライエントの知る権利を尊重し、クライエントが必要とする支援、信頼のおける情報を適切な方法で説明し、クライエントが決定できるよう援助する。
b 業務遂行に関して、サービスを利用する権利および利益、不利益について説明し、疑問に十分応えた後、援助を行う。援助の開始にあたっては、所属する機関や精神保健福祉士の業務について契約関係を明確にする。
c クライエントが決定することが困難な場合、クライエントの利益を守るため最大限の努力をする。

(3) プライバシーと秘密保持
精神保健福祉士は、クライエントのプライバシーの権利を擁護し、業務上知り得た個人情報について秘密を保持する。なお、業務を辞めたあとでも、秘密を保持する義務は継続する。
a 第三者から情報の開示の要求がある場合、クライエントの同意を得た上で開示する。クライエントに不利益を及ぼす可能性がある時には、クライエントの秘密保持を優先する。
b 秘密を保持することにより、クライエントまたは第三者の生命、財産に緊急の被害が予測される場合は、クライエントとの協議を含め慎重に対処する。
c 複数の機関による支援やケースカンファレンス等を行う場合には、本人の了承を得て行い、個人情報の提供は必要最小限にとどめる。また、その秘密保持に関しては、細心の注意を払う。クライエントに関係する人々の個人情報に関しても同様の配慮を行う。
d クライエントを他機関に紹介する時には、個人情報や記録の提供についてクライエントとの協議を経て決める。
e 研究等の目的で事例検討を行うときには、本人の了承を得るとともに、個人を特定できないように留意する。
f クライエントから要求がある時は、クライエントの個人情報を開示する。ただし、記録の中にある第三者の秘密を保護しなければならない。
g 電子機器等によりクライエントの情報を伝達する場合、その情報の秘密性を保証できるよう最善の方策を用い、慎重に行う。

(4) クライエントの批判に対する責務
精神保健福祉士は、自己の業務におけるクライエントからの批判・評価を受けとめ、改善に努める。

(5) 一般的責務
a 精神保健福祉士は、職業的立場を認識し、いかなる事情の下でも精神的・身体的・性的いやがらせ等人格を傷つける行為をしてはならない。
b 精神保健福祉士は、機関が定めた契約による報酬や公的基準で定められた以外の金品の要求・授受をしてはならない。

2 専門職としての責務

(1) 専門性の向上
a 精神保健福祉士は専門職としての価値・理論に基づく実践の向上に努め、継続的に研修や教育に参加しなければならない。
b スーパービジョンと教育指導に関する責務
1) 精神保健福祉士はスーパービジョンを行う場合、自己の限界を認識し、専門職として利用できる最新の情報と知識に基づいた指導を行う。
2) 精神保健福祉士は、専門職として利用できる最新の情報と知識に基づき学生等の教育や実習指導を積極的に行う。
3) 精神保健福祉士は、スーパービジョンや学生等の教育・実習指導を行う場合、公正で適切な指導を行い、スーパーバイジーや学生等に対して差別・酷使・精神的・身体的・性的いやがらせ等人格を傷つける行為をしてはならない。

(2) 専門職自律の責務

a 精神保健福祉士は、適切な調査研究、論議、責任ある相互批判、専門職組織活動への参加を通じて、専門職としての自律性を高める。

b 精神保健福祉士は、個人的問題のためにクライエントの援助や業務の遂行に支障をきたす場合には、同僚等に速やかに相談する。また、業務の遂行に支障をきたさないよう、自らの心身の健康に留意する。

(3) 地位利用の禁止

精神保健福祉士は業務の遂行にあたりクライエントの利益を最優先し、自己の個人的・宗教的・政治的利益のために自己の地位を利用してはならない。また、専門職の立場を利用し、不正、搾取、ごまかしに参画してはならない。

(4) 批判に関する責務

a 精神保健福祉士は、同僚の業務を尊重する。

b 精神保健福祉士は、自己の業務に関する批判・評価を謙虚に受けとめ、改善に努める。

c 精神保健福祉士は、他の精神保健福祉士の非倫理的行動を防止し、改善するよう適切な方法をとる。

(5) 連携の責務

a 精神保健福祉士は、クライエントや地域社会の持つ力を尊重し、協働する。

b 精神保健福祉士は、クライエントや地域社会の福祉向上のため、他の専門職や他機関等と協働する。

c 精神保健福祉士は、所属する機関のソーシャルワーカーの業務について、点検・評価し同僚と協働し改善に努める。

d 精神保健福祉士は、職業的関係や立場を認識し、いかなる事情の下でも同僚または関係者への精神的・身体的・性的いやがらせ等人格を傷つける行為をしてはならない。

3 機関に対する責務

精神保健福祉士は、所属機関等が、クライエントの人権を尊重し、業務の改善や向上が必要な際には、機関に対して適切・妥当な方法・手段によって、提言できるように努め、改善を図る。

4 社会に対する責務

精神保健福祉士は、専門職としての価値・理論・実践をもって、地域および社会の活動に参画し、社会の変革と精神保健福祉の向上に貢献する。

日本介護福祉士会倫理綱領

（一九九五・一一・一七宣言）
（日本介護福祉士会）

前文

私たち介護福祉士は、介護福祉ニーズを有するすべての人々が、住み慣れた地域において安心して老いることができ、そして暮らし続けていくことのできる社会の実現を願っています。

そのため、私たち日本介護福祉士会は、一人ひとりの心豊かな暮らしを支える介護福祉の専門職として、ここに倫理綱領を定め、自らの専門的知識・技術及び倫理的自覚をもって最善の介護福祉サービスの提供に努めます。

（利用者本位、自立支援）

1 介護福祉士は、すべての人々の基本的人権を擁護し、一人ひとりの住民が心豊かな暮らしと老後が送れるよう利用者本位の立場から自己決定を最大限尊重し、自立に向けた介護福祉サービスを提供していきます。

（専門的サービスの提供）

2 介護福祉士は、常に専門的知識・技術の研鑽に励むとともに、豊かな感性と的確な判断力を培い、深い洞察力をもって専門的サービスの提供に努めます。

　また、介護福祉士は、介護福祉サービスの質的向上に努め、自己の実施した介護福祉サービスについては、常に専門職としての責任を負います。

（プライバシーの保護）

3　介護福祉士は、プライバシーを保護するため、職務上知り得た個人の情報を守ります。

（総合的サービスの提供と積極的な連携、協力）

4　介護福祉士は、利用者に最適なサービスを総合的に提供していくため、福祉、医療、保健その他関連する業務に従事する者と積極的な連携を図り、協力して行動します。

（利用者ニーズの代弁）

5　介護福祉士は、暮らしを支える視点から利用者の真のニーズを受けとめ、それを代弁していくことも重要な役割であると確認したうえで、考え、行動します。

（地域福祉の推進）

6　介護福祉士は、地域において生じる介護問題を解決していくために、専門職として常に積極的な態度で住民と接し、介護問題に対する深い理解が得られるよう努めるとともに、その介護力の強化に協力していきます。

（後継者の育成）

7　介護福祉士は、すべての人々が将来にわたり安心して質の高い介護を受ける権利を享受できるよう、介護福祉士に関する教育水準の向上と後継者の育成に力を注ぎます。

全国保育士会倫理綱領

（二〇〇三年 全国社会福祉協議会 全国保育協議会 全国保育士会）

　すべての子どもは、豊かな愛情のなかで心身ともに健やかに育てられ、自ら伸びていく無限の可能性を持っています。

　私たちは、子どもが現在（いま）を幸せに生活し、未来（あす）を生きる力を育てる保育の仕事に誇りと責任をもって、自らの人間性と専門性の向上に努め、一人ひとりの子どもを心から尊重し、次のことを行います。

　私たちは、子どもの育ちを支えます。

　私たちは、保護者の子育てを支えます。

　私たちは、子どもと子育てにやさしい社会をつくります。

（子どもの最善の利益の尊重）

1　私たちは、一人ひとりの子どもの最善の利益を第一に考え、保育を通してその福祉を積極的に増進するよう努めます。

（子どもの発達保障）

2　私たちは、養護と教育が一体となった保育を通して、一人ひとりの子どもが心身ともに健康、安全で情緒の安定した生活ができる環境を用意し、生きる喜びと力を育むことを基本として、その健やかな育ちを支えます。

（保護者との協力）

3　私たちは、子どもと保護者のおかれた状況や意向を受けとめ、保護者とより良い協力関係を築きながら、子どもの育ちや子育てを支えます。

（**プライバシーの保護**）

4　私たちは、一人ひとりのプライバシーを保護するため、保育を通して知り得た個人の情報や秘密を守ります。

（**チームワークと自己評価**）

5　私たちは、職場におけるチームワークや、関係する他の専門機関との連携を大切にします。

　また、自らの行う保育について、常に子どもの視点に立って自己評価を行い、保育の質の向上を図ります。

（**利用者の代弁**）

6　私たちは、日々の保育や子育て支援の活動を通して子どものニーズを受けとめ、子どもの立場に立ってそれを代弁します。

　また、子育てをしているすべての保護者のニーズを受けとめ、それを代弁していくことも重要な役割と考え、行動します。

（**地域の子育て支援**）

7　私たちは、地域の人々や関係機関とともに子育てを支援し、そのネットワークにより、地域で子どもを育てる環境づくりに努めます。

（**専門職としての責務**）

8　私たちは、研修や自己研鑽を通して、常に自らの人間性と専門性の向上に努め、専門職としての責務を果たします。

老人福祉施設倫理綱領

（平成五・五・一二制定
全国老人福祉施設協議会）

　老人福祉施設は、わが国を豊かでやすらぎのある高齢社会とするために大きな役割を担っており、そこに働く私たちには、すべての国民から、大きな期待がよせられています。

　この期待に応えるためには、関係法令を遵守するだけにとどまらず、利用者に対しノーマライゼーションと人権尊重の理念に基づき、専門的サービスを提供する義務があり、社会の信頼に応えるために、公平・公正なサービスの実現に努める必要があります。

　私たちは、このような自覚と決意をさらに強固なものとするため、老人福祉施設で働くすべての人々が厳守すべき『老人福祉施設倫理綱領』をここに定めます。

1　施設の使命

　老人福祉施設は、地域社会の支持を受けて、高齢者が地域で安心して生活を送ることができる拠点施設となることを使命とします。

2　公平・公正な施設運営の遵守

　老人福祉施設で働く私たちは、高齢者の生活と人権を擁護するため、自己点検を強化し、公平・公正な開かれた施設運営に努めます。

3　利用者の生活の質の向上

　老人福祉施設で働く私たちは、利用者一人ひとりのニーズと意思を尊重し、可能性の実現と生活の質の向上に努めます。

4　従事者の資質・専門性の向上

　老人福祉施設で働く私たちは、常に誠意をもって質の高いサービスが提供できるよう、研修・研究に励み、専門性の向上に努めます。

5　地域福祉の向上

　老人福祉施設で働く私たちは、地域社会の一員としての自覚を持ち、保健・医療等関連分野との連携を強化し、地域福祉の向上に努めます。

6　国際的視野での活動

　老人福祉施設で働く私たちは、諸外国との交流を促進し、国際的視野にたち、相互の理解を深め、福祉の推進に資するよう努めます。

民生委員法

（昭和二三・七・二九
法律一九八）

最新改正　平成二五法律四四

（任務）

第一条　民生委員は、社会奉仕の精神をもつて、常に住民の立場に立つて相談に応じ、及び必要な援助を行い、もつて社会福祉の増進に努めるものとする。

（人格識見の陶冶）

第二条　民生委員は、常に、人格識見の向上と、その職務を行う上に必要な知識及び技術の修得に努めなければならない。

（設置区域）

第三条　民生委員は、市（特別区を含む。以下同じ。）町村の区域にこれを置く。

（定数）

第四条　民生委員の定数は、厚生労働大臣の定める基準を参酌して、前条の区域ごとに、都道府県の条例で定める。

2　前項の規定により条例を制定する場合においては、都道府県知事は、あらかじめ、前条の区域を管轄する市町村長（特別区の区長を含む。以下同じ。）の意見を聴くものとする。

（推薦・委嘱）

第五条　民生委員は、都道府県知事の推薦によつて、厚生労働大臣がこれを委嘱する。

2　都道府県知事は、前項の推薦を行うに当たつては、市町村に設置された民生委員推薦会が推薦した者について行うものとする。この場合において、都道府県に設置された社会福祉法（昭和二十六年法律第四十五号）第七条第一項に規定する地方社会福祉審議会（以下「地方社会福祉審議会」という。）の意見を聴くよう努めるものとする。

（推薦の基準、主任児童委員）

第六条　民生委員推薦会が、民生委員を推薦するに当つては、当該市町村の議会（特別区の議会を含む。以下同じ。）の議員の選挙権を有する者のうち、人格識見高く、広く社会の実情に通じ、且つ、社会福祉の増進に熱意のある者であつて児童福祉法（昭和二十二年法律第百六十四号）の児童委員としても、適当である者について、これを行わなければならない。

2　都道府県知事及び民生委員推薦会は、民生委員の推薦を行うに当たつては、当該推薦に係る者のうちから児童福祉法の主任児童委員として指名されるべき者を明示しなければならない。

（再推薦）

第七条　都道府県知事は、民生委員推薦会の推薦した者が、民生委員として適当でないと認めるときは、地方社会福祉審議会の意見を聴いて、その民生委員推薦会に対し、民生委員の再推薦を命ずることができる。

2　前項の規定により都道府県知事が再推薦を命じた場合において、その日から二十日以内に民生委員推薦会が再推薦をしないときは、都道府県知事は、当該市町村長及び地方社会福祉審議会の意見を聴いて、民生委員として適当と認める者を定め、これを厚生労働大臣に推薦することができる。

（民生委員推薦会）

第八条　民生委員推薦会は、委員若干人でこれを組織する。

2　委員は、当該市町村の区域の実情に通ずる者のうちから、市町村長が委嘱する。

3　民生委員推薦会に委員長一人を置く。委員長は、委員の互選とする。

4　前三項に定めるもののほか、委員長及び委員の任期並びに委員長の職務その他民生委員推薦会に関し必要な事項は、政令でこれを定める。

第九条　削除

（無給・任期）

第十条　民生委員には、給与を支給しないものとし、その任期は、三年とする。ただし、補欠の民生委員の任期は、前任者の残任期間とする。

（解嘱）

第十一条　民生委員が左の各号の一に該当する場合においては、厚生労働大臣は、前条の規定にかかわらず、都道府県知事の具申に基いて、これを解嘱することができる。

一　職務の遂行に支障があり、又はこれに堪えない場合
二　職務を怠り、又は職務上の義務に違反した場合
三　民生委員たるにふさわしくない非行のあつた場合

2　都道府県知事が前項の具申をするに当たつては、地方社会福祉審議会の同意を経なければならない。

〔解嘱の審査〕
第十二条　前条第二項の場合において、地方社会福祉審議会は、審査をなすに際して、あらかじめ本人に対してその旨を通告しなければならない。

2　前項の通告を受けた民生委員は、通告を受けた日から二週間以内に、地方社会福祉審議会に対して意見を述べることができる。

3　前項の規定により民生委員が意見を述べた場合には、地方社会福祉審議会は、その意見を聴いた後でなければ審査をなすことができない。

〔担当の区域・事項〕
第十三条　民生委員は、その市町村の区域内において、担当の区域又は事項を定めて、その職務を行うものとする。

〔職務〕
第十四条　民生委員の職務は、次のとおりとする。

一　住民の生活状態を必要に応じ適切に把握しておくこと。
二　援助を必要とする者がその有する能力に応じ自立した日常生活を営むことができるように生活に関する相談に応じ、助言その他の援助を行うこと。
三　援助を必要とする者が福祉サービスを適切に利用するために必要な情報の提供その他の援助を行うこと。
四　社会福祉を目的とする事業を経営する者又は社会福祉に関する活動を行う者と密接に連携し、その事業又は活動を支援すること。
五　社会福祉法に定める福祉に関する事務所（以下「福祉事務所」という。）その他の関係行政機関の業務に協力すること。

2　民生委員は、前項の職務を行うほか、必要に応じて、住民の福祉の増進を図るための活動を行う。

〔人格の尊重、秘密保持等〕
第十五条　民生委員は、その職務を遂行するに当つては、個人の人格を尊重し、その身上に関する秘密を守り、人種、信条、性別、社会的身分又は門地によつて、差別的又は優先的な取扱をすることなく、且つ、その処理は、実情に即して合理的にこれを行わなければならない。

〔政治目的利用の禁止〕
第十六条　民生委員は、その職務上の地位を政党又は政治的目的のために利用してはならない。

2　前項の規定に違反した民生委員は、第十一条及び第十二条の規定に従い解嘱せられるものとする。

〔知事の指揮監督〕
第十七条　民生委員は、その職務に関して、都道府県知事の指揮監督を受ける。

2　市町村長は、民生委員に対し、援助を必要とする者に関する必要な資料の作成を依頼し、その他民生委員の職務に関して必要な指導をすることができる。

〔指導訓練〕
第十八条　都道府県知事は、民生委員の指導訓練を実施しなければならない。

第十九条　削除

〔民生委員協議会〕
第二十条　民生委員は、都道府県知事が市町村長の意見をきいて定める区域ごとに、民生委員協議会を組織しなければならない。

2　前項の規定による民生委員協議会を組織する区域を定める場合においては、特別の事情のあるときの外、市においてはその区域を数区域に分けた区域をもつて、町村においてはその区域をもつて一区域としなければならない。

第二十一条から第二十三条まで　削除

〔民生委員協議会の任務〕
第二十四条　民生委員協議会の任務は、次のとおりとする。

一　民生委員が担当する区域又は事項を定

めること。
二　民生委員の職務に関する連絡及び調整をすること。
三　民生委員の職務に関して福祉事務所その他の関係行政機関との連絡に当たること。
四　必要な資料及び情報を集めること。
五　民生委員をして、その職務に関して必要な知識及び技術の修得をさせること。
六　その他民生委員が職務を遂行するに必要な事項を処理すること。
2　民生委員協議会は、民生委員の職務に関して必要と認める意見を関係各庁に具申することができる。
3　民生委員協議会は、市町村の区域を単位とする社会福祉関係団体の組織に加わることができる。
4　市町村長及び福祉事務所その他の関係行政機関の職員は、民生委員協議会に出席し、意見を述べることができる。

〔民生委員協議会の会長〕
第二十五条　民生委員協議会を組織する民生委員は、その互選により会長一人を定めなければならない。
2　会長は、民生委員協議会の会務をとりまとめ、民生委員協議会を代表する。
3　前二項に定めるもののほか、会長の任期その他会長に関し必要な事項は、政令で定める。

〔都道府県の費用負担〕
第二十六条　民生委員、民生委員推薦会、民生委員協議会及び民生委員の指導訓練に関する費用は、都道府県がこれを負担する。
第二十七条　削除

〔国庫の補助〕
第二十八条　国庫は、第二十六条の規定により都道府県が負担した費用のうち、厚生労働大臣の定める事項に関するものについては、予算の範囲内で、その一部を補助することができる。

〔大都市等の特例〕
第二十九条　この法律中都道府県が処理することとされている事務で政令で定めるものは、地方自治法（昭和二十二年法律第六十七号）第二百五十二条の十九第一項の指定都市（以下本条中「指定都市」という。）及び同法第二百五十二条の二十二第一項の中核市（以下本条中「中核市」という。）においては、政令で定めるところにより、指定都市又は中核市（以下本条中「指定都市等」という。）が処理するものとする。この場合においては、この法律中都道府県に関する規定は、指定都市等に関する規定として指定都市等に適用があるものとする。

〔権限の委任〕
第二十九条の二　この法律に規定する厚生労働大臣の権限は、厚生労働省令で定めるところにより、地方厚生局長に委任することができる。
2　前項の規定により地方厚生局長に委任された権限は、厚生労働省令で定めるところにより、地方厚生支局長に委任することができる。

附　則（抄）

第三十条　この法律は、公布の日（昭和二十三年七月二十九日）から、これを施行する。
第三十一条　民生委員令（昭和二十一年勅令第四百二十六号）は、これを廃止する。

地域保健法

（昭和二二・九・五　法律一〇一）
（題名改正＝平成六法律八四）
最新改正　平成三〇法律七九

第一章　総則

〔目的〕
第一条　この法律は、地域保健対策の推進に関する基本指針、保健所の設置その他地域保健対策の推進に関し基本となる事項を定めることにより、母子保健法（昭和四十年法律第百四十一号）その他の地域保健対策に関する法律による対策が地域において総合的に推進されることを確保し、もつて地域住民の健康の保持及び増進に寄与することを目的とする。

〔基本理念〕
第二条　地域住民の健康の保持及び増進を目的として国及び地方公共団体が講ずる施策は、我が国における急速な高齢化の進展、保健医療を取り巻く環境の変化等に即応し、地域における公衆衛生の向上及び増進を図るとともに、地域住民の多様化し、かつ、高度化する保健、衛生、生活環境等に関する需要に適確に対応することができるように、地域の特性及び社会福祉等の関連施策との有機的な連携に配慮しつつ、総合的に推進されることを基本理念とする。

〔責務〕
第三条　市町村（特別区を含む。以下同じ。）は、当該市町村が行う地域保健対策が円滑に実施できるように、必要な施設の整備、人材の確保及び資質の向上等に努めなければならない。
②　都道府県は、当該都道府県が行う地域保健対策が円滑に実施できるように、必要な施設の整備、人材の確保及び資質の向上、調査及び研究等に努めるとともに、市町村に対し、前項の責務が十分に果たされるように、その求めに応じ、必要な技術的援助を与えることに努めなければならない。
③　国は、地域保健に関する情報の収集、整理及び活用並びに調査及び研究並びに地域保健対策に係る人材の養成及び資質の向上に努めるとともに、市町村及び都道府県に対し、前二項の責務が十分に果たされるように必要な技術的及び財政的援助を与えることに努めなければならない。

第二章　地域保健対策の推進に関する基本指針

〔基本指針〕
第四条　厚生労働大臣は、地域保健対策の円滑な実施及び総合的な推進を図るため、地域保健対策の推進に関する基本的な指針（以下「基本指針」という。）を定めなければならない。
②　基本指針は、次に掲げる事項について定めるものとする。
一　地域保健対策の推進の基本的な方向
二　保健所及び市町村保健センターの整備及び運営に関する基本的事項
三　地域保健対策に係る人材の確保及び資質の向上並びに第二十一条第一項の人材確保支援計画の策定に関する基本的事項
四　地域保健に関する調査及び研究に関する基本的事項
五　社会福祉等の関連施策との連携に関する基本的事項
六　その他地域保健対策の推進に関する重要事項
③　厚生労働大臣は、基本指針を定め、又はこれを変更したときは、遅滞なく、これを公表しなければならない。

第三章　保健所

〔設置〕
第五条　保健所は、都道府県、地方自治法（昭和二十二年法律第六十七号）第二百五十二条の十九第一項の指定都市、同法第二百五十二条の二十二第一項の中核市その他の政令で定める市又は特別区が、これを設置する。
②　都道府県は、前項の規定により保健所を設置する場合においては、保健医療に係る施策と社会福祉に係る施策との有機的な連携を図るため、医療法（昭和二十三年法律

第二百五号）第三十条の四第二項第十四号に規定する区域及び介護保険法（平成九年法律第百二十三号）第百十八条第二項第一号に規定する区域を参酌して、保健所の所管区域を設定しなければならない。

〔事業〕

第六条 保健所は、次に掲げる事項につき、企画、調整、指導及びこれらに必要な事業を行う。

一 地域保健に関する思想の普及及び向上に関する事項
二 人口動態統計その他地域保健に係る統計に関する事項
三 栄養の改善及び食品衛生に関する事項
四 住宅、水道、下水道、廃棄物の処理、清掃その他の環境の衛生に関する事項
五 医事及び薬事に関する事項
六 保健師に関する事項
七 公共医療事業の向上及び増進に関する事項
八 母性及び乳幼児並びに老人の保健に関する事項
九 歯科保健に関する事項
十 精神保健に関する事項
十一 治療方法が確立していない疾病その他の特殊の疾病により長期に療養を必要とする者の保健に関する事項
十二 エイズ、結核、性病、伝染病その他の疾病の予防に関する事項
十三 衛生上の試験及び検査に関する事項
十四 その他地域住民の健康の保持及び増進に関する事項

第七条 保健所は、前条に定めるもののほか、地域住民の健康の保持及び増進を図るため必要があるときは、次に掲げる事業を行うことができる。

一 所管区域に係る地域保健に関する情報を収集し、整理し、及び活用すること。
二 所管区域に係る地域保健に関する調査及び研究を行うこと。
三 歯科疾患その他厚生労働大臣の指定する疾病の治療を行うこと。
四 試験及び検査を行い、並びに医師、歯科医師、薬剤師その他の者に試験及び検査に関する施設を利用させること。

第八条 都道府県の設置する保健所は、前二条に定めるもののほか、所管区域内の市町村の地域保健対策の実施に関し、市町村相互間の連絡調整を行い、及び市町村の求めに応じ、技術的助言、市町村職員の研修その他必要な援助を行うことができる。

〔職権の委任〕

第九条 第五条第一項に規定する地方公共団体の長は、その職権に属する第六条各号に掲げる事項に関する事務を保健所長に委任することができる。

〔職員〕

第十条 保健所に、政令の定めるところにより、所長その他所要の職員を置く。

〔運営協議会〕

第十一条 第五条第一項に規定する地方公共団体は、保健所の所管区域内の地域保健及び保健所の運営に関する事項を審議させるため、当該地方公共団体の条例で定めるところにより、保健所に、運営協議会を置くことができる。

〔支所〕

第十二条 第五条第一項に規定する地方公共団体は、保健所の事業の執行の便を図るため、その支所を設けることができる。

〔名称の独占〕

第十三条 この法律による保健所でなければ、その名称中に、保健所たることを示すような文字を用いてはならない。

〔使用料等の不徴収の原則〕

第十四条 保健所の施設の利用又は保健所で行う業務については、政令で定める場合を除いては、使用料、手数料又は治療料を徴収してはならない。

〔国庫の負担〕

第十五条 国は、保健所の施設又は設備に要する費用を支出する地方公共団体に対し、予算の範囲内において、政令で定めるところにより、その費用の全部又は一部を補助することができる。

〔厚生労働大臣への報告〕

第十六条 厚生労働大臣は、政令の定めるところにより、第五条第一項に規定する地方公共団体の長に対し、保健所の運営に関し必要な報告を求めることができる。

社会福祉全般

② 厚生労働大臣は、第五条第一項に規定する地方公共団体に対し、保健所の設置及び運営に関し適切と認める技術的な助言又は勧告をすることができる。

〔政令への委任〕

第十七条 この章に定めるもののほか、保健所及び保健所支所の設置、廃止及び運営に関して必要な事項は、政令でこれを定める。

第四章 市町村保健センター

〔市町村保健センター〕

第十八条 市町村は、市町村保健センターを設置することができる。

② 市町村保健センターは、住民に対し、健康相談、保健指導及び健康診査その他地域保健に関し必要な事業を行うことを目的とする施設とする。

〔国の補助〕

第十九条 国は、予算の範囲内において、市町村に対し、市町村保健センターの設置に要する費用の一部を補助することができる。

〔国の配慮〕

第二十条 国は、次条第一項の町村が市町村保健センターを整備しようとするときは、その整備が円滑に実施されるように適切な配慮をするものとする。

第五章 地域保健対策に係る人材確保の支援に関する計画

〔人材確保支援計画〕

第二十一条 都道府県は、当分の間、基本指針に即して、政令で定めるところにより、地域保健対策の実施に当たり特にその人材の確保又は資質の向上を支援する必要がある町村について、町村の申出に基づき、地域保健対策を円滑に実施するための人材の確保又は資質の向上の支援に関する計画（以下「人材確保支援計画」という。）を定めることができる。

② 人材確保支援計画は、次に掲げる事項について定めるものとする。

一 人材確保支援計画の対象となる町村（以下「特定町村」という。）

二 都道府県が実施する特定町村の地域保健対策を円滑に実施するための人材の確保又は資質の向上に資する事業の内容に関する事項

③ 前項各号に掲げる事項のほか、人材確保支援計画を定める場合には、特定町村の地域保健対策を円滑に実施するための人材の確保又は資質の向上の基本的方針に関する事項について定めるよう努めるものとする。

④ 都道府県は、人材確保支援計画を定め、又はこれを変更しようとするときは、あらかじめ、特定町村の意見を聴かなければならない。

⑤ 都道府県は、人材確保支援計画を定め、又はこれを変更したときは、遅滞なく、厚生労働大臣にこれを通知しなければならない。

〔国の補助等〕

第二十二条 国は、政令で定めるところにより、予算の範囲内において、人材確保支援計画に定められた前条第二項第二号の事業を実施する都道府県に対し、当該事業に要する費用の一部を補助することができる。

② 国は、前項に規定するもののほか、人材確保支援計画を定めた都道府県が、当該人材確保支援計画に定められた事業を実施しようとするときは、当該事業が円滑に実施されるように必要な助言、指導その他の援助の実施に努めるものとする。

附　則（抄）

〔施行期日〕

第一条 この法律施行の期日〔昭和二十三年一月一日〕は、政令でこれを定める。

地域保健法施行令（抄）

（昭和二三・四・二
政　令　七　七）
（題名改正＝平成六政令一二三）
最新改正　令和元政令三八

（保健所を設置する市）

第一条　地域保健法（以下「法」という。）第五条第一項の政令で定める市は、次のとおりとする。

一　地方自治法（昭和二十二年法律第六十七号）第二百五十二条の十九第一項の指定都市

二　地方自治法第二百五十二条の二十二第一項の中核市

三　小樽市、町田市、藤沢市、茅ヶ崎市及び四日市市

民法（抄）

（明治二九・四・二七
法　律　八　九）
最新改正　令和元法律三四

第一編　総則

第一章　通則

（基本原則）

第一条　私権は、公共の福祉に適合しなければならない。

2　権利の行使及び義務の履行は、信義に従い誠実に行わなければならない。

3　権利の濫用は、これを許さない。

（解釈の基準）

第二条　この法律は、個人の尊厳と両性の本質的平等を旨として、解釈しなければならない。

第二章　人

第一節　権利能力

第三条　私権の享有は、出生に始まる。

2　外国人は、法令又は条約の規定により禁止される場合を除き、私権を享有する。

第二節　意思能力

第三条の二　法律行為の当事者が意思表示をした時に意思能力を有しなかったときは、その法律行為は、無効とする。

第三節　行為能力

（成年）

第四条　年齢二十歳をもって、成年とする。

（未成年者の法律行為）

第五条　未成年者が法律行為をするには、その法定代理人の同意を得なければならない。ただし、単に権利を得、又は義務を免れる法律行為については、この限りでない。

2　前項の規定に反する法律行為は、取り消すことができる。

3　第一項の規定にかかわらず、法定代理人が目的を定めて処分を許した財産は、その目的の範囲内において、未成年者が自由に処分することができる。目的を定めないで処分を許した財産を処分するときも、同様とする。

（未成年者の営業の許可）

第六条　一種又は数種の営業を許された未成年者は、その営業に関しては、成年者と同一の行為能力を有する。

2　前項の場合において、未成年者がその営業に堪えることができない事由があるときは、その法定代理人は、第四編（親族）の規定に従い、その許可を取り消し、又はこれを制限することができる。

（後見開始の審判）

第七条　精神上の障害により事理を弁識する能力を欠く常況にある者については、家庭裁判所は、本人、配偶者、四親等内の親族、

未成年後見人、未成年後見監督人、保佐人、保佐監督人、補助人、補助監督人又は検察官の請求により、後見開始の審判をすることができる。

（成年被後見人及び成年後見人）

第八条　後見開始の審判を受けた者は、成年被後見人とし、これに成年後見人を付する。

（成年被後見人の法律行為）

第九条　成年被後見人の法律行為は、取り消すことができる。ただし、日用品の購入その他日常生活に関する行為については、この限りでない。

（後見開始の審判の取消し）

第十条　第七条に規定する原因が消滅したときは、家庭裁判所は、本人、配偶者、四親等内の親族、後見人（未成年後見人及び成年後見人をいう。以下同じ。）、後見監督人（未成年後見監督人及び成年後見監督人をいう。以下同じ。）又は検察官の請求により、後見開始の審判を取り消さなければならない。

（保佐開始の審判）

第十一条　精神上の障害により事理を弁識する能力が著しく不十分である者については、家庭裁判所は、本人、配偶者、四親等内の親族、後見人、後見監督人、補助人、補助監督人又は検察官の請求により、保佐開始の審判をすることができる。ただし、第七条に規定する原因がある者については、この限りでない。

（被保佐人及び保佐人）

第十二条　保佐開始の審判を受けた者は、被保佐人とし、これに保佐人を付する。

（保佐人の同意を要する行為等）

第十三条　被保佐人が次に掲げる行為をするには、その保佐人の同意を得なければならない。ただし、第九条ただし書に規定する行為については、この限りでない。

一　元本を領収し、又は利用すること。

二　借財又は保証をすること。

三　不動産その他重要な財産に関する権利の得喪を目的とする行為をすること。

四　訴訟行為をすること。

五　贈与、和解又は仲裁合意（仲裁法（平成十五年法律第百三十八号）第二条第一項に規定する仲裁合意をいう。）をすること。

六　相続の承認若しくは放棄又は遺産の分割をすること。

七　贈与の申込みを拒絶し、遺贈を放棄し、負担付贈与の申込みを承諾し、又は負担付遺贈を承認すること。

八　新築、改築、増築又は大修繕をすること。

九　第六百二条に定める期間を超える賃貸借をすること。

十　前各号に掲げる行為を制限行為能力者（未成年者、成年被後見人、被保佐人及び第十七条第一項の審判を受けた被補助人をいう。以下同じ。）の法定代理人としてすること。

2　家庭裁判所は、第十一条本文に規定する者又は保佐人若しくは保佐監督人の請求により、被保佐人が前項各号に掲げる行為以外の行為をする場合であってもその保佐人の同意を得なければならない旨の審判をすることができる。ただし、第九条ただし書に規定する行為については、この限りでない。

3　保佐人の同意を得なければならない行為について、保佐人が被保佐人の利益を害するおそれがないにもかかわらず同意をしないときは、家庭裁判所は、被保佐人の請求により、保佐人の同意に代わる許可を与えることができる。

4　保佐人の同意を得なければならない行為であって、その同意又はこれに代わる許可を得ないでしたものは、取り消すことができる。

（保佐開始の審判等の取消し）

第十四条　第十一条本文に規定する原因が消滅したときは、家庭裁判所は、本人、配偶者、四親等内の親族、未成年後見人、未成年後見監督人、保佐人、保佐監督人又は検察官の請求により、保佐開始の審判を取り消さなければならない。

2　家庭裁判所は、前項に規定する者の請求により、前条第二項の審判の全部又は一部を取り消すことができる。

（補助開始の審判）

第十五条 精神上の障害により事理を弁識する能力が不十分である者については、家庭裁判所は、本人、配偶者、四親等内の親族、後見人、後見監督人、保佐人、保佐監督人又は検察官の請求により、補助開始の審判をすることができる。ただし、第七条又は第十一条本文に規定する原因がある者については、この限りでない。

2 本人以外の者の請求により補助開始の審判をするには、本人の同意がなければならない。

3 補助開始の審判は、第十七条第一項の審判又は第八百七十六条の九第一項の審判とともにしなければならない。

（被補助人及び補助人）

第十六条 補助開始の審判を受けた者は、被補助人とし、これに補助人を付する。

（補助人の同意を要する旨の審判等）

第十七条 家庭裁判所は、第十五条第一項本文に規定する者又は補助人若しくは補助監督人の請求により、被補助人が特定の法律行為をするにはその補助人の同意を得なければならない旨の審判をすることができる。ただし、その審判によりその同意を得なければならないものとすることができる行為は、第十三条第一項に規定する行為の一部に限る。

2 本人以外の者の請求により前項の審判をするには、本人の同意がなければならない。

3 補助人の同意を得なければならない行為について、補助人が被補助人の利益を害するおそれがないにもかかわらず同意をしないときは、家庭裁判所は、被補助人の請求により、補助人の同意に代わる許可を与えることができる。

4 補助人の同意を得なければならない行為であって、その同意又はこれに代わる許可を得ないでしたものは、取り消すことができる。

（補助開始の審判等の取消し）

第十八条 第十五条第一項本文に規定する原因が消滅したときは、家庭裁判所は、本人、配偶者、四親等内の親族、未成年後見人、未成年後見監督人、補助人、補助監督人又は検察官の請求により、補助開始の審判を取り消さなければならない。

2 家庭裁判所は、前項に規定する者の請求により、前条第一項の審判の全部又は一部を取り消すことができる。

3 前条第一項の審判及び第八百七十六条の九第一項の審判をすべて取り消す場合には、家庭裁判所は、補助開始の審判を取り消さなければならない。

（審判相互の関係）

第十九条 後見開始の審判をする場合において、本人が被保佐人又は被補助人であるときは、家庭裁判所は、その本人に係る保佐開始又は補助開始の審判を取り消さなければならない。

2 前項の規定は、保佐開始の審判をする場合において本人が成年被後見人若しくは被補助人であるとき、又は補助開始の審判をする場合において本人が成年被後見人若しくは被保佐人であるときについて準用する。

（制限行為能力者の相手方の催告権）

第二十条 制限行為能力者の相手方は、その制限行為能力者が行為能力者（行為能力の制限を受けない者をいう。以下同じ。）となった後、その者に対し、一箇月以上の期間を定めて、その期間内にその取り消すことができる行為を追認するかどうかを確答すべき旨の催告をすることができる。この場合において、その者がその期間内に確答を発しないときは、その行為を追認したものとみなす。

2 制限行為能力者の相手方が、制限行為能力者が行為能力者とならない間に、その法定代理人、保佐人又は補助人に対し、その権限内の行為について前項に規定する催告をした場合において、これらの者が同項の期間内に確答を発しないときも、同項後段と同様とする。

3 特別の方式を要する行為については、前二項の期間内にその方式を具備した旨の通知を発しないときは、その行為を取り消したものとみなす。

4 制限行為能力者の相手方は、被保佐人又は第十七条第一項の審判を受けた被補助人に対しては、第一項の期間内にその保佐人又は補助人の追認を得るべき旨の催告をすることができる。この場合において、その被保佐人又は被補助人がその期間内にその追認を得た旨の通知を発しないときは、その行為を取り消したものとみなす。

（**制限行為能力者の詐術**）

第二十一条　制限行為能力者が行為能力者であることを信じさせるため詐術を用いたときは、その行為を取り消すことができない。

第五節　不在者の財産の管理及び失踪の宣告

（**失踪の宣告**）

第三十条　不在者の生死が七年間明らかでないときは、家庭裁判所は、利害関係人の請求により、失踪の宣告をすることができる。

2　戦地に臨んだ者、沈没した船舶の中に在った者その他死亡の原因となるべき危難に遭遇した者の生死が、それぞれ、戦争が止んだ後、船舶が沈没した後又はその他の危難が去った後一年間明らかでないときも、前項と同様とする。

（**失踪の宣告の効力**）

第三十一条　前条第一項の規定により失踪の宣告を受けた者は同項の期間が満了した時に、同条第二項の規定により失踪の宣告を受けた者はその危難が去った時に、死亡したものとみなす。

（**失踪の宣告の取消し**）

第三十二条　失踪者が生存すること又は前条に規定する時と異なる時に死亡したことの証明があったときは、家庭裁判所は、本人又は利害関係人の請求により、失踪の宣告を取り消さなければならない。この場合において、その取消しは、失踪の宣告後その取消し前に善意でした行為の効力に影響を及ぼさない。

2　失踪の宣告によって財産を得た者は、その取消しによって権利を失う。ただし、現に利益を受けている限度においてのみ、その財産を返還する義務を負う。

第三章　法人

（**法人の成立等**）

第三十三条　法人は、この法律その他の法律の規定によらなければ、成立しない。

2　学術、技芸、慈善、祭祀、宗教その他の公益を目的とする法人、営利事業を営むことを目的とする法人その他の法人の設立、組織、運営及び管理については、この法律その他の法律の定めるところによる。

（**法人の能力**）

第三十四条　法人は、法令の規定に従い、定款その他の基本約款で定められた目的の範囲内において、権利を有し、義務を負う。

第三十八条から第八十四条まで　削除

第四章　物

（**定義**）

第八十五条　この法律において「物」とは、有体物をいう。

（**不動産及び動産**）

第八十六条　土地及びその定着物は、不動産とする。

2　不動産以外の物は、すべて動産とする。

（**主物及び従物**）

第八十七条　物の所有者が、その物の常用に供するため、自己の所有に属する他の物をこれに附属させたときは、その附属させた物を従物とする。

2　従物は、主物の処分に従う。

（**天然果実及び法定果実**）

第八十八条　物の用法に従い収取する産出物を天然果実とする。

2　物の使用の対価として受けるべき金銭その他の物を法定果実とする。

（**果実の帰属**）

第八十九条　天然果実は、その元物から分離する時に、これを収取する権利を有する者に帰属する。

2　法定果実は、これを収取する権利の存続期間に応じて、日割計算によりこれを取得する。

第五章　法律行為

第一節　総則

（**公序良俗**）

第九十条　公の秩序又は善良の風俗に反する法律行為は、無効とする。

（任意規定と異なる意思表示）

第九十一条　法律行為の当事者が法令中の公の秩序に関しない規定と異なる意思を表示したときは、その意思に従う。

（任意規定と異なる慣習）

第九十二条　法令中の公の秩序に関しない規定と異なる慣習がある場合において、法律行為の当事者がその慣習による意思を有しているものと認められるときは、その慣習に従う。

第二節　意思表示

（心裡留保）

第九十三条　意思表示は、表意者がその真意ではないことを知ってしたときであっても、そのためにその効力を妨げられない。ただし、相手方がその意思表示が表意者の真意ではないことを知り、又は知ることができたときは、その意思表示は、無効とする。

2　前項ただし書の規定による意思表示の無効は、善意の第三者に対抗することができない。

（虚偽表示）

第九十四条　相手方と通じてした虚偽の意思表示は、無効とする。

2　前項の規定による意思表示の無効は、善意の第三者に対抗することができない。

（錯誤）

第九十五条　意思表示は、次に掲げる錯誤に基づくものであって、その錯誤が法律行為の目的及び取引上の社会通念に照らして重要なものであるときは、取り消すことができる。

一　意思表示に対応する意思を欠く錯誤

二　表意者が法律行為の基礎とした事情についてのその認識が真実に反する錯誤

2　前項第二号の規定による意思表示の取消しは、その事情が法律行為の基礎とされていることが表示されていたときに限り、することができる。

3　錯誤が表意者の重大な過失によるものであった場合には、次に掲げる場合を除き、第一項の規定による意思表示の取消しをすることができない。

一　相手方が表意者に錯誤があることを知り、又は重大な過失によって知らなかったとき。

二　相手方が表意者と同一の錯誤に陥っていたとき。

4　第一項の規定による意思表示の取消しは、善意でかつ過失がない第三者に対抗することができない。

（詐欺又は強迫）

第九十六条　詐欺又は強迫による意思表示は、取り消すことができる。

2　相手方に対する意思表示について第三者が詐欺を行った場合においては、相手方がその事実を知り、又は知ることができたときに限り、その意思表示を取り消すことができる。

3　前二項の規定による詐欺による意思表示の取消しは、善意でかつ過失がない第三者に対抗することができない。

（意思表示の受領能力）

第九十八条の二　意思表示の相手方がその意思表示を受けた時に意思能力を有しなかったとき又は未成年者若しくは成年被後見人であったときは、その意思表示をもってその相手方に対抗することができない。ただし、次に掲げる者がその意思表示を知った後は、この限りでない。

一　相手方の法定代理人

二　意思能力を回復し、又は行為能力者となった相手方

第三節　代理

（代理行為の要件及び効果）

第九十九条　代理人がその権限内において本人のためにすることを示してした意思表示は、本人に対して直接にその効力を生ずる。

2　前項の規定は、第三者が代理人に対してした意思表示について準用する。

（本人のためにすることを示さない意思表示）

第百条　代理人が本人のためにすることを示さないでした意思表示は、自己のためにしたものとみなす。ただし、相手方が、代理人が本人のためにすることを知り、又は知ることができたときは、前条第一項の規定

を準用する。

（代理行為の瑕疵）

第百一条 代理人が相手方に対してした意思表示の効力が意思の不存在、錯誤、詐欺、強迫又はある事情を知っていたこと若しくは知らなかったことにつき過失があったことによって影響を受けるべき場合には、その事実の有無は、代理人について決するものとする。

2 相手方が代理人に対してした意思表示の効力が意思表示を受けた者がある事情を知っていたこと又は知らなかったことにつき過失があったことによって影響を受けるべき場合には、その事実の有無は、代理人について決するものとする。

3 特定の法律行為をすることを委託された代理人がその行為をしたときは、本人は、自ら知っていた事情について代理人が知らなかったことを主張することができない。本人が過失によって知らなかった事情についても、同様とする。

（代理人の行為能力）

第百二条 制限行為能力者が代理人としてした行為は、行為能力の制限によっては取り消すことができない。ただし、制限行為能力者が他の制限行為能力者の法定代理人としてした行為については、この限りでない。

（権限の定めのない代理人の権限）

第百三条 権限の定めのない代理人は、次に掲げる行為のみをする権限を有する。

一 保存行為

二 代理の目的である物又は権利の性質を変えない範囲内において、その利用又は改良を目的とする行為

（自己契約及び双方代理等）

第百八条 同一の法律行為について、相手方の代理人として、又は当事者双方の代理人としてした行為は、代理権を有しない者がした行為とみなす。ただし、債務の履行及び本人があらかじめ許諾した行為については、この限りでない。

2 前項本文に規定するもののほか、代理人と本人との利益が相反する行為については、代理権を有しない者がした行為とみなす。ただし、本人があらかじめ許諾した行為については、この限りでない。

（代理権授与の表示による表見代理等）

第百九条 第三者に対して他人に代理権を与えた旨を表示した者は、その代理権の範囲内においてその他人が第三者との間でした行為について、その責任を負う。ただし、第三者が、その他人が代理権を与えられていないことを知り、又は過失によって知らなかったときは、この限りでない。

2 第三者に対して他人に代理権を与えた旨を表示した者は、その代理権の範囲内においてその他人が第三者との間で行為をしたとすれば前項の規定によりその責任を負うべき場合において、その他人が第三者との間でその代理権の範囲外の行為をしたときは、第三者がその行為についてその他人の代理権があると信ずべき正当な理由があるときに限り、その行為についての責任を負う。

（権限外の行為の表見代理）

第百十条 前条第一項本文の規定は、代理人がその権限外の行為をした場合において、第三者が代理人の権限があると信ずべき正当な理由があるときについて準用する。

（代理権の消滅事由）

第百十一条 代理権は、次に掲げる事由によって消滅する。

一 本人の死亡

二 代理人の死亡又は代理人が破産手続開始の決定若しくは後見開始の審判を受けたこと。

2 委任による代理権は、前項各号に掲げる事由のほか、委任の終了によって消滅する。

（代理権消滅後の表見代理等）

第百十二条 他人に代理権を与えた者は、代理権の消滅後にその代理権の範囲内においてその他人が第三者との間でした行為について、代理権の消滅の事実を知らなかった第三者に対してその責任を負う。ただし、第三者が過失によってその事実を知らなかったときは、この限りでない。

2 他人に代理権を与えた者は、代理権の消滅後に、その代理権の範囲内においてその他人が第三者との間で行為をしたとすれば前項の規定によりその責任を負うべき場合

において、その他人が第三者との間でその代理権の範囲外の行為をしたときは、第三者がその行為についてその他人の代理権があると信ずべき正当な理由があるときに限り、その行為についての責任を負う。

（無権代理）

第百十三条 代理権を有しない者が他人の代理人としてした契約は、本人がその追認をしなければ、本人に対してその効力を生じない。

2 追認又はその拒絶は、相手方に対してしなければ、その相手方に対抗することができない。ただし、相手方がその事実を知ったときは、この限りでない。

（無権代理の相手方の催告権）

第百十四条 前条の場合において、相手方は、本人に対し、相当の期間を定めて、その期間内に追認をするかどうかを確答すべき旨の催告をすることができる。この場合において、本人がその期間内に確答をしないときは、追認を拒絶したものとみなす。

（無権代理の相手方の取消権）

第百十五条 代理権を有しない者がした契約は、本人が追認をしない間は、相手方が取り消すことができる。ただし、契約の時において代理権を有しないことを相手方が知っていたときは、この限りでない。

（無権代理行為の追認）

第百十六条 追認は、別段の意思表示がないときは、契約の時にさかのぼってその効力を生ずる。ただし、第三者の権利を害することはできない。

（無権代理人の責任）

第百十七条 他人の代理人として契約をした者は、自己の代理権を証明したとき、又は本人の追認を得たときを除き、相手方の選択に従い、相手方に対して履行又は損害賠償の責任を負う。

2 前項の規定は、次に掲げる場合には、適用しない。

一 他人の代理人として契約をした者が代理権を有しないことを相手方が知っていたとき。

二 他人の代理人として契約をした者が代理権を有しないことを相手方が過失によって知らなかったとき。ただし、他人の代理人として契約をした者が自己に代理権がないことを知っていたときは、この限りでない。

三 他人の代理人として契約をした者が行為能力の制限を受けていたとき。

（単独行為の無権代理）

第百十八条 単独行為については、その行為の時において、相手方が、代理人と称する者が代理権を有しないで行為をすることに同意し、又はその代理権を争わなかったときに限り、第百十三条から前条までの規定を準用する。代理権を有しない者に対しその同意を得て単独行為をしたときも、同様とする。

第四節 無効及び取消し

（無効な行為の追認）

第百十九条 無効な行為は、追認によっても、その効力を生じない。ただし、当事者がその行為の無効であることを知って追認をしたときは、新たな行為をしたものとみなす。

（取消権者）

第百二十条 行為能力の制限によって取り消すことができる行為は、制限行為能力者（他の制限行為能力者の法定代理人としてした行為にあっては、当該他の制限行為能力者を含む。）又はその代理人、承継人若しくは同意をすることができる者に限り、取り消すことができる。

2 錯誤、詐欺又は強迫によって取り消すことができる行為は、瑕疵ある意思表示をした者又はその代理人若しくは承継人に限り、取り消すことができる。

（取消しの効果）

第百二十一条 取り消された行為は、初めから無効であったものとみなす。

（原状回復の義務）

第百二十一条の二 無効な行為に基づく債務の履行として給付を受けた者は、相手方を原状に復させる義務を負う。

2 前項の規定にかかわらず、無効な無償行為に基づく債務の履行として給付を受けた者は、給付を受けた当時その行為が無効であること（給付を受けた後に前条の規定に

社会福祉全般

より初めから無効であったものとみなされた行為にあっては、給付を受けた当時その行為が取り消すことができるものであること）を知らなかったときは、その行為によって現に利益を受けている限度において、返還の義務を負う。

3 第一項の規定にかかわらず、行為の時に意思能力を有しなかった者は、その行為によって現に利益を受けている限度において、返還の義務を負う。行為の時に制限行為能力者であった者についても、同様とする。

（取り消すことができる行為の追認）

第百二十二条 取り消すことができる行為は、第百二十条に規定する者が追認したときは、以後、取り消すことができない。

（取消し及び追認の方法）

第百二十三条 取り消すことができる行為の相手方が確定している場合には、その取消し又は追認は、相手方に対する意思表示によってする。

（追認の要件）

第百二十四条 取り消すことができる行為の追認は、取消しの原因となっていた状況が消滅し、かつ、取消権を有することを知った後にしなければ、その効力を生じない。

2 次に掲げる場合には、前項の追認は、取消しの原因となっていた状況が消滅した後にすることを要しない。

一 法定代理人又は制限行為能力者の保佐人若しくは補助人が追認をするとき。

二 制限行為能力者（成年被後見人を除く。）が法定代理人、保佐人又は補助人の同意を得て追認をするとき。

（法定追認）

第百二十五条 追認をすることができる時以後に、取り消すことができる行為について次に掲げる事実があったときは、追認をしたものとみなす。ただし、異議をとどめたときは、この限りでない。

一 全部又は一部の履行

二 履行の請求

三 更改

四 担保の供与

五 取り消すことができる行為によって取得した権利の全部又は一部の譲渡

六 強制執行

（取消権の期間の制限）

第百二十六条 取消権は、追認をすることができる時から五年間行使しないときは、時効によって消滅する。行為の時から二十年を経過したときも、同様とする。

第七章 時効

第一節 総則

（時効の効力）

第百四十四条 時効の効力は、その起算日にさかのぼる。

（時効の援用）

第百四十五条 時効は、当事者（消滅時効にあっては、保証人、物上保証人、第三取得者その他権利の消滅について正当な利益を有する者を含む。）が援用しなければ、裁判所がこれによって裁判をすることができない。

（時効の利益の放棄）

第百四十六条 時効の利益は、あらかじめ放棄することができない。

（裁判上の請求等による時効の完成猶予及び更新）

第百四十七条 次に掲げる事由がある場合には、その事由が終了する（確定判決又は確定判決と同一の効力を有するものによって権利が確定することなくその事由が終了した場合にあっては、その終了の時から六箇月を経過する）までの間は、時効は、完成しない。

一 裁判上の請求

二 支払督促

三 民事訴訟法第二百七十五条第一項の和解又は民事調停法（昭和二十六年法律第二百二十二号）若しくは家事事件手続法（平成二十三年法律第五十二号）による調停

四 破産手続参加、再生手続参加又は更生手続参加

2 前項の場合において、確定判決又は確定判決と同一の効力を有するものによって権利が確定したときは、時効は、同項各号に掲げる事由が終了した時から新たにその進

行を始める。

（強制執行等による時効の完成猶予及び更新）

第百四十八条　次に掲げる事由がある場合には、その事由が終了する（申立ての取下げ又は法律の規定に従わないことによる取消しによってその事由が終了した場合にあっては、その終了の時から六箇月を経過する）までの間は、時効は、完成しない。

一　強制執行
二　担保権の実行
三　民事執行法（昭和五十四年法律第四号）第百九十五条に規定する担保権の実行としての競売の例による競売
四　民事執行法第百九十六条に規定する財産開示手続又は同法第二百四条に規定する第三者からの情報取得手続

2　前項の場合には、時効は、同項各号に掲げる事由が終了した時から新たにその進行を始める。ただし、申立ての取下げ又は法律の規定に従わないことによる取消しによってその事由が終了した場合は、この限りでない。

（仮差押え等による時効の完成猶予）

第百四十九条　次に掲げる事由がある場合には、その事由が終了した時から六箇月を経過するまでの間は、時効は、完成しない。

一　仮差押え
二　仮処分

（催告による時効の完成猶予）

第百五十条　催告があったときは、その時から六箇月を経過するまでの間は、時効は、完成しない。

2　催告によって時効の完成が猶予されている間にされた再度の催告は、前項の規定による時効の完成猶予の効力を有しない。

（協議を行う旨の合意による時効の完成猶予）

第百五十一条　権利についての協議を行う旨の合意が書面でされたときは、次に掲げる時のいずれか早い時までの間は、時効は、完成しない。

一　その合意があった時から一年を経過した時
二　その合意において当事者が協議を行う期間（一年に満たないものに限る。）を定めたときは、その期間を経過した時
三　当事者の一方から相手方に対して協議の続行を拒絶する旨の通知が書面でされたときは、その通知の時から六箇月を経過した時

2　前項の規定により時効の完成が猶予されている間にされた再度の同項の合意は、同項の規定による時効の完成猶予の効力を有する。ただし、その効力は、時効の完成が猶予されなかったとすれば時効が完成すべき時から通じて五年を超えることができない。

3　催告によって時効の完成が猶予されている間にされた第一項の合意は、同項の規定による時効の完成猶予の効力を有しない。同項の規定により時効の完成が猶予されている間にされた催告についても、同様とする。

4　第一項の合意がその内容を記録した電磁的記録（電子的方式、磁気的方式その他人の知覚によっては認識することができない方式で作られる記録であって、電子計算機による情報処理の用に供されるものをいう。以下同じ。）によってされたときは、その合意は、書面によってされたものとみなして、前三項の規定を適用する。

5　前項の規定は、第一項第三号の通知について準用する。

（承認による時効の更新）

第百五十二条　時効は、権利の承認があったときは、その時から新たにその進行を始める。

2　前項の承認をするには、相手方の権利についての処分につき行為能力の制限を受けていないこと又は権限があることを要しない。

（時効の完成猶予又は更新の効力が及ぶ者の範囲）

第百五十三条　第百四十七条又は第百四十八条の規定による時効の完成猶予又は更新は、完成猶予又は更新の事由が生じた当事者及びその承継人の間においてのみ、その効力を有する。

2　第百四十九条から第百五十一条までの規

定による時効の完成猶予は、完成猶予の事由が生じた当事者及びその承継人の間においてのみ、その効力を有する。

3 前条の規定による時効の更新は、更新の事由が生じた当事者及びその承継人の間においてのみ、その効力を有する。

（**未成年者又は成年被後見人と時効の完成猶予**）

第百五十八条 時効の期間の満了前六箇月以内の間に未成年者又は成年被後見人に法定代理人がないときは、その未成年者若しくは成年被後見人が行為能力者となった時又は法定代理人が就職した時から六箇月を経過するまでの間は、その未成年者又は成年被後見人に対して、時効は、完成しない。

2 未成年者又は成年被後見人がその財産を管理する父、母又は後見人に対して権利を有するときは、その未成年者若しくは成年被後見人が行為能力者となった時又は後任の法定代理人が就職した時から六箇月を経過するまでの間は、その権利について、時効は、完成しない。

第三編　債権

第一章　総則

第一節　債権の目的

（**債権の目的**）

第三百九十九条 債権は、金銭に見積もることができないものであっても、その目的とすることができる。

（**特定物の引渡しの場合の注意義務**）

第四百条 債権の目的が特定物の引渡しであるときは、債務者は、その引渡しをするまで、契約その他の債権の発生原因及び取引上の社会通念に照らして定まる善良な管理者の注意をもって、その物を保存しなければならない。

第二節　債権の効力

第一款　債務不履行の責任等

（**履行期と履行遅滞**）

第四百十二条 債務の履行について確定期限があるときは、債務者は、その期限の到来した時から遅滞の責任を負う。

2 債務の履行について不確定期限があるときは、債務者は、その期限の到来した後に履行の請求を受けた時又はその期限の到来したことを知った時のいずれか早い時から遅滞の責任を負う。

3 債務の履行について期限を定めなかったときは、債務者は、履行の請求を受けた時から遅滞の責任を負う。

（**履行不能**）

第四百十二条の二 債務の履行が契約その他の債務の発生原因及び取引上の社会通念に照らして不能であるときは、債権者は、その債務の履行を請求することができない。

2 契約に基づく債務の履行がその契約の成立の時に不能であったことは、第四百十五条の規定によりその履行の不能によって生じた損害の賠償を請求することを妨げない。

（**受領遅滞**）

第四百十三条 債権者が債務の履行を受けることを拒み、又は受けることができない場合において、その債務の目的が特定物の引渡しであるときは、債務者は、履行の提供をした時からその引渡しをするまで、自己の財産に対するのと同一の注意をもって、その物を保存すれば足りる。

2 債権者が債務の履行を受けることを拒み、又は受けることができないことによって、その履行の費用が増加したときは、その増加額は、債権者の負担とする。

（**履行遅滞中又は受領遅滞中の履行不能と帰責事由**）

第四百十三条の二 債務者がその債務について遅滞の責任を負っている間に当事者双方の責めに帰することができない事由によってその債務の履行が不能となったときは、その履行の不能は、債務者の責めに帰すべき事由によるものとみなす。

2 債権者が債務の履行を受けることを拒み、又は受けることができない場合において、履行の提供があった時以後に当事者双方の責めに帰することができない事由によってその債務の履行が不能となったときは、その履行の不能は、債権者の責めに帰すべき事由によるものとみなす。

（**履行の強制**）

第四百十四条 債務者が任意に債務の履行をしないときは、債権者は、民事執行法その他強制執行の手続に関する法令の規定に従い、直接強制、代替執行、間接強制その他の方法による履行の強制を裁判所に請求することができる。ただし、債務の性質がこれを許さないときは、この限りでない。

2 前項の規定は、損害賠償の請求を妨げない。

（債務不履行による損害賠償）

第四百十五条 債務者がその債務の本旨に従った履行をしないとき又は債務の履行が不能であるときは、債権者は、これによって生じた損害の賠償を請求することができる。ただし、その債務の不履行が契約その他の債務の発生原因及び取引上の社会通念に照らして債務者の責めに帰することができない事由によるものであるときは、この限りでない。

2 前項の規定により損害賠償の請求をすることができる場合において、債権者は、次に掲げるときは、債務の履行に代わる損害賠償の請求をすることができる。

一 債務の履行が不能であるとき。

二 債務者がその債務の履行を拒絶する意思を明確に表示したとき。

三 債務が契約によって生じたものである場合において、その契約が解除され、又は債務の不履行による契約の解除権が発生したとき。

（損害賠償の範囲）

第四百十六条 債務の不履行に対する損害賠償の請求は、これによって通常生ずべき損害の賠償をさせることをその目的とする。

2 特別の事情によって生じた損害であっても、当事者がその事情を予見すべきであったときは、債権者は、その賠償を請求することができる。

（損害賠償の方法）

第四百十七条 損害賠償は、別段の意思表示がないときは、金銭をもってその額を定める。

（過失相殺）

第四百十八条 債務の不履行又はこれによる損害の発生若しくは拡大に関して債権者に過失があったときは、裁判所は、これを考慮して、損害賠償の責任及びその額を定める。

（金銭債務の特則）

第四百十九条 金銭の給付を目的とする債務の不履行については、その損害賠償の額は、債務者が遅滞の責任を負った最初の時点における法定利率によって定める。ただし、約定利率が法定利率を超えるときは、約定利率による。

2 前項の損害賠償については、債権者は、損害の証明をすることを要しない。

3 第一項の損害賠償については、債務者は、不可抗力をもって抗弁とすることができない。

第三節 多数当事者の債権及び債務

第二款 不可分債権及び不可分債務

（不可分債権）

第四百二十八条 次款（連帯債権）の規定（第四百三十三条及び第四百三十五条の規定を除く。）は、債権の目的がその性質上不可分である場合において、数人の債権者があるときについて準用する。

第四款 連帯債務

（連帯債務者に対する履行の請求）

第四百三十六条 債務の目的がその性質上可分である場合において、法令の規定又は当事者の意思表示によって数人が連帯して債務を負担するときは、債権者は、その連帯債務者の一人に対し、又は同時に若しくは順次に全ての連帯債務者に対し、全部又は一部の履行を請求することができる。

第五款 保証債務

第一目 総則

（保証人の責任等）

第四百四十六条 保証人は、主たる債務者がその債務を履行しないときに、その履行をする責任を負う。

2 保証契約は、書面でしなければ、その効力を生じない。

3 保証契約がその内容を記録した電磁的記

録によってされたときは、その保証契約は、書面によってされたものとみなして、前項の規定を適用する。

（保証債務の範囲）

第四百四十七条 保証債務は、主たる債務に関する利息、違約金、損害賠償その他その債務に従たるすべてのものを包含する。

2 保証人は、その保証債務についてのみ、違約金又は損害賠償の額を約定することができる。

（取り消すことができる債務の保証）

第四百四十九条 行為能力の制限によって取り消すことができる債務を保証した者は、保証契約の時においてその取消しの原因を知っていたときは、主たる債務の不履行の場合又はその債務の取消しの場合においてこれと同一の目的を有する独立の債務を負担したものと推定する。

第二章 契約

第一節 総則

第二款 契約の効力

（同時履行の抗弁）

第五百三十三条 双務契約の当事者の一方は、相手方がその債務の履行（債務の履行に代わる損害賠償の債務の履行を含む。）を提供するまでは、自己の債務の履行を拒むことができる。ただし、相手方の債務が弁済期にないときは、この限りでない。

（債務者の危険負担等）

第五百三十六条 当事者双方の責めに帰することができない事由によって債務を履行することができなくなったときは、債権者は、反対給付の履行を拒むことができる。

2 債権者の責めに帰すべき事由によって債務を履行することができなくなったときは、債権者は、反対給付の履行を拒むことができない。この場合において、債務者は、自己の債務を免れたことによって利益を得たときは、これを債権者に償還しなければならない。

第四款 契約の解除

（解除権の行使）

第五百四十条 契約又は法律の規定により当事者の一方が解除権を有するときは、その解除は、相手方に対する意思表示によってする。

2 前項の意思表示は、撤回することができない。

（催告による解除）

第五百四十一条 当事者の一方がその債務を履行しない場合において、相手方が相当の期間を定めてその履行の催告をし、その期間内に履行がないときは、相手方は、契約の解除をすることができる。ただし、その期間を経過した時における債務の不履行がその契約及び取引上の社会通念に照らして軽微であるときは、この限りでない。

第二節 贈与

（贈与）

第五百四十九条 贈与は、当事者の一方がある財産を無償で相手方に与える意思を表示し、相手方が受諾をすることによって、その効力を生ずる。

（書面によらない贈与の解除）

第五百五十条 書面によらない贈与は、各当事者が解除をすることができる。ただし、履行の終わった部分については、この限りでない。

第十節 委任

（委任）

第六百四十三条 委任は、当事者の一方が法律行為をすることを相手方に委託し、相手方がこれを承諾することによって、その効力を生ずる。

（受任者の注意義務）

第六百四十四条 受任者は、委任の本旨に従い、善良な管理者の注意をもって、委任事務を処理する義務を負う。

（受任者の報酬）

第六百四十八条 受任者は、特約がなければ、委任者に対して報酬を請求することができない。

2 受任者は、報酬を受けるべき場合には、委任事務を履行した後でなければ、これを請求することができない。ただし、期間によって報酬を定めたときは、第六百二十四条第二項の規定を準用する。

3　委任が受任者の責めに帰することができない事由によって履行の中途で終了したときは、受任者は、既にした履行の割合に応じて報酬を請求することができる。

（受任者による費用の前払請求）

第六百四十九条　委任事務を処理するについて費用を要するときは、委任者は、受任者の請求により、その前払をしなければならない。

（受任者による費用等の償還請求等）

第六百五十条　受任者は、委任事務を処理するのに必要と認められる費用を支出したときは、委任者に対し、その費用及び支出の日以後におけるその利息の償還を請求することができる。

2　受任者は、委任事務を処理するのに必要と認められる債務を負担したときは、委任者に対し、自己に代わってその弁済をすることを請求することができる。この場合において、その債務が弁済期にないときは、委任者に対し、相当の担保を供させることができる。

3　受任者は、委任事務を処理するため自己に過失なく損害を受けたときは、委任者に対し、その賠償を請求することができる。

（委任の終了事由）

第六百五十三条　委任は、次に掲げる事由によって終了する。

一　委任者又は受任者の死亡

二　委任者又は受任者が破産手続開始の決定を受けたこと。

三　受任者が後見開始の審判を受けたこと。

（委任の終了後の処分）

第六百五十四条　委任が終了した場合において、急迫の事情があるときは、受任者又はその相続人若しくは法定代理人は、委任者又はその相続人若しくは法定代理人が委任事務を処理することができるに至るまで、必要な処分をしなければならない。

（準委任）

第六百五十六条　この節の規定は、法律行為でない事務の委託について準用する。

第十一節　寄託

（寄託）

第六百五十七条　寄託は、当事者の一方がある物を保管することを相手方に委託し、相手方がこれを承諾することによって、その効力を生ずる。

（寄託物の使用及び第三者による保管）

第六百五十八条　受寄者は、寄託者の承諾を得なければ、寄託物を使用することができない。

2　受寄者は、寄託者の承諾を得たとき、又はやむを得ない事由があるときでなければ、寄託物を第三者に保管させることができない。

3　再受寄者は、寄託者に対して、その権限の範囲内において、受寄者と同一の権利を有し、義務を負う。

（無報酬の受寄者の注意義務）

第六百五十九条　無報酬の受寄者は、自己の財産に対するのと同一の注意をもって、寄託物を保管する義務を負う。

（受寄者の通知義務等）

第六百六十条　寄託物について権利を主張する第三者が受寄者に対して訴えを提起し、又は差押え、仮差押え若しくは仮処分をしたときは、受寄者は、遅滞なくその事実を寄託者に通知しなければならない。ただし、寄託者が既にこれを知っているときは、この限りでない。

2　第三者が寄託物について権利を主張する場合であっても、受寄者は、寄託者の指図がない限り、寄託者に対しその寄託物を返還しなければならない。ただし、受寄者が前項の通知をした場合又は同項ただし書の規定によりその通知を要しない場合において、その寄託物をその第三者に引き渡すべき旨を命ずる確定判決（確定判決と同一の効力を有するものを含む。）があったときであって、その第三者にその寄託物を引き渡したときは、この限りでない。

3　受寄者は、前項の規定により寄託者に対して寄託物を返還しなければならない場合には、寄託者にその寄託物を引き渡したことによって第三者に損害が生じたときであっても、その賠償の責任を負わない。

（寄託者による損害賠償）

第六百六十一条　寄託者は、寄託物の性質又は瑕疵によって生じた損害を受寄者に賠償しなければならない。ただし、寄託者が過失なくその性質若しくは瑕疵を知らなかったとき、又は受寄者がこれを知っていたときは、この限りでない。

（寄託者による返還請求等）

第六百六十二条　当事者が寄託物の返還の時期を定めたときであっても、寄託者は、いつでもその返還を請求することができる。

2　前項に規定する場合において、受寄者は、寄託者がその時期の前に返還を請求したことによって損害を受けたときは、寄託者に対し、その賠償を請求することができる。

（寄託物の返還の時期）

第六百六十三条　当事者が寄託物の返還の時期を定めなかったときは、受寄者は、いつでもその返還をすることができる。

2　返還の時期の定めがあるときは、受寄者は、やむを得ない事由がなければ、その期限前に返還をすることができない。

（寄託物の返還の場所）

第六百六十四条　寄託物の返還は、その保管をすべき場所でしなければならない。ただし、受寄者が正当な事由によってその物を保管する場所を変更したときは、その現在の場所で返還をすることができる。

（損害賠償及び費用の償還の請求権についての期間の制限）

第六百六十四条の二　寄託物の一部滅失又は損傷によって生じた損害の賠償及び受寄者が支出した費用の償還は、寄託者が返還を受けた時から一年以内に請求しなければならない。

2　前項の損害賠償の請求権については、寄託者が返還を受けた時から一年を経過するまでの間は、時効は、完成しない。

（委任の規定の準用）

第六百六十五条　第六百四十六条から第六百四十八条まで、第六百四十九条並びに第六百五十条第一項及び第二項の規定は、寄託について準用する。

（混合寄託）

第六百六十五条の二　複数の者が寄託した物の種類及び品質が同一である場合には、受寄者は、各寄託者の承諾を得たときに限り、これらを混合して保管することができる。

2　前項の規定に基づき受寄者が複数の寄託者からの寄託物を混合して保管したときは、寄託者は、その寄託した物と同じ数量の物の返還を請求することができる。

3　前項に規定する場合において、寄託物の一部が滅失したときは、寄託者は、混合して保管されている総寄託物に対するその寄託した物の割合に応じた数量の物の返還を請求することができる。この場合においては、損害賠償の請求を妨げない。

（消費寄託）

第六百六十六条　受寄者が契約により寄託物を消費することができる場合には、受寄者は、寄託された物と種類、品質及び数量の同じ物をもって返還しなければならない。

2　第五百九十条及び第五百九十二条の規定は、前項に規定する場合について準用する。

3　第五百九十一条第二項及び第三項の規定は、預金又は貯金に係る契約により金銭を寄託した場合について準用する。

第十二節　組合

（組合契約）

第六百六十七条　組合契約は、各当事者が出資をして共同の事業を営むことを約することによって、その効力を生ずる。

2　出資は、労務をその目的とすることができる。

第十三節　終身定期金

（終身定期金契約）

第六百八十九条　終身定期金契約は、当事者の一方が、自己、相手方又は第三者の死亡に至るまで、定期に金銭その他の物を相手方又は第三者に給付することを約することによって、その効力を生ずる。

第十四節　和解

（和解）

第六百九十五条　和解は、当事者が互いに譲歩をしてその間に存する争いをやめることを約することによって、その効力を生ずる。

（和解の効力）

第六百九十六条　当事者の一方が和解によって争いの目的である権利を有するものと認められ、又は相手方がこれを有しないものと認められた場合において、その当事者の一方が従来その権利を有していなかった旨の確証又は相手方がこれを有していた旨の確証が得られたときは、その権利は、和解によってその当事者の一方に移転し、又は消滅したものとする。

第四章　不当利得

（不当利得の返還義務）

第七百三条　法律上の原因なく他人の財産又は労務によって利益を受け、そのために他人に損失を及ぼした者（以下この章において「受益者」という。）は、その利益の存する限度において、これを返還する義務を負う。

第五章　不法行為

（不法行為による損害賠償）

第七百九条　故意又は過失によって他人の権利又は法律上保護される利益を侵害した者は、これによって生じた損害を賠償する責任を負う。

（財産以外の損害の賠償）

第七百十条　他人の身体、自由若しくは名誉を侵害した場合又は他人の財産権を侵害した場合のいずれであるかを問わず、前条の規定により損害賠償の責任を負う者は、財産以外の損害に対しても、その賠償をしなければならない。

（近親者に対する損害の賠償）

第七百十一条　他人の生命を侵害した者は、被害者の父母、配偶者及び子に対しては、その財産権が侵害されなかった場合においても、損害の賠償をしなければならない。

（責任能力）

第七百十二条　未成年者は、他人に損害を加えた場合において、自己の行為の責任を弁識するに足りる知能を備えていなかったときは、その行為について賠償の責任を負わない。

第七百十三条　精神上の障害により自己の行為の責任を弁識する能力を欠く状態にある間に他人に損害を加えた者は、その賠償の責任を負わない。ただし、故意又は過失によって一時的にその状態を招いたときは、この限りでない。

（責任無能力者の監督義務者等の責任）

第七百十四条　前二条の規定により責任無能力者がその責任を負わない場合において、その責任無能力者を監督する法定の義務を負う者は、その責任無能力者が第三者に加えた損害を賠償する責任を負う。ただし、監督義務者がその義務を怠らなかったとき、又はその義務を怠らなくても損害が生ずべきであったときは、この限りでない。

2　監督義務者に代わって責任無能力者を監督する者も、前項の責任を負う。

（使用者等の責任）

第七百十五条　ある事業のために他人を使用する者は、被用者がその事業の執行について第三者に加えた損害を賠償する責任を負う。ただし、使用者が被用者の選任及びその事業の監督について相当の注意をしたとき、又は相当の注意をしても損害が生ずべきであったときは、この限りでない。

2　使用者に代わって事業を監督する者も、前項の責任を負う。

3　前二項の規定は、使用者又は監督者から被用者に対する求償権の行使を妨げない。

（損害賠償請求権に関する胎児の権利能力）

第七百二十一条　胎児は、損害賠償の請求権については、既に生まれたものとみなす。

（損害賠償の方法、中間利息の控除及び過失相殺）

第七百二十二条　第四百十七条及び第四百十七条の二の規定は、不法行為による損害賠償について準用する。

2　被害者に過失があったときは、裁判所は、これを考慮して、損害賠償の額を定めることができる。

（不法行為による損害賠償請求権の消滅時効）

第七百二十四条　不法行為による損害賠償の請求権は、次に掲げる場合には、時効によって消滅する。

社会福祉全般

一　被害者又はその法定代理人が損害及び加害者を知った時から三年間行使しないとき。
二　不法行為の時から二十年間行使しないとき。

第四編　親族

第一章　総則

（親族の範囲）
第七百二十五条　次に掲げる者は、親族とする。
一　六親等内の血族
二　配偶者
三　三親等内の姻族

（親等の計算）
第七百二十六条　親等は、親族間の世代数を数えて、これを定める。
2　傍系親族の親等を定めるには、その一人又はその配偶者から同一の祖先にさかのぼり、その祖先から他の一人に下るまでの世代数による。

（縁組による親族関係の発生）
第七百二十七条　養子と養親及びその血族との間においては、養子縁組の日から、血族間におけるのと同一の親族関係を生ずる。

（離婚等による姻族関係の終了）
第七百二十八条　姻族関係は、離婚によって終了する。
2　夫婦の一方が死亡した場合において、生存配偶者が姻族関係を終了させる意思を表示したときも、前項と同様とする。

（離縁による親族関係の終了）
第七百二十九条　養子及びその配偶者並びに養子の直系卑属及びその配偶者と養親及びその血族との親族関係は、離縁によって終了する。

（親族間の扶け合い）
第七百三十条　直系血族及び同居の親族は、互いに扶け合わなければならない。

第二章　婚姻

第一節　婚姻の成立

第一款　婚姻の要件

（婚姻適齢）
第七百三十一条　男は、十八歳に、女は、十六歳にならなければ、婚姻をすることができない。

（重婚の禁止）
第七百三十二条　配偶者のある者は、重ねて婚姻をすることができない。

（再婚禁止期間）
第七百三十三条　女は、前婚の解消又は取消しの日から起算して百日を経過した後でなければ、再婚をすることができない。
2　前項の規定は、次に掲げる場合には、適用しない。
一　女が前婚の解消又は取消しの時に懐胎していなかった場合
二　女が前婚の解消又は取消しの後に出産した場合

（近親者間の婚姻の禁止）
第七百三十四条　直系血族又は三親等内の傍系血族の間では、婚姻をすることができない。ただし、養子と養方の傍系血族との間では、この限りでない。
2　第八百十七条の九の規定により親族関係が終了した後も、前項と同様とする。

（直系姻族間の婚姻の禁止）
第七百三十五条　直系姻族の間では、婚姻をすることができない。第七百二十八条又は第八百十七条の九の規定により姻族関係が終了した後も、同様とする。

（養親子等の間の婚姻の禁止）
第七百三十六条　養子若しくはその配偶者又は養子の直系卑属若しくはその配偶者と養親又はその直系尊属との間では、第七百二十九条の規定により親族関係が終了した後でも、婚姻をすることができない。

（未成年者の婚姻についての父母の同意）
第七百三十七条　未成年の子が婚姻をするには、父母の同意を得なければならない。
2　父母の一方が同意しないときは、他の一方の同意だけで足りる。父母の一方が知れないとき、死亡したとき、又はその意思を表示することができないときも、同様とする。

（成年被後見人の婚姻）
第七百三十八条　成年被後見人が婚姻をするには、その成年後見人の同意を要しない。

（婚姻の届出）

第七百三十九条　婚姻は、戸籍法（昭和二十二年法律第二百二十四号）の定めるところにより届け出ることによって、その効力を生ずる。
2　前項の届出は、当事者双方及び成年の証人二人以上が署名した書面で、又はこれらの者から口頭で、しなければならない。

（婚姻の届出の受理）
第七百四十条　婚姻の届出は、その婚姻が第七百三十一条から第七百三十七条まで及び前条第二項の規定その他の法令の規定に違反しないことを認めた後でなければ、受理することができない。

（外国に在る日本人間の婚姻の方式）
第七百四十一条　外国に在る日本人間で婚姻をしようとするときは、その国に駐在する日本の大使、公使又は領事にその届出をすることができる。この場合においては、前二条の規定を準用する。

第二款　婚姻の無効及び取消し

（婚姻の無効）
第七百四十二条　婚姻は、次に掲げる場合に限り、無効とする。
一　人違いその他の事由によって当事者間に婚姻をする意思がないとき。
二　当事者が婚姻の届出をしないとき。ただし、その届出が第七百三十九条第二項に定める方式を欠くだけであるときは、婚姻は、そのためにその効力を妨げられない。

（婚姻の取消し）
第七百四十三条　婚姻は、次条から第七百四十七条までの規定によらなければ、取り消すことができない。

（不適法な婚姻の取消し）
第七百四十四条　第七百三十一条から第七百三十六条までの規定に違反した婚姻は、各当事者、その親族又は検察官から、その取消しを家庭裁判所に請求することができる。ただし、検察官は、当事者の一方が死亡した後は、これを請求することができない。
2　第七百三十二条又は第七百三十三条の規定に違反した婚姻については、当事者の配偶者又は前配偶者も、その取消しを請求することができる。

（不適齢者の婚姻の取消し）
第七百四十五条　第七百三十一条の規定に違反した婚姻は、不適齢者が適齢に達したときは、その取消しを請求することができない。
2　不適齢者は、適齢に達した後、なお三箇月間は、その婚姻の取消しを請求することができる。ただし、適齢に達した後に追認をしたときは、この限りでない。

（再婚禁止期間内にした婚姻の取消し）
第七百四十六条　第七百三十三条の規定に違反した婚姻は、前婚の解消若しくは取消しの日から起算して百日を経過し、又は女が再婚後に出産したときは、その取消しを請求することができない。

（詐欺又は強迫による婚姻の取消し）
第七百四十七条　詐欺又は強迫によって婚姻をした者は、その婚姻の取消しを家庭裁判所に請求することができる。
2　前項の規定による取消権は、当事者が、詐欺を発見し、若しくは強迫を免れた後三箇月を経過し、又は追認をしたときは、消滅する。

（婚姻の取消しの効力）
第七百四十八条　婚姻の取消しは、将来に向かってのみその効力を生ずる。
2　婚姻の時においてその取消しの原因があることを知らなかった当事者が、婚姻によって財産を得たときは、現に利益を受けている限度において、その返還をしなければならない。
3　婚姻の時においてその取消しの原因があることを知っていた当事者は、婚姻によって得た利益の全部を返還しなければならない。この場合において、相手方が善意であったときは、これに対して損害を賠償する責任を負う。

（離婚の規定の準用）
第七百四十九条　第七百二十八条第一項、第七百六十六条から第七百六十九条まで、第七百九十条第一項ただし書並びに第八百十九条第二項、第三項、第五項及び第六項の規定は、婚姻の取消しについて準用する。

第二節　婚姻の効力

（夫婦の氏）
第七百五十条　夫婦は、婚姻の際に定めるところに従い、夫又は妻の氏を称する。

（生存配偶者の復氏等）
第七百五十一条　夫婦の一方が死亡したときは、生存配偶者は、婚姻前の氏に復することができる。
2　第七百六十九条の規定は、前項及び第七百二十八条第二項の場合について準用する。

（同居、協力及び扶助の義務）
第七百五十二条　夫婦は同居し、互いに協力し扶助しなければならない。

（婚姻による成年擬制）
第七百五十三条　未成年者が婚姻をしたときは、これによって成年に達したものとみなす。

（夫婦間の契約の取消権）
第七百五十四条　夫婦間でした契約は、婚姻中、いつでも、夫婦の一方からこれを取り消すことができる。ただし、第三者の権利を害することはできない。

第三節　夫婦財産制

第一款　総則

（夫婦の財産関係）
第七百五十五条　夫婦が、婚姻の届出前に、その財産について別段の契約をしなかったときは、その財産関係は、次款に定めるところによる。

（夫婦財産契約の対抗要件）
第七百五十六条　夫婦が法定財産制と異なる契約をしたときは、婚姻の届出までにその登記をしなければ、これを夫婦の承継人及び第三者に対抗することができない。

第七百五十七条　削除

（夫婦の財産関係の変更の制限等）
第七百五十八条　夫婦の財産関係は、婚姻の届出後は、変更することができない。
2　夫婦の一方が、他の一方の財産を管理する場合において、管理が失当であったことによってその財産を危うくしたときは、他の一方は、自らその管理をすることを家庭裁判所に請求することができる。
3　共有財産については、前項の請求とともに、その分割を請求することができる。

（財産の管理者の変更及び共有財産の分割の対抗要件）
第七百五十九条　前条の規定又は第七百五十五条の契約の結果により、財産の管理者を変更し、又は共有財産の分割をしたときは、その登記をしなければ、これを夫婦の承継人及び第三者に対抗することができない。

第二款　法定財産制

（婚姻費用の分担）
第七百六十条　夫婦は、その資産、収入その他一切の事情を考慮して、婚姻から生ずる費用を分担する。

（日常の家事に関する債務の連帯責任）
第七百六十一条　夫婦の一方が日常の家事に関して第三者と法律行為をしたときは、他の一方は、これによって生じた債務について、連帯してその責任を負う。ただし、第三者に対し責任を負わない旨を予告した場合は、この限りでない。

（夫婦間における財産の帰属）
第七百六十二条　夫婦の一方が婚姻前から有する財産及び婚姻中自己の名で得た財産は、その特有財産（夫婦の一方が単独で有する財産をいう。）とする。
2　夫婦のいずれに属するか明らかでない財産は、その共有に属するものと推定する。

第四節　離婚

第一款　協議上の離婚

（協議上の離婚）
第七百六十三条　夫婦は、その協議で、離婚をすることができる。

（婚姻の規定の準用）
第七百六十四条　第七百三十八条、第七百三十九条及び第七百四十七条の規定は、協議上の離婚について準用する。

（離婚の届出の受理）
第七百六十五条　離婚の届出は、その離婚が前条において準用する第七百三十九条第二項の規定及び第八百十九条第一項の規定その他の法令の規定に違反しないことを認めた後でなければ、受理することができない。

2　離婚の届出が前項の規定に違反して受理されたときであっても、離婚は、そのためにその効力を妨げられない。

（離婚後の子の監護に関する事項の定め等）

第七百六十六条　父母が協議上の離婚をするときは、子の監護をすべき者、父又は母と子との面会及びその他の交流、子の監護に要する費用の分担その他の子の監護について必要な事項は、その協議で定める。この場合においては、子の利益を最も優先して考慮しなければならない。

2　前項の協議が調わないとき、又は協議をすることができないときは、家庭裁判所が、同項の事項を定める。

3　家庭裁判所は、必要があると認めるときは、前二項の規定による定めを変更し、その他子の監護について相当な処分を命ずることができる。

4　前三項の規定によっては、監護の範囲外では、父母の権利義務に変更を生じない。

（離婚による復氏等）

第七百六十七条　婚姻によって氏を改めた夫又は妻は、協議上の離婚によって婚姻前の氏に復する。

2　前項の規定により婚姻前の氏に復した夫又は妻は、離婚の日から三箇月以内に戸籍法の定めるところにより届け出ることによって、離婚の際に称していた氏を称することができる。

（財産分与）

第七百六十八条　協議上の離婚をした者の一方は、相手方に対して財産の分与を請求することができる。

2　前項の規定による財産の分与について、当事者間に協議が調わないとき、又は協議をすることができないときは、当事者は、家庭裁判所に対して協議に代わる処分を請求することができる。ただし、離婚の時から二年を経過したときは、この限りでない。

3　前項の場合には、家庭裁判所は、当事者双方がその協力によって得た財産の額その他一切の事情を考慮して、分与をさせるべきかどうか並びに分与の額及び方法を定める。

（離婚による復氏の際の権利の承継）

第七百六十九条　婚姻によって氏を改めた夫又は妻が、第八百九十七条第一項の権利を承継した後、協議上の離婚をしたときは、当事者その他の関係人の協議で、その権利を承継すべき者を定めなければならない。

2　前項の協議が調わないとき、又は協議をすることができないときは、同項の権利を承継すべき者は、家庭裁判所がこれを定める。

第二款　裁判上の離婚

（裁判上の離婚）

第七百七十条　夫婦の一方は、次に掲げる場合に限り、離婚の訴えを提起することができる。

一　配偶者に不貞な行為があったとき。

二　配偶者から悪意で遺棄されたとき。

三　配偶者の生死が三年以上明らかでないとき。

四　配偶者が強度の精神病にかかり、回復の見込みがないとき。

五　その他婚姻を継続し難い重大な事由があるとき。

2　裁判所は、前項第一号から第四号までに掲げる事由がある場合であっても、一切の事情を考慮して婚姻の継続を相当と認めるときは、離婚の請求を棄却することができる。

（協議上の離婚の規定の準用）

第七百七十一条　第七百六十六条から第七百六十九条までの規定は、裁判上の離婚について準用する。

第三章　親子

第一節　実子

（嫡出の推定）

第七百七十二条　妻が婚姻中に懐胎した子は、夫の子と推定する。

2　婚姻の成立の日から二百日を経過した後又は婚姻の解消若しくは取消しの日から三百日以内に生まれた子は、婚姻中に懐胎したものと推定する。

（父を定めることを目的とする訴え）

第七百七十三条　第七百三十三条第一項の規

定に違反して再婚をした女が出産した場合において、前条の規定によりその子の父を定めることができないときは、裁判所が、これを定める。

（嫡出の否認）

第七百七十四条　第七百七十二条の場合において、夫は、子が嫡出であることを否認することができる。

（嫡出否認の訴え）

第七百七十五条　前条の規定による否認権は、子又は親権を行う母に対する嫡出否認の訴えによって行う。親権を行う母がないときは、家庭裁判所は、特別代理人を選任しなければならない。

（嫡出の承認）

第七百七十六条　夫は、子の出生後において、その嫡出であることを承認したときは、その否認権を失う。

（嫡出否認の訴えの出訴期間）

第七百七十七条　嫡出否認の訴えは、夫が子の出生を知った時から一年以内に提起しなければならない。

第七百七十八条　夫が成年被後見人であるときは、前条の期間は、後見開始の審判の取消しがあった後夫が子の出生を知った時から起算する。

（認知）

第七百七十九条　嫡出でない子は、その父又は母がこれを認知することができる。

（認知能力）

第七百八十条　認知をするには、父又は母が未成年者又は成年被後見人であるときであっても、その法定代理人の同意を要しない。

（認知の方式）

第七百八十一条　認知は、戸籍法の定めるところにより届け出ることによってする。

2　認知は、遺言によっても、することができる。

（成年の子の認知）

第七百八十二条　成年の子は、その承諾がなければ、これを認知することができない。

（胎児又は死亡した子の認知）

第七百八十三条　父は、胎内に在る子でも、認知することができる。この場合においては、母の承諾を得なければならない。

2　父又は母は、死亡した子でも、その直系卑属があるときに限り、認知することができる。この場合において、その直系卑属が成年者であるときは、その承諾を得なければならない。

（認知の効力）

第七百八十四条　認知は、出生の時にさかのぼってその効力を生ずる。ただし、第三者が既に取得した権利を害することはできない。

（認知の取消しの禁止）

第七百八十五条　認知をした父又は母は、その認知を取り消すことができない。

（認知に対する反対の事実の主張）

第七百八十六条　子その他の利害関係人は、認知に対して反対の事実を主張することができる。

（認知の訴え）

第七百八十七条　子、その直系卑属又はこれらの者の法定代理人は、認知の訴えを提起することができる。ただし、父又は母の死亡の日から三年を経過したときは、この限りでない。

（認知後の子の監護に関する事項の定め等）

第七百八十八条　第七百六十六条の規定は、父が認知する場合について準用する。

（準正）

第七百八十九条　父が認知した子は、その父母の婚姻によって嫡出子の身分を取得する。

2　婚姻中父母が認知した子は、その認知の時から、嫡出子の身分を取得する。

3　前二項の規定は、子が既に死亡していた場合について準用する。

（子の氏）

第七百九十条　嫡出である子は、父母の氏を称する。ただし、子の出生前に父母が離婚したときは、離婚の際における父母の氏を称する。

2　嫡出でない子は、母の氏を称する。

（子の氏の変更）

第七百九十一条　子が父又は母と氏を異にする場合には、子は、家庭裁判所の許可を得て、戸籍法の定めるところにより届け出ることによって、その父又は母の氏を称することができる。

2　父又は母が氏を改めたことにより子が父母と氏を異にする場合には、子は、父母の婚姻中に限り、前項の許可を得ないで、戸籍法の定めるところにより届け出ることによって、その父母の氏を称することができる。

3　子が十五歳未満であるときは、その法定代理人が、これに代わって、前二項の行為をすることができる。

4　前三項の規定により氏を改めた未成年の子は、成年に達した時から一年以内に戸籍法の定めるところにより届け出ることによって、従前の氏に復することができる。

第二節　養子

第一款　縁組の要件

(養親となる者の年齢)

第七百九十二条　成年に達した者は、養子をすることができる。

(尊属又は年長者を養子とすることの禁止)

第七百九十三条　尊属又は年長者は、これを養子とすることができない。

(後見人が被後見人を養子とする縁組)

第七百九十四条　後見人が被後見人（未成年被後見人及び成年被後見人をいう。以下同じ。）を養子とするには、家庭裁判所の許可を得なければならない。後見人の任務が終了した後、まだその管理の計算が終わらない間も、同様とする。

(配偶者のある者が未成年者を養子とする縁組)

第七百九十五条　配偶者のある者が未成年者を養子とするには、配偶者とともにしなければならない。ただし、配偶者の嫡出である子を養子とする場合又は配偶者がその意思を表示することができない場合は、この限りでない。

(配偶者のある者の縁組)

第七百九十六条　配偶者のある者が縁組をするには、その配偶者の同意を得なければならない。ただし、配偶者とともに縁組をする場合又は配偶者がその意思を表示することができない場合は、この限りでない。

(十五歳未満の者を養子とする縁組)

第七百九十七条　養子となる者が十五歳未満であるときは、その法定代理人が、これに代わって、縁組の承諾をすることができる。

2　法定代理人が前項の承諾をするには、養子となる者の父母でその監護をすべき者であるものが他にあるときは、その同意を得なければならない。養子となる者の父母で親権を停止されているものがあるときも、同様とする。

(未成年者を養子とする縁組)

第七百九十八条　未成年者を養子とするには、家庭裁判所の許可を得なければならない。ただし、自己又は配偶者の直系卑属を養子とする場合は、この限りでない。

(婚姻の規定の準用)

第七百九十九条　第七百三十八条及び第七百三十九条の規定は、縁組について準用する。

(縁組の届出の受理)

第八百条　縁組の届出は、その縁組が第七百九十二条から前条までの規定その他の法令の規定に違反しないことを認めた後でなければ、受理することができない。

(外国に在る日本人間の縁組の方式)

第八百一条　外国に在る日本人間で縁組をしようとするときは、その国に駐在する日本の大使、公使又は領事にその届出をすることができる。この場合においては、第七百九十九条において準用する第七百三十九条の規定及び前条の規定を準用する。

第二款　縁組の無効及び取消し

(縁組の無効)

第八百二条　縁組は、次に掲げる場合に限り、無効とする。

一　人違いその他の事由によって当事者間に縁組をする意思がないとき。

二　当事者が縁組の届出をしないとき。ただし、その届出が第七百九十九条において準用する第七百三十九条第二項に定める方式を欠くだけであるときは、縁組は、そのためにその効力を妨げられない。

(縁組の取消し)

第八百三条　縁組は、次条から第八百八条までの規定によらなければ、取り消すことができない。

できない。

（養親が未成年者である場合の縁組の取消し）

第八百四条　第七百九十二条の規定に違反した縁組は、養親又はその法定代理人から、その取消しを家庭裁判所に請求することができる。ただし、養親が、成年に達した後六箇月を経過し、又は追認をしたときは、この限りでない。

（養子が尊属又は年長者である場合の縁組の取消し）

第八百五条　第七百九十三条の規定に違反した縁組は、各当事者又はその親族から、その取消しを家庭裁判所に請求することができる。

（後見人と被後見人との間の無許可縁組の取消し）

第八百六条　第七百九十四条の規定に違反した縁組は、養子又はその実方の親族から、その取消しを家庭裁判所に請求することができる。ただし、管理の計算が終わった後、養子が追認をし、又は六箇月を経過したときは、この限りでない。

2　前項ただし書の追認は、養子が、成年に達し、又は行為能力を回復した後にしなければ、その効力を生じない。

3　養子が、成年に達せず、又は行為能力を回復しない間に、管理の計算が終わった場合には、第一項ただし書の期間は、養子が、成年に達し、又は行為能力を回復した時から起算する。

（配偶者の同意のない縁組等の取消し）

第八百六条の二　第七百九十六条の規定に違反した縁組は、縁組の同意をしていない者から、その取消しを家庭裁判所に請求することができる。ただし、その者が、縁組を知った後六箇月を経過し、又は追認をしたときは、この限りでない。

2　詐欺又は強迫によって第七百九十六条の同意をした者は、その縁組の取消しを家庭裁判所に請求することができる。ただし、その者が、詐欺を発見し、若しくは強迫を免れた後六箇月を経過し、又は追認をしたときは、この限りでない。

（子の監護をすべき者の同意のない縁組等の取消し）

第八百六条の三　第七百九十七条第二項の規定に違反した縁組は、縁組の同意をしていない者から、その取消しを家庭裁判所に請求することができる。ただし、その者が追認をしたとき、又は養子が十五歳に達した後六箇月を経過し、若しくは追認をしたときは、この限りでない。

2　前条第二項の規定は、詐欺又は強迫によって第七百九十七条第二項の同意をした者について準用する。

（養子が未成年者である場合の無許可縁組の取消し）

第八百七条　第七百九十八条の規定に違反した縁組は、養子、その実方の親族又は養子に代わって縁組の承諾をした者から、その取消しを家庭裁判所に請求することができる。ただし、養子が、成年に達した後六箇月を経過し、又は追認をしたときは、この限りでない。

（婚姻の取消し等の規定の準用）

第八百八条　第七百四十七条及び第七百四十八条の規定は、縁組について準用する。この場合において、第七百四十七条第二項中「三箇月」とあるのは、「六箇月」と読み替えるものとする。

2　第七百六十九条及び第八百十六条の規定は、縁組の取消しについて準用する。

第三款　縁組の効力

（嫡出子の身分の取得）

第八百九条　養子は、縁組の日から、養親の嫡出子の身分を取得する。

（養子の氏）

第八百十条　養子は、養親の氏を称する。ただし、婚姻によって氏を改めた者については、婚姻の際に定めた氏を称すべき間は、この限りでない。

第四款　離縁

（協議上の離縁等）

第八百十一条　縁組の当事者は、その協議で、離縁をすることができる。

2　養子が十五歳未満であるときは、その離縁は、養親と養子の離縁後にその法定代理人となるべき者との協議でこれをする。

3　前項の場合において、養子の父母が離婚しているときは、その協議で、その一方を養子の離縁後にその親権者となるべき者と定めなければならない。

4　前項の協議が調わないとき、又は協議をすることができないときは、家庭裁判所は、同項の父若しくは母又は養親の請求によって、協議に代わる審判をすることができる。

5　第二項の法定代理人となるべき者がないときは、家庭裁判所は、養子の親族その他の利害関係人の請求によって、養子の離縁後にその未成年後見人となるべき者を選任する。

6　縁組の当事者の一方が死亡した後に生存当事者が離縁をしようとするときは、家庭裁判所の許可を得て、これをすることができる。

（夫婦である養親と未成年者との離縁）

第八百十一条の二　養親が夫婦である場合において未成年者と離縁をするには、夫婦が共にしなければならない。ただし、夫婦の一方がその意思を表示することができないときは、この限りでない。

（婚姻の規定の準用）

第八百十二条　第七百三十八条、第七百三十九条及び第七百四十七条の規定は、協議上の離縁について準用する。この場合において、同条第二項中「三箇月」とあるのは、「六箇月」と読み替えるものとする。

（離縁の届出の受理）

第八百十三条　離縁の届出は、その離縁が前条において準用する第七百三十九条第二項の規定並びに第八百十一条及び第八百十一条の二の規定その他の法令の規定に違反しないことを認めた後でなければ、受理することができない。

2　離縁の届出が前項の規定に違反して受理されたときであっても、離縁は、そのためにその効力を妨げられない。

（裁判上の離縁）

第八百十四条　縁組の当事者の一方は、次に掲げる場合に限り、離縁の訴えを提起することができる。

一　他の一方から悪意で遺棄されたとき。

二　他の一方の生死が三年以上明らかでないとき。

三　その他縁組を継続し難い重大な事由があるとき。

2　第七百七十条第二項の規定は、前項第一号及び第二号に掲げる場合について準用する。

（養子が十五歳未満である場合の離縁の訴えの当事者）

第八百十五条　養子が十五歳に達しない間は、第八百十一条の規定により養親と離縁の協議をすることができる者から、又はこれに対して、離縁の訴えを提起することができる。

（離縁による復氏等）

第八百十六条　養子は、離縁によって縁組前の氏に復する。ただし、配偶者とともに養子をした養親の一方のみと離縁をした場合は、この限りでない。

2　縁組の日から七年を経過した後に前項の規定により縁組前の氏に復した者は、離縁の日から三箇月以内に戸籍法の定めるところにより届け出ることによって、離縁の際に称していた氏を称することができる。

（離縁による復氏の際の権利の承継）

第八百十七条　第七百六十九条の規定は、離縁について準用する。

第五款　特別養子

（特別養子縁組の成立）

第八百十七条の二　家庭裁判所は、次条から第八百十七条の七までに定める要件があるときは、養親となる者の請求により、実方の血族との親族関係が終了する縁組（以下この款において「特別養子縁組」という。）を成立させることができる。

2　前項に規定する請求をするには、第七百九十四条又は第七百九十八条の許可を得ることを要しない。

（養親の夫婦共同縁組）

第八百十七条の三　養親となる者は、配偶者のある者でなければならない。

2　夫婦の一方は、他の一方が養親とならないときは、養親となることができない。ただし、夫婦の一方が他の一方の嫡出である子（特別養子縁組以外の縁組による養子を除く。）の養親となる場合は、この限りでない。

（養親となる者の年齢）

第八百十七条の四　二十五歳に達しない者は、養親となることができない。ただし、養親となる夫婦の一方が二十五歳に達していない場合においても、その者が二十歳に達しているときは、この限りでない。

（養子となる者の年齢）

第八百十七条の五　第八百十七条の二に規定する請求の時に十五歳に達している者は、養子となることができない。特別養子縁組が成立するまでに十八歳に達した者についても、同様とする。

2　前項前段の規定は、養子となる者が十五歳に達する前から引き続き養親となる者に監護されている場合において、十五歳に達するまでに第八百十七条の二に規定する請求がされなかったことについてやむを得ない事由があるときは、適用しない。

3　養子となる者が十五歳に達している場合においては、特別養子縁組の成立には、その者の同意がなければならない。

（父母の同意）

第八百十七条の六　特別養子縁組の成立には、養子となる者の父母の同意がなければならない。ただし、父母がその意思を表示することができない場合又は父母による虐待、悪意の遺棄その他養子となる者の利益を著しく害する事由がある場合は、この限りでない。

（子の利益のための特別の必要性）

第八百十七条の七　特別養子縁組は、父母による養子となる者の監護が著しく困難又は不適当であることその他特別の事情がある場合において、子の利益のため特に必要があると認めるときに、これを成立させるものとする。

（監護の状況）

第八百十七条の八　特別養子縁組を成立させるには、養親となる者が養子となる者を六箇月以上の期間監護した状況を考慮しなければならない。

2　前項の期間は、第八百十七条の二に規定する請求の時から起算する。ただし、その請求前の監護の状況が明らかであるときは、この限りでない。

（実方との親族関係の終了）

第八百十七条の九　養子と実方の父母及びその血族との親族関係は、特別養子縁組によって終了する。ただし、第八百十七条の三第二項ただし書に規定する他の一方及びその血族との親族関係については、この限りでない。

（特別養子縁組の離縁）

第八百十七条の十　次の各号のいずれにも該当する場合において、養子の利益のため特に必要があると認めるときは、家庭裁判所は、養子、実父母又は検察官の請求により、特別養子縁組の当事者を離縁させることができる。

一　養親による虐待、悪意の遺棄その他養子の利益を著しく害する事由があること。

二　実父母が相当の監護をすることができること。

2　離縁は、前項の規定による場合のほか、これをすることができない。

（離縁による実方との親族関係の回復）

第八百十七条の十一　養子と実父母及びその血族との間においては、離縁の日から、特別養子縁組によって終了した親族関係と同一の親族関係を生ずる。

第四章　親権

第一節　総則

（親権者）

第八百十八条　成年に達しない子は、父母の親権に服する。

2　子が養子であるときは、養親の親権に服する。

3　親権は、父母の婚姻中は、父母が共同して行う。ただし、父母の一方が親権を行うことができないときは、他の一方が行う。

（離婚又は認知の場合の親権者）

第八百十九条　父母が協議上の離婚をするときは、その協議で、その一方を親権者と定めなければならない。

2　裁判上の離婚の場合には、裁判所は、父母の一方を親権者と定める。
3 子の出生前に父母が離婚した場合には、親権は、母が行う。ただし、子の出生後に、父母の協議で、父を親権者と定めることができる。
4 父が認知した子に対する親権は、父母の協議で父を親権者と定めたときに限り、父が行う。
5 第一項、第三項又は前項の協議が調わないとき、又は協議をすることができないときは、家庭裁判所は、父又は母の請求によって、協議に代わる審判をすることができる。
6 子の利益のため必要があると認めるときは、家庭裁判所は、子の親族の請求によって、親権者を他の一方に変更することができる。

第二節　親権の効力

（監護及び教育の権利義務）
第八百二十条　親権を行う者は、子の利益のために子の監護及び教育をする権利を有し、義務を負う。

（居所の指定）
第八百二十一条　子は、親権を行う者が指定した場所に、その居所を定めなければならない。

（懲戒）
第八百二十二条　親権を行う者は、第八百二十条の規定による監護及び教育に必要な範囲内でその子を懲戒することができる。

（職業の許可）
第八百二十三条　子は、親権を行う者の許可を得なければ、職業を営むことができない。
2 親権を行う者は、第六条第二項の場合には、前項の許可を取り消し、又はこれを制限することができる。

（財産の管理及び代表）
第八百二十四条　親権を行う者は、子の財産を管理し、かつ、その財産に関する法律行為についてその子を代表する。ただし、その子の行為を目的とする債務を生ずべき場合には、本人の同意を得なければならない。

（父母の一方が共同の名義でした行為の効力）
第八百二十五条　父母が共同して親権を行う場合において、父母の一方が、共同の名義で、子に代わって法律行為をし又は子がこれをすることに同意したときは、その行為は、他の一方の意思に反したときであっても、そのためにその効力を妨げられない。ただし、相手方が悪意であったときは、この限りでない。

（利益相反行為）
第八百二十六条　親権を行う父又は母とその子との利益が相反する行為については、親権を行う者は、その子のために特別代理人を選任することを家庭裁判所に請求しなければならない。
2 親権を行う者が数人の子に対して親権を行う場合において、その一人と他の子との利益が相反する行為については、親権を行う者は、その一方のために特別代理人を選任することを家庭裁判所に請求しなければならない。

（財産の管理における注意義務）
第八百二十七条　親権を行う者は、自己のためにするのと同一の注意をもって、その管理権を行わなければならない。

（財産の管理の計算）
第八百二十八条　子が成年に達したときは、親権を行った者は、遅滞なくその管理の計算をしなければならない。ただし、その子の養育及び財産の管理の費用は、その子の財産の収益と相殺したものとみなす。

第八百二十九条　前条ただし書の規定は、無償で子に財産を与える第三者が反対の意思を表示したときは、その財産については、これを適用しない。

（第三者が無償で子に与えた財産の管理）
第八百三十条　無償で子に財産を与える第三者が、親権を行う父又は母にこれを管理させない意思を表示したときは、その財産は、父又は母の管理に属しないものとする。
2 前項の財産につき父母が共に管理権を有しない場合において、第三者が管理者を指定しなかったときは、家庭裁判所は、子、その親族又は検察官の請求によって、その管理者を選任する。
3 第三者が管理者を指定したときであっても、その管理者の権限が消滅し、又はこれを改任する必要がある場合において、第三者が更に管理者を指定しないときも、前項と同様とする。

4　第二十七条から第二十九条までの規定は、前二項の場合について準用する。

（**委任の規定の準用**）

第八百三十一条　第六百五十四条及び第六百五十五条の規定は、親権を行う者が子の財産を管理する場合及び前条の場合について準用する。

（**財産の管理について生じた親子間の債権の消滅時効**）

第八百三十二条　親権を行った者とその子との間に財産の管理について生じた債権は、その管理権が消滅した時から五年間これを行使しないときは、時効によって消滅する。

2　子がまだ成年に達しない間に管理権が消滅した場合において子に法定代理人がないときは、前項の期間は、その子が成年に達し、又は後任の法定代理人が就職した時から起算する。

（**子に代わる親権の行使**）

第八百三十三条　親権を行う者は、その親権に服する子に代わって親権を行う。

第三節　親権の喪失

（**親権喪失の審判**）

第八百三十四条　父又は母による虐待又は悪意の遺棄があるときその他父又は母による親権の行使が著しく困難又は不適当であることにより子の利益を著しく害するときは、家庭裁判所は、子、その親族、未成年後見人、未成年後見監督人又は検察官の請求により、その父又は母について、親権喪失の審判をすることができる。ただし、二年以内にその原因が消滅する見込みがあるときは、この限りでない。

（**親権停止の審判**）

第八百三十四条の二　父又は母による親権の行使が困難又は不適当であることにより子の利益を害するときは、家庭裁判所は、子、その親族、未成年後見人、未成年後見監督人又は検察官の請求により、その父又は母について、親権停止の審判をすることができる。

2　家庭裁判所は、親権停止の審判をするときは、その原因が消滅するまでに要すると見込まれる期間、子の心身の状態及び生活の状況その他一切の事情を考慮して、二年を超えない範囲内で、親権を停止する期間を定める。

（**管理権喪失の審判**）

第八百三十五条　父又は母による管理権の行使が困難又は不適当であることにより子の利益を害するときは、家庭裁判所は、子、その親族、未成年後見人、未成年後見監督人又は検察官の請求により、その父又は母について、管理権喪失の審判をすることができる。

（**親権喪失、親権停止又は管理権喪失の審判の取消し**）

第八百三十六条　第八百三十四条本文、第八百三十四条の二第一項又は前条に規定する原因が消滅したときは、家庭裁判所は、本人又はその親族の請求によって、それぞれ親権喪失、親権停止又は管理権喪失の審判を取り消すことができる。

（**親権又は管理権の辞任及び回復**）

第八百三十七条　親権を行う父又は母は、やむを得ない事由があるときは、家庭裁判所の許可を得て、親権又は管理権を辞することができる。

2　前項の事由が消滅したときは、父又は母は、家庭裁判所の許可を得て、親権又は管理権を回復することができる。

第五章　後見

第一節　後見の開始

第八百三十八条　後見は、次に掲げる場合に開始する。

一　未成年者に対して親権を行う者がないとき、又は親権を行う者が管理権を有しないとき。

二　後見開始の審判があったとき。

第二節　後見の機関

第一款　後見人

（**未成年後見人の指定**）

第八百三十九条　未成年者に対して最後に親権を行う者は、遺言で、未成年後見人を指定することができる。ただし、管理権を有しない者は、この限りでない。

2 親権を行う父母の一方が管理権を有しないときは、他の一方は、前項の規定により未成年後見人の指定をすることができる。

（未成年後見人の選任）

第八百四十条 前条の規定により未成年後見人となるべき者がないときは、家庭裁判所は、未成年被後見人又はその親族その他の利害関係人の請求によって、未成年後見人を選任する。未成年後見人が欠けたときも、同様とする。

2 未成年後見人がある場合においても、家庭裁判所は、必要があると認めるときは、前項に規定する者若しくは未成年後見人の請求により又は職権で、更に未成年後見人を選任することができる。

3 未成年後見人を選任するには、未成年被後見人の年齢、心身の状態並びに生活及び財産の状況、未成年後見人となる者の職業及び経歴並びに未成年被後見人との利害関係の有無（未成年後見人となる者が法人であるときは、その事業の種類及び内容並びにその法人及びその代表者と未成年被後見人との利害関係の有無）、未成年被後見人の意見その他一切の事情を考慮しなければならない。

（父母による未成年後見人の選任の請求）

第八百四十一条 父若しくは母が親権若しくは管理権を辞し、又は父若しくは母について親権喪失、親権停止若しくは管理権喪失の審判があったことによって未成年後見人を選任する必要が生じたときは、その父又は母は、遅滞なく未成年後見人の選任を家庭裁判所に請求しなければならない。

第八百四十二条 削除

（成年後見人の選任）

第八百四十三条 家庭裁判所は、後見開始の審判をするときは、職権で、成年後見人を選任する。

2 成年後見人が欠けたときは、家庭裁判所は、成年被後見人若しくはその親族その他の利害関係人の請求により又は職権で、成年後見人を選任する。

3 成年後見人が選任されている場合においても、家庭裁判所は、必要があると認めるときは、前項に規定する者若しくは成年後見人の請求により又は職権で、更に成年後見人を選任することができる。

4 成年後見人を選任するには、成年被後見人の心身の状態並びに生活及び財産の状況、成年後見人となる者の職業及び経歴並びに成年被後見人との利害関係の有無（成年後見人となる者が法人であるときは、その事業の種類及び内容並びにその法人及びその代表者と成年被後見人との利害関係の有無）、成年被後見人の意見その他一切の事情を考慮しなければならない。

（後見人の辞任）

第八百四十四条 後見人は、正当な事由があるときは、家庭裁判所の許可を得て、その任務を辞することができる。

（辞任した後見人による新たな後見人の選任の請求）

第八百四十五条 後見人がその任務を辞したことによって新たに後見人を選任する必要が生じたときは、その後見人は、遅滞なく新たな後見人の選任を家庭裁判所に請求しなければならない。

（後見人の解任）

第八百四十六条 後見人に不正な行為、著しい不行跡その他後見の任務に適しない事由があるときは、家庭裁判所は、後見監督人、被後見人若しくはその親族若しくは検察官の請求により又は職権で、これを解任することができる。

（後見人の欠格事由）

第八百四十七条 次に掲げる者は、後見人となることができない。

一 未成年者

二 家庭裁判所で免ぜられた法定代理人、保佐人又は補助人

三 破産者

四 被後見人に対して訴訟をし、又はした者並びにその配偶者及び直系血族

五 行方の知れない者

第二款 後見監督人

（未成年後見監督人の指定）

第八百四十八条 未成年後見人を指定するこ

とができる者は、遺言で、未成年後見監督人を指定することができる。

（後見監督人の選任）

第八百四十九条　家庭裁判所は、必要があると認めるときは、被後見人、その親族若しくは後見人の請求により又は職権で、後見監督人を選任することができる。

（後見監督人の欠格事由）

第八百五十条　後見人の配偶者、直系血族及び兄弟姉妹は、後見監督人となることができない。

（後見監督人の職務）

第八百五十一条　後見監督人の職務は、次のとおりとする。

一　後見人の事務を監督すること。

二　後見人が欠けた場合に、遅滞なくその選任を家庭裁判所に請求すること。

三　急迫の事情がある場合に、必要な処分をすること。

四　後見人又はその代表する者と被後見人との利益が相反する行為について被後見人を代表すること。

（委任及び後見人の規定の準用）

第八百五十二条　第六百四十四条、第六百五十四条、第六百五十五条、第八百四十四条、第八百四十六条、第八百四十七条、第八百六十一条第二項及び第八百六十二条の規定は後見監督人について、第八百四十条第三項及び第八百五十七条の二の規定は未成年後見監督人について、第八百四十三条第四項、第八百五十九条の二及び第八百五十九条の三の規定は成年後見監督人について準用する。

第三節　後見の事務

（財産の調査及び目録の作成）

第八百五十三条　後見人は、遅滞なく被後見人の財産の調査に着手し、一箇月以内に、その調査を終わり、かつ、その目録を作成しなければならない。ただし、この期間は、家庭裁判所において伸長することができる。

2　財産の調査及びその目録の作成は、後見監督人があるときは、その立会いをもってしなければ、その効力を生じない。

（財産の目録の作成前の権限）

第八百五十四条　後見人は、財産の目録の作成を終わるまでは、急迫の必要がある行為のみをする権限を有する。ただし、これをもって善意の第三者に対抗することができない。

（後見人の被後見人に対する債権又は債務の申出義務）

第八百五十五条　後見人が、被後見人に対し、債権を有し、又は債務を負う場合において、後見監督人があるときは、財産の調査に着手する前に、これを後見監督人に申し出なければならない。

2　後見人が、被後見人に対し債権を有することを知ってこれを申し出ないときは、その債権を失う。

（被後見人が包括財産を取得した場合についての準用）

第八百五十六条　前三条の規定は、後見人が就職した後被後見人が包括財産を取得した場合について準用する。

（未成年被後見人の身上の監護に関する権利義務）

第八百五十七条　未成年後見人は、第八百二十条から第八百二十三条までに規定する事項について、親権を行う者と同一の権利義務を有する。ただし、親権を行う者が定めた教育の方法及び居所を変更し、営業を許可し、その許可を取り消し、又はこれを制限するには、未成年後見監督人があるときは、その同意を得なければならない。

（未成年後見人が数人ある場合の権限の行使等）

第八百五十七条の二　未成年後見人が数人あるときは、共同してその権限を行使する。

2　未成年後見人が数人あるときは、家庭裁判所は、職権で、その一部の者について、財産に関する権限のみを行使すべきことを定めることができる。

3　未成年後見人が数人あるときは、家庭裁判所は、職権で、財産に関する権限について、各未成年後見人が単独で又は数人の未成年後見人が事務を分掌して、その権限を行使すべきことを定めることができる。

4　家庭裁判所は、職権で、前二項の規定による定めを取り消すことができる。

5　未成年後見人が数人あるときは、第三者の意思表示は、その一人に対してすれば足りる。

（成年被後見人の意思の尊重及び身上の配慮）

第八百五十八条　成年後見人は、成年被後見人の生活、療養看護及び財産の管理に関する事務を行うに当たっては、成年被後見人の意思を尊重し、かつ、その心身の状態及び生活の状況に配慮しなければならない。

（財産の管理及び代表）

第八百五十九条　後見人は、被後見人の財産を管理し、かつ、その財産に関する法律行為について被後見人を代表する。

2　第八百二十四条ただし書の規定は、前項の場合について準用する。

（成年後見人が数人ある場合の権限の行使等）

第八百五十九条の二　成年後見人が数人あるときは、家庭裁判所は、職権で、数人の成年後見人が、共同して又は事務を分掌して、その権限を行使すべきことを定めることができる。

2　家庭裁判所は、職権で、前項の規定による定めを取り消すことができる。

3　成年後見人が数人あるときは、第三者の意思表示は、その一人に対してすれば足りる。

（成年被後見人の居住用不動産の処分についての許可）

第八百五十九条の三　成年後見人は、成年被後見人に代わって、その居住の用に供する建物又はその敷地について、売却、賃貸、賃貸借の解除又は抵当権の設定その他これらに準ずる処分をするには、家庭裁判所の許可を得なければならない。

（利益相反行為）

第八百六十条　第八百二十六条の規定は、後見人について準用する。ただし、後見監督人がある場合は、この限りでない。

（成年後見人による郵便物等の管理）

第八百六十条の二　家庭裁判所は、成年後見人がその事務を行うに当たって必要があると認めるときは、成年後見人の請求により、信書の送達の事業を行う者に対し、期間を定めて、成年被後見人に宛てた郵便物又は民間事業者による信書の送達に関する法律（平成十四年法律第九十九号）第二条第三項に規定する信書便物（次条において「郵便物等」という。）を成年後見人に配達すべき旨を嘱託することができる。

2　前項に規定する嘱託の期間は、六箇月を超えることができない。

3　家庭裁判所は、第一項の規定による審判があった後事情に変更を生じたときは、成年被後見人、成年後見人若しくは成年後見監督人の請求により又は職権で、同項に規定する嘱託を取り消し、又は変更することができる。ただし、その変更の審判においては、同項の規定による審判において定められた期間を伸長することができない。

4　成年後見人の任務が終了したときは、家庭裁判所は、第一項に規定する嘱託を取り消さなければならない。

第八百六十条の三　成年後見人は、成年被後見人に宛てた郵便物等を受け取ったときは、これを開いて見ることができる。

2　成年後見人は、その受け取った前項の郵便物等で成年後見人の事務に関しないものは、速やかに成年被後見人に交付しなければならない。

3　成年被後見人は、成年後見人に対し、成年後見人が受け取った第一項の郵便物等（前項の規定により成年被後見人に交付されたものを除く。）の閲覧を求めることができる。

（支出金額の予定及び後見の事務の費用）

第八百六十一条　後見人は、その就職の初めにおいて、被後見人の生活、教育又は療養看護及び財産の管理のために毎年支出すべき金額を予定しなければならない。

2　後見人が後見の事務を行うために必要な費用は、被後見人の財産の中から支弁する。

（後見人の報酬）

第八百六十二条　家庭裁判所は、後見人及び被後見人の資力その他の事情によって、被後見人の財産の中から、相当な報酬を後見人に与えることができる。

（後見の事務の監督）

第八百六十三条　後見監督人又は家庭裁判所は、いつでも、後見人に対し後見の事務の報告若しくは財産の目録の提出を求め、又は後見の事務若しくは被後見人の財産の状況を調査することができる。

2　家庭裁判所は、後見監督人、被後見人若しくはその親族その他の利害関係人の請求により又は職権で、被後見人の財産の管理その他後見の事務について必要な処分を命ずることができる。

（後見監督人の同意を要する行為）

第八百六十四条　後見人が、被後見人に代わって営業若しくは第十三条第一項各号に掲げる行為をし、又は未成年被後見人がこれをすることに同意するには、後見監督人があるときは、その同意を得なければならない。ただし、同項第一号に掲げる元本の領収については、この限りでない。

第八百六十五条　後見人が、前条の規定に違反してし又は同意を与えた行為は、被後見人又は後見人が取り消すことができる。この場合においては、第二十条の規定を準用する。

2　前項の規定は、第百二十一条から第百二十六条までの規定の適用を妨げない。

（被後見人の財産等の譲受けの取消し）

第八百六十六条　後見人が被後見人の財産又は被後見人に対する第三者の権利を譲り受けたときは、被後見人は、これを取り消すことができる。この場合においては、第二十条の規定を準用する。

2　前項の規定は、第百二十一条から第百二十六条までの規定の適用を妨げない。

（未成年被後見人に代わる親権の行使）

第八百六十七条　未成年後見人は、未成年被後見人に代わって親権を行う。

2　第八百五十三条から第八百五十七条まで及び第八百六十一条から前条までの規定は、前項の場合について準用する。

（財産に関する権限のみを有する未成年後見人）

第八百六十八条　親権を行う者が管理権を有しない場合には、未成年後見人は、財産に関する権限のみを有する。

（委任及び親権の規定の準用）

第八百六十九条　第六百四十四条及び第八百三十条の規定は、後見について準用する。

第四節　後見の終了

（後見の計算）

第八百七十条　後見人の任務が終了したときは、後見人又はその相続人は、二箇月以内にその管理の計算（以下「後見の計算」という。）をしなければならない。ただし、この期間は、家庭裁判所において、伸長することができる。

第八百七十一条　後見の計算は、後見監督人があるときは、その立ち会いをもってしなければならない。

（未成年被後見人と未成年後見人等との間の契約等の取消し）

第八百七十二条　未成年被後見人が成年に達した後後見の計算の終了前に、その者と未成年後見人又はその相続人との間でした契約は、その者が取り消すことができる。その者が未成年後見人又はその相続人に対してした単独行為も、同様とする。

2　第二十条及び第百二十一条から第百二十六条までの規定は、前項の場合について準用する。

（返還金に対する利息の支払等）

第八百七十三条　後見人が被後見人に返還すべき金額及び被後見人が後見人に返還すべき金額には、後見の計算が終了した時から、利息を付さなければならない。

2　後見人は、自己のために被後見人の金銭を消費したときは、その消費の時から、これに利息を付さなければならない。この場合において、なお損害があるときは、その賠償の責任を負う。

（成年被後見人の死亡後の成年後見人の権限）

第八百七十三条の二　成年後見人は、成年被後見人が死亡した場合において、必要があるときは、成年被後見人の相続人の意思に反することが明らかなときを除き、相続人が相続財産を管理することができるに至るまで、次に掲げる行為をすることができる。ただし、第三号に掲げる行為をするには、家庭裁判所の許可を得なければならない。

一　相続財産に属する特定の財産の保存に必要な行為
二　相続財産に属する債務（弁済期が到来しているものに限る。）の弁済
三　その死体の火葬又は埋葬に関する契約の締結その他相続財産の保存に必要な行為（前二号に掲げる行為を除く。）

（委任の規定の準用）
第八百七十四条　第六百五十四条及び第六百五十五条の規定は、後見について準用する。

（後見に関して生じた債権の消滅時効）
第八百七十五条　第八百三十二条の規定は、後見人又は後見監督人と被後見人との間において後見に関して生じた債権の消滅時効について準用する。
2　前項の消滅時効は、第八百七十二条の規定により法律行為を取り消した場合には、その取消しの時から起算する。

第六章　保佐及び補助

第一節　保佐

（保佐の開始）
第八百七十六条　保佐は、保佐開始の審判によって開始する。

（保佐人及び臨時保佐人の選任等）
第八百七十六条の二　家庭裁判所は、保佐開始の審判をするときは、職権で、保佐人を選任する。
2　第八百四十三条第二項から第四項まで及び第八百四十四条から第八百四十七条までの規定は、保佐人について準用する。
3　保佐人又はその代表する者と被保佐人との利益が相反する行為については、保佐人は、臨時保佐人の選任を家庭裁判所に請求しなければならない。ただし、保佐監督人がある場合は、この限りでない。

（保佐監督人）
第八百七十六条の三　家庭裁判所は、必要があると認めるときは、被保佐人、その親族若しくは保佐人の請求により又は職権で、保佐監督人を選任することができる。
2　第六百四十四条、第六百五十四条、第六百五十五条、第八百四十三条第四項、第八百四十四条、第八百四十六条、第八百四十七条、第八百五十条、第八百五十一条、第八百五十九条の二、第八百五十九条の三、第八百六十一条第二項及び第八百六十二条の規定は、保佐監督人について準用する。この場合において、第八百五十一条第四号中「被後見人を代表する」とあるのは、「被保佐人を代表し、又は被保佐人がこれをすることに同意する」と読み替えるものとする。

（保佐人に代理権を付与する旨の審判）
第八百七十六条の四　家庭裁判所は、第十一条本文に規定する者又は保佐人若しくは保佐監督人の請求によって、被保佐人のために特定の法律行為について保佐人に代理権を付与する旨の審判をすることができる。
2　本人以外の者の請求によって前項の審判をするには、本人の同意がなければならない。
3　家庭裁判所は、第一項に規定する者の請求によって、同項の審判の全部又は一部を取り消すことができる。

（保佐の事務及び保佐人の任務の終了等）
第八百七十六条の五　保佐人は、保佐の事務を行うに当たっては、被保佐人の意思を尊重し、かつ、その心身の状態及び生活の状況に配慮しなければならない。
2　第六百四十四条、第八百五十九条の二、第八百五十九条の三、第八百六十一条第二項、第八百六十二条及び第八百六十三条の規定は保佐の事務について、第八百二十四条ただし書の規定は保佐人が前条第一項の代理権を付与する旨の審判に基づき被保佐人を代表する場合について準用する。
3　第六百五十四条、第六百五十五条、第八百七十条、第八百七十一条及び第八百七十三条の規定は保佐人の任務が終了した場合について、第八百三十二条の規定は保佐人又は保佐監督人と被保佐人との間において保佐に関して生じた債権について準用する。

第二節　補助

（補助の開始）
第八百七十六条の六　補助は、補助開始の審判によって開始する。

（補助人及び臨時補助人の選任等）

社会福祉全般

第八百七十六条の七 家庭裁判所は、補助開始の審判をするときは、職権で、補助人を選任する。

2 第八百四十三条第二項から第四項まで及び第八百四十四条から第八百四十七条までの規定は、補助人について準用する。

3 補助人又はその代表する者と被補助人との利益が相反する行為については、補助人は、臨時補助人の選任を家庭裁判所に請求しなければならない。ただし、補助監督人がある場合は、この限りでない。

(**補助監督人**)

第八百七十六条の八 家庭裁判所は、必要があると認めるときは、被補助人、その親族若しくは補助人の請求により又は職権で、補助監督人を選任することができる。

2 第六百四十四条、第六百五十四条、第六百五十五条、第八百四十三条第四項、第八百四十四条、第八百四十六条、第八百四十七条、第八百五十条、第八百五十一条、第八百五十九条の二、第八百五十九条の三、第八百六十一条第二項及び第八百六十二条の規定は、補助監督人について準用する。この場合において、第八百五十一条第四号中「被後見人を代表する」とあるのは、「被補助人を代表し、又は被補助人がこれをすることに同意する」と読み替えるものとする。

(**補助人に代理権を付与する旨の審判**)

第八百七十六条の九 家庭裁判所は、第十五条第一項本文に規定する者又は補助人若しくは補助監督人の請求によって、被補助人のために特定の法律行為について補助人に代理権を付与する旨の審判をすることができる。

2 第八百七十六条の四第二項及び第三項の規定は、前項の審判について準用する。

(**補助の事務及び補助人の任務の終了等**)

第八百七十六条の十 第六百四十四条、第八百五十九条の二、第八百五十九条の三、第八百六十一条第二項、第八百六十二条、第八百六十三条及び第八百七十六条の五第一項の規定は補助の事務について、第八百二十四条ただし書の規定は補助人が前条第一項の代理権を付与する旨の審判に基づき被補助人を代表する場合について準用する。

2 第六百五十四条、第六百五十五条、第八百七十条、第八百七十一条及び第八百七十三条の規定は補助人の任務が終了した場合について、第八百三十二条の規定は補助人又は補助監督人と被補助人との間において補助に関して生じた債権について準用する。

第七章 扶養

(**扶養義務者**)

第八百七十七条 直系血族及び兄弟姉妹は、互いに扶養をする義務がある。

2 家庭裁判所は、特別の事情があるときは、前項に規定する場合のほか、三親等内の親族間においても扶養の義務を負わせることができる。

3 前項の規定による審判があった後事情に変更を生じたときは、家庭裁判所は、その審判を取り消すことができる。

(**扶養の順位**)

第八百七十八条 扶養をする義務のある者が数人ある場合において、扶養をすべき者の順序について、当事者間に協議が調わないとき、又は協議をすることができないときは、家庭裁判所が、これを定める。扶養を受ける権利のある者が数人ある場合において、扶養義務者の資力がその全員を扶養するのに足りないときの扶養を受けるべき者の順序についても、同様とする。

(**扶養の程度又は方法**)

第八百七十九条 扶養の程度又は方法について、当事者間に協議が調わないとき、又は協議をすることができないときは、扶養権利者の需要、扶養義務者の資力その他一切の事情を考慮して、家庭裁判所がこれを定める。

(**扶養に関する協議又は審判の変更又は取消し**)

第八百八十条 扶養をすべき者若しくは扶養を受けるべき者の順序又は扶養の程度若しくは方法について協議又は審判があった後事情に変更を生じたときは、家庭裁判所は、その協議又は審判の変更又は取消しをすることができる。

（扶養請求権の処分の禁止）
第八百八十一条　扶養を受ける権利は、処分することができない。

第五編　相続

第一章　総則

（相続開始の原因）
第八百八十二条　相続は、死亡によって開始する。

（相続開始の場所）
第八百八十三条　相続は、被相続人の住所において開始する。

（相続回復請求権）
第八百八十四条　相続回復の請求権は、相続人又はその法定代理人が相続権を侵害された事実を知った時から五年間行使しないときは、時効によって消滅する。相続開始の時から二十年を経過したときも、同様とする。

（相続財産に関する費用）
第八百八十五条　相続財産に関する費用は、その財産の中から支弁する。ただし、相続人の過失によるものは、この限りでない。

第二章　相続人

（相続に関する胎児の権利能力）
第八百八十六条　胎児は、相続については、既に生まれたものとみなす。
2　前項の規定は、胎児が死体で生まれたときは、適用しない。

（子及びその代襲者等の相続権）
第八百八十七条　被相続人の子は、相続人となる。
2　被相続人の子が、相続の開始以前に死亡したとき、又は第八百九十一条の規定に該当し、若しくは廃除によって、その相続権を失ったときは、その者の子がこれを代襲して相続人となる。ただし、被相続人の直系卑属でない者は、この限りでない。
3　前項の規定は、代襲者が、相続の開始以前に死亡し、又は第八百九十一条の規定に該当し、若しくは廃除によって、その代襲相続権を失った場合について準用する。

第八百八十八条　削除

（直系尊属及び兄弟姉妹の相続権）
第八百八十九条　次に掲げる者は、第八百八十七条の規定により相続人となるべき者がない場合には、次に掲げる順序の順位に従って相続人となる。
一　被相続人の直系尊属。ただし、親等の異なる者の間では、その近い者を先にする。
二　被相続人の兄弟姉妹
2　第八百八十七条第二項の規定は、前項第二号の場合について準用する。

（配偶者の相続権）
第八百九十条　被相続人の配偶者は、常に相続人となる。この場合において、第八百八十七条又は前条の規定により相続人となるべき者があるときは、その者と同順位とする。

（相続人の欠格事由）
第八百九十一条　次に掲げる者は、相続人となることができない。
一　故意に被相続人又は相続について先順位若しくは同順位にある者を死亡するに至らせ、又は至らせようとしたために、刑に処せられた者
二　被相続人の殺害されたことを知って、これを告発せず、又は告訴しなかった者。ただし、その者に是非の弁別がないとき、又は殺害者が自己の配偶者若しくは直系血族であったときは、この限りでない。
三　詐欺又は強迫によって、被相続人が相続に関する遺言をし、撤回し、取り消し、又は変更することを妨げた者
四　詐欺又は強迫によって、被相続人に相続に関する遺言をさせ、撤回させ、取り消させ、又は変更させた者
五　相続に関する被相続人の遺言書を偽造し、変造し、破棄し、又は隠匿した者

（推定相続人の廃除）
第八百九十二条　遺留分を有する推定相続人（相続が開始した場合に相続人となるべき者をいう。以下同じ。）が、被相続人に対して虐待をし、若しくはこれに重大な侮辱を加えたとき、又は推定相続人にその他の著しい非行があったときは、被相続人は、その推定相続人の廃除を家庭裁判所に請求することができる。

（遺言による推定相続人の廃除）

第八百九十三条　被相続人が遺言で推定相続人を廃除する意思を表示したときは、遺言執行者は、その遺言が効力を生じた後、遅滞なく、その推定相続人の廃除を家庭裁判所に請求しなければならない。この場合において、その推定相続人の廃除は、被相続人の死亡の時にさかのぼってその効力を生ずる。

（推定相続人の廃除の取消し）

第八百九十四条　被相続人は、いつでも、推定相続人の廃除の取消しを家庭裁判所に請求することができる。

2　前条の規定は、推定相続人の廃除の取消しについて準用する。

（推定相続人の廃除に関する審判確定前の遺産の管理）

第八百九十五条　推定相続人の廃除又はその取消しの請求があった後その審判が確定する前に相続が開始したときは、家庭裁判所は、親族、利害関係人又は検察官の請求によって、遺産の管理について必要な処分を命ずることができる。推定相続人の廃除の遺言があったときも、同様とする。

2　第二十七条から第二十九条までの規定は、前項の規定により家庭裁判所が遺産の管理人を選任した場合について準用する。

第三章　相続の効力

第一節　総則

（相続の一般的効力）

第八百九十六条　相続人は、相続開始の時から、被相続人の財産に属した一切の権利義務を承継する。ただし、被相続人の一身に専属したものは、この限りでない。

（祭祀に関する権利の承継）

第八百九十七条　系譜、祭具及び墳墓の所有権は、前条の規定にかかわらず、慣習に従って祖先の祭祀を主宰すべき者が承継する。ただし、被相続人の指定に従って祖先の祭祀を主宰すべき者があるときは、その者が承継する。

2　前項本文の場合において慣習が明らかでないときは、同項の権利を承継すべき者は、家庭裁判所が定める。

（共同相続の効力）

第八百九十八条　相続人が数人あるときは、相続財産は、その共有に属する。

第八百九十九条　各共同相続人は、その相続分に応じて被相続人の権利義務を承継する。

（共同相続における権利の承継の対抗要件）

第八百九十九条の二　相続による権利の承継は、遺産の分割によるものかどうかにかかわらず、次条及び第九百一条の規定により算定した相続分を超える部分については、登記、登録その他の対抗要件を備えなければ、第三者に対抗することができない。

2　前項の権利が債権である場合において、次条及び第九百一条の規定により算定した相続分を超えて当該債権を承継した共同相続人が当該債権に係る遺言の内容（遺産の分割により当該債権を承継した場合にあっては、当該債権に係る遺産の分割の内容）を明らかにして債務者にその承継の通知をしたときは、共同相続人の全員が債務者に通知をしたものとみなして、同項の規定を適用する。

第二節　相続分

（法定相続分）

第九百条　同順位の相続人が数人あるときは、その相続分は、次の各号の定めるところによる。

一　子及び配偶者が相続人であるときは、子の相続分及び配偶者の相続分は、各二分の一とする。

二　配偶者及び直系尊属が相続人であるときは、配偶者の相続分は、三分の二とし、直系尊属の相続分は、三分の一とする。

三　配偶者及び兄弟姉妹が相続人であるときは、配偶者の相続分は、四分の三とし、兄弟姉妹の相続分は、四分の一とする。

四　子、直系尊属又は兄弟姉妹が数人あるときは、各自の相続分は、相等しいものとする。ただし、父母の一方のみを同じくする兄弟姉妹の相続分は、父母の双方を同じくする兄弟姉妹の相続分の二分の一とする。

（代襲相続人の相続分）

第九百一条 第八百八十七条第二項又は第三項の規定により相続人となる直系卑属の相続分は、その直系尊属が受けるべきであったものと同じとする。ただし、直系卑属が数人あるときは、その各自の直系尊属が受けるべきであった部分について、前条の規定に従ってその相続分を定める。

2 前項の規定は、第八百八十九条第二項の規定により兄弟姉妹の子が相続人となる場合について準用する。

（遺言による相続分の指定）

第九百二条 被相続人は、前二条の規定にかかわらず、遺言で、共同相続人の相続分を定め、又はこれを定めることを第三者に委託することができる。

2 被相続人が、共同相続人中の一人若しくは数人の相続分のみを定め、又はこれを第三者に定めさせたときは、他の共同相続人の相続分は、前二条の規定により定める。

（相続分の指定がある場合の債権者の権利の行使）

第九百二条の二 被相続人が相続開始の時において有した債務の債権者は、前条の規定による相続分の指定がされた場合であっても、各共同相続人に対し、第九百条及び第九百一条の規定により算定した相続分に応じてその権利を行使することができる。ただし、その債権者が共同相続人の一人に対してその指定された相続分に応じた債務の承継を承認したときは、この限りでない。

（特別受益者の相続分）

第九百三条 共同相続人中に、被相続人から、遺贈を受け、又は婚姻若しくは養子縁組のため若しくは生計の資本として贈与を受けた者があるときは、被相続人が相続開始の時において有した財産の価額にその贈与の価額を加えたものを相続財産とみなし、第九百条から第九百二条までの規定により算定した相続分の中からその遺贈又は贈与の価額を控除した残額をもってその者の相続分とする。

2 遺贈又は贈与の価額が、相続分の価額に等しく、又はこれを超えるときは、受遺者又は受贈者は、その相続分を受けることができない。

3 被相続人が前二項の規定と異なった意思を表示したときは、その意思に従う。

4 婚姻期間が二十年以上の夫婦の一方である被相続人が、他の一方に対し、その居住の用に供する建物又はその敷地について遺贈又は贈与をしたときは、当該被相続人は、その遺贈又は贈与について第一項の規定を適用しない旨の意思を表示したものと推定する。

第九百四条 前条に規定する贈与の価額は、受贈者の行為によって、その目的である財産が滅失し、又はその価格の増減があったときであっても、相続開始の時においてなお原状のままであるものとみなしてこれを定める。

（寄与分）

第九百四条の二 共同相続人中に、被相続人の事業に関する労務の提供又は財産上の給付、被相続人の療養看護その他の方法により被相続人の財産の維持又は増加について特別の寄与をした者があるときは、被相続人が相続開始の時において有した財産の価額から共同相続人の協議で定めたその者の寄与分を控除したものを相続財産とみなし、第九百条から第九百二条までの規定により算定した相続分に寄与分を加えた額をもってその者の相続分とする。

2 前項の協議が調わないとき、又は協議をすることができないときは、家庭裁判所は、同項に規定する寄与をした者の請求により、寄与の時期、方法及び程度、相続財産の額その他一切の事情を考慮して、寄与分を定める。

3 寄与分は、被相続人が相続開始の時において有した財産の価額から遺贈の価額を控除した残額を超えることができない。

4 第二項の請求は、第九百七条第二項の規定による請求があった場合又は第九百十条に規定する場合にすることができる。

（相続分の取戻権）

第九百五条 共同相続人の一人が遺産の分割前にその相続分を第三者に譲り渡したとき

は、他の共同相続人は、その価額及び費用を償還して、その相続分を譲り受けることができる。

2　前項の権利は、一箇月以内に行使しなければならない。

第三節　遺産の分割

（遺産の分割の基準）

第九百六条　遺産の分割は、遺産に属する物又は権利の種類及び性質、各相続人の年齢、職業、心身の状態及び生活の状況その他一切の事情を考慮してこれをする。

（遺産の分割前に遺産に属する財産が処分された場合の遺産の範囲）

第九百六条の二　遺産の分割前に遺産に属する財産が処分された場合であっても、共同相続人は、その全員の同意により、当該処分された財産が遺産の分割時に遺産として存在するものとみなすことができる。

2　前項の規定にかかわらず、共同相続人の一人又は数人により同項の財産が処分されたときは、当該共同相続人については、同項の同意を得ることを要しない。

（遺産の分割の協議又は審判等）

第九百七条　共同相続人は、次条の規定により被相続人が遺言で禁じた場合を除き、いつでも、その協議で、遺産の全部又は一部の分割をすることができる。

2　遺産の分割について、共同相続人間に協議が調わないとき、又は協議をすることができないときは、各共同相続人は、その全部又は一部の分割を家庭裁判所に請求することができる。ただし、遺産の一部を分割することにより他の共同相続人の利益を害するおそれがある場合におけるその一部の分割については、この限りでない。

3　前項本文の場合において特別の事由があるときは、家庭裁判所は、期間を定めて、遺産の全部又は一部について、その分割を禁ずることができる。

（遺産の分割の方法の指定及び遺産の分割の禁止）

第九百八条　被相続人は、遺言で、遺産の分割の方法を定め、若しくはこれを定めることを第三者に委託し、又は相続開始の時から五年を超えない期間を定めて、遺産の分割を禁ずることができる。

（遺産の分割の効力）

第九百九条　遺産の分割は、相続開始の時にさかのぼってその効力を生ずる。ただし、第三者の権利を害することはできない。

（遺産の分割前における預貯金債権の行使）

第九百九条の二　各共同相続人は、遺産に属する預貯金債権のうち相続開始の時の債権額の三分の一に第九百条及び第九百一条の規定により算定した当該共同相続人の相続分を乗じた額（標準的な当面の必要生計費、平均的な葬式の費用の額その他の事情を勘案して預貯金債権の債務者ごとに法務省令で定める額を限度とする。）については、単独でその権利を行使することができる。この場合において、当該権利の行使をした預貯金債権については、当該共同相続人が遺産の一部の分割によりこれを取得したものとみなす。

（相続の開始後に認知された者の価額の支払請求権）

第九百十条　相続の開始後認知によって相続人となった者が遺産の分割を請求しようとする場合において、他の共同相続人が既にその分割その他の処分をしたときは、価額のみによる支払の請求権を有する。

（共同相続人間の担保責任）

第九百十一条　各共同相続人は、他の共同相続人に対して、売主と同じく、その相続分に応じて担保の責任を負う。

（遺産の分割によって受けた債権についての担保責任）

第九百十二条　各共同相続人は、その相続分に応じ、他の共同相続人が遺産の分割によって受けた債権について、その分割の時における債務者の資力を担保する。

2　弁済期に至らない債権及び停止条件付きの債権については、各共同相続人は、弁済をすべき時における債務者の資力を担保する。

（資力のない共同相続人がある場合の担保責任の分担）

第九百十三条　担保の責任を負う共同相続人中に償還をする資力のない者があるとき

は、その償還することができない部分は、求償者及び他の資力のある者が、それぞれその相続分に応じて分担する。ただし、求償者に過失があるときは、他の共同相続人に対して分担を請求することができない。

（遺言による担保責任の定め）
第九百十四条 前三条の規定は、被相続人が遺言で別段の意思を表示したときは、適用しない。

第四章　相続の承認及び放棄

第一節　総則

（相続の承認又は放棄をすべき期間）
第九百十五条 相続人は、自己のために相続の開始があったことを知った時から三箇月以内に、相続について、単純若しくは限定の承認又は放棄をしなければならない。ただし、この期間は、利害関係人又は検察官の請求によって、家庭裁判所において伸長することができる。

2 相続人は、相続の承認又は放棄をする前に、相続財産の調査をすることができる。

第九百十六条 相続人が相続の承認又は放棄をしないで死亡したときは、前条第一項の期間は、その者の相続人が自己のために相続の開始があったことを知った時から起算する。

第九百十七条 相続人が未成年者又は成年被後見人であるときは、第九百十五条第一項の期間は、その法定代理人が未成年者又は成年被後見人のために相続の開始があったことを知った時から起算する。

（相続財産の管理）
第九百十八条 相続人は、その固有財産におけるのと同一の注意をもって、相続財産を管理しなければならない。ただし、相続の承認又は放棄をしたときは、この限りでない。

2 家庭裁判所は、利害関係人又は検察官の請求によって、いつでも、相続財産の保存に必要な処分を命ずることができる。

3 第二十七条から第二十九条までの規定は、前項の規定により家庭裁判所が相続財産の管理人を選任した場合について準用する。

（相続の承認及び放棄の撤回及び取消し）
第九百十九条 相続の承認及び放棄は、第九百十五条第一項の期間内でも、撤回することができない。

2 前項の規定は、第一編（総則）及び前編（親族）の規定により相続の承認又は放棄の取消しをすることを妨げない。

3 前項の取消権は、追認をすることができる時から六箇月間行使しないときは、時効によって消滅する。相続の承認又は放棄の時から十年を経過したときも、同様とする。

4 第二項の規定により限定承認又は相続の放棄の取消しをしようとする者は、その旨を家庭裁判所に申述しなければならない。

第二節　相続の承認

第一款　単純承認

（単純承認の効力）
第九百二十条 相続人は、単純承認をしたときは、無限に被相続人の権利義務を承継する。

（法定単純承認）
第九百二十一条 次に掲げる場合には、相続人は、単純承認をしたものとみなす。

一 相続人が相続財産の全部又は一部を処分したとき。ただし、保存行為及び第六百二条に定める期間を超えない賃貸をすることは、この限りでない。

二 相続人が第九百十五条第一項の期間内に限定承認又は相続の放棄をしなかったとき。

三 相続人が、限定承認又は相続の放棄をした後であっても、相続財産の全部若しくは一部を隠匿し、私にこれを消費し、又は悪意でこれを相続財産の目録中に記載しなかったとき。ただし、その相続人が相続の放棄をしたことによって相続人となった者が相続の承認をした後は、この限りでない。

第二款　限定承認

（限定承認）
第九百二十二条 相続人は、相続によって得た財産の限度においてのみ被相続人の債務

社会福祉全般

及び遺贈を弁済すべきことを留保して、相続の承認をすることができる。

（共同相続人の限定承認）

第九百二十三条　相続人が数人あるときは、限定承認は、共同相続人の全員が共同してのみこれをすることができる。

（限定承認の方式）

第九百二十四条　相続人は、限定承認をしようとするときは、第九百十五条第一項の期間内に、相続財産の目録を作成して家庭裁判所に提出し、限定承認をする旨を申述しなければならない。

（限定承認をしたときの権利義務）

第九百二十五条　相続人が限定承認をしたときは、その被相続人に対して有した権利義務は、消滅しなかったものとみなす。

（限定承認者による管理）

第九百二十六条　限定承認者は、その固有財産におけるのと同一の注意をもって、相続財産の管理を継続しなければならない。

2　第六百四十五条、第六百四十六条、第六百五十条第一項及び第二項並びに第九百十八条第二項及び第三項の規定は、前項の場合について準用する。

（相続債権者及び受遺者に対する公告及び催告）

第九百二十七条　限定承認者は、限定承認をした後五日以内に、すべての相続債権者（相続財産に属する債務の債権者をいう。以下同じ。）及び受遺者に対し、限定承認をしたこと及び一定の期間内にその請求の申出をすべき旨を公告しなければならない。この場合において、その期間は、二箇月を下ることができない。

2　前項の規定による公告には、相続債権者及び受遺者がその期間内に申出をしないときは弁済から除斥されるべき旨を付記しなければならない。ただし、限定承認者は、知れている相続債権者及び受遺者を除斥することができない。

3　限定承認者は、知れている相続債権者及び受遺者には、各別にその申出の催告をしなければならない。

4　第一項の規定による公告は、官報に掲載してする。

（公告期間満了前の弁済の拒絶）

第九百二十八条　限定承認者は、前条第一項の期間の満了前には、相続債権者及び受遺者に対して弁済を拒むことができる。

（公告期間満了後の弁済）

第九百二十九条　第九百二十七条第一項の期間が満了した後は、限定承認者は、相続財産をもって、その期間内に同項の申出をした相続債権者その他知れている相続債権者に、それぞれその債権額の割合に応じて弁済をしなければならない。ただし、優先権を有する債権者の権利を害することはできない。

（期限前の債務等の弁済）

第九百三十条　限定承認者は、弁済期に至らない債権であっても、前条の規定に従って弁済をしなければならない。

2　条件付きの債権又は存続期間の不確定な債権は、家庭裁判所が選任した鑑定人の評価に従って弁済をしなければならない。

（受遺者に対する弁済）

第九百三十一条　限定承認者は、前二条の規定に従って各相続債権者に弁済をした後でなければ、受遺者に弁済をすることができない。

（弁済のための相続財産の換価）

第九百三十二条　前三条の規定に従って弁済をするにつき相続財産を売却する必要があるときは、限定承認者は、これを競売に付さなければならない。ただし、家庭裁判所が選任した鑑定人の評価に従い相続財産の全部又は一部の価額を弁済して、その競売を止めることができる。

（相続債権者及び受遺者の換価手続への参加）

第九百三十三条　相続債権者及び受遺者は、自己の費用で、相続財産の競売又は鑑定に参加することができる。この場合においては、第二百六十条第二項の規定を準用する。

（不当な弁済をした限定承認者の責任等）

第九百三十四条　限定承認者は、第九百二十七条の公告若しくは催告をすることを怠り、又は同条第一項の期間内に相続債権者若しくは受遺者に弁済をしたことによって他の相続債権者若しくは受遺者に弁済をすることができなくなったときは、これによって生じた損害を賠償する責任を負う。第九百二十九条から第九百三十一条までの規定に違反して弁済をしたときも、同様とする。

2　前項の規定は、情を知って不当に弁済を受けた相続債権者又は受遺者に対する他の相続債権者又は受遺者の求償を妨げない。

3　第七百二十四条の規定は、前二項の場合について準用する。

（**公告期間内に申出をしなかった相続債権者及び受遺者**）

第九百三十五条　第九百二十七条第一項の期間内に同項の申出をしなかった相続債権者及び受遺者で限定承認者に知れなかったものは、残余財産についてのみその権利を行使することができる。ただし、相続財産について特別担保を有する者は、この限りでない。

（**相続人が数人ある場合の相続財産の管理人**）

第九百三十六条　相続人が数人ある場合には、家庭裁判所は、相続人の中から、相続財産の管理人を選任しなければならない。

2　前項の相続財産の管理人は、相続人のために、これに代わって、相続財産の管理及び債務の弁済に必要な一切の行為をする。

3　第九百二十六条から前条までの規定は、第一項の相続財産の管理人について準用する。この場合において、第九百二十七条第一項中「限定承認をした後五日以内」とあるのは、「その相続財産の管理人の選任があった後十日以内」と読み替えるものとする。

（**法定単純承認の事由がある場合の相続債権者**）

第九百三十七条　限定承認をした共同相続人の一人又は数人について第九百二十一条第一号又は第三号に掲げる事由があるときは、相続債権者は、相続財産をもって弁済を受けることができなかった債権額について、当該共同相続人に対し、その相続分に応じて権利を行使することができる。

第三節　相続の放棄

（**相続の放棄の方式**）

第九百三十八条　相続の放棄をしようとする者は、その旨を家庭裁判所に申述しなければならない。

（**相続の放棄の効力**）

第九百三十九条　相続の放棄をした者は、その相続に関しては、初めから相続人とならなかったものとみなす。

（**相続の放棄をした者による管理**）

第九百四十条　相続の放棄をした者は、その放棄によって相続人となった者が相続財産の管理を始めることができるまで、自己の財産におけるのと同一の注意をもって、その財産の管理を継続しなければならない。

2　第六百四十五条、第六百四十六条、第六百五十条第一項及び第二項並びに第九百十八条第二項及び第三項の規定は、前項の場合について準用する。

第六章　相続人の不存在

（**相続財産法人の成立**）

第九百五十一条　相続人のあることが明らかでないときは、相続財産は、法人とする。

（**相続財産の管理人の選任**）

第九百五十二条　前条の場合には、家庭裁判所は、利害関係人又は検察官の請求によって、相続財産の管理人を選任しなければならない。

2　前項の規定により相続財産の管理人を選任したときは、家庭裁判所は、遅滞なくこれを公告しなければならない。

（**相続財産の管理人の代理権の消滅**）

第九百五十六条　相続財産の管理人の代理権は、相続人が相続の承認をした時に消滅する。

2　前項の場合には、相続財産の管理人は、遅滞なく相続人に対して管理の計算をしなければならない。

（**相続債権者及び受遺者に対する弁済**）

第九百五十七条　第九百五十二条第二項の公告があった後二箇月以内に相続人のあることが明らかにならなかったときは、相続財産の管理人は、遅滞なく、すべての相続債権者及び受遺者に対し、一定の期間内にその請求の申出をすべき旨を公告しなければならない。この場合において、その期間は、二箇月を下ることができない。

2　第九百二十七条第二項から第四項まで及び第九百二十八条から第九百三十五条まで（第九百三十二条ただし書を除く。）の規定は、前項の場合について準用する。

（相続人の捜索の公告）

第九百五十八条　前条第一項の期間の満了後、なお相続人のあることが明らかでないときは、家庭裁判所は、相続財産の管理人又は検察官の請求によって、相続人があるならば一定の期間内にその権利を主張すべき旨を公告しなければならない。この場合において、その期間は、六箇月を下ることができない。

（権利を主張する者がない場合）

第九百五十八条の二　前条の期間内に相続人としての権利を主張する者がないときは、相続人並びに相続財産の管理人に知れなかった相続債権者及び受遺者は、その権利を行使することができない。

（特別縁故者に対する相続財産の分与）

第九百五十八条の三　前条の場合において、相当と認めるときは、家庭裁判所は、被相続人と生計を同じくしていた者、被相続人の療養看護に努めた者その他被相続人と特別の縁故があった者の請求によって、これらの者に、清算後残存すべき相続財産の全部又は一部を与えることができる。

2　前項の請求は、第九百五十八条の期間の満了後三箇月以内にしなければならない。

（残余財産の国庫への帰属）

第九百五十九条　前条の規定により処分されなかった相続財産は、国庫に帰属する。この場合においては、第九百五十六条第二項の規定を準用する。

第七章　遺言

第一節　総則

（遺言の方式）

第九百六十条　遺言は、この法律に定める方式に従わなければ、することができない。

（遺言能力）

第九百六十一条　十五歳に達した者は、遺言をすることができる。

第九百六十三条　遺言者は、遺言をする時においてその能力を有しなければならない。

（包括遺贈及び特定遺贈）

第九百六十四条　遺言者は、包括又は特定の名義で、その財産の全部又は一部を処分することができる。

第二節　遺言の方式

第一款　普通の方式

（普通の方式による遺言の種類）

第九百六十七条　遺言は、自筆証書、公正証書又は秘密証書によってしなければならない。ただし、特別の方式によることを許す場合は、この限りでない。

（自筆証書遺言）

第九百六十八条　自筆証書によって遺言をするには、遺言者が、その全文、日付及び氏名を自書し、これに印を押さなければならない。

2　前項の規定にかかわらず、自筆証書にこれと一体のものとして相続財産（第九百九十七条第一項に規定する場合における同項に規定する権利を含む。）の全部又は一部の目録を添付する場合には、その目録については、自書することを要しない。この場合において、遺言者は、その目録の毎葉（自書によらない記載がその両面にある場合にあっては、その両面）に署名し、印を押さなければならない。

3　自筆証書（前項の目録を含む。）中の加除その他の変更は、遺言者が、その場所を指示し、これを変更した旨を付記して特にこれに署名し、かつ、その変更の場所に印を押さなければ、その効力を生じない。

（公正証書遺言）

第九百六十九条　公正証書によって遺言をするには、次に掲げる方式に従わなければならない。

一　証人二人以上の立会いがあること。

二　遺言者が遺言の趣旨を公証人に口授すること。

三　公証人が、遺言者の口述を筆記し、これを遺言者及び証人に読み聞かせ、又は閲覧させること。

四　遺言者及び証人が、筆記の正確なこと

を承認した後、各自これに署名し、印を押すこと。ただし、遺言者が署名することができない場合は、公証人がその事由を付記して、署名に代えることができる。

五　公証人が、その証書は前各号に掲げる方式に従って作ったものである旨を付記して、これに署名し、印を押すこと。

（**公正証書遺言の方式の特則**）

第九百六十九条の二　口がきけない者が公正証書によって遺言をする場合には、遺言者は、公証人及び証人の前で、遺言の趣旨を通訳人の通訳により申述し、又は自書して、前条第二号の口授に代えなければならない。この場合における同条第三号の規定の適用については、同号中「口述」とあるのは、「通訳人の通訳による申述又は自書」とする。

2　前条の遺言者又は証人が耳が聞こえない者である場合には、公証人は、同条第三号に規定する筆記した内容を通訳人の通訳により遺言者又は証人に伝えて、同号の読み聞かせに代えることができる。

3　公証人は、前二項に定める方式に従って公正証書を作ったときは、その旨をその証書に付記しなければならない。

（**秘密証書遺言**）

第九百七十条　秘密証書によって遺言をするには、次に掲げる方式に従わなければならない。

一　遺言者が、その証書に署名し、印を押すこと。

二　遺言者が、その証書を封じ、証書に用いた印章をもってこれに封印すること。

三　遺言者が、公証人一人及び証人二人以上の前に封書を提出して、自己の遺言書である旨並びにその筆者の氏名及び住所を申述すること。

四　公証人が、その証書を提出した日付及び遺言者の申述を封紙に記載した後、遺言者及び証人とともにこれに署名し、印を押すこと。

2　第九百六十八条第三項の規定は、秘密証書による遺言について準用する。

（**方式に欠ける秘密証書遺言の効力**）

第九百七十一条　秘密証書による遺言は、前条に定める方式に欠けるものがあっても、第九百六十八条に定める方式を具備しているときは、自筆証書による遺言としてその効力を有する。

（**秘密証書遺言の方式の特則**）

第九百七十二条　口がきけない者が秘密証書によって遺言をする場合には、遺言者は、公証人及び証人の前で、その証書は自己の遺言書である旨並びにその筆者の氏名及び住所を通訳人の通訳により申述し、又は封紙に自書して、第九百七十条第一項第三号の申述に代えなければならない。

2　前項の場合において、遺言者が通訳人の通訳により申述したときは、公証人は、その旨を封紙に記載しなければならない。

3　第一項の場合において、遺言者が封紙に自書したときは、公証人は、その旨を封紙に記載して、第九百七十条第一項第四号に規定する申述の記載に代えなければならない。

（**成年被後見人の遺言**）

第九百七十三条　成年被後見人が事理を弁識する能力を一時回復した時において遺言をするには、医師二人以上の立会いがなければならない。

2　遺言に立ち会った医師は、遺言者が遺言をする時において精神上の障害により事理を弁識する能力を欠く状態になかった旨を遺言書に付記して、これに署名し、印を押さなければならない。ただし、秘密証書による遺言にあっては、その封紙にその旨の記載をし、署名し、印を押さなければならない。

（**証人及び立会人の欠格事由**）

第九百七十四条　次に掲げる者は、遺言の証人又は立会人となることができない。

一　未成年者

二　推定相続人及び受遺者並びにこれらの配偶者及び直系血族

三　公証人の配偶者、四親等内の親族、書記及び使用人

（**共同遺言の禁止**）

第九百七十五条　遺言は、二人以上の者が同一の証書ですることができない。

第二款　特別の方式

（**死亡の危急に迫った者の遺言**）

第九百七十六条　疾病その他の事由によって死亡の危急に迫った者が遺言をしようとするときは、証人三人以上の立会いをもって、その一人に遺言の趣旨を口授して、これをすることができる。この場合においては、その口授を受けた者が、これを筆記して、遺言者及び他の証人に読み聞かせ、又は閲覧させ、各証人がその筆記の正確なことを承認した後、これに署名し、印を押さなければならない。

2　口がきけない者が前項の規定により遺言をする場合には、遺言者は、証人の前で、遺言の趣旨を通訳人の通訳により申述して、同項の口授に代えなければならない。

3　第一項後段の遺言者又は他の証人が耳が聞こえない者である場合には、遺言の趣旨の口授又は申述を受けた者は、同項後段に規定する筆記した内容を通訳人の通訳によりその遺言者又は他の証人に伝えて、同項後段の読み聞かせに代えることができる。

4　前三項の規定によりした遺言は、遺言の日から二十日以内に、証人の一人又は利害関係人から家庭裁判所に請求してその確認を得なければ、その効力を生じない。

5　家庭裁判所は、前項の遺言が遺言者の真意に出たものであるとの心証を得なければ、これを確認することができない。

第四節　遺言の執行

（**遺言書の検認**）

第千四条　遺言書の保管者は、相続の開始を知った後、遅滞なく、これを家庭裁判所に提出して、その検認を請求しなければならない。遺言書の保管者がない場合において、相続人が遺言書を発見した後も、同様とする。

2　前項の規定は、公正証書による遺言については、適用しない。

3　封印のある遺言書は、家庭裁判所において相続人又はその代理人の立会いがなければ、開封することができない。

（**遺言執行者の指定**）

第千六条　遺言者は、遺言で、一人又は数人の遺言執行者を指定し、又はその指定を第三者に委託することができる。

2　遺言執行者の指定の委託を受けた者は、遅滞なく、その指定をして、これを相続人に通知しなければならない。

3　遺言執行者の指定の委託を受けた者がその委託を辞そうとするときは、遅滞なくその旨を相続人に通知しなければならない。

第九章　遺留分

（**遺留分の帰属及びその割合**）

第千四十二条　兄弟姉妹以外の相続人は、遺留分として、次条第一項に規定する遺留分を算定するための財産の価額に、次の各号に掲げる区分に応じてそれぞれ当該各号に定める割合を乗じた額を受ける。

一　直系尊属のみが相続人である場合　三分の一

二　前号に掲げる場合以外の場合　二分の一

2　相続人が数人ある場合には、前項各号に定める割合は、これらに第九百条及び第九百一条の規定により算定したその各自の相続分を乗じた割合とする。

（**遺留分の放棄**）

第千四十九条　相続の開始前における遺留分の放棄は、家庭裁判所の許可を受けたときに限り、その効力を生ずる。

2　共同相続人の一人のした遺留分の放棄は、他の各共同相続人の遺留分に影響を及ぼさない。

第十章　特別の寄与

第千五十条　被相続人に対して無償で療養看護その他の労務の提供をしたことにより被相続人の財産の維持又は増加について特別の寄与をした被相続人の親族（相続人、相続の放棄をした者及び第八百九十一条の規定に該当し又は廃除によってその相続権を失った者を除く。以下この条において「特別寄与者」という。）は、相続の開始後、相続人に対し、特別寄与者の寄与に応じた額の金銭（以下この条において「特別寄与料」という。）の支払を請求することができる。

2 前項の規定による特別寄与料の支払について、当事者間に協議が調わないとき、又は協議をすることができないときは、特別寄与者は、家庭裁判所に対して協議に代わる処分を請求することができる。ただし、特別寄与者が相続の開始及び相続人を知った時から六箇月を経過したとき、又は相続開始の時から一年を経過したときは、この限りでない。

3 前項本文の場合には、家庭裁判所は、寄与の時期、方法及び程度、相続財産の額その他一切の事情を考慮して、特別寄与料の額を定める。

4 特別寄与料の額は、被相続人が相続開始の時において有した財産の価額から遺贈の価額を控除した残額を超えることができない。

5 相続人が数人ある場合には、各相続人は、特別寄与料の額に第九百条から第九百二条までの規定により算定した当該相続人の相続分を乗じた額を負担する。

〔参考・未施行分〕

・民法の一部を改正する法律（平成三〇・六・二〇法律五九）

附則 抄

（施行期日）

第一条 この法律は、平成三十四〔令和四〕年四月一日から施行する。〔後略〕

任意後見契約に関する法律（抄）

（平成一一・一二・八 法律一五〇）

最新改正 平成二三法律五三

（趣旨）

第一条 この法律は、任意後見契約の方式、効力等に関し特別の定めをするとともに、任意後見人に対する監督に関し必要な事項を定めるものとする。

（定義）

第二条 この法律において、次の各号に掲げる用語の意義は、当該各号の定めるところによる。

一 任意後見契約 委任者が、受任者に対し、精神上の障害により事理を弁識する能力が不十分な状況における自己の生活、療養看護及び財産の管理に関する事務の全部又は一部を委託し、その委託に係る事務について代理権を付与する委任契約であって、第四条第一項の規定により任意後見監督人が選任された時からその効力を生ずる旨の定めのあるものをいう。

二 本人 任意後見契約の委任者をいう。

三 任意後見受任者 第四条第一項の規定により任意後見監督人が選任される前における任意後見契約の受任者をいう。

四 任意後見人 第四条第一項の規定により任意後見監督人が選任された後における任意後見契約の受任者をいう。

（任意後見契約の方式）

第三条 任意後見契約は、法務省令で定める様式の公正証書によってしなければならない。

（任意後見監督人の選任）

第四条 任意後見契約が登記されている場合において、精神上の障害により本人の事理を弁識する能力が不十分な状況にあるときは、家庭裁判所は、本人、配偶者、四親等内の親族又は任意後見受任者の請求により、任意後見監督人を選任する。ただし、次に掲げる場合は、この限りでない。

一 本人が未成年者であるとき。

二 本人が成年被後見人、被保佐人又は被補助人である場合において、当該本人に係る後見、保佐又は補助を継続することが本人の利益のため特に必要であると認めるとき。

三 任意後見受任者が次に掲げる者であるとき。

イ 民法（明治二十九年法律第八十九号）第八百四十七条各号（第四号を除く。）に掲げる者

ロ 本人に対して訴訟をし、又はした者及びその配偶者並びに直系血族

ハ 不正な行為、著しい不行跡その他任意後見人の任務に適しない事由がある

者

2　前項の規定により任意後見監督人を選任する場合において、本人が成年被後見人、被保佐人又は被補助人であるときは、家庭裁判所は、当該本人に係る後見開始、保佐開始又は補助開始の審判（以下「後見開始の審判等」と総称する。）を取り消さなければならない。

3　第一項の規定により本人以外の者の請求により任意後見監督人を選任するには、あらかじめ本人の同意がなければならない。ただし、本人がその意思を表示することができないときは、この限りでない。

4　任意後見監督人が欠けた場合には、家庭裁判所は、本人、その親族若しくは任意後見人の請求により、又は職権で、任意後見監督人を選任する。

5　任意後見監督人が選任されている場合においても、家庭裁判所は、必要があると認めるときは、前項に掲げる者の請求により、又は職権で、更に任意後見監督人を選任することができる。

（任意後見監督人の欠格事由）

第五条　任意後見受任者又は任意後見人の配偶者、直系血族及び兄弟姉妹は、任意後見監督人となることができない。

（本人の意思の尊重等）

第六条　任意後見人は、第二条第一号に規定する委託に係る事務（以下「任意後見人の事務」という。）を行うに当たっては、本人の意思を尊重し、かつ、その心身の状態及び生活の状況に配慮しなければならない。

（任意後見監督人の職務等）

第七条　任意後見監督人の職務は、次のとおりとする。

一　任意後見人の事務を監督すること。

二　任意後見人の事務に関し、家庭裁判所に定期的に報告をすること。

三　急迫の事情がある場合に、任意後見人の代理権の範囲内において、必要な処分をすること。

四　任意後見人又はその代表する者と本人との利益が相反する行為について本人を代表すること。

2　任意後見監督人は、いつでも、任意後見人に対し任意後見人の事務の報告を求め、又は任意後見人の事務若しくは本人の財産の状況を調査することができる。

3　家庭裁判所は、必要があると認めるときは、任意後見監督人に対し、任意後見人の事務に関する報告を求め、任意後見人の事務若しくは本人の財産の状況の調査を命じ、その他任意後見監督人の職務について必要な処分を命ずることができる。

4　民法第六百四十四条、第六百五十四条、第六百五十五条、第八百四十三条第四項、第八百四十四条、第八百四十六条、第八百四十七条、第八百五十九条の二、第八百六十一条第二項及び第八百六十二条の規定は、任意後見監督人について準用する。

（任意後見人の解任）

第八条　任意後見人に不正な行為、著しい不行跡その他その任務に適しない事由があるときは、家庭裁判所は、任意後見監督人、本人、その親族又は検察官の請求により、任意後見人を解任することができる。

（任意後見契約の解除）

第九条　第四条第一項の規定により任意後見監督人が選任される前においては、本人又は任意後見受任者は、いつでも、公証人の認証を受けた書面によって、任意後見契約を解除することができる。

2　第四条第一項の規定により任意後見監督人が選任された後においては、本人又は任意後見人は、正当な事由がある場合に限り、家庭裁判所の許可を得て、任意後見契約を解除することができる。

（後見、保佐及び補助との関係）

第十条　任意後見契約が登記されている場合には、家庭裁判所は、本人の利益のため特に必要があると認めるときに限り、後見開始の審判等をすることができる。

2　前項の場合における後見開始の審判等の請求は、任意後見受任者、任意後見人又は任意後見監督人もすることができる。

3　第四条第一項の規定により任意後見監督人が選任された後において本人が後見開始の審判等を受けたときは、任意後見契約は終了する。

（任意後見人の代理権の消滅の対抗要件）
第十一条　任意後見人の代理権の消滅は、登記をしなければ、善意の第三者に対抗することができない。

附　則

この法律は、平成十二年四月一日から施行する。

後見登記等に関する法律（抄）

（平成一一・一二・八）
（法　律　一　五　二）

最新改正　令和元法律一六

（趣旨）
第一条　民法（明治二十九年法律第八十九号）に規定する後見（後見開始の審判により開始するものに限る。以下同じ。）、保佐及び補助に関する登記並びに任意後見契約に関する法律（平成十一年法律第百五十号）に規定する任意後見契約の登記（以下「後見登記等」と総称する。）については、他の法令に定めるもののほか、この法律の定めるところによる。

（登記所）
第二条　後見登記等に関する事務は、法務大臣の指定する法務局若しくは地方法務局若しくはこれらの支局又はこれらの出張所（次条において「指定法務局等」という。）が、登記所としてつかさどる。

2　前項の指定は、告示してしなければならない。

（登記官）
第三条　登記所における事務は、指定法務局等に勤務する法務事務官で、法務局又は地方法務局の長が指定した者が、登記官として取り扱う。

（後見等の登記等）
第四条　後見、保佐又は補助（以下「後見等」と総称する。）の登記は、嘱託又は申請により、磁気ディスク（これに準ずる方法により一定の事項を確実に記録することができる物を含む。第九条において同じ。）をもって調製する後見登記等ファイルに、次に掲げる事項を記録することによって行う。

一　後見等の種別、開始の審判をした裁判所、その審判の事件の表示及び確定の年月日

二　成年被後見人、被保佐人又は被補助人（以下「成年被後見人等」と総称する。）の氏名、出生の年月日、住所及び本籍（外国人にあっては、国籍）

三　成年後見人、保佐人又は補助人（以下「成年後見人等」と総称する。）の氏名又は名称及び住所

四　成年後見監督人、保佐監督人又は補助監督人（以下「成年後見監督人等」と総称する。）が選任されたときは、その氏名又は名称及び住所

五　保佐人又は補助人の同意を得ることを要する行為が定められたときは、その行為

六　保佐人又は補助人に代理権が付与されたときは、その代理権の範囲

七　数人の成年後見人等又は数人の成年後見監督人等が、共同して又は事務を分掌

して、その権限を行使すべきことが定められたときは、その定め

八　後見等が終了したときは、その事由及び年月日

九　家事事件手続法（平成二十三年法律第五十二号）第百二十七条第一項（同条第五項並びに同法第百三十五条及び第百四十四条において準用する場合を含む。）の規定により成年後見人等又は成年後見監督人等の職務の執行を停止する審判前の保全処分がされたときは、その旨

十　前号に規定する規定により成年後見人等又は成年後見監督人等の職務代行者を選任する審判前の保全処分がされたときは、その氏名又は名称及び住所

十一　登記番号

2　家事事件手続法第百二十六条第二項、第百三十四条第二項又は第百四十三条第二項の規定による審判前の保全処分（以下「後見命令等」と総称する。）の登記は、嘱託又は申請により、後見登記等ファイルに、次に掲げる事項を記録することによって行う。

一　後見命令等の種別、審判前の保全処分をした裁判所、その審判前の保全処分の事件の表示及び発効の年月日

二　財産の管理者の後見、保佐又は補助を受けるべきことを命ぜられた者（以下「後見命令等の本人」と総称する。）の氏名、出生の年月日、住所及び本籍（外国人にあっては、国籍）

三　財産の管理者の氏名又は名称及び住所

四　家事事件手続法第百四十三条第二項の規定による審判前の保全処分において、財産の管理者の同意を得ることを要するものと定められた行為

五　後見命令等が効力を失ったときは、その事由及び年月日

六　登記番号

（任意後見契約の登記）

第五条　任意後見契約の登記は、嘱託又は申請により、後見登記等ファイルに、次に掲げる事項を記録することによって行う。

一　任意後見契約に係る公正証書を作成した公証人の氏名及び所属並びにその証書の番号及び作成の年月日

二　任意後見契約の委任者（以下「任意後見契約の本人」という。）の氏名、出生の年月日、住所及び本籍（外国人にあっては、国籍）

三　任意後見受任者又は任意後見人の氏名又は名称及び住所

四　任意後見受任者又は任意後見人の代理権の範囲

五　数人の任意後見人が共同して代理権を行使すべきことを定めたときは、その定め

六　任意後見監督人が選任されたときは、その氏名又は名称及び住所並びにその選任の審判の確定の年月日

七　数人の任意後見監督人が、共同して又は事務を分掌して、その権限を行使すべきことが定められたときは、その定め

八　任意後見契約が終了したときは、その事由及び年月日

九　家事事件手続法第二百二十五条において準用する同法第百二十七条第一項の規定により任意後見人又は任意後見監督人の職務の執行を停止する審判前の保全処分がされたときは、その旨

十　前号に規定する規定により任意後見監督人の職務代行者を選任する審判前の保全処分がされたときは、その氏名又は名称及び住所

十一　登記番号

（後見登記等ファイルの記録の編成）

第六条　後見登記等ファイルの記録は、後見等の登記については後見等の開始の審判ごとに、後見命令等の登記については後見命令等ごとに、任意後見契約の登記については任意後見契約ごとに、それぞれ編成する。

（変更の登記）

第七条　後見登記等ファイルの各記録（以下「登記記録」という。）に記録されている次の各号に掲げる者は、それぞれ当該各号に定める事項に変更が生じたことを知ったときは、嘱託による登記がされる場合を除き、変更の登記を申請しなければならない。

一　第四条第一項第二号から第四号までに規定する者　同項各号に掲げる事項

二　第四条第一項第十号に規定する職務代行者　同号に掲げる事項
三　第四条第二項第二号又は第三号に規定する者　同項各号に掲げる事項
四　第五条第二号、第三号又は第六号に規定する者　同条各号に掲げる事項
五　第五条第十号に規定する職務代行者　同号に掲げる事項

2　成年被後見人等の親族、任意後見契約の本人の親族その他の利害関係人は、前項各号に定める事項に変更を生じたときは、嘱託による登記がされる場合を除き、変更の登記を申請することができる。

（終了の登記）

第八条　後見等に係る登記記録に記録されている前条第一項第一号に掲げる者は、成年被後見人等が死亡したことを知ったときは、終了の登記を申請しなければならない。

2　任意後見契約に係る登記記録に記録されている前条第一項第四号に掲げる者は、任意後見契約の本人の死亡その他の事由により任意後見契約が終了したことを知ったときは、嘱託による登記がされる場合を除き、終了の登記を申請しなければならない。

3　成年被後見人等の親族、任意後見契約の本人の親族その他の利害関係人は、後見等又は任意後見契約が終了したときは、嘱託による登記がされる場合を除き、終了の登記を申請することができる。

（登記記録の閉鎖）

第九条　登記官は、終了の登記をしたときは、登記記録を閉鎖し、これを閉鎖登記記録として、磁気ディスクをもって調製する閉鎖登記ファイルに記録しなければならない。

（登記事項証明書の交付等）

第十条　何人も、登記官に対し、次に掲げる登記記録について、後見登記等ファイルに記録されている事項（記録がないときは、その旨）を証明した書面（以下「登記事項証明書」という。）の交付を請求することができる。

一　自己を成年被後見人等又は任意後見契約の本人とする登記記録
二　自己を成年後見人等、成年後見監督人等、任意後見受任者、任意後見人又は任意後見監督人（退任したこれらの者を含む。）とする登記記録
三　自己の配偶者又は四親等内の親族を成年被後見人等又は任意後見契約の本人とする登記記録
四　自己を成年後見人等、成年後見監督人等又は任意後見監督人の職務代行者（退任したこれらの者を含む。）とする登記記録
五　自己を後見命令等の本人とする登記記録
六　自己を財産の管理者（退任した者を含む。）とする登記記録
七　自己の配偶者又は四親等内の親族を後見命令等の本人とする登記記録

2　次の各号に掲げる者は、登記官に対し、それぞれ当該各号に定める登記記録について、登記事項証明書の交付を請求することができる。

一　未成年後見人又は未成年後見監督人　その未成年被後見人を成年被後見人等、後見命令等の本人又は任意後見契約の本人とする登記記録
二　成年後見人等又は成年後見監督人等　その成年被後見人等を任意後見契約の本人とする登記記録
三　登記された任意後見契約の任意後見受任者　その任意後見契約の本人を成年被後見人等又は後見命令等の本人とする登記記録

3　何人も、登記官に対し、次に掲げる閉鎖登記記録について、閉鎖登記ファイルに記録されている事項（記録がないときは、その旨）を証明した書面（以下「閉鎖登記事項証明書」という。）の交付を請求することができる。

一　自己が成年被後見人等又は任意後見契約の本人であった閉鎖登記記録
二　自己が成年後見人等、成年後見監督人等、任意後見受任者、任意後見人又は任意後見監督人であった閉鎖登記記録
三　自己が成年後見人等、成年後見監督人等又は任意後見監督人の職務代行者であった閉鎖登記記録

四　自己が後見命令等の本人であった閉鎖登記記録
五　自己が財産の管理者であった閉鎖登記記録

4　相続人その他の承継人は、登記官に対し、被相続人その他の被承継人が成年被後見人等、後見命令等の本人又は任意後見契約の本人であった閉鎖登記記録について、閉鎖登記事項証明書の交付を請求することができる。

5　国又は地方公共団体の職員は、職務上必要とする場合には、登記官に対し、登記事項証明書又は閉鎖登記事項証明書の交付を請求することができる。

（手数料）

第十一条　次に掲げる者は、物価の状況、登記に要する実費、登記事項証明書の交付等に要する実費その他一切の事情を考慮して政令で定める額の手数料を納めなければならない。

一　登記を嘱託する者
二　登記を申請する者
三　登記事項証明書又は閉鎖登記事項証明書の交付を請求する者

2　前項の手数料の納付は、収入印紙をもってしなければならない。

（審査請求）

第十五条　登記官の処分に不服がある者又は登記官の不作為に係る処分を申請した者は、監督法務局又は地方法務局の長に審査請求をすることができる。

2　審査請求をするには、登記官に審査請求書を提出しなければならない。

3　登記官は、処分についての審査請求を理由があると認め、又は審査請求に係る不作為に係る処分をすべきものと認めるときは、相当の処分をしなければならない。

4　登記官は、前項に規定する場合を除き、三日以内に、意見を付して事件を監督法務局又は地方法務局の長に送付しなければならない。この場合において、監督法務局又は地方法務局の長は、当該意見を行政不服審査法（平成二十六年法律第六十八号）第十一条第二項に規定する審理員に送付するものとする。

5　法務局又は地方法務局の長は、処分についての審査請求を理由があると認め、又は審査請求に係る不作為に係る処分をすべきものと認めるときは、登記官に相当の処分を命じ、その旨を審査請求人のほか利害関係人に通知しなければならない。

6　法務局又は地方法務局の長は、審査請求に係る不作為に係る処分についての申請を却下すべきものと認めるときは、登記官に当該申請を却下する処分を命じなければならない。

7　第一項の審査請求に関する行政不服審査法の規定の適用については、同法第二十九条第五項中「処分庁等」とあるのは「審査庁」と、「弁明書の提出」とあるのは「後見登記等に関する法律（平成十一年法律第百五十二号）第十五条第四項に規定する意見の送付」と、同法第三十条第一項中「弁明書」とあるのは「後見登記等に関する法律第十五条第四項の意見」とする。

附　則（抄）

（施行期日）

第一条　この法律は、平成十二年四月一日から施行する。〔後略〕

生活保護法

（昭和二五・五・四
法律一四四）

最新改正　平成三〇法律七一

第一章　総則

（この法律の目的）

第一条　この法律は、日本国憲法第二十五条に規定する理念に基き、国が生活に困窮するすべての国民に対し、その困窮の程度に応じ、必要な保護を行い、その最低限度の生活を保障するとともに、その自立を助長することを目的とする。

（無差別平等）

第二条　すべて国民は、この法律の定める要件を満たす限り、この法律による保護（以下「保護」という。）を、無差別平等に受けることができる。

（最低生活）

第三条　この法律により保障される最低限度の生活は、健康で文化的な生活水準を維持することができるものでなければならない。

（保護の補足性）

第四条　保護は、生活に困窮する者が、その利用し得る資産、能力その他あらゆるものを、その最低限度の生活の維持のために活用することを要件として行われる。

2　民法（明治二十九年法律第八十九号）に定める扶養義務者の扶養及び他の法律に定める扶助は、すべてこの法律による保護に優先して行われるものとする。

3　前二項の規定は、急迫した事由がある場合に、必要な保護を行うことを妨げるものではない。

（この法律の解釈及び運用）

第五条　前四条に規定するところは、この法律の基本原理であつて、この法律の解釈及び運用は、すべてこの原理に基いてされなければならない。

（用語の定義）

第六条　この法律において「被保護者」とは、現に保護を受けている者をいう。

2　この法律において「要保護者」とは、現に保護を受けているといないとにかかわらず、保護を必要とする状態にある者をいう。

3　この法律において「保護金品」とは、保護として給与し、又は貸与される金銭及び物品をいう。

4　この法律において「金銭給付」とは、金銭の給与又は貸与によつて、保護を行うことをいう。

5　この法律において「現物給付」とは、物品の給与又は貸与、医療の給付、役務の提供その他金銭給付以外の方法で保護を行うことをいう。

第二章　保護の原則

（申請保護の原則）

第七条　保護は、要保護者、その扶養義務者又はその他の同居の親族の申請に基いて開始するものとする。但し、要保護者が急迫した状況にあるときは、保護の申請がなくても、必要な保護を行うことができる。

（基準及び程度の原則）

第八条　保護は、厚生労働大臣の定める基準により測定した要保護者の需要を基とし、そのうち、その者の金銭又は物品で満たすことのできない不足分を補う程度において行うものとする。

2　前項の基準は、要保護者の年齢別、性別、世帯構成別、所在地域別その他保護の種類に応じて必要な事情を考慮した最低限度の生活の需要を満たすに十分なものであつて、且つ、これをこえないものでなければならない。

（必要即応の原則）

第九条　保護は、要保護者の年齢別、性別、健康状態等その個人又は世帯の実際の必要の相違を考慮して、有効且つ適切に行うものとする。

（世帯単位の原則）

第十条　保護は、世帯を単位としてその要否及び程度を定めるものとする。但し、これによりがたいときは、個人を単位として定めることができる。

第三章　保護の種類及び範囲

生活保護

（種類）

第十一条　保護の種類は、次のとおりとする。

一　生活扶助
二　教育扶助
三　住宅扶助
四　医療扶助
五　介護扶助
六　出産扶助
七　生業扶助
八　葬祭扶助

2　前項各号の扶助は、要保護者の必要に応じ、単給又は併給として行われる。

（生活扶助）

第十二条　生活扶助は、困窮のため最低限度の生活を維持することのできない者に対して、左に掲げる事項の範囲内において行われる。

一　衣食その他日常生活の需要を満たすために必要なもの
二　移送

（教育扶助）

第十三条　教育扶助は、困窮のため最低限度の生活を維持することのできない者に対して、左に掲げる事項の範囲内において行われる。

一　義務教育に伴つて必要な教科書その他の学用品
二　義務教育に伴つて必要な通学用品
三　学校給食その他義務教育に伴つて必要なもの

（住宅扶助）

第十四条　住宅扶助は、困窮のため最低限度の生活を維持することのできない者に対して、左に掲げる事項の範囲内において行われる。

一　住居
二　補修その他住宅の維持のために必要なもの

（医療扶助）

第十五条　医療扶助は、困窮のため最低限度の生活を維持することのできない者に対して、左に掲げる事項の範囲内において行われる。

一　診察
二　薬剤又は治療材料
三　医学的処置、手術及びその他の治療並びに施術
四　居宅における療養上の管理及びその療養に伴う世話その他の看護
五　病院又は診療所への入院及びその療養に伴う世話その他の看護
六　移送

（介護扶助）

第十五条の二　介護扶助は、困窮のため最低限度の生活を維持することのできない要介護者（介護保険法（平成九年法律第百二十三号）第七条第三項に規定する要介護者をいう。第三項において同じ。）に対して、第一号から第四号まで及び第九号に掲げる事項の範囲内において行われ、困窮のため最低限度の生活を維持することのできない要支援者（同条第四項に規定する要支援者をいう。以下この項及び第六項において同じ。）に対して、第五号から第九号までに掲げる事項の範囲内において行われ、困窮のため最低限度の生活を維持することのできない居宅要支援被保険者等（同法第百十五条の四十五第一項第一号に規定する居宅要支援被保険者等をいう。）に相当する者（要支援者を除く。）に対して、第八号及び第九号に掲げる事項の範囲内において行われる。

一　居宅介護（居宅介護支援計画に基づき行うものに限る。）
二　福祉用具
三　住宅改修
四　施設介護
五　介護予防（介護予防支援計画に基づき行うものに限る。）
六　介護予防福祉用具
七　介護予防住宅改修
八　介護予防・日常生活支援（介護予防支援計画又は介護保険法第百十五条の四十五第一項第一号ニに規定する第一号介護予防支援事業による援助に相当する援助に基づき行うものに限る。）
九　移送

2　前項第一号に規定する居宅介護とは、介護保険法第八条第二項に規定する訪問介護、同条第三項に規定する訪問入浴介護、

同条第四項に規定する訪問看護、同条第五項に規定する訪問リハビリテーション、同条第六項に規定する居宅療養管理指導、同条第七項に規定する通所介護、同条第八項に規定する通所リハビリテーション、同条第九項に規定する短期入所生活介護、同条第十項に規定する短期入所療養介護、同条第十一項に規定する特定施設入居者生活介護、同条第十二項に規定する福祉用具貸与、同条第十五項に規定する定期巡回・随時対応型訪問介護看護、同条第十六項に規定する夜間対応型訪問介護、同条第十七項に規定する地域密着型通所介護、同条第十八項に規定する認知症対応型通所介護、同条第十九項に規定する小規模多機能型居宅介護、同条第二十項に規定する認知症対応型共同生活介護、同条第二十一項に規定する地域密着型特定施設入居者生活介護及び同条第二十三項に規定する複合型サービス並びにこれらに相当するサービスをいう。

3　第一項第一号に規定する居宅介護支援計画とは、居宅において生活を営む要介護者が居宅介護その他居宅において日常生活を営むために必要な保健医療サービス及び福祉サービス（以下この項において「居宅介護等」という。）の適切な利用等をすることができるようにするための当該要介護者が利用する居宅介護等の種類、内容等を定める計画をいう。

4　第一項第四号に規定する施設介護とは、介護保険法第八条第二十二項に規定する地域密着型介護老人福祉施設入所者生活介護、同条第二十七項に規定する介護福祉施設サービス、同条第二十八項に規定する介護保健施設サービス及び同条第二十九項に規定する介護医療院サービスをいう。

5　第一項第五号に規定する介護予防とは、介護保険法第八条の二第二項に規定する介護予防訪問入浴介護、同条第三項に規定する介護予防訪問看護、同条第四項に規定する介護予防訪問リハビリテーション、同条第五項に規定する介護予防居宅療養管理指導、同条第六項に規定する介護予防通所リハビリテーション、同条第七項に規定する介護予防短期入所生活介護、同条第八項に規定する介護予防短期入所療養介護、同条第九項に規定する介護予防特定施設入居者生活介護、同条第十項に規定する介護予防福祉用具貸与、同条第十三項に規定する介護予防認知症対応型通所介護、同条第十四項に規定する介護予防小規模多機能型居宅介護及び同条第十五項に規定する介護予防認知症対応型共同生活介護並びにこれらに相当するサービスをいう。

6　第一項第五号及び第八号に規定する介護予防支援計画とは、居宅において生活を営む要支援者が介護予防その他身体上又は精神上の障害があるために入浴、排せつ、食事等の日常生活における基本的な動作の全部若しくは一部について常時介護を要し、又は日常生活を営むのに支障がある状態の軽減又は悪化の防止に資する保健医療サービス及び福祉サービス（以下この項において「介護予防等」という。）の適切な利用等をすることができるようにするための当該要支援者が利用する介護予防等の種類、内容等を定める計画であつて、介護保険法第百十五条の四十六第一項に規定する地域包括支援センターの職員のうち同法第八条の二第十六項の厚生労働省令で定める者が作成したものをいう。

7　第一項第八号に規定する介護予防・日常生活支援とは、介護保険法第百十五条の四十五第一項第一号イに規定する第一号訪問事業、同号ロに規定する第一号通所事業及び同号ハに規定する第一号生活支援事業による支援に相当する支援をいう。

（出産扶助）

第十六条　出産扶助は、困窮のため最低限度の生活を維持することのできない者に対して、左に掲げる事項の範囲内において行われる。

一　分べんの介助
二　分べん前及び分べん後の処置
三　脱脂綿、ガーゼその他の衛生材料

（生業扶助）

第十七条　生業扶助は、困窮のため最低限度の生活を維持することのできない者又はそのおそれのある者に対して、左に掲げる事項の範囲内において行われる。但し、これによつて、その者の収入を増加させ、又はその自立を助長することのできる見込のある場合に限る。

一　生業に必要な資金、器具又は資料

二　生業に必要な技能の修得

三　就労のために必要なもの

（**葬祭扶助**）

第十八条　葬祭扶助は、困窮のため最低限度の生活を維持することのできない者に対して、左に掲げる事項の範囲内において行われる。

一　検案

二　死体の運搬

三　火葬又は埋葬

四　納骨その他葬祭のために必要なもの

2　左に掲げる場合において、その葬祭を行う者があるときは、その者に対して、前項各号の葬祭扶助を行うことができる。

一　被保護者が死亡した場合において、その者の葬祭を行う扶養義務者がないとき。

二　死者に対しその葬祭を行う扶養義務者がない場合において、その遺留した金品で、葬祭を行うに必要な費用を満たすことのできないとき。

第四章　保護の機関及び実施

（**実施機関**）

第十九条　都道府県知事、市長及び社会福祉法（昭和二十六年法律第四十五号）に規定する福祉に関する事務所（以下「福祉事務所」という。）を管理する町村長は、次に掲げる者に対して、この法律の定めるところにより、保護を決定し、かつ、実施しなければならない。

一　その管理に属する福祉事務所の所管区域内に居住地を有する要保護者

二　居住地がないか、又は明らかでない要保護者であつて、その管理に属する福祉事務所の所管区域内に現在地を有するもの

2　居住地が明らかである要保護者であつても、その者が急迫した状況にあるときは、その急迫した事由が止むまでは、その者に対する保護は、前項の規定にかかわらず、その者の現在地を所管する福祉事務所を管理する都道府県知事又は市町村長が行うものとする。

3　第三十条第一項ただし書の規定により被保護者を救護施設、更生施設若しくはその他の適当な施設に入所させ、若しくはこれらの施設に入所を委託し、若しくは私人の家庭に養護を委託した場合又は第三十四条の二第二項の規定により被保護者に対する次の各号に掲げる介護扶助を当該各号に定める者若しくは施設に委託して行う場合においては、当該入所又は委託の継続中、その者に対して保護を行うべき者は、その者に係る入所又は委託前の居住地又は現在地によつて定めるものとする。

一　居宅介護（第十五条の二第二項に規定する居宅介護をいう。以下同じ。）（特定施設入居者生活介護（同項に規定する特定施設入居者生活介護をいう。）に限る。）　居宅介護を行う者

二　施設介護（第十五条の二第四項に規定する施設介護をいう。以下同じ。）　介護老人福祉施設（介護保険法第八条第二十七項に規定する介護老人福祉施設をいう。以下同じ。）

三　介護予防（第十五条の二第五項に規定する介護予防をいう。以下同じ。）（介護予防特定施設入居者生活介護（同項に規定する介護予防特定施設入居者生活介護をいう。）に限る。）　介護予防を行う者

4　前三項の規定により保護を行うべき者（以下「保護の実施機関」という。）は、保護の決定及び実施に関する事務の全部又は一部を、その管理に属する行政庁に限り、委任することができる。

5　保護の実施機関は、保護の決定及び実施に関する事務の一部を、政令の定めるところにより、他の保護の実施機関に委託して行うことを妨げない。

6　福祉事務所を設置しない町村の長（以下「町村長」という。）は、その町村の区域内において特に急迫した事由により放置することができない状況にある要保護者に対して、応急的処置として、必要な保護を行うものとする。

7　町村長は、保護の実施機関又は福祉事務所の長（以下「福祉事務所長」という。）が行う保護事務の執行を適切ならしめるため、次に掲げる事項を行うものとする。

一　要保護者を発見し、又は被保護者の生計その他の状況の変動を発見した場合において、速やかに、保護の実施機関又は福祉事務所長にその旨を通報すること。

二　第二十四条第十項の規定により保護の開始又は変更の申請を受け取つた場合において、これを保護の実施機関に送付すること。

三　保護の実施機関又は福祉事務所長から求められた場合において、被保護者等に対して、保護金品を交付すること。

四　保護の実施機関又は福祉事務所長から求められた場合において、要保護者に関する調査を行うこと。

（**職権の委任**）

第二十条　都道府県知事は、この法律に定めるその職権の一部を、その管理に属する行政庁に委任することができる。

（**補助機関**）

第二十一条　社会福祉法に定める社会福祉主事は、この法律の施行について、都道府県知事又は市町村長の事務の執行を補助するものとする。

（**民生委員の協力**）

第二十二条　民生委員法（昭和二十三年法律第百九十八号）に定める民生委員は、この法律の施行について、市町村長、福祉事務所長又は社会福祉主事の事務の執行に協力するものとする。

（**事務監査**）

第二十三条　厚生労働大臣は都道府県知事及び市町村長の行うこの法律の施行に関する事務について、都道府県知事は市町村長の行うこの法律の施行に関する事務について、その指定する職員に、その監査を行わせなければならない。

2　前項の規定により指定された職員は、都道府県知事又は市町村長に対し、必要と認める資料の提出若しくは説明を求め、又は必要と認める指示をすることができる。

3　第一項の規定により指定すべき職員の資格については、政令で定める。

（**申請による保護の開始及び変更**）

第二十四条　保護の開始を申請する者は、厚生労働省令で定めるところにより、次に掲げる事項を記載した申請書を保護の実施機関に提出しなければならない。ただし、当該申請書を作成することができない特別の事情があるときは、この限りでない。

一　要保護者の氏名及び住所又は居所

二　申請者が要保護者と異なるときは、申請者の氏名及び住所又は居所並びに要保護者との関係

三　保護を受けようとする理由

四　要保護者の資産及び収入の状況（生業若しくは就労又は求職活動の状況、扶養義務者の扶養の状況及び他の法律に定める扶助の状況を含む。以下同じ。）

五　その他要保護者の保護の要否、種類、程度及び方法を決定するために必要な事項として厚生労働省令で定める事項

2　前項の申請書には、要保護者の保護の要否、種類、程度及び方法を決定するために必要な書類として厚生労働省令で定める書類を添付しなければならない。ただし、当該書類を添付することができない特別の事情があるときは、この限りでない。

3　保護の実施機関は、保護の開始の申請があつたときは、保護の要否、種類、程度及び方法を決定し、申請者に対して書面をもつて、これを通知しなければならない。

4　前項の書面には、決定の理由を付さなければならない。

5　第三項の通知は、申請のあつた日から十四日以内にしなければならない。ただし、扶養義務者の資産及び収入の状況の調査に日時を要する場合その他特別な理由がある場合には、これを三十日まで延ばすことができる。

6　保護の実施機関は、前項ただし書の規定により同項本文に規定する期間内に第三項の通知をしなかつたときは、同項の書面にその理由を明示しなければならない。

7　保護の申請をしてから三十日以内に第三項の通知がないときは、申請者は、保護の実施機関が申請を却下したものとみなすこ

とができる。

8　保護の実施機関は、知れたる扶養義務者が民法の規定による扶養義務を履行していないと認められる場合において、保護の開始の決定をしようとするときは、厚生労働省令で定めるところにより、あらかじめ、当該扶養義務者に対して書面をもつて厚生労働省令で定める事項を通知しなければならない。ただし、あらかじめ通知することが適当でない場合として厚生労働省令で定める場合は、この限りでない。

9　第一項から第七項までの規定は、第七条に規定する者からの保護の変更の申請について準用する。

10　保護の開始又は変更の申請は、町村長を経由してすることもできる。町村長は、申請を受け取つたときは、五日以内に、その申請に、要保護者に対する扶養義務者の有無、資産及び収入の状況その他保護に関する決定をするについて参考となるべき事項を記載した書面を添えて、これを保護の実施機関に送付しなければならない。

（職権による保護の開始及び変更）

第二十五条　保護の実施機関は、要保護者が急迫した状況にあるときは、すみやかに、職権をもつて保護の種類、程度及び方法を決定し、保護を開始しなければならない。

2　保護の実施機関は、常に、被保護者の生活状態を調査し、保護の変更を必要とすると認めるときは、速やかに、職権をもつてその決定を行い、書面をもつて、これを被保護者に通知しなければならない。前条第四項の規定は、この場合に準用する。

3　町村長は、要保護者が特に急迫した事由により放置することができない状況にあるときは、すみやかに、職権をもつて第十九条第六項に規定する保護を行わなければならない。

（保護の停止及び廃止）

第二十六条　保護の実施機関は、被保護者が保護を必要としなくなつたときは、速やかに、保護の停止又は廃止を決定し、書面をもつて、これを被保護者に通知しなければならない。第二十八条第五項又は第六十二条第三項の規定により保護の停止又は廃止をするときも、同様とする。

（指導及び指示）

第二十七条　保護の実施機関は、被保護者に対して、生活の維持、向上その他保護の目的達成に必要な指導又は指示をすることができる。

2　前項の指導又は指示は、被保護者の自由を尊重し、必要の最少限度に止めなければならない。

3　第一項の規定は、被保護者の意に反して、指導又は指示を強制し得るものと解釈してはならない。

（相談及び助言）

第二十七条の二　保護の実施機関は、第五十五条の七第一項に規定する被保護者就労支援事業及び第五十五条の八第一項に規定する被保護者健康管理支援事業を行うほか、要保護者から求めがあつたときは、要保護者の自立を助長するために、要保護者からの相談に応じ、必要な助言をすることができる。

（報告、調査及び検診）

第二十八条　保護の実施機関は、保護の決定若しくは実施又は第七十七条若しくは第七十八条（第三項を除く。次項及び次条第一項において同じ。）の規定の施行のため必要があると認めるときは、要保護者の資産及び収入の状況、健康状態その他の事項を調査するために、厚生労働省令で定めるところにより、当該要保護者に対して、報告を求め、若しくは当該職員に、当該要保護者の居住の場所に立ち入り、これらの事項を調査させ、又は当該要保護者に対して、保護の実施機関の指定する医師若しくは歯科医師の検診を受けるべき旨を命ずることができる。

2　保護の実施機関は、保護の決定若しくは実施又は第七十七条若しくは第七十八条の規定の施行のため必要があると認めるときは、保護の開始又は変更の申請書及びその添付書類の内容を調査するために、厚生労働省令で定めるところにより、要保護者の扶養義務者若しくはその他の同居の親族又は保護の開始若しくは変更の申請の当時要保護者若しくはこれらの者であつた者に対して、報告を求めることができる。

3　第一項の規定によつて立入調査を行う当該職員は、厚生労働省令の定めるところにより、その身分を示す証票を携帯し、かつ、関係人の請求があるときは、これを提示しなければならない。

4　第一項の規定による立入調査の権限は、犯罪捜査のために認められたものと解してはならない。

5　保護の実施機関は、要保護者が第一項の規定による報告をせず、若しくは虚偽の報告をし、若しくは立入調査を拒み、妨げ、若しくは忌避し、又は医師若しくは歯科医師の検診を受けるべき旨の命令に従わないときは、保護の開始若しくは変更の申請を却下し、又は保護の変更、停止若しくは廃止をすることができる。

（資料の提供等）

第二十九条　保護の実施機関及び福祉事務所長は、保護の決定若しくは実施又は第七十七条若しくは第七十八条の規定の施行のために必要があると認めるときは、次の各号に掲げる者の当該各号に定める事項につき、官公署、日本年金機構若しくは国民年金法（昭和三十四年法律第百四十一号）第三条第二項に規定する共済組合等（次項において「共済組合等」という。）に対し、必要な書類の閲覧若しくは資料の提供を求め、又は銀行、信託会社、次の各号に掲げる者の雇主その他の関係人に、報告を求めることができる。

一　要保護者又は被保護者であつた者　氏名及び住所又は居所、資産及び収入の状況、健康状態、他の保護の実施機関における保護の決定及び実施の状況その他政令で定める事項（被保護者であつた者にあつては、氏名及び住所又は居所、健康状態並びに他の保護の実施機関における保護の決定及び実施の状況を除き、保護を受けていた期間における事項に限る。）

二　前号に掲げる者の扶養義務者　氏名及び住所又は居所、資産及び収入の状況その他政令で定める事項（被保護者であつた者の扶養義務者にあつては、氏名及び住所又は居所を除き、当該被保護者であつた者が保護を受けていた期間における事項に限る。）

2　別表第一の上欄に掲げる官公署の長、日本年金機構又は共済組合等は、それぞれ同表の下欄に掲げる情報につき、保護の実施機関又は福祉事務所長から前項の規定による求めがあつたときは、速やかに、当該情報を記載し、若しくは記録した書類を閲覧させ、又は資料の提供を行うものとする。

（行政手続法の適用除外）

第二十九条の二　この章の規定による処分については、行政手続法（平成五年法律第八十八号）第三章（第十二条及び第十四条を除く。）の規定は、適用しない。

第五章　保護の方法

（生活扶助の方法）

第三十条　生活扶助は、被保護者の居宅において行うものとする。ただし、これによることができないとき、これによつては保護の目的を達しがたいとき、又は被保護者が希望したときは、被保護者を救護施設、更生施設、日常生活支援住居施設（社会福祉法第二条第三項第八号に規定する事業の用に供する施設その他の施設であつて、被保護者に対する日常生活上の支援の実施に必要なものとして厚生労働省令で定める要件に該当すると都道府県知事が認めたものをいう。第六十二条第一項及び第七十条第一号ハにおいて同じ。）若しくはその他の適当な施設に入所させ、若しくはこれらの施設に入所を委託し、又は私人の家庭に養護を委託して行うことができる。

2　前項ただし書の規定は、被保護者の意に反して、入所又は養護を強制することができるものと解釈してはならない。

3　保護の実施機関は、被保護者の親権者又は後見人がその権利を適切に行わない場合においては、その異議があつても、家庭裁判所の許可を得て、第一項但書の措置をとることができる。

第三十一条　生活扶助は、金銭給付によつて行うものとする。但し、これによることができないとき、これによることが適当でないとき、その他保護の目的を達するために必要があるときは、現物給付によつて行うことができる。

2　生活扶助のための保護金品は、一月分以内を限度として前渡するものとする。但し、これによりがたいときは、一月分をこえて前渡することができる。

3　居宅において生活扶助を行う場合の保護金品は、世帯単位に計算し、世帯主又はこれに準ずる者に対して交付するものとする。但し、これによりがたいときは、被保護者に対して個々に交付することができる。

4　地域密着型介護老人福祉施設（介護保険法第八条第二十二項に規定する地域密着型介護老人福祉施設をいう。以下同じ。）、介護老人福祉施設、介護老人保健施設（同条第二十八項に規定する介護老人保健施設をいう。以下同じ。）又は介護医療院（同条第二十九項に規定する介護医療院をいう。以下同じ。）であつて第五十四条の二第一項の規定により指定を受けたもの（同条第二項本文の規定により同条第一項の指定を受けたものとみなされたものを含む。）において施設介護を受ける被保護者に対して生活扶助を行う場合の保護金品を前項に規定する者に交付することが適当でないときその他保護の目的を達するために必要があるときは、同項の規定にかかわらず、当該地域密着型介護老人福祉施設若しくは介護老人福祉施設の長又は当該介護老人保健施設若しくは介護医療院の管理者に対して交付することができる。

5　前条第一項ただし書の規定により生活扶助を行う場合の保護金品は、被保護者又は施設の長若しくは養護の委託を受けた者に対して交付するものとする。

（教育扶助の方法）

第三十二条　教育扶助は、金銭給付によつて行うものとする。但し、これによることができないとき、これによることが適当でないとき、その他保護の目的を達するために必要があるときは、現物給付によつて行うことができる。

2　教育扶助のための保護金品は、被保護者、その親権者若しくは未成年後見人又は被保護者の通学する学校の長に対して交付するものとする。

（住宅扶助の方法）

第三十三条　住宅扶助は、金銭給付によつて行うものとする。但し、これによることができないとき、これによることが適当でないとき、その他保護の目的を達するために必要があるときは、現物給付によつて行うことができる。

2　住宅扶助のうち、住居の現物給付は、宿所提供施設を利用させ、又は宿所提供施設にこれを委託して行うものとする。

3　第三十条第二項の規定は、前項の場合に準用する。

4　住宅扶助のための保護金品は、世帯主又はこれに準ずる者に対して交付するものとする。

（医療扶助の方法）

第三十四条　医療扶助は、現物給付によつて行うものとする。但し、これによることができないとき、これによることが適当でないとき、その他保護の目的を達するために必要があるときは、金銭給付によつて行うことができる。

2　前項に規定する現物給付のうち、医療の給付は、医療保護施設を利用させ、又は医療保護施設若しくは第四十九条の規定により指定を受けた医療機関にこれを委託して行うものとする。

3　前項に規定する医療の給付のうち、医療を担当する医師又は歯科医師が医学的知見に基づき後発医薬品（医薬品、医療機器等の品質、有効性及び安全性の確保等に関する法律（昭和三十五年法律第百四十五号）第十四条又は第十九条の二の規定による製造販売の承認を受けた医薬品のうち、同法第十四条の四第一項各号に掲げる医薬品と有効成分、分量、用法、用量、効能及び効果が同一性を有すると認められたものであつて厚生労働省令で定めるものをいう。以下この項において同じ。）を使用することができると認めたものについては、原則として、後発医薬品によりその給付を行うものとする。

4　前二項に規定する医療の給付のうち、あん摩マツサージ指圧師、はり師、きゆう師等に関する法律（昭和二十二年法律第二百十七号）又は柔道整復師法（昭和四十五年法律第十九号）の規定によりあん摩マツサージ指圧師、はり師、きゆう師又は柔道整復師（以下「施術者」という。）が行うことのできる範囲の施術については、第五十五条第一項の規定により指定を受けた施術者に委託してその給付を行うことを妨げない。

5　急迫した事情その他やむを得ない事情がある場合においては、被保護者は、第二項及び前項の規定にかかわらず、指定を受けない医療機関について医療の給付を受け、又は指定を受けない施術者について施術の給付を受けることができる。

6　医療扶助のための保護金品は、被保護者に対して交付するものとする。

（**介護扶助の方法**）

第三十四条の二　介護扶助は、現物給付によつて行うものとする。ただし、これによることができないとき、これによることが適当でないとき、その他保護の目的を達するために必要があるときは、金銭給付によつて行うことができる。

2　前項に規定する現物給付のうち、居宅介護、福祉用具の給付、施設介護、介護予防、介護予防福祉用具及び介護予防・日常生活支援（第十五条の二第七項に規定する介護予防・日常生活支援をいう。第五十四条の二第一項において同じ。）の給付は、介護機関（その事業として居宅介護を行う者及びその事業として居宅介護支援計画（第十五条の二第三項に規定する居宅介護支援計画をいう。第五十四条の二第一項及び別表第二において同じ。）を作成する者、その事業として介護保険法第八条第十三項に規定する特定福祉用具販売を行う者（第五十四条の二第一項及び別表第二において「特定福祉用具販売事業者」という。）、地域密着型介護老人福祉施設、介護老人福祉施設、介護老人保健施設及び介護医療院、その事業として介護予防を行う者及びその事業として介護予防支援計画（第十五条の二第六項に規定する介護予防支援計画をいう。第五十四条の二第一項及び別表第二において同じ。）を作成する者、その事業として同法第八条の二第十一項に規定する特定介護予防福祉用具販売を行う者（第五十四条の二第一項及び別表第二において「特定介護予防福祉用具販売事業者」という。）並びに介護予防・日常生活支援事業者（その事業として同法第百十五条の四十五第一項第一号に規定する第一号事業を行う者をいう。以下同じ。）をいう。以下同じ。）であつて、第五十四条の二第一項の規定により指定を受けたもの（同条第二項本文の規定により同条第一項の指定を受けたものとみなされたものを含む。）にこれを委託して行うものとする。

3　前条第五項及び第六項の規定は、介護扶助について準用する。

（**出産扶助の方法**）

第三十五条　出産扶助は、金銭給付によつて行うものとする。但し、これによることができないとき、これによることが適当でないとき、その他保護の目的を達するために必要があるときは、現物給付によつて行うことができる。

2　前項ただし書に規定する現物給付のうち、助産の給付は、第五十五条第一項の規定により指定を受けた助産師に委託して行うものとする。

3　第三十四条第五項及び第六項の規定は、出産扶助について準用する。

（**生業扶助の方法**）

第三十六条　生業扶助は、金銭給付によつて行うものとする。但し、これによることができないとき、これによることが適当でないとき、その他保護の目的を達するために必要があるときは、現物給付によつて行うことができる。

2　前項但書に規定する現物給付のうち、就労のために必要な施設の供用及び生業に必要な技能の授与は、授産施設若しくは訓練を目的とするその他の施設を利用させ、又はこれらの施設にこれを委託して行うものとする。

3　生業扶助のための保護金品は、被保護者に対して交付するものとする。但し、施設の供用又は技能の授与のために必要な金品は、授産施設の長に対して交付することができる。

（葬祭扶助の方法）

第三十七条　葬祭扶助は、金銭給付によつて行うものとする。但し、これによることができないとき、これによることが適当でないとき、その他保護の目的を達するために必要があるときは、現物給付によつて行うことができる。

2　葬祭扶助のための保護金品は、葬祭を行う者に対して交付するものとする。

（保護の方法の特例）

第三十七条の二　保護の実施機関は、保護の目的を達するために必要があるときは、第三十一条第三項本文若しくは第三十三条第四項の規定により世帯主若しくはこれに準ずる者に対して交付する保護金品、第三十一条第三項ただし書若しくは第五項、第三十二条第二項、第三十四条第六項（第三十四条の二第三項及び第三十五条第三項において準用する場合を含む。）若しくは第三十六条第三項の規定により被保護者に対して交付する保護金品又は前条第二項の規定により葬祭を行う者に対して交付する保護金品のうち、介護保険料（介護保険法第百二十九条第一項に規定する保険料をいう。）その他の被保護者が支払うべき費用であつて政令で定めるものの額に相当する金銭について、被保護者に代わり、政令で定める者に支払うことができる。この場合において、当該支払があつたときは、これらの規定により交付すべき者に対し当該保護金品の交付があつたものとみなす。

第六章　保護施設

（種類）

第三十八条　保護施設の種類は、左の通りとする。

一　救護施設
二　更生施設
三　医療保護施設
四　授産施設
五　宿所提供施設

2　救護施設は、身体上又は精神上著しい障害があるために日常生活を営むことが困難な要保護者を入所させて、生活扶助を行うことを目的とする施設とする。

3　更生施設は、身体上又は精神上の理由により養護及び生活指導を必要とする要保護者を入所させて、生活扶助を行うことを目的とする施設とする。

4　医療保護施設は、医療を必要とする要保護者に対して、医療の給付を行うことを目的とする施設とする。

5　授産施設は、身体上若しくは精神上の理由又は世帯の事情により就業能力の限られている要保護者に対して、就労又は技能の修得のために必要な機会及び便宜を与えて、その自立を助長することを目的とする施設とする。

6　宿所提供施設は、住居のない要保護者の世帯に対して、住宅扶助を行うことを目的とする施設とする。

（保護施設の基準）

第三十九条　都道府県は、保護施設の設備及び運営について、条例で基準を定めなければならない。

2　都道府県が前項の条例を定めるに当たつては、第一号から第三号までに掲げる事項については厚生労働省令で定める基準に従い定めるものとし、第四号に掲げる事項については厚生労働省令で定める基準を標準として定めるものとし、その他の事項については厚生労働省令で定める基準を参酌するものとする。

一　保護施設に配置する職員及びその員数
二　保護施設に係る居室の床面積
三　保護施設の運営に関する事項であつて、利用者の適切な処遇及び安全の確保並びに秘密の保持に密接に関連するものとして厚生労働省令で定めるもの
四　保護施設の利用定員

3　保護施設の設置者は、第一項の基準を遵守しなければならない。

（都道府県、市町村及び地方独立行政法人の保護施設）

第四十条　都道府県は、保護施設を設置することができる。

2　市町村及び地方独立行政法人（地方独立行政法人法（平成十五年法律第百十八号）第二条第一項に規定する地方独立行政法人をいう。以下同じ。）は、保護施設を設置しようとするときは、あらかじめ、厚生労働省令で定める事項を都道府県知事に届け出なければならない。

3　保護施設を設置した都道府県、市町村及び地方独立行政法人は、現に入所中の被保護者の保護に支障のない限り、その保護施設を廃止し、又はその事業を縮小し、若しくは休止することができる。

4　都道府県及び市町村の行う保護施設の設置及び廃止は、条例で定めなければならない。

（社会福祉法人及び日本赤十字社の保護施設の設置）

第四十一条　都道府県、市町村及び地方独立行政法人のほか、保護施設は、社会福祉法人及び日本赤十字社でなければ設置することができない。

2　社会福祉法人又は日本赤十字社は、保護施設を設置しようとするときは、あらかじめ、左に掲げる事項を記載した申請書を都道府県知事に提出して、その認可を受けなければならない。

一　保護施設の名称及び種類

二　設置者たる法人の名称並びに代表者の氏名、住所及び資産状況

三　寄附行為、定款その他の基本約款

四　建物その他の設備の規模及び構造

五　取扱定員

六　事業開始の予定年月日

七　経営の責任者及び保護の実務に当る幹部職員の氏名及び経歴

八　経理の方針

3　都道府県知事は、前項の認可の申請があつた場合に、その施設が第三十九条第一項の基準のほか、次の各号の基準に適合するものであるときは、これを認可しなければならない。

一　設置しようとする者の経済的基礎が確実であること。

二　その保護施設の主として利用される地域における要保護者の分布状況からみて、当該保護施設の設置が必要であること。

三　保護の実務に当たる幹部職員が厚生労働大臣の定める資格を有するものであること。

4　第一項の認可をするに当つて、都道府県知事は、その保護施設の存続期間を限り、又は保護の目的を達するために必要と認める条件を附することができる。

5　第二項の認可を受けた社会福祉法人又は日本赤十字社は、同項第一号又は第三号から第八号までに掲げる事項を変更しようとするときは、あらかじめ、都道府県知事の認可を受けなければならない。この認可の申請があつた場合には、第三項の規定を準用する。

（社会福祉法人及び日本赤十字社の保護施設の休止又は廃止）

第四十二条　社会福祉法人又は日本赤十字社は、保護施設を休止し、又は廃止しようとするときは、あらかじめ、その理由、現に入所中の被保護者に対する措置及び財産の処分方法を明らかにし、かつ、第七十条、第七十二条又は第七十四条の規定により交付を受けた交付金又は補助金に残余額があるときは、これを返還して、休止又は廃止の時期について都道府県知事の認可を受けなければならない。

（指導）

第四十三条　都道府県知事は、保護施設の運営について、必要な指導をしなければならない。

2　社会福祉法人又は日本赤十字社の設置した保護施設に対する前項の指導については、市町村長が、これを補助するものとする。

（報告の徴収及び立入検査）

第四十四条　都道府県知事は、保護施設の管理者に対して、その業務若しくは会計の状況その他必要と認める事項の報告を命じ、又は当該職員に、その施設に立ち入り、その管理者からその設備及び会計書類、診療録その他の帳簿書類（その作成又は保存に代えて電磁的記録（電子的方式、磁気的方式その他人の知覚によつては認識すること

ができない方式で作られる記録であつて、電子計算機による情報処理の用に供されるものをいう。）の作成又は保存がされている場合における当該電磁的記録を含む。第五十一条第二項第五号及び第五十四条第一項において同じ。）の閲覧及び説明を求めさせ、若しくはこれを検査させることができる。

2　第二十八条第三項及び第四項の規定は、前項の規定による立入検査について準用する。

（改善命令等）

第四十五条　厚生労働大臣は都道府県に対して、都道府県知事は市町村及び地方独立行政法人に対して、次に掲げる事由があるときは、その保護施設の設備若しくは運営の改善、その事業の停止又はその保護施設の廃止を命ずることができる。

一　その保護施設が第三十九条第一項の基準に適合しなくなつたとき。

二　その保護施設が存立の目的を失うに至つたとき。

三　その保護施設がこの法律若しくはこれに基づく命令又はこれらに基づいてする処分に違反したとき。

2　都道府県知事は、社会福祉法人又は日本赤十字社に対して、左に掲げる事由があるときは、その保護施設の設備若しくは運営の改善若しくはその事業の停止を命じ、又は第四十一条第二項の認可を取り消すことができる。

一　その保護施設が前項各号の一に該当するとき。

二　その保護施設が第四十一条第三項各号に規定する基準に適合しなくなつたとき。

三　その保護施設の経営につき営利を図る行為があつたとき。

四　正当な理由がないのに、第四十一条第二項第六号の予定年月日（同条第五項の規定により変更の認可を受けたときは、その認可を受けた予定年月日）までに事業を開始しないとき。

五　第四十一条第五項の規定に違反したとき。

3　前項の規定による処分に係る行政手続法第十五条第一項又は第三十条の通知は、聴聞の期日又は弁明を記載した書面の提出期限（口頭による弁明の機会の付与を行う場合には、その日時）の十四日前までにしなければならない。

4　都道府県知事は、第二項の規定による認可の取消しに係る行政手続法第十五条第一項の通知をしたときは、聴聞の期日及び場所を公示しなければならない。

5　第二項の規定による認可の取消しに係る聴聞の期日における審理は、公開により行わなければならない。

（管理規程）

第四十六条　保護施設の設置者は、その事業を開始する前に、左に掲げる事項を明示した管理規程を定めなければならない。

一　事業の目的及び方針

二　職員の定数、区分及び職務内容

三　その施設を利用する者に対する処遇方法

四　その施設を利用する者が守るべき規律

五　入所者に作業を課する場合には、その作業の種類、方法、時間及び収益の処分方法

六　その他施設の管理についての重要事項

2　都道府県以外の者は、前項の管理規程を定めたときは、すみやかに、これを都道府県知事に届け出なければならない。届け出た管理規程を変更しようとするときも、同様とする。

3　都道府県知事は、前項の規定により届け出られた管理規程の内容が、その施設を利用する者に対する保護の目的を達するために適当でないと認めるときは、その管理規程の変更を命ずることができる。

（保護施設の義務）

第四十七条　保護施設は、保護の実施機関から保護のための委託を受けたときは、正当の理由なくして、これを拒んではならない。

2　保護施設は、要保護者の入所又は処遇に当たり、人種、信条、社会的身分又は門地により、差別的又は優先的な取扱いをしてはならない。

3　保護施設は、これを利用する者に対して、

宗教上の行為、祝典、儀式又は行事に参加することを強制してはならない。

4 保護施設は、当該職員が第四十四条の規定によつて行う立入検査を拒んではならない。

(保護施設の長)

第四十八条 保護施設の長は、常に、その施設を利用する者の生活の向上及び更生を図ることに努めなければならない。

2 保護施設の長は、その施設を利用する者に対して、管理規程に従つて必要な指導をすることができる。

3 都道府県知事は、必要と認めるときは、前項の指導を制限し、又は禁止することができる。

4 保護施設の長は、その施設を利用する被保護者について、保護の変更、停止又は廃止を必要とする事由が生じたと認めるときは、すみやかに、保護の実施機関に、これを届け出なければならない。

第七章 医療機関、介護機関及び助産機関

(医療機関の指定)

第四十九条 厚生労働大臣は、国の開設した病院若しくは診療所又は薬局について、都道府県知事は、その他の病院若しくは診療所(これらに準ずるものとして政令で定めるものを含む。)又は薬局について、この法律による医療扶助のための医療を担当させる機関を指定する。

(指定の申請及び基準)

第四十九条の二 厚生労働大臣による前条の指定は、厚生労働省令で定めるところにより、病院若しくは診療所又は薬局の開設者の申請により行う。

2 厚生労働大臣は、前項の申請があつた場合において、次の各号のいずれかに該当するときは、前条の指定をしてはならない。

一 当該申請に係る病院若しくは診療所又は薬局が、健康保険法(大正十一年法律第七十号)第六十三条第三項第一号に規定する保険医療機関又は保険薬局でないとき。

二 申請者が、禁錮以上の刑に処せられ、その執行を終わり、又は執行を受けることがなくなるまでの者であるとき。

三 申請者が、この法律その他国民の保健医療若しくは福祉に関する法律で政令で定めるものの規定により罰金の刑に処せられ、その執行を終わり、又は執行を受けることがなくなるまでの者であるとき。

四 申請者が、第五十一条第二項の規定により指定を取り消され、その取消しの日から起算して五年を経過しない者(当該取消しの処分に係る行政手続法第十五条の規定による通知があつた日前六十日以内に当該指定を取り消された病院若しくは診療所又は薬局の管理者であつた者で当該取消しの日から起算して五年を経過しないものを含む。)であるとき。ただし、当該指定の取消しの処分の理由となつた事実に関して申請者が有していた責任の程度を考慮して、この号本文に該当しないこととすることが相当であると認められるものとして厚生労働省令で定めるものに該当する場合を除く。

五 申請者が、第五十一条第二項の規定による指定の取消しの処分に係る行政手続法第十五条の規定による通知があつた日から当該処分をする日又は処分をしないことを決定する日までの間に第五十一条第一項の規定による指定の辞退の申出をした者(当該指定の辞退について相当の理由がある者を除く。)で、当該申出の日から起算して五年を経過しないものであるとき。

六 申請者が、第五十四条第一項の規定による検査が行われた日から聴聞決定予定日(当該検査の結果に基づき第五十一条第二項の規定による指定の取消しの処分に係る聴聞を行うか否かの決定をすることが見込まれる日として厚生労働省令で定めるところにより厚生労働大臣が当該申請者に当該検査が行われた日から十日以内に特定の日を通知した場合における当該特定の日をいう。)までの間に第五十一条第一項の規定による指定の辞退の申出をした者(当該指定の辞退について

相当の理由がある者を除く。）で、当該申出の日から起算して五年を経過しないものであるとき。

七　第五号に規定する期間内に第五十一条第一項の規定による指定の辞退の申出があつた場合において、申請者（当該指定の辞退について相当の理由がある者を除く。）が、同号の通知の日前六十日以内に当該申出に係る病院若しくは診療所又は薬局の管理者であつた者で、当該申出の日から起算して五年を経過しないものであるとき。

八　申請者が、指定の申請前五年以内に被保護者の医療に関し不正又は著しく不当な行為をした者であるとき。

九　当該申請に係る病院若しくは診療所又は薬局の管理者が第二号から前号までのいずれかに該当する者であるとき。

3　厚生労働大臣は、第一項の申請があつた場合において、当該申請に係る病院若しくは診療所又は薬局が次の各号のいずれかに該当するときは、前条の指定をしないことができる。

一　被保護者の医療について、その内容の適切さを欠くおそれがあるとして重ねて第五十条第二項の規定による指導を受けたものであるとき。

二　前号のほか、医療扶助のための医療を担当させる機関として著しく不適当と認められるものであるとき。

4　前三項の規定は、都道府県知事による前条の指定について準用する。この場合において、第一項中「診療所」とあるのは「診療所（前条の政令で定めるものを含む。次項及び第三項において同じ。）」と、第二項第一号中「又は保険薬局」とあるのは「若しくは保険薬局又は厚生労働省令で定める事業所若しくは施設」と読み替えるものとする。

（指定の更新）

第四十九条の三　第四十九条の指定は、六年ごとにその更新を受けなければ、その期間の経過によつて、その効力を失う。

2　前項の更新の申請があつた場合において、同項の期間（以下この条において「指定の有効期間」という。）の満了の日までにその申請に対する処分がされないときは、従前の指定は、指定の有効期間の満了後もその処分がされるまでの間は、なおその効力を有する。

3　前項の場合において、指定の更新がされたときは、その指定の有効期間は、従前の指定の有効期間の満了の日の翌日から起算するものとする。

4　前条及び健康保険法第六十八条第二項の規定は、第一項の指定の更新について準用する。この場合において、必要な技術的読替えは、政令で定める。

（指定医療機関の義務）

第五十条　第四十九条の規定により指定を受けた医療機関（以下「指定医療機関」という。）は、厚生労働大臣の定めるところにより、懇切丁寧に被保護者の医療を担当しなければならない。

2　指定医療機関は、被保護者の医療について、厚生労働大臣又は都道府県知事の行う指導に従わなければならない。

（変更の届出等）

第五十条の二　指定医療機関は、当該指定医療機関の名称その他厚生労働省令で定める事項に変更があつたとき、又は当該指定医療機関の事業を廃止し、休止し、若しくは再開したときは、厚生労働省令で定めるところにより、十日以内に、その旨を第四十九条の指定をした厚生労働大臣又は都道府県知事に届け出なければならない。

（指定の辞退及び取消し）

第五十一条　指定医療機関は、三十日以上の予告期間を設けて、その指定を辞退することができる。

2　指定医療機関が、次の各号のいずれかに該当するときは、厚生労働大臣の指定した医療機関については厚生労働大臣が、都道府県知事の指定した医療機関については都道府県知事が、その指定を取り消し、又は期間を定めてその指定の全部若しくは一部の効力を停止することができる。

一　指定医療機関が、第四十九条の二第二項第一号から第三号まで又は第九号のいずれかに該当するに至つたとき。

二　指定医療機関が、第四十九条の二第三項各号のいずれかに該当するに至つたとき。
三　指定医療機関が、第五十条又は次条の規定に違反したとき。
四　指定医療機関の診療報酬の請求に関し不正があつたとき。
五　指定医療機関が、第五十四条第一項の規定により報告若しくは診療録、帳簿書類その他の物件の提出若しくは提示を命ぜられてこれに従わず、又は虚偽の報告をしたとき。
六　指定医療機関の開設者又は従業者が、第五十四条第一項の規定により出頭を求められてこれに応ぜず、同項の規定による質問に対して答弁せず、若しくは虚偽の答弁をし、又は同項の規定による検査を拒み、妨げ、若しくは忌避したとき。ただし、当該指定医療機関の従業者がその行為をした場合において、その行為を防止するため、当該指定医療機関の開設者が相当の注意及び監督を尽くしたときを除く。
七　指定医療機関が、不正の手段により第四十九条の指定を受けたとき。
八　前各号に掲げる場合のほか、指定医療機関が、この法律その他国民の保健医療若しくは福祉に関する法律で政令で定めるもの又はこれらの法律に基づく命令若しくは処分に違反したとき。
九　前各号に掲げる場合のほか、指定医療機関が、被保護者の医療に関し不正又は著しく不当な行為をしたとき。
十　指定医療機関の管理者が指定の取消し又は指定の全部若しくは一部の効力の停止をしようとするとき前五年以内に被保護者の医療に関し不正又は著しく不当な行為をした者であるとき。

（診療方針及び診療報酬）
第五十二条　指定医療機関の診療方針及び診療報酬は、国民健康保険の診療方針及び診療報酬の例による。
2　前項に規定する診療方針及び診療報酬によることのできないとき、及びこれによることを適当としないときの診療方針及び診療報酬は、厚生労働大臣の定めるところによる。

（医療費の審査及び支払）
第五十三条　都道府県知事は、指定医療機関の診療内容及び診療報酬の請求を随時審査し、且つ、指定医療機関が前条の規定によつて請求することのできる診療報酬の額を決定することができる。
2　指定医療機関は、都道府県知事の行う前項の決定に従わなければならない。
3　都道府県知事は、第一項の規定により指定医療機関の請求することのできる診療報酬の額を決定するに当つては、社会保険診療報酬支払基金法（昭和二十三年法律第百二十九号）に定める審査委員会又は医療に関する審査機関で政令で定めるものの意見を聴かなければならない。
4　都道府県、市及び福祉事務所を設置する町村は、指定医療機関に対する診療報酬の支払に関する事務を、社会保険診療報酬支払基金又は厚生労働省令で定める者に委託することができる。
5　第一項の規定による診療報酬の額の決定については、審査請求をすることができない。

（報告等）
第五十四条　都道府県知事（厚生労働大臣の指定に係る指定医療機関については、厚生労働大臣又は都道府県知事）は、医療扶助に関して必要があると認めるときは、指定医療機関若しくは指定医療機関の開設者若しくは管理者、医師、薬剤師その他の従業者であつた者（以下この項において「開設者であつた者等」という。）に対して、必要と認める事項の報告若しくは診療録、帳簿書類その他の物件の提出若しくは提示を命じ、指定医療機関の開設者若しくは管理者、医師、薬剤師その他の従業者（開設者であつた者等を含む。）に対し出頭を求め、又は当該職員に、関係者に対して質問させ、若しくは当該指定医療機関について実地に、その設備若しくは診療録、帳簿書類その他の物件を検査させることができる。
2　第二十八条第三項及び第四項の規定は、前項の規定による検査について準用する。

（介護機関の指定等）

第五十四条の二　厚生労働大臣は、国の開設した地域密着型介護老人福祉施設、介護老人福祉施設、介護老人保健施設又は介護医療院について、都道府県知事は、その他の地域密着型介護老人福祉施設、介護老人福祉施設、介護老人保健施設若しくは介護医療院、その事業として居宅介護を行う者若しくはその事業として居宅介護支援計画を作成する者、特定福祉用具販売事業者、その事業として介護予防を行う者若しくはその事業として介護予防支援計画を作成する者、特定介護予防福祉用具販売事業者又は介護予防・日常生活支援事業者について、この法律による介護扶助のための居宅介護若しくは居宅介護支援計画の作成、福祉用具の給付、施設介護、介護予防若しくは介護予防支援計画の作成、介護予防福祉用具又は介護予防・日常生活支援の給付を担当させる機関を指定する。

2　介護機関について、別表第二の上欄に掲げる介護機関の種類に応じ、それぞれ同表の中欄に掲げる指定又は許可があつたときは、その介護機関は、その指定又は許可の時に前項の指定を受けたものとみなす。ただし、当該介護機関（地域密着型介護老人福祉施設及び介護老人福祉施設を除く。）が、厚生労働省令で定めるところにより、あらかじめ、別段の申出をしたときは、この限りではない。

3　前項の規定により第一項の指定を受けたものとみなされた別表第二の上欄に掲げる介護機関に係る同項の指定は、当該介護機関が同表の下欄に掲げる場合に該当するときは、その効力を失う。

4　第四十九条の二（第二項第一号を除く。）の規定は、第一項の指定（介護予防・日常生活支援事業者に係るものを除く。）について、第五十条から前条までの規定は、同項の規定により指定を受けた介護機関（第二項本文の規定により第一項の指定を受けたものとみなされたものを含み、同項の指定を受けた介護予防・日常生活支援事業者（第二項本文の規定により第一項の指定を受けたものとみなされたものを含む。）を除く。）について準用する。この場合において、第五十条及び第五十条の二中「指定医療機関」とあるのは「指定介護機関」と、第五十一条第一項中「指定医療機関」とあるのは「指定介護機関（地域密着型介護老人福祉施設及び介護老人福祉施設に係るものを除く。）」と、同条第二項、第五十二条第一項及び第五十三条第一項から第三項までの規定中「指定医療機関」とあるのは「指定介護機関」と、同項中「社会保険診療報酬支払基金法（昭和二十三年法律第百二十九号）に定める審査委員会又は医療に関する審査機関で政令で定めるもの」とあるのは「介護保険法に定める介護給付費等審査委員会」と、同条第四項中「指定医療機関」とあるのは「指定介護機関」と、「社会保険診療報酬支払基金又は厚生労働省令で定める者」とあるのは「国民健康保険団体連合会」と、前条第一項中「指定医療機関」とあるのは「指定介護機関」と読み替えるものとするほか、必要な技術的読替えは、政令で定める。

5　第四十九条の二第一項及び第三項の規定は、第一項の指定（介護予防・日常生活支援事業者に係るものに限る。）について、第五十条、第五十条の二、第五十一条（第二項第一号、第八号及び第十号を除く。）、第五十二条から前条までの規定は、第一項の規定により指定を受けた介護機関（同項の指定を受けた介護予防・日常生活支援事業者（第二項本文の規定により第一項の指定を受けたものとみなされたものを含む。）に限る。）について準用する。この場合において、第四十九条の二第一項及び第三項中「厚生労働大臣」とあるのは「都道府県知事」と、第五十条第一項中「指定医療機関」とあるのは「指定介護機関」と、同条第二項及び第五十条の二中「指定医療機関」とあるのは「指定介護機関」と、「厚生労働大臣又は都道府県知事」とあるのは「都道府県知事」と、第五十一条第一項中「指定医療機関」とあるのは「指定介護機関」と、同条第二項中「指定医療機関が、次の」とあるのは「指定介護機関が、次の」と、「厚生労働大臣の指定した医療機関については厚生労働大臣が、都道府県知事の指定した医療機関については都道府県知事が」とあるのは「都道府県知事は」と、同項第二号から第七号まで及び第九号、第五十二条第一項並びに第五十三条第一項から第三項までの規定中「指定医療機関」とあるのは「指定介護機関」と、同項中「社会保険診療報酬支払基金法（昭和二十三年法律第百二十九号）に定める審査委員会又は医療に関する審査機関で政令で定めるもの」とあるのは「介護保険法に定める介護給付費等審査委員会」と、同条第四項中「指定医療機関」とあるのは「指定介護機関」と、「社会保険診療報酬支払基金又は厚生労働省令で定める者」とあるのは「国民健康保険団体連合会」と、前条第一項中「都道府県知事（厚生労働大臣の指定に係る指定医療機関については、厚生労働大臣又は都道府県知事）」とあるのは「都道府県知事」と、「指定医療機関若しくは指定医療機関」とあるのは「指定介護機関若しくは指定介護機関」と、「命じ、指定医療機関」とあるのは「命じ、指定介護機関」と、「当該指定医療機関」とあるのは「当該指定介護機関」と読み替えるものとするほか、必要な技術的読替えは、政令で定める。

（**助産機関及び施術機関の指定等**）

第五十五条　都道府県知事は、助産師又はあん摩マツサージ指圧師、はり師、きゆう師若しくは柔道整復師について、この法律による出産扶助のための助産又はこの法律による医療扶助のための施術を担当させる機関を指定する。

2　第四十九条の二第一項、第二項（第一号、第四号ただし書、第七号及び第九号を除く。）及び第三項の規定は、前項の指定について、第五十条、第五十条の二、第五十一条（第二項第四号、第六号ただし書及び第十号を除く。）及び第五十四条の規定は、前項の規定により指定を受けた助産師並びにあん摩マツサージ指圧師、はり師、きゆう師及び柔道整復師について準用する。この場合において、第四十九条の二第一項及び第二項中「厚生労働大臣」とあるのは「都道府県知事」と、同項第四号中「者（当該取消しの処分に係る行政手続法第十五条の規定による通知があつた日前六十日以内に当該指定を取り消された病院若しくは診療所又は薬局の管理者であつた者で当該取消しの日から起算して五年を経過しないものを含む。）」とあるのは「者」と、同条第三項中「厚生労働大臣」とあるのは「都道府県知事」と、第五十条第一項中「医療機関（以下「指定医療機関」とあるのは「助産師又はあん摩マツサージ指圧師、はり師、きゆう師若しくは柔道整復師（以下それぞれ「指定助産機関」又は「指定施術機関」と、同条第二項中「指定医療機関」とあるのは「指定助産機関又は指定施術機関」と、「厚生労働大臣又は都道府県知事」とあるのは「都道府県知事」と、第五十条の二中「指定医療機関は」とあるのは「指定助産機関又は指定施術機関は」と、「指定医療機関の」とあるのは「指定助産機関若しくは指定施術機関の」と、「厚生労働大臣又は都道府県知事」とあるのは「都道府県知事」と、第五十一条第一項中「指定医療機関」とあるのは「指定助産機関又は指定施術機関」と、同条第二項中「指定医療機関が、次の」とあるのは「指定助産機関又は指定施術機関が、次の」と、「厚生労働大臣の指定した医療機関については厚生労働大臣が、都道府県知事の指定した医療機関については都道府県知事が」とあるのは「都道府県知事は」と、同項第一号から第三号まで及び第五号中「指定医療機関」とあるのは「指定助産機関又は指定施術機関」と、同項第六号中「指定医療機関の開設者又は従業者」とあるのは「指定助産機関又は指定施術機関」と、同項第七号から第九号までの規定中「指定医療機関」とあるのは「指定助産機関又は指定施術機関」と、第五十四条第一項中「都道府県知事（厚生労働大臣の指定に係る指定医療機関については、厚生労働大臣又は都道府県知事）」とあるのは「都道府県知事」と、「指定医療機関若しくは指定医療機関の開設者若しくは管理者、医師、薬剤師その他の従業者であつた者（以下この項において「開設者であつた者等」という。）」とあり、及び「指定医療機関の開設者若しくは管理者、医師、薬剤師その他の従業者（開設者であつた者等を含む。）」とあるのは「指定助産機関若しくは指定施術機関若しくはこれらであつた者」と、「当該指定医療機関」とあるのは「当該指定助産機関若しくは指定施術機関」と読み替えるものとするほか、必要な技術的読替えは、政令で定める。

（医療保護施設への準用）

第五十五条の二　第五十二条及び第五十三条の規定は、医療保護施設について準用する。

（告示）

第五十五条の三　厚生労働大臣又は都道府県知事は、次に掲げる場合には、その旨を告示しなければならない。

一　第四十九条、第五十四条の二第一項又は第五十五条第一項の指定をしたとき。

二　第五十条の二（第五十四条の二第四項及び第五項並びに第五十五条第二項において準用する場合を含む。）の規定による届出があつたとき。

三　第五十一条第一項（第五十四条の二第四項及び第五項並びに第五十五条第二項において準用する場合を含む。）の規定による第四十九条、第五十四条の二第一項又は第五十五条第一項の指定の辞退があつたとき。

四　第五十一条第二項（第五十四条の二第四項及び第五項並びに第五十五条第二項において準用する場合を含む。）の規定により第四十九条、第五十四条の二第一項又は第五十五条第一項の指定を取り消したとき。

第八章　就労自立給付金及び進学準備給付金

（就労自立給付金の支給）

第五十五条の四　都道府県知事、市長及び福祉事務所を管理する町村長は、被保護者の自立の助長を図るため、その管理に属する福祉事務所の所管区域内に居住地を有する（居住地がないか、又は明らかでないときは、当該所管区域内にある）被保護者であつて、厚生労働省令で定める安定した職業に就いたことその他厚生労働省令で定める事由により保護を必要としなくなつたと認めたものに対して、厚生労働省令で定めるところにより、就労自立給付金を支給する。

2　前項の規定により就労自立給付金を支給する者は、就労自立給付金の支給に関する事務の全部又は一部を、その管理に属する行政庁に限り、委任することができる。

3　第一項の規定により就労自立給付金を支給する者は、就労自立給付金の支給に関する事務の一部を、政令で定めるところにより、他の就労自立給付金を支給する者に委託して行うことを妨げない。

（進学準備給付金の支給）

第五十五条の五　都道府県知事、市長及び福祉事務所を管理する町村長は、その管理に属する福祉事務所の所管区域内に居住地を有する（居住地がないか、又は明らかでないときは当該所管区域内にある）被保護者（十八歳に達する日以後の最初の三月三十一日までの間にある者その他厚生労働省令で定める者に限る。）であつて教育訓練施設のうち教育訓練の内容その他の事情を勘案して厚生労働省令で定めるもの（次条において「特定教育訓練施設」という。）に確実に入学すると見込まれるものに対して、厚生労働省令で定めるところにより、進学準備給付金を支給する。

2　前条第二項及び第三項の規定は、進学準備給付金の支給について準用する。

（報告）

第五十五条の六　第五十五条の四第一項の規定により就労自立給付金を支給する者又は前条第一項の規定により進学準備給付金を支給する者（第六十九条において「支給機関」という。）は、就労自立給付金若しくは進学準備給付金の支給又は第七十八条第三項の規定の施行のために必要があると認めるときは、被保護者若しくは被保護者であつた者又はこれらの者に係る雇主若しくは特定教育訓練施設の長その他の関係人に、報告を求めることができる。

第九章　被保護者就労支援事業及び被保護者健康管理支援事業

（被保護者就労支援事業）

第五十五条の七　保護の実施機関は、就労の支援に関する問題につき、被保護者からの相談に応じ、必要な情報の提供及び助言を行う事業（以下「被保護者就労支援事業」という。）を実施するものとする。

2　保護の実施機関は、被保護者就労支援事業の事務の全部又は一部を当該保護の実施機関以外の厚生労働省令で定める者に委託することができる。

3　前項の規定による委託を受けた者若しくはその役員若しくは職員又はこれらの者であつた者は、その委託を受けた事務に関して知り得た秘密を漏らしてはならない。

（被保護者健康管理支援事業）

第五十五条の八　保護の実施機関は、被保護者に対する必要な情報の提供、保健指導、医療の受診の勧奨その他の被保護者の健康の保持及び増進を図るための事業（以下「被保護者健康管理支援事業」という。）を実施するものとする。

2　前条第二項及び第三項の規定は、被保護者健康管理支援事業を行う場合について準用する。

（被保護者健康管理支援事業の実施のための調査及び分析等）

第五十五条の九　厚生労働大臣は、被保護者健康管理支援事業の実施に資するため、被保護者の年齢別及び地域別の疾病の動向その他被保護者の医療に関する情報について調査及び分析を行い、保護の実施機関に対して、当該調査及び分析の結果を提供するものとする。

2　保護の実施機関は、厚生労働大臣に対して、前項の規定による調査及び分析の実施に必要な情報を、厚生労働省令で定めるところにより提供しなければならない。

3　厚生労働大臣は、第一項の規定による調査及び分析に係る事務の一部を厚生労働省令で定める者に委託することができる。この場合において、厚生労働大臣は、委託を受けた者に対して、当該調査及び分析の実施に必要な範囲内において、当該調査及び分析に必要な情報を提供することができる。

4　前項の規定による委託を受けた者若しくはその役員若しくは職員又はこれらの者であつた者は、その委託を受けた事務に関して知り得た秘密を漏らしてはならない。

第十章　被保護者の権利及び義務

（不利益変更の禁止）

第五十六条　被保護者は、正当な理由がなければ、既に決定された保護を、不利益に変更されることがない。

（公課禁止）

第五十七条　被保護者は、保護金品及び進学準備給付金を標準として租税その他の公課を課せられることがない。

（差押禁止）

第五十八条　被保護者は、既に給与を受けた保護金品及び進学準備給付金又はこれらを受ける権利を差し押さえられることがない。

（譲渡禁止）

第五十九条　保護又は就労自立給付金若しくは進学準備給付金の支給を受ける権利は、譲り渡すことができない。

（生活上の義務）

第六十条　被保護者は、常に、能力に応じて勤労に励み、自ら、健康の保持及び増進に努め、収入、支出その他生計の状況を適切に把握するとともに支出の節約を図り、その他生活の維持及び向上に努めなければならない。

（届出の義務）

第六十一条　被保護者は、収入、支出その他生計の状況について変動があつたとき、又は居住地若しくは世帯の構成に異動があつたときは、すみやかに、保護の実施機関又は福祉事務所長にその旨を届け出なければならない。

（指示等に従う義務）

第六十二条　被保護者は、保護の実施機関が、第三十条第一項ただし書の規定により、被保護者を救護施設、更生施設、日常生活支援住居施設若しくはその他の適当な施設に入所させ、若しくはこれらの施設に入所を委託し、若しくは私人の家庭に養護を委託して保護を行うことを決定したとき、又は第二十七条の規定により、被保護者に対し、必要な指導又は指示をしたときは、これに従わなければならない。

2　保護施設を利用する被保護者は、第四十六条の規定により定められたその保護施設の管理規程に従わなければならない。

3　保護の実施機関は、被保護者が前二項の規定による義務に違反したときは、保護の変更、停止又は廃止をすることができる。

4　保護の実施機関は、前項の規定により保護の変更、停止又は廃止の処分をする場合には、当該被保護者に対して弁明の機会を与えなければならない。この場合においては、あらかじめ、当該処分をしようとする理由、弁明をすべき日時及び場所を通知しなければならない。

5　第三項の規定による処分については、行政手続法第三章（第十二条及び第十四条を除く。）の規定は、適用しない。

（**費用返還義務**）

第六十三条　被保護者が、急迫の場合等において資力があるにもかかわらず、保護を受けたときは、保護に要する費用を支弁した都道府県又は市町村に対して、すみやかに、その受けた保護金品に相当する金額の範囲内において保護の実施機関の定める額を返還しなければならない。

第十一章　不服申立て

（**審査庁**）

第六十四条　第十九条第四項の規定により市町村長が保護の決定及び実施に関する事務の全部又は一部をその管理に属する行政庁に委任した場合における当該事務に関する処分並びに第五十五条の四第二項（第五十五条の五第二項において準用する場合を含む。第六十六条第一項において同じ。）の規定により市町村長が就労自立給付金又は進学準備給付金の支給に関する事務の全部又は一部をその管理に属する行政庁に委任した場合における当該事務に関する処分についての審査請求は、都道府県知事に対してするものとする。

（**裁決をすべき期間**）

第六十五条　厚生労働大臣又は都道府県知事は、保護の決定及び実施に関する処分又は就労自立給付金若しくは進学準備給付金の支給に関する処分についての審査請求がされたときは、当該審査請求がされた日（行政不服審査法（平成二十六年法律第六十八号）第二十三条の規定により不備を補正すべきことを命じた場合にあつては、当該不備が補正された日）から次の各号に掲げる場合の区分に応じそれぞれ当該各号に定める期間内に、当該審査請求に対する裁決をしなければならない。

一　行政不服審査法第四十三条第一項の規定による諮問をする場合　七十日

二　前号に掲げる場合以外の場合　五十日

2　審査請求人は、審査請求をした日（行政不服審査法第二十三条の規定により不備を補正すべきことを命じられた場合にあつては、当該不備を補正した日。第一号において同じ。）から次の各号に掲げる場合の区分に応じそれぞれ当該各号に定める期間内に裁決がないときは、厚生労働大臣又は都道府県知事が当該審査請求を棄却したものとみなすことができる。

一　当該審査請求をした日から五十日以内に行政不服審査法第四十三条第三項の規定により通知を受けた場合　七十日

二　前号に掲げる場合以外の場合　五十日

（**再審査請求**）

第六十六条　市町村長がした保護の決定及び実施に関する処分若しくは第十九条第四項の規定による委任に基づいて行政庁がした処分に係る審査請求についての都道府県知事の裁決又は市町村長がした就労自立給付金若しくは進学準備給付金の支給に関する処分若しくは第五十五条の四第二項の規定による委任に基づいて行政庁がした処分に係る審査請求についての都道府県知事の裁決に不服がある者は、厚生労働大臣に対して再審査請求をすることができる。

2　前条第一項（各号を除く。）の規定は、再審査請求の裁決について準用する。この場合において、同項中「当該審査請求」とあるのは「当該再審査請求」と、「第二十三条」とあるのは「第六十六条第一項において読み替えて準用する同法第二十三条」と、「次の各号に掲げる場合の区分に応じそれぞれ当該各号に定める期間内」とあるのは「七十日以内」と読み替えるものとする。

第六十七条及び第六十八条　削除

（審査請求と訴訟との関係）

第六十九条　この法律の規定に基づき保護の実施機関又は支給機関がした処分の取消しの訴えは、当該処分についての審査請求に対する裁決を経た後でなければ、提起することができない。

第十二章　費用

（市町村の支弁）

第七十条　市町村は、次に掲げる費用を支弁しなければならない。

一　その長が第十九条第一項の規定により行う保護（同条第五項の規定により委託を受けて行う保護を含む。）に関する次に掲げる費用

イ　保護の実施に要する費用（以下「保護費」という。）

ロ　第三十条第一項ただし書、第三十三条第二項又は第三十六条第二項の規定により被保護者を保護施設に入所させ、若しくは入所を委託し、又は保護施設を利用させ、若しくは保護施設にこれを委託する場合に、これに伴い必要な保護施設の事務費（以下「保護施設事務費」という。）

ハ　第三十条第一項ただし書の規定により被保護者を日常生活支援住居施設若しくはその他の適当な施設に入所させ、若しくはその入所をこれらの施設に委託し、又は私人の家庭に養護を委託する場合に、これに伴い必要な事務費（以下「委託事務費」という。）

二　その長の管理に属する福祉事務所の所管区域内に居住地を有する者に対して、都道府県知事又は他の市町村長が第十九条第二項の規定により行う保護（同条第五項の規定により委託を受けて行う保護を含む。）に関する保護費、保護施設事務費及び委託事務費

三　その長の管理に属する福祉事務所の所管区域内に居住地を有する者に対して、他の町村長が第十九条第六項の規定により行う保護に関する保護費、保護施設事務費及び委託事務費

四　その設置する保護施設の設備に要する費用（以下「設備費」という。）

五　その長が第五十五条の四第一項の規定により行う就労自立給付金の支給（同条第三項の規定により委託を受けて行うものを含む。）及び第五十五条の五第一項の規定により行う進学準備給付金の支給（同条第二項において準用する第五十五条の四第三項の規定により委託を受けて行うものを含む。）に要する費用

六　その長が第五十五条の七の規定により行う被保護者就労支援事業及び第五十五条の八の規定により行う被保護者健康管理支援事業の実施に要する費用

七　この法律の施行に伴い必要なその人件費

八　この法律の施行に伴い必要なその事務費（以下「行政事務費」という。）

（都道府県の支弁）

第七十一条　都道府県は、次に掲げる費用を支弁しなければならない。

一　その長が第十九条第一項の規定により行う保護（同条第五項の規定により委託を受けて行う保護を含む。）に関する保護費、保護施設事務費及び委託事務費

二　その長の管理に属する福祉事務所の所管区域内に居住地を有する者に対して、他の都道府県知事又は市町村長が第十九条第二項の規定により行う保護（同条第五項の規定により委託を受けて行う保護を含む。）に関する保護費、保護施設事務費及び委託事務費

三　その長の管理に属する福祉事務所の所管区域内に現在地を有する者（その所管区域外に居住地を有する者を除く。）に対して、町村長が第十九条第六項の規定により行う保護に関する保護費、保護施設事務費及び委託事務費

四　その設置する保護施設の設備費

五　その長が第五十五条の四第一項の規定により行う就労自立給付金の支給（同条第三項の規定により委託を受けて行うも

のを含む。）及び第五十五条の五第一項の規定により行う進学準備給付金の支給（同条第二項において準用する第五十五条の四第三項の規定により委託を受けて行うものを含む。）に要する費用

六　その長が第五十五条の七の規定により行う被保護者就労支援事業及び第五十五条の八の規定により行う被保護者健康管理支援事業の実施に要する費用

七　この法律の施行に伴い必要なその人件費

八　この法律の施行に伴い必要なその行政事務費

（繰替支弁）

第七十二条　都道府県、市及び福祉事務所を設置する町村は、政令の定めるところにより、その長の管理に属する福祉事務所の所管区域内の保護施設、指定医療機関その他これらに準ずる施設で厚生労働大臣の指定するものにある被保護者につき他の都道府県又は市町村が支弁すべき保護費及び保護施設事務費を一時繰替支弁しなければならない。

2　都道府県、市及び福祉事務所を設置する町村は、その長が第十九条第二項の規定により行う保護（同条第五項の規定により委託を受けて行う保護を含む。）に関する保護費、保護施設事務費及び委託事務費を一時繰替支弁しなければならない。

3　町村は、その長が第十九条第六項の規定により行う保護に関する保護費、保護施設事務費及び委託事務費を一時繰替支弁しなければならない。

（都道府県の負担）

第七十三条　都道府県は、政令で定めるところにより、次に掲げる費用を負担しなければならない。

一　居住地がないか、又は明らかでない被保護者につき市町村が支弁した保護費、保護施設事務費及び委託事務費の四分の一

二　宿所提供施設又は児童福祉法（昭和二十二年法律第百六十四号）第三十八条に規定する母子生活支援施設（第四号において「母子生活支援施設」という。）にある被保護者（これらの施設を利用するに至る前からその施設の所在する市町村の区域内に居住地を有していた被保護者を除く。同号において同じ。）につきこれらの施設の所在する市町村が支弁した保護費、保護施設事務費及び委託事務費の四分の一

三　居住地がないか、又は明らかでない被保護者につき市町村が支弁した就労自立給付金費（就労自立給付金の支給に要する費用をいう。以下同じ。）及び進学準備給付金費（進学準備給付金の支給に要する費用をいう。次号、第七十五条第一項第二号及び第七十八条第三項において同じ。）の四分の一

四　宿所提供施設又は母子生活支援施設にある被保護者につきこれらの施設の所在する市町村が支弁した就労自立給付金費及び進学準備給付金費の四分の一

（都道府県の補助）

第七十四条　都道府県は、左に掲げる場合においては、第四十一条の規定により設置した保護施設の修理、改造、拡張又は整備に要する費用の四分の三以内を補助することができる。

一　その保護施設を利用することがその地域における被保護者の保護のため極めて効果的であるとき。

二　その地域に都道府県又は市町村の設置する同種の保護施設がないか、又はあつてもこれに収容若しくは供用の余力がないとき。

2　第四十三条から第四十五条までに規定するものの外、前項の規定により補助を受けた保護施設に対する監督については、左の各号による。

一　厚生労働大臣は、その保護施設に対して、その業務又は会計の状況について必要と認める事項の報告を命ずることができる。

二　厚生労働大臣及び都道府県知事は、その保護施設の予算が、補助の効果を上げるために不適当と認めるときは、その予算について、必要な変更をすべき旨を指示することができる。

三　厚生労働大臣及び都道府県知事は、その保護施設の職員が、この法律若しくはこれに基く命令又はこれらに基いてする処分に違反したときは、当該職員を解職すべき旨を指示することができる。

（準用規定）

第七十四条の二　社会福祉法第五十八条第二項から第四項までの規定は、国有財産特別措置法（昭和二十七年法律第二百十九号）第二条第二項第一号の規定又は同法第三条第一項第四号及び同条第二項の規定により普通財産の譲渡又は貸付を受けた保護施設に準用する。

（国の負担及び補助）

第七十五条　国は、政令で定めるところにより、次に掲げる費用を負担しなければならない。

一　市町村及び都道府県が支弁した保護費、保護施設事務費及び委託事務費の四分の三

二　市町村及び都道府県が支弁した就労自立給付金費及び進学準備給付金費の四分の三

三　市町村が支弁した被保護者就労支援事業及び被保護者健康管理支援事業に係る費用のうち、当該市町村における人口、被保護者の数その他の事情を勘案して政令で定めるところにより算定した額の四分の三

四　都道府県が支弁した被保護者就労支援事業及び被保護者健康管理支援事業に係る費用のうち、当該都道府県の設置する福祉事務所の所管区域内の町村における人口、被保護者の数その他の事情を勘案して政令で定めるところにより算定した額の四分の三

2　国は、政令の定めるところにより、都道府県が第七十四条第一項の規定により保護施設の設置者に対して補助した金額の三分の二以内を補助することができる。

（遺留金品の処分）

第七十六条　第十八条第二項の規定により葬祭扶助を行う場合においては、保護の実施機関は、その死者の遺留の金銭及び有価証券を保護費に充て、なお足りないときは、遺留の物品を売却してその代金をこれに充てることができる。

2　都道府県又は市町村は、前項の費用について、その遺留の物品の上に他の債権者の先取特権に対して優先権を有する。

（損害賠償請求権）

第七十六条の二　都道府県又は市町村は、被保護者の医療扶助又は介護扶助を受けた事由が第三者の行為によつて生じたときは、その支弁した保護費の限度において、被保護者が当該第三者に対して有する損害賠償の請求権を取得する。

（時効）

第七十六条の三　就労自立給付金又は進学準備給付金の支給を受ける権利は、これを行うことができる時から二年を経過したときは、時効によつて消滅する。

（費用等の徴収）

第七十七条　被保護者に対して民法の規定により扶養の義務を履行しなければならない者があるときは、その義務の範囲内において、保護費を支弁した都道府県又は市町村の長は、その費用の全部又は一部を、その者から徴収することができる。

2　前項の場合において、扶養義務者の負担すべき額について、保護の実施機関と扶養義務者の間に協議が調わないとき、又は協議をすることができないときは、保護の実施機関の申立により家庭裁判所が、これを定める。

第七十七条の二　急迫の場合等において資力があるにもかかわらず、保護を受けた者があるとき（徴収することが適当でないときとして厚生労働省令で定めるときを除く。）は、保護に要する費用を支弁した都道府県又は市町村の長は、第六十三条の保護の実施機関の定める額の全部又は一部をその者から徴収することができる。

2　前項の規定による徴収金は、この法律に別段の定めがある場合を除き、国税徴収の例により徴収することができる。

第七十八条　不実の申請その他不正な手段により保護を受け、又は他人をして受けさせた者があるときは、保護費を支弁した都道府県又は市町村の長は、その費用の額の全

生活保護

部又は一部を、その者から徴収するほか、その徴収する額に百分の四十を乗じて得た額以下の金額を徴収することができる。

2　偽りその他不正の行為によつて医療、介護又は助産若しくは施術の給付に要する費用の支払を受けた指定医療機関、指定介護機関又は指定助産機関若しくは指定施術機関があるときは、当該費用を支弁した都道府県又は市町村の長は、その支弁した額のうち返還させるべき額をその指定医療機関、指定介護機関又は指定助産機関若しくは指定施術機関から徴収するほか、その返還させるべき額に百分の四十を乗じて得た額以下の金額を徴収することができる。

3　偽りその他不正な手段により就労自立給付金若しくは進学準備給付金の支給を受け、又は他人をして受けさせた者があるときは、就労自立給付金費又は進学準備給付金費を支弁した都道府県又は市町村の長は、その費用の額の全部又は一部を、その者から徴収するほか、その徴収する額に百分の四十を乗じて得た額以下の金額を徴収することができる。

4　前条第二項の規定は、前三項の規定による徴収金について準用する。

第七十八条の二　保護の実施機関は、被保護者が、保護金品（金銭給付によつて行うものに限る。）の交付を受ける前に、厚生労働省令で定めるところにより、当該保護金品の一部を、第七十七条の二第一項又は前条第一項の規定により保護費を支弁した都道府県又は市町村の長が徴収することができる徴収金の納入に充てる旨を申し出た場合において、保護の実施機関が当該被保護者の生活の維持に支障がないと認めたときは、厚生労働省令で定めるところにより、当該被保護者に対して保護金品を交付する際に当該申出に係る徴収金を徴収することができる。

2　第五十五条の四第一項の規定により就労自立給付金を支給する者は、被保護者が、就労自立給付金の支給を受ける前に、厚生労働省令で定めるところにより、当該就労自立給付金の額の全部又は一部を、第七十七条の二第一項又は前条第一項の規定により保護費を支弁した都道府県又は市町村の長が徴収することができる徴収金の納入に充てる旨を申し出たときは、厚生労働省令で定めるところにより、当該被保護者に対して就労自立給付金を支給する際に当該申出に係る徴収金を徴収することができる。

3　前二項の規定により第七十七条の二第一項又は前条第一項の規定による徴収金が徴収されたときは、当該被保護者に対して当該保護金品（第一項の申出に係る部分に限る。）の交付又は当該就労自立給付金（前項の申出に係る部分に限る。）の支給があつたものとみなす。

（返還命令）

第七十九条　国又は都道府県は、左に掲げる場合においては、補助金又は負担金の交付を受けた保護施設の設置者に対して、既に交付した補助金又は負担金の全部又は一部の返還を命ずることができる。

一　補助金又は負担金の交付条件に違反したとき。

二　詐偽その他不正な手段をもつて、補助金又は負担金の交付を受けたとき。

三　保護施設の経営について、営利を図る行為があつたとき。

四　保護施設が、この法律若しくはこれに基く命令又はこれらに基いてする処分に違反したとき。

（返還の免除）

第八十条　保護の実施機関は、保護の変更、廃止又は停止に伴い、前渡した保護金品の全部又は一部を返還させるべき場合において、これを消費し、又は喪失した被保護者に、やむを得ない事由があると認めるときは、これを返還させないことができる。

第十三章　雑則

（後見人選任の請求）

第八十一条　被保護者が未成年者又は成年被後見人である場合において、親権者及び後見人の職務を行う者がないときは、保護の実施機関は、すみやかに、後見人の選任を家庭裁判所に請求しなければならない。

（都道府県の援助等）

第八十一条の二　都道府県知事は、市町村長に対し、保護並びに就労自立給付金及び進学準備給付金の支給に関する事務の適正な実施のため、必要な助言その他の援助を行うことができる。

2　都道府県知事は、前項に規定するもののほか、市町村長に対し、被保護者就労支援事業及び被保護者健康管理支援事業の効果的かつ効率的な実施のため、必要な助言その他の援助を行うことができる。

（情報提供等）

第八十一条の三　保護の実施機関は、第二十六条の規定により保護の廃止を行うに際しては、当該保護を廃止される者が生活困窮者自立支援法（平成二十五年法律第百五号）第三条第一項に規定する生活困窮者に該当する場合には、当該者に対して、同法に基づく事業又は給付金についての情報の提供、助言その他適切な措置を講ずるよう努めるものとする。

（町村の一部事務組合等）

第八十二条　町村が一部事務組合又は広域連合を設けて福祉事務所を設置した場合には、この法律の適用については、その一部事務組合又は広域連合を福祉事務所を設置する町村とみなし、その一部事務組合の管理者（地方自治法（昭和二十二年法律第六十七号）第二百八十七条の三第二項の規定により管理者に代えて理事会を置く同法第二百八十五条の一部事務組合にあつては、理事会）又は広域連合の長（同法第二百九十一条の十三において準用する同法第二百八十七条の三第二項の規定により長に代えて理事会を置く広域連合にあつては、理事会）を福祉事務所を管理する町村長とみなす。

（保護の実施機関が変更した場合の経過規定）

第八十三条　町村の福祉事務所の設置又は廃止により保護の実施機関に変更があつた場合においては、変更前の保護の実施機関がした保護の開始又は変更の申請の受理及び保護に関する決定は、変更後の保護の実施機関がした申請の受理又は決定とみなす。但し、変更前に行われ、又は行われるべきであつた保護に関する費用の支弁及び負担については、変更がなかつたものとする。

（厚生労働大臣への通知）

第八十三条の二　都道府県知事は、指定医療機関について第五十一条第二項の規定によりその指定を取り消し、又は期間を定めてその指定の全部若しくは一部の効力を停止した場合において、健康保険法第八十条各号のいずれかに該当すると疑うに足りる事実があるときは、厚生労働省令で定めるところにより、厚生労働大臣に対し、その事実を通知しなければならない。

（実施命令）

第八十四条　この法律で政令に委任するものを除く外、この法律の実施のための手続その他その執行について必要な細則は、厚生労働省令で定める。

（大都市等の特例）

第八十四条の二　この法律中都道府県が処理することとされている事務で政令で定めるものは、地方自治法第二百五十二条の十九第一項の指定都市（以下「指定都市」という。）及び同法第二百五十二条の二十二第一項の中核市（以下「中核市」という。）においては、政令の定めるところにより、指定都市又は中核市（以下「指定都市等」という。）が処理するものとする。この場合においては、この法律中都道府県に関する規定は、指定都市等に関する規定として指定都市等に適用があるものとする。

2　第六十六条第一項の規定は、前項の規定により指定都市等の長がした処分に係る審査請求について準用する。

（保護の実施機関についての特例）

第八十四条の三　身体障害者福祉法（昭和二十四年法律第二百八十三号）第十八条第二項の規定により障害者の日常生活及び社会生活を総合的に支援するための法律（平成十七年法律第百二十三号）第五条第十一項に規定する障害者支援施設（以下この条において「障害者支援施設」という。）に入所している者、知的障害者福祉法（昭和三十五年法律第三十七号）第十六条第一項第二号の規定により障害者支援施設若しくは独立行政法人国立重度知的障害者総合施設のぞみの園法（平成十四年法律第百六十七号）第十一条第一号の規定により独立行政法人国立重度知的障害者総合施設のぞみの園が設置する施設（以下この条において「のぞみの園」という。）に入所している者、老人福祉法（昭和三十八年法律第百三十三号）第十一条第一項第一号の規定により養護老人ホームに入所し、若しくは同項第二号の規定により特別養護老人ホームに入所している者又は障害者の日常生活及び社会生活を総合的に支援するための法律第二十九条第一項若しくは第三十条第一項の規定により同法第十九条第一項に規定する介護給付費等の支給を受けて障害者支援施設、のぞみの園若しくは同法第五条第一項の厚生労働省令で定める施設に入所している者に対する保護については、その者がこれらの施設に引き続き入所している間、その者は、第三十条第一項ただし書の規定により入所しているものとみなして、第十九条第三項の規定を適用する。

（緊急時における厚生労働大臣の事務執行）

第八十四条の四　第五十四条第一項（第五十四条の二第四項及び第五項並びに第五十五条第二項において準用する場合を含む。）の規定により都道府県知事の権限に属するものとされている事務は、被保護者の利益を保護する緊急の必要があると厚生労働大臣が認める場合にあつては、厚生労働大臣又は都道府県知事が行うものとする。この場合においては、この法律の規定中都道府県知事に関する規定（当該事務に係るものに限る。）は、厚生労働大臣に関する規定として厚生労働大臣に適用があるものとする。

2　前項の場合において、厚生労働大臣又は都道府県知事が当該事務を行うときは、相互に密接な連携の下に行うものとする。

（事務の区分）

第八十四条の五　別表第三の上欄に掲げる地方公共団体がそれぞれ同表の下欄に掲げる規定により処理することとされている事務は、地方自治法第二条第九項第一号に規定する第一号法定受託事務とする。

（権限の委任）

第八十四条の六　この法律に規定する厚生労働大臣の権限は、厚生労働省令で定めるところにより、地方厚生局長に委任することができる。

2　前項の規定により地方厚生局長に委任された権限は、厚生労働省令で定めるところにより、地方厚生支局長に委任することができる。

（罰則）

第八十五条　不実の申請その他不正な手段により保護を受け、又は他人をして受けさせた者は、三年以下の懲役又は百万円以下の罰金に処する。ただし、刑法（明治四十年法律第四十五号）に正条があるときは、刑法による。

2　偽りその他不正な手段により就労自立給付金若しくは進学準備給付金の支給を受け、又は他人をして受けさせた者は、三年以下の懲役又は百万円以下の罰金に処する。ただし、刑法に正条があるときは、刑法による。

第八十五条の二　第五十五条の七第三項（第五十五条の八第二項において準用する場合を含む。）及び第五十五条の九第四項の規定に違反して秘密を漏らした者は、一年以下の懲役又は百万円以下の罰金に処する。

第八十六条　第四十四条第一項、第五十四条第一項（第五十四条の二第四項及び第五項並びに第五十五条第二項において準用する場合を含む。以下この項において同じ。）、第五十五条の六若しくは第七十四条第二項第一号の規定による報告を怠り、若しくは虚偽の報告をし、第五十四条第一項の規定による物件の提出若しくは提示をせず、若しくは虚偽の物件の提出若しくは提示をし、若しくは同項の規定による当該職員の質問に対して、答弁せず、若しくは虚偽の答弁をし、又は第二十八条第一項（要保護者が違反した場合を除く。）、第四十四条第一項若しくは第五十四条第一項の規定による当該職員の調査若しくは検査を拒み、妨げ、若しくは忌避した者は、三十万円以下の罰金に処する。

2　法人の代表者又は法人若しくは人の代理人、使用人その他の従業者が、その法人又は人の業務に関し、前項の違反行為をしたときは、行為者を罰するほか、その法人又は人に対しても前項の刑を科する。

附　則（抄）

（施行期日）

1　この法律は、公布の日（昭和二十五年五月四日）から施行し、昭和二十五年五月一日以降の給付について適用する。

（生活保護法の廃止）

2　生活保護法（昭和二十一年法律第十七号。以下「旧法」という。）は、廃止する。

別表第一（第二十九条関係）

一　総務大臣又は都道府県知事	恩給法（大正十二年法律第四十八号。他の法律において準用する場合を含む。）による年金である給付の支給に関する情報であつて厚生労働省令で定めるもの
二　厚生労働大臣	次に掲げる情報であつて厚生労働省令で定めるもの 一　労働者災害補償保険法（昭和二十二年法律第五十号）による給付の支給に関する情報 二　戦傷病者戦没者遺族等援護法（昭和二十七年法律第百二十七号）による援護に関する情報 三　未帰還者留守家族等援護法（昭和二十八年法律第百六十一号）による留守家族手当の支給に関する情報 四　戦傷病者特別援護法（昭和三十八年法律第百六十八号）による療養手当の支給に関する情報 五　雇用保険法（昭和四十九年法律第百十六号）による給付の支給に関する情報 六　石綿による健康被害の救済に関する法律（平成十八年法律第四号）による特別遺族給付金の支給に関する情報 七　職業訓練の実施等による特定求職者の就職の支援に関する法律（平成二十三年法律第四十七号）による職業訓練受講給付金の支給に関する情報 八　公共職業安定所が行う職業紹介又は職業指導に関する情報
三　市町村長	次に掲げる情報であつて厚生労働省令で定めるもの 一　予防接種法（昭和二十三年法律第六十八号）による障害児養育年金、障害年金又は遺族年金の支給に関する情報 二　児童手当法（昭和四十六年法律第七十三号）による児童手当又は同法附則第二条第一項に規定する特例給付の支給に関する情報 三　健康増進法（平成十四年法律第百三号）による健康増進事業の実施に関する情報 四　戸籍又は除かれた戸籍に記載した事項に関する情報
四　国土交通大臣	次に掲げる情報であつて厚生労働省令で定めるもの 一　船員職業安定法（昭和二十三年法律第百三十号）による地方運輸局長（運輸監理部長を含む。）が行う船員職業紹介、職業指導又は部員職業補導に関する情報 二　道路運送車両法（昭和二十六年法律第百八十五号）第四条に規定する自動車登録ファイルに登録を受けた自動車に関する情報 三　漁業経営の改善及び再建整備に関する特別措置法

	（昭和五十一年法律第四十三号）による職業転換給付金の支給に関する情報 四　国際協定の締結等に伴う漁業離職者に関する臨時措置法（昭和五十二年法律第九十四号）による給付金の支給に関する情報 五　船員の雇用の促進に関する特別措置法（昭和五十二年法律第九十六号）による就職促進給付金の支給に関する情報 六　本州四国連絡橋の建設に伴う一般旅客定期航路事業等に関する特別措置法（昭和五十六年法律第七十二号）による給付金の支給に関する情報
五　税務署長	次に掲げる情報であつて厚生労働省令で定めるもの 一　相続税法（昭和二十五年法律第七十三号）第二十七条から第二十九条までに規定する申告書、当該申告書に係る国税通則法（昭和三十七年法律第六十六号）第十八条第二項に規定する期限後申告書、同法第十九条
	第三項に規定する修正申告書又は同法第二十八条第一項に規定する更正通知書若しくは決定通知書に関する情報 二　所得税法（昭和四十年法律第三十三号）第百四十九条の規定により青色申告書に添付すべき書類（事業所得の金額の計算に関する明細書に限る。）に関する情報
六　都道府県知事、市長又は福祉事務所を管理する町村長	次に掲げる情報であつて厚生労働省令で定めるもの 一　この法律による保護の決定及び実施又は就労自立給付金若しくは進学準備給付金の支給に関する情報 二　児童扶養手当法（昭和三十六年法律第二百三十八号）による児童扶養手当の支給に関する情報 三　母子及び父子並びに寡婦福祉法（昭和三十九年法律第百二十九号）による母子家庭自立支援給付金又は父子家庭自立支援給付金の支給に関する情報 四　特別児童扶養手当等の支
	給に関する法律（昭和三十九年法律第百三十四号）による障害児福祉手当又は特別障害者手当の支給に関する情報 五　国民年金法等の一部を改正する法律（昭和六十年法律第三十四号）附則第九十七条第一項の福祉手当の支給に関する情報 六　生活困窮者自立支援法による生活困窮者住居確保給付金の支給に関する情報
七　都道府県知事又は市町村長	次に掲げる情報であつて厚生労働省令で定めるもの 一　地方税法（昭和二十五年法律第二百二十六号）その他の地方税に関する法律に基づく条例の規定により算定した税額又はその算定の基礎となる事項に関する情報 二　職業能力開発促進法（昭和四十四年法律第六十四号）による求職者に対する職業訓練の実施に関する情報 三　障害者の日常生活及び社会生活を総合的に支援する

生活保護

	ための法律による自立支援医療費の支給に関する情報
八 厚生労働大臣若しくは日本私立学校振興・共済事業団、国家公務員共済組合連合会、地方公務員共済組合連合会若しくは全国市町村職員共済組合連合会	次に掲げる情報であって厚生労働省令で定めるもの 一 私立学校教職員共済法（昭和二十八年法律第二百四十五号）による年金である給付の支給に関する情報 二 厚生年金保険法（昭和二十九年法律第百十五号）による年金である保険給付の支給に関する情報 三 国家公務員共済組合法（昭和三十三年法律第百二十八号）による年金である給付の支給に関する情報 四 国民年金法による年金である給付の支給に関する情報 五 地方公務員等共済組合法（昭和三十七年法律第百五十二号）による年金である給付の支給に関する情報 六 特定障害者に対する特別障害給付金の支給に関する法律（平成十六年法律第百六十六号）による特別障害給付金の支給に関する情報 七 年金生活者支援給付金の支給に関する法律（平成二十四年法律第百二号）による年金生活者支援給付金の支給に関する情報
九 日本私立学校振興・共済事業団、国家公務員共済組合又は地方公務員共済組合	次に掲げる情報であって厚生労働省令で定めるもの 一 私立学校教職員共済法による短期給付の支給に関する情報 二 国家公務員共済組合法による短期給付の支給に関する情報 三 地方公務員等共済組合法による短期給付の支給に関する情報
十 市町村長又は高齢者の医療の確保に関する法律（昭和五十七年法律第八十号）第四十八条に規定する後期高齢者医療広域連合	次に掲げる情報であって厚生労働省令で定めるもの 一 国民健康保険法（昭和三十三年法律第百九十二号）による傷病手当金の支給又は健康教育、健康相談及び健康診査並びに健康管理及び疾病の予防に係る被保険者の自助努力についての支援その他の被保険者の健康の保持増進のために必要な事業の実施に関する情報 二 高齢者の医療の確保に関する法律による特定健康診査若しくは特定保健指導の実施、傷病手当金の支給又は健康教育、健康相談、健康診査及び保健指導並びに健康管理及び疾病の予防に係る被保険者の自助努力についての支援その他の被保険者の健康の保持増進のために必要な事業の実施に関する情報
十一 厚生労働大臣又は都道府県知事	次に掲げる情報であって厚生労働省令で定めるもの 一 特別児童扶養手当等の支給に関する法律による特別児童扶養手当の支給に関する情報 二 労働施策の総合的な推進並びに労働者の雇用の安定及び職業生活の充実等に関する法律（昭和四十一年法律第百三十二号）による職業転換給付金の支給に関する情報
十二 都道府県知事	公害健康被害の補償等に関する法律（昭和四十八年法律第百十一号）による補償給付（障害補償費、遺族補償費又は児童補償手当に限る。）の支給に関する情報であって厚生労

	働省令で定めるもの
十三　都道府県知事又は広島市長若しくは長崎市長	原子爆弾被爆者に対する援護に関する法律（平成六年法律第百十七号）による手当等の支給に関する情報であつて厚生労働省令で定めるもの
十四　総務大臣	次に掲げる情報であつて厚生労働省令で定めるもの 一　国会議員互助年金法を廃止する法律（平成十八年法律第一号）又は同法附則第二条第一項の規定によりなおその効力を有することとされる同法による廃止前の国会議員互助年金法（昭和三十三年法律第七十号）による年金である給付の支給に関する情報 二　執行官法の一部を改正する法律（平成十九年法律第十八号）附則第三条第一項の規定によりなお従前の例により支給されることとされる同法による改正前の執行官法（昭和四十一年法律第百十一号）附則第十三条の規定による年金である給付の支給に関する情報
十五　その他政令で定める者	その他政令で定める事項に関する情報

備考　厚生労働大臣は、次の各号に掲げる厚生労働省令を定めようとするときは、当該各号に定める大臣に協議しなければならない。

一　一の項下欄、七の項下欄（第一号に係る部分に限る。）、八の項下欄（第五号に係る部分に限る。）、九の項下欄（第三号に係る部分に限る。）及び十四の項下欄の厚生労働省令　総務大臣

二　三の項下欄（第四号に係る部分に限る。）の厚生労働省令　法務大臣

三　四の項下欄の厚生労働省令　国土交通大臣

四　五の項下欄、八の項下欄（第三号に係る部分に限る。）及び九の項下欄（第二号に係る部分に限る。）の厚生労働省令　財務大臣

五　八の項下欄（第一号に係る部分に限る。）及び九の項下欄（第一号に係る部分に限る。）の厚生労働省令　文部科学大臣

六　十二の項下欄の厚生労働省令　環境大臣

別表第二（第五十四条の二関係）

その事業として居宅介護を行う者又は特定福祉用具販売事業者	介護保険法第四十一条第一項本文の指定	同法第七十五条第二項の規定による指定居宅サービスの事業の廃止があつたとき、同法第七十七条第一項若しくは第百十五条の三十五第六項の規定による同法第四十一条第一項本文の指定の取消しがあつたとき、又は同法第七十条の二第一項の規定により同法第四十一条第一項本文の指定の効力が失われたとき。
	介護保険法第七十一条第一項の規定により同法第四十一条第一項本文の指定があつたものとみなされた居宅サービスに係る同項本文の	同法第七十五条第二項の規定による指定居宅サービスの事業の廃止があつたとき、同法第七十七条第一項若しくは第百十五条の三十五第六項の規定による同法第四十一条第一項本文の指定の取消

生活保護

指定	しがあつたとき、又は同法第七十条の二第一項の規定により同法第四十一条第一項本文の指定の効力が失われたとき。
介護保険法第七十二条第一項の規定により同法第四十一条第一項本文の指定があつたものとみなされた居宅サービスに係る同項本文の指定	同法第七十五条第二項の規定による指定居宅サービスの事業の廃止があつたとき、同法第七十二条第二項、第七十七条第一項若しくは第百十五条の三十五第六項の規定による同法第四十一条第一項本文の指定の取消しがあつたとき、又は同法第七十条の二第一項若しくは第七十二条第二項の規定により同法第四十一条第一項本文の指定の効力が失われたとき。
介護保険法	同法第七十八条の

第四十二条の二第一項本文の指定（同法第八条第二十二項に規定する地域密着型介護老人福祉施設に係る指定及び同法第七十八条の十五第二項に規定する指定期間開始時有効指定を除く。）	五第二項の規定による指定地域密着型サービスの事業の廃止があつたとき、同法第七十八条の十の規定による同法第四十二条の二第一項本文の指定の取消しがあつたとき、又は同法第七十八条の十二において読み替えて準用する同法第七十条の二第一項の規定により同法第四十二条の二第一項本文の指定の効力が失われたとき。
介護保険法第七十八条の十二において読み替えて準用する同法第七十一条第一項の規定により同法第四十二条の	同法第七十八条の五第二項の規定による指定地域密着型サービスの事業の廃止があつたとき、同法第七十八条の十若しくは同法第七十八条の十二において読み替えて準用する同法

二第一項本文の指定があつたものとみなされた地域密着型サービスに係る同項本文の指定（同法第八条第二十二項に規定する地域密着型介護老人福祉施設に係る指定及び同法第七十八条の十五第二項に規定する指定期間開始時有効指定を除く。）	第七十一条第二項の規定による同法第四十二条の二第一項本文の指定の取消しがあつたとき、又は同法第七十八条の十二において読み替えて準用する同法第七十条の二第一項の規定により同法第四十二条の二第一項本文の指定の効力が失われたとき。
介護保険法第七十八条の十二において読み替えて準用する同法第七十二条第一	同法第七十八条の五第二項の規定による指定地域密着型サービスの事業の廃止があつたとき、同法第七十八条の十若しくは同

項の規定により同法第四十二条の二第一項本文の指定があつたものとみなされた地域密着型サービスに係る同項本文の指定（同法第八条第二十二項に規定する地域密着型介護老人福祉施設に係る指定及び同法第七十八条の十五第二項に規定する指定期間開始時有効指定を除く。）	法第七十八条の十二において読み替えて準用する同法第七十二条第二項の規定による同法第四十二条の二第一項本文の指定の取消しがあつたとき、又は同法第七十八条の十二において読み替えて準用する同法第七十条の二第一項若しくは第七十二条第二項の規定により同法第四十二条の二第一項本文の指定の効力が失われたとき。
介護保険法第七十八条の十三第一項の規定に	同法第七十八条の十七の規定により読み替えて適用する同法第七十八条

より行う公募により行う同項に規定する市町村長指定区域・サービス事業所に係る同法第四十二条の二第一項本文の指定	の五第二項の規定による指定地域密着型サービスの事業の廃止があつたとき、同法第七十八条の十七の規定により読み替えて適用する同法第七十八条の十の規定による同法第四十二条の二第一項本文の指定の取消しがあつたとき、又は同法第七十八条の十五第一項の規定により同法第四十二条の二第一項本文の指定の効力が失われたとき。
介護保険法第七十八条の十五第二項に規定する指定期間開始時有効指定	同法第七十八条の五第二項の規定による指定地域密着型サービスの事業の廃止があつたとき、同法第七十八条の十の規定による同法第四十二条の二第一項本文の指定の取消しがあ

		つたとき、又は同法第七十八条の十五第三項（同条第五項において準用する場合を含む。）の規定により同法第四十二条の二第一項本文の指定の効力が失われたとき。
その事業として居宅介護支援計画を作成する者	介護保険法第四十六条第一項の指定	同法第八十二条第二項の規定による指定居宅介護支援の事業の廃止があつたとき、同法第八十四条第一項若しくは第百十五条の三十五第六項の規定による同法第四十六条第一項の指定の取消しがあつたとき、又は同法第七十九条の二第一項の規定により同法第四十六条第一項の指定の効力が失われたとき。
地域密着	介護保険法	同法第七十八条の

型介護老人福祉施設	第四十二条の二第一項本文の指定	八の規定による同法第四十二条の二第一項本文の指定の辞退があつたとき、同法第七十八条の十の規定による同法第四十二条の二第一項本文の指定の取消しがあつたとき、又は同法第七十八条の十二において読み替えて準用する同法第七十条の二第一項の規定により同法第四十二条の二第一項本文の指定の効力が失われたとき。
介護老人福祉施設	介護保険法第四十八条第一項第一号の指定	同法第九十一条の規定による同法第四十八条第一項第一号の指定の辞退があつたとき、同法第九十二条第一項若しくは第百十五条の三十五第六項の規定による同号の指定の取消しがあつたとき、又は同法第八十六条の二第一項の規定により同号の指定の効力が失われたとき。
介護老人保健施設	介護保険法第九十四条第一項の許可	同法第九十九条第二項の規定による介護老人保健施設の廃止があつたとき、同法第百四条第一項若しくは第百十五条の三十五第六項の規定により同法第九十四条第一項の許可の取消しがあつたとき、又は同法第九十四条の二第一項の規定により同法第九十四条第一項の許可の効力が失われたとき。
介護医療院	介護保険法第百七条第一項の許可	同法第百十三条第二項の規定による介護医療院の廃止があつたとき、同法第百十四条の六第一項若しくは第百十五条の三十五第六項の規定により同法第百七条第一項の許可の取消しがあつたとき、又は同法第百八条第一項の規定により同法第百七条第一項の許可の効力が失われたとき。
その事業として介護予防を行う者又は特定介護予防福祉用具販売事業者	介護保険法第五十三条第一項本文の指定	同法第百十五条の五第二項の規定による指定介護予防サービスの事業の廃止があつたとき、同法第百十五条の九第一項若しくは第百十五条の三十五第六項の規定による同法第五十三条第一項本文の指定の取消しがあつたとき、又は同法第百十五条の十一において読み替えて準用する同法第七十条の二第一項の規定により同法第五十三条第

	介護保険法第百十五条の十一において読み替えて準用する同法第七十一条第一項の規定により同法第五十三条第一項本文の指定があつたものとみなされた介護予防サービスに係る同項本文の指定
一項本文の指定の効力が失われたとき。	同法第百十五条の五第二項の規定による指定介護予防サービスの事業の廃止があつたとき、同法第百十五条の九第一項、同法第百十五条の十一において読み替えて準用する同法第七十一条第二項若しくは同法第百十五条の三十五第六項の規定による同法第五十三条第一項本文の指定の取消しがあつたとき、又は同法第百十五条の十一において読み替えて準用する同法第七十条の二第一項の規定により同法第五十三条第一項本文の指定の効力が失われたとき。

介護保険法第百十五条の十一において読み替えて準用する同法第七十二条第一項の規定により同法第五十三条第一項本文の指定があつたものとみなされた介護予防サービスに係る同項本文の指定	介護保険法
同法第百十五条の五第二項の規定による指定介護予防サービスの事業の廃止があつたとき、同法第百十五条の九第一項、同法第百十五条の十一において読み替えて準用する同法第七十二条第二項若しくは同法第百十五条の三十五第六項の規定による同法第五十三条第一項本文の指定の取消しがあつたとき、又は同法第百十五条の十一において読み替えて準用する同法第七十条の二第一項若しくは第七十二条第二項の規定により同法第五十三条第一項本文の指定の効力が失われたとき。	同法第百十五条の

	その事業として介護予防支援計画を作成する者
第五十四条の二第一項本文の指定	介護保険法第五十八条第一項の指定
十五第二項の規定による指定地域密着型介護予防サービスの事業の廃止があつたとき、同法第百十五条の十九の規定による同法第五十四条の二第一項本文の指定の取消しがあつたとき、又は同法第百十五条の二十一において準用する同法第七十条の二第一項の規定により同法第五十四条の二第一項本文の指定の効力が失われたとき。	同法第百十五条の二十五第二項の規定による指定介護予防支援の事業の廃止があつたとき、同法第百十五条の二十九の規定による同法第五十八条第一項の指定の取消しがあつた

		とき、又は同法第百十五条の三十一において準用する同法第七十条の二第一項の規定により同法第五十八条第一項の指定の効力が失われたとき。
介護予防・日常生活支援事業者	介護保険法第百十五条の四十五の三第一項の指定	同法第百十五条の四十五の九の規定による同法第百十五条の四十五の三第一項の指定の取消しがあつたとき、又は同法第百十五条の四十五の六第一項の規定により同法第百十五条の四十五の三第一項の指定の効力が失われたとき。

別表第三（第八十四条の五関係）

都道府県、市及び福祉事務所を設置する町村	第十九条第一項から第五項まで、第二十四条第一項及び第三項（これらの規定を同条第九項において準用する場合を含む。）並びに第八項、第二十五条第一項及び第二項、第二十六条、第二十七条第一項、第二十八条第一項、第二項及び第五項、第二十九条、第三十条から第三十七条の二まで（第三十条第二項及び第三十三条第三項を除く。）、第四十七条第一項、第四十八条第四項、第五十三条第四項（第五十四条の二第四項及び第五項並びに第五十五条の二において準用する場合を含む。）、第五十五条の四第一項、同条第二項及び第三項（これらの規定を第五十五条の五第二項において準用する場合を含む。）、第五十五条の五第一項、第五十五条の六、第六十一条、第六十二条第三項及び第四項、第六十三条、第七十六条第一項、第七十七条第二項、第七十八条の二第一項及び第二項、第八十条並びに第八十一条
都道府県	第二十三条第一項及び第二項、第二十九条第二項、第四十条第二項、第四十一条第二項から第五項まで、第四十二条、第四十三条第一項、第四十四条第一項、第四十五条、第四十六条第二項及び第三項、第四十八条第三項、第四十九条、第四十九条の二第四項（第四十九条の三第四項及び第五十四条の二第四項において準用する場合を含む。）並びに第五十四条の二第五項及び第五十五条第二項において準用する第四十九条の二第一項、第四十九条の三第一項、第五十条第二項、第五十条の二及び第五十一条第二項（これらの規定を第五十四条の二第四項及び第五項並びに第五十五条第二項において準用する場合を含む。）、第五十三条第一項及び第三項（これらの規定を第五十四条の二第四項及び第五項並びに第五十五条の二において準用する場合を含む。）、第五十四条第一項（第五十四条の二第四項及び第五項並びに第五十五条第二項において準用する場合を含む。）、第五十四条の二第一項、第五十五条第一項、第五十五条の三、第六十五条第一項、第七十四条第二項第二号及び

	第三号、第七十七条第一項、第七十七条の二第一項、同条第二項（第七十八条第四項において準用する場合を含む。）、第七十八条第一項から第三項まで並びに第八十三条の二並びに第七十四条の二において準用する社会福祉法第五十八条第二項から第四項まで
市町村	第二十九条第二項、第四十三条第二項、第七十七条第一項、第七十七条の二第一項、同条第二項（第七十八条第四項において準用する場合を含む。）及び第七十八条第一項から第三項まで並びに第七十四条の二において準用する社会福祉法第五十八条第二項から第四項まで
福祉事務所を設置しない町村	第十九条第六項及び第七項、第二十四条第十項並びに第二十五条第三項

生活保護法による保護の基準（抄）（昭和38・4・1厚告158）

最新改正　令和元厚労告66

別表第1　生活扶助基準

第1章　基準生活費

1　居宅

(1)　基準生活費の額（月額）

ア　1級地

(ア)　1級地—1

第1類

年齢別	基準額①	基準額②	基準額③
0歳～2歳	21,820円	27,040円	44,630円
3歳～5歳	27,490	30,390	44,630
6歳～11歳	35,550	34,880	45,640
12歳～17歳	43,910	39,720	47,750
18歳・19歳	43,910	39,720	47,420
20歳～40歳	42,020	38,970	47,420
41歳～59歳	39,840	39,920	47,420
60歳～64歳	37,670	39,540	47,420
65歳～69歳	37,670	39,540	45,330
70歳～74歳	33,750	34,310	45,330
75歳以上	33,750	34,310	40,920

第2類

基準額及び加算額		世帯人員別				
		1人	2人	3人	4人	5人
基準額①		45,320円	50,160円	55,610円	57,560円	58,010円
基準額②		41,380	50,890	60,000	62,490	66,610
基準額③		28,890	42,420	47,060	49,080	49,110
地区別冬季加算額	Ⅰ区(10月から4月まで)	12,780	18,140	20,620	22,270	22,890
	Ⅱ区(10月から4月まで)	9,030	12,820	14,570	15,740	16,170
	Ⅲ区(11月から4月まで)	7,460	10,590	12,030	13,000	13,350
	Ⅳ区(11月から4月まで)	6,790	9,630	10,950	11,820	12,150
	Ⅴ区(11月から3月まで)	4,630	6,580	7,470	8,070	8,300
	Ⅵ区(11月から3月まで)	2,630	3,730	4,240	4,580	4,710

基準額及び加算額		世帯人員別				
		6人	7人	8人	9人	10人以上1人を増すごとに加算する額
基準額①		58,480円	58,940円	59,390円	59,850円	460円
基準額②		70,340	73,240	76,140	79,040	2,900
基準額③		56,220	59,190	61,900	64,380	2,490
地区別冬季加算額	Ⅰ区(10月から4月まで)	24,330	25,360	26,180	27,010	830
	Ⅱ区(10月から4月まで)	17,180	17,920	18,500	19,080	580
	Ⅲ区(11月から4月まで)	14,200	14,800	15,280	15,760	480
	Ⅳ区(11月から4月まで)	12,920	13,460	13,900	14,340	440
	Ⅴ区(11月から3月まで)	8,820	9,200	9,490	9,790	310
	Ⅵ区(11月から3月まで)	5,010	5,220	5,380	5,560	180

(イ) 1級地―2

第1類

年齢別	基準額①	基準額②	基準額③
0歳～2歳	20,830円	25,880円	43,330円
3歳～5歳	26,260	29,100	43,330
6歳～11歳	33,950	33,380	44,320
12歳～17歳	41,940	38,030	46,350
18歳・19歳	41,940	38,030	46,030
20歳～40歳	40,140	37,310	46,030
41歳～59歳	38,050	38,200	46,030
60歳～64歳	35,980	37,850	46,030
65歳～69歳	35,980	37,850	44,000
70歳～74歳	32,470	32,840	44,000
75歳以上	32,470	32,840	39,730

第2類

基準額及び加算額		世帯人員別				
		1人	2人	3人	4人	5人
基準額①		43,280円	47,910円	53,110円	54,970円	55,430円
基準額②		39,600	48,710	57,430	59,800	63,760
基準額③		27,690	40,660	45,110	47,040	47,070
地区別冬季加算額	Ⅰ区(10月から4月まで)	12,780	18,140	20,620	22,270	22,890
	Ⅱ区(10月から4月まで)	9,030	12,820	14,570	15,740	16,170
	Ⅲ区(11月から4月まで)	7,460	10,590	12,030	13,000	13,350
	Ⅳ区(11月から4月まで)	6,790	9,630	10,950	11,820	12,150
	Ⅴ区(11月から3月まで)	4,630	6,580	7,470	8,070	8,300
	Ⅵ区(11月から3月まで)	2,630	3,730	4,240	4,580	4,710

基準額及び加算額		世帯人員別				
		6人	7人	8人	9人	10人以上1人を増すごとに加算する額
基準額①		55,890円	56,350円	56,810円	57,260円	460円
基準額②		67,320	70,100	72,880	75,640	2,770
基準額③		53,880	56,730	59,320	61,710	2,390
地区別冬季加算額	Ⅰ区(10月から4月まで)	24,330	25,360	26,180	27,010	830
	Ⅱ区(10月から4月まで)	17,180	17,920	18,500	19,080	580
	Ⅲ区(11月から4月まで)	14,200	14,800	15,280	15,760	480
	Ⅳ区(11月から4月まで)	12,920	13,460	13,900	14,340	440
	Ⅴ区(11月から3月まで)	8,820	9,200	9,490	9,790	310
	Ⅵ区(11月から3月まで)	5,010	5,220	5,380	5,560	180

イ　２級地

(ア)　２級地―１

第１類

年齢別	基準額①	基準額②	基準額③
０歳～２歳	19,850円	24,440円	41,190円
３歳～５歳	25,030	27,470	41,190
６歳～11歳	32,350	31,530	42,140
12歳～17歳	39,960	35,910	44,070
18歳・19歳	39,960	35,910	43,770
20歳～40歳	38,240	35,230	43,770
41歳～59歳	36,250	36,070	43,770
60歳～64歳	34,280	35,730	43,770
65歳～69歳	34,280	35,730	41,840
70歳～74歳	30,710	31,010	41,840
75歳以上	30,710	31,010	37,780

第２類

基準額及び加算額		世帯人員別				
		１人	２人	３人	４人	５人
基準額①		41,240円	45,640円	50,600円	52,390円	52,800円
基準額②		37,400	46,000	54,230	56,470	60,210
基準額③		27,690	40,660	45,110	47,040	47,070
地区別冬季加算額	Ⅰ区（10月から４月まで）	12,780	18,140	20,620	22,270	22,890
	Ⅱ区（10月から４月まで）	9,030	12,820	14,570	15,740	16,170
	Ⅲ区（11月から４月まで）	7,460	10,590	12,030	13,000	13,350
	Ⅳ区（11月から４月まで）	6,790	9,630	10,950	11,820	12,150
	Ⅴ区（11月から３月まで）	4,630	6,580	7,470	8,070	8,300
	Ⅵ区（11月から３月まで）	2,630	3,730	4,240	4,580	4,710

基準額及び加算額		世帯人員別				
		６人	７人	８人	９人	10人以上１人を増すごとに加算する額
基準額①		53,220円	53,630円	54,050円	54,470円	420円
基準額②		63,580	66,200	68,800	71,430	2,620
基準額③		53,880	56,730	59,320	61,710	2,390
地区別冬季加算額	Ⅰ区（10月から４月まで）	24,330	25,360	26,180	27,010	830
	Ⅱ区（10月から４月まで）	17,180	17,920	18,500	19,080	580
	Ⅲ区（11月から４月まで）	14,200	14,800	15,280	15,760	480
	Ⅳ区（11月から４月まで）	12,920	13,460	13,900	14,340	440
	Ⅴ区（11月から３月まで）	8,820	9,200	9,490	9,790	310
	Ⅵ区（11月から３月まで）	5,010	5,220	5,380	5,560	180

(イ) 2級地—2

第1類

年齢別	基準額①	基準額②	基準額③
0歳～2歳	18,860円	23,870円	41,190円
3歳～5歳	23,780	26,840	41,190
6歳～11歳	30,750	30,790	42,140
12歳～17歳	37,990	35,070	44,070
18歳・19歳	37,990	35,070	43,770
20歳～40歳	36,350	34,410	43,770
41歳～59歳	34,470	35,230	43,770
60歳～64歳	32,590	34,910	43,770
65歳～69歳	32,590	34,910	41,840
70歳～74歳	29,530	30,290	41,840
75歳以上	29,530	30,290	37,780

第2類

基準額及び加算額		世帯人員別				
		1人	2人	3人	4人	5人
基準額①		39,210円	43,390円	48,110円	49,780円	50,210円
基準額②		36,540	44,930	52,970	55,160	58,810
基準額③		27,690	40,660	45,110	47,040	47,070
地区別冬季加算額	Ⅰ区(10月から4月まで)	12,780	18,140	20,620	22,270	22,890
	Ⅱ区(10月から4月まで)	9,030	12,820	14,570	15,740	16,170
	Ⅲ区(11月から4月まで)	7,460	10,590	12,030	13,000	13,350
	Ⅳ区(11月から4月まで)	6,790	9,630	10,950	11,820	12,150
	Ⅴ区(11月から3月まで)	4,630	6,580	7,470	8,070	8,300
	Ⅵ区(11月から3月まで)	2,630	3,730	4,240	4,580	4,710

基準額及び加算額		世帯人員別				
		6人	7人	8人	9人	10人以上1人を増すごとに加算する額
基準額①		50,620円	51,040円	51,450円	51,870円	420円
基準額②		62,100	64,660	67,210	69,770	2,560
基準額③		53,880	56,730	59,320	61,710	2,390
地区別冬季加算額	Ⅰ区(10月から4月まで)	24,330	25,360	26,180	27,010	830
	Ⅱ区(10月から4月まで)	17,180	17,920	18,500	19,080	580
	Ⅲ区(11月から4月まで)	14,200	14,800	15,280	15,760	480
	Ⅳ区(11月から4月まで)	12,920	13,460	13,900	14,340	440
	Ⅴ区(11月から3月まで)	8,820	9,200	9,490	9,790	310
	Ⅵ区(11月から3月まで)	5,010	5,220	5,380	5,560	180

ウ　3級地

(ア)　3級地―1

第1類

年齢別	基準額①	基準額②	基準額③
0歳～2歳	17,890円	22,810円	38,340円
3歳～5歳	22,560	25,650	38,340
6歳～11歳	29,160	29,420	39,220
12歳～17歳	36,010	33,510	41,030
18歳・19歳	36,010	33,510	40,740
20歳～40歳	34,460	32,880	40,740
41歳～59歳	32,680	33,680	40,740
60歳～64歳	30,890	33,350	40,740
65歳～69歳	30,890	33,350	38,950
70歳～74歳	27,680	28,940	38,950
75歳以上	27,680	28,940	35,160

第2類

基準額及び加算額		世帯人員別				
		1人	2人	3人	4人	5人
基準額①		37,160円	41,130円	45,600円	47,200円	47,570円
基準額②		34,910	42,940	50,620	52,700	56,200
基準額③		27,690	40,660	45,110	47,040	47,070
地区別冬季加算額	Ⅰ区(10月から4月まで)	12,780	18,140	20,620	22,270	22,890
	Ⅱ区(10月から4月まで)	9,030	12,820	14,570	15,740	16,170
	Ⅲ区(11月から4月まで)	7,460	10,590	12,030	13,000	13,350
	Ⅳ区(11月から4月まで)	6,790	9,630	10,950	11,820	12,150
	Ⅴ区(11月から3月まで)	4,630	6,580	7,470	8,070	8,300
	Ⅵ区(11月から3月まで)	2,630	3,730	4,240	4,580	4,710

基準額及び加算額		世帯人員別				
		6人	7人	8人	9人	10人以上1人を増すごとに加算する額
基準額①		47,950円	48,320円	48,700円	49,070円	380円
基準額②		59,340	61,790	64,220	66,660	2,450
基準額③		53,880	56,730	59,320	61,710	2,390
地区別冬季加算額	Ⅰ区(10月から4月まで)	24,330	25,360	26,180	27,010	830
	Ⅱ区(10月から4月まで)	17,180	17,920	18,500	19,080	580
	Ⅲ区(11月から4月まで)	14,200	14,800	15,280	15,760	480
	Ⅳ区(11月から4月まで)	12,920	13,460	13,900	14,340	440
	Ⅴ区(11月から3月まで)	8,820	9,200	9,490	9,790	310
	Ⅵ区(11月から3月まで)	5,010	5,220	5,380	5,560	180

(イ)　3級地―2

第1類

年齢別	基準額①	基準額②	基準額③
0歳～2歳	16,910円	21,860円	36,940円
3歳～5歳	21,310	24,560	36,940
6歳～11歳	27,550	28,180	37,780
12歳～17歳	34,030	32,100	39,520
18歳・19歳	34,030	32,100	39,250
20歳～40歳	32,570	31,500	39,250
41歳～59歳	30,880	32,260	39,250
60歳～64歳	29,200	31,960	39,250
65歳～69歳	29,200	31,960	37,510
70歳～74歳	26,620	27,730	37,510
75歳以上	26,620	27,730	33,870

第2類

基準額及び加算額		世帯人員別				
		1人	2人	3人	4人	5人
基準額①		35,130円	38,870円	43,100円	44,610円	44,990円
基準額②		33,440	41,120	48,480	50,480	53,840
基準額③		27,690	40,660	45,110	47,040	47,070
地区別冬季加算額	Ⅰ区(10月から4月まで)	12,780	18,140	20,620	22,270	22,890
	Ⅱ区(10月から4月まで)	9,030	12,820	14,570	15,740	16,170
	Ⅲ区(11月から4月まで)	7,460	10,590	12,030	13,000	13,350
	Ⅳ区(11月から4月まで)	6,790	9,630	10,950	11,820	12,150
	Ⅴ区(11月から3月まで)	4,630	6,580	7,470	8,070	8,300
	Ⅵ区(11月から3月まで)	2,630	3,730	4,240	4,580	4,710

基準額及び加算額		世帯人員別				
		6人	7人	8人	9人	10人以上1人を増すごとに加算する額
基準額①		45,360円	45,740円	46,110円	46,490円	380円
基準額②		56,840	59,170	61,520	63,860	2,340
基準額③		53,880	56,730	59,320	61,710	2,390
地区別冬季加算額	Ⅰ区(10月から4月まで)	24,330	25,360	26,180	27,010	830
	Ⅱ区(10月から4月まで)	17,180	17,920	18,500	19,080	580
	Ⅲ区(11月から4月まで)	14,200	14,800	15,280	15,760	480
	Ⅳ区(11月から4月まで)	12,920	13,460	13,900	14,340	440
	Ⅴ区(11月から3月まで)	8,820	9,200	9,490	9,790	310
	Ⅵ区(11月から3月まで)	5,010	5,220	5,380	5,560	180

(2) 基準生活費の算定

ア 基準生活費は，世帯を単位として算定するものとし，その額は，次の算式により算定した額とし，その額に10円未満の端数が生じたときは，当該端数を10円に切り上げるものとする。

また，12月の基準生活費の額は，次の算式により算定した額に以下の期末一時扶助費の表に定める額を加えた額とする。

算式

$$A\times\frac{1}{3}+(B+C)\times\frac{2}{3}+D$$

算式の符号

A 第1類の表に定める世帯員の年齢別の基準額②を世帯員ごとに合算した額に次の逓減率の表中率②の項に掲げる世帯人員の数に応じた率を乗じて得た額及び第2類の表に定める基準額②の合計額（以下「合計額②」という。）（ただし，第1類の表に定める世帯員の年齢別の基準額①を世帯員ごとに合算した額に次の逓減率の表中率①の項に掲げる世帯人員の数に応じた率を乗じて得た額及び第2類の表に定める基準額①の合計額（以下「合計額①」という。）に0.9を乗じて得た額よりも合計額②が少ない場合は，合計額①に0.9を乗じて得た額とする。）

B 第1類の表に定める世帯員の年齢別の基準額③を世帯員ごとに合算した額に次の逓減率の表中率③の項に掲げる世帯人員の数に応じた率を乗じて得た額及び第2類の表に定める基準額③の合計額（ただし，当該合計額が，合計額①に0.855を乗じて得た額より少ない場合は，合計額①に0.855を乗じて得た額とする。）

C 次の経過的加算額（月額）の表に定める世帯人員の数に応じた世帯員の年齢別の加算額を世帯員ごとに合算した額

D 第2類の表に定める地区別冬季加算額

逓減率

第1類の表に定める世帯員の年齢別の基準額を世帯員ごとに合算した額に乗じる率	世帯人員別				
	1人	2人	3人	4人	5人
率 ①	1.0000	1.0000	1.0000	0.9500	0.9000
率 ②	1.0000	0.8850	0.8350	0.7675	0.7140
率 ③	1.0000	0.8548	0.7151	0.6010	0.5683

第1類の表に定める世帯員の年齢別の基準額を世帯員ごとに合算した額に乗じる率	世帯人員別				
	6人	7人	8人	9人	10人以上
率 ①	0.9000	0.9000	0.9000	0.9000	0.9000
率 ②	0.7010	0.6865	0.6745	0.6645	0.6645
率 ③	0.5383	0.5087	0.4844	0.4639	0.4639

期末一時扶助費

級地別	世帯人員別				
	1人	2人	3人	4人	5人
1級地−1	14,160円	23,080円	23,790円	26,760円	27,890円
1級地−2	13,520	22,030	22,720	25,550	26,630
2級地−1	12,880	21,000	21,640	24,340	25,370
2級地−2	12,250	19,970	20,580	23,160	24,130
3級地−1	11,610	18,920	19,510	21,940	22,870
3級地−2	10,970	17,880	18,430	20,730	21,620

級地別	世帯人員別				
	6人	7人	8人	9人	10人以上1人を増すごとに加算する額
1級地―1	31,720円	33,690円	35,680円	37,370円	1,710円
1級地―2	30,280	32,170	34,060	35,690	1,620
2級地―1	28,850	30,660	32,460	34,000	1,540
2級地―2	27,440	29,160	30,860	32,340	1,480
3級地―1	26,010	27,630	29,260	30,650	1,390
3級地―2	24,570	26,100	27,640	28,950	1,320

経過的加算額（月額）

(ア) 1級地

1級地―1

年齢別	世帯人員別				
	1人	2人	3人	4人	5人
0歳～2歳	0円	0円	0円	4,530円	4,290円
3歳～5歳	0	0	0	2,370	2,200
6歳～11歳	0	0	0	0	0
12歳～17歳	410	0	0	0	0
18歳・19歳	740	0	0	0	0
20歳～40歳	110	0	0	0	0
41歳～59歳	930	0	1,070	0	0
60歳～64歳	570	0	940	770	570
65歳～69歳	2,660	0	2,280	770	570
70歳～74歳	0	0	0	150	110
75歳以上	2,090	0	1,270	150	110

年齢別	世帯人員別				
	6人	7人	8人	9人	10人以上
0歳～2歳	4,000円	2,840円	2,060円	1,660円	1,630円
3歳～5歳	1,890	1,070	700	610	450
6歳～11歳	0	0	0	0	0
12歳～17歳	0	0	0	0	0
18歳・19歳	0	0	0	0	0
20歳～40歳	0	0	0	0	0
41歳～59歳	0	0	0	0	0
60歳～64歳	160	0	0	0	0
65歳～69歳	160	0	0	0	0
70歳～74歳	0	0	0	0	0
75歳以上	0	0	0	0	0

1級地－2

年齢別	世帯人員別				
	1人	2人	3人	4人	5人
0歳～2歳	0円	0円	0円	3,550円	4,140円
3歳～5歳	0	0	0	2,350	2,140
6歳～11歳	0	0	0	0	0
12歳～17歳	0	0	0	0	0
18歳・19歳	110	0	0	0	0
20歳～40歳	0	0	0	0	0
41歳～59歳	210	0	540	0	0
60歳～64歳	0	0	460	840	630
65歳～69歳	1,900	0	1,720	840	630
70歳～74歳	0	0	0	110	0
75歳以上	1,400	0	790	110	0

年齢別	世帯人員別				
	6人	7人	8人	9人	10人以上
0歳～2歳	3,910円	2,670円	1,870円	1,700円	1,550円
3歳～5歳	1,880	1,130	710	360	370
6歳～11歳	0	0	0	0	0
12歳～17歳	0	0	0	0	0
18歳・19歳	0	0	0	0	0
20歳～40歳	0	0	0	0	0
41歳～59歳	0	0	0	0	0
60歳～64歳	220	0	0	0	0
65歳～69歳	220	0	0	0	0
70歳～74歳	0	0	0	0	0
75歳以上	0	0	0	0	0

(イ) 2級地

2級地－1

年齢別	世帯人員別				
	1人	2人	3人	4人	5人
0歳～2歳	0円	0円	0円	1,110円	3,690円
3歳～5歳	0	0	0	1,920	1,770
6歳～11歳	0	0	0	0	0
12歳～17歳	0	0	0	0	0
18歳・19歳	0	0	0	0	0
20歳～40歳	0	0	0	0	0
41歳～59歳	0	0	0	0	0
60歳～64歳	0	0	0	430	280
65歳～69歳	0	0	570	430	280
70歳～74歳	0	0	0	0	0
75歳以上	0	0	0	0	0

年齢別	世帯人員別				
	6人	7人	8人	9人	10人以上
0歳～2歳	3,000円	1,500円	980円	890円	840円
3歳～5歳	1,330	610	380	110	0
6歳～11歳	0	0	0	0	0
12歳～17歳	0	0	0	0	0
18歳・19歳	0	0	0	0	0
20歳～40歳	0	0	0	0	0
41歳～59歳	0	0	0	0	0
60歳～64歳	0	0	0	0	0
65歳～69歳	0	0	0	0	0
70歳～74歳	0	0	0	0	0
75歳以上	0	0	0	0	0

2級地―2

年齢別	世帯人員別				
	1人	2人	3人	4人	5人
0歳～2歳	0円	0円	0円	0円	0円
3歳～5歳	0	0	0	0	0
6歳～11歳	0	0	0	0	0
12歳～17歳	0	0	0	0	0
18歳・19歳	0	0	0	0	0
20歳～40歳	0	0	0	0	0
41歳～59歳	0	0	0	490	0
60歳～64歳	0	0	0	1,100	1,190
65歳～69歳	0	0	0	1,440	1,190
70歳～74歳	0	0	0	0	410
75歳以上	0	0	0	570	420

年齢別	世帯人員別				
	6人	7人	8人	9人	10人以上
0歳～2歳	0円	3,550円	2,580円	1,960円	1,890円
3歳～5歳	480	1,740	1,150	600	520
6歳～11歳	0	0	0	0	0
12歳～17歳	0	0	0	0	0
18歳・19歳	0	0	0	0	0
20歳～40歳	0	0	0	0	0
41歳～59歳	0	0	0	0	0
60歳～64歳	790	240	0	0	0
65歳～69歳	790	240	0	0	0
70歳～74歳	110	0	0	0	0
75歳以上	110	0	0	0	0

(ウ) 3級地

3級地—1

年齢別	世帯人員別				
	1人	2人	3人	4人	5人
0歳～2歳	0円	0円	0円	0円	0円
3歳～5歳	0	0	0	0	0
6歳～11歳	0	0	0	0	0
12歳～17歳	0	0	0	0	0
18歳・19歳	0	0	0	0	0
20歳～40歳	0	0	0	0	0
41歳～59歳	0	0	0	840	600
60歳～64歳	0	0	0	840	1,400
65歳～69歳	0	0	0	1,670	1,420
70歳～74歳	0	0	0	0	180
75歳以上	0	0	0	740	890

年齢別	世帯人員別				
	6人	7人	8人	9人	10人以上
0歳～2歳	0円	3,550円	3,260円	2,360円	2,320円
3歳～5歳	110	1,840	1,500	950	880
6歳～11歳	0	0	0	0	0
12歳～17歳	0	0	0	0	0
18歳・19歳	0	0	0	0	0
20歳～40歳	0	0	0	0	0
41歳～59歳	280	0	0	0	0
60歳～64歳	1,010	480	110	0	0
65歳～69歳	1,020	480	110	0	0
70歳～74歳	520	110	0	0	0
75歳以上	550	110	0	0	0

3級地—2

年齢別	世帯人員別				
	1人	2人	3人	4人	5人
0歳～2歳	0円	0円	0円	0円	0円
3歳～5歳	0	0	0	0	0
6歳～11歳	0	0	0	0	0
12歳～17歳	0	0	0	0	0
18歳・19歳	0	0	0	0	0
20歳～40歳	0	0	0	0	0
41歳～59歳	0	0	0	190	420
60歳～64歳	0	0	0	0	410
65歳～69歳	0	0	0	1,010	1,250
70歳～74歳	0	0	0	0	0
75歳以上	0	0	0	120	430

年齢別	世帯人員別				
	6人	7人	8人	9人	10人以上
0歳～2歳	0円	1,390円	3,320円	3,120円	3,040円
3歳～5歳	0	2,050	1,710	1,440	1,380
6歳～11歳	0	0	0	0	0
12歳～17歳	0	0	0	0	0
18歳・19歳	0	0	0	0	0
20歳～40歳	0	0	0	0	0
41歳～59歳	380	0	0	0	0
60歳～64歳	320	830	400	110	0
65歳～69歳	1,120	830	400	110	0
70歳～74歳	0	110	0	0	0
75歳以上	260	110	0	0	0

イ　第2類の表におけるⅠ区からⅥ区までの区分は次の表に定めるところによる。

地区別	Ⅰ　区	Ⅱ　区	Ⅲ　区	Ⅳ　区	Ⅴ　区	Ⅵ　区
都道府県名	北海道 青森県 秋田県	岩手県 山形県 新潟県	宮城県 福島県 富山県 長野県	石川県 福井県	栃木県 群馬県 山梨県 岐阜県 鳥取県 島根県	その他の 都府県

ウ　入院患者日用品費又は介護施設入所者基本生活費が算定される者の基準生活費の算定は，別に定めるところによる。

2　救護施設等

(1)　基準生活費の額（月額）

ア　基準額

級地別	救護施設及びこれに準ずる施設	更生施設及びこれに準ずる施設
1　級　地	64,140円	67,950円
2　級　地	60,940	64,550
3　級　地	57,730	61,150

イ　地区別冬季加算額

Ⅰ区 (10月から4月まで)	Ⅱ区 (10月から4月まで)	Ⅲ区 (11月から4月まで)	Ⅳ区 (11月から4月まで)	Ⅴ区 (11月から3月まで)	Ⅵ区 (11月から3月まで)
5,900円	4,480円	4,260円	3,760円	2,910円	2,050円

(2)　基準生活費の算定

ア　基準生活費の額は，(1)に定める額とする。ただし，12月の基準生活費の額は，次の表に定める期末一時扶助費の額を加えた額とする。

級　地　別	期末一時扶助費
1　級　地	5,070円
2　級　地	4,610
3　級　地	4,150

イ　表におけるⅠ区からⅥ区までの区分は，1の(2)のイの表に定めるところによる。

3　職業能力開発校附属宿泊施設等に入所又は寄宿している者についての特例

次の表の左欄に掲げる施設に入所又は寄宿している者（特別支援学校に附属する寄宿舎に寄宿している者にあつては，これらの学校の高等部の別科に就学する場合に限る。）に係る基準生活費の額は，1の規定にかかわらず，それぞれ同表の右欄に掲げる額とする。

施　　設	基準生活費の額	
	基準月額	地区別冬季加算額及び期末一時扶助費の額
職業能力開発促進法（昭和44年法律第64号）にいう職業能力開発校，障害者職業能力開発校又はこれらに準ずる施設に附属する宿泊施設 特別支援学校に附属する寄宿舎	食費として施設に支払うべき額と入院患者日用品費の基準額の合計額	地区別冬季加算額は，2の(1)のイの表に定めるところにより，期末一時扶助費の額は，2の(2)のアの表に定めるところによる。
独立行政法人国立重度知的障害者総合施設のぞみの園が設置する施設 障害者の日常生活及び社会生活を総合的に支援するための法律（平成17年法律第123号）第5条第11項に規定する障害者支援施設 児童福祉法（昭和22年法律第164号）第42条第1号に規定する福祉型障害児入所施設	食費及び居住に要する費用として施設に支払うべき額と入院患者日用品費の額の合計額	
児童福祉法第42条第2号に規定する医療型障害児入所施設（以下「医療型障害児入所施設」という。） 児童福祉法にいう指定発達支援医療機関	入院患者日用品費の額	

第2章　加算

1　妊産婦加算

(1)　加算額（月額）

級地別	妊婦		産婦
	妊娠6か月未満	妊娠6か月以上	
1級地及び2級地	9,130円	13,790円	8,480円
3級地	7,760	11,720	7,210

(2)　妊婦についての加算は，妊娠の事実を確認した日の属する月の翌月から行う。

(3)　産婦についての加算は，出産の日の属する月から行い，期間は6箇月を限度として別に定める。

(4)　(3)の規定にかかわらず，保護受給中の者については，その出産の日の属する月は妊婦についての加算を行い，翌月から5箇月を限度として別に定めるところにより産婦についての加算を行う。

(5)　妊産婦加算は，病院又は診療所において給食を受けている入院患者については，行わない。

2　障害者加算

(1)　加算額（月額）

		(2)のアに該当する者	(2)のイに該当する者
在宅者	1　級　地	26,810円	17,870円
	2　級　地	24,940	16,620
	3　級　地	23,060	15,380
入院患者又は社会福祉施設若しくは介護施設の入所者		22,310	14,870

(注)　社会福祉施設とは保護施設，障害者の日常生活及び社会生活を総合的に支援するための法律第５条第11項に規定する障害者支援施設，児童福祉法第42条第１号に規定する福祉型障害児入所施設又は老人福祉法（昭和38年法律第133号）にいう老人福祉施設をいい，介護施設とは介護保険法（平成９年法律第123号）にいう介護保険施設をいうものであること（以下同じ。）。

(2)　障害者加算は，次に掲げる者について行う。

ア　身体障害者福祉法施行規則（昭和25年厚生省令第15号）別表第５号の身体障害者障害程度等級表（以下「障害等級表」という。）の１級若しくは２級又は国民年金法施行令（昭和34年政令第184号）別表に定める１級のいずれかに該当する障害のある者（症状が固定している者及び症状が固定してはいないが障害の原因となつた傷病について初めて医師又は歯科医師の診療を受けた後１年６月を経過した者に限る。）

イ　障害等級表の３級又は国民年金法施行令（昭和34年政令第184号）別表に定める２級のいずれかに該当する障害のある者（症状が固定している者及び症状が固定してはいないが障害の原因となつた傷病について初めて医師又は歯科医師の診療を受けた後１年６月を経過した者に限る。）。ただし，アに該当する者を除く。

(3)　特別児童扶養手当等の支給に関する法律施行令（昭和50年政令第207号）別表第１に定める程度の障害の状態にあるため，日常生活において常時の介護を必要とする者（児童福祉法に規定する障害児入所施設，老人福祉法に規定する養護老人ホーム及び特別養護老人ホーム並びに障害児福祉手当及び特別障害者手当の支給に関する省令（昭和50年厚生省令第34号）第１条に規定する施設に入所している者を除く。）については，別に14,790円を算定するものとする。

(4)　(2)のアに該当する障害のある者であつて当該障害により日常生活の全てについて介護を必要とするものを，その者と同一世帯に属する者が介護する場合においては，別に12,410円を算定するものとする。この場合においては，(5)の規定は適用しないものとする。

(5)　介護人をつけるための費用を要する場合においては，別に，70,300円の範囲内において必要な額を算定するものとする。

3　介護施設入所者加算

介護施設入所者加算は，介護施設入所者基本生活費が算定されている者であつて，障害者加算又は８に定める母子加算が算定されていないものについて行い，加算額（月額）は，9,880円の範囲内の額とする。

4　在宅患者加算

(1)　加算額（月額）

級　地　別	加　算　額
1級地及び2級地	13,270円
3　級　地	11,280円

(2)　在宅患者加算は，次に掲げる在宅患者であつて現に療養に専念しているものについて行う。

ア　結核患者であつて現に治療を受けているもの及び結核患者であつて現に治療を受けてはいないが，保護の実施機関の指定する医師の診断により栄養の補給を必要とすると認められるもの

イ　結核患者以外の患者であつて３箇月以上の治療を必要とし，かつ，保護の実施機関の指定する医師の診断により栄養の補給を必要とすると認められるもの

5　放射線障害者加算

放射線障害者加算は，次に掲げる者について行い，その額は，⑴に該当する者にあつては月額43,630円，⑵に該当する者にあつては月額21,820円とする。

⑴　ア　原子爆弾被爆者に対する援護に関する法律（平成６年法律第117号）第11条第１項の認定を受けた者であつて，同項の認定に係る負傷又は疾病の状態にあるもの（同法第24条第２項に規定する都道府県知事の認定を受けた者に限る。）

イ　放射線（広島市及び長崎市に投下された原子爆弾の放射線を除く。以下⑵において同じ。）を多量に浴びたことに起因する負傷又は疾病の患者であつて，当該負傷又は疾病が放射線を多量に浴びたことに起因する旨の厚生労働大臣の認定を受けたもの

⑵　ア　原子爆弾被爆者に対する援護に関する法律第11条第１項の認定を受けた者（同法第25条第２項に規定する都道府県知事の認定を受けた者であつて，⑴のアに該当しないものに限る。）

イ　放射線を多量に浴びたことに起因する負傷又は疾病の患者であつた者であつて，当該負傷又は疾病が放射線を多量に浴びたことに起因する旨の厚生労働大臣の認定を受けたもの

6　児童養育加算

⑴　加算額（月額）

児童養育加算は，児童の養育に当たる者について行い，その加算額（月額）は，児童１人につき次の表に掲げる額とする。

第１子及び第２子	３歳に満たない児童（月の初日に生まれた児童については，出生の日から３年を経過しない児童とする。以下同じ。）	11,820円
	３歳以上の児童（月の初日に生まれた児童については，出生の日から３年を経過した児童とする。以下同じ。）であつて高等学校等修了前のもの（18歳に達する日以後の最初の３月31日までの間にある児童をいう。）	10,190円
第３子以降	小学校修了前の児童（12歳に達する日以後の最初の３月31日までの間にある児童をいう。）	11,820円
	小学校修了後高等学校等修了前の児童（12歳に達する日以後の最初の３月31日を経過した児童であつて18歳に達する日以後の最初の３月31日までの間にあるものをいう。）	10,190円

⑵　児童養育加算に係る経過的加算額（月額）

次に掲げる児童の養育に当たる者については，⑴の表に掲げる額に次に掲げる児童１人につき2,700円を加えるものとする。

ア　４人以上の世帯に属する３歳に満たない児童

イ　３人以下の世帯に属する３歳に満たない児童（当該児童について第１章の２若しくは３又は第３章の１⑴に掲げる額を算定する場合に限る。）

ウ　第３子以降の児童のうち，３歳以上の児童であつて小学校修了前のもの

7　介護保険料加算

介護保険料加算は，介護保険の第一号被保険者であつて，介護保険法第131条に規定する普通徴収の方法によつて保険料を納付する義務を負うものに対して行い，その加算額は，当該者が被保険者となる介護保険を行う市町村に対して納付すべき保険料の実費とする。

8　母子加算

⑴　加算額（月額）

		児　童　1　人	児童が2人の場合に加える額	児童が3人以上1人を増すごとに加える額
在宅者	1　級　地	20,300円	3,900円	2,300円
	2　級　地	18,800	3,600	2,200
	3　級　地	17,500	3,300	2,000
入院患者又は社会福祉施設若しくは介護施設の入所者		19,350	1,560	770

⑵　母子加算に係る経過的加算額（月額）

次に掲げる児童の養育に当たる者については，⑴の表に掲げる額に次の表に掲げる額を加えるものとする。

ア　3人以上の世帯に属する児童（当該児童が1人の場合に限る。）

㈠　3人世帯

児童の年齢	1級地の1	1級地の2	2級地の1	2級地の2	3級地の1	3級地の2
0～5歳	2,230円	2,230円	0円	0円	0円	0円
6～11歳	2,230	2,230	2,140	0	0	0
12～14歳	2,230	2,230	2,140	1,860	1,180	0
15～17歳	0	0	0	0	0	0
18歳以上20歳未満	2,230	2,230	2,140	1,860	1,180	0

㈡　4人世帯

児童の年齢	1級地の1	1級地の2	2級地の1	2級地の2	3級地の1	3級地の2
0～2歳	2,230円	2,230円	2,140円	2,140円	1,940円	0円
3～14歳	2,230	2,230	2,140	2,140	1,940	1,940
15～17歳	0	0	0	0	0	0
18歳以上20歳未満	2,230	2,230	2,140	2,140	1,940	1,940

㈢　5人以上の世帯

児童の年齢	1級地の1	1級地の2	2級地の1	2級地の2	3級地の1	3級地の2
0～14歳	2,230円	2,230円	2,140円	2,140円	1,940円	1,940円
15～17歳	0	0	0	0	0	0
18歳以上20歳未満	2,230	2,230	2,140	2,140	1,940	1,940

イ　⑶の養育に当たる者が第1章の1の基準生活費を算定される世帯に属する児童（当該児童全てが第3章の1⑵に掲げる児童又は医療型障害児施設に入所する児童であり，かつ同一世帯に属する当該児童が2人以下である場合に限る。）

	1級地の1	1級地の2	2級地の1	2級地の2	3級地の1	3級地の2
児童1人	2,230円	2,230円	2,140円	2,140円	1,940円	1,940円
児童2人	190	190	310	310	240	240

⑶　母子加算は，父母の一方若しくは両方が欠けているか又はこれに準ずる状態にあるため，父母の他方又は父母以外の者が児童（18歳に達する日以後の最初の3月31日までの間にある者又は20歳未満で2の⑵に掲げる者をいう。）を養育しなければならない場合に，当該養育に当たる者について行う。ただし，当該養育に当たる者が父又は母である場合であつて，その者が児童の養育に当たることができる者と婚姻関係（婚姻の届出をしていないが事実上婚姻と同様の事情にある場合を含む。）にあり，かつ，同一世帯に属するときは，この限りでない。

9　重複調整等

障害者加算又は母子加算について，同一の者がいずれの加算事由にも該当する場合には，いずれか高い加算額（同額の場合にはいずれか一方の加算額）を算定するものとし，相当期間にわたり加算額の全額を必要としないものと認められる場合には，当該加算額の範囲内において必要な額を算定するものとする。ただし，障害者加算のうち２の⑷又は⑸に該当することにより行われる障害者加算額及び母子加算のうち児童が２人以上の場合に児童１人につき加算する額は，重複調整を行わないで算定するものとする。

第３章　入院患者日用品費，介護施設入所者基本生活費及び移送費

1　入院患者日用品費

⑴　基準額及び加算額（月額）

基　準　額	地区別冬季加算額（11月から３月まで）		
	Ⅰ区及びⅡ区	Ⅲ区及びⅣ区	Ⅴ区及びⅥ区
23,110円以内	3,600円	2,110円	1,000円

⑵　入院患者日用品費は，次に掲げる者について算定する。

ア　病院又は診療所（介護療養型医療施設を除く。以下同じ。）に１箇月以上入院する者

イ　救護施設，更生施設又は老人福祉法にいう養護老人ホーム若しくは特別養護老人ホームから病院又は診療所に入院する者

ウ　介護施設から病院又は診療所に入院する者

⑶　⑴の表におけるⅠ区からⅥ区までの区分は，第１章の１の⑵のイの表に定めるところによる。

2　介護施設入所者基本生活費

⑴　基準額及び加算額（月額）

基　準　額	地区別冬季加算額（11月から３月まで）		
	Ⅰ区及びⅡ区	Ⅲ区及びⅣ区	Ⅴ区及びⅥ区
9,880円以内	3,600円	2,110円	1,000円

⑵　介護施設入所者基本生活費は，介護施設に入所する者について算定する。

⑶　⑴の表におけるⅠ区からⅥ区までの区分は，第１章の１の⑵のイの表に定めるところによる。

3　移送費

移送費の額は，移送に必要な最小限度の額とする。

別表第２　教育扶助基準

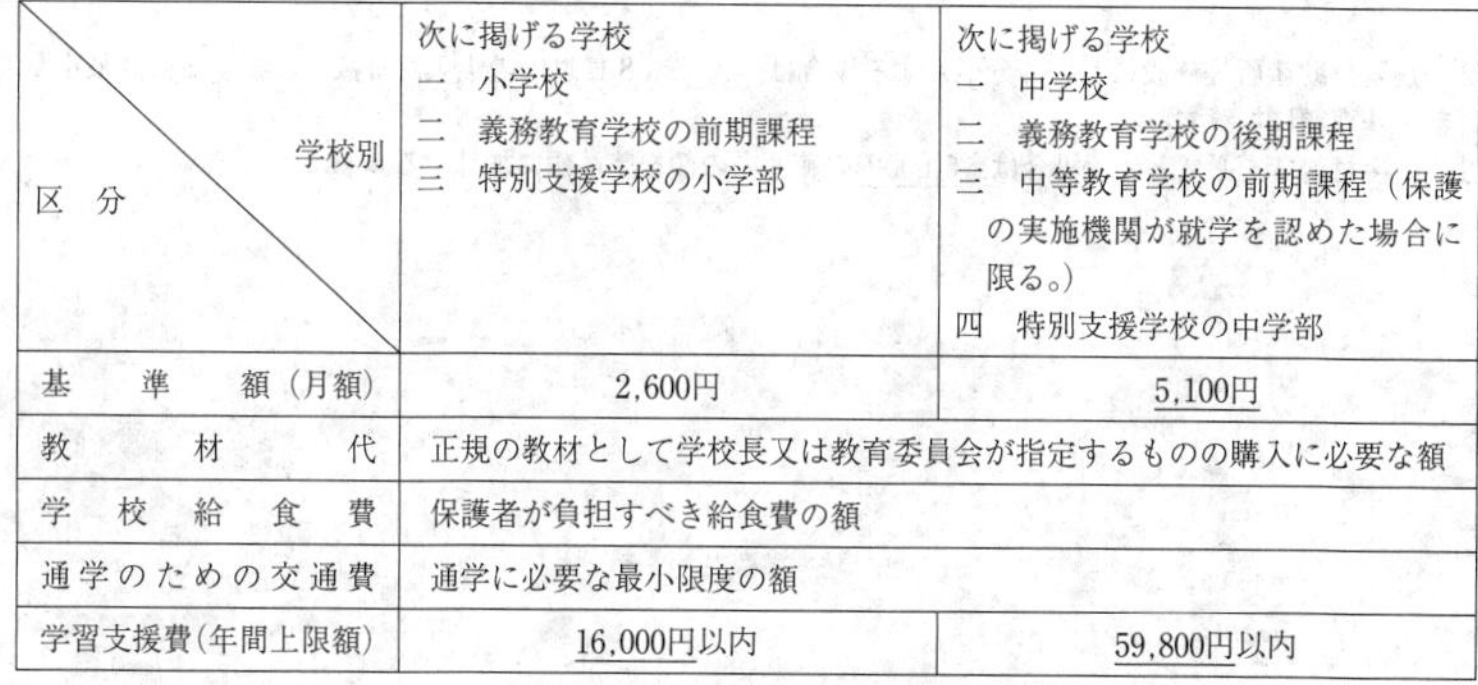

区分＼学校別	次に掲げる学校 一　小学校 二　義務教育学校の前期課程 三　特別支援学校の小学部	次に掲げる学校 一　中学校 二　義務教育学校の後期課程 三　中等教育学校の前期課程（保護の実施機関が就学を認めた場合に限る。） 四　特別支援学校の中学部
基　準　額（月額）	2,600円	5,100円
教　材　代	正規の教材として学校長又は教育委員会が指定するものの購入に必要な額	
学校給食費	保護者が負担すべき給食費の額	
通学のための交通費	通学に必要な最小限度の額	
学習支援費（年間上限額）	16,000円以内	59,800円以内

別表第3　住宅扶助基準

1　基準額

区分 / 級地別	家賃，間代，地代等の額（月額）	補修費等住宅維持費の額（年額）
1級地及び2級地 3　級　地	13,000円以内 8,000円以内	122,000円以内

2　家賃，間代，地代等については，当該費用が1の表に定める額を超えるときは，都道府県又は地方自治法（昭和22年法律第67号）第252条の19第1項の指定都市（以下「指定都市」という。）若しくは同法第252条の22第1項の中核市（以下「中核市」という。）ごとに，厚生労働大臣が別に定める額の範囲内の額とする。

別表第4　医療扶助基準

1	指定医療機関等において診療を受ける場合の費用	生活保護法第52条の規定による診療方針及び診療報酬に基づきその者の診療に必要な最小限度の額
2	薬剤又は治療材料に係る費用（1の費用に含まれる場合を除く。）	25,000円以内の額
3	施術のための費用	都道府県知事又は指定都市若しくは中核市の長が施術者のそれぞれの組合と協定して定めた額以内の額
4	移送費	移送に必要な最小限度の額

別表第5　介護扶助基準

1	居宅介護，福祉用具，住宅改修又は施設介護に係る費用	生活保護法第54条の2第4項において準用する同法第52条の規定による介護の方針及び介護の報酬に基づきその者の介護サービスに必要な最小限度の額
2	移送費	移送に必要な最小限度の額

別表第6　出産扶助基準

1　基準額

区　　分	基　準　額
施設分べんの場合の額 居宅分べんの場合の額	295,000円以内 259,000円以内

2　病院，助産所等施設において分べんする場合は，入院（8日以内の実入院日数）に要する必要最小限度の額を基準額に加算する。

3　衛生材料費を必要とする場合は，6,000円の範囲内の額を基準額に加算する。

別表第７　生業扶助基準

１　基準額

<table>
<tr><th colspan="3">区　分</th><th>基　準　額</th></tr>
<tr><td colspan="3">生　業　費</td><td>47,000円以内</td></tr>
<tr><td rowspan="9">技能修得費</td><td colspan="2">技能修得費（高等学校等就学費を除く。）</td><td>81,000円以内</td></tr>
<tr><td rowspan="8">高等学校等就　学　費</td><td>基本額（月額）</td><td>5,300円</td></tr>
<tr><td>教材代</td><td>正規の授業で使用する教材の購入に必要な額</td></tr>
<tr><td>授業料
（高等学校等就学支援金の支給に関する法律（平成22年法律第18号）第２条各号に掲げるものに在学する場合（同法第３条第１項の高等学校等就学支援金が支給されるときに限る。）を除く。）</td><td>高等学校等が所在する都道府県の条例に定める都道府県立の高等学校における額以内の額</td></tr>
<tr><td>入学料</td><td>高等学校等が所在する都道府県の条例に定める都道府県立の高等学校等における額以内の額。ただし、市町村立の高等学校等に通学する場合は、当該高等学校等が所在する市町村の条例に定める市町村立の高等学校等における額以内の額。</td></tr>
<tr><td>入学考査料</td><td>30,000円以内</td></tr>
<tr><td>通学のための交通費</td><td>通学に必要な最小限度の額</td></tr>
<tr><td>学習支援費（年間上限額）</td><td>84,600円以内</td></tr>
<tr><td colspan="3">就　職　支　度　費</td><td>32,000円以内</td></tr>
</table>

２　技能修得費（高等学校等就学費を除く。以下同じ。）は，技能修得（高等学校等への就学を除く。以下同じ。）の期間が１年以内の場合において，１年を限度として算定する。ただし，世帯の自立更生上特に効果があると認められる技能修得（高等学校等への就学を除く。以下同じ。）については，その期間は２年以内とし，１年につき技能修得費の範囲内の額を２年を限度として算定する。

３　技能修得のため交通費を必要とする場合は，１又は２に規定するところにより算定した技能修得費の額にその実費を加算する。

別表第８　葬祭扶助基準

１　基準額

級　地　別	基　準　額	
	大　人	小　人
１級地及び２級地 ３　級　地	209,000円以内 182,900円以内	167,200円以内 146,300円以内

２　葬祭に要する費用の額が基準額を超える場合であつて，葬祭地の市町村条例に定める火葬に要する費用の額が次に掲げる額を超えるときは，当該超える額を基準額に加算する。

級　地　別	大　人	小　人
１級地及び２級地 ３　級　地	600円 480	500円 400

3　葬祭に要する費用の額が基準額を超える場合であつて，自動車の料金その他死体の運搬に要する費用の額が次に掲げる額を超えるときは，23,060円から次に掲げる額を控除した額の範囲内において当該超える額を基準額に加算する。

級地別	金額
1級地及び2級地	15,580円
3級地	13,630円

別表第9　地域の級地区分

1　1級地

(1)　1級地―1

次に掲げる市町村

都道府県別	市町村名	都道府県別	市町村名
埼玉県	川口市，さいたま市	愛知県	名古屋市
東京都	区の存する地域，八王子市，立川市，武蔵野市，三鷹市，府中市，昭島市，調布市，町田市，小金井市，小平市，日野市，東村山市，国分寺市，国立市，福生市，狛江市，東大和市，清瀬市，東久留米市，多摩市，稲城市，西東京市	京都府	京都市
		大阪府	大阪市，堺市，豊中市，池田市，吹田市，高槻市，守口市，枚方市，茨木市，八尾市，寝屋川市，松原市，大東市，箕面市，門真市，摂津市，東大阪市
		兵庫県	神戸市，尼崎市，西宮市，芦屋市，伊丹市，宝塚市，川西市
神奈川県	横浜市，川崎市，鎌倉市，藤沢市，逗子市，大和市，三浦郡葉山町		

(2)　1級地―2

次に掲げる市町村

都道府県別	市町村名	都道府県別	市町村名
北海道	札幌市，江別市	滋賀県	大津市
宮城県	仙台市	京都府	宇治市，向日市，長岡京市
埼玉県	所沢市，蕨市，戸田市，朝霞市，和光市，新座市	大阪府	岸和田市，泉大津市，貝塚市，和泉市，高石市，藤井寺市，四條畷市，交野市，泉北郡忠岡町
千葉県	千葉市，市川市，船橋市，松戸市，習志野市，浦安市	兵庫県	姫路市，明石市
東京都	青梅市，武蔵村山市	岡山県	岡山市，倉敷市
神奈川県	横須賀市，平塚市，小田原市，茅ヶ崎市，相模原市，三浦市，秦野市，厚木市，座間市	広島県	広島市，呉市，福山市，安芸郡府中町
		福岡県	北九州市，福岡市

2　2級地

(1)　2級地―1〔略〕

(2)　2級地―2〔略〕

3　3級地

(1)　3級地―1〔略〕

(2)　3級地―2〔略〕

生活困窮者自立支援法

（平成二五・一二・一三　法律一〇五）

最新改正　平成三〇法律四四

第一章　総則

（目的）

第一条　この法律は、生活困窮者自立相談支援事業の実施、生活困窮者住居確保給付金の支給その他の生活困窮者に対する自立の支援に関する措置を講ずることにより、生活困窮者の自立の促進を図ることを目的とする。

（基本理念）

第二条　生活困窮者に対する自立の支援は、生活困窮者の尊厳の保持を図りつつ、生活困窮者の就労の状況、心身の状況、地域社会からの孤立の状況その他の状況に応じて、包括的かつ早期に行われなければならない。

2　生活困窮者に対する自立の支援は、地域における福祉、就労、教育、住宅その他の生活困窮者に対する支援に関する業務を行う関係機関（以下単に「関係機関」という。）及び民間団体との緊密な連携その他必要な支援体制の整備に配慮して行われなければならない。

（定義）

第三条　この法律において「生活困窮者」とは、就労の状況、心身の状況、地域社会との関係性その他の事情により、現に経済的に困窮し、最低限度の生活を維持することができなくなるおそれのある者をいう。

2　この法律において「生活困窮者自立相談支援事業」とは、次に掲げる事業をいう。

一　就労の支援その他の自立に関する問題につき、生活困窮者及び生活困窮者の家族その他の関係者からの相談に応じ、必要な情報の提供及び助言をし、並びに関係機関との連絡調整を行う事業

二　生活困窮者に対し、認定生活困窮者就労訓練事業（第十六条第三項に規定する認定生活困窮者就労訓練事業をいう。）の利用についてのあっせんを行う事業

三　生活困窮者に対し、生活困窮者に対する支援の種類及び内容その他の厚生労働省令で定める事項を記載した計画の作成その他の生活困窮者の自立の促進を図るための支援が包括的かつ計画的に行われるための援助として厚生労働省令で定めるものを行う事業

3　この法律において「生活困窮者住居確保給付金」とは、生活困窮者のうち離職又はこれに準ずるものとして厚生労働省令で定める事由により経済的に困窮し、居住する住宅の所有権若しくは使用及び収益を目的とする権利を失い、又は現に賃借して居住する住宅の家賃を支払うことが困難となったものであって、就職を容易にするため住居を確保する必要があると認められるものに対し支給する給付金をいう。

4　この法律において「生活困窮者就労準備支援事業」とは、雇用による就業が著しく困難な生活困窮者（当該生活困窮者及び当該生活困窮者と同一の世帯に属する者の資産及び収入の状況その他の事情を勘案して厚生労働省令で定めるものに限る。）に対し、厚生労働省令で定める期間にわたり、就労に必要な知識及び能力の向上のために必要な訓練を行う事業をいう。

5　この法律において「生活困窮者家計改善支援事業」とは、生活困窮者に対し、収入、支出その他家計の状況を適切に把握することと及び家計の改善の意欲を高めることを支援するとともに、生活に必要な資金の貸付けのあっせんを行う事業をいう。

6　この法律において「生活困窮者一時生活支援事業」とは、次に掲げる事業をいう。

一　一定の住居を持たない生活困窮者（当該生活困窮者及び当該生活困窮者と同一の世帯に属する者の資産及び収入の状況その他の事情を勘案して厚生労働省令で定めるものに限る。）に対し、厚生労働省令で定める期間にわたり、宿泊場所の供与、食事の提供その他当該宿泊場所において日常生活を営むのに必要な便宜として厚生労働省令で定める便宜を供与する事業

生活保護

二　次に掲げる生活困窮者に対し、厚生労働省令で定める期間にわたり、訪問による必要な情報の提供及び助言その他の現在の住居において日常生活を営むのに必要な便宜として厚生労働省令で定める便宜を供与する事業（生活困窮者自立相談支援事業に該当するものを除く。）

イ　前号に掲げる事業を利用していた生活困窮者であって、現に一定の住居を有するもの

ロ　現在の住居を失うおそれのある生活困窮者であって、地域社会から孤立しているもの

7　この法律において「子どもの学習・生活支援事業」とは、次に掲げる事業をいう。

一　生活困窮者である子どもに対し、学習の援助を行う事業

二　生活困窮者である子ども及び当該子どもの保護者に対し、当該子どもの生活習慣及び育成環境の改善に関する助言を行う事業（生活困窮者自立相談支援事業に該当するものを除く。）

三　生活困窮者である子どもの進路選択その他の教育及び就労に関する問題につき、当該子ども及び当該子どもの保護者からの相談に応じ、必要な情報の提供及び助言をし、並びに関係機関との連絡調整を行う事業（生活困窮者自立相談支援事業に該当するものを除く。）

（市及び福祉事務所を設置する町村等の責務）

第四条　市（特別区を含む。）及び福祉事務所（社会福祉法（昭和二十六年法律第四十五号）に規定する福祉に関する事務所をいう。以下同じ。）を設置する町村（以下「市等」という。）は、この法律の実施に関し、関係機関との緊密な連携を図りつつ、適切に生活困窮者自立相談支援事業及び生活困窮者住居確保給付金の支給を行う責務を有する。

2　都道府県は、この法律の実施に関し、次に掲げる責務を有する。

一　市等が行う生活困窮者自立相談支援事業及び生活困窮者住居確保給付金の支給、生活困窮者就労準備支援事業及び生活困窮者家計改善支援事業並びに生活困窮者一時生活支援事業、子どもの学習・生活支援事業及びその他の生活困窮者の自立の促進を図るために必要な事業が適正かつ円滑に行われるよう、市等に対する必要な助言、情報の提供その他の援助を行うこと。

二　関係機関との緊密な連携を図りつつ、適切に生活困窮者自立相談支援事業及び生活困窮者住居確保給付金の支給を行うこと。

3　国は、都道府県及び市等（以下「都道府県等」という。）が行う生活困窮者自立相談支援事業及び生活困窮者住居確保給付金の支給、生活困窮者就労準備支援事業及び生活困窮者家計改善支援事業並びに生活困窮者一時生活支援事業、子どもの学習・生活支援事業及びその他の生活困窮者の自立の促進を図るために必要な事業が適正かつ円滑に行われるよう、都道府県等に対する必要な助言、情報の提供その他の援助を行わなければならない。

4　国及び都道府県等は、この法律の実施に関し、生活困窮者が生活困窮者に対する自立の支援を早期に受けることができるよう、広報その他必要な措置を講ずるように努めるものとする。

5　都道府県等は、この法律の実施に関し、生活困窮者に対する自立の支援を適切に行うために必要な人員を配置するように努めるものとする。

第二章　都道府県等による支援の実施

（生活困窮者自立相談支援事業）

第五条　都道府県等は、生活困窮者自立相談支援事業を行うものとする。

2　都道府県等は、生活困窮者自立相談支援事業の事務の全部又は一部を当該都道府県等以外の厚生労働省令で定める者に委託することができる。

3　前項の規定による委託を受けた者若しくはその役員若しくは職員又はこれらの者であった者は、その委託を受けた事務に関して知り得た秘密を漏らしてはならない。

（生活困窮者住居確保給付金の支給）

第六条　都道府県等は、その設置する福祉事

務所の所管区域内に居住地を有する生活困窮者のうち第三条第三項に規定するもの（当該生活困窮者及び当該生活困窮者と同一の世帯に属する者の資産及び収入の状況その他の事情を勘案して厚生労働省令で定めるものに限る。）に対し、生活困窮者住居確保給付金を支給するものとする。

2　前項に規定するもののほか、生活困窮者住居確保給付金の額及び支給期間その他生活困窮者住居確保給付金の支給に関し必要な事項は、厚生労働省令で定める。

（生活困窮者就労準備支援事業等）

第七条　都道府県等は、生活困窮者自立相談支援事業及び生活困窮者住居確保給付金の支給のほか、生活困窮者就労準備支援事業及び生活困窮者家計改善支援事業を行うように努めるものとする。

2　都道府県等は、前項に規定するもののほか、次に掲げる事業を行うことができる。

一　生活困窮者一時生活支援事業
二　子どもの学習・生活支援事業
三　その他の生活困窮者の自立の促進を図るために必要な事業

3　第五条第二項及び第三項の規定は、前二項の規定により都道府県等が行う事業について準用する。

4　都道府県等は、第一項に規定する事業及び給付金の支給並びに第二項各号に掲げる事業を行うに当たっては、母子及び父子並びに寡婦福祉法（昭和三十九年法律第百二十九号）第三十一条の五第一項第二号に掲げる業務及び同法第三十一条の十一第一項第二号に掲げる業務並びに社会教育法（昭和二十四年法律第二百七号）第五条第一項第十三号（同法第六条第一項において引用する場合を含む。）に規定する学習の機会を提供する事業その他関連する施策との連携を図るように努めるものとする。

5　厚生労働大臣は、生活困窮者就労準備支援事業及び生活困窮者家計改善支援事業の適切な実施を図るために必要な指針を公表するものとする。

（利用勧奨等）

第八条　都道府県等は、福祉、就労、教育、税務、住宅その他のその所掌事務に関する業務の遂行に当たって、生活困窮者を把握したときは、当該生活困窮者に対し、この法律に基づく事業の利用及び給付金の受給の勧奨その他適切な措置を講ずるように努めるものとする。

（支援会議）

第九条　都道府県等は、関係機関、第五条第二項（第七条第三項において準用する場合を含む。）の規定による委託を受けた者、生活困窮者に対する支援に関係する団体、当該支援に関係する職務に従事する者その他の関係者（第三項及び第四項において「関係機関等」という。）により構成される会議（以下この条において「支援会議」という。）を組織することができる。

2　支援会議は、生活困窮者に対する自立の支援を図るために必要な情報の交換を行うとともに、生活困窮者が地域において日常生活及び社会生活を営むのに必要な支援体制に関する検討を行うものとする。

3　支援会議は、前項の規定による情報の交換及び検討を行うために必要があると認めるときは、関係機関等に対し、生活困窮者に関する資料又は情報の提供、意見の開陳その他必要な協力を求めることができる。

4　関係機関等は、前項の規定による求めがあった場合には、これに協力するように努めるものとする。

5　支援会議の事務に従事する者又は従事していた者は、正当な理由がなく、支援会議の事務に関して知り得た秘密を漏らしてはならない。

6　前各項に定めるもののほか、支援会議の組織及び運営に関し必要な事項は、支援会議が定める。

（都道府県の市等の職員に対する研修等事業）

第十条　都道府県は、次に掲げる事業を行うように努めるものとする。

一　この法律の実施に関する事務に従事する市等の職員の資質を向上させるための研修の事業
二　この法律に基づく事業又は給付金の支給を効果的かつ効率的に行うための体制の整備、支援手法に関する市等に対する情報提供、助言その他の事業

2　第五条第二項の規定は、都道府県が前項の規定により事業を行う場合について準用する。

（福祉事務所を設置していない町村による相談等）

第十一条　福祉事務所を設置していない町村（次項、第十四条及び第十五条第三項において「福祉事務所未設置町村」という。）は、生活困窮者に対する自立の支援につき、生活困窮者及び生活困窮者の家族その他の関係者からの相談に応じ、必要な情報の提供及び助言、都道府県との連絡調整、生活困窮者自立相談支援事業の利用の勧奨その他必要な援助を行う事業を行うことができる。

2　第五条第二項及び第三項の規定は、福祉事務所未設置町村が前項の規定により事業を行う場合について準用する。

（市等の支弁）

第十二条　次に掲げる費用は、市等の支弁とする。

一　第五条第一項の規定により市等が行う生活困窮者自立相談支援事業の実施に要する費用

二　第六条第一項の規定により市等が行う生活困窮者住居確保給付金の支給に要する費用

三　第七条第一項及び第二項の規定により市等が行う生活困窮者就労準備支援事業及び生活困窮者一時生活支援事業の実施に要する費用

四　第七条第一項及び第二項の規定により市等が行う生活困窮者家計改善支援事業並びに子どもの学習・生活支援事業及び同項第三号に掲げる事業の実施に要する費用

（都道府県の支弁）

第十三条　次に掲げる費用は、都道府県の支弁とする。

一　第五条第一項の規定により都道府県が行う生活困窮者自立相談支援事業の実施に要する費用

二　第六条第一項の規定により都道府県が行う生活困窮者住居確保給付金の支給に要する費用

三　第七条第一項及び第二項の規定により都道府県が行う生活困窮者就労準備支援事業及び生活困窮者一時生活支援事業の実施に要する費用

四　第七条第一項及び第二項の規定により都道府県が行う生活困窮者家計改善支援事業並びに子どもの学習・生活支援事業及び同項第三号に掲げる事業の実施に要する費用

五　第十条第一項の規定により都道府県が行う事業の実施に要する費用

（福祉事務所未設置町村の支弁）

第十四条　第十一条第一項の規定により福祉事務所未設置町村が行う事業の実施に要する費用は、福祉事務所未設置町村の支弁とする。

（国の負担及び補助）

第十五条　国は、政令で定めるところにより、次に掲げるものの四分の三を負担する。

一　第十二条の規定により市等が支弁する同条第一号に掲げる費用のうち当該市等における人口、被保護者（生活保護法（昭和二十五年法律第百四十四号）第六条第一項に規定する被保護者をいう。第三号において同じ。）の数その他の事情を勘案して政令で定めるところにより算定した額

二　第十二条の規定により市等が支弁する費用のうち、同条第二号に掲げる費用

三　第十三条の規定により都道府県が支弁する同条第一号に掲げる費用のうち当該都道府県の設置する福祉事務所の所管区域内の町村における人口、被保護者の数その他の事情を勘案して政令で定めるところにより算定した額

四　第十三条の規定により都道府県が支弁する費用のうち、同条第二号に掲げる費用

2　国は、予算の範囲内において、政令で定めるところにより、次に掲げるものを補助することができる。

一　第十二条及び第十三条の規定により市等及び都道府県が支弁する費用のうち、第十二条第三号及び第十三条第三号に掲げる費用の三分の二以内

二　第十二条及び第十三条の規定により市等及び都道府県が支弁する費用のうち、第十二条第四号並びに第十三条第四号及び第五号に掲げる費用の二分の一以内

3　前項に規定するもののほか、国は、予算の範囲内において、政令で定めるところにより、前条の規定により福祉事務所未設置町村が支弁する費用の四分の三以内を補助することができる。

4　生活困窮者就労準備支援事業及び生活困窮者家計改善支援事業が効果的かつ効率的に行われている場合として政令で定める場合に該当するときは、第二項の規定の適用については、同項第一号中「掲げる費用」とあるのは「掲げる費用並びに第七条第一項の規定により市等及び都道府県が行う生活困窮者家計改善支援事業の実施に要する費用」と、同項第二号中「並びに第十三条第四号及び第五号」とあるのは「及び第十三条第四号（いずれも第七条第一項の規定により市等及び都道府県が行う生活困窮者家計改善支援事業の実施に要する費用を除く。）並びに第十三条第五号」とする。

第三章　生活困窮者就労訓練事業の認定

第十六条　雇用による就業を継続して行うことが困難な生活困窮者に対し、就労の機会を提供するとともに、就労に必要な知識及び能力の向上のために必要な訓練その他の厚生労働省令で定める便宜を供与する事業（以下この条において「生活困窮者就労訓練事業」という。）を行う者は、厚生労働省令で定めるところにより、当該生活困窮者就労訓練事業が生活困窮者の就労に必要な知識及び能力の向上のための基準として厚生労働省令で定める基準に適合していることにつき、都道府県知事の認定を受けることができる。

2　都道府県知事は、生活困窮者就労訓練事業が前項の基準に適合していると認めるときは、同項の認定をするものとする。

3　都道府県知事は、第一項の認定に係る生活困窮者就労訓練事業（次項及び第二十一条第二項において「認定生活困窮者就労訓練事業」という。）が第一項の基準に適合しないものとなったと認めるときは、同項の認定を取り消すことができる。

4　国及び地方公共団体は、認定生活困窮者就労訓練事業を行う者の受注の機会の増大を図るように努めるものとする。

第四章　雑則

（雇用の機会の確保）

第十七条　国及び地方公共団体は、生活困窮者の雇用の機会の確保を図るため、職業訓練の実施、就職のあっせんその他の必要な措置を講ずるように努めるものとする。

2　国及び地方公共団体は、生活困窮者の雇用の機会の確保を図るため、国の講ずる措置と地方公共団体の講ずる措置が密接な連携の下に円滑かつ効果的に実施されるように相互に連絡し、及び協力するものとする。

3　公共職業安定所は、生活困窮者の雇用の機会の確保を図るため、求人に関する情報の収集及び提供、生活困窮者を雇用する事業主に対する援助その他必要な措置を講ずるように努めるものとする。

4　公共職業安定所は、生活困窮者の雇用の機会の確保を図るため、職業安定法（昭和二十二年法律第百四十一号）第二十九条第一項の規定により無料の職業紹介事業を行う都道府県等が求人に関する情報の提供を希望するときは、当該都道府県等に対して、当該求人に関する情報を電磁的方法（電子情報処理組織を使用する方法その他の情報通信の技術を利用する方法をいう。）その他厚生労働省令で定める方法により提供するものとする。

（不正利得の徴収）

第十八条　偽りその他不正の手段により生活困窮者住居確保給付金の支給を受けた者があるときは、都道府県等は、その者から、その支給を受けた生活困窮者住居確保給付金の額に相当する金額の全部又は一部を徴収することができる。

2　前項の規定による徴収金は、地方自治法（昭和二十二年法律第六十七号）第二百三十一条の三第三項に規定する法律で定める歳入とする。

（受給権の保護）
第十九条 生活困窮者住居確保給付金の支給を受けることとなった者の当該支給を受ける権利は、譲り渡し、担保に供し、又は差し押さえることができない。

（公課の禁止）
第二十条 租税その他の公課は、生活困窮者住居確保給付金として支給を受けた金銭を標準として課することができない。

（報告等）
第二十一条 都道府県等は、生活困窮者住居確保給付金の支給に関して必要があると認めるときは、この法律の施行に必要な限度において、当該生活困窮者住居確保給付金の支給を受けた生活困窮者又は生活困窮者であった者に対し、報告若しくは文書その他の物件の提出若しくは提示を命じ、又は当該職員に質問させることができる。

2 都道府県知事は、この法律の施行に必要な限度において、認定生活困窮者就労訓練事業を行う者又は認定生活困窮者就労訓練事業を行っていた者に対し、報告を求めることができる。

3 第一項の規定による質問を行う場合においては、当該職員は、その身分を示す証明書を携帯し、かつ、関係者の請求があるときは、これを提示しなければならない。

4 第一項の規定による権限は、犯罪捜査のために認められたものと解釈してはならない。

（資料の提供等）
第二十二条 都道府県等は、生活困窮者住居確保給付金の支給又は生活困窮者就労準備支援事業若しくは生活困窮者一時生活支援事業（第三条第六項第一号に掲げる事業に限る。）の実施に関して必要があると認めるときは、生活困窮者、生活困窮者の配偶者若しくは生活困窮者の属する世帯の世帯主その他その世帯に属する者又はこれらの者であった者の資産又は収入の状況につき、官公署に対し必要な文書の閲覧若しくは資料の提供を求め、又は銀行、信託会社その他の機関若しくは生活困窮者の雇用主その他の関係者に報告を求めることができる。

2 都道府県等は、生活困窮者住居確保給付金の支給に関して必要があると認めるときは、当該生活困窮者住居確保給付金の支給を受ける生活困窮者若しくは当該生活困窮者に対し当該生活困窮者が居住する住宅を賃貸する者若しくはその役員若しくは職員又はこれらの者であった者に、当該住宅の状況につき、報告を求めることができる。

（情報提供等）
第二十三条 都道府県等は、第七条第一項に規定する事業及び給付金の支給並びに同条第二項各号に掲げる事業を行うに当たって、生活保護法第六条第二項に規定する要保護者となるおそれが高い者を把握したときは、当該者に対し、同法に基づく保護又は給付金若しくは事業についての情報の提供、助言その他適切な措置を講ずるものとする。

（町村の一部事務組合等）
第二十四条 町村が一部事務組合又は広域連合を設けて福祉事務所を設置した場合には、この法律の適用については、その一部事務組合又は広域連合を福祉事務所を設置する町村とみなす。

（大都市等の特例）
第二十五条 この法律中都道府県が処理することとされている事務で政令で定めるものは、地方自治法第二百五十二条の十九第一項の指定都市（以下この条において「指定都市」という。）及び同法第二百五十二条の二十二第一項の中核市（以下この条において「中核市」という。）においては、政令の定めるところにより、指定都市又は中核市が処理するものとする。この場合においては、この法律中都道府県に関する規定は、指定都市又は中核市に関する規定として指定都市又は中核市に適用があるものとする。

（実施規定）
第二十六条 この法律に特別の規定があるものを除くほか、この法律の実施のための手続その他その執行について必要な細則は、厚生労働省令で定める。

第五章 罰則

第二十七条 偽りその他不正の手段により生活困窮者住居確保給付金の支給を受け、又は他人をして受けさせた者は、三年以下の懲役又は百万円以下の罰金に処する。ただし、刑法（明治四十年法律第四十五号）に正条があるときは、刑法による。

第二十八条 第五条第三項（第七条第三項及び第十一条第二項において準用する場合を含む。）又は第九条第五項の規定に違反して秘密を漏らした者は、一年以下の懲役又は百万円以下の罰金に処する。

第二十九条 次の各号のいずれかに該当する者は、三十万円以下の罰金に処する。

一 第二十一条第一項の規定による命令に違反して、報告若しくは物件の提出若しくは提示をせず、若しくは虚偽の報告若しくは虚偽の物件の提出若しくは提示をし、又は同項の規定による当該職員の質問に対して、答弁せず、若しくは虚偽の答弁をした者

二 第二十一条第二項の規定による報告をせず、又は虚偽の報告をした者

第三十条 法人の代表者又は法人若しくは人の代理人、使用人その他の従業者が、その法人又は人の業務に関して第二十七条又は前条第二号の違反行為をしたときは、行為者を罰するほか、その法人又は人に対して各本条の罰金刑を科する。

附　則（抄）

（施行期日）

第一条 この法律は、平成二十七年四月一日から施行する。〔後略〕

救護施設、更生施設、授産施設及び宿所提供施設の設備及び運営に関する基準

（昭和四一・七・一八　厚　令　一　八）

（題名改正＝平成二三厚労令一五〇）
最新改正　平成二三厚労令一五〇

第一章　総則

（趣旨）

第一条 生活保護法（昭和二十五年法律第百四十四号。以下「法」という。）第三十九条第二項の厚生労働省令で定める基準は、次の各号に掲げる基準に応じ、それぞれ当該各号に定める規定による基準とする。

一 法第三十九条第一項の規定により、同条第二項第一号に掲げる事項について都道府県（地方自治法（昭和二十二年法律第六十七号）第二百五十二条の十九第一項の指定都市（以下「指定都市」という。）及び同法第二百五十二条の二十二第一項の中核市（以下「中核市」という。）にあつては、指定都市又は中核市。以下この条において同じ。）が条例を定めるに当たつて従うべき基準　第五条、第六条、第十一条、第十九条、第二十五条及び第三十条の規定による基準

二 法第三十九条第一項の規定により、同

条第二項第二号に掲げる事項について都道府県が条例を定めるに当たつて従うべき基準　第十条第三項第一号及び第五項第一号ロ（第十条の二において準ずる場合並びに第十八条第三項及び第二十九条第三項において準用する場合を含む。）、第十八条第一項第一号、第二十九条第一項第一号並びに附則第二項（第十条第五項第一号ロに係る部分に限る。）の規定による基準

三　法第三十九条第一項の規定により、同条第二項第三号に掲げる事項について都道府県が条例を定めるに当たつて従うべき基準　第二十六条の規定による基準

四　法第三十九条第一項の規定により、同条第二項第四号に掲げる事項について都道府県が条例を定めるに当たつて標準とすべき基準　第九条第一項及び第二項、第十七条第一項、第二十三条第一項、第二十八条第一項並びに附則第二項（第九条第一項及び第二項、第十七条第一項、第二十三条第一項並びに第二十八条第一項に係る部分に限る。）の規定による基準

五　法第三十九条第一項の規定により、同条第二項各号に掲げる事項以外の事項について都道府県が条例を定めるに当たつて参酌すべき基準　この省令に定める基準のうち、前各号に定める規定による基準以外のもの

（基本方針）

第二条　救護施設、更生施設、授産施設及び宿所提供施設（以下「救護施設等」という。）は、利用者に対し、健全な環境のもとで、社会福祉事業に関する熱意及び能力を有する職員による適切な処遇を行なうよう努めなければならない。

（構造設備の一般原則）

第三条　救護施設等の配置、構造及び設備は、日照、採光、換気等利用者の保健衛生に関する事項及び防災について十分考慮されたものでなければならない。

（設備の専用）

第四条　救護施設等の設備は、もつぱら当該施設の用に供するものでなければならない。ただし、利用者の処遇に支障がない場合には、この限りでない。

（職員の資格要件）

第五条　救護施設等の長（以下「施設長」という。）は、社会福祉法（昭和二十六年法律第四十五号）第十九条第一項各号のいずれかに該当する者若しくは社会福祉事業に二年以上従事した者又はこれらと同等以上の能力を有すると認められる者でなければならない。

2　生活指導員は、社会福祉法第十九条第一項各号のいずれかに該当する者又はこれと同等以上の能力を有すると認められる者でなければならない。

（職員の専従）

第六条　救護施設等の職員は、もつぱら当該施設の職務に従事することができる者をもつて充てなければならない。ただし、利用者の処遇に支障がない場合には、この限りでない。

（苦情への対応）

第六条の二　救護施設等は、その行つた処遇に関する入所者からの苦情に迅速かつ適切に対応するために、苦情を受け付けるための窓口を設置する等の必要な措置を講じなければならない。

2　救護施設等は、その行つた処遇に関し、生活保護法第十九条第四項に規定する保護の実施機関から指導又は助言を受けた場合は、当該指導又は助言に従つて必要な改善を行わなければならない。

3　救護施設等は、社会福祉法第八十三条に規定する運営適正化委員会が行う同法第八十五条第一項の規定による調査にできる限り協力しなければならない。

（非常災害対策）

第七条　救護施設等は、消火設備その他の非常災害に際して必要な設備を設けるとともに、非常災害に対する具体的計画を立てておかなければならない。

2　救護施設等は、非常災害に備えるため、定期的に避難、救出その他必要な訓練を行なわなければならない。

（帳簿の整備）

第八条　救護施設等は、設備、職員、会計及

び利用者の処遇の状況に関する帳簿を整備しておかなければならない。

第二章　救護施設

（規模）

第九条　救護施設は、三十人以上の人員を入所させることができる規模を有しなければならない。

2　救護施設は、当該施設と一体的に管理運営を行う、日常生活を営むことが困難な要保護者を入所させて生活扶助を行うことを目的とする施設であつて入所者が二十人以下のもの（以下この章において「サテライト型施設」という。）を設置する場合は、五人以上の人員を入所させることができる規模を有するものとしなければならない。

3　救護施設は、被保護者の数が当該施設における入所者の総数のうちに占める割合がおおむね八十パーセント以上としなければならない。

（設備の基準）

第十条　救護施設の建物（入所者の日常生活のために使用しない附属の建物を除く。）は、耐火建築物（建築基準法（昭和二十五年法律第二百一号）第二条第九号の二に規定する耐火建築物をいう。次項（第十八条第三項において準用する場合を含む。）において同じ。）又は準耐火建築物（同法第二条第九号の三に規定する準耐火建築物をいう。次項（第十八条第三項において準用する場合を含む。）において同じ。）でなければならない。

2　前項の規定にかかわらず、都道府県知事（指定都市及び中核市にあつては、指定都市又は中核市の市長。第十八条第三項において準用する場合において同じ。）が、火災予防、消火活動等に関し専門的知識を有する者の意見を聴いて、次の各号のいずれかの要件を満たす木造かつ平屋建ての救護施設の建物であつて、火災に係る入所者の安全性が確保されていると認めたときは、耐火建築物又は準耐火建築物とすることを要しない。

一　スプリンクラー設備の設置、天井等の内装材等への難燃性の材料の使用、調理室等火災が発生するおそれがある箇所における防火区画の設置等により、初期消火及び延焼の抑制に配慮した構造であること。

二　非常警報設備の設置等による火災の早期発見及び通報の体制が整備されており、円滑な消火活動が可能なものであること。

三　避難口の増設、搬送を容易に行うために十分な幅員を有する避難路の確保等により、円滑な避難が可能な構造であり、かつ、避難訓練を頻繁に実施すること、配置人員を増員すること等により、火災の際の円滑な避難が可能なものであること

3　救護施設には、次の各号に掲げる設備を設けなければならない。ただし、他の社会福祉施設等の設備を利用することにより施設の効果的な運営を期待することができる場合であつて、入所者の処遇に支障がないときは、設備の一部を設けないことができる。

一　居室
二　静養室
三　食堂
四　集会室
五　浴室
六　洗面所
七　便所
八　医務室
九　調理室
十　事務室
十一　宿直室
十二　介護職員室
十三　面接室
十四　洗濯室又は洗濯場
十五　汚物処理室
十六　霊安室

4　前項第一号に掲げる居室については、一般居室のほか、必要に応じ、常時の介護を必要とする者を入所させる居室（以下「特別居室」という。）を設けるものとする。

5　第三項各号に掲げる設備の基準は、次のとおりとする。

一　居室

生活保護

イ　地階に設けてはならないこと。
ロ　入所者一人当たりの床面積は、収納設備等を除き、三・三平方メートル以上とすること。
ハ　一以上の出入口は、避難上有効な空地、廊下又は広間に直接面して設けること。
ニ　入所者の寝具及び身の回り品を各人別に収納することができる収納設備を設けること。
ホ　特別居室は、原則として一階に設け、寝台又はこれに代わる設備を備えること。
二　静養室
イ　医務室又は介護職員室に近接して設けること。
ロ　イに定めるもののほか、前号イ及びハからホまでに定めるところによること。
三　洗面所
居室のある階ごとに設けること。
四　便所
居室のある階ごとに男子用と女子用を別に設けること。
五　医務室
入所者を診療するために必要な医薬品、衛生材料及び医療機械器具を備えるほか、必要に応じて臨床検査設備を設けること。
六　調理室
火気を使用する部分は、不燃材料を用いること。
七　介護職員室
居室のある階ごとに居室に近接して設けること。
6　前各項に規定するもののほか、救護施設の設備の基準は、次に定めるところによる。
一　廊下の幅は、一・三五メートル以上とすること。ただし、中廊下の幅は、一・八メートル以上とすること。
二　廊下、便所その他必要な場所に常夜燈を設けること。
三　階段の傾斜は、ゆるやかにすること。

（サテライト型施設の設備の基準）
第十条の二　サテライト型施設の設備の基準は、前条に規定する基準に準ずる。

（職員の配置の基準）
第十一条　救護施設には、次の各号に掲げる職員を置かなければならない。ただし、調理業務の全部を委託する救護施設にあつては、第七号に掲げる職員を置かないことができる。
一　施設長
二　医師
三　生活指導員
四　介護職員
五　看護師又は准看護師
六　栄養士
七　調理員
2　生活指導員、介護職員及び看護師又は准看護師の総数は、通じておおむね入所者の数を五・四で除して得た数以上とする。

（居室の入所人員）
第十二条　一の居室に入所させる人員は、原則として四人以下とする。

（給食）
第十三条　給食は、あらかじめ作成された献立に従つて行うこととし、その献立は栄養並びに入所者の身体的状況及び嗜好を考慮したものでなければならない。

（健康管理）
第十四条　入所者については、その入所時及び毎年定期に二回以上健康診断を行なわなければならない。

（衛生管理等）
第十五条　救護施設は、入所者の使用する設備、食器等又は飲用に供する水については、衛生的な管理に努め、又は衛生上必要な措置を講ずるとともに、医薬品、衛生材料及び医療機械器具の管理を適正に行わなければならない。
2　救護施設は、当該救護施設において感染症が発生し、又はまん延しないように必要な措置を講ずるよう努めなければならない。

（生活指導等）
第十六条　救護施設は、入所者に対し、生活の向上及び更生のための指導を受ける機会を与えなければならない。
2　救護施設は、入所者に対し、その精神的

生活保護

及び身体的条件に応じ、機能を回復し又は機能の減退を防止するための訓練又は作業に参加する機会を与えなければならない。

3　入所者の日常生活に充てられる場所は、必要に応じ、採暖のための措置を講じなければならない。

4　一週間に二回以上、入所者を入浴させ、又は清拭しなければならない。

5　教養娯楽設備等を備えるほか、適宜レクリエーション行事を行なわなければならない。

（給付金として支払を受けた金銭の管理）

第十六条の二　救護施設は、当該救護施設の設置者が入所者に係る厚生労働大臣が定める給付金（以下この条において「給付金」という。）の支給を受けたときは、給付金として支払を受けた金銭を次に掲げるところにより管理しなければならない。

一　当該入所者に係る当該金銭及びこれに準ずるもの（これらの運用により生じた収益を含む。以下この条において「入所者に係る金銭」という。）をその他の財産と区分すること。

二　入所者に係る金銭を給付金の支給の趣旨に従つて用いること。

三　入所者に係る金銭の収支の状況を明らかにする帳簿を整備すること。

四　当該入所者が退所した場合には、速やかに、入所者に係る金銭を当該入所者に取得させること。

第三章　更生施設

（規模）

第十七条　更生施設は、三十人以上の人員を入所させることができる規模を有しなければならない。

2　更生施設は、被保護者の数が当該施設における入所者の総数のうちに占める割合がおおむね八十パーセント以上としなければならない。

（設備の基準）

第十八条　更生施設には、次の各号に掲げる設備を設けなければならない。ただし、他の社会福祉施設等の設備を利用することにより施設の効果的な運営を期待することができる場合であつて、入所者の処遇に支障がないときは、設備の一部を設けないことができる。

一　居室
二　静養室
三　集会室
四　食堂
五　浴室
六　洗面所
七　便所
八　医務室
九　作業室又は作業場
十　調理室
十一　事務室
十二　宿直室
十三　面接室
十四　洗濯室又は洗濯場

2　前項第九号に掲げる作業室又は作業場には、作業に従事する者の安全を確保するための設備を設けなければならない。

3　前二項に規定するもののほか、更生施設の設備の基準については、第十条第一項、第二項、第五項第一号（ホを除く。）及び第二号から第六号まで並びに第六項の規定を準用する。

（職員の配置の基準）

第十九条　更生施設には、次の各号に掲げる職員を置かなければならない。ただし、調理業務の全部を委託する更生施設にあつては、第七号に掲げる職員を置かないことができる。

一　施設長
二　医師
三　生活指導員
四　作業指導員
五　看護師又は准看護師
六　栄養士
七　調理員

2　生活指導員、作業指導員及び看護師又は准看護師の総数は、入所人員が百五十人以下の施設にあつては六人以上、入所人員が百五十人を超える施設にあつては六人に百五十人を超える部分四十人につき一人を加えた数以上とする。

（生活指導等）

第二十条 更生施設は、入所者の勤労意欲を助長するとともに、入所者が退所後健全な社会生活を営むことができるよう入所者各人の精神及び身体の条件に適合する更生計画を作成し、これに基づく指導をしなければならない。

2 前項に定めるもののほか、生活指導等については、第十六条（第二項を除く。）の規定を準用する。

（**作業指導**）

第二十一条 更生施設は、入所者に対し、前条第一項の更生計画に従つて、入所者が退所後自立するのに必要な程度の技能を修得させなければならない。

2 作業指導の種目を決定するに当たつては、地域の実情及び入所者の職歴を考慮しなければならない。

（**準用**）

第二十二条 第十二条から第十五条まで及び第十六条の二の規定は、更生施設について準用する。

第四章 授産施設

（**規模**）

第二十三条 授産施設は、二十人以上の人員を利用させることができる規模を有しなければならない。

2 授産施設は、被保護者の数が当該施設における利用者の総数のうちに占める割合がおおむね五十パーセント以上としなければならない。

（**設備の基準**）

第二十四条 授産施設には、次の各号に掲げる設備を設けなければならない。ただし、他の社会福祉施設等の設備を利用することにより施設の効果的な運営を期待することができる場合であつて、利用者の処遇に支障がないときは、設備の一部を設けないことができる。

一 作業室

二 作業設備

三 食堂

四 洗面所

五 便所

六 事務室

2 第一項各号に掲げる設備の基準は、次のとおりとする。

一 作業室

イ 必要に応じて危害防止設備を設け、又は保護具を備えること。

ロ 一以上の出入口は、避難上有効な空地、廊下又は広間に直接面して設けること。

二 便所

男子用と女子用を別に設けること。

（**職員の配置の基準**）

第二十五条 授産施設には、次の各号に掲げる職員を置かなければならない。

一 施設長

二 作業指導員

（**工賃の支払**）

第二十六条 授産施設の利用者には、事業収入の額から、事業に必要な経費の額を控除した額に相当する額の工賃を支払わなければならない。

（**自立指導**）

第二十七条 授産施設は、利用者に対し、作業を通じて自立のために必要な指導を行わなければならない。

第二十七条の二 第十五条の規定（医薬品、衛生材料及び医療機械器具の管理に係る部分を除く。）は、授産施設について準用する。

第五章 宿所提供施設

（**規模**）

第二十八条 宿所提供施設は、三十人以上の人員を利用させることができる規模を有しなければならない。

2 宿所提供施設は、被保護者の数が当該施設における入所者の総数のうちに占める割合がおおむね五十パーセント以上としなければならない。

（**設備の基準**）

第二十九条 宿所提供施設には、次の各号に掲げる設備を設けなければならない。ただし、他の社会福祉施設等の設備を利用することにより施設の効果的な運営を期待することができる場合であつて、入所者の処遇に支障がないときは、設備の一部を設けないことができる。

一　居室
二　炊事設備
三　便所
四　面接室
五　事務室

2　前項第二号に掲げる炊事設備の火器を使用する部分は、不燃材料を用いなければならない。

3　前二項に規定するもののほか、宿所提供施設の設備の基準については、第十条第五項第一号（ホを除く。）並びに第六項第一号及び第二号の規定を準用する。

（職員の配置の基準）

第三十条　宿所提供施設には、施設長を置かなければならない。

（居室の利用世帯）

第三十一条　一の居室は、やむを得ない理由がある場合を除き、二以上の世帯に利用させてはならない。

（生活相談）

第三十二条　宿所提供施設は、生活の相談に応ずる等利用者の生活の向上を図ることに努めなければならない。

第三十三条　第十五条の規定（医薬品、衛生材料及び医療機械器具の管理に係る部分を除く。）は、宿所提供施設について準用する。

附　則（抄）

1　この省令は、昭和四十一年十月一日から施行する。

ホームレスの自立の支援等に関する特別措置法

（平成一四・八・七　法律一〇五）

最新改正　平成二九法律六八

第一章　総則

（目的）

第一条　この法律は、自立の意思がありながらホームレスとなることを余儀なくされた者が多数存在し、健康で文化的な生活を送ることができないでいるとともに、地域社会とのあつれきが生じつつある現状にかんがみ、ホームレスの自立の支援、ホームレスとなることを防止するための生活上の支援等に関し、国等の果たすべき責務を明らかにするとともに、ホームレスの人権に配慮し、かつ、地域社会の理解と協力を得つつ、必要な施策を講ずることにより、ホームレスに関する問題の解決に資することを目的とする。

（定義）

第二条　この法律において「ホームレス」とは、都市公園、河川、道路、駅舎その他の施設を故なく起居の場所とし、日常生活を営んでいる者をいう。

（ホームレスの自立の支援等に関する施策の目標等）

第三条　ホームレスの自立の支援等に関する施策の目標は、次に掲げる事項とする。

一　自立の意思があるホームレスに対し、安定した雇用の場の確保、職業能力の開発等による就業の機会の確保、住宅への入居の支援等による安定した居住の場所の確保並びに健康診断、医療の提供等による保健及び医療の確保に関する施策並びに生活に関する相談及び指導を実施することにより、これらの者を自立させること。

二　ホームレスとなることを余儀なくされるおそれのある者が多数存在する地域を中心として行われる、これらの者に対する就業の機会の確保、生活に関する相談及び指導の実施その他の生活上の支援により、これらの者がホームレスとなることを防止すること。

三　前二号に掲げるもののほか、宿泊場所の一時的な提供、日常生活の需要を満たすために必要な物品の支給その他の緊急に行うべき援助、生活保護法（昭和二十五年法律第百四十四号）による保護の実施、国民への啓発活動等によるホームレスの人権の擁護、地域における生活環境の改善及び安全の確保等により、ホームレスに関する問題の解決を図ること。

2　ホームレスの自立の支援等に関する施策については、ホームレスの自立のためには就業の機会が確保されることが最も重要であることに留意しつつ、前項の目標に従って総合的に推進されなければならない。

（ホームレスの自立への努力）

第四条　ホームレスは、その自立を支援するための国及び地方公共団体の施策を活用すること等により、自らの自立に努めるものとする。

（国の責務）

第五条　国は、第三条第一項各号に掲げる事項につき、総合的な施策を策定し、及びこれを実施するものとする。

（地方公共団体の責務）

第六条　地方公共団体は、第三条第一項各号に掲げる事項につき、当該地方公共団体におけるホームレスに関する問題の実情に応じた施策を策定し、及びこれを実施するものとする。

（国民の協力）

第七条　国民は、ホームレスに関する問題について理解を深めるとともに、地域社会において、国及び地方公共団体が実施する施策に協力すること等により、ホームレスの自立の支援等に努めるものとする。

第二章　基本方針及び実施計画

（基本方針）

第八条　厚生労働大臣及び国土交通大臣は、第十四条の規定による全国調査を踏まえ、ホームレスの自立の支援等に関する基本方針（以下「基本方針」という。）を策定しなければならない。

2　基本方針は、次に掲げる事項について策定するものとする。

一　ホームレスの就業の機会の確保、安定した居住の場所の確保、保健及び医療の確保並びに生活に関する相談及び指導に関する事項

二　ホームレス自立支援事業（ホームレスに対し、一定期間宿泊場所を提供した上、健康診断、身元の確認並びに生活に関する相談及び指導を行うとともに、就業の相談及びあっせん等を行うことにより、その自立を支援する事業をいう。）その他のホームレスの個々の事情に対応したその自立を総合的に支援する事業の実施に関する事項

三　ホームレスとなることを余儀なくされるおそれのある者が多数存在する地域を中心として行われるこれらの者に対する生活上の支援に関する事項

四　ホームレスに対し緊急に行うべき援助に関する事項、生活保護法による保護の実施に関する事項、ホームレスの人権の擁護に関する事項並びに地域における生活環境の改善及び安全の確保に関する事項

五　ホームレスの自立の支援等を行う民間団体との連携に関する事項

六　前各号に掲げるもののほか、ホームレスの自立の支援等に関する基本的な事項

3　厚生労働大臣及び国土交通大臣は、基本方針を策定しようとするときは、総務大臣その他関係行政機関の長と協議しなければならない。

（実施計画）

第九条　都道府県は、ホームレスに関する問題の実情に応じた施策を実施するため必要があると認められるときは、基本方針に即し、当該施策を実施するための計画を策定しなければならない。

2　前項の計画を策定した都道府県の区域内の市町村（特別区を含む。以下同じ。）は、ホームレスに関する問題の実情に応じた施策を実施するため必要があると認めるときは、基本方針及び同項の計画に即し、当該施策を実施するための計画を策定しなければならない。

3　都道府県又は市町村は、第一項又は前項の計画を策定するに当たっては、地域住民及びホームレスの自立の支援等を行う民間団体の意見を聴くように努めるものとする。

第三章　財政上の措置等

（財政上の措置等）

第十条　国は、ホームレスの自立の支援等に関する施策を推進するため、その区域内にホームレスが多数存在する地方公共団体及びホームレスの自立の支援等を行う民間団体を支援するための財政上の措置その他必

要な措置を講ずるように努めなければならない。

（公共の用に供する施設の適正な利用の確保）

第十一条　都市公園その他の公共の用に供する施設を管理する者は、当該施設をホームレスが起居の場所とすることによりその適正な利用が妨げられているときは、ホームレスの自立の支援等に関する施策との連携を図りつつ、法令の規定に基づき、当該施設の適正な利用を確保するために必要な措置をとるものとする。

第四章　民間団体の能力の活用等

（民間団体の能力の活用等）

第十二条　国及び地方公共団体は、ホームレスの自立の支援等に関する施策を実施するに当たっては、ホームレスの自立の支援等について民間団体が果たしている役割の重要性に留意し、これらの団体との緊密な連携の確保に努めるとともに、その能力の積極的な活用を図るものとする。

（国及び地方公共団体の連携）

第十三条　国及び地方公共団体は、ホームレスの自立の支援等に関する施策を実施するに当たっては、相互の緊密な連携の確保に努めるものとする。

（ホームレスの実態に関する全国調査）

第十四条　国は、ホームレスの自立の支援等に関する施策の策定及び実施に資するため、地方公共団体の協力を得て、ホームレスの実態に関する全国調査を行わなければならない。

附　則

（施行期日）

第一条　この法律は、公布の日〔平成十四年八月七日〕から施行する。

（この法律の失効）

第二条　この法律は、この法律の施行の日から起算して二十五年を経過した日〔令和九年八月七日〕に、その効力を失う。

（検討）

第三条　この法律の規定については、この法律の施行後五年を目途として、その施行の状況等を勘案して検討が加えられ、その結果に基づいて必要な措置が講ぜられるものとする。

児童憲章

（昭和二六・五・五）

われらは、日本国憲法の精神にしたがい、児童に対する正しい観念を確立し、すべての児童の幸福をはかるために、この憲章を定める。

児童は、人として尊ばれる。
児童は、社会の一員として重んぜられる。
児童は、よい環境のなかで育てられる。

一　すべての児童は、心身ともに、健やかにうまれ、育てられ、その生活を保障される。
二　すべての児童は、家庭で、正しい愛情と知識と技術をもつて育てられ、家庭に恵まれない児童には、これにかわる環境が与えられる。
三　すべての児童は、適当な栄養と住居と被服が与えられ、また、疾病と災害からまもられる。
四　すべての児童は、個性と能力に応じて教育され、社会の一員としての責任を自主的に果すように、みちびかれる。
五　すべての児童は、自然を愛し、科学と芸術を尊ぶように、みちびかれ、また、道徳的心情がつちかわれる。
六　すべての児童は、就学のみちを確保され、また、十分に整つた教育の施設を用意される。
七　すべての児童は、職業指導を受ける機会が与えられる。
八　すべての児童は、その労働において、心身の発育が阻害されず、教育を受ける機会が失われず、また児童としての生活がさまたげられないように、十分に保護される。
九　すべての児童は、よい遊び場と文化財を用意され、わるい環境からまもられる。
十　すべての児童は、虐待、酷使、放任その他不当な取扱からまもられる。あやまちをおかした児童は、適切に保護指導される。
十一　すべての児童は、身体が不自由な場合、または精神の機能が不十分な場合に、適切な治療と教育と保護が与えられる。
十二　すべての児童は、愛とまことによつて結ばれ、よい国民として人類の平和と文化に貢献するように、みちびかれる。

児童の権利に関するジュネーヴ宣言

（一九二四・九・二六
国際連盟総会）

広くジュネーヴ宣言として知られているこの児童の権利宣言によって各国の男女は、人類は児童にたいして最善の努力を尽さねばならぬ義務のあることを認め、人種、国籍、信条の如何を一切問わず、つぎのことを、その責任なりと宣言し承認する。

(1)　児童が身体上ならびに精神上正当な発達を遂げるために、必要なあらゆる手段が講ぜられなければならない。
(2)　児童にして飢えたる者は、食を給せられなければならない。病めるものは、治療されなければならない。知能の遅れた者は、援護されなければならない。不良の者は、教化されなければならない。孤児や浮浪児は、住居を与えられ教護されなければならない。
(3)　児童は、危難に際して最先に救済されるものでなければならない。
(4)　児童は、生計を立てうる地位に導かれ、またあらゆる種類の搾取から保護されなければならない。
(5)　児童は、その能力が人類同胞への奉仕のために捧げられなければならないことを自覚して、育てられなければならない。

児童権利宣言

（一九五九・一一・二〇
国際連合総会）

前文

国際連合の諸国民は、国際連合憲章において、基本的人権と人間の尊厳及び価値とに関する信念をあらためて確認し、かつ、一層大きな自由の中で社会的進歩と生活水準の向上とを促進することを決意したので、

国際連合は、世界人権宣言において、すべて人は、人種、皮膚の色、性、言語、宗教、政治上その他の意見、国民的若しくは社会的出身、財産、門地その他の地位又はこれに類するいかなる事由による差別をも受けることなく、同宣言に掲げるすべての権利と自由とを享有する権利を有すると宣言したので、

児童は、身体的及び精神的に未熟であるため、その出生の前後において、適当な法律上の保護を含めて、特別にこれを守り、かつ、世話することが必要であるので、

このような特別の保護が必要であることは、一九二四年のジュネーヴ児童権利宣言に述べられており、また、世界人権宣言並びに児童の福祉に関係のある専門機関及び国際機関の規約により認められているので、

人類は、児童に対し、最善のものを与える義務を負うものであるので、

よって、ここに、国際連合総会は、

児童が、幸福な生活を送り、かつ、自己と社会の福利のためにこの宣言に掲げる権利と自由を享有することができるようにするため、この児童権利宣言を公布し、また、両親、個人としての男女、民間団体、地方行政機関及び政府に対し、これらの権利を認識し、次の原則に従って漸進的に執られる立法その他の措置によってこれらの権利を守るよう努力することを要請する。

第一条　児童は、この宣言に掲げるすべての権利を有する。すべての児童は、いかなる例外もなく、自己又はその家族のいづれについても、その人種、皮膚の色、性、言語、宗教、政治上その他の意見、国民的若しくは社会的出身、財産、門地その他の地位のため差別を受けることなく、これらの権利を与えられなければならない。

第二条　児童は、特別の保護を受け、また、健全、かつ、正常な方法及び自由と尊厳の状態の下で身体的、知能的、道徳的、精神的及び社会的に成長することができるための機会及び便益を、法律その他の手段によって与えられなければならない。この目的のために法律を制定するに当っては、児童の最善の利益について、最高の考慮が払われなければならない。

第三条　児童は、その出生の時から姓名及び国籍をもつ権利を有する。

第四条　児童は、社会保障の恩恵を受ける権利を有する。児童は、健康に発育し、かつ、成長する権利を有する。この目的のため、児童とその母は、出産前後の適当な世話を含む特別の世話及び保護を与えられなければならない。児童は、適当な栄養、住居、レクリエーション及び医療を与えられる権利を有する。

第五条　身体的、精神的又は社会的に障害のある児童は、その特殊な事情により必要とされる特別の治療、教育及び保護を与えられなければならない。

第六条　児童は、その人格の完全な、かつ、調和した発展のため、愛情と理解とを必要とする。児童は、できるかぎり、その両親の愛護と責任の下で、また、いかなる場合においても、愛情と道徳的及び物質的保障とのある環境の下で育てられなければならない。幼児は、例外的な場合を除き、その母から引き離されてはならない。社会及び公の機関は、家庭のない児童及び適当な生活維持の方法のない児童に対して特別の養護を与える義務を有する。子供の多い家庭に属する児童については、その援助のため、国その他の機関による費用の負担が望ましい。

第七条　児童は、教育を受ける権利を有する。その教育は、少なくとも初等の段階においては、無償、かつ、義務的でなければならない。児童は、その一般的な教養を高め、機会均等の原則に基づいて、その能力、判

断力並びに道徳的及び社会的責任感を発達させ、社会の有用な一員となりうるような教育を与えられなければならない。

児童の教育及び指導について責任を有する者は、児童の最善の利益をその指導の原則としなければならない。その責任は、まず第一に児童の両親にある。

児童は、遊戯及びレクリエーションのための充分な機会を与えられる権利を有する。その遊戯及びレクリエーションは、教育と同じような目的に向けられなければならない。社会及び公の機関は、この権利の享有を促進するために努力しなければならない。

第八条　児童は、あらゆる状況にあって、最初に保護及び救済を受けるべき者の中に含められなければならない。

第九条　児童は、あらゆる放任、虐待及び搾取から保護されなければならない。児童は、いかなる形態においても、売買の対象にされてはならない。

児童は、適当な最低年令に達する前に雇用されてはならない。児童は、いかなる場合にも、その健康及び教育に有害であり、又はその身体的、精神的若しくは道徳的発達を妨げる職業若しくは雇用に、従事させられ又は従事することを許されてはならない。

第十条　児童は、人種的、宗教的その他の形態による差別を助長するおそれのある慣行から保護されなければならない。児童は、理解、寛容、諸国民間の友愛、平和及び四海同胞の精神の下に、また、その力と才能が、人類のために捧げられるべきであるという充分な意識のなかで、育てられなければならない。

児童の権利に関する条約

（平成六・五・一六 条約 二 号）

一九八九・一一・二〇　第四四回国際連合総会で採択
一九九四・五・二二　日本国について発効
最新改正　平成一五条約三・外告一八三

前文

この条約の締約国は、

国際連合憲章において宣明された原則によれば、人類社会のすべての構成員の固有の尊厳及び平等のかつ奪い得ない権利を認めることが世界における自由、正義及び平和の基礎を成すものであることを考慮し、

国際連合加盟国の国民が、国際連合憲章において、基本的人権並びに人間の尊厳及び価値に関する信念を改めて確認し、かつ、一層大きな自由の中で社会的進歩及び生活水準の向上を促進することを決意したことに留意し、

国際連合が、世界人権宣言及び人権に関する国際規約において、すべての人は人種、皮膚の色、性、言語、宗教、政治的意見その他の意見、国民的若しくは社会的出身、財産、出生又は他の地位等によるいかなる差別もなしに同宣言及び同規約に掲げるすべての権利及び自由を享有することができることを宣明し及び合意したことを認め、

国際連合が、世界人権宣言において、児童は特別な保護及び援助についての権利を享有することができることを宣明したことを想起し、

家族が、社会の基礎的な集団として、並びに家族のすべての構成員特に児童の成長及び福祉のための自然な環境として、社会においてその責任を十分に引き受けることができるよう必要な保護及び援助を与えられるべきであることを確信し、

児童が、その人格の完全なかつ調和のとれた発達のため、家庭環境の下で幸福、愛情及び理解のある雰囲気の中で成長すべきであることを認め、

児童が、社会において個人として生活するため十分な準備が整えられるべきであり、かつ、国際連合憲章において宣明された理想の精神並びに特に平和、尊厳、寛容、自由、平等及び連帯の精神に従って育てられるべきであることを考慮し、

児童に対して特別な保護を与えることの必要性が、千九百二十四年の児童の権利に関するジュネーブ宣言及び千九百五十九年十一月二十日に国際連合総会で採択された児童の権利に関する宣言において述べられており、また、世界人権宣言、市民的及び政治的権利に関する国際規約（特に第二十三条及び第二十四条）、経済的、社会的及び文化的権利に関する国際規約（特に第十条）並びに児童の福祉に関係する専門機関及び国際機関の規程及び関連文書において認められていることに留意し、

児童の権利に関する宣言において示されているとおり「児童は、身体的及び精神的に未熟であるため、その出生の前後において、適当な法的保護を含む特別な保護及び世話を必要とする。」ことに留意し、

国内の又は国際的な里親委託及び養子縁組を特に考慮した児童の保護及び福祉についての社会的及び法的な原則に関する宣言、少年司法の運用のための国際連合最低基準規則（北京規則）及び緊急事態及び武力紛争における女子及び児童の保護に関する宣言の規定を想起し、

極めて困難な条件の下で生活している児童が世界のすべての国に存在すること、また、このような児童が特別の配慮を必要としていることを認め、

児童の保護及び調和のとれた発達のために各人民の伝統及び文化的価値が有する重要性を十分に考慮し、

あらゆる国特に開発途上国における児童の生活条件を改善するために国際協力が重要であることを認めて、

次のとおり協定した。

第一部

第一条〔児童の定義〕

この条約の適用上、児童とは、十八歳未満のすべての者をいう。ただし、当該児童で、その者に適用される法律によりより早く成年に達したものを除く。

第二条〔差別の禁止〕

1　締約国は、その管轄の下にある児童に対し、児童又はその父母若しくは法定保護者の人種、皮膚の色、性、言語、宗教、政治的意見その他の意見、国民的、種族的若しくは社会的出身、財産、心身障害、出生又は他の地位にかかわらず、いかなる差別もなしにこの条約に定める権利を尊重し、及び確保する。

2　締約国は、児童がその父母、法定保護者又は家族の構成員の地位、活動、表明した意見又は信念によるあらゆる形態の差別又は処罰から保護されることを確保するためのすべての適当な措置をとる。

第三条〔児童に対する措置の原則〕

1　児童に関するすべての措置をとるに当たっては、公的若しくは私的な社会福祉施設、裁判所、行政当局又は立法機関のいずれによって行われるものであっても、児童の最善の利益が主として考慮されるものとする。

2　締約国は、児童の父母、法定保護者又は児童について法的に責任を有する他の者の権利及び義務を考慮に入れて、児童の福祉に必要な保護及び養護を確保することを約束し、このため、すべての適当な立法上及び行政上の措置をとる。

3　締約国は、児童の養護又は保護のための

施設、役務の提供及び設備が、特に安全及び健康の分野に関し並びにこれらの職員の数及び適格性並びに適正な監督に関し権限のある当局の設定した基準に適合することを確保する。

第四条〔締約国の義務〕

締約国は、この条約において認められる権利の実現のため、すべての適当な立法措置、行政措置その他の措置を講ずる。締約国は、経済的、社会的及び文化的権利に関しては、自国における利用可能な手段の最大限の範囲内で、また、必要な場合には国際協力の枠内で、これらの措置を講ずる。

第五条〔父母等の責任、権利及び義務の尊重〕

締約国は、児童がこの条約において認められる権利を行使するに当たり、父母若しくは場合により地方の慣習により定められている大家族若しくは共同体の構成員、法定保護者又は児童について法的に責任を有する他の者がその児童の発達しつつある能力に適合する方法で適当な指示及び指導を与える責任、権利及び義務を尊重する。

第六条〔生命に対する固有の権利〕

1　締約国は、すべての児童が生命に対する固有の権利を有することを認める。

2　締約国は、児童の生存及び発達を可能な最大限の範囲において確保する。

第七条〔登録、氏名及び国籍等に関する権利〕

1　児童は、出生の後直ちに登録される。児童は、出生の時から氏名を有する権利及び国籍を取得する権利を有するものとし、また、できる限りその父母を知りかつその父母によって養育される権利を有する。

2　締約国は、特に児童が無国籍となる場合を含めて、国内法及びこの分野における関連する国際文書に基づく自国の義務に従い、1の権利の実現を確保する。

第八条〔国籍等身元関係事項を保持する権利〕

1　締約国は、児童が法律によって認められた国籍、氏名及び家族関係を含むその身元関係事項について不法に干渉されることなく保持する権利を尊重することを約束する。

2　締約国は、児童がその身元関係事項の一部又は全部を不法に奪われた場合には、その身元関係事項を速やかに回復するため、適当な援助及び保護を与える。

第九条〔父母からの分離についての手続き及び児童が父母との接触を維持する権利〕

1　締約国は、児童がその父母の意思に反してその父母から分離されないことを確保する。ただし、権限のある当局が司法の審査に従うことを条件として適用のある法律及び手続に従いその分離が児童の最善の利益のために必要であると決定する場合は、この限りでない。このような決定は、父母が児童を虐待し若しくは放置する場合又は父母が別居しており児童の居住地を決定しなければならない場合のような特定の場合において必要となることがある。

2　すべての関係当事者は、1の規定に基づくいかなる手続においても、その手続に参加しかつ自己の意見を述べる機会を有する。

3　締約国は、児童の最善の利益に反する場合を除くほか、父母の一方又は双方から分離されている児童が定期的に父母のいずれとも人的な関係及び直接の接触を維持する権利を尊重する。

4　3の分離が、締約国がとった父母の一方若しくは双方又は児童の抑留、拘禁、追放、退去強制、死亡（その者が当該締約国により身体を拘束されている間に何らかの理由により生じた死亡を含む。）等のいずれかの措置に基づく場合には、当該締約国は、要請に応じ、父母、児童又は適当な場合には家族の他の構成員に対し、家族のうち不在となっている者の所在に関する重要な情報を提供する。ただし、その情報の提供が児童の福祉を害する場合は、この限りでない。締約国は、更に、その要請の提出自体が関係者に悪影響を及ぼさないことを確保する。

第十条〔家族の再統合に対する配慮〕

1　前条1の規定に基づく締約国の義務に従い、家族の再統合を目的とする児童又はその父母による締約国への入国又は締約国からの出国の申請については、締約国が積極的、人道的かつ迅速な方法で取り扱う。締約国は、更に、その申請の提出が申請者及びその家族の構成員に悪影響を及ぼさないことを確保する。

2　父母と異なる国に居住する児童は、例外的な事情がある場合を除くほか定期的に父母との人的な関係及び直接の接触を維持する権利を有する。このため、前条1の規定に基づく締約国の義務に従い、締約国は、児童及びその父母がいずれの国（自国を含む。）からも出国し、かつ、自国に入国する権利を尊重する。出国する権利は、法律で定められ、国の安全、公の秩序、公衆の健康若しくは道徳又は他の者の権利及び自由を保護するために必要であり、かつ、この条約において認められる他の権利と両立する制限にのみ従う。

第十一条〔児童の不法な国外移送、帰還できない事態の除去〕

1　締約国は、児童が不法に国外へ移送されることを防止し及び国外から帰還することができない事態を除去するための措置を講ずる。

2　このため、締約国は、二国間若しくは多数国間の協定の締結又は現行の協定への加入を促進する。

第十二条〔意見を表明する権利〕

1　締約国は、自己の意見を形成する能力のある児童がその児童に影響を及ぼすすべての事項について自由に自己の意見を表明する権利を確保する。この場合において、児童の意見は、その児童の年齢及び成熟度に従って相応に考慮されるものとする。

2　このため、児童は、特に、自己に影響を及ぼすあらゆる司法上及び行政上の手続において、国内法の手続規則に合致する方法により直接に又は代理人若しくは適当な団体を通じて聴取される機会を与えられる。

第十三条〔表現の自由〕

1　児童は、表現の自由についての権利を有する。この権利には、口頭、手書き若しくは印刷、芸術の形態又は自ら選択する他の方法により、国境とのかかわりなく、あらゆる種類の情報及び考えを求め、受け及び伝える自由を含む。

2　1の権利の行使については、一定の制限を課することができる。ただし、その制限は、法律によって定められ、かつ、次の目的のために必要とされるものに限る。

(a)　他の者の権利又は信用の尊重

(b)　国の安全、公の秩序又は公衆の健康若しくは道徳の保護

第十四条〔思想、良心及び宗教の自由〕

1　締約国は、思想、良心及び宗教の自由についての児童の権利を尊重する。

2　締約国は、児童が1の権利を行使するに当たり、父母及び場合により法定保護者が児童に対しその発達しつつある能力に適合する方法で指示を与える権利及び義務を尊重する。

3　宗教又は信念を表明する自由については、法律で定める制限であって公共の安全、公の秩序、公衆の健康若しくは道徳又は他の者の基本的な権利及び自由を保護するために必要なもののみを課することができる。

第十五条〔結社及び集会の自由〕

1　締約国は、結社の自由及び平和的な集会の自由についての児童の権利を認める。

2　1の権利の行使については、法律で定める制限であって国の安全若しくは公共の安全、公の秩序、公衆の健康若しくは道徳の保護又は他の者の権利及び自由の保護のため民主的社会において必要なもの以外のいかなる制限も課することができない。

第十六条〔私生活等に対する不法な干渉からの保護〕

1　いかなる児童も、その私生活、家族、住居若しくは通信に対して恣意的に若しくは不法に干渉され又は名誉及び信用を不法に攻撃されない。

2　児童は、1の干渉又は攻撃に対する法律の保護を受ける権利を有する。

第十七条〔多様な情報源からの情報及び資料の利用〕

締約国は、大衆媒体（マス・メディア）の果たす重要な機能を認め、児童が国の内外の多様な情報源からの情報及び資料、特に児童の社会面、精神面及び道徳面の福祉並びに心身の健康の促進を目的とした情報及び資料を利用することができることを確保する。このため、締約国は、

(a) 児童にとって社会面及び文化面において有益であり、かつ、第二十九条の精神に沿う情報及び資料を大衆媒体（マス・メディア）が普及させるよう奨励する。

(b) 国の内外の多様な情報源（文化的にも多様な情報源を含む。）からの情報及び資料の作成、交換及び普及における国際協力を奨励する。

(c) 児童用書籍の作成及び普及を奨励する。

(d) 少数集団に属し又は原住民である児童の言語上の必要性について大衆媒体（マス・メディア）が特に考慮するよう奨励する。

(e) 第十三条及び次条の規定に留意して、児童の福祉に有害な情報及び資料から児童を保護するための適当な指針を発展させることを奨励する。

第十八条〔児童の養育及び発達についての父母の責任と国の援助〕

1　締約国は、児童の養育及び発達について父母が共同の責任を有するという原則についての認識を確保するために最善の努力を払う。父母又は場合により法定保護者は、児童の養育及び発達についての第一義的な責任を有する。児童の最善の利益は、これらの者の基本的な関心事項となるものとする。

2　締約国は、この条約に定める権利を保障し及び促進するため、父母及び法定保護者が児童の養育についての責任を遂行するに当たりこれらの者に対して適当な援助を与えるものとし、また、児童の養護のための施設、設備及び役務の提供の発展を確保する。

3　締約国は、父母が働いている児童が利用する資格を有する児童の養護のための役務の提供及び設備からその児童が便益を受ける権利を有することを確保するためのすべての適当な措置をとる。

第十九条〔監護を受けている間における虐待からの保護〕

1　締約国は、児童が父母、法定保護者又は児童を監護する他の者による監護を受けている間において、あらゆる形態の身体的若しくは精神的な暴力、傷害若しくは虐待、放置若しくは怠慢な取扱い、不当な取扱い又は搾取（性的虐待を含む。）からその児童を保護するためすべての適当な立法上、行政上、社会上及び教育上の措置をとる。

2　1の保護措置には、適当な場合には、児童及び児童を監護する者のために必要な援助を与える社会的計画の作成その他の形態による防止のための効果的な手続並びに1に定める児童の不当な取扱いの事件の発見、報告、付託、調査、処置及び事後措置並びに適当な場合には司法の関与に関する効果的な手続を含むものとする。

第二十条〔家庭環境を奪われた児童等に対する保護及び援助〕

1　一時的若しくは恒久的にその家庭環境を奪われた児童又は児童自身の最善の利益にかんがみその家庭環境にとどまることが認められない児童は、国が与える特別の保護及び援助を受ける権利を有する。

2　締約国は、自国の国内法に従い、1の児童のための代替的な監護を確保する。

3　2の監護には、特に、里親委託、イスラム法のカファーラ、養子縁組又は必要な場合には児童の監護のための適当な施設への収容を含むことができる。解決策の検討に当たっては、児童の養育において継続性が望ましいこと並びに児童の種族的、宗教的、文化的及び言語的な背景について、十分な考慮を払うものとする。

第二十一条〔養子縁組に際しての保護〕

養子縁組の制度を認め又は許容している締約国は、児童の最善の利益について最大の考慮が払われることを確保するものとし、また、

(a) 児童の養子縁組が権限のある当局によってのみ認められることを確保する。この場合において、当該権限のある当局は、適用のある法律及び手続に従い、かつ、信頼し得るすべての関連情報に基づき、養子縁組が父母、親族及び法定保護者に関する児童の状況にかんがみ許容されること並びに必要な場合には、関係者が所要のカウンセリングに基づき養子縁組について事情を知らされた上での同意を与えていることを認定する。

(b) 児童がその出身国内において里親若しくは養家に託され又は適切な方法で監護を受けることができない場合には、これに代わる児童の監護の手段として国際的な養子縁組を考慮することができることを認める。

(c) 国際的な養子縁組が行われる児童が国内における養子縁組の場合における保護及び基準と同等のものを享受することを確保する。

(d) 国際的な養子縁組において当該養子縁組が関係者に不当な金銭上の利得をもたらすことがないことを確保するためのすべての適当な措置をとる。

(e) 適当な場合には、二国間又は多数国間の取極又は協定を締結することによりこの条の目的を促進し、及びこの枠組みの範囲内で他国における児童の養子縁組が権限のある当局又は機関によって行われることを確保するよう努める。

第二十二条〔難民の児童等に対する保護及び援助〕

1 締約国は、難民の地位を求めている児童又は適用のある国際法及び国際的な手続若しくは国内法及び国内的な手続に基づき難民と認められている児童が、父母又は他の者に付き添われているかいないかを問わず、この条約及び自国が締約国となっている人権又は人道に関する他の国際文書に定める権利であって適用のあるものの享受に当たり、適当な保護及び人道的援助を受けることを確保するための適当な措置をとる。

2 このため、締約国は、適当と認める場合には、1の児童を保護し及び援助するため、並びに難民の児童の家族との再統合に必要な情報を得ることを目的としてその難民の児童の父母又は家族の他の構成員を捜すため、国際連合及びこれと協力する他の権限のある政府間機関又は関係非政府機関による努力に協力する。その難民の児童は、父母又は家族の他の構成員が発見されない場合には、何らかの理由により恒久的又は一時的にその家庭環境を奪われた他の児童と同様にこの条約に定める保護が与えられる。

第二十三条〔心身障害を有する児童に対する特別の養護及び援助〕

1 締約国は、精神的又は身体的な障害を有する児童が、その尊厳を確保し、自立を促進し及び社会への積極的な参加を容易にする条件の下で十分かつ相応な生活を享受すべきであることを認める。

2 締約国は、障害を有する児童が特別の養護についての権利を有することを認めるものとし、利用可能な手段の下で、申込みに応じた、かつ、当該児童の状況及び父母又は当該児童を養護している他の者の事情に適した援助を、これを受ける資格を有する児童及びこのような児童の養護について責任を有する者に与えることを奨励し、かつ、確保する。

3 障害を有する児童の特別な必要を認めて、2の規定に従って与えられる援助は、父母又は当該児童を養護している他の者の資力を考慮して可能な限り無償で与えられるものとし、かつ、障害を有する児童が可能な限り社会への統合及び個人の発達（文化的及び精神的な発達を含む。）を達成することに資する方法で当該児童が教育、訓練、保健サービス、リハビリテーション・サービス、雇用のための準備及びレクリエーションの機会を実質的に利用し及び享受することができるように行われるものとする。

4 締約国は、国際協力の精神により、予防的な保健並びに障害を有する児童の医学的、心理学的及び機能的治療の分野における適当な情報の交換（リハビリテーション、教育及び職業サービスの方法に関する情報の普及及び利用を含む。）であってこれらの分野における自国の能力及び技術を向上させ並びに自国の経験を広げることができるようにすることを目的とするものを促進する。これに関しては、特に、開発途上国の必要を考慮する。

第二十四条〔健康を享受すること等についての権利〕

1 締約国は、到達可能な最高水準の健康を享受すること並びに病気の治療及び健康の回復のための便宜を与えられることについての児童の権利を認める。締約国は、いかなる児童もこのような保健サービスを利用する権利が奪われないことを確保するために努力する。

2　締約国は、1の権利の完全な実現を追求するものとし、特に、次のことのための適当な措置をとる。

(a)　幼児及び児童の死亡率を低下させること。

(b)　基礎的な保健の発展に重点を置いて必要な医療及び保健をすべての児童に提供することを確保すること。

(c)　環境汚染の危険を考慮に入れて、基礎的な保健の枠組みの範囲内で行われることを含めて、特に容易に利用可能な技術の適用により並びに十分に栄養のある食物及び清潔な飲料水の供給を通じて、疾病及び栄養不良と戦うこと。

(d)　母親のための産前産後の適当な保健を確保すること。

(e)　社会のすべての構成員特に父母及び児童が、児童の健康及び栄養、母乳による育児の利点、衛生（環境衛生を含む。）並びに事故の防止についての基礎的な知識に関して、情報を提供され、教育を受ける機会を有し及びその知識の使用について支援されることを確保すること。

(f)　予防的な保健、父母のための指導並びに家族計画に関する教育及びサービスを発展させること。

3　締約国は、児童の健康を害するような伝統的な慣行を廃止するため、効果的かつ適当なすべての措置をとる。

4　締約国は、この条において認められる権利の完全な実現を漸進的に達成するため、国際協力を促進し及び奨励することを約束する。これに関しては、特に、開発途上国の必要を考慮する。

第二十五条〔児童の処遇等に関する定期的審査〕

締約国は、児童の身体又は精神の養護、保護又は治療を目的として権限のある当局によって収容された児童に対する処遇及びその収容に関連する他のすべての状況に関する定期的な審査が行われることについての児童の権利を認める。

第二十六条〔社会保障からの給付を受ける権利〕

1　締約国は、すべての児童が社会保険その他の社会保障からの給付を受ける権利を認めるものとし、自国の国内法に従い、この権利の完全な実現を達成するための必要な措置をとる。

2　1の給付は、適当な場合には、児童及びその扶養について責任を有する者の資力及び事情並びに児童によって又は児童に代わって行われる給付の申請に関する他のすべての事項を考慮して、与えられるものとする。

第二十七条〔相当な生活水準についての権利〕

1　締約国は、児童の身体的、精神的、道徳的及び社会的な発達のための相当な生活水準についてのすべての児童の権利を認める。

2　父母又は児童について責任を有する他の者は、自己の能力及び資力の範囲内で、児童の発達に必要な生活条件を確保することについての第一義的な責任を有する。

3　締約国は、国内事情に従い、かつ、その能力の範囲内で、1の権利の実現のため、父母及び児童について責任を有する他の者を援助するための適当な措置をとるものとし、また、必要な場合には、特に栄養、衣類及び住居に関して、物的援助及び支援計画を提供する。

4　締約国は、父母又は児童について金銭上の責任を有する他の者から、児童の扶養料を自国内で及び外国から、回収することを確保するためのすべての適当な措置をとる。特に、児童について金銭上の責任を有する者が児童と異なる国に居住している場合には、締約国は、国際協定への加入又は国際協定の締結及び他の適当な取決めの作成を促進する。

第二十八条〔教育についての権利〕

1　締約国は、教育についての児童の権利を認めるものとし、この権利を漸進的にかつ機会の平等を基礎として達成するため、特に、

(a) 初等教育を義務的なものとし、すべての者に対して無償のものとする。

(b) 種々の形態の中等教育（一般教育及び職業教育を含む。）の発展を奨励し、すべての児童に対し、これらの中等教育が利用可能であり、かつ、これらを利用する機会が与えられるものとし、例えば、無償教育の導入、必要な場合における財政的援助の提供のような適当な措置をとる。

(c) すべての適当な方法により、能力に応じ、すべての者に対して高等教育を利用する機会が与えられるものとする。

(d) すべての児童に対し、教育及び職業に関する情報及び指導が利用可能であり、かつ、これらを利用する機会が与えられるものとする。

(e) 定期的な登校及び中途退学率の減少を奨励するための措置をとる。

2 締約国は、学校の規律が児童の人間の尊厳に適合する方法で及びこの条約に従って運用されることを確保するためのすべての適当な措置をとる。

3 締約国は、特に全世界における無知及び非識字の廃絶に寄与し並びに科学上及び技術上の知識並びに最新の教育方法の利用を容易にするため、教育に関する事項についての国際協力を促進し、及び奨励する。これに関しては、特に、開発途上国の必要を考慮する。

第二十九条〔教育の目的〕

1 締約国は、児童の教育が次のことを指向すべきことに同意する。

(a) 児童の人格、才能並びに精神的及び身体的な能力をその可能な最大限度まで発達させること。

(b) 人権及び基本的自由並びに国際連合憲章にうたう原則の尊重を育成すること。

(c) 児童の父母、児童の文化的同一性、言語及び価値観、児童の居住国及び出身国の国民的価値観並びに自己の文明と異なる文明に対する尊重を育成すること。

(d) すべての人民の間の、種族的、国民的及び宗教的集団の間の並びに原住民である者の間の理解、平和、寛容、両性の平等及び友好の精神に従い、自由な社会における責任ある生活のために児童に準備させること。

(e) 自然環境の尊重を育成すること。

2 この条又は前条のいかなる規定も、個人及び団体が教育機関を設置し及び管理する自由を妨げるものと解してはならない。ただし、常に、1に定める原則が遵守されること及び当該教育機関において行われる教育が国によって定められる最低限度の基準に適合することを条件とする。

第三十条〔少数民族に属し又は原住民である児童の文化、宗教及び言語についての権利〕

種族的、宗教的若しくは言語的少数民族又は原住民である者が存在する国において、当該少数民族に属し又は原住民である児童は、その集団の他の構成員とともに自己の文化を享有し、自己の宗教を信仰しかつ実践し又は自己の言語を使用する権利を否定されない。

第三十一条〔休息、余暇及び文化的生活に関する権利〕

1 締約国は、休息及び余暇についての児童の権利並びに児童がその年齢に適した遊び及びレクリエーションの活動を行い並びに文化的な生活及び芸術に自由に参加する権利を認める。

2 締約国は、児童が文化的及び芸術的な生活に十分に参加する権利を尊重しかつ促進するものとし、文化的及び芸術的な活動並びにレクリエーション及び余暇の活動のための適当かつ平等な機会の提供を奨励する。

第三十二条〔経済的搾取からの保護、有害となるおそれのある労働への従事から保護される権利〕

1 締約国は、児童が経済的な搾取から保護され及び危険となり若しくは児童の教育の妨げとなり又は児童の健康若しくは身体的、精神的、道徳的若しくは社会的な発達に有害となるおそれのある労働への従事から保護される権利を認める。

2 締約国は、この条の規定の実施を確保するための立法上、行政上、社会上及び教育上の措置をとる。このため、締約国は、他の国際文書の関連規定を考慮して、特に、

(a) 雇用が認められるための一又は二以上の最低年齢を定める。

(b) 労働時間及び労働条件についての適当な規則を定める。

(c) この条の規定の効果的な実施を確保するための適当な罰則その他の制裁を定める。

第三十三条〔麻薬の不正使用等からの保護〕

締約国は、関連する国際条約に定義された麻薬及び向精神薬の不正な使用から児童を保護し並びにこれらの物質の不正な生産及び取引における児童の使用を防止するための立法上、行政上、社会上及び教育上の措置を含むすべての適当な措置をとる。

第三十四条〔性的搾取、虐待からの保護〕

締約国は、あらゆる形態の性的搾取及び性的虐待から児童を保護することを約束する。このため、締約国は、特に、次のことを防止するためのすべての適当な国内、二国間及び多数国間の措置をとる。

(a) 不法な性的な行為を行うことを児童に対して勧誘し又は強制すること。

(b) 売春又は他の不法な性的な業務において児童を搾取的に使用すること。

(c) わいせつな演技及び物において児童を搾取的に使用すること。

第三十五条〔児童の誘拐、売買等からの保護〕

締約国は、あらゆる目的のための又はあらゆる形態の児童の誘拐、売買又は取引を防止するためのすべての適当な国内、二国間及び多数国間の措置をとる。

第三十六条〔他のすべての形態の搾取からの保護〕

締約国は、いずれかの面において児童の福祉を害する他のすべての形態の搾取から児童を保護する。

第三十七条〔拷問等の禁止、自由を奪われた児童の取扱い〕

締約国は、次のことを確保する。

(a) いかなる児童も、拷問又は他の残虐な、非人道的な若しくは品位を傷つける取扱い若しくは刑罰を受けないこと。死刑又は釈放の可能性がない終身刑は、十八歳未満の者が行った犯罪について科さないこと。

(b) いかなる児童も、不法に又は恣意的にその自由を奪われないこと。児童の逮捕、抑留又は拘禁は、法律に従って行うものとし、最後の解決手段として最も短い適当な期間のみ用いること。

(c) 自由を奪われたすべての児童は、人道的に、人間の固有の尊厳を尊重して、かつ、その年齢の者の必要を考慮した方法で取り扱われること。特に、自由を奪われたすべての児童は、成人とは分離されないことがその最善の利益であると認められない限り成人とは分離されるものとし、例外的な事情がある場合を除くほか、通信及び訪問を通じてその家族との接触を維持する権利を有すること。

(d) 自由を奪われたすべての児童は、弁護人その他適当な援助を行う者と速やかに接触する権利を有し、裁判所その他の権限のある、独立の、かつ、公平な当局においてその自由の剝奪の合法性を争い並びにこれについての決定を速やかに受ける権利を有すること。

第三十八条〔武力紛争における児童の保護〕

1 締約国は、武力紛争において自国に適用される国際人道法の規定で児童に関係を有するものを尊重し及びこれらの規定の尊重を確保することを約束する。

2 締約国は、十五歳未満の者が敵対行為に直接参加しないことを確保するためのすべての実行可能な措置をとる。

3 締約国は、十五歳未満の者を自国の軍隊に採用することを差し控えるものとし、また、十五歳以上十八歳未満の者の中から採用するに当たっては、最年長者を優先させるよう努める。

4 締約国は、武力紛争において文民を保護するための国際人道法に基づく自国の義務に従い、武力紛争の影響を受ける児童の保護及び養護を確保するためのすべての実行可能な措置をとる。

第三十九条〔搾取、虐待、武力紛争等による被害を受けた児童の回復のための措置〕

締約国は、あらゆる形態の放置、搾取若しくは虐待、拷問若しくは他のあらゆる形態の残虐な、非人道的な若しくは品位を傷つける取扱い若しくは刑罰又は武力紛争による被害者である児童の身体的及び心理的な回復及び社会復帰を促進するためのすべての適当な措置をとる。このような回復及び復帰は、児童の健康、自尊心及び尊厳を育成する環境において行われる。

第四十条〔刑法を犯したと申し立てられた児童等の保護〕

1　締約国は、刑法を犯したと申し立てられ、訴追され又は認定されたすべての児童が尊厳及び価値についての当該児童の意識を促進させるような方法であって、当該児童が他の者の人権及び基本的自由を尊重することを強化し、かつ、当該児童の年齢を考慮し、更に、当該児童が社会に復帰し及び社会において建設的な役割を担うことがなるべく促進されることを配慮した方法により取り扱われる権利を認める。

2　このため、締約国は、国際文書の関連する規定を考慮して、特に次のことを確保する。

(a)　いかなる児童も、実行の時に国内法又は国際法により禁じられていなかった作為又は不作為を理由として刑法を犯したと申し立てられ、訴追され又は認定されないこと。

(b)　刑法を犯したと申し立てられ又は訴追されたすべての児童は、少なくとも次の保障を受けること。

(i)　法律に基づいて有罪とされるまでは無罪と推定されること。

(ii)　速やかにかつ直接に、また、適当な場合には当該児童の父母又は法定保護者を通じてその罪を告げられること並びに防御の準備及び申立てにおいて弁護人その他適当な援助を行う者を持つこと。

(iii)　事案が権限のある、独立の、かつ、公平な当局又は司法機関により法律に基づく公正な審理において、弁護人その他適当な援助を行う者の立会い及び、特に当該児童の年齢又は境遇を考慮して児童の最善の利益にならないと認められる場合を除くほか、当該児童の父母又は法定保護者の立会いの下に遅滞なく決定されること。

(iv)　供述又は有罪の自白を強要されないこと。不利な証人を尋問し又はこれに対し尋問させること並びに対等の条件で自己のための証人の出席及びこれに対する尋問を求めること。

(v)　刑法を犯したと認められた場合には、その認定及びその結果科せられた措置について、法律に基づき、上級の、権限のある、独立の、かつ、公平な当局又は司法機関によって再審理されること。

(vi)　使用される言語を理解すること又は話すことができない場合には、無料で通訳の援助を受けること。

(vii)　手続のすべての段階において当該児童の私生活が十分に尊重されること。

3　締約国は、刑法を犯したと申し立てられ、訴追され又は認定された児童に特別に適用される法律及び手続の制定並びに当局及び施設の設置を促進するよう努めるものとし、特に、次のことを行う。

(a)　その年齢未満の児童は刑法を犯す能力を有しないと推定される最低年齢を設定すること。

(b)　適当なかつ望ましい場合には、人権及び法的保護が十分に尊重されていることを条件として、司法上の手続に訴えることなく当該児童を取り扱う措置をとること。

4　児童がその福祉に適合し、かつ、その事情及び犯罪の双方に応じた方法で取り扱われることを確保するため、保護、指導及び監督命令、カウンセリング、保護観察、里親委託、教育及び職業訓練計画、施設における養護に代わる他の措置等の種々の処置が利用し得るものとする。

第四十一条〔締約国の法律及び締約国について有効な国際法との関係〕

この条約のいかなる規定も、次のものに含まれる規定であって児童の権利の実現に一層貢献するものに影響を及ぼすものではない。

(a)　締約国の法律

(b)　締約国について効力を有する国際法

第二部

第四十二条〔条約の広報〕
締約国は、適当かつ積極的な方法でこの条約の原則及び規定を成人及び児童のいずれにも広く知らせることを約束する。

第四十三条〔児童の権利委員会の設置〕
1　この条約において負う義務の履行の達成に関する締約国による進捗（ちょく）の状況を審査するため、児童の権利に関する委員会（以下「委員会」という。）を設置する。委員会は、この部に定める任務を行う。
2　委員会は、徳望が高く、かつ、この条約が対象とする分野において能力を認められた十八人の専門家で構成する。委員会の委員は、締約国の国民の中から締約国により選出されるものとし、個人の資格で職務を遂行する。その選出に当たっては、衡平な地理的配分及び主要な法体系を考慮に入れる。
3　委員会の委員は、締約国により指名された者の名簿の中から秘密投票により選出される。各締約国は、自国民の中から一人を指名することができる。
4　委員会の委員の最初の選挙は、この条約の効力発生の日の後六箇月以内に行うものとし、その後の選挙は、二年ごとに行う。国際連合事務総長は、委員会の委員の選挙の日の遅くとも四箇月前までに、締約国に対し、自国が指名する者の氏名を二箇月以内に提出するよう書簡で要請する。その後、同事務総長は、指名された者のアルファベット順による名簿（これらの者を指名した締約国名を表示した名簿とする。）を作成し、この条約の締約国に送付する。
5　委員会の委員の選挙は、国際連合事務総長により国際連合本部に招集される締約国の会合において行う。これらの会合は、締約国の三分の二をもって定足数とする。これらの会合においては、出席しかつ投票する締約国の代表によって投じられた票の最多数で、かつ、過半数の票を得た者をもって委員会に選出された委員とする。
6　委員会の委員は、四年の任期で選出される。委員は、再指名された場合には、再選される資格を有する。最初の選挙において選出された委員のうち五人の委員の任期は、二年で終了するものとし、これらの五人の委員は、最初の選挙の後直ちに、最初の選挙が行われた締約国の会合の議長によりくじ引で選ばれる。
7　委員会の委員が死亡し、辞任し又は他の理由のため委員会の職務を遂行することができなくなったことを宣言した場合には、当該委員を指名した締約国は、委員会の承認を条件として自国民の中から残余の期間職務を遂行する他の専門家を任命する。
8　委員会は、手続規則を定める。
9　委員会は、役員を二年の任期で選出する。
10　委員会の会合は、原則として、国際連合本部又は委員会が決定する他の適当な場所において開催する。委員会は、原則として毎年一回会合する。委員会の会合の期間は、国際連合総会の承認を条件としてこの条約の締約国の会合において決定し、必要な場合には、再検討する。
11　国際連合事務総長は、委員会がこの条約に定める任務を効果的に遂行するために必要な職員及び便益を提供する。
12　この条約に基づいて設置する委員会の委員は、国際連合総会が決定する条件に従い、同総会の承認を得て、国際連合の財源から報酬を受ける。

第四十四条〔報告の提出義務〕
1　締約国は、(a)当該締約国についてこの条約が効力を生ずる時から二年以内に、(b)その後は五年ごとに、この条約において認められる権利の実現のためにとった措置及びこれらの権利の享受についてもたらされた進歩に関する報告を国際連合事務総長を通じて委員会に提出することを約束する。
2　この条の規定により行われる報告には、この条約に基づく義務の履行の程度に影響を及ぼす要因及び障害が存在する場合には、これらの要因及び障害を記載する。当該報告には、また、委員会が当該国における条約の実施について包括的に理解するために十分な情報を含める。
3　委員会に対して包括的な最初の報告を提出した締約国は、1(b)の規定に従って提出するその後の報告においては、既に提供した基本的な情報を繰り返す必要はない。

4　委員会は、この条約の実施に関連する追加の情報を締約国に要請することができる。

5　委員会は、その活動に関する報告を経済社会理事会を通じて二年ごとに国際連合総会に提出する。

6　締約国は、1の報告を自国において公衆が広く利用できるようにする。

第四十五条〔児童の権利委員会の任務〕

この条約の効果的な実施を促進し及びこの条約が対象とする分野における国際協力を奨励するため、

(a)　専門機関及び国際連合児童基金その他の国際連合の機関は、その任務の範囲内にある事項に関するこの条約の規定の実施についての検討に際し、代表を出す権利を有する。委員会は、適当と認める場合には、専門機関及び国際連合児童基金その他の権限のある機関に対し、これらの機関の任務の範囲内にある事項に関するこの条約の実施について専門家の助言を提供するよう要請することができる。委員会は、専門機関及び国際連合児童基金その他の国際連合の機関に対し、これらの機関の任務の範囲内にある事項に関するこの条約の実施について報告を提出するよう要請することができる。

(b)　委員会は、適当と認める場合には、技術的な助言若しくは援助の要請を含んでおり又はこれらの必要性を記載している締約国からのすべての報告を、これらの要請又は必要性の記載に関する委員会の見解及び提案がある場合は当該見解及び提案とともに、専門機関及び国際連合児童基金その他の権限のある機関に送付する。

(c)　委員会は、国際連合総会に対し、国際連合事務総長が委員会のために児童の権利に関連する特定の事項に関する研究を行うよう同事務総長に要請することを勧告することができる。

(d)　委員会は、前条及びこの条の規定により得た情報に基づく提案及び一般的な性格を有する勧告を行うことができる。これらの提案及び一般的な性格を有する勧告は、関係締約国に送付し、締約国から意見がある場合にはその意見とともに国際連合総会に報告する。

第三部

第四十六条〔署名〕

この条約は、すべての国による署名のために開放しておく。

第四十七条〔批准〕

この条約は、批准されなければならない。批准書は、国際連合事務総長に寄託する。

第四十八条〔加入〕

この条約は、すべての国による加入のために開放しておく。加入書は、国際連合事務総長に寄託する。

第四十九条〔効力発生〕

1　この条約は、二十番目の批准書又は加入書が国際連合事務総長に寄託された日の後三十日目の日に効力を生ずる。

2　この条約は、二十番目の批准書又は加入書が寄託された後に批准し又は加入する国については、その批准書又は加入書が寄託された日の後三十日目の日に効力を生ずる。

第五十条〔改正〕

1　いずれの締約国も、改正を提案し及び改正案を国際連合事務総長に提出することができる。同事務総長は、直ちに、締約国に対し、その改正案を送付するものとし、締約国による改正案の審議及び投票のための締約国の会議の開催についての賛否を示すよう要請する。その送付の日から四箇月以内に締約国の三分の一以上が会議の開催に賛成する場合には、同事務総長は、国際連合の主催の下に会議を招集する。会議において出席しかつ投票する締約国の過半数によって採択された改正案は、承認のため、国際連合総会に提出する。

2　1の規定により採択された改正は、国際連合総会が承認し、かつ、締約国の三分の二以上の多数が受諾した時に、効力を生ずる。

3　改正は、効力を生じたときは、改正を受諾した締約国を拘束するものとし、他の締約国は、改正前のこの条約の規定（受諾した従前の改正を含む。）により引き続き拘束される。

第五十一条〔**留保**〕

1　国際連合事務総長は、批准又は加入の際に行われた留保の書面を受領し、かつ、すべての国に送付する。

2　この条約の趣旨及び目的と両立しない留保は、認められない。

3　留保は、国際連合事務総長にあてた通告によりいつでも撤回することができるものとし、同事務総長は、その撤回をすべての国に通報する。このようにして通報された通告は、同事務総長により受領された日に効力を生ずる。

第五十二条〔**廃棄**〕

締約国は、国際連合事務総長に対して書面による通告を行うことにより、この条約を廃棄することができる。廃棄は、同事務総長がその通告を受領した日の後一年で効力を生ずる。

第五十三条〔**寄託者**〕

国際連合事務総長は、この条約の寄託者として指名される。

第五十四条〔**正文**〕

アラビア語、中国語、英語、フランス語、ロシア語及びスペイン語をひとしく正文とするこの条約の原本は、国際連合事務総長に寄託する。

以上の証拠として、下名の全権委員は、各自の政府から正当に委任を受けてこの条約に署名した。

教育基本法

（平成一八・一二・二二 法律 一二〇）

我々日本国民は、たゆまぬ努力によって築いてきた民主的で文化的な国家を更に発展させるとともに、世界の平和と人類の福祉の向上に貢献することを願うものである。

我々は、この理想を実現するため、個人の尊厳を重んじ、真理と正義を希求し、公共の精神を尊び、豊かな人間性と創造性を備えた人間の育成を期するとともに、伝統を継承し、新しい文化の創造を目指す教育を推進する。

ここに、我々は、日本国憲法の精神にのっとり、我が国の未来を切り拓（ひら）く教育の基本を確立し、その振興を図るため、この法律を制定する。

第一章　教育の目的及び理念

（**教育の目的**）

第一条　教育は、人格の完成を目指し、平和で民主的な国家及び社会の形成者として必要な資質を備えた心身ともに健康な国民の育成を期して行われなければならない。

（**教育の目標**）

第二条　教育は、その目的を実現するため、学問の自由を尊重しつつ、次に掲げる目標を達成するよう行われるものとする。

児童家庭福祉

一　幅広い知識と教養を身に付け、真理を求める態度を養い、豊かな情操と道徳心を培うとともに、健やかな身体を養うこと。

二　個人の価値を尊重して、その能力を伸ばし、創造性を培い、自主及び自律の精神を養うとともに、職業及び生活との関連を重視し、勤労を重んずる態度を養うこと。

三　正義と責任、男女の平等、自他の敬愛と協力を重んずるとともに、公共の精神に基づき、主体的に社会の形成に参画し、その発展に寄与する態度を養うこと。

四　生命を尊び、自然を大切にし、環境の保全に寄与する態度を養うこと。

五　伝統と文化を尊重し、それらをはぐくんできた我が国と郷土を愛するとともに、他国を尊重し、国際社会の平和と発展に寄与する態度を養うこと。

（**生涯学習の理念**）

第三条　国民一人一人が、自己の人格を磨き、豊かな人生を送ることができるよう、その生涯にわたって、あらゆる機会に、あらゆる場所において学習することができ、その成果を適切に生かすことのできる社会の実現が図られなければならない。

（**教育の機会均等**）

第四条　すべて国民は、ひとしく、その能力に応じた教育を受ける機会を与えられなければならず、人種、信条、性別、社会的身分、経済的地位又は門地によって、教育上差別されない。

2　国及び地方公共団体は、障害のある者が、その障害の状態に応じ、十分な教育を受けられるよう、教育上必要な支援を講じなければならない。

3　国及び地方公共団体は、能力があるにもかかわらず、経済的理由によって修学が困難な者に対して、奨学の措置を講じなければならない。

第二章　教育の実施に関する基本

（**義務教育**）

第五条　国民は、その保護する子に、別に法律で定めるところにより、普通教育を受けさせる義務を負う。

2　義務教育として行われる普通教育は、各個人の有する能力を伸ばしつつ社会において自立的に生きる基礎を培い、また、国家及び社会の形成者として必要とされる基本的な資質を養うことを目的として行われるものとする。

3　国及び地方公共団体は、義務教育の機会を保障し、その水準を確保するため、適切な役割分担及び相互の協力の下、その実施に責任を負う。

4　国又は地方公共団体の設置する学校における義務教育については、授業料を徴収しない。

（**学校教育**）

第六条　法律に定める学校は、公の性質を有するものであって、国、地方公共団体及び法律に定める法人のみが、これを設置することができる。

2　前項の学校においては、教育の目標が達成されるよう、教育を受ける者の心身の発達に応じて、体系的な教育が組織的に行われなければならない。この場合において、教育を受ける者が、学校生活を営む上で必要な規律を重んずるとともに、自ら進んで学習に取り組む意欲を高めることを重視して行われなければならない。

（**大学**）

第七条　大学は、学術の中心として、高い教養と専門的能力を培うとともに、深く真理を探究して新たな知見を創造し、これらの成果を広く社会に提供することにより、社会の発展に寄与するものとする。

2　大学については、自主性、自律性その他の大学における教育及び研究の特性が尊重されなければならない。

（**私立学校**）

第八条　私立学校の有する公の性質及び学校教育において果たす重要な役割にかんがみ、国及び地方公共団体は、その自主性を尊重しつつ、助成その他の適当な方法によって私立学校教育の振興に努めなければならない。

（**教員**）

第九条　法律に定める学校の教員は、自己の崇高な使命を深く自覚し、絶えず研究と修養に励み、その職責の遂行に努めなければならない。

2　前項の教員については、その使命と職責の重要性にかんがみ、その身分は尊重され、待遇の適正が期せられるとともに、養成と研修の充実が図られなければならない。

（家庭教育）

第十条　父母その他の保護者は、子の教育について第一義的責任を有するものであって、生活のために必要な習慣を身に付けさせるとともに、自立心を育成し、心身の調和のとれた発達を図るよう努めるものとする。

2　国及び地方公共団体は、家庭教育の自主性を尊重しつつ、保護者に対する学習の機会及び情報の提供その他の家庭教育を支援するために必要な施策を講ずるよう努めなければならない。

（幼児期の教育）

第十一条　幼児期の教育は、生涯にわたる人格形成の基礎を培う重要なものであることにかんがみ、国及び地方公共団体は、幼児の健やかな成長に資する良好な環境の整備その他適当な方法によって、その振興に努めなければならない。

（社会教育）

第十二条　個人の要望や社会の要請にこたえ、社会において行われる教育は、国及び地方公共団体によって奨励されなければならない。

2　国及び地方公共団体は、図書館、博物館、公民館その他の社会教育施設の設置、学校の施設の利用、学習の機会及び情報の提供その他の適当な方法によって社会教育の振興に努めなければならない。

（学校、家庭及び地域住民等の相互の連携協力）

第十三条　学校、家庭及び地域住民その他の関係者は、教育におけるそれぞれの役割と責任を自覚するとともに、相互の連携及び協力に努めるものとする。

（政治教育）

第十四条　良識ある公民として必要な政治的教養は、教育上尊重されなければならない。

2　法律に定める学校は、特定の政党を支持し、又はこれに反対するための政治教育その他政治的活動をしてはならない。

（宗教教育）

第十五条　宗教に関する寛容の態度、宗教に関する一般的な教養及び宗教の社会生活における地位は、教育上尊重されなければならない。

2　国及び地方公共団体が設置する学校は、特定の宗教のための宗教教育その他宗教的活動をしてはならない。

第三章　教育行政

（教育行政）

第十六条　教育は、不当な支配に服することなく、この法律及び他の法律の定めるところにより行われるべきものであり、教育行政は、国と地方公共団体との適切な役割分担及び相互の協力の下、公正かつ適正に行われなければならない。

2　国は、全国的な教育の機会均等と教育水準の維持向上を図るため、教育に関する施策を総合的に策定し、実施しなければならない。

3　地方公共団体は、その地域における教育の振興を図るため、その実情に応じた教育に関する施策を策定し、実施しなければならない。

4　国及び地方公共団体は、教育が円滑かつ継続的に実施されるよう、必要な財政上の措置を講じなければならない。

（教育振興基本計画）

第十七条　政府は、教育の振興に関する施策の総合的かつ計画的な推進を図るため、教育の振興に関する施策についての基本的な方針及び講ずべき施策その他必要な事項について、基本的な計画を定め、これを国会に報告するとともに、公表しなければならない。

2　地方公共団体は、前項の計画を参酌し、その地域の実情に応じ、当該地方公共団体における教育の振興のための施策に関する基本的な計画を定めるよう努めなければならない。

第四章　法令の制定

第十八条　この法律に規定する諸条項を実施するため、必要な法令が制定されなければならない。

附　則（抄）

（施行期日）

1　この法律は、公布の日（平成十八年十二月二十二日）から施行する。

社会教育法（抄）

（昭和二四・六・一〇 法律二〇七）

最新改正　令和元法律二六

第一章　総則

（この法律の目的）

第一条　この法律は、教育基本法（平成十八年法律第百二十号）の精神に則り、社会教育に関する国及び地方公共団体の任務を明らかにすることを目的とする。

（社会教育の定義）

第二条　この法律において「社会教育」とは、学校教育法（昭和二十二年法律第二十六号）又は就学前の子どもに関する教育、保育等の総合的な提供の推進に関する法律（平成十八年法律第七十七号）に基づき、学校の教育課程として行われる教育活動を除き、主として青少年及び成人に対して行われる組織的な教育活動（体育及びレクリエーションの活動を含む。）をいう。

第五章　公民館

（目的）

第二十条　公民館は、市町村その他一定区域内の住民のために、実際生活に即する教育、学術及び文化に関する各種の事業を行い、もつて住民の教養の向上、健康の増進、情操の純化を図り、生活文化の振興、社会福祉の増進に寄与することを目的とする。

（公民館の設置者）

第二十一条　公民館は、市町村が設置する。

②　前項の場合を除くほか、公民館の設置を目的とする一般社団法人又は一般財団法人（以下この章において「法人」という。）でなければ設置することができない。

③　公民館の事業の運営上必要があるときは、公民館に分館を設けることができる。

（公民館運営審議会）

第二十九条　公民館に公民館運営審議会を置くことができる。

②　公民館運営審議会は、館長の諮問に応じ、公民館における各種の事業の企画実施につき調査審議するものとする。

第三十条　市町村の設置する公民館にあつては、公民館運営審議会の委員は、当該市町村の教育委員会（特定公民館に置く公民館運営審議会の委員にあつては、当該市町村の長）が委嘱する。

②　前項の公民館運営審議会の委員の委嘱の基準、定数及び任期その他当該公民館運営審議会に関し必要な事項は、当該市町村の条例で定める。この場合において、委員の委嘱の基準については、文部科学省令で定める基準を参酌するものとする。

（運営の状況に関する評価等）

第三十二条　公民館は、当該公民館の運営の状況について評価を行うとともに、その結果に基づき公民館の運営の改善を図るため必要な措置を講ずるよう努めなければならない。

（**運営の状況に関する情報の提供**）

第三十二条の二　公民館は、当該公民館の事業に関する地域住民その他の関係者の理解を深めるとともに、これらの者との連携及び協力の推進に資するため、当該公民館の運営の状況に関する情報を積極的に提供するよう努めなければならない。

附　則（抄）

（**施行期日**）

1　この法律は、公布の日〔昭和二十四年六月十日〕から施行する。

学校教育法（抄）

（昭和二二・三・三一　法律　二六）

最新改正　令和元法律四四

第一章　総則

〔**学校の範囲**〕

第一条　この法律で、学校とは、幼稚園、小学校、中学校、義務教育学校、高等学校、中等教育学校、特別支援学校、大学及び高等専門学校とする。

〔**学校の設置者**〕

第二条　学校は、国（国立大学法人法（平成十五年法律第百十二号）第二条第一項に規定する国立大学法人及び独立行政法人国立高等専門学校機構を含む。以下同じ。）、地方公共団体（地方独立行政法人法（平成十五年法律第百十八号）第六十八条第一項に規定する公立大学法人（以下「公立大学法人」という。）を含む。次項及び第百二十七条において同じ。）及び私立学校法（昭和二十四年法律第二百七十号）第三条に規定する学校法人（以下「学校法人」という。）のみが、これを設置することができる。

②　この法律で、国立学校とは、国の設置する学校を、公立学校とは、地方公共団体の設置する学校を、私立学校とは、学校法人の設置する学校をいう。

〔**授業料**〕

第六条　学校においては、授業料を徴収することができる。ただし、国立又は公立の小学校及び中学校、義務教育学校、中等教育学校の前期課程又は特別支援学校の小学部及び中学部における義務教育については、これを徴収することができない。

〔**学生・生徒等の懲戒**〕

第十一条　校長及び教員は、教育上必要があると認めるときは、文部科学大臣の定めるところにより、児童、生徒及び学生に懲戒を加えることができる。ただし、体罰を加えることはできない。

〔**健康診断等**〕

第十二条　学校においては、別に法律で定めるところにより、幼児、児童、生徒及び学生並びに職員の健康の保持増進を図るため、健康診断を行い、その他その保健に必要な措置を講じなければならない。

第二章　義務教育

〔**普通教育を受けさせる義務**〕

第十六条　保護者（子に対して親権を行う者（親権を行う者のないときは、未成年後見人）をいう。以下同じ。）は、次条に定めるところにより、子に九年の普通教育を受けさせる義務を負う。

〔**小学校等に就学させる義務**〕

第十七条　保護者は、子の満六歳に達した日の翌日以後における最初の学年の初めから、満十二歳に達した日の属する学年の終わりまで、これを小学校、義務教育学校の前期課程又は特別支援学校の小学部に就学させる義務を負う。ただし、子が、満十二歳に達した日の属する学年の終わりまでに小学校の課程、義務教育学校の前期課程又は特別支援学校の小学部の課程を修了しないときは、満十五歳に達した日の属する学年の終わり（それまでの間においてこれらの課程を修了したときは、その修了した日の属する学年の終わり）までとする。

② 保護者は、子が小学校の課程、義務教育学校の前期課程又は特別支援学校の小学部の課程を修了した日の翌日以後における最初の学年の初めから、満十五歳に達した日の属する学年の終わりまで、これを中学校、義務教育学校の後期課程、中等教育学校の前期課程又は特別支援学校の中学部に就学させる義務を負う。

③ 前二項の義務の履行の督促その他これらの義務の履行に関し必要な事項は、政令で定める。

〔義務の猶予又は免除〕

第十八条 前条第一項又は第二項の規定によつて、保護者が就学させなければならない子（以下それぞれ「学齢児童」又は「学齢生徒」という。）で、病弱、発育不完全その他やむを得ない事由のため、就学困難と認められる者の保護者に対しては、市町村の教育委員会は、文部科学大臣の定めるところにより、同条第一項又は第二項の義務を猶予又は免除することができる。

〔必要な援助〕

第十九条 経済的理由によつて、就学困難と認められる学齢児童又は学齢生徒の保護者に対しては、市町村は、必要な援助を与えなければならない。

〔学齢児童等使用者の義務〕

第二十条 学齢児童又は学齢生徒を使用する者は、その使用によつて、当該学齢児童又は学齢生徒が、義務教育を受けることを妨げてはならない。

〔普通教育の目標〕

第二十一条 義務教育として行われる普通教育は、教育基本法（平成十八年法律第百二十号）第五条第二項に規定する目的を実現するため、次に掲げる目標を達成するよう行われるものとする。

一 学校内外における社会的活動を促進し、自主、自律及び協同の精神、規範意識、公正な判断力並びに公共の精神に基づき主体的に社会の形成に参画し、その発展に寄与する態度を養うこと。

二 学校内外における自然体験活動を促進し、生命及び自然を尊重する精神並びに環境の保全に寄与する態度を養うこと。

三 我が国と郷土の現状と歴史について、正しい理解に導き、伝統と文化を尊重し、それらをはぐくんできた我が国と郷土を愛する態度を養うとともに、進んで外国の文化の理解を通じて、他国を尊重し、国際社会の平和と発展に寄与する態度を養うこと。

四 家族と家庭の役割、生活に必要な衣、食、住、情報、産業その他の事項について基礎的な理解と技能を養うこと。

五 読書に親しませ、生活に必要な国語を正しく理解し、使用する基礎的な能力を養うこと。

六 生活に必要な数量的な関係を正しく理解し、処理する基礎的な能力を養うこと。

七 生活にかかわる自然現象について、観察及び実験を通じて、科学的に理解し、処理する基礎的な能力を養うこと。

八 健康、安全で幸福な生活のために必要な習慣を養うとともに、運動を通じて体力を養い、心身の調和的発達を図ること。

九 生活を明るく豊かにする音楽、美術、文芸その他の芸術について基礎的な理解と技能を養うこと。

十 職業についての基礎的な知識と技能、勤労を重んずる態度及び個性に応じて将来の進路を選択する能力を養うこと。

第三章 幼稚園

〔幼稚園の目的〕

第二十二条 幼稚園は、義務教育及びその後の教育の基礎を培うものとして、幼児を保育し、幼児の健やかな成長のために適当な環境を与えて、その心身の発達を助長することを目的とする。

〔幼稚園における教育の目標〕

第二十三条 幼稚園における教育は、前条に規定する目的を実現するため、次に掲げる目標を達成するよう行われるものとする。

一 健康、安全で幸福な生活のために必要な基本的な習慣を養い、身体諸機能の調和的発達を図ること。

二 集団生活を通じて、喜んでこれに参加する態度を養うとともに家族や身近な人への信頼感を深め、自主、自律及び協同の精神並びに規範意識の芽生えを養うこと。

三 身近な社会生活、生命及び自然に対する興味を養い、それらに対する正しい理解と態度及び思考力の芽生えを養うこと。

四 日常の会話や、絵本、童話等に親しむことを通じて、言葉の使い方を正しく導くとともに、相手の話を理解しようとする態度を養うこと。

五 音楽、身体による表現、造形等に親しむことを通じて、豊かな感性と表現力の芽生えを養うこと。

〔家庭及び地域への支援〕

第二十四条 幼稚園においては、第二十二条に規定する目的を実現するための教育を行うほか、幼児期の教育に関する各般の問題につき、保護者及び地域住民その他の関係者からの相談に応じ、必要な情報の提供及び助言を行うなど、家庭及び地域における幼児期の教育の支援に努めるものとする。

〔教育課程等に関する事項〕

第二十五条 幼稚園の教育課程その他の保育内容に関する事項は、第二十二条及び第二十三条の規定に従い、文部科学大臣が定める。

〔入園することのできる者〕

第二十六条 幼稚園に入園することのできる者は、満三歳から、小学校就学の始期に達するまでの幼児とする。

〔職員等〕

第二十七条 幼稚園には、園長、教頭及び教諭を置かなければならない。

② 幼稚園には、前項に規定するもののほか、副園長、主幹教諭、指導教諭、養護教諭、栄養教諭、事務職員、養護助教諭その他必要な職員を置くことができる。

③ 第一項の規定にかかわらず、副園長を置くときその他特別の事情のあるときは、教頭を置かないことができる。

④ 園長は、園務をつかさどり、所属職員を監督する。

⑤ 副園長は、園長を助け、命を受けて園務をつかさどる。

⑥ 教頭は、園長（副園長を置く幼稚園にあつては、園長及び副園長）を助け、園務を整理し、及び必要に応じ幼児の保育をつかさどる。

⑦ 主幹教諭は、園長（副園長を置く幼稚園にあつては、園長及び副園長）及び教頭を助け、命を受けて園務の一部を整理し、並びに幼児の保育をつかさどる。

⑧ 指導教諭は、幼児の保育をつかさどり、並びに教諭その他の職員に対して、保育の改善及び充実のために必要な指導及び助言を行う。

⑨ 教諭は、幼児の保育をつかさどる。

⑩ 特別の事情のあるときは、第一項の規定にかかわらず、教諭に代えて助教諭又は講師を置くことができる。

⑪ 学校の実情に照らし必要があると認めるときは、第七項の規定にかかわらず、園長（副園長を置く幼稚園にあつては、園長及び副園長）及び教頭を助け、命を受けて園務の一部を整理し、並びに幼児の養護又は栄養の指導及び管理をつかさどる主幹教諭を置くことができる。

〔準用規定〕

第二十八条 第三十七条第六項、第八項及び第十二項から第十七項まで並びに第四十二条から第四十四条までの規定は、幼稚園に準用する。

第四章 小学校

〔児童の出席停止〕

第三十五条 市町村の教育委員会は、次に掲げる行為の一又は二以上を繰り返し行う等性行不良であつて他の児童の教育に妨げがあると認める児童があるときは、その保護者に対して、児童の出席停止を命ずることができる。
一　他の児童に傷害、心身の苦痛又は財産上の損失を与える行為
二　職員に傷害又は心身の苦痛を与える行為
三　施設又は設備を損壊する行為
四　授業その他の教育活動の実施を妨げる行為

② 市町村の教育委員会は、前項の規定により出席停止を命ずる場合には、あらかじめ保護者の意見を聴取するとともに、理由及び期間を記載した文書を交付しなければならない。

③ 前項に規定するもののほか、出席停止の命令の手続に関し必要な事項は、教育委員会規則で定めるものとする。

④ 市町村の教育委員会は、出席停止の命令に係る児童の出席停止の期間における学習に対する支援その他の教育上必要な措置を講ずるものとする。

第八章　特別支援教育

〔特別支援学校の目的〕

第七十二条　特別支援学校は、視覚障害者、聴覚障害者、知的障害者、肢体不自由者又は病弱者（身体虚弱者を含む。以下同じ。）に対して、幼稚園、小学校、中学校又は高等学校に準ずる教育を施すとともに、障害による学習上又は生活上の困難を克服し自立を図るために必要な知識技能を授けることを目的とする。

第七十三条　特別支援学校においては、文部科学大臣の定めるところにより、前条に規定する者に対する教育のうち当該学校が行うものを明らかにするものとする。

〔助言又は援助〕

第七十四条　特別支援学校においては、第七十二条に規定する目的を実現するための教育を行うほか、幼稚園、小学校、中学校、義務教育学校、高等学校又は中等教育学校の要請に応じて、第八十一条第一項に規定する幼児、児童又は生徒の教育に関し必要な助言又は援助を行うよう努めるものとする。

〔障害の程度〕

第七十五条　第七十二条に規定する視覚障害者、聴覚障害者、知的障害者、肢体不自由者又は病弱者の障害の程度は、政令で定める。

〔小学部及び中学部等〕

第七十六条　特別支援学校には、小学部及び中学部を置かなければならない。ただし、特別の必要のある場合においては、そのいずれかのみを置くことができる。

② 特別支援学校には、小学部及び中学部のほか、幼稚部又は高等部を置くことができ、また、特別の必要のある場合においては、前項の規定にかかわらず、小学部及び中学部を置かないで幼稚部又は高等部のみを置くことができる。

〔教育課程に関する事項〕

第七十七条　特別支援学校の幼稚部の教育課程その他の保育内容、小学部及び中学部の教育課程又は高等部の学科及び教育課程に関する事項は、幼稚園、小学校、中学校又は高等学校に準じて、文部科学大臣が定める。

〔寄宿舎〕

第七十八条　特別支援学校には、寄宿舎を設けなければならない。ただし、特別の事情のあるときは、これを設けないことができる。

〔寄宿舎指導員〕

第七十九条　寄宿舎を設ける特別支援学校には、寄宿舎指導員を置かなければならない。

② 寄宿舎指導員は、寄宿舎における幼児、児童又は生徒の日常生活上の世話及び生活指導に従事する。

〔都道府県の義務〕

第八十条　都道府県は、その区域内にある学齢児童及び学齢生徒のうち、視覚障害者、聴覚障害者、知的障害者、肢体不自由者又は病弱者で、その障害が第七十五条の政令で定める程度のものを就学させるに必要な特別支援学校を設置しなければならない。

〔特別支援学級〕

第八十一条　幼稚園、小学校、中学校、義務教育学校、高等学校及び中等教育学校においては、次項各号のいずれかに該当する幼

児童家庭福祉

児、児童及び生徒その他教育上特別の支援を必要とする幼児、児童及び生徒に対し、文部科学大臣の定めるところにより、障害による学習上又は生活上の困難を克服するための教育を行うものとする。

② 小学校、中学校、義務教育学校、高等学校及び中等教育学校には、次の各号のいずれかに該当する児童及び生徒のために、特別支援学級を置くことができる。

一 知的障害者

二 肢体不自由者

三 身体虚弱者

四 弱視者

五 難聴者

六 その他障害のある者で、特別支援学級において教育を行うことが適当なもの

③ 前項に規定する学校においては、疾病により療養中の児童及び生徒に対して、特別支援学級を設け、又は教員を派遣して、教育を行うことができる。

〔**準用規定**〕

第八十二条 第二十六条、第二十七条、第三十一条（第四十九条及び第六十二条において読み替えて準用する場合を含む。）、第三十二条、第三十四条（第四十九条及び第六十二条において準用する場合を含む。）、第三十六条、第三十七条（第二十八条、第四十九条及び第六十二条において準用する場合を含む。）、第四十二条から第四十四条まで、第四十七条及び第五十六条から第六十条までの規定は特別支援学校に、第八十四条の規定は特別支援学校の高等部に、それぞれ準用する。

附　則（抄）

〔**施行期日**〕

第一条 この法律は、昭和二十二年四月一日から、これを施行する。〔後略〕

学校教育法施行令（抄）

（昭和二八・一〇・三一 政令三四〇）

最新改正 令和元政令一二八

第二十二条の三 法第七十五条の政令で定める視覚障害者、聴覚障害者、知的障害者、肢体不自由者又は病弱者の障害の程度は、次の表に掲げるとおりとする。

区分	障害の程度
視覚障害者	両眼の視力がおおむね〇・三未満のもの又は視力以外の視機能障害が高度のもののうち、拡大鏡等の使用によつても通常の文字、図形等の視覚による認識が不可能又は著しく困難な程度のもの
聴覚障害者	両耳の聴力レベルがおおむね六〇デシベル以上のもののうち、補聴器等の使用によつても通常の話声を解することが不可能又は著しく困難な程度のもの
知的障害者	一 知的発達の遅滞があり、他人との意思疎通が困難で日常生活を営むのに頻繁に援助を必要とする程度のもの

	二　知的発達の遅滞の程度が前号に掲げる程度に達しないもののうち、社会生活への適応が著しく困難なもの
肢体不自由者	一　肢体不自由の状態が補装具の使用によつても歩行、筆記等日常生活における基本的な動作が不可能又は困難な程度のもの 二　肢体不自由の状態が前号に掲げる程度に達しないもののうち、常時の医学的観察指導を必要とする程度のもの
病弱者	一　慢性の呼吸器疾患、腎臓疾患及び神経疾患、悪性新生物その他の疾患の状態が継続して医療又は生活規制を必要とする程度のもの 二　身体虚弱の状態が継続して生活規制を必要とする程度のもの

備考

一　視力の測定は、万国式試視力表によるものとし、屈折異常があるものについては、矯正視力によつて測定する。

二　聴力の測定は、日本産業規格によるオージオメータによる。

〔参考・未施行分〕

・学校教育法施行令の一部を改正する政令（令和元・一〇・一八政令一二八）

附則　抄

（施行期日）

1　この政令は、令和三年四月一日から施行する。〔後略〕

幼稚園設置基準（昭和三一・一二・一三 文令三二）

最新改正　平成二六文科令二三

第一章　総則

（趣旨）

第一条　幼稚園設置基準は、学校教育法施行規則（昭和二十二年文部省令第十一号）に定めるもののほか、この省令の定めるところによる。

（基準の向上）

第二条　この省令で定める設置基準は、幼稚園を設置するのに必要な最低の基準を示すものであるから、幼稚園の設置者は、幼稚園の水準の向上を図ることに努めなければならない。

第二章　編制

（一学級の幼児数）

第三条　一学級の幼児数は、三十五人以下を原則とする。

（学級の編制）

第四条　学級は、学年の初めの日の前日において同じ年齢にある幼児で編制することを原則とする。

（教職員）

第五条　幼稚園には、園長のほか、各学級ごとに少なくとも専任の主幹教諭、指導教諭又は教諭（次項において「教諭等」という。）を一人置かなければならない。

2　特別の事情があるときは、教諭等は、専任の副園長又は教頭が兼ね、又は当該幼稚園の学級数の三分の一の範囲内で、専任の助教諭若しくは講師をもつて代えることができる。

3　専任でない園長を置く幼稚園にあつては、前二項の規定により置く主幹教諭、指導教諭、教諭、助教諭又は講師のほか、副園長、教頭、主幹教諭、指導教諭、教諭、助教諭又は講師を一人置くことを原則とする。

4　幼稚園に置く教員等は、教育上必要と認められる場合は、他の学校の教員等と兼ねることができる。

第六条　幼稚園には、養護をつかさどる主幹教諭、養護教諭又は養護助教諭及び事務職員を置くように努めなければならない。

第三章　施設及び設備

（一般的基準）

第七条　幼稚園の位置は、幼児の教育上適切で、通園の際安全な環境にこれを定めなければならない。

2　幼稚園の施設及び設備は、指導上、保健衛生上、安全上及び管理上適切なものでなければならない。

（園地、園舎及び運動場）

第八条　園舎は、二階建以下を原則とする。園舎を二階建とする場合及び特別の事情があるため園舎を三階建以上とする場合にあつては、保育室、遊戯室及び便所の施設は、第一階に置かなければならない。ただし、園舎が耐火建築物で、幼児の待避上必要な施設を備えるものにあつては、これらの施設を第二階に置くことができる。

2　園舎及び運動場は、同一の敷地内又は隣接する位置に設けることを原則とする。

3　園地、園舎及び運動場の面積は、別に定める。

（施設及び設備等）

第九条　幼稚園には、次の施設及び設備を備えなければならない。ただし、特別の事情があるときは、保育室と遊戯室及び職員室と保健室とは、それぞれ兼用することができる。

一　職員室
二　保育室
三　遊戯室
四　保健室
五　便所
六　飲料水用設備、手洗用設備、足洗用設備

2　保育室の数は、学級数を下つてはならない。

3　飲料水用設備は、手洗用設備又は足洗用設備と区別して備えなければならない。

4　飲料水の水質は、衛生上無害であることが証明されたものでなければならない。

第十条　幼稚園には、学級数及び幼児数に応じ、教育上、保健衛生上及び安全上必要な種類及び数の園具及び教具を備えなければならない。

2　前項の園具及び教具は、常に改善し、補充しなければならない。

第十一条　幼稚園には、次の施設及び設備を備えるように努めなければならない。

一　放送聴取設備
二　映写設備
三　水遊び場
四　幼児清浄用設備
五　給食施設
六　図書室
七　会議室

（他の施設及び設備の使用）

第十二条　幼稚園は、特別の事情があり、かつ教育上及び安全上支障がない場合は、他の学校等の施設及び設備を使用することができる。

第四章　雑則

（保育所等との合同活動等に関する特例）

第十三条　幼稚園は、次に掲げる場合においては、各学級の幼児と当該幼稚園に在籍しない者を共に保育することができる。

一　当該幼稚園及び保育所等（就学前の子どもに関する教育、保育等の総合的な提供の推進に関する法律（平成十八年法律

第七十七号）第二条第五項に規定する保育所等をいう。以下同じ。）のそれぞれの用に供される建物及びその附属設備が一体的に設置されている場合における当該保育所等において、満三歳以上の子どもに対し学校教育法第二十三条各号に掲げる目標が達成されるよう保育を行うに当たり、当該幼稚園との緊密な連携協力体制を確保する必要があると認められる場合

二　前号に掲げる場合のほか、経済的社会的条件の変化に伴い幼児の数が減少し、又は幼児が他の幼児と共に活動する機会が減少したことその他の事情により、学校教育法第二十三条第二号に掲げる目標を達成することが困難であると認められることから、幼児の心身の発達を助長するために特に必要があると認められる場合

2　前項の規定により各学級の幼児と当該幼稚園に在籍しない者を共に保育する場合においては、第三条中「一学級の幼児数」とあるのは「一学級の幼児数（当該幼稚園に在籍しない者であつて当該学級の幼児と共に保育されるものの数を含む。）」と、第五条第四項中「他の学校の教員等」とあるのは「他の学校の教員等又は保育所等の保育士等」と、第十条第一項中「幼児数」とあるのは「幼児数（当該幼稚園に在籍しない者であつて各学級の幼児と共に保育されるものの数を含む。）」と読み替えて、これらの規定を適用する。

附　則（抄）

1　この省令は、昭和三十二年二月一日から施行する。

幼稚園教育要領

（平成二九・三・三一 文科告六二）
（平成三〇・四・一施行）

第一章　総則

第1　幼稚園教育の基本

幼児期の教育は、生涯にわたる人格形成の基礎を培う重要なものであり、幼稚園教育は、学校教育法に規定する目的及び目標を達成するため、幼児期の特性を踏まえ、環境を通して行うものであることを基本とする。

このため教師は、幼児との信頼関係を十分に築き、幼児が身近な環境に主体的に関わり、環境との関わり方や意味に気付き、これらを取り込もうとして、試行錯誤したり、考えたりするようになる幼児期の教育における見方・考え方を生かし、幼児と共によりよい教育環境を創造するように努めるものとする。これらを踏まえ、次に示す事項を重視して教育を行わなければならない。

1　幼児は安定した情緒の下で自己を十分に発揮することにより発達に必要な体験を得ていくものであることを考慮して、幼児の主体的な活動を促し、幼児期にふさわしい生活が展開されるようにすること。

2　幼児の自発的な活動としての遊びは、

心身の調和のとれた発達の基礎を培う重要な学習であることを考慮して、遊びを通しての指導を中心として第二章に示すねらいが総合的に達成されるようにすること。

3　幼児の発達は、心身の諸側面が相互に関連し合い、多様な経過をたどって成し遂げられていくものであること、また、幼児の生活経験がそれぞれ異なることなどを考慮して、幼児一人一人の特性に応じ、発達の課題に即した指導を行うようにすること。

その際、教師は、幼児の主体的な活動が確保されるよう幼児一人一人の行動の理解と予想に基づき、計画的に環境を構成しなければならない。この場合において、教師は、幼児と人やものとの関わりが重要であることを踏まえ、教材を工夫し、物的・空間的環境を構成しなければならない。また、幼児一人一人の活動の場面に応じて、様々な役割を果たし、その活動を豊かにしなければならない。

第2　幼稚園教育において育みたい資質・能力及び「幼児期の終わりまでに育ってほしい姿」

1　幼稚園においては、生きる力の基礎を育むため、この章の第1に示す幼稚園教育の基本を踏まえ、次に掲げる資質・能力を一体的に育むよう努めるものとする。

(1)　豊かな体験を通じて、感じたり、気付いたり、分かったり、できるようになったりする「知識及び技能の基礎」

(2)　気付いたことや、できるようになったことなどを使い、考えたり、試したり、工夫したり、表現したりする「思考力、判断力、表現力等の基礎」

(3)　心情、意欲、態度が育つ中で、よりよい生活を営もうとする「学びに向かう力、人間性等」

2　1に示す資質・能力は、第二章に示すねらい及び内容に基づく活動全体によって育むものである。

3　次に示す「幼児期の終わりまでに育ってほしい姿」は、第二章に示すねらい及び内容に基づく活動全体を通して資質・能力が育まれている幼児の幼稚園修了時の具体的な姿であり、教師が指導を行う際に考慮するものである。

(1)　健康な心と体

幼稚園生活の中で、充実感をもって自分のやりたいことに向かって心と体を十分に働かせ、見通しをもって行動し、自ら健康で安全な生活をつくり出すようになる。

(2)　自立心

身近な環境に主体的に関わり様々な活動を楽しむ中で、しなければならないことを自覚し、自分の力で行うために考えたり、工夫したりしながら、諦めずにやり遂げることで達成感を味わい、自信をもって行動するようになる。

(3)　協同性

友達と関わる中で、互いの思いや考えなどを共有し、共通の目的の実現に向けて、考えたり、工夫したり、協力したりし、充実感をもってやり遂げるようになる。

(4)　道徳性・規範意識の芽生え

友達と様々な体験を重ねる中で、してよいことや悪いことが分かり、自分の行動を振り返ったり、友達の気持ちに共感したりし、相手の立場に立って行動するようになる。また、きまりを守る必要性が分かり、自分の気持ちを調整し、友達と折り合いを付けながら、きまりをつくったり、守ったりするようになる。

(5)　社会生活との関わり

家族を大切にしようとする気持ちをもつとともに、地域の身近な人と触れ合う中で、人との様々な関わり方に気付き、相手の気持ちを考えて関わり、自分が役に立つ喜びを感じ、地域に親しみをもつようになる。また、幼稚園内外の様々な環境に関わる中で、遊びや生活に必要な情報を取り入れ、情報に基づき判断したり、情報を伝え合ったり、活用したりするなど、情報を役立てながら活動するようになるとともに、公共の施設を大切に利用するなどして、社会とのつながりなどを意識するようになる。

(6) 思考力の芽生え

身近な事象に積極的に関わる中で、物の性質や仕組みなどを感じ取ったり、気付いたりし、考えたり、予想したり、工夫したりするなど、多様な関わりを楽しむようになる。また、友達の様々な考えに触れる中で、自分と異なる考えがあることに気付き、自ら判断したり、考え直したりするなど、新しい考えを生み出す喜びを味わいながら、自分の考えをよりよいものにするようになる。

(7) 自然との関わり・生命尊重

自然に触れて感動する体験を通して、自然の変化などを感じ取り、好奇心や探究心をもって考え言葉などで表現しながら、身近な事象への関心が高まるとともに、自然への愛情や畏敬の念をもつようになる。また、身近な動植物に心を動かされる中で、生命の不思議さや尊さに気付き、身近な動植物への接し方を考え、命あるものとしていたわり、大切にする気持ちをもって関わるようになる。

(8) 数量や図形、標識や文字などへの関心・感覚

遊びや生活の中で、数量や図形、標識や文字などに親しむ体験を重ねたり、標識や文字の役割に気付いたりし、自らの必要感に基づきこれらを活用し、興味や関心、感覚をもつようになる。

(9) 言葉による伝え合い

先生や友達と心を通わせる中で、絵本や物語などに親しみながら、豊かな言葉や表現を身に付け、経験したことや考えたことなどを言葉で伝えたり、相手の話を注意して聞いたりし、言葉による伝え合いを楽しむようになる。

(10) 豊かな感性と表現

心を動かす出来事などに触れ感性を働かせる中で、様々な素材の特徴や表現の仕方などに気付き、感じたことや考えたことを自分で表現したり、友達同士で表現する過程を楽しんだりし、表現する喜びを味わい、意欲をもつようになる。

第3 教育課程の役割と編成等

1 教育課程の役割

各幼稚園においては、教育基本法及び学校教育法その他の法令並びにこの幼稚園教育要領の示すところに従い、創意工夫を生かし、幼児の心身の発達と幼稚園及び地域の実態に即応した適切な教育課程を編成するものとする。

また、各幼稚園においては、6に示す全体的な計画にも留意しながら、「幼児期の終わりまでに育ってほしい姿」を踏まえ教育課程を編成すること、教育課程の実施状況を評価してその改善を図っていくこと、教育課程の実施に必要な人的又は物的な体制を確保するとともにその改善を図っていくことなどを通して、教育課程に基づき組織的かつ計画的に各幼稚園の教育活動の質の向上を図っていくこと（以下「カリキュラム・マネジメント」という。）に努めるものとする。

2 各幼稚園の教育目標と教育課程の編成

教育課程の編成に当たっては、幼稚園教育において育みたい資質・能力を踏まえつつ、各幼稚園の教育目標を明確にするとともに、教育課程の編成についての基本的な方針が家庭や地域とも共有されるよう努めるものとする。

3 教育課程の編成上の基本的事項

(1) 幼稚園生活の全体を通して第二章に示すねらいが総合的に達成されるよう、教育課程に係る教育期間や幼児の生活経験や発達の過程などを考慮して具体的なねらいと内容を組織するものとする。この場合においては、特に、自我が芽生え、他者の存在を意識し、自己を抑制しようとする気持ちが生まれる幼児期の発達の特性を踏まえ、入園から修了に至るまでの長期的な視野

をもって充実した生活が展開できるように配慮するものとする。

(2) 幼稚園の毎学年の教育課程に係る教育週数は、特別の事情のある場合を除き、三十九週を下ってはならない。

(3) 幼稚園の一日の教育課程に係る教育時間は、四時間を標準とする。ただし、幼児の心身の発達の程度や季節などに適切に配慮するものとする。

4 教育課程の編成上の留意事項

教育課程の編成に当たっては、次の事項に留意するものとする。

(1) 幼児の生活は、入園当初の一人一人の遊びや教師との触れ合いを通して幼稚園生活に親しみ、安定していく時期から、他の幼児との関わりの中で幼児の主体的な活動が深まり、幼児が互いに必要な存在であることを認識するようになり、やがて幼児同士や学級全体で目的をもって協同して幼稚園生活を展開し、深めていく時期などに至るまでの過程を様々に経ながら広げられていくものであることを考慮し、活動がそれぞれの時期にふさわしく展開されるようにすること。

(2) 入園当初、特に、三歳児の入園については、家庭との連携を緊密にし、生活のリズムや安全面に十分配慮すること。また、満三歳児については、学年の途中から入園することを考慮し、幼児が安心して幼稚園生活を過ごすことができるよう配慮すること。

(3) 幼稚園生活が幼児にとって安全なものとなるよう、教職員による協力体制の下、幼児の主体的な活動を大切にしつつ、園庭や園舎などの環境の配慮や指導の工夫を行うこと。

5 小学校教育との接続に当たっての留意事項

(1) 幼稚園においては、幼稚園教育が、小学校以降の生活や学習の基盤の育成につながることに配慮し、幼児期にふさわしい生活を通して、創造的な思考や主体的な生活態度などの基礎を培うようにするものとする。

(2) 幼稚園教育において育まれた資質・能力を踏まえ、小学校教育が円滑に行われるよう、小学校の教師との意見交換や合同の研究の機会などを設け、「幼児期の終わりまでに育ってほしい姿」を共有するなど連携を図り、幼稚園教育と小学校教育との円滑な接続を図るよう努めるものとする。

6 全体的な計画の作成

各幼稚園においては、教育課程を中心に、第三章に示す教育課程に係る教育時間の終了後等に行う教育活動の計画、学校保健計画、学校安全計画などとを関連させ、一体的に教育活動が展開されるよう全体的な計画を作成するものとする。

第4 指導計画の作成と幼児理解に基づいた評価

1 指導計画の考え方

幼稚園教育は、幼児が自ら意欲をもって環境と関わることによりつくり出される具体的な活動を通して、その目標の達成を図るものである。

幼稚園においてはこのことを踏まえ、幼児期にふさわしい生活が展開され、適切な指導が行われるよう、それぞれの幼稚園の教育課程に基づき、調和のとれた組織的、発展的な指導計画を作成し、幼児の活動に沿った柔軟な指導を行わなければならない。

2 指導計画の作成上の基本的事項

(1) 指導計画は、幼児の発達に即して一人一人の幼児が幼児期にふさわしい生活を展開し、必要な体験を得られるようにするために、具体的に作成するものとする。

(2) 指導計画の作成に当たっては、次に示すところにより、具体的なねらい及び内容を明確に設定し、適切な環境を構成することなどにより活動が選択・展開されるようにするものとする。

ア 具体的なねらい及び内容は、幼稚園生活における幼児の発達の過程を見通し、幼児の生活の連続性、季節の変化などを考慮して、幼児の興味や関心、発達の実情などに応じて設定すること。

イ　環境は、具体的なねらいを達成するために適切なものとなるように構成し、幼児が自らその環境に関わることにより様々な活動を展開しつつ必要な体験を得られるようにすること。その際、幼児の生活する姿や発想を大切にし、常にその環境が適切なものとなるようにすること。

ウ　幼児の行う具体的な活動は、生活の流れの中で様々に変化するものであることに留意し、幼児が望ましい方向に向かって自ら活動を展開していくことができるよう必要な援助をすること。

その際、幼児の実態及び幼児を取り巻く状況の変化などに即して指導の過程についての評価を適切に行い、常に指導計画の改善を図るものとする。

3　指導計画の作成上の留意事項

指導計画の作成に当たっては、次の事項に留意するものとする。

(1)　長期的に発達を見通した年、学期、月などにわたる長期の指導計画やこれとの関連を保ちながらより具体的な幼児の生活に即した週、日などの短期の指導計画を作成し、適切な指導が行われるようにすること。特に、週、日などの短期の指導計画については、幼児の生活のリズムに配慮し、幼児の意識や興味の連続性のある活動が相互に関連して幼稚園生活の自然な流れの中に組み込まれるようにすること。

(2)　幼児が様々な人やものとの関わりを通して、多様な体験をし、心身の調和のとれた発達を促すようにしていくこと。その際、幼児の発達に即して主体的・対話的で深い学びが実現するようにするとともに、心を動かされる体験が次の活動を生み出すことを考慮し、一つ一つの体験が相互に結び付き、幼稚園生活が充実するようにすること。

(3)　言語に関する能力の発達と思考力等の発達が関連していることを踏まえ、幼稚園生活全体を通して、幼児の発達を踏まえた言語環境を整え、言語活動の充実を図ること。

(4)　幼児が次の活動への期待や意欲をもつことができるよう、幼児の実態を踏まえながら、教師や他の幼児と共に遊びや生活の中で見通しをもったり、振り返ったりするよう工夫すること。

(5)　行事の指導に当たっては、幼稚園生活の自然の流れの中で生活に変化や潤いを与え、幼児が主体的に楽しく活動できるようにすること。なお、それぞれの行事についてはその教育的価値を十分検討し、適切なものを精選し、幼児の負担にならないようにすること。

(6)　幼児期は直接的な体験が重要であることを踏まえ、視聴覚教材やコンピュータなど情報機器を活用する際には、幼稚園生活では得難い体験を補完するなど、幼児の体験との関連を考慮すること。

(7)　幼児の主体的な活動を促すためには、教師が多様な関わりをもつことが重要であることを踏まえ、教師は、理解者、共同作業者など様々な役割を果たし、幼児の発達に必要な豊かな体験が得られるよう、活動の場面に応じて、適切な指導を行うようにすること。

(8)　幼児の行う活動は、個人、グループ、学級全体などで多様に展開されるものであることを踏まえ、幼稚園全体の教師による協力体制を作りながら、一人一人の幼児が興味や欲求を十分に満足させるよう適切な援助を行うようにすること。

4　幼児理解に基づいた評価の実施

幼児一人一人の発達の理解に基づいた評価の実施に当たっては、次の事項に配慮するものとする。

(1)　指導の過程を振り返りながら幼児の理解を進め、幼児一人一人のよさや可能性などを把握し、指導の改善に生かすようにすること。その際、他の幼児との比較や一定の基準に対する達成度についての評定によって捉えるものではないことに留意すること。

(2) 評価の妥当性や信頼性が高められるよう創意工夫を行い、組織的かつ計画的な取組を推進するとともに、次年度又は小学校等にその内容が適切に引き継がれるようにすること。

第5 特別な配慮を必要とする幼児への指導

1 障害のある幼児などへの指導

障害のある幼児などへの指導に当たっては、集団の中で生活することを通して全体的な発達を促していくことに配慮し、特別支援学校などの助言又は援助を活用しつつ、個々の幼児の障害の状態などに応じた指導内容や指導方法の工夫を組織的かつ計画的に行うものとする。また、家庭、地域及び医療や福祉、保健等の業務を行う関係機関との連携を図り、長期的な視点で幼児への教育的支援を行うために、個別の教育支援計画を作成し活用することに努めるとともに、個々の幼児の実態を的確に把握し、個別の指導計画を作成し活用することに努めるものとする。

2 海外から帰国した幼児や生活に必要な日本語の習得に困難のある幼児の幼稚園生活への適応

海外から帰国した幼児や生活に必要な日本語の習得に困難のある幼児については、安心して自己を発揮できるよう配慮するなど個々の幼児の実態に応じ、指導内容や指導方法の工夫を組織的かつ計画的に行うものとする。

第6 幼稚園運営上の留意事項

1 各幼稚園においては、園長の方針の下に、園務分掌に基づき教職員が適切に役割を分担しつつ、相互に連携しながら、教育課程や指導の改善を図るものとする。また、各幼稚園が行う学校評価については、教育課程の編成、実施、改善が教育活動や幼稚園運営の中核となることを踏まえ、カリキュラム・マネジメントと関連付けながら実施するよう留意するものとする。

2 幼児の生活は、家庭を基盤として地域社会を通じて次第に広がりをもつものであることに留意し、家庭との連携を十分に図るなど、幼稚園における生活が家庭や地域社会と連続性を保ちつつ展開されるようにするものとする。その際、地域の自然、高齢者や異年齢の子供などを含む人材、行事や公共施設などの地域の資源を積極的に活用し、幼児が豊かな生活体験を得られるように工夫するものとする。また、家庭との連携に当たっては、保護者との情報交換の機会を設けたり、保護者と幼児との活動の機会を設けたりなどすることを通じて、保護者の幼児期の教育に関する理解が深まるよう配慮するものとする。

3 地域や幼稚園の実態等により、幼稚園間に加え、保育所、幼保連携型認定こども園、小学校、中学校、高等学校及び特別支援学校などとの間の連携や交流を図るものとする。特に、幼稚園教育と小学校教育の円滑な接続のため、幼稚園の幼児と小学校の児童との交流の機会を積極的に設けるようにするものとする。また、障害のある幼児児童生徒との交流及び共同学習の機会を設け、共に尊重し合いながら協働して生活していく態度を育むよう努めるものとする。

第7 教育課程に係る教育時間終了後等に行う教育活動など

幼稚園は、第三章に示す教育課程に係る教育時間の終了後等に行う教育活動について、学校教育法に規定する目的及び目標並びにこの章の第1に示す幼稚園教育の基本を踏まえ実施するものとする。また、幼稚園の目的の達成に資するため、幼児の生活全体が豊かなものとなるよう家庭や地域における幼児期の教育の支援に努めるものとする。

第二章 ねらい及び内容

この章に示すねらいは、幼稚園教育において育みたい資質・能力を幼児の生活する姿から捉えたものであり、内容は、ねらいを達成するために指導する事項である。各領域は、これらを幼児の発達の側面から、心身の健康に関する領域「健康」、人との関わりに関する領域「人間関係」、身近な環境との関わりに関する領域「環境」、言葉の獲得に関する領域「言葉」及び感性と表現に関する領域「表現」としてまとめ、示したものである。内容の取扱いは、幼児の発達を踏まえた指導を行うに当たって留意すべき事項である。

　各領域に示すねらいは、幼稚園における生活の全体を通じ、幼児が様々な体験を積み重ねる中で相互に関連をもちながら次第に達成に向かうものであること、内容は、幼児が環境に関わって展開する具体的な活動を通して総合的に指導されるものであることに留意しなければならない。

　また、「幼児期の終わりまでに育ってほしい姿」が、ねらい及び内容に基づく活動全体を通して資質・能力が育まれている幼児の幼稚園修了時の具体的な姿であることを踏まえ、指導を行う際に考慮するものとする。

　なお、特に必要な場合には、各領域に示すねらいの趣旨に基づいて適切な、具体的な内容を工夫し、それを加えても差し支えないが、その場合には、それが第一章の第1に示す幼稚園教育の基本を逸脱しないよう慎重に配慮する必要がある。

健康

〔健康な心と体を育て、自ら健康で安全な生活をつくり出す力を養う。〕

1 ねらい

(1) 明るく伸び伸びと行動し、充実感を味わう。
(2) 自分の体を十分に動かし、進んで運動しようとする。
(3) 健康、安全な生活に必要な習慣や態度を身に付け、見通しをもって行動する。

2 内容

(1) 先生や友達と触れ合い、安定感をもって行動する。
(2) いろいろな遊びの中で十分に体を動かす。
(3) 進んで戸外で遊ぶ。
(4) 様々な活動に親しみ、楽しんで取り組む。
(5) 先生や友達と食べることを楽しみ、食べ物への興味や関心をもつ。
(6) 健康な生活のリズムを身に付ける。
(7) 身の回りを清潔にし、衣服の着脱、食事、排泄などの生活に必要な活動を自分でする。
(8) 幼稚園における生活の仕方を知り、自分たちで生活の場を整えながら見通しをもって行動する。
(9) 自分の健康に関心をもち、病気の予防などに必要な活動を進んで行う。
(10) 危険な場所、危険な遊び方、災害時などの行動の仕方が分かり、安全に気を付けて行動する。

3 内容の取扱い

上記の取扱いに当たっては、次の事項に留意する必要がある。

(1) 心と体の健康は、相互に密接な関連があるものであることを踏まえ、幼児が教師や他の幼児との温かい触れ合いの中で自己の存在感や充実感を味わうことなどを基盤として、しなやかな心と体の発達を促すこと。特に、十分に体を動かす気持ちよさを体験し、自ら体を動かそうとする意欲が育つようにすること。

(2) 様々な遊びの中で、幼児が興味や関心、能力に応じて全身を使って活動することにより、体を動かす楽しさを味わい、自分の体を大切にしようとする気持ちが育つようにすること。その際、多様な動きを経験する中で、体の動きを調整するようにすること。

(3) 自然の中で伸び伸びと体を動かして遊ぶことにより、体の諸機能の発達が促されることに留意し、幼児の興味や関心が戸外にも向くようにすること。その際、幼児の動線に配慮した園庭や遊具の配置などを工夫すること。

(4) 健康な心と体を育てるためには食育を通じた望ましい食習慣の形成が大切であることを踏まえ、幼児の食生活の実情に配慮し、和やかな雰囲気の中で教師や他の幼児と食べる喜びや楽しさを味わったり、様々な食べ物への興味や関心をもったりするなどし、食の大切さに気付き、進んで食べようとする気持ちが育つようにすること。

(5) 基本的な生活習慣の形成に当たっては、家庭での生活経験に配慮し、幼児の自立心を育て、幼児が他の幼児と関わりながら主体的な活動を展開する中で、生活に必要な習慣を身に付け、次第に見通しをもって行動できるようにすること。

(6) 安全に関する指導に当たっては、情緒の安定を図り、遊びを通して安全についての構えを身に付け、危険な場所や事物などが分かり、安全についての理解を深めるようにすること。また、交通安全の習慣を身に付けるようにするとともに、避難訓練などを通して、災害などの緊急時に適切な行動がとれるようにすること。

人間関係

〔他の人々と親しみ、支え合って生活するために、自立心を育て、人と関わる力を養う。〕

1 ねらい

(1) 幼稚園生活を楽しみ、自分の力で行動することの充実感を味わう。

(2) 身近な人と親しみ、関わりを深め、工夫したり、協力したりして一緒に活動する楽しさを味わい、愛情や信頼感をもつ。

(3) 社会生活における望ましい習慣や態度を身に付ける。

2 内 容

(1) 先生や友達と共に過ごすことの喜びを味わう。

(2) 自分で考え、自分で行動する。

(3) 自分でできることは自分でする。

(4) いろいろな遊びを楽しみながら物事をやり遂げようとする気持ちをもつ。

(5) 友達と積極的に関わりながら喜びや悲しみを共感し合う。

(6) 自分の思ったことを相手に伝え、相手の思っていることに気付く。

(7) 友達のよさに気付き、一緒に活動する楽しさを味わう。

(8) 友達と楽しく活動する中で、共通の目的を見いだし、工夫したり、協力したりなどする。

(9) よいことや悪いことがあることに気付き、考えながら行動する。

(10) 友達との関わりを深め、思いやりをもつ。

(11) 友達と楽しく生活する中できまりの大切さに気付き、守ろうとする。

(12) 共同の遊具や用具を大切にし、皆で使う。

(13) 高齢者をはじめ地域の人々などの自分の生活に関係の深いいろいろな人に親しみをもつ。

3 内容の取扱い

上記の取扱いに当たっては、次の事項に留意する必要がある。

(1) 教師との信頼関係に支えられて自分自身の生活を確立していくことが人と関わる基盤となることを考慮し、幼児が自ら周囲に働き掛けることにより多様な感情を体験し、試行錯誤しながら諦めずにやり遂げることの達成感や、前向きな見通しをもって自分の力で行うことの充実感を味わうことができるよう、幼児の行動を見守りながら適切な援助を行うようにすること。

(2) 一人一人を生かした集団を形成しながら人と関わる力を育てていくようにすること。その際、集団の生活の中で、幼児が自己を発揮し、教師や他の幼児に認められる体験をし、自分のよさや特徴に気付き、自信をもって行動できるようにすること。

(3) 幼児が互いに関わりを深め、協同して遊ぶようになるため、自ら行動する力を育てるようにするとともに、他の幼児と試行錯誤しながら活動を展開する楽しさや共通の目的が実現する喜びを味わうことができるようにすること。

(4) 道徳性の芽生えを培うに当たっては、基本的な生活習慣の形成を図るとともに、幼児が他の幼児との関わりの中で他人の存在に気付き、相手を尊重する気持ちをもって行動できるようにし、また、自然や身近な動植物に親しむことなどを通して豊かな心情が育つようにすること。特に、人に対する信頼感や思いやりの気持ちは、葛藤やつまずきをも体験し、それらを乗り越えることにより次第に芽生えてくることに配慮すること。

(5) 集団の生活を通して、幼児が人との関わりを深め、規範意識の芽生えが培われることを考慮し、幼児が教師との信頼関係に支えられて自己を発揮する中で、互いに思いを主張し、折り合いを付ける体験をし、きまりの必要性などに気付き、自分の気持ちを調整する力が育つようにすること。

(6) 高齢者をはじめ地域の人々などの自分の生活に関係の深いいろいろな人と触れ合い、自分の感情や意志を表現しながら共に楽しみ、共感し合う体験を通して、これらの人々などに親しみをもち、人と関わることの楽しさや人の役に立つ喜びを味わうことができるようにすること。また、生活を通して親や祖父母などの家族の愛情に気付き、家族を大切にしようとする気持ちが育つようにすること。

環　境

〔周囲の様々な環境に好奇心や探究心をもって関わり、それらを生活に取り入れていこうとする力を養う。〕

1　ねらい

(1) 身近な環境に親しみ、自然と触れ合う中で様々な事象に興味や関心をもつ。

(2) 身近な環境に自分から関わり、発見を楽しんだり、考えたりし、それを生活に取り入れようとする。

(3) 身近な事象を見たり、考えたり、扱ったりする中で、物の性質や数量、文字などに対する感覚を豊かにする。

2　内　容

(1) 自然に触れて生活し、その大きさ、美しさ、不思議さなどに気付く。

(2) 生活の中で、様々な物に触れ、その性質や仕組みに興味や関心をもつ。

(3) 季節により自然や人間の生活に変化のあることに気付く。

(4) 自然などの身近な事象に関心をもち、取り入れて遊ぶ。

(5) 身近な動植物に親しみをもって接し、生命の尊さに気付き、いたわったり、大切にしたりする。

(6) 日常生活の中で、我が国や地域社会における様々な文化や伝統に親しむ。

(7) 身近な物を大切にする。

(8) 身近な物や遊具に興味をもって関わり、自分なりに比べたり、関連付けたりしながら考えたり、試したりして工夫して遊ぶ。

(9) 日常生活の中で数量や図形などに関心をもつ。

(10) 日常生活の中で簡単な標識や文字などに関心をもつ。

(11) 生活に関係の深い情報や施設などに興味や関心をもつ。

(12) 幼稚園内外の行事において国旗に親しむ。

3　内容の取扱い

上記の取扱いに当たっては、次の事項に留意する必要がある。

(1) 幼児が、遊びの中で周囲の環境と関わり、次第に周囲の世界に好奇心を抱き、その意味や操作の仕方に関心をもち、物事の法則性に気付き、自分なりに考えることができるようになる過程を大切にすること。また、他の幼児の考えなどに触れて新しい考えを生み出す喜びや楽しさを味わい、自分の考えをよりよいものにしようとする気持ちが育つようにすること。

(2) 幼児期において自然のもつ意味は大きく、自然の大きさ、美しさ、不思議さなどに直接触れる体験を通して、幼児の心が安らぎ、豊かな感情、好奇心、思考力、表現力の基礎が培われることを踏まえ、幼児が自然との関わりを深めることができるよう工夫すること。

(3) 身近な事象や動植物に対する感動を伝え合い、共感し合うことなどを通して自分から関わろうとする意欲を育てるとともに、様々な関わり方を通してそれらに対する親しみや畏敬の念、生命を大切にする気持ち、公共心、探究心などが養われるようにすること。

(4) 文化や伝統に親しむ際には、正月や節句など我が国の伝統的な行事、国歌、唱歌、わらべうたや我が国の伝統的な遊びに親しんだり、異なる文化に触れる活動に親しんだりすることを通じて、社会とのつながりの意識や国際理解の意識の芽生えなどが養われるようにすること。

(5) 数量や文字などに関しては、日常生活の中で幼児自身の必要感に基づく体験を大切にし、数量や文字などに関する興味や関心、感覚が養われるようにすること。

言　葉

〔経験したことや考えたことなどを自分なりの言葉で表現し、相手の話す言葉を聞こうとする意欲や態度を育て、言葉に対する感覚や言葉で表現する力を養う。〕

1　ねらい

(1) 自分の気持ちを言葉で表現する楽しさを味わう。

(2) 人の言葉や話などをよく聞き、自分の経験したことや考えたことを話し、伝え合う喜びを味わう。

(3) 日常生活に必要な言葉が分かるようになるとともに、絵本や物語などに親しみ、言葉に対する感覚を豊かにし、先生や友達と心を通わせる。

2　内　容

(1) 先生や友達の言葉や話に興味や関心をもち、親しみをもって聞いたり、話したりする。

(2) したり、見たり、聞いたり、感じたり、考えたりなどしたことを自分なりに言葉で表現する。

(3) したいこと、してほしいことを言葉で表現したり、分からないことを尋ねたりする。

(4) 人の話を注意して聞き、相手に分かるように話す。

(5) 生活の中で必要な言葉が分かり、使う。

(6) 親しみをもって日常の挨拶をする。

(7) 生活の中で言葉の楽しさや美しさに気付く。

(8) いろいろな体験を通じてイメージや言葉を豊かにする。

(9) 絵本や物語などに親しみ、興味をもって聞き、想像をする楽しさを味わう。

(10) 日常生活の中で、文字などで伝える楽しさを味わう。

3　内容の取扱い

上記の取扱いに当たっては、次の事項に留意する必要がある。

(1) 言葉は、身近な人に親しみをもって接し、自分の感情や意志などを伝え、それに相手が応答し、その言葉を聞くことを通して次第に獲得されていくものであることを考慮して、幼児が教師や他の幼児と関わることにより心を動かされるような体験をし、言葉を交わす喜びを味わえるようにすること。

(2) 幼児が自分の思いを言葉で伝えるとともに、教師や他の幼児などの話を興味をもって注意して聞くことを通して次第に話を理解するようになっていき、言葉による伝え合いができるようにすること。

(3) 絵本や物語などで、その内容と自分の経験とを結び付けたり、想像を巡らせたりするなど、楽しみを十分に味わうことによって、次第に豊かなイメージをもち、言葉に対する感覚が養われるようにすること。

(4) 幼児が生活の中で、言葉の響きやリズム、新しい言葉や表現などに触れ、これらを使う楽しさを味わえるようにすること。その際、絵本や物語に親しんだり、言葉遊びなどをしたりすることを通して、言葉が豊かになるようにすること。

(5) 幼児が日常生活の中で、文字などを使いながら思ったことや考えたことを伝える喜びや楽しさを味わい、文字に対する興味や関心をもつようにすること。

表　現

〔感じたことや考えたことを自分なりに表現することを通して、豊かな感性や表現する力を養い、創造性を豊かにする。〕

1　ねらい

(1) いろいろなものの美しさなどに対する豊かな感性をもつ。

(2) 感じたことや考えたことを自分なりに

表現して楽しむ。

(3) 生活の中でイメージを豊かにし、様々な表現を楽しむ。

2 内　容

(1) 生活の中で様々な音、形、色、手触り、動きなどに気付いたり、感じたりするなどして楽しむ。

(2) 生活の中で美しいものや心を動かす出来事に触れ、イメージを豊かにする。

(3) 様々な出来事の中で、感動したことを伝え合う楽しさを味わう。

(4) 感じたこと、考えたことなどを音や動きなどで表現したり、自由にかいたり、つくったりなどする。

(5) いろいろな素材に親しみ、工夫して遊ぶ。

(6) 音楽に親しみ、歌を歌ったり、簡単なリズム楽器を使ったりなどする楽しさを味わう。

(7) かいたり、つくったりすることを楽しみ、遊びに使ったり、飾ったりなどする。

(8) 自分のイメージを動きや言葉などで表現したり、演じて遊んだりするなどの楽しさを味わう。

3 内容の取扱い

上記の取扱いに当たっては、次の事項に留意する必要がある。

(1) 豊かな感性は、身近な環境と十分に関わる中で美しいもの、優れたもの、心を動かす出来事などに出会い、そこから得た感動を他の幼児や教師と共有し、様々に表現することなどを通して養われるようにすること。その際、風の音や雨の音、身近にある草や花の形や色など自然の中にある音、形、色などに気付くようにすること。

(2) 幼児の自己表現は素朴な形で行われることが多いので、教師はそのような表現を受容し、幼児自身の表現しようとする意欲を受け止めて、幼児が生活の中で幼児らしい様々な表現を楽しむことができるようにすること。

(3) 生活経験や発達に応じ、自ら様々な表現を楽しみ、表現する意欲を十分に発揮させることができるように、遊具や用具などを整えたり、様々な素材や表現の仕方に親しんだり、他の幼児の表現に触れられるよう配慮したりし、表現する過程を大切にして自己表現を楽しめるように工夫すること。

第三章　教育課程に係る教育時間の終了後等に行う教育活動などの留意事項

1 地域の実態や保護者の要請により、教育課程に係る教育時間の終了後等に希望する者を対象に行う教育活動については、幼児の心身の負担に配慮するものとする。また、次の点にも留意するものとする。

(1) 教育課程に基づく活動を考慮し、幼児期にふさわしい無理のないものとなるようにすること。その際、教育課程に基づく活動を担当する教師と緊密な連携を図るようにすること。

(2) 家庭や地域での幼児の生活も考慮し、教育課程に係る教育時間の終了後等に行う教育活動の計画を作成するようにすること。その際、地域の人々と連携するなど、地域の様々な資源を活用しつつ、多様な体験ができるようにすること。

(3) 家庭との緊密な連携を図るようにすること。その際、情報交換の機会を設けたりするなど、保護者が、幼稚園と共に幼児を育てるという意識が高まるようにすること。

(4) 地域の実態や保護者の事情とともに幼児の生活のリズムを踏まえつつ、例えば実施日数や時間などについて、弾力的な運用に配慮すること。

(5) 適切な責任体制と指導体制を整備した上で行うようにすること。

2 幼稚園の運営に当たっては、子育ての支援のために保護者や地域の人々に機能や施設を開放して、園内体制の整備や関係機関との連携及び協力に配慮しつつ、幼児期の教育に関する相談に応じたり、情報を提供したり、幼児と保護者との登園を受け入れたり、保護者同士の交流の機会を提供したりするなど、幼稚園と家庭が一体となって幼児と関わる取組を進め、地域における幼児期の教育のセンターとしての役割を果たすよう努めるものとする。その際、心理や保健の専門家、地域の子育て経験者等と連携・協働しながら取り組むよう配慮するものとする。

就学前の子どもに関する教育、保育等の総合的な提供の推進に関する法律

（平成一八・六・一五 法律 七七）

最新改正 平成三〇法律六六

第一章　総則

（目的）

第一条　この法律は、幼児期の教育及び保育が生涯にわたる人格形成の基礎を培う重要なものであること並びに我が国における急速な少子化の進行並びに家庭及び地域を取り巻く環境の変化に伴い小学校就学前の子どもの教育及び保育に対する需要が多様なものとなっていることに鑑み、地域における創意工夫を生かしつつ、小学校就学前の子どもに対する教育及び保育並びに保護者に対する子育て支援の総合的な提供を推進するための措置を講じ、もって地域において子どもが健やかに育成される環境の整備に資することを目的とする。

（定義）

第二条　この法律において「子ども」とは、小学校就学の始期に達するまでの者をいう。

2　この法律において「幼稚園」とは、学校教育法（昭和二十二年法律第二十六号）第一条に規定する幼稚園をいう。

3　この法律において「保育所」とは、児童福祉法（昭和二十二年法律第百六十四号）第三十九条第一項に規定する保育所をいう。

4　この法律において「保育機能施設」とは、児童福祉法第五十九条第一項に規定する施設のうち同法第三十九条第一項に規定する業務を目的とするもの（少数の子どもを対象とするものその他の主務省令で定めるものを除く。）をいう。

5　この法律において「保育所等」とは、保育所又は保育機能施設をいう。

6　この法律において「認定こども園」とは、次条第一項又は第三項の認定を受けた施設、同条第十一項の規定による公示がされた施設及び幼保連携型認定こども園をいう。

7　この法律において「幼保連携型認定こども園」とは、義務教育及びその後の教育の基礎を培うものとしての満三歳以上の子どもに対する教育並びに保育を必要とする子どもに対する保育を一体的に行い、これらの子どもの健やかな成長が図られるよう適当な環境を与えて、その心身の発達を助長するとともに、保護者に対する子育ての支援を行うことを目的として、この法律の定めるところにより設置される施設をいう。

8　この法律において「教育」とは、教育基

本法（平成十八年法律第百二十号）第六条第一項に規定する法律に定める学校（第九条において単に「学校」という。）において行われる教育をいう。

9　この法律において「保育」とは、児童福祉法第六条の三第七項に規定する保育をいう。

10　この法律において「保育を必要とする子ども」とは、児童福祉法第六条の三第九項第一号に規定する保育を必要とする乳児・幼児をいう。

11　この法律において「保護者」とは、児童福祉法第六条に規定する保護者をいう。

12　この法律において「子育て支援事業」とは、地域の子どもの養育に関する各般の問題につき保護者からの相談に応じ必要な情報の提供及び助言を行う事業、保護者の疾病その他の理由により家庭において養育を受けることが一時的に困難となった地域の子どもに対する保育を行う事業、地域の子どもの養育に関する援助を受けることを希望する保護者と当該援助を行うことを希望する民間の団体若しくは個人との連絡及び調整を行う事業又は地域の子どもの養育に関する援助を行う民間の団体若しくは個人に対する必要な情報の提供及び助言を行う事業であって主務省令で定めるものをいう。

第二章　幼保連携型認定こども園以外の認定こども園に関する認定手続等

（幼保連携型認定こども園以外の認定こども園の認定等）

第三条　幼稚園又は保育所等の設置者（都道府県及び地方自治法（昭和二十二年法律第六十七号）第二百五十二条の十九第一項の指定都市又は同法第二百五十二条の二十二第一項の中核市（以下「指定都市等」という。）を除く。）は、その設置する幼稚園又は保育所等が都道府県（当該幼稚園又は保育所等が指定都市等所在施設（指定都市等の区域内に所在する施設であって、都道府県が単独で又は他の地方公共団体と共同して設立する公立大学法人（地方独立行政法人法（平成十五年法律第百十八号）第六十八条第一項に規定する公立大学法人をいう。以下同じ。）が設置する施設以外のものをいう。以下同じ。）である場合にあっては、当該指定都市等）の条例で定める要件に適合している旨の都道府県知事（当該幼稚園又は保育所等が指定都市等所在施設である場合にあっては、当該指定都市等の長）（保育所に係る児童福祉法の規定による認可その他の処分をする権限に係る事務を地方自治法第百八十条の二の規定に基づく都道府県知事又は指定都市等の長の委任を受けて当該都道府県又は指定都市等の教育委員会が行う場合その他の主務省令で定める場合にあっては、都道府県又は指定都市等の教育委員会。以下この章及び第四章において同じ。）の認定を受けることができる。

2　前項の条例で定める要件は、次に掲げる基準に従い、かつ、主務大臣が定める施設の設備及び運営に関する基準を参酌して定めるものとする。

一　当該施設が幼稚園である場合にあっては、幼稚園教育要領（学校教育法第二十五条の規定に基づき幼稚園に関して文部科学大臣が定める事項をいう。第十条第二項において同じ。）に従って編成された教育課程に基づく教育を行うほか、当該教育のための時間の終了後、当該幼稚園に在籍している子どものうち保育を必要とする子どもに該当する者に対する教育を行うこと。

二　当該施設が保育所等である場合にあっては、保育を必要とする子どもに対する保育を行うほか、当該保育を必要とする子ども以外の満三歳以上の子ども（当該施設が保育所である場合にあっては、当該保育所が所在する市町村（特別区を含む。以下同じ。）における児童福祉法第二十四条第四項に規定する保育の利用に対する需要の状況に照らして適当と認められる数の子どもに限る。）を保育し、かつ、満三歳以上の子どもに対し学校教育法第二十三条各号に掲げる目標が達成されるよう保育を行うこと。

三　子育て支援事業のうち、当該施設の所在する地域における教育及び保育に対する需要に照らし当該地域において実施することが必要と認められるものを、保護者の要請に応じ適切に提供し得る体制の下で行うこと。

3　幼稚園及び保育機能施設のそれぞれの用に供される建物及びその附属設備が一体的に設置されている場合における当該幼稚園及び保育機能施設（以下「連携施設」という。）の設置者（都道府県及び指定都市等を除く。）は、その設置する連携施設が都道府県（当該連携施設が指定都市等所在施設である場合にあっては、当該指定都市等）の条例で定める要件に適合している旨の都道府県知事（当該連携施設が指定都市等所在施設である場合にあっては、当該指定都市等の長）の認定を受けることができる。

4　前項の条例で定める要件は、次に掲げる基準に従い、かつ、主務大臣が定める施設の設備及び運営に関する基準を参酌して定めるものとする。

一　次のいずれかに該当する施設であること。

イ　当該連携施設を構成する保育機能施設において、満三歳以上の子どもに対し学校教育法第二十三条各号に掲げる目標が達成されるよう保育を行い、かつ、当該保育を実施するに当たり当該連携施設を構成する幼稚園との緊密な連携協力体制が確保されていること。

ロ　当該連携施設を構成する保育機能施設に入所していた子どもを引き続き当該連携施設を構成する幼稚園に入園させて一貫した教育及び保育を行うこと。

二　子育て支援事業のうち、当該連携施設の所在する地域における教育及び保育に対する需要に照らし当該地域において実施することが必要と認められるものを、保護者の要請に応じ適切に提供し得る体制の下で行うこと。

5　都道府県知事（指定都市等所在施設である幼稚園若しくは保育所等又は連携施設については、当該指定都市等の長。第八項及び第九項、次条第一項、第七条第一項及び第二項並びに第八条第一項において同じ。）は、国（国立大学法人法（平成十五年法律第百十二号）第二条第一項に規定する国立大学法人を含む。以下同じ。）、市町村（指定都市等を除く。）及び公立大学法人以外の者から、第一項又は第三項の認定の申請があったときは、第一項又は第三項の条例で定める要件に適合するかどうかを審査するほか、次に掲げる基準（当該認定の申請をした者が学校法人（私立学校法（昭和二十四年法律第二百七十号）第三条に規定する学校法人をいう。以下同じ。）又は社会福祉法人（社会福祉法（昭和二十六年法律第四十五号）第二十二条に規定する社会福祉法人をいう。以下同じ。）である場合にあっては、第四号に掲げる基準に限る。）によって、その申請を審査しなければならない。

一　第一項若しくは第三項の条例で定める要件に適合する設備又はこれに要する資金及び当該申請に係る施設の経営に必要な財産を有すること。

二　当該申請に係る施設を設置する者（その者が法人である場合にあっては、経営担当役員（業務を執行する社員、取締役、執行役又はこれらに準ずる者をいう。）とする。次号において同じ。）が当該施設を経営するために必要な知識又は経験を有すること。

三　当該申請に係る施設を設置する者が社会的信望を有すること。

四　次のいずれにも該当するものでないこと。

イ　申請者が、禁錮以上の刑に処せられ、その執行を終わり、又は執行を受けることがなくなるまでの者であるとき。

ロ　申請者が、この法律その他国民の福祉若しくは学校教育に関する法律で政令で定めるものの規定により罰金の刑に処せられ、その執行を終わり、又は執行を受けることがなくなるまでの者であるとき。

ハ　申請者が、労働に関する法律の規定であって政令で定めるものにより罰金の刑に処せられ、その執行を終わり、又は執行を受けることがなくなるまでの者であるとき。

ニ　申請者が、第七条第一項の規定により認定を取り消され、その取消しの日から起算して五年を経過しない者（当該認定を取り消された者が法人である場合においては、当該取消しの処分に係る行政手続法（平成五年法律第八十八号）第十五条の規定による通知があった日前六十日以内に当該法人の役員（業務を執行する社員、取締役、執行役又はこれらに準ずる者をいい、相談役、顧問その他いかなる名称を有する者であるかを問わず、法人に対し業務を執行する社員、取締役、執行役又はこれらに準ずる者と同等以上の支配力を有するものと認められる者を含む。ホ及び第十七条第二項第七号において同じ。）又はその事業を管理する者その他の政令で定める使用人（以下この号において「役員等」という。）であった者で当該取消しの日から起算して五年を経過しないものを含み、当該認定を取り消された者が法人でない場合においては、当該通知があった日前六十日以内に当該事業の管理者であった者で当該取消しの日から起算して五年を経過しないものを含む。）であるとき。ただし、当該認定の取消しが、認定こども園の認定の取消しのうち当該認定の取消しの処分の理由となった事実及び当該事実の発生を防止するための当該認定こども園の設置者による業務管理体制の整備についての取組の状況その他の当該事実に関して当該認定こども園の設置者が有していた責任の程度を考慮して、ニ本文に規定する認定の取消しに該当しないこととすることが相当であると認められるものとして主務省令で定めるものに該当する場合を除く。

ホ　申請者と密接な関係を有する者（申請者（法人に限る。以下ホにおいて同じ。）の役員に占めるその役員の割合が二分の一を超え、若しくは当該申請者の株式の所有その他の事由を通じて当該申請者の事業を実質的に支配し、若しくはその事業に重要な影響を与える関係にある者として主務省令で定めるもの（以下ホにおいて「申請者の親会社等」という。）、申請者の親会社等の役員と同一の者がその役員に占める割合が二分の一を超え、若しくは申請者の親会社等が株式の所有その他の事由を通じてその事業を実質的に支配し、若しくはその事業に重要な影響を与える関係にある者として主務省令で定めるもの又は当該申請者の役員と同一の者がその役員に占める割合が二分の一を超え、若しくは当該申請者が株式の所有その他の事由を通じてその事業を実質的に支配し、若しくはその事業に重要な影響を与える関係にある者として主務省令で定めるもののうち、当該申請者と主務省令で定める密接な関係を有する法人をいう。）が、第七条第一項の規定により認定を取り消され、その取消しの日から起算して五年を経過していないとき。ただし、当該認定の取消しが、認定こども園の認定の取消しのうち当該認定の取消しの処分の理由となった事実及び当該事実の発生を防止するための当該認定こども園の設置者による業務管理体制の整備についての取組の状況その他の当該事実に関して当該認定こども園の設置者が有していた責任の程度を考慮して、ホ本文に規定する認定の取消しに該当しないこととすることが相当であると認められるものとして主務省令で定めるものに該当する場合を除く。

ヘ　申請者が、認定の申請前五年以内に教育又は保育に関し不正又は著しく不当な行為をした者であるとき。

ト　申請者が、法人で、その役員等のうちにイからニまで又はヘのいずれかに該当する者のあるものであるとき。

チ　申請者が、法人でない者で、その管理者がイからニまで又はへのいずれかに該当する者であるとき。

6　都道府県知事は、第一項又は第三項の認定をしようとするときは、主務省令で定めるところにより、あらかじめ、当該認定の申請に係る施設が所在する市町村の長に協議しなければならない。

7　指定都市等の長は、第一項又は第三項の認定をしようとするときは、あらかじめ、都道府県知事に協議しなければならない。

8　都道府県知事は、第一項又は第三項及び第五項に基づく審査の結果、その申請が第一項又は第三項の条例で定める要件に適合しており、かつ、その申請をした者が第五項各号に掲げる基準（その者が学校法人又は社会福祉法人である場合にあっては、同項第四号に掲げる基準に限る。）に該当すると認めるとき（その申請をした者が国、市町村（指定都市等を除く。）又は公立大学法人である場合にあっては、その申請が第一項又は第三項の条例で定める要件に適合していると認めるとき）は、第一項又は第三項の認定をするものとする。ただし、次に掲げる要件のいずれかに該当するとき、その他の都道府県子ども・子育て支援事業支援計画（子ども・子育て支援法（平成二十四年法律第六十五号）第六十二条第一項の規定により当該都道府県が定める都道府県子ども・子育て支援事業支援計画をいう。以下この項及び第十七条第六項において同じ。）（指定都市等の長が第一項又は第三項の認定を行う場合にあっては、同法第六十一条第一項の規定により当該指定都市等が定める市町村子ども・子育て支援事業計画。以下この項において同じ。）の達成に支障を生ずるおそれがある場合として主務省令で定める場合に該当すると認めるときは、第一項又は第三項の認定をしないことができる。

一　当該申請に係る施設の所在地を含む区域（子ども・子育て支援法第六十二条第二項第一号の規定により当該都道府県が定める区域（指定都市等の長が第一項又は第三項の認定を行う場合にあっては、同法第六十一条第二項第一号の規定により当該指定都市等が定める教育・保育提供区域）をいう。以下この項において同じ。）における特定教育・保育施設（同法第二十七条第一項に規定する特定教育・保育施設をいう。以下この項及び第十七条第六項において同じ。）の利用定員の総数（同法第十九条第一項第一号に掲げる小学校就学前子どもに係るものに限る。）が、都道府県子ども・子育て支援事業支援計画において定める当該区域の特定教育・保育施設の必要利用定員総数（同号に掲げる小学校就学前子どもに係るものに限る。）に既に達しているか、又は当該申請に係る施設の認定によってこれを超えることになると認めるとき。

二　当該申請に係る施設の所在地を含む区域における特定教育・保育施設の利用定員の総数（子ども・子育て支援法第十九条第一項第二号に掲げる小学校就学前子どもに係るものに限る。）が、都道府県子ども・子育て支援事業支援計画において定める当該区域の特定教育・保育施設の必要利用定員総数（同号に掲げる小学校就学前子どもに係るものに限る。）に既に達しているか、又は当該申請に係る施設の認定によってこれを超えることになると認めるとき。

三　当該申請に係る施設の所在地を含む区域における特定教育・保育施設の利用定員の総数（子ども・子育て支援法第十九条第一項第三号に掲げる小学校就学前子どもに係るものに限る。）が、都道府県子ども・子育て支援事業支援計画において定める当該区域の特定教育・保育施設の必要利用定員総数（同号に掲げる小学校就学前子どもに係るものに限る。）に既に達しているか、又は当該申請に係る施設の認定によってこれを超えることになると認めるとき。

9　都道府県知事は、第一項又は第三項の認定をしない場合には、申請者に対し、速やかに、その旨及び理由を通知しなければならない。

10　指定都市等の長は、第一項又は第三項の認定をしたときは、速やかに、都道府県知事に、次条第一項に規定する申請書の写しを送付しなければならない。

11　都道府県知事又は指定都市等の長は、当該都道府県又は指定都市等が設置する施設のうち、第一項又は第三項の当該都道府県又は指定都市等の条例で定める要件に適合していると認めるものについては、これを公示するものとする。

12　指定都市等の長は、前項の規定による公示をしたときは、速やかに、次条第一項各号に掲げる事項を記載した書類を都道府県知事に提出しなければならない。

（認定の申請）

第四条　前条第一項又は第三項の認定を受けようとする者は、次に掲げる事項を記載した申請書に、その申請に係る施設が同条第一項又は第三項の条例で定める要件に適合していることを証する書類を添付して、これを都道府県知事に提出しなければならない。

一　氏名又は名称及び住所並びに法人にあっては、その代表者の氏名

二　施設の名称及び所在地

三　保育を必要とする子どもに係る利用定員（満三歳未満の者に係る利用定員及び満三歳以上の者に係る利用定員に区分するものとする。）

四　保育を必要とする子ども以外の子どもに係る利用定員（満三歳未満の者に係る利用定員及び満三歳以上の者に係る利用定員に区分するものとする。）

五　その他主務省令で定める事項

2　前条第三項の認定に係る前項の申請については、連携施設を構成する幼稚園の設置者と保育機能施設の設置者とが異なる場合には、これらの者が共同して行わなければならない。

第五条　削除

（教育及び保育の内容）

第六条　第三条第一項又は第三項の認定を受けた施設及び同条第十一項の規定による公示がされた施設の設置者は、当該施設において教育又は保育を行うに当たっては、第十条第一項の幼保連携型認定こども園の教育課程その他の教育及び保育の内容に関する事項を踏まえて行わなければならない。

（認定の取消し）

第七条　都道府県知事は、次の各号のいずれかに該当するときは、第三条第一項又は第三項の認定を取り消すことができる。

一　第三条第一項又は第三項の認定を受けた施設がそれぞれ同条第一項又は第三項の条例で定める要件を欠くに至ったと認めるとき。

二　第三条第一項又は第三項の認定を受けた施設の設置者が第二十九条第一項の規定による届出をせず、又は虚偽の届出をしたとき。

三　第三条第一項又は第三項の認定を受けた施設の設置者が第三十条第一項又は第三項の規定による報告をせず、又は虚偽の報告をしたとき。

四　第三条第一項又は第三項の認定を受けた施設の設置者が同条第五項第四号イからハまで、ト又はチのいずれかに該当するに至ったとき。

五　第三条第一項又は第三項の認定を受けた施設の設置者が不正の手段により同条第一項又は第三項の認定を受けたとき。

六　その他第三条第一項又は第三項の認定を受けた施設の設置者がこの法律、学校教育法、児童福祉法、私立学校法、社会福祉法若しくは私立学校振興助成法（昭和五十年法律第六十一号）又はこれらの法律に基づく命令の規定に違反したとき。

2　都道府県知事は、前項の規定により認定を取り消したときは、その旨を公表しなければならない。

3　都道府県知事又は指定都市等の長は、第三条第十一項の規定による公示がされた施設が同条第一項又は第三項の当該都道府県又は指定都市等の条例で定める要件を欠くに至ったと認めるときは、同条第十一項の規定によりされた公示を取り消し、その旨を公示しなければならない。

（関係機関の連携の確保）

第八条　都道府県知事は、第三条第一項又は第三項の規定により認定を行おうとすると

き及び前条第一項の規定により認定の取消しを行おうとするときは、あらかじめ、学校教育法又は児童福祉法の規定により当該認定又は取消しに係る施設の設置又は運営に関して認可その他の処分をする権限を有する地方公共団体の機関（当該機関が当該都道府県知事である場合を除く。）に協議しなければならない。

2　地方公共団体の長及び教育委員会は、認定こども園に関する事務が適切かつ円滑に実施されるよう、相互に緊密な連携を図りながら協力しなければならない。

第三章　幼保連携型認定こども園

（**教育及び保育の目標**）

第九条　幼保連携型認定こども園においては、第二条第七項に規定する目的を実現するため、子どもに対する学校としての教育及び児童福祉施設（児童福祉法第七条第一項に規定する児童福祉施設をいう。次条第二項において同じ。）としての保育並びにその実施する保護者に対する子育て支援事業の相互の有機的な連携を図りつつ、次に掲げる目標を達成するよう当該教育及び当該保育を行うものとする。

一　健康、安全で幸福な生活のために必要な基本的な習慣を養い、身体諸機能の調和的発達を図ること。

二　集団生活を通じて、喜んでこれに参加する態度を養うとともに家族や身近な人への信頼感を深め、自主、自律及び協同の精神並びに規範意識の芽生えを養うこと。

三　身近な社会生活、生命及び自然に対する興味を養い、それらに対する正しい理解と態度及び思考力の芽生えを養うこと。

四　日常の会話や、絵本、童話等に親しむことを通じて、言葉の使い方を正しく導くとともに、相手の話を理解しようとする態度を養うこと。

五　音楽、身体による表現、造形等に親しむことを通じて、豊かな感性と表現力の芽生えを養うこと。

六　快適な生活環境の実現及び子どもと保育教諭その他の職員との信頼関係の構築を通じて、心身の健康の確保及び増進を図ること。

（**教育及び保育の内容**）

第十条　幼保連携型認定こども園の教育課程その他の教育及び保育の内容に関する事項は、第二条第七項に規定する目的及び前条に規定する目標に従い、主務大臣が定める。

2　主務大臣が前項の規定により幼保連携型認定こども園の教育課程その他の教育及び保育の内容に関する事項を定めるに当たっては、幼稚園教育要領及び児童福祉法第四十五条第二項の規定に基づき児童福祉施設に関して厚生労働省令で定める基準（同項第三号に規定する保育所における保育の内容に係る部分に限る。）との整合性の確保並びに小学校（学校教育法第一条に規定する小学校をいう。）及び義務教育学校（学校教育法第一条に規定する義務教育学校をいう。）における教育との円滑な接続に配慮しなければならない。

3　幼保連携型認定こども園の設置者は、第一項の教育及び保育の内容に関する事項を遵守しなければならない。

（**入園資格**）

第十一条　幼保連携型認定こども園に入園することのできる者は、満三歳以上の子ども及び満三歳未満の保育を必要とする子どもとする。

（**設置者**）

第十二条　幼保連携型認定こども園は、国、地方公共団体（公立大学法人を含む。第十七条第一項において同じ。）、学校法人及び社会福祉法人のみが設置することができる。

（**設備及び運営の基準**）

第十三条　都道府県（指定都市等所在施設である幼保連携型認定こども園（都道府県が設置するものを除く。）については、当該指定都市等。次項及び第二十五条において同じ。）は、幼保連携型認定こども園の設備及び運営について、条例で基準を定めなければならない。この場合において、その基準は、子どもの身体的、精神的及び社会的な発達のために必要な教育及び保育の水準を確保するものでなければならない。

2　都道府県が前項の条例を定めるに当たっては、次に掲げる事項については主務省令で定める基準に従い定めるものとし、その他の事項については主務省令で定める基準を参酌するものとする。

一　幼保連携型認定こども園における学級の編制並びに幼保連携型認定こども園に配置する園長、保育教諭その他の職員及びその員数

二　幼保連携型認定こども園に係る保育室の床面積その他幼保連携型認定こども園の設備に関する事項であって、子どもの健全な発達に密接に関連するものとして主務省令で定めるもの

三　幼保連携型認定こども園の運営に関する事項であって、子どもの適切な処遇の確保及び秘密の保持並びに子どもの健全な発達に密接に関連するものとして主務省令で定めるもの

3　主務大臣は、前項に規定する主務省令で定める基準を定め、又は変更しようとするとき、並びに同項第二号及び第三号の主務省令を定め、又は変更しようとするときは、子ども・子育て支援法第七十二条に規定する子ども・子育て会議の意見を聴かなければならない。

4　幼保連携型認定こども園の設置者は、第一項の基準を遵守しなければならない。

5　幼保連携型認定こども園の設置者は、幼保連携型認定こども園の設備及び運営についての水準の向上を図ることに努めるものとする。

（職員）

第十四条　幼保連携型認定こども園には、園長及び保育教諭を置かなければならない。

2　幼保連携型認定こども園には、前項に規定するもののほか、副園長、教頭、主幹保育教諭、指導保育教諭、主幹養護教諭、養護教諭、主幹栄養教諭、栄養教諭、事務職員、養護助教諭その他必要な職員を置くことができる。

3　園長は、園務をつかさどり、所属職員を監督する。

4　副園長は、園長を助け、命を受けて園務をつかさどる。

5　副園長は、園長に事故があるときはその職務を代理し、園長が欠けたときはその職務を行う。この場合において、副園長が二人以上あるときは、あらかじめ園長が定めた順序で、その職務を代理し、又は行う。

6　教頭は、園長（副園長を置く幼保連携型認定こども園にあっては、園長及び副園長）を助け、園務を整理し、並びに必要に応じ園児（幼保連携型認定こども園に在籍する子どもをいう。以下同じ。）の教育及び保育（満三歳未満の園児については、その保育。以下この条において同じ。）をつかさどる。

7　教頭は、園長（副園長を置く幼保連携型認定こども園にあっては、園長及び副園長）に事故があるときは園長の職務を代理し、園長（副園長を置く幼保連携型認定こども園にあっては、園長及び副園長）が欠けたときは園長の職務を行う。この場合において、教頭が二人以上あるときは、あらかじめ園長が定めた順序で、園長の職務を代理し、又は行う。

8　主幹保育教諭は、園長（副園長又は教頭を置く幼保連携型認定こども園にあっては、園長及び副園長又は教頭。第十一項及び第十三項において同じ。）を助け、命を受けて園務の一部を整理し、並びに園児の教育及び保育をつかさどる。

9　指導保育教諭は、園児の教育及び保育をつかさどり、並びに保育教諭その他の職員に対して、教育及び保育の改善及び充実のために必要な指導及び助言を行う。

10　保育教諭は、園児の教育及び保育をつかさどる。

11　主幹養護教諭は、園長を助け、命を受けて園務の一部を整理し、及び園児（満三歳以上の園児に限る。以下この条において同じ。）の養護をつかさどる。

12　養護教諭は、園児の養護をつかさどる。

13　主幹栄養教諭は、園長を助け、命を受けて園務の一部を整理し、並びに園児の栄養の指導及び管理をつかさどる。

14　栄養教諭は、園児の栄養の指導及び管理をつかさどる。

15 事務職員は、事務をつかさどる。
16 助保育教諭は、保育教諭の職務を助ける。
17 講師は、保育教諭又は助保育教諭に準ずる職務に従事する。
18 養護助教諭は、養護教諭の職務を助ける。
19 特別の事情のあるときは、第一項の規定にかかわらず、保育教諭に代えて助保育教諭又は講師を置くことができる。

（**職員の資格**）

第十五条 主幹保育教諭、指導保育教諭、保育教諭及び講師（保育教諭に準ずる職務に従事するものに限る。）は、幼稚園の教諭の普通免許状（教育職員免許法（昭和二十四年法律第百四十七号）第四条第二項に規定する普通免許状をいう。以下この条において同じ。）を有し、かつ、児童福祉法第十八条の十八第一項の登録（第四項及び第三十九条において単に「登録」という。）を受けた者でなければならない。

2 主幹養護教諭及び養護教諭は、養護教諭の普通免許状を有する者でなければならない。

3 主幹栄養教諭及び栄養教諭は、栄養教諭の普通免許状を有する者でなければならない。

4 助保育教諭及び講師（助保育教諭に準ずる職務に従事するものに限る。）は、幼稚園の助教諭の臨時免許状（教育職員免許法第四条第四項に規定する臨時免許状をいう。次項において同じ。）を有し、かつ、登録を受けた者でなければならない。

5 養護助教諭は、養護助教諭の臨時免許状を有する者でなければならない。

6 前各項に定めるもののほか、職員の資格に関する事項は、主務省令で定める。

（**設置等の届出**）

第十六条 市町村（指定都市等を除く。以下この条及び次条第五項において同じ。）（市町村が単独で又は他の市町村と共同して設立する公立大学法人を含む。）は、幼保連携型認定こども園を設置しようとするとき、又はその設置した幼保連携型認定こども園の廃止、休止若しくは設置者の変更その他政令で定める事項（同条第一項及び第三十四条第六項において「廃止等」という。）を行おうとするときは、あらかじめ、都道府県知事に届け出なければならない。

（**設置等の認可**）

第十七条 国及び地方公共団体以外の者は、幼保連携型認定こども園を設置しようとするとき、又はその設置した幼保連携型認定こども園の廃止等を行おうとするときは、都道府県知事（指定都市等の区域内に所在する幼保連携型認定こども園については、当該指定都市等の長。次項、第三項、第六項及び第七項並びに次条第一項において同じ。）の認可を受けなければならない。

2 都道府県知事は、前項の設置の認可の申請があったときは、第十三条第一項の条例で定める基準に適合するかどうかを審査するほか、次に掲げる基準によって、その申請を審査しなければならない。

一 申請者が、この法律その他国民の福祉若しくは学校教育に関する法律で政令で定めるものの規定により罰金の刑に処せられ、その執行を終わり、又は執行を受けることがなくなるまでの者であるとき。

二 申請者が、労働に関する法律の規定であって政令で定めるものにより罰金の刑に処せられ、その執行を終わり、又は執行を受けることがなくなるまでの者であるとき。

三 申請者が、第二十二条第一項の規定により認可を取り消され、その取消しの日から起算して五年を経過しない者であるとき。ただし、当該認可の取消しが、幼保連携型認定こども園の認可の取消しのうち当該認可の取消しの処分の理由となった事実及び当該事実の発生を防止するための当該幼保連携型認定こども園の設置者による業務管理体制の整備についての取組の状況その他の当該事実に関して当該幼保連携型認定こども園の設置者が有していた責任の程度を考慮して、この号本文に規定する認可の取消しに該当しないこととすることが相当であると認められるものとして主務省令で定めるものに該当する場合を除く。

四 申請者が、第二十二条第一項の規定に

よる認可の取消しの処分に係る行政手続法第十五条の規定による通知があった日から当該処分をする日又は処分をしないことを決定する日までの間に前項の規定による幼保連携型認定こども園の廃止をした者（当該廃止について相当の理由がある者を除く。）で、当該幼保連携型認定こども園の廃止の認可の日から起算して五年を経過しないものであるとき。

五　申請者が、第十九条第一項の規定による検査が行われた日から聴聞決定予定日（当該検査の結果に基づき第二十二条第一項の規定による認可の取消しの処分に係る聴聞を行うか否かの決定をすることが見込まれる日として主務省令で定めるところにより都道府県知事が当該申請者に当該検査が行われた日から十日以内に特定の日を通知した場合における当該特定の日をいう。）までの間に前項の規定による幼保連携型認定こども園の廃止をした者（当該廃止について相当の理由がある者を除く。）で、当該幼保連携型認定こども園の廃止の認可の日から起算して五年を経過しないものであるとき。

六　申請者が、認可の申請前五年以内に教育又は保育に関し不正又は著しく不当な行為をした者であるとき。

七　申請者の役員又はその長のうちに次のいずれかに該当する者があるとき。

イ　禁錮以上の刑に処せられ、その執行を終わり、又は執行を受けることがなくなるまでの者

ロ　第一号、第二号又は前号に該当する者

ハ　第二十二条第一項の規定により認可を取り消された幼保連携型認定こども園において、当該取消しの処分に係る行政手続法第十五条の規定による通知があった日前六十日以内にその幼保連携型認定こども園の設置者の役員又はその園長であった者で当該取消しの日から起算して五年を経過しないもの（当該認可の取消しが、幼保連携型認定こども園の認可の取消しのうち当該認可の取消しの処分の理由となった事実及び当該事実の発生を防止するための当該幼保連携型認定こども園の設置者による業務管理体制の整備についての取組の状況その他の当該事実に関して当該幼保連携型認定こども園の設置者が有していた責任の程度を考慮して、この号に規定する認可の取消しに該当しないこととすることが相当であると認められるものとして主務省令で定めるものに該当する場合を除く。）

ニ　第四号に規定する期間内に前項の規定により廃止した幼保連携型認定こども園（当該廃止について相当の理由がある幼保連携型認定こども園を除く。）において、同号の通知の日前六十日以内にその設置者の役員又はその長であった者で当該廃止の認可の日から起算して五年を経過しないもの

3　都道府県知事は、第一項の認可をしようとするときは、あらかじめ、第二十五条に規定する審議会その他の合議制の機関の意見を聴かなければならない。

4　指定都市等の長は、第一項の認可をしようとするときは、あらかじめ、都道府県知事に協議しなければならない。

5　都道府県知事は、第一項の設置の認可をしようとするときは、主務省令で定めるところにより、あらかじめ、当該認可の申請に係る幼保連携型認定こども園を設置しようとする場所を管轄する市町村の長に協議しなければならない。

6　都道府県知事は、第一項及び第二項に基づく審査の結果、その申請が第十三条第一項の条例で定める基準に適合しており、かつ、第二項各号に掲げる基準に該当しないと認めるときは、第一項の設置の認可をするものとする。ただし、次に掲げる要件のいずれかに該当するとき、その他の都道府県子ども・子育て支援事業支援計画（指定都市等の長が同項の設置の認可を行う場合にあっては、子ども・子育て支援法第六十一条第一項の規定により当該指定都市等が定める市町村子ども・子育て支援事業計画。以下この項において同じ。）の達成に支障を生ずるおそれがある場合として主務省令

で定める場合に該当すると認めるときは、第一項の設置の認可をしないことができる。

一　当該申請に係る幼保連携型認定こども園を設置しようとする場所を含む区域（子ども・子育て支援法第六十二条第二項第一号の規定により当該都道府県が定める区域（指定都市等の長が第一項の設置の認可を行う場合にあっては、同法第六十一条第二項第一号の規定により当該指定都市等が定める教育・保育提供区域）をいう。以下この項において同じ。）における特定教育・保育施設の利用定員の総数（同法第十九条第一項第一号に掲げる小学校就学前子どもに係るものに限る。）が、都道府県子ども・子育て支援事業支援計画において定める当該区域の特定教育・保育施設の必要利用定員総数（同号に掲げる小学校就学前子どもに係るものに限る。）に既に達しているか、又は当該申請に係る設置の認可によってこれを超えることになると認めるとき。

二　当該申請に係る幼保連携型認定こども園を設置しようとする場所を含む区域における特定教育・保育施設の利用定員の総数（子ども・子育て支援法第十九条第一項第二号に掲げる小学校就学前子どもに係るものに限る。）が、都道府県子ども・子育て支援事業支援計画において定める当該区域の特定教育・保育施設の必要利用定員総数（同号に掲げる小学校就学前子どもに係るものに限る。）に既に達しているか、又は当該申請に係る設置の認可によってこれを超えることになると認めるとき。

三　当該申請に係る幼保連携型認定こども園を設置しようとする場所を含む区域における特定教育・保育施設の利用定員の総数（子ども・子育て支援法第十九条第一項第三号に掲げる小学校就学前子どもに係るものに限る。）が、都道府県子ども・子育て支援事業支援計画において定める当該区域の特定教育・保育施設の必要利用定員総数（同号に掲げる小学校就学前子どもに係るものに限る。）に既に達しているか、又は当該申請に係る設置の認可によってこれを超えることになると認めるとき。

7　都道府県知事は、第一項の設置の認可をしない場合には、申請者に対し、速やかに、その旨及び理由を通知しなければならない。

（**都道府県知事への情報の提供**）

第十八条　第十六条の届出を行おうとする者又は前条第一項の認可を受けようとする者は、第四条第一項各号に掲げる事項を記載した書類を都道府県知事に提出しなければならない。

2　指定都市等の長は、前条第一項の認可をしたときは、速やかに、都道府県知事に、前項の書類の写しを送付しなければならない。

3　指定都市等の長は、当該指定都市等（当該指定都市等が単独で又は他の市町村と共同して設立する公立大学法人を含む。）が幼保連携型認定こども園を設置したときは、速やかに、第四条第一項各号に掲げる事項を記載した書類を都道府県知事に提出しなければならない。

（**報告の徴収等**）

第十九条　都道府県知事（指定都市等所在施設である幼保連携型認定こども園（都道府県が設置するものを除く。）については、当該指定都市等の長。第二十八条から第三十条まで並びに第三十四条第三項及び第九項を除き、以下同じ。）は、この法律を施行するため必要があると認めるときは、幼保連携型認定こども園の設置者若しくは園長に対して、必要と認める事項の報告を求め、又は当該職員に関係者に対して質問させ、若しくはその施設に立ち入り、設備、帳簿書類その他の物件を検査させることができる。

2　前項の規定による立入検査を行う場合においては、当該職員は、その身分を示す証明書を携帯し、関係者の請求があるときは、これを提示しなければならない。

3　第一項の規定による立入検査の権限は、犯罪捜査のために認められたものと解釈してはならない。

（改善勧告及び改善命令）
第二十条　都道府県知事は、幼保連携型認定こども園の設置者が、この法律又はこの法律に基づく命令若しくは条例の規定に違反したときは、当該設置者に対し、必要な改善を勧告し、又は当該設置者がその勧告に従わず、かつ、園児の教育上又は保育上有害であると認められるときは、必要な改善を命ずることができる。

（事業停止命令）
第二十一条　都道府県知事は、次の各号のいずれかに該当する場合においては、幼保連携型認定こども園の事業の停止又は施設の閉鎖を命ずることができる。
一　幼保連携型認定こども園の設置者が、この法律又はこの法律に基づく命令若しくは条例の規定に故意に違反し、かつ、園児の教育上又は保育上著しく有害であると認められるとき。
二　幼保連携型認定こども園の設置者が前条の規定による命令に違反したとき。
三　正当な理由がないのに、六月以上休止したとき。
2　都道府県知事は、前項の規定により事業の停止又は施設の閉鎖の命令をしようとするときは、あらかじめ、第二十五条に規定する審議会その他の合議制の機関の意見を聴かなければならない。

（認可の取消し）
第二十二条　都道府県知事は、幼保連携型認定こども園の設置者が、この法律若しくはこの法律に基づく命令若しくは条例の規定又はこれらに基づいてする処分に違反したときは、第十七条第一項の認可を取り消すことができる。
2　都道府県知事は、前項の規定による認可の取消しをしようとするときは、あらかじめ、第二十五条に規定する審議会その他の合議制の機関の意見を聴かなければならない。

（運営の状況に関する評価等）
第二十三条　幼保連携型認定こども園の設置者は、主務省令で定めるところにより当該幼保連携型認定こども園における教育及び保育並びに子育て支援事業（以下「教育及び保育等」という。）の状況その他の運営の状況について評価を行い、その結果に基づき幼保連携型認定こども園の運営の改善を図るため必要な措置を講ずるよう努めなければならない。

（運営の状況に関する情報の提供）
第二十四条　幼保連携型認定こども園の設置者は、当該幼保連携型認定こども園に関する保護者及び地域住民その他の関係者の理解を深めるとともに、これらの者との連携及び協力の推進に資するため、当該幼保連携型認定こども園における教育及び保育等の状況その他の当該幼保連携型認定こども園の運営の状況に関する情報を積極的に提供するものとする。

（都道府県における合議制の機関）
第二十五条　第十七条第三項、第二十一条第二項及び第二十二条第二項の規定によりその権限に属させられた事項を調査審議するため、都道府県に、条例で幼保連携型認定こども園に関する審議会その他の合議制の機関を置くものとする。

（学校教育法の準用）
第二十六条　学校教育法第五条、第六条本文、第七条、第九条、第十条、第八十一条第一項及び第百三十七条の規定は、幼保連携型認定こども園について準用する。この場合において、同法第十条中「私立学校」とあるのは「国（国立大学法人法第二条第一項に規定する国立大学法人を含む。）及び地方公共団体（公立大学法人を含む。）以外の者の設置する幼保連携型認定こども園（就学前の子どもに関する教育、保育等の総合的な提供の推進に関する法律第二条第七項に規定する幼保連携型認定こども園をいう。以下同じ。）」と、「大学及び高等専門学校にあつては文部科学大臣に、大学及び高等専門学校以外の学校にあつては都道府県知事」とあるのは「都道府県知事（指定都市等（同法第三条第一項に規定する指定都市等をいう。以下この条において同じ。）の区域内にあつては、当該指定都市等の長）」と、同法第八十一条第一項中「該当する幼児、児童及び生徒」とあるのは「該当する就学前の子どもに関する教育、保育等の総合的な提供の推進に関する法律第十四条第六項に規定する園児（以下この項において単に「園児」という。）」と、「必要とする幼児、児童及び生徒」とあるのは「必要とする園児」と、「文部科学大臣」とあるのは「同法第三十六条第一項に規定する主務大臣」と、「ものとする」とあるのは「ものとする。この場合において、特別支援学校においては、幼保連携型認定こども園の要請に応じて、園児の教育に関し必要な助言又は援助を行うよう努めるものとする」と、同法第百三十七条中「学校教育上」とあるのは「幼保連携型認定こども園の運営上」と読み替えるものとするほか、必要な技術的読替えは、政令で定める。

（学校保健安全法の準用）

第二十七条　学校保健安全法（昭和三十三年法律第五十六号）第三条から第十条まで、第十三条から第二十一条まで、第二十三条及び第二十六条から第三十一条までの規定は、幼保連携型認定こども園について準用する。この場合において、これらの規定中「文部科学省令」とあるのは「就学前の子どもに関する教育、保育等の総合的な提供の推進に関する法律第三十六条第二項に規定する主務省令」と読み替えるほか、同法第九条中「学校教育法第十六条」とあるのは「就学前の子どもに関する教育、保育等の総合的な提供の推進に関する法律第二条第十一項」と、「第二十四条及び第三十条」とあるのは「第三十条」と、同法第十七条第二項中「第十一条から」とあるのは「第十三条から」と、「第十一条の健康診断に関するものについては政令で、第十三条」とあるのは「第十三条」と読み替えるものとするほか、必要な技術的読替えは、政令で定める。

第四章　認定こども園に関する情報の提供等

（教育・保育等に関する情報の提供）

第二十八条　都道府県知事は、第三条第一項若しくは第三項の認定をしたとき、同条第十項の申請書の写しの送付を受けたとき、同条第十二項の書類の提出を受けたとき、第十六条の届出を受けたとき、第十七条第一項の認可をしたとき、第十八条第二項の書類の写しの送付を受けたとき、又は同条第三項の書類の提出を受けたときは、インターネットの利用、印刷物の配布その他適切な方法により、これらに係る施設において提供されるサービスを利用しようとする者に対し、第四条第一項各号に掲げる事項及び教育保育概要（当該施設において行われる教育及び保育等の概要をいう。次条第一項において同じ。）についてその周知を図るものとする。第三条第十一項の規定による公示を行う場合及び都道府県（都道府県が単独で又は他の地方公共団体と共同して設立する公立大学法人を含む。）が幼保連携型認定こども園を設置する場合も、同様とする。

（変更の届出）

第二十九条　認定こども園の設置者（都道府県及び指定都市等を除く。次条において同じ。）は、第四条第一項各号に掲げる事項及び教育保育概要として前条の規定により周知された事項の変更（主務省令で定める軽微な変更を除く。）をしようとするときは、あらかじめ、その旨を都道府県知事（当該認定こども園が指定都市等所在施設である場合にあっては当該指定都市等の長。次条第一項及び第三項において同じ。）に届け出なければならない。

2　指定都市等の長は、前項の規定による届出を受けたときは、速やかに、都道府県知事に、当該届出に係る書類の写しを送付しなければならない。

3　指定都市等の長は、当該指定都市等が設置する認定こども園について第一項に規定する変更を行ったときは、当該変更に係る事項を記載した書類を都道府県知事に提出しなければならない。

4　都道府県知事は、第一項の規定による届出があったとき、第二項の規定による書類の写しの送付を受けたとき、又は前項の規定による書類の提出を受けたときは、前条に規定する方法により、同条に規定する者に対し、第一項に規定する変更に係る事項についてその周知を図るものとする。都道府県が設置する認定こども園について同項に規定する変更を行う場合も、同様とする。

（報告の徴収等）

第三十条 認定こども園の設置者は、毎年、主務省令で定めるところにより、その運営の状況を都道府県知事に報告しなければならない。

2 指定都市等の長は、前項の規定による報告を受けたときは、速やかに、都道府県知事に、当該報告に係る書類の写しを送付しなければならない。

3 第十九条第一項に定めるもののほか、都道府県知事は、認定こども園の適正な運営を確保するため必要があると認めるときは、その設置者に対し、認定こども園の運営に関し必要な報告を求めることができる。

（名称の使用制限）

第三十一条 何人も、認定こども園でないものについて、認定こども園という名称又はこれと紛らわしい名称を用いてはならない。

2 何人も、幼保連携型認定こども園でないものについて、幼保連携型認定こども園という名称又はこれと紛らわしい名称を用いてはならない。

第五章 雑則

（学校教育法の特例）

第三十二条 認定こども園である幼稚園又は認定こども園である連携施設を構成する幼稚園に係る学校教育法第二十四条、第二十五条並びに第二十七条第四項から第七項まで及び第十一項の規定の適用については、同法第二十四条中「努めるものとする」とあるのは「努めるとともに、就学前の子どもに関する教育、保育等の総合的な提供の推進に関する法律（平成十八年法律第七十七号）第二条第十二項に規定する子育て支援事業（以下単に「子育て支援事業」という。）を行うものとする」と、同法第二十五条中「保育内容」とあるのは「保育内容（子育て支援事業を含む。）」と、同法第二十七条第四項から第七項まで及び第十一項中「園務」とあるのは「園務（子育て支援事業を含む。）」とする。

（児童福祉法の特例）

第三十三条 第三条第一項の認定を受けた公私連携型保育所（児童福祉法第五十六条の八第一項に規定する公私連携型保育所をいう。）に係る同法第五十六条の八の規定の適用については、同条第一項中「保育及び」とあるのは、「保育（満三歳以上の子どもに対し学校教育法第二十三条各号に掲げる目標が達成されるよう保育を行うことを含む。）及び」とする。

（公私連携幼保連携型認定こども園に関する特例）

第三十四条 市町村長（特別区の区長を含む。以下この条において同じ。）は、当該市町村における保育の実施に対する需要の状況等に照らし適当であると認めるときは、公私連携幼保連携型認定こども園（次項に規定する協定に基づき、当該市町村から必要な設備の貸付け、譲渡その他の協力を得て、当該市町村との連携の下に教育及び保育等を行う幼保連携型認定こども園をいう。以下この条において同じ。）の運営を継続的かつ安定的に行うことができる能力を有するものであると認められるもの（学校法人又は社会福祉法人に限る。）を、その申請により、公私連携幼保連携型認定こども園の設置及び運営を目的とする法人（以下この条において「公私連携法人」という。）として指定することができる。

2 市町村長は、前項の規定による指定（第十一項及び第十四項において単に「指定」という。）をしようとするときは、あらかじめ、当該指定をしようとする法人と、次に掲げる事項を定めた協定（以下この条において単に「協定」という。）を締結しなければならない。

一 協定の目的となる公私連携幼保連携型認定こども園の名称及び所在地

二 公私連携幼保連携型認定こども園における教育及び保育等に関する基本的事項

三 市町村による必要な設備の貸付け、譲渡その他の協力に関する基本的事項

四 協定の有効期間

五 協定に違反した場合の措置

六　その他公私連携幼保連携型認定こども園の設置及び運営に関し必要な事項

3　公私連携法人は、第十七条第一項の規定にかかわらず、市町村長を経由し、都道府県知事に届け出ることにより、公私連携幼保連携型認定こども園を設置することができる。

4　市町村長は、公私連携法人が前項の規定による届出をした際に、当該公私連携法人が協定に基づき公私連携幼保連携型認定こども園における教育及び保育等を行うために設備の整備を必要とする場合には、当該協定に定めるところにより、当該公私連携法人に対し、当該設備を無償若しくは時価よりも低い対価で貸し付け、又は譲渡するものとする。

5　前項の規定は、地方自治法第九十六条及び第二百三十七条から第二百三十八条の五までの規定の適用を妨げない。

6　公私連携法人は、第十七条第一項の規定による廃止等の認可の申請を行おうとするときは、市町村長を経由して行わなければならない。この場合において、当該市町村長は、当該申請に係る事項に関し意見を付すことができる。

7　市町村長は、公私連携幼保連携型認定こども園の運営を適切にさせるため必要があると認めるときは、公私連携法人若しくは園長に対して必要と認める事項の報告を求め、又は当該職員に関係者に対して質問させ、若しくはその施設に立ち入り、設備、帳簿書類その他の物件を検査させることができる。

8　第十九条第二項及び第三項の規定は、前項の規定による立入検査について準用する。

9　第七項の規定により、公私連携法人若しくは園長に対し報告を求め、又は当該職員に関係者に対し質問させ、若しくは公私連携幼保連携型認定こども園に立入検査をさせた市町村長(指定都市等の長を除く。)は、当該公私連携幼保連携型認定こども園につき、第二十条又は第二十一条第一項の規定による処分が行われる必要があると認めるときは、理由を付して、その旨を都道府県知事に通知しなければならない。

10　市町村長は、公私連携幼保連携型認定こども園が正当な理由なく協定に従って教育及び保育等を行っていないと認めるときは、公私連携法人に対し、協定に従って教育及び保育等を行うことを勧告することができる。

11　市町村長は、前項の規定により勧告を受けた公私連携法人が当該勧告に従わないときは、指定を取り消すことができる。

12　公私連携法人は、前項の規定による指定の取消しの処分を受けたときは、当該処分に係る公私連携幼保連携型認定こども園について、第十七条第一項の規定による廃止の認可を都道府県知事に申請しなければならない。

13　公私連携法人は、前項の規定による廃止の認可の申請をしたときは、当該申請の日前一月以内に教育及び保育等を受けていた者であって、当該廃止の日以後においても引き続き当該教育及び保育等に相当する教育及び保育等の提供を希望する者に対し、必要な教育及び保育等が継続的に提供されるよう、他の幼保連携型認定こども園その他関係者との連絡調整その他の便宜の提供を行わなければならない。

14　指定都市等の長が指定を行う公私連携法人に対する第三項の規定の適用については、同項中「市町村長を経由し、都道府県知事」とあるのは、「指定都市等の長」とし、第六項の規定は、適用しない。

(緊急時における主務大臣の事務執行)

第三十五条　第十九条第一項、第二十条及び第二十一条第一項の規定により都道府県知事の権限に属するものとされている事務は、園児の利益を保護する緊急の必要があると主務大臣が認める場合にあっては、主務大臣又は都道府県知事が行うものとする。この場合においては、この法律の規定中都道府県知事に関する規定(当該事務に係るもの(同条第二項を除く。)に限る。)は、主務大臣に関する規定として主務大臣に適用があるものとする。

2　前項の場合において、主務大臣又は都道府県知事が当該事務を行うときは、相互に密接な連携の下に行うものとする。

（主務大臣等）

第三十六条　この法律における主務大臣は、内閣総理大臣、文部科学大臣及び厚生労働大臣とする。

2　この法律における主務省令は、主務大臣の発する命令とする。

（政令等への委任）

第三十七条　この法律に規定するもののほか、この法律の施行のため必要な事項で、地方公共団体の機関が処理しなければならないものについては政令で、その他のものについては主務省令で定める。

第六章　罰則

第三十八条　第二十一条第一項の規定による事業の停止又は施設の閉鎖の命令に違反した者は、六月以下の懲役若しくは禁錮又は五十万円以下の罰金に処する。

第三十九条　次の各号のいずれかに該当する場合には、その違反行為をした者は、三十万円以下の罰金に処する。

一　第十五条第一項又は第四項の規定に違反して、相当の免許状を有しない者又は登録を受けていない者を主幹保育教諭、指導保育教諭、保育教諭、助保育教諭又は講師に任命し、又は雇用したとき。

二　第十五条第一項又は第四項の規定に違反して、相当の免許状を有せず、又は登録を受けていないにもかかわらず主幹保育教諭、指導保育教諭、保育教諭、助保育教諭又は講師となったとき。

三　第十五条第二項、第三項又は第五項の規定に違反して、相当の免許状を有しない者を主幹養護教諭、養護教諭、主幹栄養教諭、栄養教諭又は養護助教諭に任命し、又は雇用したとき。

四　第十五条第二項、第三項又は第五項の規定に違反して、相当の免許状を有しないにもかかわらず主幹養護教諭、養護教諭、主幹栄養教諭、栄養教諭又は養護助教諭となったとき。

五　第三十一条第一項の規定に違反して、認定こども園という名称又はこれと紛らわしい名称を用いたとき。

六　第三十一条第二項の規定に違反して、幼保連携型認定こども園という名称又はこれと紛らわしい名称を用いたとき。

附　則

（施行期日）

1　この法律は、平成十八年十月一日から施行する。

（幼保連携型認定こども園に係る保育室の床面積の特例）

2　都道府県又は指定都市等が第十三条第一項の規定により条例を定めるに当たっては、保育の実施に対する需要その他の条件を考慮して主務省令で定める基準に照らして主務大臣が指定する地域にあっては、政令で定める日までの間、同条第二項の規定にかかわらず、幼保連携型認定こども園に係る保育室の床面積については、同項に規定する主務省令で定める基準を標準として定めるものとする。

（検討）

3　政府は、この法律の施行後五年を経過した場合において、この法律の施行の状況を勘案し、必要があると認めるときは、この法律の規定について検討を加え、その結果に基づいて必要な措置を講ずるものとする。

就学前の子どもに関する教育、保育等の総合的な提供の推進に関する法律第三条第二項及び第四項の規定に基づき内閣総理大臣、文部科学大臣及び厚生労働大臣が定める施設の設備及び運営に関する基準

（平成二六・七・三一
内・文科・厚労告二）

最新改正　平成三一内・文科・厚労告一

第一　趣旨

就学前の子どもに関する教育、保育等の総合的な提供の推進に関する法律（以下「法」という。）は、幼保連携型認定こども園の設置及び運営に関し必要な事項を定めるとともに、幼稚園及び保育所等のうち、就学前の子どもに対する教育及び保育並びに保護者に対する子育て支援を総合的に提供する機能を備える施設を認定こども園として認定する仕組みを設けるものである。

この幼保連携型認定こども園以外の認定こども園（以下「認定こども園」という。）については、地域の実情に応じた選択が可能となるよう、次に掲げる類型を認めるものである。

一　幼稚園型認定こども園
次のいずれかに該当する施設をいう。

1　幼稚園教育要領（平成二十九年文部科学省告示第六十二号）に従って編成された教育課程に基づく教育を行うほか、当該教育のための時間の終了後、在籍している子どものうち保育を必要とする子どもに該当する者に対する教育を行う幼稚園

2　幼稚園及び保育機能施設のそれぞれの用に供される建物及びその附属設備が一体的に設置されている施設であって、次のいずれかに該当するもの

イ　当該施設を構成する保育機能施設において、満三歳以上の子どもに対し学校教育法（昭和二十二年法律第二十六号）第二十三条各号に掲げる目標が達成されるよう保育を行い、かつ、当該保育を実施するに当たり当該施設を構成する幼稚園との緊密な連携協力体制が確保されていること。

ロ　当該施設を構成する保育機能施設に入所していた子どもを引き続き当該施設を構成する幼稚園に入園させて一貫した教育及び保育を行うこと。

二　保育所型認定こども園
保育を必要とする子どもに対する保育を行うほか、当該保育を必要とする子ども以外の満三歳以上の子どもを保育し、かつ、満三歳以上の子どもに対し学校教育法第二十三条各号に掲げる目標が達成されるよう保育を行う保育所

三　地方裁量型認定こども園
保育を必要とする子どもに対する保育を行うほか、当該保育を必要とする子ども以外の満三歳以上の子どもを保育し、かつ、満三歳以上の子どもに対し学校教育法第二十三条各号に掲げる目標が達成されるよう保育を行う保育機能施設

このように多様な類型の認定こども園を認めると同時に、いずれの類型の認定こども園においても、子どもの健やかな育ちを中心に置き、認定こども園に求められる機能の質を確保する必要がある。このため、法においては、認定こども園の認定の基準について、主務大臣が定める基準を参酌して都道府県（指定都市等所在施設である幼稚園若しくは保育所等又は連携施設については、当該指定都市等）の条例で定めることとしたものである。

第二　職員配置

一　認定こども園には、満一歳未満の子どもおおむね三人につき一人以上、満一歳以上満三歳未満の子どもおおむね六人につき一人以上、満三歳以上満四歳未満の子どもおおむね二十人につき一人以上、満四歳以上の子どもおおむね三十人につき一人以上の教育及び保育に従事する者

を置かなければならない。ただし、常時二人を下回ってはならない。

二　満三歳以上の子どもであって、幼稚園と同様に一日に四時間程度利用するもの（以下「教育時間相当利用児」という。）及び保育所と同様に一日に八時間程度利用するもの（以下「教育及び保育時間相当利用児」という。）に共通の四時間程度の利用時間（以下「共通利用時間」という。）については、満三歳以上の子どもについて学級を編制し、各学級ごとに少なくとも一人の職員（以下「学級担任」という。）に担当させなければならない。この場合において、一学級の子どもの数は三十五人以下を原則とする。

第三　職員資格

一　第二の一により認定こども園に置くものとされる職員のうち満三歳未満の子どもの保育に従事する者は、保育士（当該認定こども園が国家戦略特別区域法（平成二十五年法律第百七号）第十二条の五第五項に規定する事業実施区域内にある場合にあっては、保育士又は国家戦略特別区域限定保育士。以下同じ。）の資格を有する者でなければならない。

二　第二の一により認定こども園に置くものとされる職員のうち満三歳以上の子どもの教育及び保育に従事する者は、幼稚園の教員免許状及び保育士の資格を併有する者であることが望ましいが、幼稚園の教員免許状及び保育士の資格を併有しない場合においては、そのいずれかを有する者でなければならない。

三　二の規定にかかわらず、学級担任は、幼稚園の教員免許状を有する者でなければならない。ただし、保育所型認定こども園又は地方裁量型認定こども園の認定を受ける場合であって学級担任を幼稚園の教員免許状を有する者とすることが困難であるときは、保育士の資格を有する者であって、その意欲、適性及び能力等を考慮して適当と認められるものを、その者が幼稚園の教員免許状の取得に向けた努力を行っている場合に限り、学級担任とすることができる。

四　二の規定にかかわらず、満三歳以上の子どものうち教育及び保育時間相当利用児の保育に従事する者は、保育士の資格を有する者でなければならない。ただし、幼稚園型認定こども園又は地方裁量型認定こども園の認定を受ける場合であって当該教育及び保育時間相当利用児の保育に従事する者を保育士の資格を有する者とすることが困難であるときは、幼稚園の教員免許状を有する者であって、その意欲、適性及び能力等を考慮して適当と認められるものを、その者が保育士の資格の取得に向けた努力を行っている場合に限り、当該教育及び保育時間相当利用児の保育に従事する者とすることができる。

五　認定こども園の長は、教育及び保育並びに子育て支援を提供する機能を総合的に発揮させるよう管理及び運営を行う能力を有しなければならない。

第四　施設設備

一　法第三条第三項の幼稚園及び保育機能施設については、それぞれの用に供される建物及びその附属設備（以下「建物等」という。）が同一の敷地内又は隣接する敷地内にあることが望ましいが、建物等が同一の敷地内又は隣接する敷地内にない場合においては、次に掲げる要件を満たさなければならない。

1　子どもに対する教育及び保育の適切な提供が可能であること。

2　子どもの移動時の安全が確保されていること。

二　認定こども園の園舎の面積（満三歳未満の子どもの保育を行う場合にあっては、満二歳以上満三歳未満の子どもの保育の用に供する保育室、遊戯室その他の施設設備の面積及び満二歳未満の子どもの保育の用に供する乳児室、ほふく室その他の施設設備の面積を除く。）は、次の表に掲げる基準を満たさなければならない。ただし、既存施設が保育所型認定こども園又は地方裁量型認定こども園の認定を受ける場合であって、四本文（満二歳未満の子どもの保育を行う場合にあっては四本文及び九）に規定する基準を満たすときは、この限りでない。

学級数	面積（平方メートル）
一学級	180
二学級以上	320＋100×（学級数－2）

三　認定こども園には、保育室又は遊戯室、屋外遊戯場及び調理室を設けなければならない。

四　三の保育室又は遊戯室の面積は、満二歳以上の子ども一人につき一・九八平方メートル以上でなければならない。ただし、満三歳以上の子どもについては、既存施設が幼稚園型認定こども園又は地方裁量型認定こども園の認定を受ける場合であって、その園舎の面積（満三歳未満の子どもの保育を行う場合にあっては、満二歳以上満三歳未満の子どもの保育の用に供する保育室、遊戯室その他の施設設備の面積及び満二歳未満の子どもの保育の用に供する乳児室、ほふく室その他の施設設備の面積を除く。）が二本文に規定する基準を満たすときは、この限りでない。

五　三の屋外遊戯場の面積は、次に掲げる基準を満たさなければならない。ただし、既存施設が保育所型認定こども園又は地方裁量型認定こども園の認定を受ける場合であって、1の基準を満たすときは、2の基準を満たすことを要しない。また、既存施設が幼稚園型認定こども園又は地方裁量型認定こども園の認定を受ける場合であって、2の基準を満たすときは、1の基準を満たすことを要しない。

1　満二歳以上の子ども一人につき三・三平方メートル以上であること。

2　次の表に掲げる面積に満二歳以上満三歳未満の子どもについて1により算定した面積を加えた面積以上であること。

学級数	面積（平方メートル）
二学級以下	330＋30×（学級数－1）
三学級以上	400＋80×（学級数－3）

六　保育所型認定こども園又は地方裁量型認定こども園にあっては、屋外遊戯場を次に掲げる要件を満たす当該認定こども園の付近にある適当な場所に代えることができる。

1　子どもが安全に利用できる場所であること。

2　利用時間を日常的に確保できる場所であること。

3　子どもに対する教育及び保育の適切な提供が可能な場所であること。

4　五による屋外遊戯場の面積を満たす場所であること。

七　認定こども園は、子どもに食事を提供するときは、当該認定こども園内で調理する方法により行わなければならない。ただし、満三歳以上の子どもに対する食事の提供については、次に掲げる要件を満たす場合に限り、当該認定こども園外で調理し搬入する方法により行うことができる。この場合において、当該認定こども園は、当該食事の提供について当該方法によることとしてもなお当該認定こども園において行うことが必要な調理のための加熱、保存等の調理機能を有する設備を備えるものとする。

1　子どもに対する食事の提供の責任が当該認定こども園にあり、その管理者が、衛生面や栄養面等業務上必要な注意を果たし得るような体制及び調理業務を受託する者との契約内容が確保されていること。

2　当該認定こども園又は他の施設、保健所、市町村等に配置されている栄養士により、献立等について栄養の観点からの指導が受けられる体制にある等、栄養士による必要な配慮が行われること。

3　受託業者については、認定こども園における給食の趣旨を十分に認識し、衛生面、栄養面等、調理業務を適切に遂行できる能力を有する者とすること。

4　子どもの年齢及び発達の段階並びに健康状態に応じた食事の提供や、アレルギー、アトピー等への配慮、必要な栄養素量の給与など、子どもの食事の内容、回数及び時機に適切に応じることができること。

5　食を通じた子どもの健全育成を図る観点から、子どもの発育及び発達の過程に応じて食に関し配慮すべき事項を定めた食育に関する計画に基づき食事を提供するよう努めること。

八　幼稚園型認定こども園の子どもに対する食事の提供について、当該幼稚園型認定こども園内で調理する方法により行う子どもの数が二十人に満たない場合においては、当該食事の提供を行う幼稚園型認定こども園は、三の規定にかかわらず、調理室を備えないことができる。この場合において、当該幼稚園型認定こども園においては、当該食事の提供について当該方法により行うために必要な調理設備を備えなければならない。

九　認定こども園において満二歳未満の子どもの保育を行う場合には、三により置くものとされる施設に加え、乳児室又はほふく室を設けなければならない。この場合において、乳児室の面積は満二歳未満の子ども一人につき一・六五平方メートル以上、ほふく室の面積は満二歳未満の子ども一人につき三・三平方メートル以上でなければならない。

第五　教育及び保育の内容

認定こども園における教育及び保育の内容は、法第六条に基づき、幼保連携型認定こども園教育・保育要領（平成二十九年内閣府文部科学省厚生労働省告示第一号）を踏まえるとともに、幼稚園教育要領及び保育所保育指針（平成二十九年厚生労働省告示第百十七号）に基づかなければならない。また、子どもの一日の生活のリズムや集団生活の経験年数が異なること等の認定こども園に固有の事情に配慮したものでなければならない。

一　教育及び保育の基本及び目標

認定こども園における教育及び保育は、〇歳から小学校就学前までの全ての子どもを対象とし、一人一人の子どもの発達の過程に即した援助の一貫性や生活の連続性を重視しつつ、満三歳以上の子どもに対する学校教育法第二十三条各号に掲げる目標の達成に向けた教育の提供と、家庭において養育されることが困難な子どもに対する保育の提供という二つの機能が一体として展開されなければならない。

このため、認定こども園は、次に掲げる幼稚園教育要領及び保育所保育指針の目標が達成されるように教育及び保育を提供しなければならない。

1　十分に養護の行き届いた環境の下に、くつろいだ雰囲気の中で子どもの様々な欲求を適切に満たし、生命の保持及び情緒の安定を図るようにすること。

2　健康、安全で幸福な生活のための基本的な生活習慣や態度を育て、健全な心身の基礎を培うようにすること。

3　人とのかかわりの中で、人に対する愛情と信頼感、そして人権を大切にする心を育てるとともに、自立と協同の態度及び道徳性の芽生えを培うようにすること。

4　自然などの身近な事象への興味や関心を育て、それらに対する豊かな心情や思考力の芽生えを培うようにすること。

5　日常生活の中で、言葉への興味や関心を育て、喜んで話したり、聞いたりする態度や豊かな言葉の感覚を養うようにすること。

6　多様な体験を通して豊かな感性を育て、創造性を豊かにするようにすること。

認定こども園は、この教育及び保育の目標を達成するため、子どもの発達の状況等に応じ、より具体化した教育及び保育のねらい及び内容を定め、子どもの主体的な活動を促し、乳幼児期にふさわしい生活が展開されるように環境を構成し、子どもが発達に必要な体験を得られるようにしなければならない。

二　認定こども園として配慮すべき事項
　認定こども園において教育及び保育を行うに当たっては、次の事項について特に配慮しなければならない。

1　当該認定こども園の利用を始めた年齢により集団生活の経験年数が異なる子どもがいることに配慮する等、〇歳から小学校就学前までの一貫した教育及び保育を子どもの発達の連続性を考慮して展開していくこと。

2　子どもの一日の生活の連続性及びリズムの多様性に配慮するとともに、保護者の生活形態を反映した子どもの利用時間及び登園日数の違いを踏まえ、一人一人の子どもの状況に応じ、教育及び保育の内容やその展開について工夫をすること。

3　共通利用時間において、幼児期の特性を踏まえ、環境を通して行う教育活動の充実を図ること。

4　保護者及び地域の子育てを自ら実践する力を高める観点に立って子育て支援事業を実施すること。

三　教育及び保育の計画並びに指導計画
　認定こども園における教育及び保育については、二に掲げる認定こども園として配慮すべき事項を踏まえつつ、園として目指すべき目標、理念や運営の方針を明確にしなければならない。

　また、認定こども園においては、教育及び保育を一体的に提供するため、次に掲げる点に留意して、幼稚園における教育課程及び保育所における保育計画の双方の性格を併せ持つ教育及び保育の内容に関する全体的な計画を作成するとともに、年、学期、月、週、日々の指導計画を作成し、教育及び保育を適切に展開しなければならない。

1　教育時間相当利用児と教育及び保育時間相当利用児がいるため、指導計画の作成に当たり、子どもの一日の生活時間に配慮し、活動と休息、緊張感と解放感等の調和を図ること。

2　共通利用時間における教育及び保育の「ねらい及び内容」については、幼稚園教育要領及び保育所保育指針に基づき実施し、指導計画に定めた具体的なねらいを達成すること。

3　家庭や地域において異年齢の子どもとかかわる機会が減少していることを踏まえ、満三歳以上の子どもについては、学級による集団活動とともに、満三歳未満の子どもを含む異年齢の子どもによる活動を、発達の状況にも配慮しつつ適切に組み合わせて設定するなどの工夫をすること。

4　受験等を目的とした単なる知識や特別な技能の早期獲得のみを目指すような、いわゆる早期教育となることのないように配慮すること。

四　環境の構成
　認定こども園における園舎、保育室、屋外遊戯場、遊具、教材等の環境の構成に当たっては、次に掲げる点に留意しなければならない。

1　〇歳から小学校就学前までの様々な年齢の子どもの発達の特性を踏まえ、満三歳未満の子どもについては特に健康、安全や発達の確保を十分に図るとともに、満三歳以上の子どもについては同一学年の子どもで編制される学級による集団活動の中で遊びを中心とする子どもの主体的な活動を通して発達を促す経験が得られるよう工夫をすること。

2　利用時間が異なる多様な子どもがいることを踏まえ、家庭や地域、認定こども園における生活の連続性を確保するため、子どもの生活が安定するよう一日の生活のリズムを整えるよう工夫をすること。特に満三歳未満の子どもについては睡眠時間等の個人差に配慮するとともに、満三歳以上の子どもについては集中して遊ぶ場と家庭的な雰囲気の中でくつろぐ場との適切な調和等の工夫をすること。

3　共通利用時間については、子ども一人一人の行動の理解と予測に基づき計画的に環境を構成するとともに、集団とのかかわりの中で、自己を発揮し、子ども同士の学びあいが深まり広がるように子どもの教育及び保育に従事する者のかかわりを工夫すること。

4　子どもの教育及び保育に従事する者が子どもにとって重要な環境となっていることを念頭に置き、子どもとその教育及び保育に従事する者の信頼関係を十分に築き、子どもとともによりよい教育及び保育の環境を創造すること。

五　日々の教育及び保育の指導における留意点

認定こども園における日々の教育及び保育の指導に際しては、次に掲げる点に留意しなければならない。

1　〇歳から小学校就学前までの子どもの発達の連続性を十分理解した上で、生活や遊びを通して総合的な指導を行うこと。

2　子どもの発達の個人差、施設の利用を始めた年齢の違いなどによる集団生活の経験年数の差、家庭環境等を踏まえ、一人一人の子どもの発達の特性や課題に十分留意すること。特に満三歳未満の子どもについては、大人への依存度が極めて高い等の特性があることから、個別的な対応を図ること。また、子どもの集団生活への円滑な接続について、家庭との連携及び協力を図る等十分留意すること。

3　一日の生活のリズムや利用時間が異なる子どもが共に過ごすことを踏まえ、子どもに不安や動揺を与えないようにする等の配慮を行うこと。

4　共通利用時間においては、同年代の子どもとの集団生活の中で遊びを中心とする子どもの主体的な活動を通して発達を促す経験が得られるように、環境の構成、子どもの教育及び保育に従事する者の指導等の工夫をすること。

5　乳幼児期の食事は、子どもの健やかな発育及び発達に欠かせない重要なものであることから、望ましい食習慣の定着を促すとともに、子ども一人一人の状態に応じた摂取法や摂取量のほか、食物アレルギー等への適切な対応に配慮すること。また、楽しく食べる経験や食に関する様々な体験活動等を通じて、食事をすることへの興味や関心を高め、健全な食生活を実践する力の基礎を培う食育の取組を行うこと。さらに、利用時間の相違により食事を摂る子どもと摂らない子どもがいることにも配慮すること。

6　午睡は生活のリズムを構成する重要な要素であり、安心して眠ることのできる環境を確保するとともに、利用時間が異なることや、睡眠時間は子どもの発達の状況や個人によって差があることから、一律とならないよう配慮すること。

7　健康状態、発達の状況、家庭環境等から特別に配慮を要する子どもについて、一人一人の状況を的確に把握し、専門機関との連携を含め、適切な環境の下で健やかな発達が図られるよう留意すること。

8　家庭との連携においては、子どもの心身の健全な発達を図るために、日々の子どもの状況を的確に把握するとともに、家庭と認定こども園とで日常の子どもの様子を適切に伝え合い、十分な説明に努める等、日常的な連携を図ること。その際、職員間の連絡・協力体制を築き、家庭からの信頼を得られるようにすること。

また、教育及び保育活動に対する保護者の積極的な参加は、保護者の子育てを自ら実践する力の向上に寄与するだけでなく、地域社会における家庭や住民の子育てを自ら実践する力の向上及び子育ての経験の継承につながることから、これを促すこと。その際、保護者の生活形態が異なることを踏まえ、全ての保護者の相互理解が深まるように配慮すること。

六　小学校教育との連携
　認定こども園は、次に掲げる点に留意して、小学校教育との連携を図らなければならない。
1　子どもの発達や学びの連続性を確保する観点から、小学校教育への円滑な接続に向けた教育及び保育の内容の工夫を図り、連携を通じた質の向上を図ること。
2　地域の小学校等との交流活動や合同の研修の実施等を通じ、認定こども園の子どもと小学校等の児童及び認定こども園と小学校等の職員同士の交流を積極的に進めること。
3　全ての子どもについて指導要録の抄本又は写し等の子どもの育ちを支えるための資料の送付により連携する等、教育委員会、小学校等との積極的な情報の共有と相互理解を深めること。

第六　保育者の資質向上等
　認定こども園は、次に掲げる点に留意して、子どもの教育及び保育に従事する者の資質向上等を図らなければならない。
一　子どもの教育及び保育に従事する者の資質は教育及び保育の要であり、自らその向上に努めることが重要であること。
二　教育及び保育の質の確保及び向上を図るためには日々の指導計画の作成や教材準備、研修等が重要であり、これらに必要な時間について、午睡の時間や休業日の活用、非常勤職員の配置等、様々な工夫を行うこと。
三　幼稚園の教員免許状を有する者と保育士資格を有する者との相互理解を図ること。
四　認定こども園においては、教育及び保育に加え、保護者の子育てを自ら実践する力の向上につながるような子育て支援事業等多様な業務が展開されるため、認定こども園の長も含め、職員に対する当該認定こども園の内外の研修の幅を広げること。
　その際、認定こども園の内外での適切な研修計画を作成し、研修を実施するとともに、当該認定こども園の内外での研修の機会を確保できるよう、勤務体制の組み立て等に配慮すること。
五　認定こども園の長には、認定こども園を一つの園として多様な機能を一体的に発揮させる能力や地域の人材及び資源を活用していく調整能力が求められるため、こうした能力を向上させること。

第七　子育て支援
　認定こども園における子育て支援事業については、次に掲げる点に留意して実施されなければならない。
一　単に保護者の育児を代わって行うのではなく、教育及び保育に関する専門性を十分に活用し、子育て相談や親子の集いの場の提供等の保護者への支援を通して保護者自身の子育てを自ら実践する力の向上を積極的に支援すること。また、子育て世帯からの相談を待つだけでなく、認定こども園から地域の子育て世帯に対して働きかけていくような取組も有意義であること。
二　子育て支援事業としては、子育て相談や親子の集いの場の提供、家庭における養育が一時的に困難となった子どもに対する保育の提供等多様な事業が考えられるが、例えば子育て相談や親子の集う場を週三日以上開設する等保護者が利用を希望するときに利用可能な体制を確保すること。
三　子どもの教育及び保育に従事する者が研修等により子育て支援に必要な能力を涵養し、その専門性と資質を向上させていくとともに、地域の子育てを支援するボランティア、ＮＰＯ、専門機関等と連携する等様々な地域の人材や社会資源を活かしていくこと。

第八　管理運営等
一　認定こども園は、多様な機能を一体的に提供するため、一人の認定こども園の長を置き、全ての職員の協力を得ながら一体的な管理運営を行わなければならない。この場合、幼稚園型認定こども園のうち第一の一の2に掲げるものにおいては、幼稚園又は保育機能施設の施設長とは別に認定こども園の長を置くこと又はこれらの施設長のいずれかが認定こども園の長を兼ねることが考えられる。

二　認定こども園における保育を必要とする子どもに対する教育及び保育の時間は、一日につき八時間を原則とし、子どもの保護者の労働時間その他の家庭の状況等を考慮して認定こども園の長が定めなければならない。

　認定こども園の開園日数及び開園時間は、保育を必要とする子どもに対する教育及び保育を適切に提供できるよう、保護者の就労の状況等の地域の実情に応じて定めなければならない。

三　認定こども園は、保護者が多様な施設を適切に選択できるよう、情報開示に努めなければならない。

四　認定こども園は、児童虐待防止の観点から特別の支援を要する家庭、ひとり親家庭又は低所得家庭の子どもや、障害のある子どもなど特別な配慮が必要な子どもの利用が排除されることのないよう、入園する子どもの選考を公正に行わなければならない。

　また、認定こども園は、地方公共団体との連携を図り、こうした子どもの受入れに適切に配慮しなければならない。

五　認定こども園は、耐震、防災、防犯等子どもの健康及び安全を確保する体制を整えなければならない。

　また、認定こども園において事故等が発生した場合の補償を円滑に行うことができるよう、適切な保険や共済制度への加入を通じて、補償の体制を整えなければならない。

六　認定こども園は、自己評価、外部評価等において子どもの視点に立った評価を行い、その結果の公表等を通じて教育及び保育の質の向上に努めなければならない。

七　認定こども園は、その建物又は敷地の公衆の見やすい場所に、当該施設が認定こども園である旨の表示をしなければならない。

附　則

（施行期日）

1　この告示は、就学前の子どもに関する教育、保育等の総合的な提供の推進に関する法律の一部を改正する法律（平成二十四年法律第六十六号）の施行の日（平成二十七年四月一日）（以下「施行日」という。）から施行する。

幼保連携型認定こども園の学級の編制、職員、設備及び運営に関する基準

（平成二六・四・三〇　内・文科・厚労令一）

最新改正　令和元内・文科・厚労令三

（趣旨）

第一条　就学前の子どもに関する教育、保育等の総合的な提供の推進に関する法律（以下「法」という。）第十三条第二項の主務省令で定める基準は、次の各号に掲げる基準に応じ、それぞれ当該各号に定める規定による基準とする。

一　法第十三条第一項の規定により、同条第二項第一号に掲げる事項について都道府県（指定都市等所在施設（法第三条第一項に規定する指定都市等所在施設をいう。次項において同じ。）である幼保連携型認定こども園（都道府県が設置するものを除く。）については、当該指定都市等（法第三条第一項に規定する指定都市等をいう。次項において同じ。）。以下同じ。）が条例を定めるに当たって従うべき基準　第四条、第五条及び第十三条第二項（児童福祉施設の設備及び運営に関する基準（昭和二十三年厚生省令第六十三号）第八条ただし書の規定を読み替

えて準用する部分に限る。）並びに附則第二条第一項、第三条及び第五条から第八条までの規定による基準

二　法第十三条第一項の規定により、同条第二項第二号に掲げる事項について都道府県が条例を定めるに当たって従うべき基準　第六条、第七条第一項から第六項まで、第十三条第一項（児童福祉施設の設備及び運営に関する基準第三十二条第八号の規定を読み替えて準用する部分に限る。）及び第二項（同令第八条ただし書の規定を読み替えて準用する部分に限る。）並びに第十四条並びに附則第二条第二項及び第四条の規定による基準

三　法第十三条第一項の規定により、同条第二項第三号に掲げる事項について都道府県が条例を定めるに当たって従うべき基準　第九条第一項（第一号及び第二号に係る部分に限る。）、第十二条及び第十三条第一項（児童福祉施設の設備及び運営に関する基準第九条から第九条の三まで、第十一条（第四項ただし書を除く。）、第十四条の二及び第三十二条の二（後段を除く。）の規定を読み替えて準用する部分に限る。）の規定による基準

四　法第十三条第一項の規定により、同条第二項各号に掲げる事項以外の事項について都道府県が条例を定めるに当たって参酌すべき基準　この命令に定める基準のうち、前三号に定める規定による基準以外のもの

2　法第十三条第二項の主務省令で定める基準は、都道府県知事（指定都市等所在施設である幼保連携型認定こども園（都道府県が設置するものを除く。）については、当該指定都市等の長。以下同じ。）の監督に属する幼保連携型認定こども園の園児（法第十四条第六項に規定する園児をいう。以下同じ。）が、明るくて、衛生的な環境において、素養があり、かつ、適切な養成又は訓練を受けた職員の指導により、心身ともに健やかに育成されることを保障するものとする。

3　内閣総理大臣、文部科学大臣及び厚生労働大臣は、法第十三条第二項の主務省令で定める基準を常に向上させるように努めるものとする。

（設備運営基準の目的）

第二条　法第十三条第一項の規定により都道府県が条例で定める基準（次条において「設備運営基準」という。）は、都道府県知事の監督に属する幼保連携型認定こども園の園児が、明るくて、衛生的な環境において、素養があり、かつ、適切な養成又は訓練を受けた職員の指導により、心身ともに健やかに育成されることを保障するものとする。

（設備運営基準の向上）

第三条　都道府県知事は、その管理に属する法第二十五条に規定する審議会その他の合議制の機関の意見を聴き、その監督に属する幼保連携型認定こども園に対し、設備運営基準を超えて、その設備及び運営を向上させるように勧告することができる。

2　都道府県は、設備運営基準を常に向上させるように努めるものとする。

（学級の編制の基準）

第四条　満三歳以上の園児については、教育課程に基づく教育を行うため、学級を編制するものとする。

2　一学級の園児数は、三十五人以下を原則とする。

3　学級は、学年の初めの日の前日において同じ年齢にある園児で編制することを原則とする。

（職員の数等）

第五条　幼保連携型認定こども園には、各学級ごとに担当する専任の主幹保育教諭、指導保育教諭又は保育教諭（次項において「保育教諭等」という。）を一人以上置かなければならない。

2　特別の事情があるときは、保育教諭等は、専任の副園長若しくは教頭が兼ね、又は当該幼保連携型認定こども園の学級数の三分の一の範囲内で、専任の助保育教諭若しくは講師をもって代えることができる。

3　幼保連携型認定こども園に置く園児の教育及び保育（満三歳未満の園児については、その保育。以下同じ。）に直接従事する職員の数は、次の表の上欄に掲げる園児の区

分に応じ、それぞれ同表の下欄に定める員数以上とする。ただし、当該職員の数は、常時二人を下ってはならない。

園児の区分	員数
一 満四歳以上の園児	おおむね三十人につき一人
二 満三歳以上満四歳未満の園児	おおむね二十人につき一人
三 満一歳以上満三歳未満の園児	おおむね六人につき一人
四 満一歳未満の園児	おおむね三人につき一人

備考
一 この表に定める員数は、副園長（幼稚園の教諭の普通免許状（教育職員免許法（昭和二十四年法律第百四十七号）第四条第二項に規定する普通免許状をいう。以下この号及び附則第六条において同じ。）を有し、かつ、児童福祉法（昭和二十二年法律第百六十四号）第十八条の十八第一項（国家戦略特別区域法（平成二十五年法律第百七号）第十二条の五第五項に規定する事業実施区域内にある幼保連携型認定こども園にあっては、同条第八項において準用する場合を含む。）の登録（以下この号において「登録」という。）を受けたものに限る。）、教頭（幼稚園の教諭の普通免許状を有し、かつ、登録を受けたものに限る。）、主幹保育教諭、指導保育教諭、保育教諭、助保育教諭又は講師であって、園児の教育及び保育に直接従事する者の数をいう。
二 この表に定める員数は、同表の上欄の園児の区分ごとに下欄の園児数に応じ定める数を合算した数とする。
三 この表の第一号及び第二号に係る員数が学級数を下るときは、当該学級数に相当する数を当該員数とする。
四 園長が専任でない場合は、原則としてこの表に定める員数を一人増加するものとする。

4 幼保連携型認定こども園には、調理員を置かなければならない。ただし、第十三条第一項において読み替えて準用する児童福祉施設の設備及び運営に関する基準第三十二条の二（後段を除く。第七条第三項において同じ。）の規定により、調理業務の全部を委託する幼保連携型認定こども園にあっては、調理員を置かないことができる。

5 幼保連携型認定こども園には、次に掲げる職員を置くよう努めなければならない。
一 副園長又は教頭
二 主幹養護教諭、養護教諭又は養護助教諭
三 事務職員

（園舎及び園庭）

第六条 幼保連携型認定こども園には、園舎及び園庭を備えなければならない。

2 園舎は、二階建以下を原則とする。ただし、特別の事情がある場合は、三階建以上とすることができる。

3 乳児室、ほふく室、保育室、遊戯室又は便所（以下この項及び次項において「保育室等」という。）は一階に設けるものとする。ただし、園舎が第十三条第一項において読み替えて準用する児童福祉施設の設備及び運営に関する基準第三十二条第八号イ、ロ及びヘに掲げる要件を満たすときは保育室等を二階に、前項ただし書の規定により園舎を三階建以上とする場合であって、第十三条第一項において読み替えて準用する同令第三十二条第八号に掲げる要件を満たすときは、保育室等を三階以上の階に設けることができる。

4 前項ただし書の場合において、三階以上の階に設けられる保育室等は、原則として、満三歳未満の園児の保育の用に供するものでなければならない。

5 園舎及び園庭は、同一の敷地内又は隣接する位置に設けることを原則とする。

6 園舎の面積は、次に掲げる面積を合算した面積以上とする。
一 次の表の上欄に掲げる学級数に応じ、

それぞれ同表の下欄に定める面積

学級数	面積（平方メートル）
一学級	180
二学級以上	320＋100×（学級数－2）

二　満三歳未満の園児数に応じ、次条第六項の規定により算定した面積

7　園庭の面積は、次に掲げる面積を合算した面積以上とする。

一　次に掲げる面積のうちいずれか大きい面積

イ　次の表の上欄に掲げる学級数に応じ、それぞれ同表の下欄に定める面積

学級数	面積（平方メートル）
二学級以下	330＋30×（学級数－1）
三学級以上	400＋80×（学級数－3）

ロ　三・三平方メートルに満三歳以上の園児数を乗じて得た面積

二　三・三平方メートルに満二歳以上満三歳未満の園児数を乗じて得た面積

（園舎に備えるべき設備）

第七条　園舎には、次に掲げる設備（第二号に掲げる設備については、満二歳未満の保育を必要とする子どもを入園させる場合に限る。）を備えなければならない。ただし、特別の事情があるときは、保育室と遊戯室及び職員室と保健室とは、それぞれ兼用することができる。

一　職員室
二　乳児室又はほふく室
三　保育室
四　遊戯室
五　保健室
六　調理室
七　便所
八　飲料水用設備、手洗用設備及び足洗用設備

2　保育室（満三歳以上の園児に係るものに限る。）の数は、学級数を下ってはならない。

3　満三歳以上の園児に対する食事の提供について、第十三条第一項において読み替えて準用する児童福祉施設の設備及び運営に関する基準第三十二条の二に規定する方法により行う幼保連携型認定こども園にあっては、第一項の規定にかかわらず、調理室を備えないことができる。この場合において、当該幼保連携型認定こども園においては、当該食事の提供について当該方法によることとしてもなお当該幼保連携型認定こども園において行うことが必要な調理のための加熱、保存等の調理機能を有する設備を備えなければならない。

4　園児に対する食事の提供について、幼保連携型認定こども園内で調理する方法により行う園児数が二十人に満たない場合においては、当該食事の提供を行う幼保連携型認定こども園は、第一項の規定にかかわらず、調理室を備えないことができる。この場合において、当該幼保連携型認定こども園においては、当該食事の提供について当該方法により行うために必要な調理設備を備えなければならない。

5　飲料水用設備は、手洗用設備又は足洗用設備と区別して備えなければならない。

6　次の各号に掲げる設備の面積は、当該各号に定める面積以上とする。

一　乳児室　一・六五平方メートルに満二歳未満の園児のうちほふくしないものの数を乗じて得た面積
二　ほふく室　三・三平方メートルに満二歳未満の園児のうちほふくするものの数を乗じて得た面積
三　保育室又は遊戯室　一・九八平方メートルに満二歳以上の園児数を乗じて得た面積

7　第一項に掲げる設備のほか、園舎には、次に掲げる設備を備えるよう努めなければならない。

一　放送聴取設備
二　映写設備
三　水遊び場
四　園児清浄用設備
五　図書室

六　会議室

（園具及び教具）

第八条　幼保連携型認定こども園には、学級数及び園児数に応じ、教育上及び保育上、保健衛生上並びに安全上必要な種類及び数の園具及び教具を備えなければならない。

2　前項の園具及び教具は、常に改善し、補充しなければならない。

（教育及び保育を行う期間及び時間）

第九条　幼保連携型認定こども園における教育及び保育を行う期間及び時間は、次に掲げる要件を満たすものでなければならない。

一　毎学年の教育週数は、特別の事情のある場合を除き、三十九週を下ってはならないこと。

二　教育に係る標準的な一日当たりの時間（次号において「教育時間」という。）は、四時間とし、園児の心身の発達の程度、季節等に適切に配慮すること。

三　保育を必要とする子どもに該当する園児に対する教育及び保育の時間（満三歳以上の保育を必要とする子どもに該当する園児については、教育時間を含む。）は、一日につき八時間を原則とすること。

2　前項第三号の時間については、その地方における園児の保護者の労働時間その他家庭の状況等を考慮して、園長がこれを定めるものとする。

（子育て支援事業の内容）

第十条　幼保連携型認定こども園における保護者に対する子育ての支援は、保護者が子育てについての第一義的責任を有するという基本認識の下に、子育てを自ら実践する力の向上を積極的に支援することを旨として、教育及び保育に関する専門性を十分に活用し、子育て支援事業のうち、その所在する地域における教育及び保育に対する需要に照らし当該地域において実施することが必要と認められるものを、保護者の要請に応じ適切に提供し得る体制の下で行うものとする。その際、地域の人材や社会資源の活用を図るよう努めるものとする。

（掲示）

第十一条　幼保連携型認定こども園は、その建物又は敷地の公衆の見やすい場所に、当該施設が幼保連携型認定こども園である旨を掲示しなければならない。

（学校教育法施行規則の準用）

第十二条　学校教育法施行規則（昭和二十二年文部省令第十一号）第五十四条の規定は、幼保連携型認定こども園について準用する。この場合において、同条中「児童が」とあるのは「就学前の子どもに関する教育、保育等の総合的な提供の推進に関する法律第十四条第六項に規定する園児（以下この条において「園児」という。）が」と、「児童の」とあるのは「園児の」と読み替えるものとする。

（児童福祉施設の設備及び運営に関する基準の準用）

第十三条　児童福祉施設の設備及び運営に関する基準第四条、第五条第一項、第二項及び第四項、第七条の二、第九条から第九条の三まで、第十一条（第四項ただし書を除く。）、第十四条の二、第十四条の三第一項、第三項及び第四項、第三十二条第八号、第三十二条の二（後段を除く。）並びに第三十六条の規定は、幼保連携型認定こども園について準用する。この場合において、次の表の上欄に掲げる同令の規定中同表の中欄に掲げる字句は、それぞれ同表の下欄に掲げる字句に読み替えるものとする。

読み替える児童福祉施設の設備及び運営に関する基準の規定	読み替えられる字句	読み替える字句
第四条の見出し及び同条第二項	最低基準	設備運営基準
第四条第一項	最低基準	就学前の子どもに関する教育、保育等の総合的な提供の推進に関する法律第十三条第一項

		の規定により都道府県（同法第三条第一項に規定する指定都市等所在施設である同法第二条第七項に規定する幼保連携型認定こども園（都道府県が設置するものを除く。）については、当該指定都市等（同法第三条第一項に規定する指定都市等をいう。））が条例で定める基準（以下この条において「設備運営基準」という。）
第五条第一項	入所している者	就学前の子どもに関する教育、保育等の総合的な提供の推進に関する法律第十四条第六項に規定する園児（以下「園児」という。）
第五条第二項及び	児童の	園児の
第十一条第五項		
第七条の二第一項	法	就学前の子どもに関する教育、保育等の総合的な提供の推進に関する法律
第九条の見出し	入所した者	園児
第九条並びに第十一条第二項及び第三項	入所している者	園児
第九条	又は入所	又は入園
第九条の二	入所中の児童	園児
	当該児童	当該園児
第九条の三	児童福祉施設の長	就学前の子どもに関する教育、保育等の総合的な提供の推進に関する法律第十四条第一項に規定する園長（以下「園長」という。）
	入所中の児童等（法第三十三条の七に規定する児童等をいう。以下この条において同じ。）に対し法第四十七条第一項本文の規定により親権を行う場合であつて懲戒するとき又は同条	法第四十七条
	その児童等	園児
第十一条第一項	入所している者	保育を必要とする子どもに該当する園児
	第八条	幼保連携型認定こども園の学級の編制、職員、設備及び運営に関する基準第十三条第二項において読み替えて準用する第八条
	社会福祉施設	学校、社会福祉施設等

第十四条の二	利用者	園児
第十四条の三第一項	援助	教育及び保育（満三歳未満の園児については、その保育。以下同じ。）並びに子育ての支援
	入所している者	園児
第十四条の三第三項	援助に関し、当該措置又は助産の実施、母子保護の実施若しくは保育の提供若しくは法第二十四条第五項若しくは第六項の規定による措置に係る	教育及び保育並びに子育ての支援について、
第三十二条第八号	又は遊戯室	、遊戯室又は便所
第三十二条第八号イ	耐火建築物（建築基準法（昭和二十五年法律第二百一号）第二条第九号の二に規定する耐火建築物をいう。以下この号において同じ。）又は準耐火建築物（同条第九号の三に規定する準耐火建築物をいい、同号ロに該当するものを除く。）（保育室等を三階以上に設ける建物にあっては、耐火建築物）	建築基準法（昭和二十五年法律第二百一号）第二条第九号の二に規定する耐火建築物
第三十二条第八号ロ	施設又は設備	設備
第三十二条第八号ハ	施設及び設備	設備
第三十二条第八号へ	乳幼児	園児
第三十二条の二	第十一条第一項	幼保連携型認定こども園の学級の編制、職員、設備及び運営に関する基準第十三条第一項において読み替えて準用する第十一条第一項
	幼児	園児
	乳幼児	園児
第三十六条	保育所の長	園長
	入所している乳幼児	園児
	保育	教育及び保育

2　児童福祉施設の設備及び運営に関する基準第八条の規定は、幼保連携型認定こども園の職員及び設備について準用する。この場合において、同条の見出し中「他の社会福祉施設を併せて設置する」とあるのは職員については「他の学校又は社会福祉施設の職員を兼ねる」と、設備については「他の学校、社会福祉施設等の設備を兼ねる」

と、「設備及び職員」とあるのは職員については「職員」と、設備については「設備」と、同条中「他の社会福祉施設を併せて設置するときは、必要に応じ」とあるのは「その運営上必要と認められる場合は、」と、「設備及び職員」とあるのは職員については「職員」と、設備については「設備」と、「併せて設置する社会福祉施設」とあるのは職員については「他の学校又は社会福祉施設」と、設備については「他の学校、社会福祉施設等」と、「入所している者の居室及び各施設に特有の設備並びに入所している者の保護に直接従事する職員」とあるのは職員については「就学前の子どもに関する教育、保育等の総合的な提供の推進に関する法律第十四条第六項に規定する園児の保育に直接従事する職員」と、設備については「乳児室、ほふく室、保育室、遊戯室又は便所」と読み替えるものとする。

(幼稚園設置基準の準用)

第十四条　幼稚園設置基準(昭和三十一年文部省令第三十二号)第七条の規定は、幼保連携型認定こども園について準用する。この場合において、同条第一項中「幼児の教育上」とあるのは「その運営上」と、同条第二項中「施設及び設備」とあるのは「設備」と読み替えるものとする。

附　則(抄)

(施行期日)

第一条　この命令は、就学前の子どもに関する教育、保育等の総合的な提供の推進に関する法律の一部を改正する法律(平成二十四年法律第六十六号。以下「一部改正法」という。)の施行の日(平成二十七年四月一日)(以下「施行日」という。)から施行する。

幼保連携型認定こども園教育・保育要領

(平成二九・三・三一　内・文科・厚労告一)
(平成三〇・四・一施行)

第一章　総則

第1　幼保連携型認定こども園における教育及び保育の基本及び目標等

1　幼保連携型認定こども園における教育及び保育の基本

乳幼児期の教育及び保育は、子どもの健全な心身の発達を図りつつ生涯にわたる人格形成の基礎を培う重要なものであり、幼保連携型認定こども園における教育及び保育は、就学前の子どもに関する教育、保育等の総合的な提供の推進に関する法律(平成十八年法律第七十七号。以下「認定こども園法」という。)第二条第七項に規定する目的及び第九条に掲げる目標を達成するため、乳幼児期全体を通して、その特性及び保護者や地域の実態を踏まえ、環境を通して行うものであることを基本とし、家庭や地域での生活を含めた園児の生活全体が豊かなものとなるように努めなければならない。

このため保育教諭等は、園児との信頼関係を十分に築き、園児が自ら安心して身近な環境に主体的に関わり、環境との関わり方や意味に気付き、これらを取り込もうとして、試行錯誤したり、考えたりするようになる幼児期の教育における見方・考え方を生かし、その活動が豊かに展開されるよう環境を整え、園児と共によりよい教育及び保育の環境を創造するように努めるものとする。これらを踏まえ、次に示す事項を重視して教育及び保育を行わなければならない。

(1) 乳幼児期は周囲への依存を基盤にしつつ自立に向かうものであることを考慮して、周囲との信頼関係に支えられた生活の中で、園児一人一人が安心感と信頼感をもっていろいろな活動に取り組む体験を十分に積み重ねられるようにすること。

(2) 乳幼児期においては生命の保持が図られ安定した情緒の下で自己を十分に発揮することにより発達に必要な体験を得ていくものであることを考慮して、園児の主体的な活動を促し、乳幼児期にふさわしい生活が展開されるようにすること。

(3) 乳幼児期における自発的な活動としての遊びは、心身の調和のとれた発達の基礎を培う重要な学習であることを考慮して、遊びを通しての指導を中心として第二章に示すねらいが総合的に達成されるようにすること。

(4) 乳幼児期における発達は、心身の諸側面が相互に関連し合い、多様な経過をたどって成し遂げられていくものであること、また、園児の生活経験がそれぞれ異なることなどを考慮して、園児一人一人の特性や発達の過程に応じ、発達の課題に即した指導を行うようにすること。

その際、保育教諭等は、園児の主体的な活動が確保されるよう、園児一人一人の行動の理解と予想に基づき、計画的に環境を構成しなければならない。この場合において、保育教諭等は、園児と人やものとの関わりが重要であることを踏まえ、教材を工夫し、物的・空間的環境を構成しなければならない。また、園児一人一人の活動の場面に応じて、様々な役割を果たし、その活動を豊かにしなければならない。

なお、幼保連携型認定こども園における教育及び保育は、園児が入園してから修了するまでの在園期間全体を通して行われるものであり、この章の第3に示す幼保連携型認定こども園として特に配慮すべき事項を十分に踏まえて行うものとする。

2　幼保連携型認定こども園における教育及び保育の目標

幼保連携型認定こども園は、家庭との連携を図りながら、この章の第1の1に示す幼保連携型認定こども園における教育及び保育の基本に基づいて一体的に展開される幼保連携型認定こども園における生活を通して、生きる力の基礎を育成するよう認定こども園法第九条に規定する幼保連携型認定こども園の教育及び保育の目標の達成に努めなければならない。幼保連携型認定こども園は、このことにより、義務教育及びその後の教育の基礎を培うとともに、子どもの最善の利益を考慮しつつ、その生活を保障し、保護者と共に園児を心身ともに健やかに育成するものとする。

なお、認定こども園法第九条に規定する幼保連携型認定こども園の教育及び保育の目標については、発達や学びの連続性及び生活の連続性の観点から、小学校就学の始期に達するまでの時期を通じ、その達成に向けて努力すべき目当てとなるものであることから、満三歳未満の園児の保育にも当てはまることに留意するものとする。

3　幼保連携型認定こども園の教育及び保育において育みたい資質・能力及び「幼児期の終わりまでに育ってほしい姿」

(1) 幼保連携型認定こども園においては、生きる力の基礎を育むため、この章の1に示す幼保連携型認定こども園の教育及び保育の基本を踏まえ、次に掲げる資質・能力を一体的に育むよう努めるものとする。

ア　豊かな体験を通じて、感じたり、気付いたり、分かったり、できるようになったりする「知識及び技能の基礎」

イ　気付いたことや、できるようになったことなどを使い、考えたり、試したり、工夫したり、表現したりする「思考力、判断力、表現力等の基礎」

ウ　心情、意欲、態度が育つ中で、よりよい生活を営もうとする「学びに向かう力、人間性等」

(2)　(1)に示す資質・能力は、第二章に示すねらい及び内容に基づく活動全体によって育むものである。

(3)　次に示す「幼児期の終わりまでに育ってほしい姿」は、第二章に示すねらい及び内容に基づく活動全体を通して資質・能力が育まれている園児の幼保連携型認定こども園修了時の具体的な姿であり、保育教諭等が指導を行う際に考慮するものである。

ア　健康な心と体

幼保連携型認定こども園における生活の中で、充実感をもって自分のやりたいことに向かって心と体を十分に働かせ、見通しをもって行動し、自ら健康で安全な生活をつくり出すようになる。

イ　自立心

身近な環境に主体的に関わり様々な活動を楽しむ中で、しなければならないことを自覚し、自分の力で行うために考えたり、工夫したりしながら、諦めずにやり遂げることで達成感を味わい、自信をもって行動するようになる。

ウ　協同性

友達と関わる中で、互いの思いや考えなどを共有し、共通の目的の実現に向けて、考えたり、工夫したり、協力したりし、充実感をもってやり遂げるようになる。

エ　道徳性・規範意識の芽生え

友達と様々な体験を重ねる中で、してよいことや悪いことが分かり、自分の行動を振り返ったり、友達の気持ちに共感したりし、相手の立場に立って行動するようになる。また、きまりを守る必要性が分かり、自分の気持ちを調整し、友達と折り合いを付けながら、きまりをつくったり、守ったりするようになる。

オ　社会生活との関わり

家族を大切にしようとする気持ちをもつとともに、地域の身近な人と触れ合う中で、人との様々な関わり方に気付き、相手の気持ちを考えて関わり、自分が役に立つ喜びを感じ、地域に親しみをもつようになる。また、幼保連携型認定こども園内外の様々な環境に関わる中で、遊びや生活に必要な情報を取り入れ、情報に基づき判断したり、情報を伝え合ったり、活用したりするなど、情報を役立てながら活動するようになるとともに、公共の施設を大切に利用するなどして、社会とのつながりなどを意識するようになる。

カ　思考力の芽生え

身近な事象に積極的に関わる中で、物の性質や仕組みなどを感じ取ったり、気付いたりし、考えたり、予想したり、工夫したりするなど、多様な関わりを楽しむようになる。また、友達の様々な考えに触れる中で、自分と異なる考えがあることに気付き、自ら判断したり、考え直したりするなど、新しい考えを生み出す喜びを味わいながら、自分の考えをよりよいものにするようになる。

キ　自然との関わり・生命尊重

自然に触れて感動する体験を通して、自然の変化などを感じ取り、好奇心や探究心をもって考え言葉などで表現しながら、身近な事象への関心が高まるとともに、自然への愛情や畏敬の念をもつようになる。また、身近な動植物に心を動かされる中で、生命の不思議さや尊さに気付き、身近な動植物への接し方を考え、命あるものとしていたわり、大切にする気持ちをもって関わるようになる。

ク　数量や図形、標識や文字などへの関心・感覚

遊びや生活の中で、数量や図形、標識や文字などに親しむ体験を重ねたり、標識や文字の役割に気付いたりし、自らの必要感に基づきこれらを活用し、興味や関心、感覚をもつようになる。

ケ　言葉による伝え合い

保育教諭等や友達と心を通わせる中で、絵本や物語などに親しみながら、豊かな言葉や表現を身に付け、経験したことや考えたことなどを言葉で伝えたり、相手の話を注意して聞いたりし、言葉による伝え合いを楽しむようになる。

コ　豊かな感性と表現

心を動かす出来事などに触れ感性を働かせる中で、様々な素材の特徴や表現の仕方などに気付き、感じたことや考えたことを自分で表現したり、友達同士で表現する過程を楽しんだりし、表現する喜びを味わい、意欲をもつようになる。

第2　教育及び保育の内容並びに子育ての支援等に関する全体的な計画等

1　教育及び保育の内容並びに子育ての支援等に関する全体的な計画の作成等

(1)　教育及び保育の内容並びに子育ての支援等に関する全体的な計画の役割

各幼保連携型認定こども園においては、教育基本法（平成十八年法律第百二十号）、児童福祉法（昭和二十二年法律第百六十四号）及び認定こども園法その他の法令並びにこの幼保連携型認定こども園教育・保育要領の示すところに従い、教育と保育を一体的に提供するため、創意工夫を生かし、園児の心身の発達と幼保連携型認定こども園、家庭及び地域の実態に即応した適切な教育及び保育の内容並びに子育ての支援等に関する全体的な計画を作成するものとする。

教育及び保育の内容並びに子育ての支援等に関する全体的な計画とは、教育と保育を一体的に捉え、園児の入園から修了までの在園期間の全体にわたり、幼保連携型認定こども園の目標に向かってどのような過程をたどって教育及び保育を進めていくかを明らかにするものであり、子育ての支援と有機的に連携し、園児の園生活全体を捉え、作成する計画である。

各幼保連携型認定こども園においては、「幼児期の終わりまでに育ってほしい姿」を踏まえ教育及び保育の内容並びに子育ての支援等に関する全体的な計画を作成すること、その実施状況を評価して改善を図っていくこと、また実施に必要な人的又は物的な体制を確保するとともにその改善を図っていくことなどを通して、教育及び保育の内容並びに子育ての支援等に関する全体的な計画に基づき組織的かつ計画的に各幼保連携型認定こども園の教育及び保育活動の質の向上を図っていくこと（以下「カリキュラム・マネジメント」という。）に努めるものとする。

(2)　各幼保連携型認定こども園の教育及び保育の目標と教育及び保育の内容並びに子育ての支援等に関する全体的な計画の作成

教育及び保育の内容並びに子育ての支援等に関する全体的な計画の作成に当たっては、幼保連携型認定こども園の教育及び保育において育みたい資質・能力を踏まえつつ、各幼保連携型認定こども園の教育及び保育の目標を明確にするとともに、教育及び保育の内容並びに子育ての支援等に関する全体的な計画の作成についての基本的な方針が家庭や地域とも共有されるよう努めるものとする。

(3)　教育及び保育の内容並びに子育ての

支援等に関する全体的な計画の作成上の基本的事項

ア　幼保連携型認定こども園における生活の全体を通して第二章に示すねらいが総合的に達成されるよう、教育課程に係る教育期間や園児の生活経験や発達の過程などを考慮して具体的なねらいと内容を組織するものとする。この場合においては、特に、自我が芽生え、他者の存在を意識し、自己を抑制しようとする気持ちが生まれるなどの乳幼児期の発達の特性を踏まえ、入園から修了に至るまでの長期的な視野をもって充実した生活が展開できるように配慮するものとする。

イ　幼保連携型認定こども園の満三歳以上の園児の教育課程に係る教育週数は、特別の事情のある場合を除き、三十九週を下ってはならない。

ウ　幼保連携型認定こども園の一日の教育課程に係る教育時間は、四時間を標準とする。ただし、園児の心身の発達の程度や季節などに適切に配慮するものとする。

エ　幼保連携型認定こども園の保育を必要とする子どもに該当する園児に対する教育及び保育の時間（満三歳以上の保育を必要とする子どもに該当する園児については、この章の第2の1の(3)ウに規定する教育時間を含む。）は、一日につき八時間を原則とし、園長がこれを定める。ただし、その地方における園児の保護者の労働時間その他家庭の状況等を考慮するものとする。

(4)　教育及び保育の内容並びに子育ての支援等に関する全体的な計画の実施上の留意事項

各幼保連携型認定こども園においては、園長の方針の下に、園務分掌に基づき保育教諭等職員が適切に役割を分担しつつ、相互に連携しながら、教育及び保育の内容並びに子育ての支援等に関する全体的な計画や指導の改善を図るものとする。また、各幼保連携型認定こども園が行う教育及び保育等に係る評価については、教育及び保育の内容並びに子育ての支援等に関する全体的な計画の作成、実施、改善が教育及び保育活動や園運営の中核となることを踏まえ、カリキュラム・マネジメントと関連付けながら実施するよう留意するものとする。

(5)　小学校教育との接続に当たっての留意事項

ア　幼保連携型認定こども園においては、その教育及び保育が、小学校以降の生活や学習の基盤の育成につながることに配慮し、乳幼児期にふさわしい生活を通して、創造的な思考や主体的な生活態度などの基礎を培うようにするものとする。

イ　幼保連携型認定こども園の教育及び保育において育まれた資質・能力を踏まえ、小学校教育が円滑に行われるよう、小学校の教師との意見交換や合同の研究の機会などを設け、「幼児期の終わりまでに育ってほしい姿」を共有するなど連携を図り、幼保連携型認定こども園における教育及び保育と小学校教育との円滑な接続を図るよう努めるものとする。

2　指導計画の作成と園児の理解に基づいた評価

(1)　指導計画の考え方

幼保連携型認定こども園における教育及び保育は、園児が自ら意欲をもって環境と関わることによりつくり出される具体的な活動を通して、その目標の達成を図るものである。

幼保連携型認定こども園においてはこのことを踏まえ、乳幼児期にふさわしい生活が展開され、適切な指導が行われるよう、調和のとれた組織的、発展的な指導計画を作成し、園児の活動に沿った柔軟な指導を行わなければならない。

(2)　指導計画の作成上の基本的事項

ア　指導計画は、園児の発達に即して

園児一人一人が乳幼児期にふさわしい生活を展開し、必要な体験を得られるようにするために、具体的に作成するものとする。

イ　指導計画の作成に当たっては、次に示すところにより、具体的なねらい及び内容を明確に設定し、適切な環境を構成することなどにより活動が選択・展開されるようにするものとする。

(ア)　具体的なねらい及び内容は、幼保連携型認定こども園の生活における園児の発達の過程を見通し、園児の生活の連続性、季節の変化などを考慮して、園児の興味や関心、発達の実情などに応じて設定すること。

(イ)　環境は、具体的なねらいを達成するために適切なものとなるように構成し、園児が自らその環境に関わることにより様々な活動を展開しつつ必要な体験を得られるようにすること。その際、園児の生活する姿や発想を大切にし、常にその環境が適切なものとなるようにすること。

(ウ)　園児の行う具体的な活動は、生活の流れの中で様々に変化するものであることに留意し、園児が望ましい方向に向かって自ら活動を展開していくことができるよう必要な援助をすること。

その際、園児の実態及び園児を取り巻く状況の変化などに即して指導の過程についての評価を適切に行い、常に指導計画の改善を図るものとする。

(3)　指導計画の作成上の留意事項

指導計画の作成に当たっては、次の事項に留意するものとする。

ア　園児の生活は、入園当初の一人一人の遊びや保育教諭等との触れ合いを通して幼保連携型認定こども園の生活に親しみ、安定していく時期から、他の園児との関わりの中で園児の主体的な活動が深まり、園児が互いに必要な存在であることを認識するようになる。その後、園児同士や学級全体で目的をもって協同して幼保連携型認定こども園の生活を展開し、深めていく時期などに至るまでの過程を様々に経ながら広げられていくものである。これらを考慮し、活動がそれぞれの時期にふさわしく展開されるようにすること。

また、園児の入園当初の教育及び保育に当たっては、既に在園している園児に不安や動揺を与えないようにしつつ、可能な限り個別的に対応し、園児が安定感を得て、次第に幼保連携型認定こども園の生活になじんでいくよう配慮すること。

イ　長期的に発達を見通した年、学期、月などにわたる長期の指導計画やこれとの関連を保ちながらより具体的な園児の生活に即した週、日などの短期の指導計画を作成し、適切な指導が行われるようにすること。特に、週、日などの短期の指導計画については、園児の生活のリズムに配慮し、園児の意識や興味の連続性のある活動が相互に関連して幼保連携型認定こども園の生活の自然な流れの中に組み込まれるようにすること。

ウ　園児が様々な人やものとの関わりを通して、多様な体験をし、心身の調和のとれた発達を促すようにしていくこと。その際、園児の発達に即して主体的・対話的で深い学びが実現するようにするとともに、心を動かされる体験が次の活動を生み出すことを考慮し、一つ一つの体験が相互に結び付き、幼保連携型認定こども園の生活が充実するようにすること。

エ　言語に関する能力の発達と思考力等の発達が関連していることを踏まえ、幼保連携型認定こども園における生活全体を通して、園児の発達を踏まえた言語環境を整え、言語活動の充実を図ること。

オ　園児が次の活動への期待や意欲をもつことができるよう、園児の実態を踏まえながら、保育教諭等や他の園児と共に遊びや生活の中で見通しをもったり、振り返ったりするよう工夫すること。

カ　行事の指導に当たっては、幼保連携型認定こども園の生活の自然な流れの中で生活に変化や潤いを与え、園児が主体的に楽しく活動できるようにすること。なお、それぞれの行事については教育及び保育における価値を十分検討し、適切なものを精選し、園児の負担にならないようにすること。

キ　乳幼児期は直接的な体験が重要であることを踏まえ、視聴覚教材やコンピュータなど情報機器を活用する際には、幼保連携型認定こども園の生活では得難い体験を補完するなど、園児の体験との関連を考慮すること。

ク　園児の主体的な活動を促すためには、保育教諭等が多様な関わりをもつことが重要であることを踏まえ、保育教諭等は、理解者、共同作業者など様々な役割を果たし、園児の情緒の安定や発達に必要な豊かな体験が得られるよう、活動の場面に応じて、園児の人権や園児一人一人の個人差等に配慮した適切な指導を行うようにすること。

ケ　園児の行う活動は、個人、グループ、学級全体などで多様に展開されるものであることを踏まえ、幼保連携型認定こども園全体の職員による協力体制を作りながら、園児一人一人が興味や欲求を十分に満足させるよう適切な援助を行うようにすること。

コ　園児の生活は、家庭を基盤として地域社会を通じて次第に広がりをもつものであることに留意し、家庭との連携を十分に図るなど、幼保連携型認定こども園における生活が家庭や地域社会と連続性を保ちつつ展開されるようにするものとする。その際、地域の自然、高齢者や異年齢の子どもなどを含む人材、行事や公共施設などの地域の資源を積極的に活用し、園児が豊かな生活体験を得られるように工夫するものとする。また、家庭との連携に当たっては、保護者との情報交換の機会を設けたり、保護者と園児との活動の機会を設けたりなどすることを通じて、保護者の乳幼児期の教育及び保育に関する理解が深まるよう配慮するものとする。

サ　地域や幼保連携型認定こども園の実態等により、幼保連携型認定こども園間に加え、幼稚園、保育所等の保育施設、小学校、中学校、高等学校及び特別支援学校などとの間の連携や交流を図るものとする。特に、小学校教育との円滑な接続のため、幼保連携型認定こども園の園児と小学校の児童との交流の機会を積極的に設けるようにするものとする。また、障害のある園児児童生徒との交流及び共同学習の機会を設け、共に尊重し合いながら協働して生活していく態度を育むよう努めるものとする。

(4)　園児の理解に基づいた評価の実施

園児一人一人の発達の理解に基づいた評価の実施に当たっては、次の事項に配慮するものとする。

ア　指導の過程を振り返りながら園児の理解を進め、園児一人一人のよさや可能性などを把握し、指導の改善に生かすようにすること。その際、他の園児との比較や一定の基準に対する達成度についての評定によって捉えるものではないことに留意すること。

イ　評価の妥当性や信頼性が高められるよう創意工夫を行い、組織的かつ計画的な取組を推進するとともに、次年度又は小学校等にその内容が適切に引き継がれるようにすること。

3 特別な配慮を必要とする園児への指導

(1) 障害のある園児などへの指導

障害のある園児などへの指導に当たっては、集団の中で生活することを通して全体的な発達を促していくことに配慮し、適切な環境の下で、障害のある園児が他の園児との生活を通して共に成長できるよう、特別支援学校などの助言又は援助を活用しつつ、個々の園児の障害の状態などに応じた指導内容や指導方法の工夫を組織的かつ計画的に行うものとする。また、家庭、地域及び医療や福祉、保健等の業務を行う関係機関との連携を図り、長期的な視点で園児への教育及び保育的支援を行うために、個別の教育及び保育支援計画を作成し活用することに努めるとともに、個々の園児の実態を的確に把握し、個別の指導計画を作成し活用することに努めるものとする。

(2) 海外から帰国した園児や生活に必要な日本語の習得に困難のある園児の幼保連携型認定こども園の生活への適応

海外から帰国した園児や生活に必要な日本語の習得に困難のある園児については、安心して自己を発揮できるよう配慮するなど個々の園児の実態に応じ、指導内容や指導方法の工夫を組織的かつ計画的に行うものとする。

第3 幼保連携型認定こども園として特に配慮すべき事項

幼保連携型認定こども園における教育及び保育を行うに当たっては、次の事項について特に配慮しなければならない。

1 当該幼保連携型認定こども園に入園した年齢により集団生活の経験年数が異なる園児がいることに配慮する等、〇歳から小学校就学前までの一貫した教育及び保育を園児の発達や学びの連続性を考慮して展開していくこと。特に満三歳以上については入園する園児が多いことや同一学年の園児で編制される学級の中で生活することなどを踏まえ、家庭や他の保育施設等との連携や引継ぎを円滑に行うとともに、環境の工夫をすること。

2 園児の一日の生活の連続性及びリズムの多様性に配慮するとともに、保護者の生活形態を反映した園児の在園時間の長短、入園時期や登園日数の違いを踏まえ、園児一人一人の状況に応じ、教育及び保育の内容やその展開について工夫をすること。特に入園及び年度当初においては、家庭との連携の下、園児一人一人の生活の仕方やリズムに十分に配慮して一日の自然な生活の流れをつくり出していくようにすること。

3 環境を通して行う教育及び保育の活動の充実を図るため、幼保連携型認定こども園における教育及び保育の環境の構成に当たっては、乳幼児期の特性及び保護者や地域の実態を踏まえ、次の事項に留意すること。

(1) 〇歳から小学校就学前までの様々な年齢の園児の発達の特性を踏まえ、満三歳未満の園児については特に健康、安全や発達の確保を十分に図るとともに、満三歳以上の園児については同一学年の園児で編制される学級による集団活動の中で遊びを中心とする園児の主体的な活動を通して発達や学びを促す経験が得られるよう工夫をすること。特に、満三歳以上の園児同士が共に育ち、学び合いながら、豊かな体験を積み重ねることができるよう工夫をすること。

(2) 在園時間が異なる多様な園児がいることを踏まえ、園児の生活が安定するよう、家庭や地域、幼保連携型認定こども園における生活の連続性を確保するとともに、一日の生活のリズムを整えるよう工夫をすること。特に満三歳未満の園児については睡眠時間等の個人差に配慮するとともに、満三歳以上の園児については集中して遊ぶ場と家庭的な雰囲気の中でくつろぐ場との適切な調和等の工夫をすること。

(3) 家庭や地域において異年齢の子どもと関わる機会が減少していることを踏

児童家庭福祉

まえ、満三歳以上の園児については、学級による集団活動とともに、満三歳未満の園児を含む異年齢の園児による活動を、園児の発達の状況にも配慮しつつ適切に組み合わせて設定するなどの工夫をすること。

(4) 満三歳以上の園児については、特に長期的な休業中、園児が過ごす家庭や園などの生活の場が異なることを踏まえ、それぞれの多様な生活経験が長期的な休業などの終了後等の園生活に生かされるよう工夫をすること。

4 指導計画を作成する際には、この章に示す指導計画の作成上の留意事項を踏まえるとともに、次の事項にも特に配慮すること。

(1) 園児の発達の個人差、入園した年齢の違いなどによる集団生活の経験年数の差、家庭環境等を踏まえ、園児一人一人の発達の特性や課題に十分留意すること。特に満三歳未満の園児については、大人への依存度が極めて高い等の特性があることから、個別的な対応を図ること。また、園児の集団生活への円滑な接続について、家庭等との連携及び協力を図る等十分留意すること。

(2) 園児の発達の連続性を考慮した教育及び保育を展開する際には、次の事項に留意すること。

ア 満三歳未満の園児については、園児一人一人の生育歴、心身の発達、活動の実態等に即して、個別的な計画を作成すること。

イ 満三歳以上の園児については、個の成長と、園児相互の関係や協同的な活動が促されるよう考慮すること。

ウ 異年齢で構成されるグループ等での指導に当たっては、園児一人一人の生活や経験、発達の過程などを把握し、適切な指導や環境の構成ができるよう考慮すること。

(3) 一日の生活のリズムや在園時間が異なる園児が共に過ごすことを踏まえ、活動と休息、緊張感と解放感等の調和を図るとともに、園児に不安や動揺を与えないようにする等の配慮を行うこと。その際、担当の保育教諭等が替わる場合には、園児の様子等引継ぎを行い、十分な連携を図ること。

(4) 午睡は生活のリズムを構成する重要な要素であり、安心して眠ることのできる安全な午睡環境を確保するとともに、在園時間が異なることや、睡眠時間は園児の発達の状況や個人によって差があることから、一律とならないよう配慮すること。

(5) 長時間にわたる教育及び保育については、園児の発達の過程、生活のリズム及び心身の状態に十分配慮して、保育の内容や方法、職員の協力体制、家庭との連携などを指導計画に位置付けること。

5 生命の保持や情緒の安定を図るなど養護の行き届いた環境の下、幼保連携型認定こども園における教育及び保育を展開すること。

(1) 園児一人一人が、快適にかつ健康で安全に過ごせるようにするとともに、その生理的欲求が十分に満たされ、健康増進が積極的に図られるようにするため、次の事項に留意すること。

ア 園児一人一人の平常の健康状態や発育及び発達の状態を的確に把握し、異常を感じる場合は、速やかに適切に対応すること。

イ 家庭との連携を密にし、学校医等との連携を図りながら、園児の疾病や事故防止に関する認識を深め、保健的で安全な環境の維持及び向上に努めること。

ウ 清潔で安全な環境を整え、適切な援助や応答的な関わりを通して、園児の生理的欲求を満たしていくこと。また、家庭と協力しながら、園児の発達の過程等に応じた適切な生活のリズムがつくられていくようにすること。

エ 園児の発達の過程等に応じて、適

度な運動と休息をとることができるようにすること。また、食事、排泄、睡眠、衣類の着脱、身の回りを清潔にすることなどについて、園児が意欲的に生活できるよう適切に援助すること。

(2) 園児一人一人が安定感をもって過ごし、自分の気持ちを安心して表すことができるようにするとともに、周囲から主体として受け止められ主体として育ち、自分を肯定する気持ちが育まれていくようにし、くつろいで共に過ごし、心身の疲れが癒やされるようにするため、次の事項に留意すること。

ア 園児一人一人の置かれている状態や発達の過程などを的確に把握し、園児の欲求を適切に満たしながら、応答的な触れ合いや言葉掛けを行うこと。

イ 園児一人一人の気持ちを受容し、共感しながら、園児との継続的な信頼関係を築いていくこと。

ウ 保育教諭等との信頼関係を基盤に、園児一人一人が主体的に活動し、自発性や探索意欲などを高めるとともに、自分への自信をもつことができるよう成長の過程を見守り、適切に働き掛けること。

エ 園児一人一人の生活のリズム、発達の過程、在園時間などに応じて、活動内容のバランスや調和を図りながら、適切な食事や休息がとれるようにすること。

6 園児の健康及び安全は、園児の生命の保持と健やかな生活の基本であり、幼保連携型認定こども園の生活全体を通して健康や安全に関する管理や指導、食育の推進等に十分留意すること。

7 保護者に対する子育ての支援に当たっては、この章に示す幼保連携型認定こども園における教育及び保育の基本及び目標を踏まえ、子どもに対する学校としての教育及び児童福祉施設としての保育並びに保護者に対する子育ての支援について相互に有機的な連携が図られるようにすること。また、幼保連携型認定こども園の目的の達成に資するため、保護者が子どもの成長に気付き子育ての喜びが感じられるよう、幼保連携型認定こども園の特性を生かした子育ての支援に努めること。

第二章 ねらい及び内容並びに配慮事項

この章に示すねらいは、幼保連携型認定こども園の教育及び保育において育みたい資質・能力を園児の生活する姿から捉えたものであり、内容は、ねらいを達成するために指導する事項である。各視点や領域は、この時期の発達の特徴を踏まえ、教育及び保育のねらい及び内容を乳幼児の発達の側面から、乳児は三つの視点として、幼児は五つの領域としてまとめ、示したものである。内容の取扱いは、園児の発達を踏まえた指導を行うに当たって留意すべき事項である。

各視点や領域に示すねらいは、幼保連携型認定こども園における生活の全体を通じ、園児が様々な体験を積み重ねる中で相互に関連をもちながら次第に達成に向かうものであること、内容は、園児が環境に関わって展開する具体的な活動を通して総合的に指導されるものであることに留意しなければならない。

また、「幼児期の終わりまでに育ってほしい姿」が、ねらい及び内容に基づく活動全体を通して資質・能力が育まれている園児の幼保連携型認定こども園修了時の具体的な姿であることを踏まえ、指導を行う際に考慮するものとする。

なお、特に必要な場合には、各視点や領域に示すねらいの趣旨に基づいて適切な、具体的な内容を工夫し、それを加えても差し支えないが、その場合には、それが第一章の第1に示す幼保連携型認定こども園の教育及び保育の基本及び目標を逸脱しないよう慎重に配慮する必要がある。

第1 乳児期の園児の保育に関するねらい及び内容

基本的事項

1　乳児期の発達については、視覚、聴覚などの感覚や、座る、はう、歩くなどの運動機能が著しく発達し、特定の大人との応答的な関わりを通じて、情緒的な絆（きずな）が形成されるといった特徴がある。これらの発達の特徴を踏まえて、乳児期の園児の保育は、愛情豊かに、応答的に行われることが特に必要である。

2　本項においては、この時期の発達の特徴を踏まえ、乳児期の園児の保育のねらい及び内容については、身体的発達に関する視点「健やかに伸び伸びと育つ」、社会的発達に関する視点「身近な人と気持ちが通じ合う」及び精神的発達に関する視点「身近なものと関わり感性が育つ」としてまとめ、示している。

ねらい及び内容

健やかに伸び伸びと育つ

〔健康な心と体を育て、自ら健康で安全な生活をつくり出す力の基盤を培う。〕

1　ねらい

(1)　身体感覚が育ち、快適な環境に心地よさを感じる。

(2)　伸び伸びと体を動かし、はう、歩くなどの運動をしようとする。

(3)　食事、睡眠等の生活のリズムの感覚が芽生える。

2　内　容

(1)　保育教諭等の愛情豊かな受容の下で、生理的・心理的欲求を満たし、心地よく生活をする。

(2)　一人一人の発育に応じて、はう、立つ、歩くなど、十分に体を動かす。

(3)　個人差に応じて授乳を行い、離乳を進めていく中で、様々な食品に少しずつ慣れ、食べることを楽しむ。

(4)　一人一人の生活のリズムに応じて、安全な環境の下で十分に午睡をする。

(5)　おむつ交換や衣服の着脱などを通じて、清潔になることの心地よさを感じる。

3　内容の取扱い

上記の取扱いに当たっては、次の事項に留意する必要がある。

(1)　心と体の健康は、相互に密接な関連があるものであることを踏まえ、温かい触れ合いの中で、心と体の発達を促すこと。特に、寝返り、お座り、はいはい、つかまり立ち、伝い歩きなど、発育に応じて、遊びの中で体を動かす機会を十分に確保し、自ら体を動かそうとする意欲が育つようにすること。

(2)　健康な心と体を育てるためには望ましい食習慣の形成が重要であることを踏まえ、離乳食が完了期へと徐々に移行する中で、様々な食品に慣れるようにするとともに、和やかな雰囲気の中で食べる喜びや楽しさを味わい、進んで食べようとする気持ちが育つようにすること。なお、食物アレルギーのある園児への対応については、学校医等の指示や協力の下に適切に対応すること。

身近な人と気持ちが通じ合う

〔受容的・応答的な関わりの下で、何かを伝えようとする意欲や身近な大人との信頼関係を育て、人と関わる力の基盤を培う。〕

1　ねらい

(1)　安心できる関係の下で、身近な人と共に過ごす喜びを感じる。

(2)　体の動きや表情、発声等により、保育教諭等と気持ちを通わせようとする。

(3)　身近な人と親しみ、関わりを深め、愛情や信頼感が芽生える。

2　内　容

(1)　園児からの働き掛けを踏まえた、応答的な触れ合いや言葉掛けによって、欲求が満たされ、安定感をもって過ごす。

(2)　体の動きや表情、発声、喃語（なん）等を優しく受け止めてもらい、保育教諭等とのやり取りを楽しむ。

(3)　生活や遊びの中で、自分の身近な人の存在に気付き、親しみの気持ちを表す。

(4) 保育教諭等による語り掛けや歌い掛け、発声や喃語等への応答を通じて、言葉の理解や発語の意欲が育つ。

(5) 温かく、受容的な関わりを通じて、自分を肯定する気持ちが芽生える。

3 内容の取扱い

上記の取扱いに当たっては、次の事項に留意する必要がある。

(1) 保育教諭等との信頼関係に支えられて生活を確立していくことが人と関わる基盤となることを考慮して、園児の多様な感情を受け止め、温かく受容的・応答的に関わり、一人一人に応じた適切な援助を行うようにすること。

(2) 身近な人に親しみをもって接し、自分の感情などを表し、それに相手が応答する言葉を聞くことを通して、次第に言葉が獲得されていくことを考慮して、楽しい雰囲気の中での保育教諭等との関わり合いを大切にし、ゆっくりと優しく話し掛けるなど、積極的に言葉のやり取りを楽しむことができるようにすること。

身近なものと関わり感性が育つ

〔身近な環境に興味や好奇心をもって関わり、感じたことや考えたことを表現する力の基盤を培う。〕

1 ねらい

(1) 身の回りのものに親しみ、様々なものに興味や関心をもつ。

(2) 見る、触れる、探索するなど、身近な環境に自分から関わろうとする。

(3) 身体の諸感覚による認識が豊かになり、表情や手足、体の動き等で表現する。

2 内容

(1) 身近な生活用具、玩具や絵本などが用意された中で、身の回りのものに対する興味や好奇心をもつ。

(2) 生活や遊びの中で様々なものに触れ、音、形、色、手触りなどに気付き、感覚の働きを豊かにする。

(3) 保育教諭等と一緒に様々な色彩や形のものや絵本などを見る。

(4) 玩具や身の回りのものを、つまむ、つかむ、たたく、引っ張るなど、手や指を使って遊ぶ。

(5) 保育教諭等のあやし遊びに機嫌よく応じたり、歌やリズムに合わせて手足や体を動かして楽しんだりする。

3 内容の取扱い

上記の取扱いに当たっては、次の事項に留意する必要がある。

(1) 玩具などは、音質、形、色、大きさなど園児の発達状態に応じて適切なものを選び、その時々の園児の興味や関心を踏まえるなど、遊びを通して感覚の発達が促されるものとなるように工夫すること。なお、安全な環境の下で、園児が探索意欲を満たして自由に遊べるよう、身の回りのものについては常に十分な点検を行うこと。

(2) 乳児期においては、表情、発声、体の動きなどで、感情を表現することが多いことから、これらの表現しようとする意欲を積極的に受け止めて、園児が様々な活動を楽しむことを通して表現が豊かになるようにすること。

第2 満一歳以上満三歳未満の園児の保育に関するねらい及び内容

基本的事項

1 この時期においては、歩き始めから、歩く、走る、跳ぶなどへと、基本的な運動機能が次第に発達し、排泄の自立のための身体的機能も整うようになる。つまむ、めくるなどの指先の機能も発達し、食事、衣類の着脱なども、保育教諭等の援助の下で自分で行うようになる。発声も明瞭になり、語彙も増加し、自分の意思や欲求を言葉で表出できるようになる。このように自分でできることが増えてくる時期であることから、保育教諭等は、園児の生活の安定を図りながら、自分でしようとする気持ちを尊重し、温かく見守るとともに、愛情豊かに、応答的に関わることが必要である。

2 本項においては、この時期の発達の特

徴を踏まえ、保育のねらい及び内容について、心身の健康に関する領域「健康」、人との関わりに関する領域「人間関係」、身近な環境との関わりに関する領域「環境」、言葉の獲得に関する領域「言葉」及び感性と表現に関する領域「表現」としてまとめ、示している。

ねらい及び内容

健康

〔健康な心と体を育て、自ら健康で安全な生活をつくり出す力を養う。〕

1 ねらい

(1) 明るく伸び伸びと生活し、自分から体を動かすことを楽しむ。
(2) 自分の体を十分に動かし、様々な動きをしようとする。
(3) 健康、安全な生活に必要な習慣に気付き、自分でしてみようとする気持ちが育つ。

2 内容

(1) 保育教諭等の愛情豊かな受容の下で、安定感をもって生活をする。
(2) 食事や午睡、遊びと休息など、幼保連携型認定こども園における生活のリズムが形成される。
(3) 走る、跳ぶ、登る、押す、引っ張るなど全身を使う遊びを楽しむ。
(4) 様々な食品や調理形態に慣れ、ゆったりとした雰囲気の中で食事や間食を楽しむ。
(5) 身の回りを清潔に保つ心地よさを感じ、その習慣が少しずつ身に付く。
(6) 保育教諭等の助けを借りながら、衣類の着脱を自分でしようとする。
(7) 便器での排泄に慣れ、自分で排泄ができるようになる。

3 内容の取扱い

上記の取扱いに当たっては、次の事項に留意する必要がある。

(1) 心と体の健康は、相互に密接な関連があるものであることを踏まえ、園児の気持ちに配慮した温かい触れ合いの中で、心と体の発達を促すこと。特に、一人一人の発育に応じて、体を動かす機会を十分に確保し、自ら体を動かそうとする意欲が育つようにすること。
(2) 健康な心と体を育てるためには望ましい食習慣の形成が重要であることを踏まえ、ゆったりとした雰囲気の中で食べる喜びや楽しさを味わい、進んで食べようとする気持ちが育つようにすること。なお、食物アレルギーのある園児への対応については、学校医等の指示や協力の下に適切に対応すること。
(3) 排泄の習慣については、一人一人の排尿間隔等を踏まえ、おむつが汚れていないときに便器に座らせるなどにより、少しずつ慣れさせるようにすること。
(4) 食事、排泄、睡眠、衣類の着脱、身の回りを清潔にすることなど、生活に必要な基本的な習慣については、一人一人の状態に応じ、落ち着いた雰囲気の中で行うようにし、園児が自分でしようとする気持ちを尊重すること。また、基本的な生活習慣の形成に当たっては、家庭での生活経験に配慮し、家庭との適切な連携の下で行うようにすること。

人間関係

〔他の人々と親しみ、支え合って生活するために、自立心を育て、人と関わる力を養う。〕

1 ねらい

(1) 幼保連携型認定こども園での生活を楽しみ、身近な人と関わる心地よさを感じる。
(2) 周囲の園児等への興味・関心が高まり、関わりをもとうとする。
(3) 幼保連携型認定こども園の生活の仕方に慣れ、きまりの大切さに気付く。

2 内容

(1) 保育教諭等や周囲の園児等との安定した関係の中で、共に過ごす心地よさを感じる。
(2) 保育教諭等の受容的・応答的な関わ

りの中で、欲求を適切に満たし、安定感をもって過ごす。

(3) 身の回りに様々な人がいることに気付き、徐々に他の園児と関わりをもって遊ぶ。

(4) 保育教諭等の仲立ちにより、他の園児との関わり方を少しずつ身につける。

(5) 幼保連携型認定こども園の生活の仕方に慣れ、きまりがあることや、その大切さに気付く。

(6) 生活や遊びの中で、年長児や保育教諭等の真似をしたり、ごっこ遊びを楽しんだりする。

3　内容の取扱い

上記の取扱いに当たっては、次の事項に留意する必要がある。

(1) 保育教諭等との信頼関係に支えられて生活を確立するとともに、自分で何かをしようとする気持ちが旺盛になる時期であることに鑑み、そのような園児の気持ちを尊重し、温かく見守るとともに、愛情豊かに、応答的に関わり、適切な援助を行うようにすること。

(2) 思い通りにいかない場合等の園児の不安定な感情の表出については、保育教諭等が受容的に受け止めるとともに、そうした気持ちから立ち直る経験や感情をコントロールすることへの気付き等につなげていけるように援助すること。

(3) この時期は自己と他者との違いの認識がまだ十分ではないことから、園児の自我の育ちを見守るとともに、保育教諭等が仲立ちとなって、自分の気持ちを相手に伝えることや相手の気持ちに気付くことの大切さなど、友達の気持ちや友達との関わり方を丁寧に伝えていくこと。

環　境

〔周囲の様々な環境に好奇心や探究心をもって関わり、それらを生活に取り入れていこうとする力を養う。〕

1　ねらい

(1) 身近な環境に親しみ、触れ合う中で、様々なものに興味や関心をもつ。

(2) 様々なものに関わる中で、発見を楽しんだり、考えたりしようとする。

(3) 見る、聞く、触るなどの経験を通して、感覚の働きを豊かにする。

2　内　容

(1) 安全で活動しやすい環境での探索活動等を通して、見る、聞く、触れる、嗅ぐ、味わうなどの感覚の働きを豊かにする。

(2) 玩具、絵本、遊具などに興味をもち、それらを使った遊びを楽しむ。

(3) 身の回りの物に触れる中で、形、色、大きさ、量などの物の性質や仕組みに気付く。

(4) 自分の物と人の物の区別や、場所的感覚など、環境を捉える感覚が育つ。

(5) 身近な生き物に気付き、親しみをもつ。

(6) 近隣の生活や季節の行事などに興味や関心をもつ。

3　内容の取扱い

上記の取扱いに当たっては、次の事項に留意する必要がある。

(1) 玩具などは、音質、形、色、大きさなど園児の発達状態に応じて適切なものを選び、遊びを通して感覚の発達が促されるように工夫すること。

(2) 身近な生き物との関わりについては、園児が命を感じ、生命の尊さに気付く経験へとつながるものであることから、そうした気付きを促すような関わりとなるようにすること。

(3) 地域の生活や季節の行事などに触れる際には、社会とのつながりや地域社会の文化への気付きにつながるものとなることが望ましいこと。その際、幼保連携型認定こども園内外の行事や地域の人々との触れ合いなどを通して行うこと等も考慮すること。

言　葉

〔経験したことや考えたことなどを自分なりの言葉で表現し、相手の話す言葉を聞こうとする意欲や態度を育て、言葉に対する感覚や言葉で表現する力を養う。

1　ねらい

(1)　言葉遊びや言葉で表現する楽しさを感じる。

(2)　人の言葉や話などを聞き、自分でも思ったことを伝えようとする。

(3)　絵本や物語等に親しむとともに、言葉のやり取りを通じて身近な人と気持ちを通わせる。

2　内　容

(1)　保育教諭等の応答的な関わりや話し掛けにより、自ら言葉を使おうとする。

(2)　生活に必要な簡単な言葉に気付き、聞き分ける。

(3)　親しみをもって日常の挨拶に応じる。

(4)　絵本や紙芝居を楽しみ、簡単な言葉を繰り返したり、模倣をしたりして遊ぶ。

(5)　保育教諭等とごっこ遊びをする中で、言葉のやり取りを楽しむ。

(6)　保育教諭等を仲立ちとして、生活や遊びの中で友達との言葉のやり取りを楽しむ。

(7)　保育教諭等や友達の言葉や話に興味や関心をもって、聞いたり、話したりする。

3　内容の取扱い

上記の取扱いに当たっては、次の事項に留意する必要がある。

(1)　身近な人に親しみをもって接し、自分の感情などを伝え、それに相手が応答し、その言葉を聞くことを通して、次第に言葉が獲得されていくものであることを考慮して、楽しい雰囲気の中で保育教諭等との言葉のやり取りができるようにすること。

(2)　園児が自分の思いを言葉で伝えるとともに、他の園児の話などを聞くことを通して、次第に話を理解し、言葉による伝え合いができるようになるよう、気持ちや経験等の言語化を行うことを援助するなど、園児同士の関わりの仲立ちを行うようにすること。

(3)　この時期は、片言から、二語文、ごっこ遊びでのやり取りができる程度へと、大きく言葉の習得が進む時期であることから、それぞれの園児の発達の状況に応じて、遊びや関わりの工夫など、保育の内容を適切に展開することが必要であること。

表　現

感じたことや考えたことを自分なりに表現することを通して、豊かな感性や表現する力を養い、創造性を豊かにする。

1　ねらい

(1)　身体の諸感覚の経験を豊かにし、様々な感覚を味わう。

(2)　感じたことや考えたことなどを自分なりに表現しようとする。

(3)　生活や遊びの様々な体験を通して、イメージや感性が豊かになる。

2　内　容

(1)　水、砂、土、紙、粘土など様々な素材に触れて楽しむ。

(2)　音楽、リズムやそれに合わせた体の動きを楽しむ。

(3)　生活の中で様々な音、形、色、手触り、動き、味、香りなどに気付いたり、感じたりして楽しむ。

(4)　歌を歌ったり、簡単な手遊びや全身を使う遊びを楽しんだりする。

(5)　保育教諭等からの話や、生活や遊びの中での出来事を通して、イメージを豊かにする。

(6)　生活や遊びの中で、興味のあることや経験したことなどを自分なりに表現する。

3　内容の取扱い

上記の取扱いに当たっては、次の事項に留意する必要がある。

(1)　園児の表現は、遊びや生活の様々な場面で表出されているものであることから、それらを積極的に受け止め、様々な表現の仕方や感性を豊かにする経験となるようにすること。

(2)　園児が試行錯誤しながら様々な表現

を楽しむことや、自分の力でやり遂げる充実感などに気付くよう、温かく見守るとともに、適切に援助を行うようにすること。

(3) 様々な感情の表現等を通じて、園児が自分の感情や気持ちに気付くようになる時期であることに鑑み、受容的な関わりの中で自信をもって表現をすることや、諦めずに続けた後の達成感等を感じられるような経験が蓄積されるようにすること。

(4) 身近な自然や身の回りの事物に関わる中で、発見や心が動く経験が得られるよう、諸感覚を働かせることを楽しむ遊びや素材を用意するなど保育の環境を整えること。

第3 満三歳以上の園児の教育及び保育に関するねらい及び内容

基本的事項

1 この時期においては、運動機能の発達により、基本的な動作が一通りできるようになるとともに、基本的な生活習慣もほぼ自立できるようになる。理解する語彙数が急激に増加し、知的興味や関心も高まってくる。仲間と遊び、仲間の中の一人という自覚が生じ、集団的な遊びや協同的な活動も見られるようになる。これらの発達の特徴を踏まえて、この時期の教育及び保育においては、個の成長と集団としての活動の充実が図られるようにしなければならない。

2 本項においては、この時期の発達の特徴を踏まえ、教育及び保育のねらい及び内容について、心身の健康に関する領域「健康」、人との関わりに関する領域「人間関係」、身近な環境との関わりに関する領域「環境」、言葉の獲得に関する領域「言葉」及び感性と表現に関する領域「表現」としてまとめ、示している。

ねらい及び内容

健康

〔健康な心と体を育て、自ら健康で安全な生活をつくり出す力を養う。〕

1 ねらい

(1) 明るく伸び伸びと行動し、充実感を味わう。

(2) 自分の体を十分に動かし、進んで運動しようとする。

(3) 健康、安全な生活に必要な習慣や態度を身に付け、見通しをもって行動する。

2 内容

(1) 保育教諭等や友達と触れ合い、安定感をもって行動する。

(2) いろいろな遊びの中で十分に体を動かす。

(3) 進んで戸外で遊ぶ。

(4) 様々な活動に親しみ、楽しんで取り組む。

(5) 保育教諭等や友達と食べることを楽しみ、食べ物への興味や関心をもつ。

(6) 健康な生活のリズムを身に付ける。

(7) 身の回りを清潔にし、衣服の着脱、食事、排泄などの生活に必要な活動を自分でする。

(8) 幼保連携型認定こども園における生活の仕方を知り、自分たちで生活の場を整えながら見通しをもって行動する。

(9) 自分の健康に関心をもち、病気の予防などに必要な活動を進んで行う。

(10) 危険な場所、危険な遊び方、災害時などの行動の仕方が分かり、安全に気を付けて行動する。

3 内容の取扱い

上記の取扱いに当たっては、次の事項に留意する必要がある。

(1) 心と体の健康は、相互に密接な関連があるものであることを踏まえ、園児が保育教諭等や他の園児との温かい触れ合いの中で自己の存在感や充実感を味わうことなどを基盤として、しなやかな心と体の発達を促すこと。特に、十分に体を動かす気持ちよさを体験し、自ら体を動かそうとする意欲が育つようにすること。

(2) 様々な遊びの中で、園児が興味や関心、能力に応じて全身を使って活動することにより、体を動かす楽しさを味わい、自分の体を大切にしようとする気持ちが育つようにすること。その際、多様な動きを経験する中で、体の動きを調整するようにすること。

(3) 自然の中で伸び伸びと体を動かして遊ぶことにより、体の諸機能の発達が促されることに留意し、園児の興味や関心が戸外にも向くようにすること。その際、園児の動線に配慮した園庭や遊具の配置などを工夫すること。

(4) 健康な心と体を育てるためには食育を通じた望ましい食習慣の形成が大切であることを踏まえ、園児の食生活の実情に配慮し、和やかな雰囲気の中で保育教諭等や他の園児と食べる喜びや楽しさを味わったり、様々な食べ物への興味や関心をもったりするなどし、食の大切さに気付き、進んで食べようとする気持ちが育つようにすること。

(5) 基本的な生活習慣の形成に当たっては、家庭での生活経験に配慮し、園児の自立心を育て、園児が他の園児と関わりながら主体的な活動を展開する中で、生活に必要な習慣を身に付け、次第に見通しをもって行動できるようにすること。

(6) 安全に関する指導に当たっては、情緒の安定を図り、遊びを通して安全についての構えを身に付け、危険な場所や事物などが分かり、安全についての理解を深めるようにすること。また、交通安全の習慣を身に付けるようにするとともに、避難訓練などを通して、災害などの緊急時に適切な行動がとれるようにすること。

人間関係

〔他の人々と親しみ、支え合って生活するために、自立心を育て、人と関わる力を養う。〕

1 ねらい

(1) 幼保連携型認定こども園の生活を楽しみ、自分の力で行動することの充実感を味わう。

(2) 身近な人と親しみ、関わりを深め、工夫したり、協力したりして一緒に活動する楽しさを味わい、愛情や信頼感をもつ。

(3) 社会生活における望ましい習慣や態度を身に付ける。

2 内　容

(1) 保育教諭等や友達と共に過ごすことの喜びを味わう。

(2) 自分で考え、自分で行動する。

(3) 自分でできることは自分でする。

(4) いろいろな遊びを楽しみながら物事をやり遂げようとする気持ちをもつ。

(5) 友達と積極的に関わりながら喜びや悲しみを共感し合う。

(6) 自分の思ったことを相手に伝え、相手の思っていることに気付く。

(7) 友達のよさに気付き、一緒に活動する楽しさを味わう。

(8) 友達と楽しく活動する中で、共通の目的を見いだし、工夫したり、協力したりなどする。

(9) よいことや悪いことがあることに気付き、考えながら行動する。

(10) 友達との関わりを深め、思いやりをもつ。

(11) 友達と楽しく生活する中できまりの大切さに気付き、守ろうとする。

(12) 共同の遊具や用具を大切にし、皆で使う。

(13) 高齢者をはじめ地域の人々などの自分の生活に関係の深いいろいろな人に親しみをもつ。

3 内容の取扱い

上記の取扱いに当たっては、次の事項に留意する必要がある。

(1) 保育教諭等との信頼関係に支えられて自分自身の生活を確立していくことが人と関わる基盤となることを考慮し、園児が自ら周囲に働き掛けることにより多様な感情を体験し、試行錯誤しながら諦めずにやり遂げることの達成感や、前向きな見通しをもって自分

児童家庭福祉

の力で行うことの充実感を味わうことができるよう、園児の行動を見守りながら適切な援助を行うようにすること。

(2) 一人一人を生かした集団を形成しながら人と関わる力を育てていくようにすること。その際、集団の生活の中で、園児が自己を発揮し、保育教諭等や他の園児に認められる体験をし、自分のよさや特徴に気付き、自信をもって行動できるようにすること。

(3) 園児が互いに関わりを深め、協同して遊ぶようになるため、自ら行動する力を育てるようにするとともに、他の園児と試行錯誤しながら活動を展開する楽しさや共通の目的が実現する喜びを味わうことができるようにすること。

(4) 道徳性の芽生えを培うに当たっては、基本的な生活習慣の形成を図るとともに、園児が他の園児との関わりの中で他人の存在に気付き、相手を尊重する気持ちをもって行動できるようにし、また、自然や身近な動植物に親しむことなどを通して豊かな心情が育つようにすること。特に、人に対する信頼感や思いやりの気持ちは、葛藤やつまずきをも体験し、それらを乗り越えることにより次第に芽生えてくることに配慮すること。

(5) 集団の生活を通して、園児が人との関わりを深め、規範意識の芽生えが培われることを考慮し、園児が保育教諭等との信頼関係に支えられて自己を発揮する中で、互いに思いを主張し、折り合いを付ける体験をし、きまりの必要性などに気付き、自分の気持ちを調整する力が育つようにすること。

(6) 高齢者をはじめ地域の人々などの自分の生活に関係の深いいろいろな人と触れ合い、自分の感情や意志を表現しながら共に楽しみ、共感し合う体験を通して、これらの人々などに親しみをもち、人と関わることの楽しさや人の役に立つ喜びを味わうことができるようにすること。また、生活を通して親や祖父母などの家族の愛情に気付き、家族を大切にしようとする気持ちが育つようにすること。

環境

〔周囲の様々な環境に好奇心や探究心をもって関わり、それらを生活に取り入れていこうとする力を養う。〕

1 ねらい

(1) 身近な環境に親しみ、自然と触れ合う中で様々な事象に興味や関心をもつ。

(2) 身近な環境に自分から関わり、発見を楽しんだり、考えたりし、それを生活に取り入れようとする。

(3) 身近な事象を見たり、考えたり、扱ったりする中で、物の性質や数量、文字などに対する感覚を豊かにする。

2 内容

(1) 自然に触れて生活し、その大きさ、美しさ、不思議さなどに気付く。

(2) 生活の中で、様々な物に触れ、その性質や仕組みに興味や関心をもつ。

(3) 季節により自然や人間の生活に変化のあることに気付く。

(4) 自然などの身近な事象に関心をもち、取り入れて遊ぶ。

(5) 身近な動植物に親しみをもって接し、生命の尊さに気付き、いたわったり、大切にしたりする。

(6) 日常生活の中で、我が国や地域社会における様々な文化や伝統に親しむ。

(7) 身近な物を大切にする。

(8) 身近な物や遊具に興味をもって関わり、自分なりに比べたり、関連付けたりしながら考えたり、試したりして工夫して遊ぶ。

(9) 日常生活の中で数量や図形などに関心をもつ。

(10) 日常生活の中で簡単な標識や文字などに関心をもつ。

(11) 生活に関係の深い情報や施設などに興味や関心をもつ。

(12) 幼保連携型認定こども園内外の行事

において国旗に親しむ。

3 内容の取扱い

上記の取扱いに当たっては、次の事項に留意する必要がある。

(1) 園児が、遊びの中で周囲の環境と関わり、次第に周囲の世界に好奇心を抱き、その意味や操作の仕方に関心をもち、物事の法則性に気付き、自分なりに考えることができるようになる過程を大切にすること。また、他の園児の考えなどに触れて新しい考えを生み出す喜びや楽しさを味わい、自分の考えをよりよいものにしようとする気持ちが育つようにすること。

(2) 幼児期において自然のもつ意味は大きく、自然の大きさ、美しさ、不思議さなどに直接触れる体験を通して、園児の心が安らぎ、豊かな感情、好奇心、思考力、表現力の基礎が培われることを踏まえ、園児が自然との関わりを深めることができるよう工夫すること。

(3) 身近な事象や動植物に対する感動を伝え合い、共感し合うことなどを通して自分から関わろうとする意欲を育てるとともに、様々な関わり方を通してそれらに対する親しみや畏敬の念、生命を大切にする気持ち、公共心、探究心などが養われるようにすること。

(4) 文化や伝統に親しむ際には、正月や節句など我が国の伝統的な行事、国歌、唱歌、わらべうたや我が国の伝統的な遊びに親しんだり、異なる文化に触れる活動に親しんだりすることを通じて、社会とのつながりの意識や国際理解の意識の芽生えなどが養われるようにすること。

(5) 数量や文字などに関しては、日常生活の中で園児自身の必要感に基づく体験を大切にし、数量や文字などに関する興味や関心、感覚が養われるようにすること。

言　葉

〔経験したことや考えたことなどを自分なりの言葉で表現し、相手の話す言葉を聞こうとする意欲や態度を育て、言葉に対する感覚や言葉で表現する力を養う。〕

1 ねらい

(1) 自分の気持ちを言葉で表現する楽しさを味わう。

(2) 人の言葉や話などをよく聞き、自分の経験したことや考えたことを話し、伝え合う喜びを味わう。

(3) 日常生活に必要な言葉が分かるようになるとともに、絵本や物語などに親しみ、言葉に対する感覚を豊かにし、保育教諭等や友達と心を通わせる。

2 内　容

(1) 保育教諭等や友達の言葉や話に興味や関心をもち、親しみをもって聞いたり、話したりする。

(2) したり、見たり、聞いたり、感じたり、考えたりなどしたことを自分なりに言葉で表現する。

(3) したいこと、してほしいことを言葉で表現したり、分からないことを尋ねたりする。

(4) 人の話を注意して聞き、相手に分かるように話す。

(5) 生活の中で必要な言葉が分かり、使う。

(6) 親しみをもって日常の挨拶をする。

(7) 生活の中で言葉の楽しさや美しさに気付く。

(8) いろいろな体験を通じてイメージや言葉を豊かにする。

(9) 絵本や物語などに親しみ、興味をもって聞き、想像をする楽しさを味わう。

(10) 日常生活の中で、文字などで伝える楽しさを味わう。

3 内容の取扱い

上記の取扱いに当たっては、次の事項に留意する必要がある。

(1) 言葉は、身近な人に親しみをもって接し、自分の感情や意志などを伝え、それに相手が応答し、その言葉を聞くことを通して次第に獲得されていくものであることを考慮して、園児が保育教諭等や他の園児と関わることにより心を動かされるような体験をし、言葉を交わす喜びを味わえるようにすること。

(2) 園児が自分の思いを言葉で伝えるとともに、保育教諭等や他の園児などの話を興味をもって注意して聞くことを通して次第に話を理解するようになっていき、言葉による伝え合いができるようにすること。

(3) 絵本や物語などで、その内容と自分の経験とを結び付けたり、想像を巡らせたりするなど、楽しみを十分に味わうことによって、次第に豊かなイメージをもち、言葉に対する感覚が養われるようにすること。

(4) 園児が生活の中で、言葉の響きやリズム、新しい言葉や表現などに触れ、これらを使う楽しさを味わえるようにすること。その際、絵本や物語に親しんだり、言葉遊びなどをしたりすることを通して、言葉が豊かになるようにすること。

(5) 園児が日常生活の中で、文字などを使いながら思ったことや考えたことを伝える喜びや楽しさを味わい、文字に対する興味や関心をもつようにすること。

表　現

〔感じたことや考えたことを自分なりに表現することを通して、豊かな感性や表現する力を養い、創造性を豊かにする。〕

1　ねらい

(1) いろいろなものの美しさなどに対する豊かな感性をもつ。

(2) 感じたことや考えたことを自分なりに表現して楽しむ。

(3) 生活の中でイメージを豊かにし、様々な表現を楽しむ。

2　内　容

(1) 生活の中で様々な音、形、色、手触り、動きなどに気付いたり、感じたりするなどして楽しむ。

(2) 生活の中で美しいものや心を動かす出来事に触れ、イメージを豊かにする。

(3) 様々な出来事の中で、感動したことを伝え合う楽しさを味わう。

(4) 感じたこと、考えたことなどを音や動きなどで表現したり、自由にかいたり、つくったりなどする。

(5) いろいろな素材に親しみ、工夫して遊ぶ。

(6) 音楽に親しみ、歌を歌ったり、簡単なリズム楽器を使ったりなどする楽しさを味わう。

(7) かいたり、つくったりすることを楽しみ、遊びに使ったり、飾ったりなどする。

(8) 自分のイメージを動きや言葉などで表現したり、演じて遊んだりするなどの楽しさを味わう。

3　内容の取扱い

上記の取扱いに当たっては、次の事項に留意する必要がある。

(1) 豊かな感性は、身近な環境と十分に関わる中で美しいもの、優れたもの、心を動かす出来事などに出会い、そこから得た感動を他の園児や保育教諭等と共有し、様々に表現することなどを通して養われるようにすること。その際、風の音や雨の音、身近にある草や花の形や色など自然の中にある音、形、色などに気付くようにすること。

(2) 幼児期の自己表現は素朴な形で行われることが多いので、保育教諭等はそのような表現を受容し、園児自身の表現しようとする意欲を受け止めて、園児が生活の中で園児らしい様々な表現を楽しむことができるようにすること。

(3) 生活経験や発達に応じ、自ら様々な表現を楽しみ、表現する意欲を十分に発揮させることができるように、遊具や用具などを整えたり、様々な素材や表現の仕方に親しんだり、他の園児の表現に触れられるよう配慮したりし、表現する過程を大切にして自己表現を楽しめるように工夫すること。

第4 教育及び保育の実施に関する配慮事項

1 満三歳未満の園児の保育の実施については、以下の事項に配慮するものとする。

(1) 乳児は疾病への抵抗力が弱く、心身の機能の未熟さに伴う疾病の発生が多いことから、一人一人の発育及び発達状態や健康状態についての適切な判断に基づく保健的な対応を行うこと。また、一人一人の園児の生育歴の違いに留意しつつ、欲求を適切に満たし、特定の保育教諭等が応答的に関わるように努めること。更に、乳児期の園児の保育に関わる職員間の連携や学校医との連携を図り、第三章に示す事項を踏まえ、適切に対応すること。栄養士及び看護師等が配置されている場合は、その専門性を生かした対応を図ること。乳児期の園児の保育においては特に、保護者との信頼関係を築きながら保育を進めるとともに、保護者からの相談に応じ支援に努めていくこと。なお、担当の保育教諭等が替わる場合には、園児のそれまでの生育歴や発達の過程に留意し、職員間で協力して対応すること。

(2) 満一歳以上満三歳未満の園児は、特に感染症にかかりやすい時期であるので、体の状態、機嫌、食欲などの日常の状態の観察を十分に行うとともに、適切な判断に基づく保健的な対応を心掛けること。また、探索活動が十分できるように、事故防止に努めながら活動しやすい環境を整え、全身を使う遊びなど様々な遊びを取り入れること。更に、自我が形成され、園児が自分の感情や気持ちに気付くようになる重要な時期であることに鑑み、情緒の安定を図りながら、園児の自発的な活動を尊重するとともに促していくこと。なお、担当の保育教諭等が替わる場合には、園児のそれまでの経験や発達の過程に留意し、職員間で協力して対応すること。

2 幼保連携型認定こども園における教育及び保育の全般において以下の事項に配慮するものとする。

(1) 園児の心身の発達及び活動の実態などの個人差を踏まえるとともに、一人一人の園児の気持ちを受け止め、援助すること。

(2) 園児の健康は、生理的・身体的な育ちとともに、自主性や社会性、豊かな感性の育ちとがあいまってもたらされることに留意すること。

(3) 園児が自ら周囲に働き掛け、試行錯誤しつつ自分の力で行う活動を見守りながら、適切に援助すること。

(4) 園児の入園時の教育及び保育に当たっては、できるだけ個別的に対応し、園児が安定感を得て、次第に幼保連携型認定こども園の生活になじんでいくようにするとともに、既に入園している園児に不安や動揺を与えないようにすること。

(5) 園児の国籍や文化の違いを認め、互いに尊重する心を育てるようにすること。

(6) 園児の性差や個人差にも留意しつつ、性別などによる固定的な意識を植え付けることがないようにすること。

第三章　健康及び安全

幼保連携型認定こども園における園児の健康及び安全は、園児の生命の保持と健やかな生活の基本となるものであり、第一章及び第二章の関連する事項と併せ、次に示す事項について適切に対応するものとする。その際、養護教諭や看護師、栄養教諭や栄養士等が配置されている場合には、学校医等と共に、これらの者がそれぞれの専門性を生かしながら、全職員が相互に連携し、組織的かつ適切な対応を行うことができるような体制整備や研修を行うことが必要である。

第1 健康支援

1 健康状態や発育及び発達の状態の把握

(1) 園児の心身の状態に応じた教育及び保育を行うために、園児の健康状態や発育及び発達の状態について、定期的・継続的に、また、必要に応じて随時、把握すること。

(2) 保護者からの情報とともに、登園時及び在園時に園児の状態を観察し、何らかの疾病が疑われる状態や傷害が認められた場合には、保護者に連絡するとともに、学校医と相談するなど適切な対応を図ること。

(3) 園児の心身の状態等を観察し、不適切な養育の兆候が見られる場合には、市町村（特別区を含む。以下同じ。）や関係機関と連携し、児童福祉法第二十五条に基づき、適切な対応を図ること。また、虐待が疑われる場合には、速やかに市町村又は児童相談所に通告し、適切な対応を図ること。

2 健康増進

(1) 認定こども園法第二十七条において準用する学校保健安全法（昭和三十三年法律第五十六号）第五条の学校保健計画を作成する際は、教育及び保育の内容並びに子育ての支援等に関する全体的な計画に位置づくものとし、全ての職員がそのねらいや内容を踏まえ、園児一人一人の健康の保持及び増進に努めていくこと。

(2) 認定こども園法第二十七条において準用する学校保健安全法第十三条第一項の健康診断を行ったときは、認定こども園法第二十七条において準用する学校保健安全法第十四条の措置を行い、教育及び保育に活用するとともに、保護者が園児の状態を理解し、日常生活に活用できるようにすること。

3 疾病等への対応

(1) 在園時に体調不良や傷害が発生した場合には、その園児の状態等に応じて、保護者に連絡するとともに、適宜、学校医やかかりつけ医等と相談し、適切な処置を行うこと。

(2) 感染症やその他の疾病の発生予防に努め、その発生や疑いがある場合には必要に応じて学校医、市町村、保健所等に連絡し、その指示に従うとともに、保護者や全ての職員に連絡し、予防等について協力を求めること。また、感染症に関する幼保連携型認定こども園の対応方法等について、あらかじめ関係機関の協力を得ておくこと。

(3) アレルギー疾患を有する園児に関しては、保護者と連携し、医師の診断及び指示に基づき、適切な対応を行うこと。また、食物アレルギーに関して、関係機関と連携して、当該幼保連携型認定こども園の体制構築など、安全な環境の整備を行うこと。

(4) 園児の疾病等の事態に備え、保健室の環境を整え、救急用の薬品、材料等を適切な管理の下に常備し、全ての職員が対応できるようにしておくこと。

第2 食育の推進

1 幼保連携型認定こども園における食育は、健康な生活の基本としての食を営む力の育成に向け、その基礎を培うことを目標とすること。

2 園児が生活と遊びの中で、意欲をもって食に関わる体験を積み重ね、食べることを楽しみ、食事を楽しみ合う園児に成長していくことを期待するものであること。

3 乳幼児期にふさわしい食生活が展開され、適切な援助が行われるよう、教育及び保育の内容並びに子育ての支援等に関する全体的な計画に基づき、食事の提供を含む食育の計画を作成し、指導計画に位置付けるとともに、その評価及び改善に努めること。

4 園児が自らの感覚や体験を通して、自然の恵みとしての食材や食の循環・環境への意識、調理する人への感謝の気持ちが育つように、園児と調理員等との関わりや、調理室など食に関する環境に配慮すること。

5 保護者や地域の多様な関係者との連携及び協働の下で、食に関する取組が進められること。また、市町村の支援の下に、地域の関係機関等との日常的な連携を図り、必要な協力が得られるよう努めること。

6 体調不良、食物アレルギー、障害のあ

る園児など、園児一人一人の心身の状態等に応じ、学校医、かかりつけ医等の指示や協力の下に適切に対応すること。

第3　環境及び衛生管理並びに安全管理

1　環境及び衛生管理

(1)　認定こども園法第二十七条において準用する学校保健安全法第六条の学校環境衛生基準に基づき幼保連携型認定こども園の適切な環境の維持に努めるとともに、施設内外の設備、用具等の衛生管理に努めること。

(2)　認定こども園法第二十七条において準用する学校保健安全法第六条の学校環境衛生基準に基づき幼保連携型認定こども園の施設内外の適切な環境の維持に努めるとともに、園児及び全職員が清潔を保つようにすること。また、職員は衛生知識の向上に努めること。

2　事故防止及び安全対策

(1)　在園時の事故防止のために、園児の心身の状態等を踏まえつつ、認定こども園法第二十七条において準用する学校保健安全法第二十七条の学校安全計画の策定等を通じ、全職員の共通理解や体制づくりを図るとともに、家庭や地域の関係機関の協力の下に安全指導を行うこと。

(2)　事故防止の取組を行う際には、特に、睡眠中、プール活動・水遊び中、食事中等の場面では重大事故が発生しやすいことを踏まえ、園児の主体的な活動を大切にしつつ、施設内外の環境の配慮や指導の工夫を行うなど、必要な対策を講じること。

(3)　認定こども園法第二十七条において準用する学校保健安全法第二十九条の危険等発生時対処要領に基づき、事故の発生に備えるとともに施設内外の危険箇所の点検や訓練を実施すること。また、外部からの不審者等の侵入防止のための措置や訓練など不測の事態に備え必要な対応を行うこと。更に、園児の精神保健面における対応に留意すること。

第4　災害への備え

1　施設・設備等の安全確保

(1)　認定こども園法第二十七条において準用する学校保健安全法第二十九条の危険等発生時対処要領に基づき、災害等の発生に備えるとともに、防火設備、避難経路等の安全性が確保されるよう、定期的にこれらの安全点検を行うこと。

(2)　備品、遊具等の配置、保管を適切に行い、日頃から、安全環境の整備に努めること。

2　災害発生時の対応体制及び避難への備え

(1)　火災や地震などの災害の発生に備え、認定こども園法第二十七条において準用する学校保健安全法第二十九条の危険等発生時対処要領を作成する際には、緊急時の対応の具体的内容及び手順、職員の役割分担、避難訓練計画等の事項を盛り込むこと。

(2)　定期的に避難訓練を実施するなど、必要な対応を図ること。

(3)　災害の発生時に、保護者等への連絡及び子どもの引渡しを円滑に行うため、日頃から保護者との密接な連携に努め、連絡体制や引渡し方法等について確認をしておくこと。

3　地域の関係機関等との連携

(1)　市町村の支援の下に、地域の関係機関との日常的な連携を図り、必要な協力が得られるよう努めること。

(2)　避難訓練については、地域の関係機関や保護者との連携の下に行うなど工夫すること。

第四章　子育ての支援

幼保連携型認定こども園における保護者に対する子育ての支援は、子どもの利益を最優先して行うものとし、第一章及び第二章等の関連する事項を踏まえ、子どもの育ちを家庭と連携して支援していくとともに、保護者及び地域が有する子育てを自ら実践する力の向上に資するよう、次の事項に留意するものと

児童家庭福祉

する。

第1　子育ての支援全般に関わる事項

1　保護者に対する子育ての支援を行う際には、各地域や家庭の実態等を踏まえるとともに、保護者の気持ちを受け止め、相互の信頼関係を基本に、保護者の自己決定を尊重すること。

2　教育及び保育並びに子育ての支援に関する知識や技術など、保育教諭等の専門性や、園児が常に存在する環境など、幼保連携型認定こども園の特性を生かし、保護者が子どもの成長に気付き子育ての喜びを感じられるように努めること。

3　保護者に対する子育ての支援における地域の関係機関等との連携及び協働を図り、園全体の体制構築に努めること。

4　子どもの利益に反しない限りにおいて、保護者や子どものプライバシーを保護し、知り得た事柄の秘密を保持すること。

第2　幼保連携型認定こども園の園児の保護者に対する子育ての支援

1　日常の様々な機会を活用し、園児の日々の様子の伝達や収集、教育及び保育の意図の説明などを通じて、保護者との相互理解を図るよう努めること。

2　教育及び保育の活動に対する保護者の積極的な参加は、保護者の子育てを自ら実践する力の向上に寄与するだけでなく、地域社会における家庭や住民の子育てを自ら実践する力の向上及び子育ての経験の継承につながるきっかけとなる。これらのことから、保護者の参加を促すとともに、参加しやすいよう工夫すること。

3　保護者の生活形態が異なることを踏まえ、全ての保護者の相互理解が深まるように配慮すること。その際、保護者同士が子育てに対する新たな考えに出会い気付き合えるよう工夫すること。

4　保護者の就労と子育ての両立等を支援するため、保護者の多様化した教育及び保育の需要に応じて病児保育事業など多様な事業を実施する場合には、保護者の状況に配慮するとともに、園児の福祉が尊重されるよう努め、園児の生活の連続性を考慮すること。

5　地域の実態や保護者の要請により、教育を行う標準的な時間の終了後等に希望する園児を対象に一時預かり事業などとして行う活動については、保育教諭間及び家庭との連携を密にし、園児の心身の負担に配慮すること。その際、地域の実態や保護者の事情とともに園児の生活のリズムを踏まえつつ、必要に応じて、弾力的な運用を行うこと。

6　園児に障害や発達上の課題が見られる場合には、市町村や関係機関と連携及び協力を図りつつ、保護者に対する個別の支援を行うよう努めること。

7　外国籍家庭など、特別な配慮を必要とする家庭の場合には、状況等に応じて個別の支援を行うよう努めること。

8　保護者に育児不安等が見られる場合には、保護者の希望に応じて個別の支援を行うよう努めること。

9　保護者に不適切な養育等が疑われる場合には、市町村や関係機関と連携し、要保護児童対策地域協議会で検討するなど適切な対応を図ること。また、虐待が疑われる場合には、速やかに市町村又は児童相談所に通告し、適切な対応を図ること。

第3　地域における子育て家庭の保護者等に対する支援

1　幼保連携型認定こども園において、認定こども園法第二条第十二項に規定する子育て支援事業を実施する際には、当該幼保連携型認定こども園がもつ地域性や専門性などを十分に考慮して当該地域において必要と認められるものを適切に実施すること。また、地域の子どもに対する一時預かり事業などの活動を行う際には、一人一人の子どもの心身の状態などを考慮するとともに、教育及び保育との関連に配慮するなど、柔軟に活動を展開できるようにすること。

2　市町村の支援を得て、地域の関係機関等との積極的な連携及び協働を図るとともに、子育ての支援に関する地域の人材の積極的な活用を図るよう努めること。また、地域の要保護児童への対応など、地域の子どもを巡る諸課題に対し、要保護児童対策地域協議会など関係機関等と連携及び協力して取り組むよう努めること。

3　幼保連携型認定こども園は、地域の子どもが健やかに育成される環境を提供し、保護者に対する総合的な子育ての支援を推進するため、地域における乳幼児期の教育及び保育の中心的な役割を果たすよう努めること。

少子化社会対策基本法

（平成一五・七・三〇）
（法　律　一　三　三）

我が国における急速な少子化の進展は、平均寿命の伸長による高齢者の増加とあいまって、我が国の人口構造にひずみを生じさせ、二十一世紀の国民生活に、深刻かつ多大な影響をもたらす。我らは、紛れもなく、有史以来の未曾有の事態に直面している。

しかしながら、我らはともすれば高齢社会に対する対応にのみ目を奪われ、少子化という、社会の根幹を揺るがしかねない事態に対する国民の意識や社会の対応は、著しく遅れている。少子化は、社会における様々なシステムや人々の価値観と深くかかわっており、この事態を克服するためには、長期的な展望に立った不断の努力の積重ねが不可欠で、極めて長い時間を要する。急速な少子化という現実を前にして、我らに残された時間は、極めて少ない。

もとより、結婚や出産は個人の決定に基づくものではあるが、こうした事態に直面して、家庭や子育てに夢を持ち、かつ、次代の社会を担う子どもを安心して生み、育てることができる環境を整備し、子どもがひとしく心身ともに健やかに育ち、子どもを生み、育てる者が真に誇りと喜びを感じることのできる社会を実現し、少子化の進展に歯止めをかけることが、今、我らに、強く求められている。生命を尊び、豊かで安心して暮らすことのできる社会の実現に向け、新たな一歩を踏み出すことは、我らに課せられている喫緊の課題である。

ここに、少子化社会において講ぜられる施策の基本理念を明らかにし、少子化に的確に対処するための施策を総合的に推進するため、この法律を制定する。

第一章　総則

（**目的**）

第一条　この法律は、我が国において急速に少子化が進展しており、その状況が二十一世紀の国民生活に深刻かつ多大な影響を及ぼすものであることにかんがみ、このような事態に対し、長期的な視点に立って的確に対処するため、少子化社会において講ぜられる施策の基本理念を明らかにするとともに、国及び地方公共団体の責務、少子化に対処するために講ずべき施策の基本となる事項その他の事項を定めることにより、少子化に対処するための施策を総合的に推進し、もって国民が豊かで安心して暮らすことのできる社会の実現に寄与することを目的とする。

（**施策の基本理念**）

第二条　少子化に対処するための施策は、父母その他の保護者が子育てについての第一義的責任を有するとの認識の下に、国民の意識の変化、生活様式の多様化等に十分留意しつつ、男女共同参画社会の形成とあいまって、家庭や子育てに夢を持ち、かつ、次代の社会を担う子どもを安心して生み、育てることができる環境を整備することを旨として講ぜられなければならない。

2 少子化に対処するための施策は、人口構造の変化、財政の状況、経済の成長、社会の高度化その他の状況に十分配意し、長期的な展望に立って講ぜられなければならない。

3 少子化に対処するための施策を講ずるに当たっては、子どもの安全な生活が確保されるとともに、子どもがひとしく心身ともに健やかに育つことができるよう配慮しなければならない。

4 社会、経済、教育、文化その他あらゆる分野における施策は、少子化の状況に配慮して、講ぜられなければならない。

（国の責務）

第三条 国は、前条の施策の基本理念（次条において「基本理念」という。）にのっとり、少子化に対処するための施策を総合的に策定し、及び実施する責務を有する。

（地方公共団体の責務）

第四条 地方公共団体は、基本理念にのっとり、少子化に対処するための施策に関し、国と協力しつつ、当該地域の状況に応じた施策を策定し、及び実施する責務を有する。

（事業主の責務）

第五条 事業主は、子どもを生み、育てる者が充実した職業生活を営みつつ豊かな家庭生活を享受することができるよう、国又は地方公共団体が実施する少子化に対処するための施策に協力するとともに、必要な雇用環境の整備に努めるものとする。

（国民の責務）

第六条 国民は、家庭や子育てに夢を持ち、かつ、安心して子どもを生み、育てることができる社会の実現に資するよう努めるものとする。

（施策の大綱）

第七条 政府は、少子化に対処するための施策の指針として、総合的かつ長期的な少子化に対処するための施策の大綱を定めなければならない。

（法制上の措置等）

第八条 政府は、この法律の目的を達成するため、必要な法制上又は財政上の措置その他の措置を講じなければならない。

（年次報告）

第九条 政府は、毎年、国会に、少子化の状況及び少子化に対処するために講じた施策の概況に関する報告書を提出しなければならない。

第二章　基本的施策

（雇用環境の整備）

第十条 国及び地方公共団体は、子どもを生み、育てる者が充実した職業生活を営みつつ豊かな家庭生活を享受することができるよう、育児休業制度等子どもを生み、育てる者の雇用の継続を図るための制度の充実、労働時間の短縮の促進、再就職の促進、情報通信ネットワークを利用した就労形態の多様化等による多様な就労の機会の確保その他必要な雇用環境の整備のための施策を講ずるものとする。

2 国及び地方公共団体は、前項の施策を講ずるに当たっては、子どもを養育する者がその有する能力を有効に発揮することの妨げとなっている雇用慣行の是正が図られるよう配慮するものとする。

（保育サービス等の充実）

第十一条 国及び地方公共団体は、子どもを養育する者の多様な需要に対応した良質な保育サービス等が提供されるよう、病児保育、低年齢児保育、休日保育、夜間保育、延長保育及び一時保育の充実、放課後児童健全育成事業等の拡充その他の保育等に係る体制の整備並びに保育サービスに係る情報の提供の促進に必要な施策を講ずるとともに、保育所、幼稚園その他の保育サービスを提供する施設の活用による子育てに関する情報の提供及び相談の実施その他の子育て支援が図られるよう必要な施策を講ずるものとする。

2 国及び地方公共団体は、保育において幼稚園の果たしている役割に配慮し、その充

児童家庭福祉

実を図るとともに、前項の保育等に係る体制の整備に必要な施策を講ずるに当たっては、幼稚園と保育所との連携の強化及びこれらに係る施設の総合化に配慮するものとする。

（地域社会における子育て支援体制の整備）

第十二条　国及び地方公共団体は、地域において子どもを生み、育てる者を支援する拠点の整備を図るとともに、安心して子どもを生み、育てることができる地域社会の形成に係る活動を行う民間団体の支援、地域における子どもと他の世代との交流の促進等について必要な施策を講ずることにより、子どもを生み、育てる者を支援する地域社会の形成のための環境の整備を行うものとする。

（母子保健医療体制の充実等）

第十三条　国及び地方公共団体は、妊産婦及び乳幼児に対する健康診査、保健指導等の母子保健サービスの提供に係る体制の整備、妊産婦及び乳幼児に対し良質かつ適切な医療（助産を含む。）が提供される体制の整備等安心して子どもを生み、育てることができる母子保健医療体制の充実のために必要な施策を講ずるものとする。

2　国及び地方公共団体は、不妊治療を望む者に対し良質かつ適切な保健医療サービスが提供されるよう、不妊治療に係る情報の提供、不妊相談、不妊治療に係る研究に対する助成等必要な施策を講ずるものとする。

（ゆとりのある教育の推進等）

第十四条　国及び地方公共団体は、子どもを生み、育てる者の教育に関する心理的な負担を軽減するため、教育の内容及び方法の改善及び充実、入学者の選抜方法の改善等によりゆとりのある学校教育の実現が図られるよう必要な施策を講ずるとともに、子どもの文化体験、スポーツ体験、社会体験その他の体験を豊かにするための多様な機会の提供、家庭教育に関する学習機会及び情報の提供、家庭教育に関する相談体制の整備等子どもが豊かな人間性をはぐくむことができる社会環境を整備するために必要な施策を講ずるものとする。

（生活環境の整備）

第十五条　国及び地方公共団体は、子どもの養育及び成長に適した良質な住宅の供給並びに安心して子どもを遊ばせることができる広場その他の場所の整備を促進するとともに、子どもが犯罪、交通事故その他の危害から守られ、子どもを生み、育てる者が豊かで安心して生活することができる地域環境を整備するためのまちづくりその他の必要な施策を講ずるものとする。

（経済的負担の軽減）

第十六条　国及び地方公共団体は、子どもを生み、育てる者の経済的負担の軽減を図るため、児童手当、奨学事業及び子どもの医療に係る措置、税制上の措置その他の必要な措置を講ずるものとする。

（教育及び啓発）

第十七条　国及び地方公共団体は、生命の尊厳並びに子育てにおいて家庭が果たす役割及び家庭生活における男女の協力の重要性について国民の認識を深めるよう必要な教育及び啓発を行うものとする。

2　国及び地方公共団体は、安心して子どもを生み、育てることができる社会の形成について国民の関心と理解を深めるよう必要な教育及び啓発を行うものとする。

第三章　少子化社会対策会議

（設置及び所掌事務）

第十八条　内閣府に、特別の機関として、少子化社会対策会議（以下「会議」という。）を置く。

2　会議は、次に掲げる事務をつかさどる。

一　第七条の大綱の案を作成すること。

二　少子化社会において講ぜられる施策について必要な関係行政機関相互の調整をすること。

三　前二号に掲げるもののほか、少子化社会において講ぜられる施策に関する重要事項について審議し、及び少子化に対処するための施策の実施を推進すること。

（組織等）

第十九条　会議は、会長及び委員をもって組織する。

2　会長は、内閣総理大臣をもって充てる。

3　委員は、内閣官房長官、関係行政機関の長及び内閣府設置法（平成十一年法律第八十九号）第九条第一項に規定する特命担当大臣のうちから、内閣総理大臣が任命する。
4　会議に、幹事を置く。
5　幹事は、関係行政機関の職員のうちから、内閣総理大臣が任命する。
6　幹事は、会議の所掌事務について、会長及び委員を助ける。
7　前各項に定めるもののほか、会議の組織及び運営に関し必要な事項は、政令で定める。

附　則（抄）

（施行期日）
1　この法律は、公布の日（平成十五年七月三十日）から起算して六月を超えない範囲内において政令で定める日（平成十五年九月一日）から施行する。

次世代育成支援対策推進法

（平成一五・七・一六　法律一二〇）

最新改正　平成二九法律一四

第一章　総則

（目的）
第一条　この法律は、我が国における急速な少子化の進行並びに家庭及び地域を取り巻く環境の変化にかんがみ、次世代育成支援対策に関し、基本理念を定め、並びに国、地方公共団体、事業主及び国民の責務を明らかにするとともに、行動計画策定指針並びに地方公共団体及び事業主の行動計画の策定その他の次世代育成支援対策を推進するために必要な事項を定めることにより、次世代育成支援対策を迅速かつ重点的に推進し、もって次代の社会を担う子どもが健やかに生まれ、かつ、育成される社会の形成に資することを目的とする。

（定義）
第二条　この法律において「次世代育成支援対策」とは、次代の社会を担う子どもを育成し、又は育成しようとする家庭に対する支援その他の次代の社会を担う子どもが健やかに生まれ、かつ、育成される環境の整備のための国若しくは地方公共団体が講ずる施策又は事業主が行う雇用環境の整備その他の取組をいう。

（基本理念）
第三条　次世代育成支援対策は、父母その他の保護者が子育てについての第一義的責任を有するという基本的認識の下に、家庭その他の場において、子育ての意義についての理解が深められ、かつ、子育てに伴う喜びが実感されるように配慮して行われなければならない。

（国及び地方公共団体の責務）
第四条　国及び地方公共団体は、前条の基本理念（次条及び第七条第一項において「基本理念」という。）にのっとり、相互に連携を図りながら、次世代育成支援対策を総合的かつ効果的に推進するよう努めなければならない。

（事業主の責務）
第五条　事業主は、基本理念にのっとり、その雇用する労働者に係る多様な労働条件の整備その他の労働者の職業生活と家庭生活との両立が図られるようにするために必要な雇用環境の整備を行うことにより自ら次世代育成支援対策を実施するよう努めるとともに、国又は地方公共団体が講ずる次世代育成支援対策に協力しなければならない。

（国民の責務）
第六条　国民は、次世代育成支援対策の重要性に対する関心と理解を深めるとともに、国又は地方公共団体が講ずる次世代育成支援対策に協力しなければならない。

第二章　行動計画

第一節　行動計画策定指針

第七条　主務大臣は、次世代育成支援対策の総合的かつ効果的な推進を図るため、基本理念にのっとり、次条第一項の市町村行動計画及び第九条第一項の都道府県行動計画並びに第十二条第一項の一般事業主行動計画及び第十九条第一項の特定事業主行動計画（次項において「市町村行動計画等」という。）の策定に関する指針（以下「行動計画策定指針」という。）を定めなければならない。

2　行動計画策定指針においては、次に掲げる事項につき、市町村行動計画等の指針となるべきものを定めるものとする。

一　次世代育成支援対策の実施に関する基本的な事項

二　次世代育成支援対策の内容に関する事項

三　その他次世代育成支援対策の実施に関する重要事項

3　主務大臣は、少子化の動向、子どもを取り巻く環境の変化その他の事情を勘案して必要があると認めるときは、速やかに行動計画策定指針を変更するものとする。

4　主務大臣は、行動計画策定指針を定め、又はこれを変更しようとするときは、あらかじめ、子ども・子育て支援法（平成二十四年法律第六十五号）第七十二条に規定する子ども・子育て会議の意見を聴くとともに、次条第一項の市町村行動計画及び第九条第一項の都道府県行動計画に係る部分について総務大臣に協議しなければならない。

5　主務大臣は、行動計画策定指針を定め、又はこれを変更したときは、遅滞なく、これを公表しなければならない。

第二節　市町村行動計画及び都道府県行動計画

（市町村行動計画）

第八条　市町村は、行動計画策定指針に即して、五年ごとに、当該市町村の事務及び事業に関し、五年を一期として、地域における子育ての支援、母性並びに乳児及び幼児の健康の確保及び増進、子どもの心身の健やかな成長に資する教育環境の整備、子どもを育成する家庭に適した良質な住宅及び良好な居住環境の確保、職業生活と家庭生活との両立の推進その他の次世代育成支援対策の実施に関する計画（以下「市町村行動計画」という。）を策定することができる。

2　市町村行動計画においては、次に掲げる事項を定めるものとする。

一　次世代育成支援対策の実施により達成しようとする目標

二　実施しようとする次世代育成支援対策の内容及びその実施時期

3　市町村は、市町村行動計画を策定し、又は変更しようとするときは、あらかじめ、住民の意見を反映させるために必要な措置を講ずるものとする。

4　市町村は、市町村行動計画を策定し、又は変更しようとするときは、あらかじめ、事業主、労働者その他の関係者の意見を反映させるために必要な措置を講ずるよう努めなければならない。

5　市町村は、市町村行動計画を策定し、又は変更したときは、遅滞なく、これを公表するよう努めるとともに、都道府県に提出しなければならない。

6　市町村は、市町村行動計画を策定したときは、おおむね一年に一回、市町村行動計画に基づく措置の実施の状況を公表するよう努めるものとする。

7　市町村は、市町村行動計画を策定したときは、定期的に、市町村行動計画に基づく措置の実施の状況に関する評価を行い、市町村行動計画に検討を加え、必要があると認めるときは、これを変更することその他の必要な措置を講ずるよう努めなければならない。

8　市町村は、市町村行動計画の策定及び市町村行動計画に基づく措置の実施に関して特に必要があると認めるときは、事業主その他の関係者に対して調査を実施するため必要な協力を求めることができる。

（都道府県行動計画）

第九条　都道府県は、行動計画策定指針に即して、五年ごとに、当該都道府県の事務及び事業に関し、五年を一期として、地域における子育ての支援、保護を要する子どもの養育環境の整備、母性並びに乳児及び幼児の健康の確保及び増進、子どもの心身の健やかな成長に資する教育環境の整備、子どもを育成する家庭に適した良質な住宅及び良好な居住環境の確保、職業生活と家庭生活との両立の推進その他の次世代育成支援対策の実施に関する計画(以下「都道府県行動計画」という。)を策定することができる。

2　都道府県行動計画においては、次に掲げる事項を定めるものとする。

一　次世代育成支援対策の実施により達成しようとする目標

二　実施しようとする次世代育成支援対策の内容及びその実施時期

三　次世代育成支援対策を実施する市町村を支援するための措置の内容及びその実施時期

3　都道府県は、都道府県行動計画を策定し、又は変更しようとするときは、あらかじめ、住民の意見を反映させるために必要な措置を講ずるものとする。

4　都道府県は、都道府県行動計画を策定し、又は変更しようとするときは、あらかじめ、事業主、労働者その他の関係者の意見を反映させるために必要な措置を講ずるよう努めなければならない。

5　都道府県は、都道府県行動計画を策定し、又は変更したときは、遅滞なく、これを公表するよう努めるとともに、主務大臣に提出しなければならない。

6　都道府県は、都道府県行動計画を策定したときは、おおむね一年に一回、都道府県行動計画に基づく措置の実施の状況を公表するよう努めるものとする。

7　都道府県は、都道府県行動計画を策定したときは、定期的に、都道府県行動計画に基づく措置の実施の状況に関する評価を行い、都道府県行動計画に検討を加え、必要があると認めるときは、これを変更することその他の必要な措置を講ずるよう努めなければならない。

8　都道府県は、都道府県行動計画の策定及び都道府県行動計画に基づく措置の実施に関して特に必要があると認めるときは、市町村、事業主その他の関係者に対して調査を実施するため必要な協力を求めることができる。

(都道府県の助言等)

第十条　都道府県は、市町村に対し、市町村行動計画の策定上の技術的事項について必要な助言その他の援助の実施に努めるものとする。

2　主務大臣は、都道府県に対し、都道府県行動計画の策定の手法その他都道府県行動計画の策定上重要な技術的事項について必要な助言その他の援助の実施に努めるものとする。

(市町村及び都道府県に対する交付金の交付等)

第十一条　国は、市町村又は都道府県に対し、市町村行動計画又は都道府県行動計画に定められた措置の実施に要する経費に充てるため、厚生労働省令で定めるところにより、予算の範囲内で、交付金を交付することができる。

2　国は、市町村又は都道府県が、市町村行動計画又は都道府県行動計画に定められた措置を実施しようとするときは、当該措置が円滑に実施されるように必要な助言その他の援助の実施に努めるものとする。

第三節　一般事業主行動計画

(一般事業主行動計画の策定等)

第十二条　国及び地方公共団体以外の事業主(以下「一般事業主」という。)であって、常時雇用する労働者の数が百人を超えるものは、行動計画策定指針に即して、一般事業主行動計画(一般事業主が実施する次世代育成支援対策に関する計画をいう。以下同じ。)を策定し、厚生労働省令で定めるところにより、厚生労働大臣にその旨を届け出なければならない。これを変更したときも同様とする。

2　一般事業主行動計画においては、次に掲げる事項を定めるものとする。

一　計画期間

二　次世代育成支援対策の実施により達成

しようとする目標

三　実施しようとする次世代育成支援対策の内容及びその実施時期

3　第一項に規定する一般事業主は、一般事業主行動計画を策定し、又は変更したときは、厚生労働省令で定めるところにより、これを公表しなければならない。

4　一般事業主であって、常時雇用する労働者の数が百人以下のものは、行動計画策定指針に即して、一般事業主行動計画を策定し、厚生労働省令で定めるところにより、厚生労働大臣にその旨を届け出るよう努めなければならない。これを変更したときも同様とする。

5　前項に規定する一般事業主は、一般事業主行動計画を策定し、又は変更したときは、厚生労働省令で定めるところにより、これを公表するよう努めなければならない。

6　第一項に規定する一般事業主が同項の規定による届出又は第三項の規定による公表をしない場合には、厚生労働大臣は、当該一般事業主に対し、相当の期間を定めて当該届出又は公表をすべきことを勧告することができる。

（一般事業主行動計画の労働者への周知等）

第十二条の二　前条第一項に規定する一般事業主は、一般事業主行動計画を策定し、又は変更したときは、厚生労働省令で定めるところにより、これを労働者に周知させるための措置を講じなければならない。

2　前条第四項に規定する一般事業主は、一般事業主行動計画を策定し、又は変更したときは、厚生労働省令で定めるところにより、これを労働者に周知させるための措置を講ずるよう努めなければならない。

3　前条第六項の規定は、同条第一項に規定する一般事業主が第一項の規定による措置を講じない場合について準用する。

（基準に適合する一般事業主の認定）

第十三条　厚生労働大臣は、第十二条第一項又は第四項の規定による届出をした一般事業主からの申請に基づき、厚生労働省令で定めるところにより、当該事業主について、雇用環境の整備に関し、行動計画策定指針に照らし適切な一般事業主行動計画を策定したこと、当該一般事業主行動計画を実施し、当該一般事業主行動計画に定めた目標を達成したことその他の厚生労働省令で定める基準に適合するものである旨の認定を行うことができる。

（認定一般事業主の表示等）

第十四条　前条の認定を受けた一般事業主（以下「認定一般事業主」という。）は、商品又は役務、その広告又は取引に用いる書類若しくは通信その他の厚生労働省令で定めるもの（次項及び第十五条の四第一項において「広告等」という。）に厚生労働大臣の定める表示を付することができる。

2　何人も、前項の規定による場合を除くほか、広告等に同項の表示又はこれと紛らわしい表示を付してはならない。

（認定一般事業主の認定の取消し）

第十五条　厚生労働大臣は、認定一般事業主が次の各号のいずれかに該当するときは、第十三条の認定を取り消すことができる。

一　第十三条に規定する基準に適合しなくなったと認めるとき。

二　この法律又はこの法律に基づく命令に違反したとき。

三　前二号に掲げる場合のほか、認定一般事業主として適当でなくなったと認めるとき。

（基準に適合する認定一般事業主の認定）

第十五条の二　厚生労働大臣は、認定一般事業主からの申請に基づき、厚生労働省令で定めるところにより、当該認定一般事業主について、雇用環境の整備に関し、行動計画策定指針に照らし適切な一般事業主行動計画（その計画期間の末日が、当該認定一般事業主が第十三条の認定を受けた日以後であるものに限る。）を策定したこと、当該一般事業主行動計画を実施し、当該一般事業主行動計画に定めた目標を達成したこと、当該認定一般事業主の次世代育成支援対策の実施の状況が優良なものであることその他の厚生労働省令で定める基準に適合するものである旨の認定を行うことができる。

（特例認定一般事業主の特例等）

第十五条の三　前条の認定を受けた認定一般

事業主（以下「特例認定一般事業主」という。）については、第十二条第一項及び第四項の規定は、適用しない。

2　特例認定一般事業主は、厚生労働省令で定めるところにより、毎年少なくとも一回、次世代育成支援対策の実施の状況を公表しなければならない。

3　特例認定一般事業主が前項の規定による公表をしない場合には、厚生労働大臣は、当該特例認定一般事業主に対し、相当の期間を定めて当該公表をすべきことを勧告することができる。

（特例認定一般事業主の表示等）

第十五条の四　特例認定一般事業主は、広告等に厚生労働大臣の定める表示を付することができる。

2　第十四条第二項の規定は、前項の表示について準用する。

（特例認定一般事業主の認定の取消し）

第十五条の五　厚生労働大臣は、特例認定一般事業主が次の各号のいずれかに該当するときは、第十五条の二の認定を取り消すことができる。

一　第十五条の規定により第十三条の認定を取り消すとき。

二　第十五条の二に規定する基準に適合しなくなったと認めるとき。

三　第十五条の三第二項の規定による公表をせず、又は虚偽の公表をしたとき。

四　前号に掲げる場合のほか、この法律又はこの法律に基づく命令に違反したとき。

五　前各号に掲げる場合のほか、特例認定一般事業主として適当でなくなったと認めるとき。

（委託募集の特例等）

第十六条　承認中小事業主団体の構成員である一般事業主であって、常時雇用する労働者の数が三百人以下のもの（以下この項及び次項において「中小事業主」という。）が、当該承認中小事業主団体をして次世代育成支援対策を推進するための措置の実施に関し必要な労働者の募集を行わせようとする場合において、当該承認中小事業主団体が当該募集に従事しようとするときは、職業安定法（昭和二十二年法律第百四十一号）第三十六条第一項及び第三項の規定は、当該構成員である中小事業主については、適用しない。

2　この条及び次条において「承認中小事業主団体」とは、事業協同組合、協同組合連合会その他の特別の法律により設立された組合若しくはその連合会であって厚生労働省令で定めるもの又は一般社団法人で中小事業主を直接又は間接の構成員とするもの（厚生労働省令で定める要件に該当するものに限る。以下この項において「事業協同組合等」という。）であって、その構成員である中小事業主に対し、次世代育成支援対策を推進するための人材確保に関する相談及び援助を行うものとして、当該事業協同組合等の申請に基づき厚生労働大臣がその定める基準により適当であると承認したものをいう。

3　厚生労働大臣は、承認中小事業主団体が前項の相談及び援助を行うものとして適当でなくなったと認めるときは、同項の承認を取り消すことができる。

4　承認中小事業主団体は、当該募集に従事しようとするときは、厚生労働省令で定めるところにより、募集時期、募集人員、募集地域その他の労働者の募集に関する事項で厚生労働省令で定めるものを厚生労働大臣に届け出なければならない。

5　職業安定法第三十七条第二項の規定は前項の規定による届出があった場合について、同法第五条の三第一項及び第四項、第五条の四、第三十九条、第四十一条第二項、第四十二条第一項、第四十二条の二、第四十八条の三第一項、第四十八条の四、第五十条第一項及び第二項並びに第五十一条の規定は前項の規定による届出をして労働者の募集に従事する者について、同法第四十条の規定は同項の規定による届出をして労働者の募集に従事する者に対する報酬の供与について、同法第五十条第三項及び第四項の規定はこの項において準用する同条第二項に規定する職権を行う場合について準用する。この場合において、同法第三十七条第二項中「労働者の募集を行おうとする者」とあるのは「次世代育成支援対策推進法（平成十五年法律第百二十号）第十六条第四項の規定による届出をして労働者の募集に従事しようとする者」と、同法第四十一条第二項中「当該労働者の募集の業務の廃止を命じ、又は期間」とあるのは「期間」と読み替えるものとする。

6　職業安定法第三十六条第二項及び第四十二条の三の規定の適用については、同法第三十六条第二項中「前項の」とあるのは「被用者以外の者をして労働者の募集に従事させようとする者がその被用者以外の者に与えようとする」と、同法第四十二条の二中「第三十九条に規定する募集受託者」とあるのは「次世代育成支援対策推進法第十六条第四項の規定による届出をして労働者の募集に従事する者」とする。

7　厚生労働大臣は、承認中小事業主団体に対し、第二項の相談及び援助の実施状況について報告を求めることができる。

第十七条　公共職業安定所は、前条第四項の規定による届出をして労働者の募集に従事する承認中小事業主団体に対して、雇用情報及び職業に関する調査研究の成果を提供し、かつ、これらに基づき当該募集の内容又は方法について指導することにより、当該募集の効果的かつ適切な実施の促進に努めなければならない。

（**一般事業主に対する国の援助**）

第十八条　国は、第十二条第一項又は第四項の規定により一般事業主行動計画を策定する一般事業主又はこれらの規定による届出をした一般事業主に対して、一般事業主行動計画の策定、公表若しくは労働者への周知又は当該一般事業主行動計画に基づく措置が円滑に実施されるように必要な助言、指導その他の援助の実施に努めるものとする。

第四節　特定事業主行動計画

第十九条　国及び地方公共団体の機関、それらの長又はそれらの職員で政令で定めるもの（以下「特定事業主」という。）は、政令で定めるところにより、行動計画策定指針に即して、特定事業主行動計画（特定事業主が実施する次世代育成支援対策に関する計画をいう。以下この条において同じ。）を策定するものとする。

2　特定事業主行動計画においては、次に掲げる事項を定めるものとする。

一　計画期間

二　次世代育成支援対策の実施により達成しようとする目標

三　実施しようとする次世代育成支援対策の内容及びその実施時期

3　特定事業主は、特定事業主行動計画を策定し、又は変更したときは、遅滞なく、これを公表しなければならない。

4　特定事業主は、特定事業主行動計画を策定し、又は変更したときは、遅滞なく、これを職員に周知させるための措置を講じなければならない。

5　特定事業主は、毎年少なくとも一回、特定事業主行動計画に基づく措置の実施の状況を公表しなければならない。

6　特定事業主は、特定事業主行動計画に基づく措置を実施するとともに、特定事業主行動計画に定められた目標を達成するよう努めなければならない。

第五節　次世代育成支援対策推進センター

第二十条　厚生労働大臣は、一般事業主の団体又はその連合団体（法人でない団体又は連合団体であって代表者の定めがないものを除く。）であって、次項に規定する業務を適正かつ確実に行うことができると認めるものを、その申請により、次世代育成支援対策推進センターとして指定することができる。

2　次世代育成支援対策推進センターは、一般事業主行動計画の策定及び実施に関し、一般事業主その他の関係者に対し、雇用環境の整備に関する相談その他の援助の業務を行うものとする。

3　厚生労働大臣は、次世代育成支援対策推進センターの財産の状況又はその業務の運営に関し改善が必要であると認めるときは、次世代育成支援対策推進センターに対し、その改善に必要な措置をとるべきことを命ずることができる。

4　厚生労働大臣は、次世代育成支援対策推

進センターが前項の規定による命令に違反したときは、第一項の指定を取り消すことができる。

5　次世代育成支援対策推進センターの役員若しくは職員又はこれらの職にあった者は、第二項に規定する業務に関して知り得た秘密を漏らしてはならない。

6　第一項の指定の手続その他次世代育成支援対策推進センターに関し必要な事項は、厚生労働省令で定める。

第三章　次世代育成支援対策地域協議会

第二十一条　地方公共団体、事業主、住民その他の次世代育成支援対策の推進を図るための活動を行う者は、地域における次世代育成支援対策の推進に関し必要となるべき措置について協議するため、次世代育成支援対策地域協議会（以下「地域協議会」という。）を組織することができる。

2　前項の協議を行うための会議において協議が調った事項については、地域協議会の構成員は、その協議の結果を尊重しなければならない。

3　前二項に定めるもののほか、地域協議会の運営に関し必要な事項は、地域協議会が定める。

第四章　雑則

（主務大臣）

第二十二条　第七条第一項及び第三項から第五項までにおける主務大臣は、行動計画策定指針のうち、市町村行動計画及び都道府県行動計画に係る部分並びに一般事業主行動計画に係る部分（雇用環境の整備に関する部分を除く。）については厚生労働大臣、内閣総理大臣、国家公安委員会、文部科学大臣、農林水産大臣、経済産業大臣、国土交通大臣及び環境大臣とし、その他の部分については厚生労働大臣とする。

2　第九条第五項及び第十条第二項における主務大臣は、厚生労働大臣、内閣総理大臣、国家公安委員会、文部科学大臣、農林水産大臣、経済産業大臣、国土交通大臣及び環境大臣とする。

（権限の委任）

第二十三条　第十二条から第十六条までに規定する厚生労働大臣の権限は、厚生労働省令で定めるところにより、その一部を都道府県労働局長に委任することができる。

第五章　罰則

第二十四条　第十六条第五項において準用する職業安定法第四十一条第二項の規定による業務の停止の命令に違反して、労働者の募集に従事した者は、一年以下の懲役又は百万円以下の罰金に処する。

第二十五条　次の各号のいずれかに該当する者は、六月以下の懲役又は三十万円以下の罰金に処する。

一　第十六条第四項の規定による届出をしないで、労働者の募集に従事した者

二　第十六条第五項において準用する職業安定法第三十七条第二項の規定による指示に従わなかった者

三　第十六条第五項において準用する職業安定法第三十九条又は第四十条の規定に違反した者

第二十六条　次の各号のいずれかに該当する者は、三十万円以下の罰金に処する。

一　第十四条第二項（第十五条の四第二項において準用する場合を含む。）の規定に違反した者

二　第十六条第五項において準用する職業安定法第五十条第一項の規定による報告をせず、又は虚偽の報告をした者

三　第十六条第五項において準用する職業安定法第五十条第二項の規定による立入り若しくは検査を拒み、妨げ、若しくは忌避し、又は質問に対して答弁をせず、若しくは虚偽の陳述をした者

四　第十六条第五項において準用する職業安定法第五十一条第一項の規定に違反して秘密を漏らした者

五　第二十条第五項の規定に違反して秘密を漏らした者

第二十七条　法人の代表者又は法人若しくは人の代理人、使用人その他の従業者が、その法人又は人の業務に関し、第二十四条、第二十五条又は前条第一号から第四号まで

の違反行為をしたときは、行為者を罰するほか、その法人又は人に対しても、各本条の罰金刑を科する。

附　則（抄）

（施行期日）

第一条　この法律は、公布の日〔平成十五年七月十六日〕から施行する。〔後略〕

（この法律の失効）

第二条　この法律は、平成三十七〔令和七〕年三月三十一日限り、その効力を失う。

2　次世代育成支援対策推進センターの役員又は職員であった者の第二十条第二項に規定する業務に関して知り得た秘密については、同条第五項の規定（同項に係る罰則を含む。）は、前項の規定にかかわらず、同項に規定する日後も、なおその効力を有する。

3　この法律の失効前にした行為に対する罰則の適用については、この法律は、第一項の規定にかかわらず、同項に規定する日後も、なおその効力を有する。

（検討）

第三条　政府は、この法律の施行後五年を経過した場合において、この法律の施行の状況を勘案し、必要があると認めるときは、この法律の規定について検討を加え、その結果に基づいて必要な措置を講ずるものとする。

子ども・若者育成支援推進法

（平成二一・七・八　法律七一）

最新改正　平成二七法六六

第一章　総則

（目的）

第一条　この法律は、子ども・若者が次代の社会を担い、その健やかな成長が我が国社会の発展の基礎をなすものであることにかんがみ、日本国憲法及び児童の権利に関する条約の理念にのっとり、子ども・若者をめぐる環境が悪化し、社会生活を円滑に営む上での困難を有する子ども・若者の問題が深刻な状況にあることを踏まえ、子ども・若者の健やかな育成、子ども・若者が社会生活を円滑に営むことができるようにするための支援その他の取組（以下「子ども・若者育成支援」という。）について、その基本理念、国及び地方公共団体の責務並びに施策の基本となる事項を定めるとともに、子ども・若者育成支援推進本部を設置すること等により、他の関係法律による施策と相まって、総合的な子ども・若者育成支援のための施策（以下「子ども・若者育成支援施策」という。）を推進することを目的とする。

（基本理念）

第二条　子ども・若者育成支援は、次に掲げる事項を基本理念として行われなければならない。

一　一人一人の子ども・若者が、健やかに成長し、社会とのかかわりを自覚しつつ、自立した個人としての自己を確立し、他者とともに次代の社会を担うことができるようになることを目指すこと。

二　子ども・若者について、個人としての尊厳が重んぜられ、不当な差別的取扱いを受けることがないようにするとともに、その意見を十分に尊重しつつ、その最善の利益を考慮すること。

三　子ども・若者が成長する過程においては、様々な社会的要因が影響を及ぼすものであるとともに、とりわけ良好な家庭的環境で生活することが重要であることを旨とすること。

四　子ども・若者育成支援において、家庭、学校、職域、地域その他の社会のあらゆる分野におけるすべての構成員が、各々の役割を果たすとともに、相互に協力しながら一体的に取り組むこと。

五　子ども・若者の発達段階、生活環境、特性その他の状況に応じてその健やかな成長が図られるよう、良好な社会環境（教育、医療及び雇用に係る環境を含む。以下同じ。）の整備その他必要な配慮を行うこと。

六　教育、福祉、保健、医療、矯正、更生

保護、雇用その他の各関連分野における知見を総合して行うこと。

七　修学及び就業のいずれもしていない子ども・若者その他の子ども・若者であって、社会生活を円滑に営む上での困難を有するものに対しては、その困難の内容及び程度に応じ、当該子ども・若者の意思を十分に尊重しつつ、必要な支援を行うこと。

（国の責務）

第三条　国は、前条に定める基本理念（以下「基本理念」という。）にのっとり、子ども・若者育成支援施策を策定し、及び実施する責務を有する。

（地方公共団体の責務）

第四条　地方公共団体は、基本理念にのっとり、子ども・若者育成支援に関し、国及び他の地方公共団体との連携を図りつつ、その区域内における子ども・若者の状況に応じた施策を策定し、及び実施する責務を有する。

（法制上の措置等）

第五条　政府は、子ども・若者育成支援施策を実施するため必要な法制上又は財政上の措置その他の措置を講じなければならない。

（年次報告）

第六条　政府は、毎年、国会に、我が国における子ども・若者の状況及び政府が講じた子ども・若者育成支援施策の実施の状況に関する報告を提出するとともに、これを公表しなければならない。

第二章　子ども・若者育成支援施策

（子ども・若者育成支援施策の基本）

第七条　子ども・若者育成支援施策は、基本理念にのっとり、国及び地方公共団体の関係機関相互の密接な連携並びに民間の団体及び国民一般の理解と協力の下に、関連分野における総合的な取組として行われなければならない。

（子ども・若者育成支援推進大綱）

第八条　子ども・若者育成支援推進本部は、子ども・若者育成支援施策の推進を図るための大綱（以下「子ども・若者育成支援推進大綱」という。）を作成しなければならない。

2　子ども・若者育成支援推進大綱は、次に掲げる事項について定めるものとする。

一　子ども・若者育成支援施策に関する基本的な方針

二　子ども・若者育成支援施策に関する次に掲げる事項

イ　教育、福祉、保健、医療、矯正、更生保護、雇用その他の各関連分野における施策に関する事項

ロ　子ども・若者の健やかな成長に資する良好な社会環境の整備に関する事項

ハ　第二条第七号に規定する支援に関する事項

ニ　イからハまでに掲げるもののほか、子ども・若者育成支援施策に関する重要事項

三　子ども・若者育成支援施策を総合的に実施するために必要な国の関係行政機関、地方公共団体及び民間の団体の連携及び協力に関する事項

四　子ども・若者育成支援に関する国民の理解の増進に関する事項

五　子ども・若者育成支援施策を推進するために必要な調査研究に関する事項

六　子ども・若者育成支援に関する人材の養成及び資質の向上に関する事項

七　子ども・若者育成支援に関する国際的な協力に関する事項

八　前各号に掲げるもののほか、子ども・若者育成支援施策を推進するために必要な事項

3　子ども・若者育成支援推進本部は、第一項の規定により子ども・若者育成支援推進大綱を作成したときは、遅滞なく、これを公表しなければならない。これを変更したときも、同様とする。

（都道府県子ども・若者計画等）

第九条　都道府県は、子ども・若者育成支援推進大綱を勘案して、当該都道府県の区域内における子ども・若者育成支援についての計画（以下この条において「都道府県子ども・若者計画」という。）を作成するよう努めるものとする。

2　市町村は、子ども・若者育成支援推進大綱（都道府県子ども・若者計画が作成されているときは、子ども・若者育成支援推進大綱及び都道府県子ども・若者計画）を勘案して、当該市町村の区域内における子ども・若者育成支援についての計画（次項において「市町村子ども・若者計画」という。）を作成するよう努めるものとする。

3　都道府県又は市町村は、都道府県子ども・若者計画又は市町村子ども・若者計画を作成したときは、遅滞なく、これを公表しなければならない。これを変更したときも、同様とする。

（国民の理解の増進等）

第十条　国及び地方公共団体は、子ども・若者育成支援に関し、広く国民一般の関心を高め、その理解と協力を得るとともに、社会を構成する多様な主体の参加による自主的な活動に資するよう、必要な啓発活動を積極的に行うものとする。

（社会環境の整備）

第十一条　国及び地方公共団体は、子ども・若者の健やかな成長を阻害する行為の防止その他の子ども・若者の健やかな成長に資する良好な社会環境の整備について、必要な措置を講ずるよう努めるものとする。

（意見の反映）

第十二条　国は、子ども・若者育成支援施策の策定及び実施に関して、子ども・若者を含めた国民の意見をその施策に反映させるために必要な措置を講ずるものとする。

（子ども・若者総合相談センター）

第十三条　地方公共団体は、子ども・若者育成支援に関する相談に応じ、関係機関の紹介その他の必要な情報の提供及び助言を行う拠点（第二十条第三項において「子ども・若者総合相談センター」という。）としての機能を担う体制を、単独で又は共同して、確保するよう努めるものとする。

（地方公共団体及び民間の団体に対する支援）

第十四条　国は、子ども・若者育成支援施策に関し、地方公共団体が実施する施策及び民間の団体が行う子ども・若者の社会参加の促進その他の活動を支援するため、情報の提供その他の必要な措置を講ずるよう努めるものとする。

第三章　子ども・若者が社会生活を円滑に営むことができるようにするための支援

（関係機関等による支援）

第十五条　国及び地方公共団体の機関、公益社団法人及び公益財団法人、特定非営利活動促進法（平成十年法律第七号）第二条第二項に規定する特定非営利活動法人その他の団体並びに学識経験者その他の者であって、教育、福祉、保健、医療、矯正、更生保護、雇用その他の子ども・若者育成支援に関連する分野の事務に従事するもの（以下「関係機関等」という。）は、修学及び就業のいずれもしていない子ども・若者その他の子ども・若者であって、社会生活を円滑に営む上での困難を有するものに対する次に掲げる支援（以下この章において単に「支援」という。）を行うよう努めるものとする。

一　社会生活を円滑に営むことができるようにするために、関係機関等の施設、子ども・若者の住居その他の適切な場所において、必要な相談、助言又は指導を行うこと。

二　医療及び療養を受けることを助けること。

三　生活環境を改善すること。

四　修学又は就業を助けること。

五　前号に掲げるもののほか、社会生活を営むために必要な知識技能の習得を助けること。

六　前各号に掲げるもののほか、社会生活を円滑に営むことができるようにするための援助を行うこと。

2　関係機関等は、前項に規定する子ども・若者に対する支援に寄与するため、当該子ども・若者の家族その他子ども・若者が円滑な社会生活を営むことに関係する者に対し、相談及び助言その他の援助を行うよう努めるものとする。

（関係機関等の責務）

第十六条　関係機関等は、必要な支援が早期かつ円滑に行われるよう、次に掲げる措置をとるとともに、必要な支援を継続的に行うよう努めるものとする。

一　前条第一項に規定する子ども・若者の状況を把握すること。

二　相互に連携を図るとともに、前条第一項に規定する子ども・若者又は当該子ども・若者の家族その他子ども・若者が円滑な社会生活を営むことに関係する者を必要に応じて速やかに適切な関係機関等に誘導すること。

三　関係機関等が行う支援について、地域住民に周知すること。

（**調査研究の推進**）

第十七条　国及び地方公共団体は、第十五条第一項に規定する子ども・若者が社会生活を円滑に営む上での困難を有することとなった原因の究明、支援の方法等に関する必要な調査研究を行うよう努めるものとする。

（**人材の養成等**）

第十八条　国及び地方公共団体は、支援が適切に行われるよう、必要な知見を有する人材の養成及び資質の向上並びに第十五条第一項各号に掲げる支援を実施するための体制の整備に必要な施策を講ずるよう努めるものとする。

（**子ども・若者支援地域協議会**）

第十九条　地方公共団体は、関係機関等が行う支援を適切に組み合わせることによりその効果的かつ円滑な実施を図るため、単独で又は共同して、関係機関等により構成される子ども・若者支援地域協議会（以下「協議会」という。）を置くよう努めるものとする。

2　地方公共団体の長は、協議会を設置したときは、内閣府令で定めるところにより、その旨を公示しなければならない。

（**協議会の事務等**）

第二十条　協議会は、前条第一項の目的を達するため、必要な情報の交換を行うとともに、支援の内容に関する協議を行うものとする。

2　協議会を構成する関係機関等（以下「構成機関等」という。）は、前項の協議の結果に基づき、支援を行うものとする。

3　協議会は、第一項に規定する情報の交換及び協議を行うため必要があると認めるとき、又は構成機関等による支援の実施に関し他の構成機関等から要請があった場合において必要があると認めるときは、構成機関等（構成機関等に該当しない子ども・若者総合相談センターとしての機能を担う者を含む。）に対し、支援の対象となる子ども・若者に関する情報の提供、意見の開陳その他の必要な協力を求めることができる。

（**子ども・若者支援調整機関**）

第二十一条　協議会を設置した地方公共団体の長は、構成機関等のうちから一の機関又は団体を限り子ども・若者支援調整機関（以下「調整機関」という。）として指定することができる。

2　調整機関は、協議会に関する事務を総括するとともに、必要な支援が適切に行われるよう、協議会の定めるところにより、構成機関等が行う支援の状況を把握しつつ、必要に応じて他の構成機関等が行う支援を組み合わせるなど構成機関等相互の連絡調整を行うものとする。

（**子ども・若者指定支援機関**）

第二十二条　協議会を設置した地方公共団体の長は、当該協議会において行われる支援の全般について主導的な役割を果たす者を定めることにより必要な支援が適切に行われることを確保するため、構成機関等（調整機関を含む。）のうちから一の団体を限り子ども・若者指定支援機関（以下「指定支援機関」という。）として指定することができる。

2　指定支援機関は、協議会の定めるところにより、調整機関と連携し、構成機関等が行う支援の状況を把握しつつ、必要に応じ、第十五条第一項第一号に掲げる支援その他の支援を実施するものとする。

（**指定支援機関への援助等**）

第二十三条　国及び地方公共団体は、指定支援機関が前条第二項の業務を適切に行うことができるようにするため、情報の提供、助言その他必要な援助を行うよう努めるものとする。

2　国は、必要な支援があまねく全国において効果的かつ円滑に行われるよう、前項に掲げるもののほか、指定支援機関の指定を行っていない地方公共団体（協議会を設置していない地方公共団体を含む。）に対し、情報の提供、助言その他必要な援助を行うものとする。

3　協議会及び構成機関等は、指定支援機関に対し、支援の対象となる子ども・若者に関する情報の提供その他必要な協力を行うよう努めるものとする。

（**秘密保持義務**）

第二十四条　協議会の事務（調整機関及び指定支援機関としての事務を含む。以下この条において同じ。）に従事する者又は協議会の事務に従事していた者は、正当な理由なく、協議会の事務に関して知り得た秘密を漏らしてはならない。

（**協議会の定める事項**）

第二十五条　第十九条から前条までに定めるもののほか、協議会の組織及び運営に関し必要な事項は、協議会が定める。

第四章　子ども・若者育成支援推進本部

（**設置**）

第二十六条　内閣府に、特別の機関として、子ども・若者育成支援推進本部（以下「本部」という。）を置く。

（**所掌事務等**）

第二十七条　本部は、次に掲げる事務をつかさどる。

一　子ども・若者育成支援推進大綱を作成し、及びその実施を推進すること。

二　前号に掲げるもののほか、子ども・若者育成支援に関する重要な事項について審議すること。

三　前二号に掲げるもののほか、他の法令の規定により本部に属させられた事務

2　本部は、前項第一号に掲げる事務を遂行するため、必要に応じ、地方公共団体又は協議会の意見を聴くものとする。

（**組織**）

第二十八条　本部は、子ども・若者育成支援推進本部長、子ども・若者育成支援推進副本部長及び子ども・若者育成支援推進本部員をもって組織する。

（**子ども・若者育成支援推進本部長**）

第二十九条　本部の長は、子ども・若者育成支援推進本部長（以下「本部長」という。）とし、内閣総理大臣をもって充てる。

2　本部長は、本部の事務を総括し、所部の職員を指揮監督する。

（**子ども・若者育成支援推進副本部長**）

第三十条　本部に、子ども・若者育成支援推進副本部長（以下「副本部長」という。）を置き、内閣官房長官並びに内閣府設置法（平成十一年法律第八十九号）第九条第一項に規定する特命担当大臣であって同項の規定により命を受けて同法第四条第一項第二十五号に掲げる事項に関する事務及びこれに関連する同条第三項に規定する事務を掌理するものをもって充てる。

2　副本部長は、本部長の職務を助ける。

（**子ども・若者育成支援推進本部員**）

第三十一条　本部に、子ども・若者育成支援推進本部員（次項において「本部員」という。）を置く。

2　本部員は、次に掲げる者をもって充てる。

一　国家公安委員会委員長

二　総務大臣

三　法務大臣

四　文部科学大臣

五　厚生労働大臣

六　経済産業大臣

七　前各号に掲げるもののほか、本部長及び副本部長以外の国務大臣のうちから、内閣総理大臣が指定する者

（**資料提出の要求等**）

第三十二条　本部は、その所掌事務を遂行するために必要があると認めるときは、関係行政機関の長に対し、資料の提出、意見の開陳、説明その他必要な協力を求めることができる。

2　本部は、その所掌事務を遂行するために特に必要があると認めるときは、前項に規定する者以外の者に対しても、必要な協力を依頼することができる。

（**政令への委任**）

第三十三条　第二十六条から前条までに定めるもののほか、本部の組織及び運営に関し

必要な事項は、政令で定める。

第五章　罰則

第三十四条　第二十四条の規定に違反した者は、一年以下の懲役又は五十万円以下の罰金に処する。

附　則（抄）

（施行期日）
第一条　この法律は、公布の日（平成二十一年七月八日）から起算して一年を超えない範囲内において政令で定める日（平成二十二年四月一日）から施行する。

（検討）
第二条　政府は、この法律の施行後五年を経過した場合において、我が国における子ども・若者をめぐる状況及びこの法律の施行の状況を踏まえ、子ども・若者育成支援施策の在り方について検討を加え、必要があると認めるときは、その結果に基づいて所要の措置を講ずるものとする。

子ども・子育て支援法

（平成二四・八・二二
法　律　六　五）

最新改正　令和元法律七

第一章　総則

（目的）
第一条　この法律は、我が国における急速な少子化の進行並びに家庭及び地域を取り巻く環境の変化に鑑み、児童福祉法（昭和二十二年法律第百六十四号）その他の子どもに関する法律による施策と相まって、子ども・子育て支援給付その他の子ども及び子どもを養育している者に必要な支援を行い、もって一人一人の子どもが健やかに成長することができる社会の実現に寄与することを目的とする。

（基本理念）
第二条　子ども・子育て支援は、父母その他の保護者が子育てについての第一義的責任を有するという基本的認識の下に、家庭、学校、地域、職域その他の社会のあらゆる分野における全ての構成員が、各々の役割を果たすとともに、相互に協力して行われなければならない。

2　子ども・子育て支援給付その他の子ども・子育て支援の内容及び水準は、全ての子どもが健やかに成長するように支援するものであって、良質かつ適切なものであり、かつ、子どもの保護者の経済的負担の軽減について適切に配慮されたものでなければならない。

3　子ども・子育て支援は、地域の実情に応じて、総合的かつ効率的に提供されるよう配慮して行われなければならない。

（市町村等の責務）
第三条　市町村（特別区を含む。以下同じ。）は、この法律の実施に関し、次に掲げる責務を有する。

一　子どもの健やかな成長のために適切な環境が等しく確保されるよう、子ども及びその保護者に必要な子ども・子育て支援給付及び地域子ども・子育て支援事業を総合的かつ計画的に行うこと。

二　子ども及びその保護者が、確実に子ども・子育て支援給付を受け、及び地域子ども・子育て支援事業その他の子ども・子育て支援を円滑に利用するために必要な援助を行うとともに、関係機関との連絡調整その他の便宜の提供を行うこと。

三　子ども及びその保護者が置かれている環境に応じて、子どもの保護者の選択に基づき、多様な施設又は事業者から、良質かつ適切な教育及び保育その他の子ども・子育て支援が総合的かつ効率的に提供されるよう、その提供体制を確保すること。

2　都道府県は、市町村が行う子ども・子育て支援給付及び地域子ども・子育て支援事業が適正かつ円滑に行われるよう、市町村に対する必要な助言及び適切な援助を行うとともに、子ども・子育て支援のうち、特に専門性の高い施策及び各市町村の区域を超えた広域的な対応が必要な施策を講じなければならない。

3　国は、市町村が行う子ども・子育て支援給付及び地域子ども・子育て支援事業その他この法律に基づく業務が適正かつ円滑に行われるよう、市町村及び都道府県と相互に連携を図りながら、子ども・子育て支援の提供体制の確保に関する施策その他の必要な各般の措置を講じなければならない。

（事業主の責務）

第四条　事業主は、その雇用する労働者に係る多様な労働条件の整備その他の労働者の職業生活と家庭生活との両立が図られるようにするために必要な雇用環境の整備を行うことにより当該労働者の子育ての支援に努めるとともに、国又は地方公共団体が講ずる子ども・子育て支援に協力しなければならない。

（国民の責務）

第五条　国民は、子ども・子育て支援の重要性に対する関心と理解を深めるとともに、国又は地方公共団体が講ずる子ども・子育て支援に協力しなければならない。

（定義）

第六条　この法律において「子ども」とは、十八歳に達する日以後の最初の三月三十一日までの間にある者をいい、「小学校就学前子ども」とは、子どものうち小学校就学の始期に達するまでの者をいう。

2　この法律において「保護者」とは、親権を行う者、未成年後見人その他の者で、子どもを現に監護する者をいう。

第七条　この法律において「子ども・子育て支援」とは、全ての子どもの健やかな成長のために適切な環境が等しく確保されるよう、国若しくは地方公共団体又は地域における子育ての支援を行う者が実施する子ども及び子どもの保護者に対する支援をいう。

2　この法律において「教育」とは、満三歳以上の小学校就学前子どもに対して義務教育及びその後の教育の基礎を培うものとして教育基本法（平成十八年法律第百二十号）第六条第一項に規定する法律に定める学校において行われる教育をいう。

3　この法律において「保育」とは、児童福祉法第六条の三第七項に規定する保育をいう。

4　この法律において「教育・保育施設」とは、就学前の子どもに関する教育、保育等の総合的な提供の推進に関する法律（平成十八年法律第七十七号。以下「認定こども園法」という。）第二条第六項に規定する認定こども園（以下「認定こども園」という。）、学校教育法（昭和二十二年法律第二十六号）第一条に規定する幼稚園（認定こども園法第三条第一項又は第三項の認定を受けたもの及び同条第十一項の規定による公示がされたものを除く。以下「幼稚園」という。）及び児童福祉法第三十九条第一項に規定する保育所（認定こども園法第三条第一項の認定を受けたもの及び同条第十一項の規定による公示がされたものを除く。以下「保育所」という。）をいう。

5　この法律において「地域型保育」とは、家庭的保育、小規模保育、居宅訪問型保育及び事業所内保育をいい、「地域型保育事業」とは、地域型保育を行う事業をいう。

6　この法律において「家庭的保育」とは、児童福祉法第六条の三第九項に規定する家庭的保育事業として行われる保育をいう。

7　この法律において「小規模保育」とは、児童福祉法第六条の三第十項に規定する小規模保育事業として行われる保育をいう。

8　この法律において「居宅訪問型保育」とは、児童福祉法第六条の三第十一項に規定する居宅訪問型保育事業として行われる保育をいう。

9　この法律において「事業所内保育」とは、児童福祉法第六条の三第十二項に規定する事業所内保育事業として行われる保育をいう。

10　この法律において「子ども・子育て支援施設等」とは、次に掲げる施設又は事業をいう。

一　認定こども園（保育所等（認定こども園法第二条第五項に規定する保育所等をいう。第五号において同じ。）であるもの及び第二十七条第一項に規定する特定教育・保育施設であるものを除く。第三十条の十一第一項第一号、第五十八条の四第一項第一号、第五十八条の十第一項第二号、第五十九条第三号ロ及び第六章において同じ。）

二　幼稚園（第二十七条第一項に規定する特定教育・保育施設であるものを除く。第三十条の十一第一項第二号、第三章第二節（第五十八条の九第六項第三号ロを除く。）、第五十九条第三号ロ及び第六章において同じ。）

三　特別支援学校（学校教育法第一条に規定する特別支援学校をいい、同法第七十六条第二項に規定する幼稚部に限る。以下同じ。）

四　児童福祉法第五十九条の二第一項に規定する施設（同項の規定による届出がされたものに限り、次に掲げるものを除く。）のうち、当該施設に配置する従業者及びその員数その他の事項について内閣府令で定める基準を満たすもの

イ　認定こども園法第三条第一項又は第三項の認定を受けたもの

ロ　認定こども園法第三条第十一項の規定による公示がされたもの

ハ　第五十九条の二第一項の規定による助成を受けているもののうち政令で定めるもの

五　認定こども園、幼稚園又は特別支援学校において行われる教育・保育（教育又は保育をいう。以下同じ。）であって、次のイ又はロに掲げる当該施設の区分に応じそれぞれイ又はロに定める一日当たりの時間及び期間の範囲外において、家庭において保育を受けることが一時的に困難となった当該イ又はロに掲げる施設に在籍している小学校就学前子どもに対して行われるものを提供する事業のうち、その事業を実施するために必要なものとして内閣府令で定める基準を満たすもの

イ　認定こども園（保育所等であるものを除く。）、幼稚園又は特別支援学校　当該施設における教育に係る標準的な一日当たりの時間及び期間

ロ　認定こども園（保育所等であるものに限る。）　イに定める一日当たりの時間及び期間を勘案して内閣府令で定める一日当たりの時間及び期間

六　児童福祉法第六条の三第七項に規定する一時預かり事業（前号に掲げる事業に該当するものを除く。）

七　児童福祉法第六条の三第十三項に規定する病児保育事業のうち、当該事業に従事する従業者及びその員数その他の事項について内閣府令で定める基準を満たすもの

八　児童福祉法第六条の三第十四項に規定する子育て援助活動支援事業（同項第一号に掲げる援助を行うものに限る。）のうち、市町村が実施するものであることその他の内閣府令で定める基準を満たすもの

第二章　子ども・子育て支援給付

第一節　通則

（子ども・子育て支援給付の種類）

第八条　子ども・子育て支援給付は、子どものための現金給付、子どものための教育・保育給付及び子育てのための施設等利用給付とする。

第二節　子どものための現金給付

第九条　子どものための現金給付は、児童手当（児童手当法（昭和四十六年法律第七十三号）に規定する児童手当をいう。以下同じ。）の支給とする。

第十条　子どものための現金給付については、この法律に別段の定めがあるものを除き、児童手当法の定めるところによる。

第三節　子どものための教育・保育給付

第一款　通則

（子どものための教育・保育給付）

第十一条　子どものための教育・保育給付は、施設型給付費、特例施設型給付費、地域型保育給付費及び特例地域型保育給付費の支給とする。

（不正利得の徴収）

第十二条　市町村は、偽りその他不正の手段により子どものための教育・保育給付を受けた者があるときは、その者から、その子どものための教育・保育給付の額に相当する金額の全部又は一部を徴収することができる。

2　市町村は、第二十七条第一項に規定する特定教育・保育施設又は第二十九条第一項に規定する特定地域型保育事業者が、偽りその他不正の行為により第二十七条第五項（第二十八条第四項において準用する場合を含む。）又は第二十九条第五項（第三十条第四項において準用する場合を含む。）の規定による支払を受けたときは、当該特定教育・保育施設又は特定地域型保育事業者から、その支払った額につき返還させるべき額を徴収するほか、その返還させるべき額に百分の四十を乗じて得た額を徴収することができる。

3　前二項の規定による徴収金は、地方自治法（昭和二十二年法律第六十七号）第二百三十一条の三第三項に規定する法律で定める歳入とする。

（報告等）

第十三条　市町村は、子どものための教育・保育給付に関して必要があると認めるときは、この法律の施行に必要な限度において、小学校就学前子ども、小学校就学前子どもの保護者若しくは小学校就学前子どもの属する世帯の世帯主その他その世帯に属する者又はこれらの者であった者に対し、報告若しくは文書その他の物件の提出若しくは提示を命じ、又は当該職員に質問させることができる。

2　前項の規定による質問を行う場合においては、当該職員は、その身分を示す証明書を携帯し、かつ、関係人の請求があるときは、これを提示しなければならない。

3　第一項の規定による権限は、犯罪捜査のために認められたものと解釈してはならない。

第十四条　市町村は、子どものための教育・保育給付に関して必要があると認めるときは、この法律の施行に必要な限度において、当該子どものための教育・保育給付に係る教育・保育を行う者若しくはこれを使用する者若しくはこれらの者であった者に対し、報告若しくは文書その他の物件の提出若しくは提示を命じ、又は当該職員に関係者に対して質問させ、若しくは当該教育・保育を行う施設若しくは事業所に立ち入り、その設備若しくは帳簿書類その他の物件を検査させることができる。

2　前条第二項の規定は前項の規定による質問又は検査について、同条第三項の規定は前項の規定による権限について、それぞれ準用する。

（内閣総理大臣又は都道府県知事の教育・保育に関する調査等）

第十五条　内閣総理大臣又は都道府県知事は、子どものための教育・保育給付に関して必要があると認めるときは、この法律の施行に必要な限度において、子どものための教育・保育給付に係る小学校就学前子ども若しくは小学校就学前子どもの保護者又はこれらの者であった者に対し、当該子どものための教育・保育給付に係る教育・保育の内容に関し、報告若しくは文書その他の物件の提出若しくは提示を命じ、又は当該職員に質問させることができる。

2　内閣総理大臣又は都道府県知事は、子どものための教育・保育給付に関して必要があると認めるときは、この法律の施行に必要な限度において、教育・保育を行った者若しくはこれを使用した者に対し、その行った教育・保育に関し、報告若しくは当該教育・保育の提供の記録、帳簿書類その他の物件の提出若しくは提示を命じ、又は当該職員に関係者に対して質問させることができる。

3　第十三条第二項の規定は前二項の規定による質問について、同条第三項の規定は前二項の規定による権限について、それぞれ準用する。

（資料の提供等）

第十六条　市町村は、子どものための教育・保育給付に関して必要があると認めるときは、この法律の施行に必要な限度において、小学校就学前子ども、小学校就学前子どもの保護者又は小学校就学前子どもの扶養義務者（民法（明治二十九年法律第八十九号）に規定する扶養義務者をいう。附則第六条において同じ。）の資産又は収入の状況につき、官公署に対し必要な文書の閲覧若しくは資料の提供を求め、又は銀行、信託会社その他の機関若しくは小学校就学前子どもの保護者の雇用主その他の関係人に報告を求めることができる。

（**受給権の保護**）

第十七条　子どものための教育・保育給付を受ける権利は、譲り渡し、担保に供し、又は差し押さえることができない。

（**租税その他の公課の禁止**）

第十八条　租税その他の公課は、子どものための教育・保育給付として支給を受けた金品を標準として、課することができない。

第二款　教育・保育給付認定等

（**支給要件**）

第十九条　子どものための教育・保育給付は、次に掲げる小学校就学前子どもの保護者に対し、その小学校就学前子どもの第二十七条第一項に規定する特定教育・保育、第二十八条第一項第二号に規定する特別利用保育、同項第三号に規定する特別利用教育、第二十九条第一項に規定する特定地域型保育又は第三十条第一項第四号に規定する特例保育の利用について行う。

一　満三歳以上の小学校就学前子ども（次号に掲げる小学校就学前子どもに該当するものを除く。）

二　満三歳以上の小学校就学前子どもであって、保護者の労働又は疾病その他の内閣府令で定める事由により家庭において必要な保育を受けることが困難であるもの

三　満三歳未満の小学校就学前子どもであって、前号の内閣府令で定める事由により家庭において必要な保育を受けることが困難であるもの

2　内閣総理大臣は、前項第二号の内閣府令を定め、又は変更しようとするときは、あらかじめ、厚生労働大臣に協議しなければならない。

（**市町村の認定等**）

第二十条　前条第一項各号に掲げる小学校就学前子どもの保護者は、子どものための教育・保育給付を受けようとするときは、内閣府令で定めるところにより、市町村に対し、その小学校就学前子どもごとに、子どものための教育・保育給付を受ける資格を有すること及びその該当する同項各号に掲げる小学校就学前子どもの区分についての認定を申請し、その認定を受けなければならない。

2　前項の認定は、小学校就学前子どもの保護者の居住地の市町村が行うものとする。ただし、小学校就学前子どもの保護者が居住地を有しないとき、又は明らかでないときは、その小学校就学前子どもの保護者の現在地の市町村が行うものとする。

3　市町村は、第一項の規定による申請があった場合において、当該申請に係る小学校就学前子どもが前条第一項第二号又は第三号に掲げる小学校就学前子どもに該当すると認めるときは、政令で定めるところにより、当該小学校就学前子どもに係る保育必要量（月を単位として内閣府令で定める期間において施設型給付費、特例施設型給付費、地域型保育給付費又は特例地域型保育給付費を支給する保育の量をいう。以下同じ。）の認定を行うものとする。

4　市町村は、第一項及び前項の認定（以下「教育・保育給付認定」という。）を行ったときは、その結果を当該教育・保育給付認定に係る保護者（以下「教育・保育給付認定保護者」という。）に通知しなければならない。この場合において、市町村は、内閣府令で定めるところにより、当該教育・保育給付認定に係る小学校就学前子ども（以下「教育・保育給付認定子ども」という。）の該当する前条第一項各号に掲げる小学校就学前子どもの区分、保育必要量その他の内閣府令で定める事項を記載した認定証（以下「支給認定証」という。）を交付する

ものとする。

5　市町村は、第一項の規定による申請について、当該保護者が子どものための教育・保育給付を受ける資格を有すると認められないときは、理由を付して、その旨を当該申請に係る保護者に通知するものとする。

6　第一項の規定による申請に対する処分は、当該申請のあった日から三十日以内にしなければならない。ただし、当該申請に係る保護者の労働又は疾病の状況の調査に日時を要することその他の特別な理由がある場合には、当該申請のあった日から三十日以内に、当該保護者に対し、当該申請に対する処分をするためになお要する期間（次項において「処理見込期間」という。）及びその理由を通知し、これを延期することができる。

7　第一項の規定による申請をした日から三十日以内に当該申請に対する処分がされないとき、若しくは前項ただし書の規定による通知がないとき、又は処理見込期間が経過した日までに当該申請に対する処分がされないときは、当該申請に係る保護者は、市町村が当該申請を却下したものとみなすことができる。

（教育・保育給付認定の有効期間）

第二十一条　教育・保育給付認定は、内閣府令で定める期間（以下「教育・保育給付認定の有効期間」という。）内に限り、その効力を有する。

（届出）

第二十二条　教育・保育給付認定保護者は、教育・保育給付認定の有効期間内において、内閣府令で定めるところにより、市町村に対し、その労働又は疾病の状況その他の内閣府令で定める事項を届け出、かつ、内閣府令で定める書類その他の物件を提出しなければならない。

（教育・保育給付認定の変更）

第二十三条　教育・保育給付認定保護者は、現に受けている教育・保育給付認定に係る当該教育・保育給付認定子どもの該当する第十九条第一項各号に掲げる小学校就学前子どもの区分、保育必要量その他の内閣府令で定める事項を変更する必要があるときは、内閣府令で定めるところにより、市町村に対し、教育・保育給付認定の変更の認定を申請することができる。

2　市町村は、前項の規定による申請により、教育・保育給付認定保護者につき、必要があると認めるときは、教育・保育給付認定の変更の認定を行うことができる。この場合において、市町村は、当該変更の認定に係る教育・保育給付認定保護者に対し、支給認定証の提出を求めるものとする。

3　第二十条第二項、第三項、第四項前段及び第五項から第七項までの規定は、前項の教育・保育給付認定の変更の認定について準用する。この場合において、必要な技術的読替えは、政令で定める。

4　市町村は、職権により、教育・保育給付認定保護者につき、第十九条第一項第三号に掲げる小学校就学前子どもに該当する教育・保育給付認定子ども（以下「満三歳未満保育認定子ども」という。）が満三歳に達したときその他必要があると認めるときは、内閣府令で定めるところにより、教育・保育給付認定の変更の認定を行うことができる。この場合において、市町村は、内閣府令で定めるところにより、当該変更の認定に係る教育・保育給付認定保護者に対し、支給認定証の提出を求めるものとする。

5　第二十条第二項、第三項及び第四項前段の規定は、前項の教育・保育給付認定の変更の認定について準用する。この場合において、必要な技術的読替えは、政令で定める。

6　市町村は、第二項又は第四項の教育・保育給付認定の変更の認定を行った場合には、内閣府令で定めるところにより、支給認定証に当該変更の認定に係る事項を記載し、これを返還するものとする。

（教育・保育給付認定の取消し）

第二十四条　教育・保育給付認定を行った市町村は、次に掲げる場合には、当該教育・保育給付認定を取り消すことができる。

一　当該教育・保育給付認定に係る満三歳未満の小学校就学前子どもが、教育・保育給付認定の有効期間内に、第十九条第一項第三号に掲げる小学校就学前子ども

児童家庭福祉

に該当しなくなったとき。
二　当該教育・保育給付認定保護者が、教育・保育給付認定の有効期間内に、当該市町村以外の市町村の区域内に居住地を有するに至ったと認めるとき。
三　その他政令で定めるとき。

2　前項の規定により教育・保育給付認定の取消しを行った市町村は、内閣府令で定めるところにより、当該取消しに係る教育・保育給付認定保護者に対し支給認定証の返還を求めるものとする。

（都道府県による援助等）
第二十五条　都道府県は、市町村が行う第二十条、第二十三条及び前条の規定による業務に関し、その設置する福祉事務所（社会福祉法（昭和二十六年法律第四十五号）に定める福祉に関する事務所をいう。）、児童相談所又は保健所による技術的事項についての協力その他市町村に対する必要な援助を行うことができる。

（内閣府令への委任）
第二十六条　この款に定めるもののほか、教育・保育給付認定の申請その他の手続に関し必要な事項は、内閣府令で定める。

第三款　施設型給付費及び地域型保育給付費等の支給

（施設型給付費の支給）
第二十七条　市町村は、教育・保育給付認定子どもが、教育・保育給付認定の有効期間内において、市町村長（特別区の区長を含む。以下同じ。）が施設型給付費の支給に係る施設として確認する教育・保育施設（以下「特定教育・保育施設」という。）から当該確認に係る教育・保育（地域型保育を除き、第十九条第一項第一号に掲げる小学校就学前子どもに該当する教育・保育給付認定子どもにあっては認定こども園において受ける教育・保育（保育にあっては、同号に掲げる小学校就学前子どもに該当する教育・保育給付認定子どもに対して提供される教育に係る標準的な一日当たりの時間及び期間を勘案して内閣府令で定める一日当たりの時間及び期間の範囲内において行われるものに限る。）又は幼稚園において受ける教育に限り、同項第二号に掲げる小学校就学前子どもに該当する教育・保育給付認定子どもにあっては認定こども園において受ける教育・保育又は保育所において受ける保育に限り、満三歳未満保育認定子どもにあっては認定こども園又は保育所において受ける保育に限る。以下「特定教育・保育」という。）を受けたときは、内閣府令で定めるところにより、当該教育・保育給付認定子どもに係る教育・保育給付認定保護者に対し、当該特定教育・保育（保育にあっては、保育必要量の範囲内のものに限る。以下「支給認定教育・保育」という。）に要した費用について、施設型給付費を支給する。

2　特定教育・保育施設から支給認定教育・保育を受けようとする教育・保育給付認定子どもに係る教育・保育給付認定保護者は、内閣府令で定めるところにより、特定教育・保育施設に支給認定証を提示して当該支給認定教育・保育を当該教育・保育給付認定子どもに受けさせるものとする。ただし、緊急の場合その他やむを得ない事由のある場合については、この限りでない。

3　施設型給付費の額は、一月につき、第一号に掲げる額から第二号に掲げる額を控除して得た額（当該額が零を下回る場合には、零とする。）とする。
一　第十九条第一項各号に掲げる小学校就学前子どもの区分、保育必要量、当該特定教育・保育施設の所在する地域等を勘案して算定される特定教育・保育に通常要する費用の額を勘案して内閣総理大臣が定める基準により算定した費用の額（その額が現に当該支給認定教育・保育に要した費用の額を超えるときは、当該現に支給認定教育・保育に要した費用の額）
二　政令で定める額を限度として当該教育・保育給付認定保護者の属する世帯の所得の状況その他の事情を勘案して市町村が定める額

4　内閣総理大臣は、第一項の一日当たりの時間及び期間を定める内閣府令を定め、又は変更しようとするとき、及び前項第一号の基準を定め、又は変更しようとするときは、あらかじめ、第一項の一日当たりの時間及び期間を定める内閣府令については文部科学大臣に、前項第一号の基準については文部科学大臣及び厚生労働大臣に協議するとともに、第七十二条に規定する子ども・子育て会議の意見を聴かなければならない。

5　教育・保育給付認定子どもが特定教育・保育施設から支給認定教育・保育を受けたときは、市町村は、当該教育・保育給付認定子どもに係る教育・保育給付認定保護者が当該特定教育・保育施設に支払うべき当該支給認定教育・保育に要した費用について、施設型給付費として当該教育・保育給付認定保護者に支給すべき額の限度において、当該教育・保育給付認定保護者に代わり、当該特定教育・保育施設に支払うことができる。

6　前項の規定による支払があったときは、教育・保育給付認定保護者に対し施設型給付費の支給があったものとみなす。

7　市町村は、特定教育・保育施設から施設型給付費の請求があったときは、第三項第一号の内閣総理大臣が定める基準及び第三十四条第二項の市町村の条例で定める特定教育・保育施設の運営に関する基準（特定教育・保育の取扱いに関する部分に限る。）に照らして審査の上、支払うものとする。

8　前各項に定めるもののほか、施設型給付費の支給及び特定教育・保育施設の施設型給付費の請求に関し必要な事項は、内閣府令で定める。

（特例施設型給付費の支給）

第二十八条　市町村は、次に掲げる場合において、必要があると認めるときは、内閣府令で定めるところにより、第一号に規定する特定教育・保育に要した費用、第二号に規定する特別利用保育に要した費用又は第三号に規定する特別利用教育に要した費用について、特例施設型給付費を支給することができる。

一　教育・保育給付認定子どもが、当該教育・保育給付認定子どもに係る教育・保育給付認定保護者が第二十条第一項の規定による申請をした日から当該教育・保育給付認定の効力が生じた日の前日までの間に、緊急その他やむを得ない理由により特定教育・保育を受けたとき。

二　第十九条第一項第一号に掲げる小学校就学前子どもに該当する教育・保育給付認定子どもが、特定教育・保育施設（保育所に限る。）から特別利用保育（同号に掲げる小学校就学前子どもに該当する教育・保育給付認定子どもに対して提供される教育に係る標準的な一日当たりの時間及び期間を勘案して内閣府令で定める一日当たりの時間及び期間の範囲内において行われる保育（地域型保育を除く。）をいう。以下同じ。）を受けたとき（地域における教育の体制の整備の状況その他の事情を勘案して必要があると市町村が認めるときに限る。）。

三　第十九条第一項第二号に掲げる小学校就学前子どもに該当する教育・保育給付認定子どもが、特定教育・保育施設（幼稚園に限る。）から特別利用教育（教育のうち同号に掲げる小学校就学前子どもに該当する教育・保育給付認定子どもに対して提供されるものをいい、特定教育・保育を除く。以下同じ。）を受けたとき。

2　特例施設型給付費の額は、一月につき、次の各号に掲げる区分に応じ、当該各号に定める額とする。

一　特定教育・保育　前条第三項第一号の内閣総理大臣が定める基準により算定した費用の額（その額が現に当該特定教育・保育に要した費用の額を超えるときは、当該現に特定教育・保育に要した費用の額）から政令で定める額を限度として当該教育・保育給付認定保護者の属する世帯の所得の状況その他の事情を勘案して市町村が定める額を控除して得た額（当該額が零を下回る場合には、零とする。）を基準として市町村が定める額

二　特別利用保育　特別利用保育に通常要する費用の額を勘案して内閣総理大臣が定める基準により算定した費用の額（その額が現に当該特別利用保育に要した費用の額を超えるときは、当該現に特別利

用保育に要した費用の額）から政令で定める額を限度として当該教育・保育給付認定保護者の属する世帯の所得の状況その他の事情を勘案して市町村が定める額を控除して得た額（当該額が零を下回る場合には、零とする。）

三　特別利用教育　特別利用教育に通常要する費用の額を勘案して内閣総理大臣が定める基準により算定した費用の額（その額が現に当該特別利用教育に要した費用の額を超えるときは、当該現に特別利用教育に要した費用の額）から政令で定める額を限度として当該教育・保育給付認定保護者の属する世帯の所得の状況その他の事情を勘案して市町村が定める額を控除して得た額（当該額が零を下回る場合には、零とする。）

3　内閣総理大臣は、第一項第二号の内閣府令を定め、又は変更しようとするとき、並びに前項第二号及び第三号の基準を定め、又は変更しようとするときは、あらかじめ、第一項第二号の内閣府令については文部科学大臣に、前項第二号及び第三号の基準については文部科学大臣及び厚生労働大臣に協議するとともに、第七十二条に規定する子ども・子育て会議の意見を聴かなければならない。

4　前条第二項及び第五項から第七項までの規定は、特例施設型給付費（第一項第一号に係るものを除く。第四十条第一項第四号において同じ。）の支給について準用する。この場合において、必要な技術的読替えは、政令で定める。

5　前各項に定めるもののほか、特例施設型給付費の支給及び特定教育・保育施設の特例施設型給付費の請求に関し必要な事項は、内閣府令で定める。

（地域型保育給付費の支給）

第二十九条　市町村は、満三歳未満保育認定子どもが、教育・保育給付認定の有効期間内において、当該市町村の長が地域型保育給付費の支給に係る事業を行う者として確認する地域型保育を行う事業者（以下「特定地域型保育事業者」という。）から当該確認に係る地域型保育（以下「特定地域型保育」という。）を受けたときは、内閣府令で定めるところにより、当該満三歳未満保育認定子どもに係る教育・保育給付認定保護者に対し、当該特定地域型保育（保育必要量の範囲内のものに限る。以下「満三歳未満保育認定地域型保育」という。）に要した費用について、地域型保育給付費を支給する。

2　特定地域型保育事業者から満三歳未満保育認定地域型保育を受けようとする満三歳未満保育認定子どもに係る教育・保育給付認定保護者は、内閣府令で定めるところにより、特定地域型保育事業者に支給認定証を提示して当該満三歳未満保育認定地域型保育を当該満三歳未満保育認定子どもに受けさせるものとする。ただし、緊急の場合その他やむを得ない事由のある場合については、この限りでない。

3　地域型保育給付費の額は、一月につき、第一号に掲げる額から第二号に掲げる額を控除して得た額（当該額が零を下回る場合には、零とする。）とする。

一　地域型保育の種類ごとに、保育必要量、当該地域型保育の種類に係る特定地域型保育の事業を行う事業所（以下「特定地域型保育事業所」という。）の所在する地域等を勘案して算定される当該特定地域型保育に通常要する費用の額を勘案して内閣総理大臣が定める基準により算定した費用の額（その額が現に当該満三歳未満保育認定地域型保育に要した費用の額を超えるときは、当該現に満三歳未満保育認定地域型保育に要した費用の額）

二　政令で定める額を限度として当該教育・保育給付認定保護者の属する世帯の所得の状況その他の事情を勘案して市町村が定める額

4　内閣総理大臣は、前項第一号の基準を定め、又は変更しようとするときは、あらかじめ、厚生労働大臣に協議するとともに、第七十二条に規定する子ども・子育て会議の意見を聴かなければならない。

5　満三歳未満保育認定子どもが特定地域型保育事業者から満三歳未満保育認定地域型保育を受けたときは、市町村は、当該満三歳未満保育認定子どもに係る教育・保育給付認定保護者が当該特定地域型保育事業者に支払うべき当該満三歳未満保育認定地域型保育に要した費用について、地域型保育給付費として当該教育・保育給付認定保護者に支給すべき額の限度において、当該教育・保育給付認定保護者に代わり、当該特定地域型保育事業者に支払うことができる。

6　前項の規定による支払があったときは、教育・保育給付認定保護者に対し地域型保育給付費の支給があったものとみなす。

7　市町村は、特定地域型保育事業者から地域型保育給付費の請求があったときは、第三項第一号の内閣総理大臣が定める基準及び第四十六条第二項の市町村の条例で定める特定地域型保育事業の運営に関する基準（特定地域型保育の取扱いに関する部分に限る。）に照らして審査の上、支払うものとする。

8　前各項に定めるもののほか、地域型保育給付費の支給及び特定地域型保育事業者の地域型保育給付費の請求に関し必要な事項は、内閣府令で定める。

（**特例地域型保育給付費の支給**）

第三十条　市町村は、次に掲げる場合において、必要があると認めるときは、内閣府令で定めるところにより、当該特定地域型保育（第三号に規定する特定利用地域型保育にあっては、保育必要量の範囲内のものに限る。）に要した費用又は第四号に規定する特例保育（第十九条第一項第二号又は第三号に掲げる小学校就学前子どもに該当する教育・保育給付認定子ども（以下「保育認定子ども」という。）に係るものにあっては、保育必要量の範囲内のものに限る。）に要した費用について、特例地域型保育給付費を支給することができる。

一　満三歳未満保育認定子どもが、当該満三歳未満保育認定子どもに係る教育・保育給付認定保護者が第二十条第一項の規定による申請をした日から当該教育・保育給付認定の効力が生じた日の前日までの間に、緊急その他やむを得ない理由により特定地域型保育を受けたとき。

二　第十九条第一項第一号に掲げる小学校就学前子どもに該当する教育・保育給付認定子どもが、特定地域型保育事業者から特定地域型保育（同号に掲げる小学校就学前子どもに該当する教育・保育給付認定子どもに対して提供される教育に係る標準的な一日当たりの時間及び期間を勘案して内閣府令で定める一日当たりの時間及び期間の範囲内において行われるものに限る。次項及び附則第九条第一項第三号イにおいて「特別利用地域型保育」という。）を受けたとき（地域における教育の体制の整備の状況その他の事情を勘案して必要があると市町村が認めるときに限る。）。

三　第十九条第一項第二号に掲げる小学校就学前子どもに該当する教育・保育給付認定子どもが、特定地域型保育事業者から特定利用地域型保育（特定地域型保育のうち同号に掲げる小学校就学前子どもに該当する教育・保育給付認定子どもに対して提供されるものをいう。次項において同じ。）を受けたとき（地域における同号に掲げる小学校就学前子どもに該当する教育・保育給付認定子どもに係る教育・保育の体制の整備の状況その他の事情を勘案して必要があると市町村が認めるときに限る。）。

四　特定教育・保育及び特定地域型保育の確保が著しく困難である離島その他の地域であって内閣総理大臣が定める基準に該当するものに居住地を有する教育・保育給付認定保護者に係る教育・保育給付認定子どもが、特例保育（特定教育・保育及び特定地域型保育以外の保育をいい、第十九条第一項第一号に掲げる小学校就学前子どもに該当する教育・保育給付認定子どもに係るものにあっては、同号に掲げる小学校就学前子どもに該当する教育・保育給付認定子どもに対して提供される教育に係る標準的な一日当たりの時間及び期間を勘案して内閣府令で定める一日当たりの時間及び期間の範囲内において行われるものに限る。以下同じ。）を受けたとき。

2　特例地域型保育給付費の額は、一月につき、次の各号に掲げる区分に応じ、当該各号に定める額とする。

一　特定地域型保育（特別利用地域型保育及び特定利用地域型保育を除く。以下この号において同じ。）　前条第三項第一号の内閣総理大臣が定める基準により算定した費用の額（その額が現に当該特定地域型保育に要した費用の額を超えるときは、当該現に特定地域型保育に要した費用の額）から政令で定める額を限度として当該教育・保育給付認定保護者の属する世帯の所得の状況その他の事情を勘案して市町村が定める額を控除して得た額（当該額が零を下回る場合には、零とする。）を基準として市町村が定める額

二　特別利用地域型保育　特別利用地域型保育に通常要する費用の額を勘案して内閣総理大臣が定める基準により算定した費用の額（その額が現に当該特別利用地域型保育に要した費用の額を超えるときは、当該現に特別利用地域型保育に要した費用の額）から政令で定める額を限度として当該教育・保育給付認定保護者の属する世帯の所得の状況その他の事情を勘案して市町村が定める額を控除して得た額（当該額が零を下回る場合には、零とする。）

三　特定利用地域型保育　特定利用地域型保育に通常要する費用の額を勘案して内閣総理大臣が定める基準により算定した費用の額（その額が現に当該特定利用地域型保育に要した費用の額を超えるときは、当該現に特定利用地域型保育に要した費用の額）から政令で定める額を限度として当該教育・保育給付認定保護者の属する世帯の所得の状況その他の事情を勘案して市町村が定める額を控除して得た額（当該額が零を下回る場合には、零とする。）

四　特例保育　特例保育に通常要する費用の額を勘案して内閣総理大臣が定める基準により算定した費用の額（その額が現に当該特例保育に要した費用の額を超えるときは、当該現に特例保育に要した費用の額）から政令で定める額を限度として当該教育・保育給付認定保護者の属する世帯の所得の状況その他の事情を勘案して市町村が定める額を控除して得た額（当該額が零を下回る場合には、零とする。）を基準として市町村が定める額

3　内閣総理大臣は、第一項第二号及び第四号の内閣府令を定め、又は変更しようとするとき、並びに前項第二号から第四号までの基準を定め、又は変更しようとするときは、あらかじめ、第一項第二号及び第四号の内閣府令については文部科学大臣に、前項第三号の基準については厚生労働大臣に、同項第二号及び第四号の基準については文部科学大臣及び厚生労働大臣に協議するとともに、第七十二条に規定する子ども・子育て会議の意見を聴かなければならない。

4　前条第二項及び第五項から第七項までの規定は、特例地域型保育給付費（第一項第二号及び第三号に係るものに限る。第五十二条第一項第四号において同じ。）の支給について準用する。この場合において、必要な技術的読替えは、政令で定める。

5　前各項に定めるもののほか、特例地域型保育給付費の支給及び特定地域型保育事業者の特例地域型保育給付費の請求に関し必要な事項は、内閣府令で定める。

第四節　子育てのための施設等利用給付

第一款　通則

（子育てのための施設等利用給付）

第三十条の二　子育てのための施設等利用給付は、施設等利用費の支給とする。

（準用）

第三十条の三　第十二条から第十八条までの規定は、子育てのための施設等利用給付について準用する。この場合において、必要な技術的読替えは、政令で定める。

第二款　施設等利用給付認定等

（支給要件）

第三十条の四　子育てのための施設等利用給付は、次に掲げる小学校就学前子ども（保

育認定子どもに係る教育・保育給付認定保護者が、現に施設型給付費、特例施設型給付費（第二十八条第一項第三号に係るものを除く。次条第七項において同じ。）、地域型保育給付費若しくは特例地域型保育給付費の支給を受けている場合における当該保育認定子ども又は第七条第十項第四号ハの政令で定める施設を利用している小学校就学前子どもを除く。以下この節及び第五十八条の三において同じ。）の保護者に対し、その小学校就学前子どもの第三十条の十一第一項に規定する特定子ども・子育て支援の利用について行う。

一　満三歳以上の小学校就学前子ども（次号及び第三号に掲げる小学校就学前子どもに該当するものを除く。）

二　満三歳に達する日以後の最初の三月三十一日を経過した小学校就学前子どもであって、第十九条第一項第二号の内閣府令で定める事由により家庭において必要な保育を受けることが困難であるもの

三　満三歳に達する日以後の最初の三月三十一日までの間にある小学校就学前子どもであって、第十九条第一項第二号の内閣府令で定める事由により家庭において必要な保育を受けることが困難であるもののうち、その保護者及び当該保護者と同一の世帯に属する者が第三十条の十一第一項に規定する特定子ども・子育て支援のあった月の属する年度（政令で定める場合にあっては、前年度）分の地方税法（昭和二十五年法律第二百二十六号）の規定による市町村民税（同法の規定による特別区民税を含み、同法第三百二十八条の規定によって課する所得割を除く。以下この号において同じ。）を課されない者（これに準ずる者として政令で定める者を含むものとし、当該市町村民税の賦課期日において同法の施行地に住所を有しない者を除く。次条第七項第二号において「市町村民税世帯非課税者」という。）であるもの

（市町村の認定等）

第三十条の五　前条各号に掲げる小学校就学前子どもの保護者は、子育てのための施設等利用給付を受けようとするときは、内閣府令で定めるところにより、市町村に対し、その小学校就学前子どもごとに、子育てのための施設等利用給付を受ける資格を有すること及びその該当する同条各号に掲げる小学校就学前子どもの区分についての認定を申請し、その認定を受けなければならない。

2　前項の認定（以下「施設等利用給付認定」という。）は、小学校就学前子どもの保護者の居住地の市町村が行うものとする。ただし、小学校就学前子どもの保護者が居住地を有しないとき、又は明らかでないときは、その小学校就学前子どもの保護者の現在地の市町村が行うものとする。

3　市町村は、施設等利用給付認定を行ったときは、内閣府令で定めるところにより、その結果その他の内閣府令で定める事項を当該施設等利用給付認定に係る保護者（以下「施設等利用給付認定保護者」という。）に通知するものとする。

4　市町村は、第一項の規定による申請について、当該保護者が子育てのための施設等利用給付を受ける資格を有すると認められないときは、理由を付して、その旨を当該申請に係る保護者に通知するものとする。

5　第一項の規定による申請に対する処分は、当該申請のあった日から三十日以内にしなければならない。ただし、当該申請に係る保護者の労働又は疾病の状況の調査に日時を要することその他の特別な理由がある場合には、当該申請のあった日から三十日以内に、当該保護者に対し、当該申請に対する処分をするためになお要する期間（次項において「処理見込期間」という。）及びその理由を通知し、これを延期することができる。

6　第一項の規定による申請をした日から三十日以内に当該申請に対する処分がされないとき、若しくは前項ただし書の規定による通知がないとき、又は処理見込期間が経過した日までに当該申請に対する処分がされないときは、当該申請に係る保護者は、市町村が当該申請を却下したものとみなすことができる。

7 次の各号に掲げる教育・保育給付認定保護者であって、その保育認定子どもについて現に施設型給付費、特例施設型給付費、地域型保育給付費又は特例地域型保育給付費の支給を受けていないものは、第一項の規定にかかわらず、施設等利用給付認定の申請をすることを要しない。この場合において、当該教育・保育給付認定保護者は、子育てのための施設等利用給付を受ける資格を有すること及び当該保育認定子どもが当該各号に定める小学校就学前子どもの区分に該当することについての施設等利用給付認定を受けたものとみなす。

一 第十九条第一項第二号に掲げる小学校就学前子どもに該当する教育・保育給付認定子ども（満三歳に達する日以後の最初の三月三十一日までの間にあるものを除く。）に係る教育・保育給付認定保護者 前条第二号に掲げる小学校就学前子ども

二 第十九条第一項第二号に掲げる小学校就学前子どもに該当する教育・保育給付認定子ども（満三歳に達する日以後の最初の三月三十一日までの間にあるものに限る。）又は満三歳未満保育認定子どもに係る教育・保育給付認定保護者（その者及びその者と同一の世帯に属する者が市町村民税世帯非課税者である場合に限る。） 前条第三号に掲げる小学校就学前子ども

（施設等利用給付認定の有効期間）

第三十条の六 施設等利用給付認定は、内閣府令で定める期間（以下「施設等利用給付認定の有効期間」という。）内に限り、その効力を有する。

（届出）

第三十条の七 施設等利用給付認定保護者は、施設等利用給付認定の有効期間内において、内閣府令で定めるところにより、市町村に対し、その労働又は疾病の状況その他の内閣府令で定める事項を届け出、かつ、内閣府令で定める書類その他の物件を提出しなければならない。

（施設等利用給付認定の変更）

第三十条の八 施設等利用給付認定保護者は、現に受けている施設等利用給付認定に係る小学校就学前子ども（以下「施設等利用給付認定子ども」という。）の該当する第三十条の四各号に掲げる小学校就学前子どもの区分その他の内閣府令で定める事項を変更する必要があるときは、内閣府令で定めるところにより、市町村に対し、施設等利用給付認定の変更の認定を申請することができる。

2 市町村は、前項の規定による申請により、施設等利用給付認定保護者につき、必要があると認めるときは、施設等利用給付認定の変更の認定を行うことができる。

3 第三十条の五第二項から第六項までの規定は、前項の施設等利用給付認定の変更の認定について準用する。この場合において、必要な技術的読替えは、政令で定める。

4 市町村は、職権により、施設等利用給付認定保護者につき、第三十条の四第三号に掲げる小学校就学前子どもに該当する施設等利用給付認定子どもが満三歳に達する日以後の最初の三月三十一日を経過した日以後引き続き同一の特定子ども・子育て支援施設等（第三十条の十一第一項に規定する特定子ども・子育て支援施設等をいう。）を利用するときその他必要があると認めるときは、内閣府令で定めるところにより、施設等利用給付認定の変更の認定を行うことができる。

5 第三十条の五第二項及び第三項の規定は、前項の施設等利用給付認定の変更の認定について準用する。この場合において、必要な技術的読替えは、政令で定める。

（施設等利用給付認定の取消し）

第三十条の九 施設等利用給付認定を行った市町村は、次に掲げる場合には、当該施設等利用給付認定を取り消すことができる。

一 当該施設等利用給付認定に係る満三歳未満の小学校就学前子どもが、施設等利用給付認定の有効期間内に、第三十条の四第三号に掲げる小学校就学前子どもに該当しなくなったとき。

二 当該施設等利用給付認定保護者が、施設等利用給付認定の有効期間内に、当該市町村以外の市町村の区域内に居住地を

有するに至ったと認めるとき。

三　その他政令で定めるとき。

2　市町村は、前項の規定により施設等利用給付認定の取消しを行ったときは、理由を付して、その旨を当該取消しに係る施設等利用給付認定保護者に通知するものとする。

（内閣府令への委任）

第三十条の十　この款に定めるもののほか、施設等利用給付認定の申請その他の手続に関し必要な事項は、内閣府令で定める。

第三款　施設等利用費の支給

第三十条の十一　市町村は、施設等利用給付認定子どもが、施設等利用給付認定の有効期間内において、市町村長が施設等利用費の支給に係る施設又は事業として確認する子ども・子育て支援施設等（以下「特定子ども・子育て支援施設等」という。）から当該確認に係る教育・保育その他の子ども・子育て支援（次の各号に掲げる子ども・子育て支援施設等の区分に応じ、当該各号に定める小学校就学前子どもに該当する施設等利用給付認定子どもが受けるものに限る。以下「特定子ども・子育て支援」という。）を受けたときは、内閣府令で定めるところにより、当該施設等利用給付認定子どもに係る施設等利用給付認定保護者に対し、当該特定子ども・子育て支援に要した費用（食事の提供に要する費用その他の日常生活に要する費用のうち内閣府令で定める費用を除く。）について、施設等利用費を支給する。

一　認定こども園　第三十条の四各号に掲げる小学校就学前子ども

二　幼稚園又は特別支援学校　第三十条の四第一号若しくは第二号に掲げる小学校就学前子ども又は同条第三号に掲げる小学校就学前子ども（満三歳以上のものに限る。）

三　第七条第十項第四号から第八号までに掲げる子ども・子育て支援施設等　第三十条の四第二号又は第三号に掲げる小学校就学前子ども

2　施設等利用費の額は、一月につき、第三十条の四各号に掲げる小学校就学前子どもの区分ごとに、子どものための教育・保育給付との均衡、子ども・子育て支援施設等の利用に要する標準的な費用の状況その他の事情を勘案して政令で定めるところにより算定した額とする。

3　施設等利用給付認定子どもが特定子ども・子育て支援施設等から特定子ども・子育て支援を受けたときは、市町村は、当該施設等利用給付認定子どもに係る施設等利用給付認定保護者が当該特定子ども・子育て支援施設等である施設の設置者又は事業を行う者（以下「特定子ども・子育て支援提供者」という。）に支払うべき当該特定子ども・子育て支援に要した費用について、施設等利用費として当該施設等利用給付認定保護者に支給すべき額の限度において、当該施設等利用給付認定保護者に代わり、当該特定子ども・子育て支援提供者に支払うことができる。

4　前項の規定による支払があったときは、施設等利用給付認定保護者に対し施設等利用費の支給があったものとみなす。

5　前各項に定めるもののほか、施設等利用費の支給に関し必要な事項は、内閣府令で定める。

第三章　特定教育・保育施設及び特定地域型保育事業者並びに特定子ども・子育て支援施設等

第一節　特定教育・保育施設及び特定地域型保育事業者

第一款　特定教育・保育施設

（特定教育・保育施設の確認）

第三十一条　第二十七条第一項の確認は、内閣府令で定めるところにより、教育・保育施設の設置者（国（国立大学法人法（平成十五年法律第百十二号）第二条第一項に規定する国立大学法人を含む。第五十八条の九第二項、第三項及び第六項、第六十五条第四号及び第五号並びに附則第七条において同じ。）及び公立大学法人（地方独立行政法人法（平成十五年法律第百十八号）第六十八条第一項に規定する公立大学法人をいう。第五十八条の四第一項第一号、第五十八条の九第二項並びに第六十五条第三号及び第四号において同じ。）を除き、法人に限る。以下同じ。）の申請により、次の各号に掲げる教育・保育施設の区分に応じ、当該各号に定める小学校就学前子どもの区分ごとの利用定員を定めて、市町村長が行う。

一　認定こども園　第十九条第一項各号に掲げる小学校就学前子どもの区分

二　幼稚園　第十九条第一項第一号に掲げる小学校就学前子どもの区分

三　保育所　第十九条第一項第二号に掲げる小学校就学前子どもの区分及び同項第三号に掲げる小学校就学前子どもの区分

2　市町村長は、前項の規定により特定教育・保育施設の利用定員を定めようとするときは、あらかじめ、第七十七条第一項の審議会その他の合議制の機関を設置している場合にあってはその意見を、その他の場合にあっては子どもの保護者その他子ども・子育て支援に係る当事者の意見を聴かなければならない。

3　市町村長は、第一項の規定により特定教育・保育施設の利用定員を定めたときは、内閣府令で定めるところにより、都道府県知事に届け出なければならない。

（特定教育・保育施設の確認の変更）

第三十二条　特定教育・保育施設の設置者は、利用定員（第二十七条第一項の確認において定められた利用定員をいう。第三十四条第三項第一号を除き、以下この款において同じ。）を増加しようとするときは、あらかじめ、内閣府令で定めるところにより、当該特定教育・保育施設に係る第二十七条第一項の確認の変更を申請することができる。

2　前条第三項の規定は、前項の確認の変更の申請があった場合について準用する。この場合において、必要な技術的読替えは、政令で定める。

3　市町村長は、前項の規定により前条第三項の規定を準用する場合のほか、利用定員を変更したときは、内閣府令で定めるところにより、都道府県知事に届け出なければならない。

（特定教育・保育施設の設置者の責務）

第三十三条　特定教育・保育施設の設置者は、教育・保育給付認定保護者から利用の申込みを受けたときは、正当な理由がなければ、これを拒んではならない。

2　特定教育・保育施設の設置者は、第十九条第一項各号に掲げる小学校就学前子どもの区分ごとの当該特定教育・保育施設における前項の申込みに係る教育・保育給付認定子ども及び当該特定教育・保育施設を現に利用している教育・保育給付認定子どもの総数が、当該区分に応ずる当該特定教育・保育施設の利用定員の総数を超える場合においては、内閣府令で定めるところにより、同項の申込みに係る教育・保育給付認定子どもを公正な方法で選考しなければならない。

3　内閣総理大臣は、前項の内閣府令を定め、又は変更しようとするときは、あらかじめ、文部科学大臣及び厚生労働大臣に協議しなければならない。

4　特定教育・保育施設の設置者は、教育・保育給付認定子どもに対し適切な特定教育・保育を提供するとともに、市町村、児童相談所、児童福祉法第七条第一項に規定する児童福祉施設（第四十五条第四項及び第五十八条の三第一項において「児童福祉施設」という。）、教育機関その他の関係機関との緊密な連携を図りつつ、良質な特定教育・保育を小学校就学前子どもの置かれている状況その他の事情に応じ、効果的に行うように努めなければならない。

5　特定教育・保育施設の設置者は、その提供する特定教育・保育の質の評価を行うことその他の措置を講ずることにより、特定教育・保育の質の向上に努めなければならない。

6　特定教育・保育施設の設置者は、小学校就学前子どもの人格を尊重するとともに、この法律及びこの法律に基づく命令を遵守し、誠実にその職務を遂行しなければならない。

（特定教育・保育施設の基準）

第三十四条　特定教育・保育施設の設置者は、次の各号に掲げる教育・保育施設の区分に応じ、当該各号に定める基準（以下「教育・

保育施設の認可基準」という。）を遵守しなければならない。

一　認定こども園　認定こども園法第三条第一項の規定により都道府県（地方自治法第二百五十二条の十九第一項の指定都市又は同法第二百五十二条の二十二第一項の中核市（以下「指定都市等」という。）の区域内に所在する認定こども園（都道府県が設置するものを除く。以下「指定都市等所在認定こども園」という。）については、当該指定都市等。以下この号において同じ。）の条例で定める要件（当該認定こども園が認定こども園法第三条第一項の認定を受けたものである場合又は同項の規定により都道府県の条例で定める要件に適合しているものとして同条第十一項の規定による公示がされたものである場合に限る。）、認定こども園法第三条第三項の規定により都道府県の条例で定める要件（当該認定こども園が同項の認定を受けたものである場合又は同項の規定により都道府県の条例で定める要件に適合しているものとして同条第十一項の規定による公示がされたものである場合に限る。）又は認定こども園法第十三条第一項の規定により都道府県の条例で定める設備及び運営についての基準（当該認定こども園が幼保連携型認定こども園（認定こども園法第二条第七項に規定する幼保連携型認定こども園をいう。）である場合に限る。）

二　幼稚園　学校教育法第三条に規定する学校の設備、編制その他に関する設置基準（第五十八条の四第一項第二号及び第三号並びに第五十八条の九第二項において「設置基準」という。）（幼稚園に係るものに限る。）

三　保育所　児童福祉法第四十五条第一項の規定により都道府県（指定都市等又は同法第五十九条の四第一項に規定する児童相談所設置市（以下「児童相談所設置市」という。）の区域内に所在する保育所（都道府県が設置するものを除く。第三十九条第二項及び第四十条第一項第二号において「指定都市等所在保育所」という。）については、当該指定都市等又は児童相談所設置市）の条例で定める児童福祉施設の設備及び運営についての基準（保育所に係るものに限る。）

2　特定教育・保育施設の設置者は、市町村の条例で定める特定教育・保育施設の運営に関する基準に従い、特定教育・保育（特定教育・保育施設が特別利用保育又は特別利用教育を行う場合にあっては、特別利用保育又は特別利用教育を含む。以下この款において同じ。）を提供しなければならない。

3　市町村が前項の条例を定めるに当たっては、次に掲げる事項については内閣府令で定める基準に従い定めるものとし、その他の事項については内閣府令で定める基準を参酌するものとする。

一　特定教育・保育施設に係る利用定員（第二十七条第一項の確認において定める利用定員をいう。第七十七条第一項第一号において同じ。）

二　特定教育・保育施設の運営に関する事項であって、小学校就学前子どもの適切な処遇の確保及び秘密の保持並びに小学校就学前子どもの健全な発達に密接に関連するものとして内閣府令で定めるもの

4　内閣総理大臣は、前項に規定する内閣府令で定める基準を定め、又は変更しようとするとき、及び同項第二号の内閣府令を定め、又は変更しようとするときは、あらかじめ、文部科学大臣及び厚生労働大臣に協議するとともに、特定教育・保育の取扱いに関する部分について第七十二条に規定する子ども・子育て会議の意見を聴かなければならない。

5　特定教育・保育施設の設置者は、次条第二項の規定による利用定員の減少の届出をしたとき又は第三十六条の規定による確認の辞退をするときは、当該届出の日又は同条に規定する予告期間の開始日の前一月以内に当該特定教育・保育を受けていた者であって、当該利用定員の減少又は確認の辞退の日以後においても引き続き当該特定教育・保育に相当する教育・保育の提供を希望する者に対し、必要な教育・保育が継続

的に提供されるよう、他の特定教育・保育施設の設置者その他関係者との連絡調整その他の便宜の提供を行わなければならない。

（変更の届出等）

第三十五条 特定教育・保育施設の設置者は、設置者の住所その他の内閣府令で定める事項に変更があったときは、内閣府令で定めるところにより、十日以内に、その旨を市町村長に届け出なければならない。

2 特定教育・保育施設の設置者は、当該利用定員の減少をしようとするときは、内閣府令で定めるところにより、その利用定員の減少の日の三月前までに、その旨を市町村長に届け出なければならない。

（確認の辞退）

第三十六条 特定教育・保育施設の設置者は、三月以上の予告期間を設けて、当該特定教育・保育施設に係る第二十七条第一項の確認を辞退することができる。

（市町村長等による連絡調整又は援助）

第三十七条 市町村長は、特定教育・保育施設の設置者による第三十四条第五項に規定する便宜の提供が円滑に行われるため必要があると認めるときは、当該特定教育・保育施設の設置者及び他の特定教育・保育施設の設置者その他の関係者相互間の連絡調整又は当該特定教育・保育施設の設置者及び当該関係者に対する助言その他の援助を行うことができる。

2 都道府県知事は、同一の特定教育・保育施設の設置者について二以上の市町村長が前項の規定による連絡調整又は援助を行う場合において、当該特定教育・保育施設の設置者による第三十四条第五項に規定する便宜の提供が円滑に行われるため必要があると認めるときは、当該市町村長相互間の連絡調整又は当該特定教育・保育施設の設置者に対する市町村の区域を超えた広域的な見地からの助言その他の援助を行うことができる。

3 内閣総理大臣は、同一の特定教育・保育施設の設置者について二以上の都道府県知事が前項の規定による連絡調整又は援助を行う場合において、当該特定教育・保育施設の設置者による第三十四条第五項に規定する便宜の提供が円滑に行われるため必要があると認めるときは、当該都道府県知事相互間の連絡調整又は当該特定教育・保育施設の設置者に対する都道府県の区域を超えた広域的な見地からの助言その他の援助を行うことができる。

（報告等）

第三十八条 市町村長は、必要があると認めるときは、この法律の施行に必要な限度において、特定教育・保育施設若しくは特定教育・保育施設の設置者若しくは特定教育・保育施設の設置者であった者若しくは特定教育・保育施設の職員であった者（以下この項において「特定教育・保育施設の設置者であった者等」という。）に対し、報告若しくは帳簿書類その他の物件の提出若しくは提示を命じ、特定教育・保育施設の設置者若しくは特定教育・保育施設の職員若しくは特定教育・保育施設の設置者であった者等に対し出頭を求め、又は当該市町村の職員に関係者に対して質問させ、若しくは特定教育・保育施設、特定教育・保育施設の設置者の事務所その他特定教育・保育施設の運営に関係のある場所に立ち入り、その設備若しくは帳簿書類その他の物件を検査させることができる。

2 第十三条第二項の規定は前項の規定による質問又は検査について、同条第三項の規定は前項の規定による権限について、それぞれ準用する。

（勧告、命令等）

第三十九条 市町村長は、特定教育・保育施設の設置者が、次の各号に掲げる場合に該当すると認めるときは、当該特定教育・保育施設の設置者に対し、期限を定めて、当該各号に定める措置をとるべきことを勧告することができる。

一 第三十四条第二項の市町村の条例で定める特定教育・保育施設の運営に関する基準に従って施設型給付費の支給に係る施設として適正な特定教育・保育施設の運営をしていない場合 当該基準を遵守すること。

二 第三十四条第五項に規定する便宜の提

供を施設型給付費の支給に係る施設として適正に行っていない場合　当該便宜の提供を適正に行うこと。

2　市町村長（指定都市等所在認定こども園については当該指定都市等の長を除き、指定都市等所在保育所については当該指定都市等又は児童相談所設置市の長を除く。第五項において同じ。）は、特定教育・保育施設（指定都市等所在認定こども園及び指定都市等所在保育所を除く。以下この項及び第五項において同じ。）の設置者が教育・保育施設の認可基準に従って施設型給付費の支給に係る施設として適正な教育・保育施設の運営をしていないと認めるときは、遅滞なく、その旨を、当該特定教育・保育施設に係る教育・保育施設の認可等（教育・保育施設に係る認定こども園法第十七条第一項、学校教育法第四条第一項若しくは児童福祉法第三十五条第四項の認可又は認定こども園法第三条第一項若しくは第三項の認定をいう。第五項及び次条第一項第二号において同じ。）を行った都道府県知事に通知しなければならない。

3　市町村長は、第一項の規定による勧告をした場合において、その勧告を受けた特定教育・保育施設の設置者が、同項の期限内にこれに従わなかったときは、その旨を公表することができる。

4　市町村長は、第一項の規定による勧告を受けた特定教育・保育施設の設置者が、正当な理由がなくてその勧告に係る措置をとらなかったときは、当該特定教育・保育施設の設置者に対し、期限を定めて、その勧告に係る措置をとるべきことを命ずることができる。

5　市町村長は、前項の規定による命令をしたときは、その旨を公示するとともに、遅滞なく、その旨を、当該特定教育・保育施設に係る教育・保育施設の認可等を行った都道府県知事に通知しなければならない。

（確認の取消し等）

第四十条　市町村長は、次の各号のいずれかに該当する場合においては、当該特定教育・保育施設に係る第二十七条第一項の確認を取り消し、又は期間を定めてその確認の全部若しくは一部の効力を停止することができる。

一　特定教育・保育施設の設置者が、第三十三条第六項の規定に違反したと認められるとき。

二　特定教育・保育施設の設置者が、教育・保育施設の認可基準に従って施設型給付費の支給に係る施設として適正な教育・保育施設の運営をすることができなくなったと当該特定教育・保育施設に係る教育・保育施設の認可等を行った都道府県知事（指定都市等所在認定こども園については当該指定都市等の長とし、指定都市等所在保育所については当該指定都市等又は児童相談所設置市の長とする。）が認めたとき。

三　特定教育・保育施設の設置者が、第三十四条第二項の市町村の条例で定める特定教育・保育施設の運営に関する基準に従って施設型給付費の支給に係る施設として適正な特定教育・保育施設の運営をすることができなくなったとき。

四　施設型給付費又は特例施設型給付費の請求に関し不正があったとき。

五　特定教育・保育施設の設置者が、第三十八条第一項の規定により報告若しくは帳簿書類その他の物件の提出若しくは提示を命ぜられてこれに従わず、又は虚偽の報告をしたとき。

六　特定教育・保育施設の設置者又はその職員が、第三十八条第一項の規定により出頭を求められてこれに応ぜず、同項の規定による質問に対して答弁せず、若しくは虚偽の答弁をし、又は同項の規定による検査を拒み、妨げ、若しくは忌避したとき。ただし、当該特定教育・保育施設の職員がその行為をした場合において、その行為を防止するため、当該特定教育・保育施設の設置者が相当の注意及び監督を尽くしたときを除く。

七　特定教育・保育施設の設置者が、不正の手段により第二十七条第一項の確認を受けたとき。

八　前各号に掲げる場合のほか、特定教育・保育施設の設置者が、この法律その他国民の福祉若しくは学校教育に関する法律で政令で定めるもの又はこれらの法律に基づく命令若しくは処分に違反したとき。

九　前各号に掲げる場合のほか、特定教育・保育施設の設置者が、教育・保育に関し不正又は著しく不当な行為をしたとき。

十　特定教育・保育施設の設置者の役員（業務を執行する社員、取締役、執行役又はこれらに準ずる者をいい、相談役、顧問その他いかなる名称を有する者であるかを問わず、法人に対し業務を執行する社員、取締役、執行役又はこれらに準ずる者と同等以上の支配力を有するものと認められる者を含む。以下同じ。）又はその長のうちに過去五年以内に教育・保育に関し不正又は著しく不当な行為をした者があるとき。

2　前項の規定により第二十七条第一項の確認を取り消された教育・保育施設の設置者（政令で定める者を除く。）及びこれに準ずる者として政令で定める者は、その取消しの日又はこれに準ずる日として政令で定める日から起算して五年を経過するまでの間は、第三十一条第一項の申請をすることができない。

（公示）

第四十一条　市町村長は、次に掲げる場合には、遅滞なく、当該特定教育・保育施設の設置者の名称、当該特定教育・保育施設の所在地その他の内閣府令で定める事項を都道府県知事に届け出るとともに、これを公示しなければならない。

一　第二十七条第一項の確認をしたとき。

二　第三十六条の規定による第二十七条第一項の確認の辞退があったとき。

三　前条第一項の規定により第二十七条第一項の確認を取り消し、又は同項の確認の全部若しくは一部の効力を停止したとき。

（市町村によるあっせん及び要請）

第四十二条　市町村は、特定教育・保育施設に関し必要な情報の提供を行うとともに、教育・保育給付認定保護者から求めがあった場合その他必要と認められる場合には、特定教育・保育施設を利用しようとする教育・保育給付認定子どもに係る教育・保育給付認定保護者の教育・保育に係る希望、当該教育・保育給付認定子どもの養育の状況、当該教育・保育給付認定保護者に必要な支援の内容その他の事情を勘案し、当該教育・保育給付認定子どもが適切に特定教育・保育施設を利用できるよう、相談に応じ、必要な助言又は特定教育・保育施設の利用についてのあっせんを行うとともに、必要に応じて、特定教育・保育施設の設置者に対し、当該教育・保育給付認定子どもの利用の要請を行うものとする。

2　特定教育・保育施設の設置者は、前項の規定により行われるあっせん及び要請に対し、協力しなければならない。

第二款　特定地域型保育事業者

（特定地域型保育事業者の確認）

第四十三条　第二十九条第一項の確認は、内閣府令で定めるところにより、地域型保育事業を行う者の申請により、地域型保育の種類及び当該地域型保育の種類に係る地域型保育事業を行う事業所（以下「地域型保育事業所」という。）ごとに、第十九条第一項第三号に掲げる小学校就学前子どもに係る利用定員（事業所内保育の事業を行う事業所（以下「事業所内保育事業所」という。）にあっては、その雇用する労働者の監護する小学校就学前子どもを保育するため当該事業所内保育の事業を自ら施設を設置し、又は委託して行う事業主に係る当該小学校就学前子ども（当該事業所内保育の事業が、事業主団体に係るものにあっては事業主団体の構成員である事業主の雇用する労働者の監護する小学校就学前子どもとし、共済組合等（児童福祉法第六条の三第十二項第一号ハに規定する共済組合等をいう。）に係るものにあっては共済組合等の構成員（同号ハに規定する共済組合等の構成員をいう。）の監護する小学校就学前子どもとする。以下「労働者等の監護する小学校就学前子ども」という。）及びその他の小学校就学前子どもごとに定める第十九条第一項第三号に掲げる小学校就学前子どもに係る利用定員とする。）を定めて、市町村長が行う。

2　前項の確認は、当該確認をする市町村長がその長である市町村の区域に居住地を有する者に対する地域型保育給付費及び特例地域型保育給付費の支給について、その効力を有する。

3　市町村長は、第一項の規定により特定地域型保育事業（特定地域型保育を行う事業をいう。以下同じ。）の利用定員を定めようとするときは、あらかじめ、第七十七条第一項の審議会その他の合議制の機関を設置している場合にあってはその意見を、その他の場合にあっては子どもの保護者その他子ども・子育て支援に係る当事者の意見を聴かなければならない。

4　市町村長は、第一項の申請があった場合において、当該申請に係る地域型保育事業所が当該市町村の区域の外にある場合であって、その所在地の市町村長（以下この条において「所在地市町村長」という。）の同意を得ていないときは、第二十九条第一項の確認をしてはならない。ただし、第一項の申請を受けた市町村長（以下この条において「被申請市町村長」という。）と所在地市町村長との協議により、この項本文の規定による同意を要しないことについて所在地市町村長の同意があるときは、この限りでない。

5　前項ただし書の規定により同項本文の規定が適用されない場合であって、第一項の申請に係る地域型保育事業所（所在地市町村長の管轄する区域にあるものに限る。）について、次の各号に掲げるときは、それぞれ当該各号に定める時に、当該申請者について、被申請市町村長による第二十九条第一項の確認があったものとみなす。

一　所在地市町村長が第二十九条第一項の確認をしたとき　当該確認がされた時

二　所在地市町村長による第二十九条第一項の確認がされているとき　被申請市町村長が当該地域型保育事業所に係る地域型保育事業を行う者から第一項の申請を受けた時

6　所在地市町村長による第二十九条第一項の確認についての第五十二条第一項の規定による取消し又は効力の停止は、前項の規定により受けたものとみなされた被申請市町村長による第二十九条第一項の確認の効力に影響を及ぼさない。

（特定地域型保育事業者の確認の変更）

第四十四条　特定地域型保育事業者は、利用定員（第二十九条第一項の確認において定められた利用定員をいう。第四十六条第三項第一号を除き、以下この款において同じ。）を増加しようとするときは、あらかじめ、内閣府令で定めるところにより、当該特定地域型保育事業者に係る第二十九条第一項の確認の変更を申請することができる。

2　前条第四項から第六項までの規定は、前項の確認の変更の申請があった場合について準用する。この場合において、必要な技術的読替えは、政令で定める。

（特定地域型保育事業者の責務）

第四十五条　特定地域型保育事業者は、教育・保育給付認定保護者から利用の申込みを受けたときは、正当な理由がなければ、これを拒んではならない。

2　特定地域型保育事業者は、前項の申込みに係る満三歳未満保育認定子ども及び当該特定地域型保育事業を現に利用している満三歳未満保育認定子どもの総数が、その利用定員の総数を超える場合においては、内閣府令で定めるところにより、同項の申込みに係る満三歳未満保育認定子どもを公正な方法で選考しなければならない。

3　内閣総理大臣は、前項の内閣府令を定め、又は変更しようとするときは、あらかじめ、厚生労働大臣に協議しなければならない。

4　特定地域型保育事業者は、満三歳未満保育認定子どもに対し適切な地域型保育を提供するとともに、市町村、教育・保育施設、児童相談所、児童福祉施設、教育機関その他の関係機関との緊密な連携を図りつつ、良質な地域型保育を小学校就学前子どもの置かれている状況その他の事情に応じ、効果的に行うように努めなければならない。

5　特定地域型保育事業者は、その提供する

児童家庭福祉

地域型保育の質の評価を行うことその他の措置を講ずることにより、地域型保育の質の向上に努めなければならない。

6　特定地域型保育事業者は、小学校就学前子どもの人格を尊重するとともに、この法律及びこの法律に基づく命令を遵守し、誠実にその職務を遂行しなければならない。

（**特定地域型保育事業の基準**）

第四十六条　特定地域型保育事業者は、地域型保育の種類に応じ、児童福祉法第三十四条の十六第一項の規定により市町村の条例で定める設備及び運営についての基準（以下「地域型保育事業の認可基準」という。）を遵守しなければならない。

2　特定地域型保育事業者は、市町村の条例で定める特定地域型保育事業の運営に関する基準に従い、特定地域型保育を提供しなければならない。

3　市町村が前項の条例を定めるに当たっては、次に掲げる事項については内閣府令で定める基準に従い定めるものとし、その他の事項については内閣府令で定める基準を参酌するものとする。

一　特定地域型保育事業に係る利用定員（第二十九条第一項の確認において定める利用定員をいう。第七十七条第一項第二号において同じ。）

二　特定地域型保育事業の運営に関する事項であって、小学校就学前子どもの適切な処遇の確保及び秘密の保持等並びに小学校就学前子どもの健全な発達に密接に関連するものとして内閣府令で定めるもの

4　内閣総理大臣は、前項に規定する内閣府令で定める基準を定め、又は変更しようとするとき、及び同項第二号の内閣府令を定め、又は変更しようとするときは、あらかじめ、厚生労働大臣に協議するとともに、特定地域型保育の取扱いに関する部分について第七十二条に規定する子ども・子育て会議の意見を聴かなければならない。

5　特定地域型保育事業者は、次条第二項の規定による利用定員の減少の届出をしたとき又は第四十八条の規定による確認の辞退をするときは、当該届出の日又は同条に規定する予告期間の開始日の前一月以内に当該特定地域型保育を受けていた者であって、当該利用定員の減少又は確認の辞退の日以後においても引き続き当該特定地域型保育に相当する地域型保育の提供を希望する者に対し、必要な地域型保育が継続的に提供されるよう、他の特定地域型保育事業者その他関係者との連絡調整その他の便宜の提供を行わなければならない。

（**変更の届出等**）

第四十七条　特定地域型保育事業者は、当該特定地域型保育事業所の名称及び所在地その他内閣府令で定める事項に変更があったときは、内閣府令で定めるところにより、十日以内に、その旨を市町村長に届け出なければならない。

2　特定地域型保育事業者は、当該特定地域型保育事業の利用定員の減少をしようとするときは、内閣府令で定めるところにより、その利用定員の減少の日の三月前までに、その旨を市町村長に届け出なければならない。

（**確認の辞退**）

第四十八条　特定地域型保育事業者は、三月以上の予告期間を設けて、当該特定地域型保育事業者に係る第二十九条第一項の確認を辞退することができる。

（**市町村長等による連絡調整又は援助**）

第四十九条　市町村長は、特定地域型保育事業者による第四十六条第五項に規定する便宜の提供が円滑に行われるため必要があると認めるときは、当該特定地域型保育事業者その他の関係者相互間の連絡調整又は当該特定地域型保育事業者及び当該関係者に対する助言その他の援助を行うことができる。

2　都道府県知事は、同一の特定地域型保育事業者について二以上の市町村長が前項の規定による連絡調整又は援助を行う場合において、当該特定地域型保育事業者による第四十六条第五項に規定する便宜の提供が円滑に行われるため必要があると認めるときは、当該市町村長相互間の連絡調整又は当該特定地域型保育事業者に対する市町村の区域を超えた広域的な見地からの助言そ

の他の援助を行うことができる。

3　内閣総理大臣は、同一の特定地域型保育事業者について二以上の都道府県知事が前項の規定による連絡調整又は援助を行う場合において、当該特定地域型保育事業者による第四十六条第五項に規定する便宜の提供が円滑に行われるため必要があると認めるときは、当該都道府県知事相互間の連絡調整又は当該特定地域型保育事業者に対する都道府県の区域を超えた広域的な見地からの助言その他の援助を行うことができる。

（報告等）

第五十条　市町村長は、必要があると認めるときは、この法律の施行に必要な限度において、特定地域型保育事業者若しくは特定地域型保育事業者であった者若しくは特定地域型保育事業所の職員であった者（以下この項において「特定地域型保育事業者であった者等」という。）に対し、報告若しくは帳簿書類その他の物件の提出若しくは提示を命じ、特定地域型保育事業者若しくは特定地域型保育事業所の職員若しくは特定地域型保育事業者であった者等に対し出頭を求め、又は当該市町村の職員に関係者に対して質問させ、若しくは特定地域型保育事業者の特定地域型保育事業所、事務所その他特定地域型保育事業に関係のある場所に立ち入り、その設備若しくは帳簿書類その他の物件を検査させることができる。

2　第十三条第二項の規定は前項の規定による質問又は検査について、同条第三項の規定は前項の規定による権限について、それぞれ準用する。

（勧告、命令等）

第五十一条　市町村長は、特定地域型保育事業者が、次の各号に掲げる場合に該当すると認めるときは、当該特定地域型保育事業者に対し、期限を定めて、当該各号に定める措置をとるべきことを勧告することができる。

一　地域型保育事業の認可基準に従って地域型保育給付費の支給に係る事業を行う者として適正な地域型保育事業の運営をしていない場合　当該基準を遵守すること。

二　第四十六条第二項の市町村の条例で定める特定地域型保育事業の運営に関する基準に従って地域型保育給付費の支給に係る事業を行う者として適正な特定地域型保育事業の運営をしていない場合　当該基準を遵守すること。

三　第四十六条第五項に規定する便宜の提供を地域型保育給付費の支給に係る事業を行う者として適正に行っていない場合　当該便宜の提供を適正に行うこと。

2　市町村長は、前項の規定による勧告をした場合において、その勧告を受けた特定地域型保育事業者が、同項の期限内にこれに従わなかったときは、その旨を公表することができる。

3　市町村長は、第一項の規定による勧告を受けた特定地域型保育事業者が、正当な理由がなくてその勧告に係る措置をとらなかったときは、当該特定地域型保育事業者に対し、期限を定めて、その勧告に係る措置をとるべきことを命ずることができる。

4　市町村長は、前項の規定による命令をしたときは、その旨を公示しなければならない。

（確認の取消し等）

第五十二条　市町村長は、次の各号のいずれかに該当する場合においては、当該特定地域型保育事業者に係る第二十九条第一項の確認を取り消し、又は期間を定めてその確認の全部若しくは一部の効力を停止することができる。

一　特定地域型保育事業者が、第四十五条第六項の規定に違反したと認められるとき。

二　特定地域型保育事業者が、地域型保育事業の認可基準に従って地域型保育給付費の支給に係る事業を行う者として適正な地域型保育事業の運営をすることができなくなったとき。

三　特定地域型保育事業者が、第四十六条第二項の市町村の条例で定める特定地域型保育事業の運営に関する基準に従って地域型保育給付費の支給に係る事業を行う者として適正な特定地域型保育事業の運営をすることができなくなったとき。
四　地域型保育給付費又は特例地域型保育給付費の請求に関し不正があったとき。
五　特定地域型保育事業者が、第五十条第一項の規定により報告若しくは帳簿書類その他の物件の提出若しくは提示を命ぜられてこれに従わず、又は虚偽の報告をしたとき。
六　特定地域型保育事業者又はその特定地域型保育事業所の職員が、第五十条第一項の規定により出頭を求められてこれに応ぜず、同項の規定による質問に対して答弁せず、若しくは虚偽の答弁をし、又は同項の規定による検査を拒み、妨げ、若しくは忌避したとき。ただし、当該特定地域型保育事業所の職員がその行為をした場合において、その行為を防止するため、当該特定地域型保育事業者が相当の注意及び監督を尽くしたときを除く。
七　特定地域型保育事業者が、不正の手段により第二十九条第一項の確認を受けたとき。
八　前各号に掲げる場合のほか、特定地域型保育事業者が、この法律その他国民の福祉に関する法律で政令で定めるもの又はこれらの法律に基づく命令若しくは処分に違反したとき。
九　前各号に掲げる場合のほか、特定地域型保育事業者が、保育に関し不正又は著しく不当な行為をしたとき。
十　特定地域型保育事業者が法人である場合において、当該法人の役員又はその事業所を管理する者その他の政令で定める使用人のうちに過去五年以内に保育に関し不正又は著しく不当な行為をした者があるとき。
十一　特定地域型保育事業者が法人でない場合において、その管理者が過去五年以内に保育に関し不正又は著しく不当な行為をした者であるとき。

2　前項の規定により第二十九条第一項の確認を取り消された地域型保育事業を行う者（政令で定める者を除く。）及びこれに準ずる者として政令で定める者は、その取消しの日又はこれに準ずる日として政令で定める日から起算して五年を経過するまでの間は、第四十三条第一項の申請をすることができない。

（公示）
第五十三条　市町村長は、次に掲げる場合には、遅滞なく、当該特定地域型保育事業者の名称、当該特定地域型保育事業所の所在地その他の内閣府令で定める事項を都道府県知事に届け出るとともに、これを公示しなければならない。
一　第二十九条第一項の確認をしたとき。
二　第四十八条の規定による第二十九条第一項の確認の辞退があったとき。
三　前条第一項の規定により第二十九条第一項の確認を取り消し、又は同項の確認の全部若しくは一部の効力を停止したとき。

（市町村によるあっせん及び要請）
第五十四条　市町村は、特定地域型保育事業に関し必要な情報の提供を行うとともに、教育・保育給付認定保護者から求めがあった場合その他必要と認められる場合には、特定地域型保育事業を利用しようとする満三歳未満保育認定子どもに係る教育・保育給付認定保護者の地域型保育に係る希望、当該満三歳未満保育認定子どもの養育の状況、当該教育・保育給付認定保護者に必要な支援の内容その他の事情を勘案し、当該満三歳未満保育認定子どもが適切に特定地域型保育事業を利用できるよう、相談に応じ、必要な助言又は特定地域型保育事業の利用についてのあっせんを行うとともに、必要に応じて、特定地域型保育事業者に対し、当該満三歳未満保育認定子どもの利用の要請を行うものとする。
2　特定地域型保育事業者は、前項の規定により行われるあっせん及び要請に対し、協力しなければならない。

第三款　業務管理体制の整備等

（業務管理体制の整備等）
第五十五条　特定教育・保育施設の設置者及び特定地域型保育事業者（以下「特定教育・保育提供者」という。）は、第三十三条第六項又は第四十五条第六項に規定する義務の履行が確保されるよう、内閣府令で定める基準に従い、業務管理体制を整備しなければならない。

2　特定教育・保育提供者は、次の各号に掲げる区分に応じ、当該各号に定める者に対し、内閣府令で定めるところにより、業務管理体制の整備に関する事項を届け出なければならない。

一　その確認に係る全ての教育・保育施設又は地域型保育事業所（その確認に係る地域型保育の種類が異なるものを含む。次号において同じ。）が一の市町村の区域に所在する特定教育・保育提供者　市町村長

二　その確認に係る教育・保育施設又は地域型保育事業所が二以上の都道府県の区域に所在する特定教育・保育提供者　内閣総理大臣

三　前二号に掲げる特定教育・保育提供者以外の特定教育・保育提供者　都道府県知事

3　前項の規定による届出を行った特定教育・保育提供者は、その届け出た事項に変更があったときは、内閣府令で定めるところにより、遅滞なく、その旨を当該届出を行った同項各号に定める者（以下この款において「市町村長等」という。）に届け出なければならない。

4　第二項の規定による届出を行った特定教育・保育提供者は、同項各号に掲げる区分の変更により、同項の規定により当該届出を行った市町村長等以外の市町村長等に届出を行うときは、内閣府令で定めるところにより、その旨を当該届出を行った市町村長等にも届け出なければならない。

5　市町村長等は、前三項の規定による届出が適正になされるよう、相互に密接な連携を図るものとする。

（報告等）

第五十六条　前条第二項の規定による届出を受けた市町村長等は、当該届出を行った特定教育・保育提供者（同条第四項の規定による届出を受けた市町村長等にあっては、同項の規定による届出を行った特定教育・保育提供者を除く。）における同条第一項の規定による業務管理体制の整備に関して必要があると認めるときは、この法律の施行に必要な限度において、当該特定教育・保育提供者に対し、報告若しくは帳簿書類その他の物件の提出若しくは提示を命じ、当該特定教育・保育提供者若しくは当該特定教育・保育提供者の職員に対し出頭を求め、又は当該市町村長等の職員に関係者に対し質問させ、若しくは当該特定教育・保育提供者の当該確認に係る教育・保育施設若しくは地域型保育事業所、事務所その他の教育・保育の提供に関係のある場所に立ち入り、その設備若しくは帳簿書類その他の物件を検査させることができる。

2　内閣総理大臣又は都道府県知事が前項の権限を行うときは、当該特定教育・保育提供者に係る確認を行った市町村長（次条第五項において「確認市町村長」という。）と密接な連携の下に行うものとする。

3　市町村長は、その行った又はその行おうとする確認に係る特定教育・保育提供者における前条第一項の規定による業務管理体制の整備に関して必要があると認めるときは、内閣総理大臣又は都道府県知事に対し、第一項の権限を行うよう求めることができる。

4　内閣総理大臣又は都道府県知事は、前項の規定による市町村長の求めに応じて第一項の権限を行ったときは、内閣府令で定めるところにより、その結果を当該権限を行うよう求めた市町村長に通知しなければならない。

5　第十三条第二項の規定は第一項の規定による質問又は検査について、同条第三項の規定は第一項の規定による権限について、それぞれ準用する。

（勧告、命令等）

第五十七条　第五十五条第二項の規定による届出を受けた市町村長等は、当該届出を行った特定教育・保育提供者（同条第四項の規定による届出を受けた市町村長等にあっては、同項の規定による届出を行った特定教育・保育提供者を除く。）が、同条第一項に規定する内閣府令で定める基準に従って施設型給付費の支給に係る施設又は

地域型保育給付費の支給に係る事業を行う者として適正な業務管理体制の整備をしていないと認めるときは、当該特定教育・保育提供者に対し、期限を定めて、当該内閣府令で定める基準に従って適正な業務管理体制を整備すべきことを勧告することができる。

2　市町村長等は、前項の規定による勧告をした場合において、その勧告を受けた特定教育・保育提供者が同項の期限内にこれに従わなかったときは、その旨を公表することができる。

3　市町村長等は、第一項の規定による勧告を受けた特定教育・保育提供者が、正当な理由がなくてその勧告に係る措置をとらなかったときは、当該特定教育・保育提供者に対し、期限を定めて、その勧告に係る措置をとるべきことを命ずることができる。

4　市町村長等は、前項の規定による命令をしたときは、その旨を公示しなければならない。

5　内閣総理大臣又は都道府県知事は、特定教育・保育提供者が第三項の規定による命令に違反したときは、内閣府令で定めるところにより、当該違反の内容を確認市町村長に通知しなければならない。

第四款　教育・保育に関する情報の報告及び公表

第五十八条　特定教育・保育提供者は、特定教育・保育施設又は特定地域型保育事業者（以下「特定教育・保育施設等」という。）の確認を受け、教育・保育の提供を開始しようとするときその他内閣府令で定めるときは、政令で定めるところにより、その提供する教育・保育に係る教育・保育情報（教育・保育の内容及び教育・保育を提供する施設又は事業者の運営状況に関する情報であって、小学校就学前子どもに教育・保育を受けさせ、又は受けさせようとする小学校就学前子どもの保護者が適切かつ円滑に教育・保育を小学校就学前子どもに受けさせる機会を確保するために公表されることが必要なものとして内閣府令で定めるものをいう。以下同じ。）を、教育・保育を提供する施設又は事業所の所在地の都道府県知事に報告しなければならない。

2　都道府県知事は、前項の規定による報告を受けた後、内閣府令で定めるところにより、当該報告の内容を公表しなければならない。

3　都道府県知事は、第一項の規定による報告に関して必要があると認めるときは、この法律の施行に必要な限度において、当該報告をした特定教育・保育提供者に対し、教育・保育情報のうち内閣府令で定めるものについて、調査を行うことができる。

4　都道府県知事は、特定教育・保育提供者が第一項の規定による報告をせず、若しくは虚偽の報告をし、又は前項の規定による調査を受けず、若しくは調査の実施を妨げたときは、期間を定めて、当該特定教育・保育提供者に対し、その報告を行い、若しくはその報告の内容を是正し、又はその調査を受けることを命ずることができる。

5　都道府県知事は、特定教育・保育提供者に対して前項の規定による処分をしたときは、遅滞なく、その旨を、当該特定教育・保育施設等の確認をした市町村長に通知しなければならない。

6　都道府県知事は、特定教育・保育提供者が、第四項の規定による命令に従わない場合において、当該特定教育・保育施設等の確認を取り消し、又は期間を定めてその確認の全部若しくは一部の効力を停止することが適当であると認めるときは、理由を付して、その旨をその確認をした市町村長に通知しなければならない。

7　都道府県知事は、小学校就学前子どもに教育・保育を受けさせ、又は受けさせようとする小学校就学前子どもの保護者が適切かつ円滑に教育・保育を小学校就学前子どもに受けさせる機会の確保に資するため、教育・保育の質及び教育・保育を担当する職員に関する情報（教育・保育情報に該当するものを除く。）であって内閣府令で定めるものの提供を希望する特定教育・保育提供者から提供を受けた当該情報について、公表を行うよう配慮するものとする。

第二節　特定子ども・子育て支援施設等

（特定子ども・子育て支援施設等の確認）

第五十八条の二　第三十条の十一第一項の確認は、内閣府令で定めるところにより、子ども・子育て支援施設等である施設の設置者又は事業を行う者の申請により、市町村長が行う。

（特定子ども・子育て支援提供者の責務）

第五十八条の三　特定子ども・子育て支援提供者は、施設等利用給付認定子どもに対し適切な特定子ども・子育て支援を提供するとともに、市町村、児童相談所、児童福祉施設、教育機関その他の関係機関との緊密な連携を図りつつ、良質な特定子ども・子育て支援を小学校就学前子どもの置かれている状況その他の事情に応じ、効果的に行うように努めなければならない。

2　特定子ども・子育て支援提供者は、小学校就学前子どもの人格を尊重するとともに、この法律及びこの法律に基づく命令を遵守し、誠実にその職務を遂行しなければならない。

（特定子ども・子育て支援施設等の基準）

第五十八条の四　特定子ども・子育て支援提供者は、次の各号に掲げる子ども・子育て支援施設等の区分に応じ、当該各号に定める基準を遵守しなければならない。

一　認定こども園　認定こども園法第三条第一項の規定により都道府県（指定都市等所在認定こども園（都道府県が単独で又は他の地方公共団体と共同して設立する公立大学法人が設置するものを除く。）については、当該指定都市等。以下この号において同じ。）の条例で定める要件（当該認定こども園が同項の認定を受けたものである場合に限る。）、同条第三項の規定により都道府県の条例で定める要件（当該認定こども園が同項の認定を受けたものである場合に限る。）又は認定こども園法第十三条第一項の規定により都道府県の条例で定める設備及び運営についての基準（当該認定こども園が幼保連携型認定こども園である場合に限る。）

二　幼稚園　設置基準（幼稚園に係るものに限る。）

三　特別支援学校　設置基準（特別支援学校に係るものに限る。）

四　第七条第十項第四号に掲げる施設　同号の内閣府令で定める基準

五　第七条第十項第五号に掲げる事業　同号の内閣府令で定める基準

六　第七条第十項第六号に掲げる事業　児童福祉法第三十四条の十三の厚生労働省令で定める基準（第五十八条の九第三項において「一時預かり事業基準」という。）

七　第七条第十項第七号に掲げる事業　同号の内閣府令で定める基準

八　第七条第十項第八号に掲げる事業　同号の内閣府令で定める基準

2　特定子ども・子育て支援提供者は、内閣府令で定める特定子ども・子育て支援施設等の運営に関する基準に従い、特定子ども・子育て支援を提供しなければならない。

3　内閣総理大臣は、前項の内閣府令で定める特定子ども・子育て支援施設等の運営に関する基準を定め、又は変更しようとするときは、あらかじめ、文部科学大臣及び厚生労働大臣に協議しなければならない。

（変更の届出）

第五十八条の五　特定子ども・子育て支援提供者は、特定子ども・子育て支援を提供する施設又は事業所の名称及び所在地その他の内閣府令で定める事項に変更があったときは、内閣府令で定めるところにより、十日以内に、その旨を市町村長に届け出なければならない。

（確認の辞退）

第五十八条の六　特定子ども・子育て支援提供者は、三月以上の予告期間を設けて、当該特定子ども・子育て支援施設等に係る第三十条の十一第一項の確認を辞退することができる。

2　特定子ども・子育て支援提供者は、前項の規定による確認の辞退をするときは、同項に規定する予告期間の開始日の前一月以内に当該特定子ども・子育て支援を受けていた者であって、確認の辞退の日以後においても引き続き当該特定子ども・子育て支援に相当する教育・保育その他の子ども・子育て支援の提供を希望する者に対し、必要な教育・保育その他の子ども・子育て支援が継続的に提供されるよう、他の特定子ども・子育て支援提供者その他関係者との連絡調整その他の便宜の提供を行わなければならない。

（市町村長等による連絡調整又は援助）

第五十八条の七　市町村長は、特定子ども・子育て支援提供者による前条第二項に規定する便宜の提供が円滑に行われるため必要があると認めるときは、当該特定子ども・子育て支援提供者及び他の特定子ども・子育て支援提供者その他の関係者相互間の連絡調整又は当該特定子ども・子育て支援提供者及び当該関係者に対する助言その他の援助を行うことができる。

2　第三十七条第二項及び第三項の規定は、特定子ども・子育て支援提供者による前条第二項に規定する便宜の提供について準用する。

（報告等）

第五十八条の八　市町村長は、必要があると認めるときは、この法律の施行に必要な限度において、特定子ども・子育て支援を提供する施設若しくは特定子ども・子育て支援提供者若しくは特定子ども・子育て支援提供者であった者若しくは特定子ども・子育て支援を提供する施設若しくは事業所の職員であった者（以下この項において「特定子ども・子育て支援提供者であった者等」という。）に対し、報告若しくは帳簿書類その他の物件の提出若しくは提示を命じ、特定子ども・子育て支援提供者若しくは特定子ども・子育て支援を提供する施設若しくは事業所の職員若しくは特定子ども・子育て支援提供者であった者等に対し出頭を求め、又は当該市町村の職員に関係者に対して質問させ、若しくは特定子ども・子育て支援を提供する施設若しくは事業所、特定子ども・子育て支援提供者の事務所その他特定子ども・子育て支援施設等の運営に関係のある場所に立ち入り、その設備若しくは帳簿書類その他の物件を検査させることができる。

2　第十三条第二項の規定は前項の規定による質問又は検査について、同条第三項の規定は前項の規定による権限について、それぞれ準用する。

（勧告、命令等）

第五十八条の九　市町村長は、特定子ども・子育て支援提供者が、次の各号に掲げる場合に該当すると認めるときは、当該特定子ども・子育て支援提供者に対し、期限を定めて、当該各号に定める措置をとるべきことを勧告することができる。

一　第七条第十項各号（第一号から第三号まで及び第六号を除く。以下この号において同じ。）に掲げる施設又は事業の区分に応じ、当該各号の内閣府令で定める基準に従って施設等利用費の支給に係る施設又は事業として適正な特定子ども・子育て支援施設等の運営をしていない場合　当該基準を遵守すること。

二　第五十八条の四第二項の内閣府令で定める特定子ども・子育て支援施設等の運営に関する基準に従って施設等利用費の支給に係る施設又は事業として適正な特定子ども・子育て支援施設等の運営をしていない場合　当該基準を遵守すること。

三　第五十八条の六第二項に規定する便宜の提供を施設等利用費の支給に係る施設又は事業として適正に行っていない場合　当該便宜の提供を適正に行うこと。

2　市町村長は、特定子ども・子育て支援施設等である幼稚園又は特別支援学校の設置者（国及び地方公共団体（公立大学法人を含む。次項及び第六項において同じ。）を除く。）が設置基準（幼稚園又は特別支援学校に係るものに限る。）に従って施設等利用費の支給に係る施設として適正な子ども・子育て支援施設等の運営をしていないと認めるときは、遅滞なく、その旨を、当該幼稚園又は特別支援学校に係る学校教育法第四条第一項の認可を行った都道府県知事に通知しなければならない。

3　市町村長（指定都市等又は児童相談所設置市の長を除く。）は、特定子ども・子育て支援施設等である第七条第十項第六号に掲げる事業を行う者（国及び地方公共団体を除く。）が一時預かり事業基準に従って施設等利用費の支給に係る事業として適正な子ども・子育て支援施設等の運営をしていないと認めるときは、遅滞なく、その旨を、当該同号に掲げる事業に係る児童福祉法第三十四条の十二第一項の規定による届出を受けた都道府県知事に通知しなければならない。

4　市町村長は、第一項の規定による勧告をした場合において、その勧告を受けた特定子ども・子育て支援提供者が、同項の期限内にこれに従わなかったときは、その旨を公表することができる。

5　市町村長は、第一項の規定による勧告を受けた特定子ども・子育て支援提供者が、正当な理由がなくてその勧告に係る措置をとらなかったときは、当該特定子ども・子育て支援提供者に対し、期限を定めて、その勧告に係る措置をとるべきことを命ずることができる。

6　市町村長（指定都市等所在届出保育施設（指定都市等又は児童相談所設置市の区域内に所在する第七条第十項第四号に掲げる施設をいい、都道府県が設置するものを除く。第二号及び次条第一項第二号において同じ。）については当該指定都市等又は児童相談所設置市の長を除き、指定都市等所在認定こども園において行われる第七条第十項第五号に掲げる事業については当該指定都市等の長を除き、指定都市等又は児童相談所設置市の区域内において行われる同項第六号又は第七号に掲げる事業については当該指定都市等又は児童相談所設置市の長を除く。）は、前項の規定による命令をしたときは、その旨を公示するとともに、遅滞なく、その旨を、次の各号に掲げる子ども・子育て支援施設等（国又は地方公共団体が設置し、又は行うものを除く。）の区分に応じ、当該各号に定める認可若しくは認定を行い、又は届出を受けた都道府県知事に通知しなければならない。

一　幼稚園又は特別支援学校　当該施設に係る学校教育法第四条第一項の認可

二　第七条第十項第四号に掲げる施設（指定都市等所在届出保育施設を除く。）　当該施設に係る児童福祉法第五十九条の二第一項の規定による届出

三　第七条第十項第五号に掲げる事業　当該事業が行われる次のイ又はロに掲げる施設の区分に応じ、それぞれイ又はロに定める認可又は認定

イ　認定こども園（指定都市等所在認定こども園を除く。）　当該施設に係る認定こども園法第十七条第一項の認可又は認定子ども園法第三条第一項若しくは第三項の認定

ロ　幼稚園又は特別支援学校　当該施設に係る学校教育法第四条第一項の認可

四　第七条第十項第六号に掲げる事業（指定都市等又は児童相談所設置市の区域内において行われるものを除く。）　当該事業に係る児童福祉法第三十四条の十二第一項の規定による届出

五　第七条第十項第七号に掲げる事業（指定都市等又は児童相談所設置市の区域内において行われるものを除く。）　当該事業に係る児童福祉法第三十四条の十八第一項の規定による届出

（確認の取消し等）

第五十八条の十　市町村長は、次の各号のいずれかに該当する場合においては、当該特定子ども・子育て支援施設等に係る第三十条の十一第一項の確認を取り消し、又は期間を定めてその確認の全部若しくは一部の効力を停止することができる。

一　特定子ども・子育て支援提供者が、第五十八条の三第二項の規定に違反したと認められるとき。

二　特定子ども・子育て支援提供者（認定こども園の設置者及び第七条第十項第八号に掲げる事業を行う者を除く。）が、前条第六項各号に掲げる子ども・子育て支援施設等の区分に応じ、当該各号に定める認可若しくは認定を受け、又は届出を行った施設等利用費の支給に係る施設又は事業として適正な子ども・子育て支援施設等の運営をすることができなくなったと当該認可若しくは認定を行い、又は届出を受けた都道府県知事（指定都

児童家庭福祉

市等所在届出保育施設については当該指定都市等又は児童相談所設置市の長とし、指定都市等所在認定こども園において行われる第七条第十項第五号に掲げる事業については当該指定都市等の長とし、指定都市等又は児童相談所設置市の区域内において行われる同項第六号又は第七号に掲げる事業については当該指定都市等又は児童相談所設置市の長とする。）が認めたとき。

三　特定子ども・子育て支援提供者（第七条第十項第四号に掲げる施設の設置者又は同項第五号、第七号若しくは第八号に掲げる事業を行う者に限る。）が、それぞれ同項第四号、第五号、第七号又は第八号の内閣府令で定める基準に従って施設等利用費の支給に係る施設又は事業として適正な特定子ども・子育て支援施設等の運営をすることができなくなったとき。

四　特定子ども・子育て支援提供者が、第五十八条の四第二項の内閣府令で定める特定子ども・子育て支援施設等の運営に関する基準に従って施設等利用費の支給に係る施設又は事業として適正な特定子ども・子育て支援施設等の運営をすることができなくなったとき。

五　特定子ども・子育て支援提供者が、第五十八条の八第一項の規定により報告若しくは帳簿書類その他の物件の提出若しくは提示を命ぜられてこれに従わず、又は虚偽の報告をしたとき。

六　特定子ども・子育て支援提供者又は特定子ども・子育て支援を提供する施設若しくは事業所の職員が、第五十八条の八第一項の規定により出頭を求められてこれに応ぜず、同項の規定による質問に対して答弁せず、若しくは虚偽の答弁をし、又は同項の規定による検査を拒み、妨げ、若しくは忌避したとき。ただし、当該職員がその行為をした場合において、その行為を防止するため、当該特定子ども・子育て支援提供者が相当の注意及び監督を尽くしたときを除く。

七　特定子ども・子育て支援提供者が、不正の手段により第三十条の十一第一項の確認を受けたとき。

八　前各号に掲げる場合のほか、特定子ども・子育て支援提供者が、この法律その他国民の福祉若しくは学校教育に関する法律で政令で定めるもの又はこれらの法律に基づく命令若しくは処分に違反したとき。

九　前各号に掲げる場合のほか、特定子ども・子育て支援提供者が、教育・保育その他の子ども・子育て支援に関し不正又は著しく不当な行為をしたとき。

十　特定子ども・子育て支援提供者が法人である場合において、当該法人の役員若しくはその長又はその事業所を管理する者その他の政令で定める使用人のうちに過去五年以内に教育・保育その他の子ども・子育て支援に関し不正又は著しく不当な行為をした者があるとき。

十一　特定子ども・子育て支援提供者が法人でない場合において、その管理者が過去五年以内に教育・保育その他の子ども・子育て支援に関し不正又は著しく不当な行為をした者であるとき。

2　前項の規定により第三十条の十一第一項の確認を取り消された子ども・子育て支援施設等である施設の設置者又は事業を行う者（政令で定める者を除く。）及びこれに準ずる者として政令で定める者は、その取消しの日又はこれに準ずる日として政令で定める日から起算して五年を経過するまでの間は、第五十八条の二の申請をすることができない。

（公示）

第五十八条の十一　市町村長は、次に掲げる場合には、遅滞なく、当該特定子ども・子育て支援を提供する施設又は事業所の名称及び所在地その他の内閣府令で定める事項を公示しなければならない。

一　第三十条の十一第一項の確認をしたとき。

二　第五十八条の六第一項の規定による第三十条の十一第一項の確認の辞退があったとき。

三　前条第一項の規定により第三十条の十

一第一項の確認を取り消し、又は同項の確認の全部若しくは一部の効力を停止したとき。

（都道府県知事に対する協力要請）

第五十八条の十二　市町村長は、第三十条の十一第一項及び第五十八条の八から第五十八条の十までに規定する事務の執行及び権限の行使に関し、都道府県知事に対し、必要な協力を求めることができる。

第四章　地域子ども・子育て支援事業

第五十九条　市町村は、内閣府令で定めるところにより、第六十一条第一項に規定する市町村子ども・子育て支援事業計画に従って、地域子ども・子育て支援事業として、次に掲げる事業を行うものとする。

一　子ども及びその保護者が、確実に子ども・子育て支援給付を受け、及び地域子ども・子育て支援事業その他の子ども・子育て支援を円滑に利用できるよう、子ども及びその保護者の身近な場所において、地域の子ども・子育て支援に関する各般の問題につき、子ども又は子どもの保護者からの相談に応じ、必要な情報の提供及び助言を行うとともに、関係機関との連絡調整その他の内閣府令で定める便宜の提供を総合的に行う事業

二　教育・保育給付認定保護者であって、その保育認定子どもが、やむを得ない理由により利用日及び利用時間帯（当該教育・保育給付認定保護者が特定教育・保育施設等又は特例保育を行う事業者と締結した特定保育（特定教育・保育（保育に限る。）、特定地域型保育又は特例保育をいう。以下この号において同じ。）の提供に関する契約において、当該保育認定子どもが当該特定教育・保育施設等又は特例保育を行う事業者による特定保育を受ける日及び時間帯として定められた日及び時間帯をいう。）以外の日及び時間において当該特定教育・保育施設等又は特例保育を行う事業者による保育（保育必要量の範囲内のものを除く。以下この号において「時間外保育」という。）を受けたものに対し、内閣府令で定めるところにより、当該教育・保育給付認定保護者が支払うべき時間外保育の費用の全部又は一部の助成を行うことにより、必要な保育を確保する事業

三　教育・保育給付認定保護者又は施設等利用給付認定保護者のうち、その属する世帯の所得の状況その他の事情を勘案して市町村が定める基準に該当するものに対し、当該教育・保育給付認定保護者又は施設等利用給付認定保護者が支払うべき次に掲げる費用の全部又は一部を助成する事業

イ　当該教育・保育給付認定保護者に係る教育・保育給付認定子どもが特定教育・保育、特別利用保育、特別利用教育、特定地域型保育又は特例保育（以下このイにおいて「特定教育・保育等」という。）を受けた場合における日用品、文房具その他の特定教育・保育等に必要な物品の購入に要する費用又は特定教育・保育等に係る行事への参加に要する費用その他これらに類する費用として市町村が定めるもの

ロ　当該施設等利用給付認定保護者に係る施設等利用給付認定子どもが特定子ども・子育て支援（特定子ども・子育て支援施設等である認定こども園又は幼稚園が提供するものに限る。）を受けた場合における食事の提供に要する費用として内閣府令で定めるもの

四　特定教育・保育施設等への民間事業者の参入の促進に関する調査研究その他多様な事業者の能力を活用した特定教育・保育施設等の設置又は運営を促進するための事業

五　児童福祉法第六条の三第二項に規定する放課後児童健全育成事業

六　児童福祉法第六条の三第三項に規定する子育て短期支援事業

七　児童福祉法第六条の三第四項に規定する乳児家庭全戸訪問事業

八　児童福祉法第六条の三第五項に規定する養育支援訪問事業その他同法第二十五条の二第一項に規定する要保護児童対策地域協議会その他の者による同法第二十

五条の七第一項に規定する要保護児童等に対する支援に資する事業
九　児童福祉法第六条の三第六項に規定する地域子育て支援拠点事業
十　児童福祉法第六条の三第七項に規定する一時預かり事業
十一　児童福祉法第六条の三第十三項に規定する病児保育事業
十二　児童福祉法第六条の三第十四項に規定する子育て援助活動支援事業
十三　母子保健法（昭和四十年法律第百四十一号）第十三条第一項の規定に基づき妊婦に対して健康診査を実施する事業

第四章の二　仕事・子育て両立支援事業

第五十九条の二　政府は、仕事と子育てとの両立に資する子ども・子育て支援の提供体制の充実を図るため、仕事・子育て両立支援事業として、児童福祉法第五十九条の二第一項に規定する施設（同項の規定による届出がされたものに限る。）のうち同法第六条の三第十二項に規定する業務を目的とするものその他事業主と連携して当該事業主が雇用する労働者の監護する乳児又は幼児の保育を行う業務に係るものの設置者に対し、助成及び援助を行う事業を行うことができる。

2　全国的な事業主の団体は、仕事・子育て両立支援事業の内容に関し、内閣総理大臣に対して意見を申し出ることができる。

第五章　子ども・子育て支援事業計画

（**基本指針**）

第六十条　内閣総理大臣は、教育・保育及び地域子ども・子育て支援事業の提供体制を整備し、子ども・子育て支援事業及び仕事・子育て両立支援事業の円滑な実施の確保その他子ども・子育て支援のための施策を総合的に推進するための基本的な指針（以下「基本指針」という。）を定めるものとする。

2　基本指針においては、次に掲げる事項について定めるものとする。

一　子ども・子育て支援の意義並びに子どものための教育・保育給付に係る教育・保育を一体的に提供する体制その他の教育・保育を提供する体制の確保、子育てのための施設等利用給付の円滑な実施の確保並びに地域子ども・子育て支援事業及び仕事・子育て両立支援事業の実施に関する基本的事項

二　次条第一項に規定する市町村子ども・子育て支援事業計画において教育・保育及び地域子ども・子育て支援事業の量の見込みを定めるに当たって参酌すべき標準その他当該市町村子ども・子育て支援事業計画及び第六十二条第一項に規定する都道府県子ども・子育て支援事業支援計画の作成に関する事項

三　児童福祉法その他の関係法律による専門的な知識及び技術を必要とする児童の福祉増進のための施策との連携に関する事項

四　労働者の職業生活と家庭生活との両立が図られるようにするために必要な雇用環境の整備に関する施策との連携に関する事項

五　前各号に掲げるもののほか、子ども・子育て支援給付並びに地域子ども・子育て支援事業及び仕事・子育て両立支援事業の円滑な実施の確保その他子ども・子育て支援のための施策の総合的な推進のために必要な事項

3　内閣総理大臣は、基本指針を定め、又は変更しようとするときは、あらかじめ、文部科学大臣、厚生労働大臣その他の関係行政機関の長に協議するとともに、第七十二条に規定する子ども・子育て会議の意見を聴かなければならない。

4　内閣総理大臣は、基本指針を定め、又はこれを変更したときは、遅滞なく、これを公表しなければならない。

（**市町村子ども・子育て支援事業計画**）

第六十一条　市町村は、基本指針に即して、五年を一期とする教育・保育及び地域子ども・子育て支援事業の提供体制の確保その他この法律に基づく業務の円滑な実施に関する計画（以下「市町村子ども・子育て支援事業計画」という。）を定めるものとする。

児童家庭福祉

2　市町村子ども・子育て支援事業計画においては、次に掲げる事項を定めるものとする。

一　市町村が、地理的条件、人口、交通事情その他の社会的条件、教育・保育を提供するための施設の整備の状況その他の条件を総合的に勘案して定める区域（以下「教育・保育提供区域」という。）ごとの当該教育・保育提供区域における各年度の特定教育・保育施設に係る必要利用定員総数（第十九条第一項各号に掲げる小学校就学前子どもの区分ごとの必要利用定員総数とする。）、特定地域型保育事業所（事業所内保育事業所における労働者等の監護する小学校就学前子どもに係る部分を除く。）に係る必要利用定員総数（同項第三号に掲げる小学校就学前子どもに係るものに限る。）その他の教育・保育の量の見込み並びに実施しようとする教育・保育の提供体制の確保の内容及びその実施時期

二　教育・保育提供区域ごとの当該教育・保育提供区域における各年度の地域子ども・子育て支援事業の量の見込み並びに実施しようとする地域子ども・子育て支援事業の提供体制の確保の内容及びその実施時期

三　子どものための教育・保育給付に係る教育・保育の一体的提供及び当該教育・保育の推進に関する体制の確保の内容

四　子育てのための施設等利用給付の円滑な実施の確保の内容

3　市町村子ども・子育て支援事業計画においては、前項各号に規定するもののほか、次に掲げる事項について定めるよう努めるものとする。

一　産後の休業及び育児休業後における特定教育・保育施設等の円滑な利用の確保に関する事項

二　保護を要する子どもの養育環境の整備、児童福祉法第四条第二項に規定する障害児に対して行われる保護並びに日常生活上の指導及び知識技能の付与その他の子どもに関する専門的な知識及び技術を要する支援に関する都道府県が行う施策との連携に関する事項

三　労働者の職業生活と家庭生活との両立が図られるようにするために必要な雇用環境の整備に関する施策との連携に関する事項

4　市町村子ども・子育て支援事業計画は、教育・保育提供区域における子どもの数、子どもの保護者の特定教育・保育施設等及び地域子ども・子育て支援事業の利用に関する意向その他の事情を勘案して作成されなければならない。

5　市町村は、教育・保育提供区域における子ども及びその保護者の置かれている環境その他の事情を正確に把握した上で、これらの事情を勘案して、市町村子ども・子育て支援事業計画を作成するよう努めるものとする。

6　市町村子ども・子育て支援事業計画は、社会福祉法第百七条第一項に規定する市町村地域福祉計画、教育基本法第十七条第二項の規定により市町村が定める教育の振興のための施策に関する基本的な計画（次条第四項において「教育振興基本計画」という。）その他の法律の規定による計画であって子どもの福祉又は教育に関する事項を定めるものと調和が保たれたものでなければならない。

7　市町村は、市町村子ども・子育て支援事業計画を定め、又は変更しようとするときは、あらかじめ、第七十七条第一項の審議会その他の合議制の機関を設置している場合にあってはその意見を、その他の場合にあっては子どもの保護者その他子ども・子育て支援に係る当事者の意見を聴かなければならない。

8　市町村は、市町村子ども・子育て支援事業計画を定め、又は変更しようとするときは、あらかじめ、インターネットの利用その他の内閣府令で定める方法により広く住民の意見を求めることその他の住民の意見を反映させるために必要な措置を講ずるよう努めるものとする。

9　市町村は、市町村子ども・子育て支援事業計画を定め、又は変更しようとするときは、あらかじめ、都道府県に協議しなけれ

ばならない。

10 市町村は、市町村子ども・子育て支援事業計画を定め、又は変更したときは、遅滞なく、これを都道府県知事に提出しなければならない。

（都道府県子ども・子育て支援事業支援計画）

第六十二条 都道府県は、基本指針に即して、五年を一期とする教育・保育及び地域子ども・子育て支援事業の提供体制の確保その他この法律に基づく業務の円滑な実施に関する計画（以下「都道府県子ども・子育て支援事業支援計画」という。）を定めるものとする。

2 都道府県子ども・子育て支援事業支援計画においては、次に掲げる事項を定めるものとする。

一 都道府県が当該都道府県内の市町村が定める教育・保育提供区域を勘案して定める区域ごとの当該区域における各年度の特定教育・保育施設に係る必要利用定員総数（第十九条第一項各号に掲げる小学校就学前子どもの区分ごとの必要利用定員総数とする。）その他の教育・保育の量の見込み並びに実施しようとする教育・保育の提供体制の確保の内容及びその実施時期

二 子どものための教育・保育給付に係る教育・保育の一体的提供及び当該教育・保育の推進に関する体制の確保の内容

三 子育てのための施設等利用給付の円滑な実施の確保を図るために必要な市町村との連携に関する事項

四 特定教育・保育及び特定地域型保育を行う者並びに地域子ども・子育て支援事業に従事する者の確保及び資質の向上のために講ずる措置に関する事項

五 保護を要する子どもの養育環境の整備、児童福祉法第四条第二項に規定する障害児に対して行われる保護並びに日常生活上の指導及び知識技能の付与その他の子どもに関する専門的な知識及び技術を要する支援に関する施策の実施に関する事項

六 前号の施策の円滑な実施を図るために必要な市町村との連携に関する事項

3 都道府県子ども・子育て支援事業支援計画においては、前項各号に掲げる事項のほか、次に掲げる事項について定めるよう努めるものとする。

一 市町村の区域を超えた広域的な見地から行う調整に関する事項

二 教育・保育情報の公表に関する事項

三 労働者の職業生活と家庭生活との両立が図られるようにするために必要な雇用環境の整備に関する施策との連携に関する事項

4 都道府県子ども・子育て支援事業支援計画は、社会福祉法第百八条第一項に規定する都道府県地域福祉支援計画、教育基本法第十七条第二項の規定により都道府県が定める教育振興基本計画その他の法律の規定による計画であって子どもの福祉又は教育に関する事項を定めるものと調和が保たれたものでなければならない。

5 都道府県は、都道府県子ども・子育て支援事業支援計画を定め、又は変更しようとするときは、あらかじめ、第七十七条第四項の審議会その他の合議制の機関を設置している場合にあってはその意見を、その他の場合にあっては子どもの保護者その他子ども・子育て支援に係る当事者の意見を聴かなければならない。

6 都道府県は、都道府県子ども・子育て支援事業支援計画を定め、又は変更したときは、遅滞なく、これを内閣総理大臣に提出しなければならない。

（都道府県知事の助言等）

第六十三条 都道府県知事は、市町村に対し、市町村子ども・子育て支援事業計画の作成上の技術的事項について必要な助言その他の援助の実施に努めるものとする。

2 内閣総理大臣は、都道府県に対し、都道府県子ども・子育て支援事業支援計画の作成の手法その他都道府県子ども・子育て支援事業支援計画の作成上重要な技術的事項について必要な助言その他の援助の実施に努めるものとする。

（国の援助）

第六十四条 国は、市町村又は都道府県が、市町村子ども・子育て支援事業計画又は都

道府県子ども・子育て支援事業支援計画に定められた事業を実施しようとするときは、当該事業が円滑に実施されるように必要な助言その他の援助の実施に努めるものとする。

第六章　費用等

（市町村の支弁）

第六十五条　次に掲げる費用は、市町村の支弁とする。

一　市町村が設置する特定教育・保育施設に係る施設型給付費及び特例施設型給付費の支給に要する費用

二　都道府県及び市町村以外の者が設置する特定教育・保育施設に係る施設型給付費及び特例施設型給付費並びに地域型保育給付費及び特例地域型保育給付費の支給に要する費用

三　市町村（市町村が単独で又は他の市町村と共同して設立する公立大学法人を含む。次号及び第五号において同じ。）が設置する特定子ども・子育て支援施設等（認定こども園、幼稚園及び特別支援学校に限る。）に係る施設等利用費の支給に要する費用

四　国、都道府県（都道府県が単独で又は他の地方公共団体と共同して設立する公立大学法人を含む。次号及び次条第二号において同じ。）又は市町村が設置し、又は行う特定子ども・子育て支援施設等（認定こども園、幼稚園及び特別支援学校を除く。）に係る施設等利用費の支給に要する費用

五　国、都道府県及び市町村以外の者が設置し、又は行う特定子ども・子育て支援施設等に係る施設等利用費の支給に要する費用

六　地域子ども・子育て支援事業に要する費用

（都道府県の支弁）

第六十六条　次に掲げる費用は、都道府県の支弁とする。

一　都道府県が設置する特定教育・保育施設に係る施設型給付費及び特例施設型給付費の支給に要する費用

二　都道府県が設置する特定子ども・子育て支援施設等（認定こども園、幼稚園及び特別支援学校に限る。）に係る施設等利用費の支給に要する費用

（国の支弁）

第六十六条の二　国（国立大学法人法第二条第一項に規定する国立大学法人を含む。）が設置する特定子ども・子育て支援施設等（認定こども園、幼稚園及び特別支援学校に限る。）に係る施設等利用費の支給に要する費用は、国の支弁とする。

（拠出金の施設型給付費等支給費用への充当）

第六十六条の三　第六十五条の規定により市町村が支弁する同条第二号に掲げる費用のうち、国、都道府県その他の者が負担すべきものの算定の基礎となる額として政令で定めるところにより算定した額（以下「施設型給付費等負担対象額」という。）であって、満三歳未満保育認定子ども（第十九条第一項第三号に掲げる小学校就学前子どもに該当する教育・保育給付認定子どものうち、満三歳に達する日以後の最初の三月三十一日までの間にある者を含む。第六十九条第一項及び第七十条第二項において同じ。）に係るものについては、その額の六分の一を超えない範囲内で政令で定める割合に相当する額（次条第一項及び第六十八条第一項において「拠出金充当額」という。）を第六十九条第一項に規定する拠出金をもって充てる。

2　全国的な事業主の団体は、前項の割合に関し、内閣総理大臣に対して意見を申し出ることができる。

（都道府県の負担等）

第六十七条　都道府県は、政令で定めるところにより、第六十五条の規定により市町村が支弁する同条第二号に掲げる費用のうち、施設型給付費等負担対象額から拠出金充当額を控除した額の四分の一を負担する。

2　都道府県は、政令で定めるところにより、第六十五条の規定により市町村が支弁する同条第四号及び第五号に掲げる費用のうち、国及び都道府県が負担すべきものの算定の基礎となる額として政令で定めるとこ

ろにより算定した額の四分の一を負担する。

3　都道府県は、政令で定めるところにより、市町村に対し、第六十五条の規定により市町村が支弁する同条第六号に掲げる費用に充てるため、当該都道府県の予算の範囲内で、交付金を交付することができる。

（市町村に対する交付金の交付等）

第六十八条　国は、政令で定めるところにより、第六十五条の規定により市町村が支弁する同条第二号に掲げる費用のうち、施設型給付費等負担対象額から拠出金充当額を控除した額の二分の一を負担するものとし、市町村に対し、国が負担する額及び拠出金充当額を合算した額を交付する。

2　国は、政令で定めるところにより、第六十五条の規定により市町村が支弁する同条第四号及び第五号に掲げる費用のうち、前条第二項の政令で定めるところにより算定した額の二分の一を負担するものとし、市町村に対し、国が負担する額を交付する。

3　国は、政令で定めるところにより、市町村に対し、第六十五条の規定により市町村が支弁する同条第六号に掲げる費用に充てるため、予算の範囲内で、交付金を交付することができる。

（拠出金の徴収及び納付義務）

第六十九条　政府は、児童手当の支給に要する費用（児童手当法第十八条第一項に規定するものに限る。次条第二項において「拠出金対象児童手当費用」という。）、第六十五条の規定により市町村が支弁する同条第二号に掲げる費用（施設型給付費等負担対象額のうち、満三歳未満保育認定子どもに係るものに相当する費用に限る。次条第二項において「拠出金対象施設型給付費等費用」という。）、地域子ども・子育て支援事業（第五十九条第二号、第五号及び第十一号に掲げるものに限る。）に要する費用（次条第二項において「拠出金対象地域子ども・子育て支援事業費用」という。）及び仕事・子育て両立支援事業に要する費用（同項において「仕事・子育て両立支援事業費用」という。）に充てるため、次に掲げる者（次項において「一般事業主」という。）から、拠出金を徴収する。

一　厚生年金保険法（昭和二十九年法律第百十五号）第八十二条第一項に規定する事業主（次号から第四号までに掲げるものを除く。）

二　私立学校教職員共済法（昭和二十八年法律第二百四十五号）第二十八条第一項に規定する学校法人等

三　地方公務員等共済組合法（昭和三十七年法律第百五十二号）第百四十四条の三第一項に規定する団体その他同法に規定する団体で政令で定めるもの

四　国家公務員共済組合法（昭和三十三年法律第百二十八号）第百二十六条第一項に規定する連合会その他同法に規定する団体で政令で定めるもの

2　一般事業主は、拠出金を納付する義務を負う。

（拠出金の額）

第七十条　拠出金の額は、厚生年金保険法に基づく保険料の計算の基礎となる標準報酬月額及び標準賞与額（育児休業、介護休業等育児又は家族介護を行う労働者の福祉に関する法律（平成三年法律第七十六号）第二条第一号に規定する育児休業若しくは同法第二十三条第二項の育児休業に関する制度に準ずる措置若しくは同法第二十四条第一項（第二号に係る部分に限る。）の規定により同項第二号に規定する育児休業に関する制度に準じて講ずる措置による休業、国会職員の育児休業等に関する法律（平成三年法律第百八号）第三条第一項に規定する育児休業、国家公務員の育児休業等に関する法律（平成三年法律第百九号）第三条第一項（同法第二十七条第一項及び裁判所職員臨時措置法（昭和二十六年法律第二百九十九号）（第七号に係る部分に限る。）において準用する場合を含む。）に規定する育児休業若しくは地方公務員の育児休業等に関する法律（平成三年法律第百十号）第二条第一項に規定する育児休業又は厚生年金保険法第二十三条の三第一項に規定する産前産後休業をしている被用者について、当該育児休業若しくは休業又は当該産前産後休業をしたことにより、厚生年金保険法に基づき保険料の徴収を行わないこととされた場合にあっては、当該被用者に係るものを除く。次項において「賦課標準」という。）に拠出金率を乗じて得た額の総額とする。

2　前項の拠出金率は、拠出金対象児童手当費用、拠出金対象施設型給付費等費用及び拠出金対象地域子ども・子育て支援事業費用の予想総額並びに仕事・子育て両立支援事業費用の予定額、賦課標準の予想総額並びに第六十八条第一項の規定により国が負担する額（満三歳未満保育認定子どもに係るものに限る。）、同条第三項の規定により国が交付する額及び児童手当法第十八条第一項の規定により国庫が負担する額等の予想総額に照らし、おおむね五年を通じ財政の均衡を保つことができるものでなければならないものとし、千分の四・五以内において、政令で定める。

3　内閣総理大臣は、前項の規定により拠出金率を定めようとするときは、あらかじめ、厚生労働大臣に協議しなければならない。

4　全国的な事業主の団体は、第一項の拠出金率に関し、内閣総理大臣に対して意見を申し出ることができる。

（拠出金の徴収方法）

第七十一条　拠出金の徴収については、厚生年金保険の保険料その他の徴収金の徴収の例による。

2　前項の拠出金及び当該拠出金に係る厚生年金保険の保険料その他の徴収金の例により徴収する徴収金（以下「拠出金等」という。）の徴収に関する政府の権限で政令で定めるものは、厚生労働大臣が行う。

3　前項の規定により厚生労働大臣が行う権限のうち、国税滞納処分の例による処分その他政令で定めるものに係る事務は、政令で定めるところにより、日本年金機構（以下この条において「機構」という。）に行わせるものとする。

4　厚生労働大臣は、前項の規定により機構に行わせるものとしたその権限に係る事務について、機構による当該権限に係る事務の実施が困難と認める場合その他政令で定める場合には、当該権限を自ら行うことができる。この場合において、厚生労働大臣は、その権限の一部を、政令で定めるところにより、財務大臣に委任することができる。

5　財務大臣は、政令で定めるところにより、前項の規定により委任された権限を、国税庁長官に委任する。

6　国税庁長官は、政令で定めるところにより、前項の規定により委任された権限の全部又は一部を当該権限に係る拠出金等を納付する義務を負う者（次項において「納付義務者」という。）の事業所又は事務所の所在地を管轄する国税局長に委任することができる。

7　国税局長は、政令で定めるところにより、前項の規定により委任された権限の全部又は一部を当該権限に係る納付義務者の事業所又は事務所の所在地を管轄する税務署長に委任することができる。

8　厚生労働大臣は、第三項で定めるもののほか、政令で定めるところにより、第二項の規定による権限のうち厚生労働省令で定めるものに係る事務（当該権限を行使する事務を除く。）を機構に行わせるものとする。

9　政府は、拠出金等の取立てに関する事務を、当該拠出金等の取立てについて便宜を有する法人で政令で定めるものに取り扱わせることができる。

10　第一項から第八項までの規定による拠出金等の徴収並びに前項の規定による拠出金等の取立て及び政府への納付について必要な事項は、政令で定める。

第七章　子ども・子育て会議等

（設置）

第七十二条　内閣府に、子ども・子育て会議（以下この章において「会議」という。）を置く。

（権限）

第七十三条　会議は、この法律又は他の法律によりその権限に属させられた事項を処理するほか、内閣総理大臣の諮問に応じ、この法律の施行に関する重要事項を調査審議する。

児童家庭福祉

2　会議は、前項に規定する重要事項に関し内閣総理大臣その他の関係各大臣に意見を述べることができる。
3　会議は、この法律に基づく施策の実施状況を調査審議し、必要があると認めるときは、内閣総理大臣その他の関係各大臣に意見を述べることができる。

（会議の組織及び運営）
第七十四条　会議は、委員二十五人以内で組織する。
2　会議の委員は、子どもの保護者、都道府県知事、市町村長、事業主を代表する者、労働者を代表する者、子ども・子育て支援に関する事業に従事する者及び子ども・子育て支援に関し学識経験のある者のうちから、内閣総理大臣が任命する。
3　委員は、非常勤とする。

（資料提出の要求等）
第七十五条　会議は、その所掌事務を遂行するために必要があると認めるときは、関係行政機関の長に対し、資料の提出、意見の表明、説明その他必要な協力を求めることができる。
2　会議は、その所掌事務を遂行するために特に必要があると認めるときは、前項に規定する者以外の者に対しても、必要な協力を依頼することができる。

（政令への委任）
第七十六条　第七十二条から前条までに定めるもののほか、会議の組織及び運営に関し必要な事項は、政令で定める。

（市町村等における合議制の機関）
第七十七条　市町村は、条例で定めるところにより、次に掲げる事務を処理するため、審議会その他の合議制の機関を置くよう努めるものとする。
一　特定教育・保育施設の利用定員の設定に関し、第三十一条第二項に規定する事項を処理すること。
二　特定地域型保育事業の利用定員の設定に関し、第四十三条第三項に規定する事項を処理すること。
三　市町村子ども・子育て支援事業計画に関し、第六十一条第七項に規定する事項を処理すること。
四　当該市町村における子ども・子育て支援に関する施策の総合的かつ計画的な推進に関し必要な事項及び当該施策の実施状況を調査審議すること。
2　前項の合議制の機関は、同項各号に掲げる事務を処理するに当たっては、地域の子ども及び子育て家庭の実情を十分に踏まえなければならない。
3　前二項に定めるもののほか、第一項の合議制の機関の組織及び運営に関し必要な事項は、市町村の条例で定める。
4　都道府県は、条例で定めるところにより、次に掲げる事務を処理するため、審議会その他の合議制の機関を置くよう努めるものとする。
一　都道府県子ども・子育て支援事業支援計画に関し、第六十二条第五項に規定する事項を処理すること。
二　当該都道府県における子ども・子育て支援に関する施策の総合的かつ計画的な推進に関し必要な事項及び当該施策の実施状況を調査審議すること。
5　第二項及び第三項の規定は、前項の規定により都道府県に合議制の機関が置かれた場合に準用する。

第八章　雑則

（時効）
第七十八条　子どものための教育・保育給付及び子育てのための施設等利用給付を受ける権利並びに拠出金等その他この法律の規定による徴収金を徴収する権利は、これらを行使することができる時から二年を経過したときは、時効によって消滅する。
2　子どものための教育・保育給付及び子育てのための施設等利用給付の支給に関する処分についての審査請求は、時効の完成猶予及び更新に関しては、裁判上の請求とみなす。
3　拠出金等その他この法律の規定による徴収金の納入の告知又は催促は、時効の更新の効力を有する。

（期間の計算）
第七十九条　この法律又はこの法律に基づく命令に規定する期間の計算については、民法の期間に関する規定を準用する。

（審査請求）

第八十条　第七十一条第二項から第七項までの規定による拠出金等の徴収に関する処分に不服がある者は、厚生労働大臣に対して審査請求をすることができる。

第八十一条　削除

（実施規定）

第八十二条　この法律に特別の規定があるものを除くほか、この法律の実施のための手続その他その執行について必要な細則は、内閣府令で定める。

第九章　罰則

第八十三条　第十五条第一項（第三十条の三において準用する場合を含む。以下この条において同じ。）の規定による報告若しくは物件の提出若しくは提示をせず、若しくは虚偽の報告若しくは虚偽の物件の提出若しくは提示をし、又は同項の規定による当該職員の質問に対して、答弁せず、若しくは虚偽の答弁をした者は、三十万円以下の罰金に処する。

第八十四条　第三十八条第一項、第五十条第一項若しくは第五十八条の八第一項の規定による報告若しくは物件の提出若しくは提示をせず、若しくは虚偽の報告若しくは虚偽の物件の提出若しくは提示をし、又はこれらの規定による当該職員の質問に対して答弁をせず、若しくは虚偽の答弁をし、若しくはこれらの規定による検査を拒み、妨げ、若しくは忌避した者は、三十万円以下の罰金に処する。

第八十五条　法人の代表者又は法人若しくは人の代理人、使用人その他の従業者が、その法人又は人の業務に関して前条の違反行為をしたときは、行為者を罰するほか、その法人又は人に対しても、同条の刑を科する。

第八十六条　第十五条第二項（第三十条の三において準用する場合を含む。以下この条において同じ。）の規定による報告若しくは物件の提出若しくは提示をせず、若しくは虚偽の報告若しくは虚偽の物件の提出若しくは提示をし、又は同項の規定による当該職員の質問に対して、答弁せず、若しくは虚偽の答弁をした者は、十万円以下の過料に処する。

第八十七条　市町村は、条例で、正当な理由なしに、第十三条第一項（第三十条の三において準用する場合を含む。以下この項において同じ。）の規定による報告若しくは物件の提出若しくは提示をせず、若しくは虚偽の報告若しくは虚偽の物件の提出若しくは提示をし、又は第十三条第一項の規定による当該職員の質問に対して、答弁せず、若しくは虚偽の答弁をした者に対し十万円以下の過料を科する規定を設けることができる。

2　市町村は、条例で、正当な理由なしに、第十四条第一項（第三十条の三において準用する場合を含む。以下この項において同じ。）の規定による報告若しくは物件の提出若しくは提示をせず、若しくは虚偽の報告若しくは虚偽の物件の提出若しくは提示をし、又は第十四条第一項の規定による当該職員の質問に対して、答弁せず、若しくは虚偽の答弁をし、若しくは同項の規定による検査を拒み、妨げ、若しくは忌避した者に対し十万円以下の過料を科する規定を設けることができる。

3　市町村は、条例で、第二十三条第二項若しくは第四項又は第二十四条第二項の規定による支給認定証の提出又は返還を求められてこれに応じない者に対し十万円以下の過料を科する規定を設けることができる。

附　則（抄）

（施行期日）

第一条　この法律は、社会保障の安定財源の確保等を図る税制の抜本的な改革を行うための消費税法の一部を改正する等の法律（平成二十四年法律第六十八号）附則第一条第二号に掲げる規定の施行の日〔平成二十七年十月一日〕の属する年の翌年の四月一日までの間において政令で定める日〔平成二十七年四月一日〕から施行する。ただし、次の各号に掲げる規定は、当該各号に定める日から施行する。

一　〔略〕

二　第七章の規定〔中略〕　平成二十五年四月一日

三～四〔略〕

子ども・子育て支援法施行規則（抄）

（平成二六・六・九　内令四四）

最新改正　令和元内令六

第一章　総則

（法第七条第十項第四号の基準）

第一条　子ども・子育て支援法（以下「法」という。）第七条第十項第四号の内閣府令で定める基準は、次の各号に掲げる施設の区分に応じ、当該各号に定める基準とする。

一　法第七条第十項第四号に掲げる施設のうち、一日に保育する小学校就学前子どもの数が六人以上である施設　次に掲げる全ての事項を満たすものであること。

イ　保育に従事する者の数及び資格

(1)　保育に従事する者の数が、満一歳未満の小学校就学前子どもおおむね三人につき一人以上、満一歳以上満三歳に満たない小学校就学前子どもおおむね六人につき一人以上、満三歳以上満四歳に満たない小学校就学前子どもおおむね二十人につき一人以上、満四歳以上の小学校就学前子どもおおむね三十人につき一人以上であること。ただし、当該者の数は二人を下ることはできないこと。

(2)　保育に従事する者のうち、その総数のおおむね三分の一以上は、保育士（国家戦略特別区域法（平成二十五年法律第百七号）第十二条の五第五項に規定する事業実施区域内にある法第七条第十項第四号に掲げる施設又は同項第五号に掲げる事業を行う事業所にあっては、保育士又は当該事業実施区域に係る国家戦略特別区域限定保育士。以下同じ。）又は看護師（准看護師を含む。以下この条において同じ。）の資格を有する者であること。

(3)　保育士でない者について、保育士、保母、保父その他これらに紛らわしい名称が用いられていないこと。

ロ　保育室等の構造、設備及び面積

(1)　小学校就学前子どもの保育を行う部屋（以下「保育室」という。）、調理室（給食を施設外で調理している場合、小学校就学前子どもが家庭からの弁当を持参している場合その他の場合にあっては、食品の加熱、保存、配膳等のために必要な調理機能を有する設備。以下同じ。）及び便所があること。

(2)　保育室の面積は、小学校就学前子ども一人につきおおむね一・六五平方メートル以上であること。

(3)　おおむね一歳未満の小学校就学前

子どもの保育を行う場所は、おおむね一歳以上の小学校就学前子どもの保育を行う場所と区画され、かつ、安全性が確保されていること。

(4) 保育室は、採光及び換気が確保され、かつ、安全性が確保されていること。

(5) 便所用の手洗設備が設けられているとともに、便所は、保育室及び調理室と区画され、かつ、小学校就学前子どもが安全に使用できるものであること。

(6) 便器の数は、小学校就学前子どもおおむね二十人につき一以上であること。

ハ 非常災害に対する措置

(1) 消火用具、非常口その他非常災害に際して必要な設備が設けられていること。

(2) 非常災害に対する具体的計画が立てられていること。

(3) 非常災害に備えた定期的な訓練が実施されていること。

(4) 保育室を二階に設ける場合は、保育室その他の小学校就学前子どもが出入りし又は通行する場所に小学校就学前子どもの転落事故を防止する設備が設けられていること。なお、当該建物が次の(i)及び(ii)のいずれも満たさないものである場合にあっては、(1)及び(2)に掲げる設備の設置及び訓練の実施を行うことに特に留意されていること。

(i) 建築基準法（昭和二十五年法律第二百一号）第二条第九号の二に規定する耐火建築物又は同条第九号の三に規定する準耐火建築物（同号ロに該当するものを除く。）であること。

(ii) 次の表の上欄の(い)及び(ろ)の別に、同表の下欄に掲げる設備（小学校就学前子どもの避難に適した構造のものに限る。）のいずれかが、一以上設けられていること。

(い)	1 屋内階段 2 屋外階段
(ろ)	1 建築基準法施行令（昭和二十五年政令第三百三十八号）第百二十三条第一項に規定する構造の屋内避難階段又は同条第三項に規定する構造の屋内特別避難階段 2 待避上有効なバルコニー 3 建築基準法第二条第七号の二に規定する準耐火構造の屋外傾斜路又はこれに準ずる設備 4 屋外階段

(5) 保育室を三階以上に設ける場合は、次に掲げる事項を満たしていること。

(i) 建築基準法第二条第九号の二に規定する耐火建築物であること。

(ii) 次の表の上欄に掲げる保育室の階の区分に応じ、同表の中欄の(い)及び(ろ)の別に、同表の下欄に掲げる設備（小学校就学前子どもの避難に適した構造のものに限る。）のいずれかが、一以上設けられていること。この場合において、当該設備は、いずれも避難上有効な位置に保育室の各部分から当該設備までの歩行距離が三十メートル以内となるように設けられていること。

三階	(い)	1 建築基準法施行令第百二十三条第一項に規定する構造の屋内避難階段又は同条第三項に規定する構造の屋内特別避難階段 2 屋外階段
	(ろ)	1 建築基準法施行令第百二十三条第一項に規定する構

		造の屋内避難階段又は同条第三項に規定する構造の屋内特別避難階段 2　建築基準法第二条第七号に規定する耐火構造の屋外傾斜路又はこれに準ずる設備 3　屋外階段
四階以上	(い)	1　建築基準法施行令第百二十三条第一項に規定する構造の屋内避難階段又は同条第三項に規定する構造の屋内特別避難階段 2　建築基準法施行令第百二十三条第二項に規定する構造の屋外階段
	(ろ)	1　建築基準法施行令第百二十三条第一項に規定する構造の屋内避難階段（ただし、当該屋内避難階段の構造は、建築物の一階から保育室が設けられている階までの部分に限り、屋内と階段室とは、バルコニー又は付室（階段室が同条第三項第二号に規定する構造を有するものに限る。）を通じて連絡することとし、かつ、同条第三項第三号、第四号及び第十号を満たすものとする。）又は同条第三項に規定する構造の屋内特別避難階段 2　建築基準法第二条第七号に規定する耐火構造の屋外傾斜路 3　建築基準法施行令第百二十三条第二項に規定する構造の屋外階段

(iii)　調理室と調理室以外の部分とが建築基準法第二条第七号に規定する耐火構造の床若しくは壁又は建築基準法施行令第百十二条第一項に規定する特定防火設備によって区画されており、また、換気、暖房又は冷房の設備の風道の当該床若しくは壁を貫通する部分又はこれに近接する部分に防火上有効なダンパー（煙の排出量及び空気の流量を調節するための装置をいう。）が設けられていること。ただし、次のいずれかに該当する場合においては、この限りでない。

(イ)　調理室にスプリンクラー設備その他これに類するもので自動式のものが設けられていること。

(ロ)　調理室に調理器具の種類に応じた有効な自動消火装置が設けられ、かつ、当該調理室の外部への延焼を防止するために必要な措置が講じられていること。

(iv)　壁及び天井の室内に面する部分の仕上げが不燃材料でなされていること。

(v)　保育室その他小学校就学前子どもが出入りし又は通行する場所に小学校就学前子どもの転落事故を防止する設備が設けられていること。

(vi)　非常警報器具又は非常警報設備及び消防機関へ火災を通報する設

備が設けられていること。

(vii) カーテン、敷物、建具等で可燃性のものについて防炎処理が施されていること。

ニ 保育の内容等

(1) 小学校就学前子ども一人一人の心身の発育や発達の状況を把握し、保育内容が工夫されていること。

(2) 小学校就学前子どもが安全で清潔な環境の中で、遊び、運動、睡眠等がバランスよく組み合わされた健康的な生活リズムが保たれるように、十分に配慮がなされた保育の計画が定められていること。

(3) 小学校就学前子どもの生活リズムに沿ったカリキュラムが設定され、かつ、それが実施されていること。

(4) 小学校就学前子どもに対し漫然とテレビやビデオを見せ続ける等、小学校就学前子どもへの関わりが少ない放任的な保育内容でないこと。

(5) 必要な遊具、保育用品等が備えられていること。

(6) 小学校就学前子どもの最善の利益を考慮し、保育サービスを実施する者として適切な姿勢であること。特に、施設の運営管理の任にあたる施設長については、その職責に鑑み、資質の向上及び適格性の確保が図られていること。

(7) 保育に従事する者が保育所保育指針（平成二十九年厚生労働省告示第百十七号）を理解する機会を設ける等、保育に従事する者の人間性及び専門性の向上が図られていること。

(8) 小学校就学前子どもに身体的苦痛を与えること、人格を辱めること等がないよう、小学校就学前子どもの人権に十分配慮されていること。

(9) 小学校就学前子どもの身体、保育中の様子又は家族の態度等から虐待等不適切な養育が行われていることが疑われる場合には、児童相談所その他の専門的機関と連携する等の体制がとられていること。

(10) 保護者と密接な連絡を取り、その意向を考慮した保育が行われていること。

(11) 緊急時における保護者との連絡体制が整備されていること。

(12) 保護者や施設において提供されるサービスを利用しようとする者等から保育の様子や施設の状況を確認したい旨の要望があった場合には、小学校就学前子どもの安全確保等に配慮しつつ、保育室等の見学に応じる等適切に対応されていること。

ホ 給食

(1) 調理室、調理器具、配膳器具、食器等の衛生管理が適切に行われていること。

(2) 小学校就学前子どもの年齢や発達、健康状態（アレルギー疾患等の状態を含む。）等に配慮した食事内容とされていること。

(3) 調理があらかじめ作成した献立に従って行われていること。

ヘ 健康管理及び安全管理

(1) 小学校就学前子ども一人一人の健康状態の観察が小学校就学前子どもの登園及び降園の際に行われていること。

(2) 身長及び体重の測定等基本的な発育状態の観察が毎月定期的に行われていること。

(3) 継続して保育している小学校就学前子どもの健康診断が入所時及び一年に二回実施されていること。

(4) 職員の健康診断が採用時及び一年に一回実施されていること。

(5) 調理に携わる職員の検便がおおむね一月に一回実施されていること。

(6) 必要な医薬品、医療用品等が備えられていること。

(7) 小学校就学前子どもが感染症にかかっていることが分かった場合には、かかりつけ医の指示に従うよう保護者に対し指示が行われていること。

(8) 睡眠中の小学校就学前子どもの顔

色や呼吸の状態のきめ細かい観察が行われていること。

(9) 満一歳未満の小学校就学前子どもを寝かせる場合には、仰向けに寝かせることとされていること。

(10) 保育室での禁煙が厳守されていること。

(11) 小学校就学前子どもの安全確保に配慮した保育の実施が行われていること。

(12) 事故防止の観点から、施設内の危険な場所、設備等について適切な安全管理が図られていること。

(13) 不審者の施設への立入防止等の対策や緊急時における小学校就学前子どもの安全を確保する体制が整備されていること。

(14) 施設において提供される保育サービスの内容が、当該保育サービスを利用しようとする者の見やすいところに掲示されていること。

(15) 施設において提供される保育サービスの利用に関する契約が成立したときは、その利用者に対し、当該契約の内容を記載した書面の交付が行われていること。

(16) 施設において提供される保育サービスを利用しようとする者からの利用の申込みがあったときは、その者に対し、当該保育サービスの利用に関する契約内容等についての説明が行われていること。

(17) 職員及び保育している小学校就学前子どもの状況を明らかにする帳簿が整備されていること。

二 法第七条第十項第四号に掲げる施設のうち、一日に保育する小学校就学前子どもの人数が五人以下であり、児童福祉法（昭和二十二年法律第百六十四号）第六条の三第九項に規定する業務を目的とする施設 次に掲げる全ての事項を満たすこと。

イ 保育に従事する者の数及び資格

(1) 保育に従事する者の数が、小学校就学前子どもおおむね三人につき一人以上であること。

(2) 保育に従事する者のうち、一人以上は、保育士若しくは看護師の資格を有する者又は都道府県知事が行う保育に従事する者に関する研修（都道府県知事がこれと同等以上のものと認める市町村長（特別区の長を含む。）その他の機関が行う研修を含む。以下同じ。）を修了した者であること。

ロ 保育室等の構造、設備及び面積

(1) 保育室のほか、調理設備（施設外調理その他の場合にあっては必要な調理機能）及び便所があること。

(2) 保育室の面積は、小学校就学前子どもの保育を適切に行うことができる広さが確保されていること。

ハ その他

前号イ(3)、ロ(4)及び(5)、ハ(1)及び(3)、ニ(1)から(12)まで、ホ(1)から(3)まで並びにヘ(1)から(17)までに定める事項を満たしていること。

三 法第七条第十項第四号に掲げる施設のうち児童福祉法第六条の三第十一項に規定する業務を目的とするものであって、複数の保育に従事する者を雇用している施設 次に掲げる全ての事項を満たすこと。

イ 保育に従事する者の数が、小学校就学前子どもおおむね一人につき原則一人以上であること。

ロ 保育に従事する全ての者が、保育士若しくは看護師の資格を有する者又は都道府県知事が行う保育に従事する者に関する研修を修了した者であること。

ハ 第一号イ(3)、ハ(3)、ニ(1)から(4)まで及び(6)から(11)まで並びにヘ(1)、(4)及び(7)から(17)までに定める事項を満たしていること。この場合において、同号ヘ(14)中「の見やすいところに掲示」とあるのは「に対し書面により掲示」と読み替えるものとする。また、食事の提供を行う場合においては、衛生面等必要な注意を払うこと。

四　法第七条第十項第四号に掲げる施設のうち児童福祉法第六条の三第十一項に規定する業務を目的とするものであって、前号に掲げる施設以外の施設　次に掲げる全ての事項を満たすこと。
イ　保育に従事する者の数が、小学校就学前子どもおおむね一人につき原則一人以上であること。
ロ　保育に従事する全ての者が、保育士若しくは看護師の資格を有する者又は都道府県知事が行う保育に従事する者に関する研修を修了した者であること。
ハ　第一号イ(3)、ハ(3)、ニ(1)から(4)まで、(6)前段、(7)及び(8)並びに(10)及び(11)並びにヘ(1)、(4)及び(7)から(17)までに定める事項を満たしていること。この場合において、同号ヘ(4)中「採用時及び一年に一回」とあるのは「一年に一回」と、同号ヘ(14)中「の見やすいところに掲示」とあるのは「に対し書面により提示」と読み替えるものとする。また、食事の提供を行う場合においては、衛生面等必要な注意を払うこと。

（法第七条第十項第五号の基準等）

第一条の二　法第七条第十項第五号の内閣府令で定める基準は、次に掲げる要件を満たすものであることとする。
一　認定こども園（就学前の子どもに関する教育、保育等の総合的な提供の推進に関する法律（平成十八年法律第七十七号。以下「認定こども園法」という。）第二条第六項に規定する認定こども園をいう。以下同じ。）、幼稚園（学校教育法（昭和二十二年法律第二十六号）第一条の規定する幼稚園をいい、認定こども園法第三条第一項又は第三項の認定を受けたもの及び同条第十一項の規定による公示がされたものを除く。以下同じ。）又は特別支援学校（学校教育法第一条に規定する特別支援学校をいい、同法第七十六条第二項に規定する幼稚部に限る。以下同じ。）に在籍する小学校就学前子ども（法第三十条の四に規定する場合における法第三十条第一項に規定する保育認定子どもを除く。）に対して教育・保育を行うこと。
二　児童福祉施設の設備及び運営に関する基準（昭和二十三年厚生省令第六十三号）第三十三条第二項の規定に準じ、法第七条第十項第五号に規定する事業の対象とする小学校就学前子どもの年齢及び人数に応じて、当該小学校就学前子どもの処遇を行う職員を置くこととし、そのうち半数以上は保育士又は幼稚園の教諭の普通免許状（教育職員免許法（昭和二十四年法律第百四十七号）に規定する普通免許状をいう。）を有する者（次号において「幼稚園教諭普通免許状所有者」という。）であること。ただし、当該職員の数は、二人を下ることはできないこと。
三　前号に規定する職員は、専ら法第七条第十項第五号に規定する事業に従事するものでなければならないこと。ただし、当該事業と幼稚園、認定こども園又は特別支援学校（以下この号において「幼稚園等」という。）とが一体的に運営されている場合であって、当該事業を行うに当たって当該幼稚園等の職員（保育士又は幼稚園教諭普通免許状所有者に限る。）による支援を受けることができるときは、専ら当該事業に従事する職員を一人とすることができること。
四　次に掲げる施設の区分に応じ、それぞれ次に定めるものに準じ、事業を実施すること。
イ　幼稚園又は幼保連携型認定こども園以外の認定こども園　学校教育法第二十五条の規定に基づき文部科学大臣が定める幼稚園の教育課程その他の教育内容に関する事項
ロ　幼保連携型認定こども園　認定こども園法第十条第一項の規定に基づき主務大臣が定める幼保連携型認定こども園の教育課程その他の教育及び保育の内容に関する事項
ハ　特別支援学校　学校教育法第七十七条の規定に基づき文部科学大臣が定める特別支援学校の教育課程その他の教育内容に関する事項

五　食事の提供を行う場合においては、当該施設において行うことが必要な調理のための加熱、保存等の調理機能を有する設備を備えていること。

2　法第七条第十項第五号ロの内閣府令で定める一日当たりの時間及び期間は、第十七条に定めるものとする。

（法第七条第十項第七号の基準）

第一条の三　法第七条第十項第七号の内閣府令で定める基準は、次の各号に掲げる事業の類型に応じ、当該各号に定める基準とする。

一　病児（疾病にかかっている小学校就学前子どものうち、疾病の回復期に至らず、当面、病状が急変するおそれが少ない場合であって、かつ、保護者の労働その他の事由により家庭において保育を行うことが困難なものをいう。以下この条において同じ。）を病院、診療所、保育所その他の施設において一時的に保育する事業　次に掲げる全ての要件（事業を実施する場所が病院、診療所その他の医療機関である場合には、ホに掲げる要件を除く。）を満たすこと。

イ　看護師、准看護師、保健師又は助産師（以下この条において「看護師等」という。）は、当該事業を利用する病児（ロ及びホにおいて「対象病児」という。）おおむね十人につき一人以上とすること。

ロ　保育士の数は、対象病児おおむね三人につき一人以上とすること。

ハ　保育室、病児の静養又は隔離の機能を持つ部屋及び調理室を有すること。

ニ　事故防止及び衛生面に配慮するなど病児の養育に適した場所とすること。

ホ　対象病児等の病状が急変した場合に当該対象病児等を受け入れることができる医療機関（以下この条において「協力医療機関」という。）及び対象病児等の病状、心身の状況の把握、感染の防止その他の事項に関して指導又は助言を行う医師（以下この条において「指導医」という。）をあらかじめ定めること。

二　病後児（疾病にかかっている小学校就学前子どものうち、疾病の回復期であって、集団保育が困難であり、かつ、保護者の労働その他の事由により家庭において保育を行うことが困難なものをいう。以下この条において同じ。）を病院、診療所、保育所その他の施設において一時的に保育する事業　次に掲げる全ての要件（事業を実施する場所が病院、診療所その他の医療機関である場合には、ホに掲げる要件を除く。）を満たすこと。

イ　看護師等が当該事業を利用する病後児（ロにおいて「対象病後児」という。）おおむね十人につき一人以上とすること。

ロ　保育士が対象病後児おおむね三人につき一人以上とすること。

ハ　保育室、病後児の静養又は隔離の機能を持つ部屋及び調理室を有すること。

ニ　事故防止及び衛生面に配慮するなど病後児の養育に適した場所とすること。

ホ　協力医療機関をあらかじめ定めること。

三　保育所その他の施設において、当該施設に通園する小学校就学前子どもに対して緊急的な対応その他の保健的な対応を行う事業　次に掲げる全ての要件（事業を実施する場所が病院、診療所その他の医療機関である場合には、ハに掲げる要件を除く。）を満たすこと。

イ　看護師等を当該事業を利用する小学校就学前子ども二人につき一人以上配置すること。

ロ　感染を予防するため、事業を実施する場所と保育室等の間に間仕切りを設けること。

ハ　協力医療機関及び指導医をあらかじめ定めること。

四　病児又は病後児が当該病児又は病後児の居宅において一時的に保育する事業イ及びロに掲げる要件（事業者が病院、診療所その他の医療機関である場合には、イに掲げる要件に限る。）を満たすこと。

イ　一定の研修を修了した看護師等、保育士又は家庭的保育者（児童福祉法第六条の三第九項第一号に規定する家庭的保育者をいう。）を当該事業を利用する病児又は病後児一人につき一人以上配置すること。

ロ　協力医療機関及び指導医をあらかじめ定めること。

（法第七条第十項第八号の基準）

第一条の四　法第七条第十項第八号の内閣府令で定める基準は、次に掲げる要件を満たすものであることとする。

一　市町村（特別区を含む。以下同じ。）又はその委託等を受けた者が行うものであること。

二　当該事業を行う者が児童福祉法第六条の三第十四項に規定する援助希望者に対し講習を実施していること。

第一章の二　子どものための教育・保育給付

第一節　教育・保育給付認定等

（法第十九条第一項第二号の内閣府令で定める事由）

第一条の五　法第十九条第一項第二号の内閣府令で定める事由は、小学校就学前子どもの保護者のいずれもが次の各号のいずれかに該当することとする。

一　一月において、四十八時間から六十四時間までの範囲内で月を単位に市町村が定める時間以上労働することを常態とすること。

二　妊娠中であるか又は出産後間がないこと。

三　疾病にかかり、若しくは負傷し、又は精神若しくは身体に障害を有していること。

四　同居の親族（長期間入院等をしている親族を含む。）を常時介護又は看護していること。

五　震災、風水害、火災その他の災害の復旧に当たっていること。

六　求職活動（起業の準備を含む。）を継続的に行っていること。

七　次のいずれかに該当すること。

イ　学校教育法第一条に規定する学校、同法第百二十四条に規定する専修学校、同法第百三十四条第一項に規定する各種学校その他これらに準ずる教育施設に在学していること。

ロ　職業能力開発促進法（昭和四十四年法律第六十四号）第十五条の七第三項に規定する公共職業能力開発施設において行う職業訓練若しくは同法第二十七条第一項に規定する職業能力開発総合大学校において行う同項に規定する指導員訓練若しくは職業訓練又は職業訓練の実施等による特定求職者の就職の支援に関する法律（平成二十三年法律第四十七号）第四条第二項に規定する認定職業訓練その他の職業訓練を受けていること。

八　次のいずれかに該当すること。

イ　児童虐待の防止等に関する法律（平成十二年法律第八十二号）第二条に規定する児童虐待を行っている又は再び行われるおそれがあると認められること。

ロ　配偶者からの暴力の防止及び被害者の保護等に関する法律（平成十三年法律第三十一号）第一条に規定する配偶者からの暴力により小学校就学前子どもの保育を行うことが困難であると認められること（イに該当する場合を除く。）

九　育児休業をする場合であって、当該保護者の当該育児休業に係る子ども以外の小学校就学前子どもが特定教育・保育施設、特定地域型保育事業又は特定子ども・子育て支援施設等（以下この号において「特定教育・保育施設等」という。）を利用しており、当該育児休業の間に当該特定教育・保育施設等を引き続き利用することが必要であると認められること。

十　前各号に掲げるもののほか、前各号に類するものとして市町村が認める事由に該当すること。

（認定の申請等）

第二条　法第二十条第一項の規定により同項

に規定する認定を受けようとする小学校就学前子どもの保護者は、次に掲げる事項を記載した申請書を、市町村に提出しなければならない。

一　当該申請を行う保護者の氏名、居住地、生年月日、個人番号（行政手続における特定の個人を識別するための番号の利用等に関する法律（平成二十五年法律第二十七号）第二条第五項に規定する個人番号をいう。以下同じ。）及び連絡先（保護者が法人であるときは、法人の名称、代表者の氏名及び主たる事務所の所在地並びに当該申請に係る小学校就学前子どもの居住地）

二　当該申請に係る小学校就学前子どもの氏名、生年月日、個人番号及び当該小学校就学前子どもの保護者との続柄

三　認定を受けようとする法第十九条第一項各号に掲げる小学校就学前子どもの区分

四　法第十九条第一項第二号又は第三号に掲げる小学校就学前子どもの区分に係る認定を受けようとする場合には、その理由

2　前項の申請書には、次に掲げる書類を添付しなければならない。ただし、市町村は、当該書類により証明すべき事実を公簿等によって確認することができるときは、当該書類を省略させることができる。

一　法第二十七条第三項第二号、第二十八条第二項第一号、第二十九条第三項第二号並びに第三十条第二項第一号、第三号及び第四号の政令で定める額を限度として市町村が定める額（以下「利用者負担額」という。）の算定のために必要な事項に関する書類

二　前項第四号に掲げる事項を証する書類

3　第一項の申請書（法第十九条第一項第一号に掲げる小学校就学前子どもの区分に係る認定を受けようとする場合の申請書に限る。）は、特定教育・保育施設（認定こども園及び幼稚園に限る。）を経由して提出することができる。

4　第一項の申請書（法第十九条第一項第二号又は第三号に掲げる小学校就学前子どもの区分に係る認定を受けようとする場合の申請書に限る。）は、特定教育・保育施設（認定こども園及び保育所に限る。）又は特定地域型保育事業者を経由して提出することができる。

5　特定教育・保育施設又は特定地域型保育事業者（以下「特定教育・保育施設等」という。）は、関係市町村等との連携に努めるとともに、前二項の申請書の提出を受けたときは、速やかに、当該申請書を提出した保護者の居住地の市町村に当該申請書を送付しなければならない。

（法第二十条第三項に規定する内閣府令で定める期間）

第三条　法第二十条第三項に規定する内閣府令で定める期間は、一月間とする。

（保育必要量の認定）

第四条　保育必要量の認定は、保育の利用について、一月当たり平均二百七十五時間まで（一日当たり十一時間までに限る。）又は平均二百時間まで（一日当たり八時間までに限る。）の区分に分けて行うものとする。ただし、申請を行う小学校就学前子どもの保護者が第一条の五第二号、第五号又は第八号に掲げる事由に該当する場合にあっては、当該保護者が一月当たり平均二百時間まで（一日当たり八時間までに限る。）の区分の認定を申請した場合を除き、一月当たり平均二百七十五時間まで（一日当たり十一時間までに限る。）とする。

2　市町村は、第一条の五第三号、第六号又は第九号に掲げる事由について、保育必要量の認定を前項本文に規定する区分に分けて行うことが適当でないと認める場合にあっては、同項の規定にかかわらず、当該区分に分けないで行うことができる。

（支給認定証の交付）

第四条の二　市町村は、法第二十条第一項の規定により同項に規定する認定を受けようとする小学校就学前子どもの保護者又は同条第四項に規定する教育・保育給付認定保護者（以下「教育・保育給付認定保護者」という。）の申請により、同項に規定する支給認定証（以下「支給認定証」という。）を交付する。

（特定教育・保育施設等を経由して申請書を提出した場合の支給認定証の交付）

第五条　第二条第三項又は第四項の規定により特定教育・保育施設等を経由して申請書が提出された場合における支給認定証の交付は、当該申請の際に経由した特定教育・保育施設等を経由して行うことができる。

（法第二十条第四項に規定する内閣府令で定める事項）

第六条　法第二十条第四項に規定する内閣府令で定める事項は、次に掲げる事項とする。

一　教育・保育給付認定保護者の氏名、居住地及び生年月日

二　当該教育・保育給付認定に係る小学校就学前子どもの氏名及び生年月日

三　交付の年月日及び支給認定証番号

四　該当する法第十九条第一項各号に掲げる小学校就学前子どもの区分

五　教育・保育給付認定に係る第一条の五各号に掲げる事由及び保育必要量（法第十九条第一項第二号又は第三号に掲げる小学校就学前子どもの区分に該当する場合に限る。）

六　教育・保育給付認定の有効期間

七　その他必要な事項

（利用者負担額等に関する事項の通知）

第七条　市町村は、教育・保育給付認定を行ったときは、当該教育・保育給付認定に係る教育・保育給付認定保護者及び当該教育・保育給付認定保護者が利用する特定教育・保育施設等に対して、当該教育・保育給付認定保護者に係る次に掲げる事項を通知するものとする。

一　利用者負担額（満三歳未満保育認定子ども（子ども・子育て支援法施行令（平成二十六年政令第二百十三号。以下「令」という。）第四条第二項に規定する満三歳未満保育認定子どもをいう。以下同じ。）に係る教育・保育給付認定保護者についての法第二十七条第三項第二号若しくは第二十九条第三項第二号に掲げる額又は第三十条第二項第三号若しくは第四号の市町村が定める額に限る。）

二　食事の提供（特定教育・保育施設及び特定地域型保育事業並びに特定子ども・子育て支援施設等の運営に関する基準（平成二十六年内閣府令第三十九号）第十三条第四項第三号イ又はロに掲げるものに限る。）に要する費用の支払の免除に関する事項

2　教育・保育給付認定保護者が支給認定証の交付の申請をしていない場合において、前項の規定による通知をするときは、前条各号に掲げる事項を併せて通知するものとする。

（法第二十一条に規定する内閣府令で定める期間）

第八条　法第二十一条に規定する内閣府令で定める期間は、次の各号に掲げる小学校就学前子どもの区分に応じ、当該各号に定める期間とする。

一　法第十九条第一項第一号に掲げる小学校就学前子ども　教育・保育給付認定が効力を生じた日（以下「効力発生日」という。）から当該小学校就学前子どもが小学校就学の始期に達するまでの期間

二　法第十九条第一項第二号に掲げる小学校就学前子どもの区分に該当する子ども（当該小学校就学前子どもの保護者が第一条の五第二号、第六号、第七号、第九号及び第十号に掲げる事由に該当する場合を除く。）　効力発生日から当該小学校就学前子どもが小学校就学の始期に達するまでの期間

三　法第十九条第一項第二号に掲げる小学校就学前子どもの区分に該当する子ども（当該小学校就学前子どもの保護者が第一条の五第二号に掲げる事由に該当する場合に限る。）　次に掲げる期間のうちいずれか短い期間

イ　前号に掲げる期間

ロ　効力発生日から、当該小学校就学前子どもの保護者の出産日から起算して八週間を経過する日の翌日が属する月の末日までの期間

四　法第十九条第一項第二号に掲げる小学校就学前子どもの区分に該当する子ども（当該小学校就学前子どもの保護者が第一条の五第六号に掲げる事由に該当する

場合に限る。）次に掲げる期間のうちいずれか短い期間

イ　第二号に掲げる期間

ロ　効力発生日から、同日から起算して九十日を限度として市町村が定める期間を経過する日が属する月の末日までの期間

五　法第十九条第一項第二号に掲げる小学校就学前子どもの区分に該当する子ども（当該小学校就学前子どもの保護者が第一条の五第七号に掲げる事由に該当する場合に限る。）次に掲げる期間のうちいずれか短い期間

イ　第二号に掲げる期間

ロ　効力発生日から当該小学校就学前子どもの保護者の卒業予定日又は修了予定日が属する月の末日までの期間

六　法第十九条第一項第二号に掲げる小学校就学前子どもの区分に該当する子ども（当該小学校就学前子どもの保護者が第一条の五第九号に掲げる事由に該当する場合に限る。）第一条の五第九号に掲げる事由に該当するものとして認めた事情を勘案して市町村が定める期間

七　法第十九条第一項第二号に掲げる小学校就学前子どもの区分に該当する子ども（当該小学校就学前子どもの保護者が第一条の五第十号に掲げる事由に該当する場合に限る。）第一条の五第十号に掲げる事由に該当するものとして認めた事情を勘案して市町村が定める期間

八　法第十九条第一項第三号に掲げる小学校就学前子どもの区分に該当する子ども（当該小学校就学前子どもの保護者が第一条の五第二号、第六号、第七号、第九号及び第十号に掲げる事由に該当する場合を除く。）効力発生日から当該小学校就学前子どもが満三歳に達する日の前日までの期間

九　法第十九条第一項第三号に掲げる小学校就学前子どもの区分に該当する子ども（当該小学校就学前子どもの保護者が第一条の五第二号に掲げる事由に該当する場合に限る。）次に掲げる期間のうちいずれか短い期間

イ　前号に掲げる期間

ロ　第三号ロに掲げる期間

十　法第十九条第一項第三号に掲げる小学校就学前子どもの区分に該当する子ども（当該小学校就学前子どもの保護者が第一条の五第六号に掲げる事由に該当する場合に限る。）次に掲げる期間のうちいずれか短い期間

イ　第八号に掲げる期間

ロ　第四号ロに掲げる期間

十一　法第十九条第一項第三号に掲げる小学校就学前子どもの区分に該当する子ども（当該小学校就学前子どもの保護者が第一条の五第七号に掲げる事由に該当する場合に限る。）次に掲げる期間のうちいずれか短い期間

イ　第八号に掲げる期間

ロ　第五号ロに掲げる期間

十二　法第十九条第一項第三号に掲げる小学校就学前子どもの区分に該当する子ども（当該小学校就学前子どもの保護者が第一条の五第九号に掲げる事由に該当する場合に限る。）第一条の五第九号に掲げる事由に該当するものとして認めた事情を勘案して市町村が定める期間

十三　法第十九条第一項第三号に掲げる小学校就学前子どもの区分に該当する子ども（当該小学校就学前子どもの保護者が第一条の五第十号に掲げる事由に該当する場合に限る。）第一条の五第十号に掲げる事由に該当するものとして認めた事情を勘案して市町村が定める期間

（法第二十二条の届出）

第九条　教育・保育給付認定保護者は、毎年、次項に定める事項を記載した届書（当該教育・保育給付認定保護者に係る教育・保育給付認定子どもが保育認定子ども（法第三十条第一項に規定する保育認定子どもをいう。以下同じ。）である場合に限る。）及び第三項に掲げる書類を市町村に提出しなければならない。ただし、市町村は、当該書類により証明すべき事実を公簿等によって確認することができるときその他当該教育・保育給付認定保護者に対する施設型給付費、地域型保育給付費、特例施設型給付

費又は特例地域型保育給付費の公正かつ適正な支給の確保に支障がないと認めるときは、当該書類を省略させることができる。

2　法第二十二条に規定する内閣府令で定める事項は、第一条の五各号に掲げる事由の状況とする。

3　法第二十二条に規定する内閣府令で定める書類は、第二条第二項の書類とする。

4　市町村は、第一項の届出を受け、当該教育・保育給付認定保護者に係る第七条第一項に掲げる事項を変更する必要があると認めるときは、当該教育・保育給付認定保護者及び当該教育・保育給付認定保護者が利用する特定教育・保育施設等に対して、変更後の当該事項を通知するものとする。

（法第二十三条第一項に規定する内閣府令で定める事項）

第十条　法第二十三条第一項に規定する内閣府令で定める事項は、次に掲げる事項とする。

一　該当する法第十九条第一項各号に掲げる小学校就学前子どもの区分

二　保育必要量

三　教育・保育給付認定の有効期間

四　利用者負担額に関する事項

（教育・保育給付認定の変更の認定の申請）

第十一条　法第二十三条第一項の規定により教育・保育給付認定の変更の認定を申請しようとする教育・保育給付認定保護者は、次の各号に掲げる事項を記載した申請書を市町村に提出しなければならない。この場合において、教育・保育給付認定保護者が支給認定証の交付を受けているときは、当該支給認定証を添付しなければならない。

一　当該申請を行う教育・保育給付認定保護者の氏名、居住地、生年月日、個人番号及び連絡先（保護者が法人であるときは、法人の名称、代表者の氏名及び主たる事務所の所在地並びに当該申請に係る小学校就学前子どもの居住地）

二　当該申請に係る小学校就学前子どもの氏名、生年月日、個人番号及び教育・保育給付認定保護者との続柄

三　第一条の五各号に掲げる事由の状況の変化その他の当該申請を行う原因となった事由

四　その他必要な事項

2　前項の申請書には、次に掲げる書類を添付しなければならない。ただし、市町村は、当該書類により証明すべき事実を公簿等によって確認することができるときは、当該書類を省略させることができる。

一　利用者負担額の算定のために必要な事項に関する書類（前条第四号に掲げる事項に係る変更の認定の申請を行う場合に限る。）

二　前項第三号に掲げる事項を証する書類

3　第九条第四項の規定は、第一項の規定による申請を受け、市町村が当該教育・保育給付認定保護者に係る第七条第一項に掲げる事項を変更する必要があると認める場合について準用する。

（市町村の職権により教育・保育給付認定の変更の認定を行う場合の手続）

第十二条　市町村は、法第二十三条第四項の規定により教育・保育給付認定の変更の認定を行おうとするときは、その旨を書面により教育・保育給付認定保護者に通知するものとする。ただし、法第十九条第一項第三号に掲げる小学校就学前子どもに該当する教育・保育給付認定子どもが満三歳に達したときに当該認定を行う場合には、当該教育・保育給付認定子どもが満三歳に達した日の属する年度の末日までに通知すれば足りる。

2　前項の場合において、教育・保育給付認定保護者に支給認定証を交付しているときは、次の各号に掲げる事項を併せて通知し、当該支給認定証の提出を求めるものとする。ただし、教育・保育給付認定保護者の支給認定証が既に市町村に提出されているときは、この限りでない。

一　支給認定証を提出する必要がある旨

二　支給認定証の提出先及び提出期限

（準用等）

第十三条　第二条第三項から第五項まで、第三条から第五条まで及び第七条の規定は、法第二十三条第二項又は第四項の教育・保育給付認定の変更の認定について準用する。この場合において、第七条第一項中「と

する。」とあるのは「とする。ただし、法第十九条第一項第三号に掲げる小学校就学前子どもに該当する教育・保育給付認定子どもが満三歳に達したときに法第二十三条第四項の規定により教育・保育給付認定の変更の認定を行う場合には、当該教育・保育給付認定子どもが満三歳に達した日の属する年度の末日までに通知すれば足りる。」と読み替えるものとする。

2 市町村は、法第二十三条第二項又は第四項の教育・保育給付認定の変更の認定を行った場合であって、教育・保育給付認定保護者に支給認定証を交付しているときは、支給認定証に第六条第四号から第六号までに掲げる事項を記載し、これを返還するものとする。ただし、教育・保育給付認定保護者から支給認定証の返還を要しない旨の申出があった場合は、この限りでない。

（教育・保育給付認定の取消しを行う場合の手続）

第十四条 市町村は、法第二十四条第一項の規定により教育・保育給付認定の取消しを行ったときは、その旨を書面により教育・保育給付認定保護者に通知するものとする。

2 前項の場合において、教育・保育給付認定保護者に支給認定証を交付しているときは、次に掲げる事項を併せて通知し、当該支給認定証の返還を求めるものとする。ただし、教育・保育給付認定保護者の支給認定証が既に市町村に提出されているときは、この限りでない。

一 支給認定証を返還する必要がある旨

二 支給認定証の返還先及び返還期限

（申請内容の変更の届出）

第十五条 教育・保育給付認定保護者は、教育・保育給付認定の有効期間内において、第二条第一項第一号及び第二号に掲げる事項（以下この条において「届出事項」という。）を変更する必要が生じたときは、速やかに、次の各号に掲げる事項を記載した届書を市町村に提出しなければならない。この場合において、教育・保育給付認定保護者が支給認定証の交付を受けているときは、当該支給認定証を添付しなければならない。

一 当該届出を行う教育・保育給付認定保護者の氏名、居住地、生年月日、個人番号及び連絡先（保護者が法人であるときは、法人の名称、代表者の氏名及び主たる事務所の所在地並びに当該届出に係る小学校就学前子どもの居住地）

二 当該届出に係る小学校就学前子どもの氏名、生年月日、個人番号及び教育・保育給付認定保護者との続柄

三 届出事項のうち変更が生じた事項とその変更内容

四 その他必要な事項

2 前項の届書には、同項第三号の事項を証する書類を添付しなければならない。ただし、市町村は、当該書類により証明すべき事実を公簿等によって確認することができるときは、当該書類を省略させることができる。

（支給認定証の再交付）

第十六条 市町村は、支給認定証を破り、汚し、又は失った教育・保育給付認定保護者から、教育・保育給付認定の有効期間内において、支給認定証の再交付の申請があったときは、支給認定証を交付するものとする。

2 前項の申請をしようとする教育・保育給付認定保護者は、次の各号に掲げる事項を記載した申請書を、市町村に提出しなければならない。

一 当該申請を行う教育・保育給付認定保護者の氏名、居住地、生年月日、個人番号及び連絡先（保護者が法人であるときは、法人の名称、代表者の氏名及び主たる事務所の所在地並びに当該申請に係る小学校就学前子どもの居住地）

二 当該申請に係る小学校就学前子どもの氏名、生年月日、個人番号及び教育・保育給付認定保護者との続柄

三 申請の理由

3 支給認定証を破り、又は汚した場合の前項の申請には、同項の申請書に、その支給認定証を添付しなければならない。

4 支給認定証の再交付を受けた後、失った支給認定証を発見したときは、速やかにこ

れを市町村に返還しなければならない。

第二節　施設型給付費及び地域型保育給付費等の支給

（法第二十七条第一項に規定する一日当たりの時間及び期間）

第十七条　法第二十七条第一項に規定する一日当たりの時間は四時間を標準とし、期間は三十九週以上として、教育・保育給付認定保護者が特定教育・保育施設（認定こども園に限る。）と締結した保育の提供に関する契約において定める時間及び期間とする。

（施設型給付費の支給）

第十八条　市町村は、法第二十七条第一項の規定に基づき、毎月、施設型給付費を支給するものとする。

（支給認定証の提示）

第十九条　教育・保育給付認定保護者は、法第二十七条第二項の規定に基づき、支給認定教育・保育を受けるに当たっては、特定教育・保育施設から求めがあった場合には、当該特定教育・保育施設に対して支給認定証を提示しなければならない。ただし、教育・保育給付認定保護者が支給認定証の交付を受けていない場合は、この限りでない。

（令第四条第二項第一号の内閣府令で定める教育・保育給付認定保護者）

第二十条　令第四条第二項第一号の内閣府令で定める教育・保育給付認定保護者は、第四条の保育必要量の認定において、保育の利用について、一月当たり平均二百時間まで（一日当たり八時間までに限る。）の区分と認定された教育・保育給付認定子どもに係る教育・保育給付認定保護者とする。

（令第四条第二項第二号の内閣府令で定める規定）

第二十一条　令第四条第二項第二号の内閣府令で定める規定は、地方税法（昭和二十五年法律第二百二十六号）第三百十四条の七、第三百十四条の八及び第三百十四条の九並びに附則第五条第三項、附則第五条の四第六項、附則第五条の四の二第五項、附則第五条の五第二項、附則第七条の二第四項及び第五項、附則第七条の三第二項並びに附則第四十五条とする。

（令第四条第二項第二号に規定する市町村民税所得割合算額の算定方法）

第二十一条の二　市町村民税所得割合算額（令第四条第二項第二号に規定する市町村民税所得割合算額をいう。以下この条において同じ。）を算定する場合には、教育・保育給付認定保護者又は当該教育・保育給付認定保護者と同一の世帯に属する者が指定都市（地方自治法（昭和二十二年法律第六十七号）第二百五十二条の十九第一項の指定都市をいう。以下この項において同じ。）の区域内に住所を有する者であるときは、これらの者を指定都市以外の市町村の区域内に住所を有する者とみなして、市町村民税所得割合算額を算定するものとする。

2　市町村民税所得割合算額を算定する場合には、教育・保育給付認定保護者又は当該教育・保育給付認定保護者と同一の世帯に属する者が地方税法第二百九十二条第一項第十一号イ中「夫と死別し、若しくは夫と離婚した後婚姻をしていない者又は夫の生死の明らかでない者で政令で定めるもの」とあるのを「婚姻によらないで母となつた女子であつて、現に婚姻（届出をしていないが、事実上婚姻関係と同様の事情にある場合を含む。）をしていないもの」と読み替えた場合に同号イに該当する所得割の納税義務者又は同項第十二号中「妻と死別し、若しくは妻と離婚した後婚姻をしていない者又は妻の生死の明らかでない者で政令で定めるもの」とあるのを「婚姻によらないで父となつた男子であつて、現に婚姻（届出をしていないが、事実上婚姻関係と同様の事情にある場合を含む。）をしていないもの」と読み替えた場合に同号に該当する所得割の納税義務者であるときは、同法第三百十四条の二第一項第八号に規定する額（その者が同法第二百九十二条第一項第十一号イ中「夫と死別し、若しくは夫と離婚した後婚姻をしていない者又は夫の生死の明らかでない者で政令で定めるもの」とあるのを「婚姻によらないで母となつた女子であつて、現に婚姻（届出をしていないが、事実上婚姻関係と同様の事情にある場合を含む。）をしていないもの」と読み替えた場合に同法第三百十四条の二第三項に該当する者であるときは、同項に規定する額）に同法第三百十四条の三第一項に規定する率を乗じて得た額を控除するものとする。

（令第四条第二項第六号の内閣府令で定める者）

第二十二条　令第四条第二項第六号の内閣府令で定める者は、次に掲げる者とする。

一　母子及び父子並びに寡婦福祉法（昭和三十九年法律第百二十九号）による配偶者のない者で現に児童を扶養しているもの（令第四条第二項第六号に掲げる教育・保育給付認定保護者と同一の世帯に属する者である場合を除く。）

二　身体障害者福祉法（昭和二十四年法律第二百八十三号）第十五条第四項の規定により身体障害者手帳の交付を受けた者（障害者又は障害児であって、障害者の日常生活及び社会生活を総合的に支援するための法律（平成十七年法律第百二十三号）第十九条第三項に規定する特定施設その他これに類する施設に入所又は入院をしていないもの（以下「在宅障害児」という。）に限る。）

三　療育手帳制度要綱（昭和四十八年九月二十七日厚生省発児第百五十六号）の規定により療育手帳の交付を受けた者（在宅障害児に限る。）

四　精神保健及び精神障害者福祉に関する法律（昭和二十五年法律第百二十三号）第四十五条第二項の規定により精神障害者保健福祉手帳の交付を受けた者（在宅障害児に限る。）

五　特別児童扶養手当等の支給に関する法律（昭和三十九年法律第百三十四号）に定める特別児童扶養手当の支給対象児童（在宅障害児に限る。）

六　国民年金法（昭和三十四年法律第百四十一号）に定める国民年金の障害基礎年金の受給者その他適当な者（在宅障害児に限る。）

七　その他市町村の長が生活保護法（昭和二十五年法律第百四十四号）第六条第二項に規定する要保護者に準ずる程度に困窮していると認める者

（特例施設型給付費の支給）

第二十三条　市町村は、法第二十八条第一項の規定に基づき、毎月、特例施設型給付費（同項第一号に係るものを除く。）を支給するものとする。

（準用）

第二十四条　第十七条の規定は法第二十八条第一項第二号の内閣府令で定める一日当たりの時間及び期間について、第十九条の規定は特例施設型給付費（法第二十八条第一項第一号に係るものを除く。）の支給について準用する。この場合において、第十七条の規定中「認定こども園」とあるのは「保育所」と読み替えるものとする。

（地域型保育給付費の支給）

第二十五条　市町村は、法第二十九条第一項の規定に基づき、毎月、地域型保育給付費を支給するものとする。

（支給認定証の提示）

第二十六条　教育・保育給付認定保護者は、満三歳未満保育認定地域型保育を受けるに当たっては、特定地域型保育事業者から求めがあった場合には、当該特定地域型保育事業者に対して支給認定証を提示しなければならない。ただし、教育・保育給付認定保護者が支給認定証の交付を受けていない場合は、この限りでない。

（特例地域型保育給付費の支給）

第二十七条　市町村は、法第三十条第一項の規定に基づき、毎月、特例地域型保育給付費（同項第一号に係るものを除く。）を支給するものとする。

（準用）

第二十八条　第十七条の規定は法第三十条第一項第二号及び第四号の内閣府令で定める一日当たりの時間及び期間について、第二十六条の規定は特例地域型保育給付費（法第三十条第一項第一号に係るものを除く。）の支給について準用する。この場合において、第十七条の規定中「特定教育・保育施設（認定こども園に限る。）」とあるのは「特定地域型保育事業者又は特例保育を行う事業者」と読み替えるものとする。

（令第十四条の内閣府令で定める者）

第二十八条の二　令第十四条の内閣府令で定める者は、次に掲げる者とする。

一　教育・保育給付認定保護者に監護されていた者

二　教育・保育給付認定保護者又はその配偶者の直系卑属（教育・保育給付認定保護者に監護される者及び前号に掲げる者を除く。）

第一章の三　子育てのための施設等利用給付

第一節　施設等利用給付認定等

（認定の申請等）

第二十八条の三　法第三十条の五第一項の規定により同項に規定する認定（以下「施設等利用給付認定」という。）を受けようとする小学校就学前子どもの保護者は、次に掲げる事項を記載した申請書を、市町村に提出しなければならない。

一　当該申請を行う保護者の氏名、居住地、生年月日、個人番号及び連絡先（保護者が法人であるときは、法人の名称、代表者の氏名及び主たる事務所の所在地並びに当該申請に係る小学校就学前子どもの居住地）

二　当該申請に係る小学校就学前子どもの氏名、生年月日、個人番号及び当該小学校就学前子どもの保護者との続柄

三　認定を受けようとする法第三十条の四各号に掲げる小学校就学前子どもの区分

四　法第三十条の四第二号又は第三号に掲げる小学校就学前子どもの区分に係る認定を受けようとする場合には、その理由

五　法第三十条の四第三号に掲げる小学校就学前子どもの区分に係る認定を受けようとする場合には、市町村民税世帯非課税者（同号に規定する市町村民税世帯非課税者をいう。）に該当する旨

2　前項の申請書には、同項第四号及び第五号に掲げる事項を証する書類を添付しなければならない。ただし、市町村は、当該書類により証明すべき事実を公簿等によって確認することができるときは、当該書類を省略させることができる。

3　第一項の申請書は、特定子ども・子育て支援提供者（法第三十条の十一第三項に規定する特定子ども・子育て支援提供者をいう。以下同じ。）を経由して提出することができる。

4　特定子ども・子育て支援提供者は、関係市町村等との連携に努めるとともに、前項の申請書の提出を受けたときは、速やかに、当該申請書を提出した保護者の居住地の市町村に当該申請書を送付しなければならない。

（法第三十条の五第三項に規定する内閣府令で定める事項）

第二十八条の四　法第三十条の五第三項に規定する内閣府令で定める事項は、次に掲げる事項とする。

一　施設等利用給付認定保護者（法第三十条の五第三項に規定する施設等利用給付認定保護者をいう。以下同じ。）の氏名、居住地及び生年月日

二　施設等利用給付認定子ども（法第三十条の八第一項に規定する施設等利用給付認定子どもをいう。以下同じ。）の氏名及び生年月日

三　施設等利用給付認定の年月日及び認定番号

四　該当する法第三十条の四各号に掲げる小学校就学前子どもの区分

五　施設等利用給付認定に係る第一条の五各号に掲げる事由（法第三十条の四第二号又は第三号に掲げる小学校就学前子どもの区分に該当する場合に限る。）

六　次条に規定する施設等利用給付認定の有効期間

七　その他必要な事項

（法第三十条の六に規定する内閣府令で定める期間）

第二十八条の五　法第三十条の六に規定する内閣府令で定める期間（以下「施設等利用給付認定の有効期間」という。）は、次の各号に掲げる施設等利用給付認定子どもが該当する小学校就学前子どもの区分に応じ、当該各号に定める期間とする。

一　法第三十条の四第一号に掲げる小学校

就学前子ども　施設等利用給付認定が効力を生じた日又は当該施設等利用給付認定子どもに係る施設等利用給付認定保護者が法第三十条の五第一項の規定による申請をした日以後初めて特定子ども・子育て支援（法第三十条の十一第一項に規定する特定子ども・子育て支援をいう。以下同じ。）を受けた日のいずれか早い日（以下「認定起算日」という。）から当該施設等利用給付認定子どもが小学校就学の始期に達するまでの期間

二　法第三十条の四第二号又は第三号に掲げる小学校就学前子ども（当該施設等利用給付認定子どもに係る施設等利用給付認定保護者が第一条の五第二号、第六号、第七号、第九号及び第十号に掲げる事由に該当する場合を除く。）前号に定める期間（法第三十条の四第三号に掲げる小学校就学前子どもにあっては、認定起算日から当該施設等利用給付認定子どもが満三歳に達する日以後の最初の三月三十一日までの期間。以下この条において同じ。）

三　法第三十条の四第二号又は第三号に掲げる小学校就学前子ども（当該施設等利用給付認定子どもに係る施設等利用給付認定保護者が第一条の五第二号に掲げる事由に該当する場合に限る。）次に掲げる期間のいずれか短い期間

イ　第一号に定める期間

ロ　認定起算日から、当該施設等利用給付認定保護者の出産日から起算して八週間を経過する日の翌日が属する月の末日までの期間

四　法第三十条の四第二号又は第三号に掲げる小学校就学前子ども（当該施設等利用給付認定子どもに係る施設等利用給付認定保護者が第一条の五第六号に掲げる事由に該当する場合に限る。）次に掲げる期間のいずれか短い期間

イ　第一号に定める期間

ロ　認定起算日から、同日から起算して九十日を限度として市町村が定める期間を経過する日が属する月の末日までの期間

五　法第三十条の四第二号又は第三号に掲げる小学校就学前子ども（当該施設等利用給付認定子どもに係る施設等利用給付認定保護者が第一条の五第七号に掲げる事由に該当する場合に限る。）次に掲げる期間のいずれか短い期間

イ　第一号に定める期間

ロ　認定起算日から当該施設等利用給付認定保護者の卒業予定日又は修了予定日が属する月の末日までの期間

六　法第三十条の四第二号又は第三号に掲げる小学校就学前子ども（当該施設等利用給付認定子どもに係る施設等利用給付認定保護者が第一条の五第九号又は第十号に掲げる事由に該当する場合に限る。）当該事由に該当するものとして市町村が定める期間

（法第三十条の七の届出）

第二十八条の六　施設等利用給付認定保護者は、毎年、次項に定める事項を記載した届書（当該施設等利用給付認定子どもが法第三十条の四第二号又は第三号に掲げる小学校就学前子どもに該当する場合に限る。）及び第三項に掲げる書類を市町村に提出しなければならない。ただし、市町村は、当該書類により証明すべき事実を公簿等によって確認することができるときその他施設等利用給付認定保護者に対する施設等利用費の公正かつ適正な支給の確保に支障がないと認めるときは、当該書類を省略させることができる。

2　法第三十条の七に規定する内閣府令で定める事項は、第一条の五各号に掲げる事由の状況又は当該施設等利用給付認定保護者（法第三十条の四第三号に掲げる小学校就学前子どもに該当する施設等利用給付認定子どもに係る者に限る。）の属する世帯の所得の状況とする。

3　法第三十条の七に規定する内閣府令で定める書類は、第二十八条の三第二項の書類とする。

（法第三十条の八第一項に規定する内閣府令で定める事項）

第二十八条の七　法第三十条の八第一項に規定する内閣府令で定める事項は、次に掲げ

る事項とする。

一　該当する法第三十条の四各号に掲げる小学校就学前子どもの区分

二　施設等利用給付認定の有効期間

（施設等利用給付認定の変更の認定の申請）

第二十八条の八　法第三十条の八第一項の規定により施設等利用給付認定の変更の認定を申請しようとする施設等利用給付認定保護者は、次に掲げる事項を記載した申請書を市町村に提出しなければならない。

一　当該申請を行う施設等利用給付認定保護者の氏名、居住地、生年月日、個人番号及び連絡先（保護者が法人であるときは、法人の名称、代表者の氏名及び主たる事務所の所在地並びに当該申請に係る小学校就学前子どもの居住地）

二　当該申請に係る小学校就学前子どもの氏名、生年月日、個人番号及び施設等利用給付認定保護者との続柄

三　第一条の五各号に掲げる事由の状況の変化その他の当該申請を行う原因となった事由

四　その者の属する世帯の所得の状況（法第三十条の四第一号に掲げる小学校就学前子どもから同条第三号に掲げる小学校就学前子どもの区分への変更に係る申請に限る。）

五　その他必要な事項

2　前項の申請書には、前項第三号及び第四号に掲げる事項を証する書類を添付しなければならない。ただし、市町村は、当該書類により証明すべき事実を公簿等によって確認することができるときは、当該書類を省略させることができる。

（市町村の職権により施設等利用給付認定の変更の認定を行う場合の手続）

第二十八条の九　市町村は、法第三十条の八第四項の規定により施設等利用給付認定の変更の認定を行おうとするときは、その旨を書面により施設等利用給付認定保護者に通知するものとする。

（準用）

第二十八条の十　第二十八条の三第三項及び第四項の規定は、法第三十条の八第二項又は第四項の施設等利用給付認定の変更の認定について準用する。

（施設等利用給付認定の取消しを行う場合の手続）

第二十八条の十一　市町村は、法第三十条の九第一項の規定により施設等利用給付認定の取消しを行ったときは、理由を付して、その旨を書面により当該取消しに係る施設等利用給付認定保護者に通知するものとする。

（申請内容の変更の届出）

第二十八条の十二　施設等利用給付認定保護者は、施設等利用給付認定の有効期間内において、第二十八条の三第一項第一号及び第二号に掲げる事項（第三号において「届出事項」という。）を変更する必要が生じたときは、速やかに、次に掲げる事項を記載した届書を、市町村に提出しなければならない。

一　当該届出を行う施設等利用給付認定保護者の氏名、居住地、生年月日、個人番号及び連絡先（保護者が法人であるときは、法人の名称、代表者の氏名及び主たる事務所の所在地並びに当該届出に係る小学校就学前子どもの居住地）

二　当該届出に係る小学校就学前子どもの氏名、生年月日、個人番号及び施設等利用給付認定保護者との続柄

三　届出事項のうち変更が生じた事項とその変更内容

四　その他必要な事項

2　前項の届書には、同項第三号の事項を証する書類を添付しなければならない。ただし、市町村は、当該書類により証明すべき事実を公簿等によって確認することができるときは、当該書類を省略させることができる。

（施設等利用給付認定の申請を行うことができない小学校就学前子どもの保護者）

第二十八条の十三　次の各号のいずれかに該当する小学校就学前子どもの保護者は、当該各号に定める小学校就学前子どもについて、法第三十条の五第一項の規定による申請を行うことができない。

一　その保育認定子どもについて現に施設型給付費、特例施設型給付費（法第二十

八条第一項第三号に係るものを除く。）地域型保育給付費若しくは特例地域型保育給付費の支給を受けている場合　当該保育認定子ども

二　その小学校就学前子どもが令第一条に規定する施設を現に利用している場合　当該小学校就学前子ども

（法第七条第十項第四号ハの政令で定める施設の利用状況の報告）

第二十八条の十四　前条第二号に該当する小学校就学前子どもの保護者は、当該小学校就学前子どもが令第一条に規定する施設を利用するに至ったときは、次に掲げる事項を記載した書類を当該小学校就学前子どもの保護者の居住地の市町村（次項において単に「市町村」という。）に提出しなければならない。

一　当該小学校就学前子どもの保護者の氏名、居住地、生年月日及び連絡先

二　当該小学校就学前子どもの氏名、生年月日及び当該保護者との続柄

三　当該令第一条に規定する施設の名称及び所在地

2　前条第二号に該当する小学校就学前子どもの保護者は、当該小学校就学前子どもが令第一条に規定する施設の利用をやめようとするときは、その旨及び前項に掲げる事項を記載した書類を市町村に提出しなければならない。ただし、当該小学校就学前子どもが小学校就学の始期に達する場合は、この限りでない。

3　前二項の書類は、当該小学校就学前子どもが現に利用している令第一条に規定する施設を経由して提出することができる。

第二節　施設等利用費の支給

（施設等利用費の支給）

第二十八条の十五　市町村は、施設等利用費の公正かつ適正な支給及び円滑な支給の確保、施設等利用給付認定保護者の経済的負担の軽減及び利便の増進その他地域の実情を勘案して定める方法により、法第三十条の十一第一項の規定による施設等利用費の支給又は同条第三項の規定による支払を行うものとする。

（法第三十条の十一第一項の内閣府令で定める費用）

第二十八条の十六　法第三十条の十一第一項に規定する内閣府令で定める費用は、次に掲げる費用とする。

一　日用品、文房具その他の特定子ども・子育て支援に必要な物品の購入に要する費用

二　特定子ども・子育て支援に係る行事への参加に要する費用

三　食事の提供に要する費用

四　特定子ども・子育て支援を提供する施設又は事業所に通う際に提供される便宜に要する費用

五　前四号に掲げるもののほか、特定子ども・子育て支援において提供される便宜に要する費用のうち、特定子ども・子育て支援の利用において通常必要とされるものに係る費用であって、施設等利用給付認定保護者に負担させることが適当と認められるもの

（令第十五条の六第一項の内閣府令で定める額）

第二十八条の十七　令第十五条の六第一項の内閣府令で定める額は、次の各号に掲げる施設の種類に応じ、当該各号に定める額とする。

一　幼稚園　八千七百円

二　特別支援学校　四百円

（令第十五条の六第二項第二号の内閣府令で定める日数等）

第二十八条の十八　令第十五条の六第二項第二号の内閣府令で定める一月当たりの日数は、二十六日とする。

2　令第十五条の六第二項第二号に規定する場合における同号に定める額は、四百五十円に当該特定子ども・子育て支援を受けた日数を乗じて得た額とする。

3　令第十五条の六第二項第三号の内閣府令で定める量は、当該教育・保育が提供される一日当たりの時間が八時間（法第七条第十項第五号イ又はロに定める一日当たりの時間を含む。）、かつ、一年当たりの期間が二百日とする。

（施設等利用費の支給申請）

第二十八条の十九　施設等利用給付認定保護者は、法第三十条の十一第一項の規定により施設等利用費の支給を受けようとするときは、次に掲げる事項を記載した請求書を市町村に提出しなければならない。

一　施設等利用給付認定保護者の氏名、生年月日、居住地
二　施設等利用給付認定保護者に係る施設等利用給付認定子どもの氏名、生年月日
三　認定番号
四　特定子ども・子育て支援施設等（法第三十条の十一第一項に規定する特定子ども・子育て支援施設等をいう。以下同じ。）の名称
五　現に特定子ども・子育て支援に要した費用の額及び施設等利用費の請求金額

2　前項の請求書には、特定子ども・子育て支援提供証明書（特定教育・保育施設及び特定地域型保育事業並びに特定子ども・子育て支援施設等の運営に関する基準第五十六条第二項に規定する特定子ども・子育て支援提供証明書をいう。）その他前項第五号に掲げる事項に関する証拠書類を添付しなければならない。

第二章　特定教育・保育施設及び特定地域型保育事業者並びに特定子ども・子育て支援提供者

第一節　特定教育・保育施設及び特定地域型保育事業者

第一款　特定教育・保育施設

（特定教育・保育施設の確認の申請等）

第二十九条　法第三十一条第一項の規定に基づき特定教育・保育施設の確認を受けようとする者は、次に掲げる事項を記載した申請書又は書類を、当該確認の申請に係る施設の設置の場所を管轄する市町村長（特別区の長を含む。以下同じ。）に提出しなければならない。ただし、第四号に掲げる事項を記載した申請書又は書類（登記事項証明書を除く。）については、市町村長が、インターネットを利用して当該事項を閲覧することができる場合は、この限りでない。

一　施設の名称、教育・保育施設の種類及び設置の場所
二　設置者の名称及び主たる事務所の所在地並びに代表者の氏名、生年月日、住所及び職名
三　当該申請に係る事業の開始の予定年月日
四　設置者の定款、寄附行為等及びその登記事項証明書又は条例等
五　認定こども園、幼稚園又は保育所の認可証又は認定証等の写し
六　建物の構造概要及び図面（各室の用途を明示するものとする。）並びに設備の概要
七　法第十九条第一項各号に掲げる小学校就学前子どもの区分（同項第三号に掲げる小学校就学前子どもの区分にあっては、満一歳に満たない小学校就学前子ども及び満一歳以上の小学校就学前子どもの区分）ごとの利用する小学校就学前子どもの数
八　施設の管理者の氏名、生年月日及び住所
九　運営規程
十　利用者又はその家族からの苦情を処理するために講ずる措置の概要
十一　当該申請に係る事業に係る従業者の勤務の体制及び勤務形態
十二　当該申請に係る事業に係る資産の状況
十三　法第三十三条第二項の規定により教育・保育給付認定子どもを選考する場合の基準
十四　当該申請に係る事業に係る施設型給付費及び特例施設型給付費の請求に関する事項
十五　法第四十条第二項に規定する申請をすることができない者に該当しないことを誓約する書面（第三十三条第二項において「誓約書」という。）
十六　役員の氏名、生年月日及び住所
十七　その他確認に関し必要と認める事項

（特定教育・保育施設の利用定員の届出の手続）

第三十条　法第三十一条第三項の規定による届出は、次の各号に掲げる事項を当該市町

村の属する都道府県知事に提出してするものとする。
一　当該確認に係る施設の名称、教育・保育施設の種類及び設置の場所
二　当該確認に係る設置者の名称及び主たる事務所の所在地並びに代表者の氏名、生年月日、住所及び職名
三　当該確認に係る事業の開始の予定年月日
四　定めようとする法第十九条第一項各号に掲げる小学校就学前子どもの区分（同項第三号に掲げる小学校就学前子どもの区分にあっては、満一歳に満たない小学校就学前子ども及び満一歳以上の小学校就学前子どもの区分）ごとの利用定員の数

（特定教育・保育施設の確認の変更の申請）

第三十一条　法第三十二条第一項の規定に基づき特定教育・保育施設の確認の変更を受けようとする者は、次に掲げる事項を記載した申請書又は書類を、当該変更に係る施設の所在地を管轄する市町村長に提出しなければならない。
一　施設の名称、教育・保育施設の種類及び所在地
二　設置者の名称及び主たる事務所の所在地並びに代表者の氏名、生年月日、住所及び職名
三　建物の構造概要及び図面（各室の用途を明示するものとする。）並びに設備の概要
四　法第十九条第一項各号に掲げる小学校就学前子どもの区分（同項第三号に掲げる小学校就学前子どもの区分にあっては、満一歳に満たない小学校就学前子ども及び満一歳以上の小学校就学前子どもの区分）ごとの利用する小学校就学前子どもの数
五　当該申請に係る事業に係る従業者の勤務の体制及び勤務形態
六　利用定員を増加しようとする理由

（準用）

第三十二条　第三十条の規定は、法第三十二条第一項の規定により法第二十七条第一項の確認の変更の申請があった場合及び法第三十二条第三項の規定により利用定員を変更しようとする場合における都道府県知事への届出について準用する。

（特定教育・保育施設の設置者の住所等の変更の届出等）

第三十三条　特定教育・保育施設の設置者は、第二十九条第一号（教育・保育施設の種類を除く。）、第二号、第四号（当該確認に係る事業に関するものに限る。）、第六号、第八号、第九号、第十四号及び第十六号に掲げる事項に変更があったときは、当該変更に係る事項について当該特定教育・保育施設の所在地を管轄する市町村長に届け出なければならない。ただし、同条第四号に掲げる事項（登記事項証明書を除く。）については、市町村長が、インターネットを利用して当該事項を閲覧することができる場合は、この限りでない。
2　前項の届出であって、特定教育・保育施設の設置者の役員又はその長の変更に伴うものは、誓約書を添付して行うものとする。

（特定教育・保育施設の利用定員の減少の届出）

第三十四条　法第三十五条第二項の規定による利用定員の減少の届出は、次に掲げる事項を記載した書類を提出することによって行うものとする。
一　利用定員を減少しようとする年月日
二　利用定員を減少する理由
三　現に利用している小学校就学前子どもに対する措置
四　法第十九条第一項各号に掲げる小学校就学前子どもの区分（同項第三号に掲げる小学校就学前子どもの区分にあっては、満一歳に満たない小学校就学前子ども及び満一歳以上の小学校就学前子どもの区分）ごとの減少後の利用定員

（令第十八条第一項の内閣府令で定める者）

第三十五条　令第十八条第一項の内閣府令で定める者は、市町村長、内閣総理大臣又は都道府県知事（第四十二条、第四十六条及び第五十三条の四において「市町村長等」という。）が法第五十六条第一項その他の規定による報告等の権限を適切に行使し、当該確認の取消しの処分の理由となった事

実及び当該事実の発生を防止するための当該特定教育・保育施設の設置者による業務管理体制の整備についての取組の状況その他の当該事実に関して当該特定教育・保育施設の設置者が有していた責任の程度を確認した結果、当該確認の取消しの理由となった事実について組織的に関与していると認められない者とする。

（令第十八条第二項第一号の内閣府令で定める密接な関係等）

第三十六条　令第十八条第二項第一号の内閣府令で定める密接な関係を有する法人は、次の各号のいずれにも該当する法人とする。

一　その者の重要な事項に係る意思決定に関与し、又はその者若しくはその者の親会社等が重要な事項に係る意思決定に関与していること。

二　法第二十七条第一項の規定により市町村長の確認を受けた者であること。

2　令第十八条第二項第一号イの内閣府令で定めるものは、次に掲げる者とする。

一　その者の役員に占めるその役員の割合が二分の一を超える者

二　その者（株式会社である場合に限る。）の議決権の過半数を所有している者

三　その者（持分会社（会社法（平成十七年法律第八十六号）第五百七十五条第一項に規定する持分会社をいう。以下この条において同じ。）である場合に限る。）の資本金の過半数を出資している者

四　その者の事業の方針の決定に関して、前三号に掲げる者と同等以上の支配力を有すると認められる者

3　令第十八条第二項第一号ロの内閣府令で定めるものは、次に掲げる者とする。

一　その者の親会社等の役員と同一の者がその役員に占める割合が二分の一を超える者

二　その者の親会社等（株式会社である場合に限る。）が議決権の過半数を所有している者

三　その者の親会社等（持分会社である場合に限る。）が資本金の過半数を出資している者

四　事業の方針の決定に関するその者の親会社等の支配力が前三号に掲げる者と同等以上と認められる者

4　令第十八条第二項第一号ハの内閣府令で定めるものは、次に掲げる者とする。

一　その者の役員と同一の者がその役員に占める割合が二分の一を超える者

二　その者（株式会社である場合に限る。）が議決権の過半数を所有している者

三　その者（持分会社である場合に限る。）が資本金の過半数を出資している者

四　事業の方針の決定に関するその者の支配力が前三号に掲げる者と同等以上と認められる者

（聴聞決定予定日の通知）

第三十七条　令第十八条第二項第三号の規定による通知をするときは、法第三十八条第一項の規定による検査が行われた日（以下この条において「検査日」という。）から十日以内に、検査日から起算して六十日以内の特定の日を通知するものとする。

（法第四十一条の内閣府令で定める事項）

第三十八条　法第四十一条の内閣府令で定める事項は、次に掲げる事項とする。

一　当該特定教育・保育施設の設置者の名称

二　当該特定教育・保育施設の名称及び所在地

三　確認をし、若しくは確認を取り消した場合又は確認の辞退があった場合にあっては、その年月日

四　確認の全部又は一部の効力を停止した場合にあっては、その内容及びその期間

五　教育・保育施設の種類

第二款　特定地域型保育事業者

（特定地域型保育事業者の確認の申請等）

第三十九条　法第四十三条第一項の規定に基づき特定地域型保育事業者の確認を受けようとする者は、次に掲げる事項を記載した申請書又は書類を、当該確認の申請に係る事業所の所在地を管轄する市町村長（同項の規定に基づき確認を受けようとする地域型保育事業を行う事業所の所在地の市町村以外の市町村（以下この条において「他の

市町村」という。）の長から確認を受けようとする場合には、当該他の市町村の長。以下この節において同じ。）に提出しなければならない。ただし、第四号に掲げる事項を記載した申請書又は書類（登記事項証明書を除く。）については、市町村長が、インターネットを利用して当該事項を閲覧することができる場合は、この限りでない。

一　事業所（当該事業所の所在地以外の場所に当該事業所の一部として使用される事務所を有するときは、当該事務所を含む。）の名称及び所在地

二　申請者の名称及び主たる事務所の所在地並びに代表者の氏名、生年月日、住所及び職名

三　当該申請に係る事業の開始の予定年月日

四　申請者の定款、寄附行為等及びその登記事項証明書又は条例等

五　地域型保育事業の認可証等の写し

六　事業所の平面図（各室の用途を明示するものとする。）及び設備の概要

七　満一歳に満たない小学校就学前子ども及び満一歳以上の小学校就学前子どもの区分ごとの利用する小学校就学前子どもの数

八　事業所の管理者の氏名、生年月日、住所

九　運営規程

十　利用者又はその家族からの苦情を処理するために講ずる措置の概要

十一　当該申請に係る事業に係る従業者の勤務の体制及び勤務形態

十二　当該申請に係る事業に係る資産の状況

十三　法第四十五条第二項の規定により満三歳未満保育認定子どもを選考する場合の基準

十四　当該申請に係る事業に係る地域型保育給付費及び特例地域型保育給付費の請求に関する事項

十五　法第五十二条第二項に規定する申請をすることができない者に該当しないことを誓約する書面（第四十一条第二項において「誓約書」という。）

十六　役員の氏名、生年月日及び住所

十七　特定教育・保育施設及び特定地域型保育事業の運営に関する基準（平成二十六年内閣府令第三十九号）第四十二条第一項及び第二項の規定により連携協力を行う特定教育・保育施設又は同項に規定する居宅訪問型保育連携施設（別表第一第二号トにおいて「居宅訪問型保育連携施設」という。）の名称

十八　その他確認に関し必要と認める事項

（特定地域型保育事業者の確認の変更の申請）

第四十条　法第四十四条第一項の規定に基づき特定地域型保育事業者の確認の変更を受けようとする者は、次に掲げる事項を記載した申請書又は書類を、当該変更に係る事業所の所在地を管轄する市町村長に提出しなければならない。

一　事業所の名称及び所在地

二　申請者の名称及び主たる事務所の所在地並びに代表者の氏名、生年月日、住所及び職名

三　事業所の平面図（各室の用途を明示するものとする。）及び設備の概要

四　満一歳に満たない小学校就学前子ども及び満一歳以上の小学校就学前子どもの区分ごとの利用する小学校就学前子どもの数

五　当該申請に係る事業に係る従業者の勤務の体制及び勤務形態

六　利用定員を増加しようとする理由

（特定地域型保育事業者の名称等の変更の届出等）

第四十一条　特定地域型保育事業者は、第三十九条第一号、第二号、第四号（当該確認に係る事業に関するものに限る。）、第六号、第八号、第九号、第十四号、第十六号及び第十七号に掲げる事項に変更があったときは、当該変更に係る事項について当該特定地域型保育事業者の事業所の所在地を管轄する市町村長に届け出なければならない。ただし、同条第四号に掲げる事項（登記事項証明書を除く。）については、市町村長が、インターネットを利用して当該事項を閲覧することができる場合は、この限りでない。

2　前項の届出であって、特定地域型保育事

業者に係る管理者の変更又は役員の変更に伴うものは、誓約書を添付して行うものとする。

3　第三十四条の規定は、法第四十七条第二項の規定により特定地域型保育事業の利用定員の減少をしようとするときについて準用する。この場合において、第三十四条第四号中「法第十九条第一項各号に掲げる小学校就学前子どもの区分（同項第三号に掲げる小学校就学前子どもの区分にあっては、満一歳に満たない小学校就学前子ども及び満一歳以上の小学校就学前子どもの区分）」とあるのは、「満一歳に満たない小学校就学前子ども及び満一歳以上の小学校就学前子どもの区分」と読み替えるものとする。

（令第二十一条第一項の内閣府令で定める者）

第四十二条　令第二十一条第一項の内閣府令で定める者は、市町村長等が法第五十六条第一項その他の規定による報告等の権限を適切に行使し、当該確認の取消しの処分の理由となった事実及び当該事実の発生を防止するための当該特定地域型保育事業者による業務管理体制の整備についての取組の状況その他の当該事実に関して当該特定地域型保育事業者が有していた責任の程度を確認した結果、当該確認の取消しの理由となった事実について組織的に関与していると認められない者とする。

（聴聞決定予定日の通知）

第四十三条　令第二十一条第二項第四号の規定による通知をするときは、法第五十条第一項の規定による検査が行われた日（以下この条において「検査日」という。）から十日以内に、検査日から起算して六十日以内の特定の日を通知するものとする。

（法第五十三条の内閣府令で定める事項）

第四十四条　法第五十三条の内閣府令で定める事項は、次に掲げる事項とする。

一　当該特定地域型保育事業者の名称

二　当該確認に係る事業所の名称及び所在地

三　確認をし、若しくは確認を取り消した場合又は確認の辞退があった場合にあっては、その年月日

四　確認の全部又は一部の効力を停止した場合にあっては、その内容及びその期間

五　地域型保育事業の種類

第三款　業務管理体制の整備等

（法第五十五条第一項の内閣府令で定める基準）

第四十五条　法第五十五条第一項の内閣府令で定める基準は、次の各号に掲げる者の区分に応じ、当該各号に定めるところによる。

一　確認を受けている施設又は事業所の数が一以上二十未満の事業者　法令を遵守するための体制の確保に係る責任者（以下「法令遵守責任者」という。）の選任をすること。

二　確認を受けている施設又は事業所の数が二十以上百未満の事業者　法令遵守責任者の選任をすること及び業務が法令に適合することを確保するための規程を整備すること。

三　確認を受けている施設又は事業所の数が百以上の事業者　法令遵守責任者の選任をすること、業務が法令に適合することを確保するための規程を整備すること及び業務執行の状況の監査を定期的に行うこと。

（業務管理体制の整備に関する事項の届出）

第四十六条　特定教育・保育提供者は、法第五十五条第一項の規定による業務管理体制の整備について、遅滞なく、次に掲げる事項を記載した届書を、同条第二項各号に掲げる区分に応じ、市町村長等に届け出なければならない。

一　事業者の名称又は氏名、主たる事務所の所在地並びにその代表者の氏名、生年月日、住所及び職名

二　法令遵守責任者の氏名及び生年月日

三　業務が法令に適合することを確保するための規程の概要（確認を受けている施設又は事業所の数が二十以上の事業者の場合に限る。）

四　業務執行の状況の監査の方法の概要（確認を受けている施設又は事業所の数が百以上の事業者の場合に限る。）

2　特定教育・保育提供者は、前項の規定に

より届け出た事項に変更があったときは、遅滞なく、当該変更に係る事項について、法第五十五条第二項各号に掲げる区分に応じ、市町村長等に届け出なければならない。

3　特定教育・保育提供者は、法第五十五条第二項各号に掲げる区分に変更があったときは、変更後の届書を、変更後の区分により届け出るべき市町村長等及び変更前の区分により届け出るべき市町村長等の双方に届け出なければならない。

（市町村長の求めに応じて法第五十六条第一項の権限を行った場合における内閣総理大臣又は都道府県知事による通知）

第四十七条　法第五十六条第四項の規定により内閣総理大臣又は都道府県知事が同条第一項の権限を行った結果を通知するときは、権限を行使した年月日、結果の概要その他必要な事項を示さなければならない。

（法第五十七条第三項の規定による命令に違反した場合における内閣総理大臣又は都道府県知事による通知）

第四十八条　内閣総理大臣又は都道府県知事は、特定教育・保育提供者が法第五十七条第三項の規定による命令に違反したときは、その旨を当該特定教育・保育提供者の確認を行った市町村長に通知しなければならない。

第四款　教育・保育に関する情報の報告及び公表

（法第五十八条第一項の内閣府令で定めるとき）

第四十九条　法第五十八条第一項の内閣府令で定めるときは、災害その他都道府県知事に対し報告を行うことができないことにつき正当な理由がある特定教育・保育提供者以外のものについて、都道府県知事が定めるときとする。

（法第五十八条第一項の内閣府令で定める情報）

第五十条　法第五十八条第一項の内閣府令で定める情報は、教育・保育の提供を開始しようとするときにあっては別表第一に掲げる項目に関するものとし、同項の内閣府令で定めるときにあっては別表第一及び別表第二に掲げる項目に関するものとする。

（法第五十八条第二項の規定による公表の方法）

第五十一条　都道府県知事は、法第五十八条第一項の規定による報告を受けた後、当該報告の内容を公表するものとする。ただし、都道府県知事は、当該報告を受けた後に同条第三項の調査を行ったときは、当該調査の結果を公表することをもって、当該報告の内容を公表したものとすることができる。

（法第五十八条第三項の内閣府令で定める教育・保育情報）

第五十二条　法第五十八条第三項の内閣府令で定める教育・保育情報は、別表第一及び別表第二に掲げる項目に関する情報とする。

（法第五十八条第七項の内閣府令で定める情報）

第五十三条　法第五十八条第七項の内閣府令で定める情報は、教育・保育の質及び教育・保育に従事する従業者に関する情報（教育・保育情報に該当するものを除く。）として都道府県知事が定めるものとする。

第二節　特定子ども・子育て支援提供者

（特定子ども・子育て支援施設等の確認の申請等）

第五十三条の二　法第五十八条の二の規定に基づき特定子ども・子育て支援施設等の確認を受けようとする者は、次に掲げる事項を記載した申請書又は書類を、当該確認の申請に係る施設又は事業所の設置の場所を管轄する市町村長に提出しなければならない。ただし、第四号に掲げる事項を記載した申請書又は書類（登記事項証明書を除く。）については、市町村長が、インターネットを利用して当該事項を閲覧することができる場合は、この限りでない。

一　施設又は事業所（当該事業所の所在地以外の場所に当該事業所の一部として使用される事務所を有するときは、当該事務所を含む。）の名称、子ども・子育て支援施設等の種類及び設置の場所

二　設置者又は申請者の名称及び主たる事務所の所在地並びに代表者の氏名、生年月日、住所及び職名
三　当該申請に係る事業の開始の予定年月日
四　設置者又は申請者の定款、寄附行為等及びその登記事項証明書又は条例等
五　認定こども園、幼稚園又は特別支援学校の認可証の写しその他の子ども・子育て支援施設等であることを証する書類
六　施設又は事業所の管理者の氏名、生年月日及び住所
七　法第五十八条の十第二項に規定する申請をすることができない者に該当しないことを誓約する書面（次条第二項において「誓約書」という。）
八　役員の氏名、生年月日及び住所
九　その他確認に関し必要と認める事項

（特定子ども・子育て支援提供者の住所等の変更の届出等）

第五十三条の三　特定子ども・子育て支援提供者は、第五十三条の二第一号（子ども・子育て支援施設等の種類を除く。）、第二号、第四号（当該確認に係る事業に関するものに限る。）、第六号及び第八号に掲げる事項に変更があったときは、当該変更に係る事項について当該特定子ども・子育て支援を提供する施設又は事業所の所在地を管轄する市町村長に届け出なければならない。ただし、同条第四号に掲げる事項（登記事項証明書を除く。）については、市町村長が、インターネットを利用して当該事項を閲覧することができる場合は、この限りでない。

2　前項の届出であって、特定子ども・子育て支援施設等である施設の設置者の役員若しくはその長又は特定子ども・子育て支援施設等である事業を行う者に係る管理者若しくは役員の変更に伴うものは、誓約書を添付して行うものとする。

（令第二十二条の三第一項の内閣府令で定める者）

第五十三条の四　令第二十二条の三第一項の内閣府令で定める者は、市町村長等が法第五十八条の八第一項その他の規定による報告等の権限を適切に行使し、当該確認の取消しの処分の理由となった事実及び当該事実の発生を防止するための当該特定子ども・子育て支援提供者による子ども・子育て支援の提供体制の整備についての取組の状況その他の当該事実に関して当該子ども・子育て支援提供者が有していた責任の程度を確認した結果、当該確認の取消しの理由となった事実について組織的に関与していると認められない者とする。

（聴聞決定予定日の通知）

第五十三条の五　令第二十二条の三第二項第四号の規定による通知をするときは、法第五十八条の八第一項の規定による検査が行われた日（以下この条において「検査日」という。）から十日以内に、検査日から起算して六十日以内の特定の日を通知するものとする。

（法第五十八条の十一の内閣府令で定める事項）

第五十三条の六　法第五十八条の十一の内閣府令で定める事項は、次に掲げる事項とする。
一　当該特定子ども・子育て支援提供者の名称
二　当該特定子ども・子育て支援を提供する施設又は事業所の名称及び所在地
三　確認をし、若しくは確認を取り消した場合又は確認の辞退があった場合にあっては、その年月日
四　確認の全部又は一部の効力を停止した場合にあっては、その内容及びその期間
五　子ども・子育て支援施設等の種類
六　特定子ども・子育て支援施設等である法第七条第十項第五号に掲げる事業にあっては、第二十八条の十八第三項を満たしているか否かの別

第三章　地域子ども・子育て支援事業

（法第五十九条第一号に規定する内閣府令で定める便宜）

第五十四条　法第五十九条第一号に規定する内閣府令で定める便宜は、子ども及びその保護者に係る状況の把握、必要な情報の提供及び助言並びに相談及び指導、子ども及びその保護者と市町村、特定教育・保育施設、特定地域型保育事業者等との連絡調整

その他の子ども及びその保護者に必要な支援とする。

（法第五十九条第三号ロに規定する内閣府令で定めるもの）

第五十四条の二　法第五十九条第三号ロに規定する内閣府令で定めるものは、食事の提供（副食の提供に限る。）に要する費用とする。

第四章　子ども・子育て支援事業計画

（市町村子ども・子育て支援事業計画に住民の意見を反映させるために必要な措置）

第五十五条　法第六十一条第八項の内閣府令で定める方法は、市町村子ども・子育て支援事業計画の案及び当該案に対する意見の提出方法、提出期限、提出先その他意見の提出に必要な事項を、インターネットの利用、印刷物の配布その他適切な手段により住民に周知する方法とする。

附　則（抄）

（施行期日）

第一条　この府令は、法の施行の日（平成二十七年四月一日）から施行する。（後略）

（就労時間に係る要件に関する特例）

第二条　施行日から起算して十年を経過する日までの間は、第一条の五第一号の規定の適用については、同号中「四十八時間から六十四時間までの範囲内で月を単位に市町村」とあるのは、「市町村」とする。

児童福祉法

（昭和二二・一二・一二　法律一六四）

最新改正　令和元法律四六

第一章　総則

（児童福祉の理念）

第一条　全て児童は、児童の権利に関する条約の精神にのつとり、適切に養育されること、その生活を保障されること、愛され、保護されること、その心身の健やかな成長及び発達並びにその自立が図られることその他の福祉を等しく保障される権利を有する。

（児童育成の責任）

第二条　全て国民は、児童が良好な環境において生まれ、かつ、社会のあらゆる分野において、児童の年齢及び発達の程度に応じて、その意見が尊重され、その最善の利益が優先して考慮され、心身ともに健やかに育成されるよう努めなければならない。

②　児童の保護者は、児童を心身ともに健やかに育成することについて第一義的責任を負う。

③　国及び地方公共団体は、児童の保護者とともに、児童を心身ともに健やかに育成する責任を負う。

（原理の尊重）

第三条　前二条に規定するところは、児童の福祉を保障するための原理であり、この原理は、すべて児童に関する法令の施行にあたつて、常に尊重されなければならない。

第一節　国及び地方公共団体の責務

第三条の二　国及び地方公共団体は、児童が家庭において心身ともに健やかに養育されるよう、児童の保護者を支援しなければならない。ただし、児童及びその保護者の心身の状況、これらの者の置かれている環境その他の状況を勘案し、児童を家庭において養育することが困難であり又は適当でない場合にあつては児童が家庭における養育環境と同様の養育環境において継続的に養育されるよう、児童を家庭及び当該養育環境において養育することが適当でない場合にあつては児童ができる限り良好な家庭的環境において養育されるよう、必要な措置を講じなければならない。

第三条の三　市町村（特別区を含む。以下同じ。）は、児童が心身ともに健やかに育成されるよう、基礎的な地方公共団体として、第十条第一項各号に掲げる業務の実施、障害児通所給付費の支給、第二十四条第一項の規定による保育の実施その他この法律に基づく児童の身近な場所における児童の福祉に関する支援に係る業務を適切に行わなければならない。

② 都道府県は、市町村の行うこの法律に基づく児童の福祉に関する業務が適正かつ円滑に行われるよう、市町村に対する必要な助言及び適切な援助を行うとともに、児童が心身ともに健やかに育成されるよう、専門的な知識及び技術並びに各市町村の区域を超えた広域的な対応が必要な業務として、第十一条第一項各号に掲げる業務の実施、小児慢性特定疾病医療費の支給、障害児入所給付費の支給、第二十七条第一項第三号の規定による委託又は入所の措置その他この法律に基づく児童の福祉に関する業務を適切に行わなければならない。

③ 国は、市町村及び都道府県の行うこの法律に基づく児童の福祉に関する業務が適正かつ円滑に行われるよう、児童が適切に養育される体制の確保に関する施策、市町村及び都道府県に対する助言及び情報の提供その他の必要な各般の措置を講じなければならない。

第二節　定義

〔児童及び障害児〕

第四条　この法律で、児童とは、満十八歳に満たない者をいい、児童を左のように分ける。

一　乳児　満一歳に満たない者

二　幼児　満一歳から、小学校就学の始期に達するまでの者

三　少年　小学校就学の始期から、満十八歳に達するまでの者

② この法律で、障害児とは、身体に障害のある児童、知的障害のある児童、精神に障害のある児童（発達障害者支援法（平成十六年法律第百六十七号）第二条第二項に規定する発達障害児を含む。）又は治療方法が確立していない疾病その他の特殊の疾病であつて障害者の日常生活及び社会生活を総合的に支援するための法律（平成十七年法律第百二十三号）第四条第一項の政令で定めるものによる障害の程度が同項の厚生労働大臣が定める程度である児童をいう。

〔妊産婦〕

第五条　この法律で、妊産婦とは、妊娠中又は出産後一年以内の女子をいう。

〔保護者〕

第六条　この法律で、保護者とは、第十九条の三、第五十七条の三第二項、第五十七条の三の三第二項及び第五十七条の四第二項を除き、親権を行う者、未成年後見人その他の者で、児童を現に監護する者をいう。

〔小児慢性特定疾病等〕

第六条の二　この法律で、小児慢性特定疾病とは、児童又は児童以外の満二十歳に満たない者（以下「児童等」という。）が当該疾病にかかつていることにより、長期にわたり療養を必要とし、及びその生命に危険が及ぶおそれがあるものであつて、療養のために多額の費用を要するものとして厚生労働大臣が社会保障審議会の意見を聴いて定める疾病をいう。

② この法律で、小児慢性特定疾病医療支援とは、都道府県知事が指定する医療機関（以下「指定小児慢性特定疾病医療機関」という。）に通い、又は入院する小児慢性特定疾病にかかつている児童等（政令で定めるものに限る。以下「小児慢性特定疾病児童等」という。）であつて、当該疾病の状態が当該小児慢性特定疾病ごとに厚生労働大臣が社会保障審議会の意見を聴いて定める程度であるものに対し行われる医療（当該小児慢性特定疾病に係るものに限る。）をいう。

〔障害児通所支援等〕

第六条の二の二　この法律で、障害児通所支援とは、児童発達支援、医療型児童発達支援、放課後等デイサービス、居宅訪問型児童発達支援及び保育所等訪問支援をいい、障害児通所支援事業とは、障害児通所支援を行う事業をいう。

② この法律で、児童発達支援とは、障害児につき、児童発達支援センターその他の厚生労働省令で定める施設に通わせ、日常生活における基本的な動作の指導、知識技能の付与、集団生活への適応訓練その他の厚生労働省令で定める便宜を供与することをいう。

③ この法律で、医療型児童発達支援とは、上肢、下肢又は体幹の機能の障害（以下「肢体不自由」という。）のある児童につき、

医療型児童発達支援センター又は独立行政法人国立病院機構若しくは国立研究開発法人国立精神・神経医療研究センターの設置する医療機関であつて厚生労働大臣が指定するもの（以下「指定発達支援医療機関」という。）に通わせ、児童発達支援及び治療を行うことをいう。

④　この法律で、放課後等デイサービスとは、学校教育法（昭和二十二年法律第二十六号）第一条に規定する学校（幼稚園及び大学を除く。）に就学している障害児につき、授業の終了後又は休業日に児童発達支援センターその他の厚生労働省令で定める施設に通わせ、生活能力の向上のために必要な訓練、社会との交流の促進その他の便宜を供与することをいう。

⑤　この法律で、居宅訪問型児童発達支援とは、重度の障害の状態その他これに準ずるものとして厚生労働省令で定める状態にある障害児であつて、児童発達支援、医療型児童発達支援又は放課後等デイサービスを受けるために外出することが著しく困難なものにつき、当該障害児の居宅を訪問し、日常生活における基本的な動作の指導、知識技能の付与、生活能力の向上のために必要な訓練その他の厚生労働省令で定める便宜を供与することをいう。

⑥　この法律で、保育所等訪問支援とは、保育所その他の児童が集団生活を営む施設として厚生労働省令で定めるものに通う障害児又は乳児院その他の児童が集団生活を営む施設として厚生労働省令で定めるものに入所する障害児につき、当該施設を訪問し、当該施設における障害児以外の児童との集団生活への適応のための専門的な支援その他の便宜を供与することをいう。

⑦　この法律で、障害児相談支援とは、障害児支援利用援助及び継続障害児支援利用援助を行うことをいい、障害児相談支援事業とは、障害児相談支援を行う事業をいう。

⑧　この法律で、障害児支援利用援助とは、第二十一条の五の六第一項又は第二十一条の五の八第一項の申請に係る障害児の心身の状況、その置かれている環境、当該障害児又はその保護者の障害児通所支援の利用に関する意向その他の事情を勘案し、利用する障害児通所支援の種類及び内容その他の厚生労働省令で定める事項を定めた計画（以下「障害児支援利用計画案」という。）を作成し、第二十一条の五の五第一項に規定する通所給付決定（次項において「通所給付決定」という。）又は第二十一条の五の八第二項に規定する通所給付決定の変更の決定（次項において「通所給付決定の変更の決定」という。）（以下この条及び第二十四条の二十六第一項第一号において「給付決定等」と総称する。）が行われた後に、第二十一条の五の三第一項に規定する指定障害児通所支援事業者等その他の者（次項において「関係者」という。）との連絡調整その他の便宜を供与するとともに、当該給付決定等に係る障害児通所支援の種類及び内容、これを担当する者その他の厚生労働省令で定める事項を記載した計画（次項において「障害児支援利用計画」という。）を作成することをいう。

⑨　この法律で、継続障害児支援利用援助とは、通所給付決定に係る障害児の保護者（以下「通所給付決定保護者」という。）が、第二十一条の五の七第八項に規定する通所給付決定の有効期間内において、継続して障害児通所支援を適切に利用することができるよう、当該通所給付決定に係る障害児支援利用計画（この項の規定により変更されたものを含む。以下この項において同じ。）が適切であるかどうかにつき、厚生労働省令で定める期間ごとに、当該通所給付決定保護者の障害児通所支援の利用状況を検証し、その結果及び当該通所給付決定に係る障害児の心身の状況、その置かれている環境、当該障害児又はその保護者の障害児通所支援の利用に関する意向その他の事情を勘案し、障害児支援利用計画の見直しを行い、その結果に基づき、次のいずれかの便宜の供与を行うことをいう。

一　障害児支援利用計画を変更するとともに、関係者との連絡調整その他の便宜の供与を行うこと。

二　新たな通所給付決定又は通所給付決定の変更の決定が必要であると認められる

場合において、当該給付決定等に係る障害児の保護者に対し、給付決定等に係る申請の勧奨を行うこと。

〔事業〕

第六条の三　この法律で、児童自立生活援助事業とは、次に掲げる者に対しこれらの者が共同生活を営むべき住居における相談その他の日常生活上の援助及び生活指導並びに就業の支援（以下「児童自立生活援助」という。）を行い、あわせて児童自立生活援助の実施を解除された者に対し相談その他の援助を行う事業をいう。

一　義務教育を終了した児童又は児童以外の満二十歳に満たない者であつて、措置解除者等（第二十七条第一項第三号に規定する措置（政令で定めるものに限る。）を解除された者その他政令で定める者をいう。次号において同じ。）であるもの（以下「満二十歳未満義務教育終了児童等」という。）

二　学校教育法第五十条に規定する高等学校の生徒、同法第八十三条に規定する大学の学生その他の厚生労働省令で定める者であつて、満二十歳に達した日から満二十二歳に達する日の属する年度の末日までの間にあるもの（満二十歳に達する日の前日において児童自立生活援助が行われていた満二十歳未満義務教育終了児童等であつたものに限る。）のうち、措置解除者等であるもの（以下「満二十歳以上義務教育終了児童等」という。）

②　この法律で、放課後児童健全育成事業とは、小学校に就学している児童であつて、その保護者が労働等により昼間家庭にいないものに、授業の終了後に児童厚生施設等の施設を利用して適切な遊び及び生活の場を与えて、その健全な育成を図る事業をいう。

③　この法律で、子育て短期支援事業とは、保護者の疾病その他の理由により家庭において養育を受けることが一時的に困難となつた児童について、厚生労働省令で定めるところにより、児童養護施設その他の厚生労働省令で定める施設に入所させ、その者につき必要な保護を行う事業をいう。

④　この法律で、乳児家庭全戸訪問事業とは、一の市町村の区域内における原則として全ての乳児のいる家庭を訪問することにより、厚生労働省令で定めるところにより、子育てに関する情報の提供並びに乳児及びその保護者の心身の状況及び養育環境の把握を行うほか、養育についての相談に応じ、助言その他の援助を行う事業をいう。

⑤　この法律で、養育支援訪問事業とは、厚生労働省令で定めるところにより、乳児家庭全戸訪問事業の実施その他により把握した保護者の養育を支援することが特に必要と認められる児童（第八項に規定する要保護児童に該当するものを除く。以下「要支援児童」という。）若しくは保護者に監護させることが不適当であると認められる児童及びその保護者又は出産後の養育について出産前において支援を行うことが特に必要と認められる妊婦（以下「特定妊婦」という。）（以下「要支援児童等」という。）に対し、その養育が適切に行われるよう、当該要支援児童等の居宅において、養育に関する相談、指導、助言その他必要な支援を行う事業をいう。

⑥　この法律で、地域子育て支援拠点事業とは、厚生労働省令で定めるところにより、乳児又は幼児及びその保護者が相互の交流を行う場所を開設し、子育てについての相談、情報の提供、助言その他の援助を行う事業をいう。

⑦　この法律で、一時預かり事業とは、家庭において保育（養護及び教育（第三十九条の二第一項に規定する満三歳以上の幼児に対する教育を除く。）を行うことをいう。以下同じ。）を受けることが一時的に困難となつた乳児又は幼児について、厚生労働省令で定めるところにより、主として昼間において、保育所、認定こども園（就学前の子どもに関する教育、保育等の総合的な提供の推進に関する法律（平成十八年法律第七十七号。以下「認定こども園法」という。）第二条第六項に規定する認定こども園をいい、保育所であるものを除く。第二十四条第二項を除き、以下同じ。）その他の場所において、一時的に預かり、必要な

保護を行う事業をいう。

⑧　この法律で、小規模住居型児童養育事業とは、第二十七条第一項第三号の措置に係る児童について、厚生労働省令で定めるところにより、保護者のない児童又は保護者に監護させることが不適当であると認められる児童（以下「要保護児童」という。）の養育に関し相当の経験を有する者その他の厚生労働省令で定める者（次条に規定する里親を除く。）の住居において養育を行う事業をいう。

⑨　この法律で、家庭的保育事業とは、次に掲げる事業をいう。

一　子ども・子育て支援法（平成二十四年法律第六十五号）第十九条第一項第二号の内閣府令で定める事由により家庭において必要な保育を受けることが困難である乳児又は幼児（以下「保育を必要とする乳児・幼児」という。）であつて満三歳未満のものについて、家庭的保育者（市町村長（特別区の区長を含む。以下同じ。）が行う研修を修了した保育士その他の厚生労働省令で定める者であつて、当該保育を必要とする乳児・幼児の保育を行う者として市町村長が適当と認めるものをいう。以下同じ。）の居宅その他の場所（当該保育を必要とする乳児・幼児の居宅を除く。）において、家庭的保育者による保育を行う事業（利用定員が五人以下であるものに限る。次号において同じ。）

二　満三歳以上の幼児に係る保育の体制の整備の状況その他の地域の事情を勘案して、保育が必要と認められる児童であつて満三歳以上のものについて、家庭的保育者の居宅その他の場所（当該保育が必要と認められる児童の居宅を除く。）において、家庭的保育者による保育を行う事業

⑩　この法律で、小規模保育事業とは、次に掲げる事業をいう。

一　保育を必要とする乳児・幼児であつて満三歳未満のものについて、当該保育を必要とする乳児・幼児を保育することを目的とする施設（利用定員が六人以上十九人以下であるものに限る。）において、保育を行う事業

二　満三歳以上の幼児に係る保育の体制の整備の状況その他の地域の事情を勘案して、保育が必要と認められる児童であつて満三歳以上のものについて、前号に規定する施設において、保育を行う事業

⑪　この法律で、居宅訪問型保育事業とは、次に掲げる事業をいう。

一　保育を必要とする乳児・幼児であつて満三歳未満のものについて、当該保育を必要とする乳児・幼児の居宅において家庭的保育者による保育を行う事業

二　満三歳以上の幼児に係る保育の体制の整備の状況その他の地域の事情を勘案して、保育が必要と認められる児童であつて満三歳以上のものについて、当該保育が必要と認められる児童の居宅において家庭的保育者による保育を行う事業

⑫　この法律で、事業所内保育事業とは、次に掲げる事業をいう。

一　保育を必要とする乳児・幼児であつて満三歳未満のものについて、次に掲げる施設において、保育を行う事業

イ　事業主がその雇用する労働者の監護する乳児若しくは幼児及びその他の乳児若しくは幼児を保育するために自ら設置する施設又は事業主から委託を受けて当該事業主が雇用する労働者の監護する乳児若しくは幼児及びその他の乳児若しくは幼児の保育を実施する施設

ロ　事業主団体がその構成員である事業主の雇用する労働者の監護する乳児若しくは幼児及びその他の乳児若しくは幼児を保育するために自ら設置する施設又は事業主団体から委託を受けてその構成員である事業主の雇用する労働者の監護する乳児若しくは幼児及びその他の乳児若しくは幼児の保育を実施する施設

ハ　地方公務員等共済組合法（昭和三十七年法律第百五十二号）の規定に基づく共済組合その他の厚生労働省令で定める組合（以下ハにおいて「共済組合等」という。）が当該共済組合等の構

成員として厚生労働省令で定める者（以下ハにおいて「共済組合等の構成員」という。）の監護する乳児若しくは幼児及びその他の乳児若しくは幼児を保育するために自ら設置する施設又は共済組合等から委託を受けて当該共済組合等の構成員の監護する乳児若しくは幼児及びその他の乳児若しくは幼児の保育を実施する施設

二　満三歳以上の幼児に係る保育の体制の整備の状況その他の地域の事情を勘案して、保育が必要と認められる児童であつて満三歳以上のものについて、前号に規定する施設において、保育を行う事業

⑬　この法律で、病児保育事業とは、保育を必要とする乳児・幼児又は保護者の労働若しくは疾病その他の事由により家庭において保育を受けることが困難となつた小学校に就学している児童であつて、疾病にかかつているものについて、保育所、認定こども園、病院、診療所その他厚生労働省令で定める施設において、保育を行う事業をいう。

⑭　この法律で、子育て援助活動支援事業とは、厚生労働省令で定めるところにより、次に掲げる援助のいずれか又は全てを受けることを希望する者と当該援助を行うことを希望する者（個人に限る。以下この項において「援助希望者」という。）との連絡及び調整並びに援助希望者への講習の実施その他の必要な支援を行う事業をいう。

一　児童を一時的に預かり、必要な保護（宿泊を伴つて行うものを含む。）を行うこと。

二　児童が円滑に外出することができるよう、その移動を支援すること。

〔里親〕

第六条の四　この法律で、里親とは、次に掲げる者をいう。

一　厚生労働省令で定める人数以下の要保護児童を養育することを希望する者（都道府県知事が厚生労働省令で定めるところにより行う研修を修了したことその他の厚生労働省令で定める要件を満たす者に限る。）のうち、第三十四条の十九に規定する養育里親名簿に登録されたもの（以下「養育里親」という。）

二　前号に規定する厚生労働省令で定める人数以下の要保護児童を養育すること及び養子縁組によつて養親となることを希望する者（都道府県知事が厚生労働省令で定めるところにより行う研修を修了した者に限る。）のうち、第三十四条の十九に規定する養子縁組里親名簿に登録されたもの（以下「養子縁組里親」という。）

三　第一号に規定する厚生労働省令で定める人数以下の要保護児童を養育することを希望する者（当該要保護児童の父母以外の親族であつて、厚生労働省令で定めるものに限る。）のうち、都道府県知事が第二十七条第一項第三号の規定により児童を委託する者として適当と認めるもの

〔児童福祉施設及び障害児入所支援〕

第七条　この法律で、児童福祉施設とは、助産施設、乳児院、母子生活支援施設、保育所、幼保連携型認定こども園、児童厚生施設、児童養護施設、障害児入所施設、児童発達支援センター、児童心理治療施設、児童自立支援施設及び児童家庭支援センターとする。

②　この法律で、障害児入所支援とは、障害児入所施設に入所し、又は指定発達支援医療機関に入院する障害児に対して行われる保護、日常生活の指導及び知識技能の付与並びに障害児入所施設に入所し、又は指定発達支援医療機関に入院する障害児のうち知的障害のある児童、肢体不自由のある児童又は重度の知的障害及び重度の肢体不自由が重複している児童（以下「重症心身障害児」という。）に対し行われる治療をいう。

第三節　児童福祉審議会等

〔設置及び権限〕

第八条　第九項、第二十七条第六項、第三十三条の十五第三項、第三十五条第六項、第四十六条第四項及び第五十九条第五項の規定によりその権限に属させられた事項を調査審議するため、都道府県に児童福祉に関する審議会その他の合議制の機関を置くも

のとする。ただし、社会福祉法（昭和二十六年法律第四十五号）第十二条第一項の規定により同法第七条第一項に規定する地方社会福祉審議会（以下「地方社会福祉審議会」という。）に児童福祉に関する事項を調査審議させる都道府県にあつては、この限りでない。

② 前項に規定する審議会その他の合議制の機関（以下「都道府県児童福祉審議会」という。）は、同項に定めるもののほか、児童、妊産婦及び知的障害者の福祉に関する事項を調査審議することができる。

③ 市町村は、第三十四条の十五第四項の規定によりその権限に属させられた事項及び前項の事項を調査審議するため、児童福祉に関する審議会その他の合議制の機関を置くことができる。

④ 都道府県児童福祉審議会は、都道府県知事の、前項に規定する審議会その他の合議制の機関（以下「市町村児童福祉審議会」という。）は、市町村長の管理に属し、それぞれその諮問に答え、又は関係行政機関に意見を具申することができる。

⑤ 都道府県児童福祉審議会及び市町村児童福祉審議会（以下「児童福祉審議会」という。）は、特に必要があると認めるときは、関係行政機関に対し、所属職員の出席説明及び資料の提出を求めることができる。

⑥ 児童福祉審議会は、特に必要があると認めるときは、児童、妊産婦及び知的障害者、これらの者の家族その他の関係者に対し、第一項本文及び第二項の事項を調査審議するため必要な報告若しくは資料の提出を求め、又はその者の出席を求め、その意見を聴くことができる。

⑦ 児童福祉審議会は、前項の規定により意見を聴く場合においては、意見を述べる者の心身の状況、その者の置かれている環境その他の状況に配慮しなければならない。

⑧ 社会保障審議会及び児童福祉審議会は、必要に応じ、相互に資料を提供する等常に緊密な連絡をとらなければならない。

⑨ 社会保障審議会及び都道府県児童福祉審議会（第一項ただし書に規定する都道府県にあつては、地方社会福祉審議会とする。第二十七条第六項、第三十三条の十二第一項及び第三項、第三十三条の十三、第三十三条の十五、第三十五条第六項、第四十六条第四項並びに第五十九条第五項及び第六項において同じ。）は、児童及び知的障害者の福祉を図るため、芸能、出版物、玩具、遊戯等を推薦し、又はそれらを製作し、興行し、若しくは販売する者等に対し、必要な勧告をすることができる。

〔委員等〕

第九条　児童福祉審議会の委員は、児童福祉審議会の権限に属する事項に関し公正な判断をすることができる者であつて、かつ、児童又は知的障害者の福祉に関する事業に従事する者及び学識経験のある者のうちから、都道府県知事又は市町村長が任命する。

② 児童福祉審議会において、特別の事項を調査審議するため必要があるときは、臨時委員を置くことができる。

③ 児童福祉審議会の臨時委員は、前項の事項に関し公正な判断をすることができる者であつて、かつ、児童又は知的障害者の福祉に関する事業に従事する者及び学識経験のある者のうちから、都道府県知事又は市町村長が任命する。

④ 児童福祉審議会に、委員の互選による委員長及び副委員長各一人を置く。

第四節　実施機関

〔市町村の業務〕

第十条　市町村は、この法律の施行に関し、次に掲げる業務を行わなければならない。

一　児童及び妊産婦の福祉に関し、必要な実情の把握に努めること。

二　児童及び妊産婦の福祉に関し、必要な情報の提供を行うこと。

三　児童及び妊産婦の福祉に関し、家庭その他からの相談に応ずること並びに必要な調査及び指導を行うこと並びにこれらに付随する業務を行うこと。

四　前三号に掲げるもののほか、児童及び妊産婦の福祉に関し、家庭その他につき、必要な支援を行うこと。

② 市町村長は、前項第三号に掲げる業務のうち専門的な知識及び技術を必要とするも

のについては、児童相談所の技術的援助及び助言を求めなければならない。

③ 市町村長は、第一項第三号に掲げる業務を行うに当たつて、医学的、心理学的、教育学的、社会学的及び精神保健上の判定を必要とする場合には、児童相談所の判定を求めなければならない。

④ 市町村は、この法律による事務を適切に行うために必要な体制の整備に努めるとともに、当該事務に従事する職員の人材の確保及び資質の向上のために必要な措置を講じなければならない。

⑤ 国は、市町村における前項の体制の整備及び措置の実施に関し、必要な支援を行うように努めなければならない。

第十条の二 市町村は、前条第一項各号に掲げる業務を行うに当たり、児童及び妊産婦の福祉に関し、実情の把握、情報の提供、相談、調査、指導、関係機関との連絡調整その他の必要な支援を行うための拠点の整備に努めなければならない。

〔都道府県の業務〕

第十一条 都道府県は、この法律の施行に関し、次に掲げる業務を行わなければならない。

一 第十条第一項各号に掲げる市町村の業務の実施に関し、市町村相互間の連絡調整、市町村に対する情報の提供、市町村職員の研修その他必要な援助を行うこと及びこれらに付随する業務を行うこと。

二 児童及び妊産婦の福祉に関し、主として次に掲げる業務を行うこと。

イ 各市町村の区域を超えた広域的な見地から、実情の把握に努めること。

ロ 児童に関する家庭その他からの相談のうち、専門的な知識及び技術を必要とするものに応ずること。

ハ 児童及びその家庭につき、必要な調査並びに医学的、心理学的、教育学的、社会学的及び精神保健上の判定を行うこと。

ニ 児童及びその保護者につき、ハの調査又は判定に基づいて心理又は児童の健康及び心身の発達に関する専門的な知識及び技術を必要とする指導その他必要な指導を行うこと。

ホ 児童の一時保護を行うこと。

ヘ 児童の権利の保護の観点から、一時保護の解除後の家庭その他の環境の調整、当該児童の状況の把握その他の措置により当該児童の安全を確保すること。

ト 里親に関する次に掲げる業務を行うこと。

(1) 里親に関する普及啓発を行うこと。

(2) 里親につき、その相談に応じ、必要な情報の提供、助言、研修その他の援助を行うこと。

(3) 里親と第二十七条第一項第三号の規定により入所の措置が採られて乳児院、児童養護施設、児童心理治療施設又は児童自立支援施設に入所している児童及び里親相互の交流の場を提供すること。

(4) 第二十七条第一項第三号の規定による里親への委託に資するよう、里親の選定及び里親と児童との間の調整を行うこと。

(5) 第二十七条第一項第三号の規定により里親に委託しようとする児童及びその保護者並びに里親の意見を聴いて、当該児童の養育の内容その他の厚生労働省令で定める事項について当該児童の養育に関する計画を作成すること。

チ 養子縁組により養子となる児童、その父母及び当該養子となる児童の養親となる者、養子縁組により養子となつた児童、その養親となつた者及び当該養子となつた児童の父母（民法（明治二十九年法律第八十九号）第八百十七条の二第一項に規定する特別養子縁組（第三十三条の六の二において「特別養子縁組」という。）により親族関係が終了した当該養子となつた児童の実方の父母を含む。）その他の児童を養子とする養子縁組に関する者につき、その相談に応じ、必要な情報の提供、助言その他の援助を行うこと。

三　前二号に掲げるもののほか、児童及び妊産婦の福祉に関し、広域的な対応が必要な業務並びに家庭その他につき専門的な知識及び技術を必要とする支援を行うこと。

② 都道府県知事は、市町村の第十条第一項各号に掲げる業務の適切な実施を確保するため必要があると認めるときは、市町村に対し、体制の整備その他の措置について必要な助言を行うことができる。

③ 都道府県知事は、第一項又は前項の規定による都道府県の事務の全部又は一部を、その管理に属する行政庁に委任することができる。

④ 都道府県知事は、第一項第二号トに掲げる業務（次項において「里親支援事業」という。）に係る事務の全部又は一部を厚生労働省令で定める者に委託することができる。

⑤ 前項の規定により行われる里親支援事業に係る事務に従事する者又は従事していた者は、その事務に関して知り得た秘密を漏らしてはならない。

⑥ 都道府県は、この法律による事務を適切に行うために必要な体制の整備に努めるとともに、当該事務に従事する職員の人材の確保及び資質の向上のために必要な措置を講じなければならない。

⑦ 国は、都道府県における前項の体制の整備及び措置の実施に関し、必要な支援を行うように努めなければならない。

〔児童相談所〕

第十二条　都道府県は、児童相談所を設置しなければならない。

② 児童相談所は、児童の福祉に関し、主として前条第一項第一号に掲げる業務（市町村職員の研修を除く。）並びに同項第二号（イを除く。）及び第三号に掲げる業務並びに障害者の日常生活及び社会生活を総合的に支援するための法律第二十二条第二項及び第三項並びに第二十六条第一項に規定する業務を行うものとする。

③ 都道府県は、児童相談所が前項に規定する業務のうち法律に関する専門的な知識経験を必要とするものを適切かつ円滑に行うことの重要性に鑑み、児童相談所における弁護士の配置又はこれに準ずる措置を行うものとする。

④ 児童相談所は、必要に応じ、巡回して、第二項に規定する業務（前条第一項第二号ホに掲げる業務を除く。）を行うことができる。

⑤ 児童相談所長は、その管轄区域内の社会福祉法に規定する福祉に関する事務所（以下「福祉事務所」という。）の長（以下「福祉事務所長」という。）に必要な調査を委嘱することができる。

⑥ 都道府県知事は、第二項に規定する業務の質の評価を行うことその他必要な措置を講ずることにより、当該業務の質の向上に努めなければならない。

⑦ 国は、前項の措置を援助するために、児童相談所の業務の質の適切な評価の実施に資するための措置を講ずるよう努めなければならない。

〔児童相談所の職員〕

第十二条の二　児童相談所には、所長及び所員を置く。

② 所長は、都道府県知事の監督を受け、所務を掌理する。

③ 所員は、所長の監督を受け、前条に規定する業務をつかさどる。

④ 児童相談所には、第一項に規定するもののほか、必要な職員を置くことができる。

〔児童相談所の所長及び所員の資格〕

第十二条の三　児童相談所の所長及び所員は、都道府県知事の補助機関である職員とする。

② 所長は、次の各号のいずれかに該当する者でなければならない。

一　医師であつて、精神保健に関して学識経験を有する者

二　学校教育法に基づく大学又は旧大学令（大正七年勅令第三百八十八号）に基づく大学において、心理学を専修する学科又はこれに相当する課程を修めて卒業した者（当該学科又は当該課程を修めて同法に基づく専門職大学の前期課程を修了した者を含む。）

三　社会福祉士

四　精神保健福祉士
五　公認心理師
六　児童の福祉に関する事務をつかさどる職員（以下「児童福祉司」という。）として二年以上勤務した者又は児童福祉司たる資格を得た後二年以上所員として勤務した者
七　前各号に掲げる者と同等以上の能力を有すると認められる者であつて、厚生労働省令で定めるもの
③　所長は、厚生労働大臣が定める基準に適合する研修を受けなければならない。
④　相談及び調査をつかさどる所員は、児童福祉司たる資格を有する者でなければならない。
⑤　判定をつかさどる所員の中には、第二項第一号に該当する者又はこれに準ずる資格を有する者及び同項第二号に該当する者若しくはこれに準ずる資格を有する者又は同項第五号に該当する者が、それぞれ一人以上含まれなければならない。
⑥　指導をつかさどる所員の中には、次の各号に掲げる指導の区分に応じ、当該各号に定める者が含まれなければならない。
一　心理に関する専門的な知識及び技術を必要とする指導　第二項第一号に該当する者若しくはこれに準ずる資格を有する者、同項第二号に該当する者若しくはこれに準ずる資格を有する者又は同項第五号に該当する者
二　児童の健康及び心身の発達に関する専門的な知識及び技術を必要とする指導　医師又は保健師
⑦　前項第一号に規定する指導をつかさどる所員の数は、政令で定める基準を標準として都道府県が定めるものとする。

〔児童の一時保護施設の設置〕
第十二条の四　児童相談所には、必要に応じ、児童を一時保護する施設を設けなければならない。

〔命令への委任〕
第十二条の五　この法律で定めるもののほか、児童相談所の管轄区域その他児童相談所に関し必要な事項は、命令でこれを定める。

〔保健所の業務〕
第十二条の六　保健所は、この法律の施行に関し、主として次の業務を行うものとする。
一　児童の保健について、正しい衛生知識の普及を図ること。
二　児童の健康相談に応じ、又は健康診査を行い、必要に応じ、保健指導を行うこと。
三　身体に障害のある児童及び疾病により長期にわたり療養を必要とする児童の療育について、指導を行うこと。
四　児童福祉施設に対し、栄養の改善その他衛生に関し、必要な助言を与えること。
②　児童相談所長は、相談に応じた児童、その保護者又は妊産婦について、保健所に対し、保健指導その他の必要な協力を求めることができる。

第五節　児童福祉司

〔児童福祉司〕
第十三条　都道府県は、その設置する児童相談所に、児童福祉司を置かなければならない。
②　児童福祉司の数は、各児童相談所の管轄区域内の人口、児童虐待の防止等に関する法律（平成十二年法律第八十二号）第二条に規定する児童虐待（以下単に「児童虐待」という。）に係る相談に応じた件数、第二十七条第一項第三号の規定による里親への委託の状況及び市町村におけるこの法律による事務の実施状況その他の条件を総合的に勘案して政令で定める基準を標準として都道府県が定めるものとする。
③　児童福祉司は、都道府県知事の補助機関である職員とし、次の各号のいずれかに該当する者のうちから、任用しなければならない。
一　都道府県知事の指定する児童福祉司若しくは児童福祉施設の職員を養成する学校その他の施設を卒業し、又は都道府県知事の指定する講習会の課程を修了した者
二　学校教育法に基づく大学又は旧大学令に基づく大学において、心理学、教育学若しくは社会学を専修する学科又はこれ

らに相当する課程を修めて卒業した者（当該学科又は当該課程を修めて同法に基づく専門職大学の前期課程を修了した者を含む。）であつて、厚生労働省令で定める施設において一年以上児童その他の者の福祉に関する相談に応じ、助言、指導その他の援助を行う業務に従事したもの

三　医師

四　社会福祉士

五　精神保健福祉士

六　公認心理師

七　社会福祉主事として二年以上児童福祉事業に従事した者であつて、厚生労働大臣が定める講習会の課程を修了したもの

八　前各号に掲げる者と同等以上の能力を有すると認められる者であつて、厚生労働省令で定めるもの

④　児童福祉司は、児童相談所長の命を受けて、児童の保護その他児童の福祉に関する事項について、相談に応じ、専門的技術に基づいて必要な指導を行う等児童の福祉増進に努める。

⑤　児童福祉司の中には、他の児童福祉司が前項の職務を行うため必要な専門的技術に関する指導及び教育を行う児童福祉司（次項及び第七項において「指導教育担当児童福祉司」という。）が含まれなければならない。

⑥　指導教育担当児童福祉司は、児童福祉司としておおむね五年以上勤務した者でなければならない。

⑦　指導教育担当児童福祉司の数は、政令で定める基準を参酌して都道府県が定めるものとする。

⑧　児童福祉司は、児童相談所長が定める担当区域により、第四項の職務を行い、担当区域内の市町村長に協力を求めることができる。

⑨　児童福祉司は、厚生労働大臣が定める基準に適合する研修を受けなければならない。

⑩　第三項第一号の施設及び講習会の指定に関し必要な事項は、政令で定める。

〔市町村長又は児童相談所長と児童福祉司との関係〕

第十四条　市町村長は、前条第四項に規定する事項に関し、児童福祉司に必要な状況の通報及び資料の提供並びに必要な援助を求めることができる。

②　児童福祉司は、その担当区域内における児童に関し、必要な事項につき、その担当区域を管轄する児童相談所長又は市町村長にその状況を通知し、併せて意見を述べなければならない。

〔命令への委任〕

第十五条　この法律で定めるもののほか、児童福祉司の任用叙級その他児童福祉司に関し必要な事項は、命令でこれを定める。

第六節　児童委員

〔児童委員〕

第十六条　市町村の区域に児童委員を置く。

②　民生委員法（昭和二十三年法律第百九十八号）による民生委員は、児童委員に充てられたものとする。

③　厚生労働大臣は、児童委員のうちから、主任児童委員を指名する。

④　前項の規定による厚生労働大臣の指名は、民生委員法第五条の規定による推薦によつて行う。

〔児童委員の職務〕

第十七条　児童委員は、次に掲げる職務を行う。

一　児童及び妊産婦につき、その生活及び取り巻く環境の状況を適切に把握しておくこと。

二　児童及び妊産婦につき、その保護、保健その他福祉に関し、サービスを適切に利用するために必要な情報の提供その他の援助及び指導を行うこと。

三　児童及び妊産婦に係る社会福祉を目的とする事業を経営する者又は児童の健やかな育成に関する活動を行う者と密接に連携し、その事業又は活動を支援すること。

四　児童福祉司又は福祉事務所の社会福祉主事の行う職務に協力すること。

五　児童の健やかな育成に関する気運の醸

成に努めること。

六　前各号に掲げるもののほか、必要に応じて、児童及び妊産婦の福祉の増進を図るための活動を行うこと。

② 主任児童委員は、前項各号に掲げる児童委員の職務について、児童の福祉に関する機関と児童委員（主任児童委員である者を除く。以下この項において同じ。）との連絡調整を行うとともに、児童委員の活動に対する援助及び協力を行う。

③ 前項の規定は、主任児童委員が第一項各号に掲げる児童委員の職務を行うことを妨げるものではない。

④ 児童委員は、その職務に関し、都道府県知事の指揮監督を受ける。

〔**市町村長又は児童相談所長と児童委員との関係**〕

第十八条　市町村長は、前条第一項又は第二項に規定する事項に関し、児童委員に必要な状況の通報及び資料の提供を求め、並びに必要な指示をすることができる。

② 児童委員は、その担当区域内における児童又は妊産婦に関し、必要な事項につき、その担当区域を管轄する児童相談所長又は市町村長にその状況を通知し、併せて意見を述べなければならない。

③ 児童委員が、児童相談所長に前項の通知をするときは、緊急の必要があると認める場合を除き、市町村長を経由するものとする。

④ 児童相談所長は、その管轄区域内の児童委員に必要な調査を委嘱することができる。

〔**児童委員の研修**〕

第十八条の二　都道府県知事は、児童委員の研修を実施しなければならない。

〔**命令への委任**〕

第十八条の三　この法律で定めるもののほか、児童委員に関し必要な事項は、命令でこれを定める。

第七節　保育士

〔**保育士の定義**〕

第十八条の四　この法律で、保育士とは、第十八条の十八第一項の登録を受け、保育士の名称を用いて、専門的知識及び技術をもつて、児童の保育及び児童の保護者に対する保育に関する指導を行うことを業とする者をいう。

〔**欠格事由**〕

第十八条の五　次の各号のいずれかに該当する者は、保育士となることができない。

一　心身の故障により保育士の業務を適正に行うことができない者として厚生労働省令で定めるもの

二　禁錮以上の刑に処せられ、その執行を終わり、又は執行を受けることがなくなつた日から起算して二年を経過しない者

三　この法律の規定その他児童の福祉に関する法律の規定であつて政令で定めるものにより、罰金の刑に処せられ、その執行を終わり、又は執行を受けることがなくなつた日から起算して二年を経過しない者

四　第十八条の十九第一項第二号又は第二項の規定により登録を取り消され、その取消しの日から起算して二年を経過しない者

五　国家戦略特別区域法（平成二十五年法律第百七号）第十二条の五第八項において準用する第十八条の十九第一項第二号又は第二項の規定により登録を取り消され、その取消しの日から起算して二年を経過しない者

〔**保育士の資格**〕

第十八条の六　次の各号のいずれかに該当する者は、保育士となる資格を有する。

一　都道府県知事の指定する保育士を養成する学校その他の施設（以下「指定保育士養成施設」という。）を卒業した者（学校教育法に基づく専門職大学の前期課程を修了した者を含む。）

二　保育士試験に合格した者

〔**報告、指導、立入検査等**〕

第十八条の七　都道府県知事は、保育士の養成の適切な実施を確保するため必要があると認めるときは、その必要な限度で、指定保育士養成施設の長に対し、教育方法、設備その他の事項に関し報告を求め、若しくは指導をし、又は当該職員に、その帳簿書

類その他の物件を検査させることができる。

② 前項の規定による検査を行う場合においては、当該職員は、その身分を示す証明書を携帯し、関係者の請求があるときは、これを提示しなければならない。

③ 第一項の規定による権限は、犯罪捜査のために認められたものと解釈してはならない。

〔保育士試験の実施〕

第十八条の八 保育士試験は、厚生労働大臣の定める基準により、保育士として必要な知識及び技能について行う。

② 保育士試験は、毎年一回以上、都道府県知事が行う。

③ 保育士として必要な知識及び技能を有するかどうかの判定に関する事務を行わせるため、都道府県に保育士試験委員（次項において「試験委員」という。）を置く。ただし、次条第一項の規定により指定された者に当該事務を行わせることとした場合は、この限りでない。

④ 試験委員又は試験委員であつた者は、前項に規定する事務に関して知り得た秘密を漏らしてはならない。

〔指定試験機関の指定〕

第十八条の九 都道府県知事は、厚生労働省令で定めるところにより、一般社団法人又は一般財団法人であつて、保育士試験の実施に関する事務（以下「試験事務」という。）を適正かつ確実に実施することができると認められるものとして当該都道府県知事が指定する者（以下「指定試験機関」という。）に、試験事務の全部又は一部を行わせることができる。

② 都道府県知事は、前項の規定により指定試験機関に試験事務の全部又は一部を行わせることとしたときは、当該試験事務の全部又は一部を行わないものとする。

③ 都道府県は、地方自治法（昭和二十二年法律第六十七号）第二百二十七条の規定に基づき保育士試験に係る手数料を徴収する場合においては、第一項の規定により指定試験機関が行う保育士試験を受けようとする者に、条例で定めるところにより、当該手数料の全部又は一部を当該指定試験機関へ納めさせ、その収入とすることができる。

〔指定試験機関の役員の選任及び解任〕

第十八条の十 指定試験機関の役員の選任及び解任は、都道府県知事の認可を受けなければ、その効力を生じない。

② 都道府県知事は、指定試験機関の役員が、この法律（この法律に基づく命令又は処分を含む。）若しくは第十八条の十三第一項に規定する試験事務規程に違反する行為をしたとき、又は試験事務に関し著しく不適当な行為をしたときは、当該指定試験機関に対し、当該役員の解任を命ずることができる。

〔保育士試験委員〕

第十八条の十一 指定試験機関は、試験事務を行う場合において、保育士として必要な知識及び技能を有するかどうかの判定に関する事務については、保育士試験委員（次項及び次条第一項において「試験委員」という。）に行わせなければならない。

② 前条第一項の規定は試験委員の選任及び解任について、同条第二項の規定は試験委員の解任について、それぞれ準用する。

〔秘密保持義務等〕

第十八条の十二 指定試験機関の役員若しくは職員（試験委員を含む。次項において同じ。）又はこれらの職にあつた者は、試験事務に関して知り得た秘密を漏らしてはならない。

② 試験事務に従事する指定試験機関の役員又は職員は、刑法（明治四十年法律第四十五号）その他の罰則の適用については、法令により公務に従事する職員とみなす。

〔試験事務規程〕

第十八条の十三 指定試験機関は、試験事務の開始前に、試験事務の実施に関する規程（以下「試験事務規程」という。）を定め、都道府県知事の認可を受けなければならない。これを変更しようとするときも、同様とする。

② 都道府県知事は、前項の認可をした試験事務規程が試験事務の適正かつ確実な実施上不適当となつたと認めるときは、指定試験機関に対し、これを変更すべきことを命

ずることができる。

〔事業計画の認可等〕

第十八条の十四　指定試験機関は、毎事業年度、事業計画及び収支予算を作成し、当該事業年度の開始前に（指定を受けた日の属する事業年度にあつては、その指定を受けた後遅滞なく）、都道府県知事の認可を受けなければならない。これを変更しようとするときも、同様とする。

〔監督命令〕

第十八条の十五　都道府県知事は、試験事務の適正かつ確実な実施を確保するため必要があると認めるときは、指定試験機関に対し、試験事務に関し監督上必要な命令をすることができる。

〔報告、質問及び立入検査〕

第十八条の十六　都道府県知事は、試験事務の適正かつ確実な実施を確保するため必要があると認めるときは、その必要な限度で、指定試験機関に対し、報告を求め、又は当該職員に、関係者に対し質問させ、若しくは指定試験機関の事務所に立ち入り、その帳簿書類その他の物件を検査させることができる。

② 前項の規定による質問又は立入検査を行う場合においては、当該職員は、その身分を示す証明書を携帯し、関係者の請求があるときは、これを提示しなければならない。

③ 第一項の規定による権限は、犯罪捜査のために認められたものと解釈してはならない。

〔審査請求〕

第十八条の十七　指定試験機関が行う試験事務に係る処分又はその不作為について不服がある者は、都道府県知事に対し、審査請求をすることができる。この場合において、都道府県知事は、行政不服審査法（平成二十六年法律第六十八号）第二十五条第二項及び第三項、第四十六条第一項及び第二項、第四十七条並びに第四十九条第三項の規定の適用については、指定試験機関の上級行政庁とみなす。

〔登録〕

第十八条の十八　保育士となる資格を有する者が保育士となるには、保育士登録簿に、氏名、生年月日その他厚生労働省令で定める事項の登録を受けなければならない。

② 保育士登録簿は、都道府県に備える。

③ 都道府県知事は、保育士の登録をしたときは、申請者に第一項に規定する事項を記載した保育士登録証を交付する。

〔登録の取消し等〕

第十八条の十九　都道府県知事は、保育士が次の各号のいずれかに該当する場合には、その登録を取り消さなければならない。

一　第十八条の五各号（第四号を除く。）のいずれかに該当するに至つた場合

二　虚偽又は不正の事実に基づいて登録を受けた場合

② 都道府県知事は、保育士が第十八条の二十一又は第十八条の二十二の規定に違反したときは、その登録を取り消し、又は期間を定めて保育士の名称の使用の停止を命ずることができる。

〔登録の消除〕

第十八条の二十　都道府県知事は、保育士の登録がその効力を失つたときは、その登録を消除しなければならない。

〔信用失墜行為の禁止〕

第十八条の二十一　保育士は、保育士の信用を傷つけるような行為をしてはならない。

〔保育士の秘密保持義務〕

第十八条の二十二　保育士は、正当な理由がなく、その業務に関して知り得た人の秘密を漏らしてはならない。保育士でなくなつた後においても、同様とする。

〔名称の使用制限〕

第十八条の二十三　保育士でない者は、保育士又はこれに紛らわしい名称を使用してはならない。

〔政令への委任〕

第十八条の二十四　この法律に定めるもののほか、指定試験機関、指定保育士養成施設、保育士試験、指定試験機関、保育士の登録その他保育士に関し必要な事項は、政令でこれを定める。

第二章　福祉の保障

第一節　療育の指導、小児慢性特定疾病医療費の支給等

第一款　療育の指導

〔療育の指導等〕

第十九条　保健所長は、身体に障害のある児童につき、診査を行ない、又は相談に応じ、必要な療育の指導を行なわなければならない。

② 保健所長は、疾病により長期にわたり療養を必要とする児童につき、診査を行い、又は相談に応じ、必要な療育の指導を行うことができる。

③ 保健所長は、身体障害者福祉法（昭和二十四年法律第二百八十三号）第十五条第四項の規定により身体障害者手帳の交付を受けた児童（身体に障害のある十五歳未満の児童については、身体障害者手帳の交付を受けたその保護者とする。以下同じ。）につき、同法第十六条第二項第一号又は第二号に掲げる事由があると認めるときは、その旨を都道府県知事に報告しなければならない。

第二款　小児慢性特定疾病医療費の支給

第一目　小児慢性特定疾病医療費の支給

〔小児慢性特定疾病医療費の支給〕

第十九条の二　都道府県は、次条第三項に規定する医療費支給認定（以下この条において「医療費支給認定」という。）に係る小児慢性特定疾病児童等が、次条第六項に規定する医療費支給認定の有効期間内において、指定小児慢性特定疾病医療機関（同条第五項の規定により定められたものに限る。）から当該医療費支給認定に係る小児慢性特定疾病医療支援（以下「指定小児慢性特定疾病医療支援」という。）を受けたときは、厚生労働省令で定めるところにより、当該小児慢性特定疾病児童等に係る同条第七項に規定する医療費支給認定保護者（次項において「医療費支給認定保護者」という。）に対し、当該指定小児慢性特定疾病医療支援に要した費用について、小児慢性特定疾病医療費を支給する。

② 小児慢性特定疾病医療費の額は、一月につき、次に掲げる額の合算額とする。

一　同一の月に受けた指定小児慢性特定疾病医療支援（食事療養（健康保険法（大正十一年法律第七十号）第六十三条第二項第一号に規定する食事療養をいう。第二十一条の五の二十九第二項及び第二十四条の二十第二項において同じ。）を除く。）につき健康保険の療養に要する費用の額の算定方法の例により算定した額から、当該医療費支給認定保護者の家計の負担能力、当該医療費支給認定に係る小児慢性特定疾病児童等の治療の状況又は身体の状態、当該医療費支給認定保護者と同一の世帯に属する他の医療費支給認定に係る小児慢性特定疾病児童等及び難病の患者に対する医療等に関する法律（平成二十六年法律第五十号）第七条第一項に規定する支給認定を受けた指定難病（同法第五条第一項に規定する指定難病をいう。）の患者の数その他の事情をしん酌して政令で定める額（当該政令で定める額が当該算定した額の百分の二十に相当する額を超えるときは、当該相当する額）を控除して得た額

二　当該指定小児慢性特定疾病医療支援（食事療養に限る。）につき健康保険の療養に要する費用の額の算定方法の例により算定した額から、健康保険法第八十五条第二項に規定する食事療養標準負担額、医療費支給認定保護者の所得の状況その他の事情を勘案して厚生労働大臣が定める額を控除した額

③ 前項に規定する療養に要する費用の額の算定方法の例によることができないとき、及びこれによることを適当としないときの小児慢性特定疾病医療支援に要する費用の額の算定方法は、厚生労働大臣の定めるところによる。

〔申請等〕

第十九条の三　小児慢性特定疾病児童等の保護者（小児慢性特定疾病児童等の親権を行う者、未成年後見人その他の者で、当該小

児慢性特定疾病児童等を現に監護する者をいう。以下この条、第五十七条の三第二項、第五十七条の三の三第二項及び第五十七条の四第二項において同じ。）は、前条第一項の規定により小児慢性特定疾病医療費の支給を受けようとするときは、都道府県知事の定める医師（以下「指定医」という。）の診断書（小児慢性特定疾病児童等が小児慢性特定疾病にかかつており、かつ、当該小児慢性特定疾病の状態が第六条の二第二項に規定する厚生労働大臣が定める程度であることを証する書面として厚生労働省令で定めるものをいう。）を添えて、都道府県に申請しなければならない。

② 指定医の指定の手続その他指定医に関し必要な事項は、厚生労働省令で定める。

③ 都道府県は、第一項の申請に係る小児慢性特定疾病児童等が小児慢性特定疾病にかかつており、かつ、当該小児慢性特定疾病の状態が第六条の二第二項に規定する厚生労働大臣が定める程度であると認められる場合には、小児慢性特定疾病医療費を支給する旨の認定（以下「医療費支給認定」という。）を行うものとする。

④ 都道府県は、第一項の申請があつた場合において、医療費支給認定をしないこととするとき（申請の形式上の要件に適合しない場合として厚生労働省令で定める場合を除く。）は、あらかじめ、次条第一項に規定する小児慢性特定疾病審査会に当該申請に係る小児慢性特定疾病児童等の保護者について医療費支給認定をしないことに関し審査を求めなければならない。

⑤ 都道府県は、医療費支給認定をしたときは、厚生労働省令で定めるところにより、指定小児慢性特定疾病医療機関の中から、当該医療費支給認定に係る小児慢性特定疾病児童等が小児慢性特定疾病医療支援を受けるものを定めるものとする。

⑥ 医療費支給認定は、厚生労働省令で定める期間（次項及び第十九条の六第一項第二号において「医療費支給認定の有効期間」という。）内に限り、その効力を有する。

⑦ 都道府県は、医療費支給認定をしたときは、当該医療費支給認定を受けた小児慢性特定疾病児童等の保護者（以下「医療費支給認定保護者」という。）に対し、厚生労働省令で定めるところにより、医療費支給認定の有効期間を記載した医療受給者証（以下「医療受給者証」という。）を交付しなければならない。

⑧ 医療費支給認定は、その申請のあつた日に遡つてその効力を生ずる。

⑨ 指定小児慢性特定疾病医療支援を受けようとする医療費支給認定保護者は、厚生労働省令で定めるところにより、第五項の規定により定められた指定小児慢性特定疾病医療機関に医療受給者証を提示して指定小児慢性特定疾病医療支援を受けるものとする。ただし、緊急の場合その他やむを得ない事由のある場合については、医療受給者証を提示することを要しない。

⑩ 医療費支給認定に係る小児慢性特定疾病児童等が第五項の規定により定められた指定小児慢性特定疾病医療機関から指定小児慢性特定疾病医療支援を受けたとき（当該小児慢性特定疾病児童等に係る医療費支給認定保護者が当該指定小児慢性特定疾病医療機関に医療受給者証を提示したときに限る。）は、都道府県は、当該医療費支給認定保護者が当該指定小児慢性特定疾病医療機関に支払うべき当該指定小児慢性特定疾病医療支援に要した費用について、小児慢性特定疾病医療費として当該医療費支給認定保護者に支給すべき額の限度において、当該医療費支給認定保護者に代わり、当該指定小児慢性特定疾病医療機関に支払うことができる。

⑪ 前項の規定による支払があつたときは、当該医療費支給認定保護者に対し、小児慢性特定疾病医療費の支給があつたものとみなす。

〔小児慢性特定疾病審査会〕

第十九条の四　前条第四項の規定による審査を行わせるため、都道府県に、小児慢性特定疾病審査会を置く。

② 小児慢性特定疾病審査会の委員は、小児慢性特定疾病に関し知見を有する医師その他の関係者のうちから、都道府県知事が任命する。

③　委員の任期は、二年とする。
④　この法律に定めるもののほか、小児慢性特定疾病審査会に必要な事項は、厚生労働省令で定める。

〔医療費支給認定の変更〕
第十九条の五　医療費支給認定保護者は、現に受けている医療費支給認定に係る第十九条の三第五項の規定により定められた指定小児慢性特定疾病医療機関その他の厚生労働省令で定める事項を変更する必要があるときは、都道府県に対し、当該医療費支給認定の変更の申請をすることができる。
②　都道府県は、前項の申請又は職権により、医療費支給認定保護者に対し、必要があると認めるときは、厚生労働省令で定めるところにより、医療費支給認定の変更の認定を行うことができる。この場合において、都道府県は、当該医療費支給認定保護者に対し医療受給者証の提出を求めるものとする。
③　都道府県は、前項の医療費支給認定の変更の認定を行つたときは、医療受給者証に当該変更の認定に係る事項を記載し、これを返還するものとする。

〔医療費支給認定の取消し〕
第十九条の六　医療費支給認定を行つた都道府県は、次に掲げる場合には、当該医療費支給認定を取り消すことができる。
一　医療費支給認定に係る小児慢性特定疾病児童等が、その疾病の状態、治療の状況等からみて指定小児慢性特定疾病医療支援を受ける必要がなくなつたと認めるとき。
二　医療費支給認定保護者が、医療費支給認定の有効期間内に、当該都道府県以外の都道府県の区域内に居住地を有するに至つたと認めるとき。
三　その他政令で定めるとき。
②　前項の規定により医療費支給認定の取消しを行つた都道府県は、厚生労働省令で定めるところにより、当該取消しに係る医療費支給認定保護者に対し、医療受給者証の返還を求めるものとする。

〔支給の限度〕
第十九条の七　小児慢性特定疾病医療費の支給は、当該小児慢性特定疾病の状態につき、健康保険法の規定による家族療養費その他の法令に基づく給付であつて政令で定めるもののうち小児慢性特定疾病医療費の支給に相当するものを受けることができるときは政令で定める限度において、当該政令で定める給付以外の給付であつて国又は地方公共団体の負担において小児慢性特定疾病医療費の支給に相当するものが行われたときはその限度において、行わない。

〔厚生労働省令への委任〕
第十九条の八　この目に定めるもののほか、小児慢性特定疾病医療費の支給に関し必要な事項は、厚生労働省令で定める。

第二目　指定小児慢性特定疾病医療機関

〔指定小児慢性特定疾病医療機関の指定〕
第十九条の九　第六条の二第二項の指定（以下「指定小児慢性特定疾病医療機関の指定」という。）は、厚生労働省令で定めるところにより、病院若しくは診療所（これらに準ずるものとして政令で定めるものを含む。以下同じ。）又は薬局の開設者の申請があつたものについて行う。
②　都道府県知事は、前項の申請があつた場合において、次の各号のいずれかに該当するときは、指定小児慢性特定疾病医療機関の指定をしてはならない。
一　申請者が、禁錮以上の刑に処せられ、その執行を終わり、又は執行を受けることがなくなるまでの者であるとき。
二　申請者が、この法律その他国民の保健医療若しくは福祉に関する法律で政令で定めるものの規定により罰金の刑に処せられ、その執行を終わり、又は執行を受けることがなくなるまでの者であるとき。
三　申請者が、労働に関する法律の規定であつて政令で定めるものにより罰金の刑に処せられ、その執行を終わり、又は執行を受けることがなくなるまでの者であるとき。
四　申請者が、第十九条の十八の規定によ

り指定小児慢性特定疾病医療機関の指定を取り消され、その取消しの日から起算して五年を経過しない者（当該指定小児慢性特定疾病医療機関の指定を取り消された者が法人である場合においては、当該取消しの処分に係る行政手続法（平成五年法律第八十八号）第十五条の規定による通知があつた日前六十日以内に当該法人の役員又はその医療機関の管理者（以下「役員等」という。）であつた者で当該取消しの日から起算して五年を経過しないものを含み、当該指定小児慢性特定疾病医療機関の指定を取り消された者が法人でない場合においては、当該通知があつた日前六十日以内に当該者の管理者であつた者で当該取消しの日から起算して五年を経過しないものを含む。）であるとき。ただし、当該取消しが、指定小児慢性特定疾病医療機関の指定の取消しのうち当該取消しの処分の理由となつた事実及び当該事実に関して当該指定小児慢性特定疾病医療機関の開設者が有していた責任の程度を考慮して、この号本文に規定する指定小児慢性特定疾病医療機関の指定の取消しに該当しないこととすることが相当であると認められるものとして厚生労働省令で定めるものに該当する場合を除く。

五　申請者が、第十九条の十八の規定による指定小児慢性特定疾病医療機関の指定の取消しの処分に係る行政手続法第十五条の規定による通知があつた日（第七号において「通知日」という。）から当該処分をする日又は処分をしないことを決定する日までの間に第十九条の十五の規定による指定小児慢性特定疾病医療機関の指定の辞退の申出をした者（当該辞退について相当の理由がある者を除く。）で、当該申出の日から起算して五年を経過しないものであるとき。

六　申請者が、第十九条の十六第一項の規定による検査が行われた日から聴聞決定予定日（当該検査の結果に基づき第十九条の十八の規定による指定小児慢性特定疾病医療機関の指定の取消しの処分に係る聴聞を行うか否かの決定をすることが見込まれる日として厚生労働省令で定めるところにより都道府県知事が当該申請者に当該検査が行われた日から十日以内に特定の日を通知した場合における当該特定の日をいう。）までの間に第十九条の十五の規定による指定小児慢性特定疾病医療機関の指定の辞退の申出をした者（当該辞退について相当の理由がある者を除く。）で、当該申出の日から起算して五年を経過しないものであるとき。

七　第五号に規定する期間内に第十九条の十五の規定による指定小児慢性特定疾病医療機関の指定の辞退の申出があつた場合において、申請者が、通知日前六十日以内に当該申出に係る法人（当該辞退について相当の理由がある法人を除く。）の役員等又は当該申出に係る法人でない者（当該辞退について相当の理由がある者を除く。）の管理者であつた者で、当該申出の日から起算して五年を経過しないものであるとき。

八　申請者が、前項の申請前五年以内に小児慢性特定疾病医療支援に関し不正又は著しく不当な行為をした者であるとき。

九　申請者が、法人で、その役員等のうちに前各号のいずれかに該当する者のあるものであるとき。

十　申請者が、法人でない者で、その管理者が第一号から第八号までのいずれかに該当する者であるとき。

③　都道府県知事は、第一項の申請があつた場合において、次の各号のいずれかに該当するときは、指定小児慢性特定疾病医療機関の指定をしないことができる。

一　当該申請に係る病院若しくは診療所又は薬局が、健康保険法第六十三条第三項第一号に規定する保険医療機関若しくは保険薬局又は厚生労働省令で定める事業所若しくは施設でないとき。

二　当該申請に係る病院若しくは診療所若しくは薬局又は申請者が、小児慢性特定疾病医療費の支給に関し診療又は調剤の内容の適切さを欠くおそれがあるとして重ねて第十九条の十三の規定による指導又は第十九条の十七第一項の規定による勧告を受けたものであるとき。

三　申請者が、第十九条の十七第三項の規定による命令に従わないものであるとき。

四　前三号に掲げる場合のほか、当該申請に係る病院若しくは診療所又は薬局が、指定小児慢性特定疾病医療機関として著しく不適当と認めるものであるとき。

〔指定の更新〕

第十九条の十　指定小児慢性特定疾病医療機関の指定は、六年ごとにその更新を受けなければ、その期間の経過によつて、その効力を失う。

② 健康保険法第六十八条第二項の規定は、前項の更新について準用する。この場合において、必要な技術的読替えは、政令で定める。

〔指定小児慢性特定疾病医療機関の責務〕

第十九条の十一　指定小児慢性特定疾病医療機関は、厚生労働大臣の定めるところにより、良質かつ適切な小児慢性特定疾病医療支援を行わなければならない。

〔指定小児慢性特定疾病医療機関の診療方針〕

第十九条の十二　指定小児慢性特定疾病医療機関の診療方針は、健康保険の診療方針の例による。

② 前項に規定する診療方針によることができないとき、及びこれによることを適当としないときの診療方針は、厚生労働大臣が定めるところによる。

〔都道府県知事の指導〕

第十九条の十三　指定小児慢性特定疾病医療機関は、小児慢性特定疾病医療支援の実施に関し、都道府県知事の指導を受けなければならない。

〔変更の届出〕

第十九条の十四　指定小児慢性特定疾病医療機関は、当該指定に係る医療機関の名称及び所在地その他厚生労働省令で定める事項に変更があつたときは、厚生労働省令で定めるところにより、十日以内に、その旨を都道府県知事に届け出なければならない。

〔指定の辞退〕

第十九条の十五　指定小児慢性特定疾病医療機関は、一月以上の予告期間を設けて、指定小児慢性特定疾病医療機関の指定を辞退することができる。

〔報告等〕

第十九条の十六　都道府県知事は、小児慢性特定疾病医療支援の実施に関して必要があると認めるときは、指定小児慢性特定疾病医療機関若しくは指定小児慢性特定疾病医療機関の開設者若しくは管理者、医師、薬剤師その他の従業者であつた者（以下この項において「開設者であつた者等」という。）に対し、報告若しくは診療録、帳簿書類その他の物件の提出若しくは提示を命じ、指定小児慢性特定疾病医療機関の開設者若しくは管理者、医師、薬剤師その他の従業者（開設者であつた者等を含む。）に対し出頭を求め、又は当該職員に、関係者に対し質問させ、若しくは当該指定小児慢性特定疾病医療機関について設備若しくは診療録、帳簿書類その他の物件を検査させることができる。

② 前項の規定による質問又は検査を行う場合においては、当該職員は、その身分を示す証明書を携帯し、かつ、関係者の請求があるときは、これを提示しなければならない。

③ 第一項の規定による権限は、犯罪捜査のために認められたものと解釈してはならない。

④ 指定小児慢性特定疾病医療機関が、正当な理由がないのに、第一項の規定により報告若しくは提出若しくは提示を命ぜられてこれに従わず、若しくは虚偽の報告をし、又は同項の規定による検査を拒み、妨げ、若しくは忌避したときは、都道府県知事は、当該指定小児慢性特定疾病医療機関に対する小児慢性特定疾病医療費の支払を一時差し止めることができる。

〔勧告・命令等〕

第十九条の十七　都道府県知事は、指定小児慢性特定疾病医療機関が、第十九条の十一又は第十九条の十二の規定に従つて小児慢性特定疾病医療支援を行つていないと認めるときは、当該指定小児慢性特定疾病医療機関の開設者に対し、期限を定めて、第十九条の十一又は第十九条の十二の規定を遵守すべきことを勧告することができる。

② 都道府県知事は、前項の規定による勧告をした場合において、その勧告を受けた指定小児慢性特定疾病医療機関の開設者が、同項の期限内にこれに従わなかつたときは、その旨を公表することができる。

③ 都道府県知事は、第一項の規定による勧告を受けた指定小児慢性特定疾病医療機関の開設者が、正当な理由がなくてその勧告に係る措置をとらなかつたときは、当該指定小児慢性特定疾病医療機関の開設者に対し、期限を定めて、その勧告に係る措置をとるべきことを命ずることができる。

④ 都道府県知事は、前項の規定による命令をしたときは、その旨を公示しなければならない。

〔指定の取消し等〕

第十九条の十八　都道府県知事は、次の各号のいずれかに該当する場合においては、当該指定小児慢性特定疾病医療機関に係る指定小児慢性特定疾病医療機関の指定を取り消し、又は期間を定めてその指定小児慢性特定疾病医療機関の指定の全部若しくは一部の効力を停止することができる。

一　指定小児慢性特定疾病医療機関が、第十九条の九第二項第一号から第三号までで、第九号又は第十号のいずれかに該当するに至つたとき。

二　指定小児慢性特定疾病医療機関が、第十九条の九第三項各号のいずれかに該当するに至つたとき。

三　指定小児慢性特定疾病医療機関が、第十九条の十一又は第十九条の十二の規定に違反したとき。

四　小児慢性特定疾病医療費の請求に関し不正があつたとき。

五　指定小児慢性特定疾病医療機関が、第十九条の十六第一項の規定により報告若しくは診療録、帳簿書類その他の物件の提出若しくは提示を命ぜられてこれに従わず、又は虚偽の報告をしたとき。

六　指定小児慢性特定疾病医療機関の開設者又は従業者が、第十九条の十六第一項の規定により出頭を求められてこれに応ぜず、同項の規定による質問に対して答弁せず、若しくは虚偽の答弁をし、又は同項の規定による検査を拒み、妨げ、若しくは忌避したとき。ただし、当該指定小児慢性特定疾病医療機関の従業者がその行為をした場合において、その行為を防止するため、当該指定小児慢性特定疾病医療機関の開設者が相当の注意及び監督を尽くしたときを除く。

七　指定小児慢性特定疾病医療機関が、不正の手段により指定小児慢性特定疾病医療機関の指定を受けたとき。

八　前各号に掲げる場合のほか、指定小児慢性特定疾病医療機関が、この法律その他国民の保健医療若しくは福祉に関する法律で政令で定めるもの又はこれらの法律に基づく命令若しくは処分に違反したとき。

九　前各号に掲げる場合のほか、指定小児慢性特定疾病医療機関が、小児慢性特定疾病医療支援に関し不正又は著しく不当な行為をしたとき。

十　指定小児慢性特定疾病医療機関が法人である場合において、その役員等のうちに指定小児慢性特定疾病医療機関の指定の取消し又は指定小児慢性特定疾病医療機関の指定の全部若しくは一部の効力の停止をしようとするとき前五年以内に小児慢性特定疾病医療支援に関し不正又は著しく不当な行為をした者があるに至つたとき。

十一　指定小児慢性特定疾病医療機関が法人でない場合において、その管理者が指定小児慢性特定疾病医療機関の指定の取消し又は指定小児慢性特定疾病医療機関の指定の全部若しくは一部の効力の停止をしようとするとき前五年以内に小児慢性特定疾病医療支援に関し不正又は著しく不当な行為をした者であるに至つたとき。

〔公示〕

第十九条の十九　都道府県知事は、次に掲げる場合には、その旨を公示しなければならない。

一　指定小児慢性特定疾病医療機関の指定

二　第十九条の十四の規定による届出（同条の厚生労働省令で定める事項の変更に係るものを除く。）があつたとき。

三　第十九条の十五の規定による指定小児慢性特定疾病医療機関の指定の辞退があつたとき。

四　前条の規定により指定小児慢性特定疾病医療機関の指定を取り消したとき。

〔小児慢性特定疾病医療費の審査及び額の決定〕

第十九条の二十　都道府県知事は、指定小児慢性特定疾病医療機関の診療内容及び小児慢性特定疾病医療費の請求を随時審査し、かつ、指定小児慢性特定疾病医療機関が第十九条の三第十項の規定によつて請求することができる小児慢性特定疾病医療費の額を決定することができる。

②　指定小児慢性特定疾病医療機関は、都道府県知事が行う前項の決定に従わなければならない。

③　都道府県知事は、第一項の規定により指定小児慢性特定疾病医療機関が請求することができる小児慢性特定疾病医療費の額を決定するに当たつては、社会保険診療報酬支払基金法（昭和二十三年法律第百二十九号）に定める審査委員会、国民健康保険法（昭和三十三年法律第百九十二号）に定める国民健康保険診療報酬審査委員会その他政令で定める医療に関する審査機関の意見を聴かなければならない。

④　都道府県は、指定小児慢性特定疾病医療機関に対する小児慢性特定疾病医療費の支払に関する事務を社会保険診療報酬支払基金、国民健康保険法第四十五条第五項に規定する国民健康保険団体連合会（以下「連合会」という。）その他厚生労働省令で定める者に委託することができる。

⑤　第一項の規定による小児慢性特定疾病医療費の額の決定については、審査請求をすることができない。

〔厚生労働省令への委任〕

第十九条の二十一　この目に定めるもののほか、指定小児慢性特定疾病医療機関に関し必要な事項は、厚生労働省令で定める。

第三目　小児慢性特定疾病児童等自立支援事業

〔小児慢性特定疾病児童等自立支援事業〕

第十九条の二十二　都道府県は、小児慢性特定疾病児童等自立支援事業として、小児慢性特定疾病児童等に対する医療及び小児慢性特定疾病児童等の福祉に関する各般の問題につき、小児慢性特定疾病児童等、その家族その他の関係者からの相談に応じ、必要な情報の提供及び助言を行うとともに、関係機関との連絡調整その他の厚生労働省令で定める便宜を供与する事業を行うものとする。

②　都道府県は、前項に掲げる事業のほか、小児慢性特定疾病児童等自立支援事業として、次に掲げる事業を行うことができる。

一　小児慢性特定疾病児童等について、医療機関その他の場所において、一時的に預かり、必要な療養上の管理、日常生活上の世話その他の必要な支援を行う事業

二　小児慢性特定疾病児童等が相互の交流を行う機会の提供その他の厚生労働省令で定める便宜を供与する事業

三　小児慢性特定疾病児童等に対し、雇用情報の提供その他小児慢性特定疾病児童等の就職に関し必要な支援を行う事業

四　小児慢性特定疾病児童等を現に介護する者の支援のため必要な事業

五　その他小児慢性特定疾病児童等の自立の支援のため必要な事業

③　都道府県は、前項各号に掲げる事業を行うに当たつては、関係機関並びに小児慢性特定疾病児童等及びその家族その他の関係者の意見を聴くものとする。

④　前三項に規定するもののほか、小児慢性特定疾病児童等自立支援事業の実施に関し必要な事項は、厚生労働省令で定める。

第三款　療育の給付

〔療育の給付〕

第二十条　都道府県は、結核にかかつている児童に対し、療養に併せて学習の援助を行うため、これを病院に入院させて療育の給付を行うことができる。

② 療育の給付は、医療並びに学習及び療養生活に必要な物品の支給とする。
③ 前項の医療は、次に掲げる給付とする。
一 診察
二 薬剤又は治療材料の支給
三 医学的処置、手術及びその他の治療並びに施術
四 病院又は診療所への入院及びその療養に伴う世話その他の看護
五 移送
④ 第二項の医療に係る療育の給付は、都道府県知事が次項の規定により指定する病院（以下「指定療育機関」という。）に委託して行うものとする。
⑤ 都道府県知事は、病院の開設者の同意を得て、第二項の医療を担当させる機関を指定する。
⑥ 前項の指定は、政令で定める基準に適合する病院について行うものとする。
⑦ 指定療育機関は、三十日以上の予告期間を設けて、その指定を辞退することができる。
⑧ 都道府県知事は、指定療育機関が第六項の規定に基づく政令で定める基準に適合しなくなつたとき、次条の規定に違反したとき、その他指定療育機関に第二項の医療を担当させるについて著しく不適当であると認められる理由があるときは、その指定を取り消すことができる。

〔**医療の担当**〕

第二十一条 指定療育機関は、厚生労働大臣の定めるところにより、前条第二項の医療を担当しなければならない。

〔**準用規定**〕

第二十一条の二 第十九条の十二及び第十九条の二十の規定は、指定療育機関について準用する。この場合において、必要な技術的読替えは、政令で定める。

〔**報告の請求及び検査等**〕

第二十一条の三 都道府県知事は、指定療育機関の診療報酬の請求が適正であるかどうかを調査するため必要があると認めるときは、指定療育機関の管理者に対して必要な報告を求め、又は当該職員をして、指定療育機関について、その管理者の同意を得て、実地に診療録、帳簿書類その他の物件を検査させることができる。
② 指定療育機関の管理者が、正当な理由がなく、前項の報告の求めに応ぜず、若しくは虚偽の報告をし、又は同項の同意を拒んだときは、都道府県知事は、当該指定療育機関に対する都道府県の診療報酬の支払を一時差し止めることを指示し、又は差し止めることができる。
③ 厚生労働大臣は、前項に規定する都道府県知事の権限に属する事務について、児童の利益を保護する緊急の必要があると認めるときは、都道府県知事に対し同項の事務を行うことを指示することができる。

第四款 雑則

〔**調査及び研究**〕

第二十一条の四 国は、小児慢性特定疾病の治療方法その他小児慢性特定疾病その他の疾病にかかつていることにより長期にわたり療養を必要とする児童等（第三項及び次条において「疾病児童等」という。）の健全な育成に資する調査及び研究を推進するものとする。
② 国は、前項に規定する調査及び研究の推進に当たつては、難病（難病の患者に対する医療等に関する法律第一条に規定する難病をいう。以下この項において同じ。）の患者に対する良質かつ適切な医療の確保を図るための基盤となる難病の発病の機構、診断及び治療方法に関する調査及び研究との適切な連携を図るよう留意するものとする。
③ 厚生労働大臣は、第一項に規定する調査及び研究の成果を適切な方法により小児慢性特定疾病の治療方法その他疾病児童等の健全な育成に資する調査及び研究を行う者、医師、疾病児童等及びその家族その他の関係者に対して積極的に提供するものとする。
④ 厚生労働大臣は、前項の規定により第一項に規定する調査及び研究の成果を提供するに当たつては、個人情報の保護に留意しなければならない。

〔**基本方針**〕

第二十一条の五　厚生労働大臣は、良質かつ適切な小児慢性特定疾病医療支援の実施その他の疾病児童等の健全な育成に係る施策の推進を図るための基本的な方針を定めるものとする。

第二節　居宅生活の支援

第一款　障害児通所給付費、特例障害児通所給付費及び高額障害児通所給付費の支給

〔障害児通所給付費等の支給〕

第二十一条の五の二　障害児通所給付費及び特例障害児通所給付費の支給は、次に掲げる障害児通所支援に関して次条及び第二十一条の五の四の規定により支給する給付とする。

一　児童発達支援
二　医療型児童発達支援（医療に係るものを除く。）
三　放課後等デイサービス
四　居宅訪問型児童発達支援
五　保育所等訪問支援

〔障害児通所給付費〕

第二十一条の五の三　市町村は、通所給付決定保護者が、第二十一条の五の七第八項に規定する通所給付決定の有効期間内において、都道府県知事が指定する障害児通所支援事業を行う者（以下「指定障害児通所支援事業者」という。）又は指定発達支援医療機関（以下「指定障害児通所支援事業者等」と総称する。）から障害児通所支援（以下「指定通所支援」という。）を受けたときは、当該通所給付決定保護者に対し、当該指定通所支援（同条第七項に規定する支給量の範囲内のものに限る。以下この条及び次条において同じ。）に要した費用（食事の提供に要する費用その他の日常生活に要する費用のうち厚生労働省令で定める費用（以下「通所特定費用」という。）を除く。）について、障害児通所給付費を支給する。

②　障害児通所給付費の額は、一月につき、第一号に掲げる額から第二号に掲げる額を控除して得た額とする。

一　同一の月に受けた指定通所支援について、障害児通所支援の種類ごとに指定通所支援に通常要する費用（通所特定費用を除く。）につき、厚生労働大臣が定める基準により算定した費用の額（その額が現に当該指定通所支援に要した費用（通所特定費用を除く。）の額を超えるときは、当該現に指定通所支援に要した費用の額）を合計した額
二　当該通所給付決定保護者の家計の負担能力その他の事情をしん酌して政令で定める額（当該政令で定める額が前号に掲げる額の百分の十に相当する額を超えるときは、当該相当する額）

〔特例障害児通所給付費〕

第二十一条の五の四　市町村は、次に掲げる場合において、必要があると認めるときは、厚生労働省令で定めるところにより、当該指定通所支援又は第二号に規定する基準該当通所支援（第二十一条の五の七第七項に規定する支給量の範囲内のものに限る。）に要した費用（通所特定費用を除く。）について、特例障害児通所給付費を支給することができる。

一　通所給付決定保護者が、第二十一条の五の六第一項の申請をした日から当該通所給付決定の効力が生じた日の前日までの間に、緊急その他やむを得ない理由により指定通所支援を受けたとき。
二　通所給付決定保護者が、指定通所支援以外の障害児通所支援（第二十一条の五の十九第一項の都道府県の条例で定める基準又は同条第二項の都道府県の条例で定める指定通所支援の事業の設備及び運営に関する基準に定める事項のうち都道府県の条例で定めるものを満たすと認められる事業を行う事業所により行われるものに限る。以下「基準該当通所支援」という。）を受けたとき。
三　その他政令で定めるとき。

②　都道府県が前項第二号の条例を定めるに当たつては、第一号から第三号までに掲げる事項については厚生労働省令で定める基準に従い定めるものとし、第四号に掲げる事項については厚生労働省令で定める基準を標準として定めるものとし、その他の事

項については厚生労働省令で定める基準を参酌するものとする。

一　基準該当通所支援に従事する従業者及びその員数

二　基準該当通所支援の事業に係る居室の床面積その他基準該当通所支援の事業の設備に関する事項であつて障害児の健全な発達に密接に関連するものとして厚生労働省令で定めるもの

三　基準該当通所支援の事業の運営に関する事項であつて、障害児の保護者のサービスの適切な利用の確保、障害児の安全の確保及び秘密の保持に密接に関連するものとして厚生労働省令で定めるもの

四　基準該当通所支援の事業に係る利用定員

③　特例障害児通所給付費の額は、一月につき、同一の月に受けた次の各号に掲げる障害児通所支援の区分に応じ、当該各号に定める額を合計した額から、それぞれ当該通所給付決定保護者の家計の負担能力その他の事情をしん酌して政令で定める額（当該政令で定める額が当該合計した額の百分の十に相当する額を超えるときは、当該相当する額）を控除して得た額を基準として、市町村が定める。

一　指定通所支援　前条第二項第一号の厚生労働大臣が定める基準により算定した費用の額（その額が現に当該指定通所支援に要した費用（通所特定費用を除く。）の額を超えるときは、当該現に指定通所支援に要した費用の額）

二　基準該当通所支援　障害児通所支援の種類ごとに基準該当通所支援に通常要する費用（通所特定費用を除く。）につき厚生労働大臣が定める基準により算定した費用の額（その額が現に当該基準該当通所支援に要した費用（通所特定費用を除く。）の額を超えるときは、当該現に基準該当通所支援に要した費用の額）

〔**通所給付決定**〕

第二十一条の五の五　障害児通所給付費又は特例障害児通所給付費（以下この款において「障害児通所給付費等」という。）の支給を受けようとする障害児の保護者は、市町村の障害児通所給付費等を支給する旨の決定（以下「通所給付決定」という。）を受けなければならない。

②　通所給付決定は、障害児の保護者の居住地の市町村が行うものとする。ただし、障害児の保護者が居住地を有しないとき、又は明らかでないときは、その障害児の保護者の現在地の市町村が行うものとする。

〔**通所給付決定の申請と調査**〕

第二十一条の五の六　通所給付決定を受けようとする障害児の保護者は、厚生労働省令で定めるところにより、市町村に申請しなければならない。

②　市町村は、前項の申請があつたときは、次条第一項に規定する通所支給要否決定を行うため、厚生労働省令で定めるところにより、当該職員をして、当該申請に係る障害児又は障害児の保護者に面接をさせ、その心身の状況、その置かれている環境その他厚生労働省令で定める事項について調査をさせるものとする。この場合において、市町村は、当該調査を障害者の日常生活及び社会生活を総合的に支援するための法律第五十一条の十四第一項に規定する指定一般相談支援事業者その他の厚生労働省令で定める者（以下この条において「指定障害児相談支援事業者等」という。）に委託することができる。

③　前項後段の規定により委託を受けた指定障害児相談支援事業者等は、障害児の保健又は福祉に関する専門的知識及び技術を有するものとして厚生労働省令で定める者に当該委託に係る調査を行わせるものとする。

④　第二項後段の規定により委託を受けた指定障害児相談支援事業者等の役員（業務を執行する社員、取締役、執行役又はこれらに準ずる者をいい、相談役、顧問その他いかなる名称を有する者であるかを問わず、法人に対し業務を執行する社員、取締役、執行役又はこれらに準ずる者と同等以上の支配力を有するものと認められる者を含む。次項並びに第二十一条の五の十五第三項第六号（第二十四条の九第三項（第二十四条の十第四項において準用する場合を含

む。）及び第二十四条の二十八第二項（第二十四条の二十九第四項において準用する場合を含む。）において準用する場合を含む。）、第二十四条の十七第十一号及び第二十四条の三十六第十一号において同じ。）若しくは前項の厚生労働省令で定める者又はこれらの職にあつた者は、正当な理由なしに、当該委託業務に関して知り得た個人の秘密を漏らしてはならない。

⑤　第二項後段の規定により委託を受けた指定障害児相談支援事業者等の役員又は第三項の厚生労働省令で定める者で、当該委託業務に従事するものは、刑法その他の罰則の適用については、法令により公務に従事する職員とみなす。

〔通所支給要否決定等〕

第二十一条の五の七　市町村は、前条第一項の申請が行われたときは、当該申請に係る障害児の心身の状態、当該障害児の介護を行う者の状況、当該障害児及びその保護者の障害児通所支援の利用に関する意向その他の厚生労働省令で定める事項を勘案して障害児通所給付費等の支給の要否の決定（以下この条において「通所支給要否決定」という。）を行うものとする。

②　市町村は、通所支給要否決定を行うに当たつて必要があると認めるときは、児童相談所その他厚生労働省令で定める機関（次項、第二十一条の五の十及び第二十一条の五の十三第三項において「児童相談所等」という。）の意見を聴くことができる。

③　児童相談所等は、前項の意見を述べるに当たつて必要があると認めるときは、当該通所支給要否決定に係る障害児、その保護者及び家族、医師その他の関係者の意見を聴くことができる。

④　市町村は、通所支給要否決定を行うに当たつて必要と認められる場合として厚生労働省令で定める場合には、厚生労働省令で定めるところにより、前条第一項の申請に係る障害児の保護者に対し、第二十四条の二十六第一項第一号に規定する指定障害児相談支援事業者が作成する障害児支援利用計画案の提出を求めるものとする。

⑤　前項の規定により障害児支援利用計画案の提出を求められた障害児の保護者は、厚生労働省令で定める場合には、同項の障害児支援利用計画案に代えて厚生労働省令で定める障害児支援利用計画案を提出することができる。

⑥　市町村は、前二項の障害児支援利用計画案の提出があつた場合には、第一項の厚生労働省令で定める事項及び当該障害児支援利用計画案を勘案して通所支給要否決定を行うものとする。

⑦　市町村は、通所給付決定を行う場合には、障害児通所支援の種類ごとに月を単位として厚生労働省令で定める期間において障害児通所給付費等を支給する障害児通所支援の量（以下「支給量」という。）を定めなければならない。

⑧　通所給付決定は、厚生労働省令で定める期間（以下「通所給付決定の有効期間」という。）内に限り、その効力を有する。

⑨　市町村は、通所給付決定をしたときは、当該通所給付決定保護者に対し、厚生労働省令で定めるところにより、支給量、通所給付決定の有効期間その他の厚生労働省令で定める事項を記載した通所受給者証（以下「通所受給者証」という。）を交付しなければならない。

⑩　指定通所支援を受けようとする通所給付決定保護者は、厚生労働省令で定めるところにより、指定障害児通所支援事業者等に通所受給者証を提示して当該指定通所支援を受けるものとする。ただし、緊急の場合その他やむを得ない事由のある場合については、この限りでない。

⑪　通所給付決定保護者が指定障害児通所支援事業者等から指定通所支援を受けたとき（当該通所給付決定保護者が当該指定障害児通所支援事業者等に通所受給者証を提示したときに限る。）は、市町村は、当該通所給付決定保護者が当該指定障害児通所支援事業者等に支払うべき当該指定通所支援に要した費用（通所特定費用を除く。）について、障害児通所給付費として当該通所給付決定保護者に支給すべき額の限度において、当該通所給付決定保護者に代わり、当該指定障害児通所支援事業者等に支払う

ことができる。

⑫　前項の規定による支払があつたときは、当該通所給付決定保護者に対し障害児通所給付費の支給があつたものとみなす。

⑬　市町村は、指定障害児通所支援事業者等から障害児通所給付費の請求があつたときは、第二十一条の五の三第二項第一号の厚生労働大臣が定める基準及び第二十一条の五の十九第二項の指定通所支援の事業の設備及び運営に関する基準（指定通所支援の取扱いに関する部分に限る。）に照らして審査の上、支払うものとする。

⑭　市町村は、前項の規定による審査及び支払に関する事務を連合会に委託することができる。

〔変更の申請等〕

第二十一条の五の八　通所給付決定保護者は、現に受けている通所給付決定に係る障害児通所支援の支給量その他の厚生労働省令で定める事項を変更する必要があるときは、厚生労働省令で定めるところにより、市町村に対し、当該通所給付決定の変更の申請をすることができる。

②　市町村は、前項の申請又は職権により、前条第一項の厚生労働省令で定める事項を勘案し、通所給付決定保護者につき、必要があると認めるときは、通所給付決定の変更の決定を行うことができる。この場合において、市町村は、当該決定に係る通所給付決定保護者に対し通所受給者証の提出を求めるものとする。

③　第二十一条の五の五第二項、第二十一条の五の六（第一項を除く。）及び前条（第一項を除く。）の規定は、前項の通所給付決定の変更の決定について準用する。この場合において、必要な技術的読替えは、政令で定める。

④　市町村は、第二項の通所給付決定の変更の決定を行つた場合には、通所受給者証に当該決定に係る事項を記載し、これを返還するものとする。

〔通所給付決定の取り消し〕

第二十一条の五の九　通所給付決定を行つた市町村は、次に掲げる場合には、当該通所給付決定を取り消すことができる。

一　通所給付決定に係る障害児が、指定通所支援及び基準該当通所支援を受ける必要がなくなつたと認めるとき。

二　通所給付決定保護者が、通所給付決定の有効期間内に、当該市町村以外の市町村の区域内に居住地を有するに至つたと認めるとき。

三　通所給付決定に係る障害児又はその保護者が、正当な理由なしに第二十一条の五の六第二項（前条第三項において準用する場合を含む。）の規定による調査に応じないとき。

四　その他政令で定めるとき。

②　前項の規定により通所給付決定の取消しを行つた市町村は、厚生労働省令で定めるところにより、当該取消しに係る通所給付決定保護者に対し通所受給者証の返還を求めるものとする。

〔都道府県による援助〕

第二十一条の五の十　都道府県は、市町村の求めに応じ、市町村が行う第二十一条の五の五から前条までの規定による業務に関し、その設置する児童相談所等による技術的事項についての協力その他市町村に対する必要な援助を行うものとする。

〔市町村が定める額〕

第二十一条の五の十一　市町村が、災害その他の厚生労働省令で定める特別の事情があることにより、障害児通所支援に要する費用を負担することが困難であると認めた通所給付決定保護者が受ける障害児通所給付費の支給について第二十一条の五の三第二項の規定を適用する場合においては、同項第二号中「額）」とあるのは、「額）の範囲内において市町村が定める額」とする。

②　前項に規定する通所給付決定保護者が受ける特例障害児通所給付費の支給について第二十一条の五の四第三項の規定を適用する場合においては、同項中「を控除して得た額を基準として、市町村が定める」とあるのは、「の範囲内において市町村が定める額を控除して得た額とする」とする。

〔高額障害児通所給付費の支給〕

第二十一条の五の十二　市町村は、通所給付決定保護者が受けた障害児通所支援に要した費用の合計額（厚生労働大臣が定める基準により算定した費用の額（その額が現に要した費用の額を超えるときは、当該現に要した額）の合計額を限度とする。）から当該費用につき支給された障害児通所給付費及び特例障害児通所給付費の合計額を控除して得た額が、著しく高額であるときは、当該通所給付決定保護者に対し、高額障害児通所給付費を支給する。

② 前項に定めるもののほか、高額障害児通所給付費の支給要件、支給額その他高額障害児通所給付費の支給に関し必要な事項は、指定通所支援に要する費用の負担の家計に与える影響を考慮して、政令で定める。

〔放課後等デイサービス障害児通所給付費等〕

第二十一条の五の十三 市町村は、第二十一条の五の三第一項、第二十一条の五の四第一項又は前条第一項の規定にかかわらず、放課後等デイサービスを受けている障害児（以下この項において「通所者」という。）について、引き続き放課後等デイサービスを受けなければその福祉を損なうおそれがあると認めるときは、当該通所者が満十八歳に達した後においても、当該通所者からの申請により、当該通所者が満二十歳に達するまで、厚生労働省令で定めるところにより、引き続き放課後等デイサービスに係る障害児通所給付費、特例障害児通所給付費又は高額障害児通所給付費（次項において「放課後等デイサービス障害児通所給付費等」という。）を支給することができる。ただし、当該通所者が障害者の日常生活及び社会生活を総合的に支援するための法律第五条第七項に規定する生活介護その他の支援を受けることができる場合は、この限りでない。

② 前項の規定により放課後等デイサービス障害児通所給付費等を支給することができることとされた者については、その者を障害児又は障害児の保護者とみなして、第二十一条の五の三から前条までの規定を適用する。この場合において、必要な技術的読替えその他これらの規定の適用に関し必要な事項は、政令で定める。

③ 市町村は、第一項の場合において必要があると認めるときは、児童相談所等の意見を聴くことができる。

〔厚生労働省令で定める事項〕

第二十一条の五の十四 この款に定めるもののほか、障害児通所給付費、特例障害児通所給付費又は高額障害児通所給付費の支給及び指定障害児通所支援事業者等の障害児通所給付費の請求に関し必要な事項は、厚生労働省令で定める。

第二款 指定障害児通所支援事業者

〔指定障害児通所支援事業者の指定〕

第二十一条の五の十五 第二十一条の五の三第一項の指定は、厚生労働省令で定めるところにより、障害児通所支援事業を行う者の申請により、障害児通所支援の種類及び障害児通所支援事業を行う事業所（以下「障害児通所支援事業所」という。）ごとに行う。

② 放課後等デイサービスその他の厚生労働省令で定める障害児通所支援（以下この項及び第五項並びに第二十一条の五の二十第一項において「特定障害児通所支援」という。）に係る第二十一条の五の三第一項の指定は、当該特定障害児通所支援の量を定めてするものとする。

③ 都道府県知事は、第一項の申請があつた場合において、次の各号（医療型児童発達支援に係る指定の申請にあつては、第七号を除く。）のいずれかに該当するときは、指定障害児通所支援事業者の指定をしてはならない。

一 申請者が都道府県の条例で定める者でないとき。

二 当該申請に係る障害児通所支援事業所の従業者の知識及び技能並びに人員が、第二十一条の五の十九第一項の都道府県の条例で定める基準を満たしていないとき。

三 申請者が、第二十一条の五の十九第二項の都道府県の条例で定める指定通所支援の事業の設備及び運営に関する基準に従つて適正な障害児通所支援事業の運営をすることができないと認められるとき。

四　申請者が禁錮以上の刑に処せられ、その執行を終わり、又は執行を受けることがなくなるまでの者であるとき。

五　申請者が、この法律その他国民の保健医療若しくは福祉に関する法律で政令で定めるものの規定により罰金の刑に処せられ、その執行を終わり、又は執行を受けることがなくなるまでの者であるとき。

五の二　申請者が、労働に関する法律の規定であつて政令で定めるものにより罰金の刑に処せられ、その執行を終わり、又は執行を受けることがなくなるまでの者であるとき。

六　申請者が、第二十一条の五の二十四第一項又は第三十三条の十八第六項の規定により指定を取り消され、その取消しの日から起算して五年を経過しない者（当該指定を取り消された者が法人である場合においては、当該取消しの処分に係る行政手続法第十五条の規定による通知があつた日前六十日以内に当該法人の役員又はその障害児通所支援事業所を管理する者その他の政令で定める使用人（以下この条及び第二十一条の五の二十四第一項第十一号において「役員等」という。）であつた者で当該取消しの日から起算して五年を経過しないものを含み、当該指定を取り消された者が法人でない場合においては、当該通知があつた日前六十日以内に当該者の管理者であつた者で当該取消しの日から起算して五年を経過しないものを含む。）であるとき。ただし、当該指定の取消しが、指定障害児通所支援事業者の指定の取消しのうち当該指定の取消しの処分の理由となつた事実及び当該事実の発生を防止するための当該指定障害児通所支援事業者による業務管理体制の整備についての取組の状況その他の当該事実に関して当該指定障害児通所支援事業者が有していた責任の程度を考慮して、この号本文に規定する指定の取消しに該当しないこととすることが相当であると認められるものとして厚生労働省令で定めるものに該当する場合を除く。

七　申請者と密接な関係を有する者（申請者（法人に限る。以下この号において同じ。）の株式の所有その他の事由を通じて当該申請者の事業を実質的に支配し、若しくはその事業に重要な影響を与える関係にある者として厚生労働省令で定めるもの（以下この号において「申請者の親会社等」という。）、申請者の親会社等が株式の所有その他の事由を通じてその事業を実質的に支配し、若しくはその事業に重要な影響を与える関係にある者として厚生労働省令で定めるもの又は当該申請者が株式の所有その他の事由を通じてその事業を実質的に支配し、若しくはその事業に重要な影響を与える関係にある者として厚生労働省令で定めるもののうち、当該申請者と厚生労働省令で定める密接な関係を有する法人をいう。）が、第二十一条の五の二十四第一項又は第三十三条の十八第六項の規定により指定を取り消され、その取消しの日から起算して五年を経過していないとき。ただし、当該指定の取消しが、指定障害児通所支援事業者の指定の取消しのうち当該指定の取消しの処分の理由となつた事実及び当該事実の発生を防止するための当該指定障害児通所支援事業者による業務管理体制の整備についての取組の状況その他の当該事実に関して当該指定障害児通所支援事業者が有していた責任の程度を考慮して、この号本文に規定する指定の取消しに該当しないこととすることが相当であると認められるものとして厚生労働省令で定めるものに該当する場合を除く。

八　削除

九　申請者が、第二十一条の五の二十四第一項又は第三十三条の十八第六項の規定による指定の取消しの処分に係る行政手続法第十五条の規定による通知があつた日から当該処分をする日又は処分をしないことを決定する日までの間に第二十一条の五の二十第四項の規定による事業の廃止の届出をした者（当該事業の廃止について相当の理由がある者を除く。）で、当該届出の日から起算して五年を経過しないものであるとき。

十　申請者が、第二十一条の五の二十二第一項の規定による検査が行われた日から聴聞決定予定日（当該検査の結果に基づき第二十一条の五の二十四第一項の規定による指定の取消しの処分に係る聴聞を行うか否かの決定をすることが見込まれる日として厚生労働省令で定めるところにより都道府県知事が当該申請者に当該検査が行われた日から十日以内に特定の日を通知した場合における当該特定の日をいう。）までの間に第二十一条の五の二十第四項の規定による事業の廃止の届出をした者（当該事業の廃止について相当の理由がある者を除く。）で、当該届出の日から起算して五年を経過しないものであるとき。

十一　第九号に規定する期間内に第二十一条の五の二十第四項の規定による事業の廃止の届出があつた場合において、申請者が、同号の通知の日前六十日以内に当該事業の廃止の届出に係る法人（当該事業の廃止について相当の理由がある法人を除く。）の役員等又は当該届出に係る法人でない者（当該事業の廃止について相当の理由がある者を除く。）の管理者であつた者で、当該届出の日から起算して五年を経過しないものであるとき。

十二　申請者が、指定の申請前五年以内に障害児通所支援に関し不正又は著しく不当な行為をした者であるとき。

十三　申請者が、法人で、その役員等のうちに第四号から第六号まで又は第九号から前号までのいずれかに該当する者のあるものであるとき。

十四　申請者が、法人でない者で、その管理者が第四号から第六号まで又は第九号から第十二号までのいずれかに該当する者であるとき。

④　都道府県が前項第一号の条例を定めるに当たつては、厚生労働省令で定める基準に従い定めるものとする。

⑤　都道府県知事は、特定障害児通所支援につき第一項の申請があつた場合において、当該都道府県又は当該申請に係る障害児通所支援事業所の所在地を含む区域（第三十三条の二十二第二項第二号の規定により都道府県が定める区域をいう。）における当該申請に係る種類ごとの指定通所支援の量が、同条第一項の規定により当該都道府県が定める都道府県障害児福祉計画において定める当該都道府県若しくは当該区域の当該指定通所支援の必要な量に既に達しているか、又は当該申請に係る事業者の指定によつてこれを超えることになると認めるとき、その他の当該都道府県障害児福祉計画の達成に支障を生ずるおそれがあると認めるときは、第二十一条の五の三第一項の指定をしないことができる。

〔指定の更新〕

第二十一条の五の十六　第二十一条の五の三第一項の指定は、六年ごとにその更新を受けなければ、その期間の経過によつて、その効力を失う。

②　前項の更新の申請があつた場合において、同項の期間（以下この条において「指定の有効期間」という。）の満了の日までにその申請に対する処分がされないときは、従前の指定は、指定の有効期間の満了後もその処分がされるまでの間は、なおその効力を有する。

③　前項の場合において、指定の更新がされたときは、その指定の有効期間は、従前の指定の有効期間の満了の日の翌日から起算するものとする。

④　前条の規定は、第一項の指定の更新について準用する。この場合において、必要な技術的読替えは、政令で定める。

（共生型障害児通所支援事業者の特例）

第二十一条の五の十七　児童発達支援その他厚生労働省令で定める障害児通所支援に係る障害児通所支援事業所について、介護保険法（平成九年法律第百二十三号）第四十一条第一項本文の指定（当該障害児通所支援事業所により行われる障害児通所支援の種類に応じて厚生労働省令で定める種類の同法第八条第一項に規定する居宅サービスに係るものに限る。）、同法第四十二条の二第一項本文の指定（当該障害児通所支援事業所により行われる障害児通所支援の種類に応じて厚生労働省令で定める種類の同法第八条第十四項に規定する地域密着型サービスに係るものに限る。）、同法第五十三条第一項本文の指定（当該障害児通所支援事業所により行われる障害児通所支援の種類に応じて厚生労働省令で定める種類の同法第八条の二第一項に規定する介護予防サービスに係るものに限る。）若しくは同法第五十四条の二第一項本文の指定（当該障害児通所支援事業所により行われる障害児通所支援の種類に応じて厚生労働省令で定める種類の同法第八条の二第十二項に規定する地域密着型介護予防サービスに係るものに限る。）又は障害者の日常生活及び社会生活を総合的に支援するための法律第二十九条第一項の指定障害福祉サービス事業者の指定（当該障害児通所支援事業所により行われる障害児通所支援の種類に応じて厚生労働省令で定める種類の同法第五条第一項に規定する障害福祉サービスに係るものに限る。）を受けている者から当該障害児通所支援事業所に係る第二十一条の五の十五第一項（前条第四項において準用する場合を含む。）の申請があつた場合において、次の各号のいずれにも該当するときにおける第二十一条の五の十五第三項（前条第四項において準用する場合を含む。以下この項において同じ。）の規定の適用については、第二十一条の五の十五第三項第二号中「第二十一条の五の十九第一項の」とあるのは「第二十一条の五の十七第一項第一号の指定通所支援に従事する従業者に係る」と、同項第三号中「第二十一条の五の十九第二項」とあるのは「第二十一条の五の十七第一項第二号」とする。ただし、申請者が、厚生労働省令で定めるところにより、別段の申出をしたときは、この限りでない。

一　当該申請に係る障害児通所支援事業所の従業者の知識及び技能並びに人員が、指定通所支援に従事する従業者に係る都道府県の条例で定める基準を満たしていること。

二　申請者が、都道府県の条例で定める指定通所支援の事業の設備及び運営に関する基準に従つて適正な障害児通所支援事業の運営をすることができると認められること。

②　都道府県が前項各号の条例を定めるに当たつては、第一号から第三号までに掲げる事項については厚生労働省令で定める基準に従い定めるものとし、第四号に掲げる事項については厚生労働省令で定める基準を標準として定めるものとし、その他の事項については厚生労働省令で定める基準を参酌するものとする。

一　指定通所支援に従事する従業者及びその員数

二　指定通所支援の事業に係る居室の床面積その他指定通所支援の事業の設備に関する事項であつて障害児の健全な発達に密接に関連するものとして厚生労働省令で定めるもの

三　指定通所支援の事業の運営に関する事項であつて、障害児の保護者のサービスの適切な利用の確保並びに障害児の適切な処遇及び安全の確保並びに秘密の保持に密接に関連するものとして厚生労働省令で定めるもの

四　指定通所支援の事業に係る利用定員

③　第一項の場合において、同項に規定する者が同項の申請に係る第二十一条の五の三第一項の指定を受けたときは、その者に対しては、第二十一条の五の十九第三項の規定は適用せず、次の表の上欄に掲げる規定の適用については、これらの規定中同表の中欄に掲げる字句は、それぞれ同表の下欄に掲げる字句とする。

第二十一条の五の七第十三項	第二十一条の五の十九第二項	第二十一条の五の十七第一項第二号
第二十一条の五の十九第一項	都道府県	第二十一条の五の十七第一項第一号の指定通所支援に従事する従業者に係る都道

		府県
第二十一条の五の十九第二項	指定通所支援の事業	第二十一条の五の十七第一項第二号の指定通所支援の事業
第二十一条の五の二十三第一項第一号	第二十一条の五の十九第一項の	第二十一条の五の十七第一項第一号の指定通所支援に従事する従業者に係る
第二十一条の五の二十三第一項第二号	第二十一条の五の十九第二項	第二十一条の五の十七第一項第二号
第二十一条の五の二十四第一項第三号	第二十一条の五の十九第一項の	第二十一条の五の十七第一項第一号の指定通所支援に従事する従業者に係る
第二十一条の五の二十四第一項第四号	第二十一条の五の十九第二項	第二十一条の五の十七第一項第二号

④　第一項に規定する者であつて、同項の申請に係る第二十一条の五の三第一項の指定を受けたものから、次の各号のいずれかの届出があつたときは、当該指定に係る指定通所支援の事業について、第二十一条の五の二十第四項の規定による事業の廃止又は休止の届出があつたものとみなす。

一　介護保険法第四十一条第一項に規定する指定居宅サービスの事業（当該指定に係る障害児通所支援事業所において行うものに限る。）に係る同法第七十五条第二項の規定による事業の廃止又は休止の届出

二　介護保険法第五十三条第一項に規定する指定介護予防サービスの事業（当該指定に係る障害児通所支援事業所において行うものに限る。）に係る同法第百十五条の五第二項の規定による事業の廃止又は休止の届出

三　障害者の日常生活及び社会生活を総合的に支援するための法律第二十九条第一項に規定する指定障害福祉サービスの事業（当該指定に係る障害児通所支援事業所において行うものに限る。）に係る同法第四十六条第二項の規定による事業の廃止又は休止の届出

⑤　第一項に規定する者であつて、同項の申請に係る第二十一条の五の三第一項の指定を受けたものは、介護保険法第四十二条の二第一項に規定する指定地域密着型サービスの事業（当該指定に係る障害児通所支援事業所において行うものに限る。）又は同法第五十四条の二第一項に規定する指定地域密着型介護予防サービスの事業（当該指定に係る障害児通所支援事業所において行うものに限る。）を廃止し、又は休止しようとするときは、厚生労働省令で定めるところにより、その廃止又は休止の日の一月前までに、その旨を当該指定を行つた都道府県知事に届け出なければならない。この場合において、当該届出があつたときは、当該指定に係る指定通所支援の事業について、第二十一条の五の二十第四項の規定による事業の廃止又は休止の届出があつたものとみなす。

〔指定障害児事業者等の責務〕

第二十一条の五の十八　指定障害児通所支援事業者及び指定発達支援医療機関の設置者（以下「指定障害児事業者等」という。）は、障害児が自立した日常生活又は社会生活を営むことができるよう、障害児及びその保護者の意思をできる限り尊重するとともに、行政機関、教育機関その他の関係機関との緊密な連携を図りつつ、障害児通所支援を当該障害児の意向、適性、障害の特性その他の事情に応じ、常に障害児及びその保護者の立場に立つて効果的に行うように努めなければならない。

②　指定障害児事業者等は、その提供する障害児通所支援の質の評価を行うことその他の措置を講ずることにより、障害児通所支援の質の向上に努めなければならない。

③　指定障害児事業者等は、障害児の人格を尊重するとともに、この法律又はこの法律に基づく命令を遵守し、障害児及びその保護者のため忠実にその職務を遂行しなければならない。

〔指定通所支援の基準〕

第二十一条の五の十九　指定障害児事業者等は、都道府県の条例で定める基準に従い、当該指定に係る障害児通所支援事業所又は指定発達支援医療機関ごとに、当該指定通所支援に従事する従業者を有しなければならない。

②　指定障害児事業者等は、都道府県の条例で定める指定通所支援の事業の設備及び運営に関する基準に従い、指定通所支援を提供しなければならない。

③　都道府県が前二項の条例を定めるに当たつては、第一号から第三号までに掲げる事項については厚生労働省令で定める基準に従い定めるものとし、第四号に掲げる事項については厚生労働省令で定める基準を標準として定めるものとし、その他の事項については厚生労働省令で定める基準を参酌するものとする。

一　指定通所支援に従事する従業者及びその員数

二　指定通所支援の事業に係る居室及び病室の床面積その他指定通所支援の事業の設備に関する事項であつて障害児の健全な発達に密接に関連するものとして厚生労働省令で定めるもの

三　指定通所支援の事業の運営に関する事項であつて、障害児の保護者のサービスの適切な利用の確保並びに障害児の適切な処遇及び安全の確保並びに秘密の保持に密接に関連するものとして厚生労働省令で定めるもの

四　指定通所支援の事業に係る利用定員

④　指定障害児通所支援事業者は、次条第四項の規定による事業の廃止又は休止の届出をしたときは、当該届出の日前一月以内に当該指定通所支援を受けていた者であつて、当該事業の廃止又は休止の日以後においても引き続き当該指定通所支援に相当する支援の提供を希望する者に対し、必要な障害児通所支援が継続的に提供されるよう、他の指定障害児事業者等その他関係者との連絡調整その他の便宜の提供を行わなければならない。

〔変更、休止及び廃止の届出〕

第二十一条の五の二十　指定障害児通所支援事業者は、第二十一条の五の三第一項の指定に係る特定障害児通所支援の量を増加しようとするときは、厚生労働省令で定めるところにより、同項の指定の変更を申請することができる。

②　第二十一条の五の十五第三項から第五項までの規定は、前項の指定の変更の申請があつた場合について準用する。この場合において、必要な技術的読替えは、政令で定める。

③　指定障害児通所支援事業者は、当該指定に係る障害児通所支援事業所の名称及び所在地その他厚生労働省令で定める事項に変更があつたとき、又は休止した当該指定通所支援の事業を再開したときは、厚生労働省令で定めるところにより、十日以内に、その旨を都道府県知事に届け出なければならない。

④　指定障害児通所支援事業者は、当該指定通所支援の事業を廃止し、又は休止しようとするときは、厚生労働省令で定めるところにより、その廃止又は休止の日の一月前までに、その旨を都道府県知事に届け出なければならない。

〔事業所への援助〕

第二十一条の五の二十一　都道府県知事又は市町村長は、第二十一条の五の十九第四項に規定する便宜の提供が円滑に行われるため必要があると認めるときは、当該指定障害児通所支援事業者その他の関係者相互間の連絡調整又は当該指定障害児通所支援事業者その他の関係者に対する助言その他の援助を行うことができる。

②　厚生労働大臣は、同一の指定障害児通所支援事業者について二以上の都道府県知事が前項の規定による連絡調整又は援助を行う場合において、第二十一条の五の十九第四項に規定する便宜の提供が円滑に行われるため必要があると認めるときは、当該都

道府県知事相互間の連絡調整又は当該指定障害児通所支援事業者に対する都道府県の区域を超えた広域的な見地からの助言その他の援助を行うことができる。

〔事業の検査等〕

第二十一条の五の二十二　都道府県知事又は市町村長は、必要があると認めるときは、指定障害児通所支援事業者若しくは指定障害児通所支援事業者であつた者若しくは当該指定に係る障害児通所支援事業所の従業者であつた者（以下この項において「指定障害児通所支援事業者であつた者等」という。）に対し、報告若しくは帳簿書類その他の物件の提出若しくは提示を命じ、指定障害児通所支援事業者若しくは当該指定に係る障害児通所支援事業所の従業者若しくは指定障害児通所支援事業者であつた者等に対し出頭を求め、又は当該職員に、関係者に対し質問させ、若しくは当該指定障害児通所支援事業者の当該指定に係る障害児通所支援事業所、事務所その他当該指定通所支援の事業に関係のある場所に立ち入り、その設備若しくは帳簿書類その他の物件を検査させることができる。

② 前項の規定は、指定発達支援医療機関の設置者について準用する。この場合において、必要な技術的読替えは、政令で定める。

③ 第十九条の十六第二項の規定は第一項（前項において準用する場合を含む。）の規定による質問又は検査について、同条第三項の規定は第一項（前項において準用する場合を含む。）の規定による権限について準用する。

〔都道府県知事による勧告〕

第二十一条の五の二十三　都道府県知事は、指定障害児事業者等が、次の各号（指定発達支援医療機関の設置者にあつては、第三号を除く。以下この項及び第五項において同じ。）に掲げる場合に該当すると認めるときは、当該指定障害児事業者等に対し、期限を定めて、当該各号に定める措置をとるべきことを勧告することができる。

一　当該指定に係る障害児通所支援事業所又は指定発達支援医療機関の従業者の知識若しくは技能又は人員について第二十一条の五の十九第一項の都道府県の条例で定める基準に適合していない場合　当該基準を遵守すること。

二　第二十一条の五の十九第二項の都道府県の条例で定める指定通所支援の事業の設備及び運営に関する基準に従つて適正な指定通所支援の事業の運営をしていない場合　当該基準を遵守すること。

三　第二十一条の五の十九第四項に規定する便宜の提供を適正に行つていない場合　当該便宜の提供を適正に行うこと。

② 都道府県知事は、前項の規定による勧告をした場合において、その勧告を受けた指定障害児事業者等が、同項の期限内にこれに従わなかつたときは、その旨を公表することができる。

③ 都道府県知事は、第一項の規定による勧告を受けた指定障害児事業者等が、正当な理由がなくてその勧告に係る措置をとらなかつたときは、当該指定障害児事業者等に対し、期限を定めて、その勧告に係る措置をとるべきことを命ずることができる。

④ 都道府県知事は、前項の規定による命令をしたときは、その旨を公示しなければならない。

⑤ 市町村は、障害児通所給付費の支給に係る指定通所支援を行つた指定障害児事業者等について、第一項各号に掲げる場合のいずれかに該当すると認めるときは、その旨を当該指定に係る障害児通所支援事業所又は指定発達支援医療機関の所在地の都道府県知事に通知しなければならない。

〔効力の停止〕

第二十一条の五の二十四　都道府県知事は、次の各号のいずれかに該当する場合においては、当該指定障害児通所支援事業者に係る第二十一条の五の三第一項の指定を取り消し、又は期間を定めてその指定の全部若しくは一部の効力を停止することができる。

一　指定障害児通所支援事業者が、第二十一条の五の十五第三項第四号から第五号の二まで、第十三号又は第十四号のいずれかに該当するに至つたとき。

二　指定障害児通所支援事業者が、第二十

一条の五の十八第三項の規定に違反したと認められるとき。
三　指定障害児通所支援事業者が、当該指定に係る障害児通所支援事業所の従業者の知識若しくは技能又は人員について、第二十一条の五の十九第一項の都道府県の条例で定める基準を満たすことができなくなつたとき。
四　指定障害児通所支援事業者が、第二十一条の五の十九第二項の都道府県の条例で定める指定通所支援の事業の設備及び運営に関する基準に従つて適正な指定通所支援の事業の運営をすることができなくなつたとき。
五　障害児通所給付費又は肢体不自由児通所医療費の請求に関し不正があつたとき。
六　指定障害児通所支援事業者が、第二十一条の五の二十二第一項の規定により報告又は帳簿書類その他の物件の提出若しくは提示を命ぜられてこれに従わず、又は虚偽の報告をしたとき。
七　指定障害児通所支援事業者又は当該指定に係る障害児通所支援事業所の従業者が、第二十一条の五の二十二第一項の規定により出頭を求められてこれに応ぜず、同項の規定による質問に対して答弁せず、若しくは虚偽の答弁をし、又は同項の規定による立入り若しくは検査を拒み、妨げ、若しくは忌避したとき。ただし、当該指定に係る障害児通所支援事業所の従業者がその行為をした場合において、その行為を防止するため、当該指定障害児通所支援事業者が相当の注意及び監督を尽くしたときを除く。
八　指定障害児通所支援事業者が、不正の手段により第二十一条の五の三第一項の指定を受けたとき。
九　前各号に掲げる場合のほか、指定障害児通所支援事業者が、この法律その他国民の保健医療若しくは福祉に関する法律で政令で定めるもの又はこれらの法律に基づく命令若しくは処分に違反したとき。
十　前各号に掲げる場合のほか、指定障害児通所支援事業者が、障害児通所支援に関し不正又は著しく不当な行為をしたとき。
十一　指定障害児通所支援事業者が法人である場合において、その役人等のうちに指定の取消し又は指定の全部若しくは一部の効力の停止をしようとするとき前五年以内に障害児通所支援に関し不正又は著しく不当な行為をした者があるとき。
十二　指定障害児通所支援事業者が法人でない場合において、その管理者が指定の取消し又は指定の全部若しくは一部の効力の停止をしようとするとき前五年以内に障害児通所支援に関し不正又は著しく不当な行為をした者であるとき。

② 市町村は、障害児通所給付費等の支給に係る障害児通所支援又は肢体不自由児通所医療費の支給に係る第二十一条の五の二十九第一項に規定する肢体不自由児通所医療を行つた指定障害児通所支援事業者について、前項各号のいずれかに該当すると認めるときは、その旨を当該指定に係る障害児通所支援事業所の所在地の都道府県知事に通知しなければならない。

〔都道府県知事による公示〕
第二十一条の五の二十五　都道府県知事は、次に掲げる場合には、その旨を公示しなければならない。
一　第二十一条の五の三第一項の指定障害児通所支援事業者の指定をしたとき。
二　第二十一条の五の二十第四項の規定による事業の廃止の届出があつたとき。
三　前条第一項又は第三十三条の十八第六項の規定により指定障害児通所支援事業者の指定を取り消したとき。

第三款　業務管理体制の整備等

〔業務管理体制の整備等〕
第二十一条の五の二十六　指定障害児事業者等は、第二十一条の五の十八第三項に規定する義務の履行が確保されるよう、厚生労働省令で定める基準に従い、業務管理体制を整備しなければならない。
② 指定障害児事業者等は、次の各号に掲げる区分に応じ、当該各号に定める者に対し、

厚生労働省令で定めるところにより、業務管理体制の整備に関する事項を届け出なければならない。

一　次号から第四号までに掲げる指定障害児通所支援事業者以外の指定障害児通所支援事業者　都道府県知事

二　当該指定に係る障害児通所支援事業所が一の地方自治法第二百五十二条の十九第一項の指定都市（以下「指定都市」という。）の区域に所在する指定障害児通所支援事業者　指定都市の長

三　当該指定に係る障害児通所支援事業所が一の地方自治法第二百五十二条の二十二第一項の中核市（以下「中核市」という。）の区域に所在する指定障害児通所支援事業者　中核市の長

四　当該指定に係る障害児通所支援事業所が二以上の都道府県の区域に所在する指定障害児通所支援事業者及び指定発達支援医療機関の設置者　厚生労働大臣

③　前項の規定により届出をした指定障害児事業者等は、その届け出た事項に変更があつたときは、厚生労働省令で定めるところにより、遅滞なく、その旨を当該届出をした厚生労働大臣、都道府県知事又は指定都市若しくは中核市の長（以下この款において「厚生労働大臣等」という。）に届け出なければならない。

④　第二項の規定による届出をした指定障害児通所支援事業者は、同項各号に掲げる区分の変更により、同項の規定により当該届出をした厚生労働大臣等以外の厚生労働大臣等に届出を行うときは、厚生労働省令で定めるところにより、その旨を当該届出をした厚生労働大臣等にも届け出なければならない。

⑤　厚生労働大臣等は、前三項の規定による届出が適正になされるよう、相互に密接な連携を図るものとする。

〔事業の検査等〕

第二十一条の五の二十七　前条第二項の規定による届出を受けた厚生労働大臣等は、当該届出をした指定障害児事業者等（同条第四項の規定による届出を受けた厚生労働大臣等にあつては、同項の規定による届出をした指定障害児通所支援事業者を除く。）における同条第一項の規定による業務管理体制の整備に関して必要があると認めるときは、当該指定障害児事業者等に対し、報告若しくは帳簿書類その他の物件の提出若しくは提示を命じ、当該指定障害児事業者等若しくは当該指定障害児事業者等の従業者に対し出頭を求め、又は当該職員に、関係者に対し質問させ、若しくは当該指定障害児事業者等の当該指定に係る障害児通所支援事業所、事務所その他の指定通所支援の提供に関係のある場所に立ち入り、その設備若しくは帳簿書類その他の物件を検査させることができる。

②　厚生労働大臣又は指定都市若しくは中核市の長が前項の権限を行うときは、当該指定障害児通所支援事業者に係る指定を行つた都道府県知事（次条第五項において「関係都道府県知事」という。）と密接な連携の下に行うものとする。

③　都道府県知事は、その行つた又はその行おうとする指定に係る指定障害児通所支援事業者における前条第一項の規定による業務管理体制の整備に関して必要があると認めるときは、厚生労働大臣又は指定都市若しくは中核市の長に対し、第一項の権限を行うよう求めることができる。

④　厚生労働大臣又は指定都市若しくは中核市の長は、前項の規定による都道府県知事の求めに応じて第一項の権限を行つたときは、厚生労働省令で定めるところにより、その結果を当該権限を行うよう求めた都道府県知事に通知しなければならない。

⑤　第十九条の十六第二項の規定は第一項の規定による質問又は検査について、同条第三項の規定は第一項の規定による権限について準用する。

〔厚生労働大臣等による勧告〕

第二十一条の五の二十八　第二十一条の五の二十六第二項の規定による届出を受けた厚生労働大臣等は、当該届出をした指定障害児事業者等（同条第四項の規定による届出を受けた厚生労働大臣等にあつては、同項の規定による届出をした指定障害児通所支援事業者を除く。）が、同条第一項の厚生

労働省令で定める基準に従つて適正な業務管理体制の整備をしていないと認めるときは、当該指定障害児事業者等に対し、期限を定めて、当該厚生労働省令で定める基準に従つて適正な業務管理体制を整備すべきことを勧告することができる。

② 厚生労働大臣等は、前項の規定による勧告をした場合において、その勧告を受けた指定障害児事業者等が、同項の期限内にこれに従わなかつたときは、その旨を公表することができる。

③ 厚生労働大臣等は、第一項の規定による勧告を受けた指定障害児事業者等が、正当な理由がなくてその勧告に係る措置をとらなかつたときは、当該指定障害児事業者等に対し、期限を定めて、その勧告に係る措置をとるべきことを命ずることができる。

④ 厚生労働大臣等は、前項の規定による命令をしたときは、その旨を公示しなければならない。

⑤ 厚生労働大臣又は指定都市若しくは中核市の長は、指定障害児通所支援事業者が第三項の規定による命令に違反したときは、厚生労働省令で定めるところにより、当該違反の内容を関係都道府県知事に通知しなければならない。

第四款　肢体不自由児通所医療費の支給

〔肢体不自由児通所医療費の支給〕

第二十一条の五の二十九　市町村は、通所給付決定に係る障害児が、通所給付決定の有効期間内において、指定障害児通所支援事業者等（病院その他厚生労働省令で定める施設に限る。以下この款において同じ。）から医療型児童発達支援のうち治療に係るもの（以下この条において「肢体不自由児通所医療」という。）を受けたときは、当該障害児に係る通所給付決定保護者に対し、当該肢体不自由児通所医療に要した費用について、肢体不自由児通所医療費を支給する。

② 肢体不自由児通所医療費の額は、一月につき、肢体不自由児通所医療（食事療養を除く。）につき健康保険の療養に要する費用の額の算定方法の例により算定した額から、当該通所給付決定保護者の家計の負担能力その他の事情をしん酌して政令で定める額（当該政令で定める額が当該算定した額の百分の十に相当する額を超えるときは、当該相当する額）を控除して得た額とする。

③ 通所給付決定に係る障害児が指定障害児通所支援事業者等から肢体不自由児通所医療を受けたときは、市町村は、当該障害児に係る通所給付決定保護者が当該指定障害児通所支援事業者等に支払うべき当該肢体不自由児通所医療に要した費用について、肢体不自由児通所医療費として当該通所給付決定保護者に支給すべき額の限度において、当該通所給付決定保護者に代わり、当該指定障害児通所支援事業者等に支払うことができる。

④ 前項の規定による支払があつたときは、当該通所給付決定保護者に対し肢体不自由児通所医療費の支給があつたものとみなす。

〔準用規定〕

第二十一条の五の三十　第十九条の十二及び第十九条の二十の規定は指定障害児通所支援事業者等に対する肢体不自由児通所医療費の支給について、第二十一条の規定は指定障害児通所支援事業者等について、それぞれ準用する。この場合において、必要な技術的読替えは、政令で定める。

〔健康保険法の規定による家族療養費の給付等が行われた場合の調整〕

第二十一条の五の三十一　肢体不自由児通所医療費の支給は、当該障害の状態につき、健康保険法の規定による家族療養費その他の法令に基づく給付であつて政令で定めるもののうち肢体不自由児通所医療費の支給に相当するものを受けることができるときは政令で定める限度において、当該政令で定める給付以外の給付であつて国又は地方公共団体の負担において肢体不自由児通所医療費の支給に相当するものが行われたときはその限度において、行わない。

〔厚生労働省令で定める事項〕

第二十一条の五の三十二　この款に定めるも

ののほか、肢体不自由児通所医療費の支給及び指定障害児通所支援事業者等の肢体不自由児通所医療費の請求に関し必要な事項は、厚生労働省令で定める。

第五款　障害児通所支援及び障害福祉サービスの措置

〔障害児通所支援及び障害福祉サービス〕

第二十一条の六　市町村は、障害児通所支援又は障害者の日常生活及び社会生活を総合的に支援するための法律第五条第一項に規定する障害福祉サービス（以下「障害福祉サービス」という。）を必要とする障害児の保護者が、やむを得ない事由により障害児通所給付費若しくは特例障害児通所給付費又は同法に規定する介護給付費若しくは特例介護給付費（第五十六条の六第一項において「介護給付費等」という。）の支給を受けることが著しく困難であると認めるときは、当該障害児につき、政令で定める基準に従い、障害児通所支援若しくは障害福祉サービスを提供し、又は当該市町村以外の者に障害児通所支援若しくは障害福祉サービスの提供を委託することができる。

〔障害児通所支援事業を行う者及び障害福祉サービス事業を行う者の義務〕

第二十一条の七　障害児通所支援事業を行う者及び障害者の日常生活及び社会生活を総合的に支援するための法律第五条第一項に規定する障害福祉サービス事業を行う者は、前条の規定による委託を受けたときは、正当な理由がない限り、これを拒んではならない。

第六款　子育て支援事業

〔市町村の責務〕

第二十一条の八　市町村は、次条に規定する子育て支援事業に係る福祉サービスその他地域の実情に応じたきめ細かな福祉サービスが積極的に提供され、保護者が、その児童及び保護者の心身の状況、これらの者の置かれている環境その他の状況に応じて、当該児童を養育するために最も適切な支援が総合的に受けられるように、福祉サービスを提供する者又はこれに参画する者の活動の連携及び調整を図るようにすることその他の地域の実情に応じた体制の整備に努めなければならない。

第二十一条の九　市町村は、児童の健全な育成に資するため、その区域内において、放課後児童健全育成事業、子育て短期支援事業、乳児家庭全戸訪問事業、養育支援訪問事業、地域子育て支援拠点事業、一時預かり事業、病児保育事業及び子育て援助活動支援事業並びに次に掲げる事業であつて主務省令で定めるもの（以下「子育て支援事業」という。）が着実に実施されるよう、必要な措置の実施に努めなければならない。

一　児童及びその保護者又はその他の者の居宅において保護者の児童の養育を支援する事業

二　保育所その他の施設において保護者の児童の養育を支援する事業

三　地域の児童の養育に関する各般の問題につき、保護者からの相談に応じ、必要な情報の提供及び助言を行う事業

第二十一条の十　市町村は、児童の健全な育成に資するため、地域の実情に応じた放課後児童健全育成事業を行うとともに、当該市町村以外の放課後児童健全育成事業を行う者との連携を図る等により、第六条の三第二項に規定する児童の放課後児童健全育成事業の利用の促進に努めなければならない。

〔乳児家庭全戸訪問事業等〕

第二十一条の十の二　市町村は、児童の健全な育成に資するため、乳児家庭全戸訪問事業及び養育支援訪問事業を行うよう努めるとともに、乳児家庭全戸訪問事業により要支援児童等（特定妊婦を除く。）を把握したとき又は当該市町村の長が第二十六条第一項第三号の規定による送致若しくは同項第八号の規定による通知若しくは児童虐待の防止等に関する法律第八条第二項第二号の規定による送致若しくは同項第四号の規定による通知を受けたときは、養育支援訪問事業の実施その他の必要な支援を行うものとする。

②　市町村は、母子保健法（昭和四十年法律

第百四十一号）第十条、第十一条第一項若しくは第二項（同法第十九条第二項において準用する場合を含む。）、第十七条第一項又は第十九条第一項の指導に併せて、乳児家庭全戸訪問事業を行うことができる。

③　市町村は、乳児家庭全戸訪問事業又は養育支援訪問事業の事務の全部又は一部を当該市町村以外の厚生労働省令で定める者に委託することができる。

④　前項の規定により行われる乳児家庭全戸訪問事業又は養育支援訪問事業の事務に従事する者又は従事していた者は、その事務に関して知り得た秘密を漏らしてはならない。

〔母子保健に関する事業との連携〕

第二十一条の十の三　市町村は、乳児家庭全戸訪問事業又は養育支援訪問事業の実施に当たつては、母子保健法に基づく母子保健に関する事業との連携及び調和の確保に努めなければならない。

〔市町村長への通知〕

第二十一条の十の四　都道府県知事は、母子保健法に基づく母子保健に関する事業又は事務の実施に際して要支援児童等と思われる者を把握したときは、これを当該者の現在地の市町村長に通知するものとする。

〔要支援児童等の情報提供等〕

第二十一条の十の五　病院、診療所、児童福祉施設、学校その他児童又は妊産婦の医療、福祉又は教育に関する機関及び医師、歯科医師、保健師、助産師、看護師、児童福祉施設の職員、学校の教職員その他児童又は妊産婦の医療、福祉又は教育に関連する職務に従事する者は、要支援児童等と思われる者を把握したときは、当該者の情報をその現在地の市町村に提供するよう努めなければならない。

②　刑法の秘密漏示罪の規定その他の守秘義務に関する法律の規定は、前項の規定による情報の提供をすることを妨げるものと解釈してはならない。

〔市町村の情報提供等〕

第二十一条の十一　市町村は、子育て支援事業に関し必要な情報の収集及び提供を行うとともに、保護者から求めがあつたときは、当該保護者の希望、その児童の養育の状況、当該児童に必要な支援の内容その他の事情を勘案し、当該保護者が最も適切な子育て支援事業の利用ができるよう、相談に応じ、必要な助言を行うものとする。

②　市町村は、前項の助言を受けた保護者から求めがあつた場合には、必要に応じて、子育て支援事業の利用についてあつせん又は調整を行うとともに、子育て支援事業を行う者に対し、当該保護者の利用の要請を行うものとする。

③　市町村は、第一項の情報の収集及び提供、相談並びに助言並びに前項のあつせん、調整及び要請の事務を当該市町村以外の者に委託することができる。

④　子育て支援事業を行う者は、前三項の規定により行われる情報の収集、あつせん、調整及び要請に対し、できる限り協力しなければならない。

〔秘密保持義務〕

第二十一条の十二　前条第三項の規定により行われる情報の提供、相談及び助言並びにあつせん、調整及び要請の事務（次条及び第二十一条の十四第一項において「調整等の事務」という。）に従事する者又は従事していた者は、その事務に関して知り得た秘密を漏らしてはならない。

〔監督命令〕

第二十一条の十三　市町村長は、第二十一条の十一第三項の規定により行われる調整等の事務の適正な実施を確保するため必要があると認めるときは、その事務を受託した者に対し、当該事務に関し監督上必要な命令をすることができる。

〔報告の徴収等〕

第二十一条の十四　市町村長は、第二十一条の十一第三項の規定により行われる調整等の事務の適正な実施を確保するため必要があると認めるときは、その必要な限度で、その事務を受託した者に対し、報告を求め、又は当該職員に、関係者に対し質問させ、若しくは当該事務を受託した者の事務所に立ち入り、その帳簿書類その他の物件を検査させることができる。

②　第十八条の十六第二項及び第三項の規定

は、前項の場合について準用する。

〔届出〕

第二十一条の十五　国、都道府県及び市町村以外の子育て支援事業を行う者は、厚生労働省令で定めるところにより、その事業に関する事項を市町村長に届け出ることができる。

〔国等の情報提供等〕

第二十一条の十六　国及び地方公共団体は、子育て支援事業を行う者に対して、情報の提供、相談その他の適当な援助をするように努めなければならない。

〔国等による調査研究の推進〕

第二十一条の十七　国及び都道府県は、子育て支援事業を行う者が行う福祉サービスの質の向上のための措置を援助するための研究その他保護者の児童の養育を支援し、児童の福祉を増進するために必要な調査研究の推進に努めなければならない。

第三節　助産施設、母子生活支援施設及び保育所への入所等

〔助産の実施〕

第二十二条　都道府県、市及び福祉事務所を設置する町村（以下「都道府県等」という。）は、それぞれその設置する福祉事務所の所管区域内における妊産婦が、保健上必要があるにもかかわらず、経済的理由により、入院助産を受けることができない場合において、その妊産婦から申込みがあつたときは、その妊産婦に対し助産施設において助産を行わなければならない。ただし、付近に助産施設がない等やむを得ない事由があるときは、この限りでない。

② 前項に規定する妊産婦であつて助産施設における助産の実施（以下「助産の実施」という。）を希望する者は、厚生労働省令の定めるところにより、入所を希望する助産施設その他厚生労働省令の定める事項を記載した申込書を都道府県等に提出しなければならない。この場合において、助産施設は、厚生労働省令の定めるところにより、当該妊産婦の依頼を受けて、当該申込書の提出を代わつて行うことができる。

③ 都道府県等は、第二十五条の七第二項第三号、第二十五条の八第三号又は第二十六条第一項第五号の規定による報告又は通知を受けた妊産婦について、必要があると認めるときは、当該妊産婦に対し、助産の実施の申込みを勧奨しなければならない。

④ 都道府県等は、第一項に規定する妊産婦の助産施設の選択及び助産施設の適正な運営の確保に資するため、厚生労働省令の定めるところにより、当該都道府県等の設置する福祉事務所の所管区域内における助産施設の設置者、設備及び運営の状況その他の厚生労働省令の定める事項に関し情報の提供を行わなければならない。

〔母子保護の実施〕

第二十三条　都道府県等は、それぞれその設置する福祉事務所の所管区域内における保護者が、配偶者のない女子又はこれに準ずる事情にある女子であつて、その者の監護すべき児童の福祉に欠けるところがある場合において、その保護者から申込みがあつたときは、その保護者及び児童を母子生活支援施設において保護しなければならない。ただし、やむを得ない事由があるときは、適当な施設への入所のあつせん、生活保護法（昭和二十五年法律第百四十四号）の適用等適切な保護を行わなければならない。

② 前項に規定する保護者であつて母子生活支援施設における保護の実施（以下「母子保護の実施」という。）を希望するものは、厚生労働省令の定めるところにより、入所を希望する母子生活支援施設その他厚生労働省令の定める事項を記載した申込書を都道府県等に提出しなければならない。この場合において、母子生活支援施設は、厚生労働省令の定めるところにより、当該保護者の依頼を受けて、当該申込書の提出を代わつて行うことができる。

③ 都道府県等は、前項に規定する保護者が特別な事情により当該都道府県等の設置する福祉事務所の所管区域外の母子生活支援施設への入所を希望するときは、当該施設への入所について必要な連絡及び調整を図らなければならない。

④ 都道府県等は、第二十五条の七第二項第

三号、第二十五条の八第三号若しくは第二十六条第一項第五号又は売春防止法（昭和三十一年法律第百十八号）第三十六条の二の規定による報告又は通知を受けた保護者及び児童について、必要があると認めるときは、その保護者に対し、母子保護の実施の申込みを勧奨しなければならない。

⑤ 都道府県等は、第一項に規定する保護者の母子生活支援施設の選択及び母子生活支援施設の適正な運営の確保に資するため、厚生労働省令の定めるところにより、母子生活支援施設の設置者、設備及び運営の状況その他の厚生労働省令の定める事項に関し情報の提供を行わなければならない。

〔保育の実施〕

第二十四条 市町村は、この法律及び子ども・子育て支援法の定めるところにより、保護者の労働又は疾病その他の事由により、その監護すべき乳児、幼児その他の児童について保育を必要とする場合において、次項に定めるところによるほか、当該児童を保育所（認定こども園法第三条第一項の認定を受けたもの及び同条第十一項の規定による公示がされたものを除く。）において保育しなければならない。

② 市町村は、前項に規定する児童に対し、認定こども園法第二条第六項に規定する認定こども園（子ども・子育て支援法第二十七条第一項の確認を受けたものに限る。）又は家庭的保育事業等（家庭的保育事業、小規模保育事業、居宅訪問型保育事業又は事業所内保育事業をいう。以下同じ。）により必要な保育を確保するための措置を講じなければならない。

③ 市町村は、保育の需要に応ずるに足りる保育所、認定こども園（子ども・子育て支援法第二十七条第一項の確認を受けたものに限る。以下この項及び第四十六条の二第二項において同じ。）又は家庭的保育事業等が不足し、又は不足するおそれがある場合その他必要と認められる場合には、保育所、認定こども園（保育所であるものを含む。）又は家庭的保育事業等の利用について調整を行うとともに、認定こども園の設置者又は家庭的保育事業等を行う者に対し、前項に規定する児童の利用の要請を行うものとする。

④ 市町村は、第二十五条の八第三号又は第二十六条第一項第五号の規定による報告又は通知を受けた児童その他の優先的に保育を行う必要があると認められる児童について、その保護者に対し、保育所若しくは幼保連携型認定こども園において保育を受けること又は家庭的保育事業等による保育を受けること（以下「保育の利用」という。）の申込みを勧奨し、及び保育を受けることができるよう支援しなければならない。

⑤ 市町村は、前項に規定する児童が、同項の規定による勧奨及び支援を行つても、なおやむを得ない事由により子ども・子育て支援法に規定する施設型給付費若しくは特例施設型給付費（同法第二十八条第一項第二号に係るものを除く。次項において同じ。）又は同法に規定する地域型保育給付費若しくは特例地域型保育給付費（同法第三十条第一項第二号に係るものを除く。次項において同じ。）の支給に係る保育を受けることが著しく困難であると認めるときは、当該児童を当該市町村の設置する保育所若しくは幼保連携型認定こども園に入所させ、又は当該市町村以外の者の設置する保育所若しくは幼保連携型認定こども園に入所を委託して、保育を行わなければならない。

⑥ 市町村は、前項に定めるほか、保育を必要とする乳児・幼児が、子ども・子育て支援法第四十二条第一項又は第五十四条第一項の規定によるあつせん又は要請その他市町村による支援等を受けたにもかかわらず、なお保育が利用できないなど、やむを得ない事由により同法に規定する施設型給付費若しくは特例施設型給付費又は同法に規定する地域型保育給付費若しくは特例地域型保育給付費の支給に係る保育を受けることが著しく困難であると認めるときは、次の措置を採ることができる。

一　当該保育を必要とする乳児・幼児を当該市町村の設置する保育所若しくは幼保連携型認定こども園に入所させ、又は当該市町村以外の者の設置する保育所若しくは幼保連携型認定こども園に入所を委託して、保育を行うこと。

二　当該保育を必要とする乳児・幼児に対して当該市町村が行う家庭的保育事業等による保育を行い、又は家庭的保育事業等を行う当該市町村以外の者に当該家庭的保育事業等により保育を行うことを委託すること。

⑦　市町村は、第三項の規定による調整及び要請並びに第四項の規定による勧奨及び支援を適切に実施するとともに、地域の実情に応じたきめ細かな保育が積極的に提供され、児童が、その置かれている環境等に応じて、必要な保育を受けることができるよう、保育を行う事業その他児童の福祉を増進することを目的とする事業を行う者の活動の連携及び調整を図る等地域の実情に応じた体制の整備を行うものとする。

第四節　障害児入所給付費、高額障害児入所給付費及び特定入所障害児食費等給付費並びに障害児入所医療費の支給

第一款　障害児入所給付費、高額障害児入所給付費及び特定入所障害児食費等給付費の支給

〔障害児入所給付費の支給〕

第二十四条の二　都道府県は、次条第六項に規定する入所給付決定保護者（以下この条において「入所給付決定保護者」という。）が、次条第四項の規定により定められた期間内において、都道府県知事が指定する障害児入所施設（以下「指定障害児入所施設」という。）又は指定発達支援医療機関（以下「指定障害児入所施設等」と総称する。）に入所又は入院（以下「入所等」という。）の申込みを行い、当該指定障害児入所施設等から障害児入所支援（以下「指定入所支援」という。）を受けたときは、当該入所給付決定保護者に対し、当該指定入所支援に要した費用（食事の提供に要する費用、居住又は滞在に要する費用その他の日常生活に要する費用のうち厚生労働省令で定める費用及び治療に要する費用（以下「入所特定費用」という。）を除く。）について、障害児入所給付費を支給する。

②　障害児入所給付費の額は、一月につき、第一号に掲げる額から第二号に掲げる額を控除して得た額とする。

一　同一の月に受けた指定入所支援について、指定入所支援に通常要する費用（入所特定費用を除く。）につき、厚生労働大臣が定める基準により算定した費用の額（その額が現に当該指定入所支援に要した費用（入所特定費用を除く。）の額を超えるときは、当該現に指定入所支援に要した費用の額）を合計した額

二　当該入所給付決定保護者の家計の負担能力その他の事情をしん酌して政令で定める額（当該政令で定める額が前号に掲げる額の百分の十に相当する額を超えるときは、当該相当する額）

〔障害児入所給付費の受給の手続〕

第二十四条の三　障害児の保護者は、前条第一項の規定により障害児入所給付費の支給を受けようとするときは、厚生労働省令で定めるところにより、都道府県に申請しなければならない。

②　都道府県は、前項の申請が行われたときは、当該申請に係る障害児の心身の状態、当該障害児の介護を行う者の状況、当該障害児の保護者の障害児入所給付費の受給の状況その他の厚生労働省令で定める事項を勘案して、障害児入所給付費の支給の要否を決定するものとする。

③　前項の規定による決定を行う場合には、児童相談所長の意見を聴かなければならない。

④　障害児入所給付費を支給する旨の決定（以下「入所給付決定」という。）を行う場合には、障害児入所給付費を支給する期間を定めなければならない。

⑤　前項の期間は、厚生労働省令で定める期間を超えることができないものとする。

⑥　都道府県は、入所給付決定をしたときは、当該入所給付決定を受けた障害児の保護者（以下「入所給付決定保護者」という。）に対し、厚生労働省令で定めるところにより、第四項の規定により定められた期間（以下

「給付決定期間」という。）を記載した入所受給者証（以下「入所受給者証」という。）を交付しなければならない。

⑦　指定入所支援を受けようとする入所給付決定保護者は、厚生労働省令で定めるところにより、指定障害児入所施設等に入所受給者証を提示して当該指定入所支援を受けるものとする。ただし、緊急の場合その他やむを得ない事由のある場合については、この限りでない。

⑧　入所給付決定保護者が指定障害児入所施設等から指定入所支援を受けたとき（当該入所給付決定保護者が当該指定障害児入所施設等に入所受給者証を提示したときに限る。）は、都道府県は、当該入所給付決定保護者が当該指定障害児入所施設等に支払うべき当該指定入所支援に要した費用（入所特定費用を除く。）について、障害児入所給付費として当該入所給付決定保護者に支給すべき額の限度において、当該入所給付決定保護者に代わり、当該指定障害児入所施設等に支払うことができる。

⑨　前項の規定による支払があつたときは、当該入所給付決定保護者に対し障害児入所給付費の支給があつたものとみなす。

⑩　都道府県は、指定障害児入所施設等から障害児入所給付費の請求があつたときは、前条第二項第一号の厚生労働大臣が定める基準及び第二十四条の十二第二項の指定障害児入所施設等の設備及び運営に関する基準（指定入所支援の取扱いに関する部分に限る。）に照らして審査の上、支払うものとする。

⑪　都道府県は、前項の規定による審査及び支払に関する事務を連合会に委託することができる。

〔入所給付決定の取消し〕

第二十四条の四　入所給付決定を行つた都道府県は、次に掲げる場合には、当該入所給付決定を取り消すことができる。

一　入所給付決定に係る障害児が、指定入所支援を受ける必要がなくなつたと認めるとき。

二　入所給付決定保護者が、給付決定期間内に、当該都道府県以外の都道府県の区域内に居住地を有するに至つたと認めるとき。

三　その他政令で定めるとき。

②　前項の規定により入所給付決定の取消しを行つた都道府県は、厚生労働省令で定めるところにより、当該取消しに係る入所給付決定保護者に対し入所受給者証の返還を求めるものとする。

〔障害児入所給付費の特例〕

第二十四条の五　都道府県が、災害その他の厚生労働省令で定める特別の事情があることにより、障害児入所支援に要する費用を負担することが困難であると認めた入所給付決定保護者が受ける障害児入所給付費の支給について第二十四条の二第二項の規定を適用する場合においては、同項第二号中「額）」とあるのは、「額）の範囲内において都道府県が定める額」とする。

〔高額障害児入所給付費の支給〕

第二十四条の六　都道府県は、入所給付決定保護者が受けた指定入所支援に要した費用の合計額（厚生労働大臣が定める基準により算定した費用の額（その額が現に要した費用の額を超えるときは、当該現に要した額）の合計額を限度とする。）から当該費用につき支給された障害児入所給付費の合計額を控除して得た額が、著しく高額であるときは、当該入所給付決定保護者に対し、高額障害児入所給付費を支給する。

②　前項に定めるもののほか、高額障害児入所給付費の支給要件、支給額その他高額障害児入所給付費の支給に関し必要な事項は、指定入所支援に要する費用の負担の家計に与える影響を考慮して、政令で定める。

〔特定入所障害児食費等給付費〕

第二十四条の七　都道府県は、入所給付決定保護者のうち所得の状況その他の事情をしん酌して厚生労働省令で定めるものに係る障害児が、給付決定期間内において、指定障害児入所施設等に入所等をし、当該指定障害児入所施設等から指定入所支援を受けたときは、当該入所給付決定保護者に対し、当該指定障害児入所施設等における食事の提供に要した費用及び居住に要した費用について、政令で定めるところにより、特定入所障害児食費等給付費を支給する。

② 第二十四条の三第七項から第十一項までの規定は、特定入所障害児食費等給付費の支給について準用する。この場合において、必要な技術的読替えは、政令で定める。

〔厚生労働省令への委任〕

第二十四条の八 この款に定めるもののほか、障害児入所給付費、高額障害児入所給付費又は特定入所障害児食費等給付費の支給及び指定障害児入所施設等の障害児入所給付費又は特定入所障害児食費等給付費の請求に関し必要な事項は、厚生労働省令で定める。

第二款 指定障害児入所施設等

〔障害児入所施設等の指定〕

第二十四条の九 第二十四条の二第一項の指定は、厚生労働省令で定めるところにより、障害児入所施設の設置者の申請により、当該障害児入所施設の入所定員を定めて、行う。

② 都道府県知事は、前項の申請があつた場合において、当該都道府県における当該申請に係る指定障害児入所施設の入所定員の総数が、第三十三条の二十二第一項の規定により当該都道府県が定める都道府県障害児福祉計画において定める当該都道府県の当該指定障害児入所施設の必要入所定員総数に既に達しているか、又は当該申請に係る施設の指定によつてこれを超えることになると認めるとき、その他の当該都道府県障害児福祉計画の達成に支障を生ずるおそれがあると認めるときは、第二十四条の二第一項の指定をしないことができる。

③ 第二十一条の五の十五第三項（第七号を除く。）及び第四項の規定は、第二十四条の二第一項の指定障害児入所施設の指定について準用する。この場合において、必要な技術的読替えは、政令で定める。

〔障害児入所施設等の指定の更新〕

第二十四条の十 第二十四条の二第一項の指定は、六年ごとにその更新を受けなければ、その期間の経過によつて、その効力を失う。

② 前項の更新の申請があつた場合において、同項の期間（以下この条において「指定の有効期間」という。）の満了の日までにその申請に対する処分がされないときは、従前の指定は、指定の有効期間の満了後もその処分がされるまでの間は、なおその効力を有する。

③ 前項の場合において、指定の更新がされたときは、その指定の有効期間は、従前の指定の有効期間の満了の日の翌日から起算するものとする。

④ 前条の規定は、第一項の指定の更新について準用する。この場合において、必要な技術的読替えは、政令で定める。

〔指定障害児入所施設等の設置者の義務〕

第二十四条の十一 指定障害児入所施設等の設置者は、障害児が自立した日常生活又は社会生活を営むことができるよう、障害児及びその保護者の意思をできる限り尊重するとともに、行政機関、教育機関その他の関係機関との緊密な連携を図りつつ、障害児入所支援を当該障害児の意向、適性、障害の特性その他の事情に応じ、常に障害児及びその保護者の立場に立つて効果的に行うように努めなければならない。

② 指定障害児入所施設等の設置者は、その提供する障害児入所支援の質の評価を行うことその他の措置を講ずることにより、障害児入所支援の質の向上に努めなければならない。

③ 指定障害児入所施設等の設置者は、障害児の人格を尊重するとともに、この法律又はこの法律に基づく命令を遵守し、障害児及びその保護者のため忠実にその職務を遂行しなければならない。

〔指定入所支援の事業の基準〕

第二十四条の十二 指定障害児入所施設等の設置者は、都道府県の条例で定める基準に従い、指定入所支援に従事する従業者を有しなければならない。

② 指定障害児入所施設等の設置者は、都道府県の条例で定める指定障害児入所施設等の設備及び運営に関する基準に従い、指定入所支援を提供しなければならない。

③ 都道府県が前二項の条例を定めるに当たつては、次に掲げる事項については厚生労働省令で定める基準に従い定めるものと

し、その他の事項については厚生労働省令で定める基準を参酌するものとする。

一　指定入所支援に従事する従業者及びその員数

二　指定障害児入所施設等に係る居室及び病室の床面積その他指定障害児入所施設等の設備に関する事項であつて障害児の健全な発達に密接に関連するものとして厚生労働省令で定めるもの

三　指定障害児入所施設等の運営に関する事項であつて、障害児の保護者のサービスの適切な利用の確保並びに障害児の適切な処遇及び安全の確保並びに秘密の保持に密接に関連するものとして厚生労働省令で定めるもの

④　第一項及び第二項の都道府県の条例で定める基準は、知的障害のある児童、盲児（強度の弱視児を含む。）、ろうあ児（強度の難聴児を含む。）、肢体不自由のある児童、重症心身障害児その他の指定障害児入所施設等に入所等をする障害児についてそれぞれの障害の特性に応じた適切な支援が確保されるものでなければならない。

⑤　指定障害児入所施設等の設置者は、第二十四条の十四の規定による指定の辞退をするときは、同条に規定する予告期間の開始日の前日に当該指定入所支援を受けていた者であつて、当該指定の辞退の日以後においても引き続き当該指定入所支援に相当するサービスの提供を希望する者に対し、必要な障害児入所支援が継続的に提供されるよう、他の指定障害児入所施設等の設置者その他関係者との連絡調整その他の便宜の提供を行わなければならない。

〔**変更の申請等**〕

第二十四条の十三　指定障害児入所施設の設置者は、第二十四条の二第一項の指定に係る入所定員を増加しようとするときは、厚生労働省令で定めるところにより、同項の指定の変更を申請することができる。

②　第二十四条の九第二項及び第三項の規定は、前項の指定の変更の申請があつた場合について準用する。この場合において、必要な技術的読替えは、政令で定める。

③　指定障害児入所施設の設置者は、設置者の住所その他の厚生労働省令で定める事項に変更があつたときは、厚生労働省令で定めるところにより、十日以内に、その旨を都道府県知事に届け出なければならない。

〔**指定の辞退**〕

第二十四条の十四　指定障害児入所施設は、三月以上の予告期間を設けて、その指定を辞退することができる。

〔**第二十一条の五の二十の規定**〕

第二十四条の十四の二　第二十一条の五の二十一の規定は、指定障害児入所施設の設置者による第二十四条の十二第五項に規定する便宜の提供について準用する。この場合において、第二十一条の五の二十一第一項中「都道府県知事又は市町村長」とあるのは、「都道府県知事」と読み替えるものとする。

〔**指定障害児入所施設等の検査**〕

第二十四条の十五　都道府県知事は、必要があると認めるときは、当該指定障害児入所施設等の設置者若しくは当該指定障害児入所施設等の長その他の従業者（以下この項において「指定施設設置者等」という。）である者若しくは指定施設設置者等であつた者に対し、報告若しくは帳簿書類その他の物件の提出若しくは提示を命じ、指定施設設置者等である者若しくは指定施設設置者等であつた者に対し出頭を求め、又は当該職員に、関係者に対し質問させ、若しくは当該指定障害児入所施設等、当該指定障害児入所施設等の設置者の事務所その他当該指定障害児入所施設等の運営に関係のある場所に立ち入り、その設備若しくは帳簿書類その他の物件を検査させることができる。

②　第十九条の十六第二項の規定は前項の規定による質問又は検査について、同条第三項の規定は前項の規定による権限について準用する。

〔**勧告等**〕

第二十四条の十六　都道府県知事は、指定障害児入所施設等の設置者が、次の各号（指定発達支援医療機関の設置者にあつては、第三号を除く。以下この項において同じ。）に掲げる場合に該当すると認めるときは、当該指定障害児入所施設等の設置者に対

し、期限を定めて、当該各号に定める措置をとるべきことを勧告することができる。
一　指定障害児入所施設等の従業者の知識若しくは技能又は人員について第二十四条の十二第一項の都道府県の条例で定める基準に適合していない場合　当該基準を遵守すること。
二　第二十四条の十二第二項の都道府県の条例で定める指定障害児入所施設等の設備及び運営に関する基準に従つて適正な指定障害児入所施設等の運営をしていない場合　当該基準を遵守すること。
三　第二十四条の十二第五項に規定する便宜の提供を適正に行つていない場合　当該便宜の提供を適正に行うこと。

② 都道府県知事は、前項の規定による勧告をした場合において、その勧告を受けた指定障害児入所施設等の設置者が、同項の期限内にこれに従わなかつたときは、その旨を公表することができる。

③ 都道府県知事は、第一項の規定による勧告を受けた指定障害児入所施設等の設置者が、正当な理由がなくてその勧告に係る措置をとらなかつたときは、当該指定障害児入所施設等の設置者に対し、期限を定めて、その勧告に係る措置をとるべきことを命ずることができる。

④ 都道府県知事は、前項の規定による命令をしたときは、その旨を公示しなければならない。

〔指定の取消し〕
第二十四条の十七　都道府県知事は、次の各号のいずれかに該当する場合においては、当該指定障害児入所施設等に係る第二十四条の二第一項の指定を取り消し、又は期間を定めてその指定の全部若しくは一部の効力を停止することができる。
一　指定障害児入所施設の設置者が、第二十四条の九第三項において準用する第二十一条の五の十五第三項第四号から第五号の二まで、第十三号又は第十四号のいずれかに該当するに至つたとき。
二　指定障害児入所施設の設置者が、第二十四条の十一第三項の規定に違反したと認められるとき。
三　指定障害児入所施設の設置者が、当該指定障害児入所施設の従業者の知識若しくは技能又は人員について、第二十四条の十二第一項の都道府県の条例で定める基準を満たすことができなくなつたとき。
四　指定障害児入所施設の設置者が、第二十四条の十二第二項の都道府県の条例で定める指定障害児入所施設等の設備及び運営に関する基準に従つて適正な指定障害児入所施設の運営をすることができなくなつたとき。
五　障害児入所給付費、特定入所障害児食費等給付費又は障害児入所医療費の請求に関し不正があつたとき。
六　指定障害児入所施設の設置者又は当該指定障害児入所施設の長その他の従業者（次号において「指定入所施設設置者等」という。）が、第二十四条の十五第一項の規定により報告又は帳簿書類その他の物件の提出若しくは提示を命ぜられてこれに従わず、又は虚偽の報告をしたとき。
七　指定入所施設設置者等が、第二十四条の十五第一項の規定により出頭を求められてこれに応ぜず、同項の規定による質問に対して答弁せず、若しくは虚偽の答弁をし、又は同項の規定による立入り若しくは検査を拒み、妨げ、若しくは忌避したとき。ただし、当該指定障害児入所施設の従業者がその行為をした場合において、その行為を防止するため、当該指定障害児入所施設の設置者又は当該指定障害児入所施設の長が相当の注意及び監督を尽くしたときを除く。
八　指定障害児入所施設の設置者が、不正の手段により第二十四条の二第一項の指定を受けたとき。
九　前各号に掲げる場合のほか、指定障害児入所施設の設置者が、この法律その他国民の保健医療若しくは福祉に関する法律で政令で定めるもの又はこれらの法律に基づく命令若しくは処分に違反したとき。
十　前各号に掲げる場合のほか、指定障害児入所施設の設置者が、障害児入所支援に関し不正又は著しく不当な行為をしたとき。

十一　指定障害児入所施設の設置者が法人である場合において、その役員又は当該指定障害児入所施設の長のうちに指定の取消し又は指定の全部若しくは一部の効力の停止をしようとするとき前五年以内に障害児入所支援に関し不正又は著しく不当な行為をした者があるとき。

十二　指定障害児入所施設の設置者が法人でない場合において、その管理者が指定の取消し又は指定の全部若しくは一部の効力の停止をしようとするとき前五年以内に障害児入所支援に関し不正又は著しく不当な行為をした者であるとき。

〔公示〕

第二十四条の十八　都道府県知事は、次に掲げる場合には、その旨を公示しなければならない。

一　第二十四条の二第一項の指定障害児入所施設の指定をしたとき。

二　第二十四条の十四の規定による指定障害児入所施設の指定の辞退があつたとき。

三　前条又は第三十三条の十八第六項の規定により指定障害児入所施設の指定を取り消したとき。

〔都道府県等の義務等〕

第二十四条の十九　都道府県は、指定障害児入所施設等に関し必要な情報の提供を行うとともに、その利用に関し相談に応じ、及び助言を行わなければならない。

② 都道府県は、障害児又は当該障害児の保護者から求めがあつたときは、指定障害児入所施設等の利用についてあつせん又は調整を行うとともに、必要に応じて、指定障害児入所施設等の設置者に対し、当該障害児の利用についての要請を行うものとする。

③ 指定障害児入所施設等の設置者は、前項のあつせん、調整及び要請に対し、できる限り協力しなければならない。

第三款　業務管理体制の整備等

〔準用規定〕

第二十四条の十九の二　第二節第三款の規定（中核市の長に係る部分を除く。）は、指定障害児入所施設等の設置者について準用する。この場合において、必要な技術的読替えは、政令で定める。

第四款　障害児入所医療費の支給

〔障害児入所医療費の支給〕

第二十四条の二十　都道府県は、入所給付決定に係る障害児が、給付決定期間内において、指定障害児入所施設等（病院その他厚生労働省令で定める施設に限る。以下この条、次条及び第二十四条の二十三において同じ。）から障害児入所支援のうち治療に係るもの（以下この条において「障害児入所医療」という。）を受けたときは、厚生労働省令で定めるところにより、当該入所給付決定保護者に対し、当該障害児に係る入所医療に要した費用について、障害児入所医療費を支給する。

② 障害児入所医療費の額は、一月につき、次に掲げる額の合算額とする。

一　同一の月に受けた障害児入所医療（食事療養を除く。）につき健康保険の療養に要する費用の額の算定方法の例により算定した額から、当該入所給付決定保護者の家計の負担能力その他の事情をしん酌して政令で定める額（当該政令で定める額が当該算定した額の百分の十に相当する額を超えるときは、当該相当する額）を控除して得た額

二　当該障害児入所医療（食事療養に限る。）につき健康保険の療養に要する費用の額の算定方法の例により算定した額から、健康保険法第八十五条第二項に規定する食事療養標準負担額、入所給付決定保護者の所得の状況その他の事情を勘案して厚生労働大臣が定める額を控除した額

③ 入所給付決定に係る障害児が指定障害児入所施設等から障害児入所医療を受けたときは、都道府県は、当該障害児に係る入所給付決定保護者が当該指定障害児入所施設等に支払うべき当該障害児入所医療に要した費用について、障害児入所医療費として

当該入所給付決定保護者に支給すべき額の限度において、当該入所給付決定保護者に代わり、当該指定障害児入所施設等に支払うことができる。

④　前項の規定による支払があつたときは、当該入所給付決定保護者に対し障害児入所医療費の支給があつたものとみなす。

（準用規定）

第二十四条の二十一　第十九条の十二及び第十九条の二十の規定は指定障害児入所施設等に対する障害児入所医療費の支給について、第二十一条の規定は指定障害児入所施設等について、それぞれ準用する。この場合において、必要な技術的読替えは、政令で定める。

（健康保険法による給付との調整）

第二十四条の二十二　障害児入所医療費の支給は、当該障害の状態につき、健康保険法の規定による家族療養費その他の法令に基づく給付であつて政令で定めるもののうち障害児入所医療費の支給に相当するものを受けることができるときは政令で定める限度において、当該政令で定める給付以外の給付であつて国又は地方公共団体の負担において障害児入所医療費の支給に相当するものが行われたときはその限度において、行わない。

（厚生労働省令への委任）

第二十四条の二十三　この款に定めるもののほか、障害児入所医療費の支給及び指定障害児入所施設等の障害児入所医療費の請求に関し必要な事項は、厚生労働省令で定める。

第五款　障害児入所給付費、高額障害児入所給付費及び特定入所障害児食費等給付費並びに障害児入所医療費の支給の特例

第二十四条の二十四　都道府県は、第二十四条の二第一項、第二十四条の六第一項、第二十四条の七第一項又は第二十四条の二十第一項の規定にかかわらず、厚生労働省令で定める指定障害児入所施設等に入所等をした障害児（以下この項において「入所者」という。）について、引き続き指定入所支援を受けなければその福祉を損なうおそれがあると認めるときは、当該入所者が満十八歳に達した後においても、当該入所者からの申請により、当該入所者が満二十歳に達するまで、厚生労働省令で定めるところにより、引き続き第五十条第六号の三に規定する障害児入所給付費等（次項において「障害児入所給付費等」という。）を支給することができる。ただし、当該入所者が障害者の日常生活及び社会生活を総合的に支援するための法律第五条第六項に規定する療養介護その他の支援を受けることができる場合は、この限りでない。

②　前項の規定により障害児入所給付費等を支給することができることとされた者については、その者を障害児又は障害児の保護者とみなして、第二十四条の二から第二十四条の七まで、第二十四条の十九及び第二十四条の二十から第二十四条の二十二までの規定を適用する。この場合において、必要な技術的読替えその他これらの規定の適用に関し必要な事項は、政令で定める。

③　第一項の場合においては、都道府県知事は、児童相談所長の意見を聴かなければならない。

第五節　障害児相談支援給付費及び特例障害児相談支援給付費の支給

第一款　障害児相談支援給付費及び特例障害児相談支援給付費の支給

（障害児相談支援給付費等の支給）

第二十四条の二十五　障害児相談支援給付費及び特例障害児相談支援給付費の支給は、障害児相談支援に関して次条及び第二十四条の二十七の規定により支給する給付とする。

（障害児相談支援給付費）

第二十四条の二十六　市町村は、次の各号に掲げる者（以下この条及び次条第一項において「障害児相談支援対象保護者」という。）に対し、当該各号に定める場合の区分に応じ、当該各号に規定する障害児相談支援に

要した費用について、障害児相談支援給付費を支給する。

一　第二十一条の五の七第四項（第二十一条の五の八第三項において準用する場合を含む。）の規定により、障害児支援利用計画案の提出を求められた第二十一条の五の六第一項又は第二十一条の五の八第一項の申請に係る障害児の保護者　市町村長が指定する障害児相談支援事業を行う者（以下「指定障害児相談支援事業者」という。）から当該指定に係る障害児支援利用援助（次項において「指定障害児支援利用援助」という。）を受けた場合であつて、当該申請に係る給付決定等を受けたとき。

二　通所給付決定保護者　指定障害児相談支援事業者から当該指定に係る継続障害児支援利用援助（次項において「指定継続障害児支援利用援助」という。）を受けたとき。

② 障害児相談支援給付費の額は、指定障害児支援利用援助又は指定継続障害児支援利用援助（以下「指定障害児相談支援」という。）に通常要する費用につき、厚生労働大臣が定める基準により算定した費用の額（その額が現に当該指定障害児相談支援に要した費用の額を超えるときは、当該現に指定障害児相談支援に要した費用の額）とする。

③ 障害児相談支援対象保護者が指定障害児相談支援事業者から指定障害児相談支援を受けたときは、市町村は、当該障害児相談支援対象保護者が当該指定障害児相談支援事業者に支払うべき当該指定障害児相談支援に要した費用について、障害児相談支援給付費として当該障害児相談支援対象保護者に対し支給すべき額の限度において、当該障害児相談支援対象保護者に代わり、当該指定障害児相談支援事業者に支払うことができる。

④ 前項の規定による支払があつたときは、障害児相談支援対象保護者に対し障害児相談支援給付費の支給があつたものとみなす。

⑤ 市町村は、指定障害児相談支援事業者から障害児相談支援給付費の請求があつたときは、第二項の厚生労働大臣が定める基準及び第二十四条の三十一第二項の厚生労働省令で定める指定障害児相談支援の事業の運営に関する基準（指定障害児相談支援の取扱いに関する部分に限る。）に照らして審査の上、支払うものとする。

⑥ 市町村は、前項の規定による審査及び支払に関する事務を連合会に委託することができる。

⑦ 前各項に定めるもののほか、障害児相談支援給付費の支給及び指定障害児相談支援事業者の障害児相談支援給付費の請求に関し必要な事項は、厚生労働省令で定める。

〔特例障害児相談支援給付費〕

第二十四条の二十七　市町村は、障害児相談支援対象保護者が、指定障害児相談支援以外の障害児相談支援（第二十四条の三十一第一項の厚生労働省令で定める基準及び同条第二項の厚生労働省令で定める指定障害児相談支援の事業の運営に関する基準に定める事項のうち厚生労働省令で定めるものを満たすと認められる事業を行う事業所により行われるものに限る。以下この条において「基準該当障害児相談支援」という。）を受けた場合において、必要があると認めるときは、厚生労働省令で定めるところにより、基準該当障害児相談支援に要した費用について、特例障害児相談支援給付費を支給することができる。

② 特例障害児相談支援給付費の額は、当該基準該当障害児相談支援について前条第二項の厚生労働大臣が定める基準により算定した費用の額（その額が現に当該基準該当障害児相談支援に要した費用の額を超えるときは、当該現に基準該当障害児相談支援に要した費用の額）を基準として、市町村が定める。

③ 前二項に定めるもののほか、特例障害児相談支援給付費の支給に関し必要な事項は、厚生労働省令で定める。

第二款　指定障害児相談支援事業者

〔指定障害児相談支援事業者の指定等〕

第二十四条の二十八　第二十四条の二十六第一項第一号の指定障害児相談支援事業者の指定は、厚生労働省令で定めるところにより、総合的に障害者の日常生活及び社会生活を総合的に支援するための法律第五条第十八項に規定する相談支援を行う者として厚生労働省令で定める基準に該当する者の申請により、障害児相談支援事業を行う事業所（以下「障害児相談支援事業所」という。）ごとに行う。

② 第二十一条の五の十五第三項（第四号、第十一号及び第十四号を除く。）の規定は、第二十四条の二十六第一項第一号の指定障害児相談支援事業者の指定について準用する。この場合において、第二十一条の五の十五第三項第一号中「都道府県の条例で定める者」とあるのは、「法人」と読み替えるほか、必要な技術的読替えは、政令で定める。

〔**指定の更新**〕

第二十四条の二十九　第二十四条の二十六第一項第一号の指定は、六年ごとにその更新を受けなければ、その期間の経過によつて、その効力を失う。

② 前項の更新の申請があつた場合において、同項の期間（以下この条において「指定の有効期間」という。）の満了の日までにその申請に対する処分がされないときは、従前の指定は、指定の有効期間の満了後もその処分がされるまでの間は、なおその効力を有する。

③ 前項の場合において、指定の更新がされたときは、その指定の有効期間は、従前の指定の有効期間の満了の日の翌日から起算するものとする。

④ 前条の規定は、第一項の指定の更新について準用する。この場合において、必要な技術的読替えは、政令で定める。

〔**指定障害児相談支援事業者の責務**〕

第二十四条の三十　指定障害児相談支援事業者は、障害児が自立した日常生活又は社会生活を営むことができるよう、障害児及びその保護者の意思をできる限り尊重するとともに、行政機関、教育機関その他の関係機関との緊密な連携を図りつつ、障害児相談支援を当該障害児の意向、適性、障害の特性その他の事情に応じ、常に障害児及びその保護者の立場に立つて効果的に行うように努めなければならない。

② 指定障害児相談支援事業者は、その提供する障害児相談支援の質の評価を行うことその他の措置を講ずることにより、障害児相談支援の質の向上に努めなければならない。

③ 指定障害児相談支援事業者は、障害児の人格を尊重するとともに、この法律又はこの法律に基づく命令を遵守し、障害児及びその保護者のため忠実にその職務を遂行しなければならない。

第二十四条の三十一　指定障害児相談支援事業者は、当該指定に係る障害児相談支援事業所ごとに、厚生労働省令で定める基準に従い、当該指定障害児相談支援に従事する従業者を有しなければならない。

② 指定障害児相談支援事業者は、厚生労働省令で定める指定障害児相談支援の事業の運営に関する基準に従い、指定障害児相談支援を提供しなければならない。

③ 指定障害児相談支援事業者は、次条第二項の規定による事業の廃止又は休止の届出をしたときは、当該届出の日前一月以内に当該指定障害児相談支援を受けていた者であつて、当該事業の廃止又は休止の日以後においても引き続き当該指定障害児相談支援に相当する支援の提供を希望する者に対し、必要な障害児相談支援が継続的に提供されるよう、他の指定障害児相談支援事業者その他関係者との連絡調整その他の便宜の提供を行わなければならない。

第二十四条の三十二　指定障害児相談支援事業者は、当該指定に係る障害児相談支援事業所の名称及び所在地その他厚生労働省令で定める事項に変更があつたとき、又は休止した当該指定障害児相談支援の事業を再開したときは、厚生労働省令で定めるところにより、十日以内に、その旨を市町村長に届け出なければならない。

② 指定障害児相談支援事業者は、当該指定障害児相談支援の事業を廃止し、又は休止しようとするときは、厚生労働省令で定め

るところにより、その廃止又は休止の日の一月前までに、その旨を市町村長に届け出なければならない。

〔市町村長による助言等〕

第二十四条の三十三　市町村長は、指定障害児相談支援事業者による第二十四条の三十一第三項に規定する便宜の提供が円滑に行われるため必要があると認めるときは、当該指定障害児相談支援事業者その他の関係者相互間の連絡調整又は当該指定障害児相談支援事業者その他の関係者に対する助言その他の援助を行うことができる。

〔事業の調査等〕

第二十四条の三十四　市町村長は、必要があると認めるときは、指定障害児相談支援事業者若しくは指定障害児相談支援事業者であつた者若しくは当該指定に係る障害児相談支援事業所の従業者であつた者（以下この項において「指定障害児相談支援事業者であつた者等」という。）に対し、報告若しくは帳簿書類その他の物件の提出若しくは提示を命じ、指定障害児相談支援事業者若しくは当該指定に係る障害児相談支援事業所の従業者若しくは指定障害児相談支援事業者であつた者等に対し出頭を求め、又は当該職員に、関係者に対し質問させ、若しくは当該指定障害児相談支援事業者の当該指定に係る障害児相談支援事業所、事務所その他指定障害児相談支援の事業に関係のある場所に立ち入り、その設備若しくは帳簿書類その他の物件を検査させることができる。

② 第十九条の十六第二項の規定は前項の規定による質問又は検査について、同条第三項の規定は前項の規定による権限について準用する。

〔市町村長の勧告等〕

第二十四条の三十五　市町村長は、指定障害児相談支援事業者が、次の各号に掲げる場合に該当すると認めるときは、当該指定障害児相談支援事業者に対し、期限を定めて、当該各号に定める措置をとるべきことを勧告することができる。

一　当該指定に係る障害児相談支援事業所の従業者の知識若しくは技能又は人員について第二十四条の三十一第一項の厚生労働省令で定める基準に適合していない場合　当該基準を遵守すること。

二　第二十四条の三十一第二項の厚生労働省令で定める指定障害児相談支援の事業の運営に関する基準に従つて適正な指定障害児相談支援の事業の運営をしていない場合　当該基準を遵守すること。

三　第二十四条の三十一第三項に規定する便宜の提供を適正に行つていない場合　当該便宜の提供を適正に行うこと。

② 市町村長は、前項の規定による勧告をした場合において、その勧告を受けた指定障害児相談支援事業者が、同項の期限内にこれに従わなかつたときは、その旨を公表することができる。

③ 市町村長は、第一項の規定による勧告を受けた指定障害児相談支援事業者が、正当な理由がなくてその勧告に係る措置をとらなかつたときは、当該指定障害児相談支援事業者に対し、期限を定めて、その勧告に係る措置をとるべきことを命ずることができる。

④ 市町村長は、前項の規定による命令をしたときは、その旨を公示しなければならない。

〔指定の取消し等〕

第二十四条の三十六　市町村長は、次の各号のいずれかに該当する場合においては、当該指定障害児相談支援事業者に係る第二十四条の二十六第一項第一号の指定を取り消し、又は期間を定めてその指定の全部若しくは一部の効力を停止することができる。

一　指定障害児相談支援事業者が、第二十四条の二十八第二項において準用する第二十一条の五の十五第三項第五号、第五号の二又は第十三号のいずれかに該当するに至つたとき。

二　指定障害児相談支援事業者が、第二十四条の三十第三項の規定に違反したと認められるとき。

三　指定障害児相談支援事業者が、当該指定に係る障害児相談支援事業所の従業者の知識若しくは技能又は人員について、第二十四条の三十一第一項の厚生労働省令で定める基準を満たすことができなくなつたとき。

四　指定障害児相談支援事業者が、第二十四条の三十一第二項の厚生労働省令で定める指定障害児相談支援の事業の運営に関する基準に従つて適正な指定障害児相談支援の事業の運営をすることができなくなつたとき。

五　障害児相談支援給付費の請求に関し不正があつたとき。

六　指定障害児相談支援事業者が、第二十四条の三十四第一項の規定により報告又は帳簿書類その他の物件の提出若しくは提示を命ぜられてこれに従わず、又は虚偽の報告をしたとき。

七　指定障害児相談支援事業者又は当該指定に係る障害児相談支援事業所の従業者が、第二十四条の三十四第一項の規定により出頭を求められてこれに応ぜず、同項の規定による質問に対して答弁せず、若しくは虚偽の答弁をし、又は同項の規定による立入り若しくは検査を拒み、妨げ、若しくは忌避したとき。ただし、当該指定に係る障害児相談支援事業所の従業者がその行為をした場合において、その行為を防止するため、当該指定障害児相談支援事業者が相当の注意及び監督を尽くしたときを除く。

八　指定障害児相談支援事業者が、不正の手段により第二十四条の二十六第一項第一号の指定を受けたとき。

九　前各号に掲げる場合のほか、指定障害児相談支援事業者が、この法律その他国民の福祉に関する法律で政令で定めるもの又はこれらの法律に基づく命令若しくは処分に違反したとき。

十　前各号に掲げる場合のほか、指定障害児相談支援事業者が、障害児相談支援に関し不正又は著しく不当な行為をしたとき。

十一　指定障害児相談支援事業者の役員又は当該指定に係る障害児相談支援事業所を管理する者その他の政令で定める使用人のうちに指定の取消し又は指定の全部若しくは一部の効力の停止をしようとするとき前五年以内に障害児相談支援に関し不正又は著しく不当な行為をした者があるとき。

〔市町村長による公示〕

第二十四条の三十七　市町村長は、次に掲げる場合には、その旨を公示しなければならない。

一　第二十四条の二十六第一項第一号の指定障害児相談支援事業者の指定をしたとき。

二　第二十四条の三十二第二項の規定による事業の廃止の届出があつたとき。

三　前条の規定により指定障害児相談支援事業者の指定を取り消したとき。

第三款　業務管理体制の整備等

〔指定障害児相談支援事業者の責務等〕

第二十四条の三十八　指定障害児相談支援事業者は、第二十四条の三十第三項に規定する義務の履行が確保されるよう、厚生労働省令で定める基準に従い、業務管理体制を整備しなければならない。

②　指定障害児相談支援事業者は、次の各号に掲げる区分に応じ、当該各号に定める者に対し、厚生労働省令で定めるところにより、業務管理体制の整備に関する事項を届け出なければならない。

一　次号及び第三号に掲げる指定障害児相談支援事業者以外の指定障害児相談支援事業者　都道府県知事

二　指定障害児相談支援事業者であつて、当該指定に係る障害児相談支援事業所が一の市町村の区域に所在するもの　市町村長

三　当該指定に係る障害児相談支援事業所が二以上の都道府県の区域に所在する指定障害児相談支援事業者　厚生労働大臣

③　前項の規定により届出をした指定障害児相談支援事業者は、その届け出た事項に変更があつたときは、遅滞なく、厚生労働省令で定めるところにより、その旨を当該届出をした厚生労働大臣、都道府県知事又は市町村長（以下この款において「厚生労働大臣等」という。）に届け出なければなら

ない。

④　第二項の規定による届出をした指定障害児相談支援事業者は、同項各号に掲げる区分の変更により、同項の規定により当該届出をした厚生労働大臣等以外の厚生労働大臣等に届出を行うときは、厚生労働省令で定めるところにより、その旨を当該届出をした厚生労働大臣等にも届け出なければならない。

⑤　厚生労働大臣等は、前三項の規定による届出が適正になされるよう、相互に密接な連携を図るものとする。

〔**事業の検査等**〕

第二十四条の三十九　前条第二項の規定による届出を受けた厚生労働大臣等は、当該届出をした指定障害児相談支援事業者（同条第四項の規定による届出を受けた厚生労働大臣等にあつては、同項の規定による届出をした指定障害児相談支援事業者を除く。）における同条第一項の規定による業務管理体制の整備に関して必要があると認めるときは、当該指定障害児相談支援事業者に対し、報告若しくは帳簿書類その他の物件の提出若しくは提示を命じ、当該指定障害児相談支援事業者若しくは当該指定障害児相談支援事業者の従業者に対し出頭を求め、又は当該職員に、関係者に対し質問させ、若しくは当該指定障害児相談支援事業者の当該指定に係る障害児相談支援事業所、事務所その他の指定障害児相談支援の提供に関係のある場所に立ち入り、その設備若しくは帳簿書類その他の物件を検査させることができる。

②　厚生労働大臣が前項の権限を行うときは当該指定障害児相談支援事業者に係る指定を行つた市町村長（以下この項及び次条第五項において「関係市町村長」という。）と、都道府県知事が前項の権限を行うときは関係市町村長と密接な連携の下に行うものとする。

③　市町村長は、その行つた又はその行おうとする指定に係る指定障害児相談支援事業者における前条第一項の規定による業務管理体制の整備に関して必要があると認めるときは、厚生労働大臣又は都道府県知事に対し、第一項の権限を行うよう求めることができる。

④　厚生労働大臣又は都道府県知事は、前項の規定による市町村長の求めに応じて第一項の権限を行つたときは、厚生労働省令で定めるところにより、その結果を当該権限を行うよう求めた市町村長に通知しなければならない。

⑤　第十九条の十六第二項の規定は第一項の規定による質問又は検査について、同条第三項の規定は第一項の規定による権限について準用する。

〔**厚生労働大臣等による勧告等**〕

第二十四条の四十　第二十四条の三十八第二項の規定による届出を受けた厚生労働大臣等は、当該届出をした指定障害児相談支援事業者（同条第四項の規定による届出を受けた厚生労働大臣等にあつては、同項の規定による届出をした指定障害児相談支援事業者を除く。）が、同条第一項の厚生労働省令で定める基準に従つて適正な業務管理体制の整備をしていないと認めるときは、当該指定障害児相談支援事業者に対し、期限を定めて、当該厚生労働省令で定める基準に従つて適正な業務管理体制を整備すべきことを勧告することができる。

②　厚生労働大臣等は、前項の規定による勧告をした場合において、その勧告を受けた指定障害児相談支援事業者が、同項の期限内にこれに従わなかつたときは、その旨を公表することができる。

③　厚生労働大臣等は、第一項の規定による勧告を受けた指定障害児相談支援事業者が、正当な理由がなくてその勧告に係る措置をとらなかつたときは、当該指定障害児相談支援事業者に対し、期限を定めて、その勧告に係る措置をとるべきことを命ずることができる。

④　厚生労働大臣等は、前項の規定による命令をしたときは、その旨を公示しなければならない。

⑤　厚生労働大臣又は都道府県知事は、指定障害児相談支援事業者が第三項の規定による命令に違反したときは、厚生労働省令で定めるところにより、当該違反の内容を関

係市町村長に通知しなければならない。

第六節　要保護児童の保護措置等

〔要保護児童発見者の通告義務〕

第二十五条　要保護児童を発見した者は、これを市町村、都道府県の設置する福祉事務所若しくは児童相談所又は児童委員を介して市町村、都道府県の設置する福祉事務所若しくは児童相談所に通告しなければならない。ただし、罪を犯した満十四歳以上の児童については、この限りでない。この場合においては、これを家庭裁判所に通告しなければならない。

②　刑法の秘密漏示罪の規定その他の守秘義務に関する法律の規定は、前項の規定による通告をすることを妨げるものと解釈してはならない。

〔要保護児童対策地域協議会〕

第二十五条の二　地方公共団体は、単独で又は共同して、要保護児童（第三十一条第四項に規定する延長者及び第三十三条第十項に規定する保護延長者（次項において「延長者等」という。）を含む。次項において同じ。）の適切な保護又は要支援児童若しくは特定妊婦への適切な支援を図るため、関係機関、関係団体及び児童の福祉に関連する職務に従事する者その他の関係者（以下「関係機関等」という。）により構成される要保護児童対策地域協議会（以下「協議会」という。）を置くように努めなければならない。

②　協議会は、要保護児童若しくは要支援児童及びその保護者（延長者等の親権を行う者、未成年後見人その他の者で、延長者等を現に監護する者を含む。）又は特定妊婦（以下この項及び第五項において「支援対象児童等」という。）に関する情報その他要保護児童の適切な保護又は要支援児童若しくは特定妊婦への適切な支援を図るために必要な情報の交換を行うとともに、支援対象児童等に対する支援の内容に関する協議を行うものとする。

③　地方公共団体の長は、協議会を設置したときは、厚生労働省令で定めるところにより、その旨を公示しなければならない。

④　協議会を設置した地方公共団体の長は、協議会を構成する関係機関等のうちから、一に限り要保護児童対策調整機関を指定する。

⑤　要保護児童対策調整機関は、協議会に関する事務を総括するとともに、支援対象児童等に対する支援が適切に実施されるよう、厚生労働省令で定めるところにより、支援対象児童等に対する支援の実施状況を的確に把握し、必要に応じて、児童相談所、養育支援訪問事業を行う者、母子保健法第二十二条第一項に規定する母子健康包括支援センターその他の関係機関等との連絡調整を行うものとする。

⑥　市町村の設置した協議会（市町村が地方公共団体（市町村を除く。）と共同して設置したものを含む。）に係る要保護児童対策調整機関は、厚生労働省令で定めるところにより、専門的な知識及び技術に基づき前項の業務に係る事務を適切に行うことができる者として厚生労働省令で定めるもの（次項及び第八項において「調整担当者」という。）を置くものとする。

⑦　地方公共団体（市町村を除く。）の設置した協議会（当該地方公共団体が市町村と共同して設置したものを除く。）に係る要保護児童対策調整機関は、厚生労働省令で定めるところにより、調整担当者を置くように努めなければならない。

⑧　要保護児童対策調整機関に置かれた調整担当者は、厚生労働大臣が定める基準に適合する研修を受けなければならない。

〔資料又は情報の提供等〕

第二十五条の三　協議会は、前条第二項に規定する情報の交換及び協議を行うため必要があると認めるときは、関係機関等に対し、資料又は情報の提供、意見の開陳その他必要な協力を求めることができる。

②　関係機関等は、前項の規定に基づき、協議会から資料又は情報の提供、意見の開陳その他必要な協力の求めがあつた場合には、これに応ずるよう努めなければならない。

〔組織及び運営に関する事項〕

第二十五条の四　前二条に定めるもののほ

か、協議会の組織及び運営に関し必要な事項は、協議会が定める。

〔秘密保持〕

第二十五条の五　次の各号に掲げる協議会を構成する関係機関等の区分に従い、当該各号に定める者は、正当な理由がなく、協議会の職務に関して知り得た秘密を漏らしてはならない。

一　国又は地方公共団体の機関　当該機関の職員又は職員であつた者

二　法人　当該法人の役員若しくは職員又はこれらの職にあつた者

三　前二号に掲げる者以外の者　協議会を構成する者又はその職にあつた者

〔状況の把握〕

第二十五条の六　市町村、都道府県の設置する福祉事務所又は児童相談所は、第二十五条第一項の規定による通告を受けた場合において必要があると認めるときは、速やかに、当該児童の状況の把握を行うものとする。

〔通告児童等に対する措置〕

第二十五条の七　市町村（次項に規定する町村を除く。）は、要保護児童若しくは要支援児童及びその保護者又は特定妊婦（次項において「要保護児童等」という。）に対する支援の実施状況を的確に把握するものとし、第二十五条第一項の規定による通告を受けた児童及び相談に応じた児童又はその保護者（以下「通告児童等」という。）について、必要があると認めたときは、次の各号のいずれかの措置を採らなければならない。

一　第二十七条の措置を要すると認める者並びに医学的、心理学的、教育学的、社会学的及び精神保健上の判定を要すると認める者は、これを児童相談所に送致すること。

二　通告児童等を当該市町村の設置する福祉事務所の知的障害者福祉法（昭和三十五年法律第三十七号）第九条第六項に規定する知的障害者福祉司（以下「知的障害者福祉司」という。）又は社会福祉主事に指導させること。

三　児童自立生活援助の実施が適当であると認める児童は、これをその実施に係る都道府県知事に報告すること。

四　児童虐待の防止等に関する法律第八条の二第一項の規定による出頭の求め及び調査若しくは質問、第二十九条若しくは同法第九条第一項の規定による立入り及び調査若しくは質問又は第三十三条第一項若しくは第二項の規定による一時保護の実施が適当であると認める者は、これを都道府県知事又は児童相談所長に通知すること。

②　福祉事務所を設置していない町村は、要保護児童等に対する支援の実施状況を的確に把握するものとし、通告児童等又は妊産婦について、必要があると認めたときは、次の各号のいずれかの措置を採らなければならない。

一　第二十七条の措置を要すると認める者並びに医学的、心理学的、教育学的、社会学的及び精神保健上の判定を要すると認める者は、これを児童相談所に送致すること。

二　次条第二号の措置が適当であると認める者は、これを当該町村の属する都道府県の設置する福祉事務所に送致すること。

三　助産の実施又は母子保護の実施が適当であると認める者は、これをそれぞれその実施に係る都道府県知事に報告すること。

四　児童自立生活援助の実施が適当であると認める児童は、これをその実施に係る都道府県知事に報告すること。

五　児童虐待の防止等に関する法律第八条の二第一項の規定による出頭の求め及び調査若しくは質問、第二十九条若しくは同法第九条第一項の規定による立入り及び調査若しくは質問又は第三十三条第一項若しくは第二項の規定による一時保護の実施が適当であると認める者は、これを都道府県知事又は児童相談所長に通知すること。

〔福祉事務所長の採るべき措置〕

第二十五条の八　都道府県の設置する福祉事務所の長は、第二十五条第一項の規定による通告又は前条第二項第二号若しくは次条第一項第四号の規定による送致を受けた児童及び相談に応じた児童、その保護者又は妊産婦について、必要があると認めたときは、次の各号のいずれかの措置を採らなければならない。

一　第二十七条の措置を要すると認める者並びに医学的、心理学的、教育学的、社会学的及び精神保健上の判定を要すると認める者は、これを児童相談所に送致すること。

二　児童又はその保護者をその福祉事務所の知的障害者福祉司又は社会福祉主事に指導させること。

三　保育の利用等（助産の実施、母子保護の実施又は保育の利用若しくは第二十四条第五項の規定による措置をいう。以下同じ。）が適当であると認める者は、これをそれぞれその保育の利用等に係る都道府県又は市町村の長に報告し、又は通知すること。

四　児童自立生活援助の実施が適当であると認める児童は、これをその実施に係る都道府県知事に報告すること。

五　第二十一条の六の規定による措置が適当であると認める者は、これをその措置に係る市町村の長に報告し、又は通知すること。

（児童相談所長の採るべき措置）

第二十六条　児童相談所長は、第二十五条第一項の規定による通告を受けた児童、第二十五条の七第一項第一号若しくは第二項第一号、前条第一号又は少年法（昭和二十三年法律第百六十八号）第六条の六第一項若しくは第十八条第一項の規定による送致を受けた児童及び相談に応じた児童、その保護者又は妊産婦について、必要があると認めたときは、次の各号のいずれかの措置を採らなければならない。

一　次条の措置を要すると認める者は、これを都道府県知事に報告すること。

二　児童又はその保護者を児童相談所その他の関係機関若しくは関係団体の事業所若しくは事務所に通わせ当該事業所若しくは事務所において、又は当該児童若しくはその保護者の住所若しくは居所において、児童福祉司若しくは児童委員に指導させ、又は市町村、都道府県以外の者の設置する児童家庭支援センター、都道府県以外の障害者の日常生活及び社会生活を総合的に支援するための法律第五条第十八項に規定する一般相談支援事業若しくは特定相談支援事業（次条第一項第二号及び第三十四条の七において「障害者等相談支援事業」という。）を行う者その他当該指導を適切に行うことができる者として厚生労働省令で定めるものに委託して指導させること。

三　児童及び妊産婦の福祉に関し、情報を提供すること、相談（専門的な知識及び技術を必要とするものを除く。）に応ずること、調査及び指導（医学的、心理学的、教育学的、社会学的及び精神保健上の判定を必要とする場合を除く。）を行うことその他の支援（専門的な知識及び技術を必要とするものを除く。）を行うことを要すると認める者（次条の措置を要すると認める者を除く。）は、これを市町村に送致すること。

四　第二十五条の七第一項第二号又は前条第二号の措置が適当であると認める者は、これを福祉事務所に送致すること。

五　保育の利用等が適当であると認める者は、これをそれぞれその保育の利用等に係る都道府県又は市町村の長に報告し、又は通知すること。

六　児童自立生活援助の実施が適当であると認める児童は、これをその実施に係る都道府県知事に報告すること。

七　第二十一条の六の規定による措置が適当であると認める者は、これをその措置に係る市町村の長に報告し、又は通知すること。

八　放課後児童健全育成事業、子育て短期支援事業、養育支援訪問事業、地域子育て支援拠点事業、子育て援助活動支援事業、子ども・子育て支援法第五十九条第一号に掲げる事業その他市町村が実施する児童の健全な育成に資する事業の実施が適当であると認める者は、これをその事業の実施に係る市町村の長に通知すること。

② 前項第一号の規定による報告書には、児童の住所、氏名、年齢、履歴、性行、健康状態及び家庭環境、同号に規定する措置についての当該児童及びその保護者の意向その他児童の福祉増進に関し、参考となる事項を記載しなければならない。

〔**都道府県の採るべき措置**〕

第二十七条 都道府県は、前条第一項第一号の規定による報告又は少年法第十八条第二項の規定による送致のあつた児童につき、次の各号のいずれかの措置を採らなければならない。

一 児童又はその保護者に訓戒を加え、又は誓約書を提出させること。

二 児童又はその保護者を児童相談所その他の関係機関若しくは関係団体の事業所若しくは事務所に通わせ当該事業所若しくは事務所において、又は当該児童若しくはその保護者の住所若しくは居所において、児童福祉司、知的障害者福祉司、社会福祉主事、児童委員若しくは当該都道府県の設置する児童家庭支援センター若しくは当該都道府県が行う障害者等相談支援事業に係る職員に指導させ、又は市町村、当該都道府県以外の者の設置する児童家庭支援センター、当該都道府県以外の障害者等相談支援事業を行う者若しくは前条第一項第二号に規定する厚生労働省令で定める者に委託して指導させること。

三 児童を小規模住居型児童養育事業を行う者若しくは里親に委託し、又は乳児院、児童養護施設、障害児入所施設、児童心理治療施設若しくは児童自立支援施設に入所させること。

四 家庭裁判所の審判に付することが適当であると認める児童は、これを家庭裁判所に送致すること。

② 都道府県は、肢体不自由のある児童又は重症心身障害児については、前項第三号の措置に代えて、指定発達支援医療機関に対し、これらの児童を入院させて障害児入所施設（第四十二条第二号に規定する医療型障害児入所施設に限る。）におけると同様な治療等を行うことを委託することができる。

③ 都道府県知事は、少年法第十八条第二項の規定による送致のあつた児童につき、第一項の措置を採るにあたつては、家庭裁判所の決定による指示に従わなければならない。

④ 第一項第三号又は第二項の措置は、児童に親権を行う者（第四十七条第一項の規定により親権を行う児童福祉施設の長を除く。以下同じ。）又は未成年後見人があるときは、前項の場合を除いては、その親権を行う者又は未成年後見人の意に反して、これを採ることができない。

⑤ 都道府県知事は、第一項第二号若しくは第三号若しくは第二項の措置を解除し、停止し、又は他の措置に変更する場合には、児童相談所長の意見を聴かなければならない。

⑥ 都道府県知事は、政令の定めるところにより、第一項第一号から第三号までの措置（第三項の規定により採るもの及び第二十八条第一項第一号又は第二号ただし書の規定により採るものを除く。）若しくは第二項の措置を採る場合又は第一項第二号若しくは第三号若しくは第二項の措置を解除し、停止し、若しくは他の措置に変更する場合には、都道府県児童福祉審議会の意見を聴かなければならない。

第二十七条の二 都道府県は、少年法第二十四条第一項又は第二十六条の四第一項の規定により同法第二十四条第一項第二号の保護処分の決定を受けた児童につき、当該決定に従つて児童自立支援施設に入所させる措置（保護者の下から通わせて行うものを除く。）又は児童養護施設に入所させる措置を採らなければならない。

② 前項に規定する措置は、この法律の適用については、前条第一項第三号の児童自立支援施設又は児童養護施設に入所させる措置とみなす。ただし、同条第四項及び第六項（措置を解除し、停止し、又は他の措置に変更する場合に係る部分を除く。）並びに第二十八条の規定の適用については、こ

の限りでない。

〔家庭裁判所への送致〕

第二十七条の三　都道府県知事は、たまたま児童の行動の自由を制限し、又はその自由を奪うような強制的措置を必要とするときは、第三十三条、第三十三条の二及び第四十七条の規定により認められる場合を除き、事件を家庭裁判所に送致しなければならない。

〔秘密保持義務〕

第二十七条の四　第二十六条第一項第二号又は第二十七条第一項第二号の規定により行われる指導（委託に係るものに限る。）の事務に従事する者又は従事していた者は、その事務に関して知り得た秘密を漏らしてはならない。

〔保護者の児童虐待等の場合の措置〕

第二十八条　保護者が、その児童を虐待し、著しくその監護を怠り、その他保護者に監護させることが著しく当該児童の福祉を害する場合において、第二十七条第一項第三号の措置を採ることが児童の親権を行う者又は未成年後見人の意に反するときは、都道府県は、次の各号の措置を採ることができる。

一　保護者が親権を行う者又は未成年後見人であるときは、家庭裁判所の承認を得て、第二十七条第一項第三号の措置を採ること。

二　保護者が親権を行う者又は未成年後見人でないときは、その児童を親権を行う者又は未成年後見人に引き渡すこと。ただし、その児童を親権を行う者又は未成年後見人に引き渡すことが児童の福祉のため不適当であると認めるときは、家庭裁判所の承認を得て、第二十七条第一項第三号の措置を採ること。

② 前項第一号及び第二号ただし書の規定による措置の期間は、当該措置を開始した日から二年を超えてはならない。ただし、当該措置に係る保護者に対する指導措置（第二十七条第一項第二号の措置をいう。以下この条並びに第三十三条第二項及び第九項において同じ。）の効果等に照らし、当該措置を継続しなければ保護者がその児童を虐待し、著しくその監護を怠り、その他著しく当該児童の福祉を害するおそれがあると認めるときは、都道府県は、家庭裁判所の承認を得て、当該期間を更新することができる。

③ 都道府県は、前項ただし書の規定による更新に係る承認の申立てをした場合において、やむを得ない事情があるときは、当該措置の期間が満了した後も、当該申立てに対する審判が確定するまでの間、引き続き当該措置を採ることができる。ただし、当該申立てを却下する審判があつた場合は、当該審判の結果を考慮してもなお当該措置を採る必要があると認めるときに限る。

④ 家庭裁判所は、第一項第一号若しくは第二号ただし書又は第二項ただし書の承認（以下「措置に関する承認」という。）の申立てがあつた場合は、都道府県に対し、期限を定めて、当該申立てに係る保護者に対する指導措置を採るよう勧告すること、当該申立てに係る保護者に対する指導措置に関し報告及び意見を求めること、又は当該申立てに係る児童及びその保護者に関する必要な資料の提出を求めることができる。

⑤ 家庭裁判所は、前項の規定による勧告を行つたときは、その旨を当該保護者に通知するものとする。

⑥ 家庭裁判所は、措置に関する承認の申立てに対する承認の審判をする場合において、当該措置の終了後の家庭その他の環境の調整を行うため当該保護者に対する指導措置を採ることが相当であると認めるときは、当該都道府県に対し、当該指導措置を採るよう勧告することができる。

⑦ 家庭裁判所は、第四項の規定による勧告を行つた場合において、措置に関する承認の申立てを却下する審判をするときであつて、家庭その他の環境の調整を行うため当該勧告に係る当該保護者に対する指導措置を採ることが相当であると認めるときは、都道府県に対し、当該指導措置を採るよう勧告することができる。

⑧ 第五項の規定は、前二項の規定による勧告について準用する。

〔立入調査〕

第二十九条　都道府県知事は、前条の規定による措置をとるため、必要があると認めるときは、児童委員又は児童の福祉に関する事務に従事する職員をして、児童の住所若しくは居所又は児童の従業する場所に立ち入り、必要な調査又は質問をさせることができる。この場合においては、その身分を証明する証票を携帯させ、関係者の請求があつたときは、これを提示させなければならない。

〔同居児童の届出〕

第三十条　四親等内の児童以外の児童を、その親権を行う者又は未成年後見人から離して、自己の家庭（単身の世帯を含む。）に、三月（乳児については、一月）を超えて同居させる意思をもつて同居させた者又は継続して二月以上（乳児については、二十日以上）同居させた者（法令の定めるところにより児童を委託された者及び児童を単に下宿させた者を除く。）は、同居を始めた日から三月以内（乳児については、一月以内）に、市町村長を経て、都道府県知事に届け出なければならない。ただし、その届出期間内に同居をやめたときは、この限りでない。

② 前項に規定する届出をした者が、その同居をやめたときは、同居をやめた日から一月以内に、市町村長を経て、都道府県知事に届け出なければならない。

③ 保護者は、経済的理由等により、児童をそのもとにおいて養育しがたいときは、市町村、都道府県の設置する福祉事務所、児童相談所、児童福祉司又は児童委員に相談しなければならない。

〔里親等に対する指示等〕

第三十条の二　都道府県知事は、小規模住居型児童養育事業を行う者、里親（第二十七条第一項第三号の規定により委託を受けた里親に限る。第三十三条の八第二項、第三十三条の十、第三十三条の十四第二項、第四十四条の三、第四十五条の二、第四十六条第一項、第四十七条、第四十八条及び第四十八条の三において同じ。）及び児童福祉施設の長並びに前条第一項に規定する者に、児童の保護について、必要な指示をし、又は必要な報告をさせることができる。

〔保護期間の延長等〕

第三十一条　都道府県等は、第二十三条第一項本文の規定により母子生活支援施設に入所した児童については、その保護者から申込みがあり、かつ、必要があると認めるときは、満二十歳に達するまで、引き続きその者を母子生活支援施設において保護することができる。

② 都道府県は、第二十七条第一項第三号の規定により小規模住居型児童養育事業を行う者若しくは里親に委託され、又は児童養護施設、障害児入所施設（第四十二条第一号に規定する福祉型障害児入所施設に限る。）、児童心理治療施設若しくは児童自立支援施設に入所した児童については満二十歳に達するまで、引き続き同項第三号の規定による委託を継続し、若しくはその者をこれらの児童福祉施設に在所させ、又はこれらの措置を相互に変更する措置を採ることができる。

③ 都道府県は、第二十七条第一項第三号の規定により障害児入所施設（第四十二条第二号に規定する医療型障害児入所施設に限る。）に入所した児童又は第二十七条第二項の規定による委託により指定発達支援医療機関に入院した肢体不自由のある児童若しくは重症心身障害児については満二十歳に達するまで、引き続きその者をこれらの児童福祉施設に在所させ、若しくは同項の規定による委託を継続し、又はこれらの措置を相互に変更する措置を採ることができる。

④ 都道府県は、延長者（児童以外の満二十歳に満たない者のうち、次の各号のいずれかに該当するものをいう。）について、第二十七条第一項第一号から第三号まで又は第二項の措置を採ることができる。この場合において、第二十八条の規定の適用については、同条第一項中「保護者が、その児童」とあるのは「第三十一条第四項に規定する延長者（以下この条において「延長者」という。）の親権を行う者、未成年後見人その他の者で、延長者を現に監護する者（以

下この条において「延長者の監護者」という。）が、その延長者」と、「保護者に」とあるのは「延長者の監護者に」と、「当該児童」とあるのは「当該延長者」と、「おいて、第二十七条第一項第三号」とあるのは「おいて、同項の規定による第二十七条第一項第三号」と、「児童の親権」とあるのは「延長者の親権」と、同項第一号中「保護者」とあるのは「延長者の監護者」と、「第二十七条第一項第三号」とあるのは「第三十一条第四項の規定による第二十七条第一項第三号」と、同項第二号中「保護者」とあるのは「延長者の監護者」と、「児童」とあるのは「延長者」と、「第二十七条第一項第三号」とあるのは「第三十一条第四項の規定による第二十七条第一項第三号」と、同条第二項ただし書中「保護者」とあるのは「延長者の監護者」と、「第二十七条第一項第二号」とあるのは「第三十一条第四項の規定による第二十七条第一項第二号」と、「児童」とあるのは「延長者」と、同条第四項中「保護者」とあるのは「延長者の監護者」と、「児童」とあるのは「延長者」と、同条第五項から第七項までの規定中「保護者」とあるのは「延長者の監護者」とする。

一　満十八歳に満たないときにされた措置に関する承認の申立てに係る児童であつた者であつて、当該申立てに対する審判が確定していないもの又は当該申立てに対する承認の審判がなされた後において第二十八条第一項第一号若しくは第二号ただし書若しくは第二項ただし書の規定による措置が採られていないもの

二　第二項からこの項までの規定による措置が採られている者（前号に掲げる者を除く。）

三　第三十三条第八項から第十一項までの規定による一時保護が行われている者（前二号に掲げる者を除く。）

⑤　前各項の規定による保護又は措置は、この法律の適用については、母子保護の実施又は第二十七条第一項第一号から第三号まで若しくは第二項の規定による措置とみなす。

⑥　第二項から第四項までの場合においては、都道府県知事は、児童相談所長の意見を聴かなければならない。

〔権限の委任〕

第三十二条　都道府県知事は、第二十七条第一項若しくは第二項の措置を採る権限又は児童自立生活援助の実施の権限の全部又は一部を児童相談所長に委任することができる。

②　都道府県知事又は市町村長は、第二十一条の六の措置を採る権限又は助産の実施若しくは母子保護の実施の権限、第二十三条第一項ただし書に規定する保護の権限並びに第二十四条の二から第二十四条の七まで及び第二十四条の二十の規定による権限の全部又は一部を、それぞれその管理する福祉事務所の長に委任することができる。

③　市町村長は、保育所における保育を行うことの権限並びに第二十四条第三項の規定による調整及び要請、同条第四項の規定による勧奨及び支援並びに同条第五項又は第六項の規定による措置に関する権限の全部又は一部を、その管理する福祉事務所の長又は当該市町村に置かれる教育委員会に委任することができる。

〔児童の一時保護〕

第三十三条　児童相談所長は、必要があると認めるときは、第二十六条第一項の措置を採るに至るまで、児童の安全を迅速に確保し適切な保護を図るため、又は児童の心身の状況、その置かれている環境その他の状況を把握するため、児童の一時保護を行い、又は適当な者に委託して、当該一時保護を行わせることができる。

②　都道府県知事は、必要があると認めるときは、第二十七条第一項又は第二項の措置（第二十八条第四項の規定による勧告を受けて採る指導措置を除く。）を採るに至るまで、児童の安全を迅速に確保し適切な保護を図るため、又は児童の心身の状況、その置かれている環境その他の状況を把握するため、児童相談所長をして、児童の一時保護を行わせ、又は適当な者に当該一時保護を行うことを委託させることができる。

③　前二項の規定による一時保護の期間は、

当該一時保護を開始した日から二月を超えてはならない。

④ 前項の規定にかかわらず、児童相談所長又は都道府県知事は、必要があると認めるときは、引き続き第一項又は第二項の規定による一時保護を行うことができる。

⑤ 前項の規定により引き続き一時保護を行うことが当該児童の親権を行う者又は未成年後見人の意に反する場合においては、児童相談所長又は都道府県知事が引き続き一時保護を行おうとするとき、及び引き続き一時保護を行つた後二月を超えて引き続き一時保護を行おうとするときごとに、児童相談所長又は都道府県知事は、家庭裁判所の承認を得なければならない。ただし、当該児童に係る第二十八条第一項第一号若しくは第二号ただし書の承認の申立て又は当該児童の親権者に係る第三十三条の七の規定による親権喪失若しくは親権停止の審判の請求若しくは当該児童の未成年後見人に係る第三十三条の九の規定による未成年後見人の解任の請求がされている場合は、この限りでない。

⑥ 児童相談所長又は都道府県知事は、前項本文の規定による引き続いての一時保護に係る承認の申立てをした場合において、やむを得ない事情があるときは、一時保護を開始した日から二月を経過した後又は同項の規定により引き続き一時保護を行つた後二月を経過した後も、当該申立てに対する審判が確定するまでの間、引き続き一時保護を行うことができる。ただし、当該申立てを却下する審判があつた場合は、当該審判の結果を考慮してもなお引き続き一時保護を行う必要があると認めるときに限る。

⑦ 前項本文の規定により引き続き一時保護を行つた場合において、第五項本文の規定による引き続いての一時保護に係る承認の申立てに対する審判が確定した場合における同項の規定の適用については、同項中「引き続き一時保護を行おうとするとき、及び引き続き一時保護を行つた」とあるのは、「引き続いての一時保護に係る承認の申立てに対する審判が確定した」とする。

⑧ 児童相談所長は、特に必要があると認めるときは、第一項の規定により一時保護が行われた児童については満二十歳に達するまでの間、次に掲げる措置を採るに至るまで、引き続き一時保護を行い、又は一時保護を行わせることができる。

一 第三十一条第四項の規定による措置を要すると認める者は、これを都道府県知事に報告すること。

二 児童自立生活援助の実施が適当であると認める満二十歳未満義務教育終了児童等は、これをその実施に係る都道府県知事に報告すること。

⑨ 都道府県知事は、特に必要があると認めるときは、第二項の規定により一時保護が行われた児童については満二十歳に達するまでの間、第三十一条第四項の規定による勧告措置（第二十八条第四項の規定による勧告を受けて採る指導措置を除く。第十一項において同じ。）を採るに至るまで、児童相談所長をして、引き続き一時保護を行わせ、又は一時保護を行うことを委託させることができる。

⑩ 児童相談所長は、特に必要があると認めるときは、第八項各号に掲げる措置を採るに至るまで、保護延長者（児童以外の満二十歳に満たない者のうち、次の各号のいずれかに該当するものをいう。以下この項及び次項において同じ。）の安全を迅速に確保し適切な保護を図るため、又は保護延長者の心身の状況、その置かれている環境その他の状況を把握するため、保護延長者の一時保護を行い、又は適当な者に委託して、当該一時保護を行わせることができる。

一 満十八歳に満たないときにされた措置に関する承認の申立てに係る児童であつた者であつて、当該申立てに対する審判が確定していないもの又は当該申立てに対する承認の審判がなされた後において第二十八条第一項第一号若しくは第二号ただし書若しくは第二項ただし書の規定による措置が採られていないもの

二 第三十一条第二項から第四項までの規定による措置が採られている者（前号に掲げる者を除く。）

⑪ 都道府県知事は、特に必要があると認め

るときは、第三十一条第四項の規定による措置を採るに至るまで、保護延長者の安全を迅速に確保し適切な保護を図るため、又は保護延長者の心身の状況、その置かれている環境その他の状況を把握するため、児童相談所長をして、保護延長者の一時保護を行わせ、又は適当な者に当該一時保護を行うことを委託させることができる。

⑫　第八項から前項までの規定による一時保護は、この法律の適用については、第一項又は第二項の規定による一時保護とみなす。

〔親権を行う者又は未成年後見人のない児童への措置〕

第三十三条の二　児童相談所長は、一時保護が行われた児童で親権を行う者又は未成年後見人のないものに対し、親権を行う者又は未成年後見人があるに至るまでの間、親権を行う。ただし、民法第七百九十七条の規定による縁組の承諾をするには、厚生労働省令の定めるところにより、都道府県知事の許可を得なければならない。

②　児童相談所長は、一時保護が行われた児童で親権を行う者又は未成年後見人のあるものについても、監護、教育及び懲戒に関し、その児童の福祉のため必要な措置を採ることができる。ただし、体罰を加えることはできない。

③　前項の児童の親権を行う者又は未成年後見人は、同項の規定による措置を不当に妨げてはならない。

④　第二項の規定による措置は、児童の生命又は身体の安全を確保するため緊急の必要があると認めるときは、その親権を行う者又は未成年後見人の意に反しても、これをとることができる。

〔児童の所持物の保管〕

第三十三条の二の二　児童相談所長は、一時保護が行われた児童の所持する物であつて、一時保護中本人に所持させることが児童の福祉を損なうおそれがあるものを保管することができる。

②　児童相談所長は、前項の規定により保管する物で、腐敗し、若しくは滅失するおそれがあるもの又は保管に著しく不便なものは、これを売却してその代価を保管することができる。

③　児童相談所長は、前二項の規定により保管する物について当該児童以外の者が返還請求権を有することが明らかな場合には、これをその権利者に返還しなければならない。

④　児童相談所長は、前項に規定する返還請求権を有する者を知ることができないとき、又はその者の所在を知ることができないときは、返還請求権を有する者は、六月以内に申し出るべき旨を公告しなければならない。

⑤　前項の期間内に同項の申出がないときは、その物は、当該児童相談所を設置した都道府県に帰属する。

⑥　児童相談所長は、一時保護を解除するときは、第三項の規定により返還する物を除き、その保管する物を当該児童に返還しなければならない。この場合において、当該児童に交付することが児童の福祉のため不適当であると認めるときは、これをその保護者に交付することができる。

⑦　第一項の規定による保管、第二項の規定による売却及び第四項の規定による公告に要する費用は、その物の返還を受ける者があるときは、その者の負担とする。

〔児童の遺留物の交付〕

第三十三条の三　児童相談所長は、一時保護が行われている間に児童が逃走し、又は死亡した場合において、遺留物があるときは、これを保管し、かつ、前条第三項の規定により権利者に返還しなければならない物を除き、これを当該児童の保護者若しくは親族又は相続人に交付しなければならない。

②　前条第二項、第四項、第五項及び第七項の規定は、前項の場合に、これを準用する。

〔措置又は助産の実施等の解除に係る説明等〕

第三十三条の四　都道府県知事、市町村長、福祉事務所長又は児童相談所長は、次の各号に掲げる措置又は助産の実施、母子保護の実施若しくは児童自立生活援助の実施を解除する場合には、あらかじめ、当該各号に定める者に対し、当該措置又は助産の実

児童家庭福祉

施、母子保護の実施若しくは児童自立生活援助の実施の解除の理由について説明するとともに、その意見を聴かなければならない。ただし、当該各号に定める者から当該措置又は助産の実施、母子保護の実施若しくは児童自立生活援助の実施の解除の申出があつた場合その他厚生労働省令で定める場合においては、この限りでない。

一 第二十一条の六、第二十四条第五項及び第六項、第二十五条の七第一項第二号、第二十五条の八第二号、第二十六条第一項第二号並びに第二十七条第一項第二号の措置 当該措置に係る児童の保護者

二 助産の実施 当該助産の実施に係る妊産婦

三 母子保護の実施 当該母子保護の実施に係る児童の保護者

四 第二十七条第一項第三号及び第二項の措置 当該措置に係る児童の親権を行う者又はその未成年後見人

五 児童自立生活援助の実施 当該児童自立生活援助の実施に係る満二十歳未満義務教育終了児童等又は満二十歳以上義務教育終了児童等

〔行政手続法の適用除外〕

第三十三条の五 第二十一条の六、第二十四条第五項若しくは第六項、第二十五条の七第一項第二号、第二十五条の八第二号、第二十六条第一項第二号若しくは第二十七条第一項第二号若しくは第三号若しくは第二項の措置を解除する処分又は助産の実施、母子保護の実施若しくは児童自立生活援助の実施の解除については、行政手続法第三章（第十二条及び第十四条を除く。）の規定は、適用しない。

〔満二十歳未満義務教育終了児童等への援助〕

第三十三条の六 都道府県は、その区域内における満二十歳未満義務教育終了児童等の自立を図るため必要がある場合において、その満二十歳未満義務教育終了児童等から申込みがあつたときは、自ら又は児童自立生活援助事業を行う者（都道府県を除く。次項において同じ。）に委託して、その満二十歳未満義務教育終了児童等に対し、厚生労働省令で定めるところにより、児童自立生活援助を行わなければならない。ただし、やむを得ない事由があるときは、その他の適切な援助を行わなければならない。

② 満二十歳未満義務教育終了児童等であつて児童自立生活援助の実施を希望するものは、厚生労働省令の定めるところにより、入居を希望する住居その他厚生労働省令の定める事項を記載した申込書を都道府県に提出しなければならない。この場合において、児童自立生活援助事業を行う者は、厚生労働省令の定めるところにより、満二十歳未満義務教育終了児童等の依頼を受けて、当該申込書の提出を代わつて行うことができる。

③ 都道府県は、満二十歳未満義務教育終了児童等が特別な事情により当該都道府県の区域外の住居への入居を希望するときは、当該住居への入居について必要な連絡及び調整を図らなければならない。

④ 都道府県は、第二十五条の七第一項第三号若しくは第二項第四号、第二十五条の八第四号若しくは第二十六条第一項第六号の規定による報告を受けた児童又は第三十三条第八項第二号の規定による報告を受けた満二十歳未満義務教育終了児童等について、必要があると認めるときは、これらの者に対し、児童自立生活援助の実施の申込みを勧奨しなければならない。

⑤ 都道府県は、満二十歳未満義務教育終了児童等の住居の選択及び児童自立生活援助事業の適正な運営の確保に資するため、厚生労働省令の定めるところにより、その区域内における児童自立生活援助事業を行う者、当該事業の運営の状況その他の厚生労働省令の定める事項に関し情報の提供を行わなければならない。

⑥ 第一項から第三項まで及び前項の規定は、満二十歳以上義務教育終了児童等について準用する。この場合において、第一項中「行わなければならない。ただし、やむを得ない事由があるときは、その他の適切な援助を行わなければならない」とあるのは「行うよう努めなければならない」と、第三項中「図らなければならない」とある

のは「図るよう努めなければならない」と読み替えるものとする。

〔**特別養子適格の確認**〕

第三十三条の六の二　児童相談所長は、児童について、家庭裁判所に対し、養親としての適格性を有する者との間における特別養子縁組について、家事事件手続法（平成二十三年法律第五十二号）第百六十四条第二項に規定する特別養子適格の確認を請求することができる。

②　児童相談所長は、前項の規定による請求に係る児童について、特別養子縁組によつて養親となることを希望する者が現に存しないときは、養子縁組里親その他の適当な者に対し、当該児童に係る民法第八百十七条の二第一項に規定する請求を行うことを勧奨するよう努めるものとする。

第三十三条の六の三　児童相談所長は、児童に係る特別養子適格の確認の審判事件（家事事件手続法第三条の五に規定する特別養子適格の確認の審判事件をいう。）の手続に参加することができる。

②　前項の規定により手続に参加する児童相談所長は、家事事件手続法第四十二条第七項に規定する利害関係参加人とみなす。

〔**親権喪失宣告の請求**〕

第三十三条の七　児童等の親権者に係る民法第八百三十四条本文、第八百三十四条の二第一項、第八百三十五条又は第八百三十六条の規定による親権喪失、親権停止若しくは管理権喪失の審判の請求又はこれらの審判の取消しの請求は、これらの規定に定める者のほか、児童相談所長も、これを行うことができる。

〔**未成年後見人選任の請求**〕

第三十三条の八　児童相談所長は、親権を行う者のない児童等について、その福祉のため必要があるときは、家庭裁判所に対し未成年後見人の選任を請求しなければならない。

②　児童相談所長は、前項の規定による未成年後見人の選任の請求に係る児童等（小規模住居型児童養育事業を行う者若しくは里親に委託中若しくは児童福祉施設に入所中の児童等又は一時保護中の児童を除く。）に対し、親権を行う者又は未成年後見人があるに至るまでの間、親権を行う。ただし、民法第七百九十七条の規定による縁組の承諾をするには、厚生労働省令の定めるところにより、都道府県知事の許可を得なければならない。

〔**未成年後見人解任の請求**〕

第三十三条の九　児童等の未成年後見人に、不正な行為、著しい不行跡その他後見の任務に適しない事由があるときは、民法第八百四十六条の規定による未成年後見人の解任の請求は、同条に定める者のほか、児童相談所長も、これを行うことができる。

〔**調査及び研究**〕

第三十三条の九の二　国は、要保護児童の保護に係る事例の分析その他要保護児童の健全な育成に資する調査及び研究を推進するものとする。

第七節　被措置児童等虐待の防止等

〔**被措置児童等虐待**〕

第三十三条の十　この法律で、被措置児童等虐待とは、小規模住居型児童養育事業に従事する者、里親若しくはその同居人、乳児院、児童養護施設、障害児入所施設、児童心理治療施設若しくは児童自立支援施設の長、その職員その他の従業者、指定発達支援医療機関の管理者その他の従業者、第十二条の四に規定する児童を一時保護する施設を設けている児童相談所の所長、当該施設の職員その他の従業者又は第三十三条第一項若しくは第二項の委託を受けて児童の一時保護を行う業務に従事する者（以下「施設職員等」と総称する。）が、委託された児童、入所する児童又は一時保護が行われた児童（以下「被措置児童等」という。）について行う次に掲げる行為をいう。

一　被措置児童等の身体に外傷が生じ、又は生じるおそれのある暴行を加えること。

二　被措置児童等にわいせつな行為をすること又は被措置児童等をしてわいせつな行為をさせること。

三　被措置児童等の心身の正常な発達を妨げるような著しい減食又は長時間の放

置、同居人若しくは生活を共にする他の児童による前二号又は次号に掲げる行為の放置その他の施設職員等としての養育又は業務を著しく怠ること。

四　被措置児童等に対する著しい暴言又は著しく拒絶的な対応その他の被措置児童等に著しい心理的外傷を与える言動を行うこと。

〔有害な影響を及ぼす行為の禁止〕

第三十三条の十一　施設職員等は、被措置児童等虐待その他被措置児童等の心身に有害な影響を及ぼす行為をしてはならない。

〔行政機関等への通告〕

第三十三条の十二　被措置児童等虐待を受けたと思われる児童を発見した者は、速やかに、これを都道府県の設置する福祉事務所、児童相談所、第三十三条の十四第一項若しくは第二項に規定する措置を講ずる権限を有する都道府県の行政機関（以下この節において「都道府県の行政機関」という。）、都道府県児童福祉審議会若しくは市町村又は児童委員を介して、都道府県の設置する福祉事務所、児童相談所、都道府県の行政機関、都道府県児童福祉審議会若しくは市町村に通告しなければならない。

②　被措置児童等虐待を受けたと思われる児童を発見した者は、当該被措置児童等虐待を受けたと思われる児童が、児童虐待を受けたと思われる児童にも該当する場合において、前項の規定による通告をしたときは、児童虐待の防止等に関する法律第六条第一項の規定による通告をすることを要しない。

③　被措置児童等は、被措置児童等虐待を受けたときは、その旨を児童相談所、都道府県の行政機関又は都道府県児童福祉審議会に届け出ることができる。

④　刑法の秘密漏示罪の規定その他の守秘義務に関する法律の規定は、第一項の規定による通告（虚偽であるもの及び過失によるものを除く。次項において同じ。）をすることを妨げるものと解釈してはならない。

⑤　施設職員等は、第一項の規定による通告をしたことを理由として、解雇その他不利益な取扱いを受けない。

〔秘密保持義務〕

第三十三条の十三　都道府県の設置する福祉事務所、児童相談所、都道府県の行政機関、都道府県児童福祉審議会又は市町村が前条第一項の規定による通告又は同条第三項の規定による届出を受けた場合においては、当該通告若しくは届出を受けた都道府県の設置する福祉事務所若しくは児童相談所の所長、所員その他の職員、都道府県の行政機関若しくは市町村の職員、都道府県児童福祉審議会の委員若しくは臨時委員又は当該通告を仲介した児童委員は、その職務上知り得た事項であつて当該通告又は届出をした者を特定させるものを漏らしてはならない。

〔事実確認のための措置〕

第三十三条の十四　都道府県は、第三十三条の十二第一項の規定による通告、同条第三項の規定による届出若しくは第三項若しくは次条第一項の規定による通知を受けたとき又は相談に応じた児童について必要があると認めるときは、速やかに、当該被措置児童等の状況の把握その他当該通告、届出、通知又は相談に係る事実について確認するための措置を講ずるものとする。

②　都道府県は、前項に規定する措置を講じた場合において、必要があると認めるときは、小規模住居型児童養育事業、里親、乳児院、児童養護施設、障害児入所施設、児童心理治療施設、児童自立支援施設、指定発達支援医療機関、第十二条の四に規定する児童を一時保護する施設又は第三十三条第一項若しくは第二項の委託を受けて一時保護を行う者における事業若しくは業務の適正な運営又は適切な養育を確保することにより、当該通告、届出、通知又は相談に係る被措置児童等に対する被措置児童等虐待の防止並びに当該被措置児童等及び当該被措置児童等と生活を共にする他の被措置児童等の保護を図るため、適切な措置を講ずるものとする。

③　都道府県の設置する福祉事務所、児童相談所又は市町村が第三十三条の十二第一項の規定による通告若しくは同条第三項の規定による届出を受けたとき、又は児童虐待

の防止等に関する法律に基づく措置を講じた場合において、第一項の措置が必要であると認めるときは、都道府県の設置する福祉事務所の長、児童相談所の所長又は市町村の長は、速やかに、都道府県知事に通知しなければならない。

〔都道府県知事への通知等〕

第三十三条の十五　都道府県児童福祉審議会は、第三十三条の十二第一項の規定による通告又は同条第三項の規定による届出を受けたときは、速やかに、その旨を都道府県知事に通知しなければならない。

②　都道府県知事は、前条第一項又は第二項に規定する措置を講じたときは、速やかに、当該措置の内容、当該被措置児童等の状況その他の厚生労働省令で定める事項を都道府県児童福祉審議会に報告しなければならない。

③　都道府県児童福祉審議会は、前項の規定による報告を受けたときは、その報告に係る事項について、都道府県知事に対し、意見を述べることができる。

④　都道府県児童福祉審議会は、前項に規定する事務を遂行するため特に必要があると認めるときは、施設職員等その他の関係者に対し、出席説明及び資料の提出を求めることができる。

〔事項の公表〕

第三十三条の十六　都道府県知事は、毎年度、被措置児童等虐待の状況、被措置児童等虐待があつた場合に講じた措置その他厚生労働省令で定める事項を公表するものとする。

〔調査及び研究〕

第三十三条の十七　国は、被措置児童等虐待の事例の分析を行うとともに、被措置児童等虐待の予防及び早期発見のための方策並びに被措置児童等虐待があつた場合の適切な対応方法に資する事項についての調査及び研究を行うものとする。

第八節　情報公表対象支援の利用に資する情報の報告及び公表

第三十三条の十八　指定障害児通所支援事業者及び指定障害児相談支援事業者並びに指定障害児入所施設等の設置者（以下この条において「対象事業者」という。）は、指定通所支援、指定障害児相談支援又は指定入所支援（以下この条において「情報公表対象支援」という。）の提供を開始しようとするとき、その他厚生労働省令で定めるときは、厚生労働省令で定めるところにより、情報公表対象支援情報（その提供する情報公表対象支援の内容及び情報公表対象支援を提供する事業者又は施設の運営状況に関する情報であつて、情報公表対象支援を利用し、又は利用しようとする障害児の保護者が適切かつ円滑に当該情報公表対象支援を利用する機会を確保するために公表されることが適当なものとして厚生労働省令で定めるものをいう。第八項において同じ。）を、当該情報公表対象支援を提供する事業所又は施設の所在地を管轄する都道府県知事に報告しなければならない。

②　都道府県知事は、前項の規定による報告を受けた後、厚生労働省令で定めるところにより、当該報告の内容を公表しなければならない。

③　都道府県知事は、前項の規定による公表を行うため必要があると認めるときは、第一項の規定による報告が真正であることを確認するのに必要な限度において、当該報告をした対象事業者に対し、当該報告の内容について、調査を行うことができる。

④　都道府県知事は、対象事業者が第一項の規定による報告をせず、若しくは虚偽の報告をし、又は前項の規定による調査を受けず、若しくは調査を妨げたときは、期間を定めて、当該対象事業者に対し、その報告を行い、若しくはその報告の内容を是正し、又はその調査を受けることを命ずることができる。

⑤　都道府県知事は、指定障害児相談支援事業者に対して前項の規定による処分をしたときは、遅滞なく、その旨をその指定をした市町村長に通知しなければならない。

⑥　都道府県知事は、指定障害児通所支援事業者又は指定障害児入所施設の設置者が第四項の規定による命令に従わないときは、当該指定障害児通所支援事業者又は指定障

害児入所施設の指定を取り消し、又は期間を定めてその指定の全部若しくは一部の効力を停止することができる。

⑦　都道府県知事は、指定障害児相談支援事業者が第四項の規定による命令に従わない場合において、当該指定障害児相談支援事業者の指定を取り消し、又は期間を定めてその指定の全部若しくは一部の効力を停止することが適当であると認めるときは、理由を付して、その旨をその指定をした市町村長に通知しなければならない。

⑧　都道府県知事は、情報公表対象支援を利用し、又は利用しようとする障害児の保護者が適切かつ円滑に当該情報公表対象支援を利用する機会の確保に資するため、情報公表対象支援の質及び情報公表対象支援に従事する従業者に関する情報（情報公表対象支援情報に該当するものを除く。）であつて厚生労働省令で定めるものの提供を希望する対象事業者から提供を受けた当該情報について、公表を行うよう配慮するものとする。

第九節　障害児福祉計画

〔基本指針〕

第三十三条の十九　厚生労働大臣は、障害児通所支援、障害児入所支援及び障害児相談支援（以下この項、次項並びに第三十三条の二十二第一項及び第二項において「障害児通所支援等」という。）の提供体制を整備し、障害児通所支援等の円滑な実施を確保するための基本的な指針（以下この条、次条第一項及び第三十三条の二十二第一項において「基本指針」という。）を定めるものとする。

②　基本指針においては、次に掲げる事項を定めるものとする。

一　障害児通所支援等の提供体制の確保に関する基本的事項

二　障害児通所支援等の提供体制の確保に係る目標に関する事項

三　次条第一項に規定する市町村障害児福祉計画及び第三十三条の二十二第一項に規定する都道府県障害児福祉計画の作成に関する事項

四　その他障害児通所支援等の円滑な実施を確保するために必要な事項

③　基本指針は、障害者の日常生活及び社会生活を総合的に支援するための法律第八十七条第一項に規定する基本指針と一体のものとして作成することができる。

④　厚生労働大臣は、基本指針の案を作成し、又は基本指針を変更しようとするときは、あらかじめ、障害児及びその家族その他の関係者の意見を反映させるために必要な措置を講ずるものとする。

⑤　厚生労働大臣は、障害児の生活の実態、障害児を取り巻く環境の変化その他の事情を勘案して必要があると認めるときは、速やかに基本指針を変更するものとする。

⑥　厚生労働大臣は、基本指針を定め、又はこれを変更したときは、遅滞なく、これを公表しなければならない。

〔市町村障害児福祉計画〕

第三十三条の二十　市町村は、基本指針に即して、障害児通所支援及び障害児相談支援の提供体制の確保その他障害児通所支援及び障害児相談支援の円滑な実施に関する計画（以下「市町村障害児福祉計画」という。）を定めるものとする。

②　市町村障害児福祉計画においては、次に掲げる事項を定めるものとする。

一　障害児通所支援及び障害児相談支援の提供体制の確保に係る目標に関する事項

二　各年度における指定通所支援又は指定障害児相談支援の種類ごとの必要な見込量

③　市町村障害児福祉計画においては、前項各号に掲げるもののほか、次に掲げる事項について定めるよう努めるものとする。

一　前項第二号の指定通所支援又は指定障害児相談支援の種類ごとの必要な見込量の確保のための方策

二　前項第二号の指定通所支援又は指定障害児相談支援の提供体制の確保に係る医療機関、教育機関その他の関係機関との連携に関する事項

④　市町村障害児福祉計画は、当該市町村の区域における障害児の数及びその障害の状況を勘案して作成されなければならない。

⑤　市町村は、当該市町村の区域における障害児の心身の状況、その置かれている環境その他の事情を正確に把握した上で、これらの事情を勘案して、市町村障害児福祉計画を作成するよう努めるものとする。
⑥　市町村障害児福祉計画は、障害者の日常生活及び社会生活を総合的に支援するための法律第八十八条第一項に規定する市町村障害福祉計画と一体のものとして作成することができる。
⑦　市町村障害児福祉計画は、障害者基本法（昭和四十五年法律第八十四号）第十一条第三項に規定する市町村障害者計画、社会福祉法第百七条第一項に規定する市町村地域福祉計画その他の法律の規定による計画であつて障害児の福祉に関する事項を定めるものと調和が保たれたものでなければならない。
⑧　市町村は、市町村障害児福祉計画を定め、又は変更しようとするときは、あらかじめ、住民の意見を反映させるために必要な措置を講ずるよう努めるものとする。
⑨　市町村は、障害者の日常生活及び社会生活を総合的に支援するための法律第八十九条の三第一項に規定する協議会を設置したときは、市町村障害児福祉計画を定め、又は変更しようとする場合において、あらかじめ、当該協議会の意見を聴くよう努めなければならない。
⑩　障害者基本法第三十六条第四項の合議制の機関を設置する市町村は、市町村障害児福祉計画を定め、又は変更しようとするときは、あらかじめ、当該機関の意見を聴かなければならない。
⑪　市町村は、市町村障害児福祉計画を定め、又は変更しようとするときは、第二項に規定する事項について、あらかじめ、都道府県の意見を聴かなければならない。
⑫　市町村は、市町村障害児福祉計画を定め、又は変更したときは、遅滞なく、これを都道府県知事に提出しなければならない。

〔調査、分析及び評価等〕
第三十三条の二十一　市町村は、定期的に、前条第二項各号に掲げる事項（市町村障害児福祉計画に同条第三項各号に掲げる事項を定める場合にあつては、当該各号に掲げる事項を含む。）について、調査、分析及び評価を行い、必要があると認めるときは、当該市町村障害児福祉計画を変更することその他の必要な措置を講ずるものとする。

〔都道府県障害児福祉計画〕
第三十三条の二十二　都道府県は、基本指針に即して、市町村障害児福祉計画の達成に資するため、各市町村を通ずる広域的な見地から、障害児通所支援等の提供体制の確保その他障害児通所支援等の円滑な実施に関する計画（以下「都道府県障害児福祉計画」という。）を定めるものとする。
②　都道府県障害児福祉計画においては、次に掲げる事項を定めるものとする。
一　障害児通所支援等の提供体制の確保に係る目標に関する事項
二　当該都道府県が定める区域ごとの各年度の指定通所支援又は指定障害児相談支援の種類ごとの必要な見込量
三　各年度の指定障害児入所施設等の必要入所定員総数
③　都道府県障害児福祉計画においては、前項各号に掲げる事項のほか、次に掲げる事項について定めるよう努めるものとする。
一　前項第二号の区域ごとの指定通所支援の種類ごとの必要な見込量の確保のための方策
二　前項第二号の区域ごとの指定通所支援又は指定障害児相談支援の質の向上のために講ずる措置に関する事項
三　指定障害児入所施設等の障害児入所支援の質の向上のために講ずる措置に関する事項
四　前項第二号の区域ごとの指定通所支援の提供体制の確保に係る医療機関、教育機関その他の関係機関との連携に関する事項
④　都道府県障害児福祉計画は、障害者の日常生活及び社会生活を総合的に支援するための法律第八十九条第一項に規定する都道府県障害福祉計画と一体のものとして作成することができる。
⑤　都道府県障害児福祉計画は、障害者基本法第十一条第二項に規定する都道府県障害

者計画、社会福祉法第百八条第一項に規定する都道府県地域福祉支援計画その他の法律の規定による計画であつて障害児の福祉に関する事項を定めるものと調和が保たれたものでなければならない。

⑥　都道府県は、障害者の日常生活及び社会生活を総合的に支援するための法律第八十九条の三第一項に規定する協議会を設置したときは、都道府県障害児福祉計画を定め、又は変更しようとする場合において、あらかじめ、当該協議会の意見を聴くよう努めなければならない。

⑦　都道府県は、都道府県障害児福祉計画を定め、又は変更しようとするときは、あらかじめ、障害者基本法第三十六条第一項の合議制の機関の意見を聴かなければならない。

⑧　都道府県は、都道府県障害児福祉計画を定め、又は変更したときは、遅滞なく、これを厚生労働大臣に提出しなければならない。

〔調査、分析及び評価等〕

第三十三条の二十三　都道府県は、定期的に、前条第二項各号に掲げる事項（都道府県障害児福祉計画に同条第三項各号に掲げる事項を定める場合にあつては、当該各号に掲げる事項を含む。）について、調査、分析及び評価を行い、必要があると認めるときは、当該都道府県障害児福祉計画を変更することその他の必要な措置を講ずるものとする。

〔障害児福祉計画作成上の助言〕

第三十三条の二十四　都道府県知事は、市町村に対し、市町村障害児福祉計画の作成上の技術的事項について必要な助言をすることができる。

②　厚生労働大臣は、都道府県に対し、都道府県障害児福祉計画の作成の手法その他都道府県障害児福祉計画の作成上の重要な技術的事項について必要な助言をすることができる。

〔障害児福祉計画実施の助言等〕

第三十三条の二十五　国は、市町村又は都道府県が、市町村障害児福祉計画又は都道府県障害児福祉計画に定められた事業を実施しようとするときは、当該事業が円滑に実施されるように必要な助言その他の援助の実施に努めるものとする。

第十節　雑則

〔禁止行為〕

第三十四条　何人も、次に掲げる行為をしてはならない。

一　身体に障害又は形態上の異常がある児童を公衆の観覧に供する行為

二　児童にこじきをさせ、又は児童を利用してこじきをする行為

三　公衆の娯楽を目的として、満十五歳に満たない児童にかるわざ又は曲馬をさせる行為

四　満十五歳に満たない児童に戸々について、又は道路その他これに準ずる場所で歌謡、遊芸その他の演技を業務としてさせる行為

四の二　児童に午後十時から午前三時までの間、戸々について、又は道路その他これに準ずる場所で物品の販売、配布、展示若しくは拾集又は役務の提供を業務としてさせる行為

四の三　戸々について、又は道路その他これに準ずる場所で物品の販売、配布、展示若しくは拾集又は役務の提供を業務として行う満十五歳に満たない児童を、当該業務を行うために、風俗営業等の規制及び業務の適正化等に関する法律（昭和二十三年法律第百二十二号）第二条第四項の接待飲食等営業、同条第六項の店舗型性風俗特殊営業及び同条第九項の店舗型電話異性紹介営業に該当する営業を営む場所に立ち入らせる行為

五　満十五歳に満たない児童に酒席に侍する行為を業務としてさせる行為

六　児童に淫行をさせる行為

七　前各号に掲げる行為をするおそれのある者その他児童に対し、刑罰法令に触れる行為をなすおそれのある者に、情を知つて、児童を引き渡す行為及び当該引渡し行為のなされるおそれがあるの情を知つて、他人に児童を引き渡す行為

八　成人及び児童のための正当な職業紹介

の機関以外の者が、営利を目的として、児童の養育をあっせんする行為

九　児童の心身に有害な影響を与える行為をさせる目的をもつて、これを自己の支配下に置く行為

②　児童養護施設、障害児入所施設、児童発達支援センター又は児童自立支援施設においては、それぞれ第四十一条から第四十三条まで及び第四十四条に規定する目的に反して、入所した児童を酷使してはならない。

〔政令への委任〕

第三十四条の二　この法律に定めるもののほか、福祉の保障に関し必要な事項は、政令でこれを定める。

第三章　事業、養育里親及び養子縁組里親並びに施設

〔障害児通所支援事業等〕

第三十四条の三　都道府県は、障害児通所支援事業又は障害児相談支援事業（以下「障害児通所支援事業等」という。）を行うことができる。

②　国及び都道府県以外の者は、厚生労働省令で定めるところにより、あらかじめ、厚生労働省令で定める事項を都道府県知事に届け出て、障害児通所支援事業等を行うことができる。

③　国及び都道府県以外の者は、前項の規定により届け出た事項に変更が生じたときは、変更の日から一月以内に、その旨を都道府県知事に届け出なければならない。

④　国及び都道府県以外の者は、障害児通所支援事業等を廃止し、又は休止しようとするときは、あらかじめ、厚生労働省令で定める事項を都道府県知事に届け出なければならない。

〔児童自立生活援助事業等〕

第三十四条の四　国及び都道府県以外の者は、厚生労働省令の定めるところにより、あらかじめ、厚生労働省令で定める事項を都道府県知事に届け出て、児童自立生活援助事業又は小規模住居型児童養育事業を行うことができる。

②　国及び都道府県以外の者は、前項の規定により届け出た事項に変更を生じたときは、変更の日から一月以内に、その旨を都道府県知事に届け出なければならない。

③　国及び都道府県以外の者は、児童自立生活援助事業又は小規模住居型児童養育事業を廃止し、又は休止しようとするときは、あらかじめ、厚生労働省令で定める事項を都道府県知事に届け出なければならない。

〔報告の徴収等〕

第三十四条の五　都道府県知事は、児童の福祉のために必要があると認めるときは、障害児通所支援事業等、児童自立生活援助事業若しくは小規模住居型児童養育事業を行う者に対して、必要と認める事項の報告を求め、又は当該職員に、関係者に対して質問させ、若しくはその事務所若しくは施設に立ち入り、設備、帳簿書類その他の物件を検査させることができる。

②　第十八条の十六第二項及び第三項の規定は、前項の場合について準用する。

〔事業の停止等〕

第三十四条の六　都道府県知事は、障害児通所支援事業等、児童自立生活援助事業又は小規模住居型児童養育事業を行う者が、この法律若しくはこれに基づく命令若しくはこれらに基づいてする処分に違反したとき、その事業に関し不当に営利を図り、若しくはその事業に係る児童の処遇につき不当な行為をしたとき、又は障害児通所支援事業者が第二十一条の七の規定に違反したときは、その者に対し、その事業の制限又は停止を命ずることができる。

〔受託義務〕

第三十四条の七　障害者等相談支援事業、小規模住居型児童養育事業又は児童自立生活援助事業を行う者は、第二十六条第一項第二号、第二十七条第一項第二号若しくは第三号又は第三十三条の六第一項（同条第六項において準用する場合を含む。）の規定による委託を受けたときは、正当な理由がない限り、これを拒んではならない。

〔放課後児童健全育成事業〕

第三十四条の八　市町村は、放課後児童健全育成事業を行うことができる。

②　国、都道府県及び市町村以外の者は、厚生労働省令で定めるところにより、あらか

じめ、厚生労働省令で定める事項を市町村長に届け出て、放課後児童健全育成事業を行うことができる。

③　国、都道府県及び市町村以外の者は、前項の規定により届け出た事項に変更を生じたときは、変更の日から一月以内に、その旨を市町村長に届け出なければならない。

④　国、都道府県及び市町村以外の者は、放課後児童健全育成事業を廃止し、又は休止しようとするときは、あらかじめ、厚生労働省令で定める事項を市町村長に届け出なければならない。

〔**放課後児童健全育成事業の基準**〕

第三十四条の八の二　市町村は、放課後児童健全育成事業の設備及び運営について、条例で基準を定めなければならない。この場合において、その基準は、児童の身体的、精神的及び社会的な発達のために必要な水準を確保するものでなければならない。

②　市町村が前項の条例を定めるに当たつては、厚生労働省令で定める基準を参酌するものとする。

③　放課後児童健全育成事業を行う者は、第一項の基準を遵守しなければならない。

〔**報告・検査等**〕

第三十四条の八の三　市町村長は、前条第一項の基準を維持するため、放課後児童健全育成事業を行う者に対して、必要と認める事項の報告を求め、又は当該職員に、関係者に対して質問させ、若しくはその事業を行う場所に立ち入り、設備、帳簿書類その他の物件を検査させることができる。

②　第十八条の十六第二項及び第三項の規定は、前項の場合について準用する。

③　市町村長は、放課後児童健全育成事業が前条第一項の基準に適合しないと認められるに至つたときは、その事業を行う者に対し、当該基準に適合するために必要な措置を採るべき旨を命ずることができる。

④　市町村長は、放課後児童健全育成事業を行う者が、この法律若しくはこれに基づく命令若しくはこれらに基づいてする処分に違反したとき、又はその事業に関し不当に営利を図り、若しくはその事業に係る児童の処遇につき不当な行為をしたときは、その者に対し、その事業の制限又は停止を命ずることができる。

〔**子育て短期支援事業**〕

第三十四条の九　市町村は、厚生労働省令で定めるところにより、子育て短期支援事業を行うことができる。

〔**乳児家庭全戸訪問事業等**〕

第三十四条の十　市町村は、第二十一条の十の二第一項の規定により乳児家庭全戸訪問事業又は養育支援訪問事業を行う場合には、社会福祉法の定めるところにより行うものとする。

〔**地域子育て支援拠点事業**〕

第三十四条の十一　市町村、社会福祉法人その他の者は、社会福祉法の定めるところにより、地域子育て支援拠点事業を行うことができる。

②　地域子育て支援拠点事業に従事する者は、その職務を遂行するに当たつては、個人の身上に関する秘密を守らなければならない。

〔**一時預かり事業**〕

第三十四条の十二　市町村、社会福祉法人その他の者は、厚生労働省令の定めるところにより、あらかじめ、厚生労働省令で定める事項を都道府県知事に届け出て、一時預かり事業を行うことができる。

②　市町村、社会福祉法人その他の者は、前項の規定により届け出た事項に変更を生じたときは、変更の日から一月以内に、その旨を都道府県知事に届け出なければならない。

③　市町村、社会福祉法人その他の者は、一時預かり事業を廃止し、又は休止しようとするときは、あらかじめ、厚生労働省令で定める事項を都道府県知事に届け出なければならない。

〔**厚生労働省令で定める基準の遵守**〕

第三十四条の十三　一時預かり事業を行う者は、その事業を実施するために必要なものとして厚生労働省令で定める基準を遵守しなければならない。

〔**報告の徴収等**〕

第三十四条の十四　都道府県知事は、前条の基準を維持するため、一時預かり事業を行う者に対して、必要と認める事項の報告を求め、又は当該職員に、関係者に対して質問させ、若しくはその事業を行う場所に立ち入り、設備、帳簿書類その他の物件を検査させることができる。

② 第十八条の十六第二項及び第三項の規定は、前項の場合について準用する。

③ 都道府県知事は、一時預かり事業が前条の基準に適合しないと認められるに至つたときは、その事業を行う者に対し、当該基準に適合するために必要な措置を採るべき旨を命ずることができる。

④ 都道府県知事は、一時預かり事業を行う者が、この法律若しくはこれに基づく命令若しくはこれらに基づいてする処分に違反したとき、又はその事業に関し不当に営利を図り、若しくはその事業に係る乳児若しくは幼児の処遇につき不当な行為をしたときは、その者に対し、その事業の制限又は停止を命ずることができる。

〔家庭的保育事業〕

第三十四条の十五 市町村は、家庭的保育事業等を行うことができる。

② 国、都道府県及び市町村以外の者は、厚生労働省令の定めるところにより、市町村長の認可を得て、家庭的保育事業等を行うことができる。

③ 市町村長は、家庭的保育事業等に関する前項の認可の申請があつたときは、次条第一項の条例で定める基準に適合するかどうかを審査するほか、次に掲げる基準（当該認可の申請をした者が社会福祉法人又は学校法人である場合にあつては、第四号に掲げる基準に限る。）によつて、その申請を審査しなければならない。

一 当該家庭的保育事業等を行うために必要な経済的基礎があること。

二 当該家庭的保育事業等を行う者（その者が法人である場合にあつては、経営担当役員（業務を執行する社員、取締役、執行役又はこれらに準ずる者をいう。第三十五条第五項第二号において同じ。）とする。）が社会的信望を有すること。

三 実務を担当する幹部職員が社会福祉事業に関する知識又は経験を有すること。

四 次のいずれにも該当しないこと。

イ 申請者が、禁錮以上の刑に処せられ、その執行を終わり、又は執行を受けることがなくなるまでの者であるとき。

ロ 申請者が、この法律その他国民の福祉に関する法律で政令で定めるものの規定により罰金の刑に処せられ、その執行を終わり、又は執行を受けることがなくなるまでの者であるとき。

ハ 申請者が、労働に関する法律の規定であつて政令で定めるものにより罰金の刑に処せられ、その執行を終わり、又は執行を受けることがなくなるまでの者であるとき。

ニ 申請者が、第五十八条第二項の規定により認可を取り消され、その取消しの日から起算して五年を経過しない者（当該認可を取り消された者が法人である場合においては、当該取消しの処分に係る行政手続法第十五条の規定による通知があつた日前六十日以内に当該法人の役員（業務を執行する社員、取締役、執行役又はこれらに準ずる者をいい、相談役、顧問その他いかなる名称を有する者であるかを問わず、法人に対し業務を執行する社員、取締役、執行役又はこれらに準ずる者と同等以上の支配力を有するものと認められる者を含む。ホにおいて同じ。）又はその事業を管理する者その他の政令で定める使用人（以下この号及び第三十五条第五項第四号において「役員等」という。）であつた者で当該取消しの日から起算して五年を経過しないものを含み、当該認可を取り消された者が法人でない場合においては、当該通知があつた日前六十日以内に当該事業を行う者の管理者であつた者で当該取消しの日から起算して五年を経過しないものを含む。）であるとき。ただし、当該認可の取消しが、家庭的保育事業等の認可の取消しのうち当該認可の取消しの処分の理由となつた事実及び当該事実の発生を防止するための当該家庭的保育事業等を行う者による業務管理

児童家庭福祉

体制の整備についての取組の状況その他の当該事実に関して当該家庭的保育事業等を行う者が有していた責任の程度を考慮して、ニ本文に規定する認可の取消しに該当しないこととすることが相当であると認められるものとして厚生労働省令で定めるものに該当する場合を除く。

ホ　申請者と密接な関係を有する者（申請者（法人に限る。以下ホにおいて同じ。）の役員に占めるその役員の割合が二分の一を超え、若しくは当該申請者の株式の所有その他の事由を通じて当該申請者の事業を実質的に支配し、若しくはその事業に重要な影響を与える関係にある者として厚生労働省令で定めるもの（以下ホにおいて「申請者の親会社等」という。）、申請者の親会社等の役員と同一の者がその役員に占める割合が二分の一を超え、若しくは申請者の親会社等が株式の所有その他の事由を通じてその事業を実質的に支配し、若しくはその事業に重要な影響を与える関係にある者として厚生労働省令で定めるもの又は当該申請者の役員と同一の者がその役員に占める割合が二分の一を超え、若しくは当該申請者が株式の所有その他の事由を通じてその事業を実質的に支配し、若しくはその事業に重要な影響を与える関係にある者として厚生労働省令で定めるもののうち、当該申請者と厚生労働省令で定める密接な関係を有する法人をいう。第三十五条第五項第四号ホにおいて同じ。）が、第五十八条第二項の規定により認可を取り消され、その取消しの日から起算して五年を経過していないとき。ただし、当該認可の取消しが、家庭的保育事業等の認可の取消しのうち当該認可の取消しの処分の理由となつた事実及び当該事実の発生を防止するための当該家庭的保育事業等を行う者による業務管理体制の整備についての取組の状況その他の当該事実に関して当該家庭的保育事業等を行う者が有していた責任の程度を考慮して、ホ本文に規定する認可の取消しに該当しないこととすることが相当であると認められるものとして厚生労働省令で定めるものに該当する場合を除く。

ヘ　申請者が、第五十八条第二項の規定による認可の取消しの処分に係る行政手続法第十五条の規定による通知があつた日から当該処分をする日又は処分をしないことを決定する日までの間に第七項の規定による事業の廃止をした者（当該廃止について相当の理由がある者を除く。）で、当該事業の廃止の承認の日から起算して五年を経過しないものであるとき。

ト　申請者が、第三十四条の十七第一項の規定による検査が行われた日から聴聞決定予定日（当該検査の結果に基づき第五十八条第二項の規定による認可の取消しの処分に係る聴聞を行うか否かの決定をすることが見込まれる日として厚生労働省令で定めるところにより市町村長が当該申請者に当該検査が行われた日から十日以内に特定の日を通知した場合における当該特定の日をいう。）までの間に第七項の規定による事業の廃止をした者（当該廃止について相当の理由がある者を除く。）で、当該事業の廃止の承認の日から起算して五年を経過しないものであるとき。

チ　ヘに規定する期間内に第七項の規定による事業の廃止の承認の申請があつた場合において、申請者が、ヘの通知の日前六十日以内に当該申請に係る法人（当該事業の廃止について相当の理由がある法人を除く。）の役員等又は当該申請に係る法人でない事業を行う者（当該事業の廃止について相当の理由があるものを除く。）の管理者であつた者で、当該事業の廃止の承認の日から起算して五年を経過しないものであるとき。

リ　申請者が、認可の申請前五年以内に保育に関し不正又は著しく不当な行為をした者であるとき。

ヌ　申請者が、法人で、その役員等のうちにイからニまで又はへからリまでのいずれかに該当する者のあるものであるとき。

ル　申請者が、法人でない者で、その管理者がイからニまで又はへからリまでのいずれかに該当する者であるとき。

④ 市町村長は、第二項の認可をしようとするときは、あらかじめ、市町村児童福祉審議会を設置している場合にあつてはその意見を、その他の場合にあつては児童の保護者その他児童福祉に係る当事者の意見を聴かなければならない。

⑤ 市町村長は、第三項に基づく審査の結果、その申請が次条第一項の条例で定める基準に適合しており、かつ、その事業を行う者が第三項各号に掲げる基準（その者が社会福祉法人又は学校法人である場合にあつては、同項第四号に掲げる基準に限る。）に該当すると認めるときは、第二項の認可をするものとする。ただし、市町村長は、当該申請に係る家庭的保育事業等の所在地を含む教育・保育提供区域（子ども・子育て支援法第六十一条第二項第一号の規定により当該市町村が定める教育・保育提供区域とする。以下この項において同じ。）における特定地域型保育事業所（同法第二十九条第三項第一号に規定する特定地域型保育事業所をいい、事業所内保育事業における同法第四十三条第一項に規定する労働者等の監護する小学校就学前子どもに係る部分を除く。以下この項において同じ。）の利用定員の総数（同法第十九条第一項第三号に掲げる小学校就学前子どもの区分に係るものに限る。）が、同法第六十一条第一項の規定により当該市町村が定める市町村子ども・子育て支援事業計画において定める当該教育・保育提供区域の特定地域型保育事業所に係る必要利用定員総数（同法第十九条第一項第三号に掲げる小学校就学前子どもの区分に係るものに限る。）に既に達しているか、又は当該申請に係る家庭的保育事業等の開始によつてこれを超えることになると認めるとき、その他の当該市町村子ども・子育て支援事業計画の達成に支障を生ずるおそれがある場合として厚生労働省令で定める場合に該当すると認めるときは、第二項の認可をしないことができる。

⑥ 市町村長は、家庭的保育事業等に関する第二項の申請に係る認可をしないときは、速やかにその旨及び理由を通知しなければならない。

⑦ 国、都道府県及び市町村以外の者は、家庭的保育事業等を廃止し、又は休止しようとするときは、厚生労働省令の定めるところにより、市町村長の承認を受けなければならない。

〔家庭的保育事業等の基準〕

第三十四条の十六　市町村は、家庭的保育事業等の設備及び運営について、条例で基準を定めなければならない。この場合において、その基準は、児童の身体的、精神的及び社会的な発達のために必要な保育の水準を確保するものでなければならない。

② 市町村が前項の条例を定めるに当たつては、次に掲げる事項については厚生労働省令で定める基準に従い定めるものとし、その他の事項については厚生労働省令で定める基準を参酌するものとする。

一　家庭的保育事業等に従事する者及びその員数

二　家庭的保育事業等の運営に関する事項であつて、児童の適切な処遇の確保及び秘密の保持並びに児童の健全な発達に密接に関連するものとして厚生労働省令で定めるもの

③ 家庭的保育事業等を行う者は、第一項の基準を遵守しなければならない。

〔報告の徴収等〕

第三十四条の十七　市町村長は、前条第一項の基準を維持するため、家庭的保育事業等を行う者に対して、必要と認める事項の報告を求め、又は当該職員に、関係者に対して質問させ、若しくは家庭的保育事業等を行う場所に立ち入り、設備、帳簿書類その他の物件を検査させることができる。

② 第十八条の十六第二項及び第三項の規定は、前項の場合について準用する。

③ 市町村長は、家庭的保育事業等が前条第一項の基準に適合しないと認められるに至

つたときは、その事業を行う者に対し、当該基準に適合するために必要な措置を採るべき旨を勧告し、又はその事業を行う者がその勧告に従わず、かつ、児童福祉に有害であると認められるときは、必要な改善を命ずることができる。

④　市町村長は、家庭的保育事業等が、前条第一項の基準に適合せず、かつ、児童福祉に著しく有害であると認められるときは、その事業を行う者に対し、その事業の制限又は停止を命ずることができる。

〔病児保育事業〕

第三十四条の十八　国及び都道府県以外の者は、厚生労働省令で定めるところにより、あらかじめ、厚生労働省令で定める事項を都道府県知事に届け出て、病児保育事業を行うことができる。

②　国及び都道府県以外の者は、前項の規定により届け出た事項に変更を生じたときは、変更の日から一月以内に、その旨を都道府県知事に届け出なければならない。

③　国及び都道府県以外の者は、病児保育事業を廃止し、又は休止しようとするときは、あらかじめ、厚生労働省令で定める事項を都道府県知事に届け出なければならない。

第三十四条の十八の二　都道府県知事は、児童の福祉のために必要があると認めるときは、病児保育事業を行う者に対して、必要と認める事項の報告を求め、又は当該職員に、関係者に対して質問させ、若しくはその事業を行う場所に立ち入り、設備、帳簿書類その他の物件を検査させることができる。

②　第十八条の十六第二項及び第三項の規定は、前項の場合について準用する。

③　都道府県知事は、病児保育事業を行う者が、この法律若しくはこれに基づく命令若しくはこれらに基づいてする処分に違反したとき、又はその事業に関し不当に営利を図り、若しくはその事業に係る児童の処遇につき不当な行為をしたときは、その者に対し、その事業の制限又は停止を命ずることができる。

〔子育て援助活動支援事業〕

第三十四条の十八の三　国及び都道府県以外の者は、社会福祉法の定めるところにより、子育て援助活動支援事業を行うことができる。

②　子育て援助活動支援事業に従事する者は、その職務を遂行するに当たつては、個人の身上に関する秘密を守らなければならない。

〔名簿の作成〕

第三十四条の十九　都道府県知事は、第二十七条第一項第三号の規定により児童を委託するため、厚生労働省令で定めるところにより、養育里親名簿及び養子縁組里親名簿を作成しておかなければならない。

〔養育里親及び養子縁組里親の欠格事由〕

第三十四条の二十　本人又はその同居人が次の各号のいずれかに該当する者は、養育里親及び養子縁組里親となることができない。

一　禁錮以上の刑に処せられ、その執行を終わり、又は執行を受けることがなくなるまでの者

二　この法律、児童買春、児童ポルノに係る行為等の規制及び処罰並びに児童の保護等に関する法律（平成十一年法律第五十二号）その他国民の福祉に関する法律で政令で定めるものの規定により罰金の刑に処せられ、その執行を終わり、又は執行を受けることがなくなるまでの者

三　児童虐待又は被措置児童等虐待を行つた者その他児童の福祉に関し著しく不適当な行為をした者

②　都道府県知事は、養育里親若しくは養子縁組里親又はその同居人が前項各号のいずれかに該当するに至つたときは、当該養育里親又は養子縁組里親を直ちに養育里親名簿又は養子縁組里親名簿から抹消しなければならない。

〔厚生労働省令で定める事項〕

第三十四条の二十一　この法律に定めるもののほか、養育里親名簿又は養子縁組里親名簿の登録のための手続その他養育里親又は養子縁組里親に関し必要な事項は、厚生労働省令で定める。

〔児童福祉施設の設置〕

第三十五条　国は、政令の定めるところによ

り、児童福祉施設（助産施設、母子生活支援施設、保育所及び幼保連携型認定こども園を除く。）を設置するものとする。

② 都道府県は、政令の定めるところにより、児童福祉施設（幼保連携型認定こども園を除く。以下この条、第四十五条、第四十六条、第四十九条、第五十条第九号、第五十一条第七号、第五十六条の二、第五十七条及び第五十八条において同じ。）を設置しなければならない。

③ 市町村は、厚生労働省令の定めるところにより、あらかじめ、厚生労働省令で定める事項を都道府県知事に届け出て、児童福祉施設を設置することができる。

④ 国、都道府県及び市町村以外の者は、厚生労働省令の定めるところにより、都道府県知事の認可を得て、児童福祉施設を設置することができる。

⑤ 都道府県知事は、保育所に関する前項の認可の申請があつたときは、第四十五条第一項の条例で定める基準（保育所に係るものに限る。第八項において同じ。）に適合するかどうかを審査するほか、次に掲げる基準（当該認可の申請をした者が社会福祉法人又は学校法人である場合にあつては、第四号に掲げる基準に限る。）によつて、その申請を審査しなければならない。

一 当該保育所を経営するために必要な経済的基礎があること。

二 当該保育所の経営者（その者が法人である場合にあつては、経営担当役員とする。）が社会的信望を有すること。

三 実務を担当する幹部職員が社会福祉事業に関する知識又は経験を有すること。

四 次のいずれにも該当しないこと。

イ 申請者が、禁錮以上の刑に処せられ、その執行を終わり、又は執行を受けることがなくなるまでの者であるとき。

ロ 申請者が、この法律その他国民の福祉若しくは学校教育に関する法律で政令で定めるものの規定により罰金の刑に処せられ、その執行を終わり、又は執行を受けることがなくなるまでの者であるとき。

ハ 申請者が、労働に関する法律の規定であつて政令で定めるものにより罰金の刑に処せられ、その執行を終わり、又は執行を受けることがなくなるまでの者であるとき。

ニ 申請者が、第五十八条第一項の規定により認可を取り消され、その取消しの日から起算して五年を経過しない者（当該認可を取り消された者が法人である場合においては、当該取消しの処分に係る行政手続法第十五条の規定による通知があつた日前六十日以内に当該法人の役員等であつた者で当該取消しの日から起算して五年を経過しないものを含み、当該認可を取り消された者が法人でない場合においては、当該通知があつた日前六十日以内に当該保育所の管理者であつた者で当該取消しの日から起算して五年を経過しないものを含む。）であるとき。ただし、当該認可の取消しが、保育所の設置の認可の取消しのうち当該認可の取消しの処分の理由となつた事実及び当該事実の発生を防止するための当該保育所の設置者による業務管理体制の整備についての取組の状況その他の当該事実に関して当該保育所の設置者が有していた責任の程度を考慮して、ニ本文に規定する認可の取消しに該当しないこととすることが相当であると認められるものとして厚生労働省令で定めるものに該当する場合を除く。

ホ 申請者と密接な関係を有する者が、第五十八条第一項の規定により認可を取り消され、その取消しの日から起算して五年を経過していないとき。ただし、当該認可の取消しが、保育所の設置の認可の取消しのうち当該認可の取消しの処分の理由となつた事実及び当該事実の発生を防止するための当該保育所の設置者による業務管理体制の整備についての取組の状況その他の当該事実に関して当該保育所の設置者が有していた責任の程度を考慮して、ホ本文に規定する認可の取消しに該当しないこととすることが相当であると認められるものとして厚生労働省令で定めるものに該当する場合を除く。

へ　申請者が、第五十八条第一項の規定による認可の取消しの処分に係る行政手続法第十五条の規定による通知があつた日から当該処分をする日又は処分をしないことを決定する日までの間に第十二項の規定による保育所の廃止をした者（当該廃止について相当の理由がある者を除く。）で、当該保育所の廃止の承認の日から起算して五年を経過しないものであるとき。

ト　申請者が、第四十六条第一項の規定による検査が行われた日から聴聞決定予定日（当該検査の結果に基づき第五十八条第一項の規定による認可の取消しの処分に係る聴聞を行うか否かの決定をすることが見込まれる日として厚生労働省令で定めるところにより都道府県知事が当該申請者に当該検査が行われた日から十日以内に特定の日を通知した場合における当該特定の日をいう。）までの間に第十二項の規定による保育所の廃止をした者（当該廃止について相当の理由がある者を除く。）で、当該保育所の廃止の承認の日から起算して五年を経過しないものであるとき。

チ　へに規定する期間内に第十二項の規定による保育所の廃止の承認の申請があつた場合において、申請者が、への通知の日前六十日以内に当該申請に係る法人（当該保育所の廃止について相当の理由がある法人を除く。）の役員等又は当該申請に係る法人でない保育所（当該保育所の廃止について相当の理由があるものを除く。）の管理者であつた者で、当該保育所の廃止の承認の日から起算して五年を経過しないものであるとき。

リ　申請者が、認可の申請前五年以内に保育に関し不正又は著しく不当な行為をした者であるとき。

ヌ　申請者が、法人で、その役員等のうちにイからニまで又はヘからリまでのいずれかに該当する者のあるものであるとき。

ル　申請者が、法人でない者で、その管理者がイからニまで又はへからリまでのいずれかに該当する者であるとき。

⑥　都道府県知事は、第四項の規定により保育所の設置の認可をしようとするときは、あらかじめ、都道府県児童福祉審議会の意見を聴かなければならない。

⑦　都道府県知事は、第四項の規定により保育所の設置の認可をしようとするときは、厚生労働省令で定めるところにより、あらかじめ、当該認可の申請に係る保育所が所在する市町村の長に協議しなければならない。

⑧　都道府県知事は、第五項に基づく審査の結果、その申請が第四十五条第一項の条例で定める基準に適合しており、かつ、その設置者が第五項各号に掲げる基準（その者が社会福祉法人又は学校法人である場合にあつては、同項第四号に掲げる基準に限る。）に該当すると認めるときは、第四項の認可をするものとする。ただし、都道府県知事は、当該申請に係る保育所の所在地を含む区域（子ども・子育て支援法第六十二条第二項第一号の規定により当該都道府県が定める区域とする。以下この項において同じ。）における特定教育・保育施設（同法第二十七条第一項に規定する特定教育・保育施設をいう。以下この項において同じ。）の利用定員の総数（同法第十九条第一項第二号及び第三号に掲げる小学校就学前子どもに係るものに限る。）が、同法第六十二条第一項の規定により当該都道府県が定める都道府県子ども・子育て支援事業支援計画において定める当該区域の特定教育・保育施設に係る必要利用定員総数（同法第十九条第一項第二号及び第三号に掲げる小学校就学前子どもの区分に係るものに限る。）に既に達しているか、又は当該申請に係る保育所の設置によつてこれを超えることになると認めるとき、その他の当該都道府県子ども・子育て支援事業支援計画の達成に支障を生ずるおそれがある場合として厚生労働省令で定める場合に該当する

と認めるときは、第四項の認可をしないことができる。

⑨ 都道府県知事は、保育所に関する第四項の申請に係る認可をしないときは、速やかにその旨及び理由を通知しなければならない。

⑩ 児童福祉施設には、児童福祉施設の職員の養成施設を附置することができる。

⑪ 市町村は、児童福祉施設を廃止し、又は休止しようとするときは、その廃止又は休止の日の一月前（当該児童福祉施設が保育所である場合には三月前）までに、厚生労働省令で定める事項を都道府県知事に届け出なければならない。

⑫ 国、都道府県及び市町村以外の者は、児童福祉施設を廃止し、又は休止しようとするときは、厚生労働省令の定めるところにより、都道府県知事の承認を受けなければならない。

〔助産施設〕

第三十六条 助産施設は、保健上必要があるにもかかわらず、経済的理由により、入院助産を受けることができない妊産婦を入所させて、助産を受けさせることを目的とする施設とする。

〔乳児院〕

第三十七条 乳児院は、乳児（保健上、安定した生活環境の確保その他の理由により特に必要のある場合には、幼児を含む。）を入院させて、これを養育し、あわせて退院した者について相談その他の援助を行うことを目的とする施設とする。

〔母子生活支援施設〕

第三十八条 母子生活支援施設は、配偶者のない女子又はこれに準ずる事情にある女子及びその者の監護すべき児童を入所させて、これらの者を保護するとともに、これらの者の自立の促進のためにその生活を支援し、あわせて退所した者について相談その他の援助を行うことを目的とする施設とする。

〔保育所〕

第三十九条 保育所は、保育を必要とする乳児・幼児を日々保護者の下から通わせて保育を行うことを目的とする施設（利用定員が二十人以上であるものに限り、幼保連携型認定こども園を除く。）とする。

② 保育所は、前項の規定にかかわらず、特に必要があるときは、保育を必要とするその他の児童を日々保護者の下から通わせて保育することができる。

〔幼保連携型認定こども園〕

第三十九条の二 幼保連携型認定こども園は、義務教育及びその後の教育の基礎を培うものとしての満三歳以上の幼児に対する教育（教育基本法（平成十八年法律第百二十号）第六条第一項に規定する法律に定める学校において行われる教育をいう。）及び保育を必要とする乳児・幼児に対する保育を一体的に行い、これらの乳児又は幼児の健やかな成長が図られるよう適当な環境を与えて、その心身の発達を助長することを目的とする施設とする。

② 幼保連携型認定こども園に関しては、この法律に定めるもののほか、認定こども園法の定めるところによる。

〔児童厚生施設〕

第四十条 児童厚生施設は、児童遊園、児童館等児童に健全な遊びを与えて、その健康を増進し、又は情操をゆたかにすることを目的とする施設とする。

〔児童養護施設〕

第四十一条 児童養護施設は、保護者のない児童（乳児を除く。ただし、安定した生活環境の確保その他の理由により特に必要のある場合には、乳児を含む。以下この条において同じ。）、虐待されている児童その他環境上養護を要する児童を入所させて、これを養護し、あわせて退所した者に対する相談その他の自立のための援助を行うことを目的とする施設とする。

〔障害児入所施設〕

第四十二条 障害児入所施設は、次の各号に掲げる区分に応じ、障害児を入所させて、当該各号に定める支援を行うことを目的とする施設とする。

一 福祉型障害児入所施設 保護、日常生活の指導及び独立自活に必要な知識技能の付与

二 医療型障害児入所施設 保護、日常生

活の指導、独立自活に必要な知識技能の付与及び治療

〔児童発達支援センター〕

第四十三条　児童発達支援センターは、次の各号に掲げる区分に応じ、障害児を日々保護者の下から通わせて、当該各号に定める支援を提供することを目的とする施設とする。

一　福祉型児童発達支援センター　日常生活における基本的動作の指導、独立自活に必要な知識技能の付与又は集団生活への適応のための訓練

二　医療型児童発達支援センター　日常生活における基本的動作の指導、独立自活に必要な知識技能の付与又は集団生活への適応のための訓練及び治療

〔児童心理治療施設〕

第四十三条の二　児童心理治療施設は、家庭環境、学校における交友関係その他の環境上の理由により社会生活への適応が困難となつた児童を、短期間、入所させ、又は保護者の下から通わせて、社会生活に適応するために必要な心理に関する治療及び生活指導を主として行い、あわせて退所した者について相談その他の援助を行うことを目的とする施設とする。

〔児童自立支援施設〕

第四十四条　児童自立支援施設は、不良行為をなし、又はなすおそれのある児童及び家庭環境その他の環境上の理由により生活指導等を要する児童を入所させ、又は保護者の下から通わせて、個々の児童の状況に応じて必要な指導を行い、その自立を支援し、あわせて退所した者について相談その他の援助を行うことを目的とする施設とする。

〔児童家庭支援センター〕

第四十四条の二　児童家庭支援センターは、地域の児童の福祉に関する各般の問題につき、児童に関する家庭その他からの相談のうち、専門的な知識及び技術を必要とするものに応じ、必要な助言を行うとともに、市町村の求めに応じ、技術的助言その他必要な援助を行うほか、第二十六条第一項第二号及び第二十七条第一項第二号の規定による指導を行い、あわせて児童相談所、児童福祉施設等との連絡調整その他厚生労働省令の定める援助を総合的に行うことを目的とする施設とする。

②　児童家庭支援センターの職員は、その職務を遂行するに当たつては、個人の身上に関する秘密を守らなければならない。

〔職務の遂行〕

第四十四条の三　第六条の三各項に規定する事業を行う者、里親及び児童福祉施設（指定障害児入所施設及び指定通所支援に係る児童発達支援センターを除く。）の設置者は、児童、妊産婦その他これらの事業を利用する者又は当該児童福祉施設に入所する者の人格を尊重するとともに、この法律又はこの法律に基づく命令を遵守し、これらの者のため忠実にその職務を遂行しなければならない。

〔基準の制定等〕

第四十五条　都道府県は、児童福祉施設の設備及び運営について、条例で基準を定めなければならない。この場合において、その基準は、児童の身体的、精神的及び社会的な発達のために必要な生活水準を確保するものでなければならない。

②　都道府県が前項の条例を定めるに当たつては、次に掲げる事項については厚生労働省令で定める基準に従い定めるものとし、その他の事項については厚生労働省令で定める基準を参酌するものとする。

一　児童福祉施設に配置する従業者及びその員数

二　児童福祉施設に係る居室及び病室の床面積その他児童福祉施設の設備に関する事項であつて児童の健全な発達に密接に関連するものとして厚生労働省令で定めるもの

三　児童福祉施設の運営に関する事項であつて、保育所における保育の内容その他児童（助産施設にあつては、妊産婦）の適切な処遇の確保及び秘密の保持、妊産婦の安全の確保並びに児童の健全な発達に密接に関連するものとして厚生労働省令で定めるもの

③　児童福祉施設の設置者は、第一項の基準を遵守しなければならない。

④ 児童福祉施設の設置者は、児童福祉施設の設備及び運営についての水準の向上を図ることに努めるものとする。

〔里親が行う養育に関する基準〕

第四十五条の二　厚生労働大臣は、里親の行う養育について、基準を定めなければならない。この場合において、その基準は、児童の身体的、精神的及び社会的な発達のために必要な生活水準を確保するものでなければならない。

② 里親は、前項の基準を遵守しなければならない。

〔報告の徴収等〕

第四十六条　都道府県知事は、第四十五条第一項及び前条第一項の基準を維持するため、児童福祉施設の設置者、児童福祉施設の長及び里親に対して、必要な報告を求め、児童の福祉に関する事務に従事する職員に、関係者に対して質問させ、若しくはその施設に立ち入り、設備、帳簿書類その他の物件を検査させることができる。

② 第十八条の十六第二項及び第三項の規定は、前項の場合について準用する。

③ 都道府県知事は、児童福祉施設の設備又は運営が第四十五条第一項の基準に達しないときは、その施設の設置者に対し、必要な改善を勧告し、又はその施設の設置者がその勧告に従わず、かつ、児童福祉に有害であると認められるときは、必要な改善を命ずることができる。

④ 都道府県知事は、児童福祉施設の設備又は運営が第四十五条第一項の基準に達せず、かつ、児童福祉に著しく有害であると認められるときは、都道府県児童福祉審議会の意見を聴き、その施設の設置者に対し、その事業の停止を命ずることができる。

〔児童福祉施設の長の義務〕

第四十六条の二　児童福祉施設の長は、都道府県知事又は市町村長（第三十二条第三項の規定により第二十四条第五項又は第六項の規定による措置に関する権限が当該市町村に置かれる教育委員会に委任されている場合にあつては、当該教育委員会）からこの法律の規定に基づく措置又は助産の実施若しくは母子保護の実施のための委託を受けたときは、正当な理由がない限り、これを拒んではならない。

② 保育所若しくは認定こども園の設置者又は家庭的保育事業等を行う者は、第二十四条第三項の規定により行われる調整及び要請に対し、できる限り協力しなければならない。

〔児童福祉施設の長の親権等〕

第四十七条　児童福祉施設の長は、入所中の児童等で親権を行う者又は未成年後見人のないものに対し、親権を行う者又は未成年後見人があるに至るまでの間、親権を行う。ただし、民法第七百九十七条の規定による縁組の承諾をするには、厚生労働省令の定めるところにより、都道府県知事の許可を得なければならない。

② 児童相談所長は、小規模住居型児童養育事業を行う者又は里親に委託中の児童等で親権を行う者又は未成年後見人のないものに対し、親権を行う者又は未成年後見人があるに至るまでの間、親権を行う。ただし、民法第七百九十七条の規定による縁組の承諾をするには、厚生労働省令の定めるところにより、都道府県知事の許可を得なければならない。

③ 児童福祉施設の長、その住居において養育を行う第六条の三第八項に規定する厚生労働省令で定める者又は里親は、入所中又は受託中の児童等で親権を行う者又は未成年後見人のあるものについても、監護、教育及び懲戒に関し、その児童等の福祉のため必要な措置をとることができる。ただし、体罰を加えることはできない。

④ 前項の児童等の親権を行う者又は未成年後見人は、同項の規定による措置を不当に妨げてはならない。

⑤ 第三項の規定による措置は、児童等の生命又は身体の安全を確保するため緊急の必要があると認めるときは、その親権を行う者又は未成年後見人の意に反しても、これをとることができる。この場合において、児童福祉施設の長、小規模住居型児童養育事業を行う者又は里親は、速やかに、そのとつた措置について、当該児童等に係る通所給付決定若しくは入所給付決定、第二十一

条の六、第二十四条第五項若しくは第六項若しくは第二十七条第一項第三号の措置、助産の実施若しくは母子保護の実施又は当該児童に係る子ども・子育て支援法第二十条第四項に規定する教育・保育給付認定を行つた都道府県又は市町村の長に報告しなければならない。

〔児童福祉施設に入所中の児童の教育〕

第四十八条　児童養護施設、障害児入所施設、児童心理治療施設及び児童自立支援施設の長、その住居において養育を行う第六条の三第八項に規定する厚生労働省令で定める者並びに里親は、学校教育法に規定する保護者に準じて、その施設に入所中又は受託中の児童を就学させなければならない。

〔乳児院等の長による相談及び助言〕

第四十八条の二　乳児院、母子生活支援施設、児童養護施設、児童心理治療施設及び児童自立支援施設の長は、その行う児童の保護に支障がない限りにおいて、当該施設の所在する地域の住民につき、児童の養育に関する相談に応じ、及び助言を行うよう努めなければならない。

〔親子関係の再構築支援〕

第四十八条の三　乳児院、児童養護施設、障害児入所施設、児童心理治療施設及び児童自立支援施設の長並びに小規模住居型児童養育事業を行う者及び里親は、当該施設に入所し、又は小規模住居型児童養育事業を行う者若しくは里親に委託された児童及びその保護者に対して、市町村、児童相談所、児童家庭支援センター、教育機関、医療機関その他の関係機関との緊密な連携を図りつつ、親子の再統合のための支援その他の当該児童が家庭（家庭における養育環境と同様の養育環境及び良好な家庭的環境を含む。）で養育されるために必要な措置を採らなければならない。

〔保育所の情報提供等〕

第四十八条の四　保育所は、当該保育所が主として利用される地域の住民に対してその行う保育に関し情報の提供を行い、並びにその行う保育に支障がない限りにおいて、乳児、幼児等の保育に関する相談に応じ、及び助言を行うよう努めなければならない。

②　保育所に勤務する保育士は、乳児、幼児等の保育に関する相談に応じ、及び助言を行うために必要な知識及び技能の修得、維持及び向上に努めなければならない。

〔命令への委任〕

第四十九条　この法律で定めるもののほか、児童自立生活援助事業、放課後児童健全育成事業、乳児家庭全戸訪問事業、養育支援訪問事業、地域子育て支援拠点事業、一時預かり事業、小規模住居型児童養育事業、家庭的保育事業、小規模保育事業、居宅訪問型保育事業、事業所内保育事業、病児保育事業及び子育て援助活動支援事業並びに児童福祉施設の職員その他児童福祉施設に関し必要な事項は、命令で定める。

第四章　費用

〔国庫の支弁〕

第四十九条の二　国庫は、都道府県が、第二十七条第一項第三号に規定する措置により、国の設置する児童福祉施設に入所させた者につき、その入所後に要する費用を支弁する。

〔都道府県の支弁〕

第五十条　次に掲げる費用は、都道府県の支弁とする。

一　都道府県児童福祉審議会に要する費用
二　児童福祉司及び児童委員に要する費用
三　児童相談所に要する費用（第九号の費用を除く。）
四　削除
五　第二十条の措置に要する費用
五の二　小児慢性特定疾病医療費の支給に要する費用
五の三　小児慢性特定疾病児童等自立支援事業に要する費用
六　都道府県の設置する助産施設又は母子生活支援施設において市町村が行う助産の実施又は母子保護の実施に要する費用（助産の実施又は母子保護の実施につき第四十五条第一項の基準を維持するために要する費用をいう。次号及び次条第三号において同じ。）
六の二　都道府県が行う助産の実施又は母

子保護の実施に要する費用

六の三　障害児入所給付費、高額障害児入所給付費若しくは特定入所障害児食費等給付費又は障害児入所医療費（以下「障害児入所給付費等」という。）の支給に要する費用

七　都道府県が、第二十七条第一項第三号に規定する措置を採つた場合において、入所又は委託に要する費用及び入所後の保護又は委託後の養育につき、第四十五条第一項又は第四十五条の二第一項の基準を維持するために要する費用（国の設置する乳児院、児童養護施設、障害児入所施設、児童心理治療施設又は児童自立支援施設に入所させた児童につき、その入所後に要する費用を除く。）

七の二　都道府県が、第二十七条第二項に規定する措置を採つた場合において、委託及び委託後の治療等に要する費用

七の三　都道府県が行う児童自立生活援助（満二十歳未満義務教育終了児童等に係るものに限る。）の実施に要する費用

八　一時保護に要する費用

九　児童相談所の設備並びに都道府県の設置する児童福祉施設の設備及び職員の養成施設に要する費用

〔市町村の支弁〕

第五十一条　次に掲げる費用は、市町村の支弁とする。

一　障害児通所給付費、特例障害児通所給付費若しくは高額障害児通所給付費又は肢体不自由児通所医療費の支給に要する費用

二　第二十一条の六の措置に要する費用

三　市町村が行う助産の実施又は母子保護の実施に要する費用（都道府県の設置する助産施設又は母子生活支援施設に係るものを除く。）

四　第二十四条第五項又は第六項の措置（都道府県若しくは市町村の設置する保育所若しくは幼保連携型認定こども園又は都道府県若しくは市町村の行う家庭的保育事業等に係るものに限る。）に要する費用

五　第二十四条第五項又は第六項の措置（都道府県及び市町村以外の者の設置する保育所若しくは幼保連携型認定こども園又は都道府県及び市町村以外の者の行う家庭的保育事業等に係るものに限る。）に要する費用

六　障害児相談支援給付費又は特例障害児相談支援給付費の支給に要する費用

七　市町村の設置する児童福祉施設の設備及び職員の養成施設に要する費用

八　市町村児童福祉審議会に要する費用

第五十二条　第二十四条第五項又は第六項の規定による措置に係る児童が、子ども・子育て支援法第二十七条第一項、第二十八条第一項（第二号に係るものを除く。）、第二十九条第一項又は第三十条第一項（第二号に係るものを除く。）の規定により施設型給付費、特例施設型給付費、地域型保育給付費又は特例地域型保育給付費の支給を受けることができる保護者の児童であるときは、市町村は、その限度において、前条第四号又は第五号の規定による費用の支弁をすることを要しない。

〔国庫の負担〕

第五十三条　国庫は、第五十条（第一号から第三号まで及び第九号を除く。）及び第五十一条（第四号、第七号及び第八号を除く。）に規定する地方公共団体の支弁する費用に対しては、政令の定めるところにより、その二分の一を負担する。

第五十四条　削除

〔都道府県による負担〕

第五十五条　都道府県は、第五十一条第一号から第三号まで、第五号及び第六号の費用に対しては、政令の定めるところにより、その四分の一を負担しなければならない。

〔費用の徴収及び支払命令〕

第五十六条　第四十九条の二に規定する費用を国庫が支弁した場合においては、厚生労働大臣は、本人又はその扶養義務者（民法に定める扶養義務者をいう。以下同じ。）から、都道府県知事の認定するその負担能力に応じ、その費用の全部又は一部を徴収することができる。

②　第五十条第五号、第六号、第六号の二若しくは第七号から第七号の三までに規定す

る費用を支弁した都道府県又は第五十一条第二号から第五号までに規定する費用を支弁した市町村の長は、本人又はその扶養義務者から、その負担能力に応じ、その費用の全部又は一部を徴収することができる。

③　前項の規定による徴収金の収納の事務については、収入の確保及び本人又はその扶養義務者の便益の増進に寄与すると認める場合に限り、政令で定めるところにより、私人に委託することができる。

④　都道府県知事又は市町村長は、第一項の規定による負担能力の認定又は第二項の規定による費用の徴収に関し必要があると認めるときは、本人又はその扶養義務者の収入の状況につき、本人若しくはその扶養義務者に対し報告を求め、又は官公署に対し必要な書類の閲覧若しくは資料の提供を求めることができる。

⑤　第一項又は第二項の規定による費用の徴収は、これを本人又はその扶養義務者の居住地又は財産所在地の都道府県又は市町村に嘱託することができる。

⑥　第一項又は第二項の規定により徴収される費用を、指定の期限内に納付しない者があるときは、第一項に規定する費用については国税の、第二項に規定する費用については地方税の滞納処分の例により処分することができる。この場合における徴収金の先取特権の順位は、国税及び地方税に次ぐものとする。

⑦　保育所又は幼保連携型認定こども園の設置者が、次の各号に掲げる乳児又は幼児の保護者から、善良な管理者と同一の注意をもつて、当該各号に定める額のうち当該保護者が当該保育所又は幼保連携型認定こども園に支払うべき金額に相当する金額の支払を受けることに努めたにもかかわらず、なお当該保護者が当該金額の全部又は一部を支払わない場合において、当該保育所又は幼保連携型認定こども園における保育に支障が生じ、又は生ずるおそれがあり、かつ、市町村が第二十四条第一項の規定により当該保育所における保育を行うため必要であると認めるとき又は同条第二項の規定により当該幼保連携型認定こども園における保育を確保するため必要であると認めるときは、市町村は、当該設置者の請求に基づき、地方税の滞納処分の例によりこれを処分することができる。この場合における徴収金の先取特権の順位は、国税及び地方税に次ぐものとする。

一　子ども・子育て支援法第二十七条第一項に規定する特定教育・保育を受けた乳児又は幼児　同条第三項第一号に掲げる額から同条第五項の規定により支払がなされた額を控除して得た額（当該支払がなされなかつたときは、同号に掲げる額）又は同法第二十八条第二項第一号の規定による特例施設型給付費の額及び同号に規定する政令で定める額を限度として市町村が定める額（当該市町村が定める額が現に当該特定教育・保育に要した費用の額を超えるときは、当該現に特定教育・保育に要した費用の額）の合計額

二　子ども・子育て支援法第二十八条第一項第二号に規定する特別利用保育を受けた幼児　同条第二項第二号の規定による特例施設型給付費の額及び同号に規定する市町村が定める額（当該市町村が定める額が現に当該特別利用保育に要した費用の額を超えるときは、当該現に特別利用保育に要した費用の額）の合計額から同条第四項において準用する同法第二十七条第五項の規定により支払がなされた額を控除して得た額（当該支払がなされなかつたときは、当該合計額）

⑧　家庭的保育事業等を行う者が、次の各号に掲げる乳児又は幼児の保護者から、善良な管理者と同一の注意をもつて、当該各号に定める額のうち当該保護者が当該家庭的保育事業等を行う者に支払うべき金額に相当する金額の支払を受けることに努めたにもかかわらず、なお当該保護者が当該金額の全部又は一部を支払わない場合において、当該家庭的保育事業等による保育に支障が生じ、又は生ずるおそれがあり、かつ、市町村が第二十四条第二項の規定により当該家庭的保育事業等による保育を確保するため必要であると認めるときは、市町村は、当該家庭的保育事業等を行う者の請求に基

づき、地方税の滞納処分の例によりこれを処分することができる。この場合における徴収金の先取特権の順位は、国税及び地方税に次ぐものとする。

一　子ども・子育て支援法第二十九条第一項に規定する特定地域型保育（同法第三十条第一項第二号に規定する特別利用地域型保育（次号において「特別利用地域型保育」という。）及び同項第三号に規定する特定利用地域型保育（第三号において「特定利用地域型保育」という。）を除く。）を受けた乳児又は幼児　同法第二十九条第三項第一号に掲げる額から同条第五項の規定により支払がなされた額を控除して得た額（当該支払がなされなかつたときは、同号に掲げる額）又は同法第三十条第二項第一号の規定による特例地域型保育給付費の額及び同号に規定する政令で定める額を限度として市町村が定める額（当該市町村が定める額が現に当該特定地域型保育に要した費用の額を超えるときは、当該現に特定地域型保育に要した費用の額）の合計額

二　特別利用地域型保育を受けた幼児　子ども・子育て支援法第三十条第二項第二号の規定による特例地域型保育給付費の額及び同号に規定する市町村が定める額（当該市町村が定める額が現に当該特別利用地域型保育に要した費用の額を超えるときは、当該現に特別利用地域型保育に要した費用の額）の合計額から同条第四項において準用する同法第二十九条第五項の規定により支払がなされた額を控除して得た額（当該支払がなされなかつたときは、当該合計額）

三　特定利用地域型保育を受けた幼児　子ども・子育て支援法第三十条第二項第三号の規定による特例地域型保育給付費の額及び同号に規定する市町村が定める額（当該市町村が定める額が現に当該特定利用地域型保育に要した費用の額を超えるときは、当該現に特定利用地域型保育に要した費用の額）の合計額から同条第四項において準用する同法第二十九条第五項の規定により支払がなされた額を控除して得た額（当該支払がなされなかつたときは、当該合計額）

〔私立児童福祉施設に対する補助〕

第五十六条の二　都道府県及び市町村は、次の各号に該当する場合においては、第三十五条第四項の規定により、国、都道府県及び市町村以外の者が設置する児童福祉施設（保育所を除く。以下この条において同じ。）について、その新設（社会福祉法第三十一条第一項の規定により設立された社会福祉法人が設置する児童福祉施設の新設に限る。）、修理、改造、拡張又は整備（以下「新設等」という。）に要する費用の四分の三以内を補助することができる。ただし、一の児童福祉施設について都道府県及び市町村が補助する金額の合計額は、当該児童福祉施設の新設等に要する費用の四分の三を超えてはならない。

一　その児童福祉施設が、社会福祉法第三十一条第一項の規定により設立された社会福祉法人、日本赤十字社又は公益社団法人若しくは公益財団法人の設置するものであること。

二　その児童福祉施設が主として利用される地域において、この法律の規定に基づく障害児入所給付費の支給、入所させる措置又は助産の実施若しくは母子保護の実施を必要とする児童、その保護者又は妊産婦の分布状況からみて、同種の児童福祉施設が必要とされるにかかわらず、その地域に、国、都道府県又は市町村の設置する同種の児童福祉施設がないか、又はあつてもこれが十分でないこと。

②　前項の規定により、児童福祉施設に対する補助がなされたときは、厚生労働大臣、都道府県知事及び市町村長は、その補助の目的が有効に達せられることを確保するため、当該児童福祉施設に対して、第四十六条及び第五十八条第一項に規定するもののほか、次に掲げる権限を有する。

一　その児童福祉施設の予算が、補助の効果をあげるために不適当であると認めるときは、その予算について必要な変更をすべき旨を指示すること。

二　その児童福祉施設の職員が、この法律

若しくはこれに基づく命令又はこれらに基づいてする処分に違反したときは、当該職員を解職すべき旨を指示すること。

③ 国庫は、第一項の規定により都道府県が障害児入所施設又は児童発達支援センターについて補助した金額の三分の二以内を補助することができる。

〔**補助金の返還命令**〕

第五十六条の三 都道府県及び市町村は、次に掲げる場合においては、補助金の交付を受けた児童福祉施設の設置者に対して、既に交付した補助金の全部又は一部の返還を命ずることができる。

一 補助金の交付条件に違反したとき。

二 詐欺その他の不正な手段をもつて、補助金の交付を受けたとき。

三 児童福祉施設の経営について、営利を図る行為があつたとき。

四 児童福祉施設が、この法律若しくはこれに基く命令又はこれらに基いてする処分に違反したとき。

〔**児童委員に要する費用に対する補助**〕

第五十六条の四 国庫は、第五十条第二号に規定する児童委員に要する費用のうち、厚生労働大臣の定める事項に関するものについては、予算の範囲内で、その一部を補助することができる。

〔**市町村整備計画の作成等**〕

第五十六条の四の二 市町村は、保育を必要とする乳児・幼児に対し、必要な保育を確保するために必要があると認めるときは、当該市町村における保育所及び幼保連携型認定こども園（次項第一号及び第二号並びに次条第二項において「保育所等」という。）の整備に関する計画（以下「市町村整備計画」という。）を作成することができる。

② 市町村整備計画においては、おおむね次に掲げる事項について定めるものとする。

一 保育提供区域（市町村が、地理的条件、人口、交通事情その他の社会的条件、保育を提供するための施設の整備の状況その他の条件を総合的に勘案して定める区域をいう。以下同じ。）ごとの当該保育提供区域における保育所等の整備に関する目標及び計画期間

二 前号の目標を達成するために必要な保育所等を整備する事業に関する事項

三 その他厚生労働省令で定める事項

③ 市町村整備計画は、子ども・子育て支援法第六十一条第一項に規定する市町村子ども・子育て支援事業計画と調和が保たれたものでなければならない。

④ 市町村は、市町村整備計画を作成し、又はこれを変更したときは、次条第一項の規定により当該市町村整備計画を厚生労働大臣に提出する場合を除き、遅滞なく、都道府県にその写しを送付しなければならない。

〔**市町村整備計画に基づく事業等に対する交付金**〕

第五十六条の四の三 市町村は、次項の交付金を充てて市町村整備計画に基づく事業又は事務（同項において「事業等」という。）の実施をしようとするときは、当該市町村整備計画を、当該市町村の属する都道府県の知事を経由して、厚生労働大臣に提出しなければならない。

② 国は、市町村に対し、前項の規定により提出された市町村整備計画に基づく事業等（国、都道府県及び市町村以外の者が設置する保育所等に係るものに限る。）の実施に要する経費に充てるため、保育所等の整備の状況その他の事項を勘案して厚生労働省令で定めるところにより、予算の範囲内で、交付金を交付することができる。

③ 前二項に定めるもののほか、前項の交付金の交付に関し必要な事項は、厚生労働省令で定める。

〔**準用規定**〕

第五十六条の五 社会福祉法第五十八条第二項から第四項までの規定は、国有財産特別措置法（昭和二十七年法律第二百十九号）第二条第二項第二号の規定又は同法第三条第一項第四号及び同条第二項の規定により普通財産の譲渡又は貸付けを受けた児童福祉施設に準用する。

第五章 国民健康保険団体連合会の児童福祉法関係業務

〔**連合会の業務**〕

第五十六条の五の二　連合会は、国民健康保険法の規定による業務のほか、第二十四条の三第十一項（第二十四条の七第二項において準用する場合を含む。）の規定により都道府県から委託を受けて行う障害児入所給付費及び特定入所障害児食費等給付費又は第二十一条の五の七第十四項及び第二十四条の二十六第六項の規定により市町村から委託を受けて行う障害児通所給付費及び障害児相談支援給付費の審査及び支払に関する業務を行う。

〔議決権に関する特段の定め〕

第五十六条の五の三　連合会が前条の規定により行う業務（次条において「児童福祉法関係業務」という。）については、国民健康保険法第八十六条において準用する同法第二十九条の規定にかかわらず、厚生労働省令で定めるところにより、規約をもつて議決権に関する特段の定めをすることができる。

〔経理の区分〕

第五十六条の五の四　連合会は、児童福祉法関係業務に係る経理については、その他の経理と区分して整理しなければならない。

第六章　審査請求

第五十六条の五の五　市町村の障害児通所給付費又は特例障害児通所給付費に係る処分に不服がある障害児の保護者は、都道府県知事に対して審査請求をすることができる。

②　前項の審査請求については、障害者の日常生活及び社会生活を総合的に支援するための法律第八章（第九十七条第一項を除く。）の規定を準用する。この場合において、必要な技術的読替えは、政令で定める。

第七章　雑則

〔福祉の保障に関する連絡調整等〕

第五十六条の六　地方公共団体は、児童の福祉を増進するため、障害児通所給付費、特例障害児通所給付費、高額障害児通所給付費、障害児相談支援給付費、特例障害児相談支援給付費、介護給付費等、障害児入所給付費、高額障害児入所給付費又は特定入所障害児食費等給付費の支給、第二十一条の六、第二十四条第五項若しくは第六項又は第二十七条第一項若しくは第二項の規定による措置及び保育の利用等並びにその他の福祉の保障が適切に行われるように、相互に連絡及び調整を図らなければならない。

②　地方公共団体は、人工呼吸器を装着している障害児その他の日常生活を営むために医療を要する状態にある障害児が、その心身の状況に応じた適切な保健、医療、福祉その他の各関連分野の支援を受けられるよう、保健、医療、福祉その他の各関連分野の支援を行う機関との連絡調整を行うための体制の整備に関し、必要な措置を講ずるように努めなければならない。

③　児童自立生活援助事業又は放課後児童健全育成事業を行う者及び児童福祉施設の設置者は、その事業を行い、又はその施設を運営するに当たつては、相互に連携を図りつつ、児童及びその家庭からの相談に応ずることその他の地域の実情に応じた積極的な支援を行うように努めなければならない。

〔保育所の設置又は運営の促進〕

第五十六条の七　市町村は、必要に応じ、公有財産（地方自治法第二百三十八条第一項に規定する公有財産をいう。次項において同じ。）の貸付けその他の必要な措置を積極的に講ずることにより、社会福祉法人その他の多様な事業者の能力を活用した保育所の設置又は運営を促進し、保育の利用に係る供給を効率的かつ計画的に増大させるものとする。

②　市町村は、必要に応じ、公有財産の貸付けその他の必要な措置を積極的に講ずることにより、社会福祉法人その他の多様な事業者の能力を活用した放課後児童健全育成事業の実施を促進し、放課後児童健全育成事業に係る供給を効率的かつ計画的に増大させるものとする。

③　国及び都道府県は、前二項の市町村の措置に関し、必要な支援を行うものとする。

〔公私連携保育法人の指定等〕

第五十六条の八　市町村長は、当該市町村における保育の実施に対する需要の状況等に照らし適当であると認めるときは、公私連携型保育所（次項に規定する協定に基づき、当該市町村から必要な設備の貸付け、譲渡その他の協力を得て、当該市町村との連携の下に保育及び子育て支援事業（以下この条において「保育等」という。）を行う保育所をいう。以下この条において同じ。）の運営を継続的かつ安定的に行うことができる能力を有するものであると認められるもの（法人に限る。）を、その申請により、公私連携型保育所の設置及び運営を目的とする法人（以下この条において「公私連携保育法人」という。）として指定することができる。

② 市町村長は、前項の規定による指定（第十一項において単に「指定」という。）をしようとするときは、あらかじめ、当該指定をしようとする法人と、次に掲げる事項を定めた協定（以下この条において単に「協定」という。）を締結しなければならない。

一 協定の目的となる公私連携型保育所の名称及び所在地

二 公私連携型保育所における保育等に関する基本的事項

三 市町村による必要な設備の貸付け、譲渡その他の協力に関する基本的事項

四 協定の有効期間

五 協定に違反した場合の措置

六 その他公私連携型保育所の設置及び運営に関し必要な事項

③ 公私連携保育法人は、第三十五条第四項の規定にかかわらず、市町村長を経由し、都道府県知事に届け出ることにより、公私連携型保育所を設置することができる。

④ 市町村長は、公私連携保育法人が前項の規定による届出をした際に、当該公私連携保育法人が協定に基づき公私連携型保育所における保育等を行うために設備の整備を必要とする場合には、当該協定に定めるところにより、当該公私連携保育法人に対し、当該設備を無償又は時価よりも低い対価で貸し付け、又は譲渡するものとする。

⑤ 前項の規定は、地方自治法第九十六条及び第二百三十七条から第二百三十八条の五までの規定の適用を妨げない。

⑥ 公私連携保育法人は、第三十五条第十二項の規定による廃止又は休止の承認の申請を行おうとするときは、市町村長を経由して行わなければならない。この場合において、当該市町村長は、当該申請に係る事項に関し意見を付すことができる。

⑦ 市町村長は、公私連携型保育所の運営を適切にさせるため、必要があると認めるときは、公私連携保育法人若しくは公私連携型保育所の長に対して、必要な報告を求め、又は当該職員に、関係者に対して質問させ、若しくはその施設に立ち入り、設備、帳簿書類その他の物件を検査させることができる。

⑧ 第十八条の十六第二項及び第三項の規定は、前項の場合について準用する。

⑨ 第七項の規定により、公私連携保育法人若しくは公私連携型保育所の長に対し報告を求め、又は当該職員に、関係者に対し質問させ、若しくは公私連携型保育所に立入検査をさせた市町村長は、当該公私連携型保育所につき、第四十六条第三項又は第四項の規定による処分が行われる必要があると認めるときは、理由を付して、その旨を都道府県知事に通知しなければならない。

⑩ 市町村長は、公私連携型保育所が正当な理由なく協定に従つて保育等を行つていないと認めるときは、公私連携保育法人に対し、協定に従つて保育等を行うことを勧告することができる。

⑪ 市町村長は、前項の規定により勧告を受けた公私連携保育法人が当該勧告に従わないときは、指定を取り消すことができる。

⑫ 公私連携保育法人は、前項の規定による指定の取消しの処分を受けたときは、当該処分に係る公私連携型保育所について、第三十五条第十二項の規定による廃止の承認を都道府県知事に申請しなければならない。

⑬ 公私連携保育法人は、前項の規定による廃止の承認の申請をしたときは、当該申請の日前一月以内に保育等を受けていた者であつて、当該廃止の日以後においても引き続き当該保育等に相当する保育等の提供を

希望する者に対し、必要な保育等が継続的に提供されるよう、他の保育所及び認定こども園その他関係者との連絡調整その他の便宜の提供を行わなければならない。

〔課税除外〕

第五十七条 都道府県、市町村その他の公共団体は、左の各号に掲げる建物及び土地に対しては、租税その他の公課を課することができない。但し、有料で使用させるものについては、この限りでない。

一 主として児童福祉施設のために使う建物

二 前号に掲げる建物の敷地その他主として児童福祉施設のために使う土地

〔不正利得の徴収〕

第五十七条の二 市町村は、偽りその他不正の手段により障害児通所給付費、特例障害児通所給付費若しくは高額障害児通所給付費若しくは肢体不自由児通所医療費又は障害児相談支援給付費若しくは特例障害児相談支援給付費（以下この章において「障害児通所給付費等」という。）の支給を受けた者があるときは、その者から、その障害児通所給付費等の額に相当する金額の全部又は一部を徴収することができる。

② 市町村は、指定障害児通所支援事業者等又は指定障害児相談支援事業者が、偽りその他不正の行為により障害児通所給付費、肢体不自由児通所医療費又は障害児相談支援給付費の支給を受けたときは、当該指定障害児通所支援事業者等又は指定障害児相談支援事業者に対し、その支払つた額につき返還させるほか、その返還させる額に百分の四十を乗じて得た額を支払わせることができる。

③ 都道府県は、偽りその他不正の手段により小児慢性特定疾病医療費又は障害児入所給付費等の支給を受けた者があるときは、その者から、その小児慢性特定疾病医療費又は障害児入所給付費等の額に相当する金額の全部又は一部を徴収することができる。

④ 都道府県は、指定小児慢性特定疾病医療機関が、偽りその他不正の行為により小児慢性特定疾病医療費の支給を受けたときは、当該指定小児慢性特定疾病医療機関に対し、その支払つた額につき返還させるほか、その返還させる額に百分の四十を乗じて得た額を支払わせることができる。

⑤ 都道府県は、指定障害児入所施設等が、偽りその他不正の行為により障害児入所給付費若しくは特定入所障害児食費等給付費又は障害児入所医療費の支給を受けたときは、当該指定障害児入所施設等に対し、その支払つた額につき返還させるほか、その返還させる額に百分の四十を乗じて得た額を支払わせることができる。

⑥ 前各項の規定による徴収金は、地方自治法第二百三十一条の三第三項に規定する法律で定める歳入とする。

〔報告等〕

第五十七条の三 市町村は、障害児通所給付費等の支給に関して必要があると認めるときは、障害児の保護者若しくは障害児の属する世帯の世帯主その他その世帯に属する者又はこれらの者であつた者に対し、報告若しくは文書その他の物件の提出若しくは提示を命じ、又は当該職員に質問させることができる。

② 都道府県は、小児慢性特定疾病医療費の支給に関して必要があると認めるときは、小児慢性特定疾病児童等の保護者若しくは小児慢性特定疾病児童等の属する世帯の世帯主その他その世帯に属する者又はこれらの者であつた者に対し、報告若しくは文書その他の物件の提出若しくは提示を命じ、又は当該職員に質問させることができる。

③ 都道府県は、障害児入所給付費等の支給に関して必要があると認めるときは、障害児の保護者若しくは障害児の属する世帯の世帯主その他その世帯に属する者又はこれらの者であつた者に対し、報告若しくは文書その他の物件の提出若しくは提示を命じ、又は当該職員に質問させることができる。

④ 第十九条の十六第二項の規定は前三項の規定による質問について、同条第三項の規定は前三項の規定による権限について準用する。

第五十七条の三の二 市町村は、障害児通所給付費等の支給に関して必要があると認めるときは、当該障害児通所給付費等の支給に係る障害児通所支援若しくは障害児相談支援を行う者若しくはこれらを使用する者若しくはこれらの者であつた者に対し、報告若しくは文書その他の物件の提出若しくは提示を命じ、又は当該職員に、関係者に対し質問させ、若しくは当該障害児通所支援若しくは障害児相談支援の事業を行う事業所若しくは施設に立ち入り、その設備若しくは帳簿書類その他の物件を検査させることができる。

② 第十九条の十六第二項の規定は前項の規定による質問又は検査について、同条第三項の規定は前項の規定による権限について準用する。

第五十七条の三の三 厚生労働大臣又は都道府県知事は、障害児通所給付費等の支給に関して必要があると認めるときは、当該障害児通所給付費等の支給に係る障害児の保護者又は障害児の保護者であつた者に対し、当該障害児通所給付費等の支給に係る障害児通所支援若しくは障害児相談支援の内容に関し、報告若しくは文書その他の物件の提出若しくは提示を命じ、又は当該職員に質問させることができる。

② 厚生労働大臣は、小児慢性特定疾病医療費の支給に関して緊急の必要があると認めるときは、当該都道府県の知事との密接な連携の下に、当該小児慢性特定疾病医療費の支給に係る小児慢性特定疾病児童等の保護者又は小児慢性特定疾病児童等の保護者であつた者に対し、当該小児慢性特定疾病医療費の支給に係る小児慢性特定疾病医療支援の内容に関し、報告若しくは文書その他の物件の提出若しくは提示を命じ、又は当該職員に質問させることができる。

③ 厚生労働大臣は、障害児入所給付費等の支給に関して必要があると認めるときは、当該障害児入所給付費等の支給に係る障害児の保護者又は障害児の保護者であつた者に対し、当該障害児入所給付費等の支給に係る障害児入所支援の内容に関し、報告若しくは文書その他の物件の提出若しくは提示を命じ、又は当該職員に質問させることができる。

④ 厚生労働大臣又は都道府県知事は、障害児通所給付費等の支給に関して必要があると認めるときは、障害児通所支援若しくは障害児相談支援を行つた者若しくはこれを使用した者に対し、その行つた障害児通所支援若しくは障害児相談支援に関し、報告若しくは当該障害児通所支援若しくは障害児相談支援の提供の記録、帳簿書類その他の物件の提出若しくは提示を命じ、又は当該職員に関係者に対し質問させることができる。

⑤ 厚生労働大臣は、小児慢性特定疾病医療費の支給に関して緊急の必要があると認めるときは、当該都道府県の知事との密接な連携の下に、小児慢性特定疾病医療支援を行つた者又はこれを使用した者に対し、その行つた小児慢性特定疾病医療支援に関し、報告若しくは当該小児慢性特定疾病医療支援の提供の記録、帳簿書類その他の物件の提出若しくは提示を命じ、又は当該職員に関係者に対し質問させることができる。

⑥ 厚生労働大臣は、障害児入所給付費等の支給に関して必要があると認めるときは、障害児入所支援を行つた者若しくはこれを使用した者に対し、その行つた障害児入所支援に関し、報告若しくは当該障害児入所支援の提供の記録、帳簿書類その他の物件の提出若しくは提示を命じ、又は当該職員に関係者に対し質問させることができる。

⑦ 第十九条の十六第二項の規定は前各項の規定による質問について、同条第三項の規定は前各項の規定による権限について準用する。

〔委託等〕

第五十七条の三の四 市町村及び都道府県は、次に掲げる事務の一部を、法人であつて厚生労働省令で定める要件に該当し、当該事務を適正に実施することができると認められるものとして都道府県知事が指定するもの（以下「指定事務受託法人」という。）に委託することができる。

一 第五十七条の三第一項及び第三項、第五十七条の三の二第一項並びに前条第一項及び第四項に規定する事務（これらの規定による命令及び質問の対象となる者並びに立入検査の対象となる事業所及び施設の選定に係るもの並びに当該命令及び当該立入検査を除く。）

二　その他厚生労働省令で定める事務（前号括弧書に規定するものを除く。）

②　指定事務受託法人の役員若しくは職員又はこれらの職にあつた者は、正当な理由なしに、当該委託事務に関して知り得た秘密を漏らしてはならない。

③　指定事務受託法人の役員又は職員で、当該委託事務に従事するものは、刑法その他の罰則の適用については、法令により公務に従事する職員とみなす。

④　市町村又は都道府県は、第一項の規定により事務を委託したときは、厚生労働省令で定めるところにより、その旨を公示しなければならない。

⑤　第十九条の十六第二項の規定は、第一項の規定により委託を受けて行う第五十七条の三第一項及び第三項、第五十七条の三の二第一項並びに前条第一項及び第四項の規定による質問について準用する。

⑥　前各項に定めるもののほか、指定事務受託法人に関し必要な事項は、政令で定める。

〔**資料提供等**〕

第五十七条の四　市町村は、障害児通所給付費等の支給に関して必要があると認めるときは、障害児の保護者又は障害児の属する世帯の世帯主その他その世帯に属する者の資産又は収入の状況につき、官公署に対し必要な文書の閲覧若しくは資料の提供を求め、又は銀行、信託会社その他の機関若しくは障害児の保護者の雇用主その他の関係人に報告を求めることができる。

②　都道府県は、小児慢性特定疾病医療費の支給に関して必要があると認めるときは、小児慢性特定疾病児童等の保護者又は小児慢性特定疾病児童等の属する世帯の世帯主その他その世帯に属する者の資産又は収入の状況につき、官公署に対し必要な文書の閲覧若しくは資料の提供を求め、又は銀行、信託会社その他の機関若しくは小児慢性特定疾病児童等の保護者の雇用主その他の関係人に報告を求めることができる。

③　都道府県は、障害児入所給付費等の支給に関して必要があると認めるときは、障害児の保護者又は障害児の属する世帯の世帯主その他その世帯に属する者の資産又は収入の状況につき、官公署に対し必要な文書の閲覧若しくは資料の提供を求め、又は銀行、信託会社その他の機関若しくは障害児の保護者の雇用主その他の関係人に報告を求めることができる。

〔**連合会に対する監督**〕

第五十七条の四の二　連合会について国民健康保険法第百六条及び第百八条の規定を適用する場合において、これらの規定中「事業」とあるのは、「事業（児童福祉法（昭和二十二年法律第百六十四号）第五十六条の五の三に規定する児童福祉法関係業務を含む。）」とする。

〔**公課及び差押の禁止**〕

第五十七条の五　租税その他の公課は、この法律により支給を受けた金品を標準として、これを課することができない。

②　小児慢性特定疾病医療費、障害児通所給付費等及び障害児入所給付費等を受ける権利は、譲り渡し、担保に供し、又は差し押さえることができない。

③　前項に規定するもののほか、この法律による支給金品は、既に支給を受けたものであるとないとにかかわらず、これを差し押さえることができない。

〔**認可の取消**〕

第五十八条　第三十五条第四項の規定により設置した児童福祉施設が、この法律若しくはこの法律に基づいて発する命令又はこれらに基づいてなす処分に違反したときは、都道府県知事は、同項の認可を取り消すことができる。

②　第三十四条の十五第二項の規定により開始した家庭的保育事業等が、この法律若しくはこの法律に基づいて発する命令又はこれらに基づいてなす処分に違反したときは、市町村長は、同項の認可を取り消すことができる。

〔**認可外施設の立入調査、事業停止命令等**〕

第五十九条　都道府県知事は、児童の福祉のため必要があると認めるときは、第六条の三第九項から第十二項まで若しくは第三十六条から第四十四条まで（第三十九条の二を除く。）に規定する業務を目的とする施設であつて第三十五条第三項の届出若しくは認定こども園法第十六条の届出をしていないもの又は第三十四条の十五第二項若しくは第三十五条第四項の認可若しくは認定こども園法第十七条第一項の認可を受けていないもの（前条の規定により児童福祉施設若しくは家庭的保育事業等の認可を取り消されたもの又は認定こども園法第二十二条第一項の規定により幼保連携型認定こども園の認可を取り消されたものを含む。）については、その施設の設置者若しくは管理者に対し、必要と認める事項の報告を求め、又は当該職員をして、その事務所若しくは施設に立ち入り、その施設の設備若しくは運営について必要な調査若しくは質問をさせることができる。この場合においては、その身分を証明する証票を携帯させなければならない。

② 第十八条の十六第三項の規定は、前項の場合について準用する。

③ 都道府県知事は、児童の福祉のため必要があると認めるときは、第一項に規定する施設の設置者に対し、その施設の設備又は運営の改善その他の勧告をすることができる。

④ 都道府県知事は、前項の勧告を受けた施設の設置者がその勧告に従わなかつたときは、その旨を公表することができる。

⑤ 都道府県知事は、第一項に規定する施設について、児童の福祉のため必要があると認めるときは、都道府県児童福祉審議会の意見を聴き、その事業の停止又は施設の閉鎖を命ずることができる。

⑥ 都道府県知事は、児童の生命又は身体の安全を確保するため緊急を要する場合で、あらかじめ都道府県児童福祉審議会の意見を聴くいとまがないときは、当該手続を経ないで前項の命令をすることができる。

⑦ 都道府県知事は、第三項の勧告又は第五項の命令をした場合には、その旨を当該施設の所在地の市町村長に通知するものとする。

〔無認可保育所の届け出〕

第五十九条の二　第六条の三第九項から第十二項までに規定する業務又は第三十九条第一項に規定する業務を目的とする施設（少数の乳児又は幼児を対象とするものその他の厚生労働省令で定めるものを除く。）であつて第三十四条の十五第二項若しくは第三十五条第四項の認可又は認定こども園法第十七条第一項の認可を受けていないもの（第五十八条の規定により児童福祉施設若しくは家庭的保育事業等の認可を取り消されたもの又は認定こども園法第二十二条第一項の規定により幼保連携型認定こども園の認可を取り消されたものを含む。）については、その施設の設置者は、その事業の開始の日（第五十八条の規定により児童福祉施設若しくは家庭的保育事業等の認可を取り消された施設又は認定こども園法第二十二条第一項の規定により幼保連携型認定こども園の認可を取り消された施設にあつては、当該認可の取消しの日）から一月以内に、次に掲げる事項を都道府県知事に届け出なければならない。

一　施設の名称及び所在地

二　設置者の氏名及び住所又は名称及び所在地

三　建物その他の設備の規模及び構造

四　事業を開始した年月日

五　施設の管理者の氏名及び住所

六　その他厚生労働省令で定める事項

② 前項に規定する施設の設置者は、同項の規定により届け出た事項のうち厚生労働省令で定めるものに変更を生じたときは、変更の日から一月以内に、その旨を都道府県知事に届け出なければならない。その事業を廃止し、又は休止したときも、同様とする。

③ 都道府県知事は、前二項の規定による届出があつたときは、当該届出に係る事項を当該施設の所在地の市町村長に通知するものとする。

〔掲示〕

第五十九条の二の二　前条第一項に規定する施設の設置者は、次に掲げる事項を当該施設において提供されるサービスを利用しようとする者の見やすい場所に掲示しなければならない。
一　設置者の氏名又は名称及び施設の管理者の氏名
二　建物その他の設備の規模及び構造
三　その他厚生労働省令で定める事項

〔契約内容等の説明〕
第五十九条の二の三　第五十九条の二第一項に規定する施設の設置者は、当該施設において提供されるサービスを利用しようとする者からの申込みがあつた場合には、その者に対し、当該サービスを利用するための契約の内容及びその履行に関する事項について説明するように努めなければならない。

〔契約書面の交付〕
第五十九条の二の四　第五十九条の二第一項に規定する施設の設置者は、当該施設において提供されるサービスを利用するための契約が成立したときは、その利用者に対し、遅滞なく、次に掲げる事項を記載した書面を交付しなければならない。
一　設置者の氏名及び住所又は名称及び所在地
二　当該サービスの提供につき利用者が支払うべき額に関する事項
三　その他厚生労働省令で定める事項

〔報告〕
第五十九条の二の五　第五十九条の二第一項に規定する施設の設置者は、毎年、厚生労働省令で定めるところにより、当該施設の運営の状況を都道府県知事に報告しなければならない。
②　都道府県知事は、毎年、前項の報告に係る施設の運営の状況その他第五十九条の二第一項に規定する施設に関し児童の福祉のため必要と認める事項を取りまとめ、これを各施設の所在地の市町村長に通知するとともに、公表するものとする。

〔市町村長への協力要請〕
第五十九条の二の六　都道府県知事は、第五十九条、第五十九条の二及び前条に規定する事務の執行及び権限の行使に関し、市町村長に対し、必要な協力を求めることができる。

〔町村の一部事務組合等〕
第五十九条の二の七　町村が一部事務組合又は広域連合を設けて福祉事務所を設置した場合には、この法律の適用については、その一部事務組合又は広域連合を福祉事務所を設置する町村とみなす。

〔助産の実施等に係る都道府県又は市町村に変更があつた場合の経過規定〕
第五十九条の三　町村の福祉事務所の設置又は廃止により助産の実施及び母子保護の実施に係る都道府県又は市町村に変更があつた場合においては、この法律又はこの法律に基づいて発する命令の規定により、変更前の当該助産の実施若しくは母子保護の実施に係る都道府県又は市町村の長がした行為は、変更後の当該助産の実施若しくは母子保護の実施に係る都道府県又は市町村の長がした行為とみなす。ただし、変更前に行われ、又は行われるべきであつた助産の実施若しくは母子保護の実施に関する費用の支弁及び負担については、変更がなかつたものとする。

〔大都市等の特例〕
第五十九条の四　この法律中都道府県が処理することとされている事務で政令で定めるものは、指定都市及び中核市並びに児童相談所を設置する市（特別区を含む。以下この項において同じ。）として政令で定める市（以下「児童相談所設置市」という。）においては、政令で定めるところにより、指定都市若しくは中核市又は児童相談所設置市（以下「指定都市等」という。）が処理するものとする。この場合においては、この法律中都道府県に関する規定は、指定都市等に関する規定として指定都市等に適用があるものとする。
②　前項の規定により指定都市等の長がした処分（地方自治法第二条第九項第一号に規定する第一号法定受託事務（次項及び第五十九条の六において「第一号法定受託事務」という。）に係るものに限る。）に係る審査請求についての都道府県知事の裁決に不服がある者は、厚生労働大臣に対して再審査請求をすることができる。

③ 指定都市等の長が第一項の規定によりその処理することとされた事務のうち第一号法定受託事務に係る処分をする権限をその補助機関である職員又はその管理に属する行政機関の長に委任した場合において、委任を受けた職員又は行政機関の長がその委任に基づいてした処分につき、地方自治法第二百五十五条の二第二項の再審査請求の裁決があつたときは、当該裁決に不服がある者は、同法第二百五十二条の十七の四第五項から第七項までの規定の例により、厚生労働大臣に対して再々審査請求をすることができる。

④ 都道府県知事は、児童相談所設置市の長に対し、当該児童相談所の円滑な運営が確保されるように必要な勧告、助言又は援助をすることができる。

⑤ この法律に定めるもののほか、児童相談所設置市に関し必要な事項は、政令で定める。

〔**緊急時における厚生労働大臣の事務執行**〕

第五十九条の五　第十九条の十六第一項、第二十一条の三第一項、第三十四条の五第一項、第三十四条の六、第四十六条及び第五十九条の規定により都道府県知事の権限に属するものとされている事務は、児童の利益を保護する緊急の必要があると厚生労働大臣が認める場合にあつては、厚生労働大臣又は都道府県知事が行うものとする。

② 前項の場合においては、この法律の規定中都道府県知事に関する規定（当該事務に係るものに限る。）は、厚生労働大臣に関する規定として厚生労働大臣に適用があるものとする。この場合において、第四十六条第四項中「都道府県児童福祉審議会の意見を聴き、その施設の」とあるのは「その施設の」と、第五十九条第五項中「都道府県児童福祉審議会の意見を聴き、その事業の」とあるのは「その事業の」とする。

③ 第一項の場合において、厚生労働大臣又は都道府県知事が当該事務を行うときは、相互に密接な連携の下に行うものとする。

〔**事務の区分**〕

第五十九条の六　第五十六条第一項の規定により都道府県が処理することとされている事務は、第一号法定受託事務とする。

〔**主務大臣及び主務省令**〕

第五十九条の七　この法律における主務省令は、厚生労働省令とする。ただし、第二十一条の九各号に掲げる事業に該当する事業のうち厚生労働大臣以外の大臣が所管するものに関する事項については、厚生労働大臣及びその事業を所管する大臣の発する命令とする。

〔**地方厚生局長への委任**〕

第五十九条の八　この法律に規定する厚生労働大臣の権限は、厚生労働省令で定めるところにより、地方厚生局長に委任することができる。

② 前項の規定により地方厚生局長に委任された権限は、厚生労働省令で定めるところにより、地方厚生支局長に委任することができる。

第八章　罰則

第六十条　第三十四条第一項第六号の規定に違反した者は、十年以下の懲役若しくは三百万円以下の罰金に処し、又はこれを併科する。

② 第三十四条第一項第一号から第五号まで又は第七号から第九号までの規定に違反した者は、三年以下の懲役若しくは百万円以下の罰金に処し、又はこれを併科する。

③ 第三十四条第二項の規定に違反した者は、一年以下の懲役又は五十万円以下の罰金に処する。

④ 児童を使用する者は、児童の年齢を知らないことを理由として、前三項の規定による処罰を免れることができない。ただし、過失のないときは、この限りでない。

⑤ 第一項及び第二項（第三十四条第一項第七号又は第九号の規定に違反した者に係る部分に限る。）の罪は、刑法第四条の二の例に従う。

第六十条の二　小児慢性特定疾病審査会の委員又はその委員であつた者が、正当な理由がないのに、職務上知り得た小児慢性特定疾病医療支援を行つた者の業務上の秘密又は個人の秘密を漏らしたときは、一年以下の懲役又は百万円以下の罰金に処する。

② 第五十六条の五の五第二項において準用する障害者の日常生活及び社会生活を総合的に支援するための法律第九十八条第一項に規定する不服審査会の委員若しくは連合会の役員若しくは職員又はこれらの者であつた者が、正当な理由がないのに、職務上知り得た障害児通所支援、障害児入所支援又は障害児相談支援を行つた者の業務上の秘密又は個人の秘密を漏らしたときは、一年以下の懲役又は百万円以下の罰金に処する。

③ 第二十一条の五の六第四項（第二十一条の五の八第三項において準用する場合を含む。）又は第五十七条の三の四第二項の規定に違反した者は、一年以下の懲役又は百万円以下の罰金に処する。

第六十一条 児童相談所において、相談、調査及び判定に従事した者が、正当の理由なく、その職務上取り扱つたことについて知得した人の秘密を漏らしたときは、これを一年以下の懲役又は五十万円以下の罰金に処する。

第六十一条の二 第十八条の二十二の規定に違反した者は、一年以下の懲役又は五十万円以下の罰金に処する。

② 前項の罪は、告訴がなければ公訴を提起することができない。

第六十一条の三 第十一条第五項、第十八条の八第四項、第十八条の十二第一項、第二十一条の十の二第四項、第二十一条の十二、第二十五条の五又は第二十七条の四の規定に違反した者は、一年以下の懲役又は五十万円以下の罰金に処する。

第六十一条の四 第四十六条第四項又は第五十九条第五項の規定による事業の停止又は施設の閉鎖の命令に違反した者は、六月以下の懲役若しくは禁錮又は五十万円以下の罰金に処する。

第六十一条の五 正当の理由がないのに、第二十九条の規定による児童委員若しくは児童の福祉に関する事務に従事する職員の職務の執行を拒み、妨げ、若しくは忌避し、又はその質問に対して答弁をせず、若しくは虚偽の答弁をし、若しくは児童に答弁をさせず、若しくは虚偽の答弁をさせた者は、五十万円以下の罰金に処する。

第六十一条の六 正当の理由がないのに、第十八条の十六第一項の規定による報告をせず、若しくは虚偽の報告をし、同項の規定による質問に対して答弁をせず、若しくは虚偽の答弁をし、又は同項の規定による立入り若しくは検査を拒み、妨げ、若しくは忌避した場合には、その違反行為をした指定試験機関の役員又は職員は、三十万円以下の罰金に処する。

第六十二条 次の各号のいずれかに該当する者は、三十万円以下の罰金に処する。

一 第十八条の十九第二項の規定により保育士の名称の使用の停止を命ぜられた者で、当該停止を命ぜられた期間中に、保育士の名称を使用したもの

二 第十八条の二十三の規定に違反した者

三 正当の理由がないのに、第二十一条の十四第一項の規定による報告をせず、若しくは虚偽の報告をし、同項の規定による質問に対して答弁をせず、若しくは虚偽の答弁をし、又は同項の規定による立入り若しくは検査を拒み、妨げ、若しくは忌避した者

四 正当の理由がないのに、第十九条の十六第一項、第二十一条の五の二十二第一項（同条第二項において準用する場合を含む。）、第二十一条の五の二十七第一項（第二十四条の十九の二において準用する場合を含む。）、第二十四条の十五第一項、第二十四条の三十四第一項若しくは第二十四条の三十九第一項の規定による報告若しくは物件の提出若しくは提示をせず、若しくは虚偽の報告若しくは虚偽の物件の提出若しくは提示をし、これらの規定による質問に対して答弁をせず、若しくは虚偽の答弁をし、又はこれらの規定による立入り若しくは検査を拒み、妨げ、若しくは忌避した者

五 第三十条第一項に規定する届出を怠つた者

六 正当の理由がないのに、第五十七条の三の三第一項から第三項までの規定による報告若しくは物件の提出若しくは提示をせず、若しくは虚偽の報告若しくは虚

偽の物件の提出若しくは提示をし、又はこれらの規定による当該職員の質問若しくは第五十七条の三の四第一項の規定により委託を受けた指定事務受託法人の職員の第五十七条の三の三第一項の規定による質問に対して、答弁せず、若しくは虚偽の答弁をした者

七　正当の理由がないのに、第五十九条第一項の規定による報告をせず、若しくは虚偽の報告をし、同項の規定による立入調査を拒み、妨げ、若しくは忌避し、又は同項の規定による質問に対して答弁をせず、若しくは虚偽の答弁をした者

第六十二条の二　正当の理由がないのに、第五十六条の五の五第二項において準用する障害者の日常生活及び社会生活を総合的に支援するための法律第百三条第一項の規定による処分に違反して、出頭せず、陳述をせず、報告をせず、若しくは虚偽の陳述若しくは報告をし、又は診断その他の調査をしなかつた者は、三十万円以下の罰金に処する。ただし、第五十六条の五の五第二項において準用する同法第九十八条第一項に規定する不服審査会の行う審査の手続における請求人又は第五十六条の五の五第二項において準用する同法第百二条の規定により通知を受けた市町村その他の利害関係人は、この限りでない。

第六十二条の三　法人の代表者又は法人若しくは人の代理人、使用人その他の従業者が、その法人又は人の業務に関して、第六十条第一項から第三項まで及び第六十二条第四号の違反行為をしたときは、行為者を罰するほか、その法人又は人に対しても、各本条の罰金刑を科する。

第六十二条の四　第五十九条の二第一項又は第二項の規定による届出をせず、又は虚偽の届出をした者は、五十万円以下の過料に処する。

第六十二条の五　次の各号のいずれかに該当する者は、十万円以下の過料に処する。

一　正当な理由がなく、第五十六条第四項（同条第二項の規定による第五十条第五号、第六号、第六号の二若しくは第七号の三又は第五十一条第三号に規定する費用の徴収に関する部分を除く。）の規定による報告をせず、又は虚偽の報告をした者

二　第五十七条の三の三第四項から第六項までの規定による報告若しくは物件の提出若しくは提示をせず、若しくは虚偽の報告若しくは虚偽の物件の提出若しくは提示をし、又はこれらの規定による当該職員の質問に対して、答弁せず、若しくは虚偽の答弁をした者

三　第五十七条の三の四第一項の規定により委託を受けた指定事務受託法人の職員の第五十七条の三の三第四項の規定による質問に対して、答弁せず、又は虚偽の答弁をした者

第六十二条の六　都道府県は、条例で、次の各号のいずれかに該当する者に対し十万円以下の過料を科する規定を設けることができる。

一　第十九条の六第二項の規定による医療受給者証又は第二十四条の四第二項の規定による入所受給者証の返還を求められてこれに応じない者

二　正当の理由がないのに、第五十七条の三第二項若しくは第三項の規定による報告若しくは物件の提出若しくは提示をせず、若しくは虚偽の報告若しくは虚偽の物件の提出若しくは提示をし、又はこれらの規定による当該職員の質問若しくは第五十七条の三の四第一項の規定により委託を受けた指定事務受託法人の職員の第五十七条の三の三第三項の規定による質問に対して答弁をせず、若しくは虚偽の答弁をした者

第六十二条の七　市町村は、条例で、次の各号のいずれかに該当する者に対し十万円以下の過料を科する規定を設けることができる。

一　第二十一条の五の八第二項又は第二十一条の五の九第二項の規定による通所受給者証の提出又は返還を求められてこれに応じない者

二　正当の理由がないのに、第五十七条の三第一項の規定による報告若しくは物件の提出若しくは提示をせず、若しくは虚

偽の報告若しくは虚偽の物件の提出若しくは提示をし、又は同項の規定による当該職員の質問若しくは第五十七条の三の四第一項の規定により委託を受けた指定事務受託法人の職員の第五十七条の三第一項の規定による質問に対して、答弁せず、若しくは虚偽の答弁をした者

三　正当の理由がないのに、第五十七条の三の二第一項の規定による報告若しくは物件の提出若しくは提示をせず、若しくは虚偽の報告若しくは虚偽の物件の提出若しくは提示をし、又は同項の規定による当該職員の質問若しくは第五十七条の三の四第一項の規定により委託を受けた指定事務受託法人の職員の第五十七条の三の二第一項の規定による質問に対して、答弁せず、若しくは虚偽の答弁をし、若しくは同項の規定による検査を拒み、妨げ、若しくは忌避した者

附　則（抄）

〔施行期日〕

第六十三条　この法律は、昭和二十三年一月一日から、これを施行する。〔後略〕

〔児童相談所長のとるべき措置の特例〕

第六十三条の二　児童相談所長は、当分の間、第二十六条第一項に規定する児童のうち身体障害者福祉法第十五条第四項の規定により身体障害者手帳の交付を受けた十五歳以上の者について、障害者の日常生活及び社会生活を総合的に支援するための法律第五条第十一項に規定する障害者支援施設（次条において「障害者支援施設」という。）に入所すること又は障害福祉サービス（同法第四条第一項に規定する障害者のみを対象とするものに限る。次条において同じ。）を利用することが適当であると認めるときは、その旨を身体障害者福祉法第九条又は障害者の日常生活及び社会生活を総合的に支援するための法律第十九条第二項若しくは第三項に規定する市町村の長に通知することができる。

〔十五歳以上の知的障害児童についての措置の特例〕

第六十三条の三　児童相談所長は、当分の間、第二十六条第一項に規定する児童のうち十五歳以上の者について、障害者支援施設に入所すること又は障害福祉サービスを利用することが適当であると認めるときは、その旨を知的障害者福祉法第九条又は障害者の日常生活及び社会生活を総合的に支援するための法律第十九条第二項若しくは第三項に規定する市町村の長に通知することができる。

〔従前の義務教育を了えた十四歳以上の児童の特例〕

第七十一条　満十四歳以上の児童で、学校教育法第九十六条の規定により、義務教育の課程又はこれと同等以上と認める課程を修了した者については、第三十四条第一項第三号から第五号までの規定は、これを適用しない。

〔国の無利子、貸付け等〕

第七十二条　国は、当分の間、都道府県（第五十九条の四第一項の規定により、都道府県が処理することとされている第五十六条の二第一項の事務を指定都市等が処理する場合にあつては、当該指定都市等を含む。以下この項及び第七項において同じ。）に対し、第五十六条の二第三項の規定により国がその費用について補助することができる知的障害児施設等の新設等で日本電信電話株式会社の株式の売払収入の活用による社会資本の整備の促進に関する特別措置法（昭和六十二年法律第八十六号。以下「社会資本整備特別措置法」という。）第二条第一項第二号に該当するものにつき、社会福祉法第三十一条第一項の規定により設立された社会福祉法人、日本赤十字社又は公益社団法人若しくは公益財団法人に対し当該都道府県が補助する費用に充てる資金について、予算の範囲内において、第五十六条の二第三項の規定（この規定による国の補助の割合について、この規定と異なる定めをした法令の規定がある場合には、当該異なる定めをした法令の規定を含む。以下同じ。）により国が補助することができる金額に相当する金額を無利子で貸し付けることができる。

②　国は、当分の間、都道府県又は市町村に

対し、児童家庭支援センターの新設、修理、改造、拡張又は整備で社会資本整備特別措置法第二条第一項第二号に該当するものに要する費用に充てる資金の一部を、予算の範囲内において、無利子で貸し付けることができる。

③　国は、当分の間、都道府県又は指定都市等に対し、児童の保護を行う事業又は児童の健全な育成を図る事業を目的とする施設の新設、修理、改造、拡張又は整備（第五十六条の二第三項の規定により国がその費用について補助するものを除く。）で社会資本整備特別措置法第二条第一項第二号に該当するものにつき、当該都道府県又は指定都市等が自ら行う場合にあつてはその要する費用に充てる資金の一部を、指定都市等以外の市町村又は社会福祉法人が行う場合にあつてはその者に対し当該都道府県又は指定都市等が補助する費用に充てる資金の一部を、予算の範囲内において、無利子で貸し付けることができる。

④　国は、当分の間、都道府県、市町村又は長期にわたり医療施設において療養を必要とする児童（以下「長期療養児童」という。）の療養環境の向上のために必要な事業を行う者に対し、長期療養児童の家族が宿泊する施設の新設、修理、改造、拡張又は整備で社会資本整備特別措置法第二条第一項第二号に該当するものに要する費用に充てる資金の一部を、予算の範囲内において、無利子で貸し付けることができる。

⑤　前各項の国の貸付金の償還期間は、五年（二年以内の据置期間を含む。）以内で政令で定める期間とする。

⑥　前項に定めるもののほか、第一項から第四項までの規定による貸付金の償還方法、償還期限の繰上げその他償還に関し必要な事項は、政令で定める。

⑦　国は、第一項の規定により都道府県に対し貸付けを行つた場合には、当該貸付けの対象である事業について、第五十六条の二第三項の規定による当該貸付金に相当する金額の補助を行うものとし、当該補助については、当該貸付金の償還時において、当該貸付金の償還金に相当する金額を交付することにより行うものとする。

⑧　国は、第二項から第四項までの規定により都道府県、市町村又は長期療養児童の療養環境の向上のために必要な事業を行う者に対し貸付けを行つた場合には、当該貸付けの対象である事業について、当該貸付金に相当する金額の補助を行うものとし、当該補助については、当該貸付金の償還時において、当該貸付金の償還金に相当する金額を交付することにより行うものとする。

⑨　都道府県、市町村又は長期療養児童の療養環境の向上のために必要な事業を行う者が、第一項から第四項までの規定による貸付けを受けた無利子貸付金について、第五項及び第六項の規定に基づき定められる償還期限を繰り上げて償還を行つた場合（政令で定める場合を除く。）における前二項の規定の適用については、当該償還は、当該償還期限の到来時に行われたものとみなす。

〔技術的読替えの政令への委任〕

第七十三条　第二十四条第三項の規定の適用については、当分の間、同項中「市町村は、保育の需要に応ずるに足りる保育所、認定こども園（子ども・子育て支援法第二十七条第一項の確認を受けたものに限る。以下この項及び第四十六条の二第二項において同じ。）又は家庭的保育事業等が不足し、又は不足するおそれがある場合その他必要と認められる場合には、保育所、認定こども園」とあるのは、「市町村は、保育所、認定こども園（子ども・子育て支援法第二十七条第一項の確認を受けたものに限る。以下この項及び第四十六条の二第二項において同じ。）」とするほか、必要な技術的読替えは、政令で定める。

②　第四十六条の二第一項の規定の適用については、当分の間、同項中「第二十四条第五項」とあるのは「保育所における保育を行うことの権限及び第二十四条第五項」と、「母子保護の実施のための委託」とあるのは「母子保護の実施のための委託若しくは保育所における保育を行うことの委託」とするほか、必要な技術的読替えは、政令で定める。

〔参考・未施行分〕

・民法の一部を改正する法律（平成三〇・六・二〇法律五九）

附則　抄

（施行期日）

第一条　この法律は、平成三十四〔令和四〕年四月一日から施行する。〔後略〕

・児童虐待防止対策の強化を図るための児童福祉法等の一部を改正する法律（令和元・六・二六法律四六）

附則　抄

（施行期日）

第一条　この法律は、令和二年四月一日から施行する。ただし、次の各号に掲げる規定は、当該各号に定める日から施行する。

一　〔略〕

二　〔中略〕令和四年四月一日

三　〔中略〕令和五年四月一日

児童福祉法施行令（抄）

（昭和二三・三・三一 政令七四）

最新改正　令和元政令八三

第一章　総則

〔法第六条の二第二項の政令で定める児童等〕

第一条　児童福祉法（昭和二十二年法律第百六十四号。以下「法」という。）第六条の二第二項の政令で定める児童等は、同項に規定する指定小児慢性特定疾病医療機関に通い、又は入院する小児慢性特定疾病（同条第一項に規定する小児慢性特定疾病をいう。第二十二条第一項第二号ロにおいて同じ。）にかかつている児童等（法第六条の二第一項に規定する児童等をいう。ただし、児童以外の満二十歳に満たない者については、満十八歳に達する日前から引き続き指定小児慢性特定疾病医療支援（法第十九条の二第一項に規定する指定小児慢性特定疾病医療支援をいう。第二十二条第一項において同じ。）を受けているものに限る。）とする。

〔法第六条の三第一項第一号の政令で定める措置等〕

第一条の二　法第六条の三第一項第一号の政令で定める措置は、児童を小規模住居型児童養育事業を行う者若しくは里親に委託する措置又は児童養護施設、児童心理治療施設若しくは児童自立支援施設に入所させる措置とする。

②　法第六条の三第一項第一号の政令で定める者は、前項に規定する措置を解除された者以外の者であつて、都道府県知事がその者の自立のために同条第一項に規定する児童自立生活援助が必要と認めたものとする。

〔児童相談所の設置又は変更の報告〕

第二条　都道府県が児童相談所を設置し、又はその設備の規模及び構造等を変更したときは、都道府県知事は、厚生労働省令の定めるところにより、厚生労働大臣に報告しなければならない。

〔児童福祉司の数〕

第三条　法第十三条第二項の政令で定める基準は、各年度において、同条第一項の規定により置かれる児童福祉司（以下「児童福祉司」という。）の数が、次の各号に掲げる業務を行う児童福祉司の数として当該各号に掲げる数を合計した数以上の数であつて、法による保護を要する児童の数、交通事情等を考慮したものであることとする。

一　次号及び第三号に掲げる業務以外の業務　イ及びロに掲げる数を合計した数

イ　各児童相談所の管轄区域における人口（最近の国勢調査の結果によるものとする。ロ(2)において同じ。）を三万で除して得た数（その数に一に満たな

い端数があるときは、これを一に切り上げる。）を合計した数

ロ　各児童相談所につき、(1)に掲げる件数から(2)に掲げる件数を控除して得た件数（その件数が零を下回るときは、零とする。）を四十で除して得た数（その数に一に満たない端数があるときは、これを一に切り上げる。）を合計した数

(1)　当該年度の前々年度において当該児童相談所が児童虐待（児童虐待の防止等に関する法律（平成十二年法律第八十二号）第二条に規定する児童虐待をいう。(2)において同じ。）に係る相談に応じた件数

(2)　当該年度の前々年度において全国の児童相談所が応じた児童虐待に係る相談の全国の人口一人当たりの件数として厚生労働省令で定める数に当該児童相談所の管轄区域における人口を乗じて得た件数

二　法第十一条第一項第二号ヘに規定する里親に関する業務　当該都道府県が設置する児童相談所の数

三　法第十一条第一項第一号の規定による市町村相互間の連絡調整等、同項第三号の規定による広域的な対応が必要な業務、法第十四条第二項の規定による担当区域内の児童に関する状況の通知及び意見の申出その他児童相談所の管轄区域内における関係機関との連絡調整　都道府県の区域内の市町村（特別区を含み、地方自治法（昭和二十二年法律第六十七号）第二百五十二条の十九第一項の指定都市（以下「指定都市」という。）及び法第五十九条の四第一項の児童相談所設置市（以下「児童相談所設置市」という。）を除く。）の数を三十で除して得た数（その数に一に満たない端数があるときは、これを一に切り上げる。）

②　法第十三条第六項の政令で定める基準は、各児童相談所につき、同条第五項の指導及び教育を行う児童福祉司の数が児童福祉司の数を六で除して得た数（その数に一に満たない端数があるときは、これを四捨五入する。）であることとする。

〔指定児童福祉司養成施設等の指定等〕

第三条の二　法第十三条第三項第一号の施設又は講習会（以下この条及び第四十五条の三において「指定児童福祉司養成施設等」という。）の指定は、厚生労働省令で定める基準に適合する施設又は講習会について行うものとする。

②　指定児童福祉司養成施設等の指定を受けようとする施設の設置者又は講習会の実施者（以下この条において「設置者等」という。）は、厚生労働省令で定める事項を記載した申請書を、当該施設の所在地又は講習会の開催地（以下この条において「所在地等」という。）の都道府県知事に提出しなければならない。この場合において、設置者等が法人（地方公共団体を除く。）であるときは、申請書に定款、寄付行為その他の規約を添えなければならない。

③　指定児童福祉司養成施設等の設置者等は、前項の申請書の記載事項（厚生労働省令で定めるものに限る。）を変更しようとするときは、当該指定児童福祉司養成施設等の所在地等の都道府県知事に申請し、その承認を得なければならない。

④　指定児童福祉司養成施設等の設置者等は、第二項の申請書の記載事項（前項の厚生労働省令で定めるもの以外のものであつて厚生労働省令で定めるものに限る。）に変更が生じたときは、変更のあつた日から起算して一月以内に、当該指定児童福祉司養成施設等の所在地等の都道府県知事に届け出なければならない。

⑤　法第十三条第三項第一号の指定を受けた施設の長は、毎学年開始後三月以内に、厚生労働省令で定める事項を、当該施設の所在地の都道府県知事に報告しなければならない。

⑥　法第十三条第三項第一号の指定を受けた講習会の実施者は、当該講習会の実施後一月以内に、厚生労働省令で定める事項を、当該講習会の開催地の都道府県知事に報告しなければならない。

⑦　都道府県知事は、法及びこの政令の施行に必要があると認めるときは、その必要な

限度で、指定児童福祉司養成施設等の長に対し、教育方法、設備その他の事項に関し報告を求め、若しくは指導をし、又は当該職員に、その帳簿書類その他の物件を検査させることができる。

⑧ 前項の規定による検査を行う場合においては、当該職員は、その身分を示す証明書を携帯し、関係者の請求があるときは、これを提示しなければならない。

⑨ 第七項の規定による権限は、犯罪捜査のために認められたものと解釈してはならない。

⑩ 都道府県知事は、指定児童福祉司養成施設等につき、第一項の規定に基づく厚生労働省令で定める基準に該当しなくなつたと認めるとき、若しくは第七項の規定による指導に従わないとき、又は次項の規定による申請があつたときは、その指定を取り消すことができる。

⑪ 指定児童福祉司養成施設等の設置者等は、指定の取消しを求めようとするときは、学年の開始月又は講習会の実施月の二月前までに、厚生労働省令で定める事項を、当該指定児童福祉司養成施設等の所在地等の都道府県知事に提出しなければならない。

第二章　保育士

〔欠格事由〕

第四条　法第十八条の五第三号の政令で定める法律の規定は、次のとおりとする。

一　社会福祉法（昭和二十六年法律第四十五号）第百三十一条及び第百三十二条の規定

二　児童扶養手当法（昭和三十六年法律第二百三十八号）第三十五条の規定

三　特別児童扶養手当等の支給に関する法律（昭和三十九年法律第百三十四号）第四十一条の規定

四　児童手当法（昭和四十六年法律第七十三号）第三十一条の規定

五　児童買春、児童ポルノに係る行為等の規制及び処罰並びに児童の保護等に関する法律（平成十一年法律第五十二号）第四条から第七条まで及び第十一条の規定

六　児童虐待の防止等に関する法律第十八条及び第十九条の規定

七　就学前の子どもに関する教育、保育等の総合的な提供の推進に関する法律（平成十八年法律第七十七号。以下「認定こども園法」という。）第六章の規定

八　平成二十二年度等における子ども手当の支給に関する法律（平成二十二年法律第十九号）第三十三条の規定

九　平成二十三年度における子ども手当の支給等に関する特別措置法（平成二十三年法律第百七号）第三十七条の規定

十　子ども・子育て支援法（平成二十四年法律第六十五号）第八十三条から第八十五条までの規定

十一　国家戦略特別区域法（平成二十五年法律第百七号。以下「特区法」という。）第十二条の五第十五項及び第十七項から第十九項までの規定

十二　民間あっせん機関による養子縁組のあっせんに係る児童の保護等に関する法律（平成二十八年法律第百十号）第五章の規定

〔登録〕

第十六条　保育士の登録を受けようとする者は、申請書に法第十八条の六各号のいずれかに該当することを証する書類を添え、その者が同条第一号に該当する場合は住所地の都道府県知事に、同条第二号に該当する場合は当該保育士試験を行つた都道府県知事（指定試験機関が行つた保育士試験を受けた場合にあつては、当該保育士試験の実施に関する事務の全部又は一部を当該指定試験機関に行わせることとした都道府県知事）に提出しなければならない。

第三章　福祉の保障

〔里親の認定の方式〕

第二十九条　都道府県知事は、法第六条の四第三項の規定により里親の認定をするには、法第八条第二項に規定する都道府県児童福祉審議会（同条第一項ただし書に規定する都道府県にあつては、同項ただし書に規定する地方社会福祉審議会とする。以下「都道府県児童福祉審議会」という。）の意見を聴かなければならない。

〔里親への訪問指導〕

第三十条　都道府県知事は、法第二十七条第一項第三号の規定により児童を里親に委託する措置を採つた場合には、児童福祉司、知的障害者福祉法第九条第五項に規定する知的障害者福祉司又は社会福祉主事のうち一人を指定して、里親の家庭を訪問して、必要な指導をさせなければならない。

第四章　事業、養育里親及び児童福祉施設

〔児童自立支援施設の設置義務〕

第三十六条　都道府県は、法第三十五条第二項の規定により、児童自立支援施設を設置しなければならない。

〔児童福祉施設等の管理〕

第三十七条　国、都道府県又は市町村の設置する児童福祉施設（幼保連携型認定こども園を除く。以下この条及び次条において同じ。）及び児童福祉施設の職員の養成施設は、法第四十九条の規定により、それぞれ厚生労働大臣、都道府県知事又は市町村長が、これを管理する。

〔児童福祉施設の実地検査〕

第三十八条　都道府県知事は、当該職員をして、一年に一回以上、国以外の者の設置する児童福祉施設が法第四十五条第一項の規定に基づき定められた基準を遵守しているかどうかを実地につき検査させなければならない。

附　則（抄）

第四十八条　この政令は、昭和二十三年一月一日から、これを適用する。〔後略〕

児童福祉法施行規則（抄）

（昭和二三・三・三一 厚令一一）

最新改正　令和元厚労令五一

第一章　総則

〔法第六条の二の二第二項に規定する厚生労働省令で定める施設〕

第一条　児童福祉法（昭和二十二年法律第百六十四号。以下「法」という。）第六条の二の二第二項に規定する厚生労働省令で定める施設は、法第四十三条に規定する児童発達支援センターその他の次条に定める便宜の供与を適切に行うことができる施設とする。

〔法第六条の二の二第二項に規定する厚生労働省令で定める便宜〕

第一条の二　法第六条の二の二第二項に規定する厚生労働省令で定める便宜は、日常生活における基本的な動作の指導、知識技能の付与及び集団生活への適応訓練の実施とする。

〔法第六条の二の二第四項に規定する厚生労働省令で定める施設〕

第一条の二の二　法第六条の二の二第四項に規定する厚生労働省令で定める施設は、法第四十三条に規定する児童発達支援センターその他の生活能力の向上のために必要

な訓練、社会との交流の促進その他の便宜を適切に供与することができる施設とする。

〔法第六条の二の二第五項に規定する厚生労働省令で定める状態〕

第一条の二の三　法第六条の二の二第五項に規定する厚生労働省令で定める状態は、次に掲げる状態とする。

一　人工呼吸器を装着している状態その他の日常生活を営むために医療を要する状態

二　重い疾病のため感染症にかかるおそれがある状態

〔法第六条の二の二第五項に規定する厚生労働省令で定める便宜〕

第一条の二の四　法第六条の二の二第五項に規定する厚生労働省令で定める便宜は、日常生活における基本的な動作の指導、知識技能の付与及び生活能力の向上のために必要な訓練の実施とする。

〔法第六条の二の二第六項に規定する厚生労働省令で定める施設〕

第一条の二の五　法第六条の二の二第六項に規定する厚生労働省令で定める施設は、乳児院、保育所、児童養護施設、学校教育法（昭和二十二年法律第二十六号）に規定する幼稚園（以下「幼稚園」という。）、小学校（義務教育学校の前期課程を含む。）及び特別支援学校、就学前の子どもに関する教育、保育等の総合的な提供の推進に関する法律（平成十八年法律第七十七号。以下「認定こども園法」という。）第二条第六項に規定する認定こども園（以下「認定こども園」という。）（保育所又は幼稚園であるものを除く。第二十四条及び第三十六条の三十五第一項を除き、以下同じ。）その他児童が集団生活を営む施設として市町村が認める施設とする。

〔障害児支援利用計画案に係る厚生労働省令で定める事項〕

第一条の二の六　法第六条の二の二第八項に規定する同項に規定する障害児支援利用計画案（以下「障害児支援利用計画案」という。）に係る厚生労働省令で定める事項は、法第二十一条の五の六第一項又は第二十一条の五の八第一項の申請に係る障害児及びその家族の生活に対する意向、当該障害児の総合的な援助の方針及び生活全般の解決すべき課題、提供される障害児通所支援の目標及びその達成時期、障害児通所支援の種類、内容、量及び日時並びに障害児通所支援を提供する上での留意事項とする。

②　法第六条の二の二第八項に規定する障害児支援利用計画に係る厚生労働省令で定める事項は、障害児及びその家族の生活に対する意向、当該障害児の総合的な援助の方針及び生活全般の解決すべき課題、提供される障害児通所支援の目標及びその達成時期、障害児通所支援の種類、内容、量、日時、利用料及びこれを担当する者並びに障害児通所支援を提供する上での留意事項とする。

〔法第六条の二の二第九項に規定する厚生労働省令で定める期間〕

第一条の二の七　法第六条の二の二第九項に規定する厚生労働省令で定める期間は、障害児の心身の状況、その置かれている環境、当該障害児の総合的な援助の方針及び生活全般の解決すべき課題、提供される障害児通所支援の目標及びその達成時期、障害児通所支援の種類、内容及び量、障害児通所支援を提供する上での留意事項並びに次の各号に掲げる者の区分に応じ当該各号に定める期間を勘案して、市町村が必要と認める期間とする。ただし、第三号に定める期間については、当該通所給付決定又は通所給付決定の変更に係る障害児通所支援の利用開始日から起算して三月を経過するまでの間に限るものとする。

一　次号及び第三号に掲げる者以外のもの　六月間

二　次号に掲げる者以外のものであつて、次に掲げるもの　一月間

イ　障害児入所施設からの退所等に伴い、一定期間、集中的に支援を行うことが必要である者

ロ　同居している家族等の障害、疾病等のため、指定障害児通所支援事業者等（法第二十一条の五の三第一項に規定する指定障害児通所支援事業者等をい

う。以下同じ。）との連絡調整を行うことが困難である者

三　通所給付決定（法第二十一条の五の五第一項に規定する通所給付決定をいう。以下同じ。）又は通所給付決定の変更により障害児通所支援の種類、内容又は量に著しく変動があつた者　一月間

〔法第六条の三第一項第二号に規定する厚生労働省令で定める者〕

第一条の二の八　法第六条の三第一項第二号に規定する厚生労働省令で定める者は、次に掲げる生徒又は学生とする。

一　学校教育法第五十条に規定する高等学校に在学する生徒

二　学校教育法第六十三条に規定する中等教育学校（同法第六十六条に規定する後期課程に限る。）に在学する生徒

三　学校教育法第七十二条に規定する特別支援学校（同法第七十六条第二項に規定する高等部に限る。）に在学する生徒

四　学校教育法第八十三条に規定する大学に在学する学生

五　学校教育法第百八条第二項に規定する短期大学に在学する学生

六　学校教育法第百十五条に規定する高等専門学校に在学する学生

七　学校教育法第百二十四条に規定する専修学校に在学する生徒

八　前各号に規定する教育施設に準ずる教育施設に在学する生徒又は学生

〔子育て短期支援事業〕

第一条の二の九　法第六条の三第三項に規定する子育て短期支援事業は、短期入所生活援助事業及び夜間養護等事業とする。

〔短期入所生活援助事業〕

第一条の二の十　短期入所生活援助事業とは、保護者が疾病、疲労その他の身体上若しくは精神上又は環境上の理由により家庭において児童を養育することが一時的に困難となつた場合において、市町村長（特別区の区長を含む。以下同じ。）が適当と認めたときに、当該児童につき、第一条の四に定める施設において必要な保護を行う事業をいう。

②　前項の保護の期間は、七日以内とする。ただし、市町村長は、必要があると認めるときは、その期間を延長することができる。

〔夜間養護等事業〕

第一条の三　夜間養護等事業とは、保護者が仕事その他の理由により平日の夜間又は休日に不在となり家庭において児童を養育することが困難となつた場合その他緊急の必要がある場合において、市町村長が適当と認めたときに、当該児童につき、次条に定める施設において必要な保護を行う事業をいう。

②　前項の保護の期間は、当該保護者が仕事その他の理由により不在となる期間又は同項の緊急の必要がなくなるまでの期間とする。ただし、市町村長は、必要があると認めるときは、その期間を延長することができる。

〔法第六条の三第三項に規定する厚生労働省令で定める施設〕

第一条の四　法第六条の三第三項に規定する厚生労働省令で定める施設は、乳児院、母子生活支援施設、児童養護施設その他の前二条に定める保護を適切に行うことができる施設とする。

〔乳児家庭全戸訪問事業〕

第一条の五　法第六条の三第四項に規定する乳児家庭全戸訪問事業は、原則として生後四月に至るまでの乳児のいる家庭について、市町村長が当該事業の適切な実施を図るために行う研修（市町村長が指定する都道府県知事その他の機関が行う研修を含む。）を受講した者をして訪問させることにより、子育てに関する情報の提供並びに乳児及びその保護者の心身の状況及び養育環境の把握を行うほか、養育についての相談に応じ、助言その他の援助を行うものとする。

〔養育支援訪問事業〕

第一条の六　法第六条の三第五項に規定する養育支援訪問事業は、要支援児童等（同項に規定する要支援児童等をいう。以下この条において同じ。）に対する支援の状況を把握しつつ、必要に応じて関係者との連絡調整を行う者の総括の下に、保育士、保健師、助産師、看護師その他の養育に関する

相談及び指導についての専門的知識及び経験を有する者であつて、かつ、市町村長が当該事業の適切な実施を図るために行う研修（市町村長が指定する都道府県知事その他の機関が行う研修を含む。）を受講したものをして、要支援児童等の居宅において、養育に関する相談及び指導を行わせることを基本として行うものとする。

〔地域子育て支援拠点事業〕

第一条の七　法第六条の三第六項に規定する地域子育て支援拠点事業は、次に掲げる基準に従い、地域の乳児又は幼児（以下「乳幼児」という。）及びその保護者が相互の交流を行う場所を開設し、当該場所において、適当な設備を備える等により、子育てについての相談、情報の提供、助言その他の援助を行うもの（市町村（特別区を含む。以下同じ。）又はその委託等を受けた者が行うものに限る。）とする。

一　子育て支援に関して意欲のある者であつて、子育てに関する知識と経験を有するものを配置すること。

二　おおむね十組の乳幼児及びその保護者が一度に利用することが差し支えない程度の十分な広さを有すること。ただし、保育所その他の施設であつて、児童の養育及び保育（法第六条の三第七項に規定する保育をいう。以下同じ。）に関する専門的な支援を行うものについては、この限りでない。

三　原則として、一日に三時間以上、かつ、一週間に三日以上開設すること。

〔一時預かり事業〕

第一条の八　法第六条の三第七項に規定する一時預かり事業は、家庭において保育を受けることが一時的に困難となつた乳幼児について、主として昼間において、保育所、幼稚園、認定こども園その他の場所において、一時的に預かり、必要な保護を行うもの（特定の乳幼児のみを対象とするものを除く。）とする。

〔小規模住居型児童養育事業における養育〕

第一条の九　法第六条の三第八項に規定する小規模住居型児童養育事業において行われる養育は、同項に規定する厚生労働省令で定める者（以下「養育者」という。）の住居において、複数の委託児童（法第二十七条第一項第三号の規定により、小規模住居型児童養育事業を行う者（以下「小規模住居型児童養育事業者」という。）に委託された児童をいう。以下この条から第一条の三十までにおいて同じ。）が養育者の家庭を構成する一員として相互の交流を行いつつ、委託児童の自主性を尊重し、基本的な生活習慣を確立するとともに、豊かな人間性及び社会性を養い、委託児童の自立を支援することを目的として行われなければならない。

〔養育者等の資質の向上〕

第一条の十　養育者等（養育者及び補助者（養育者が行う養育について養育者を補助する者をいう。以下第一条の十四及び第一条の三十一において同じ。）をいう。以下同じ。）は、養育を効果的に行うため、都道府県が行う研修を受け、その資質の向上を図るように努めなければならない。

〔差別的取扱いの禁止〕

第一条の十一　養育者等は、委託児童に対し、自らの子若しくは他の児童と比して、又は委託児童の国籍、信条若しくは社会的身分によつて、差別的取扱いをしてはならない。

〔心身に有害な影響を与える行為の禁止〕

第一条の十二　養育者等は、委託児童に対し、法第三十三条の十各号に掲げる行為その他委託児童の心身に有害な影響を与える行為をしてはならない。

〔懲戒に係る権限の濫用禁止〕

第一条の十三　養育者は、委託児童又は法第三十一条第二項の規定により引き続き委託を継続されている者（以下この条において「委託児童等」という。）に対し法第四十七条第三項の規定により懲戒に関しその委託児童等の福祉のために必要な措置を採るときは、身体的苦痛を与え、人格を辱める等その権限を濫用してはならない。

〔養育者の配置等〕

第一条の十四　小規模住居型児童養育事業者は、小規模住居型児童養育事業を行う住居ごとに、二人の養育者及び一人以上の補助者を置かなければならない。

② 前項の二人の養育者は、一の家族を構成しているものでなければならない。

③ 前二項の規定にかかわらず、委託児童の養育にふさわしい家庭的環境が確保される場合には、当該小規模住居型児童養育事業を行う住居に置くべき者を、一人の養育者及び二人以上の補助者とすることができる。

④ 養育者は、当該小規模住居型児童養育事業を行う住居に生活の本拠を置く者でなければならない。

〔設備〕

第一条の十五 小規模住居型児童養育事業を行う住居には、委託児童、養育者及びその家族が、健康で安全な日常生活を営む上で必要な設備を設けなければならない。

〔入居定員〕

第一条の十九 小規模住居型児童養育事業を行う住居の委託児童の定員は、五人又は六人とする。

② 小規模住居型児童養育事業を行う住居において同時に養育する委託児童の人数は、委託児童の定員を超えることができない。ただし、災害その他のやむを得ない事情がある場合は、この限りでない。

〔義務教育等〕

第一条の二十一 養育者は、委託児童に対し、学校教育法の規定に基づく義務教育のほか、必要な教育を受けさせるよう努めなければならない。

〔衛生管理等〕

第一条の二十二 養育者は、委託児童の使用する食器その他の設備又は飲用する水について、衛生的な管理に努め、又は衛生上必要な措置を講じなければならない。

② 養育者は、常に委託児童の健康の状況に注意し、必要に応じて健康保持のための適切な措置を採らなければならない。

〔食事〕

第一条の二十三 委託児童への食事の提供は、当該委託児童について、その栄養の改善及び健康の増進を図るとともに、その日常生活における食事についての正しい理解と望ましい習慣を養うことを目的として行わなければならない。

〔自立支援計画による養育〕

第一条の二十四 養育者は、児童相談所長があらかじめ当該養育者並びにその養育する委託児童及びその保護者の意見を聴いて当該委託児童ごとに作成する自立支援計画に従つて、当該委託児童を養育しなければならない。

〔秘密保持義務〕

第一条の二十五 養育者等は、正当な理由がなく、その業務上知り得た委託児童又はその家族の秘密を漏らしてはならない。

② 小規模住居型児童養育事業者は、養育者等であつた者が、正当な理由がなく、その業務上知り得た委託児童又はその家族の秘密を漏らすことがないよう、必要な措置を講じなければならない。

〔苦情への対応〕

第一条の二十七 養育者は、その行つた養育に関する委託児童からの苦情その他の意思表示に対し、迅速かつ適切に対応しなければならない。

② 小規模住居型児童養育事業者は、前項の意思表示への対応のうち特に苦情の解決に係るものについては、その公正な解決を図るために、苦情の解決に当たつて養育者等以外の者を関与させなければならない。

〔養育の質の改善〕

第一条の二十八 小規模住居型児童養育事業者は、自らその行う養育の質の評価を行うとともに、定期的に外部の者による評価を受けて、それらの結果を公表し、常にその改善を図るよう努めなければならない。

〔都道府県知事の調査〕

第一条の二十九 小規模住居型児童養育事業者は、都道府県知事からの求めに応じ、委託児童の状況について、定期的に都道府県知事の調査を受けなければならない。

〔適切な支援体制の確保〕

第一条の三十 小規模住居型児童養育事業者は、緊急時の対応等を含め、委託児童の状況に応じた適切な養育を行うことができるよう、児童の通学する学校、児童相談所、児童福祉施設、児童家庭支援センター、児童委員、公共職業安定所、警察等関係機関との連携その他の適切な支援体制を確保しなければならない。

〔法第六条の三第八項に規定する厚生労働省令で定める者〕

第一条の三十一　法第六条の三第八項に規定する厚生労働省令で定める者は、法第三十四条の二十第一項各号に規定する者並びに精神の機能の障害により養育者の業務を適正に行うに当たつて必要な認知、判断及び意思疎通を適切に行うことができない者のいずれにも該当しない者であつて、次の各号に規定する者のいずれかに該当するものとする。

一　養育里親として二年以上同時に二人以上の委託児童（法第二十七条第一項第三号の規定により里親に委託された児童をいう。以下この条及び第一条の三十七において同じ。）の養育の経験を有する者

二　養育里親として五年以上登録している者であつて、通算して五人以上の委託児童の養育の経験を有するもの

三　乳児院、児童養護施設、児童心理治療施設又は児童自立支援施設において児童の養育に三年以上従事した者

四　都道府県知事が前各号に掲げる者と同等以上の能力を有すると認めた者

②　補助者は、法第三十四条の二十第一項各号に規定する者並びに精神の機能の障害により補助者の業務を適正に行うに当たつて必要な認知、判断及び意思疎通を適切に行うことができない者のいずれにも該当しない者でなければならない。

〔法第六条の三第九項第一号に規定する厚生労働省令で定める者〕

第一条の三十二　法第六条の三第九項第一号に規定する厚生労働省令で定める者は、市町村長が行う研修（市町村長が指定する都道府県知事その他の機関が行う研修を含む。）を修了した保育士（国家戦略特別区域法（平成二十五年法律第百七号。以下「特区法」という。）第十二条の五第五項に規定する事業実施区域内にある家庭的保育事業を行う場所にあつては、保育士又は当該事業実施区域に係る国家戦略特別区域限定保育士）又は保育士と同等以上の知識及び経験を有すると市町村長が認める者とする。

〔法第六条の四第一項に規定する厚生労働省令で定める人数〕

第一条の三十三　法第六条の四第一号に規定する厚生労働省令で定める人数は、四人とする。

〔法第六条の四第一号に規定する厚生労働省令で定める研修〕

第一条の三十四　法第六条の四第一号に規定する厚生労働省令で定める研修（以下「養育里親研修」という。）は、厚生労働大臣が定める基準を満たす課程により行うこととする。

〔法第六条の四第一号に規定する厚生労働省令で定める要件を満たす者〕

第一条の三十五　法第六条の四第一号に規定する厚生労働省令で定める要件は、次のいずれにも該当する者であることとする。

一　要保護児童（法第六条の三第八項に規定する要保護児童をいう。以下同じ。）の養育についての理解及び熱意並びに要保護児童に対する豊かな愛情を有していること。

二　経済的に困窮していないこと（要保護児童の親族である場合を除く。）。

三　養育里親研修を修了したこと。

〔専門里親〕

第一条の三十六　専門里親とは、次条に掲げる要件に該当する養育里親であつて、次の各号に掲げる要保護児童のうち、都道府県知事がその養育に関し特に支援が必要と認めたものを養育するものとして養育里親名簿に登録されたものをいう。

一　児童虐待の防止等に関する法律（平成十二年法律第八十二号）第二条に規定する児童虐待等の行為により心身に有害な影響を受けた児童

二　非行のある又は非行に結び付くおそれのある行動をする児童

三　身体障害、知的障害又は精神障害がある児童

〔専門里親の要件〕

第一条の三十七　専門里親は、次に掲げる要件に該当する者とする。

一　次に掲げる要件のいずれかに該当する

こと。

イ　養育里親として三年以上の委託児童の養育の経験を有する者であること。

ロ　三年以上児童福祉事業に従事した者であつて、都道府県知事が適当と認めたものであること。

ハ　都道府県知事がイ又はロに該当する者と同等以上の能力を有すると認めた者であること。

二　専門里親研修（専門里親となることを希望する者（以下「専門里親希望者」という。）が必要な知識及び経験を修得するために受けるべき研修であつて、厚生労働大臣が定めるものをいう。以下同じ。）の課程を修了していること。

三　委託児童の養育に専念できること。

〔法第六条の四第二号に規定する厚生労働省令で定める研修〕

第一条の三十八　法第六条の四第二号に規定する厚生労働省令で定める研修（以下「養子縁組里親研修」という。）は、厚生労働大臣が定める基準を満たす課程により行うこととする。

〔法第六条の四第三号に規定する厚生労働省令で定める者〕

第一条の三十九　法第六条の四第三号に規定する厚生労働省令で定める者は、要保護児童の扶養義務者（民法（明治二十九年法律第八十九号）に定める扶養義務者をいう。以下同じ。）及びその配偶者である親族であつて、要保護児童の両親その他要保護児童を現に監護する者が死亡、行方不明、拘禁、疾病による病院への入院等の状態となつたことにより、これらの者による養育が期待できない要保護児童の養育を希望する者とする。

〔法第十一条第一項第二号ヘ(5)に規定する厚生労働省令で定める事項〕

第一条の四十　法第十一条第一項第二号ヘ(5)に規定する厚生労働省令で定める事項は、次に掲げる事項とする。

一　当該児童及びその保護者の意向

二　当該児童及びその保護者の解決すべき課題

三　当該児童を養育する上での留意事項

四　当該児童及びその保護者並びに里親に対する支援の目標並びに達成時期

五　当該児童及びその保護者並びに里親に対する支援の内容

六　その他都道府県知事が必要と認める事項

〔法第十一条第四項に規定する厚生労働省令で定める者〕

第一条の四十一　法第十一条第四項に規定する厚生労働省令で定める者は、都道府県知事が同条第一項第二号ヘに掲げる業務を適切に行うことができる者と認めた者とする。

第一章の二　児童相談所

〔児童相談所の所長の資格〕

第二条　法第十二条の三第二項第五号に規定する厚生労働省令で定めるものは、次の各号のいずれかに該当する者とする。

一　学校教育法による大学において、心理学を専修する学科又はこれに相当する課程において優秀な成績で単位を修得したことにより、同法第百二条第二項の規定により大学院への入学を認められた者

二　学校教育法による大学院において、心理学を専攻する研究科又はこれに相当する課程を修めて卒業した者

三　外国の大学において、心理学を専修する学科又はこれに相当する課程を修めて卒業した者

四　社会福祉士となる資格を有する者（法第十二条の三第二項第三号に規定する者を除く。）

五　精神保健福祉士となる資格を有する者

六　児童福祉司たる資格を得た後の次に掲げる期間の合計が二年以上である者

イ　社会福祉主事として児童福祉事業に従事した期間

ロ　児童相談所の所員として勤務した期間

ハ　児童福祉司として勤務した期間

ニ　社会福祉法（昭和二十六年法律第四十五号）に規定する福祉に関する事務所（以下「福祉事務所」という。）の長として勤務した期間

ホ　児童福祉施設の長として勤務した期間

ヘ　児童虐待の防止のための活動を行う特定非営利活動法人（特定非営利活動促進法（平成十年法律第七号）第二条第二項に規定する特定非営利活動法人をいう。）又は社会福祉法人（社会福祉法（昭和二十六年法律第四十五号）第二十二条に規定する社会福祉法人をいう。）の役員として勤務した期間

七　社会福祉主事たる資格を得た後の前号イからヘまでに掲げる期間の合計が四年以上である者

（中央児童相談所）

第四条　都道府県知事は、児童相談所の一を中央児童相談所に指定することができる。

②　中央児童相談所は、当該都道府県内の児童相談所を援助し、その連絡を図るものとする。

（中央児童相談所長の権限）

第五条　中央児童相談所長は、当該都道府県内の他の児童相談所長に対し、必要な事項につき、報告させることができる。

第一章の三　児童福祉司

（厚生労働省令で定める施設）

第五条の三　法第十三条第三項第二号に規定する厚生労働省令で定める施設（次条において「指定施設」という。）は、次のとおりとする。

一　社会福祉士及び介護福祉士法（昭和六十二年法律第三十号）第七条第四号の厚生労働省令で定める施設

二　精神保健福祉士法（平成九年法律第百三十一号）第七条第四号の厚生労働省令で定める施設（前号に掲げる施設を除く。）

三　前二号に掲げる施設に準ずる施設として厚生労働大臣が認める施設

（児童福祉司の資格）

第六条　法第十三条第三項第六号に規定する厚生労働省令で定めるものは、次の各号のいずれかに該当するものとする。

一　学校教育法による大学において、心理学、教育学若しくは社会学を専修する学科又はこれらに相当する課程において優秀な成績で単位を修得したことにより、同法第百二条第二項の規定により大学院への入学を認められた者であつて、指定施設において一年以上児童その他の者の福祉に関する相談に応じ、助言、指導その他の援助を行う業務（以下この条において「相談援助業務」という。）に従事したもの

二　学校教育法による大学院において、心理学、教育学若しくは社会学を専攻する研究科又はこれらに相当する課程を修めて卒業した者であつて、指定施設において一年以上相談援助業務に従事したもの

三　外国の大学において、心理学、教育学若しくは社会学を専修する学科又はこれらに相当する課程を修めて卒業した者であつて、指定施設において一年以上相談援助業務に従事したもの

四　社会福祉士となる資格を有する者（法第十三条第三項第三号の二に規定する者を除く。）

五　精神保健福祉士となる資格を有する者

六　保健師であつて、指定施設において一年以上相談援助業務に従事したものであり、かつ、厚生労働大臣が定める講習会（次号から第十号まで及び第十三号において「指定講習会」という。）の課程を修了したもの

七　助産師であつて、指定施設において一年以上相談援助業務に従事したものであり、かつ、指定講習会の課程を修了したもの

八　看護師であつて、指定施設において二年以上相談援助業務に従事したものであり、かつ、指定講習会の課程を修了したもの

九　保育士（特区法第十二条の五第五項に規定する事業実施区域内にある児童相談所にあつては、保育士又は当該事業実施区域に係る国家戦略特別区域限定保育士）であつて、指定施設において二年以上相談援助業務に従事したものであり、かつ、指定講習会の課程を修了したもの

十　教育職員免許法（昭和二十四年法律第

百四十七号）に規定する普通免許状を有する者であつて、指定施設において一年以上（同法に規定する二種免許状を有する者にあつては二年以上）相談援助業務に従事したものであり、かつ、指定講習会の課程を修了したもの

十一　社会福祉主事たる資格を得た後の次に掲げる期間の合計が二年以上である者であつて、厚生労働大臣が定める講習会の課程を修了したもの

イ　社会福祉主事として児童福祉事業に従事した期間

ロ　児童相談所の所員として勤務した期間

十二　社会福祉主事たる資格を得た後三年以上児童福祉事業に従事した者（前号に規定する者を除く。）であつて、前号に規定する講習会の課程を修了したもの

十三　児童福祉施設の設備及び運営に関する基準（昭和二十三年厚生省令第六十三号）第二十一条第六項に規定する児童指導員であつて、指定施設において二年以上相談援助業務に従事したものであり、かつ、指定講習会の課程を修了したもの

第一章の四　保育士

〔**受験資格**〕

第六条の九　保育士試験を受けようとする者は、次の各号のいずれかに該当する者でなければならない。

一　学校教育法による大学に二年以上在学して六十二単位以上修得した者又は高等専門学校を卒業した者その他その者に準ずるものとして厚生労働大臣の定める者

二　学校教育法による高等学校若しくは中等教育学校を卒業した者、同法第九十条第二項の規定により大学への入学を認められた者若しくは通常の課程による十二年の学校教育を修了した者（通常の課程以外の課程によりこれに相当する学校教育を修了した者を含む。）又は文部科学大臣においてこれと同等以上の資格を有すると認定した者であつて、児童福祉施設において、二年以上児童の保護に従事した者

三　児童福祉施設において、五年以上児童の保護に従事した者

四　前各号に掲げる者のほか、厚生労働大臣の定める基準に従い、都道府県知事において適当な資格を有すると認めた者

〔**試験科目**〕

第六条の十　保育士試験は、筆記試験及び実技試験によつて行い、実技試験は、筆記試験の全てに合格した者について行う。

② 筆記試験は、次の科目について行う。

一　保育原理

二　教育原理及び社会的養護

三　子ども家庭福祉

四　社会福祉

五　保育の心理学

六　子どもの保健

七　子どもの食と栄養

八　保育実習理論

③ 実技試験は、保育実習実技について行う。

〔**一部科目免除**〕

第六条の十一　都道府県知事は、前条第二項各号に規定する科目のうち、既に合格した科目（国家戦略特別区域限定保育士試験において合格した科目を含む。）のある者に対しては、その申請により、当該科目に合格した日の属する年度の翌々年度までに限り当該科目の受験を免除することができる。ただし、次の表の上欄に掲げる者に対しては、その申請により、それぞれ同表の下欄に掲げる期間に限り当該科目の受験を延長して免除することができる。

免除の期間を延長することができる者	延長することができる期間
当該科目に合格した日の属する年度の翌々年度までの間に、保育所、幼稚園、認定こども園その他の場所において、児童の保育又は法第三十九条の二第一項に規定する満三歳以上の幼児に対する教育に直接従事する職員として一年以上かつ千四百四十時間以上勤務した経	一年間

験を有する者	
当該科目に合格した日の属する年度から起算して三年度を経過した年度までの間に、保育所、幼稚園、認定こども園その他の場所において、児童の保育又は法第三十九条の二第一項に規定する満三歳以上の幼児に対する教育に直接従事する職員として二年以上かつ二千八百八十時間以上勤務した経験を有する者	二年間

② 都道府県知事は、前条第二項各号に規定する科目のうち、厚生労働大臣の指定する学校その他の施設において、その指定する科目を専修した者に対しては、その申請により、当該科目の受験を免除することができる。

③ 都道府県知事は、社会福祉士、介護福祉士又は精神保健福祉士であつて、保育士試験を受けようとする者に対しては、その申請により、前条第二項第二号（社会的養護に限る。）、第三号及び第四号に規定する科目の受験を免除することができる。

④ 前三項の規定により、前条第二項各号に規定する科目の免除を受けようとする者は、前三項に該当することを証する書類を添えて、都道府県知事に申請しなければならない。

〔全部免除〕

第六条の十一の二 都道府県知事は、厚生労働大臣が定める基準に該当する者に対しては、その者の申請により、筆記試験及び実技試験の全部を免除することができる。

② 前項の免除を受けようとする者は、前項に規定する基準に該当することを証する書類を添えて、都道府県知事に申請しなければならない。

〔受験申請〕

第六条の十二 保育士試験を受けようとする者は、本籍地都道府県名（日本国籍を有していない者については、その国籍）、連絡先、氏名及び生年月日を記載した申請書に次に掲げる書類を添えて、都道府県知事に提出しなければならない。

一 第六条の九各号のいずれかに該当することを証する書類

二 写真

〔合格通知〕

第六条の十三 都道府県知事は、保育士試験又はその科目の一部に合格した者に対し、その旨を通知しなければならない。

〔登録審査〕

第六条の三十二 都道府県知事は、令第十六条の申請があつたときは、申請書の記載事項を審査し、当該申請者が保育士となる資格を有すると認めたときは、保育士登録簿に登録し、かつ、当該申請者に第六号様式による保育士登録証（以下「登録証」という。）を交付する。

② 都道府県知事は、前項の審査の結果、当該申請者が保育士となる資格を有しないと認めたときは、理由を付し、申請書を当該申請者に返却する。

第二章 福祉の保障

〔法第二十一条の五の三第一項に規定する厚生労働省令で定める費用〕

第十八条の二 法第二十一条の五の三第一項に規定する厚生労働省令で定める費用は、次の各号に掲げる障害児通所支援の区分に応じ、当該各号に定める費用とする。

一 児童発達支援 次に掲げる費用

イ 食事の提供に要する費用

ロ 日用品費

ハ その他児童発達支援において提供される便宜に要する費用のうち、日常生活においても通常必要となるものに係る費用であつて、その通所給付決定保護者（法第六条の二の二第九項に規定する通所給付決定保護者をいう。以下同じ。）に負担させることが適当と認められるもの

二 医療型児童発達支援 次に掲げる費用

イ 食事の提供に要する費用

ロ 日用品費

ハ その他医療型児童発達支援において

提供される便宜に要する費用のうち、日常生活においても通常必要となるものに係る費用であつて、その通所給付決定保護者に負担させることが適当と認められるもの

三　放課後等デイサービス　放課後等デイサービスにおいて提供される便宜に要する費用のうち、日常生活においても通常必要となるものに係る費用であつて、その通所給付決定保護者に負担させることが適当と認められるもの

〔通所給付決定の申請〕

第十八条の六　法第二十一条の五の六第一項の規定に基づき通所給付決定の申請をしようとする障害児の保護者は、次の各号に掲げる事項を記載した申請書を、市町村に提出しなければならない。

一　当該申請を行う障害児の保護者の氏名、居住地、生年月日、個人番号及び連絡先

二　当該申請に係る障害児の氏名、生年月日、個人番号及び当該障害児の保護者との続柄

三　当該申請に係る障害児の保護者に関する障害児通所給付費の受給の状況

四　当該申請に係る障害児の保護者に関する障害児入所給付費の受給の状況

五　当該申請に係る障害児の保護者に関する介護給付費等（障害者の日常生活及び社会生活を総合的に支援するための法律（平成十七年法律第百二十三号）第十九条第一項に規定する介護給付費等をいう。以下同じ。）の受給の状況

六　当該申請に係る障害児通所支援の具体的内容

七　主治の医師があるときは、当該医師の氏名並びに当該医師が現に病院若しくは診療所を開設し、若しくは管理し、又は病院若しくは診療所に勤務するものであるときは当該病院又は診療所の名称及び所在地

②　前項の申請書には、次の各号に掲げる書類を添付しなければならない。ただし、市町村は、当該書類により証明すべき事実を公簿等によつて確認することができるときは、当該書類を省略させることができる。

一　障害児通所支援負担上限月額の算定のために必要な事項に関する書類

二　肢体不自由児通所医療（法第二十一条の五の二十九第一項に規定する肢体不自由児通所医療をいう。以下同じ。）を含む医療型児童発達支援に係る申請を行う場合にあつては、肢体不自由児通所医療負担上限月額（令第二十五条の十三第一項に規定する肢体不自由児通所医療負担上限月額をいう。以下同じ。）の算定のために必要な事項に関する書類

三　当該申請を行う障害児の保護者が現に通所給付決定を受けている場合には、当該通所給付決定に係る通所受給者証（法第二十一条の五の七第九項に規定する通所受給者証をいう。以下同じ。）

③　市町村は、前二項に規定するもののほか、第十八条の十第一号に掲げる事項を勘案するため必要があると認めるときは、医師の診断書の提出を求めるものとする。

④　通所給付決定保護者は、毎年、第二項第一号及び第二号に掲げる書類を市町村に提出しなければならない。ただし、市町村は、当該書類により証明すべき事実を公簿等によつて確認することができるときは、当該書類を省略させることができる。

⑤　前項の書類の提出を受けた市町村は、障害児通所支援負担上限月額等（障害児通所支援負担上限月額及び肢体不自由児通所医療負担上限月額をいう。以下同じ。）を変更する必要があると認めるときは、通所給付決定保護者に対し通所受給者証の提出を求めるものとする。

⑥　前項の規定により通所受給者証の提出を受けた市町村は、通所受給者証に必要な事項を記載し、これを当該通所給付決定保護者に返還するものとする。

⑦　通所給付決定保護者は、通所給付決定の有効期間（法第二十一条の五の七第八項に規定する通所給付決定の有効期間をいう。以下同じ。）内において、第一項第一号若しくは第二号に掲げる事項又は障害児通所支援負担上限月額等の算定のために必要な事項に変更があつたときは、次の各号に掲

げる事項を記載した届出書に通所受給者証を添えて市町村に提出しなければならない。

一　当該届出を行う通所給付決定保護者の氏名、居住地、生年月日、個人番号及び連絡先

二　当該届出に係る障害児の氏名、生年月日、個人番号及び通所給付決定保護者との続柄

三　第一項第一号若しくは第二号に掲げる事項又は障害児通所支援負担上限月額等の算定のために必要な事項のうち変更があつた事項とその変更内容

四　その他必要な事項

⑧　前項の届出書には、同項第三号の事項を証する書類を添付しなければならない。ただし、市町村は、当該書類により証明すべき事実を公簿等によつて確認することができるときは、当該書類を省略させることができる。

⑨　市町村は、通所受給者証を破り、汚し、又は失つた通所給付決定保護者から、通所給付決定の有効期間内において、通所受給者証の再交付の申請があつたときは、通所受給者証を交付しなければならない。

⑩　前項の申請をしようとする通所給付決定保護者は、次の各号に掲げる事項を記載した申請書を市町村に提出しなければならない。

一　当該申請を行う通所給付決定保護者の氏名、居住地、生年月日、個人番号及び連絡先

二　当該申請に係る障害児の氏名、生年月日、個人番号及び通所給付決定保護者との続柄

三　申請の理由

⑪　通所受給者証を破り、又は汚した場合の第九項の申請には、前項の申請書にその通所受給者証を添えなければならない。

⑫　通所受給者証の再交付を受けた後、失つた通所受給者証を発見したときは、速やかにこれを市町村に返還しなければならない。

〔法第二十一条の五の七第一項に規定する厚生労働省令で定める事項〕

第十八条の十　法第二十一条の五の七第一項に規定する厚生労働省令で定める事項は、次の各号に掲げる事項とする。

一　当該申請に係る障害児の障害の種類及び程度その他の心身の状況

二　当該申請に係る障害児の介護を行う者の状況

三　当該申請に係る障害児の保護者に関する障害児通所給付費の受給の状況

四　当該申請に係る障害児の保護者に関する障害児入所給付費の受給の状況

五　当該申請に係る障害児の保護者に関する介護給付費等の受給の状況

六　当該申請に係る障害児に関する保健医療サービス又は福祉サービス等（前三号に掲げるものに係るものを除く。）の利用の状況

七　当該申請に係る障害児又は障害児の保護者の障害児通所支援の利用に関する意向の具体的内容

八　当該申請に係る障害児の置かれている環境

九　当該申請に係る障害児通所支援の提供体制の整備の状況

〔法第二十一条の五の七第七項に規定する厚生労働省令で定める期間〕

第十八条の十六　法第二十一条の五の七第七項に規定する厚生労働省令で定める期間は、一月間とする。

〔法第二十一条の五の七第八項に規定する厚生労働省令で定める期間〕

第十八条の十七　法第二十一条の五の七第八項に規定する厚生労働省令で定める期間は、通所給付決定を行つた日から当該日が属する月の末日までの期間と一月間から十二月間までの範囲内で月を単位として市町村が定める期間を合算して得た期間とする。

②　通所給付決定を行つた日が月の初日である場合にあつては、前項の規定にかかわらず、一月間から十二月間までの範囲内で月を単位として市町村が定める期間を通所給付決定の有効期間とする。

〔法第二十一条の五の七第九項に規定する厚生労働省令で定める事項〕

第十八条の十八　法第二十一条の五の七第九項に規定する厚生労働省令で定める事項は、次の各号に掲げる事項とする。

一　通所給付決定保護者の氏名、居住地及び生年月日

二　当該通所給付決定に係る障害児の氏名及び生年月日

三　交付の年月日及び通所受給者証番号（第十八条の五第一項第一号に規定する通所受給者証番号をいう。以下同じ。）

四　通所給付決定に係る障害児通所支援の種類及び支給量（法第二十一条の五の七第七項に規定する支給量をいう。第十八条の二十において同じ。）

五　通所給付決定の有効期間

六　障害児通所支援負担上限月額等に関する事項

七　その他必要な事項

〔**通所給付決定の取消し**〕

第十八条の二十四　市町村は、法第二十一条の五の九第一項の規定に基づき通所給付決定の取消しを行つたときは、次の各号に掲げる事項を書面により通所給付決定保護者に通知し、通所受給者証の返還を求めるものとする。

一　法第二十一条の五の九第一項の規定に基づき通所給付決定の取消しを行つた旨

二　通所受給者証を返還する必要がある旨

三　通所受給者証の返還先及び返還期限

②　前項の通所給付決定保護者の通所受給者証が既に市町村に提出されているときは、市町村は、同項の規定にかかわらず、同項の通知に同項第二号及び第三号に掲げる事項を記載することを要しない。

〔**肢体不自由児通所医療費の支給**〕

第十八条の四十二　市町村は、法第二十一条の五の二十九第一項の規定に基づき、毎月、肢体不自由児通所医療費を支給するものとする。

②　通所給付決定に係る障害児が法第二十一条の五の二十九第一項に規定する指定障害児通所支援事業者等から肢体不自由児通所医療を受けたときは、同条第四項の規定に基づき通所給付決定保護者に支給すべき肢体不自由児通所医療費は当該指定障害児通所支援事業者等に対して支払うものとする。

〔**法第二十一条の九に規定する主務省令で定める事業**〕

第十九条　法第二十一条の九に規定する主務省令で定める事業は、次のとおりとする。

一　法第二十五条の二第一項に規定する要保護児童対策地域協議会その他の者による同条第二項に規定する要保護児童等に対する支援に資する事業

二　地域の児童の養育に関する各般の問題につき、保護者からの相談に応じ、必要な情報の提供及び助言を行う事業

〔**法第二十一条の十の二第三項に規定する厚生労働省令で定める者**〕

第十九条の二　法第二十一条の十の二第三項に規定する厚生労働省令で定める者は、委託に係る事務を適正かつ円滑に遂行しうる能力を有する人員を十分に有している者であつて、職員又は職員であつた者が、正当な理由がなく、その業務上知り得た児童又はその家族の秘密を漏らすことがないよう、必要な措置を講じているものとする。

〔**保育の利用の調整**〕

第二十四条　市町村は、法第二十四条第三項の規定に基づき、保育所、認定こども園（子ども・子育て支援法（平成二十四年法律第六十五号）第二十七条第一項の規定による確認を受けたものに限る。）又は家庭的保育事業等の利用について調整を行う場合（法第七十三条第一項の規定により読み替えて適用する場合を含む。）には、保育の必要の程度及び家族等の状況を勘案し、保育を受ける必要性が高いと認められる児童が優先的に利用できるよう、調整するものとする。

〔**法第二十四条の二第一項に規定する厚生労働省令で定める費用**〕

第二十五条　法第二十四条の二第一項に規定する厚生労働省令で定める費用は、次に掲げる費用とする。

一　食事の提供に要する費用

二　光熱水費

三　被服費

四　日用品費

五　その他指定入所支援において提供される便宜に要する費用のうち、日常生活においても通常必要となるものに係る費用であつて、その入所給付決定保護者に負担させることが適当と認められるもの

〔入所給付決定の申請〕

第二十五条の七　法第二十四条の三第一項の規定に基づき入所給付決定（同条第四項に規定する入所給付決定をいう。以下同じ。）の申請をしようとする障害児の保護者は、次の各号に掲げる事項を記載した申請書を、都道府県に提出しなければならない。

一　当該申請を行う障害児の保護者の氏名、居住地、生年月日、個人番号及び連絡先

二　当該申請に係る障害児の氏名、生年月日、個人番号及び当該障害児の保護者との続柄

三　当該申請に係る障害児の保護者に関する障害児入所給付費の受給の状況

四　当該申請に係る障害児の保護者に関する障害児通所給付費の受給の状況

五　当該申請に係る障害児の保護者に関する介護給付費等の受給の状況

六　当該申請に係る指定入所支援の具体的内容

②　前項の申請書には、次の各号に掲げる書類を添付しなければならない。ただし、都道府県は、当該書類により証明すべき事実を公簿等によつて確認することができるときは、当該書類を省略させることができる。

一　障害児入所支援負担上限月額の算定のために必要な事項に関する書類

二　障害児入所医療（法第二十四条の二十第一項に規定する障害児入所医療をいう。以下同じ。）を行う指定入所支援に係る申請を行う場合にあつては、障害児入所医療負担上限月額（令第二十七条の十三第一項に規定する障害児入所医療負担上限月額をいう。以下同じ。）及び法第二十四条の二十第二項第二号の厚生労働大臣が定める額（令第二十七条の十五の規定により読み替えられた場合にあつては、生活療養（健康保険法第六十三条第二項第二号に規定する生活療養をいう。）に係るものを含む。以下同じ。）の算定のために必要な事項に関する書類

三　当該申請を行う障害児の保護者が現に入所給付決定を受けている場合には、当該入所給付決定に係る入所受給者証（法第二十四条の三第六項に規定する入所受給者証をいう。以下同じ。）

③　都道府県は、前二項に規定するもののほか、次条第一号に掲げる事項を勘案するため必要があると認めるときは、医師の診断書の提出を求めるものとする。

④　入所給付決定保護者は、毎年、第二項第一号及び第二号に掲げる書類を都道府県に提出しなければならない。ただし、都道府県は、当該書類により証明すべき事実を公簿等によつて確認することができるときは、当該書類を省略させることができる。

⑤　前項の書類の提出を受けた都道府県は、障害児入所支援負担上限月額等（障害児入所支援負担上限月額、障害児入所医療負担上限月額及び法第二十四条の二十第二項第二号の厚生労働大臣が定める額をいう。以下同じ。）を変更する必要があると認めるときは、入所給付決定保護者に対し入所受給者証の提出を求めるものとする。

⑥　前項の規定により入所受給者証の提出を受けた都道府県は、入所受給者証に必要な事項を記載し、これを当該入所給付決定保護者に返還するものとする。

⑦　入所給付決定保護者は、第二十五条の十一第五号に定める期間内において、第一項第一号若しくは第二号に掲げる事項又は障害児入所支援負担上限月額等の算定のために必要な事項に変更があつたときは、次の各号に掲げる事項を記載した届出書に入所受給者証を添えて都道府県に提出しなければならない。

一　当該届出を行う入所給付決定保護者の氏名、居住地、生年月日、個人番号及び連絡先

二　当該届出に係る障害児の氏名、生年月日、個人番号及び入所給付決定保護者との続柄

三　第一項第一号若しくは第二号に掲げる事項又は障害児入所支援負担上限月額等

の算定のために必要な事項のうち変更があつた事項とその変更内容

四　その他必要な事項

⑧　前項の届出書には、同項第三号の事項を証する書類を添付しなければならない。ただし、都道府県は、当該書類により証明すべき事実を公簿等によつて確認することができるときは、当該書類を省略させることができる。

⑨　都道府県は、入所受給者証を破り、汚し、又は失つた入所給付決定保護者から、第二十五条の十一第五号に定める期間内において、受給者証の再交付の申請があつたときは、入所受給者証を交付しなければならない。

⑩　前項の申請をしようとする入所給付決定保護者は、次の各号に掲げる事項を記載した申請書を都道府県に提出しなければならない。

一　当該申請を行う入所給付決定保護者の氏名、居住地、生年月日、個人番号及び連絡先

二　当該申請に係る障害児の氏名、生年月日、個人番号及び入所給付決定保護者との続柄

三　申請の理由

⑪　入所受給者証を破り、又は汚した場合の第九項の申請には、前項の申請書にその入所受給者証を添えなければならない。

⑫　入所受給者証の再交付を受けた後、失つた入所受給者証を発見したときは、速やかにこれを都道府県に返還しなければならない。

〔法第二十四条の三第二項に規定する厚生労働省令で定める事項〕

第二十五条の八　法第二十四条の三第二項に規定する厚生労働省令で定める事項は、次の各号に掲げる事項とする。

一　当該申請に係る障害児の障害の種類及び程度その他の心身の状況

二　当該申請に係る障害児の介護を行う者の状況

三　当該申請に係る障害児の保護者に関する障害児入所給付費の受給の状況

四　当該申請に係る障害児の保護者に関する障害児通所給付費の受給の状況

五　当該申請に係る障害児の保護者に関する介護給付費等の受給の状況

六　当該申請に係る障害児に関する保健医療サービス又は福祉サービス等（前三号に掲げるものに係るものを除く。）の利用の状況

七　当該申請に係る障害児又は障害児の保護者の指定入所支援の利用に関する意向の具体的内容

八　当該申請に係る障害児の置かれている環境

九　当該申請に係る指定入所支援の提供体制の整備の状況

〔法第二十四条の三第五項に規定する厚生労働省令で定める期間〕

第二十五条の十　法第二十四条の三第五項に規定する厚生労働省令で定める期間は、入所給付決定を行つた日から当該日が属する月の末日までの期間と三年を合算して得た期間とする。

〔入所受給者証の交付〕

第二十五条の十一　都道府県は、法第二十四条の三第六項の規定に基づき、次の各号に掲げる事項を記載した入所受給者証を交付しなければならない。

一　入所給付決定保護者の氏名、居住地及び生年月日

二　当該入所給付決定に係る障害児の氏名及び生年月日

三　交付の年月日及び入所受給者証番号

四　入所給付決定に係る指定入所支援の種類及び量

五　障害児入所給付費を支給する期間

六　障害児入所支援負担上限月額等に関する事項

七　その他必要な事項

〔入所給付決定の取消し〕

第二十五条の十四　都道府県は、法第二十四条の四第一項の規定に基づき入所給付決定の取消しを行つたときは、次の各号に掲げる事項を書面により入所給付決定保護者に通知し、入所受給者証の返還を求めるものとする。

一　法第二十四条の四第一項の規定に基づ

き入所給付決定の取消しを行つた旨

二　入所受給者証の返還する必要がある旨

三　入所受給者証の返還先及び返還期限

②　前項の入所給付決定保護者の入所受給者証が既に都道府県に提出されているときは、都道府県は、同項の規定にかかわらず、同項の通知に同項第二号及び第三号に掲げる事項を記載することを要しない。

（障害児入所医療費の支給）

第二十五条の二十四　都道府県は、法第二十四条の二十第一項の規定に基づき、毎月、障害児入所医療費を支給するものとする。

②　入所給付決定に係る障害児が指定障害児入所施設等から障害児入所医療を受けたときは、法第二十四条の二十第三項の規定に基づき入所給付決定保護者に支給すべき障害児入所医療費は当該指定障害児入所施設等に対して支払うものとする。

（障害児相談支援給付費の申請）

第二十五条の二十六の三　法第二十四条の二十六第一項の規定に基づき障害児相談支援給付費の支給を受けようとする障害児相談支援対象保護者（同項に規定する障害児相談支援対象保護者をいう。以下同じ。）は、次の各号に掲げる事項を記載した申請書を市町村に提出しなければならない。

一　当該申請を行う障害児相談支援対象保護者の氏名、居住地、生年月日、個人番号及び連絡先

二　当該申請に係る障害児の氏名、生年月日、個人番号及び障害児相談支援対象保護者との続柄

②　前項の申請書には、通所受給者証を添付しなければならない。

③　市町村は、第一項の申請を行つた障害児相談支援対象保護者が法第二十四条の二十六第一項各号に規定する障害児相談支援を受けたと認めるときは、障害児相談支援給付費を支給する期間（以下この条及び次条において「支給期間」という。）及び法第六条の二の二第九項に規定する厚生労働省令で定める期間等を定めて当該障害児相談支援対象保護者に通知するとともに、支給期間及び同項に規定する厚生労働省令で定める期間等を通所受給者証に記載することとする。

④　支給期間は、障害児支援利用援助を実施する月から通所給付決定保護者に係る通所給付決定の有効期間の範囲内で月を単位として市町村が定める期間とする。

（障害児相談支援給付費の支給）

第二十五条の二十六の五　市町村は、法第二十四条の二十六第一項の規定に基づき、毎月、障害児相談支援給付費を支給するものとする。

（義務教育終了児童等への援助）

第三十六条の二　都道府県は、法第三十三条の六第一項（同条第六項において準用する場合を含む。）の規定に基づき、法第六条の三第一項第一号に規定する満二十歳未満義務教育終了児童等（以下「満二十歳未満義務教育終了児童等」という。）又は同項第二号に規定する満二十歳以上義務教育終了児童等（以下「満二十歳以上義務教育終了児童等」という。）に対し、同項に規定する児童自立生活援助（以下「児童自立生活援助」という。）を行うときは、当該満二十歳未満義務教育終了児童等又は満二十歳以上義務教育終了児童等が自立した生活を営むことができるよう、当該満二十歳未満義務教育終了児童等若しくは満二十歳以上義務教育終了児童等の身体及び精神の状況並びにその置かれている環境に応じて適切な児童自立生活援助を行い、又は児童自立生活援助を行うことを委託して行うものとする。

（児童自立生活援助事業）

第三十六条の三　法第六条の三第一項に規定する児童自立生活援助事業は、満二十歳未満義務教育終了児童等又は満二十歳以上義務教育終了児童等が自立した日常生活及び社会生活を営むことができるよう、児童自立生活援助を行い、あわせて、児童自立生活援助の実施を解除された者につき相談その他の援助を行うものでなければならない。

（児童自立生活援助事業を行う者）

第三十六条の四　児童自立生活援助事業を行う者（以下「児童自立生活援助事業者」という。）は、児童自立生活援助事業の利用

者（児童自立生活援助事業を行う住居（以下「児童自立生活援助事業所」という。）に入居している者（以下「入居者」という。）及び児童自立生活援助の実施を解除された者であつて相談その他の援助を受ける者をいう。以下同じ。）に対し、就業に関する相談、その適性に応じた職場の開拓、就職後における職場への定着のために必要な指導その他の必要な支援を行うものとする。

② 児童自立生活援助事業者は、利用者に対し、対人関係、健康管理、余暇活用及び家事その他の利用者が自立した日常生活及び社会生活を営むために必要な事項に関する相談、指導その他の援助を行うものとする。

〔差別的取扱いの禁止〕

第三十六条の六 児童自立生活援助事業者は、利用者の国籍、信条、社会的身分又は入居に要する費用を負担するか否かによつて、差別的取扱いをしてはならない。

〔心身に有害な影響を与える行為の禁止〕

第三十六条の七 児童自立生活援助事業に従事する職員は、利用者に対し、法第三十三条の十各号に掲げる行為その他利用者の心身に有害な影響を与える行為をしてはならない。

〔児童自立生活援助事業所の指導員等〕

第三十六条の八 児童自立生活援助事業者は、児童自立生活援助事業所ごとに、指導員（児童自立生活援助事業所において、主として児童自立生活援助を行う者をいう。以下同じ。）及び管理者を置かなければならない。ただし、管理者は、指導員を兼ねることができる。

② 指導員の数は、次のとおりとする。

一 入居者の数が六までは、三以上。ただし、その二人を除き、補助員（指導員が行う児童自立生活援助について指導員を補助する者をいう。以下この条及び第三十六条の三十一第一項第七号において同じ。）をもつてこれに代えることができる。

二 入居者の数が六を超えるときは、三に、入居者が六を超えて三又はその端数を増すごとに一を加えて得た数以上。ただし、その得た数から一を減じた数を除き、補助員をもつてこれに代えることができる。

③ 指導員は、法第三十四条の二十第一項各号に規定する者並びに精神の機能の障害により指導員の業務を適正に行うに当たつて必要な認知、判断及び意思疎通を適切に行うことができない者のいずれにも該当しない者であつて、児童の自立支援に熱意を有し、かつ、次の各号に規定する者のいずれかに該当するものでなければならない。

一 児童指導員の資格を有する者

二 保育士（特区法第十二条の五第五項に規定する事業実施区域内にある児童自立生活援助事業所にあつては、保育士又は当該事業実施区域に係る国家戦略特別区域限定保育士）の資格を有する者

三 二年以上児童福祉事業又は社会福祉事業に従事した者

四 都道府県知事が前各号に掲げる者と同等以上の能力を有すると認めた者

④ 補助員は、法第三十四条の二十第一項各号に規定する者並びに精神の機能の障害により補助員の業務を適正に行うに当たつて必要な認知、判断及び意思疎通を適切に行うことができない者のいずれにも該当しない者でなければならない。

〔設備の基準〕

第三十六条の九 児童自立生活援助事業所の設備の基準は、次のとおりとする。

一 入居者の居室その他入居者が日常生活を営む上で必要な設備及び食堂等入居者が相互に交流を図ることができる設備を設けること。

二 入居者の居室の一室の定員は、これをおおむね二人以下とし、その面積は、一人につき四・九五平方メートル以上とすること。

三 男女の居室を別にすること。

四 第一号に掲げる設備は、職員が入居者に対して適切な援助及び生活指導を行うことができるものであること。

五 入居者の保健衛生に関する事項及び安全について十分考慮されたものでなければならないこと。

〔費用の支払〕

第三十六条の十　児童自立生活援助事業者は、児童自立生活援助を提供した際には、食事の提供に要する費用及び居住に要する費用その他の日常生活に要する費用のうち入居者に負担させることが適当と認められる費用の額の支払を受けることができる。

②　前項の費用の額は、入居者の経済的負担を勘案した適正な額とするよう配慮しなければならない。また、当該額は、運営規程に定めた額を超えてはならない。

③　児童自立生活援助事業者は、第一項の費用の額に係る児童自立生活援助の提供に当たつては、あらかじめ、入居者に対し、当該児童自立生活援助の内容及び費用について説明を行い、入居者の同意を得なければならない。

〔児童自立生活援助事業所の入居定員〕

第三十六条の十四　児童自立生活援助事業所の入居定員は、五人以上二十人以下とする。

②　児童自立生活援助事業者は、入居定員を超えて入居させてはならない。ただし、災害その他のやむを得ない事情がある場合は、この限りでない。

〔入居者等の把握〕

第三十六条の十六　児童自立生活援助事業者は、児童自立生活援助の実施を希望する満二十歳未満義務教育終了児童等又は満二十歳以上義務教育終了児童等（以下「児童自立生活援助実施希望者」という。）の入居に際しては、その者の心身の状況、生活歴等の把握に努めなければならない。

②　児童自立生活援助事業者は、入居者の退居に際しては、当該入居者に対し、適切な相談その他の援助を行うとともに、福祉サービスを提供する者又は当該入居者の職場等との密接な連携に努めなければならない。

〔食事の提供〕

第三十六条の十八　児童自立生活援助事業において、入居者に食事を提供するときは、その献立は、できる限り、変化に富み、入居者の健全な発育に必要な栄養量を含有するものでなければならない。

②　食事は、前項の規定によるほか、食品の種類及び調理方法について栄養並びに入居者の身体的状況及び嗜好を考慮したものでなければならない。

〔秘密保持義務〕

第三十六条の二十　児童自立生活援助事業に従事する職員は、正当な理由がなく、その業務上知り得た利用者又はその家族の秘密を漏らしてはならない。

②　児童自立生活援助事業者は、職員であつた者が、正当な理由がなく、その業務上知り得た利用者又はその家族の秘密を漏らすことがないよう、必要な措置を講じなければならない。

〔帳簿の整備〕

第三十六条の二十一　児童自立生活援助事業所には、職員、財産、収支及び入居者の処遇の状況を明らかにする帳簿を整備しておかなければならない。

〔苦情の解決〕

第三十六条の二十二　児童自立生活援助事業者は、その提供した児童自立生活援助に関する利用者等からの苦情に迅速かつ適切に対応するために、苦情を受け付けるための窓口を設置する等の必要な措置を講じなければならない。

②　児童自立生活援助事業者は、苦情の公正な解決を図るために、苦情の解決に当たつて当該児童自立生活援助事業所の職員以外の者を関与させなければならない。

〔援助の質の評価〕

第三十六条の二十三　児童自立生活援助事業者は、自らその提供する児童自立生活援助の質の評価を行うとともに、定期的に外部の者による評価を受けて、それらの結果を公表し、常にその改善を図るよう努めなければならない。

〔都道府県知事の調査〕

第三十六条の二十四　児童自立生活援助事業者は、都道府県知事からの求めに応じ、入居者の状況について、定期的に都道府県知事の調査を受けなければならないものとする。

〔関係機関との連携〕

第三十六条の二十五　児童自立生活援助事業者は、緊急時の対応等を含め、入居者の状況に応じた適切な児童自立生活援助を行うことができるよう、児童相談所、児童福祉施設、児童家庭支援センター、児童委員、公共職業安定所、警察等関係機関との連携その他の適切な支援体制を確保しなければならない。

〔法第三十三条の十五第二項に規定する厚生労働省令で定める事項〕

第三十六条の二十九　法第三十三条の十五第二項に規定する厚生労働省令で定める事項は、次のとおりとする。

一　法第三十三条の十二第一項の規定による通告、同条第三項の規定による届出若しくは第三十三条の十四第三項の規定による通知又は相談の対象である被措置児童等虐待（法第三十三条の十に規定する被措置児童等虐待をいう。以下同じ。）に係る小規模住居型児童養育事業、里親、乳児院、児童養護施設、障害児入所施設、児童心理治療施設、児童自立支援施設、指定発達支援医療機関、法第十二条の四に規定する児童を一時保護する施設又は法第三十三条第一項若しくは第二項の委託を受けて一時保護を行う者における事業若しくは業務（以下この条及び次条において「施設等」と総称する。）の名称、所在地及び種別

二　被措置児童等虐待を受けた又は受けたと思われる被措置児童等の性別、年齢及びその他の心身の状況

三　被措置児童等虐待の種別、内容及び発生要因

四　被措置児童等虐待を行つた施設職員等（法第三十三条の十第一項に規定する施設職員等をいう。次条において同じ。）の氏名、生年月日及び職種

五　都道府県が行つた措置の内容

六　被措置児童等虐待が行われた施設等において改善措置が採られている場合にはその内容

〔法第三十三条の十六の厚生労働省令で定める事項〕

第三十六条の三十　法第三十三条の十六の厚生労働省令で定める事項は、次のとおりとする。

一　次に掲げる被措置児童等虐待があつた施設等の区分に応じ、それぞれに定める施設等の種別

イ　小規模住居型児童養育事業及び里親　里親等

ロ　乳児院、児童養護施設、児童心理治療施設及び児童自立支援施設　社会的養護関係施設

ハ　障害児入所施設及び指定発達支援医療機関　障害児施設等

ニ　法第十二条の四に規定する児童を一時保護する施設又は法第三十三条第一項若しくは第二項の委託を受けて一時保護を行う者　一時保護施設等

二　被措置児童等虐待を行つた施設職員等の職種

第三章　事業、養育里親及び養子縁組里親並びに施設

〔一時預かり事業の基準等〕

第三十六条の三十五　法第三十四条の十三に規定する厚生労働省令で定める基準は、次の各号に掲げる場合に応じ、当該各号に定めるところによる。

一　保育所、幼稚園、認定こども園その他の場所（以下この号において「保育所等」という。）において、主として保育所等に通つていない、又は在籍していない乳幼児に対して一時預かり事業を行う場合（次号から第四号までに掲げる場合を除く。以下この号において「一般型一時預かり事業」という。）　次に掲げる全ての要件を満たすこと。

イ　児童福祉施設の設備及び運営に関する基準第三十二条の規定に準じ、一般型一時預かり事業の対象とする乳幼児の年齢及び人数に応じて、必要な設備（医務室、調理室及び屋外遊戯場を除く。）を設けること。

ロ　児童福祉施設の設備及び運営に関する基準第三十三条第二項の規定に準じ、一般型一時預かり事業の対象とする乳幼児の年齢及び人数に応じて、当該乳幼児の処遇を行う職員として保育士（特区法第十二条の五第五項に規定する事業実施区域内にある一般型一時

預かり事業を行う場所にあつては、保育士又は当該事業実施区域に係る国家戦略特別区域限定保育士。以下このロ及びハただし書において同じ。）その他市町村長が行う研修（市町村長が指定する都道府県知事その他の機関が行う研修を含む。）を修了した者を置くこととし、そのうち半数以上は保育士（当該一般型一時預かり事業を利用している乳幼児の人数が一日当たり平均三人以下である場合にあつては、第一条の三十二に規定する研修と同等以上の内容を有すると認められるものを修了した者を含む。ハただし書において同じ。）であること。ただし、当該職員の数は、二人を下ることはできないこと。

ハ　ロに規定する職員は、専ら当該一般型一時預かり事業に従事するものでなければならないこと。ただし、当該一般型一時預かり事業と保育所等とが一体的に運営されている場合であつて、当該一般型一時預かり事業を行うに当たつて当該保育所等の職員（保育その他の子育て支援に従事する職員に限る。）による支援を受けることができるときは、専ら当該一般型一時預かり事業に従事する職員（保育士に限る。）を一人とすることができること。

ニ　児童福祉施設の設備及び運営に関する基準第三十五条の規定に準じ、事業を実施すること。

ホ　食事の提供を行う場合（施設外で調理し運搬する方法により行う場合を含む。次号ホにおいて同じ。）においては、当該施設において行うことが必要な調理のための加熱、保存等の調理機能を有する設備を備えること。

二　幼稚園又は認定こども園（以下この号において「幼稚園等」という。）において、主として幼稚園等に在籍している満三歳以上の幼児に対して一時預かり事業を行う場合（以下この号において「幼稚園型一時預かり事業」という。）　次に掲げる全ての要件を満たすこと。

イ　児童福祉施設の設備及び運営に関する基準第三十二条の規定に準じ、幼稚園型一時預かり事業の対象とする幼児の年齢及び人数に応じて、必要な設備（調理室及び屋外遊戯場を除く。）を設けること。

ロ　児童福祉施設の設備及び運営に関する基準第三十三条第二項の規定に準じ、幼稚園型一時預かり事業の対象とする幼児の年齢及び人数に応じて、当該幼児の処遇を行う職員として保育士（特区法第十二条の五第五項に規定する事業実施区域内にある幼稚園型一時預かり事業を行う場所にあつては、保育士又は当該事業実施区域に係る国家戦略特別区域限定保育士。以下このロ及びハただし書において同じ。）、幼稚園の教諭の普通免許状（教育職員免許法に規定する普通免許状をいう。）を有する者（以下この号において「幼稚園教諭普通免許状所有者」という。）その他市町村長が行う研修（市町村長が指定する都道府県知事その他の機関が行う研修を含む。）を修了した者を置くこととし、そのうち半数以上は保育士又は幼稚園教諭普通免許状所有者であること。ただし、当該職員の数は、二人を下ることはできないこと。

ハ　ロに規定する職員は、専ら当該幼稚園型一時預かり事業に従事するものでなければならないこと。ただし、当該幼稚園型一時預かり事業と幼稚園等とが一体的に運営されている場合であつて、当該幼稚園型一時預かり事業を行うに当たつて当該幼稚園等の職員（保育士又は幼稚園教諭普通免許状所有者に限る。）による支援を受けることができるときは、専ら当該幼稚園型一時預かり事業に従事する職員を一人とすることができること。

ニ　次に掲げる施設の区分に応じ、それぞれ次に定めるものに準じ、事業を実施すること。

(1)　幼稚園又は幼保連携型認定こども園以外の認定こども園　学校教育法

第二十五条の規定に基づき文部科学大臣が定める幼稚園の教育課程その他の教育内容に関する事項

(2) 幼保連携型認定こども園　認定こども園法第十条第一項の規定に基づき主務大臣が定める幼保連携型認定こども園の教育課程その他の教育及び保育の内容に関する事項

ホ　食事の提供を行う場合においては、当該施設において行うことが必要な調理のための加熱、保存等の調理機能を有する設備を備えること。

三　保育所、認定こども園又は家庭的保育事業等（居宅訪問型保育事業を除く。以下この号において同じ。）を行う事業所において、当該施設又は事業を利用する児童の数（以下この号において「利用児童数」という。）が当該施設又は事業に係る利用定員の総数に満たない場合であつて、当該利用定員の総数から当該利用児童数を除いた数の乳幼児を対象として一時預かり事業を行うとき　次に掲げる施設又は事業所の区分に応じ、それぞれ次に定めるものに準じ、事業を実施すること。

イ　保育所　児童福祉施設の設備及び運営に関する基準（保育所に係るものに限る。）

ロ　幼保連携型認定こども園以外の認定こども園　認定こども園法第三条第二項に規定する主務大臣が定める施設の設備及び運営に関する基準

ハ　幼保連携型認定こども園　幼保連携型認定こども園の学級の編制、職員、設備及び運営に関する基準（平成二十六年内閣府・文部科学省・厚生労働省令第一号）

ニ　家庭的保育事業等を行う事業所　家庭的保育事業等の設備及び運営に関する基準（平成二十六年厚生労働省令第六十一号）（居宅訪問型保育事業に係るものを除く。）

四　乳幼児の居宅において一時預かり事業を行う場合　家庭的保育事業等の設備及び運営に関する基準（居宅訪問型保育事業に係るものに限る。）に準じ、事業を実施すること。

② 一時預かり事業を行う者は、当該事業の実施による事故の発生又はその再発の防止に努めるとともに、事故が発生した場合は、速やかに当該事実を都道府県知事に報告しなければならない。

〔家庭的保育事業の認可申請等〕

第三十六条の三十六　法第三十四条の十五第二項の認可を受けようとする者は、次の各号に掲げる事項を具し、これを市町村長に申請しなければならない。

一　名称、種類及び位置

二　建物その他設備の規模及び構造並びにその図面

三　事業の運営についての重要事項に関する規程

四　経営の責任者及び福祉の実務に当たる幹部職員の氏名及び経歴

五　収支予算書

六　事業開始の予定年月日

② 前項の申請をしようとする者は、次に掲げる書類を提出しなければならない。

一　家庭的保育事業等を行う者の履歴及び資産状況を明らかにする書類

二　家庭的保育事業等を行おうとする者が法人である場合にあつては、その法人格を有することを証する書類

三　法人又は団体においては定款、寄附行為その他の規約

③ 法第三十四条の十五第二項の認可を受けた者は、第一項第一号又は前項第二号に掲げる事項に変更があつたときは、変更のあつた日から起算して一月以内に、市町村長に届け出なければならない。

④ 法第三十四条の十五第二項の認可を受けた者は、第一項第二号若しくは第三号に掲げる事項又は経営の責任者若しくは福祉の実務に当たる幹部職員を変更しようとするときは、市町村長にあらかじめ届け出なければならない。

〔病児保育事業の届出〕

第三十六条の三十八　法第三十四条の十八第一項に規定する厚生労働省令で定める事項は、次のとおりとする。

一　事業の種類及び内容
二　経営者の氏名及び住所（法人であるときは、その名称及び主たる事務所の所在地）
三　条例、定款その他の基本約款
四　職員の定数及び職務の内容
五　主な職員の氏名及び経歴
六　事業を行おうとする区域（市町村の委託を受けて事業を行おうとする者にあつては、当該市町村の名称を含む。）
七　事業の用に供する施設の名称、種類、所在地及び利用定員
八　建物その他設備の規模及び構造並びにその図面
九　事業開始の予定年月日

② 法第三十四条の十八第一項の規定による届出を行おうとする者は、収支予算書及び事業計画書を都道府県知事に提出しなければならない。ただし、都道府県知事が、インターネットを利用してこれらの内容を閲覧することができる場合は、この限りでない。

〔養育里親名簿及び養子縁組里親名簿〕

第三十六条の四十　法第三十四条の十九に規定する養育里親名簿には、次に掲げる事項を登録しなければならない。

一　登録番号及び登録年月日
二　住所、氏名、性別、生年月日、個人番号、職業及び健康状態
三　同居人の氏名、性別、生年月日、個人番号、職業及び健康状態
四　養育里親研修を修了した年月日
五　一年以内の期間を定めて、要保護児童を養育することを希望する場合にはその旨
六　専門里親の場合にはその旨
七　その他都道府県知事が必要と認める事項

② 法第三十四条の十九に規定する養子縁組里親名簿には、次に掲げる事項を登録しなければならない。

一　登録番号及び登録年月日
二　住所、氏名、性別、生年月日、個人番号、職業及び健康状態
三　同居人の氏名、性別、生年月日、個人番号、職業及び健康状態
四　養子縁組里親研修を修了した年月日
五　その他都道府県知事が必要と認める事項

〔申請書の提出〕

第三十六条の四十一　養育里親となることを希望する者（以下「養育里親希望者」という。）は、その居住地の都道府県知事に、次に掲げる事項を記載した申請書を提出しなければならない。

一　養育里親希望者の住所、氏名、性別、生年月日、個人番号、職業及び健康状態
二　養育里親希望者の同居人の氏名、性別、生年月日、個人番号、職業及び健康状態
三　養育里親研修を修了した年月日又は修了する見込みの年月日
四　養育里親になることを希望する理由
五　一年以内の期間を定めて、要保護児童を養育することを希望する場合にはその旨
六　従前に里親であつたことがある者はその旨及び他の都道府県において里親であつた場合には当該都道府県名
七　その他都道府県知事が必要と認める事項

② 専門里親希望者は、前項各号に掲げる事項のほか、次に掲げる事項を記載した申請書を提出しなければならない。

一　第一条の三十七第一号に掲げるいずれかの要件及び第三号の要件に該当する事実
二　専門里親研修を修了した年月日又は修了する見込みの年月日

③ 養子縁組里親となることを希望する者（以下「養子縁組里親希望者」という。）は、その居住地の都道府県知事に、次に掲げる事項を記載した申請書を提出しなければならない。

一　養子縁組里親希望者の住所、氏名、性別、生年月日、個人番号、職業及び健康状態
二　養子縁組里親希望者の同居人の氏名、性別、生年月日、個人番号、職業及び健康状態
三　養子縁組里親研修を修了した年月日又

は修了する見込みの年月日
四　養子縁組里親になることを希望する理由
五　従前に里親であつたことがある者はその旨及び他の都道府県において里親であつた場合には当該都道府県名
六　その他都道府県知事が必要と認める事項

④　第一項の申請書には、次に掲げる書類を添えなければならない。ただし、都道府県知事は、第五号に掲げる書類により証明すべき事実を公簿等によつて確認することができるときは、当該書類を省略させることができる。
一　養育里親希望者及びその同居人の履歴書
二　養育里親希望者の居住する家屋の平面図
三　養育里親研修を修了したこと又は修了する見込みであることを証する書類
四　法第三十四条の二十第一項各号のいずれにも該当しない者であることを証する書類
五　その他都道府県知事が必要と認めるもの

⑤　専門里親希望者は、前項各号（第三号を除く。）に掲げる書類のほか、次に掲げる書類を添えなければならない。ただし、都道府県知事は、前項第五号に掲げる書類により証明すべき事実を公簿等によつて確認することができるときは、当該書類を省略させることができる。
一　第一条の三十七第一号に掲げるいずれかの要件に該当することを証する書類
二　専門里親研修を修了したこと又は修了する見込みであることを証する書類

⑥　第三項の申請書には、次に掲げる書類を添えなければならない。ただし、都道府県知事は、第五号に掲げる書類により証明すべき事実を公簿等によつて確認することができるときは、当該書類を省略させることができる。
一　養子縁組里親希望者及びその同居人の履歴書
二　養子縁組里親希望者の居住する家屋の平面図
三　養子縁組里親研修を修了したこと又は修了する見込みであることを証する書類
四　法第三十四条の二十第一項各号のいずれにも該当しない者であることを証する書類
五　その他都道府県知事が必要と認めるもの

〔都道府県知事の責務〕

第三十六条の四十二　都道府県知事は、前条第一項又は第二項の申請書を受理したときは、当該養育里親希望者が第一条の三十五に規定する要件（専門里親希望者については、第一条の三十七に規定する要件）に該当することその他要保護児童を委託する者として適当と認めるものであることを調査して、速やかに、養育里親名簿に登録し、又はしないこと（専門里親については、専門里親として登録し、又はしないこと）の決定を行わなければならない。

②　都道府県知事は、前条第三項の申請書を受理したときは、当該養子縁組里親希望者が次のいずれにも該当することその他要保護児童を委託する者として適当と認めるものであることを調査して、速やかに、養子縁組里親名簿に登録し、又はしないことの決定を行わなければならない。
一　要保護児童の養育についての理解及び熱意並びに要保護児童に対する豊かな愛情を有していること。
二　経済的に困窮していないこと（要保護児童の親族である場合を除く。）。
三　養子縁組里親研修を修了したこと。

③　都道府県知事は、前二項の決定を行つたときは、遅滞なく、その旨を当該養育里親希望者、当該専門里親希望者又は当該養子縁組里親希望者に通知しなければならない。

〔都道府県知事への届出〕

第三十六条の四十三　養育里親又は養子縁組里親が次の各号のいずれかに該当することとなつた場合には、当該各号に定める者は、その日（第一号の場合にあつては、その事実を知つた日）から三十日以内に、その旨を当該登録をしている都道府県知事又は当該各号に定める者の住所地を管轄する都道府県知事に届け出なければならない。

一　死亡した場合　その相続人

二　本人又はその同居人が法第三十四条の二十第一項各号のいずれかに該当するに至つた場合　本人

三　第一条の三十五に規定する要件に該当しなくなつた場合　本人

②　養育里親は、第三十六条の四十第一項各号に掲げる事項について、養子縁組里親は、同条第二項各号に掲げる事項について、それぞれ変更が生じたときは、遅滞なく、これを都道府県知事に届け出なければならない。

〔登録の消除〕

第三十六条の四十四　都道府県知事は、次の各号のいずれかに該当する場合には、養育里親名簿又は養子縁組里親名簿の登録を消除しなければならない。

一　本人から登録の消除の申出があつた場合

二　前条第一項の規定による届出があつた場合

三　前条第一項の規定による届出がなくて同項各号のいずれかに該当する事実が判明した場合

四　不正の手段により養育里親名簿への登録を受けた場合

②　都道府県知事は、次の各号のいずれかに該当する場合には、養育里親名簿又は養子縁組里親名簿の登録を消除することができる。

一　法第四十五条の二第二項又は第四十八条の規定に違反した場合

二　法第四十六条第一項の規定により報告を求められて、報告をせず、又は虚偽の報告をした場合

③　都道府県知事は、専門里親として登録を受けていた者が第一条の三十七各号に掲げる要件に該当しなくなつたときは、専門里親である旨の記載を消除しなければならない。

〔登録の有効期間〕

第三十六条の四十五　養育里親名簿及び養子縁組里親名簿の登録の有効期間（以下「有効期間」という。）は、五年とする。ただし、専門里親としての登録の有効期間については、二年とする。

〔養育里親及び養子縁組里親の申請による登録更新等〕

第三十六条の四十六　養育里親名簿の登録は、養育里親の申請により更新する。

②　前項の登録の更新を受けようとする者は、都道府県知事が厚生労働大臣が定める基準に従い行う研修（以下「養育里親更新研修」という。）を受けなければならない。

③　養子縁組里親名簿の登録は、養子縁組里親の申請により更新する。

④　前項の登録の更新を受けようとする者は、都道府県知事が厚生労働大臣が定める基準に従い行う研修（以下「養子縁組里親更新研修」という。）を受けなければならない。

⑤　前条の規定は、更新後の有効期間について準用する。

⑥　第一項又は第三項の申請があつた場合において、有効期間の満了の日までに養育里親更新研修若しくは養子縁組里親更新研修が行われないとき又は行われているがその全ての課程が修了していないときは、従前の登録は、有効期間の満了の日後もその研修が修了するまでの間は、なおその効力を有する。

⑦　前項の場合において、登録の更新がされたときは、その有効期間は、従前の有効期間の満了の日の翌日から起算するものとする。

〔都道府県知事による認定〕

第三十六条の四十七　第一条の三十九に規定する者に係る認定等については、都道府県知事が行うものとする。

〔児童家庭支援センターが行う援助〕

第三十八条の二　法第四十四条の二第一項に規定する厚生労働省令で定める援助は、訪問等の方法による児童及び家庭に係る状況把握、当該児童及び家庭に係る援助計画の作成その他の児童又はその保護者等に必要な援助とする。

附　則（抄）

第五十一条　この省令は、昭和二十三年一月一日から、これを適用する。〔後略〕

児童福祉施設の設備及び運営に関する基準

（昭和二三・一二・二九）
（厚　令　六　三）

（題名改正＝平成二三厚労令一二七）
最新改正　令和元厚労令三二

第一章　総則

（趣旨）

第一条　児童福祉法（昭和二十二年法律第百六十四号。以下「法」という。）第四十五条第二項の厚生労働省令で定める基準（以下「設備運営基準」という。）は、次の各号に掲げる基準に応じ、それぞれ当該各号に定める規定による基準とする。

一　法第四十五条第一項の規定により、同条第二項第一号に掲げる事項について都道府県が条例を定めるに当たつて従うべき基準　第八条ただし書（入所している者の保護に直接従事する職員に係る部分に限る。）、第十七条、第二十一条、第二十二条、第二十二条の二第一項、第二十七条、第二十七条の二第一項、第二十八条、第三十条第二項、第三十三条第一項（第三十条第一項において準用する場合を含む。）及び第二項、第三十八条、第四十二条、第四十二条の二第一項、第四十三条、第四十九条、第五十八条、第六十三条、第六十九条、第七十三条、第七十四条第一項、第八十一条第一項、第八十二条、第八十三条、第八十八条の三、第九十条並びに第九十四条から第九十七条までの規定による基準

二　法第四十五条第一項の規定により、同条第二項第二号に掲げる事項について都道府県が条例を定めるに当たつて従うべき基準　第八条ただし書（入所している者の居室及び各施設に特有の設備に係る部分に限る。）、第十九条第一号（寝室及び観察室に係る部分に限る。）、第二号及び第三号、第二十条第一号（乳幼児の養育のための専用の室に係る部分に限る。）及び第二号、第二十六条第一号（母子室に係る部分に限る。）、第二号（母子室を一世帯につき一室以上とする部分に限る。）及び第三号、第三十二条第一号（乳児室及びほふく室に係る部分に限る。）（第三十条第一項において準用する場合を含む。）、第二号（第三十条第一項において準用する場合を含む。）、第三号（第三十条第一項において準用する場合を含む。）、第五号（保育室及び遊戯室に係る部分に限る。）（第三十条第一項において準用する場合を含む。）及び第六号（保育室及び遊戯室に係る部分に限る。）（第三十条第一項において準用する場合を含む。）、第四十一条第一号（居室に係る部分に限る。）（第七十九条第二項において

準用する場合を含む。）及び第二号（面積に係る部分に限る。）（第七十九条第二項において準用する場合を含む。）、第四十八条第一号（居室に係る部分に限る。）及び第七号（面積に係る部分に限る。）、第五十七条第一号（病室に係る部分に限る。）、第六十二条第一号（指導訓練室及び遊戯室に係る部分に限る。）、第二号（面積に係る部分に限る。）及び第三号、第六十八条第一号（病室に係る部分に限る。）、第七十二条第一号（居室に係る部分に限る。）及び第二号（面積に係る部分に限る。）並びに附則第九十四条第一項の規定による基準

三　法第四十五条第一項の規定により、同条第二項第三号に掲げる事項について都道府県が条例を定めるに当たつて従うべき基準　第九条から第九条の三まで、第十一条、第十四条の二、第十五条、第十九条第一号（調理室に係る部分に限る。）、第二十六条第二号（調理設備に係る部分に限る。）、第三十二条第一号（調理室に係る部分に限る。）（第三十条第一項において準用する場合を含む。）及び第五号（調理室に係る部分に限る。）（第三十条第一項において準用する場合を含む。）、第三十二条の二（第三十条第一項において準用する場合を含む。）、第三十五条、第四十一条第一号（調理室に係る部分に限る。）（第七十九条第二項において準用する場合を含む。）、第四十八条第一号（調理室に係る部分に限る。）、第五十七条第一号（給食施設に係る部分に限る。）、第六十二条第一号（調理室に係る部分に限る。）及び第六号（調理室に係る部分に限る。）、第六十八条第一号（調理室に係る部分に限る。）並びに第七十二条第一号（調理室に係る部分に限る。）の規定による基準

四　法第四十五条第一項の規定により、同条第二項各号に掲げる事項以外の事項について都道府県が条例を定めるに当たつて参酌すべき基準　この省令に定める基準のうち、前三号に定める規定による基準以外のもの

2　設備運営基準は、都道府県知事の監督に属する児童福祉施設に入所している者が、明るくて、衛生的な環境において、素養があり、かつ、適切な訓練を受けた職員（児童福祉施設の長を含む。以下同じ。）の指導により、心身ともに健やかにして、社会に適応するように育成されることを保障するものとする。

3　厚生労働大臣は、設備運営基準を常に向上させるように努めるものとする。

（最低基準の目的）

第二条　法第四十五条第一項の規定により都道府県が条例で定める基準（以下「最低基準」という。）は、都道府県知事の監督に属する児童福祉施設に入所している者が、明るくて、衛生的な環境において、素養があり、かつ、適切な訓練を受けた職員の指導により、心身ともに健やかにして、社会に適応するように育成されることを保障するものとする。

（最低基準の向上）

第三条　都道府県知事は、その管理に属する法第八条第二項に規定する都道府県児童福祉審議会（社会福祉法（昭和二十六年法律第四十五号）第十二条第一項の規定により同法第七条第一項に規定する地方社会福祉審議会（以下この項において「地方社会福祉審議会」という。）に児童福祉に関する事項を調査審議させる都道府県にあつては、地方社会福祉審議会）の意見を聴き、その監督に属する児童福祉施設に対し、最低基準を超えて、その設備及び運営を向上させるように勧告することができる。

2　都道府県は、最低基準を常に向上させるように努めるものとする。

（最低基準と児童福祉施設）

第四条　児童福祉施設は、最低基準を超えて、常に、その設備及び運営を向上させなければならない。

2　最低基準を超えて、設備を有し、又は運営をしている児童福祉施設においては、最低基準を理由として、その設備又は運営を低下させてはならない。

（児童福祉施設の一般原則）

第五条　児童福祉施設は、入所している者の

人権に十分配慮するとともに、一人一人の人格を尊重して、その運営を行わなければならない。

2　児童福祉施設は、地域社会との交流及び連携を図り、児童の保護者及び地域社会に対し、当該児童福祉施設の運営の内容を適切に説明するよう努めなければならない。

3　児童福祉施設は、その運営の内容について、自ら評価を行い、その結果を公表するよう努めなければならない。

4　児童福祉施設には、法に定めるそれぞれの施設の目的を達成するために必要な設備を設けなければならない。

5　児童福祉施設の構造設備は、採光、換気等入所している者の保健衛生及びこれらの者に対する危害防止に十分な考慮を払つて設けられなければならない。

（児童福祉施設と非常災害）

第六条　児童福祉施設においては、軽便消火器等の消火用具、非常口その他非常災害に必要な設備を設けるとともに、非常災害に対する具体的計画を立て、これに対する不断の注意と訓練をするように努めなければならない。

2　前項の訓練のうち、避難及び消火に対する訓練は、少なくとも毎月一回は、これを行わなければならない。

（児童福祉施設における職員の一般的要件）

第七条　児童福祉施設に入所している者の保護に従事する職員は、健全な心身を有し、豊かな人間性と倫理観を備え、児童福祉事業に熱意のある者であつて、できる限り児童福祉事業の理論及び実際について訓練を受けた者でなければならない。

（児童福祉施設の職員の知識及び技能の向上等）

第七条の二　児童福祉施設の職員は、常に自己研鑽に励み、法に定めるそれぞれの施設の目的を達成するために必要な知識及び技能の修得、維持及び向上に努めなければならない。

2　児童福祉施設は、職員に対し、その資質の向上のための研修の機会を確保しなければならない。

（他の社会福祉施設を併せて設置するときの設備及び職員の基準）

第八条　児童福祉施設は、他の社会福祉施設を併せて設置するときは、必要に応じ当該児童福祉施設の設備及び職員の一部を併せて設置する社会福祉施設の設備及び職員に兼ねることができる。ただし、入所している者の居室及び各施設に特有の設備並びに入所している者の保護に直接従事する職員については、この限りでない。

（入所した者を平等に取り扱う原則）

第九条　児童福祉施設においては、入所している者の国籍、信条、社会的身分又は入所に要する費用を負担するか否かによつて、差別的取扱いをしてはならない。

（虐待等の禁止）

第九条の二　児童福祉施設の職員は、入所中の児童に対し、法第三十三条の十各号に掲げる行為その他当該児童の心身に有害な影響を与える行為をしてはならない。

（懲戒に係る権限の濫用禁止）

第九条の三　児童福祉施設の長は、入所中の児童等（法第三十三条の七に規定する児童等をいう。以下この条において同じ。）に対し法第四十七条第一項本文の規定により親権を行う場合であつて懲戒するとき又は同条第三項の規定により懲戒に関しその児童等の福祉のために必要な措置を採るときは、身体的苦痛を与え、人格を辱める等その権限を濫用してはならない。

（衛生管理等）

第十条　児童福祉施設に入所している者の使用する設備、食器等又は飲用に供する水については、衛生的な管理に努め、又は衛生上必要な措置を講じなければならない。

2　児童福祉施設は、当該児童福祉施設において感染症又は食中毒が発生し、又はまん延しないように必要な措置を講ずるよう努めなければならない。

3　児童福祉施設（助産施設、保育所及び児童厚生施設を除く。）においては、入所している者の希望等を勘案し、清潔を維持することができるよう適切に、入所している者を入浴させ、又は清拭しなければならない。

4　児童福祉施設には、必要な医薬品その他の医療品を備えるとともに、それらの管理を適正に行わなければならない。

（**食事**）

第十一条　児童福祉施設（助産施設を除く。以下この項において同じ。）において、入所している者に食事を提供するときは、当該児童福祉施設内で調理する方法（第八条の規定により、当該児童福祉施設の調理室を兼ねている他の社会福祉施設の調理室において調理する方法を含む。）により行わなければならない。

2　児童福祉施設において、入所している者に食事を提供するときは、その献立は、できる限り、変化に富み、入所している者の健全な発育に必要な栄養量を含有するものでなければならない。

3　食事は、前項の規定によるほか、食品の種類及び調理方法について栄養並びに入所している者の身体的状況及び嗜好を考慮したものでなければならない。

4　調理は、あらかじめ作成された献立に従つて行わなければならない。ただし、少数の児童を対象として家庭的な環境の下で調理するときは、この限りでない。

5　児童福祉施設は、児童の健康な生活の基本としての食を営む力の育成に努めなければならない。

（**入所した者及び職員の健康診断**）

第十二条　児童福祉施設（児童厚生施設及び児童家庭支援センターを除く。第四項を除き、以下この条において同じ。）の長は、入所した者に対し、入所時の健康診断、少なくとも一年に二回の定期健康診断及び臨時の健康診断を、学校保健安全法（昭和三十三年法律第五十六号）に規定する健康診断に準じて行わなければならない。

2　児童福祉施設の長は、前項の規定にかかわらず、次の表の上欄に掲げる健康診断が行われた場合であつて、当該健康診断がそれぞれ同表の下欄に掲げる健康診断の全部又は一部に相当すると認められるときは、同欄に掲げる健康診断の全部又は一部を行わないことができる。この場合において、児童福祉施設の長は、それぞれ同表の上欄に掲げる健康診断の結果を把握しなければならない。

児童相談所等における児童の入所前の健康診断	入所した児童に対する入所時の健康診断
児童が通学する学校における健康診断	定期の健康診断又は臨時の健康診断

3　第一項の健康診断をした医師は、その結果必要な事項を母子健康手帳又は入所した者の健康を記録する表に記入するとともに、必要に応じ入所の措置又は助産の実施、母子保護の実施若しくは保育の提供若しくは法第二十四条第五項若しくは第六項の規定による措置を解除又は停止する等必要な手続をとることを、児童福祉施設の長に勧告しなければならない。

4　児童福祉施設の職員の健康診断に当たつては、特に入所している者の食事を調理する者につき、綿密な注意を払わなければならない。

（**給付金として支払を受けた金銭の管理**）

第十二条の二　乳児院、児童養護施設、障害児入所施設、情緒障害児短期治療施設及び児童自立支援施設は、当該施設の設置者が入所中の児童に係る厚生労働大臣が定める給付金（以下この条において「給付金」という。）の支給を受けたときは、給付金として支払を受けた金銭を次に掲げるところにより管理しなければならない。

一　当該児童に係る当該金銭及びこれに準ずるもの（これらの運用により生じた収益を含む。以下この条において「児童に係る金銭」という。）をその他の財産と区分すること。

二　児童に係る金銭を給付金の支給の趣旨に従つて用いること。

三　児童に係る金銭の収支の状況を明らかにする帳簿を整備すること。

四　当該児童が退所した場合には、速やかに、児童に係る金銭を当該児童に取得させること。

（**児童福祉施設内部の規程**）

第十三条　児童福祉施設（保育所を除く。）においては、次に掲げる事項のうち必要な事項につき規程を設けなければならない。
一　入所する者の援助に関する事項
二　その他施設の管理についての重要事項

2　保育所は、次の各号に掲げる施設の運営についての重要事項に関する規程を定めておかなければならない。
一　施設の目的及び運営の方針
二　提供する保育の内容
三　職員の職種、員数及び職務の内容
四　保育の提供を行う日及び時間並びに提供を行わない日
五　保護者から受領する費用の種類、支払を求める理由及びその額
六　乳児、満三歳に満たない幼児及び満三歳以上の幼児の区分ごとの利用定員
七　保育所の利用の開始、終了に関する事項及び利用に当たっての留意事項
八　緊急時等における対応方法
九　非常災害対策
十　虐待の防止のための措置に関する事項
十一　保育所の運営に関する重要事項

（**児童福祉施設に備える帳簿**）

第十四条　児童福祉施設には、職員、財産、収支及び入所している者の処遇の状況を明らかにする帳簿を整備しておかなければならない。

（**秘密保持等**）

第十四条の二　児童福祉施設の職員は、正当な理由がなく、その業務上知り得た利用者又はその家族の秘密を漏らしてはならない。

2　児童福祉施設は、職員であつた者が、正当な理由がなく、その業務上知り得た利用者又はその家族の秘密を漏らすことがないよう、必要な措置を講じなければならない。

（**苦情への対応**）

第十四条の三　児童福祉施設は、その行つた援助に関する入所している者又はその保護者等からの苦情に迅速かつ適切に対応するために、苦情を受け付けるための窓口を設置する等の必要な措置を講じなければならない。

2　乳児院、児童養護施設、障害児入所施設、児童発達支援センター、情緒障害児短期治療施設及び児童自立支援施設は、前項の必要な措置として、苦情の公正な解決を図るために、苦情の解決に当たつて当該児童福祉施設の職員以外の者を関与させなければならない。

3　児童福祉施設は、その行つた援助に関し、当該措置又は助産の実施、母子保護の実施若しくは保育の提供若しくは法第二十四条第五項若しくは第六項の規定による措置に係る都道府県又は市町村から指導又は助言を受けた場合は、当該指導又は助言に従つて必要な改善を行わなければならない。

4　児童福祉施設は、社会福祉法第八十三条に規定する運営適正化委員会が行う同法第八十五条第一項の規定による調査にできる限り協力しなければならない。

（**大都市等の特例**）

第十四条の四　地方自治法（昭和二十二年法律第六十七号）第二百五十二条の十九第一項の指定都市（以下「指定都市」という。）にあつては、第一条第一項中「都道府県」とあるのは「指定都市」と、同条第二項中「都道府県知事」とあるのは「指定都市の市長」と、第二条中「都道府県が」とあるのは「指定都市が」と、「都道府県知事」とあるのは「指定都市の市長」と、第三条第一項中「都道府県知事」とあるのは「指定都市の市長」と、「都道府県に」とあるのは「指定都市に」と、同条第二項中「都道府県」とあるのは「指定都市」と読み替えるものとする。

2　地方自治法第二百五十二条の二十二第一項の中核市（以下「中核市」という。）にあつては、第一条第一項中「都道府県」とあるのは「都道府県（助産施設、母子生活支援施設又は保育所（以下「特定児童福祉施設」という。）については、中核市）」と、同条第二項中「都道府県知事」とあるのは「都道府県知事（特定児童福祉施設については、中核市の市長）」と、第二条中「都道府県が」とあるのは「都道府県（特定児童福祉施設については、中核市）が」と、「都道府県知事」とあるのは「都道府県知事（特定児童福祉施設については、中核市の市長）」と、第三条第一項中「都道府県知事（特定児童福祉

施設については、中核市の市長)」と、「都道府県に」とあるのは「都道府県(特定児童福祉施設については、中核市)に」と、同条第二項中「都道府県」とあるのは「都道府県(特定児童福祉施設については、中核市)」と読み替えるものとする。

3　法第五十九条の四第一項の児童相談所設置市(以下「児童相談所設置市」という。)にあつては、第一条第一項中「都道府県」とあるのは「児童相談所設置市」と、同条第二項中「都道府県知事」とあるのは「児童相談所設置市の市長」と、第二条中「都道府県が」とあるのは「児童相談所設置市が」と、「都道府県知事」とあるのは「児童相談所設置市の市長」と、第三条第一項中「都道府県知事」とあるのは「児童相談所設置市の市長」と、「法第八条第二項に規定する都道府県児童福祉審議会(社会福祉法(昭和二十六年法律第四十五号)第十二条第一項の規定により同法第七条第一項に規定する地方社会福祉審議会(以下この項において「地方社会福祉審議会」という。)に児童福祉に関する事務を調査審議させる都道府県にあつては、地方社会福祉審議会)」とあるのは「法第八条第三項に規定する児童福祉に関する審議会その他の合議制の機関」と、同条第二項中「都道府県」とあるのは「児童相談所設置市」と読み替えるものとする。

第二章　助産施設

(種類)

第十五条　助産施設は、第一種助産施設及び第二種助産施設とする。

2　第一種助産施設とは、医療法(昭和二十三年法律第二百五号)の病院又は診療所である助産施設をいう。

3　第二種助産施設とは、医療法の助産所である助産施設をいう。

(入所させる妊産婦)

第十六条　助産施設には、法第二十二条第一項に規定する妊産婦を入所させて、なお余裕のあるときは、その他の妊産婦を入所させることができる。

(第二種助産施設の職員)

第十七条　第二種助産施設には、医療法に規定する職員のほか、一人以上の専任又は嘱託の助産師を置かなければならない。

2　第二種助産施設の嘱託医は、産婦人科の診療に相当の経験を有する者でなければならない。

(第二種助産施設と異常分べん)

第十八条　第二種助産施設に入所した妊婦が、産科手術を必要とする異常分べんをするおそれのあるときは、第二種助産施設の長は、速やかにこれを第一種助産施設その他適当な病院又は診療所に入所させる手続をとらなければならない。ただし、応急の処置を要するときは、この限りでない。

第三章　乳児院

(設備の基準)

第十九条　乳児院(乳児又は幼児(以下「乳幼児」という。)十人未満を入所させる乳児院を除く。)の設備の基準は、次のとおりとする。

一　寝室、観察室、診察室、病室、ほふく室、相談室、調理室、浴室及び便所を設けること。

二　寝室の面積は、乳幼児一人につき二・四七平方メートル以上であること。

三　観察室の面積は、乳児一人につき一・六五平方メートル以上であること。

第二十条　乳幼児十人未満を入所させる乳児院の設備の基準は、次のとおりとする。

一　乳幼児の養育のための専用の室及び相談室を設けること。

二　乳幼児の養育のための専用の室の面積は、一室につき九・九一平方メートル以上とし、乳幼児一人につき二・四七平方メートル以上であること。

(職員)

第二十一条　乳児院(乳幼児十人未満を入所させる乳児院を除く。)には、小児科の診療に相当の経験を有する医師又は嘱託医、看護師、個別対応職員、家庭支援専門相談員、栄養士及び調理員を置かなければならない。ただし、調理業務の全部を委託する施設にあつては調理員を置かないことができる。

2　家庭支援専門相談員は、社会福祉士若しくは精神保健福祉士の資格を有する者、乳児院において乳幼児の養育に五年以上従事した者又は法第十三条第三項各号のいずれかに該当する者でなければならない。

3　心理療法を行う必要があると認められる乳幼児又はその保護者十人以上に心理療法を行う場合には、心理療法担当職員を置かなければならない。

4　心理療法担当職員は、学校教育法（昭和二十二年法律第二十六号）の規定による大学（短期大学を除く。）において、心理学を専修する学科若しくはこれに相当する課程を修めて卒業した者であつて、個人及び集団心理療法の技術を有するもの又はこれと同等以上の能力を有すると認められる者でなければならない。

5　看護師の数は、乳児及び満二歳に満たない幼児おおむね一・六人につき一人以上、満二歳以上満三歳に満たない幼児おおむね二人につき一人以上、満三歳以上の幼児おおむね四人につき一人以上（これらの合計数が七人未満であるときは、七人以上）とする。

6　看護師は、保育士（国家戦略特別区域法（平成二十五年法律第百七号。以下「特区法」という。）第十二条の五第五項に規定する事業実施区域内にある乳児院にあつては、保育士又は当該事業実施区域に係る国家戦略特別区域限定保育士。次項及び次条第二項において同じ。）又は児童指導員（児童の生活指導を行う者をいう。以下同じ。）をもつてこれに代えることができる。ただし、乳幼児十人の乳児院には二人以上、乳幼児が十人を超える場合は、おおむね十人増すごとに一人以上看護師を置かなければならない。

7　前項に規定する保育士のほか、乳幼児二十人以下を入所させる施設には、保育士を一人以上置かなければならない。

第二十二条　乳幼児十人未満を入所させる乳児院には、嘱託医、看護師、家庭支援専門相談員及び調理員又はこれに代わるべき者を置かなければならない。

2　看護師の数は、七人以上とする。ただし、その一人を除き、保育士又は児童指導員をもつてこれに代えることができる。

（乳児院の長の資格等）

第二十二条の二　乳児院の長は、次の各号のいずれかに該当し、かつ、厚生労働大臣が指定する者が行う乳児院の運営に関し必要な知識を習得させるための研修を受けた者であつて、人格が高潔で識見が高く、乳児院を適切に運営する能力を有するものでなければならない。

一　医師であつて、小児保健に関して学識経験を有する者

二　社会福祉士の資格を有する者

三　乳児院の職員として三年以上勤務した者

四　都道府県知事（指定都市にあつては指定都市の市長とし、児童相談所設置市にあつては児童相談所設置市の長とする。第二十七条の二第一項第四号、第二十八条第一号、第三十八条第二項第一号、第四十三条第一号、第八十二条第三号、第九十四条及び第九十六条を除き、以下同じ。）が前各号に掲げる者と同等以上の能力を有すると認める者であつて、次に掲げる期間の合計が三年以上であるもの又は厚生労働大臣が指定する講習会の課程を修了したもの

イ　法第十二条の三第二項第四号に規定する児童福祉司（以下「児童福祉司」という。）となる資格を有する者にあつては、児童福祉事業（国、都道府県又は市町村の内部組織における児童福祉に関する事務を含む。）に従事した期間

ロ　社会福祉主事となる資格を有する者にあつては、社会福祉事業に従事した期間

ハ　社会福祉施設の職員として勤務した期間（イ又はロに掲げる期間に該当する期間を除く。）

2　乳児院の長は、二年に一回以上、その資質の向上のための厚生労働大臣が指定する者が行う研修を受けなければならない。ただし、やむを得ない理由があるときは、こ

の限りでない。

（養育）

第二十三条　乳児院における養育は、乳幼児の心身及び社会性の健全な発達を促進し、その人格の形成に資することとなるものでなければならない。

2　養育の内容は、乳幼児の年齢及び発達の段階に応じて必要な授乳、食事、排泄、沐浴、入浴、外気浴、睡眠、遊び及び運動のほか、健康状態の把握、第十二条第一項に規定する健康診断及び必要に応じ行う感染症等の予防処置を含むものとする。

3　乳児院における家庭環境の調整は、乳幼児の家庭の状況に応じ、親子関係の再構築等が図られるように行わなければならない。

（乳児の観察）

第二十四条　乳児院（乳幼児十人未満を入所させる乳児院を除く。）においては、乳児が入所した日から、医師又は嘱託医が適当と認めた期間、これを観察室に入室させ、その心身の状況を観察しなければならない。

（自立支援計画の策定）

第二十四条の二　乳児院の長は、第二十三条第一項の目的を達成するため、入所中の個々の乳幼児について、乳幼児やその家庭の状況等を勘案して、その自立を支援するための計画を策定しなければならない。

（業務の質の評価等）

第二十四条の三　乳児院は、自らその行う法第三十七条に規定する業務の質の評価を行うとともに、定期的に外部の者による評価を受けて、それらの結果を公表し、常にその改善を図らなければならない。

（関係機関との連携）

第二十五条　乳児院の長は、児童相談所及び必要に応じ児童家庭支援センター、児童委員、保健所、市町村保健センター等関係機関と密接に連携して乳幼児の養育及び家庭環境の調整に当たらなければならない。

第四章　母子生活支援施設

（設備の基準）

第二十六条　母子生活支援施設の設備の基準は、次のとおりとする。

一　母子室、集会、学習等を行う室及び相談室を設けること。

二　母子室は、これに調理設備、浴室及び便所を設けるものとし、一世帯につき一室以上とすること。

三　母子室の面積は、三十平方メートル以上であること。

四　乳幼児を入所させる母子生活支援施設には、付近にある保育所又は児童厚生施設が利用できない等必要があるときは、保育所に準ずる設備を設けること。

五　乳幼児三十人未満を入所させる母子生活支援施設には、静養室を、乳幼児三十人以上を入所させる母子生活支援施設には、医務室及び静養室を設けること。

（職員）

第二十七条　母子生活支援施設には、母子支援員（母子生活支援施設において母子の生活支援を行う者をいう。以下同じ。）、嘱託医、少年を指導する職員及び調理員又はこれに代わるべき者を置かなければならない。

2　心理療法を行う必要があると認められる母子十人以上に心理療法を行う場合には、心理療法担当職員を置かなければならない。

3　心理療法担当職員は、学校教育法の規定による大学（短期大学を除く。）において、心理学を専修する学科若しくはこれに相当する課程を修めて卒業した者であつて、個人及び集団心理療法の技術を有するもの又はこれと同等以上の能力を有すると認められる者でなければならない。

4　配偶者からの暴力を受けたこと等により個別に特別な支援を行う必要があると認められる母子に当該支援を行う場合には、個別対応職員を置かなければならない。

5　母子支援員の数は、母子十世帯以上二十世帯未満を入所させる母子生活支援施設においては二人以上、母子二十世帯以上を入所させる母子生活支援施設においては三人以上とする。

6　少年を指導する職員の数は、母子二十世帯以上を入所させる母子生活支援施設においては、二人以上とする。

（母子生活支援施設の長の資格等）

第二十七条の二　母子生活支援施設の長は、次の各号のいずれかに該当し、かつ、厚生労働大臣が指定する者が行う母子生活支援施設の運営に関し必要な知識を習得させるための研修を受けた者であつて、人格が高潔で識見が高く、母子生活支援施設を適切に運営する能力を有するものでなければならない。

一　医師であつて、精神保健又は小児保健に関して学識経験を有する者

二　社会福祉士の資格を有する者

三　母子生活支援施設の職員として三年以上勤務した者

四　都道府県知事（指定都市にあつては指定都市の市長とし、中核市にあつては中核市の市長とする。）が前各号に掲げる者と同等以上の能力を有すると認める者であつて、次に掲げる期間の合計が三年以上であるもの又は厚生労働大臣が指定する講習会の課程を修了したもの

イ　児童福祉司となる資格を有する者にあつては、児童福祉事業（国、都道府県又は市町村の内部組織における児童福祉に関する事務を含む。）に従事した期間

ロ　社会福祉主事となる資格を有する者にあつては、社会福祉事業に従事した期間

ハ　社会福祉施設の職員として勤務した期間（イ又はロに掲げる期間に該当する期間を除く。）

2　母子生活支援施設の長は、二年に一回以上、その資質の向上のための厚生労働大臣が指定する者が行う研修を受けなければならない。ただし、やむを得ない理由があるときは、この限りでない。

（母子支援員の資格）

第二十八条　母子支援員は、次の各号のいずれかに該当する者でなければならない。

一　都道府県知事の指定する児童福祉施設の職員を養成する学校その他の養成施設を卒業した者（学校教育法の規定による専門職大学の前期課程を修了した者を含む。第三十八条第二項第一号及び第四十三条第一項第一号において同じ。）

二　保育士（特区法第十二条の五第五項に規定する事業実施区域内にある母子生活支援施設にあつては、保育士又は当該事業実施区域に係る国家戦略特別区域限定保育士。第三十条第二項において同じ。）の資格を有する者

三　社会福祉士の資格を有する者

四　精神保健福祉士の資格を有する者

五　学校教育法の規定による高等学校若しくは中等教育学校を卒業した者、同法第九十条第二項の規定により大学への入学を認められた者若しくは通常の課程による十二年の学校教育を修了した者（通常の課程以外の課程によりこれに相当する学校教育を修了した者を含む。）又は文部科学大臣がこれと同等以上の資格を有すると認定した者であつて、二年以上児童福祉事業に従事したもの

（生活支援）

第二十九条　母子生活支援施設における生活支援は、母子を共に入所させる施設の特性を生かしつつ、親子関係の再構築等及び退所後の生活の安定が図られるよう、個々の母子の家庭生活及び稼働の状況に応じ、就労、家庭生活及び児童の養育に関する相談、助言及び指導並びに関係機関との連絡調整を行う等の支援により、その自立の促進を目的とし、かつ、その私生活を尊重して行わなければならない。

（自立支援計画の策定）

第二十九条の二　母子生活支援施設の長は、前条の目的を達成するため、入所中の個々の母子について、母子やその家庭の状況等を勘案して、その自立を支援するための計画を策定しなければならない。

（業務の質の評価等）

第二十九条の三　母子生活支援施設は、自らその行う法第三十八条に規定する業務の質の評価を行うとともに、定期的に外部の者による評価を受けて、それらの結果を公表し、常にその改善を図らなければならない。

（保育所に準ずる設備）

第三十条　第二十六条第四号の規定により、

児童家庭福祉

母子生活支援施設に、保育所に準ずる設備を設けるときは、保育所に関する規定（第三十三条第二項を除く。）を準用する。

2　保育所に準ずる設備の保育士の数は、乳幼児おおむね三十人につき一人以上とする。ただし、一人を下ることはできない。

（関係機関との連携）

第三十一条　母子生活支援施設の長は、福祉事務所、母子・父子自立支援員、児童の通学する学校、児童相談所、母子・父子福祉団体及び公共職業安定所並びに必要に応じ児童家庭支援センター、婦人相談所等関係機関と密接に連携して、母子の保護及び生活支援に当たらなければならない。

第五章　保育所

（設備の基準）

第三十二条　保育所の設備の基準は、次のとおりとする。

一　乳児又は満二歳に満たない幼児を入所させる保育所には、乳児室又はほふく室、医務室、調理室及び便所を設けること。

二　乳児室の面積は、乳児又は前号の幼児一人につき一・六五平方メートル以上であること。

三　ほふく室の面積は、乳児又は第一号の幼児一人につき三・三平方メートル以上であること。

四　乳児室又はほふく室には、保育に必要な用具を備えること。

五　満二歳以上の幼児を入所させる保育所には、保育室又は遊戯室、屋外遊戯場（保育所の付近にある屋外遊戯場に代わるべき場所を含む。次号において同じ。）、調理室及び便所を設けること。

六　保育室又は遊戯室の面積は、前号の幼児一人につき一・九八平方メートル以上、屋外遊戯場の面積は、前号の幼児一人につき三・三平方メートル以上であること。

七　保育室又は遊戯室には、保育に必要な用具を備えること。

八　乳児室、ほふく室、保育室又は遊戯室（以下「保育室等」という。）を二階に設ける建物は、次のイ、ロ及びハの要件に、保育室等を三階以上に設ける建物は、次に掲げる要件に該当するものであること。

イ　耐火建築物（建築基準法（昭和二十五年法律第二百一号）第二条第九号の二に規定する耐火建築物をいう。以下この号において同じ。）又は準耐火建築物（同条第九号の三に規定する準耐火建築物をいい、同号ロに該当するものを除く。）（保育室等を三階以上に設ける建物にあつては、耐火建築物）であること。

ロ　保育室等が設けられている次の表の上欄に掲げる階に応じ、同表の中欄に掲げる区分ごとに、それぞれ同表の下欄に掲げる施設又は設備が一以上設けられていること。

階	区分	施設又は設備
二階	常用	1　屋内階段 2　屋外階段
	避難用	1　建築基準法施行令（昭和二十五年政令第三百三十八号）第百二十三条第一項各号又は同条第三項各号に規定する構造の屋内階段（ただし、同条第一項の場合においては、当該階段の構造は、建築物の一階から二階までの部分に限り、屋内と階段室とは、バルコニー又は付室を通じて連絡することとし、かつ、同条第三項第三号、第四号及び第十号を満たすものとする。） 2　待避上有効なバルコニー 3　建築基準法第二条第七号の二に規定する準耐火構造の屋外傾斜路又はこれに準ずる設備 4　屋外階段
三階	常用	1　建築基準法施行令第百

		二十三条第一項各号又は同条第三項各号に規定する構造の屋内階段 2　屋外階段
	避難用	1　建築基準法施行令第百二十三条第一項各号又は同条第三項各号に規定する構造の屋内階段（ただし、同条第一項の場合においては、当該階段の構造は、建築物の一階から三階までの部分に限り、屋内と階段室とは、バルコニー又は付室を通じて連絡することとし、かつ、同条第三項第三号、第四号及び第十号を満たすものとする。） 2　建築基準法第二条第七号に規定する耐火構造の屋外傾斜路又はこれに準ずる設備 3　屋外階段
四階以上	常用	1　建築基準法施行令第百二十三条第一項各号又は同条第三項各号に規定する構造の屋内階段 2　建築基準法施行令第百二十三条第二項各号に規定する構造の屋外階段
	避難用	1　建築基準法施行令第百二十三条第一項各号又は同条第三項各号に規定する構造の屋内階段（ただし、同条第一項の場合においては、当該階段の構造は、建築物の一階から保育室等が設けられている階までの部分に限り、屋内と階段室とは、バルコニー又は付室（階段室が同条第三項第二号に規定する構造を有する場合を除き、同号に規定する構造を有するものに限る。）を通じて連絡することとし、かつ、同条第三項第三号、第四号及び第十号を満たすものとする。） 2　建築基準法第二条第七号に規定する耐火構造の屋外傾斜路 3　建築基準法施行令第百二十三条第二項各号に規定する構造の屋外階段

ハ　ロに掲げる施設及び設備が避難上有効な位置に設けられ、かつ、保育室等の各部分からその一に至る歩行距離が三十メートル以下となるように設けられていること。

ニ　保育所の調理室（次に掲げる要件のいずれかに該当するものを除く。ニにおいて同じ。）以外の部分と保育所の調理室の部分が建築基準法第二条第七号に規定する耐火構造の床若しくは壁又は建築基準法施行令第百十二条第一項に規定する特定防火設備で区画されていること。この場合において、換気、暖房又は冷房の設備の風道が、当該床若しくは壁を貫通する部分又はこれに近接する部分に防火上有効にダンパーが設けられていること。

(1)　スプリンクラー設備その他これに類するもので自動式のものが設けられていること。

(2)　調理用器具の種類に応じて有効な自動消火装置が設けられ、かつ、当該調理室の外部への延焼を防止するために必要な措置が講じられていること。

ホ　保育所の壁及び天井の室内に面する部分の仕上げを不燃材料でしていること。

ヘ　保育室等その他乳幼児が出入し、又は通行する場所に、乳幼児の転落事故を防止する設備が設けられていること。

ト　非常警報器具又は非常警報設備及び消防機関へ火災を通報する設備が設けられていること。

チ　保育所のカーテン、敷物、建具等で可燃性のものについて防炎処理が施されていること。

（保育所の設備の基準の特例）

第三十二条の二　次の各号に掲げる要件を満たす保育所は、第十一条第一項の規定にかかわらず、当該保育所の満三歳以上の幼児に対する食事の提供について、当該保育所外で調理し搬入する方法により行うことができる。この場合において、当該保育所は、当該食事の提供について当該方法によることとしてもなお当該保育所において行うことが必要な調理のための加熱、保存等の調理機能を有する設備を備えるものとする。

一　幼児に対する食事の提供の責任が当該保育所にあり、その管理者が、衛生面、栄養面等業務上必要な注意を果たし得るような体制及び調理業務の受託者との契約内容が確保されていること。

二　当該保育所又は他の施設、保健所、市町村等の栄養士により、献立等について栄養の観点からの指導が受けられる体制にある等、栄養士による必要な配慮が行われること。

三　調理業務の受託者を、当該保育所における給食の趣旨を十分に認識し、衛生面、栄養面等、調理業務を適切に遂行できる能力を有する者とすること。

四　幼児の年齢及び発達の段階並びに健康状態に応じた食事の提供や、アレルギー、アトピー等への配慮、必要な栄養素量の給与等、幼児の食事の内容、回数及び時機に適切に応じることができること。

五　食を通じた乳幼児の健全育成を図る観点から、乳幼児の発育及び発達の過程に応じて食に関し配慮すべき事項を定めた食育に関する計画に基づき食事を提供するよう努めること。

（職員）

第三十三条　保育所には、保育士（特区法第十二条の五第五項に規定する事業実施区域内にある保育所にあつては、保育士又は当該事業実施区域に係る国家戦略特別区域限定保育士。次項において同じ。）、嘱託医及び調理員を置かなければならない。ただし、調理業務の全部を委託する施設にあつては、調理員を置かないことができる。

2　保育士の数は、乳児おおむね三人につき一人以上、満一歳以上満三歳に満たない幼児おおむね六人につき一人以上、満三歳以上満四歳に満たない幼児おおむね二十人につき一人以上、満四歳以上の幼児おおむね三十人につき一人以上とする。ただし、保育所一につき二人を下ることはできない。

（保育時間）

第三十四条　保育所における保育時間は、一日につき八時間を原則とし、その地方における乳幼児の保護者の労働時間その他家庭の状況等を考慮して、保育所の長がこれを定める。

（保育の内容）

第三十五条　保育所における保育は、養護及び教育を一体的に行うことをその特性とし、その内容については、厚生労働大臣が定める指針に従う。

（保護者との連絡）

第三十六条　保育所の長は、常に入所している乳幼児の保護者と密接な連絡をとり、保育の内容等につき、その保護者の理解及び協力を得るよう努めなければならない。

（業務の質の評価等）

第三十六条の二　保育所は、自らその行う法第三十九条に規定する業務の質の評価を行い、常にその改善を図らなければならない。

2　保育所は、定期的に外部の者による評価を受けて、それらの結果を公表し、常にその改善を図るよう努めなければならない。

第三十六条の三　削除

第六章　児童厚生施設

（設備の基準）

第三十七条　児童厚生施設の設備の基準は、次のとおりとする。

一　児童遊園等屋外の児童厚生施設には、広場、遊具及び便所を設けること。

二　児童館等屋内の児童厚生施設には、集会室、遊戯室、図書室及び便所を設けること。

（職員）

第三十八条　児童厚生施設には、児童の遊びを指導する者を置かなければならない。

2　児童の遊びを指導する者は、次の各号のいずれかに該当する者でなければならない。

一　都道府県知事の指定する児童福祉施設の職員を養成する学校その他の養成施設を卒業した者

二　保育士（特区法第十二条の五第五項に規定する事業実施区域内にある児童厚生施設にあつては、保育士又は当該事業実施区域に係る国家戦略特別区域限定保育士）の資格を有する者

三　社会福祉士の資格を有する者

四　学校教育法の規定による高等学校若しくは中等教育学校を卒業した者、同法第九十条第二項の規定により大学への入学を認められた者若しくは通常の課程による十二年の学校教育を修了した者（通常の課程以外の課程によりこれに相当する学校教育を修了した者を含む。）又は文部科学大臣がこれと同等以上の資格を有すると認定した者であつて、二年以上児童福祉事業に従事したもの

五　教育職員免許法（昭和二十四年法律第百四十七号）に規定する幼稚園、小学校、中学校、義務教育学校、高等学校又は中等教育学校の教諭の免許状を有する者

六　次のいずれかに該当する者であつて、児童厚生施設の設置者（地方公共団体以外の者が設置する児童厚生施設にあつては、都道府県知事）が適当と認めたもの

イ　学校教育法の規定による大学において、社会福祉学、心理学、教育学、社会学、芸術学若しくは体育学を専修する学科又はこれらに相当する課程を修めて卒業した者（当該学科又は当該課程を修めて同法の規定による専門職大学の前期課程を修了した者を含む。）

ロ　学校教育法の規定による大学において、社会福祉学、心理学、教育学、社会学、芸術学若しくは体育学を専修する学科又はこれらに相当する課程において優秀な成績で単位を修得したことにより、同法第百二条第二項の規定により大学院への入学が認められた者

ハ　学校教育法の規定による大学院において、社会福祉学、心理学、教育学、社会学、芸術学若しくは体育学を専攻する研究科又はこれらに相当する課程を修めて卒業した者

ニ　外国の大学において、社会福祉学、心理学、教育学、社会学、芸術学若しくは体育学を専修する学科又はこれらに相当する課程を修めて卒業した者

（遊びの指導を行うに当たつて遵守すべき事項）

第三十九条　児童厚生施設における遊びの指導は、児童の自主性、社会性及び創造性を高め、もつて地域における健全育成活動の助長を図るようこれを行うものとする。

（保護者との連絡）

第四十条　児童厚生施設の長は、必要に応じ児童の健康及び行動につき、その保護者に連絡しなければならない。

第七章　児童養護施設

（設備の基準）

第四十一条　児童養護施設の設備の基準は、次のとおりとする。

一　児童の居室、相談室、調理室、浴室及び便所を設けること。

二　児童の居室の一室の定員は、これを四人以下とし、その面積は、一人につき四・九五平方メートル以上とすること。ただし、乳幼児のみの居室の一室の定員は、これを六人以下とし、その面積は、一人につき三・三平方メートル以上とする。

三　入所している児童の年齢等に応じ、男子と女子の居室を別にすること。

四　便所は、男子用と女子用とを別にすること。ただし、少数の児童を対象として設けるときは、この限りでない。

五　児童三十人以上を入所させる児童養護施設には、医務室及び静養室を設けること。

六　入所している児童の年齢、適性等に応じ職業指導に必要な設備（以下「職業指

導に必要な設備」という。）を設けること。

（職員）

第四十二条　児童養護施設には、児童指導員、嘱託医、保育士（特区法第十二条の五第五項に規定する事業実施区域内にある児童養護施設にあつては、保育士又は当該事業実施区域に係る国家戦略特別区域限定保育士。第六項及び第四十六条において同じ。）、個別対応職員、家庭支援専門相談員、栄養士及び調理員並びに乳児が入所している施設にあつては看護師を置かなければならない。ただし、児童四十人以下を入所させる施設にあつては栄養士を、調理業務の全部を委託する施設にあつては調理員を置かないことができる。

2　家庭支援専門相談員は、社会福祉士若しくは精神保健福祉士の資格を有する者、児童養護施設において児童の指導に五年以上従事した者又は法第十三条第三項各号のいずれかに該当する者でなければならない。

3　心理療法を行う必要があると認められる児童十人以上に心理療法を行う場合には、心理療法担当職員を置かなければならない。

4　心理療法担当職員は、学校教育法の規定による大学（短期大学を除く。）において、心理学を専修する学科若しくはこれに相当する課程を修めて卒業した者であつて、個人及び集団心理療法の技術を有するもの又はこれと同等以上の能力を有すると認められる者でなければならない。

5　実習設備を設けて職業指導を行う場合には、職業指導員を置かなければならない。

6　児童指導員及び保育士の総数は、通じて、満二歳に満たない幼児おおむね一・六人につき一人以上、満二歳以上満三歳に満たない幼児おおむね二人につき一人以上、満三歳以上の幼児おおむね四人につき一人以上、少年おおむね五・五人につき一人以上とする。ただし、児童四十五人以下を入所させる施設にあつては、更に一人以上を加えるものとする。

7　看護師の数は、乳児おおむね一・六人につき一人以上とする。ただし、一人を下ることはできない。

（児童養護施設の長の資格等）

第四十二条の二　児童養護施設の長は、次の各号のいずれかに該当し、かつ、厚生労働大臣が指定する者が行う児童養護施設の運営に関し必要な知識を習得させるための研修を受けた者であつて、人格が高潔で識見が高く、児童養護施設を適切に運営する能力を有するものでなければならない。

一　医師であつて、精神保健又は小児保健に関して学識経験を有する者

二　社会福祉士の資格を有する者

三　児童養護施設の職員として三年以上勤務した者

四　都道府県知事が前各号に掲げる者と同等以上の能力を有すると認める者であつて、次に掲げる期間の合計が三年以上であるもの又は厚生労働大臣が指定する講習会の課程を修了したもの

イ　児童福祉司となる資格を有する者にあつては、児童福祉事業（国、都道府県又は市町村の内部組織における児童福祉に関する事務を含む。）に従事した期間

ロ　社会福祉主事となる資格を有する者にあつては、社会福祉事業に従事した期間

ハ　社会福祉施設の職員として勤務した期間（イ又はロに掲げる期間に該当する期間を除く。）

2　児童養護施設の長は、二年に一回以上、その資質の向上のための厚生労働大臣が指定する者が行う研修を受けなければならない。ただし、やむを得ない理由があるときは、この限りでない。

（児童指導員の資格）

第四十三条　児童指導員は、次の各号のいずれかに該当する者でなければならない。

一　都道府県知事の指定する児童福祉施設の職員を養成する学校その他の養成施設を卒業した者

二　社会福祉士の資格を有する者

三　精神保健福祉士の資格を有する者

四　学校教育法の規定による大学（短期大学を除く。次号において同じ。）において、社会福祉学、心理学、教育学若しく

は社会学を専修する学科又はこれらに相当する課程を修めて卒業した者

五　学校教育法の規定による大学において、社会福祉学、心理学、教育学又は社会学に関する科目の単位を優秀な成績で修得したことにより、同法第百二条第二項の規定により大学院への入学を認められた者

六　学校教育法の規定による大学院において、社会福祉学、心理学、教育学若しくは社会学を専攻する研究科又はこれらに相当する課程を修めて卒業した者

七　外国の大学において、社会福祉学、心理学、教育学若しくは社会学を専修する学科又はこれらに相当する課程を修めて卒業した者

八　学校教育法の規定による高等学校若しくは中等教育学校を卒業した者、同法第九十条第二項の規定により大学への入学を認められた者若しくは通常の課程による十二年の学校教育を修了した者（通常の課程以外の課程によりこれに相当する学校教育を修了した者を含む。）又は文部科学大臣がこれと同等以上の資格を有すると認定した者であつて、二年以上児童福祉事業に従事したもの

九　教育職員免許法に規定する幼稚園、小学校、中学校、義務教育学校、高等学校又は中等教育学校の教諭の免許状を有する者であつて、都道府県知事が適当と認めたもの

十　三年以上児童福祉事業に従事した者であつて、都道府県知事が適当と認めたもの

2　前項第一号の指定は、児童福祉法施行規則（昭和二十三年厚生省令第十一号）別表に定める教育内容に適合する学校又は施設について行うものとする。

（養護）

第四十四条　児童養護施設における養護は、児童に対して安定した生活環境を整えるとともに、生活指導、学習指導、職業指導及び家庭環境の調整を行いつつ児童を養育することにより、児童の心身の健やかな成長とその自立を支援することを目的として行わなければならない。

（生活指導、学習指導、職業指導及び家庭環境の調整）

第四十五条　児童養護施設における生活指導は、児童の自主性を尊重しつつ、基本的生活習慣を確立するとともに豊かな人間性及び社会性を養い、かつ、将来自立した生活を営むために必要な知識及び経験を得ることができるように行わなければならない。

2　児童養護施設における学習指導は、児童がその適性、能力等に応じた学習を行うことができるよう、適切な相談、助言、情報の提供等の支援により行わなければならない。

3　児童養護施設における職業指導は、勤労の基礎的な能力及び態度を育てるとともに、児童がその適性、能力等に応じた職業選択を行うことができるよう、適切な相談、助言、情報の提供等及び必要に応じ行う実習、講習等の支援により行わなければならない。

4　児童養護施設における家庭環境の調整は、児童の家庭の状況に応じ、親子関係の再構築等が図られるように行わなければならない。

（自立支援計画の策定）

第四十五条の二　児童養護施設の長は、第四十四条の目的を達成するため、入所中の個々の児童について、児童やその家庭の状況等を勘案して、その自立を支援するための計画を策定しなければならない。

（業務の質の評価等）

第四十五条の三　児童養護施設は、自らその行う法第四十一条に規定する業務の質の評価を行うとともに、定期的に外部の者による評価を受けて、それらの結果を公表し、常にその改善を図らなければならない。

（児童と起居を共にする職員）

第四十六条　児童養護施設の長は、児童指導員及び保育士のうち少なくとも一人を児童と起居を共にさせなければならない。

（関係機関との連携）

第四十七条　児童養護施設の長は、児童の通学する学校及び児童相談所並びに必要に応じ児童家庭支援センター、児童委員、公共

職業安定所等関係機関と密接に連携して児童の指導及び家庭環境の調整に当たらなければならない。

第八章　福祉型障害児入所施設

（設備の基準）

第四十八条　福祉型障害児入所施設の設備の基準は、次のとおりとする。

一　児童の居室、調理室、浴室、便所、医務室及び静養室を設けること。ただし、児童三十人未満を入所させる施設であつて主として知的障害のある児童を入所させるものにあつては医務室を、児童三十人未満を入所させる施設であつて主として盲児又はろうあ児（以下「盲ろうあ児」という。）を入所させるものにあつては医務室及び静養室を設けないことができる。

二　主として知的障害のある児童を入所させる福祉型障害児入所施設には、職業指導に必要な設備を設けること。

三　主として盲児を入所させる福祉型障害児入所施設には、次の設備を設けること。

イ　遊戯室、訓練室、職業指導に必要な設備及び音楽に関する設備

ロ　浴室及び便所の手すり並びに特殊表示等身体の機能の不自由を助ける設備

四　主としてろうあ児を入所させる福祉型障害児入所施設には、遊戯室、訓練室、職業指導に必要な設備及び映像に関する設備を設けること。

五　主として肢体不自由のある児童を入所させる福祉型障害児入所施設には、次の設備を設けること。

イ　訓練室及び屋外訓練場

ロ　浴室及び便所の手すり等身体の機能の不自由を助ける設備

六　主として盲児又は主として肢体不自由のある児童を入所させる福祉型障害児入所施設においては、階段の傾斜を緩やかにすること。

七　児童の居室の一室の定員は、これを四人以下とし、その面積は、一人につき四・九五平方メートル以上とすること。ただし、乳幼児のみの居室の一室の定員は、これを六人以下とし、その面積は、一人につき三・三平方メートル以上とする。

八　入所している児童の年齢等に応じ、男子と女子の居室を別にすること。

九　便所は、男子用と女子用とを別にすること。

（職員）

第四十九条　主として知的障害のある児童（自閉症を主たる症状とする児童（以下「自閉症児」という。）を除く。次項及び第三項において同じ。）を入所させる福祉型障害児入所施設には、嘱託医、児童指導員、保育士（特区法第十二条の五第五項に規定する事業実施区域内にある福祉型障害児入所施設にあつては、保育士又は当該事業実施区域に係る国家戦略特別区域限定保育士。以下この条において同じ。）、栄養士、調理員及び児童発達支援又は障害児入所支援の提供の管理を行う者として厚生労働大臣が定めるもの（障害児通所支援又は障害児入所支援管理責任者をいう。以下同じ。）を置かなければならない。ただし、児童四十人以下を入所させる施設にあつては栄養士を、調理業務の全部を委託する施設にあつては調理員を置かないことができる。

2　主として知的障害のある児童を入所させる福祉型障害児入所施設の嘱託医は、精神科又は小児科の診療に相当の経験を有する者でなければならない。

3　主として知的障害のある児童を入所させる福祉型障害児入所施設の児童指導員及び保育士の総数は、通じておおむね児童の数を四・三で除して得た数以上とする。ただし、児童三十人以下を入所させる施設にあつては、更に一以上を加えるものとする。

4　主として自閉症児を入所させる福祉型障害児入所施設には、第一項に規定する職員並びに医師及び看護職員（保健師、助産師、看護師又は准看護師をいう。以下この条及び第六十三条において同じ。）を置かなければならない。ただし、児童四十人以下を入所させる施設にあつては栄養士を、調理業務の全部を委託する施設にあつては調理員を置かないことができる。

児童家庭福祉

5　主として自閉症児を入所させる福祉型障害児入所施設の嘱託医については、第二項の規定を準用する。
6　主として自閉症児を入所させる福祉型障害児入所施設の児童指導員及び保育士の総数については、第三項の規定を準用する。
7　主として自閉症児を入所させる福祉型障害児入所施設の医師は、児童を対象とする精神科の診療に相当の経験を有する者でなければならない。
8　主として自閉症児を入所させる福祉型障害児入所施設の看護職員の数は、児童おおむね二十人につき一人以上とする。
9　主として盲ろうあ児を入所させる福祉型障害児入所施設については、第一項の規定を準用する。
10　主として盲ろうあ児を入所させる福祉型障害児入所施設の嘱託医は、眼科又は耳鼻咽喉科の診療に相当の経験を有する者でなければならない。
11　主として盲ろうあ児を入所させる福祉型障害児入所施設の児童指導員及び保育士の総数は、通じて、乳幼児おおむね四人につき一人以上、少年おおむね五人につき一人以上とする。ただし、児童三十五人以下を入所させる施設にあつては、更に一人以上を加えるものとする。
12　主として肢体不自由のある児童を入所させる福祉型障害児入所施設には、第一項に規定する職員及び看護職員を置かなければならない。ただし、児童四十人以下を入所させる施設にあつては栄養士を、調理業務の全部を委託する施設にあつては調理員を置かないことができる。
13　主として肢体不自由のある児童を入所させる福祉型障害児入所施設の児童指導員及び保育士の総数は、通じておおむね児童の数を三・五で除して得た数以上とする。
14　心理指導を行う必要があると認められる児童五人以上に心理指導を行う場合には心理指導担当職員を、職業指導を行う場合には職業指導員を置かなければならない。
15　心理指導担当職員は、学校教育法の規定による大学（短期大学を除く。）において、心理学を専修する学科若しくはこれに相当する課程を修めて卒業した者であつて、個人及び集団心理療法の技術を有するもの又はこれと同等以上の能力を有すると認められる者でなければならない。

（生活指導及び学習指導）

第五十条　福祉型障害児入所施設における生活指導は、児童が日常の起居の間に、当該福祉型障害児入所施設を退所した後、できる限り社会に適応するようこれを行わなければならない。
2　福祉型障害児入所施設における学習指導については、第四十五条第二項の規定を準用する。

（職業指導を行うに当たつて遵守すべき事項）

第五十一条　福祉型障害児入所施設における職業指導は、児童の適性に応じ、児童が将来できる限り健全な社会生活を営むことができるようこれを行わなければならない。
2　前項に規定するほか、福祉型障害児入所施設における職業指導については、第四十五条第三項の規定を準用する。

（入所支援計画の作成）

第五十二条　福祉型障害児入所施設の長は、児童の保護者及び児童の意向、児童の適性、児童の障害の特性その他の事情を踏まえた計画を作成し、これに基づき児童に対して障害児入所支援を提供するとともに、その効果について継続的な評価を実施することその他の措置を講ずることにより児童に対して適切かつ効果的に障害児入所支援を提供しなければならない。

（児童と起居を共にする職員）

第五十三条　福祉型障害児入所施設（主として盲ろうあ児を入所させる福祉型障害児入所施設を除く。）については、第四十六条の規定を準用する。

（保護者等との連絡）

第五十四条　福祉型障害児入所施設の長は、児童の保護者に児童の性質及び能力を説明するとともに、児童の通学する学校及び必要に応じ当該児童を取り扱つた児童福祉司又は児童委員と常に密接な連絡をとり、児童の生活指導、学習指導及び職業指導につき、その協力を求めなければならない。

（心理学的及び精神医学的診査）
第五十五条 主として知的障害のある児童を入所させる福祉型障害児入所施設においては、入所している児童を適切に保護するため、随時心理学的及び精神医学的診査を行わなければならない。ただし、児童の福祉に有害な実験にわたつてはならない。

（入所した児童に対する健康診断）
第五十六条 主として盲ろうあ児を入所させる福祉型障害児入所施設においては、第十二条第一項に規定する入所時の健康診断に当たり、特に盲ろうあの原因及び機能障害の状況を精密に診断し、治療可能な者については、できる限り治療しなければならない。

2 主として肢体不自由のある児童を入所させる福祉型障害児入所施設においては、第十二条第一項に規定する入所時の健康診断に当たり、整形外科的診断により肢体の機能障害の原因及びその状況を精密に診断し、入所を継続するか否かを考慮しなければならない。

第八章の二 医療型障害児入所施設

（設備の基準）
第五十七条 医療型障害児入所施設の設備の基準は、次のとおりとする。

一 医療型障害児入所施設には、医療法に規定する病院として必要な設備のほか、訓練室及び浴室を設けること。

二 主として自閉症児を入所させる医療型障害児入所施設には、静養室を設けること。

三 主として肢体不自由のある児童を入所させる医療型障害児入所施設には、屋外訓練場、ギブス室、特殊手工芸等の作業を指導するに必要な設備、義肢装具を製作する設備を設けること。ただし、義肢装具を製作する設備は、他に適当な設備がある場合は、これを設けることを要しないこと。

四 主として肢体不自由のある児童を入所させる医療型障害児入所施設においては、階段の傾斜を緩やかにするほか、浴室及び便所の手すり等身体の機能の不自由を助ける設備を設けること。

（職員）
第五十八条 主として自閉症児を入所させる医療型障害児入所施設には、医療法に規定する病院として必要な職員のほか、児童指導員、保育士（特区法第十二条の五第五項に規定する事業実施区域内にある医療型障害児入所施設にあつては、保育士又は当該事業実施区域に係る国家戦略特別区域限定保育士。次項及び第五項において同じ。）及び児童発達支援管理責任者を置かなければならない。

2 主として自閉症児を入所させる医療型障害児入所施設の児童指導員及び保育士の総数は、通じておおむね児童の数を六・七で除して得た数以上とする。

3 主として肢体不自由のある児童を入所させる医療型障害児入所施設には、第一項に規定する職員及び理学療法士又は作業療法士を置かなければならない。

4 主として肢体不自由のある児童を入所させる医療型障害児入所施設の長及び医師は、肢体の機能の不自由な者の療育に関して相当の経験を有する医師でなければならない。

5 主として肢体不自由のある児童を入所させる医療型障害児入所施設の児童指導員及び保育士の総数は、通じて、乳幼児おおむね十人につき一人以上、少年おおむね二十人につき一人以上とする。

6 主として重症心身障害児（法第七条第二項に規定する重症心身障害児をいう。以下同じ。）を入所させる医療型障害児入所施設には、第三項に規定する職員及び心理指導を担当する職員を置かなければならない。

7 主として重症心身障害児を入所させる医療型障害児入所施設の長及び医師は、内科、精神科、医療法施行令（昭和二十三年政令第三百二十六号）第三条の二第一項第一号ハ及びニ(2)の規定により神経と組み合わせた名称を診療科名とする診療科、小児科、外科、整形外科又はリハビリテーション科の診療に相当の経験を有する医師でなければならない。

(心理学的及び精神医学的診査)

第五十九条　主として自閉症児を入所させる医療型障害児入所施設における心理学的及び精神医学的診査については、第五十五条の規定を準用する。

(入所した児童に対する健康診断)

第六十条　主として肢体不自由のある児童を入所させる医療型障害児入所施設においては、第十二条第一項に規定する入所時の健康診断に当たり、整形外科的診断により肢体の機能障害の原因及びその状況を精密に診断し、入所を継続するか否かを考慮しなければならない。

(児童と起居を共にする職員等)

第六十一条　医療型障害児入所施設（主として重症心身障害児を入所させる施設を除く。以下この項において同じ。）における児童と起居を共にする職員、生活指導、学習指導及び職業指導並びに医療型障害児入所施設の長の保護者等との連絡については、第四十六条、第五十条、第五十一条及び第五十四条の規定を準用する。

2　医療型障害児入所施設の長の計画の作成については、第五十二条の規定を準用する。

第八章の三　福祉型児童発達支援センター

(設備の基準)

第六十二条　福祉型児童発達支援センターの設備の基準は、次のとおりとする。

一　福祉型児童発達支援センター（主として重症心身障害児を通わせる福祉型児童発達支援センターを除く。以下この号において同じ。）には、指導訓練室、遊戯室、屋外遊戯場（福祉型児童発達支援センターの付近にある屋外遊戯場に代わるべき場所を含む。）、医務室、相談室、調理室、便所並びに児童発達支援の提供に必要な設備及び備品を設けること。

二　福祉型児童発達支援センター（主として難聴児を通わせる福祉型児童発達支援センター及び主として重症心身障害児を通わせる福祉型児童発達支援センターを除く。次号において同じ。）の指導訓練室の一室の定員は、これをおおむね十人とし、その面積は、児童一人につき二・四七平方メートル以上とすること。

三　福祉型児童発達支援センターの遊戯室の面積は、児童一人につき一・六五平方メートル以上とすること。

四　主として知的障害のある児童を通わせる福祉型児童発達支援センターには、静養室を設けること。

五　主として難聴児を通わせる福祉型児童発達支援センターには、聴力検査室を設けること。

六　主として重症心身障害児を通わせる福祉型児童発達支援センターには、指導訓練室、調理室、便所並びに児童発達支援の提供に必要な設備及び備品を設けること。

(職員)

第六十三条　福祉型児童発達支援センター（主として難聴児を通わせる福祉型児童発達支援センター及び主として重症心身障害児を通わせる福祉型児童発達支援センターを除く。次項において同じ。）には、嘱託医、児童指導員、保育士（特区法第十二条の五第五項に規定する事業実施区域内にある福祉型児童発達支援センターにあつては、保育士又は当該事業実施区域に係る国家戦略特別区域限定保育士。以下この条において同じ。）、栄養士、調理員及び児童発達支援管理責任者のほか、日常生活を営むのに必要な機能訓練を行う場合には、機能訓練担当職員（日常生活を営むのに必要な機能訓練を担当する職員をいう。以下同じ。）を置かなければならない。ただし、児童四十人以下を通わせる施設にあつては栄養士を、調理業務の全部を委託する施設にあつては調理員を置かないことができる。

2　福祉型児童発達支援センターの児童指導員、保育士及び機能訓練担当職員の総数は、通じておおむね児童の数を四で除して得た数以上とする。

3　主として知的障害のある児童を通わせる福祉型児童発達支援センターの嘱託医は、精神科又は小児科の診療に相当の経験を有する者でなければならない。

4　主として難聴児を通わせる福祉型児童発

達支援センターには、第一項に規定する職員及び言語聴覚士を置かなければならない。ただし、児童四十人以下を通わせる施設にあつては栄養士を、調理業務の全部を委託する施設にあつては調理員を置かないことができる。

5　主として難聴児を通わせる福祉型児童発達支援センターの嘱託医は、眼科又は耳鼻咽喉科の診療に相当の経験を有する者でなければならない。

6　主として難聴児を通わせる福祉型児童発達支援センターの児童指導員、保育士、言語聴覚士及び機能訓練担当職員の総数は、通じておおむね児童の数を四で除して得た数以上とする。ただし、言語聴覚士の数は、四人以上でなければならない。

7　主として重症心身障害児を通わせる福祉型児童発達支援センターには、第一項に規定する職員及び看護職員を置かなければならない。ただし、児童四十人以下を通わせる施設にあつては栄養士を、調理業務の全部を委託する施設にあつては調理員を置かないことができる。

8　主として重症心身障害児を通わせる福祉型児童発達支援センターの嘱託医は、内科、精神科、医療法施行令第三条の二第一項第一号ハ及びニ(2)の規定により神経と組み合わせた名称を診療科名とする診療科、小児科、外科、整形外科又はリハビリテーション科の診療に相当の経験を有する者でなければならない。

9　主として重症心身障害児を通わせる福祉型児童発達支援センターの児童指導員、保育士、看護職員及び機能訓練担当職員の数は、通じておおむね児童の数を四で除して得た数以上とする。ただし、機能訓練担当職員の数は、一人以上でなければならない。

（生活指導及び計画の作成）

第六十四条　福祉型児童発達支援センターにおける生活指導及び福祉型児童発達支援センターの長の計画の作成については、第五十条第一項及び第五十二条の規定を準用する。

（保護者等との連絡）

第六十五条　福祉型児童発達支援センターの長は、児童の保護者に児童の性質及び能力を説明するとともに、必要に応じ当該児童を取り扱つた児童福祉司又は児童委員と常に密接な連絡をとり、児童の生活指導につき、その協力を求めなければならない。

（入所した児童に対する健康診断）

第六十六条　主として難聴児を通わせる福祉型児童発達支援センターにおいては、第十二条第一項に規定する入所時の健康診断に当たり、特に難聴の原因及び機能障害の状況を精密に診断し、治療可能な者については、できる限り治療しなければならない。

（心理学的及び精神医学的診査）

第六十七条　主として知的障害のある児童を通わせる福祉型児童発達支援センターにおける心理学的及び精神医学的診査については、第五十五条の規定を準用する。

第八章の四　医療型児童発達支援センター

（設備の基準）

第六十八条　医療型児童発達支援センターの設備の基準は、次のとおりとする。

一　医療法に規定する診療所として必要な設備のほか、指導訓練室、屋外訓練場、相談室及び調理室を設けること。

二　階段の傾斜を緩やかにするほか、浴室及び便所の手すり等身体の機能の不自由を助ける設備を設けること。

（職員）

第六十九条　医療型児童発達支援センターには、医療法に規定する診療所として必要な職員のほか、児童指導員、保育士（特区法第十二条の五第五項に規定する事業実施区域内にある医療型児童発達支援センターにあつては、保育士又は当該事業実施区域に係る国家戦略特別区域限定保育士）、看護師、理学療法士又は作業療法士及び児童発達支援管理責任者を置かなければならない。

（入所した児童に対する健康診断）

第七十条　医療型児童発達支援センターにおいては、第十二条第一項に規定する入所時の健康診断に当たり、整形外科的診断により肢体の機能障害の原因及びその状況を精密に診断し、入所を継続するか否かを考慮しなければならない。

（生活指導等）
第七十一条 医療型児童発達支援センターにおける生活指導並びに医療型児童発達支援センターの長の保護者等との連絡及び計画の作成については、第五十条第一項、第五十二条及び第六十五条の規定を準用する。

第九章 児童心理治療施設

（設備の基準）
第七十二条 児童心理治療施設の設備の基準は、次のとおりとする。
一 児童の居室、医務室、静養室、遊戯室、観察室、心理検査室、相談室、工作室、調理室、浴室及び便所を設けること。
二 児童の居室の一室の定員は、これを四人以下とし、その面積は、一人につき四・九五平方メートル以上とすること。
三 男子と女子の居室は、これを別にすること。
四 便所は、男子用と女子用とを別にすること。ただし、少数の児童を対象として設けるときは、この限りでない。

（職員）
第七十三条 児童心理治療施設には、医師、心理療法担当職員、児童指導員、保育士（特区法第十二条の五第五項に規定する事業実施区域内にある児童心理治療施設にあつては、保育士又は当該事業実施区域に係る国家戦略特別区域限定保育士。第六項において同じ。）、看護師、個別対応職員、家庭支援専門相談員、栄養士及び調理員を置かなければならない。ただし、調理業務の全部を委託する施設にあつては、調理員を置かないことができる。

2 医師は、精神科又は小児科の診療に相当の経験を有する者でなければならない。

3 心理療法担当職員は、学校教育法の規定による大学（短期大学を除く。以下この項において同じ。）において、心理学を専修する学科若しくはこれに相当する課程を修めて卒業した者又は同法の規定による大学において、心理学に関する科目の単位を優秀な成績で修得したことにより、同法第百二条第二項の規定により大学院への入学を認められた者であつて、個人及び集団心理療法の技術を有し、かつ、心理療法に関する一年以上の経験を有するものでなければならない。

4 家庭支援専門相談員は、社会福祉士若しくは精神保健福祉士の資格を有する者、児童心理治療施設において児童の指導に五年以上従事した者又は法第十三条第三項各号のいずれかに該当する者でなければならない。

5 心理療法担当職員の数は、おおむね児童十人につき一人以上とする。

6 児童指導員及び保育士の総数は、通じておおむね児童四・五人につき一人以上とする。

（児童心理治療施設の長の資格等）
第七十四条 児童心理治療施設の長は、次の各号のいずれかに該当し、かつ、厚生労働大臣が指定する者が行う児童心理治療施設の運営に関し必要な知識を習得させるための研修を受けた者であつて、人格が高潔で識見が高く、児童心理治療施設を適切に運営する能力を有するものでなければならない。
一 医師であつて、精神保健又は小児保健に関して学識経験を有する者
二 社会福祉士の資格を有する者
三 児童心理治療施設の職員として三年以上勤務した者
四 都道府県知事が前各号に掲げる者と同等以上の能力を有すると認める者であつて、次に掲げる期間の合計が三年以上であるもの又は厚生労働大臣が指定する講習会の課程を修了したもの
イ 児童福祉司となる資格を有する者にあつては、児童福祉事業（国、都道府県又は市町村の内部組織における児童福祉に関する事務を含む。）に従事した期間
ロ 社会福祉主事となる資格を有する者にあつては、社会福祉事業に従事した期間
ハ 社会福祉施設の職員として勤務した期間（イ又はロに掲げる期間に該当す

る期間を除く。）

2　児童心理治療施設の長は、二年に一回以上、その資質の向上のための厚生労働大臣が指定する者が行う研修を受けなければならない。ただし、やむを得ない理由があるときは、この限りでない。

（心理療法、生活指導及び家庭環境の調整）

第七十五条　児童心理治療施設における心理療法及び生活指導は、児童の社会的適応能力の回復を図り、児童が、当該児童心理治療施設を退所した後、健全な社会生活を営むことができるようにすることを目的として行わなければならない。

2　児童心理治療施設における家庭環境の調整は、児童の保護者に児童の状態及び能力を説明するとともに、児童の家庭の状況に応じ、親子関係の再構築等が図られるように行わなければならない。

（自立支援計画の策定）

第七十六条　児童心理治療施設の長は、前条第一項の目的を達成するため、入所中の個々の児童について、児童やその家庭の状況等を勘案して、その自立を支援するための計画を策定しなければならない。

（業務の質の評価等）

第七十六条の二　児童心理治療施設は、自らその行う法第四十三条の五に規定する業務の質の評価を行うとともに、定期的に外部の者による評価を受けて、それらの結果を公表し、常にその改善を図らなければならない。

（児童と起居を共にする職員）

第七十七条　児童心理治療施設については、第四十六条の規定を準用する。

（関係機関との連携）

第七十八条　児童心理治療施設の長は、児童の通学する学校及び児童相談所並びに必要に応じ児童家庭支援センター、児童委員、保健所、市町村保健センター等関係機関と密接に連携して児童の指導及び家庭環境の調整に当たらなければならない。

第十章　児童自立支援施設

（設備の基準）

第七十九条　児童自立支援施設の学科指導に関する設備については、小学校、中学校又は特別支援学校の設備の設置基準に関する学校教育法の規定を準用する。ただし、学科指導を行わない場合にあつてはこの限りでない。

2　前項に規定する設備以外の設備については、第四十一条（第二号ただし書を除く。）の規定を準用する。ただし、男子と女子の居室は、これを別にしなければならない。

（職員）

第八十条　児童自立支援施設には、児童自立支援専門員（児童自立支援施設において児童の自立支援を行う者をいう。以下同じ。）、児童生活支援員（児童自立支援施設において児童の生活支援を行う者をいう。以下同じ。）、嘱託医及び精神科の診療に相当の経験を有する医師又は嘱託医、個別対応職員、家庭支援専門相談員、栄養士並びに調理員を置かなければならない。ただし、児童四十人以下を入所させる施設にあつては栄養士を、調理業務の全部を委託する施設にあつては調理員を置かないことができる。

2　家庭支援専門相談員は、社会福祉士若しくは精神保健福祉士の資格を有する者、児童自立支援施設において児童の指導に五年以上従事した者又は法第十三条第三項各号のいずれかに該当する者でなければならない。

3　心理療法を行う必要があると認められる児童十人以上に心理療法を行う場合には、心理療法担当職員を置かなければならない。

4　心理療法担当職員は、学校教育法の規定による大学（短期大学を除く。以下この項において同じ。）において、心理学を専修する学科若しくはこれに相当する課程を修めて卒業した者又は同法の規定による大学において、心理学に関する科目の単位を優秀な成績で修得したことにより、同法第百二条第二項の規定により大学院への入学を認められた者であつて、個人及び集団心理療法の技術を有し、かつ、心理療法に関する一年以上の経験を有するものでなければならない。

5　実習設備を設けて職業指導を行う場合に

は、職業指導員を置かなければならない。

6　児童自立支援専門員及び児童生活支援員の総数は、通じておおむね児童四・五人につき一人以上とする。

（児童自立支援施設の長の資格等）

第八十一条　児童自立支援施設の長は、次の各号のいずれかに該当し、かつ、厚生労働省組織規則（平成十三年厚生労働省令第一号）第六百二十二条に規定する児童自立支援専門員養成所（以下「養成所」という。）が行う児童自立支援施設の運営に関し必要な知識を習得させるための研修又はこれに相当する研修を受けた者であつて、人格が高潔で識見が高く、児童自立支援施設を適切に運営する能力を有するものでなければならない。

一　医師であつて、精神保健に関して学識経験を有する者

二　社会福祉士の資格を有する者

三　児童自立支援専門員の職にあつた者等児童自立支援事業に五年以上（養成所が行う児童自立支援専門員として必要な知識及び技能を習得させるための講習の課程（以下「講習課程」という。）を修了した者にあつては、三年以上）従事した者

四　都道府県知事が前各号に掲げる者と同等以上の能力を有すると認める者であつて、次に掲げる期間の合計が五年以上（養成所が行う講習課程を修了した者にあつては、三年以上）であるもの

イ　児童福祉司となる資格を有する者にあつては、児童福祉事業（国、都道府県、指定都市又は児童相談所設置市の内部組織における児童福祉に関する事務を含む。）に従事した期間

ロ　社会福祉主事となる資格を有する者にあつては、社会福祉事業に従事した期間

ハ　社会福祉施設の職員として勤務した期間（イ又はロに掲げる期間に該当する期間を除く。）

2　児童自立支援施設の長は、二年に一回以上、その資質の向上のための厚生労働大臣が指定する者が行う研修を受けなければならない。ただし、やむを得ない理由があるときは、この限りでない。

（児童自立支援専門員の資格）

第八十二条　児童自立支援専門員は、次の各号のいずれかに該当する者でなければならない。

一　医師であつて、精神保健に関して学識経験を有する者

二　社会福祉士の資格を有する者

三　都道府県知事の指定する児童自立支援専門員を養成する学校その他の養成施設を卒業した者（学校教育法の規定による専門職大学の前期課程を修了した者を含む。）

四　学校教育法の規定による大学（短期大学を除く。以下この号において同じ。）において、社会福祉学、心理学、教育学若しくは社会学を専修する学科若しくはこれらに相当する課程を修めて卒業した者又は同法の規定による大学において、社会福祉学、心理学、教育学若しくは社会学に関する科目の単位を優秀な成績で修得したことにより、同法第百二条第二項の規定により大学院への入学を認められた者であつて、一年以上児童自立支援事業に従事したもの又は前条第一項第四号イからハまでに掲げる期間の合計が二年以上であるもの

五　学校教育法の規定による大学院において、社会福祉学、心理学、教育学若しくは社会学を専攻する研究科又はこれらに相当する課程を修めて卒業した者であつて、一年以上児童自立支援事業に従事したもの又は前条第一項第四号イからハまでに掲げる期間の合計が二年以上であるもの

六　外国の大学において、社会福祉学、心理学、教育学若しくは社会学を専修する学科又はこれらに相当する課程を修めて卒業した者であつて、一年以上児童自立支援事業に従事したもの又は前条第一項第四号イからハまでに掲げる期間の合計が二年以上であるもの

七　学校教育法の規定による高等学校若しくは中等教育学校を卒業した者、同法第九十条第二項の規定により大学への入学

を認められた者若しくは通常の課程による十二年の学校教育を修了した者（通常の課程以外の課程によりこれに相当する学校教育を修了した者を含む。）又は文部科学大臣がこれと同等以上の資格を有すると認定した者であつて、三年以上児童自立支援事業に従事したもの又は前条第一項第四号イからハまでに掲げる期間の合計が五年以上であるもの

八　教育職員免許法に規定する小学校、中学校、義務教育学校、高等学校又は中等教育学校の教諭の免許状を有する者であつて、一年以上児童自立支援事業に従事したもの又は二年以上教員としてその職務に従事したもの

2　前項第三号の指定については、第四十三条第二項の規定を準用する。

（児童生活支援員の資格）

第八十三条　児童生活支援員は、次の各号のいずれかに該当する者でなければならない。

一　保育士（特区法第十二条の五第五項に規定する事業実施区域内にある児童自立支援施設にあつては、保育士又は当該事業実施区域に係る国家戦略特別区域限定保育士）の資格を有する者

二　社会福祉士の資格を有する者

三　三年以上児童自立支援事業に従事した者

（生活指導、職業指導、学科指導及び家庭環境の調整）

第八十四条　児童自立支援施設における生活指導及び職業指導は、すべて児童がその適性及び能力に応じて、自立した社会人として健全な社会生活を営んでいくことができるよう支援することを目的として行わなければならない。

2　学科指導については、学校教育法の規定による学習指導要領を準用する。ただし、学科指導を行わない場合にあつてはこの限りでない。

3　生活指導、職業指導及び家庭環境の調整については、第四十五条（第二項を除く。）の規定を準用する。

（自立支援計画の策定）

第八十四条の二　児童自立支援施設の長は、前条第一項の目的を達成するため、入所中の個々の児童について、児童やその家庭の状況等を勘案して、その自立を支援するための計画を策定しなければならない。

（業務の質の評価等）

第八十四条の三　児童自立支援施設は、自らその行う法第四十四条に規定する業務の質の評価を行うとともに、定期的に外部の者による評価を受けて、それらの結果を公表し、常にその改善を図らなければならない。

（児童と起居を共にする職員）

第八十五条　児童自立支援施設の長は、児童自立支援専門員及び児童生活支援員のうち少なくとも一人を児童と起居を共にさせなければならない。

第八十六条　削除

（関係機関との連携）

第八十七条　児童自立支援施設の長は、児童の通学する学校及び児童相談所並びに必要に応じ児童家庭支援センター、児童委員、公共職業安定所等関係機関と密接に連携して児童の指導及び家庭環境の調整に当たらなければならない。

（心理学的及び精神医学的診査等）

第八十八条　児童自立支援施設においては、入所している児童の自立支援のため、随時心理学的及び精神医学的診査並びに教育評価（学科指導を行う場合に限る。）を行わなければならない。

第十一章　児童家庭支援センター

（設備の基準）

第八十八条の二　児童家庭支援センターには相談室を設けなければならない。

（職員）

第八十八条の三　児童家庭支援センターには、法第四十四条の二第一項に規定する業務（次条において「支援」という。）を担当する職員を置かなければならない。

2　前項の職員は、法第十三条第三項各号のいずれかに該当する者でなければならない。

（支援を行うに当たつて遵守すべき事項）

第八十八条の四　児童家庭支援センターにお

ける支援に当たつては、児童、保護者その他の意向の把握に努めるとともに、懇切を旨としなければならない。

2　児童家庭支援センターにおいて、児童相談所、福祉事務所、児童福祉施設、民生委員、児童委員、母子・父子自立支援員、母子・父子福祉団体、公共職業安定所、婦人相談員、保健所、市町村保健センター、精神保健福祉センター、学校等との連絡調整を行うに当たつては、その他の支援を迅速かつ的確に行うことができるよう円滑にこれを行わなければならない。

3　児童家庭支援センターにおいては、その附置されている施設との緊密な連携を行うとともに、その支援を円滑に行えるよう必要な措置を講じなければならない。

附　則（抄）

（施行の期日）

第八十九条　この省令は、公布の日（昭和二十三年十二月二十九日）から、施行する。

児童福祉法に基づく指定通所支援の事業等の人員、設備及び運営に関する基準（抄）

（平成二四・二・三　厚労令一五）

（題名改正＝平成二四厚労令一二六）
最新改正　平成三〇厚労令三

第一章　総則

（趣旨）

第一条　児童福祉法（昭和二十二年法律第百六十四号。以下「法」という。）第二十一条の五の四第二項、第二十一条の五の十七第二項及び第二十一条の五の十九第三項の厚生労働省令で定める基準は、次の各号に掲げる基準に応じ、それぞれ当該各号に定める規定による基準とする。

一　法第二十一条の五の四第一項第二号の規定により、同条第二項第一号に掲げる事項について都道府県（地方自治法（昭和二十二年法律第六十七号）第二百五十二条の十九第一項の指定都市（第五十条第三項において「指定都市」という。）及び法第五十九条の四第一項の児童相談所設置市（第五十条第三項において「児童相談所設置市」という。）を含む。以下同じ。）が条例を定めるに当たって従うべき基準　第七条（第五十四条の九及び第七十一条の六において準用する場合に限る。）、第三十条第四項（第五十四条の九及び第七十一条の六において準用する場合に限る。）、第五十四条の六、第五十四条の十第一号（第七十一条の六において準用する場合を含む。）、第五十四条の十一第二号（第七十一条の六において準用する場合を含む。）、第五十四条の十二第四号（第七十一条の六において準用する場合を含む。）及び第七十一条の三の規定による基準

二　法第二十一条の五の四第一項第二号の規定により、同条第二項第三号に掲げる事項について都道府県が条例を定めるに当たって従うべき基準　第十二条（第五十四条の九及び第七十一条の六において準用する場合に限る。）、第十四条（第五十四条の九及び第七十一条の六において準用する場合に限る。）、第四十四条（第五十四条の九及び第七十一条の六において準用する場合に限る。）、第四十五条（第五十四条の九及び第七十一条の六において準用する場合に限る。）、第四十七条（第五十四条の九及び第七十一条の六において準用する場合に限る。）及び第五十二条（第五十四条の九及び第七十一条の六において準用する場合に限る。）の規定による基準

三　法第二十一条の五の四第一項第二号の規定により、同条第二項第四号に掲げる

事項について都道府県が条例を定めるに当たって標準とすべき基準　第五十四条の八、第五十四条の十二第二号（第七十一条の六において準用する場合を含む。）、第六十九条（第七十一条の六において準用する場合に限る。）及び第七十一条の五の規定による基準

四　法第二十一条の五の十七第一項第一号の規定により、同条第二項第一号に掲げる事項について都道府県が条例を定めるに当たって従うべき基準　第七条（第五十四条の五及び第七十一条の二において準用する場合に限る。）、第八条第二項（第五十四条の五及び第七十一条の二において準用する場合に限る。）、第三十条第四項（第五十四条の五及び第七十一条の二において準用する場合に限る。）、第五十四条の二第一号（第七十一条の二において準用する場合を含む。）、第五十四条の三第二号（第七十一条の二において準用する場合を含む。）及び第五十四条の四第四号（第七十一条の二において準用する場合を含む。）の規定による基準

五　法第二十一条の五の十七第一項第二号の規定により、同条第二項第二号に掲げる事項について都道府県が条例を定めるに当たって従うべき基準　第五十四条の三第一号（第七十一条の二において準用する場合を含む。）及び第五十四条の四第三号（第七十一条の二において準用する場合を含む。）の規定による基準

六　法第二十一条の五の十七第一項第二号の規定により、同条第二項第三号に掲げる事項について都道府県が条例を定めるに当たって従うべき基準　第十二条（第五十四条の五及び第七十一条の二において準用する場合に限る。）、第十四条（第五十四条の五及び第七十一条の二において準用する場合に限る。）、第四十四条（第五十四条の五及び第七十一条の二において準用する場合に限る。）、第四十五条（第五十四条の五及び第七十一条の二において準用する場合に限る。）、第四十六条（第五十四条の五において準用する場合に限る。）、第四十七条（第五十四条の五及び第七十一条の二において準用する場合に限る。）及び第五十二条（第五十四条の五及び第七十一条の二において準用する場合に限る。）の規定による基準

七　法第二十一条の五の十七第一項第二号の規定により、同条第二項第四号に掲げる事項について都道府県が条例を定めるに当たって標準とすべき基準　第五十四条の四第二号（第七十一条の二において準用する場合を含む。）の規定による基準

八　法第二十一条の五の十九第一項の規定により、同条第三項第一号に掲げる事項について都道府県が条例を定めるに当たって従うべき基準　第五条、第六条、第七条（第五十七条、第六十七条、第七十一条の九及び第七十四条において準用する場合を含む。）、第八条第二項（第六十七条において準用する場合を含む。）、第三十条第四項（第六十四条、第七十一条、第七十一条の十四及び第七十九条において準用する場合を含む。）、第五十六条、第六十六条、第七十一条の八、第七十三条、第八十条並びに附則第二条（置くべき従業者及びその員数に係る部分に限る。）及び第三条の規定による基準

九　法第二十一条の五の十九第二項の規定により、同条第三項第二号に掲げる事項について都道府県が条例を定めるに当たって従うべき基準　第十条第一項（指導訓練室及び遊戯室に係る部分に限る。）並びに第二項第一号ロ及び第二号並びに第五十八条第一項第一号（病室に係る部分に限る。）の規定による基準

十　法第二十一条の五の十九第二項の規定により、同条第三項第三号に掲げる事項について都道府県が条例を定めるに当たって従うべき基準　第十二条（第六十四条、第七十一条、第七十一条の十四及び第七十九条において準用する場合を含む。）、第十四条（第六十四条、第七十一条、第七十一条の十四及び第七十九条において準用する場合を含む。）、第四十四条（第六十四条、第七十一条、第七十一条の十四及び第七十九条において準用す

る場合を含む。）、第四十五条（第六十四条、第七十一条、第七十一条の十四及び第七十九条において準用する場合を含む。）、第四十六条（第六十四条において準用する場合を含む。）、第四十七条（第六十四条、第七十一条、第七十一条の十四及び第七十九条において準用する場合を含む。）及び第五十二条（第六十四条、第七十一条、第七十一条の十四及び第七十九条において準用する場合を含む。）の規定による基準

十一　法第二十一条の五の十九第二項の規定により、同条第三項第四号に掲げる事項について都道府県が条例を定めるに当たって標準とすべき基準　第十一条、第五十九条、第六十九条及び第八十二条の規定による基準

十二　法第二十一条の五の四第一項第二号、法第二十一条の五の十七第一項又は法第二十一条の五の十九第一項若しくは第二項の規定により、法第二十一条の五の四第二項各号、法第二十一条の五の十七第二項各号及び法第二十一条の五の十九第三項各号に掲げる事項以外の事項について都道府県が条例を定めるに当たって参酌すべき基準　この省令に定める基準のうち、前各号に定める規定による基準以外のもの

（定義）

第二条　この省令において、次の各号に掲げる用語の定義は、それぞれ当該各号に定めるところによる。

一　通所給付決定保護者　法第六条の二の二第九項に規定する通所給付決定保護者をいう。

二　指定障害児通所支援事業者等　法第二十一条の五の三第一項に規定する指定障害児通所支援事業者等をいう。

三　指定通所支援　法第二十一条の五の三第一項に規定する指定通所支援をいう。

四　指定通所支援費用基準額　法第二十一条の五の三第二項第一号（法第二十一条の五の十三第二項の規定により、同条第一項に規定する放課後等デイサービス障害児通所給付費等の支給について適用する場合を含む。）に掲げる額をいう。

五　通所利用者負担額　法第二十一条の五の三第二項第二号（法第二十一条の五の十三第二項の規定により、同条第一項に規定する放課後等デイサービス障害児通所給付費等の支給について適用する場合を含む。）に掲げる額及び肢体不自由児通所医療（法第二十一条の五の二十九第一項に規定する肢体不自由児通所医療をいう。以下同じ。）につき健康保険の療養に要する費用の額の算定方法の例により算定した費用の額から当該肢体不自由児通所医療につき支給された肢体不自由児通所医療費の額を控除して得た額の合計額をいう。

六　通所給付決定　法第二十一条の五の五第一項に規定する通所給付決定をいう。

七　支給量　法第二十一条の五の七第七項に規定する支給量をいう。

八　通所給付決定の有効期間　法第二十一条の五の七第八項に規定する通所給付決定の有効期間をいう。

九　通所受給者証　法第二十一条の五の七第九項に規定する通所受給者証をいう。

十　法定代理受領　法第二十一条の五の七第十一項（法第二十一条の五の十三第二項の規定により、同条第一項に規定する放課後等デイサービス障害児通所給付費等の支給について適用する場合を含む。）の規定により通所給付決定保護者に代わり市町村（特別区を含む。以下同じ。）が支払う指定通所支援に要した費用の額又は法第二十一条の五の二十九第三項の規定により通所給付決定保護者に代わり市町村が支払う肢体不自由児通所医療に要した費用の額の一部を指定障害児通所支援事業者等が受けることをいう。

十一　共生型通所支援　法第二十一条の五の十七第一項の申請に係る法第二十一条の五の三第一項の指定を受けた者による指定通所支援をいう。

十二　児童発達支援センター　法第四十三条に規定する児童発達支援センターをいう。

十三　多機能型事業所　第四条に規定する

指定児童発達支援の事業、第五十五条に規定する指定医療型児童発達支援の事業、第六十五条に規定する指定放課後等デイサービスの事業、第七十一条の七に規定する指定居宅訪問型児童発達支援の事業及び第七十二条に規定する指定保育所等訪問支援の事業並びに障害者の日常生活及び社会生活を総合的に支援するための法律に基づく指定障害福祉サービスの事業等の人員、設備及び運営に関する基準（平成十八年厚生労働省令第百七十一号。以下「指定障害福祉サービス等基準」という。）第七十七条に規定する指定生活介護の事業、指定障害福祉サービス等基準第百五十五条に規定する指定自立訓練（機能訓練）の事業、指定障害福祉サービス等基準第百六十五条に規定する指定自立訓練（生活訓練）の事業、指定障害福祉サービス等基準第百七十四条に規定する指定就労移行支援の事業、指定障害福祉サービス等基準第百八十五条に規定する指定就労継続支援A型の事業及び指定障害福祉サービス等基準第百九十八条に規定する指定就労継続支援B型の事業のうち二以上の事業を一体的に行う事業所（指定障害福祉サービス等基準に規定する事業のみを行う事業所を除く。）のことをいう。

（指定障害児通所支援事業者等の一般原則）

第三条　指定障害児通所支援事業者等は、通所給付決定保護者及び障害児の意向、障害児の適性、障害の特性その他の事情を踏まえた計画（第二十七条第一項において「通所支援計画」という。）を作成し、これに基づき障害児に対して指定通所支援を提供するとともに、その効果について継続的な評価を実施することその他の措置を講ずることにより障害児に対して適切かつ効果的に指定通所支援を提供しなければならない。

2　指定障害児通所支援事業者等は、当該指定障害児通所支援事業者等を利用する障害児の意思及び人格を尊重して、常に当該障害児の立場に立った指定通所支援の提供に努めなければならない。

3　指定障害児通所支援事業者等は、地域及び家庭との結び付きを重視した運営を行い、都道府県、市町村、障害者の日常生活及び社会生活を総合的に支援するための法律（平成十七年法律第百二十三号）第五条第一項に規定する障害福祉サービス（以下「障害福祉サービス」という。）を行う者、児童福祉施設その他の保健医療サービス又は福祉サービスを提供する者との連携に努めなければならない。

4　指定障害児通所支援事業者等は、当該指定障害児通所支援事業者等を利用する障害児の人権の擁護、虐待の防止等のため、責任者を設置する等必要な体制の整備を行うとともに、その従業者に対し、研修を実施する等の措置を講ずるよう努めなければならない。

第二章　児童発達支援

第一節　基本方針

第四条　児童発達支援に係る指定通所支援（以下「指定児童発達支援」という。）の事業は、障害児が日常生活における基本的動作及び知識技能を習得し、並びに集団生活に適応することができるよう、当該障害児の身体及び精神の状況並びにその置かれている環境に応じて適切かつ効果的な指導及び訓練を行うものでなければならない。

第二節　人員に関する基準

（従業者の員数）

第五条　指定児童発達支援の事業を行う者（以下「指定児童発達支援事業者」という。）が当該事業を行う事業所（以下「指定児童発達支援事業所」という。）（児童発達支援センターであるものを除く。以下この条において同じ。）に置くべき従業者及びその員数は、次のとおりとする。

一　児童指導員（児童福祉施設の設備及び運営に関する基準（昭和二十三年厚生省令第六十三号）第二十一条第六項に規定する児童指導員をいう。以下同じ。）、保育士（国家戦略特別区域法（平成二十五年法律第百七号。以下「特区法」という。）第十二条の五第五項に規定する事業実施区域内にある指定児童発達支援事業所にあっては、保育士又は当該事業実施区域に係る国家戦略特別区域限定保育士。以下この条において同じ。）又は学校教育法（昭和二十二年法律第二十六号）の規定による高等学校若しくは中等教育学校を卒業した者、同法第九十条第二項の規定により大学への入学を認められた者、通常の課程による十二年の学校教育を修了した者（通常の課程以外の課程によりこれに相当する学校教育を修了した者を含む。）若しくは文部科学大臣がこれと同等以上の資格を有すると認定した者であって、二年以上障害福祉サービスに係る業務に従事したもの（以下「障害福祉サービス経験者」という。）指定児童発達支援の単位ごとにその提供を行う時間帯を通じて専ら当該指定児童発達支援の提供に当たる児童指導員、保育士又は障害福祉サービス経験者の合計数が、イ又はロに掲げる障害児の数の区分に応じ、それぞれイ又はロに定める数以上

イ　障害児の数が十までのもの　二以上

ロ　障害児の数が十を超えるもの　二に、障害児の数が十を超えて五又はその端数を増すごとに一を加えて得た数以上

二　児童発達支援管理責任者（児童福祉施設の設備及び運営に関する基準第四十九条第一項に規定する児童発達支援管理責任者をいう。以下同じ。）　一以上

2　前項各号に掲げる従業者のほか、指定児童発達支援事業所において日常生活を営むのに必要な機能訓練を行う場合には、機能訓練担当職員（日常生活を営むのに必要な機能訓練を担当する職員をいう。以下同じ。）を置かなければならない。この場合において、当該機能訓練担当職員が指定児童発達支援の単位ごとにその提供を行う時間帯を通じて専ら当該指定児童発達支援の提供に当たる場合には、当該機能訓練担当職員の数を児童指導員、保育士又は障害福祉サービス経験者の合計数に含めることができる。

3　前二項の規定にかかわらず、主として重症心身障害児（法第七条第二項に規定する重症心身障害児をいう。以下同じ。）を通わせる指定児童発達支援事業所に置くべき従業者及びその員数は、次のとおりとする。ただし、指定児童発達支援の単位ごとにその提供を行う時間帯のうち日常生活を営むのに必要な機能訓練を行わない時間帯については、第四号の機能訓練担当職員を置かないことができる。

一　嘱託医　一以上

二　看護職員（保健師、助産師、看護師又は准看護師をいう。以下同じ。）　一以上

三　児童指導員又は保育士　一以上

四　機能訓練担当職員　一以上

五　児童発達支援管理責任者　一以上

4　第一項第一号及び第二項の指定児童発達支援の単位は、指定児童発達支援であって、その提供が同時に一又は複数の障害児に対して一体的に行われるものをいう。

5　第一項第一号の児童指導員、保育士又は障害福祉サービス経験者のうち、一人以上は、常勤でなければならない。

6　第一項第一号の児童指導員、保育士及び障害福祉サービス経験者の半数以上は、児童指導員又は保育士でなければならない。

7　第一項第二号に掲げる児童発達支援管理責任者のうち、一人以上は、専任かつ常勤でなければならない。

第六条　指定児童発達支援事業者が指定児童発達支援事業所（児童発達支援センターであるものに限る。以下この条において同じ。）に置くべき従業者及びその員数は、次のとおりとする。ただし、四十人以下の障害児を通わせる指定児童発達支援事業所にあっては第三号の栄養士を、調理業務の全部を委託する指定児童発達支援事業所にあっては第四号の調理員を置かないことができる。

一　嘱託医　一以上

二　児童指導員及び保育士（特区法第十二条の五第五項に規定する事業実施区域内にある指定児童発達支援事業所にあっては、保育士又は当該事業実施区域に係る国家戦略特別区域限定保育士。以下この条において同じ。）

イ　児童指導員及び保育士の総数　指定児童発達支援の単位ごとに、通じておおむね障害児の数を四で除して得た数以上
ロ　児童指導員　一以上
ハ　保育士　一以上
三　栄養士　一以上
四　調理員　一以上
五　児童発達支援管理責任者　一以上

2　前項各号に掲げる従業者のほか、指定児童発達支援事業所において日常生活を営むのに必要な機能訓練を行う場合には、機能訓練担当職員を置かなければならない。この場合において、当該機能訓練担当職員の数を児童指導員及び保育士の総数に含めることができる。

3　前項の規定にかかわらず、主として難聴児を通わせる指定児童発達支援事業所には、第一項各号に掲げる従業者のほか、次の各号に掲げる従業者を置かなければならない。この場合において、当該各号に掲げる従業者については、その数を児童指導員及び保育士の総数に含めることができる。
一　言語聴覚士　指定児童発達支援の単位ごとに四以上
二　機能訓練担当職員（日常生活を営むのに必要な機能訓練を行う場合に限る。）機能訓練を行うために必要な数

4　第二項の規定にかかわらず、主として重症心身障害児を通わせる指定児童発達支援事業所には、第一項各号に掲げる従業者のほか、次の各号に掲げる従業者を置かなければならない。この場合において、当該各号に掲げる従業者については、その数を児童指導員及び保育士の総数に含めることができる。
一　看護職員　一以上
二　機能訓練担当職員　一以上

5　第一項第二号イ及び第三項第一号の指定児童発達支援の単位は、指定児童発達支援であって、その提供が同時に一又は複数の障害児に対して一体的に行われるものをいう。

6　第一項から第四項まで（第一項第一号を除く。）に規定する従業者は、専ら当該指定児童発達支援事業所の職務に従事する者又は指定児童発達支援の単位ごとに専ら当該指定児童発達支援の提供に当たる者でなければならない。ただし、障害児の支援に支障がない場合は、第一項第三号の栄養士及び同項第四号の調理員については、併せて設置する他の社会福祉施設の職務に従事させることができる。

第三節　設備に関する基準

（設備）

第九条　指定児童発達支援事業所（児童発達支援センターであるものを除く。）は、指導訓練室のほか、指定児童発達支援の提供に必要な設備及び備品等を備えなければならない。

2　前項に規定する指導訓練室は、訓練に必要な機械器具等を備えなければならない。

3　第一項に規定する設備及び備品等は、専ら当該指定児童発達支援の事業の用に供するものでなければならない。ただし、障害児の支援に支障がない場合は、この限りでない。

第十条　指定児童発達支援事業所（児童発達支援センターであるものに限る。以下この条において同じ。）は、指導訓練室、遊戯室、屋外遊戯場（指定児童発達支援事業所の付近にある屋外遊戯場に代わるべき場所を含む。以下この項において同じ。）、医務室、相談室、調理室及び便所並びに指定児童発達支援の提供に必要な設備及び備品等を設けなければならない。ただし、主として重症心身障害児を通わせる指定児童発達支援事業所にあっては、遊戯室、屋外遊戯場、医務室及び相談室は、障害児の支援に支障がない場合は、設けないことができる。

2　前項に規定する設備の基準は、次のとおりとする。ただし、主として難聴児を通わせる指定児童発達支援事業所又は主として重症心身障害児を通わせる指定児童発達支援事業所にあっては、この限りでない。
一　指導訓練室
イ　定員は、おおむね十人とすること。
ロ　障害児一人当たりの床面積は、二・四七平方メートル以上とすること。

二　遊戯室　障害児一人当たりの床面積は、一・六五平方メートル以上とすること。

3　第一項に規定する設備のほか、主として知的障害のある児童を通わせる指定児童発達支援事業所は静養室を、主として難聴児を通わせる指定児童発達支援事業所は聴力検査室を設けなければならない。

4　第一項及び前項に規定する設備は、専ら当該指定児童発達支援の事業の用に供するものでなければならない。ただし、障害児の支援に支障がない場合は、併せて設置する他の社会福祉施設の設備に兼ねることができる。

第四節　運営に関する基準

（利用定員）

第十一条　指定児童発達支援事業所は、その利用定員を十人以上とする。ただし、主として重症心身障害児を通わせる指定児童発達支援事業所にあっては、利用定員を五人以上とすることができる。

（内容及び手続の説明及び同意）

第十二条　指定児童発達支援事業者は、通所給付決定保護者が指定児童発達支援の利用の申込みを行ったときは、当該利用申込を行った通所給付決定保護者（以下「利用申込者」という。）に係る障害児の障害の特性に応じた適切な配慮をしつつ、当該利用申込者に対し、第三十七条に規定する運営規程の概要、従業者の勤務体制その他の利用申込者のサービスの選択に資すると認められる重要事項を記した文書を交付して説明を行い、当該指定児童発達支援の提供の開始について当該利用申込者の同意を得なければならない。

2　指定児童発達支援事業者は、社会福祉法（昭和二十六年法律第四十五号）第七十七条の規定に基づき書面の交付を行う場合は、利用申込者に係る障害児の障害の特性に応じた適切な配慮をしなければならない。

（契約支給量の報告等）

第十三条　指定児童発達支援事業者は、指定児童発達支援を提供するときは、当該指定児童発達支援の内容、通所給付決定保護者に提供することを契約した指定児童発達支援の量（次項において「契約支給量」という。）その他の必要な事項（第三項及び第四項において「通所受給者証記載事項」という。）を通所給付決定保護者の通所受給者証に記載しなければならない。

2　契約支給量の総量は、当該通所給付決定保護者の支給量を超えてはならない。

3　指定児童発達支援事業者は、指定児童発達支援の利用に係る契約をしたときは、通所受給者証記載事項その他の必要な事項を市町村に対し遅滞なく報告しなければならない。

4　前三項の規定は、通所受給者証記載事項に変更があった場合について準用する。

（提供拒否の禁止）

第十四条　指定児童発達支援事業者は、正当な理由がなく、指定児童発達支援の提供を拒んではならない。

（連絡調整に対する協力）

第十五条　指定児童発達支援事業者は、指定児童発達支援の利用について市町村又は障害児相談支援事業を行う者（第四十九条第一項において「障害児相談支援事業者」という。）が行う連絡調整に、できる限り協力しなければならない。

（サービス提供困難時の対応）

第十六条　指定児童発達支援事業者は、指定児童発達支援事業所の通常の事業の実施地域（当該指定児童発達支援事業所が通常時に指定児童発達支援を提供する地域をいう。第三十七条第六号及び第五十一条第二項において同じ。）等を勘案し、利用申込者に係る障害児に対し自ら適切な指定児童発達支援を提供することが困難であると認めた場合は、適当な他の指定児童発達支援事業者等の紹介その他の必要な措置を速やかに講じなければならない。

（受給資格の確認）

第十七条　指定児童発達支援事業者は、指定児童発達支援の提供を求められた場合は、通所給付決定保護者の提示する通所受給者証によって、通所給付決定の有無、通所給付決定をされた指定通所支援の種類、通所給付決定の有効期間、支給量等を確かめるものとする。

（障害児通所給付費の支給の申請に係る援助）

第十八条　指定児童発達支援事業者は、指定児童発達支援に係る通所給付決定を受けていない者から利用の申込みがあった場合は、その者の意向を踏まえて速やかに障害児通所給付費の支給の申請が行われるよう必要な援助を行わなければならない。

2　指定児童発達支援事業者は、指定児童発達支援に係る通所給付決定に通常要すべき標準的な期間を考慮し、通所給付決定の有効期間の終了に伴う障害児通所給付費の支給申請について、必要な援助を行わなければならない。

（心身の状況等の把握）

第十九条　指定児童発達支援事業者は、指定児童発達支援の提供に当たっては、障害児の心身の状況、その置かれている環境、他の保健医療サービス又は福祉サービスの利用状況等の把握に努めなければならない。

（指定障害児通所支援事業者等との連携等）

第二十条　指定児童発達支援事業者は、指定児童発達支援の提供に当たっては、都道府県、市町村、障害福祉サービスを行う者、児童福祉施設その他の保健医療サービス又は福祉サービスを提供する者との密接な連携に努めなければならない。

2　指定児童発達支援事業者は、指定児童発達支援の提供の終了に際しては、障害児又はその家族に対して適切な援助を行うとともに、都道府県、市町村、障害福祉サービスを行う者、児童福祉施設その他の保健医療サービス又は福祉サービスを提供する者との密接な連携に努めなければならない。

（サービスの提供の記録）

第二十一条　指定児童発達支援事業者は、指定児童発達支援を提供した際は、当該指定児童発達支援の提供日、内容その他必要な事項を当該指定児童発達支援の提供の都度記録しなければならない。

2　指定児童発達支援事業者は、前項の規定による記録に際しては、通所給付決定保護者から指定児童発達支援を提供したことについて確認を受けなければならない。

（指定児童発達支援事業者が通所給付決定保護者に求めることのできる金銭の支払の範囲等）

第二十二条　指定児童発達支援事業者が、指定児童発達支援を提供する通所給付決定保護者に対して金銭の支払を求めることができるのは、当該金銭の使途が直接通所給付決定に係る障害児の便益を向上させるものであって、当該通所給付決定保護者に支払を求めることが適当であるものに限るものとする。

2　前項の規定により金銭の支払を求める際は、当該金銭の使途及び額並びに通所給付決定保護者に金銭の支払を求める理由について書面によって明らかにするとともに、通所給付決定保護者に対して説明を行い、同意を得なければならない。ただし、次条第一項から第三項までに規定する支払については、この限りでない。

（通所利用者負担額の受領）

第二十三条　指定児童発達支援事業者は、指定児童発達支援を提供した際は、通所給付決定保護者から当該指定児童発達支援に係る通所利用者負担額の支払を受けるものとする。

2　指定児童発達支援事業者は、法定代理受領を行わない指定児童発達支援を提供した際は、通所給付決定保護者から、当該指定児童発達支援に係る指定通所支援費用基準額の支払を受けるものとする。

3　指定児童発達支援事業者は、前二項の支払を受ける額のほか、指定児童発達支援において提供される便宜に要する費用のうち、次の各号（第一号にあっては、児童発達支援センターである指定児童発達支援事業所に係るものに限る。）に掲げる費用の額の支払を通所給付決定保護者から受けることができる。

一　食事の提供に要する費用

二　日用品費

三　前二号に掲げるもののほか、指定児童発達支援において提供される便宜に要する費用のうち、日常生活においても通常必要となるものに係る費用であって、通所給付決定保護者に負担させることが適

当と認められるもの

4　前項第一号に掲げる費用については、別に厚生労働大臣が定めるところによるものとする。

5　指定児童発達支援事業者は、第一項から第三項までの費用の額の支払を受けた場合は、当該費用に係る領収証を当該費用の額を支払った通所給付決定保護者に対し交付しなければならない。

6　指定児童発達支援事業者は、第三項の費用に係るサービスの提供に当たっては、あらかじめ、通所給付決定保護者に対し、当該サービスの内容及び費用について説明を行い、通所給付決定保護者の同意を得なければならない。

（指定児童発達支援の取扱方針）

第二十六条　指定児童発達支援事業者は、次条第一項に規定する児童発達支援計画に基づき、障害児の心身の状況等に応じて、その者の支援を適切に行うとともに、指定児童発達支援の提供が漫然かつ画一的なものとならないよう配慮しなければならない。

2　指定児童発達支援事業所の従業者は、指定児童発達支援の提供に当たっては、懇切丁寧を旨とし、通所給付決定保護者及び障害児に対し、支援上必要な事項について、理解しやすいように説明を行わなければならない。

3　指定児童発達支援事業者は、その提供する指定児童発達支援の質の評価を行い、常にその改善を図らなければならない。

4　指定児童発達支援事業者は、前項の規定により、その提供する指定児童発達支援の質の評価及び改善を行うに当たっては、次に掲げる事項について、自ら評価を行うとともに、当該指定児童発達支援事業者を利用する障害児の保護者による評価を受けて、その改善を図らなければならない。

一　当該指定児童発達支援事業者を利用する障害児及びその保護者の意向、障害児の適性、障害の特性その他の事情を踏まえた支援を提供するための体制の整備の状況

二　従業者の勤務の体制及び資質の向上のための取組の状況

三　指定児童発達支援の事業の用に供する設備及び備品等の状況

四　関係機関及び地域との連携、交流等の取組の状況

五　当該指定児童発達支援事業者を利用する障害児及びその保護者に対する必要な情報の提供、助言その他の援助の実施状況

六　緊急時等における対応方法及び非常災害対策

七　指定児童発達支援の提供に係る業務の改善を図るための措置の実施状況

5　指定児童発達支援事業者は、おおむね一年に一回以上、前項の評価及び改善の内容をインターネットの利用その他の方法により公表しなければならない。

（児童発達支援計画の作成等）

第二十七条　指定児童発達支援事業所の管理者は、児童発達支援管理責任者に指定児童発達支援に係る通所支援計画（以下この条及び第五十四条第二項第二号において「児童発達支援計画」という。）の作成に関する業務を担当させるものとする。

2　児童発達支援管理責任者は、児童発達支援計画の作成に当たっては、適切な方法により、障害児について、その有する能力、その置かれている環境及び日常生活全般の状況等の評価を通じて通所給付決定保護者及び障害児の希望する生活並びに課題等の把握（以下この条において「アセスメント」という。）を行い、障害児の発達を支援する上での適切な支援内容の検討をしなければならない。

3　児童発達支援管理責任者は、アセスメントに当たっては、通所給付決定保護者及び障害児に面接しなければならない。この場合において、児童発達支援管理責任者は、面接の趣旨を通所給付決定保護者及び障害児に対して十分に説明し、理解を得なければならない。

4　児童発達支援管理責任者は、アセスメント及び支援内容の検討結果に基づき、通所給付決定保護者及び障害児の生活に対する意向、障害児に対する総合的な支援目標及びその達成時期、生活全般の質を向上させ

るための課題、指定児童発達支援の具体的内容、指定児童発達支援を提供する上での留意事項その他必要な事項を記載した児童発達支援計画の原案を作成しなければならない。この場合において、障害児の家族に対する援助及び当該指定児童発達支援事業所が提供する指定児童発達支援以外の保健医療サービス又は福祉サービスとの連携も含めて児童発達支援計画の原案に位置付けるよう努めなければならない。

5　児童発達支援管理責任者は、児童発達支援計画の作成に当たっては、障害児に対する指定児童発達支援の提供に当たる担当者等を招集して行う会議を開催し、児童発達支援計画の原案について意見を求めるものとする。

6　児童発達支援管理責任者は、児童発達支援計画の作成に当たっては、通所給付決定保護者及び障害児に対し、当該児童発達支援計画について説明し、文書によりその同意を得なければならない。

7　児童発達支援管理責任者は、児童発達支援計画を作成した際には、当該児童発達支援計画を通所給付決定保護者に交付しなければならない。

8　児童発達支援管理責任者は、児童発達支援計画の作成後、児童発達支援計画の実施状況の把握（障害児についての継続的なアセスメントを含む。次項において「モニタリング」という。）を行うとともに、障害児について解決すべき課題を把握し、少なくとも六月に一回以上、児童発達支援計画の見直しを行い、必要に応じて、当該児童発達支援計画の変更を行うものとする。

9　児童発達支援管理責任者は、モニタリングに当たっては、通所給付決定保護者との連絡を継続的に行うこととし、特段の事情のない限り、次に定めるところにより行わなければならない。

一　定期的に通所給付決定保護者及び障害児に面接すること。

二　定期的にモニタリングの結果を記録すること。

10　第二項から第七項までの規定は、第八項に規定する児童発達支援計画の変更について準用する。

（**児童発達支援管理責任者の責務**）

第二十八条　児童発達支援管理責任者は、前条に規定する業務のほか、次に掲げる業務を行うものとする。

一　次条に規定する相談及び援助を行うこと。

二　他の従業者に対する技術指導及び助言を行うこと。

（**相談及び援助**）

第二十九条　指定児童発達支援事業者は、常に障害児の心身の状況、その置かれている環境等の的確な把握に努め、障害児又はその家族に対し、その相談に適切に応じるとともに、必要な助言その他の援助を行わなければならない。

（**指導、訓練等**）

第三十条　指定児童発達支援事業者は、障害児の心身の状況に応じ、障害児の自立の支援と日常生活の充実に資するよう、適切な技術をもって指導、訓練等を行わなければならない。

2　指定児童発達支援事業者は、障害児が日常生活における適切な習慣を確立するとともに、社会生活への適応性を高めるよう、あらゆる機会を通じて支援を行わなければならない。

3　指定児童発達支援事業者は、障害児の適性に応じ、障害児ができる限り健全な社会生活を営むことができるよう、より適切に指導、訓練等を行わなければならない。

4　指定児童発達支援事業者は、常時一人以上の従業者を指導、訓練等に従事させなければならない。

5　指定児童発達支援事業者は、障害児に対して、当該障害児に係る通所給付決定保護者の負担により、指定児童発達支援事業所の従業者以外の者による指導、訓練等を受けさせてはならない。

（**食事**）

第三十一条　指定児童発達支援事業所（児童発達支援センターであるものに限る。第四項において同じ。）において、障害児に食事を提供するときは、その献立は、できる限り、変化に富み、障害児の健全な発育に必要な栄養量を含有するものでなければならない。

2　食事は、前項の規定によるほか、食品の種類及び調理方法について栄養並びに障害児の身体的状況及び嗜好を考慮したものでなければならない。

3　調理は、あらかじめ作成された献立に従って行わなければならない。

4　指定児童発達支援事業所においては、障害児の健康な生活の基本としての食を営む力の育成に努めなければならない。

（社会生活上の便宜の供与等）

第三十二条　指定児童発達支援事業者は、教養娯楽設備等を備えるほか、適宜障害児のためのレクリエーション行事を行わなければならない。

2　指定児童発達支援事業者は、常に障害児の家族との連携を図るよう努めなければならない。

（健康管理）

第三十三条　指定児童発達支援事業者（児童発達支援センターである指定児童発達支援事業所において、指定児童発達支援の事業を行う者に限る。）は、常に障害児の健康の状況に注意するとともに、通所する障害児に対し、通所開始時の健康診断、少なくとも一年に二回の定期健康診断及び臨時の健康診断を、学校保健安全法（昭和三十三年法律第五十六号）に規定する健康診断に準じて行わなければならない。

2　前項の指定児童発達支援事業者は、同項の規定にかかわらず、次の表の上欄に掲げる健康診断が行われた場合であって、当該健康診断がそれぞれ同表の下欄に掲げる健康診断の全部又は一部に相当すると認められるときは、同欄に掲げる健康診断の全部又は一部を行わないことができる。この場合において、指定児童発達支援事業者は、それぞれ同表の上欄に掲げる健康診断の結果を把握しなければならない。

上欄	下欄
児童相談所等における障害児の通所開始前の健康診断	通所する障害児に対する障害児の通所開始時の健康診断
障害児が通学する学校における健康診断	定期の健康診断又は臨時の健康診断

3　指定児童発達支援事業所（児童発達支援センターであるものに限る。）の従業者の健康診断に当たっては、綿密な注意を払わなければならない。

（緊急時等の対応）

第三十四条　指定児童発達支援事業所の従業者は、現に指定児童発達支援の提供を行っているときに障害児に病状の急変が生じた場合その他必要な場合は、速やかに医療機関への連絡を行う等の必要な措置を講じなければならない。

（定員の遵守）

第三十九条　指定児童発達支援事業者は、利用定員及び指導訓練室の定員を超えて、指定児童発達支援の提供を行ってはならない。ただし、災害、虐待その他のやむを得ない事情がある場合は、この限りでない。

（衛生管理等）

第四十一条　指定児童発達支援事業者は、障害児の使用する設備及び飲用に供する水について、衛生的な管理に努め、又は衛生上必要な措置を講ずるとともに、健康管理等に必要となる機械器具等の管理を適正に行わなければならない。

2　指定児童発達支援事業者は、指定児童発達支援事業所において感染症又は食中毒が発生し、又はまん延しないように必要な措置を講ずるよう努めなければならない。

（協力医療機関）

第四十二条　指定児童発達支援事業者は、障害児の病状の急変等に備えるため、あらかじめ、協力医療機関を定めておかなければならない。

（身体拘束等の禁止）

第四十四条　指定児童発達支援事業者は、指定児童発達支援の提供に当たっては、障害児又は他の障害児の生命又は身体を保護するため緊急やむを得ない場合を除き、身体的拘束その他障害児の行動を制限する行為（次項において「身体拘束等」という。）を行ってはならない。

2　指定児童発達支援事業者は、やむを得ず身体拘束等を行う場合には、その態様及び時間、その際の障害児の心身の状況並びに緊急やむを得ない理由その他必要な事項を記録しなければならない。

（虐待等の禁止）

第四十五条　指定児童発達支援事業所の従業者は、障害児に対し、児童虐待の防止等に関する法律（平成十二年法律第八十二号）第二条各号に掲げる行為その他当該障害児の心身に有害な影響を与える行為をしてはならない。

（懲戒に係る権限の濫用禁止）

第四十六条　指定児童発達支援事業所（児童発達支援センターであるものに限る。）の長たる指定児童発達支援事業所の管理者は、障害児に対し法第四十七条第一項本文の規定により親権を行う場合であって懲戒するとき又は同条第三項の規定により懲戒に関しその障害児の福祉のために必要な措置を採るときは、身体的苦痛を与え、人格を辱める等その権限を濫用してはならない。

（秘密保持等）

第四十七条　指定児童発達支援事業所の従業者及び管理者は、正当な理由がなく、その業務上知り得た障害児又はその家族の秘密を漏らしてはならない。

2　指定児童発達支援事業者は、従業者及び管理者であった者が、正当な理由がなく、その業務上知り得た障害児又はその家族の秘密を漏らすことがないよう、必要な措置を講じなければならない。

3　指定児童発達支援事業者は、指定障害児入所施設等（法第二十四条の二第一項に規定する指定障害児入所施設等をいう。）、指定障害福祉サービス事業者等（障害者の日常生活及び社会生活を総合的に支援するための法律第二十九条第二項に規定する指定障害福祉サービス事業者等をいう。）その他の福祉サービスを提供する者等に対して、障害児又はその家族に関する情報を提供する際は、あらかじめ文書により当該障害児又はその家族の同意を得ておかなければならない。

（情報の提供等）

第四十八条　指定児童発達支援事業者は、指定児童発達支援を利用しようとする障害児が、これを適切かつ円滑に利用できるように、当該指定児童発達支援事業者が実施する事業の内容に関する情報の提供を行わなければならない。

2　指定児童発達支援事業者は、当該指定児童発達支援事業者について広告をする場合において、その内容を虚偽のもの又は誇大なものとしてはならない。

（利益供与等の禁止）

第四十九条　指定児童発達支援事業者は、障害児相談支援事業者若しくは障害者の日常生活及び社会生活を総合的に支援するための法律第五条第十八項に規定する一般相談支援事業若しくは特定相談支援事業を行う者（次項において「障害児相談支援事業者等」という。）、障害福祉サービスを行う者等又はその従業者に対し、障害児又はその家族に対して当該指定児童発達支援事業者を紹介することの対償として、金品その他の財産上の利益を供与してはならない。

2　指定児童発達支援事業者は、障害児相談支援事業者等、障害福祉サービスを行う者等又はその従業者から、障害児又はその家族を紹介することの対償として、金品その他の財産上の利益を収受してはならない。

（苦情解決）

第五十条　指定児童発達支援事業者は、その提供した指定児童発達支援に関する障害児又は通所給付決定保護者その他の当該障害児の家族からの苦情に迅速かつ適切に対応するために、苦情を受け付けるための窓口を設置する等の必要な措置を講じなければならない。

2　指定児童発達支援事業者は、前項の苦情を受け付けた場合には、当該苦情の内容等を記録しなければならない。

3　指定児童発達支援事業者は、その提供した指定児童発達支援に関し、法第二十一条の五の二十二第一項の規定により都道府県知事（指定都市にあっては指定都市の市長とし、児童相談所設置市にあっては児童相談所設置市の長とする。）又は市町村長（以下この項及び次項において「都道府県知事等」という。）が行う報告若しくは帳簿書類その他の物件の提出若しくは提示の命令又は当該職員からの質問若しくは指定児童発達支援事業者の設備若しくは帳簿書類その他の物件の検査に応じ、及び障害児又は通所給付決定保護者その他の当該障害児の家族からの苦情に関して都道府県知事等が行う調査に協力するとともに、都道府県知事等から指導又は助言を受けた場合は、当該指導又は助言に従って必要な改善を行わなければならない。

4　指定児童発達支援事業者は、都道府県知事等からの求めがあった場合には、前項の改善の内容を都道府県知事等に報告しなければならない。

5　指定児童発達支援事業者は、社会福祉法第八十三条に規定する運営適正化委員会が同法第八十五条の規定により行う調査又はあっせんにできる限り協力しなければならない。

（地域との連携等）

第五十一条　指定児童発達支援事業者は、その運営に当たっては、地域住民又はその自発的な活動等との連携及び協力を行う等の地域との交流に努めなければならない。

2　指定児童発達支援事業者（児童発達支援センターである児童発達支援事業所において、指定児童発達支援の事業を行うものに限る。）は、通常の事業の実施地域の障害児の福祉に関し、障害児若しくはその家庭又は当該障害児が通い、在学し、若しくは在籍する保育所、学校教育法に規定する幼稚園、小学校（義務教育学校の前期課程を含む。）若しくは特別支援学校若しくは就学前の子どもに関する教育、保育等の総合的な提供の推進に関する法律（平成十八年法律第七十七号）第二条第六項に規定する認定こども園その他児童が集団生活を営む施設からの相談に応じ、助言その他の必要な援助を行うよう努めなければならない。

第五節　共生型障害児通所支援に関する基準

（共生型児童発達支援の事業を行う指定生活介護事業者の基準）

第五十四条の二　児童発達支援に係る共生型通所支援（以下「共生型児童発達支援」という。）の事業を行う指定生活介護事業者（指定障害福祉サービス等基準第七十八条第一項に規定する指定生活介護事業者をいう。第五十四条の十において同じ。）が当該事業に関して満たすべき基準は、次のとおりとする。

一　指定生活介護事業所（指定障害福祉サービス等基準第七十八条第一項に規定する指定生活介護事業所をいう。以下同じ。）の従業者の員数が、当該指定生活介護事業所が提供する指定生活介護（指定障害福祉サービス等基準第七十七条に規定する指定生活介護をいう。以下同じ。）の利用者の数を指定生活介護の利用者の数及び共生型児童発達支援を受ける障害児の数の合計数であるとした場合における当該指定生活介護事業所として必要とされる数以上であること。

二　共生型児童発達支援を受ける障害児に対して適切なサービスを提供するため、障害児入所施設その他の関係施設から必要な技術的支援を受けていること。

（共生型児童発達支援の事業を行う指定通所介護事業者等の基準）

第五十四条の三　共生型児童発達支援の事業を行う指定通所介護事業者（指定居宅サービス等の事業の人員、設備及び運営に関する基準（平成十一年厚生省令第三十七号。以下「指定居宅サービス等基準」という。）第九十三条第一項に規定する指定通所介護事業者をいう。）又は指定地域密着型通所介護事業者（指定地域密着型サービスの事業の人員、設備及び運営に関する基準（平成十八年厚生労働省令第三十四号。以下「指定地域密着型サービス基準」という。）第二十条第一項に規定する指定地域密着型通所介護事業者をいう。）（第五十四条の十一において「指定通所介護事業者等」という。）が当該事業に関して満たすべき基準は、次のとおりとする。

一　指定通所介護事業所（指定居宅サービス等基準第九十三条第一項に規定する指定通所介護事業所をいう。）又は指定地域密着型通所介護事業所（指定地域密着型サービス基準第二十条第一項に規定する指定地域密着型通所介護事業所をいう。）（以下「指定通所介護事業所等」という。）の食堂及び機能訓練室（指定居宅サービス等基準第九十五条第二項第一号又は指定地域密着型サービス基準第二十二条第二項第一号に規定する食堂及び機能訓練室をいう。第五十四条の十一第一号において同じ。）の面積を、指定通所介護（指定居宅サービス等基準第九十二条に規定する指定通所介護をいう。）又は指定地域密着型通所介護（指定地域密着型サービス基準第十九条に規定する指定地域密着型通所介護をいう。）（以下「指定通所介護等」という。）の利用者の数と共生型児童発達支援を受ける障害児の数の合計数で除して得た面積が三平方メートル以上であること。

二　指定通所介護事業所等の従業者の員数が、当該指定通所介護事業所等が提供する指定通所介護等の利用者の数を指定通所介護等の利用者の数及び共生型児童発達支援を受ける障害児の数の合計数であるとした場合における当該指定通所介護事業所等として必要とされる数以上であること。

三　共生型児童発達支援を受ける障害児に対して適切なサービスを提供するため、障害児入所施設その他の関係施設から必要な技術的支援を受けていること。

（共生型児童発達支援の事業を行う指定小規模多機能型居宅介護事業者等の基準）

第五十四条の四　共生型児童発達支援の事業を行う指定小規模多機能型居宅介護事業者（指定地域密着型サービス基準第六十三条第一項に規定する指定小規模多機能型居宅介護事業者をいう。）、指定看護小規模多機能型居宅介護事業者（指定地域密着型サービス基準第百七十一条第一項に規定する指定看護小規模多機能型居宅介護事業者をいう。）（第五十四条の十二において「指定小規模多機能型居宅介護事業者等」という。）又は指定介護予防小規模多機能型居宅介護事業者（指定地域密着型介護予防サービスの事業の人員、設備及び運営並びに指定地域密着型介護予防サービスに係る介護予防のための効果的な支援の方法に関する基準（平成十八年厚生労働省令第三十六号。以下「指定地域密着型介護予防サービス基準」という。）第四十四条第一項に規定する指定介護予防小規模多機能型居宅介護事業者をいう。）が当該事業に関して満たすべき基準は、次のとおりとする。

一　指定小規模多機能型居宅介護事業所（指定地域密着型サービス基準第六十三条第一項に規定する指定小規模多機能型居宅介護事業所をいう。）、指定看護小規模多機能型居宅介護事業所（指定地域密着型サービス基準第百七十一条第一項に規定する指定看護小規模多機能型居宅介護事業所をいう。）又は指定介護予防小規模多機能型居宅介護事業所（指定地域密着型介護予防サービス基準第四十四条第一項に規定する指定介護予防小規模多機能型居宅介護事業所をいう。第五十四条の十二において同じ。）（以下「指定小規模多機能型居宅介護事業所等」という。）の登録定員（当該指定小規模多機能型居宅介護事業所等の登録者（指定地域密着型サービス基準第六十三条第一項若しくは第百七十一条第一項又は指定地域密着型介護予防サービス基準第四十四条第一項に規定する登録者をいう。）の数と共生型生活介護（指定障害福祉サービス等基準第九十三条の二に規定する共生型生活介護をいう。）、共生型自立訓練（機能訓練）（指定障害福祉サービス等基準第百六十二条の二に規定する共生型自立訓練（機能訓練）をいう。）若しくは共生型自立訓練（生活訓練）（指定障害福祉サービス等基準第百七十一条の二に規定する共生型自立訓練（生活訓練）をいう。）又は共生型児童発達支援若しくは共生型放課後等デイサービス（第七十一条の二に規定する共生型放課後等デイサービスをいう。）（以下「共生型通いサービス」という。）を利用するために当該指定小規模多機能型居宅介護事業所等に登録を受けた障害者及び障害児の数の合計数の上限をいう。以下この条において同じ。）を二十九人（サテライト型指定小規模多機能型居宅介護事業所（指定地域密着型サービス基準第六十三条第七項に規定するサテライト型指定小規模多機能型居宅介護事業所をいう。第五十四条の十二において同じ。）、サテライト型指定看護小規模多機能型居宅介護事業所（指定地域密着型サービス基準第百七十一条第八項に規定するサテライト型指定看護小規模多機能型居宅介護事業所をいう。第五十四条の十二において同じ。）又はサテライト型指定介護予防小規模多機能型居宅介護事業所（指定地域密着型介護予防サービス基準第四十四条第七項に規定するサテライト型指定介護予防小規模多機能型居宅介護事業所をいう。）（以下「サテライト型指定小規模多機能型居宅介護事業所等」という。）にあっては、十八人）以下とすること。

二　指定小規模多機能型居宅介護事業所等が提供する指定小規模多機能型居宅介護（指定地域密着型サービス基準第六十二条に規定する指定小規模多機能型居宅介護をいう。）、指定看護小規模多機能型居宅介護（指定地域密着型サービス基準第百七十条に規定する指定看護小規模多機能型居宅介護をいう。）（第五十四条の十二において「指定小規模多機能型居宅介護等」という。）又は指定介護予防小規模多機能型居宅介護（指定地域密着型介護予防サービス基準第四十三条に規定する指定介護予防小規模多機能型居宅介護をいう。）のうち通いサービス（指定地域密着型サービス基準第六十三条第一項若しくは第百七十一条第一項又は指定地域密着型介護予防サービス基準第四十四条第一項に規定する通いサービスをいう。以下同じ。）の利用定員（当該指定小規模多機能型居宅介護事業所等の通いサービスの利用者の数と共生型通いサービスを受ける障害者及び障害児の数の合計数の一日当たりの上限をいう。）を登録定員の二分の一から十五人（登録定員が二十五人を超える指定小規模多機能型居宅介護事業所等にあっては、登録定員に応じて、次の表に定める利用定員、サテライト型指定小規模多機能型居宅介護事業所等にあっては、十二人）までの範囲内とすること。

登録定員	利用定員
二十六人又は二十七人	十六人
二十八人	十七人
二十九人	十八人

三　指定小規模多機能型居宅介護事業所等の居間及び食堂（指定地域密着型サービス基準第六十七条第二項第一号若しくは第百七十五条第二項第一号又は指定地域密着型介護予防サービス基準第四十八条第二項第一号に規定する居間及び食堂をいう。）は、機能を十分に発揮しうる適当な広さを有すること。

四　指定小規模多機能型居宅介護事業所等の従業者の員数が、当該指定小規模多機能型居宅介護事業所等が提供する通いサービスの利用者の数を通いサービスの利用者数並びに共生型通いサービスを受ける障害者及び障害児の数の合計数であるとした場合における指定地域密着型サービス基準第六十三条若しくは第百七十一条又は指定地域密着型介護予防サービス基準第四十四条に規定する基準を満たしていること。

五　共生型児童発達支援を受ける障害児に対して適切なサービスを提供するため、障害児入所施設その他の関係施設から必要な技術的支援を受けていること。

（準用）

第五十四条の五　第四条、第七条、第八条及び前節（第十一条を除く。）の規定は、共生型児童発達支援の事業について準用する。

第三章　医療型児童発達支援

第一節　基本方針

第五十五条　医療型児童発達支援に係る指定通所支援（以下「指定医療型児童発達支援」という。）の事業は、障害児が日常生活における基本的動作及び知識技能を習得し、並びに集団生活に適応することができるよう、当該障害児の身体及び精神の状況並びにその置かれている環境に応じて適切かつ効果的な指導及び訓練並びに治療を行うものでなければならない。

第二節　人員に関する基準

（従業者の員数）

第五十六条　指定医療型児童発達支援の事業を行う者（以下「指定医療型児童発達支援事業者」という。）が当該事業を行う事業所（以下「指定医療型児童発達支援事業所」という。）に置くべき従業者及びその員数は、次のとおりとする。

一　医療法（昭和二十三年法律第二百五号）に規定する診療所として必要とされる従業者　同法に規定する診療所として必要とされる数

二　児童指導員　一以上

三　保育士（特区法第十二条の五第五項に規定する事業実施区域内にある指定医療型児童発達支援事業所にあっては、保育士又は当該事業実施区域に係る国家戦略特別区域限定保育士）　一以上

四　看護職員　一以上

五　理学療法士又は作業療法士　一以上

六　児童発達支援管理責任者　一以上

2　前項各号に掲げる従業者のほか、指定医療型児童発達支援事業所において日常生活を営むのに必要な言語訓練等を行う場合には、機能訓練担当職員を置かなければならない。

3　第一項各号及び前項に規定する従業者は、専ら当該指定医療型児童発達支援事業所の職務に従事する者でなければならない。ただし、障害児の支援に支障がない場合は、障害児の保護に直接従事する従業者を除き、併せて設置する他の社会福祉施設の職務に従事させることができる。

第三節　設備に関する基準

（設備）

第五十八条　指定医療型児童発達支援事業所の設備の基準は、次のとおりとする。

一　医療法に規定する診療所として必要とされる設備を有すること。

二　指導訓練室、屋外訓練場、相談室及び調理室を有すること。

三　浴室及び便所の手すり等身体の機能の不自由を助ける設備を有すること。

2　指定医療型児童発達支援事業所は、その階段の傾斜を緩やかにしなければならない。

3　第一項各号に掲げる設備は、専ら当該指定医療型児童発達支援の事業の用に供するものでなければならない。ただし、障害児の支援に支障がない場合は、同項第一号に掲げる設備を除き、併せて設置する他の社会福祉施設の設備に兼ねることができる。

第四節　運営に関する基準

（利用定員）

第五十九条　指定医療型児童発達支援事業所は、その利用定員を十人以上とする。

（通所利用者負担額の受領）

第六十条　指定医療型児童発達支援事業者は、指定医療型児童発達支援を提供した際は、通所給付決定保護者から当該指定医療型児童発達支援に係る通所利用者負担額の支払を受けるものとする。

2　指定医療型児童発達支援事業者は、法定代理受領を行わない指定医療型児童発達支援を提供した際は、通所給付決定保護者から、次の各号に掲げる費用の額の支払を受けるものとする。

一　当該指定医療型児童発達支援に係る指定通所支援費用基準額

二　当該指定医療型児童発達支援のうち肢体不自由児通所医療（食事療養（健康保険法（大正十一年法律第七十号）第六十三条第二項第一号に規定する食事療養をいう。以下同じ。）に係るものにつき健康保険の療養に要する費用の額の算定方法の例により算定した費用の額

3　指定医療型児童発達支援事業者は、前二項の支払を受ける額のほか、指定医療型児童発達支援において提供される便宜に要する費用のうち、次の各号に掲げる費用の額の支払を通所給付決定保護者から受けるこ

とができる。

一　食事の提供に要する費用

二　日用品費

三　前二号に掲げるもののほか、指定医療型児童発達支援において提供される便宜に要する費用のうち、日常生活においても通常必要となるものに係る費用であって、通所給付決定保護者に負担させることが適当と認められるもの

4　前項第一号に掲げる費用については、別に厚生労働大臣が定めるところによるものとする。

5　指定医療型児童発達支援事業者は、第一項から第三項までの費用の額の支払を受けた場合は、当該費用に係る領収証を当該費用の額を支払った通所給付決定保護者に対し交付しなければならない。

6　指定医療型児童発達支援事業者は、第三項の費用に係るサービスの提供に当たっては、あらかじめ、通所給付決定保護者に対し、当該サービスの内容及び費用について説明を行い、通所給付決定保護者の同意を得なければならない。

第四章　放課後等デイサービス

第一節　基本方針

第六十五条　放課後等デイサービスに係る指定通所支援（以下「指定放課後等デイサービス」という。）の事業は、障害児が生活能力の向上のために必要な訓練を行い、及び社会との交流を図ることができるよう、当該障害児の身体及び精神の状況並びにその置かれている環境に応じて適切かつ効果的な指導及び訓練を行うものでなければならない。

第二節　人員に関する基準

（従業者の員数）

第六十六条　指定放課後等デイサービスの事業を行う者（以下「指定放課後等デイサービス事業者」という。）が当該事業を行う事業所（以下「指定放課後等デイサービス事業所」という。）に置くべき従業者及びその員数は、次のとおりとする。

一　児童指導員、保育士（特区法第十二条の五第五項に規定する事業実施区域内にある指定放課後等デイサービス事業所にあっては、保育士又は当該事業実施区域に係る国家戦略特別区域限定保育士。以下この条において同じ。）又は障害福祉サービス経験者　指定放課後等デイサービスの単位ごとにその提供を行う時間帯を通じて専ら当該指定放課後等デイサービスの提供に当たる児童指導員、保育士又は障害福祉サービス経験者の合計数が、イ又はロに掲げる障害児の数の区分に応じ、それぞれイ又はロに定める数以上

イ　障害児の数が十までのもの　二以上

ロ　障害児の数が十を超えるもの　二に、障害児の数が十を超えて五又はその端数を増すごとに一を加えて得た数以上

二　児童発達支援管理責任者　一以上

2　前項各号に掲げる従業者のほか、指定放課後等デイサービス事業所において日常生活を営むのに必要な機能訓練を行う場合には、機能訓練担当職員を置かなければならない。この場合において、当該機能訓練担当職員が指定放課後等デイサービスの単位ごとにその提供を行う時間帯を通じて専ら当該指定放課後等デイサービスの提供に当たる場合には、当該機能訓練担当職員の数を児童指導員、保育士又は障害福祉サービス経験者の合計数に含めることができる。

3　前二項の規定にかかわらず、主として重症心身障害児を通わせる指定放課後等デイサービス事業所に置くべき従業者及びその員数は、次のとおりとする。ただし、指定放課後等デイサービスの単位ごとにその提供を行う時間帯のうち日常生活を営むのに必要な機能訓練を行わない時間帯については、第四号の機能訓練担当職員を置かないことができる。

一　嘱託医　一以上

二　看護職員　一以上

三　児童指導員又は保育士　一以上

四　機能訓練担当職員　一以上

五　児童発達支援管理責任者　一以上

4　第一項第一号及び第二項の指定放課後等

デイサービスの単位は、指定放課後等デイサービスであって、その提供が同時に一又は複数の障害児に対して一体的に行われるものをいう。

5　第一項第一号の児童指導員、保育士又は障害福祉サービス経験者のうち、一人以上は、常勤でなければならない。

6　第一項第一号の児童指導員、保育士及び障害福祉サービス経験者の半数以上は、児童指導員又は保育士でなければならない。

7　第一項第二号に掲げる児童発達支援管理責任者のうち、一人以上は、専任かつ常勤でなければならない。

第三節　設備に関する基準

（設備）

第六十八条　指定放課後等デイサービス事業所は、指導訓練室のほか、指定放課後等デイサービスの提供に必要な設備及び備品等を設けなければならない。

2　前項に規定する指導訓練室は、訓練に必要な機械器具等を備えなければならない。

3　第一項に規定する設備及び備品等は、専ら当該指定放課後等デイサービスの事業の用に供するものでなければならない。ただし、障害児の支援に支障がない場合は、この限りでない。

第四節　運営に関する基準

（利用定員）

第六十九条　指定放課後等デイサービス事業所は、その利用定員を十人以上とする。ただし、主として重症心身障害児を通わせる指定放課後等デイサービス事業所にあっては、利用定員を五人以上とすることができる。

（通所利用者負担額の受領）

第七十条　指定放課後等デイサービス事業者は、指定放課後等デイサービスを提供した際は、通所給付決定保護者から当該指定放課後等デイサービスに係る通所利用者負担額の支払を受けるものとする。

2　指定放課後等デイサービス事業者は、法定代理受領を行わない指定放課後等デイサービスを提供した際は、通所給付決定保護者から、当該指定放課後等デイサービスに係る指定通所支援費用基準額の支払を受けるものとする。

3　指定放課後等デイサービス事業者は、前二項の支払を受ける額のほか、指定放課後等デイサービスにおいて提供される便宜に要する費用のうち、日常生活においても通常必要となるものに係る費用であって、通所給付決定保護者に負担させることが適当と認められるものの額の支払を通所給付決定保護者から受けることができる。

4　指定放課後等デイサービス事業者は、前三項の費用の額の支払を受けた場合は、当該費用に係る領収証を当該費用の額を支払った通所給付決定保護者に対し交付しなければならない。

5　指定放課後等デイサービス事業者は、第三項の費用に係るサービスの提供に当たっては、あらかじめ、通所給付決定保護者に対し、当該サービスの内容及び費用について説明を行い、通所給付決定保護者の同意を得なければならない。

第五章　居宅訪問型児童発達支援

第一節　基本方針

第七十一条の七　居宅訪問型児童発達支援に係る指定通所支援（以下「指定居宅訪問型児童発達支援」という。）の事業は、障害児が日常生活における基本的動作及び知識技能を習得し、並びに生活能力の向上を図ることができるよう、当該障害児の身体及び精神の状況並びにその置かれている環境に応じて適切かつ効果的な支援を行うものでなければならない。

第二節　人員に関する基準

（従業者の員数）

第七十一条の八　指定居宅訪問型児童発達支援の事業を行う者（以下「指定居宅訪問型児童発達支援事業者」という。）が当該事業を行う事業所（以下「指定居宅訪問型児童発達支援事業所」という。）に置くべき従業者及びその員数は、次のとおりとする。

一　訪問支援員　事業規模に応じて訪問支援を行うために必要な数

二　児童発達支援管理責任者　一以上

2　前項第一号に掲げる訪問支援員は、理学療法士、作業療法士、言語聴覚士、看護職員若しくは保育士（特区法第十二条の五第五項に規定する事業実施区域内にある指定居宅訪問型児童発達支援事業所にあっては、保育士又は当該事業実施区域に係る国家戦略特別区域限定保育士）の資格を取得後又は児童指導員若しくは心理指導担当職員（学校教育法の規定による大学の学部で、心理学を専修する学科若しくはこれに相当する課程を修めて卒業した者であって、個人及び集団心理療法の技術を有するもの又はこれと同等以上の能力を有すると認められる者をいう。）として配置された日以後、障害児について、入浴、排せつ、食事その他の介護を行い、及び当該障害児の介護を行う者に対して介護に関する指導を行う業務又は日常生活における基本的な動作の指導、知識技能の付与、生活能力の向上のために必要な訓練その他の支援（以下「訓練等」という。）を行い、及び当該障害児の訓練等を行う者に対して訓練等に関する指導を行う業務その他職業訓練又は職業教育に係る業務に三年以上従事した者でなければならない。

3　第一項第二号に掲げる児童発達支援管理責任者のうち一人以上は、専ら当該指定居宅訪問型児童発達支援事業所の職務に従事する者でなければならない。

第三節　設備に関する基準

（設備）

第七十一条の十　指定居宅訪問型児童発達支援事業所には、事業の運営を行うために必要な広さを有する専用の区画を設けるほか、指定居宅訪問型児童発達支援の提供に必要な設備及び備品等を備えなければならない。

2　前項に規定する設備及び備品等は、専ら当該指定居宅訪問型児童発達支援の事業の用に供するものでなければならない。ただし、障害児の支援に支障がない場合は、この限りでない。

第四節　運営に関する基準

（身分を証する書類の携行）

第七十一条の十一　指定居宅訪問型児童発達支援事業者は、従業者に身分を証する書類を携行させ、初回訪問時及び障害児又は通所給付決定保護者その他の当該障害児の家族から求められたときは、これを提示すべき旨を指導しなければならない。

（通所利用者負担額の受領）

第七十一条の十二　指定居宅訪問型児童発達支援事業者は、指定居宅訪問型児童発達支援を提供した際は、通所給付決定保護者から当該指定居宅訪問型児童発達支援に係る通所利用者負担額の支払を受けるものとする。

2　指定居宅訪問型児童発達支援事業者は、法定代理受領を行わない指定居宅訪問型児童発達支援を提供した際は、通所給付決定保護者から、当該指定居宅訪問型児童発達支援に係る指定通所支援費用基準額の支払を受けるものとする。

3　指定居宅訪問型児童発達支援事業者は、前二項の支払を受ける額のほか、通所給付決定保護者の選定により通常の事業の実施地域（当該指定居宅訪問型児童発達支援事業所が通常時に指定居宅訪問型児童発達支援を提供する地域をいう。次条第五号において同じ。）以外の地域において指定居宅訪問型児童発達支援を提供する場合は、それに要した交通費の額の支払を通所給付決定保護者から受けることができる。

4　指定居宅訪問型児童発達支援事業者は、前三項の費用の額の支払を受けた場合は、当該費用に係る領収証を当該費用の額を支払った通所給付決定保護者に対し交付しなければならない。

5　指定居宅訪問型児童発達支援事業者は、第三項の交通費については、あらかじめ、通所給付決定保護者に対し、その額について説明を行い、通所給付決定保護者の同意を得なければならない。

第六章　保育所等訪問支援

第一節　基本方針

第七十二条　保育所等訪問支援に係る指定通

所支援（以下「指定保育所等訪問支援」という。）の事業は、障害児が障害児以外の児童との集団生活に適応することができるよう、当該障害児の身体及び精神の状況並びにその置かれている環境に応じて適切かつ効果的な支援を行うものでなければならない。

第二節　人員に関する基準

（従業者の員数）

第七十三条　指定保育所等訪問支援の事業を行う者（以下「指定保育所等訪問支援事業者」という。）が当該事業を行う事業所（以下「指定保育所等訪問支援事業所」という。）に置くべき従業者及びその員数は、次のとおりとする。

一　訪問支援員　事業規模に応じて訪問支援を行うために必要な数

二　児童発達支援管理責任者　一以上

2　前項第二号に掲げる児童発達支援管理責任者のうち一人以上は、専ら当該指定保育所等訪問支援事業所の職務に従事する者でなければならない。

第三節　設備に関する基準

（準用）

第七十五条　第七十一条の十の規定は、指定保育所等訪問支援の事業について準用する。

第四節　運営に関する基準

第七十六条から第七十八条まで　削除

第七章　多機能型事業所に関する特例

（従業者の員数に関する特例）

第八十条　多機能型事業所（この省令に規定する事業のみを行う多機能型事業所に限る。）に係る事業を行う者に対する第五条第一項、第二項及び第四項、第六条、第五十六条、第六十六条第一項、第二項及び第四項、第七十一条の八第一項並びに第七十二条第一項の規定の適用については、第五条第一項中「事業所（以下「指定児童発達支援事業所」という。）」とあるのは「多機能型事業所」と、同項第一号中「指定児童発達支援」とあるのは「指定通所支援」と、同条第二項中「指定児童発達支援事業所」とあるのは「多機能型事業所」と、「指定児童発達支援」とあるのは「指定通所支援」と、同条第四項中「指定児童発達支援事業所」とあるのは「多機能型事業所」と、同項第二号イ中「指定児童発達支援」とあるのは「指定通所支援」と、同条第二項及び第三項中「指定児童発達支援事業所」とあるのは「多機能型事業所」と、同項第一号中「指定児童発達支援」とあるのは「指定通所支援」と、同条第四項中「指定児童発達支援事業所」とあるのは「多機能型事業所」と、同条第五項中「指定児童発達支援」とあるのは「指定通所支援」と、同条第六項中「指定児童発達支援事業所」とあるのは「多機能型事業所」と、「指定児童発達支援の」とあるのは「指定通所支援の」と、第五十六条第一項中「事業所（以下「指定医療型児童発達支援事業所」という。）」とあり、並びに同条第二項及び第三項中「指定医療型児童発達支援事業所」とあるのは「多機能型事業所」と、第六十六条第一項中「事業所（以下「指定放課後等デイサービス事業所」という。）」とあるのは「多機能型事業所」と、同項第一号中「指定放課後等デイサービス」とあるのは「指定通所支援」と、同条第二項中「指定放課後等デイサービス事業所」とあるのは「多機能型事業所」と、「指定放課後等デイサービスの」とあるのは「指定通所支援の」と、同条第四項中「指定放課後等デイサービス事業所」とあるのは「多機能型事業所」と、「指定放課後等デイサービス」とあるのは「指定通所支援」と、第七十一条の八第一項中「事業所（以下「指定居宅訪問型児童発達支援事業所」という。）」とあるのは「多機能型事業所」と、第七十三条第一項中「事業所（以下「指定保育所等訪問支援事業所」という。）」とあるのは「多機能型事業所」とする。

2　利用定員の合計が二十人未満である多機能型事業所（この省令に規定する事業のみを行う多機能型事業所を除く。）は、第五条第五項及び第六十六条第五項の規定にかかわらず、当該多機能型事業所に置くべき従業者（児童発達支援管理責任者、嘱託医及び管理者を除く。）のうち、一人以上は、常勤でなければならないとすることができる。

（設備に関する特例）

第八十一条　多機能型事業所については、サービスの提供に支障を来さないよう配慮しつつ、一体的に事業を行う他の多機能型事業所の設備を兼用することができる。

（利用定員に関する特例）

第八十二条　多機能型事業所（この省令に規定する事業のみを行う多機能型事業所に限る。）は、第十一条、第五十九条及び第六十九条の規定にかかわらず、その利用定員を、当該多機能型事業所が行う全ての指定通所支援の事業を通じて十人以上とすることができる。

2　利用定員の合計が二十人以上である多機能型事業所（この省令に規定する事業のみを行う多機能型事業所を除く。）は、第十一条、第五十九条及び第六十九条の規定にかかわらず、指定児童発達支援、指定医療型児童発達支援又は指定放課後等デイサービスの利用定員を五人以上（指定児童発達支援の事業、指定医療型児童発達支援の事業又は指定放課後等デイサービスの事業を併せて行う場合にあっては、これらの事業を通じて五人以上）とすることができる。

3　前二項の規定にかかわらず、主として重症心身障害児を通わせる多機能型事業所は、第十一条、第五十九条及び第六十九条の規定にかかわらず、その利用定員を五人以上とすることができる。

4　第二項の規定にかかわらず、多機能型事業所は、主として重度の知的障害及び重度の上肢、下肢又は体幹の機能の障害が重複している障害者につき行う生活介護の事業を併せて行う場合にあっては、第十一条、第五十九条及び第六十九条の規定にかかわらず、その利用定員を、当該多機能型事業所が行う全ての事業を通じて五人以上とすることができる。

5　離島その他の地域であって厚生労働大臣が定めるもののうち、将来的にも利用者の確保の見込みがないものとして都道府県知事が認めるものにおいて事業を行う多機能型事業所（この省令に規定する事業のみを行う多機能型事業所を除く。）については、第二項中「二十人」とあるのは、「十人」とする。

附　則（抄）

（施行期日）

第一条　この省令は、平成二十四年四月一日から施行する。

児童福祉法に基づく指定障害児入所施設等の人員、設備及び運営に関する基準（抄）

（平成二四・二・三 厚労令一六）

最新改正　平成三〇厚労令三

第一章　総則

（趣旨）

第一条　児童福祉法（昭和二十二年法律第百六十四号。以下「法」という。）第二十四条の十二第三項の厚生労働省令で定める基準は、次の各号に掲げる基準に応じ、それぞれ当該各号に定める規定による基準とする。

一　法第二十四条の十二第一項の規定により、同条第三項第一号に掲げる事項について都道府県（地方自治法（昭和二十二年法律第六十七号）第二百五十二条の十九第一項の指定都市（第四十七条第三項において「指定都市」という。）及び法第五十九条の四第一項の児童相談所設置市（第四十七条第三項において「児童相談所設置市」という。）を含む。以下同じ。）が条例を定めるに当たって従うべき基準

第四条、第二十五条第四項（第五十七条において準用する場合を含む。）、第三十三条第一項（第五十七条において準用

する場合を含む。）及び第五十二条の規定による基準

二　法第二十四条の十二第二項の規定により、同条第三項第二号に掲げる事項について都道府県が条例を定めるに当たって従うべき基準　第五条第一項（居室に係る部分に限る。）並びに第三項第二号及び第三号（面積に係る部分に限る。）、第五十三条第一項第一号（病室に係る部分に限る。）並びに附則第二条（面積に係る部分に限る。）及び第三条（面積に係る部分に限る。）の規定による基準

三　法第二十四条の十二第二項の規定により、同条第三項第三号に掲げる事項について都道府県が条例を定めるに当たって従うべき基準　第六条（第五十七条において準用する場合を含む。）、第七条（第五十七条において準用する場合を含む。）、第二十五条第五項（第五十七条において準用する場合を含む。）、第三十条（第五十七条において準用する場合を含む。）、第四十一条から第四十四条まで（第五十七条において準用する場合を含む。）及び第四十九条（第五十七条において準用する場合を含む。）の規定による基準

四　法第二十四条の十二第一項又は第二項の規定により、同条第三項各号に掲げる事項以外の事項について都道府県が条例を定めるに当たって参酌すべき基準　この省令に定める基準のうち、前三号に定める規定による基準以外のもの

（定義）

第二条　この省令において、次の各号に掲げる用語の定義は、それぞれ当該各号に定めるところによる。

一　指定福祉型障害児入所施設　法第二十四条の二第一項に規定する指定障害児入所施設のうち法第四十二条第一号に規定する福祉型障害児入所施設であるものをいう。

二　指定医療型障害児入所施設　法第二十四条の二第一項に規定する指定障害児入所施設のうち法第四十二条第二号に規定する医療型障害児入所施設であるものをいう。

三　指定障害児入所施設等　法第二十四条の二第一項に規定する指定障害児入所施設等をいう。

四　指定入所支援　法第二十四条の二第一項に規定する指定入所支援をいう。

五　指定入所支援費用基準額　指定入所支援に係る法第二十四条の二第二項第一号（法第二十四条の二十四第二項の規定により、同条第一項に規定する障害児入所給付費等の支給について適用する場合を含む。）に掲げる額をいう。

六　入所利用者負担額　法第二十四条の二第二項第二号（法第二十四条の二十四第二項の規定により、同条第一項に規定する障害児入所給付費等の支給について適用する場合を含む。）に掲げる額及び障害児入所医療（法第二十四条の二十第一項に規定する障害児入所医療をいう。以下同じ。）につき健康保険の療養に要する費用の額の算定方法の例により算定した費用の額から当該障害児入所医療につき支給された障害児入所医療費の額を控除して得た額の合計額をいう。

七　入所給付決定　法第二十四条の三第四項に規定する入所給付決定をいう。

八　入所給付決定保護者　法第二十四条の三第六項に規定する入所給付決定保護者をいう。

九　給付決定期間　法第二十四条の三第六項に規定する給付決定期間をいう。

十　入所受給者証　法第二十四条の三第六項に規定する入所受給者証をいう。

十一　法定代理受領　法第二十四条の三第八項（法第二十四条の七第二項において準用する場合及び法第二十四条の二十四第二項の規定により同条第一項に規定する障害児入所給付費等の支給について適用する場合を含む。）の規定により入所給付決定保護者に代わり都道府県が支払う指定入所支援に要した費用の額又は法第二十四条の二十第三項（法第二十四条の二十四第二項の規定により、同条第一項に規定する障害児入所給付費等の支給について適用する場合を含む。）の規定により入所給付決定保護者に代わり都道

府県が支払う指定入所医療に要した費用の額の一部を指定障害児入所施設等が受けることをいう。

（指定障害児入所施設等の一般原則）

第三条　指定障害児入所施設等は、入所給付決定保護者及び障害児の意向、障害児の適性、障害の特性その他の事情を踏まえた計画（以下「入所支援計画」という。）を作成し、これに基づき障害児に対して指定入所支援を提供するとともに、その効果について継続的な評価を実施することその他の措置を講ずることにより障害児に対して適切かつ効果的に指定入所支援を提供しなければならない。

2　指定障害児入所施設等は、当該指定障害児入所施設等を利用する障害児の意思及び人格を尊重して、常に当該障害児の立場に立った指定入所支援の提供に努めなければならない。

3　指定障害児入所施設等は、地域及び家庭との結び付きを重視した運営を行い、都道府県、市町村（特別区を含む。以下同じ。）、障害者の日常生活及び社会生活を総合的に支援するための法律（平成十七年法律第百二十三号）第五条第一項に規定する障害福祉サービス（第四十六条において「障害福祉サービス」という。）を行う者、他の児童福祉施設その他の保健医療サービス又は福祉サービスを提供する者との密接な連携に努めなければならない。

4　指定障害児入所施設等は、当該指定障害児入所施設等を利用する障害児の人権の擁護、虐待の防止等のため、責任者を設置する等必要な体制の整備を行うとともに、その従業者に対し、研修を実施する等の措置を講ずるよう努めなければならない。

第二章　指定福祉型障害児入所施設の人員、設備及び運営に関する基準

第一節　人員に関する基準

（従業者の員数）

第四条　指定福祉型障害児入所施設に置くべき従業者及びその員数は、次のとおりとする。ただし、四十人以下の障害児を入所させる指定福祉型障害児入所施設にあっては第四号の栄養士を、調理業務の全部を委託する指定福祉型障害児入所施設にあっては第五号の調理員を置かないことができる。

一　嘱託医　一以上

二　看護職員（保健師、助産師、看護師又は准看護師をいう。）　イ又はロに掲げる指定福祉型障害児入所施設の区分に応じ、それぞれイ又はロに定める数

イ　主として自閉症を主たる症状とする知的障害のある児童（以下「自閉症児」という。）を入所させる指定福祉型障害児入所施設　おおむね障害児の数を二十で除して得た数以上

ロ　主として肢体不自由（法第六条の二の二第三項に規定する肢体不自由をいう。以下同じ。）のある児童を入所させる指定福祉型障害児入所施設　一以上

三　児童指導員（児童福祉施設の設備及び運営に関する基準（昭和二十三年厚生省令第六十三号）第二十一条第六項に規定する児童指導員をいう。以下同じ。）及び保育士（国家戦略特別区域法（平成二十五年法律第百七号。以下「特区法」という。）第十二条の五第五項に規定する事業実施区域内にある指定福祉型障害児入所施設にあっては、保育士又は当該事業実施区域に係る国家戦略特別区域限定保育士。以下この号において同じ。）

イ　児童指導員及び保育士の総数　(1)から(3)までに掲げる指定福祉型障害児入所施設の区分に応じ、それぞれ(1)から(3)までに定める数

(1)　主として知的障害のある児童を入所させる指定福祉型障害児入所施設　通じておおむね障害児の数を四・三で除して得た数以上（三十人以下の障害児を入所させる指定福祉型障害児入所施設にあっては、当該数に一を加えた数以上）

(2)　主として盲児（強度の弱視児を含む。次条第二項第二号及び第四項において同じ。）又はろうあ児（強度の難聴児を含む。次条第二項第三号

において同じ。）（次条第一項において「盲ろうあ児」という。）を入所させる指定福祉型障害児入所施設　通じておおむね障害児である乳児又は幼児（次条第三項第三号及び第五十二条第一項第二号において「乳幼児」という。）の数を四で除して得た数及び障害児である少年の数を五で除して得た数の合計数以上（三十五人以下の障害児を入所させる指定福祉型障害児入所施設にあっては、当該合計数に一を加えた数以上）

(3)　主として肢体不自由のある児童を入所させる指定福祉型障害児入所施設　通じておおむね障害児の数を三・五で除して得た数以上

ロ　児童指導員　一以上

ハ　保育士　一以上

四　栄養士　一以上

五　調理員　一以上

六　児童発達支援管理責任者（児童福祉施設の設備及び運営に関する基準第四十九条第一項に規定する児童発達支援管理責任者をいう。以下同じ。）　一以上

2　前項各号に掲げる従業者のほか、主として自閉症児を入所させる指定福祉型障害児入所施設である場合には医師を、指定福祉型障害児入所施設において、心理指導を行う必要があると認められる障害児五人以上に心理指導を行う場合には心理指導担当職員を、職業指導を行う場合には職業指導員を置かなければならない。

3　第一項各号（第一号を除く。）及び前項に規定する従業者は、専ら当該指定福祉型障害児入所施設の職務に従事する者でなければならない。ただし、障害児の支援に支障がない場合は、第一項第四号の栄養士及び同項第五号の調理員については、併せて設置する他の社会福祉施設の職務に従事させることができる。

第二節　設備に関する基準

（設備）

第五条　指定福祉型障害児入所施設は、居室、調理室、浴室、便所、医務室及び静養室を設けなければならない。ただし、三十人未満の障害児を入所させる指定福祉型障害児入所施設であって主として知的障害のある児童を入所させるものにあっては医務室を、三十人未満の障害児を入所させる指定福祉型障害児入所施設であって主として盲ろうあ児を入所させるものにあっては医務室及び静養室を設けないことができる。

2　次の各号に掲げる指定福祉型障害児入所施設は、前項に規定する設備のほか、当該指定福祉型障害児入所施設の区分に応じ、当該各号に定める設備を設けなければならない。

一　主として知的障害のある児童を入所させる指定福祉型障害児入所施設　入所している障害児の年齢、適性等に応じた職業指導に必要な設備（以下この項において「職業指導に必要な設備」という。）

二　主として盲児を入所させる指定福祉型障害児入所施設　遊戯室、訓練室、職業指導に必要な設備、音楽に関する設備並びに浴室及び便所の手すり、特殊表示等身体の機能の不自由を助ける設備

三　主としてろうあ児を入所させる指定福祉型障害児入所施設　遊戯室、訓練室、職業指導に必要な設備及び映像に関する設備

四　主として肢体不自由のある児童を入所させる指定福祉型障害児入所施設　訓練室、屋外訓練場並びに浴室及び便所の手すり等身体の機能の不自由を助ける設備

3　第一項の居室の基準は、次のとおりとする。

一　一の居室の定員は、四人以下とすること。

二　障害児一人当たりの床面積は、四・九五平方メートル以上とすること。

三　前二号の規定にかかわらず、乳幼児のみの一の居室の定員は六人以下とし、一人当たりの床面積は三・三平方メートル以上とすること。

四　入所している障害児の年齢等に応じ、男子と女子の居室を別にすること。

4　主として盲児又は肢体不自由のある児童を入所させる指定福祉型障害児入所施設

は、その階段の傾斜を緩やかにしなければならない。

5　第一項及び第二項各号に規定する設備は、専ら当該指定福祉型障害児入所施設の用に供するものでなければならない。ただし、障害児の支援に支障がない場合は、第一項及び第二項各号に規定する設備（居室を除く。）については、併せて設置する他の社会福祉施設の設備に兼ねることができる。

第三節　運営に関する基準

（内容及び手続の説明及び同意）

第六条　指定福祉型障害児入所施設は、入所給付決定保護者が指定入所支援の利用の申込みを行ったときは、当該利用申込を行った入所給付決定保護者（以下「利用申込者」という。）に係る障害児の障害の特性に応じた適切な配慮をしつつ、当該利用申込者に対し、第三十四条に規定する運営規程の概要、従業者の勤務体制その他の利用申込者のサービスの選択に資すると認められる重要事項を記した文書を交付して説明を行い、当該指定入所支援の提供の開始について当該利用申込者の同意を得なければならない。

2　指定福祉型障害児入所施設は、社会福祉法（昭和二十六年法律第四十五号）第七十七条の規定に基づき書面の交付を行う場合は、利用申込者に係る障害児の障害の特性に応じた適切な配慮をしなければならない。

（提供拒否の禁止）

第七条　指定福祉型障害児入所施設は、正当な理由がなく、指定入所支援の提供を拒んではならない。

（あっせん、調整及び要請に対する協力）

第八条　指定福祉型障害児入所施設は、法第二十四条の十九第二項の規定により指定入所支援の利用について都道府県が行うあっせん、調整及び要請に対し、できる限り協力しなければならない。

（サービス提供困難時の対応）

第九条　指定福祉型障害児入所施設は、利用申込者に係る障害児が入院治療を必要とする場合その他利用申込者に係る障害児に対し自ら適切な便宜を供与することが困難である場合は、適切な病院又は診療所の紹介その他の措置を速やかに講じなければならない。

（受給資格の確認）

第十条　指定福祉型障害児入所施設は、指定入所支援の提供を求められた場合は、入所給付決定保護者の提示する入所受給者証によって、入所給付決定の有無、給付決定期間等を確かめるものとする。

（障害児入所給付費の支給の申請に係る援助）

第十一条　指定福祉型障害児入所施設は、入所給付決定を受けていない者から利用の申込みがあった場合は、その者の意向を踏まえて速やかに障害児入所給付費の支給の申請が行われるよう必要な援助を行わなければならない。

2　指定福祉型障害児入所施設は、入所給付決定に通常要すべき標準的な期間を考慮し、給付決定期間の終了に伴う障害児入所給付費の支給申請について、必要な援助を行わなければならない。

（心身の状況等の把握）

第十二条　指定福祉型障害児入所施設は、指定入所支援の提供に当たっては、障害児の心身の状況、その置かれている環境、他の保健医療サービス又は福祉サービスの利用状況等の把握に努めなければならない。

（居住地の変更が見込まれる者への対応）

第十三条　指定福祉型障害児入所施設は、入所給付決定保護者の居住地の変更が見込まれる場合においては、速やかに当該入所給付決定保護者の居住地の都道府県に連絡しなければならない。

（入退所の記録の記載等）

第十四条　指定福祉型障害児入所施設は、入所又は退所に際しては、当該指定福祉型障害児入所施設の名称、入所又は退所の年月日その他の必要な事項（次項において「入所受給者証記載事項」という。）を、その者の入所給付決定保護者の入所受給者証に記載しなければならない。

2　指定福祉型障害児入所施設は、入所受給者証記載事項を遅滞なく都道府県に対し報告しなければならない。

3　指定福祉型障害児入所施設は、入所している障害児の数の変動が見込まれる場合においては、速やかに都道府県に報告しなければならない。

（**サービスの提供の記録**）

第十五条　指定福祉型障害児入所施設は、指定入所支援を提供した際は、提供日、内容その他必要な事項を記録しなければならない。

2　指定福祉型障害児入所施設は、前項の規定による記録に際しては、入所給付決定保護者から指定入所支援を提供したことについて確認を受けなければならない。

（**指定福祉型障害児入所施設が入所給付決定保護者に求めることのできる金銭の支払の範囲等**）

第十六条　指定福祉型障害児入所施設が、入所給付決定保護者に対して金銭の支払を求めることができるのは、当該金銭の使途が直接入所給付決定に係る障害児の便益を向上させるものであって、当該入所給付決定保護者に支払を求めることが適当であるものに限るものとする。

2　前項の規定により金銭の支払を求める際は、当該金銭の使途及び額並びに入所給付決定保護者に金銭の支払を求める理由について書面によって明らかにするとともに、入所給付決定保護者に対して説明を行い、同意を得なければならない。ただし、次条第一項から第三項までに規定する支払については、この限りでない。

（**入所利用者負担額の受領**）

第十七条　指定福祉型障害児入所施設は、指定入所支援を提供した際は、入所給付決定保護者から当該指定入所支援に係る入所利用者負担額の支払を受けるものとする。

2　指定福祉型障害児入所施設は、法定代理受領を行わない指定入所支援を提供した際は、入所給付決定保護者から、当該指定入所支援に係る指定入所支援費用基準額の支払を受けるものとする。

3　指定福祉型障害児入所施設は、前二項の支払を受ける額のほか、指定入所支援において提供される便宜に要する費用のうち、次の各号に掲げる費用の額の支払を入所給付決定保護者から受けることができる。

一　食事の提供に要する費用及び光熱水費（法第二十四条の七第一項の規定により特定入所障害児食費等給付費が入所給付決定保護者に支給された場合は、児童福祉法施行令（昭和二十三年政令第七十四号）第二十七条の六第一項に規定する食費等の基準費用額（法第二十四条の七第二項において準用する法第二十四条の三第九項の規定により特定入所障害児食費等給付費が入所給付決定保護者に代わり当該指定福祉型障害児入所施設に支払われた場合は、同令第二十七条の六第一項に規定する食費等の負担限度額）を限度とする。）

二　日用品費

三　前二号に掲げるもののほか、指定入所支援において提供される便宜に要する費用のうち、日常生活においても通常必要となるものに係る費用であって、入所給付決定保護者に負担させることが適当と認められるもの

4　前項第一号に掲げる費用については、別に厚生労働大臣が定めるところによるものとする。

5　指定福祉型障害児入所施設は、第一項から第三項までの費用の額の支払を受けた場合は、当該費用に係る領収証を当該費用の額を支払った入所給付決定保護者に対し交付しなければならない。

6　指定福祉型障害児入所施設は、第三項の費用に係るサービスの提供に当たっては、あらかじめ、入所給付決定保護者に対し、当該サービスの内容及び費用について説明を行い、入所給付決定保護者の同意を得なければならない。

（**指定入所支援の取扱方針**）

第二十条　指定福祉型障害児入所施設は、入所支援計画に基づき、障害児の心身の状況等に応じて、その者の支援を適切に行うとともに、指定入所支援の提供が漫然かつ画一的なものとならないよう配慮しなければならない。

2　指定福祉型障害児入所施設の従業者は、

指定入所支援の提供に当たっては、懇切丁寧を旨とし、入所給付決定保護者及び障害児に対し、支援上必要な事項について、理解しやすいように説明を行わなければならない。

3　指定福祉型障害児入所施設は、その提供する指定入所支援の質の評価を行い、常にその改善を図らなければならない。

（入所支援計画の作成等）

第二十一条　指定福祉型障害児入所施設の管理者は、児童発達支援管理責任者に入所支援計画の作成に関する業務を担当させるものとする。

2　児童発達支援管理責任者は、入所支援計画の作成に当たっては、適切な方法により、障害児について、その有する能力、その置かれている環境及び日常生活全般の状況等の評価を通じて入所給付決定保護者及び障害児の希望する生活並びに課題等の把握（以下この条において「アセスメント」という。）を行い、障害児の発達を支援する上での適切な支援内容の検討をしなければならない。

3　児童発達支援管理責任者は、アセスメントに当たっては、入所給付決定保護者及び障害児に面接しなければならない。この場合において、児童発達支援管理責任者は、面接の趣旨を入所給付決定保護者及び障害児に対して十分に説明し、理解を得なければならない。

4　児童発達支援管理責任者は、アセスメント及び支援内容の検討結果に基づき、入所給付決定保護者及び障害児の生活に対する意向、障害児に対する総合的な支援目標及びその達成時期、生活全般の質を向上させるための課題、指定入所支援の具体的内容、指定入所支援を提供する上での留意事項その他必要な事項を記載した入所支援計画の原案を作成しなければならない。

5　児童発達支援管理責任者は、入所支援計画の作成に当たっては、障害児に対する指定入所支援の提供に当たる担当者等を招集して行う会議を開催し、入所支援計画の原案について意見を求めるものとする。

6　児童発達支援管理責任者は、入所支援計画の作成に当たっては、入所給付決定保護者及び障害児に対し、当該入所支援計画について説明し、文書によりその同意を得なければならない。

7　児童発達支援管理責任者は、入所支援計画を作成した際には、当該入所支援計画を入所給付決定保護者に交付しなければならない。

8　児童発達支援管理責任者は、入所支援計画の作成後、入所支援計画の実施状況の把握（障害児についての継続的なアセスメントを含む。次項において「モニタリング」という。）を行うとともに、障害児について解決すべき課題を把握し、少なくとも六月に一回以上、入所支援計画の見直しを行い、必要に応じて入所支援計画の変更を行うものとする。

9　児童発達支援管理責任者は、モニタリングに当たっては、入所給付決定保護者との連絡を継続的に行うこととし、特段の事情のない限り、次に定めるところにより行わなければならない。

一　定期的に入所給付決定保護者及び障害児に面接すること。

二　定期的にモニタリングの結果を記録すること。

10　第二項から第七項までの規定は、第八項に規定する入所支援計画の変更について準用する。

（児童発達支援管理責任者の責務）

第二十二条　児童発達支援管理責任者は、前条に規定する業務のほか、次に掲げる業務を行うものとする。

一　次条に規定する検討及び必要な援助並びに第二十四条に規定する相談及び援助を行うこと。

二　他の従業者に対する技術指導及び助言を行うこと。

（検討等）

第二十三条　指定福祉型障害児入所施設は、障害児について、その心身の状況等に照らし、法第二十一条の五の三第一項に規定する指定通所支援、障害者の日常生活及び社会生活を総合的に支援するための法律第二十九条第一項に規定する指定障害福祉サービスその他の保健医療サービス又は福祉サービスを利用することにより、当該障害児が居宅において日常生活を営むことができるよう定期的に検討するとともに、居宅において日常生活を営むことができると認められる障害児に対し、入所給付決定保護者及び障害児の希望等を勘案し、必要な援助を行わなければならない。

（相談及び援助）

第二十四条　指定福祉型障害児入所施設は、常に障害児の心身の状況、その置かれている環境等の的確な把握に努め、障害児又はその家族に対し、その相談に適切に応じるとともに、必要な助言その他の援助を行わなければならない。

（指導、訓練等）

第二十五条　指定福祉型障害児入所施設は、障害児の心身の状況に応じ、障害児の自立の支援と日常生活の充実に資するよう、適切な技術をもって指導、訓練等を行わなければならない。

2　指定福祉型障害児入所施設は、障害児が日常生活における適切な習慣を確立するとともに、社会生活への適応性を高めるよう、あらゆる機会を通じて生活指導を行わなければならない。

3　指定福祉型障害児入所施設は、障害児の適性に応じ、障害児ができる限り健全な社会生活を営むことができるよう、より適切に指導、訓練等を行わなければならない。

4　指定福祉型障害児入所施設は、常時一人以上の従業者を指導、訓練等に従事させなければならない。

5　指定福祉型障害児入所施設は、障害児に対して、当該障害児に係る入所給付決定保護者の負担により、当該指定福祉型障害児入所施設の従業者以外の者による指導、訓練等を受けさせてはならない。

（食事）

第二十六条　指定福祉型障害児入所施設において、障害児に食事を提供するときは、その献立は、できる限り、変化に富み、障害児の健全な発育に必要な栄養量を含有するものでなければならない。

2　食事は、前項の規定によるほか、食品の種類及び調理方法について栄養並びに障害児の身体的状況及び嗜好を考慮したものでなければならない。

3　調理は、あらかじめ作成された献立に従って行わなければならない。

4　指定福祉型障害児入所施設は、障害児の健康な生活の基本としての食を営む力の育成に努めなければならない。

（社会生活上の便宜の供与等）

第二十七条　指定福祉型障害児入所施設は、教養娯楽設備等を備えるほか、適宜障害児のためのレクリエーション行事を行わなければならない。

2　指定福祉型障害児入所施設は、障害児が日常生活を営む上で必要な行政機関に対する手続等について、当該障害児又はその家族が行うことが困難である場合は、入所給付決定保護者の同意を得て代わって行わなければならない。

3　指定福祉型障害児入所施設は、常に障害児の家族との連携を図るとともに、障害児とその家族との交流等の機会を確保するよう努めなければならない。

（健康管理）

第二十八条　指定福祉型障害児入所施設は、常に障害児の健康の状況に注意するとともに、入所した障害児に対し、入所時の健康診断、少なくとも一年に二回の定期健康診断及び臨時の健康診断を、学校保健安全法（昭和三十三年法律第五十六号）に規定する健康診断に準じて行わなければならない。

2　指定福祉型障害児入所施設は、前項の規定にかかわらず、次の表の上欄に掲げる健康診断が行われた場合であって、当該健康診断がそれぞれ同表の下欄に掲げる健康診断の全部又は一部に相当すると認められるときは、同欄に掲げる健康診断の全部又は一部を行わないことができる。この場合において、指定福祉型障害児入所施設は、それぞれ同表の上欄に掲げる健康診断の結果を把握しなければならない。

児童相談所等における障害児の入所前の	入所した障害児に対する障害児の入所時

健康診断	の健康診断
障害児が通学する学校における健康診断	定期の健康診断又は臨時の健康診断

3　指定福祉型障害児入所施設の従業者の健康診断に当たっては、特に入所している者の食事を調理する者につき、綿密な注意を払わなければならない。

（**緊急時等の対応**）

第二十九条　指定福祉型障害児入所施設の従業者は、現に指定入所支援の提供を行っているときに障害児に病状の急変が生じた場合その他必要な場合は、速やかに医療機関への連絡を行う等の必要な措置を講じなければならない。

（**障害児の入院期間中の取扱い**）

第三十条　指定福祉型障害児入所施設は、障害児について、病院又は診療所に入院する必要が生じた場合であって、入院後おおむね三月以内に退院することが見込まれるときは、当該障害児及び当該障害児に係る入所給付決定保護者の希望等を勘案し、必要に応じて適切な便宜を供与するとともに、やむを得ない事情がある場合を除き、退院後再び当該指定福祉型障害児入所施設に円滑に入所することができるようにしなければならない。

（**定員の遵守**）

第三十六条　指定福祉型障害児入所施設は、入所定員及び居室の定員を超えて入所させてはならない。ただし、災害、虐待その他のやむを得ない事情がある場合は、この限りでない。

（**衛生管理等**）

第三十八条　指定福祉型障害児入所施設は、障害児の使用する設備及び飲用に供する水について、衛生的な管理に努め、又は衛生上必要な措置を講ずるとともに、健康管理等に必要となる機械器具等の管理を適正に行わなければならない。

2　指定福祉型障害児入所施設は、当該指定福祉型障害児入所施設において感染症又は食中毒が発生し、又はまん延しないように必要な措置を講ずるよう努めなければならない。

3　指定福祉型障害児入所施設は、障害児の希望等を勘案し、適切な方法により、障害児を入浴させ又は清しきしなければならない。

（**協力医療機関等**）

第三十九条　指定福祉型障害児入所施設は、障害児の病状の急変等に備えるため、あらかじめ、協力医療機関を定めておかなければならない。

2　指定福祉型障害児入所施設は、あらかじめ、協力歯科医療機関を定めておくよう努めなければならない。

（**身体拘束等の禁止**）

第四十一条　指定福祉型障害児入所施設は、指定入所支援の提供に当たっては、当該障害児又は他の障害児の生命又は身体を保護するため緊急やむを得ない場合を除き、身体的拘束その他障害児の行動を制限する行為（次項において「身体拘束等」という。）を行ってはならない。

2　指定福祉型障害児入所施設は、やむを得ず身体拘束等を行う場合には、その態様及び時間、その際の障害児の心身の状況並びに緊急やむを得ない理由その他必要な事項を記録しなければならない。

（**虐待等の禁止**）

第四十二条　指定福祉型障害児入所施設の従業者は、障害児に対し、法第三十三条の十各号に掲げる行為その他当該障害児の心身に有害な影響を与える行為をしてはならない。

（**懲戒に係る権限の濫用禁止**）

第四十三条　指定福祉型障害児入所施設の長たる指定福祉型障害児入所施設の管理者は、障害児に対し法第四十七条第一項本文の規定により親権を行う場合であって懲戒するとき又は同条第三項の規定により懲戒に関しその障害児の福祉のために必要な措置を採るときは、身体的苦痛を与え、人格を辱める等その権限を濫用してはならない。

（**秘密保持等**）

第四十四条　指定福祉型障害児入所施設の従業者及び管理者は、正当な理由がなく、その業務上知り得た障害児又はその家族の秘密を漏らしてはならない。

2　指定福祉型障害児入所施設は、従業者及び管理者であった者が、正当な理由がなく、その業務上知り得た障害児又はその家族の秘密を漏らすことがないよう、必要な措置を講じなければならない。

3　指定福祉型障害児入所施設は、法第二十一条の五の三第一項に規定する指定障害児通所支援事業者、障害者の日常生活及び社会生活を総合的に支援するための法律第二十九条第二項に規定する指定障害福祉サービス事業者等その他の福祉サービスを提供する者等に対して、障害児又はその家族に関する情報を提供する際は、あらかじめ文書により当該障害児又はその家族の同意を得ておかなければならない。

（情報の提供等）

第四十五条　指定福祉型障害児入所施設は、当該指定福祉型障害児入所施設に入所しようとする障害児が、適切かつ円滑に入所できるように、当該指定福祉型障害児入所施設が実施する事業の内容に関する情報の提供を行うよう努めなければならない。

2　指定福祉型障害児入所施設は、当該指定福祉型障害児入所施設について広告をする場合においては、その内容を虚偽のもの又は誇大なものとしてはならない。

（利益供与等の禁止）

第四十六条　指定福祉型障害児入所施設は、障害児相談支援事業を行う者若しくは障害者の日常生活及び社会生活を総合的に支援するための法律第五条第十八項に規定する一般相談支援事業若しくは特定相談支援事業を行う者（次項において「障害児相談支援事業者等」という。）、障害福祉サービスを行う者等又はその従業者に対し、障害児又はその家族に対して当該指定福祉型障害児入所施設を紹介することの対償として、金品その他の財産上の利益を供与してはならない。

2　指定福祉型障害児入所施設は、障害児相談支援事業者等、障害福祉サービスを行う者等又はその従業者から、障害児又はその家族を紹介することの対償として、金品その他の財産上の利益を収受してはならない。

（苦情解決）

第四十七条　指定福祉型障害児入所施設は、その提供した指定入所支援に関する障害児又は入所給付決定保護者その他の当該障害児の家族からの苦情に迅速かつ適切に対応するために、苦情を受け付けるための窓口を設置する等の必要な措置を講じなければならない。

2　指定福祉型障害児入所施設は、前項の苦情を受け付けた場合には、当該苦情の内容等を記録しなければならない。

3　指定福祉型障害児入所施設は、その提供した指定入所支援に関し、法第二十四条の十五第一項の規定により都道府県知事（指定都市にあっては指定都市の市長とし、児童相談所設置市にあっては児童相談所設置市の長とする。以下この項及び次項において同じ。）が行う報告若しくは帳簿書類その他の物件の提出若しくは提示の命令又は当該職員からの質問若しくは指定福祉型障害児入所施設の設備若しくは帳簿書類その他の物件の検査に応じ、及び障害児又は入所給付決定保護者その他の当該障害児の家族からの苦情に関して都道府県知事が行う調査に協力するとともに、都道府県知事から指導又は助言を受けた場合は、当該指導又は助言に従って必要な改善を行わなければならない。

4　指定福祉型障害児入所施設は、都道府県知事からの求めがあった場合には、前項の改善の内容を都道府県知事に報告しなければならない。

5　指定福祉型障害児入所施設は、社会福祉法第八十三条に規定する運営適正化委員会が同法第八十五条の規定により行う調査又はあっせんにできる限り協力しなければならない。

（地域との連携等）

第四十八条　指定福祉型障害児入所施設は、その運営に当たっては、地域住民又はその自発的な活動等との連携及び協力を行う等の地域との交流に努めなければならない。

第三章　指定医療型障害児入所施設の人員、設備及び運営に関する基準

第一節　人員に関する基準

（従業者の員数）

第五十二条　指定医療型障害児入所施設に置くべき従業者及びその員数は、次のとおりとする。

一　医療法（昭和二十三年法律第二百五号）に規定する病院として必要とされる従業者　同法に規定する病院として必要とされる数

二　児童指導員及び保育士（特区法第十二条の五第五項に規定する事業実施区域内にある指定医療型障害児入所施設にあっては、保育士又は当該事業実施区域に係る国家戦略特別区域限定保育士。以下この号において同じ。）

イ　児童指導員及び保育士の総数　(1)又は(2)に掲げる指定医療型障害児入所施設の区分に応じ、それぞれ(1)又は(2)に定める数

(1)　主として自閉症児を入所させる指定医療型障害児入所施設　通じておおむね障害児の数を六・七で除して得た数以上

(2)　主として肢体不自由のある児童を入所させる指定医療型障害児入所施設　通じておおむね障害児である乳幼児の数を十で除して得た数及び障害児である少年の数を二十で除して得た数の合計数以上

ロ　児童指導員　一以上

ハ　保育士　一以上

三　心理指導を担当する職員　一以上（主として重症心身障害児（法第七条第二項に規定する重症心身障害児をいう。次号において同じ。）を入所させる指定医療型障害児入所施設に限る。）

四　理学療法士又は作業療法士　一以上（主として肢体不自由のある児童又は重症心身障害児を入所させる指定医療型障害児入所施設に限る。）

五　児童発達支援管理責任者　一以上

2　前項各号に掲げる従業者のほか、指定医療型障害児入所施設（主として肢体不自由のある児童を入所させるものに限る。）において職業指導を行う場合には、職業指導員を置かなければならない。

3　第一項各号に掲げる従業者は、専ら当該指定医療型障害児入所施設の職務に従事する者でなければならない。ただし、障害児の支援に支障がない場合は、障害児の保護に直接従事する従業者を除き、併せて設置する他の社会福祉施設の職務に従事させることができる。

4　指定医療型障害児入所施設が、療養介護（障害者の日常生活及び社会生活を総合的に支援するための法律第五条第六項に規定する療養介護をいう。以下この項及び次条第五項において同じ。）に係る指定障害福祉サービス事業者（同法第二十九条第一項に規定する指定障害福祉サービス事業者をいう。次条第五項において同じ。）の指定を受け、かつ、指定入所支援と療養介護とを同一の施設において一体的に提供している場合については、障害者の日常生活及び社会生活を総合的に支援するための法律に基づく指定障害福祉サービスの事業等の人員、設備及び運営に関する基準（平成十八年厚生労働省令第百七十一号。次条第五項において「指定障害福祉サービス基準」という。）第五十条に規定する人員に関する基準を満たすことをもって、前三項に規定する基準を満たしているものとみなすことができる。

第二節　設備に関する基準

（設備）

第五十三条　指定医療型障害児入所施設の設備は、次のとおりとする。

一　医療法に規定する病院として必要とされる設備を有すること。

二　訓練室及び浴室を有すること。

2　次の各号に掲げる指定医療型障害児入所施設にあっては、前項各号に掲げる設備のほか、それぞれ次の各号に掲げる設備を設けなければならない。ただし、第二号の義肢装具を製作する設備にあっては、他に適

当な設備がある場合は、これを置かないことができる。

一　主として自閉症児を入所させる指定医療型障害児入所施設　静養室

二　主として肢体不自由のある児童を入所させる指定医療型障害児入所施設　屋外訓練場、ギブス室、特殊手工芸等の作業を指導するのに必要な設備、義肢装具を製作する設備並びに浴室及び便所の手すり等身体の機能の不自由を助ける設備

3　主として肢体不自由のある児童を入所させる指定医療型障害児入所施設は、その階段の傾斜を緩やかにしなければならない。

4　第一項各号及び第二項各号に掲げる設備は、専ら当該指定医療型障害児入所施設が提供する指定入所支援の用に供するものでなければならない。ただし、障害児の支援に支障がない場合は、第一項第二号及び第二項各号に掲げる設備については、併せて設置する他の社会福祉施設の設備に兼ねることができる。

5　指定医療型障害児入所施設が、療養介護に係る指定障害福祉サービス事業者の指定を受け、かつ、指定入所支援と療養介護とを同一の施設において一体的に提供している場合については、指定障害福祉サービス基準第五十二条に規定する設備に関する基準を満たすことをもって、前各項に規定する基準を満たしているものとみなすことができる。

第三節　運営に関する基準

（入所利用者負担額の受領）

第五十四条　指定医療型障害児入所施設は、指定入所支援を提供した際は、入所給付決定保護者から当該指定入所支援に係る入所利用者負担額の支払を受けるものとする。

2　指定医療型障害児入所施設は、法定代理受領を行わない指定入所支援を提供した際は、入所給付決定保護者から、次の各号に掲げる費用の額の支払を受けるものとする。

一　当該指定入所支援に係る指定入所支援費用基準額

二　当該障害児入所支援のうち障害児入所医療に係るものにつき健康保険の療養に要する費用の額の算定方法の例により算定した費用の額

3　指定医療型障害児入所施設は、前二項の支払を受ける額のほか、指定入所支援において提供される便宜に要する費用のうち、次の各号に掲げる費用の額の支払を入所給付決定保護者から受けることができる。

一　日用品費

二　前号に掲げるもののほか、指定入所支援において提供される便宜に要する費用のうち、日常生活においても通常必要となるものに係る費用であって、入所給付決定保護者に負担させることが適当と認められるもの

4　指定医療型障害児入所施設は、前三項の費用の額の支払を受けた場合は、当該費用に係る領収証を当該費用の額を支払った入所給付決定保護者に対し交付しなければならない。

5　指定医療型障害児入所施設は、第三項の費用に係るサービスの提供に当たっては、あらかじめ、入所給付決定保護者に対し、当該サービスの内容及び費用について説明を行い、入所給付決定保護者の同意を得なければならない。

附　則（抄）

（施行期日）

第一条　この省令は、平成二十四年四月一日から施行する。

児童福祉法に基づく指定障害児相談支援の事業の人員及び運営に関する基準（抄）

（平成二四・三・一三 厚 労 令 二 九）

最新改正 平成三〇厚労令三

第一章 総則

（定義）

第一条 この省令において、次の各号に掲げる用語の意義は、それぞれ当該各号に定めるところによる。

一 障害児支援利用計画案 児童福祉法（昭和二十二年法律第百六十四号。以下「法」という。）第六条の二の二第八項に規定する障害児支援利用計画案をいう。

二 障害児支援利用計画 法第六条の二の二第八項に規定する障害児支援利用計画をいう。

三 指定障害児通所支援事業者等 法第二十一条の五の三第一項に規定する指定障害児通所支援事業者等をいう。

四 指定通所支援 法第二十一条の五の三第一項に規定する指定通所支援をいう。

五 通所給付決定 法第二十一条の五の五第一項に規定する通所給付決定をいう。

六 通所給付決定の有効期間 法第二十一条の五の七第八項に規定する通所給付決定の有効期間をいう。

七 指定障害児入所施設等 法第二十四条の二第一項に規定する指定障害児入所施設等をいう。

八 障害児相談支援対象保護者 法第二十四条の二十六第一項に規定する障害児相談支援対象保護者をいう。

九 指定障害児相談支援事業者 法第二十四条の二十六第一項第一号に規定する指定障害児相談支援事業者をいう。

十 指定障害児相談支援 法第二十四条の二十六第二項に規定する指定障害児相談支援をいう。

十一 法定代理受領 法第二十四条の二十六第三項の規定により障害児相談支援対象保護者に代わり市町村（特別区を含む。以下同じ。）が支払う指定障害児相談支援に要した費用の全部又は一部を指定障害児相談支援事業者が受けることをいう。

第二章 指定障害児相談支援の事業の人員及び運営に関する基準

第一節 基本方針

第二条 指定障害児相談支援の事業は、障害児又は障害児の保護者（以下「障害児等」という。）の意思及び人格を尊重し、常に当該障害児等の立場に立って、行われるものでなければならない。

2 指定障害児相談支援の事業は、障害児が自立した日常生活又は社会生活を営むことができるように配慮して行われるものでなければならない。

3 指定障害児相談支援の事業は、障害児の心身の状況、その置かれている環境等に応じて、障害児等の選択に基づき、適切な保健、医療、福祉、教育等のサービス（以下「福祉サービス等」という。）が、多様な事業者から、総合的かつ効率的に提供されるよう配慮して行われるものでなければならない。

4 指定障害児相談支援の事業は、当該障害児等に提供される福祉サービス等が特定の種類又は特定の障害児通所支援事業を行う者に不当に偏ることのないよう、公正中立に行われるものでなければならない。

5 指定障害児相談支援事業者は、市町村、障害児通所支援事業を行う者等との連携を図り、地域において必要な社会資源の改善及び開発に努めなければならない。

6 指定障害児相談支援事業者は、自らその提供する指定障害児相談支援の評価を行い、常にその改善を図らなければならない。

第二節 人員に関する基準

（従業者）

第三条 指定障害児相談支援事業者は、当該指定に係る障害児相談支援事業所（法第二十四条の二十八第一項に規定する障害児相談支援事業所をいう。）（以下「指定障害児相談支援事業所」という。）ごとに専らその職務に従事する相談支援専門員（指定障害児相談支援の提供に当たる者として厚生労働大臣が定めるものをいう。以下同じ。）を置かなければならない。ただし、指定障害児相談支援の業務に支障がない場合は、当該指定障害児相談支援事業所の他の職務に従事させ、又は他の事業所、施設等の職務に従事させることができるものとする。

2　前項に規定する相談支援専門員の員数の標準は、障害児相談支援対象保護者の数（当該指定障害児相談支援事業者が、指定特定相談支援事業者（障害者の日常生活及び社会生活を総合的に支援するための法律に基づく指定計画相談支援の事業の人員及び運営に関する基準（平成二十四年厚生労働省令第二十八号。以下「指定計画相談支援基準」という。）第一条第十四号に規定する指定特定相談支援事業者をいう。以下この条において同じ。）の指定を併せて受け、かつ、指定障害児相談支援の事業と指定計画相談支援（指定計画相談支援基準第一条第十五号に規定する指定計画相談支援をいう。以下この項において同じ。）の事業とを同一の事業所において一体的に運営している場合にあっては、当該事業所において一体的に運営している指定障害児相談支援の事業における障害児相談支援対象保護者の数及び指定特定相談支援の事業における計画相談支援対象障害者等（指定計画相談支援基準第一条第十三号に規定する計画相談支援対象障害者等をいう。）の数の合計数）が三十五又はその端数を増すごとに一とする。

3　前項に規定する障害児相談支援対象保護者の数は、前六月の平均値とする。ただし、新規に指定を受ける場合は、推定数とする。

第三節　運営に関する基準

（内容及び手続の説明及び同意）

第五条　指定障害児相談支援事業者は、障害児相談支援対象保護者が指定障害児相談支援の利用の申込みを行ったときは、当該利用の申込みを行った障害児相談支援対象保護者（以下「利用申込者」という。）に係る障害児の障害の特性に応じた適切な配慮をしつつ、当該利用申込者に対し、第十九条に規定する運営規程の概要その他の利用申込者のサービスの選択に資すると認められる重要事項を記した文書を交付して説明を行い、当該指定障害児相談支援の提供の開始について当該利用申込者の同意を得なければならない。

2　指定障害児相談支援事業者は、社会福祉法（昭和二十六年法律第四十五号）第七十七条の規定に基づき書面の交付を行う場合は、利用申込者に係る障害児の障害の特性に応じた適切な配慮をしなければならない。

（提供拒否の禁止）

第七条　指定障害児相談支援事業者は、正当な理由がなく、指定障害児相談支援の提供を拒んではならない。

（サービス提供困難時の対応）

第八条　指定障害児相談支援事業者は、指定障害児相談支援事業所の通常の事業の実施地域（当該指定障害児相談支援事業所が通常時に指定障害児相談支援を提供する地域をいう。第十二条第二項及び第十九条第五号において同じ。）等を勘案し、利用申込者及び利用申込者に係る障害児に対し自ら適切な指定障害児相談支援を提供することが困難であると認めた場合は、適当な他の指定障害児相談支援事業者の紹介その他の必要な措置を速やかに講じなければならない。

（受給資格の確認）

第九条　指定障害児相談支援事業者は、指定障害児相談支援の提供を求められた場合は、その者の提示する通所受給者証（法第二十一条の五の七第九項に規定する通所受給者証をいう。）によって、障害児相談支援給付費の支給対象者であること、法第六条の二の二第九項に規定する厚生労働省令で定める期間、通所給付決定の有無、通所給付決定の有効期間、支給量（法第二十一条の五の七第七項に規定する支給量をいう。）等を確かめるものとする。

（通所給付決定の申請に係る援助）

第十条　指定障害児相談支援事業者は、通所

給付決定に通常要すべき標準的な期間を考慮し、通所給付決定の有効期間の終了に伴う通所給付決定の申請について、必要な援助を行わなければならない。

（身分を証する書類の携行）

第十一条　指定障害児相談支援事業者は、当該指定障害児相談支援事業所の相談支援専門員に身分を証する書類を携行させ、初回訪問時及び障害児又はその家族から求められたときは、これを提示すべき旨を指導しなければならない。

（障害児相談支援給付費の額等の受領）

第十二条　指定障害児相談支援事業者は、法定代理受領を行わない指定障害児相談支援を提供した際は、障害児相談支援対象保護者から当該指定障害児相談支援につき法第二十四条の二十六第二項に規定する厚生労働大臣が定める基準により算定した費用の額（その額が現に当該指定障害児相談支援に要した費用の額を超えるときは、当該現に指定障害児相談支援に要した費用の額）の支払を受けるものとする。

2　指定障害児相談支援事業者は、前項の支払を受ける額のほか、障害児相談支援対象保護者の選定により通常の事業の実施地域以外の地域の居宅を訪問して指定障害児相談支援を提供する場合は、それに要した交通費の額の支払を障害児相談支援対象保護者から受けることができる。

3　指定障害児相談支援事業者は、前二項の費用の額の支払を受けた場合は、当該費用に係る領収証を当該費用の額を支払った障害児相談支援対象保護者に対し交付しなければならない。

4　指定障害児相談支援事業者は、第二項の交通費については、あらかじめ、障害児相談支援対象保護者に対し、その額について説明を行い、障害児相談支援対象保護者の同意を得なければならない。

（指定障害児相談支援の具体的取扱方針）

第十五条　指定障害児相談支援の方針は、第二条に規定する基本方針に基づき、次の各号に掲げるところによるものとする。

一　指定障害児相談支援事業所の管理者は、相談支援専門員に障害児支援利用計画の作成に関する業務を担当させるものとする。

二　指定障害児相談支援の提供に当たっては、障害児等の立場に立って懇切丁寧に行うことを旨とし、障害児又はその家族に対し、サービスの提供方法等について理解しやすいように説明を行うとともに、必要に応じ、同じ障害を有する障害児の家族による支援等適切な手法を通じて行うものとする。

2　指定障害児相談支援における指定障害児支援利用援助（法第二十四条の二十六第一項第一号に規定する指定障害児支援利用援助をいう。）の方針は、第二条に規定する基本方針及び前項に規定する方針に基づき、次に掲げるところによるものとする。

一　相談支援専門員は、障害児支援利用計画の作成に当たっては、障害児等の希望等を踏まえて作成するよう努めなければならない。

二　相談支援専門員は、障害児支援利用計画の作成に当たっては、障害児の自立した日常生活の支援を効果的に行うため、障害児の心身又は家族の状況等に応じ、継続的かつ計画的に適切な福祉サービス等の利用が行われるようにしなければならない。

三　相談支援専門員は、障害児支援利用計画の作成に当たっては、障害児の日常生活全般を支援する観点から、指定通所支援に加えて、指定通所支援以外の福祉サービス等、当該地域の住民による自発的な活動によるサービス等の利用も含めて障害児支援利用計画上に位置付けるよう努めなければならない。

四　相談支援専門員は、障害児支援利用計画の作成の開始に当たっては、障害児等によるサービスの選択に資するよう、当該地域における指定障害児通所支援事業者等に関するサービスの内容、利用料等の情報を適正に障害児又はその家族に対して提供しなければならない。

五　相談支援専門員は、障害児支援利用計画の作成に当たっては、適切な方法により、障害児について、その心身の状況、その置かれている環境及び日常生活全般の状況等の評価を通じて障害児の希望する生活や障害児が自立した日常生活を営むことができるよう支援する上で解決すべき課題等の把握（以下この項及び第三十条第二項第二号ロにおいて「アセスメント」という。）を行わなければならない。

六　相談支援専門員は、アセスメントに当たっては、障害児の居宅を訪問し、障害児及びその家族に面接しなければならない。この場合において、相談支援専門員は、面接の趣旨を障害児及びその家族に対して十分に説明し、理解を得なければならない。

七　相談支援専門員は、障害児についてのアセスメントに基づき、当該地域における指定通所支援が提供される体制を勘案して、当該アセスメントにより把握された解決すべき課題等に対応するための最も適切な福祉サービス等の組合せについて検討し、障害児及びその家族の生活に対する意向、総合的な援助の方針、生活全般の解決すべき課題、提供される福祉サービス等の目標及びその達成時期、福祉サービス等の種類、内容、量、福祉サービス等を提供する上での留意事項、法第六条の二の二第九項に規定する厚生労働省令で定める期間に係る提案等を記載した障害児支援利用計画案を作成しなければならない。

八　相談支援専門員は、障害児支援利用計画案に位置付けた福祉サービス等について、法第二十一条の五の五第一項に規定する障害児通所給付費等の対象となるかどうかを区分した上で、当該障害児支援利用計画案の内容について、障害児及びその家族に対して説明し、文書により障害児等の同意を得なければならない。

九　相談支援専門員は、障害児支援利用計画案を作成した際には、当該障害児支援利用計画案を障害児等に交付しなければならない。

十　相談支援専門員は、通所給付決定を踏まえて障害児支援利用計画案の変更を行い、指定障害児通所支援事業者等その他の者との連絡調整等を行うとともに、サービス担当者会議（相談支援専門員が障害児支援利用計画の作成のために当該変更を行った障害児支援利用計画案に位置付けた福祉サービス等の担当者（以下この条において「担当者」という。）を招集して行う会議をいう。以下同じ。）の開催等により、当該障害児支援利用計画案の内容について説明を行うとともに、担当者から、専門的な見地からの意見を求めなければならない。

十一　相談支援専門員は、サービス担当者会議を踏まえた障害児支援利用計画案の内容について、障害児及びその家族に対して説明し、文書により障害児等の同意を得なければならない。

十二　相談支援専門員は、障害児支援利用計画を作成した際には、当該障害児支援利用計画を障害児等及び担当者に交付しなければならない。

3　指定障害児相談支援における指定継続障害児支援利用援助（法第二十四条の二十六第一項第二号に規定する指定継続障害児支援利用援助をいう。）の方針は、第二条に規定する基本方針及び前二項に規定する方針に基づき、次に掲げるところによるものとする。

一　相談支援専門員は、障害児支援利用計画の作成後、障害児支援利用計画の実施状況の把握（障害児についての継続的な評価を含む。次号及び第三十条第二項第二号ニにおいて「モニタリング」という。）を行い、必要に応じて障害児支援利用計画の変更、福祉サービス等の事業を行う者等との連絡調整その他の便宜の提供を行うとともに、新たな通所給付決定が必要であると認められる場合には、障害児等に対し、通所給付決定に係る申請の勧奨を行うものとする。

二　相談支援専門員は、モニタリングに当たっては、障害児及びその家族、福祉サービス等の事業を行う者等との連絡を継続的に行うこととし、法第六条の二の二第九項に規定する厚生労働省令で定める期間ごとに障害児の居宅を訪問し、障害児等に面接するほか、その結果を記録しなければならない。

三　前項第一号から第七号まで及び第十号から第十二号までの規定は、第一号に規定する障害児支援利用計画の変更について準用する。

四　相談支援専門員は、適切な福祉サービス等が総合的かつ効率的に提供された場合においても、障害児がその居宅において日常生活を営むことが困難となったと認める場合又は障害児等が指定障害児入所施設等への入所又は入院を希望する場合には、指定障害児入所施設等への紹介その他の便宜の提供を行うものとする。

五　相談支援専門員は、指定障害児入所施設等から退所又は退院しようとする障害児又はその家族から依頼があった場合には、居宅における生活へ円滑に移行できるよう、あらかじめ、必要な情報の提供及び助言を行う等の援助を行うものとする。

（障害児等に対する障害児支援利用計画等の書類の交付）

第十六条　指定障害児相談支援事業者は、障害児等が他の指定障害児相談支援事業者の利用を希望する場合その他障害児等から申出があった場合には、当該障害児等に対し、直近の障害児支援利用計画及びその実施状況に関する書類を交付しなければならない。

（秘密保持等）

第二十四条　指定障害児相談支援事業所の従業者及び管理者は、正当な理由がなく、その業務上知り得た障害児又はその家族の秘密を漏らしてはならない。

2　指定障害児相談支援事業者は、従業者及び管理者であった者が、正当な理由がなく、その業務上知り得た障害児又はその家族の秘密を漏らすことがないよう、必要な措置を講じなければならない。

3　指定障害児相談支援事業者は、サービス担当者会議等において、障害児又はその家族の個人情報を用いる場合は、あらかじめ文書により当該障害児又はその家族の同意を得ておかなければならない。

（指定障害児通所支援事業者等からの利益収受等の禁止）

第二十六条　指定障害児相談支援事業者及び指定障害児相談支援事業所の管理者は、障害児支援利用計画の作成又は変更に関し、当該指定障害児相談支援事業所の相談支援専門員に対して特定の福祉サービス等の事業を行う者等によるサービスを位置付けるべき旨の指示等を行ってはならない。

2　指定障害児相談支援事業所の相談支援専門員は、障害児支援利用計画の作成又は変更に関し、障害児等に対して特定の福祉サービス等の事業を行う者等によるサービスを利用すべき旨の指示等を行ってはならない。

3　指定障害児相談支援事業者及びその従業者は、障害児支援利用計画の作成又は変更に関し、障害児に対して特定の福祉サービス等の事業を行う者等によるサービスを利用させることの対償として、当該福祉サービス等の事業を行う者等から金品その他の財産上の利益を収受してはならない。

（苦情解決）

第二十七条　指定障害児相談支援事業者は、その提供した指定障害児相談支援又は障害児支援利用計画に位置付けた福祉サービス等に関する障害児又はその家族からの苦情に迅速かつ適切に対応するために、苦情を受け付けるための窓口を設置する等の必要な措置を講じなければならない。

2　指定障害児相談支援事業者は、前項の苦情を受け付けた場合には、当該苦情の内容等を記録しなければならない。

3　指定障害児相談支援事業者は、その提供した指定障害児相談支援に関し、法第二十四条の三十四第一項の規定により市町村長が行う報告若しくは帳簿書類その他の物件の提出若しくは提示の命令又は当該職員からの質問若しくは指定障害児相談支援事業所の設備若しくは帳簿書類その他の物件の検査に応じ、及び障害児又はその家族からの苦情に関して市町村長が行う調査に協力するとともに、市町村長から指導又は助言を受けた場合は、当該指導又は助言に従って必要な改善を行わなければならない。

4　指定障害児相談支援事業者は、その提供した指定障害児相談支援に関し、法第五十七条の三の二第一項の規定により市町村が行う報告若しくは文書その他の物件の提出若しくは提示の命令又は当該職員からの質問若しくは指定障害児相談支援事業所の設備若しくは帳簿書類その他の物件の検査に応じ、及び障害児又はその家族からの苦情に関して市町村が行う調査に協力するとともに、市町村から指導又は助言を受けた場合は、当該指導又は助言に従って必要な改善を行わなければならない。

5　指定障害児相談支援事業者は、その提供した指定障害児相談支援に関し、法第五十七条の三の三第四項の規定により都道府県知事が行う報告若しくは指定障害児相談支援の提供の記録、帳簿書類その他の物件の提出若しくは提示の命令又は当該職員からの質問に応じ、及び障害児又はその家族からの苦情に関して都道府県知事が行う調査に協力するとともに、都道府県知事から指導又は助言を受けた場合は、当該指導又は助言に従って必要な改善を行わなければならない。

6　指定障害児相談支援事業者は、都道府県知事、市町村又は市町村長から求めがあった場合には、前三項の改善の内容を都道府県知事又は市町村長に報告しなければならない。

7　指定障害児相談支援事業者は、社会福祉法第八十三条に規定する運営適正化委員会が同法第八十五条の規定により行う調査又はあっせんにできる限り協力しなければならない。

附　則

この省令は、平成二十四年四月一日から施行する。

里親が行う養育に関する最低基準

（平成一四・九・五）
（厚労令一一六）

最新改正　平成二九厚労令三八

（この省令の趣旨）

第一条　児童福祉法（昭和二十二年法律第百六十四号。以下「法」という。）第二十七条第一項第三号の規定により里親に委託された児童（以下「委託児童」という。）について里親が行う養育に関する最低基準（以下「最低基準」という。）は、この省令の定めるところによる。

（最低基準の向上）

第二条　都道府県知事は、その管理に属する法第八条第二項に規定する都道府県児童福祉審議会（社会福祉法（昭和二十六年法律第四十五号）第十二条第一項の規定により同法第七条第一項に規定する地方社会福祉審議会（以下この項において「地方社会福祉審議会」という。）に児童福祉に関する事項を調査審議させる都道府県にあっては、地方社会福祉審議会）の意見を聴いて、その監督に属する里親に対し、最低基準を超えて当該里親が行う養育の内容を向上させるよう、指導又は助言をすることができる。

2　地方自治法（昭和二十二年法律第六十七号）第二百五十二条の十九第一項の指定都市（以下「指定都市」という。）にあっては、前項中「都道府県知事」とあるのは「指定都市の市長」と、「都道府県」とあるのは「指定都市」と読み替えるものとする。

3　法第五十九条の四第一項の児童相談所設置市（以下「児童相談所設置市」という。）にあっては、第一項中「都道府県知事」とあるのは「児童相談所設置市の長」と、「法第八条第二項に規定する都道府県児童福祉審議会（社会福祉法（昭和二十六年法律第四十五号）第十二条第一項の規定により同法第七条第一項に規定する地方社会福祉審議会（以下この項において「地方社会福祉審議会」という。）に児童福祉に関する事務を調査審議させる都道府県にあっては、地方社会福祉審議会）」とあるのは「法第八条第三項に規定する児童福祉に関する審議会その他の合議制の機関」と読み替えるものとする。

4　厚生労働大臣は、最低基準を常に向上させるように努めるものとする。

（最低基準と里親）

第三条　里親は、最低基準を超えて、常に、その行う養育の内容を向上させるように努めなければならない。

（養育の一般原則）

第四条　里親が行う養育は、委託児童の自主性を尊重し、基本的な生活習慣を確立するとともに、豊かな人間性及び社会性を養い、委託児童の自立を支援することを目的として行われなければならない。

2　里親は、前項の養育を効果的に行うため、都道府県（指定都市及び児童相談所設置市を含む。）が行う研修を受け、その資質の向上を図るように努めなければならない。

（児童を平等に養育する原則）

第五条　里親は、委託児童に対し、自らの子若しくは他の児童と比して、又は委託児童の国籍、信条若しくは社会的身分によって、差別的な養育をしてはならない。

（虐待等の禁止）

第六条　里親は、委託児童に対し、法第三十三条の十各号に掲げる行為その他当該委託児童の心身に有害な影響を与える行為をしてはならない。

（懲戒に係る権限の濫用禁止）

第六条の二　里親は、委託児童又は法第三十一条第二項の規定により引き続き委託を継続されている者（以下この条において「委託児童等」という。）に対し法第四十七条第三項の規定により懲戒に関しその委託児童等の福祉のために必要な措置を採るときは、身体的苦痛を与え、人格を辱める等その権限を濫用してはならない。

（教育）

第七条　里親は、委託児童に対し、学校教育法（昭和二十二年法律第二十六号）の規定に基づく義務教育のほか、必要な教育を受けさせるよう努めなければならない。

（健康管理等）

第八条　里親は、常に委託児童の健康の状況に注意し、必要に応じて健康保持のための適切な措置を採らなければならない。

2　委託児童への食事の提供は、当該委託児童について、その栄養の改善及び健康の増進を図るとともに、その日常生活における食事についての正しい理解と望ましい習慣を養うことを目的として行わなければならない。

（衛生管理）

第九条　里親は、委託児童の使用する食器その他の設備又は飲用する水について、衛生的な管理に努め、又は衛生上必要な措置を講じなければならない。

（給付金として支払を受けた金銭の管理）

第九条の二　里親は、委託児童に係る厚生労働大臣が定める給付金（以下この条において「給付金」という。）の支給を受けたときは、給付金として支払を受けた金銭を次に掲げるところにより管理しなければならない。

一　当該委託児童に係る当該金銭及びこれに準ずるもの（これらの運用により生じた収益を含む。以下この条において「委託児童に係る金銭」という。）をその他の財産と区分すること。

二　委託児童に係る金銭を給付金の支給の趣旨に従って用いること。

三　委託児童に係る金銭の収支の状況を明らかにする記録を整備すること。
四　当該委託児童の委託が解除された場合には、速やかに、委託児童に係る金銭を当該委託児童に取得させること。

（自立支援計画の遵守）
第十条　里親は、児童相談所長があらかじめ作成する自立支援計画（法第十一条第一項第二号へ(5)に規定する計画をいう。）に従って、委託児童を養育しなければならない。

（秘密保持）
第十一条　里親は、正当な理由なく、その業務上知り得た委託児童又はその家族の秘密を漏らしてはならない。

（記録の整備）
第十二条　里親は、委託児童の養育の状況に関する記録を整備しておかなければならない。

（苦情等への対応）
第十三条　里親は、その行った養育に関する委託児童からの苦情その他の意思表示に対し、迅速かつ適切に対応しなければならない。
2　里親は、その行った養育に関し、都道府県知事（指定都市にあっては市長とし、児童相談所設置市にあっては児童相談所設置市の長とする。以下同じ。）から指導又は助言を受けたときは、当該指導又は助言に従って必要な改善を行わなければならない。

（都道府県知事への報告）
第十四条　里親は、都道府県知事からの求めに応じ、次に掲げる事項に関し、定期的に報告を行わなければならない。
一　委託児童の心身の状況
二　委託児童に対する養育の状況
三　その他都道府県知事が必要と認める事項
2　里親は、委託児童について事故が発生したときは、遅滞なく、これを都道府県知事に届け出なければならない。
3　里親は、病気その他やむを得ない事由により当該委託児童の養育を継続することが困難となったときは、遅滞なく、理由を付してその旨を都道府県知事に届け出なければならない。

（関係機関との連携）
第十五条　里親は、委託児童の養育に関し、児童相談所、法第十一条第四項の規定により同条第一項第二号へに掲げる業務に係る事務の委託を受けた者、当該委託児童の就学する学校その他の関係機関と密接に連携しなければならない。

（養育する委託児童の年齢）
第十六条　里親が養育する委託児童は、十八歳未満（法第三十一条第四項に定める延長者にあっては二十歳未満）の者とする。
2　前項の規定にかかわらず、都道府県知事が委託児童、その保護者及び児童相談所長からの意見を勘案して必要と認めるときは、法第三十一条第二項の規定に基づき当該委託児童が満二十歳に達する日までの間、養育を継続することができる。

（養育する委託児童の人数の限度）
第十七条　里親が同時に養育する委託児童及び当該委託児童以外の児童の人数の合計は、六人（委託児童については四人）を超えることができない。
2　専門里親（児童福祉法施行規則（昭和二十三年厚生省令第十一号）第一条の三十六に規定する専門里親をいう。以下同じ。）が同時に養育する委託児童の人数は、同条各号に掲げる者については、二人を超えることができない。

（委託児童を養育する期間の限度）
第十八条　専門里親による委託児童（児童福祉法施行規則第一条の三十六各号に掲げる者に限る。）の養育は、当該養育を開始した日から起算して二年を超えることができない。ただし、都道府県知事が当該委託児童、その保護者及び児童相談所長からの意見を勘案して必要と認めるときは、当該期間を更新することができる。

（再委託の制限）
第十九条　里親は、次に掲げる場合を除き、委託児童を他の者に委託してはならない。
一　都道府県知事が、里親からの申請に基づき、児童相談所長と協議して、当該里親の心身の状況等にかんがみ、当該里親が養育する委託児童を一時的に他の者に委託することが適当であると認めるとき。

二 前号に掲げる場合のほか、特にやむを得ない事情があると都道府県知事が認めるとき。

（家庭環境の調整への協力）

第二十条 専門里親は、児童相談所長が児童家庭支援センター、法第十一条第四項の規定により同条第一項第二号へに掲げる業務に係る事務の委託を受けた者、児童委員、福祉事務所等の関係機関と連携して行う委託児童の家庭環境の調整に協力しなければならない。

附 則

この省令は、平成十四年十月一日から施行する。

保育所保育指針

（平成二九・三・三一 厚労告一一七 平成三〇・四・一施行）

第一章 総則

この指針は、児童福祉施設の設備及び運営に関する基準（昭和二十三年厚生省令第六十三号。以下「設備運営基準」という。）第三十五条の規定に基づき、保育所における保育の内容に関する事項及びこれに関連する運営に関する事項を定めるものである。各保育所は、この指針において規定される保育の内容に係る基本原則に関する事項等を踏まえ、各保育所の実情に応じて創意工夫を図り、保育所の機能及び質の向上に努めなければならない。

1 保育所保育に関する基本原則

(1) 保育所の役割

ア 保育所は、児童福祉法（昭和二十二年法律第百六十四号）第三十九条の規定に基づき、保育を必要とする子どもの保育を行い、その健全な心身の発達を図ることを目的とする児童福祉施設であり、入所する子どもの最善の利益を考慮し、その福祉を積極的に増進することに最もふさわしい生活の場でなければならない。

イ 保育所は、その目的を達成するために、保育に関する専門性を有する職員が、家庭との緊密な連携の下に、子どもの状況や発達過程を踏まえ、保育所における環境を通して、養護及び教育を一体的に行うことを特性としている。

ウ 保育所は、入所する子どもを保育するとともに、家庭や地域の様々な社会資源との連携を図りながら、入所する子どもの保護者に対する支援及び地域の子育て家庭に対する支援等を行う役割を担うものである。

エ 保育所における保育士は、児童福祉法第十八条の四の規定を踏まえ、保育所の役割及び機能が適切に発揮されるように、倫理観に裏付けられた専門的知識、技術及び判断をもって、子どもを保育するとともに、子どもの保護者に対する保育に関する指導を行うものであり、その職責を遂行するための専門性の向上に絶えず努めなければならない。

(2) 保育の目標

ア 保育所は、子どもが生涯にわたる人間形成にとって極めて重要な時期に、その生活時間の大半を過ごす場である。このため、保育所の保育は、子どもが現在を最も良く生き、望ましい未来をつくり出す力の基礎を培うために、次の目標を目指して行わなければならない。

(ア) 十分に養護の行き届いた環境の下に、くつろいだ雰囲気の中で子どもの様々な欲求を満たし、生命の保持及び情緒の安定を図ること。

(イ) 健康、安全など生活に必要な基本的な習慣や態度を養い、心身の健康の基礎を培うこと。

(ウ) 人との関わりの中で、人に対する愛情と信頼感、そして人権を大切にする心を育てるとともに、自主、自立及び協調の態度を養い、道徳性の芽生えを培うこと。

(エ) 生命、自然及び社会の事象についての興味や関心を育て、それらに対する豊かな心情や思考力の芽生えを培うこと。

(オ) 生活の中で、言葉への興味や関心を育て、話したり、聞いたり、相手の話を理解しようとするなど、言葉の豊かさを養うこと。

(カ) 様々な体験を通して、豊かな感性や表現力を育み、創造性の芽生えを培うこと。

イ 保育所は、入所する子どもの保護者に対し、その意向を受け止め、子どもと保護者の安定した関係に配慮し、保育所の特性や保育士等の専門性を生かして、その援助に当たらなければならない。

(3) 保育の方法

保育の目標を達成するために、保育士等は、次の事項に留意して保育しなければならない。

ア 一人一人の子どもの状況や家庭及び地域社会での生活の実態を把握するとともに、子どもが安心感と信頼感をもって活動できるよう、子どもの主体としての思いや願いを受け止めること。

イ 子どもの生活のリズムを大切にし、健康、安全で情緒の安定した生活ができる環境や、自己を十分に発揮できる環境を整えること。

ウ 子どもの発達について理解し、一人一人の発達過程に応じて保育すること。その際、子どもの個人差に十分配慮すること。

エ 子ども相互の関係づくりや互いに尊重する心を大切にし、集団における活動を効果あるものにするよう援助すること。

オ 子どもが自発的・意欲的に関われるような環境を構成し、子どもの主体的な活動や子ども相互の関わりを大切にすること。特に、乳幼児期にふさわしい体験が得られるように、生活や遊びを通して総合的に保育すること。

カ 一人一人の保護者の状況やその意向を理解、受容し、それぞれの親子関係や家庭生活等に配慮しながら、様々な機会をとらえ、適切に援助すること。

(4) 保育の環境

保育の環境には、保育士等や子どもなどの人的環境、施設や遊具などの物的環境、更には自然や社会の事象などがある。保育所は、こうした人、物、場などの環境が相互に関連し合い、子どもの生活が豊かなものとなるよう、次の事項に留意しつつ、計画的に環境を構成し、工夫して保育しなければならない。

ア 子ども自らが環境に関わり、自発的に活動し、様々な経験を積んでいくことができるよう配慮すること。

イ 子どもの活動が豊かに展開されるよう、保育所の設備や環境を整え、保育所の保健的環境や安全の確保などに努めること。

ウ 保育室は、温かな親しみとくつろぎの場となるとともに、生き生きと活動できる場となるように配慮すること。

エ 子どもが人と関わる力を育てていくため、子ども自らが周囲の子どもや大人と関わっていくことができる環境を整えること。

(5) 保育所の社会的責任

ア 保育所は、子どもの人権に十分配慮するとともに、子ども一人一人の人格を尊重して保育を行わなければならない。

イ　保育所は、地域社会との交流や連携を図り、保護者や地域社会に、当該保育所が行う保育の内容を適切に説明するよう努めなければならない。

ウ　保育所は、入所する子ども等の個人情報を適切に取り扱うとともに、保護者の苦情などに対し、その解決を図るよう努めなければならない。

2　養護に関する基本的事項

(1)　養護の理念

保育における養護とは、子どもの生命の保持及び情緒の安定を図るために保育士等が行う援助や関わりであり、保育所における保育は、養護及び教育を一体的に行うことをその特性とするものである。保育所における保育全体を通じて、養護に関するねらい及び内容を踏まえた保育が展開されなければならない。

(2)　養護に関わるねらい及び内容

ア　生命の保持

(ア)　ねらい

①　一人一人の子どもが、快適に生活できるようにする。

②　一人一人の子どもが、健康で安全に過ごせるようにする。

③　一人一人の子どもの生理的欲求が、十分に満たされるようにする。

④　一人一人の子どもの健康増進が、積極的に図られるようにする。

(イ)　内容

①　一人一人の子どもの平常の健康状態や発育及び発達状態を的確に把握し、異常を感じる場合は、速やかに適切に対応する。

②　家庭との連携を密にし、嘱託医等との連携を図りながら、子どもの疾病や事故防止に関する認識を深め、保健的で安全な保育環境の維持及び向上に努める。

③　清潔で安全な環境を整え、適切な援助や応答的な関わりを通して子どもの生理的欲求を満たしていく。また、家庭と協力しながら、子どもの発達過程等に応じた適切な生活のリズムがつくられていくようにする。

④　子どもの発達過程等に応じて、適度な運動と休息を取ることができるようにする。また、食事、排泄（せつ）、衣類の着脱、身の回りを清潔にすることなどについて、子どもが意欲的に生活できるよう適切に援助する。

イ　情緒の安定

(ア)　ねらい

①　一人一人の子どもが、安定感をもって過ごせるようにする。

②　一人一人の子どもが、自分の気持ちを安心して表すことができるようにする。

③　一人一人の子どもが、周囲から主体として受け止められ、主体として育ち、自分を肯定する気持ちが育まれていくようにする。

④　一人一人の子どもがくつろいで共に過ごし、心身の疲れが癒されるようにする。

(イ)　内容

①　一人一人の子どもの置かれている状態や発達過程などを的確に把握し、子どもの欲求を適切に満たしながら、応答的な触れ合いや言葉がけを行う。

②　一人一人の子どもの気持ちを受容し、共感しながら、子どもとの継続的な信頼関係を築いていく。

③　保育士等との信頼関係を基盤に、一人一人の子どもが主体的に活動し、自発性や探索意欲などを高めるとともに、自分への自信をもつことができるよう成長の過程を見守り、適切に働きかける。

④　一人一人の子どもの生活のリズム、発達過程、保育時間などに応じて、活動内容のバランスや調和を図りながら、適切な食事や休息が取れるようにする。

3　保育の計画及び評価

(1)　全体的な計画の作成

ア　保育所は、1の(2)に示した保育の目標を達成するために、各保育所の保育の方針や目標に基づき、子どもの発達過程を踏まえて、保育の内容が組織的・計画的に構成され、保育所の生活の全体を通して、総合的に展開されるよう、全体的な計画を作成しなければならない。

イ　全体的な計画は、子どもや家庭の状況、地域の実態、保育時間などを考慮し、子どもの育ちに関する長期的見通しをもって適切に作成されなければならない。

ウ　全体的な計画は、保育所保育の全体像を包括的に示すものとし、これに基づく指導計画、保健計画、食育計画等を通じて、各保育所が創意工夫して保育できるよう、作成されなければならない。

(2)　指導計画の作成

ア　保育所は、全体的な計画に基づき、具体的な保育が適切に展開されるよう、子どもの生活や発達を見通した長期的な指導計画と、それに関連しながら、より具体的な子どもの日々の生活に即した短期的な指導計画を作成しなければならない。

イ　指導計画の作成に当たっては、第二章及びその他の関連する章に示された事項のほか、子ども一人一人の発達過程や状況を十分に踏まえるとともに、次の事項に留意しなければならない。

(ア)　三歳未満児については、一人一人の子どもの生育歴、心身の発達、活動の実態等に即して、個別的な計画を作成すること。

(イ)　三歳以上児については、個の成長と、子ども相互の関係や協同的な活動が促されるよう配慮すること。

(ウ)　異年齢で構成される組やグループでの保育においては、一人一人の子どもの生活や経験、発達過程などを把握し、適切な援助や環境構成ができるよう配慮すること。

ウ　指導計画においては、保育所の生活における子どもの発達過程を見通し、生活の連続性、季節の変化などを考慮し、子どもの実態に即した具体的なねらい及び内容を設定すること。また、具体的なねらいが達成されるよう、子どもの生活する姿や発想を大切にして適切な環境を構成し、子どもが主体的に活動できるようにすること。

エ　一日の生活のリズムや在園時間が異なる子どもが共に過ごすことを踏まえ、活動と休息、緊張感と解放感等の調和を図るよう配慮すること。

オ　午睡は生活のリズムを構成する重要な要素であり、安心して眠ることのできる安全な睡眠環境を確保するとともに、在園時間が異なることや、睡眠時間は子どもの発達の状況や個人によって差があることから、一律とならないよう配慮すること。

カ　長時間にわたる保育については、子どもの発達過程、生活のリズム及び心身の状態に十分配慮して、保育の内容や方法、職員の協力体制、家庭との連携などを指導計画に位置付けること。

キ　障害のある子どもの保育については、一人一人の子どもの発達過程や障害の状態を把握し、適切な環境の下で、障害のある子どもが他の子どもとの生活を通して共に成長できるよう、指導計画の中に位置付けること。また、子どもの状況に応じた保育を実施する観点から、家庭や関係機関と連携した支援のための計画を個別に作成するなど適切な対応を図ること。

(3)　指導計画の展開

指導計画に基づく保育の実施に当たっては、次の事項に留意しなければならない。

ア　施設長、保育士など、全職員による適切な役割分担と協力体制を整えること。

イ　子どもが行う具体的な活動は、生活の中で様々に変化することに留意して、子どもが望ましい方向に向かって自ら活動を展開できるよう必要な援助を行うこと。

ウ　子どもの主体的な活動を促すためには、保育士等が多様な関わりをもつことが重要であることを踏まえ、子どもの情緒の安定や発達に必要な豊かな体験が得られるよう援助すること。

エ　保育士等は、子どもの実態や子どもを取り巻く状況の変化などに即して保育の過程を記録するとともに、これらを踏まえ、指導計画に基づく保育の内容の見直しを行い、改善を図ること。

(4)　保育内容等の評価

ア　保育士等の自己評価

(ア)　保育士等は、保育の計画や保育の記録を通して、自らの保育実践を振り返り、自己評価することを通して、その専門性の向上や保育実践の改善に努めなければならない。

(イ)　保育士等による自己評価に当たっては、子どもの活動内容やその結果だけでなく、子どもの心の育ちや意欲、取り組む過程などにも十分配慮するよう留意すること。

(ウ)　保育士等は、自己評価における自らの保育実践の振り返りや職員相互の話し合い等を通じて、専門性の向上及び保育の質の向上のための課題を明確にするとともに、保育所全体の保育の内容に関する認識を深めること。

イ　保育所の自己評価

(ア)　保育所は、保育の質の向上を図るため、保育の計画の展開や保育士等の自己評価を踏まえ、当該保育所の保育の内容等について、自ら評価を行い、その結果を公表するよう努めなければならない。

(イ)　保育所が自己評価を行うに当たっては、地域の実情や保育所の実態に即して、適切に評価の観点や項目等を設定し、全職員による共通理解をもって取り組むよう留意すること。

(ウ)　設備運営基準第三十六条の趣旨を踏まえ、保育の内容等の評価に関し、保護者及び地域住民等の意見を聴くことが望ましいこと。

(5)　評価を踏まえた計画の改善

ア　保育所は、評価の結果を踏まえ、当該保育所の保育の内容等の改善を図ること。

イ　保育の計画に基づく保育、保育の内容の評価及びこれに基づく改善という一連の取組により、保育の質の向上が図られるよう、全職員が共通理解をもって取り組むことに留意すること。

4　幼児教育を行う施設として共有すべき事項

(1)　育みたい資質・能力

ア　保育所においては、生涯にわたる生きる力の基礎を培うため、1の(2)に示す保育の目標を踏まえ、次に掲げる資質・能力を一体的に育むよう努めるものとする。

(ア)　豊かな体験を通じて、感じたり、気付いたり、分かったり、できるようになったりする「知識及び技能の基礎」

(イ)　気付いたことや、できるようになったことなどを使い、考えたり、試したり、工夫したり、表現したりする「思考力、判断力、表現力等の基礎」

(ウ)　心情、意欲、態度が育つ中で、よりよい生活を営もうとする「学びに向かう力、人間性等」

イ　アに示す資質・能力は、第二章に示すねらい及び内容に基づく保育活動全体によって育むものである。

(2)　幼児期の終わりまでに育ってほしい姿

次に示す「幼児期の終わりまでに育ってほしい姿」は、第二章に示すねらい及び内容に基づく保育活動全体を通して資質・能力が育まれている子どもの小学校就学時の具体的な姿であり、保育士等が指導を行う際に考慮するものである。

ア　健康な心と体

保育所の生活の中で、充実感をもって自分のやりたいことに向かって心と体を十分に働かせ、見通しをもって行動し、自ら健康で安全な生活をつくり出すようになる。

イ　自立心

身近な環境に主体的に関わり様々な活動を楽しむ中で、しなければならないことを自覚し、自分の力で行うために考えたり、工夫したりしながら、諦めずにやり遂げることで達成感を味わい、自信をもって行動するようになる。

ウ　協同性

友達と関わる中で、互いの思いや考えなどを共有し、共通の目的の実現に向けて、考えたり、工夫したり、協力したりし、充実感をもってやり遂げるようになる。

エ　道徳性・規範意識の芽生え

友達と様々な体験を重ねる中で、してよいことや悪いことが分かり、自分の行動を振り返ったり、友達の気持ちに共感したりし、相手の立場に立って行動するようになる。また、きまりを守る必要性が分かり、自分の気持ちを調整し、友達と折り合いを付けながら、きまりをつくったり、守ったりするようになる。

オ　社会生活との関わり

家族を大切にしようとする気持ちをもつとともに、地域の身近な人と触れ合う中で、人との様々な関わり方に気付き、相手の気持ちを考えて関わり、自分が役に立つ喜びを感じ、地域に親しみをもつようになる。また、保育所内外の様々な環境に関わる中で、遊びや生活に必要な情報を取り入れ、情報に基づき判断したり、情報を伝え合ったり、活用したりするなど、情報を役立てながら活動するようになるとともに、公共の施設を大切に利用するなどして、社会とのつながりなどを意識するようになる。

カ　思考力の芽生え

身近な事象に積極的に関わる中で、物の性質や仕組みなどを感じ取ったり、気付いたりし、考えたり、予想したり、工夫したりするなど、多様な関わりを楽しむようになる。また、友達の様々な考えに触れる中で、自分と異なる考えがあることに気付き、自ら判断したり、考え直したりするなど、新しい考えを生み出す喜びを味わいながら、自分の考えをよりよいものにするようになる。

キ　自然との関わり・生命尊重

自然に触れて感動する体験を通して、自然の変化などを感じ取り、好奇心や探究心をもって考え言葉などで表現しながら、身近な事象への関心が高まるとともに、自然への愛情や畏敬の念をもつようになる。また、身近な動植物に心を動かされる中で、生命の不思議さや尊さに気付き、身近な動植物への接し方を考え、命あるものとしていたわり、大切にする気持ちをもって関わるようになる。

ク　数量や図形、標識や文字などへの関心・感覚

遊びや生活の中で、数量や図形、標識や文字などに親しむ体験を重ねたり、標識や文字の役割に気付いたりし、自らの必要感に基づきこれらを活用し、興味や関心、感覚をもつようになる。

ケ　言葉による伝え合い

保育士等や友達と心を通わせる中で、絵本や物語などに親しみながら、豊かな言葉や表現を身に付け、経験したことや考えたことなどを言葉で伝えたり、相手の話を注意して聞いたりし、言葉による伝え合いを楽しむようになる。

コ　豊かな感性と表現

心を動かす出来事などに触れ感性を働かせる中で、様々な素材の特徴や表現の仕方などに気付き、感じたことや考えたことを自分で表現したり、友達同士で表現する過程を楽しんだりし、表現する喜びを味わい、意欲をもつようになる。

第二章　保育の内容

この章に示す「ねらい」は、第一章の1の(2)に示された保育の目標をより具体化したも

のであり、子どもが保育所において、安定した生活を送り、充実した活動ができるように、保育を通じて育みたい資質・能力を、子どもの生活する姿から捉えたものである。また、「内容」は、「ねらい」を達成するために、子どもの生活やその状況に応じて保育士等が適切に行う事項と、保育士等が援助して子どもが環境に関わって経験する事項を示したものである。

保育における「養護」とは、子どもの生命の保持及び情緒の安定を図るために保育士等が行う援助や関わりであり、「教育」とは、子どもが健やかに成長し、その活動がより豊かに展開されるための発達の援助である。本章では、保育士等が、「ねらい」及び「内容」を具体的に把握するため、主に教育に関わる側面からの視点を示しているが、実際の保育においては、養護と教育が一体となって展開されることに留意する必要がある。

1　乳児保育に関わるねらい及び内容

(1)　基本的事項

ア　乳児期の発達については、視覚、聴覚などの感覚や、座る、はう、歩くなどの運動機能が著しく発達し、特定の大人との応答的な関わりを通じて、情緒的な絆が形成されるといった特徴がある。これらの発達の特徴を踏まえて、乳児保育は、愛情豊かに、応答的に行われることが特に必要である。

イ　本項においては、この時期の発達の特徴を踏まえ、乳児保育の「ねらい」及び「内容」については、身体的発達に関する視点「健やかに伸び伸びと育つ」、社会的発達に関する視点「身近な人と気持ちが通じ合う」及び精神的発達に関する視点「身近なものと関わり感性が育つ」としてまとめ、示している。

ウ　本項の各視点において示す保育の内容は、第一章の2に示された養護における「生命の保持」及び「情緒の安定」に関わる保育の内容と、一体となって展開されるものであることに留意が必要である。

(2)　ねらい及び内容

ア　健やかに伸び伸びと育つ

健康な心と体を育て、自ら健康で安全な生活をつくり出す力の基盤を培う。

(ア)　ねらい

①　身体感覚が育ち、快適な環境に心地よさを感じる。

②　伸び伸びと体を動かし、はう、歩くなどの運動をしようとする。

③　食事、睡眠等の生活のリズムの感覚が芽生える。

(イ)　内容

①　保育士等の愛情豊かな受容の下で、生理的・心理的欲求を満たし、心地よく生活をする。

②　一人一人の発育に応じて、はう、立つ、歩くなど、十分に体を動かす。

③　個人差に応じて授乳を行い、離乳を進めていく中で、様々な食品に少しずつ慣れ、食べることを楽しむ。

④　一人一人の生活のリズムに応じて、安全な環境の下で十分に午睡をする。

⑤　おむつ交換や衣服の着脱などを通じて、清潔になることの心地よさを感じる。

(ウ)　内容の取扱い

上記の取扱いに当たっては、次の事項に留意する必要がある。

①　心と体の健康は、相互に密接な関連があるものであることを踏まえ、温かい触れ合いの中で、心と体の発達を促すこと。特に、寝返り、お座り、はいはい、つかまり立ち、伝い歩きなど、発育に応じて、遊びの中で体を動かす機会を十分に確保し、自ら体を動かそうとする意欲が育つようにすること。

②　健康な心と体を育てるためには望ましい食習慣の形成が重要であることを踏まえ、離乳食が完了期へと徐々に移行する中で、様々な

食品に慣れるようにするとともに、和やかな雰囲気の中で食べる喜びや楽しさを味わい、進んで食べようとする気持ちが育つようにすること。なお、食物アレルギーのある子どもへの対応については、嘱託医等の指示や協力の下に適切に対応すること。

イ　身近な人と気持ちが通じ合う

受容的・応答的な関わりの下で、何かを伝えようとする意欲や身近な大人との信頼関係を育て、人と関わる力の基盤を培う。

(ア)　ねらい

①　安心できる関係の下で、身近な人と共に過ごす喜びを感じる。

②　体の動きや表情、発声等により、保育士等と気持ちを通わせようとする。

③　身近な人と親しみ、関わりを深め、愛情や信頼感が芽生える。

(イ)　内容

①　子どもからの働きかけを踏まえた、応答的な触れ合いや言葉がけによって、欲求が満たされ、安定感をもって過ごす。

②　体の動きや表情、発声、喃語等を優しく受け止めてもらい、保育士等とのやり取りを楽しむ。

③　生活や遊びの中で、自分の身近な人の存在に気付き、親しみの気持ちを表す。

④　保育士等による語りかけや歌いかけ、発声や喃語等への応答を通じて、言葉の理解や発語の意欲が育つ。

⑤　温かく、受容的な関わりを通じて、自分を肯定する気持ちが芽生える。

(ウ)　内容の取扱い

上記の取扱いに当たっては、次の事項に留意する必要がある。

①　保育士等との信頼関係に支えられて生活を確立していくことが人と関わる基盤となることを考慮して、子どもの多様な感情を受け止め、温かく受容的・応答的に関わり、一人一人に応じた適切な援助を行うようにすること。

②　身近な人に親しみをもって接し、自分の感情などを表し、それに相手が応答する言葉を聞くことを通して、次第に言葉が獲得されていくことを考慮して、楽しい雰囲気の中での保育士等との関わり合いを大切にし、ゆっくりと優しく話しかけるなど、積極的に言葉のやり取りを楽しむことができるようにすること。

ウ　身近なものと関わり感性が育つ

身近な環境に興味や好奇心をもって関わり、感じたことや考えたことを表現する力の基盤を培う。

(ア)　ねらい

①　身の回りのものに親しみ、様々なものに興味や関心をもつ。

②　見る、触れる、探索するなど、身近な環境に自分から関わろうとする。

③　身体の諸感覚による認識が豊かになり、表情や手足、体の動き等で表現する。

(イ)　内容

①　身近な生活用具、玩具や絵本などが用意された中で、身の回りのものに対する興味や好奇心をもつ。

②　生活や遊びの中で様々なものに触れ、音、形、色、手触りなどに気付き、感覚の働きを豊かにする。

③　保育士等と一緒に様々な色彩や形のものや絵本などを見る。

④　玩具や身の回りのものを、つまむ、つかむ、たたく、引っ張るなど、手や指を使って遊ぶ。

⑤　保育士等のあやし遊びに機嫌よく応じたり、歌やリズムに合わせて手足や体を動かして楽しんだりする。

(ウ)　内容の取扱い

上記の取扱いに当たっては、次の事項に留意する必要がある。

① 玩具などは、音質、形、色、大きさなど子どもの発達状態に応じて適切なものを選び、その時々の子どもの興味や関心を踏まえるなど、遊びを通して感覚の発達が促されるものとなるように工夫すること。なお、安全な環境の下で、子どもが探索意欲を満たして自由に遊べるよう、身の回りのものについては、常に十分な点検を行うこと。

② 乳児期においては、表情、発声、体の動きなどで、感情を表現することが多いことから、これらの表現しようとする意欲を積極的に受け止めて、子どもが様々な活動を楽しむことを通して表現が豊かになるようにすること。

(3) 保育の実施に関わる配慮事項

ア 乳児は疾病への抵抗力が弱く、心身の機能の未熟さに伴う疾病の発生が多いことから、一人一人の発育及び発達状態や健康状態についての適切な判断に基づく保健的な対応を行うこと。

イ 一人一人の子どもの生育歴の違いに留意しつつ、欲求を適切に満たし、特定の保育士が応答的に関わるように努めること。

ウ 乳児保育に関わる職員間の連携や嘱託医との連携を図り、第三章に示す事項を踏まえ、適切に対応すること。栄養士及び看護師等が配置されている場合は、その専門性を生かした対応を図ること。

エ 保護者との信頼関係を築きながら保育を進めるとともに、保護者からの相談に応じ、保護者への支援に努めていくこと。

オ 担当の保育士が替わる場合には、子どものそれまでの生育歴や発達過程に留意し、職員間で協力して対応すること。

2 一歳以上三歳未満児の保育に関わるねらい及び内容

(1) 基本的事項

ア この時期においては、歩き始めから、歩く、走る、跳ぶなどへと、基本的な運動機能が次第に発達し、排泄の自立のための身体的機能も整うようになる。つまむ、めくるなどの指先の機能も発達し、食事、衣類の着脱なども、保育士等の援助の下で自分で行うようになる。発声も明瞭になり、語彙も増加し、自分の意思や欲求を言葉で表出できるようになる。このように自分でできることが増えてくる時期であることから、保育士等は、子どもの生活の安定を図りながら、自分でしようとする気持ちを尊重し、温かく見守るとともに、愛情豊かに、応答的に関わることが必要である。

イ 本項においては、この時期の発達の特徴を踏まえ、保育の「ねらい」及び「内容」について、心身の健康に関する領域「健康」、人との関わりに関する領域「人間関係」、身近な環境との関わりに関する領域「環境」、言葉の獲得に関する領域「言葉」及び感性と表現に関する領域「表現」としてまとめ、示している。

ウ 本項の各領域において示す保育の内容は、第一章の2に示された養護における「生命の保持」及び「情緒の安定」に関わる保育の内容と、一体となって展開されるものであることに留意が必要である。

(2) ねらい及び内容

ア 健康

健康な心と体を育て、自ら健康で安全な生活をつくり出す力を養う。

(ア) ねらい

① 明るく伸び伸びと生活し、自分から体を動かすことを楽しむ。

② 自分の体を十分に動かし、様々な動きをしようとする。

③ 健康、安全な生活に必要な習慣に気付き、自分でしてみようとする気持ちが育つ。

(イ) 内容

① 保育士等の愛情豊かな受容の下で、安定感をもって生活をする。

② 食事や午睡、遊びと休息など、保育所における生活のリズムが形成される。

③ 走る、跳ぶ、登る、押す、引っ張るなど全身を使う遊びを楽しむ。

④ 様々な食品や調理形態に慣れ、ゆったりとした雰囲気の中で食事や間食を楽しむ。

⑤ 身の回りを清潔に保つ心地よさを感じ、その習慣が少しずつ身に付く。

⑥ 保育士等の助けを借りながら、衣類の着脱を自分でしようとする。

⑦ 便器での排泄に慣れ、自分で排泄ができるようになる。

(ウ) 内容の取扱い

上記の取扱いに当たっては、次の事項に留意する必要がある。

① 心と体の健康は、相互に密接な関連があるものであることを踏まえ、子どもの気持ちに配慮した温かい触れ合いの中で、心と体の発達を促すこと。特に、一人一人の発育に応じて、体を動かす機会を十分に確保し、自ら体を動かそうとする意欲が育つようにすること。

② 健康な心と体を育てるためには望ましい食習慣の形成が重要であることを踏まえ、ゆったりとした雰囲気の中で食べる喜びや楽しさを味わい、進んで食べようとする気持ちが育つようにすること。なお、食物アレルギーのある子どもへの対応については、嘱託医等の指示や協力の下に適切に対応すること。

③ 排泄の習慣については、一人一人の排尿間隔等を踏まえ、おむつが汚れていないときに便器に座らせるなどにより、少しずつ慣れさせるようにすること。

④ 食事、排泄、睡眠、衣類の着脱、身の回りを清潔にすることなど、生活に必要な基本的な習慣については、一人一人の状態に応じ、落ち着いた雰囲気の中で行うようにし、子どもが自分でしようとする気持ちを尊重すること。また、基本的な生活習慣の形成に当たっては、家庭での生活経験に配慮し、家庭との適切な連携の下で行うようにすること。

イ 人間関係

他の人々と親しみ、支え合って生活するために、自立心を育て、人と関わる力を養う。

(ア) ねらい

① 保育所での生活を楽しみ、身近な人と関わる心地よさを感じる。

② 周囲の子ども等への興味や関心が高まり、関わりをもとうとする。

③ 保育所の生活の仕方に慣れ、きまりの大切さに気付く。

(イ) 内容

① 保育士等や周囲の子ども等との安定した関係の中で、共に過ごす心地よさを感じる。

② 保育士等の受容的・応答的な関わりの中で、欲求を適切に満たし、安定感をもって過ごす。

③ 身の回りに様々な人がいることに気付き、徐々に他の子どもと関わりをもって遊ぶ。

④ 保育士等の仲立ちにより、他の子どもとの関わり方を少しずつ身につける。

⑤ 保育所の生活の仕方に慣れ、きまりがあることや、その大切さに気付く。

⑥ 生活や遊びの中で、年長児や保育士等の真似をしたり、ごっこ遊びを楽しんだりする。

(ウ) 内容の取扱い

上記の取扱いに当たっては、次の

事項に留意する必要がある。

① 保育士等との信頼関係に支えられて生活を確立するとともに、自分で何かをしようとする気持ちが旺盛になる時期であることに鑑み、そのような子どもの気持ちを尊重し、温かく見守るとともに、愛情豊かに、応答的に関わり、適切な援助を行うようにすること。

② 思い通りにいかない場合等の子どもの不安定な感情の表出については、保育士等が受容的に受け止めるとともに、そうした気持ちから立ち直る経験や感情をコントロールすることへの気付き等につなげていけるように援助すること。

③ この時期は自己と他者との違いの認識がまだ十分ではないことから、子どもの自我の育ちを見守るとともに、保育士等が仲立ちとなって、自分の気持ちを相手に伝えることや相手の気持ちに気付くことの大切さなど、友達の気持ちや友達との関わり方を丁寧に伝えていくこと。

ウ　環境

周囲の様々な環境に好奇心や探究心をもって関わり、それらを生活に取り入れていこうとする力を養う。

(ア) ねらい

① 身近な環境に親しみ、触れ合う中で、様々なものに興味や関心をもつ。

② 様々なものに関わる中で、発見を楽しんだり、考えたりしようとする。

③ 見る、聞く、触るなどの経験を通して、感覚の働きを豊かにする。

(イ) 内容

① 安全で活動しやすい環境での探索活動等を通して、見る、聞く、触れる、嗅ぐ、味わうなどの感覚の働きを豊かにする。

② 玩具、絵本、遊具などに興味をもち、それらを使った遊びを楽しむ。

③ 身の回りの物に触れる中で、形、色、大きさ、量などの物の性質や仕組みに気付く。

④ 自分の物と人の物の区別や、場所的感覚など、環境を捉える感覚が育つ。

⑤ 身近な生き物に気付き、親しみをもつ。

⑥ 近隣の生活や季節の行事などに興味や関心をもつ。

(ウ) 内容の取扱い

上記の取扱いに当たっては、次の事項に留意する必要がある。

① 玩具などは、音質、形、色、大きさなど子どもの発達状態に応じて適切なものを選び、遊びを通して感覚の発達が促されるように工夫すること。

② 身近な生き物との関わりについては、子どもが命を感じ、生命の尊さに気付く経験へとつながるものであることから、そうした気付きを促すような関わりとなるようにすること。

③ 地域の生活や季節の行事などに触れる際には、社会とのつながりや地域社会の文化への気付きにつながるものとなることが望ましいこと。その際、保育所内外の行事や地域の人々との触れ合いなどを通して行うこと等も考慮すること。

エ　言葉

経験したことや考えたことなどを自分なりの言葉で表現し、相手の話す言葉を聞こうとする意欲や態度を育て、言葉に対する感覚や言葉で表現する力を養う。

(ア) ねらい

① 言葉遊びや言葉で表現する楽しさを感じる。

② 人の言葉や話などを聞き、自分でも思ったことを伝えようとす

る。

③ 絵本や物語等に親しむとともに、言葉のやり取りを通じて身近な人と気持ちを通わせる。

(イ) 内容

① 保育士等の応答的な関わりや話しかけにより、自ら言葉を使おうとする。

② 生活に必要な簡単な言葉に気付き、聞き分ける。

③ 親しみをもって日常の挨拶に応じる。

④ 絵本や紙芝居を楽しみ、簡単な言葉を繰り返したり、模倣をしたりして遊ぶ。

⑤ 保育士等とごっこ遊びをする中で、言葉のやり取りを楽しむ。

⑥ 保育士等を仲立ちとして、生活や遊びの中で友達との言葉のやり取りを楽しむ。

⑦ 保育士等や友達の言葉や話に興味や関心をもって、聞いたり、話したりする。

(ウ) 内容の取扱い

上記の取扱いに当たっては、次の事項に留意する必要がある。

① 身近な人に親しみをもって接し、自分の感情などを伝え、それに相手が応答し、その言葉を聞くことを通して、次第に言葉が獲得されていくものであることを考慮して、楽しい雰囲気の中で保育士等との言葉のやり取りができるようにすること。

② 子どもが自分の思いを言葉で伝えるとともに、他の子どもの話などを聞くことを通して、次第に話を理解し、言葉による伝え合いができるようになるよう、気持ちや経験等の言語化を行うことを援助するなど、子ども同士の関わりの仲立ちを行うようにすること。

③ この時期は、片言から、二語文、ごっこ遊びでのやり取りができる程度へと、大きく言葉の習得が進む時期であることから、それぞれの子どもの発達の状況に応じて、遊びや関わりの工夫など、保育の内容を適切に展開することが必要であること。

オ 表現

感じたことや考えたことを自分なりに表現することを通して、豊かな感性や表現する力を養い、創造性を豊かにする。

(ア) ねらい

① 身体の諸感覚の経験を豊かにし、様々な感覚を味わう。

② 感じたことや考えたことなどを自分なりに表現しようとする。

③ 生活や遊びの様々な体験を通して、イメージや感性が豊かになる。

(イ) 内容

① 水、砂、土、紙、粘土など様々な素材に触れて楽しむ。

② 音楽、リズムやそれに合わせた体の動きを楽しむ。

③ 生活の中で様々な音、形、色、手触り、動き、味、香りなどに気付いたり、感じたりして楽しむ。

④ 歌を歌ったり、簡単な手遊びや全身を使う遊びを楽しんだりする。

⑤ 保育士等からの話や、生活や遊びの中での出来事を通して、イメージを豊かにする。

⑥ 生活や遊びの中で、興味のあることや経験したことなどを自分なりに表現する。

(ウ) 内容の取扱い

上記の取扱いに当たっては、次の事項に留意する必要がある。

① 子どもの表現は、遊びや生活の様々な場面で表出されているものであることから、それらを積極的に受け止め、様々な表現の仕方や感性を豊かにする経験となるようにすること。

② 子どもが試行錯誤しながら様々な表現を楽しむことや、自分の力

でやり遂げる充実感などに気付くよう、温かく見守るとともに、適切に援助を行うようにすること。

③ 様々な感情の表現等を通じて、子どもが自分の感情や気持ちに気付くようになる時期であることに鑑み、受容的な関わりの中で自信をもって表現をすることや、諦めずに続けた後の達成感等を感じられるような経験が蓄積されるようにすること。

④ 身近な自然や身の回りの事物に関わる中で、発見や心が動く経験が得られるよう、諸感覚を働かせることを楽しむ遊びや素材を用意するなど保育の環境を整えること。

(3) 保育の実施に関わる配慮事項

ア 特に感染症にかかりやすい時期であるので、体の状態、機嫌、食欲などの日常の状態の観察を十分に行うとともに、適切な判断に基づく保健的な対応を心がけること。

イ 探索活動が十分できるように、事故防止に努めながら活動しやすい環境を整え、全身を使う遊びなど様々な遊びを取り入れること。

ウ 自我が形成され、子どもが自分の感情や気持ちに気付くようになる重要な時期であることに鑑み、情緒の安定を図りながら、子どもの自発的な活動を尊重するとともに促していくこと。

エ 担当の保育士が替わる場合には、子どものそれまでの経験や発達過程に留意し、職員間で協力して対応すること。

3 三歳以上児の保育に関するねらい及び内容

(1) 基本的事項

ア この時期においては、運動機能の発達により、基本的な動作が一通りできるようになるとともに、基本的な生活習慣もほぼ自立できるようになる。理解する語彙数が急激に増加し、知的興味や関心も高まってくる。仲間と遊び、仲間の中の一人という自覚が生じ、集団的な遊びや協同的な活動も見られるようになる。これらの発達の特徴を踏まえて、この時期の保育においては、個の成長と集団としての活動の充実が図られるようにしなければならない。

イ 本項においては、この時期の発達の特徴を踏まえ、保育の「ねらい」及び「内容」について、心身の健康に関する領域「健康」、人との関わりに関する領域「人間関係」、身近な環境との関わりに関する領域「環境」、言葉の獲得に関する領域「言葉」及び感性と表現に関する領域「表現」としてまとめ、示している。

ウ 本項の各領域において示す保育の内容は、第一章の2に示された養護における「生命の保持」及び「情緒の安定」に関わる保育の内容と、一体となって展開されるものであることに留意が必要である。

(2) ねらい及び内容

ア 健康

健康な心と体を育て、自ら健康で安全な生活をつくり出す力を養う。

(ア) ねらい

① 明るく伸び伸びと行動し、充実感を味わう。

② 自分の体を十分に動かし、進んで運動しようとする。

③ 健康、安全な生活に必要な習慣や態度を身に付け、見通しをもって行動する。

(イ) 内容

① 保育士等や友達と触れ合い、安定感をもって行動する。

② いろいろな遊びの中で十分に体を動かす。

③ 進んで戸外で遊ぶ。

④ 様々な活動に親しみ、楽しんで取り組む。

⑤ 保育士等や友達と食べることを楽しみ、食べ物への興味や関心をもつ。

⑥ 健康な生活のリズムを身に付ける。

⑦ 身の回りを清潔にし、衣服の着脱、食事、排泄などの生活に必要な活動を自分でする。

⑧ 保育所における生活の仕方を知り、自分たちで生活の場を整えながら見通しをもって行動する。

⑨ 自分の健康に関心をもち、病気の予防などに必要な活動を進んで行う。

⑩ 危険な場所、危険な遊び方、災害時などの行動の仕方が分かり、安全に気を付けて行動する。

(ウ) 内容の取扱い

上記の取扱いに当たっては、次の事項に留意する必要がある。

① 心と体の健康は、相互に密接な関連があるものであることを踏まえ、子どもが保育士等や他の子どもとの温かい触れ合いの中で自己の存在感や充実感を味わうことなどを基盤として、しなやかな心と体の発達を促すこと。特に、十分に体を動かす気持ちよさを体験し、自ら体を動かそうとする意欲が育つようにすること。

② 様々な遊びの中で、子どもが興味や関心、能力に応じて全身を使って活動することにより、体を動かす楽しさを味わい、自分の体を大切にしようとする気持ちが育つようにすること。その際、多様な動きを経験する中で、体の動きを調整するようにすること。

③ 自然の中で伸び伸びと体を動かして遊ぶことにより、体の諸機能の発達が促されることに留意し、子どもの興味や関心が戸外にも向くようにすること。その際、子どもの動線に配慮した園庭や遊具の配置などを工夫すること。

④ 健康な心と体を育てるためには食育を通じた望ましい食習慣の形成が大切であることを踏まえ、子どもの食生活の実情に配慮し、和やかな雰囲気の中で保育士等や他の子どもと食べる喜びや楽しさを味わったり、様々な食べ物への興味や関心をもったりするなどし、食の大切さに気付き、進んで食べようとする気持ちが育つようにすること。

⑤ 基本的な生活習慣の形成に当たっては、家庭での生活経験に配慮し、子どもの自立心を育て、子どもが他の子どもと関わりながら主体的な活動を展開する中で、生活に必要な習慣を身に付け、次第に見通しをもって行動できるようにすること。

⑥ 安全に関する指導に当たっては、情緒の安定を図り、遊びを通して安全についての構えを身に付け、危険な場所や事物などが分かり、安全についての理解を深めるようにすること。また、交通安全の習慣を身に付けるようにするとともに、避難訓練などを通して、災害などの緊急時に適切な行動がとれるようにすること。

イ 人間関係

他の人々と親しみ、支え合って生活するために、自立心を育て、人と関わる力を養う。

(ア) ねらい

① 保育所の生活を楽しみ、自分の力で行動することの充実感を味わう。

② 身近な人と親しみ、関わりを深め、工夫したり、協力したりして一緒に活動する楽しさを味わい、愛情や信頼感をもつ。

③ 社会生活における望ましい習慣や態度を身に付ける。

(イ) 内容

① 保育士等や友達と共に過ごすことの喜びを味わう。

② 自分で考え、自分で行動する。

③ 自分でできることは自分でする。

④ いろいろな遊びを楽しみながら

物事をやり遂げようとする気持ちをもつ。

⑤ 友達と積極的に関わりながら喜びや悲しみを共感し合う。

⑥ 自分の思ったことを相手に伝え、相手の思っていることに気付く。

⑦ 友達のよさに気付き、一緒に活動する楽しさを味わう。

⑧ 友達と楽しく活動する中で、共通の目的を見いだし、工夫したり、協力したりなどする。

⑨ よいことや悪いことがあることに気付き、考えながら行動する。

⑩ 友達との関わりを深め、思いやりをもつ。

⑪ 友達と楽しく生活する中できまりの大切さに気付き、守ろうとする。

⑫ 共同の遊具や用具を大切にし、皆で使う。

⑬ 高齢者をはじめ地域の人々などの自分の生活に関係の深いいろいろな人に親しみをもつ。

(ウ) 内容の取扱い

上記の取扱いに当たっては、次の事項に留意する必要がある。

① 保育士等との信頼関係に支えられて自分自身の生活を確立していくことが人と関わる基盤となることを考慮し、子どもが自ら周囲に働き掛けることにより多様な感情を体験し、試行錯誤しながら諦めずにやり遂げることの達成感や、前向きな見通しをもって自分の力で行うことの充実感を味わうことができるよう、子どもの行動を見守りながら適切な援助を行うようにすること。

② 一人一人を生かした集団を形成しながら人と関わる力を育てていくようにすること。その際、集団の生活の中で、子どもが自己を発揮し、保育士等や他の子どもに認められる体験をし、自分のよさや特徴に気付き、自信をもって行動できるようにすること。

③ 子どもが互いに関わりを深め、協同して遊ぶようになるため、自ら行動する力を育てるとともに、他の子どもと試行錯誤しながら活動を展開する楽しさや共通の目的が実現する喜びを味わうことができるようにすること。

④ 道徳性の芽生えを培うに当たっては、基本的な生活習慣の形成を図るとともに、子どもが他の子どもとの関わりの中で他人の存在に気付き、相手を尊重する気持ちをもって行動できるようにし、また、自然や身近な動植物に親しむことなどを通して豊かな心情が育つようにすること。特に、人に対する信頼感や思いやりの気持ちは、葛藤やつまずきをも体験し、それらを乗り越えることにより次第に芽生えてくることに配慮すること。

⑤ 集団の生活を通して、子どもが人との関わりを深め、規範意識の芽生えが培われることを考慮し、子どもが保育士等との信頼関係に支えられて自己を発揮する中で、互いに思いを主張し、折り合いを付ける体験をし、きまりの必要性などに気付き、自分の気持ちを調整する力が育つようにすること。

⑥ 高齢者をはじめ地域の人々などの自分の生活に関係の深いいろいろな人と触れ合い、自分の感情や意志を表現しながら共に楽しみ、共感し合う体験を通して、これらの人々などに親しみをもち、人と関わることの楽しさや人の役に立つ喜びを味わうことができるようにすること。また、生活を通して親や祖父母などの家族の愛情に気付き、家族を大切にしようとする気持ちが育つようにすること。

ウ 環境

周囲の様々な環境に好奇心や探究心

をもって関わり、それらを生活に取り入れていこうとする力を養う。

(ア) ねらい

① 身近な環境に親しみ、自然と触れ合う中で様々な事象に興味や関心をもつ。

② 身近な環境に自分から関わり、発見を楽しんだり、考えたりし、それを生活に取り入れようとする。

③ 身近な事象を見たり、考えたり、扱ったりする中で、物の性質や数量、文字などに対する感覚を豊かにする。

(イ) 内容

① 自然に触れて生活し、その大きさ、美しさ、不思議さなどに気付く。

② 生活の中で、様々な物に触れ、その性質や仕組みに興味や関心をもつ。

③ 季節により自然や人間の生活に変化のあることに気付く。

④ 自然などの身近な事象に関心をもち、取り入れて遊ぶ。

⑤ 身近な動植物に親しみをもって接し、生命の尊さに気付き、いたわったり、大切にしたりする。

⑥ 日常生活の中で、我が国や地域社会における様々な文化や伝統に親しむ。

⑦ 身近な物を大切にする。

⑧ 身近な物や遊具に興味をもって関わり、自分なりに比べたり、関連付けたりしながら考えたり、試したりして工夫して遊ぶ。

⑨ 日常生活の中で数量や図形などに関心をもつ。

⑩ 日常生活の中で簡単な標識や文字などに関心をもつ。

⑪ 生活に関係の深い情報や施設などに興味や関心をもつ。

⑫ 保育所内外の行事において国旗に親しむ。

(ウ) 内容の取扱い

上記の取扱いに当たっては、次の事項に留意する必要がある。

① 子どもが、遊びの中で周囲の環境と関わり、次第に周囲の世界に好奇心を抱き、その意味や操作の仕方に関心をもち、物事の法則性に気付き、自分なりに考えることができるようになる過程を大切にすること。また、他の子どもの考えなどに触れて新しい考えを生み出す喜びや楽しさを味わい、自分の考えをよりよいものにしようとする気持ちが育つようにすること。

② 幼児期において自然のもつ意味は大きく、自然の大きさ、美しさ、不思議さなどに直接触れる体験を通して、子どもの心が安らぎ、豊かな感情、好奇心、思考力、表現力の基礎が培われることを踏まえ、子どもが自然との関わりを深めることができるよう工夫すること。

③ 身近な事象や動植物に対する感動を伝え合い、共感し合うことなどを通して自分から関わろうとする意欲を育てるとともに、様々な関わり方を通してそれらに対する親しみや畏敬の念、生命を大切にする気持ち、公共心、探究心などが養われるようにすること。

④ 文化や伝統に親しむ際には、正月や節句など我が国の伝統的な行事、国歌、唱歌、わらべうたや我が国の伝統的な遊びに親しんだり、異なる文化に触れる活動に親しんだりすることを通じて、社会とのつながりの意識や国際理解の意識の芽生えなどが養われるようにすること。

⑤ 数量や文字などに関しては、日常生活の中で子ども自身の必要感に基づく体験を大切にし、数量や文字などに関する興味や関心、感覚が養われるようにすること。

エ　言葉

経験したことや考えたことなどを自分なりの言葉で表現し、相手の話す言葉を聞こうとする意欲や態度を育て、言葉に対する感覚や言葉で表現する力を養う。

(ア) ねらい

① 自分の気持ちを言葉で表現する楽しさを味わう。

② 人の言葉や話などをよく聞き、自分の経験したことや考えたことを話し、伝え合う喜びを味わう。

③ 日常生活に必要な言葉が分かるようになるとともに、絵本や物語などに親しみ、言葉に対する感覚を豊かにし、保育士等や友達と心を通わせる。

(イ) 内容

① 保育士等や友達の言葉や話に興味や関心をもち、親しみをもって聞いたり、話したりする。

② したり、見たり、聞いたり、感じたり、考えたりなどしたことを自分なりに言葉で表現する。

③ したいこと、してほしいことを言葉で表現したり、分からないことを尋ねたりする。

④ 人の話を注意して聞き、相手に分かるように話す。

⑤ 生活の中で必要な言葉が分かり、使う。

⑥ 親しみをもって日常の挨拶をする。

⑦ 生活の中で言葉の楽しさや美しさに気付く。

⑧ いろいろな体験を通じてイメージや言葉を豊かにする。

⑨ 絵本や物語などに親しみ、興味をもって聞き、想像をする楽しさを味わう。

⑩ 日常生活の中で、文字などで伝える楽しさを味わう。

(ウ) 内容の取扱い

上記の取扱いに当たっては、次の事項に留意する必要がある。

① 言葉は、身近な人に親しみをもって接し、自分の感情や意志などを伝え、それに相手が応答し、その言葉を聞くことを通して次第に獲得されていくものであることを考慮して、子どもが保育士等や他の子どもと関わることにより心を動かされるような体験をし、言葉を交わす喜びを味わえるようにすること。

② 子どもが自分の思いを言葉で伝えるとともに、保育士等や他の子どもなどの話を興味をもって注意して聞くことを通して次第に話を理解するようになっていき、言葉による伝え合いができるようにすること。

③ 絵本や物語などで、その内容と自分の経験とを結び付けたり、想像を巡らせたりするなど、楽しみを十分に味わうことによって、次第に豊かなイメージをもち、言葉に対する感覚が養われるようにすること。

④ 子どもが生活の中で、言葉の響きやリズム、新しい言葉や表現などに触れ、これらを使う楽しさを味わえるようにすること。その際、絵本や物語に親しんだり、言葉遊びなどをしたりすることを通して、言葉が豊かになるようにすること。

⑤ 子どもが日常生活の中で、文字などを使いながら思ったことや考えたことを伝える喜びや楽しさを味わい、文字に対する興味や関心をもつようにすること。

オ　表現

感じたことや考えたことを自分なりに表現することを通して、豊かな感性や表現する力を養い、創造性を豊かにする。

(ア) ねらい

① いろいろなものの美しさなどに対する豊かな感性をもつ。

② 感じたことや考えたことを自分なりに表現して楽しむ。
③ 生活の中でイメージを豊かにし、様々な表現を楽しむ。

(イ) 内容

① 生活の中で様々な音、形、色、手触り、動きなどに気付いたり、感じたりするなどして楽しむ。
② 生活の中で美しいものや心を動かす出来事に触れ、イメージを豊かにする。
③ 様々な出来事の中で、感動したことを伝え合う楽しさを味わう。
④ 感じたこと、考えたことなどを音や動きなどで表現したり、自由にかいたり、つくったりなどする。
⑤ いろいろな素材に親しみ、工夫して遊ぶ。
⑥ 音楽に親しみ、歌を歌ったり、簡単なリズム楽器を使ったりなどする楽しさを味わう。
⑦ かいたり、つくったりすることを楽しみ、遊びに使ったり、飾ったりなどする。
⑧ 自分のイメージを動きや言葉などで表現したり、演じて遊んだりするなどの楽しさを味わう。

(ウ) 内容の取扱い

上記の取扱いに当たっては、次の事項に留意する必要がある。

① 豊かな感性は、身近な環境と十分に関わる中で美しいもの、優れたもの、心を動かす出来事などに出会い、そこから得た感動を他の子どもや保育士等と共有し、様々に表現することなどを通して養われるようにすること。その際、風の音や雨の音、身近にある草や花の形や色など自然の中にある音、形、色などに気付くようにすること。
② 子どもの自己表現は素朴な形で行われることが多いので、保育士等はそのような表現を受容し、子ども自身の表現しようとする意欲を受け止めて、子どもが生活の中で子どもらしい様々な表現を楽しむことができるようにすること。
③ 生活経験や発達に応じ、自ら様々な表現を楽しみ、表現する意欲を十分に発揮させることができるように、遊具や用具などを整えたり、様々な素材や表現の仕方に親しんだり、他の子どもの表現に触れられるよう配慮したりし、表現する過程を大切にして自己表現を楽しめるように工夫すること。

(3) 保育の実施に関わる配慮事項

ア 第一章の4の(2)に示す「幼児期の終わりまでに育ってほしい姿」が、ねらい及び内容に基づく活動全体を通して資質・能力が育まれている子どもの小学校就学時の具体的な姿であることを踏まえ、指導を行う際には適宜考慮すること。

イ 子どもの発達や成長の援助をねらいとした活動の時間については、意識的に保育の計画等において位置付けて、実施することが重要であること。なお、そのような活動の時間については、保護者の就労状況等に応じて子どもが保育所で過ごす時間がそれぞれ異なることに留意して設定すること。

ウ 特に必要な場合には、各領域に示すねらいの趣旨に基づいて、具体的な内容を工夫し、それを加えても差し支えないが、その場合には、それが第一章の1に示す保育所保育に関する基本原則を逸脱しないよう慎重に配慮する必要があること。

4 保育の実施に関して留意すべき事項

(1) 保育全般に関わる配慮事項

ア 子どもの心身の発達及び活動の実態などの個人差を踏まえるとともに、一人一人の子どもの気持ちを受け止め、援助すること。

イ 子どもの健康は、生理的・身体的な育ちとともに、自主性や社会性、豊かな感性の育ちとがあいまってもたらされることに留意すること。

ウ　子どもが自ら周囲に働きかけ、試行錯誤しつつ自分の力で行う活動を見守りながら、適切に援助すること。

エ　子どもの入所時の保育に当たっては、できるだけ個別的に対応し、子どもが安定感を得て、次第に保育所の生活になじんでいくようにするとともに、既に入所している子どもに不安や動揺を与えないようにすること。

オ　子どもの国籍や文化の違いを認め、互いに尊重する心を育てるようにすること。

カ　子どもの性差や個人差にも留意しつつ、性別などによる固定的な意識を植え付けることがないようにすること。

(2)　小学校との連携

ア　保育所においては、保育所保育が、小学校以降の生活や学習の基盤の育成につながることに配慮し、幼児期にふさわしい生活を通じて、創造的な思考や主体的な生活態度などの基礎を培うようにすること。

イ　保育所保育において育まれた資質・能力を踏まえ、小学校教育が円滑に行われるよう、小学校教師との意見交換や合同の研究の機会などを設け、第一章の4の(2)に示す「幼児期の終わりまでに育ってほしい姿」を共有するなど連携を図り、保育所保育と小学校教育との円滑な接続を図るよう努めること。

ウ　子どもに関する情報共有に関して、保育所に入所している子どもの就学に際し、市町村の支援の下に、子どもの育ちを支えるための資料が保育所から小学校へ送付されるようにすること。

(3)　家庭及び地域社会との連携

子どもの生活の連続性を踏まえ、家庭及び地域社会と連携して保育が展開されるよう配慮すること。その際、家庭や地域の機関及び団体の協力を得て、地域の自然、高齢者や異年齢の子ども等を含む人材、行事、施設等の地域の資源を積極的に活用し、豊かな生活体験をはじめ保育内容の充実が図られるよう配慮すること。

第三章　健康及び安全

保育所保育において、子どもの健康及び安全の確保は、子どもの生命の保持と健やかな生活の基本であり、一人一人の子どもの健康の保持及び増進並びに安全の確保とともに、保育所全体における健康及び安全の確保に努めることが重要となる。

また、子どもが、自らの体や健康に関心をもち、心身の機能を高めていくことが大切である。

このため、第一章及び第二章等の関連する事項に留意し、次に示す事項を踏まえ、保育を行うこととする。

1　子どもの健康支援

(1)　子どもの健康状態並びに発育及び発達状態の把握

ア　子どもの心身の状態に応じて保育するために、子どもの健康状態並びに発育及び発達状態について、定期的・継続的に、また、必要に応じて随時、把握すること。

イ　保護者からの情報とともに、登所時及び保育中を通じて子どもの状態を観察し、何らかの疾病が疑われる状態や傷害が認められた場合には、保護者に連絡するとともに、嘱託医と相談するなど適切な対応を図ること。看護師等が配置されている場合には、その専門性を生かした対応を図ること。

ウ　子どもの心身の状態等を観察し、不適切な養育の兆候が見られる場合には、市町村や関係機関と連携し、児童福祉法第二十五条に基づき、適切な対応を図ること。また、虐待が疑われる場合には、速やかに市町村又は児童相談所に通告し、適切な対応を図ること。

(2)　健康増進

ア　子どもの健康に関する保健計画を全体的な計画に基づいて作成し、全職員がそのねらいや内容を踏まえ、一人一人の子どもの健康の保持及び増進に努めていくこと。

イ　子どもの心身の健康状態や疾病等の

把握のために、嘱託医等により定期的に健康診断を行い、その結果を記録し、保育に活用するとともに、保護者が子どもの状態を理解し、日常生活に活用できるようにすること。

(3) 疾病等への対応

ア 保育中に体調不良や傷害が発生した場合には、その子どもの状態等に応じて、保護者に連絡するとともに、適宜、嘱託医や子どものかかりつけ医等と相談し、適切な処置を行うこと。看護師等が配置されている場合には、その専門性を生かした対応を図ること。

イ 感染症やその他の疾病の発生予防に努め、その発生や疑いがある場合には、必要に応じて嘱託医、市町村、保健所等に連絡し、その指示に従うとともに、保護者や全職員に連絡し、予防等について協力を求めること。また、感染症に関する保育所の対応方法等について、あらかじめ関係機関の協力を得ておくこと。看護師等が配置されている場合には、その専門性を生かした対応を図ること。

ウ アレルギー疾患を有する子どもの保育については、保護者と連携し、医師の診断及び指示に基づき、適切な対応を行うこと。また、食物アレルギーに関して、関係機関と連携して、当該保育所の体制構築など、安全な環境の整備を行うこと。看護師や栄養士等が配置されている場合には、その専門性を生かした対応を図ること。

エ 子どもの疾病等の事態に備え、医務室等の環境を整え、救急用の薬品、材料等を適切な管理の下に常備し、全職員が対応できるようにしておくこと。

2 食育の推進

(1) 保育所の特性を生かした食育

ア 保育所における食育は、健康な生活の基本としての「食を営む力」の育成に向け、その基礎を培うことを目標とすること。

イ 子どもが生活と遊びの中で、意欲をもって食に関わる体験を積み重ね、食べることを楽しみ、食事を楽しみ合う子どもに成長していくことを期待するものであること。

ウ 乳幼児期にふさわしい食生活が展開され、適切な援助が行われるよう、食事の提供を含む食育計画を全体的な計画に基づいて作成し、その評価及び改善に努めること。栄養士が配置されている場合は、専門性を生かした対応を図ること。

(2) 食育の環境の整備等

ア 子どもが自らの感覚や体験を通して、自然の恵みとしての食材や食の循環・環境への意識、調理する人への感謝の気持ちが育つように、子どもと調理員等との関わりや、調理室など食に関わる保育環境に配慮すること。

イ 保護者や地域の多様な関係者との連携及び協働の下で、食に関する取組が進められること。また、市町村の支援の下に、地域の関係機関等との日常的な連携を図り、必要な協力が得られるよう努めること。

ウ 体調不良、食物アレルギー、障害のある子どもなど、一人一人の子どもの心身の状態等に応じ、嘱託医、かかりつけ医等の指示や協力の下に適切に対応すること。栄養士が配置されている場合は、専門性を生かした対応を図ること。

3 環境及び衛生管理並びに安全管理

(1) 環境及び衛生管理

ア 施設の温度、湿度、換気、採光、音などの環境を常に適切な状態に保持するとともに、施設内外の設備及び用具等の衛生管理に努めること。

イ 施設内外の適切な環境の維持に努めるとともに、子ども及び全職員が清潔を保つようにすること。また、職員は衛生知識の向上に努めること。

(2) 事故防止及び安全対策

ア 保育中の事故防止のために、子どもの心身の状態等を踏まえつつ、施設内外の安全点検に努め、安全対策のために全職員の共通理解や体制づくりを図るとともに、家庭や地域の関係機関の協力の下に安全指導を行うこと。

イ　事故防止の取組を行う際には、特に、睡眠中、プール活動・水遊び中、食事中等の場面では重大事故が発生しやすいことを踏まえ、子どもの主体的な活動を大切にしつつ、施設内外の環境の配慮や指導の工夫を行うなど、必要な対策を講じること。

ウ　保育中の事故の発生に備え、施設内外の危険箇所の点検や訓練を実施するとともに、外部からの不審者等の侵入防止のための措置や訓練など不測の事態に備えて必要な対応を行うこと。また、子どもの精神保健面における対応に留意すること。

4　災害への備え

(1)　施設・設備等の安全確保

ア　防火設備、避難経路等の安全性が確保されるよう、定期的にこれらの安全点検を行うこと。

イ　備品、遊具等の配置、保管を適切に行い、日頃から、安全環境の整備に努めること。

(2)　災害発生時の対応体制及び避難への備え

ア　火災や地震などの災害の発生に備え、緊急時の対応の具体的内容及び手順、職員の役割分担、避難訓練計画等に関するマニュアルを作成すること。

イ　定期的に避難訓練を実施するなど、必要な対応を図ること。

ウ　災害の発生時に、保護者等への連絡及び子どもの引渡しを円滑に行うため、日頃から保護者との密接な連携に努め、連絡体制や引渡し方法等について確認をしておくこと。

(3)　地域の関係機関等との連携

ア　市町村の支援の下に、地域の関係機関との日常的な連携を図り、必要な協力が得られるよう努めること。

イ　避難訓練については、地域の関係機関や保護者との連携の下に行うなど工夫すること。

第四章　子育て支援

保育所における保護者に対する子育て支援は、全ての子どもの健やかな育ちを実現することができるよう、第一章及び第二章等の関連する事項を踏まえ、子どもの育ちを家庭と連携して支援していくとともに、保護者及び地域が有する子育てを自ら実践する力の向上に資するよう、次の事項に留意するものとする。

1　保育所における子育て支援に関する基本的事項

(1)　保育所の特性を生かした子育て支援

ア　保護者に対する子育て支援を行う際には、各地域や家庭の実態等を踏まえるとともに、保護者の気持ちを受け止め、相互の信頼関係を基本に、保護者の自己決定を尊重すること。

イ　保育及び子育てに関する知識や技術など、保育士等の専門性や、子どもが常に存在する環境など、保育所の特性を生かし、保護者が子どもの成長に気付き子育ての喜びを感じられるように努めること。

(2)　子育て支援に関して留意すべき事項

ア　保護者に対する子育て支援における地域の関係機関等との連携及び協働を図り、保育所全体の体制構築に努めること。

イ　子どもの利益に反しない限りにおいて、保護者や子どものプライバシーを保護し、知り得た事柄の秘密を保持すること。

2　保育所を利用している保護者に対する子育て支援

(1)　保護者との相互理解

ア　日常の保育に関連した様々な機会を活用し子どもの日々の様子の伝達や収集、保育所保育の意図の説明などを通じて、保護者との相互理解を図るよう努めること。

イ　保育の活動に対する保護者の積極的な参加は、保護者の子育てを自ら実践する力の向上に寄与することから、これを促すこと。

(2)　保護者の状況に配慮した個別の支援

ア　保護者の就労と子育ての両立等を支援するため、保護者の多様化した保育の需要に応じ、病児保育事業など多様な事業を実施する場合には、保護者の状況に配慮するとともに、子どもの福祉が尊重されるよう努め、子どもの生活の連続性を考慮すること。

イ　子どもに障害や発達上の課題が見られる場合には、市町村や関係機関と連携及び協力を図りつつ、保護者に対する個別の支援を行うよう努めること。

ウ　外国籍家庭など、特別な配慮を必要とする家庭の場合には、状況等に応じて個別の支援を行うよう努めること。

(3)　不適切な養育等が疑われる家庭への支援

ア　保護者に育児不安等が見られる場合には、保護者の希望に応じて個別の支援を行うよう努めること。

イ　保護者に不適切な養育等が疑われる場合には、市町村や関係機関と連携し、要保護児童対策地域協議会で検討するなど適切な対応を図ること。また、虐待が疑われる場合には、速やかに市町村又は児童相談所に通告し、適切な対応を図ること。

3　地域の保護者等に対する子育て支援

(1)　地域に開かれた子育て支援

ア　保育所は、児童福祉法第四十八条の四の規定に基づき、その行う保育に支障がない限りにおいて、地域の実情や当該保育所の体制等を踏まえ、地域の保護者等に対して、保育所保育の専門性を生かした子育て支援を積極的に行うよう努めること。

イ　地域の子どもに対する一時預かり事業などの活動を行う際には、一人一人の子どもの心身の状態などを考慮するとともに、日常の保育との関連に配慮するなど、柔軟に活動を展開できるようにすること。

(2)　地域の関係機関等との連携

ア　市町村の支援を得て、地域の関係機関等との積極的な連携及び協働を図るとともに、子育て支援に関する地域の人材と積極的に連携を図るよう努めること。

イ　地域の要保護児童への対応など、地域の子どもを巡る諸課題に対し、要保護児童対策地域協議会など関係機関等と連携及び協力して取り組むよう努めること。

第五章　職員の資質向上

第一章から前章までに示された事項を踏まえ、保育所は、質の高い保育を展開するため、絶えず、一人一人の職員についての資質向上及び職員全体の専門性の向上を図るよう努めなければならない。

1　職員の資質向上に関する基本的事項

(1)　保育所職員に求められる専門性

子どもの最善の利益を考慮し、人権に配慮した保育を行うためには、職員一人一人の倫理観、人間性並びに保育所職員としての職務及び責任の理解と自覚が基盤となる。

各職員は、自己評価に基づく課題等を踏まえ、保育所内外の研修等を通じて、保育士・看護師・調理員・栄養士等、それぞれの職務内容に応じた専門性を高めるため、必要な知識及び技術の修得、維持及び向上に努めなければならない。

(2)　保育の質の向上に向けた組織的な取組

保育所においては、保育の内容等に関する自己評価等を通じて把握した、保育の質の向上に向けた課題に組織的に対応するため、保育内容の改善や保育士等の役割分担の見直し等に取り組むとともに、それぞれの職位や職務内容等に応じて、各職員が必要な知識及び技能を身につけられるよう努めなければならない。

2　施設長の責務

(1)　施設長の責務と専門性の向上

施設長は、保育所の役割や社会的責任を遂行するために、法令等を遵守し、保育所を取り巻く社会情勢等を踏まえ、施設長としての専門性等の向上に努め、当該保育所における保育の質及び職員の専門性向上のために必要な環境の確保に努めなければならない。

(2) 職員の研修機会の確保等

施設長は、保育所の全体的な計画や、各職員の研修の必要性等を踏まえて、体系的・計画的な研修機会を確保するとともに、職員の勤務体制の工夫等により、職員が計画的に研修等に参加し、その専門性の向上が図られるよう努めなければならない。

3 職員の研修等

(1) 職場における研修

職員が日々の保育実践を通じて、必要な知識及び技術の修得、維持及び向上を図るとともに、保育の課題等への共通理解や協働性を高め、保育所全体としての保育の質の向上を図っていくためには、日常的に職員同士が主体的に学び合う姿勢と環境が重要であり、職場内での研修の充実が図られなければならない。

(2) 外部研修の活用

各保育所における保育の課題への的確な対応や、保育士等の専門性の向上を図るためには、職場内での研修に加え、関係機関等による研修の活用が有効であることから、必要に応じて、こうした外部研修への参加機会が確保されるよう努めなければならない。

4 研修の実施体制等

(1) 体系的な研修計画の作成

保育所においては、当該保育所における保育の課題や各職員のキャリアパス等も見据えて、初任者から管理職員までの職位や職務内容等を踏まえた体系的な研修計画を作成しなければならない。

(2) 組織内での研修成果の活用

外部研修に参加する職員は、自らの専門性の向上を図るとともに、保育所における保育の課題を理解し、その解決を実践できる力を身に付けることが重要である。また、研修で得た知識及び技能を他の職員と共有することにより、保育所全体としての保育実践の質及び専門性の向上につなげていくことが求められる。

(3) 研修の実施に関する留意事項

施設長等は保育所全体としての保育実践の質及び専門性の向上のために、研修の受講は特定の職員に偏ることなく行われるよう、配慮する必要がある。また、研修を修了した職員については、その職務内容等において、当該研修の成果等が適切に勘案されることが望ましい。

児童虐待の防止等に関する法律

(平成一二・五・二四 法律 八二)

最新改正 令和元法律四六

(目的)

第一条 この法律は、児童虐待が児童の人権を著しく侵害し、その心身の成長及び人格の形成に重大な影響を与えるとともに、我が国における将来の世代の育成にも懸念を及ぼすことにかんがみ、児童に対する虐待の禁止、児童虐待の予防及び早期発見その他の児童虐待の防止に関する国及び地方公共団体の責務、児童虐待を受けた児童の保護及び自立の支援のための措置等を定めることにより、児童虐待の防止等に関する施策を促進し、もって児童の権利利益の擁護に資することを目的とする。

(児童虐待の定義)

第二条 この法律において、「児童虐待」とは、保護者(親権を行う者、未成年後見人その他の者で、児童を現に監護するものをいう。以下同じ。)がその監護する児童(十八歳に満たない者をいう。以下同じ。)について行う次に掲げる行為をいう。

一 児童の身体に外傷が生じ、又は生じるおそれのある暴行を加えること。

二　児童にわいせつな行為をすること又は児童をしてわいせつな行為をさせること。
三　児童の心身の正常な発達を妨げるような著しい減食又は長時間の放置、保護者以外の同居人による前二号又は次号に掲げる行為と同様の行為の放置その他の保護者としての監護を著しく怠ること。
四　児童に対する著しい暴言又は著しく拒絶的な対応、児童が同居する家庭における配偶者に対する暴力（配偶者（婚姻の届出をしていないが、事実上婚姻関係と同様の事情にある者を含む。）の身体に対する不法な攻撃であって生命又は身体に危害を及ぼすもの及びこれに準ずる心身に有害な影響を及ぼす言動をいう。第十六条において同じ。）その他の児童に著しい心理的外傷を与える言動を行うこと。

（児童に対する虐待の禁止）
第三条　何人も、児童に対し、虐待をしてはならない。

（国及び地方公共団体の責務等）
第四条　国及び地方公共団体は、児童虐待の予防及び早期発見、迅速かつ適切な児童虐待を受けた児童の保護及び自立の支援（児童虐待を受けた後十八歳となった者に対する自立の支援を含む。第三項及び次条第二項において同じ。）並びに児童虐待を行った保護者に対する親子の再統合の促進への配慮その他の児童虐待を受けた児童が家庭（家庭における養育環境と同様の養育環境及び良好な家庭的環境を含む。）で生活するために必要な配慮をした適切な指導及び支援を行うため、関係省庁相互間又は関係地方公共団体相互間、市町村、児童相談所、福祉事務所、配偶者からの暴力の防止及び被害者の保護等に関する法律（平成十三年法律第三十一号）第三条第一項に規定する配偶者暴力相談支援センター（次条第一項において単に「配偶者暴力相談支援センター」という。）、学校及び医療機関の間その他関係機関及び民間団体の間の連携の強化、民間団体の支援、医療の提供体制の整備その他児童虐待の防止等のために必要な体制の整備に努めなければならない。
2　国及び地方公共団体は、児童相談所等関係機関の職員及び学校の教職員、児童福祉施設の職員、医師、歯科医師、保健師、助産師、看護師、弁護士その他児童の福祉に職務上関係のある者が児童虐待を早期に発見し、その他児童虐待の防止に寄与することができるよう、研修等必要な措置を講ずるものとする。
3　国及び地方公共団体は、児童虐待を受けた児童の保護及び自立の支援を専門的知識に基づき適切に行うことができるよう、児童相談所等関係機関の職員、学校の教職員、児童福祉施設の職員その他児童虐待を受けた児童の保護及び自立の支援の職務に携わる者の人材の確保及び資質の向上を図るため、研修等必要な措置を講ずるものとする。
4　国及び地方公共団体は、児童虐待の防止に資するため、児童の人権、児童虐待が児童に及ぼす影響、児童虐待に係る通告義務等について必要な広報その他の啓発活動に努めなければならない。
5　国及び地方公共団体は、児童虐待を受けた児童がその心身に著しく重大な被害を受けた事例の分析を行うとともに、児童虐待の予防及び早期発見のための方策、児童虐待を受けた児童のケア並びに児童虐待を行った保護者の指導及び支援のあり方、学校の教職員及び児童福祉施設の職員が児童虐待の防止に果たすべき役割その他児童虐待の防止等のために必要な事項についての調査研究及び検証を行うものとする。
6　児童相談所の所長は、児童虐待を受けた児童が住所又は居所を当該児童相談所の管轄区域外に移転する場合においては、当該児童の家庭環境その他の環境の変化による影響に鑑み、当該児童及び当該児童虐待を行った保護者について、その移転の前後において指導、助言その他の必要な支援が切れ目なく行われるよう、移転先の住所又は居所を管轄する児童相談所の所長に対し、速やかに必要な情報の提供を行うものとする。この場合において、当該情報の提供を受けた児童相談所長は、児童福祉法（昭和二十二年法律第百六十四号）第二十五条の

二　第一項に規定する要保護児童対策地域協議会が速やかに当該情報の交換を行うことができるための措置その他の緊密な連携を図るために必要な措置を講ずるものとする。

7　児童の親権を行う者は、児童を心身ともに健やかに育成することについて第一義的責任を有するものであって、親権を行うに当たっては、できる限り児童の利益を尊重するよう努めなければならない。

8　何人も、児童の健全な成長のために、家庭（家庭における養育環境と同様の養育環境及び良好な家庭的環境を含む。）及び近隣社会の連帯が求められていることに留意しなければならない。

（児童虐待の早期発見等）

第五条　学校、児童福祉施設、病院、都道府県警察、婦人相談所、教育委員会、配偶者暴力相談支援センターその他児童の福祉に業務上関係のある団体及び学校の教職員、児童福祉施設の職員、医師、歯科医師、保健師、助産師、看護師、弁護士、警察官、婦人相談員その他児童の福祉に職務上関係のある者は、児童虐待を発見しやすい立場にあることを自覚し、児童虐待の早期発見に努めなければならない。

2　前項に規定する者は、児童虐待の予防その他の児童虐待の防止並びに児童虐待を受けた児童の保護及び自立の支援に関する国及び地方公共団体の施策に協力するよう努めなければならない。

3　第一項に規定する者は、正当な理由がなく、その職務に関して知り得た児童虐待を受けたと思われる児童に関する秘密を漏らしてはならない。

4　前項の規定その他の守秘義務に関する法律の規定は、第二項の規定による国及び地方公共団体の施策に協力するように努める義務の遵守を妨げるものと解釈してはならない。

5　学校及び児童福祉施設は、児童及び保護者に対して、児童虐待の防止のための教育又は啓発に努めなければならない。

（児童虐待に係る通告）

第六条　児童虐待を受けたと思われる児童を発見した者は、速やかに、これを市町村、都道府県の設置する福祉事務所若しくは児童相談所又は児童委員を介して市町村、都道府県の設置する福祉事務所若しくは児童相談所に通告しなければならない。

2　前項の規定による通告は、児童福祉法第二十五条第一項の規定による通告とみなして、同法の規定を適用する。

3　刑法（明治四十年法律第四十五号）の秘密漏示罪の規定その他の守秘義務に関する法律の規定は、第一項の規定による通告をする義務の遵守を妨げるものと解釈してはならない。

第七条　市町村、都道府県の設置する福祉事務所又は児童相談所が前条第一項の規定による通告を受けた場合においては、当該通告を受けた市町村、都道府県の設置する福祉事務所又は児童相談所の所長、所員その他の職員及び当該通告を仲介した児童委員は、その職務上知り得た事項であって当該通告をした者を特定させるものを漏らしてはならない。

（通告又は送致を受けた場合の措置）

第八条　市町村又は都道府県の設置する福祉事務所が第六条第一項の規定による通告を受けたときは、市町村又は福祉事務所の長は、必要に応じ近隣住民、学校の教職員、児童福祉施設の職員その他の者の協力を得つつ、当該児童との面会その他の当該児童の安全の確認を行うための措置を講ずるとともに、必要に応じ次に掲げる措置を採るものとする。

一　児童福祉法第二十五条の七第一項第一号若しくは第二項第一号又は第二十五条の八第一号の規定により当該児童を児童相談所に送致すること。

二　当該児童のうち次条第一項の規定による出頭の求め及び調査若しくは質問、第九条第一項の規定による立入り及び調査若しくは質問又は児童福祉法第三十三条第一項若しくは第二項の規定による一時保護の実施が適当であると認めるものを都道府県知事又は児童相談所長へ通知すること。

2　児童相談所が第六条第一項の規定による

通告又は児童福祉法第二十五条の七第一項第一号若しくは第二項第一号若しくは第二十五条の八第一号の規定による送致を受けたときは、児童相談所長は、必要に応じ近隣住民、学校の教職員、児童福祉施設の職員その他の者の協力を得つつ、当該児童との面会その他の当該児童の安全の確認を行うための措置を講ずるとともに、必要に応じ次に掲げる措置を採るものとする。

一　児童福祉法第三十三条第一項の規定により当該児童の一時保護を行い、又は適当な者に委託して、当該一時保護を行わせること。

二　児童福祉法第二十六条第一項第三号の規定により当該児童のうち第六条第一項の規定による通告を受けたものを市町村に送致すること。

三　当該児童のうち児童福祉法第二十五条の八第三号に規定する保育の利用等（以下この号において「保育の利用等」という。）が適当であると認めるものをその保育の利用等に係る都道府県又は市町村の長へ報告し、又は通知すること。

四　当該児童のうち児童福祉法第六条の三第二項に規定する放課後児童健全育成事業、同条第三項に規定する子育て短期支援事業、同条第五項に規定する養育支援訪問事業、同条第六項に規定する地域子育て支援拠点事業、同条第十四項に規定する子育て援助活動支援事業、子ども・子育て支援法（平成二十四年法律第六十五号）第五十九条第一号に掲げる事業その他市町村が実施する児童の健全な育成に資する事業の実施が適当であると認めるものをその事業の実施に係る市町村の長へ通知すること。

3　前二項の児童の安全の確認を行うための措置、市町村若しくは児童相談所への送致又は一時保護を行う者は、速やかにこれを行うものとする。

（出頭要求等）

第八条の二　都道府県知事は、児童虐待が行われているおそれがあると認めるときは、当該児童の保護者に対し、当該児童を同伴して出頭することを求め、児童委員又は児童の福祉に関する事務に従事する職員をして、必要な調査又は質問をさせることができる。この場合においては、その身分を証明する証票を携帯させ、関係者の請求があったときは、これを提示させなければならない。

2　都道府県知事は、前項の規定により当該児童の保護者の出頭を求めようとするときは、厚生労働省令で定めるところにより、当該保護者に対し、出頭を求める理由となった事実の内容、出頭を求める日時及び場所、同伴すべき児童の氏名その他必要な事項を記載した書面により告知しなければならない。

3　都道府県知事は、第一項の保護者が同項の規定による出頭の求めに応じない場合は、次条第一項の規定による児童委員又は児童の福祉に関する事務に従事する職員の立入り及び調査又は質問その他の必要な措置を講ずるものとする。

（立入調査等）

第九条　都道府県知事は、児童虐待が行われているおそれがあると認めるときは、児童委員又は児童の福祉に関する事務に従事する職員をして、児童の住所又は居所に立ち入り、必要な調査又は質問をさせることができる。この場合においては、その身分を証明する証票を携帯させ、関係者の請求があったときは、これを提示させなければならない。

2　前項の規定による児童委員又は児童の福祉に関する事務に従事する職員の立入り及び調査又は質問は、児童福祉法第二十九条の規定による児童委員又は児童の福祉に関する事務に従事する職員の立入り及び調査又は質問とみなして、同法第六十一条の五の規定を適用する。

（再出頭要求等）

第九条の二　都道府県知事は、第八条の二第一項の保護者又は前条第一項の児童の保護者が正当な理由なく同項の規定による児童委員又は児童の福祉に関する事務に従事する職員の立入り又は調査を拒み、妨げ、又は忌避した場合において、児童虐待が行われているおそれがあると認めるときは、当該保護者に対し、当該児童を同伴して出頭することを求め、児童委員又は児童の福祉に関する事務に従事する職員をして、必要な調査又は質問をさせることができる。この場合においては、その身分を証明する証票を携帯させ、関係者の請求があったときは、これを提示させなければならない。

2　第八条の二第二項の規定は、前項の規定による出頭の求めについて準用する。

（臨検、捜索等）

第九条の三　都道府県知事は、第八条の二第一項の保護者又は第九条第一項の児童の保護者が正当な理由なく同項の規定による児童委員又は児童の福祉に関する事務に従事する職員の立入り又は調査を拒み、妨げ、又は忌避した場合において、児童虐待が行われている疑いがあるときは、当該児童の安全の確認を行い、又はその安全を確保するため、児童の福祉に関する事務に従事する職員をして、当該児童の住所又は居所の所在地を管轄する地方裁判所、家庭裁判所又は簡易裁判所の裁判官があらかじめ発する許可状により、当該児童の住所若しくは居所に臨検させ、又は当該児童を捜索させることができる。

2　都道府県知事は、前項の規定による臨検又は捜索をさせるときは、児童の福祉に関する事務に従事する職員をして、必要な調査又は質問をさせることができる。

3　都道府県知事は、第一項の許可状（以下「許可状」という。）を請求する場合においては、児童虐待が行われている疑いがあると認められる資料、臨検させようとする住所又は居所に当該児童が現在すると認められる資料及び当該児童の保護者が第九条第一項の規定による立入り又は調査を拒み、妨げ、又は忌避したことを証する資料を提出しなければならない。

4　前項の請求があった場合においては、地方裁判所、家庭裁判所又は簡易裁判所の裁判官は、臨検すべき場所又は捜索すべき児童の氏名並びに有効期間、その期間経過後は執行に着手することができずこれを返還しなければならない旨、交付の年月日及び裁判所名を記載し、自己の記名押印した許可状を都道府県知事に交付しなければならない。

5　都道府県知事は、許可状を児童の福祉に関する事務に従事する職員に交付して、第一項の規定による臨検又は捜索をさせるものとする。

6　第一項の規定による臨検又は捜索に係る制度は、児童虐待が保護者がその監護する児童に対して行うものであるために他人から認知されること及び児童がその被害から自ら逃れることが困難である等の特別の事情から児童の生命又は身体に重大な危険を生じさせるおそれがあることにかんがみ特に設けられたものであることを十分に踏まえた上で、適切に運用されなければならない。

（臨検又は捜索の夜間執行の制限）

第九条の四　前条第一項の規定による臨検又は捜索は、許可状に夜間でもすることができる旨の記載がなければ、日没から日の出までの間には、してはならない。

2　日没前に開始した前条第一項の規定による臨検又は捜索は、必要があると認めるときは、日没後まで継続することができる。

（許可状の提示）

第九条の五　第九条の三第一項の規定による臨検又は捜索の許可状は、これらの処分を受ける者に提示しなければならない。

（身分の証明）

第九条の六　児童の福祉に関する事務に従事する職員は、第九条の三第一項の規定による臨検若しくは捜索又は同条第二項の規定による調査若しくは質問（以下「臨検等」という。）をするときは、その身分を示す証票を携帯し、関係者の請求があったときは、これを提示しなければならない。

（臨検又は捜索に際しての必要な処分）

第九条の七　児童の福祉に関する事務に従事する職員は、第九条の三第一項の規定による臨検又は捜索をするに当たって必要があるときは、錠をはずし、その他必要な処分をすることができる。

（臨検等をする間の出入りの禁止）

第九条の八　児童の福祉に関する事務に従事する職員は、臨検等をする間は、何人に対しても、許可を受けないでその場所に出入りすることを禁止することができる。

（責任者等の立会い）

第九条の九　児童の福祉に関する事務に従事する職員は、第九条の三第一項の規定による臨検又は捜索をするときは、当該児童の住所若しくは居所の所有者若しくは管理者（これらの者の代表者、代理人その他これらの者に代わるべき者を含む。）又は同居の親族で成年に達した者を立ち会わせなければならない。

2　前項の場合において、同項に規定する者を立ち会わせることができないときは、その隣人で成年に達した者又はその地の地方公共団体の職員を立ち会わせなければならない。

（警察署長に対する援助要請等）

第十条　児童相談所長は、第八条第二項の児童の安全の確認を行おうとする場合、又は同項第一号の一時保護を行おうとし、若しくは行わせようとする場合において、これらの職務の執行に際し必要があると認めるときは、当該児童の住所又は居所の所在地を管轄する警察署長に対し援助を求めることができる。都道府県知事が、第九条第一項の規定による立入り及び調査若しくは質問をさせ、又は臨検等をさせようとする場合についても、同様とする。

2　児童相談所長又は都道府県知事は、児童の安全の確認及び安全の確保に万全を期する観点から、必要に応じ迅速かつ適切に、前項の規定により警察署長に対し援助を求めなければならない。

3　警察署長は、第一項の規定による援助の求めを受けた場合において、児童の生命又は身体の安全を確認し、又は確保するため必要と認めるときは、速やかに、所属の警察官に、同項の職務の執行を援助するために必要な警察官職務執行法（昭和二十三年法律第百三十六号）その他の法令の定めるところによる措置を講じさせるよう努めなければならない。

（調書）

第十条の二　児童の福祉に関する事務に従事する職員は、第九条の三第一項の規定による臨検又は捜索をしたときは、これらの処分をした年月日及びその結果を記載した調書を作成し、立会人に示し、当該立会人とともにこれに署名押印しなければならない。ただし、立会人が署名押印をせず、又は署名押印することができないときは、その旨を付記すれば足りる。

（都道府県知事への報告）

第十条の三　児童の福祉に関する事務に従事する職員は、臨検等を終えたときは、その結果を都道府県知事に報告しなければならない。

（行政手続法の適用除外）

第十条の四　臨検等に係る処分については、行政手続法（平成五年法律第八十八号）第三章の規定は、適用しない。

（審査請求の制限）

第十条の五　臨検等に係る処分については、審査請求をすることができない。

（行政事件訴訟の制限）

第十条の六　臨検等に係る処分については、行政事件訴訟法（昭和三十七年法律第百三十九号）第三十七条の四の規定による差止めの訴えを提起することができない。

（児童虐待を行った保護者に対する指導等）

第十一条　都道府県知事又は児童相談所長は、児童虐待を行った保護者について児童福祉法第二十七条第一項第二号又は第二十六条第一項第二号の規定により指導を行う場合は、当該保護者について、児童虐待の再発を防止するため、医学的又は心理学的知見に基づく指導を行うよう努めるものとする。

2　児童虐待を行った保護者について児童福祉法第二十七条第一項第二号の規定により行われる指導は、親子の再統合への配慮その他の児童虐待を受けた児童が家庭（家庭における養育環境と同様の養育環境及び良好な家庭的環境を含む。）で生活するために必要な配慮の下に適切に行われなければならない。

3　児童虐待を行った保護者について児童福祉法第二十七条第一項第二号の措置が採られた場合においては、当該保護者は、同号の指導を受けなければならない。

4　前項の場合において保護者が同項の指導を受けないときは、都道府県知事は、当該保護者に対し、同項の指導を受けるよう勧告することができる。

5　都道府県知事は、前項の規定による勧告を受けた保護者が当該勧告に従わない場合において必要があると認めるときは、児童福祉法第三十三条第二項の規定により児童相談所長をして児童虐待を受けた児童の一時保護を行わせ、又は適当な者に当該一時保護を行うことを委託させ、同法第二十七条第一項第三号又は第二十八条第一項の規定による措置を採る等の必要な措置を講ずるものとする。

6　児童相談所長は、第四項の規定による勧告を受けた保護者が当該勧告に従わず、その監護する児童に対し親権を行わせることが著しく当該児童の福祉を害する場合には、必要に応じて、適切に、児童福祉法第三十三条の七の規定による請求を行うものとする。

7　都道府県は、保護者への指導（第二項の指導及び児童虐待を行った保護者に対する児童福祉法第十一条第一項第二号ニの規定による指導をいう。以下この項において同じ。）を効果的に行うため、同法第十三条第五項に規定する指導教育担当児童福祉司に同項に規定する指導及び教育のほか保護者への指導を行う者に対する専門的技術に関する指導及び教育を行わせるとともに、第八条の二第一項の規定による調査若しくは質問、第九条第一項の規定による立入り及び調査若しくは質問、第九条の二第一項の規定による調査若しくは質問、第九条の三第一項の規定による臨検若しくは捜索又は同条第二項の規定による調査若しくは質問をした児童の福祉に関する事務に従事する職員並びに同法第三十三条第一項又は第二項の規定による児童の一時保護を行った児童福祉司以外の者に当該児童に係る保護者への指導を行わせることその他の必要な措置を講じなければならない。

（面会等の制限等）

第十二条　児童虐待を受けた児童について児童福祉法第二十七条第一項第三号の措置（以下「施設入所等の措置」という。）が採られ、又は同法第三十三条第一項若しくは第二項の規定による一時保護が行われた場合において、児童虐待の防止及び児童虐待を受けた児童の保護のため必要があると認めるときは、児童相談所長及び当該児童について施設入所等の措置が採られている場合における当該施設入所等の措置に係る同号に規定する施設の長は、厚生労働省令で定めるところにより、当該児童虐待を行った保護者について、次に掲げる行為の全部又は一部を制限することができる。

一　当該児童との面会

二　当該児童との通信

2　前項の施設の長は、同項の規定による制限を行った場合又は行わなくなった場合は、その旨を児童相談所長に通知するものとする。

3　児童虐待を受けた児童について施設入所等の措置（児童福祉法第二十八条の規定によるものに限る。）が採られ、又は同法第三十三条第一項若しくは第二項の規定による一時保護が行われた場合において、当該児童虐待を行った保護者に対し当該児童の住所又は居所を明らかにしたとすれば、当該保護者が当該児童を連れ戻すおそれがある等再び児童虐待が行われるおそれがあり、又は当該児童の保護に支障をきたすと認めるときは、児童相談所長は、当該保護者に対し、当該児童の住所又は居所を明らかにしないものとする。

第十二条の二　児童虐待を受けた児童について施設入所等の措置（児童福祉法第二十八条の規定によるものを除く。以下この項において同じ。）が採られた場合において、当該児童虐待を行った保護者に当該児童を引き渡した場合には再び児童虐待が行われるおそれがあると認められるにもかかわらず、当該保護者が当該児童の引渡しを求めること、当該保護者が前条第一項の規定による制限に従わないことその他の事情から当該児童について当該施設入所等の措置を採ることが当該保護者の意に反し、これを継続することが困難であると認めるときは、児童相談所長は、次項の報告を行うに至るまで、同法第三十三条第一項の規定により当該児童の一時保護を行い、又は適当な者に委託して、当該一時保護を行わせることができる。

2　児童相談所長は、前項の一時保護を行った、又は行わせた場合には、速やかに、児童福祉法第二十六条第一項第一号の規定に基づき、同法第二十八条の規定による施設入所等の措置を要する旨を都道府県知事に報告しなければならない。

第十二条の三　児童相談所長は、児童福祉法第三十三条第一項の規定により、児童虐待を受けた児童について一時保護を行っている、又は適当な者に委託して、一時保護を行わせている場合（前条第一項の一時保護を行っている、又は行わせている場合を除く。）において、当該児童について施設入所等の措置を要すると認めるときであって、当該児童虐待を行った保護者に当該児童を引き渡した場合には再び児童虐待が行われるおそれがあると認められるにもかかわらず、当該保護者が当該児童の引渡しを求めること、当該保護者が第十二条第一項の規定による制限に従わないことその他の事情から当該児童について施設入所等の措置を採ることが当該保護者の意に反すると認めるときは、速やかに、同法第二十六条第一項第一号の規定に基づき、同法第二十八条の規定による施設入所等の措置を要する旨を都道府県知事に報告しなければならない。

第十二条の四　都道府県知事又は児童相談所長は、児童虐待を受けた児童について施設入所等の措置が採られ、又は児童福祉法第三十三条第一項若しくは第二項の規定による一時保護が行われ、かつ、第十二条第一項の規定により、当該児童虐待を行った保護者について、同項各号に掲げる行為の全部が制限されている場合において、児童虐待の防止及び児童虐待を受けた児童の保護のため特に必要があると認めるときは、厚生労働省令で定めるところにより、六月を超えない期間を定めて、当該保護者に対し、当該児童の住所若しくは居所、就学する学校その他の場所において当該児童の身辺につきまとい、又は当該児童の住所若しくは居所、就学する学校その他その通常所在する場所（通学路その他の当該児童が日常生活又は社会生活を営むために通常移動する経路を含む。）の付近をはいかいしてはならないことを命ずることができる。

2　都道府県知事又は児童相談所長は、前項に規定する場合において、引き続き児童虐待の防止及び児童虐待を受けた児童の保護のため特に必要があると認めるときは、六月を超えない期間を定めて、同項の規定による命令に係る期間を更新することができる。

3　都道府県知事又は児童相談所長は、第一項の規定による命令をしようとするとき（前項の規定により第一項の規定による命令に係る期間を更新しようとするときを含む。）は、行政手続法第十三条第一項の規定による意見陳述のための手続の区分にかかわらず、聴聞を行わなければならない。

4　第一項の規定による命令をするとき（第二項の規定により第一項の規定による命令に係る期間を更新するときを含む。）は、厚生労働省令で定める事項を記載した命令書を交付しなければならない。

5　第一項の規定による命令が発せられた後に施設入所等の措置が解除され、停止され、若しくは他の措置に変更された場合、児童福祉法第三十三条第一項若しくは第二項の規定による一時保護が解除された場合又は第十二条第一項の規定による制限の全部若しくは一部が行われなくなった場合は、当該命令は、その効力を失う。同法第二十八条第三項の規定により引き続き施設入所等の措置が採られ、又は同法第三十三条第六項の規定により引き続き一時保護が行われている場合において、第一項の規定による命令が発せられたときであって、当該命令に係る期間が経過する前に同法第二十八条第二項の規定による当該施設入所等の措置の期間の更新に係る承認の申立てに対する審判又は同法第三十三条第五項本文の規定による引き続いての一時保護に係る承認の申立てに対する審判が確定したときも、同様とする。

6　都道府県知事又は児童相談所長は、第一項の規定による命令をした場合において、その必要がなくなったと認めるときは、厚生労働省令で定めるところにより、その命令を取り消さなければならない。

（施設入所等の措置の解除等）

第十三条　都道府県知事は、児童虐待を受けた児童について施設入所等の措置が採られ、及び当該児童の保護者について児童福祉法第二十七条第一項第二号の措置が採られた場合において、当該児童について採られた施設入所等の措置を解除しようとするときは、当該児童の保護者について同号の指導を行うこととされた児童福祉司等の意見を聴くとともに、当該児童の保護者に対し採られた当該指導の効果、当該児童に対し再び児童虐待が行われることを予防するために採られる措置について見込まれる効果、当該児童の家庭環境その他厚生労働省令で定める事項を勘案しなければならない。

2　都道府県知事は、児童虐待を受けた児童について施設入所等の措置が採られ、又は児童福祉法第三十三条第二項の規定による一時保護が行われた場合において、当該児童について採られた施設入所等の措置又は行われた一時保護を解除するときは、当該児童の保護者に対し、親子の再統合の促進その他の児童虐待を受けた児童が家庭で生活することを支援するために必要な助言を行うことができる。

3　都道府県知事は、前項の助言に係る事務の全部又は一部を厚生労働省令で定める者に委託することができる。

4　前項の規定により行われる助言に係る事務に従事する者又は従事していた者は、正当な理由がなく、その事務に関して知り得た秘密を漏らしてはならない。

（施設入所等の措置の解除時の安全確認等）

第十三条の二　都道府県は、児童虐待を受けた児童について施設入所等の措置が採られ、又は児童福祉法第三十三条第二項の規定による一時保護が行われた場合において、当該児童について採られた施設入所等の措置若しくは行われた一時保護を解除するとき又は当該児童が一時的に帰宅するときは、必要と認める期間、市町村、児童福祉施設その他の関係機関との緊密な連携を図りつつ、当該児童の家庭を継続的に訪問することにより当該児童の安全の確認を行うとともに、当該児童の保護者からの相談に応じ、当該児童の養育に関する指導、助言その他の必要な支援を行うものとする。

（児童虐待を受けた児童等に対する支援）

第十三条の三　市町村は、子ども・子育て支援法第二十七条第一項に規定する特定教育・保育施設（次項において「特定教育・保育施設」という。）又は同法第四十三条第三項に規定する特定地域型保育事業（次項において「特定地域型保育事業」という。）の利用について、同法第四十二条第一項若しくは第五十四条第一項の規定により相談、助言若しくはあっせん若しくは要請を行う場合又は児童福祉法第二十四条第三項の規定により調整若しくは要請を行う場合には、児童虐待の防止に寄与するため、特別の支援を要する家庭の福祉に配慮をしなければならない。

2　特定教育・保育施設の設置者又は子ども・子育て支援法第二十九条第一項に規定する特定地域型保育事業者は、同法第三十三条第二項又は第四十五条第二項の規定により当該特定教育・保育施設を利用する児童（同法第十九条第一項第二号又は第三号に該当する児童に限る。以下この項において同じ。）又は当該特定地域型保育事業者に係る特定地域型保育事業を利用する児童を選考するときは、児童虐待の防止に寄与するため、特別の支援を要する家庭の福祉に配慮をしなければならない。

3　国及び地方公共団体は、児童虐待を受けた児童がその年齢及び能力に応じ充分な教育が受けられるようにするため、教育の内容及び方法の改善及び充実を図る等必要な施策を講じなければならない。

4　国及び地方公共団体は、居住の場所の確保、進学又は就業の支援その他の児童虐待を受けた者の自立の支援のための施策を講じなければならない。

（資料又は情報の提供）

児童家庭福祉

第十三条の四　地方公共団体の機関及び病院、診療所、児童福祉施設、学校その他児童の医療、福祉又は教育に関係する機関（地方公共団体の機関を除く。）並びに医師、歯科医師、保健師、助産師、看護師、児童福祉施設の職員、学校の教職員その他児童の医療、福祉又は教育に関連する職務に従事する者は、市町村長、都道府県の設置する福祉事務所の長又は児童相談所長から児童虐待に係る児童又はその保護者の心身の状況、これらの者の置かれている環境その他児童虐待の防止等に係る当該児童、その保護者その他の関係者に関する資料又は情報の提供を求められたときは、当該資料又は情報について、当該市町村長、都道府県の設置する福祉事務所の長又は児童相談所長が児童虐待の防止等に関する事務又は業務の遂行に必要な限度で利用し、かつ、利用することに相当の理由があるときは、これを提供することができる。ただし、当該資料又は情報を提供することによって、当該資料又は情報に係る児童、その保護者その他の関係者又は第三者の権利利益を不当に侵害するおそれがあると認められるときは、この限りでない。

（都道府県児童福祉審議会等への報告）

第十三条の五　都道府県知事は、児童福祉法第八条第二項に規定する都道府県児童福祉審議会（同条第一項ただし書に規定する都道府県にあっては、地方社会福祉審議会）に、第九条第一項の規定による立入り及び調査又は質問、臨検等並びに児童虐待を受けた児童に行われた同法第三十三条第一項又は第二項の規定による一時保護の実施状況、児童の心身に著しく重大な被害を及ぼした児童虐待の事例その他の厚生労働省令で定める事項を報告しなければならない。

（親権の行使に関する配慮等）

第十四条　児童の親権を行う者は、児童のしつけに際して、体罰を加えることその他民法（明治二十九年法律第八十九号）第八百二十条の規定による監護及び教育に必要な範囲を超える行為により当該児童を懲戒してはならず、当該児童の親権の適切な行使に配慮しなければならない。

2　児童の親権を行う者は、児童虐待に係る暴行罪、傷害罪その他の犯罪について、当該児童の親権を行う者であることを理由として、その責めを免れることはない。

（親権の喪失の制度の適切な運用）

第十五条　民法に規定する親権の喪失の制度は、児童虐待の防止及び児童虐待を受けた児童の保護の観点からも、適切に運用されなければならない。

（延長者等の特例）

第十六条　児童福祉法第三十一条第四項に規定する延長者（以下この条において「延長者」という。）、延長者の親権を行う者、未成年後見人その他の者で、延長者を現に監護する者（以下この項において「延長者の監護者」という。）及び延長者の監護者がその監護する延長者について行う次に掲げる行為（以下この項において「延長者虐待」という。）については、延長者を児童と、延長者の監護者を保護者と、延長者虐待を児童虐待と、同法第三十一条第二項から第四項までの規定による措置を同法第二十七条第一項第一号から第三号まで又は第二項の規定による措置とみなして、第十一条第一項から第四項まで及び第六項、第十二条の四並びに第十三条第一項の規定を適用する。

一　延長者の身体に外傷が生じ、又は生じるおそれのある暴行を加えること。

二　延長者にわいせつな行為をすること又は延長者をしてわいせつな行為をさせること。

三　延長者の心身の正常な発達を妨げるような著しい減食又は長時間の放置、延長者の監護者以外の同居人による前二号又は次号に掲げる行為と同様の行為の放置その他の延長者の監護者としての監護を著しく怠ること。

四　延長者に対する著しい暴言又は著しく拒絶的な対応、延長者が同居する家庭における配偶者に対する暴力その他の延長者に著しい心理的外傷を与える言動を行うこと。

2　延長者又は児童福祉法第三十三条第十項に規定する保護延長者（以下この項におい

て「延長者等」という。)、延長者等の親権を行う者、未成年後見人その他の者で、延長者等を現に監護する者(以下この項において「延長者等の監護者」という。)及び延長者等の監護者がその監護する延長者等について行う次に掲げる行為(以下この項において「延長者等虐待」という。)については、延長者等を児童と、延長者等の監護者を保護者と、延長者等虐待を児童虐待と、同法第三十一条第二項から第四項までの規定による措置を同法第二十七条第一項第一号から第三号まで又は第二項の規定による措置と、同法第三十三条第八項から第十一項までの規定による一時保護を同条第一項又は第二項の規定による一時保護とみなして、第十一条第五項、第十二条から第十二条の三まで、第十三条第二項から第四項まで、第十三条の二、第十三条の四及び第十三条の五の規定を適用する。

一　延長者等の身体に外傷が生じ、又は生じるおそれのある暴行を加えること。

二　延長者等にわいせつな行為をすること又は延長者等をしてわいせつな行為をさせること。

三　延長者等の心身の正常な発達を妨げるような著しい減食又は長時間の放置、延長者等の監護者以外の同居人による前二号又は次号に掲げる行為と同様の行為の放置その他の延長者等の監護者としての監護を著しく怠ること。

四　延長者等に対する著しい暴言又は著しく拒絶的な対応、延長者等が同居する家庭における配偶者に対する暴力その他の延長者等に著しい心理的外傷を与える言動を行うこと。

(大都市等の特例)

第十七条　この法律中都道府県が処理することとされている事務で政令で定めるものは、地方自治法(昭和二十二年法律第六十七号)第二百五十二条の十九第一項の指定都市(以下「指定都市」という。)及び同法第二百五十二条の二十二第一項の中核市(以下「中核市」という。)並びに児童福祉法第五十九条の四第一項に規定する児童相談所設置市においては、政令で定めるところにより、指定都市若しくは中核市又は児童相談所設置市(以下「指定都市等」という。)が処理するものとする。この場合においては、この法律中都道府県に関する規定は、指定都市等に関する規定として指定都市等に適用があるものとする。

(罰則)

第十八条　第十二条の四第一項(第十六条第一項の規定によりみなして適用する場合を含む。以下この条において同じ。)の規定による命令(第十二条の四第二項(第十六条第一項の規定によりみなして適用する場合を含む。)の規定により第十二条の四第一項の規定による命令に係る期間が更新された場合における当該命令を含む。)に違反した者は、一年以下の懲役又は百万円以下の罰金に処する。

第十九条　第十三条第四項(第十六条第二項の規定によりみなして適用する場合を含む。)の規定に違反した者は、一年以下の懲役又は五十万円以下の罰金に処する。

附　則(抄)

(施行期日)

第一条　この法律は、公布の日(平成十二年五月二十四日)から起算して六月を超えない範囲内において政令で定める日(平成十二年十一月二十日)から施行する。〔後略〕

〔参考・未施行分〕

・民法の一部を改正する法律(平成三〇・六・二〇法律五九)

附則　抄

(施行期日)

第一条　この法律は、平成三十四〔令和四〕年四月一日から施行する。〔後略〕

児童買春、児童ポルノに係る行為等の規制及び処罰並びに児童の保護等に関する法律

（平成一一・五・二六
法　律　五　二）

（題名改正＝平成二六法律七九）
最新改正　平成二六法律七九

第一章　総則

（目的）

第一条　この法律は、児童に対する性的搾取及び性的虐待が児童の権利を著しく侵害することの重大性に鑑み、あわせて児童の権利の擁護に関する国際的動向を踏まえ、児童買春、児童ポルノに係る行為等を規制し、及びこれらの行為等を処罰するとともに、これらの行為等により心身に有害な影響を受けた児童の保護のための措置等を定めることにより、児童の権利を擁護することを目的とする。

（定義）

第二条　この法律において「児童」とは、十八歳に満たない者をいう。

2　この法律において「児童買春」とは、次の各号に掲げる者に対し、対償を供与し、又はその供与の約束をして、当該児童に対し、性交等（性交若しくは性交類似行為をし、又は自己の性的好奇心を満たす目的で、児童の性器等（性器、肛門又は乳首をいう。以下同じ。）を触り、若しくは児童に自己の性器等を触らせることをいう。以下同じ。）をすることをいう。

一　児童

二　児童に対する性交等の周旋をした者

三　児童の保護者（親権を行う者、未成年後見人その他の者で、児童を現に監護するものをいう。以下同じ。）又は児童をその支配下に置いている者

3　この法律において「児童ポルノ」とは、写真、電磁的記録（電子的方式、磁気的方式その他人の知覚によっては認識することができない方式で作られる記録であって、電子計算機による情報処理の用に供されるものをいう。以下同じ。）に係る記録媒体その他の物であって、次の各号のいずれかに掲げる児童の姿態を視覚により認識することができる方法により描写したものをいう。

一　児童を相手方とする又は児童による性交又は性交類似行為に係る児童の姿態

二　他人が児童の性器等を触る行為又は児童が他人の性器等を触る行為に係る児童の姿態であって性欲を興奮させ又は刺激するもの

三　衣服の全部又は一部を着けない児童の姿態であって、殊更に児童の性的な部位（性器等若しくはその周辺部、臀部又は胸部をいう。）が露出され又は強調されているものであり、かつ、性欲を興奮させ又は刺激するもの

（適用上の注意）

第三条　この法律の適用に当たっては、学術研究、文化芸術活動、報道等に関する国民の権利及び自由を不当に侵害しないように留意し、児童に対する性的搾取及び性的虐待から児童を保護しその権利を擁護するとの本来の目的を逸脱して他の目的のためにこれを濫用するようなことがあってはならない。

（児童買春、児童ポルノの所持その他児童に対する性的搾取及び性的虐待に係る行為の禁止）

第三条の二　何人も、児童買春をし、又はみだりに児童ポルノを所持し、若しくは第二条第三項各号のいずれかに掲げる児童の姿態を視覚により認識することができる方法により描写した情報を記録した電磁的記録を保管することその他児童に対する性的搾取又は性的虐待に係る行為をしてはならない。

第二章　児童買春、児童ポルノに係る行為等の処罰等

（児童買春）

第四条　児童買春をした者は、五年以下の懲役又は三百万円以下の罰金に処する。

（児童買春周旋）

第五条　児童買春の周旋をした者は、五年以

下の懲役若しくは五百万円以下の罰金に処し、又はこれを併科する。

2　児童買春の周旋をすることを業とした者は、七年以下の懲役及び千万円以下の罰金に処する。

（**児童買春勧誘**）

第六条　児童買春の周旋をする目的で、人に児童買春をするように勧誘した者は、五年以下の懲役若しくは五百万円以下の罰金に処し、又はこれを併科する。

2　前項の目的で、人に児童買春をするように勧誘することを業とした者は、七年以下の懲役及び千万円以下の罰金に処する。

（**児童ポルノ所持、提供等**）

第七条　自己の性的好奇心を満たす目的で、児童ポルノを所持した者（自己の意思に基づいて所持するに至った者であり、かつ、当該者であることが明らかに認められる者に限る。）は、一年以下の懲役又は百万円以下の罰金に処する。自己の性的好奇心を満たす目的で、第二条第三項各号のいずれかに掲げる児童の姿態を視覚により認識することができる方法により描写した情報を記録した電磁的記録を保管した者（自己の意思に基づいて保管するに至った者であり、かつ、当該者であることが明らかに認められる者に限る。）も、同様とする。

2　児童ポルノを提供した者は、三年以下の懲役又は三百万円以下の罰金に処する。電気通信回線を通じて第二条第三項各号のいずれかに掲げる児童の姿態を視覚により認識することができる方法により描写した情報を記録した電磁的記録その他の記録を提供した者も、同様とする。

3　前項に掲げる行為の目的で、児童ポルノを製造し、所持し、運搬し、本邦に輸入し、又は本邦から輸出した者も、同項と同様とする。同項に掲げる行為の目的で、同項の電磁的記録を保管した者も、同様とする。

4　前項に規定するもののほか、児童に第二条第三項各号のいずれかに掲げる姿態をとらせ、これを写真、電磁的記録に係る記録媒体その他の物に描写することにより、当該児童に係る児童ポルノを製造した者も、第二項と同様とする。

5　前二項に規定するもののほか、ひそかに第二条第三項各号のいずれかに掲げる児童の姿態を写真、電磁的記録に係る記録媒体その他の物に描写することにより、当該児童に係る児童ポルノを製造した者も、第二項と同様とする。

6　児童ポルノを不特定若しくは多数の者に提供し、又は公然と陳列した者は、五年以下の懲役若しくは五百万円以下の罰金に処し、又はこれを併科する。電気通信回線を通じて第二条第三項各号のいずれかに掲げる児童の姿態を視覚により認識することができる方法により描写した情報を記録した電磁的記録その他の記録を不特定又は多数の者に提供した者も、同様とする。

7　前項に掲げる行為の目的で、児童ポルノを製造し、所持し、運搬し、本邦に輸入し、又は本邦から輸出した者も、同項と同様とする。同項に掲げる行為の目的で、同項の電磁的記録を保管した者も、同様とする。

8　第六項に掲げる行為の目的で、児童ポルノを外国に輸入し、又は外国から輸出した日本国民も、同項と同様とする。

（**児童買春等目的人身売買等**）

第八条　児童を児童買春における性交等の相手方とさせ又は第二条第三項各号のいずれかに掲げる児童の姿態を描写して児童ポルノを製造する目的で、当該児童を売買した者は、一年以上十年以下の懲役に処する。

2　前項の目的で、外国に居住する児童で略取され、誘拐され、又は売買されたものをその居住国外に移送した日本国民は、二年以上の有期懲役に処する。

3　前二項の罪の未遂は、罰する。

（**児童の年齢の知情**）

第九条　児童を使用する者は、児童の年齢を知らないことを理由として、第五条、第六条、第七条第二項から第八項まで及び前条の規定による処罰を免れることができない。ただし、過失がないときは、この限りでない。

（**国民の国外犯**）

第十条　第四条から第六条まで、第七条第一項から第七項まで並びに第八条第一項及び第三項（同条第一項に係る部分に限る。）

の罪は、刑法（明治四十年法律第四十五号）第三条の例に従う。

（両罰規定）

第十一条 法人の代表者又は法人若しくは人の代理人、使用人その他の従業者が、その法人又は人の業務に関し、第五条、第六条又は第七条第二項から第八項までの罪を犯したときは、行為者を罰するほか、その法人又は人に対して各本条の罰金刑を科する。

（捜査及び公判における配慮等）

第十二条 第四条から第八条までの罪に係る事件の捜査及び公判に職務上関係のある者（次項において「職務関係者」という。）は、その職務を行うに当たり、児童の人権及び特性に配慮するとともに、その名誉及び尊厳を害しないよう注意しなければならない。

2 国及び地方公共団体は、職務関係者に対し、児童の人権、特性等に関する理解を深めるための訓練及び啓発を行うよう努めるものとする。

（記事等の掲載等の禁止）

第十三条 第四条から第八条までの罪に係る事件に係る児童については、その氏名、年齢、職業、就学する学校の名称、住居、容貌等により当該児童が当該事件に係る者であることを推知することができるような記事若しくは写真又は放送番組を、新聞紙その他の出版物に掲載し、又は放送してはならない。

（教育、啓発及び調査研究）

第十四条 国及び地方公共団体は、児童買春、児童ポルノの所持、提供等の行為が児童の心身の成長に重大な影響を与えるものであることに鑑み、これらの行為を未然に防止することができるよう、児童の権利に関する国民の理解を深めるための教育及び啓発に努めるものとする。

2 国及び地方公共団体は、児童買春、児童ポルノの所持、提供等の行為の防止に資する調査研究の推進に努めるものとする。

第三章 心身に有害な影響を受けた児童の保護のための措置

（心身に有害な影響を受けた児童の保護）

第十五条 厚生労働省、法務省、都道府県警察、児童相談所、福祉事務所その他の国、都道府県又は市町村の関係行政機関は、児童買春の相手方となったこと、児童ポルノに描写されたこと等により心身に有害な影響を受けた児童に対し、相互に連携を図りつつ、その心身の状況、その置かれている環境等に応じ、当該児童がその受けた影響から身体的及び心理的に回復し、個人の尊厳を保って成長することができるよう、相談、指導、一時保護、施設への入所その他の必要な保護のための措置を適切に講ずるものとする。

2 前項の関係行政機関は、同項の措置を講ずる場合において、同項の児童の保護のため必要があると認めるときは、その保護者に対し、相談、指導その他の措置を講ずるものとする。

（心身に有害な影響を受けた児童の保護のための体制の整備）

第十六条 国及び地方公共団体は、児童買春の相手方となったこと、児童ポルノに描写されたこと等により心身に有害な影響を受けた児童について専門的知識に基づく保護を適切に行うことができるよう、これらの児童の保護に関する調査研究の推進、これらの児童の保護を行う者の資質の向上、これらの児童が緊急に保護を必要とする場合における関係機関の連携協力体制の強化、これらの児童の保護を行う民間の団体との連携協力体制の整備等必要な体制の整備に努めるものとする。

（心身に有害な影響を受けた児童の保護に関する施策の検証等）

第十六条の二 社会保障審議会及び犯罪被害者等施策推進会議は、相互に連携して、児童買春の相手方となったこと、児童ポルノに描写されたこと等により心身に有害な影響を受けた児童の保護に関する施策の実施状況等について、当該児童の保護に関する専門的な知識経験を有する者の知見を活用しつつ、定期的に検証及び評価を行うものとする。

2 社会保障審議会又は犯罪被害者等施策推

進会議は、前項の検証及び評価の結果を勘案し、必要があると認めるときは、当該児童の保護に関する施策の在り方について、それぞれ厚生労働大臣又は関係行政機関に意見を述べるものとする。

3　厚生労働大臣又は関係行政機関は、前項の意見があった場合において必要があると認めるときは、当該児童の保護を図るために必要な施策を講ずるものとする。

第四章　雑則

（インターネットの利用に係る事業者の努力）

第十六条の三　インターネットを利用した不特定の者に対する情報の発信又はその情報の閲覧等のために必要な電気通信役務（電気通信事業法（昭和五十九年法律第八十六号）第二条第三号に規定する電気通信役務をいう。）を提供する事業者は、児童ポルノの所持、提供等の行為による被害がインターネットを通じて容易に拡大し、これにより一旦国内外に児童ポルノが拡散した場合においてはその廃棄、削除等による児童の権利回復は著しく困難になることに鑑み、捜査機関への協力、当該事業者が有する管理権限に基づき児童ポルノに係る情報の送信を防止する措置その他インターネットを利用したこれらの行為の防止に資するための措置を講ずるよう努めるものとする。

（国際協力の推進）

第十七条　国は、第三条の二から第八条までの規定に係る行為の防止及び事件の適正かつ迅速な捜査のため、国際的な緊密な連携の確保、国際的な調査研究の推進その他の国際協力の推進に努めるものとする。

附　則（抄）

（施行期日）

第一条　この法律は、公布の日〔平成十一年五月二十六日〕から起算して六月を超えない範囲内において政令で定める日〔平成十一年十一月一日〕から施行する。

（条例との関係）

第二条　地方公共団体の条例の規定で、この法律で規制する行為を処罰する旨を定めているものの当該行為に係る部分については、この法律の施行と同時に、その効力を失うものとする。

2　前項の規定により条例の規定がその効力を失う場合において、当該地方公共団体が条例で別段の定めをしないときは、その失効前にした違反行為の処罰については、その失効後も、なお従前の例による。

児童手当法（抄）

（昭和四六・五・二七 法律七三）

最新改正　平成三〇法律四四

第一章　総則

（目的）

第一条　この法律は、子ども・子育て支援法（平成二十四年法律第六十五号）第七条第一項に規定する子ども・子育て支援の適切な実施を図るため、父母その他の保護者が子育てについての第一義的責任を有するという基本的認識の下に、児童を養育している者に児童手当を支給することにより、家庭等における生活の安定に寄与するとともに、次代の社会を担う児童の健やかな成長に資することを目的とする。

（受給者の責務）

第二条　児童手当の支給を受けた者は、児童手当が前条の目的を達成するために支給されるものである趣旨にかんがみ、これをその趣旨に従つて用いなければならない。

（定義）

第三条　この法律において「児童」とは、十八歳に達する日以後の最初の三月三十一日までの間にある者であつて、日本国内に住所を有するもの又は留学その他の内閣府令で定める理由により日本国内に住所を有しないものをいう。

2　この法律にいう「父」には、母が児童を懐胎した当時婚姻の届出をしていないが、その母と事実上婚姻関係と同様の事情にあつた者を含むものとする。

3　この法律において「施設入所等児童」とは、次に掲げる児童をいう。

一　児童福祉法（昭和二十二年法律第百六十四号）第二十七条第一項第三号の規定により同法第六条の三第八項に規定する小規模住居型児童養育事業（以下「小規模住居型児童養育事業」という。）を行う者又は同法第六条の四に規定する里親（以下「里親」という。）に委託されている児童（内閣府令で定める短期間の委託をされている者を除く。）

二　児童福祉法第二十四条の二第一項の規定により障害児入所給付費の支給を受けて若しくは同法第二十七条第一項第三号の規定により入所措置が採られて同法第四十二条に規定する障害児入所施設（以下「障害児入所施設」という。）に入所し、若しくは同法第二十七条第二項の規定により同法第六条の二の二第三項に規定する指定発達支援医療機関（次条第一項第四号において「指定発達支援医療機関」という。）に入院し、又は同法第二十七条第一項第三号若しくは第二十七条の二第一項の規定により入所措置が採られて同法第三十七条に規定する乳児院、同法第四十一条に規定する児童養護施設、同法第四十三条の二に規定する児童心理治療施設若しくは同法第四十四条に規定する児童自立支援施設（以下「乳児院等」という。）に入所している児童（当該児童心理治療施設又は児童自立支援施設に通う者及び内閣府令で定める短期間の入所をしている者を除く。）

三　障害者の日常生活及び社会生活を総合的に支援するための法律（平成十七年法律第百二十三号）第二十九条第一項若しくは第三十条第一項の規定により同法第十九条第一項に規定する介護給付費等の支給を受けて又は身体障害者福祉法（昭和二十四年法律第二百八十三号）第十八条第二項若しくは知的障害者福祉法（昭和三十五年法律第三十七号）第十六条第一項第二号の規定により入所措置が採られて障害者支援施設（障害者の日常生活及び社会生活を総合的に支援するための法律第五条第十一項に規定する障害者支援施設をいう。以下同じ。）又はのぞみの園（独立行政法人国立重度知的障害者総合施設のぞみの園法（平成十四年法律第百六十七号）第十一条第一号の規定により独立行政法人国立重度知的障害者総合施設のぞみの園が設置する施設をいう。以下同じ。）に入所している児童（内閣府令で定める短期間の入所をしている者を除き、児童のみで構成する世帯に属している者（十五歳に達する日以後の最初の三月三十一日を経過した児童である父又は母がその子である児童と同一の施設に入所している場合における当該父又は母及びその子である児童を除く。）に限る。）

四　生活保護法（昭和二十五年法律第百四十四号）第三十条第一項ただし書の規定により同法第三十八条第二項に規定する救護施設（以下「救護施設」という。）、同条第三項に規定する更生施設（以下「更生施設」という。）若しくは同法第三十条第一項ただし書に規定する日常生活支援住居施設（次条第一項第四号において「日常生活支援住居施設」という。）に入所し、又は売春防止法（昭和三十一年法律第百十八号）第三十六条に規定する婦人保護施設（以下「婦人保護施設」という。）に入所している児童（内閣府令で定める短期間の入所をしている者を除き、児童のみで構成する世帯に属している者（十五歳に達する日以後の最初の三月三十一日を経過した児童である父又は母がその子である児童と同一の施設に入所している場合における当該父又は母及びその子である児童を除く。）に限る。）

第二章　児童手当の支給

（支給要件）

第四条　児童手当は、次の各号のいずれかに該当する者に支給する。

一　次のイ又はロに掲げる児童（以下「支給要件児童」という。）を監護し、かつ、これと生計を同じくするその父又は母（当該支給要件児童に係る未成年後見人があるときは、その未成年後見人とする。以下この項において「父母等」という。）であつて、日本国内に住所（未成年後見人が法人である場合にあつては、主たる事務所の所在地とする。）を有するもの

イ　十五歳に達する日以後の最初の三月三十一日までの間にある児童（施設入所等児童を除く。以下この章及び附則第二条第二項において「中学校修了前の児童」という。）

ロ　中学校修了前の児童を含む二人以上の児童（施設入所等児童を除く。）

二　日本国内に住所を有しない父母等がその生計を維持している支給要件児童と同居し、これを監護し、かつ、これと生計を同じくする者（当該支給要件児童と同居することが困難であると認められる場合にあつては、当該支給要件児童を監護し、かつ、これと生計を同じくする者とする。）のうち、当該支給要件児童の生計を維持している父母等が指定する者であつて、日本国内に住所を有するもの（当該支給要件児童の父母等を除く。以下「父母指定者」という。）

三　父母等又は父母指定者のいずれにも監護されず又はこれらと生計を同じくしない支給要件児童を監護し、かつ、その生計を維持する者であつて、日本国内に住所を有するもの

四　十五歳に達する日以後の最初の三月三十一日までの間にある施設入所等児童（以下「中学校修了前の施設入所等児童」という。）が委託されている小規模住居型児童養育事業を行う者若しくは里親又は中学校修了前の施設入所等児童が入所若しくは入院をしている障害児入所施設、指定発達支援医療機関、乳児院等、障害者支援施設、のぞみの園、救護施設、更生施設、日常生活支援住居施設若しくは婦人保護施設（以下「障害児入所施設等」という。）の設置者

2　前項第一号の場合において、児童を監護し、かつ、これと生計を同じくするその未成年後見人が数人あるときは、当該児童は、当該未成年後見人のうちいずれか当該児童の生計を維持する程度の高い者によつて監護され、かつ、これと生計を同じくするものとみなす。

3　第一項第一号又は第二号の場合において、父及び母、未成年後見人並びに父母指定者のうちいずれか二以上の者が当該父及び母の子である児童を監護し、かつ、これと生計を同じくするときは、当該児童は、当該父若しくは母、未成年後見人又は父母指定者のうちいずれか当該児童の生計を維持する程度の高い者によつて監護され、かつ、これと生計を同じくするものとみなす。

4　前二項の規定にかかわらず、児童を監護し、かつ、これと生計を同じくするその父若しくは母、未成年後見人又は父母指定者のうちいずれか一の者が当該児童と同居している場合（当該いずれか一の者が当該児童を監護し、かつ、これと生計を同じくするその他の父若しくは母、未成年後見人又は父母指定者と生計を同じくしない場合に限る。）は、当該児童は、当該同居している父若しくは母、未成年後見人又は父母指定者によつて監護され、かつ、これと生計を同じくするものとみなす。

第五条　児童手当（施設入所等児童に係る部分を除く。）は、前条第一項第一号から第三号までのいずれかに該当する者の前年の所得（一月から五月までの月分の児童手当については、前々年の所得とする。）が、その者の所得税法（昭和四十年法律第三十三号）に規定する同一生計配偶者及び扶養親族（施設入所等児童を除く。以下「扶養親族等」という。）並びに同項第一号から第三号までのいずれかに該当する者の扶養親族等でない児童で同項第一号から第三号までのいずれかに該当する者が前年の十二月三十一日において生計を維持したものの有無及び数に応じて、政令で定める額以上であるときは、支給しない。ただし、同項第一号に該当する者が未成年後見人であ

り、かつ、法人であるときは、この限りでない。

2　前項に規定する所得の範囲及びその額の計算方法は、政令で定める。

（児童手当の額）

第六条　児童手当は、月を単位として支給するものとし、その額は、一月につき、次の各号に掲げる児童手当の区分に応じ、それぞれ当該各号に定める額とする。

一　児童手当（中学校修了前の児童に係る部分に限る。）　次のイからハまでに掲げる場合の区分に応じ、それぞれイからハまでに定める額

イ　次条の認定を受けた受給資格に係る支給要件児童の全てが三歳に満たない児童（施設入所等児童を除き、月の初日に生まれた児童については、出生の日から三年を経過しない児童とする。以下この号において同じ。）、三歳以上の児童（月の初日に生まれた児童については、出生の日から三年を経過した児童とする。）であつて十二歳に達する日以後の最初の三月三十一日までの間にある者（施設入所等児童を除く。以下この号において「三歳以上小学校修了前の児童」という。）又は十二歳に達する日以後の最初の三月三十一日を経過した児童であつて十五歳に達する日以後の最初の三月三十一日までの間にある者（施設入所等児童を除く。以下この号において「小学校修了後中学校修了前の児童」という。）である場合（ハに掲げる場合に該当する場合を除く。）　次の(1)から(3)までに掲げる場合の区分に応じ、それぞれ(1)から(3)までに定める額

(1)　当該支給要件児童の全てが三歳に満たない児童又は三歳以上小学校修了前の児童である場合　次の(i)から(iii)までに掲げる場合の区分に応じ、それぞれ(i)から(iii)までに定める額

(i)　当該支給要件児童の全てが三歳に満たない児童である場合　一万五千円に当該三歳に満たない児童の数を乗じて得た額

(ii)　当該三歳以上小学校修了前の児童が一人又は二人いる場合　一万五千円に当該三歳に満たない児童の数を乗じて得た額と、一万円に当該三歳以上小学校修了前の児童の数を乗じて得た額とを合算した額

(iii)　当該三歳以上小学校修了前の児童が三人以上いる場合　一万五千円に当該三歳に満たない児童の数を乗じて得た額と、一万五千円に当該三歳以上小学校修了前の児童の数を乗じて得た額から一万円を控除して得た額とを合算した額

(2)　当該小学校修了後中学校修了前の児童が一人いる場合　次の(i)又は(ii)に掲げる場合の区分に応じ、それぞれ(i)又は(ii)に定める額

(i)　当該支給要件児童の全てが三歳に満たない児童又は小学校修了後中学校修了前の児童である場合　一万五千円に当該三歳に満たない児童の数を乗じて得た額と、一万円に当該小学校修了後中学校修了前の児童の数を乗じて得た額とを合算した額

(ii)　当該支給要件児童のうちに三歳以上小学校修了前の児童がいる場合　一万五千円に当該三歳に満たない児童の数を乗じて得た額、一万五千円に当該三歳以上小学校修了前の児童の数を乗じて得た額から五千円を控除して得た額及び一万円に当該小学校修了後中学校修了前の児童の数を乗じて得た額を合算した額

(3)　当該小学校修了後中学校修了前の児童が二人以上いる場合　一万五千円に当該三歳に満たない児童の数を乗じて得た額、一万五千円に当該三歳以上小学校修了前の児童の数を乗じて得た額及び一万円に当該小学校修了後中学校修了前の児童の数を乗じて得た額を合算した額

ロ　次条の認定を受けた受給資格に係る

支給要件児童のうちに十五歳に達する日以後の最初の三月三十一日を経過した児童がいる場合（ハに掲げる場合に該当する場合を除く。） 次の(1)又は(2)に掲げる場合の区分に応じ、それぞれ(1)又は(2)に定める額

(1) 当該十五歳に達する日以後の最初の三月三十一日を経過した児童が一人いる場合 次の(i)又は(ii)に掲げる場合の区分に応じ、それぞれ(i)又は(ii)に定める額

(i) 当該支給要件児童の全てが三歳に満たない児童、三歳以上小学校修了前の児童又は十五歳に達する日以後の最初の三月三十一日を経過した児童である場合 一万五千円に当該三歳に満たない児童の数を乗じて得た額と、一万五千円に当該三歳以上小学校修了前の児童の数を乗じて得た額から五千円を控除して得た額（当該支給要件児童のうちに三歳以上小学校修了前の児童がいない場合には、零とする。）とを合算した額

(ii) 当該支給要件児童のうちに小学校修了後中学校修了前の児童がいる場合 一万五千円に当該三歳に満たない児童の数を乗じて得た額、一万五千円に当該三歳以上小学校修了前の児童の数を乗じて得た額及び一万円に当該小学校修了後中学校修了前の児童の数を乗じて得た額を合算した額

(2) 当該十五歳に達する日以後の最初の三月三十一日を経過した児童が二人以上いる場合 一万五千円に当該三歳に満たない児童の数を乗じて得た額、一万五千円に当該三歳以上小学校修了前の児童の数を乗じて得た額及び一万円に当該小学校修了後中学校修了前の児童の数を乗じて得た額を合算した額

ハ 児童手当の支給要件に該当する者（第四条第一項第一号に係るものに限る。）が未成年後見人であり、かつ、法人である場合 一万五千円に次条の認定を受けた受給資格に係る三歳に満たない児童の数を乗じて得た額、一万円に当該受給資格に係る三歳以上小学校修了前の児童の数を乗じて得た額及び一万円に当該受給資格に係る小学校修了後中学校修了前の児童の数を乗じて得た額を合算した額

二 児童手当（中学校修了前の施設入所等児童に係る部分に限る。） 一万五千円に次条の認定を受けた受給資格に係る三歳に満たない施設入所等児童（月の初日に生まれた施設入所等児童については、出生の日から三年を経過しない施設入所等児童とする。）の数を乗じて得た額と、一万円に当該受給資格に係る三歳以上の施設入所等児童（月の初日に生まれた施設入所等児童については、出生の日から三年を経過した施設入所等児童とする。）であつて十五歳に達する日以後の最初の三月三十一日までの間にある者の数を乗じて得た額とを合算した額

2 児童手当の額は、国民の生活水準その他の諸事情に著しい変動が生じた場合には、変動後の諸事情に応ずるため、速やかに改定の措置が講ぜられなければならない。

（認定）

第七条 児童手当の支給要件に該当する者（第四条第一項第一号から第三号までに係るものに限る。以下「一般受給資格者」という。）は、児童手当の支給を受けようとするときは、その受給資格及び児童手当の額について、内閣府令で定めるところにより、住所地（一般受給資格者が未成年後見人であり、かつ、法人である場合にあつては、主たる事務所の所在地とする。）の市町村長（特別区の区長を含む。以下同じ。）の認定を受けなければならない。

2 児童手当の支給要件に該当する者（第四条第一項第四号に係るものに限る。以下「施設等受給資格者」という。）は、その受給資格及び児童手当の額について、内閣府令で定めるところにより、次の各号に掲げる者の区分に応じ、当該各号に定める者の認

定を受けなければならない。

一　小規模住居型児童養育事業を行う者　当該小規模住居型児童養育事業を行う住居の所在地の市町村長

二　里親　当該里親の住所地の市町村長

三　障害児入所施設等の設置者　当該障害児入所施設等の所在地の市町村長

3　前二項の認定を受けた者が、他の市町村（特別区を含む。以下同じ。）の区域内に住所（一般受給資格者が未成年後見人であり、かつ、法人である場合にあつては主たる事務所の所在地とし、施設等受給資格者が小規模住居型児童養育事業を行う者である場合にあつては当該小規模住居型児童養育事業を行う住居の所在地とし、障害児入所施設等の設置者である場合にあつては当該障害児入所施設等の所在地とする。次条第三項において同じ。）を変更した場合において、その変更後の期間に係る児童手当の支給を受けようとするときも、前二項と同様とする。

（支給及び支払）

第八条　市町村長は、前条の認定をした一般受給資格者及び施設等受給資格者（以下「受給資格者」という。）に対し、児童手当を支給する。

2　児童手当の支給は、受給資格者が前条の規定による認定の請求をした日の属する月の翌月から始め、児童手当を支給すべき事由が消滅した日の属する月で終わる。

3　〔略〕

4　児童手当は、毎年二月、六月及び十月の三期に、それぞれの前月までの分を支払う。ただし、前支払期月に支払うべきであつた児童手当又は支給すべき事由が消滅した場合におけるその期の児童手当は、その支払期月でない月であつても、支払うものとする。

児童扶養手当法（抄）

（昭和三六・一一・二九　法律二三八）

〔編集部註〕最新改正　平成三〇法律四四
昭和六〇法律四八による改正のうち未施行分は収載を省略した。

第一章　総則

（この法律の目的）

第一条　この法律は、父又は母と生計を同じくしていない児童が育成される家庭の生活の安定と自立の促進に寄与するため、当該児童について児童扶養手当を支給し、もつて児童の福祉の増進を図ることを目的とする。

（児童扶養手当の趣旨）

第二条　児童扶養手当は、児童の心身の健やかな成長に寄与することを趣旨として支給されるものであつて、その支給を受けた者は、これをその趣旨に従つて用いなければならない。

2　児童扶養手当の支給を受けた父又は母は、自ら進んでその自立を図り、家庭の生活の安定と向上に努めなければならない。

3　児童扶養手当の支給は、婚姻を解消した父母等が児童に対して履行すべき扶養義務の程度又は内容を変更するものではない。

（用語の定義）

第三条　この法律において「児童」とは、十八歳に達する日以後の最初の三月三十一日までの間にある者又は二十歳未満で政令で定める程度の障害の状態にある者をいう。

2　この法律において「公的年金給付」とは、次の各号に掲げる給付をいう。

一　国民年金法（昭和三十四年法律第百四十一号）に基づく年金たる給付

二　厚生年金保険法（昭和二十九年法律第百十五号）に基づく年金たる給付（同法附則第二十八条に規定する共済組合が支給する年金たる給付を含む。）

三　船員保険法（昭和十四年法律第七十三号）に基づく年金たる給付（雇用保険法等の一部を改正する法律（平成十九年法律第三十号）附則第三十九条の規定によりなお従前の例によるものとされた年金たる給付に限る。）

四　恩給法（大正十二年法律第四十八号。他の法律において準用する場合を含む。）に基づく年金たる給付

五～十二　〔略〕

3　この法律にいう「婚姻」には、婚姻の届出をしていないが、事実上婚姻関係と同様の事情にある場合を含み、「配偶者」には、婚姻の届出をしていないが、事実上婚姻関係と同様の事情にある者を含み、「父」には、母が児童を懐胎した当時婚姻の届出をしていないが、その母と事実上婚姻関係と同様の事情にあつた者を含むものとする。

第二章　児童扶養手当の支給

（支給要件）

第四条　都道府県知事、市長（特別区の区長を含む。以下同じ。）及び福祉事務所（社会福祉法（昭和二十六年法律第四十五号）に定める福祉に関する事務所をいう。以下同じ。）を管理する町村長（以下「都道府県知事等」という。）は、次の各号に掲げる場合の区分に応じ、それぞれ当該各号に定める者に対し、児童扶養手当（以下「手当」という。）を支給する。

一　次のイからホまでのいずれかに該当する児童の母が当該児童を監護する場合　当該母

イ　父母が婚姻を解消した児童

ロ　父が死亡した児童

ハ　父が政令で定める程度の障害の状態にある児童

ニ　父の生死が明らかでない児童

ホ　その他イからニまでに準ずる状態にある児童で政令で定めるもの

二　次のイからホまでのいずれかに該当する児童の父が当該児童を監護し、かつ、これと生計を同じくする場合　当該父

イ　父母が婚姻を解消した児童

ロ　母が死亡した児童

ハ　母が前号ハの政令で定める程度の障害の状態にある児童

ニ　母の生死が明らかでない児童

ホ　その他イからニまでに準ずる状態にある児童で政令で定めるもの

三　第一号イからホまでのいずれかに該当する児童を母が監護しない場合若しくは同号イからホまでのいずれかに該当する児童（同号ロに該当するものを除く。）の母がない場合であつて、当該母以外の者が当該児童を養育する（児童と同居して、これを監護し、かつ、その生計を維持することをいう。以下同じ。）とき、前号イからホまでのいずれかに該当する児童を父が監護しないか、若しくはこれと生計を同じくしない場合（父がない場合を除く。）若しくは同号イからホまでのいずれかに該当する児童（同号ロに該当するものを除く。）の父がない場合であつて、当該父以外の者が当該児童を養育するとき、又は父母がない場合であつて、当該父母以外の者が当該児童を養育するとき　当該養育者

2　前項の規定にかかわらず、手当は、母又は養育者に対する手当にあつては児童が第一号から第四号までのいずれかに該当するとき、父に対する手当にあつては児童が第一号、第二号、第五号又は第六号のいずれかに該当するときは、当該児童については、支給しない。

一　日本国内に住所を有しないとき。

二　児童福祉法（昭和二十二年法律第百六

十四号）第六条の四に規定する里親に委託されているとき。
三　父と生計を同じくしているとき。ただし、その者が前項第一号ハに規定する政令で定める程度の障害の状態にあるときを除く。
四　母の配偶者（前項第一号ハに規定する政令で定める程度の障害の状態にある父を除く。）に養育されているとき。
五　母と生計を同じくしているとき。ただし、その者が前項第一号ハに規定する政令で定める程度の障害の状態にあるときを除く。
六　父の配偶者（前項第一号ハに規定する政令で定める程度の障害の状態にある母を除く。）に養育されているとき。
3　第一項の規定にかかわらず、手当は、母に対する手当にあつては当該母が、父に対する手当にあつては当該父が、養育者に対する手当にあつては当該養育者が、日本国内に住所を有しないときは、支給しない。

（支給の調整）
第四条の二　同一の児童について、父及び母のいずれもが手当の支給要件に該当するとき、又は父及び養育者のいずれもが手当の支給要件に該当するときは、当該父に対する手当は、当該児童については、支給しない。
2　同一の児童について、母及び養育者のいずれもが手当の支給要件に該当するときは、当該養育者に対する手当は、当該児童については、支給しない。

（手当額）
第五条　手当は、月を単位として支給するものとし、その額は、一月につき、四万千百円とする。
2　第四条に定める要件に該当する児童であつて、父が監護し、かつ、これと生計を同じくするもの、母が監護するもの又は養育者が養育するもの（以下「監護等児童」という。）が二人以上である父、母又は養育者に支給する手当の額は、前項の規定にかかわらず、同項に定める額（次条第一項において「基本額」という。）に監護等児童のうちの一人（以下この項において「基本額対象監護等児童」という。）以外の監護等児童につきそれぞれ次の各号に掲げる監護等児童の区分に応じ、当該各号に定める額（次条第二項において「加算額」という。）を加算した額とする。
一　第一加算額対象監護等児童（基本額対象監護等児童以外の監護等児童のうちの一人をいう。次号において同じ。）一万円
二　第二加算額対象監護等児童（基本額対象監護等児童及び第一加算額対象監護等児童以外の監護等児童をいう。）六千円

（手当額の自動改定）
第五条の二　基本額については、総務省において作成する年平均の全国消費者物価指数（以下「物価指数」という。）が平成五年（この項の規定による基本額の改定の措置が講じられたときは、直近の当該措置が講じられた年の前年）の物価指数を超え、又は下るに至つた場合においては、その上昇し、又は低下した比率を基準として、その翌年の四月以降の基本額を改定する。
2　前項の規定は、加算額について準用する。この場合において、同項中「平成五年」とあるのは、「平成二十七年」と読み替えるものとする。
3　前二項の規定による手当の額の改定の措置は、政令で定める。

（認定）
第六条　手当の支給要件に該当する者（以下「受給資格者」という。）は、手当の支給を受けようとするときは、その受給資格及び手当の額について、都道府県知事等の認定を受けなければならない。
2　前項の認定を受けた者が、手当の支給要件に該当しなくなつた後再びその要件に該当するに至つた場合において、その該当するに至つた後の期間に係る手当の支給を受けようとするときも、同項と同様とする。

（支給期間及び支払期月）
第七条　手当の支給は、受給資格者が前条の規定による認定の請求をした日の属する月の翌月（第十三条の三第一項において「支給開始月」という。）から始め、手当を支給すべき事由が消滅した日の属する月で終

わる。

2　受給資格者が災害その他やむを得ない理由により前条の規定による認定の請求をすることができなかつた場合において、その理由がやんだ後十五日以内にその請求をしたときは、手当の支給は、前項の規定にかかわらず、受給資格者がやむを得ない理由により認定の請求をすることができなくなつた日の属する月の翌月から始める。

3　手当は、毎年一月、三月、五月、七月、九月及び十一月の六期に、それぞれの前月までの分を支払う。ただし、前支払期月に支払うべきであつた手当又は支給すべき事由が消滅した場合におけるその期の手当は、その支払期月でない月であつても、支払うものとする。

（手当の額の改定時期）

第八条　手当の支給を受けている者につき、新たに監護等児童があるに至つた場合における手当の額の改定は、その者がその改定後の額につき認定の請求をした日の属する月の翌月から行う。

2　前条第二項の規定は、前項の改定について準用する。

3　手当の支給を受けている者につき、監護等児童の数が減じた場合における手当の額の改定は、その減じた日の属する月の翌月から行う。

（支給の期限）

第九条　手当は、受給資格者（第四条第一項第一号ロ又はニに該当し、かつ、母がない児童、同項第二号ロ又はニに該当し、かつ、父がない児童その他政令で定める児童の養育者を除く。以下この項において同じ。）の前年の所得が、その者の所得税法（昭和四十年法律第三十三号）に規定する同一生計配偶者及び扶養親族（以下「扶養親族等」という。）並びに当該受給資格者の扶養親族等でない児童で当該受給資格者が前年の十二月三十一日において生計を維持したものの有無及び数に応じて、政令で定める額以上であるときは、その年の十一月から翌年の十月までは、政令の定めるところにより、その全部又は一部を支給しない。

2　受給資格者が母である場合であつてその監護する児童が父から当該児童の養育に必要な費用の支払を受けたとき、又は受給資格者が父である場合であつてその監護し、かつ、これと生計を同じくする児童が母から当該児童の養育に必要な費用の支払を受けたときは、政令で定めるところにより、受給資格者が当該費用の支払を受けたものとみなして、前項の所得の額を計算するものとする。

第九条の二　手当は、受給資格者（前条第一項に規定する養育者に限る。以下この条において同じ。）の前年の所得が、その者の扶養親族等及び当該受給資格者の扶養親族等でない児童で当該受給資格者が前年の十二月三十一日において生計を維持したものの有無及び数に応じて、政令で定める額以上であるときは、その年の十一月から翌年の十月までは、支給しない。

第十条　父又は母に対する手当は、その父若しくは母の配偶者の前年の所得又はその父若しくは母の民法（明治二十九年法律第八十九号）第八百七十七条第一項に定める扶養義務者でその父若しくは母と生計を同じくするものの前年の所得が、その者の扶養親族等の有無及び数に応じて、政令で定める額以上であるときは、その年の十一月から翌年の十月までは、支給しない。

第十一条　養育者に対する手当は、その養育者の配偶者の前年の所得又はその養育者の民法第八百七十七条第一項に定める扶養義務者でその養育者の生計を維持するものの前年の所得が、その者の扶養親族等の有無及び数に応じて、前条に規定する政令で定める額以上であるときは、その年の十一月から翌年の十月までは、支給しない。

第十二条　震災、風水害、火災その他これらに類する災害により、自己又は所得税法に規定する同一生計配偶者若しくは扶養親族の所有に係る住宅、家財又は政令で定めるその他の財産につき被害金額（保険金、損害賠償金等により補充された金額を除く。）がその価格のおおむね二分の一以上である損害を受けた者（以下「被災者」という。）がある場合においては、その損害を受けた月から翌年の十月までの手当については、その損害を受けた年の前年又は前々年における当該被災者の所得に関しては、第九条から前条までの規定を適用しない。

2 前項の規定の適用により同項に規定する期間に係る手当が支給された場合において、次の各号に該当するときは、その支給を受けた者は、政令の定めるところにより、それぞれ当該各号に規定する手当で同項に規定する期間に係るものに相当する金額の全部又は一部を都道府県、市（特別区を含む。）又は福祉事務所を設置する町村（以下「都道府県等」という。）に返還しなければならない。

一 当該被災者（第九条第一項に規定する養育者を除く。以下この号において同じ。）の当該損害を受けた年の所得が、当該被災者の扶養親族等及び当該被災者の扶養親族等でない児童で当該被災者がその年の十二月三十一日において生計を維持したものの有無及び数に応じて、第九条第一項に規定する政令で定める額以上であること。　当該被災者に支給された手当

二 当該被災者（第九条第一項に規定する養育者に限る。以下この号において同じ。）の当該損害を受けた年の所得が、当該被災者の扶養親族等及び当該被災者の扶養親族等でない児童で当該被災者がその年の十二月三十一日において生計を維持したものの有無及び数に応じて、第九条の二に規定する政令で定める額以上であること。　当該被災者に支給された手当

三 当該被災者の当該損害を受けた年の所得が、当該被災者の扶養親族等の有無及び数に応じて、第十条に規定する政令で定める額以上であること。　当該被災者を配偶者又は扶養義務者とする者に支給された手当

第十三条　第九条から第十一条まで及び前条第二項各号に規定する所得の範囲及びその額の計算方法は、政令で定める。

第十三条の二　手当は、母又は養育者に対する手当にあつては児童が第一号、第二号又は第四号のいずれかに該当するとき、父に対する手当にあつては児童が第一号、第三号又は第四号のいずれかに該当するときは、当該児童については、政令で定めるところにより、その全部又は一部を支給しない。

一 父又は母の死亡について支給される公的年金給付を受けることができるとき。ただし、その全額につきその支給が停止されているときを除く。

二 父に支給される公的年金給付の額の加算の対象となつているとき。

三 母に支給される公的年金給付の額の加算の対象となつているとき。

四 父又は母の死亡について労働基準法（昭和二十二年法律第四十九号）の規定による遺族補償その他政令で定める法令によるこれに相当する給付（以下この条において「遺族補償等」という。）を受けることができる場合であつて、当該遺族補償等の給付事由が発生した日から六年を経過していないとき。

2 手当は、受給資格者が次に掲げる場合のいずれかに該当するときは、政令で定めるところにより、その全部又は一部を支給しない。

一 国民年金法等の一部を改正する法律（昭和六十年法律第三十四号）附則第三十二条第一項の規定によりなお従前の例によるものとされた同法第一条による改正前の国民年金法に基づく老齢福祉年金以外の公的年金給付を受けることができるとき。ただし、その全額につきその支給が停止されているときを除く。

二 遺族補償等（父又は母の死亡について支給されるものに限る。）を受けることができる場合であつて、当該遺族補償等の給付事由が発生した日から六年を経過していないとき。

第十三条の三　受給資格者（養育者を除く。以下この条において同じ。）に対する手当は、支給開始月の初日から起算して五年又は手当の支給要件に該当するに至つた日の属する月の初日から起算して七年を経過したとき（第六条第一項の規定による認定の請求をした日において三歳未満の児童を監

護する受給資格者にあつては、当該児童が三歳に達した日の属する月の翌月の初日から起算して五年を経過したとき）は、政令で定めるところにより、その一部を支給しない。ただし、当該支給しない額は、その経過した日の属する月の翌月に当該受給資格者に支払うべき手当の額の二分の一に相当する額を超えることができない。

2　受給資格者が、前項に規定する期間を経過した後において、身体上の障害がある場合その他の政令で定める事由に該当する場合には、当該受給資格者については、厚生労働省令で定めるところにより、その該当している期間は、同項の規定を適用しない。

第三章　不服申立て

（**審査請求**）

第十七条　都道府県知事のした手当の支給に関する処分に不服がある者は、都道府県知事に審査請求をすることができる。

第四章　雑則

（**費用の負担**）

第二十一条　手当の支給に要する費用は、その三分の一に相当する額を国が負担し、その三分の二に相当する額を都道府県が負担する。

附　則（抄）

（**施行期日**）

1　この法律は、昭和三十七年一月一日から施行する。〔後略〕

特別児童扶養手当等の支給に関する法律（抄）

（昭和三九・七・二　法律一三四）

（題名改正＝昭和四一法律一二八・昭和四九法律八九）

最新改正　平成二九法律四五

第一章　総則

（**この法律の目的**）

第一条　この法律は、精神又は身体に障害を有する児童について特別児童扶養手当を支給し、精神又は身体に重度の障害を有する児童に障害児福祉手当を支給するとともに、精神又は身体に著しく重度の障害を有する者に特別障害者手当を支給することにより、これらの者の福祉の増進を図ることを目的とする。

（**用語の定義**）

第二条　この法律において「障害児」とは、二十歳未満であつて、第五項に規定する障害等級に該当する程度の障害の状態にある者をいう。

2　この法律において「重度障害児」とは、障害児のうち、政令で定める程度の重度の障害の状態にあるため、日常生活において常時の介護を必要とする者をいう。

3　この法律において「特別障害者」とは、

二十歳以上であつて、政令で定める程度の著しく重度の障害の状態にあるため、日常生活において常時特別の介護を必要とする者をいう。

4　この法律にいう「配偶者」には、婚姻の届出をしていないが、事実上婚姻関係と同様の事情にある者を含み、「父」には、母が障害児を懐胎した当時婚姻の届出をしていないが、その母と事実上婚姻関係と同様の事情にあつた者を含むものとする。

5　障害等級は、障害の程度に応じて重度のものから一級及び二級とし、各級の障害の状態は、政令で定める。

第二章　特別児童扶養手当

（支給要件）

第三条　国は、障害児の父若しくは母がその障害児を監護するとき、又は父母がないか若しくは父母が監護しない場合において、当該障害児の父母以外の者がその障害児を養育する（その障害児と同居して、これを監護し、かつ、その生計を維持することをいう。以下同じ。）ときは、その父若しくは母又はその養育者に対し、特別児童扶養手当（以下この章において「手当」という。）を支給する。

2　前項の場合において、当該障害児を父及び母が監護するときは、当該父又は母のうち、主として当該障害児の生計を維持する者（当該父及び母がいずれも当該障害児の生計を維持しないものであるときは、当該父又は母のうち、主として当該障害児を介護する者）に支給するものとする。

3　第一項の規定にかかわらず、手当は、障害児が次の各号のいずれかに該当するときは、当該障害児については、支給しない。

一　日本国内に住所を有しないとき。

二　障害を支給事由とする年金たる給付で政令で定めるものを受けることができるとき。ただし、その全額につきその支給が停止されているときを除く。

4　第一項の規定にかかわらず、手当は、父母に対する手当にあつては当該父母が、養育者に対する手当にあつては当該養育者が、日本国内に住所を有しないときは、支給しない。

5　手当の支給を受けた者は、手当が障害児の生活の向上に寄与するために支給されるものである趣旨にかんがみ、これをその趣旨に従つて用いなければならない。

（手当額）

第四条　手当は、月を単位として支給するものとし、その月額は、障害児一人につき三万三千三百円（障害の程度が第二条第五項に規定する障害等級の一級に該当する障害児にあつては、五万円）とする。

（認定）

第五条　手当の支給要件に該当する者（以下この章において「受給資格者」という。）は、手当の支給を受けようとするときは、その受給資格及び手当の額について、都道府県知事（地方自治法（昭和二十二年法律第六十七号）第二百五十二条の十九第一項の指定都市（以下「指定都市」という。）の区域内に住所を有する受給資格者については、当該指定都市の長）の認定を受けなければならない。

2　前項の認定を受けた者が、手当の支給要件に該当しなくなつた後再びその要件に該当するに至つた場合において、その該当するに至つた後の期間に係る手当の支給を受けようとするときも、同項と同様とする。

第三章　障害児福祉手当

（支給要件）

第十七条　都道府県知事、市長（特別区の区長を含む。以下同じ。）及び福祉事務所（社会福祉法（昭和二十六年法律第四十五号）に定める福祉に関する事務所をいう。以下同じ。）を管理する町村長は、その管理に属する福祉事務所の所管区域内に住所を有する重度障害児に対し、障害児福祉手当（以下この章において「手当」という。）を支給する。ただし、その者が次の各号のいずれかに該当するときは、この限りでない。

一　障害を支給事由とする給付で政令で定めるものを受けることができるとき。ただし、その全額につきその支給が停止されているときを除く。

二　児童福祉法（昭和二十二年法律第百六

十四号）に規定する障害児入所施設その他これに類する施設で厚生労働省令で定めるものに収容されているとき。

（**手当額**）

第十八条　手当は、月を単位として支給するものとし、その月額は、一万四千百七十円とする。

（**認定**）

第十九条　手当の支給要件に該当する者（以下この章において「受給資格者」という。）は、手当の支給を受けようとするときは、その受給資格について、都道府県知事、市長又は福祉事務所を管理する町村長の認定を受けなければならない。

（**費用の負担**）

第二十五条　手当の支給に要する費用は、その四分の三に相当する額を国が負担し、その四分の一に相当する額を都道府県、市又は福祉事務所を設置する町村が負担する。

第三章の二　特別障害者手当

（**支給要件**）

第二十六条の二　都道府県知事、市長及び福祉事務所を管理する町村長は、その管理に属する福祉事務所の所管区域内に住所を有する特別障害者に対し、特別障害者手当（以下この章において「手当」という。）を支給する。ただし、その者が次の各号のいずれかに該当するときは、この限りでない。

一　障害者の日常生活及び社会生活を総合的に支援するための法律（平成十七年法律第百二十三号）に規定する障害者支援施設（次号において「障害者支援施設」という。）に入所しているとき（同法に規定する生活介護（次号において「生活介護」という。）を受けている場合に限る。）。

二　障害者支援施設（生活介護を行うものに限る。）に類する施設で厚生労働省令で定めるものに入所しているとき。

三　病院又は診療所（前号に規定する施設を除く。）に継続して三月を超えて入院するに至つたとき。

（**手当額**）

第二十六条の三　手当は、月を単位として支給するものとし、その月額は、二万六千五十円とする。

第四章　不服申立て

（**審査請求**）

第二十七条　都道府県知事のした特別児童扶養手当、障害児福祉手当又は特別障害者手当（以下「手当」という。）の支給に関する処分に不服がある者は、都道府県知事に審査請求をすることができる。

附　則（抄）

（**施行期日**）

1　この法律は、昭和三十九年九月一日から施行する。〔後略〕

子どもの貧困対策の推進に関する法律

（平成二五・六・二六　法律六四）

最新改正　令和元法律四一

第一章　総則

（**目的**）

第一条　この法律は、子どもの現在及び将来がその生まれ育った環境によって左右されることのないよう、全ての子どもが心身ともに健やかに育成され、及びその教育の機会均等が保障され、子ども一人一人が夢や希望を持つことができるようにするため、子どもの貧困の解消に向けて、児童の権利に関する条約の精神にのっとり、子どもの貧困対策に関し、基本理念を定め、国等の責務を明らかにし、及び子どもの貧困対策の基本となる事項を定めることにより、子どもの貧困対策を総合的に推進することを目的とする。

（**基本理念**）

第二条　子どもの貧困対策は、社会のあらゆる分野において、子どもの年齢及び発達の程度に応じて、その意見が尊重され、その最善の利益が優先して考慮され、子どもが心身ともに健やかに育成されることを旨として、推進されなければならない。

2　子どもの貧困対策は、子ども等に対する教育の支援、生活の安定に資するための支援、職業生活の安定と向上に資するための就労の支援、経済的支援等の施策を、子どもの現在及び将来がその生まれ育った環境によって左右されることのない社会を実現することを旨として、子ども等の生活及び取り巻く環境の状況に応じて包括的かつ早期に講ずることにより、推進されなければならない。

3　子どもの貧困対策は、子どもの貧困の背景に様々な社会的な要因があることを踏まえ、推進されなければならない。

4　子どもの貧困対策は、国及び地方公共団体の関係機関相互の密接な連携の下に、関連分野における総合的な取組として行われなければならない。

（国の責務）

第三条　国は、前条の基本理念（次条において「基本理念」という。）にのっとり、子どもの貧困対策を総合的に策定し、及び実施する責務を有する。

（地方公共団体の責務）

第四条　地方公共団体は、基本理念にのっとり、子どもの貧困対策に関し、国と協力しつつ、当該地域の状況に応じた施策を策定し、及び実施する責務を有する。

（国民の責務）

第五条　国民は、国又は地方公共団体が実施する子どもの貧困対策に協力するよう努めなければならない。

（法制上の措置等）

第六条　政府は、この法律の目的を達成するため、必要な法制上又は財政上の措置その他の措置を講じなければならない。

（子どもの貧困の状況及び子どもの貧困対策の実施の状況の公表）

第七条　政府は、毎年一回、子どもの貧困の状況及び子どもの貧困対策の実施の状況を公表しなければならない。

第二章　基本的施策

（子どもの貧困対策に関する大綱）

第八条　政府は、子どもの貧困対策を総合的に推進するため、子どもの貧困対策に関する大綱（以下「大綱」という。）を定めなければならない。

2　大綱は、次に掲げる事項について定めるものとする。

一　子どもの貧困対策に関する基本的な方針

二　子どもの貧困率、一人親世帯の貧困率、生活保護世帯に属する子どもの高等学校等進学率、生活保護世帯に属する子どもの大学等進学率等子どもの貧困に関する指標及び当該指標の改善に向けた施策

三　教育の支援、生活の安定に資するための支援、保護者に対する職業生活の安定と向上に資するための就労の支援、経済的支援その他の子どもの貧困対策に関する事項

四　子どもの貧困に関する調査及び研究に関する事項

五　子どもの貧困対策に関する施策の実施状況についての検証及び評価その他の子どもの貧困対策に関する施策の推進体制に関する事項

3　内閣総理大臣は、大綱の案につき閣議の決定を求めなければならない。

4　内閣総理大臣は、前項の規定による閣議の決定があったときは、遅滞なく、大綱を公表しなければならない。

5　前二項の規定は、大綱の変更について準用する。

6　第二項第二号の「子どもの貧困率」、「一人親世帯の貧困率」、「生活保護世帯に属する子どもの高等学校等進学率」及び「生活保護世帯に属する子どもの大学等進学率」の定義は、政令で定める。

（都道府県計画等）

第九条　都道府県は、大綱を勘案して、当該都道府県における子どもの貧困対策についての計画（次項及び第三項において「都道府県計画」という。）を定めるよう努めるものとする。

2　市町村は、大綱（都道府県計画が定められているときは、大綱及び都道府県計画）を勘案して、当該市町村における子どもの貧困対策についての計画（次項において「市町村計画」という。）を定めるよう努める

ものとする。

3　都道府県又は市町村は、都道府県計画又は市町村計画を定め、又は変更したときは、遅滞なく、これを公表しなければならない。

（教育の支援）

第十条　国及び地方公共団体は、教育の機会均等が図られるよう、就学の援助、学資の援助、学習の支援その他の貧困の状況にある子どもの教育に関する支援のために必要な施策を講ずるものとする。

（生活の安定に資するための支援）

第十一条　国及び地方公共団体は、貧困の状況にある子ども及びその保護者に対する生活に関する相談、貧困の状況にある子どもに対する社会との交流の機会の提供その他の貧困の状況にある子どもの生活の安定に資するための支援に関し必要な施策を講ずるものとする。

（保護者に対する職業生活の安定と向上に資するための就労の支援）

第十二条　国及び地方公共団体は、貧困の状況にある子どもの保護者に対する職業訓練の実施及び就職のあっせんその他の貧困の状況にある子どもの保護者の所得の増大その他の職業生活の安定と向上に資するための就労の支援に関し必要な施策を講ずるものとする。

（経済的支援）

第十三条　国及び地方公共団体は、各種の手当等の支給、貸付金の貸付けその他の貧困の状況にある子どもに対する経済的支援のために必要な施策を講ずるものとする。

（調査研究）

第十四条　国及び地方公共団体は、子どもの貧困対策を適正に策定し、及び実施するため、子どもの貧困に関する指標に関する研究その他の子どもの貧困に関する調査及び研究その他の必要な施策を講ずるものとする。

第三章　子どもの貧困対策会議

（設置及び所掌事務等）

第十五条　内閣府に、特別の機関として、子どもの貧困対策会議（以下「会議」という。）を置く。

2　会議は、次に掲げる事務をつかさどる。

一　大綱の案を作成すること。

二　前号に掲げるもののほか、子どもの貧困対策に関する重要事項について審議し、及び子どもの貧困対策の実施を推進すること。

3　文部科学大臣は、会議が前項の規定により大綱の案を作成するに当たり、第八条第二項各号に掲げる事項のうち文部科学省の所掌に属するものに関する部分の素案を作成し、会議に提出しなければならない。

4　厚生労働大臣は、会議が第二項の規定により大綱の案を作成するに当たり、第八条第二項各号に掲げる事項のうち厚生労働省の所掌に属するものに関する部分の素案を作成し、会議に提出しなければならない。

5　内閣総理大臣は、会議が第二項の規定により大綱の案を作成するに当たり、関係行政機関の長の協力を得て、第八条第二項各号に掲げる事項のうち前二項に規定するもの以外のものに関する部分の素案を作成し、会議に提出しなければならない。

6　会議は、第二項の規定により大綱の案を作成するに当たり、貧困の状況にある子ども及びその保護者、学識経験者、子どもの貧困対策に係る活動を行う民間の団体その他の関係者の意見を反映させるために必要な措置を講ずるものとする。

（組織等）

第十六条　会議は、会長及び委員をもって組織する。

2　会長は、内閣総理大臣をもって充てる。

3　委員は、会長以外の国務大臣のうちから、内閣総理大臣が指定する者をもって充てる。

4　会議の庶務は、内閣府において文部科学省、厚生労働省その他の関係行政機関の協力を得て処理する。

5　前各項に定めるもののほか、会議の組織及び運営に関し必要な事項は、政令で定める。

附　則（抄）

（施行期日）

第一条　この法律は、公布の日（平成二十五年六月二十六日〕から起算して一年を超えない範囲内において政令で定める日〔平成二十六年一月十七日〕から施行する。

少年法（抄）

（昭和二三・七・一五 法律一六八）

最新改正 令和元法律四六

第一章 総則

（この法律の目的）

第一条 この法律は、少年の健全な育成を期し、非行のある少年に対して性格の矯正及び環境の調整に関する保護処分を行うとともに、少年の刑事事件について特別の措置を講ずることを目的とする。

（少年、成人、保護者）

第二条 この法律で「少年」とは、二十歳に満たない者をいい、「成人」とは、満二十歳以上の者をいう。

2 この法律で「保護者」とは、少年に対して法律上監護教育の義務ある者及び少年を現に監護する者をいう。

第二章 少年の保護事件

第一節 通則

（審判に付すべき少年）

第三条 次に掲げる少年は、これを家庭裁判所の審判に付する。

一 罪を犯した少年

二 十四歳に満たないで刑罰法令に触れる行為をした少年

三 次に掲げる事由があつて、その性格又は環境に照して、将来、罪を犯し、又は刑罰法令に触れる行為をする虞のある少年

イ 保護者の正当な監督に服しない性癖のあること。

ロ 正当の理由がなく家庭に寄り附かないこと。

ハ 犯罪性のある人若しくは不道徳な人と交際し、又はいかがわしい場所に出入すること。

ニ 自己又は他人の徳性を害する行為をする性癖のあること。

2 家庭裁判所は、前項第二号に掲げる少年及び同項第三号に掲げる少年で十四歳に満たない者については、都道府県知事又は児童相談所長から送致を受けたときに限り、これを審判に付することができる。

（被害者等による記録の閲覧及び謄写）

第五条の二 裁判所は、第三条第一項第一号又は第二号に掲げる少年に係る保護事件について、第二十一条の決定があつた後、最高裁判所規則の定めるところにより当該保護事件の被害者等（被害者又はその法定代理人若しくは被害者が死亡した場合若しくはその心身に重大な故障がある場合におけるその配偶者、直系の親族若しくは兄弟姉妹をいう。以下同じ。）又は被害者等から委託を受けた弁護士から、その保管する当該保護事件の記録（家庭裁判所が専ら当該

少年の保護の必要性を判断するために収集したもの及び家庭裁判所調査官が家庭裁判所による当該少年の保護の必要性の判断に資するよう作成し又は収集したものを除く。）の閲覧又は謄写の申出があるときは、閲覧又は謄写を求める理由が正当でないと認める場合及び少年の健全な育成に対する影響、事件の性質、調査又は審判の状況その他の事情を考慮して閲覧又は謄写をさせることが相当でないと認める場合を除き、申出をした者にその閲覧又は謄写をさせるものとする。

2〜3　〔略〕

第二節　通告、警察官の調査等

（**警察官等の調査**）

第六条の二　警察官は、客観的な事情から合理的に判断して、第三条第一項第二号に掲げる少年であると疑うに足りる相当の理由のある者を発見した場合において、必要があるときは、事件について調査をすることができる。

2　前項の調査は、少年の情操の保護に配慮しつつ、事案の真相を明らかにし、もつて少年の健全な育成のための措置に資することを目的として行うものとする。

3　警察官は、国家公安委員会規則の定めるところにより、少年の心理その他の特性に関する専門的知識を有する警察職員（警察官を除く。）に調査（第六条の五第一項の処分を除く。）をさせることができる。

（**調査における付添人**）

第六条の三　少年及び保護者は、前条第一項の調査に関し、いつでも、弁護士である付添人を選任することができる。

（**呼出し、質問、報告の要求**）

第六条の四　警察官は、調査をするについて必要があるときは、少年、保護者又は参考人を呼び出し、質問することができる。

2　前項の質問に当たつては、強制にわたることがあつてはならない。

3　警察官は、調査について、公務所又は公私の団体に照会して必要な事項の報告を求めることができる。

（**押収、捜索、検証、鑑定嘱託**）

第六条の五　警察官は、第三条第一項第二号に掲げる少年に係る事件の調査をするについて必要があるときは、押収、捜索、検証又は鑑定の嘱託をすることができる。

2　刑事訴訟法（昭和二十三年法律第百三十一号）中、司法警察職員の行う押収、捜索、検証及び鑑定の嘱託に関する規定（同法第二百二十四条を除く。）は、前項の場合に、これを準用する。この場合において、これらの規定中「司法警察員」とあるのは「司法警察員たる警察官」と、「司法巡査」とあるのは「司法巡査たる警察官」と読み替えるほか、同法第四百九十九条第一項中「検察官」とあるのは「警視総監若しくは道府県警察本部長又は警察署長」と、「政令」とあるのは「国家公安委員会規則」と、同条第三項中「国庫」とあるのは「当該都道府県警察又は警察署の属する都道府県」と読み替えるものとする。

（**警察官の送致等**）

第六条の六　警察官は、調査の結果、次の各号のいずれかに該当するときは、当該調査に係る書類とともに事件を児童相談所長に送致しなければならない。

一　第三条第一項第二号に掲げる少年に係る事件について、その少年の行為が次に掲げる罪に係る刑罰法令に触れるものであると思料するとき。

イ　故意の犯罪行為により被害者を死亡させた罪

ロ　イに掲げるもののほか、死刑又は無期若しくは短期二年以上の懲役若しくは禁錮に当たる罪

二　前号に掲げるもののほか、第三条第一項第二号に掲げる少年に係る事件について、家庭裁判所の審判に付することが適当であると思料するとき。

2　警察官は、前項の規定により児童相談所長に送致した事件について、児童福祉法第二十七条第一項第四号の措置がとられた場合において、証拠物があるときは、これを家庭裁判所に送付しなければならない。

3　警察官は、第一項の規定により事件を送致した場合を除き、児童福祉法第二十五条第一項の規定により調査に係る少年を児童

相談所に通告するときは、国家公安委員会規則の定めるところにより、児童相談所に対し、同法による措置をとるについて参考となる当該調査の概要及び結果を通知するものとする。

（都道府県知事又は児童相談所長の送致）

第六条の七　都道府県知事又は児童相談所長は、前条第一項（第一号に係る部分に限る。）の規定により送致を受けた事件については、児童福祉法第二十七条第一項第四号の措置をとらなければならない。ただし、調査の結果、その必要がないと認められるときは、この限りでない。

2　都道府県知事又は児童相談所長は、児童福祉法の適用がある少年について、たまたま、その行動の自由を制限し、又はその自由を奪うような強制的措置を必要とするときは、同法第三十三条、第三十三条の二及び第四十七条の規定により認められる場合を除き、これを家庭裁判所に送致しなければならない。

第三節　調査及び審判

（事件の調査）

第八条　家庭裁判所は、第六条第一項の通告又は前条第一項の報告により、審判に付すべき少年があると思料するときは、事件について調査しなければならない。検察官、司法警察員、警察官、都道府県知事又は児童相談所長から家庭裁判所の審判に付すべき少年事件の送致を受けたときも、同様とする。

2　家庭裁判所は、家庭裁判所調査官に命じて、少年、保護者又は参考人の取調その他の必要な調査を行わせることができる。

（調査の方針）

第九条　前条の調査は、なるべく、少年、保護者又は関係人の行状、経歴、素質、環境等について、医学、心理学、教育学、社会学その他の専門的智識特に少年鑑別所の鑑別の結果を活用して、これを行うように努めなければならない。

（被害者等の申出による意見の聴取）

第九条の二　家庭裁判所は、最高裁判所規則の定めるところにより第三条第一項第一号又は第二号に掲げる少年に係る事件の被害者等から、被害に関する心情その他の事件に関する意見の陳述の申出があるときは、自らこれを聴取し、又は家庭裁判所調査官に命じてこれを聴取させるものとする。ただし、事件の性質、調査又は審判の状況その他の事情を考慮して、相当でないと認めるときは、この限りでない。

（呼出、同行）

第十一条　家庭裁判所は、事件の調査又は審判について必要があると認めるときは、少年又は保護者に対して、呼出状を発することができる。

2　家庭裁判所は、正当の理由がなく前項の呼出に応じない者に対して、同行状を発することができる。

（緊急の場合の同行）

第十二条　家庭裁判所は、少年が保護のため緊急を要する状態にあつて、その福祉上必要であると認めるときは、前条第二項の規定にかかわらず、その少年に対して、同行状を発することができる。

2　裁判長は、急速を要する場合には、前項の処分をし、又は合議体の構成員にこれをさせることができる。

（援助、協力）

第十六条　家庭裁判所は、調査及び観察のため、警察官、保護観察官、保護司、児童福祉司（児童福祉法第十二条の三第二項第六号に規定する児童福祉司をいう。第二十六条第一項において同じ。）又は児童委員に対して、必要な援助をさせることができる。

2　家庭裁判所は、その職務を行うについて、公務所、公私の団体、学校、病院その他に対して、必要な協力を求めることができる。

（観護の措置）

第十七条　家庭裁判所は、審判を行うため必要があるときは、決定をもつて、次に掲げる観護の措置をとることができる。

一　家庭裁判所調査官の観護に付すること。

二　少年鑑別所に送致すること。

2　同行された少年については、観護の措置は、遅くとも、到着のときから二十四時間以内に、これを行わなければならない。検察官又は司法警察員から勾留又は逮捕された少年の送致を受けたときも、同様である。

3　第一項第二号の措置においては、少年鑑別所に収容する期間は、二週間を超えることができない。ただし、特に継続の必要があるときは、決定をもつて、これを更新することができる。

4　前項ただし書の規定による更新は、一回を超えて行うことができない。ただし、第三条第一項第一号に掲げる少年に係る死刑、懲役又は禁錮に当たる罪の事件でその非行事実（犯行の動機、態様及び結果その他の当該犯罪に密接に関連する重要な事実を含む。以下同じ。）の認定に関し証人尋問、鑑定若しくは検証を行うことを決定したもの又はこれを行つたものについて、少年を収容しなければ審判に著しい支障が生じるおそれがあると認めるに足りる相当の理由がある場合には、その更新は、更に二回を限度として、行うことができる。

5　第三項ただし書の規定にかかわらず、検察官から再び送致を受けた事件が先に第一項第二号の措置がとられ、又は勾留状が発せられた事件であるときは、収容の期間は、これを更新することができない。

6　裁判官が第四十三条第一項の請求により、第一項第一号の措置をとつた場合において、事件が家庭裁判所に送致されたときは、その措置は、これを第一項第一号の措置とみなす。

7　裁判官が第四十三条第一項の請求により第一項第二号の措置をとつた場合において、事件が家庭裁判所に送致されたときは、その措置は、これを第一項第二号の措置とみなす。この場合には、第三項の期間は、家庭裁判所が事件の送致を受けた日から、これを起算する。

8　観護の措置は、決定をもつて、これを取り消し、又は変更することができる。

9　第一項第二号の措置については、収容の期間は、通じて八週間を超えることができない。ただし、その収容の期間が通じて四週間を超えることとなる決定を行うときは、第四項ただし書に規定する事由がなければならない。

10　裁判長は、急速を要する場合には、第一項及び第八項の処分をし、又は合議体の構成員にこれをさせることができる。

（異議の申立て）

第十七条の二　少年、その法定代理人又は付添人は、前条第一項第二号又は第三項ただし書の決定に対して、保護事件の係属する家庭裁判所に異議の申立てをすることができる。ただし、付添人は、選任者である保護者の明示した意思に反して、異議の申立てをすることができない。

2　前項の異議の申立ては、審判に付すべき事由がないことを理由としてすることはできない。

3　第一項の異議の申立てについては、家庭裁判所は、合議体で決定をしなければならない。この場合において、その決定には、原決定に関与した裁判官は、関与することができない。

4　第三十二条の三、第三十三条及び第三十四条の規定は、第一項の異議の申立てがあつた場合について準用する。この場合において、第三十三条第二項中「取り消して、事件を原裁判所に差し戻し、又は他の家庭裁判所に移送しなければならない」とあるのは、「取り消し、必要があるときは、更に裁判をしなければならない」と読み替えるものとする。

（少年鑑別所送致の場合の仮収容）

第十七条の四　家庭裁判所は、第十七条第一項第二号の措置をとつた場合において、直ちに少年鑑別所に収容することが著しく困難であると認める事情があるときは、決定をもつて、少年を仮に最寄りの少年院又は刑事施設の特に区別した場所に収容することができる。ただし、その期間は、収容した時から七十二時間を超えることができない。

2　裁判長は、急速を要する場合には、前項の処分をし、又は合議体の構成員にこれをさせることができる。

3　第一項の規定による収容の期間は、これを第十七条第一項第二号の措置により少年鑑別所に収容した期間とみなし、同条第三項の期間は、少年院又は刑事施設に収容した日から、これを起算する。

4　裁判官が第四十三条第一項の請求のあつた事件につき、第一項の収容をした場合において、事件が家庭裁判所に送致されたときは、その収容は、これを第一項の規定による収容とみなす。

（児童福祉法の措置）

第十八条　家庭裁判所は、調査の結果、児童福祉法の規定による措置を相当と認めるときは、決定をもつて、事件を権限を有する都道府県知事又は児童相談所長に送致しなければならない。

2　第六条の七第二項の規定により、都道府県知事又は児童相談所長から送致を受けた少年については、決定をもつて、期限を付して、これに対してとるべき保護の方法その他の措置を指示して、事件を権限を有する都道府県知事又は児童相談所長に送致することができる。

（検察官への送致）

第二十条　家庭裁判所は、死刑、懲役又は禁錮に当たる罪の事件について、調査の結果、その罪質及び情状に照らして刑事処分を相当と認めるときは、決定をもつて、これを管轄地方裁判所に対応する検察庁の検察官に送致しなければならない。

2　前項の規定にかかわらず、家庭裁判所は、故意の犯罪行為により被害者を死亡させた罪の事件であつて、その罪を犯すとき十六歳以上の少年に係るものについては、同項の決定をしなければならない。ただし、調査の結果、犯行の動機及び態様、犯行後の情況、少年の性格、年齢、行状及び環境その他の事情を考慮し、刑事処分以外の措置を相当と認めるときは、この限りでない。

（審判開始の決定）

第二十一条　家庭裁判所は、調査の結果、審判を開始するのが相当であると認めるときは、その旨の決定をしなければならない。

（審判の方式）

第二十二条　審判は、懇切を旨として、和やかに行うとともに、非行のある少年に対し自己の非行について内省を促すものとしなければならない。

2　審判は、これを公開しない。

3　審判の指揮は、裁判長が行う。

（検察官の関与）

第二十二条の二　家庭裁判所は、第三条第一項第一号に掲げる少年に係る事件であつて、死刑又は無期若しくは長期三年を超える懲役若しくは禁錮に当たる罪のものにおいて、その非行事実を認定するための審判の手続に検察官が関与する必要があると認めるときは、決定をもつて、審判に検察官を出席させることができる。

2　家庭裁判所は、前項の決定をするには、検察官の申出がある場合を除き、あらかじめ、検察官の意見を聴かなければならない。

3　検察官は、第一項の決定があつた事件において、その非行事実の認定に資するため必要な限度で、最高裁判所規則の定めるところにより、事件の記録及び証拠物を閲覧し及び謄写し、審判の手続（事件を終局させる決定の告知を含む。）に立ち会い、少年及び証人その他の関係人に発問し、並びに意見を述べることができる。

（国選付添人）

第二十二条の三　家庭裁判所は、前条第一項の決定をした場合において、少年に弁護士である付添人がないときは、弁護士である付添人を付さなければならない。

2　家庭裁判所は、第三条第一項第一号に掲げる少年に係る事件であつて前条第一項に規定する罪のもの又は第三条第一項第二号に掲げる少年に係る事件であつて前条第一項に規定する罪に係る刑罰法令に触れるものについて、第十七条第一項第二号の措置がとられており、かつ、少年に弁護士である付添人がない場合において、事案の内容、保護者の有無その他の事情を考慮し、審判の手続に弁護士である付添人が関与する必要があると認めるときは、弁護士である付添人を付することができる。

3　前二項の規定により家庭裁判所が付すべき付添人は、最高裁判所規則の定めるところにより、選任するものとする。

4　前項（第二十二条の五第四項において準用する場合を含む。）の規定により選任された付添人は、旅費、日当、宿泊料及び報酬を請求することができる。

（弁護士である付添人からの意見の聴取等）
第二十二条の五　家庭裁判所は、前条第一項の規定により審判の傍聴を許すには、あらかじめ、弁護士である付添人の意見を聴かなければならない。
2　家庭裁判所は、前項の場合において、少年に弁護士である付添人がないときは、弁護士である付添人を付さなければならない。
3　少年に弁護士である付添人がない場合であつて、最高裁判所規則の定めるところにより少年及び保護者がこれを必要としない旨の意思を明示したときは、前二項の規定は適用しない。
4　第二十二条の三第三項の規定は、第二項の規定により家庭裁判所が付すべき付添人について、準用する。
（被害者等に対する説明）
第二十二条の六　家庭裁判所は、最高裁判所規則の定めるところにより第三条第一項第一号又は第二号に掲げる少年に係る事件の被害者等から申出がある場合において、少年の健全な育成を妨げるおそれがなく相当と認めるときは、最高裁判所規則の定めるところにより、その申出をした者に対し、審判期日における審判の状況を説明するものとする。
2　前項の申出は、その申出に係る事件を終局させる決定が確定した後三年を経過したときは、することができない。
3　第五条の二第三項の規定は、第一項の規定により説明を受けた者について、準用する。
（審判開始後保護処分に付しない場合）
第二十三条　家庭裁判所は、審判の結果、第十八条又は第二十条にあたる場合であると認めるときは、それぞれ、所定の決定をしなければならない。
2　家庭裁判所は、審判の結果、保護処分に付することができず、又は保護処分に付する必要がないと認めるときは、その旨の決定をしなければならない。
3　第十九条第二項の規定は、家庭裁判所の審判の結果、本人が二十歳以上であることが判明した場合に準用する。
（保護処分の決定）
第二十四条　家庭裁判所は、前条の場合を除いて、審判を開始した事件につき、決定をもつて、次に掲げる保護処分をしなければならない。ただし、決定の時に十四歳に満たない少年に係る事件については、特に必要と認める場合に限り、第三号の保護処分をすることができる。
一　保護観察所の保護観察に付すること。
二　児童自立支援施設又は児童養護施設に送致すること。
三　少年院に送致すること。
2　前項第一号及び第三号の保護処分においては、保護観察所の長をして、家庭その他の環境調整に関する措置を行わせることができる。
（保護者に対する措置）
第二十五条の二　家庭裁判所は、必要があると認めるときは、保護者に対し、少年の監護に関する責任を自覚させ、その非行を防止するため、調査又は審判において、自ら訓戒、指導その他の適当な措置をとり、又は家庭裁判所調査官に命じてこれらの措置をとらせることができる。
（決定の執行）
第二十六条　家庭裁判所は、第十七条第一項第二号、第十七条の四第一項、第十八条、第二十条及び第二十四条第一項の決定をしたときは、家庭裁判所調査官、裁判所書記官、法務事務官、法務教官、警察官、保護観察官又は児童福祉司をして、その決定を執行させることができる。
2　家庭裁判所は、第十七条第一項第二号、第十七条の四第一項、第十八条、第二十条及び第二十四条第一項の決定を執行するため必要があるときは、少年に対して、呼出状を発することができる。
3　家庭裁判所は、正当の理由がなく前項の呼出に応じない者に対して、同行状を発することができる。
4　家庭裁判所は、少年が保護のため緊急を要する状態にあつて、その福祉上必要であると認めるときは、前項の規定にかかわらず、その少年に対して、同行状を発することができる。

5　第十三条の規定は、前二項の同行状に、これを準用する。

6　裁判長は、急速を要する場合には、第一項及び第四項の処分をし、又は合議体の構成員にこれをさせることができる。

（保護処分の取消し）

第二十七条の二　保護処分の継続中、本人に対し審判権がなかつたこと、又は十四歳に満たない少年について、都道府県知事若しくは児童相談所長から送致の手続がなかつたにもかかわらず、保護処分をしたことを認め得る明らかな資料を新たに発見したときは、保護処分をした家庭裁判所は、決定をもつて、その保護処分を取り消さなければならない。

2　保護処分が終了した後においても、審判に付すべき事由の存在が認められないにもかかわらず保護処分をしたことを認め得る明らかな資料を新たに発見したときは、前項と同様とする。ただし、本人が死亡した場合は、この限りでない。

3　保護観察所、児童自立支援施設、児童養護施設又は少年院の長は、保護処分の継続中の者について、第一項の事由があることを疑うに足りる資料を発見したときは、保護処分をした家庭裁判所に、その旨の通知をしなければならない。

4　第十八条第一項及び第十九条第二項の規定は、家庭裁判所が、第一項の規定により、保護処分を取り消した場合に準用する。

5　家庭裁判所は、第一項の規定により、少年院に収容中の者の保護処分を取り消した場合において、必要があると認めるときは、決定をもつて、その者を引き続き少年院に収容することができる。但し、その期間は、三日を超えることはできない。

6　前三項に定めるもののほか、第一項及び第二項の規定による保護処分の取消しの事件の手続は、その性質に反しない限り、保護事件の例による。

（被害者等に対する通知）

第三十一条の二　家庭裁判所は、第三条第一項第一号又は第二号に掲げる少年に係る事件を終局させる決定をした場合において、最高裁判所規則の定めるところにより当該事件の被害者等から申出があるときは、その申出をした者に対し、次に掲げる事項を通知するものとする。ただし、その通知をすることが少年の健全な育成を妨げるおそれがあり相当でないと認められるものについては、この限りでない。

一　少年及びその法定代理人の氏名及び住居（法定代理人が法人である場合においては、その名称又は商号及び主たる事務所又は本店の所在地）

二　決定の年月日、主文及び理由の要旨

2　前項の申出は、同項に規定する決定が確定した後三年を経過したときは、することができない。

3　第五条の二第三項の規定は、第一項の規定により通知を受けた者について、準用する。

第三章　少年の刑事事件

第一節　通則

（準拠法例）

第四十条　少年の刑事事件については、この法律で定めるものの外、一般の例による。

第二節　手続

（検察官の送致）

第四十二条　検察官は、少年の被疑事件について捜査を遂げた結果、犯罪の嫌疑があるものと思料するときは、第四十五条第五号本文に規定する場合を除いて、これを家庭裁判所に送致しなければならない。犯罪の嫌疑がない場合でも、家庭裁判所の審判に付すべき事由があると思料するときは、同様である。

2　前項の場合においては、刑事訴訟法の規定に基づく裁判官による被疑者についての弁護人の選任は、その効力を失う。

（取扱いの分離）

第四十九条　少年の被疑者又は被告人は、他の被疑者又は被告人と分離して、なるべく、その接触を避けなければならない。

2　少年に対する被告事件は、他の被告事件と関連する場合にも、審理に妨げない限り、その手続を分離しなければならない。

3　刑事施設、留置施設及び海上保安留置施

設においては、少年（刑事収容施設及び被収容者等の処遇に関する法律（平成十七年法律第五十号）第二条第四号の受刑者（同条第八号の未決拘禁者としての地位を有するものを除く。）を除く。）を成人と分離して収容しなければならない。

（審理の方針）

第五十条　少年に対する刑事事件の審理は、第九条の趣旨に従つて、これを行わなければならない。

第三節　処分

（死刑と無期刑の緩和）

第五十一条　罪を犯すとき十八歳に満たない者に対しては、死刑をもつて処断すべきときは、無期刑を科する。

2　罪を犯すとき十八歳に満たない者に対しては、無期刑をもつて処断すべきときであつても、有期の懲役又は禁錮を科することができる。この場合において、その刑は、十年以上二十年以下において言い渡す。

（不定期刑）

第五十二条　少年に対して有期の懲役又は禁錮をもつて処断すべきときは、処断すべき刑の範囲内において、長期を定めるとともに、長期の二分の一（長期が十年を下回るときは、長期から五年を減じた期間。次項において同じ。）を下回らない範囲内において短期を定めて、これを言い渡す。この場合において、長期は十五年、短期は十年を超えることはできない。

2　前項の短期については、同項の規定にかかわらず、少年の改善更生の可能性その他の事情を考慮し特に必要があるときは、処断すべき刑の短期の二分の一を下回らず、かつ、長期の二分の一を下回らない範囲内において、これを定めることができる。この場合においては、刑法第十四条第二項の規定を準用する。

3　刑の執行猶予の言渡をする場合には、前二項の規定は、これを適用しない。

（懲役又は禁錮の執行）

第五十六条　懲役又は禁錮の言渡しを受けた少年（第三項の規定により少年院において刑の執行を受ける者を除く。）に対しては、特に設けた刑事施設又は刑事施設若しくは留置施設内の特に分界を設けた場所において、その刑を執行する。

2　本人が満二十歳に達した後でも、満二十六歳に達するまでは、前項の規定による執行を継続することができる。

3　懲役又は禁錮の言渡しを受けた十六歳に満たない少年に対しては、刑法第十二条第二項又は第十三条第二項の規定にかかわらず、十六歳に達するまでの間、少年院において、その刑を執行することができる。この場合において、その少年には、矯正教育を授ける。

（仮釈放）

第五十八条　少年のとき懲役又は禁錮の言渡しを受けた者については、次の期間を経過した後、仮釈放をすることができる。

一　無期刑については七年

二　第五十一条第二項の規定により言い渡した有期の刑については、その刑期の三分の一

三　第五十二条第一項又は同条第一項及び第二項の規定により言い渡した刑については、その刑の短期の三分の一

2　第五十一条第一項の規定により無期刑の言渡しを受けた者については、前項第一号の規定は適用しない。

（人の資格に関する法令の適用）

第六十条　少年のとき犯した罪により刑に処せられてその執行を受け終り、又は執行の免除を受けた者は、人の資格に関する法令の適用については、将来に向つて刑の言渡を受けなかつたものとみなす。

2　少年のとき犯した罪について刑に処せられた者で刑の執行猶予の言渡を受けた者は、その猶予期間中、刑の執行を受け終つたものとみなして、前項の規定を適用する。

3　前項の場合において、刑の執行猶予の言渡を取り消されたときは、人の資格に関する法令の適用については、その取り消されたとき、刑の言渡があつたものとみなす。

第四章　雑則

（記事等の掲載の禁止）

第六十一条　家庭裁判所の審判に付された少

年又は少年のとき犯した罪により公訴を提起された者については、氏名、年齢、職業、住居、容ぼう等によりその者が当該事件の本人であることを推知することができるような記事又は写真を新聞紙その他の出版物に掲載してはならない。

附　則（抄）

（施行期日）
第六十二条　この法律は、昭和二十四年一月一日から、これを施行する。

更生保護法（抄）

（平成一九・六・一五　法律八八）

最新改正　平成二八法律五四

第一章　総則

第一節　目的等

（目的）
第一条　この法律は、犯罪をした者及び非行のある少年に対し、社会内において適切な処遇を行うことにより、再び犯罪をすることを防ぎ、又はその非行をなくし、これらの者が善良な社会の一員として自立し、改善更生することを助けるとともに、恩赦の適正な運用を図るほか、犯罪予防の活動の促進等を行い、もって、社会を保護し、個人及び公共の福祉を増進することを目的とする。

（国の責務等）
第二条　国は、前条の目的の実現に資する活動であって民間の団体又は個人により自発的に行われるものを促進し、これらの者と連携協力するとともに、更生保護に対する国民の理解を深め、かつ、その協力を得るように努めなければならない。

2　地方公共団体は、前項の活動が地域社会の安全及び住民福祉の向上に寄与するものであることにかんがみ、これに対して必要な協力をすることができる。

3　国民は、前条の目的を達成するため、その地位と能力に応じた寄与をするように努めなければならない。

（運用の基準）
第三条　犯罪をした者又は非行のある少年に対してこの法律の規定によりとる措置は、当該措置を受ける者の性格、年齢、経歴、心身の状況、家庭環境、交友関係等を十分に考慮して、その者に最もふさわしい方法により、その改善更生のために必要かつ相当な限度において行うものとする。

第二節　中央更生保護審査会

（設置及び所掌事務）
第四条　法務省に、中央更生保護審査会（以下「審査会」という。）を置く。

2　審査会は、次に掲げる事務をつかさどる。

一　特赦、特定の者に対する減刑、刑の執行の免除又は特定の者に対する復権の実施についての申出をすること。

二　地方更生保護委員会がした決定について、この法律及び行政不服審査法（平成二十六年法律第六十八号）の定めるところにより、審査を行い、裁決をすること。

三　前二号に掲げるもののほか、この法律又は他の法律によりその権限に属させられた事項を処理すること。

第三節　地方更生保護委員会

（所掌事務）

第十六条　地方更生保護委員会（以下「地方委員会」という。）は、次に掲げる事務をつかさどる。

一　刑法（明治四十年法律第四十五号）第二十八条の行政官庁として、仮釈放を許し、又はその処分を取り消すこと。

二　刑法第三十条の行政官庁として、仮出場を許すこと。

三　少年院からの仮退院又は退院を許すこと。

四　少年院からの仮退院中の者について、少年院に戻して収容する旨の決定の申請をすること。

五　少年法（昭和二十三年法律第百六十八号）第五十二条第一項又は同条第一項及び第二項の規定により言い渡された刑（以下「不定期刑」という。）について、その執行を受け終わったものとする処分をすること。

六　刑法第二十五条の二第二項及び第二十七条の三第二項（薬物使用等の罪を犯した者に対する刑の一部の執行猶予に関する法律（平成二十五年法律第五十号）第四条第二項において準用する場合を含む。）の行政官庁として、保護観察を仮に解除し、又はその処分を取り消すこと。

七　婦人補導院からの仮退院を許し、又はその処分を取り消すこと。

八　保護観察所の事務を監督すること。

九　前各号に掲げるもののほか、この法律又は他の法律によりその権限に属させられた事項を処理すること。

（審理における調査）

第二十五条　第二十三条第一項の合議体は、前条の審理において必要があると認めるときは、審理の対象とされている者（以下「審理対象者」という。）との面接、関係人に対する質問その他の方法により、調査を行うことができる。

2　前項の調査を行う者は、その事務所以外の場所において当該調査を行う場合には、その身分を示す証票を携帯し、関係人の請求があったときは、これを提示しなければならない。

3　第十二条及び第十三条の規定は、第一項の調査について準用する。この場合において、同条中「、地方更生保護委員会及び保護観察所の長」とあるのは、「及び保護観察所の長」と読み替えるものとする。

4　前項において準用する第十二条第一項の規定による呼出し及び審問は、第二十三条第三項の規定にかかわらず、保護観察官をして行わせることができない。

第四節　保護観察所

（所掌事務）

第二十九条　保護観察所は、次に掲げる事務をつかさどる。

一　この法律及び売春防止法の定めるところにより、保護観察を実施すること。

二　犯罪の予防を図るため、世論を啓発し、社会環境の改善に努め、及び地域住民の活動を促進すること。

三　前二号に掲げるもののほか、この法律その他の法令によりその権限に属させられた事項を処理すること。

（協力等の求め）

第三十条　保護観察所の長は、その所掌事務を遂行するため、官公署、学校、病院、公共の衛生福祉に関する機関その他の者に対し、必要な援助及び協力を求めることができる。

第五節　保護観察官及び保護司

（保護観察官）

第三十一条　地方委員会の事務局及び保護観察所に、保護観察官を置く。

2　保護観察官は、医学、心理学、教育学、社会学その他の更生保護に関する専門的知識に基づき、保護観察、調査、生活環境の調整その他犯罪をした者及び非行のある少年の更生保護並びに犯罪の予防に関する事務に従事する。

（保護司）

第三十二条　保護司は、保護観察官で十分でないところを補い、地方委員会又は保護観察所の長の指揮監督を受けて、保護司法（昭和二十五年法律第二百四号）の定めるところに従い、それぞれ地方委員会又は保護観

児童家庭福祉

察所の所掌事務に従事するものとする。

第二章　仮釈放等

第一節　仮釈放及び仮出場

（法定期間経過の通告）

第三十三条　刑事施設の長又は少年院の長は、懲役又は禁錮の刑の執行のため収容している者について、刑法第二十八条又は少年法第五十八条第一項に規定する期間が経過したときは、その旨を地方委員会に通告しなければならない。

（仮釈放及び仮出場の申出）

第三十四条　刑事施設の長又は少年院の長は、懲役又は禁錮の刑の執行のため収容している者について、前条の期間が経過し、かつ、法務省令で定める基準に該当すると認めるときは、地方委員会に対し、仮釈放を許すべき旨の申出をしなければならない。

2　刑事施設の長は、拘留の刑の執行のため収容している者又は労役場に留置している者について、法務省令で定める基準に該当すると認めるときは、地方委員会に対し、仮出場を許すべき旨の申出をしなければならない。

（申出によらない審理の開始等）

第三十五条　地方委員会は、前条の申出がない場合であっても、必要があると認めるときは、仮釈放又は仮出場を許すか否かに関する審理を開始することができる。

2　地方委員会は、前項の規定により審理を開始するに当たっては、あらかじめ、審理の対象となるべき者が収容されている刑事施設（労役場に留置されている場合には、当該労役場が附置された刑事施設）の長又は少年院の長の意見を聴かなければならない。

第三十六条　地方委員会は、前条第一項の規定により審理を開始するか否かを判断するため必要があると認めるときは、審理の対象となるべき者との面接、関係人に対する質問その他の方法により、調査を行うことができる。

2　前項の調査を行うに当たっては、審理の対象となるべき者が収容されている刑事施設（労役場に留置されている場合には、当該労役場が附置された刑事施設）又は少年院の職員から参考となる事項について聴取し、及びこれらの者に面接への立会いその他の協力を求めることができる。

3　第十三条及び第二十五条第二項の規定は、第一項の調査について準用する。この場合において、第十三条中「、地方更生保護委員会及び保護観察所の長」とあるのは、「及び保護観察所の長」と読み替えるものとする。

（仮釈放の審理における委員による面接等）

第三十七条　地方委員会は、仮釈放を許すか否かに関する審理においては、その構成員である委員をして、審理対象者と面接させなければならない。ただし、その者の重い疾病若しくは傷害により面接を行うことが困難であると認められるとき又は法務省令で定める場合であって面接の必要がないと認められるときは、この限りでない。

2　地方委員会は、仮釈放を許すか否かに関する審理において必要があると認めるときは、審理対象者について、保護観察所の長に対し、事項を定めて、第八十二条第一項の規定による生活環境の調整を行うことを求めることができる。

3　前条第二項の規定は、仮釈放を許すか否かに関する審理における調査について準用する。

（被害者等の意見等の聴取）

第三十八条　地方委員会は、仮釈放を許すか否かに関する審理を行うに当たり、法務省令で定めるところにより、被害者等（審理対象者が刑を言い渡される理由となった犯罪により害を被った者（以下この項において「被害者」という。）又はその法定代理人若しくは被害者が死亡した場合若しくはその心身に重大な故障がある場合におけるその配偶者、直系の親族若しくは兄弟姉妹をいう。次項において同じ。）から、審理対象者の仮釈放に関する意見及び被害に関する心情（以下この条において「意見等」という。）を述べたい旨の申出があったときは、当該意見等を聴取するものとする。ただし、当該被害に係る事件の性質、審理の状況その他の事情を考慮して相当でないと認めるときは、この限りでない。

2　地方委員会は、被害者等の居住地を管轄する保護観察所の長に対し、前項の申出の受理に関する事務及び同項の意見等の聴取を円滑に実施するための事務を嘱託することができる。

（**仮釈放及び仮出場を許す処分**）

第三十九条　刑法第二十八条の規定による仮釈放を許す処分及び同法第三十条の規定による仮出場を許す処分は、地方委員会の決定をもってするものとする。

2　地方委員会は、仮釈放又は仮出場を許す処分をするに当たっては、釈放すべき日を定めなければならない。

3　地方委員会は、仮釈放を許す処分をするに当たっては、第五十一条第二項第五号の規定により宿泊すべき特定の場所を定める場合その他特別の事情がある場合を除き、第八十二条第一項の規定による住居の調整の結果に基づき、仮釈放を許される者が居住すべき住居を特定するものとする。

4　地方委員会は、第一項の決定をした場合において、当該決定を受けた者について、その釈放までの間に、刑事施設の規律及び秩序を害する行為をしたこと、予定されていた釈放後の住居、就業先その他の生活環境に著しい変化が生じたことその他その釈放が相当でないと認められる特別の事情が生じたと認めるときは、仮釈放又は仮出場を許すか否かに関する審理を再開しなければならない。この場合においては、当該決定は、その効力を失う。

5　第三十六条の規定は、前項の規定による審理の再開に係る判断について準用する。

（**仮釈放中の保護観察**）

第四十条　仮釈放を許された者は、仮釈放の期間中、保護観察に付する。

第三章　保護観察

第一節　通則

（**保護観察の対象者**）

第四十八条　次に掲げる者（以下「保護観察対象者」という。）に対する保護観察の実施については、この章の定めるところによる。

一　少年法第二十四条第一項第一号の保護処分に付されている者（以下「保護観察処分少年」という。）

二　少年院からの仮退院を許されて第四十二条において準用する第四十条の規定により保護観察に付されている者（以下「少年院仮退院者」という。）

三　仮釈放を許されて第四十条の規定により保護観察に付されている者（以下「仮釈放者」という。）

四　刑法第二十五条の二第一項若しくは第二十七条の三第一項又は薬物使用等の罪を犯した者に対する刑の一部の執行猶予に関する法律第四条第一項の規定により保護観察に付されている者（以下「保護観察付執行猶予者」という。）

（**保護観察の実施方法**）

第四十九条　保護観察は、保護観察対象者の改善更生を図ることを目的として、第五十七条及び第六十五条の三第一項に規定する指導監督並びに第五十八条に規定する補導援護を行うことにより実施するものとする。

2　保護観察処分少年又は少年院仮退院者に対する保護観察は、保護処分の趣旨を踏まえ、その者の健全な育成を期して実施しなければならない。

（**一般遵守事項**）

第五十条　保護観察対象者は、次に掲げる事項（以下「一般遵守事項」という。）を遵守しなければならない。

一　再び犯罪をすることがないよう、又は非行をなくすよう健全な生活態度を保持すること。

二　次に掲げる事項を守り、保護観察官及び保護司による指導監督を誠実に受けること。

イ　保護観察官又は保護司の呼出し又は訪問を受けたときは、これに応じ、面接を受けること。

ロ　保護観察官又は保護司から、労働又は通学の状況、収入又は支出の状況、家庭環境、交友関係その他の生活の実態を示す事実であって指導監督を行うため把握すべきものを明らかにするよう求められたときは、これに応じ、その事実を申告し、又はこれに関する資料を提示すること。

三　保護観察に付されたときは、速やかに、住居を定め、その地を管轄する保護観察所の長にその届出をすること（第三十九条第三項（第四十二条において準用する場合を含む。次号において同じ。）又は第七十八条の二第一項の規定により住居を特定された場合及び次条第二項第五号の規定により宿泊すべき特定の場所を定められた場合を除く。）。

四　前号の届出に係る住居（第三十九条第三項又は第七十八条の二第一項の規定により住居を特定された場合には当該住居、次号の転居の許可を受けた場合には当該許可に係る住居）に居住すること（次条第二項第五号の規定により宿泊すべき特定の場所を定められた場合を除く。）。

五　転居又は七日以上の旅行をするときは、あらかじめ、保護観察所の長の許可を受けること。

2　刑法第二十七条の三第一項又は薬物使用等の罪を犯した者に対する刑の一部の執行猶予に関する法律第四条第一項の規定により保護観察に付する旨の言渡しを受けた者（以下「保護観察付一部猶予者」という。）が仮釈放中の保護観察に引き続きこれらの規定による保護観察に付されたときは、第七十八条の二第一項の規定により住居を特定された場合及び次条第二項第五号の規定により宿泊すべき特定の場所を定められた場合を除き、仮釈放中の保護観察の終了時に居住することとされていた前項第三号の届出に係る住居（第三十九条第三項の規定により住居を特定された場合には当該住居、前項第五号の転居の許可を受けた場合には当該許可に係る住居）につき、同項第三号の届出をしたものとみなす。

（特別遵守事項）

第五十一条　保護観察対象者は、一般遵守事項のほか、遵守すべき特別の事項（以下「特別遵守事項」という。）が定められたときは、これを遵守しなければならない。

2　特別遵守事項は、次条に定める場合を除き、第五十二条の定めるところにより、これに違反した場合に第七十二条第一項、刑法第二十六条の二、第二十七条の五及び第二十九条第一項並びに少年法第二十六条の四第一項に規定する処分がされることがあることを踏まえ、次に掲げる事項について、保護観察対象者の改善更生のために特に必要と認められる範囲内において、具体的に定めるものとする。

一　犯罪性のある者との交際、いかがわしい場所への出入り、遊興による浪費、過度の飲酒その他の犯罪又は非行に結び付くおそれのある特定の行動をしてはならないこと。

二　労働に従事すること、通学することその他の再び犯罪をすることがなく又は非行のない健全な生活態度を保持するために必要と認められる特定の行動を実行し、又は継続すること。

三　七日未満の旅行、離職、身分関係の異動その他の指導監督を行うため事前に把握しておくことが特に重要と認められる生活上又は身分上の特定の事項について、緊急の場合を除き、あらかじめ、保護観察官又は保護司に申告すること。

四　医学、心理学、教育学、社会学その他の専門的知識に基づく特定の犯罪的傾向を改善するための体系化された手順による処遇として法務大臣が定めるものを受けること。

五　法務大臣が指定する施設、保護観察対象者を監護すべき者の居宅その他の改善更生のために適当と認められる特定の場所であって、宿泊の用に供されるものに一定の期間宿泊して指導監督を受けること。

六　善良な社会の一員としての意識の涵（かん）養及び規範意識の向上に資する地域社会の利益の増進に寄与する社会的活動を一定の時間行うこと。

七　その他指導監督を行うため特に必要な事項

（特別遵守事項の設定及び変更）

第五十二条　保護観察所の長は、保護観察処分少年について、法務省令で定めるところにより、少年法第二十四条第一項第一号の保護処分をした家庭裁判所の意見を聴き、これに基づいて、特別遵守事項を定めることができる。これを変更するときも、同様とする。

2　地方委員会は、少年院仮退院者又は仮釈放者について、保護観察所の長の申出により、法務省令で定めるところにより、決定をもって、特別遵守事項を定めることができる。保護観察所の長の申出により、これを変更するときも、同様とする。

3　前項の場合において、少年院からの仮退院又は仮釈放を許す旨の決定による釈放の時までに特別遵守事項を定め、又は変更するときは、保護観察所の長の申出を要しないものとする。

4　地方委員会は、保護観察付一部猶予者について、刑法第二十七条の二の規定による猶予の期間の開始の時までに、法務省令で定めるところにより、決定をもって、特別遵守事項（猶予期間中の保護観察における特別遵守事項に限る。以下この項及び次条第四項において同じ。）を定め、又は変更することができる。この場合において、仮釈放中の保護観察付一部猶予者について、特別遵守事項を定め、又は変更するときは、保護観察所の長の申出によらなければならない。

5　保護観察所の長は、刑法第二十五条の二第一項の規定により保護観察に付されている保護観察付執行猶予者について、その保護観察の開始に際し、法務省令で定めるところにより、同項の規定により保護観察に付する旨の言渡しをした裁判所の意見を聴き、これに基づいて、特別遵守事項を定めることができる。

6　保護観察所の長は、前項の場合のほか、保護観察付執行猶予者について、法務省令で定めるところにより、当該保護観察所の所在地を管轄する地方裁判所、家庭裁判所又は簡易裁判所に対し、定めようとする又は変更しようとする特別遵守事項の内容を示すとともに、必要な資料を提示して、その意見を聴いた上、特別遵守事項を定め、又は変更することができる。ただし、当該裁判所が不相当とする旨の意見を述べたものについては、この限りでない。

（特別遵守事項の取消し）

第五十三条　保護観察所の長は、保護観察処分少年又は保護観察付執行猶予者について定められている特別遵守事項（遵守すべき期間が定められている特別遵守事項であって当該期間が満了したものその他その性質上一定の事実が生ずるまでの間遵守すべきこととされる特別遵守事項であって当該事実が生じたものを除く。以下この条において同じ。）につき、必要がなくなったと認めるときは、法務省令で定めるところにより、これを取り消すものとする。

2　地方委員会は、保護観察所の長の申出により、少年院仮退院者又は仮釈放者について定められている特別遵守事項につき、必要がなくなったと認めるときは、法務省令で定めるところにより、決定をもって、これを取り消すものとする。

3　前条第三項の規定は、前項の規定により特別遵守事項を取り消す場合について準用する。

4　地方委員会は、保護観察付一部猶予者について定められている特別遵守事項につき、刑法第二十七条の二の規定による猶予の期間の開始までの間に、必要がなくなったと認めるときは、法務省令で定めるところにより、決定をもって、これを取り消すものとする。この場合において、仮釈放中の保護観察付一部猶予者について定められている特別遵守事項を取り消すときは、保護観察所の長の申出によらなければならない。

（生活行動指針）

第五十六条　保護観察所の長は、保護観察対象者について、保護観察における指導監督を適切に行うため必要があると認めるときは、法務省令で定めるところにより、当該保護観察対象者の改善更生に資する生活又は行動の指針（以下「生活行動指針」という。）を定めることができる。

2　保護観察所の長は、前項の規定により生活行動指針を定めたときは、法務省令で定めるところにより、保護観察対象者に対し、当該生活行動指針の内容を記載した書面を交付しなければならない。

3 保護観察対象者は、第一項の規定により生活行動指針が定められたときは、これに即して生活し、及び行動するよう努めなければならない。

（指導監督の方法）

第五十七条 保護観察における指導監督は、次に掲げる方法によって行うものとする。

一 面接その他の適当な方法により保護観察対象者と接触を保ち、その行状を把握すること。

二 保護観察対象者が一般遵守事項及び特別遵守事項（以下「遵守事項」という。）を遵守し、並びに生活行動指針に即して生活し、及び行動するよう、必要な指示その他の措置をとること。

三 特定の犯罪的傾向を改善するための専門的処遇を実施すること。

2 保護観察所の長は、前項の指導監督を適切に行うため特に必要があると認めるときは、保護観察対象者に対し、当該指導監督に適した宿泊場所を供与することができる。

（補導援護の方法）

第五十八条 保護観察における補導援護は、保護観察対象者が自立した生活を営むことができるようにするため、その自助の責任を踏まえつつ、次に掲げる方法によって行うものとする。

一 適切な住居その他の宿泊場所を得ること及び当該宿泊場所に帰住することを助けること。

二 医療及び療養を受けることを助けること。

三 職業を補導し、及び就職を助けること。

四 教養訓練の手段を得ることを助けること。

五 生活環境を改善し、及び調整すること。

六 社会生活に適応させるために必要な生活指導を行うこと。

七 前各号に掲げるもののほか、保護観察対象者が健全な社会生活を営むために必要な助言その他の措置をとること。

（保護者に対する措置）

第五十九条 保護観察所の長は、必要があると認めるときは、保護観察に付されている少年（少年法第二条第一項に規定する少年であって、保護観察処分少年又は少年院仮退院者に限る。）の保護者（同条第二項に規定する保護者をいう。）に対し、その少年の監護に関する責任を自覚させ、その改善更生に資するため、指導、助言その他の適当な措置をとることができる。

（保護観察の管轄）

第六十条 保護観察は、保護観察対象者の居住地（住居がないか、又は明らかでないときは、現在地又は明らかである最後の居住地若しくは所在地）を管轄する保護観察所がつかさどる。

（保護観察の実施者）

第六十一条 保護観察における指導監督及び補導援護は、保護観察対象者の特性、とるべき措置の内容その他の事情を勘案し、保護観察官又は保護司をして行わせるものとする。

2 前項の補導援護は、保護観察対象者の改善更生を図るため有効かつ適切であると認められる場合には、更生保護事業法（平成七年法律第八十六号）の規定により更生保護事業を営む者その他の適当な者に委託して行うことができる。

（応急の救護）

第六十二条 保護観察所の長は、保護観察対象者が、適切な医療、食事、住居その他の健全な社会生活を営むために必要な手段を得ることができないため、その改善更生が妨げられるおそれがある場合には、当該保護観察対象者が公共の衛生福祉に関する機関その他の機関からその目的の範囲内で必要な応急の救護を得られるよう、これを援護しなければならない。

2 前項の規定による援護によっては必要な応急の救護が得られない場合には、保護観察所の長は、予算の範囲内で、自らその救護を行うものとする。

3 前項の救護は、更生保護事業法の規定により更生保護事業を営む者その他の適当な者に委託して行うことができる。

4　保護観察所の長は、第一項又は第二項の規定による措置をとるに当たっては、保護観察対象者の自助の責任の自覚を損なわないよう配慮しなければならない。

（出頭の命令及び引致）

第六十三条　地方委員会又は保護観察所の長は、その職務を行うため必要があると認めるときは、保護観察対象者に対し、出頭を命ずることができる。

2　保護観察所の長は、保護観察対象者について、次の各号のいずれかに該当すると認める場合には、裁判官のあらかじめ発する引致状により、当該保護観察対象者を引致することができる。

一　正当な理由がないのに、第五十条第一項第四号に規定する住居に居住しないとき（第五十一条第二項第五号の規定により宿泊すべき特定の場所を定められた場合には、当該場所に宿泊しないとき）。

二　遵守事項を遵守しなかったことを疑うに足りる十分な理由があり、かつ、正当な理由がないのに、前項の規定による出頭の命令に応ぜず、又は応じないおそれがあるとき。

3　地方委員会は、少年院仮退院者又は仮釈放者について、前項各号のいずれかに該当すると認める場合には、裁判官のあらかじめ発する引致状により、当該少年院仮退院者又は仮釈放者を引致することができる。

4　第二項の引致状は保護観察所の長の請求により、前項の引致状は地方委員会の請求により、その所在地を管轄する地方裁判所、家庭裁判所又は簡易裁判所の裁判官が発する。

5　第二項又は第三項の引致状は、判事補が一人で発することができる。

6　第二項又は第三項の引致状は、保護観察官に執行させるものとする。ただし、保護観察官に執行させることが困難であるときは、警察官にその執行を嘱託することができる。

7　刑事訴訟法（昭和二十三年法律第百三十一号）第六十四条、第七十三条第一項前段及び第三項、第七十四条並びに第七十六条第一項本文及び第三項の規定（勾引に関する部分に限る。）は、第二項又は第三項の引致状及びこれらの規定による保護観察対象者の引致について準用する。この場合において、同法第六十四条第一項中「罪名、公訴事実の要旨」とあり、同法第七十三条第三項中「公訴事実の要旨」とあり、及び同法第七十六条第一項本文中「公訴事実の要旨及び弁護人を選任することができる旨並びに貧困その他の事由により自ら弁護人を選任することができないときは弁護人の選任を請求することができる旨」とあるのは「引致の理由」と、同法第六十四条第一項中「裁判長又は受命裁判官」とあるのは「裁判官」と、同法第七十四条中「刑事施設」とあるのは「刑事施設又は少年鑑別所」と、同法第七十六条第三項中「告知及び前項の教示」とあるのは「告知」と、「合議体の構成員又は裁判所書記官」とあるのは「地方更生保護委員会が引致した場合においては委員又は保護観察官、保護観察所の長が引致した場合においては保護観察官」と読み替えるものとする。

8　第二項又は第三項の引致状により引致された者については、引致すべき場所に引致された時から二十四時間以内に釈放しなければならない。ただし、その時間内に第七十三条第一項、第七十六条第一項又は第八十条第一項の規定によりその者が留置されたときは、この限りでない。

9　地方委員会が行う第一項の規定による命令、第三項の規定による引致に係る判断及び前項本文の規定による釈放に係る判断は、三人の委員をもって構成する合議体（第七十一条の規定による申請、第七十五条第一項の決定又は第八十一条第五項の規定による決定をするか否かに関する審理の開始後においては、当該審理を担当する合議体）で行う。ただし、前項本文の規定による釈放に係る地方委員会の判断については、急速を要するときは、あらかじめ地方委員会が指名する一人の委員で行うことができる。

10　第十三条、第二十三条第三項並びに第二十五条第一項及び第二項の規定は前項に規定する措置のための合議体又は委員による調査について、第二十三条第二項の規定は前項の合議体の議事について、それぞれ準用する。この場合において、第十三条中「、地方更生保護委員会及び保護観察所の長」とあるのは、「及び保護観察所の長」と読み替えるものとする。

（保護観察のための調査）

第六十四条　保護観察所の長は、保護観察のための調査において、必要があると認めるときは、関係人に対し、質問をし、及び資料の提示を求めることができる。

2　前項の規定による質問及び資料の提示の求めは、保護観察官又は保護司をして行わせるものとする。

3　第二十五条第二項の規定は、第一項の規定による質問及び資料の提示の求めについて準用する。

（被害者等の心情等の伝達）

第六十五条　保護観察所の長は、法務省令で定めるところにより、保護観察対象者について、被害者等（当該保護観察対象者が刑若しくは保護処分を言い渡される理由となった犯罪若しくは刑罰法令に触れる行為により害を被った者（以下この項において「被害者」という。）又はその法定代理人若しくは被害者が死亡した場合若しくはその心身に重大な故障がある場合におけるその配偶者、直系の親族若しくは兄弟姉妹をいう。以下この条において同じ。）から、被害に関する心情、被害者等の置かれている状況又は保護観察対象者の生活若しくは行動に関する意見（以下この条において「心情等」という。）の伝達の申出があったときは、当該心情等を聴取し、当該保護観察対象者に伝達するものとする。ただし、その伝達をすることが当該保護観察対象者の改善更生を妨げるおそれがあり、又は当該被害に係る事件の性質、保護観察の実施状況その他の事情を考慮して相当でないと認めるときは、この限りでない。

2　保護観察所の長は、被害者等の居住地を管轄する他の保護観察所の長に対し、前項の申出の受理及び心情等の聴取に関する事務を嘱託することができる。この場合において、同項ただし書の規定により当該保護観察所の長が心情等の伝達をしないこととするときは、あらかじめ、当該他の保護観察所の長の意見を聴かなければならない。

第二節　保護観察処分少年

（少年法第二十四条第一項第一号の保護処分の期間）

第六十六条　保護観察処分少年に対する保護観察の期間は、当該保護観察処分少年が二十歳に達するまで（その期間が二年に満たない場合には、二年）とする。ただし、第六十八条第三項の規定により保護観察の期間が定められたときは、当該期間とする。

（警告及び少年法第二十六条の四第一項の決定の申請）

第六十七条　保護観察所の長は、保護観察処分少年が、遵守事項を遵守しなかったと認めるときは、当該保護観察処分少年に対し、これを遵守するよう警告を発することができる。

2　保護観察所の長は、前項の警告を受けた保護観察処分少年が、なお遵守事項を遵守せず、その程度が重いと認めるときは、少年法第二十六条の四第一項の決定の申請をすることができる。

（家庭裁判所への通告等）

第六十八条　保護観察所の長は、保護観察処分少年について、新たに少年法第三条第一項第三号に掲げる事由があると認めるときは、家庭裁判所に通告することができる。

2　前項の規定による通告があった場合において、当該通告に係る保護観察処分少年が二十歳以上であるときは、これを少年法第二条第一項の少年とみなして、同法第二章の規定を適用する。

3　家庭裁判所は、前項の規定により少年法第二条第一項の少年とみなされる保護観察処分少年に対して同法第二十四条第一項第一号又は第三号の保護処分をするときは、保護処分の決定と同時に、その者が二十三歳を超えない期間内において、保護観察の期間又は少年院に収容する期間を定めなければならない。

（保護観察の解除）

第六十九条　保護観察所の長は、保護観察処分少年について、保護観察を継続する必要がなくなったと認めるときは、保護観察を解除するものとする。

第七十条（**保護観察の一時解除**）　保護観察所の長は、保護観察処分少年について、その改善更生に資すると認めるときは、期間を定めて、保護観察を一時的に解除することができる。

2　前項の規定により保護観察を一時的に解除されている保護観察処分少年については、第四十九条、第五十一条、五十二条から第五十九条まで、第六十一条、第六十二条、第六十五条から第六十五条の四まで、第六十七条及び第六十八条の規定は、適用しない。

3　第一項の規定により保護観察を一時的に解除されている保護観察処分少年に対する第五十条第一項及び第六十三条の規定の適用については、同項中「以下「一般遵守事項」という」とあるのは「第二号ロ及び第三号に掲げる事項を除く」と、同項第二号中「守り、保護観察官及び保護司による指導監督を誠実に受ける」とあるのは「守る」と、同項第五号中「転居又は七日以上の旅行」とあるのは「転居」と、第六十三条第二項第二号中「遵守事項」とあるのは「第七十条第三項の規定により読み替えて適用される第五十条第一項に掲げる事項」とする。

4　第一項の規定による処分があったときは、その処分を受けた保護観察処分少年について定められている特別遵守事項は、その処分と同時に取り消されたものとみなす。

5　保護観察所の長は、第一項の規定により保護観察を一時的に解除されている保護観察処分少年について、再び保護観察を実施する必要があると認めるときは、同項の規定による処分を取り消さなければならない。

6　前項の場合において、保護観察所の長は、保護観察処分少年が第一項の規定により保護観察を一時的に解除されている間に第三項の規定により読み替えて適用される第五十条第一項に掲げる事項を遵守しなかったことを理由として、第六十七条第一項の規定による警告を発し、又は同条第二項の規定による申請をすることができない。

第三節　少年院仮退院者

第七十一条（**少年院への戻し収容の申請**）　地方委員会は、保護観察所の長の申出により、少年院仮退院者が遵守事項を遵守しなかったと認めるときは、当該少年院仮退院者を少年院に送致した家庭裁判所に対し、これを少年院に戻して収容する旨の決定の申請をすることができる。ただし、二十三歳に達している少年院仮退院者については、少年院法第百三十九条第一項に規定する事由に該当すると認めるときに限る。

第七十二条（**少年院への戻し収容の決定**）　前条の申請を受けた家庭裁判所は、当該申請に係る少年院仮退院者について、相当と認めるときは、これを少年院に戻して収容する旨の決定をすることができる。

2　家庭裁判所は、前項の決定をする場合において、二十三歳に満たない少年院仮退院者を二十歳を超えて少年院に収容する必要があると認めるときは、当該決定と同時に、その者が二十三歳を超えない期間内において、少年院に収容する期間を定めることができる。その者が既に二十歳に達しているときは、当該決定と同時に、二十三歳を超えない期間内において、少年院に収容する期間を定めなければならない。

3　家庭裁判所は、二十三歳に達している少年院仮退院者について第一項の決定をするときは、当該決定と同時に、その者が二十六歳を超えない期間内において、少年院に収容する期間を定めなければならない。

4　家庭裁判所は、第一項の決定に係る事件の審理に当たっては、医学、心理学、教育学、社会学その他の専門的知識を有する者及び保護観察所の長の意見を聴かなければならない。

5　前三項に定めるもののほか、第一項の決定に係る事件の手続は、その性質に反しない限り、少年の保護処分に係る事件の手続の例による。

（留置）

第七十三条　地方委員会は、第六十三条第二項又は第三項の引致状により引致された少年院仮退院者について、第七十一条の申出があり同条の規定による申請をするか否かに関する審理を開始するときは、当該少年院仮退院者を刑事施設又は少年鑑別所に留置することができる。

2　前項の規定による留置の期間は、引致すべき場所に引致された日から起算して十日以内とする。ただし、その期間中であっても、留置の必要がなくなったと認めるときは、直ちに少年院仮退院者を釈放しなければならない。

3　第一項の規定により留置されている少年院仮退院者について、第七十一条の規定による申請があったときは、前項の規定にかかわらず、当該申請に係る家庭裁判所からの決定の通知があるまでの間又は少年法第十七条第一項第二号の観護の措置がとられるまでの間、継続して留置することができる。ただし、留置の期間は、通じて二十日を超えることができない。

4　第一項の規定による留置及び第二項ただし書の規定による釈放に係る判断は、三人の委員をもって構成する合議体（第七十一条の規定による申請をするか否かに関する審理の開始後においては、当該審理を担当する合議体）で行う。ただし、急速を要するときは、あらかじめ地方委員会が指名する一人の委員で行うことができる。

5　第十三条、第二十三条第三項並びに第二十五条第一項及び第二項の規定は前項に規定する措置のための合議体又は委員による調査について、第二十三条第二項の規定は前項の合議体の議事について、それぞれ準用する。この場合において、第十三条中「、地方更生保護委員会及び保護観察所の長」とあるのは、「及び保護観察所の長」と読み替えるものとする。

6　第一項の規定による留置については、審査請求をすることができない。

（少年院仮退院者の退院を許す処分）

第七十四条　地方委員会は、少年院仮退院者について、保護観察所の長の申出があった場合において、保護観察を継続する必要がなくなったと認めるとき（二十三歳を超える少年院仮退院者については、少年院法第百三十九条第一項に規定する事由に該当しなくなったと認めるときその他保護観察を継続する必要がなくなったと認めるとき）は、決定をもって、退院を許さなければならない。

2　第四十六条第二項の規定は、前項の決定について準用する。

第四節　仮釈放者

（仮釈放の取消し）

第七十五条　刑法第二十九条第一項の規定による仮釈放の取消しは、仮釈放者に対する保護観察をつかさどる保護観察所の所在地を管轄する地方委員会が、決定をもってするものとする。

2　刑法第二十九条第一項第四号に該当することを理由とする前項の決定は、保護観察所の長の申出によらなければならない。

3　刑事訴訟法第四百八十四条から第四百八十九条までの規定は、仮釈放を取り消された者の収容について適用があるものとする。

（留置）

第七十六条　地方委員会は、第六十三条第二項又は第三項の引致状により引致された仮釈放者について、刑法第二十九条第一項第一号から第三号までに該当する場合であって前条第一項の決定をするか否かに関する審理を開始する必要があると認めるとき、又は同条第二項の申出がありその審理を開始するときは、当該仮釈放者を刑事施設又は少年鑑別所に留置することができる。

2　前項の規定により仮釈放者が留置された場合において、その者の仮釈放が取り消されたときは、刑法第二十九条第三項の規定にかかわらず、その留置の日数は、刑期に算入するものとする。

3　第七十三条第二項及び第四項から第六項までの規定は、第一項の規定による留置について準用する。この場合において、同条第四項中「第七十一条の規定による申請」

とあるのは、「第七十五条第一項の決定」と読み替えるものとする。

（保護観察の停止）

第七十七条 地方委員会は、保護観察所の長の申出により、仮釈放者の所在が判明しないため保護観察が実施できなくなったと認めるときは、決定をもって、保護観察を停止することができる。

2 前項の規定により保護観察を停止されている仮釈放者の所在が判明したときは、その所在の地を管轄する地方委員会は、直ちに、決定をもって、その停止を解かなければならない。

3 前項の決定は、急速を要するときは、第二十三条第一項の規定にかかわらず、一人の委員ですることができる。

4 第一項の規定により保護観察を停止されている仮釈放者が第六十三条第二項又は第三項の引致状により引致されたときは、第二項の決定があったものとみなす。

5 仮釈放者の刑期は、第一項の決定によってその進行を停止し、第二項の決定があった時からその進行を始める。

6 地方委員会は、仮釈放者が第一項の規定により保護観察を停止されている間に遵守事項を遵守しなかったことを理由として、仮釈放の取消しをすることができない。

7 地方委員会は、第一項の決定をした後、保護観察の停止の理由がなかったことが明らかになったときは、決定をもって、同項の決定を取り消さなければならない。

8 前項の規定により第一項の決定が取り消された場合における仮釈放者の刑期の計算については、第五項の規定は、適用しない。

（仮釈放者の不定期刑の終了）

第七十八条 地方委員会は、不定期刑に処せられ、仮釈放を許されている者であって、仮釈放前又は仮釈放中にその刑の短期が経過したものについて、保護観察所の長の申出により、刑の執行を終了するのを相当と認めるときは、少年法第五十九条第二項の規定にかかわらず、決定をもって、刑の執行を受け終わったものとしなければならない。

2 第四十六条第二項の規定は、前項の決定について準用する。

第五節 保護観察付執行猶予者

（留置）

第八十条 保護観察所の長は、第六十三条第二項の引致状により引致した保護観察付執行猶予者について、前条の申出をするか否かに関する審理を開始する必要があると認めるときは、当該保護観察付執行猶予者を刑事施設又は少年鑑別所に留置することができる。

2 前項の規定による留置の期間は、引致すべき場所に引致した日から起算して十日以内とする。ただし、その期間中であっても、前条の申出をする必要がなくなったとき、検察官が刑事訴訟法第三百四十九条第一項の請求をしないことが明らかになったときその他留置の必要がなくなったときは、直ちに保護観察付執行猶予者を釈放しなければならない。

3 第一項の規定により留置されている保護観察付執行猶予者について、刑事訴訟法第三百四十九条第一項の請求があったときは、前項の規定にかかわらず、同法第三百四十九条の二第一項の決定の告知があるまでの間、継続して留置することができる。ただし、留置の期間は、通じて二十日を超えることができない。

4 刑事訴訟法第三百四十九条の二第二項の規定による口頭弁論の請求があったときは、裁判所は、決定をもって、十日間に限り、前項ただし書の期間を延長することができる。この場合において、その決定の告知については、同法による決定の告知の例による。

5 第三項に規定する決定が保護観察付執行猶予者の刑の執行猶予の言渡しを取り消すものであるときは、同項の規定にかかわらず、その決定が確定するまでの間、その者を継続して留置することができる。

6 第一項の規定により保護観察付執行猶予者が留置された場合において、その刑の執行猶予の言渡しが取り消されたときは、その留置の日数は、刑期に算入するものとする。

7 第七十三条第六項の規定は、第一項の規定による留置について準用する。

（保護観察の仮解除）

第八十一条 刑法第二十五条の二第二項又は第二十七条の三第二項（薬物使用等の罪を犯した者に対する刑の一部の執行猶予に関する法律第四条第二項において準用する場合を含む。以下この条において同じ。）の規定による保護観察を仮に解除する処分は、地方委員会が、保護観察所の長の申出により、決定をもってするものとする。

2 刑法第二十五条の二第二項又は第二十七条の三第二項の規定により保護観察を仮に解除されている保護観察付執行猶予者については、第四十九条、第五十一条から第五十八条まで、第六十一条、第六十二条、第六十五条から第六十五条の四まで、第七十九条及び前条の規定は、適用しない。

3 刑法第二十五条の二第二項又は第二十七条の三第二項の規定により保護観察を仮に解除されている保護観察付執行猶予者に対する第五十条及び第六十三条の規定の適用については、第五十条第一項中「以下「一般遵守事項」という」とあるのは「第二号ロ及び第三号に掲げる事項を除く」と、同項第二号中「守り、保護観察官及び保護司による指導監督を誠実に受ける」とあるのは「守る」と、同項第五号中「転居又は七日以上の旅行」とあるのは「転居」と、第六十三条第二項第二号中「遵守事項」とあるのは「第八十一条第三項の規定により読み替えて適用される第五十条第一項に掲げる事項」とする。

4 第一項に規定する処分があったときは、その処分を受けた保護観察付執行猶予者について定められている特別遵守事項は、その処分と同時に取り消されたものとみなす。

5 地方委員会は、刑法第二十五条の二第二項又は第二十七条の三第二項の規定により保護観察を仮に解除されている保護観察付執行猶予者について、保護観察所の長の申出があった場合において、その行状に鑑み再び保護観察を実施する必要があると認めるときは、決定をもって、これらの規定による処分を取り消さなければならない。

第四章 生活環境の調整

（収容中の者に対する生活環境の調整）

第八十二条 保護観察所の長は、刑の執行のため刑事施設に収容されている者又は刑若しくは保護処分の執行のため少年院に収容されている者（以下この条において「収容中の者」と総称する。）について、その社会復帰を円滑にするため必要があると認めるときは、その者の家族その他の関係人を訪問して協力を求めることその他の方法により、釈放後の住居、就業先その他の生活環境の調整を行うものとする。

2 地方委員会は、前項の規定による調整が有効かつ適切に行われるよう、保護観察所の長に対し、調整を行うべき住居、就業先その他の生活環境に関する事項について必要な指導及び助言を行うほか、同項の規定による調整が複数の保護観察所において行われる場合における当該保護観察所相互間の連絡調整を行うものとする。

3 地方委員会は、前項の措置をとるに当たって必要があると認めるときは、収容中の者との面接、関係人に対する質問その他の方法により、調査を行うことができる。

4 第二十五条第二項及び第三十六条第二項の規定は、前項の調査について準用する。

（保護観察付執行猶予の裁判確定前の生活環境の調整）

第八十三条 保護観察所の長は、刑法第二十五条の二第一項の規定により保護観察に付する旨の言渡しを受け、その裁判が確定するまでの者について、保護観察を円滑に開始するため必要があると認めるときは、その者の同意を得て、前条第一項に規定する方法により、その者の住居、就業先その他の生活環境の調整を行うことができる。

第五章 更生緊急保護等

第一節 更生緊急保護

（更生緊急保護）

第八十五条 この節において「更生緊急保護」とは、次に掲げる者が、刑事上の手続又は保護処分による身体の拘束を解かれた後、親族からの援助を受けることができず、若しくは公共の衛生福祉に関する機関その他の機関から医療、宿泊、職業その他の保護を受けることができない場合又はこれらの援助若しくは保護のみによっては改善更生することができないと認められる場合に、緊急に、その者に対し、金品を給与し、又は貸与し、宿泊場所を供与し、宿泊場所への帰住、医療、療養、就職又は教養訓練を助け、職業を補導し、社会生活に適応させるために必要な生活指導を行い、生活環境の改善又は調整を図ること等により、その者が進んで法律を守る善良な社会の一員となることを援護し、その速やかな改善更生を保護することをいう。

一　懲役、禁錮又は拘留の刑の執行を終わった者
二　懲役、禁錮又は拘留の刑の執行の免除を得た者
三　懲役又は禁錮につき刑の全部の執行猶予の言渡しを受け、その裁判が確定するまでの者
四　前号に掲げる者のほか、懲役又は禁錮につき刑の全部の執行猶予の言渡しを受け、保護観察に付されなかった者
五　懲役又は禁錮につき刑の一部の執行猶予の言渡しを受け、その猶予の期間中保護観察に付されなかった者であって、その刑のうち執行が猶予されなかった部分の期間の執行を終わったもの
六　訴追を必要としないため公訴を提起しない処分を受けた者
七　罰金又は科料の言渡しを受けた者
八　労役場から出場し、又は仮出場を許された者
九　少年院から退院し、又は仮退院を許された者（保護観察に付されている者を除く。）

2　更生緊急保護は、その対象となる者の改善更生のために必要な限度で、国の責任において、行うものとする。

3　更生緊急保護は、保護観察所の長が、自ら行い、又は更生保護事業法の規定により更生保護事業を営む者その他の適当な者に委託して行うものとする。

4　更生緊急保護は、その対象となる者が刑事上の手続又は保護処分による身体の拘束を解かれた後六月を超えない範囲内において、その意思に反しない場合に限り、行うものとする。ただし、その者の改善更生を保護するため特に必要があると認められるときは、更に六月を超えない範囲内において、これを行うことができる。

5　更生緊急保護を行うに当たっては、その対象となる者が公共の衛生福祉に関する機関その他の機関から必要な保護を受けることができるようあっせんするとともに、更生緊急保護の効率化に努めて、その期間の短縮と費用の節減を図らなければならない。

6　更生緊急保護に関し職業のあっせんの必要があると認められるときは、公共職業安定所は、更生緊急保護を行う者の協力を得て、職業安定法（昭和二十二年法律第百四十一号）の規定に基づき、更生緊急保護の対象となる者の能力に適当な職業をあっせんすることに努めるものとする。

第七章　審査請求等

第二節　審査請求

（審査請求）

第九十二条　この法律の規定により地方委員会が決定をもってした処分に不服がある者は、審査会に対し、審査請求をすることができる。

附　則（抄）

（施行期日）

第一条　この法律は、公布の日〔平成十九年六月十五日〕から起算して一年を超えない範囲内において政令で定める日〔平成二十年六月一日〕から施行する。〔後略〕

更生保護事業法（抄）

（平成七・五・八 法律八六）

最新改正 令和元法律三七

第一章 総則

（目的）

第一条 この法律は、更生保護事業に関する基本事項を定めることにより、更生保護事業の適正な運営を確保し、及びその健全な育成発達を図るとともに、更生保護法（平成十九年法律第八十八号）その他更生保護に関する法律とあいまって、犯罪をした者及び非行のある少年が善良な社会の一員として改善更生することを助け、もって個人及び公共の福祉の増進に寄与することを目的とする。

（定義）

第二条 この法律において「更生保護事業」とは、継続保護事業、一時保護事業及び連絡助成事業をいう。

2 この法律において「継続保護事業」とは、次に掲げる者であって現に改善更生のための保護を必要としているものを更生保護施設に収容して、その者に対し、宿泊場所を供与し、教養訓練、医療又は就職を助け、職業を補導し、社会生活に適応させるために必要な生活指導を行い、生活環境の改善又は調整を図る等その改善更生に必要な保護を行う事業をいう。

一 保護観察に付されている者

二 懲役、禁錮又は拘留につき、刑の執行を終わり、その執行の免除を得、又はその執行を停止されている者

三 懲役又は禁錮につき刑の全部の執行猶予の言渡しを受け、刑事上の手続による身体の拘束を解かれた者（第一号に該当する者を除く。次号及び第五号において同じ。）

四 懲役又は禁錮につき刑の一部の執行猶予の言渡しを受け、その猶予の期間中の者

五 罰金又は科料の言渡しを受け、刑事上の手続による身体の拘束を解かれた者

六 労役場から出場し、又は仮出場を許された者

七 訴追を必要としないため公訴を提起しない処分を受け、刑事上の手続による身体の拘束を解かれた者

八 少年院から退院し、又は仮退院を許された者（第一号に該当する者を除く。次号において同じ。）

九 婦人補導院から退院し、又は仮退院を許された者

十 国際受刑者移送法（平成十四年法律第六十六号）第十六条第一項第一号若しくは第二号の共助刑の執行を終わり、若しくは同法第二十五条第二項の規定によりその執行を受けることがなくなり、又は同法第二十一条の規定により適用される刑事訴訟法（昭和二十三年法律第百三十一号）第四百八十条若しくは第四百八十二条の規定によりその執行を停止されている者

3 この法律において「一時保護事業」とは、前項に規定する者に対し、宿泊場所への帰住、医療又は就職を助け、金品を給与し、又は貸与し、生活の相談に応ずる等その改善更生に必要な保護（継続保護事業として行うものを除く。）を行う事業をいう。

4 この法律において「連絡助成事業」とは、継続保護事業、一時保護事業その他第二項各号に掲げる者の改善更生を助けることを目的とする事業に関する啓発、連絡、調整又は助成を行う事業をいう。

5 この法律において「被保護者」とは、継続保護事業又は一時保護事業における保護の対象者をいう。

6 この法律において「更生保護法人」とは、更生保護事業を営むことを目的として、この法律の定めるところにより設立された法人をいう。

7 この法律において「更生保護施設」とは、被保護者の改善更生に必要な保護を行う施設のうち、被保護者を宿泊させることを目的とする建物及びそのための設備を有するものをいう。

（国の措置等）

第三条 国は、更生保護事業が保護観察、更生緊急保護その他の国の責任において行う改善更生の措置を円滑かつ効果的に実施する上で重要な機能を果たすものであることにかんがみ、更生保護事業の適正な運営を確保し、及びその健全な育成発達を図るための措置を講ずるものとする。

2 地方公共団体は、更生保護事業が犯罪をした者及び非行のある少年の改善更生を助け、これにより犯罪を防止し、地域社会の安全及び住民福祉の向上に寄与するものであることにかんがみ、その地域において行われる更生保護事業に対して必要な協力をすることができる。

3 更生保護事業を営む者は、その事業を実施するに当たり、被保護者の人権に配慮するとともに、国の行う改善更生の措置及び社会福祉、医療、保健、労働その他関連施策との有機的な連携を図り、地域に即した創意と工夫を行い、並びに地域住民等の理解と協力を得るよう努めなければならない。

第三章　更生保護事業

第一節　事業の経営等

(継続保護事業の認可)

第四十五条 国及び地方公共団体以外の者で継続保護事業を営もうとするものは、法務省令で定めるところにより、次に掲げる事項を記載した申請書を法務大臣に提出して、その認可を受けなければならない。

一 名称
二 事務所の所在地
三 継続保護事業の内容
四 被保護者に対する処遇の方法
五 更生保護施設の規模及び構造並びにその使用の権原
六 実務に当たる幹部職員の氏名及び経歴
七 更生保護法人以外の者にあっては、前各号に掲げる事項のほか、定款その他の基本約款、経理の方針、資産の状況並びに経営の責任者の氏名、経歴及び資産の状況

(地方公共団体の営む更生保護事業)

第四十八条 地方公共団体は、更生保護事業を営むことができる。

2 地方公共団体は、継続保護事業を営もうとするときは、あらかじめ、第四十五条第一号から第六号までに掲げる事項を法務大臣に届け出なければならない。届け出た事項を変更し、又は当該事業を廃止しようとするときも、同様とする。

3 地方公共団体は、一時保護事業又は連絡助成事業を開始したときは、第四十七条の二第一号から第三号までに掲げる事項を、遅滞なく法務大臣に届け出なければならない。届け出た事項を変更し、又は当該事業を廃止したときも、同様とする。

附　則(抄)

(施行期日)

1 この法律は、平成八年四月一日から施行する。〔後略〕

保護司法（抄）

（昭和二五・五・二五）
（法律二〇四）

最新改正　令和元法律三七

（保護司の使命）

第一条　保護司は、社会奉仕の精神をもつて、犯罪をした者及び非行のある少年の改善更生を助けるとともに、犯罪の予防のため世論の啓発に努め、もつて地域社会の浄化をはかり、個人及び公共の福祉に寄与することを、その使命とする。

（設置区域及び定数）

第二条　保護司は、法務大臣が都道府県の区域を分けて定める区域（以下「保護区」という。）に置くものとする。

2　保護司の定数は、全国を通じて、五万二千五百人をこえないものとする。

3　保護区ごとの保護司の定数は、法務大臣がその土地の人口、経済、犯罪の状況その他の事情を考慮して定める。

4　第一項及び前項に規定する法務大臣の権限は、地方更生保護委員会に委任することができる。

（推薦及び委嘱）

第三条　保護司は、左の各号に掲げるすべての条件を具備する者のうちから、法務大臣が、委嘱する。

一　人格及び行動について、社会的信望を有すること。

二　職務の遂行に必要な熱意及び時間的余裕を有すること。

三　生活が安定していること。

四　健康で活動力を有すること。

2　法務大臣は、前項の委嘱を、地方更生保護委員会の委員長に委任することができる。

3　前二項の委嘱は、保護観察所の長が推薦した者のうちから行うものとする。

4　保護観察所の長は、前項の推薦をしようとするときは、あらかじめ、保護司選考会の意見を聴かなければならない。

（保護司選考会）

第五条　保護観察所に、保護司選考会を置く。

2　保護司選考会は、委員十三人（東京地方裁判所の管轄区域を管轄する保護観察所に置かれる保護司選考会にあつては、十五人）以内をもつて組織し、うち一人を会長とする。

3　保護司選考会の委員には、給与を支給しない。

4　この法律で定めるもののほか、保護司選考会の組織、所掌事務、委員及び事務処理の手続については、法務省令で定める。

（任期）

第七条　保護司の任期は、二年とする。但し、再任を妨げない。

（職務の執行区域）

第八条　保護司は、その置かれた保護区の区域内において、職務を行うものとする。但し、地方更生保護委員会又は保護観察所の長から特に命ぜられたときは、この限りでない。

（職務の遂行）

第八条の二　保護司は、地方更生保護委員会又は保護観察所の長から指定を受けて当該地方更生保護委員会又は保護観察所の所掌に属する事務に従事するほか、保護観察所の長の承認を得た保護司会の計画の定めるところに従い、次に掲げる事務であつて当該保護観察所の所掌に属するものに従事するものとする。

一　犯罪をした者及び非行のある少年の改善更生を助け又は犯罪の予防を図るための啓発及び宣伝の活動

二　犯罪をした者及び非行のある少年の改善更生を助け又は犯罪の予防を図るための民間団体の活動への協力

三　犯罪の予防に寄与する地方公共団体の施策への協力

四　その他犯罪をした者及び非行のある少年の改善更生を助け又は犯罪の予防を図ることに資する活動で法務省令で定めるもの

（服務）

第九条　保護司は、その使命を自覚し、常に人格識見の向上とその職務を行うために必要な知識及び技術の修得に努め、積極的態度をもつてその職務を遂行しなければならない。

2　保護司は、その職務を行うに当つて知り得た関係者の身上に関する秘密を尊重し、その名誉保持に努めなければならない。

（費用の支給）

第十一条　保護司には、給与を支給しない。

2　保護司は、法務省令の定めるところにより、予算の範囲内において、その職務を行うために要する費用の全部又は一部の支給を受けることができる。

（保護司会）

第十三条　保護司は、その置かれた保護区ごとに保護司会を組織する。

2　保護司会は、次に掲げる事務を行うことを任務とする。

一　第八条の二に規定する計画の策定その他保護司の職務に関する連絡及び調整

二　保護司の職務に関し必要な資料及び情報の収集

三　保護司の職務に関する研究及び意見の発表

四　その他保護司の職務の円滑かつ効果的な遂行を図るために必要な事項で法務省令で定めるもの

（保護司会連合会）

第十四条　保護司会は、都道府県ごとに保護司会連合会を組織する。ただし、北海道にあつては、法務大臣が定める区域ごとに組織するものとする。

2　保護司会連合会は、次に掲げる事務を行うことを任務とする。

一　保護司会の任務に関する連絡及び調整

二　保護司の職務に関し必要な資料及び情報の収集

三　保護司の職務に関する研究及び意見の発表

四　その他保護司の職務又は保護司会の任務の円滑かつ効果的な遂行を図るために必要な事項で法務省令で定めるもの

附　則（抄）

1　この法律は、更生緊急保護法（昭和二十五年法律第二百三号）の施行の日〔昭和二十五年五月二十五日〕から施行する。

母子保健法

（昭和四〇・八・一八）
（法　律　一　四　一）

最新改正　令和元法律六九

第一章　総則

（目的）

第一条　この法律は、母性並びに乳児及び幼児の健康の保持及び増進を図るため、母子保健に関する原理を明らかにするとともに、母性並びに乳児及び幼児に対する保健指導、健康診査、医療その他の措置を講じ、もつて国民保健の向上に寄与することを目的とする。

（母性の尊重）

第二条　母性は、すべての児童がすこやかに生まれ、かつ、育てられる基盤であることにかんがみ、尊重され、かつ、保護されなければならない。

（乳幼児の健康の保持増進）

第三条　乳児及び幼児は、心身ともに健全な人として成長してゆくために、その健康が保持され、かつ、増進されなければならない。

（母性及び保護者の努力）

第四条　母性は、みずからすすんで、妊娠、出産又は育児についての正しい理解を深め、その健康の保持及び増進に努めなければばならない。

2　乳児又は幼児の保護者は、みずからすすんで、育児についての正しい理解を深め、乳児又は幼児の健康の保持及び増進に努めなければならない。

（国及び地方公共団体の責務）

第五条　国及び地方公共団体は、母性並びに乳児及び幼児の健康の保持及び増進に努めなければならない。

2　国及び地方公共団体は、母性並びに乳児及び幼児の健康の保持及び増進に関する施策を講ずるに当たつては、当該施策が乳児及び幼児に対する虐待の予防及び早期発見に資するものであることに留意するとともに、その施策を通じて、前三条に規定する母子保健の理念が具現されるように配慮しなければならない。

（用語の定義）

第六条　この法律において「妊産婦」とは、妊娠中又は出産後一年以内の女子をいう。

2　この法律において「乳児」とは、一歳に満たない者をいう。

3　この法律において「幼児」とは、満一歳から小学校就学の始期に達するまでの者をいう。

4　この法律において「保護者」とは、親権を行う者、未成年後見人その他の者で、乳児又は幼児を現に監護する者をいう。

5　この法律において「新生児」とは、出生後二十八日を経過しない乳児をいう。

6　この法律において「未熟児」とは、身体の発育が未熟のまま出生した乳児であつて、正常児が出生時に有する諸機能を得るに至るまでのものをいう。

（都道府県児童福祉審議会等の権限）

第七条　児童福祉法（昭和二十二年法律第百六十四号）第八条第二項に規定する都道府県児童福祉審議会（同条第一項ただし書に規定する都道府県にあつては、地方社会福祉審議会。以下この条において同じ。）及び同条第四項に規定する市町村児童福祉審議会は、母子保健に関する事項につき、調査審議するほか、同条第二項に規定する都道府県児童福祉審議会は都道府県知事の、同条第四項に規定する市町村児童福祉審議会は市町村長の諮問にそれぞれ答え、又は関係行政機関に意見を具申することができる。

（都道府県の援助等）

第八条　都道府県は、この法律の規定により市町村が行う母子保健に関する事業の実施に関し、市町村相互間の連絡調整を行い、及び市町村の求めに応じ、その設置する保健所による技術的事項についての指導、助言その他当該市町村に対する必要な技術的援助を行うものとする。

（実施の委託）

第八条の二　市町村は、この法律に基づく母子保健に関する事業の一部について、病院若しくは診療所又は医師、助産師その他適当と認められる者に対し、その実施を委託することができる。

（連携及び調和の確保）

第八条の三　都道府県及び市町村は、この法律に基づく母子保健に関する事業の実施に当たつては、学校保健安全法（昭和三十三年法律第五十六号）、児童福祉法その他の法令に基づく母性及び児童の保健及び福祉に関する事業との連携及び調和の確保に努めなければならない。

第二章　母子保健の向上に関する措置

（知識の普及）

第九条　都道府県及び市町村は、母性又は乳児若しくは幼児の健康の保持及び増進のため、妊娠、出産又は育児に関し、相談に応じ、個別的又は集団的に、必要な指導及び助言を行い、並びに地域住民の活動を支援すること等により、母子保健に関する知識の普及に努めなければならない。

（保健指導）

第十条　市町村は、妊産婦若しくはその配偶者又は乳児若しくは幼児の保護者に対して、妊娠、出産又は育児に関し、必要な保健指導を行い、又は医師、歯科医師、助産師若しくは保健師について保健指導を受けることを勧奨しなければならない。

（新生児の訪問指導）

第十一条　市町村長は、前条の場合において、当該乳児が新生児であつて、育児上必要があると認めるときは、医師、保健師、助産師又はその他の職員をして当該新生児の保護者を訪問させ、必要な指導を行わせるものとする。ただし、当該新生児につき、第十九条の規定による指導が行われるときは、この限りでない。

2　前項の規定による新生児に対する訪問指導は、当該新生児が新生児でなくなつた後においても、継続することができる。

（健康診査）

第十二条　市町村は、次に掲げる者に対し、厚生労働省令の定めるところにより、健康診査を行わなければならない。

一　満一歳六か月を超え満二歳に達しない幼児

二　満三歳を超え満四歳に達しない幼児

2　前項の厚生労働省令は、健康増進法（平成十四年法律第百三号）第九条第一項に規定する健康診査等指針（第十六条第四項において単に「健康診査等指針」という。）と調和が保たれたものでなければならない。

第十三条　前条の健康診査のほか、市町村は、必要に応じ、妊産婦又は乳児若しくは幼児に対して、健康診査を行い、又は健康診査を受けることを勧奨しなければならない。

2　厚生労働大臣は、前項の規定による妊婦に対する健康診査についての望ましい基準を定めるものとする。

（栄養の摂取に関する援助）

第十四条　市町村は、妊産婦又は乳児若しくは幼児に対して、栄養の摂取につき必要な援助をするように努めるものとする。

（妊娠の届出）

第十五条　妊娠した者は、厚生労働省令で定める事項につき、速やかに、市町村長に妊娠の届出をするようにしなければならない。

（母子健康手帳）

第十六条　市町村は、妊娠の届出をした者に対して、母子健康手帳を交付しなければならない。

2　妊産婦は、医師、歯科医師、助産師又は保健師について、健康診査又は保健指導を受けたときは、その都度、母子健康手帳に必要な事項の記載を受けなければならない。乳児又は幼児の健康診査又は保健指導を受けた当該乳児又は幼児の保護者についても、同様とする。

3　母子健康手帳の様式は、厚生労働省令で定める。

4　前項の厚生労働省令は、健康診査等指針と調和が保たれたものでなければならない。

（妊産婦の訪問指導等）

第十七条　第十三条第一項の規定による健康診査を行つた市町村の長は、その結果に基づき、当該妊産婦の健康状態に応じ、保健指導を要する者については、医師、助産師、保健師又はその他の職員をして、その妊産婦を訪問させて必要な指導を行わせ、妊娠又は出産に支障を及ぼすおそれがある疾病にかかつている疑いのある者については、医師又は歯科医師の診療を受けることを勧奨するものとする。

2　市町村は、妊産婦が前項の勧奨に基づいて妊娠又は出産に支障を及ぼすおそれがある疾病につき医師又は歯科医師の診療を受けるために必要な援助を与えるように努めなければならない。

（低体重児の届出）

第十八条　体重が二千五百グラム未満の乳児が出生したときは、その保護者は、速やかに、その旨をその乳児の現在地の市町村に届け出なければならない。

（未熟児の訪問指導）

第十九条　市町村長は、その区域内に現在地を有する未熟児について、養育上必要があると認めるときは、医師、保健師、助産師又はその他の職員をして、その未熟児の保護者を訪問させ、必要な指導を行わせるものとする。

2　第十一条第二項の規定は、前項の規定による訪問指導に準用する。

（健康診査に関する情報の提供の求め）

第十九条の二　市町村は、妊産婦若しくは乳児若しくは幼児であつて、かつて当該市町村以外の市町村（以下この項において「他の市町村」という。）に居住していた者又は当該妊産婦の配偶者若しくは当該乳児若しくは幼児の保護者に対し、第十条の保健指導、第十一条、第十七条第一項若しくは前条の訪問指導、第十二条第一項若しくは第十三条第一項の健康診査又は第二十二条第二項第二号から第五号までに掲げる事業を行うために必要があると認めるときは、当該他の市町村に対し、厚生労働省令で定めるところにより、当該妊産婦又は乳児若しくは幼児に対する第十二条第一項又は第十三条第一項の健康診査に関する情報の提供を求めることができる。

2 市町村は、前項の規定による情報の提供の求めについては、電子情報処理組織を使用する方法その他の情報通信の技術を利用する方法であつて厚生労働省令で定めるものにより行うよう努めなければならない。

（養育医療）

第二十条 市町村は、養育のため病院又は診療所に入院することを必要とする未熟児に対し、その養育に必要な医療（以下「養育医療」という。）の給付を行い、又はこれに代えて養育医療に要する費用を支給することができる。

2 前項の規定による費用の支給は、養育医療の給付が困難であると認められる場合に限り、行なうことができる。

3 養育医療の給付の範囲は、次のとおりとする。

一 診察

二 薬剤又は治療材料の支給

三 医学的処置、手術及びその他の治療

四 病院又は診療所への入院及びその療養に伴う世話その他の看護

五 移送

4 養育医療の給付は、都道府県知事が次項の規定により指定する病院若しくは診療所又は薬局（以下「指定養育医療機関」という。）に委託して行うものとする。

5 都道府県知事は、病院若しくは診療所又は薬局の開設者の同意を得て、第一項の規定による養育医療を担当させる機関を指定する。

6 第一項の規定により支給する費用の額は、次項の規定により準用する児童福祉法第十九条の十二の規定により指定養育医療機関が請求することができる診療報酬の例により算定した額のうち、本人及びその扶養義務者（民法（明治二十九年法律第八十九号）に定める扶養義務者をいう。第二十一条の四第一項において同じ。）が負担することができないと認められる額とする。

7 児童福祉法第十九条の十二、第十九条の二十及び第二十一条の三の規定は養育医療の給付について、同法第二十条第七項及び第八項並びに第二十一条の規定は指定養育医療機関について、それぞれ準用する。この場合において、同法第十九条の十二中「診療方針」とあるのは「診療方針及び診療報酬」と、同法第十九条の二十（第二項を除く。）中「小児慢性特定疾病医療費の」とあるのは「診療報酬の」と、同条第一項中「第十九条の三第十項」とあるのは「母子保健法第二十条第七項において読み替えて準用する第十九条の十二」と、同条第四項中「都道府県」とあるのは「市町村」と、同法第二十一条の三第二項中「都道府県の」とあるのは「市町村の」と読み替えるものとする。

（医療施設の整備）

第二十条の二 国及び地方公共団体は、妊産婦並びに乳児及び幼児の心身の特性に応じた高度の医療が適切に提供されるよう、必要な医療施設の整備に努めなければならない。

（調査研究の推進）

第二十条の三 国は、乳児及び幼児の障害の予防のための研究その他母性並びに乳児及び幼児の健康の保持及び増進のため必要な調査研究の推進に努めなければならない。

（費用の支弁）

第二十一条 市町村が行う第十二条第一項の規定による健康診査に要する費用及び第二十条の規定による措置に要する費用は、当該市町村の支弁とする。

（都道府県の負担）

第二十一条の二 都道府県は、政令の定めるところにより、前条の規定により市町村が支弁する費用のうち、第二十条の規定による措置に要する費用については、その四分の一を負担するものとする。

（国の負担）

第二十一条の三　国は、政令の定めるところにより、第二十一条の規定により市町村が支弁する費用のうち、第二十条の規定による措置に要する費用については、その二分の一を負担するものとする。

（費用の徴収）

第二十一条の四　第二十条の規定による養育医療の給付に要する費用を支弁した市町村長は、当該措置を受けた者又はその扶養義務者から、その負担能力に応じて、当該措置に要する費用の全部又は一部を徴収することができる。

2　前項の規定による費用の徴収は、徴収されるべき者の居住地又は財産所在地の市町村に嘱託することができる。

3　第一項の規定により徴収される費用を、指定の期限内に納付しない者があるときは、地方税の滞納処分の例により処分することができる。この場合における徴収金の先取特権の順位は、国税及び地方税に次ぐものとする。

第三章　母子健康包括支援センター

第二十二条　市町村は、必要に応じ、母子健康包括支援センターを設置するように努めなければならない。

2　母子健康包括支援センターは、第一号から第四号までに掲げる事業を行い、又はこれらの事業に併せて第五号に掲げる事業を行うことにより、母性並びに乳児及び幼児の健康の保持及び増進に関する包括的な支援を行うことを目的とする施設とする。

一　母性並びに乳児及び幼児の健康の保持及び増進に関する支援に必要な実情の把握を行うこと。

二　母子保健に関する各種の相談に応ずること。

三　母性並びに乳児及び幼児に対する保健指導を行うこと。

四　母性及び児童の保健医療又は福祉に関する機関との連絡調整その他母性並びに乳児及び幼児の健康の保持及び増進に関し、厚生労働省令で定める支援を行うこと。

五　健康診査、助産その他の母子保健に関する事業を行うこと（前各号に掲げる事業を除く。）。

3　市町村は、母子健康包括支援センターにおいて、第九条の相談、指導及び助言並びに第十条の保健指導を行うに当たつては、児童福祉法第二十一条の十一第一項の情報の収集及び提供、相談並びに助言並びに同条第二項のあつせん、調整及び要請と一体的に行うように努めなければならない。

第四章　雑則

（非課税）

第二十三条　第二十条の規定により支給を受けた金品を標準として、租税その他の公課を課することができない。

（差押えの禁止）

第二十四条　第二十条の規定により金品の支給を受けることとなつた者の当該支給を受ける権利は、差し押えることができない。

第二十五条　削除

（大都市等の特例）

第二十六条　この法律中都道府県が処理することとされている事務で政令で定めるものは、地方自治法（昭和二十二年法律第六十七号）第二百五十二条の十九第一項の指定都市（以下「指定都市」という。）及び同法第二百五十二条の二十二第一項の中核市（以下「中核市」という。）においては、政令の定めるところにより、指定都市又は中核市（以下「指定都市等」という。）が処理するものとする。この場合においては、この法律中都道府県に関する規定は、指定都市等に関する規定として、指定都市等に適用があるものとする。

（緊急時における厚生労働大臣の事務執行）

第二十七条　第二十条第七項において準用する児童福祉法第二十一条の三第一項の規定により都道府県知事の権限に属するものとされている事務は、未熟児の利益を保護する緊急の必要があると厚生労働大臣が認める場合にあつては、厚生労働大臣又は都道府県知事が行うものとする。この場合においては、第二十条第七項において準用する同法の規定中都道府県知事に関する規定

(当該事務に係るものに限る。)は、厚生労働大臣に関する規定として厚生労働大臣に適用があるものとする。

2　前項の場合において、厚生労働大臣又は都道府県知事が当該事務を行うときは、相互に密接な連携の下に行うものとする。

(権限の委任)

第二十八条　この法律に規定する厚生労働大臣の権限は、厚生労働省令で定めるところにより、地方厚生局長に委任することができる。

2　前項の規定により地方厚生局長に委任された権限は、厚生労働省令で定めるところにより、地方厚生支局長に委任することができる。

附　則（抄）

(施行期日)

第一条　この法律は、公布の日〔昭和四十年八月十八日〕から起算して六箇月をこえない範囲内において政令で定める日〔昭和四十一年一月一日〕から施行する。

〔参考・未施行分〕

・母子保健法の一部を改正する法律（令和元・一二・六法律六九）

附則

　この法律は、公布の日〔令和元年十二月六日〕から起算して二年を超えない範囲内において政令で定める日から施行する。

雇用の分野における男女の均等な機会及び待遇の確保等に関する法律（抄）

（昭和四七・七・一　法律一一三）

（題名改正＝昭和六〇法律四五、平成九法律九二）

最新改正　令和元法律二四

第一章　総則

(目的)

第一条　この法律は、法の下の平等を保障する日本国憲法の理念にのつとり雇用の分野における男女の均等な機会及び待遇の確保を図るとともに、女性労働者の就業に関して妊娠中及び出産後の健康の確保を図る等の措置を推進することを目的とする。

(基本的理念)

第二条　この法律においては、労働者が性別により差別されることなく、また、女性労働者にあつては母性を尊重されつつ、充実した職業生活を営むことができるようにすることをその基本的理念とする。

2　事業主並びに国及び地方公共団体は、前項に規定する基本的理念に従つて、労働者の職業生活の充実が図られるように努めなければならない。

(啓発活動)

第三条　国及び地方公共団体は、雇用の分野における男女の均等な機会及び待遇の確保等について国民の関心と理解を深めるとともに、特に、雇用の分野における男女の均等な機会及び待遇の確保を妨げている諸要因の解消を図るため、必要な啓発活動を行うものとする。

(男女雇用機会均等対策基本方針)

第四条　厚生労働大臣は、雇用の分野における男女の均等な機会及び待遇の確保等に関する施策の基本となるべき方針（以下「男女雇用機会均等対策基本方針」という。）を定めるものとする。

2　男女雇用機会均等対策基本方針に定める事項は、次のとおりとする。

一　男性労働者及び女性労働者のそれぞれの職業生活の動向に関する事項

二　雇用の分野における男女の均等な機会及び待遇の確保等について講じようとする施策の基本となるべき事項

3　男女雇用機会均等対策基本方針は、男性労働者及び女性労働者のそれぞれの労働条件、意識及び就業の実態等を考慮して定められなければならない。

4　厚生労働大臣は、男女雇用機会均等対策基本方針を定めるに当たつては、あらかじめ、労働政策審議会の意見を聴くほか、都道府県知事の意見を求めるものとする。

5　厚生労働大臣は、男女雇用機会均等対策基本方針を定めたときは、遅滞なく、その概要を公表するものとする。

6　前二項の規定は、男女雇用機会均等対策基本方針の変更について準用する。

第二章　雇用の分野における男女の均等な機会及び待遇の確保等

第一節　性別を理由とする差別の禁止等

（性別を理由とする差別の禁止）

第五条　事業主は、労働者の募集及び採用について、その性別にかかわりなく均等な機会を与えなければならない。

第六条　事業主は、次に掲げる事項について、労働者の性別を理由として、差別的取扱いをしてはならない。

一　労働者の配置（業務の配分及び権限の付与を含む。）、昇進、降格及び教育訓練

二　住宅資金の貸付けその他これに準ずる福利厚生の措置であつて厚生労働省令で定めるもの

三　労働者の職種及び雇用形態の変更

四　退職の勧奨、定年及び解雇並びに労働契約の更新

（性別以外の事由を要件とする措置）

第七条　事業主は、募集及び採用並びに前条各号に掲げる事項に関する措置であつて労働者の性別以外の事由を要件とするもののうち、措置の要件を満たす男性及び女性の比率その他の事情を勘案して実質的に性別を理由とする差別となるおそれがある措置として厚生労働省令で定めるものについては、当該措置の対象となる業務の性質に照らして当該措置の実施が当該業務の遂行上特に必要である場合、事業の運営の状況に照らして当該措置の実施が雇用管理上特に必要である場合その他の合理的な理由がある場合でなければ、これを講じてはならない。

（女性労働者に係る措置に関する特例）

第八条　前三条の規定は、事業主が、雇用の分野における男女の均等な機会及び待遇の確保の支障となつている事情を改善することを目的として女性労働者に関して行う措置を講ずることを妨げるものではない。

（婚姻、妊娠、出産等を理由とする不利益取扱いの禁止等）

第九条　事業主は、女性労働者が婚姻し、妊娠し、又は出産したことを退職理由として予定する定めをしてはならない。

2　事業主は、女性労働者が婚姻したことを理由として、解雇してはならない。

3　事業主は、その雇用する女性労働者が妊娠したこと、出産したこと、労働基準法（昭和二十二年法律第四十九号）第六十五条第一項の規定による休業を請求し、又は同項若しくは同条第二項の規定による休業をしたことその他の妊娠又は出産に関する事由であつて厚生労働省令で定めるものを理由として、当該女性労働者に対して解雇その他不利益な取扱いをしてはならない。

4　妊娠中の女性労働者及び出産後一年を経過しない女性労働者に対してなされた解雇は、無効とする。ただし、事業主が当該解雇が前項に規定する事由を理由とする解雇でないことを証明したときは、この限りでない。

第二節　事業主の講ずべき措置等

（職場における性的な言動に起因する問題に関する雇用管理上の措置等）

第十一条　事業主は、職場において行われる性的な言動に対するその雇用する労働者の対応により当該労働者がその労働条件につき不利益を受け、又は当該性的な言動により当該労働者の就業環境が害されることのないよう、当該労働者からの相談に応じ、適切に対応するために必要な体制の整備その他の雇用管理上必要な措置を講じなければならない。

2　事業主は、労働者が前項の相談を行つたこと又は事業主による当該相談への対応に協力した際に事実を述べたことを理由として、当該労働者に対して解雇その他不利益な取扱いをしてはならない。

3　事業主は、他の事業主から当該事業主の講ずる第一項の措置の実施に関し必要な協力を求められた場合には、これに応ずるように努めなければならない。

4　厚生労働大臣は、前三項の規定に基づき事業主が講ずべき措置等に関して、その適

切かつ有効な実施を図るために必要な指針（次項において「指針」という。）を定めるものとする。

5　第四条第四項及び第五項の規定は、指針の策定及び変更について準用する。この場合において、同条第四項中「聴くほか、都道府県知事の意見を求める」とあるのは、「聴く」と読み替えるものとする。

（職場における性的な言動に起因する問題に関する国、事業主及び労働者の責務）

第十一条の二　国は、前条第一項に規定する不利益を与える行為又は労働者の就業環境を害する同項に規定する言動を行つてはならないことその他当該言動に起因する問題（以下この条において「性的言動問題」という。）に対する事業主その他国民一般の関心と理解を深めるため、広報活動、啓発活動その他の措置を講ずるように努めなければならない。

2　事業主は、性的言動問題に対するその雇用する労働者の関心と理解を深めるとともに、当該労働者が他の労働者に対する言動に必要な注意を払うよう、研修の実施その他の必要な配慮をするほか、国の講ずる前項の措置に協力するように努めなければならない。

3　事業主（その者が法人である場合にあつては、その役員）は、自らも、性的言動問題に対する関心と理解を深め、労働者に対する言動に必要な注意を払うように努めなければならない。

4　労働者は、性的言動問題に対する関心と理解を深め、他の労働者に対する言動に必要な注意を払うとともに、事業主の講ずる前条第一項の措置に協力するように努めなければならない。

（職場における妊娠、出産等に関する言動に起因する問題に関する雇用管理上の措置等）

第十一条の三　事業主は、職場において行われるその雇用する女性労働者に対する当該女性労働者が妊娠したこと、出産したこと、労働基準法第六十五条第一項の規定による休業を請求し、又は同項若しくは同条第二項の規定による休業をしたことその他の妊娠又は出産に関する事由であつて厚生労働省令で定めるものに関する言動により当該女性労働者の就業環境が害されることのないよう、当該女性労働者からの相談に応じ、適切に対応するために必要な体制の整備その他の雇用管理上必要な措置を講じなければならない。

2　第十一条第二項の規定は、労働者が前項の相談を行い、又は事業主による当該相談への対応に協力した際に事実を述べた場合について準用する。

3　厚生労働大臣は、前二項の規定に基づき事業主が講ずべき措置等に関して、その適切かつ有効な実施を図るために必要な指針（次項において「指針」という。）を定めるものとする。

4　第四条第四項及び第五項の規定は、指針の策定及び変更について準用する。この場合において、同条第四項中「聴くほか、都道府県知事の意見を求める」とあるのは、「聴く」と読み替えるものとする。

（職場における妊娠、出産等に関する言動に起因する問題に関する国、事業主及び労働者の責務）

第十一条の四　国は、労働者の就業環境を害する前条第一項に規定する言動を行つてはならないことその他当該言動に起因する問題（以下この条において「妊娠・出産等関係言動問題」という。）に対する事業主その他国民一般の関心と理解を深めるため、広報活動、啓発活動その他の措置を講ずるように努めなければならない。

2　事業主は、妊娠・出産等関係言動問題に対するその雇用する労働者の関心と理解を深めるとともに、当該労働者が他の労働者に対する言動に必要な注意を払うよう、研修の実施その他の必要な配慮をするほか、国の講ずる前項の措置に協力するように努めなければならない。

3　事業主（その者が法人である場合にあつては、その役員）は、自らも、妊娠・出産等関係言動問題に対する関心と理解を深め、労働者に対する言動に必要な注意を払うように努めなければならない。

4　労働者は、妊娠・出産等関係言動問題に対する関心と理解を深め、他の労働者に対する言動に必要な注意を払うとともに、事業主の講ずる前条第一項の措置に協力するように努めなければならない。

（妊娠中及び出産後の健康管理に関する措置）

第十二条　事業主は、厚生労働省令で定めるところにより、その雇用する女性労働者が母子保健法（昭和四十年法律第百四十一号）の規定による保健指導又は健康診査を受けるために必要な時間を確保することができるようにしなければならない。

第十三条　事業主は、その雇用する女性労働者が前条の保健指導又は健康診査に基づく指導事項を守ることができるようにするため、勤務時間の変更、勤務の軽減等必要な措置を講じなければならない。

2　厚生労働大臣は、前項の規定に基づき事業主が講ずべき措置に関して、その適切かつ有効な実施を図るために必要な指針（次項において「指針」という。）を定めるものとする。

3　第四条第四項及び第五項の規定は、指針の策定及び変更について準用する。この場合において、同条第四項中「聴くほか、都道府県知事の意見を求める」とあるのは、「聴く」と読み替えるものとする。

第三章　紛争の解決

第二節　調停

（調停の委任）

第十八条　都道府県労働局長は、第十六条に規定する紛争（労働者の募集及び採用についての紛争を除く。）について、当該紛争の当事者（以下「関係当事者」という。）の双方又は一方から調停の申請があつた場合において当該紛争の解決のために必要があると認めるときは、個別労働関係紛争の解決の促進に関する法律第六条第一項の紛争調整委員会（以下「委員会」という。）に調停を行わせるものとする。

2　第十一条第二項の規定は、労働者が前項の申請をした場合について準用する。

附　則（抄）

（施行期日）

1　この法律は、公布の日〔昭和四十七年七月一日〕から施行する。

育児休業、介護休業等育児又は家族介護を行う労働者の福祉に関する法律（抄）

（平成三・五・一五　法律七六）

（題名改正＝平成七法律一〇七）

最新改正　令和元法律二四

第一章　総則

（目的）

第一条　この法律は、育児休業及び介護休業に関する制度並びに子の看護休暇及び介護休暇に関する制度を設けるとともに、子の養育及び家族の介護を容易にするため所定労働時間等に関し事業主が講ずべき措置を定めるほか、子の養育又は家族の介護を行う労働者等に対する支援措置を講ずること等により、子の養育又は家族の介護を行う労働者等の雇用の継続及び再就職の促進を図り、もってこれらの者の職業生活と家庭生活との両立に寄与することを通じて、これらの者の福祉の増進を図り、あわせて経済及び社会の発展に資することを目的とする。

（定義）

第二条　この法律（第一号に掲げる用語にあっては、第九条の三並びに第六十一条第三十三項及び第三十六項を除く。）において、次の各号に掲げる用語の意義は、当該各号に定めるところによる。

一　育児休業　労働者（日々雇用される者を除く。以下この条、次章から第八章まで、第二十一条から第二十四条まで、第二十五条第一項、第二十五条の二第一項及び第三項、第二十六条、第二十八条、第二十九条並びに第十一章において同じ。）が、次章に定めるところにより、その子（民法（明治二十九年法律第八十九号）第八百十七条の二第一項の規定により労働者が当該労働者との間における同項に規定する特別養子縁組の成立について家庭裁判所に請求した者（当該請求に係る家事審判事件が裁判所に係属している場合に限る。）であって、当該労働者が現に監護するもの、児童福祉法（昭和二十二年法律第百六十四号）第二十七条第一項第三号の規定により同法第六条の四第二号に規定する養子縁組里親である労働者に委託されている児童及びその他これらに準ずる者として厚生労働省令で定める者に、厚生労働省令で定めるところにより委託されている者を含む。第四号及び第六十一条第三項（同条第六項において準用する場合を含む。）を除き、以下同じ。）を養育するためにする休業をいう。

二　介護休業　労働者が、第三章に定めるところにより、その要介護状態にある対象家族を介護するためにする休業をいう。

三　要介護状態　負傷、疾病又は身体上若しくは精神上の障害により、厚生労働省令で定める期間にわたり常時介護を必要とする状態をいう。

四　対象家族　配偶者（婚姻の届出をしていないが、事実上婚姻関係と同様の事情にある者を含む。以下同じ。）、父母及び子（これらの者に準ずる者として厚生労働省令で定めるものを含む。）並びに配偶者の父母をいう。

五　家族　対象家族その他厚生労働省令で定める親族をいう。

（基本的理念）

第三条　この法律の規定による子の養育又は家族の介護を行う労働者等の福祉の増進は、これらの者がそれぞれ職業生活の全期間を通じてその能力を有効に発揮して充実した職業生活を営むとともに、育児又は介護について家族の一員としての役割を円滑に果たすことができるようにすることをその本旨とする。

2　子の養育又は家族の介護を行うための休業をする労働者は、その休業後における就業を円滑に行うことができるよう必要な努力をするようにしなければならない。

（関係者の責務）

第四条　事業主並びに国及び地方公共団体は、前条に規定する基本的理念に従って、子の養育又は家族の介護を行う労働者等の福祉を増進するように努めなければならない。

第二章　育児休業

（育児休業の申出）

第五条　労働者は、その養育する一歳に満たない子について、その事業主に申し出ることにより、育児休業をすることができる。ただし、期間を定めて雇用される者にあっては、次の各号のいずれにも該当するものに限り、当該申出をすることができる。

一　当該事業主に引き続き雇用された期間が一年以上である者

二　その養育する子が一歳六か月に達する日までに、その労働契約（労働契約が更新される場合にあっては、更新後のもの）が満了することが明らかでない者

2　前項の規定にかかわらず、育児休業（当該育児休業に係る子の出生の日から起算して八週間を経過する日の翌日まで（出産予定日前に当該子が出生した場合にあっては当該出生の日から当該出産予定日から起算して八週間を経過する日の翌日までとし、出産予定日後に当該子が出生した場合にあっては当該出産予定日から当該出生の日から起算して八週間を経過する日の翌日までとする。）の期間内に、労働者（当該期間内に労働基準法（昭和二十二年法律第四十九号）第六十五条第二項の規定により休

業した者を除く。）が当該子を養育するためにした前項の規定による最初の申出によりする育児休業を除く。）をしたことがある労働者は、当該育児休業を開始した日に養育していた子については、厚生労働省令で定める特別の事情がある場合を除き、同項の申出をすることができない。

3　労働者は、その養育する一歳から一歳六か月に達するまでの子について、次の各号のいずれにも該当する場合に限り、その事業主に申し出ることにより、育児休業をすることができる。ただし、期間を定めて雇用される者であってその配偶者が当該子が一歳に達する日（以下「一歳到達日」という。）において育児休業をしているものにあっては、第一項各号のいずれにも該当するものに限り、当該申出をすることができる。

一　当該申出に係る子について、当該労働者又はその配偶者が、当該子の一歳到達日において育児休業をしている場合

二　当該子の一歳到達日後の期間について休業することが雇用の継続のために特に必要と認められる場合として厚生労働省令で定める場合に該当する場合

4　労働者は、その養育する一歳六か月から二歳に達するまでの子について、次の各号のいずれにも該当する場合に限り、その事業主に申し出ることにより、育児休業をすることができる。

一　当該申出に係る子について、当該労働者又はその配偶者が、当該子の一歳六か月に達する日（次号及び第六項において「一歳六か月到達日」という。）において育児休業をしている場合

二　当該子の一歳六か月到達日後の期間について休業することが雇用の継続のために特に必要と認められる場合として厚生労働省令で定める場合に該当する場合

5　第一項ただし書の規定は、前項の申出について準用する。この場合において、第一項第二号中「一歳六か月」とあるのは、「二歳」と読み替えるものとする。

6　第一項、第三項及び第四項の規定による申出（以下「育児休業申出」という。）は、厚生労働省令で定めるところにより、その期間中は育児休業をすることとする一の期間について、その初日（以下「育児休業開始予定日」という。）及び末日（以下「育児休業終了予定日」という。）とする日を明らかにして、しなければならない。この場合において、第三項の規定による申出にあっては当該申出に係る子の一歳到達日の翌日を、第四項の規定による申出にあっては当該申出に係る子の一歳六か月到達日の翌日を、それぞれ育児休業開始予定日としなければならない。

7　第一項ただし書、第二項、第三項ただし書、第五項及び前項後段の規定は、期間を定めて雇用される者であって、その締結する労働契約の期間の末日を育児休業終了予定日（第七条第三項の規定により当該育児休業終了予定日が変更された場合にあっては、その変更後の育児休業終了予定日とされた日）とする育児休業をしているものが、当該育児休業に係る子について、当該労働契約の更新に伴い、当該更新後の労働契約の期間の初日を育児休業開始予定日とする育児休業申出をする場合には、これを適用しない。

（育児休業申出があった場合における事業主の義務等）

第六条　事業主は、労働者からの育児休業申出があったときは、当該育児休業申出を拒むことができない。ただし、当該事業主と当該労働者が雇用される事業所の労働者の過半数で組織する労働組合があるときはその労働組合、その事業所の労働者の過半数で組織する労働組合がないときはその労働者の過半数を代表する者との書面による協定で、次に掲げる労働者のうち育児休業をすることができないものとして定められた労働者に該当する労働者からの育児休業申出があった場合は、この限りでない。

一　当該事業主に引き続き雇用された期間が一年に満たない労働者

二　前号に掲げるもののほか、育児休業をすることができないこととすることについて合理的な理由があると認められる労働者として厚生労働省令で定めるもの

2 前項ただし書の場合において、事業主にその育児休業申出を拒まれた労働者は、前条第一項、第三項及び第四項の規定にかかわらず、育児休業をすることができない。

3 事業主は、労働者からの育児休業申出があった場合において、当該育児休業申出に係る育児休業開始予定日とされた日が当該育児休業申出があった日の翌日から起算して一月（前条第三項又は第四項の規定による申出にあっては二週間）を経過する日（以下この項において「一月等経過日」という。）前の日であるときは、厚生労働省令で定めるところにより、当該育児休業開始予定日とされた日から当該一月等経過日（当該育児休業申出があった日までに、出産予定日前に子が出生したことその他の厚生労働省令で定める事由が生じた場合にあっては、当該一月等経過日前の日で厚生労働省令で定める日）までの間のいずれかの日を当該育児休業開始予定日として指定することができる。

4 第一項ただし書及び前項の規定は、労働者が前条第七項に規定する育児休業申出をする場合には、これを適用しない。

（**育児休業開始予定日の変更の申出等**）

第七条 第五条第一項の規定による申出をした労働者は、その後当該申出に係る育児休業開始予定日とされた日（前条第三項の規定による事業主の指定があった場合にあっては、当該事業主の指定した日。以下この項において同じ。）の前日までに、前条第三項の厚生労働省令で定める事由が生じた場合には、その事業主に申し出ることにより、当該申出に係る育児休業開始予定日を一回に限り当該育児休業開始予定日とされた日前の日に変更することができる。

2 事業主は、前項の規定による労働者からの申出があった場合において、当該申出に係る変更後の育児休業開始予定日とされた日が当該申出があった日の翌日から起算して一月を超えない範囲内で厚生労働省令で定める期間を経過する日（以下この項において「期間経過日」という。）前の日であるときは、厚生労働省令で定めるところにより、当該申出に係る変更後の育児休業開始予定日とされた日から当該期間経過日（その日が当該申出に係る変更前の育児休業開始予定日とされていた日（前条第三項の規定による事業主の指定があった場合にあっては、当該事業主の指定した日。以下この項において同じ。）以後の日である場合にあっては、当該申出に係る変更前の育児休業開始予定日とされていた日）までの間のいずれかの日を当該労働者に係る育児休業開始予定日として指定することができる。

3 育児休業申出をした労働者は、厚生労働省令で定める日までにその事業主に申し出ることにより、当該育児休業申出に係る育児休業終了予定日を一回に限り当該育児休業終了予定日とされた日後の日に変更することができる。

（**育児休業期間**）

第九条 育児休業申出をした労働者がその期間中は育児休業をすることができる期間（以下「育児休業期間」という。）は、育児休業開始予定日とされた日から育児休業終了予定日とされた日（第七条第三項の規定により当該育児休業終了予定日が変更された場合にあっては、その変更後の育児休業終了予定日とされた日。次項において同じ。）までの間とする。

2 次の各号に掲げるいずれかの事情が生じた場合には、育児休業期間は、前項の規定にかかわらず、当該事情が生じた日（第三号に掲げる事情が生じた場合にあっては、その前日）に終了する。

一 育児休業終了予定日とされた日の前日までに、子の死亡その他の労働者が育児休業申出に係る子を養育しないこととなった事由として厚生労働省令で定める事由が生じたこと。

二 育児休業終了予定日とされた日の前日までに、育児休業申出に係る子が一歳（第五条第三項の規定による申出により育児休業をしている場合にあっては一歳六か月、同条第四項の規定による申出により育児休業をしている場合にあっては二歳）に達したこと。

三 育児休業終了予定日とされた日まで

に、育児休業申出をした労働者について、労働基準法第六十五条第一項若しくは第二項の規定により休業する期間、第十五条第一項に規定する介護休業期間又は新たな育児休業期間が始まったこと。

3　前条第三項後段の規定は、前項第一号の厚生労働省令で定める事由が生じた場合について準用する。

（同一の子について配偶者が育児休業をする場合の特例）

第九条の二　労働者の養育する子について、当該労働者の配偶者が当該子の一歳到達日以前のいずれかの日において当該子を養育するために育児休業をしている場合における第二章から第五章まで、第二十四条第一項及び第十二章の規定の適用については、第五条第一項中「一歳に満たない子」とあるのは「一歳に満たない子（第九条の二第一項の規定により読み替えて適用するこの項の規定により育児休業をする場合にあっては、一歳二か月に満たない子）」と、同条第三項ただし書中「一歳に達する日（以下「一歳到達日」という。）」とあるのは「一歳に達する日（以下「一歳到達日」という。）（当該配偶者が第九条の二第一項の規定により読み替えて適用する第一項の規定によりした申出に係る第九条第一項（第九条の二第一項の規定により読み替えて適用する場合を含む。）に規定する育児休業終了予定日とされた日が当該子の一歳到達日後である場合にあっては、当該育児休業終了予定日とされた日）」と、同項第一号中「又はその配偶者が、当該子の一歳到達日」とあるのは「が当該子の一歳到達日（当該労働者が第九条の二第一項の規定により読み替えて適用する第一項の規定によりした申出に係る第九条第一項（第九条の二第一項の規定により読み替えて適用する場合を含む。）に規定する育児休業終了予定日とされた日が当該子の一歳到達日後である場合にあっては、当該育児休業終了予定日とされた日）において育児休業をしている場合又は当該労働者の配偶者が当該子の一歳到達日（当該配偶者が第九条の二第一項の規定により読み替えて適用する第一項の規定によりした申出に係る第九条第一項（第九条の二第一項の規定により読み替えて適用する場合を含む。）に規定する育児休業終了予定日とされた日が当該子の一歳到達日後である場合にあっては、当該育児休業終了予定日とされた日）」と、同条第六項中「一歳到達日」とあるのは「一歳到達日（当該子を養育する労働者又はその配偶者が第九条の二第一項の規定により読み替えて適用する第一項の規定によりした申出に係る第九条第一項（第九条の二第一項の規定により読み替えて適用する場合を含む。）に規定する育児休業終了予定日とされた日が当該子の一歳到達日後である場合にあっては、当該育児休業終了予定日とされた日（当該労働者に係る育児休業終了予定日とされた日と当該配偶者に係る育児休業終了予定日とされた日が異なるときは、そのいずれかの日））」と、前条第一項中「変更後の育児休業終了予定日とされた日。次項」とあるのは「変更後の育児休業終了予定日とされた日。次項（次条第一項の規定により読み替えて適用する場合を含む。）において同じ。）（当該育児休業終了予定日とされた日が当該育児休業開始予定日とされた日から起算して育児休業等可能日数（当該育児休業に係る子の出生した日から当該子の一歳到達日までの日数をいう。）から育児休業等取得日数（当該子の出生した日以後当該労働者が労働基準法第六十五条第一項又は第二項の規定により休業した日数と当該子について育児休業をした日数を合算した日数をいう。）を差し引いた日数を経過する日より後の日であるときは、当該経過する日。次項（次条第一項の規定により読み替えて適用する場合を含む。）」と、同条第二項第二号中「第五条第三項」とあるのは「次条第一項の規定により読み替えて適用する第五条第一項の規定による申出により育児休業をしている場合にあっては一歳二か月、同条第三項（次条第一項の規定により読み替えて適用する場合を含む。）」と、第二十四条第一項第一号中「一歳（」とあるのは「一歳（当該労働者が第九条の二第一項の規定により読み替えて適用する第五条第一項の規定による申出をすることができる場合にあっては一歳二か月」と、「、一歳六か月」とあるのは「一歳六か月」とするほか、必要な技術的読替えは、厚生労働省令で定める。

2　前項の規定は、同項の規定を適用した場合の第五条第一項の規定による申出に係る育児休業開始予定日とされた日が、当該育児休業に係る子の一歳到達日の翌日後である場合又は前項の場合における当該労働者の配偶者がしている育児休業に係る育児休業期間の初日前である場合には、これを適用しない。

（公務員である配偶者がする育児休業に関する規定の適用）

第九条の三　第五条第三項及び第四項並びに前条の規定の適用については、労働者の配偶者が国会職員の育児休業等に関する法律（平成三年法律第百八号）第三条第二項、国家公務員の育児休業等に関する法律（平成三年法律第百九号）第三条第二項（同法第二十七条第一項及び裁判所職員臨時措置法（昭和二十六年法律第二百九十九号）（第七号に係る部分に限る。）において準用する場合を含む。）、地方公務員の育児休業等に関する法律（平成三年法律第百十号）第二条第二項又は裁判官の育児休業に関する法律（平成三年法律第百十一号）第二条第二項の規定によりする請求及び当該請求に係る育児休業は、それぞれ第五条第一項又は第三項の規定によりする申出及び当該申出によりする育児休業とみなす。

（不利益取扱いの禁止）

第十条　事業主は、労働者が育児休業申出をし、又は育児休業をしたことを理由として、当該労働者に対して解雇その他不利益な取扱いをしてはならない。

第三章　介護休業

（介護休業の申出）

第十一条　労働者は、その事業主に申し出ることにより、介護休業をすることができる。ただし、期間を定めて雇用される者にあっては、次の各号のいずれにも該当するものに限り、当該申出をすることができる。

一　当該事業主に引き続き雇用された期間が一年以上である者

二　第三項に規定する介護休業開始予定日から起算して九十三日を経過する日から六月を経過する日までに、その労働契約（労働契約が更新される場合にあっては、更新後のもの）が満了することが明らかでない者

2　前項の規定にかかわらず、介護休業をしたことがある労働者は、当該介護休業に係る対象家族が次の各号のいずれかに該当する場合には、当該対象家族については、同項の規定による申出をすることができない。

一　当該対象家族について三回の介護休業をした場合

二　当該対象家族について介護休業をした日数（介護休業を開始した日から介護休業を終了した日までの日数とし、二回以上の介護休業をした場合にあっては、介護休業ごとに、当該介護休業を開始した日から当該介護休業を終了した日までの日数を合算して得た日数とする。第十五条第一項において「介護休業日数」という。）が九十三日に達している場合

3　第一項の規定による申出（以下「介護休業申出」という。）は、厚生労働省令で定めるところにより、介護休業申出に係る対象家族が要介護状態にあることを明らかにし、かつ、その期間中は当該対象家族に係る介護休業をすることとする一の期間について、その初日（以下「介護休業開始予定日」という。）及び末日（以下「介護休業終了予定日」という。）とする日を明らかにして、しなければならない。

4　第一項ただし書及び第二項（第二号を除く。）の規定は、期間を定めて雇用される者であって、その締結する労働契約の期間の末日を介護休業終了予定日（第十三条において準用する第七条第三項の規定により当該介護休業終了予定日が変更された場合にあっては、その変更後の介護休業終了予定日とされた日）とする介護休業をしているものが、当該介護休業に係る対象家族について、当該労働契約の更新に伴い、当該

更新後の労働契約の期間の初日を介護休業開始予定日とする介護休業申出をする場合には、これを適用しない。

（介護休業申出があった場合における事業主の義務等）

第十二条　事業主は、労働者からの介護休業申出があったときは、当該介護休業申出を拒むことができない。

2　第六条第一項ただし書及び第二項の規定は、労働者からの介護休業申出があった場合について準用する。この場合において、同項中「前項ただし書」とあるのは「第十二条第二項において準用する前項ただし書」と、「前条第一項及び第三項」とあるのは「第十一条第一項」と読み替えるものとする。

3　事業主は、労働者からの介護休業申出があった場合において、当該介護休業申出に係る介護休業開始予定日とされた日が当該介護休業申出があった日の翌日から起算して二週間を経過する日（以下この項において「二週間経過日」という。）前の日であるときは、厚生労働省令で定めるところにより、当該介護休業開始予定日とされた日から当該二週間経過日までの間のいずれかの日を当該介護休業開始予定日として指定することができる。

4　前二項の規定は、労働者が前条第四項に規定する介護休業申出をする場合には、これを適用しない。

（介護休業終了予定日の変更の申出）

第十三条　第七条第三項の規定は、介護休業終了予定日の変更の申出について準用する。

（介護休業期間）

第十五条　介護休業申出をした労働者がその期間中は介護休業をすることができる期間（以下「介護休業期間」という。）は、当該介護休業申出に係る介護休業開始予定日とされた日から介護休業終了予定日とされた日（その日が当該介護休業開始予定日とされた日から起算して九十三日から当該労働者の当該介護休業申出に係る対象家族についての介護休業日数を差し引いた日数を経過する日より後の日であるときは、当該経過する日。第三項において同じ。）までの間とする。

2　この条において、介護休業終了予定日とされた日とは、第十三条において準用する第七条第三項の規定により当該介護休業終了予定日が変更された場合にあっては、その変更後の介護休業終了予定日とされた日をいう。

3　次の各号に掲げるいずれかの事情が生じた場合には、介護休業期間は、第一項の規定にかかわらず、当該事情が生じた日（第二号に掲げる事情が生じた場合にあっては、その前日）に終了する。

一　介護休業終了予定日とされた日の前日までに、対象家族の死亡その他の労働者が介護休業申出に係る対象家族を介護しないこととなった事由として厚生労働省令で定める事由が生じたこと。

二　介護休業終了予定日とされた日までに、介護休業申出をした労働者について、労働基準法第六十五条第一項若しくは第二項の規定により休業する期間、育児休業期間又は新たな介護休業期間が始まったこと。

4　第八条第三項後段の規定は、前項第一号の厚生労働省令で定める事由が生じた場合について準用する。

（準用）

第十六条　第十条の規定は、介護休業申出及び介護休業について準用する。

第四章　子の看護休暇

（子の看護休暇の申出）

第十六条の二　小学校就学の始期に達するまでの子を養育する労働者は、その事業主に申し出ることにより、一の年度において五労働日（その養育する小学校就学の始期に達するまでの子が二人以上の場合にあっては、十労働日）を限度として、負傷し、若しくは疾病にかかった当該子の世話又は疾病の予防を図るために必要なものとして厚生労働省令で定める当該子の世話を行うための休暇（以下「子の看護休暇」という。）を取得することができる。

2　子の看護休暇は、一日の所定労働時間が短い労働者として厚生労働省令で定めるもの以外の者は、厚生労働省令で定めるところにより、厚生労働省令で定める一日未満の単位で取得することができる。

3　第一項の規定による申出は、厚生労働省令で定めるところにより、子の看護休暇を取得する日（前項の厚生労働省令で定める一日未満の単位で取得するときは子の看護休暇の開始及び終了の日時）を明らかにして、しなければならない。

4　第一項の年度は、事業主が別段の定めをする場合を除き、四月一日に始まり、翌年三月三十一日に終わるものとする。

（子の看護休暇の申出があった場合における事業主の義務等）

第十六条の三　事業主は、労働者からの前条第一項の規定による申出があったときは、当該申出を拒むことができない。

2　第六条第一項ただし書及び第二項の規定は、労働者からの前条第一項の規定による申出があった場合について準用する。この場合において、第六条第一項第一号中「一年」とあるのは「六月」と、同項第二号中「定めるもの」とあるのは「定めるもの又は業務の性質若しくは業務の実施体制に照らして、第十六条の二第二項の厚生労働省令で定める一日未満の単位で子の看護休暇を取得することが困難と認められる業務に従事する労働者（同項の規定による厚生労働省令で定める一日未満の単位で取得しようとする者に限る。）」と、同条第二項中「前項ただし書」とあるのは「第十六条の三第二項において準用する前項ただし書」と、「前条第一項及び第三項」とあるのは「第十六条の二第一項」と読み替えるものとする。

（準用）

第十六条の四　第十条の規定は、第十六条の二第一項の規定による申出及び子の看護休暇について準用する。

第五章　介護休暇

（介護休暇の申出）

第十六条の五　要介護状態にある対象家族の介護その他の厚生労働省令で定める世話を行う労働者は、その事業主に申し出ることにより、一の年度において五労働日（要介護状態にある対象家族が二人以上の場合にあっては、十労働日）を限度として、当該世話を行うための休暇（以下「介護休暇」という。）を取得することができる。

2　介護休暇は、一日の所定労働時間が短い労働者として厚生労働省令で定めるもの以外の者は、厚生労働省令で定めるところにより、厚生労働省令で定める一日未満の単位で取得することができる。

3　第一項の規定による申出は、厚生労働省令で定めるところにより、当該申出に係る対象家族が要介護状態にあること及び介護休暇を取得する日（前項の厚生労働省令で定める一日未満の単位で取得するときは介護休暇の開始及び終了の日時）を明らかにして、しなければならない。

4　第一項の年度は、事業主が別段の定めをする場合を除き、四月一日に始まり、翌年三月三十一日に終わるものとする。

（介護休暇の申出があった場合における事業主の義務等）

第十六条の六　事業主は、労働者からの前条第一項の規定による申出があったときは、当該申出を拒むことができない。

2　第六条第一項ただし書及び第二項の規定は、労働者からの前条第一項の規定による申出があった場合について準用する。この場合において、第六条第一項第一号中「一年」とあるのは「六月」と、同項第二号中「定めるもの」とあるのは「定めるもの又は業務の性質若しくは業務の実施体制に照らして、第十六条の五第二項の厚生労働省令で定める一日未満の単位で介護休暇を取得することが困難と認められる業務に従事する労働者（同項の規定による厚生労働省令で定める一日未満の単位で取得しようとする者に限る。）」と、同条第二項中「前項ただし書」とあるのは「第十六条の六第二項において準用する前項ただし書」と、「前条第一項及び第三項」とあるのは「第十六条の五第一項」と読み替えるものとする。

（準用）

第十六条の七　第十条の規定は、第十六条の五第一項の規定による申出及び介護休暇について準用する。

第六章　所定外労働の制限

第十六条の八　事業主は、三歳に満たない子を養育する労働者であって、当該事業主と当該労働者が雇用される事業所の労働者の過半数で組織する労働組合があるときはその労働組合、その事業所の労働者の過半数で組織する労働組合がないときはその労働者の過半数を代表する者との書面による協定で、次に掲げる労働者のうちこの項本文の規定による請求をできないものとして定められた労働者に該当しない労働者が当該子を養育するために請求した場合においては、所定労働時間を超えて労働させてはならない。ただし、事業の正常な運営を妨げる場合は、この限りでない。

一　当該事業主に引き続き雇用された期間が一年に満たない労働者

二　前号に掲げるもののほか、当該請求をできないこととすることについて合理的な理由があると認められる労働者として厚生労働省令で定めるもの

2　前項の規定による請求は、厚生労働省令で定めるところにより、その期間中は所定労働時間を超えて労働させてはならないこととなる一の期間（一月以上一年以内の期間に限る。第四項において「制限期間」という。）について、その初日（以下この条において「制限開始予定日」という。）及び末日（第四項において「制限終了予定日」という。）とする日を明らかにして、制限開始予定日の一月前までにしなければならない。この場合において、この項前段に規定する制限期間については、第十七条第二項前段（第十八条第一項において準用する場合を含む。）に規定する制限期間と重複しないようにしなければならない。

3　第一項の規定による請求がされた後制限開始予定日とされた日の前日までに、子の死亡その他の労働者が当該請求に係る子の養育をしないこととなった事由として厚生労働省令で定める事由が生じたときは、当該請求は、されなかったものとみなす。この場合において、労働者は、その事業主に対して、当該事由が生じた旨を遅滞なく通知しなければならない。

4　次の各号に掲げるいずれかの事情が生じた場合には、制限期間は、当該事情が生じた日（第三号に掲げる事情が生じた場合にあっては、その前日）に終了する。

一　制限終了予定日とされた日の前日までに、子の死亡その他の労働者が第一項の規定による請求に係る子を養育しないこととなった事由として厚生労働省令で定める事由が生じたこと。

二　制限終了予定日とされた日の前日までに、第一項の規定による請求に係る子が三歳に達したこと。

三　制限終了予定日とされた日までに、第一項の規定による請求をした労働者について、労働基準法第六十五条第一項若しくは第二項の規定により休業する期間、育児休業期間又は介護休業期間が始まったこと。

5　第三項後段の規定は、前項第一号の厚生労働省令で定める事由が生じた場合について準用する。

第十六条の九　前条第一項から第三項まで及び第四項（第二号を除く。）の規定は、要介護状態にある対象家族を介護する労働者について準用する。この場合において、同条第一項中「当該子を養育する」とあるのは「当該対象家族を介護する」と、同条第三項及び第四項第一号中「子」とあるのは「対象家族」と、「養育」とあるのは「介護」と読み替えるものとする。

2　前条第三項後段の規定は、前項において準用する同条第四項第一号の厚生労働省令で定める事由が生じた場合について準用する。

第十六条の十　事業主は、労働者が第十六条の八第一項（前条第一項において準用する場合を含む。以下この条において同じ。）の規定による請求をし、又は第十六条の八第一項の規定により当該事業主が当該請求をした労働者について所定労働時間を超えて労働させてはならない場合に当該労働者が所定労働時間を超えて労働しなかったこ

とを理由として、当該労働者に対して解雇その他不利益な取扱いをしてはならない。

第七章　時間外労働の制限

第十七条　事業主は、労働基準法第三十六条第一項の規定により同項に規定する労働時間（以下この条において単に「労働時間」という。）を延長することができる場合において、小学校就学の始期に達するまでの子を養育する労働者であって次の各号のいずれにも該当しないものが当該子を養育するために請求したときは、制限時間（一月について二十四時間、一年について百五十時間をいう。次項及び第十八条の二において同じ。）を超えて労働時間を延長してはならない。ただし、事業の正常な運営を妨げる場合は、この限りでない。

一　当該事業主に引き続き雇用された期間が一年に満たない労働者

二　前号に掲げるもののほか、当該請求をできないこととすることについて合理的な理由があると認められる労働者として厚生労働省令で定めるもの

2　前項の規定による請求は、厚生労働省令で定めるところにより、その期間中は制限時間を超えて労働時間を延長してはならないこととなる一の期間（一月以上一年以内の期間に限る。第四項において「制限期間」という。）について、その初日（以下この条において「制限開始予定日」という。）及び末日（第四項において「制限終了予定日」という。）とする日を明らかにして、制限開始予定日の一月前までにしなければならない。この場合において、この項前段に規定する制限期間については、第十六条の八第二項前段（第十六条の九第一項において準用する場合を含む。）に規定する制限期間と重複しないようにしなければならない。

3　第一項の規定による請求がされた後制限開始予定日とされた日の前日までに、子の死亡その他の労働者が当該請求に係る子の養育をしないこととなった事由として厚生労働省令で定める事由が生じたときは、当該請求は、されなかったものとみなす。この場合において、労働者は、その事業主に対して、当該事由が生じた旨を遅滞なく通知しなければならない。

4　次の各号に掲げるいずれかの事情が生じた場合には、制限時間は、当該事情が生じた日（第三号に掲げる事情が生じた場合にあっては、その前日）に終了する。

一　制限終了予定日とされた日の前日までに、子の死亡その他の労働者が第一項の規定による請求に係る子を養育しないこととなった事由として厚生労働省令で定める事由が生じたこと。

二　制限終了予定日とされた日の前日までに、第一項の規定による請求に係る子が小学校就学の始期に達したこと。

三　制限終了予定日とされた日までに、第一項の規定による請求をした労働者について、労働基準法第六十五条第一項若しくは第二項の規定により休業する期間、育児休業期間又は介護休業期間が始まったこと。

5　第三項後段の規定は、前項第一号の厚生労働省令で定める事由が生じた場合について準用する。

第十八条　前条第一項、第二項、第三項及び第四項（第二号を除く。）の規定は、要介護状態にある対象家族を介護する労働者について準用する。この場合において、同条第一項中「当該子を養育する」とあるのは「当該対象家族を介護する」と、同条第三項及び第四項第一号中「子」とあるのは「対象家族」と、「養育」とあるのは「介護」と読み替えるものとする。

2　前条第三項後段の規定は、前項において準用する同条第四項第一号の厚生労働省令で定める事由が生じた場合について準用する。

第十八条の二　事業主は、労働者が第十七条第一項（前条第一項において準用する場合を含む。以下この条において同じ。）の規定による請求をし、又は第十七条第一項の規定により当該事業主が当該請求をした労働者について制限時間を超えて労働時間を延長してはならない場合に当該労働者が制限時間を超えて労働しなかったことを理由

として、当該労働者に対して解雇その他不利益な取扱いをしてはならない。

第八章　深夜業の制限

第十九条　事業主は、小学校就学の始期に達するまでの子を養育する労働者であって次の各号のいずれにも該当しないものが当該子を養育するために請求した場合においては、午後十時から午前五時までの間（以下この条及び第二十条の二において「深夜」という。）において労働させてはならない。ただし、事業の正常な運営を妨げる場合は、この限りでない。

一　当該事業主に引き続き雇用された期間が一年に満たない労働者

二　当該請求に係る深夜において、常態として当該子を保育することができる当該子の同居の家族その他の厚生労働省令で定める者がいる場合における当該労働者

三　前二号に掲げるもののほか、当該請求をできないこととすることについて合理的な理由があると認められる労働者として厚生労働省令で定めるもの

2～5　〔略〕

第九章　事業主が講ずべき措置等

（育児休業等に関する定めの周知等の措置）

第二十一条　事業主は、育児休業及び介護休業に関して、あらかじめ、次に掲げる事項を定めるとともに、これを労働者に周知させるための措置（労働者若しくはその配偶者が妊娠し、若しくは出産したこと又は労働者が対象家族を介護していることを知ったときに、当該労働者に対し知らせる措置を含む。）を講ずるよう努めなければならない。

一　労働者の育児休業及び介護休業中における待遇に関する事項

二　育児休業及び介護休業後における賃金、配置その他の労働条件に関する事項

三　前二号に掲げるもののほか、厚生労働省令で定める事項

2　事業主は、労働者が育児休業申出又は介護休業申出をしたときは、厚生労働省令で定めるところにより、当該労働者に対し、前項各号に掲げる事項に関する当該労働者に係る取扱いを明示するよう努めなければならない。

（雇用管理等に関する措置）

第二十二条　事業主は、育児休業申出及び介護休業申出並びに育児休業及び介護休業後における就業が円滑に行われるようにするため、育児休業又は介護休業をする労働者が雇用される事業所における労働者の配置その他の雇用管理、育児休業又は介護休業をしている労働者の職業能力の開発及び向上等に関して、必要な措置を講ずるよう努めなければならない。

（所定労働時間の短縮措置等）

第二十三条　事業主は、その雇用する労働者のうち、その三歳に満たない子を養育する労働者であって育児休業をしていないもの（一日の所定労働時間が短い労働者として厚生労働省令で定めるものを除く。）に関して、厚生労働省令で定めるところにより、労働者の申出に基づき所定労働時間を短縮することにより当該労働者が就業しつつ当該子を養育することを容易にするための措置（以下この条及び第二十四条第一項第三号において「育児のための所定労働時間の短縮措置」という。）を講じなければならない。ただし、当該事業主と当該労働者が雇用される事業所の労働者の過半数で組織する労働組合があるときはその労働組合、その事業所の労働者の過半数で組織する労働組合がないときはその労働者の過半数を代表する者との書面による協定で、次に掲げる労働者のうち育児のための所定労働時間の短縮措置を講じないものとして定められた労働者に該当する労働者については、この限りでない。

一　当該事業主に引き続き雇用された期間が一年に満たない労働者

二　前号に掲げるもののほか、所定労働時間の短縮措置を講じないこととすることについて合理的な理由があると認められる労働者として厚生労働省令で定めるもの

三　前二号に掲げるもののほか、業務の性質又は業務の実施体制に照らして、所定

労働時間の短縮措置を講ずることが困難と認められる業務に従事する労働者

2 事業主は、その雇用する労働者のうち、前項ただし書の規定により同項第三号に掲げる労働者であってその三歳に満たない子を養育するものについて育児のための所定労働時間の短縮措置を講じないこととするときは、当該労働者に関して、厚生労働省令で定めるところにより、労働者の申出に基づく育児休業に関する制度に準ずる措置又は労働基準法第三十二条の三第一項の規定により労働させることその他の当該労働者が就業しつつ当該子を養育することを容易にするための措置（第二十四条第一項において「始業時刻変更等の措置」という。）を講じなければならない。

3 事業主は、その雇用する労働者のうち、その要介護状態にある対象家族を介護する労働者であって介護休業をしていないものに関して、厚生労働省令で定めるところにより、労働者の申出に基づく連続する三年の期間以上の期間における所定労働時間の短縮その他の当該労働者が就業しつつその要介護状態にある対象家族を介護することを容易にするための措置（以下この条及び第二十四条第二項において「介護のための所定労働時間の短縮等の措置」という。）を講じなければならない。ただし、当該事業主と当該労働者が雇用される事業所の労働者の過半数で組織する労働組合があるときはその労働組合、その事業所の労働者の過半数で組織する労働組合がないときはその労働者の過半数を代表する者との書面による協定で、次に掲げる労働者のうち介護のための所定労働時間の短縮等の措置を講じないものとして定められた労働者に該当する労働者については、この限りでない。

一 当該事業主に引き続き雇用された期間が一年に満たない労働者

二 前号に掲げるもののほか、介護のための所定労働時間の短縮等の措置を講じないこととすることについて合理的な理由があると認められる労働者として厚生労働省令で定めるもの

4 前項本文の期間は、当該労働者が介護のための所定労働時間の短縮等の措置の利用を開始する日として当該労働者が申し出た日から起算する。

第二十三条の二 事業主は、労働者が前条の規定による申出をし、又は同条の規定により当該労働者に措置が講じられたことを理由として、当該労働者に対して解雇その他不利益な取扱いをしてはならない。

（小学校就学の始期に達するまでの子を養育する労働者等に関する措置）

第二十四条 事業主は、その雇用する労働者のうち、その小学校就学の始期に達するまでの子を養育する労働者に関して、労働者の申出に基づく育児に関する目的のために利用することができる休暇（子の看護休暇、介護休暇及び労働基準法第三十九条の規定による年次有給休暇として与えられるものを除き、出産後の養育について出産前において準備することができる休暇を含む。）を与えるための措置及び次の各号に掲げる当該労働者の区分に応じ当該各号に定める制度又は措置に準じて、それぞれ必要な措置を講ずるよう努めなければならない。

一 その一歳（当該労働者が第五条第三項の規定による申出をすることができる場合にあっては一歳六か月、当該労働者が同条第四項の規定による申出をすることができる場合にあっては二歳。次号において同じ。）に満たない子を養育する労働者（第二十三条第二項に規定する労働者を除く。同号において同じ。）で育児休業をしていないもの　始業時刻変更等の措置

二 その一歳から三歳に達するまでの子を養育する労働者　育児休業に関する制度又は始業時刻変更等の措置

三 その三歳から小学校就学の始期に達するまでの子を養育する労働者　育児休業に関する制度、第十六条の八の規定による所定外労働の制限に関する制度、育児のための所定労働時間の短縮措置又は始業時刻変更等の措置

2 事業主は、その雇用する労働者のうち、その家族を介護する労働者に関して、介護休業若しくは介護休暇に関する制度又は介

護のための所定労働時間の短縮等の措置に準じて、その介護を必要とする期間、回数等に配慮した必要な措置を講ずるように努めなければならない。

（職場における育児休業等に関する言動に起因する問題に関する雇用管理上の措置等）

第二十五条　事業主は、職場において行われるその雇用する労働者に対する育児休業、介護休業その他の子の養育又は家族の介護に関する厚生労働省令で定める制度又は措置の利用に関する言動により当該労働者の就業環境が害されることのないよう、当該労働者からの相談に応じ、適切に対応するために必要な体制の整備その他の雇用管理上必要な措置を講じなければならない。

2　事業主は、労働者が前項の相談を行ったこと又は事業主による当該相談への対応に協力した際に事実を述べたことを理由として、当該労働者に対して解雇その他不利益な取扱いをしてはならない。

（職場における育児休業等に関する言動に起因する問題に関する国、事業主及び労働者の責務）

第二十五条の二　国は、労働者の就業環境を害する前条第一項に規定する言動を行ってはならないことその他当該言動に起因する問題（以下この条において「育児休業等関係言動問題」という。）に対する事業主その他国民一般の関心と理解を深めるため、広報活動、啓発活動その他の措置を講ずるように努めなければならない。

2　事業主は、育児休業等関係言動問題に対するその雇用する労働者の関心と理解を深めるとともに、当該労働者が他の労働者に対する言動に必要な注意を払うよう、研修の実施その他の必要な配慮をするほか、国の講ずる前項の措置に協力するように努めなければならない。

3　事業主（その者が法人である場合にあっては、その役員）は、自らも、育児休業等関係言動問題に対する関心と理解を深め、労働者に対する言動に必要な注意を払うように努めなければならない。

4　労働者は、育児休業等関係言動問題に対する関心と理解を深め、他の労働者に対する言動に必要な注意を払うとともに、事業主の講ずる前条第一項の措置に協力するように努めなければならない。

（労働者の配置に関する配慮）

第二十六条　事業主は、その雇用する労働者の配置の変更で就業の場所の変更を伴うものをしようとする場合において、その就業の場所の変更により就業しつつその子の養育又は家族の介護を行うことが困難となることとなる労働者がいるときは、当該労働者の子の養育又は家族の介護の状況に配慮しなければならない。

（再雇用特別措置等）

第二十七条　事業主は、妊娠、出産若しくは育児又は介護を理由として退職した者（以下「育児等退職者」という。）について、必要に応じ、再雇用特別措置（育児等退職者であって、その退職の際に、その就業が可能となったときに当該退職に係る事業の事業主に再び雇用されることの希望を有する旨の申出をしていたものについて、当該事業主が、労働者の募集又は採用に当たって特別の配慮をする措置をいう。第三十条において同じ。）その他これに準ずる措置を実施するよう努めなければならない。

（指針）

第二十八条　厚生労働大臣は、第二十一条から第二十五条まで、第二十六条及び前条の規定に基づき事業主が講ずべき措置等並びに子の養育又は家族の介護を行い、又は行うこととなる労働者の職業生活と家庭生活との両立が図られるようにするために事業主が講ずべきその他の措置に関して、その適切かつ有効な実施を図るための指針となるべき事項を定め、これを公表するものとする。

（職業家庭両立推進者）

第二十九条　事業主は、厚生労働省令で定めるところにより、第二十一条、第二十二条、第二十三条第一項から第三項まで、第二十五条の二第二項、第二十五条第一項、第二十六条及び第二十七条に定める措置等並びに子の養育又は家族の介護を行い、又は行うこととなる労働者の職業生活と家庭生活との両立が図られるようにす

児童家庭福祉

るために講ずべきその他の措置の適切かつ有効な実施を図るための業務を担当する者を選任するように努めなければならない。

第十章　対象労働者等に対する国等による援助

（事業主等に対する援助）

第三十条　国は、子の養育又は家族の介護を行い、又は行うこととなる労働者（以下「対象労働者」という。）及び育児等退職者（以下「対象労働者等」と総称する。）の雇用の継続、再就職の促進その他これらの者の福祉の増進を図るため、事業主、事業主の団体その他の関係者に対して、対象労働者の雇用される事業所における雇用管理、再雇用特別措置その他の措置についての相談及び助言、給付金の支給その他の必要な援助を行うことができる。

（相談、講習等）

第三十一条　国は、対象労働者に対して、その職業生活と家庭生活との両立の促進等に資するため、必要な指導、相談、講習その他の措置を講ずるものとする。

2　地方公共団体は、国が講ずる前項の措置に準じた措置を講ずるように努めなければならない。

（再就職の援助）

第三十二条　国は、育児等退職者に対して、その希望するときに再び雇用の機会が与えられるようにするため、職業指導、職業紹介、職業能力の再開発の措置その他の措置が効果的に関連して実施されるように配慮するとともに、育児等退職者の円滑な再就職を図るため必要な援助を行うものとする。

（職業生活と家庭生活との両立に関する理解を深めるための措置）

第三十三条　国は、対象労働者等の職業生活と家庭生活との両立を妨げている職場における慣行その他の諸要因の解消を図るため、対象労働者等の職業生活と家庭生活との両立に関し、事業主、労働者その他国民一般の理解を深めるために必要な広報活動その他の措置を講ずるものとする。

（勤労者家庭支援施設）

第三十四条　地方公共団体は、必要に応じ、勤労者家庭支援施設を設置するように努めなければならない。

2　勤労者家庭支援施設は、対象労働者等に対して、職業生活と家庭生活との両立に関し、各種の相談に応じ、及び必要な指導、講習、実習等を行い、並びに休養及びレクリエーションのための便宜を供与する等対象労働者等の福祉の増進を図るための事業を総合的に行うことを目的とする施設とする。

3　厚生労働大臣は、勤労者家庭支援施設の設置及び運営についての望ましい基準を定めるものとする。

4　国は、地方公共団体に対して、勤労者家庭支援施設の設置及び運営に関し必要な助言、指導その他の援助を行うことができる。

（勤労者家庭支援施設指導員）

第三十五条　勤労者家庭支援施設には、対象労働者等に対する相談及び指導の業務を担当する職員（次項において「勤労者家庭支援施設指導員」という。）を置くように努めなければならない。

2　勤労者家庭支援施設指導員は、その業務について熱意と識見を有し、かつ、厚生労働大臣が定める資格を有する者のうちから選任するものとする。

第十一章　紛争の解決

第一節　紛争の解決の援助等

（苦情の自主的解決）

第五十二条の二　事業主は、第二章から第八章まで、第二十三条、第二十三条の二及び第二十六条に定める事項に関し、労働者から苦情の申出を受けたときは、苦情処理機関（事業主を代表する者及び当該事業所の労働者を代表する者を構成員とする当該事業所の労働者の苦情を処理するための機関をいう。）に対し当該苦情の処理をゆだねる等その自主的な解決を図るように努めなければならない。

（紛争の解決の促進に関する特例）

第五十二条の三　第二十五条に定める事項及び前条の事項についての労働者と事業主との間の紛争については、個別労働関係紛争の解決の促進に関する法律（平成十三年法律第百十二号）第四条、第五条及び第十二条から第十九条までの規定は適用せず、次条から第五十二条の六までに定めるところによる。

（紛争の解決の援助）

第五十二条の四　都道府県労働局長は、前条に規定する紛争に関し、当該紛争の当事者の双方又は一方からその解決につき援助を求められた場合には、当該紛争の当事者に対し、必要な助言、指導又は勧告をすることができる。

2　第二十五条第二項の規定は、労働者が前項の援助を求めた場合について準用する。

第二節　調停

（調停の委任）

第五十二条の五　都道府県労働局長は、第五十二条の三に規定する紛争について、当該紛争の当事者の双方又は一方から調停の申請があった場合において当該紛争の解決のために必要があると認めるときは、個別労働関係紛争の解決の促進に関する法律第六条第一項の紛争調整委員会に調停を行わせるものとする。

2　第二十五条第二項の規定は、労働者が前項の申請をした場合について準用する。

（調停）

第五十二条の六　雇用の分野における男女の均等な機会及び待遇の確保等に関する法律（昭和四十七年法律第百十三号）第十九条から第二十六条までの規定は、前条第一項の調停の手続について準用する。この場合において、同法第十九条第一項中「前条第一項」とあるのは「育児休業、介護休業等育児又は家族介護を行う労働者の福祉に関する法律第五十二条の五第一項」と、同法第二十条中「事業場」とあるのは「事業所」と、同法第二十五条第一項中「第十八条第一項」とあるのは「育児休業、介護休業等育児又は家族介護を行う労働者の福祉に関する法律第五十二条の三」と読み替えるものとする。

第十三章　罰則

第六十六条　第五十六条の規定による報告をせず、又は虚偽の報告をした者は、二十万円以下の過料に処する。

附　則（抄）

（施行期日）

第一条　この法律は、平成四年四月一日から施行する。

配偶者からの暴力の防止及び被害者の保護等に関する法律

（平成一三・四・一三法律三一）

（題名改正＝平成二五法律七二）

最新改正　令和元法律四六

我が国においては、日本国憲法に個人の尊重と法の下の平等がうたわれ、人権の擁護と男女平等の実現に向けた取組が行われている。

ところが、配偶者からの暴力は、犯罪となる行為をも含む重大な人権侵害であるにもかかわらず、被害者の救済が必ずしも十分に行われてこなかった。また、配偶者からの暴力の被害者は、多くの場合女性であり、経済的自立が困難である女性に対して配偶者が暴力を加えることは、個人の尊厳を害し、男女平等の実現の妨げとなっている。

このような状況を改善し、人権の擁護と男女平等の実現を図るためには、配偶者からの暴力を防止し、被害者を保護するための施策を講ずることが必要である。このことは、女性に対する暴力を根絶しようと努めている国際社会における取組にも沿うものである。

ここに、配偶者からの暴力に係る通報、相談、保護、自立支援等の体制を整備することにより、配偶者からの暴力の防止及び被害者の保護を図るため、この法律を制定する。

第一章　総則

（定義）

第一条　この法律において「配偶者からの暴力」とは、配偶者からの身体に対する暴力（身体に対する不法な攻撃であって生命又は身体に危害を及ぼすものをいう。以下同じ。）又はこれに準ずる心身に有害な影響を及ぼす言動（以下この項及び第二十八条の二において「身体に対する暴力等」と総称する。）をいい、配偶者からの身体に対する暴力等を受けた後に、その者が離婚をし、又はその婚姻が取り消された場合にあっては、当該配偶者であった者から引き続き受ける身体に対する暴力等を含むものとする。

2　この法律において「被害者」とは、配偶者からの暴力を受けた者をいう。

3　この法律にいう「配偶者」には、婚姻の届出をしていないが事実上婚姻関係と同様の事情にある者を含み、「離婚」には、婚姻の届出をしていないが事実上離婚したと同様の事情にあった者が、事実上離婚したと同様の事情に入ることを含むものとする。

（国及び地方公共団体の責務）

第二条　国及び地方公共団体は、配偶者からの暴力を防止するとともに、被害者の自立を支援することを含め、その適切な保護を図る責務を有する。

第一章の二　基本方針及び都道府県基本計画等

（基本方針）

第二条の二　内閣総理大臣、国家公安委員会、法務大臣及び厚生労働大臣（以下この条及び次条第五項において「主務大臣」という。）は、配偶者からの暴力の防止及び被害者の保護のための施策に関する基本的な方針（以下この条並びに次条第一項及び第三項において「基本方針」という。）を定めなければならない。

2　基本方針においては、次に掲げる事項につき、次条第一項の都道府県基本計画及び同条第三項の市町村基本計画の指針となるべきものを定めるものとする。

一　配偶者からの暴力の防止及び被害者の保護に関する基本的な事項

二　配偶者からの暴力の防止及び被害者の保護のための施策の内容に関する事項

三　その他配偶者からの暴力の防止及び被害者の保護のための施策の実施に関する重要事項

3　主務大臣は、基本方針を定め、又はこれを変更しようとするときは、あらかじめ、関係行政機関の長に協議しなければならない。

4　主務大臣は、基本方針を定め、又はこれを変更したときは、遅滞なく、これを公表しなければならない。

（都道府県基本計画等）

第二条の三　都道府県は、基本方針に即して、当該都道府県における配偶者からの暴力の防止及び被害者の保護のための施策の実施に関する基本的な計画（以下この条において「都道府県基本計画」という。）を定めなければならない。

2　都道府県基本計画においては、次に掲げる事項を定めるものとする。

一　配偶者からの暴力の防止及び被害者の保護に関する基本的な方針

二　配偶者からの暴力の防止及び被害者の保護のための施策の実施内容に関する事項

三　その他配偶者からの暴力の防止及び被害者の保護のための施策の実施に関する重要事項

3　市町村（特別区を含む。以下同じ。）は、基本方針に即し、かつ、都道府県基本計画を勘案して、当該市町村における配偶者からの暴力の防止及び被害者の保護のための施策の実施に関する基本的な計画（以下この条において「市町村基本計画」という。）を定めるよう努めなければならない。

4　都道府県又は市町村は、都道府県基本計画又は市町村基本計画を定め、又は変更したときは、遅滞なく、これを公表しなければならない。

5　主務大臣は、都道府県又は市町村に対し、都道府県基本計画又は市町村基本計画の作成のために必要な助言その他の援助を行うよう努めなければならない。

第二章 配偶者暴力相談支援センター等

（配偶者暴力相談支援センター）

第三条 都道府県は、当該都道府県が設置する婦人相談所その他の適切な施設において、当該各施設が配偶者暴力相談支援センターとしての機能を果たすようにするものとする。

2 市町村は、当該市町村が設置する適切な施設において、当該各施設が配偶者暴力相談支援センターとしての機能を果たすようにするよう努めるものとする。

3 配偶者暴力相談支援センターは、配偶者からの暴力の防止及び被害者の保護のため、次に掲げる業務を行うものとする。

一 被害者に関する各般の問題について、相談に応ずること又は婦人相談員若しくは相談を行う機関を紹介すること。

二 被害者の心身の健康を回復させるため、医学的又は心理学的な指導その他の必要な指導を行うこと。

三 被害者（被害者がその家族を同伴する場合にあっては、被害者及びその同伴する家族。次号、第六号、第五条、第八条の三及び第九条において同じ。）の緊急時における安全の確保及び一時保護を行うこと。

四 被害者が自立して生活することを促進するため、就業の促進、住宅の確保、援護等に関する制度の利用等について、情報の提供、助言、関係機関との連絡調整その他の援助を行うこと。

五 第四章に定める保護命令の制度の利用について、情報の提供、助言、関係機関への連絡その他の援助を行うこと。

六 被害者を居住させ保護する施設の利用について、情報の提供、助言、関係機関との連絡調整その他の援助を行うこと。

4 前項第三号の一時保護は、婦人相談所が、自ら行い、又は厚生労働大臣が定める基準を満たす者に委託して行うものとする。

5 配偶者暴力相談支援センターは、その業務を行うに当たっては、必要に応じ、配偶者からの暴力の防止及び被害者の保護を図るための活動を行う民間の団体との連携に努めるものとする。

（婦人相談員による相談等）

第四条 婦人相談員は、被害者の相談に応じ、必要な指導を行うことができる。

（婦人保護施設における保護）

第五条 都道府県は、婦人保護施設において被害者の保護を行うことができる。

第三章 被害者の保護

（配偶者からの暴力の発見者による通報等）

第六条 配偶者からの暴力（配偶者又は配偶者であった者からの身体に対する暴力に限る。以下この章において同じ。）を受けている者を発見した者は、その旨を配偶者暴力相談支援センター又は警察官に通報するよう努めなければならない。

2 医師その他の医療関係者は、その業務を行うに当たり、配偶者からの暴力によって負傷し又は疾病にかかったと認められる者を発見したときは、その旨を配偶者暴力相談支援センター又は警察官に通報することができる。この場合において、その者の意思を尊重するよう努めるものとする。

3 刑法（明治四十年法律第四十五号）の秘密漏示罪の規定その他の守秘義務に関する法律の規定は、前二項の規定により通報することを妨げるものと解釈してはならない。

4 医師その他の医療関係者は、その業務を行うに当たり、配偶者からの暴力によって負傷し又は疾病にかかったと認められる者を発見したときは、その者に対し、配偶者暴力相談支援センター等の利用について、その有する情報を提供するよう努めなければならない。

（配偶者暴力相談支援センターによる保護についての説明等）

第七条 配偶者暴力相談支援センターは、被害者に関する通報又は相談を受けた場合には、必要に応じ、被害者に対し、第三条第三項の規定により配偶者暴力相談支援センターが行う業務の内容について説明及び助言を行うとともに、必要な保護を受けることを勧奨するものとする。

（警察官による被害の防止）

第八条 警察官は、通報等により配偶者からの暴力が行われていると認めるときは、警察法（昭和二十九年法律第百六十二号）、警察官職務執行法（昭和二十三年法律第百三十六号）その他の法令の定めるところにより、暴力の制止、被害者の保護その他の配偶者からの暴力による被害の発生を防止するために必要な措置を講ずるよう努めなければならない。

（警察本部長等の援助）

第八条の二 警視総監若しくは道府県警察本部長（道警察本部の所在地を包括する方面を除く方面については、方面本部長。第十五条第三項において同じ。）又は警察署長は、配偶者からの暴力を受けている者から、配偶者からの暴力による被害を自ら防止するための援助を受けたい旨の申出があり、その申出を相当と認めるときは、当該配偶者からの暴力を受けている者に対し、国家公安委員会規則で定めるところにより、当該被害を自ら防止するための措置の教示その他配偶者からの暴力による被害の発生を防止するために必要な援助を行うものとする。

（福祉事務所による自立支援）

第八条の三 社会福祉法（昭和二十六年法律第四十五号）に定める福祉に関する事務所（次条において「福祉事務所」という。）は、生活保護法（昭和二十五年法律第百四十四号）、児童福祉法（昭和二十二年法律第百六十四号）、母子及び父子並びに寡婦福祉法（昭和三十九年法律第百二十九号）その他の法令の定めるところにより、被害者の自立を支援するために必要な措置を講ずるよう努めなければならない。

（被害者の保護のための関係機関の連携協力）

第九条 配偶者暴力相談支援センター、都道府県警察、福祉事務所、児童相談所その他の都道府県又は市町村の関係機関その他の関係機関は、被害者の保護を行うに当たっては、その適切な保護が行われるよう、相互に連携を図りながら協力するよう努めるものとする。

（苦情の適切かつ迅速な処理）

第九条の二 前条の関係機関は、被害者の保護に係る職員の職務の執行に関して被害者から苦情の申出を受けたときは、適切かつ迅速にこれを処理するよう努めるものとする。

第四章　保護命令

（保護命令）

第十条 被害者（配偶者からの身体に対する暴力又は生命等に対する脅迫（被害者の生命又は身体に対し害を加える旨を告知してする脅迫をいう。以下この章において同じ。）を受けた者に限る。以下この章において同じ。）が、配偶者からの身体に対する暴力を受けた者である場合にあっては配偶者からの更なる身体に対する暴力（配偶者からの身体に対する暴力を受けた後に、被害者が離婚をし、又はその婚姻が取り消された場合にあっては、当該配偶者であった者から引き続き受ける身体に対する暴力。第十二条第一項第二号において同じ。）により、配偶者からの生命等に対する脅迫を受けた者である場合にあっては配偶者から受ける身体に対する暴力（配偶者からの生命等に対する脅迫を受けた後に、被害者が離婚をし、又はその婚姻が取り消された場合にあっては、当該配偶者であった者から引き続き受ける身体に対する暴力。同号において同じ。）により、その生命又は身体に重大な危害を受けるおそれが大きいときは、裁判所は、被害者の申立てにより、その生命又は身体に危害が加えられることを防止するため、当該配偶者（配偶者からの身体に対する暴力又は生命等に対する脅迫を受けた後に、被害者が離婚をし、又はその婚姻が取り消された場合にあっては、当該配偶者であった者。以下この条、同項第三号及び第四号並びに第十八条第一項において同じ。）に対し、次の各号に掲げる事項を命ずるものとする。ただし、第二号に掲げる事項については、申立ての時において被害者及び当該配偶者が生活の本拠を共にする場合に限る。

一　命令の効力が生じた日から起算して六月間、被害者の住居（当該配偶者と共に生活の本拠としている住居を除く。以下この号において同じ。）その他の場所において被害者の身辺につきまとい、又は被害者の住居、勤務先その他その通常所在する場所の付近をはいかいしてはならないこと。

二　命令の効力が生じた日から起算して二月間、被害者と共に生活の本拠としている住居から退去すること及び当該住居の付近をはいかいしてはならないこと。

2　前項本文に規定する場合において、同項第一号の規定による命令を発する裁判所又は発した裁判所は、被害者の申立てにより、その生命又は身体に危害が加えられることを防止するため、当該配偶者に対し、命令の効力が生じた日以後、同号の規定による命令の効力が生じた日から起算して六月を経過する日までの間、被害者に対して次の各号に掲げるいずれの行為もしてはならないことを命ずるものとする。

一　面会を要求すること。

二　その行動を監視していると思わせるような事項を告げ、又はその知り得る状態に置くこと。

三　著しく粗野又は乱暴な言動をすること。

四　電話をかけて何も告げず、又は緊急やむを得ない場合を除き、連続して、電話をかけ、ファクシミリ装置を用いて送信し、若しくは電子メールを送信すること。

五　緊急やむを得ない場合を除き、午後十時から午前六時までの間に、電話をかけ、ファクシミリ装置を用いて送信し、又は電子メールを送信すること。

六　汚物、動物の死体その他の著しく不快又は嫌悪の情を催させるような物を送付し、又はその知り得る状態に置くこと。

七　その名誉を害する事項を告げ、又はその知り得る状態に置くこと。

八　その性的羞恥心を害する事項を告げ、若しくはその知り得る状態に置き、又はその性的羞恥心を害する文書、図画その他の物を送付し、若しくはその知り得る状態に置くこと。

3　第一項本文に規定する場合において、被害者がその成年に達しない子（以下この項及び次項並びに第十二条第一項第三号において単に「子」という。）と同居しているときであって、配偶者が幼年の子を連れ戻すと疑うに足りる言動を行っていることその他の事情があることから被害者がその同居している子に関して配偶者と面会することを余儀なくされることを防止するため必要があると認めるときは、第一項第一号の規定による命令を発する裁判所又は発した裁判所は、被害者の申立てにより、その生命又は身体に危害が加えられることを防止するため、当該配偶者に対し、命令の効力が生じた日以後、同号の規定による命令の効力が生じた日から起算して六月を経過する日までの間、当該子の住居（当該配偶者と共に生活の本拠としている住居を除く。以下この項において同じ。）、就学する学校その他の場所において当該子の身辺につきまとい、又は当該子の住居、就学する学校その他その通常所在する場所の付近をはいかいしてはならないことを命ずるものとする。ただし、当該子が十五歳以上であるときは、その同意がある場合に限る。

4　第一項本文に規定する場合において、配偶者が被害者の親族その他被害者と社会生活において密接な関係を有する者（被害者と同居している子及び配偶者と同居している者を除く。以下この項及び次項並びに第十二条第一項第四号において「親族等」という。）の住居に押し掛けて著しく粗野又は乱暴な言動を行っていることその他の事情があることから被害者がその親族等に関して配偶者と面会することを余儀なくされることを防止するため必要があると認めるときは、第一項第一号の規定による命令を発する裁判所又は発した裁判所は、被害者の申立てにより、その生命又は身体に危害が加えられることを防止するため、当該配偶者に対し、命令の効力が生じた日以後、同号の規定による命令の効力が生じた日から起算して六月を経過する日までの間、当該親族等の住居（当該配偶者と共に生活の本拠としている住居を除く。以下この項において同じ。）その他の場所において当該親族等の身辺につきまとい、又は当該親族等の住居、勤務先その他その通常所在する場所の付近をはいかいしてはならないことを命ずるものとする。

5　前項の申立ては、当該親族等（被害者の十五歳未満の子を除く。以下この項において同じ。）の同意（当該親族等が十五歳未満の者又は成年被後見人である場合にあっては、その法定代理人の同意）がある場合に限り、することができる。

（管轄裁判所）

第十一条　前条第一項の規定による命令の申立てに係る事件は、相手方の住所（日本国内に住所がないとき又は住所が知れないときは居所）の所在地を管轄する地方裁判所の管轄に属する。

2　前条第一項の規定による命令の申立ては、次の各号に掲げる地を管轄する地方裁判所にもすることができる。

一　申立人の住所又は居所の所在地

二　当該申立てに係る配偶者からの身体に対する暴力又は生命等に対する脅迫が行われた地

（保護命令の申立て）

第十二条　第十条第一項から第四項までの規定による命令（以下「保護命令」という。）の申立ては、次に掲げる事項を記載した書面でしなければならない。

一　配偶者からの身体に対する暴力又は生命等に対する脅迫を受けた状況

二　配偶者からの更なる身体に対する暴力又は生命等に対する脅迫を受けた後の配偶者から受ける身体に対する暴力により、生命又は身体に重大な危害を受けるおそれが大きいと認めるに足りる申立ての時における事情

三　第十条第三項の規定による命令の申立てをする場合にあっては、被害者が当該同居している子に関して配偶者と面会することを余儀なくされることを防止するため当該命令を発する必要があると認めるに足りる申立ての時における事情

四　第十条第四項の規定による命令の申立てをする場合にあっては、被害者が当該親族等に関して配偶者と面会することを余儀なくされることを防止するため当該命令を発する必要があると認めるに足りる申立ての時における事情

五　配偶者暴力相談支援センターの職員又は警察職員に対し、前各号に掲げる事項について相談し、又は援助若しくは保護を求めた事実の有無及びその事実があるときは、次に掲げる事項

イ　当該配偶者暴力相談支援センター又は当該警察職員の所属官署の名称

ロ　相談し、又は援助若しくは保護を求めた日時及び場所

ハ　相談又は求めた援助若しくは保護の内容

ニ　相談又は申立人の求めに対して執られた措置の内容

2　前項の書面（以下「申立書」という。）に同項第五号イからニまでに掲げる事項の記載がない場合には、申立書には、同項第一号から第四号までに掲げる事項についての申立人の供述を記載した書面で公証人法（明治四十一年法律第五十三号）第五十八条ノ二第一項の認証を受けたものを添付しなければならない。

（迅速な裁判）

第十三条　裁判所は、保護命令の申立てに係る事件については、速やかに裁判をするものとする。

（保護命令事件の審理の方法）

第十四条　保護命令は、口頭弁論又は相手方が立ち会うことができる審尋の期日を経なければ、これを発することができない。ただし、その期日を経ることにより保護命令の申立ての目的を達することができない事情があるときは、この限りでない。

2　申立書に第十二条第一項第五号イからニまでに掲げる事項の記載がある場合には、裁判所は、当該配偶者暴力相談支援センター又は当該所属官署の長に対し、申立人が相談し又は援助若しくは保護を求めた際の状況及びこれに対して執られた措置の内容を記載した書面の提出を求めるものとする。この場合において、当該配偶者暴力相

談支援センター又は当該所属官署の長は、これに速やかに応ずるものとする。

3　裁判所は、必要があると認める場合には、前項の配偶者暴力相談支援センター若しくは所属官署の長又は申立人から相談を受け、若しくは援助若しくは保護を求められた職員に対し、同項の規定により書面の提出を求めた事項に関して更に説明を求めることができる。

（保護命令の申立てについての決定等）

第十五条　保護命令の申立てについての決定には、理由を付さなければならない。ただし、口頭弁論を経ないで決定をする場合には、理由の要旨を示せば足りる。

2　保護命令は、相手方に対する決定書の送達又は相手方が出頭した口頭弁論若しくは審尋の期日における言渡しによって、その効力を生ずる。

3　保護命令を発したときは、裁判所書記官は、速やかにその旨及びその内容を申立人の住所又は居所を管轄する警視総監又は道府県警察本部長に通知するものとする。

4　保護命令を発した場合において、申立人が配偶者暴力相談支援センターの職員に対し相談し、又は援助若しくは保護を求めた事実があり、かつ、申立書に当該事実に係る第十二条第一項第五号イからニまでに掲げる事項の記載があるときは、裁判所書記官は、速やかに、保護命令を発した旨及びその内容を、当該申立書に名称が記載された配偶者暴力相談支援センター（当該申立書に名称が記載された配偶者暴力相談支援センターが二以上ある場合にあっては、申立人がその職員に対し相談し、又は援助若しくは保護を求めた日時が最も遅い配偶者暴力相談支援センター）の長に通知するものとする。

5　保護命令は、執行力を有しない。

（即時抗告）

第十六条　保護命令の申立てについての裁判に対しては、即時抗告をすることができる。

2　前項の即時抗告は、保護命令の効力に影響を及ぼさない。

3　即時抗告があった場合において、保護命令の取消しの原因となることが明らかな事情があることにつき疎明があったときに限り、抗告裁判所は、申立てにより、即時抗告についての裁判が効力を生ずるまでの間、保護命令の効力の停止を命ずることができる。事件の記録が原裁判所に存する間は、原裁判所も、この処分を命ずることができる。

4　前項の規定により第十条第一項第一号の規定による命令の効力の停止を命ずる場合において、同条第二項から第四項までの規定による命令が発せられているときは、裁判所は、当該命令の効力の停止をも命じなければならない。

5　前二項の規定による裁判に対しては、不服を申し立てることができない。

6　抗告裁判所が第十条第一項第一号の規定による命令を取り消す場合において、同条第二項から第四項までの規定による命令が発せられているときは、抗告裁判所は、当該命令をも取り消さなければならない。

7　前条第四項の規定による通知がされている保護命令について、第三項若しくは第四項の規定によりその効力の停止を命じたとき又は抗告裁判所がこれを取り消したときは、裁判所書記官は、速やかに、その旨及びその内容を当該通知をした配偶者暴力相談支援センターの長に通知するものとする。

8　前条第三項の規定は、第三項及び第四項の場合並びに抗告裁判所が保護命令を取り消した場合について準用する。

（保護命令の取消し）

第十七条　保護命令を発した裁判所は、当該保護命令の申立てをした者の申立てがあった場合には、当該保護命令を取り消さなければならない。第十条第一項第一号又は第二項から第四項までの規定による命令にあっては同号の規定による命令が効力を生じた日から起算して三月を経過した後において、同条第一項第二号の規定による命令にあっては当該命令が効力を生じた日から起算して二週間を経過した後において、これらの命令を受けた者が申し立て、当該裁判所がこれらの命令の申立てをした者に異議がないことを確認したときも、同様とする。

2　前条第六項の規定は、第十条第一項第一号の規定による命令を発した裁判所が前項の規定により当該命令を取り消す場合について準用する。

3　第十五条第三項及び前条第七項の規定は、前二項の場合について準用する。

（第十条第一項第二号の規定による命令の再度の申立て）

第十八条　第十条第一項第二号の規定による命令が発せられた後に当該発せられた命令の申立ての理由となった身体に対する暴力又は生命等に対する脅迫と同一の事実を理由とする同号の規定による命令の再度の申立てがあったときは、裁判所は、配偶者と共に生活の本拠としている住居から転居しようとする被害者がその責めに帰することのできない事由により当該発せられた命令の効力が生ずる日から起算して二月を経過する日までに当該住居からの転居を完了することができないことその他の同号の規定による命令を再度発する必要があると認めるべき事情があるときに限り、当該命令を発するものとする。ただし、当該命令を発することにより当該配偶者の生活に特に著しい支障を生ずると認めるときは、当該命令を発しないことができる。

2　前項の申立てをする場合における第十二条の規定の適用については、同条第一項各号列記以外の部分中「次に掲げる事項」とあるのは「第一号、第二号及び第五号に掲げる事項並びに第十八条第一項本文の事情」と、同項第五号中「前各号に掲げる事項」とあるのは「第一号及び第二号に掲げる事項並びに第十八条第一項本文の事情」と、同条第二項中「同項第一号から第四号までに掲げる事項」とあるのは「同項第一号及び第二号に掲げる事項並びに第十八条第一項本文の事情」とする。

（事件の記録の閲覧等）

第十九条　保護命令に関する手続について、当事者は、裁判所書記官に対し、事件の記録の閲覧若しくは謄写、その正本、謄本若しくは抄本の交付又は事件に関する事項の証明書の交付を請求することができる。ただし、相手方にあっては、保護命令の申立てに関し口頭弁論若しくは相手方を呼び出す審尋の期日の指定があり、又は相手方に対する保護命令の送達があるまでの間は、この限りでない。

（法務事務官による宣誓認証）

第二十条　法務局若しくは地方法務局又はその支局の管轄区域内に公証人がいない場合又は公証人がその職務を行うことができない場合には、法務大臣は、当該法務局若しくは地方法務局又はその支局に勤務する法務事務官に第十二条第二項（第十八条第二項の規定により読み替えて適用する場合を含む。）の認証を行わせることができる。

（民事訴訟法の準用）

第二十一条　この法律に特別の定めがある場合を除き、保護命令に関する手続に関しては、その性質に反しない限り、民事訴訟法（平成八年法律第百九号）の規定を準用する。

（最高裁判所規則）

第二十二条　この法律に定めるもののほか、保護命令に関する手続に関し必要な事項は、最高裁判所規則で定める。

第五章　雑則

（職務関係者による配慮等）

第二十三条　配偶者からの暴力に係る被害者の保護、捜査、裁判等に職務上関係のある者（次項において「職務関係者」という。）は、その職務を行うに当たり、被害者の心身の状況、その置かれている環境等を踏まえ、被害者の国籍、障害の有無等を問わずその人権を尊重するとともに、その安全の確保及び秘密の保持に十分な配慮をしなければならない。

2　国及び地方公共団体は、職務関係者に対し、被害者の人権、配偶者からの暴力の特性等に関する理解を深めるために必要な研修及び啓発を行うものとする。

（教育及び啓発）

第二十四条　国及び地方公共団体は、配偶者からの暴力の防止に関する国民の理解を深めるための教育及び啓発に努めるものとする。

（調査研究の推進等）

第二十五条　国及び地方公共団体は、配偶者からの暴力の防止及び被害者の保護に資するため、加害者の更生のための指導の方法、被害者の心身の健康を回復させるための方法等に関する調査研究の推進並びに被害者の保護に係る人材の養成及び資質の向上に努めるものとする。

（民間の団体に対する援助）

第二十六条　国及び地方公共団体は、配偶者からの暴力の防止及び被害者の保護を図るための活動を行う民間の団体に対し、必要な援助を行うよう努めるものとする。

（都道府県及び市の支弁）

第二十七条　都道府県は、次の各号に掲げる費用を支弁しなければならない。

一　第三条第三項の規定に基づき同項に掲げる業務を行う婦人相談所の運営に要する費用（次号に掲げる費用を除く。）

二　第三条第三項第三号の規定に基づき婦人相談所が行う一時保護（同条第四項に規定する厚生労働大臣が定める基準を満たす者に委託して行う場合を含む。）に要する費用

三　第四条の規定に基づき都道府県知事の委嘱する婦人相談員が行う業務に要する費用

四　第五条の規定に基づき都道府県が行う保護（市町村、社会福祉法人その他適当と認める者に委託して行う場合を含む。）及びこれに伴い必要な事務に要する費用

2　市は、第四条の規定に基づきその長の委嘱する婦人相談員が行う業務に要する費用を支弁しなければならない。

（国の負担及び補助）

第二十八条　国は、政令の定めるところにより、都道府県が前条第一項の規定により支弁した費用のうち、同項第一号及び第二号に掲げるものについては、その十分の五を負担するものとする。

2　国は、予算の範囲内において、次の各号に掲げる費用の十分の五以内を補助することができる。

一　都道府県が前条第一項の規定により支弁した費用のうち、同項第三号及び第四号に掲げるもの

二　市が前条第二項の規定により支弁した費用

第五章の二　補則

（この法律の準用）

第二十八条の二　第二条及び第一章の二から前章までの規定は、生活の本拠を共にする交際（婚姻関係における共同生活に類する共同生活を営んでいないものを除く。）をする関係にある相手からの暴力（当該関係にある相手からの身体に対する暴力等をいい、当該関係にある相手からの身体に対する暴力等を受けた後に、その者が当該関係を解消した場合にあっては、当該関係にあった者から引き続き受ける身体に対する暴力等を含む。）及び当該暴力を受けた者について準用する。この場合において、これらの規定中「配偶者からの暴力」とあるのは「第二十八条の二に規定する関係にある相手からの暴力」と読み替えるほか、次の表の上欄に掲げる規定中同表の中欄に掲げる字句は、それぞれ同表の下欄に掲げる字句に読み替えるものとする。

第二条	被害者	被害者（第二十八条の二に規定する関係にある相手からの暴力を受けた者をいう。以下同じ。）
第六条第一項	配偶者又は配偶者であった者	同条に規定する関係にある相手又は同条に規定する関係にある相手であった者
第十条第一項から第四項まで、第十一条第二項第二号、第十二条第一項第一号から第四号ま	配偶者	第二十八条の二に規定する関係にある相手

児童家庭福祉

で及び第十八条第一項		
第十条第一項	離婚をし、又はその婚姻が取り消された場合	第二十八条の二に規定する関係を解消した場合

第六章　罰則

第二十九条　保護命令（前条において読み替えて準用する第十条第一項から第四項までの規定によるものを含む。次条において同じ。）に違反した者は、一年以下の懲役又は百万円以下の罰金に処する。

第三十条　第十二条第一項（第十八条第二項の規定により読み替えて適用する場合を含む。）又は第二十八条の二において読み替えて準用する第十二条第一項（第二十八条の二において準用する第十八条第二項の規定により読み替えて適用する場合を含む。）の規定により記載すべき事項について虚偽の記載のある申立書により保護命令の申立てをした者は、十万円以下の過料に処する。

附　則（抄）

（施行期日）

第一条　この法律は、公布の日〔平成十三年四月十三日〕から起算して六月を経過した日〔平成十三年十月十三日〕から施行する。〔後略〕

母子及び父子並びに寡婦福祉法

（昭和三九・七・一　法律一二九）

（題名改正＝昭和五六法律七九　平成二六法律二八）

最新改正　平成二八法律六三

第一章　総則

（目的）

第一条　この法律は、母子家庭等及び寡婦の福祉に関する原理を明らかにするとともに、母子家庭等及び寡婦に対し、その生活の安定と向上のために必要な措置を講じ、もつて母子家庭等及び寡婦の福祉を図ることを目的とする。

（基本理念）

第二条　全て母子家庭等には、児童が、その置かれている環境にかかわらず、心身ともに健やかに育成されるために必要な諸条件と、その母子家庭の母及び父子家庭の父の健康で文化的な生活とが保障されるものとする。

2　寡婦には、母子家庭の母及び父子家庭の父に準じて健康で文化的な生活が保障されるものとする。

（国及び地方公共団体の責務）

第三条　国及び地方公共団体は、母子家庭等及び寡婦の福祉を増進する責務を有する。

2　国及び地方公共団体は、母子家庭等又は寡婦の福祉に関係のある施策を講ずるに当たつては、その施策を通じて、前条に規定する理念が具現されるように配慮しなければならない。

（**関係機関の責務**）

第三条の二　第八条第一項に規定する母子・父子自立支援員、福祉事務所（社会福祉法（昭和二十六年法律第四十五号）に定める福祉に関する事務所をいう。以下同じ。）その他母子家庭の福祉に関する機関、児童福祉法（昭和二十二年法律第百六十四号）に定める児童委員、売春防止法（昭和三十一年法律第百十八号）第三十五条第一項に規定する婦人相談員、児童福祉法第四十四条の二第一項に規定する児童家庭支援センター、同法第三十八条に規定する母子生活支援施設、第十七条第一項、第三十条第三項又は第三十一条の五第二項の規定により都道府県又は市（特別区を含む。以下同じ。）町村から委託を受けている者、第三十八条に規定する母子・父子福祉施設、母子・父子福祉団体、公共職業安定所その他母子家庭の支援を行う関係機関は、母子家庭の母及び児童の生活の安定と向上のために相互に協力しなければならない。

2　第八条第一項に規定する母子・父子自立支援員、福祉事務所その他父子家庭の福祉に関する機関、児童福祉法に定める児童委員、同法第四十四条の二第一項に規定する児童家庭支援センター、第三十一条の七第一項、第三十一条の九第三項又は第三十一条の十一第二項の規定により都道府県又は市町村から委託を受けている者、第三十八条に規定する母子・父子福祉施設、母子・父子福祉団体、公共職業安定所その他父子家庭の支援を行う関係機関は、父子家庭の父及び児童の生活の安定と向上のために相互に協力しなければならない。

3　第八条第一項に規定する母子・父子自立支援員、福祉事務所その他寡婦の福祉に関する機関、第三十三条第一項、第三十五条第三項又は第三十五条の二第二項の規定により都道府県又は市町村から委託を受けている者、第三十八条に規定する母子・父子福祉施設、母子・父子福祉団体、公共職業安定所その他寡婦の支援を行う関係機関は、寡婦の生活の安定と向上のために相互に協力しなければならない。

（**自立への努力**）

第四条　母子家庭の母及び父子家庭の父並びに寡婦は、自ら進んでその自立を図り、家庭生活及び職業生活の安定と向上に努めなければならない。

（**扶養義務の履行**）

第五条　母子家庭等の児童の親は、当該児童が心身ともに健やかに育成されるよう、当該児童の養育に必要な費用の負担その他当該児童についての扶養義務を履行するように努めなければならない。

2　母子家庭等の児童の親は、当該児童が心身ともに健やかに育成されるよう、当該児童を監護しない親の当該児童についての扶養義務の履行を確保するように努めなければならない。

3　国及び地方公共団体は、母子家庭等の児童が心身ともに健やかに育成されるよう、当該児童を監護しない親の当該児童についての扶養義務の履行を確保するために広報その他適切な措置を講ずるように努めなければならない。

（**定義**）

第六条　この法律において「配偶者のない女子」とは、配偶者（婚姻の届出をしていないが、事実上婚姻関係と同様の事情にある者を含む。以下同じ。）と死別した女子であつて、現に婚姻（婚姻の届出をしていないが、事実上婚姻関係と同様の事情にある場合を含む。以下同じ。）をしていないもの及びこれに準ずる次に掲げる女子をいう。

一　離婚した女子であつて現に婚姻をしていないもの
二　配偶者の生死が明らかでない女子
三　配偶者から遺棄されている女子
四　配偶者が海外にあるためその扶養を受けることができない女子
五　配偶者が精神又は身体の障害により長期にわたつて労働能力を失つている女子

六　前各号に掲げる者に準ずる女子であつて政令で定めるもの

2　この法律において「配偶者のない男子」とは、配偶者と死別した男子であつて、現に婚姻をしていないもの及びこれに準ずる次に掲げる男子をいう。

一　離婚した男子であつて現に婚姻をしていないもの

二　配偶者の生死が明らかでない男子

三　配偶者から遺棄されている男子

四　配偶者が海外にあるためその扶養を受けることができない男子

五　配偶者が精神又は身体の障害により長期にわたつて労働能力を失つている男子

六　前各号に掲げる者に準ずる男子であつて政令で定めるもの

3　この法律において「児童」とは、二十歳に満たない者をいう。

4　この法律において「寡婦」とは、配偶者のない女子であつて、かつて配偶者のない女子として民法（明治二十九年法律第八十九号）第八百七十七条の規定により児童を扶養していたことのあるものをいう。

5　この法律において「母子家庭等」とは、母子家庭及び父子家庭をいう。

6　この法律において「母子・父子福祉団体」とは、配偶者のない者で現に児童を扶養しているもの（配偶者のない女子であつて民法第八百七十七条の規定により現に児童を扶養しているもの（以下「配偶者のない女子で現に児童を扶養しているもの」という。）又は配偶者のない男子であつて同条の規定により現に児童を扶養しているもの（以下「配偶者のない男子で現に児童を扶養しているもの」という。）をいう。第八条第二項において同じ。）の福祉又はこれに併せて寡婦の福祉を増進することを主たる目的とする次の各号に掲げる法人であつて当該各号に定めるその役員の過半数が配偶者のない女子又は配偶者のない男子であるものをいう。

一　社会福祉法人　理事

二　前号に掲げるもののほか、営利を目的としない法人であつて厚生労働省令で定めるもの　厚生労働省令で定める役員

（都道府県児童福祉審議会等の権限）

第七条　次の各号に掲げる機関は、母子家庭等の福祉に関する事項につき、調査審議するほか、当該各号に定める者の諮問に答え、又は関係行政機関に意見を具申することができる。

一　児童福祉法第八条第二項に規定する都道府県児童福祉審議会（同条第一項ただし書に規定する都道府県にあつては、社会福祉法第七条第一項に規定する地方社会福祉審議会）　都道府県知事

二　児童福祉法第八条第四項に規定する市町村児童福祉審議会　市町村長（特別区の区長を含む。以下同じ。）

（母子・父子自立支援員）

第八条　都道府県知事、市長（特別区の区長を含む。）及び福祉事務所を管理する町村長（以下「都道府県知事等」という。）は、社会的信望があり、かつ、次項に規定する職務を行うに必要な熱意と識見を持つている者のうちから、母子・父子自立支援員を委嘱するものとする。

2　母子・父子自立支援員は、この法律の施行に関し、主として次の業務を行うものとする。

一　配偶者のない者で現に児童を扶養しているもの及び寡婦に対し、相談に応じ、その自立に必要な情報提供及び指導を行うこと。

二　配偶者のない者で現に児童を扶養しているもの及び寡婦に対し、職業能力の向上及び求職活動に関する支援を行うこと。

3　都道府県、市及び福祉事務所を設置する町村（以下「都道府県等」という。）は、母子・父子自立支援員の研修の実施その他の措置を講ずることにより、母子・父子自立支援員その他の母子家庭の母及び父子家庭の父並びに寡婦の自立の支援に係る事務に従事する人材の確保及び資質の向上を図るよう努めるものとする。

（福祉事務所）

第九条　福祉事務所は、この法律の施行に関し、主として次の業務を行うものとする。

一　母子家庭等及び寡婦の福祉に関し、母

子家庭等及び寡婦並びに母子・父子福祉団体の実情その他必要な実情の把握に努めること。

二　母子家庭等及び寡婦の福祉に関する相談に応じ、必要な調査及び指導を行うこと、並びにこれらに付随する業務を行うこと。

（児童委員の協力）

第十条　児童福祉法に定める児童委員は、この法律の施行について、福祉事務所の長又は母子・父子自立支援員の行う職務に協力するものとする。

（母子家庭等及び寡婦の生活の安定と向上のための措置の積極的かつ計画的な実施等）

第十条の二　都道府県等は、母子家庭等及び寡婦が母子家庭等及び寡婦の生活の安定と向上のために最も適切な支援を総合的に受けられるようにするため、地域の実情に応じた母子家庭等及び寡婦の生活の安定と向上のための措置の積極的かつ計画的な実施及び周知並びに母子家庭等及び寡婦の生活の安定と向上のための支援を行う者の活動の連携及び調整を図るよう努めなければならない。

第二章　基本方針等

（基本方針）

第十一条　厚生労働大臣は、母子家庭等及び寡婦の生活の安定と向上のための措置に関する基本的な方針（以下「基本方針」という。）を定めるものとする。

2　基本方針に定める事項は、次のとおりとする。

一　母子家庭等及び寡婦の家庭生活及び職業生活の動向に関する事項

二　母子家庭等及び寡婦の生活の安定と向上のため講じようとする施策の基本となるべき事項

三　都道府県等が、次条の規定に基づき策定する母子家庭等及び寡婦の生活の安定と向上のための措置に関する計画（以下「自立促進計画」という。）の指針となるべき基本的な事項

四　前三号に掲げるもののほか、母子家庭等及び寡婦の生活の安定と向上のための措置に関する重要事項

3　厚生労働大臣は、基本方針を定め、又はこれを変更しようとするときは、あらかじめ、関係行政機関の長に協議するものとする。

4　厚生労働大臣は、基本方針を定め、又はこれを変更したときは、遅滞なく、これを公表するものとする。

（自立促進計画）

第十二条　都道府県等は、基本方針に即し、次に掲げる事項を定める自立促進計画を策定し、又は変更しようとするときは、法律の規定による計画であつて母子家庭等及び寡婦の福祉に関する事項を定めるものとの調和を保つよう努めなければならない。

一　当該都道府県等の区域における母子家庭等及び寡婦の家庭生活及び職業生活の動向に関する事項

二　当該都道府県等の区域において母子家庭等及び寡婦の生活の安定と向上のため講じようとする施策の基本となるべき事項

三　福祉サービスの提供、職業能力の向上の支援その他母子家庭等及び寡婦の生活の安定と向上のために講ずべき具体的な措置に関する事項

四　前三号に掲げるもののほか、母子家庭等及び寡婦の生活の安定と向上のための措置に関する重要事項

2　都道府県等は、自立促進計画を策定し、又は変更しようとするときは、あらかじめ、母子家庭等及び寡婦の置かれている環境、母子家庭等及び寡婦に対する福祉の措置の利用に関する母子家庭等及び寡婦の意向その他の母子家庭等及び寡婦の事情を勘案するよう努めなければならない。

3　都道府県等は、自立促進計画を策定し、又は変更しようとするときは、あらかじめ、第七条各号に掲げる機関、子ども・子育て支援法（平成二十四年法律第六十五号）第七十七条第一項又は第四項に規定する機関その他の母子家庭等及び寡婦の福祉に関する事項を調査審議する合議制の機関の意見を聴くよう努めなければならない。

4　都道府県等は、自立促進計画を策定し、

又は変更しようとするときは、あらかじめ、母子・父子福祉団体の意見を反映させるために必要な措置を講ずるものとする。

5　前項に定めるもののほか、都道府県等は、自立促進計画を策定し、又は変更しようとするときは、あらかじめ、インターネットの利用その他の厚生労働省令で定める方法により広く母子家庭等及び寡婦の意見を求めることその他の住民の意見を反映させるために必要な措置を講ずるよう努めなければならない。

第三章　母子家庭に対する福祉の措置

（母子福祉資金の貸付け）

第十三条　都道府県は、配偶者のない女子で現に児童を扶養しているもの又はその扶養している児童（配偶者のない女子で現に児童を扶養しているものが同時に民法第八百七十七条の規定により二十歳以上である子その他これに準ずる者を扶養している場合におけるその二十歳以上である子その他これに準ずる者を含む。以下この項及び第三項において同じ。）に対し、配偶者のない女子の経済的自立の助成と生活意欲の助長を図り、あわせてその扶養している児童の福祉を増進するため、次に掲げる資金を貸し付けることができる。

一　事業を開始し、又は継続するのに必要な資金

二　配偶者のない女子が扶養している児童の修学に必要な資金

三　配偶者のない女子又はその者が扶養している児童が事業を開始し、又は就職するために必要な知識技能を習得するのに必要な資金

四　前三号に掲げるもののほか、配偶者のない女子及びその者が扶養している児童の福祉のために必要な資金であつて政令で定めるもの

2　都道府県は、前項に規定する資金のうち、その貸付けの目的を達成するために一定の期間継続して貸し付ける必要がある資金で政令で定めるものについては、その貸付けの期間中に当該配偶者のない女子が民法第八百七十七条の規定により扶養している全ての児童が二十歳に達した後でも、政令で定めるところにより、なお継続してその貸付けを行うことができる。

3　都道府県は、第一項に規定する資金のうち、その貸付けの目的が児童の修学又は知識技能の習得に係る資金であつて政令で定めるものを配偶者のない女子で現に児童を扶養しているものに貸し付けている場合において、その修学又は知識技能の習得の中途において当該配偶者のない女子が死亡したときは、政令で定めるところにより、当該児童（前項の規定による貸付けに係る二十歳以上である者を含む。）がその修学又は知識技能の習得を終了するまでの間、当該児童に対して、当該資金の貸付けを行うことができる。

（母子・父子福祉団体に対する貸付け）

第十四条　都道府県は、政令で定める事業を行う母子・父子福祉団体であつてその事業に使用される者が主として次の各号に掲げる者のいずれかであるもの又は第一号に掲げる者の自立の促進を図るための事業として政令で定めるものを行う母子・父子福祉団体に対し、これらの事業につき、前条第一項第一号に掲げる資金を貸し付けることができる。

一　配偶者のない女子で現に児童を扶養しているもの

二　前号に掲げる者及び配偶者のない男子で現に児童を扶養しているもの

三　第一号に掲げる者及び寡婦

四　第二号に掲げる者及び寡婦

（償還の免除）

第十五条　都道府県は、第十三条の規定による貸付金の貸付けを受けた者が死亡したとき、又は精神若しくは身体に著しい障害を受けたため、当該貸付金を償還することができなくなつたと認められるときは、議会の議決を経て、当該貸付金の償還未済額の全部又は一部の償還を免除することができる。ただし、政令で定める場合は、この限りでない。

2　都道府県は、第十三条第一項第四号に掲げる資金のうち政令で定めるものの貸付けを受けた者が、所得の状況その他政令で定

める事由により当該貸付金を償還することができなくなつたと認められるときは、条例で定めるところにより、当該貸付金の償還未済額の一部の償還を免除することができる。

（政令への委任）

第十六条　前三条に定めるもののほか、第十三条及び第十四条の規定による貸付金（以下「母子福祉資金貸付金」という。）の貸付金額の限度、貸付方法、償還その他母子福祉資金貸付金の貸付けに関して必要な事項は、政令で定める。

（母子家庭日常生活支援事業）

第十七条　都道府県又は市町村は、配偶者のない女子で現に児童を扶養しているものがその者の疾病その他の理由により日常生活に支障を生じたと認められるときは、政令で定める基準に従い、その者につき、その者の居宅その他厚生労働省令で定める場所において、乳幼児の保育若しくは食事の世話若しくは専門的知識をもつて行う生活及び生業に関する助言、指導その他の日常生活を営むのに必要な便宜であつて厚生労働省令で定めるものを供与し、又は当該都道府県若しくは市町村以外の者に当該便宜を供与することを委託する措置を採ることができる。

2　前項の規定による委託に係る事務に従事する者又は従事していた者は、正当な理由がなく、当該事務に関して知り得た秘密を漏らしてはならない。

（措置の解除に係る説明等）

第十八条　都道府県知事又は市町村長は、前条第一項の措置を解除する場合には、あらかじめ、当該措置に係る者に対し、当該措置の解除の理由について説明するとともに、その意見を聴かなければならない。ただし、当該措置に係る者から当該措置の解除の申出があつた場合その他厚生労働省令で定める場合においては、この限りでない。

（行政手続法の適用除外）

第十九条　第十七条第一項の措置を解除する処分については、行政手続法（平成五年法律第八十八号）第三章（第十二条及び第十七条第一項を除く。）の規定は、適用しない。

（事業の開始）

第二十条　国及び都道府県以外の者は、厚生労働省令で定めるところにより、あらかじめ、厚生労働省令で定める事項を都道府県知事に届け出て、母子家庭日常生活支援事業（第十七条第一項の措置に係る者につき同項の厚生労働省令で定める便宜を供与する事業をいう。以下同じ。）を行うことができる。

（廃止又は休止）

第二十一条　母子家庭日常生活支援事業を行う者は、その事業を廃止し、又は休止しようとするときは、あらかじめ、厚生労働省令で定める事項を都道府県知事に届け出なければならない。

（報告の徴収等）

第二十二条　都道府県知事は、母子家庭の福祉のために必要があると認めるときは、母子家庭日常生活支援事業を行う者に対し、必要と認める事項の報告を求め、又は当該職員に、関係者に対して質問させ、若しくはその事務所に立ち入り、帳簿書類その他の物件を検査させることができる。

2　前項の規定による質問又は立入検査を行う場合においては、当該職員は、その身分を示す証明書を携帯し、関係者の請求があるときは、これを提示しなければならない。

3　第一項の規定による権限は、犯罪捜査のために認められたものと解釈してはならない。

（事業の停止等）

第二十三条　都道府県知事は、母子家庭日常生活支援事業を行う者が、この法律若しくはこれに基づく命令若しくはこれらに基づいてする処分に違反したとき、又はその事業に関し不当に営利を図り、若しくは第十七条第一項の措置に係る配偶者のない女子で現に児童を扶養しているもの等の処遇につき不当な行為をしたときは、その事業を行う者に対し、その事業の制限又は停止を命ずることができる。

（受託義務）

第二十四条　母子家庭日常生活支援事業を行う者は、第十七条第一項の規定による委託を受けたときは、正当な理由がなく、これを拒んではならない。

（売店等の設置の許可）

第二十五条　国又は地方公共団体の設置した事務所その他の公共的施設の管理者は、配偶者のない女子で現に児童を扶養しているもの又は母子・父子福祉団体からの申請があつたときは、その公共的施設内において、新聞、雑誌、たばこ、事務用品、食料品その他の物品を販売し、又は理容業、美容業等の業務を行うために、売店又は理容所、美容所等の施設を設置することを許すように努めなければならない。

2　前項の規定により売店その他の施設を設置することを許された者は、病気その他正当な理由がある場合のほかは、自らその業務に従事し、又は当該母子・父子福祉団体が使用する配偶者のない女子で現に児童を扶養しているものをその業務に従事させなければならない。

3　都道府県知事は、第一項に規定する売店その他の施設の設置及びその運営を円滑にするため、当該都道府県の区域内の公共的施設の管理者と協議を行い、かつ、公共的施設内における売店等の設置の可能な場所、販売物品の種類等を調査し、その結果を配偶者のない女子で現に児童を扶養しているもの及び母子・父子福祉団体に知らせる措置を講じなければならない。

（製造たばこの小売販売業の許可）

第二十六条　配偶者のない女子で現に児童を扶養しているものがたばこ事業法（昭和五十九年法律第六十八号）第二十二条第一項の規定による小売販売業の許可を申請した場合において同法第二十三条各号の規定に該当しないときは、財務大臣は、その者に当該許可を与えるように努めなければならない。

2　前条第二項の規定は、前項の規定によりたばこ事業法第二十二条第一項の許可を受けた者について準用する。

（公営住宅の供給に関する特別の配慮）

第二十七条　地方公共団体は、公営住宅法（昭和二十六年法律第百九十三号）による公営住宅の供給を行う場合には、母子家庭の福祉が増進されるように特別の配慮をしなければならない。

（特定教育・保育施設の利用等に関する特別の配慮）

第二十八条　市町村は、子ども・子育て支援法（平成二十四年法律第六十五号）第二十七条第一項に規定する特定教育・保育施設（次項において「特定教育・保育施設」という。）又は同法第四十三条第三項に規定する特定地域型保育事業（次項において「特定地域型保育事業」という。）の利用について、同法第四十二条第一項若しくは第五十四条第一項の規定により相談、助言若しくはあつせん若しくは要請を行う場合又は児童福祉法第二十四条第三項の規定により調整若しくは要請を行う場合には、母子家庭の福祉が増進されるように特別の配慮をしなければならない。

2　特定教育・保育施設の設置者又は子ども・子育て支援法第二十九条第一項に規定する特定地域型保育事業者は、同法第三十三条第二項又は第四十五条第二項の規定により当該特定教育・保育施設を利用する児童（同法第十九条第一項第二号又は第三号に該当する児童に限る。以下この項において同じ。）又は当該特定地域型保育事業者に係る特定地域型保育事業を利用する児童を選考するときは、母子家庭の福祉が増進されるように特別の配慮をしなければならない。

3　市町村は、児童福祉法第六条の三第二項に規定する放課後児童健全育成事業その他の厚生労働省令で定める事業を行う場合には、母子家庭の福祉が増進されるように特別の配慮をしなければならない。

（雇用の促進）

第二十九条　国及び地方公共団体は、就職を希望する母子家庭の母及び児童の雇用の促進を図るため、事業主その他国民一般の理解を高めるとともに、職業訓練の実施、就職のあつせん、公共的施設における雇入れの促進等必要な措置を講ずるように努めるものとする。

2　公共職業安定所は、母子家庭の母の雇用の促進を図るため、求人に関する情報の収集及び提供、母子家庭の母を雇用する事業主に対する援助その他必要な措置を講ずるように努めるものとする。

（母子家庭就業支援事業等）

第三十条　国は、前条第二項の規定に基づき公共職業安定所が講ずる措置のほか、次に掲げる業務を行うものとする。

一　母子家庭の母及び児童の雇用の促進に関する調査及び研究を行うこと。

二　母子家庭の母及び児童の雇用の促進に関する業務に従事する者その他の関係者に対する研修を行うこと。

三　都道府県が行う次項に規定する業務（以下「母子家庭就業支援事業」という。）について、都道府県に対し、情報の提供その他の援助を行うこと。

2　都道府県は、就職を希望する母子家庭の母及び児童の雇用の促進を図るため、母子・父子福祉団体と緊密な連携を図りつつ、次に掲げる業務を総合的かつ一体的に行うことができる。

一　母子家庭の母及び児童に対し、就職に関する相談に応じること。

二　母子家庭の母及び児童に対し、職業能力の向上のために必要な措置を講ずること。

三　母子家庭の母及び児童並びに事業主に対し、雇用情報及び就職の支援に関する情報の提供その他母子家庭の母及び児童の就職に関し必要な支援を行うこと。

3　都道府県は、母子家庭就業支援事業に係る事務の全部又は一部を厚生労働省令で定める者に委託することができる。

4　前項の規定による委託に係る事務に従事する者又は従事していた者は、正当な理由がなく、当該事務に関して知り得た秘密を漏らしてはならない。

（母子家庭自立支援給付金）

第三十一条　都道府県等は、配偶者のない女子で現に児童を扶養しているものの雇用の安定及び就職の促進を図るため、政令で定めるところにより、配偶者のない女子で現に児童を扶養しているもの又は事業主に対し、次に掲げる給付金（以下「母子家庭自立支援給付金」という。）を支給することができる。

一　配偶者のない女子で現に児童を扶養しているものが、厚生労働省令で定める教育訓練を受け、当該教育訓練を修了した場合に、その者に支給する給付金（以下「母子家庭自立支援教育訓練給付金」という。）

二　配偶者のない女子で現に児童を扶養しているものが、安定した職業に就くことを容易にするため必要な資格として厚生労働省令で定めるものを取得するため養成機関において修業する場合に、その修業と生活との両立を支援するためその者に支給する給付金（以下「母子家庭高等職業訓練促進給付金」という。）

三　前二号に掲げる給付金以外の給付金であつて、政令で定めるもの

（不正利得の徴収）

第三十一条の二　偽りその他不正の手段により母子家庭自立支援給付金の支給を受けた者があるときは、都道府県知事等は、受給額に相当する金額の全部又は一部をその者から徴収することができる。

（受給権の保護）

第三十一条の三　母子家庭自立支援教育訓練給付金又は母子家庭高等職業訓練促進給付金の支給を受ける権利は、譲り渡し、担保に供し、又は差し押えることができない。

（公課の禁止）

第三十一条の四　租税その他の公課は、母子家庭自立支援教育訓練給付金又は母子家庭高等職業訓練促進給付金として支給を受けた金銭を標準として、課することができない。

（母子家庭生活向上事業）

第三十一条の五　都道府県及び市町村は、母子家庭の母及び児童の生活の向上を図るため、母子・父子福祉団体と緊密な連携を図りつつ、次に掲げる業務（以下「母子家庭生活向上事業」という。）を行うことができる。

一　母子家庭の母及び児童に対し、家庭生活及び職業生活に関する相談に応じ、又は母子・父子福祉団体による支援その他の母子家庭の母及び児童に対する支援に係る情報の提供を行うこと。

二　母子家庭の児童に対し、生活に関する相談に応じ、又は学習に関する支援を行うこと。

三　母子家庭の母及び児童に対し、母子家庭相互の交流の機会を提供することその他の必要な支援を行うこと。

2　都道府県及び市町村は、母子家庭生活向上事業に係る事務の全部又は一部を厚生労働省令で定める者に委託することができる。

3　前項の規定による委託に係る事務に従事する者又は従事していた者は、正当な理由がなく、当該事務に関して知り得た秘密を漏らしてはならない。

第四章　父子家庭に対する福祉の措置

（父子福祉資金の貸付け）

第三十一条の六　都道府県は、配偶者のない男子で現に児童を扶養しているもの又はその扶養している児童（配偶者のない男子で現に児童を扶養しているものが同時に民法第八百七十七条の規定により二十歳以上である子その他これに準ずる者を扶養している場合におけるその二十歳以上である子その他これに準ずる者を含む。以下この項及び第三項において同じ。）に対し、配偶者のない男子の経済的自立の助成と生活意欲の助長を図り、あわせてその扶養している児童の福祉を増進するため、次に掲げる資金を貸し付けることができる。

一　事業を開始し、又は継続するのに必要な資金

二　配偶者のない男子が扶養している児童の修学に必要な資金

三　配偶者のない男子又はその者が扶養している児童が事業を開始し、又は就職するために必要な知識技能を習得するのに必要な資金

四　前三号に掲げるもののほか、配偶者のない男子及びその者が扶養している児童の福祉のために必要な資金であつて政令で定めるもの

2　都道府県は、前項に規定する資金のうち、その貸付けの目的を達成するために一定の期間継続して貸し付ける必要がある資金で政令で定めるものについては、その貸付けの期間中に当該配偶者のない男子が民法第八百七十七条の規定により扶養している全ての児童が二十歳に達した後でも、政令で定めるところにより、なお継続してその貸付けを行うことができる。

3　都道府県は、第一項に規定する資金のうち、その貸付けの目的が児童の修学又は知識技能の習得に係る資金であつて政令で定めるものを配偶者のない男子で現に児童を扶養しているものに貸し付けている場合において、その修学又は知識技能の習得の中途において当該配偶者のない男子が死亡したときは、政令で定めるところにより、当該児童（前項の規定による貸付けに係る二十歳以上である者を含む。）がその修学又は知識技能の習得を終了するまでの間、当該児童に対して、当該資金の貸付けを行うことができる。

4　第十四条（各号を除く。）の規定は、政令で定める事業を行う母子・父子福祉団体であつてその事業に使用される者が主として次の各号に掲げる者のいずれかであるもの又は第一号に掲げる者の自立の促進を図るための事業として政令で定めるものを行う母子・父子福祉団体について準用する。この場合において、同条中「次の各号」とあるのは「第三十一条の六第四項各号」と、「又は第一号」とあるのは「又は同項第一号」と、「前条第一項第一号」とあるのは「同条第一項第一号」と読み替えるものとする。

一　配偶者のない男子で現に児童を扶養しているもの

二　前号に掲げる者及び寡婦

5　第十五条第一項の規定は第一項から第三項までの規定による貸付金の貸付けを受けた者について、同条第二項の規定は第一項第四号に掲げる資金のうち政令で定めるものの貸付けを受けた者について、それぞれ準用する。

6　都道府県は、母子福祉資金貸付金の貸付けを受けることができる母子・父子福祉団体については、第一項から第三項まで及び第四項において読み替えて準用する第十四条の規定による貸付金（以下「父子福祉資

金貸付金」という。）の貸付けを行わない。

7　第一項から第三項まで、第四項において読み替えて準用する第十四条、第五項において準用する第十五条及び前項に定めるもののほか、父子福祉資金貸付金の貸付金額の限度、貸付方法、償還その他父子福祉資金貸付金の貸付けに関して必要な事項は、政令で定める。

（父子家庭日常生活支援事業）

第三十一条の七　都道府県又は市町村は、配偶者のない男子で現に児童を扶養しているものがその者の疾病その他の理由により日常生活に支障を生じたと認められるときは、政令で定める基準に従い、その者につき、その者の居宅その他厚生労働省令で定める場所において、乳幼児の保育若しくは食事の世話若しくは専門的知識をもつて行う生活及び生業に関する助言、指導その他の日常生活を営むのに必要な便宜であつて厚生労働省令で定めるものを供与し、又は当該都道府県若しくは市町村以外の者に当該便宜を供与することを委託する措置を採ることができる。

2　前項の規定による委託に係る事務に従事する者又は従事していた者は、正当な理由がなく、当該事務に関して知り得た秘密を漏らしてはならない。

3　第十八条及び第十九条の規定は、第一項の措置について準用する。

4　第二十条の規定は父子家庭日常生活支援事業（第一項の措置に係る配偶者のない男子で現に児童を扶養しているものにつき同項の厚生労働省令で定める便宜を供与する事業をいう。以下同じ。）について、第二十一条から第二十四条までの規定は父子家庭日常生活支援事業を行う者について、それぞれ準用する。この場合において、第二十二条第一項中「母子家庭の」とあるのは「父子家庭の」と、第二十三条中「第十七条第一項」とあるのは「第三十一条の七第一項」と、「配偶者のない女子で現に児童を扶養しているもの」とあるのは「配偶者のない男子で現に児童を扶養しているもの」と、第二十四条中「第十七条第一項」とあるのは「第三十一条の七第一項」と読み替えるものとする。

（公営住宅の供給に関する特別の配慮等）

第三十一条の八　第二十七条及び第二十八条の規定は父子家庭について、第二十九条第一項の規定は父子家庭の父及び児童について、同条第二項の規定は父子家庭の父について、それぞれ準用する。

（父子家庭就業支援事業等）

第三十一条の九　国は、前条において準用する第二十九条第二項の規定に基づき公共職業安定所が講ずる措置のほか、次に掲げる業務を行うものとする。

一　父子家庭の父及び児童の雇用の促進に関する調査及び研究を行うこと。

二　父子家庭の父及び児童の雇用の促進に関する業務に従事する者その他の関係者に対する研修を行うこと。

三　都道府県が行う次項に規定する業務（以下「父子家庭就業支援事業」という。）について、都道府県に対し、情報の提供その他の援助を行うこと。

2　都道府県は、就職を希望する父子家庭の父及び児童の雇用の促進を図るため、母子・父子福祉団体と緊密な連携を図りつつ、次に掲げる業務を総合的かつ一体的に行うことができる。

一　父子家庭の父及び児童に対し、就職に関する相談に応じること。

二　父子家庭の父及び児童に対し、職業能力の向上のために必要な措置を講ずること。

三　父子家庭の父及び児童並びに事業主に対し、雇用情報及び就職の支援に関する情報の提供その他父子家庭の父及び児童の就職に関し必要な支援を行うこと。

3　都道府県は、父子家庭就業支援事業に係る事務の全部又は一部を厚生労働省令で定める者に委託することができる。

4　前項の規定による委託に係る事務に従事する者又は従事していた者は、正当な理由がなく、当該事務に関して知り得た秘密を漏らしてはならない。

（父子家庭自立支援給付金）

第三十一条の十　第三十一条から第三十一条の四までの規定は、配偶者のない男子で現に児童を扶養しているものについて準用する。この場合において、第三十一条中「母子家庭自立支援給付金」とあるのは「父子家庭自立支援給付金」と、同条第一号中「母子家庭自立支援教育訓練給付金」とあるのは「父子家庭自立支援教育訓練給付金」と、同条第二号中「母子家庭高等職業訓練促進給付金」とあるのは「父子家庭高等職業訓練促進給付金」と、第三十一条の二中「母子家庭自立支援給付金」とあるのは「父子家庭自立支援給付金」と、第三十一条の三及び第三十一条の四中「母子家庭自立支援教育訓練給付金又は母子家庭高等職業訓練促進給付金」とあるのは「父子家庭自立支援教育訓練給付金又は父子家庭高等職業訓練促進給付金」と読み替えるものとする。

（父子家庭生活向上事業）

第三十一条の十一　都道府県及び市町村は、父子家庭の父及び児童の生活の向上を図るため、母子・父子福祉団体と緊密な連携を図りつつ、次に掲げる業務（以下「父子家庭生活向上事業」という。）を行うことができる。

一　父子家庭の父及び児童に対し、家庭生活及び職業生活に関する相談に応じ、又は母子・父子福祉団体による支援その他の父子家庭の父及び児童に対する支援に係る情報の提供を行うこと。

二　父子家庭の児童に対し、生活に関する相談に応じ、又は学習に関する支援を行うこと。

三　父子家庭の父及び児童に対し、父子家庭相互の交流の機会を提供することその他の必要な支援を行うこと。

2　都道府県及び市町村は、父子家庭生活向上事業に係る事務の全部又は一部を厚生労働省令で定める者に委託することができる。

3　前項の規定による委託に係る事務に従事する者又は従事していた者は、正当な理由がなく、当該事務に関して知り得た秘密を漏らしてはならない。

第五章　寡婦に対する福祉の措置

（寡婦福祉資金の貸付け）

第三十二条　都道府県は、寡婦又は寡婦が民法第八百七十七条の規定により扶養している二十歳以上である子その他これに準ずる者（以下この項及び次項において「寡婦の被扶養者」という。）に対し、寡婦の経済的自立の助成と生活意欲の助長を図り、あわせて寡婦の被扶養者の福祉を増進するため、次に掲げる資金を貸し付けることができる。

一　事業を開始し、又は継続するのに必要な資金

二　寡婦の被扶養者の修学に必要な資金

三　寡婦又は寡婦の被扶養者が事業を開始し、又は就職するために必要な知識技能を習得するのに必要な資金

四　前三号に掲げるもののほか、寡婦及び寡婦の被扶養者の福祉のために必要な資金であつて政令で定めるもの

2　都道府県は、前項に規定する資金のうち、その貸付けの目的が寡婦の被扶養者の修学又は知識技能の習得に係る資金であつて政令で定めるものを寡婦に貸し付けている場合において、当該寡婦の被扶養者の修学又は知識技能の習得の中途において当該寡婦が死亡したときは、政令で定めるところにより、当該寡婦の被扶養者であつた者が修学又は知識技能の習得を終了するまでの間、当該寡婦の被扶養者であつた者に対して、当該資金の貸付けを行うことができる。

3　民法第八百七十七条の規定により現に扶養する子その他これに準ずる者のない寡婦については、当該寡婦の収入が政令で定める基準を超えるときは、第一項の規定による貸付金の貸付けは、行わない。ただし、政令で定める特別の事情がある者については、この限りでない。

4　第十四条（各号を除く。）の規定は、政令で定める事業を行う母子・父子福祉団体であつてその事業に使用される者が主として寡婦であるもの又は寡婦の自立の促進を図るための事業として政令で定めるものを行う母子・父子福祉団体について準用する。この場合において、同条中「前条第一項第一号」とあるのは、「第三十二条第一項第一号」と読み替えるものとする。

5　第十五条第一項の規定は、第一項及び第二項の規定による貸付金の貸付けを受けた者について準用する。

6　都道府県は、母子福祉資金貸付金の貸付けを受けることができる寡婦又は母子福祉資金貸付金若しくは父子福祉資金貸付金の貸付けを受けることができる母子・父子福祉団体については、第一項及び第二項並びに第四項において読み替えて準用する第十四条の規定による貸付金（以下「寡婦福祉資金貸付金」という。）の貸付けを行わない。

7　第一項から第三項まで、第四項において読み替えて準用する第十四条、第五項において準用する第十五条第一項及び前項に定めるもののほか、寡婦福祉資金貸付金の貸付金額の限度、貸付方法、償還その他寡婦福祉資金貸付金の貸付けに関して必要な事項は、政令で定める。

（寡婦日常生活支援事業）

第三十三条　都道府県又は市町村は、寡婦がその者の疾病その他の理由により日常生活に支障を生じたと認められるときは、政令で定める基準に従い、その者につき、その者の居宅その他厚生労働省令で定める場所において、食事の世話若しくは専門的知識をもつて行う生活及び生業に関する助言、指導その他の日常生活を営むのに必要な便宜であつて厚生労働省令で定めるものを供与し、又は当該都道府県若しくは市町村以外の者に当該便宜を供与することを委託する措置を採ることができる。

2　前項の規定による委託に係る事務に従事する者又は従事していた者は、正当な理由がなく、当該事務に関して知り得た秘密を漏らしてはならない。

3　第十八条及び第十九条の規定は、第一項の措置について準用する。

4　母子家庭日常生活支援事業を行う者は、厚生労働省令で定めるところにより、あらかじめ、厚生労働省令で定める事項を都道府県知事に届け出て、寡婦日常生活支援事業（第一項の措置に係る寡婦につき同項の厚生労働省令で定める便宜を供与する事業をいう。以下同じ。）を行うことができる。

5　第二十一条から第二十四条までの規定は、寡婦日常生活支援事業を行う者について準用する。この場合において、第二十二条第一項中「母子家庭の」とあるのは「寡婦の」と、第二十三条中「第十七条第一項」とあるのは「第三十三条第一項」と、「配偶者のない者で現に児童を扶養しているもの」とあるのは「寡婦」と、第二十四条中「第十七条第一項」とあるのは「第三十三条第一項」と読み替えるものとする。

（売店等の設置の許可等）

第三十四条　第二十五条、第二十六条及び第二十九条の規定は、寡婦について準用する。この場合において、第二十五条第一項中「配偶者のない女子で現に児童を扶養しているもの又は母子・父子福祉団体」とあり、及び同条第三項中「配偶者のない女子で現に児童を扶養しているもの及び母子・父子福祉団体」とあるのは、「寡婦」と読み替えるものとする。

2　第二十五条第一項の規定により売店その他の施設を設置することを許された母子・父子福祉団体は、同条第二項の規定にかかわらず、当該母子・父子福祉団体が使用する寡婦をその業務に従事させることができる。

（寡婦就業支援事業等）

第三十五条　国は、前条第一項において準用する第二十九条第二項の規定に基づき公共職業安定所が講ずる措置のほか、次に掲げる業務を行うものとする。

一　寡婦の雇用の促進に関する調査及び研究を行うこと。

二　寡婦の雇用の促進に関する業務に従事する者その他の関係者に対する研修を行うこと。

三　都道府県が行う次項に規定する業務（以下「寡婦就業支援事業」という。）について、都道府県に対し、情報の提供その他の援助を行うこと。

2　都道府県は、就職を希望する寡婦の雇用の促進を図るため、母子・父子福祉団体と緊密な連携を図りつつ、次に掲げる業務を総合的かつ一体的に行うことができる。

一　寡婦に対し、就職に関する相談に応じること。

二　寡婦に対し、職業能力の向上のために必要な措置を講ずること。
三　寡婦及び事業主に対し、雇用情報及び就職の支援に関する情報の提供その他寡婦の就職に関し必要な支援を行うこと。
3　都道府県は、寡婦就業支援事業に係る事務の全部又は一部を厚生労働省令で定める者に委託することができる。
4　前項の規定による委託に係る事務に従事する者又は従事していた者は、正当な理由がなく、当該事務に関して知り得た秘密を漏らしてはならない。

（寡婦生活向上事業）
第三十五条の二　都道府県及び市町村は、寡婦の生活の向上を図るため、母子・父子福祉団体と緊密な連携を図りつつ、寡婦に対し、家庭生活及び職業生活に関する相談に応じ、又は母子・父子福祉団体による支援に係る情報の提供その他の必要な支援を行うことができる。
2　都道府県及び市町村は、前項に規定する業務（以下「寡婦生活向上事業」という。）に係る事務の全部又は一部を厚生労働省令で定める者に委託することができる。
3　前項の規定による委託に係る事務に従事する者又は従事していた者は、正当な理由がなく、当該事務に関して知り得た秘密を漏らしてはならない。

第六章　福祉資金貸付金に関する特別会計等

（特別会計）
第三十六条　都道府県は、母子福祉資金貸付金、父子福祉資金貸付金及び寡婦福祉資金貸付金（以下「福祉資金貸付金」と総称する。）の貸付けを行うについては、特別会計を設けなければならない。
2　前項の特別会計においては、一般会計からの繰入金、次条第一項の規定による国からの借入金（以下「国からの借入金」という。）、福祉資金貸付金の償還金（当該福祉資金貸付金に係る政令で定める収入を含む。以下同じ。）及び附属雑収入をもつてその歳入とし、福祉資金貸付金、同条第二項及び第四項の規定による国への償還金、同条第五項の規定による一般会計への繰入金並びに貸付けに関する事務に要する費用をもつてその歳出とする。
3　都道府県は、毎年度の特別会計の決算上剰余金を生じたときは、これを当該年度の翌年度の特別会計の歳入に繰り入れなければならない。
4　第二項に規定する貸付けに関する事務に要する費用の額は、同項の規定に基づく政令で定める収入のうち収納済となつたものの額に政令で定める割合を乗じて得た額と、当該経費に充てるための一般会計からの繰入金の額との合計額を超えてはならない。

（国の貸付け等）
第三十七条　国は、都道府県が福祉資金貸付金の財源として特別会計に繰り入れる金額の二倍に相当する金額を、当該繰入れが行われる年度において、無利子で、当該都道府県に貸し付けるものとする。
2　都道府県は、毎年度、当該年度の前々年度の特別会計の決算上の剰余金の額が、政令で定める額を超えるときは、その超える額に第一号に掲げる金額の第二号に掲げる金額に対する割合を乗じて得た額に相当する金額を、政令で定めるところにより国に償還しなければならない。
一　当該年度の前々年度までの国からの借入金の総額（この項及び第四項の規定により国に償還した金額を除く。）
二　前号に掲げる額と当該都道府県が当該年度の前々年度までに福祉資金貸付金の財源として特別会計に繰り入れた金額の総額（第五項の規定により一般会計に繰り入れた金額を除く。）との合計額
3　前項の政令で定める額は、当該都道府県の福祉資金貸付金の貸付けの需要等の見通しからみて、同項の剰余金の額が著しく多額である都道府県について同項の規定が適用されるように定めるものとする。
4　都道府県は、第二項に規定するもののほか、毎年度、福祉資金貸付金の貸付業務に支障が生じない限りにおいて、国からの借

入金の総額の一部に相当する金額を国に償還することができる。

5　都道府県は、毎年度、第二項又は前項の規定により国への償還を行つた場合に限り、政令で定める額を限度として、福祉資金貸付金の財源として特別会計に繰り入れた金額の総額の一部に相当する金額を、政令で定めるところにより一般会計に繰り入れることができる。

6　都道府県は、福祉資金貸付金の貸付業務を廃止したときは、その際における福祉資金貸付金の未貸付額及びその後において支払を受けた福祉資金貸付金の償還金の額に、それぞれ第一号に掲げる金額の第二号に掲げる金額に対する割合を乗じて得た額の合計額を、政令で定めるところにより国に償還しなければならない。

一　国からの借入金の総額（第二項及び第四項の規定により国に償還した金額を除く。）

二　前号に掲げる額と当該都道府県が福祉資金貸付金の財源として特別会計に繰り入れた金額の総額（前項の規定により一般会計に繰り入れた金額を除く。）との合計額

7　第一項の規定による国の貸付け並びに第二項、第四項及び前項の規定による国への償還の手続に関し必要な事項は、厚生労働省令で定める。

第七章　母子・父子福祉施設

（母子・父子福祉施設）

第三十八条　都道府県、市町村、社会福祉法人その他の者は、母子家庭の母及び父子家庭の父並びに児童が、その心身の健康を保持し、生活の向上を図るために利用する母子・父子福祉施設を設置することができる。

（施設の種類）

第三十九条　母子・父子福祉施設の種類は、次のとおりとする。

一　母子・父子福祉センター

二　母子・父子休養ホーム

2　母子・父子福祉センターは、無料又は低額な料金で、母子家庭等に対して、各種の相談に応ずるとともに、生活指導及び生業の指導を行う等母子家庭等の福祉のための便宜を総合的に供与することを目的とする施設とする。

3　母子・父子休養ホームは、無料又は低額な料金で、母子家庭等に対して、レクリエーションその他休養のための便宜を供与することを目的とする施設とする。

（施設の設置）

第四十条　市町村、社会福祉法人その他の者が母子・父子福祉施設を設置する場合には、社会福祉法の定めるところによらなければならない。

（寡婦の施設の利用）

第四十一条　母子・父子福祉施設の設置者は、寡婦に、母子家庭等に準じて母子・父子福祉施設を利用させることができる。

第八章　費用

（市町村の支弁）

第四十二条　次に掲げる費用は、市町村の支弁とする。

一　第十七条第一項の規定により市町村が行う母子家庭日常生活支援事業の実施に要する費用

二　第三十一条の規定により市町村が行う母子家庭自立支援給付金の支給に要する費用

三　第三十一条の五第一項の規定により市町村が行う母子家庭生活向上事業の実施に要する費用

四　第三十一条の七第一項の規定により市町村が行う父子家庭日常生活支援事業の実施に要する費用

五　第三十一条の十の規定により市町村が行う父子家庭自立支援給付金の支給に要する費用

六　第三十一条の十一第一項の規定により市町村が行う父子家庭生活向上事業の実施に要する費用

七　第三十三条第一項の規定により市町村が行う寡婦日常生活支援事業の実施に要する費用

八　第三十五条の二第一項の規定により市町村が行う寡婦生活向上事業の実施に要

する費用

（都道府県の支弁）

第四十三条　次に掲げる費用は、都道府県の支弁とする。

一　第十七条第一項の規定により都道府県が行う母子家庭日常生活支援事業の実施に要する費用

二　第三十条第二項の規定により都道府県が行う母子家庭就業支援事業の実施に要する費用

三　第三十一条の規定により都道府県が行う母子家庭自立支援給付金の支給に要する費用

四　第三十一条の五第一項の規定により都道府県が行う母子家庭生活向上事業の実施に要する費用

五　第三十一条の七第一項の規定により都道府県が行う父子家庭日常生活支援事業の実施に要する費用

六　第三十一条の九第二項の規定により都道府県が行う父子家庭就業支援事業の実施に要する費用

七　第三十一条の十の規定により都道府県が行う父子家庭自立支援給付金の支給に要する費用

八　第三十一条の十一第一項の規定により都道府県が行う父子家庭生活向上事業の実施に要する費用

九　第三十三条第一項の規定により都道府県が行う寡婦日常生活支援事業の実施に要する費用

十　第三十五条第二項の規定により都道府県が行う寡婦就業支援事業の実施に要する費用

十一　第三十五条の二第一項の規定により都道府県が行う寡婦生活向上事業の実施に要する費用

（都道府県の補助）

第四十四条　都道府県は、政令で定めるところにより、第四十二条の規定により市町村が支弁した費用のうち、同条第一号、第三号、第四号及び第六号から第八号までの費用については、その四分の一以内を補助することができる。

（国の補助）

第四十五条　国は政令で定めるところにより、第四十二条の規定により市町村が支弁した費用のうち、同条第一号、第三号、第四号及び第六号から第八号までの費用についてはその二分の一以内を、同条第二号及び第五号の費用についてはその四分の三以内を補助することができる。

2　国は、政令で定めるところにより、第四十三条の規定により都道府県が支弁した費用のうち、同条第一号、第二号、第四号、第五号、第六号及び第八号から第十一号までの費用についてはその二分の一以内を、同条第三号及び第七号の費用についてはその四分の三以内を補助することができる。

第九章　雑則

（大都市等の特例）

第四十六条　この法律中都道府県が処理することとされている事務で政令で定めるものは、地方自治法（昭和二十二年法律第六十七号）第二百五十二条の十九第一項の指定都市（以下「指定都市」という。）及び同法第二百五十二条の二十二第一項の中核市（以下「中核市」という。）においては、政令で定めるところにより、指定都市又は中核市（以下「指定都市等」という。）が処理するものとする。この場合においては、この法律中都道府県に関する規定は、指定都市等に関する規定として、指定都市等に適用があるものとする。

（実施命令）

第四十七条　この法律に特別の規定があるものを除くほか、この法律の実施のための手続その他その執行について必要な細則は、厚生労働省令で定める。

第十章　罰則

第四十八条　第十七条第二項、第三十条第四項、第三十一条の五第三項、第三十一条の七第二項、第三十一条の九第四項、第三十一条の十一第三項、第三十三条第二項、第三十五条第四項又は第三十五条の二第三項の規定に違反して秘密を漏らした者は、一年以下の懲役又は五十万円以下の罰金に処する。

附　則（抄）

（施行期日）

第一条　この法律は、公布の日〔昭和三十九年七月一日〕から施行する。〔後略〕

売春防止法（抄）

（昭和三一・五・二四 法律一一八）

最新改正　平成二八法律六三

第一章　総則

（目的）

第一条　この法律は、売春が人としての尊厳を害し、性道徳に反し、社会の善良の風俗をみだすものであることにかんがみ、売春を助長する行為等を処罰するとともに、性行又は環境に照して売春を行うおそれのある女子に対する補導処分及び保護更生の措置を講ずることによつて、売春の防止を図ることを目的とする。

（定義）

第二条　この法律で「売春」とは、対償を受け、又は受ける約束で、不特定の相手方と性交することをいう。

（売春の禁止）

第三条　何人も、売春をし、又はその相手方となつてはならない。

（適用上の注意）

第四条　この法律の適用にあたつては、国民の権利を不当に侵害しないように留意しなければならない。

第二章　刑事処分

（勧誘等）

第五条　売春をする目的で、次の各号の一に該当する行為をした者は、六月以下の懲役又は一万円以下の罰金に処する。

一　公衆の目にふれるような方法で、人を売春の相手方となるように勧誘すること。

二　売春の相手方となるように勧誘するため、道路その他公共の場所で、人の身辺に立ちふさがり、又はつきまとうこと。

三　公衆の目にふれるような方法で客待ちをし、又は広告その他これに類似する方法により人を売春の相手方となるように誘引すること。

（周旋等）

第六条　売春の周旋をした者は、二年以下の懲役又は五万円以下の罰金に処する。

2　売春の周旋をする目的で、次の各号の一に該当する行為をした者の処罰も、前項と同様とする。

一　人を売春の相手方となるように勧誘すること。

二　売春の相手方となるように勧誘するため、道路その他公共の場所で、人の身辺に立ちふさがり、又はつきまとうこと。

三　広告その他これに類似する方法により人を売春の相手方となるように誘引すること。

（困惑等による売春）

第七条　人を欺き、若しくは困惑させてこれに売春をさせ、又は親族関係による影響力を利用して人に売春をさせた者は、三年以下の懲役又は十万円以下の罰金に処する。

2 人を脅迫し、又は人に暴行を加えてこれに売春をさせた者は、三年以下の懲役又は三年以下の懲役及び十万円以下の罰金に処する。

3 前二項の未遂罪は、罰する。

（対償の収受等）

第八条 前条第一項又は第二項の罪を犯した者が、その売春の対償の全部若しくは一部を収受し、又はこれを要求し、若しくは約束したときは五年以下の懲役及び二十万円以下の罰金に処する。

2 売春をした者に対し、親族関係による影響力を利用して、売春の対償の全部又は一部の提供を要求した者は、三年以下の懲役又は十万円以下の罰金に処する。

（前貸等）

第九条 売春をさせる目的で、前貸その他の方法により人に金品その他の財産上の利益を供与した者は、三年以下の懲役又は十万円以下の罰金に処する。

（売春をさせる契約）

第十条 人に売春をさせることを内容とする契約をした者は、三年以下の懲役又は十万円以下の罰金に処する。

2 前項の未遂罪は、罰する。

（場所の提供）

第十一条 情を知つて、売春を行う場所を提供した者は、三年以下の懲役又は十万円以下の罰金に処する。

2 売春を行う場所を提供することを業とした者は、七年以下の懲役及び三十万円以下の罰金に処する。

（売春をさせる業）

第十二条 人を自己の占有し、若しくは管理する場所又は自己の指定する場所に居住させ、これに売春をさせることを業とした者は、十年以下の懲役及び三十万円以下の罰金に処する。

（資金等の提供）

第十三条 情を知つて、第十一条第二項の業に要する資金、土地又は建物を提供した者は、五年以下の懲役及び二十万円以下の罰金に処する。

2 情を知つて、前条の業に要する資金、土地又は建物を提供した者は、七年以下の懲役及び三十万円以下の罰金に処する。

第三章 補導処分

（補導処分）

第十七条 第五条の罪を犯した満二十歳以上の女子に対して、同条の罪又は同条の罪と他の罪とに係る懲役又は禁錮につきその刑の全部の執行を猶予するときは、その者を補導処分に付することができる。

2 補導処分に付された者は、婦人補導院に収容し、その更生のために必要な補導を行う。

（補導処分の期間）

第十八条 補導処分の期間は、六月とする。

（収容）

第二十二条 補導処分に付する旨の裁判が確定した場合において、収容のため必要があるときは、検察官は、収容状を発することができる。

2〜6 〔略〕

（仮退院を許す処分）

第二十五条 地方更生保護委員会（以下「地方委員会」という。）は、補導処分に付された者について、相当と認めるときは、決定をもつて、仮退院を許すことができる。

2 婦人補導院の長は、補導処分に付された者が収容されたときは、速やかに、その旨を地方委員会に通告しなければならない。

3 婦人補導院の長は、補導処分の執行のため収容している者について、仮退院を許すのを相当と認めるときは、地方委員会に対し、仮退院を許すべき旨の申出をしなければならない。

4 〔略〕

（仮退院中の保護観察）

第二十六条 仮退院を許された者は、補導処分の残期間中、保護観察に付する。

2 〔略〕

（仮退院の取消し）

第二十七条 地方委員会は、保護観察所の長の申出により、仮退院中の者が遵守すべき事項を遵守しなかつたと認めるときは、決

児童家庭福祉

定をもつて、仮退院を取り消すことができる。

2～6 〔略〕

（審査請求）

第二十八条 この法律又はこの法律において準用する更生保護法の規定により地方委員会が決定をもつてした処分に不服がある者は、中央更生保護審査会に対し、審査請求をすることができる。

2 〔略〕

（仮退院の効果）

第三十条 仮退院を許された者が、仮退院を取り消されることなく、補導処分の残期間を経過したときは、その執行を受け終つたものとする。

（更生緊急保護）

第三十一条 婦人補導院から退院した者及び前条の規定により補導処分の執行を受け終わつたものとされた者については、更生保護法第八十五条第一項第一号に掲げる者とみなし、同条から同法第八十七条まで及び同法第九十八条の規定を適用する。この場合において、同法第八十五条第一項及び第四項並びに第八十六条第二項中「刑事上の手続又は保護処分」とあるのは「補導処分」と、同項中「検察官、刑事施設の長又は少年院の長」とあるのは「婦人補導院の長」と、同条第三項中「の刑事上の手続に関与した検察官又はその者が収容されていた刑事施設（労役場に留置されていた場合には、当該労役場が附置された刑事施設）の長若しくは少年院の長」とあるのは「が収容されていた婦人補導院の長」と、同項ただし書中「仮釈放の期間の満了によって前条第一項第一号に該当した者又は仮退院の終了により同項第九号に該当した者」とあるのは「売春防止法第三十条の規定により補導処分の執行を受け終わったものとされた者」とする。

（執行猶予期間の短縮）

第三十二条 婦人補導院から退院した者及び第三十条の規定により補導処分の執行を受け終つたとされた者については、退院の時又は補導処分の執行を受け終つたとされた時において刑の執行猶予の期間を経過したものとみなす。

2 第五条の罪と他の罪とにつき懲役又は禁錮に処せられ、補導処分に付された者については、刑法第五十四条第一項の規定により第五条の罪の刑によつて処断された場合を除き、前項の規定を適用しない。

（補導処分の失効）

第三十三条 刑の執行猶予の期間が経過し、その他刑の言渡がその効力を失つたとき、又は刑の執行猶予の言渡が取り消されたときは、補導処分に付する旨の言渡は、その効力を失う。

第四章 保護更生

（婦人相談所）

第三十四条 都道府県は、婦人相談所を設置しなければならない。

2 地方自治法（昭和二十二年法律第六十七号）第二百五十二条の十九第一項の指定都市（以下「指定都市」という。）は、婦人相談所を設置することができる。

3 婦人相談所は、性行又は環境に照して売春を行うおそれのある女子（以下「要保護女子」という。）の保護更生に関する事項について、主として次に掲げる業務を行うものとする。

一 要保護女子に関する各般の問題につき、相談に応ずること。

二 要保護女子及びその家庭につき、必要な調査並びに医学的、心理学的及び職能的判定を行い、並びにこれらに付随して必要な指導を行うこと。

三 要保護女子の一時保護を行うこと。

4 婦人相談所に、所長その他所要の職員を置く。

5 婦人相談所には、要保護女子を一時保護する施設を設けなければならない。

6 前各項に定めるもののほか、婦人相談所に関し必要な事項は、政令で定める。

（婦人相談員）

第三十五条 都道府県知事（婦人相談所を設置する指定都市の長を含む。第三十八条第一項第二号において同じ。）は、社会的信望があり、かつ、第三項に規定する職務を行うに必要な熱意と識見を持つている者のうちから、婦人相談員を委嘱するものとする。

2　市長（婦人相談所を設置する指定都市の長を除く。）は、社会的信望があり、かつ、次項に規定する職務を行うに必要な熱意と識見を持つている者のうちから、婦人相談員を委嘱することができる。

3　婦人相談員は、要保護女子につき、その発見に努め、相談に応じ、必要な指導を行い、及びこれらに付随する業務を行うものとする。

（婦人保護施設）

第三十六条　都道府県は、要保護女子を収容保護するための施設（以下「婦人保護施設」という。）を設置することができる。

（婦人相談所長による報告等）

第三十六条の二　婦人相談所長は、要保護女子であつて配偶者のない女子又はこれに準ずる事情にある女子及びその者の監護すべき児童について、児童福祉法（昭和二十二年法律第百六十四号）第二十三条第二項に規定する母子保護の実施が適当であると認めたときは、これらの者を当該母子保護の実施に係る都道府県又は市町村（特別区を含む。）の長に報告し、又は通知しなければならない。

（民生委員等の協力）

第三十七条　民生委員法（昭和二十三年法律第百九十八号）に定める民生委員、児童福祉法に定める児童委員、保護司法（昭和二十五年法律第二百四号）に定める保護司、更生保護事業法（平成七年法律第八十六号）に定める更生保護事業を営むもの及び人権擁護委員法（昭和二十四年法律第百三十九号）に定める人権擁護委員は、この法律の施行に関し、婦人相談所及び婦人相談員に協力するものとする。

（都道府県及び市の支弁）

第三十八条　都道府県（婦人相談所を設置する指定都市を含む。第四十条第一項及び第二項第一号において同じ。）は、次に掲げる費用（婦人相談所を設置する指定都市にあつては、第一号、第二号及び第五号に掲げる費用に限る。）を支弁しなければならない。

一　婦人相談所に要する費用（第五号に掲げる費用を除く。）

二　都道府県知事の委嘱する婦人相談員に要する費用

三　都道府県の設置する婦人保護施設の設備に要する費用

四　都道府県の行う収容保護（市町村、社会福祉法人その他適当と認める者に委託して行う場合を含む。）及びこれに伴い必要な事務に要する費用

五　婦人相談所の行う一時保護に要する費用

2　市（婦人相談所を設置する指定都市を除く。第四十条第二項第二号において同じ。）は、その長が委嘱する婦人相談員に要する費用を支弁しなければならない。

（都道府県の補助）

第三十九条　都道府県は、社会福祉法人の設置する婦人保護施設の設備に要する費用の四分の三以内を補助することができる。

（国の負担及び補助）

第四十条　国は、政令の定めるところにより、都道府県が第三十八条第一項の規定により支弁した費用のうち、同項第一号及び第五号に掲げるものについては、その十分の五を負担するものとする。

2　国は、予算の範囲内において、次に掲げる費用の十分の五以内を補助することができる。

一　都道府県が第三十八条第一項の規定により支弁した費用のうち、同項第二号及び第四号に掲げるもの（婦人相談所を設置する指定都市にあつては、同項第二号に掲げるものに限る。）

二　市が第三十八条第二項の規定により支弁した費用

附　則（抄）

（施行期日）

1　この法律は、昭和三十二年四月一日から施行する。〔後略〕

高齢社会対策基本法

（平成七・一一・一五 法律 一二 九）

最新改正 平成一一法律一〇二

我が国は、国民のたゆまぬ努力により、かつてない経済的繁栄を築き上げるとともに、人類の願望である長寿を享受できる社会を実現しつつある。今後、長寿をすべての国民が喜びの中で迎え、高齢者が安心して暮らすことのできる社会の形成が望まれる。そのような社会は、すべての国民が安心して暮らすことができる社会でもある。

しかしながら、我が国の人口構造の高齢化は極めて急速に進んでおり、遠からず世界に例を見ない水準の高齢社会が到来するものと見込まれているが、高齢化の進展の速度に比べて国民の意識や社会のシステムの対応は遅れている。早急に対応すべき課題は多岐にわたるが、残されている時間は極めて少ない。

このような事態に対処して、国民一人一人が生涯にわたって真に幸福を享受できる高齢社会を築き上げていくためには、雇用、年金、医療、福祉、教育、社会参加、生活環境等に係る社会のシステムが高齢社会にふさわしいものとなるよう、不断に見直し、適切なものとしていく必要があり、そのためには、国及び地方公共団体はもとより、企業、地域社会、家庭及び個人が相互に協力しながらそれぞれの役割を積極的に果たしていくことが必要である。

ここに、高齢社会対策の基本理念を明らかにしてその方向を示し、国を始め社会全体として高齢社会対策を総合的に推進していくため、この法律を制定する。

第一章　総則

（目的）

第一条　この法律は、我が国における急速な高齢化の進展が経済社会の変化と相まって、国民生活に広範な影響を及ぼしている状況にかんがみ、高齢化の進展に適切に対処するための施策（以下「高齢社会対策」という。）に関し、基本理念を定め、並びに国及び地方公共団体の責務等を明らかにするとともに、高齢社会対策の基本となる事項を定めること等により、高齢社会対策を総合的に推進し、もって経済社会の健全な発展及び国民生活の安定向上を図ることを目的とする。

（基本理念）

第二条　高齢社会対策は、次の各号に掲げる社会が構築されることを基本理念として、行われなければならない。

一　国民が生涯にわたって就業その他の多様な社会的活動に参加する機会が確保される公正で活力ある社会

二　国民が生涯にわたって社会を構成する重要な一員として尊重され、地域社会が自立と連帯の精神に立脚して形成される社会

三　国民が生涯にわたって健やかで充実した生活を営むことができる豊かな社会

（国の責務）

第三条　国は、前条の基本理念（次条において「基本理念」という。）にのっとり、高齢社会対策を総合的に策定し、及び実施する責務を有する。

（地方公共団体の責務）

第四条　地方公共団体は、基本理念にのっとり、高齢社会対策に関し、国と協力しつつ、当該地域の社会的、経済的状況に応じた施策を策定し、及び実施する責務を有する。

（国民の努力）

第五条　国民は、高齢化の進展に伴う経済社会の変化についての理解を深め、及び相互の連帯を一層強めるとともに、自らの高齢期において健やかで充実した生活を営むことができることとなるよう努めるものとする。

（施策の大綱）

第六条　政府は、政府が推進すべき高齢社会対策の指針として、基本的かつ総合的な高齢社会対策の大綱を定めなければならない。

（法制上の措置等）

第七条　政府は、この法律の目的を達成するため、必要な法制上又は財政上の措置その

高齢者福祉

他の措置を講じなければならない。

（年次報告）
第八条 政府は、毎年、国会に、高齢化の状況及び政府が講じた高齢社会対策の実施の状況に関する報告書を提出しなければならない。

2 政府は、毎年、前項の報告に係る高齢化の状況を考慮して講じようとする施策を明らかにした文書を作成し、これを国会に提出しなければならない。

第二章　基本的施策

（就業及び所得）
第九条 国は、活力ある社会の構築に資するため、高齢者がその意欲と能力に応じて就業することができる多様な機会を確保し、及び勤労者が長期にわたる職業生活を通じて職業能力を開発し、高齢期までその能力を発揮することができるよう必要な施策を講ずるものとする。

2 国は、高齢期の生活の安定に資するため、公的年金制度について雇用との連携を図りつつ適正な給付水準を確保するよう必要な施策を講ずるものとする。

3 国は、高齢期のより豊かな生活の実現に資するため、国民の自主的な努力による資産の形成等を支援するよう必要な施策を講ずるものとする。

（健康及び福祉）
第十条 国は、高齢期の健全で安らかな生活を確保するため、国民が生涯にわたって自らの健康の保持増進に努めることができるよう総合的な施策を講ずるものとする。

2 国は、高齢者の保健及び医療並びに福祉に関する多様な需要に的確に対応するため、地域における保健及び医療並びに福祉の相互の有機的な連携を図りつつ適正な保健医療サービス及び福祉サービスを総合的に提供する体制の整備を図るとともに、民間事業者が提供する保健医療サービス及び福祉サービスについて健全な育成及び活用を図るよう必要な施策を講ずるものとする。

3 国は、介護を必要とする高齢者が自立した日常生活を営むことができるようにするため、適切な介護のサービスを受けることができる基盤の整備を推進するよう必要な施策を講ずるものとする。

（学習及び社会参加）
第十一条 国は、国民が生きがいを持って豊かな生活を営むことができるようにするため、生涯学習の機会を確保するよう必要な施策を講ずるものとする。

2 国は、活力ある地域社会の形成を図るため、高齢者の社会的活動への参加を促進し、及びボランティア活動の基盤を整備するよう必要な施策を講ずるものとする。

（生活環境）
第十二条 国は、高齢者が自立した日常生活を営むことができるようにするため、高齢者に適した住宅等の整備を促進し、及び高齢者のための住宅を確保し、並びに高齢者の円滑な利用に配慮された公共的施設の整備を促進するよう必要な施策を講ずるものとする。

2 国は、高齢者が不安のない生活を営むことができるようにするため、高齢者の交通の安全を確保するとともに、高齢者を犯罪の被害、災害等から保護する体制を整備するよう必要な施策を講ずるものとする。

（調査研究等の推進）
第十三条 国は、高齢者の健康の確保、自立した日常生活への支援等を図るため、高齢者に特有の疾病の予防及び治療についての調査研究、福祉用具についての研究開発等を推進するよう努めるものとする。

（国民の意見の反映）
第十四条 国は、高齢社会対策の適正な策定及び実施に資するため、国民の意見を国の施策に反映させるための制度を整備する等必要な施策を講ずるものとする。

第三章　高齢社会対策会議

（設置及び所掌事務）
第十五条 内閣府に、特別の機関として、高齢社会対策会議（以下「会議」という。）を置く。

2 会議は、次に掲げる事務をつかさどる。

一　第六条の大綱の案を作成すること。

二　高齢社会対策について必要な関係行政

機関相互の調整をすること。

三　前二号に掲げるもののほか、高齢社会対策に関する重要事項について審議し、及び高齢社会対策の実施を推進すること。

（組織等）

第十六条　会議は、会長及び委員をもって組織する。

2　会長は、内閣総理大臣をもって充てる。

3　委員は、内閣官房長官、関係行政機関の長及び内閣府設置法（平成十一年法律第八十九号）第九条第一項に規定する特命担当大臣のうちから内閣総理大臣が任命する。

4　会議に、幹事を置く。

5　幹事は、関係行政機関の職員のうちから、内閣総理大臣が任命する。

6　幹事は、会議の所掌事務について、会長及び委員を助ける。

7　前各項に定めるもののほか、会議の組織及び運営に関し必要な事項は、政令で定める。

附　則（抄）

（施行期日）

1　この法律は、公布の日〔平成七年十一月十五日〕から起算して三月を超えない範囲内において政令で定める日〔平成七年十二月十六日〕から施行する。

老人福祉法

（昭和三八・七・一一　法律一三三）

最新改正　平成三〇法律六六

第一章　総則

（目的）

第一条　この法律は、老人の福祉に関する原理を明らかにするとともに、老人に対し、その心身の健康の保持及び生活の安定のために必要な措置を講じ、もつて老人の福祉を図ることを目的とする。

（基本的理念）

第二条　老人は、多年にわたり社会の進展に寄与してきた者として、かつ、豊富な知識と経験を有する者として敬愛されるとともに、生きがいを持てる健全で安らかな生活を保障されるものとする。

第三条　老人は、老齢に伴つて生ずる心身の変化を自覚して、常に心身の健康を保持し、又は、その知識と経験を活用して、社会的活動に参加するように努めるものとする。

2　老人は、その希望と能力とに応じ、適当な仕事に従事する機会その他社会的活動に参加する機会を与えられるものとする。

（老人福祉増進の責務）

第四条　国及び地方公共団体は、老人の福祉を増進する責務を有する。

2　国及び地方公共団体は、老人の福祉に関係のある施策を講ずるに当たつては、その施策を通じて、前二条に規定する基本的理念が具現されるように配慮しなければならない。

3　老人の生活に直接影響を及ぼす事業を営む者は、その事業の運営に当たつては、老人の福祉が増進されるように努めなければならない。

（老人の日及び老人週間）

第五条　国民の間に広く老人の福祉についての関心と理解を深めるとともに、老人に対し自らの生活の向上に努める意欲を促すため、老人の日及び老人週間を設ける。

2　老人の日は九月十五日とし、老人週間は同日から同月二十一日までとする。

3　国は、老人の日においてその趣旨にふさわしい事業を実施するよう努めるものとし、国及び地方公共団体は、老人週間において老人の団体その他の者によつてその趣旨にふさわしい行事が実施されるよう奨励しなければならない。

（定義）

第五条の二　この法律において、「老人居宅生活支援事業」とは、老人居宅介護等事業、老人デイサービス事業、老人短期入所事業、小規模多機能型居宅介護事業、認知症対応型老人共同生活援助事業及び複合型サービス福祉事業をいう。

2　この法律において、「老人居宅介護等事業」とは、第十条の四第一項第一号の措置に係る者又は介護保険法（平成九年法律第百二十三号）の規定による訪問介護に係る居宅介護サービス費若しくは定期巡回・随時対応型訪問介護看護若しくは夜間対応型訪問介護に係る地域密着型介護サービス費の支給に係る者その他の政令で定める者につき、これらの者の居宅において入浴、排せつ、食事等の介護その他の日常生活を営むのに必要な便宜であつて厚生労働省令で定めるものを供与する事業又は同法第百十五条の四十五第一項第一号イに規定する第一号訪問事業（以下「第一号訪問事業」という。）であつて厚生労働省令で定めるものをいう。

3　この法律において、「老人デイサービス事業」とは、第十条の四第一項第二号の措置に係る者又は介護保険法の規定による通所介護に係る居宅介護サービス費、地域密着型通所介護若しくは認知症対応型通所介護に係る地域密着型介護サービス費若しくは介護予防認知症対応型通所介護に係る地域密着型介護予防サービス費の支給に係る者その他の政令で定める者（その者を現に養護する者を含む。）を特別養護老人ホームその他の厚生労働省令で定める施設に通わせ、これらの者につき入浴、排せつ、食事等の介護、機能訓練、介護方法の指導その他の厚生労働省令で定める便宜を供与する事業又は同法第百十五条の四十五第一項第一号ロに規定する第一号通所事業（以下「第一号通所事業」という。）であつて厚生労働省令で定めるものをいう。

4　この法律において、「老人短期入所事業」とは、第十条の四第一項第三号の措置に係る者又は介護保険法の規定による短期入所生活介護に係る居宅介護サービス費若しくは介護予防短期入所生活介護に係る介護予防サービス費の支給に係る者その他の政令で定める者を特別養護老人ホームその他の厚生労働省令で定める施設に短期間入所させ、養護する事業をいう。

5　この法律において、「小規模多機能型居宅介護事業」とは、第十条の四第一項第四号の措置に係る者又は介護保険法の規定による小規模多機能型居宅介護に係る地域密着型介護サービス費若しくは介護予防小規模多機能型居宅介護に係る地域密着型介護予防サービス費の支給に係る者その他の政令で定める者につき、これらの者の心身の状況、置かれている環境等に応じて、それらの者の選択に基づき、それらの者の居宅において、又は厚生労働省令で定めるサービスの拠点に通わせ、若しくは短期間宿泊させ、当該拠点において、入浴、排せつ、食事等の介護その他の日常生活を営むのに必要な便宜であつて厚生労働省令で定めるもの及び機能訓練を供与する事業をいう。

6　この法律において、「認知症対応型老人共同生活援助事業」とは、第十条の四第一項第五号の措置に係る者又は介護保険法の規定による認知症対応型共同生活介護に係る地域密着型介護サービス費若しくは介護予防認知症対応型共同生活介護に係る地域密着型介護予防サービス費の支給に係る者その他の政令で定める者につき、これらの者が共同生活を営むべき住居において入浴、排せつ、食事等の介護その他の日常生活上の援助を行う事業をいう。

7　この法律において、「複合型サービス福祉事業」とは、第十条の四第一項第六号の措置に係る者又は介護保険法の規定による複合型サービス（訪問介護、通所介護、短期入所生活介護、定期巡回・随時対応型訪問介護看護、夜間対応型訪問介護、地域密着型通所介護、認知症対応型通所介護又は小規模多機能型居宅介護（以下「訪問介護等」という。）を含むものに限る。）に係る地域密着型介護サービス費の支給に係る者その他の政令で定める者につき、同法に規定する訪問介護、訪問入浴介護、訪問看護、訪問リハビリテーション、居宅療養管理指導、通所介護、通所リハビリテーション、短期入所生活介護、短期入所療養介護、定期巡回・随時対応型訪問介護看護、夜間対応型訪問介護、地域密着型通所介護、認知症対応型通所介護又は小規模多機能型居宅介護を二種類以上組み合わせることにより提供されるサービスのうち、当該訪問看護及び小規模多機能型居宅介護の組合せその他の居宅要介護者について一体的に提供されることが特に効果的かつ効率的なサービスの組合せにより提供されるサービスとして厚生労働省令で定めるものを供与する事業をいう。

第五条の三　この法律において、「老人福祉施設」とは、老人デイサービスセンター、老人短期入所施設、養護老人ホーム、特別養護老人ホーム、軽費老人ホーム、老人福祉センター及び老人介護支援センターをいう。

（福祉の措置の実施者）

第五条の四　六十五歳以上の者（六十五歳未満の者であつて特に必要があると認められるものを含む。以下同じ。）又はその者を現に養護する者（以下「養護者」という。）に対する第十条の四及び第十一条の規定による福祉の措置は、その六十五歳以上の者が居住地を有するときは、その居住地の市町村が、居住地を有しないか、又はその居住地が明らかでないときは、その現在地の市町村が行うものとする。ただし、同条第一項第一号若しくは第二号の規定により入所している六十五歳以上の者又は生活保護法（昭和二十五年法律第百四十四号）第三十条第一項ただし書の規定により同法第三十八条第二項に規定する救護施設、同条第三項に規定する更生施設若しくは同法第三十条第一項ただし書に規定するその他の適当な施設に入所している六十五歳以上の者については、これらの者が入所前に居住地を有した者であるときは、その居住地の市町村が、これらの者が入所前に居住地を有しないか、又はその居住地が明らかでなかつた者であるときは、入所前におけるこれらの者の所在地の市町村が行うものとする。

2　市町村は、この法律の施行に関し、次に掲げる業務を行わなければならない。

一　老人の福祉に関し、必要な実情の把握に努めること。

二　老人の福祉に関し、必要な情報の提供を行い、並びに相談に応じ、必要な調査及び指導を行い、並びにこれらに付随する業務を行うこと。

（市町村の福祉事務所）

第五条の五　市町村の設置する福祉事務所（社会福祉法（昭和二十六年法律第四十五号）に定める福祉に関する事務所をいう。以下同じ。）は、この法律の施行に関し、主として前条第二項各号に掲げる業務を行うものとする。

（市町村の福祉事務所の社会福祉主事）

第六条　市及び福祉事務所を設置する町村は、その設置する福祉事務所に、福祉事務所の長（以下「福祉事務所長」という。）の指揮監督を受けて、主として次に掲げる業務を行う所員として、社会福祉主事を置かなければならない。

一　福祉事務所の所員に対し、老人の福祉に関する技術的指導を行うこと。

二　第五条の四第二項第二号に規定する業務のうち、専門的技術を必要とする業務を行うこと。

（連絡調整等の実施者）

第六条の二　都道府県は、この法律の施行に関し、次に掲げる業務を行わなければならない。

一　この法律に基づく福祉の措置の実施に関し、市町村相互間の連絡調整、市町村に対する情報の提供その他必要な援助を行うこと及びこれらに付随する業務を行うこと。

二　老人の福祉に関し、各市町村の区域を超えた広域的な見地から、実情の把握に努めること。

2　都道府県知事は、この法律に基づく福祉の措置の適切な実施を確保するため必要があると認めるときは、市町村に対し、必要な助言を行うことができる。

3　都道府県知事は、この法律の規定による都道府県の事務の全部又は一部を、その管理する福祉事務所長に委任することができる。

（都道府県の福祉事務所の社会福祉主事）

第七条　都道府県は、その設置する福祉事務所に、福祉事務所長の指揮監督を受けて、主として前条第一項第一号に掲げる業務のうち専門的技術を必要とするものを行う所員として、社会福祉主事を置くことができる。

（保健所の協力）

第八条　保健所は、老人の福祉に関し、老人福祉施設等に対し、栄養の改善その他衛生に関する事項について必要な協力を行うものとする。

（民生委員の協力）

第九条　民生委員法（昭和二十三年法律第百九十八号）に定める民生委員は、この法律の施行について、市町村長、福祉事務所長又は社会福祉主事の事務の執行に協力するものとする。

（介護等に関する措置）

第十条　身体上又は精神上の障害があるために日常生活を営むのに支障がある老人の介護等に関する措置については、この法律に定めるもののほか、介護保険法の定めるところによる。

（連携及び調整）

第十条の二　この法律に基づく福祉の措置の実施に当たつては、前条に規定する介護保険法に基づく措置との連携及び調整に努めなければならない。

第二章　福祉の措置

（支援体制の整備等）

第十条の三　市町村は、六十五歳以上の者であつて、身体上又は精神上の障害があるために日常生活を営むのに支障があるものが、心身の状況、その置かれている環境等に応じて、自立した日常生活を営むために最も適切な支援が総合的に受けられるように、次条及び第十一条の措置その他地域の実情に応じたきめ細かな措置の積極的な実施に努めるとともに、これらの措置、介護保険法に規定する居宅サービス、地域密着型サービス、居宅介護支援、施設サービス、介護予防サービス、地域密着型介護予防サービス及び介護予防支援、生活支援等（心身の状況の把握その他の六十五歳以上の者の地域における自立した日常生活の支援及び要介護状態若しくは要支援状態となることの予防又は要介護状態若しくは要支援状態の軽減若しくは悪化の防止をいう。第十二条の三において同じ。）並びに老人クラブその他老人の福祉を増進することを目的とする事業を行う者及び民生委員の活動の連携及び調整を図る等地域の実情に応じた体制の整備に努めなければならない。

2　市町村は、前項の体制の整備に当たつては、六十五歳以上の者が身体上又は精神上の障害があるために日常生活を営むのに支障が生じた場合においても、引き続き居宅において日常生活を営むことができるよう配慮しなければならない。

（居宅における介護等）

第十条の四　市町村は、必要に応じて、次の措置を採ることができる。

一　六十五歳以上の者であつて、身体上又は精神上の障害があるために日常生活を営むのに支障があるものが、やむを得ない事由により介護保険法に規定する訪問介護、定期巡回・随時対応型訪問介護看護（厚生労働省令で定める部分に限る。第二十条の八第四項において同じ。）若しくは夜間対応型訪問介護又は第一号訪問事業を利用することが著しく困難であると認めるときは、その者につき、政令で定める基準に従い、その者の居宅において第五条の二第二項の厚生労働省令で定める便宜を供与し、又は当該市町村以外の者に当該便宜を供与することを委託すること。

二　六十五歳以上の者であつて、身体上又は精神上の障害があるために日常生活を営むのに支障があるものが、やむを得ない事由により介護保険法に規定する通所介護、地域密着型通所介護、認知症対応型通所介護若しくは介護予防認知症対応型通所介護又は第一号通所事業を利用することが著しく困難であると認めるときは、その者（養護者を含む。）を、政令で定める基準に従い、当該市町村の設置する老人デイサービスセンター若しくは第五条の二第三項の厚生労働省令で定める施設（以下「老人デイサービスセンター等」という。）に通わせ、同項の厚生労働省令で定める便宜を供与し、又は当該市町村以外の者の設置する老人デイサービスセンター等に通わせ、当該便宜を供与することを委託すること。

三　六十五歳以上の者であつて、養護者の疾病その他の理由により、居宅において介護を受けることが一時的に困難となつたものが、やむを得ない事由により介護保険法に規定する短期入所生活介護又は介護予防短期入所生活介護を利用することが著しく困難であると認めるときは、その者を、政令で定める基準に従い、当該市町村の設置する老人短期入所施設若しくは第五条の二第四項の厚生労働省令で定める施設（以下「老人短期入所施設等」という。）に短期間入所させ、養護を行い、又は当該市町村以外の者の設置する老人短期入所施設等に短期間入所させ、養護することを委託すること。

四　六十五歳以上の者であつて、身体上又は精神上の障害があるために日常生活を営むのに支障があるものが、やむを得ない事由により介護保険法に規定する小規模多機能型居宅介護又は介護予防小規模多機能型居宅介護を利用することが著しく困難であると認めるときは、その者につき、政令で定める基準に従い、その者の居宅において、又は第五条の二第五項の厚生労働省令で定めるサービスの拠点に通わせ、若しくは短期間宿泊させ、当該拠点において、同項の厚生労働省令で定める便宜及び機能訓練を供与し、又は当該市町村以外の者に当該便宜及び機能訓練を供与することを委託すること。

五　六十五歳以上の者であつて、認知症（介護保険法第五条の二第一項に規定する認知症をいう。以下同じ。）であるために日常生活を営むのに支障があるもの（その者の認知症の原因となる疾患が急性の状態にある者を除く。）が、やむを得ない事由により同法に規定する認知症対応型共同生活介護又は介護予防認知症対応型共同生活介護を利用することが著しく困難であると認めるときは、その者につき、政令で定める基準に従い、第五条の二第六項に規定する住居において入浴、排せつ、食事等の介護その他の日常生活上の援助を行い、又は当該市町村以外の者に当該住居において入浴、排せつ、食事等の介護その他の日常生活上の援助を行うことを委託すること。

六　六十五歳以上の者であつて、身体上又は精神上の障害があるために日常生活を営むのに支障があるものが、やむを得ない事由により介護保険法に規定する複合型サービス（訪問介護等（定期巡回・随時対応型訪問介護看護にあつては、厚生労働省令で定める部分に限る。）に係る部分に限る。第二十条の八第四項において同じ。）を利用することが著しく困難であると認めるときは、その者につき、政令で定める基準に従い、第五条の二第七項の厚生労働省令で定めるサービスを供与し、又は当該市町村以外の者に当該サービスを供与することを委託すること。

2　市町村は、六十五歳以上の者であつて、身体上又は精神上の障害があるために日常生活を営むのに支障があるものにつき、前項各号の措置を採るほか、その福祉を図るため、必要に応じて、日常生活上の便宜を図るための用具であつて厚生労働大臣が定めるものを給付し、若しくは貸与し、又は当該市町村以外の者にこれを給付し、若しくは貸与することを委託する措置を採ることができる。

（老人ホームへの入所等）

第十一条　市町村は、必要に応じて、次の措置を採らなければならない。

一　六十五歳以上の者であつて、環境上の理由及び経済的理由（政令で定めるものに限る。）により居宅において養護を受けることが困難なものを当該市町村の設置する養護老人ホームに入所させ、又は当該市町村以外の者の設置する養護老人ホームに入所を委託すること。

二　六十五歳以上の者であつて、身体上又は精神上著しい障害があるために常時の介護を必要とし、かつ、居宅においてこれを受けることが困難なものが、やむを得ない事由により介護保険法に規定する地域密着型介護老人福祉施設又は介護老人福祉施設に入所することが著しく困難であると認めるときは、その者を当該市町村の設置する特別養護老人ホームに入所させ、又は当該市町村以外の者の設置する特別養護老人ホームに入所を委託すること。

三　六十五歳以上の者であつて、養護者がないか、又は養護者があつてもこれに養護させることが不適当であると認められるものの養護を養護受託者（老人を自己の下に預つて養護することを希望する者であつて、市町村長が適当と認めるものをいう。以下同じ。）のうち政令で定めるものに委託すること。

2　市町村は、前項の規定により養護老人ホーム若しくは特別養護老人ホームに入所させ、若しくは入所を委託し、又はその養護を養護受託者に委託した者が死亡した場合において、その葬祭（葬祭のために必要な処理を含む。以下同じ。）を行う者がないときは、その葬祭を行い、又はその者を入所させ、若しくは養護していた養護老人ホーム、特別養護老人ホーム若しくは養護受託者にその葬祭を行うことを委託する措置を採ることができる。

（措置の解除に係る説明等）

第十二条　市町村長は、第十条の四又は前条第一項の措置を解除しようとするときは、あらかじめ、当該措置に係る者に対し、当該措置の解除の理由について説明するとともに、その意見を聴かなければならない。ただし、当該措置に係る者から当該措置の解除の申出があつた場合その他厚生労働省令で定める場合においては、この限りでない。

（行政手続法の適用除外）

第十二条の二　第十条の四又は第十一条第一項の措置を解除する処分については、行政手続法（平成五年法律第八十八号）第三章（第十二条及び第十四条を除く。）の規定は、適用しない。

（生活支援等に関する情報の公表）

第十二条の三　市町村は、生活支援等を行う者から提供を受けた当該生活支援等を行う者が行う生活支援等の内容に関する情報その他の厚生労働省令で定める情報について、公表を行うよう努めなければならない。

（老人福祉の増進のための事業）

第十三条　地方公共団体は、老人の心身の健康の保持に資するための教養講座、レクリエーションその他広く老人が自主的かつ積極的に参加することができる事業（以下「老人健康保持事業」という。）を実施するように努めなければならない。

2　地方公共団体は、老人の福祉を増進することを目的とする事業の振興を図るとともに、老人クラブその他当該事業を行う者に対して、適当な援助をするように努めなければならない。

（研究開発の推進）

第十三条の二　国は、老人の心身の特性に応じた介護方法の研究開発並びに老人の日常生活上の便宜を図るための用具及び機能訓練のための用具であつて身体上又は精神上の障害があるために日常生活を営むのに支障がある者に使用させることを目的とするものの研究開発の推進に努めなければならない。

第三章　事業及び施設

（老人居宅生活支援事業の開始）

第十四条　国及び都道府県以外の者は、厚生労働省令の定めるところにより、あらかじめ、厚生労働省令で定める事項を都道府県知事に届け出て、老人居宅生活支援事業を行うことができる。

（変更）

第十四条の二　前条の規定による届出をした者は、厚生労働省令で定める事項に変更を生じたときは、変更の日から一月以内に、その旨を都道府県知事に届け出なければならない。

（廃止又は休止）

第十四条の三　国及び都道府県以外の者は、老人居宅生活支援事業を廃止し、又は休止しようとするときは、その廃止又は休止の日の一月前までに、厚生労働省令で定める事項を都道府県知事に届け出なければならない。

（家賃等以外の金品受領の禁止等）

第十四条の四　認知症対応型老人共同生活援

助事業を行う者は、家賃、敷金及び入浴、排せつ、食事等の介護その他の日常生活上必要な便宜の供与の対価として受領する費用を除くほか、権利金その他の金品を受領してはならない。

2　認知症対応型老人共同生活援助事業を行う者のうち、終身にわたつて受領すべき家賃その他厚生労働省令で定めるものの全部又は一部を前払金として一括して受領するものは、当該前払金の算定の基礎を書面で明示し、かつ、当該前払金について返還債務を負うこととなる場合に備えて厚生労働省令で定めるところにより必要な保全措置を講じなければならない。

3　認知症対応型老人共同生活援助事業を行う者は、前項に規定する前払金を受領する場合においては、第五条の二第六項に規定する住居に入居した日から厚生労働省令で定める一定の期間を経過する日までの間に、当該入居及び入浴、排せつ、食事等の介護その他の日常生活上の援助につき契約が解除され、又は入居者の死亡により終了した場合に当該前払金の額から厚生労働省令で定める方法により算定される額を控除した額に相当する額を返還する旨の契約を締結しなければならない。

（**施設の設置**）

第十五条　都道府県は、老人福祉施設を設置することができる。

2　国及び都道府県以外の者は、厚生労働省令の定めるところにより、あらかじめ、厚生労働省令で定める事項を都道府県知事に届け出て、老人デイサービスセンター、老人短期入所施設又は老人介護支援センターを設置することができる。

3　市町村及び地方独立行政法人（地方独立行政法人法（平成十五年法律第百十八号）第二条第一項に規定する地方独立行政法人をいう。第十六条第二項において同じ。）は、あらかじめ、厚生労働省令の定めるところにより、都道府県知事に届け出て、養護老人ホーム又は特別養護老人ホームを設置することができる。

4　社会福祉法人は、厚生労働省令の定めるところにより、都道府県知事の認可を受けて、養護老人ホーム又は特別養護老人ホームを設置することができる。

5　国及び都道府県以外の者は、社会福祉法の定めるところにより、軽費老人ホーム又は老人福祉センターを設置することができる。

6　都道府県知事は、第四項の認可の申請があつた場合において、当該申請に係る養護老人ホーム若しくは特別養護老人ホームの所在地を含む区域（介護保険法第百十八条第二項第一号の規定により当該都道府県が定める区域とする。）における養護老人ホーム若しくは特別養護老人ホームの入所定員の総数が、第二十条の九第一項の規定により当該都道府県が定める都道府県老人福祉計画において定めるその区域の養護老人ホーム若しくは特別養護老人ホームの必要入所定員総数に既に達しているか、又は当該申請に係る養護老人ホーム若しくは特別養護老人ホームの設置によつてこれを超えることになると認めるとき、その他の当該都道府県老人福祉計画の達成に支障を生ずるおそれがあると認めるときは、第四項の認可をしないことができる。

（**変更**）

第十五条の二　前条第二項の規定による届出をした者は、厚生労働省令で定める事項に変更を生じたときは、変更の日から一月以内に、その旨を都道府県知事に届け出なければならない。

2　前条第三項の規定による届出をし、又は同条第四項の規定による認可を受けた者は、厚生労働省令で定める事項を変更しようとするときは、あらかじめ、その旨を都道府県知事に届け出なければならない。

（**廃止、休止若しくは入所定員の減少又は入所定員の増加**）

第十六条　国及び都道府県以外の者は、老人デイサービスセンター、老人短期入所施設又は老人介護支援センターを廃止し、又は休止しようとするときは、その廃止又は休止の日の一月前までに、厚生労働省令で定める事項を都道府県知事に届け出なければならない。

2　市町村及び地方独立行政法人は、養護老人ホーム又は特別養護老人ホームを廃止し、休止し、若しくはその入所定員を減少し、又はその入所定員を増加しようとするときは、その廃止、休止若しくは入所定員の減少又は入所定員の増加の日の一月前までに、厚生労働省令で定める事項を都道府県知事に届け出なければならない。

3　社会福祉法人は、養護老人ホーム又は特別養護老人ホームを廃止し、休止し、若しくはその入所定員を減少し、又はその入所定員を増加しようとするときは、厚生労働省令で定めるところにより、その廃止、休止若しくは入所定員の減少の時期又は入所定員の増加について、都道府県知事の認可を受けなければならない。

4　第十五条第六項の規定は、前項の規定により社会福祉法人が養護老人ホーム又は特別養護老人ホームの入所定員の増加の認可の申請をした場合について準用する。

（施設の基準）

第十七条　都道府県は、養護老人ホーム及び特別養護老人ホームの設備及び運営について、条例で基準を定めなければならない。

2　都道府県が前項の条例を定めるに当たつては、第一号から第三号までに掲げる事項については厚生労働省令で定める基準に従い定めるものとし、第四号に掲げる事項については厚生労働省令で定める基準を標準として定めるものとし、その他の事項については厚生労働省令で定める基準を参酌するものとする。

一　養護老人ホーム及び特別養護老人ホームに配置する職員及びその員数

二　養護老人ホーム及び特別養護老人ホームに係る居室の床面積

三　養護老人ホーム及び特別養護老人ホームの運営に関する事項であつて、入所する老人の適切な処遇及び安全の確保並びに秘密の保持に密接に関連するものとして厚生労働省令で定めるもの

四　養護老人ホームの入所定員

3　養護老人ホーム及び特別養護老人ホームの設置者は、第一項の基準を遵守しなければならない。

（報告の徴収等）

第十八条　都道府県知事は、老人の福祉のために必要があると認めるときは、老人居宅生活支援事業を行う者又は老人デイサービスセンター、老人短期入所施設若しくは老人介護支援センターの設置者に対して、必要と認める事項の報告を求め、又は当該職員に、関係者に対して質問させ、若しくはその事務所若しくは施設に立ち入り、設備、帳簿書類その他の物件を検査させることができる。

2　都道府県知事は、前条第一項の基準を維持するため、養護老人ホーム又は特別養護老人ホームの長に対して、必要と認める事項の報告を求め、又は当該職員に、関係者に対して質問させ、若しくはその施設に立ち入り、設備、帳簿書類その他の物件を検査させることができる。

3　第二項の規定による質問又は立入検査を行う場合においては、当該職員は、その身分を示す証明書を携帯し、関係者の請求があるときは、これを提示しなければならない。

4　第一項及び第二項の規定による権限は、犯罪捜査のために認められたものと解釈してはならない。

（改善命令等）

第十八条の二　都道府県知事は、認知症対応型老人共同生活援助事業を行う者が第十四条の四の規定に違反したと認めるときは、当該者に対して、その改善に必要な措置を採るべきことを命ずることができる。

2　都道府県知事は、老人居宅生活支援事業を行う者又は老人デイサービスセンター、老人短期入所施設若しくは老人介護支援センターの設置者が、この法律若しくはこれに基づく命令若しくはこれらに基づいてする処分に違反したとき、又はその事業に関し不当に営利を図り、若しくは第五条の二第二項から第七項まで、第二十条の二の二若しくは第二十条の三に規定する者の処遇につき不当な行為をしたときは、当該事業を行う者又は当該施設の設置者に対して、その事業の制限又は停止を命ずることができる。

高齢者福祉

3　都道府県知事は、前項の規定により、老人居宅生活支援事業又は老人デイサービスセンター、老人短期入所施設若しくは老人介護支援センターにつき、その事業の制限又は停止を命ずる場合（第一項の命令に違反したことに基づいて認知症対応型老人共同生活援助事業の制限又は停止を命ずる場合を除く。）には、あらかじめ、社会福祉法第七条第一項に規定する地方社会福祉審議会の意見を聴かなければならない。

第十九条　都道府県知事は、養護老人ホーム又は特別養護老人ホームの設置者がこの法律若しくはこれに基づく命令若しくはこれらに基づいてする処分に違反したとき、又は当該施設が第十七条第一項の基準に適合しなくなつたときは、その設置者に対して、その施設の設備若しくは運営の改善若しくはその事業の停止若しくは廃止を命じ、又は第十五条第四項の規定による認可を取り消すことができる。

2　都道府県知事は、前項の規定により、養護老人ホーム又は特別養護老人ホームにつき、その事業の廃止を命じ、又は設置の認可を取り消す場合には、あらかじめ、社会福祉法第七条第一項に規定する地方社会福祉審議会の意見を聞かなければならない。

（措置の受託義務）

第二十条　老人居宅生活支援事業を行う者並びに老人デイサービスセンター及び老人短期入所施設の設置者は、第十条の四第一項の規定による委託を受けたときは、正当な理由がない限り、これを拒んではならない。

2　養護老人ホーム及び特別養護老人ホームの設置者は、第十一条の規定による入所の委託を受けたときは、正当な理由がない限り、これを拒んではならない。

（処遇の質の評価等）

第二十条の二　老人居宅生活支援事業を行う者及び老人福祉施設の設置者は、自らその行う処遇の質の評価を行うことその他の措置を講ずることにより、常に処遇を受ける者の立場に立つてこれを行うように努めなければならない。

（老人デイサービスセンター）

第二十条の二の二　老人デイサービスセンターは、第十条の四第一項第二号の措置に係る者又は介護保険法の規定による通所介護に係る居宅介護サービス費、地域密着型通所介護若しくは認知症対応型通所介護に係る地域密着型介護サービス費若しくは介護予防認知症対応型通所介護に係る地域密着型介護予防サービス費の支給に係る者若しくは第一号通所事業であつて厚生労働省令で定めるものを利用する者その他の政令で定める者（その者を現に養護する者を含む。）を通わせ、第五条の二第三項の厚生労働省令で定める便宜を供与することを目的とする施設とする。

（老人短期入所施設）

第二十条の三　老人短期入所施設は、第十条の四第一項第三号の措置に係る者又は介護保険法の規定による短期入所生活介護に係る居宅介護サービス費若しくは介護予防短期入所生活介護に係る介護予防サービス費の支給に係る者その他の政令で定める者を短期間入所させ、養護することを目的とする施設とする。

（養護老人ホーム）

第二十条の四　養護老人ホームは、第十一条第一項第一号の措置に係る者を入所させ、養護するとともに、その者が自立した日常生活を営み、社会的活動に参加するために必要な指導及び訓練その他の援助を行うことを目的とする施設とする。

（特別養護老人ホーム）

第二十条の五　特別養護老人ホームは、第十一条第一項第二号の措置に係る者又は介護保険法の規定による地域密着型介護老人福祉施設入所者生活介護に係る地域密着型介護サービス費若しくは介護福祉施設サービスに係る施設介護サービス費の支給に係る者その他の政令で定める者を入所させ、養護することを目的とする施設とする。

（軽費老人ホーム）

第二十条の六　軽費老人ホームは、無料又は低額な料金で、老人を入所させ、食事の提供その他日常生活上必要な便宜を供与することを目的とする施設（第二十条の二の二から前条までに定める施設を除く。）とする。

（老人福祉センター）
第二十条の七　老人福祉センターは、無料又は低額な料金で、老人に関する各種の相談に応ずるとともに、老人に対して、健康の増進、教養の向上及びレクリエーションのための便宜を総合的に供与することを目的とする施設とする。

（老人介護支援センター）
第二十条の七の二　老人介護支援センターは、地域の老人の福祉に関する各般の問題につき、老人、その者を現に養護する者、地域住民その他の者からの相談に応じ、必要な助言を行うとともに、主として居宅において介護を受ける老人又はその者を現に養護する者と市町村、老人居宅生活支援事業を行う者、老人福祉施設、医療施設、老人クラブその他老人の福祉を増進することを目的とする事業を行う者等との連絡調整その他の厚生労働省令で定める援助を総合的に行うことを目的とする施設とする。

2　老人介護支援センターの設置者（設置者が法人である場合にあつては、その役員）若しくはその職員又はこれらの職にあつた者は、正当な理由なしに、その業務に関して知り得た秘密を漏らしてはならない。

第三章の二　老人福祉計画

（市町村老人福祉計画）
第二十条の八　市町村は、老人居宅生活支援事業及び老人福祉施設による事業（以下「老人福祉事業」という。）の供給体制の確保に関する計画（以下「市町村老人福祉計画」という。）を定めるものとする。

2　市町村老人福祉計画においては、当該市町村の区域において確保すべき老人福祉事業の量の目標を定めるものとする。

3　市町村老人福祉計画においては、前項の目標のほか、同項の老人福祉事業の量の確保のための方策について定めるよう努めるものとする。

4　市町村は、第二項の目標（老人居宅生活支援事業、老人デイサービスセンター、老人短期入所施設及び特別養護老人ホームに係るものに限る。）を定めるに当たつては、介護保険法第百十七条第二項第一号に規定する介護給付等対象サービスの種類ごとの量の見込み（同法に規定する訪問介護、通所介護、短期入所生活介護、定期巡回・随時対応型訪問介護看護、夜間対応型訪問介護、認知症対応型通所介護、小規模多機能型居宅介護、地域密着型通所介護、認知症対応型共同生活介護、地域密着型介護老人福祉施設入所者生活介護、複合型サービス及び介護福祉施設サービス並びに介護予防短期入所生活介護、介護予防認知症対応型通所介護、介護予防小規模多機能型居宅介護及び介護予防認知症対応型共同生活介護に係るものに限る。）並びに第一号訪問事業及び第一号通所事業の量の見込みを勘案しなければならない。

5　厚生労働大臣は、市町村が第二項の目標（養護老人ホーム、軽費老人ホーム、老人福祉センター及び老人介護支援センターに係るものに限る。）を定めるに当たつて参酌すべき標準を定めるものとする。

6　市町村は、当該市町村の区域における身体上又は精神上の障害があるために日常生活を営むのに支障がある老人の人数、その障害の状況、その養護の実態その他の事情を勘案して、市町村老人福祉計画を作成するよう努めるものとする。

7　市町村老人福祉計画は、介護保険法第百十七条第一項に規定する市町村介護保険事業計画と一体のものとして作成されなければならない。

8　市町村老人福祉計画は、社会福祉法第百七条第一項に規定する市町村地域福祉計画その他の法律の規定による計画であつて老人の福祉に関する事項を定めるものと調和が保たれたものでなければならない。

9　市町村は、市町村老人福祉計画（第二項に規定する事項に係る部分に限る。）を定め、又は変更しようとするときは、あらかじめ、都道府県の意見を聴かなければならない。

10　市町村は、市町村老人福祉計画を定め、又は変更したときは、遅滞なく、これを都道府県知事に提出しなければならない。

（都道府県老人福祉計画）
第二十条の九　都道府県は、市町村老人福祉計画の達成に資するため、各市町村を通ずる広域的な見地から、老人福祉事業の供給体制の確保に関する計画（以下「都道府県老人福祉計画」という。）を定めるものとする。

2　都道府県老人福祉計画においては、介護保険法第百十八条第二項第一号の規定により当該都道府県が定める区域ごとの当該区域における養護老人ホーム及び特別養護老人ホームの必要入所定員総数その他老人福祉事業の量の目標を定めるものとする。

3　都道府県老人福祉計画においては、前項に規定する事項のほか、次に掲げる事項について定めるよう努めるものとする。

一　老人福祉施設の整備及び老人福祉施設相互間の連携のために講ずる措置に関する事項

二　老人福祉事業に従事する者の確保又は資質の向上のために講ずる措置に関する事項

4　都道府県は、第二項の特別養護老人ホームの必要入所定員総数を定めるに当たつては、介護保険法第百十八条第二項第一号に規定する地域密着型介護老人福祉施設入所者生活介護に係る必要利用定員総数及び介護保険施設の種類ごとの必要入所定員総数（同法に規定する介護老人福祉施設に係るものに限る。）を勘案しなければならない。

5　都道府県老人福祉計画は、介護保険法第百十八条第一項に規定する都道府県介護保険事業支援計画と一体のものとして作成されなければならない。

6　都道府県老人福祉計画は、社会福祉法第百八条第一項に規定する都道府県地域福祉支援計画その他の法律の規定による計画であつて老人の福祉に関する事項を定めるものと調和が保たれたものでなければならない。

7　都道府県は、都道府県老人福祉計画を定め、又は変更したときは、遅滞なく、これを厚生労働大臣に提出しなければならない。

（都道府県知事の助言等）

第二十条の十　都道府県知事は、市町村に対し、市町村老人福祉計画の作成上の技術的事項について必要な助言をすることができる。

2　厚生労働大臣は、都道府県に対し、都道府県老人福祉計画の作成の手法その他都道府県老人福祉計画の作成上重要な技術的事項について必要な助言をすることができる。

（援助）

第二十条の十一　国及び地方公共団体は、市町村老人福祉計画又は都道府県老人福祉計画の達成に資する事業を行う者に対し、当該事業の円滑な実施のために必要な援助を与えるように努めなければならない。

第四章　費用

（費用の支弁）

第二十一条　次に掲げる費用は、市町村の支弁とする。

一　第十条の四第一項第一号から第四号まで及び第六号の規定により市町村が行う措置に要する費用

一の二　第十条の四第一項第五号の規定により市町村が行う措置に要する費用

二　第十一条第一項第一号及び第三号並びに同条第二項の規定により市町村が行う措置に要する費用

三　第十一条第一項第二号の規定により市町村が行う措置に要する費用

（介護保険法による給付等との調整）

第二十一条の二　第十条の四第一項各号又は第十一条第一項第二号の措置に係る者が、介護保険法の規定により当該措置に相当する居宅サービス、地域密着型サービス、施設サービス、介護予防サービス若しくは地域密着型介護予防サービスに係る保険給付を受け、又は第一号訪問事業若しくは第一号通所事業を利用することができる者であるときは、市町村は、その限度において、前条第一号、第一号の二又は第三号の規定による費用の支弁をすることを要しない。

第二十二条及び第二十三条　削除

（都道府県の補助）

第二十四条　都道府県は、政令の定めるところにより、市町村が第二十一条第一項第一号の規定により支弁する費用については、その四分の一以内（居住地を有しないか、又は明らかでない第五条の四第一項に規定する六十五歳以上の者についての措置に要する費用については、その二分の一以内）を補助することができる。

2　都道府県は、前項に規定するもののほか、市町村又は社会福祉法人に対し、老人の福祉のための事業に要する費用の一部を補助することができる。

（準用規定）

第二十五条　社会福祉法第五十八条第二項から第四項までの規定は、前条の規定により補助金の交付を受け、又は国有財産特別措置法（昭和二十七年法律第二百十九号）第二条第二項第四号の規定若しくは同法第三条第一項第四号及び同条第二項の規定により普通財産の譲渡若しくは貸付けを受けた社会福祉法人に準用する。

（国の補助）

第二十六条　国は、政令の定めるところにより、市町村が第二十一条第一号の規定により支弁する費用については、その二分の一以内を補助することができる。

2　国は、前項に規定するもののほか、都道府県又は市町村に対し、この法律に定める老人の福祉のための事業に要する費用の一部を補助することができる。

（遺留金品の処分）

第二十七条　市町村は、第十一条第二項の規定により葬祭の措置を採る場合においては、その死者の遺留の金銭及び有価証券を当該措置に要する費用に充て、なお足りないときは、遺留の物品を売却してその代金をこれに充てることができる。

2　市町村は、前項の費用について、その遺留の物品の上に他の債権者の先取特権に対して優先権を有する。

（費用の徴収）

第二十八条　第十条の四第一項及び第十一条の規定による措置に要する費用については、これを支弁した市町村の長は、当該措置に係る者又はその扶養義務者（民法（明治二十九年法律第八十九号）に定める扶養義務者をいう。以下同じ。）から、その負担能力に応じて、当該措置に要する費用の全部又は一部を徴収することができる。

2　前項の規定による費用の徴収は、徴収されるべき者の居住地又は財産所在地の市町村に嘱託することができる。

第四章の二　有料老人ホーム

（届出等）

第二十九条　有料老人ホーム（老人を入居させ、入浴、排せつ若しくは食事の介護、食事の提供又はその他の日常生活上必要な便宜であつて厚生労働省令で定めるもの（以下「介護等」という。）の供与（他に委託して供与をする場合及び将来において供与をすることを約する場合を含む。第十一項を除き、以下この条において同じ。）をする事業を行う施設であつて、老人福祉施設、認知症対応型老人共同生活援助事業を行う住居その他厚生労働省令で定める施設でないものをいう。以下同じ。）を設置しようとする者は、あらかじめ、その施設を設置しようとする地の都道府県知事に、次の各号に掲げる事項を届け出なければならない。

一　施設の名称及び設置予定地
二　設置しようとする者の氏名及び住所又は名称及び所在地
三　条例、定款その他の基本約款
四　事業開始の予定年月日
五　施設の管理者の氏名及び住所
六　施設において供与をされる介護等の内容
七　その他厚生労働省令で定める事項

2　前項の規定による届出をした者は、同項各号に掲げる事項に変更を生じたときは、変更の日から一月以内に、その旨を当該都道府県知事に届け出なければならない。

3　第一項の規定による届出をした者は、その事業を廃止し、又は休止しようとするときは、その廃止又は休止の日の一月前までに、その旨を当該都道府県知事に届け出なければならない。

4　有料老人ホームの設置者は、当該有料老人ホームの事業について、厚生労働省令で定めるところにより、帳簿を作成し、これを保存しなければならない。

高齢者福祉

5　有料老人ホームの設置者は、厚生労働省令で定めるところにより、当該有料老人ホームに入居する者又は入居しようとする者に対して、当該有料老人ホームにおいて供与をする介護等の内容その他の厚生労働省令で定める事項に関する情報を開示しなければならない。

6　有料老人ホームの設置者は、家賃、敷金及び介護等その他の日常生活上必要な便宜の供与の対価として受領する費用を除くほか、権利金その他の金品を受領してはならない。

7　有料老人ホームの設置者のうち、終身にわたつて受領すべき家賃その他厚生労働省令で定めるものの全部又は一部を前払金として一括して受領するものは、当該前払金の算定の基礎を書面で明示し、かつ、当該前払金について返還債務を負うこととなる場合に備えて厚生労働省令で定めるところにより必要な保全措置を講じなければならない。

8　有料老人ホームの設置者は、前項に規定する前払金を受領する場合においては、当該有料老人ホームに入居した日から厚生労働省令で定める一定の期間を経過する日までの間に、当該入居及び介護等の供与につき契約が解除され、又は入居者の死亡により終了した場合に当該前払金の額から厚生労働省令で定める方法により算定される額を控除した額に相当する額を返還する旨の契約を締結しなければならない。

9　有料老人ホームの設置者は、当該有料老人ホームに係る有料老人ホーム情報（有料老人ホームにおいて供与をする介護等の内容及び有料老人ホームの運営状況に関する情報であつて、有料老人ホームに入居しようとする者が有料老人ホームの選択を適切に行うために必要なものとして厚生労働省令で定めるものをいう。）を、厚生労働省令で定めるところにより、当該有料老人ホームの所在地の都道府県知事に対して報告しなければならない。

10　都道府県知事は、厚生労働省令で定めるところにより、前項の規定により報告された事項を公表しなければならない。

11　都道府県知事は、この法律の目的を達成するため、有料老人ホームの設置者若しくは管理者若しくは設置者から介護等の供与（将来において供与をすることを含む。）を委託された者（以下「介護等受託者」という。）に対して、その運営の状況に関する事項その他必要と認める事項の報告を求め、又は当該職員に、関係者に対して質問させ、若しくは当該有料老人ホーム若しくは当該介護等受託者の事務所若しくは事業所に立ち入り、設備、帳簿書類その他の物件を検査させることができる。

12　第十八条第三項及び第四項の規定は、前項の規定による質問又は立入検査について準用する。

13　都道府県知事は、有料老人ホームの設置者が第四項から第九項までの規定に違反したと認めるとき、入居者の処遇に関し不当な行為をし、又はその運営に関し入居者の利益を害する行為をしたと認めるとき、その他入居者の保護のため必要があると認めるときは、当該設置者に対して、その改善に必要な措置をとるべきことを命ずることができる。

14　都道府県知事は、有料老人ホームの設置者がこの法律その他老人の福祉に関する法律で政令で定めるもの若しくはこれに基づく命令又はこれらに基づく処分に違反した場合であつて、入居者の保護のため特に必要があると認めるときは、当該設置者に対して、その事業の制限又は停止を命ずることができる。

15　都道府県知事は、前二項の規定による命令をしたときは、その旨を公示しなければならない。

16　都道府県知事は、介護保険法第四十二条の二第一項本文の指定（地域密着型特定施設入居者生活介護の指定に係るものに限る。）を受けた有料老人ホームの設置者に対して第十四項の規定による命令をしたときは、遅滞なく、その旨を、当該指定をした市町村長に通知しなければならない。

17　都道府県知事は、有料老人ホームの設置者が第十四項の規定による命令を受けたとき、その他入居者の心身の健康の保持及び

高齢者福祉

生活の安定を図るため必要があると認めるときは、当該入居者に対し、介護等の供与を継続的に受けるために必要な助言その他の援助を行うように努めるものとする。

（有料老人ホーム協会）

第三十条　その名称中に有料老人ホーム協会という文字を用いる一般社団法人は、有料老人ホームの入居者の保護を図るとともに、有料老人ホームの健全な発展に資することを目的とし、かつ、有料老人ホームの設置者を社員（以下この章において「会員」という。）とする旨の定款の定めがあるものに限り、設立することができる。

2　前項に規定する定款の定めは、これを変更することができない。

3　第一項に規定する一般社団法人（以下「協会」という。）は、成立したときは、成立の日から二週間以内に、登記事項証明書及び定款の写しを添えて、その旨を、厚生労働大臣に届け出なければならない。

4　協会は、会員の名簿を公衆の縦覧に供しなければならない。

（名称の使用制限）

第三十一条　協会でない者は、その名称中に有料老人ホーム協会という文字を用いてはならない。

2　協会に加入していない者は、その名称中に有料老人ホーム協会会員という文字を用いてはならない。

（協会の業務）

第三十一条の二　協会は、その目的を達成するため、次に掲げる業務を行う。

一　有料老人ホームを運営するに当たり、この法律その他の法令の規定を遵守させるための会員に対する指導、勧告その他の業務

二　会員の設置する有料老人ホームの運営に関し、契約内容の適正化その他入居者の保護を図り、及び入居者の立場に立った処遇を行うため必要な指導、勧告その他の業務

三　会員の設置する有料老人ホームの設備及び運営に対する入居者等からの苦情の解決

四　有料老人ホームの職員の資質の向上のための研修

五　有料老人ホームに関する広報その他協会の目的を達成するため必要な業務

2　協会は、その会員の設置する有料老人ホームの入居者等から当該有料老人ホームの設備及び運営に関する苦情について解決の申出があつた場合において必要があると認めるときは、当該会員に対して、文書若しくは口頭による説明を求め、又は資料の提出を求めることができる。

3　会員は、協会から前項の規定による求めがあつたときは、正当な理由がない限り、これを拒んではならない。

（監督）

第三十一条の三　協会の業務は、厚生労働大臣の監督に属する。

2　厚生労働大臣は、前条第一項に規定する業務の適正な実施を確保するため必要があると認めるときは、協会に対し、当該業務に関し監督上必要な命令をすることができる。

（厚生労働大臣に対する協力）

第三十一条の四　厚生労働大臣は、この章の規定の円滑な実施を図るため、厚生労働省令の定めるところにより、当該規定に基づく届出、報告その他必要な事項について、協会に協力させることができる。

（立入検査等）

第三十一条の五　厚生労働大臣は、この章の規定の施行に必要な限度において、協会に対して、その業務若しくは財産に関して報告若しくは資料の提出を命じ、又は当該職員に、関係者に対して質問させ、若しくは協会の事務所に立ち入り、その業務若しくは財産の状況若しくは帳簿書類その他の物件を検査させることができる。

2　第十八条第三項及び第四項の規定は、前項の規定による質問又は立入検査について準用する。この場合において、同条第三項中「前二項」とあり、及び同条第四項中「第一項及び第二項」とあるのは、「第三十一条の五第一項」と読み替えるものとする。

第五章　雑則

（審判の請求）

第三十二条 市町村長は、六十五歳以上の者につき、その福祉を図るため特に必要があると認めるときは、民法第七条、第十一条、第十三条第二項、第十五条第一項、第十七条第一項、第八百七十六条の四第一項又は第八百七十六条の九第一項に規定する審判の請求をすることができる。

（**後見等に係る体制の整備等**）

第三十二条の二 市町村は、前条の規定による審判の請求の円滑な実施に資するよう、民法に規定する後見、保佐及び補助（以下「後見等」という。）の業務を適正に行うことができる人材の育成及び活用を図るため、研修の実施、後見等の業務を適正に行うことができる者の家庭裁判所への推薦その他の必要な措置を講ずるよう努めなければならない。

2　都道府県は、市町村と協力して後見等の業務を適正に行うことができる人材の育成及び活用を図るため、前項に規定する措置の実施に関し助言その他の援助を行うように努めなければならない。

（**町村の一部事務組合等**）

第三十三条 町村が一部事務組合又は広域連合を設けて福祉事務所を設置した場合には、この法律の適用については、その一部事務組合又は広域連合を福祉事務所を設置する町村とみなす。

（**大都市等の特例**）

第三十四条 この法律中都道府県が処理することとされている事務で政令で定めるものは、地方自治法（昭和二十二年法律第六十七号）第二百五十二条の十九第一項の指定都市（以下「指定都市」という。）及び同法第二百五十二条の二十二第一項の中核市（以下「中核市」という。）においては、政令の定めるところにより、指定都市又は中核市（以下「指定都市等」という。）が処理するものとする。この場合においては、この法律中都道府県に関する規定は、指定都市等に関する規定として、指定都市等に適用があるものとする。

（**緊急時における厚生労働大臣の事務執行**）

第三十四条の二 第十八条第二項及び第十九条第一項の規定により都道府県知事の権限に属するものとされている事務（同項の規定による認可の取消しを除く。）又は第二十九条第十一項、第十三項及び第十四項の規定により都道府県知事の権限に属するものとされている事務は、養護老人ホーム若しくは特別養護老人ホーム又は有料老人ホームの入居者の保護のため緊急の必要があると厚生労働大臣が認める場合にあつては、厚生労働大臣又は都道府県知事が行うものとする。

2　前項の場合において、この法律の規定中都道府県知事に関する規定（当該事務に係るもの（第十九条第二項を除く。）に限る。）は、厚生労働大臣に関する規定として厚生労働大臣に適用があるものとする。

3　第一項の場合において、厚生労働大臣又は都道府県知事が当該事務を行うときは、相互に密接な連携の下に行うものとする。

（**日本赤十字社**）

第三十五条 日本赤十字社は、この法律の適用については、社会福祉法人とみなす。

（**調査の嘱託及び報告の請求**）

第三十六条 市町村は、福祉の措置に関し必要があると認めるときは、当該措置を受け、若しくは受けようとする老人又はその扶養義務者の資産又は収入の状況につき、官公署に調査を嘱託し、又は銀行、信託会社、当該老人若しくはその扶養義務者、その雇主その他の関係人に報告を求めることができる。

（**実施命令**）

第三十七条 この法律に特別の規定があるものを除くほか、この法律の実施のための手続その他その執行について必要な細則は、厚生労働省令で定める。

第六章　罰則

第三十八条 第二十条の七の二第二項の規定又は第二十九条第十四項の規定による命令に違反した者は、一年以下の懲役又は百万円以下の罰金に処する。

第三十九条 第十八条の二第一項又は第二十九条第十三項の規定による命令に違反した者は、六月以下の懲役又は五十万円以下の罰金に処する。

第四十条　次の各号のいずれかに該当する場合には、その違反行為をした者は、三十万円以下の罰金に処する。

一　第二十九条第一項から第三項までの規定による届出をせず、又は虚偽の届出をしたとき。

二　第二十九条第十一項の規定による報告をせず、若しくは虚偽の報告をし、又は同項の規定による質問に対して答弁をせず、若しくは虚偽の答弁をし、若しくは同項の規定による検査を拒み、妨げ、若しくは忌避したとき。

三　第三十一条第二項の規定に違反して、その名称中に有料老人ホーム協会会員という文字を用いたとき。

四　第三十一条の五第一項の規定による報告若しくは資料の提出をせず、若しくは虚偽の報告若しくは虚偽の資料の提出をし、又は同項の規定による質問に対して答弁をせず、若しくは虚偽の答弁をし、若しくは同項の規定による検査を拒み、妨げ、若しくは忌避したとき。

第四十一条　法人の代表者又は法人若しくは人の代理人、使用人その他の従業者が、その法人又は人の業務に関し、第三十八条（第二十九条第十四項に係る部分に限る。）又は前二条の違反行為をしたときは、行為者を罰するほか、その法人又は人に対しても、各本条の罰金刑を科する。

第四十二条　次の各号のいずれかに該当する者は、五十万円以下の過料に処する。

一　第三十条第三項の規定による届出をせず、又は虚偽の届出をした者

二　第三十条第四項の規定に違反して、同項の会員の名簿を公衆の縦覧に供しない者

三　第三十一条の三第二項の命令に違反した者

第四十三条　次の各号のいずれかに該当する者は、十万円以下の過料に処する。

一　第三十一条第一項の規定に違反して、その名称中に有料老人ホーム協会という文字を用いた者

二　第十条の四第一項又は第十一条の規定による措置を受けた老人又はその扶養義務者であつて、正当な理由がなく、第三十六条の規定による報告をせず、又は虚偽の報告をしたもの

附　則（抄）

（施行期日）

第一条　この法律は、公布の日（昭和三十八年七月十一日）から起算して一箇月をこえない範囲内において政令で定める日（昭和三十八年八月一日）から施行（中略）する。

特別養護老人ホームの設備及び運営に関する基準

（平成一一・三・三一　厚令四六）

最新改正　平成三〇厚労令四

第一章　総則

（趣旨）

第一条　特別養護老人ホームに係る老人福祉法（昭和三十八年法律第百三十三号。以下「法」という。）第十七条第二項の厚生労働省令で定める基準は、次の各号に掲げる基準に応じ、それぞれ当該各号に定める基準とする。

一　法第十七条第一項の規定により、同条第二項第一号に掲げる事項について都道府県（地方自治法（昭和二十二年法律第六十七号）第二百五十二条の十九第一項の指定都市（以下「指定都市」という。）及び同法第二百五十二条の二十二第一項の中核市（以下「中核市」という。）にあっては、指定都市又は中核市。以下この条において同じ。）が条例を定めるに当たって従うべき基準　第五条（第四十二条、第五十九条及び第六十三条において準用する場合を含む。）、第六条（第四十二条、第五十九条及び第六十三条において準用する場合を含む。）、第十二条、第十六条

高齢者福祉

第七項、第三十七条第八項、第四十条第二項及び第三項（第六十三条において準用する場合を含む。）、第五十六条（第十三項を除く。）、第五十七条第七項並びに第六十二条第八項の規定による基準

二　法第十七条第一項の規定により、同条第二項第二号に掲げる事項について都道府県が条例を定めるに当たって従うべき基準　第十一条第三項第一号及び第四項第一号ハ、第三十五条第三項第一号及び第四項第一号イ(4)（床面積に係る部分に限る。）、第五十五条第三項第一号及び第四項第一号ハ、第六十一条第三項第一号及び第四項第一号イ(4)（床面積に係る部分に限る。）並びに附則第三条第一項（第十一条第四項第一号ハ及び第五十五条第四項第一号ハに係る部分に限る。）の規定による基準

三　法第十七条第一項の規定により、同条第二項第三号に掲げる事項について都道府県が条例を定めるに当たって従うべき基準　第十五条第四項から第六項まで（第五十九条において準用する場合を含む。）、第十六条第八項、第二十二条（第四十二条、第五十九条及び第六十三条において準用する場合を含む。）、第二十八条（第四十二条、第五十九条及び第六十三条において準用する場合を含む。）、第三十一条（第四十二条、第五十九条及び第六十三条において準用する場合を含む。）、第三十六条第六項から第八項まで（第六十三条において準用する場合を含む。）、第三十七条第九項、第五十七条第八項及び第六十二条第九項の規定による基準

四　法第十七条第一項の規定により、同条第二項各号（第四号を除く。）に掲げる事項以外の事項について都道府県が条例を定めるに当たって参酌すべき基準　この省令に定める基準のうち、前三号に定める基準以外のもの

第二章　基本方針並びに人員、設備及び運営に関する基準

（基本方針）

第二条　特別養護老人ホームは、入所者に対し、健全な環境の下で、社会福祉事業に関する熱意及び能力を有する職員による適切な処遇を行うよう努めなければならない。

2　特別養護老人ホームは、入所者の処遇に関する計画に基づき、可能な限り、居宅における生活への復帰を念頭に置いて、入浴、排せつ、食事等の介護、相談及び援助、社会生活上の便宜の供与その他の日常生活上の世話、機能訓練、健康管理及び療養上の世話を行うことにより、入所者がその有する能力に応じ自立した日常生活を営むことができるようにすることを目指すものでなければならない。

3　特別養護老人ホームは、入所者の意思及び人格を尊重し、常にその者の立場に立って処遇を行うように努めなければならない。

4　特別養護老人ホームは、明るく家庭的な雰囲気を有し、地域や家庭との結び付きを重視した運営を行い、市町村（特別区を含む。以下同じ。）、老人の福祉を増進することを目的とする事業を行う者その他の保健医療サービス又は福祉サービスを提供する者との密接な連携に努めなければならない。

（構造設備の一般原則）

第三条　特別養護老人ホームの配置、構造及び設備は、日照、採光、換気等の入所者の保健衛生に関する事項及び防災について十分考慮されたものでなければならない。

（設備の専用）

第四条　特別養護老人ホームの設備は、専ら当該特別養護老人ホームの用に供するものでなければならない。ただし、入所者の処遇に支障がない場合は、この限りでない。

（職員の資格要件）

第五条　特別養護老人ホームの長（以下「施設長」という。）は、社会福祉法（昭和二十六年法律第四十五号）第十九条第一項各号のいずれかに該当する者若しくは社会福祉事業に二年以上従事した者又はこれらと同等以上の能力を有すると認められる者でなければならない。

2　生活相談員は、社会福祉法第十九条第一

項各号のいずれかに該当する者又はこれと同等以上の能力を有すると認められる者でなければならない。

3　機能訓練指導員は、日常生活を営むのに必要な機能を改善し、又はその減退を防止するための訓練を行う能力を有すると認められる者でなければならない。

（職員の専従）

第六条　特別養護老人ホームの職員は、専ら当該特別養護老人ホームの職務に従事する者でなければならない。ただし、特別養護老人ホーム（ユニット型特別養護老人ホーム（第三十二条に規定するユニット型特別養護老人ホームをいう。以下この条において同じ。）を除く。以下この条において同じ。）にユニット型特別養護老人ホームを併設する場合の特別養護老人ホーム及びユニット型特別養護老人ホームの介護職員及び看護職員（第四十条第二項（第六十三条において準用する場合を含む。）の規定に基づき配置される看護職員に限る。以下この条において同じ。）、特別養護老人ホームにユニット型地域密着型特別養護老人ホーム（第六十条に規定するユニット型地域密着型特別養護老人ホームをいう。以下この条において同じ。）を併設する場合の特別養護老人ホーム及びユニット型地域密着型特別養護老人ホームの介護職員及び看護職員、地域密着型特別養護老人ホーム（第十二条第七項に規定する地域密着型特別養護老人ホームをいい、ユニット型地域密着型特別養護老人ホームを除く。以下この条において同じ。）にユニット型特別養護老人ホームを併設する場合の地域密着型特別養護老人ホーム及びユニット型特別養護老人ホームの介護職員及び看護職員又は地域密着型特別養護老人ホームにユニット型地域密着型特別養護老人ホームを併設する場合の地域密着型特別養護老人ホーム及びユニット型地域密着型特別養護老人ホームの介護職員及び看護職員を除き、入所者の処遇に支障がない場合は、この限りでない。

（運営規程）

第七条　特別養護老人ホームは、次に掲げる施設の運営についての重要事項に関する規程を定めておかなければならない。

一　施設の目的及び運営の方針
二　職員の職種、数及び職務の内容
三　入所定員
四　入所者の処遇の内容及び費用の額
五　施設の利用に当たっての留意事項
六　緊急時等における対応方法
七　非常災害対策
八　その他施設の運営に関する重要事項

（非常災害対策）

第八条　特別養護老人ホームは、消火設備その他の非常災害に際して必要な設備を設けるとともに、非常災害に関する具体的計画を立て、非常災害時の関係機関への通報及び連携体制を整備し、それらを定期的に職員に周知しなければならない。

2　特別養護老人ホームは、非常災害に備えるため、定期的に避難、救出その他必要な訓練を行なわなければならない。

（記録の整備）

第九条　特別養護老人ホームは、設備、職員及び会計に関する諸記録を整備しておかなければならない。

2　特別養護老人ホームは、入所者の処遇の状況に関する次の各号に掲げる記録を整備し、その完結の日から二年間保存しなければならない。

一　入所者の処遇に関する計画
二　行った具体的な処遇の内容等の記録
三　第十五条第五項に規定する身体的拘束等の態様及び時間、その際の入所者の心身の状況並びに緊急やむを得ない理由の記録
四　第二十九条第二項に規定する苦情の内容等の記録
五　第三十一条第三項に規定する事故の状況及び事故に際して採った処置についての記録

第十条　削除

（設備の基準）

第十一条　特別養護老人ホームの建物（入所者の日常生活のために使用しない附属の建物を除く。）は、耐火建築物（建築基準法（昭和二十五年法律第二百一号）第二条第九号の二に規定する耐火建築物をいう。以下同

じ。）でなければならない。ただし、次の各号のいずれかの要件を満たす二階建て又は平屋建ての特別養護老人ホームの建物にあっては、準耐火建築物（同条第九号の三に規定する準耐火建築物をいう。以下同じ。）とすることができる。

一　居室その他の入所者の日常生活に充てられる場所（以下「居室等」という。）を二階及び地階のいずれにも設けていないこと。

二　居室等を二階又は地階に設けている場合であって、次に掲げる要件の全てを満たすこと。

イ　当該特別養護老人ホームの所在地を管轄する消防長（消防本部を置かない市町村にあっては、市町村長。以下同じ。）又は消防署長と相談の上、第八条第一項に規定する計画に入所者の円滑かつ迅速な避難を確保するために必要な事項を定めること。

ロ　第八条第二項に規定する訓練については、同条第一項に規定する計画に従い、昼間及び夜間において行うこと。

ハ　火災時における避難、消火等の協力を得ることができるよう、地域住民等との連携体制を整備すること。

2　前項の規定にかかわらず、都道府県知事（指定都市及び中核市にあっては、指定都市又は中核市の市長。以下同じ。）が、火災予防、消火活動等に関し専門的知識を有する者の意見を聴いて、次の各号のいずれかの要件を満たす木造かつ平屋建ての特別養護老人ホームの建物であって、火災に係る入所者の安全性が確保されていると認めたときは、耐火建築物又は準耐火建築物とすることを要しない。

一　スプリンクラー設備の設置、天井等の内装材等への難燃性の材料の使用、調理室等火災が発生するおそれがある箇所における防火区画の設置等により、初期消火及び延焼の抑制に配慮した構造であること。

二　非常警報設備の設置等による火災の早期発見及び通報の体制が整備されており、円滑な消火活動が可能なものであること。

三　避難口の増設、搬送を容易に行うために十分な幅員を有する避難路の確保等により、円滑な避難が可能な構造であり、かつ、避難訓練を頻繁に実施すること、配置人員を増員すること等により、火災の際の円滑な避難が可能なものであること。

3　特別養護老人ホームには、次の各号に掲げる設備を設けなければならない。ただし、他の社会福祉施設等の設備を利用することにより当該特別養護老人ホームの効果的な運営を期待することができる場合であって、入所者の処遇に支障がないときは、次の各号に掲げる設備の一部を設けないことができる。

一　居室

二　静養室（居室で静養することが一時的に困難な心身の状況にある入所者を静養させることを目的とする設備をいう。以下同じ。）

三　食堂

四　浴室

五　洗面設備

六　便所

七　医務室

八　調理室

九　介護職員室

十　看護職員室

十一　機能訓練室

十二　面談室

十三　洗濯室又は洗濯場

十四　汚物処理室

十五　介護材料室

十六　前各号に掲げるもののほか、事務室その他の運営上必要な設備

4　前項各号に掲げる設備の基準は、次のとおりとする。

一　居室

イ　一の居室の定員は、一人とすること。ただし、入所者へのサービスの提供上必要と認められる場合は、二人とすることができる。

ロ　地階に設けてはならないこと。

ハ　入所者一人当たりの床面積は、十・

高齢者福祉

六五平方メートル以上とすること。
ニ　寝台又はこれに代わる設備を備えること。
ホ　一以上の出入口は、避難上有効な空地、廊下又は広間に直接面して設けること。
ヘ　床面積の十四分の一以上に相当する面積を直接外気に面して開放できるようにすること。
ト　入所者の身の回り品を保管することができる設備を備えること。
チ　ブザー又はこれに代わる設備を設けること。
二　静養室
イ　介護職員室又は看護職員室に近接して設けること。
ロ　イに定めるもののほか、前号ロ及びニからチまでに定めるところによること。
三　浴室
介護を必要とする者が入浴するのに適したものとすること。
四　洗面設備
イ　居室のある階ごとに設けること。
ロ　介護を必要とする者が使用するのに適したものとすること。
五　便所
イ　居室のある階ごとに居室に近接して設けること。
ロ　ブザー又はこれに代わる設備を設けるとともに、介護を必要とする者が使用するのに適したものとすること。
六　医務室
イ　医療法（昭和二十三年法律第二百五号）第一条の五第二項に規定する診療所とすること。
ロ　入所者を診療するために必要な医薬品及び医療機器を備えるほか、必要に応じて臨床検査設備を設けること。
七　調理室
火気を使用する部分は、不燃材料を用いること。
八　介護職員室
イ　居室のある階ごとに居室に近接して設けること。
ロ　必要な備品を備えること。
九　食堂及び機能訓練室
イ　食堂及び機能訓練室は、それぞれ必要な広さを有するものとし、その合計した面積は、三平方メートルに入所定員を乗じて得た面積以上とすること。ただし、食事の提供又は機能訓練を行う場合において、当該食事の提供又は機能訓練に支障がない広さを確保することができるときは、同一の場所とすることができる。
ロ　必要な備品を備えること。
5　居室、静養室、食堂、浴室及び機能訓練室（以下「居室、静養室等」という。）は、三階以上の階に設けてはならない。ただし、次の各号のいずれにも該当する建物に設けられる居室、静養室等については、この限りでない。
一　居室、静養室等のある三階以上の各階に通ずる特別避難階段を二以上（防災上有効な傾斜路を有する場合又は車いす若しくはストレッチャーで通行するために必要な幅を有するバルコニー及び屋外に設ける避難階段を有する場合は、一以上）有すること。
二　三階以上の階にある居室、静養室等及びこれから地上に通ずる廊下その他の通路の壁及び天井の室内に面する部分の仕上げを不燃材料でしていること。
三　居室、静養室等のある三階以上の各階が耐火構造の壁又は建築基準法施行令（昭和二十五年政令第三百三十八号）第百十二条第一項に規定する特定防火設備（以下「特定防火設備」という。）により防災上有効に区画されていること。
6　前各項に規定するもののほか、特別養護老人ホームの設備の基準は、次に定めるところによる。
一　廊下の幅は、一・八メートル以上とすること。ただし、中廊下の幅は、二・七メートル以上とすること。
二　廊下、便所その他必要な場所に常夜灯を設けること。
三　廊下及び階段には、手すりを設けること。

四　階段の傾斜は、緩やかにすること。
五　居室、静養室等が二階以上の階にある場合は、一以上の傾斜路を設けること。ただし、エレベーターを設ける場合は、この限りでない。

（職員の配置の基準）

第十二条　特別養護老人ホームには、次の各号に掲げる職員を置かなければならない。ただし、入所定員が四十人を超えない特別養護老人ホームにあっては、他の社会福祉施設等の栄養士との連携を図ることにより当該特別養護老人ホームの効果的な運営を期待することができる場合であって、入所者の処遇に支障がないときは、第五号の栄養士を置かないことができる。
一　施設長　一
二　医師　入所者に対し健康管理及び療養上の指導を行うために必要な数
三　生活相談員　入所者の数が百又はその端数を増すごとに一以上
四　介護職員又は看護師若しくは准看護師（以下「看護職員」という。）
イ　介護職員及び看護職員の総数は、常勤換算方法で、入所者の数が三又はその端数を増すごとに一以上とすること。
ロ　看護職員の数は、次のとおりとすること。
(1)　入所者の数が三十を超えない特別養護老人ホームにあっては、常勤換算方法で、一以上
(2)　入所者の数が三十を超えて五十を超えない特別養護老人ホームにあっては、常勤換算方法で、二以上
(3)　入所者の数が五十を超えて百三十を超えない特別養護老人ホームにあっては、常勤換算方法で、三以上
(4)　入所者の数が百三十を超える特別養護老人ホームにあっては、常勤換算方法で、三に、入所者の数が百三十を超えて五十又はその端数を増すごとに一を加えて得た数以上
五　栄養士　一以上
六　機能訓練指導員　一以上
七　調理員、事務員その他の職員　当該特別養護老人ホームの実情に応じた適当数

2　前項の入所者の数は、前年度の平均値とする。ただし、新規設置又は再開の場合は、推定数による。

3　第一項の常勤換算方法とは、当該職員のそれぞれの勤務延時間数の総数を当該特別養護老人ホームにおいて常勤の職員が勤務すべき時間数で除することにより常勤の職員の数に換算する方法をいう。

4　第一項第一号の施設長及び同項第三号の生活相談員は、常勤の者でなければならない。

5　第一項第四号の看護職員のうち、一人以上は、常勤の者でなければならない。

6　第一項第六号の機能訓練指導員は、当該特別養護老人ホームの他の職務に従事することができる。

7　第一項第二号の医師及び同項第七号の調理員、事務員その他の職員の数は、サテライト型居住施設（当該施設を設置しようとする者により設置される当該施設以外の特別養護老人ホーム、介護老人保健施設若しくは介護医療院又は病院若しくは診療所であって当該施設に対する支援機能を有するもの（以下「本体施設」という。）と密接な連携を確保しつつ、本体施設とは別の場所で運営される地域密着型特別養護老人ホーム（入所定員が二十九人以下の特別養護老人ホームをいう。以下同じ。）をいう。以下同じ。）の本体施設である特別養護老人ホームであって、当該サテライト型居住施設に医師又は調理員、事務員その他の職員を置かない場合にあっては、特別養護老人ホームの入所者の数及び当該サテライト型居住施設の入所者の数の合計数を基礎として算出しなければならない。

（サービス提供困難時の対応）

第十二条の二　特別養護老人ホームは、入所予定者が入院治療を必要とする場合その他入所予定者に対し自ら適切な便宜を提供することが困難である場合は、適切な病院若しくは診療所又は介護老人保健施設若しくは介護医療院を紹介する等の適切な措置を速やかに講じなければならない。

（入退所）

第十三条 特別養護老人ホームは、入所予定者の入所に際しては、その者に係る居宅介護支援（介護保険法（平成九年法律第百二十三号）第八条第二十四項に規定する居宅介護支援をいう。以下同じ。）を行う者に対する照会等により、その者の心身の状況、生活歴、病歴、指定居宅サービス等（同項に規定する指定居宅サービス等をいう。）の利用状況等の把握に努めなければならない。

2 特別養護老人ホームは、入所者の心身の状況、その置かれている環境等に照らし、その者が居宅において日常生活を営むことができるかどうかについて定期的に検討しなければならない。

3 前項の検討に当たっては、生活相談員、介護職員、看護職員等の職員の間で協議しなければならない。

4 特別養護老人ホームは、その心身の状況、その置かれている環境等に照らし、居宅において日常生活を営むことができると認められる入所者に対し、その者及びその家族の希望、その者が退所後に置かれることとなる環境等を勘案し、その者の円滑な退所のために必要な援助を行わなければならない。

5 特別養護老人ホームは、入所者の退所に際しては、居宅サービス計画（介護保険法第八条第二十四項に規定する居宅サービス計画をいう。）の作成等の援助に資するため、居宅介護支援を行う者に対する情報の提供に努めるほか、その他保健医療サービス又は福祉サービスを提供する者との密接な連携に努めなければならない。

（入所者の処遇に関する計画）

第十四条 特別養護老人ホームは、入所者について、その心身の状況、その置かれている環境、その者及びその家族の希望等を勘案し、その者の同意を得て、その者の処遇に関する計画を作成しなければならない。

2 特別養護老人ホームは、入所者の処遇に関する計画について、入所者の処遇の状況等を勘案し、必要な見直しを行わなければならない。

（処遇の方針）

第十五条 特別養護老人ホームは、入所者について、その者の要介護状態の軽減又は悪化の防止に資するよう、その者の心身の状況等に応じて、その者の処遇を妥当適切に行わなければならない。

2 入所者の処遇は、入所者の処遇に関する計画に基づき、漫然かつ画一的なものとならないよう配慮して、行わなければならない。

3 特別養護老人ホームの職員は、入所者の処遇に当たっては、懇切丁寧を旨とし、入所者又はその家族に対し、処遇上必要な事項について、理解しやすいように説明を行わなければならない。

4 特別養護老人ホームは、入所者の処遇に当たっては、当該入所者又は他の入所者等の生命又は身体を保護するため緊急やむを得ない場合を除き、身体的拘束その他入所者の行動を制限する行為（以下「身体的拘束等」という。）を行ってはならない。

5 特別養護老人ホームは、前項の身体的拘束等を行う場合には、その態様及び時間、その際の入所者の心身の状況並びに緊急やむを得ない理由を記録しなければならない。

6 特別養護老人ホームは、身体的拘束等の適正化を図るため、次に掲げる措置を講じなければならない。

一 身体的拘束等の適正化のための対策を検討する委員会を三月に一回以上開催するとともに、その結果について、介護職員その他の従業者に周知徹底を図ること。

二 身体的拘束等の適正化のための指針を整備すること。

三 介護職員その他の従業者に対し、身体的拘束等の適正化のための研修を定期的に実施すること。

7 特別養護老人ホームは、自らその行う処遇の質の評価を行い、常にその改善を図らなければならない。

（介護）

第十六条 介護は、入所者の自立の支援及び日常生活の充実に資するよう、入所者の心身の状況に応じて、適切な技術をもって行

高齢者福祉

われなければならない。

2　特別養護老人ホームは、一週間に二回以上、適切な方法により、入所者を入浴させ、又は清しきしなければならない。

3　特別養護老人ホームは、入所者に対し、その心身の状況に応じて、適切な方法により、排せつの自立について必要な援助を行わなければならない。

4　特別養護老人ホームは、おむつを使用せざるを得ない入所者のおむつを適切に取り替えなければならない。

5　特別養護老人ホームは、褥瘡が発生しないよう適切な介護を行うとともに、その発生を予防するための体制を整備しなければならない。

6　特別養護老人ホームは、入所者に対し、前各項に規定するもののほか、離床、着替え、整容等の介護を適切に行わなければならない。

7　特別養護老人ホームは、常時一人以上の常勤の介護職員を介護に従事させなければならない。

8　特別養護老人ホームは、入所者に対し、その負担により、当該特別養護老人ホームの職員以外の者による介護を受けさせてはならない。

（**食事**）

第十七条　特別養護老人ホームは、栄養並びに入所者の心身の状況及び嗜好を考慮した食事を、適切な時間に提供しなければならない。

2　特別養護老人ホームは、入所者が可能な限り離床して、食堂で食事を摂ることを支援しなければならない。

（**相談及び援助**）

第十八条　特別養護老人ホームは、常に入所者の心身の状況、その置かれている環境等の的確な把握に努め、入所者又はその家族に対し、その相談に適切に応じるとともに、必要な助言その他の援助を行わなければならない。

（**社会生活上の便宜の提供等**）

第十九条　特別養護老人ホームは、教養娯楽設備等を備えるほか、適宜入所者のためのレクリエーション行事を行わなければならない。

2　特別養護老人ホームは、入所者が日常生活を営むのに必要な行政機関等に対する手続について、その者又はその家族において行うことが困難である場合は、その者の同意を得て、代わって行わなければならない。

3　特別養護老人ホームは、常に入所者の家族との連携を図るとともに、入所者とその家族との交流等の機会を確保するよう努めなければならない。

4　特別養護老人ホームは、入所者の外出の機会を確保するよう努めなければならない。

（**機能訓練**）

第二十条　特別養護老人ホームは、入所者に対し、その心身の状況等に応じて、日常生活を営むのに必要な機能を改善し、又はその減退を防止するための訓練を行わなければならない。

（**健康管理**）

第二十一条　特別養護老人ホームの医師又は看護職員は、常に入所者の健康の状況に注意し、必要に応じて健康保持のための適切な措置を採らなければならない。

（**入所者の入院期間中の取扱い**）

第二十二条　特別養護老人ホームは、入所者について、病院又は診療所に入院する必要が生じた場合であって、入院後おおむね三月以内に退院することが明らかに見込まれるときは、その者及びその家族の希望等を勘案し、必要に応じて適切な便宜を供与するとともに、やむを得ない事情がある場合を除き、退院後再び当該特別養護老人ホームに円滑に入所することができるようにしなければならない。

（**緊急時等の対応**）

第二十二条の二　特別養護老人ホームは、現に処遇を行っているときに入所者の病状の急変が生じた場合その他必要な場合のため、あらかじめ、第十二条第一項第二号に掲げる医師との連携方法その他の緊急時等における対応方法を定めておかなければならない。

（**施設長の責務**）

第二十三条　特別養護老人ホームの施設長

は、特別養護老人ホームの職員の管理、業務の実施状況の把握その他の管理を一元的に行わなければならない。

2　特別養護老人ホームの施設長は、職員に第七条から第九条まで及び第十二条の二から第三十一条までの規定を遵守させるために必要な指揮命令を行うものとする。

（勤務体制の確保等）

第二十四条　特別養護老人ホームは、入所者に対し、適切な処遇を行うことができるよう、職員の勤務の体制を定めておかなければならない。

2　特別養護老人ホームは、当該特別養護老人ホームの職員によって処遇を行わなければならない。ただし、入所者の処遇に直接影響を及ぼさない業務については、この限りでない。

3　特別養護老人ホームは、職員に対し、その資質の向上のための研修の機会を確保しなければならない。

（定員の遵守）

第二十五条　特別養護老人ホームは、入所定員及び居室の定員を超えて入所させてはならない。ただし、災害その他のやむを得ない事情がある場合は、この限りでない。

（衛生管理等）

第二十六条　特別養護老人ホームは、入所者の使用する食器その他の設備又は飲用に供する水について、衛生的な管理に努め、又は衛生上必要な措置を講ずるとともに、医薬品及び医療機器の管理を適正に行わなければならない。

2　特別養護老人ホームは、当該特別養護老人ホームにおいて感染症又は食中毒が発生し、又はまん延しないように、次の各号に掲げる措置を講じなければならない。

一　当該特別養護老人ホームにおける感染症及び食中毒の予防及びまん延の防止のための対策を検討する委員会をおおむね三月に一回以上開催するとともに、その結果について、介護職員その他の職員に周知徹底を図ること。

二　当該特別養護老人ホームにおける感染症及び食中毒の予防及びまん延の防止のための指針を整備すること。

三　当該特別養護老人ホームにおいて、介護職員その他の職員に対し、感染症及び食中毒の予防及びまん延の防止のための研修を定期的に実施すること。

四　前三号に掲げるもののほか、別に厚生労働大臣が定める感染症又は食中毒の発生が疑われる際の対処等に関する手順に沿った対応を行うこと。

（協力病院等）

第二十七条　特別養護老人ホームは、入院治療を必要とする入所者のために、あらかじめ、協力病院を定めておかなければならない。

2　特別養護老人ホームは、あらかじめ、協力歯科医療機関を定めておくよう努めなければならない。

（秘密保持等）

第二十八条　特別養護老人ホームの職員は、正当な理由がなく、その業務上知り得た入所者又はその家族の秘密を漏らしてはならない。

2　特別養護老人ホームは、職員であった者が、正当な理由がなく、その業務上知り得た入所者又はその家族の秘密を漏らすことがないよう、必要な措置を講じなければならない。

（苦情処理）

第二十九条　特別養護老人ホームは、その行った処遇に関する入所者及びその家族からの苦情に迅速かつ適切に対応するために、苦情を受け付けるための窓口を設置する等の必要な措置を講じなければならない。

2　特別養護老人ホームは、前項の苦情を受け付けた場合には、当該苦情の内容等を記録しなければならない。

3　特別養護老人ホームは、その行った処遇に関し、市町村から指導又は助言を受けた場合は、当該指導又は助言に従って必要な改善を行わなければならない。

4　特別養護老人ホームは、市町村からの求めがあった場合には、前項の改善の内容を市町村に報告しなければならない。

（地域との連携等）

第三十条　特別養護老人ホームは、その運営に当たっては、地域住民又はその自発的な活動等との連携及び協力を行う等の地域との交流を図らなければならない。

2　特別養護老人ホームは、その運営に当たっては、その提供したサービスに関する入所者からの苦情に関して、市町村等が派遣する者が相談及び援助を行う事業その他の市町村が実施する事業に協力するよう努めなければならない。

（事故発生の防止及び発生時の対応）

第三十一条　特別養護老人ホームは、事故の発生又はその再発を防止するため、次の各号に定める措置を講じなければならない。

一　事故が発生した場合の対応、次号に規定する報告の方法等が記載された事故発生の防止のための指針を整備すること。

二　事故が発生した場合又はそれに至る危険性がある事態が生じた場合に、当該事実が報告され、その分析を通した改善策について、職員に周知徹底を図る体制を整備すること。

三　事故発生の防止のための委員会及び職員に対する研修を定期的に行うこと。

2　特別養護老人ホームは、入所者の処遇により事故が発生した場合は、速やかに市町村、入所者の家族等に連絡を行うとともに、必要な措置を講じなければならない。

3　特別養護老人ホームは、前項の事故の状況及び事故に際して採った処置について記録しなければならない。

4　特別養護老人ホームは、入所者の処遇により賠償すべき事故が発生した場合は、損害賠償を速やかに行わなければならない。

第三章　ユニット型特別養護老人ホームの基本方針並びに設備及び運営に関する基準

（この章の趣旨）

第三十二条　前章（第十二条を除く。）の規定にかかわらず、ユニット型特別養護老人ホーム（施設の全部において少数の居室及び当該居室に近接して設けられる共同生活室（当該居室の入所者が交流し、共同で日常生活を営むための場所をいう。以下同じ。）により一体的に構成される場所（以下「ユニット」という。）ごとに入居者の日常生活が営まれ、これに対する支援が行われる特別養護老人ホームをいう。以下同じ。）の基本方針並びに設備及び運営に関する基準については、この章に定めるところによる。

（基本方針）

第三十三条　ユニット型特別養護老人ホームは、入居者一人一人の意思及び人格を尊重し、入居者へのサービスの提供に関する計画に基づき、その居宅における生活への復帰を念頭に置いて、入居前の居宅における生活と入居後の生活が連続したものとなるよう配慮しながら、各ユニットにおいて入居者が相互に社会的関係を築き、自律的な日常生活を営むことを支援しなければならない。

2　ユニット型特別養護老人ホームは、地域や家庭との結び付きを重視した運営を行い、市町村、老人の福祉を増進することを目的とする事業を行う者その他の保健医療サービス又は福祉サービスを提供する者との密接な連携に努めなければならない。

（運営規程）

第三十四条　ユニット型特別養護老人ホームは、次に掲げる施設の運営についての重要事項に関する規程を定めておかなければならない。

一　施設の目的及び運営の方針

二　職員の職種、数及び職務の内容

三　入居定員

四　ユニットの数及びユニットごとの入居定員

五　入居者へのサービスの提供の内容及び費用の額

六　施設の利用に当たっての留意事項

七　緊急時等における対応方法

八　非常災害対策

九　その他施設の運営に関する重要事項

（設備の基準）

第三十五条　ユニット型特別養護老人ホームの建物（入居者の日常生活のために使用しない附属の建物を除く。）は、耐火建築物でなければならない。ただし、次の各号のいずれかの要件を満たす二階建て又は平屋建てのユニット型特別養護老人ホームの建物にあっては、準耐火建築物とすることができる。

一　居室等を二階及び地階のいずれにも設けていないこと。

二　居室等を二階又は地階に設けている場合であって、次に掲げる要件の全てを満たすこと。

イ　当該ユニット型特別養護老人ホームの所在地を管轄する消防長又は消防署長と相談の上、第四十二条において準用する第八条第一項に規定する計画に入居者の円滑かつ迅速な避難を確保するために必要な事項を定めること。

ロ　第四十二条において準用する第八条第二項に規定する訓練については、同条第一項に規定する計画に従い、昼間及び夜間において行うこと。

ハ　火災時における避難、消火等の協力を得ることができるよう、地域住民等との連携体制を整備すること。

2　前項の規定にかかわらず、都道府県知事が、火災予防、消火活動等に関し専門的知識を有する者の意見を聴いて、次の各号のいずれかの要件を満たす木造かつ平屋建てのユニット型特別養護老人ホームの建物であって、火災に係る入居者の安全性が確保されていると認めたときは、耐火建築物又は準耐火建築物とすることを要しない。

一　スプリンクラー設備の設置、天井等の内装材等への難燃性の材料の使用、調理室等火災が発生するおそれがある箇所における防火区画の設置等により、初期消火及び延焼の抑制に配慮した構造であること。

二　非常警報設備の設置等による火災の早期発見及び通報の体制が整備されており、円滑な消火活動が可能なものであること。

三　避難口の増設、搬送を容易に行うために十分な幅員を有する避難路の確保等により、円滑な避難が可能な構造であり、かつ、避難訓練を頻繁に実施すること、配置人員を増員すること等により、火災の際の円滑な避難が可能なものであること。

3　ユニット型特別養護老人ホームには、次の各号に掲げる設備を設けなければならない。ただし、他の社会福祉施設等の設備を利用することにより当該ユニット型特別養護老人ホームの効果的な運営を期待することができる場合であって、入居者へのサービスの提供に支障がないときは、次の各号（第一号を除く。）に掲げる設備の一部を設けないことができる。

一　ユニット

二　浴室

三　医務室

四　調理室

五　洗濯室又は洗濯場

六　汚物処理室

七　介護材料室

八　前各号に掲げるもののほか、事務室その他の運営上必要な設備

4　前項各号に掲げる設備の基準は、次のとおりとする。

一　ユニット

イ　居室

(1)　一の居室の定員は、一人とすること。ただし、入居者へのサービスの提供上必要と認められる場合は、二人とすることができる。

(2)　居室は、いずれかのユニットに属するものとし、当該ユニットの共同生活室に近接して一体的に設けること。ただし、一のユニットの入居定員は、おおむね十人以下としなければならない。

(3)　地階に設けてはならないこと。

(4)　一の居室の床面積等は、次のいずれかを満たすこと。

(i)　十・六五平方メートル以上とすること。ただし、(1)ただし書の場合にあっては、二十一・三平方メートル以上とすること。

(ii)　ユニットに属さない居室を改修したものについては、入居者同士の視線の遮断の確保を前提にした上で、居室を隔てる壁について、天井との間に一定の隙間が生じて

いても差し支えない。

(5) 寝台又はこれに代わる設備を備えること。

(6) 一以上の出入口は、避難上有効な空地、廊下、共同生活室又は広間に直接面して設けること。

(7) 床面積の十四分の一以上に相当する面積を直接外気に面して開放できるようにすること。

(8) 必要に応じて入居者の身の回り品を保管することができる設備を備えること。

(9) ブザー又はこれに代わる設備を設けること。

ロ 共同生活室

(1) 共同生活室は、いずれかのユニットに属するものとし、当該ユニットの入居者が交流し、共同で日常生活を営むための場所としてふさわしい形状を有すること。

(2) 地階に設けてはならないこと。

(3) 一の共同生活室の床面積は、二平方メートルに当該共同生活室が属するユニットの入居定員を乗じて得た面積以上を標準とすること。

(4) 必要な設備及び備品を備えること。

ハ 洗面設備

(1) 居室ごとに設けるか、又は共同生活室ごとに適当数設けること。

(2) 介護を必要とする者が使用するのに適したものとすること。

ニ 便所

(1) 居室ごとに設けるか、又は共同生活室ごとに適当数設けること。

(2) ブザー又はこれに代わる設備を設けるとともに、介護を必要とする者が使用するのに適したものとすること。

二 浴室

介護を必要とする者が入浴するのに適したものとすること。

三 医務室

イ 医療法第一条の五第二項に規定する診療所とすること。

ロ 入居者を診療するために必要な医薬品及び医療機器を備えるほか、必要に応じて臨床検査設備を設けること。

四 調理室

火気を使用する部分は、不燃材料を用いること。

5 ユニット及び浴室は、三階以上の階に設けてはならない。ただし、次の各号のいずれにも該当する建物に設けられるユニット又は浴室については、この限りでない。

一 ユニット又は浴室のある三階以上の各階に通ずる特別避難階段を二以上（防災上有効な傾斜路を有する場合又は車いす若しくはストレッチャーで通行するために必要な幅を有するバルコニー及び屋外に設ける避難階段を有する場合は、一以上）有すること。

二 三階以上の階にあるユニット又は浴室及びこれらから地上に通ずる廊下その他の通路の壁及び天井の室内に面する部分の仕上げを不燃材料でしていること。

三 ユニット又は浴室のある三階以上の各階が耐火構造の壁又は特定防火設備により防災上有効に区画されていること。

6 前各項に規定するもののほか、ユニット型特別養護老人ホームの設備の基準は、次に定めるところによる。

一 廊下の幅は、一・八メートル以上とすること。ただし、中廊下の幅は、二・七メートル以上とすること。なお、廊下の一部の幅を拡張することにより、入居者、職員等の円滑な往来に支障が生じないと認められる場合には、一・五メートル以上（中廊下にあっては、一・八メートル以上）として差し支えない。

二 廊下、共同生活室、便所その他必要な場所に常夜灯を設けること。

三 廊下及び階段には手すりを設けること。

四 階段の傾斜は、緩やかにすること。

五 ユニット又は浴室が二階以上の階にある場合は、一以上の傾斜路を設けること。ただし、エレベーターを設ける場合は、この限りでない。

（サービスの取扱方針）

第三十六条　入居者へのサービスの提供は、入居者が、その有する能力に応じて、自らの生活様式及び生活習慣に沿って自律的な日常生活を営むことができるようにするため、入居者へのサービスの提供に関する計画に基づき、入居者の日常生活上の活動について必要な援助を行うことにより、入居者の日常生活を支援するものとして行われなければならない。

2　入居者へのサービスの提供は、各ユニットにおいて入居者がそれぞれの役割を持って生活を営むことができるよう配慮して行われなければならない。

3　入居者へのサービスの提供は、入居者のプライバシーの確保に配慮して行われなければならない。

4　入居者へのサービスの提供は、入居者の自立した生活を支援することを基本として、入居者の要介護状態の軽減又は悪化の防止に資するよう、その者の心身の状況等を常に把握しながら、適切に行われなければならない。

5　ユニット型特別養護老人ホームの職員は、入居者へのサービスの提供に当たって、入居者又はその家族に対し、サービスの提供方法等について、理解しやすいように説明を行わなければならない。

6　ユニット型特別養護老人ホームは、入居者へのサービスの提供に当たっては、当該入居者又は他の入居者等の生命又は身体を保護するため緊急やむを得ない場合を除き、身体的拘束等を行ってはならない。

7　ユニット型特別養護老人ホームは、前項の身体的拘束等を行う場合には、その態様及び時間、その際の入居者の心身の状況並びに緊急やむを得ない理由を記録しなければならない。

8　ユニット型特別養護老人ホームは、身体的拘束等の適正化を図るため、次に掲げる措置を講じなければならない。

一　身体的拘束等の適正化のための対策を検討する委員会を三月に一回以上開催するとともに、その結果について、介護職員その他の従業者に周知徹底を図ること。

二　身体的拘束等の適正化のための指針を整備すること。

三　介護職員その他の従業者に対し、身体的拘束等の適正化のための研修を定期的に実施すること。

9　ユニット型特別養護老人ホームは、自らその提供するサービスの質の評価を行い、常にその改善を図らなければならない。

（介護）

第三十七条　介護は、各ユニットにおいて入居者が相互に社会的関係を築き、自律的な日常生活を営むことを支援するよう、入居者の心身の状況等に応じ、適切な技術をもって行われなければならない。

2　ユニット型特別養護老人ホームは、入居者の日常生活における家事を、入居者が、その心身の状況等に応じて、それぞれの役割を持って行うよう適切に支援しなければならない。

3　ユニット型特別養護老人ホームは、入居者が身体の清潔を維持し、精神的に快適な生活を営むことができるよう、適切な方法により、入居者に入浴の機会を提供しなければならない。ただし、やむを得ない場合には、清しきを行うことをもって入浴の機会の提供に代えることができる。

4　ユニット型特別養護老人ホームは、入居者の心身の状況に応じて、適切な方法により、排せつの自立について必要な支援を行わなければならない。

5　ユニット型特別養護老人ホームは、おむつを使用せざるを得ない入居者については、排せつの自立を図りつつ、そのおむつを適切に取り替えなければならない。

6　ユニット型特別養護老人ホームは、褥瘡が発生しないよう適切な介護を行うとともに、その発生を予防するための体制を整備しなければならない。

7　ユニット型特別養護老人ホームは、前各項に規定するもののほか、入居者が行う離床、着替え、整容等の日常生活上の行為を適切に支援しなければならない。

8　ユニット型特別養護老人ホームは、常時一人以上の常勤の介護職員を介護に従事させなければならない。

9　ユニット型特別養護老人ホームは、入居者に対し、その負担により、当該ユニット型特別養護老人ホームの職員以外の者による介護を受けさせてはならない。

（食事）

第三十八条　ユニット型特別養護老人ホームは、栄養並びに入居者の心身の状況及び嗜好を考慮した食事を提供しなければならない。

2　ユニット型特別養護老人ホームは、入居者の心身の状況に応じて、適切な方法により、食事の自立について必要な支援を行わなければならない。

3　ユニット型特別養護老人ホームは、入居者の生活習慣を尊重した適切な時間に食事を提供するとともに、入居者がその心身の状況に応じてできる限り自立して食事を摂ることができるよう必要な時間を確保しなければならない。

4　ユニット型特別養護老人ホームは、入居者が相互に社会的関係を築くことができるよう、その意思を尊重しつつ、入居者が共同生活室で食事を摂ることを支援しなければならない。

（社会生活上の便宜の提供等）

第三十九条　ユニット型特別養護老人ホームは、入居者の嗜好に応じた趣味、教養又は娯楽に係る活動の機会を提供するとともに、入居者が自律的に行うこれらの活動を支援しなければならない。

2　ユニット型特別養護老人ホームは、入居者が日常生活を営むのに必要な行政機関等に対する手続について、その者又はその家族が行うことが困難である場合は、その者の同意を得て、代わって行わなければならない。

3　ユニット型特別養護老人ホームは、常に入居者の家族との連携を図るとともに、入居者とその家族との交流等の機会を確保するよう努めなければならない。

4　ユニット型特別養護老人ホームは、入居者の外出の機会を確保するよう努めなければならない。

（勤務体制の確保等）

第四十条　ユニット型特別養護老人ホームは、入居者に対し、適切なサービスを提供することができるよう、職員の勤務の体制を定めておかなければならない。

2　前項の職員の勤務の体制を定めるに当たっては、入居者が安心して日常生活を送ることができるよう、継続性を重視したサービスの提供に配慮する観点から、次の各号に定める職員配置を行わなければならない。

一　昼間については、ユニットごとに常時一人以上の介護職員又は看護職員を配置すること。

二　夜間及び深夜については、二ユニットごとに一人以上の介護職員又は看護職員を夜間及び深夜の勤務に従事する職員として配置すること。

三　ユニットごとに、常勤のユニットリーダーを配置すること。

3　ユニット型特別養護老人ホームは、当該ユニット型特別養護老人ホームの職員によってサービスを提供しなければならない。ただし、入居者へのサービスの提供に直接影響を及ぼさない業務については、この限りでない。

4　ユニット型特別養護老人ホームは、職員に対し、その資質の向上のための研修の機会を確保しなければならない。

（定員の遵守）

第四十一条　ユニット型特別養護老人ホームは、ユニットごとの入居定員及び居室の定員を超えて入居させてはならない。ただし、災害その他のやむを得ない事情がある場合は、この限りでない。

（準用）

第四十二条　第三条から第六条まで、第八条、第九条、第十二条の二から第十四条まで、第十八条、第二十条から第二十三条まで及び第二十六条から第三十一条までの規定は、ユニット型特別養護老人ホームについて準用する。この場合において、第九条第二項第三号中「第十五条第五項」とあるのは「第三十六条第七項」と、同項第四号中「第二十九条第二項」とあるのは「第四十二条において準用する第二十九条第二項」と、同項第五号中「第三十一条第三項」とあるのは「第四十二条において準用する第三十一条第三項」と、第二十三条第二項中「第七条から第九条まで及び第十二条の二から第三十一条まで」とあるのは「第三十四条及び第三十六条から第四十一条まで並びに第四十二条において準用する第八条、第九条、第十二条の二から第十四条まで、第十八条、第二十条から第二十三条まで及び第二十六条から第三十一条まで」と読み替えるものとする。

第四章　削除

第四十三条から第五十三条まで　削除

第五章　地域密着型特別養護老人ホームの基本方針並びに設備及び運営に関する基準

（**この章の趣旨**）

第五十四条　第二章から前章までの規定にかかわらず、地域密着型特別養護老人ホームの基本方針並びに設備及び運営に関する基準については、この章に定めるところによる。

（**設備の基準**）

第五十五条　地域密着型特別養護老人ホームの建物（入所者の日常生活のために使用しない附属の建物を除く。）は、耐火建築物でなければならない。ただし、次の各号のいずれかの要件を満たす二階建て又は平屋建ての地域密着型特別養護老人ホームの建物にあっては、準耐火建築物とすることができる。

一　居室等を二階及び地階のいずれにも設けていないこと。

二　居室等を二階又は地階に設けている場合であって、次に掲げる要件の全てを満たすこと。

イ　当該地域密着型特別養護老人ホームの所在地を管轄する消防長又は消防署長と相談の上、第五十九条において準用する第八条第一項に規定する計画に入所者の円滑かつ迅速な避難を確保するために必要な事項を定めること。

ロ　第五十九条において準用する第八条第一項に規定する訓練については、同条第一項に規定する計画に従い、昼間及び夜間において行うこと。

ハ　火災時における避難、消火等の協力を得ることができるよう、地域住民等との連携体制を整備すること。

2　前項の規定にかかわらず、都道府県知事が、火災予防、消火活動等に関し専門的知識を有する者の意見を聴いて、次の各号のいずれかの要件を満たす木造かつ平屋建ての地域密着型特別養護老人ホームの建物であって、火災に係る入所者の安全性が確保されていると認めたときは、耐火建築物又は準耐火建築物とすることを要しない。

一　スプリンクラー設備の設置、天井等の内装材等への難燃性の材料の使用、調理室等火災が発生するおそれがある箇所における防火区画の設置等により、初期消火及び延焼の抑制に配慮した構造であること。

二　非常警報設備の設置等による火災の早期発見及び通報の体制が整備されており、円滑な消火活動が可能なものであること。

三　避難口の増設、搬送を容易に行うために十分な幅員を有する避難路の確保等により、円滑な避難が可能な構造であり、かつ、避難訓練を頻繁に実施すること、配置人員を増員すること等により、火災の際の円滑な避難が可能なものであること。

3　地域密着型特別養護老人ホームには、次の各号に掲げる設備を設けなければならない。ただし、他の社会福祉施設等の設備を利用することにより当該地域密着型特別養護老人ホームの効果的な運営を期待することができる場合であって、入所者の処遇に支障がないときは、次の各号に掲げる設備の一部を設けないことができる。

一　居室
二　静養室
三　食堂
四　浴室
五　洗面設備
六　便所
七　医務室

八 調理室
九 介護職員室
十 看護職員室
十一 機能訓練室
十二 面談室
十三 洗濯室又は洗濯場
十四 汚物処理室
十五 介護材料室
十六 前各号に掲げるもののほか、事務室その他の運営上必要な設備

4 前項各号に掲げる設備の基準は、次のとおりとする。

一 居室
イ 一の居室の定員は、一人とすること。ただし、入所者へのサービスの提供上必要と認められる場合は、二人とすることができる。
ロ 地階に設けてはならないこと。
ハ 入所者一人当たりの床面積は、十・六五平方メートル以上とすること。
ニ 寝台又はこれに代わる設備を備えること。
ホ 一以上の出入口は、避難上有効な空地、廊下又は広間に直接面して設けること。
ヘ 床面積の十四分の一以上に相当する面積を直接外気に面して開放できるようにすること。
ト 入所者の身の回り品を保管することができる設備を備えること。
チ ブザー又はこれに代わる設備を設けること。

二 静養室
イ 介護職員室又は看護職員室に近接して設けること。
ロ イに定めるもののほか、前号ロ及びニからチまでに定めるところによること。

三 浴室
介護を必要とする者が入浴するのに適したものとすること。

四 洗面設備
イ 居室のある階ごとに設けること。
ロ 介護を必要とする者が使用するのに適したものとすること。

五 便所
イ 居室のある階ごとに居室に近接して設けること。
ロ ブザー又はこれに代わる設備を設けるとともに、介護を必要とする者が使用するのに適したものとすること。

六 医務室
医療法第一条の五第二項に規定する診療所とすることとし、入所者を診療するために必要な医薬品及び医療機器を備えるほか、必要に応じて臨床検査設備を設けること。ただし、本体施設が特別養護老人ホームであるサテライト型居住施設については医務室を必要とせず、入所者を診療するために必要な医薬品及び医療機器を備えるほか、必要に応じて臨床検査設備を設けることで足りるものとする。

七 調理室
イ 火気を使用する部分は、不燃材料を用いること。
ロ サテライト型居住施設の調理室については、本体施設の調理室で調理する場合であって、運搬手段について衛生上適切な措置がなされているときは、簡易な調理設備を設けることで足りるものとする。

八 介護職員室
イ 居室のある階ごとに居室に近接して設けること。
ロ 必要な備品を備えること。

九 食堂及び機能訓練室
イ 食堂及び機能訓練室は、それぞれ必要な広さを有するものとし、その合計した面積は、三平方メートルに入所定員を乗じて得た面積以上とすること。ただし、食事の提供又は機能訓練を行う場合において、当該食事の提供又は機能訓練に支障がない広さを確保することができるときは、同一の場所とすることができる。
ロ 必要な備品を備えること。

5 居室、静養室等は、三階以上の階に設けてはならない。ただし、次の各号のいずれにも該当する建物に設けられる居室、静養

高齢者福祉

室等については、この限りでない。
一　居室、静養室等のある三階以上の各階に通ずる特別避難階段を二以上（防災上有効な傾斜路を有する場合又は車いす若しくはストレッチャーで通行するために必要な幅を有するバルコニー及び屋外に設ける避難階段を有する場合は、一以上）有すること。
二　三階以上の階にある居室、静養室等及びこれから地上に通ずる廊下その他の通路の壁及び天井の室内に面する部分の仕上げを不燃材料でしていること。
三　居室、静養室等のある三階以上の各階が耐火構造の壁又は特定防火設備により防災上有効に区画されていること。

6　前各項に規定するもののほか、地域密着型特別養護老人ホームの設備の基準は、次に定めるところによる。
一　廊下の幅は、一・五メートル以上とすること。ただし、中廊下の幅は、一・八メートル以上とすること。なお、廊下の一部の幅を拡張すること等により、入所者、職員等の円滑な往来に支障が生じないと認められるときは、これによらないことができる。
二　廊下、便所その他必要な場所に常夜灯を設けること。
三　廊下及び階段には、手すりを設けること。
四　階段の傾斜は、緩やかにすること。
五　居室、静養室等が二階以上の階にある場合は、一以上の傾斜路を設けること。ただし、エレベーターを設ける場合は、この限りでない。

7　本体施設とサテライト型居住施設との間の距離は、両施設が密接な連携を確保できる範囲内としなければならない。

（職員の配置の基準）

第五十六条　地域密着型特別養護老人ホームには、次の各号に掲げる職員を置かなければならない。
一　施設長　一
二　医師　入所者に対し健康管理及び療養上の指導を行うために必要な数
三　生活相談員　一以上
四　介護職員又は看護職員
イ　介護職員及び看護職員の総数は、常勤換算方法で、入所者の数が三又はその端数を増すごとに一以上とすること。
ロ　看護職員の数は、一以上とすること。
五　栄養士　一以上
六　機能訓練指導員　一以上
七　調理員、事務員その他の職員　当該地域密着型特別養護老人ホームの実情に応じた適当数

2　前項の入所者の数は、前年度の平均値とする。ただし、新規設置又は再開の場合は、推定数による。

3　第一項、第六項及び第八項の常勤換算方法とは、当該職員のそれぞれの勤務延時間数の総数を当該地域密着型特別養護老人ホームにおいて常勤の職員が勤務すべき時間数で除することにより常勤の職員の数に換算する方法をいう。

4　第一項第一号の施設長は、常勤の者でなければならない。

5　第一項第二号の規定にかかわらず、サテライト型居住施設の医師については、本体施設の医師により当該サテライト型居住施設の入所者の健康管理が適切に行われると認められるときは、これを置かないことができる。

6　第一項第三号の生活相談員は、常勤の者でなければならない。ただし、サテライト型居住施設にあっては、常勤換算方法で一以上とする。

7　第一項第四号の介護職員のうち、一人以上は、常勤の者でなければならない。

8　第一項第四号の看護職員のうち、一人以上は、常勤の者でなければならない。ただし、サテライト型居住施設にあっては、常勤換算方法で一以上とする。

9　第一項第三号及び第五号から第七号までの規定にかかわらず、サテライト型居住施設の生活相談員、栄養士、機能訓練指導員又は調理員、事務員その他の職員については、次に掲げる本体施設の場合には、次の各号に掲げる区分に応じ、当該各号に定める職員により当該サテライト型居住施設の

入所者の処遇が適切に行われていると認められるときは、これを置かないことができる。

一　特別養護老人ホーム　栄養士、機能訓練指導員又は調理員、事務員その他の職員

二　介護老人保健施設　支援相談員、栄養士、理学療法士若しくは作業療法士又は調理員、事務員その他の従業者

三　介護医療院　栄養士又は調理員、事務員その他の従業者

四　病院　栄養士（病床数百以上の病院の場合に限る。）

五　診療所　事務員その他の従業者

10　第一項第六号の機能訓練指導員は、当該地域密着型特別養護老人ホームの他の職務に従事することができる。

11　地域密着型特別養護老人ホームに指定居宅サービス等の事業の人員、設備及び運営に関する基準（平成十一年厚生省令第三十七号。以下「指定居宅サービス等基準」という。）第百二十一条第一項に規定する指定短期入所生活介護事業所又は指定介護予防サービス等の事業の人員、設備及び運営並びに指定介護予防サービス等に係る介護予防のための効果的な支援の方法に関する基準（平成十八年厚生労働省令第三十五号。以下「指定介護予防サービス等基準」という。）第百二十九条第一項に規定する指定介護予防短期入所生活介護事業所（以下「指定短期入所生活介護事業所等」という。）が併設される場合においては、当該指定短期入所生活介護事業所等の医師については、当該地域密着型特別養護老人ホームの医師により当該指定短期入所生活介護事業所等の利用者の健康管理が適切に行われると認められるときは、これを置かないことができる。

12　地域密着型特別養護老人ホームに指定居宅サービス等基準第九十三条第一項に規定する指定通所介護事業所、指定短期入所生活介護事業所等又は指定地域密着型サービスの事業の人員、設備及び運営に関する基準（平成十八年厚生労働省令第三十四号。以下「指定地域密着型サービス基準」という。）第二十条第一項に規定する指定地域密着型通所介護事業所若しくは指定地域密着型サービス基準第四十二条第一項に規定する併設型指定認知症対応型通所介護の事業を行う事業所若しくは指定地域密着型介護予防サービスの事業の人員、設備及び運営並びに指定地域密着型介護予防サービスに係る介護予防のための効果的な支援の方法に関する基準（平成十八年厚生労働省令第三十六号。以下「指定地域密着型介護予防サービス基準」という。）第五条第一項に規定する併設型指定介護予防認知症対応型通所介護の事業を行う事業所が併設される場合においては、当該併設される事業所の生活相談員、栄養士、機能訓練指導員又は調理員その他の従業者については、当該地域密着型特別養護老人ホームの生活相談員、栄養士、機能訓練指導員又は調理員、事務員その他の職員により当該事業所の利用者の処遇が適切に行われると認められるときは、これを置かないことができる。

13　地域密着型特別養護老人ホームに併設される指定短期入所生活介護事業所等の入所定員は、当該地域密着型特別養護老人ホームの入所定員と同数を上限とする。

14　地域密着型特別養護老人ホームに指定地域密着型サービス基準第六十三条第一項に規定する指定小規模多機能型居宅介護事業所、指定地域密着型サービス基準第百七十一条第一項に規定する指定看護小規模多機能型居宅介護事業所又は指定地域密着型介護予防サービス基準第四十四条第一項に規定する指定介護予防小規模多機能型居宅介護事業所（以下「指定小規模多機能型居宅介護事業所等」という。）が併設される場合においては、当該地域密着型特別養護老人ホームが前各項に定める職員の配置の基準を満たす職員を置くほか、当該指定小規模多機能型居宅介護事業所等に指定地域密着型サービス基準第六十三条若しくは第百七十一条又は指定地域密着型介護予防サービス基準第四十四条に定める人員に関する基準を満たす従業者が置かれているときは、当該地域密着型特別養護老人ホームの職員は、当該指定小規模多機能型居宅介護

事業所等の職務に従事することができる。

15　第一項第二号の医師及び同項第七号の調理員、事務員その他の職員の数は、サテライト型居住施設の本体施設である地域密着型特別養護老人ホームであって、当該サテライト型居住施設に医師又は調理員、事務員その他の職員を置かない場合にあっては、当該地域密着型特別養護老人ホームの入所者の数及び当該サテライト型居住施設の入所者の数の合計数を基礎として算出しなければならない。

（介護）

第五十七条　介護は、入所者の自立の支援及び日常生活の充実に資するよう、入所者の心身の状況に応じて、適切な技術をもって行われなければならない。

2　地域密着型特別養護老人ホームは、一週間に二回以上、適切な方法により、入所者を入浴させ、又は清しきしなければならない。

3　地域密着型特別養護老人ホームは、入所者に対し、その心身の状況に応じて、適切な方法により、排せつの自立について必要な援助を行わなければならない。

4　地域密着型特別養護老人ホームは、おむつを使用せざるを得ない入所者のおむつを適切に取り替えなければならない。

5　地域密着型特別養護老人ホームは、褥瘡が発生しないよう適切な介護を行うとともに、その発生を予防するための体制を整備しなければならない。

6　地域密着型特別養護老人ホームは、入所者に対し、前各項に規定するもののほか、離床、着替え、整容等の介護を適切に行わなければならない。

7　地域密着型特別養護老人ホームは、常時一人以上の介護職員を介護に従事させなければならない。

8　地域密着型特別養護老人ホームは、入所者に対し、その負担により、当該地域密着型特別養護老人ホームの職員以外の者による介護を受けさせてはならない。

（地域との連携等）

第五十八条　地域密着型特別養護老人ホームは、その運営に当たっては、入所者、入所者の家族、地域住民の代表者、当該地域密着型特別養護老人ホームが所在する市町村の職員又は当該地域密着型特別養護老人ホームが所在する区域を管轄する介護保険法第百十五条の四十六第一項に規定する地域包括支援センターの職員、地域密着型特別養護老人ホームについて知見を有する者等により構成される協議会（以下「運営推進会議」という。）を設置し、おおむね二月に一回以上、運営推進会議に対し活動状況を報告し、運営推進会議による評価を受けるとともに、運営推進会議から必要な要望、助言等を聴く機会を設けなければならない。

2　地域密着型特別養護老人ホームは、前項の報告、評価、要望、助言等についての記録を作成するとともに、当該記録を公表するものとする。

3　地域密着型特別養護老人ホームは、その運営に当たっては、地域住民又はその自発的な活動等との連携及び協力を行う等の地域との交流を図らなければならない。

4　地域密着型特別養護老人ホームは、その運営に当たっては、その提供したサービスに関する入所者からの苦情に関して、市町村等が派遣する者が相談及び援助を行う事業その他の市町村が実施する事業に協力するよう努めなければならない。

（準用）

第五十九条　第二条から第九条まで、第十二条の二から第十五条まで、第十七条から第二十九条まで及び第三十一条の規定は、地域密着型特別養護老人ホームについて準用する。この場合において、第九条第二項第三号中「第十五条第五項」とあるのは「第五十九条において準用する第十五条第五項」と、同項第四号中「第二十九条第二項」とあるのは「第五十九条において準用する第二十九条第二項」と、同項第五号中「第三十一条第三項」とあるのは「第五十九条において準用する第三十一条第三項」と、第二十三条第二項中「第七条から第九条まで及び第十二条の二から第三十一条まで」とあるのは「第五十七条及び第五十八条並びに第五十九条において準用する第七条から第九条まで、第十二条の二から第十五条まで、第十七条から第二十九条まで及び第三十一条」と読み替えるものとする。

第六章　ユニット型地域密着型特別養護老人ホームの基本方針並びに設備及び運営に関する基準

（この章の趣旨）

第六十条　第二章から前章まで（第五十六条を除く。）の規定にかかわらず、ユニット型地域密着型特別養護老人ホーム（施設の全部においてユニットごとに入居者の日常生活が営まれ、これに対する支援が行われる地域密着型特別養護老人ホームをいう。以下同じ。）の基本方針並びに設備及び運営に関する基準については、この章に定めるところによる。

（設備の基準）

第六十一条　ユニット型地域密着型特別養護老人ホームの建物（入居者の日常生活のために使用しない附属の建物を除く。）は、耐火建築物でなければならない。ただし、次の各号のいずれかの要件を満たす二階建て又は平屋建てのユニット型地域密着型特別養護老人ホームの建物にあっては、準耐火建築物とすることができる。

一　居室等を二階及び地階のいずれにも設けていないこと。

二　居室等を二階又は地階に設けている場合であって、次に掲げる要件の全てを満たすこと。

イ　当該ユニット型地域密着型特別養護老人ホームの所在地を管轄する消防長又は消防署長と相談の上、第六十三条において準用する第八条第一項に規定する計画に入居者の円滑かつ迅速な避難を確保するために必要な事項を定めること。

ロ　第六十三条において準用する第八条第二項に規定する訓練については、同条第一項に規定する計画に従い、昼間及び夜間において行うこと。

ハ　火災時における避難、消火等の協力を得ることができるよう、地域住民等との連携体制を整備すること。

2　前項の規定にかかわらず、都道府県知事が、火災予防、消火活動等に関し専門的知識を有する者の意見を聴いて、次の各号のいずれかの要件を満たす木造かつ平屋建てのユニット型地域密着型特別養護老人ホームの建物であって、火災に係る入居者の安全性が確保されていると認めたときは、耐火建築物又は準耐火建築物とすることを要しない。

一　スプリンクラー設備の設置、天井等の内装材等への難燃性の材料の使用、調理室等火災が発生するおそれがある箇所における防火区画の設置等により、初期消火及び延焼の抑制に配慮した構造であること。

二　非常警報設備の設置等による火災の早期発見及び通報の体制が整備されており、円滑な消火活動が可能なものであること。

三　避難口の増設、搬送を容易に行うために十分な幅員を有する避難路の確保等により、円滑な避難が可能な構造であり、かつ、避難訓練を頻繁に実施すること、配置人員を増員すること等により、火災の際の円滑な避難が可能なものであること。

3　ユニット型地域密着型特別養護老人ホームには、次の各号に掲げる設備を設けなければならない。ただし、他の社会福祉施設等の設備を利用することにより当該ユニット型地域密着型特別養護老人ホームの効果的な運営を期待することができる場合であって、入居者へのサービスの提供に支障がないときは、次の各号（第一号を除く。）に掲げる設備の一部を設けないことができる。

一　ユニット

二　浴室

三　医務室

四　調理室

五　洗濯室又は洗濯場

六　汚物処理室

七　介護材料室

八　前各号に掲げるもののほか、事務室その他の運営上必要な設備

4　前項各号に掲げる設備の基準は、次のとおりとする。
一　ユニット
イ　居室
(1)　一の居室の定員は、一人とすること。ただし、入居者へのサービスの提供上必要と認められる場合は、二人とすることができる。
(2)　居室は、いずれかのユニットに属するものとし、当該ユニットの共同生活室に近接して一体的に設けること。ただし、一のユニットの入居定員は、おおむね十人以下としなければならない。
(3)　地階に設けてはならないこと。
(4)　一の居室の床面積等は、次のいずれかを満たすこと。
(i)　十・六五平方メートル以上とすること。ただし、(1)ただし書の場合にあっては二十一・三平方メートル以上とすること。
(ii)　ユニットに属さない居室を改修したものについては、入居者同士の視線の遮断の確保を前提にした上で、居室を隔てる壁について、天井との間に一定の隙間が生じていても差し支えない。
(5)　寝台又はこれに代わる設備を備えること。
(6)　一以上の出入口は、避難上有効な空地、廊下、共同生活室又は広間に直接面して設けること。
(7)　床面積の十四分の一以上に相当する面積を直接外気に面して開放できるようにすること。
(8)　必要に応じて入居者の身の回り品を保管することができる設備を備えること。
(9)　ブザー又はこれに代わる設備を設けること。
ロ　共同生活室
(1)　共同生活室は、いずれかのユニットに属するものとし、当該ユニットの入居者が交流し、共同で日常生活を営むための場所としてふさわしい形状を有すること。
(2)　地階に設けてはならないこと。
(3)　一の共同生活室の床面積は、二平方メートルに当該共同生活室が属するユニットの入居定員を乗じて得た面積以上を標準とすること。
(4)　必要な設備及び備品を備えること。
ハ　洗面設備
(1)　居室ごとに設けるか、又は共同生活室ごとに適当数設けること。
(2)　介護を必要とする者が使用するのに適したものとすること。
ニ　便所
(1)　居室ごとに設けるか、又は共同生活室ごとに適当数設けること。
(2)　ブザー又はこれに代わる設備を設けるとともに、介護を必要とする者が使用するのに適したものとすること。
二　浴室
介護を必要とする者が入浴するのに適したものとすること。
三　医務室
医療法第一条の五第二項に規定する診療所とすることとし、入居者を診療するために必要な医薬品及び医療機器を備えるほか、必要に応じて臨床検査設備を設けること。ただし、本体施設が特別養護老人ホームであるサテライト型居住施設については医務室を必要とせず、入居者を診療するために必要な医薬品及び医療機器を備えるほか、必要に応じて臨床検査設備を設けることで足りるものとする。
四　調理室
イ　火気を使用する部分は、不燃材料を用いること。
ロ　サテライト型居住施設の調理室については、本体施設の調理室で調理する場合であって、運搬手段について衛生上適切な措置がなされているときは、簡易な調理設備を設けることで足りるものとする。
5　ユニット及び浴室は、三階以上の階に設

高齢者福祉

けてはならない。ただし、次の各号のいずれにも該当する建物に設けられるユニット又は浴室については、この限りでない。

一　ユニット又は浴室のある三階以上の各階に通ずる特別避難階段を二以上（防災上有効な傾斜路を有する場合又は車いす若しくはストレッチャーで通行するために必要な幅を有するバルコニー及び屋外に設ける避難階段を有する場合は、一以上）有すること。

二　三階以上の階にあるユニット又は浴室及びこれらから地上に通ずる廊下その他の通路の壁及び天井の室内に面する部分の仕上げを不燃材料でしていること。

三　ユニット又は浴室のある三階以上の各階が耐火構造の壁又は特定防火設備により防災上有効に区画されていること。

6　前各項に規定するもののほか、ユニット型地域密着型特別養護老人ホームの設備の基準は、次に定めるところによる。

一　廊下の幅は、一・五メートル以上とすること。ただし、中廊下の幅は、一・八メートル以上とすること。なお、廊下の一部の幅を拡張すること等により、入居者、職員等の円滑な往来に支障が生じないと認められるときは、これによらないことができる。

二　廊下、共同生活室、便所その他必要な場所に常夜灯を設けること。

三　廊下及び階段には手すりを設けること。

四　階段の傾斜は、緩やかにすること。

五　ユニット又は浴室が二階以上の階にある場合は、一以上の傾斜路を設けること。ただし、エレベーターを設ける場合は、この限りでない。

7　本体施設とサテライト型居住施設との間の距離は、両施設が密接な連携を確保できる範囲内としなければならない。

（介護）

第六十二条　介護は、各ユニットにおいて入居者が相互に社会的関係を築き、自律的な日常生活を営むことを支援するよう、入居者の心身の状況等に応じ、適切な技術をもって行われなければならない。

2　ユニット型地域密着型特別養護老人ホームは、入居者の日常生活における家事を、入居者が、その心身の状況等に応じて、それぞれの役割を持って行うよう適切に支援しなければならない。

3　ユニット型地域密着型特別養護老人ホームは、入居者が身体の清潔を維持し、精神的に快適な生活を営むことができるよう、適切な方法により、入居者に入浴の機会を提供しなければならない。ただし、やむを得ない場合には、清しきを行うことをもって入浴の機会の提供に代えることができる。

4　ユニット型地域密着型特別養護老人ホームは、入居者の心身の状況に応じて、適切な方法により、排せつの自立について必要な支援を行わなければならない。

5　ユニット型地域密着型特別養護老人ホームは、おむつを使用せざるを得ない入居者については、排せつの自立を図りつつ、そのおむつを適切に取り替えなければならない。

6　ユニット型地域密着型特別養護老人ホームは、褥瘡（じょくそう）が発生しないよう適切な介護を行うとともに、その発生を予防するための体制を整備しなければならない。

7　ユニット型地域密着型特別養護老人ホームは、前各項に規定するもののほか、入居者が行う離床、着替え、整容等の日常生活上の行為を適切に支援しなければならない。

8　ユニット型地域密着型特別養護老人ホームは、常時一人以上の介護職員を介護に従事させなければならない。

9　ユニット型地域密着型特別養護老人ホームは、入居者に対し、その負担により、当該ユニット型地域密着型特別養護老人ホームの職員以外の者による介護を受けさせてはならない。

（準用）

第六十三条　第三条から第六条まで、第八条、第九条、第十二条の二から第十四条まで、第十八条、第二十条から第二十三条まで、第二十六条から第二十九条まで、第三十一条、第三十三条、第三十四条、第三十六条、

第三十八条から第四十一条まで及び第五十八条の規定は、ユニット型地域密着型特別養護老人ホームについて準用する。この場合において、第九条第二項第三号中「第十五条第五項」とあるのは「第六十三条において準用する第三十六条第七項」と、同項第四号中「第二十九条第二項」とあるのは「第六十三条において準用する第二十九条第二項」と、同項第五号中「第三十一条第三項」とあるのは「第六十三条において準用する第三十一条第三項」と、第二十三条第二項中「第七条から第九条まで及び第十二条の二から第三十一条まで」とあるのは「第六十二条並びに第六十三条において準用する第八条、第九条、第十二条の二から第十四条まで、第十八条、第二十条から第二十三条まで、第二十六条から第二十九条まで、第三十一条、第三十四条、第三十六条、第三十八条から第四十一条まで及び第五十八条」と読み替えるものとする。

附　則（抄）

（施行期日）

第一条　この省令は、平成十二年四月一日から施行する。

養護老人ホームの設備及び運営に関する基準（抄）

（昭和四一・七・一　厚　令　一　九）

（題名改正＝平成一一厚令四六）

最新改正　平成三〇厚労令一〇二

（趣旨）

第一条　養護老人ホームに係る老人福祉法（昭和三十八年法律第百三十三号。以下「法」という。）第十七条第二項の厚生労働省令で定める基準は、次の各号に掲げる基準に応じ、それぞれ当該各号に定める基準とする。

一　法第十七条第一項の規定により、同条第二項第一号に掲げる事項について都道府県（地方自治法（昭和二十二年法律第六十七号）第二百五十二条の十九第一項の指定都市（以下「指定都市」という。）及び同法第二百五十二条の二十二第一項の中核市（以下「中核市」という。）にあつては、指定都市又は中核市。以下この条において同じ。）が条例を定めるに当たつて従うべき基準　第五条、第六条及び第十二条の規定による基準

二　法第十七条第一項の規定により、同条第二項第二号に掲げる事項について都道府県が条例を定めるに当たつて従うべき基準　第十一条第三項第一号及び第四項第一号ロ並びに附則第二項（第十一条第四項第一号ロに係る部分に限る。）の規定による基準

三　法第十七条第一項の規定により、同条第二項第三号に掲げる事項について都道府県が条例を定めるに当たつて従うべき基準　第十六条第四項から第六項まで、第二十六条及び第二十九条の規定による基準

四　法第十七条第一項の規定により、同条第二項第四号に掲げる事項について都道府県が条例を定めるに当たつて標準とすべき基準　第十条の規定による基準

五　法第十七条第一項の規定により、同条第二項各号に掲げる事項以外の事項について都道府県が条例を定めるに当たつて参酌すべき基準　この省令に定める基準のうち、前各号に定める基準以外のもの

（基本方針）

第二条　養護老人ホームは、入所者の処遇に関する計画（以下「処遇計画」という。）に基づき、社会復帰の促進及び自立のために必要な指導及び訓練その他の援助を行うことにより、入所者がその有する能力に応じ自立した日常生活を営むことができるようにすることを目指すものでなければならない。

2　養護老人ホームは、入所者の意思及び人格を尊重し、常にその者の立場に立つて処

遇を行うように努めなければならない。

3　養護老人ホームは、明るく家庭的な雰囲気を有し、地域や家庭との結び付きを重視した運営を行い、社会福祉事業に関する熱意及び能力を有する職員による適切な処遇に努めるとともに、市町村（特別区を含む。以下同じ。）、老人の福祉を増進することを目的とする事業を行う者その他の保健医療サービス又は福祉サービスを提供する者との密接な連携に努めなければならない。

（構造設備の一般原則）

第三条　老人ホームの配置、構造及び設備は、日照、採光、換気等入所者の保健衛生に関する事項及び防災について十分考慮されたものでなければならない。

（設備の専用）

第四条　養護老人ホームの設備は、もつぱら当該養護老人ホームの用に供するものでなければならない。ただし、入所者の処遇に支障がない場合には、この限りでない。

（職員の資格要件）

第五条　養護老人ホームの長（以下「施設長」という。）は、社会福祉法（昭和二十六年法律第四十五号）第十九条第一項各号のいずれかに該当する者若しくは社会福祉事業に二年以上従事した者又はこれらと同等以上の能力を有すると認められる者でなければならない。

2　生活相談員は、社会福祉法第十九条第一項各号のいずれかに該当する者又はこれと同等以上の能力を有すると認められる者でなければならない。

（職員の専従）

第六条　養護老人ホームの職員は、もつぱら当該養護老人ホームの職務に従事することができる者をもつて充てなければならない。ただし、入所者の処遇に支障がない場合には、この限りでない。

（記録の整備）

第九条　養護老人ホームは、設備、職員及び会計に関する諸記録を整備しておかなければならない。

2　養護老人ホームは、入所者の処遇の状況に関する次の各号に掲げる記録を整備し、その完結の日から二年間保存しなければならない。

一　処遇計画

二　行つた具体的な処遇の内容等の記録

三　第十六条第五項に規定する身体的拘束等の態様及び時間、その際の入所者の心身の状況並びに緊急やむを得ない理由の記録

四　第二十七条第二項に規定する苦情の内容等の記録

五　第二十九条第三項に規定する事故の状況及び事故に際して採つた処置についての記録

（規模）

第十条　養護老人ホームは、二十人以上（特別養護老人ホームに併設する場合にあつては、十人以上）の人員を入所させることができる規模を有しなければならない。

（職員の配置の基準）

第十二条　養護老人ホームには、次の各号に掲げる職員を置かなければならない。ただし、特別養護老人ホームに併設する入所定員五十人未満の養護老人ホーム（併設する特別養護老人ホームの栄養士との連携を図ることにより当該養護老人ホームの効果的な運営を期待することができ、かつ、入所者の処遇に支障がないものに限る。）にあつては第六号の栄養士を、調理業務の全部を委託する養護老人ホームにあつては第七号の調理員を置かないことができる。

一　施設長　一

二　医師　入所者に対し健康管理及び療養上の指導を行うために必要な数

三　生活相談員

イ　常勤換算方法で、入所者の数が三十又はその端数を増すごとに一以上とすること。

ロ　生活相談員のうち入所者の数が百又はその端数を増すごとに一人以上を主任生活相談員とすること。

四　支援員

イ　常勤換算方法で、一般入所者（入所者であつて、指定特定施設入居者生活介護（指定居宅サービス等の事業の人員、設備及び運営に関する基準（平成十一年厚生省令第三十七号）第百七十

四条第一項に規定する指定特定施設入居者生活介護をいう。以下同じ。）、指定地域密着型特定施設入居者生活介護（指定地域密着型サービスの事業の人員、設備及び運営に関する基準（平成十八年厚生労働省令第三十四号）第百九条第一項に規定する指定地域密着型特定施設入居者生活介護をいう。以下同じ。）又は指定介護予防特定施設入居者生活介護（指定介護予防サービス等の事業の人員、設備及び運営並びに指定介護予防サービス等に係る介護予防のための効果的な支援の方法に関する基準（平成十八年厚生労働省令第三十五号）第二百三十条第一項に規定する指定介護予防特定施設入居者生活介護をいう。以下同じ。）の提供を受けていないものをいう。以下同じ。）の数が十五又はその端数を増すごとに一以上とすること。

ロ　支援員のうち一人を主任支援員とすること。

五　看護師又は准看護師（以下「看護職員」という。）

常勤換算方法で、入所者の数が百又はその端数を増すごとに一以上

六　栄養士　一以上

七　調理員、事務員その他の職員　当該養護老人ホームの実情に応じた適当数

2　前項（第一号、第二号、第六号及び第七号を除く。）の規定にかかわらず、視覚又は聴覚に障害のある入所者の数が入所定員の七割を超える養護老人ホーム（以下この項において「盲養護老人ホーム等」という。）に置くべき生活相談員、支援員及び看護職員については、次の各号に定めるところによる。

一　生活相談員

イ　常勤換算方法で、一に、入所者の数が三十又はその端数を増すごとに一を加えて得た数以上とすること。

ロ　生活相談員のうち入所者の数が百又はその端数を増すごとに一人以上を主任生活相談員とすること。

二　支援員

イ　常勤換算方法で、別表の上欄に掲げる一般入所者の数に応じ、それぞれ同表の下欄に掲げる支援員の数以上とすること。

ロ　支援員のうち一人を主任支援員とすること。

三　看護職員

イ　入所者の数が百を超えない盲養護老人ホーム等にあっては、常勤換算方法で、二以上とすること。

ロ　入所者の数が百を超える盲養護老人ホーム等にあっては、常勤換算方法で、二に、入所者の数が百を超えて百又はその端数を増すごとに一を加えて得た数以上とすること。

3　前二項の入所者及び一般入所者の数は、前年度の平均値とする。ただし、新規設置又は再開の場合は、推定数による。

4　第一項、第二項、第七項、第八項及び第十項の常勤換算方法とは、当該職員のそれぞれの勤務延時間数の総数を当該養護老人ホームにおいて常勤の職員が勤務する時間数で除することにより常勤の職員の員数に換算する方法をいう。

5　第一項第一号の施設長は、専らその職務に従事する常勤の者でなければならない。ただし、当該養護老人ホームの管理上支障がない場合には、同一敷地内にある他の事業所、施設等の職務に従事することができる。

6　第一項第二号の規定にかかわらず、サテライト型養護老人ホーム（当該施設を設置しようとする者により設置される当該施設以外の養護老人ホーム、介護老人保健施設、介護医療院又は病院若しくは診療所であって当該施設に対する支援機能を有するもの（以下この条において「本体施設」という。）との密接な連携を確保しつつ、本体施設とは別の場所で運営される入所定員が二十九人以下の養護老人ホームをいう。以下この条において同じ。）の医師については、本体施設の医師により当該サテライト型養護老人ホームの入所者の健康管理が適切に行われると認められるときは、これを置かないことができる。

7 第一項第三号ロ又は第二項第一号ロの主任生活相談員のうち一人以上は、専らその職務に従事する常勤の者でなければならない。ただし、指定特定施設入居者生活介護、指定地域密着型特定施設入居者生活介護又は指定介護予防特定施設入居者生活介護を行う養護老人ホームであつて、入所者の処遇に支障がない場合には、当該養護老人ホームが行う当該事業に係る他の職務に従事することができ、第一項第三号ロの主任生活相談員については、サテライト型養護老人ホームにあつては、常勤換算方法で、一以上とする。

8 指定特定施設入居者生活介護、指定地域密着型特定施設入居者生活介護又は指定介護予防特定施設入居者生活介護を行う養護老人ホームに置くべき生活相談員の数については、第一項第三号又は第二項第一号に定める生活相談員の数から、常勤換算方法で、一を減じた数とすることができる。

9 第一項第四号ロ又は第二項第二号ロの主任支援員は、常勤の者でなければならない。

10 第一項第五号又は第二項第三号の看護職員のうち一人以上は、常勤の者でなければならない。ただし、第一項第五号の看護職員については、サテライト型養護老人ホーム又は指定特定施設入居者生活介護（指定居宅サービス等の事業の人員、設備及び運営に関する基準第百九十二条の二に規定する外部サービス利用型指定特定施設入居者生活介護を除く。）、指定地域密着型特定施設入居者生活介護若しくは指定介護予防特定施設入居者生活介護（指定介護予防サービス等の事業の人員、設備及び運営並びに指定介護予防サービス等に係る介護予防のための効果的な支援の方法に関する基準第二百五十三条に規定する外部サービス利用型指定介護予防特定施設入居者生活介護を除く。）を行う養護老人ホームにあつては、常勤換算方法で、一以上とする。

11 夜間及び深夜の時間帯を通じて一以上の職員に宿直勤務又は夜間及び深夜の勤務（宿直勤務を除く。）を行わせなければならない。

12 第一項第三号、第六号及び第七号の規定にかかわらず、サテライト型養護老人ホームの生活相談員、栄養士又は調理員、事務員その他の職員については、次に掲げる本体施設の場合には、次の各号に掲げる区分に応じ、当該各号に定める職員により当該サテライト型養護老人ホームの入所者の処遇が適切に行われていると認められるときは、これを置かないことができる。

一 養護老人ホーム　栄養士又は調理員、事務員その他の職員

二 介護老人保健施設　支援相談員、栄養士又は調理員、事務員その他の従業者

三 介護医療院　栄養士又は調理員、事務員その他の従業者

四 病院　栄養士（病床数百以上の病院の場合に限る。）

五 診療所　事務員その他の従業者

（居室の定員）

第十三条 一の居室の定員は、一人とする。ただし、入所者への処遇上必要と認められる場合には、二人とすることができる。

（入退所）

第十四条 養護老人ホームは、入所予定者の入所に際しては、その者の心身の状況、生活歴、病歴等の把握に努めなければならない。

2 養護老人ホームは、入所者の心身の状況、その置かれている環境等に照らし、その者が居宅において日常生活を営むことができるかどうかについて常に配慮しなければならない。

3 養護老人ホームは、その心身の状況、その置かれている環境等に照らし、居宅において日常生活を営むことができると認められる入所者に対し、その者及びその家族の希望、その者が退所後に置かれることとなる生活環境等を勘案し、その者の円滑な退所のために必要な援助に努めなければならない。

4 養護老人ホームは、入所者の退所に際しては、保健医療サービス又は福祉サービスを提供する者との密接な連携に努めなければならない。

5 養護老人ホームは、入所者の退所後も、必要に応じ、当該入所者及びその家族等に

対する相談援助を行うとともに、適切な援助に努めなければならない。

（処遇計画）

第十五条　養護老人ホームの施設長は、生活相談員に処遇計画の作成に関する業務を担当させるものとする。

2　生活相談員は、入所者について、その心身の状況、その置かれている環境、その者及びその家族の希望等を勘案し、他の職員と協議の上、その者の処遇計画を作成しなければならない。

3　生活相談員は、処遇計画について、入所者の処遇の状況等を勘案し、必要な見直しを行わなければならない。

（処遇の方針）

第十六条　養護老人ホームは、入所者について、その者が有する能力に応じ自立した日常生活を営むことができるように、その心身の状況等に応じて、社会復帰の促進及び自立のために必要な指導及び訓練その他の援助を妥当適切に行わなければならない。

2　入所者の処遇は、処遇計画に基づき、漫然かつ画一的なものとならないよう配慮して、行わなければならない。

3　養護老人ホームの職員は、入所者の処遇に当たつては、懇切丁寧に行うことを旨とし、入所者又はその家族に対し、処遇上必要な事項について、理解しやすいように説明を行わなければならない。

4　養護老人ホームは、入所者の処遇に当たつては、当該入所者又は他の入所者等の生命又は身体を保護するため緊急やむを得ない場合を除き、身体的拘束その他入所者の行動を制限する行為（以下「身体的拘束等」という。）を行つてはならない。

5　養護老人ホームは、身体的拘束等を行う場合には、その態様及び時間、その際の入所者の心身の状況並びに緊急やむを得ない理由を記録しなければならない。

6　養護老人ホームは、身体的拘束等の適正化を図るため、次に掲げる措置を講じなければならない。

一　身体的拘束等の適正化のための対策を検討する委員会を三月に一回以上開催するとともに、その結果について、支援員その他の従業者に周知徹底を図ること。

二　身体的拘束等の適正化のための指針を整備すること。

三　支援員その他の従業者に対し、身体的拘束等の適正化のための研修を定期的に実施すること。

（食事）

第十七条　養護老人ホームは、栄養並びに入所者の心身の状況及び嗜好を考慮した食事を、適切な時間に提供しなければならない。

（生活相談等）

第十八条　養護老人ホームは、常に入所者の心身の状況、その置かれている環境等の的確な把握に努め、入所者又はその家族に対し、その相談に適切に応じるとともに、必要な助言その他の援助を行わなければならない。

2　養護老人ホームは、入所者に対し、処遇計画に基づき、自立した日常生活を営むために必要な指導及び訓練その他の援助を行わなければならない。

3　養護老人ホームは、要介護認定（介護保険法（平成九年法律第百二十三号）第十九条第一項に規定する要介護認定をいう。）の申請等、入所者が日常生活を営むのに必要な行政機関等に対する手続について、その者又はその家族において行うことが困難である場合は、当該入所者の意思を踏まえて速やかに必要な支援を行わなければならない。

4　養護老人ホームは、常に入所者の家族との連携を図るとともに、入所者とその家族との交流等の機会を確保するよう努めなければならない。

5　養護老人ホームは、入所者の外出の機会を確保するよう努めなければならない。

6　養護老人ホームは、入所者に対し、退所後の地域における生活を念頭に置きつつ、自立的な生活に必要な援助を適切に行わなければならない。

7　養護老人ホームは、一週間に二回以上、入所者を入浴させ、又は清しきしなければならない。

8　養護老人ホームは、教養娯楽設備等を備えるほか、適宜レクリエーション行事を行わなければならない。

(居宅サービス等の利用)

第十九条　養護老人ホームは、入所者が要介護状態等（介護保険法第二条第一項に規定する要介護状態等をいう。）となつた場合には、その心身の状況、置かれている環境等に応じ、適切に居宅サービス等（同法第二十三条に規定する居宅サービス等をいう。以下同じ。）を受けることができるよう、必要な措置を講じなければならない。

(健康管理)

第二十条　養護老人ホームは、入所者について、その入所時及び毎年定期に二回以上健康診断を行わなければならない。

(施設長の責務)

第二十一条　養護老人ホームの施設長は、養護老人ホームの職員の管理、業務の実施状況の把握その他の管理を一元的に行わなければならない。

2　養護老人ホームの施設長は、職員に第七条から第九条まで、第十四条から前条まで及び次条から第二十九条までの規定を遵守させるために必要な指揮命令を行うものとする。

(生活相談員の責務)

第二十二条　生活相談員は、処遇計画を作成し、それに沿つた支援が行われるよう必要な調整を行うほか、次に掲げる業務を行わなければならない。

一　入所者の居宅サービス等の利用に際し、介護保険法第八条第二十四項に規定する居宅サービス計画又は同法第八条の二第十六項に規定する介護予防サービス計画の作成等に資するため、同法第八条第二十四項に規定する居宅介護支援事業又は同法第八条の二第十六項に規定する介護予防支援事業を行う者と密接な連携を図るほか、居宅サービス等その他の保健医療サービス又は福祉サービスを提供する者との連携に努めること。

二　第二十七条第二項に規定する苦情の内容等の記録を行うこと。

三　第二十九条第三項に規定する事故の状況及び事故に際して採つた措置についての記録を行うこと。

2　主任生活相談員は、前項に規定する業務のほか、養護老人ホームへの入所に際しての調整、他の生活相談員に対する技術指導等の内容の管理を行うものとする。

3　指定特定施設入居者生活介護、指定地域密着型特定施設入居者生活介護又は指定介護予防特定施設入居者生活介護を行う養護老人ホームであつて、第十二条第一項第三号の規定に基づく生活相談員を置いていない場合にあつては、主任支援員が前二項に掲げる業務を行うものとする。

(勤務体制の確保等)

第二十三条　養護老人ホームは、入所者に対し、適切な処遇を行うことができるよう、職員の勤務の体制を定めておかなければならない。

2　前項の職員の勤務体制を定めるに当たつては、入所者が安心して日常生活を送るために継続性を重視した処遇を行うことができるよう配慮しなければならない。

3　養護老人ホームは、職員に対し、その資質の向上のための研修の機会を確保しなければならない。

(衛生管理等)

第二十四条　養護老人ホームは、入所者の使用する食器その他の設備又は飲用に供する水について、衛生的な管理に努め、又は衛生上必要な措置を講ずるとともに、医薬品及び医療機器の管理を適正に行わなければならない。

2　養護老人ホームは、当該養護老人ホームにおいて感染症又は食中毒が発生し、又はまん延しないように、次の各号に掲げる措置を講じなければならない。

一　当該養護老人ホームにおける感染症及び食中毒の予防及びまん延の防止のための対策を検討する委員会をおおむね三月に一回以上開催するとともに、その結果について、支援員その他の職員に周知徹底を図ること。

二　当該養護老人ホームにおける感染症及び食中毒の予防及びまん延の防止のための指針を整備すること。

三　当該養護老人ホームにおいて、支援員その他の職員に対し、感染症及び食中毒の予防及びまん延の防止のための研修を定期的に実施すること。

四　前三号に掲げるもののほか、別に厚生労働大臣が定める感染症又は食中毒の発生が疑われる際の対処等に関する手順に沿つた対応を行うこと。

（協力病院等）

第二十五条　養護老人ホームは、入院治療を必要とする入所者のために、あらかじめ、協力病院を定めておかなければならない。

2　養護老人ホームは、あらかじめ、協力歯科医療機関を定めておくよう努めなければならない。

（秘密保持等）

第二十六条　養護老人ホームの職員は、正当な理由がなく、その業務上知り得た入所者又はその家族の秘密を漏らしてはならない。

2　養護老人ホームは、職員であつた者が、正当な理由がなく、その業務上知り得た入所者又はその家族の秘密を漏らすことがないよう、必要な措置を講じなければならない。

（苦情への対応）

第二十七条　養護老人ホームは、その行つた処遇に関する入所者及びその家族からの苦情に迅速かつ適切に対応するために、苦情を受け付けるための窓口を設置する等の必要な措置を講じなければならない。

2　養護老人ホームは、前項の苦情を受け付けた場合には、当該苦情の内容等を記録しなければならない。

3　養護老人ホームは、その行つた処遇に関し、市町村から指導又は助言を受けた場合は、当該指導又は助言に従つて必要な改善を行わなければならない。

4　養護老人ホームは、市町村からの求めがあつた場合には、前項の改善の内容を市町村に報告しなければならない。

5　養護老人ホームは、社会福祉法第八十三条に規定する運営適正化委員会が行う同法第八十五条第一項の規定による調査にできる限り協力しなければならない。

（地域との連携等）

第二十八条　養護老人ホームは、その運営に当たつては、地域住民又はその自発的な活動等との連携及び協力を行う等の地域との交流を図らなければならない。

2　養護老人ホームは、その運営に当たつては、その措置に関する入所者からの苦情に関して、市町村等が派遣する者が相談及び援助を行う事業その他の市町村が実施する事業に協力するよう努めなければならない。

（事故発生の防止及び発生時の対応）

第二十九条　養護老人ホームは、事故の発生又はその再発を防止するため、次の各号に定める措置を講じなければならない。

一　事故が発生した場合の対応、次号に規定する報告の方法等が記載された事故発生の防止のための指針を整備すること。

二　事故が発生した場合又はそれに至る危険性がある事態が生じた場合に、当該事実が報告され、その分析を通した改善策について、職員に周知徹底する体制を整備すること。

三　事故発生の防止のための委員会及び支援員その他の職員に対する研修を定期的に行うこと。

2　養護老人ホームは、入所者に対する処遇により事故が発生した場合は、速やかに市町村、入所者の家族等に連絡を行うとともに、必要な措置を講じなければならない。

3　養護老人ホームは、前項の事故の状況及び事故に際して採つた処置について記録しなければならない。

4　養護老人ホームは、入所者に対する処遇により賠償すべき事故が発生した場合は、損害賠償を速やかに行わなければならない。

附　則（抄）

1　この省令は、昭和四十一年十月一日から施行する。

軽費老人ホームの設備及び運営に関する基準

（平成二〇・五・九 厚労令一〇七）

最新改正 平成三〇厚労令四

第一章 総則

（趣旨）

第一条 軽費老人ホーム（老人福祉法（昭和三十八年法律第百三十三号）第二十条の六に規定する軽費老人ホームをいう。以下同じ。）に係る社会福祉法（昭和二十六年法律第四十五号。以下「法」という。）第六十五条第二項の厚生労働省令で定める基準は、次の各号に掲げる基準に応じ、それぞれ当該各号に定める基準とする。

一 法第六十五条第一項の規定により、同条第二項第一号に掲げる事項について都道府県（地方自治法（昭和二十二年法律第六十七号）第二百五十二条の十九第一項の指定都市（以下「指定都市」という。）及び同法第二百五十二条の二十二第一項の中核市（以下「中核市」という。）にあっては、指定都市又は中核市。以下この条において同じ。）が条例を定めるに当たって従うべき基準　第五条第一項（第三十九条、附則第十条及び附則第十七条において準用する場合を含む。）及び第二項（第三十九条及び附則第十条において準用する場合を含む。）、第六条（第三十九条、附則第十条及び附則第十七条において準用する場合を含む。）、第十一条、第三十七条、附則第六条並びに附則第十四条の規定による基準

二 法第六十五条第一項の規定により、同条第二項第二号に掲げる事項について都道府県が条例を定めるに当たって従うべき基準　第十条第三項第一号、第四項第一号ハ及び第五項第一号ハ、第三十六条第三項第一号及び第四項第一号ハ、附則第五条第三項第一号及び第四項第一号ハ並びに附則第十三条第三項第一号及び第四項第一号ハの規定による基準

三 法第六十五条第一項の規定により、同条第二項第三号に掲げる事項について都道府県が条例を定めるに当たって従うべき基準　第十二条第一項及び第二項（第三十九条、附則第十条及び附則第十七条において準用する場合を含む。）、第十七条第三項から第五項まで（第三十九条、附則第十条及び附則第十七条において準用する場合を含む。）、第二十九条（第三十九条、附則第十条及び附則第十七条において準用する場合を含む。）並びに第三十三条（第三十九条、附則第十条及び附則第十七条において準用する場合を含む。）の規定による基準

四 法第六十五条第一項の規定により、同条第二項第四号に掲げる事項について都道府県が条例を定めるに当たって標準とすべき基準　第三十五条、附則第四条及び附則第十二条の規定による基準

五 法第六十五条第一項の規定により、同条第二項各号に掲げる事項以外の事項について都道府県が条例を定めるに当たって参酌すべき基準　この省令で定める基準のうち、前各号に定める基準以外のもの

第二章 基本方針

（基本方針）

第二条 軽費老人ホームは、無料又は低額な料金で、身体機能の低下等により自立した日常生活を営むことについて不安があると認められる者であって、家族による援助を受けることが困難なものを入所させ、食事の提供、入浴等の準備、相談及び援助、社会生活上の便宜の供与その他の日常生活上必要な便宜を提供することにより、入所者が安心して生き生きと明るく生活できるようにすることを目指すものでなければならない。

2 軽費老人ホームは、入所者の意思及び人格を尊重し、常にその者の立場に立ってサービスの提供を行うように努めなければならない。

3 軽費老人ホームは、地域や家庭との結び付きを重視した運営を行い、社会福祉事業

に関する熱意及び能力を有する職員による適切なサービスの提供に努めるとともに、市町村（特別区を含む。以下同じ。）、老人の福祉を増進することを目的とする事業を行う者その他の保健医療サービス又は福祉サービスを提供する者との密接な連携に努めなければならない。

第三章　設備及び運営に関する基準

（構造設備等の一般原則）

第三条　軽費老人ホームの配置、構造及び設備は、日照、採光、換気等入所者の保健衛生に関する事項及び防災について十分考慮されたものでなければならない。

2　軽費老人ホームの立地に当たっては、入所者の外出の機会や地域住民との交流の機会が確保されるよう努めなければならない。

（設備の専用）

第四条　軽費老人ホームの設備は、専ら当該軽費老人ホームの用に供するものでなければならない。ただし、入所者に提供するサービスに支障がない場合には、この限りでない。

（職員の資格要件）

第五条　軽費老人ホームの長（以下「施設長」という。）は、法第十九条第一項各号のいずれかに該当する者若しくは社会福祉事業に二年以上従事した者又はこれらと同等以上の能力を有すると認められる者でなければならない。

2　第二十三条第一項の生活相談員は、法第十九条第一項各号のいずれかに該当する者又はこれと同等以上の能力を有すると認められる者でなければならない。

（職員の専従）

第六条　軽費老人ホームの職員は、専ら当該軽費老人ホームの職務に従事する者でなければならない。ただし、入所者に提供するサービスに支障がない場合には、この限りでない。

（運営規程）

第七条　軽費老人ホームは、次に掲げる施設の運営についての重要事項に関する規程（以下「運営規程」という。）を定めておかなければならない。

一　施設の目的及び運営の方針

二　職員の職種、数及び職務の内容

三　入所定員

四　入所者に提供するサービスの内容及び利用料その他の費用の額

五　施設の利用に当たっての留意事項

六　非常災害対策

七　その他施設の運営に関する重要事項

（非常災害対策）

第八条　軽費老人ホームは、消火設備その他の非常災害に際して必要な設備を設けるとともに、非常災害に対する具体的計画を立て、非常災害時の関係機関への通報及び連携体制を整備し、それらを定期的に職員に周知しなければならない。

2　軽費老人ホームは、非常災害に備えるため、定期的に避難、救出その他必要な訓練を行わなければならない。

（記録の整備）

第九条　軽費老人ホームは、設備、職員及び会計に関する諸記録を整備しておかなければならない。

2　軽費老人ホームは、入所者に提供するサービスの状況に関する次の各号に掲げる記録を整備し、その完結の日から二年間保存しなければならない。

一　入所者に提供するサービスに関する計画

二　提供した具体的なサービスの内容等の記録

三　第十七条第三項に規定する身体的拘束等の態様及び時間、その際の入所者の心身の状況並びに緊急やむを得ない理由の記録

四　第三十一条第二項の苦情の内容等の記録

五　第三十三条第二項の事故の状況及び事故に際して採った処置についての同条第三項の記録

（設備の基準）

第十条　軽費老人ホームの建物（入所者の日常生活のために使用しない附属の建物を除く。）は、耐火建築物（建築基準法（昭和二十五年法律第二百一号）第二条第九号の

二に規定する耐火建築物をいう。以下同じ。）又は準耐火建築物（同条第九号の三に規定する準耐火建築物をいう。以下同じ。）でなければならない。

2　前項の規定にかかわらず、都道府県知事（指定都市又は中核市にあっては、指定都市又は中核市の長。以下同じ。）が、火災予防、消火活動等に関し専門的知識を有する者の意見を聴いて、次の各号のいずれかの要件を満たす木造かつ平屋建ての軽費老人ホームの建物であって、火災時における入所者の安全性が確保されているものと認めたときは、耐火建築物又は準耐火建築物とすることを要しない。

一　スプリンクラー設備の設置、天井等の内装材等への難燃性の材料の使用、調理室等火災が発生するおそれがある箇所における防火区画の設置等により、初期消火及び延焼の抑制に配慮した構造であること。

二　非常警報設備の設置等による火災の早期発見及び通報の体制が整備されており、円滑な消火活動が可能なものであること。

三　避難口の増設、搬送を容易に行うために十分な幅員を有する避難路の確保等により、円滑な避難が可能な構造であり、かつ、避難訓練を頻繁に実施すること、配置人員を増員すること等により、火災の際の円滑な避難が可能なものであること。

3　軽費老人ホームには、次の各号に掲げる設備を設けなければならない。ただし、他の社会福祉施設等の設備を利用することにより、当該軽費老人ホームの効果的な運営を期待することができる場合であって、入所者に提供するサービスに支障がないときは、設備の一部を設けないことができる。

一　居室

二　談話室、娯楽室又は集会室

三　食堂

四　浴室

五　洗面所

六　便所

七　調理室

八　面談室

九　洗濯室又は洗濯場

十　宿直室

十一　前各号に掲げるもののほか、事務室その他の運営上必要な設備

4　前項第一号、第四号及び第七号に掲げる設備の基準は、次のとおりとする。

一　居室

イ　一の居室の定員は、一人とすること。ただし、入所者へのサービスの提供上必要と認められる場合は、二人とすることができる。

ロ　地階に設けてはならないこと。

ハ　一の居室の床面積は、二十一・六平方メートル（ニの設備を除いた有効面積は十四・八五平方メートル）以上とすること。ただし、イただし書の場合にあっては、三十一・九平方メートル以上とすること。

ニ　洗面所、便所、収納設備及び簡易な調理設備を設けること。

ホ　緊急の連絡のためのブザー又はこれに代わる設備を設けること。

二　浴室

老人が入浴するのに適したものとするほか、必要に応じて、介護を必要とする者が入浴できるようにするための設備を設けること。

三　調理室

火気を使用する部分は、不燃材料を用いること。

5　前項第一号の規定にかかわらず、十程度の数の居室及び当該居室に近接して設けられる共同生活室（当該居室の入所者が談話室、娯楽室又は集会室及び食堂として使用することが可能な部屋をいう。以下この項において同じ。）により構成される区画における設備の基準は、次の各号に定めるところによる。

一　居室

イ　一の居室の定員は、一人とすること。ただし、入所者へのサービスの提供上必要と認められる場合は、二人とすることができる。

ロ　地階に設けてはならないこと。

ハ　一の居室の床面積は、十五・六三平方メートル（ニの設備を除いた有効面積は十三・二平方メートル）以上とすること。ただし、イただし書の場合にあっては、二十三・四五平方メートル以上とすること。
ニ　洗面所、便所、収納設備及び簡易な調理設備を設けること。ただし、共同生活室ごとに便所及び調理設備を適当数設ける場合にあっては、居室ごとの便所及び簡易な調理設備を設けないことができる。
ホ　緊急の連絡のためのブザー又はこれに代わる設備を設けること。
二　共同生活室
イ　同一区画内の入所者が交流し、共同で日常生活を営むための場所としてふさわしい形状を有すること。
ロ　必要な設備及び備品を備えること。
6　前各項に規定するもののほか、軽費老人ホームの設備の基準は、次に定めるところによる。
一　施設内に一斉に放送できる設備を設置すること。
二　居室が二階以上の階にある場合にあっては、エレベーターを設けること。

（職員配置の基準）
第十一条　軽費老人ホームに置くべき職員及びその員数は、次のとおりとする。ただし、入所定員が四十人以下又は他の社会福祉施設等の栄養士との連携を図ることにより効果的な運営を期待することができる軽費老人ホーム（入所者に提供するサービスに支障がない場合に限る。）にあっては第四号の栄養士を、調理業務の全部を委託する軽費老人ホームにあっては第六号の調理員を置かないことができる。
一　施設長　一
二　生活相談員　入所者の数が百二十又はその端数を増すごとに一以上
三　介護職員
イ　一般入所者（入所者であって、指定特定施設入居者生活介護（指定居宅サービス等の事業の人員、設備及び運営に関する基準（平成十一年厚生省令第三十七号）第百七十四条第一項に規定する指定特定施設入居者生活介護をいう。以下同じ。）、指定介護予防特定施設入居者生活介護（指定介護予防サービス等の事業の人員、設備及び運営並びに指定介護予防サービス等に係る介護予防のための効果的な支援の方法に関する基準（平成十八年厚生労働省令第三十五号）第二百三十条第一項に規定する指定介護予防特定施設入居者生活介護をいう。以下同じ。）又は指定地域密着型特定施設入居者生活介護（指定地域密着型サービスの事業の人員、設備及び運営に関する基準（平成十八年厚生労働省令第三十四号）第百九条第一項に規定する指定地域密着型特定施設入居者生活介護をいう。以下同じ。）の提供を受けていない者をいう。以下同じ。）の数が三十以下の軽費老人ホームにあっては、常勤換算方法で、一以上
ロ　一般入所者の数が三十を超えて八十以下の軽費老人ホームにあっては、常勤換算方法で、二以上
ハ　一般入所者の数が八十を超える軽費老人ホームにあっては、常勤換算方法で、二に実情に応じた適当数を加えて得た数
四　栄養士　一以上
五　事務員　一以上
六　調理員その他の職員　当該軽費老人ホームの実情に応じた適当数
2　前項の入所者及び一般入所者の数は、前年度の平均値とする。ただし、新規設置又は再開の場合は、推定数による。
3　第一項の常勤換算方法とは、当該職員のそれぞれの勤務延時間数の総数を当該軽費老人ホームにおいて常勤の職員が勤務する時間数で除することにより常勤の職員の員数に換算する方法をいう。
4　第一項第一号の施設長は、専らその職務に従事する常勤の者でなければならない。ただし、当該軽費老人ホームの管理上支障がない場合には、同一敷地内にある他の事業所、施設等の職務に従事することができ

る。

5　第一項第二号の生活相談員を置く場合にあっては、当該生活相談員のうち一人以上は、常勤の者でなければならない。

6　指定特定施設入居者生活介護、指定介護予防特定施設入居者生活介護又は指定地域密着型特定施設入居者生活介護を行う軽費老人ホームにあっては、入所者に提供するサービスに支障がないときは、第一項第二号の生活相談員のうち一人を置かないことができる。

7　第一項第三号の介護職員のうち一人以上は、常勤の者でなければならない。

8　第一項第三号の介護職員は、入所者の身体機能の状況、併設する社会福祉施設等との連携、介護保険サービス等の活用その他の方法により当該軽費老人ホームの効果的な運営を期待することができる場合であって、入所者に提供するサービスに支障がないときは、あらかじめ入所者の全員の同意を得て、当該介護職員のうち一人を置かないことができる。

9　第六項及び第八項の規定にかかわらず、生活相談員又は介護職員については、いずれか一人を置かなければならない。

10　第一項第四号の栄養士及び同項第五号の事務員のそれぞれのうち一人は、常勤でなければならない。

11　第一項第五号の事務員は、入所定員が六十人以下の場合又は他の社会福祉施設等を併設する軽費老人ホームにおいては、入所者に提供するサービスに支障がない場合は、当該事務員を置かないことができる。

12　第一項第六号の規定にかかわらず、サテライト型軽費老人ホーム（当該施設を設置しようとする者により設置される当該施設以外の介護老人保健施設若しくは介護医療院又は診療所であって当該施設に対する支援機能を有するもの（以下この項において「本体施設」という。）との密接な連携を確保しつつ、本体施設とは別の場所で運営される入所定員が二十九人以下の軽費老人ホームをいう。以下この項において同じ。）の調理員その他の職員については、次に掲げる本体施設の場合には、次の各号に掲げる区分に応じ、当該各号に定める職員により当該サテライト型軽費老人ホームの入所者に提供するサービスが適切に行われていると認められるときは、これを置かないことができる。

一　介護老人保健施設又は介護医療院　調理員又はその他の従業者

二　診療所　その他の従業者

13　夜間及び深夜の時間帯を通じて一以上の職員に宿直勤務又は夜間及び深夜の勤務（宿直勤務を除く。）を行わせなければならない。ただし、当該軽費老人ホームの敷地内に職員宿舎が整備されていること等により、職員が緊急時に迅速に対応できる体制が整備されている場合は、この限りでない。

（入所申込者等に対する説明等）

第十二条　軽費老人ホームは、あらかじめ、サービスの提供の開始に際しては、あらかじめ、入所申込者又はその家族に対し、運営規程の概要、職員の勤務の体制その他の入所申込者のサービスの選択に資すると認められる重要事項を記した文書を交付して説明を行い、当該サービスの提供に関する契約を文書により締結しなければならない。

2　軽費老人ホームは、前項の契約において、入所者の権利を不当に狭めるような契約解除の条件を定めてはならない。

3　軽費老人ホームは、入所申込者又はその家族からの申出があった場合には、第一項の規定による文書の交付に代えて、第六項で定めるところにより、当該入所申込者又はその家族の承諾を得て、当該文書に記すべき重要事項を電子情報処理組織を使用する方法その他の情報通信の技術を利用する方法であって次に掲げるもの（以下この条において「電磁的方法」という。）により提供することができる。この場合において、当該軽費老人ホームは、当該文書を交付したものとみなす。

一　電子情報処理組織を使用する方法のうちイ又はロに掲げるもの

イ　軽費老人ホームの使用に係る電子計算機と入所申込者又はその家族の使用に係る電子計算機とを接続する電気通信回線を通じて送信し、受信者の使用

に係る電子計算機に備えられたファイルに記録する方法

ロ　軽費老人ホームの使用に係る電子計算機に備えられたファイルに記録された第一項の重要事項を電気通信回線を通じて入所申込者又はその家族の閲覧に供し、当該入所申込者又はその家族の使用に係る電子計算機に備えられたファイルに当該重要事項を記録する方法（電磁的方法による提供を受ける旨の承諾又は受けない旨の申出をする場合にあっては、軽費老人ホームの使用に係る電子計算機に備えられたファイルにその旨を記録する方法）

二　磁気ディスク、シー・ディー・ロムその他これらに準ずる方法により一定の事項を確実に記録しておくことができる物をもって調製するファイルに第一項の重要事項を記録したものを交付する方法

4　前項に掲げる方法は、入所申込者又はその家族がファイルへの記録を出力することにより文書を作成することができるものでなければならない。

5　第三項第一号の電子情報処理組織とは、軽費老人ホームの使用に係る電子計算機と、入所申込者又はその家族の使用に係る電子計算機とを電気通信回線で接続した電子情報処理組織をいう。

6　軽費老人ホームは、第三項の規定により第一項の重要事項を提供しようとするときは、あらかじめ、当該入所申込者又はその家族に対し、その用いる次に掲げる電磁的方法の種類及び内容を示し、文書又は電磁的方法による承諾を得なければならない。

一　第三項各号に規定する方法のうち軽費老人ホームが使用するもの

二　ファイルへの記録の方式

7　前項の規定による承諾を得た軽費老人ホームは、当該入所申込者又はその家族から文書又は電磁的方法により電磁的方法による提供を受けない旨の申出があったときは、当該入所申込者又はその家族に対し、第一項の重要事項の提供を電磁的方法によってしてはならない。ただし、当該入所申込者又はその家族が再び前項の規定による承諾をした場合は、この限りでない。

（対象者）

第十三条　軽費老人ホームの入所者は、次の各号に規定する要件を満たす者とする。

一　身体機能の低下等により自立した日常生活を営むことについて不安があると認められる者であって、家族による援助を受けることが困難な者。

二　六十歳以上の者。ただし、その者の配偶者、三親等内の親族その他特別な事情により当該者と共に入所させることが必要と認められる者については、この限りでない。

（入退所）

第十四条　軽費老人ホームは、入所予定者の入所に際しては、その者の心身の状況、生活の状況、家庭の状況等の把握に努めなければならない。

2　軽費老人ホームは、入所者の心身の状況、入所中に提供することができるサービスの内容等に照らし、軽費老人ホームにおいて日常生活を営むことが困難となったと認められる入所者に対し、その者及びその家族の希望を十分に勘案し、その者の状態に適合するサービスに関する情報の提供を行うとともに、適切な他のサービスを受けることができるよう必要な援助に努めなければならない。

3　軽費老人ホームは、入所者の退所に際しては、居宅サービス計画（介護保険法（平成九年法律第百二十三号）第八条第二十四項に規定する居宅サービス計画をいう。以下同じ。）又は施設サービス計画（同条第二十六項に規定する施設サービス計画をいう。以下同じ。）の作成等の援助に資するため、居宅介護支援事業者（同条第二十四項に規定する居宅介護支援事業を行う者をいう。）又は介護保険施設（同条第二十五項に規定する介護保険施設をいう。）に対する情報の提供に努めるほか、その他保健医療サービス又は福祉サービスを提供する者との密接な連携に努めなければならない。

（サービスの提供の記録）

第十五条　軽費老人ホームは、提供した具体的なサービスの内容等を記録しなければな

らない。

（利用料の受領）

第十六条 軽費老人ホームは、入所者から利用料として、次に掲げる費用の支払を受けることができる。

一 サービスの提供に要する費用（入所者の所得の状況その他の事情を勘案して徴収すべき費用として都道府県知事が定める額に限る。）

二 生活費（食材料費及び共用部分に係る光熱水費に限る。）

三 居住に要する費用（前号の光熱水費及び次号の費用を除く。）

四 居室に係る光熱水費

五 入所者が選定する特別なサービスの提供を行ったことに伴い必要となる費用

六 前各号に掲げるもののほか、軽費老人ホームにおいて提供される便宜のうち日常生活においても通常必要となるものに係る費用であって、入所者に負担させることが適当と認められるもの

2 軽費老人ホームは、前項各号に掲げる費用の額に係るサービスの提供に当たっては、あらかじめ、入所者又はその家族に対し、当該サービスの内容及び費用を記した文書を交付して説明を行い、入所者の同意を得なければならない。

3 第一項第二号の生活費は、地域の実情、物価の変動その他の事情を勘案して都道府県知事が定める額を上限額とする。

（サービス提供の方針）

第十七条 軽費老人ホームは、入所者について、安心して生き生きと明るく生活できるよう、その心身の状況や希望に応じたサービスの提供を行うとともに、生きがいをもって生活できるようにするための機会を適切に提供しなければならない。

2 軽費老人ホームの職員は、入所者に対するサービスの提供に当たっては、懇切丁寧に行うことを旨とし、入所者又はその家族に対し、サービスの提供を行う上で必要な事項について、理解しやすいように説明を行わなければならない。

3 軽費老人ホームは、入所者に対するサービスの提供に当たっては、当該入所者又は他の入所者等の生命又は身体を保護するため緊急やむを得ない場合を除き、身体的拘束その他入所者の行動を制限する行為（以下「身体的拘束等」という。）を行ってはならない。

4 軽費老人ホームは、身体的拘束等を行う場合には、その態様及び時間、その際の入所者の心身の状況並びに緊急やむを得ない理由を記録しなければならない。

5 軽費老人ホームは、身体的拘束等の適正化を図るため、次に掲げる措置を講じなければならない。

一 身体的拘束等の適正化のための対策を検討する委員会を三月に一回以上開催するとともに、その結果について、介護職員その他の従業者に周知徹底を図ること。

二 身体的拘束等の適正化のための指針を整備すること。

三 介護職員その他の従業者に対し、身体的拘束等の適正化のための研修を定期的に実施すること。

（食事）

第十八条 軽費老人ホームは、栄養並びに入所者の心身の状況及び嗜好を考慮した食事を、適切な時間に提供しなければならない。

（生活相談等）

第十九条 軽費老人ホームは、常に入所者の心身の状況、その置かれている環境等の的確な把握に努め、入所者又はその家族に対し、その相談に適切に応じるとともに、必要な助言その他の援助を行わなければならない。

2 軽費老人ホームは、要介護認定（介護保険法第十九条第一項に規定する要介護認定をいう。）の申請等入所者が日常生活を営むのに必要な行政機関等に対する手続について、その者又はその家族が行うことが困難である場合には、その者の意思を踏まえて速やかに必要な支援を行わなければならない。

3 軽費老人ホームは、常に入所者の家族との連携を図るとともに、入所者とその家族との交流等の機会を確保するよう努めなければならない。

4　軽費老人ホームは、入所者の外出の機会を確保するよう努めなければならない。

5　軽費老人ホームは、二日に一回以上の頻度で入浴の機会を提供する等の適切な方法により、入所者の清潔の保持に努めなければならない。

6　軽費老人ホームは、入所者からの要望を考慮し、適宜レクリエーション行事を実施するよう努めなければならない。

（居宅サービス等の利用）

第二十条　軽費老人ホームは、入所者が要介護状態等（介護保険法第二条第一項に規定する要介護状態等をいう。）となった場合には、その心身の状況、置かれている環境等に応じ、適切に居宅サービス等（同法第二十三条に規定する居宅サービス等をいう。以下同じ。）を受けることができるよう、必要な援助を行わなければならない。

（健康の保持）

第二十一条　軽費老人ホームは、入所者について、定期的に健康診断を受ける機会を提供しなければならない。

2　軽費老人ホームは、入所者について、健康の保持に努めなければならない。

（施設長の責務）

第二十二条　軽費老人ホームの施設長は、軽費老人ホームの職員の管理、業務の実施状況の把握その他の管理を一元的に行わなければならない。

2　軽費老人ホームの施設長は、職員に第七条から第九条まで、第十二条から前条まで及び次条から第三十三条までの規定を遵守させるために必要な指揮命令を行うものとする。

（生活相談員の責務）

第二十三条　軽費老人ホームの生活相談員は、入所者からの相談に応じるとともに、適切な助言及び必要な支援を行うほか、次に掲げる業務を行わなければならない。

一　入所者の居宅サービス等の利用に際し、居宅サービス計画又は介護予防サービス計画（介護保険法第八条の二第十六項に規定する介護予防サービス計画をいう。以下同じ。）の作成等に資するため、居宅介護支援事業（同法第八条第二十四項に規定する居宅介護支援事業をいう。以下同じ。）又は介護予防支援事業（同法第八条の二第十六項に規定する介護予防支援事業をいう。以下同じ。）を行う者との密接な連携を図るほか、居宅サービス等その他の保健医療サービス又は福祉サービスを提供する者との連携を図ること。

二　第三十一条第二項の苦情の内容等の記録を行うこと。

三　第三十三条第二項の事故の状況及び事故に際して採った処置についての同条第三項の記録を行うこと。

2　前項の規定にかかわらず、生活相談員が置かれていない軽費老人ホームにあっては、介護職員が同項各号に掲げる業務を行わなければならない。

（勤務体制の確保等）

第二十四条　軽費老人ホームは、入所者に対し、適切なサービスを提供できるよう、職員の勤務の体制を定めておかなければならない。

2　前項の職員の勤務の体制を定めるに当たっては、入所者が安心して日常生活を送るために継続性を重視したサービスを提供できるよう配慮しなければならない。

3　軽費老人ホームは、職員に対し、その資質の向上のための研修の機会を確保しなければならない。

（定員の遵守）

第二十五条　軽費老人ホームは、入所定員及び居室の定員を超えて入所させてはならない。ただし、災害、虐待その他のやむを得ない事情がある場合は、この限りでない。

（衛生管理等）

第二十六条　軽費老人ホームは、入所者の使用する食器その他の設備又は飲用に供する水について、衛生的な管理に努め、又は衛生上必要な措置を講じなければならない。

2　軽費老人ホームは、当該軽費老人ホームにおいて感染症又は食中毒が発生し、又はまん延しないように、次の各号に掲げる措置を講じなければならない。

一　当該軽費老人ホームにおける感染症及び食中毒の予防及びまん延の防止のため

の対策を検討する委員会をおおむね三月に一回以上開催するとともに、その結果について、介護職員その他の職員に対し、周知徹底を図ること。

二　当該軽費老人ホームにおける感染症及び食中毒の予防及びまん延の防止のための指針を整備すること。

三　当該軽費老人ホームにおいて、介護職員その他の職員に対し、感染症及び食中毒の予防並びにまん延の防止のための研修を定期的に実施すること。

四　前各号に掲げるもののほか、別に厚生労働大臣が定める感染症又は食中毒の発生が疑われる際の対処等に関する手順に沿った対応を行うこと。

（協力医療機関等）

第二十七条　軽費老人ホームは、入所者の病状の急変等に備えるため、あらかじめ、協力医療機関を定めておかなければならない。

2　軽費老人ホームは、あらかじめ、協力歯科医療機関を定めておくよう努めなければならない。

（掲示）

第二十八条　軽費老人ホームは、当該軽費老人ホームの見やすい場所に、運営規程の概要、職員の勤務の体制、協力医療機関、利用料その他サービスの選択に資すると認められる重要事項を掲示しなければならない。

（秘密保持等）

第二十九条　軽費老人ホームの職員は、正当な理由がなく、その業務上知り得た入所者又はその家族の秘密を漏らしてはならない。

2　軽費老人ホームは、職員であった者が、正当な理由がなく、その業務上知り得た入所者又はその家族の秘密を漏らすことがないよう、必要な措置を講じなければならない。

（広告）

第三十条　軽費老人ホームは、当該軽費老人ホームについて広告をする場合は、その内容が虚偽又は誇大なものであってはならない。

（苦情への対応）

第三十一条　軽費老人ホームは、その提供したサービスに関する入所者又はその家族からの苦情に迅速かつ適切に対応するために、苦情を受け付けるための窓口の設置その他の必要な措置を講じなければならない。

2　軽費老人ホームは、前項の苦情を受け付けた場合は、当該苦情の内容等を記録しなければならない。

3　軽費老人ホームは、その提供したサービスに関し、都道府県（指定都市及び中核市を含む。以下同じ。）から指導又は助言を受けた場合は、当該指導又は助言に従って必要な改善を行わなければならない。

4　軽費老人ホームは、都道府県からの求めがあった場合には、前項の改善の内容を都道府県に報告しなければならない。

5　軽費老人ホームは、法第八十三条に規定する運営適正化委員会が行う法第八十五条第一項の規定による調査にできる限り協力しなければならない。

（地域との連携等）

第三十二条　軽費老人ホームは、その運営に当たっては、地域住民又はその自発的な活動等との連携及び協力を行う等の地域との交流を図らなければならない。

2　軽費老人ホームは、その運営に当たっては、その提供したサービスに関する入所者からの苦情に関して、市町村等が派遣する者が相談及び援助を行う事業その他の市町村が実施する事業に協力するよう努めなければならない。

（事故発生の防止及び発生時の対応）

第三十三条　軽費老人ホームは、事故の発生又はその再発を防止するため、次の各号に定める措置を講じなければならない。

一　事故が発生した場合の対応、次号の報告の方法等が記載された事故発生の防止のための指針を整備すること。

二　事故が発生した場合又はその危険性がある事態が生じた場合に、当該事実が報告され、その分析を通じた改善策について、職員に周知徹底する体制を整備すること。

三　事故発生の防止のための委員会及び職

高齢者福祉

員に対する研修を定期的に行うこと。

2　軽費老人ホームは、入所者に対するサービスの提供により事故が発生した場合は、速やかに都道府県、入所者の家族等に連絡を行うとともに、必要な措置を講じなければならない。

3　軽費老人ホームは、前項の事故の状況及び事故に際して採った処置について記録しなければならない。

4　軽費老人ホームは、入所者に対するサービスの提供により賠償すべき事故が発生した場合は、損害賠償を速やかに行わなければならない。

第四章　都市型軽費老人ホームの設備及び運営に関する基準

（この章の趣旨）

第三十四条　前章の規定にかかわらず、都市型軽費老人ホーム（小規模な軽費老人ホームであって、原則として既成市街地等（租税特別措置法（昭和三十二年法律第二十六号）第三十七条第一項の表の第一号の上欄に規定する既成市街地等をいう。）に設置され、かつ、都道府県知事が地域の実情を勘案して指定するものをいう。以下同じ。）の設備及び運営に関する基準については、この章に定めるところによる。

（入所定員）

第三十五条　都市型軽費老人ホームは、その入所定員を二十人以下とする。

（設備の基準）

第三十六条　都市型軽費老人ホームの建物（入所者の日常生活のために使用しない附属の建物を除く。）は、耐火建築物又は準耐火建築物でなければならない。

2　前項の規定にかかわらず、都道府県知事が、火災予防、消火活動等に関し専門的知識を有する者の意見を聴いて、次の各号のいずれかの要件を満たす木造かつ平屋建ての都市型軽費老人ホームの建物であって、火災時における入所者の安全性が確保されているものと認めたときは、耐火建築物又は準耐火建築物とすることを要しない。

一　スプリンクラー設備の設置、天井等の内装材等への難燃性の材料の使用、調理室等火災が発生するおそれがある箇所における防火区画の設置等により、初期消火及び延焼の抑制に配慮した構造であること。

二　非常警報設備の設置等による火災の早期発見及び通報の体制が整備されており、円滑な消火活動が可能なものであること。

三　避難口の増設、搬送を容易に行うために十分な幅員を有する避難路の確保等により、円滑な避難が可能な構造であり、かつ、避難訓練を頻繁に実施すること、配置人員を増員すること等により、火災の際の円滑な避難が可能なものであること。

3　都市型軽費老人ホームには、次の各号に掲げる設備を設けなければならない。ただし、他の社会福祉施設等の設備を利用することにより、当該都市型軽費老人ホームの効果的な運営を期待することができる場合であって入所者に提供するサービスに支障がないときは設備の一部を、調理業務の全部を委託する場合等にあっては第六号の調理室を設けないことができる。

一　居室

二　食堂

三　浴室

四　洗面所

五　便所

六　調理室

七　面談室

八　洗濯室又は洗濯場

九　宿直室

十　前各号に掲げるもののほか、事務室その他運営上必要な設備

4　前項第一号、第三号及び第六号に掲げる設備の基準は、次のとおりとする。

一　居室

イ　一の居室の定員は、一人とすること。ただし、入所者へのサービスの提供上必要と認められる場合は、二人とすることができる。

ロ　地階に設けてはならないこと。

ハ　入所者一人当たりの床面積は、七・四三平方メートル（収納設備を除く。）

以上とすること。

ニ　緊急の連絡のためのブザー又はこれに代わる設備を設けること。

二　浴室

老人が入浴するのに適したものとするほか、必要に応じて、介護を必要とする者が入浴できるようにするための設備を設けること。

三　調理室

火気を使用する部分は、不燃材料を用いること。

5　前各項に規定するもののほか、都市型軽費老人ホームの設備の基準は、次に定めるところによる。

一　施設内に一斉に放送できる設備を設置すること。

二　原則として食堂等の共用部分に入所者が自炊を行うための調理設備を設けることとし、火気を使用する部分は、不燃材料を用いること。

（**職員配置の基準**）

第三十七条　都市型軽費老人ホームに置くべき職員及びその員数は、次のとおりとする。ただし、入所者に提供するサービスに支障がない都市型軽費老人ホームにあっては第四号の栄養士を、調理業務の全部を委託する等の都市型軽費老人ホームにあっては第六号の調理員を置かないことができる。

一　施設長　一

二　生活相談員　一以上

三　介護職員　常勤換算方法で一以上

四　栄養士　一以上

五　事務員　一以上

六　調理員その他の職員　当該都市型軽費老人ホームの実情に応じた適当数

2　前項の常勤換算方法とは、当該職員のそれぞれの勤務延時間数の総数を当該都市型軽費老人ホームにおいて常勤の職員が勤務する時間数で除することにより常勤の職員の員数に換算する方法をいう。

3　第一項第一号の施設長は、専らその職務に従事する常勤の者でなければならない。ただし、当該都市型軽費老人ホームの管理上支障がない場合には、当該都市型軽費老人ホームの他の職務（第一項第三号の介護職員の職務は除く。）に従事し、又は同一敷地内にある他の事業所、施設等の職務に従事することができる。

4　第一項第二号の生活相談員は、常勤の者でなければならない。

5　指定特定施設入居者生活介護、指定介護予防特定施設入居者生活介護又は指定地域密着型特定施設入居者生活介護を行う都市型軽費老人ホームにあっては、入所者に提供するサービスに支障がないときは、第一項第二号の生活相談員を置かないことができる。

6　第一項第五号の事務員は、入所者に提供するサービスに支障がない場合は、置かないことができる。

7　夜間及び深夜の時間帯を通じて一以上の職員に宿直勤務又は夜間及び深夜の勤務（宿直勤務を除く。）を行わせなければならない。ただし、当該都市型軽費老人ホームの敷地内に職員宿舎が整備されていること等により、職員が緊急時に迅速に対応できる体制が整備されている場合は、この限りでない。

（**自炊の支援**）

第三十八条　都市型軽費老人ホームは、入所者の心身の状況や希望に応じ、自炊を行うための必要な支援を行わなければならない。

（**準用**）

第三十九条　第三条から第九条まで及び第十二条から第三十三条までの規定は、都市型軽費老人ホームについて準用する。この場合において、第二十二条第二項中「第七条から第九条まで、第十二条から前条まで及び次条から第三十三条まで」とあるのは「第三十八条並びに第三十九条において準用する第七条から第九条まで及び第十二条から第三十三条まで」と読み替えるものとする。

附　則（抄）

（**施行期日**）

第一条　この省令は、平成二十年六月一日から施行する。

高齢者虐待の防止、高齢者の養護者に対する支援等に関する法律

（平成一七・一一・九 法律一二四）

最新改正 平成二九法律五二

第一章 総則

（目的）

第一条 この法律は、高齢者に対する虐待が深刻な状況にあり、高齢者の尊厳の保持にとって高齢者に対する虐待を防止することが極めて重要であること等にかんがみ、高齢者虐待の防止等に関する国等の責務、高齢者虐待を受けた高齢者に対する保護のための措置、養護者の負担の軽減を図ること等の養護者に対する養護者による高齢者虐待の防止に資する支援（以下「養護者に対する支援」という。）のための措置等を定めることにより、高齢者虐待の防止、養護者に対する支援等に関する施策を促進し、もって高齢者の権利利益の擁護に資することを目的とする。

（定義等）

第二条 この法律において「高齢者」とは、六十五歳以上の者をいう。

2 この法律において「養護者」とは、高齢者を現に養護する者であって養介護施設従事者等（第五項第一号の施設の業務に従事する者及び同項第二号の事業において業務に従事する者をいう。以下同じ。）以外のものをいう。

3 この法律において「高齢者虐待」とは、養護者による高齢者虐待及び養介護施設従事者等による高齢者虐待をいう。

4 この法律において「養護者による高齢者虐待」とは、次のいずれかに該当する行為をいう。

一 養護者がその養護する高齢者について行う次に掲げる行為

イ 高齢者の身体に外傷が生じ、又は生じるおそれのある暴行を加えること。

ロ 高齢者を衰弱させるような著しい減食又は長時間の放置、養護者以外の同居人によるイ、ハ又はニに掲げる行為と同様の行為の放置等養護を著しく怠ること。

ハ 高齢者に対する著しい暴言又は著しく拒絶的な対応その他の高齢者に著しい心理的外傷を与える言動を行うこと。

ニ 高齢者にわいせつな行為をすること又は高齢者をしてわいせつな行為をさせること。

二 養護者又は高齢者の親族が当該高齢者の財産を不当に処分することその他当該高齢者から不当に財産上の利益を得ること。

5 この法律において「養介護施設従事者等による高齢者虐待」とは、次のいずれかに該当する行為をいう。

一 老人福祉法（昭和三十八年法律第百三十三号）第五条の三に規定する老人福祉施設若しくは同法第二十九条第一項に規定する有料老人ホーム又は介護保険法（平成九年法律第百二十三号）第八条第二十二項に規定する地域密着型介護老人福祉施設、同条第二十七項に規定する介護老人福祉施設、同条第二十八項に規定する介護老人保健施設、同条第二十九項に規定する介護医療院若しくは同法第百十五条の四十六第一項に規定する地域包括支援センター（以下「養介護施設」という。）の業務に従事する者が、当該養介護施設に入所し、その他当該養介護施設を利用する高齢者について行う次に掲げる行為

イ 高齢者の身体に外傷が生じ、又は生じるおそれのある暴行を加えること。

ロ 高齢者を衰弱させるような著しい減食又は長時間の放置その他の高齢者を養護すべき職務上の義務を著しく怠ること。

ハ 高齢者に対する著しい暴言又は著しく拒絶的な対応その他の高齢者に著しい心理的外傷を与える言動を行うこと。

ニ 高齢者にわいせつな行為をすること

又は高齢者をしてわいせつな行為をさせること。

ホ　高齢者の財産を不当に処分することその他当該高齢者から不当に財産上の利益を得ること。

二　老人福祉法第五条の二第一項に規定する老人居宅生活支援事業又は介護保険法第八条第一項に規定する居宅サービス事業、同条第十四項に規定する地域密着型サービス事業、同条第二十四項に規定する居宅介護支援事業、同法第八条の二第一項に規定する介護予防サービス事業、同条第十二項に規定する地域密着型介護予防サービス事業若しくは同条第十六項に規定する介護予防支援事業（以下「養介護事業」という。）において業務に従事する者が、当該養介護事業に係るサービスの提供を受ける高齢者について行う前号イからホまでに掲げる行為

6　六十五歳未満の者であって養介護施設に入所し、その他養介護施設を利用し、又は養介護事業に係るサービスの提供を受ける障害者（障害者基本法（昭和四十五年法律第八十四号）第二条第一号に規定する障害者をいう。）については、高齢者とみなして、養介護施設従事者等による高齢者虐待に関する規定を適用する。

（国及び地方公共団体の責務等）

第三条　国及び地方公共団体は、高齢者虐待の防止、高齢者虐待を受けた高齢者の迅速かつ適切な保護及び適切な養護者に対する支援を行うため、関係省庁相互間その他関係機関及び民間団体の間の連携の強化、民間団体の支援その他必要な体制の整備に努めなければならない。

2　国及び地方公共団体は、高齢者虐待の防止及び高齢者虐待を受けた高齢者の保護並びに養護者に対する支援が専門的知識に基づき適切に行われるよう、これらの職務に携わる専門的な人材の確保及び資質の向上を図るため、関係機関の職員の研修等必要な措置を講ずるよう努めなければならない。

3　国及び地方公共団体は、高齢者虐待の防止及び高齢者虐待を受けた高齢者の保護に資するため、高齢者虐待に係る通報義務、人権侵犯事件に係る救済制度等について必要な広報その他の啓発活動を行うものとする。

（国民の責務）

第四条　国民は、高齢者虐待の防止、養護者に対する支援等の重要性に関する理解を深めるとともに、国又は地方公共団体が講ずる高齢者虐待の防止、養護者に対する支援等のための施策に協力するよう努めなければならない。

（高齢者虐待の早期発見等）

第五条　養介護施設、病院、保健所その他高齢者の福祉に業務上関係のある団体及び養介護施設従事者等、医師、保健師、弁護士その他高齢者の福祉に職務上関係のある者は、高齢者虐待を発見しやすい立場にあることを自覚し、高齢者虐待の早期発見に努めなければならない。

2　前項に規定する者は、国及び地方公共団体が講ずる高齢者虐待の防止のための啓発活動及び高齢者虐待を受けた高齢者の保護のための施策に協力するよう努めなければならない。

第二章　養護者による高齢者虐待の防止、養護者に対する支援等

（相談、指導及び助言）

第六条　市町村は、養護者による高齢者虐待の防止及び養護者による高齢者虐待を受けた高齢者の保護のため、高齢者及び養護者に対して、相談、指導及び助言を行うものとする。

（養護者による高齢者虐待に係る通報等）

第七条　養護者による高齢者虐待を受けたと思われる高齢者を発見した者は、当該高齢者の生命又は身体に重大な危険が生じている場合は、速やかに、これを市町村に通報しなければならない。

2　前項に定める場合のほか、養護者による高齢者虐待を受けたと思われる高齢者を発見した者は、速やかに、これを市町村に通報するよう努めなければならない。

3　刑法（明治四十年法律第四十五号）の秘密漏示罪の規定その他の守秘義務に関する

法律の規定は、前二項の規定による通報をすることを妨げるものと解釈してはならない。

第八条　市町村が前条第一項若しくは第二項の規定による通報又は次条第一項に規定する届出を受けた場合においては、当該通報又は届出を受けた市町村の職員は、その職務上知り得た事項であって当該通報又は届出をした者を特定させるものを漏らしてはならない。

（通報等を受けた場合の措置）

第九条　市町村は、第七条第一項若しくは第二項の規定による通報又は高齢者からの養護者による高齢者虐待を受けた旨の届出を受けたときは、速やかに、当該高齢者の安全の確認その他当該通報又は届出に係る事実の確認のための措置を講ずるとともに、第十六条の規定により当該市町村と連携協力する者（以下「高齢者虐待対応協力者」という。）とその対応について協議を行うものとする。

2　市町村又は市町村長は、第七条第一項若しくは第二項の規定による通報又は前項に規定する届出があった場合には、当該通報又は届出に係る高齢者に対する養護者による高齢者虐待の防止及び当該高齢者の保護が図られるよう、養護者による高齢者虐待により生命又は身体に重大な危険が生じているおそれがあると認められる高齢者を一時的に保護するため迅速に老人福祉法第二十条の三に規定する老人短期入所施設等に入所させる等、適切に、同法第十条の四第一項若しくは第十一条第一項の規定による措置を講じ、又は、適切に、同法第三十二条の規定により審判の請求をするものとする。

（居室の確保）

第十条　市町村は、養護者による高齢者虐待を受けた高齢者について老人福祉法第十条の四第一項第三号又は第十一条第一項第一号若しくは第二号の規定による措置を採るために必要な居室を確保するための措置を講ずるものとする。

（立入調査）

第十一条　市町村長は、養護者による高齢者虐待により高齢者の生命又は身体に重大な危険が生じているおそれがあると認めるときは、介護保険法第百十五条の四十六第二項の規定により設置する地域包括支援センターの職員その他の高齢者の福祉に関する事務に従事する職員をして、当該高齢者の住所又は居所に立ち入り、必要な調査又は質問をさせることができる。

2　前項の規定による立入り及び調査又は質問を行う場合においては、当該職員は、その身分を示す証明書を携帯し、関係者の請求があるときは、これを提示しなければならない。

3　第一項の規定による立入り及び調査又は質問を行う権限は、犯罪捜査のために認められたものと解釈してはならない。

（警察署長に対する援助要請等）

第十二条　市町村長は、前条第一項の規定による立入り及び調査又は質問をさせようとする場合において、これらの職務の執行に際し必要があると認めるときは、当該高齢者の住所又は居所の所在地を管轄する警察署長に対し援助を求めることができる。

2　市町村長は、高齢者の生命又は身体の安全の確保に万全を期する観点から、必要に応じ適切に、前項の規定により警察署長に対し援助を求めなければならない。

3　警察署長は、第一項の規定による援助の求めを受けた場合において、高齢者の生命又は身体の安全を確保するため必要と認めるときは、速やかに、所属の警察官に、同項の職務の執行を援助するために必要な警察官職務執行法（昭和二十三年法律第百三十六号）その他の法令の定めるところによる措置を講じさせるよう努めなければならない。

（面会の制限）

第十三条　養護者による高齢者虐待を受けた高齢者について老人福祉法第十一条第一項第二号又は第三号の措置が採られた場合においては、市町村長又は当該措置に係る養介護施設の長は、養護者による高齢者虐待の防止及び当該高齢者の保護の観点から、当該養護者による高齢者虐待を行った養護者について当該高齢者との面会を制限することができる。

（養護者の支援）

第十四条　市町村は、第六条に規定するもののほか、養護者の負担の軽減のため、養護者に対する相談、指導及び助言その他必要な措置を講ずるものとする。

2　市町村は、前項の措置として、養護者の心身の状態に照らしその養護の負担の軽減を図るため緊急の必要があると認める場合に高齢者が短期間養護を受けるために必要となる居室を確保するための措置を講ずるものとする。

（専門的に従事する職員の確保）

第十五条　市町村は、養護者による高齢者虐待の防止、養護者による高齢者虐待を受けた高齢者の保護及び養護者に対する支援を適切に実施するために、これらの事務に専門的に従事する職員を確保するよう努めなければならない。

（連携協力体制）

第十六条　市町村は、養護者による高齢者虐待の防止、養護者による高齢者虐待を受けた高齢者の保護及び養護者に対する支援を適切に実施するため、老人福祉法第二十条の七の二第一項に規定する老人介護支援センター、介護保険法第百十五条の四十六第三項の規定により設置された地域包括支援センターその他関係機関、民間団体等との連携協力体制を整備しなければならない。この場合において、養護者による高齢者虐待にいつでも迅速に対応することができるよう、特に配慮しなければならない。

（事務の委託）

第十七条　市町村は、高齢者虐待対応協力者のうち適当と認められるものに、第六条の規定による相談、指導及び助言、第七条第一項若しくは第二項の規定による通報又は第九条第一項に規定する届出の受理、同項の規定による高齢者の安全の確認その他通報又は届出に係る事実の確認のための措置並びに第十四条第一項の規定による養護者の負担の軽減のための措置に関する事務の全部又は一部を委託することができる。

2　前項の規定による委託を受けた高齢者虐待対応協力者若しくはその役員若しくは職員又はこれらの者であった者は、正当な理由なしに、その委託を受けた事務に関して知り得た秘密を漏らしてはならない。

3　第一項の規定により第七条第一項若しくは第二項の規定による通報又は第九条第一項に規定する届出の受理に関する事務の委託を受けた高齢者虐待対応協力者が第七条第一項若しくは第二項の規定による通報又は第九条第一項に規定する届出を受けた場合には、当該通報又は届出を受けた高齢者虐待対応協力者又はその役員若しくは職員は、その職務上知り得た事項であって当該通報又は届出をした者を特定させるものを漏らしてはならない。

（周知）

第十八条　市町村は、養護者による高齢者虐待の防止、第七条第一項若しくは第二項の規定による通報又は第九条第一項に規定する届出の受理、養護者による高齢者虐待を受けた高齢者の保護、養護者に対する支援等に関する事務についての窓口となる部局及び高齢者虐待対応協力者の名称を明示すること等により、当該部局及び高齢者虐待対応協力者を周知させなければならない。

（都道府県の援助等）

第十九条　都道府県は、この章の規定により市町村が行う措置の実施に関し、市町村相互間の連絡調整、市町村に対する情報の提供その他必要な援助を行うものとする。

2　都道府県は、この章の規定により市町村が行う措置の適切な実施を確保するため必要があると認めるときは、市町村に対し、必要な助言を行うことができる。

第三章　養介護施設従事者等による高齢者虐待の防止等

（養介護施設従事者等による高齢者虐待の防止等のための措置）

第二十条　養介護施設の設置者又は養介護事業を行う者は、養介護施設従事者等の研修の実施、当該養介護施設に入所し、その他当該養介護施設を利用し、又は当該養介護事業に係るサービスの提供を受ける高齢者及びその家族からの苦情の処理の体制の整備その他の養介護施設従事者等による高齢者虐待の防止等のための措置を講ずるものとする。

（養介護施設従事者等による高齢者虐待に係る通報等）

第二十一条 養介護施設従事者等は、当該養介護施設従事者等がその業務に従事している養介護施設又は養介護事業（当該養介護施設の設置者若しくは当該養介護事業を行う者が設置する養介護施設又はこれらの者が行う養介護事業を含む。）において業務に従事する養介護施設従事者等による高齢者虐待を受けたと思われる高齢者を発見した場合は、速やかに、これを市町村に通報しなければならない。

2 前項に定める場合のほか、養介護施設従事者等による高齢者虐待を受けたと思われる高齢者を発見した者は、当該高齢者の生命又は身体に重大な危険が生じている場合は、速やかに、これを市町村に通報しなければならない。

3 前二項に定める場合のほか、養介護施設従事者等による高齢者虐待を受けたと思われる高齢者を発見した者は、速やかに、これを市町村に通報するよう努めなければならない。

4 養介護施設従事者等による高齢者虐待を受けた高齢者は、その旨を市町村に届け出ることができる。

5 第十八条の規定は、第一項から第三項までの規定による通報又は前項の規定による届出の受理に関する事務を担当する部局の周知について準用する。

6 刑法の秘密漏示罪の規定その他の守秘義務に関する法律の規定は、第一項から第三項までの規定による通報（虚偽であるもの及び過失によるものを除く。次項において同じ。）をすることを妨げるものと解釈してはならない。

7 養介護施設従事者等は、第一項から第三項までの規定による通報をしたことを理由として、解雇その他不利益な取扱いを受けない。

第二十二条 市町村は、前条第一項から第三項までの規定による通報又は同条第四項の規定による届出を受けたときは、厚生労働省令で定めるところにより、当該通報又は届出に係る養介護施設従事者等による高齢者虐待に関する事項を、当該養介護施設従事者等による高齢者虐待に係る養介護施設又は当該養介護施設従事者等による高齢者虐待に係る養介護事業の事業所の所在地の都道府県に報告しなければならない。

2 前項の規定は、地方自治法（昭和二十二年法律第六十七号）第二百五十二条の十九第一項の指定都市及び同法第二百五十二条の二十二第一項の中核市については、厚生労働省令で定める場合を除き、適用しない。

第二十三条 市町村が第二十一条第一項から第三項までの規定による通報又は同条第四項の規定による届出を受けた場合においては、当該通報又は届出を受けた市町村の職員は、その職務上知り得た事項であって当該通報又は届出をした者を特定させるものを漏らしてはならない。都道府県が前条第一項の規定による報告を受けた場合における当該報告を受けた都道府県の職員についても、同様とする。

（通報等を受けた場合の措置）

第二十四条 市町村が第二十一条第一項から第三項までの規定による通報若しくは同条第四項の規定による届出を受け、又は都道府県が第二十二条第一項の規定による報告を受けたときは、市町村長又は都道府県知事は、養介護施設の業務又は養介護事業の適正な運営を確保することにより、当該通報又は届出に係る高齢者に対する養介護施設従事者等による高齢者虐待の防止及び当該高齢者の保護を図るため、老人福祉法又は介護保険法の規定による権限を適切に行使するものとする。

（公表）

第二十五条 都道府県知事は、毎年度、養介護施設従事者等による高齢者虐待の状況、養介護施設従事者等による高齢者虐待があった場合にとった措置その他厚生労働省令で定める事項を公表するものとする。

第四章 雑則

（調査研究）

第二十六条 国は、高齢者虐待の事例の分析

高齢者福祉

を行うとともに、高齢者虐待があった場合の適切な対応方法、高齢者に対する適切な養護の方法その他の高齢者虐待の防止、高齢者虐待を受けた高齢者の保護及び養護者に対する支援に資する事項について調査及び研究を行うものとする。

(財産上の不当取引による被害の防止等)

第二十七条　市町村は、養護者、高齢者の親族又は養介護施設従事者等以外の者が不当に財産上の利益を得る目的で高齢者と行う取引（以下「財産上の不当取引」という。）による高齢者の被害について、相談に応じ、若しくは消費生活に関する業務を担当する部局その他の関係機関を紹介し、又は高齢者虐待対応協力者に、財産上の不当取引による高齢者の被害に係る相談若しくは関係機関の紹介の実施を委託するものとする。

2　市町村長は、財産上の不当取引の被害を受け、又は受けるおそれのある高齢者について、適切に、老人福祉法第三十二条の規定により審判の請求をするものとする。

(成年後見制度の利用促進)

第二十八条　国及び地方公共団体は、高齢者虐待の防止及び高齢者虐待を受けた高齢者の保護並びに財産上の不当取引による高齢者の被害の防止及び救済を図るため、成年後見制度の周知のための措置、成年後見制度の利用に係る経済的負担の軽減のための措置等を講ずることにより、成年後見制度が広く利用されるようにしなければならない。

第五章　罰則

第二十九条　第十七条第二項の規定に違反した者は、一年以下の懲役又は百万円以下の罰金に処する。

第三十条　正当な理由がなく、第十一条第一項の規定による立入調査を拒み、妨げ、若しくは忌避し、又は同項の規定による質問に対して答弁をせず、若しくは虚偽の答弁をし、若しくは高齢者に答弁をさせず、若しくは虚偽の答弁をさせた者は、三十万円以下の罰金に処する。

附　則

(施行期日)

1　この法律は、平成十八年四月一日から施行する。

高齢者の医療の確保に関する法律（抄）

（昭和五七・八・一七　法律八〇）

（題名改正＝平成一八法律八三）
最新改正　令和元法律九

第一章　総則

(目的)

第一条　この法律は、国民の高齢期における適切な医療の確保を図るため、医療費の適正化を推進するための計画の作成及び保険者による健康診査等の実施に関する措置を講ずるとともに、高齢者の医療について、国民の共同連帯の理念等に基づき、前期高齢者に係る保険者間の費用負担の調整、後期高齢者に対する適切な医療の給付等を行うために必要な制度を設け、もつて国民保健の向上及び高齢者の福祉の増進を図ることを目的とする。

(基本的理念)

第二条　国民は、自助と連帯の精神に基づき、自ら加齢に伴つて生ずる心身の変化を自覚して常に健康の保持増進に努めるとともに、高齢者の医療に要する費用を公平に負担するものとする。

2　国民は、年齢、心身の状況等に応じ、職域若しくは地域又は家庭において、高齢期における健康の保持を図るための適切な保健サービスを受ける機会を与えられるものとする。

（国の責務）

第三条　国は、国民の高齢期における医療に要する費用の適正化を図るための取組が円滑に実施され、高齢者医療制度（第三章に規定する前期高齢者に係る保険者間の費用負担の調整及び第四章に規定する後期高齢者医療制度をいう。以下同じ。）の運営が健全に行われるよう必要な各般の措置を講ずるとともに、第一条に規定する目的の達成に資するため、医療、公衆衛生、社会福祉その他の関連施策を積極的に推進しなければならない。

（地方公共団体の責務）

第四条　地方公共団体は、この法律の趣旨を尊重し、住民の高齢期における医療に要する費用の適正化を図るための取組及び高齢者医療制度の運営が適切かつ円滑に行われるよう所要の施策を実施しなければならない。

（保険者の責務）

第五条　保険者は、加入者の高齢期における健康の保持のために必要な事業を積極的に推進するよう努めるとともに、高齢者医療制度の運営が健全かつ円滑に実施されるよう協力しなければならない。

（医療の担い手等の責務）

第六条　医師、歯科医師、薬剤師、看護師その他の医療の担い手並びに医療法（昭和二十三年法律第二百五号）第一条の二第二項に規定する医療提供施設の開設者及び管理者は、前三条に規定する各般の措置、施策及び事業に協力しなければならない。

（定義）

第七条　この法律において「医療保険各法」とは、次に掲げる法律をいう。

一　健康保険法（大正十一年法律第七十号）

二　船員保険法（昭和十四年法律第七十三号）

三　国民健康保険法（昭和三十三年法律第百九十二号）

四　国家公務員共済組合法（昭和三十三年法律第百二十八号）

五　地方公務員等共済組合法（昭和三十七年法律第百五十二号）

六　私立学校教職員共済法（昭和二十八年法律第二百四十五号）

2　この法律において「保険者」とは、医療保険各法の規定により医療に関する給付を行う全国健康保険協会、健康保険組合、都道府県及び市町村（特別区を含む。以下同じ。）、国民健康保険組合、共済組合又は日本私立学校振興・共済事業団をいう。

3　この法律において「被用者保険等保険者」とは、保険者（健康保険法第百二十三条第一項の規定による保険者としての全国健康保険協会、都道府県及び市町村並びに国民健康保険組合を除く。）又は健康保険法第三条第一項第八号の規定による承認を受けて同法の被保険者とならない者を組合員とする国民健康保険組合であつて厚生労働大臣が定めるものをいう。

4　この法律において「加入者」とは、次に掲げる者をいう。

一　健康保険法の規定による被保険者。ただし、同法第三条第二項の規定による日雇特例被保険者を除く。

二　船員保険法の規定による被保険者

三　国民健康保険法の規定による被保険者

四　国家公務員共済組合法又は地方公務員等共済組合法に基づく共済組合の組合員

五　私立学校教職員共済法の規定による私立学校教職員共済制度の加入者

六　健康保険法、船員保険法、国家公務員共済組合法（他の法律において準用する場合を含む。）又は地方公務員等共済組合法の規定による被扶養者。ただし、健康保険法第三条第二項の規定による日雇特例被保険者の同法の規定による被扶養者を除く。

七　健康保険法第百二十六条の規定により日雇特例被保険者手帳の交付を受け、その手帳に健康保険印紙をはり付けるべき余白がなくなるに至るまでの間にある者及び同法の規定によるその者の被扶養者。ただし、同法第三条第二項ただし書の規定による承認を受けて同項の規定による日雇特例被保険者とならない期間内にある者及び同法第百二十六条第三項の規定により当該日雇特例被保険者手帳を返納した者並びに同法の規定によるその者の被扶養者を除く。

第二章　医療費適正化の推進

第一節　医療費適正化計画等

（医療費適正化基本方針及び全国医療費適正化計画）

第八条　厚生労働大臣は、国民の高齢期における適切な医療の確保を図る観点から、医療に要する費用の適正化（以下「医療費適正化」という。）を総合的かつ計画的に推進するため、医療費適正化に関する施策についての基本的な方針（以下「医療費適正化基本方針」という。）を定めるとともに、六年ごとに、六年を一期として、医療費適正化を推進するための計画（以下「全国医療費適正化計画」という。）を定めるものとする。

2　医療費適正化基本方針においては、次に掲げる事項を定めるものとする。

一　次条第一項に規定する都道府県医療費適正化計画において定めるべき目標に係る参酌すべき標準その他の当該計画の作成に当たつて指針となるべき基本的な事項

二　次条第一項に規定する都道府県医療費適正化計画の達成状況の評価に関する基本的な事項

三　医療に要する費用の調査及び分析に関する基本的な事項

四　前三号に掲げるもののほか、医療費適正化の推進に関する重要事項

3　医療費適正化基本方針は、医療法第三十条の三第一項に規定する基本方針、介護保険法（平成九年法律第百二十三号）第百十六条第一項に規定する基本指針及び健康増進法（平成十四年法律第百三号）第七条第一項に規定する基本方針と調和が保たれたものでなければならない。

4　全国医療費適正化計画においては、次に掲げる事項を定めるものとする。

一　国民の健康の保持の推進に関し、国が達成すべき目標に関する事項

二　医療の効率的な提供の推進に関し、国が達成すべき目標に関する事項

三　前二号の目標を達成するために国が取り組むべき施策に関する事項

四　第一号及び第二号の目標を達成するための保険者、第四十八条に規定する後期高齢者医療広域連合（以下この条から第十六条までにおいて「後期高齢者医療広域連合」という。）、医療機関その他の関係者の連携及び協力に関する事項

五　各都道府県の医療計画（医療法第三十条の四第一項に規定する医療計画をいう。以下同じ。）に基づく事業の実施による病床の機能（同法第三十条の三第二項第六号に規定する病床の機能をいう。以下同じ。）の分化及び連携の推進の成果、国民の健康の保持の推進及び医療の効率的な提供の推進により達成が見込まれる医療費適正化の効果その他厚生労働省令で定める事項を踏まえて、厚生労働省令で定めるところにより算定した計画の期間における医療に要する費用の見込み（第十一条第八項において「国の医療に要する費用の目標」という。）に関する事項

六　計画の達成状況の評価に関する事項

七　前各号に掲げるもののほか、医療費適正化の推進のために必要な事項

5　厚生労働大臣は、前項第一号から第三号までに掲げる事項を定めるに当たつては、病床の機能の分化及び連携の推進並びに地域における医療及び介護の総合的な確保の促進に関する法律（平成元年法律第六十四号）第二条第一項に規定する地域包括ケアシステム（次条第四項において「地域包括ケアシステム」という。）の構築に向けた取組の重要性に留意するものとする。

6　厚生労働大臣は、医療費適正化基本方針及び全国医療費適正化計画を定め、又はこれを変更しようとするときは、あらかじめ、関係行政機関の長に協議するものとする。

7　厚生労働大臣は、医療費適正化基本方針及び全国医療費適正化計画を定め、又はこれを変更したときは、遅滞なく、これを公表するものとする。

高齢者福祉

8　厚生労働大臣は、全国医療費適正化計画の作成及び全国医療費適正化計画に基づく施策の実施に関して必要があると認めるときは、保険者、後期高齢者医療広域連合、医療機関その他の関係者に対して必要な協力を求めることができる。

（都道府県医療費適正化計画）

第九条　都道府県は、医療費適正化基本方針に即して、六年ごとに、六年を一期として、当該都道府県における医療費適正化を推進するための計画（以下「都道府県医療費適正化計画」という。）を定めるものとする。

2　都道府県医療費適正化計画においては、当該都道府県の医療計画に基づく事業の実施による病床の機能の分化及び連携の推進の成果並びに住民の健康の保持の推進及び医療の効率的な提供の推進により達成が見込まれる医療費適正化の効果を踏まえて、厚生労働省令で定めるところにより算定した計画の期間における医療に要する費用の見込み（第十一条第四項において「都道府県の医療に要する費用の目標」という。）に関する事項を定めるものとする。

3　都道府県医療費適正化計画においては、前項に規定する事項のほか、おおむね都道府県における次に掲げる事項について定めるものとする。

一　住民の健康の保持の推進に関し、当該都道府県において達成すべき目標に関する事項

二　医療の効率的な提供の推進に関し、当該都道府県において達成すべき目標に関する事項

三　前二号の目標を達成するために都道府県が取り組むべき施策に関する事項

四　第一号及び第二号の目標を達成するための保険者、後期高齢者医療広域連合、医療機関その他の関係者の連携及び協力に関する事項

五　当該都道府県における医療に要する費用の調査及び分析に関する事項

六　計画の達成状況の評価に関する事項

4　都道府県は、前項第一号から第三号までに掲げる事項を定めるに当たつては、地域における病床の機能の分化及び連携の推進並びに地域包括ケアシステムの構築に向けた取組の重要性に留意するものとする。

5　都道府県は、第三項第五号に掲げる事項を定めるに当たつては、当該都道府県以外の都道府県における医療に要する費用その他厚生労働省令で定める事項を踏まえるものとする。

6　都道府県医療費適正化計画は、医療計画、介護保険法第百十八条第一項に規定する都道府県介護保険事業支援計画及び健康増進法第八条第一項に規定する都道府県健康増進計画と調和が保たれたものでなければならない。

7　都道府県は、都道府県医療費適正化計画を定め、又はこれを変更しようとするときは、あらかじめ、関係市町村（第百五十七条の二第一項の保険者協議会（以下この項及び第十項において「保険者協議会」という。）が組織されている都道府県にあつては、関係市町村及び保険者協議会）に協議しなければならない。

8　都道府県は、都道府県医療費適正化計画を定め、又はこれを変更したときは、遅滞なく、これを公表するよう努めるとともに、厚生労働大臣に提出するものとする。

9　都道府県は、都道府県医療費適正化計画の作成及び都道府県医療費適正化計画に基づく施策の実施に関して必要があると認めるときは、保険者、後期高齢者医療広域連合、医療機関その他の関係者に対して必要な協力を求めることができる。

10　保険者協議会が組織されている都道府県が、前項の規定により当該保険者協議会を組織する保険者又は後期高齢者医療広域連合に対して必要な協力を求める場合においては、当該保険者協議会を通じて協力を求めることができる。

第二節　特定健康診査等基本指針等

（特定健康診査等基本指針）

第十八条　厚生労働大臣は、特定健康診査（糖尿病その他の政令で定める生活習慣病に関する健康診査をいう。以下同じ。）及び特定保健指導（特定健康診査の結果により健康の保持に努める必要がある者として厚生

労働省令で定めるものに対し、保健指導に関する専門的知識及び技術を有する者として厚生労働省令で定めるものが行う保健指導をいう。以下同じ。）の適切かつ有効な実施を図るための基本的な指針（以下「特定健康診査等基本指針」という。）を定めるものとする。

2　特定健康診査等基本指針においては、次に掲げる事項を定めるものとする。

一　特定健康診査及び特定保健指導（以下「特定健康診査等」という。）の実施方法に関する基本的な事項

二　特定健康診査等の実施及びその成果に係る目標に関する基本的な事項

三　前二号に掲げるもののほか、次条第一項に規定する特定健康診査等実施計画の作成に関する重要事項

3　特定健康診査等基本指針は、健康増進法第九条第一項に規定する健康診査等指針と調和が保たれたものでなければならない。

4　厚生労働大臣は、特定健康診査等基本指針を定め、又はこれを変更しようとするときは、あらかじめ、関係行政機関の長に協議するものとする。

5　厚生労働大臣は、特定健康診査等基本指針を定め、又はこれを変更したときは、遅滞なく、これを公表するものとする。

（**特定健康診査等実施計画**）

第十九条　保険者（国民健康保険法の定めるところにより都道府県が当該都道府県内の市町村とともに行う国民健康保険（以下「国民健康保険」という。）にあつては、市町村。以下この節において同じ。）は、特定健康診査等基本指針に即して、六年ごとに、六年を一期として、特定健康診査等の実施に関する計画（以下「特定健康診査等実施計画」という。）を定めるものとする。

2　特定健康診査等実施計画においては、次に掲げる事項を定めるものとする。

一　特定健康診査等の具体的な実施方法に関する事項

二　特定健康診査等の実施及びその成果に関する具体的な目標

三　前二号に掲げるもののほか、特定健康診査等の適切かつ有効な実施のために必要な事項

3　保険者は、特定健康診査等実施計画を定め、又はこれを変更したときは、遅滞なく、これを公表しなければならない。

（**特定健康診査**）

第二十条　保険者は、特定健康診査等実施計画に基づき、厚生労働省令で定めるところにより、四十歳以上の加入者に対し、特定健康診査を行うものとする。ただし、加入者が特定健康診査に相当する健康診査を受け、その結果を証明する書面の提出を受けたとき、又は第二十六条第二項の規定により特定健康診査に関する記録の送付を受けたときは、この限りでない。

（**他の法令に基づく健康診断との関係**）

第二十一条　保険者は、加入者が、労働安全衛生法（昭和四十七年法律第五十七号）その他の法令に基づき行われる特定健康診査に相当する健康診断を受けた場合又は受けることができる場合は、厚生労働省令で定めるところにより、前条の特定健康診査の全部又は一部を行つたものとする。

2　労働安全衛生法第二条第三号に規定する事業者その他の法令に基づき特定健康診査に相当する健康診断を実施する責務を有する者（以下「事業者等」という。）は、当該健康診断の実施を保険者に対し委託することができる。この場合において、委託をしようとする事業者等は、その健康診断の実施に必要な費用を保険者に支払わなければならない。

（**特定健康診査の結果の通知**）

第二十三条　保険者は、厚生労働省令で定めるところにより、特定健康診査を受けた加入者に対し、当該特定健康診査の結果を通知しなければならない。第二十六条第二項の規定により、特定健康診査に関する記録の送付を受けた場合においても、同様とする。

（**特定保健指導**）

第二十四条　保険者は、特定健康診査等実施計画に基づき、厚生労働省令で定めるところにより、特定保健指導を行うものとする。

（**他の保険者の加入者への特定健康診査等**）

第二十六条　保険者は、その加入者の特定健

康診査等の実施に支障がない場合には、他の保険者の加入者に係る特定健康診査又は特定保健指導を行うことができる。この場合において、保険者は、当該特定健康診査又は特定保健指導を受けた者に対し、厚生労働省令で定めるところにより、当該特定健康診査又は特定保健指導に要する費用を請求することができる。

2　保険者は、前項の規定により、他の保険者の加入者に対し特定健康診査又は特定保健指導を行つたときは、厚生労働省令で定めるところにより、当該特定健康診査又は特定保健指導に関する記録を、速やかに、その者が現に加入する当該他の保険者に送付しなければならない。

3　保険者は、その加入者が、第一項の規定により、他の保険者が実施する特定健康診査又は特定保健指導を受け、その費用を当該他の保険者に支払つた場合には、当該加入者に対して、厚生労働省令で定めるところにより、当該特定健康診査又は特定保健指導に要する費用として相当な額を支給する。

4　第一項及び前項の規定にかかわらず、保険者は他の保険者と協議して、当該他の保険者の加入者に係る特定健康診査又は特定保健指導の費用の請求及び支給の取扱いに関し、別段の定めをすることができる。

（特定健康診査等に関する記録の提供）

第二十七条　保険者は、加入者の資格を取得した者（国民健康保険にあつては、同一の都道府県内の他の市町村の区域内から住所を変更した被保険者を含む。）があるときは、当該加入者が加入していた他の保険者に対し、当該他の保険者が保存している当該加入者に係る特定健康診査又は特定保健指導に関する記録の写しを提供するよう求めることができる。

2　保険者は、加入者を使用している事業者等又は使用していた事業者等に対し、厚生労働省令で定めるところにより、労働安全衛生法その他の法令に基づき当該事業者等が保存している当該加入者に係る健康診断に関する記録の写しを提供するよう求めることができる。

3　前二項の規定により、特定健康診査若しくは特定保健指導に関する記録又は健康診断に関する記録の写しの提供を求められた他の保険者又は事業者等は、厚生労働省令で定めるところにより、当該記録の写しを提供しなければならない。

（実施の委託）

第二十八条　保険者は、特定健康診査等について、健康保険法第六十三条第三項各号に掲げる病院又は診療所その他適当と認められるものに対し、その実施を委託することができる。この場合において、保険者は、受託者に対し、委託する特定健康診査等の実施に必要な範囲内において、厚生労働省令で定めるところにより、自らが保存する特定健康診査又は特定保健指導に関する記録の写しその他必要な情報を提供することができる。

（関係者との連携）

第二十九条　保険者は、第三十二条第一項に規定する前期高齢者である加入者に対して特定健康診査等を実施するに当たつては、前期高齢者である加入者の心身の特性を踏まえつつ、介護保険法第百十五条の四十五第一項及び第二項の規定により地域支援事業を行う市町村との適切な連携を図るよう留意するとともに、当該特定健康診査等が効率的に実施されるよう努めるものとする。

2　保険者は、前項に規定するもののほか、特定健康診査の効率的な実施のために、他の保険者、医療機関その他の関係者との連携に努めなければならない。

（市町村の行う特定健康診査等の対象者の範囲）

第二十九条の二　国民健康保険法第三条第一項の市町村は、当該市町村の区域内に住所を有する被保険者について、この節の規定による事務を行うものとする。

（秘密保持義務）

第三十条　第二十八条の規定により保険者から特定健康診査等の実施の委託を受けた者（その者が法人である場合にあつては、その役員）若しくはその職員又はこれらの者であつた者は、その実施に関して知り得た個人の秘密を正当な理由がなく漏らしてはならない。

第三章　前期高齢者に係る保険者間の費用負担の調整

（前期高齢者交付金）

第三十二条　支払基金は、各保険者（国民健康保険にあつては、都道府県。以下この章において同じ。）に係る加入者の数に占める前期高齢者である加入者（六十五歳に達する日の属する月の翌月（その日が月の初日であるときは、その日の属する月）以後である加入者であつて、七十五歳に達する日の属する月以前であるものその他厚生労働省令で定めるものをいう。以下同じ。）の数の割合に係る負担の不均衡を調整するため、政令で定めるところにより、保険者に対して、前期高齢者交付金を交付する。

2　前項の前期高齢者交付金は、第三十六条第一項の規定により支払基金が徴収する前期高齢者納付金をもつて充てる。

（前期高齢者交付金の額）

第三十三条　前条第一項の規定により各保険者に対して交付される前期高齢者交付金の額は、当該年度の概算前期高齢者交付金の額とする。ただし、前々年度の概算前期高齢者交付金の額が同年度の確定前期高齢者交付金の額を超えるときは、当該年度の概算前期高齢者交付金の額からその超える額とその超える額に係る前期高齢者交付調整金額との合計額を控除して得た額とするものとし、前々年度の概算前期高齢者交付金の額が同年度の確定前期高齢者交付金の額に満たないときは、当該年度の概算前期高齢者交付金の額にその満たない額とその満たない額に係る前期高齢者交付調整金額との合計額を加算して得た額とする。

2　前項に規定する前期高齢者交付調整金額は、前々年度におけるすべての保険者に係る概算前期高齢者交付金の額と確定前期高齢者交付金の額との過不足額につき生ずる利子その他の事情を勘案して厚生労働省令で定めるところにより各保険者ごとに算定される額とする。

（前期高齢者納付金等の徴収及び納付義務）

第三十六条　支払基金は、第百三十九条第一項第一号に掲げる業務及び当該業務に関する事務の処理に要する費用に充てるため、年度ごとに、保険者から、前期高齢者納付金及び前期高齢者関係事務費拠出金（以下「前期高齢者納付金等」という。）を徴収する。

2　保険者は、前期高齢者納付金等を納付する義務を負う。

（前期高齢者納付金の額）

第三十七条　前条第一項の規定により各保険者から徴収する前期高齢者納付金の額は、当該年度の概算前期高齢者納付金の額とする。ただし、前々年度の概算前期高齢者納付金の額が同年度の確定前期高齢者納付金の額を超えるときは、当該年度の概算前期高齢者納付金の額からその超える額とその超える額に係る前期高齢者納付調整金額との合計額を控除して得た額とするものとし、前々年度の概算前期高齢者納付金の額が同年度の確定前期高齢者納付金の額に満たないときは、当該年度の概算前期高齢者納付金の額にその満たない額とその満たない額に係る前期高齢者納付調整金額との合計額を加算して得た額とする。

2　前項に規定する前期高齢者納付調整金額は、前々年度におけるすべての保険者に係る概算前期高齢者納付金の額と確定前期高齢者納付金の額との過不足額につき生ずる利子その他の事情を勘案して厚生労働省令で定めるところにより各保険者ごとに算定される額とする。

第四章　後期高齢者医療制度

第一節　総則

（後期高齢者医療）

第四十七条　後期高齢者医療は、高齢者の疾病、負傷又は死亡に関して必要な給付を行うものとする。

（広域連合の設立）

第四十八条　市町村は、後期高齢者医療の事務（保険料の徴収の事務及び被保険者の便益の増進に寄与するものとして政令で定める事務を除く。）を処理するため、都道府県の区域ごとに当該区域内のすべての市町村が加入する広域連合（以下「後期高齢者医療広域連合」という。）を設けるものとする。

（特別会計）

第四十九条　後期高齢者医療広域連合及び市町村は、後期高齢者医療に関する収入及び支出について、政令で定めるところにより、特別会計を設けなければならない。

第二節　被保険者

（被保険者）

第五十条　次の各号のいずれかに該当する者は、後期高齢者医療広域連合が行う後期高齢者医療の被保険者とする。

一　後期高齢者医療広域連合の区域内に住所を有する七十五歳以上の者

二　後期高齢者医療広域連合の区域内に住所を有する六十五歳以上七十五歳未満の者であつて、厚生労働省令で定めるところにより、政令で定める程度の障害の状態にある旨の当該後期高齢者医療広域連合の認定を受けたもの

（適用除外）

第五十一条　前条の規定にかかわらず、次の各号のいずれかに該当する者は、後期高齢者医療広域連合が行う後期高齢者医療の被保険者としない。

一　生活保護法（昭和二十五年法律第百四十四号）による保護を受けている世帯（その保護を停止されている世帯を除く。）に属する者

二　前号に掲げるもののほか、後期高齢者医療の適用除外とすべき特別の理由がある者で厚生労働省令で定めるもの

（資格取得の時期）

第五十二条　後期高齢者医療広域連合が行う後期高齢者医療の被保険者は、次の各号のいずれかに該当するに至つた日又は前条各号のいずれにも該当しなくなつた日から、その資格を取得する。

一　当該後期高齢者医療広域連合の区域内に住所を有する者（第五十条第二号の認定を受けた者を除く。）が七十五歳に達したとき。

二　七十五歳以上の者が当該後期高齢者医療広域連合の区域内に住所を有するに至つたとき。

三　当該後期高齢者医療広域連合の区域内に住所を有する六十五歳以上七十五歳未満の者が、第五十条第二号の認定を受けたとき。

（資格喪失の時期）

第五十三条　後期高齢者医療広域連合が行う後期高齢者医療の被保険者は、当該後期高齢者医療広域連合の区域内に住所を有しなくなつた日若しくは第五十条第二号の状態に該当しなくなつた日又は第五十一条第二号に掲げる者に該当するに至つた日の翌日から、その資格を喪失する。ただし、当該後期高齢者医療広域連合の区域内に住所を有しなくなつた日に他の後期高齢者医療広域連合の区域内に住所を有するに至つたときは、その日から、その資格を喪失する。

2　後期高齢者医療広域連合が行う後期高齢者医療の被保険者は、第五十一条第一号に規定する者に該当するに至つた日から、その資格を喪失する。

（届出等）

第五十四条　被保険者は、厚生労働省令で定めるところにより、被保険者の資格の取得及び喪失に関する事項その他必要な事項を後期高齢者医療広域連合に届け出なければならない。

2　被保険者の属する世帯の世帯主は、その世帯に属する被保険者に代わつて、当該被保険者に係る前項の規定による届出をすることができる。

3　被保険者は、後期高齢者医療広域連合に対し、当該被保険者に係る被保険者証の交付を求めることができる。

4　後期高齢者医療広域連合は、保険料を滞納している被保険者（原子爆弾被爆者に対する援護に関する法律（平成六年法律第百十七号）による一般疾病医療費の支給その他厚生労働省令で定める医療に関する給付を受けることができる被保険者を除く。）が、当該保険料の納期限から厚生労働省令で定める期間が経過するまでの間に当該保険料を納付しない場合においては、当該保険料の滞納につき災害その他の政令で定め

る特別の事情があると認められる場合を除き、厚生労働省令で定めるところにより、当該被保険者に対し被保険者証の返還を求めるものとする。

5　後期高齢者医療広域連合は、前項に規定する厚生労働省令で定める期間が経過しない場合においても、同項に規定する被保険者に対し被保険者証の返還を求めることができる。ただし、同項に規定する政令で定める特別の事情があると認められるときは、この限りでない。

6　前二項の規定により被保険者証の返還を求められた被保険者は、後期高齢者医療広域連合に当該被保険者証を返還しなければならない。

7　前項の規定により被保険者が被保険者証を返還したときは、後期高齢者医療広域連合は、当該被保険者に対し、被保険者資格証明書を交付する。

8　後期高齢者医療広域連合は、被保険者資格証明書の交付を受けている被保険者が滞納している保険料を完納したとき、又はその者に係る滞納額の著しい減少、災害その他の政令で定める特別の事情があると認めるときは、当該被保険者に対し、被保険者証を交付する。

9　被保険者は、その資格を喪失したときは、厚生労働省令で定めるところにより、速やかに、後期高齢者医療広域連合に被保険者証を返還しなければならない。

10　住民基本台帳法（昭和四十二年法律第八十一号）第二十二条から第二十四条まで、第二十五条、第三十条の四十六又は第三十条の四十七の規定による届出があつたとき（当該届出に係る書面に同法第二十八条の二の規定による付記がされたときに限る。）は、その届出と同一の事由に基づく第一項の規定による届出があつたものとみなす。

11　前各項に規定するもののほか、被保険者に関する届出並びに被保険者証及び被保険者資格証明書に関して必要な事項は、厚生労働省令で定める。

（病院等に入院、入所又は入居中の被保険者の特例）

第五十五条　次の各号に掲げる入院、入所又は入居（以下この条において「入院等」という。）をしたことにより、当該各号に規定する病院、診療所又は施設（以下この条において「病院等」という。）の所在する場所に住所を変更したと認められる被保険者（次条第一項の規定により同項に規定する従前住所地後期高齢者医療広域連合が行う後期高齢者医療の被保険者とされる者を除く。）であつて、当該病院等に入院等をした際他の後期高齢者医療広域連合（当該病院等が所在する後期高齢者医療広域連合以外の後期高齢者医療広域連合をいう。）の区域内に住所を有していたと認められるものは、第五十条の規定にかかわらず、当該他の後期高齢者医療広域連合が行う後期高齢者医療の被保険者とする。ただし、二以上の病院等に継続して入院等をしている被保険者であつて、現に入院等をしている病院等（以下この条において「現入院病院等」という。）に入院等をする直前に入院等をしていた病院等（以下この項において「直前入院病院等」という。）及び現入院病院等のそれぞれに入院等をしたことにより直前入院病院等及び現入院病院等のそれぞれの所在する場所に順次住所を変更したと認められるもの（次項において「特定継続入院等被保険者」という。）については、この限りでない。

一　病院又は診療所への入院

二　障害者の日常生活及び社会生活を総合的に支援するための法律（平成十七年法律第百二十三号）第五条第十一項に規定する障害者支援施設又は同条第一項の厚生労働省令で定める施設への入所

三　独立行政法人国立重度知的障害者総合施設のぞみの園法（平成十四年法律第百六十七号）第十一条第一号の規定により独立行政法人国立重度知的障害者総合施設のぞみの園の設置する施設への入所

四　老人福祉法（昭和三十八年法律第百三十三号）第二十条の四又は第二十条の五に規定する養護老人ホーム又は特別養護老人ホームへの入所（同法第十一条第一項第一号又は第二号の規定による入所措置が採られた場合に限る。）

五　介護保険法第八条第十一項に規定する特定施設への入居又は同条第二十五項に規定する介護保険施設への入所

2　特定継続入院等被保険者のうち、次の各号に掲げるものは、第五十条の規定にかかわらず、当該各号に定める後期高齢者医療広域連合が行う後期高齢者医療の被保険者とする。

一　継続して入院等をしている二以上の病院等のそれぞれに入院等をすることによりそれぞれの病院等の所在する場所に順次住所を変更したと認められる被保険者であつて、当該二以上の病院等のうち最初の病院等に入院等をした際他の後期高齢者医療広域連合（現入院病院等が所在する後期高齢者医療広域連合以外の後期高齢者医療広域連合をいう。）の区域内に住所を有していたと認められるもの　当該他の後期高齢者医療広域連合

二　継続して入院等をしている二以上の病院等のうち一の病院等から継続して他の病院等に入院等をすること（以下この号において「継続入院等」という。）により当該一の病院等の所在する場所以外の場所から当該他の病院等の所在する場所への住所の変更（以下この号において「特定住所変更」という。）を行つたと認められる被保険者であつて、最後に行つた特定住所変更に係る継続入院等の際他の後期高齢者医療広域連合（現入院病院等が所在する後期高齢者医療広域連合以外の後期高齢者医療広域連合をいう。）の区域内に住所を有していたと認められるもの　当該他の後期高齢者医療広域連合

3　前二項の規定の適用を受ける被保険者が入院等をしている病院等は、当該病院等の所在する後期高齢者医療広域連合及び当該被保険者に対し後期高齢者医療を行う後期高齢者医療広域連合に、必要な協力をしなければならない。

（国民健康保険法第百十六条の二の規定の適用を受ける者の特例）

第五十五条の二　国民健康保険法第百十六条の二第一項及び第二項の規定の適用を受ける国民健康保険の被保険者であつて、これらの規定により住所を有するものとみなされた市町村（以下この項において「従前住所地市町村」という。）の加入する後期高齢者医療広域連合以外の後期高齢者医療広域連合の区域内に住所を有する者（第二号の場合においては、六十五歳以上七十五歳未満の者に限る。）が、次の各号のいずれかに該当するに至つた場合は、第五十条の規定にかかわらず、従前住所地市町村の加入する後期高齢者医療広域連合（第二号及び次項において「従前住所地後期高齢者医療広域連合」という。）が行う後期高齢者医療の被保険者とする。この場合において、当該被保険者は、第五十二条の規定にかかわらず、当該各号のいずれかに該当するに至つた日から、その資格を取得する。

一　七十五歳に達したとき。

二　厚生労働省令で定めるところにより、第五十条第二号の政令で定める程度の障害の状態にある旨の従前住所地後期高齢者医療広域連合の認定を受けたとき。

2　前条の規定は、前項の規定により従前住所地後期高齢者医療広域連合が行う後期高齢者医療の被保険者とされる者について準用する。この場合において、必要な技術的読替えは、政令で定める。

第三節　後期高齢者医療給付

第一款　通則

（後期高齢者医療給付の種類）

第五十六条　被保険者に係るこの法律による給付（以下「後期高齢者医療給付」という。）は、次のとおりとする。

一　療養の給付並びに入院時食事療養費、入院時生活療養費、保険外併用療養費、療養費、訪問看護療養費、特別療養費及び移送費の支給

二　高額療養費及び高額介護合算療養費の支給

三　前二号に掲げるもののほか、後期高齢者医療広域連合の条例で定めるところにより行う給付

（他の法令による医療に関する給付との調整）

第五十七条　療養の給付又は入院時食事療養

費、入院時生活療養費、保険外併用療養費、療養費、訪問看護療養費、特別療養費若しくは移送費の支給は、被保険者の当該疾病又は負傷につき、労働者災害補償保険法（昭和二十二年法律第五十号）の規定による療養補償給付若しくは療養給付、国家公務員災害補償法（昭和二十六年法律第百九十一号。他の法律において準用する場合を含む。）の規定による療養補償、地方公務員災害補償法（昭和四十二年法律第百二十一号）若しくは同法に基づく条例の規定による療養補償その他政令で定める法令に基づく医療に関する給付を受けることができる場合、介護保険法の規定によつて、それぞれの給付に相当する給付を受けることができる場合又はこれらの法令以外の法令により国若しくは地方公共団体の負担において医療に関する給付が行われた場合には、行わない。

2　後期高齢者医療広域連合は、前項に規定する法令による給付が医療に関する現物給付である場合において、その給付に関し一部負担金の支払若しくは実費徴収が行われ、かつ、その一部負担金若しくは実費徴収の額が、その給付がこの法律による療養の給付として行われたものとした場合におけるこの法律による一部負担金の額を超えるとき、又は同項に規定する法令（介護保険法を除く。）による給付が医療費の支給である場合において、その支給額が、当該療養につきこの法律による入院時食事療養費、入院時生活療養費、保険外併用療養費、療養費、訪問看護療養費、特別療養費又は移送費の支給をすべきものとした場合における入院時食事療養費、入院時生活療養費、保険外併用療養費、療養費、訪問看護療養費、特別療養費又は移送費の額に満たないときは、それぞれその差額を当該被保険者に支給しなければならない。

3　前項の場合において、被保険者が保険医療機関等（健康保険法第六十三条第三項第一号に規定する保険医療機関（以下「保険医療機関」という。）又は保険薬局をいう。以下同じ。）について当該療養を受けたときは、後期高齢者医療広域連合は、前項の規定により被保険者に支給すべき額の限度において、当該被保険者が保険医療機関等に支払うべき当該療養に要した費用を、当該被保険者に代わつて保険医療機関等に支払うことができる。

4　前項の規定により保険医療機関等に対して費用が支払われたときは、その限度において、被保険者に対し第二項の規定による支給が行われたものとみなす。

（**損害賠償請求権**）

第五十八条　後期高齢者医療広域連合は、給付事由が第三者の行為によつて生じた場合において、後期高齢者医療給付（前条第二項の規定による差額の支給を含む。以下同じ。）を行つたときは、その後期高齢者医療給付の価額（当該後期高齢者医療給付が療養の給付であるときは、当該療養の給付に要する費用の額から当該療養の給付に関し被保険者が負担しなければならない一部負担金に相当する額を控除した額。次条第一項において同じ。）の限度において、被保険者が第三者に対して有する損害賠償の請求権を取得する。

2　前項の場合において、後期高齢者医療給付を受けるべき者が第三者から同一の事由について損害賠償を受けたときは、後期高齢者医療広域連合は、その価額の限度において、後期高齢者医療給付を行う責めを免れる。

3　後期高齢者医療広域連合は、第一項の規定により取得した請求権に係る損害賠償金の徴収又は収納の事務を国保連合会であつて厚生労働省令で定めるものに委託することができる。

（**不正利得の徴収等**）

第五十九条　偽りその他不正の行為によつて後期高齢者医療給付を受けた者があるときは、後期高齢者医療広域連合は、その者からその後期高齢者医療給付の価額の全部又は一部を徴収することができる。

2　前項の場合において、保険医療機関において診療に従事する保険医又は第七十八条第一項に規定する主治の医師が、後期高齢者医療広域連合に提出されるべき診断書に虚偽の記載をしたため、その後期高齢者医療給付が行われたものであるときは、後期高齢者医療広域連合は、当該保険医又は主治の医師に対し、後期高齢者医療給付を受けた者に連帯して前項の徴収金を納付すべきことを命ずることができる。

3　後期高齢者医療広域連合は、保険医療機関等又は指定訪問看護事業者（健康保険法第八十八条第一項に規定する指定訪問看護事業者をいう。以下同じ。）が偽りその他不正の行為によつて療養の給付に関する費用の支払又は第七十四条第五項（第七十五条第七項、第七十六条第六項及び第七十八条第八項において準用する場合を含む。）の規定による支払を受けたときは、当該保険医療機関等又は指定訪問看護事業者に対し、その支払つた額につき返還させるほか、その返還させる額に百分の四十を乗じて得た額を支払わせることができる。

第二款　療養の給付及び入院時食事療養費等の支給

第一目　療養の給付並びに入院時食事療養費、入院時生活療養費、保険外併用療養費及び療養費の支給

（療養の給付）

第六十四条　後期高齢者医療広域連合は、被保険者の疾病又は負傷に関しては、次に掲げる療養の給付を行う。ただし、当該被保険者が被保険者資格証明書の交付を受けている間は、この限りでない。

一　診察

二　薬剤又は治療材料の支給

三　処置、手術その他の治療

四　居宅における療養上の管理及びその療養に伴う世話その他の看護

五　病院又は診療所への入院及びその療養に伴う世話その他の看護

2　次に掲げる療養に係る給付は、前項の給付に含まれないものとする。

一　食事の提供である療養であつて前項第五号に掲げる療養（医療法第七条第二項第四号に規定する療養病床への入院及びその療養に伴う世話その他の看護（以下「長期入院療養」という。）を除く。）と併せて行うもの（以下「食事療養」という。）

二　次に掲げる療養であつて前項第五号に掲げる療養（長期入院療養に限る。）と併せて行うもの（以下「生活療養」という。）

イ　食事の提供である療養

ロ　温度、照明及び給水に関する適切な療養環境の形成である療養

三　厚生労働大臣が定める高度の医療技術を用いた療養その他の療養であつて、前項の給付の対象とすべきものであるか否かについて、適正な医療の効率的な提供を図る観点から評価を行うことが必要な療養（次号の患者申出療養を除く。）として厚生労働大臣が定めるもの（以下「評価療養」という。）

四　高度の医療技術を用いた療養であつて、当該療養を受けようとする者の申出に基づき、前項の給付の対象とすべきものであるか否かについて、適正な医療の効率的な提供を図る観点から評価を行うことが必要な療養として厚生労働大臣が定めるもの（以下「患者申出療養」という。）

五　被保険者の選定に係る特別の病室の提供その他の厚生労働大臣が定める療養（以下「選定療養」という。）

3　被保険者が第一項の給付を受けようとするときは、自己の選定する保険医療機関等に被保険者証を提出して受けるものとする。ただし、厚生労働省令で定める場合に該当するときは、被保険者証を提出することを要しない。

4　第二項第四号の申出は、厚生労働大臣が定めるところにより、厚生労働大臣に対し、当該申出に係る療養を行う医療法第四条の三に規定する臨床研究中核病院（保険医療機関であるものに限る。）の開設者の意見書その他必要な書類を添えて行うものとする。

5　厚生労働大臣は、第二項第四号の申出を受けた場合は、当該申出について速やかに検討を加え、当該申出に係る療養が同号の

評価を行うことが必要な療養と認められる場合には、当該療養を患者申出療養として定めるものとする。

6　厚生労働大臣は、前項の規定により第二項第四号の申出に係る療養を患者申出療養として定めることとした場合には、その旨を当該申出を行つた者に速やかに通知するものとする。

7　厚生労働大臣は、第五項の規定により第二項第四号の申出について検討を加え、当該申出に係る療養を患者申出療養として定めないこととした場合には、理由を付して、その旨を当該申出を行つた者に速やかに通知するものとする。

（保険医療機関等の責務）

第六十五条　保険医療機関等又は保険医等（健康保険法第六十四条に規定する保険医又は保険薬剤師をいう。以下同じ。）は、第七十一条第一項の療養の給付の取扱い及び担当に関する基準に従い、後期高齢者医療の療養の給付を取り扱い、又は担当しなければならない。

（一部負担金）

第六十七条　第六十四条第三項の規定により保険医療機関等について療養の給付を受ける者は、その給付を受ける際、次の各号に掲げる場合の区分に応じ、当該給付につき第七十条第二項又は第七十一条第一項の療養の給付に要する費用の額の算定に関する基準により算定した額に当該各号に定める割合を乗じて得た額を、一部負担金として、当該保険医療機関等に支払わなければならない。

一　次号に掲げる場合以外の場合　百分の十

二　当該療養の給付を受ける者又はその属する世帯の他の世帯員である被保険者その他政令で定める者について政令で定めるところにより算定した所得の額が政令で定める額以上である場合　百分の三十

2　保険医療機関等は、前項の一部負担金（第六十九条第一項第一号の措置が採られたときは、当該減額された一部負担金とする。）の支払を受けるべきものとし、保険医療機関等が善良な管理者と同一の注意をもつてその支払を受けることに努めたにもかかわらず、なお被保険者が当該一部負担金の全部又は一部を支払わないときは、後期高齢者医療広域連合は、当該保険医療機関等の請求に基づき、この法律の規定による徴収金の例によりこれを処分することができる。

第六十九条　後期高齢者医療広域連合は、災害その他の厚生労働省令で定める特別の事情がある被保険者であつて、保険医療機関等に第六十七条第一項の規定による一部負担金を支払うことが困難であると認められるものに対し、次の措置を採ることができる。

一　一部負担金を減額すること。

二　一部負担金の支払を免除すること。

三　保険医療機関等に対する支払に代えて、一部負担金を直接に徴収することとし、その徴収を猶予すること。

2　前項の措置を受けた被保険者は、第六十七条第一項の規定にかかわらず、前項第一号の措置を受けた被保険者にあつてはその減額された一部負担金を保険医療機関等に支払うことをもつて足り、同項第二号又は第三号の措置を受けた被保険者にあつては一部負担金を保険医療機関等に支払うことを要しない。

3　前条の規定は、前項の場合における一部負担金の支払について準用する。

（入院時食事療養費）

第七十四条　後期高齢者医療広域連合は、被保険者（長期入院療養を受ける被保険者（次条第一項において「長期入院被保険者」という。）を除く。以下この条において同じ。）が、保険医療機関等（保険薬局を除く。以下この条及び次条において同じ。）のうち自己の選定するものについて第六十四条第一項第五号に掲げる療養の給付と併せて受けた食事療養に要した費用について、当該被保険者に対し、入院時食事療養費を支給する。ただし、当該被保険者が被保険者資格証明書の交付を受けている間は、この限りでない。

2　入院時食事療養費の額は、当該食事療養につき食事療養に要する平均的な費用の額を勘案して厚生労働大臣が定める基準により算定した費用の額（その額が現に当該食事療養に要した費用の額を超えるときは、当該現に食事療養に要した費用の額）から、平均的な家計における食費の状況及び特定介護保険施設等（介護保険法第五十一条の三第一項に規定する特定介護保険施設等をいう。）における食事の提供に要する平均的な費用の額を勘案して厚生労働大臣が定める額（所得の状況その他の事情をしん酌して厚生労働省令で定める者については、別に定める額。以下「食事療養標準負担額」という。）を控除した額とする。

3　厚生労働大臣は、食事療養標準負担額を定めた後に勘案又はしん酌すべき事項に係る事情が著しく変動したときは、速やかにその額を改定しなければならない。

4　保険医療機関等及び保険医等（保険薬剤師を除く。次条第四項において同じ。）は、厚生労働大臣が定める入院時食事療養費に係る療養の取扱い及び担当に関する基準に従い、入院時食事療養費に係る療養を取り扱い、又は担当しなければならない。

5　被保険者が保険医療機関等について食事療養を受けたときは、後期高齢者医療広域連合は、その被保険者が当該保険医療機関等に支払うべき食事療養に要した費用について、入院時食事療養費として被保険者に対し支給すべき額の限度において、被保険者に代わり、当該保険医療機関等に支払うことができる。

6　前項の規定による支払があつたときは、被保険者に対し入院時食事療養費の支給があつたものとみなす。

7　保険医療機関等は、食事療養に要した費用につき、その支払を受ける際、当該支払をした被保険者に対し、厚生労働省令で定めるところにより、領収書を交付しなければならない。

8　厚生労働大臣は、第二項の規定による基準及び第四項に規定する入院時食事療養費に係る療養の取扱い及び担当に関する基準を定めようとするときは、あらかじめ中央社会保険医療協議会の意見を聴かなければならない。

9　第七十一条第二項の規定は、前項に規定する事項に関する中央社会保険医療協議会の権限について準用する。

10　健康保険法第六十四条並びに本法第六十四条第三項、第六十六条、第七十条第二項から第七項まで及び第七十二条の規定は、保険医療機関等について受けた食事療養及びこれに伴う入院時食事療養費の支給について準用する。この場合において、これらの規定に関し必要な技術的読替えは、政令で定める。

（**入院時生活療養費**）

第七十五条　後期高齢者医療広域連合は、長期入院被保険者が、保険医療機関等のうち自己の選定するものについて第六十四条第一項第五号に掲げる療養の給付と併せて受けた生活療養に要した費用について、当該長期入院被保険者に対し、入院時生活療養費を支給する。ただし、当該長期入院被保険者が被保険者資格証明書の交付を受けている間は、この限りでない。

2　入院時生活療養費の額は、当該生活療養につき生活療養に要する平均的な費用の額を勘案して厚生労働大臣が定める基準により算定した費用の額（その額が現に当該生活療養に要した費用の額を超えるときは、当該現に生活療養に要した費用の額）から、平均的な家計における食費及び光熱水費の状況並びに病院及び診療所における生活療養に要する費用について介護保険法第五十一条の三第二項第一号に規定する食費の基準費用額及び同項第二号に規定する居住費の基準費用額に相当する費用の額を勘案して厚生労働大臣が定める額（所得の状況、病状の程度、治療の内容その他の事情をしん酌して厚生労働省令で定める者については、別に定める額。以下「生活療養標準負担額」という。）を控除した額とする。

3　厚生労働大臣は、生活療養標準負担額を定めた後に勘案又はしん酌すべき事項に係る事情が著しく変動したときは、速やかにその額を改定しなければならない。

4　保険医療機関等及び保険医等は、厚生労働大臣が定める入院時生活療養費に係る療養の取扱い及び担当に関する基準に従い、入院時生活療養費に係る療養を取り扱い、又は担当しなければならない。

5　厚生労働大臣は、第二項の規定による基準及び前項に規定する入院時生活療養費に係る療養の取扱い及び担当に関する基準を定めようとするときは、あらかじめ中央社会保険医療協議会の意見を聴かなければならない。

6　第七十一条第二項の規定は、前項に規定する事項に関する中央社会保険医療協議会の権限について準用する。

7　健康保険法第六十四条並びに本法第六十四条第三項、第六十六条、第七十条第二項から第七項まで、第七十二条及び前条第五項から第七項までの規定は、保険医療機関等について受けた生活療養及びこれに伴う入院時生活療養費の支給について準用する。この場合において、これらの規定に関し必要な技術的読替えは、政令で定める。

（保険外併用療養費）

第七十六条　後期高齢者医療広域連合は、被保険者が、自己の選定する保険医療機関等について評価療養、患者申出療養又は選定療養を受けたときは、当該被保険者に対し、その療養に要した費用について、保険外併用療養費を支給する。ただし、当該被保険者が被保険者資格証明書の交付を受けている間は、この限りでない。

2　保険外併用療養費の額は、第一号に掲げる額（当該療養に食事療養が含まれるときは当該額及び第二号に掲げる額の合計額、当該療養に生活療養が含まれるときは当該額及び第三号に掲げる額の合計額）とする。

一　当該療養（食事療養及び生活療養を除く。）につき第七十一条第一項に規定する療養の給付に要する費用の額の算定に関する基準を勘案して厚生労働大臣が定める基準により算定した費用の額（その額が現に当該療養に要した費用の額を超えるときは、当該現に療養に要した費用の額）から、その額に第六十七条第一項各号に掲げる場合の区分に応じ、同項各号に定める割合を乗じて得た額（療養の給付に係る同項の一部負担金について第六十九条第一項各号の措置が採られるべきときは、当該措置が採られたものとした場合の額）を控除した額

二　当該食事療養につき第七十四条第二項に規定する厚生労働大臣が定める基準により算定した費用の額（その額が現に当該食事療養に要した費用の額を超えるときは、当該現に食事療養に要した費用の額）から食事療養標準負担額を控除した額

三　当該生活療養につき前条第二項に規定する厚生労働大臣が定める基準により算定した費用の額（その額が現に当該生活療養に要した費用の額を超えるときは、当該現に生活療養に要した費用の額）から生活療養標準負担額を控除した額

3　保険医療機関等及び保険医等は、厚生労働大臣が定める保険外併用療養費に係る療養の取扱い及び担当に関する基準に従い、保険外併用療養費に係る療養を取り扱い、又は担当しなければならない。

4　厚生労働大臣は、評価療養（第六十四条第二項第三号に規定する高度の医療技術に係るものを除く。）、選定療養、第二項第一号の規定による基準並びに前項に規定する保険外併用療養費に係る療養の取扱い及び担当に関する基準を定めようとするときは、あらかじめ中央社会保険医療協議会の意見を聴かなければならない。

5　第七十一条第二項の規定は、前項に規定する事項に関する中央社会保険医療協議会の権限について準用する。

6　健康保険法第六十四条並びに本法第六十四条第三項、第六十六条、第七十条第二項から第七項まで、第七十二条及び第七十四条第五項から第七項までの規定は、保険医療機関等について受けた評価療養、患者申出療養及び選定療養並びにこれらに伴う保険外併用療養費の支給について準用する。この場合において、これらの規定に関し必要な技術的読替えは、政令で定める。

7　第六十八条の規定は、前項の規定により準用する第七十四条第五項の場合において当該療養につき第二項の規定により算定した費用の額（その額が現に療養に要した費用の額を超えるときは、当該現に療養に要

した費用の額）から当該療養に要した費用について保険外併用療養費として支給される額に相当する額を控除した額の支払について準用する。

（療養費）

第七十七条　後期高齢者医療広域連合は、療養の給付若しくは入院時食事療養費、入院時生活療養費若しくは保険外併用療養費の支給（以下この項及び次項において「療養の給付等」という。）を行うことが困難であると認めるとき、又は被保険者が保険医療機関等以外の病院、診療所若しくは薬局その他の者について診療、薬剤の支給若しくは手当を受けた場合において、後期高齢者医療広域連合がやむを得ないものと認めるときは、療養の給付等に代えて、療養費を支給することができる。ただし、当該被保険者が被保険者資格証明書の交付を受けている間は、この限りでない。

2　後期高齢者医療広域連合は、被保険者が被保険者証を提出しないで保険医療機関等について診療又は薬剤の支給を受けた場合において、被保険者証を提出しなかったことが、緊急その他やむを得ない理由によるものと認めるときは、療養の給付等に代えて、療養費を支給するものとする。ただし、当該被保険者が被保険者資格証明書の交付を受けている間は、この限りでない。

3　療養費の額は、当該療養（食事療養及び生活療養を除く。）について算定した費用の額から、その額に第六十七条第一項各号に掲げる場合の区分に応じ、同項各号に定める割合を乗じて得た額を控除した額及び当該食事療養又は生活療養について算定した費用の額から食事療養標準負担額又は生活療養標準負担額を控除した額を基準として、後期高齢者医療広域連合が定める。

4　前項の費用の額の算定については、療養の給付を受けるべき場合においては第七十一条第一項の規定を、入院時食事療養費の支給を受けるべき場合においては第七十四条第二項の規定を、入院時生活療養費の支給を受けるべき場合においては第七十五条第二項の規定を、保険外併用療養費の支給を受けるべき場合においては前条第二項の規定を準用する。ただし、その額は、現に療養に要した費用の額を超えることができない。

第二目　訪問看護療養費の支給

（訪問看護療養費）

第七十八条　後期高齢者医療広域連合は、被保険者が指定訪問看護事業者から当該指定に係る訪問看護事業（健康保険法第八十八条第一項に規定する訪問看護事業をいう。）を行う事業所により行われる訪問看護（疾病又は負傷により、居宅において継続して療養を受ける状態にある被保険者（主治の医師がその治療の必要の程度につき厚生労働省令で定める基準に適合していると認めたものに限る。）に対し、その者の居宅において看護師その他厚生労働省令で定める者が行う療養上の世話又は必要な診療の補助をいう。以下「指定訪問看護」という。）を受けたときは、当該被保険者に対し、当該指定訪問看護に要した費用について、訪問看護療養費を支給する。ただし、当該被保険者が被保険者資格証明書の交付を受けている間は、この限りでない。

2　前項の訪問看護療養費は、厚生労働省令で定めるところにより、後期高齢者医療広域連合が必要と認める場合に限り、支給するものとする。

3　被保険者が指定訪問看護を受けようとするときは、自己の選定する指定訪問看護事業者に被保険者証を提出して受けるものとする。

4　訪問看護療養費の額は、当該指定訪問看護につき平均訪問看護費用額（指定訪問看護に要する平均的な費用の額をいう。）を勘案して厚生労働大臣が定める基準により算定した費用の額から、その額に第六十七条第一項各号に掲げる場合の区分に応じ、同項各号に定める割合を乗じて得た額（療養の給付について第六十九条第一項各号の措置が採られるべきときは、当該措置が採られたものとした場合の額）を控除した額とする。

5　厚生労働大臣は、前項の基準を定めようとするときは、あらかじめ中央社会保険医療協議会の意見を聴かなければならない。

6　第七十一条第二項の規定は、前項に規定する事項に関する中央社会保険医療協議会の権限について準用する。

7　後期高齢者医療広域連合は、指定訪問看護事業者から訪問看護療養費の請求があつたときは、第四項の厚生労働大臣が定める基準及び次条第一項に規定する指定訪問看護の事業の運営に関する基準（指定訪問看護の取扱いに関する部分に限る。）に照らして審査した上、支払うものとする。

8　第七十条第四項から第七項まで及び第七十四条第五項から第七項までの規定は、指定訪問看護事業者について受けた指定訪問看護及びこれに伴う訪問看護療養費の支給について準用する。この場合において、これらの規定に関し必要な技術的読替えは、政令で定める。

9　第六十八条の規定は、前項において準用する第七十四条第五項の場合において第四項の規定により算定した費用の額から当該指定訪問看護に要した費用について訪問看護療養費として支給される額に相当する額を控除した額の支払について準用する。

10　指定訪問看護は、第六十四条第一項各号に掲げる療養に含まれないものとする。

11　前各項に規定するもののほか、第四項の厚生労働大臣が定める算定方法の適用及び指定訪問看護事業者の訪問看護療養費の請求に関して必要な事項は、政令で定める。

（指定訪問看護の事業の運営に関する基準）

第七十九条　指定訪問看護の事業の運営に関する基準については、厚生労働大臣が定める。

2　指定訪問看護事業者は、前項に規定する指定訪問看護の事業の運営に関する基準に従い、高齢者の心身の状況等に応じて適切な指定訪問看護を提供するとともに、自らその提供する指定訪問看護の質の評価を行うことその他の措置を講ずることにより常に指定訪問看護を受ける者の立場に立つてこれを提供するように努めなければならない。

3　厚生労働大臣は、第一項に規定する指定訪問看護の事業の運営に関する基準（指定訪問看護の取扱いに関する部分に限る。）を定めようとするときは、あらかじめ中央社会保険医療協議会の意見を聴かなければならない。

4　第七十一条第二項の規定は、前項に規定する事項に関する中央社会保険医療協議会の権限について準用する。

第三目　特別療養費の支給

第八十二条　後期高齢者医療広域連合は、被保険者が被保険者資格証明書の交付を受けている場合において、当該被保険者が保険医療機関等又は指定訪問看護事業者について療養を受けたときは、当該被保険者に対し、その療養に要した費用について、特別療養費を支給する。

2　健康保険法第六十四条並びに本法第六十四条第三項、第六十五条、第六十六条、第七十条第二項、第七十二条、第七十四条第七項（第七十八条第八項において準用する場合を含む。）、第七十六条第二項、第七十八条第三項、第七十九条第二項、第八十条及び前条の規定は、保険医療機関等又は指定訪問看護事業者について受けた特別療養費に係る療養及びこれに伴う特別療養費の支給について準用する。この場合において必要な技術的読替えは、政令で定める。

3　第一項に規定する場合において、当該被保険者に対し被保険者証が交付されているならば第七十七条第一項の規定が適用されることとなるときは、後期高齢者医療広域連合は、療養費を支給することができる。

4　第一項に規定する場合において、被保険者が被保険者資格証明書を提出しないで保険医療機関等について診療又は薬剤の支給を受け、被保険者資格証明書を提出しなかつたことが、緊急その他やむを得ない理由によるものと認めるときは、後期高齢者医療広域連合は、療養費を支給するものとする。

5　第七十七条第三項及び第四項の規定は、前二項の規定による療養費について準用する。この場合において、同条第四項中「療養の給付を受けるべき場合」とあるのは「被保険者証が交付されているならば療養の給付を受けることができる場合」と、「入院時食事療養費の支給を受けるべき場合」とあるのは「被保険者証が交付されているならば入院時食事療養費の支給を受けることができる場合」と、「入院時生活療養費の支給を受けるべき場合」とあるのは「被保険者証が交付されているならば入院時生活療養費の支給を受けることができる場合」と、「保険外併用療養費の支給を受けるべき場合」とあるのは「被保険者証が交付されているならば保険外併用療養費の支給を受けることができる場合」と読み替えるものとする。

第四目　移送費の支給

第八十三条　後期高齢者医療広域連合は、被保険者が療養の給付（保険外併用療養費に係る療養及び特別療養費に係る療養を含む。）を受けるため病院又は診療所に移送されたときは、当該被保険者に対し、移送費として、厚生労働省令で定めるところにより算定した額を支給する。

2　前項の移送費は、厚生労働省令で定めるところにより、後期高齢者医療広域連合が必要であると認める場合に限り、支給するものとする。

第三款　高額療養費及び高額介護合算療養費の支給

（高額療養費）

第八十四条　後期高齢者医療広域連合は、療養の給付につき支払われた第六十七条に規定する一部負担金の額又は療養（食事療養及び生活療養を除く。以下この条において同じ。）に要した費用の額からその療養に要した費用につき保険外併用療養費、療養費、訪問看護療養費若しくは特別療養費として支給される額若しくは第五十七条第二項の規定により支給される差額に相当する額を控除した額（次条第一項において「一部負担金等の額」という。）が著しく高額であるときは、その療養の給付又はその保険外併用療養費、療養費、訪問看護療養費若しくは特別療養費の支給を受けた被保険者に対し、高額療養費を支給する。

2　高額療養費の支給要件、支給額その他高額療養費の支給に関して必要な事項は、療養に必要な費用の負担の家計に与える影響及び療養に要した費用の額を考慮して、政令で定める。

（高額介護合算療養費）

第八十五条　後期高齢者医療広域連合は、一部負担金等の額（前条第一項の高額療養費が支給される場合にあつては、当該支給額に相当する額を控除して得た額）並びに介護保険法第五十一条第一項に規定する介護サービス利用者負担額（同項の高額介護サービス費が支給される場合にあつては、当該支給額を控除して得た額）及び同法第六十一条第一項に規定する介護予防サービス利用者負担額（同項の高額介護予防サービス費が支給される場合にあつては、当該支給額を控除して得た額）の合計額が著しく高額であるときは、当該一部負担金等の額に係る療養の給付又は保険外併用療養費、療養費、訪問看護療養費若しくは特別療養費の支給を受けた被保険者に対し、高額介護合算療養費を支給する。

2　前条第二項の規定は、高額介護合算療養費の支給について準用する。

第四款　その他の後期高齢者医療給付

第八十六条　後期高齢者医療広域連合は、被保険者の死亡に関しては、条例の定めるところにより、葬祭費の支給又は葬祭の給付を行うものとする。ただし、特別の理由があるときは、その全部又は一部を行わないことができる。

2　後期高齢者医療広域連合は、前項の給付のほか、後期高齢者医療広域連合の条例の定めるところにより、傷病手当金の支給その他の後期高齢者医療給付を行うことができる。

第五款　後期高齢者医療給付の制限

第八十七条　被保険者又は被保険者であつた者が、自己の故意の犯罪行為により、又は

高齢者福祉

故意に疾病にかかり、若しくは負傷したときは、当該疾病又は負傷に係る療養の給付又は入院時食事療養費、入院時生活療養費、保険外併用療養費、療養費、訪問看護療養費、特別療養費若しくは移送費の支給（以下この款において「療養の給付等」という。）は、行わない。

第九十二条　後期高齢者医療広域連合は、後期高齢者医療給付を受けることができる被保険者が保険料を滞納しており、かつ、当該保険料の納期限から厚生労働省令で定める期間が経過するまでの間に当該保険料を納付しない場合においては、当該保険料の滞納につき災害その他の政令で定める特別の事情があると認められる場合を除き、厚生労働省令で定めるところにより、後期高齢者医療給付の全部又は一部の支払を一時差し止めるものとする。

2　後期高齢者医療広域連合は、前項に規定する厚生労働省令で定める期間が経過しない場合においても、後期高齢者医療給付を受けることができる被保険者が保険料を滞納している場合においては、当該保険料の滞納につき災害その他の政令で定める特別の事情があると認められる場合を除き、厚生労働省令で定めるところにより、後期高齢者医療給付の全部又は一部の支払を一時差し止めることができる。

3　後期高齢者医療広域連合は、第五十四条第七項の規定により被保険者資格証明書の交付を受けている被保険者であつて、前二項の規定による後期高齢者医療給付の全部又は一部の支払の一時差止がなされているものが、なお滞納している保険料を納付しない場合においては、厚生労働省令で定めるところにより、あらかじめ、当該被保険者に通知して、当該一時差止に係る後期高齢者医療給付の額から当該被保険者が滞納している保険料額を控除することができる。

第四節　費用等

第一款　費用の負担

（国の負担）

第九十三条　国は、政令で定めるところにより、後期高齢者医療広域連合に対し、被保険者に係る療養の給付に要する費用の額から当該給付に係る一部負担金に相当する額を控除した額並びに入院時食事療養費、入院時生活療養費、保険外併用療養費、療養費、訪問看護療養費、特別療養費、移送費、高額療養費及び高額介護合算療養費の支給に要する費用の額の合計額（以下「療養の給付等に要する費用の額」という。）から第六十七条第一項第二号に掲げる場合に該当する者に係る療養の給付等に要する費用の額（以下「特定費用の額」という。）を控除した額（以下「負担対象額」という。）の十二分の三に相当する額を負担する。

2　国は、前項に掲げるもののほか、政令で定めるところにより、後期高齢者医療広域連合に対し、後期高齢者医療の財政の安定化を図るため、被保険者に係るすべての医療に関する給付に要する費用の額に対する高額な医療に関する給付の割合等を勘案して、高額な医療に関する給付の発生による後期高齢者医療の財政に与える影響が著しいものとして政令で定めるところにより算定する額以上の高額な医療に関する給付に要する費用の合計額に次に掲げる率の合計を乗じて得た額（第九十六条第二項において「高額医療費負担対象額」という。）の四分の一に相当する額を負担する。

一　負担対象額の十二分の一に相当する額を療養の給付等に要する費用の額で除して得た率

二　第百条第一項の後期高齢者負担率

3　国は、前二項に定めるもののほか、政令で定めるところにより、年度ごとに、支払基金に対して当該年度の特別負担調整見込額の総額等の二分の一を交付する。ただし、前々年度の特別負担調整見込額の総額等が同年度の特別負担調整額の総額等を超えるときは、当該年度の特別負担調整見込額の総額等からその超える額を控除して得た額の二分の一を交付するものとし、前々年度の特別負担調整見込額の総額等が同年度の特別負担調整額の総額等に満たないときは、当該年度の特別負担調整見込額の総額等にその満たない額を加算して得た額の二分の一を交付するものとする。

（調整交付金）

第九十五条　国は、後期高齢者医療の財政を調整するため、政令で定めるところにより、後期高齢者医療広域連合に対して調整交付金を交付する。

2　前項の規定による調整交付金の総額は、負担対象額の見込額の総額の十二分の一に相当する額とする。

（都道府県の負担）

第九十六条　都道府県は、政令で定めるところにより、後期高齢者医療広域連合に対し、負担対象額の十二分の一に相当する額を負担する。

2　都道府県は、前項に掲げるもののほか、政令で定めるところにより、後期高齢者医療広域連合に対し、高額医療費負担対象額の四分の一に相当する額を負担する。

（保険料）

第百四条　市町村は、後期高齢者医療に要する費用（財政安定化基金拠出金及び第百十七条第二項の規定による拠出金の納付に要する費用を含む。）に充てるため、保険料を徴収しなければならない。

2　前項の保険料は、後期高齢者医療広域連合が被保険者に対し、後期高齢者医療広域連合の全区域にわたつて均一の保険料率であることその他の政令で定める基準に従い後期高齢者医療広域連合の条例で定めるところにより算定された保険料率によつて算定された保険料額によつて課する。ただし、当該後期高齢者医療広域連合の区域のうち、離島その他の医療の確保が著しく困難である地域であつて厚生労働大臣が定める基準に該当するものに住所を有する被保険者の保険料については、政令で定める基準に従い別に後期高齢者医療広域連合の条例で定めるところにより算定された保険料率によつて算定された保険料額によつて課することができる。

3　前項の保険料率は、療養の給付等に要する費用の額の予想額、財政安定化基金拠出金及び第百十七条第二項の規定による拠出金の納付に要する費用の予想額、第百十六条第一項第二号の規定による都道府県からの借入金の償還に要する費用の予定額、第百二十五条第一項に規定する高齢者保健事業及び同条第五項に規定する事業に要する費用の予定額、被保険者の所得の分布状況及びその見通し、国庫負担並びに第百条第一項の後期高齢者交付金等の額等に照らし、おおむね二年を通じ財政の均衡を保つことができるものでなければならない。

（保険料の徴収の方法）

第百七条　市町村による第百四条の保険料の徴収については、特別徴収（市町村が老齢等年金給付を受ける被保険者（政令で定める者を除く。）から老齢等年金給付の支払をする者（以下「年金保険者」という。）に保険料を徴収させ、かつ、その徴収すべき保険料を納入させることをいう。以下同じ。）の方法による場合を除くほか、普通徴収（市町村が、保険料を課せられた被保険者又は当該被保険者の属する世帯の世帯主若しくは当該被保険者の配偶者（婚姻の届出をしていないが、事実上婚姻関係と同様の事情にある者を含む。以下同じ。）に対し、地方自治法（昭和二十二年法律第六十七号）第二百三十一条の規定により納入の通知をすることによつて保険料を徴収することをいう。以下同じ。）の方法によらなければならない。

2　前項の老齢等年金給付は、国民年金法（昭和三十四年法律第百四十一号）による老齢基礎年金その他の同法又は厚生年金保険法（昭和二十九年法律第百十五号）による老齢、障害又は死亡を支給事由とする年金たる給付であつて政令で定めるもの及びこれらの年金たる給付に類する老齢若しくは退職、障害又は死亡を支給事由とする年金たる給付であつて政令で定めるものをいう。

（保険料の減免等）

第百十一条　後期高齢者医療広域連合は、条例で定めるところにより、特別の理由がある者に対し、保険料を減免し、又はその徴収を猶予することができる。

第二款　財政安定化基金

第百十六条　都道府県は、後期高齢者医療の財政の安定化に資するため財政安定化基金を設け、次に掲げる事業に必要な費用に充てるものとする。

一　実績保険料収納額が予定保険料収納額に不足すると見込まれ、かつ、基金事業対象収入額が基金事業対象費用額に不足すると見込まれる後期高齢者医療広域連合に対し、政令で定めるところにより、イに掲げる額（イに掲げる額がロに掲げる額を超えるときは、ロに掲げる額）の二分の一に相当する額を基礎として、当該後期高齢者医療広域連合を組織する市町村における保険料の収納状況等を勘案して政令で定めるところにより算定した額を交付する事業

イ　実績保険料収納額が予定保険料収納額に不足すると見込まれる額

ロ　基金事業対象収入額が基金事業対象費用額に不足すると見込まれる額

二　基金事業対象収入額及び基金事業交付額の合計額が、基金事業対象費用額に不足すると見込まれる後期高齢者医療広域連合に対し、政令で定めるところにより、当該不足すると見込まれる額を基礎として、当該後期高齢者医療広域連合を組織する市町村における保険料の収納状況等を勘案して政令で定めるところにより算定した額の範囲内の額を貸し付ける事業

2　前項における用語のうち次の各号に掲げるものの意義は、当該各号に定めるところによる。

一　予定保険料収納額　後期高齢者医療広域連合において特定期間（平成二十年度を初年度とする同年度以降の二年度ごとの期間をいう。以下この項において同じ。）中に当該後期高齢者医療広域連合を組織する市町村において収納が見込まれた保険料の額の合計額のうち、療養の給付等に要する費用の額、財政安定化基金拠出金及び次条第二項の規定による拠出金の納付に要する費用の額並びに前項第二号の規定による都道府県からの借入金（以下この項において「基金事業借入金」という。）の償還に要する費用の額に充てるものとして政令で定めるところにより算定した額

二　実績保険料収納額　後期高齢者医療広域連合を組織する市町村において特定期間中に収納した保険料の額の合計額のうち、療養の給付に要した費用の額から当該給付に係る一部負担金に相当する額を控除した額並びに入院時食事療養費、入院時生活療養費、保険外併用療養費、療養費、訪問看護療養費、特別療養費、移送費、高額療養費及び高額介護合算療養費の支給に要した費用の額の合計額（以下この項において「療養の給付等に要した費用の額」という。）、財政安定化基金拠出金及び次条第二項の規定による拠出金の納付に要した費用の額並びに基金事業借入金の償還に要した費用の額に充てるものとして政令で定めるところにより算定した額

三　基金事業対象収入額　後期高齢者医療広域連合の後期高齢者医療に関する特別会計において特定期間中に収入した金額（第五号の基金事業交付額及び基金事業借入金の額を除く。）の合計額のうち、療養の給付等に要した費用の額、財政安定化基金拠出金及び次条第二項の規定による拠出金の納付に要した費用の額並びに基金事業借入金の償還に要した費用の額に充てるものとして政令で定めるところにより算定した額

四　基金事業対象費用額　後期高齢者医療広域連合において特定期間中に療養の給付等に要した費用の額、財政安定化基金拠出金及び次条第二項の規定による拠出金の納付に要した費用の額並びに基金事業借入金の償還に要した費用の額の合計額として政令で定めるところにより算定した額

五　基金事業交付額　後期高齢者医療広域連合が特定期間中に前項第一号の規定により交付を受けた額

3　都道府県は、財政安定化基金に充てるため、政令で定めるところにより、後期高齢者医療広域連合から財政安定化基金拠出金を徴収するものとする。

4　後期高齢者医療広域連合は、前項の規定による財政安定化基金拠出金を納付する義

務を負う。

5　都道府県は、政令で定めるところにより、第三項の規定により後期高齢者医療広域連合から徴収した財政安定化基金拠出金の総額の三倍に相当する額を財政安定化基金に繰り入れなければならない。

6　国は、政令で定めるところにより、前項の規定により都道府県が繰り入れた額の三分の一に相当する額を負担する。

7　財政安定化基金から生ずる収入は、すべて財政安定化基金に充てなければならない。

第三款　特別高額医療費共同事業

第百十七条　指定法人は、政令で定めるところにより、著しく高額な医療に関する給付の発生が後期高齢者医療の財政に与える影響を緩和するため、後期高齢者医療広域連合に対して被保険者に係る著しく高額な医療に関する給付に係る交付金を交付する事業（以下「特別高額医療費共同事業」という。）を行うものとする。

2　指定法人は、特別高額医療費共同事業に要する費用に充てるため、政令で定めるところにより、後期高齢者医療広域連合から拠出金を徴収する。

3　後期高齢者医療広域連合は、前項の規定による拠出金を納付する義務を負う。

第五節　高齢者保健事業

（高齢者保健事業）

第百二十五条　後期高齢者医療広域連合は、高齢者の心身の特性に応じ、健康教育、健康相談、健康診査及び保健指導並びに健康管理及び疾病の予防に係る被保険者の自助努力についての支援その他の被保険者の健康の保持増進のために必要な事業（以下「高齢者保健事業」という。）を行うように努めなければならない。

2　後期高齢者医療広域連合は、高齢者保健事業を行うに当たつては、医療保険等関連情報を活用し、適切かつ有効に行うものとする。

3　後期高齢者医療広域連合は、高齢者保健事業を行うに当たつては、市町村及び保険者との連携を図るとともに、高齢者の身体的、精神的及び社会的な特性を踏まえ、高齢者保健事業を効果的かつ効率的で被保険者の状況に応じたきめ細かなものとするため、市町村との連携の下に、市町村が実施する国民健康保険法第八十二条第三項に規定する高齢者の心身の特性に応じた事業（次条第一項において「国民健康保険保健事業」という。）及び介護保険法第百十五条の四十五第一項から第三項までに規定する地域支援事業（次条第一項において「地域支援事業」という。）と一体的に実施するものとする。

4　後期高齢者医療広域連合は、高齢者保健事業を行うに当たつては、効果的かつ効率的で被保険者の状況に応じたきめ細かな高齢者保健事業の実施が推進されるよう、地方自治法第二百九十一条の七に規定する広域計画（次条第一項において「広域計画」という。）に、後期高齢者医療広域連合における市町村との連携に関する事項を定めるよう努めなければならない。

5　後期高齢者医療広域連合は、被保険者の療養のために必要な用具の貸付けその他の被保険者の療養環境の向上のために必要な事業、後期高齢者医療給付のために必要な事業、被保険者の療養のための費用に係る資金の貸付けその他の必要な事業を行うことができる。

6　厚生労働大臣は、第一項の規定により後期高齢者医療広域連合が行う高齢者保健事業に関して、その適切かつ有効な実施を図るため、指針の公表、情報の提供その他の必要な支援を行うものとする。

7　前項の指針においては、次に掲げる事項を定めるものとする。

一　高齢者保健事業の効果的かつ効率的な実施に関する基本的事項

二　高齢者保健事業の効果的かつ効率的な実施に向けた後期高齢者医療広域連合及び次条第一項前段の規定により委託を受けた市町村が行う取組に関する事項

三　高齢者保健事業の効果的かつ効率的な実施に向けた後期高齢者医療広域連合及び次条第一項前段の規定により委託を受

けた市町村に対する支援に関する事項

四　高齢者保健事業の効果的かつ効率的な実施に向けた後期高齢者医療広域連合と市町村との連携に関する事項

五　高齢者保健事業の効果的かつ効率的な実施に向けた後期高齢者医療広域連合と地域の関係機関及び関係団体との連携に関する事項

六　その他高齢者保健事業の効果的かつ効率的な実施に向けて配慮すべき事項

8　第六項の指針は、健康増進法第九条第一項に規定する健康診査等指針、国民健康保険法第八十二条第九項に規定する指針及び介護保険法第百十六条第一項に規定する基本指針と調和が保たれたものでなければならない。

（高齢者保健事業の市町村への委託）

第百二十五条の二　後期高齢者医療広域連合は、当該後期高齢者医療広域連合の広域計画に基づき、高齢者保健事業の一部について、当該後期高齢者医療広域連合に加入する市町村に対し、その実施を委託することができるものとし、当該委託を受けた市町村は、被保険者に対する高齢者保健事業の効果的かつ効率的な実施を図る観点から、その実施に関し、国民健康保険保健事業及び地域支援事業との一体的な実施の在り方を含む基本的な方針を定めるものとする。この場合において、後期高齢者医療広域連合は、当該委託を受けた市町村に対し、委託した高齢者保健事業の実施に必要な範囲内において、自らが保有する被保険者に係る療養に関する情報又は健康診査若しくは保健指導に関する記録の写しその他高齢者保健事業を効果的かつ効率的に実施するために必要な情報として厚生労働省令で定めるものを提供することができる。

2　前項前段の規定により委託を受けた市町村の職員又は職員であつた者は、高齢者保健事業の実施に関して知り得た個人の秘密を正当な理由がなく漏らしてはならない。

（高齢者保健事業に関する情報の提供）

第百二十五条の三　後期高齢者医療広域連合は、被保険者ごとの身体的、精神的及び社会的な状態の整理及び分析を行い、被保険者に対する高齢者保健事業の効果的かつ効率的な実施を図る観点から、必要があると認めるときは、市町村及び他の後期高齢者医療広域連合に対し、当該被保険者に係る医療及び介護に関する情報等（当該被保険者に係る療養に関する情報若しくは健康診査若しくは保健指導に関する記録の写し若しくは特定健康診査若しくは特定保健指導に関する記録の写し、国民健康保険法の規定による療養に関する情報又は介護保険法の規定による保健医療サービス若しくは福祉サービスに関する情報をいう。以下この条及び次条において同じ。）その他高齢者保健事業を効果的かつ効率的に実施するために必要な情報として厚生労働省令で定めるものの提供を求めることができる。

2　市町村は、前条第一項前段の規定により、後期高齢者医療広域連合が行う高齢者保健事業の委託を受けた場合であつて、被保険者ごとの身体的、精神的及び社会的な状態の整理及び分析を行い、被保険者に対する高齢者保健事業の効果的かつ効率的な実施を図る観点から、必要があると認めるときは、他の市町村及び後期高齢者医療広域連合に対し、当該被保険者に係る医療及び介護に関する情報等その他高齢者保健事業を効果的かつ効率的に実施するために必要な情報として厚生労働省令で定めるものの提供を求めることができる。

3　前二項の規定により、情報又は記録の写しの提供を求められた市町村及び後期高齢者医療広域連合は、厚生労働省令で定めるところにより、当該情報又は記録の写しを提供しなければならない。

4　前条第一項前段の規定により委託を受けた市町村は、効果的かつ効率的で被保険者の状況に応じたきめ細かな高齢者保健事業を実施するため、前項の規定により提供を受けた情報又は記録の写しに加え、自らが保有する当該被保険者に係る特定健康診査若しくは特定保健指導に関する記録、国民健康保険法の規定による療養に関する情報又は介護保険法の規定による保健医療サービス若しくは福祉サービスに関する情報を併せて活用することができる。

（高齢者保健事業の関係機関又は関係団体への委託）

第百二十五条の四　後期高齢者医療広域連合は、高齢者保健事業の一部について、高齢者保健事業を適切かつ確実に実施することができると認められる関係機関又は関係団体（都道府県及び市町村を除く。以下この条において同じ。）に対し、その実施を委託することができる。この場合において、後期高齢者医療広域連合は、当該委託を受けた関係機関又は関係団体に対し、委託した高齢者保健事業の実施に必要な範囲内において、自らが保有する、又は前条第三項の規定により提供を受けた被保険者に係る医療及び介護に関する情報等その他高齢者保健事業を効果的かつ効率的に実施するために必要な情報として厚生労働省令で定めるものを提供することができる。

2　第百二十五条の二第一項前段の規定により委託を受けた市町村は、当該委託を受けた高齢者保健事業の一部について、高齢者保健事業を適切かつ確実に実施することができると認められる関係機関又は関係団体に対し、その実施を委託することができる。この場合において、市町村は、当該委託を受けた関係機関又は関係団体に対し、委託した高齢者保健事業の実施に必要な範囲内において、自らが保有する、又は同項後段若しくは前条第三項の規定により提供を受けた被保険者に係る医療及び介護に関する情報等その他高齢者保健事業を効果的かつ効率的に実施するために必要な情報として厚生労働省令で定めるものを提供することができる。

3　第一項前段又は前項前段の規定により委託を受けた関係機関又は関係団体の役員若しくは職員又はこれらの職にあつた者は、高齢者保健事業の実施に関して知り得た個人の秘密を正当な理由がなく漏らしてはならない。

第六節　後期高齢者医療診療報酬審査委員会

（審査委員会）

第百二十六条　第七十条第四項の規定による委託を受けて診療報酬請求書の審査を行うため、国保連合会に後期高齢者医療診療報酬審査委員会を置く。

2　前項の規定にかかわらず、国民健康保険法第八十七条に規定する審査委員会を置く国保連合会は、当該審査委員会において後期高齢者医療に係る診療報酬請求書の審査を行うことができる。

第七節　審査請求

（審査請求）

第百二十八条　後期高齢者医療給付に関する処分（被保険者証の交付の請求又は返還に関する処分を含む。）又は保険料その他この章の規定による徴収金（市町村及び後期高齢者医療広域連合が徴収するものに限る。）に関する処分に不服がある者は、後期高齢者医療審査会に審査請求をすることができる。

2　前項の審査請求は、時効の完成猶予及び更新に関しては、裁判上の請求とみなす。

（審査会の設置）

第百二十九条　後期高齢者医療審査会は、各都道府県に置く。

附　則（抄）

（施行期日）

第一条　この法律は、公布の日（昭和五十七年八月十七日）から起算して一年六月を超えない範囲内において政令で定める日（昭和五十八年二月一日）から施行する。（後略）

〔参考・未施行分〕

・医療保険制度の適正かつ効率的な運営を図るための健康保険法等の一部を改正する法律（令和元・五・二二法律九）

附則　抄

（施行期日）

第一条　この法律は、平成三十二年（令和二年）四月一日から施行する。ただし、次の各号に掲げる規定は、当該各号に定める日から施行する。

一～三〔略〕

四〔中略〕　公布の日（令和元年五月二十二日）から起算して二年を超えない

範囲内において政令で定める日
五　〔中略〕平成三十三〔令和三〕年四月一日
六　〔中略〕平成三十四〔令和四〕年四月一日

健康増進法（抄）

（平成一四・八・二 法律一〇三）
最新改正　令和元法律二六

第一章　総則

（目的）

第一条　この法律は、我が国における急速な高齢化の進展及び疾病構造の変化に伴い、国民の健康の増進の重要性が著しく増大していることにかんがみ、国民の健康の増進の総合的な推進に関し基本的な事項を定めるとともに、国民の栄養の改善その他の国民の健康の増進を図るための措置を講じ、もって国民保健の向上を図ることを目的とする。

（国民の責務）

第二条　国民は、健康な生活習慣の重要性に対する関心と理解を深め、生涯にわたって、自らの健康状態を自覚するとともに、健康の増進に努めなければならない。

（国及び地方公共団体の責務）

第三条　国及び地方公共団体は、教育活動及び広報活動を通じた健康の増進に関する正しい知識の普及、健康の増進に関する情報の収集、整理、分析及び提供並びに研究の推進並びに健康の増進に係る人材の養成及び資質の向上を図るとともに、健康増進事業実施者その他の関係者に対し、必要な技術的援助を与えることに努めなければならない。

（健康増進事業実施者の責務）

第四条　健康増進事業実施者は、健康教育、健康相談その他国民の健康の増進のために必要な事業（以下「健康増進事業」という。）を積極的に推進するよう努めなければならない。

（関係者の協力）

第五条　国、都道府県、市町村（特別区を含む。以下同じ。）、健康増進事業実施者、医療機関その他の関係者は、国民の健康の増進の総合的な推進を図るため、相互に連携を図りながら協力するよう努めなければならない。

（定義）

第六条　この法律において「健康増進事業実施者」とは、次に掲げる者をいう。

一　健康保険法（大正十一年法律第七十号）の規定により健康増進事業を行う全国健康保険協会、健康保険組合又は健康保険組合連合会
二　船員保険法（昭和十四年法律第七十三号）の規定により健康増進事業を行う全国健康保険協会
三　国民健康保険法（昭和三十三年法律第百九十二号）の規定により健康増進事業を行う市町村、国民健康保険組合又は国民健康保険団体連合会

四　国家公務員共済組合法（昭和三十三年法律第百二十八号）の規定により健康増進事業を行う国家公務員共済組合又は国家公務員共済組合連合会
五　地方公務員等共済組合法（昭和三十七年法律第百五十二号）の規定により健康増進事業を行う地方公務員共済組合又は全国市町村職員共済組合連合会
六　私立学校教職員共済法（昭和二十八年法律第二百四十五号）の規定により健康増進事業を行う日本私立学校振興・共済事業団
七　学校保健安全法（昭和三十三年法律第五十六号）の規定により健康増進事業を行う者
八　母子保健法（昭和四十年法律第百四十一号）の規定により健康増進事業を行う市町村
九　労働安全衛生法（昭和四十七年法律第五十七号）の規定により健康増進事業を行う事業者
十　高齢者の医療の確保に関する法律（昭和五十七年法律第八十号）の規定により健康増進事業を行う全国健康保険協会、健康保険組合、市町村、国民健康保険組合、共済組合、日本私立学校振興・共済事業団又は後期高齢者医療広域連合
十一　介護保険法（平成九年法律第百二十三号）の規定により健康増進事業を行う市町村
十二　この法律の規定により健康増進事業を行う市町村
十三　その他健康増進事業を行う者であって、政令で定めるもの

第二章　基本方針等

（基本方針）

第七条　厚生労働大臣は、国民の健康の増進の総合的な推進を図るための基本的な方針（以下「基本方針」という。）を定めるものとする。

2　基本方針は、次に掲げる事項について定めるものとする。
一　国民の健康の増進の推進に関する基本的な方向
二　国民の健康の増進の目標に関する事項
三　次条第一項の都道府県健康増進計画及び同条第二項の市町村健康増進計画の策定に関する基本的な事項
四　第十条第一項の国民健康・栄養調査その他の健康の増進に関する調査及び研究に関する基本的な事項
五　健康増進事業実施者間における連携及び協力に関する基本的な事項
六　食生活、運動、休養、飲酒、喫煙、歯の健康の保持その他の生活習慣に関する正しい知識の普及に関する事項
七　その他国民の健康の増進の推進に関する重要事項

3　厚生労働大臣は、基本方針を定め、又はこれを変更しようとするときは、あらかじめ、関係行政機関の長に協議するものとする。

4　厚生労働大臣は、基本方針を定め、又はこれを変更したときは、遅滞なく、これを公表するものとする。

（都道府県健康増進計画等）

第八条　都道府県は、基本方針を勘案して、当該都道府県の住民の健康の増進の推進に関する施策についての基本的な計画（以下「都道府県健康増進計画」という。）を定めるものとする。

2　市町村は、基本方針及び都道府県健康増進計画を勘案して、当該市町村の住民の健康の増進の推進に関する施策についての計画（以下「市町村健康増進計画」という。）を定めるよう努めるものとする。

3　国は、都道府県健康増進計画又は市町村健康増進計画に基づいて住民の健康増進のために必要な事業を行う都道府県又は市町村に対し、予算の範囲内において、当該事業に要する費用の一部を補助することができる。

（健康診査の実施等に関する指針）

第九条　厚生労働大臣は、生涯にわたる国民の健康の増進に向けた自主的な努力を促進するため、健康診査の実施及びその結果の通知、健康手帳（自らの健康管理のために必要な事項を記載する手帳をいう。）の交付その他の措置に関し、健康増進事業実施

高齢者福祉

者に対する健康診査の実施等に関する指針（以下「健康診査等指針」という。）を定めるものとする。

2　厚生労働大臣は、健康診査等指針を定め、又はこれを変更しようとするときは、あらかじめ、総務大臣、財務大臣及び文部科学大臣に協議するものとする。

3　厚生労働大臣は、健康診査等指針を定め、又はこれを変更したときは、遅滞なく、これを公表するものとする。

第四章　保健指導等

（**市町村による生活習慣相談等の実施**）

第十七条　市町村は、住民の健康の増進を図るため、医師、歯科医師、薬剤師、保健師、助産師、看護師、准看護師、管理栄養士、栄養士、歯科衛生士その他の職員に、栄養の改善その他の生活習慣の改善に関する事項につき住民からの相談に応じさせ、及び必要な栄養指導その他の保健指導を行わせ、並びにこれらに付随する業務を行わせるものとする。

2　市町村は、前項に規定する業務の一部について、健康保険法第六十三条第三項各号に掲げる病院又は診療所その他適当と認められるものに対し、その実施を委託することができる。

（**都道府県による専門的な栄養指導その他の保健指導の実施**）

第十八条　都道府県、保健所を設置する市及び特別区は、次に掲げる業務を行うものとする。

一　住民の健康の増進を図るために必要な栄養指導その他の保健指導のうち、特に専門的な知識及び技術を必要とするものを行うこと。

二　特定かつ多数の者に対して継続的に食事を供給する施設に対し、栄養管理の実施について必要な指導及び助言を行うこと。

三　前二号の業務に付随する業務を行うこと。

2　都道府県は、前条第一項の規定により市町村が行う業務の実施に関し、市町村相互間の連絡調整を行い、及び市町村の求めに応じ、その設置する保健所による技術的事項についての協力その他当該市町村に対する必要な援助を行うものとする。

（**栄養指導員**）

第十九条　都道府県知事は、前条第一項に規定する業務（同項第一号及び第三号に掲げる業務については、栄養指導に係るものに限る。）を行う者として、医師又は管理栄養士の資格を有する都道府県、保健所を設置する市又は特別区の職員のうちから、栄養指導員を命ずるものとする。

（**市町村による健康増進事業の実施**）

第十九条の二　市町村は、第十七条第一項に規定する業務に係る事業以外の健康増進事業であって厚生労働省令で定めるものの実施に努めるものとする。

（**都道府県による健康増進事業に対する技術的援助等の実施**）

第十九条の三　都道府県は、前条の規定により市町村が行う事業の実施に関し、市町村相互間の連絡調整を行い、及び市町村の求めに応じ、その設置する保健所による技術的事項についての協力その他当該市町村に対する必要な援助を行うものとする。

附　則（抄）

（**施行期日**）

第一条　この法律は、公布の日〔平成十四年八月二日〕から起算して九月を超えない範囲内において政令で定める日〔平成十五年五月一日〕から施行する。〔後略〕

高年齢者等の雇用の安定等に関する法律（抄）

（昭和四六・五・二五法律六八）

最新改正　令和元法律三七

第一章　総則

（目的）

第一条　この法律は、定年の引上げ、継続雇用制度の導入等による高年齢者の安定した雇用の確保の促進、高年齢者等の再就職の促進、定年退職者その他の高年齢退職者に対する就業の機会の確保等の措置を総合的に講じ、もつて高年齢者等の職業の安定その他福祉の増進を図るとともに、経済及び社会の発展に寄与することを目的とする。

（定義）

第二条　この法律において「高年齢者」とは、厚生労働省令で定める年齢以上の者をいう。

2　この法律において「高年齢者等」とは、高年齢者及び次に掲げる者で高年齢者に該当しないものをいう。

一　中高年齢者（厚生労働省令で定める年齢以上の者をいう。次項において同じ。）である求職者（次号に掲げる者を除く。）

二　中高年齢失業者等（厚生労働省令で定める範囲の年齢の失業者その他就職が特に困難な厚生労働省令で定める失業者をいう。第三章第三節において同じ。）

3　この法律において「特定地域」とは、中高年齢者である失業者が就職することが著しく困難である地域として厚生労働大臣が指定する地域をいう。

（基本的理念）

第三条　高年齢者等は、その職業生活の全期間を通じて、その意欲及び能力に応じ、雇用の機会その他の多様な就業の機会が確保され、職業生活の充実が図られるように配慮されるものとする。

2　労働者は、高齢期における職業生活の充実のため、自ら進んで、高齢期における職業生活の設計を行い、その設計に基づき、その能力の開発及び向上並びにその健康の保持及び増進に努めるものとする。

（事業主の責務）

第四条　事業主は、その雇用する高年齢者について職業能力の開発及び向上並びに作業施設の改善その他の諸条件の整備を行い、並びにその雇用する高年齢者等について再就職の援助等を行うことにより、その意欲及び能力に応じてその者のための雇用の機会の確保等が図られるよう努めるものとする。

2　事業主は、その雇用する労働者が高齢期においてその意欲及び能力に応じて就業することにより職業生活の充実を図ることができるようにするため、その高齢期における職業生活の設計について必要な援助を行うよう努めるものとする。

（国及び地方公共団体の責務）

第五条　国及び地方公共団体は、事業主、労働者その他の関係者の自主的な努力を尊重しつつその実情に応じてこれらの者に対し必要な援助等を行うとともに、高年齢者等の再就職の促進のために必要な職業紹介、職業訓練等の体制の整備を行う等、高年齢者等の意欲及び能力に応じた雇用の機会その他の多様な就業の機会の確保等を図るために必要な施策を総合的かつ効果的に推進するように努めるものとする。

（高年齢者等職業安定対策基本方針）

第六条　厚生労働大臣は、高年齢者等の職業の安定に関する施策の基本となるべき方針（以下「高年齢者等職業安定対策基本方針」という。）を策定するものとする。

2　高年齢者等職業安定対策基本方針に定める事項は、次のとおりとする。

一　高年齢者等の就業の動向に関する事項

二　高年齢者の雇用の機会の増大の目標に関する事項

三　第四条第一項の事業主が行うべき職業能力の開発及び向上、作業施設の改善その他の諸条件の整備、再就職の援助等並びに同条第二項の事業主が行うべき高齢期における職業生活の設計の援助に関して、その適切かつ有効な実施を図るため必要な指針となるべき事項

四　第九条に規定する高年齢者雇用確保措置の円滑な実施を図るため講じようとする施策の基本となるべき事項
五　高年齢者等の再就職の促進のため講じようとする施策の基本となるべき事項
六　前各号に掲げるもののほか、高年齢者等の職業の安定を図るため講じようとする施策の基本となるべき事項

3　厚生労働大臣は、高年齢者等職業安定対策基本方針を定めるに当たつては、あらかじめ、関係行政機関の長と協議するとともに、労働政策審議会の意見を聴かなければならない。

4　厚生労働大臣は、高年齢者等職業安定対策基本方針を定めたときは、遅滞なく、その概要を公表しなければならない。

5　前二項の規定は、高年齢者等職業安定対策基本方針の変更について準用する。

第二章　定年の引上げ、継続雇用制度の導入等による高年齢者の安定した雇用の確保の促進

（定年を定める場合の年齢）

第八条　事業主がその雇用する労働者の定年（以下単に「定年」という。）の定めをする場合には、当該定年は、六十歳を下回ることができない。ただし、当該事業主が雇用する労働者のうち、高年齢者が従事することが困難であると認められる業務として厚生労働省令で定める業務に従事している労働者については、この限りではない。

（高年齢者雇用確保措置）

第九条　定年（六十五歳未満のものに限る。以下この条において同じ。）の定めをしている事業主は、その雇用する高年齢者の六十五歳までの安定した雇用を確保するため、次の各号に掲げる措置（以下「高年齢者雇用確保措置」という。）のいずれかを講じなければならない。
一　当該定年の引上げ
二　継続雇用制度（現に雇用している高年齢者が希望するときは、当該高年齢者をその定年後も引き続いて雇用する制度をいう。以下同じ。）の導入
三　当該定年の定めの廃止

2　継続雇用制度には、事業主が、特殊関係事業主（当該事業主の経営を実質的に支配することが可能となる関係にある事業主その他の当該事業主と特殊の関係のある事業主として厚生労働省令で定める事業主をいう。以下この項において同じ。）との間で、当該事業主の雇用する高年齢者であつてその定年後に雇用されることを希望するものをその定年後に当該特殊関係事業主が引き続いて雇用することを約する契約を締結し、当該契約に基づき当該高年齢者の雇用を確保する制度が含まれるものとする。

3　厚生労働大臣は、第一項の事業主が講ずべき高年齢者雇用確保措置の実施及び運用（心身の故障のため業務の遂行に堪えない者等の継続雇用制度における取扱いを含む。）に関する指針（次項において「指針」という。）を定めるものとする。

4　第六条第三項及び第四項の規定は、指針の策定及び変更について準用する。

（公表等）

第十条　厚生労働大臣は、前条第一項の規定に違反している事業主に対し、必要な指導及び助言をすることができる。

2　厚生労働大臣は、前項の規定による指導又は助言をした場合において、その事業主がなお前条第一項の規定に違反していると認めるときは、当該事業主に対し、高年齢者雇用確保措置を講ずべきことを勧告することができる。

3　厚生労働大臣は、前項の規定による勧告をした場合において、その勧告を受けた者がこれに従わなかつたときは、その旨を公表することができる。

（高年齢者雇用推進者）

第十一条　事業主は、厚生労働省令で定めるところにより、高年齢者雇用確保措置を推進するため、作業施設の改善その他の諸条件の整備を図るための業務を担当する者を選任するように努めなければならない。

第三章　高年齢者等の再就職の促進等

第一節　国による高年齢者等の再就職の促進等

（再就職の促進等の措置の効果的な推進）

第十二条　国は、高年齢者等の再就職の促進等を図るため、高年齢者等に係る職業指導、職業紹介、職業訓練その他の措置が効果的に関連して実施されるように配慮するものとする。

（求人の開拓等）

第十三条　公共職業安定所は、高年齢者等の再就職の促進等を図るため、高年齢者等の雇用の機会が確保されるように求人の開拓等を行うとともに、高年齢者等に係る求人及び求職に関する情報を収集し、並びに高年齢者等である求職者及び事業主に対して提供するように努めるものとする。

（求人者等に対する指導及び援助）

第十四条　公共職業安定所は、高年齢者等にその能力に適合する職業を紹介するため必要があるときは、求人者に対して、年齢その他の求人の条件について指導するものとする。

2　公共職業安定所は、高年齢者等を雇用し、又は雇用しようとする者に対して、雇入れ、配置、作業の設備又は環境等高年齢者等の雇用に関する技術的事項について、必要な助言その他の援助を行うことができる。

第二節　事業主による高年齢者等の再就職の援助等

（再就職援助措置）

第十五条　事業主は、その雇用する高年齢者等（厚生労働省令で定める者に限る。以下この節において同じ。）が解雇（自己の責めに帰すべき理由によるものを除く。）その他これに類するものとして厚生労働省令で定める理由（以下「解雇等」という。）により離職する場合において、当該高年齢者等が再就職を希望するときは、求人の開拓その他当該高年齢者等の再就職の援助に関し必要な措置（以下「再就職援助措置」という。）を講ずるように努めなければならない。

2　公共職業安定所は、前項の規定により事業主が講ずべき再就職援助措置について、当該事業主の求めに応じて、必要な助言その他の援助を行うものとする。

（求職活動支援書の作成等）

第十七条　事業主は、厚生労働省令で定めるところにより、解雇等により離職することとなつている高年齢者等が希望するときは、その円滑な再就職を促進するため、当該高年齢者等の職務の経歴、職業能力その他の当該高年齢者等の再就職に資する事項（解雇等の理由を除く。）として厚生労働省令で定める事項及び事業主が講ずる再就職援助措置を明らかにする書面（以下「求職活動支援書」という。）を作成し、当該高年齢者等に交付しなければならない。

2　前項の規定により求職活動支援書を作成した事業主は、その雇用する者のうちから再就職援助担当者を選任し、その者に、当該求職活動支援書に基づいて、厚生労働省令で定めるところにより、公共職業安定所と協力して、当該求職活動支援書に係る高年齢者等の再就職の援助に関する業務を行わせるものとする。

第三節　中高年齢失業者等に対する特別措置

（中高年齢失業者等求職手帳の発給）

第二十二条　公共職業安定所長は、中高年齢失業者等であつて、次の各号に該当するものに対して、その者の申請に基づき、中高年齢失業者等求職手帳（以下「手帳」という。）を発給する。

一　公共職業安定所に求職の申込みをしていること。

二　誠実かつ熱心に就職活動を行う意欲を有すると認められること。

三　第二十五条第一項各号に掲げる措置を受ける必要があると認められること。

四　前三号に掲げるもののほか、生活の状況その他の事項について厚生労働大臣が労働政策審議会の意見を聴いて定める要件に該当すること。

（公共職業安定所長の指示）

第二十四条　公共職業安定所長は、手帳を発給するときは、手帳の発給を受ける者に対して、その者の知識、技能、職業経験その他の事情に応じ、当該手帳の有効期間中前条第一項の計画に準拠した同項各号に掲げる措置（以下「就業促進の措置」という。）

の全部又は一部を受けることを指示するものとする。
2〜3 〔略〕

附　則（抄）

（施行期日）
第一条　この法律は、昭和四十六年十月一日から施行する。〔後略〕

高齢者、障害者等の移動等の円滑化の促進に関する法律（抄）

（平成一八・六・二一 法律 九一）
最新改正　平成三〇法律六七

第一章　総則

（目的）
第一条　この法律は、高齢者、障害者等の自立した日常生活及び社会生活を確保することの重要性にかんがみ、公共交通機関の旅客施設及び車両等、道路、路外駐車場、公園施設並びに建築物の構造及び設備を改善するための措置、一定の地区における旅客施設、建築物等及びこれらの間の経路を構成する道路、駅前広場、通路その他の施設の一体的な整備を推進するための措置その他の措置を講ずることにより、高齢者、障害者等の移動上及び施設の利用上の利便性及び安全性の向上の促進を図り、もって公共の福祉の増進に資することを目的とする。

（基本理念）
第一条の二　この法律に基づく措置は、高齢者、障害者等にとって日常生活又は社会生活を営む上で障壁となるような社会における事物、制度、慣行、観念その他一切のものの除去に資すること及び全ての国民が年齢、障害の有無その他の事情によって分け隔てられることなく共生する社会の実現に資することを旨として、行われなければならない。

（定義）
第二条　この法律において次の各号に掲げる用語の意義は、それぞれ当該各号に定めるところによる。
一　高齢者、障害者等　高齢者又は障害者で日常生活又は社会生活に身体の機能上の制限を受けるものその他日常生活又は社会生活に身体の機能上の制限を受ける者をいう。
二　移動等円滑化　高齢者、障害者等の移動又は施設の利用に係る身体の負担を軽減することにより、その移動上又は施設の利用上の利便性及び安全性を向上することをいう。
三　施設設置管理者　公共交通事業者等、道路管理者、路外駐車場管理者等、公園管理者等及び建築主等をいう。
四　公共交通事業者等　次に掲げる者をいう。
イ　鉄道事業法（昭和六十一年法律第九十二号）による鉄道事業者（旅客の運送を行うもの及び旅客の運送を行う鉄道事業者に鉄道施設を譲渡し、又は使用させるものに限る。）
ロ　軌道法（大正十年法律第七十六号）

による軌道経営者（旅客の運送を行うものに限る。第二十三号ハにおいて同じ。）

ハ　道路運送法（昭和二十六年法律第百八十三号）による一般乗合旅客自動車運送事業者（路線を定めて定期に運行する自動車により乗合旅客の運送を行うものに限る。以下この条において同じ。）、一般貸切旅客自動車運送事業者及び一般乗用旅客自動車運送事業者

ニ　自動車ターミナル法（昭和三十四年法律第百三十六号）によるバスターミナル事業を営む者

ホ　海上運送法（昭和二十四年法律第百八十七号）による一般旅客定期航路事業（日本の国籍を有する者及び日本の法令により設立された法人その他の団体以外の者が営む同法による対外旅客定期航路事業を除く。次号ニにおいて同じ。）を営む者及び旅客不定期航路事業者

ヘ　航空法（昭和二十七年法律第二百三十一号）による本邦航空運送事業者（旅客の運送を行うものに限る。）

ト　イからヘまでに掲げる者以外の者で次号イ、ニ又はホに掲げる旅客施設を設置し、又は管理するもの

五　旅客施設　次に掲げる施設であって、公共交通機関を利用する旅客の乗降、待合いその他の用に供するものをいう。

イ　鉄道事業法による鉄道施設

ロ　軌道法による軌道施設

ハ　自動車ターミナル法によるバスターミナル

ニ　海上運送法による輸送施設（船舶を除き、同法による一般旅客定期航路事業又は旅客不定期航路事業の用に供するものに限る。）

ホ　航空旅客ターミナル施設

六　特定旅客施設　旅客施設のうち、利用者が相当数であること又は相当数であると見込まれることその他の政令で定める要件に該当するものをいう。

七　車両等　公共交通事業者等が旅客の運送を行うためその事業の用に供する車両、自動車（一般乗合旅客自動車運送事業者が旅客の運送を行うためその事業の用に供する自動車にあっては道路運送法第五条第一項第三号に規定する路線定期運行の用に供するもの、一般貸切旅客自動車運送事業者又は一般乗用旅客自動車運送事業者が旅客の運送を行うためこれらの事業の用に供する自動車にあっては高齢者、障害者等が移動のための車椅子その他の用具を使用したまま車内に乗り込むことが可能なものその他主務省令で定めるものに限る。）、船舶及び航空機をいう。

八　道路管理者　道路法（昭和二十七年法律第百八十号）第十八条第一項に規定する道路管理者をいう。

九　特定道路　移動等円滑化が特に必要なものとして政令で定める道路法による道路をいう。

十　路外駐車場管理者等　駐車場法（昭和三十二年法律第百六号）第十二条に規定する路外駐車場管理者又は都市計画法（昭和四十三年法律第百号）第四条第二項の都市計画区域外において特定路外駐車場を設置する者をいう。

十一　特定路外駐車場　駐車場法第二条第二号に規定する路外駐車場（道路法第二条第二項第六号に規定する自動車駐車場、都市公園法（昭和三十一年法律第七十九号）第二条第二項に規定する公園施設（以下「公園施設」という。）、建築物又は建築物特定施設であるものを除く。）であって、自動車の駐車の用に供する部分の面積が五百平方メートル以上であるものであり、かつ、その利用について駐車料金を徴収するものをいう。

十二　公園管理者等　都市公園法第五条第一項に規定する公園管理者（以下「公園管理者」という。）又は同項の規定による許可を受けて公園施設（特定公園施設に限る。）を設け若しくは管理し、若しくは設け若しくは管理しようとする者をいう。

十三　特定公園施設　移動等円滑化が特に必要なものとして政令で定める公園施設

をいう。

十四　建築主等　建築物の建築をしようとする者又は建築物の所有者、管理者若しくは占有者をいう。

十五　建築物　建築基準法（昭和二十五年法律第二百一号）第二条第一号に規定する建築物をいう。

十六　特定建築物　学校、病院、劇場、観覧場、集会場、展示場、百貨店、ホテル、事務所、共同住宅、老人ホームその他の多数の者が利用する政令で定める建築物又はその部分をいい、これらに附属する建築物特定施設を含むものとする。

十七　特別特定建築物　不特定かつ多数の者が利用し、又は主として高齢者、障害者等が利用する特定建築物であって、移動等円滑化が特に必要なものとして政令で定めるものをいう。

十八　建築物特定施設　出入口、廊下、階段、エレベーター、便所、敷地内の通路、駐車場その他の建築物又はその敷地に設けられる施設で政令で定めるものをいう。

十九　建築　建築物を新築し、増築し、又は改築することをいう。

二十　所管行政庁　建築主事を置く市町村又は特別区の区域については当該市町村又は特別区の長をいい、その他の市町村又は特別区の区域については都道府県知事をいう。ただし、建築基準法第九十七条の二第一項又は第九十七条の三第一項の規定により建築主事を置く市町村又は特別区の区域内の政令で定める建築物については、都道府県知事とする。

二十の二　移動等円滑化促進地区　次に掲げる要件に該当する地区をいう。

イ　生活関連施設（高齢者、障害者等が日常生活又は社会生活において利用する旅客施設、官公庁施設、福祉施設その他の施設をいう。以下同じ。）の所在地を含み、かつ、生活関連施設相互間の移動が通常徒歩で行われる地区であること。

ロ　生活関連施設及び生活関連経路（生活関連施設相互間の経路をいう。以下同じ。）を構成する一般交通用施設（道路、駅前広場、通路その他の一般交通の用に供する施設をいう。以下同じ。）について移動等円滑化を促進することが特に必要であると認められる地区であること。

ハ　当該地区において移動等円滑化を促進することが、総合的な都市機能の増進を図る上で有効かつ適切であると認められる地区であること。

二十一　重点整備地区　次に掲げる要件に該当する地区をいう。

イ　前号イに掲げる要件

ロ　生活関連施設及び生活関連経路を構成する一般交通用施設について移動等円滑化のための事業が実施されることが特に必要であると認められる地区であること。

ハ　当該地区において移動等円滑化のための事業を重点的かつ一体的に実施することが、総合的な都市機能の増進を図る上で有効かつ適切であると認められる地区であること。

二十二　特定事業　公共交通特定事業、道路特定事業、路外駐車場特定事業、都市公園特定事業、建築物特定事業及び交通安全特定事業をいう。

二十三　公共交通特定事業　次に掲げる事業をいう。

イ　特定旅客施設内において実施するエレベーター、エスカレーターその他の移動等円滑化のために必要な設備の整備に関する事業

ロ　イに掲げる事業に伴う特定旅客施設の構造の変更に関する事業

ハ　特定車両（軌道経営者、一般乗合旅客自動車運送事業者又は一般貸切旅客自動車運送事業者が旅客の運送を行うために使用する車両等をいう。以下同じ。）を床面の低いものとすることその他の特定車両に関する移動等円滑化のために必要な事業

二十四　道路特定事業　次に掲げる道路法による道路の新設又は改築に関する事業

（これと併せて実施する必要がある移動等円滑化のための施設又は設備の整備に関する事業を含む。）をいう。

イ　歩道、道路用エレベーター、通行経路の案内標識その他の移動等円滑化のために必要な施設又は工作物の設置に関する事業

ロ　歩道の拡幅又は路面の構造の改善その他の移動等円滑化のために必要な道路の構造の改良に関する事業

二十五　路外駐車場特定事業　特定路外駐車場において実施する車椅子を使用している者が円滑に利用することができる駐車施設その他の移動等円滑化のために必要な施設の整備に関する事業をいう。

二十六　都市公園特定事業　都市公園の移動等円滑化のために必要な特定公園施設の整備に関する事業をいう。

二十七　建築物特定事業　次に掲げる事業をいう。

イ　特別特定建築物（第十四条第三項の条例で定める特定建築物を含む。ロにおいて同じ。）の移動等円滑化のために必要な建築物特定施設の整備に関する事業

ロ　特定建築物（特別特定建築物を除き、その全部又は一部が生活関連経路であるものに限る。）における生活関連経路の移動等円滑化のために必要な建築物特定施設の整備に関する事業

二十八　交通安全特定事業　次に掲げる事業をいう。

イ　高齢者、障害者等による道路の横断の安全を確保するための機能を付加した信号機、道路交通法（昭和三十五年法律第百五号）第九条の歩行者用道路であることを表示する道路標識、横断歩道であることを表示する道路標示その他の移動等円滑化のために必要な信号機、道路標識又は道路標示（第三十六条第二項において「信号機等」という。）の同法第四条第一項の規定による設置に関する事業

ロ　違法駐車行為（道路交通法第五十一条の二第一項の違法駐車行為をいう。以下この号において同じ。）に係る車両の取締りの強化、違法駐車行為の防止についての広報活動及び啓発活動その他の移動等円滑化のために必要な生活関連経路を構成する道路における違法駐車行為の防止のための事業

第二章　基本方針等

（基本方針）

第三条　主務大臣は、移動等円滑化を総合的かつ計画的に推進するため、移動等円滑化の促進に関する基本方針（以下「基本方針」という。）を定めるものとする。

2　基本方針には、次に掲げる事項について定めるものとする。

一　移動等円滑化の意義及び目標に関する事項

二　移動等円滑化のために施設設置管理者が講ずべき措置に関する基本的な事項

三　第二十四条の二第一項の移動等円滑化促進方針の指針となるべき次に掲げる事項

イ　移動等円滑化促進地区における移動等円滑化の促進の意義に関する事項

ロ　移動等円滑化促進地区の位置及び区域に関する基本的な事項

ハ　生活関連施設及び生活関連経路並びにこれらにおける移動等円滑化の促進に関する基本的な事項

ニ　イからハまでに掲げるもののほか、移動等円滑化促進地区における移動等円滑化の促進のために必要な事項

四　第二十五条第一項の基本構想の指針となるべき次に掲げる事項

イ　重点整備地区における移動等円滑化の意義に関する事項

ロ　重点整備地区の位置及び区域に関する基本的な事項

ハ　生活関連施設及び生活関連経路並びにこれらにおける移動等円滑化に関する基本的な事項

ニ　生活関連施設、特定車両及び生活関連経路を構成する一般交通用施設について移動等円滑化のために実施すべき特定事業その他の事業に関する基本的

な事項

ホ　ニに規定する事業と併せて実施する土地区画整理事業(土地区画整理法(昭和二十九年法律第百十九号)による土地区画整理事業をいう。以下同じ。)、市街地再開発事業(都市再開発法(昭和四十四年法律第三十八号)による市街地再開発事業をいう。以下同じ。)その他の市街地開発事業(都市計画法第四条第七項に規定する市街地開発事業をいう。以下同じ。)に関し移動等円滑化のために考慮すべき基本的な事項、自転車その他の車両の駐車のための施設の整備に関する事項その他の重点整備地区における移動等円滑化に資する市街地の整備改善に関する基本的な事項その他重点整備地区における移動等円滑化のために必要な事項

五　移動等円滑化の促進のための施策に関する基本的な事項その他移動等円滑化の促進に関する事項

3　主務大臣は、情勢の推移により必要が生じたときは、基本方針を変更するものとする。

4　主務大臣は、基本方針を定め、又はこれを変更したときは、遅滞なく、これを公表しなければならない。

(国の責務)

第四条　国は、高齢者、障害者等、地方公共団体、施設設置管理者その他の関係者と協力して、基本方針及びこれに基づく施設設置管理者の講ずべき措置の内容その他の移動等円滑化の促進のための施策の内容について、移動等円滑化の進展の状況等を勘案しつつ、関係行政機関及びこれらの者で構成する会議における定期的な評価その他これらの者の意見を反映させるために必要な措置を講じた上で、適時に、かつ、適切な方法により検討を加え、その結果に基づいて必要な措置を講ずるよう努めなければならない。

2　国は、教育活動、広報活動等を通じて、移動等円滑化の促進に関する国民の理解を深めるとともに、高齢者、障害者等が公共交通機関を利用して移動するために必要となる支援その他の移動等円滑化の実施に関する国民の協力を求めるよう努めなければならない。

(地方公共団体の責務)

第五条　地方公共団体は、国の施策に準じて、移動等円滑化を促進するために必要な措置を講ずるよう努めなければならない。

(施設設置管理者等の責務)

第六条　施設設置管理者その他の高齢者、障害者等が日常生活又は社会生活において利用する施設を設置し、又は管理する者は、移動等円滑化のために必要な措置を講ずるよう努めなければならない。

(国民の責務)

第七条　国民は、高齢者、障害者等の自立した日常生活及び社会生活を確保することの重要性について理解を深めるとともに、これらの者が公共交通機関を利用して移動するために必要となる支援その他のこれらの者の円滑な移動及び施設の利用を確保するために必要な協力をするよう努めなければならない。

第三章　移動等円滑化のために施設設置管理者が講ずべき措置

(公共交通事業者等の基準適合義務等)

第八条　公共交通事業者等は、旅客施設を新たに建設し、若しくは旅客施設について主務省令で定める大規模な改良を行うとき又は車両等を新たにその事業の用に供するときは、当該旅客施設又は車両等(以下「新設旅客施設等」という。)を、移動等円滑化のために必要な旅客施設又は車両等の構造及び設備に関する主務省令で定める基準(以下「公共交通移動等円滑化基準」という。)に適合させなければならない。

2　公共交通事業者等は、その事業の用に供する新設旅客施設等を公共交通移動等円滑化基準に適合するように維持しなければならない。

3　公共交通事業者等は、その事業の用に供する旅客施設及び車両等(新設旅客施設等を除く。)を公共交通移動等円滑化基準に適合させるために必要な措置を講ずるよう努めなければならない。

高齢者福祉

4　公共交通事業者等は、高齢者、障害者等に対し、これらの者が公共交通機関を利用して移動するために必要となる乗降についての介助、旅客施設における誘導その他の支援を適切に行うよう努めなければならない。

5　公共交通事業者等は、高齢者、障害者等に対し、これらの者が公共交通機関を利用して移動するために必要となる情報を適切に提供するよう努めなければならない。

6　公共交通事業者等は、その職員に対し、移動等円滑化を図るために必要な教育訓練を行うよう努めなければならない。

（旅客施設及び車両等に係る基準適合性審査等）

第九条　主務大臣は、新設旅客施設等について鉄道事業法その他の法令の規定で政令で定めるものによる許可、認可その他の処分の申請があった場合には、当該処分に係る法令に定める基準のほか、公共交通移動等円滑化基準に適合するかどうかを審査しなければならない。この場合において、主務大臣は、当該新設旅客施設等が公共交通移動等円滑化基準に適合しないと認めるときは、これらの規定による許可、認可その他の処分をしてはならない。

2　公共交通事業者等は、前項の申請又は鉄道事業法その他の法令の規定で政令で定めるものによる届出をしなければならない場合を除くほか、旅客施設の建設又は前条第一項の主務省令で定める大規模な改良を行おうとするときは、あらかじめ、主務省令で定めるところにより、その旨を主務大臣に届け出なければならない。その届け出た事項を変更しようとするときも、同様とする。

3　主務大臣は、新設旅客施設等のうち車両等（第一項の規定により審査を行うものを除く。）若しくは前項の政令で定める法令の規定若しくは同項の規定による届出に係る旅客施設について前条第一項の規定に違反している事実があり、又は新設旅客施設等について同条第二項の規定に違反している事実があると認めるときは、公共交通事業者等に対し、当該違反を是正するために必要な措置をとるべきことを命ずることができる。

（公共交通事業者等の判断の基準となるべき事項）

第九条の二　主務大臣は、旅客施設及び車両等の移動等円滑化を促進するため、次に掲げる事項並びに移動等円滑化のために公共交通事業者等が講ずる措置によって達成すべき目標及び当該目標を達成するために当該事項と併せて講ずべき措置に関し、公共交通事業者等の判断の基準となるべき事項を定め、これを公表するものとする。

一　旅客施設及び車両等を公共交通移動等円滑化基準に適合させるために必要な措置

二　高齢者、障害者等が公共交通機関を利用して移動するために必要となる乗降についての介助、旅客施設における誘導その他の支援

三　高齢者、障害者等が公共交通機関を利用して移動するために必要となる情報の提供

四　移動等円滑化を図るために必要な教育訓練

2　前項に規定する判断の基準となるべき事項は、移動等円滑化の進展の状況、旅客施設及び車両等の移動等円滑化に関する技術水準その他の事情を勘案して定めるものとし、これらの事情の変動に応じて必要な改定をするものとする。

（指導及び助言）

第九条の三　主務大臣は、旅客施設及び車両等の移動等円滑化を促進するため必要があると認めるときは、公共交通事業者等に対し、前条第一項に規定する判断の基準となるべき事項を勘案して、同項各号に掲げる事項の実施について必要な指導及び助言をすることができる。

（道路管理者の基準適合義務等）

第十条　道路管理者は、特定道路の新設又は改築を行うときは、当該特定道路（以下この条において「新設特定道路」という。）を、移動等円滑化のために必要な道路の構造に関する条例（国道（道路法第三条第二号の一般国道をいう。以下同じ。）にあっては、

主務省令）で定める基準（以下この条において「道路移動等円滑化基準」という。）に適合させなければならない。
2　前項の規定に基づく条例は、主務省令で定める基準を参酌して定めるものとする。
3　道路管理者は、その管理する新設特定道路を道路移動等円滑化基準に適合するように維持しなければならない。
4　道路管理者は、その管理する道路（新設特定道路を除く。）を道路移動等円滑化基準に適合させるために必要な措置を講ずるよう努めなければならない。
5　道路管理者は、その管理する新設特定道路について、高齢者、障害者等に対し、これらの者が当該新設特定道路を円滑に利用するために必要となる情報を適切に提供するよう努めなければならない。
6　新設特定道路についての道路法第三十三条第一項及び第三十六条第二項の規定の適用については、これらの規定中「政令で定める基準」とあるのは「政令で定める基準及び高齢者、障害者等の移動等の円滑化の促進に関する法律（平成十八年法律第九十一号）第二条第二号に規定する移動等円滑化のために必要なものとして国土交通省令で定める基準」と、同法第三十三条第一項中「同条第一項」とあるのは「前条第一項」とする。

（路外駐車場管理者等の基準適合義務等）

第十一条　路外駐車場管理者等は、特定路外駐車場を設置するときは、当該特定路外駐車場（以下この条において「新設特定路外駐車場」という。）を、移動等円滑化のために必要な特定路外駐車場の構造及び設備に関する主務省令で定める基準（以下「路外駐車場移動等円滑化基準」という。）に適合させなければならない。
2　路外駐車場管理者等は、その管理する新設特定路外駐車場を路外駐車場移動等円滑化基準に適合するように維持しなければならない。
3　地方公共団体は、その地方の自然的社会的条件の特殊性により、前二項の規定のみによっては、高齢者、障害者等が特定路外駐車場を円滑に利用できるようにする目的を十分に達成することができないと認める場合においては、路外駐車場移動等円滑化基準に条例で必要な事項を付加することができる。
4　路外駐車場管理者等は、その管理する特定路外駐車場（新設特定路外駐車場を除く。）を路外駐車場移動等円滑化基準（前項の条例で付加した事項を含む。第五十三条第二項において同じ。）に適合させるために必要な措置を講ずるよう努めなければならない。
5　路外駐車場管理者等は、その管理する新設特定路外駐車場について、高齢者、障害者等に対し、これらの者が当該新設特定路外駐車場を円滑に利用するために必要となる情報を適切に提供するよう努めなければならない。

（特定路外駐車場に係る基準適合命令等）

第十二条　路外駐車場管理者等は、特定路外駐車場を設置するときは、あらかじめ、主務省令で定めるところにより、その旨を都道府県知事（市の区域内にあっては、当該市の長。以下「知事等」という。）に届け出なければならない。ただし、駐車場法第十二条の規定による届出をしなければならない場合にあっては、同条の規定により知事等に提出すべき届出書に主務省令で定める書面を添付して届け出たときは、この限りでない。
2　前項本文の規定により届け出た事項を変更しようとするときも、同項と同様とする。
3　知事等は、前条第一項から第三項までの規定に違反している事実があると認めるときは、路外駐車場管理者等に対し、当該違反を是正するために必要な措置をとるべきことを命ずることができる。

（公園管理者等の基準適合義務等）

第十三条　公園管理者等は、特定公園施設の新設、増設又は改築を行うときは、当該特定公園施設（以下この条において「新設特定公園施設」という。）を、移動等円滑化のために必要な特定公園施設の設置に関する条例（国の設置に係る都市公園にあっては、主務省令）で定める基準（以下この条において「都市公園移動等円滑化基準」という。）に適合させなければならない。

2 前項の規定に基づく条例は、主務省令で定める基準を参酌して定めるものとする。

3 公園管理者は、新設特定公園施設について都市公園法第五条第一項の規定による許可の申請があった場合には、同法第四条に定める基準のほか、都市公園移動等円滑化基準に適合するかどうかを審査しなければならない。この場合において、公園管理者は、当該新設特定公園施設が都市公園移動等円滑化基準に適合しないと認めるときは、同項の規定による許可をしてはならない。

4 公園管理者等は、その管理する新設特定公園施設を都市公園移動等円滑化基準に適合するように維持しなければならない。

5 公園管理者等は、その管理する特定公園施設（新設特定公園施設を除く。）を都市公園移動等円滑化基準に適合させるために必要な措置を講ずるよう努めなければならない。

6 公園管理者等は、その管理する新設特定公園施設について、高齢者、障害者等に対し、これらの者が当該新設特定公園施設を円滑に利用するために必要となる情報を適切に提供するよう努めなければならない。

（特別特定建築物の建築主等の基準適合義務等）

第十四条 建築主等は、特別特定建築物の政令で定める規模以上の建築（用途の変更をして特別特定建築物にすることを含む。以下この条において同じ。）をしようとするときは、当該特別特定建築物（以下この条において「新築特別特定建築物」という。）を、移動等円滑化のために必要な建築物特定施設の構造及び配置に関する政令で定める基準（以下「建築物移動等円滑化基準」という。）に適合させなければならない。

2 建築主等は、その所有し、管理し、又は占有する新築特別特定建築物を建築物移動等円滑化基準に適合するように維持しなければならない。

3 地方公共団体は、その地方の自然的社会的条件の特殊性により、前二項の規定のみによっては、高齢者、障害者等が特定建築物を円滑に利用できるようにする目的を十分に達成することができないと認める場合においては、特別特定建築物に条例で定める特定建築物を追加し、第一項の建築の規模を条例で同項の政令で定める規模未満で別に定め、又は建築物移動等円滑化基準に条例で必要な事項を付加することができる。

4 前三項の規定は、建築基準法第六条第一項に規定する建築基準関係規定とみなす。

5 建築主等（第一項から第三項までの規定が適用される者を除く。）は、その建築をしようとし、又は所有し、管理し、若しくは占有する特別特定建築物（同項の条例で定める特定建築物を含む。以下同じ。）を建築物移動等円滑化基準（同項の条例で付加した事項を含む。第十七条第三項第一号を除き、以下同じ。）に適合させるために必要な措置を講ずるよう努めなければならない。

6 建築主等は、その所有し、管理し、又は占有する新築特別特定建築物について、高齢者、障害者等に対し、これらの者が当該新築特別特定建築物を円滑に利用するために必要となる情報を適切に提供するよう努めなければならない。

（特別特定建築物に係る基準適合命令等）

第十五条 所管行政庁は、前条第一項から第三項までの規定に違反している事実があると認めるときは、建築主等に対し、当該違反を是正するために必要な措置をとるべきことを命ずることができる。

2 国、都道府県又は建築主事を置く市町村の特別特定建築物については、前項の規定は、適用しない。この場合において、所管行政庁は、国、都道府県又は建築主事を置く市町村の特別特定建築物が前条第一項から第三項までの規定に違反している事実があると認めるときは、直ちに、その旨を当該特別特定建築物を管理する機関の長に通知し、前項に規定する措置をとるべきことを要請しなければならない。

3 所管行政庁は、前条第五項に規定する措置の適確な実施を確保するため必要があると認めるときは、建築主等に対し、建築物移動等円滑化基準を勘案して、特別特定建築物の設計及び施工に係る事項その他の移動等円滑化に係る事項について必要な指導及び助言をすることができる。

（特定建築物の建築主等の努力義務等）

第十六条　建築主等は、特定建築物（特別特定建築物を除く。以下この条において同じ。）の建築（用途の変更をして特定建築物にすることを含む。次条第一項において同じ。）をしようとするときは、当該特定建築物を建築物移動等円滑化基準に適合させるために必要な措置を講ずるよう努めなければならない。

2　建築主等は、特定建築物の建築物特定施設の修繕又は模様替をしようとするときは、当該建築物特定施設を建築物移動等円滑化基準に適合させるために必要な措置を講ずるよう努めなければならない。

3　所管行政庁は、特定建築物について前二項に規定する措置の適確な実施を確保するため必要があると認めるときは、建築主等に対し、建築物移動等円滑化基準を勘案して、特定建築物又はその建築物特定施設の設計及び施工に係る事項について必要な指導及び助言をすることができる。

（特定建築物の建築等及び維持保全の計画の認定）

第十七条　建築主等は、特定建築物の建築、修繕又は模様替（修繕又は模様替にあっては、建築物特定施設に係るものに限る。以下「建築等」という。）をしようとするときは、主務省令で定めるところにより、特定建築物の建築等及び維持保全の計画を作成し、所管行政庁の認定を申請することができる。

2　前項の計画には、次に掲げる事項を記載しなければならない。

一　特定建築物の位置

二　特定建築物の延べ面積、構造方法及び用途並びに敷地面積

三　計画に係る建築物特定施設の構造及び配置並びに維持保全に関する事項

四　特定建築物の建築等の事業に関する資金計画

五　その他主務省令で定める事項

3　所管行政庁は、第一項の申請があった場合において、当該申請に係る特定建築物の建築等及び維持保全の計画が次に掲げる基準に適合すると認めるときは、認定をすることができる。

一　前項第三号に掲げる事項が、建築物移動等円滑化基準を超え、かつ、高齢者、障害者等が円滑に利用できるようにするために誘導すべき主務省令で定める建築物特定施設の構造及び配置に関する基準に適合すること。

二　前項第四号に掲げる資金計画が、特定建築物の建築等の事業を確実に遂行するため適切なものであること。

4　前項の認定の申請をする者は、所管行政庁に対し、当該申請に併せて、建築基準法第六条第一項（同法第八十七条第一項において準用する場合を含む。第七項において同じ。）の規定による確認の申請書を提出して、当該申請に係る特定建築物の建築等の計画が同法第六条第一項の建築基準関係規定に適合する旨の建築主事の通知（以下この条において「適合通知」という。）を受けるよう申し出ることができる。

5　前項の申出を受けた所管行政庁は、速やかに当該申出に係る特定建築物の建築等の計画を建築主事に通知しなければならない。

6　建築基準法第十八条第三項及び第十四項の規定は、建築主事が前項の通知を受けた場合について準用する。この場合においては、建築主事は、申請に係る特定建築物の建築等の計画が第十四条第一項の規定に適合するかどうかを審査することを要しないものとする。

7　所管行政庁が、適合通知を受けて第三項の認定をしたときは、当該認定に係る特定建築物の建築等の計画は、建築基準法第六条第一項の規定による確認済証の交付があったものとみなす。

8　建築基準法第十二条第八項、第九十三条及び第九十三条の二の規定は、建築主事が適合通知をする場合について準用する。

（特定建築物の建築等及び維持保全の計画の変更）

第十八条　前条第三項の認定を受けた者（以下「認定建築主等」という。）は、当該認定を受けた計画の変更（主務省令で定める軽微な変更を除く。）をしようとするときは、所管行政庁の認定を受けなければならない。

2　前条の規定は、前項の場合について準用する。

（認定特定建築物の表示等）

第二十条　認定建築主等は、認定特定建築物の建築等をしたときは、当該認定特定建築物、その敷地又はその利用に関する広告その他の主務省令で定めるもの（次項において「広告等」という。）に、主務省令で定めるところにより、当該認定特定建築物が第十七条第三項の認定を受けている旨の表示を付することができる。

2　何人も、前項の規定による場合を除くほか、建築物、その敷地又はその利用に関する広告等に、同項の表示又はこれと紛らわしい表示を付してはならない。

（認定建築主等に対する改善命令）

第二十一条　所管行政庁は、認定建築主等が第十七条第三項の認定を受けた計画に従って認定特定建築物の建築等又は維持保全を行っていないと認めるときは、当該認定建築主等に対し、その改善に必要な措置をとるべきことを命ずることができる。

（特定建築物の建築等及び維持保全の計画の認定の取消し）

第二十二条　所管行政庁は、認定建築主等が前条の規定による処分に違反したときは、第十七条第三項の認定を取り消すことができる。

（既存の特定建築物に設けるエレベーターについての建築基準法の特例）

第二十三条　この法律の施行の際現に存する特定建築物に専ら車椅子を使用している者の利用に供するエレベーターを設置する場合において、当該エレベーターが次に掲げる基準に適合し、所管行政庁が防火上及び避難上支障がないと認めたときは、当該特定建築物に対する建築基準法第二十七条第二項の規定の適用については、当該エレベーターの構造は耐火構造（同法第二条第七号に規定する耐火構造をいう。）とみなす。

一　エレベーター及び当該エレベーターの設置に係る特定建築物の主要構造部の部分の構造が主務省令で定める安全上及び防火上の基準に適合していること。

二　エレベーターの制御方法及びその作動状態の監視方法が主務省令で定める安全上の基準に適合していること。

2　建築基準法第九十三条第一項本文及び第二項の規定は、前項の規定により所管行政庁が防火上及び避難上支障がないと認める場合について準用する。

第三章の二　移動等円滑化促進地区における移動等円滑化の促進に関する措置

（移動等円滑化促進方針）

第二十四条の二　市町村は、基本方針に基づき、単独で又は共同して、当該市町村の区域内の移動等円滑化促進地区について、移動等円滑化の促進に関する方針（以下「移動等円滑化促進方針」という。）を作成するよう努めるものとする。

2　移動等円滑化促進方針には、次に掲げる事項について定めるものとする。

一　移動等円滑化促進地区の位置及び区域

二　生活関連施設及び生活関連経路並びにこれらにおける移動等円滑化の促進に関する事項

三　前二号に掲げるもののほか、移動等円滑化促進地区における移動等円滑化の促進のために必要な事項

3　前項各号に掲げるもののほか、移動等円滑化促進方針には、移動等円滑化促進地区における移動等円滑化の促進に関する基本的な方針について定めるよう努めるものとする。

4　移動等円滑化促進方針には、市町村が行う移動等円滑化促進地区に所在する旅客施設の構造及び配置その他の移動等円滑化に関する情報の収集、整理及び提供に関する事項を定めることができる。

5　移動等円滑化促進方針は、都市計画、都市計画法第十八条の二の市町村の都市計画に関する基本的な方針及び地域公共交通の活性化及び再生に関する法律（平成十九年法律第五十九号）第五条第一項に規定する地域公共交通網形成計画との調和が保たれたものでなければならない。

6　市町村は、移動等円滑化促進方針を作成しようとするときは、あらかじめ、住民、生活関連施設を利用する高齢者、障害者等その他利害関係者、関係する施設設置管理者及び都道府県公安委員会（以下「公安委員会」という。）の意見を反映させるために必要な措置を講ずるものとする。

7　市町村は、移動等円滑化促進方針を作成したときは、遅滞なく、これを公表するとともに、主務大臣、都道府県並びに関係する施設設置管理者及び公安委員会に送付しなければならない。

8　主務大臣は、前項の規定により移動等円滑化促進方針の送付を受けたときは、市町村に対し、必要な助言をすることができる。

9　都道府県は、市町村に対し、その求めに応じ、移動等円滑化促進方針の作成及びその円滑かつ確実な実施に関し、各市町村の区域を超えた広域的な見地から、必要な助言その他の援助を行うよう努めなければならない。

10　第六項から前項までの規定は、移動等円滑化促進方針の変更について準用する。

（移動等円滑化促進方針の作成等の提案）

第二十四条の五　次に掲げる者は、市町村に対して、移動等円滑化促進方針の作成又は変更をすることを提案することができる。この場合においては、基本方針に即して、当該提案に係る移動等円滑化促進方針の素案を作成して、これを提示しなければならない。

一　施設設置管理者その他の生活関連施設又は生活関連経路を構成する一般交通用施設の管理者

二　高齢者、障害者等その他の生活関連施設又は生活関連経路を構成する一般交通用施設の利用に関し利害関係を有する者

2　前項の規定による提案を受けた市町村は、当該提案に基づき移動等円滑化促進方針の作成又は変更をするか否かについて、遅滞なく、当該提案をした者に通知しなければならない。この場合において、移動等円滑化促進方針の作成又は変更をしないこととするときは、その理由を明らかにしなければならない。

（市町村による情報の収集、整理及び提供）

第二十四条の七　第二十四条の二第四項の規定により移動等円滑化促進方針において市町村が行う移動等円滑化に関する情報の収集、整理及び提供に関する事項が定められたときは、市町村は、当該移動等円滑化促進方針に基づき移動等円滑化に関する事項についての情報の収集、整理及び提供を行うものとする。

（施設設置管理者による市町村に対する情報の提供）

第二十四条の八　公共交通事業者等及び道路管理者は、前条の規定により情報の収集、整理及び提供を行う市町村の求めがあったときは、主務省令で定めるところにより、高齢者、障害者等が旅客施設及び特定道路を利用するために必要となる情報を当該市町村に提供しなければならない。

2　路外駐車場管理者等、公園管理者等及び建築主等は、前条の規定により情報の収集、整理及び提供を行う市町村の求めがあったときは、主務省令で定めるところにより、高齢者、障害者等が特定路外駐車場、特定公園施設及び特別特定建築物を利用するために必要となる情報を当該市町村に提供するよう努めなければならない。

第四章　重点整備地区における移動等円滑化に係る事業の重点的かつ一体的な実施

（移動等円滑化基本構想）

第二十五条　市町村は、基本方針（移動等円滑化促進方針が作成されているときは、基本方針及び移動等円滑化促進方針。以下同じ。）に基づき、単独で又は共同して、当該市町村の区域内の重点整備地区について、移動等円滑化に係る事業の重点的かつ一体的な推進に関する基本的な構想（以下

「基本構想」という。）を作成するよう努めるものとする。

2　基本構想には、次に掲げる事項について定めるものとする。

一　重点整備地区の位置及び区域

二　生活関連施設及び生活関連経路並びにこれらにおける移動等円滑化に関する事項

三　生活関連施設、特定車両及び生活関連経路を構成する一般交通用施設について移動等円滑化のために実施すべき特定事業その他の事業に関する事項（旅客施設の所在地を含まない重点整備地区にあっては、当該重点整備地区と同一の市町村の区域内に所在する特定旅客施設との間の円滑な移動のために実施すべき特定事業その他の事業に関する事項を含む。）

四　前号に掲げる事業と併せて実施する土地区画整理事業、市街地再開発事業その他の市街地開発事業に関し移動等円滑化のために考慮すべき事項、自転車その他の車両の駐車のための施設の整備に関する事項その他の重点整備地区における移動等円滑化に資する市街地の整備改善に関する事項その他重点整備地区における移動等円滑化のために必要な事項

3　前項各号に掲げるもののほか、基本構想には、重点整備地区における移動等円滑化に関する基本的な方針について定めるよう努めるものとする。

4　市町村は、特定旅客施設の所在地を含む重点整備地区について基本構想を作成する場合には、当該基本構想に当該特定旅客施設を第二項第二号及び第三号の生活関連施設として定めなければならない。

5　基本構想には、道路法第十二条ただし書及び第十五条並びに道路法の一部を改正する法律（昭和三十九年法律第百六十三号。以下「昭和三十九年道路法改正法」という。）附則第三項の規定にかかわらず、国道又は都道府県道（道路法第三条第三号の都道府県道をいう。第三十二条第一項において同じ。）（道路法第十二条ただし書及び第十五条並びに昭和三十九年道路法改正法附則第三項の規定により都道府県が新設又は改築を行うこととされているもの（道路法第十七条第一項から第四項までの規定により同条第一項の指定市、同条第二項の指定市以外の市、同条第三項の町村又は同条第四項の指定市以外の市町村が行うこととされているものを除く。）に限る。以下同じ。）に係る道路特定事業を実施する者として、市町村（他の市町村又は道路管理者と共同して実施する場合にあっては、市町村及び他の市町村又は道路管理者。第三十二条において同じ。）を定めることができる。

6　市町村は、基本構想を作成しようとするときは、あらかじめ、住民、生活関連施設を利用する高齢者、障害者等その他利害関係者の意見を反映させるために必要な措置を講ずるものとする。

7　市町村は、基本構想を作成しようとする場合において、第二十六条第一項の協議会が組織されていないときは、これに定めようとする特定事業に関する事項について、関係する施設設置管理者及び公安委員会と協議をしなければならない。

8　市町村は、第二十六条第一項の協議会が組織されていない場合には、基本構想を作成するに当たり、あらかじめ、関係する施設設置管理者及び公安委員会に対し、特定事業に関する事項について基本構想の案を作成し、当該市町村に提出するよう求めることができる。

9　前項の案の提出を受けた市町村は、基本構想を作成するに当たっては、当該案の内容が十分に反映されるよう努めるものとする。

10　第二十四条の二第四項、第五項及び第七項から第九項までの規定は、基本構想の作成について準用する。この場合において、同条第四項中「移動等円滑化促進地区」とあるのは、「重点整備地区」と読み替えるものとする。

11　第二十四条の二第七項から第九項まで及びこの条第六項から第九項までの規定は、基本構想の変更について準用する。

（基本構想の作成等の提案）

第二十七条　次に掲げる者は、市町村に対して、基本構想の作成又は変更をすることを

提案することができる。この場合においては、基本方針に即して、当該提案に係る基本構想の素案を作成して、これを提示しなければならない。

一　施設設置管理者、公安委員会その他基本構想に定めようとする特定事業その他の事業を実施しようとする者

二　高齢者、障害者等その他の生活関連施設又は生活関連経路を構成する一般交通用施設の利用に関し利害関係を有する者

2　前項の規定による提案を受けた市町村は、当該提案に基づき基本構想の作成又は変更をするか否かについて、遅滞なく、当該提案をした者に通知しなければならない。この場合において、基本構想の作成又は変更をしないこととするときは、その理由を明らかにしなければならない。

（**公共交通特定事業の実施**）

第二十八条　第二十五条第一項の規定により基本構想が作成されたときは、関係する公共交通事業者等は、単独で又は共同して、当該基本構想に即して公共交通特定事業を実施するための計画（以下「公共交通特定事業計画」という。）を作成し、これに基づき、当該公共交通特定事業を実施するものとする。

2〜5　〔略〕

（**公共交通特定事業計画の認定**）

第二十九条　公共交通事業者等は、主務省令で定めるところにより、主務大臣に対し、公共交通特定事業計画が重点整備地区における移動等円滑化を適切かつ確実に推進するために適当なものである旨の認定を申請することができる。

2　主務大臣は、前項の規定による認定の申請があった場合において、前条第二項第二号に掲げる事項が基本方針及び公共交通移動等円滑化基準に照らして適切なものであり、かつ、同号及び同項第三号に掲げる事項が当該公共交通特定事業を確実に遂行するために技術上及び資金上適切なものであると認めるときは、その認定をするものとする。

3　前項の認定を受けた者は、当該認定に係る公共交通特定事業計画を変更しようとするときは、主務大臣の認定を受けなければならない。

4　第二項の規定は、前項の認定について準用する。

5　主務大臣は、第二項の認定を受けた者が当該認定に係る公共交通特定事業計画（第三項の規定による変更の認定があったときは、その変更後のもの。次条において同じ。）に従って公共交通特定事業を実施していないと認めるときは、その認定を取り消すことができる。

（**道路特定事業の実施**）

第三十一条　第二十五条第一項の規定により基本構想が作成されたときは、関係する道路管理者は、単独で又は共同して、当該基本構想に即して道路特定事業を実施するための計画（以下「道路特定事業計画」という。）を作成し、これに基づき、当該道路特定事業を実施するものとする。

2〜7　〔略〕

（**市町村による国道等に係る道路特定事業の実施**）

第三十二条　第二十五条第五項の規定により基本構想において道路特定事業を実施する者として市町村（道路法第十七条第一項の指定市を除く。以下この条及び第五十五条から第五十七条までにおいて同じ。）が定められたときは、前条第一項、同法第十二条ただし書及び第十五条並びに昭和三十九年道路法改正法附則第三項の規定にかかわらず、市町村は、単独で又は他の市町村若しくは道路管理者と共同して、国道又は都道府県道に係る道路特定事業計画を作成し、これに基づき、当該道路特定事業を実施するものとする。

2〜8　〔略〕

（**都市公園特定事業の実施**）

第三十四条　第二十五条第一項の規定により基本構想が作成されたときは、関係する公園管理者等は、単独で又は共同して、当該基本構想に即して都市公園特定事業を実施するための計画（以下この条において「都市公園特定事業計画」という。）を作成し、これに基づき、当該都市公園特定事業を実施するものとする。ただし、都市公園法第

五条第一項の規定による許可を受けて公園施設（特定公園施設に限る。）を設け若しくは管理し、又は設け若しくは管理しようとする者が都市公園特定事業計画を作成する場合にあっては、公園管理者と共同して作成するものとする。

2〜6 〔略〕

（建築物特定事業の実施）

第三十五条 第二十五条第一項の規定により基本構想が作成されたときは、関係する建築主等は、単独で又は共同して、当該基本構想に即して建築物特定事業を実施するための計画（以下この条において「建築物特定事業計画」という。）を作成し、これに基づき、当該建築物特定事業を実施するものとする。

2〜5 〔略〕

（交通安全特定事業の実施）

第三十六条 第二十五条第一項の規定により基本構想が作成されたときは、関係する公安委員会は、単独で又は共同して、当該基本構想に即して交通安全特定事業を実施するための計画（以下「交通安全特定事業計画」という。）を作成し、これに基づき、当該交通安全特定事業を実施するものとする。

2〜6 〔略〕

（生活関連施設又は一般交通用施設の整備等）

第三十七条 国及び地方公共団体は、基本構想において定められた生活関連施設又は一般交通用施設の整備、土地区画整理事業、市街地再開発事業その他の市街地開発事業の施行その他の必要な措置を講ずるよう努めなければならない。

2 基本構想において定められた生活関連施設又は一般交通用施設の管理者（国又は地方公共団体を除く。）は、当該基本構想の達成に資するよう、その管理する施設について移動等円滑化のための事業の実施に努めなければならない。

（基本構想に基づく事業の実施に係る命令等）

第三十八条 市町村は、第二十八条第一項の公共交通特定事業、第三十三条第一項の路外駐車場特定事業、第三十四条第一項の都市公園特定事業（公園管理者が実施すべきものを除く。）又は第三十五条第一項の建築物特定事業（国又は地方公共団体が実施すべきものを除く。）（以下この条において「公共交通特定事業等」と総称する。）が実施されていないと認めるときは、当該公共交通特定事業等を実施すべき者に対し、その実施を要請することができる。

2 市町村は、前項の規定による要請を受けた者が当該要請に応じないときは、その旨を主務大臣等（公共交通特定事業にあっては主務大臣、路外駐車場特定事業にあっては知事等、都市公園特定事業にあっては公園管理者、建築物特定事業にあっては所管行政庁。以下この条において同じ。）に通知することができる。

3 主務大臣等は、前項の規定による通知があった場合において、第一項の規定による要請を受けた者が正当な理由がなくて公共交通特定事業等を実施していないと認めるときは、当該要請を受けた者に対し、当該公共交通特定事業等を実施すべきことを勧告することができる。

4 主務大臣等は、前項の規定による勧告を受けた者が正当な理由がなくてその勧告に係る措置を講じない場合において、当該勧告を受けた者の事業について移動等円滑化を阻害している事実があると認めるときは、第九条第三項、第十二条第三項及び第十五条第一項の規定により違反を是正するために必要な措置をとるべきことを命ずることができる場合を除くほか、当該勧告を受けた者に対し、移動等円滑化のために必要な措置をとるべきことを命ずることができる。

第五章 移動等円滑化経路協定

（移動等円滑化経路協定の締結等）

第四十一条 移動等円滑化促進地区内又は重点整備地区内の一団の土地の所有者及び建築物その他の工作物の所有を目的とする借地権その他の当該土地を使用する権利（臨時設備その他一時使用のため設定されたことが明らかなものを除く。以下「借地権等」

という。）を有する者（土地区画整理法第九十八条第一項（大都市地域における住宅及び住宅地の供給の促進に関する特別措置法（昭和五十年法律第六十七号。第四十五条第二項において「大都市住宅等供給法」という。）第八十三条において準用する場合を含む。以下同じ。）の規定により仮換地として指定された土地にあっては、当該土地に対応する従前の土地の所有者及び借地権等を有する者。以下「土地所有者等」と総称する。）は、その全員の合意により、当該土地の区域における移動等円滑化のための経路の整備又は管理に関する協定（以下「移動等円滑化経路協定」という。）を締結することができる。ただし、当該土地（土地区画整理法第九十八条第一項の規定により仮換地として指定された土地にあっては、当該土地に対応する従前の土地）の区域内に借地権等の目的となっている土地がある場合（当該借地権等が地下又は空間について上下の範囲を定めて設定されたもので、当該土地の所有者が当該土地を使用している場合を除く。）においては、当該借地権等の目的となっている土地の所有者の合意を要しない。

2　移動等円滑化経路協定においては、次に掲げる事項を定めるものとする。

一　移動等円滑化経路協定の目的となる土地の区域（以下「移動等円滑化経路協定区域」という。）及び経路の位置

二　次に掲げる移動等円滑化のための経路の整備又は管理に関する事項のうち、必要なもの

イ　前号の経路における移動等円滑化に関する基準

ロ　前号の経路を構成する施設（エレベーター、エスカレーターその他の移動等円滑化のために必要な設備を含む。）の整備又は管理に関する事項

ハ　その他移動等円滑化のための経路の整備又は管理に関する事項

三　移動等円滑化経路協定の有効期間

四　移動等円滑化経路協定に違反した場合の措置

3　移動等円滑化経路協定は、市町村長の認可を受けなければならない。

（認可の申請に係る移動等円滑化経路協定の縦覧等）

第四十二条　市町村長は、前条第三項の認可の申請があったときは、主務省令で定めるところにより、その旨を公告し、当該移動等円滑化経路協定を公告の日から二週間関係人の縦覧に供さなければならない。

2　前項の規定による公告があったときは、関係人は、同項の縦覧期間満了の日までに、当該移動等円滑化経路協定について、市町村長に意見書を提出することができる。

（移動等円滑化経路協定の認可）

第四十三条　市町村長は、第四十一条第三項の認可の申請が次の各号のいずれにも該当するときは、同項の認可をしなければならない。

一　申請手続が法令に違反しないこと。

二　土地又は建築物その他の工作物の利用を不当に制限するものでないこと。

三　第四十一条第二項各号に掲げる事項について主務省令で定める基準に適合するものであること。

2　市町村長は、第四十一条第三項の認可をしたときは、主務省令で定めるところにより、その旨を公告し、かつ、当該移動等円滑化経路協定を当該市町村の事務所に備えて公衆の縦覧に供するとともに、移動等円滑化経路協定区域である旨を当該移動等円滑化経路協定区域内に明示しなければならない。

（移動等円滑化経路協定の変更）

第四十四条　移動等円滑化経路協定区域内における土地所有者等（当該移動等円滑化経路協定の効力が及ばない者を除く。）は、移動等円滑化経路協定において定めた事項を変更しようとする場合においては、その全員の合意をもってその旨を定め、市町村長の認可を受けなければならない。

2　前二条の規定は、前項の変更の認可について準用する。

（移動等円滑化経路協定区域からの除外）

第四十五条　移動等円滑化経路協定区域内の土地（土地区画整理法第九十八条第一項の規定により仮換地として指定された土地に

あっては、当該土地に対応する従前の土地）で当該移動等円滑化経路協定の効力が及ばない者の所有するものの全部又は一部について借地権等が消滅した場合においては、当該借地権等の目的となっていた土地（同項の規定により仮換地として指定された土地に対応する従前の土地にあっては、当該土地についての仮換地として指定された土地）は、当該移動等円滑化経路協定区域から除外されるものとする。

2 移動等円滑化経路協定区域内の土地で土地区画整理法第九十八条第一項の規定により仮換地として指定されたものが、同法第八十六条第一項の換地計画又は大都市住宅等供給法第七十二条第一項の換地計画において当該土地に対応する従前の土地についての換地として定められず、かつ、土地区画整理法第九十一条第三項（大都市住宅等供給法第八十二条第一項において準用する場合を含む。）の規定により当該土地に対応する従前の土地の所有者に対してその共有持分を与えるように定められた土地としても定められなかったときは、当該土地は、土地区画整理法第百三条第四項（大都市住宅等供給法第八十三条において準用する場合を含む。）の公告があった日が終了した時において当該移動等円滑化経路協定区域から除外されるものとする。

3 前二項の規定により移動等円滑化経路協定区域内の土地が当該移動等円滑化経路協定区域から除外された場合においては、当該借地権等を有していた者又は当該仮換地として指定されていた土地に対応する従前の土地に係る土地所有者等（当該移動等円滑化経路協定の効力が及ばない者を除く。）は、遅滞なく、その旨を市町村長に届け出なければならない。

4 第四十三条第二項の規定は、前項の規定による届出があった場合その他市町村長が第一項又は第二項の規定により移動等円滑化経路協定区域内の土地が当該移動等円滑化経路協定区域から除外されたことを知った場合について準用する。

（移動等円滑化経路協定の効力）

第四十六条 第四十三条第二項（第四十四条第二項において準用する場合を含む。）の規定による認可の公告のあった移動等円滑化経路協定は、その公告のあった後において当該移動等円滑化経路協定区域内の土地所有者等となった者（当該移動等円滑化経路協定について第四十一条第一項又は第四十四条第一項の規定による合意をしなかった者の有する土地の所有権を承継した者を除く。）に対しても、その効力があるものとする。

（移動等円滑化経路協定の認可の公告のあった後移動等円滑化経路協定に加わる手続等）

第四十七条 移動等円滑化経路協定区域内の土地の所有者（土地区画整理法第九十八条第一項の規定により仮換地として指定された土地にあっては、当該土地に対応する従前の土地の所有者）で当該移動等円滑化経路協定の効力が及ばないものは、第四十三条第二項（第四十四条第二項において準用する場合を含む。）の規定による認可の公告があった後いつでも、市町村長に対して書面でその意思を表示することによって、当該移動等円滑化経路協定に加わることができる。

2 第四十三条第二項の規定は、前項の規定による意思の表示があった場合について準用する。

3 移動等円滑化経路協定は、第一項の規定により当該移動等円滑化経路協定に加わった者がその時において所有し、又は借地権等を有していた当該移動等円滑化経路協定区域内の土地（土地区画整理法第九十八条第一項の規定により仮換地として指定された土地にあっては、当該土地に対応する従前の土地）について、前項において準用する第四十三条第二項の規定による公告のあった後において土地所有者等となった者（前条の規定の適用がある者を除く。）に対しても、その効力があるものとする。

第六章 雑則

（資金の確保等）

第五十二条 国は、移動等円滑化を促進するために必要な資金の確保その他の措置を講ずるよう努めなければならない。

2　国は、移動等円滑化に関する情報提供の確保並びに研究開発の推進及びその成果の普及に努めなければならない。

附　則（抄）

（施行期日）

第一条　この法律は、公布の日（平成十八年六月二十一日）から起算して六月を超えない範囲内において政令で定める日（平成十八年十二月二十日）から施行する。

福祉用具の研究開発及び普及の促進に関する法律（抄）

（平成五・五・六　法律　三八）

最新改正　平成二六法律六七

第一章　総則

（目的）

第一条　この法律は、心身の機能が低下し日常生活を営むのに支障のある老人及び心身障害者の自立の促進並びにこれらの者の介護を行う者の負担の軽減を図るため、福祉用具の研究開発及び普及を促進し、もってこれらの者の福祉の増進に寄与し、あわせて産業技術の向上に資することを目的とする。

（定義）

第二条　この法律において「福祉用具」とは、心身の機能が低下し日常生活を営むのに支障のある老人（以下単に「老人」という。）又は心身障害者の日常生活上の便宜を図るための用具及びこれらの者の機能訓練のための用具並びに補装具をいう。

第二章　基本方針等

（基本方針）

第三条　厚生労働大臣及び経済産業大臣は、福祉用具の研究開発及び普及を促進するための措置に関する基本的な方針（以下「基本方針」という。）を定めなければならない。

2　基本方針に定める事項は、次のとおりとする。

一　福祉用具の研究開発及び普及の動向に関する事項

二　福祉用具の研究開発及び普及の目標に関する事項

三　福祉用具の研究開発及び普及を促進するため講じようとする施策の基本となるべき事項

四　福祉用具の研究開発及び普及を促進するため第五条各項に規定する事業者及び施設の開設者が講ずべき措置に関する事項

五　前各号に掲げるもののほか、福祉用具の研究開発及び普及の促進に関する重要事項

3　厚生労働大臣及び経済産業大臣は、基本方針を定めるに当たっては、老人及び心身障害者の心身の特性並びにこれらの者の置かれている環境並びに福祉用具に係る技術の動向を十分に踏まえるとともに、福祉用具の研究開発と普及が相互に連携して行われるように留意しなければならない。

4　厚生労働大臣及び経済産業大臣は、基本方針を定め、又はこれを変更したときは、遅滞なく、これを公表しなければならない。

（国及び地方公共団体の責務）

第四条　国は、この法律の目的を達成するた

めに必要な福祉用具の研究開発及び普及の促進を図るための財政上及び金融上の措置その他の措置を講ずるように努めなければならない。

2　地方公共団体は、福祉用具の普及の促進を図るために必要な措置を講ずるように努めなければならない。

3　国及び地方公共団体は、広報活動等を通じて、福祉用具に対する国民の関心と理解を深めるように努めなければならない。

（事業者等の責務）

第五条　福祉用具の製造の事業を行う者は、常に、老人及び心身障害者の心身の特性並びにこれらの者の置かれている環境を踏まえ、その製造する福祉用具の品質の向上及び利用者等からの苦情の適切な処理に努めなければならない。

2　福祉用具の販売又は賃貸の事業を行う者は、常に、老人及び心身障害者の心身の特性並びにこれらの者の置かれている環境を踏まえ、その管理に係る福祉用具を衛生的に取り扱うとともに、福祉用具の利用者の相談に応じて、当該利用者がその心身の状況及びその置かれている環境に応じた福祉用具を適切に利用できるように努めなければならない。

3　老人福祉施設、障害者支援施設その他の厚生労働省令で定める施設の開設者は、常に、老人及び心身障害者の心身の特性並びに当該施設の入所者等の心身の状況を踏まえ、必要な福祉用具の導入に努めなければならない。

（国有施設の使用）

第六条　国は、政令の定めるところにより、福祉用具の研究開発を行う者に国有の試験研究施設を使用させる場合において、福祉用具の研究開発を促進するため特に必要があると認めるときは、その使用の対価を時価よりも低く定めることができる。

第四章　地方公共団体の講ずる措置等

（市町村の講ずる措置）

第八条　市町村は、福祉用具の利用者がその心身の状況及びその置かれている環境に応じて、福祉用具を適切に利用できるよう、福祉用具に関する情報の提供、相談その他必要な措置を講ずるように努めなければならない。

（都道府県の講ずる措置）

第九条　都道府県は、福祉用具に関する情報の提供及び相談のうち専門的な知識及び技術を必要とするものを行うとともに、前条に規定する措置の実施に関し助言その他の援助を行うように努めなければならない。

（関係機関等との連携）

第十条　都道府県及び市町村は、前二条に規定する措置の実施に当たっては、関係機関及び関係団体等との連携に努めなければならない。

附　則（抄）

（施行期日）

第一条　この法律は、公布の日〔平成五年五月六日〕から起算して九月を超えない範囲内において政令で定める日〔平成五年十月一日〕から施行する。

介護保険法（抄）

（平成九・一二・一七　法律　一二三）

最新改正　令和元法律三七

第一章　総則

（目的）

第一条　この法律は、加齢に伴って生ずる心身の変化に起因する疾病等により要介護状態となり、入浴、排せつ、食事等の介護、機能訓練並びに看護及び療養上の管理その他の医療を要する者等について、これらの者が尊厳を保持し、その有する能力に応じ自立した日常生活を営むことができるよう、必要な保健医療サービス及び福祉サービスに係る給付を行うため、国民の共同連帯の理念に基づき介護保険制度を設け、その行う保険給付等に関して必要な事項を定め、もって国民の保健医療の向上及び福祉の増進を図ることを目的とする。

（介護保険）

第二条　介護保険は、被保険者の要介護状態又は要支援状態（以下「要介護状態等」という。）に関し、必要な保険給付を行うものとする。

2　前項の保険給付は、要介護状態等の軽減又は悪化の防止に資するよう行われるとともに、医療との連携に十分配慮して行われなければならない。

3　第一項の保険給付は、被保険者の心身の状況、その置かれている環境等に応じて、被保険者の選択に基づき、適切な保健医療サービス及び福祉サービスが、多様な事業者又は施設から、総合的かつ効率的に提供されるよう配慮して行われなければならない。

4　第一項の保険給付の内容及び水準は、被保険者が要介護状態となった場合においても、可能な限り、その居宅において、その有する能力に応じ自立した日常生活を営むことができるように配慮されなければならない。

（保険者）

第三条　市町村及び特別区は、この法律の定めるところにより、介護保険を行うものとする。

2　市町村及び特別区は、介護保険に関する収入及び支出について、政令で定めるところにより、特別会計を設けなければならない。

（国民の努力及び義務）

第四条　国民は、自ら要介護状態となることを予防するため、加齢に伴って生ずる心身の変化を自覚して常に健康の保持増進に努めるとともに、要介護状態となった場合においても、進んでリハビリテーションその他の適切な保健医療サービス及び福祉サービスを利用することにより、その有する能力の維持向上に努めるものとする。

2　国民は、共同連帯の理念に基づき、介護保険事業に要する費用を公平に負担するものとする。

（国及び地方公共団体の責務）

第五条　国は、介護保険事業の運営が健全かつ円滑に行われるよう保健医療サービス及び福祉サービスを提供する体制の確保に関する施策その他の必要な各般の措置を講じなければならない。

2　都道府県は、介護保険事業の運営が健全かつ円滑に行われるように、必要な助言及び適切な援助をしなければならない。

3　国及び地方公共団体は、被保険者が、可能な限り、住み慣れた地域でその有する能力に応じ自立した日常生活を営むことができるよう、保険給付に係る保健医療サービス及び福祉サービスに関する施策、要介護状態等となることの予防又は要介護状態等の軽減若しくは悪化の防止のための施策並びに地域における自立した日常生活の支援のための施策を、医療及び居住に関する施策との有機的な連携を図りつつ包括的に推進するよう努めなければならない。

4　国及び地方公共団体は、前項の規定により同項に掲げる施策を包括的に推進するに当たっては、障害者その他の者の福祉に関する施策との有機的な連携を図るよう努めなければならない。

（認知症に関する施策の総合的な推進等）

第五条の二　国及び地方公共団体は、認知症（脳血管疾患、アルツハイマー病その他の要因に基づく脳の器質的な変化により日常生活に支障が生じる程度にまで記憶機能及びその他の認知機能が低下した状態をいう。以下同じ。）に対する国民の関心及び理解を深め、認知症である者への支援が適切に行われるよう、認知症に関する知識の普及及び啓発に努めなければならない。

２　国及び地方公共団体は、被保険者に対して認知症に係る適切な保健医療サービス及び福祉サービスを提供するため、認知症の予防、診断及び治療並びに認知症である者の心身の特性に応じたリハビリテーション及び介護方法に関する調査研究の推進並びにその成果の活用に努めるとともに、認知症である者を現に介護する者の支援並びに認知症である者の支援に係る人材の確保及び資質の向上を図るために必要な措置を講ずることその他の認知症に関する施策を総合的に推進するよう努めなければならない。

３　国及び地方公共団体は、前項の施策の推進に当たっては、認知症である者及びその家族の意向の尊重に配慮するよう努めなければならない。

（医療保険者の協力）

第六条　医療保険者は、介護保険事業が健全かつ円滑に行われるよう協力しなければならない。

（定義）

第七条　この法律において「要介護状態」とは、身体上又は精神上の障害があるために、入浴、排せつ、食事等の日常生活における基本的な動作の全部又は一部について、厚生労働省令で定める期間にわたり継続して、常時介護を要すると見込まれる状態であって、その介護の必要の程度に応じて厚生労働省令で定める区分（以下「要介護状態区分」という。）のいずれかに該当するもの（要支援状態に該当するものを除く。）をいう。

２　この法律において、「要支援状態」とは、身体上若しくは精神上の障害があるために入浴、排せつ、食事等の日常生活における基本的な動作の全部若しくは一部について厚生労働省令で定める期間にわたり継続して常時介護を要する状態の軽減若しくは悪化の防止に特に資する支援を要すると見込まれ、又は身体上若しくは精神上の障害があるために厚生労働省令で定める期間にわたり継続して日常生活を営むのに支障があると見込まれる状態であって、支援の必要の程度に応じて厚生労働省令で定める区分（以下「要支援状態区分」という。）のいずれかに該当するものをいう。

３　この法律において「要介護者」とは、次の各号のいずれかに該当する者をいう。

一　要介護状態にある六十五歳以上の者

二　要介護状態にある四十歳以上六十五歳未満の者であって、その要介護状態の原因である身体上又は精神上の障害が加齢に伴って生ずる心身の変化に起因する疾病であって政令で定めるもの（以下「特定疾病」という。）によって生じたものであるもの

４　この法律において「要支援者」とは、次の各号のいずれかに該当する者をいう。

一　要支援状態にある六十五歳以上の者

二　要支援状態にある四十歳以上六十五歳未満の者であって、その要支援状態の原因である身体上又は精神上の障害が特定疾病によって生じたものであるもの

５　この法律において「介護支援専門員」とは、要介護者又は要支援者（以下「要介護者等」という。）からの相談に応じ、及び要介護者等がその心身の状況等に応じ適切な居宅サービス、地域密着型サービス、施設サービス、介護予防サービス若しくは地域密着型介護予防サービス又は特定介護予防・日常生活支援総合事業（第百十五条の四十五第一項第一号イに規定する第一号訪問事業、同号ロに規定する第一号通所事業又は同号ハに規定する第一号生活支援事業をいう。以下同じ。）を利用できるよう市町村、居宅サービス事業を行う者、地域密着型サービス事業を行う者、介護保険施設、介護予防サービス事業を行う者、地域密着型介護予防サービス事業を行う者、特定介護予防・日常生活支援総合事業を行う者等

との連絡調整等を行う者であって、要介護者等が自立した日常生活を営むのに必要な援助に関する専門的知識及び技術を有するものとして第六十九条の七第一項の介護支援専門員証の交付を受けたものをいう。

6　この法律において「医療保険各法」とは、次に掲げる法律をいう。

一　健康保険法（大正十一年法律第七十号）

二　船員保険法（昭和十四年法律第七十三号）

三　国民健康保険法（昭和三十三年法律第百九十二号）

四　国家公務員共済組合法（昭和三十三年法律第百二十八号）

五　地方公務員等共済組合法（昭和三十七年法律第百五十二号）

六　私立学校教職員共済法（昭和二十八年法律第二百四十五号）

7　この法律において「医療保険者」とは、医療保険各法の規定により医療に関する給付を行う全国健康保険協会、健康保険組合、都道府県及び市町村（特別区を含む。）、国民健康保険組合、共済組合又は日本私立学校振興・共済事業団をいう。

8　この法律において「医療保険加入者」とは、次に掲げる者をいう。

一　健康保険法の規定による被保険者。ただし、同法第三条第二項の規定による日雇特例被保険者を除く。

二　船員保険法の規定による被保険者

三　国民健康保険法の規定による被保険者

四　国家公務員共済組合法又は地方公務員等共済組合法に基づく共済組合の組合員

五　私立学校教職員共済法の規定による私立学校教職員共済制度の加入者

六　健康保険法、船員保険法、国家公務員共済組合法（他の法律において準用する場合を含む。）又は地方公務員等共済組合法の規定による被扶養者。ただし、健康保険法第三条第二項の規定による日雇特例被保険者の同法の規定による被扶養者を除く。

七　健康保険法第百二十六条の規定により日雇特例被保険者手帳の交付を受け、その手帳に健康保険印紙をはり付けるべき余白がなくなるに至るまでの間にある者及び同法の規定によるその者の被扶養者。ただし、同法第三条第二項ただし書の規定による承認を受けて同項の規定による日雇特例被保険者とならない期間内にある者及び同法第百二十六条第三項の規定により当該日雇特例被保険者手帳を返納した者並びに同法の規定によるその者の被扶養者を除く。

9　この法律において「社会保険各法」とは、次に掲げる法律をいう。

一　この法律

二　第六項各号（第四号を除く。）に掲げる法律

三　厚生年金保険法（昭和二十九年法律第百十五号）

四　国民年金法（昭和三十四年法律第百四十一号）

第八条　この法律において「居宅サービス」とは、訪問介護、訪問入浴介護、訪問看護、訪問リハビリテーション、居宅療養管理指導、通所介護、通所リハビリテーション、短期入所生活介護、短期入所療養介護、特定施設入居者生活介護、福祉用具貸与及び特定福祉用具販売をいい、「居宅サービス事業」とは、居宅サービスを行う事業をいう。

2　この法律において「訪問介護」とは、要介護者であって、居宅（老人福祉法（昭和三十八年法律第百三十三号）第二十条の六に規定する軽費老人ホーム、同法第二十九条第一項に規定する有料老人ホーム（第十一項及び第二十一項において「有料老人ホーム」という。）その他の厚生労働省令で定める施設における居室を含む。以下同じ。）において介護を受けるもの（以下「居宅要介護者」という。）について、その者の居宅において介護福祉士その他政令で定める者により行われる入浴、排せつ、食事等の介護その他の日常生活上の世話であって、厚生労働省令で定めるもの（定期巡回・随時対応型訪問介護看護（第十五項第二号に掲げるものに限る。）又は夜間対応型訪問介護に該当するものを除く。）をいう。

3　この法律において「訪問入浴介護」とは、

居宅要介護者について、その者の居宅を訪問し、浴槽を提供して行われる入浴の介護をいう。

4　この法律において「訪問看護」とは、居宅要介護者（主治の医師がその治療の必要の程度につき厚生労働省令で定める基準に適合していると認めたものに限る。）について、その者の居宅において看護師その他厚生労働省令で定める者により行われる療養上の世話又は必要な診療の補助をいう。

5　この法律において「訪問リハビリテーション」とは、居宅要介護者（主治の医師がその治療の必要の程度につき厚生労働省令で定める基準に適合していると認めたものに限る。）について、その者の居宅において、その心身の機能の維持回復を図り、日常生活の自立を助けるために行われる理学療法、作業療法その他必要なリハビリテーションをいう。

6　この法律において「居宅療養管理指導」とは、居宅要介護者について、病院、診療所又は薬局（以下「病院等」という。）の医師、歯科医師、薬剤師その他厚生労働省令で定める者により行われる療養上の管理及び指導であって、厚生労働省令で定めるものをいう。

7　この法律において「通所介護」とは、居宅要介護者について、老人福祉法第五条の二第三項の厚生労働省令で定める施設又は同法第二十条の二の二に規定する老人デイサービスセンターに通わせ、当該施設において入浴、排せつ、食事等の介護その他の日常生活上の世話であって厚生労働省令で定めるもの及び機能訓練を行うこと（利用定員が厚生労働省令で定める数以上であるものに限り、認知症対応型通所介護に該当するものを除く。）をいう。

8　この法律において「通所リハビリテーション」とは、居宅要介護者（主治の医師がその治療の必要の程度につき厚生労働省令で定める基準に適合していると認めたものに限る。）について、介護老人保健施設、介護医療院、病院、診療所その他の厚生労働省令で定める施設に通わせ、当該施設において、その心身の機能の維持回復を図り、日常生活の自立を助けるために行われる理学療法、作業療法その他必要なリハビリテーションをいう。

9　この法律において「短期入所生活介護」とは、居宅要介護者について、老人福祉法第五条の二第四項の厚生労働省令で定める施設又は同法第二十条の三に規定する老人短期入所施設に短期間入所させ、当該施設において入浴、排せつ、食事等の介護その他の日常生活上の世話及び機能訓練を行うことをいう。

10　この法律において「短期入所療養介護」とは、居宅要介護者（その治療の必要の程度につき厚生労働省令で定めるものに限る。）について、介護老人保健施設、介護医療院その他の厚生労働省令で定める施設に短期間入所させ、当該施設において看護、医学的管理の下における介護及び機能訓練その他必要な医療並びに日常生活上の世話を行うことをいう。

11　この法律において「特定施設」とは、有料老人ホームその他厚生労働省令で定める施設であって、第二十一項に規定する地域密着型特定施設でないものをいい、「特定施設入居者生活介護」とは、特定施設に入居している要介護者について、当該特定施設が提供するサービスの内容、これを担当する者その他厚生労働省令で定める事項を定めた計画に基づき行われる入浴、排せつ、食事等の介護その他の日常生活上の世話であって厚生労働省令で定めるもの、機能訓練及び療養上の世話をいう。

12　この法律において「福祉用具貸与」とは、居宅要介護者について福祉用具（心身の機能が低下し日常生活を営むのに支障がある要介護者等の日常生活上の便宜を図るための用具及び要介護者等の機能訓練のための用具であって、要介護者等の日常生活の自立を助けるためのものをいう。次項並びに次条第十項及び第十一項において同じ。）のうち厚生労働大臣が定めるものの政令で定めるところにより行われる貸与をいう。

13　この法律において「特定福祉用具販売」とは、居宅要介護者について福祉用具のうち入浴又は排せつの用に供するものその他の厚生労働大臣が定めるもの（以下「特定福祉用具」という。）の政令で定めるところにより行われる販売をいう。

14 この法律において「地域密着型サービス」とは、定期巡回・随時対応型訪問介護看護、夜間対応型訪問介護、地域密着型通所介護、認知症対応型通所介護、小規模多機能型居宅介護、認知症対応型共同生活介護、地域密着型特定施設入居者生活介護、地域密着型介護老人福祉施設入所者生活介護及び複合型サービスをいい、「特定地域密着型サービス」とは、定期巡回・随時対応型訪問介護看護、夜間対応型訪問介護、地域密着型通所介護、認知症対応型通所介護、小規模多機能型居宅介護及び複合型サービスをいい、「地域密着型サービス事業」とは、地域密着型サービスを行う事業をいう。

15 この法律において「定期巡回・随時対応型訪問介護看護」とは、次の各号のいずれかに該当するものをいう。

一 居宅要介護者について、定期的な巡回訪問により、又は随時通報を受け、その者の居宅において、介護福祉士その他第二項の政令で定める者により行われる入浴、排せつ、食事等の介護その他の日常生活上の世話であって、厚生労働省令で定めるものを行うとともに、看護師その他厚生労働省令で定める者により行われる療養上の世話又は必要な診療の補助を行うこと。ただし、療養上の世話又は必要な診療の補助にあっては、主治の医師がその治療の必要の程度につき厚生労働省令で定める基準に適合していると認めた居宅要介護者についてのものに限る。

二 居宅要介護者について、定期的な巡回訪問により、又は随時通報を受け、訪問看護を行う事業所と連携しつつ、その者の居宅において介護福祉士その他第二項の政令で定める者により行われる入浴、排せつ、食事等の介護その他の日常生活上の世話であって、厚生労働省令で定めるものを行うこと。

16 この法律において「夜間対応型訪問介護」とは、居宅要介護者について、夜間において、定期的な巡回訪問により、又は随時通報を受け、その者の居宅において介護福祉士その他第二項の政令で定める者により行われる入浴、排せつ、食事等の介護その他の日常生活上の世話であって、厚生労働省令で定めるもの（定期巡回・随時対応型訪問介護看護に該当するものを除く。）をいう。

17 この法律において「地域密着型通所介護」とは、居宅要介護者について、老人福祉法第五条の二第三項の厚生労働省令で定める施設又は同法第二十条の二の二に規定する老人デイサービスセンターに通わせ、当該施設において入浴、排せつ、食事等の介護その他の日常生活上の世話であって厚生労働省令で定めるもの及び機能訓練を行うこと（利用定員が第七項の厚生労働省令で定める数未満であるものに限り、認知症対応型通所介護に該当するものを除く。）をいう。

18 この法律において「認知症対応型通所介護」とは、居宅要介護者であって、認知症であるものについて、老人福祉法第五条の二第三項の厚生労働省令で定める施設又は同法第二十条の二の二に規定する老人デイサービスセンターに通わせ、当該施設において入浴、排せつ、食事等の介護その他の日常生活上の世話であって厚生労働省令で定めるもの及び機能訓練を行うことをいう。

19 この法律において「小規模多機能型居宅介護」とは、居宅要介護者について、その者の心身の状況、その置かれている環境等に応じて、その者の選択に基づき、その者の居宅において、又は厚生労働省令で定めるサービスの拠点に通わせ、若しくは短期間宿泊させ、当該拠点において、入浴、排せつ、食事等の介護その他の日常生活上の世話であって厚生労働省令で定めるもの及び機能訓練を行うことをいう。

20 この法律において「認知症対応型共同生活介護」とは、要介護者であって認知症であるもの（その者の認知症の原因となる疾患が急性の状態にある者を除く。）について、その共同生活を営むべき住居において、入浴、排せつ、食事等の介護その他の日常生活上の世話及び機能訓練を行うことをいう。

21　この法律において「地域密着型特定施設入居者生活介護」とは、有料老人ホームその他第十一項の厚生労働省令で定める施設であって、その入居者が要介護者、その配偶者その他厚生労働省令で定める者に限られるもの（以下「介護専用型特定施設」という。）のうち、その入居定員が二十九人以下であるもの（以下この項において「地域密着型特定施設」という。）に入居している要介護者について、当該地域密着型特定施設が提供するサービスの内容、これを担当する者その他厚生労働省令で定める事項を定めた計画に基づき行われる入浴、排せつ、食事等の介護その他の日常生活上の世話であって厚生労働省令で定めるもの、機能訓練及び療養上の世話をいう。

22　この法律において「地域密着型介護老人福祉施設」とは、老人福祉法第二十条の五に規定する特別養護老人ホーム（入所定員が二十九人以下であるものに限る。以下この項において同じ。）であって、当該特別養護老人ホームに入所する要介護者（厚生労働省令で定める要介護状態区分に該当する状態である者その他居宅において日常生活を営むことが困難な者として厚生労働省令で定めるものに限る。以下この項及び第二十七項において同じ。）に対し、地域密着型施設サービス計画（地域密着型介護老人福祉施設に入所している要介護者について、当該施設が提供するサービスの内容、これを担当する者その他厚生労働省令で定める事項を定めた計画をいう。以下この項において同じ。）に基づいて、入浴、排せつ、食事等の介護その他の日常生活上の世話、機能訓練、健康管理及び療養上の世話を行うことを目的とする施設をいい、「地域密着型介護老人福祉施設入所者生活介護」とは、地域密着型介護老人福祉施設に入所する要介護者に対し、地域密着型施設サービス計画に基づいて行われる入浴、排せつ、食事等の介護その他の日常生活上の世話、機能訓練、健康管理及び療養上の世話をいう。

23　この法律において「複合型サービス」とは、居宅要介護者について、訪問介護、訪問入浴介護、訪問看護、訪問リハビリテーション、居宅療養管理指導、通所介護、通所リハビリテーション、短期入所生活介護、短期入所療養介護、定期巡回・随時対応型訪問介護看護、夜間対応型訪問介護、地域密着型通所介護、認知症対応型通所介護又は小規模多機能型居宅介護を二種類以上組み合わせることにより提供されるサービスのうち、訪問看護及び小規模多機能型居宅介護の組合せその他の居宅要介護者について一体的に提供されることが特に効果的かつ効率的なサービスの組合せにより提供されるサービスとして厚生労働省令で定めるものをいう。

24　この法律において「居宅介護支援」とは、居宅要介護者が第四十一条第一項に規定する指定居宅サービス又は特例居宅介護サービス費に係る居宅サービス若しくはこれに相当するサービス、第四十二条の二第一項に規定する指定地域密着型サービス又は特例地域密着型介護サービス費に係る地域密着型サービス若しくはこれに相当するサービス及びその他の居宅において日常生活を営むために必要な保健医療サービス又は福祉サービス（以下この項において「指定居宅サービス等」という。）の適切な利用等をすることができるよう、当該居宅要介護者の依頼を受けて、その心身の状況、その置かれている環境、当該居宅要介護者及びその家族の希望等を勘案し、利用する指定居宅サービス等の種類及び内容、これを担当する者その他厚生労働省令で定める事項を定めた計画（以下この項、第百十五条の四十五第二項第三号及び別表において「居宅サービス計画」という。）を作成するとともに、当該居宅サービス計画に基づく指定居宅サービス等の提供が確保されるよう、第四十一条第一項に規定する指定居宅サービス事業者、第四十二条の二第一項に規定する指定地域密着型サービス事業者その他の者との連絡調整その他の便宜の提供を行い、並びに当該居宅要介護者が地域密着型介護老人福祉施設又は介護保険施設への入所を要する場合にあっては、地域密着型介護老人福祉施設又は介護保険施設への紹介その他の便宜の提供を行うことをいい、「居宅介護支援事業」とは、居宅介護支援を行う事業をいう。

25　この法律において「介護保険施設」とは、第四十八条第一項第一号に規定する指定介護老人福祉施設、介護老人保健施設及び介護医療院をいう。

26　この法律において「施設サービス」とは、介護福祉施設サービス、介護保健施設サービス及び介護医療院サービスをいい、「施設サービス計画」とは、介護老人福祉施設、介護老人保健施設又は介護医療院に入所している要介護者について、これらの施設が提供するサービスの内容、これを担当する者その他厚生労働省令で定める事項を定めた計画をいう。

27　この法律において「介護老人福祉施設」とは、老人福祉法第二十条の五に規定する特別養護老人ホーム（入所定員が三十人以上であるものに限る。以下この項において同じ。）であって、当該特別養護老人ホームに入所する要介護者に対し、施設サービス計画に基づいて、入浴、排せつ、食事等の介護その他の日常生活上の世話、機能訓練、健康管理及び療養上の世話を行うことを目的とする施設をいい、「介護福祉施設サービス」とは、介護老人福祉施設に入所する要介護者に対し、施設サービス計画に基づいて行われる入浴、排せつ、食事等の介護その他の日常生活上の世話、機能訓練、健康管理及び療養上の世話をいう。

28　この法律において「介護老人保健施設」とは、要介護者であって、主としてその心身の機能の維持回復を図り、居宅における生活を営むことができるようにするための支援が必要である者（その治療の必要の程度につき厚生労働省令で定めるものに限る。以下この項において単に「要介護者」という。）に対し、施設サービス計画に基づいて、看護、医学的管理の下における介護及び機能訓練その他必要な医療並びに日常生活上の世話を行うことを目的とする施設として、第九十四条第一項の都道府県知事の許可を受けたものをいい、「介護保健施設サービス」とは、介護老人保健施設に入所する要介護者に対し、施設サービス計画に基づいて行われる看護、医学的管理の下における介護及び機能訓練その他必要な医療並びに日常生活上の世話をいう。

29　この法律において「介護医療院」とは、要介護者であって、主として長期にわたり療養が必要である者（その治療の必要の程度につき厚生労働省令で定めるものに限る。以下この項において単に「要介護者」という。）に対し、施設サービス計画に基づいて、療養上の管理、看護、医学的管理の下における介護及び機能訓練その他必要な医療並びに日常生活上の世話を行うことを目的とする施設として、第百七条第一項の都道府県知事の許可を受けたものをいい、「介護医療院サービス」とは、介護医療院に入所する要介護者に対し、施設サービス計画に基づいて行われる療養上の管理、看護、医学的管理の下における介護及び機能訓練その他必要な医療並びに日常生活上の世話をいう。

第八条の二　この法律において「介護予防サービス」とは、介護予防訪問入浴介護、介護予防訪問看護、介護予防訪問リハビリテーション、介護予防居宅療養管理指導、介護予防通所リハビリテーション、介護予防短期入所生活介護、介護予防短期入所療養介護、介護予防特定施設入居者生活介護、介護予防福祉用具貸与及び特定介護予防福祉用具販売をいい、「介護予防サービス事業」とは、介護予防サービスを行う事業をいう。

2　この法律において「介護予防訪問入浴介護」とは、要支援者であって、居宅において支援を受けるもの（以下「居宅要支援者」という。）について、その介護予防（身体上又は精神上の障害があるために入浴、排せつ、食事等の日常生活における基本的な動作の全部若しくは一部について常時介護を要し、又は日常生活を営むのに支障がある状態の軽減又は悪化の防止をいう。以下同じ。）を目的として、厚生労働省令で定める場合に、その者の居宅を訪問し、厚生労働省令で定める期間にわたり浴槽を提供して行われる入浴の介護をいう。

3　この法律において「介護予防訪問看護」とは、居宅要支援者（主治の医師がその治療の必要の程度につき厚生労働省令で定める基準に適合していると認めたものに限る。）について、その者の居宅において、その介護予防を目的として、看護師その他厚生労働省令で定める者により、厚生労働省令で定める期間にわたり行われる療養上の世話又は必要な診療の補助をいう。

4　この法律において「介護予防訪問リハビリテーション」とは、居宅要支援者（主治の医師がその治療の必要の程度につき厚生労働省令で定める基準に適合していると認めたものに限る。）について、その者の居宅において、その介護予防を目的として、厚生労働省令で定める期間にわたり行われる理学療法、作業療法その他必要なリハビリテーションをいう。

5　この法律において「介護予防居宅療養管理指導」とは、居宅要支援者について、その介護予防を目的として、病院等の医師、歯科医師、薬剤師その他厚生労働省令で定める者により行われる療養上の管理及び指導であって、厚生労働省令で定めるものをいう。

6　この法律において「介護予防通所リハビリテーション」とは、居宅要支援者（主治の医師がその治療の必要の程度につき厚生労働省令で定める基準に適合していると認めたものに限る。）について、介護老人保健施設、介護医療院、病院、診療所その他の厚生労働省令で定める施設に通わせ、当該施設において、その介護予防を目的として、厚生労働省令で定める期間にわたり行われる理学療法、作業療法その他必要なリハビリテーションをいう。

7　この法律において「介護予防短期入所生活介護」とは、居宅要支援者について、老人福祉法第五条の二第四項の厚生労働省令で定める施設又は同法第二十条の三に規定する老人短期入所施設に短期間入所させ、その介護予防を目的として、厚生労働省令で定める期間にわたり、当該施設において入浴、排せつ、食事等の介護その他の日常生活上の支援及び機能訓練を行うことをいう。

8　この法律において「介護予防短期入所療養介護」とは、居宅要支援者（その治療の必要の程度につき厚生労働省令で定めるものに限る。）について、介護老人保健施設、介護医療院その他の厚生労働省令で定める施設に短期間入所させ、その介護予防を目的として、厚生労働省令で定める期間にわたり、当該施設において看護、医学的管理の下における介護及び機能訓練その他必要な医療並びに日常生活上の支援を行うことをいう。

9　この法律において「介護予防特定施設入居者生活介護」とは、特定施設（介護専用型特定施設を除く。）に入居している要支援者について、その介護予防を目的として、当該特定施設が提供するサービスの内容、これを担当する者その他厚生労働省令で定める事項を定めた計画に基づき行われる入浴、排せつ、食事等の介護その他の日常生活上の支援であって厚生労働省令で定めるもの、機能訓練及び療養上の世話をいう。

10　この法律において「介護予防福祉用具貸与」とは、居宅要支援者について福祉用具のうちその介護予防に資するものとして厚生労働大臣が定めるものの政令で定めるところにより行われる貸与をいう。

11　この法律において「特定介護予防福祉用具販売」とは、居宅要支援者について福祉用具のうちその介護予防に資するものであって入浴又は排せつの用に供するものその他の厚生労働大臣が定めるもの（以下「特定介護予防福祉用具」という。）の政令で定めるところにより行われる販売をいう。

12　この法律において「地域密着型介護予防サービス」とは、介護予防認知症対応型通所介護、介護予防小規模多機能型居宅介護及び介護予防認知症対応型共同生活介護をいい、「特定地域密着型介護予防サービス」とは、介護予防認知症対応型通所介護及び介護予防小規模多機能型居宅介護をいい、「地域密着型介護予防サービス事業」とは、地域密着型介護予防サービスを行う事業をいう。

13　この法律において「介護予防認知症対応型通所介護」とは、居宅要支援者であって、認知症であるものについて、その介護予防を目的として、老人福祉法第五条の二第三項の厚生労働省令で定める施設又は同法第二十条の二の二に規定する老人デイサービスセンターに通わせ、当該施設において、厚生労働省令で定める期間にわたり、入浴、排せつ、食事等の介護その他の日常生活上の支援であって厚生労働省令で定めるもの及び機能訓練を行うことをいう。

14　この法律において「介護予防小規模多機能型居宅介護」とは、居宅要支援者について、その者の心身の状況、その置かれている環境等に応じて、その者の選択に基づき、その者の居宅において、又は厚生労働省令で定めるサービスの拠点に通わせ、若しくは短期間宿泊させ、当該拠点において、その介護予防を目的として、入浴、排せつ、食事等の介護その他の日常生活上の支援であって厚生労働省令で定めるもの及び機能訓練を行うことをいう。

15　この法律において「介護予防認知症対応型共同生活介護」とは、要支援者（厚生労働省令で定める要支援状態区分に該当する状態である者に限る。）であって認知症であるもの（その者の認知症の原因となる疾患が急性の状態にある者を除く。）について、その共同生活を営むべき住居において、その介護予防を目的として、入浴、排せつ、食事等の介護その他の日常生活上の支援及び機能訓練を行うことをいう。

16　この法律において「介護予防支援」とは、居宅要支援者が第五十三条第一項に規定する指定介護予防サービス又は特例介護予防サービス費に係る介護予防サービス若しくはこれに相当するサービス、第五十四条の二第一項に規定する指定地域密着型介護予防サービス又は特例地域密着型介護予防サービス費に係る地域密着型介護予防サービス若しくはこれに相当するサービス、特定介護予防・日常生活支援総合事業（市町村、第百十五条の四十五の三第一項に規定する指定事業者又は第百十五条の四十七第六項の受託者が行うものに限る。以下この項及び第三十二条第四項第二号において同じ。）及びその他の介護予防に資する保健医療サービス又は福祉サービス（以下この項において「指定介護予防サービス等」という。）の適切な利用等をすることができるよう、第百十五条の四十六第一項に規定する地域包括支援センターの職員のうち厚生労働省令で定める者が、当該居宅要支援者の依頼を受けて、その心身の状況、その置かれている環境、当該居宅要支援者及びその家族の希望等を勘案し、利用する指定介護予防サービス等の種類及び内容、これを担当する者その他厚生労働省令で定める事項を定めた計画（以下この項及び別表において「介護予防サービス計画」という。）を作成するとともに、当該介護予防サービス計画に基づく指定介護予防サービス等の提供が確保されるよう、第五十三条第一項に規定する指定介護予防サービス事業者、第五十四条の二第一項に規定する指定地域密着型介護予防サービス事業者、特定介護予防・日常生活支援総合事業を行う者その他の者との連絡調整その他の便宜の提供を行うことをいい、「介護予防支援事業」とは、介護予防支援を行う事業をいう。

第二章　被保険者

（被保険者）

第九条　次の各号のいずれかに該当する者は、市町村又は特別区（以下単に「市町村」という。）が行う介護保険の被保険者とする。

一　市町村の区域内に住所を有する六十五歳以上の者（以下「第一号被保険者」という。）

二　市町村の区域内に住所を有する四十歳以上六十五歳未満の医療保険加入者（以下「第二号被保険者」という。）

（資格取得の時期）

第十条　前条の規定による当該市町村が行う介護保険の被保険者は、次の各号のいずれかに該当するに至った日から、その資格を取得する。

一　当該市町村の区域内に住所を有する医療保険加入者が四十歳に達したとき。

二　四十歳以上六十五歳未満の医療保険加入者又は六十五歳以上の者が当該市町村の区域内に住所を有するに至ったとき。
三　当該市町村の区域内に住所を有する四十歳以上六十五歳未満の者が医療保険加入者となったとき。
四　当該市町村の区域内に住所を有する者（医療保険加入者を除く。）が六十五歳に達したとき。

（資格喪失の時期）

第十一条　第九条の規定による当該市町村が行う介護保険の被保険者は、当該市町村の区域内に住所を有しなくなった日の翌日から、その資格を喪失する。ただし、当該市町村の区域内に住所を有しなくなった日に他の市町村の区域内に住所を有するに至ったときは、その日から、その資格を喪失する。

2　第二号被保険者は、医療保険加入者でなくなった日から、その資格を喪失する。

（住所地特例対象施設に入所又は入居中の被保険者の特例）

第十三条　次に掲げる施設（以下「住所地特例対象施設」という。）に入所又は入居（以下「入所等」という。）をすることにより当該住所地特例対象施設の所在する場所に住所を変更したと認められる被保険者（第三号に掲げる施設に入所することにより当該施設の所在する場所に住所を変更したと認められる被保険者にあっては、老人福祉法第十一条第一項第一号の規定による入所措置がとられた者に限る。以下この項及び次項において「住所地特例対象被保険者」という。）であって、当該住所地特例対象施設に入所等をした際他の市町村（当該住所地特例対象施設が所在する市町村以外の市町村をいう。）の区域内に住所を有していたと認められるものは、第九条の規定にかかわらず、当該他の市町村が行う介護保険の被保険者とする。ただし、二以上の住所地特例対象施設に継続して入所等をしている住所地特例対象被保険者であって、現に入所等をしている住所地特例対象施設（以下この項及び次項において「現入所施設」という。）に入所等をする直前に入所等をしていた住所地特例対象施設（以下この項において「直前入所施設」という。）及び現入所施設のそれぞれに入所等をすることにより直前入所施設及び現入所施設のそれぞれの所在する場所に順次住所を変更したと認められるもの（次項において「特定継続入所被保険者」という。）については、この限りでない。
一　介護保険施設
二　特定施設
三　老人福祉法第二十条の四に規定する養護老人ホーム

2　特定継続入所被保険者のうち、次の各号に掲げるものは、第九条の規定にかかわらず、当該各号に定める市町村が行う介護保険の被保険者とする。
一　継続して入所等をしている二以上の住所地特例対象施設のそれぞれに入所等をすることによりそれぞれの住所地特例対象施設の所在する場所に順次住所を変更したと認められる住所地特例対象被保険者であって、当該二以上の住所地特例対象施設のうち最初の住所地特例対象施設に入所等をした際他の市町村（現入所施設が所在する市町村以外の市町村をいう。）の区域内に住所を有していたと認められるもの　当該他の市町村
二　継続して入所等をしている二以上の住所地特例対象施設のうち一の住所地特例対象施設から継続して他の住所地特例対象施設に入所等をすること（以下この号において「継続入所等」という。）により当該一の住所地特例対象施設の所在する場所以外の場所から当該他の住所地特例対象施設の所在する場所への住所の変更（以下この号において「特定住所変更」という。）を行ったと認められる住所地特例対象被保険者であって、最後に行った特定住所変更に係る継続入所等の際他の市町村（現入所施設が所在する市町村以外の市町村をいう。）の区域内に住所を有していたと認められるもの　当該他の市町村

3　第一項の規定により同項に規定する当該他の市町村が行う介護保険の被保険者とさ

れた者又は前項の規定により同項各号に定める当該他の市町村が行う介護保険の被保険者とされた者（以下「住所地特例適用被保険者」という。）が入所等をしている住所地特例対象施設は、当該住所地特例対象施設の所在する市町村（以下「施設所在市町村」という。）及び当該住所地特例適用被保険者に対し介護保険を行う市町村に、必要な協力をしなければならない。

第三章　介護認定審査会

（介護認定審査会）

第十四条　第三十八条第二項に規定する審査判定業務を行わせるため、市町村に介護認定審査会（以下「認定審査会」という。）を置く。

（委員）

第十五条　認定審査会の委員の定数は、政令で定める基準に従い条例で定める数とする。

2　委員は、要介護者等の保健、医療又は福祉に関する学識経験を有する者のうちから、市町村長（特別区にあっては、区長。以下同じ。）が任命する。

（共同設置の支援）

第十六条　都道府県は、認定審査会について地方自治法（昭和二十二年法律第六十七号）第二百五十二条の七第一項の規定による共同設置をしようとする市町村の求めに応じ、市町村相互間における必要な調整を行うことができる。

2　都道府県は、認定審査会を共同設置した市町村に対し、その円滑な運営が確保されるように必要な技術的な助言その他の援助をすることができる。

（政令への委任規定）

第十七条　この法律に定めるもののほか、認定審査会に関し必要な事項は、政令で定める。

第四章　保険給付

第一節　通則

（保険給付の種類）

第十八条　この法律による保険給付は、次に掲げる保険給付とする。

一　被保険者の要介護状態に関する保険給付（以下「介護給付」という。）

二　被保険者の要支援状態に関する保険給付（以下「予防給付」という。）

三　前二号に掲げるもののほか、要介護状態等の軽減又は悪化の防止に資する保険給付として条例で定めるもの（第五節において「市町村特別給付」という。）

（市町村の認定）

第十九条　介護給付を受けようとする被保険者は、要介護者に該当すること及びその該当する要介護状態区分について、市町村の認定（以下「要介護認定」という。）を受けなければならない。

2　予防給付を受けようとする被保険者は、要支援者に該当すること及びその該当する要支援状態区分について、市町村の認定（以下「要支援認定」という。）を受けなければならない。

（他の法令による給付との調整）

第二十条　介護給付又は予防給付（以下「介護給付等」という。）は、当該要介護状態等につき、労働者災害補償保険法（昭和二十二年法律第五十号）の規定による療養補償給付若しくは療養給付その他の法令に基づく給付であって政令で定めるもののうち介護給付等に相当するものを受けることができるときは政令で定める限度において、又は当該政令で定める給付以外の給付であって国若しくは地方公共団体の負担において介護給付等に相当するものが行われたときはその限度において、行わない。

（損害賠償請求権）

第二十一条　市町村は、給付事由が第三者の行為によって生じた場合において、保険給付を行ったときは、その給付の価額の限度において、被保険者が第三者に対して有する損害賠償の請求権を取得する。

2　前項に規定する場合において、保険給付を受けるべき者が第三者から同一の事由について損害賠償を受けたときは、市町村は、その価額の限度において、保険給付を行う責めを免れる。

3　市町村は、第一項の規定により取得した請求権に係る損害賠償金の徴収又は収納の事務を国民健康保険法第四十五条第五項に規定する国民健康保険団体連合会（以下「連合会」という。）であって厚生労働省令で定めるものに委託することができる。

（不正利得の徴収等）

第二十二条　偽りその他不正の行為によって保険給付を受けた者があるときは、市町村は、その者からその給付の価額の全部又は一部を徴収することができるほか、当該偽りその他不正の行為によって受けた保険給付が第五十一条の三第一項の規定による特定入所者介護サービス費の支給、第五十一条の四第一項の規定による特例特定入所者介護サービス費の支給、第六十一条の三第一項の規定による特定入所者介護予防サービス費の支給又は第六十一条の四第一項の規定による特例特定入所者介護予防サービス費の支給であるときは、市町村は、厚生労働大臣の定める基準により、その者から当該偽りその他不正の行為によって支給を受けた額の百分の二百に相当する額以下の金額を徴収することができる。

2　前項に規定する場合において、訪問看護、訪問リハビリテーション、通所リハビリテーション若しくは短期入所療養介護、定期巡回・随時対応型訪問介護看護又は介護予防訪問看護、介護予防訪問リハビリテーション、介護予防通所リハビリテーション若しくは介護予防短期入所療養介護についてその治療の必要の程度につき診断する医師その他居宅サービス若しくはこれに相当するサービス、地域密着型サービス若しくはこれに相当するサービス、施設サービス又は介護予防サービス若しくはこれに相当するサービスに従事する医師又は歯科医師が、市町村に提出されるべき診断書に虚偽の記載をしたため、その保険給付が行われたものであるときは、市町村は、当該医師又は歯科医師に対し、保険給付を受けた者に連帯して同項の徴収金を納付すべきことを命ずることができる。

3　市町村は、第四十一条第一項に規定する指定居宅サービス事業者、第四十二条の二第一項に規定する指定地域密着型サービス事業者、第四十六条第一項に規定する指定居宅介護支援事業者、介護保険施設、第五十三条第一項に規定する指定介護予防サービス事業者、第五十四条の二第一項に規定する指定地域密着型介護予防サービス事業者又は第五十八条第一項に規定する指定介護予防支援事業者（以下この項において「指定居宅サービス事業者等」という。）が、偽りその他不正の行為により第四十一条第六項、第四十二条の二第六項、第四十六条第四項、第四十八条第四項、第五十一条の三第四項、第五十三条第四項、第五十四条の二第六項、第五十八条第四項又は第六十一条の三第四項の規定による支払を受けたときは、当該指定居宅サービス事業者等から、その支払った額につき返還させるべき額を徴収するほか、その返還させるべき額に百分の四十を乗じて得た額を徴収することができる。

（文書の提出等）

第二十三条　市町村は、保険給付に関して必要があると認めるときは、当該保険給付を受ける者若しくは当該保険給付に係る居宅サービス等（居宅サービス（これに相当するサービスを含む。）、地域密着型サービス（これに相当するサービスを含む。）、居宅介護支援（これに相当するサービスを含む。）、施設サービス、介護予防サービス（これに相当するサービスを含む。）、地域密着型介護予防サービス（これに相当するサービスを含む。）若しくは介護予防支援（これに相当するサービスを含む。）をいう。以下同じ。）を担当する者若しくは保険給付に係る第四十五条第一項に規定する住宅改修を行う者又はこれらの者であった者（第二十四条の二第一項第一号において「照会等対象者」という。）に対し、文書その他の物件の提出若しくは提示を求め、若しくは依頼し、又は当該職員に質問若しくは照会をさせることができる。

（帳簿書類の提示等）

第二十四条　厚生労働大臣又は都道府県知事は、介護給付等（居宅介護住宅改修費の支給及び介護予防住宅改修費の支給を除く。次項及び第二百八条において同じ。）に関して必要があると認めるときは、居宅サー

高齢者福祉

ビス等を行った者又はこれを使用する者に対し、その行った居宅サービス等に関し、報告若しくは当該居宅サービス等の提供の記録、帳簿書類その他の物件の提示を命じ、又は当該職員に質問させることができる。

2　厚生労働大臣又は都道府県知事は、必要があると認めるときは、介護給付等を受けた被保険者又は被保険者であった者に対し、当該介護給付等に係る居宅サービス等（以下「介護給付等対象サービス」という。）の内容に関し、報告を命じ、又は当該職員に質問させることができる。

3　前二項の規定による質問を行う場合においては、当該職員は、その身分を示す証明書を携帯し、かつ、関係人の請求があるときは、これを提示しなければならない。

4　第一項及び第二項の規定による権限は、犯罪捜査のために認められたものと解釈してはならない。

（指定市町村事務受託法人）

第二十四条の二　市町村は、次に掲げる事務の一部を、法人であって厚生労働省令で定める要件に該当し、当該事務を適正に実施することができると認められるものとして都道府県知事が指定するもの（以下この条において「指定市町村事務受託法人」という。）に委託することができる。

一　第二十三条に規定する事務（照会等対象者の選定に係るものを除く。）

二　第二十七条第二項（第二十八条第四項、第二十九条第二項、第三十条第二項、第三十一条第二項及び第三十二条第二項（第三十三条第四項、第三十三条の二第二項、第三十三条の三第二項及び第三十四条第二項において準用する場合を含む。）において準用する場合を含む。）の規定による調査に関する事務

三　その他厚生労働省令で定める事務

2　指定市町村事務受託法人は、前項第二号の事務を行うときは、介護支援専門員その他厚生労働省令で定める者に当該委託に係る調査を行わせるものとする。

3　指定市町村事務受託法人の役員若しくは職員（前項の介護支援専門員その他厚生労働省令で定める者を含む。次項において同じ。）又はこれらの職にあった者は、正当な理由なしに、当該委託事務に関して知り得た秘密を漏らしてはならない。

4　指定市町村事務受託法人の役員又は職員で、当該委託事務に従事するものは、刑法（明治四十年法律第四十五号）その他の罰則の適用については、法令により公務に従事する職員とみなす。

5　市町村は、第一項の規定により同項第一号又は第三号に掲げる事務を委託したときは、厚生労働省令で定めるところにより、その旨を公示しなければならない。

6　前各項に定めるもののほか、指定市町村事務受託法人に関し必要な事項は、政令で定める。

（指定都道府県事務受託法人）

第二十四条の三　都道府県は、次に掲げる事務の一部を、法人であって厚生労働省令で定める要件に該当し、当該事務を適正に実施することができると認められるものとして都道府県知事が指定するもの（以下「指定都道府県事務受託法人」という。）に委託することができる。

一　第二十四条第一項及び第二項に規定する事務（これらの項の規定による命令及び質問の対象となる者の選定に係るもの並びに当該命令を除く。）

二　その他厚生労働省令で定める事務

2　指定都道府県事務受託法人の役員若しくは職員又はこれらの職にあった者は、正当な理由なしに、当該委託事務に関して知り得た秘密を漏らしてはならない。

3　指定都道府県事務受託法人の役員又は職員で、当該委託事務に従事するものは、刑法その他の罰則の適用については、法令により公務に従事する職員とみなす。

4　都道府県は、第一項の規定により事務を委託したときは、厚生労働省令で定めるところにより、その旨を公示しなければならない。

5　第二十四条第三項の規定は、第一項の規定により委託を受けて行う同条第一項及び第二項の規定による質問について準用する。

6　前各項に定めるもののほか、指定都道府

県事務受託法人に関し必要な事項は、政令で定める。

（**受給権の保護**）

第二十五条　保険給付を受ける権利は、譲り渡し、担保に供し、又は差し押さえることができない。

（**租税その他の公課の禁止**）

第二十六条　租税その他の公課は、保険給付として支給を受けた金品を標準として、課することができない。

第二節　認定

（**要介護認定**）

第二十七条　要介護認定を受けようとする被保険者は、厚生労働省令で定めるところにより、申請書に被保険者証を添付して市町村に申請をしなければならない。この場合において、当該被保険者は、厚生労働省令で定めるところにより、第四十六条第一項に規定する指定居宅介護支援事業者、地域密着型介護老人福祉施設若しくは介護保険施設であって厚生労働省令で定めるもの又は第百十五条の四十六第一項に規定する地域包括支援センターに、当該申請に関する手続を代わって行わせることができる。

2　市町村は、前項の申請があったときは、当該職員をして、当該申請に係る被保険者に面接させ、その心身の状況、その置かれている環境その他厚生労働省令で定める事項について調査をさせるものとする。この場合において、市町村は、当該被保険者が遠隔の地に居所を有するときは、当該調査を他の市町村に嘱託することができる。

3　市町村は、第一項の申請があったときは、当該申請に係る被保険者の主治の医師に対し、当該被保険者の身体上又は精神上の障害の原因である疾病又は負傷の状況等につき意見を求めるものとする。ただし、当該被保険者に係る主治の医師がないときその他当該意見を求めることが困難なときは、市町村は、当該被保険者に対して、その指定する医師又は当該職員で医師であるものの診断を受けるべきことを命ずることができる。

4　市町村は、第二項の調査（第二十四条の二第一項第二号の規定により委託された場合にあっては、当該委託に係る調査を含む。）の結果、前項の主治の医師の意見又は指定する医師若しくは当該職員で医師であるものの診断の結果その他厚生労働省令で定める事項を認定審査会に通知し、第一項の申請に係る被保険者について、次の各号に掲げる被保険者の区分に応じ、当該各号に定める事項に関し審査及び判定を求めるものとする。

一　第一号被保険者　要介護状態に該当すること及びその該当する要介護状態区分

二　第二号被保険者　要介護状態に該当すること、その該当する要介護状態区分及びその要介護状態の原因である身体上又は精神上の障害が特定疾病によって生じたものであること。

5　認定審査会は、前項の規定により審査及び判定を求められたときは、厚生労働大臣が定める基準に従い、当該審査及び判定に係る被保険者について、同項各号に規定する事項に関し審査及び判定を行い、その結果を市町村に通知するものとする。この場合において、認定審査会は、必要があると認めるときは、次に掲げる事項について、市町村に意見を述べることができる。

一　当該被保険者の要介護状態の軽減又は悪化の防止のために必要な療養に関する事項

二　第四十一条第一項に規定する指定居宅サービス、第四十二条の二第一項に規定する指定地域密着型サービス又は第四十八条第一項に規定する指定施設サービス等の適切かつ有効な利用等に関し当該被保険者が留意すべき事項

6　認定審査会は、前項前段の審査及び判定をするに当たって必要があると認めるときは、当該審査及び判定に係る被保険者、その家族、第三項の主治の医師その他の関係者の意見を聴くことができる。

7　市町村は、第五項前段の規定により通知された認定審査会の審査及び判定の結果に基づき、要介護認定をしたときは、その結果を当該要介護認定に係る被保険者に通知しなければならない。この場合において、

市町村は、次に掲げる事項を当該被保険者の被保険者証に記載し、これを返付するものとする。

一　該当する要介護状態区分

二　第五項第二号に掲げる事項に係る認定審査会の意見

8　要介護認定は、その申請のあった日にさかのぼってその効力を生ずる。

9　市町村は、第五項前段の規定により通知された認定審査会の審査及び判定の結果に基づき、要介護者に該当しないと認めたときは、理由を付して、その旨を第一項の申請に係る被保険者に通知するとともに、当該被保険者の被保険者証を返付するものとする。

10　市町村は、第一項の申請に係る被保険者が、正当な理由なしに、第二項の規定による調査（第二十四条の二第一項第二号の規定により委託された場合にあっては、当該委託に係る調査を含む。）に応じないとき、又は第三項ただし書の規定による診断命令に従わないときは、第一項の申請を却下することができる。

11　第一項の申請に対する処分は、当該申請のあった日から三十日以内にしなければならない。ただし、当該申請に係る被保険者の心身の状況の調査に日時を要する等特別な理由がある場合には、当該申請のあった日から三十日以内に、当該被保険者に対し、当該申請に対する処分をするためになお要する期間（次項において「処理見込期間」という。）及びその理由を通知し、これを延期することができる。

12　第一項の申請をした日から三十日以内に当該申請に対する処分がされないとき、若しくは前項ただし書の通知がないとき、又は処理見込期間が経過した日までに当該申請に対する処分がされないときは、当該申請に係る被保険者は、市町村が当該申請を却下したものとみなすことができる。

（要介護認定の更新）

第二十八条　要介護認定は、要介護状態区分に応じて厚生労働省令で定める期間（以下この条において「有効期間」という。）内に限り、その効力を有する。

2　要介護認定を受けた被保険者は、有効期間の満了後においても要介護状態に該当すると見込まれるときは、厚生労働省令で定めるところにより、市町村に対し、当該要介護認定の更新（以下「要介護更新認定」という。）の申請をすることができる。

3　前項の申請をすることができる被保険者が、災害その他やむを得ない理由により当該申請に係る要介護認定の有効期間の満了前に当該申請をすることができなかったときは、当該被保険者は、その理由のやんだ日から一月以内に限り、要介護更新認定の申請をすることができる。

4　前条（第八項を除く。）の規定は、前二項の申請及び当該申請に係る要介護更新認定について準用する。この場合において、同条の規定に関し必要な技術的読替えは、政令で定める。

5　市町村は、前項において準用する前条第二項の調査を第四十六条第一項に規定する指定居宅介護支援事業者、地域密着型介護老人福祉施設、介護保険施設その他の厚生労働省令で定める事業者若しくは施設（以下この条において「指定居宅介護支援事業者等」という。）又は介護支援専門員であって厚生労働省令で定めるものに委託することができる。

6　前項の規定により委託を受けた指定居宅介護支援事業者等は、介護支援専門員その他厚生労働省令で定める者に当該委託に係る調査を行わせるものとする。

7　第五項の規定により委託を受けた指定居宅介護支援事業者等（その者が法人である場合にあっては、その役員。次項において同じ。）若しくはその職員（前項の介護支援専門員その他厚生労働省令で定める者を含む。次項において同じ。）若しくは介護支援専門員又はこれらの職にあった者は、正当な理由なしに、当該委託業務に関して知り得た個人の秘密を漏らしてはならない。

8　第五項の規定により委託を受けた指定居宅介護支援事業者等若しくはその職員又は介護支援専門員で、当該委託業務に従事するものは、刑法その他の罰則の適用については、法令により公務に従事する職員とみなす。

9　第三項の申請に係る要介護更新認定は、当該申請に係る要介護認定の有効期間の満了日の翌日にさかのぼってその効力を生ずる。

10　第一項の規定は、要介護更新認定について準用する。この場合において、同項中「厚生労働省令で定める期間」とあるのは、「有効期間の満了日の翌日から厚生労働省令で定める期間」と読み替えるものとする。

（要介護状態区分の変更の認定）

第二十九条　要介護認定を受けた被保険者は、その介護の必要の程度が現に受けている要介護認定に係る要介護状態区分以外の要介護状態区分に該当すると認めるときは、厚生労働省令で定めるところにより、市町村に対し、要介護状態区分の変更の認定の申請をすることができる。

2　第二十七条及び前条第五項から第八項までの規定は、前項の申請及び当該申請に係る要介護状態区分の変更の認定について準用する。この場合において、これらの規定に関し必要な技術的読替えは、政令で定める。

第三十条　市町村は、要介護認定を受けた被保険者について、その介護の必要の程度が低下したことにより当該要介護認定に係る要介護状態区分以外の要介護状態区分に該当するに至ったと認めるときは、要介護状態区分の変更の認定をすることができる。この場合において、市町村は、厚生労働省令で定めるところにより、当該変更の認定に係る被保険者に対しその被保険者証の提出を求め、これに当該変更の認定に係る要介護状態区分及び次項において準用する第二十七条第五項後段の規定による認定審査会の意見（同項第二号に掲げる事項に係るものに限る。）を記載し、これを返付するものとする。

2　第二十七条第二項から第六項まで及び第七項前段並びに第二十八条第五項から第八項までの規定は、前項の要介護状態区分の変更の認定について準用する。この場合において、これらの規定に関し必要な技術的読替えは、政令で定める。

（要介護認定の取消し）

第三十一条　市町村は、要介護認定を受けた被保険者が次の各号のいずれかに該当するときは、当該要介護認定を取り消すことができる。この場合において、市町村は、厚生労働省令で定めるところにより、当該取消しに係る被保険者に対しその被保険者証の提出を求め、第二十七条第七項各号に掲げる事項の記載を消除し、これを返付するものとする。

一　要介護者に該当しなくなったと認めるとき。

二　正当な理由なしに、前条第二項若しくは次項において準用する第二十七条第二項の規定による調査（第二十四条の二第一項第二号又は前条第二十八条第五項の規定により委託された場合にあっては、当該委託に係る調査を含む。）に応じないとき、又は前条第二項若しくは次項において準用する第二十七条第三項ただし書の規定による診断命令に従わないとき。

2　第二十七条第二項から第四項まで、第五項前段、第六項及び第七項前段並びに第二十八条第五項から第八項までの規定は、前項第一号の規定による要介護認定の取消しについて準用する。この場合において、これらの規定に関し必要な技術的読替えは、政令で定める。

（要支援認定）

第三十二条　要支援認定を受けようとする被保険者は、厚生労働省令で定めるところにより、申請書に被保険者証を添付して市町村に申請をしなければならない。この場合において、当該被保険者は、厚生労働省令で定めるところにより、第四十六条第一項に規定する指定居宅介護支援事業者、地域密着型介護老人福祉施設若しくは介護保険施設であって厚生労働省令で定めるもの又は第百十五条の四十六第一項に規定する地域包括支援センターに、当該申請に関する手続を代わって行わせることができる。

2　第二十七条第二項及び第三項の規定は、前項の申請及び同項の申請に係る被保険者の主治の医師の意見及び当該被保険者に対する診断命令について準用する。

3　市町村は、前項において準用する第二十七条第二項の調査（第二十四条の二第一項第二号の規定により委託された場合にあっては、当該委託に係る調査を含む。）の結果、前項において準用する第二十七条第三項の主治の医師の意見又は指定する医師若しくは当該職員で医師であるものの診断の結果その他厚生労働省令で定める事項を認定審査会に通知し、第一項の申請に係る被保険者について、次の各号に掲げる被保険者の区分に応じ、当該各号に定める事項に関し審査及び判定を求めるものとする。

一　第一号被保険者　要支援状態に該当すること及びその該当する要支援状態区分

二　第二号被保険者　要支援状態に該当すること、その該当する要支援状態区分及びその要支援状態の原因である身体上又は精神上の障害が特定疾病によって生じたものであること。

4　認定審査会は、前項の規定により審査及び判定を求められたときは、厚生労働大臣が定める基準に従い、当該審査及び判定に係る被保険者について、同項各号に規定する事項に関し審査及び判定を行い、その結果を市町村に通知するものとする。この場合において、認定審査会は、必要があると認めるときは、次に掲げる事項について、市町村に意見を述べることができる。

一　当該被保険者の要支援状態の軽減又は悪化の防止のために必要な療養及び家事に係る援助に関する事項

二　第五十三条第一項に規定する指定介護予防サービス若しくは第五十四条の二第一項に規定する指定地域密着型介護予防サービス又は特定介護予防・日常生活支援総合事業の適切かつ有効な利用等に関し当該被保険者が留意すべき事項

5　第二十七条第六項の規定は、前項前段の審査及び判定について準用する。

6　市町村は、第四項前段の規定により通知された認定審査会の審査及び判定の結果に基づき、要支援認定をしたときは、その結果を当該要支援認定に係る被保険者に通知しなければならない。この場合において、市町村は、次に掲げる事項を当該被保険者の被保険者証に記載し、これを返付するものとする。

一　該当する要支援状態区分

二　第四項第二号に掲げる事項に係る認定審査会の意見

7　要支援認定は、その申請のあった日にさかのぼってその効力を生ずる。

8　市町村は、第四項前段の規定により通知された認定審査会の審査及び判定の結果に基づき、要支援者に該当しないと認めたときは、理由を付して、その旨を第一項の申請に係る被保険者に通知するとともに、当該被保険者の被保険者証を返付するものとする。

9　第二十七条第十項から第十二項までの規定は、第一項の申請及び当該申請に対する処分について準用する。

（要支援認定の更新）

第三十三条　要支援認定は、要支援状態区分に応じて厚生労働省令で定める期間（以下この条において「有効期間」という。）内に限り、その効力を有する。

2　要支援認定を受けた被保険者は、有効期間の満了後においても要支援状態に該当すると見込まれるときは、厚生労働省令で定めるところにより、市町村に対し、当該要支援認定の更新（以下「要支援更新認定」という。）の申請をすることができる。

3　前項の申請をすることができる被保険者が、災害その他やむを得ない理由により当該申請に係る要支援認定の有効期間の満了前に当該申請をすることができなかったときは、当該被保険者は、その理由のやんだ日から一月以内に限り、要支援更新認定の申請をすることができる。

4　前条（第七項を除く。）及び第二十八条第五項から第八項までの規定は、前二項の申請及び当該申請に係る要支援更新認定について準用する。この場合において、これらの規定に関し必要な技術的読替えは、政令で定める。

5　第三項の申請に係る要支援更新認定は、

当該申請に係る要支援認定の有効期間の満了日の翌日にさかのぼってその効力を生ずる。

6　第一項の規定は、要支援更新認定について準用する。この場合において、同項中「厚生労働省令で定める期間」とあるのは、「有効期間の満了日の翌日から厚生労働省令で定める期間」と読み替えるものとする。

（要支援状態区分の変更の認定）

第三十三条の二　要支援認定を受けた被保険者は、その支援の必要の程度が現に受けている要支援認定に係る要支援状態区分以外の要支援状態区分に該当すると認めるときは、厚生労働省令で定めるところにより、市町村に対し、要支援状態区分の変更の認定の申請をすることができる。

2　第二十八条第五項から第八項まで及び第三十二条の規定は、前項の申請及び当該申請に係る要支援状態区分の変更について準用する。この場合において、これらの規定に関し必要な技術的読替えは、政令で定める。

第三十三条の三　市町村は、要支援認定を受けた被保険者について、その支援の必要の程度が低下したことにより当該要支援認定に係る要支援状態区分以外の要支援状態区分に該当するに至ったと認めるときは、要支援状態区分の変更の認定をすることができる。この場合において、市町村は、厚生労働省令で定めるところにより、当該変更の認定に係る被保険者に対しその被保険者証の提出を求め、これに当該変更の認定に係る要支援状態区分及び次項において準用する第三十二条第四項後段の規定による認定審査会の意見（同項第二号に掲げる事項に係るものに限る。）を記載し、これを返付するものとする。

2　第二十八条第五項から第八項まで並びに第三十二条第二項から第五項まで及び第六項前段の規定は、前項の要支援状態区分の変更の認定について準用する。この場合において、これらの規定に関し必要な技術的読替えは、政令で定める。

（要支援認定の取消し）

第三十四条　市町村は、要支援認定を受けた被保険者が次の各号のいずれかに該当するときは、当該要支援認定を取り消すことができる。この場合において、市町村は、厚生労働省令で定めるところにより、当該取消しに係る被保険者に対しその被保険者証の提出を求め、第三十二条第六項各号に掲げる事項の記載を消除し、これを返付するものとする。

一　要支援者に該当しなくなったと認めるとき。

二　正当な理由なしに、前条第二項若しくは次項において準用する第三十二条第二項の規定により準用される第二十七条第二項の規定による調査（第二十四条の二第一項第二号又は前条第二項若しくは次項において準用する第二十八条第五項の規定により委託された場合にあっては、当該委託に係る調査を含む。）に応じないとき、又は次項において準用する第三十二条第二項の規定により準用される第二十七条第三項ただし書の規定による診断命令に従わないとき。

2　第二十八条第五項から第八項まで並びに第三十二条第二項、第三項、第四項前段、第五項及び第六項前段の規定は、前項第一号の規定による要支援認定の取消しについて準用する。この場合において、これらの規定に関し必要な技術的読替えは、政令で定める。

（要介護認定等の手続の特例）

第三十五条　認定審査会は、第二十七条第四項（第二十八条第四項において準用する場合を含む。）の規定により審査及び判定を求められた被保険者について、要介護者に該当しないと認める場合であっても、要支援者に該当すると認めるときは、第二十七条第五項（第二十八条第四項において準用する場合を含む。）の規定にかかわらず、その旨を市町村に通知することができる。

2　市町村は、前項の規定による通知があったときは、当該通知に係る被保険者について、第三十二条第一項の申請がなされ、同条第三項の規定により認定審査会に審査及び判定を求め、同条第四項の規定により認定審査会の通知を受けたものとみなし、要支援認定をすることができる。この場合において、市町村は、当該被保険者に、要支援認定をした旨を通知するとともに、同条第六項各号に掲げる事項を当該被保険者の被保険者証に記載し、これを返付するものとする。

3　認定審査会は、第三十二条第三項（第三十三条第四項において準用する場合を含む。）の規定により審査及び判定を求められた被保険者について、要介護者に該当すると認めるときは、第三十二条第四項（第三十三条第四項において準用する場合を含む。）の規定にかかわらず、その旨を市町村に通知することができる。

4　市町村は、前項の規定による通知があったときは、当該通知に係る被保険者について、第二十七条第一項の申請がなされ、同条第四項の規定により認定審査会に審査及び判定を求め、同条第五項の規定により認定審査会の通知を受けたものとみなし、要介護認定をすることができる。この場合において、市町村は、当該被保険者に、要介護認定をした旨を通知するとともに、同条第七項各号に掲げる事項を当該被保険者の被保険者証に記載し、これを返付するものとする。

5　認定審査会は、第三十一条第二項において準用する第二十七条第四項の規定により審査及び判定を求められた被保険者について、要介護者に該当しないと認める場合であっても、要支援者に該当すると認めるときは、第三十一条第二項において準用する第二十七条第五項の規定にかかわらず、その旨を市町村に通知することができる。

6　市町村は、前項の規定による通知があったときは、当該通知に係る被保険者について、第三十二条第一項の申請がなされ、同条第三項の規定により認定審査会に審査及び判定を求め、同条第四項の規定により認定審査会の通知を受けたものとみなし、要支援認定をすることができる。この場合において、市町村は、厚生労働省令で定めるところにより、当該通知に係る被保険者に対しその被保険者証の提出を求め、これに同条第六項各号に掲げる事項を記載し、これを返付するものとする。

（住所移転後の要介護認定及び要支援認定）

第三十六条　市町村は、他の市町村による要介護認定又は要支援認定を受けている者が当該市町村の行う介護保険の被保険者となった場合において、当該被保険者が、その資格を取得した日から十四日以内に、当該他の市町村から交付された当該要介護認定又は要支援認定に係る事項を証明する書面を添えて、要介護認定又は要支援認定の申請をしたときは、第二十七条第四項及び第七項前段又は第三十二条第三項及び第六項前段の規定にかかわらず、認定審査会の審査及び判定を経ることなく、当該書面に記載されている事項に即して、要介護認定又は要支援認定をすることができる。

（介護給付等対象サービスの種類の指定）

第三十七条　市町村は、要介護認定、要介護更新認定、第二十九条第二項において準用する第二十七条第七項若しくは第三十条第一項の規定による要介護状態区分の変更の認定、要支援認定、要支援更新認定又は第三十三条の二第二項において準用する第三十二条第六項若しくは第三十三条の三第一項の規定による要支援状態区分の変更の認定（以下この項において単に「認定」という。）をするに当たっては、第二十七条第五項第一号（第二十八条第四項、第二十九条第二項及び第三十条第二項において準用する場合を含む。）又は第三十二条第四項第一号（第三十三条第四項、第三十三条の二第二項及び第三十三条の三第二項において準用する場合を含む。）に掲げる事項に係る認定審査会の意見に基づき、当該認定に係る被保険者が受けることができる居宅介護サービス費若しくは特例居宅介護サービス費に係る居宅サービス、地域密着型介護サービス費若しくは特例地域密着型介護サービス費に係る地域密着型サービス、施設介護サービス費若しくは特例施設介護サービス費に係る施設サービス、介護予防サービス費若しくは特例介護予防サービス費に係る介護予防サービス又は地域密着型介護予防サービス費若しくは特例地域密着型介護予防サービス費に係る地域密着型介護予防サービスの種類を指定することができる。この場合において、市町村は、当該被保険者の被保険者証に、第二十七条第七項後段（第二十八条第四項及び第二十九条第二項において準用する場合を含む。）、第三十条第一項後段若しくは第三十五条第四項後段又は第三十二条第六項後段（第三十三条第四項及び第三十三条の二第二項において準用する場合を含む。）、第三十三条の三第一項後段若しくは第三十五条第二項後段若しくは第六項後段の規定による記載に併せて、当該指定に係る居宅サービス、地域密着型サービス、施設サービス、介護予防サービス又は地域密着型介護予防サービスの種類を記載するものとする。

2 前項前段の規定による指定を受けた被保険者は、当該指定に係る居宅サービス、地域密着型サービス、施設サービス、介護予防サービス又は地域密着型介護予防サービスの種類の変更の申請をすることができる。

3 前項の申請は、厚生労働省令で定めるところにより、被保険者証を添付して行うものとする。

4 市町村は、第二項の申請があった場合において、厚生労働省令で定めるところにより、認定審査会の意見を聴き、必要があると認めるときは、当該指定に係る居宅サービス、地域密着型サービス、施設サービス、介護予防サービス又は地域密着型介護予防サービスの種類の変更をすることができる。

5 市町村は、前項の規定により第二項の申請に係る被保険者について第一項前段の規定による指定に係る居宅サービス、地域密着型サービス、施設サービス、介護予防サービス又は地域密着型介護予防サービスの種類を変更したときは、その結果を当該被保険者に通知するとともに、当該被保険者の被保険者証に変更後の居宅サービス、地域密着型サービス、施設サービス、介護予防サービス又は地域密着型介護予防サービスの種類を記載し、これを返付するものとする。

（都道府県の援助等）

第三十八条 都道府県は、市町村が行う第二十七条から第三十五条まで及び前条の規定による業務に関し、その設置する福祉事務所（社会福祉法（昭和二十六年法律第四十五号）に定める福祉に関する事務所をいう。）又は保健所による技術的事項についての協力その他市町村に対する必要な援助を行うことができる。

2 地方自治法第二百五十二条の十四第一項の規定により市町村の委託を受けて審査判定業務（第二十七条から第三十五条まで及び前条の規定により認定審査会が行う業務をいう。以下この条において同じ。）を行う都道府県に、当該審査判定業務を行わせるため、都道府県介護認定審査会を置く。

3 第十五条及び第十七条の規定は、前項の都道府県介護認定審査会について準用する。この場合において、第十五条中「市町村長（特別区にあっては、区長。以下同じ。）」とあるのは、「都道府県知事」と読み替えるものとする。

4 審査判定業務を都道府県に委託した市町村について第二十七条（第二十八条第四項、第二十九条第二項、第三十条第二項、第三十一条第二項及び第三十二条第五項において準用する場合を含む。）、第三十条、第三十二条（第三十三条第四項、第三十三条の二第二項、第三十三条の三第二項及び第三十四条第二項において準用する場合を含む。）、第三十三条の三及び第三十五条から前条までの規定を適用する場合においては、これらの規定中「認定審査会」とあるのは、「都道府県介護認定審査会」とする。

（厚生労働省令への委任）

第三十九条 この節に定めるもののほか、要介護認定及び要支援認定の申請その他の手続に関し必要な事項は、厚生労働省令で定める。

第三節　介護給付

（介護給付の種類）

第四十条 介護給付は、次に掲げる保険給付とする。

一 居宅介護サービス費の支給

二 特例居宅介護サービス費の支給

三　地域密着型介護サービス費の支給
四　特例地域密着型介護サービス費の支給
五　居宅介護福祉用具購入費の支給
六　居宅介護住宅改修費の支給
七　居宅介護サービス計画費の支給
八　特例居宅介護サービス計画費の支給
九　施設介護サービス費の支給
十　特例施設介護サービス費の支給
十一　高額介護サービス費の支給
十一の二　高額医療合算介護サービス費の支給
十二　特定入所者介護サービス費の支給
十三　特例特定入所者介護サービス費の支給

（居宅介護サービス費の支給）

第四十一条　市町村は、要介護認定を受けた被保険者（以下「要介護被保険者」という。）のうち居宅において介護を受けるもの（以下「居宅要介護被保険者」という。）が、都道府県知事が指定する者（以下「指定居宅サービス事業者」という。）から当該指定に係る居宅サービス事業を行う事業所により行われる居宅サービス（以下「指定居宅サービス」という。）を受けたときは、当該居宅要介護被保険者に対し、当該指定居宅サービスに要した費用（特定福祉用具の購入に要した費用を除き、通所介護、通所リハビリテーション、短期入所生活介護、短期入所療養介護及び特定施設入居者生活介護に要した費用については、食事の提供に要する費用、滞在に要する費用その他の日常生活に要する費用として厚生労働省令で定める費用を除く。以下この条において同じ。）について、居宅介護サービス費を支給する。ただし、当該居宅要介護被保険者が、第三十七条第一項の規定による指定を受けている場合において、当該指定に係る種類以外の居宅サービスを受けたときは、この限りでない。

2　居宅介護サービス費は、厚生労働省令で定めるところにより、市町村が必要と認める場合に限り、支給するものとする。

3　指定居宅サービスを受けようとする居宅要介護被保険者は、厚生労働省令で定めるところにより、自己の選定する指定居宅サービス事業者について、被保険者証を提示して、当該指定居宅サービスを受けるものとする。

4　居宅介護サービス費の額は、次の各号に掲げる居宅サービスの区分に応じ、当該各号に定める額とする。

一　訪問介護、訪問入浴介護、訪問看護、訪問リハビリテーション、居宅療養管理指導、通所介護、通所リハビリテーション及び福祉用具貸与　これらの居宅サービスの種類ごとに、当該居宅サービスの種類に係る指定居宅サービスの内容、当該指定居宅サービスの事業を行う事業所の所在する地域等を勘案して算定される当該指定居宅サービスに要する平均的な費用（通所介護及び通所リハビリテーションに要する費用については、食事の提供に要する費用その他の日常生活に要する費用として厚生労働省令で定める費用を除く。）の額を勘案して厚生労働大臣が定める基準により算定した費用の額（その額が現に当該指定居宅サービスに要した費用の額を超えるときは、当該現に指定居宅サービスに要した費用の額とする。）の百分の九十に相当する額

二　短期入所生活介護、短期入所療養介護及び特定施設入居者生活介護　これらの居宅サービスの種類ごとに、要介護状態区分、当該居宅サービスの種類に係る指定居宅サービスの事業を行う事業所の所在する地域等を勘案して算定される当該指定居宅サービスに要する平均的な費用（食事の提供に要する費用、滞在に要する費用その他の日常生活に要する費用として厚生労働省令で定める費用を除く。）の額を勘案して厚生労働大臣が定める基準により算定した費用の額（その額が現に当該指定居宅サービスに要した費用の額を超えるときは、当該現に指定居宅サービスに要した費用の額とする。）の百分の九十に相当する額

5　厚生労働大臣は、前項各号の基準を定めようとするときは、あらかじめ社会保障審議会の意見を聴かなければならない。

6　居宅要介護被保険者が指定居宅サービス

事業者から指定居宅サービスを受けたとき（当該居宅要介護被保険者が第四十六条第四項の規定により指定居宅介護支援を受けることにつきあらかじめ市町村に届け出ている場合であって、当該指定居宅サービスが当該指定居宅介護支援の対象となっている場合その他の厚生労働省令で定める場合に限る。）は、市町村は、当該居宅要介護被保険者が当該指定居宅サービス事業者に支払うべき当該指定居宅サービスに要した費用について、居宅介護サービス費として当該居宅要介護被保険者に対し支給すべき額の限度において、当該居宅要介護被保険者に代わり、当該指定居宅サービス事業者に支払うことができる。

7　前項の規定による支払があったときは、居宅要介護被保険者に対し居宅介護サービス費の支給があったものとみなす。

8　指定居宅サービス事業者は、指定居宅サービスその他のサービスの提供に要した費用につき、その支払を受ける際、当該支払をした居宅要介護被保険者に対し、厚生労働省令で定めるところにより、領収証を交付しなければならない。

9　市町村は、指定居宅サービス事業者から居宅介護サービス費の請求があったときは、第四項各号の厚生労働大臣が定める基準及び第七十四条第二項に規定する指定居宅サービスの事業の設備及び運営に関する基準（指定居宅サービスの取扱いに関する部分に限る。）に照らして審査した上、支払うものとする。

10　市町村は、前項の規定による審査及び支払に関する事務を連合会に委託することができる。

11　前項の規定による委託を受けた連合会は、当該委託をした市町村の同意を得て、厚生労働省令で定めるところにより、当該委託を受けた事務の一部を、営利を目的としない法人であって厚生労働省令で定める要件に該当するものに委託することができる。

12　前各項に規定するもののほか、居宅介護サービス費の支給及び指定居宅サービス事業者の居宅介護サービス費の請求に関して必要な事項は、厚生労働省令で定める。

（特例居宅介護サービス費の支給）

第四十二条　市町村は、次に掲げる場合には、居宅要介護被保険者に対し、特例居宅介護サービス費を支給する。

一　居宅要介護被保険者が、当該要介護認定の効力が生じた日前に、緊急その他やむを得ない理由により指定居宅サービスを受けた場合において、必要があると認めるとき。

二　居宅要介護被保険者が、指定居宅サービス以外の居宅サービス又はこれに相当するサービス（指定居宅サービスの事業に係る第七十四条第一項の都道府県の条例で定める基準及び同項の都道府県の条例で定める員数並びに同条第二項に規定する指定居宅サービスの事業の設備及び運営に関する基準のうち、都道府県の条例で定めるものを満たすと認められる事業を行う事業所により行われるものに限る。次号及び次項において「基準該当居宅サービス」という。）を受けた場合において、必要があると認めるとき。

三　指定居宅サービス及び基準該当居宅サービスの確保が著しく困難である離島その他の地域であって厚生労働大臣が定める基準に該当するものに住所を有する居宅要介護被保険者が、指定居宅サービス及び基準該当居宅サービス以外の居宅サービス又はこれに相当するサービスを受けた場合において、必要があると認めるとき。

四　その他政令で定めるとき。

2　都道府県が前項第二号の条例を定めるに当たっては、第一号から第三号までに掲げる事項については厚生労働省令で定める基準に従い定めるものとし、第四号に掲げる事項については厚生労働省令で定める基準を標準として定めるものとし、その他の事項については厚生労働省令で定める基準を参酌するものとする。

一　基準該当居宅サービスに従事する従業者に係る基準及び当該従業者の員数

二　基準該当居宅サービスの事業に係る居室の床面積

三　基準該当居宅サービスの事業の運営に関する事項であって、利用する要介護者のサービスの適切な利用、適切な処遇及び安全の確保並びに秘密の保持等に密接に関連するものとして厚生労働省令で定めるもの

四　基準該当居宅サービスの事業に係る利用定員

3　特例居宅介護サービス費の額は、当該居宅サービス又はこれに相当するサービスについて前条第四項各号の厚生労働大臣が定める基準により算定した費用の額（その額が現に当該居宅サービス又はこれに相当するサービスに要した費用（特定福祉用具の購入に要した費用を除き、通所介護、通所リハビリテーション、短期入所生活介護、短期入所療養介護及び特定施設入居者生活介護並びにこれらに相当するサービスに要した費用については、食事の提供に要する費用、滞在に要する費用その他の日常生活に要する費用として厚生労働省令で定める費用を除く。）の額を超えるときは、当該現に居宅サービス又はこれに相当するサービスに要した費用の額とする。）の百分の九十に相当する額を基準として、市町村が定める。

4　市町村長は、特例居宅介護サービス費の支給に関して必要があると認めるときは、当該支給に係る居宅サービス若しくはこれに相当するサービスを担当する者若しくは担当した者（以下この項において「居宅サービス等を担当する者等」という。）に対し、報告若しくは帳簿書類の提出若しくは提示を命じ、若しくは出頭を求め、又は当該職員に関係者に対して質問させ、若しくは当該居宅サービス等を担当する者等の当該支給に係る事業所に立ち入り、その設備若しくは帳簿書類その他の物件を検査させることができる。

5　第二十四条第三項の規定は前項の規定による質問又は検査について、同条第四項の規定は前項の規定による権限について準用する。

（地域密着型介護サービス費の支給）

第四十二条の二　市町村は、要介護被保険者が、当該市町村（住所地特例適用被保険者である要介護被保険者（以下「住所地特例適用要介護被保険者」という。）に係る特定地域密着型サービスにあっては、施設所在市町村を含む。）の長が指定する者（以下「指定地域密着型サービス事業者」という。）から当該指定に係る地域密着型サービス事業を行う事業所により行われる地域密着型サービス（以下「指定地域密着型サービス」という。）を受けたときは、当該要介護被保険者に対し、当該指定地域密着型サービスに要した費用（地域密着型通所介護、認知症対応型通所介護、小規模多機能型居宅介護、認知症対応型共同生活介護、地域密着型特定施設入居者生活介護及び地域密着型介護老人福祉施設入所者生活介護に要した費用については、食事の提供に要する費用、居住に要する費用その他の日常生活に要する費用として厚生労働省令で定める費用を除く。以下この条において同じ。）について、地域密着型介護サービス費を支給する。ただし、当該要介護被保険者が、第三十七条第一項の規定による指定を受けている場合において、当該指定に係る種類以外の地域密着型サービスを受けたときは、この限りでない。

2　地域密着型介護サービス費の額は、次の各号に掲げる地域密着型サービスの区分に応じ、当該各号に定める額とする。

一　定期巡回・随時対応型訪問介護看護及び複合型サービス　これらの地域密着型サービスの種類ごとに、当該地域密着型サービスの種類に係る指定地域密着型サービスの内容、要介護状態区分、当該指定地域密着型サービスの事業を行う事業所の所在する地域等を勘案して算定される当該指定地域密着型サービスに要する平均的な費用（複合型サービス（厚生労働省令で定めるものに限る。次条第二項において同じ。）に要する費用については、食事の提供に要する費用、宿泊に要する費用その他の日常生活に要する費用として厚生労働省令で定める費用を除く。）の額を勘案して厚生労働大臣が定める基準により算定した費用の額（その

額が現に当該指定地域密着型サービスに要した費用の額を超えるときは、当該現に指定地域密着型サービスに要した費用の額とする。）の百分の九十に相当する額

二　夜間対応型訪問介護、地域密着型通所介護及び認知症対応型通所介護　これらの地域密着型サービスの種類ごとに、当該地域密着型サービスの種類に係る指定地域密着型サービスの内容、当該指定地域密着型サービスの事業を行う事業所の所在する地域等を勘案して算定される当該指定地域密着型サービスに要する平均的な費用（地域密着型通所介護及び認知症対応型通所介護に要する費用については、食事の提供に要する費用その他の日常生活に要する費用として厚生労働省令で定める費用を除く。）の額を勘案して厚生労働大臣が定める基準により算定した費用の額（その額が現に当該指定地域密着型サービスに要した費用の額を超えるときは、当該現に指定地域密着型サービスに要した費用の額とする。）の百分の九十に相当する額

三　小規模多機能型居宅介護、認知症対応型共同生活介護、地域密着型特定施設入居者生活介護及び地域密着型介護老人福祉施設入所者生活介護　これらの地域密着型サービスの種類ごとに、要介護状態区分、当該地域密着型サービスの種類に係る指定地域密着型サービスの事業を行う事業所の所在する地域等を勘案して算定される当該指定地域密着型サービスに要する平均的な費用（食事の提供に要する費用、居住に要する費用その他の日常生活に要する費用として厚生労働省令で定める費用を除く。）の額を勘案して厚生労働大臣が定める基準により算定した費用の額（その額が現に当該指定地域密着型サービスに要した費用の額を超えるときは、当該現に指定地域密着型サービスに要した費用の額とする。）の百分の九十に相当する額

3　厚生労働大臣は、前項各号の基準を定めようとするときは、あらかじめ社会保障審議会の意見を聴かなければならない。

4　市町村は、第二項各号の規定にかかわらず、地域密着型サービスの種類その他の事情を勘案して厚生労働大臣が定める基準により算定した額を限度として、同項各号に定める地域密着型介護サービス費の額に代えて、当該市町村（施設所在市町村の長が第一項本文の指定をした指定地域密着型サービス事業者から指定地域密着型サービスを受けた住所地特例適用要介護被保険者に係る地域密着型介護サービス費（特定地域密着型サービスに係るものに限る。）の額にあっては、施設所在市町村）が定める額を、当該市町村における地域密着型介護サービス費の額とすることができる。

5　市町村は、前項の当該市町村における地域密着型介護サービス費の額を定めようとするときは、あらかじめ、当該市町村が行う介護保険の被保険者その他の関係者の意見を反映させ、及び学識経験を有する者の知見の活用を図るために必要な措置を講じなければならない。

6　要介護被保険者が指定地域密着型サービス事業者から指定地域密着型サービスを受けたとき（当該要介護被保険者が第四十六条第四項の規定により指定居宅介護支援を受けることにつきあらかじめ市町村に届け出ている場合であって、当該指定地域密着型サービスが当該指定居宅介護支援の対象となっている場合その他の厚生労働省令で定める場合に限る。）は、市町村は、当該要介護被保険者が当該指定地域密着型サービス事業者に支払うべき当該指定地域密着型サービスに要した費用について、地域密着型介護サービス費として当該要介護被保険者に対し支給すべき額の限度において、当該要介護被保険者に代わり、当該指定地域密着型サービス事業者に支払うことができる。

7　前項の規定による支払があったときは、要介護被保険者に対し地域密着型介護サービス費の支給があったものとみなす。

8　市町村は、指定地域密着型サービス事業者から地域密着型介護サービス費の請求があったときは、第二項各号の厚生労働大臣

が定める基準又は第四項の規定により市町村（施設所在市町村の長が第一項本文の指定をした指定地域密着型サービス事業者から指定地域密着型サービスを受けた住所地特例適用要介護被保険者に係る地域密着型介護サービス費（特定地域密着型サービスに係るものに限る。）の請求にあっては、施設所在市町村）が定める額及び第七十八条の四第二項又は第五項の規定により市町村（施設所在市町村の長が第一項本文の指定をした指定地域密着型サービス事業者から指定地域密着型サービスを受けた住所地特例適用要介護被保険者に係る地域密着型介護サービス費（特定地域密着型サービスに係るものに限る。）の請求にあっては、施設所在市町村）が定める指定地域密着型サービスの事業の設備及び運営に関する基準（指定地域密着型サービスの取扱いに関する部分に限る。）に照らして審査した上、支払うものとする。

9　第四十一条第二項、第三項、第十項及び第十一項の規定は地域密着型介護サービス費の支給について、同条第八項の規定は指定地域密着型サービス事業者について準用する。この場合において、これらの規定に関し必要な技術的読替えは、政令で定める。

10　前各項に規定するもののほか、地域密着型介護サービス費の支給及び指定地域密着型サービス事業者の地域密着型介護サービス費の請求に関して必要な事項は、厚生労働省令で定める。

（特例地域密着型介護サービス費の支給）

第四十二条の三　市町村は、次に掲げる場合には、要介護被保険者に対し、特例地域密着型介護サービス費を支給する。

一　要介護被保険者が、当該要介護認定の効力が生じた日前に、緊急その他やむを得ない理由により指定地域密着型サービスを受けた場合において、必要があると認めるとき。

二　指定地域密着型サービス（地域密着型介護老人福祉施設入所者生活介護を除く。以下この号において同じ。）の確保が著しく困難である離島その他の地域であって厚生労働大臣が定める基準に該当するものに住所を有する要介護被保険者が、指定地域密着型サービス以外の地域密着型サービス（地域密着型介護老人福祉施設入所者生活介護を除く。）又はこれに相当するサービスを受けた場合において、必要があると認めるとき。

三　その他政令で定めるとき。

2　特例地域密着型介護サービス費の額は、当該地域密着型サービス又はこれに相当するサービスについて前条第二項各号の厚生労働大臣が定める基準により算定した費用の額（その額が現に当該地域密着型サービス又はこれに相当するサービスに要した費用（地域密着型通所介護、認知症対応型通所介護、小規模多機能型居宅介護、認知症対応型共同生活介護、地域密着型特定施設入居者生活介護、地域密着型介護老人福祉施設入所者生活介護及び複合型サービス並びにこれらに相当するサービスに要した費用については、食事の提供に要する費用、居住に要する費用その他の日常生活に要する費用として厚生労働省令で定める費用を除く。）の額を超えるときは、当該現に地域密着型サービス又はこれに相当するサービスに要した費用の額とする。）の百分の九十に相当する額又は同条第四項の規定により市町村（施設所在市町村の長が同条第一項本文の指定をした指定地域密着型サービス事業者から指定地域密着型サービスを受けた住所地特例適用要介護被保険者その他の厚生労働省令で定める者に係る特例地域密着型介護サービス費（特定地域密着型サービスに係るものに限る。）の額にあっては、施設所在市町村）が定めた額を基準として、市町村が定める。

3　市町村長は、特例地域密着型介護サービス費の支給に関して必要があると認めるときは、当該支給に係る地域密着型サービス若しくはこれに相当するサービスを担当する者若しくは担当した者（以下この項において「地域密着型サービス等を担当する者等」という。）に対し、報告若しくは帳簿書類の提出若しくは提示を命じ、若しくは出頭を求め、又は当該職員に関係者に対して質問させ、若しくは当該地域密着型サービス等を担当する者等の当該支給に係る事業所に立ち入り、その設備若しくは帳簿書類その他の物件を検査させることができる。

4　第二十四条第三項の規定は前項の規定による質問又は検査について、同条第四項の規定は前項の規定による権限について準用する。

（居宅介護サービス費等に係る支給限度額）

第四十三条　居宅要介護被保険者が居宅サービス等区分（居宅サービス（これに相当するサービスを含む。以下この条において同じ。）及び地域密着型サービス（これに相当するサービスを含み、地域密着型介護老人福祉施設入所者生活介護を除く。以下この条において同じ。）について、その種類ごとの相互の代替性の有無等を勘案して厚生労働大臣が定める二以上の種類からなる区分をいう。以下同じ。）ごとに月を単位として厚生労働省令で定める期間において受けた一の居宅サービス等区分に係る居宅サービスにつき支給する居宅介護サービス費の額の総額及び特例居宅介護サービス費の額の総額並びに地域密着型サービスにつき支給する地域密着型介護サービス費の額の総額及び特例地域密着型介護サービス費の額の総額の合計額は、居宅介護サービス費等区分支給限度基準額を基礎として、厚生労働省令で定めるところにより算定した額の百分の九十に相当する額を超えることができない。

2　前項の居宅介護サービス費等区分支給限度基準額は、居宅サービス等区分ごとに、同項に規定する厚生労働省令で定める期間における当該居宅サービス及び地域密着型サービスの要介護状態区分に応じた標準的な利用の態様、当該居宅サービス及び地域密着型サービスに係る第四十一条第四項各号及び第四十二条の二第二項各号の厚生労働大臣が定める基準等を勘案して厚生労働大臣が定める額とする。

3　市町村は、前項の規定にかかわらず、条例で定めるところにより、第一項の居宅介護サービス費等区分支給限度基準額に代えて、その額を超える額を、当該市町村における居宅介護サービス費等区分支給限度基準額とすることができる。

4　市町村は、居宅要介護被保険者が居宅サービス及び地域密着型サービスの種類（居宅サービス等区分に含まれるものであって厚生労働大臣が定めるものに限る。次項において同じ。）ごとに月を単位として厚生労働省令で定める期間において受けた一の種類の居宅サービスにつき支給する居宅介護サービス費の額の総額及び特例居宅介護サービス費の額の総額の合計額並びに一の種類の地域密着型サービスにつき支給する地域密着型介護サービス費の額の総額及び特例地域密着型介護サービス費の額の総額の合計額について、居宅介護サービス費等種類支給限度基準額を基礎として、厚生労働省令で定めるところにより算定した額の百分の九十に相当する額を超えることができないこととすることができる。

5　前項の居宅介護サービス費等種類支給限度基準額は、居宅サービス及び地域密着型サービスの種類ごとに、同項に規定する厚生労働省令で定める期間における当該居宅サービス及び地域密着型サービスの要介護状態区分に応じた標準的な利用の態様、当該居宅サービス及び地域密着型サービスに係る第四十一条第四項各号及び第四十二条の二第二項各号の厚生労働大臣が定める基準等を勘案し、当該居宅サービス及び地域密着型サービスを含む居宅サービス等区分に係る第一項の居宅介護サービス費等区分支給限度基準額（第三項の規定に基づき条例を定めている市町村にあっては、当該条例による措置が講じられた額とする。）の範囲内において、市町村が条例で定める額とする。

6　居宅介護サービス費若しくは特例居宅介護サービス費又は地域密着型介護サービス費若しくは特例地域密着型介護サービス費を支給することにより第一項に規定する合計額が同項に規定する百分の九十に相当する額を超える場合又は第四項に規定する合計額が同項に規定する百分の九十に相当する額を超える場合における当該居宅介護

サービス費若しくは特例居宅介護サービス費又は地域密着型介護サービス費若しくは特例地域密着型介護サービス費の額は、第四十一条第四項各号若しくは第四十二条第三項又は第四十二条の二第二項各号若しくは第四項若しくは前条第二項の規定にかかわらず、政令で定めるところにより算定した額とする。

（居宅介護福祉用具購入費の支給）

第四十四条　市町村は、居宅要介護被保険者が、特定福祉用具販売に係る指定居宅サービス事業者から当該指定に係る居宅サービス事業を行う事業所において販売される特定福祉用具を購入したときは、当該居宅要介護被保険者に対し、居宅介護福祉用具購入費を支給する。

2　居宅介護福祉用具購入費は、厚生労働省令で定めるところにより、市町村が必要と認める場合に限り、支給するものとする。

3　居宅介護福祉用具購入費の額は、現に当該特定福祉用具の購入に要した費用の額の百分の九十に相当する額とする。

4　居宅要介護被保険者が月を単位として厚生労働省令で定める期間において購入した特定福祉用具につき支給する居宅介護福祉用具購入費の額の総額は、居宅介護福祉用具購入費支給限度基準額を基礎として、厚生労働省令で定めるところにより算定した額の百分の九十に相当する額を超えることができない。

5　前項の居宅介護福祉用具購入費支給限度基準額は、同項に規定する厚生労働省令で定める期間における特定福祉用具の購入に通常要する費用を勘案して厚生労働大臣が定める額とする。

6　市町村は、前項の規定にかかわらず、条例で定めるところにより、第四項の居宅介護福祉用具購入費支給限度基準額に代えて、その額を超える額を、当該市町村における居宅介護福祉用具購入費支給限度基準額とすることができる。

7　居宅介護福祉用具購入費を支給することにより第四項に規定する総額が同項に規定する百分の九十に相当する額を超える場合における当該居宅介護福祉用具購入費の額は、第三項の規定にかかわらず、政令で定めるところにより算定した額とする。

（居宅介護住宅改修費の支給）

第四十五条　市町村は、居宅要介護被保険者が、手すりの取付けその他の厚生労働大臣が定める種類の住宅の改修（以下「住宅改修」という。）を行ったときは、当該居宅要介護被保険者に対し、居宅介護住宅改修費を支給する。

2　居宅介護住宅改修費は、厚生労働省令で定めるところにより、市町村が必要と認める場合に限り、支給するものとする。

3　居宅介護住宅改修費の額は、現に当該住宅改修に要した費用の額の百分の九十に相当する額とする。

4　居宅要介護被保険者が行った一の種類の住宅改修につき支給する居宅介護住宅改修費の額の総額は、居宅介護住宅改修費支給限度基準額を基礎として、厚生労働省令で定めるところにより算定した額の百分の九十に相当する額を超えることができない。

5　前項の居宅介護住宅改修費支給限度基準額は、住宅改修の種類ごとに、通常要する費用を勘案して厚生労働大臣が定める額とする。

6　市町村は、前項の規定にかかわらず、条例で定めるところにより、第四項の居宅介護住宅改修費支給限度基準額に代えて、その額を超える額を、当該市町村における居宅介護住宅改修費支給限度基準額とすることができる。

7　居宅介護住宅改修費を支給することにより第四項に規定する総額が同項に規定する百分の九十に相当する額を超える場合における当該居宅介護住宅改修費の額は、第三項の規定にかかわらず、政令で定めるところにより算定した額とする。

8　市町村長は、居宅介護住宅改修費の支給に関して必要があると認めるときは、当該支給に係る住宅改修を行う者若しくは住宅改修を行った者（以下この項において「住宅改修を行う者等」という。）に対し、報告若しくは帳簿書類の提出若しくは提示を命じ、若しくは出頭を求め、又は当該職員に関係者に対して質問させ、若しくは当該住宅改修を行う者等の当該支給に係る事業所に立ち入り、その帳簿書類その他の物件を検査させることができる。

9　第二十四条第三項の規定は前項の規定による質問又は検査について、同条第四項の規定は前項の規定による権限について準用する。

（居宅介護サービス計画費の支給）

第四十六条　市町村は、居宅要介護被保険者が、当該市町村の長又は他の市町村の長が指定する者（以下「指定居宅介護支援事業者」という。）から当該指定に係る居宅介護支援事業を行う事業所により行われる居宅介護支援（以下「指定居宅介護支援」という。）を受けたときは、当該居宅要介護被保険者に対し、当該指定居宅介護支援に要した費用について、居宅介護サービス計画費を支給する。

2　居宅介護サービス計画費の額は、指定居宅介護支援の事業を行う事業所の所在する地域等を勘案して算定される指定居宅介護支援に要する平均的な費用の額を勘案して厚生労働大臣が定める基準により算定した費用の額（その額が現に当該指定居宅介護支援に要した費用の額を超えるときは、当該現に指定居宅介護支援に要した費用の額とする。）とする。

3　厚生労働大臣は、前項の基準を定めようとするときは、あらかじめ社会保障審議会の意見を聴かなければならない。

4　居宅要介護被保険者が指定居宅介護支援事業者から指定居宅介護支援を受けたとき（当該居宅要介護被保険者が、厚生労働省令で定めるところにより、当該指定居宅介護支援を受けることにつきあらかじめ市町村に届け出ている場合に限る。）は、市町村は、当該居宅要介護被保険者が当該指定居宅介護支援事業者に支払うべき当該指定居宅介護支援に要した費用について、居宅介護サービス計画費として当該居宅要介護被保険者に対し支給すべき額の限度において、当該居宅要介護被保険者に代わり、当該指定居宅介護支援事業者に支払うことができる。

5　前項の規定による支払があったときは、居宅要介護被保険者に対し居宅介護サービス計画費の支給があったものとみなす。

6　市町村は、指定居宅介護支援事業者から居宅介護サービス計画費の請求があったときは、第二項の厚生労働大臣が定める基準及び第八十一条第二項に規定する指定居宅介護支援の事業の運営に関する基準（指定居宅介護支援の取扱いに関する部分に限る。）に照らして審査した上、支払うものとする。

7　第四十一条第二項、第三項、第十項及び第十一項の規定は、居宅介護サービス計画費の支給について、同条第八項の規定は、指定居宅介護支援事業者について準用する。この場合において、これらの規定に関し必要な技術的読替えは、政令で定める。

8　前各項に規定するもののほか、居宅介護サービス計画費の支給及び指定居宅介護支援事業者の居宅介護サービス計画費の請求に関して必要な事項は、厚生労働省令で定める。

（特例居宅介護サービス計画費の支給）

第四十七条　市町村は、次に掲げる場合には、居宅要介護被保険者に対し、特例居宅介護サービス計画費を支給する。

一　居宅要介護被保険者が、指定居宅介護支援以外の居宅介護支援又はこれに相当するサービス（指定居宅介護支援の事業に係る第八十一条第一項の市町村の条例で定める員数及び同条第二項に規定する指定居宅介護支援の事業の運営に関する基準のうち、当該市町村の条例で定めるものを満たすと認められる事業を行う事業所により行われるものに限る。次号及び次項において「基準該当居宅介護支援」という。）を受けた場合において、必要があると認めるとき。

二　指定居宅介護支援及び基準該当居宅介護支援の確保が著しく困難である離島その他の地域であって厚生労働大臣が定める基準に該当するものに住所を有する居宅要介護被保険者が、指定居宅介護支援及び基準該当居宅介護支援以外の居宅介護支援又はこれに相当するサービスを受けた場合において、必要があると認めるとき。

三　その他政令で定めるとき。

2　市町村が前項第一号の条例を定めるに当たっては、次に掲げる事項については厚生労働省令で定める基準に従い定めるものとし、その他の事項については厚生労働省令で定める基準を参酌するものとする。

一　基準該当居宅介護支援に従事する従業者に係る基準及び当該従業者の員数

二　基準該当居宅介護支援の事業の運営に関する事項であって、利用する要介護者のサービスの適切な利用、適切な処遇及び安全の確保並びに秘密の保持等に密接に関連するものとして厚生労働省令で定めるもの

3　特例居宅介護サービス計画費の額は、当該居宅介護支援又はこれに相当するサービスについて前条第二項の厚生労働大臣が定める基準により算定した費用の額（その額が現に当該居宅介護支援又はこれに相当するサービスに要した費用の額を超えるときは、当該現に居宅介護支援又はこれに相当するサービスに要した費用の額とする。）を基準として、市町村が定める。

4　市町村長は、特例居宅介護サービス計画費の支給に関して必要があると認めるときは、当該支給に係る居宅介護支援若しくはこれに相当するサービスを担当する者若しくは担当した者（以下この項において「居宅介護支援等を担当する者等」という。）に対し、報告若しくは帳簿書類の提出若しくは提示を命じ、若しくは出頭を求め、又は当該職員に関係者に対して質問させ、若しくは当該居宅介護支援等を担当する者等の当該支給に係る事業所に立ち入り、その帳簿書類その他の物件を検査させることができる。

5　第二十四条第三項の規定は前項の規定による質問又は検査について、同条第四項の規定は前項の規定による権限について準用する。

（**施設介護サービス費の支給**）

第四十八条　市町村は、要介護被保険者が、次に掲げる施設サービス（以下「指定施設サービス等」という。）を受けたときは、当該要介護被保険者に対し、当該指定施設サービス等に要した費用（食事の提供に要する費用、居住に要する費用その他の日常生活に要する費用として厚生労働省令で定める費用を除く。以下この条において同じ。）について、施設介護サービス費を支給する。ただし、当該要介護被保険者が、第三十七条第一項の規定による指定を受けている場合において、当該指定に係る種類以外の施設サービスを受けたときは、この限りでない。

一　都道府県知事が指定する介護老人福祉施設（以下「指定介護老人福祉施設」という。）により行われる介護福祉施設サービス（以下「指定介護福祉施設サービス」という。）

二　介護保健施設サービス

三　介護医療院サービス

2　施設介護サービス費の額は、施設サービスの種類ごとに、要介護状態区分、当該施設サービスの種類に係る指定施設サービス等を行う介護保険施設の所在する地域等を勘案して算定される当該指定施設サービス等に要する平均的な費用（食事の提供に要する費用、居住に要する費用その他の日常生活に要する費用として厚生労働省令で定める費用を除く。）の額を勘案して厚生労働大臣が定める基準により算定した費用の額（その額が現に当該指定施設サービス等に要した費用の額を超えるときは、当該現に指定施設サービス等に要した費用の額とする。）の百分の九十に相当する額とする。

3　厚生労働大臣は、前項の基準を定めようとするときは、あらかじめ社会保障審議会の意見を聴かなければならない。

4　要介護被保険者が、介護保険施設から指定施設サービス等を受けたときは、市町村は、当該要介護被保険者が当該介護保険施設に支払うべき当該指定施設サービス等に要した費用について、施設介護サービス費として当該要介護被保険者に支給すべき額の限度において、当該要介護被保険者に代わり、当該介護保険施設に支払うことができる。

5　前項の規定による支払があったときは、

要介護被保険者に対し施設介護サービス費の支給があったものとみなす。

6　市町村は、介護保険施設から施設介護サービス費の請求があったときは、第二項の厚生労働大臣が定める基準及び第八十八条第二項に規定する指定介護老人福祉施設の設備及び運営に関する基準（指定介護福祉施設サービスの取扱いに関する部分に限る。）、第九十七条第三項に規定する介護老人保健施設の設備及び運営に関する基準（介護保健施設サービスの取扱いに関する部分に限る。）又は第百十一条第三項に規定する介護医療院の設備及び運営に関する基準（介護医療院サービスの取扱いに関する部分に限る。）に照らして審査した上、支払うものとする。

7　第四十一条第二項、第三項、第十項及び第十一項の規定は、施設介護サービス費の支給について、同条第八項の規定は、介護保険施設について準用する。この場合において、これらの規定に関し必要な技術的読替えは、政令で定める。

8　前各項に規定するもののほか、施設介護サービス費の支給及び介護保険施設の施設介護サービス費の請求に関して必要な事項は、厚生労働省令で定める。

（特例施設介護サービス費の支給）

第四十九条　市町村は、次に掲げる場合には、要介護被保険者に対し、特例施設介護サービス費を支給する。

一　要介護被保険者が、当該要介護認定の効力が生じた日前に、緊急その他やむを得ない理由により指定施設サービス等を受けた場合において、必要があると認めるとき。

二　その他政令で定めるとき。

2　特例施設介護サービス費の額は、当該施設サービスについて前条第二項の厚生労働大臣が定める基準により算定した費用の額（その額が現に当該施設サービスに要した費用（食事の提供に要する費用、居住に要する費用その他の日常生活に要する費用として厚生労働省令で定める費用を除く。）の額を超えるときは、当該現に施設サービスに要した費用の額とする。）の百分の九十に相当する額を基準として、市町村が定める。

3　市町村長は、特例施設介護サービス費の支給に関して必要があると認めるときは、当該支給に係る施設サービスを担当する者若しくは担当した者（以下この項において「施設サービスを担当する者等」という。）に対し、報告若しくは帳簿書類の提出若しくは提示を命じ、若しくは出頭を求め、又は当該職員に関係者に対して質問させ、若しくは当該施設サービスを担当する者等の当該支給に係る施設に立ち入り、その設備若しくは帳簿書類その他の物件を検査させることができる。

4　第二十四条第三項の規定は前項の規定による質問又は検査について、同条第四項の規定は前項の規定による権限について準用する。

（一定以上の所得を有する要介護被保険者に係る居宅介護サービス費等の額）

第四十九条の二　第一号被保険者であって政令で定めるところにより算定した所得の額が政令で定める額以上である要介護被保険者（次項に規定する要介護被保険者を除く。）が受ける次の各号に掲げる介護給付について当該各号に定める規定を適用する場合においては、これらの規定中「百分の九十」とあるのは、「百分の八十」とする。

一　居宅介護サービス費の支給　第四十一条第四項第一号及び第二号並びに第四十三条第一項、第四項及び第六項

二　特例居宅介護サービス費の支給　第四十二条第三項並びに第四十三条第一項、第四項及び第六項

三　地域密着型介護サービス費の支給　第四十二条の二第二項各号並びに第四十三条第一項、第四項及び第六項

四　特例地域密着型介護サービス費の支給　第四十二条の三第二項並びに第四十三条第一項、第四項及び第六項

五　施設介護サービス費の支給　第四十八条第二項

六　特例施設介護サービス費の支給　前条第二項

七　居宅介護福祉用具購入費の支給　第四

十四条第三項、第四項及び第七項

八　居宅介護住宅改修費の支給　第四十五条第三項、第四項及び第七項

2　第一号被保険者であって政令で定めるところにより算定した所得の額が前項の政令で定める額を超える政令で定める額以上である要介護被保険者が受ける同項各号に掲げる介護給付について当該各号に定める規定を適用する場合においては、これらの規定中「百分の九十」とあるのは、「百分の七十」とする。

（居宅介護サービス費等の額の特例）

第五十条　市町村が、災害その他の厚生労働省令で定める特別の事情があることにより、居宅サービス（これに相当するサービスを含む。以下この条において同じ。）、地域密着型サービス（これに相当するサービスを含む。以下この条において同じ。）若しくは施設サービス又は住宅改修に必要な費用を負担することが困難であると認めた要介護被保険者が受ける前条第一項各号に掲げる介護給付について当該各号に定める規定を適用する場合（同条の規定により読み替えて適用する場合を除く。）においては、これらの規定中「百分の九十」とあるのは、「百分の九十を超え百分の百以下の範囲内において市町村が定めた割合」とする。

2　市町村が、災害その他の厚生労働省令で定める特別の事情があることにより、居宅サービス、地域密着型サービス若しくは施設サービス又は住宅改修に必要な費用を負担することが困難であると認めた要介護被保険者が受ける前条第一項各号に掲げる介護給付について当該各号に定める規定を適用する場合（同項の規定により読み替えて適用する場合に限る。）においては、同項の規定により読み替えて適用するこれらの規定中「百分の八十」とあるのは、「百分の八十を超え百分の百以下の範囲内において市町村が定めた割合」とする。

3　市町村が、災害その他の厚生労働省令で定める特別の事情があることにより、居宅サービス、地域密着型サービス若しくは施設サービス又は住宅改修に必要な費用を負担することが困難であると認めた要介護被保険者が受ける前条第一項各号に掲げる介護給付について当該各号に定める規定を適用する場合（同条第二項の規定により読み替えて適用する場合に限る。）においては、同条第二項の規定により読み替えて適用するこれらの規定中「百分の七十」とあるのは、「百分の七十を超え百分の百以下の範囲内において市町村が定めた割合」とする。

（高額介護サービス費の支給）

第五十一条　市町村は、要介護被保険者が受けた居宅サービス（これに相当するサービスを含む。）、地域密着型サービス（これに相当するサービスを含む。）又は施設サービスに要した費用の合計額として政令で定めるところにより算定した額から、当該費用につき支給された居宅介護サービス費、特例居宅介護サービス費、地域密着型介護サービス費、特例地域密着型介護サービス費、施設介護サービス費及び特例施設介護サービス費の合計額を控除して得た額（次条第一項において「介護サービス利用者負担額」という。）が、著しく高額であるときは、当該要介護被保険者に対し、高額介護サービス費を支給する。

2　前項に規定するもののほか、高額介護サービス費の支給要件、支給額その他高額介護サービス費の支給に関して必要な事項は、居宅サービス、地域密着型サービス又は施設サービスに必要な費用の負担の家計に与える影響を考慮して、政令で定める。

（高額医療合算介護サービス費の支給）

第五十一条の二　市町村は、要介護被保険者の介護サービス利用者負担額（前条第一項の高額介護サービス費が支給される場合にあっては、当該支給額に相当する額を控除して得た額）及び当該要介護被保険者に係る健康保険法第百十五条第一項に規定する一部負担金等の額（同項の高額療養費が支給される場合にあっては、当該支給額に相当する額を控除して得た額）その他の医療保険各法又は高齢者の医療の確保に関する法律（昭和五十七年法律第八十号）に規定するこれに相当する額として政令で定める額の合計額が、著しく高額であるときは、

当該要介護被保険者に対し、高額医療合算介護サービス費を支給する。

2 前条第二項の規定は、高額医療合算介護サービス費の支給について準用する。

（特定入所者介護サービス費の支給）

第五十一条の三 市町村は、要介護被保険者のうち所得及び資産の状況その他の事情をしん酌して厚生労働省令で定めるものが、次に掲げる指定施設サービス等、指定地域密着型サービス又は指定居宅サービス（以下この条及び次条第一項において「特定介護サービス」という。）を受けたときは、当該要介護被保険者（以下この条及び次条第一項において「特定入所者」という。）に対し、当該特定介護サービスを行う介護保険施設、指定地域密着型サービス事業者又は指定居宅サービス事業者（以下この条において「特定介護保険施設等」という。）における食事の提供に要した費用及び居住又は滞在（以下「居住等」という。）に要した費用について、特定入所者介護サービス費を支給する。ただし、当該特定入所者が、第三十七条第一項の規定による指定を受けている場合において、当該指定に係る種類以外の特定介護サービスを受けたときは、この限りでない。

一 指定介護福祉施設サービス

二 介護保健施設サービス

三 介護医療院サービス

四 地域密着型介護老人福祉施設入所者生活介護

五 短期入所生活介護

六 短期入所療養介護

2 特定入所者介護サービス費の額は、第一号に規定する額及び第二号に規定する額の合計額とする。

一 特定介護保険施設等における食事の提供に要する平均的な費用の額を勘案して厚生労働大臣が定める費用の額（その額が現に当該食事の提供に要した費用の額を超えるときは、当該現に食事の提供に要した費用の額とする。以下この条及び次条第二項において「食費の基準費用額」という。）から、平均的な家計における食費の状況及び特定入所者の所得の状況その他の事情を勘案して厚生労働大臣が定める額（以下この条及び次条第二項において「食費の負担限度額」という。）を控除した額

二 特定介護保険施設等における居住等に要する平均的な費用の額及び施設の状況その他の事情を勘案して厚生労働大臣が定める費用の額（その額が現に当該居住等に要した費用の額を超えるときは、当該現に居住等に要した費用の額とする。以下この条及び次条第二項において「居住費の基準費用額」という。）から、特定入所者の所得の状況その他の事情を勘案して厚生労働大臣が定める額（以下この条及び次条第二項において「居住費の負担限度額」という。）を控除した額

3 厚生労働大臣は、食費の基準費用額若しくは食費の負担限度額又は居住費の基準費用額若しくは居住費の負担限度額を定めた後に、特定介護保険施設等における食事の提供に要する費用又は居住等に要する費用の状況その他の事情が著しく変動したときは、速やかにそれらの額を改定しなければならない。

4 特定入所者が、特定介護保険施設等から特定介護サービスを受けたときは、市町村は、当該特定入所者が当該特定介護保険施設等に支払うべき食事の提供に要した費用及び居住等に要した費用について、特定入所者介護サービス費として当該特定入所者に対し支給すべき額の限度において、当該特定入所者に代わり、当該特定介護保険施設等に支払うことができる。

5 前項の規定による支払があったときは、特定入所者に対し特定入所者介護サービス費の支給があったものとみなす。

6 市町村は、第一項の規定にかかわらず、特定入所者が特定介護保険施設等に対し、食事の提供に要する費用又は居住等に要する費用として、食費の基準費用額又は居住費の基準費用額（前項の規定により特定入所者介護サービス費の支給があったものとみなされた特定入所者にあっては、食費の負担限度額又は居住費の負担限度額）を超える金額を支払った場合には、特定入所者

介護サービス費を支給しない。

7　市町村は、特定介護保険施設等から特定入所者介護サービス費の請求があったときは、第一項、第二項及び前項の定めに照らして審査の上、支払うものとする。

8　第四十一条第三項、第十項及び第十一項の規定は特定入所者介護サービス費の支給について、同条第八項の規定は特定介護保険施設等について準用する。この場合において、これらの規定に関し必要な技術的読替えは、政令で定める。

9　前各項に規定するもののほか、特定入所者介護サービス費の支給及び特定介護保険施設等の特定入所者介護サービス費の請求に関して必要な事項は、厚生労働省令で定める。

（特例特定入所者介護サービス費の支給）

第五十一条の四　市町村は、次に掲げる場合には、特定入所者に対し、特例特定入所者介護サービス費を支給する。

一　特定入所者が、当該要介護認定の効力が生じた日前に、緊急その他やむを得ない理由により特定介護サービスを受けた場合において、必要があると認めるとき。

二　その他政令で定めるとき。

2　特例特定入所者介護サービス費の額は、当該食事の提供に要した費用について食費の基準費用額から食費の負担限度額を控除した額及び当該居住等に要した費用について居住費の基準費用額から居住費の負担限度額を控除した額の合計額を基準として、市町村が定める。

第四節　予防給付

（予防給付の種類）

第五十二条　予防給付は、次に掲げる保険給付とする。

一　介護予防サービス費の支給

二　特例介護予防サービス費の支給

三　地域密着型介護予防サービス費の支給

四　特例地域密着型介護予防サービス費の支給

五　介護予防福祉用具購入費の支給

六　介護予防住宅改修費の支給

七　介護予防サービス計画費の支給

八　特例介護予防サービス計画費の支給

九　高額介護予防サービス費の支給

九の二　高額医療合算介護予防サービス費の支給

十　特定入所者介護予防サービス費の支給

十一　特例特定入所者介護予防サービス費の支給

（介護予防サービス費の支給）

第五十三条　市町村は、要支援認定を受けた被保険者のうち居宅において支援を受けるもの（以下「居宅要支援被保険者」という。）が、都道府県知事が指定する者（以下「指定介護予防サービス事業者」という。）から当該指定に係る介護予防サービス事業を行う事業所により行われる介護予防サービス（以下「指定介護予防サービス」という。）を受けたとき（当該居宅要支援被保険者が、第五十八条第四項の規定により同条第一項に規定する指定介護予防支援を受けることにつきあらかじめ市町村に届け出ている場合であって、当該指定介護予防サービスが当該指定介護予防支援の対象となっているときその他の厚生労働省令で定めるときに限る。）は、当該居宅要支援被保険者に対し、当該指定介護予防サービスに要した費用（特定介護予防福祉用具の購入に要した費用を除き、介護予防通所リハビリテーション、介護予防短期入所生活介護、介護予防短期入所療養介護及び介護予防特定施設入居者生活介護に要した費用については、食事の提供に要する費用、滞在に要する費用その他の日常生活に要する費用として厚生労働省令で定める費用を除く。以下この条において同じ。）について、介護予防サービス費を支給する。ただし、当該居宅要支援被保険者が、第三十七条第一項の規定による指定を受けている場合において、当該指定に係る種類以外の介護予防サービスを受けたときは、この限りでない。

2　介護予防サービス費の額は、次の各号に掲げる介護予防サービスの区分に応じ、当該各号に定める額とする。

一　介護予防訪問入浴介護、介護予防訪問看護、介護予防訪問リハビリテーション、介護予防居宅療養管理指導、介護予防通所リハビリテーション及び介護予防福祉用具貸与　これらの介護予防サービスの種類ごとに、当該介護予防サービスの種類に係る指定介護予防サービスの内容、当該指定介護予防サービスの事業を行う事業所の所在する地域等を勘案して算定される当該指定介護予防サービスに要する平均的な費用（介護予防通所リハビリテーションに要する費用については、食事の提供に要する費用その他の日常生活に要する費用として厚生労働省令で定める費用を除く。）の額を勘案して厚生労働大臣が定める基準により算定した費用の額（その額が現に当該指定介護予防サービスに要した費用の額を超えるときは、当該現に指定介護予防サービスに要した費用の額とする。）の百分の九十に相当する額

二　介護予防短期入所生活介護、介護予防短期入所療養介護及び介護予防特定施設入居者生活介護　これらの介護予防サービスの種類ごとに、要支援状態区分、当該介護予防サービスの種類に係る指定介護予防サービスの事業を行う事業所の所在する地域等を勘案して算定される当該指定介護予防サービスに要する平均的な費用（食事の提供に要する費用、滞在に要する費用その他の日常生活に要する費用として厚生労働省令で定める費用を除く。）の額を勘案して厚生労働大臣が定める基準により算定した費用の額（その額が現に当該指定介護予防サービスに要した費用の額を超えるときは、当該現に指定介護予防サービスに要した費用の額とする。）の百分の九十に相当する額

3　厚生労働大臣は、前項各号の基準を定めようとするときは、あらかじめ社会保障審議会の意見を聴かなければならない。

4　居宅要支援被保険者が指定介護予防サービス事業者から指定介護予防サービスを受けたときは、市町村は、当該居宅要支援被保険者が当該指定介護予防サービス事業者に支払うべき当該指定介護予防サービスに要した費用について、介護予防サービス費として当該居宅要支援被保険者に対し支給すべき額の限度において、当該居宅要支援被保険者に代わり、当該指定介護予防サービス事業者に支払うことができる。

5　前項の規定による支払があったときは、居宅要支援被保険者に対し介護予防サービス費の支給があったものとみなす。

6　市町村は、指定介護予防サービス事業者から介護予防サービス費の請求があったときは、第二項各号の厚生労働大臣が定める基準並びに第百十五条の四第二項に規定する指定介護予防サービスに係る介護予防のための効果的な支援の方法に関する基準及び指定介護予防サービスの事業の設備及び運営に関する基準（指定介護予防サービスの取扱いに関する部分に限る。）に照らして審査した上、支払うものとする。

7　第四十一条第二項、第三項、第十項及び第十一項の規定は、介護予防サービス費の支給について、同条第八項の規定は、指定介護予防サービス事業者について準用する。この場合において、これらの規定に関し必要な技術的読替えは、政令で定める。

8　前各項に規定するもののほか、介護予防サービス費の支給及び指定介護予防サービス事業者の介護予防サービス費の請求に関して必要な事項は、厚生労働省令で定める。

（特例介護予防サービス費の支給）

第五十四条　市町村は、次に掲げる場合には、居宅要支援被保険者に対し、特例介護予防サービス費を支給する。

一　居宅要支援被保険者が、当該要支援認定の効力が生じた日前に、緊急その他やむを得ない理由により指定介護予防サービスを受けた場合において、必要があると認めるとき。

二　居宅要支援被保険者が、指定介護予防サービス以外の介護予防サービス又はこれに相当するサービス（指定介護予防サービスの事業に係る第百十五条の四第一項の都道府県の条例で定める基準及び同項の都道府県の条例で定める員数並びに同条第二項に規定する指定介護予防サービスに係る介護予防のための効果的な支援の方法に関する基準及び指定介護予防サービスの事業の設備及び運営に関

する基準のうち、都道府県の条例で定めるものを満たすと認められる事業を行う事業所により行われるものに限る。次号及び次項において「基準該当介護予防サービス」という。）を受けた場合において、必要があると認めるとき。

三　指定介護予防サービス及び基準該当介護予防サービスの確保が著しく困難である離島その他の地域であって厚生労働大臣が定める基準に該当するものに住所を有する居宅要支援被保険者が、指定介護予防サービス及び基準該当介護予防サービス以外の介護予防サービス又はこれに相当するサービスを受けた場合において、必要があると認めるとき。

四　その他政令で定めるとき。

2　都道府県が前項第二号の条例を定めるに当たっては、第一号から第三号までに掲げる事項については厚生労働省令で定める基準に従い定めるものとし、第四号に掲げる事項については厚生労働省令で定める基準を標準として定めるものとし、その他の事項については厚生労働省令で定める基準を参酌するものとする。

一　基準該当介護予防サービスに従事する従業者に係る基準及び当該従業者の員数

二　基準該当介護予防サービスの事業に係る居室の床面積

三　基準該当介護予防サービスの事業の運営に関する事項であって、利用する要支援者のサービスの適切な利用、適切な処遇及び安全の確保並びに秘密の保持等に密接に関連するものとして厚生労働省令で定めるもの

四　基準該当介護予防サービスの事業に係る利用定員

3　特例介護予防サービス費の額は、当該介護予防サービス又はこれに相当するサービスについて前条第二項各号の厚生労働大臣が定める基準により算定した費用の額（その額が現に当該介護予防サービス又はこれに相当するサービスに要した費用（特定介護予防福祉用具の購入に要した費用を除き、介護予防通所リハビリテーション、介護予防短期入所生活介護、介護予防短期入所療養介護及び介護予防特定施設入居者生活介護並びにこれらに相当するサービスに要した費用については、食事の提供に要する費用、滞在に要する費用その他の日常生活に要する費用として厚生労働省令で定める費用を除く。）の額を超えるときは、当該現に介護予防サービス又はこれに相当するサービスに要した費用の額とする。）の百分の九十に相当する額を基準として、市町村が定める。

4　市町村長は、特例介護予防サービス費の支給に関して必要があると認めるときは、当該支給に係る介護予防サービス若しくはこれに相当するサービスを担当する者若しくは担当した者（以下この項において「介護予防サービス等を担当する者等」という。）に対し、報告若しくは帳簿書類の提出若しくは提示を命じ、若しくは出頭を求め、又は当該職員に関係者に対して質問させ、若しくは当該介護予防サービス等を担当する者等の当該支給に係る事業所に立ち入り、その設備若しくは帳簿書類その他の物件を検査させることができる。

5　第二十四条第三項の規定は前項の規定による質問又は検査について、同条第四項の規定は前項の規定による権限について準用する。

（地域密着型介護予防サービス費の支給）

第五十四条の二　市町村は、居宅要支援被保険者が、当該市町村（住所地特例適用被保険者である居宅要支援被保険者（以下「住所地特例適用居宅要支援被保険者」という。）に係る特定地域密着型介護予防サービスにあっては、施設所在市町村を含む。）の長が指定する者（以下「指定地域密着型介護予防サービス事業者」という。）から当該指定に係る地域密着型介護予防サービス事業を行う事業所により行われる地域密着型介護予防サービス（以下「指定地域密着型介護予防サービス」という。）を受けたとき（当該居宅要支援被保険者が、第五十八条第四項の規定により同条第一項に規定する指定介護予防支援を受けることにつきあらかじめ市町村に届け出ている場合であって、当該指定地域密着型介護予防サー

ビスが当該指定介護予防支援の対象となっているときその他の厚生労働省令で定めるときに限る。）は、当該居宅要支援被保険者に対し、当該指定地域密着型介護予防サービスに要した費用（食事の提供に要する費用その他の日常生活に要する費用として厚生労働省令で定める費用を除く。以下この条において同じ。）について、地域密着型介護予防サービス費を支給する。ただし、当該居宅要支援被保険者が、第三十七条第一項の規定による指定を受けている場合において、当該指定に係る種類以外の地域密着型介護予防サービスを受けたときは、この限りでない。

2 地域密着型介護予防サービス費の額は、次の各号に掲げる地域密着型介護予防サービスの区分に応じ、当該各号に定める額とする。

一 介護予防認知症対応型通所介護 介護予防認知症対応型通所介護に係る指定地域密着型介護予防サービスの内容、当該指定地域密着型介護予防サービスの事業を行う事業所の所在する地域等を勘案して算定される当該指定地域密着型介護予防サービスに要する平均的な費用（食事の提供に要する費用その他の日常生活に要する費用として厚生労働省令で定める費用を除く。）の額を勘案して厚生労働大臣が定める基準により算定した費用の額（その額が現に当該指定地域密着型介護予防サービスに要した費用の額を超えるときは、当該現に指定地域密着型介護予防サービスに要した費用の額とする。）の百分の九十に相当する額

二 介護予防小規模多機能型居宅介護及び介護予防認知症対応型共同生活介護 これらの地域密着型介護予防サービスの種類ごとに、要支援状態区分、当該地域密着型介護予防サービスの種類に係る指定地域密着型介護予防サービスの事業を行う事業所の所在する地域等を勘案して算定される当該指定地域密着型介護予防サービスに要する平均的な費用（食事の提供に要する費用その他の日常生活に要する費用として厚生労働省令で定める費用を除く。）の額を勘案して厚生労働大臣が定める基準により算定した費用の額（その額が現に当該指定地域密着型介護予防サービスに要した費用の額を超えるときは、当該現に指定地域密着型介護予防サービスに要した費用の額とする。）の百分の九十に相当する額

3 厚生労働大臣は、前項各号の基準を定めようとするときは、あらかじめ社会保障審議会の意見を聴かなければならない。

4 市町村は、第二項各号の規定にかかわらず、地域密着型介護予防サービスの種類その他の事情を勘案して厚生労働大臣が定める基準により算定した額を限度として、同項各号に定める地域密着型介護予防サービス費の額に代えて、当該市町村（施設所在市町村の長が第一項本文の指定をした指定地域密着型介護予防サービス事業者から指定地域密着型介護予防サービスを受けた住所地特例適用居宅要支援被保険者に係る地域密着型介護予防サービス費（特定地域密着型介護予防サービスに係るものに限る。）の額にあっては、施設所在市町村）が定める額を、当該市町村における地域密着型介護予防サービス費の額とすることができる。

5 市町村は、前項の当該市町村における地域密着型介護予防サービス費の額を定めようとするときは、あらかじめ、当該市町村が行う介護保険の被保険者その他の関係者の意見を反映させ、及び学識経験を有する者の知見の活用を図るために必要な措置を講じなければならない。

6 居宅要支援被保険者が指定地域密着型介護予防サービス事業者から指定地域密着型介護予防サービスを受けたときは、市町村は、当該居宅要支援被保険者が当該指定地域密着型介護予防サービス事業者に支払うべき当該指定地域密着型介護予防サービスに要した費用について、地域密着型介護予防サービス費として当該居宅要支援被保険者に対し支給すべき額の限度において、当該居宅要支援被保険者に代わり、当該指定地域密着型介護予防サービス事業者に支払うことができる。

7　前項の規定による支払があったときは、居宅要支援被保険者に対し地域密着型介護予防サービス費の支給があったものとみなす。

8　市町村は、指定地域密着型介護予防サービス事業者から地域密着型介護予防サービス費の請求があったときは、第二項各号の厚生労働大臣が定める基準又は第四項の規定により市町村（施設所在市町村の長が第一項本文の指定をした指定地域密着型介護予防サービス事業者から指定地域密着型介護予防サービスを受けた住所地特例適用居宅要支援被保険者に係る地域密着型介護予防サービス費（特定地域密着型介護予防サービスに係るものに限る。）の請求にあっては、施設所在市町村）が定める額並びに第百十五条の十四第二項又は第五項の規定により市町村（施設所在市町村の長が第一項本文の指定をした指定地域密着型介護予防サービス事業者から指定地域密着型介護予防サービスを受けた住所地特例適用居宅要支援被保険者に係る地域密着型介護予防サービス費（特定地域密着型介護予防サービスに係るものに限る。）の請求にあっては、施設所在市町村）が定める指定地域密着型介護予防サービスに係る介護予防のための効果的な支援の方法に関する基準及び指定地域密着型介護予防サービスの事業の設備及び運営に関する基準（指定地域密着型介護予防サービスの取扱いに関する部分に限る。）に照らして審査した上、支払うものとする。

9　第四十一条第二項、第三項、第十項及び第十一項の規定は地域密着型介護予防サービス費の支給について、同条第八項の規定は指定地域密着型介護予防サービス事業者について準用する。この場合において、これらの規定に関し必要な技術的読替えは、政令で定める。

10　前各項に規定するもののほか、地域密着型介護予防サービス費の支給及び指定地域密着型介護予防サービス事業者の地域密着型介護予防サービス費の請求に関して必要な事項は、厚生労働省令で定める。

（特例地域密着型介護予防サービス費の支給）

第五十四条の三　市町村は、次に掲げる場合には、居宅要支援被保険者に対し、特例地域密着型介護予防サービス費を支給する。

一　居宅要支援被保険者が、当該要支援認定の効力が生じた日前に、緊急その他やむを得ない理由により指定地域密着型介護予防サービスを受けた場合において、必要があると認めるとき。

二　指定地域密着型介護予防サービスの確保が著しく困難である離島その他の地域であって厚生労働大臣が定める基準に該当するものに住所を有する居宅要支援被保険者が、指定地域密着型介護予防サービス以外の地域密着型介護予防サービス又はこれに相当するサービスを受けた場合において、必要があると認めるとき。

三　その他政令で定めるとき。

2　特例地域密着型介護予防サービス費の額は、当該地域密着型介護予防サービス又はこれに相当するサービスについて前条第二項各号の厚生労働大臣が定める基準により算定した費用の額（その額が現に当該地域密着型介護予防サービス又はこれに相当するサービスに要した費用（食事の提供に要する費用その他の日常生活に要する費用として厚生労働省令で定める費用を除く。）の額を超えるときは、当該現に地域密着型介護予防サービス又はこれに相当するサービスに要した費用の額とする。）の百分の九十に相当する額又は同条第四項の規定により市町村（施設所在市町村の長が同条第一項本文の指定をした指定地域密着型介護予防サービス事業者から指定地域密着型介護予防サービスを受けた住所地特例適用居宅要支援被保険者その他の厚生労働省令で定める者に係る特例地域密着型介護予防サービス費（特定地域密着型介護予防サービスに係るものに限る。）の額にあっては、施設所在市町村）が定めた額を基準として、市町村が定める。

3　市町村長は、特例地域密着型介護予防サービス費の支給に関して必要があると認めるときは、当該支給に係る地域密着型介護予防サービス若しくはこれに相当するサービスを担当する者若しくは担当した者（以下この項において「地域密着型介護予防サービス等を担当する者等」という。）に対し、報告若しくは帳簿書類の提出若しくは提示を命じ、若しくは出頭を求め、又は当該職員に関係者に対して質問させ、若しくは当該地域密着型介護予防サービス等を担当する者等の当該支給に係る事業所に立ち入り、その設備若しくは帳簿書類その他の物件を検査させることができる。

4　第二十四条第三項の規定は前項の規定による質問又は検査について、同条第四項の規定は前項の規定による権限について準用する。

（介護予防サービス費等に係る支給限度額）

第五十五条　居宅要支援被保険者が介護予防サービス等区分（介護予防サービス（これに相当するサービスを含む。以下この条において同じ。）及び地域密着型介護予防サービス（これに相当するサービスを含む。以下この条において同じ。）について、その種類ごとの相互の代替性の有無等を勘案して厚生労働大臣が定める二以上の種類からなる区分をいう。以下この条において同じ。）ごとに月を単位として厚生労働省令で定める期間において受けた一の介護予防サービス等区分に係る介護予防サービスにつき支給する介護予防サービス費の額の総額及び特例介護予防サービス費の額の総額並びに地域密着型介護予防サービスにつき支給する地域密着型介護予防サービス費の額の総額及び特例地域密着型介護予防サービス費の額の総額の合計額は、介護予防サービス費等区分支給限度基準額を基礎として、厚生労働省令で定めるところにより算定した額の百分の九十に相当する額を超えることができない。

2　前項の介護予防サービス費等区分支給限度基準額は、介護予防サービス等区分ごとに、同項に規定する厚生労働省令で定める期間における当該介護予防サービス等区分に係る介護予防サービス及び地域密着型介護予防サービスの要支援状態区分に応じた標準的な利用の態様、当該介護予防サービス及び地域密着型介護予防サービスに係る第五十三条第二項各号及び第五十四条の二第二項各号の厚生労働大臣が定める基準等を勘案して厚生労働大臣が定める額とする。

3　市町村は、前項の規定にかかわらず、条例で定めるところにより、第一項の介護予防サービス費等区分支給限度基準額に代えて、その額を超える額を、当該市町村における介護予防サービス費等区分支給限度基準額とすることができる。

4　市町村は、居宅要支援被保険者が介護予防サービス及び地域密着型介護予防サービスの種類（介護予防サービス等区分に含まれるものであって厚生労働大臣が定めるものに限る。次項において同じ。）ごとに月を単位として厚生労働省令で定める期間において受けた一の種類の介護予防サービスにつき支給する介護予防サービス費の額の総額及び特例介護予防サービス費の額の総額の合計額並びに一の種類の地域密着型介護予防サービスにつき支給する地域密着型介護予防サービス費の額の総額及び特例地域密着型介護予防サービス費の額の総額の合計額について、介護予防サービス費等種類支給限度基準額を基礎として、厚生労働省令で定めるところにより算定した額の百分の九十に相当する額を超えることができないこととすることができる。

5　前項の介護予防サービス費等種類支給限度基準額は、介護予防サービス及び地域密着型介護予防サービスの種類ごとに、同項に規定する厚生労働省令で定める期間における当該介護予防サービス及び地域密着型介護予防サービスの要支援状態区分に応じた標準的な利用の態様、当該介護予防サービス及び地域密着型介護予防サービスに係る第五十三条第二項各号及び第五十四条の二第二項各号の厚生労働大臣が定める基準等を勘案し、当該介護予防サービス及び地域密着型介護予防サービスを含む介護予防サービス等区分に係る第一項の介護予防サービス費等区分支給限度基準額（第三項の規定に基づき条例を定めている市町村にあっては、当該条例による措置が講じられた額とする。）の範囲内において、市町村が条例で定める額とする。

6　介護予防サービス費若しくは特例介護予防サービス費又は地域密着型介護予防サービス費若しくは特例地域密着型介護予防サービス費を支給することにより第一項に規定する合計額が同項に規定する百分の九十に相当する額を超える場合又は第四項に規定する合計額が同項に規定する百分の九十に相当する額を超える場合における当該介護予防サービス費若しくは特例介護予防サービス費又は地域密着型介護予防サービス費若しくは特例地域密着型介護予防サービス費の額は、第五十三条第二項各号若しくは第五十四条第三項又は第五十四条の二第二項各号若しくは第四項若しくは前条第二項の規定にかかわらず、政令で定めるところにより算定した額とする。

（介護予防福祉用具購入費の支給）

第五十六条　市町村は、居宅要支援被保険者が、特定介護予防福祉用具販売に係る指定介護予防サービス事業者から当該指定に係る介護予防サービス事業を行う事業所において販売される特定介護予防福祉用具を購入したときは、当該居宅要支援被保険者に対し、介護予防福祉用具購入費を支給する。

2　介護予防福祉用具購入費は、厚生労働省令で定めるところにより、市町村が必要と認める場合に限り、支給するものとする。

3　介護予防福祉用具購入費の額は、現に当該特定介護予防福祉用具の購入に要した費用の額の百分の九十に相当する額とする。

4　居宅要支援被保険者が月を単位として厚生労働省令で定める期間において購入した特定介護予防福祉用具につき支給する介護予防福祉用具購入費の額の総額は、介護予防福祉用具購入費支給限度基準額を基礎として、厚生労働省令で定めるところにより算定した額の百分の九十に相当する額を超えることができない。

5　前項の介護予防福祉用具購入費支給限度基準額は、同項に規定する厚生労働省令で定める期間における特定介護予防福祉用具の購入に通常要する費用を勘案して厚生労働大臣が定める額とする。

6　市町村は、前項の規定にかかわらず、条例で定めるところにより、第四項の介護予防福祉用具購入費支給限度基準額に代えて、その額を超える額を、当該市町村における介護予防福祉用具購入費支給限度基準額とすることができる。

7　介護予防福祉用具購入費を支給することにより第四項に規定する総額が同項に規定する百分の九十に相当する額を超える場合における当該介護予防福祉用具購入費の額は、第三項の規定にかかわらず、政令で定めるところにより算定した額とする。

（介護予防住宅改修費の支給）

第五十七条　市町村は、居宅要支援被保険者が、住宅改修を行ったときは、当該居宅要支援被保険者に対し、介護予防住宅改修費を支給する。

2　介護予防住宅改修費は、厚生労働省令で定めるところにより、市町村が必要と認める場合に限り、支給するものとする。

3　介護予防住宅改修費の額は、現に当該住宅改修に要した費用の額の百分の九十に相当する額とする。

4　居宅要支援被保険者が行った一の種類の住宅改修につき支給する介護予防住宅改修費の額の総額は、介護予防住宅改修費支給限度基準額を基礎として、厚生労働省令で定めるところにより算定した額の百分の九十に相当する額を超えることができない。

5　前項の介護予防住宅改修費支給限度基準額は、住宅改修の種類ごとに、通常要する費用を勘案して厚生労働大臣が定める額とする。

6　市町村は、前項の規定にかかわらず、条例で定めるところにより、第四項の介護予防住宅改修費支給限度基準額に代えて、その額を超える額を、当該市町村における介護予防住宅改修費支給限度基準額とすることができる。

7　介護予防住宅改修費を支給することにより第四項に規定する総額が同項に規定する百分の九十に相当する額を超える場合における当該介護予防住宅改修費の額は、第三項の規定にかかわらず、政令で定めるところにより算定した額とする。

8　市町村長は、介護予防住宅改修費の支給に関して必要があると認めるときは、当該支給に係る住宅改修を行う者若しくは住宅改修を行った者（以下この項において「住宅改修を行う者等」という。）に対し、報告若しくは帳簿書類の提出若しくは提示を命じ、若しくは出頭を求め、又は当該職員に関係者に対して質問させ、若しくは当該住宅改修を行う者等の当該支給に係る事業所に立ち入り、その帳簿書類その他の物件を検査させることができる。

9　第二十四条第三項の規定は前項の規定による質問又は検査について、同条第四項の規定は前項の規定による権限について準用する。

（介護予防サービス計画費の支給）

第五十八条　市町村は、居宅要支援被保険者が、当該市町村（住所地特例適用居宅要支援被保険者に係る介護予防支援にあっては、施設所在市町村）の長が指定する者（以下「指定介護予防支援事業者」という。）から当該指定に係る介護予防支援事業を行う事業所により行われる介護予防支援（以下「指定介護予防支援」という。）を受けたときは、当該居宅要支援被保険者に対し、当該指定介護予防支援に要した費用について、介護予防サービス計画費を支給する。

2　介護予防サービス計画費の額は、指定介護予防支援の事業を行う事業所の所在する地域等を勘案して算定される当該指定介護予防支援に要する平均的な費用の額を勘案して厚生労働大臣が定める基準により算定した費用の額（その額が現に当該指定介護予防支援に要した費用の額を超えるときは、当該現に指定介護予防支援に要した費用の額とする。）とする。

3　厚生労働大臣は、前項の基準を定めようとするときは、あらかじめ社会保障審議会の意見を聴かなければならない。

4　居宅要支援被保険者が指定介護予防支援事業者から指定介護予防支援を受けたとき（当該居宅要支援被保険者が、厚生労働省令で定めるところにより、当該指定介護予防支援を受けることにつきあらかじめ市町村に届け出ている場合に限る。）は、市町村は、当該居宅要支援被保険者が当該指定介護予防支援事業者に支払うべき当該指定介護予防支援に要した費用について、介護予防サービス計画費として当該居宅要支援被保険者に対し支給すべき額の限度において、当該居宅要支援被保険者に代わり、当該指定介護予防支援事業者に支払うことができる。

5　前項の規定による支払があったときは、居宅要支援被保険者に対し介護予防サービス計画費の支給があったものとみなす。

6　市町村は、指定介護予防支援事業者から介護予防サービス計画費の請求があったときは、第二項の厚生労働大臣が定める基準並びに第百十五条の二十四第二項に規定する指定介護予防支援に係る介護予防のための効果的な支援の方法に関する基準及び指定介護予防支援の事業の運営に関する基準（指定介護予防支援の取扱いに関する部分に限る。）に照らして審査した上、支払うものとする。

7　第四十一条第二項、第三項、第十項及び第十一項の規定は介護予防サービス計画費の支給について、同条第八項の規定は指定介護予防支援事業者について準用する。この場合において、これらの規定に関し必要な技術的読替えは、政令で定める。

8　前各項に規定するもののほか、介護予防サービス計画費の支給及び指定介護予防支援事業者の介護予防サービス計画費の請求に関して必要な事項は、厚生労働省令で定める。

（特例介護予防サービス計画費の支給）

第五十九条　市町村は、次に掲げる場合には、居宅要支援被保険者に対し、特例介護予防サービス計画費を支給する。

一　居宅要支援被保険者が、指定介護予防支援以外の介護予防支援又はこれに相当するサービス（指定介護予防支援の事業に係る第百十五条の二十四第一項の市町村の条例で定める員数並びに同項の市町村の条例で定める基準及び同条第二項に規定する指定介護予防支援に係る介護予防のための効果的な支援の方法に関する基準及び指定介護予防支援の事業の運営に関する基準のうち、当該市町村の条例で定めるものを満たすと認められる事業を行う事業者により行われるものに限る。次号及び次項において「基準該当介護予防支援」という。）を受けた場合において、必要があると認めるとき。

二　指定介護予防支援及び基準該当介護予防支援の確保が著しく困難である離島その他の地域であって厚生労働大臣が定める基準に該当するものに住所を有する居宅要支援被保険者が、指定介護予防支援及び基準該当介護予防支援以外の介護予防支援又はこれに相当するサービスを受けた場合において、必要があると認めるとき。

三　その他政令で定めるとき。

2　市町村が前項第一号の条例を定めるに当たっては、次に掲げる事項については厚生労働省令で定める基準に従い定めるものとし、その他の事項については厚生労働省令で定める基準を参酌するものとする。

一　基準該当介護予防支援に従事する従業者に係る基準及び当該従業者の員数

二　基準該当介護予防支援の事業の運営に関する事項であって、利用する要支援者のサービスの適切な利用、適切な処遇及び安全の確保並びに秘密の保持等に密接に関連するものとして厚生労働省令で定めるもの

3　特例介護予防サービス計画費の額は、当該介護予防支援又はこれに相当するサービスについて前条第二項の厚生労働大臣が定める基準により算定した費用の額（その額が現に当該介護予防支援又はこれに相当するサービスに要した費用の額を超えるときは、当該現に介護予防支援又はこれに相当するサービスに要した費用の額とする。）を基準として、市町村が定める。

4　市町村長は、特例介護予防サービス計画費の支給に関して必要があると認めるときは、当該支給に係る介護予防支援若しくはこれに相当するサービスを担当する者若しくは担当した者（以下この項において「介護予防支援等を担当する者等」という。）に対し、報告若しくは帳簿書類の提出若しくは提示を命じ、若しくは出頭を求め、又は当該職員に関係者に対して質問させ、若しくは当該介護予防支援等を担当する者等の当該支給に係る事業所に立ち入り、その帳簿書類その他の物件を検査させることができる。

5　第二十四条第三項の規定は前項の規定による質問又は検査について、同条第四項の規定は前項の規定による権限について準用する。

（一定以上の所得を有する居宅要支援被保険者に係る介護予防サービス費等の額）

第五十九条の二　第一号被保険者であって政令で定めるところにより算定した所得の額が政令で定める額以上である居宅要支援被保険者（次項に規定する居宅要支援被保険者を除く。）が受ける次の各号に掲げる予防給付について当該各号に定める規定を適用する場合においては、これらの規定中「百分の九十」とあるのは、「百分の八十」とする。

一　介護予防サービス費の支給　第五十三条第二項第一号及び第二号並びに第五十五条第一項、第四項及び第六項

二　特例介護予防サービス費の支給　第五十四条第三項並びに第五十五条第一項、第四項及び第六項

三　地域密着型介護予防サービス費の支給　第五十四条の二第二項第一号及び第二号並びに第五十五条第一項、第四項及び第六項

四　特例地域密着型介護予防サービス費の支給　第五十四条の三第二項並びに第五十五条第一項、第四項及び第六項

五　介護予防福祉用具購入費の支給　第五十六条第三項、第四項及び第七項

六　介護予防住宅改修費の支給　第五十七条第三項、第四項及び第七項

2　第一号被保険者であって政令で定めるところにより算定した所得の額が前項の政令で定める額を超える政令で定める額以上である居宅要支援被保険者が受ける同項各号に掲げる予防給付について当該各号に定める規定を適用する場合においては、これらの規定中「百分の九十」とあるのは、「百分の七十」とする。

（介護予防サービス費等の額の特例）

第六十条　市町村が、災害その他の厚生労働省令で定める特別の事情があることにより、介護予防サービス（これに相当するサービスを含む。以下この条において同じ。）、地域密着型介護予防サービス（これに相当するサービスを含む。以下この条において同じ。）又は住宅改修に必要な費用を負担することが困難であると認めた居宅要支援被保険者が受ける前条第一項各号に掲げる予防給付について当該各号に定める規定を適用する場合（同条の規定により読み替えて適用する場合を除く。）においては、これらの規定中「百分の九十」とあるのは、「百分の九十を超え百分の百以下の範囲内において市町村が定めた割合」とする。

2　市町村が、災害その他の厚生労働省令で定める特別の事情があることにより、介護予防サービス、地域密着型介護予防サービス又は住宅改修に必要な費用を負担することが困難であると認めた居宅要支援被保険者が受ける前条第一項各号に掲げる予防給付について当該各号に定める規定を適用する場合（同項の規定により読み替えて適用する場合に限る。）においては、同項の規定により読み替えて適用するこれらの規定中「百分の八十」とあるのは、「百分の八十を超え百分の百以下の範囲内において市町村が定めた割合」とする。

3　市町村が、災害その他の厚生労働省令で定める特別の事情があることにより、介護予防サービス、地域密着型介護予防サービス又は住宅改修に必要な費用を負担することが困難であると認めた居宅要支援被保険者が受ける前条第一項各号に掲げる予防給付について当該各号に定める規定を適用する場合（同条第二項の規定により読み替えて適用する場合に限る。）においては、同条第二項の規定により読み替えて適用するこれらの規定中「百分の七十」とあるのは、「百分の七十を超え百分の百以下の範囲内において市町村が定めた割合」とする。

（高額介護予防サービス費の支給）

第六十一条　市町村は、居宅要支援被保険者が受けた介護予防サービス（これに相当するサービスを含む。）又は地域密着型介護予防サービス（これに相当するサービスを含む。）に要した費用の合計額として政令で定めるところにより算定した額から、当該費用につき支給された介護予防サービス費、特例介護予防サービス費、地域密着型介護予防サービス費及び特例地域密着型介護予防サービス費の合計額を控除して得た額（次条第一項において「介護予防サービス利用者負担額」という。）が、著しく高額であるときは、当該居宅要支援被保険者に対し、高額介護予防サービス費を支給する。

2　前項に規定するもののほか、高額介護予防サービス費の支給要件、支給額その他高額介護予防サービス費の支給に関して必要な事項は、介護予防サービス又は地域密着型介護予防サービスに必要な費用の負担の家計に与える影響を考慮して、政令で定める。

（高額医療合算介護予防サービス費の支給）

第六十一条の二　市町村は、居宅要支援被保険者の介護予防サービス利用者負担額（前条第一項の高額介護予防サービス費が支給される場合にあっては、当該支給額に相当する額を控除して得た額）及び当該居宅要支援被保険者に係る健康保険法第百十五条第一項に規定する一部負担金等の額（同項の高額療養費が支給される場合にあっては、当該支給額に相当する額を控除して得た額）その他の医療保険各法又は高齢者の医療の確保に関する法律に規定するこれに相当する額として政令で定める額の合計額が、著しく高額であるときは、当該居宅要支援被保険者に対し、高額医療合算介護予防サービス費を支給する。

2　前条第二項の規定は、高額医療合算介護予防サービス費の支給について準用する。

（特定入所者介護予防サービス費の支給）

第六十一条の三　市町村は、居宅要支援被保険者のうち所得及び資産の状況その他の事情をしん酌して厚生労働省令で定めるものが、次に掲げる指定介護予防サービス（以下この条及び次条第一項において「特定介護予防サービス」という。）を受けたときは、当該居宅要支援被保険者（以下この条及び次条第一項において「特定入所者」という。）に対し、当該特定介護予防サービスを行う指定介護予防サービス事業者（以下この条において「特定介護予防サービス事業者」という。）における食事の提供に要した費用及び滞在に要した費用について、特定入所者介護予防サービス費を支給する。ただし、当該特定入所者が、第三十七条第一項の規定による指定を受けている場合において、当該指定に係る種類以外の特定介護予防サービスを受けたときは、この限りでない。

一 介護予防短期入所生活介護

二 介護予防短期入所療養介護

2 特定入所者介護予防サービス費の額は、第一号に規定する額及び第二号に規定する額の合計額とする。

一 特定介護予防サービス事業者における食事の提供に要する平均的な費用の額を勘案して厚生労働大臣が定める費用の額（その額が現に当該食事の提供に要した費用の額を超えるときは、当該現に食事の提供に要した費用の額とする。以下この条及び次条第二項において「食費の基準費用額」という。）から、平均的な家計における食費の状況及び特定入所者の所得の状況その他の事情を勘案して厚生労働大臣が定める額（以下この条及び次条第二項において「食費の負担限度額」という。）を控除した額

二 特定介護予防サービス事業者における滞在に要する平均的な費用の額及び事業所の状況その他の事情を勘案して厚生労働大臣が定める費用の額（その額が現に当該滞在に要した費用の額を超えるときは、当該現に滞在に要した費用の額とする。以下この条及び次条第二項において「滞在費の基準費用額」という。）から、特定入所者の所得の状況その他の事情を勘案して厚生労働大臣が定める額（以下この条及び次条第二項において「滞在費の負担限度額」という。）を控除した額

3 厚生労働大臣は、食費の基準費用額若しくは食費の負担限度額又は滞在費の基準費用額若しくは滞在費の負担限度額を定めた後に、特定介護予防サービス事業者における食事の提供に要する費用又は滞在に要する費用の状況その他の事情が著しく変動したときは、速やかにそれらの額を改定しなければならない。

4 特定入所者が、特定介護予防サービス事業者から特定介護予防サービスを受けたときは、市町村は、当該特定入所者が当該特定介護予防サービス事業者に支払うべき食事の提供に要した費用及び滞在に要した費用について、特定入所者介護予防サービス費として当該特定入所者に対し支給すべき額の限度において、当該特定入所者に代わり、当該特定介護予防サービス事業者に支払うことができる。

5 前項の規定による支払があったときは、特定入所者に対し特定入所者介護予防サービス費の支給があったものとみなす。

6 市町村は、第一項の規定にかかわらず、特定入所者が特定介護予防サービス事業者に対し、食事の提供に要する費用又は滞在に要する費用として、食費の基準費用額又は滞在費の基準費用額（前項の規定により特定入所者介護予防サービス費の支給があったものとみなされた特定入所者にあっては、食費の負担限度額又は滞在費の負担限度額）を超える金額を支払った場合には、特定入所者介護予防サービス費を支給しない。

7 市町村は、特定介護予防サービス事業者から特定入所者介護予防サービス費の請求があったときは、第一項、第二項及び前項の定めに照らして審査の上、支払うものとする。

8 第四十一条第三項、第十項及び第十一項の規定は特定入所者介護予防サービス費の支給について、同条第八項の規定は特定介護予防サービス事業者について準用する。この場合において、これらの規定に関し必要な技術的読替えは、政令で定める。

9 前各項に規定するもののほか、特定入所者介護予防サービス費の支給及び特定介護予防サービス事業者の特定入所者介護予防サービス費の請求に関して必要な事項は、

厚生労働省令で定める。

（特例特定入所者介護予防サービス費の支給）

第六十一条の四　市町村は、次に掲げる場合には、特定入所者に対し、特例特定入所者介護予防サービス費を支給する。

一　特定入所者が、当該要支援認定の効力が生じた日前に、緊急その他やむを得ない理由により特定介護予防サービスを受けた場合において、必要があると認めるとき。

二　その他政令で定めるとき。

2　特例特定入所者介護予防サービス費の額は、当該食事の提供に要した費用について食費の基準費用額から食費の負担限度額を控除した額及び当該滞在に要した費用について滞在費の基準費用額から滞在費の負担限度額を控除した額の合計額を基準として、市町村が定める。

第五節　市町村特別給付

第六十二条　市町村は、要介護被保険者又は居宅要支援被保険者（以下「要介護被保険者等」という。）に対し、前二節の保険給付のほか、条例で定めるところにより、市町村特別給付を行うことができる。

第六節　保険給付の制限等

（保険給付の制限）

第六十三条　刑事施設、労役場その他これらに準ずる施設に拘禁された者については、その期間に係る介護給付等は、行わない。

第六十四条　市町村は、自己の故意の犯罪行為若しくは重大な過失により、又は正当な理由なしに介護給付等対象サービスの利用若しくは居宅介護住宅改修費若しくは介護予防住宅改修費に係る住宅改修の実施に関する指示に従わないことにより、要介護状態等若しくはその原因となった事故を生じさせ、又は要介護状態等の程度を増進させた被保険者の当該要介護状態等については、これを支給事由とする介護給付等は、その全部又は一部を行わないことができる。

第六十五条　市町村は、介護給付等を受ける者が、正当な理由なしに、第二十三条の規定による求め（第二十四条の二第一項第一号の規定により委託された場合にあっては、当該委託に係る求めを含む。）に応ぜず、又は答弁を拒んだときは、介護給付等の全部又は一部を行わないことができる。

（保険料滞納者に係る支払方法の変更）

第六十六条　市町村は、保険料を滞納している第一号被保険者である要介護被保険者等（原子爆弾被爆者に対する援護に関する法律（平成六年法律第百十七号）による一般疾病医療費の支給その他厚生労働省令で定める医療に関する給付を受けることができるものを除く。）が、当該保険料の納期限から厚生労働省令で定める期間が経過するまでの間に当該保険料を納付しない場合においては、当該保険料の滞納につき災害その他の政令で定める特別の事情があると認める場合を除き、厚生労働省令で定めるところにより、当該要介護被保険者等に対し被保険者証の提出を求め、当該被保険者証に、第四十一条第六項、第四十二条の二第六項、第四十六条第四項、第四十八条第四項、第五十三条第四項、第五十四条の二第六項、第五十八条第四項及び第六十一条の三第四項の規定を適用しない旨の記載（以下この条及び次条第三項において「支払方法変更の記載」という。）をするものとする。

2　市町村は、前項に規定する厚生労働省令で定める期間が経過しない場合においても、同項に規定する政令で定める特別の事情があると認める場合を除き、同項に規定する要介護被保険者等に対し被保険者証の提出を求め、当該被保険者証に支払方法変更の記載をすることができる。

3　市町村は、前二項の規定により支払方法変更の記載を受けた要介護被保険者等が滞納している保険料を完納したとき、又は当該要介護被保険者等に係る滞納額の著しい減少、災害その他の政令で定める特別の事情があると認めるときは、当該支払方法変更の記載を消除するものとする。

4　第一項又は第二項の規定により支払方法変更の記載を受けた要介護被保険者等が、

当該支払方法の変更の記載がなされている間に受けた指定居宅サービス、指定地域密着型サービス、指定居宅介護支援、指定施設サービス等、指定介護予防サービス、指定地域密着型介護予防サービス及び指定介護予防支援に係る居宅介護サービス費の支給、地域密着型介護サービス費の支給、居宅介護サービス計画費の支給、施設介護サービス費の支給、特定入所者介護サービス費の支給、介護予防サービス費の支給、地域密着型介護予防サービス費の支給、介護予防サービス計画費の支給及び特定入所者介護予防サービス費の支給については、第四十一条第六項、第四十二条の二第六項、第四十六条第四項、第四十八条第四項、第五十一条の三第四項、第五十三条第四項、第五十四条の二第六項、第五十八条第四項及び第六十一条の三第四項の規定は適用しない。

（**保険給付の支払の一時差止**）

第六十七条　市町村は、保険給付を受けることができる第一号被保険者である要介護被保険者等が保険料を滞納しており、かつ、当該保険料の納期限から厚生労働省令で定める期間が経過するまでの間に当該保険料を納付しない場合においては、当該保険料の滞納につき災害その他の政令で定める特別の事情があると認める場合を除き、厚生労働省令で定めるところにより、保険給付の全部又は一部の支払を一時差し止めるものとする。

2　市町村は、前項に規定する厚生労働省令で定める期間が経過しない場合においても、保険給付を受けることができる第一号被保険者である要介護被保険者等が保険料を滞納している場合においては、当該保険料の滞納につき災害その他の政令で定める特別の事情があると認める場合を除き、厚生労働省令で定めるところにより、保険給付の全部又は一部の支払を一時差し止めることができる。

3　市町村は、前条第一項又は第二項の規定により支払方法変更の記載を受けている要介護被保険者等であって、前二項の規定による保険給付の全部又は一部の支払の一時差止がなされているものが、なお滞納している保険料を納付しない場合においては、厚生労働省令で定めるところにより、あらかじめ、当該要介護被保険者等に通知して、当該一時差止に係る保険給付の額から当該要介護被保険者等が滞納している保険料額を控除することができる。

（**医療保険各法の規定による保険料等に未納がある者に対する保険給付の一時差止**）

第六十八条　市町村は、保険給付を受けることができる第二号被保険者である要介護被保険者等について、医療保険各法の定めるところにより当該要介護被保険者等が納付義務又は払込義務を負う保険料（地方税法（昭和二十五年法律第二百二十六号）の規定による国民健康保険税を含む。）又は掛金であってその納期限又は払込期限までに納付しなかったもの（以下この項及び次項において「未納医療保険料等」という。）がある場合においては、未納医療保険料等があることにつき災害その他の政令で定める特別の事情があると認める場合を除き、厚生労働省令で定めるところにより、当該要介護被保険者等に対し被保険者証の提出を求め、当該被保険者証に、第四十一条第六項、第四十二条の二第六項、第四十六条第四項、第四十八条第四項、第五十一条の三第四項、第五十三条第四項、第五十四条の二第六項、第五十八条第四項及び第六十一条の三第四項の規定を適用しない旨並びに保険給付の全部又は一部の支払を差し止める旨の記載（以下この条において「保険給付差止の記載」という。）をすることができる。

2　市町村は、前項の規定により保険給付差止の記載を受けた要介護被保険者等が、未納医療保険料等を完納したとき、又は当該要介護被保険者等に係る未納医療保険料等の著しい減少、災害その他の政令で定める特別の事情があると認めるときは、当該保険給付差止の記載を消除するものとする。

3　第六十六条第四項の規定は、第一項の規定により保険給付差止の記載を受けた要介護被保険者等について準用する。

4　市町村は、第一項の規定により保険給付差止の記載を受けた要介護被保険者等について、保険給付の全部又は一部の支払を一時差し止めるものとする。

5 市町村は、要介護被保険者等についての保険給付差止の記載に関し必要があると認めるときは、当該要介護被保険者等の加入する医療保険者（当該要介護被保険者等が全国健康保険協会の管掌する健康保険の被保険者（健康保険法第三条第四項に規定する任意継続被保険者を除く。）若しくはその被扶養者又は船員保険の被保険者（船員保険法第二条第二項に規定する疾病任意継続被保険者を除く。）若しくはその被扶養者である場合には、厚生労働大臣とし、当該要介護被保険者等が国民健康保険法の定めるところにより都道府県が当該都道府県内の市町村とともに行う国民健康保険（以下「国民健康保険」という。）の被保険者である場合には、市町村とする。以下この条において同じ。）に対し、当該要介護被保険者等に係る医療保険各法の規定により徴収される保険料（地方税法の規定により徴収される国民健康保険税を含む。）又は掛金の納付状況その他厚生労働省令で定める事項について、厚生労働省令で定めるところにより、当該要介護被保険者等の加入する医療保険者に対し、情報の提供を求めることができる。

（保険料を徴収する権利が消滅した場合の保険給付の特例）

第六十九条 市町村は、要介護認定、要介護更新認定、第二十七条第七項若しくは第三十条第一項の規定による要介護状態区分の変更の認定、要支援認定、要支援更新認定、第三十三条の二第二項において準用する第三十二条第六項若しくは第三十三条の三第一項の規定による要支援状態区分の変更の認定（以下この項において単に「認定」という。）をした場合において、当該認定に係る第一号被保険者である要介護被保険者等について保険料徴収権消滅期間（当該期間に係る保険料を徴収する権利が時効によって消滅している期間につき政令で定めるところにより算定された期間をいう。以下この項において同じ。）があるときは、厚生労働省令で定めるところにより、当該要介護被保険者等の被保険者証に、当該認定に係る第二十七条第七項後段（第二十八条第四項及び第二十九条第二項において準用する場合を含む。）、第三十条第一項後段若しくは第三十五条第四項後段又は第三十二条第六項後段（第三十三条第四項及び第三十三条の二第二項において準用する場合を含む。）、第三十三条の三第一項後段若しくは第三十五条第二項後段若しくは第六項後段の規定による記載に併せて、介護給付等（居宅介護サービス計画費の支給、特例居宅介護サービス計画費の支給、介護予防サービス計画費の支給及び特例介護予防サービス計画費の支給、高額介護サービス費の支給、高額介護予防サービス費の支給及び高額医療合算介護予防サービス費の支給並びに特定入所者介護サービス費の支給、特例特定入所者介護サービス費の支給、特定入所者介護予防サービス費の支給及び特例特定入所者介護予防サービス費の支給を除く。）の額の減額を行う旨並びに高額介護サービス費、高額医療合算介護サービス費、高額介護予防サービス費及び高額医療合算介護予防サービス費並びに特定入所者介護サービス費、特例特定入所者介護サービス費、特定入所者介護予防サービス費及び特例特定入所者介護予防サービス費の支給を行わない旨並びにこれらの措置がとられる期間（市町村が、政令で定めるところにより、保険料徴収権消滅期間に応じて定める期間をいう。以下この条において「給付額減額期間」という。）の記載（以下この条において「給付額減額等の記載」という。）をするものとする。ただし、当該要介護被保険者等について、災害その他の政令で定める特別の事情があると認めるときは、この限りでない。

2 市町村は、前項の規定により給付額減額等の記載を受けた要介護被保険者等について、同項ただし書の政令で定める特別の事情があると認めるとき、又は給付額減額期間が経過したときは、当該給付額減額等の記載を消除するものとする。

3　第一項の規定により給付額減額等の記載を受けた要介護被保険者等が、当該記載を受けた日の属する月の翌月の初日から当該給付額減額期間が経過するまでの間に利用した居宅サービス（これに相当するサービスを含む。以下この条において同じ。）、地域密着型サービス（これに相当するサービスを含む。以下この条において同じ。）、施設サービス、介護予防サービス（これに相当するサービスを含む。以下この条において同じ。）及び地域密着型介護予防サービス（これに相当するサービスを含む。以下この条において同じ。）並びに行った住宅改修に係る次の各号に掲げる介護給付等について当該各号に定める規定を適用する場合（第四十九条の二又は第五十九条の二の規定により読み替えて適用する場合を除く。）においては、これらの規定中「百分の九十」とあるのは、「百分の七十」とする。

一　居宅介護サービス費の支給　第四十一条第四項第一号及び第二号並びに第四十三条第一項、第四項及び第六項

二　特例居宅介護サービス費の支給　第四十二条第三項並びに第四十三条第一項、第四項及び第六項

三　地域密着型介護サービス費の支給　第四十二条の二第二項各号並びに第四十三条第一項、第四項及び第六項

四　特例地域密着型介護サービス費の支給　第四十二条の三第二項並びに第四十三条第一項、第四項及び第六項

五　施設介護サービス費の支給　第四十八条第二項

六　特例施設介護サービス費の支給　第四十九条第二項

七　介護予防サービス費の支給　第五十三条第二項第一号及び第二号並びに第五十五条第一項、第四項及び第六項

八　特例介護予防サービス費の支給　第五十四条第三項並びに第五十五条第一項、第四項及び第六項

九　地域密着型介護予防サービス費の支給　第五十四条の二第二項第一号及び第二号並びに第五十五条第一項、第四項及び第六項

十　特例地域密着型介護予防サービス費の支給　第五十四条の三第二項並びに第五十五条第一項、第四項及び第六項

十一　居宅介護福祉用具購入費の支給　第四十四条第三項、第四項及び第七項

十二　介護予防福祉用具購入費の支給　第五十六条第三項、第四項及び第七項

十三　居宅介護住宅改修費の支給　第四十五条第三項、第四項及び第七項

十四　介護予防住宅改修費の支給　第五十七条第三項、第四項及び第七項

4　第一項の規定により給付額減額等の記載を受けた要介護被保険者等が、当該記載を受けた日の属する月の翌月の初日から当該給付額減額期間が経過するまでの間に利用した居宅サービス、地域密着型サービス、施設サービス、介護予防サービス及び地域密着型介護予防サービス並びに行った住宅改修に係る前項各号に掲げる介護給付等について当該各号に定める規定を適用する場合（第四十九条の二第一項又は第五十九条の二第一項の規定により読み替えて適用する場合に限る。）においては、第四十九条の二第一項又は第五十九条の二第一項の規定により読み替えて適用するこれらの規定中「百分の八十」とあるのは、「百分の七十」とする。

5　第一項の規定により給付額減額等の記載を受けた要介護被保険者等が、当該記載を受けた日の属する月の翌月の初日から当該給付額減額期間が経過するまでの間に利用した居宅サービス、地域密着型サービス、施設サービス、介護予防サービス及び地域密着型介護予防サービス並びに行った住宅改修に係る第三項各号に掲げる介護給付等について当該各号に定める規定を適用する場合（第四十九条の二第二項又は第五十九条の二第二項の規定により読み替えて適用する場合に限る。）においては、第四十九条の二第二項又は第五十九条の二第二項の規定により読み替えて適用するこれらの規定中「百分の七十」とあるのは、「百分の六十」とする。

6　第一項の規定により給付額減額等の記載

を受けた要介護被保険者等が、当該記載を受けた日の属する月の翌月の初日から当該給付額減額期間が経過するまでの間に受けた居宅サービス、地域密着型サービス、施設サービス、介護予防サービス及び地域密着型介護予防サービスに要する費用については、第五十一条第一項、第五十一条の二第一項、第五十一条の三第一項、第五十一条の四第一項、第六十一条第一項、第六十一条の二第一項、第六十一条の三第一項及び第六十一条の四第一項の規定は、適用しない。

第五章　介護支援専門員並びに事業者及び施設

第一節　介護支援専門員

第一款　登録等

（介護支援専門員の登録）

第六十九条の二　厚生労働省令で定める実務の経験を有する者であって、都道府県知事が厚生労働省令で定めるところにより行う試験（以下「介護支援専門員実務研修受講試験」という。）に合格し、かつ、都道府県知事が厚生労働省令で定めるところにより行う研修（以下「介護支援専門員実務研修」という。）の課程を修了したものは、厚生労働省令で定めるところにより、当該都道府県知事の登録を受けることができる。ただし、次の各号のいずれかに該当する者については、この限りでない。

一　心身の故障により介護支援専門員の業務を適正に行うことができない者として厚生労働省令で定めるもの

二　禁錮以上の刑に処せられ、その執行を終わり、又は執行を受けることがなくなるまでの者

三　この法律その他国民の保健医療若しくは福祉に関する法律で政令で定めるものの規定により罰金の刑に処せられ、その執行を終わり、又は執行を受けることがなくなるまでの者

四　登録の申請前五年以内に居宅サービス等に関し不正又は著しく不当な行為をした者

五　第六十九条の三十八第三項の規定による禁止の処分を受け、その禁止の期間中に第六十九条の六第一号の規定によりその登録が消除され、まだその期間が経過しない者

六　第六十九条の三十九の規定による登録の消除の処分を受け、その処分の日から起算して五年を経過しない者

七　第六十九条の三十九の規定による登録の消除の処分に係る行政手続法（平成五年法律第八十八号）第十五条の規定による通知があった日から当該処分をする日又は処分をしないことを決定する日までの間に登録の消除の申請をした者（登録の消除の申請について相当の理由がある者を除く。）であって、当該登録が消除された日から起算して五年を経過しないもの

2　前項の登録は、都道府県知事が、介護支援専門員資格登録簿に氏名、生年月日、住所その他厚生労働省令で定める事項並びに登録番号及び登録年月日を登載してするものとする。

（登録の移転）

第六十九条の三　前条第一項の登録を受けている者は、当該登録をしている都道府県知事の管轄する都道府県以外の都道府県に所在する指定居宅介護支援事業者その他厚生労働省令で定める事業者若しくは施設の業務に従事し、又は従事しようとするときは、当該事業者の事業所又は当該施設の所在地を管轄する都道府県知事に対し、当該登録をしている都道府県知事を経由して、登録の移転の申請をすることができる。ただし、その者が第六十九条の三十八第三項の規定による禁止の処分を受け、その禁止の期間が満了していないときは、この限りでない。

（登録事項の変更の届出）

第六十九条の四　第六十九条の二第一項の登録を受けている者は、当該登録に係る氏名その他厚生労働省令で定める事項に変更があったときは、遅滞なく、その旨を都道府県知事に届け出なければならない。

（死亡等の届出）

第六十九条の五　第六十九条の二第一項の登録を受けている者が次の各号のいずれかに

該当することとなった場合には、当該各号に定める者は、その日（第一号の場合にあっては、その事実を知った日）から三十日以内に、その旨を当該登録をしている都道府県知事又は当該各号に定める者の住所地を管轄する都道府県知事に届け出なければならない。

一　死亡した場合　その相続人

二　第六十九条の二第一項第一号に該当するに至った場合　本人又はその法定代理人若しくは同居の親族

三　第六十九条の二第一項第二号又は第三号に該当するに至った場合　本人

（**申請等に基づく登録の消除**）

第六十九条の六　都道府県知事は、次の各号のいずれかに該当する場合には、第六十九条の二第一項の登録を消除しなければならない。

一　本人から登録の消除の申請があった場合

二　前条の規定による届出があった場合

三　前条の規定による届出がなくて同条各号のいずれかに該当する事実が判明した場合

四　第六十九条の三十一の規定により合格の決定を取り消された場合

（**介護支援専門員証の交付等**）

第六十九条の七　第六十九条の二第一項の登録を受けている者は、都道府県知事に対し、介護支援専門員証の交付を申請することができる。

2　介護支援専門員証の交付を受けようとする者は、都道府県知事が厚生労働省令で定めるところにより行う研修を受けなければならない。ただし、第六十九条の二第一項の登録を受けた日から厚生労働省令で定める期間以内に介護支援専門員証の交付を受けようとする者については、この限りでない。

3　介護支援専門員証（第五項の規定により交付された介護支援専門員証を除く。）の有効期間は、五年とする。

4　介護支援専門員証が交付された後第六十九条の三の規定により登録の移転があったときは、当該介護支援専門員証は、その効力を失う。

5　前項に規定する場合において、登録の移転の申請とともに介護支援専門員証の交付の申請があったときは、当該申請を受けた都道府県知事は、同項の介護支援専門員証の有効期間が経過するまでの期間を有効期間とする介護支援専門員証を交付しなければならない。

6　介護支援専門員は、第六十九条の二第一項の登録が消除されたとき、又は介護支援専門員証が効力を失ったときは、速やかに、介護支援専門員証をその交付を受けた都道府県知事に返納しなければならない。

7　介護支援専門員は、第六十九条の三十八第三項の規定による禁止の処分を受けたときは、速やかに、介護支援専門員証をその交付を受けた都道府県知事に提出しなければならない。

8　前項の規定により介護支援専門員証の提出を受けた都道府県知事は、同項の禁止の期間が満了した場合においてその提出者から返還の請求があったときは、直ちに、当該介護支援専門員証を返還しなければならない。

（**介護支援専門員証の有効期間の更新**）

第六十九条の八　介護支援専門員証の有効期間は、申請により更新する。

2　介護支援専門員証の有効期間の更新を受けようとする者は、都道府県知事が厚生労働省令で定めるところにより行う研修（以下「更新研修」という。）を受けなければならない。ただし、現に介護支援専門員の業務に従事しており、かつ、更新研修の課程に相当するものとして都道府県知事が厚生労働省令で定めるところにより指定する研修の課程を修了した者については、この限りでない。

3　前条第三項の規定は、更新後の介護支援専門員証の有効期間について準用する。

（**介護支援専門員証の提示**）

第六十九条の九　介護支援専門員は、その業務を行うに当たり、関係者から請求があったときは、介護支援専門員証を提示しなければならない。

（**厚生労働省令への委任**）

第六十九条の十　この款に定めるもののほ

か、第六十九条の二第一項の登録、その移転及び介護支援専門員証に関し必要な事項は、厚生労働省令で定める。

第三款　義務等

（介護支援専門員の義務）

第六十九条の三十四　介護支援専門員は、その担当する要介護者等の人格を尊重し、常に当該要介護者等の立場に立って、当該要介護者等に提供される居宅サービス、地域密着型サービス、施設サービス、介護予防サービス若しくは地域密着型介護予防サービス又は特定介護予防・日常生活支援総合事業が特定の種類又は特定の事業者若しくは施設に不当に偏ることのないよう、公正かつ誠実にその業務を行わなければならない。

2　介護支援専門員は、厚生労働省令で定める基準に従って、介護支援専門員の業務を行わなければならない。

3　介護支援専門員は、要介護者等が自立した日常生活を営むのに必要な援助に関する専門的知識及び技術の水準を向上させ、その他その資質の向上を図るよう努めなければならない。

（名義貸しの禁止等）

第六十九条の三十五　介護支援専門員は、介護支援専門員証を不正に使用し、又はその名義を他人に介護支援専門員の業務のため使用させてはならない。

（信用失墜行為の禁止）

第六十九条の三十六　介護支援専門員は、介護支援専門員の信用を傷つけるような行為をしてはならない。

（秘密保持義務）

第六十九条の三十七　介護支援専門員は、正当な理由なしに、その業務に関して知り得た人の秘密を漏らしてはならない。介護支援専門員でなくなった後においても、同様とする。

（報告等）

第六十九条の三十八　都道府県知事は、介護支援専門員の業務の適正な遂行を確保するため必要があると認めるときは、その登録を受けている介護支援専門員及び当該都道府県の区域内でその業務を行う介護支援専門員に対し、その業務について必要な報告を求めることができる。

2　都道府県知事は、その登録を受けている介護支援専門員若しくは当該都道府県の区域内でその業務を行う介護支援専門員が第六十九条の三十四第一項若しくは第二項の規定に違反していると認めるとき、又はその登録を受けている者で介護支援専門員証の交付を受けていないもの（以下この項において「介護支援専門員証未交付者」という。）が介護支援専門員として業務を行ったときは、当該介護支援専門員又は当該介護支援専門員証未交付者に対し、必要な指示をし、又は当該都道府県知事の指定する研修を受けるよう命ずることができる。

3　都道府県知事は、その登録を受けている介護支援専門員又は当該都道府県の区域内でその業務を行う介護支援専門員が前項の規定による指示又は命令に従わない場合には、当該介護支援専門員に対し、一年以内の期間を定めて、介護支援専門員として業務を行うことを禁止することができる。

4　都道府県知事は、他の都道府県知事の登録を受けている介護支援専門員に対して前二項の規定による処分をしたときは、遅滞なく、その旨を、当該介護支援専門員の登録をしている都道府県知事に通知しなければならない。

（登録の消除）

第六十九条の三十九　都道府県知事は、その登録を受けている介護支援専門員が次の各号のいずれかに該当する場合には、当該登録を消除しなければならない。

一　第六十九条の二第一項第一号から第三号までのいずれかに該当するに至った場合

二　不正の手段により第六十九条の二第一項の登録を受けた場合

三　不正の手段により介護支援専門員証の交付を受けた場合

四　前条第三項の規定による業務の禁止の処分に違反した場合

2　都道府県知事は、その登録を受けている介護支援専門員が次の各号のいずれかに該当する場合には、当該登録を消除することができる。

一　第六十九条の三十四第一項若しくは第二項又は第六十九条の三十五から第六十九条の三十七までの規定に違反した場合

二　前条第一項の規定により報告を求められて、報告をせず、又は虚偽の報告をした場合

三　前条第二項の規定による指示又は命令に違反し、情状が重い場合

3　第六十九条の二第一項の登録を受けている者で介護支援専門員証の交付を受けていないものが次の各号のいずれかに該当する場合には、当該登録をしている都道府県知事は、当該登録を消除しなければならない。

一　第六十九条の二第一項第一号から第三号までのいずれかに該当するに至った場合

二　不正の手段により第六十九条の二第一項の登録を受けた場合

三　介護支援専門員として業務を行い、情状が特に重い場合

第二節　指定居宅サービス事業者

（指定居宅サービス事業者の指定）

第七十条　第四十一条第一項本文の指定は、厚生労働省令で定めるところにより、居宅サービス事業を行う者の申請により、居宅サービスの種類及び当該居宅サービスの種類に係る居宅サービス事業を行う事業所（以下この節において単に「事業所」という。）ごとに行う。

2　都道府県知事は、前項の申請があった場合において、次の各号（病院等により行われる居宅療養管理指導又は病院若しくは診療所により行われる訪問看護、訪問リハビリテーション、通所リハビリテーション若しくは短期入所療養介護に係る指定の申請にあっては、第六号の二、第六号の三、第十号の二及び第十二号を除く。）のいずれかに該当するときは、第四十一条第一項本文の指定をしてはならない。

一　申請者が都道府県の条例で定める者でないとき。

二　当該申請に係る事業所の従業者の知識及び技能並びに人員が、第七十四条第一項の都道府県の条例で定める基準及び同項の都道府県の条例で定める員数を満たしていないとき。

三　申請者が、第七十四条第二項に規定する指定居宅サービスの事業の設備及び運営に関する基準に従って適正な居宅サービス事業の運営をすることができないと認められるとき。

四　申請者が、禁錮以上の刑に処せられ、その執行を終わり、又は執行を受けることがなくなるまでの者であるとき。

五　申請者が、この法律その他国民の保健医療若しくは福祉に関する法律で政令で定めるものの規定により罰金の刑に処せられ、その執行を終わり、又は執行を受けることがなくなるまでの者であるとき。

五の二　申請者が、労働に関する法律の規定であって政令で定めるものにより罰金の刑に処せられ、その執行を終わり、又は執行を受けることがなくなるまでの者であるとき。

五の三　申請者が、社会保険各法又は労働保険の保険料の徴収等に関する法律（昭和四十四年法律第八十四号）の定めるところにより納付義務を負う保険料、負担金又は掛金（地方税法の規定による国民健康保険税を含む。以下この号、第七十八条の二第四項第五号の三、第七十九条第二項第四号の三、第九十四条第三項第五号の三、第百七条第三項第七号、第百十五条の二第二項第五号の三、第百十五条の十二第二項第五号の三、第百十五条の二十二第二項第四号の三及び第二百三条第二項において「保険料等」という。）について、当該申請をした日の前日までに、これらの法律の規定に基づく滞納処分を受け、かつ、当該処分を受けた日から正当な理由なく三月以上の期間にわたり、当該処分を受けた日以降に納期限の到来した保険料等の全て（当該処分を受けた者が、当該処分に係る保険料等の納付義務を負うことを定める法律によって納付義務を負う保険料等に限る。第七十八条の二第四項第五号の三、第七十九条

第二項第四号の三、第九十四条第三項第五号の三、第百七条第三項第七号、第百十五条の二第二項第五号の三、第百十五条の十二第二項第五号の三及び第百十五条の二十二第二項第四号の三において同じ。）を引き続き滞納している者であるとき。

六　申請者（特定施設入居者生活介護に係る指定の申請者を除く。）が、第七十七条第一項又は第百十五条の三十五第六項の規定により指定（特定施設入居者生活介護に係る指定を除く。）を取り消され、その取消しの日から起算して五年を経過しない者（当該指定を取り消された者が法人である場合においては、当該取消しの処分に係る行政手続法第十五条の規定による通知があった日前六十日以内に当該法人の役員（業務を執行する社員、取締役、執行役又はこれらに準ずる者をいい、相談役、顧問その他いかなる名称を有する者であるかを問わず、法人に対し業務を執行する社員、取締役、執行役又はこれらに準ずる者と同等以上の支配力を有するものと認められる者を含む。第五節及び第二百三条第二項において同じ。）又はその事業所を管理する者その他の政令で定める使用人（以下「役員等」という。）であった者で当該取消しの日から起算して五年を経過しないものを含み、当該指定を取り消された者が法人でない事業所である場合においては、当該通知があった日前六十日以内に当該事業所の管理者であった者で当該取消しの日から起算して五年を経過しないものを含む。）であるとき。ただし、当該指定の取消しが、指定居宅サービス事業者の指定の取消しのうち当該指定の取消しの処分の理由となった事実及び当該事実の発生を防止するための当該指定居宅サービス事業者による業務管理体制の整備についての取組の状況その他の当該事実に関して当該指定居宅サービス事業者が有していた責任の程度を考慮して、この号本文に規定する指定の取消しに該当しないこととすることが相当であると認められるものとして厚生労働省令で定めるものに該当する場合を除く。

六の二　申請者（特定施設入居者生活介護に係る指定の申請者に限る。）が、第七十七条第一項又は第百十五条の三十五第六項の規定により指定（特定施設入居者生活介護に係る指定に限る。）を取り消され、その取消しの日から起算して五年を経過しない者（当該指定を取り消された者が法人である場合においては、当該取消しの処分に係る行政手続法第十五条の規定による通知があった日前六十日以内に当該法人の役員等であった者で当該取消しの日から起算して五年を経過しないものを含み、当該指定を取り消された者が法人でない事業所である場合においては、当該通知があった日前六十日以内に当該事業所の管理者であった者で当該取消しの日から起算して五年を経過しないものを含む。）であるとき。ただし、当該指定の取消しが、指定居宅サービス事業者の指定の取消しのうち当該指定の取消しの処分の理由となった事実及び当該事実の発生を防止するための当該指定居宅サービス事業者による業務管理体制の整備についての取組の状況その他の当該事実に関して当該指定居宅サービス事業者が有していた責任の程度を考慮して、この号本文に規定する指定の取消しに該当しないこととすることが相当であると認められるものとして厚生労働省令で定めるものに該当する場合を除く。

六の三　申請者と密接な関係を有する者（申請者（法人に限る。以下この号において同じ。）の株式の所有その他の事由を通じて当該申請者の事業を実質的に支配し、若しくはその事業に重要な影響を与える関係にある者として厚生労働省令で定めるもの（以下この号において「申請者の親会社等」という。）、申請者の親会社等が株式の所有その他の事由を通じてその事業を実質的に支配し、若しくはその事業に重要な影響を与える関係にある者として厚生労働省令で定めるもの又は当該申請者が株式の所有その他の事由を通じてその事業を実質的に支配し、若しくはその事業に重要な影響を与える関係にある者として厚生労働省令で定めるもののうち、当該申請者と厚生労働省令で定める密接な関係を有する法人をいう。以下この章において同じ。）が、第七十七条第一項又は第百十五条の三十五第六項の規定により指定を取り消され、その取消しの日から起算して五年を経過していないとき。ただし、当該指定の取消しが、指定居宅サービス事業者の指定の取消しのうち当該指定の取消しの処分の理由となった事実及び当該事実の発生を防止するための当該指定居宅サービス事業者による業務管理体制の整備についての取組の状況その他の当該事実に関して当該指定居宅サービス事業者が有していた責任の程度を考慮して、この号本文に規定する指定の取消しに該当しないこととすることが相当であると認められるものとして厚生労働省令で定めるものに該当する場合を除く。

七　申請者が、第七十七条第一項又は第百十五条の三十五第六項の規定による指定の取消しの処分に係る行政手続法第十五条の規定による通知があった日から当該処分をする日又は処分をしないことを決定する日までの間に第七十五条第二項の規定による事業の廃止の届出をした者（当該事業の廃止について相当の理由がある者を除く。）で、当該届出の日から起算して五年を経過しないものであるとき。

七の二　申請者が、第七十六条第一項の規定による検査が行われた日から聴聞決定予定日（当該検査の結果に基づき第七十七条第一項の規定による指定の取消しの処分に係る聴聞を行うか否かの決定をすることが見込まれる日として厚生労働省令で定めるところにより都道府県知事が当該申請者に当該検査が行われた日から十日以内に特定の日を通知した場合における当該特定の日をいう。）までの間に第七十五条第二項の規定による事業の廃止の届出をした者（当該事業の廃止について相当の理由がある者を除く。）で、当該届出の日から起算して五年を経過しないものであるとき。

八　第七号に規定する期間内に第七十五条第二項の規定による事業の廃止の届出があった場合において、申請者が、同号の通知の日前六十日以内に当該届出に係る法人（当該事業の廃止について相当の理由がある法人を除く。）の役員等又は当該届出に係る法人でない事業所（当該事業の廃止について相当の理由があるものを除く。）の管理者であった者で、当該届出の日から起算して五年を経過しないものであるとき。

九　申請者が、指定の申請前五年以内に居宅サービス等に関し不正又は著しく不当な行為をした者であるとき。

十　申請者（特定施設入居者生活介護に係る指定の申請者を除く。）が、法人で、その役員等のうちに第四号から第六号まで又は第七号から前号までのいずれかに該当する者のあるものであるとき。

十の二　申請者（特定施設入居者生活介護に係る指定の申請者に限る。）が、法人で、その役員等のうちに第四号から第五号の三まで、第六号の二又は第七号から第九号までのいずれかに該当する者のあるものであるとき。

十一　申請者（特定施設入居者生活介護に係る指定の申請者を除く。）が、法人でない事業所で、その管理者が第四号から第六号まで又は第七号から第九号までのいずれかに該当する者であるとき。

十二　申請者（特定施設入居者生活介護に係る指定の申請者に限る。）が、法人でない事業所で、その管理者が第四号から第五号の三まで、第六号の二又は第七号から第九号までのいずれかに該当する者であるとき。

3　都道府県が前項第一号の条例を定めるに当たっては、厚生労働省令で定める基準に従い定めるものとする。

4　都道府県知事は、介護専用型特定施設に入居している要介護者について行われる特定施設入居者生活介護（介護専用型特定施設に入居設入居者生活介護をいう。以下同じ。）につき第一項の申請があった場合において、当該申請に係る事業所の所在地を含む区域（第百十八条第二項第一号の規定により当該都道府県が定める区域とする。）における介護専用型特定施設入居者生活介護の利用定員の総数及び地域密着型特定施設入居者生活介護の利用定員の総数の合計数が、同条第一項の規定により当該都道府県が定める都道府県介護保険事業支援計画において定めるその区域の介護専用型特定施設入居者生活介護の必要利用定員総数及び地域密着型特定施設入居者生活介護の必要利用定員総数の合計数に既に達しているか、又は当該申請に係る事業者の指定によってこれを超えることになると認めるとき、その他の当該都道府県介護保険事業支援計画の達成に支障を生ずるおそれがあると認めるときは、第四十一条第一項本文の指定をしないことができる。

5 都道府県知事は、混合型特定施設入居者生活介護（介護専用型特定施設以外の特定施設に入居している要介護者について行われる特定施設入居者生活介護をいう。以下同じ。）につき第一項の申請があった場合において、当該申請に係る事業所の所在地を含む区域（第百十八条第二項第一号の規定により当該都道府県が定める区域とする。）における混合型特定施設入居者生活介護の推定利用定員（厚生労働省令で定めるところにより算定した定員をいう。）の総数が、同条第一項の規定により当該都道府県が定める都道府県介護保険事業支援計画において定めるその区域の混合型特定施設入居者生活介護の必要利用定員総数に既に達しているか、又は当該申請に係る事業者の指定によってこれを超えることになると認めるとき、その他の当該都道府県介護保険事業支援計画の達成に支障を生ずるおそれがあると認めるときは、第四十一条第一項本文の指定をしないことができる。

6 都道府県知事は、第四十一条第一項本文の指定（特定施設入居者生活介護その他の厚生労働省令で定める居宅サービスに係るものに限る。）をしようとするときは、関係市町村長に対し、厚生労働省令で定める事項を通知し、相当の期間を指定して、当該関係市町村の第百十七条第一項に規定する市町村介護保険事業計画との調整を図る見地からの意見を求めなければならない。

7 関係市町村長は、厚生労働省令で定めるところにより、都道府県知事に対し、第四十一条第一項本文の指定（前項の厚生労働省令で定める居宅サービスに係るものを除く。次項において同じ。）について、当該指定をしようとするときは、あらかじめ、当該関係市町村長にその旨を通知するよう求めることができる。この場合において、当該都道府県知事は、その求めに応じなければならない。

8 関係市町村長は、前項の規定による通知を受けたときは、厚生労働省令で定めるところにより、第四十一条第一項本文の指定に関し、都道府県知事に対し、当該関係市町村の第百十七条第一項に規定する市町村介護保険事業計画との調整を図る見地からの意見を申し出ることができる。

9 都道府県知事は、第六項又は前項の意見を勘案し、第四十一条第一項本文の指定を行うに当たって、当該事業の適正な運営を確保するために必要と認める条件を付することができる。

10 市町村長は、第四十二条の二第一項本文の指定を受けて定期巡回・随時対応型訪問介護看護等（認知症対応型共同生活介護、地域密着型特定施設入居者生活介護及び地域密着型介護老人福祉施設入所者生活介護以外の地域密着型サービスであって、定期巡回・随時対応型訪問介護看護、小規模多機能型居宅介護その他の厚生労働省令で定めるものをいう。以下この条において同じ。）の事業を行う者の当該指定に係る当該事業を行う事業所（以下この項において「定期巡回・随時対応型訪問介護看護等事業所」という。）が当該市町村の区域にある場合その他の厚生労働省令で定める場合であって、次の各号のいずれかに該当すると認めるときは、都道府県知事に対し、訪問介護、通所介護その他の厚生労働省令で定める居宅サービス（当該市町村の区域に所在する事業所が行うものに限る。）に係る第四十一条第一項本文の指定について、厚生労働省令で定めるところにより、当該市町村が定める市町村介護保険事業計画（第百十七条第一項に規定する市町村介護保険事業計画をいう。以下この項において同じ。）において定める当該市町村又は当該定期巡回・随時対応型訪問介護看護等事業所の所在地を含む区域（第百十七条第二項第一号の規定により当該市町村が定める区域とする。以下この項において「日常生活圏域」という。）における定期巡回・随時対応型訪問介護看護等の見込量を確保するため必要な協議を求めることができる。この場合において、当該都道府県知事は、その求めに応じなければならない。

一　当該市町村又は当該日常生活圏域における居宅サービス（この項の規定により協議を行うものとされたものに限る。以下この号及び次項において同じ。）の種類ごとの量が、当該市町村が定める市町村介護保険事業計画において定める当該市町村又は当該日常生活圏域における当該居宅サービスの種類ごとの見込量に既に達しているか、又は第一項の申請に係る事業者の指定によってこれを超えることになるとき。

二　その他当該市町村介護保険事業計画の達成に支障を生ずるおそれがあるとき。

11　都道府県知事は、前項の規定による協議の結果に基づき、当該協議を求めた市町村長の管轄する区域に所在する事業所が行う居宅サービスにつき第一項の申請があった場合において、厚生労働省令で定める基準に従って、第四十一条第一項本文の指定をしないこととし、又は同項本文の指定を行うに当たって、定期巡回・随時対応型訪問介護看護等の事業の適正な運営を確保するために必要と認める条件を付することができる。

（指定の更新）

第七十条の二　第四十一条第一項本文の指定は、六年ごとにその更新を受けなければ、その期間の経過によって、その効力を失う。

2　前項の更新の申請があった場合において、同項の期間（以下この条において「指定の有効期間」という。）の満了の日までにその申請に対する処分がされないときは、従前の指定は、指定の有効期間の満了後もその処分がされるまでの間は、なおその効力を有する。

3　前項の場合において、指定の更新がされたときは、その指定の有効期間は、従前の指定の有効期間の満了の日の翌日から起算するものとする。

4　前条の規定は、第一項の指定の更新について準用する。

（指定の変更）

第七十条の三　第四十一条第一項本文の指定を受けて特定施設入居者生活介護の事業を行う者は、同項本文の指定に係る特定施設入居者生活介護の利用定員を増加しようとするときは、あらかじめ、厚生労働省令で定めるところにより、当該特定施設入居者生活介護に係る同項本文の指定の変更を申請することができる。

2　第七十条第四項から第六項までの規定は、前項の指定の変更の申請があった場合について準用する。この場合において、同条第四項及び第五項中「指定をしない」とあるのは、「指定の変更を拒む」と読み替えるものとする。

（指定居宅サービス事業者の特例）

第七十一条　病院等について、健康保険法第六十三条第三項第一号の規定による保険医療機関又は保険薬局の指定があったとき（同法第六十九条の規定により同号の指定があったものとみなされたときを含む。）は、その指定の時に、当該病院等の開設者について、当該病院等により行われる居宅サービス（病院又は診療所にあっては居宅療養管理指導その他厚生労働省令で定める種類の居宅サービスに限り、薬局にあっては居宅療養管理指導に限る。）に係る第四十一条第一項本文の指定があったものとみなす。ただし、当該病院等の開設者が、厚生労働省令で定めるところにより別段の申出をしたとき、又はその指定の時前に第七十七条第一項若しくは第百十五条の三十五第六項の規定により第四十一条第一項本文の指定を取り消されているときは、この限りでない。

2　前項の規定により指定居宅サービス事業者とみなされた者に係る第四十一条第一項本文の指定は、当該指定に係る病院等について、健康保険法第八十条の規定による保険医療機関又は保険薬局の指定の取消しがあったときは、その効力を失う。

第七十二条　介護老人保健施設又は介護医療院について、第九十四条第一項又は第百七条第一項の許可があったときは、その許可の時に、当該介護老人保健施設又は介護医療院の開設者について、当該介護老人保健施設又は介護医療院により行われる居宅サービス（短期入所療養介護その他厚生労働省令で定める居宅サービスの種類に限る。）に係る第四十一条第一項本文の指定があったものとみなす。ただし、当該介護老人保健施設又は介護医療院の開設者が、厚生労働省令で定めるところにより、別段の申出をしたときは、この限りでない。

2　前項の規定により指定居宅サービス事業者とみなされた者に係る第四十一条第一項本文の指定は、当該指定に係る介護老人保健施設又は介護医療院について、第九十四条の二第一項若しくは第百八条第一項の規定により許可の効力が失われたとき又は第百四条第一項、第百十四条の六第一項若しくは第百十五条の三十五第六項の規定により許可の取消しがあったときは、その効力を失う。

（**共生型居宅サービス事業者の特例**）

第七十二条の二　訪問介護、通所介護その他厚生労働省令で定める居宅サービスに係る事業所について、児童福祉法（昭和二十二年法律第百六十四号）第二十一条の五の三第一項の指定（当該事業所により行われる居宅サービスの種類に応じて厚生労働省令で定める種類の同法第六条の二の二第一項に規定する障害児通所支援（以下「障害児通所支援」という。）に係るものに限る。）又は障害者の日常生活及び社会生活を総合的に支援するための法律（平成十七年法律第百二十三号。以下「障害者総合支援法」という。）第二十九条第一項の指定障害福祉サービス事業者の指定（当該事業所により行われる居宅サービスの種類に応じて厚生労働省令で定める種類の障害者総合支援法第五条第一項に規定する障害福祉サービス（以下「障害福祉サービス」という。）に係るものに限る。）を受けている者から当該事業所に係る第七十条第一項（第七十条の二第四項において準用する場合を含む。）の申請があった場合において、次の各号のいずれにも該当するときにおける第七十条第二項（第七十条の二第四項において準用する場合を含む。以下この項において同じ。）の規定の適用については、第七十条第二項第二号中「第七十四条第一項の」とあるのは「第七十二条の二第一項第一号の指定居宅サービスに従事する従業者に係る」と、「同項」とあるのは「同号」と、同項第三号中「第七十四条第二項」とあるのは「第七十二条の二第一項第二号」とする。ただし、申請者が、厚生労働省令で定めるところにより、別段の申出をしたときは、この限りでない。

一　当該申請に係る事業所の従業者の知識及び技能並びに人員が、指定居宅サービスに従事する従業者に係る都道府県の条例で定める基準及び都道府県の条例で定める員数を満たしていること。

二　申請者が、都道府県の条例で定める指定居宅サービスの事業の設備及び運営に関する基準に従って適正な居宅サービス事業の運営をすることができると認められること。

2　都道府県が前項各号の条例を定めるに当たっては、第一号から第三号までに掲げる事項については厚生労働省令で定める基準に従い定めるものとし、第四号に掲げる事項については厚生労働省令で定める基準を標準として定めるものとし、その他の事項については厚生労働省令で定める基準を参酌するものとする。

一　指定居宅サービスに従事する従業者に係る基準及び当該従業者の員数

二　指定居宅サービスの事業に係る居室の床面積

三　指定居宅サービスの事業の運営に関す

る事項であって、利用する要介護者のサービスの適切な利用、適切な処遇及び安全の確保並びに秘密の保持等に密接に関連するものとして厚生労働省令で定めるもの

四　指定居宅サービスの事業に係る利用定員

3　厚生労働大臣は、前項に規定する厚生労働省令で定める基準（指定居宅サービスの取扱いに関する部分に限る。）を定めようとするときは、あらかじめ社会保障審議会の意見を聴かなければならない。

4　第一項の場合において、同項に規定する者が同項の申請に係る第四十一条第一項本文の指定を受けたときは、その者に対しては、第七十四条第二項から第四項までの規定は適用せず、次の表の上欄に掲げる規定の適用については、これらの規定中同表の中欄に掲げる字句は、それぞれ同表の下欄に掲げる字句とする。

第四十一条第九項	第七十四条第二項	第七十二条の二第一項第二号
第七十三条第一項	次条第二項	前条第一項第二号
第七十四条第一項	都道府県の条例で定める基準に従い	第七十二条の二第一項第一号の指定居宅サービスに従事する従業者に係る都道府県の条例で定める基準に従い同号の
第七十六条の二第一項第二号	第七十四条第一項の	第七十二条の二第一項第一号の指定居宅サービスに従事する従業者に係る
	同項	同号
第七十六条の二第一項第三号	第七十四条第二項	第七十二条の二第一項第二号
第七十七条第一項第三号	第七十四条第一項の	第七十二条の二第一項第一号の指定居宅サービスに従事する従業者に係る
	同項	同号
第七十七条第一項第四号	第七十四条第二項	第七十二条の二第一項第二号

5　第一項に規定する者であって、同項の申請に係る第四十一条第一項本文の指定を受けたものから、児童福祉法第二十一条の五の三第一項に規定する指定通所支援の事業（当該指定に係る事業所において行うものに限る。）について同法第二十一条の五の二十第四項の規定による事業の廃止若しくは休止の届出があったとき又は障害者総合支援法第二十九条第一項に規定する指定障害福祉サービスの事業（当該指定に係る事業所において行うものに限る。）について障害者総合支援法第四十六条第二項の規定による事業の廃止若しくは休止の届出があったときは、当該指定に係る指定居宅サービスの事業について、第七十五条第二項の規定による事業の廃止又は休止の届出があったものとみなす。

（指定居宅サービスの事業の基準）

第七十三条　指定居宅サービス事業者は、次条第二項に規定する指定居宅サービスの事業の設備及び運営に関する基準に従い、要介護者の心身の状況等に応じて適切な指定居宅サービスを提供するとともに、自らその提供する指定居宅サービスの質の評価を行うことその他の措置を講ずることにより常に指定居宅サービスを受ける者の立場に立ってこれを提供するように努めなければならない。

2　指定居宅サービス事業者は、指定居宅サービスを受けようとする被保険者から提示された被保険者証に、第二十七条第七項第二号（第二十八条第四項及び第二十九条第二項において準用する場合を含む。）若

しくは第三十二条第六項第二号（第三十三条第四項及び第三十三条の二第二項において準用する場合を含む。）に掲げる意見又は第三十条第一項後段若しくは第三十三条の三第一項後段に規定する意見（以下「認定審査会意見」という。）が記載されているときは、当該認定審査会意見に配慮して、当該被保険者に当該指定居宅サービスを提供するように努めなければならない。

第七十四条　指定居宅サービス事業者は、当該指定に係る事業所ごとに、都道府県の条例で定める基準に従い都道府県の条例で定める員数の当該指定居宅サービスに従事する従業者を有しなければならない。

2　前項に規定するもののほか、指定居宅サービスの事業の設備及び運営に関する基準は、都道府県の条例で定める。

3　都道府県が前二項の条例を定めるに当たっては、第一号から第三号までに掲げる事項については厚生労働省令で定める基準に従い定めるものとし、第四号に掲げる事項については厚生労働省令で定める基準を標準として定めるものとし、その他の事項については厚生労働省令で定める基準を参酌するものとする。

一　指定居宅サービスに従事する従業者に係る基準及び当該従業者の員数

二　指定居宅サービスの事業に係る居室、療養室及び病室の床面積

三　指定居宅サービスの事業の運営に関する事項であって、利用する要介護者のサービスの適切な利用、適切な処遇及び安全の確保並びに秘密の保持等に密接に関連するものとして厚生労働省令で定めるもの

四　指定居宅サービスの事業に係る利用定員

4　厚生労働大臣は、前項に規定する厚生労働省令で定める基準（指定居宅サービスの取扱いに関する部分に限る。）を定めようとするときは、あらかじめ社会保障審議会の意見を聴かなければならない。

5　指定居宅サービス事業者は、次条第二項の規定による事業の廃止又は休止の届出をしたときは、当該届出の日前一月以内に当該指定居宅サービスを受けていた者であって、当該事業の廃止又は休止の日以後においても引き続き当該指定居宅サービスに相当するサービスの提供を希望する者に対し、必要な居宅サービス等が継続的に提供されるよう、指定居宅介護支援事業者、他の指定居宅サービス事業者その他関係者との連絡調整その他の便宜の提供を行わなければならない。

6　指定居宅サービス事業者は、要介護者の人格を尊重するとともに、この法律又はこの法律に基づく命令を遵守し、要介護者のため忠実にその職務を遂行しなければならない。

（変更の届出等）

第七十五条　指定居宅サービス事業者は、当該指定に係る事業所の名称及び所在地その他厚生労働省令で定める事項に変更があったとき、又は休止した当該指定居宅サービスの事業を再開したときは、厚生労働省令で定めるところにより、十日以内に、その旨を都道府県知事に届け出なければならない。

2　指定居宅サービス事業者は、当該指定居宅サービスの事業を廃止し、又は休止しようとするときは、厚生労働省令で定めるところにより、その廃止又は休止の日の一月前までに、その旨を都道府県知事に届け出なければならない。

（都道府県知事等による連絡調整又は援助）

第七十五条の二　都道府県知事又は市町村長は、指定居宅サービス事業者による第七十四条第五項に規定する便宜の提供が円滑に行われるため必要があると認めるときは、当該指定居宅サービス事業者及び指定居宅介護支援事業者、他の指定居宅サービス事業者その他の関係者相互間の連絡調整又は当該指定居宅サービス事業者及び当該関係者に対する助言その他の援助を行うことができる。

2　厚生労働大臣は、同一の指定居宅サービス事業者について二以上の都道府県知事が前項の規定による連絡調整又は援助を行う場合において、当該指定居宅サービス事業者による第七十四条第五項に規定する便宜

の提供が円滑に行われるため必要があると認めるときは、当該都道府県知事相互間の連絡調整又は当該指定居宅サービス事業者に対する都道府県の区域を超えた広域的な見地からの助言その他の援助を行うことができる。

（報告等）

第七十六条　都道府県知事又は市町村長は、居宅介護サービス費の支給に関して必要があると認めるときは、指定居宅サービス事業者若しくは指定居宅サービス事業者であった者若しくは当該指定に係る事業所の従業者であった者（以下この項において「指定居宅サービス事業者であった者等」という。）に対し、報告若しくは帳簿書類の提出若しくは提示を命じ、指定居宅サービス事業者若しくは当該指定に係る事業所の従業者若しくは指定居宅サービス事業者であった者等に対し出頭を求め、又は当該職員に関係者に対して質問させ、若しくは当該指定居宅サービス事業者の当該指定に係る事業所、事務所その他指定居宅サービスの事業に関係のある場所に立ち入り、その設備若しくは帳簿書類その他の物件を検査させることができる。

2　第二十四条第三項の規定は、前項の規定による質問又は検査について、同条第四項の規定は、前項の規定による権限について準用する。

（勧告、命令等）

第七十六条の二　都道府県知事は、指定居宅サービス事業者が、次の各号に掲げる場合に該当すると認めるときは、当該指定居宅サービス事業者に対し、期限を定めて、それぞれ当該各号に定める措置をとるべきことを勧告することができる。

一　第七十条第九項又は第十一項の規定により当該指定を行うに当たって付された条件に従わない場合　当該条件に従うこと。

二　当該指定に係る事業所の従業者の知識若しくは技能又は人員について第七十四条第一項の都道府県の条例で定める基準又は同項の都道府県の条例で定める員数を満たしていない場合　当該都道府県の条例で定める基準又は当該都道府県の条例で定める員数を満たすこと。

三　第七十四条第二項に規定する指定居宅サービスの事業の設備及び運営に関する基準に従って適正な指定居宅サービスの事業の運営をしていない場合　当該指定居宅サービスの事業の設備及び運営に関する基準に従って適正な指定居宅サービスの事業の運営をすること。

四　第七十四条第五項に規定する便宜の提供を適正に行っていない場合　当該便宜の提供を適正に行うこと。

2　都道府県知事は、前項の規定による勧告をした場合において、その勧告を受けた指定居宅サービス事業者が同項の期限内にこれに従わなかったときは、その旨を公表することができる。

3　都道府県知事は、第一項の規定による勧告を受けた指定居宅サービス事業者が、正当な理由がなくてその勧告に係る措置をとらなかったときは、当該指定居宅サービス事業者に対し、期限を定めて、その勧告に係る措置をとるべきことを命ずることができる。

4　都道府県知事は、前項の規定による命令をした場合においては、その旨を公示しなければならない。

5　市町村は、保険給付に係る指定居宅サービスを行った指定居宅サービス事業者について、第一項各号に掲げる場合のいずれかに該当すると認めるときは、その旨を当該指定に係る事業所の所在地の都道府県知事に通知しなければならない。

（指定の取消し等）

第七十七条　都道府県知事は、次の各号のいずれかに該当する場合においては、当該指定居宅サービス事業者に係る第四十一条第一項本文の指定を取り消し、又は期間を定めてその指定の全部若しくは一部の効力を停止することができる。

一　指定居宅サービス事業者が、第七十条第二項第四号から第五号の二まで、第十号（第五号の三に該当する者のあるものであるときを除く。）、第十号の二（第五号の三に該当する者のあるものであると

高齢者福祉

きを除く。）、第十一号（第五号の三に該当する者であるときを除く。）又は第十二号（第五号の三に該当する者であるときを除く。）のいずれかに該当するに至ったとき。

二　指定居宅サービス事業者が、第七十条第九項又は第十一項の規定により当該指定を行うに当たって付された条件に違反したと認められるとき。

三　指定居宅サービス事業者が、当該指定に係る事業所の従業者の知識若しくは技能又は人員について、第七十四条第一項の都道府県の条例で定める基準又は同項の都道府県の条例で定める員数を満たすことができなくなったとき。

四　指定居宅サービス事業者が、第七十四条第二項に規定する指定居宅サービスの事業の設備及び運営に関する基準に従って適正な指定居宅サービスの事業の運営をすることができなくなったとき。

五　指定居宅サービス事業者が、第七十四条第六項に規定する義務に違反したと認められるとき。

六　居宅介護サービス費の請求に関し不正があったとき。

七　指定居宅サービス事業者が、第七十六条第一項の規定により報告又は帳簿書類の提出若しくは提示を命ぜられてこれに従わず、又は虚偽の報告をしたとき。

八　指定居宅サービス事業者又は当該指定に係る事業所の従業者が、第七十六条第一項の規定により出頭を求められてこれに応ぜず、同項の規定による質問に対して答弁せず、若しくは虚偽の答弁をし、又は同項の規定による検査を拒み、妨げ、若しくは忌避したとき。ただし、当該指定に係る事業所の従業者がその行為をした場合において、その行為を防止するため、当該指定居宅サービス事業者が相当の注意及び監督を尽くしたときを除く。

九　指定居宅サービス事業者が、不正の手段により第四十一条第一項本文の指定を受けたとき。

十　前各号に掲げる場合のほか、指定居宅サービス事業者が、この法律その他国民の保健医療若しくは福祉に関する法律で政令で定めるもの又はこれらの法律に基づく命令若しくは処分に違反したとき。

十一　前各号に掲げる場合のほか、指定居宅サービス事業者が、居宅サービス等に関し不正又は著しく不当な行為をしたとき。

十二　指定居宅サービス事業者が法人である場合において、その役員等のうちに指定の取消し又は指定の全部若しくは一部の効力の停止をしようとするとき前五年以内に居宅サービス等に関し不正又は著しく不当な行為をした者があるとき。

十三　指定居宅サービス事業者が法人でない事業所である場合において、その管理者が指定の取消し又は指定の全部若しくは一部の効力の停止をしようとするとき前五年以内に居宅サービス等に関し不正又は著しく不当な行為をした者であるとき。

2　市町村は、保険給付に係る指定居宅サービスを行った指定居宅サービス事業者について、前項各号のいずれかに該当すると認めるときは、その旨を当該指定に係る事業所の所在地の都道府県知事に通知しなければならない。

第三節　指定地域密着型サービス事業者

（指定地域密着型サービス事業者の指定）

第七十八条の二　第四十二条の二第一項本文の指定は、厚生労働省令で定めるところにより、地域密着型サービス事業を行う者（地域密着型介護老人福祉施設入所者生活介護を行う事業にあっては、老人福祉法第二十条の五に規定する特別養護老人ホームのうち、その入所定員が二十九人以下であって市町村の条例で定める数であるものの開設者）の申請により、地域密着型サービスの種類及び当該地域密着型サービスの種類に係る地域密着型サービス事業を行う事業所（第七十八条の十三第一項及び第七十八条の十四第一項を除き、以下この節において「事業所」という。）ごとに行い、当該指定をする市町村長がその長である市町村が行う介護保険の被保険者（特定地域密着型サービスに係る指定にあっては、当該市町村の区域内に所在する住所地特例対象施設に入所等をしている住所地特例適用要介護被保険者を含む。）に対する地域密着型介護サービス費及び特例地域密着型介護サービス費の支給について、その効力を有する。

2　市町村長は、第四十二条の二第一項本文の指定をしようとするときは、厚生労働省令で定めるところにより、あらかじめその旨を都道府県知事に届け出なければならない。

3　都道府県知事は、地域密着型特定施設入居者生活介護につき市町村長から前項の届出があった場合において、当該申請に係る事業所の所在地を含む区域（第百十八条第二項第一号の規定により当該都道府県が定める区域とする。）における介護専用型特定施設入居者生活介護の利用定員の総数及び地域密着型特定施設入居者生活介護の利用定員の総数の合計数が、同条第一項の規定により当該都道府県が定める都道府県介護保険事業支援計画において定めるその区域の介護専用型特定施設入居者生活介護の必要利用定員総数及び地域密着型特定施設入居者生活介護の必要利用定員総数の合計数に既に達しているか、又は当該申請に係る事業者の指定によってこれを超えることになると認めるとき、その他の当該都道府県介護保険事業支援計画の達成に支障を生ずるおそれがあると認めるときは、当該市町村長に対し、必要な助言又は勧告をすることができる。

4　市町村長は、第一項の申請があった場合において、次の各号（病院又は診療所により行われる複合型サービス（厚生労働省令で定めるものに限る。第六項において同じ。）に係る指定の申請にあっては、第六号の二、第六号の三、第十号及び第十二号を除く。）のいずれかに該当するときは、第四十二条の二第一項本文の指定をしてはならない。

一　申請者が市町村の条例で定める者でないとき。

二　当該申請に係る事業所の従業者の知識及び技能並びに人員が、第七十八条の四第一項の市町村の条例で定める基準若しくは同項の市町村の条例で定める員数又は同条第五項に規定する指定地域密着型サービスに従事する従業者に関する基準を満たしていないとき。

三　申請者が、第七十八条の四第二項又は第五項に規定する指定地域密着型サービスの事業の設備及び運営に関する基準に従って適正な地域密着型サービス事業の運営をすることができないと認められるとき。

四　当該申請に係る事業所が当該市町村の区域の外にある場合であって、その所在地の市町村長（以下この条において「所在地市町村長」という。）の同意を得ていないとき。

四の二　申請者が、禁錮以上の刑に処せられ、その執行を終わり、又は執行を受けることがなくなるまでの者であるとき。

五　申請者が、この法律その他国民の保健医療若しくは福祉に関する法律で政令で定めるものの規定により罰金の刑に処せられ、その執行を終わり、又は執行を受けることがなくなるまでの者であるとき。

五の二　申請者が、労働に関する法律の規定であって政令で定めるものにより罰金の刑に処せられ、その執行を終わり、又は執行を受けることがなくなるまでの者であるとき。

五の三　申請者が、保険料等について、当該申請をした日の前日までに、納付義務を定めた法律の規定に基づく滞納処分を受け、かつ、当該処分を受けた日から正当な理由なく三月以上の期間にわたり、当該処分を受けた日以降に納期限の到来した保険料等の全てを引き続き滞納している者であるとき。

六　申請者（認知症対応型共同生活介護、地域密着型特定施設入居者生活介護又は地域密着型介護老人福祉施設入所者生活介護に係る指定の申請者を除く。）が、第七十八条の十（第二号から第五号までを除く。）の規定により指定（認知症対応型共同生活介護、地域密着型特定施設入居者生活介護又は地域密着型介護老人福祉施設入所者生活介護に係る指定を除く。）を取り消され、その取消しの日から起算して五年を経過しない者（当該指定を取り消された者が法人である場合においては、当該取消しの処分に係る行政手続法第十五条の規定による通知があった日前六十日以内に当該法人の役員等であった者で当該取消しの日から起算して五年を経過しないものを含み、当該指定を取り消された者が法人でない事業所である場合においては、当該通知があった日前六十日以内に当該事業所の管理者であった者で当該取消しの日から起算して五年を経過しないものを含む。）であるとき。ただし、当該指定の取消しが、指定地域密着型サービス事業者の指定の取消しのうち当該指定の取消しの処分の理由となった事実及び当該事実の発生を防止するための当該指定地域密着型サービス事業者による業務管理体制の整備についての取組の状況その他の当該事実に関して当該指定地域密着型サービス事業者が有していた責任の程度を考慮して、この号本文に規定する指定の取消しに該当しないこととすることが相当であると認められるものとして厚生労働省令で定めるものに該当する場合を除く。

六の二　申請者（認知症対応型共同生活介護、地域密着型特定施設入居者生活介護又は地域密着型介護老人福祉施設入所者生活介護に係る指定の申請者に限る。）が、第七十八条の十（第二号から第五号までを除く。）の規定により指定（認知症対応型共同生活介護、地域密着型特定施設入居者生活介護又は地域密着型介護老人福祉施設入所者生活介護に係る指定に限る。）を取り消され、その取消しの日から起算して五年を経過しない者（当該指定を取り消された者が法人である場合においては、当該取消しの処分に係る行政手続法第十五条の規定による通知があった日前六十日以内に当該法人の役員等であった者で当該取消しの日から起算して五年を経過しないものを含み、当該指定を取り消された者が法人でない事業所である場合においては、当該通知があった日前六十日以内に当該事業所の管理者であった者で当該取消しの日から起算して五年を経過しないものを含む。）であるとき。ただし、当該指定の取消しが、指定地域密着型サービス事業者の指定の取消しのうち当該指定の取消しの処分の理由となった事実及び当該事実の発生を防止するための当該指定地域密着型サービス事業者による業務管理体制の整備についての取組の状況その他の当該事実に関して当該指定地域密着型サービス事業者が有していた責任の程度を考慮して、この号本文に規定する指定の取消しに該当しないこととすることが相当であると認められるものとして厚生労働省令で定めるものに該当する場合を除く。

六の三　申請者と密接な関係を有する者（地域密着型介護老人福祉施設入所者生活介護に係る指定の申請者と密接な関係を有する者を除く。）が、第七十八条の十（第二号から第五号までを除く。）の規定により指定を取り消され、その取消しの日から起算して五年を経過していないとき。ただし、当該指定の取消しが、指定地域密着型サービス事業者の指定の取消しのうち当該指定の取消しの処分の理由となった事実及び当該事実の発生を防止するための当該指定地域密着型サービス事業者による業務管理体制の整備についての取組の状況その他の当該事実に関して当該指定地域密着型サービス事業者が有していた責任の程度を考慮して、この号本文に規定する指定の取消しに該当しないこととすることが相当であると認められるものとして厚生労働省令で定めるものに該当する場合を除く。

七　申請者が、第七十八条の十（第二号から第五号までを除く。）の規定による指定の取消しの処分に係る行政手続法第十五条の規定による通知があった日から当該処分をする日又は処分をしないことを決定する日までの間に第七十八条の五第二項の規定による事業の廃止の届出をした者（当該事業の廃止について相当の理由がある者を除く。）又は第七十八条の八の規定による指定の辞退をした者（当該指定の辞退について相当の理由がある者を除く。）で、当該届出又は指定の辞退の日から起算して五年を経過しないものであるとき。

七の二　前号に規定する期間内に第七十八条の五第二項の規定による事業の廃止の届出又は第七十八条の八の規定による指定の辞退があった場合において、申請者が、同号の通知の日前六十日以内に当該届出に係る法人（当該事業の廃止について相当の理由がある法人を除く。）の役員等若しくは当該届出に係る法人でない事業所（当該事業の廃止について相当の理由があるものを除く。）の管理者であった者又は当該指定の辞退に係る法人（当該指定の辞退について相当の理由がある法人を除く。）の役員等若しくは当該指定の辞退に係る法人でない事業所（当該指定の辞退について相当の理由があるものを除く。）の管理者であった者で、当該届出又は指定の辞退の日から起算して五年を経過しないものであるとき。

八　申請者が、指定の申請前五年以内に居宅サービス等に関し不正又は著しく不当な行為をした者であるとき。

九　申請者（認知症対応型共同生活介護、地域密着型特定施設入居者生活介護又は地域密着型介護老人福祉施設入所者生活介護に係る指定の申請者を除く。）が、法人で、その役員等のうちに第四号の二から第六号まで又は前三号のいずれかに該当する者のあるものであるとき。

十　申請者（認知症対応型共同生活介護、地域密着型特定施設入居者生活介護又は地域密着型介護老人福祉施設入所者生活介護に係る指定の申請者に限る。）が、法人で、その役員等のうちに第四号の二から第五号の三まで、第六号の二又は第七号から第八号までのいずれかに該当する者のあるものであるとき。

十一　申請者（認知症対応型共同生活介護、地域密着型特定施設入居者生活介護又は地域密着型介護老人福祉施設入所者生活介護に係る指定の申請者を除く。）が、法人でない事業所で、その管理者が第四号の二から第六号まで又は第七号から第八号までのいずれかに該当する者であるとき。

十二　申請者（認知症対応型共同生活介護、地域密着型特定施設入居者生活介護又は地域密着型介護老人福祉施設入所者生活介護に係る指定の申請者に限る。）が、法人でない事業所で、その管理者が第四号の二から第五号の三まで、第六号の二又は第七号から第八号までのいずれかに該当する者であるとき。

5　市町村が前項第一号の条例を定めるに当たっては、厚生労働省令で定める基準に従い定めるものとする。

6　市町村長は、第一項の申請があった場合において、次の各号（病院又は診療所により行われる複合型サービスに係る指定の申請にあっては、第一号の二、第一号の三、第三号の二及び第三号の四から第五号までを除く。）のいずれかに該当するときは、第四十二条の二第一項本文の指定をしないことができる。

一　申請者（認知症対応型共同生活介護、地域密着型特定施設入居者生活介護又は地域密着型介護老人福祉施設入所者生活介護に係る指定の申請者を除く。）が、第七十八条の十第二号から第五号までの規定により指定（認知症対応型共同生活介護、地域密着型特定施設入居者生活介護又は地域密着型介護老人福祉施設入所者生活介護に係る指定を除く。）を取り消され、その取消しの日から起算して五年を経過しない者（当該指定を取り消された者が法人である場合においては、当該取消しの処分に係る行政手続法第十五条の規定による通知があった日前六十日以内に当該法人の役員等であった者で当該取消しの日から起算して五年を経過しないものを含み、当該指定を取り消された者が法人でない事業所である場合においては、当該通知があった日前六十日以

高齢者福祉

内に当該事業所の管理者であった者で当該取消しの日から起算して五年を経過しないものを含む。）であるとき。

一の二　申請者（認知症対応型共同生活介護、地域密着型特定施設入居者生活介護又は地域密着型介護老人福祉施設入所者生活介護に係る指定の申請者に限る。）が、第七十八条の十第二号から第五号までの規定により指定（認知症対応型共同生活介護、地域密着型特定施設入居者生活介護又は地域密着型介護老人福祉施設入所者生活介護に係る指定に限る。）を取り消され、その取消しの日から起算して五年を経過しない者（当該指定を取り消された者が法人である場合においては、当該取消しの処分に係る行政手続法第十五条の規定による通知があった日前六十日以内に当該法人の役員等であった者で当該取消しの日から起算して五年を経過しないものを含み、当該指定を取り消された者が法人でない事業所である場合においては、当該通知があった日前六十日以内に当該事業所の管理者であった者で当該取消しの日から起算して五年を経過しないものを含む。）であるとき。

一の三　申請者と密接な関係を有する者（地域密着型介護老人福祉施設入所者生活介護に係る指定の申請者と密接な関係を有する者を除く。）が、第七十八条の十第二号から第五号までの規定により指定を取り消され、その取消しの日から起算して五年を経過していないとき。

二　申請者が、第七十八条の十第二号から第五号までの規定による指定の取消しの処分に係る行政手続法第十五条の規定による通知があった日から当該処分をする日又は処分をしないことを決定する日までの間に第七十八条の五第二項の規定による事業の廃止の届出をした者（当該事業の廃止について相当の理由がある者を除く。）又は第七十八条の八の規定による指定の辞退をした者（当該指定の辞退について相当の理由がある者を除く。）で、当該届出又は指定の辞退の日から起算して五年を経過しないものであるとき。

二の二　申請者が、第七十八条の七第一項の規定による検査が行われた日から聴聞決定予定日（当該検査の結果に基づき第七十八条の十の規定による指定の取消しの処分に係る聴聞を行うか否かの決定をすることが見込まれる日として厚生労働省令で定めるところにより市町村長が当該申請者に当該検査が行われた日から十日以内に特定の日を通知した場合における当該特定の日をいう。）までの間に第七十八条の五第二項の規定による事業の廃止の届出をした者（当該事業の廃止について相当の理由がある者を除く。）又は第七十八条の八の規定による指定の辞退をした者（当該指定の辞退について相当の理由がある者を除く。）で、当該届出又は指定の辞退の日から起算して五年を経過しないものであるとき。

二の三　第二号に規定する期間内に第七十八条の五第二項の規定による事業の廃止の届出又は第七十八条の八の規定による指定の辞退があった場合において、申請者が、同号の通知の日前六十日以内に当該届出に係る法人（当該事業の廃止について相当の理由がある法人を除く。）の役員等若しくは当該届出に係る法人でない事業所（当該事業の廃止について相当の理由があるものを除く。）の管理者であった者又は当該指定の辞退に係る法人（当該指定の辞退について相当の理由がある法人を除く。）の役員等若しくは当該指定の辞退に係る法人でない事業所（当該指定の辞退について相当の理由があるものを除く。）の管理者であった者で、当該届出又は指定の辞退の日から起算して五年を経過しないものであるとき。

三　申請者（認知症対応型共同生活介護、地域密着型特定施設入居者生活介護又は地域密着型介護老人福祉施設入所者生活介護に係る指定の申請者を除く。）が、法人で、その役員等のうちに第一号又は前三号のいずれかに該当する者のあるものであるとき。

三の二　申請者（認知症対応型共同生活介護、地域密着型特定施設入居者生活介護又は地域密着型介護老人福祉施設入所者生活介護に係る指定の申請者に限る。）が、法人で、その役員等のうちに第一号の二又は第二号から第二号の三までのいずれかに該当する者のあるものであるとき。

三の三　申請者（認知症対応型共同生活介護、地域密着型特定施設入居者生活介護又は地域密着型介護老人福祉施設入所者生活介護に係る指定の申請者を除く。）が、法人でない事業所で、その管理者が第一号又は第二号から第二号の三までのいずれかに該当する者であるとき。

三の四　申請者（認知症対応型共同生活介護、地域密着型特定施設入居者生活介護又は地域密着型介護老人福祉施設入所者生活介護に係る指定の申請者に限る。）が、法人でない事業所で、その管理者が第一号の二又は第二号から第二号の三までのいずれかに該当する者であるとき。

四　認知症対応型共同生活介護、地域密着型特定施設入居者生活介護又は地域密着型介護老人福祉施設入所者生活介護につき第一項の申請があった場合において、当該市町村又は当該申請に係る事業所の所在地を含む区域（第百十七条第二項第一号の規定により当該市町村が定める区域とする。以下この号及び次号イにおいて「日常生活圏域」という。）における当該地域密着型サービスの利用定員の総数が、同条第一項の規定により当該市町村が定める市町村介護保険事業計画において定める当該市町村又は当該日常生活圏域における当該地域密着型サービスの必要利用定員総数に既に達しているか、又は当該申請に係る事業者の指定によってこれを超えることになると認めるとき、その他の当該市町村介護保険事業計画の達成に支障を生ずるおそれがあると認めるとき。

五　地域密着型通所介護その他の厚生労働省令で定める地域密着型サービスにつき第一項の申請があった場合において、第四十二条の二第一項本文の指定を受けて定期巡回・随時対応型訪問介護看護等（認知症対応型共同生活介護、地域密着型特定施設入居者生活介護及び地域密着型介護老人福祉施設入所者生活介護以外の地域密着型サービスであって、定期巡回・随時対応型訪問介護看護、小規模多機能型居宅介護その他の厚生労働省令で定めるものをいう。）の事業を行う者の当該指定に係る当該事業を行う事業所（イにおいて「定期巡回・随時対応型訪問介護看護等事業所」という。）が当該市町村の区域にある場合その他の厚生労働省令で定める場合に該当し、かつ、当該市町村長が次のいずれかに該当すると認めるとき。

イ　当該市町村又は当該定期巡回・随時対応型訪問介護看護等事業所の所在地を含む日常生活圏域における地域密着型サービス（地域密着型通所介護その他の厚生労働省令で定めるものに限る。以下このイにおいて同じ。）の種類ごとの量が、第百十七条第一項の規定により当該市町村が定める市町村介護保険事業計画において定める当該市町村又は当該日常生活圏域における当該地域密着型サービスの種類ごとの見込量に既に達しているか、又は当該申請に係る事業者の指定によってこれを超えることになるとき。

ロ　その他第百十七条第一項の規定により当該市町村が定める市町村介護保険事業計画の達成に支障を生ずるおそれがあるとき。

7　市町村長は、第四十二条の二第一項本文の指定を行おうとするとき、又は前項第四号若しくは第五号の規定により同条第一項本文の指定をしないこととするときは、あらかじめ、当該市町村が行う介護保険の被保険者その他の関係者の意見を反映させるために必要な措置を講ずるよう努めなければならない。

8　市町村長は、第四十二条の二第一項本文の指定を行うに当たって、当該事業の適正な運営を確保するために必要と認める条件を付することができる。

9　第一項の申請を受けた市町村長（以下この条において「被申請市町村長」という。）と所在地市町村長との協議により、第四項第四号の規定による同意を要しないことについて所在地市町村長の同意があるときは、同号の規定は適用しない。

10　前項の規定により第四項第四号の規定が適用されない場合であって、第一項の申請に係る事業所（所在地市町村長の管轄する区域にあるものに限る。）について、次の各号に掲げるときは、それぞれ当該各号に定める時に、当該申請者について、被申請市町村長による第四十二条の二第一項本文の指定があったものとみなす。

一　所在地市町村長が第四十二条の二第一項本文の指定をしたとき　当該指定がされた時

二　所在地市町村長による第四十二条の二第一項本文の指定がされているとき　被申請市町村長が当該事業所に係る地域密着型サービス事業を行う者から第一項の申請を受けた時

11　第七十八条の十の規定による所在地市町村長による第四十二条の二第一項本文の指定の取消し若しくは効力の停止又は第七十八条の十二において準用する第七十条の二第一項若しくは第七十八条の十五第一項若しくは第三項（同条第五項において準用する場合を含む。）の規定による第四十二条の二第一項本文の指定の失効は、前項の規定により受けたものとみなされた被申請市町村長による第四十二条の二第一項本文の指定の効力に影響を及ぼさないものとする。

（共生型地域密着型サービス事業者の特例）

第七十八条の二の二　地域密着型通所介護その他厚生労働省令で定める地域密着型サービスに係る事業所について、児童福祉法第二十一条の五の三第一項の指定（当該事業所により行われる地域密着型サービスの種類に応じて厚生労働省令で定める種類の障害児通所支援に係るものに限る。）又は障害者総合支援法第二十九条第一項の指定障害福祉サービス事業者の指定（当該事業所により行われる地域密着型サービスの種類に応じて厚生労働省令で定める種類の障害福祉サービスに係るものに限る。）を受けている者から当該事業所に係る前条第一項（第七十八条の十二において準用する第七十条の二第四項において準用する場合を含む。）の申請があった場合において、次の各号のいずれにも該当するときにおける前条第四項（第七十八条の十二において準用する第七十条の二第四項において準用する場合を含む。以下この項において同じ。）の規定の適用については、前条第四項第二号中「第七十八条の四第一項の」とあるのは「次条第一項第一号の指定地域密着型サービスに従事する従業者に係る」と、「若しくは同項」とあるのは「又は同号」と、「員数又は同条第五項に規定する指定地域密着型サービスに従事する従業者に関する基準」とあるのは「員数」と、同項第三号中「第七十八条の四第二項又は第五項」とあるのは「次条第一項第二号」とする。ただし、申請者が、厚生労働省令で定めるところにより、別段の申出をしたときは、この限りでない。

一　当該申請に係る事業所の従業者の知識及び技能並びに人員が、指定地域密着型サービスに従事する従業者に係る市町村の条例で定める基準及び市町村の条例で定める員数を満たしていること。

二　申請者が、市町村の条例で定める指定地域密着型サービスの事業の設備及び運営に関する基準に従って適正な地域密着型サービス事業の運営をすることができると認められること。

2　市町村が前項各号の条例を定めるに当たっては、第一号から第四号までに掲げる事項については厚生労働省令で定める基準に従い定めるものとし、第五号に掲げる事項については厚生労働省令で定める基準を標準として定めるものとし、その他の事項については厚生労働省令で定める基準を参酌するものとする。

一　指定地域密着型サービスに従事する従業者に係る基準及び当該従業者の員数

二　指定地域密着型サービスの事業に係る

居室の床面積

三　小規模多機能型居宅介護及び認知症対応型通所介護の事業に係る利用定員

四　指定地域密着型サービスの事業の運営に関する事項であって、利用する要介護者のサービスの適切な利用、適切な処遇及び安全の確保並びに秘密の保持等に密接に関連するものとして厚生労働省令で定めるもの

五　指定地域密着型サービスの事業（第三号に規定する事業を除く。）に係る利用定員

3　厚生労働大臣は、前項に規定する厚生労働省令で定める基準（指定地域密着型サービスの取扱いに関する部分に限る。）を定めようとするときは、あらかじめ社会保障審議会の意見を聴かなければならない。

4　第一項の場合において、同項に規定する者が同項の申請に係る第四十二条の二第一項本文の指定を受けたときは、その者に対しては、第七十八条の四第二項から第六項までの規定は適用せず、次の表の上欄に掲げる規定の適用については、これらの規定中同表の中欄に掲げる字句は、それぞれ同表の下欄に掲げる字句とする。

第四十二条の二第八項	第七十八条の四第二項又は第五項	第七十八条の二第一項第二号
第七十八条の三第一項	次条第二項又は第五項	前条第一項第二号
第七十八条の四第一項	市町村の条例で定める基準に従い	第七十八条の二第一項第一号の指定地域密着型サービスに従事する従業者に係る市町村の条例で定める基準に従い同号の
第七十八条の九第一項第二号	第七十八条の四第一項の	第七十八条の二第一項第一号の指定地域密着型サービスに従事する従業者に係る
	若しくは同項	又は同号
	員数又は同条第五項に規定する指定地域密着型サービスに従事する従業者に関する基準	員数
	若しくは当該市町村	又は当該市町村
	員数又は当該指定地域密着型サービスに従事する従業者に関する基準	員数
第七十八条の九第一項第三号	第七十八条の四第二項又は第五項	第七十八条の二第一項第二号
第七十八条の十第四号	第七十八条の四第一項の	第七十八条の二第一項第一号の指定地域密着型サービスに従事する従業者に係る
	若しくは同項	又は同号
	員数又は同条第五項に規定する指定地域密着型サービスに従事する従業者に関する基準	員数

第七十八条の十第五号	第七十八条の四第二項又は第五項	第七十八条の二の二第一項第二号

5　第一項に規定する者であって、同項の申請に係る第四十二条の二第一項本文の指定を受けたものは、児童福祉法第二十一条の五の三第一項に規定する指定通所支援の事業（当該指定に係る事業所において行うものに限る。）又は障害者総合支援法第二十九条第一項に規定する指定障害福祉サービスの事業（当該指定に係る事業所において行うものに限る。）を廃止し、又は休止しようとするときは、厚生労働省令で定めるところにより、その廃止又は休止の日の一月前までに、その旨を当該指定を行った市町村長に届け出なければならない。この場合において、当該届出があったときは、当該指定に係る指定地域密着型サービスの事業について、第七十八条の五第二項の規定による事業の廃止又は休止の届出があったものとみなす。

（**指定地域密着型サービスの事業の基準**）

第七十八条の三　指定地域密着型サービス事業者は、次条第二項又は第五項に規定する指定地域密着型サービスの事業の設備及び運営に関する基準に従い、要介護者の心身の状況等に応じて適切な指定地域密着型サービスを提供するとともに、自らその提供する指定地域密着型サービスの質の評価を行うことその他の措置を講ずることにより常に指定地域密着型サービスを受ける者の立場に立ってこれを提供するように努めなければならない。

2　指定地域密着型サービス事業者は、指定地域密着型サービスを受けようとする被保険者から提示された被保険者証に、認定審査会意見が記載されているときは、当該認定審査会意見に配慮して、当該被保険者に当該指定地域密着型サービスを提供するように努めなければならない。

第七十八条の四　指定地域密着型サービス事業者は、当該指定に係る事業所ごとに、市町村の条例で定める基準に従い市町村の条例で定める員数の当該指定地域密着型サービスに従事する従業者を有しなければならない。

2　前項に規定するもののほか、指定地域密着型サービスの事業の設備及び運営に関する基準は、市町村の条例で定める。

3　市町村が前二項の条例を定めるに当たっては、第一号から第四号までに掲げる事項については厚生労働省令で定める基準に従い定めるものとし、第五号に掲げる事項については厚生労働省令で定める基準を標準として定めるものとし、その他の事項については厚生労働省令で定める基準を参酌するものとする。

一　指定地域密着型サービスに従事する従業者に係る基準及び当該従業者の員数

二　指定地域密着型サービスの事業に係る居室の床面積

三　小規模多機能型居宅介護及び認知症対応型通所介護の事業に係る利用定員

四　指定地域密着型サービスの事業の運営に関する事項であって、利用又は入所する要介護者のサービスの適切な利用、適切な処遇及び安全の確保並びに秘密の保持等に密接に関連するものとして厚生労働省令で定めるもの

五　指定地域密着型サービスの事業（第三号に規定する事業を除く。）に係る利用定員

4　厚生労働大臣は、前項に規定する厚生労働省令で定める基準（指定地域密着型サービスの取扱いに関する部分に限る。）を定めようとするときは、あらかじめ社会保障審議会の意見を聴かなければならない。

5　市町村は、第三項の規定にかかわらず、同項第一号から第四号までに掲げる事項については、厚生労働省令で定める範囲内で、当該市町村における指定地域密着型サービスに従事する従業者に関する基準及び指定地域密着型サービスの事業の設備及び運営に関する基準を定めることができる。

6　市町村は、前項の当該市町村における指定地域密着型サービスに従事する従業者に関する基準及び指定地域密着型サービスの事業の設備及び運営に関する基準を定めようとするときは、あらかじめ、当該市町村

が行う介護保険の被保険者その他の関係者の意見を反映させ、及び学識経験を有する者の知見の活用を図るために必要な措置を講じなければならない。

7　指定地域密着型サービス事業者は、次条第二項の規定による事業の廃止若しくは休止の届出をしたとき又は第七十八条の八の規定による指定の辞退をするときは、当該届出の日前一月以内に当該指定地域密着型サービス（地域密着型介護老人福祉施設入所者生活介護を除く。）を受けていた者又は同条に規定する予告期間の開始日の前日に当該地域密着型介護老人福祉施設入所者生活介護を受けていた者であって、当該事業の廃止若しくは休止の日又は当該指定の辞退の日以後においても引き続き当該指定地域密着型サービスに相当するサービスの提供を希望する者に対し、必要な居宅サービス等が継続的に提供されるよう、指定居宅介護支援事業者、他の指定地域密着型サービス事業者その他関係者との連絡調整その他の便宜の提供を行わなければならない。

8　指定地域密着型サービス事業者は、要介護者の人格を尊重するとともに、この法律又はこの法律に基づく命令を遵守し、要介護者のため忠実にその職務を遂行しなければならない。

（**変更の届出等**）

第七十八条の五　指定地域密着型サービス事業者は、当該指定に係る事業所の名称及び所在地その他厚生労働省令で定める事項に変更があったとき、又は休止した当該指定地域密着型サービス（地域密着型介護老人福祉施設入所者生活介護を除く。）の事業を再開したときは、厚生労働省令で定めるところにより、十日以内に、その旨を市町村長に届け出なければならない。

2　指定地域密着型サービス事業者は、当該指定地域密着型サービス（地域密着型介護老人福祉施設入所者生活介護を除く。）の事業を廃止し、又は休止しようとするときは、厚生労働省令で定めるところにより、その廃止又は休止の日の一月前までに、その旨を市町村長に届け出なければならない。

（**市町村長等による連絡調整又は援助**）

第七十八条の六　市町村長は、指定地域密着型サービス事業者による第七十八条の四第七項に規定する便宜の提供が円滑に行われるため必要があると認めるときは、当該指定地域密着型サービス事業者及び指定居宅介護支援事業者、他の指定地域密着型サービス事業者その他の関係者相互間の連絡調整又は当該指定地域密着型サービス事業者及び当該関係者に対する助言その他の援助を行うことができる。

2　都道府県知事は、同一の指定地域密着型サービス事業者について二以上の市町村長が前項の規定による連絡調整又は援助を行う場合において、当該指定地域密着型サービス事業者による第七十八条の四第七項に規定する便宜の提供が円滑に行われるため必要があると認めるときは、当該市町村長相互間の連絡調整又は当該指定地域密着型サービス事業者に対する市町村の区域を超えた広域的な見地からの助言その他の援助を行うことができる。

3　厚生労働大臣は、同一の指定地域密着型サービス事業者について二以上の都道府県知事が前項の規定による連絡調整又は援助を行う場合において、当該指定地域密着型サービス事業者による第七十八条の四第七項に規定する便宜の提供が円滑に行われるため必要があると認めるときは、当該都道府県知事相互間の連絡調整又は当該指定地域密着型サービス事業者に対する都道府県の区域を超えた広域的な見地からの助言その他の援助を行うことができる。

（**報告等**）

第七十八条の七　市町村長は、地域密着型介護サービス費の支給に関して必要があると認めるときは、指定地域密着型サービス事業者若しくは指定地域密着型サービス事業者であった者若しくは当該指定に係る事業所の従業者であった者（以下この項において「指定地域密着型サービス事業者であった者等」という。）に対し、報告若しくは帳簿書類の提出若しくは提示を命じ、指定地域密着型サービス事業者若しくは当該指定に係る事業所の従業者若しくは指定地域密着型サービス事業者であった者等に対し出頭を求め、又は当該職員に関係者に対して質問させ、若しくは当該指定地域密着型サービス事業者の当該指定に係る事業所、事務所その他指定地域密着型サービスの事業に関係のある場所に立ち入り、その設備若しくは帳簿書類その他の物件を検査させることができる。

2　第二十四条第三項の規定は前項の規定による質問又は検査について、同条第四項の規定は前項の規定による権限について準用する。

（指定の辞退）

第七十八条の八　第四十二条の二第一項本文の指定を受けて地域密着型介護老人福祉施設入所者生活介護の事業を行う者は、一月以上の予告期間を設けて、その指定を辞退することができる。

（勧告、命令等）

第七十八条の九　市町村長は、指定地域密着型サービス事業者が、次の各号に掲げる場合に該当すると認めるときは、当該指定地域密着型サービス事業者に対し、期限を定めて、それぞれ当該各号に定める措置をとるべきことを勧告することができる。

一　第七十八条の二第八項の規定により当該指定を行うに当たって付された条件に従わない場合　当該条件に従うこと。

二　当該指定に係る事業所の従業者の知識若しくは技能又は人員について第七十八条の四第一項の市町村の条例で定める基準若しくは同項の市町村の条例で定める員数又は同条第五項に規定する指定地域密着型サービスに従事する従業者に関する基準を満たしていない場合　当該市町村の条例で定める基準若しくは当該市町村の条例で定める員数又は当該指定地域密着型サービスに従事する従業者に関する基準を満たすこと。

三　第七十八条の四第二項又は第五項に規定する指定地域密着型サービスの事業の設備及び運営に関する基準に従って適正な指定地域密着型サービスの事業の運営をしていない場合　当該指定地域密着型サービスの事業の設備及び運営に関する基準に従って適正な指定地域密着型サービスの事業の運営をすること。

四　第七十八条の四第七項に規定する便宜の提供を適正に行っていない場合　当該便宜の提供を適正に行うこと。

2　市町村長は、前項の規定による勧告をした場合において、その勧告を受けた指定地域密着型サービス事業者が同項の期限内にこれに従わなかったときは、その旨を公表することができる。

3　市町村長は、第一項の規定による勧告を受けた指定地域密着型サービス事業者が、正当な理由がなくてその勧告に係る措置をとらなかったときは、当該指定地域密着型サービス事業者に対し、期限を定めて、その勧告に係る措置をとるべきことを命ずることができる。

4　市町村長は、前項の規定による命令をした場合においては、その旨を公示しなければならない。

（指定の取消し等）

第七十八条の十　市町村長は、次の各号のいずれかに該当する場合においては、当該指定地域密着型サービス事業者に係る第四十二条の二第一項本文の指定を取り消し、又は期間を定めてその指定の全部若しくは一部の効力を停止することができる。

一　指定地域密着型サービス事業者が、第七十八条の二第四項第四号の二から第五号の二まで、第九号（第五号の三に該当する者のあるものであるときを除く。）、第十号（第五号の三に該当する者のあるものであるときを除く。）、第十一号（第五号の三に該当する者であるときを除く。）又は第十二号（第五号の三に該当する者であるときを除く。）のいずれかに該当するに至ったとき。

二　指定地域密着型サービス事業者が、第七十八条の二第六項第三号から第三号の四までのいずれかに該当するに至ったとき。

三　指定地域密着型サービス事業者が、第七十八条の二第八項の規定により当該指定を行うに当たって付された条件に違反したと認められるとき。

四　指定地域密着型サービス事業者が、当該指定に係る事業所の従業者の知識若しくは技能又は人員について、第七十八条の四第一項の市町村の条例で定める基準若しくは同項の市町村の条例で定める員数又は同条第五項に規定する指定地域密着型サービスに従事する従業者に関する基準を満たすことができなくなったとき。

五　指定地域密着型サービス事業者が、第七十八条の四第二項又は第五項に規定する指定地域密着型サービスの事業の設備及び運営に関する基準に従って適正な指定地域密着型サービスの事業の運営をすることができなくなったとき。

六　指定地域密着型サービス事業者が、第七十八条の四第八項に規定する義務に違反したと認められるとき。

七　指定地域密着型サービス事業者（地域密着型介護老人福祉施設入所者生活介護を行うものに限る。）が、第二十八条第五項（第二十九条第二項、第三十条第二項、第三十一条第二項、第三十三条第四項、第三十三条の二第二項、第三十三条の三第二項及び第三十四条第二項において準用する場合を含む。第八十四条、第九十二条、第百四条及び第百十四条の六において同じ。）の規定により調査の委託を受けた場合において、当該調査の結果について虚偽の報告をしたとき。

八　地域密着型介護サービス費の請求に関し不正があったとき。

九　指定地域密着型サービス事業者が、第七十八条の七第一項の規定により報告又は帳簿書類の提出若しくは提示を命ぜられてこれに従わず、又は虚偽の報告をしたとき。

十　指定地域密着型サービス事業者又は当該指定に係る事業所の従業者が、第七十八条の七第一項の規定により出頭を求められてこれに応ぜず、同項の規定による質問に対して答弁せず、若しくは虚偽の答弁をし、又は同項の規定による検査を拒み、妨げ、若しくは忌避したとき。ただし、当該指定に係る事業所の従業者がその行為をした場合において、その行為を防止するため、当該指定地域密着型サービス事業者が相当の注意及び監督を尽くしたときを除く。

十一　指定地域密着型サービス事業者が、不正の手段により第四十二条の二第一項本文の指定を受けたとき。

十二　前各号に掲げる場合のほか、指定地域密着型サービス事業者が、この法律その他国民の保健医療若しくは福祉に関する法律で政令で定めるもの又はこれらの法律に基づく命令若しくは処分に違反したとき。

十三　指定地域密着型サービス事業者に係る老人福祉法第二十九条第十六項の規定による通知を受けたとき。

十四　前各号に掲げる場合のほか、指定地域密着型サービス事業者が、居宅サービス等に関し不正又は著しく不当な行為をしたとき。

十五　指定地域密着型サービス事業者が法人である場合において、その役員等のうちに、指定の取消し又は指定の全部若しくは一部の効力の停止をしようとするとき前五年以内に居宅サービス等に関し不正又は著しく不当な行為をした者があるとき。

十六　指定地域密着型サービス事業者が法人でない事業所である場合において、その管理者が指定の取消し又は指定の全部若しくは一部の効力の停止をしようとするとき前五年以内に居宅サービス等に関し不正又は著しく不当な行為をした者であるとき。

第四節　指定居宅介護支援事業者

（指定居宅介護支援事業者の指定）

第七十九条　第四十六条第一項の指定は、厚生労働省令で定めるところにより、居宅介護支援事業を行う者の申請により、居宅介護支援事業を行う事業所（以下この節において単に「事業所」という。）ごとに行う。

2　市町村長は、前項の申請があった場合において、次の各号のいずれかに該当するときは、第四十六条第一項の指定をしてはならない。

一　申請者が市町村の条例で定める者でないとき。

二　当該申請に係る事業所の介護支援専門員の人員が、第八十一条第一項の市町村の条例で定める員数を満たしていないとき。

三　申請者が、第八十一条第二項に規定する指定居宅介護支援の事業の運営に関する基準に従って適正な居宅介護支援事業の運営をすることができないと認められるとき。

三の二　申請者が、禁錮以上の刑に処せられ、その執行を終わり、又は執行を受けることがなくなるまでの者であるとき。

四　申請者が、この法律その他国民の保健医療若しくは福祉に関する法律で政令で定めるものの規定により罰金の刑に処せられ、その執行を終わり、又は執行を受けることがなくなるまでの者であるとき。

四の二　申請者が、労働に関する法律の規定であって政令で定めるものにより罰金の刑に処せられ、その執行を終わり、又は執行を受けることがなくなるまでの者であるとき。

四の三　申請者が、保険料等について、当該申請をした日の前日までに、納付義務を定めた法律の規定に基づく滞納処分を受け、かつ、当該処分を受けた日から正当な理由なく三月以上の期間にわたり、当該処分を受けた日以降に納期限の到来した保険料等の全てを引き続き滞納している者であるとき。

五　申請者が、第八十四条第一項又は第百十五条の三十五第六項の規定により指定を取り消され、その取消しの日から起算して五年を経過しない者（当該指定を取り消された者が法人である場合においては、当該取消しの処分に係る行政手続法第十五条の規定による通知があった日前六十日以内に当該法人の役員等であった者で当該取消しの日から起算して五年を経過しないものを含み、当該指定を取り消された者が法人でない事業所である場合においては、当該通知があった日前六十日以内に当該事業所の管理者であった者で当該取消しの日から起算して五年を経過しないものを含む。）であるとき。ただし、当該指定の取消しが、指定居宅介護支援事業者の指定の取消しのうち当該指定の取消しの処分の理由となった事実及び当該事実の発生を防止するための当該指定居宅介護支援事業者による業務管理体制の整備についての取組の状況その他の当該事実に関して当該指定居宅介護支援事業者が有していた責任の程度を考慮して、この号本文に規定する指定の取消しに該当しないこととすることが相当であると認められるものとして厚生労働省令で定めるものに該当する場合を除く。

五の二　申請者と密接な関係を有する者が、第八十四条第一項又は第百十五条の三十五第六項の規定により指定を取り消され、その取消しの日から起算して五年を経過していないとき。ただし、当該指定の取消しが、指定居宅介護支援事業者の指定の取消しのうち当該指定の取消しの処分の理由となった事実及び当該事実の発生を防止するための当該指定居宅介護支援事業者による業務管理体制の整備についての取組の状況その他の当該事実に関して当該指定居宅介護支援事業者が有していた責任の程度を考慮して、この号本文に規定する指定の取消しに該当しないこととすることが相当であると認められるものとして厚生労働省令で定めるものに該当する場合を除く。

六　申請者が、第八十四条第一項又は第百十五条の三十五第六項の規定による指定の取消しの処分に係る行政手続法第十五条の規定による通知があった日から当該処分をする日又は処分をしないことを決定する日までの間に第八十二条第二項の規定による事業の廃止の届出をした者（当該事業の廃止について相当の理由がある者を除く。）で、当該届出の日から起算して五年を経過しないものであると

高齢者福祉

き。

六の二　申請者が、第八十三条第一項の規定による検査が行われた日から聴聞決定予定日（当該検査の結果に基づき第八十四条第一項の規定による指定の取消しの処分に係る聴聞を行うか否かの決定をすることが見込まれる日として厚生労働省令で定めるところにより市町村長が当該申請者に当該検査が行われた日から十日以内に特定の日を通知した場合における当該特定の日をいう。）までの間に第八十二条第二項の規定による事業の廃止の届出をした者（当該事業の廃止について相当の理由がある者を除く。）で、当該届出の日から起算して五年を経過しないものであるとき。

六の三　第六号に規定する期間内に第八十二条第二項の規定による事業の廃止の届出があった場合において、申請者が、同号の通知の日前六十日以内に当該届出に係る法人（当該事業の廃止について相当の理由がある法人を除く。）の役員等又は当該届出に係る法人でない事業所（当該事業の廃止について相当の理由があるものを除く。）の管理者であった者で、当該届出の日から起算して五年を経過しないものであるとき。

七　申請者が、指定の申請前五年以内に居宅サービス等に関し不正又は著しく不当な行為をした者であるとき。

八　申請者が、法人で、その役員等のうちに第三号の二から第五号まで又は第六号から前号までのいずれかに該当する者のあるものであるとき。

九　申請者が、法人でない事業所で、その管理者が第三号の二から第五号まで又は第六号から第七号までのいずれかに該当する者であるとき。

3　市町村が前項第一号の条例を定めるに当たっては、厚生労働省令で定める基準に従い定めるものとする。

（指定の更新）

第七十九条の二　第四十六条第一項の指定は、六年ごとにその更新を受けなければ、その期間の経過によって、その効力を失う。

2　前項の更新の申請があった場合において、同項の期間（以下この条において「指定の有効期間」という。）の満了の日までにその申請に対する処分がされないときは、従前の指定は、指定の有効期間の満了後もその処分がされるまでの間は、なおその効力を有する。

3　前項の場合において、指定の更新がされたときは、その指定の有効期間は、従前の指定の有効期間の満了の日の翌日から起算するものとする。

4　前条の規定は、第一項の指定の更新について準用する。

（**指定居宅介護支援の事業の基準**）

第八十条　指定居宅介護支援事業者は、次条第二項に規定する指定居宅介護支援の事業の運営に関する基準に従い、要介護者の心身の状況等に応じて適切な指定居宅介護支援を提供するとともに、自らその提供する指定居宅介護支援の質の評価を行うことその他の措置を講ずることにより常に指定居宅介護支援を受ける者の立場に立ってこれを提供するように努めなければならない。

2　指定居宅介護支援事業者は、指定居宅介護支援を受けようとする被保険者から提示された被保険者証に、認定審査会意見が記載されているときは、当該認定審査会意見に配慮して、当該被保険者に当該指定居宅介護支援を提供するように努めなければならない。

第八十一条　指定居宅介護支援事業者は、当該指定に係る事業所ごとに、市町村の条例で定める員数の介護支援専門員を有しなければならない。

2　前項に規定するもののほか、指定居宅介護支援の事業の運営に関する基準は、市町村の条例で定める。

3　市町村が前二項の条例を定めるに当たっては、次に掲げる事項については厚生労働省令で定める基準に従い定めるものとし、その他の事項については厚生労働省令で定める基準を参酌するものとする。

一　指定居宅介護支援に従事する従業者に係る基準及び当該従業者の員数

二　指定居宅介護支援の事業の運営に関す

る事項であって、利用する要介護者のサービスの適切な利用、適切な処遇及び安全の確保並びに秘密の保持等に密接に関連するものとして厚生労働省令で定めるもの

4　厚生労働大臣は、前項に規定する厚生労働省令で定める基準（指定居宅介護支援の取扱いに関する部分に限る。）を定めようとするときは、あらかじめ社会保障審議会の意見を聴かなければならない。

5　指定居宅介護支援事業者は、次条第二項の規定による事業の廃止又は休止の届出をしたときは、当該届出の日前一月以内に当該指定居宅介護支援を受けていた者であって、当該事業の廃止又は休止の日以後においても引き続き当該指定居宅介護支援に相当するサービスの提供を希望する者に対し、必要な居宅サービス等が継続的に提供されるよう、他の指定居宅介護支援事業者その他関係者との連絡調整その他の便宜の提供を行わなければならない。

6　指定居宅介護支援事業者は、要介護者の人格を尊重するとともに、この法律又はこの法律に基づく命令を遵守し、要介護者のため忠実にその職務を遂行しなければならない。

（変更の届出等）

第八十二条　指定居宅介護支援事業者は、当該指定に係る事業所の名称及び所在地その他厚生労働省令で定める事項に変更があったとき、又は休止した当該指定居宅介護支援の事業を再開したときは、厚生労働省令で定めるところにより、十日以内に、その旨を市町村長に届け出なければならない。

2　指定居宅介護支援事業者は、当該指定居宅介護支援の事業を廃止し、又は休止しようとするときは、厚生労働省令で定めるところにより、その廃止又は休止の日の一月前までに、その旨を市町村長に届け出なければならない。

（市町村長等による連絡調整又は援助）

第八十二条の二　市町村長は、指定居宅介護支援事業者による第八十一条第五項に規定する便宜の提供が円滑に行われるため必要があると認めるときは、当該指定居宅介護支援事業者及び他の指定居宅介護支援事業者その他の関係者相互間の連絡調整又は当該指定居宅介護支援事業者及び当該関係者に対する助言その他の援助を行うことができる。

2　都道府県知事は、同一の指定居宅介護支援事業者について二以上の市町村長が前項の規定による連絡調整又は援助を行う場合において、当該指定居宅介護支援事業者による第八十一条第五項に規定する便宜の提供が円滑に行われるため必要があると認めるときは、当該市町村長相互間の連絡調整又は当該指定居宅介護支援事業者に対する市町村の区域を超えた広域的な見地からの助言その他の援助を行うことができる。

3　厚生労働大臣は、同一の指定居宅介護支援事業者について二以上の都道府県知事が前項の規定による連絡調整又は援助を行う場合において、当該指定居宅介護支援事業者による第八十一条第五項に規定する便宜の提供が円滑に行われるため必要があると認めるときは、当該都道府県知事相互間の連絡調整又は当該指定居宅介護支援事業者に対する都道府県の区域を超えた広域的な見地からの助言その他の援助を行うことができる。

（報告等）

第八十三条　市町村長は、必要があると認めるときは、指定居宅介護支援事業者若しくは指定居宅介護支援事業者であった者若しくは当該指定に係る事業所の従業者であった者（以下この項において「指定居宅介護支援事業者であった者等」という。）に対し、報告若しくは帳簿書類の提出若しくは提示を命じ、指定居宅介護支援事業者若しくは当該指定に係る事業所の従業者若しくは指定居宅介護支援事業者であった者等に対し出頭を求め、又は当該職員に関係者に対して質問させ、若しくは当該指定居宅介護支援事業者の当該指定に係る事業所、事務所その他指定居宅介護支援の事業に関係のある場所に立ち入り、その帳簿書類その他の物件を検査させることができる。

2　第二十四条第三項の規定は、前項の規定による質問又は検査について、同条第四項

の規定は、前項の規定による権限について準用する。

（勧告、命令等）

第八十三条の二　市町村長は、指定居宅介護支援事業者が、次の各号に掲げる場合に該当すると認めるときは、当該指定居宅介護支援事業者に対し、期限を定めて、それぞれ当該各号に定める措置をとるべきことを勧告することができる。

一　当該指定に係る事業所の介護支援専門員の人員について第八十一条第一項の市町村の条例で定める員数を満たしていない場合　当該市町村の条例で定める員数を満たすこと。

二　第八十一条第二項に規定する指定居宅介護支援の事業の運営に関する基準に従って適正な指定居宅介護支援の事業の運営をしていない場合　当該指定居宅介護支援の事業の運営に関する基準に従って適正な指定居宅介護支援の事業の運営をすること。

三　第八十一条第五項に規定する便宜の提供を適正に行っていない場合　当該便宜の提供を適正に行うこと。

2　市町村長は、前項の規定による勧告をした場合において、その勧告を受けた指定居宅介護支援事業者が同項の期限内にこれに従わなかったときは、その旨を公表することができる。

3　市町村長は、第一項の規定による勧告を受けた指定居宅介護支援事業者が、正当な理由がなくてその勧告に係る措置をとらなかったときは、当該指定居宅介護支援事業者に対し、期限を定めて、その勧告に係る措置をとるべきことを命ずることができる。

4　市町村長は、前項の規定による命令をした場合においては、その旨を公示しなければならない。

5　市町村長は、保険給付に係る指定居宅介護支援を行った指定居宅介護支援事業者（他の市町村長が第四十六条第一項の指定をした者に限る。）について、第一項各号に掲げる場合のいずれかに該当すると認めるときは、その旨を当該他の市町村長に通知しなければならない。

（指定の取消し等）

第八十四条　市町村長は、次の各号のいずれかに該当する場合においては、当該指定居宅介護支援事業者に係る第四十六条第一項の指定を取り消し、又は期間を定めてその指定の全部若しくは一部の効力を停止することができる。

一　指定居宅介護支援事業者が、第七十九条第二項第三号の二から第四号の二までで、第八号（同項第四号の三に該当する者のあるものであるときを除く。）又は第九号（同項第四号の三に該当する者であるときを除く。）のいずれかに該当するに至ったとき。

二　指定居宅介護支援事業者が、当該指定に係る事業所の介護支援専門員の人員について、第八十一条第一項の市町村の条例で定める員数を満たすことができなくなったとき。

三　指定居宅介護支援事業者が、第八十一条第二項に規定する指定居宅介護支援の事業の運営に関する基準に従って適正な指定居宅介護支援の事業の運営をすることができなくなったとき。

四　指定居宅介護支援事業者が、第八十一条第六項に規定する義務に違反したと認められるとき。

五　第二十八条第五項の規定により調査の委託を受けた場合において、当該調査の結果について虚偽の報告をしたとき。

六　居宅介護サービス計画費の請求に関し不正があったとき。

七　指定居宅介護支援事業者が、第八十三条第一項の規定により報告又は帳簿書類の提出若しくは提示を命ぜられてこれに従わず、又は虚偽の報告をしたとき。

八　指定居宅介護支援事業者又は当該指定に係る事業所の従業者が、第八十三条第一項の規定により出頭を求められてこれに応ぜず、同項の規定による質問に対して答弁せず、若しくは虚偽の答弁をし、又は同項の規定による検査を拒み、妨げ、若しくは忌避したとき。ただし、当該指定に係る事業所の従業者がその行為をした場合において、その行為を防止するため、当該指定居宅介護支援事業者が相当の注意及び監督を尽くしたときを除く。

九　指定居宅介護支援事業者が、不正の手段により第四十六条第一項の指定を受けたとき。

十　前各号に掲げる場合のほか、指定居宅介護支援事業者が、この法律その他国民の保健医療若しくは福祉に関する法律で政令で定めるもの又はこれらの法律に基づく命令若しくは処分に違反したとき。

十一　前各号に掲げる場合のほか、指定居宅介護支援事業者が、居宅サービス等に関し不正又は著しく不当な行為をしたとき。

十二　指定居宅介護支援事業者の役員等のうちに、指定の取消し又は指定の全部若しくは一部の効力の停止をしようとするとき前五年以内に居宅サービス等に関し不正又は著しく不当な行為をした者があるとき。

2　市町村長は、保険給付に係る指定居宅介護支援又は第二十八条第五項の規定により委託した調査を行った指定居宅介護支援事業者（他の市町村長が第四十六条第一項の指定をした者に限る。）について、前項各号のいずれかに該当すると認めるときは、その旨を当該他の市町村長に通知しなければならない。

第五節　介護保険施設

第一款　指定介護老人福祉施設

（指定介護老人福祉施設の指定）

第八十六条　第四十八条第一項第一号の指定は、厚生労働省令で定めるところにより、老人福祉法第二十条の五に規定する特別養護老人ホームのうち、その入所定員が三十人以上であって都道府県の条例で定める数であるものの開設者の申請があったものについて行う。

2　都道府県知事は、前項の申請があった場合において、当該特別養護老人ホームが次の各号のいずれかに該当するときは、第四十八条第一項第一号の指定をしてはならない。

一　第八十八条第一項に規定する人員を有しないとき。

二　第八十八条第二項に規定する指定介護老人福祉施設の設備及び運営に関する基準に従って適正な介護老人福祉施設の運営をすることができないと認められるとき。

三　当該特別養護老人ホームの開設者が、この法律その他国民の保健医療若しくは福祉に関する法律で政令で定めるものの規定により罰金の刑に処せられ、その執行を終わり、又は執行を受けることがなくなるまでの者であるとき。

三の二　当該特別養護老人ホームの開設者が、労働に関する法律の規定であって政令で定めるものにより罰金の刑に処せられ、その執行を終わり、又は執行を受けることがなくなるまでの者であるとき。

三の三　当該特別養護老人ホームの開設者が、健康保険法、地方公務員等共済組合法、厚生年金保険法又は労働保険の保険料の徴収等に関する法律の定めるところにより納付義務を負う保険料、負担金又は掛金について、当該申請をした日の前日までに、これらの法律の規定に基づく滞納処分を受け、かつ、当該処分を受けた日から正当な理由なく三月以上の期間にわたり、当該処分を受けた日以降に納期限の到来した保険料、負担金又は掛金の全て（当該処分を受けた者が、当該処分に係る保険料、負担金又は掛金の納付義務を負うことを定める法律によって納付義務を負う保険料、負担金又は掛金に限る。）を引き続き滞納している者であるとき。

四　当該特別養護老人ホームの開設者が、第九十二条第一項又は第百十五条の三十五第六項の規定により指定を取り消され、その取消しの日から起算して五年を経過しない者であるとき。ただし、当該指定の取消しが、指定介護老人福祉施設の指定の取消しのうち当該指定の取消しの処分の理由となった事実及び当該事実の発生を防止するための当該指定介護老人福祉施設の開設者による業務管理体制の整備についての取組の状況その他の当該事実に関して当該指定介護老人福祉施設の開設者が有していた責任の程度を考慮して、この号本文に規定する指定の取消しに該当しないこととすることが相当であると認められるものとして厚生労働省令で定めるものに該当する場合を除く。

五　当該特別養護老人ホームの開設者が、第九十二条第一項又は第百十五条の三十五第六項の規定による指定の取消しの処分に係る行政手続法第十五条の規定による通知があった日から当該処分をする日又は処分をしないことを決定する日までの間に第九十一条の規定による指定の辞退をした者（当該指定の辞退について相当の理由がある者を除く。）で、当該指定の辞退の日から起算して五年を経過しないものであるとき。

五の二　当該特別養護老人ホームの開設者が、第九十条第一項の規定による検査が行われた日から聴聞決定予定日（当該検査の結果に基づき第九十二条第一項の規定による指定の取消しの処分に係る聴聞を行うか否かの決定をすることが見込まれる日として厚生労働省令で定めるところにより都道府県知事が当該特別養護老人ホームの開設者に当該検査が行われた日から十日以内に特定の日を通知した場合における当該特定の日をいう。）までの間に第九十一条の規定による指定の辞退をした者（当該指定の辞退について相当の理由がある者を除く。）で、当該指定の辞退の日から起算して五年を経過しないものであるとき。

六　当該特別養護老人ホームの開設者が、指定の申請前五年以内に居宅サービス等に関し不正又は著しく不当な行為をした者であるとき。

七　当該特別養護老人ホームの開設者の役員又はその長のうちに次のいずれかに該当する者があるとき。

イ　禁錮以上の刑に処せられ、その執行を終わり、又は執行を受けることがなくなるまでの者

ロ　第三号、第三号の二又は前号に該当する者

ハ　この法律、国民健康保険法又は国民年金法の定めるところにより納付義務を負う保険料（地方税法の規定による国民健康保険税を含む。以下このハにおいて「保険料等」という。）について、当該申請をした日の前日までに、納付義務を定めた法律の規定に基づく滞納処分を受け、かつ、当該処分を受けた日から正当な理由なく三月以上の期間にわたり、当該処分を受けた日以降に納期限の到来した保険料等の全て（当該処分を受けた者が、当該処分に係る保険料等の納付義務を負うことを定める法律によって納付義務を負う保険料等に限る。）を引き続き滞納している者

ニ　第九十二条第一項又は第百十五条の三十五第六項の規定により指定を取り消された特別養護老人ホームにおいて、当該取消しの処分に係る行政手続法第十五条の規定による通知があった日前六十日以内にその開設者の役員又はその長であった者で当該取消しの日から起算して五年を経過しないもの（当該指定の取消しが、指定介護老人福祉施設の指定の取消しのうち当該指定の取消しの処分の理由となった事実及び当該事実の発生を防止するための当該指定介護老人福祉施設の開設者による業務管理体制の整備についての取組の状況その他の当該事実に関して当該指定介護老人福祉施設の開設者が有していた責任の程度を考慮して、この号に規定する指定の取消しに該当しないこととすることが相当であると認められるものとして厚生労働省令で定めるものに該当する場合を除く。）

ホ　第五号に規定する期間内に第九十一条の規定による指定の辞退をした特別養護老人ホーム（当該指定の辞退について相当の理由がある特別養護老人ホームを除く。）において、同号の通

知の日前六十日以内にその開設者の役員又はその長であった者で当該指定の辞退の日から起算して五年を経過しないもの

3 都道府県知事は、第四十八条第一項第一号の指定をしようとするときは、関係市町村長に対し、厚生労働省令で定める事項を通知し、相当の期間を指定して、当該関係市町村の第百十七条第一項に規定する市町村介護保険事業計画との調整を図る見地からの意見を求めなければならない。

（指定の更新）

第八十六条の二 第四十八条第一項第一号の指定は、六年ごとにその更新を受けなければ、その期間の経過によって、その効力を失う。

2 前項の更新の申請があった場合において、同項の期間（以下この条において「指定の有効期間」という。）の満了の日までにその申請に対する処分がされないときは、従前の指定は、指定の有効期間の満了後もその処分がされるまでの間は、なおその効力を有する。

3 前項の場合において、指定の更新がされたときは、その指定の有効期間は、従前の指定の有効期間の満了の日の翌日から起算するものとする。

4 前条の規定は、第一項の指定の更新について準用する。

（指定介護老人福祉施設の基準）

第八十七条 指定介護老人福祉施設の開設者は、次条第二項に規定する指定介護老人福祉施設の設備及び運営に関する基準に従い、要介護者の心身の状況等に応じて適切な指定介護福祉施設サービスを提供するとともに、自らその提供する指定介護福祉施設サービスの質の評価を行うことその他の措置を講ずることにより常に指定介護福祉施設サービスを受ける者の立場に立ってこれを提供するように努めなければならない。

2 指定介護老人福祉施設の開設者は、指定介護福祉施設サービスを受けようとする被保険者から提示された被保険者証に、認定審査会意見が記載されているときは、当該認定審査会意見に配慮して、当該被保険者に当該指定介護福祉施設サービスを提供するように努めなければならない。

第八十八条 指定介護老人福祉施設は、都道府県の条例で定める員数の介護支援専門員その他の指定介護福祉施設サービスに従事する従業者を有しなければならない。

2 前項に規定するもののほか、指定介護老人福祉施設の設備及び運営に関する基準は、都道府県の条例で定める。

3 都道府県が前二項の条例を定めるに当たっては、次に掲げる事項については厚生労働省令で定める基準に従い定めるものとし、その他の事項については厚生労働省令で定める基準を参酌するものとする。

一 指定介護福祉施設サービスに従事する従業者及びその員数

二 指定介護老人福祉施設に係る居室の床面積

三 指定介護老人福祉施設の運営に関する事項であって、入所する要介護者のサービスの適切な利用、適切な処遇及び安全の確保並びに秘密の保持に密接に関連するものとして厚生労働省令で定めるもの

4 厚生労働大臣は、前項に規定する厚生労働省令で定める基準（指定介護福祉施設サービスの取扱いに関する部分に限る。）を定めようとするときは、あらかじめ社会保障審議会の意見を聴かなければならない。

5 指定介護老人福祉施設の開設者は、第九十一条の規定による指定の辞退をするときは、同条に規定する予告期間の開始日の前日に当該指定介護福祉施設サービスを受けていた者であって、当該指定の辞退の日以後においても引き続き当該指定介護福祉施設サービスに相当するサービスの提供を希望する者に対し、必要な居宅サービス等が継続的に提供されるよう、他の指定介護老人福祉施設の開設者その他関係者との連絡調整その他の便宜の提供を行わなければならない。

6 指定介護老人福祉施設の開設者は、要介護者の人格を尊重するとともに、この法律又はこの法律に基づく命令を遵守し、要介

護者のため忠実にその職務を遂行しなければならない。

（都道府県知事等による連絡調整又は援助）

第八十九条の二　都道府県知事又は市町村長は、指定介護老人福祉施設の開設者による第八十八条第五項に規定する便宜の提供が円滑に行われるため必要があると認めるときは、当該指定介護老人福祉施設の開設者及び他の指定介護老人福祉施設の開設者その他の関係者相互間の連絡調整又は当該指定介護老人福祉施設の開設者及び当該関係者に対する助言その他の援助を行うことができる。

2　厚生労働大臣は、同一の指定介護老人福祉施設の開設者について二以上の都道府県知事が前項の規定による連絡調整又は援助を行う場合において、当該指定介護老人福祉施設の開設者による第八十八条第五項に規定する便宜の提供が円滑に行われるため必要があると認めるときは、当該都道府県知事相互間の連絡調整又は当該指定介護老人福祉施設の開設者に対する都道府県の区域を超えた広域的な見地からの助言その他の援助を行うことができる。

（報告等）

第九十条　都道府県知事又は市町村長は、必要があると認めるときは、指定介護老人福祉施設若しくは指定介護老人福祉施設の開設者若しくはその長その他の従業者であった者（以下この項において「開設者であった者等」という。）に対し、報告若しくは帳簿書類の提出若しくは提示を命じ、指定介護老人福祉施設の開設者若しくはその長その他の従業者若しくは開設者であった者等に対し出頭を求め、又は当該職員に関係者に対して質問させ、若しくは指定介護老人福祉施設、指定介護老人福祉施設の開設者の事務所その他指定介護老人福祉施設の運営に関係のある場所に立ち入り、その設備若しくは帳簿書類その他の物件を検査させることができる。

2　第二十四条第三項の規定は、前項の規定による質問又は検査について、同条第四項の規定は、前項の規定による権限について準用する。

（指定の辞退）

第九十一条　指定介護老人福祉施設は、一月以上の予告期間を設けて、その指定を辞退することができる。

（勧告、命令等）

第九十一条の二　都道府県知事は、指定介護老人福祉施設が、次の各号に掲げる場合に該当すると認めるときは、当該指定介護老人福祉施設の開設者に対し、期限を定めて、それぞれ当該各号に定める措置をとるべきことを勧告することができる。

一　その行う指定介護福祉施設サービスに従事する従業者の人員について第八十八条第一項の都道府県の条例で定める員数を満たしていない場合　当該都道府県の条例で定める員数を満たすこと。

二　第八十八条第二項に規定する指定介護老人福祉施設の設備及び運営に関する基準に従って適正な指定介護老人福祉施設の運営をしていない場合　当該指定介護老人福祉施設の設備及び運営に関する基準に従って適正な指定介護老人福祉施設の運営をすること。

三　第八十八条第五項に規定する便宜の提供を適正に行っていない場合　当該便宜の提供を適正に行うこと。

2　都道府県知事は、前項の規定による勧告をした場合において、その勧告を受けた指定介護老人福祉施設の開設者が同項の期限内にこれに従わなかったときは、その旨を公表することができる。

3　都道府県知事は、第一項の規定による勧告を受けた指定介護老人福祉施設の開設者が、正当な理由がなくてその勧告に係る措置をとらなかったときは、当該指定介護老人福祉施設の開設者に対し、期限を定めて、その勧告に係る措置をとるべきことを命ずることができる。

4　都道府県知事は、前項の規定による命令をした場合においては、その旨を公示しなければならない。

5　市町村は、保険給付に係る指定介護福祉施設サービスを行った指定介護老人福祉施設について、第一項各号に掲げる場合のいずれかに該当すると認めるときは、その旨を当該指定介護老人福祉施設の所在地の都道府県知事に通知しなければならない。

（指定の取消し等）

第九十二条　都道府県知事は、次の各号のいずれかに該当する場合においては、当該指定介護老人福祉施設に係る第四十八条第一項第一号の指定を取り消し、又は期間を定めてその指定の全部若しくは一部の効力を停止することができる。

一　指定介護老人福祉施設が、第八十六条第二項第三号、第三号の二又は第七号（ハに該当する者があるときを除く。）のいずれかに該当するに至ったとき。

二　指定介護老人福祉施設が、その行う指定介護福祉施設サービスに従事する従業者の人員について、第八十八条第一項の都道府県の条例で定める員数を満たすことができなくなったとき。

三　指定介護老人福祉施設が、第八十八条第二項に規定する指定介護老人福祉施設の設備及び運営に関する基準に従って適正な指定介護老人福祉施設の運営をすることができなくなったとき。

四　指定介護老人福祉施設の開設者が、第八十八条第六項に規定する義務に違反したと認められるとき。

五　第二十八条第五項の規定により調査の委託を受けた場合において、当該調査の結果について虚偽の報告をしたとき。

六　施設介護サービス費の請求に関し不正があったとき。

七　指定介護老人福祉施設が、第九十条第一項の規定により報告又は帳簿書類の提出若しくは提示を命ぜられてこれに従わず、又は虚偽の報告をしたとき。

八　指定介護老人福祉施設の開設者又はその長若しくは従業者が、第九十条第一項の規定により出頭を求められてこれに応ぜず、同項の規定による質問に対して答弁せず、若しくは虚偽の答弁をし、又は同項の規定による検査を拒み、妨げ、若しくは忌避したとき。ただし、当該指定介護老人福祉施設の従業者がその行為をした場合において、その行為を防止するため、当該指定介護老人福祉施設の開設者又はその長が相当の注意及び監督を尽くしたときを除く。

九　指定介護老人福祉施設の開設者が、不正の手段により第四十八条第一項第一号の指定を受けたとき。

十　前各号に掲げる場合のほか、指定介護老人福祉施設の開設者が、この法律その他国民の保健医療若しくは福祉に関する法律で政令で定めるもの又はこれらの法律に基づく命令若しくは処分に違反したとき。

十一　前各号に掲げる場合のほか、指定介護老人福祉施設の開設者が、居宅サービス等に関し不正又は著しく不当な行為をしたとき。

十二　指定介護老人福祉施設の開設者の役員又はその長のうちに、指定の取消し又は指定の全部若しくは一部の効力の停止をしようとするとき前五年以内に居宅サービス等に関し不正又は著しく不当な行為をした者があるとき。

2　市町村は、保険給付に係る指定介護福祉施設サービス又は第二十八条第五項の規定により委託した調査を行った指定介護老人福祉施設について、前項各号のいずれかに該当すると認めるときは、その旨を当該指定介護老人福祉施設の所在地の都道府県知事に通知しなければならない。

第二款　介護老人保健施設

（開設許可）

第九十四条　介護老人保健施設を開設しようとする者は、厚生労働省令で定めるところにより、都道府県知事の許可を受けなければならない。

2　介護老人保健施設を開設した者が、当該介護老人保健施設の入所定員その他厚生労働省令で定める事項を変更しようとするときも、前項と同様とする。

3　都道府県知事は、前二項の許可の申請があった場合において、次の各号（前項の申請にあっては、第二号又は第三号）のいずれかに該当するときは、前二項の許可を与えることができない。

一　当該介護老人保健施設を開設しようと

する者が、地方公共団体、医療法人、社会福祉法人その他厚生労働大臣が定める者でないとき。

二　当該介護老人保健施設が第九十七条第一項に規定する療養室、診察室及び機能訓練室並びに都道府県の条例で定める施設又は同条第二項の厚生労働省令及び都道府県の条例で定める人員を有しないとき。

三　第九十七条第三項に規定する介護老人保健施設の設備及び運営に関する基準に従って適正な介護老人保健施設の運営をすることができないと認められるとき。

四　申請者が、禁錮以上の刑に処せられ、その執行を終わり、又は執行を受けることがなくなるまでの者であるとき。

五　申請者が、この法律その他国民の保健医療若しくは福祉に関する法律で政令で定めるものの規定により罰金の刑に処せられ、その執行を終わり、又は執行を受けることがなくなるまでの者であるとき。

五の二　申請者が、労働に関する法律の規定であって政令で定めるものにより罰金の刑に処せられ、その執行を終わり、又は執行を受けることがなくなるまでの者であるとき。

五の三　申請者が、保険料等について、当該申請をした日の前日までに、納付義務を定めた法律の規定に基づく滞納処分を受け、かつ、当該処分を受けた日から正当な理由なく三月以上の期間にわたり、当該処分を受けた日以降に納期限の到来した保険料等の全てを引き続き滞納している者であるとき。

六　申請者が、第百四条第一項又は第百十五条の三十五第六項の規定により許可を取り消され、その取消しの日から起算して五年を経過しない者（当該許可を取り消された者が法人である場合においては、当該取消しの処分に係る行政手続法第十五条の規定による通知があった日前六十日以内に当該法人の役員又はその開設した介護老人保健施設の管理者であった者で当該取消しの日から起算して五年を経過しないものを含み、当該許可を取り消された者が第一号の厚生労働大臣が定める者のうち法人でないものである場合においては、当該通知があった日前六十日以内に当該者の開設した介護老人保健施設の管理者であった者で当該取消しの日から起算して五年を経過しないものを含む。）であるとき。ただし、当該許可の取消しが、介護老人保健施設の許可の取消しのうち当該許可の取消しの処分の理由となった事実及び当該事実の発生を防止するための当該介護老人保健施設の開設者による業務管理体制の整備についての取組の状況その他の当該事実に関して当該介護老人保健施設の開設者が有していた責任の程度を考慮して、この号本文に規定する許可の取消しに該当しないこととすることが相当であると認められるものとして厚生労働省令で定めるものに該当する場合を除く。

七　申請者が、第百四条第一項又は第百十五条の三十五第六項の規定による許可の取消しの処分に係る行政手続法第十五条の規定による通知があった日から当該処分をする日又は処分をしないことを決定する日までの間に第九十九条第二項の規定による廃止の届出をした者（当該廃止について相当の理由がある者を除く。）で、当該届出の日から起算して五年を経過しないものであるとき。

七の二　申請者が、第百条第一項の規定による検査が行われた日から聴聞決定予定日（当該検査の結果に基づき第百四条第一項の規定による許可の取消しの処分に係る聴聞を行うか否かの決定をすることが見込まれる日として厚生労働省令で定めるところにより都道府県知事が当該申請者に当該検査が行われた日から十日以内に特定の日を通知した場合における当該特定の日をいう。）までの間に第九十九条第二項の規定による廃止の届出をした者（当該廃止について相当の理由がある者を除く。）で、当該届出の日から起算して五年を経過しないものであるとき。

八　第七号に規定する期間内に第九十九条第二項の規定による廃止の届出があった場合において、申請者が、同号の通知の日前六十日以内に当該届出に係る法人（当該廃止について相当の理由がある法人を除く。）の役員若しくはその開設した介護老人保健施設の管理者又は当該届出に係る第一号の厚生労働大臣が定める者のうち法人でないもの（当該廃止について相当の理由がある者を除く。）の開設した介護老人保健施設の管理者であった者で、当該届出の日から起算して五年を経過しないものであるとき。

九　申請者が、許可の申請前五年以内に居宅サービス等に関し不正又は著しく不当な行為をした者であるとき。

十　申請者が、法人で、その役員等のうちに第四号から前号までのいずれかに該当する者のあるものであるとき。

十一　申請者が、第一号の厚生労働大臣が定める者のうち法人でないもので、その事業所を管理する者その他の政令で定める使用人のうちに第四号から第九号までのいずれかに該当する者のあるものであるとき。

4　都道府県知事は、営利を目的として、介護老人保健施設を開設しようとする者に対しては、第一項の許可を与えないことができる。

5　都道府県知事は、第一項の許可又は第二項の許可（入所定員の増加に係るものに限る。以下この項及び次項において同じ。）の申請があった場合において、当該申請に係る施設の所在地を含む区域（第百十八条第二項第一号の規定により当該都道府県が定める区域とする。）における介護老人保健施設の入所定員の総数が、同条第一項の規定により当該都道府県が定める都道府県介護保険事業支援計画において定めるその区域の介護老人保健施設の必要入所定員総数に既に達しているか、又は当該申請に係る施設の開設若しくは入所定員の増加によってこれを超えることになると認めるとき、その他の当該都道府県介護保険事業支援計画の達成に支障を生ずるおそれがあると認めるときは、第一項の許可又は第二項の許可を与えないことができる。

6　都道府県知事は、第一項の許可又は第二項の許可をしようとするときは、関係市町村長に対し、厚生労働省令で定める事項を通知し、相当の期間を指定して、当該関係市町村の第百十七条第一項に規定する市町村介護保険事業計画との調整を図る見地からの意見を求めなければならない。

（許可の更新）

第九十四条の二　前条第一項の許可は、六年ごとにその更新を受けなければ、その期間の経過によって、その効力を失う。

2　前項の更新の申請があった場合において、同項の期間（以下この条において「許可の有効期間」という。）の満了の日までにその申請に対する処分がされないときは、従前の許可は、許可の有効期間の満了後もその処分がされるまでの間は、なおその効力を有する。

3　前項の場合において、許可の更新がされたときは、その許可の有効期間は、従前の許可の有効期間の満了の日の翌日から起算するものとする。

4　前条の規定は、第一項の許可の更新について準用する。

（介護老人保健施設の管理）

第九十五条　介護老人保健施設の開設者は、都道府県知事の承認を受けた医師に当該介護老人保健施設を管理させなければならない。

2　前項の規定にかかわらず、介護老人保健施設の開設者は、都道府県知事の承認を受け、医師以外の者に当該介護老人保健施設を管理させることができる。

（介護老人保健施設の基準）

第九十六条　介護老人保健施設の開設者は、次条第三項に規定する介護老人保健施設の設備及び運営に関する基準に従い、要介護者の心身の状況等に応じて適切な介護保健施設サービスを提供するとともに、自らその提供する介護保健施設サービスの質の評価を行うことその他の措置を講ずることにより常に介護保健施設サービスを受ける者の立場に立ってこれを提供するように努めなければならない。

2　介護老人保健施設の開設者は、介護保健施設サービスを受けようとする被保険者から提示された被保険者証に、認定審査会意見が記載されているときは、当該認定審査会意見に配慮して、当該被保険者に当該介護保健施設サービスを提供するように努めなければならない。

第九十七条　介護老人保健施設は、厚生労働省令で定めるところにより療養室、診察室及び機能訓練室を有するほか、都道府県の条例で定める施設を有しなければならない。

2　介護老人保健施設は、厚生労働省令で定める員数の医師及び看護師のほか、都道府県の条例で定める員数の介護支援専門員及び介護その他の業務に従事する従業者を有しなければならない。

3　前二項に規定するもののほか、介護老人保健施設の設備及び運営に関する基準は、都道府県の条例で定める。

4　都道府県が前三項の条例を定めるに当たっては、次に掲げる事項については厚生労働省令で定める基準に従い定めるものとし、その他の事項については厚生労働省令で定める基準を参酌するものとする。

一　介護支援専門員及び介護その他の業務に従事する従業者並びにそれらの員数

二　介護老人保健施設の運営に関する事項であって、入所する要介護者のサービスの適切な利用、適切な処遇及び安全の確保並びに秘密の保持に密接に関連するものとして厚生労働省令で定めるもの

5　厚生労働大臣は、前項に規定する厚生労働省令で定める基準（介護保健施設サービスの取扱いに関する部分に限る。）を定めようとするときは、あらかじめ社会保障審議会の意見を聴かなければならない。

6　介護老人保健施設の開設者は、第九十九条第二項の規定による廃止又は休止の届出をしたときは、当該届出の日の前日に当該介護保健施設サービスを受けていた者であって、当該廃止又は休止の日以後においても引き続き当該介護保健施設サービスに相当するサービスの提供を希望する者に対し、必要な居宅サービス等が継続的に提供されるよう、他の介護老人保健施設の開設者その他関係者との連絡調整その他の便宜の提供を行わなければならない。

7　介護老人保健施設の開設者は、要介護者の人格を尊重するとともに、この法律又はこの法律に基づく命令を遵守し、要介護者のため忠実にその職務を遂行しなければならない。

（広告制限）

第九十八条　介護老人保健施設に関しては、文書その他いかなる方法によるを問わず、何人も次に掲げる事項を除くほか、これを広告してはならない。

一　介護老人保健施設の名称、電話番号及び所在の場所を表示する事項

二　介護老人保健施設に勤務する医師及び看護師の氏名

三　前二号に掲げる事項のほか、厚生労働大臣の定める事項

四　その他都道府県知事の許可を受けた事項

2　厚生労働大臣は、前項第三号に掲げる事項の広告の方法について、厚生労働省令で定めるところにより、必要な定めをすることができる。

（報告等）

第百条　都道府県知事又は市町村長は、必要があると認めるときは、介護老人保健施設の開設者、介護老人保健施設の管理者若しくは医師その他の従業者（以下「介護老人保健施設の開設者等」という。）に対し報告若しくは診療録その他の帳簿書類の提出若しくは提示を命じ、介護老人保健施設の開設者等に対し出頭を求め、又は当該職員に、介護老人保健施設の開設者等に対して質問させ、若しくは介護老人保健施設、介護老人保健施設の開設者の事務所その他介護老人保健施設の運営に関係のある場所に立ち入り、その設備若しくは診療録、帳簿書類その他の物件を検査させることができる。

2　第二十四条第三項の規定は、前項の規定による質問又は立入検査について、同条第四項の規定は、前項の規定による権限につ

いて準用する。

3　第一項の規定により、介護老人保健施設の開設者等に対し報告若しくは提出若しくは提示を命じ、若しくは出頭を求め、又は当該職員に介護老人保健施設の開設者等に対し質問させ、若しくは介護老人保健施設に立入検査をさせた市町村長は、当該介護老人保健施設につき次条、第百二条第一項、第百三条第三項又は第百四条第一項の規定による処分が行われる必要があると認めるときは、理由を付して、その旨を都道府県知事に通知しなければならない。

（**設備の使用制限等**）

第百一条　都道府県知事は、介護老人保健施設が、第九十七条第一項に規定する療養室、診察室及び機能訓練室並びに都道府県の条例で定める施設を有しなくなったとき、又は同条第三項に規定する介護老人保健施設の設備及び運営に関する基準（設備に関する部分に限る。）に適合しなくなったときは、当該介護老人保健施設の開設者に対し、期間を定めて、その全部若しくは一部の使用を制限し、若しくは禁止し、又は期限を定めて、修繕若しくは改築を命ずることができる。

（**変更命令**）

第百二条　都道府県知事は、介護老人保健施設の管理者が介護老人保健施設の管理者として不適当であると認めるときは、当該介護老人保健施設の開設者に対し、期限を定めて、介護老人保健施設の管理者の変更を命ずることができる。

2　厚生労働大臣は、前項に規定する都道府県知事の権限に属する事務について、介護老人保健施設に入所している者の生命又は身体の安全を確保するため緊急の必要があると認めるときは、都道府県知事に対し同項の事務を行うことを指示することができる。

（**業務運営の勧告、命令等**）

第百三条　都道府県知事は、介護老人保健施設が、次の各号に掲げる場合に該当すると認めるときは、当該介護老人保健施設の開設者に対し、期限を定めて、それぞれ当該各号に定める措置をとるべきことを勧告することができる。

一　その業務に従事する従業者の人員について第九十七条第二項の厚生労働省令又は都道府県の条例で定める員数を満たしていない場合　当該厚生労働省令又は都道府県の条例で定める員数を満たすこと。

二　第九十七条第三項に規定する介護老人保健施設の設備及び運営に関する基準（運営に関する部分に限る。）に適合していない場合　当該介護老人保健施設の設備及び運営に関する基準に適合すること。

三　第九十七条第六項に規定する便宜の提供を適正に行っていない場合　当該便宜の提供を適正に行うこと。

2　都道府県知事は、前項の規定による勧告をした場合において、その勧告を受けた介護老人保健施設の開設者が、同項の期限内にこれに従わなかったときは、その旨を公表することができる。

3　都道府県知事は、第一項の規定による勧告を受けた介護老人保健施設の開設者が、正当な理由がなくてその勧告に係る措置をとらなかったときは、当該介護老人保健施設の開設者に対し、期限を定めて、その勧告に係る措置をとるべきことを命じ、又は期間を定めて、その業務の停止を命ずることができる。

4　都道府県知事は、前項の規定による命令をした場合においては、その旨を公示しなければならない。

5　市町村は、保険給付に係る介護保健施設サービスを行った介護老人保健施設について、第一項各号に掲げる場合のいずれかに該当すると認めるときは、その旨を当該介護老人保健施設の所在地の都道府県知事に通知しなければならない。

（**許可の取消し等**）

第百四条　都道府県知事は、次の各号のいずれかに該当する場合においては、当該介護老人保健施設に係る第九十四条第一項の許可を取り消し、又は期間を定めてその許可の全部若しくは一部の効力を停止することができる。

一　介護老人保健施設の開設者が、第九十

四条第一項の許可を受けた後正当の理由がないのに、六月以上その業務を開始しないとき。

二　介護老人保健施設が、第九十四条第三項第四号から第五号の二まで、第十号（第五号の三に該当する者のあるものであるときを除く。）又は第十一号（第五号の三に該当する者のあるものであるときを除く。）のいずれかに該当するに至ったとき。

三　介護老人保健施設の開設者が、第九十七条第七項に規定する義務に違反したと認められるとき。

四　介護老人保健施設の開設者に犯罪又は医事に関する不正行為があったとき。

五　第二十八条第五項の規定により調査の委託を受けた場合において、当該調査の結果について虚偽の報告をしたとき。

六　施設介護サービス費の請求に関し不正があったとき。

七　介護老人保健施設の開設者等が、第百条第一項の規定により報告又は診療録その他の帳簿書類の提出若しくは提示を命ぜられてこれに従わず、又は虚偽の報告をしたとき。

八　介護老人保健施設の開設者等が、第百条第一項の規定により出頭を求められてこれに応ぜず、同項の規定による質問に対して答弁せず、若しくは虚偽の答弁をし、又は同項の規定による検査を拒み、妨げ、若しくは忌避したとき。ただし、介護老人保健施設の従業者がその行為をした場合において、その行為を防止するため、当該介護老人保健施設の開設者又は管理者が相当の注意及び監督を尽くしたときを除く。

九　前各号に掲げる場合のほか、介護老人保健施設の開設者が、この法律その他国民の保健医療若しくは福祉に関する法律で政令で定めるもの又はこれらの法律に基づく命令若しくは処分に違反したとき。

十　前各号に掲げる場合のほか、介護老人保健施設の開設者が、居宅サービス等に関し不正又は著しく不当な行為をしたとき。

十一　介護老人保健施設の開設者が法人である場合において、その役員又は当該介護老人保健施設の管理者のうちに許可の取消し又は許可の全部若しくは一部の効力の停止をしようとするとき前五年以内に居宅サービス等に関し不正又は著しく不当な行為をした者があるとき。

十二　介護老人保健施設の開設者が第九十四条第三項第一号の厚生労働大臣が定める者のうち法人でないものである場合において、その管理者が許可の取消し又は許可の全部若しくは一部の効力の停止をしようとするとき前五年以内に居宅サービス等に関し不正又は著しく不当な行為をした者であるとき。

2　市町村は、第二十八条第五項の規定により委託した調査又は保険給付に係る介護保健施設サービスを行った介護老人保健施設について、前項各号のいずれかに該当すると認めるときは、その旨を当該介護老人保健施設の所在地の都道府県知事に通知しなければならない。

3　厚生労働大臣は、第一項に規定する都道府県知事の権限に属する事務について、介護老人保健施設に入所している者の生命又は身体の安全を確保するため緊急の必要があると認めるときは、都道府県知事に対し同項の事務を行うことを指示することができる。

（医療法の準用）

第百五条　医療法（昭和二十三年法律第二百五号）第九条第二項の規定は、介護老人保健施設の開設者について、同法第十五条第一項及び第三項の規定は、介護老人保健施設の管理者について、同法第三十条の規定は、第百一条、第百二条第一項、第百三条第三項及び第百四条第一項の規定による処分について準用する。この場合において、これらの規定に関し必要な技術的読替えは、政令で定める。

（医療法との関係等）

第百六条　介護老人保健施設は、医療法にいう病院又は診療所ではない。ただし、同法及びこれに基づく命令以外の法令の規定

（健康保険法、国民健康保険法その他の法令の政令で定める規定を除く。）において「病院」又は「診療所」とあるのは、介護老人保健施設（政令で定める法令の規定にあっては、政令で定めるものを除く。）を含むものとする。

第三款　介護医療院

（開設許可）

第百七条　介護医療院を開設しようとする者は、厚生労働省令で定めるところにより、都道府県知事の許可を受けなければならない。

2　介護医療院を開設した者が、当該介護医療院の入所定員その他厚生労働省令で定める事項を変更しようとするときも、前項と同様とする。

3　都道府県知事は、前二項の許可の申請があった場合において、次の各号（前項の申請にあっては、第二号又は第三号）のいずれかに該当するときは、前二項の許可を与えることができない。

一　当該介護医療院を開設しようとする者が、地方公共団体、医療法人、社会福祉法人その他厚生労働大臣が定める者でないとき。

二　当該介護医療院が第百十一条第一項に規定する療養室、診察室、処置室及び機能訓練室並びに都道府県の条例で定める施設又は同条第二項の厚生労働省令及び都道府県の条例で定める人員を有しないとき。

三　第百十一条第三項に規定する介護医療院の設備及び運営に関する基準に従って適正な介護医療院の運営をすることができないと認められるとき。

四　申請者が、禁錮以上の刑に処せられ、その執行を終わり、又は執行を受けることがなくなるまでの者であるとき。

五　申請者が、この法律その他国民の保健医療若しくは福祉に関する法律で政令で定めるものの規定により罰金の刑に処せられ、その執行を終わり、又は執行を受けることがなくなるまでの者であるとき。

六　申請者が、労働に関する法律の規定であって政令で定めるものにより罰金の刑に処せられ、その執行を終わり、又は執行を受けることがなくなるまでの者であるとき。

七　申請者が、保険料等について、当該申請をした日の前日までに、納付義務を定めた法律の規定に基づく滞納処分を受け、かつ、当該処分を受けた日から正当な理由なく三月以上の期間にわたり、当該処分を受けた日以降に納期限の到来した保険料等の全てを引き続き滞納している者であるとき。

八　申請者が、第百十四条の六第一項又は第百十五条の三十五第六項の規定により許可を取り消され、その取消しの日から起算して五年を経過しない者（当該許可を取り消された者が法人である場合においては、当該取消しの処分に係る行政手続法第十五条の規定による通知があった日前六十日以内に当該法人の役員又はその開設した介護医療院の管理者であった者で当該取消しの日から起算して五年を経過しないものを含み、当該許可を取り消された者が第一号の厚生労働大臣が定める者のうち法人でないものである場合においては、当該通知があった日前六十日以内に当該者の開設した介護医療院の管理者であった者で当該取消しの日から起算して五年を経過しないものを含む。）であるとき。ただし、当該許可の取消しが、介護医療院の許可の取消しのうち当該許可の取消しの処分の理由となった事実及び当該事実の発生を防止するための当該介護医療院の開設者による業務管理体制の整備についての取組の状況その他の当該事実に関して当該介護医療院の開設者が有していた責任の程度を考慮して、この号本文に規定する許可の取消しに該当しないこととすることが相当であると認められるものとして厚生労働省令で定めるものに該当する場合を除く。

九　申請者が、第百十四条の六第一項又は第百十五条の三十五第六項の規定による許可の取消しの処分に係る行政手続法第十五条の規定による通知があった日から当該処分をする日又は処分をしないことを決定する日までの間に第百十三条第二項の規定による廃止の届出をした者（当該廃止について相当の理由がある者を除く。）で、当該届出の日から起算して五年を経過しないものであるとき。

十　申請者が、第百十四条の二第一項の規定による検査が行われた日から聴聞決定予定日（当該検査の結果に基づき第百十四条の六第一項の規定による許可の取消しの処分に係る聴聞を行うか否かの決定をすることが見込まれる日として厚生労働省令で定めるところにより都道府県知事が当該申請者に当該検査が行われた日から十日以内に特定の日を通知した場合における当該特定の日をいう。）までの間に第百十三条第二項の規定による廃止の届出をした者（当該廃止について相当の理由がある者を除く。）で、当該届出の日から起算して五年を経過しないものであるとき。

十一　第九号に規定する期間内に第百十三条第二項の規定による廃止の届出があった場合において、申請者が、同号の通知の日前六十日以内に当該届出に係る法人（当該廃止について相当の理由がある法人を除く。）の役員若しくはその開設した介護医療院の管理者又は当該届出に係る第一号の厚生労働大臣が定める者のうち法人でないもの（当該廃止について相当の理由がある者を除く。）の開設した介護医療院の管理者であった者で、当該届出の日から起算して五年を経過しないものであるとき。

十二　申請者が、許可の申請前五年以内に居宅サービス等に関し不正又は著しく不当な行為をした者であるとき。

十三　申請者が、法人で、その役員等のうちに第四号から前号までのいずれかに該当する者のあるものであるとき。

十四　申請者が、第一号の厚生労働大臣が定める者のうち法人でないもので、その事業所を管理する者その他の政令で定める使用人のうちに第四号から第十二号までのいずれかに該当する者のあるものであるとき。

4　都道府県知事は、営利を目的として、介護医療院を開設しようとする者に対しては、第一項の許可を与えないことができる。

5　都道府県知事は、第一項の許可又は第二項の許可（入所定員の増加に係るものに限る。以下この項及び次項において同じ。）の申請があった場合において、当該申請に係る施設の所在地を含む区域（第百十八条第二項第一号の規定により当該都道府県が定める区域とする。）における介護医療院の入所定員の総数が、同条第一項の規定により当該都道府県が定める都道府県介護保険事業支援計画において定めるその区域の介護医療院の必要入所定員総数に既に達しているか、又は当該申請に係る施設の開設若しくは入所定員の増加によってこれを超えることになると認めるとき、その他の当該都道府県介護保険事業支援計画の達成に支障を生ずるおそれがあると認めるときは、第一項の許可又は第二項の許可を与えないことができる。

6　都道府県知事は、第一項の許可又は第二項の許可をしようとするときは、関係市町村長に対し、厚生労働省令で定める事項を通知し、相当の期間を指定して、当該関係市町村の第百十七条第一項に規定する市町村介護保険事業計画との調整を図る見地からの意見を求めなければならない。

（許可の更新）

第百八条　前条第一項の許可は、六年ごとにその更新を受けなければ、その期間の経過によって、その効力を失う。

2　前項の更新の申請があった場合において、同項の期間（以下この条において「許可の有効期間」という。）の満了の日までにその申請に対する処分がされないときは、従前の許可は、許可の有効期間の満了後もその処分がされるまでの間は、なおその効力を有する。

3　前項の場合において、許可の更新がされたときは、その許可の有効期間は、従前の許可の有効期間の満了の日の翌日から起算するものとする。

4　前条の規定は、第一項の許可の更新について準用する。

（介護医療院の管理）

第百九条　介護医療院の開設者は、都道府県知事の承認を受けた医師に当該介護医療院を管理させなければならない。

2　前項の規定にかかわらず、介護医療院の開設者は、都道府県知事の承認を受け、医師以外の者に当該介護医療院を管理させることができる。

（介護医療院の基準）

第百十条　介護医療院の開設者は、次条第三項に規定する介護医療院の設備及び運営に関する基準に従い、要介護者の心身の状況等に応じて適切な介護医療院サービスを提供するとともに、自らその提供する介護医療院サービスの質の評価を行うことその他の措置を講ずることにより常に介護医療院サービスを受ける者の立場に立ってこれを提供するように努めなければならない。

2　介護医療院の開設者は、介護医療院サービスを受けようとする被保険者から提示された被保険者証に、認定審査会意見が記載されているときは、当該認定審査会意見に配慮して、当該被保険者に当該介護医療院サービスを提供するように努めなければならない。

第百十一条　介護医療院は、厚生労働省令で定めるところにより療養室、診察室、処置室及び機能訓練室を有するほか、都道府県の条例で定める施設を有しなければならない。

2　介護医療院は、厚生労働省令で定める員数の医師及び看護師のほか、都道府県の条例で定める員数の介護支援専門員及び介護その他の業務に従事する従業者を有しなければならない。

3　前二項に規定するもののほか、介護医療院の設備及び運営に関する基準は、都道府県の条例で定める。

4　都道府県が前三項の条例を定めるに当たっては、次に掲げる事項については厚生労働省令で定める基準に従い定めるものとし、その他の事項については厚生労働省令で定める基準を参酌するものとする。

一　介護支援専門員及び介護その他の業務に従事する従業者並びにそれらの員数

二　介護医療院の運営に関する事項であって、入所する要介護者のサービスの適切な利用、適切な処遇及び安全の確保並びに秘密の保持に密接に関連するものとして厚生労働省令で定めるもの

5　厚生労働大臣は、前項に規定する厚生労働省令で定める基準（介護医療院サービスの取扱いに関する部分に限る。）を定めようとするときは、あらかじめ社会保障審議会の意見を聴かなければならない。

6　介護医療院の開設者は、第百十三条第二項の規定による廃止又は休止の届出をしたときは、当該届出の日の前日に当該介護医療院サービスを受けていた者であって、当該廃止又は休止の日以後においても引き続き当該介護医療院サービスに相当するサービスの提供を希望する者に対し、必要な居宅サービス等が継続的に提供されるよう、他の介護医療院の開設者その他関係者との連絡調整その他の便宜の提供を行わなければならない。

7　介護医療院の開設者は、要介護者の人格を尊重するとともに、この法律又はこの法律に基づく命令を遵守し、要介護者のため忠実にその職務を遂行しなければならない。

（広告制限）

第百十二条　介護医療院に関しては、文書その他いかなる方法によるを問わず、何人も次に掲げる事項を除くほか、これを広告してはならない。

一　介護医療院の名称、電話番号及び所在の場所を表示する事項

二　介護医療院に勤務する医師及び看護師の氏名

三　前二号に掲げる事項のほか、厚生労働大臣の定める事項

四　その他都道府県知事の許可を受けた事項

2　厚生労働大臣は、前項第三号に掲げる事項の広告の方法について、厚生労働省令で定めるところにより、必要な定めをすることができる。

（変更の届出等）

第百十三条 介護医療院の開設者は、第百七条第二項の規定による許可に係る事項を除き、当該介護医療院の開設者の住所その他の厚生労働省令で定める事項に変更があったとき、又は休止した当該介護医療院を再開したときは、厚生労働省令で定めるところにより、十日以内に、その旨を都道府県知事に届け出なければならない。

2 介護医療院の開設者は、当該介護医療院を廃止し、又は休止しようとするときは、厚生労働省令で定めるところにより、その廃止又は休止の日の一月前までに、その旨を都道府県知事に届け出なければならない。

（都道府県知事等による連絡調整又は援助）

第百十四条 都道府県知事又は市町村長は、介護医療院の開設者による第百十一条第六項に規定する便宜の提供が円滑に行われるため必要があると認めるときは、当該介護医療院の開設者及び他の介護医療院の開設者その他の関係者相互間の連絡調整又は当該介護医療院の開設者及び当該関係者に対する助言その他の援助を行うことができる。

2 厚生労働大臣は、同一の介護医療院の開設者について二以上の都道府県知事が前項の規定による連絡調整又は援助を行う場合において、当該介護医療院の開設者による第百十一条第六項に規定する便宜の提供が円滑に行われるため必要があると認めるときは、当該都道府県知事相互間の連絡調整又は当該介護医療院の開設者に対する都道府県の区域を超えた広域的な見地からの助言その他の援助を行うことができる。

（報告等）

第百十四条の二 都道府県知事又は市町村長は、必要があると認めるときは、介護医療院の開設者、介護医療院の管理者若しくは医師その他の従業者（以下「介護医療院の開設者等」という。）に対し報告若しくは診療録その他の帳簿書類の提出若しくは提示を命じ、介護医療院の開設者等に対し出頭を求め、又は当該職員に、介護医療院の開設者等に対して質問させ、若しくは介護医療院、介護医療院の開設者の事務所その他介護医療院の運営に関係のある場所に立ち入り、その設備若しくは診療録、帳簿書類その他の物件を検査させることができる。

2 第二十四条第三項の規定は、前項の規定による質問又は立入検査について、同条第四項の規定は、前項の規定による権限について準用する。

3 第一項の規定により、介護医療院の開設者等に対し報告若しくは提出若しくは提示を命じ、若しくは出頭を求め、又は当該職員に介護医療院の開設者等に対し質問させ、若しくは介護医療院に立入検査をさせた市町村長は、当該介護医療院につき次条、第百十四条の四第一項、第百十四条の五第三項又は第百十四条の六第一項の規定による処分が行われる必要があると認めるときは、理由を付して、その旨を都道府県知事に通知しなければならない。

（設備の使用制限等）

第百十四条の三 都道府県知事は、介護医療院が、第百十一条第一項に規定する療養室、診察室、処置室及び機能訓練室並びに都道府県の条例で定める施設を有しなくなったとき、又は同条第三項に規定する介護医療院の設備及び運営に関する基準（設備に関する部分に限る。）に適合しなくなったときは、当該介護医療院の開設者に対し、期間を定めて、その全部若しくは一部の使用を制限し、若しくは禁止し、又は期限を定めて、修繕若しくは改築を命ずることができる。

（変更命令）

第百十四条の四 都道府県知事は、介護医療院の管理者が介護医療院の管理者として不適当であると認めるときは、当該介護医療院の開設者に対し、期限を定めて、介護医療院の管理者の変更を命ずることができる。

2 厚生労働大臣は、前項に規定する都道府県知事の権限に属する事務について、介護医療院に入所している者の生命又は身体の安全を確保するため緊急の必要があると認めるときは、都道府県知事に対し同項の事務を行うことを指示することができる。

（業務運営の勧告、命令等）

第百十四条の五　都道府県知事は、介護医療院が、次の各号に掲げる場合に該当すると認めるときは、当該介護医療院の開設者に対し、期限を定めて、それぞれ当該各号に定める措置をとるべきことを勧告することができる。

一　その業務に従事する従業者の人員について第百十一条第二項の厚生労働省令又は都道府県の条例で定める員数を満たしていない場合　当該厚生労働省令又は都道府県の条例で定める員数を満たすこと。

二　第百十一条第三項に規定する介護医療院の設備及び運営に関する基準（運営に関する部分に限る。）に適合していない場合　当該介護医療院の設備及び運営に関する基準に適合すること。

三　第百十一条第六項に規定する便宜の提供を適正に行っていない場合　当該便宜の提供を適正に行うこと。

2　都道府県知事は、前項の規定による勧告をした場合において、その勧告を受けた介護医療院の開設者が、同項の期限内にこれに従わなかったときは、その旨を公表することができる。

3　都道府県知事は、第一項の規定による勧告を受けた介護医療院の開設者が、正当な理由がなくてその勧告に係る措置をとらなかったときは、当該介護医療院の開設者に対し、期限を定めて、その勧告に係る措置をとるべきことを命じ、又は期間を定めて、その業務の停止を命ずることができる。

4　都道府県知事は、前項の規定による命令をした場合においては、その旨を公示しなければならない。

5　市町村は、保険給付に係る介護医療院サービスを行った介護医療院について、第一項各号に掲げる場合のいずれかに該当すると認めるときは、その旨を当該介護医療院の所在地の都道府県知事に通知しなければならない。

（許可の取消し等）

第百十四条の六　都道府県知事は、次の各号のいずれかに該当する場合においては、当該介護医療院に係る第百七条第一項の許可（以下この条において「許可」という。）を取り消し、又は期間を定めてその許可の全部若しくは一部の効力を停止することができる。

一　介護医療院の開設者が、許可を受けた後正当な理由がなく、六月以上その業務を開始しないとき。

二　介護医療院が、第百七条第三項第四号から第六号まで、第十三号（第七号に該当する者のあるものであるときを除く。）又は第十四号（第七号に該当する者のあるものであるときを除く。）のいずれかに該当するに至ったとき。

三　介護医療院の開設者が、第百十一条第七項に規定する義務に違反したと認められるとき。

四　介護医療院の開設者に犯罪又は医事に関する不正行為があったとき。

五　第二十八条第五項の規定により調査の委託を受けた場合において、当該調査の結果について虚偽の報告をしたとき。

六　施設介護サービス費の請求に関し不正があったとき。

七　介護医療院の開設者等が、第百十四条の二第一項の規定により報告又は診療録その他の帳簿書類の提出若しくは提示を命ぜられてこれに従わず、又は虚偽の報告をしたとき。

八　介護医療院の開設者等が、第百十四条の二第一項の規定により出頭を求められてこれに応ぜず、同項の規定による質問に対して答弁せず、若しくは虚偽の答弁をし、又は同項の規定による検査を拒み、妨げ、若しくは忌避したとき。ただし、介護医療院の従業者がその行為をした場合において、その行為を防止するため、当該介護医療院の開設者又は管理者が相当の注意及び監督を尽くしたときを除く。

九　前各号に掲げる場合のほか、介護医療院の開設者が、この法律その他国民の保健医療若しくは福祉に関する法律で政令で定めるもの又はこれらの法律に基づく命令若しくは処分に違反したとき。

十　前各号に掲げる場合のほか、介護医療院の開設者が、居宅サービス等に関し不正又は著しく不当な行為をしたとき。

十一　介護医療院の開設者が法人である場合において、その役員又は当該介護医療院の管理者のうちに許可の取消し又は許可の全部若しくは一部の効力の停止をしようとするとき前五年以内に居宅サービス等に関し不正又は著しく不当な行為をした者があるとき。

十二　介護医療院の開設者が第百七条第三項第一号の厚生労働大臣が定める者のうち法人でないものである場合において、その管理者が許可の取消し又は許可の全部若しくは一部の効力の停止をしようとするとき前五年以内に居宅サービス等に関し不正又は著しく不当な行為をした者であるとき。

2　市町村は、第二十八条第五項の規定により委託した調査又は保険給付に係る介護医療院サービスを行った介護医療院について、前項各号のいずれかに該当すると認めるときは、その旨を当該介護医療院の所在地の都道府県知事に通知しなければならない。

3　厚生労働大臣は、第一項に規定する都道府県知事の権限に属する事務について、介護医療院に入所している者の生命又は身体の安全を確保するため緊急の必要があると認めるときは、都道府県知事に対し同項の事務を行うことを指示することができる。

（公示）

第百十四条の七　都道府県知事は、次に掲げる場合には、介護医療院の開設者の名称又は氏名、当該介護医療院の所在地その他の厚生労働省令で定める事項を公示しなければならない。

一　第百七条第一項の規定による許可をしたとき。

二　第百十三条第二項の規定による廃止の届出があったとき。

三　前条第一項又は第百十五条の三十五第六項の規定により第百七条第一項の許可を取り消し、又は許可の全部若しくは一部の効力を停止したとき。

（医療法の準用）

第百十四条の八　医療法第九条第二項の規定は、介護医療院の開設者について、同法第十五条第一項及び第三項の規定は、介護医療院の管理者について、同法第三十条の規定は、第百十四条の三、第百十四条の四第一項、第百十四条の五第三項及び第百十四条の六第一項の規定による処分について準用する。この場合において、これらの規定に関し必要な技術的読替えは、政令で定める。

（医療法との関係等）

第百十五条　介護医療院は、医療法にいう病院又は診療所ではない。ただし、同法及びこれに基づく命令以外の法令の規定（健康保険法、国民健康保険法その他の法令の政令で定める規定を除く。）において「病院」又は「診療所」とあるのは、介護医療院（政令で定めるものを除く。）を含むものとする。

2　介護医療院の開設者は、医療法第三条第一項の規定にかかわらず、当該介護医療院の名称中に介護医療院という文字を用いることができる。

第六節　指定介護予防サービス事業者

（指定介護予防サービス事業者の指定）

第百十五条の二　第五十三条第一項本文の指定は、厚生労働省令で定めるところにより、介護予防サービス事業を行う者の申請により、介護予防サービスの種類及び当該介護予防サービスの種類に係る介護予防サービス事業を行う事業所（以下この節において「事業所」という。）ごとに行う。

2　都道府県知事は、前項の申請があった場合において、次の各号（病院等により行われる介護予防居宅療養管理指導又は病院若しくは診療所により行われる介護予防訪問看護、介護予防訪問リハビリテーション、介護予防通所リハビリテーション若しくは介護予防短期入所療養介護に係る指定の申請にあっては、第六号の二、第六号の三、第十号の二及び第十二号を除く。）のいずれかに該当するときは、第五十三条第一項本文の指定をしてはならない。

一　申請者が都道府県の条例で定める者でないとき。

二　当該申請に係る事業所の従業者の知識及び技能並びに人員が、第百十五条の四第一項の都道府県の条例で定める基準及び同項の都道府県の条例で定める員数を満たしていないとき。

三　申請者が、第百十五条の四第二項に規定する指定介護予防サービスに係る介護予防のための効果的な支援の方法に関する基準又は指定介護予防サービスの事業の設備及び運営に関する基準に従って適正な介護予防サービス事業の運営をすることができないと認められるとき。

四　申請者が、禁錮以上の刑に処せられ、その執行を終わり、又は執行を受けることがなくなるまでの者であるとき。

五　申請者が、この法律その他国民の保健医療若しくは福祉に関する法律で政令で定めるものの規定により罰金の刑に処せられ、その執行を終わり、又は執行を受けることがなくなるまでの者であるとき。

五の二　申請者が、労働に関する法律の規定であって政令で定めるものにより罰金の刑に処せられ、その執行を終わり、又は執行を受けることがなくなるまでの者であるとき。

五の三　申請者が、保険料等について、当該申請をした日の前日までに、納付義務を定めた法律の規定に基づく滞納処分を受け、かつ、当該処分を受けた日から正当な理由なく三月以上の期間にわたり、当該処分を受けた日以降に納期限の到来した保険料等の全てを引き続き滞納している者であるとき。

六　申請者（介護予防特定施設入居者生活介護に係る指定の申請者を除く。）が、第百十五条の九第一項又は第百十五条の三十五第六項の規定により指定（介護予防特定施設入居者生活介護に係る指定を除く。）を取り消され、その取消しの日から起算して五年を経過しない者（当該指定を取り消された者が法人である場合においては、当該取消しの処分に係る行政手続法第十五条の規定による通知があった日前六十日以内に当該法人の役員等であった者で当該取消しの日から起算して五年を経過しないものを含み、当該指定を取り消された者が法人でない事業所である場合においては、当該通知があった日前六十日以内に当該事業所の管理者であった者で当該取消しの日から起算して五年を経過しないものを含む。）であるとき。ただし、当該指定の取消しが、指定介護予防サービス事業者の指定の取消しのうち当該指定の取消しの処分の理由となった事実及び当該事実の発生を防止するための当該指定介護予防サービス事業者による業務管理体制の整備についての取組の状況その他の当該事実に関して当該指定介護予防サービス事業者が有していた責任の程度を考慮して、この号本文に規定する指定の取消しに該当しないこととすることが相当であると認められるものとして厚生労働省令で定めるものに該当する場合を除く。

六の二　申請者（介護予防特定施設入居者生活介護に係る指定の申請者に限る。）が、第百十五条の九第一項又は第百十五条の三十五第六項の規定により指定（介護予防特定施設入居者生活介護に係る指定に限る。）を取り消され、その取消しの日から起算して五年を経過しない者（当該指定を取り消された者が法人である場合においては、当該取消しの処分に係る行政手続法第十五条の規定による通知があった日前六十日以内に当該法人の役員等であった者で当該取消しの日から起算して五年を経過しないものを含み、当該指定を取り消された者が法人でない事業所である場合においては、当該通知があった日前六十日以内に当該事業所の管理者であった者で当該取消しの日から起算して五年を経過しないものを含む。）であるとき。ただし、当該指定の取消しが、指定介護予防サービス事業者の指定の取消しのうち当該指定の取消しの処分

高齢者福祉

の理由となった事実及び当該事実の発生を防止するための当該指定介護予防サービス事業者による業務管理体制の整備についての取組の状況その他の当該事実に関して当該指定介護予防サービス事業者が有していた責任の程度を考慮して、この号本文に規定する指定の取消しに該当しないこととすることが相当であると認められるものとして厚生労働省令で定めるものに該当する場合を除く。

六の三　申請者と密接な関係を有する者が、第百十五条の九第一項又は第百十五条の三十五第六項の規定により指定を取り消され、その取消しの日から起算して五年を経過していないとき。ただし、当該指定の取消しが、指定介護予防サービス事業者の指定の取消しのうち当該指定の取消しの処分の理由となった事実及び当該事実の発生を防止するための当該指定介護予防サービス事業者による業務管理体制の整備についての取組の状況その他の当該事実に関して当該指定介護予防サービス事業者が有していた責任の程度を考慮して、この号本文に規定する指定の取消しに該当しないこととすることが相当であると認められるものとして厚生労働省令で定めるものに該当する場合を除く。

七　申請者が、第百十五条の九第一項又は第百十五条の三十五第六項の規定による指定の取消しの処分に係る行政手続法第十五条の規定による通知があった日から当該処分をする日又は処分をしないことを決定する日までの間に第百十五条の五第二項の規定による事業の廃止の届出をした者（当該事業の廃止について相当の理由がある者を除く。）で、当該届出の日から起算して五年を経過しないものであるとき。

七の二　申請者が、第百十五条の七第一項の規定による検査が行われた日から聴聞決定予定日（当該検査の結果に基づき第百十五条の九第一項の規定による指定の取消しの処分に係る聴聞を行うか否かの決定をすることが見込まれる日として厚生労働省令で定めるところにより都道府県知事が当該申請者に当該検査が行われた日から十日以内に特定の日を通知した場合における当該特定の日をいう。）までの間に第百十五条の五第二項の規定による事業の廃止の届出をした者（当該事業の廃止について相当の理由がある者を除く。）で、当該届出の日から起算して五年を経過しないものであるとき。

八　第七号に規定する期間内に第百十五条の五第二項の規定による事業の廃止の届出があった場合において、申請者が、同号の通知の日前六十日以内に当該届出に係る法人（当該事業の廃止について相当の理由がある法人を除く。）の役員等又は当該届出に係る法人でない事業所（当該事業の廃止について相当の理由があるものを除く。）の管理者であった者で、当該届出の日から起算して五年を経過しないものであるとき。

九　申請者が、指定の申請前五年以内に居宅サービス等に関し不正又は著しく不当な行為をした者であるとき。

十　申請者（介護予防特定施設入居者生活介護に係る指定の申請者を除く。）が、法人で、その役員等のうちに第四号から第六号まで又は第七号から前号までのいずれかに該当する者のあるものであるとき。

十の二　申請者（介護予防特定施設入居者生活介護に係る指定の申請者に限る。）が、法人で、その役員等のうちに第四号から第五号の三まで、第六号の二又は第七号から第九号までのいずれかに該当する者のあるものであるとき。

十一　申請者（介護予防特定施設入居者生活介護に係る指定の申請者を除く。）が、法人でない事業所で、その管理者が第四号から第六号まで又は第七号から第九号までのいずれかに該当する者であるとき。

十二　申請者（介護予防特定施設入居者生活介護に係る指定の申請者に限る。）が、法人でない事業所で、その管理者が第四号から第五号の三まで、第六号の二又は第七号から第九号までのいずれかに該当する者であるとき。

3　都道府県が前項第一号の条例を定めるに当たっては、厚生労働省令で定める基準に従い定めるものとする。

4　関係市町村長は、厚生労働省令で定めるところにより、都道府県知事に対し、第五十三条第一項本文の指定について、当該指定をしようとするときは、あらかじめ、当該関係市町村長にその旨を通知するよう求めることができる。この場合において、当該都道府県知事は、その求めに応じなければならない。

5　関係市町村長は、前項の規定による通知を受けたときは、厚生労働省令で定めるところにより、第五十三条第一項本文の指定に関し、都道府県知事に対し、当該関係市町村の第百十七条第一項に規定する市町村介護保険事業計画との調整を図る見地からの意見を申し出ることができる。

6　都道府県知事は、前項の意見を勘案し、第五十三条第一項本文の指定を行うに当たって、当該事業の適正な運営を確保するために必要と認める条件を付することができる。

（**共生型介護予防サービス事業者の特例**）

第百十五条の二の二　介護予防短期入所生活介護その他厚生労働省令で定める介護予防サービスに係る事業所について、児童福祉法第二十一条の五の三第一項の指定（当該事業所により行われる介護予防サービスの種類に応じて厚生労働省令で定める種類の障害児通所支援に係るものに限る。）又は障害者総合支援法第二十九条第一項の指定障害福祉サービス事業者の指定（当該事業所により行われる介護予防サービスの種類に応じて厚生労働省令で定める種類の障害福祉サービスに係るものに限る。）を受けている者から当該事業所に係る前条第一項（第百十五条の十一において準用する第七十条の二第四項において準用する場合を含む。）の申請があった場合において、次の各号のいずれにも該当するときにおける前条第二項（第百十五条の十一において準用する第七十条の二第四項において準用する場合を含む。以下この項において同じ。）の規定の適用については、前条第二項第二号中「第百十五条の四第一項の」とあるのは「次条第一項第一号の指定介護予防サービスに従事する従業者に係る」と、「同項」とあるのは「同号」と、同項第三号中「第百十五条の四第二項」とあるのは「次条第一項第二号」とする。ただし、申請者が、厚生労働省令で定めるところにより、別段の申出をしたときは、この限りでない。

一　当該申請に係る事業所の従業者の知識及び技能並びに人員が、指定介護予防サービスに従事する従業者に係る都道府県の条例で定める基準及び都道府県の条例で定める員数を満たしていること。

二　申請者が、都道府県の条例で定める指定介護予防サービスに係る介護予防のための効果的な支援の方法に関する基準及び指定介護予防サービスの事業の設備及び運営に関する基準に従って適正な介護予防サービス事業の運営をすることができると認められること。

2　都道府県が前項各号の条例を定めるに当たっては、第一号から第三号までに掲げる事項については厚生労働省令で定める基準に従い定めるものとし、第四号に掲げる事項については厚生労働省令で定める基準を標準として定めるものとし、その他の事項については厚生労働省令で定める基準を参酌するものとする。

一　指定介護予防サービスに従事する従業者に係る基準及び当該従業者の員数

二　指定介護予防サービスの事業に係る居室の床面積

三　指定介護予防サービスの事業の運営に関する事項であって、利用する要支援者のサービスの適切な利用、適切な処遇及び安全の確保並びに秘密の保持等に密接に関連するものとして厚生労働省令で定めるもの

四　指定介護予防サービスの事業に係る利用定員

3　厚生労働大臣は、前項に規定する厚生労働省令で定める基準（指定介護予防サービスの取扱いに関する部分に限る。）を定め

ようとするときは、あらかじめ社会保障審議会の意見を聴かなければならない。

4　第一項の場合において、同項に規定する者が同項の申請に係る第五十三条第一項本文の指定を受けたときは、その者に対しては、第百十五条の四第二項から第四項までの規定は適用せず、次の表の上欄に掲げる規定の適用については、これらの規定中同表の中欄に掲げる字句は、それぞれ同表の下欄に掲げる字句とする。

第五十三条第六項	第百十五条の四第二項	第百十五条の二の二第一項第二号
第百十五条の三第一項	次条第二項	前条第一項第二号
第百十五条の四第一項	都道府県の条例で定める基準に従い	第百十五条の二の二第一項第一号の指定介護予防サービスに従事する従業者に係る都道府県の条例で定める基準に従い同号の
第百十五条の八第一項第二号	第百十五条の四第一項の	第百十五条の二の二第一項第一号の指定介護予防サービスに従事する従業者に係る
	同項	同号
第百十五条の八第一項第三号	第百十五条の四第二項	第百十五条の二の二第一項第二号
第百十五条の九第一項第三号	第百十五条の四第一項の	第百十五条の二の二第一項第一号の指定介護予防サービスに従事する従業者に係る
	同項	同号
第百十五条の九第一項第四号	第百十五条の四第二項	第百十五条の二の二第一項第二号

5　第一項に規定する者であって、同項の申請に係る第五十三条第一項本文の指定を受けたものから、児童福祉法第二十一条の五の三第一項に規定する指定通所支援の事業（当該指定に係る事業所において行うものに限る。）について同法第二十一条の五の二十第四項の規定による事業の廃止若しくは休止の届出があったとき又は障害者総合支援法第二十九条第一項に規定する指定障害福祉サービスの事業（当該指定に係る事業所において行うものに限る。）について障害者総合支援法第四十六条第二項の規定による事業の廃止若しくは休止の届出があったときは、当該指定に係る指定介護予防サービスの事業について、第百十五条の五第二項の規定による事業の廃止又は休止の届出があったものとみなす。

（指定介護予防サービスの事業の基準）

第百十五条の三　指定介護予防サービス事業者は、次条第二項に規定する指定介護予防サービスに係る介護予防のための効果的な支援の方法に関する基準及び指定介護予防サービスの事業の設備及び運営に関する基準に従い、要支援者の心身の状況等に応じて適切な指定介護予防サービスを提供するとともに、自らその提供する指定介護予防サービスの質の評価を行うことその他の措置を講ずることにより常に指定介護予防サービスを受ける者の立場に立ってこれを提供するように努めなければならない。

2　指定介護予防サービス事業者は、指定介護予防サービスを受けようとする被保険者から提示された被保険者証に、認定審査会意見が記載されているときは、当該認定審査会意見に配慮して、当該被保険者に当該指定介護予防サービスを提供するように努めなければならない。

第百十五条の四　指定介護予防サービス事業者は、当該指定に係る事業所ごとに、都道府県の条例で定める基準に従い都道府県の条例で定める員数の当該指定介護予防サービスに従事する従業者を有しなければならない。

2　前項に規定するもののほか、指定介護予防サービスに係る介護予防のための効果的な支援の方法に関する基準及び指定介護予防サービスの事業の設備及び運営に関する基準は、都道府県の条例で定める。

3　都道府県が前二項の条例を定めるに当たっては、第一号から第三号までに掲げる事項については厚生労働省令で定める基準に従い定めるものとし、第四号に掲げる事項については厚生労働省令で定める基準を標準として定めるものとし、その他の事項については厚生労働省令で定める基準を参酌するものとする。

一　指定介護予防サービスに従事する従業者に係る基準及び当該従業者の員数

二　指定介護予防サービスの事業に係る居室、療養室及び病室の床面積

三　指定介護予防サービスの事業の運営に関する事項であって、利用する要支援者のサービスの適切な利用、適切な処遇及び安全の確保並びに秘密の保持等に密接に関連するものとして厚生労働省令で定めるもの

四　指定介護予防サービスの事業に係る利用定員

4　厚生労働大臣は、前項に規定する厚生労働省令で定める基準（指定介護予防サービスの取扱いに関する部分に限る。）を定めようとするときは、あらかじめ社会保障審議会の意見を聴かなければならない。

5　指定介護予防サービス事業者は、次条第二項の規定による事業の廃止又は休止の届出をしたときは、当該届出の日前一月以内に当該指定介護予防サービスを受けていた者であって、当該事業の廃止又は休止の日以後においても引き続き当該指定介護予防サービスに相当するサービスの提供を希望する者に対し、必要な居宅サービス等が継続的に提供されるよう、指定介護予防支援事業者、他の指定介護予防サービス事業者その他関係者との連絡調整その他の便宜の提供を行わなければならない。

6　指定介護予防サービス事業者は、要支援者の人格を尊重するとともに、この法律又はこの法律に基づく命令を遵守し、要支援者のため忠実にその職務を遂行しなければならない。

（変更の届出等）

第百十五条の五　指定介護予防サービス事業者は、当該指定に係る事業所の名称及び所在地その他厚生労働省令で定める事項に変更があったとき、又は休止した当該指定介護予防サービスの事業を再開したときは、厚生労働省令で定めるところにより、十日以内に、その旨を都道府県知事に届け出なければならない。

2　指定介護予防サービス事業者は、当該指定介護予防サービスの事業を廃止し、又は休止しようとするときは、厚生労働省令で定めるところにより、その廃止又は休止の日の一月前までに、その旨を都道府県知事に届け出なければならない。

（都道府県知事等による連絡調整又は援助）

第百十五条の六　都道府県知事又は市町村長は、指定介護予防サービス事業者による第百十五条の四第五項に規定する便宜の提供が円滑に行われるため必要があると認めるときは、当該指定介護予防サービス事業者、他の指定介護予防支援事業者、他の指定介護予防サービス事業者その他の関係者相互間の連絡調整又は当該指定介護予防サービス事業者及び当該関係者に対する助言その他の援助を行うことができる。

2　厚生労働大臣は、同一の指定介護予防サービス事業者について二以上の都道府県知事が前項の規定による連絡調整又は援助を行う場合において、当該指定介護予防サービス事業者による第百十五条の四第五項に規定する便宜の提供が円滑に行われるため必要があると認めるときは、当該都道府県知事相互間の連絡調整又は当該指定介護予防サービス事業者に対する都道府県の区域を超えた広域的な見地からの助言その他の援助を行うことができる。

（報告等）

第百十五条の七　都道府県知事又は市町村長は、介護予防サービス費の支給に関して必

要があると認めるときは、指定介護予防サービス事業者若しくは指定介護予防サービス事業者であった者若しくは当該指定に係る事業所の従業者であった者（以下この項において「指定介護予防サービス事業者であった者等」という。）に対し、報告若しくは帳簿書類の提出若しくは提示を命じ、指定介護予防サービス事業者若しくは当該指定に係る事業所の従業者若しくは指定介護予防サービス事業者であった者等に対し出頭を求め、又は当該職員に関係者に対して質問させ、若しくは当該指定介護予防サービス事業者の当該指定に係る事業所、事務所その他指定介護予防サービスの事業に関係のある場所に立ち入り、その設備若しくは帳簿書類その他の物件を検査させることができる。

2　第二十四条第三項の規定は前項の規定による質問又は検査について、同条第四項の規定は前項の規定による権限について準用する。

（**勧告、命令等**）

第百十五条の八　都道府県知事は、指定介護予防サービス事業者が、次の各号に掲げる場合に該当すると認めるときは、当該指定介護予防サービス事業者に対し、期限を定めて、それぞれ当該各号に定める措置をとるべきことを勧告することができる。

一　第百十五条の二第六項の規定により当該指定を行うに当たって付された条件に従わない場合　当該条件に従うこと。

二　当該指定に係る事業所の従業者の知識若しくは技能又は人員について第百十五条の四第一項の都道府県の条例で定める基準又は同項の都道府県の条例で定める員数を満たしていない場合　当該都道府県の条例で定める基準又は当該都道府県の条例で定める員数を満たすこと。

三　第百十五条の四第二項に規定する指定介護予防サービスに係る介護予防のための効果的な支援の方法に関する基準又は指定介護予防サービスの事業の設備及び運営に関する基準に従って適正な指定介護予防サービスの事業の運営をしていない場合　当該指定介護予防サービスに係る介護予防のための効果的な支援の方法に関する基準又は指定介護予防サービスの事業の設備及び運営に関する基準に従って適正な指定介護予防サービスの事業の運営をすること。

四　第百十五条の四第五項に規定する便宜の提供を適正に行っていない場合　当該便宜の提供を適正に行うこと。

2　都道府県知事は、前項の規定による勧告をした場合において、その勧告を受けた指定介護予防サービス事業者が同項の期限内にこれに従わなかったときは、その旨を公表することができる。

3　都道府県知事は、第一項の規定による勧告を受けた指定介護予防サービス事業者が、正当な理由がなくてその勧告に係る措置をとらなかったときは、当該指定介護予防サービス事業者に対し、期限を定めて、その勧告に係る措置をとるべきことを命ずることができる。

4　都道府県知事は、前項の規定による命令をした場合においては、その旨を公示しなければならない。

5　市町村は、保険給付に係る指定介護予防サービスを行った指定介護予防サービス事業者について、第一項各号に掲げる場合のいずれかに該当すると認めるときは、その旨を当該指定に係る事業所の所在地の都道府県知事に通知しなければならない。

（**指定の取消し等**）

第百十五条の九　都道府県知事は、次の各号のいずれかに該当する場合においては、当該指定介護予防サービス事業者に係る第五十三条第一項本文の指定を取り消し、又は期間を定めてその指定の全部若しくは一部の効力を停止することができる。

一　指定介護予防サービス事業者が、第百十五条の二第二項第四号から第五号の二まで、第十号（第五号の三に該当する者のあるものであるときを除く。）、第十号の二（第五号の三に該当する者のあるものであるときを除く。）、第十一号（第五号の三に該当する者であるときを除く。）又は第十二号（第五号の三に該当する者であるときを除く。）のいずれかに該当するに至ったとき。

二　指定介護予防サービス事業者が、第百十五条の二第六項の規定により当該指定を行うに当たって付された条件に違反したと認められるとき。

三　指定介護予防サービス事業者が、当該指定に係る事業所の従業者の知識若しくは技能又は人員について、第百十五条の四第一項の都道府県の条例で定める基準又は同項の都道府県の条例で定める員数を満たすことができなくなったとき。

四　指定介護予防サービス事業者が、第百十五条の四第二項に規定する指定介護予防サービスに係る介護予防のための効果的な支援の方法に関する基準又は指定介護予防サービスの事業の設備及び運営に関する基準に従って適正な介護予防サービスの事業の運営をすることができなくなったとき。

五　指定介護予防サービス事業者が、第百十五条の四第六項に規定する義務に違反したと認められるとき。

六　介護予防サービス費の請求に関し不正があったとき。

七　指定介護予防サービス事業者が、第百十五条の七第一項の規定により報告又は帳簿書類の提出若しくは提示を命ぜられてこれに従わず、又は虚偽の報告をしたとき。

八　指定介護予防サービス事業者又は当該指定に係る事業所の従業者が、第百十五条の七第一項の規定により出頭を求められてこれに応ぜず、同項の規定による質問に対して答弁せず、若しくは虚偽の答弁をし、又は同項の規定による検査を拒み、妨げ、若しくは忌避したとき。ただし、当該指定に係る事業所の従業者がその行為をした場合において、その行為を防止するため、当該指定介護予防サービス事業者が相当の注意及び監督を尽くしたときを除く。

九　指定介護予防サービス事業者が、不正の手段により第五十三条第一項本文の指定を受けたとき。

十　前各号に掲げる場合のほか、指定介護予防サービス事業者が、この法律その他国民の保健医療若しくは福祉に関する法律で政令で定めるもの又はこれらの法律に基づく命令若しくは処分に違反したとき。

十一　前各号に掲げる場合のほか、指定介護予防サービス事業者が、居宅サービス等に関し不正又は著しく不当な行為をしたとき。

十二　指定介護予防サービス事業者が法人である場合において、その役員等のうちに指定の取消し又は指定の全部若しくは一部の効力の停止をしようとするとき前五年以内に居宅サービス等に関し不正又は著しく不当な行為をした者があるとき。

十三　指定介護予防サービス事業者が法人でない事業所である場合において、その管理者が指定の取消し又は指定の全部若しくは一部の効力の停止をしようとするとき前五年以内に居宅サービス等に関し不正又は著しく不当な行為をした者であるとき。

2　市町村は、保険給付に係る指定介護予防サービスを行った指定介護予防サービス事業者について、前項各号のいずれかに該当すると認めるときは、その旨を当該指定に係る事業所の所在地の都道府県知事に通知しなければならない。

第七節　指定地域密着型介護予防サービス事業者

（指定地域密着型介護予防サービス事業者の指定）

第百十五条の十二　第五十四条の二第一項本文の指定は、厚生労働省令で定めるところにより、地域密着型介護予防サービス事業を行う者の申請により、地域密着型介護予防サービスの種類及び当該地域密着型介護予防サービスの種類に係る地域密着型介護予防サービス事業を行う事業所（以下この節において「事業所」という。）ごとに行い、当該指定をする市町村長がその長である市町村が行う介護保険の被保険者（特定地域密着型介護予防サービスに係る指定にあっては、当該市町村の区域内に所在する住所地特例対象施設に入所等をしている住所地特例適用居宅要支援被保険者を含む。）に対する地域密着型介護予防サービス費及び特例地域密着型介護予防サービス費の支給について、その効力を有する。

2　市町村長は、前項の申請があった場合において、次の各号のいずれかに該当するときは、第五十四条の二第一項本文の指定をしてはならない。

一　申請者が市町村の条例で定める者でないとき。

二　当該申請に係る事業所の従業者の知識及び技能並びに人員が、第百十五条の十四第一項の市町村の条例で定める基準若しくは同項の市町村の条例で定める員数又は同条第五項に規定する指定地域密着型介護予防サービスに従事する従業者に関する基準を満たしていないとき。

三　申請者が、第百十五条の十四第二項又は第五項に規定する指定地域密着型介護予防サービスに係る介護予防のための効果的な支援の方法に関する基準又は指定地域密着型介護予防サービスの事業の設備及び運営に関する基準に従って適正な地域密着型介護予防サービス事業の運営をすることができないと認められるとき。

四　当該申請に係る事業所が当該市町村の区域の外にある場合であって、その所在地の市町村長の同意を得ていないとき。

四の二　申請者が、禁錮以上の刑に処せられ、その執行を終わり、又は執行を受けることがなくなるまでの者であるとき。

五　申請者が、この法律その他国民の保健医療若しくは福祉に関する法律で政令で定めるものの規定により罰金の刑に処せられ、その執行を終わり、又は執行を受けることがなくなるまでの者であるとき。

五の二　申請者が、労働に関する法律の規定であって政令で定めるものにより罰金の刑に処せられ、その執行を終わり、又は執行を受けることがなくなるまでの者であるとき。

五の三　申請者が、保険料等について、当該申請をした日の前日までに、納付義務を定めた法律の規定に基づく滞納処分を受け、かつ、当該処分を受けた日から正当な理由なく三月以上の期間にわたり、当該処分を受けた日以降に納期限の到来した保険料等の全てを引き続き滞納している者であるとき。

六　申請者（介護予防認知症対応型共同生活介護に係る指定の申請者を除く。）が、第百十五条の十九（第二号から第五号までを除く。）の規定により指定（介護予防認知症対応型共同生活介護に係る指定を除く。）を取り消され、その取消しの日から起算して五年を経過しない者（当該指定を取り消された者が法人である場合においては、当該取消しの処分に係る行政手続法第十五条の規定による通知があった日前六十日以内に当該法人の役員等であった者で当該取消しの日から起算して五年を経過しないものを含み、当該指定を取り消された者が法人でない事業所である場合においては、当該通知があった日前六十日以内に当該事業所の管理者であった者で当該取消しの日から起算して五年を経過しないものを含む。）であるとき。ただし、当該指定の取消しが、指定地域密着型介護予防サービス事業者の指定の取消しのうち当該指定の取消しの処分の理由となった事実及び当該事実の発生を防止するための当該指定地域密着型介護予防サービス事業者による業務管理体制の整備についての取組の状況その他の当該事実に関して当該指定地域密着型介護予防サービス事業者が有していた責任の程度を考慮して、この号本文に規定する指定の取消しに該当しないこととすることが相当であると認められるものとして厚生労働省令で定めるものに該当する場合を除く。

六の二　申請者（介護予防認知症対応型共同生活介護に係る指定の申請者に限る。）が、第百十五条の十九（第二号から第五号までを除く。）の規定により指定（介護予防認知症対応型共同生活介護に係る

高齢者福祉

指定に限る。）を取り消され、その取消しの日から起算して五年を経過しない者（当該指定を取り消された者が法人である場合においては、当該取消しの処分に係る行政手続法第十五条の規定による通知があった日前六十日以内に当該法人の役員等であった者で当該取消しの日から起算して五年を経過しないものを含み、当該指定を取り消された者が法人でない事業所である場合においては、当該通知があった日前六十日以内に当該事業所の管理者であった者で当該取消しの日から起算して五年を経過しないものを含む。）であるとき。ただし、当該指定の取消しが、指定地域密着型介護予防サービス事業者の指定の取消しのうち当該指定の取消しの処分の理由となった事実及び当該事実の発生を防止するための当該指定地域密着型介護予防サービス事業者による業務管理体制の整備についての取組の状況その他の当該事実に関して当該指定地域密着型介護予防サービス事業者が有していた責任の程度を考慮して、この号本文に規定する指定の取消しに該当しないこととすることが相当であると認められるものとして厚生労働省令で定めるものに該当する場合を除く。

六の三　申請者と密接な関係を有する者が、第百十五条の十九（第二号から第五号までを除く。）の規定により指定を取り消され、その取消しの日から起算して五年を経過していないとき。ただし、当該指定の取消しが、指定地域密着型介護予防サービス事業者の指定の取消しのうち当該指定の取消しの処分の理由となった事実及び当該事実の発生を防止するための当該指定地域密着型介護予防サービス事業者による業務管理体制の整備についての取組の状況その他の当該事実に関して当該指定地域密着型介護予防サービス事業者が有していた責任の程度を考慮して、この号本文に規定する指定の取消しに該当しないこととすることが相当であると認められるものとして厚生労働省令で定めるものに該当する場合を除く。

七　申請者が、第百十五条の十九（第二号から第五号までを除く。）の規定による指定の取消しの処分に係る行政手続法第十五条の規定による通知があった日から当該処分をする日又は処分をしないことを決定する日までの間に第百十五条の十五第二項の規定による事業の廃止の届出をした者（当該事業の廃止について相当の理由がある者を除く。）で、当該届出の日から起算して五年を経過しないものであるとき。

七の二　前号に規定する期間内に第百十五条の十五第二項の規定による事業の廃止の届出があった場合において、申請者が、同号の通知の日前六十日以内に当該届出に係る法人（当該事業の廃止について相当の理由がある法人を除く。）の役員等又は当該届出に係る法人でない事業所（当該事業の廃止について相当の理由があるものを除く。）の管理者であった者で、当該届出の日から起算して五年を経過しないものであるとき。

八　申請者が、指定の申請前五年以内に居宅サービス等に関し不正又は著しく不当な行為をした者であるとき。

九　申請者（介護予防認知症対応型共同生活介護に係る指定の申請者を除く。）が、法人で、その役員等のうちに第四号の二から第六号まで又は前三号のいずれかに該当する者のあるものであるとき。

十　申請者（介護予防認知症対応型共同生活介護に係る指定の申請者に限る。）が、法人で、その役員等のうちに第四号の二から第五号の三まで、第六号の二又は第七号から第八号までのいずれかに該当する者のあるものであるとき。

十一　申請者（介護予防認知症対応型共同生活介護に係る指定の申請者を除く。）が、法人でない事業所で、その管理者が第四号の二から第六号まで又は第七号から第八号までのいずれかに該当する者であるとき。

十二　申請者（介護予防認知症対応型共同生活介護に係る指定の申請者に限る。）が、法人でない事業所で、その管理者が第四号の二から第五号の三まで、第六号の二又は第七号から第八号までのいずれかに該当する者であるとき。

3　市町村が前項第一号の条例を定めるに当たっては、厚生労働省令で定める基準に従い定めるものとする。

4　市町村長は、第一項の申請があった場合において、次の各号のいずれかに該当するときは、第五十四条の二第一項本文の指定をしないことができる。

一　申請者（介護予防認知症対応型共同生活介護に係る指定の申請者を除く。）が、第百十五条の十九第二号から第五号までの規定により指定（介護予防認知症対応型共同生活介護に係る指定を除く。）を取り消され、その取消しの日から起算して五年を経過しない者（当該指定を取り消された者が法人である場合においては、当該取消しの処分に係る行政手続法第十五条の規定による通知があった日前六十日以内に当該法人の役員等であった者で当該取消しの日から起算して五年を経過しないものを含み、当該指定を取り消された者が法人でない事業所である場合においては、当該通知があった日前六十日以内に当該事業所の管理者であった者で当該取消しの日から起算して五年を経過しないものを含む。）であるとき。

一の二　申請者（介護予防認知症対応型共同生活介護に係る指定の申請者に限る。）が、第百十五条の十九第二号から第五号までの規定により指定（介護予防認知症対応型共同生活介護に係る指定に限る。）を取り消され、その取消しの日から起算して五年を経過しない者（当該指定を取り消された者が法人である場合においては、当該取消しの処分に係る行政手続法第十五条の規定による通知があった日前六十日以内に当該法人の役員等であった者で当該取消しの日から起算して五年を経過しないものを含み、当該指定を取り消された者が法人でない事業所である場合においては、当該通知があった日前六十日以内に当該事業所の管理者であった者で当該取消しの日から起算して五年を経過しないものを含む。）であるとき。

一の三　申請者と密接な関係を有する者が、第百十五条の十九第二号から第五号までの規定により指定を取り消され、その取消しの日から起算して五年を経過していないとき。

二　申請者が、第百十五条の十九第二号から第五号までの規定による指定の取消しの処分に係る行政手続法第十五条の規定による通知があった日から当該処分をする日又は処分をしないことを決定する日までの間に第百十五条の十五第二項の規定による事業の廃止の届出をした者（当該事業の廃止について相当の理由がある者を除く。）で、当該届出の日から起算して五年を経過しないものであるとき。

二の二　申請者が、第百十五条の十七第一項の規定による検査が行われた日から聴聞決定予定日（当該検査の結果に基づき第百十五条の十九の規定による指定の取消しの処分に係る聴聞を行うか否かの決定をすることが見込まれる日として厚生労働省令で定めるところにより市町村長が当該申請者に当該検査が行われた日から十日以内に特定の日を通知した場合における当該特定の日をいう。）までの間に第百十五条の十五第二項の規定による事業の廃止の届出をした者（当該事業の廃止について相当の理由がある者を除く。）で、当該届出の日から起算して五年を経過しないものであるとき。

二の三　第二号に規定する期間内に第百十五条の十五第二項の規定による事業の廃止の届出があった場合において、申請者が、同号の通知の日前六十日以内に当該届出に係る法人（当該事業の廃止について相当の理由がある法人を除く。）の役員等又は当該届出に係る法人でない事業所（当該事業の廃止について相当の理由があるものを除く。）の管理者であった者で、当該届出の日から起算して五年を経過しないものであるとき。

三　申請者（介護予防認知症対応型共同生活介護に係る指定の申請者を除く。）が、法人で、その役員等のうちに第一号又は前三号のいずれかに該当する者のあるものであるとき。

四　申請者（介護予防認知症対応型共同生活介護に係る指定の申請者に限る。）が、法人で、その役員等のうちに第一号の二又は第二号から第二号の三までのいずれかに該当する者のあるものであるとき。

五　申請者（介護予防認知症対応型共同生活介護に係る指定の申請者を除く。）が、法人でない事業所で、その管理者が第一号又は第二号から第二号の三までのいずれかに該当する者であるとき。

六　申請者（介護予防認知症対応型共同生活介護に係る指定の申請者に限る。）が、法人でない事業所で、その管理者が第一号の二又は第二号から第二号の三までのいずれかに該当する者であるとき。

5　市町村長は、第五十四条の二第一項本文の指定を行おうとするときは、あらかじめ、当該市町村が行う介護保険の被保険者その他の関係者の意見を反映させるために必要な措置を講ずるよう努めなければならない。

6　市町村長は、第五十四条の二第一項本文の指定を行うに当たって、当該事業の適正な運営を確保するために必要と認める条件を付することができる。

7　第七十八条の二第九項から第十一項までの規定は、第五十四条の二第一項本文の指定について準用する。この場合において、これらの規定に関し必要な技術的読替えは、政令で定める。

（共生型地域密着型介護予防サービス事業者の特例）

第百十五条の十二の二　厚生労働省令で定める地域密着型介護予防サービスに係る事業所について、児童福祉法第二十一条の五の三第一項の指定（当該事業所により行われる地域密着型介護予防サービスの種類に応じて厚生労働省令で定める種類の障害児通所支援に係るものに限る。）又は障害者総合支援法第二十九条第一項の指定障害福祉サービス事業者の指定（当該事業所により行われる地域密着型介護予防サービスの種類に応じて厚生労働省令で定める種類の障害福祉サービスに係るものに限る。）を受けている者から当該事業所に係る前条第一項（第百十五条の二十一において準用する場合を含む。）の申請があった場合において、次の各号のいずれにも該当するときにおける前条第二項（第百十五条の二十一において準用する場合を含む。以下この項において同じ。）の規定の適用については、前条第二項第二号中「第百十五条の十四第一項の」とあるのは「次条第一項第一号の指定地域密着型介護予防サービスに従事する従業者に係る」と、「若しくは同項」とあるのは「又は同号」と、「員数又は同条第五項に規定する指定地域密着型介護予防サービスに従事する従業者に関する基準」とあるのは「員数」と、同項第三号中「第百十五条の十四第二項又は第五項」とあるのは「次条第一項第二号」とする。ただし、申請者が、厚生労働省令で定めるところにより、別段の申出をしたときは、この限りでない。

一　当該申請に係る事業所の従業者の知識及び技能並びに人員が、指定地域密着型介護予防サービスに従事する従業者に係る市町村の条例で定める基準及び市町村の条例で定める員数を満たしていること。

二　申請者が、市町村の条例で定める指定地域密着型介護予防サービスに係る介護予防のための効果的な支援の方法に関する基準並びに指定地域密着型介護予防サービスの事業の設備及び運営に関する基準に従って適正な地域密着型介護予防サービス事業の運営をすることができると認められること。

2　市町村が前項各号の条例を定めるに当たっては、第一号から第四号までに掲げる事項については厚生労働省令で定める基準に従い定めるものとし、第五号に掲げる事項については厚生労働省令で定める基準を標準として定めるものとし、その他の事項については厚生労働省令で定める基準を参酌するものとする。

一　指定地域密着型介護予防サービスに従

事する従業者に係る基準及び当該従業者の員数

二　指定地域密着型介護予防サービスの事業に係る居室の床面積

三　介護予防小規模多機能型居宅介護及び介護予防認知症対応型通所介護の事業に係る利用定員

四　指定地域密着型介護予防サービスの事業の運営に関する事項であって、利用する要支援者のサービスの適切な利用、適切な処遇及び安全の確保並びに秘密の保持に密接に関連するものとして厚生労働省令で定めるもの

五　指定地域密着型介護予防サービスの事業（第三号に規定する事業を除く。）に係る利用定員

3　厚生労働大臣は、前項に規定する厚生労働省令で定める基準（指定地域密着型介護予防サービスの取扱いに関する部分に限る。）を定めようとするときは、あらかじめ社会保障審議会の意見を聴かなければならない。

4　第一項の場合において、同項に規定する者が同項の申請に係る第五十四条の二第一項本文の指定を受けたときは、その者に対しては、第百十五条の十四第二項から第六項までの規定は適用せず、次の表の上欄に掲げる規定の適用については、これらの規定中同表の中欄に掲げる字句は、それぞれ同表の下欄に掲げる字句とする。

第五十四条の二第八項	第百十五条の十四第二項又は第五項	第百十五条の十二の二第一項第二号
第百十五条の十三第一項	次条第二項又は第五項	前条第一項第二号
第百十五条の十四第一項	市町村の条例で定める基準に従い	第百十五条の十二の二第一項第一号の指定地域密着型介護予防サービスに従事する従業者に係る市町村の条例で定める基準に従い同号の
第百十五条の十八第一項第二号	第百十五条の十四第一項の	第百十五条の十二の二第一項第一号の指定地域密着型介護予防サービスに従事する従業者に係る
	若しくは同項	又は同号
	員数又は同条第五項に規定する指定地域密着型介護予防サービスに従事する従業者に関する基準	員数
	若しくは当該市町村	又は当該市町村
	員数又は当該指定地域密着型介護予防サービスに従事する従業者に関する基準	員数
第百十五条の十八第一項第三号	第百十五条の十四第二項又は第五項	第百十五条の十二の二第一項第二号
第百十五条の十九第四号	第百十五条の十四第一項の	第百十五条の十二の二第一項第一号の指定地域密着型介護予防サービスに従事す

高齢者福祉

		る従業者に係る
	若しくは同項	又は同号
	員数又は同条第五項に規定する指定地域密着型介護予防サービスに従事する従業者に関する基準	員数
第百十五条の十九第五号	第百十五条の十四第二項又は第五項	第百十五条の十二の二第一項第二号

5　第一項に規定する者であって、同項の申請に係る第五十四条の二第一項本文の指定を受けたものは、児童福祉法第二十一条の五の三第一項に規定する指定通所支援の事業（当該指定に係る事業所において行うものに限る。）又は障害者総合支援法第二十九条第一項に規定する指定障害福祉サービスの事業（当該指定に係る事業所において行うものに限る。）を廃止し、又は休止しようとするときは、厚生労働省令で定めるところにより、その廃止又は休止の日の一月前までに、その旨を当該指定を行った市町村長に届け出なければならない。この場合において、当該届出があったときは、当該指定に係る指定地域密着型介護予防サービスの事業について、第百十五条の十五第二項の規定による事業の廃止又は休止の届出があったものとみなす。

（指定地域密着型介護予防サービスの事業の基準）

第百十五条の十三　指定地域密着型介護予防サービス事業者は、次条第二項又は第五項に規定する指定地域密着型介護予防サービスに係る介護予防のための効果的な支援の方法に関する基準及び指定地域密着型介護予防サービスの事業の設備及び運営に関する基準に従い、要支援者の心身の状況等に応じて適切な指定地域密着型介護予防サービスを提供するとともに、自らその提供する指定地域密着型介護予防サービスの質の評価を行うことその他の措置を講ずることにより常に指定地域密着型介護予防サービスを受ける者の立場に立ってこれを提供するように努めなければならない。

2　指定地域密着型介護予防サービス事業者は、指定地域密着型介護予防サービスを受けようとする被保険者から提示された被保険者証に、認定審査会意見が記載されているときは、当該認定審査会意見に配慮して、当該被保険者に当該指定地域密着型介護予防サービスを提供するように努めなければならない。

第百十五条の十四　指定地域密着型介護予防サービス事業者は、当該指定に係る事業所ごとに、市町村の条例で定める基準に従い市町村の条例で定める員数の当該指定地域密着型介護予防サービスに従事する従業者を有しなければならない。

2　前項に規定するもののほか、指定地域密着型介護予防サービスに係る介護予防のための効果的な支援の方法に関する基準及び指定地域密着型介護予防サービスの事業の設備及び運営に関する基準は、市町村の条例で定める。

3　市町村が前二項の条例を定めるに当たっては、第一号から第四号までに掲げる事項については厚生労働省令で定める基準に従い定めるものとし、第五号に掲げる事項については厚生労働省令で定める基準を標準として定めるものとし、その他の事項については厚生労働省令で定める基準を参酌するものとする。

一　指定地域密着型介護予防サービスに従事する従業者に係る基準及び当該従業者の員数

二　指定地域密着型介護予防サービスの事業に係る居室の床面積

三　介護予防小規模多機能型居宅介護及び介護予防認知症対応型通所介護の事業に係る利用定員

四　指定地域密着型介護予防サービスの事

業の運営に関する事項であって、利用する要支援者のサービスの適切な利用、適切な処遇及び安全の確保並びに秘密の保持に密接に関連するものとして厚生労働省令で定めるもの

五　指定地域密着型介護予防サービスの事業（第三号に規定する事業を除く。）に係る利用定員

4　厚生労働大臣は、前項に規定する厚生労働省令で定める基準（指定地域密着型介護予防サービスの取扱いに関する部分に限る。）を定めようとするときは、あらかじめ社会保障審議会の意見を聴かなければならない。

5　市町村は、第三項の規定にかかわらず、同項第一号から第四号までに掲げる事項については、厚生労働省令で定める範囲内で、当該市町村における指定地域密着型介護予防サービスに従事する従業者に関する基準並びに指定地域密着型介護予防サービスに係る介護予防のための効果的な支援の方法に関する基準及び指定地域密着型介護予防サービスの事業の設備及び運営に関する基準を定めることができる。

6　市町村は、前項の当該市町村における指定地域密着型介護予防サービスに従事する従業者に関する基準並びに指定地域密着型介護予防サービスに係る介護予防のための効果的な支援の方法に関する基準及び指定地域密着型介護予防サービスの事業の設備及び運営に関する基準を定めようとするときは、あらかじめ、当該市町村が行う介護保険の被保険者その他の関係者の意見を反映させ、及び学識経験を有する者の知見の活用を図るために必要な措置を講じなければならない。

7　指定地域密着型介護予防サービス事業者は、次条第二項の規定による事業の廃止又は休止の届出をしたときは、当該届出の日前一月以内に当該指定地域密着型介護予防サービスを受けていた者であって、当該事業の廃止又は休止の日以後においても引き続き当該指定地域密着型介護予防サービスに相当するサービスの提供を希望する者に対し、必要な居宅サービス等が継続的に提供されるよう、指定介護予防支援事業者、他の指定地域密着型介護予防サービス事業者その他関係者との連絡調整その他の便宜の提供を行わなければならない。

8　指定地域密着型介護予防サービス事業者は、要支援者の人格を尊重するとともに、この法律又はこの法律に基づく命令を遵守し、要支援者のため忠実にその職務を遂行しなければならない。

（変更の届出等）

第百十五条の十五　指定地域密着型介護予防サービス事業者は、当該指定に係る事業所の名称及び所在地その他厚生労働省令で定める事項に変更があったとき、又は休止した当該指定地域密着型介護予防サービスの事業を再開したときは、厚生労働省令で定めるところにより、十日以内に、その旨を市町村長に届け出なければならない。

2　指定地域密着型介護予防サービス事業者は、当該指定地域密着型介護予防サービスの事業を廃止し、又は休止しようとするときは、厚生労働省令で定めるところにより、その廃止又は休止の日の一月前までに、その旨を市町村長に届け出なければならない。

（市町村長等による連絡調整又は援助）

第百十五条の十六　市町村長は、指定地域密着型介護予防サービス事業者による第百十五条の十四第七項に規定する便宜の提供が円滑に行われるため必要があると認めるときは、当該指定地域密着型介護予防サービス事業者及び指定介護予防支援事業者、他の指定地域密着型介護予防サービス事業者その他の関係者相互間の連絡調整又は当該指定地域密着型介護予防サービス事業者及び当該関係者に対する助言その他の援助を行うことができる。

2　都道府県知事は、同一の指定地域密着型介護予防サービス事業者について二以上の市町村長が前項の規定による連絡調整又は援助を行う場合において、当該指定地域密着型介護予防サービス事業者による第百十五条の十四第七項に規定する便宜の提供が円滑に行われるため必要があると認めるときは、当該市町村長相互間の連絡調整又は

当該指定地域密着型介護予防サービス事業者に対する市町村の区域を超えた広域的な見地からの助言その他の援助を行うことができる。

3　厚生労働大臣は、同一の指定地域密着型介護予防サービス事業者について二以上の都道府県知事が前項の規定による連絡調整又は援助を行う場合において、当該指定地域密着型介護予防サービス事業者による第百十五条の十四第七項に規定する便宜の提供が円滑に行われるため必要があると認めるときは、当該都道府県知事相互間の連絡調整又は当該指定地域密着型介護予防サービス事業者に対する都道府県の区域を超えた広域的な見地からの助言その他の援助を行うことができる。

（報告等）

第百十五条の十七　市町村長は、地域密着型介護予防サービス費の支給に関して必要があると認めるときは、指定地域密着型介護予防サービス事業者若しくは指定地域密着型介護予防サービス事業者であった者若しくは当該指定に係る事業所の従業者であった者（以下この項において「指定地域密着型介護予防サービス事業者であった者等」という。）に対し、報告若しくは帳簿書類の提出若しくは提示を命じ、指定地域密着型介護予防サービス事業者若しくは当該指定に係る事業所の従業者若しくは指定地域密着型介護予防サービス事業者であった者等に対し出頭を求め、又は当該職員に関係者に対して質問させ、若しくは当該指定地域密着型介護予防サービス事業者の当該指定に係る事業所、事務所その他指定地域密着型介護予防サービスの事業に関係のある場所に立ち入り、その設備若しくは帳簿書類その他の物件を検査させることができる。

2　第二十四条第三項の規定は前項の規定による質問又は検査について、同条第四項の規定は前項の規定による権限について準用する。

（勧告、命令等）

第百十五条の十八　市町村長は、指定地域密着型介護予防サービス事業者が、次の各号に掲げる場合に該当すると認めるときは、当該指定地域密着型介護予防サービス事業者に対し、期限を定めて、それぞれ当該各号に定める措置をとるべきことを勧告することができる。

一　第百十五条の十二第六項の規定により当該指定を行うに当たって付された条件に従わない場合　当該条件に従うこと。

二　当該指定に係る事業所の従業者の知識若しくは技能又は人員について第百十五条の十四第一項の市町村の条例で定める基準若しくは同項の市町村の条例で定める員数又は同条第五項に規定する指定地域密着型介護予防サービスに従事する従業者に関する基準を満たしていない場合　当該市町村の条例で定める基準若しくは当該市町村の条例で定める員数又は当該指定地域密着型介護予防サービスに従事する従業者に関する基準を満たすこと。

三　第百十五条の十四第二項又は第五項に規定する指定地域密着型介護予防サービスに係る介護予防のための効果的な支援の方法に関する基準又は指定地域密着型介護予防サービスの事業の設備及び運営に関する基準に従って適正な指定地域密着型介護予防サービスの事業の運営をしていない場合　当該指定地域密着型介護予防サービスに係る介護予防のための効果的な支援の方法に関する基準又は指定地域密着型介護予防サービスの事業の設備及び運営に関する基準に従って適正な指定地域密着型介護予防サービスの事業の運営をすること。

四　第百十五条の十四第七項に規定する便宜の提供を適正に行っていない場合　当該便宜の提供を適正に行うこと。

2　市町村長は、前項の規定による勧告をした場合において、その勧告を受けた指定地域密着型介護予防サービス事業者が同項の期限内にこれに従わなかったときは、その旨を公表することができる。

3　市町村長は、第一項の規定による勧告を受けた指定地域密着型介護予防サービス事業者が、正当な理由がなくてその勧告に係る措置をとらなかったときは、当該指定地域密着型介護予防サービス事業者に対し、期限を定めて、その勧告に係る措置をとるべきことを命ずることができる。

4 市町村長は、前項の規定による命令をした場合においては、その旨を公示しなければならない。

（指定の取消し等）

第百十五条の十九 市町村長は、次の各号のいずれかに該当する場合においては、当該指定地域密着型介護予防サービス事業者に係る第五十四条の二第一項本文の指定を取り消し、又は期間を定めてその指定の全部若しくは一部の効力を停止することができる。

一 指定地域密着型介護予防サービス事業者が、第百十五条の十二第二項第四号の二から第五号の二まで、第九号（第五号の三に該当する者のあるものであるときを除く。）、第十号（第五号の三に該当する者のあるものであるときを除く。）、第十一号（第五号の三に該当する者であるときを除く。）又は第十二号（第五号の三に該当する者であるときを除く。）のいずれかに該当するに至ったとき。

二 指定地域密着型介護予防サービス事業者が、第百十五条の十二第四項第三号から第六号までのいずれかに該当するに至ったとき。

三 指定地域密着型介護予防サービス事業者が、第百十五条の十二第六項の規定により当該指定を行うに当たって付された条件に違反したと認められるとき。

四 指定地域密着型介護予防サービス事業者が、当該指定に係る事業所の従業者の知識若しくは技能又は人員について、第百十五条の十四第一項の市町村の条例で定める基準若しくは同項の市町村の条例で定める員数又は同条第五項に規定する指定地域密着型介護予防サービスに従事する従業者に関する基準を満たすことができなくなったとき。

五 指定地域密着型介護予防サービス事業者が、第百十五条の十四第二項又は第五項に規定する指定地域密着型介護予防サービスに係る介護予防のための効果的な支援の方法に関する基準又は指定地域密着型介護予防サービスの事業の設備及び運営に関する基準に従って適正な指定地域密着型介護予防サービスの事業の運営をすることができなくなったとき。

六 指定地域密着型介護予防サービス事業者が、第百十五条の十四第八項に規定する義務に違反したと認められるとき。

七 地域密着型介護予防サービス費の請求に関し不正があったとき。

八 指定地域密着型介護予防サービス事業者が、第百十五条の十七第一項の規定により報告又は帳簿書類の提出若しくは提示を命ぜられてこれに従わず、又は虚偽の報告をしたとき。

九 指定地域密着型介護予防サービス事業者又は当該指定に係る事業所の従業者が、第百十五条の十七第一項の規定により出頭を求められてこれに応ぜず、同項の規定による質問に対して答弁せず、若しくは虚偽の答弁をし、又は同項の規定による検査を拒み、妨げ、若しくは忌避したとき。ただし、当該指定に係る事業所の従業者がその行為をした場合において、その行為を防止するため、当該指定地域密着型介護予防サービス事業者が相当の注意及び監督を尽くしたときを除く。

十 指定地域密着型介護予防サービス事業者が、不正の手段により第五十四条の二第一項本文の指定を受けたとき。

十一 前各号に掲げる場合のほか、指定地域密着型介護予防サービス事業者が、この法律その他国民の保健医療若しくは福祉に関する法律で政令で定めるもの又はこれらの法律に基づく命令若しくは処分に違反したとき。

十二 前各号に掲げる場合のほか、指定地域密着型介護予防サービス事業者が、居宅サービス等に関し不正又は著しく不当な行為をしたとき。

十三 指定地域密着型介護予防サービス事業者が法人である場合において、その役員等のうちに指定の取消し又は指定の全

高齢者福祉

部若しくは一部の効力の停止をしようとするとき前五年以内に居宅サービス等に関し不正又は著しく不当な行為をした者があるとき。

十四　指定地域密着型介護予防サービス事業者が法人でない事業所である場合において、その管理者が指定の取消し又は指定の全部若しくは一部の効力の停止をしようとするとき前五年以内に居宅サービス等に関し不正又は著しく不当な行為をした者であるとき。

第八節　指定介護予防支援事業者

（指定介護予防支援事業者の指定）

第百十五条の二十二　第五十八条第一項の指定は、厚生労働省令で定めるところにより、第百十五条の四十六第一項に規定する地域包括支援センターの設置者の申請により、介護予防支援事業を行う事業所（以下この節において「事業所」という。）ごとに行い、当該指定をする市町村長がその長である市町村が行う介護保険の被保険者（当該市町村が行う介護保険の住所地特例適用居宅要支援被保険者を除き、当該市町村の区域内に所在する住所地特例対象施設に入所等をしている住所地特例適用居宅要支援被保険者を含む。）に対する介護予防サービス計画費及び特例介護予防サービス計画費の支給について、その効力を有する。

2　市町村長は、前項の申請があった場合において、次の各号のいずれかに該当するときは、第五十八条第一項の指定をしてはならない。

一　申請者が市町村の条例で定める者でないとき。

二　当該申請に係る事業所の従業者の知識及び技能並びに人員が、第百十五条の二十四第一項の市町村の条例で定める基準及び同項の市町村の条例で定める員数を満たしていないとき。

三　申請者が、第百十五条の二十四第二項に規定する指定介護予防支援に係る介護予防のための効果的な支援の方法に関する基準又は指定介護予防支援の事業の運営に関する基準に従って適正な介護予防支援事業の運営をすることができないと認められるとき。

三の二　申請者が、禁錮以上の刑に処せられ、その執行を終わり、又は執行を受けることがなくなるまでの者であるとき。

四　申請者が、この法律その他国民の保健医療若しくは福祉に関する法律で政令で定めるものの規定により罰金の刑に処せられ、その執行を終わり、又は執行を受けることがなくなるまでの者であるとき。

四の二　申請者が、労働に関する法律の規定であって政令で定めるものにより罰金の刑に処せられ、その執行を終わり、又は執行を受けることがなくなるまでの者であるとき。

四の三　申請者が、保険料等について、当該申請をした日の前日までに、納付義務を定めた法律の規定に基づく滞納処分を受け、かつ、当該処分を受けた日から正当な理由なく三月以上の期間にわたり、当該処分を受けた日以降に納期限の到来した保険料等の全てを引き続き滞納している者であるとき。

五　申請者が、第百十五条の二十九の規定により指定を取り消され、その取消しの日から起算して五年を経過しない者（当該指定を取り消された者が法人である場合においては、当該取消しの処分に係る行政手続法第十五条の規定による通知があった日前六十日以内に当該法人の役員等であった者で当該取消しの日から起算して五年を経過しないものを含み、当該指定を取り消された者が法人でない事業所である場合においては、当該通知があった日前六十日以内に当該事業所の管理者であった者で当該取消しの日から起算して五年を経過しないものを含む。）であるとき。ただし、当該指定の取消しが、指定介護予防支援事業者の指定の取消しのうち当該指定の取消しの処分の理由となった事実及び当該事実の発生を防止するための当該指定介護予防支援事業者による業務管理体制の整備についての取組の状況その他の当該事実に関して当該指定介護予防支援事業者が有していた責任の程度を考慮して、この号本文に規定する指定の取消しに該当しないこととすることが相当であると認められるものとして厚生労働省令で定めるものに該当する場合を除く。

五の二　申請者と密接な関係を有する者が、第百十五条の二十九の規定により指定を取り消され、その取消しの日から起算して五年を経過していないとき。ただし、当該指定の取消しが、指定介護予防支援事業者の指定の取消しのうち当該指定の取消しの処分の理由となった事実及び当該事実の発生を防止するための当該指定介護予防支援事業者による業務管理体制の整備についての取組の状況その他の当該事実に関して当該指定介護予防支援事業者が有していた責任の程度を考慮して、この号本文に規定する指定の取消しに該当しないこととすることが相当であると認められるものとして厚生労働省令で定めるものに該当する場合を除く。

六　申請者が、第百十五条の二十九の規定による指定の取消しの処分に係る行政手続法第十五条の規定による通知があった日から当該処分をする日又は処分をしないことを決定する日までの間に第百十五条の二十五第二項の規定による事業の廃止の届出をした者（当該事業の廃止について相当の理由がある者を除く。）で、当該届出の日から起算して五年を経過しないものであるとき。

六の二　申請者が、第百十五条の二十七第一項の規定による検査が行われた日から聴聞決定予定日（当該検査の結果に基づき第百十五条の二十九の規定による指定の取消しの処分に係る聴聞を行うか否かの決定をすることが見込まれる日として厚生労働省令で定めるところにより市町村長が当該申請者に当該検査が行われた日から十日以内に特定の日を通知した場合における当該特定の日をいう。）までの間に第百十五条の二十五第二項の規定による事業の廃止の届出をした者（当該事業の廃止について相当の理由がある者を除く。）で、当該届出の日から起算して五年を経過しないものであるとき。

六の三　第六号に規定する期間内に第百十五条の二十五第二項の規定による事業の廃止の届出があった場合において、申請者が、同号の通知の日前六十日以内に当該届出に係る法人（当該事業の廃止について相当の理由がある法人を除く。）の役員等又は当該届出に係る法人でない事業所（当該事業の廃止について相当の理由があるものを除く。）の管理者であった者で、当該届出の日から起算して五年を経過しないものであるとき。

七　申請者が、指定の申請前五年以内に居宅サービス等に関し不正又は著しく不当な行為をした者であるとき。

八　申請者が、法人で、その役員等のうちに第三号の二から第五号まで又は第六号から前号までのいずれかに該当する者のあるものであるとき。

九　申請者が、法人でない事業所で、その管理者が第三号の二から第五号まで又は第六号から第七号までのいずれかに該当する者であるとき。

3　市町村が前項第一号の条例を定めるに当たっては、厚生労働省令で定める基準に従い定めるものとする。

4　市町村長は、第五十八条第一項の指定を行おうとするときは、あらかじめ、当該市町村が行う介護保険の被保険者その他の関係者の意見を反映させるために必要な措置を講じなければならない。

（**指定介護予防支援の事業の基準**）

第百十五条の二十三　指定介護予防支援事業者は、次条第二項に規定する指定介護予防支援に係る介護予防のための効果的な支援の方法に関する基準及び指定介護予防支援の事業の運営に関する基準に従い、要支援者の心身の状況等に応じて適切な指定介護予防支援を提供するとともに、自らその提供する指定介護予防支援の質の評価を行うことその他の措置を講ずることにより常に指定介護予防支援を受ける者の立場に立ってこれを提供するように努めなければならない。

高齢者福祉

2　指定介護予防支援事業者は、指定介護予防支援を受けようとする被保険者から提示された被保険者証に、認定審査会意見が記載されているときは、当該認定審査会意見に配慮して、当該被保険者に当該指定介護予防支援を提供するように努めなければならない。

3　指定介護予防支援事業者は、厚生労働省令で定めるところにより、指定介護予防支援の一部を、厚生労働省令で定める者に委託することができる。

第百十五条の二十四　指定介護予防支援事業者は、当該指定に係る事業所ごとに、市町村の条例で定める基準に従い市町村の条例で定める員数の当該指定介護予防支援に従事する従業者を有しなければならない。

2　前項に規定するもののほか、指定介護予防支援に係る介護予防のための効果的な支援の方法に関する基準及び指定介護予防支援の事業の運営に関する基準は、市町村の条例で定める。

3　市町村が前二項の条例を定めるに当たっては、次に掲げる事項については厚生労働省令で定める基準に従い定めるものとし、その他の事項については厚生労働省令で定める基準を参酌するものとする。

一　指定介護予防支援に従事する従業者に係る基準及び当該従業者の員数

二　指定介護予防支援の事業の運営に関する事項であって、利用する要支援者のサービスの適切な利用、適切な処遇及び安全の確保並びに秘密の保持等に密接に関連するものとして厚生労働省令で定めるもの

4　厚生労働大臣は、前項に規定する厚生労働省令で定める基準（指定介護予防支援の取扱いに関する部分に限る。）を定めようとするときは、あらかじめ社会保障審議会の意見を聴かなければならない。

5　指定介護予防支援事業者は、次条第二項の規定による事業の廃止又は休止の届出をしたときは、当該届出の日前一月以内に当該指定介護予防支援を受けていた者であって、当該事業の廃止又は休止の日以後においても引き続き当該指定介護予防支援に相当するサービスの提供を希望する者に対し、必要な居宅サービス等が継続的に提供されるよう、他の指定介護予防支援事業者その他関係者との連絡調整その他の便宜の提供を行わなければならない。

6　指定介護予防支援事業者は、要支援者の人格を尊重するとともに、この法律又はこの法律に基づく命令を遵守し、要支援者のため忠実にその職務を遂行しなければならない。

（変更の届出等）

第百十五条の二十五　指定介護予防支援事業者は、当該指定に係る事業所の名称及び所在地その他厚生労働省令で定める事項に変更があったとき、又は休止した当該指定介護予防支援の事業を再開したときは、厚生労働省令で定めるところにより、十日以内に、その旨を市町村長に届け出なければならない。

2　指定介護予防支援事業者は、当該指定介護予防支援の事業を廃止し、又は休止しようとするときは、厚生労働省令で定めるところにより、その廃止又は休止の日の一月前までに、その旨を市町村長に届け出なければならない。

（市町村長等による連絡調整又は援助）

第百十五条の二十六　市町村長は、指定介護予防支援事業者による第百十五条の二十四第五項に規定する便宜の提供が円滑に行われるため必要があると認めるときは、当該指定介護予防支援事業者及び他の指定介護予防支援事業者その他の関係者相互間の連絡調整又は当該指定介護予防支援事業者及び当該関係者に対する助言その他の援助を行うことができる。

2　都道府県知事は、同一の指定介護予防支援事業者について二以上の市町村長が前項の規定による連絡調整又は援助を行う場合において、当該指定介護予防支援事業者による第百十五条の二十四第四項に規定する便宜の提供が円滑に行われるため必要があると認めるときは、当該市町村長相互間の連絡調整又は当該指定介護予防支援事業者に対する市町村の区域を超えた広域的な見地からの助言その他の援助を行うことができ

きる。

3　厚生労働大臣は、同一の指定介護予防支援事業者について二以上の都道府県知事が前項の規定による連絡調整又は援助を行う場合において、当該指定介護予防支援事業者による第百十五条の二十四第四項に規定する便宜の提供が円滑に行われるため必要があると認めるときは、当該都道府県知事相互間の連絡調整又は当該指定介護予防支援事業者に対する都道府県の区域を超えた広域的な見地からの助言その他の援助を行うことができる。

（報告等）

第百十五条の二十七　市町村長は、必要があると認めるときは、指定介護予防支援事業者若しくは指定介護予防支援事業者であった者若しくは当該指定に係る事業所の従業者であった者（以下この項において「指定介護予防支援事業者であった者等」という。）に対し、報告若しくは帳簿書類の提出若しくは提示を命じ、指定介護予防支援事業者若しくは当該指定に係る事業所の従業者若しくは指定介護予防支援事業者であった者等に対し出頭を求め、又は当該職員に関係者に対して質問させ、若しくは当該指定介護予防支援事業者の当該指定に係る事業所、事務所その他指定介護予防支援の事業に関係のある場所に立ち入り、その帳簿書類その他の物件を検査させることができる。

2　第二十四条第三項の規定は前項の規定による質問又は検査について、同条第四項の規定は前項の規定による権限について準用する。

（勧告、命令等）

第百十五条の二十八　市町村長は、指定介護予防支援事業者が、次の各号に掲げる場合に該当すると認めるときは、当該指定介護予防支援事業者に対し、期限を定めて、それぞれ当該各号に定める措置をとるべきことを勧告することができる。

一　当該指定に係る事業所の従業者の知識若しくは技能又は人員について第百十五条の二十四第一項の市町村の条例で定める基準又は同項の市町村の条例で定める員数を満たしていない場合　当該市町村の条例で定める基準又は当該市町村の条例で定める員数を満たすこと。

二　第百十五条の二十四第二項に規定する指定介護予防支援に係る介護予防のための効果的な支援の方法に関する基準又は指定介護予防支援の事業の運営に関する基準に従って適正な指定介護予防支援の事業の運営をしていない場合　当該指定介護予防支援に係る介護予防のための効果的な支援の方法に関する基準又は指定介護予防支援の事業の運営に関する基準に従って適正な指定介護予防支援の事業の運営をすること。

三　第百十五条の二十四第五項に規定する便宜の提供を適正に行っていない場合　当該便宜の提供を適正に行うこと。

2　市町村長は、前項の規定による勧告をした場合において、その勧告を受けた指定介護予防支援事業者が同項の期限内にこれに従わなかったときは、その旨を公表することができる。

3　市町村長は、第一項の規定による勧告を受けた指定介護予防支援事業者が、正当な理由がなくてその勧告に係る措置をとらなかったときは、当該指定介護予防支援事業者に対し、期限を定めて、その勧告に係る措置をとるべきことを命ずることができる。

4　市町村長は、前項の規定による命令をした場合においては、その旨を公示しなければならない。

（指定の取消し等）

第百十五条の二十九　市町村長は、次の各号のいずれかに該当する場合においては、当該指定介護予防支援事業者に係る第五十八条第一項の指定を取り消し、又は期間を定めてその指定の全部若しくは一部の効力を停止することができる。

一　指定介護予防支援事業者が、第百十五条の二十二第二項第三号の二から第四号の二まで、第八号（同項第四号の三に該当する者のあるものであるときを除く。）又は第九号（同項第四号の三に該当する者であるときを除く。）のいずれかに該当するに至ったとき。

二　指定介護予防支援事業者が、当該指定に係る事業所の従業者の知識若しくは技能又は人員について、第百十五条の二十四第一項の市町村の条例で定める基準又は同項の市町村の条例で定める員数を満たすことができなくなったとき。

三　指定介護予防支援事業者が、第百十五条の二十四第二項に規定する指定介護予防支援に係る介護予防のための効果的な支援の方法に関する基準又は指定介護予防支援の事業の運営に関する基準に従って適正な指定介護予防支援の事業の運営をすることができなくなったとき。

四　指定介護予防支援事業者が、第百十五条の二十四第六項に規定する義務に違反したと認められるとき。

五　介護予防サービス計画費の請求に関し不正があったとき。

六　指定介護予防支援事業者が、第百十五条の二十七第一項の規定により報告又は帳簿書類の提出若しくは提示を命ぜられてこれに従わず、又は虚偽の報告をしたとき。

七　指定介護予防支援事業者又は当該指定に係る事業所の従業者が、第百十五条の二十七第一項の規定により出頭を求められてこれに応ぜず、同項の規定による質問に対して答弁せず、若しくは虚偽の答弁をし、又は同項の規定による検査を拒み、妨げ、若しくは忌避したとき。ただし、当該指定に係る事業所の従業者がその行為をした場合において、その行為を防止するため、当該指定介護予防支援事業者が相当の注意及び監督を尽くしたときを除く。

八　指定介護予防支援事業者が、不正の手段により第五十八条第一項の指定を受けたとき。

九　前各号に掲げる場合のほか、指定介護予防支援事業者が、この法律その他国民の保健医療若しくは福祉に関する法律で政令で定めるもの又はこれらの法律に基づく命令若しくは処分に違反したとき。

十　前各号に掲げる場合のほか、指定介護予防支援事業者が、居宅サービス等に関し不正又は著しく不当な行為をしたとき。

十一　指定介護予防支援事業者の役員等のうちに、指定の取消し又は指定の全部若しくは一部の効力の停止をしようとするとき前五年以内に居宅サービス等に関し不正又は著しく不当な行為をした者があるとき。

第九節　業務管理体制の整備

（業務管理体制の整備等）

第百十五条の三十二　指定居宅サービス事業者、指定地域密着型サービス事業者、指定居宅介護支援事業者、指定介護予防サービス事業者、指定地域密着型介護予防サービス事業者及び指定介護予防支援事業者並びに指定介護老人福祉施設、介護老人保健施設及び介護医療院の開設者（以下「介護サービス事業者」という。）は、第七十四条第六項、第七十八条の四第八項、第八十一条第六項、第八十八条第六項、第九十七条第七項、第百十一条第七項、第百十五条の四第六項、第百十五条の十四第八項又は第百十五条の二十四第六項に規定する義務の履行が確保されるよう、厚生労働省令で定める基準に従い、業務管理体制を整備しなければならない。

2　介護サービス事業者は、次の各号に掲げる区分に応じ、当該各号に定める者に対し、厚生労働省令で定めるところにより、業務管理体制の整備に関する事項を届け出なければならない。

一　次号から第五号までに掲げる介護サービス事業者以外の介護サービス事業者　都道府県知事

二　次号から第五号までに掲げる介護サービス事業者以外の介護サービス事業者であって、当該指定に係る事業所又は当該指定若しくは許可に係る施設（当該指定又は許可に係る居宅サービス等の種類が異なるものを含む。）が二以上の都道府県の区域に所在し、かつ、二以下の地方厚生局の管轄区域に所在するもの　当該介護サービス事業者の主たる事務所の所

在地の都道府県知事
三　次号に掲げる介護サービス事業者以外の介護サービス事業者であって、当該指定に係る全ての事業所又は当該指定若しくは許可に係る全ての施設（当該指定又は許可に係る居宅サービス等の種類が異なるものを含む。）が一の地方自治法第二百五十二条の十九第一項の指定都市（以下「指定都市」という。）の区域に所在するもの　指定都市の長
四　地域密着型サービス事業又は地域密着型介護予防サービス事業のみを行う介護サービス事業者であって、当該指定に係る全ての事業所（当該指定に係る地域密着型サービス又は地域密着型介護予防サービスの種類が異なるものを含む。）が一の市町村の区域に所在するもの　市町村長
五　当該指定に係る事業所又は当該指定若しくは許可に係る施設（当該指定又は許可に係る居宅サービス等の種類が異なるものを含む。）が二以上の地方厚生局の管轄区域に所在する介護サービス事業者　厚生労働大臣

3　前項の規定により届出を行った介護サービス事業者は、その届け出た事項に変更があったときは、厚生労働省令で定めるところにより、遅滞なく、その旨を当該届出を行った厚生労働大臣、都道府県知事、指定都市の長又は市町村長（以下この節において「厚生労働大臣等」という。）に届け出なければならない。

4　第二項の規定による届出を行った介護サービス事業者は、同項各号に掲げる区分の変更により、同項の規定により当該届出を行った厚生労働大臣等以外の厚生労働大臣等に届出を行うときは、厚生労働省令で定めるところにより、その旨を当該届出を行った厚生労働大臣等にも届け出なければならない。

5　厚生労働大臣等は、前三項の規定による届出が適正になされるよう、相互に密接な連携を図るものとする。

（報告等）

第百十五条の三十三　前条第二項の規定による届出を受けた厚生労働大臣等は、当該届出を行った介護サービス事業者（同条第四項の規定による届出を受けた厚生労働大臣等にあっては、同項の規定による届出を行った介護サービス事業者を除く。）における同条第一項の規定による業務管理体制の整備に関して必要があると認めるときは、当該介護サービス事業者に対し、報告若しくは帳簿書類の提出若しくは提示を命じ、当該介護サービス事業者若しくは当該介護サービス事業者の従業者に対し出頭を求め、又は当該職員に関係者に対し質問させ、若しくは当該介護サービス事業者の当該指定に係る事業所若しくは当該指定若しくは許可に係る施設、事務所その他の居宅サービス等の提供に関係のある場所に立ち入り、その設備若しくは帳簿書類その他の物件を検査させることができる。

2　厚生労働大臣又は前条第二項第二号に定める都道府県知事が前項の権限を行うときは当該介護サービス事業者に係る指定若しくは許可を行った都道府県知事（次条第五項において「関係都道府県知事」という。）又は当該介護サービス事業者に係る指定を行った市町村長（以下この項及び次条第五項において「関係市町村長」という。）と、前条第二項第一号に定める都道府県知事が前項の権限を行うときは関係市町村長と密接な連携の下に行うものとする。

3　都道府県知事は、その行った又はその行おうとする指定又は許可に係る介護サービス事業者における前条第一項の規定による業務管理体制の整備に関して必要があると認めるときは、厚生労働大臣又は同条第二項第二号に定める都道府県知事に対し、市町村長は、その行った又はその行おうとする指定に係る介護サービス事業者における同条第一項の規定による業務管理体制の整備に関して必要があると認めるときは、厚生労働大臣又は同条第二項第一号若しくは第二号に定める都道府県知事に対し、第一項の権限を行うよう求めることができる。

4　厚生労働大臣又は都道府県知事は、前項の規定による都道府県知事又は市町村長の求めに応じて第一項の権限を行ったとき

は、厚生労働省令で定めるところにより、その結果を当該権限を行うよう求めた都道府県知事又は市町村長に通知しなければならない。

5 第二十四条第三項の規定は第一項の規定による質問又は検査について、同条第四項の規定は第一項の規定による権限について準用する。

（勧告、命令等）

第百十五条の三十四 第百十五条の三十二第二項の規定による届出を受けた厚生労働大臣等は、当該届出を行った介護サービス事業者（同条第四項の規定による届出を受けた厚生労働大臣等にあっては、同項の規定による届出を行った介護サービス事業者を除く。）が、同条第一項に規定する厚生労働省令で定める基準に従って適正な業務管理体制の整備をしていないと認めるときは、当該介護サービス事業者に対し、期限を定めて、当該厚生労働省令で定める基準に従って適正な業務管理体制を整備すべきことを勧告することができる。

2 厚生労働大臣等は、前項の規定による勧告をした場合において、その勧告を受けた介護サービス事業者が同項の期限内にこれに従わなかったときは、その旨を公表することができる。

3 厚生労働大臣等は、第一項の規定による勧告を受けた介護サービス事業者が、正当な理由がなくてその勧告に係る措置をとらなかったときは、当該介護サービス事業者に対し、期限を定めて、その勧告に係る措置をとるべきことを命ずることができる。

4 厚生労働大臣等は、前項の規定による命令をした場合においては、その旨を公示しなければならない。

5 介護サービス事業者が第三項の規定による命令に違反したときは、厚生労働省令で定めるところにより、厚生労働大臣又は第百十五条の三十二第二項第二号に定める都道府県知事は関係都道府県知事又は関係市町村長に対し、同項第一号に定める都道府県知事は関係市町村長に対し当該違反の内容を通知しなければならない。

第十節 介護サービス情報の公表

（介護サービス情報の報告及び公表）

第百十五条の三十五 介護サービス事業者は、指定居宅サービス事業者、指定地域密着型サービス事業者、指定居宅介護支援事業者、指定介護老人福祉施設、指定介護予防サービス事業者、指定地域密着型介護予防サービス事業者若しくは指定介護予防支援事業者の指定又は介護老人保健施設若しくは介護医療院の許可を受け、訪問介護、訪問入浴介護その他の厚生労働省令で定めるサービス（以下「介護サービス」という。）の提供を開始しようとするときその他厚生労働省令で定めるときは、政令で定めるところにより、その提供する介護サービスに係る介護サービス情報（介護サービスの内容及び介護サービスを提供する事業者又は施設の運営状況に関する情報であって、介護サービスを利用し、又は利用しようとする要介護者等が適切かつ円滑に当該介護サービスを利用する機会を確保するために公表されることが必要なものとして厚生労働省令で定めるものをいう。以下同じ。）を、当該介護サービスを提供する事業所又は施設の所在地を管轄する都道府県知事に報告しなければならない。

2 都道府県知事は、前項の規定による報告を受けた後、厚生労働省令で定めるところにより、当該報告の内容を公表しなければならない。

3 都道府県知事は、第一項の規定による報告に関して必要があると認めるときは、当該報告をした介護サービス事業者に対し、介護サービス情報のうち厚生労働省令で定めるものについて、調査を行うことができる。

4 都道府県知事は、介護サービス事業者が第一項の規定による報告をせず、若しくは虚偽の報告をし、又は前項の規定による調査を受けず、若しくは調査の実施を妨げたときは、期間を定めて、当該介護サービス事業者に対し、その報告を行い、若しくはその報告の内容を是正し、又はその調査を受けることを命ずることができる。

5 都道府県知事は、指定地域密着型サービス事業者、指定居宅介護支援事業者、指定地域密着型介護予防サービス事業者又は指定介護予防支援事業者に対して前項の規定による処分をしたときは、遅滞なく、その旨を、当該指定地域密着型サービス事業者、指定居宅介護支援事業者、指定地域密着型介護予防サービス事業者又は指定介護予防支援事業者の指定をした市町村長に通知しなければならない。

6　都道府県知事は、指定居宅サービス事業者若しくは指定介護予防サービス事業者又は指定介護老人福祉施設、介護老人保健施設若しくは介護医療院の開設者が第四項の規定による命令に従わないときは、当該指定居宅サービス事業者、指定介護予防サービス事業者若しくは指定介護老人福祉施設の指定若しくは介護老人保健施設若しくは介護医療院の許可を取り消し、又は期間を定めてその指定若しくは許可の全部若しくは一部の効力を停止することができる。

7　都道府県知事は、指定地域密着型サービス事業者、指定居宅介護支援事業者、指定地域密着型介護予防サービス事業者又は指定介護予防支援事業者が第四項の規定による命令に従わない場合において、当該指定地域密着型サービス事業者、指定居宅介護支援事業者、指定地域密着型介護予防サービス事業者又は指定介護予防支援事業者の指定を取り消し、又は期間を定めてその指定の全部若しくは一部の効力を停止することが適当であると認めるときは、理由を付して、その旨をその指定をした市町村長に通知しなければならない。

（指定調査機関の指定）

第百十五条の三十六　都道府県知事は、その指定する者（以下「指定調査機関」という。）に、前条第三項の調査の実施に関する事務（以下「調査事務」という。）を行わせることができる。

2　前項の指定は、都道府県の区域ごとに、その指定を受けようとする者の申請により、当該都道府県知事が行う。

（秘密保持義務等）

第百十五条の三十八　指定調査機関（その者が法人である場合にあっては、その役員。次項において同じ。）若しくはその職員（調査員を含む。同項において同じ。）又はこれらの職にあった者は、調査事務に関して知り得た秘密を漏らしてはならない。

2　指定調査機関及びその職員で調査事務に従事する者は、刑法その他の罰則の適用については、法令により公務に従事する職員とみなす。

（指定情報公表センターの指定）

第百十五条の四十二　都道府県知事は、その指定する者（以下「指定情報公表センター」という。）に、介護サービス情報の報告の受理及び公表並びに指定調査機関の指定に関する事務で厚生労働省令で定めるもの（以下「情報公表事務」という。）の全部又は一部を行わせることができる。

2　前項の指定は、都道府県の区域ごとに、その指定を受けようとする者の申請により、当該都道府県知事が行う。

3　第百十五条の三十八から前条までの規定は、指定情報公表センターについて準用する。この場合において、これらの規定中「調査事務」とあるのは「情報公表事務」と、「指定調査機関」とあるのは「指定情報公表センター」と、「職員（調査員を含む。同項において同じ。）」とあるのは「職員」と読み替えるものとするほか、必要な技術的読替えは、政令で定める。

（都道府県知事による情報の公表の推進）

第百十五条の四十四　都道府県知事は、介護サービスを利用し、又は利用しようとする要介護者等が適切かつ円滑に当該介護サービスを利用する機会の確保に資するため、介護サービスの質及び介護サービスに従事する従業者に関する情報（介護サービス情報に該当するものを除く。）であって厚生労働省令で定めるものの提供を希望する介護サービス事業者から提供を受けた当該情報について、公表を行うよう配慮するものとする。

第六章　地域支援事業等

（地域支援事業）

第百十五条の四十五　市町村は、被保険者（当該市町村が行う介護保険の住所地特例適用被保険者を除き、当該市町村の区域内に所在する住所地特例適用被保険者を含む。第三項第三号及び第百十五条の四十九を除き、以下この章において同じ。）の要介護状態等となることの予防又は要介護状態等の軽減若しくは悪化の防止及び地域における自立した日常生活の支援のための施策を総合的かつ一体的に行うため、厚生労働省令で定める基準に従って、地域支援事業として、次に掲げる事業（以下「介護予防・日常生活支援総合事業」という。）を行うものとする。

一　居宅要支援被保険者その他の厚生労働省令で定める被保険者（以下「居宅要支援被保険者等」という。）に対して、次に掲げる事業を行う事業（以下「第一号事業」という。）

イ　居宅要支援被保険者等の介護予防を目的として、当該居宅要支援被保険者等の居宅において、厚生労働省令で定める基準に従って、厚生労働省令で定める期間にわたり日常生活上の支援を行う事業（以下この項において「第一号訪問事業」という。）

ロ　居宅要支援被保険者等の介護予防を目的として、厚生労働省令で定める施設において、厚生労働省令で定める基準に従って、厚生労働省令で定める期間にわたり日常生活上の支援又は機能訓練を行う事業（以下この項において「第一号通所事業」という。）

ハ　厚生労働省令で定める基準に従って、介護予防サービス事業若しくは地域密着型介護予防サービス事業又は第一号訪問事業若しくは第一号通所事業と一体的に行われる場合に効果があると認められる居宅要支援被保険者等の地域における自立した日常生活の支援として厚生労働省令で定めるものを行う事業（ニにおいて「第一号生活支援事業」という。）

ニ　居宅要支援被保険者等（指定介護予防支援又は特例介護予防サービス計画費に係る介護予防支援を受けている者を除く。）の介護予防を目的として、厚生労働省令で定める基準に従って、その心身の状況、その置かれている環境その他の状況に応じて、その選択に基づき、第一号訪問事業、第一号通所事業又は第一号生活支援事業その他の適切な事業が包括的かつ効率的に提供されるよう必要な援助を行う事業（以下「第一号介護予防支援事業」という。）

二　被保険者（第一号被保険者に限る。）の要介護状態等となることの予防又は要介護状態等の軽減若しくは悪化の防止のため必要な事業（介護予防サービス事業及び地域密着型介護予防サービス事業並びに第一号訪問事業及び第一号通所事業を除く。）

2　市町村は、介護予防・日常生活支援総合事業のほか、被保険者が要介護状態等となることを予防するとともに、要介護状態等となった場合においても、可能な限り、地域において自立した日常生活を営むことができるよう支援するため、地域支援事業として、次に掲げる事業を行うものとする。

一　被保険者の心身の状況、その居宅における生活の実態その他の必要な実情の把握、保健医療、公衆衛生、社会福祉その他の関連施策に関する総合的な情報の提供、関係機関との連絡調整その他の被保険者の保健医療の向上及び福祉の増進を図るための総合的な支援を行う事業

二　被保険者に対する虐待の防止及びその早期発見のための事業その他の被保険者の権利擁護のため必要な援助を行う事業

三　保健医療及び福祉に関する専門的知識を有する者による被保険者の居宅サービス計画及び施設サービス計画の検証、その心身の状況、介護給付等対象サービスの利用状況その他の状況に関する定期的な協議その他の取組を通じ、当該被保険者が地域において自立した日常生活を営むことができるよう、包括的かつ継続的な支援を行う事業

四　医療に関する専門的知識を有する者が、介護サービス事業者、居宅における医療を提供する医療機関その他の関係者

の連携を推進するものとして厚生労働省令で定める事業（前号に掲げる事業を除く。）

五　被保険者の地域における自立した日常生活の支援及び要介護状態等となることの予防又は要介護状態等の軽減若しくは悪化の防止に係る体制の整備その他のこれらを促進する事業

六　保健医療及び福祉に関する専門的知識を有する者による認知症の早期における症状の悪化の防止のための支援その他の認知症である又はその疑いのある被保険者に対する総合的な支援を行う事業

3　市町村は、介護予防・日常生活支援総合事業及び前項各号に掲げる事業のほか、厚生労働省令で定めるところにより、地域支援事業として、次に掲げる事業を行うことができる。

一　介護給付等に要する費用の適正化のための事業

二　介護方法の指導その他の要介護被保険者を現に介護する者の支援のため必要な事業

三　その他介護保険事業の運営の安定化及び被保険者（当該市町村の区域内に所在する住所地特例対象施設に入所等をしている住所地特例適用被保険者を含む。）の地域における自立した日常生活の支援のため必要な事業

4　地域支援事業は、当該市町村における介護予防に関する事業の実施状況、介護保険の運営の状況、七十五歳以上の被保険者の数その他の状況を勘案して政令で定める額の範囲内で行うものとする。

5　市町村は、地域支援事業を行うに当たっては、高齢者保健事業（高齢者の医療の確保に関する法律第百二十五条第一項に規定する高齢者保健事業をいう。以下この条及び第百十七条第三項第六号において同じ。）を行う後期高齢者医療広域連合（同法第四十八条に規定する後期高齢者医療広域連合をいう。以下この条において同じ。）との連携を図るとともに、高齢者の身体的、精神的及び社会的な特性を踏まえ、地域支援事業を効果的かつ効率的で被保険者の状況に応じたきめ細かなものとするため、高齢者保健事業及び国民健康保険法第八十二条第三項に規定する高齢者の心身の特性に応じた事業（第百十七条第三項第六号において「国民健康保険保健事業」という。）と一体的に実施するよう努めるものとする。

6　市町村は、前項の規定により地域支援事業を行うに当たって必要があると認めるときは、他の市町村及び後期高齢者医療広域連合に対し、被保険者に係る保健医療サービス若しくは福祉サービスに関する情報、高齢者の医療の確保に関する法律の規定による療養に関する情報若しくは同法第百二十五条第一項に規定する健康診査若しくは保健指導に関する記録の写し若しくは同法第十八条第一項に規定する特定健康診査若しくは特定保健指導に関する記録の写し又は国民健康保険法の規定による療養に関する情報その他地域支援事業を効果的かつ効率的に実施するために必要な情報として厚生労働省令で定めるものの提供を求めることができる。

7　前項の規定により、情報又は記録の写しの提供を求められた市町村及び後期高齢者医療広域連合は、厚生労働省令で定めるところにより、当該情報又は記録の写しを提供しなければならない。

8　市町村は、第五項の規定により地域支援事業を実施するため、前項の規定により提供を受けた情報又は記録の写しに加え、自らが保有する当該被保険者に係る保健医療サービス若しくは福祉サービスに関する情報、高齢者の医療の確保に関する法律第十八条第一項に規定する特定健康診査若しくは特定保健指導に関する記録又は国民健康保険法の規定による療養に関する情報を併せて活用することができる。

9　市町村は、地域支援事業の利用者に対し、厚生労働省令で定めるところにより、利用料を請求することができる。

（介護予防・日常生活支援総合事業の指針等）

第百十五条の四十五の二　厚生労働大臣は、市町村が行う介護予防・日常生活支援総合事業に関して、その適切かつ有効な実施を図るため必要な指針を公表するものとす

る。

2　市町村は、定期的に、介護予防・日常生活支援総合事業の実施状況について、調査、分析及び評価を行うよう努めるとともに、その結果に基づき必要な措置を講ずるよう努めるものとする。

（指定事業者による第一号事業の実施）

第百十五条の四十五の三　市町村は、第一号事業（第一号介護予防支援事業にあっては、居宅要支援被保険者に係るものに限る。）については、居宅要支援被保険者等が、当該市町村の長が指定する者（以下「指定事業者」という。）の当該指定に係る第一号事業を行う事業所により行われる当該第一号事業を利用した場合において、当該居宅要支援被保険者等に対し、当該第一号事業に要した費用について、第一号事業支給費を支給することにより行うことができる。

2　前項の第一号事業支給費（以下「第一号事業支給費」という。）の額は、第一号事業に要する費用の額を勘案して、厚生労働省令で定めるところにより算定する額とする。

3　居宅要支援被保険者等が、指定事業者の当該指定に係る第一号事業を行う事業所により行われる当該第一号事業を利用したときは、市町村は、当該居宅要支援被保険者等が当該指定事業者に支払うべき当該第一号事業に要した費用について、第一号事業支給費として当該居宅要支援被保険者等に対し支給すべき額の限度において、当該居宅要支援被保険者等に代わり、当該指定事業者に支払うことができる。

4　前項の規定による支払があったときは、居宅要支援被保険者等に対し第一号事業支給費の支給があったものとみなす。

5　市町村は、指定事業者から第一号事業支給費の請求があったときは、厚生労働省令で定めるところにより審査した上、支払うものとする。

6　市町村は、前項の規定による審査及び支払に関する事務を連合会に委託することができる。

7　前項の規定による委託を受けた連合会は、当該委託をした市町村の同意を得て、厚生労働省令で定めるところにより、当該委託を受けた事務の一部を、営利を目的としない法人であって厚生労働省令で定める要件に該当するものに委託することができる。

（租税その他の公課の禁止）

第百十五条の四十五の四　租税その他の公課は、第一号事業支給費として支給を受けた金銭を標準として、課することができない。

（指定事業者の指定）

第百十五条の四十五の五　第百十五条の四十五の三第一項の指定（第百十五条の四十五の七第一項を除き、以下この章において「指定事業者の指定」という。）は、厚生労働省令で定めるところにより、第一号事業を行う者の申請により、当該事業の種類及び当該事業の種類に係る当該第一号事業を行う事業所ごとに行う。

2　市町村長は、前項の申請があった場合において、申請者が、厚生労働省令で定める基準に従って適正に第一号事業を行うことができないと認められるときは、指定事業者の指定をしてはならない。

（指定の更新）

第百十五条の四十五の六　指定事業者の指定は、厚生労働省令で定める期間ごとにその更新を受けなければ、その期間の経過によって、その効力を失う。

2　前項の更新の申請があった場合において、同項の期間（以下この条において「有効期間」という。）の満了の日までにその申請に対する処分がされないときは、従前の指定事業者の指定は、有効期間の満了後もその処分がされるまでの間は、なおその効力を有する。

3　前項の場合において、指定事業者の指定の更新がされたときは、その有効期間は、従前の有効期間の満了の日の翌日から起算するものとする。

4　前条の規定は、指定事業者の指定の更新について準用する。

（報告等）

第百十五条の四十五の七　市町村長は、第一号事業支給費の支給に関して必要があると認めるときは、指定事業者若しくは指定事

高齢者福祉

業者であった者若しくは当該第百十五条の四十五の三第一項の指定に係る事業所の従業者であった者（以下この項において「指定事業者であった者等」という。）に対し、報告若しくは帳簿書類の提出若しくは提示を命じ、指定事業者若しくは当該指定に係る事業所の従業者若しくは指定事業者であった者等に対し出頭を求め、又は当該職員に、関係者に対して質問させ、若しくは当該指定事業者の当該指定に係る事業所、事務所その他当該指定事業者が行う第一号事業に関係のある場所に立ち入り、その設備若しくは帳簿書類その他の物件を検査させることができる。

2　第二十四条第三項の規定は前項の規定による質問又は検査について、同条第四項の規定は前項の規定による権限について、それぞれ準用する。

（勧告、命令等）

第百十五条の四十五の八　市町村長は、指定事業者が、第百十五条の四十五第一項第一号イからニまで又は第百十五条の四十五の五第二項の厚生労働省令で定める基準に従って第一号事業を行っていないと認めるときは、当該指定事業者に対し、期限を定めて、これらの厚生労働省令で定める基準に従って第一号事業を行うことを勧告することができる。

2　市町村長は、前項の規定による勧告をした場合において、その勧告を受けた指定事業者が同項の期限内にこれに従わなかったときは、その旨を公表することができる。

3　市町村長は、第一項の規定による勧告を受けた指定事業者が、正当な理由がなくてその勧告に係る措置をとらなかったときは、当該指定事業者に対し、期限を定めて、その勧告に係る措置をとるべきことを命ずることができる。

4　市町村長は、前項の規定による命令をした場合においては、その旨を公示しなければならない。

（指定事業者の指定の取消し等）

第百十五条の四十五の九　市町村長は、次の各号のいずれかに該当する場合においては、当該指定事業者に係る指定事業者の指定を取り消し、又は期間を定めてその指定事業者の指定の全部若しくは一部の効力を停止することができる。

一　指定事業者が、第百十五条の四十五第一項第一号イからニまで又は第百十五条の四十五の五第二項の厚生労働省令で定める基準に従って第一号事業を行うことができなくなったとき。

二　第一号事業支給費の請求に関し不正があったとき。

三　指定事業者が、第百十五条の四十五の七第一項の規定により報告又は帳簿書類の提出若しくは提示を命ぜられてこれに従わず、又は虚偽の報告をしたとき。

四　指定事業者又は当該指定事業者の指定に係る事業所の従業者が、第百十五条の四十五の七第一項の規定により出頭を求められてこれに応ぜず、同項の規定による質問に対して答弁せず、若しくは虚偽の答弁をし、又は同項の規定による検査を拒み、妨げ、若しくは忌避したとき。ただし、当該指定事業者の指定に係る事業所の従業者がその行為をした場合において、その行為を防止するため、当該指定事業者が相当の注意及び監督を尽くしたときを除く。

五　指定事業者が、不正の手段により指定事業者の指定を受けたとき。

六　前各号に掲げる場合のほか、指定事業者が、この法律その他国民の保健医療若しくは福祉に関する法律で政令で定めるもの又はこれらの法律に基づく命令若しくは処分に違反したとき。

七　前各号に掲げる場合のほか、指定事業者が、地域支援事業又は居宅サービス等に関し不正又は著しく不当な行為をしたとき。

（市町村の連絡調整等）

第百十五条の四十五の十　市町村は、介護予防・日常生活支援総合事業及び第百十五条の四十五第二項各号に掲げる事業の円滑な実施のために必要な関係者相互間の連絡調整を行うことができる。

2　市町村が行う介護予防・日常生活支援総合事業及び第百十五条の四十五第二項各号

に掲げる事業の関係者は、当該事業に協力するよう努めなければならない。

3　都道府県は、市町村が行う介護予防・日常生活支援総合事業及び第百十五条の四十五第二項各号に掲げる事業に関し、情報の提供その他市町村に対する支援に努めるものとする。

（政令への委任）

第百十五条の四十五の十一　第百十五条の四十五から前条までに規定するもののほか、地域支援事業の実施に関し必要な事項は、政令で定める。

（地域包括支援センター）

第百十五条の四十六　地域包括支援センターは、第一号介護予防支援事業（居宅要支援被保険者に係るものを除く。）及び第百十五条の四十五第二項各号に掲げる事業（以下「包括的支援事業」という。）その他厚生労働省令で定める事業を実施し、地域住民の心身の健康の保持及び生活の安定のために必要な援助を行うことにより、その保健医療の向上及び福祉の増進を包括的に支援することを目的とする施設とする。

2　市町村は、地域包括支援センターを設置することができる。

3　次条第一項の規定による委託を受けた者（第百十五条の四十五第二項第四号から第六号までに掲げる事業のみの委託を受けたものを除く。）は、包括的支援事業その他第一項の厚生労働省令で定める事業を実施するため、厚生労働省令で定めるところにより、あらかじめ、厚生労働省令で定める事項を市町村長に届け出て、地域包括支援センターを設置することができる。

4　地域包括支援センターの設置者は、自らその実施する事業の質の評価を行うことその他必要な措置を講ずることにより、その実施する事業の質の向上を図らなければならない。

5　地域包括支援センターの設置者は、包括的支援事業を実施するために必要なものとして市町村の条例で定める基準を遵守しなければならない。

6　市町村が前項の条例を定めるに当たっては、地域包括支援センターの職員に係る基準及び当該職員の員数については厚生労働省令で定める基準に従い定めるものとし、その他の事項については厚生労働省令で定める基準を参酌するものとする。

7　地域包括支援センターの設置者は、包括的支援事業の効果的な実施のために、介護サービス事業者、医療機関、民生委員法（昭和二十三年法律第百九十八号）に定める民生委員、被保険者の地域における自立した日常生活の支援又は要介護状態等となることの予防若しくは要介護状態等の軽減若しくは悪化の防止のための事業を行う者その他の関係者との連携に努めなければならない。

8　地域包括支援センターの設置者（設置者が法人である場合にあっては、その役員）若しくはその職員又はこれらの職にあった者は、正当な理由なしに、その業務に関して知り得た秘密を漏らしてはならない。

9　市町村は、定期的に、地域包括支援センターにおける事業の実施状況について、評価を行うとともに、必要があると認めるときは、次条第一項の方針の変更その他の必要な措置を講じなければならない。

10　市町村は、地域包括支援センターが設置されたとき、その他厚生労働省令で定めるときは、厚生労働省令で定めるところにより、当該地域包括支援センターの事業の内容及び運営状況に関する情報を公表するよう努めなければならない。

11　第六十九条の十四の規定は、地域包括支援センターについて準用する。この場合において、同条の規定に関し必要な技術的読替えは、政令で定める。

12　前各項に規定するもののほか、地域包括支援センターに関し必要な事項は、政令で定める。

（実施の委託）

第百十五条の四十七　市町村は、老人福祉法第二十条の七の二第一項に規定する老人介護支援センターの設置者その他の厚生労働省令で定める者に対し、厚生労働省令で定めるところにより、包括的支援事業の実施に係る方針を示して、当該包括的支援事業を委託することができる。

2　前項の規定による委託は、包括的支援事業（第百十五条の四十五第二項第四号から第六号までに掲げる事業を除く。）の全てにつき一括して行わなければならない。
3　前条第七項及び第八項の規定は、第一項の規定による委託を受けた者について準用する。
4　市町村は、介護予防・日常生活支援総合事業（第一号介護予防支援事業にあっては、居宅要支援被保険者に係るものに限る。）については、当該介護予防・日常生活支援総合事業を適切に実施することができるものとして厚生労働省令で定める基準に適合する者に対して、当該介護予防・日常生活支援総合事業の実施を委託することができる。
5　前項の規定により第一号介護予防支援事業の実施の委託を受けた者は、厚生労働省令で定めるところにより、当該委託を受けた事業の一部を、厚生労働省令で定める者に委託することができる。
6　市町村長は、介護予防・日常生活支援総合事業について、第一項又は第四項の規定により、その実施を委託した場合には、当該委託を受けた者（第八項、第百八十条第一項並びに第百八十一条第二項及び第三項において「受託者」という。）に対する当該実施に必要な費用の支払決定に係る審査及び支払の事務を連合会に委託することができる。
7　前項の規定による委託を受けた連合会は、当該委託をした市町村長の同意を得て、厚生労働省令で定めるところにより、当該委託を受けた事務の一部を、営利を目的としない法人であって厚生労働省令で定める要件に該当するものに委託することができる。
8　受託者は、介護予防・日常生活支援総合事業の利用者に対し、厚生労働省令で定めるところにより、利用料を請求することができる。
9　市町村は、第百十五条の四十五第三項各号に掲げる事業の全部又は一部について、老人福祉法第二十条の七の二第一項に規定する老人介護支援センターの設置者その他の当該市町村が適当と認める者に対し、その実施を委託することができる。

（会議）
第百十五条の四十八　市町村は、第百十五条の四十五第二項第三号に掲げる事業の効果的な実施のために、介護支援専門員、保健医療及び福祉に関する専門的知識を有する者、民生委員その他の関係者、関係機関及び関係団体（以下この条において「関係者等」という。）により構成される会議（以下この条において「会議」という。）を置くように努めなければならない。
2　会議は、厚生労働省令で定めるところにより、要介護被保険者その他の厚生労働省令で定める被保険者（以下この項において「支援対象被保険者」という。）への適切な支援を図るために必要な検討を行うとともに、支援対象被保険者が地域において自立した日常生活を営むために必要な支援体制に関する検討を行うものとする。
3　会議は、前項の検討を行うため必要があると認めるときは、関係者等に対し、資料又は情報の提供、意見の開陳その他必要な協力を求めることができる。
4　関係者等は、前項の規定に基づき、会議から資料又は情報の提供、意見の開陳その他必要な協力の求めがあった場合には、これに協力するよう努めなければならない。
5　会議の事務に従事する者又は従事していた者は、正当な理由がなく、会議の事務に関して知り得た秘密を漏らしてはならない。
6　前各項に定めるもののほか、会議の組織及び運営に関し必要な事項は、会議が定める。

（保健福祉事業）
第百十五条の四十九　市町村は、地域支援事業のほか、要介護被保険者を現に介護する者の支援のために必要な事業、被保険者が要介護状態等となることを予防するために必要な事業、指定居宅サービス及び指定居宅介護支援の事業並びに介護保険施設の運営その他の保険給付のために必要な事業、被保険者が利用する介護給付等対象サービスのための費用に係る資金の貸付けその他の必要な事業を行うことができる。

第七章　介護保険事業計画

（基本指針）

第百十六条　厚生労働大臣は、地域における医療及び介護の総合的な確保の促進に関する法律（平成元年法律第六十四号）第三条第一項に規定する総合確保方針に即して、介護保険事業に係る保険給付の円滑な実施を確保するための基本的な指針（以下「基本指針」という。）を定めるものとする。

2　基本指針においては、次に掲げる事項について定めるものとする。

一　介護給付等対象サービスを提供する体制の確保及び地域支援事業の実施に関する基本的事項

二　次条第一項に規定する市町村介護保険事業計画において同条第二項第一号の介護給付等対象サービスの種類ごとの量の見込みを定めるに当たって参酌すべき標準その他当該市町村介護保険事業計画及び第百十八条第一項に規定する都道府県介護保険事業支援計画の作成に関する事項

三　その他介護保険事業に係る保険給付の円滑な実施を確保するために必要な事項

3　厚生労働大臣は、基本指針を定め、又はこれを変更するに当たっては、あらかじめ、総務大臣その他関係行政機関の長に協議しなければならない。

4　厚生労働大臣は、基本指針を定め、又はこれを変更したときは、遅滞なく、これを公表しなければならない。

（市町村介護保険事業計画）

第百十七条　市町村は、基本指針に即して、三年を一期とする当該市町村が行う介護保険事業に係る保険給付の円滑な実施に関する計画（以下「市町村介護保険事業計画」という。）を定めるものとする。

2　市町村介護保険事業計画においては、次に掲げる事項を定めるものとする。

一　当該市町村が、その住民が日常生活を営んでいる地域として、地理的条件、人口、交通事情その他の社会的条件、介護給付等対象サービスを提供するための施設の整備の状況その他の条件を総合的に勘案して定める区域ごとの当該区域における各年度の認知症対応型共同生活介護、地域密着型特定施設入居者生活介護及び地域密着型介護老人福祉施設入所者生活介護に係る必要利用定員総数その他の介護給付等対象サービスの種類ごとの量の見込み

二　各年度における地域支援事業の量の見込み

三　被保険者の地域における自立した日常生活の支援、要介護状態等となることの予防又は要介護状態等の軽減若しくは悪化の防止及び介護給付等に要する費用の適正化に関し、市町村が取り組むべき施策に関する事項

四　前号に掲げる事項の目標に関する事項

3　市町村介護保険事業計画においては、前項各号に掲げる事項のほか、次に掲げる事項について定めるよう努めるものとする。

一　前項第一号の必要利用定員総数その他の介護給付等対象サービスの種類ごとの見込量の確保のための方策

二　各年度における地域支援事業に要する費用の額及び地域支援事業の見込量の確保のための方策

三　介護給付等対象サービスの種類ごとの量、保険給付に要する費用の額、地域支援事業の量、地域支援事業に要する費用の額及び保険料の水準に関する中長期的な推計

四　指定居宅サービスの事業、指定地域密着型サービスの事業又は指定居宅介護支援の事業を行う者相互間の連携の確保に関する事業その他の介護給付等対象サービス（介護給付に係るものに限る。）の円滑な提供を図るための事業に関する事項

五　指定介護予防サービスの事業、指定地域密着型介護予防サービスの事業又は指定介護予防支援の事業を行う者相互間の連携の確保に関する事業その他の介護給付等対象サービス（予防給付に係るものに限る。）の円滑な提供及び地域支援事業の円滑な実施を図るための事業に関する

る事項

六　認知症である被保険者の地域における自立した日常生活の支援に関する事項、地域支援事業と高齢者保健事業及び国民健康保険保健事業の一体的な実施に関する事項、居宅要介護被保険者及び居宅要支援被保険者に係る医療その他の医療との連携に関する事項、高齢者の居住に係る施策との連携に関する事項その他の被保険者の地域における自立した日常生活の支援のため必要な事項

4　市町村介護保険事業計画は、当該市町村の区域における要介護者等の人数、要介護者等の介護給付等対象サービスの利用に関する意向その他の事情を勘案して作成されなければならない。

5　市町村は、第二項第一号の規定により当該市町村が定める区域ごとにおける被保険者の心身の状況、その置かれている環境その他の事情を正確に把握するとともに、第百十八条の二第一項の規定により公表された結果その他の介護保険事業の実施の状況に関する情報を分析した上で、当該事情及び当該分析の結果を勘案して、市町村介護保険事業計画を作成するよう努めるものとする。

6　市町村介護保険事業計画は、老人福祉法第二十条の八第一項に規定する市町村老人福祉計画と一体のものとして作成されなければならない。

7　市町村は、第二項第三号に規定する施策の実施状況及び同項第四号に規定する目標の達成状況に関する調査及び分析を行い、市町村介護保険事業計画の実績に関する評価を行うものとする。

8　市町村は、前項の評価の結果を公表するよう努めるとともに、これを都道府県知事に報告するものとする。

9　市町村介護保険事業計画は、地域における医療及び介護の総合的な確保の促進に関する法律第五条第一項に規定する市町村計画との整合性の確保が図られたものでなければならない。

10　市町村介護保険事業計画は、社会福祉法第百七条第一項に規定する市町村地域福祉計画、高齢者の居住の安定確保に関する法律（平成十三年法律第二十六号）第四条の二第一項に規定する市町村高齢者居住安定確保計画その他の法律の規定による計画であって要介護者等の保健、医療、福祉又は居住に関する事項を定めるものと調和が保たれたものでなければならない。

11　市町村は、市町村介護保険事業計画を定め、又は変更しようとするときは、あらかじめ、被保険者の意見を反映させるために必要な措置を講ずるものとする。

12　市町村は、市町村介護保険事業計画（第二項第一号及び第二号に掲げる事項に係る部分に限る。）を定め、又は変更しようとするときは、あらかじめ、都道府県の意見を聴かなければならない。

13　市町村は、市町村介護保険事業計画を定め、又は変更したときは、遅滞なく、これを都道府県知事に提出しなければならない。

（都道府県介護保険事業支援計画）

第百十八条　都道府県は、基本指針に即して、三年を一期とする介護保険事業に係る保険給付の円滑な実施の支援に関する計画（以下「都道府県介護保険事業支援計画」という。）を定めるものとする。

2　都道府県介護保険事業支援計画においては、次に掲げる事項を定めるものとする。

一　当該都道府県が定める区域ごとに当該区域における各年度の介護専用型特定施設入居者生活介護、地域密着型特定施設入居者生活介護及び地域密着型介護老人福祉施設入所者生活介護に係る必要利用定員総数、介護保険施設の種類ごとの必要入所定員総数その他の介護給付等対象サービスの量の見込み

二　都道府県内の市町村によるその被保険者の地域における自立した日常生活の支援、要介護状態等となることの予防又は要介護状態等の軽減若しくは悪化の防止及び介護給付等に要する費用の適正化に関する取組への支援に関し、都道府県が取り組むべき施策に関する事項

三　前号に掲げる事項の目標に関する事項

3　都道府県介護保険事業支援計画において

は、前項各号に掲げる事項のほか、次に掲げる事項について定めるよう努めるものとする。

一　介護保険施設その他の介護給付等対象サービスを提供するための施設における生活環境の改善を図るための事業に関する事項

二　介護サービス情報の公表に関する事項

三　介護支援専門員その他の介護給付等対象サービス及び地域支援事業に従事する者の確保又は資質の向上に資する事業に関する事項

四　介護保険施設相互間の連携の確保に関する事業その他の介護給付等対象サービスの円滑な提供を図るための事業に関する事項

五　介護予防・日常生活支援総合事業及び第百十五条の四十五第二項各号に掲げる事業に関する市町村相互間の連絡調整を行う事業に関する事項

4　都道府県介護保険事業支援計画においては、第二項各号に掲げる事項及び前項各号に掲げる事項のほか、第二項第一号の規定により当該都道府県が定める区域ごとに当該区域における各年度の混合型特定施設入居者生活介護に係る必要利用定員総数を定めることができる。

5　都道府県は、次条第一項の規定により公表された結果その他の介護保険事業の実施の状況に関する情報を分析した上で、当該分析の結果を勘案して、都道府県介護保険事業支援計画を作成するよう努めるものとする。

6　都道府県介護保険事業支援計画は、老人福祉法第二十条の九第一項に規定する都道府県老人福祉計画と一体のものとして作成されなければならない。

7　都道府県は、第二項第二号に規定する施策の実施状況及び同項第三号に規定する目標の達成状況に関する調査及び分析を行い、都道府県介護保険事業支援計画の実績に関する評価を行うものとする。

8　都道府県は、前項の評価の結果を公表するよう努めるとともに、当該結果及び都道府県内の市町村の前条第七項の評価の結果を厚生労働大臣に報告するものとする。

9　都道府県介護保険事業支援計画は、地域における医療及び介護の総合的な確保の促進に関する法律第四条第一項に規定する都道府県計画及び医療法第三十条の四第一項に規定する医療計画との整合性の確保が図られたものでなければならない。

10　都道府県介護保険事業支援計画は、社会福祉法第百八条第一項に規定する都道府県地域福祉支援計画、高齢者の居住の安定確保に関する法律第四条第一項に規定する都道府県高齢者居住安定確保計画その他の法律の規定による計画であって要介護者等の保健、医療、福祉又は居住に関する事項を定めるものと調和が保たれたものでなければならない。

11　都道府県は、都道府県介護保険事業支援計画を定め、又は変更したときは、遅滞なく、これを厚生労働大臣に提出しなければならない。

（市町村介護保険事業計画の作成等のための調査及び分析等）

第百十八条の二　厚生労働大臣は、市町村介護保険事業計画及び都道府県介護保険事業支援計画の作成、実施及び評価並びに国民の健康の保持増進及びその有する能力の維持向上に資するため、次に掲げる事項に関する情報（以下「介護保険等関連情報」という。）について調査及び分析を行い、その結果を公表するものとする。

一　介護給付等に要する費用の額に関する地域別、年齢別又は要介護認定及び要支援認定別の状況その他の厚生労働省令で定める事項

二　被保険者の要介護認定及び要支援認定における調査に関する状況その他の厚生労働省令で定める事項

2　市町村は、厚生労働大臣に対し、介護保険等関連情報を、厚生労働省令で定める方法により提供しなければならない。

3　厚生労働大臣は、必要があると認めるときは、都道府県及び市町村に対し、介護保険等関連情報を、厚生労働省令で定める方法により提供するよう求めることができる。

（都道府県知事の助言等）

第百十九条　都道府県知事は、市町村に対し、市町村介護保険事業計画の作成上の技術的事項について必要な助言をすることができる。

2　厚生労働大臣は、都道府県に対し、都道府県介護保険事業支援計画の作成の手法その他都道府県介護保険事業支援計画の作成上重要な技術的事項について必要な助言をすることができる。

（国の援助）

第百二十条　国は、市町村又は都道府県が、市町村介護保険事業計画又は都道府県介護保険事業支援計画に定められた事業を実施しようとするときは、当該事業が円滑に実施されるように必要な情報の提供、助言その他の援助の実施に努めるものとする。

（都道府県の支援）

第百二十条の二　都道府県は、第百十七条第五項の規定による市町村の分析を支援するよう努めるものとする。

2　都道府県は、都道府県内の市町村によるその被保険者の地域における自立した日常生活の支援、要介護状態等となることの予防又は要介護状態等の軽減若しくは悪化の防止及び介護給付等に要する費用の適正化に関する取組を支援する事業として厚生労働省令で定める事業を行うよう努めるものとする。

第八章　費用等

第一節　費用の負担

（国の負担）

第百二十一条　国は、政令で定めるところにより、市町村に対し、介護給付及び予防給付に要する費用の額について、次の各号に掲げる費用の区分に応じ、当該各号に定める割合に相当する額を負担する。

一　介護給付（次号に掲げるものを除く。）及び予防給付（同号に掲げるものを除く。）に要する費用　百分の二十

二　介護給付（介護保険施設及び特定施設入居者生活介護に係るものに限る。）及び予防給付（介護予防特定施設入居者生活介護に係るものに限る。）に要する費用　百分の十五

2　第四十三条第三項、第四十四条第六項、第四十五条第六項、第五十五条第三項、第五十六条第六項又は第五十七条第六項の規定に基づき条例を定めている市町村に対する前項の規定の適用については、同項に規定する介護給付及び予防給付に要する費用の額は、当該条例による措置が講ぜられないものとして、政令で定めるところにより算定した当該介護給付及び予防給付に要する費用の額に相当する額とする。

（調整交付金等）

第百二十二条　国は、介護保険の財政の調整を行うため、第一号被保険者の年齢階級別の分布状況、第一号被保険者の所得の分布状況等を考慮して、政令で定めるところにより、市町村に対して調整交付金を交付する。

2　前項の規定による調整交付金の総額は、各市町村の前条第一項に規定する介護給付及び予防給付に要する費用の額（同条第二項の規定の適用がある場合にあっては、同項の規定を適用して算定した額。次項において同じ。）の総額の百分の五に相当する額とする。

3　毎年度分として交付すべき調整交付金の総額は、当該年度における各市町村の前条第一項に規定する介護給付及び予防給付に要する費用の額の見込額の総額の百分の五に相当する額に当該年度の前年度以前の年度における調整交付金で、まだ交付していない額を加算し、又は当該前年度以前の年度において交付すべきであった額を超えて交付した額を当該見込額の総額の百分の五に相当する額から減額した額とする。

第百二十二条の二　国は、政令で定めるところにより、市町村に対し、介護予防・日常生活支援総合事業に要する費用の額の百分の二十に相当する額を交付する。

2　国は、介護保険の財政の調整を行うため、市町村に対し、介護予防・日常生活支援総合事業に要する費用の額について、第一号被保険者の年齢階級別の分布状況、第一号被保険者の所得の分布状況等を考慮して、

政令で定めるところにより算定した額を交付する。

3　前項の規定により交付する額の総額は、各市町村の介護予防・日常生活支援総合事業に要する費用の額の総額の百分の五に相当する額とする。

4　国は、政令で定めるところにより、市町村に対し、地域支援事業（介護予防・日常生活支援総合事業を除く。）に要する費用の額に、第百二十五条第一項の第二号被保険者負担率に百分の五十を加えた率を乗じて得た額（以下「特定地域支援事業支援額」という。）の百分の五十に相当する額を交付する。

第百二十二条の三　国は、前二条に定めるもののほか、市町村によるその被保険者の地域における自立した日常生活の支援、要介護状態等となることの予防又は要介護状態等の軽減若しくは悪化の防止及び介護給付等に要する費用の適正化に関する取組を支援するため、政令で定めるところにより、市町村に対し、予算の範囲内において、交付金を交付する。

2　国は、都道府県による第百二十条の二第一項の規定による支援及び同条第二項の規定による事業に係る取組を支援するため、政令で定めるところにより、都道府県に対し、予算の範囲内において、交付金を交付する。

（都道府県の負担等）

第百二十三条　都道府県は、政令で定めるところにより、市町村に対し、介護給付及び予防給付に要する費用の額について、次の各号に掲げる費用の区分に応じ、当該各号に定める割合に相当する額を負担する。

一　介護給付（次号に掲げるものを除く。）及び予防給付（同号に掲げるものを除く。）に要する費用　百分の十二・五

二　介護給付（介護保険施設及び特定施設入居者生活介護に係るものに限る。）及び予防給付（介護予防特定施設入居者生活介護に係るものに限る。）に要する費用　百分の十七・五

2　第百二十一条第二項の規定は、前項に規定する介護給付及び予防給付に要する費用の額について準用する。

3　都道府県は、政令で定めるところにより、市町村に対し、介護予防・日常生活支援総合事業に要する費用の額の百分の十二・五に相当する額を交付する。

4　都道府県は、政令で定めるところにより、市町村に対し、特定地域支援事業支援額の百分の二十五に相当する額を交付する。

（市町村の一般会計における負担）

第百二十四条　市町村は、政令で定めるところにより、その一般会計において、介護給付及び予防給付に要する費用の額の百分の十二・五に相当する額を負担する。

2　第百二十一条第二項の規定は、前項に規定する介護給付及び予防給付に要する費用の額について準用する。

3　市町村は、政令で定めるところにより、その一般会計において、介護予防・日常生活支援総合事業に要する費用の額の百分の十二・五に相当する額を負担する。

4　市町村は、政令で定めるところにより、その一般会計において、特定地域支援事業支援額の百分の二十五に相当する額を負担する。

（市町村の特別会計への繰入れ等）

第百二十四条の二　市町村は、政令で定めるところにより、一般会計から、所得の少ない者について条例の定めるところにより行う保険料の減額賦課に基づき第一号被保険者に係る保険料につき減額した額の総額を基礎として政令で定めるところにより算定した額を介護保険に関する特別会計に繰り入れなければならない。

2　国は、政令で定めるところにより、前項の規定による繰入金の二分の一に相当する額を負担する。

3　都道府県は、政令で定めるところにより、第一項の規定による繰入金の四分の一に相当する額を負担する。

（住所地特例適用被保険者に係る地域支援事業に要する費用の負担金）

第百二十四条の三　市町村は、政令で定めるところにより、当該市町村が行う介護保険の住所地特例適用被保険者に対して、当該住所地特例適用被保険者が入所等をしてい

る住所地特例対象施設の所在する施設所在市町村が行う地域支援事業に要する費用について、政令で定めるところにより算定した額を、地域支援事業に要する費用として負担するものとする。

（介護給付費交付金）

第百二十五条　市町村の介護保険に関する特別会計において負担する費用のうち、介護給付及び予防給付に要する費用の額に第二号被保険者負担率を乗じて得た額（以下「医療保険納付対象額」という。）については、政令で定めるところにより、支払基金が市町村に対して交付する介護給付費交付金をもって充てる。

2　前項の第二号被保険者負担率は、すべての市町村に係る被保険者の見込数の総数に対するすべての市町村に係る第二号被保険者の見込数の総数の割合に二分の一を乗じて得た率を基準として設定するものとし、三年ごとに、当該割合の推移を勘案して政令で定める。

3　第百二十一条第二項の規定は、第一項に規定する介護給付及び予防給付に要する費用の額について準用する。

4　第一項の介護給付費交付金は、第百五十条第一項の規定により支払基金が徴収する納付金をもって充てる。

（地域支援事業支援交付金）

第百二十六条　市町村の介護保険に関する特別会計において負担する費用のうち、介護予防・日常生活支援総合事業に要する費用の額に前条第一項の第二号被保険者負担率を乗じて得た額（以下「介護予防・日常生活支援総合事業医療保険納付対象額」という。）については、政令で定めるところにより、支払基金が市町村に対して交付する地域支援事業支援交付金をもって充てる。

2　前項の地域支援事業支援交付金は、第百五十条第一項の規定により支払基金が徴収する納付金をもって充てる。

（保険料）

第百二十九条　市町村は、介護保険事業に要する費用（財政安定化基金拠出金の納付に要する費用を含む。）に充てるため、保険料を徴収しなければならない。

2　前項の保険料は、第一号被保険者に対し、政令で定める基準に従い条例で定めるところにより算定された保険料率により算定された保険料額によって課する。

3　前項の保険料率は、市町村介護保険事業計画に定める介護給付等対象サービスの見込量等に基づいて算定した保険給付に要する費用の予想額、財政安定化基金拠出金の納付に要する費用の予想額、第百四十七条第一項第二号の規定による都道府県からの借入金の償還に要する費用の予定額並びに地域支援事業及び保健福祉事業に要する費用の予定額、第一号被保険者の所得の分布状況及びその見通し並びに国庫負担等の額等に照らし、おおむね三年を通じ財政の均衡を保つことができるものでなければならない。

4　市町村は、第一項の規定にかかわらず、第二号被保険者からは保険料を徴収しない。

（保険料の徴収の方法）

第百三十一条　第百二十九条の保険料の徴収については、第百三十五条の規定により特別徴収（国民年金法による老齢基礎年金その他の同法又は厚生年金保険法による老齢、障害又は死亡を支給事由とする年金たる給付であって政令で定めるもの及びその他これらの年金たる給付に類する老齢若しくは退職、障害又は死亡を支給事由とする年金たる給付であって政令で定めるもの（以下「老齢等年金給付」という。）の支払をする者（以下「年金保険者」という。）に保険料を徴収させ、かつ、その徴収すべき保険料を納入させることをいう。以下同じ。）の方法による場合を除くほか、普通徴収（市町村が、保険料を課せられた第一号被保険者又は当該第一号被保険者の属する世帯の世帯主若しくは当該第一号被保険者の配偶者（婚姻の届出をしていないが、事実上婚姻関係と同様の事情にある者を含む。以下同じ。）に対し、地方自治法第二百三十一条の規定により納入の通知をすることによって保険料を徴収することをいう。以下同じ。）の方法によらなければならない。

（普通徴収に係る保険料の納付義務）

第百三十二条　第一号被保険者は、市町村がその者の保険料を普通徴収の方法によって徴収しようとする場合においては、当該保険料を納付しなければならない。

2　世帯主は、市町村が当該世帯に属する第一号被保険者の保険料を普通徴収の方法によって徴収しようとする場合において、当該保険料を連帯して納付する義務を負う。

3　配偶者の一方は、市町村が第一号被保険者たる他方の保険料を普通徴収の方法によって徴収しようとする場合において、当該保険料を連帯して納付する義務を負う。

（保険料の特別徴収）

第百三十五条　市町村は、前条第一項の規定による通知が行われた場合においては、当該通知に係る第一号被保険者（災害その他の特別の事情があることにより、特別徴収の方法によって保険料を徴収することが著しく困難であると認めるものその他政令で定めるものを除く。次項及び第三項において同じ。）に対して課する当該年度の保険料の全部（厚生労働省令で定める場合にあっては、その一部）を、特別徴収の方法によって徴収するものとする。ただし、当該通知に係る第一号被保険者が少ないことその他の特別の事情があることにより、特別徴収を行うことが適当でないと認められる市町村においては、特別徴収の方法によらないことができる。

2　市町村（前項ただし書に規定する市町村を除く。次項において同じ。）は、前条第二項又は第三項の規定による通知が行われた場合においては、当該通知に係る第一号被保険者に対して課する当該年度の保険料の一部を、特別徴収の方法によって徴収することができる。

3　市町村は、前条第二項若しくは第三項の規定による通知が行われた場合（前項の規定により当該通知に係る第一号被保険者に対して課する当該年度の保険料の一部を特別徴収の方法によって徴収する場合を除く。）又は同条第四項から第六項までの規定による通知が行われた場合においては、当該通知に係る第一号被保険者について、翌年度の初日から九月三十日までの間において当該通知に係る老齢等年金給付が支払われるときは、その支払に係る保険料額として、支払回数割保険料額の見込額（当該額によることが適当でないと認められる特別な事情がある場合においては、所得の状況その他の事情を勘案して市町村が定める額とする。）を、厚生労働省令で定めるところにより、特別徴収の方法によって徴収するものとする。

4　前項の支払回数割保険料額の見込額は、当該第一号被保険者につき、当該年度の保険料額を基礎として厚生労働省令で定めるところにより算定した額を、当該年度の翌年度の初日（前条第五項の規定による通知に係る第一号被保険者については同年度の六月一日とし、同条第六項の規定による通知に係る第一号被保険者については同年度の八月一日とする。）から九月三十日までの間における当該老齢等年金給付の支払の回数で除して得た額とする。

5　市町村は、第一項本文、第二項又は第三項の規定により特別徴収の方法によって保険料を徴収しようとする場合においては、第一項本文、第二項又は第三項に規定する第一号被保険者（以下「特別徴収対象被保険者」という。）について、当該特別徴収対象被保険者に係る年金保険者（以下「特別徴収義務者」という。）に当該保険料を徴収させなければならない。

6　市町村は、同一の特別徴収対象被保険者について前条第一項から第六項までの規定による通知に係る老齢等年金給付（以下「特別徴収対象年金給付」という。）が二以上ある場合においては、政令で定めるところにより一の特別徴収対象年金給付について保険料を徴収させるものとする。

（普通徴収保険料額への繰入）

第百三十九条　市町村は、第一号被保険者が特別徴収対象年金給付の支払を受けなくなったこと等により保険料を特別徴収の方法によって徴収されないこととなった場合においては、特別徴収の方法によって徴収されないこととなった額に相当する保険料額を、その特別徴収の方法によって徴収されないこととなった日以後において到来する第百三十三条の納期がある場合においてはそのそれぞれの納期において、その日以後に到来する同条の納期がない場合においては直ちに、普通徴収の方法によって徴収しなければならない。

2　特別徴収義務者から当該市町村に納入された第一号被保険者についての保険料額の合計額が当該第一号被保険者について特別徴収の方法によって徴収すべき保険料額を超える場合（特別徴収の方法によって徴収すべき保険料額がない場合を含む。）においては、市町村は、当該過納又は誤納に係る保険料額（当該過納又は誤納に係る保険料額が当該第一号被保険者が死亡したことにより生じたものであるときは、当該過納又は誤納に係る保険料額から厚生労働省令で定めるところにより算定した額を控除した額とする。次項において「過誤納額」という。）を当該第一号被保険者に還付しなければならない。

3　市町村は、前項の規定により過誤納額を還付すべき場合において、当該第一号被保険者の未納に係る保険料その他この法律の規定による徴収金があるときは、同項の規定にかかわらず、厚生労働省令で定めるところにより、当該過誤納額をこれに充当することができる。

第二節　財政安定化基金等

（財政安定化基金）

第百四十七条　都道府県は、次に掲げる介護保険の財政の安定化に資する事業に必要な費用に充てるため、財政安定化基金を設けるものとする。

一　実績保険料収納額が予定保険料収納額に不足すると見込まれ、かつ、基金事業対象収入額が基金事業対象費用額に不足すると見込まれる市町村に対し、政令で定めるところにより、イに掲げる額（イに掲げる額がロに掲げる額を超えるときは、ロに掲げる額とする。）の二分の一に相当する額を基礎として、当該市町村及びその他の市町村における保険料の収納状況を勘案して政令で定めるところにより算定した額を交付すること。

イ　実績保険料収納額が予定保険料収納額に不足すると見込まれる額

ロ　基金事業対象収入額が基金事業対象費用額に不足すると見込まれる額

二　基金事業対象収入額及び基金事業交付額の合計額が、基金事業対象費用額に不足すると見込まれる市町村に対し、政令で定めるところにより、当該不足すると見込まれる額を基礎として、当該市町村及びその他の市町村における保険料の収納状況を勘案して政令で定めるところにより算定した額の範囲内の額を貸し付けること。

2　前項において次の各号に掲げる用語の意義は、当該各号に定めるところによる。

一　予定保険料収納額　市町村において当該市町村が定める市町村介護保険事業計画の計画期間（以下「計画期間」という。）中に収納が見込まれた保険料の額の合計額のうち、介護給付及び予防給付に要する費用の額、地域支援事業に要する費用の額、財政安定化基金拠出金の納付に要する費用の額並びに前項第二号の規定による都道府県からの借入金（以下この項及び次条において「基金事業借入金」という。）の償還に要する費用の額に充てるものとして政令で定めるところにより算定した額

二　実績保険料収納額　市町村において計画期間中に収納した保険料の額の合計額のうち、介護給付及び予防給付に要した費用の額、地域支援事業に要した費用の額、財政安定化基金拠出金の納付に要した費用の額並びに基金事業借入金の償還に要した費用の額に充てるものとして政令で定めるところにより算定した額

三　基金事業対象収入額　市町村の介護保険に関する特別会計において計画期間中に収入した金額（第五号の基金事業交付額及び基金事業借入金の額を除く。）の合計額のうち、介護給付及び予防給付に要した費用の額、地域支援事業に要した費用の額、財政安定化基金拠出金の納付に要した費用の額並びに基金事業借入金

の償還に要した費用の額に充てるものとして政令で定めるところにより算定した額

四　基金事業対象費用額　市町村において計画期間中に介護給付及び予防給付に要した費用の額、地域支援事業に要した費用の額、財政安定化基金拠出金の納付に要した費用の額並びに基金事業借入金の償還に要した費用の額の合計額として政令で定めるところにより算定した額

五　基金事業交付額　市町村が計画期間中に前項第一号の規定により交付を受けた額

3　都道府県は、財政安定化基金に充てるため、政令で定めるところにより、市町村から財政安定化基金拠出金を徴収するものとする。

4　市町村は、前項の規定による財政安定化基金拠出金を納付する義務を負う。

5　都道府県は、政令で定めるところにより、第三項の規定により市町村から徴収した財政安定化基金拠出金の総額の三倍に相当する額を財政安定化基金に繰り入れなければならない。

6　国は、政令で定めるところにより、前項の規定により都道府県が繰り入れた額の三分の一に相当する額を負担する。

7　財政安定化基金から生ずる収入は、すべて財政安定化基金に充てなければならない。

8　第百二十一条第二項の規定は、第二項第一号に規定する介護給付及び予防給付に要する費用の額並びに同項第二号から第四号までに規定する介護給付及び予防給付に要した費用の額について準用する。

（市町村相互財政安定化事業）

第百四十八条　市町村は、介護保険の財政の安定化を図るため、その介護保険に関する特別会計において負担する費用のうち介護給付及び予防給付に要する費用（第四十三条第三項、第四十四条第六項、第四十五条第六項、第五十五条第三項、第五十六条第六項又は第五十七条第六項の規定に基づき条例を定めている市町村に係る当該介護給付及び予防給付に要する費用については、当該条例による措置が講じられないものとして政令で定めるところにより算定した当該介護給付及び予防給付に要する費用とする。次項において同じ。）、地域支援事業に要する費用、財政安定化基金拠出金の納付に要する費用並びに基金事業借入金の償還に要する費用の財源について、政令で定めるところにより、他の市町村と共同して、調整保険料率に基づき、市町村相互間において調整する事業（以下この条及び次条において「市町村相互財政安定化事業」という。）を行うことができる。

2　前項の調整保険料率は、市町村相互財政安定化事業を行う市町村（以下この条及び次条第二項において「特定市町村」という。）のそれぞれが、それぞれの第一号被保険者に対し、当該調整保険料率により算定した保険料額によって保険料を課するとしたならば、当該特定市町村につき事業実施期間（市町村相互財政安定化事業を実施する期間として特定市町村が次項の規約により定める三年を一期とする期間をいう。以下この項及び第四項において同じ。）において収納される保険料の額の合計額が、当該事業実施期間における当該特定市町村の介護給付及び予防給付に要する費用の額（当該介護給付及び予防給付に要する費用の額につき第百二十一条第一項、第百二十二条第一項、第百二十三条第一項、第百二十四条第一項及び第百二十五条第一項の規定により、国、都道府県、市町村の一般会計及び支払基金が負担し、又は交付する額を除く。）、地域支援事業に要する費用の額（当該地域支援事業に要する費用の額につき第百二十二条の二第一項、第二項及び第四項、第百二十三条第三項及び第四項、第百二十四条第三項及び第四項並びに第百二十六条第一項の規定により、国、都道府県、市町村の一般会計及び支払基金が負担し、又は交付する額を除く。）、財政安定化基金拠出金の納付に要する費用の額並びに基金事業借入金の償還に要する費用の額の合計額と均衡を保つことができるものであって、当該特定市町村が政令で定める基準に従い定めるものとする。

3　市町村は、市町村相互財政安定化事業を行おうとするときは、その議会の議決を経てする協議により規約を定め、これを都道府県知事に届け出なければならない。

4　前項の規約には、次に掲げる事項につき規定を設けなければならない。

一　特定市町村

二　調整保険料率

三　事業実施期間

四　市町村相互財政安定化事業に係る資金の負担及び交付の方法

五　前各号に掲げる事項のほか、市町村相互財政安定化事業の実施に関し必要な事項

5　第三項の規定は、同項の規約を変更し、又は市町村相互財政安定化事業をとりやめようとする場合について準用する。

6　特定市町村が第百二十九条第二項の規定によりその条例で定める保険料率について同条第三項の規定を適用する場合においては、同項中「償還に要する費用の予定額」とあるのは「償還に要する費用の予定額、第百四十八条第一項に規定する市町村相互財政安定化事業により負担する額の予想額」と、「並びに国庫負担等の額等に照らし、おおむね三年」とあるのは「、国庫負担等の額並びに同項に規定する市町村相互財政安定化事業により交付される額の予想額等に照らし、おおむね第百四十八条第二項に規定する事業実施期間」とする。

7　特定市町村について前条第二項の規定を適用する場合においては、同項第一号中「並びに前項第二号の規定による都道府県からの借入金（以下「基金事業借入金」という。）の償還に要する費用の額」とあるのは「、前項第二号の規定による都道府県からの借入金（以下「基金事業借入金」という。）の償還に要する費用の額並びに市町村相互財政安定化事業（次条第一項に規定する市町村相互財政安定化事業をいう。以下この項において同じ。）により負担する額」と、同項第二号中「並びに基金事業借入金の償還に要した費用の額」とあるのは「、基金事業借入金の償還に要した費用の額並びに市町村相互財政安定化事業により負担した額」と、同項第三号中「収入した金額（第五号の基金事業交付額及び基金事業借入金の額を除く。）」とあるのは「収入した金額（市町村相互財政安定化事業により交付された額を含み、第五号の基金事業交付額及び基金事業借入金の額を除く。）」と、「並びに基金事業借入金の償還に要した費用の額」とあるのは「、基金事業借入金の償還に要した費用の額並びに市町村相互財政安定化事業により負担した額」と、同項第四号中「並びに基金事業借入金の償還に要した費用の額」とあるのは「、基金事業借入金の償還に要した費用の額並びに市町村相互財政安定化事業により負担した額」とする。

8　特定市町村は、厚生労働省令で定めるところにより、市町村相互財政安定化事業のうち資金の負担及び交付に関する事務の一部を、当該特定市町村が出資者又は構成員となっている営利を目的としない法人であって、厚生労働省令で定める要件に該当するものに委託することができる。

第十二章　審査請求

（**審査請求**）

第百八十三条　保険給付に関する処分（被保険者証の交付の請求に関する処分及び要介護認定又は要支援認定に関する処分を含む。）又は保険料その他この法律の規定による徴収金（財政安定化基金拠出金、納付金及び第百五十七条第一項に規定する延滞金を除く。）に関する処分に不服がある者は、介護保険審査会に審査請求をすることができる。

2　前項の審査請求は、時効の完成猶予及び更新に関しては、裁判上の請求とみなす。

（**介護保険審査会の設置**）

第百八十四条　介護保険審査会（以下「保険審査会」という。）は、各都道府県に置く。

（**組織**）

第百八十五条　保険審査会は、次の各号に掲げる委員をもって組織し、その定数は、当該各号に定める数とする。

一　被保険者を代表する委員　三人

二　市町村を代表する委員　三人

三　公益を代表する委員　三人以上であって政令で定める基準に従い条例で定める員数
2　委員は、都道府県知事が任命する。
3　委員は、非常勤とする。

（合議体）
第百八十九条　保険審査会は、会長、被保険者を代表する委員及び市町村を代表する委員の全員並びに会長以外の公益を代表する委員のうちから保険審査会が指名する二人をもって構成する合議体で、審査請求（要介護認定又は要支援認定に関する処分に対するものを除く。）の事件を取り扱う。
2　要介護認定又は要支援認定に関する処分に対する審査請求の事件は、公益を代表する委員のうちから、保険審査会が指名する者をもって構成する合議体で取り扱う。
3　前項の合議体を構成する委員の定数は、都道府県の条例で定める数とする。

（管轄保険審査会）
第百九十一条　審査請求は、当該処分をした市町村をその区域に含む都道府県の保険審査会に対してしなければならない。
2　審査請求が管轄違いであるときは、保険審査会は、速やかに、事件を所轄の保険審査会に移送し、かつ、その旨を審査請求人に通知しなければならない。
3　事件が移送されたときは、はじめから、移送を受けた保険審査会に審査請求があったものとみなす。

（審査請求の期間及び方式）
第百九十二条　審査請求は、処分があったことを知った日の翌日から起算して三月以内に、文書又は口頭でしなければならない。ただし、正当な理由により、この期間内に審査請求をすることができなかったことを疎明したときは、この限りでない。

（市町村に対する通知）
第百九十三条　保険審査会は、審査請求がされたときは、行政不服審査法第二十四条の規定により当該審査請求を却下する場合を除き、原処分をした市町村及びその他の利害関係人に通知しなければならない。

（審理のための処分）
第百九十四条　保険審査会は、審理を行うため必要があると認めるときは、審査請求人若しくは関係人に対して報告若しくは意見を求め、その出頭を命じて審問し、又は医師その他保険審査会の指定する者（次項において「医師等」という。）に診断その他の調査をさせることができる。
2　都道府県は、前項の規定により保険審査会に出頭した関係人又は診断その他の調査をした医師等に対し、政令で定めるところにより、旅費、日当及び宿泊料又は報酬を支給しなければならない。

第十四章　罰則

第二百五条　認定審査会、都道府県介護認定審査会、給付費等審査委員会若しくは保険審査会の委員、保険審査会の専門調査員若しくは連合会若しくは連合会から第四十一条第十一項（第四十二条の二第九項、第四十六条第七項、第四十八条第七項、第五十一条の三第八項、第五十三条第七項、第五十四条の二第九項、第五十八条第七項及び第六十一条の三第八項において準用する場合を含む。）、第百十五条の四十五の三第七項若しくは第百十五条の四十七第七項の規定により第四十一条第九項、第四十二条の二第八項、第四十六条第六項、第四十八条第六項、第五十一条の三第七項、第五十三条第六項、第五十四条の二第八項、第六十一条の三第七項、第百十五条の四十五の三第五項若しくは第百十五条の四十七第六項に規定する審査及び支払に関する事務の委託を受けた法人の役員若しくは職員又はこれらの者であった者が、正当な理由がなく、職務上知り得た指定居宅サービス事業者、指定地域密着型サービス事業者、指定居宅介護支援事業者、介護保険施設の開設者、指定介護予防サービス事業者、指定地域密着型介護予防サービス事業者、指定介護予防支援事業者若しくは居宅サービス等を行った者若しくは第一号事業を行う者の業務上の秘密又は個人の秘密を漏らしたときは、一年以下の懲役又は百万円以下の罰金に処する。
2　第二十四条の二第三項、第二十四条の三第二項、第二十八条第七項（第二十九条第

高齢者福祉

二項、第三十条第二項、第三十一条第二項、第三十三条第四項、第三十三条の二第二項、第三十三条の三第二項及び第三十四条第二項において準用する場合を含む。）、第六十九条の十七第一項、第六十九条の二十八第一項、第六十九条の三十七、第百十五条の三十八第一項（第百十五条の四十二第三項において準用する場合を含む。）、第百十五条の四十六第八項（第百十五条の四十七第三項において準用する場合を含む。）又は第百十五条の四十八第五項の規定に違反した者は、一年以下の懲役又は百万円以下の罰金に処する。

第二百五条の二　第六十九条の二十四第二項の規定による命令に違反したときは、その違反行為をした者は、一年以下の懲役又は百万円以下の罰金に処する。

附　則（抄）

（施行期日）

第一条　この法律は、平成十二年四月一日から施行する。〔後略〕

〔参考・未施行分〕

・医療保険制度の適正かつ効率的な運営を図るための健康保険法等の一部を改正する法律（令和元・五・二二法律九）

附則　抄

（施行期日）

第一条　この法律は、平成三十二〔令和二〕年四月一日から施行する。ただし、次の各号に掲げる規定は、当該各号に定める日から施行する。

一～四　〔略〕

五　〔中略〕　平成三十三〔令和三〕年四月一日

六　〔中略〕　平成三十四〔令和四〕年四月一日

・地域の自主性及び自立性を高めるための改革の推進を図るための関係法律の整備に関する法律（令和元・六・七法律二六）

附則　抄

（施行期日）

第一条　この法律は、公布の日〔令和元年六月七日〕から施行する。ただし、次の各号に掲げる規定は、当該各号に定める日から施行する。

一～三　〔略〕

四　〔中略〕　平成三十三〔令和三〕年四月一日

介護保険法施行令（抄）

（平成一〇・一二・二四　政令四一二）

最新改正　令和元政令二〇九

第一章　総則

（特別会計の勘定）

第一条　介護保険法（以下「法」という。）第百十五条の四十九に規定する事業として指定居宅サービス（法第四十一条第一項に規定する指定居宅サービスをいう。以下同じ。）、指定地域密着型サービス（法第四十二条の二第一項に規定する指定地域密着型サービスをいう。以下同じ。）、指定居宅介護支援（法第四十六条第一項に規定する指定居宅介護支援をいう。以下同じ。）、指定介護予防サービス（法第五十三条第一項に規定する指定介護予防サービスをいう。以下同じ。）、指定地域密着型介護予防サービス（法第五十四条の二第一項に規定する指定地域密着型介護予防サービスをいう。以下同じ。）及び指定介護予防支援（法第五十八条第一項に規定する指定介護予防支援をいう。以下同じ。）の事業並びに介護保険施設の運営を行う市町村（特別区を含む。以下同じ。）は、厚生労働省令で定めるところにより、介護保険に関する特別会計を保険事業勘定及び介護サービス事業勘定に区分しなければならない。

（特定疾病）

第二条　法第七条第三項第二号に規定する政令で定める疾病は、次のとおりとする。

一　がん（医師が一般に認められている医学的知見に基づき回復の見込みがない状態に至ったと判断したものに限る。）

二　関節リウマチ

三　筋萎縮性側索硬化症

四　後縦靱帯骨化症

五　骨折を伴う骨粗鬆症

六　初老期における認知症（法第五条の二第一項に規定する認知症をいう。以下同じ。）

七　進行性核上性麻痺、大脳皮質基底核変性症及びパーキンソン病

八　脊髄小脳変性症

九　脊柱管狭窄症

十　早老症

十一　多系統萎縮症

十二　糖尿病性神経障害、糖尿病性腎症及び糖尿病性網膜症

十三　脳血管疾患

十四　閉塞性動脈硬化症

十五　慢性閉塞性肺疾患

十六　両側の膝関節又は股関節に著しい変形を伴う変形性関節症

（法第八条第二項の政令で定める者）

第三条　法第八条第二項の政令で定める者は、次に掲げる者とする。ただし、訪問介護（同項に規定する訪問介護をいう。以下この条において同じ。）に係る共生型居宅サービス（法第七十二条の二第一項の申請に係る法第四十一条第一項本文の指定を受けた者による指定居宅サービスをいう。）以外の訪問介護については、第一号に掲げる者とする。

一　次のイ又はロに掲げる研修の課程を修了し、それぞれ当該イ又はロに定める者から当該研修を修了した旨の証明書の交付を受けた者（以下この条において「養成研修修了者」という。）

イ　都道府県知事の行う介護員の養成に関する研修　当該都道府県知事

ロ　都道府県知事が指定する者（以下この条において「介護員養成研修事業者」という。）の行う研修であって厚生労働省令で定める基準に適合するものとして都道府県知事の指定を受けたもの（以下この条において「介護員養成研修」という。）　当該介護員養成研修事業者

二　居宅介護（障害者の日常生活及び社会生活を総合的に支援するための法律（平成十七年法律第百二十三号）第五条第二項に規定する居宅介護をいう。）又は重度訪問介護（同条第三項に規定する重度訪問介護をいう。）に係る指定障害福祉サービス（同法第二十九条第一項に規定する指定障害福祉サービスをいう。）を提供している者として厚生労働大臣が定めるもの

2　前項第一号ロの事業者の指定は、都道府県の区域ごとに、その指定を受けようとする者の申請により、次に掲げる要件を満たすと認められる者について、当該都道府県知事が行う。

一　厚生労働省令で定める基準に適合する介護員養成研修を適正に実施する能力があると認められること。

二　次に掲げる義務を適正に履行できると認められること。

イ　養成研修修了者について、厚生労働省令で定める事項を記載した名簿を作成し、及びこれを都道府県知事に送付すること。

ロ　厚生労働省令で定める事項に変更があったとき、又は当該事業を廃止し、休止し、若しくは再開したときに、厚生労働省令で定めるところにより、十日以内に、その旨を都道府県知事に届け出ること。

ハ　介護員養成研修の実施に関して都道府県知事が当該事業に関する情報の提供、当該事業の内容の変更その他の必要な指示を行った場合に、当該指示に従うこと。

3　都道府県知事は、介護員養成研修事業者が、前項各号に掲げる要件を満たすことができなくなったと認められるときは、第一

項第一号ロの指定を取り消すことができる。

4　前三項に規定するもののほか、養成研修修了者に関して必要な事項は、厚生労働省令で定める。

（福祉用具の貸与の方法等）

第四条　法第八条第十二項若しくは第十三項又は法第八条の二第十項若しくは第十一項に規定する政令で定めるところにより行われる貸与又は販売は、居宅要介護者（法第八条第二項に規定する居宅要介護者をいう。）又は居宅要支援者（法第八条の二第二項に規定する居宅要支援者をいう。）が福祉用具（法第八条第十二項に規定する福祉用具をいう。以下この項において同じ。）を選定するに当たり、次の各号のいずれかに該当する者（以下この項及び第四項において「福祉用具専門相談員」という。）から、福祉用具に関する専門的知識に基づく助言を受けて行われる貸与又は販売とする。

一　保健師
二　看護師
三　准看護師
四　理学療法士
五　作業療法士
六　社会福祉士
七　介護福祉士
八　義肢装具士
九　福祉用具専門相談員に関する講習であって厚生労働省令で定める基準に適合するものを行う者として都道府県知事が指定するもの（以下この項及び第三項において「福祉用具専門相談員指定講習事業者」という。）により行われる当該講習（以下この項及び次項において「福祉用具専門相談員指定講習」という。）の課程を修了し、当該福祉用具専門相談員指定講習事業者から当該福祉用具専門相談員指定講習を修了した旨の証明書の交付を受けた者

2　前項第九号の事業者の指定は、都道府県の区域ごとに、その指定を受けようとする者の申請により、次に掲げる要件を満たすと認められるものについて、当該都道府県知事が行う。

一　福祉用具専門相談員指定講習を適正に実施する能力があると認められること。
二　次に掲げる義務を適正に履行できると認められること。
イ　前項第九号の証明書の交付を受けた者について、厚生労働省令で定める事項を記載した名簿を作成し、及びこれを都道府県知事に送付すること。
ロ　厚生労働省令で定める事項に変更があったとき、又は当該事業を廃止し、休止し、若しくは再開したときに、厚生労働省令で定めるところにより、十日以内に、その旨を都道府県知事に届け出ること。
ハ　福祉用具専門相談員指定講習の実施に関して都道府県知事が当該事業に関する情報の提供、当該事業の内容の変更その他の必要な指示を行った場合に、当該指示に従うこと。

3　都道府県知事は、福祉用具専門相談員指定講習事業者が、前項各号に掲げる要件を満たすことができなくなったと認められるときは、第一項第九号の指定を取り消すことができる。

4　前三項に規定するもののほか、福祉用具専門相談員に関することその他の第一項の貸与又は販売の方法に関して必要な事項は、厚生労働省令で定める。

第二章　介護認定審査会

（介護認定審査会の委員の定数の基準）

第五条　法第十五条第一項に規定する認定審査会（以下「認定審査会」という。）の委員の定数に係る同項に規定する政令で定める基準は、認定審査会の要介護認定（要介護更新認定、要介護状態区分の変更の認定及び要介護認定の取消しを含む。第四十六条において同じ。）又は要支援認定（要支援更新認定、要支援状態区分の変更の認定及び要支援認定の取消しを含む。同条において同じ。）に係る審査及び判定の件数その他の事情を勘案して、各市町村が必要と認める数の第九条第一項に規定する合議体を認定審査会に設置することができる数であることとする。

（委員の任期）

第六条　委員の任期は、二年（委員の任期を二年を超え三年以下の期間で市町村が条例で定める場合にあっては、当該条例で定める期間）とする。ただし、補欠の委員の任期は、前任者の残任期間とする。

2　委員は、再任されることができる。

（会長）

第七条　認定審査会に会長一人を置き、委員の互選によってこれを定める。

2　会長は、会務を総理し、認定審査会を代表する。

3　会長に事故があるときは、あらかじめその指名する委員が、その職務を代理する。

（会議）

第八条　認定審査会は、会長が招集する。

2　認定審査会は、会長及び過半数の委員の出席がなければ、これを開き、議決をすることができない。

3　認定審査会の議事は、出席した委員の過半数をもって決し、可否同数のときは、会長の決するところによる。

（合議体）

第九条　認定審査会は、委員のうちから会長が指名する者をもって構成する合議体（以下この条において「合議体」という。）で、審査及び判定の案件を取り扱う。

2　合議体に長を一人置き、当該合議体を構成する委員の互選によってこれを定める。

3　合議体を構成する委員の定数は、五人を標準として市町村が定める数とする。

4　合議体は、これを構成する委員の過半数が出席しなければ、会議を開き、議決をすることができない。

5　合議体の議事は、出席した委員の過半数をもって決し、可否同数のときは、長の決するところによる。

6　認定審査会において別段の定めをした場合のほかは、合議体の議決をもって認定審査会の議決とする。

（都道府県介護認定審査会に関する読替え）

第十条　第五条から前条までの規定は、法第三十八条第二項に規定する都道府県介護認定審査会について準用する。この場合において、第五条、第六条第一項及び前条第三項中「市町村」とあるのは、「都道府県」と読み替えるものとする。

第四章　介護支援専門員並びに事業者及び施設

第一節　通則

（登録の拒否等に係る法律）

第三十五条の二　法第六十九条の二第一項第三号、第七十条第二項第五号（法第七十条の二第四項（法第七十八条の十二、第百十五条の十一、第百十五条の二十一及び第百十五条の三十一において準用する場合を含む。）において準用する場合を含む。）、第七十八条の二第四項第五号（法第七十八条の十四第三項において準用する場合を含む。）、第七十九条第二項第四号（法第七十九条の二第四項において準用する場合を含む。）、第八十六条第二項第三号（法第八十六条の二第四項において準用する場合を含む。）、第九十四条第三項第五号（法第九十四条の二第四項において準用する場合を含む。）、第百七条第三項第五号（法第百八条第四項において準用する場合を含む。）、第百十五条の二第二項第五号、第百十五条の十二第二項第五号及び第百十五条の二十二第二項第四号の政令で定める法律は、次のとおりとする。

一　児童福祉法（昭和二十二年法律第百六十四号）

二　栄養士法（昭和二十二年法律第二百四十五号）

三　医師法（昭和二十三年法律第二百一号）

四　歯科医師法（昭和二十三年法律第二百二号）

五　保健師助産師看護師法（昭和二十三年法律第二百三号）

六　歯科衛生士法（昭和二十三年法律第二百四号）

七　医療法（昭和二十三年法律第二百五号）

八　身体障害者福祉法（昭和二十四年法律第二百八十三号）

九　精神保健及び精神障害者福祉に関する法律（昭和二十五年法律第百二十三号）

十　生活保護法

十一　社会福祉法（昭和二十六年法律第四

十五号）
十二　医薬品、医療機器等の品質、有効性及び安全性の確保等に関する法律（昭和三十五年法律第百四十五号）
十三　薬剤師法（昭和三十五年法律第百四十六号）
十四　老人福祉法（昭和三十八年法律第百三十三号）
十五　理学療法士及び作業療法士法（昭和四十年法律第百三十七号）
十六　高齢者の医療の確保に関する法律
十七　社会福祉士及び介護福祉士法（昭和六十二年法律第三十号）
十八　義肢装具士法（昭和六十二年法律第六十一号）
十九　精神保健福祉士法（平成九年法律第百三十一号）
二十　言語聴覚士法（平成九年法律第百三十二号）
二十一　障害者の日常生活及び社会生活を総合的に支援するための法律
二十二　高齢者虐待の防止、高齢者の養護者に対する支援等に関する法律（平成十七年法律第百二十四号）
二十三　就学前の子どもに関する教育、保育等の総合的な提供の推進に関する法律（平成十八年法律第七十七号）
二十四　子ども・子育て支援法（平成二十四年法律第六十五号）
二十五　再生医療等の安全性の確保等に関する法律（平成二十五年法律第八十五号）
二十六　国家戦略特別区域法（平成二十五年法律第百七号。第十二条の五第十五項及び第十七項から第十九項までの規定に限る。）
二十七　難病の患者に対する医療等に関する法律（平成二十六年法律第五十号）
二十八　公認心理師法（平成二十七年法律第六十八号）
二十九　民間あっせん機関による養子縁組のあっせんに係る児童の保護等に関する法律（平成二十八年法律第百十号）
三十　臨床研究法（平成二十九年法律第十六号）

（指定の拒否等に係る使用人の範囲）

第三十五条の四　法第七十条第二項第六号（法第七十条の二第四項（法第七十八条の十二、第百十五条の二十一及び第百十五条の三十一において準用する場合を含む。）、第九十四条第三項第十一号（法第九十四条の二第四項において準用する場合を含む。）及び第百七条第三項第十四号（法第百八条第四項において準用する場合を含む。）に規定する政令で定める使用人は、申請者の使用人であって、申請者の事業所又は申請者が開設した施設を管理する者とする。

（指定の取消し等に係る法律）

第三十五条の五　法第七十七条第一項第十号、第七十八条の十第十二号、第八十四条第一項第十号、第九十二条第一項第十号、第百四条第一項第九号、第百十四条の六第一項第九号、第百十五条の九第一項第九号、第百十五条の十九第十一号、第百十五条の二十九第九号及び第百十五条の四十五の九第六号の政令で定める法律は、次のとおりとする。
一　健康保険法
二　児童福祉法（国家戦略特別区域法第十二条の五第八項において準用する場合を含む。）
三　栄養士法
四　医師法
五　歯科医師法
六　保健師助産師看護師法
七　歯科衛生士法
八　医療法
九　身体障害者福祉法
十　精神保健及び精神障害者福祉に関する法律
十一　生活保護法
十二　社会福祉法
十三　知的障害者福祉法（昭和三十五年法律第三十七号）
十四　医薬品、医療機器等の品質、有効性及び安全性の確保等に関する法律
十五　薬剤師法
十六　老人福祉法
十七　理学療法士及び作業療法士法

十八　高齢者の医療の確保に関する法律
十九　社会福祉士及び介護福祉士法
二十　義肢装具士法
二十一　精神保健福祉士法
二十二　言語聴覚士法
二十三　発達障害者支援法（平成十六年法律第百六十七号）
二十四　障害者の日常生活及び社会生活を総合的に支援するための法律
二十五　高齢者虐待の防止、高齢者の養護者に対する支援等に関する法律
二十六　就学前の子どもに関する教育、保育等の総合的な提供の推進に関する法律
二十七　子ども・子育て支援法
二十八　再生医療等の安全性の確保等に関する法律
二十九　国家戦略特別区域法（第十二条の五第七項の規定に限る。）
三十　難病の患者に対する医療等に関する法律
三十一　公認心理師法
三十二　民間あっせん機関による養子縁組のあっせんに係る児童の保護等に関する法律
三十三　臨床研究法

附　則（抄）

（施行期日）
第一条　この政令は、平成十二年四月一日から施行する。〔後略〕

介護保険法施行規則（抄）

（平成一一・三・三一）
（厚　令　三六）
最新改正　令和元厚労令五八

第一章　総則

（要介護状態の継続見込期間）
第二条　介護保険法（平成九年法律第百二十三号。以下「法」という。）第七条第一項の厚生労働省令で定める期間は、六月間とする。ただし、法第七条第三項第二号に該当する者であって、その要介護状態の原因である身体上又は精神上の障害が介護保険法施行令（平成十年政令第四百十二号。以下「令」という。）第二条第一号に規定する疾病によって生じたものに係る要介護状態の継続見込期間については、その余命が六月に満たないと判断される場合にあっては、死亡までの間とする。

（要支援状態の継続見込期間）
第三条　法第七条第二項の厚生労働省令で定める期間は、六月間とする。ただし、法第七条第四項第二号に該当する者であって、その要支援状態の原因である身体上又は精神上の障害が令第二条第一号に規定する疾病によって生じたものに係る要支援状態の継続見込期間については、その余命が六月に満たないと判断される場合にあっては、死亡までの間とする。

（法第八条第二項の厚生労働省令で定める施設）
第四条　法第八条第二項の厚生労働省令で定める施設は、老人福祉法（昭和三十八年法律第百三十三号）第二十条の四に規定する養護老人ホーム（以下「養護老人ホーム」という。）、同法第二十条の六に規定する軽費老人ホーム（以下「軽費老人ホーム」という。）及び同法第二十九条第一項に規定する有料老人ホーム（以下「有料老人ホーム」という。）とする。

（法第八条第二項の厚生労働省令で定める日常生活上の世話）
第五条　法第八条第二項の厚生労働省令で定める日常生活上の世話は、入浴、排せつ、食事等の介護、調理、洗濯、掃除等の家事（居宅要介護者（同項に規定する居宅要介護者をいう。以下同じ。）が単身の世帯に属するため又はその同居している家族等の障害、疾病等のため、これらの者が自ら行うことが困難な家事であって、居宅要介護者の日常生活上必要なものとする。第十七条の二及び第十七条の五において同じ。）、生活等に関する相談及び助言その他の居宅要介護者に必要な日常生活上の世話とする。

（法第八条第四項の厚生労働省令で定める基準）
第六条　法第八条第四項の厚生労働省令で定

める基準は、病状が安定期にあり、居宅において看護師又は次条に規定する者が行う療養上の世話又は必要な診療の補助を要することとする。

（法第八条第四項の厚生労働省令で定める者）

第七条　法第八条第四項の厚生労働省令で定める者は、保健師、准看護師、理学療法士、作業療法士及び言語聴覚士とする。

（法第八条第五項の厚生労働省令で定める基準）

第八条　法第八条第五項の厚生労働省令で定める基準は、病状が安定期にあり、居宅において、心身の機能の維持回復及び日常生活上の自立を図るために、診療に基づき実施される計画的な医学的管理の下における理学療法、作業療法その他必要なリハビリテーションを要することとする。

第九条　法第八条第六項の厚生労働省令で定める者は、歯科衛生士、保健師、看護師、准看護師及び管理栄養士とする。

（法第八条第六項の厚生労働省令で定める療養上の管理及び指導）

第九条の二　法第八条第六項の厚生労働省令で定める療養上の管理及び指導のうち医師又は歯科医師により行われるものは、居宅要介護者の居宅を訪問して行う計画的かつ継続的な医学的管理又は歯科医学的管理に基づいて実施される指定居宅介護支援事業者（法第四十六条第一項に規定する指定居宅介護支援事業者をいう。以下同じ。）その他の事業者に対する居宅サービス計画（法第八条第二十三項に規定する居宅サービス計画をいう。以下同じ。）の策定等に必要な情報提供（当該居宅要介護者の同意を得て行うものに限る。）並びに当該居宅要介護者又はその家族等に対する居宅サービスを利用する上での留意点、介護方法等についての指導及び助言とする。

2　法第八条第六項の厚生労働省令で定める療養上の管理及び指導のうち薬剤師により行われるものは、居宅要介護者の居宅において、医師又は歯科医師の指示（薬局の薬剤師にあっては、医師又は歯科医師の指示に基づき策定される薬学的管理指導計画）に基づいて実施される薬学的な管理及び指導とする。

3　法第八条第六項の厚生労働省令で定める療養上の管理及び指導のうち歯科衛生士、保健師、看護師及び准看護師により行われるものは、居宅要介護者の居宅において、その者に対して訪問歯科診療を行った歯科医師の指示及び当該歯科医師の策定した訪問指導計画に基づいて実施される口腔内の清掃又は有床義歯の清掃に関する指導とする。

4　法第八条第六項の厚生労働省令で定める療養上の管理及び指導のうち管理栄養士により行われるものは、居宅要介護者の居宅において、その者に対して計画的な医学的管理を行っている医師の指示に基づいて実施される栄養指導とする。

（法第八条第七項の厚生労働省令で定める日常生活上の世話）

第十条　法第八条第七項の厚生労働省令で定める日常生活上の世話は、入浴、排せつ、食事等の介護、生活等に関する相談及び助言、健康状態の確認その他の居宅要介護者に必要な日常生活上の世話とする。

（法第八条第七項の厚生労働省令で定める利用定員）

第十条の二　法第八条第七項の厚生労働省令で定める数は、十九人とする。

（法第八条第八項の厚生労働省令で定める基準）

第十一条　法第八条第八項の厚生労働省令で定める基準は、病状が安定期にあり、次条に規定する施設において、心身の機能の維持回復及び日常生活上の自立を図るために、診療に基づき実施される計画的な医学的管理の下における理学療法、作業療法その他必要なリハビリテーションを要することとする。

（法第八条第八項の厚生労働省令で定める施設）

第十二条　法第八条第八項の厚生労働省令で定める施設は、介護老人保健施設、介護医療院、病院及び診療所とする。

（法第八条第十項の厚生労働省令で定める居宅要介護者）

第十三条　法第八条第十項の厚生労働省令で

定める居宅要介護者は、病状が安定期にあり、次条に規定する施設に短期間入所して、看護、医学的管理の下における介護及び機能訓練その他必要な医療を要する居宅要介護者とする。

（法第八条第十項の厚生労働省令で定める施設）

第十四条　法第八条第十項の厚生労働省令で定める施設は、次のとおりとする。

一　介護老人保健施設

二　介護医療院

三　医療法（昭和二十三年法律第二百五号）第七条第二項第四号に規定する療養病床を有する病院若しくは診療所（以下「療養病床を有する病院等」という。）

四　診療所（前号に掲げるものを除く。）

（法第八条第十一項の厚生労働省令で定める施設）

第十五条　法第八条第十一項の厚生労働省令で定める施設は、次のとおりとする。

一　養護老人ホーム

二　軽費老人ホーム

（法第八条第十一項の厚生労働省令で定める事項）

第十六条　法第八条第十一項の厚生労働省令で定める事項は、当該要介護者の健康上及び生活上の問題点及び解決すべき課題、提供するサービスの目標及びその達成時期並びにサービスを提供する上での留意事項とする。

（法第八条第十一項の厚生労働省令で定める日常生活上の世話）

第十七条　法第八条第十一項の厚生労働省令で定める日常生活上の世話は、入浴、排せつ、食事等の介護、洗濯、掃除等の家事、生活等に関する相談及び助言その他の特定施設に入居している要介護者に必要な日常生活上の世話とする。

（法第八条第十五項第一号及び第二号の厚生労働省令で定める日常生活上の世話）

第十七条の二　法第八条第十五項第一号及び第二号の厚生労働省令で定める日常生活上の世話は、入浴、排せつ、食事等の介護、これらに付随して行われる調理、洗濯、掃除等の家事、生活等に関する相談及び助言その他の居宅要介護者に必要な日常生活上の世話とする。

（法第八条第十五項第一号の厚生労働省令で定める者）

第十七条の二の二　法第八条第十五項第一号の厚生労働省令で定める者は、保健師、准看護師、理学療法士、作業療法士及び言語聴覚士とする。

（法第八条第十五項第一号の厚生労働省令で定める基準）

第十七条の二の三　法第八条第十五項第一号の厚生労働省令で定める基準は、病状が安定期にあり、居宅において看護師又は前条に規定する者が行う療養上の世話又は必要な診療の補助を要することとする。

（法第八条第十六項の厚生労働省令で定める日常生活上の世話）

第十七条の二の四　法第八条第十六項の厚生労働省令で定める日常生活上の世話は、入浴、排せつ、食事等の介護、生活等に関する相談及び助言その他の居宅要介護者に必要な日常生活上の世話とする。

（法第八条第十七項の厚生労働省令で定める日常生活上の世話）

第十七条の二の五　法第八条第十七項の厚生労働省令で定める日常生活上の世話は、入浴、排せつ、食事等の介護、生活等に関する相談及び助言、健康状態の確認その他の居宅要介護者に必要な日常生活上の世話とする。

（法第八条第十八項の厚生労働省令で定める日常生活上の世話）

第十七条の三　法第八条第十八項の厚生労働省令で定める日常生活上の世話は、入浴、排せつ、食事等の介護、生活等に関する相談及び助言、健康状態の確認その他の居宅要介護者に必要な日常生活上の世話とする。

（法第八条第十九項の厚生労働省令で定めるサービスの拠点）

第十七条の四　法第八条第十九項の厚生労働省令で定めるサービスの拠点は、機能訓練及び次条に規定する日常生活上の世話を適切に行うことができるサービスの拠点とする。

高齢者福祉

（法第八条第十九項の厚生労働省令で定める日常生活上の世話）

第十七条の五　法第八条第十九項の厚生労働省令で定める日常生活上の世話は、入浴、排せつ、食事等の介護、調理、洗濯、掃除等の家事、生活等に関する相談及び助言、健康状態の確認その他の居宅要介護者に必要な日常生活上の世話とする。

（法第八条第二十一項の厚生労働省令で定める者）

第十七条の六　法第八条第二十一項の厚生労働省令で定める者は、次のとおりとする。

一　入居の際要介護者であったものであって、現に要介護者でないもの

二　入居者である要介護者（前号に該当する者を含む。次号において同じ。）の三親等以内の親族

三　前二号に掲げるもののほか、特別の事情により入居者である要介護者と同居させることが必要であると当該施設の所在地を管轄する都道府県知事（地域密着型特定施設（法第八条第二十一項に規定する地域密着型特定施設をいう。以下この項及び第十七条の八において同じ。）の場合には、当該地域密着型特定施設の所在地を管轄する市町村長（特別区にあっては、区長。第九十八条第八号を除き、以下同じ。）（当該地域密着型特定施設の所在地以外の市町村（以下この号において「他の市町村」という。）が行う介護保険の被保険者が入居者の場合には当該他の市町村の長））が認める者

（法第八条第二十一項の厚生労働省令で定める事項）

第十七条の七　法第八条第二十一項の厚生労働省令で定める事項は、当該要介護者の健康上及び生活上の問題点及び解決すべき課題、提供するサービスの目標及びその達成時期並びにサービスを提供する上での留意事項とする。

（法第八条第二十一項の厚生労働省令で定める日常生活上の世話）

第十七条の八　法第八条第二十一項の厚生労働省令で定める日常生活上の世話は、入浴、排せつ、食事等の介護、洗濯、掃除等の家事、生活等に関する相談及び助言その他の地域密着型特定施設に入居している要介護者に必要な日常生活上の世話とする。

（法第八条第二十二項の厚生労働省令で定める要介護状態区分）

第十七条の九　法第八条第二十二項の厚生労働省令で定める要介護状態区分は、要介護認定等に係る介護認定審査会による審査及び判定の基準等に関する省令（平成十一年厚生省令第五十八号。以下「認定省令」という。）第一条第一項第三号から第五号までに掲げる要介護状態区分とする。

（法第八条第二十二項の居宅において日常生活を営むことが困難な者として厚生労働省令で定めるもの）

第十七条の十　法第八条第二十二項の居宅において日常生活を営むことが困難な者として厚生労働省令で定めるものは、認定省令第一条第一項第一号又は第二号に掲げる要介護状態区分に該当する者であって、その心身の状況、その置かれている環境その他の事情に照らして、居宅において日常生活を営むことが困難なことについてやむを得ない事由があると認められるものをいう。

（法第八条第二十二項の厚生労働省令で定める事項）

第十七条の十一　法第八条第二十二項の厚生労働省令で定める事項は、当該要介護者及びその家族の生活に対する意向、当該要介護者の総合的な援助の方針、健康上及び生活上の問題点及び解決すべき課題、提供するサービスの目標及びその達成時期並びにサービスを提供する上での留意事項とする。

（法第八条第二十三項の厚生労働省令で定めるサービス）

第十七条の十二　法第八条第二十三項の厚生労働省令で定めるサービスは、訪問看護及び小規模多機能型居宅介護の組合せにより提供されるサービス（以下「看護小規模多機能型居宅介護」という。）とする。

（法第八条第二十四項の厚生労働省令で定める事項）

第十八条　法第八条第二十四項の厚生労働省令で定める事項は、当該居宅要介護者及び

その家族の生活に対する意向、当該居宅要介護者の総合的な援助の方針並びに健康上及び生活上の問題点及び解決すべき課題、提供される指定居宅サービス等（同項に規定する指定居宅サービス等をいう。以下この条において同じ。）の目標及びその達成時期、指定居宅サービス等が提供される日時、指定居宅サービス等を提供する上での留意事項並びに指定居宅サービス等の提供を受けるために居宅要介護者が負担しなければならない費用の額とする。

（法第八条第二十六項の厚生労働省令で定める事項）

第十九条　法第八条第二十六項の厚生労働省令で定める事項は、当該要介護者及びその家族の生活に対する意向、当該要介護者の総合的な援助の方針並びに健康上及び生活上の問題点及び解決すべき課題並びに提供する施設サービスの目標及びその達成時期並びに施設サービスを提供する上での留意事項とする。

（法第八条第二十八項の厚生労働省令で定める要介護者）

第二十条　法第八条第二十八項の厚生労働省令で定める要介護者は、病状が安定期にあり、介護老人保健施設において、看護、医学的管理の下における介護及び機能訓練その他必要な医療を要する要介護者とする。

（法第八条第二十九項の厚生労働省令で定める要介護者）

第二十一条　法第八条第二十九項の厚生労働省令で定める要介護者は、次に掲げる者とする。

一　病状が比較的安定期にあり、重篤な身体疾患を有する者、身体合併症を有する認知症高齢者等であって、介護医療院において、療養上の管理、看護、医学的管理の下における介護及び機能訓練その他必要な医療を要する要介護者

二　前号に掲げる者以外の者であって、病状が比較的安定期にあり、介護医療院において、療養上の管理、看護、医学的管理の下における介護及び機能訓練その他必要な医療を要する要介護者

（法第八条の二第二項等の厚生労働省令で定める期間）

第二十二条の二　法第八条の二第二項から第四項まで、第六項から第八項まで及び第十三項の厚生労働省令で定める期間は、居宅要支援者（法第八条の二第二項に規定する居宅要支援者をいう。以下同じ。）ごとに定める介護予防サービス計画（同条第十六項に規定する介護予防サービス計画をいう。以下同じ。）、第八十三条の九第一号ハの計画、同号ニの計画又は第八十五条の二第一号ハの計画において定めた期間とする。

（法第八条の二第二項の厚生労働省令で定める場合）

第二十二条の四　法第八条の二第二項の厚生労働省令で定める場合は、疾病その他のやむを得ない理由により入浴の介護が必要なときとする。

（法第八条の二第三項の厚生労働省令で定める基準）

第二十二条の五　法第八条の二第三項の厚生労働省令で定める基準は、病状が安定期にあり、居宅において看護師又は次条に規定する者が行う療養上の世話又は必要な診療の補助を要することとする。

（法第八条の二第三項の厚生労働省令で定める者）

第二十二条の六　法第八条の二第三項の厚生労働省令で定める者は、保健師、准看護師、理学療法士、作業療法士及び言語聴覚士とする。

（法第八条の二第四項の厚生労働省令で定める基準）

第二十二条の七　法第八条の二第四項の厚生労働省令で定める基準は、病状が安定期にあり、居宅において、心身の機能の維持回復及び日常生活上の自立を図るために、診療に基づき実施される計画的な医学的管理の下における理学療法、作業療法その他必要なリハビリテーションを要することとする。

（法第八条の二第五項の厚生労働省令で定める者）

第二十二条の八　法第八条の二第五項の厚生労働省令で定める者は、歯科衛生士、保健

師、看護師、准看護師及び管理栄養士とする。

（法第八条の二第五項の厚生労働省令で定める療養上の管理及び指導）

第二十二条の九　法第八条の二第五項の厚生労働省令で定める療養上の管理及び指導のうち医師又は歯科医師により行われるものは、居宅要支援者の居宅を訪問して行う計画的かつ継続的な医学的管理又は歯科医学的管理に基づいて実施される指定介護予防支援事業者（法第五十八条第一項に規定する指定介護予防支援事業者をいう。以下同じ。）その他の事業者に対する介護予防サービス計画の策定等に必要な情報提供（当該居宅要支援者の同意を得て行うものに限る。）並びに当該居宅要支援者又はその家族等に対する介護予防サービスを利用する上での留意点、介護方法等についての指導及び助言とする。

2　法第八条の二第五項の厚生労働省令で定める療養上の管理及び指導のうち薬剤師により行われるものは、居宅要支援者の居宅において、医師又は歯科医師の指示（薬局の薬剤師にあっては、医師又は歯科医師の指示に基づき策定される薬学的管理指導計画）に基づいて実施される薬学的な管理及び指導とする。

3　法第八条の二第五項の厚生労働省令で定める療養上の管理及び指導のうち歯科衛生士、保健師、看護師及び准看護師により行われるものは、居宅要支援者の居宅において、その者に対して訪問歯科診療を行った歯科医師の指示及び当該歯科医師の策定した訪問指導計画に基づいて実施される口腔内の清掃又は有床義歯の清掃に関する指導とする。

4　法第八条の二第五項の厚生労働省令で定める療養上の管理及び指導のうち管理栄養士により行われるものは、居宅要支援者の居宅において、その者に対して計画的な医学的管理を行っている医師の指示に基づいて実施される栄養指導とする。

（法第八条の二第六項の厚生労働省令で定める基準）

第二十二条の十一　法第八条の二第六項の厚生労働省令で定める基準は、病状が安定期にあり、次条に規定する施設において、心身の機能の維持回復及び日常生活上の自立を図るために、診療に基づき実施される計画的な医学的管理の下における理学療法、作業療法その他必要なリハビリテーションを要することとする。

（法第八条の二第六項の厚生労働省令で定める施設）

第二十二条の十二　法第八条の二第六項の厚生労働省令で定める施設は、介護老人保健施設、介護医療院、病院及び診療所とする。

（法第八条の二第八項の厚生労働省令で定める居宅要支援者）

第二十二条の十三　法第八条の二第八項の厚生労働省令で定める居宅要支援者は、病状が安定期にあり、次条に規定する施設に短期間入所して、看護、医学的管理の下における介護及び機能訓練その他必要な医療を要する居宅要支援者とする。

（法第八条の二第八項の厚生労働省令で定める施設）

第二十二条の十四　法第八条の二第八項の厚生労働省令で定める施設は、次のとおりとする。

一　介護老人保健施設
二　介護医療院
三　療養病床を有する病院等
四　診療所（前号に掲げるものを除く。）

（法第八条の二第九項の厚生労働省令で定める事項）

第二十二条の十五　法第八条の二第九項の厚生労働省令で定める事項は、当該要支援者の健康上及び生活上の問題点及び解決すべき課題、提供するサービスの目標及びその達成時期並びにサービスを提供する上での留意事項とする。

（法第八条の二第九項の厚生労働省令で定める日常生活上の支援）

第二十二条の十六　法第八条の二第九項の厚生労働省令で定める日常生活上の支援は、入浴、排せつ、食事等の介護、洗濯、掃除等の家事、生活等に関する相談及び助言その他の特定施設に入居している要支援者に必要な日常生活上の支援とする。

（法第八条の二第十三項の厚生労働省令で定める日常生活上の支援）

第二十二条の十七　法第八条の二第十三項の厚生労働省令で定める日常生活上の支援は、入浴、排せつ、食事等の介護、生活等に関する相談及び助言、健康状態の確認その他の居宅要支援者に必要な日常生活上の支援とする。

（法第八条の二第十四項の厚生労働省令で定めるサービスの拠点）

第二十二条の十八　法第八条の二第十四項の厚生労働省令で定めるサービスの拠点は、機能訓練及び次条に規定する日常生活上の支援を適切に行うことができるサービスの拠点とする。

（法第八条の二第十四項の厚生労働省令で定める日常生活上の支援）

第二十二条の十九　法第八条の二第十四項の厚生労働省令で定める日常生活上の支援は、入浴、排せつ、食事等の介護、調理、洗濯、掃除等の家事（居宅要支援者が単身の世帯に属するため又はその同居している家族等の障害、疾病等のため、これらの者が自ら行うことが困難な家事であって、居宅要支援者の日常生活上必要なものとする。）、生活等に関する相談及び助言、健康状態の確認その他の居宅要支援者に必要な日常生活上の支援とする。

（法第八条の二第十五項の厚生労働省令で定める要支援状態区分）

第二十二条の二十　法第八条の二第十五項の厚生労働省令で定める要支援状態区分は、認定省令第二条第一項第二号に掲げる要支援状態区分とする。

（法第八条の二第十六項の厚生労働省令で定める者）

第二十二条の二十一　法第八条の二第十六項の厚生労働省令で定める者は、保健師その他介護予防支援に関する知識を有する者とする。

（法第八条の二第十六項の厚生労働省令で定める事項）

第二十二条の二十二　法第八条の二第十六項の厚生労働省令で定める事項は、当該居宅要支援者及びその家族の生活に対する意向、当該居宅要支援者の総合的な援助の方針、健康上及び生活上の問題点及び解決すべき課題、提供される指定介護予防サービス等（同項に規定する指定介護予防サービス等をいう。以下この条において同じ。）の目標及びその達成時期、指定介護予防サービス等が提供される日時、指定介護予防サービス等を提供する上での留意事項並びに指定介護予防サービス等の提供を受けるために居宅要支援者が負担しなければならない費用の額とする。

（研修の課程）

第二十二条の二十三　令第三条第一項第一号イ及びロに掲げる研修（以下この条から第二十二条の二十九までにおいて「研修」という。）の課程は、介護職員初任者研修課程及び生活援助従事者研修課程とする。

2　研修の内容は、厚生労働大臣が定める基準以上のものとする。

（福祉用具専門相談員）

第二十二条の三十一　令第四条第一項第九号に規定する福祉用具専門相談員指定講習（以下この条から第二十二条の三十三までにおいて「講習」という。）は、福祉用具貸与及び特定福祉用具販売並びに介護予防福祉用具貸与及び特定介護予防福祉用具販売の事業を行う場合において、福祉用具（法第八条第十二項に規定する福祉用具をいう。第百四十条の六十二の十二第一号ハにおいて同じ。）の選定の援助、機能等の点検、使用方法の指導等に必要な知識及び技術を有する者の養成を図ることを目的として行われるものとする。

2　講習は、講義及び演習により行うものとし、その実施に当たっては、講習において修得することが求められている知識及び技術の修得がなされていることにつき確認する等適切な方法により行われなければならない。

第二章　被保険者

（被保険者証の交付）

第二十六条　市町村は、第一号被保険者並びに第二号被保険者（法第九条第二号に規定する被保険者をいう。以下同じ。）のうち

高齢者福祉

法第二十七条第一項又は第三十二条第一項の規定による申請を行ったもの及び法第十二条第三項の規定に基づき被保険者証の交付を求めたものに対し、様式第一号による被保険者証を交付しなければならない。

2　第二号被保険者は、前項の規定により被保険者証の交付を受けようとするときは、氏名、性別、生年月日、住所及び個人番号を記載した申請書を市町村に提出しなければならない。

3　前項の場合において、当該第二号被保険者は、医療保険各法による被保険者証（日雇特例被保険者手帳（健康保険印紙を貼り付けるべき余白があるものに限る。）を含む。）、組合員証又は加入者証（組合員証及び加入者証については、被扶養者証を含む。以下「医療保険被保険者証等」という。）を提示するものとする。ただし、市町村が当該第二号被保険者が医療保険加入者であることを公簿等によって確認することができるときは、この限りでない。

第三章　保険給付

第三節　介護給付

（日常生活に要する費用）

第六十一条　法第四十一条第一項並びに第四項第一号及び第二号並びに第四十二条第三項の厚生労働省令で定める費用は、次の各号に掲げる居宅サービスの種類の区分に応じ、当該各号に定める費用とする。

一　通所介護及び通所リハビリテーション　次に掲げる費用

イ　食事の提供に要する費用

ロ　おむつ代

ハ　その他通所介護又は通所リハビリテーションにおいて提供される便宜のうち、日常生活においても通常必要となるものに係る費用であって、その利用者に負担させることが適当と認められるもの

二　短期入所生活介護及び短期入所療養介護　次に掲げる費用

イ　食事の提供に要する費用

ロ　滞在に要する費用

ハ　理美容代

ニ　その他短期入所生活介護又は短期入所療養介護において提供される便宜のうち、日常生活においても通常必要となるものに係る費用であって、その利用者に負担させることが適当と認められるもの

三　特定施設入居者生活介護　次に掲げる費用

イ　おむつ代

ロ　その他特定施設入居者生活介護において提供される便宜のうち、日常生活においても通常必要となるものに係る費用であって、その利用者に負担させることが適当と認められるもの

（被保険者証の提示等）

第六十三条　居宅要介護被保険者は、指定居宅サービス（法第四十一条第一項に規定する指定居宅サービスをいう。以下同じ。）を受けるに当たっては、その都度、指定居宅サービス事業者に対して被保険者証及び負担割合証を提示しなければならない。

（日常生活に要する費用）

第六十五条の三　法第四十二条の二第一項及び第二項各号並びに第四十二条の三第二項の厚生労働省令で定める費用は、次の各号に掲げる地域密着型サービスの種類の区分に応じ、当該各号に定める費用とする。

一　地域密着型通所介護　次に掲げる費用

イ　食事の提供に要する費用

ロ　おむつ代

ハ　その他地域密着型通所介護において提供される便宜のうち、日常生活においても通常必要となるものに係る費用であって、その利用者に負担させることが適当と認められるもの

二　認知症対応型通所介護　次に掲げる費用

イ　食事の提供に要する費用

ロ　おむつ代

ハ　その他認知症対応型通所介護において提供される便宜のうち、日常生活においても通常必要となるものに係る費用であって、その利用者に負担させることが適当と認められるもの

三　小規模多機能型居宅介護　次に掲げる

費用

イ　食事の提供に要する費用

ロ　宿泊に要する費用

ハ　おむつ代

ニ　その他小規模多機能型居宅介護において提供される便宜のうち、日常生活においても通常必要となるものに係る費用であって、その利用者に負担させることが適当と認められるもの

四　認知症対応型共同生活介護　次に掲げる費用

イ　食材料費

ロ　理美容代

ハ　おむつ代

ニ　その他認知症対応型共同生活介護において提供される便宜のうち、日常生活においても通常必要となるものに係る費用であって、その利用者に負担させることが適当と認められるもの

五　地域密着型特定施設入居者生活介護　次に掲げる費用

イ　おむつ代

ロ　その他地域密着型特定施設入居者生活介護において提供される便宜のうち、日常生活においても通常必要となるものに係る費用であって、その利用者に負担させることが適当と認められるもの

六　地域密着型介護老人福祉施設入所者生活介護　次に掲げる費用

イ　食事の提供に要する費用

ロ　居住に要する費用

ハ　理美容代

ニ　その他地域密着型介護老人福祉施設入所者生活介護において提供される便宜のうち、日常生活においても通常必要となるものに係る費用であって、その利用者に負担させることが適当と認められるもの

七　複合型サービス　次に掲げる費用

イ　食事の提供に要する費用

ロ　宿泊に要する費用

ハ　おむつ代

ニ　その他複合型サービスにおいて提供される便宜のうち、日常生活においても通常必要となるものに係る費用であって、その利用者に負担させることが適当と認められるもの

（法第四十二条の二第二項第一号の厚生労働省令で定める複合型サービス）

第六十五条の三の二　法第四十二条の二第二項第一号の厚生労働省令で定める複合型サービスは、看護小規模多機能型居宅介護とする。

（居宅サービス等区分）

第六十六条　法第四十三条第一項に規定する居宅サービス等区分は、訪問介護、訪問入浴介護、訪問看護、訪問リハビリテーション、通所介護、通所リハビリテーション、短期入所生活介護、短期入所療養介護、特定施設入居者生活介護（利用期間を定めて行うものに限る。第六十九条第一項において同じ。）及び福祉用具貸与並びに定期巡回・随時対応型訪問介護看護、夜間対応型訪問介護、地域密着型通所介護、認知症対応型通所介護、小規模多機能型居宅介護、認知症対応型共同生活介護（利用期間を定めて行うものに限る。第六十九条第一項において同じ。）、地域密着型特定施設入居者生活介護（利用期間を定めて行うものに限る。第六十九条第一項において同じ。）及び複合型サービスからなる区分とする。

（居宅介護サービス費等種類支給限度基準額を設定できるサービスの種類）

第六十九条　法第四十三条第四項に規定する居宅サービス及び地域密着型サービスの種類は、訪問介護、訪問入浴介護、訪問看護、訪問リハビリテーション、通所介護、通所リハビリテーション、短期入所生活介護、短期入所療養介護、特定施設入居者生活介護及び福祉用具貸与並びに夜間対応型訪問介護、地域密着型通所介護、認知症対応型通所介護、認知症対応型共同生活介護及び地域密着型特定施設入居者生活介護とする。

2　法第四十三条第四項の厚生労働省令で定める期間は、要介護認定有効期間に係る日が属する月についてそれぞれ当該月の初日からの一月間とする。

3　前条第一項及び第二項の規定は法第四十

三条第四項の規定により算定する額について、前条第三項の規定は法第四十三条第四項に規定する合計額について準用する。この場合において、前条第一項中「居宅介護サービス費等区分支給限度基準額（同条第二項に規定する居宅介護サービス費等区分支給限度基準額をいう。以下同じ」とあるのは、「居宅介護サービス費等種類支給限度基準額（同条第五項に規定する居宅介護サービス費等種類支給限度基準額をいう」と読み替えるものとする。

（**日常生活に要する費用**）

第七十九条　法第四十八条第一項及び第二項並びに第四十九条第二項の厚生労働省令で定める費用は、次に掲げる費用とする。

一　食事の提供に要する費用

二　居住に要する費用

三　理美容代

四　その他指定施設サービス等（法第四十八条第一項に規定する指定施設サービス等をいう。以下同じ。）において提供される便宜のうち、日常生活においても通常必要となるものに係る費用であって、その入所者に負担させることが適当と認められるもの

第四節　予防給付

（**介護予防サービス費の支給の要件**）

第八十三条の九　法第五十三条第一項の厚生労働省令で定めるときは、次のとおりとする。

一　居宅要支援被保険者が指定介護予防サービス（法第五十三条第一項に規定する指定介護予防サービスをいう。以下同じ。）（介護予防居宅療養管理指導及び介護予防特定施設入居者生活介護を除く。）を受ける場合であって、次のいずれかに該当するとき。

イ　当該居宅要支援被保険者が法第五十八条第四項の規定により同条第一項に規定する指定介護予防支援（以下「指定介護予防支援」という。）を受けることにつきあらかじめ市町村に届け出ている場合であって、当該指定介護予防サービスが当該指定介護予防支援に係る介護予防サービス計画の対象となっているとき。

ロ　当該居宅要支援被保険者が基準該当介護予防支援（法第五十九条第一項第一号に規定する基準該当介護予防支援をいう。以下同じ。）を受けることにつきあらかじめ市町村に届け出ている場合であって、当該指定介護予防サービスが当該基準該当介護予防支援に係る介護予防サービス計画の対象となっているとき。

ハ　当該居宅要支援被保険者が介護予防小規模多機能型居宅介護を受けることにつきあらかじめ市町村に届け出ている場合であって、当該指定介護予防サービスが指定地域密着型介護予防サービスの事業の人員、設備及び運営並びに指定地域密着型介護予防サービスに係る介護予防のための効果的な支援の方法に関する基準（平成十八年厚生労働省令第三十六号。以下「指定地域密着型介護予防サービス基準」という。）第六十六条第二号の規定により作成された指定介護予防サービスの利用に係る計画の対象となっているとき。

ニ　当該居宅要支援被保険者が当該指定介護予防サービスを含む指定介護予防サービスの利用に係る計画をあらかじめ市町村に届け出ているときであって、当該市町村が当該計画を適当と認めたとき。

二　介護予防居宅療養管理指導及び介護予防特定施設入居者生活介護を受けるとき。

（**日常生活に要する費用**）

第八十四条　法第五十三条第一項並びに第二項第一号及び第二号並びに第五十四条第三項の厚生労働省令で定める費用は、次の各号に掲げる介護予防サービスの種類の区分に応じ、当該各号に定める費用とする。

一　介護予防通所リハビリテーション　次に掲げる費用

イ　食事の提供に要する費用

ロ　おむつ代

ハ　その他介護予防通所リハビリテーションにおいて提供される便宜のうち、日常生活においても通常必要となるものに係る費用であって、その利用者に負担させることが適当と認められるもの

二　介護予防短期入所生活介護及び介護予防短期入所療養介護　次に掲げる費用

イ　食事の提供に要する費用

ロ　滞在に要する費用

ハ　理美容代

ニ　その他介護予防短期入所生活介護又は介護予防短期入所療養介護において提供される便宜のうち、日常生活においても通常必要となるものに係る費用であって、その利用者に負担させることが適当と認められるもの

三　介護予防特定施設入居者生活介護　次に掲げる費用

イ　おむつ代

ロ　その他介護予防特定施設入居者生活介護において提供される便宜のうち、日常生活においても通常必要となるものに係る費用であって、その利用者に負担させることが適当と認められるもの

（地域密着型介護予防サービス費の支給の要件）

第八十五条の二　法第五十四条の二第一項の厚生労働省令で定めるときは、次のとおりとする。

一　居宅要支援被保険者が指定地域密着型介護予防サービス（法第五十四条の二第一項に規定する指定地域密着型介護予防サービスをいう。以下同じ。）（介護予防小規模多機能型居宅介護（利用期間を定めて行うものを除く。次号において同じ。）及び介護予防認知症対応型共同生活介護（利用期間を定めて行うものを除く。第三号において同じ。）を除く。）を受ける場合であって、次のいずれかに該当するとき。

イ　当該居宅要支援被保険者が法第五十八条第四項の規定により指定介護予防支援を受けることにつきあらかじめ市町村に届け出ている場合であって、当該指定地域密着型介護予防サービスが当該指定介護予防支援に係る介護予防サービス計画の対象となっているとき。

ロ　当該居宅要支援被保険者が基準該当介護予防支援を受けることにつきあらかじめ市町村に届け出ている場合であって、当該指定地域密着型介護予防サービスが当該基準該当介護予防支援に係る介護予防サービス計画の対象となっているとき。

ハ　当該居宅要支援被保険者が当該指定地域密着型介護予防サービスを含む指定地域密着型介護予防サービスの利用に係る計画をあらかじめ市町村に届け出ているときであって、当該市町村が当該計画を適当と認めたとき。

二　居宅要支援被保険者が介護予防小規模多機能型居宅介護を受けることにつきあらかじめ市町村に届け出ているとき。

三　介護予防認知症対応型共同生活介護を受けるとき。

（日常生活に要する費用）

第八十五条の三　法第五十四条の二第一項並びに第二項第一号及び第二号並びに第五十四条の三第二項の厚生労働省令で定める費用は、次の各号に掲げる地域密着型介護予防サービスの種類の区分に応じ、当該各号に定める費用とする。

一　介護予防認知症対応型通所介護　次に掲げる費用

イ　食事の提供に要する費用

ロ　おむつ代

ハ　その他介護予防認知症対応型通所介護において提供される便宜のうち、日常生活においても通常必要となるものに係る費用であって、その利用者に負担させることが適当と認められるもの

二　介護予防小規模多機能型居宅介護　次に掲げる費用

イ　食事の提供に要する費用

ロ　宿泊に要する費用

ハ　おむつ代

ニ　その他介護予防小規模多機能型居宅

介護において提供される便宜のうち、日常生活においても通常必要となるものに係る費用であって、その利用者に負担させることが適当と認められるもの

三　介護予防認知症対応型共同生活介護　次に掲げる費用

イ　食材料費

ロ　理美容代

ハ　おむつ代

ニ　その他介護予防認知症対応型共同生活介護において提供される便宜のうち、日常生活においても通常必要となるものに係る費用であって、その利用者に負担させることが適当と認められるもの

（**介護予防サービス等区分**）

第八十五条の五　法第五十五条第一項に規定する介護予防サービス等区分は、介護予防訪問入浴介護、介護予防訪問看護、介護予防訪問リハビリテーション、介護予防通所リハビリテーション、介護予防短期入所生活介護、介護予防短期入所療養介護及び介護予防福祉用具貸与並びに介護予防認知症対応型通所介護、介護予防小規模多機能型居宅介護及び介護予防認知症対応型共同生活介護（利用期間を定めて行うものに限る。第八十八条第一項において同じ。）からなる区分とする。

（**介護予防サービス費等種類支給限度基準額を設定できるサービスの種類**）

第八十八条　法第五十五条第四項に規定する介護予防サービス及び地域密着型介護予防サービスの種類は、介護予防訪問入浴介護、介護予防訪問看護、介護予防訪問リハビリテーション、介護予防短期入所生活介護、介護予防短期入所療養介護及び介護予防福祉用具貸与並びに介護予防認知症対応型通所介護及び介護予防認知症対応型共同生活介護とする。

2　法第五十五条第四項の厚生労働省令で定める期間は、要支援認定有効期間に係る日が属する月についてそれぞれ当該月の初日からの一月間とする。

3　前条第一項及び第二項の規定は法第五十五条第四項の規定により算定する額について、前条第三項の規定は法第五十五条第四項に規定する合計額について準用する。

第四章　介護支援専門員並びに事業者及び施設

第一節　介護支援専門員

第一款　登録等

（**法第六十九条の二第一項の厚生労働省令で定める実務の経験**）

第百十三条の二　法第六十九条の二第一項の厚生労働省令で定める実務の経験は、第一号及び第二号の期間が通算して五年以上であることとする。

一　医師、歯科医師、薬剤師、保健師、助産師、看護師、准看護師、理学療法士、作業療法士、社会福祉士、介護福祉士、視能訓練士、義肢装具士、歯科衛生士、言語聴覚士、あん摩マッサージ指圧師、はり師、きゅう師、柔道整復師、栄養士又は精神保健福祉士が、その資格に基づき当該資格に係る業務に従事した期間

二　イ又はロに掲げる者が、身体上若しくは精神上の障害があること又は環境上の理由により日常生活を営むのに支障がある者の日常生活の自立に関する相談に応じ、助言、指導その他の援助を行う業務その他これに準ずる業務に従事した期間

イ　老人福祉法第五条の三に規定する老人福祉施設、介護老人保健施設、介護医療院その他これらに準ずる施設の従業者又はこれに準ずる者

ロ　特定施設入居者生活介護、地域密着型特定施設入居者生活介護、地域密着型介護老人福祉施設入所者生活介護、介護予防特定施設入居者生活介護、障害者の日常生活及び社会生活を総合的に支援するための法律第五条第十八項に規定する計画相談支援、児童福祉法（昭和二十二年法律第百六十四号）第六条の二の二第七項に規定する障害児相談支援、生活困窮者自立支援法（平成二十五年法律第百五号）第三条第二項に規定する生活困窮者自立相談支援事業その他これらに準ずる事業の従事

者

（介護支援専門員実務研修受講試験）

第百十三条の三　法第六十九条の二第一項に規定する介護支援専門員実務研修受講試験（以下「実務研修受講試験」という。）は、介護支援専門員の業務に関し、次に掲げる基礎的知識及び技術を有することを確認することを目的として行われるものとする。

一　介護保険制度に関する基礎的知識

二　要介護認定及び要支援認定に関する基礎的知識及び技術

三　居宅サービス計画、施設サービス計画及び介護予防サービス計画に関する基礎的知識及び技術

四　保健医療サービス及び福祉サービスに関する基礎的知識及び技術

（介護支援専門員実務研修）

第百十三条の四　法第六十九条の二第一項に規定する介護支援専門員実務研修（以下「介護支援専門員実務研修」という。）は、介護支援専門員実務研修受講試験に合格した者について、介護支援専門員として必要な専門的知識及び技術を修得させることを目的として行われるものとする。

2　介護支援専門員実務研修は、居宅サービス計画、施設サービス計画及び介護予防サービス計画に関する専門的知識及び技術の修得に係るものをその主たる内容とし、かつ、要介護認定及び要支援認定に関する専門的知識及び技術並びにその他の介護支援専門員として必要な専門的知識及び技術の修得に係るものをその内容に含むものとする。

3　介護支援専門員実務研修は、厚生労働大臣が定める基準を満たす課程により行うこととし、その実施に当たっては、当該課程において修得することが求められている知識及び技術の修得がなされていることにつき確認する等適切な方法により行われなければならない。

（登録を受けることができる都道府県）

第百十三条の五　二以上の都道府県において介護支援専門員実務研修を修了した者は、当該研修を行った都道府県知事のうちいずれか一の都道府県知事の登録のみを受けることができる。

（法第六十九条の三の厚生労働省令で定める事業者若しくは施設）

第百十三条の九　法第六十九条の三の厚生労働省令で定める事業者又は施設は、次の各号に掲げるものとする。

一　特定施設入居者生活介護に係る指定居宅サービス事業者

二　小規模多機能型居宅介護、認知症対応型共同生活介護、地域密着型特定施設入居者生活介護、地域密着型介護老人福祉施設入所者生活介護及び複合型サービス（看護小規模多機能型居宅介護に限る。）に係る指定地域密着型サービス事業者

三　基準該当居宅介護支援事業者

四　介護保険施設

五　介護予防特定施設入居者生活介護に係る指定介護予防サービス事業者

六　介護予防小規模多機能型居宅介護及び介護予防認知症対応型共同生活介護に係る指定地域密着型介護予防サービス事業者

七　指定介護予防支援事業者及び基準該当介護予防支援事業者

八　地域包括支援センター

（法第六十九条の七第二項の厚生労働省令で定めるところにより行う研修）

第百十三条の十六　法第六十九条の七第二項の厚生労働省令で定めるところにより行う研修（以下この条において「再研修」という。）は、介護支援専門員として必要な専門的知識及び技術の修得を図り、介護支援専門員の資質の向上を図ることを目的として行われるものとする。

2　再研修は、居宅サービス計画、施設サービス計画及び介護予防サービス計画に関する専門的知識及び技術の修得に係るものをその主たる内容とし、かつ、要介護認定及び要支援認定に関する専門的知識及び技術並びにその他の介護支援専門員として必要な専門的知識及び技術の修得に係るものをその内容に含むものとする。

3　再研修は、厚生労働大臣が定める基準を満たす課程により行うこととし、その実施に当たっては、当該課程において修得する

ことが求められている知識及び技術の修得がなされていることにつき確認する等適切な方法により行われなければならない。

(法第六十九条の七第二項の厚生労働省令で定める期間)

第百十三条の十七　法第六十九条の七第二項の厚生労働省令で定める期間は、五年とする。

(更新研修)

第百十三条の十八　法第六十九条の八第二項本文に規定する更新研修(以下「更新研修」という。)は、介護支援専門員として、必要な専門的知識及び技術を維持し、介護支援専門員としての知識及び技術の確認並びに資質の向上を図ることを目的として行われるものとする。

2　更新研修は、居宅サービス計画、施設サービス計画及び介護予防サービス計画に関する専門的知識及び技術の修得に関するものをその主たる内容とし、介護支援専門員として必要な専門的知識及び技術の修得に係るものをその内容に含むものとする。

3　更新研修は、厚生労働大臣が定める基準を満たす課程により行うこととし、その実施に当たっては、当該課程において修得することが求められている知識及び技術の修得がなされていることにつき確認する等適切な方法により行われなければならない。

(法第六十九条の八第二項ただし書の規定により指定する研修の課程)

第百十三条の十九　都道府県知事は、次の各号のいずれにも該当するものでなければ法第六十九条の八第二項ただし書の研修として指定してはならない。

一　当該研修を行うのに必要かつ適切な組織及び能力を有すると都道府県知事が認める者が実施するものであること。

二　正当な理由なく受講を制限するものでないこと。

第五章　地域支援事業等

(法第百十五条の四十五第一項の厚生労働省令で定める基準)

第百四十条の六十二の三　法第百十五条の四十五第一項本文の厚生労働省令で定める基準は、次のとおりとする。

一　法第百十五条の四十五第一項第一号に規定する第一号事業(以下「第一号事業」という。)を提供する際には、市町村又は地域包括支援センターが、同号に規定する居宅要支援被保険者等(以下「居宅要支援被保険者等」という。)の意思を最大限に尊重しつつ、当該居宅要支援被保険者等の心身の状況、その置かれている環境等に応じて、適切な介護予防支援又は同号ニに規定する第一号介護予防支援事業(以下「第一号介護予防支援事業」という。)による援助を行うこと。

二　市町村が、法第百十五条の四十五第一項に規定する介護予防・日常生活支援総合事業(以下「介護予防・日常生活支援総合事業」という。)を実施する際には、補助その他の支援を通じて、地域の人材や社会資源の活用を図るよう努めるものとすること。

2　法第百十五条の四十五第一項第一号イからニまでの厚生労働省令で定める基準は、次のとおりとする。

一　第一号事業に従事する者(次号において「従事者」という。)の清潔の保持及び健康状態の管理のための対策が講じられていること。

二　従事者又は従事者であった者が、正当な理由がなく、その業務上知り得た利用者又はその家族の秘密を漏らすことがないよう、必要な措置が講じられていること。

三　利用者に対する第一号事業の実施により事故が発生した場合に、次のイからハまでに掲げる措置を講ずる旨及びその実施方法を定めていること。

イ　当該利用者の家族、当該利用者に係る介護予防支援又は第一号介護予防支援事業による援助を行う地域包括支援センター等に連絡を行うとともに、必要な措置を講ずること。

ロ　事故の状況及び事故に際して採った処置について記録すること。

ハ　賠償すべき事故が発生した場合は、損害賠償を速やかに行うこと。

四　第一号事業を実施する者（以下この号及び次号において「実施者」という。）は、当該第一号事業を廃止し、又は休止しようとするときは、その廃止又は休止の日の一月前までに、次に掲げる事項を当該第一号事業を実施する事業所（実施者が当該事業所を有しない場合においては、当該第一号事業の主たる実施場所）の所在地を管轄する市町村長に届け出ること。
イ　廃止し、又は休止しようとする年月日
ロ　廃止し、又は休止しようとする理由
ハ　現に第一号事業のサービスを受けている者に対する措置
ニ　休止しようとする場合にあっては、休止の予定期間
五　実施者は、前号の規定による事業の廃止又は休止の届出をしたときは、当該届出の日前一月以内に当該第一号事業のサービスを受けていた者であって、当該事業の廃止又は休止の日以後においても引き続き当該第一号事業のサービスに相当するサービスの提供を希望する者に対し、必要な第一号事業のサービス等が継続的に提供されるよう、指定介護予防支援事業者、第一号介護予防支援事業の実施者、他の実施者その他関係者との連絡調整その他の便宜の提供を行うこと。

（法第百十五条の四十五第一項第一号の厚生労働省令で定める被保険者）

第百四十条の六十二の四　法第百十五条の四十五第一項第一号の厚生労働省令で定める被保険者は、次のいずれかに該当する被保険者とする。
一　居宅要支援被保険者
二　厚生労働大臣が定める基準に該当する第一号被保険者（二回以上にわたり当該基準の該当の有無を判断した場合においては、直近の当該基準の該当の有無の判断の際に当該基準に該当した第一号被保険者）（要介護認定を受けた第一号被保険者においては、当該要介護認定による介護給付に係る居宅サービス、地域密着型サービス及び施設サービス並びにこれらに相当するサービスを受けた日から当該要介護認定の有効期間の満了の日までの期間を除く。）

（利用料）

第百四十条の六十三　法第百十五条の四十五第五項の規定による利用料に関する事項は、市町村が定める。
2　市町村は、前項の規定により利用料を定めるに当たっては、当該利用料に係る事業の内容を勘案し、ふさわしい利用料となるよう定めるものとする。

（法第百十五条の四十六第一項の厚生労働省令で定める事業）

第百四十条の六十四　法第百十五条の四十六第一項の厚生労働省令で定める事業は、次の各号に掲げるものとする。
一　第一号介護予防支援事業（居宅要支援被保険者に係るものに限る。）
二　法第百十五条の四十五第一項第二号に掲げる事業のうち、次に掲げるもの
イ　特定の被保険者（第一号被保険者に限る。）に対し行われる事業の対象となる者の把握を行う事業
ロ　介護予防に関する普及啓発を行う事業
ハ　介護予防に関する活動を行うボランティア等の人材の育成並びに介護予防に資する地域活動を行う組織の育成及び支援を行う事業
ニ　介護予防に関する事業に係る評価を行う事業
ホ　地域における介護予防に関する活動の実施機能を強化するためリハビリテーションに関する専門的知識及び経験を有する者が当該介護予防に関する活動の支援を行う事業
三　法第百十五条の四十五第三項各号に掲げる事業

（法第百十五条の四十六第六項の厚生労働省令で定める基準）

第百四十条の六十六　法第百十五条の四十六第六項の厚生労働省令で定める基準は、次の各号に掲げる基準に応じ、それぞれ当該各号に定める基準とする。
一　法第百十五条の四十六第五項の規定により、地域包括支援センターの職員に係

る基準及び当該職員の員数について市町村が条例を定めるに当たって従うべき基準　次のイ及びロに掲げる基準

イ　一の地域包括支援センターが担当する区域における第一号被保険者の数がおおむね三千人以上六千人未満ごとに置くべき専らその職務に従事する常勤の職員の員数は、原則として次のとおりとすること。

(1)　保健師その他これに準ずる者　一人

(2)　社会福祉士その他これに準ずる者　一人

(3)　主任介護支援専門員（介護支援専門員であって、第百四十条の六十八第一項第一号に規定する主任介護支援専門員研修を修了した者（当該研修を修了した日（以下この(3)において「修了日」という。）から起算して五年を経過した者にあっては、修了日から起算して五年を経過するごとに、当該経過する日までの間に、同項第二号に規定する主任介護支援専門員更新研修を修了している者に限る。）をいう。）その他これに準ずる者　一人

ロ　イの規定にかかわらず、次の(1)から(3)までのいずれかに掲げる場合には、地域包括支援センターの人員配置基準は、次の表の上欄に掲げる担当する区域における第一号被保険者の数に応じ、それぞれ同表の下欄に定めるところによることができる。

(1)　第一号被保険者の数がおおむね三千人未満の市町村に地域包括支援センターを設置する場合

(2)　市町村の合併の特例等に関する法律（平成十六年法律第五十九号）第二条第二項に規定する合併市町村又は地方自治法第二百八十四条第一項に規定する一部事務組合若しくは広域連合であって、イの基準によっては地域包括支援センターの効率的な運営に支障があると地域包括支援センター運営協議会（指定居宅サービス事業者等（法第二十二条第三項に規定する指定居宅サービス事業者等をいう。）又はこれらの者に係る団体の代表者、居宅サービス等の利用者又は第一号被保険者若しくは第二号被保険者の代表者、地域住民の権利擁護を行い又は相談に応ずる団体等の代表者、地域における保健、医療又は福祉に関する学識経験を有する者等のうち、地域の実情を勘案して市町村が適当と認める者により構成されるものをいう。(3)及び次号ロにおいて同じ。）において認められた場合

(3)　市町村の人口規模にかかわらず、地理的条件その他の条件を勘案して特定の生活圏域に一の地域包括支援センターを設置することが必要であると地域包括支援センター運営協議会において認められた場合

担当する区域における第一号被保険者の数	人員配置基準
おおむね千人未満	イの(1)から(3)までに掲げる者のうちから一人又は二人
おおむね千人以上二千人未満	イの(1)から(3)までに掲げる者のうちから二人（うち一人は専らその職務に従事する常勤の職員とする。）
おおむね二千人以上三千人未満	専らその職務に従事する常勤のイの(1)に掲げる者一人及び専らその職務に従事する常勤のイの(2)又は(3)に掲げる者のいずれか一人

二　法第百十五条の四十六第五項の規定により、地域包括支援センターの職員に係る基準及び当該職員の員数以外の事項について市町村が条例を定めるに当たって

参酌すべき基準　次のイ及びロに掲げる基準

イ　地域包括支援センターは、前号イに掲げる職員が協働して包括的支援事業を実施することにより、各被保険者の心身の状況、その置かれている環境等に応じて、法第二十四条第二項に規定する介護給付等対象サービスその他の保健医療サービス又は福祉サービス、権利擁護のための必要な援助等を利用できるように導き、各被保険者が可能な限り、住み慣れた地域において自立した日常生活を営むことができるようにしなければならないこと。

ロ　地域包括支援センターは、当該市町村の地域包括支援センター運営協議会の意見を踏まえて、適切、公正かつ中立な運営を確保すること。

（法第百十五条の四十六第十項の厚生労働省令で定めるとき）

第百四十条の六十六の二　法第百十五条の四十六第十項の厚生労働省令で定めるときは、おおむね一年以内ごとに一回、市町村が適当と認めるときとする。

（地域包括支援センターの事業の内容及び運営に関する情報の公表内容）

第百四十条の六十六の三　法第百十五条の四十六第十項に規定する地域包括支援センターの事業の内容及び運営に関する情報の公表は、次の各号に掲げる内容を含むものとする。

一　名称及び所在地

二　法第百十五条の四十七第一項の委託を受けた者である場合はその名称

三　営業日及び営業時間

四　担当する区域

五　職員の職種及び員数

六　事業の内容及び活動実績

七　その他市町村が必要と認める事項

（法第百十五条の四十七第一項の厚生労働省令で定める者）

第百四十条の六十七　法第百十五条の四十七第一項の厚生労働省令で定める者は、包括的支援事業を適切、公正、中立かつ効率的に実施することができる者（包括的支援事業（法第百十五条の四十五第二項第四号から第六号までに掲げる事業を除く。）の全てにつき一括して委託する場合においては、法人）であって、老人福祉法第二十条の七の二第一項に規定する老人介護支援センターの設置者、地方自治法第二百八十四条第一項に規定する一部事務組合若しくは広域連合を組織する市町村、医療法人、社会福祉法人、包括的支援事業を実施することを目的とする一般社団法人若しくは一般財団法人又は特定非営利活動促進法（平成十年法律第七号）第二条第二項の規定に基づき設立された特定非営利活動法人その他市町村が適当と認めるものとする。

（包括的支援事業の実施に係る方針の提示）

第百四十条の六十七の二　市町村は、包括的支援事業（法第百十五条の四十五第二項第四号から第六号までに掲げる事業を除く。）の全てにつき一括して委託する場合においては、当該包括的支援事業を委託する者に対し、次の各号に掲げる内容を勘案して、包括的支援事業の実施の方針を示すものとする。

一　当該市町村の地域包括ケアシステムの構築方針

二　当該包括的支援事業が実施される区域ごとのニーズに応じて重点的に行うべき業務の方針

三　介護事業者、医療機関、民生委員及びボランティアその他の関係者とのネットワーク構築の方針

四　第一号介護予防支援事業の実施方針

五　介護支援専門員に対する支援及び指導並びに被保険者に対する包括的かつ継続的な支援の環境の整備の実施方針

六　法第百十五条の四十八第一項に規定する会議の運営方針

七　当該市町村との連携方針

八　当該包括的支援事業の実施に係る公正性及び中立性確保のための方針

九　その他地域の実情に応じて運営協議会が必要であると判断した方針

第五章の二　介護保険事業計画

（市町村介護保険事業計画の作成等のための

（調査及び分析）

第百四十条の七十二の五　法第百十八条の二第一項第一号の厚生労働省令で定める事項は、介護給付等に要する費用の額に関する地域別、年齢別又は要介護認定及び要支援認定別の情報とする。

2　法第百十八条の二第一項第二号の厚生労働省令で定める事項は、被保険者の要介護認定及び要支援認定における調査に関する情報とする。

3　法第百十八条の二第二項の規定により、厚生労働大臣に対し同条第一項に規定する調査及び分析に必要な情報を提供する場合には、市町村は、当該情報を、電子情報処理組織（市町村が使用する電子計算機（入出力装置を含む。以下同じ。）と国民健康保険団体連合会が使用する電子計算機とを電気通信回線で接続した電子情報処理組織をいう。）を使用する方法又は当該情報を記録した光ディスクその他の電磁的記録（電子的方式、磁気的方式その他人の知覚によっては認識することができない方式で作られる記録であって、電子計算機による情報処理の用に供されるものをいう。）を提出する方法により提出しなければならない。

4　前項の規定は、法第百十八条の二第三項に規定する厚生労働大臣からの求めに応じ、都道府県及び市町村が、同条第一項に規定する調査及び分析に必要な情報を提供する場合について準用する。

（都道府県による市町村の支援）

第百四十条の七十二の六　法第百二十条の二第二項に規定する厚生労働省令で定める事業は、都道府県内の市町村によるその被保険者の地域における自立した日常生活の支援、要介護状態等となることの予防又は要支援状態の軽減若しくは悪化の防止及び介護給付等に要する費用の適正化に関する取組（以下この条において「自立支援等施策」という。）に資することを目的とした研修の実施、リハビリテーションに関する専門的知識及び経験を有する者の都道府県内の市町村への派遣に係る調整その他の都道府県内の市町村による自立支援等施策への支援に関する事業とする。

附　則（抄）

（施行期日）

第一条　この省令は、平成十二年四月一日から施行する。〔後略〕

附　則（平成二四厚労令二五）（抄）

（経過措置）

第二条　次に掲げる者は、この省令による改正後の介護保険法施行規則（以下「新介護保険法施行規則」という。）第二十二条の二十三第一項に規定する介護職員初任者研修課程を修了した者とみなす。

一　第二十二条の二十三の改正規定の施行の際現にこの省令による改正前の介護保険法施行規則第二十二条の二十三第一項に規定する介護職員基礎研修課程、一級課程又は二級課程（以下「旧研修課程」という。）を修了し、当該旧研修課程を修了したことにつき、当該旧研修課程に係る研修を行った者から当該旧研修課程を修了した旨の証明書の交付を受けている者

二　第二十二条の二十三の改正規定の施行の際現に旧研修課程を受講中の者であって、第二十二条の二十三の改正規定の施行後当該旧研修課程を修了したことにつき、当該旧研修課程に係る研修を行った者から当該旧研修課程を修了した旨の証明書の交付を受けたもの

指定地域密着型サービスの事業の人員、設備及び運営に関する基準（抄）

（平成一八・三・一四 厚労令 三四）

最新改正 平成三〇厚労令三〇

第一章 総則

（趣旨）

第一条 共生型地域密着型サービスの事業に係る介護保険法（平成九年法律第百二十三号。以下「法」という。）第七十八条の二の二第二項の厚生労働省令で定める基準及び指定地域密着型サービスの事業に係る法第七十八条の四第三項の厚生労働省令で定める基準は、次の各号に掲げる基準に応じ、それぞれ当該各号に定める基準とする。

一 法第七十八条の二の二第一項第一号の規定により、同条第二項第一号に掲げる事項について市町村（特別区を含む。以下同じ。）が条例を定めるに当たって従うべき基準 第二十一条（第三十七条の三において準用する場合に限る。）及び第三十七条の二第一号の規定による基準

二 法第七十八条の二の二第一項第二号の規定により、同条第二項第四号に掲げる事項について市町村が条例を定めるに当たって従うべき基準 第三条の七第一項（第三十七条の三において準用する場合に限る。）、第三条の八（第三十七条の三において準用する場合に限る。）、第三条の三十三（第三十七条の三において準用する場合に限る。）、第三十五条（第三十七条の三において準用する場合に限る。）の規定による基準

三 法第七十八条の四第一項の規定により、同条第三項第一号に掲げる事項について市町村が条例を定めるに当たって従うべき基準 第三条の四、第三条の五、第三条の四十一第一項、第六条、第七条、第二十条、第二十一条、第四十条、第四十条の二、第四十二条第一項から第三項まで及び第五項から第七項まで、第四十三条、第四十五条、第四十七条、第六十三条から第六十五条まで、第九十条から第九十二条まで、第百十条、第百十一条、第百三十一条（第十四項を除く。）、第百三十九条第七項、第百四十六条（第百六十九条において準用する場合を含む。）、第百六十三条第八項、第百六十七条第二項及び第三項、第百七十一条から第百七十三条まで並びに附則第二条、附則第三条、附則第五条、附則第六条及び附則第十七条の規定による基準

四 法第七十八条の四第二項の規定により、同条第三項第二号に掲げる事項について市町村が条例を定めるに当たって従うべき基準 第四十条の四第一項（専用の部屋に係る部分に限る。）及び第二項、第六十七条第一項（宿泊室に係る部分に限る。）及び第二項第二号ロ、第九十三条第二項（居室に係る部分に限る。）及び第四項、第百三十二条第一項第一号ロ、第百六十条第一項第一号イ(3)（床面積に係る部分に限る。）、第百七十五条第一項（宿泊室に係る部分に限る。）及び第二項第二号ロ並びに附則第十二条第一項の規定による基準

五 法第七十八条の四第二項の規定により、同条第三項第三号に掲げる事項について市町村が条例を定めるに当たって従うべき基準 第四十二条第四項、第四十六条第一項及び第六十六条の規定による基準

六 法第七十八条の四第二項の規定により、同条第三項第四号に掲げる事項について市町村が条例を定めるに当たって従うべき基準 第三条の七第一項（第十八条、第三十七条、第六十一条、第八十八条、第百八条、第百五十七条、第百六十九条及び第百八十二条において準用する場合を含む。）、第三条の八（第十八条、第三十七条、第四十条の十六、第六十一条、第八十八条、第百八条、第百五十七条、第百六十九条及び第百八十二条において準用する場合を含む。）、第三条の二十三（定期巡回・随時対応型訪問介護看護計画及び訪問看護報告書の提出に係る

部分を除く。）、第三条の二十五（第十八条において準用する場合を含む。）、第三条の三十三（第十八条、第三十七条、第四十条の十六、第六十一条、第八十八条、第百八条、第百二十九条及び第百八十二条において準用する場合を含む。）、第三条の三十八（第十八条、第八十八条、第百八条、第百二十九条及び第百八十二条において準用する場合を含む。）、第三条の四十一第二項（第三条の二十三に係る部分（定期巡回・随時対応型訪問介護看護計画及び訪問看護報告書の提出に係る部分を除く。）に限る。）、第三十五条（第四十条の十六及び第六十一条において準用する場合を含む。）、第四十条の五第一項、第五十九条の二、第七十三条第五号及び第六号、第七十八条第二項、第九十七条第五項から第七項まで、第九十九条第二項、第百十三条第一項から第三項まで、第百十四条第一項及び第二項、第百十八条第四項から第六項まで、第百三十七条第四項から第六項まで、第百三十九条第八項、第百四十五条（第百六十九条において準用する場合を含む。）、第百五十三条（第百六十九条において準用する場合を含む。）、第百五十五条（第百六十九条において準用する場合を含む。）、第百六十二条第六項から第八項まで並びに第百六十三条第九項、第百七十七条第五号及び第六号並びに第百七十八条（看護小規模多機能型居宅介護計画及び看護小規模多機能型居宅介護報告書の提出に係る部分を除く。）の規定による基準

七　法第七十八条の四第二項の規定により、同条第三項第五号に掲げる事項について市町村が条例を定めるに当たって標準とすべき基準　第四十条の三、第九十三条第一項及び第二項（居室に係る部分を除く。）、第百七十四条並びに附則第七条の規定による基準

八　法第七十八条の二の二第一項第一号若しくは第二号又は第七十八条の四第一項若しくは第二項の規定により、法第七十八条の二の二第二項各号又は第七十八条の四第三項各号に掲げる事項以外の事項について市町村が条例を定めるに当たって参酌すべき基準　この省令に定める基準のうち、前各号に定める基準以外のもの

（定義）

第二条　この省令において、次の各号に掲げる用語の意義は、それぞれ当該各号に定めるところによる。

一　地域密着型サービス事業者　法第八条第十四項に規定する地域密着型サービス事業を行う者をいう。

二　指定地域密着型サービス事業者又は指定地域密着型サービス　それぞれ法第四十二条の二第一項に規定する指定地域密着型サービス事業者又は指定地域密着型サービスをいう。

三　利用料　法第四十二条の二第一項に規定する地域密着型介護サービス費の支給の対象となる費用に係る対価をいう。

四　地域密着型介護サービス費用基準額　法第四十二条の二第二項各号に規定する厚生労働大臣が定める基準により算定した費用の額（その額が現に当該指定地域密着型サービスに要した費用の額を超えるときは、当該現に指定地域密着型サービスに要した費用の額とする。）をいう。

五　法定代理受領サービス　法第四十二条の二第六項の規定により地域密着型介護サービス費が利用者に代わり当該指定地域密着型サービス事業者に支払われる場合の当該地域密着型介護サービス費に係る指定地域密着型サービスをいう。

六　共生型地域密着型サービス　法第七十八条の二の二第一項の申請に係る法第四十二条の二第一項本文の指定を受けた者による指定地域密着型サービスをいう。

七　常勤換算方法　当該事業所の従業者の勤務延時間数を当該事業所において常勤の従業者が勤務すべき時間数で除することにより、当該事業所の従業者の員数を常勤の従業者の員数に換算する方法をいう。

（指定地域密着型サービスの事業の一般原則）

第三条　指定地域密着型サービス事業者は、

利用者の意思及び人格を尊重して、常に利用者の立場に立ったサービスの提供に努めなければならない。

2　指定地域密着型サービス事業者は、指定地域密着型サービスの事業を運営するに当たっては、地域との結び付きを重視し、市町村、他の地域密着型サービス事業者又は居宅サービス事業者（居宅サービス事業を行う者をいう。以下同じ。）その他の保健医療サービス及び福祉サービスを提供する者との連携に努めなければならない。

第一章の二　定期巡回・随時対応型訪問介護看護

第一節　基本方針等

（基本方針）

第三条の二　指定地域密着型サービスに該当する定期巡回・随時対応型訪問介護看護（以下「指定定期巡回・随時対応型訪問介護看護」という。）の事業は、要介護状態となった場合においても、その利用者が尊厳を保持し、可能な限りその居宅において、その有する能力に応じ自立した日常生活を営むことができるよう、定期的な巡回又は随時通報によりその者の居宅を訪問し、入浴、排せつ、食事等の介護、日常生活上の緊急時の対応その他の安心してその居宅において生活を送ることができるようにするための援助を行うとともに、その療養生活を支援し、心身の機能の維持回復を目指すものでなければならない。

（指定定期巡回・随時対応型訪問介護看護）

第三条の三　前条に規定する援助等を行うため、指定定期巡回・随時対応型訪問介護看護においては、次の各号に掲げるサービスを提供するものとする。

一　訪問介護員等（指定定期巡回・随時対応型訪問介護看護の提供に当たる介護福祉士又は法第八条第二項に規定する政令で定める者（介護保険法施行規則（平成十一年厚生省令第三十六号。以下「施行規則」という。）第二十二条の二十三第一項に規定する介護職員初任者研修課程を修了した者に限る。）をいう。以下この章において同じ。）が、定期的に利用者の居宅を巡回して行う日常生活上の世話（以下この章において「定期巡回サービス」という。）

二　あらかじめ利用者の心身の状況、その置かれている環境等を把握した上で、随時、利用者又はその家族等からの通報を受け、通報内容等を基に相談援助を行う又は訪問介護員等の訪問若しくは看護師等（保健師、看護師、准看護師、理学療法士、作業療法士又は言語聴覚士をいう。以下この章において同じ。）による対応の要否等を判断するサービス（以下この章において「随時対応サービス」という。）

三　随時対応サービスにおける訪問の要否等の判断に基づき、訪問介護員等が利用者の居宅を訪問して行う日常生活上の世話（以下この章において「随時訪問サービス」という。）

四　法第八条第十五項第一号に該当する指定定期巡回・随時対応型訪問介護看護の一部として看護師等が利用者の居宅を訪問して行う療養上の世話又は必要な診療の補助（以下この章において「訪問看護サービス」という。）

第二節　人員に関する基準

（定期巡回・随時対応型訪問介護看護従業者の員数）

第三条の四　指定定期巡回・随時対応型訪問介護看護の事業を行う者（以下「指定定期巡回・随時対応型訪問介護看護事業者」という。）が当該事業を行う事業所（以下「指定定期巡回・随時対応型訪問介護看護事業所」という。）ごとに置くべき従業者（以下「定期巡回・随時対応型訪問介護看護従業者」という。）の職種及び員数は、次のとおりとする。

一　オペレーター（随時対応サービスとして、利用者又はその家族等からの通報に対応する定期巡回・随時対応型訪問介護看護従業者をいう。以下この章において同じ。）指定定期巡回・随時対応型訪問介護看護を提供する時間帯（以下この条において「提供時間帯」という。）を通じて一以上確保されるために必要な数以

上

二　定期巡回サービスを行う訪問介護員等　交通事情、訪問頻度等を勘案し、利用者に適切に定期巡回サービスを提供するために必要な数以上

三　随時訪問サービスを行う訪問介護員等　提供時間帯を通じて、随時訪問サービスの提供に当たる訪問介護員等が一以上確保されるために必要な数以上

四　訪問看護サービスを行う看護師等　次に掲げる職種の区分に応じ、それぞれ次に定める員数

イ　保健師、看護師又は准看護師（以下この章において「看護職員」という。）　常勤換算方法で二・五以上

ロ　理学療法士、作業療法士又は言語聴覚士　指定定期巡回・随時対応型訪問介護看護事業所の実情に応じた適当数

2　オペレーターは、看護師、介護福祉士その他厚生労働大臣が定める者（以下この章において「看護師、介護福祉士等」という。）をもって充てなければならない。ただし、利用者の処遇に支障がない場合であって、提供時間帯を通じて、看護師、介護福祉士等又は第一項第四号イの看護職員との連携を確保しているときは、サービス提供責任者（指定居宅サービス等の事業の人員、設備及び運営に関する基準（平成十一年厚生省令第三十七号。以下「指定居宅サービス等基準」という。）第五条第二項のサービス提供責任者をいう。以下同じ。）の業務に一年以上（特に業務に従事した経験が必要な者として厚生労働大臣が定めるものにあっては、三年以上）従事した経験を有する者をもって充てることができる。

3　オペレーターのうち一人以上は、常勤の看護師、介護福祉士等でなければならない。

4　オペレーターは専らその職務に従事する者でなければならない。ただし、利用者の処遇に支障がない場合は、当該指定定期巡回・随時対応型訪問介護看護事業所の定期巡回サービス若しくは訪問看護サービス、同一敷地内の指定訪問介護事業所（指定居宅サービス等基準第五条第一項に規定する指定訪問介護事業所をいう。以下同じ。）、指定訪問看護事業所（指定居宅サービス等基準第六十条第一項に規定する指定訪問看護事業所をいう。）若しくは指定夜間対応型訪問介護事業所（第六条第一項に規定する指定夜間対応型訪問介護事業所をいう。以下この条において同じ。）の職務又は利用者以外の者からの通報を受け付ける業務に従事することができる。

5　指定定期巡回・随時対応型訪問介護看護事業所の同一敷地内に次に掲げるいずれかの施設等がある場合において、当該施設等の入所者等の処遇に支障がない場合は、前項本文の規定にかかわらず、当該施設等の職員をオペレーターとして充てることができる。

一　指定短期入所生活介護事業所（指定居宅サービス等基準第百二十一条第一項に規定する指定短期入所生活介護事業所をいう。第百三十一条第十二項において同じ。）

二　指定短期入所療養介護事業所（指定居宅サービス等基準第百四十二条第一項に規定する指定短期入所療養介護事業所をいう。）

三　指定特定施設（指定居宅サービス等基準第百七十四条第一項に規定する指定特定施設をいう。）

四　指定小規模多機能型居宅介護事業所（第六十三条第一項に規定する指定小規模多機能型居宅介護事業所をいう。）

五　指定認知症対応型共同生活介護事業所（第九十条第一項に規定する指定認知症対応型共同生活介護事業所をいう。第四十五条第一項、第四十六条、第六十三条第六項、第六十四条第三項及び第六十五条において同じ。）

六　指定地域密着型特定施設（第百九条第一項に規定する指定地域密着型特定施設をいう。第四十五条第一項、第四十六条第一項及び第六十三条第六項において同じ。）

七　指定地域密着型介護老人福祉施設（第百三十条第一項に規定する指定地域密着型介護老人福祉施設をいう。第四十五条第一項、第四十六条第一項及び第六十三

条第六項において同じ。）
八　指定看護小規模多機能型居宅介護事業所（第百七十一条第一項に規定する指定看護小規模多機能型居宅介護事業所をいう。第四章から第七章までにおいて同じ。）
九　指定介護老人福祉施設
十　介護老人保健施設
十一　健康保険法等の一部を改正する法律（平成十八年法律第八十三号）附則第百三十条の二第一項の規定によりなおその効力を有するものとされた同法第二十六条の規定による改正前の介護保険法（以下「平成十八年旧介護保険法」という。）第四十八条第一項第三号に規定する指定介護療養型医療施設（以下「指定介護療養型医療施設」という。）
十二　介護医療院

6　随時訪問サービスを行う訪問介護員等は、専ら当該随時訪問サービスの提供に当たる者でなければならない。ただし、利用者の処遇に支障がない場合は、当該定期巡回・随時対応型訪問介護看護事業所の定期巡回サービス又は同一施設内にある指定訪問介護事業所若しくは指定夜間対応型訪問介護事業所の職務に従事することができる。

7　当該指定定期巡回・随時対応型訪問介護看護事業所の利用者に対する随時対応サービスの提供に支障がない場合は、第四項本文及び前項の規定にかかわらず、オペレーターは、随時訪問サービスに従事することができる。

8　前項の規定によりオペレーターが随時訪問サービスに従事している場合において、当該指定定期巡回・随時対応型訪問介護看護事業所の利用者に対する随時訪問サービスの提供に支障がないときは、第一項の規定にかかわらず、随時訪問サービスを行う訪問介護員等を置かないことができる。

9　看護職員のうち一人以上は、常勤の保健師又は看護師（第三条の二十三第一項及び第三条の二十四において「常勤看護師等」という。）でなければならない。

10　看護職員のうち一人以上は、提供時間帯を通じて、指定定期巡回・随時対応型訪問介護看護事業者との連絡体制が確保された者でなければならない。

11　指定定期巡回・随時対応型訪問介護看護事業者は、指定定期巡回・随時対応型訪問介護看護事業所ごとに、指定定期巡回・随時対応型訪問介護看護従業者であって看護師、介護福祉士等であるもののうち一人以上を、利用者に対する第三条の二十四第一項に規定する定期巡回・随時対応型訪問介護看護計画の作成に従事する者（以下この章において「計画作成責任者」という。）としなければならない。

12　指定定期巡回・随時対応型訪問介護看護事業者が指定訪問看護事業者（指定居宅サービス等基準第六十条第一項に規定する指定訪問看護事業者をいう。以下同じ。）の指定を併せて受け、かつ、指定定期巡回・随時対応型訪問介護看護の事業と指定訪問看護（指定居宅サービス等基準第五十九条に規定する指定訪問看護をいう。以下同じ。）の事業とが同一の事業所において一体的に運営されている場合に、指定居宅サービス等基準第六十条第一項第一号イに規定する人員に関する基準を満たすとき（同条第五項の規定により同条第一項第一号イ及び第二号に規定する基準を満たしているものとみなされているとき及び第百七十一条第十四項の規定により同条第四項に規定する基準を満たしているものとみなされているときを除く。）は、当該指定定期巡回・随時対応型訪問介護看護事業者は、第一項第四号イに規定する基準を満たしているものとみなすことができる。

第三節　設備に関する基準

（設備及び備品等）
第三条の六　指定定期巡回・随時対応型訪問介護看護事業所には、事業の運営を行うために必要な広さを有する専用の区画を設けるほか、指定定期巡回・随時対応型訪問介護看護の提供に必要な設備及び備品等を備えなければならない。

2　指定定期巡回・随時対応型訪問介護看護事業者は、利用者が円滑に通報し、迅速な対応を受けることができるよう、指定定期巡回・随時対応型訪問介護看護事業所ごとに、次に掲げる機器等を備え、必要に応じてオペレーターに当該機器等を携帯させなければならない。ただし、第一号に掲げる機器等については、指定定期巡回・随時対応型訪問介護看護事業者が適切に利用者の心身の状況等の情報を蓄積するための体制を確保している場合であって、オペレーターが当該情報を常時閲覧できるときは、これを備えないことができる。

一　利用者の心身の状況等の情報を蓄積することができる機器等

二　随時適切に利用者からの通報を受けることができる通信機器等

3　指定定期巡回・随時対応型訪問介護看護事業者は、利用者が援助を必要とする状態となったときに適切にオペレーターに通報できるよう、利用者に対し、通信のための端末機器を配布しなければならない。ただし、利用者が適切にオペレーターに随時の通報を行うことができる場合は、この限りでない。

4　指定定期巡回・随時対応型訪問介護看護事業者が指定夜間対応型訪問介護事業者（第六条第一項に規定する指定夜間対応型訪問介護事業者をいう。）の指定を併せて受け、かつ、指定定期巡回・随時対応型訪問介護看護の事業と指定夜間対応型訪問介護（第四条に規定する指定夜間対応型訪問介護をいう。）の事業とが同一の事業所において一体的に運営されている場合については、第八条に規定する設備に関する基準を満たすことをもって、前三項に規定する基準を満たしているものとみなすことができる。

第四節　運営に関する基準

（内容及び手続の説明及び同意）

第三条の七　指定定期巡回・随時対応型訪問介護看護事業者は、指定定期巡回・随時対応型訪問介護看護の提供の開始に際し、あらかじめ、利用申込者又はその家族に対し、第三条の二十九に規定する運営規程の概要、定期巡回・随時対応型訪問介護看護従業者の勤務の体制その他の利用申込者のサービスの選択に資すると認められる重要事項を記した文書を交付して説明を行い、当該提供の開始について利用申込者の同意を得なければならない。

2　指定定期巡回・随時対応型訪問介護看護事業者は、利用申込者又はその家族からの申出があった場合には、前項の規定による文書の交付に代えて、第五項で定めるところにより、当該利用申込者又はその家族の承諾を得て、当該文書に記すべき重要事項を電子情報処理組織を使用する方法その他の情報通信の技術を利用する方法であって次に掲げるもの（以下この条において「電磁的方法」という。）により提供することができる。この場合において、当該指定定期巡回・随時対応型訪問介護看護事業者は、当該文書を交付したものとみなす。

一　電子情報処理組織を使用する方法のうちイ又はロに掲げるもの

イ　指定定期巡回・随時対応型訪問介護看護事業者の使用に係る電子計算機と利用申込者又はその家族の使用に係る電子計算機とを接続する電気通信回線を通じて送信し、受信者の使用に係る電子計算機に備えられたファイルに記録する方法

ロ　指定定期巡回・随時対応型訪問介護看護事業者の使用に係る電子計算機に備えられたファイルに記録された前項に規定する重要事項を電気通信回線を通じて利用申込者又はその家族の閲覧に供し、当該利用申込者又はその家族の使用に係る電子計算機に備えられたファイルに当該重要事項を記録する方法（電磁的方法による提供を受ける旨の承諾又は受けない旨の申出をする場合にあっては、指定定期巡回・随時対応型訪問介護看護事業者の使用に係る電子計算機に備えられたファイルにその旨を記録する方法）

二　磁気ディスク、シー・ディー・ロムその他これらに準ずる方法により一定の事項を確実に記録しておくことができる物をもって調製するファイルに前項に規定

する重要事項を記録したものを交付する方法

3　前項に掲げる方法は、利用申込者又はその家族がファイルへの記録を出力することにより文書を作成することができるものでなければならない。

4　第二項第一号の「電子情報処理組織」とは、指定定期巡回・随時対応型訪問介護看護事業者の使用に係る電子計算機と、利用申込者又はその家族の使用に係る電子計算機とを電気通信回線で接続した電子情報処理組織をいう。

5　指定定期巡回・随時対応型訪問介護看護事業者は、第二項の規定により第一項に規定する重要事項を提供しようとするときは、あらかじめ、当該利用申込者又はその家族に対し、その用いる次に掲げる電磁的方法の種類及び内容を示し、文書又は電磁的方法による承諾を得なければならない。

一　第二項各号に規定する方法のうち指定定期巡回・随時対応型訪問介護看護事業者が使用するもの

二　ファイルへの記録の方式

6　前項の規定による承諾を得た指定定期巡回・随時対応型訪問介護看護事業者は、当該利用申込者又はその家族から文書又は電磁的方法により電磁的方法による提供を受けない旨の申出があった場合は、当該利用申込者又はその家族に対し、第一項に規定する重要事項の提供を電磁的方法によってしてはならない。ただし、当該利用申込者又はその家族が再び前項の規定による承諾をした場合は、この限りでない。

（**提供拒否の禁止**）

第三条の八　指定定期巡回・随時対応型訪問介護看護事業者は、正当な理由なく指定定期巡回・随時対応型訪問介護看護の提供を拒んではならない。

（**サービス提供困難時の対応**）

第三条の九　指定定期巡回・随時対応型訪問介護看護事業者は、当該指定定期巡回・随時対応型訪問介護看護事業所の通常の事業の実施地域（当該事業所が通常時に当該サービスを提供する地域をいう。以下同じ。）等を勘案し、利用申込者に対し自ら適切な指定定期巡回・随時対応型訪問介護看護を提供することが困難であると認めた場合は、当該利用申込者に係る指定居宅介護支援事業者（法第四十六条第一項に規定する指定居宅介護支援事業者をいう。以下同じ。）への連絡、適当な他の指定定期巡回・随時対応型訪問介護看護事業者等の紹介その他の必要な措置を速やかに講じなければならない。

（**受給資格等の確認**）

第三条の十　指定定期巡回・随時対応型訪問介護看護事業者は、指定定期巡回・随時対応型訪問介護看護の提供を求められた場合は、その者の提示する被保険者証によって、被保険者資格、要介護認定の有無及び要介護認定の有効期間を確かめるものとする。

2　指定定期巡回・随時対応型訪問介護看護事業者は、前項の被保険者証に、法第七十八条の三第二項の規定により認定審査会意見が記載されているときは、当該認定審査会意見に配慮して、指定定期巡回・随時対応型訪問介護看護を提供するように努めなければならない。

（**要介護認定の申請に係る援助**）

第三条の十一　指定定期巡回・随時対応型訪問介護看護事業者は、指定定期巡回・随時対応型訪問介護看護の提供の開始に際し、要介護認定を受けていない利用申込者については、要介護認定の申請が既に行われているかどうかを確認し、申請が行われていない場合は、当該利用申込者の意思を踏まえて速やかに当該申請が行われるよう必要な援助を行わなければならない。

2　指定定期巡回・随時対応型訪問介護看護事業者は、指定居宅介護支援が利用者に対して行われていない等の場合であって必要と認めるときは、要介護認定の更新の申請が、遅くとも当該利用者が受けている要介護認定の有効期間が終了する日の三十日前までに行われるよう、必要な援助を行わなければならない。

（**心身の状況等の把握**）

第三条の十二　指定定期巡回・随時対応型訪問介護看護事業者は、指定定期巡回・随時対応型訪問介護看護の提供に当たっては、計画作成責任者による利用者の面接によるほか、利用者に係る指定居宅介護支援事業者が開催するサービス担当者会議（指定居宅介護支援等の事業の人員及び運営に関する基準（平成十一年厚生省令第三十八号。以下「指定居宅介護支援等基準」という。）第十三条第九号に規定するサービス担当者会議をいう。以下この章、第二十三条、第四十条の六及び第四十条の七において同じ。）等を通じて、利用者の心身の状況、その置かれている環境、他の保健医療サービス又は福祉サービスの利用状況等の把握に努めなければならない。

（指定居宅介護支援事業者等との連携）

第三条の十三　指定定期巡回・随時対応型訪問介護看護事業者は、指定定期巡回・随時対応型訪問介護看護を提供するに当たっては、指定居宅介護支援事業者その他保健医療サービス又は福祉サービスを提供する者との密接な連携に努めなければならない。

2　指定定期巡回・随時対応型訪問介護看護事業者は、指定定期巡回・随時対応型訪問介護看護の提供の終了に際しては、利用者又はその家族に対して適切な指導を行うとともに、当該利用者に係る指定居宅介護支援事業者に対する情報の提供及び保健医療サービス又は福祉サービスを提供する者との密接な連携に努めなければならない。

（法定代理受領サービスの提供を受けるための援助）

第三条の十四　指定定期巡回・随時対応型訪問介護看護事業者は、指定定期巡回・随時対応型訪問介護看護の提供の開始に際し、利用申込者が施行規則第六十五条の四各号のいずれにも該当しないときは、当該利用申込者又はその家族に対し、居宅サービス計画（法第八条第二十四項に規定する居宅サービス計画をいう。）の作成を指定居宅介護支援事業者に依頼する旨を市町村に対して届け出ること等により、指定定期巡回・随時対応型訪問介護看護の提供を法定代理受領サービスとして受けることができる旨を説明すること、指定居宅介護支援事業者に関する情報を提供することその他の法定代理受領サービスを行うために必要な援助を行わなければならない。

（居宅サービス計画に沿ったサービスの提供）

第三条の十五　指定定期巡回・随時対応型訪問介護看護事業者は、居宅サービス計画（法第八条第二十四項に規定する居宅サービス計画をいい、施行規則第六十五条の四第一号ハに規定する計画を含む。以下同じ。）が作成されている場合は、当該居宅サービス計画に沿った指定定期巡回・随時対応型訪問介護看護を提供しなければならない。

（居宅サービス計画等の変更の援助）

第三条の十六　指定定期巡回・随時対応型訪問介護看護事業者は、利用者が居宅サービス計画の変更を希望する場合は、当該利用者に係る指定居宅介護支援事業者への連絡その他の必要な援助を行わなければならない。

（身分を証する書類の携行）

第三条の十七　指定定期巡回・随時対応型訪問介護看護事業者は、定期巡回・随時対応型訪問介護看護従業者に身分を証する書類を携行させ、面接時、初回訪問時及び利用者又はその家族から求められたときは、これを提示すべき旨を指導しなければならない。

（サービスの提供の記録）

第三条の十八　指定定期巡回・随時対応型訪問介護看護事業者は、指定定期巡回・随時対応型訪問介護看護を提供した際には、当該指定定期巡回・随時対応型訪問介護看護の提供日及び内容、当該指定定期巡回・随時対応型訪問介護看護について法第四十二条の二第六項の規定により利用者に代わって支払を受ける地域密着型介護サービス費の額その他必要な事項を、利用者の居宅サービス計画を記載した書面又はこれに準ずる書面に記載しなければならない。

2　指定定期巡回・随時対応型訪問介護看護事業者は、指定定期巡回・随時対応型訪問介護看護を提供した際には、提供した具体的なサービスの内容等を記録するとともに、利用者からの申出があった場合には、文書の交付その他適切な方法により、その情報を利用者に対して提供しなければならない。

（利用料等の受領）

第三条の十九　指定定期巡回・随時対応型訪問介護看護事業者は、法定代理受領サービスに該当する指定定期巡回・随時対応型訪問介護看護を提供した際には、その利用者から利用料の一部として、当該指定定期巡回・随時対応型訪問介護看護に係る地域密着型介護サービス費用基準額から当該指定定期巡回・随時対応型訪問介護看護事業者に支払われる地域密着型介護サービス費の額を控除して得た額の支払を受けるものとする。

2　指定定期巡回・随時対応型訪問介護看護事業者は、法定代理受領サービスに該当しない指定定期巡回・随時対応型訪問介護看護を提供した際にその利用者から支払を受ける利用料の額と、指定定期巡回・随時対応型訪問介護看護に係る地域密着型介護サービス費用基準額との間に、不合理な差額が生じないようにしなければならない。

3　指定定期巡回・随時対応型訪問介護看護事業者は、前二項の支払を受ける額のほか、利用者の選定により通常の事業の実施地域以外の地域の居宅において指定定期巡回・随時対応型訪問介護看護を行う場合は、それに要した交通費の額の支払を利用者から受けることができる。

4　指定定期巡回・随時対応型訪問介護看護事業者は、前項の費用の額に係るサービスの提供に当たっては、あらかじめ、利用者又はその家族に対し、当該サービスの内容及び費用について説明を行い、利用者の同意を得なければならない。

（保険給付の請求のための証明書の交付）

第三条の二十　指定定期巡回・随時対応型訪問介護看護事業者は、法定代理受領サービスに該当しない指定定期巡回・随時対応型訪問介護看護に係る利用料の支払を受けた場合は、提供した指定定期巡回・随時対応型訪問介護看護の内容、費用の額その他必要と認められる事項を記載したサービス提供証明書を利用者に対して交付しなければならない。

（指定定期巡回・随時対応型訪問介護看護の基本取扱方針）

第三条の二十一　指定定期巡回・随時対応型訪問介護看護は、定期巡回サービス及び訪問看護サービスについては、利用者の要介護状態の軽減又は悪化の防止に資するよう、その目標を設定し、計画的に行うとともに、随時対応サービス及び随時訪問サービスについては、利用者からの随時の通報に適切に対応して行うものとし、利用者が安心してその居宅において生活を送ることができるようにしなければならない。

2　指定定期巡回・随時対応型訪問介護看護事業者は、自らその提供する指定定期巡回・随時対応型訪問介護看護の質の評価を行い、それらの結果を公表し、常にその改善を図らなければならない。

（指定定期巡回・随時対応型訪問介護看護の具体的取扱方針）

第三条の二十二　定期巡回・随時対応型訪問介護看護従業者の行う指定定期巡回・随時対応型訪問介護看護の方針は、次に掲げるところによるものとする。

一　定期巡回サービスの提供に当たっては、第三条の二十四第一項に規定する定期巡回・随時対応型訪問介護看護計画に基づき、利用者が安心してその居宅において生活を送るのに必要な援助を行うものとする。

二　随時訪問サービスを適切に行うため、オペレーターは、計画作成責任者及び定期巡回サービスを行う訪問介護員等と密接に連携し、利用者の心身の状況、その置かれている環境等の的確な把握に努め、利用者又はその家族に対し、適切な相談及び助言を行うものとする。

三　随時訪問サービスの提供に当たっては、第三条の二十四第一項に規定する定期巡回・随時対応型訪問介護看護計画に基づき、利用者からの随時の連絡に迅速に対応し、必要な援助を行うものとする。

四　訪問看護サービスの提供に当たっては、主治の医師との密接な連携及び第三条の二十四第一項に規定する定期巡回・随時対応型訪問介護看護計画に基づき、利用者の心身の機能の維持回復を図るよう妥当適切に行うものとする。

五　訪問看護サービスの提供に当たって

は、常に利用者の病状、心身の状況及びその置かれている環境の的確な把握に努め、利用者又はその家族に対し、適切な指導等を行うものとする。

六　特殊な看護等については、これを行ってはならないものとする。

七　指定定期巡回・随時対応型訪問介護看護の提供に当たっては、懇切丁寧に行うことを旨とし、利用者又はその家族に対し、サービスの提供方法等について、理解しやすいように説明を行うものとする。

八　指定定期巡回・随時対応型訪問介護看護の提供に当たっては、介護技術及び医学の進歩に対応し、適切な介護技術及び看護技術をもってサービスの提供を行うものとする。

九　指定定期巡回・随時対応型訪問介護看護の提供に当たり利用者から合鍵を預かる場合には、その管理を厳重に行うとともに、管理方法、紛失した場合の対処方法その他必要な事項を記載した文書を利用者に交付するものとする。

（主治の医師との関係）

第三条の二十三　指定定期巡回・随時対応型訪問介護看護事業所の常勤看護師等は、主治の医師の指示に基づき適切な訪問看護サービスが行われるよう必要な管理をしなければならない。

2　指定定期巡回・随時対応型訪問介護看護事業者は、訪問看護サービスの提供の開始に際し、主治の医師による指示を文書で受けなければならない。

3　指定定期巡回・随時対応型訪問介護看護事業者は、主治の医師に次条第一項に規定する定期巡回・随時対応型訪問介護看護計画（訪問看護サービスの利用者に係るものに限る。）及び同条第十一項に規定する訪問看護報告書を提出し、訪問看護サービスの提供に当たって主治の医師との密接な連携を図らなければならない。

4　医療機関が当該指定定期巡回・随時対応型訪問介護看護事業所を運営する場合にあっては、前二項の規定にかかわらず、第二項の主治の医師の文書による指示並びに前項の定期巡回・随時対応型訪問介護看護計画及び次条第十一項に規定する訪問看護報告書の提出は、診療録その他の診療に関する記録（以下「診療記録」という。）への記載をもって代えることができる。

（定期巡回・随時対応型訪問介護看護計画等の作成）

第三条の二十四　計画作成責任者は、利用者の日常生活全般の状況及び希望を踏まえて、定期巡回サービス及び随時訪問サービスの目標、当該目標を達成するための具体的な定期巡回サービス及び随時訪問サービスの内容等を記載した定期巡回・随時対応型訪問介護看護計画を作成しなければならない。

2　定期巡回・随時対応型訪問介護看護計画は、既に居宅サービス計画が作成されている場合は、当該居宅サービス計画の内容に沿って作成しなければならない。ただし、定期巡回・随時対応型訪問介護看護計画における指定定期巡回・随時対応型訪問介護看護を提供する日時等については、当該居宅サービス計画に定められた指定定期巡回・随時対応型訪問介護看護が提供される日時等にかかわらず、当該居宅サービス計画の内容及び利用者の日常生活全般の状況及び希望を踏まえ、計画作成責任者が決定することができる。この場合において、計画作成責任者は、当該定期巡回・随時対応型訪問介護看護計画を、当該利用者を担当する介護支援専門員に提出するものとする。

3　定期巡回・随時対応型訪問介護看護計画は、看護職員が利用者の居宅を定期的に訪問して行うアセスメント（利用者の心身の状況を勘案し、自立した日常生活を営むことができるように支援する上で解決すべき課題を把握することをいう。）の結果を踏まえ、作成しなければならない。

4　訪問看護サービスの利用者に係る定期巡回・随時対応型訪問介護看護計画については、第一項に規定する事項に加え、当該利用者の希望、心身の状況、主治の医師の指示等を踏まえて、療養上の目標、当該目標を達成するための具体的なサービスの内容等を記載しなければならない。

5　計画作成責任者が常勤看護師等でない場合には、常勤看護師等は、前項の記載に際し、必要な指導及び管理を行うとともに、次項に規定する利用者又はその家族に対する定期巡回・随時対応型訪問介護看護計画の説明を行う際には、計画作成責任者に対し、必要な協力を行わなければならない。

6　計画作成責任者は、定期巡回・随時対応型訪問介護看護計画の作成に当たっては、その内容について利用者又はその家族に対して説明し、利用者の同意を得なければならない。

7　計画作成責任者は、定期巡回・随時対応型訪問介護看護計画を作成した際には、当該定期巡回・随時対応型訪問介護看護計画を利用者に交付しなければならない。

8　計画作成責任者は、定期巡回・随時対応型訪問介護看護計画の作成後、当該定期巡回・随時対応型訪問介護看護計画の実施状況の把握を行い、必要に応じて当該定期巡回・随時対応型訪問介護看護計画の変更を行うものとする。

9　第一項から第七項までの規定は、前項に規定する定期巡回・随時対応型訪問介護看護計画の変更について準用する。

10　訪問看護サービスを行う看護師等（准看護師を除く。）は、訪問看護サービスについて、訪問日、提供した看護内容等を記載した訪問看護報告書を作成しなければならない。

11　常勤看護師等は、訪問看護報告書の作成に関し、必要な指導及び管理を行わなければならない。

12　前条第四項の規定は、定期巡回・随時対応型訪問介護看護計画（訪問看護サービスの利用者に係るものに限る。）及び訪問看護報告書の作成について準用する。

（同居家族に対するサービス提供の禁止）

第三条の二十五　指定定期巡回・随時対応型訪問介護看護事業者は、定期巡回・随時対応型訪問介護看護従業者に、その同居の家族である利用者に対する指定定期巡回・随時対応型訪問介護看護（随時対応サービスを除く。）の提供をさせてはならない。

（緊急時等の対応）

第三条の二十七　定期巡回・随時対応型訪問介護看護従業者は、現に指定定期巡回・随時対応型訪問介護看護の提供を行っているときに利用者に病状の急変が生じた場合その他必要な場合は、速やかに主治の医師への連絡を行う等の必要な措置を講じなければならない。

2　前項の定期巡回・随時対応型訪問介護看護従業者が看護職員である場合にあっては、必要に応じて臨時応急の手当てを行わなければならない。

（秘密保持等）

第三条の三十三　指定定期巡回・随時対応型訪問介護看護事業所の従業者は、正当な理由がなく、その業務上知り得た利用者又はその家族の秘密を漏らしてはならない。

2　指定定期巡回・随時対応型訪問介護看護事業者は、当該指定定期巡回・随時対応型訪問介護看護事業所の従業者であった者が、正当な理由がなく、その業務上知り得た利用者又はその家族の秘密を漏らすことがないよう、必要な措置を講じなければならない。

3　指定定期巡回・随時対応型訪問介護看護事業者は、サービス担当者会議等において、利用者の個人情報を用いる場合は利用者の同意を、利用者の家族の個人情報を用いる場合は当該家族の同意を、あらかじめ文書により得ておかなければならない。

（指定居宅介護支援事業者に対する利益供与の禁止）

第三条の三十五　指定定期巡回・随時対応型訪問介護看護事業者は、指定居宅介護支援事業者又はその従業者に対し、利用者に特定の事業者によるサービスを利用させることの対償として、金品その他の財産上の利益を供与してはならない。

（苦情処理）

第三条の三十六　指定定期巡回・随時対応型訪問介護看護事業者は、提供した指定定期巡回・随時対応型訪問介護看護に係る利用者及びその家族からの苦情に迅速かつ適切に対応するために、苦情を受け付けるための窓口を設置する等の必要な措置を講じなければならない。

2　指定定期巡回・随時対応型訪問介護看護事業者は、前項の苦情を受け付けた場合には、当該苦情の内容等を記録しなければならない。

3　指定定期巡回・随時対応型訪問介護看護事業者は、提供した指定定期巡回・随時対応型訪問介護看護に関し、法第二十三条の規定により市町村が行う文書その他の物件の提出若しくは提示の求め又は当該市町村の職員からの質問若しくは照会に応じ、及び利用者からの苦情に関して市町村が行う調査に協力するとともに、市町村から指導又は助言を受けた場合においては、当該指導又は助言に従って必要な改善を行わなければならない。

4　指定定期巡回・随時対応型訪問介護看護事業者は、市町村からの求めがあった場合には、前項の改善の内容を市町村に報告しなければならない。

5　指定定期巡回・随時対応型訪問介護看護事業者は、提供した指定定期巡回・随時対応型訪問介護看護に係る利用者からの苦情に関して国民健康保険団体連合会（国民健康保険法（昭和三十三年法律第百九十二号）第四十五条第五項に規定する国民健康保険団体連合会をいう。以下同じ。）が行う法第百七十六条第一項第三号の調査に協力するとともに、国民健康保険団体連合会から同号の指導又は助言を受けた場合においては、当該指導又は助言に従って必要な改善を行わなければならない。

6　指定定期巡回・随時対応型訪問介護看護事業者は、国民健康保険団体連合会からの求めがあった場合には、前項の改善の内容を国民健康保険団体連合会に報告しなければならない。

（地域との連携等）

第三条の三十七　指定定期巡回・随時対応型訪問介護看護事業者は、指定定期巡回・随時対応型訪問介護看護の提供に当たっては、利用者、利用者の家族、地域住民の代表者、地域の医療関係者、指定定期巡回・随時対応型訪問介護看護事業所が所在する市町村の職員又は当該指定定期巡回・随時対応型訪問介護看護事業所が所在する区域を管轄する法第百十五条の四十六第一項に規定する地域包括支援センターの職員、定期巡回・随時対応型訪問介護看護について知見を有する者等により構成される協議会（以下この項において「介護・医療連携推進会議」という。）を設置し、おおむね六月に一回以上、介護・医療連携推進会議に対して指定定期巡回・随時対応型訪問介護看護の提供状況等を報告し、介護・医療連携推進会議による評価を受けるとともに、介護・医療連携推進会議から必要な要望、助言等を聴く機会を設けなければならない。

2　指定定期巡回・随時対応型訪問介護看護事業者は、前項の報告、評価、要望、助言等についての記録を作成するとともに、当該記録を公表しなければならない。

3　指定定期巡回・随時対応型訪問介護看護事業者は、その事業の運営に当たっては、提供した指定定期巡回・随時対応型訪問介護看護に関する利用者からの苦情に関して市町村等が派遣する者が相談及び援助を行う事業その他の市町村が実施する事業に協力するよう努めなければならない。

4　指定定期巡回・随時対応型訪問介護看護事業者は、指定定期巡回・随時対応型訪問介護看護事業所の所在する建物と同一の建物に居住する利用者に対して指定定期巡回・随時対応型訪問介護看護を提供する場合には、正当な理由がある場合を除き、当該建物に居住する利用者以外の者に対しても、指定定期巡回・随時対応型訪問介護看護の提供を行わなければならない。

第二章　夜間対応型訪問介護

第一節　基本方針等

（基本方針）

第四条　指定地域密着型サービスに該当する夜間対応型訪問介護（以下「指定夜間対応型訪問介護」という。）の事業は、要介護状態となった場合においても、その利用者が可能な限りその居宅において、その有する能力に応じ自立した日常生活を営むことができるよう、夜間において、定期的な巡回又は随時通報によりその者の居宅を訪問し、排せつの介護、日常生活上の緊急時の対応その他の夜間において安心してその居宅において生活を送ることができるようにするための援助を行うものでなければならない。

（指定夜間対応型訪問介護）

第五条　前条に規定する援助を行うため、指定夜間対応型訪問介護においては、定期的に利用者の居宅を巡回して行う夜間対応型訪問介護（以下この章において「定期巡回サービス」という。）、あらかじめ利用者の心身の状況、その置かれている環境等を把握した上で、随時、利用者からの通報を受け、通報内容等を基に訪問介護員等（指定夜間対応型訪問介護の提供に当たる介護福祉士又は法第八条第二項に規定する政令で定める者（施行規則第二十二条の二十三第一項に規定する介護職員初任者研修課程を修了した者に限る。）をいう。以下この章において同じ。）の訪問の要否等を判断するサービス（以下「オペレーションセンターサービス」という。）及びオペレーションセンター（オペレーションセンターサービスを行うための次条第一項第一号に規定するオペレーションセンター従業者を置いている事務所をいう。以下同じ。）等からの随時の連絡に対応して行う夜間対応型訪問介護（以下この章において「随時訪問サービス」という。）を提供するものとする。

2　オペレーションセンターは、通常の事業の実施地域内に一か所以上設置しなければならない。ただし、定期巡回サービスを行う訪問介護員等が利用者から通報を受けることにより適切にオペレーションセンターサービスを実施することが可能であると認められる場合は、オペレーションセンターを設置しないことができる。

第二章の二　地域密着型通所介護

第一節　基本方針

（基本方針）

第十九条　指定地域密着型サービスに該当する地域密着型通所介護（以下「指定地域密着型通所介護」という。）の事業は、要介護状態となった場合においても、その利用者が可能な限りその居宅において、その有する能力に応じ自立した日常生活を営むことができるよう生活機能の維持又は向上を目指し、必要な日常生活上の世話及び機能訓練を行うことにより、利用者の社会的孤立感の解消及び心身の機能の維持並びに利用者の家族の身体的及び精神的負担の軽減を図るものでなければならない。

第五節　共生型地域密着型サービスに関する基準

（共生型地域密着型通所介護の基準）

第三十七条の二　地域密着型通所介護に係る共生型地域密着型サービス（以下この条及び次条において「共生型地域密着型通所介護」という。）の事業を行う指定生活介護事業者（障害者の日常生活及び社会生活を総合的に支援するための法律に基づく指定障害福祉サービスの事業等の人員、設備及び運営に関する基準（平成十八年厚生労働省令第百七十一号。以下この条において「指定障害福祉サービス等基準」という。）第七十八条第一項に規定する指定生活介護事業者をいう。）、指定自立訓練（機能訓練）事業者（指定障害福祉サービス等基準第百五十六条第一項に規定する指定自立訓練（機能訓練）事業者をいう。）、指定自立訓練（生活訓練）事業者（指定障害福祉サービス等基準第百六十六条第一項に規定する指定自立訓練（生活訓練）事業者をいう。）、指定児童発達支援事業者（児童福祉法に基づく指定通所支援の事業等の人員、設備及び運営に関する基準（平成二十四年厚生労働省令第十五号。以下この条において「指定通所支援基準」という。）第五条第一項に規定する指定児童発達支援事業者をいい、主として重症心身障害児（児童福祉法（昭和二十二年法律第百六十四号）第七条第二項に規定する重症心身障害児をいう。以下この条において同じ。）を通わせる事業所において指定児童発達支援（指定通所支援基準第四条に規定する指定児童発達支援をいう。第一号において同じ。）を提供する事業者を除く。）及び指定放課後等デイサービス事業者（指定通所支援基準第六十六条第一項に規定する指定放課後等デイサービス事業者をいい、主として重症心身障害児を通わせる事業所において指定放課後等デイサービス（指定通所支援基準第六十五条に規定する指定放課後等デイサービスをいう。）を提供する事業者を除く。）が当該事業に関して満たすべき基準は、次のとおりとする。

一　指定生活介護事業所（指定障害福祉サービス等基準第七十八条第一項に規定する指定生活介護事業所をいう。）、指定自立訓練（機能訓練）事業所（指定障害福祉サービス等基準第百五十六条第一項に規定する指定自立訓練（機能訓練）事業所をいう。）、指定自立訓練（生活訓練）事業所（指定障害福祉サービス等基準第百六十六条第一項に規定する指定自立訓練（生活訓練）事業所をいう。）、指定児童発達支援事業所（指定通所支援基準第五条第一項に規定する指定児童発達支援事業所をいう。）又は指定放課後等デイサービス事業所（指定通所支援基準第六十六条第一項に規定する指定放課後等デイサービス事業所をいう。）（以下この号において「指定生活介護事業所等」という。）の従業者の員数が、当該指定生活介護事業所等が提供する指定生活介護（指定障害福祉サービス等基準第七十七条に規定する指定生活介護をいう。）、指定自立訓練（機能訓練）（指定障害福祉サービス等基準第百五十五条に規定する指定自立訓練（機能訓練）をいう。）、指定自立訓練（生活訓練）（指定障害福祉サービス等基準第百六十五条に規定する指定自立訓練（生活訓練）をいう。）、指定児童発達支援又は指定放課後等デイサービス（以下この号において「指定生活介護等」という。）の利用者の数を指定生活介護等の利用者及び共生型地域密着型通所介護の利用者の数の合計数であるとした場合における当該指定生活介護事業所等として必要とされる数以上であること。

二　共生型地域密着型通所介護の利用者に対して適切なサービスを提供するため、指定地域密着型通所介護事業所その他の関係施設から必要な技術的支援を受けていること。

第六節　指定療養通所介護の事業の基本方針並びに人員、設備及び運営に関する基準

第一款　この節の趣旨及び基本方針

（この節の趣旨）

第三十八条　第一節から第四節までの規定にかかわらず、指定療養通所介護（指定地域密着型通所介護であって、難病等を有する重度要介護者又はがん末期の者であって、サービス提供に当たり常時看護師による観察が必要なものを対象者とし、第四十条の九に規定する療養通所介護計画に基づき、入浴、排せつ、食事等の介護その他の日常生活上の世話及び機能訓練を行うものをいう。以下同じ。）の事業の基本方針並びに人員、設備及び運営に関する基準については、この節に定めるところによる。

（基本方針）

第三十九条　指定療養通所介護の事業は、要介護状態となった場合においても、その利用者が可能な限りその居宅において、その有する能力に応じ自立した日常生活を営むことができるよう生活機能の維持又は向上を目指し、必要な日常生活上の世話及び機能訓練を行うことにより、利用者の社会的孤立感の解消及び心身の機能の維持並びに利用者の家族の身体的及び精神的負担の軽減を図るものでなければならない。

2　指定療養通所介護の事業を行う者（以下「指定療養通所介護事業者」という。）は、指定療養通所介護の提供に当たっては、利用者の主治の医師及び当該利用者の利用している訪問看護事業者（指定訪問看護事業者又は健康保険法（大正十一年法律第七十号）第八十八条第一項に規定する指定訪問看護事業者をいう。以下この節において同じ。）等との密接な連携に努めなければならない。

高齢者福祉

第三章　認知症対応型通所介護

第一節　基本方針

第四十一条　指定地域密着型サービスに該当する認知症対応型通所介護（以下「指定認知症対応型通所介護」という。）の事業は、要介護状態となった場合においても、その認知症である利用者（その者の認知症の原因となる疾患が急性の状態にある者を除く。以下同じ。）が可能な限りその居宅において、その有する能力に応じ自立した日常生活を営むことができるよう生活機能の維持又は向上を目指し、必要な日常生活上の世話及び機能訓練を行うことにより、利用者の社会的孤立感の解消及び心身の機能の維持並びに利用者の家族の身体的及び精神的負担の軽減を図るものでなければならない。

第四章　小規模多機能型居宅介護

第一節　基本方針

第六十二条　指定地域密着型サービスに該当する小規模多機能型居宅介護（以下「指定小規模多機能型居宅介護」という。）の事業は、要介護者について、その居宅において、又はサービスの拠点に通わせ、若しくは短期間宿泊させ、当該拠点において、家庭的な環境と地域住民との交流の下で、入浴、排せつ、食事等の介護その他の日常生活上の世話及び機能訓練を行うことにより、利用者がその有する能力に応じその居宅において自立した日常生活を営むことができるようにするものでなければならない。

第五章　認知症対応型共同生活介護

第一節　基本方針

第八十九条　指定地域密着型サービスに該当する認知症対応型共同生活介護（以下「指定認知症対応型共同生活介護」という。）の事業は、要介護者であって認知症であるものについて、共同生活住居（法第八条第二十項に規定する共同生活を営むべき住居をいう。以下同じ。）において、家庭的な環境と地域住民との交流の下で入浴、排せつ、食事等の介護その他の日常生活上の世話及び機能訓練を行うことにより、利用者がその有する能力に応じ自立した日常生活を営むことができるようにするものでなければならない。

第六章　地域密着型特定施設入居者生活介護

第一節　基本方針

第百九条　指定地域密着型サービスに該当する地域密着型特定施設入居者生活介護（以下「指定地域密着型特定施設入居者生活介護」という。）の事業は、地域密着型特定施設サービス計画（法第八条第二十一項に規定する計画をいう。以下同じ。）に基づき、入浴、排せつ、食事等の介護その他の日常生活上の世話、機能訓練及び療養上の世話を行うことにより、当該指定地域密着型特定施設入居者生活介護の提供を受ける入居者（以下この章において「利用者」という。）が指定地域密着型特定施設（同項に規定する地域密着型特定施設であって、当該指定地域密着型特定施設入居者生活介護の事業が行われるものをいう。以下同じ。）においてその有する能力に応じ自立した日常生活を営むことができるようにするものでなければならない。

2　指定地域密着型特定施設入居者生活介護の事業を行う者（以下「指定地域密着型特定施設入居者生活介護事業者」という。）は、安定的かつ継続的な事業運営に努めなければならない。

第七章　地域密着型介護老人福祉施設入所者生活介護

第一節　基本方針

（基本方針）

第百三十条　指定地域密着型サービスに該当する地域密着型介護老人福祉施設入所者生活介護（以下「指定地域密着型介護老人福祉施設入所者生活介護」という。）の事業を行う地域密着型介護老人福祉施設（以下「指定地域密着型介護老人福祉施設」という。）は、地域密着型施設サービス計画（法第八条第二十二項に規定する地域密着型施設サービス計画をいう。以下同じ。）に基づき、可能な限り、居宅における生活への復帰を念頭に置いて、入浴、排せつ、食事等の介護、相談及び援助、社会生活上の便宜の供与その他の日常生活上の世話、機能訓練、健康管理及び療養上の世話を行うことにより、入所者がその有する能力に応じ自立した日常生活を営むことができるようにすることを目指すものでなければならない。

2　指定地域密着型介護老人福祉施設は、入所者の意思及び人格を尊重し、常にその者の立場に立って指定地域密着型介護老人福祉施設入所者生活介護を提供するように努めなければならない。

3　指定地域密着型介護老人福祉施設は、明るく家庭的な雰囲気を有し、地域や家庭との結び付きを重視した運営を行い、市町村、居宅介護支援事業者、居宅サービス事業者、地域密着型サービス事業者、他の介護保険施設その他の保健医療サービス又は福祉サービスを提供する者との密接な連携に努めなければならない。

第五節　ユニット型指定地域密着型介護老人福祉施設の基本方針並びに設備及び運営に関する基準

第一款　この節の趣旨及び基本方針

（この節の趣旨）

第百五十八条　第一節、第三節及び前節の規定にかかわらず、ユニット型指定地域密着型介護老人福祉施設（施設の全部において少数の居室及び当該居室に近接して設けられる共同生活室（当該居室の入居者が交流し、共同で日常生活を営むための場所をいう。以下同じ。）により一体的に構成される場所（以下「ユニット」という。）ごとに入居者の日常生活が営まれ、これに対する支援が行われる指定地域密着型介護老人福祉施設をいう。以下同じ。）の基本方針並びに設備及び運営に関する基準については、この節に定めるところによる。

（基本方針）

第百五十九条　ユニット型指定地域密着型介護老人福祉施設は、入居者一人一人の意思及び人格を尊重し、地域密着型施設サービス計画に基づき、その居宅における生活への復帰を念頭に置いて、入居前の居宅における生活と入居後の生活が連続したものとなるよう配慮しながら、各ユニットにおいて入居者が相互に社会的関係を築き、自律的な日常生活を営むことを支援しなければならない。

2　ユニット型指定地域密着型介護老人福祉施設は、地域や家庭との結び付きを重視した運営を行い、市町村、居宅介護支援事業者、居宅サービス事業者、地域密着型サービス事業者、介護保険施設その他の保健医療サービス又は福祉サービスを提供する者との密接な連携に努めなければならない。

第八章　看護小規模多機能型居宅介護

第一節　基本方針

（基本方針）

第百七十条　指定地域密着型サービスに該当する複合型サービス（施行規則第十七条の十二に規定する看護小規模多機能型居宅介護に限る。以下この章において「指定看護小規模多機能型居宅介護」という。）の事業は、指定居宅サービス等基準第五十九条に規定する訪問看護の基本方針及び第六十二条に規定する小規模多機能型居宅介護の基本方針を踏まえて行うものでなければならない。

附　則（抄）

（施行期日）

第一条　この省令は、平成十八年四月一日から施行する。

指定地域密着型介護予防サービスの事業の人員、設備及び運営並びに指定地域密着型介護予防サービスに係る介護予防のための効果的な支援の方法に関する基準（抄）

（平成一八・三・一四）
（厚 労 令 三 六）

最新改正　平成三〇厚労令三〇

第一章　総則

（趣旨）

第一条　指定地域密着型介護予防サービスの事業に係る介護保険法（平成九年法律第百二十三号。以下「法」という。）第百十五条の十四第三項の厚生労働省令で定める基準は、次の各号に掲げる基準に応じ、それぞれ当該各号に定める規定による基準とする。

一　法第百十五条の十四第一項の規定により、同条第三項第一号に掲げる事項について市町村が条例を定めるに当たって従うべき基準　第五条第一項から第三項まで及び第五項から第七項まで、第六条、第八条、第十条、第四十四条から第四十六条まで、第七十条から第七十二条まで、附則第二条、附則第三条、附則第五条並びに附則第六条の規定による基準

二　法第百十五条の十四第二項の規定により、同条第三項第二号に掲げる事項について市町村が条例を定めるに当たって従うべき基準　第四十八条第一項（宿泊室に係る部分に限る。）及び第二項第二号ロ並びに第七十三条第二項（居室に係る部分に限る。）及び第四項の規定による基準

三　法第百十五条の十四第二項の規定により、同条第三項第三号に掲げる事項について市町村が条例を定めるに当たって従うべき基準　第五条第四項、第九条第一項及び第四十七条の規定による基準

四　法第百十五条の十四第二項の規定により、同条第三項第四号に掲げる事項について市町村が条例を定めるに当たって従うべき基準　第十一条第一項（第六十四条及び第八十五条において準用する場合を含む。）、第十二条（第六十四条及び第八十五条において準用する場合を含む。）、第三十三条（第六十四条及び第八十五条において準用する場合を含む。）、第三十七条（第六十四条及び第八十五条において準用する場合を含む。）、第五十三条、第六十七条第二項、第七十七条及び第八十八条第二項の規定による基準

五　法第百十五条の十四第二項の規定により、同条第三項第五号に掲げる事項について市町村が条例を定めるに当たって標準とすべき基準　第七十三条第一項及び第二項（入居定員に係る部分に限る。）並びに附則第七条の規定による基準

六　法第百十五条の十四第一項又は第二項の規定により、同条第三項各号に掲げる事項以外の事項について市町村が条例を定めるに当たって参酌すべき基準　この省令に定める基準のうち、前各号に定める規定による基準以外のもの

（定義）

第二条　この省令において、次の各号に掲げる用語の意義は、それぞれ当該各号に定めるところによる。

一　地域密着型介護予防サービス事業者　法第八条の二第十二項に規定する地域密着型介護予防サービス事業を行う者をいう。

二　指定地域密着型介護予防サービス事業者又は指定地域密着型介護予防サービス　それぞれ法第五十四条の二第一項に規定する指定地域密着型介護予防サービス事業者又は指定地域密着型介護予防サービスをいう。

三　利用料　法第五十四条の二第一項に規定する地域密着型介護予防サービス費の支給の対象となる費用に係る対価をいう。

四　地域密着型介護予防サービス費用基準額　法第五十四条の二第二項第一号又は第二号に規定する厚生労働大臣が定める基準により算定した費用の額（その額が

現に当該指定地域密着型介護予防サービスに要した費用の額を超えるときは、当該現に指定地域密着型介護予防サービスに要した費用の額とする。）をいう。

五　法定代理受領サービス　法第五十四条の二第六項の規定により地域密着型介護予防サービス費が利用者に代わり当該指定地域密着型介護予防サービス事業者に支払われる場合の当該地域密着型介護予防サービス費に係る指定地域密着型介護予防サービスをいう。

六　常勤換算方法　当該事業所の従業者の勤務延時間数を当該事業所において常勤の従業者が勤務すべき時間数で除することにより、当該事業所の従業者の員数を常勤の従業者の員数に換算する方法をいう。

（指定地域密着型介護予防サービスの事業の一般原則）

第三条　指定地域密着型介護予防サービス事業者は、利用者の意思及び人格を尊重して、常に利用者の立場に立ったサービスの提供に努めなければならない。

2　指定地域密着型介護予防サービス事業者は、指定地域密着型介護予防サービスの事業を運営するに当たっては、地域との結び付きを重視し、市町村（特別区を含む。以下同じ。）、他の地域密着型介護予防サービス事業者又は介護予防サービス事業者（介護予防サービス事業を行う者をいう。以下同じ。）その他の保健医療サービス及び福祉サービスを提供する者との連携に努めなければならない。

第二章　介護予防認知症対応型通所介護

第一節　基本方針

第四条　指定地域密着型介護予防サービスに該当する介護予防認知症対応型通所介護（以下「指定介護予防認知症対応型通所介護」という。）の事業は、その認知症（法第五条の二第一項に規定する認知症をいう。以下同じ。）である利用者（その者の認知症の原因となる疾患が急性の状態にある者を除く。以下同じ。）が可能な限りその居宅において、自立した日常生活を営むことができるよう、必要な日常生活上の支援及び機能訓練を行うことにより、利用者の心身機能の維持回復を図り、もって利用者の生活機能の維持又は向上を目指すものでなければならない。

第二節　人員及び設備に関する基準

第一款　単独型指定介護予防認知症対応型通所介護及び併設型指定介護予防認知症対応型通所介護

（従業者の員数）

第五条　単独型指定介護予防認知症対応型通所介護（特別養護老人ホーム等（特別養護老人ホーム（老人福祉法（昭和三十八年法律第百三十三号）第二十条の五に規定する特別養護老人ホームをいう。以下同じ。）、同法第二十条の四に規定する養護老人ホーム、病院、診療所、介護老人保健施設、介護医療院、社会福祉施設又は特定施設に併設されていない事業所において行われる指定介護予防認知症対応型通所介護をいう。以下同じ。）の事業を行う者及び併設型指定介護予防認知症対応型通所介護（特別養護老人ホーム等に併設されている事業所において行われる指定介護予防認知症対応型通所介護をいう。以下同じ。）の事業を行う者（以下「単独型・併設型指定介護予防認知症対応型通所介護事業者」という。）が当該事業を行う事業所（以下「単独型・併設型指定介護予防認知症対応型通所介護事業所」という。）ごとに置くべき従業者の員数は、次のとおりとする。

一　生活相談員　単独型・併設型指定介護予防認知症対応型通所介護（単独型・併設型指定介護予防認知症対応型通所介護事業所において行われる指定介護予防認知症対応型通所介護をいう。以下同じ。）の提供日ごとに、当該単独型・併設型指定介護予防認知症対応型通所介護を提供している時間帯に生活相談員（専ら当該単独型・併設型指定介護予防認知症対応型通所介護の提供に当たる者に限る。）が勤務している時間数の合計数を当該単独型・併設型指定介護予防認知症対応型通所介護を提供している時間帯の時間数で除して得た数が一以上確保されるために必要と認められる数

二　看護師若しくは准看護師（以下この章において「看護職員」という。）又は介護職員　単独型・併設型指定介護予防認知症対応型通所介護の単位ごとに、専ら当該単独型・併設型指定介護予防認知症対応型通所介護の提供に当たる看護職員又は介護職員が一以上及び当該単独型・併設型指定介護予防認知症対応型通所介護を提供している時間帯に看護職員又は介護職員（いずれも専ら当該単独型・併設型指定介護予防認知症対応型通所介護の提供に当たる者に限る。）が勤務している時間数の合計数を当該単独型・併設型指定介護予防認知症対応型通所介護を提供している時間数で除して得た数が一以上確保されるために必要と認められる数

三　機能訓練指導員　一以上

2　単独型・併設型指定介護予防認知症対応型通所介護事業者は、単独型・併設型指定介護予防認知症対応型通所介護の単位ごとに、前項第二号の看護職員又は介護職員を、常時一人以上当該単独型・併設型指定介護予防認知症対応型通所介護に従事させなければならない。

3　第一項第二号の規定にかかわらず、同項の看護職員又は介護職員は、利用者の処遇に支障がない場合は、他の単独型・併設型指定介護予防認知症対応型通所介護の単位の看護職員又は介護職員として従事することができるものとする。

4　前各項の単独型・併設型指定介護予防認知症対応型通所介護の単位は、単独型・併設型指定介護予防認知症対応型通所介護であってその提供が同時に一又は複数の利用者（当該単独型・併設型指定介護予防認知症対応型通所介護事業者が単独型・併設型指定認知症対応型通所介護事業者（指定地域密着型サービスの事業の人員、設備及び運営に関する基準（平成十八年厚生労働省令第三十四号。以下「指定地域密着型サービス基準」という。）第四十二条第一項に規定する単独型・併設型指定認知症対応型通所介護事業者をいう。以下同じ。）の指定を併せて受け、かつ、単独型・併設型指定介護予防認知症対応型通所介護の事業と単独型・併設型指定認知症対応型通所介護（同項第一号に規定する単独型・併設型指定認知症対応型通所介護をいう。以下同じ。）の事業とが同一の事業所において一体的に運営されている場合にあっては、当該事業所における単独型・併設型指定介護予防認知症対応型通所介護又は単独型・併設型指定認知症対応型通所介護の利用者。以下この条において同じ。）に対して一体的に行われるものをいい、その利用定員（当該単独型・併設型指定介護予防認知症対応型通所介護事業所において同時に単独型・併設型指定介護予防認知症対応型通所介護の提供を受けることができる利用者の数の上限をいう。第七条第二項第一号イにおいて同じ。）を十二人以下とする。

5　第一項第三号の機能訓練指導員は、日常生活を営むのに必要な機能の減退を防止するための訓練を行う能力を有する者とし、当該単独型・併設型指定介護予防認知症対応型通所介護事業所の他の職務に従事することができるものとする。

6　第一項の生活相談員、看護職員又は介護職員のうち一人以上は、常勤でなければならない。

7　単独型・併設型指定介護予防認知症対応型通所介護事業者が単独型・併設型指定認知症対応型通所介護事業者の指定を併せて受け、かつ、単独型・併設型指定介護予防認知症対応型通所介護の事業と単独型・併設型指定認知症対応型通所介護の事業とが同一の事業所において一体的に運営されている場合については、指定地域密着型サービス基準第四十二条第一項から第六項までに規定する人員に関する基準を満たすことをもって、前各項に規定する基準を満たしているものとみなすことができる。

（管理者）

第六条　単独型・併設型指定介護予防認知症対応型通所介護事業者は、単独型・併設型

指定介護予防認知症対応型通所介護事業所ごとに専らその職務に従事する常勤の管理者を置かなければならない。ただし、単独型・併設型指定介護予防認知症対応型通所介護事業所の管理上支障がない場合は、当該単独型・併設型指定介護予防認知症対応型通所介護事業所の他の職務に従事し、又は同一敷地内にある他の事業所、施設等の職務に従事することができるものとする。

2 単独型・併設型指定介護予防認知症対応型通所介護事業所の管理者は、適切な単独型・併設型指定介護予防認知症対応型通所介護を提供するために必要な知識及び経験を有する者であって、別に厚生労働大臣が定める研修を修了しているものでなければならない。

（設備及び備品等）

第七条 単独型・併設型指定介護予防認知症対応型通所介護事業所は、食堂、機能訓練室、静養室、相談室及び事務室を有するほか、消火設備その他の非常災害に際して必要な設備並びに単独型・併設型指定介護予防認知症対応型通所介護の提供に必要なその他の設備及び備品等を備えなければならない。

2 前項に掲げる設備の基準は、次のとおりとする。

一 食堂及び機能訓練室

イ 食堂及び機能訓練室は、それぞれ必要な広さを有するものとし、その合計した面積は、三平方メートルに利用定員を乗じて得た面積以上とすること。

ロ イにかかわらず、食堂及び機能訓練室は、食事の提供の際にはその提供に支障がない広さを確保でき、かつ、機能訓練を行う際にはその実施に支障がない広さを確保できる場合にあっては、同一の場所とすることができる。

二 相談室 遮へい物の設置等により相談の内容が漏えいしないよう配慮されていること。

3 第一項に掲げる設備は、専ら当該単独型・併設型指定介護予防認知症対応型通所介護の事業の用に供するものでなければならない。ただし、利用者に対する単独型・併設型指定介護予防認知症対応型通所介護の提供に支障がない場合は、この限りでない。

4 前項ただし書の場合（単独型・併設型指定介護予防認知症対応型通所介護事業者が第一項に掲げる設備を利用し、夜間及び深夜に単独型・併設型指定介護予防認知症対応型通所介護以外のサービスを提供する場合に限る。）には、当該サービスの内容を当該サービスの提供の開始前に当該単独型・併設型指定介護予防認知症対応型通所介護事業者に係る指定を行った市町村長に届け出るものとする。

5 単独型・併設型指定介護予防認知症対応型通所介護事業者が単独型・併設型指定認知症対応型通所介護事業者の指定を併せて受け、かつ、単独型・併設型指定介護予防認知症対応型通所介護の事業と単独型・併設型指定認知症対応型通所介護の事業とが同一の事業所において一体的に運営されている場合については、指定地域密着型サービス基準第四十四条第一項から第三項までに規定する設備に関する基準を満たすことをもって、第一項から第三項までに規定する基準を満たしているものとみなすことができる。

第二款 共用型指定介護予防認知症対応型通所介護

（従業者の員数）

第八条 指定認知症対応型共同生活介護事業所（指定地域密着型サービス基準第九十条第一項に規定する指定認知症対応型共同生活介護事業所をいう。以下同じ。）若しくは指定介護予防認知症対応型共同生活介護事業所（第七十条第一項に規定する指定介護予防認知症対応型共同生活介護事業所をいう。次条において同じ。）の居間若しくは食堂又は指定地域密着型特定施設（指定地域密着型サービス基準第百九条第一項に規定する指定地域密着型特定施設をいう。次条及び第四十四条第六項において同じ。）若しくは指定地域密着型介護老人福祉施設（指定地域密着型サービス基準第百三十条第一項に規定する指定地域密着型介護老人福祉施設をいう。次条及び第四十四条第六項において同じ。）の食堂若しくは共同生活室において、これらの事業所又は施設の利用者、入居者又は入所者とともに行う指定介護予防認知症対応型通所介護（以下「共用型指定介護予防認知症対応型通所介護」という。）の事業を行う者（以下「共用型指定介護予防認知症対応型通所介護事業者」という。）が当該事業を行う事業所（以下「共用型指定介護予防認知症対応型通所介護事業所」という。）に置くべき従業者の員数は、当該利用者、当該入居者又は当該入所者の数と当該共用型指定介護予防認知症対応型通所介護の利用者（当該共用型指定介護予防認知症対応型通所介護事業者が共用型指定認知症対応型通所介護事業者（指定地域密着型サービス基準第四十五条第一項に規定する共用型指定認知症対応型通所介護事業者をいう。以下同じ。）の指定を併せて受け、かつ、共用型指定介護予防認知症対応型通所介護の事業と共用型指定認知症対応型通所介護（同項に規定する共用型指定認知症対応型通所介護をいう。以下同じ。）の事業とが同一の事業所において一体的に運営されている場合にあっては、当該事業所における共用型指定介護予防認知症対応型通所介護又は共用型指定認知症対応型通所介護の利用者。次条において同じ。）の数を合計した数について、第七十条又は指定地域密着型サービス基準第九十条、第百十条若しくは第百三十一条の規定を満たすために必要な数以上とする。

2　共用型指定介護予防認知症対応型通所介護事業者が共用型指定認知症対応型通所介護事業者の指定を併せて受け、かつ、共用型指定介護予防認知症対応型通所介護の事業と共用型指定認知症対応型通所介護の事業とが同一の事業所において一体的に運営されている場合については、指定地域密着型サービス基準第四十五条第一項に規定する人員に関する基準を満たすことをもって、前項に規定する基準を満たしているものとみなすことができる。

（利用定員等）

第九条　共用型指定介護予防認知症対応型通所介護事業所の利用定員（当該共用型指定介護予防認知症対応型通所介護事業所において同時に共用型指定介護予防認知症対応型通所介護の提供を受けることができる利用者の数の上限をいう。）は、指定認知症対応型共同生活介護事業所又は指定介護予防認知症対応型共同生活介護事業所においては共同生活住居（法第八条第二十項又は法第八条の二第十五項に規定する共同生活を営むべき住居をいう。）ごとに、指定地域密着型特定施設又は指定地域密着型介護老人福祉施設（ユニット型指定地域密着型介護老人福祉施設（指定地域密着型サービス基準第百五十八条に規定するユニット型指定地域密着型介護老人福祉施設をいう。以下この項において同じ。）を除く。）においては施設ごとに一日当たり三人以下とし、ユニット型指定地域密着型介護老人福祉施設においてはユニットごとに当該ユニット型指定地域密着型介護老人福祉施設の入居者の数と当該共用型指定介護予防認知症対応型通所介護の利用者の数の合計が一日当たり十二人以下となる数とする。

2　共用型指定介護予防認知症対応型通所介護事業者は、指定居宅サービス（法第四十一条第一項に規定する指定居宅サービスをいう。）、指定地域密着型サービス（法第四十二条の二第一項に規定する指定地域密着型サービスをいう。）、指定居宅介護支援（法第四十六条第一項に規定する指定居宅介護支援をいう。）、指定介護予防サービス（法第五十三条第一項に規定する指定介護予防サービスをいう。）、指定地域密着型介護予防サービス若しくは指定介護予防支援（法第五十八条第一項に規定する指定介護予防支援をいう。）の事業又は介護保険施設（法第八条第二十五項に規定する介護保険施設をいう。）若しくは指定介護療養型医療施設（健康保険法等の一部を改正する法律（平成十八年法律第八十三号）附則第百三十条の二第一項の規定によりなおその効力を有するものとされた同法第二十六条の規定による改正前の法第四十八条第一項第三号に規定する指定介護療養型医療施設をいう。第四十四条第六項において同じ。）の運営（第四十四条第七項において「指定居宅サービス事業等」という。）について三年以上の経験を有する者でなければならない。

（管理者）

第十条　共用型指定介護予防認知症対応型通所介護事業者は、共用型指定介護予防認知症対応型通所介護事業所ごとに専らその職務に従事する常勤の管理者を置かなければならない。ただし、共用型指定介護予防認知症対応型通所介護事業所の管理上支障がない場合は、当該共用型指定介護予防認知症対応型通所介護事業所の他の職務に従事し、又は同一敷地内にある他の事業所、施設等の職務に従事することができるものとする。

2　共用型指定介護予防認知症対応型通所介護事業所の管理者は、適切な共用型指定介護予防認知症対応型通所介護を提供するために必要な知識及び経験を有する者であって、第六条第二項に規定する厚生労働大臣が定める研修を修了しているものでなければならない。

第三節　運営に関する基準

（内容及び手続の説明及び同意）

第十一条　指定介護予防認知症対応型通所介護事業者（単独型・併設型指定介護予防認知症対応型通所介護事業者及び共用型指定介護予防認知症対応型通所介護事業者をいう。以下同じ。）は、指定介護予防認知症対応型通所介護の提供の開始に際し、あらかじめ、利用申込者又はその家族に対し、第二十七条に規定する運営規程の概要、介護予防認知症対応型通所介護従業者（第五条第一項又は第八条第一項の従業者をいう。以下同じ。）の勤務の体制その他の利用申込者のサービスの選択に資すると認められる重要事項を記した文書を交付して説明を行い、当該提供の開始について利用申込者の同意を得なければならない。

2　指定介護予防認知症対応型通所介護事業者は、利用申込者又はその家族からの申出があった場合には、前項の規定による文書の交付に代えて、第五項で定めるところにより、当該利用申込者又はその家族の承諾を得て、当該文書に記すべき重要事項を電子情報処理組織を使用する方法その他の情報通信の技術を利用する方法であって次に掲げるもの（以下この条において「電磁的方法」という。）により提供することができる。この場合において、当該指定介護予防認知症対応型通所介護事業者は、当該文書を交付したものとみなす。

一　電子情報処理組織を使用する方法のうちイ又はロに掲げるもの

イ　指定介護予防認知症対応型通所介護事業者の使用に係る電子計算機と利用申込者又はその家族の使用に係る電子計算機とを接続する電気通信回線を通じて送信し、受信者の使用に係る電子計算機に備えられたファイルに記録する方法

ロ　指定介護予防認知症対応型通所介護事業者の使用に係る電子計算機に備えられたファイルに記録された前項に規定する重要事項を電気通信回線を通じて利用申込者又はその家族の閲覧に供し、当該利用申込者又はその家族の使用に係る電子計算機に備えられたファイルに当該重要事項を記録する方法（電磁的方法による提供を受ける旨の承諾又は受けない旨の申出をする場合にあっては、指定介護予防認知症対応型通所介護事業者の使用に係る電子計算機に備えられたファイルにその旨を記録する方法）

二　磁気ディスク、シー・ディー・ロムその他これらに準ずる方法により一定の事項を確実に記録しておくことができる物をもって調製するファイルに前項に規定する重要事項を記録したものを交付する方法

3　前項に掲げる方法は、利用申込者又はその家族がファイルへの記録を出力することにより文書を作成することができるものでなければならない。

4　第二項第一号の「電子情報処理組織」とは、指定介護予防認知症対応型通所介護事業者の使用に係る電子計算機と、利用申込者又はその家族の使用に係る電子計算機とを電気通信回線で接続した電子情報処理組

織をいう。

5　指定介護予防認知症対応型通所介護事業者は、第二項の規定により第一項に規定する重要事項を提供しようとするときは、あらかじめ、当該利用申込者又はその家族に対し、その用いる次に掲げる電磁的方法の種類及び内容を示し、文書又は電磁的方法による承諾を得なければならない。

一　第二項各号に規定する方法のうち指定介護予防認知症対応型通所介護事業者が使用するもの

二　ファイルへの記録の方式

6　前項の規定による承諾を得た指定介護予防認知症対応型通所介護事業者は、当該利用申込者又はその家族から文書又は電磁的方法により電磁的方法による提供を受けない旨の申出があった場合は、当該利用申込者又はその家族に対し、第一項に規定する重要事項の提供を電磁的方法によってしてはならない。ただし、当該利用申込者又はその家族が再び前項の規定による承諾をした場合は、この限りでない。

（提供拒否の禁止）

第十二条　指定介護予防認知症対応型通所介護事業者は、正当な理由なく指定介護予防認知症対応型通所介護の提供を拒んではならない。

（サービス提供困難時の対応）

第十三条　指定介護予防認知症対応型通所介護事業者は、当該指定介護予防認知症対応型通所介護事業所（単独型・併設型指定介護予防認知症対応型通所介護事業所又は共用型指定介護予防認知症対応型通所介護事業所をいう。以下同じ。）の通常の事業の実施地域（当該事業所が通常時に当該サービスを提供する地域をいう。以下同じ。）等を勘案し、利用申込者に対し自ら適切な指定介護予防認知症対応型通所介護を提供することが困難であると認めた場合は、当該利用申込者に係る介護予防支援事業者への連絡、適当な他の指定介護予防認知症対応型通所介護事業者等の紹介その他の必要な措置を速やかに講じなければならない。

（受給資格等の確認）

第十四条　指定介護予防認知症対応型通所介護事業者は、指定介護予防認知症対応型通所介護の提供を求められた場合は、その者の提示する被保険者証によって、被保険者資格、要支援認定の有無及び要支援認定の有効期間を確かめるものとする。

2　指定介護予防認知症対応型通所介護事業者は、前項の被保険者証に、法第百十五条の十三第二項の規定により認定審査会意見が記載されているときは、当該認定審査会意見に配慮して、指定介護予防認知症対応型通所介護を提供するように努めなければならない。

（要支援認定の申請に係る援助）

第十五条　指定介護予防認知症対応型通所介護事業者は、指定介護予防認知症対応型通所介護の提供の開始に際し、要支援認定を受けていない利用申込者については、要支援認定の申請が既に行われているかどうかを確認し、申請が行われていない場合は、当該利用申込者の意思を踏まえて速やかに当該申請が行われるよう必要な援助を行わなければならない。

2　指定介護予防認知症対応型通所介護事業者は、介護予防支援（これに相当するサービスを含む。）が利用者に対して行われていない等の場合であって必要と認めるときは、要支援認定の更新の申請が、遅くとも当該利用者が受けている要支援認定の有効期間が終了する日の三十日前にはなされるよう、必要な援助を行わなければならない。

（心身の状況等の把握）

第十六条　指定介護予防認知症対応型通所介護事業者は、指定介護予防認知症対応型通所介護の提供に当たっては、利用者に係る介護予防支援事業者が開催するサービス担当者会議（指定介護予防支援等の事業の人員及び運営並びに指定介護予防支援等に係る介護予防のための効果的な支援の方法に関する基準（平成十八年厚生労働省令第三十七号。以下「指定介護予防支援等基準」という。）第三十条第九号に規定するサービス担当者会議をいう。以下この章において同じ。）等を通じて、利用者の心身の状況、その置かれている環境、他の保健医療サービス又は福祉サービスの利用状況等の把握に努めなければならない。

（介護予防支援事業者等との連携）

第十七条　指定介護予防認知症対応型通所介護事業者は、指定介護予防認知症対応型通所介護を提供するに当たっては、介護予防支援事業者その他保健医療サービス又は福祉サービスを提供する者との密接な連携に努めなければならない。

2　指定介護予防認知症対応型通所介護事業者は、指定介護予防認知症対応型通所介護の提供の終了に際しては、利用者又はその家族に対して適切な指導を行うとともに、当該利用者に係る介護予防支援事業者に対する情報の提供及び保健医療サービス又は福祉サービスを提供する者との密接な連携に努めなければならない。

（地域密着型介護予防サービス費の支給を受けるための援助）

第十八条　指定介護予防認知症対応型通所介護事業者は、指定介護予防認知症対応型通所介護の提供の開始に際し、利用申込者が介護保険法施行規則（平成十一年厚生省令第三十六号。以下「施行規則」という。）第八十五条の二各号のいずれにも該当しないときは、当該利用申込者又はその家族に対し、介護予防サービス計画の作成を介護予防支援事業者に依頼する旨を市町村に対して届け出ること等により、地域密着型介護予防サービス費の支給を受けることができる旨を説明すること、介護予防支援事業者に関する情報を提供することその他の地域密着型介護予防サービス費の支給を受けるために必要な援助を行わなければならない。

（介護予防サービス計画に沿ったサービスの提供）

第十九条　指定介護予防認知症対応型通所介護事業者は、介護予防サービス計画（施行規則第八十五条の二第一号ハに規定する計画を含む。以下同じ。）が作成されている場合は、当該計画に沿った指定介護予防認知症対応型通所介護を提供しなければならない。

（介護予防サービス計画等の変更の援助）

第二十条　指定介護予防認知症対応型通所介護事業者は、利用者が介護予防サービス計画の変更を希望する場合は、当該利用者に係る介護予防支援事業者への連絡その他の必要な援助を行わなければならない。

（サービスの提供の記録）

第二十一条　指定介護予防認知症対応型通所介護事業者は、指定介護予防認知症対応型通所介護を提供した際には、当該指定介護予防認知症対応型通所介護の提供日及び内容、当該指定介護予防認知症対応型通所介護について法第五十四条の二第六項の規定により利用者に代わって支払を受ける地域密着型介護予防サービス費の額その他必要な事項を、利用者の介護予防サービス計画を記載した書面又はこれに準ずる書面に記載しなければならない。

2　指定介護予防認知症対応型通所介護事業者は、指定介護予防認知症対応型通所介護を提供した際には、提供した具体的なサービスの内容等を記録するとともに、利用者からの申出があった場合には、文書の交付その他適切な方法により、その情報を利用者に対して提供しなければならない。

（利用料等の受領）

第二十二条　指定介護予防認知症対応型通所介護事業者は、法定代理受領サービスに該当する指定介護予防認知症対応型通所介護を提供した際には、その利用者から利用料の一部として、当該指定介護予防認知症対応型通所介護に係る地域密着型介護予防サービス費用基準額から当該指定介護予防認知症対応型通所介護事業者に支払われる地域密着型介護予防サービス費の額を控除して得た額の支払を受けるものとする。

2　指定介護予防認知症対応型通所介護事業者は、法定代理受領サービスに該当しない指定介護予防認知症対応型通所介護を提供した際にその利用者から支払を受ける利用料の額と、指定介護予防認知症対応型通所介護に係る地域密着型介護予防サービス費用基準額との間に、不合理な差額が生じないようにしなければならない。

3　指定介護予防認知症対応型通所介護事業者は、前二項の支払を受ける額のほか、次の各号に掲げる費用の額の支払を利用者から受けることができる。

一　利用者の選定により通常の事業の実施地域以外の地域に居住する利用者に対して行う送迎に要する費用

二　指定介護予防認知症対応型通所介護に通常要する時間を超える指定介護予防認知症対応型通所介護であって利用者の選定に係るものの提供に伴い必要となる費用の範囲内において、通常の指定介護予防認知症対応型通所介護に係る地域密着型介護予防サービス費用基準額を超える費用

三　食事の提供に要する費用

四　おむつ代

五　前各号に掲げるもののほか、指定介護予防認知症対応型通所介護の提供において提供される便宜のうち、日常生活においても通常必要となるものに係る費用であって、その利用者に負担させることが適当と認められる費用

4　前項第三号に掲げる費用については、別に厚生労働大臣が定めるところによるものとする。

5　指定介護予防認知症対応型通所介護事業者は、第三項の費用の額に係るサービスの提供に当たっては、あらかじめ、利用者又はその家族に対し、当該サービスの内容及び費用について説明を行い、利用者の同意を得なければならない。

（保険給付の請求のための証明書の交付）

第二十三条　指定介護予防認知症対応型通所介護事業者は、法定代理受領サービスに該当しない指定介護予防認知症対応型通所介護に係る利用料の支払を受けた場合は、提供した指定介護予防認知症対応型通所介護の内容、費用の額その他必要と認められる事項を記載したサービス提供証明書を利用者に対して交付しなければならない。

（緊急時等の対応）

第二十五条　介護予防認知症対応型通所介護従業者は、現に指定介護予防認知症対応型通所介護の提供を行っているときに利用者に病状の急変が生じた場合その他必要な場合は、速やかに主治の医師への連絡を行う等の必要な措置を講じなければならない。

（定員の遵守）

第二十九条　指定介護予防認知症対応型通所介護事業者は、利用定員を超えて指定介護予防認知症対応型通所介護の提供を行ってはならない。ただし、災害その他のやむを得ない事情がある場合は、この限りでない。

（衛生管理等）

第三十一条　指定介護予防認知症対応型通所介護事業者は、利用者の使用する施設、食器その他の設備又は飲用に供する水について、衛生的な管理に努め、又は衛生上必要な措置を講じなければならない。

2　指定介護予防認知症対応型通所介護事業者は、当該指定介護予防認知症対応型通所介護事業所において感染症が発生し、又はまん延しないように必要な措置を講ずるよう努めなければならない。

（秘密保持等）

第三十三条　指定介護予防認知症対応型通所介護事業所の従業者は、正当な理由がなく、その業務上知り得た利用者又はその家族の秘密を漏らしてはならない。

2　指定介護予防認知症対応型通所介護事業者は、当該指定介護予防認知症対応型通所介護事業所の従業者であった者が、正当な理由がなく、その業務上知り得た利用者又はその家族の秘密を漏らすことがないよう、必要な措置を講じなければならない。

3　指定介護予防認知症対応型通所介護事業者は、サービス担当者会議等において、利用者の個人情報を用いる場合は利用者の同意を、利用者の家族の個人情報を用いる場合は当該家族の同意を、あらかじめ文書により得ておかなければならない。

（介護予防支援事業者に対する利益供与の禁止）

第三十五条　指定介護予防認知症対応型通所介護事業者は、介護予防支援事業者又はその従業者に対し、利用者に特定の事業者によるサービスを利用させることの対償として、金品その他の財産上の利益を供与してはならない。

（苦情処理）

第三十六条　指定介護予防認知症対応型通所介護事業者は、提供した指定介護予防認知

症対応型通所介護に係る利用者及びその家族からの苦情に迅速かつ適切に対応するために、苦情を受け付けるための窓口を設置する等の必要な措置を講じなければならない。

2　指定介護予防認知症対応型通所介護事業者は、前項の苦情を受け付けた場合には、当該苦情の内容等を記録しなければならない。

3　指定介護予防認知症対応型通所介護事業者は、提供した指定介護予防認知症対応型通所介護に関し、法第二十三条の規定により市町村が行う文書その他の物件の提出若しくは提示の求め又は当該市町村の職員からの質問若しくは照会に応じ、及び利用者からの苦情に関して市町村が行う調査に協力するとともに、市町村から指導又は助言を受けた場合においては、当該指導又は助言に従って必要な改善を行わなければならない。

4　指定介護予防認知症対応型通所介護事業者は、市町村からの求めがあった場合には、前項の改善の内容を市町村に報告しなければならない。

5　指定介護予防認知症対応型通所介護事業者は、提供した指定介護予防認知症対応型通所介護に係る利用者からの苦情に関して国民健康保険団体連合会（国民健康保険法（昭和三十三年法律第百九十二号）第四十五条第五項に規定する国民健康保険団体連合会をいう。以下同じ。）が行う法第百七十六条第一項第三号の調査に協力するとともに、国民健康保険団体連合会から同号の指導又は助言を受けた場合においては、当該指導又は助言に従って必要な改善を行わなければならない。

6　指定介護予防認知症対応型通所介護事業者は、国民健康保険団体連合会からの求めがあった場合には、前項の改善の内容を国民健康保険団体連合会に報告しなければならない。

（地域との連携等）

第三十九条　指定介護予防認知症対応型通所介護事業者は、指定介護予防認知症対応型通所介護の提供に当たっては、利用者、利用者の家族、地域住民の代表者、指定介護予防認知症対応型通所介護事業所が所在する市町村の職員又は当該指定介護予防認知症対応型通所介護事業所が所在する区域を管轄する法第百十五条の四十六第一項に規定する地域包括支援センターの職員、介護予防認知症対応型通所介護について知見を有する者等により構成される協議会（以下この項において「運営推進会議」という。）を設置し、おおむね六月に一回以上、運営推進会議に対し活動状況を報告し、運営推進会議による評価を受けるとともに、運営推進会議から必要な要望、助言等を聴く機会を設けなければならない。

2　指定介護予防認知症対応型通所介護事業者は、前項の報告、評価、要望、助言等についての記録を作成するとともに、当該記録を公表しなければならない。

3　指定介護予防認知症対応型通所介護事業者は、その事業の運営に当たっては、地域住民又はその自発的な活動等との連携及び協力を行う等の地域との交流を図らなければならない。

4　指定介護予防認知症対応型通所介護事業者は、その事業の運営に当たっては、提供した指定介護予防認知症対応型通所介護に関する利用者からの苦情に関して、市町村等が派遣する者が相談及び援助を行う事業その他の市町村が実施する事業に協力するよう努めなければならない。

5　指定介護予防認知症対応型通所介護事業者は、指定介護予防認知症対応型通所介護事業所の所在する建物と同一の建物に居住する利用者に対して指定介護予防認知症対応型通所介護を提供する場合には、当該建物に居住する利用者以外の者に対しても指定介護予防認知症対応型通所介護の提供を行うよう努めなければならない。

第四節　介護予防のための効果的な支援の方法に関する基準

（**指定介護予防認知症対応型通所介護の基本取扱方針**）

第四十一条　指定介護予防認知症対応型通所介護は、利用者の介護予防に資するよう、その目標を設定し、計画的に行われなければならない。

2　指定介護予防認知症対応型通所介護事業者は、自らその提供する指定介護予防認知症対応型通所介護の質の評価を行い、常にその改善を図らなければならない。

3　指定介護予防認知症対応型通所介護事業者は、指定介護予防認知症対応型通所介護の提供に当たり、利用者ができる限り要介護状態とならないで自立した日常生活を営むことができるよう支援することを目的とするものであることを常に意識してサービスの提供に当たらなければならない。

4　指定介護予防認知症対応型通所介護事業者は、利用者がその有する能力を最大限活用することができるような方法によるサービスの提供に努めることとし、利用者が有する能力を阻害する等の不適切なサービスの提供を行わないよう配慮しなければならない。

5　指定介護予防認知症対応型通所介護事業者は、指定介護予防認知症対応型通所介護の提供に当たり、利用者とのコミュニケーションを十分に図ることその他の様々な方法により、利用者が主体的に事業に参加するよう適切な働きかけに努めなければならない。

（指定介護予防認知症対応型通所介護の具体的取扱方針）

第四十二条　指定介護予防認知症対応型通所介護の方針は、第四条に規定する基本方針及び前条に規定する基本取扱方針に基づき、次に掲げるところによるものとする。

一　指定介護予防認知症対応型通所介護の提供に当たっては、主治の医師又は歯科医師からの情報伝達やサービス担当者会議を通じる等の適切な方法により、利用者の心身の状況、その置かれている環境等利用者の日常生活全般の状況の的確な把握を行うものとする。

二　指定介護予防認知症対応型通所介護事業所の管理者は、前号に規定する利用者の日常生活全般の状況及び希望を踏まえて、指定介護予防認知症対応型通所介護の目標、当該目標を達成するための具体的なサービスの内容、サービスの提供を行う期間等を記載した介護予防認知症対応型通所介護計画を作成するものとする。

三　介護予防認知症対応型通所介護計画は、既に介護予防サービス計画が作成されている場合は、当該計画の内容に沿って作成しなければならない。

四　指定介護予防認知症対応型通所介護事業所の管理者は、介護予防認知症対応型通所介護計画の作成に当たっては、その内容について利用者又はその家族に対して説明し、利用者の同意を得なければならない。

五　指定介護予防認知症対応型通所介護事業所の管理者は、介護予防認知症対応型通所介護計画を作成した際には、当該介護予防認知症対応型通所介護計画を利用者に交付しなければならない。

六　指定介護予防認知症対応型通所介護の提供に当たっては、利用者が住み慣れた地域での生活を継続することができるよう、地域住民との交流や地域活動への参加を図りつつ、利用者の心身の状況を踏まえ、妥当適切に行うものとする。

七　指定介護予防認知症対応型通所介護の提供に当たっては、利用者一人一人の人格を尊重し、利用者がそれぞれの役割を持って日常生活を送ることができるよう配慮して行うものとする。

八　指定介護予防認知症対応型通所介護の提供に当たっては、介護予防認知症対応型通所介護計画に基づき、利用者が日常生活を営むのに必要な支援を行うものとする。

九　指定介護予防認知症対応型通所介護の提供に当たっては、懇切丁寧に行うことを旨とし、利用者又はその家族に対し、サービスの提供方法等について、理解しやすいように説明を行うものとする。

十　指定介護予防認知症対応型通所介護の提供に当たっては、介護技術の進歩に対応し、適切な介護技術をもってサービスの提供を行うものとする。

十一　介護予防認知症対応型通所介護従業

者は、介護予防認知症対応型通所介護計画に基づくサービスの提供の開始時から、当該介護予防認知症対応型通所介護計画に記載したサービスの提供を行う期間が終了するまでに、少なくとも一回は、当該介護予防認知症対応型通所介護計画の実施状況の把握（以下この条において「モニタリング」という。）を行うものとする。

十二　指定介護予防認知症対応型通所介護事業所の管理者は、モニタリングの結果を記録し、当該記録を当該サービスの提供に係る介護予防サービス計画を作成した指定介護予防支援事業者に報告しなければならない。

十三　指定介護予防認知症対応型通所介護事業所の管理者は、モニタリングの結果を踏まえ、必要に応じて介護予防認知症対応型通所介護計画の変更を行うものとする。

十四　第一号から第十二号までの規定は、前号に規定する介護予防認知症対応型通所介護計画の変更について準用する。

第三章　介護予防小規模多機能型居宅介護

第一節　基本方針

第四十三条　指定地域密着型介護予防サービスに該当する介護予防小規模多機能型居宅介護（以下「指定介護予防小規模多機能型居宅介護」という。）の事業は、その利用者が可能な限りその居宅において、又はサービスの拠点に通わせ、若しくは短期間宿泊させ、当該拠点において、家庭的な環境と地域住民との交流の下で自立した日常生活を営むことができるよう、入浴、排せつ、食事等の介護その他の日常生活上の支援及び機能訓練を行うことにより、利用者の心身機能の維持回復を図り、もって利用者の生活機能の維持又は向上を目指すものでなければならない。

第五節　介護予防のための効果的な支援の方法に関する基準

（指定介護予防小規模多機能型居宅介護の基本取扱方針）

第六十五条　指定介護予防小規模多機能型居宅介護は、利用者の介護予防に資するよう、その目標を設定し、計画的に行われなければならない。

2　指定介護予防小規模多機能型居宅介護事業者は、自らその提供する指定介護予防小規模多機能型居宅介護の質の評価を行い、それらの結果を公表し、常にその改善を図らなければならない。

3　指定介護予防小規模多機能型居宅介護事業者は、指定介護予防小規模多機能型居宅介護の提供に当たり、利用者ができる限り要介護状態とならないで自立した日常生活を営むことができるよう支援することを目的とするものであることを常に意識してサービスの提供に当たらなければならない。

4　指定介護予防小規模多機能型居宅介護事業者は、利用者がその有する能力を最大限活用することができるような方法によるサービスの提供に努めることとし、利用者が有する能力を阻害する等の不適切なサービスの提供を行わないよう配慮しなければならない。

5　指定介護予防小規模多機能型居宅介護事業者は、指定介護予防小規模多機能型居宅介護の提供に当たり、利用者とのコミュニケーションを十分に図ることその他の様々な方法により、利用者が主体的に事業に参加するよう適切な働きかけに努めなければならない。

（指定介護予防小規模多機能型居宅介護の具体的取扱方針）

第六十六条　指定介護予防小規模多機能型居宅介護の方針は、第四十三条に規定する基本方針及び前条に規定する基本取扱方針に基づき、次に掲げるところによるものとする。

一　指定介護予防小規模多機能型居宅介護の提供に当たっては、主治の医師又は歯科医師からの情報伝達を通じる等の適切な方法により、利用者の心身の状況、その置かれている環境等利用者の日常生活全般の状況の的確な把握を行うものとする。

二　介護支援専門員は、前号に規定する利用者の日常生活全般の状況及び希望を踏まえて、指定介護予防支援等基準第三十条各号に掲げる具体的取組方針及び指定介護予防支援等基準第三十一条各号に掲げる留意点に沿って、指定介護予防サービス等の利用に係る計画を作成するものとする。

三　介護支援専門員又はサテライト型指定介護予防小規模多機能型居宅介護事業所の研修修了者（以下この条において「介護支援専門員等」という。）は、第一号に規定する利用者の日常生活全般の状況及び希望を踏まえて、他の介護予防小規模多機能型居宅介護従業者と協議の上、指定介護予防小規模多機能型居宅介護の目標、当該目標を達成するための具体的なサービスの内容、サービスの提供を行う期間等を記載した介護予防小規模多機能型居宅介護計画を作成するとともに、これを基本としつつ、利用者の日々の様態、希望等を勘案し、随時適切に通いサービス、訪問サービス及び宿泊サービスを組み合わせた介護を行わなくてはならない。

四　介護支援専門員等は、介護予防小規模多機能型居宅介護計画の作成に当たっては、地域における活動への参加の機会の提供等により、利用者の多様な活動の確保に努めなければならない。

五　介護支援専門員等は、介護予防小規模多機能型居宅介護計画の作成に当たっては、その内容について利用者又はその家族に対して説明し、利用者の同意を得なければならない。

六　介護支援専門員等は、介護予防小規模多機能型居宅介護計画を作成した際には、当該介護予防小規模多機能型居宅介護計画を利用者に交付しなければならない。

七　指定介護予防小規模多機能型居宅介護の提供に当たっては、利用者が住み慣れた地域での生活を継続することができるよう、地域住民との交流や地域活動への参加を図りつつ、利用者の心身の状況、希望及びその置かれている環境を踏まえて、通いサービス、訪問サービス及び宿泊サービスを柔軟に組み合わせることにより、妥当適切に行うものとする。

八　指定介護予防小規模多機能型居宅介護の提供に当たっては、利用者一人一人の人格を尊重し、利用者がそれぞれの役割を持って家庭的な環境の下で日常生活を送ることができるよう配慮して行うものとする。

九　指定介護予防小規模多機能型居宅介護の提供に当たっては、介護予防小規模多機能型居宅介護計画に基づき、利用者が日常生活を営むのに必要な支援を行うものとする。

十　指定介護予防小規模多機能型居宅介護の提供に当たっては、懇切丁寧に行うことを旨とし、利用者又はその家族に対し、サービスの提供方法等について、理解しやすいように説明を行うものとする。

十一　指定介護予防小規模多機能型居宅介護の提供に当たっては、通いサービスの利用者が登録定員に比べて著しく少ない状態が続くものであってはならない。

十二　指定介護予防小規模多機能型居宅介護事業者は、登録者が通いサービスを利用していない日においては、可能な限り、訪問サービスの提供、電話連絡による見守り等を行う等登録者の居宅における生活を支えるために適切なサービスを提供しなければならない。

十三　介護支援専門員等は、介護予防小規模多機能型居宅介護計画に記載したサービスの提供の開始時から、当該介護予防小規模多機能型居宅介護計画に基づくサービスの提供を行う期間が終了するまでに、少なくとも一回は、当該介護予防小規模多機能型居宅介護計画の実施状況の把握（以下この条において「モニタリング」という。）を行うとともに、利用者の様態の変化等の把握を行うものとする。

十四　介護支援専門員等は、モニタリングの結果を踏まえ、必要に応じて介護予防小規模多機能型居宅介護計画の変更を行うものとする。

十五　第一号から第十三号までの規定は、前号に規定する介護予防小規模多機能型居宅介護計画の変更について準用する。

（介護等）

第六十七条　介護は、利用者の心身の状況に応じ、利用者の自立の支援と日常生活の充実に資するよう、適切な技術をもって行わなければならない。

2　指定介護予防小規模多機能型居宅介護事業者は、その利用者に対して、利用者の負担により、利用者の居宅又は当該サービスの拠点における介護予防小規模多機能型居宅介護従業者以外の者による介護を受けさせてはならない。

3　指定介護予防小規模多機能型居宅介護事業所における利用者の食事その他の家事等は、可能な限り利用者と介護予防小規模多機能型居宅介護従業者が共同で行うよう努めるものとする。

（**社会生活上の便宜の提供等**）

第六十八条　指定介護予防小規模多機能型居宅介護事業者は、利用者の外出の機会の確保その他の利用者の意向を踏まえた社会生活の継続のための支援に努めなければならない。

2　指定介護予防小規模多機能型居宅介護事業者は、利用者が日常生活を営む上で必要な行政機関に対する手続等について、その者又はその家族が行うことが困難である場合は、その者の同意を得て、代わって行わなければならない。

3　指定介護予防小規模多機能型居宅介護事業者は、常に利用者の家族との連携を図るとともに利用者とその家族との交流等の機会を確保するよう努めなければならない。

第四章　介護予防認知症対応型共同生活介護

第一節　基本方針

第六十九条　指定地域密着型介護予防サービスに該当する介護予防認知症対応型共同生活介護（以下「指定介護予防認知症対応型共同生活介護」という。）の事業は、その認知症である利用者が可能な限り共同生活住居（法第八条の二第十五項に規定する共同生活を営むべき住居をいう。以下同じ。）において、家庭的な環境と地域住民との交流の下で入浴、排せつ、食事等の介護その他の日常生活上の支援及び機能訓練を行うことにより、利用者の心身機能の維持回復を図り、もって利用者の生活機能の維持又は向上を目指すものでなければならない。

第五節　介護予防のための効果的な支援の方法に関する基準

（**指定介護予防認知症対応型共同生活介護の基本取扱方針**）

第八十六条　指定介護予防認知症対応型共同生活介護は、利用者の介護予防に資するよう、その目標を設定し、計画的に行われなければならない。

2　指定介護予防認知症対応型共同生活介護事業者は、自らその提供する指定介護予防認知症対応型共同生活介護の質の評価を行うとともに、定期的に外部の者による評価を受けて、それらの結果を公表し、常にその改善を図らなければならない。

3　指定介護予防認知症対応型共同生活介護事業者は、指定介護予防認知症対応型共同生活介護の提供に当たり、利用者ができる限り要介護状態とならないで自立した日常生活を営むことができるよう支援することを目的とするものであることを常に意識してサービスの提供に当たらなければならない。

4　指定介護予防認知症対応型共同生活介護事業者は、利用者がその有する能力を最大限活用することができるような方法によるサービスの提供に努めることとし、利用者が有する能力を阻害する等の不適切なサービスの提供を行わないよう配慮しなければならない。

5　指定介護予防認知症対応型共同生活介護事業者は、指定介護予防認知症対応型共同生活介護の提供に当たり、利用者とのコミュニケーションを十分に図ることその他の様々な方法により、利用者が主体的に事業に参加するよう適切な働きかけに努めなければならない。

（指定介護予防認知症対応型共同生活介護の具体的取扱方針）

第八十七条 指定介護予防認知症対応型共同生活介護の方針は、第六十九条に規定する基本方針及び前条に規定する基本取扱方針に基づき、次に掲げるところによるものとする。

一 指定介護予防認知症対応型共同生活介護の提供に当たっては、主治の医師又は歯科医師からの情報伝達を通じる等の適切な方法により、利用者の心身の状況、その置かれている環境等利用者の日常生活全般の状況の的確な把握を行うものとする。

二 計画作成担当者は、前号に規定する利用者の日常生活全般の状況及び希望を踏まえて、他の介護従業者と協議の上、指定介護予防認知症対応型共同生活介護の目標、当該目標を達成するための具体的なサービスの内容、サービスの提供を行う期間等を記載した介護予防認知症対応型共同生活介護計画を作成するものとする。

三 計画作成担当者は、介護予防認知症対応型共同生活介護計画の作成に当たっては、通所介護等の活用、地域における活動への参加の機会の提供等により、利用者の多様な活動の確保に努めなければならない。

四 計画作成担当者は、介護予防認知症対応型共同生活介護計画の作成に当たっては、その内容について利用者又はその家族に対して説明し、利用者の同意を得なければならない。

五 計画作成担当者は、介護予防認知症対応型共同生活介護計画を作成した際には、当該介護予防認知症対応型共同生活介護計画を利用者に交付しなければならない。

六 指定介護予防認知症対応型共同生活介護の提供に当たっては、利用者一人一人の人格を尊重し、利用者がそれぞれの役割を持って家庭的な環境の下で日常生活を送ることができるよう配慮して行わなければならない。

七 指定介護予防認知症対応型共同生活介護の提供に当たっては、介護予防認知症対応型共同生活介護計画に基づき、利用者が日常生活を営むのに必要な支援を行わなければならない。

八 指定介護予防認知症対応型共同生活介護の提供に当たっては、懇切丁寧に行うことを旨とし、利用者又はその家族に対し、サービスの提供方法等について、理解しやすいように説明を行わなければならない。

九 計画作成担当者は、他の介護従業者及び利用者が介護予防認知症対応型共同生活介護計画に基づき利用する他の指定介護予防サービス等を行う者との連絡を継続的に行うことにより、介護予防認知症対応型共同生活介護計画に基づくサービスの提供の開始時から、当該介護予防認知症対応型共同生活介護計画に記載したサービスの提供を行う期間が終了するまでに、少なくとも一回は、当該介護予防認知症対応型共同生活介護計画の実施状況の把握（以下この条において「モニタリング」という。）を行うとともに、利用者の様態の変化等の把握を行うものとする。

十 計画作成担当者は、モニタリングの結果を踏まえ、必要に応じて介護予防認知症対応型共同生活介護計画の変更を行うものとする。

十一 第一号から第九号までの規定は、前号に規定する介護予防認知症対応型共同生活介護計画の変更について準用する。

（介護等）

第八十八条 介護は、利用者の心身の状況に応じ、利用者の自立の支援と日常生活の充実に資するよう、適切な技術をもって行わなければならない。

2 指定介護予防認知症対応型共同生活介護事業者は、その利用者に対して、利用者の負担により、当該共同生活住居における介護従業者以外の者による介護を受けさせてはならない。

3 利用者の食事その他の家事等は、原則として利用者と介護従業者が共同で行うよう努めるものとする。

（社会生活上の便宜の提供等）

第八十九条　指定介護予防認知症対応型共同生活介護事業者は、利用者の趣味又は嗜好に応じた活動の支援に努めなければならない。

2　指定介護予防認知症対応型共同生活介護事業者は、利用者が日常生活を営む上で必要な行政機関に対する手続等について、その者又はその家族が行うことが困難である場合は、その者の同意を得て、代わって行わなければならない。

3　指定介護予防認知症対応型共同生活介護事業者は、常に利用者の家族との連携を図るとともに利用者とその家族との交流等の機会を確保するよう努めなければならない。

附　則（抄）

（**施行期日**）

第一条　この省令は、平成十八年四月一日から施行する。

指定介護予防支援等の事業の人員及び運営並びに指定介護予防のための効果的な支援の方法に関する基準（抄）

（平成一八・三・一四 厚労令三七）

最新改正　平成三〇厚労令四

第一章　趣旨及び基本方針

（**趣旨**）

第一条　基準該当介護予防支援（介護保険法（平成九年法律第百二十三号。以下「法」という。）第五十九条第一項第一号に規定する基準該当介護予防支援をいう。以下同じ。）の事業に係る法第五十九条第二項の厚生労働省令で定める基準及び指定介護予防支援（法第五十八条第一項に規定する指定介護予防支援をいう。以下同じ。）の事業に係る法第百十五条の二十四第三項の厚生労働省令で定める基準は、次の各号に掲げる基準に応じ、それぞれ当該各号に定める規定による基準とする。

一　法第五十九条第一項第一号の規定により、同条第二項第一号に掲げる事項について市町村（特別区を含む。以下同じ。）が条例を定めるに当たって従うべき基準　第二条（第三十二条において準用する場合に限る。）及び第三条（第三十二条において準用する場合に限る。）の規定による基準

二　法第五十九条第一項第一号の規定により、同条第二項第二号に掲げる事項について市町村が条例を定めるに当たって従うべき基準　第四条第一項及び第二項（第三十二条において準用する場合に限る。）、第五条（第三十二条において準用する場合に限る。）、第二十二条（第三十二条において準用する場合に限る。）並びに第二十六条（第三十二条において準用する場合に限る。）の規定による基準

三　法第百十五条の二十四第一項の規定により、同条第三項第一号に掲げる事項について市町村が条例を定めるに当たって従うべき基準　第二条及び第三条の規定による基準

四　法第百十五条の二十四第二項の規定により、同条第三項第二号に掲げる事項について市町村が条例を定めるに当たって従うべき基準　第四条第一項及び第二項、第五条、第二十二条並びに第二十六条の規定による基準

五　法第五十九条第一項第一号又は第百十五条の二十四第一項若しくは第二項の規定により、法第五十九条第二項第一号及び第二号並びに第百十五条の二十四第三項第一号及び第二号に掲げる事項以外の事項について市町村が条例を定めるに当

たって参酌すべき基準　この省令で定める基準のうち、前各号に定める規定による基準以外のもの

第一条の二　指定介護予防支援の事業は、その利用者が可能な限りその居宅において、自立した日常生活を営むことのできるように配慮して行われるものでなければならない。

2　指定介護予防支援の事業は、利用者の心身の状況、その置かれている環境等に応じて、利用者の選択に基づき、利用者の自立に向けて設定された目標を達成するために、適切な保健医療サービス及び福祉サービスが、当該目標を踏まえ、多様な事業者から、総合的かつ効率的に提供されるよう配慮して行われるものでなければならない。

3　指定介護予防支援事業者（法第五十八条第一項に規定する指定介護予防支援事業者をいう。以下同じ。）は、指定介護予防支援の提供に当たっては、利用者の意思及び人格を尊重し、常に利用者の立場に立って、利用者に提供される指定介護予防サービス等（法第八条の二第十六項に規定する指定介護予防サービス等をいう。以下同じ。）が特定の種類又は特定の介護予防サービス事業者若しくは地域密着型介護予防サービス事業者（以下「介護予防サービス事業者等」という。）に不当に偏することのないよう、公正中立に行わなければならない。

4　指定介護予防支援事業者は、事業の運営に当たっては、市町村、地域包括支援センター（法第百十五条の四十六第一項に規定する地域包括支援センターをいう。以下同じ。）、老人福祉法（昭和三十八年法律第百三十三号）第二十条の七の二に規定する老人介護支援センター、指定居宅介護支援事業者（法第四十六条第一項に規定する指定居宅介護支援事業者をいう。以下同じ。）、他の指定介護予防支援事業者、介護保険施設、障害者の日常生活及び社会生活を総合的に支援するための法律（平成十七年法律第百二十三号）第五十一条の十七第一項第一号に規定する指定特定相談支援事業者、住民による自発的な活動によるサービスを含めた地域における様々な取組を行う者等との連携に努めなければならない。

第二章　人員に関する基準

（従業者の員数）

第二条　指定介護予防支援事業者は、当該指定に係る事業所（以下「指定介護予防支援事業所」という。）ごとに一以上の員数の指定介護予防支援の提供に当たる必要な数の保健師その他の指定介護予防支援に関する知識を有する職員（以下「担当職員」という。）を置かなければならない。

第三章　運営に関する基準

（内容及び手続の説明及び同意）

第四条　指定介護予防支援事業者は、指定介護予防支援の提供の開始に際し、あらかじめ、利用申込者又はその家族に対し、第十七条に規定する運営規程の概要その他の利用申込者のサービスの選択に資すると認められる重要事項を記した文書を交付して説明を行い、当該提供の開始について利用申込者の同意を得なければならない。

2　指定介護予防支援事業者は、指定介護予防支援の提供の開始に際し、あらかじめ、介護予防サービス計画が第一条の二に規定する基本方針及び利用者の希望に基づき作成されるものであり、利用者は複数の指定介護予防サービス事業者（法第五十三条第一項に規定する指定介護予防サービス事業者をいう。以下同じ。）等を紹介するよう求めることができること等につき説明を行い、理解を得なければならない。

3　指定介護予防支援事業者は、指定介護予防支援の提供の開始に際し、あらかじめ、利用者又はその家族に対し、利用者について、病院又は診療所に入院する必要が生じた場合には、担当職員の氏名及び連絡先を当該病院又は診療所に伝えるよう求めなければならない。

4　指定介護予防支援事業者は、利用申込者又はその家族から申出があった場合には、第一項の規定による文書の交付に代えて、第七項で定めるところにより、当該利用申込者又はその家族の承諾を得て、当該文書

に記すべき重要事項を電子情報処理組織を使用する方法その他の情報通信の技術を使用する方法であって次に掲げるもの（以下この条において「電磁的方法」という。）により提供することができる。この場合において、当該指定介護予防支援事業者は、当該文書を交付したものとみなす。

一　電子情報処理組織を使用する方法のうちイ又はロに掲げるもの

イ　指定介護予防支援事業者の使用に係る電子計算機と利用申込者又はその家族の使用に係る電子計算機とを接続する電気通信回線を通じて送信し、受信者の使用に係る電子計算機に備えられたファイルに記録する方法

ロ　指定介護予防支援事業者の使用に係る電子計算機に備えられたファイルに記録された第一項に規定する重要事項を電気通信回線を通じて利用申込者又はその家族の閲覧に供し、当該利用申込者又はその家族の使用に係る電子計算機に備えられたファイルに当該重要事項を記録する方法（電磁的方法による提供を受ける旨の承諾又は受けない旨の申出をする場合にあっては、指定介護予防支援事業者の使用に係る電子計算機に備えられたファイルにその旨を記録する方法）

二　磁気ディスク、シー・ディー・ロムその他これらに準ずる方法により一定の事項を確実に記録しておくことができる物をもって調製するファイルに第一項に規定する重要事項を記録したものを交付する方法

5　前項に掲げる方法は、利用申込者又はその家族がファイルへの記録を出力することによる文書を作成することができるものでなければならない。

6　第四項第一号の「電子情報処理組織」とは、指定介護予防支援事業者の使用に係る電子計算機と、利用申込者又はその家族の使用に係る電子計算機とを電気通信回線で接続した電子情報処理組織をいう。

7　指定介護予防支援事業者は、第四項の規定により第一項に規定する重要事項を提供しようとするときは、あらかじめ、当該利用申込者又はその家族に対し、その用いる次に掲げる電磁的方法の種類及び内容を示し、文書又は電磁的方法による承諾を得なければならない。

一　第四項各号に規定する方法のうち指定介護予防支援事業者が使用するもの

二　ファイルへの記録の方式

8　前項の規定による承諾を得た指定介護予防支援事業者は、当該利用申込者又はその家族から文書又は電磁的方法により電磁的方法による提供を受けない旨の申出があったときは、当該利用申込者又はその家族に対し、第一項に規定する重要事項の提供を電磁的方法によってしてはならない。ただし、当該利用申込者又はその家族が再び前項の規定による承諾をした場合は、この限りでない。

（**提供拒否の禁止**）

第五条　指定介護予防支援事業者は、正当な理由なく指定介護予防支援の提供を拒んではならない。

（**サービス提供困難時の対応**）

第六条　指定介護予防支援事業者は、当該事業所の通常の事業の実施地域（当該指定介護予防支援事業所が通常時に指定介護予防支援を提供する地域をいう。以下同じ。）等を勘案し、利用申込者に対し自ら適切な指定介護予防支援を提供することが困難であると認めた場合は、他の指定介護予防支援事業者の紹介その他の必要な措置を講じなければならない。

（**受給資格等の確認**）

第七条　指定介護予防支援事業者は、指定介護予防支援の提供を求められた場合には、その者の提示する被保険者証によって、被保険者資格、要支援認定の有無及び要支援認定の有効期間を確かめるものとする。

（**要支援認定の申請に係る援助**）

第八条　指定介護予防支援事業者は、被保険者の要支援認定に係る申請について、利用申込者の意思を踏まえ、必要な協力を行わなければならない。

2　指定介護予防支援事業者は、指定介護予防支援の提供に際し、要支援認定を

受けていない利用申込者については、要支援認定の申請が既に行われているかどうかを確認し、申請が行われていない場合は、当該利用申込者の意思を踏まえて速やかに当該申請が行われるよう必要な援助を行わなければならない。

3　指定介護予防支援事業者は、要支援認定の更新の申請が、遅くとも当該利用者が受けている要支援認定の有効期間の満了日の三十日前には行われるよう、必要な援助を行わなければならない。

（身分を証する書類の携行）

第九条　指定介護予防支援事業者は、当該指定介護予防支援事業所の担当職員に身分を証する書類を携行させ、初回訪問時及び利用者又はその家族から求められたときは、これを提示すべき旨を指導しなければならない。

（利用料等の受領）

第十条　指定介護予防支援事業者は、指定介護予防支援（法第五十八条第四項の規定に基づき介護予防サービス計画費（法第五十八条第二項に規定する介護予防サービス計画費をいう。以下同じ。）が当該指定介護予防支援事業者に支払われる場合に係るものを除く。）を提供した際にその利用者から支払を受ける利用料（介護予防サービス計画費の支給の対象となる費用に係る対価をいう。以下同じ。）と、介護予防サービス計画費の額との間に、不合理な差額が生じないようにしなければならない。

（保険給付の請求のための証明書の交付）

第十一条　指定介護予防支援事業者は、提供した指定介護予防支援について前条の利用料の支払を受けた場合には、当該利用料の額等を記載した指定介護予防支援提供証明書を利用者に対して交付しなければならない。

（指定介護予防支援の業務の委託）

第十二条　指定介護予防支援事業者は、法第百十五条の二十三第三項の規定により指定介護予防支援の一部を委託する場合には、次の各号に掲げる事項を遵守しなければならない。

一　委託に当たっては、中立性及び公正性の確保を図るため地域包括支援センター運営協議会（介護保険法施行規則（平成十一年厚生省令第三十六号）第百四十条の六十六第一号ロ(2)に規定する地域包括支援センター運営協議会をいう。）の議を経なければならないこと。

二　委託に当たっては、適切かつ効率的に指定介護予防支援の業務が実施できるよう委託する業務の範囲や業務量について配慮すること。

三　委託する指定居宅介護支援事業者は、指定介護予防支援の業務に関する知識及び能力を有する介護支援専門員が従事する指定居宅介護支援事業者でなければならないこと。

四　委託する指定居宅介護支援事業者に対し、指定介護予防支援の業務を実施する介護支援専門員が、第一条の二、この章及び第四章の規定を遵守するよう措置させなければならないこと。

（法定代理受領サービスに係る報告）

第十三条　指定介護予防支援事業者は、毎月、市町村（法第五十三条第七項において読み替えて準用する第四十一条第十項の規定により法第五十三条第六項の規定による審査及び支払に関する事務を国民健康保険団体連合会（国民健康保険法（昭和三十三年法律第百九十二号）第四十五条第五項に規定する国民健康保険団体連合会をいう。以下同じ。）に委託している場合にあっては、当該国民健康保険団体連合会）に対し、介護予防サービス計画において位置付けられている指定介護予防サービス等のうち法定代理受領サービス（法第五十三条第四項の規定により介護予防サービス費が利用者に代わり当該指定介護予防サービス事業者に支払われる場合の当該介護予防サービス費に係る指定介護予防サービスをいう。）として位置付けたものに関する情報を記載した文書を提出しなければならない。

2　指定介護予防支援事業者は、介護予防サービス計画に位置付けられている基準該当介護予防サービスに係る特例介護予防サービス費の支給に係る事務に必要な情報を記載した文書を、市町村（当該事務を国

高齢者福祉

民健康保険団体連合会に委託している場合にあっては、当該国民健康保険団体連合会）に対して提出しなければならない。

（利用者に対する介護予防サービス計画等の書類の交付）

第十四条　指定介護予防支援事業者は、要支援認定を受けている利用者が要介護認定を受けた場合その他利用者からの申出があった場合には、当該利用者に対し、直近の介護予防サービス計画及びその実施状況に関する書類を交付しなければならない。

（秘密保持）

第二十二条　指定介護予防支援事業所の担当職員その他の従業者は、正当な理由がなく、その業務上知り得た利用者又はその家族の秘密を漏らしてはならない。

2　指定介護予防支援事業者は、担当職員その他の従業者であった者が、正当な理由がなく、その業務上知り得た利用者又はその家族の秘密を漏らすことのないよう、必要な措置を講じなければならない。

3　指定介護予防支援事業者は、サービス担当者会議（第三十条第九号に規定するサービス担当者会議をいう。）等において、利用者の個人情報を用いる場合は利用者の同意を、利用者の家族の個人情報を用いる場合は当該家族の同意を、あらかじめ文書により得ておかなければならない。

（介護予防サービス事業者等からの利益収受の禁止等）

第二十四条　指定介護予防支援事業者及び指定介護予防支援事業所の管理者は、介護予防サービス計画の作成又は変更に関し、当該指定介護予防支援事業所の担当職員に対して特定の介護予防サービス事業者等によるサービスを位置付けるべき旨の指示等を行ってはならない。

2　指定介護予防支援事業所の担当職員は、介護予防サービス計画の作成又は変更に関し、利用者に対して特定の介護予防サービス事業者等によるサービスを利用すべき旨の指示等を行ってはならない。

3　指定介護予防支援事業者及びその従業者は、介護予防サービス計画の作成又は変更に関し、利用者に対して特定の介護予防サービス事業者等によるサービスを利用させることの対償として、当該介護予防サービス事業者等から金品その他の財産上の利益を収受してはならない。

（苦情処理）

第二十五条　指定介護予防支援事業者は、自ら提供した指定介護予防支援又は自らが介護予防サービス計画に位置付けた指定介護予防サービス等（第六項において「指定介護予防支援等」という。）に対する利用者及びその家族からの苦情に迅速かつ適切に対応しなければならない。

2　指定介護予防支援事業者は、前項の苦情を受け付けた場合は、当該苦情の内容等を記録しなければならない。

3　指定介護予防支援事業者は、自ら提供した指定介護予防支援に関し、法第二十三条の規定により市町村が行う文書その他の物件の提出若しくは提示の求め又は当該市町村の職員からの質問若しくは照会に応じ、及び利用者からの苦情に関して市町村が行う調査に協力するとともに、市町村から指導又は助言を受けた場合においては、当該指導又は助言に従って必要な改善を行わなければならない。

4　指定介護予防支援事業者は、市町村からの求めがあった場合には、前項の改善の内容を市町村に報告しなければならない。

5　指定介護予防支援事業者は、自らが介護予防サービス計画に位置付けた法第五十三条第一項に規定する指定介護予防サービス又は法第五十四条の二第一項に規定する指定地域密着型介護予防サービスに対する苦情の国民健康保険団体連合会への申立てに関して、利用者に対し必要な援助を行わなければならない。

6　指定介護予防支援事業者は、指定介護予防支援等に対する利用者からの苦情に関して国民健康保険団体連合会が行う法第百七十六条第一項第三号の調査に協力するとともに、自ら提供した指定介護予防支援に関して国民健康保険団体連合会から同号の指導又は助言を受けた場合においては、当該指導又は助言に従って必要な改善を行わなければならない。

7　指定介護予防支援事業者は、国民健康保険団体連合会からの求めがあった場合には、前項の改善の内容を国民健康保険団体連合会に報告しなければならない。

第四章　介護予防のための効果的な支援の方法に関する基準

（指定介護予防支援の基本取扱方針）

第二十九条　指定介護予防支援は、利用者の介護予防（法第八条の二第二項に規定する介護予防をいう。以下同じ。）に資するよう行われるとともに、医療サービスとの連携に十分配慮して行わなければならない。

2　指定介護予防支援事業者は、介護予防の効果を最大限に発揮し、利用者が生活機能の改善を実現するための適切なサービスを選択できるよう、目標志向型の介護予防サービス計画を策定しなければならない。

3　指定介護予防支援事業者は、自らその提供する指定介護予防支援の質の評価を行い、常にその改善を図らなければならない。

（指定介護予防支援の具体的取扱方針）

第三十条　指定介護予防支援の方針は、第一条の二に規定する基本方針及び前条に規定する基本取扱方針に基づき、次に掲げるところによるものとする。

一　指定介護予防支援事業所の管理者は、担当職員に介護予防サービス計画の作成に関する業務を担当させるものとする。

二　指定介護予防支援の提供に当たっては、懇切丁寧に行うことを旨とし、利用者又はその家族に対し、サービスの提供方法等について、理解しやすいように説明を行う。

三　担当職員は、介護予防サービス計画の作成に当たっては、利用者の自立した日常生活の支援を効果的に行うため、利用者の心身又は家族の状況等に応じ、継続的かつ計画的に指定介護予防サービス等の利用が行われるようにしなければならない。

四　担当職員は、介護予防サービス計画の作成に当たっては、利用者の日常生活全般を支援する観点から、予防給付（法第十八条第二号に規定する予防給付をいう。以下同じ。）の対象となるサービス以外の保健医療サービス又は福祉サービス、当該地域の住民による自発的な活動によるサービス等の利用も含めて介護予防サービス計画上に位置付けるよう努めなければならない。

五　担当職員は、介護予防サービス計画の作成の開始に当たっては、利用者によるサービスの選択に資するよう、当該地域における指定介護予防サービス事業者等に関するサービス及び住民による自発的な活動によるサービスの内容、利用料等の情報を適正に利用者又はその家族に対して提供するものとする。

六　担当職員は、介護予防サービス計画の作成に当たっては、適切な方法により、利用者について、その有している生活機能や健康状態、その置かれている環境等を把握した上で、次に掲げる各領域ごとに利用者の日常生活の状況を把握し、利用者及び家族の意欲及び意向を踏まえて、生活機能の低下の原因を含む利用者が現に抱える問題点を明らかにするとともに、介護予防の効果を最大限に発揮し、利用者が自立した日常生活を営むことができるように支援すべき総合的な課題を把握しなければならない。

イ　運動及び移動

ロ　家庭生活を含む日常生活

ハ　社会参加並びに対人関係及びコミュニケーション

ニ　健康管理

七　担当職員は、前号に規定する解決すべき課題の把握（以下「アセスメント」という。）に当たっては、利用者の居宅を訪問し、利用者及びその家族に面接して行わなければならない。この場合において、担当職員は、面接の趣旨を利用者及びその家族に対して十分に説明し、理解を得なければならない。

八　担当職員は、利用者の希望及び利用者についてのアセスメントの結果、利用者が目標とする生活、専門的観点からの目標と具体策、利用者及びその家族の意向、それらを踏まえた具体的な目標、その目標を達成するための支援の留意点、本人、指定介護予防サービス事業者、自発的な活動によるサービスを提供する者等が目標を達成するために行うべき支援内容並びにその期間等を記載した介護予防サービス計画の原案を作成しなければならない。

九　担当職員は、サービス担当者会議（担当職員が介護予防サービス計画の作成のために、利用者及びその家族の参加を基本としつつ、介護予防サービス計画の原案に位置付けた指定介護予防サービス等の担当者（以下この条において「担当者」という。）を召集して行う会議をいう。以下同じ。）の開催により、利用者の状況等に関する情報を担当者と共有するとともに、当該介護予防サービス計画の原案の内容について、担当者から、専門的な見地からの意見を求めるものとする。ただし、やむを得ない理由がある場合については、担当者に対する照会等により意見を求めることができるものとする。

十　担当職員は、介護予防サービス計画の原案に位置付けた指定介護予防サービス等について、保険給付の対象となるかどうかを区分した上で、当該介護予防サービス計画の原案の内容について利用者又はその家族に対して説明し、文書により利用者の同意を得なければならない。

十一　担当職員は、介護予防サービス計画を作成した際には、当該介護予防サービス計画を利用者及び担当者に交付しなければならない。

十二　担当職員は、介護予防サービス計画に位置付けた指定介護予防サービス事業者等に対して、介護予防訪問看護計画書（指定介護予防サービス等の事業の人員、設備及び運営並びに指定介護予防サービス等に係る介護予防のための効果的な支援の方法に関する基準（平成十八年厚生労働省令第三十五号。以下「指定介護予防サービス等基準」という。）第七十六条第二号に規定する介護予防訪問看護計画書をいう。次号において同じ。）等指定介護予防サービス等基準において位置付けられている計画の提出を求めるものとする。

十三　担当職員は、指定介護予防サービス事業者等に対して、介護予防サービス計画に基づき、介護予防訪問看護計画書等指定介護予防サービス等基準において位置付けられている計画の作成を指導するとともに、サービスの提供状況や利用者の状態等に関する報告を少なくとも一月に一回、聴取しなければならない。

十四　担当職員は、介護予防サービス計画の作成後、介護予防サービス計画の実施状況の把握（利用者についての継続的なアセスメントを含む。）を行い、必要に応じて介護予防サービス計画の変更、指定介護予防サービス事業者等との連絡調整その他の便宜の提供を行うものとする。

十四の二　担当職員は、指定介護予防サービス事業者等から利用者に係る情報の提供を受けたときその他必要と認めるときは、利用者の服薬状況、口腔(くう)機能その他の利用者の心身又は生活の状況に係る情報のうち必要と認めるものを、利用者の同意を得て主治の医師若しくは歯科医師又は薬剤師に提供するものとする。

十五　担当職員は、介護予防サービス計画に位置づけた期間が終了するときは、当該計画の目標の達成状況について評価しなければならない。

十六　担当職員は、第十四号に規定する実施状況の把握（以下「モニタリング」という。）に当たっては、利用者及びその家族、指定介護予防サービス事業者等との連絡を継続的に行うこととし、特段の事情のない限り、次に定めるところにより行わなければならない。

イ　少なくともサービスの提供を開始する月の翌月から起算して三月に一回及びサービスの評価期間が終了する月並びに利用者の状況に著しい変化があったときは、利用者の居宅を訪問し、利用者に面接すること。

ロ　利用者の居宅を訪問しない月においては、可能な限り、指定介護予防通所リハビリテーション事業所（指定介護予防サービス等基準第百十七条第一項に規定する指定介護予防通所リハビリテーション事業所をいう。）を訪問する等の方法により利用者に面接するよう努めるとともに、当該面接ができない場合にあっては、電話等により利用者との連絡を実施すること。

ハ　少なくとも一月に一回、モニタリングの結果を記録すること。

十七　担当職員は、次に掲げる場合においては、サービス担当者会議の開催により、介護予防サービス計画の変更の必要性について、担当者から、専門的な見地からの意見を求めるものとする。ただし、やむを得ない理由がある場合については、担当者に対する照会等により意見を求めることができるものとする。

イ　要支援認定を受けている利用者が法第三十三条第二項に規定する要支援更新認定を受けた場合

ロ　要支援認定を受けている利用者が法第三十三条の二第一項に規定する要支援状態区分の変更の認定を受けた場合

十八　第三号から第十三号までの規定は、第十四号に規定する介護予防サービス計画の変更について準用する。

十九　担当職員は、適切な保健医療サービス及び福祉サービスが総合的かつ効率的に提供された場合においても、利用者がその居宅において日常生活を営むことが困難となったと認める場合又は利用者が介護保険施設への入院又は入所を希望する場合には、利用者の要介護認定に係る申請について必要な支援を行い、介護保険施設への紹介その他の便宜の提供を行うものとする。

二十　担当職員は、介護保険施設等から退院又は退所しようとする要支援者から依頼があった場合には、居宅における生活へ円滑に移行できるよう、あらかじめ、介護予防サービス計画の作成等の援助を行うものとする。

二十一　担当職員は、利用者が介護予防訪問看護、介護予防通所リハビリテーション等の医療サービスの利用を希望している場合その他必要な場合には、利用者の同意を得て主治の医師又は歯科医師（次号及び第二十二号において「主治の医師等」という。）の意見を求めなければならない。

二十一の二　前号の場合において、担当職員は、介護予防サービス計画を作成した際には、当該介護予防サービス計画を主治の医師等に交付しなければならない。

二十二　担当職員は、介護予防サービス計画に介護予防訪問看護、介護予防通所リハビリテーション等の医療サービスを位置付ける場合にあっては、当該医療サービスに係る主治の医師等の指示がある場合に限りこれを行うものとし、医療サービス以外の指定介護予防サービス等を位置付ける場合にあっては、当該指定介護予防サービス等に係る主治の医師等の医学的観点からの留意事項が示されているときは、当該留意点を尊重してこれを行うものとする。

二十三　担当職員は、介護予防サービス計画に介護予防短期入所生活介護又は介護予防短期入所療養介護を位置付ける場合にあっては、利用者の居宅における自立した日常生活の維持に十分に留意するものとし、利用者の心身の状況等を勘案して特に必要と認められる場合を除き、介護予防短期入所生活介護及び介護予防短期入所療養介護を利用する日数が要支援認定の有効期間のおおむね半数を超えないようにしなければならない。

二十四　担当職員は、介護予防サービス計画に介護予防福祉用具貸与を位置づける場合にあっては、その利用の妥当性を検討し、当該計画に介護予防福祉用具貸与が必要な理由を記載するとともに、必要に応じて随時、サービス担当者会議を開催し、その継続の必要性について検証をした上で、継続が必要な場合にはその理由を介護予防サービス計画に記載しなければならない。

二十五　担当職員は、介護予防サービス計画に特定介護予防福祉用具販売を位置付ける場合にあっては、その利用の妥当性を検討し、当該計画に特定介護予防福祉用具販売が必要な理由を記載しなければならない。

二十六　担当職員は、利用者が提示する被保険者証に、法第七十三条第二項に規定する認定審査会意見又は法第三十七条第一項の規定による指定に係る介護予防サービスの種類若しくは地域密着型介護予防サービスの種類についての記載がある場合には、利用者にその趣旨（同条第一項の規定による指定に係る介護予防サービス若しくは地域密着型介護予防サービスの種類については、その変更の申請ができることを含む。）を説明し、理解を得た上で、その内容に沿って介護予防サービス計画を作成しなければならない。

二十七　担当職員は、要支援認定を受けている利用者が要介護認定を受けた場合には、指定居宅介護支援事業者と当該利用者に係る必要な情報を提供する等の連携を図るものとする。

二十八　指定介護予防支援事業者は、法第百十五条の四十八第四項の規定に基づき、同条第一項に規定する会議から、同条第二項の検討を行うための資料又は情報の提供、意見の開陳その他必要な協力の求めがあった場合には、これに協力するよう努めなければならない。

（介護予防支援の提供に当たっての留意点）

第三十一条　介護予防支援の実施に当たっては、介護予防の効果を最大限に発揮できるよう次に掲げる事項に留意しなければならない。

一　単に運動機能や栄養状態、口腔機能といった特定の機能の改善だけを目指すものではなく、これらの機能の改善や環境の調整などを通じて、利用者の日常生活の自立のための取組を総合的に支援することによって生活の質の向上を目指すこと。

二　利用者による主体的な取組を支援し、常に利用者の生活機能の向上に対する意欲を高めるよう支援すること。

三　具体的な日常生活における行為について、利用者の状態の特性を踏まえた目標を、期間を定めて設定し、利用者、サービス提供者等とともに目標を共有すること。

四　利用者の自立を最大限に引き出す支援を行うことを基本とし、利用者のできる行為は可能な限り本人が行うよう配慮すること。

五　サービス担当者会議等を通じて、多くの種類の専門職の連携により、地域における様々な予防給付の対象となるサービス以外の保健医療サービス又は福祉サービス、当該地域の住民による自発的な活動によるサービス等の利用も含めて、介護予防に資する取組を積極的に活用すること。

六　地域支援事業（法第百十五条の四十五に規定する地域支援事業をいう。）及び介護給付（法第十八条第一号に規定する介護給付をいう。）と連続性及び一貫性を持った支援を行うよう配慮すること。

七　介護予防サービス計画の策定に当たっては、利用者の個別性を重視した効果的なものとすること。

八　機能の改善の後についてもその状態の維持への支援に努めること。

第五章　基準該当介護予防支援に関する基準

（準用）

第三十二条　第一条の二及び第二章から前章（第二十五条第六項及び第七項を除く。）までの規定は、基準該当介護予防支援の事業について準用する。この場合において、第四条第一項中「第十七条」とあるのは「第三十二条において準用する第十七条」と、第十条第一項中「指定介護予防支援（法第五十八条第四項の規定に基づき介護予防サービス計画費（法第五十八条第二項に規定する介護予防サービス計画費をいう。以下同じ。）が当該指定介護予防支援事業者に支払われる場合に係るものを除く。）」とあるのは「基準該当介護予防支援」と、「介護予防サービス計画費の額」とあるのは「法

第五十九条第三項に規定する特例介護予防サービス計画費の額」と読み替えるものとする。

附　則（抄）

1　この省令は、平成十八年四月一日から施行する。

指定介護予防サービス等の事業の人員、設備及び運営並びに指定介護予防サービス等に係る介護予防のための効果的な支援の方法に関する基準（抄）

（平成一八・三・一四　厚労令三五）

最新改正　平成三〇厚労令四

第一章　総則

（趣旨）

第一条　基準該当介護予防サービスの事業に係る介護保険法（平成九年法律第百二十三号。以下「法」という。）第五十四条第二項の厚生労働省令で定める基準、共生型介護予防サービスの事業に係る法第百十五条の二の二第二項の厚生労働省令で定める基準及び指定介護予防サービスの事業に係る法第百十五条の四第三項の厚生労働省令で定める基準は、次の各号に掲げる基準に応じ、それぞれ当該各号に定める基準とする。

一　法第五十四条第一項第二号の規定により、同条第二項第一号に掲げる事項について都道府県（地方自治法（昭和二十二年法律第六十七号）第二百五十二条の十九第一項の指定都市（以下「指定都市」という。）及び同法第二百五十二条の二十二第一項の中核市（以下「中核市」という。）にあっては、指定都市又は中核市。以下この条において同じ。）が条例を定めるに当たって従うべき基準　第五十七条第四号（第六十一条において準用する場合に限る。）、第五十八条、第五十九条、第百四十五条第六項（第百八十五条において準用する場合に限る。）、第百八十条、第百八十一条、第二百六十七条（第二百八十条において準用する場合に限る。）及び第二百七十九条の規定による基準

二　法第五十四条第一項第二号の規定により、同条第二項第二号に掲げる事項について都道府県が条例を定めるに当たって従うべき基準　第百八十三条第一項第一号及び第二項第一号ロ並びに附則第四条（第百八十三条第二項第一号ロに係る部分に限る。）の規定による基準

三　法第五十四条第一項第二号の規定により、同条第二項第三号に掲げる事項について都道府県が条例を定めるに当たって従うべき基準　第四十九条の二第一項（第六十一条及び第二百八十条において準用する場合に限る。）、第四十九条の三（第六十一条、第百八十五条及び第二百八十条において準用する場合に限る。）、第五十三条の五（第六十一条、第百八十五条及び第二百八十条において準用する場合に限る。）、第五十三条の十（第六十一条、第百八十五条及び第二百八十条に

おいて準用する場合に限る。）、第百三十三条第一項（第百八十五条において準用する場合に限る。）、第百三十六条（第百八十五条において準用する場合に限る。）及び第百四十五条第七項（第百八十五条において準用する場合に限る。）の規定による基準

四　法第五十四条第一項第二号の規定により、同条第二項第四号に掲げる事項について都道府県が条例を定めるに当たって標準とすべき基準　第百八十二条の規定による基準

五　法第百十五条の二の二第一項第一号の規定により、同条第二項第一号に掲げる事項について都道府県が条例を定めるに当たって従うべき基準　第百三十条（第百六十六条において準用する場合に限る。）、第百四十五条第六項（第百六十六条において準用する場合に限る。）及び第百六十五条第二号の規定による基準

六　法第百十五条の二の二第一項第二号の規定により、同条第二項第二号に掲げる事項について都道府県が条例を定めるに当たって従うべき基準　第百六十五条第一号の規定による基準

七　法第百十五条の二の二第一項第二号の規定により、同条第二項第三号に掲げる事項について都道府県が条例を定めるに当たって従うべき基準　第四十九条の三（第百六十六条において準用する場合に限る。）、第五十三条の五（第百六十六条において準用する場合に限る。）、第五十三条の十（第百六十六条において準用する場合に限る。）、第百三十三条第一項（第百六十六条において準用する場合に限る。）、第百三十六条（第百六十六条において準用する場合に限る。）及び第百四十五条第七項（第百六十六条において準用する場合に限る。）の規定による基準

八　法第百十五条の四第一項の規定により、同条第三項第一号に掲げる事項について都道府県が条例を定めるに当たって従うべき基準　第四十七条、第四十八条、第五十七条第四号、第六十三条、第六十四条、第七十九条、第八十八条、第百十七条、第百二十九条、第百三十条、第百四十五条第六項、第百五十七条第二項及び第三項、第百六十一条第七項、第百八十七条、第二百八条第二項及び第三項、第二百三十一条、第二百三十二条、第二百五十五条、第二百五十六条、第二百六十六条、第二百六十七条、第二百八十二条並びに第二百八十三条並びに附則第十九条及び附則第二十条の規定による基準

九　法第百十五条の四第二項の規定により、同条第三項第二号に掲げる事項について都道府県が条例を定めるに当たって従うべき基準　第百十八条第一項、第百三十二条第三項第一号及び第六項第一号ロ、第百五十三条第六項第一号イ(3)（床面積に係る部分に限る。）、第百八十八条第一項第一号（療養室に係る部分に限る。）、第二号（病室に係る部分に限る。）、第三号（病室に係る部分に限る。）、第四号イ（病室に係る部分に限る。）及び第五号（療養室に係る部分に限る。）、第二百五条第一項第一号（療養室に係る部分に限る。）、第二号から第四号まで（病室に係る部分に限る。）及び第五号（療養室に係る部分に限る。）並びに附則第二条（第百三十二条第六項第一号ロに係る部分に限る。）、附則第八条及び附則第十二条の規定による基準

十　法第百十五条の四第二項の規定により、同条第三項第三号に掲げる事項について都道府県が条例を定めるに当たって従うべき基準　第四十九条の二第一項（第七十四条、第八十四条、第九十三条、第百二十三条、第二百七十六条及び第二百八十九条において準用する場合を含む。）、第四十九条の三（第七十四条、第八十四条、第九十三条、第百二十三条、第百四十二条（第百五十九条において準用する場合を含む。）、第百九十五条（第二百十条において準用する場合を含む。）、第二百七十六条及び第二百八十九条において準用する場合を含む。）、第五十三条の五（第七十四条、第八十四条、第九十三条、第百二十三条、第百四十二条（第百五十九条において準用する場合

を含む。）、第百九十五条（第二百十条において準用する場合を含む。）、第二百四十五条、第二百六十二条、第二百七十六条及び第二百八十九条において準用する場合を含む。）、第五十三条の十（第七十四条、第八十四条、第九十三条、第百二十三条、第百四十二条（第百五十九条において準用する場合を含む。）、第百九十五条（第二百十条において準用する場合を含む。）、第二百四十五条、第二百六十二条、第二百七十六条及び第二百八十九条において準用する場合を含む。）、第七十条、第七十七条第二項から第三項まで、第百三十三条第一項（第百五十九条及び第百九十五条（第二百十条において準用する場合を含む。）において準用する場合を含む。）、第百三十六条（第百五十九条において準用する場合を含む。）、第百四十五条第七項、第百六十一条第八項、第百九十一条（第二百十条において準用する場合を含む。）、第百九十八条、第二百条第六項、第二百十二条第七項、第二百三十四条第一項から第三項まで、第二百三十五条第一項及び第二項（第二百六十二条において準用する場合を含む。）、第二百三十九条（第二百六十二条において準用する場合を含む。）並びに第二百五十八条第一項から第三項までの規定による基準

十一　法第百十五条の四第二項の規定により、同条第三項第四号に掲げる事項について都道府県が条例を定めるに当たって標準とすべき基準　第百三十一条（第百五十四条において準用する場合を含む。）の規定による基準

十二　法第五十四条第一項第二号、第百十五条の二の二第一項第一号若しくは第二号又は第百十五条の四第一項若しくは第二項の規定により、法第五十四条第二項各号、第百十五条の二の二第二項各号及び第百十五条の四第三項各号に掲げる事項以外の事項について、都道府県が条例を定めるに当たって参酌すべき基準　この省令に定める基準のうち、前各号に定める基準以外のもの

（定義）

第二条　この省令において、次の各号に掲げる用語の意義は、それぞれ当該各号に定めるところによる。

一　介護予防サービス事業者　法第八条の二第一項に規定する介護予防サービス事業を行う者をいう。

二　指定介護予防サービス事業者又は指定介護予防サービス　それぞれ法第五十三条第一項に規定する指定介護予防サービス事業者又は指定介護予防サービスをいう。

三　利用料　法第五十三条第一項に規定する介護予防サービス費の支給の対象となる費用に係る対価をいう。

四　介護予防サービス費用基準額　法第五十三条第二項第一号又は第二号に規定する厚生労働大臣が定める基準により算定した費用の額（その額が現に当該指定介護予防サービスに要した費用の額を超えるときは、当該現に指定介護予防サービスに要した費用の額とする。）をいう。

五　法定代理受領サービス　法第五十三条第四項の規定により介護予防サービス費が利用者に代わり当該指定介護予防サービス事業者に支払われる場合の当該介護予防サービス費に係る指定介護予防サービスをいう。

六　基準該当介護予防サービス　法第五十四条第一項第二号に規定する基準該当介護予防サービスをいう。

七　共生型介護予防サービス　法第百十五条の二の二第一項の申請に係る法第五十三条第一項本文の指定を受けた者による指定介護予防サービスをいう。

八　常勤換算方法　当該事業所の従業者の勤務延時間数を当該事業所において常勤の従業者が勤務すべき時間数で除することにより、当該事業所の従業者の員数を常勤の従業者の員数に換算する方法をいう。

（指定介護予防サービスの事業の一般原則）

第三条　指定介護予防サービス事業者は、利用者の意思及び人格を尊重して、常に利用者の立場に立ったサービスの提供に努めな

ければならない。

2　指定介護予防サービス事業者は、指定介護予防サービスの事業を運営するに当たっては、地域との結び付きを重視し、市町村（特別区を含む。以下同じ。）、他の介護予防サービス事業者その他の保健医療サービス及び福祉サービスを提供する者との連携に努めなければならない。

第三章　介護予防訪問入浴介護

第一節　基本方針

第四十六条　指定介護予防サービスに該当する介護予防訪問入浴介護（以下「指定介護予防訪問入浴介護」という。）の事業は、その利用者が可能な限りその居宅において、自立した日常生活を営むことができるよう、居宅における入浴の支援を行うことによって、利用者の身体の清潔の保持、心身機能の維持回復を図り、もって利用者の生活機能の維持又は向上を目指すものでなければならない。

第五節　介護予防のための効果的な支援の方法に関する基準

（指定介護予防訪問入浴介護の基本取扱方針）

第五十六条　指定介護予防訪問入浴介護は、利用者の介護予防に資するよう、その目標を設定し、計画的に行われなければならない。

2　指定介護予防訪問入浴介護事業者は、自らその提供する指定介護予防訪問入浴介護の質の評価を行い、常にその改善を図らなければならない。

3　指定介護予防訪問入浴介護事業者は、指定介護予防訪問入浴介護の提供に当たり、利用者ができる限り要介護状態とならないで自立した日常生活を営むことができるよう支援することを目的とするものであることを常に意識してサービスの提供に当たらなければならない。

4　指定介護予防訪問入浴介護事業者は、利用者がその有する能力を最大限活用することができるような方法によるサービスの提供に努めることとし、利用者が有する能力を阻害する等の不適切なサービスの提供を行わないよう配慮しなければならない。

（指定介護予防訪問入浴介護の具体的取扱方針）

第五十七条　介護予防訪問入浴介護従業者の行う指定介護予防訪問入浴介護の方針は、第四十六条に規定する基本方針及び前条に規定する基本取扱方針に基づき、次に掲げるところによるものとする。

一　指定介護予防訪問入浴介護の提供に当たっては、主治の医師又は歯科医師からの情報伝達やサービス担当者会議を通じる等の適切な方法により、利用者の心身の状況、その置かれている環境等利用者の日常生活全般の状況の的確な把握を行うものとする。

二　指定介護予防訪問入浴介護の提供に当たっては、懇切丁寧に行うことを旨とし、利用者又はその家族に対し、サービスの提供方法等について、理解しやすいように説明を行うものとする。

三　指定介護予防訪問入浴介護の提供に当たっては、介護技術の進歩に対応し、適切な介護技術をもってサービスの提供を行うものとする。

四　指定介護予防訪問入浴介護の提供は、一回の訪問につき、看護職員一人及び介護職員一人をもって行うものとし、これらの者のうち一人を当該サービスの提供の責任者とする。ただし、利用者の身体の状況が安定していること等から、入浴により利用者の身体の状況等に支障を生ずるおそれがないと認められる場合においては、主治の医師の意見を確認した上で、看護職員に代えて介護職員を充てることができる。

五　指定介護予防訪問入浴介護の提供に当たっては、サービス提供に用いる設備、器具その他の用品の使用に際して安全及び清潔の保持に留意し、特に利用者の身体に接触する設備、器具その他の用品については、サービス提供ごとに消毒したものを使用する。

第六節　基準該当介護予防サービスに関する基準

（従業者の員数）

第五十八条　基準該当介護予防サービスに該当する介護予防訪問入浴介護又はこれに相当するサービス（以下「基準該当介護予防訪問入浴介護」という。）の事業を行う者（以下「基準該当介護予防訪問入浴介護事業者」という。）が、当該事業を行う事業所（以下「基準該当介護予防訪問入浴介護事業所」という。）ごとに置くべき基準該当介護予防訪問入浴介護の提供に当たる従業者（以下この節において「介護予防訪問入浴介護従業者」という。）の員数は、次のとおりとする。

一　看護職員　一以上

二　介護職員　一以上

2　基準該当介護予防訪問入浴介護の事業と基準該当訪問入浴介護（指定居宅サービス等基準第五十五条第一項に規定する基準該当訪問入浴介護をいう。以下同じ。）の事業とが、同一の事業者により同一の事業所において一体的に運営されている場合については、同項に規定する人員に関する基準を満たすことをもって、前項に規定する基準を満たしているものとみなすことができる。

（設備及び備品等）

第六十条　基準該当介護予防訪問入浴介護事業所には、事業の運営を行うために必要な広さの区画を設けるほか、基準該当介護予防訪問入浴介護の提供に必要な浴槽等の設備及び備品等を備えなければならない。

2　基準該当介護予防訪問入浴介護の事業と基準該当訪問入浴介護の事業とが同一の事業者により同一の事業所において一体的に運営される場合については、指定居宅サービス等基準第五十七条第一項に規定する設備に関する基準を満たすことをもって、前項に規定する基準を満たしているものとみなすことができる。

第四章　介護予防訪問看護

第一節　基本方針

第六十二条　指定介護予防サービスに該当する介護予防訪問看護（以下「指定介護予防訪問看護」という。）の事業は、その利用者が可能な限りその居宅において、自立した日常生活を営むことができるよう、その療養生活を支援するとともに、利用者の心身の機能の維持回復を図り、もって利用者の生活機能の維持又は向上を目指すものでなければならない。

第五節　介護予防のための効果的な支援の方法に関する基準

（指定介護予防訪問看護の基本取扱方針）

第七十五条　指定介護予防訪問看護は、利用者の介護予防に資するよう、その目標を設定し、計画的に行われなければならない。

2　指定介護予防訪問看護事業者は、自らその提供する指定介護予防訪問看護の質の評価を行い、常にその改善を図らなければならない。

3　指定介護予防訪問看護事業者は、指定介護予防訪問看護の提供に当たり、利用者ができる限り要介護状態とならないで自立した日常生活を営むことができるよう支援することを目的とするものであることを常に意識してサービスの提供に当たらなければならない。

4　指定介護予防訪問看護事業者は、利用者がその有する能力を最大限活用することができるような方法によるサービスの提供に努めなければならない。

5　指定介護予防訪問看護事業者は、指定介護予防訪問看護の提供に当たり、利用者とのコミュニケーションを十分に図ることその他の様々な方法により、利用者がその有する能力を最大限活用することができるよう適切な働きかけに努めなければならない。

（指定介護予防訪問看護の具体的取扱方針）

第七十六条　看護師等の行う指定介護予防訪問看護の方針は、第六十二条に規定する基本方針及び前条に規定する基本取扱方針に基づき、次に掲げるところによるものとする。

一　指定介護予防訪問看護の提供に当たっては、主治の医師又は歯科医師からの情報伝達やサービス担当者会議を通じる等の適切な方法により、利用者の病状、心身の状況、その置かれている環境等利用者の日常生活全般の状況の的確な把握を行うものとする。

二　看護師等（准看護師を除く。以下この条において同じ。）は、前号に規定する利用者の日常生活全般の状況及び希望を踏まえて、指定介護予防訪問看護の目標、当該目標を達成するための具体的なサービスの内容、サービスの提供を行う期間等を記載した介護予防訪問看護計画書を作成し、主治の医師に提出しなければならない。

三　介護予防訪問看護計画書は、既に介護予防サービス計画が作成されている場合は、当該計画の内容に沿って作成しなければならない。

四　看護師等は、介護予防訪問看護計画書の作成に当たっては、その主要な事項について利用者又はその家族に対して説明し、利用者の同意を得なければならない。

五　看護師等は、介護予防訪問看護計画書を作成した際には、当該介護予防訪問看護計画書を利用者に交付しなければならない。

六　指定介護予防訪問看護の提供に当たっては、主治の医師との密接な連携及び第二号に規定する介護予防訪問看護計画書に基づき、利用者の心身の機能の維持回復を図るよう妥当適切に行うものとする。

七　指定介護予防訪問看護の提供に当たっては、懇切丁寧に行うことを旨とし、利用者又はその家族に対し、療養上必要な事項について、理解しやすいように指導又は説明を行うものとする。

八　指定介護予防訪問看護の提供に当たっては、医学の進歩に対応し、適切な看護技術をもってサービスの提供を行うものとする。

九　特殊な看護等については、これを行ってはならない。

十　看護師等は、介護予防訪問看護計画書に基づくサービスの提供の開始時から、当該介護予防訪問看護計画書に記載したサービスの提供を行う期間が終了するまでに、少なくとも一回は、当該介護予防訪問看護計画書の実施状況の把握（以下この条において「モニタリング」という。）を行うものとする。

十一　看護師等は、モニタリングの結果も踏まえつつ、訪問日、提供した看護内容等を記載した介護予防訪問看護報告書を作成し、当該報告書の内容について、当該指定介護予防支援事業者に報告するとともに、当該報告書について主治の医師に定期的に提出しなければならない。

十二　指定介護予防訪問看護事業所の管理者は、介護予防訪問看護計画書及び介護予防訪問看護報告書の作成に関し、必要な指導及び管理を行わなければならない。

十三　看護師等は、モニタリングの結果を踏まえ、必要に応じて介護予防訪問看護計画書の変更を行い、変更後の当該計画を主治の医師に提出しなければならない。

十四　第一号から第十二号までの規定は、前号に規定する介護予防訪問看護計画書の変更について準用する。

十五　当該指定介護予防訪問看護事業所が指定介護予防訪問看護を担当する医療機関である場合にあっては、第二号から第六号まで及び第十号から第十四号までの規定にかかわらず、介護予防訪問看護計画書及び介護予防訪問看護報告書の作成及び提出は、診療録その他の診療に関する記録（以下「診療記録」という。）への記載をもって代えることができる。

（主治の医師との関係）

第七十七条　指定介護予防訪問看護事業所の管理者は、主治の医師の指示に基づき適切な指定介護予防訪問看護が行われるよう必要な管理をしなければならない。

2　指定介護予防訪問看護事業者は、指定介護予防訪問看護の提供の開始に際し、主治の医師による指示を文書で受けなければならない。

3　指定介護予防訪問看護事業者は、指定介護予防訪問看護の提供に当たって主治の医師との密接な連携を図らなければならない。

4　前条第十五号の規定は、主治の医師の文書による指示について準用する。

第五章　介護予防訪問リハビリテーション

第一節　基本方針

第七十八条　指定介護予防サービスに該当する介護予防訪問リハビリテーション（以下「指定介護予防訪問リハビリテーション」という。）の事業は、その利用者が可能な限りその居宅において、自立した日常生活を営むことができるよう、利用者の居宅において、理学療法、作業療法その他必要なリハビリテーションを行うことにより、利用者の心身機能の維持回復を図り、もって利用者の生活機能の維持又は向上を目指すものでなければならない。

第五節　介護予防のための効果的な支援の方法に関する基準

（指定介護予防訪問リハビリテーションの基本取扱方針）

第八十五条　指定介護予防訪問リハビリテーションは、利用者の介護予防に資するよう、その目標を設定し、計画的に行われなければならない。

2　指定介護予防訪問リハビリテーション事業者は、自らその提供する指定介護予防訪問リハビリテーションの質の評価を行い、常にその改善を図らなければならない。

3　指定介護予防訪問リハビリテーション事業者は、指定介護予防訪問リハビリテーションの提供に当たり、利用者ができる限り要介護状態とならないで自立した日常生活を営むことができるよう支援することを目的とするものであることを常に意識してサービスの提供に当たらなければならない。

4　指定介護予防訪問リハビリテーション事業者は、利用者がその有する能力を最大限活用することができるような方法によるサービスの提供に努めなければならない。

5　指定介護予防訪問リハビリテーション事業者は、指定介護予防訪問リハビリテーションの提供に当たり、利用者とのコミュニケーションを十分に図ることその他の様々な方法により、利用者が主体的に事業に参加するよう適切な働きかけに努めなければならない。

（指定介護予防訪問リハビリテーションの具体的取扱方針）

第八十六条　指定介護予防訪問リハビリテーションの提供は理学療法士、作業療法士又は言語聴覚士が行うものとし、その方針は、第七十八条に規定する基本方針及び前条に規定する基本取扱方針に基づき、次に掲げるところによるものとする。

一　指定介護予防訪問リハビリテーションの提供に当たっては、主治の医師若しくは歯科医師からの情報伝達又はサービス担当者会議若しくはリハビリテーション会議（介護予防訪問リハビリテーション計画又は介護予防通所リハビリテーション計画の作成のために、利用者及びその家族の参加を基本としつつ、医師、理学療法士、作業療法士、言語聴覚士、指定介護予防支援等基準第二条に規定する担当職員、介護予防サービス計画の原案に位置付けた指定介護予防サービス等（法第八条の二第十六項に規定する指定介護予防サービス等をいう。）の担当者その他の関係者（以下「構成員」という。）により構成される会議をいう。以下同じ。）を通じる等の適切な方法により、利用者の病状、心身の状況、その置かれている環境等利用者の日常生活全般の状況の的確な把握を行うものとする。

二　医師及び理学療法士、作業療法士又は言語聴覚士は、前号に規定する利用者の日常生活全般の状況及び希望を踏まえて、指定介護予防訪問リハビリテーションの目標、当該目標を達成するための具体的なサービスの内容、サービスの提供を行う期間等を記載した介護予防訪問リハビリテーション計画を作成するものとする。

三　介護予防訪問リハビリテーション計画は、既に介護予防サービス計画が作成されている場合は、当該計画の内容に沿って作成しなければならない。

四　医師又は理学療法士、作業療法士若しくは言語聴覚士は、介護予防訪問リハビリテーション計画の作成に当たっては、その内容について利用者又はその家族に対して説明し、利用者の同意を得なければならない。

五　医師又は理学療法士、作業療法士若しくは言語聴覚士は、介護予防訪問リハビリテーション計画を作成した際には、当該介護予防訪問リハビリテーション計画を利用者に交付しなければならない。

六　指定介護予防訪問リハビリテーション事業者が指定介護予防通所リハビリテーション事業者（第百十七条第一項に規定する指定介護予防通所リハビリテーション事業者をいう。）の指定を併せて受け、かつ、リハビリテーション会議の開催等を通じて、利用者の病状、心身の状況、希望及びその置かれている環境に関する情報を構成員と共有し、介護予防訪問リハビリテーション及び介護予防通所リハビリテーションの目標及び当該目標を踏まえたリハビリテーション提供内容について整合性のとれた介護予防訪問リハビリテーション計画を作成した場合については、第百二十五条第二号から第五号までに規定する介護予防のための効果的な支援の方法に関する基準を満たすことをもって、第二号から前号までに規定する基準を満たしているものとみなすことができる。

七　指定介護予防訪問リハビリテーションの提供に当たっては、医師の指示及び介護予防訪問リハビリテーション計画に基づき、利用者の心身機能の維持回復を図り、日常生活の自立に資するよう、妥当適切に行うものとする。

八　指定介護予防訪問リハビリテーションの提供に当たっては、懇切丁寧に行うことを旨とし、利用者又はその家族に対し、リハビリテーションの観点から療養上必要とされる事項について、理解しやすいように指導又は説明を行うものとする。

九　指定介護予防訪問リハビリテーションの提供に当たっては、介護技術の進歩に対応し、適切な介護技術をもってサービスの提供を行うものとする。

十　理学療法士、作業療法士又は言語聴覚士は、それぞれの利用者について、介護予防訪問リハビリテーション計画に従ったサービスの実施状況及びその評価について、速やかに診療記録を作成するとともに、医師に報告するものとする。

十一　医師又は理学療法士、作業療法士若しくは言語聴覚士は、介護予防訪問リハビリテーション計画に基づくサービスの提供の開始時から、当該介護予防訪問リハビリテーション計画に記載したサービスの提供を行う期間が終了するまでに、少なくとも一回は、当該介護予防訪問リハビリテーション計画の実施状況の把握（以下この条において「モニタリング」という。）を行うものとする。

十二　医師又は理学療法士、作業療法士若しくは言語聴覚士は、モニタリングの結果を記録し、当該記録を当該サービスの提供に係る介護予防サービス計画を作成した指定介護予防支援事業者に報告しなければならない。

十三　医師又は理学療法士、作業療法士若しくは言語聴覚士は、モニタリングの結果を踏まえ、必要に応じて介護予防訪問リハビリテーション計画の変更を行うものとする。

十四　第一号から第十二号までの規定は、前号に規定する介護予防訪問リハビリテーション計画の変更について準用する。

第六章　介護予防居宅療養管理指導

第一節　基本方針

第八十七条　指定介護予防サービスに該当する介護予防居宅療養管理指導（以下「指定介護予防居宅療養管理指導」という。）の事業は、その利用者が可能な限りその居宅において、自立した日常生活を営むことができるよう、医師、歯科医師、薬剤師、歯科衛生士（歯科衛生士が行う介護予防居宅療養管理指導に相当するものを行う保健師、看護師及び准看護師を含む。以下この章において同じ。）又は管理栄養士が、通院が困難な利用者に対して、その居宅を訪問して、その心身の状況、置かれている環境等を把握し、それらを踏まえて療養上の管理及び指導を行うことにより、利用者の心身機能の維持回復を図り、もって利用者の生活機能の維持又は向上を目指すものでなければならない。

第五節　介護予防のための効果的な支援の方法に関する基準

（指定介護予防居宅療養管理指導の基本取扱方針）

第九十四条　指定介護予防居宅療養管理指導は、利用者の介護予防に資するよう、その目標を設定し、計画的に行われなければならない。

2　指定介護予防居宅療養管理指導事業者は、自らその提供する指定介護予防居宅療養管理指導の質の評価を行い、常にその改善を図らなければならない。

3　指定介護予防居宅療養管理指導事業者は、指定介護予防居宅療養管理指導の提供に当たり、利用者ができる限り要介護状態とならないで自立した日常生活を営むことができるよう支援することを目的とするものであることを常に意識してサービスの提供に当たらなければならない。

4　指定介護予防居宅療養管理指導事業者は、利用者がその有する能力を最大限活用することができるような方法によるサービスの提供に努めなければならない。

（指定介護予防居宅療養管理指導の具体的取扱方針）

第九十五条　医師又は歯科医師の行う指定介護予防居宅療養管理指導の方針は、次に掲げるところによるものとする。

一　指定介護予防居宅療養管理指導の提供に当たっては、訪問診療等により常に利用者の病状及び心身の状況を把握し、計画的かつ継続的な医学的管理又は歯科医学的管理に基づいて、介護予防支援事業者等に対する介護予防サービス計画の作成等に必要な情報提供並びに利用者又はその家族に対し、介護予防サービスの利用に関する留意事項、介護方法等についての指導、助言等を行うものとする。

二　指定介護予防居宅療養管理指導の提供に当たっては、利用者又はその家族からの介護に関する相談に懇切丁寧に応ずるとともに、利用者又はその家族に対し、療養上必要な事項等について、理解しやすいように指導又は助言を行うものとする。

三　前号に規定する利用者又はその家族に対する指導又は助言については、療養上必要な事項等を記載した文書を交付するよう努めなければならない。

四　指定介護予防居宅療養管理指導の提供に当たっては、療養上適切な介護予防サービスが提供されるために必要があると認める場合又は介護予防支援事業者若しくは介護予防サービス事業者から求めがあった場合は、介護予防支援事業者又は介護予防サービス事業者に対し、介護予防サービス計画の作成、介護予防サービスの提供等に必要な情報提供又は助言を行うものとする。

五　前号に規定する介護予防支援事業者又は介護予防サービス事業者に対する情報提供又は助言については、原則として、サービス担当者会議に参加することにより行わなければならない。

六　前号の場合において、サービス担当者会議への参加によることが困難な場合については、介護予防支援事業者又は介護予防サービス事業者に対して、原則として、情報提供又は助言の内容を記載した文書を交付して行わなければならない。

七　それぞれの利用者について、提供した指定介護予防居宅療養管理指導の内容について、速やかに診療録に記録するものとする。

2　薬剤師、歯科衛生士又は管理栄養士の行う指定介護予防居宅療養管理指導の方針は、次に掲げるところによるものとする。

一　指定介護予防居宅療養管理指導の提供に当たっては、医師又は歯科医師の指示（薬局の薬剤師による指定介護予防居宅療養管理指導にあっては、医師又は歯科医師の指示に基づき当該薬剤師が策定した薬学的管理指導計画）に基づき、利用者の心身機能の維持回復を図り、居宅における日常生活の自立に資するよう、妥当適切に行うものとする。

二　指定介護予防居宅療養管理指導の提供に当たっては、懇切丁寧に行うことを旨とし、利用者又はその家族に対し、療養上必要な事項について、理解しやすいように指導又は説明を行う。

三　常に利用者の病状、心身の状況及びその置かれている環境の的確な把握に努め、利用者に対し適切なサービスを提供するものとする。

四　それぞれの利用者について、提供した指定介護予防居宅療養管理指導の内容について、速やかに診療記録を作成するとともに、医師又は歯科医師に報告するものとする。

第八章　介護予防通所リハビリテーション

第一節　基本方針

第百十六条　指定介護予防サービスに該当する介護予防通所リハビリテーション（以下「指定介護予防通所リハビリテーション」という。）の事業は、その利用者が可能な限りその居宅において、自立した日常生活を営むことができるよう、理学療法、作業療法その他必要なリハビリテーションを行うことにより、利用者の心身機能の維持回復を図り、もって利用者の生活機能の維持又は向上を目指すものでなければならない。

第五節　介護予防のための効果的な支援の方法に関する基準

（指定介護予防通所リハビリテーションの基本取扱方針）

第百二十四条　指定介護予防通所リハビリテーションは、利用者の介護予防に資するよう、その目標を設定し、計画的に行われなければならない。

2　指定介護予防通所リハビリテーション事業者は、自らその提供する指定介護予防通所リハビリテーションの質の評価を行うとともに、主治の医師又は歯科医師とも連携を図りつつ、常にその改善を図らなければならない。

3　指定介護予防通所リハビリテーション事業者は、指定介護予防通所リハビリテーションの提供に当たり、単に利用者の運動器の機能の向上、栄養状態の改善、口腔機能の向上等の特定の心身機能に着目した改善等を目的とするものではなく、当該心身機能の改善等を通じて、利用者ができる限り要介護状態とならないで自立した日常生活を営むことができるよう支援することを目的とするものであることを常に意識してサービスの提供に当たらなければならない。

4　指定介護予防通所リハビリテーション事業者は、利用者がその有する能力を最大限活用することができるような方法によるサービスの提供に努めなければならない。

5　指定介護予防通所リハビリテーション事業者は、指定介護予防通所リハビリテーションの提供に当たり、利用者とのコミュニケーションを十分に図ることその他の様々な方法により、利用者が主体的に事業に参加するよう適切な働きかけに努めなければならない。

（指定介護予防通所リハビリテーションの具体的取扱方針）

第百二十五条　指定介護予防通所リハビリテーションの方針は、第百十六条に規定する基本方針及び前条に規定する基本取扱方針に基づき、次に掲げるところによるものとする。

一　指定介護予防通所リハビリテーションの提供に当たっては、主治の医師若しくは歯科医師からの情報伝達又はサービス担当者会議若しくはリハビリテーション会議を通じる等の適切な方法により、利用者の病状、心身の状況、その置かれている環境等利用者の日常生活全般の状況の的確な把握を行うものとする。

二　医師及び理学療法士、作業療法士その他専ら指定介護予防通所リハビリテーションの提供に当たる介護予防通所リハビリテーション従業者（以下この節において「医師等の従業者」という。）は、診療又は運動機能検査、作業能力検査等を基に、共同して、利用者の心身の状況、希望及びその置かれている環境を踏まえて、リハビリテーションの目標、当該目標を達成するための具体的なサービスの内容、サービスの提供を行う期間等を記載した介護予防通所リハビリテーション計画を作成しなければならない。

三　医師等の従業者は、介護予防通所リハビリテーション計画の作成に当たっては、既に介護予防サービス計画が作成されている場合は、当該計画の内容に沿って作成しなければならない。

四　医師等の従業者は、介護予防通所リハビリテーション計画の作成に当たっては、その内容について利用者又はその家族に対して説明し、利用者の同意を得なければならない。

五　医師等の従業者は、介護予防通所リハビリテーション計画を作成した際には、当該介護予防通所リハビリテーション計画を利用者に交付しなければならない。

六　指定介護予防通所リハビリテーション事業者が指定介護予防訪問リハビリテーション事業者の指定を併せて受け、かつ、リハビリテーション会議（医師が参加した場合に限る。）の開催等を通じて、利用者の病状、心身の状況、希望及びその置かれている環境に関する情報を構成員と共有し、介護予防訪問リハビリテーション及び介護予防通所リハビリテーションの目標及び当該目標を踏まえたリハビリテーション提供内容について整合性のとれた介護予防通所リハビリテーション計画を作成した場合については、第八十六条第二号から第五号までに規定する介護予防のための効果的な支援の方法に関する基準を満たすことをもって、第二号から前号までに規定する基準を満たしているものとみなすことができる。

七　指定介護予防通所リハビリテーションの提供に当たっては、介護予防通所リハビリテーション計画に基づき、利用者が日常生活を営むのに必要な支援を行うものとする。

八　指定介護予防通所リハビリテーションの提供に当たっては、懇切丁寧に行うことを旨とし、利用者又はその家族に対し、リハビリテーションの観点から療養上必要とされる事項について、理解しやすいように指導又は説明を行うものとする。

九　指定介護予防通所リハビリテーションの提供に当たっては、介護技術の進歩に対応し、適切な介護技術をもってサービスの提供を行うものとする。

十　医師等の従業者は、介護予防通所リハビリテーション計画に基づくサービスの提供の開始時から、少なくとも一月に一回は、当該介護予防通所リハビリテーション計画に係る利用者の状態、当該利用者に対するサービスの提供状況等について、当該サービスの提供に係る介護予防サービス計画を作成した指定介護予防支援事業者に報告するとともに、当該介護予防通所リハビリテーション計画に記載したサービスの提供を行う期間が終了するまでに、少なくとも一回は、当該介護予防通所リハビリテーション計画の実施状況の把握（以下この条において「モニタリング」という。）を行うものとする。

十一　医師等の従業者は、モニタリングの結果を記録し、当該記録を当該サービスの提供に係る介護予防サービス計画を作成した指定介護予防支援事業者に報告しなければならない。

十二　医師等の従業者は、モニタリングの結果を踏まえ、必要に応じて介護予防通所リハビリテーション計画の変更を行うものとする。

十三　第一号から第十一号までの規定は、前号に規定する介護予防通所リハビリテーション計画の変更について準用する。

（指定介護予防通所リハビリテーションの提供に当たっての留意点）

第百二十六条　指定介護予防通所リハビリテーションの提供に当たっては、介護予防の効果を最大限高める観点から、次に掲げる事項に留意しながら行わなければならない。

一　指定介護予防通所リハビリテーション事業者は、サービスの提供に当たり、介護予防支援におけるアセスメントにおいて把握された課題、指定介護予防通所リハビリテーションの提供による当該課題に係る改善状況等を踏まえつつ、効率的かつ柔軟なサービスの提供に努めること。

二　指定介護予防通所リハビリテーション事業者は、運動器機能向上サービス、栄養改善サービス又は口腔機能向上サービスを提供するに当たっては、国内外の文献等において有効性が確認されている等の適切なものとすること。

三　指定介護予防通所リハビリテーション事業者は、サービスの提供に当たり、利用者が虚弱な高齢者であることに十分に配慮し、利用者に危険が伴うような強い負荷を伴うサービスの提供は行わないとともに、次条に規定する安全管理体制等の確保を図ること等を通じて、利用者の安全面に最大限配慮すること。

（安全管理体制等の確保）

第百二十七条　指定介護予防通所リハビリテーション事業者は、サービスの提供を行っているときに利用者に病状の急変等が生じた場合に備え、緊急時マニュアル等を作成し、事業所内の従業者に周知徹底を図るとともに、速やかに主治の医師への連絡を行えるよう、緊急時の連絡方法をあらかじめ定めておかなければならない。

2　指定介護予防通所リハビリテーション事業者は、サービスの提供に当たり、転倒等を防止するための環境整備に努めなければならない。

3　指定介護予防通所リハビリテーション事業者は、サービスの提供に当たり、事前に脈拍や血圧等を測定する等利用者の当日の体調を確認するとともに、無理のない適度なサービスの内容とするよう努めなければならない。

4　指定介護予防通所リハビリテーション事業者は、サービスの提供を行っているときにおいても、利用者の体調の変化に常に気を配り、病状の急変等が生じた場合その他必要な場合には、速やかに主治の医師への連絡を行う等の必要な措置を講じなければならない。

第九章　介護予防短期入所生活介護

第一節　基本方針

第百二十八条　指定介護予防サービスに該当する介護予防短期入所生活介護（以下「指定介護予防短期入所生活介護」という。）の事業は、その利用者が可能な限りその居宅において、自立した日常生活を営むことができるよう、入浴、排せつ、食事等の介護その他の日常生活上の支援及び機能訓練を行うことにより、利用者の心身機能の維持回復を図り、もって利用者の生活機能の維持又は向上を目指すものでなければならない。

第五節　介護予防のための効果的な支援の方法に関する基準

（指定介護予防短期入所生活介護の基本取扱方針）

第百四十三条　指定介護予防短期入所生活介護は、利用者の介護予防に資するよう、その目標を設定し、計画的に行われなければならない。

2　指定介護予防短期入所生活介護事業者は、自らその提供する指定介護予防短期入所生活介護の質の評価を行うとともに、主治の医師又は歯科医師とも連携を図りつつ、常にその改善を図らなければならない。

3　指定介護予防短期入所生活介護事業者は、指定介護予防短期入所生活介護の提供に当たり、利用者ができる限り要介護状態とならないで自立した日常生活を営むことができるよう支援することを目的とするものであることを常に意識してサービスの提供に当たらなければならない。

4　指定介護予防短期入所生活介護事業者は、利用者がその有する能力を最大限活用することができるような方法によるサービスの提供に努めなければならない。

5　指定介護予防短期入所生活介護事業者

は、指定介護予防短期入所生活介護の提供に当たり、利用者とのコミュニケーションを十分に図ることその他の様々な方法により、利用者が主体的に事業に参加するよう適切な働きかけに努めなければならない。

（指定介護予防短期入所生活介護の具体的取扱方針）

第百四十四条　指定介護予防短期入所生活介護の方針は、第百二十八条に規定する基本方針及び前条に規定する基本取扱方針に基づき、次に掲げるところによるものとする。

一　指定介護予防短期入所生活介護の提供に当たっては、主治の医師又は歯科医師からの情報伝達やサービス担当者会議を通じる等の適切な方法により、利用者の心身の状況、その置かれている環境等利用者の日常生活全般の状況の的確な把握を行うものとする。

二　指定介護予防短期入所生活介護事業所の管理者は、相当期間以上にわたり継続して入所することが予定される利用者については、前号に規定する利用者の日常生活全般の状況及び希望を踏まえて、指定介護予防短期入所生活介護の目標、当該目標を達成するための具体的なサービスの内容、サービスの提供を行う期間等を記載した介護予防短期入所生活介護計画を作成するものとする。

三　介護予防短期入所生活介護計画は、既に介護予防サービス計画が作成されている場合は、当該計画の内容に沿って作成しなければならない。

四　指定介護予防短期入所生活介護事業所の管理者は、介護予防短期入所生活介護計画の作成に当たっては、その内容について利用者又はその家族に対して説明し、利用者の同意を得なければならない。

五　指定介護予防短期入所生活介護事業所の管理者は、介護予防短期入所生活介護計画を作成した際には、当該介護予防短期入所生活介護計画を利用者に交付しなければならない。

六　指定介護予防短期入所生活介護の提供に当たっては、介護予防短期入所生活介護計画が作成されている場合には、当該計画に基づき、利用者が日常生活を営むのに必要な支援を行うものとする。

七　指定介護予防短期入所生活介護の提供に当たっては、懇切丁寧に行うことを旨とし、利用者又はその家族に対し、サービスの提供方法等について、理解しやすいように説明を行うものとする。

（介護）

第百四十五条　介護は、利用者の心身の状況に応じ、利用者の自立の支援と日常生活の充実に資するよう、適切な技術をもって行わなければならない。

2　指定介護予防短期入所生活介護事業者は、一週間に二回以上、適切な方法により、利用者を入浴させ、又は清しきしなければならない。

3　指定介護予防短期入所生活介護事業者は、利用者の心身の状況に応じ、適切な方法により、排せつの自立について必要な支援を行わなければならない。

4　指定介護予防短期入所生活介護事業者は、おむつを使用せざるを得ない利用者のおむつを適切に取り替えなければならない。

5　指定介護予防短期入所生活介護事業者は、前各項に定めるほか、利用者に対し、離床、着替え、整容その他日常生活上の支援を適切に行わなければならない。

6　指定介護予防短期入所生活介護事業者は、常時一人以上の介護職員を介護に従事させなければならない。

7　指定介護予防短期入所生活介護事業者は、その利用者に対して、利用者の負担により、当該指定介護予防短期入所生活介護事業所の従業者以外の者による介護を受けさせてはならない。

（食事）

第百四十六条　指定介護予防短期入所生活介護事業者は、栄養並びに利用者の心身の状況及び嗜好を考慮した食事を、適切な時間に提供しなければならない。

2　指定介護予防短期入所生活介護事業者は、利用者が可能な限り離床して、食堂で食事を摂ることを支援しなければならない。

（機能訓練）

第百四十七条 指定介護予防短期入所生活介護事業者は、利用者の心身の状況等を踏まえ、必要に応じて日常生活を送る上で必要な生活機能の改善又は維持のための機能訓練を行わなければならない。

（健康管理）

第百四十八条 指定介護予防短期入所生活介護事業所の医師及び看護職員は、常に利用者の健康の状況に注意するとともに、健康保持のための適切な措置をとらなければならない。

（相談及び援助）

第百四十九条 指定介護予防短期入所生活介護事業者は、常に利用者の心身の状況、その置かれている環境等の的確な把握に努め、利用者又はその家族に対し、その相談に適切に応じるとともに、必要な助言その他の支援を行わなければならない。

（その他のサービスの提供）

第百五十条 指定介護予防短期入所生活介護事業者は、教養娯楽設備等を備えるほか、適宜利用者のためのレクリエーション行事を行わなければならない。

2 指定介護予防短期入所生活介護事業者は、常に利用者の家族との連携を図るよう努めなければならない。

第六節 ユニット型指定介護予防短期入所生活介護の事業の基本方針、設備及び運営並びに介護予防のための効果的な支援の方法に関する基準

第一款 この節の趣旨及び基本方針

（この節の趣旨）

第百五十一条 第一節、第三節から前節までの規定にかかわらず、ユニット型指定介護予防短期入所生活介護の事業（指定介護予防短期入所生活介護の事業であって、その全部において少数の居室及び当該居室に近接して設けられる共同生活室（当該居室の利用者が交流し、共同で日常生活を営むための場所をいう。以下この章において同じ。）により一体的に構成される場所（以下この章において「ユニット」という。）ごとに利用者の日常生活が営まれ、これに対する支援が行われるものをいう。以下同じ。）の基本方針、設備及び運営並びに介護予防のための効果的な支援の方法に関する基準については、この節に定めるところによる。

（基本方針）

第百五十二条 ユニット型指定介護予防短期入所生活介護の事業は、利用者一人一人の意思及び人格を尊重し、利用前の居宅における生活と利用中の生活が連続したものとなるよう配慮しながら、各ユニットにおいて利用者が相互に社会的関係を築き、自律的な日常生活を営むことを支援することにより、利用者の心身機能の維持回復を図り、もって利用者の生活機能の維持又は向上を目指すものでなければならない。

第四款 介護予防のための効果的な支援の方法に関する基準

（ユニット型指定介護予防短期入所生活介護の提供に当たっての留意事項）

第百六十条 指定介護予防短期入所生活介護は、利用者が、その有する能力に応じて、自らの生活様式及び生活習慣に沿って自律的な日常生活を営むことができるようにするため、利用者の日常生活上の活動について必要な援助を行うことにより、利用者の日常生活を支援するものとして行われなければならない。

2 指定介護予防短期入所生活介護は、各ユニットにおいて利用者がそれぞれの役割を持って生活を営むことができるよう配慮して行われなければならない。

3 指定介護予防短期入所生活介護は、利用者のプライバシーの確保に配慮して行われなければならない。

（介護）

第百六十一条 介護は、各ユニットにおいて利用者が相互に社会的関係を築き、自律的な日常生活を営むことを支援するよう、利用者の心身の状況等に応じ、適切な技術をもって行わなければならない。

2　ユニット型指定介護予防短期入所生活介護事業者は、利用者の日常生活における家事を、利用者が、その心身の状況等に応じて、それぞれの役割を持って行うよう適切に支援しなければならない。
3　ユニット型指定介護予防短期入所生活介護事業者は、利用者が身体の清潔を維持し、精神的に快適な生活を営むことができるよう、適切な方法により、利用者に入浴の機会を提供しなければならない。ただし、やむを得ない場合には、清しきを行うことをもって入浴の機会の提供に代えることができる。
4　ユニット型指定介護予防短期入所生活介護事業者は、利用者の心身の状況に応じて、適切な方法により、排せつの自立について必要な支援を行わなければならない。
5　ユニット型指定介護予防短期入所生活介護事業者は、おむつを使用せざるを得ない利用者については、排せつの自立を図りつつ、そのおむつを適切に取り替えなければならない。
6　ユニット型指定介護予防短期入所生活介護事業者は、前各項に定めるほか、利用者が行う離床、着替え、整容等の日常生活上の行為を適切に支援しなければならない。
7　ユニット型指定介護予防短期入所生活介護事業者は、常時一人以上の介護職員を介護に従事させなければならない。
8　ユニット型指定介護予防短期入所生活介護事業者は、その利用者に対して、利用者の負担により、当該ユニット型指定介護予防短期入所生活介護事業所の従業者以外の者による介護を受けさせてはならない。

（食事）
第百六十二条　ユニット型指定介護予防短期入所生活介護事業者は、栄養並びに利用者の心身の状況及び嗜好を考慮した食事を提供しなければならない。
2　ユニット型指定介護予防短期入所生活介護事業者は、利用者の心身の状況に応じて、適切な方法により、食事の自立について必要な支援を行わなければならない。
3　ユニット型指定介護予防短期入所生活介護事業者は、利用者の生活習慣を尊重した適切な時間に食事を提供するとともに、利用者がその心身の状況に応じてできる限り自立して食事を摂ることができるよう必要な時間を確保しなければならない。
4　ユニット型指定介護予防短期入所生活介護事業者は、利用者が相互に社会的関係を築くことができるよう、その意思を尊重しつつ、利用者が共同生活室で食事を摂ることを支援しなければならない。

（その他のサービスの提供）
第百六十三条　ユニット型指定介護予防短期入所生活介護事業者は、利用者の嗜好に応じた趣味、教養又は娯楽に係る活動の機会を提供するとともに、利用者が自律的に行うこれらの活動を支援しなければならない。
2　ユニット型指定介護予防短期入所生活介護事業者は、常に利用者の家族との連携を図るよう努めなければならない。

（準用）
第百六十四条　第百四十三条、第百四十四条、第百四十七条から第百四十九条までの規定はユニット型指定介護予防短期入所生活介護の事業について準用する。この場合において、第百四十四条中「第百二十八条」とあるのは「第百五十二条」と、「前条」とあるのは「第百六十四条において準用する前条」と読み替えるものとする。

第七節　共生型介護予防サービスに関する基準

（共生型介護予防短期入所生活介護の基準）
第百六十五条　介護予防短期入所生活介護に係る共生型介護予防サービス（以下この条及び次条において「共生型介護予防短期入所生活介護」という。）の事業を行う指定短期入所事業者（障害者の日常生活及び社会生活を総合的に支援するための法律に基づく指定障害福祉サービスの事業等の人員、設備及び運営に関する基準（平成十八年厚生労働省令第百七十一号。以下この条において「指定障害福祉サービス等基準」という。）第百十八条第一項に規定する指定短期入所事業者をいい、指定障害者支援施設（障害者の日常生活及び社会生活を総合的に支援するための法律（平成十七年法律第百二十三号）第二十九条第一項に規定する指定障害者支援施設をいう。以下この条において同じ。）が指定短期入所（指定障害福祉サービス等基準第百十四条に規定する指定短期入所をいう。以下この条において同じ。）の事業を行う事業所として当該施設と一体的に運営を行う事業所又は指定障害者支援施設がその施設の全部又は一部が利用者に利用されていない居室を利用して指定短期入所の事業を行う場合において、当該事業を行う事業所（以下この条において「指定短期入所事業所」という。）において指定短期入所を提供する事業者に限る。）が当該事業に関して満たすべき基準は、次のとおりとする。

一　指定短期入所事業所の居室の面積を、指定短期入所の利用者の数と共生型介護予防短期入所生活介護の利用者の数の合計数で除して得た面積が九・九平方メートル以上であること。

二　指定短期入所事業所の従業者の員数が、当該指定短期入所事業所が提供する指定短期入所の利用者の数を指定短期入所の利用者及び共生型介護予防短期入所生活介護の利用者の数の合計数であるとした場合における当該指定短期入所事業所として必要とされる数以上であること。

三　共生型介護予防短期入所生活介護の利用者に対して適切なサービスを提供するため、指定介護予防短期入所生活介護事業所その他の関係施設から必要な技術的支援を受けていること。

第八節　基準該当介護予防サービスに関する基準

（指定介護予防認知症対応型通所介護事業所等との併設）

第百七十九条　基準該当介護予防サービスに該当する介護予防短期入所生活介護又はこれに相当するサービス（以下「基準該当介護予防短期入所生活介護」という。）の事業を行う者（以下「基準該当介護予防短期入所生活介護事業者」という。）が当該事業を行う事業所（以下「基準該当介護予防短期入所生活介護事業所」という。）は、指定介護予防認知症対応型通所介護事業所（指定地域密着型介護予防サービスの事業の人員、設備及び運営並びに指定地域密着型介護予防サービスに係る介護予防のための効果的な支援の方法に関する基準（平成十八年厚生労働省令第三十六号。以下「指定地域密着型介護予防サービス基準」という。）第十三条に規定する指定介護予防認知症対応型通所介護事業所をいう。）若しくは指定介護予防小規模多機能型居宅介護事業所（指定地域密着型介護予防サービス基準第四十四条第一項に規定する指定介護予防小規模多機能型居宅介護事業所をいう。）又は社会福祉施設（以下「指定介護予防認知症対応型通所介護事業所等」という。）に併設しなければならない。

第十章　介護予防短期入所療養介護

第一節　基本方針

第百八十六条　指定介護予防サービスに該当する介護予防短期入所療養介護（以下「指定介護予防短期入所療養介護」という。）の事業は、その利用者が可能な限りその居宅において、自立した日常生活を営むことができるよう、看護、医学的管理の下における介護及び機能訓練その他必要な医療並びに日常生活上の支援を行うことにより、利用者の療養生活の質の向上及び心身機能の維持回復を図り、もって利用者の生活機能の維持又は向上を目指すものでなければならない。

第五節　介護予防のための効果的な支援の方法に関する基準

（指定介護予防短期入所療養介護の基本取扱方針）

第百九十六条　指定介護予防短期入所療養介護は、利用者の介護予防に資するよう、その目標を設定し、計画的に行われなければならない。

2　指定介護予防短期入所療養介護事業者は、自らその提供する指定介護予防短期入所療養介護の質の評価を行うとともに主治の医師又は歯科医師とも連携を図りつつ、常にその改善を図らなければならない。

3　指定介護予防短期入所療養介護事業者は、指定介護予防短期入所療養介護の提供に当たり、利用者ができる限り要介護状態とならないで自立した日常生活を営むことができるよう支援することを目的とするものであることを常に意識してサービスの提供に当たらなければならない。

4　指定介護予防短期入所療養介護事業者は、利用者がその有する能力を最大限活用することができるような方法によるサービスの提供に努めなければならない。

5　指定介護予防短期入所療養介護事業者は、指定介護予防短期入所療養介護の提供に当たり、利用者とのコミュニケーションを十分に図ることその他の様々な方法により、利用者が主体的に事業に参加するよう適切な働きかけに努めなければならない。

（指定介護予防短期入所療養介護の具体的取扱方針）

第百九十七条　指定介護予防短期入所療養介護の方針は、第百八十六条に規定する基本方針及び前条に規定する基本取扱方針に基づき、次に掲げるところによるものとする。

一　指定介護予防短期入所療養介護の提供に当たっては、主治の医師又は歯科医師からの情報伝達やサービス担当者会議を通じる等の適切な方法により、利用者の心身の状況、病状、その置かれている環境等利用者の日常生活全般の状況の的確な把握を行うものとする。

二　指定介護予防短期入所療養介護事業所の管理者は、相当期間以上にわたり継続して入所することが予定される利用者については、前号に規定する利用者の日常生活全般の状況及び希望を踏まえて、指定介護予防短期入所療養介護の目標、当該目標を達成するための具体的なサービスの内容、サービスの提供を行う期間等を記載した介護予防短期入所療養介護計画を作成するものとする。

三　介護予防短期入所療養介護計画は、既に介護予防サービス計画が作成されている場合は、当該計画の内容に沿って作成しなければならない。

四　指定介護予防短期入所療養介護事業所の管理者は、介護予防短期入所療養介護計画の作成に当たっては、その内容について利用者又はその家族に対して説明し、利用者の同意を得なければならない。

五　指定介護予防短期入所療養介護事業所の管理者は、介護予防短期入所療養介護計画を作成した際には、当該介護予防短期入所療養介護計画を利用者に交付しなければならない。

六　指定介護予防短期入所療養介護の提供に当たっては、介護予防短期入所療養介護計画が作成されている場合は、当該計画に基づき、利用者が日常生活を営むのに必要な支援を行うものとする。

七　指定介護予防短期入所療養介護の提供に当たっては、懇切丁寧に行うことを旨とし、利用者又はその家族に対し、サービスの提供方法等について、理解しやすいように指導又は説明を行うものとする。

（診療の方針）

第百九十八条　医師の診療の方針は、次に掲げるところによるものとする。

一　診療は、一般に医師として診療の必要性があると認められる疾病又は負傷に対して、的確な診断を基とし、療養上妥当適切に行うものとする。

二　診療に当たっては、常に医学の立場を堅持して、利用者の心身の状況を観察し、要支援者の心理が健康に及ぼす影響を十分配慮して、心理的な効果をもあげることができるよう適切な指導を行う。

三　常に利用者の病状及び心身の状況並びに日常生活及びその置かれている環境の的確な把握に努め、利用者又はその家族に対し、適切な指導を行うものとする。

四　検査、投薬、注射、処置等は、利用者の病状に照らして妥当適切に行うものとする。

五　特殊な療法又は新しい療法等については、別に厚生労働大臣が定めるもののほか行ってはならない。

六　別に厚生労働大臣が定める医薬品以外の医薬品を利用者に施用し、又は処方してはならない。

七　入院患者の病状の急変等により、自ら必要な医療を提供することが困難であると認めたときは、他の医師の対診を求める等診療について適切な措置を講じなければならない。

（機能訓練）

第百九十九条　指定介護予防短期入所療養介護事業者は、利用者の心身の諸機能の維持回復を図り、日常生活の自立を助けるため、必要な理学療法、作業療法その他必要なリハビリテーションを行わなければならない。

（看護及び医学的管理の下における介護）

第二百条　看護及び医学的管理の下における介護は、利用者の自立の支援と日常生活の充実に資するよう、利用者の病状及び心身の状況に応じ、適切な技術をもって行われなければならない。

2　指定介護予防短期入所療養介護事業者は、一週間に二回以上、適切な方法により、利用者を入浴させ、又は清しきしなければならない。

3　指定介護予防短期入所療養介護事業者は、利用者の病状及び心身の状況に応じ、適切な方法により、排せつの自立について必要な援助を行わなければならない。

4　指定介護予防短期入所療養介護事業者は、おむつを使用せざるを得ない利用者のおむつを適切に取り替えなければならない。

5　指定介護予防短期入所療養介護事業者は、前各項に定めるほか、利用者に対し、離床、着替え、整容その他日常生活上の支援を適切に行わなければならない。

6　指定介護予防短期入所療養介護事業者は、その利用者に対して、利用者の負担により、当該指定介護予防短期入所療養介護事業者の従業者以外の者による看護及び介護を受けさせてはならない。

（食事の提供）

第二百一条　利用者の食事は、栄養並びに利用者の身体の状況、病状及び嗜好を考慮したものとするとともに、適切な時間に行われなければならない。

2　利用者の食事は、その者の自立の支援に配慮し、できるだけ離床して食堂で行われるよう努めなければならない。

（その他のサービスの提供）

第二百二条　指定介護予防短期入所療養介護事業者は、適宜利用者のためのレクリエーション行事を行うよう努めるものとする。

2　指定介護予防短期入所療養介護事業者は、常に利用者の家族との連携を図るよう努めなければならない。

第六節　ユニット型指定介護予防短期入所療養介護の事業の基本方針、設備及び運営並びに介護予防のための効果的な支援の方法に関する基準

第一款　この節の趣旨及び基本方針

（この節の趣旨）

第二百三条　第一節、第三節から前節までの規定にかかわらず、ユニット型指定介護予防短期入所療養介護の事業（指定介護予防短期入所療養介護の事業であって、その全部において少数の療養室等及び当該療養室等に近接して設けられる共同生活室（当該療養室等の利用者が交流し、共同で日常生活を営むための場所をいう。以下この章において同じ。）により一体的に構成される場所（以下この章において「ユニット」という。）ごとに利用者の日常生活が営まれ、これに対する支援が行われるものをいう。以下同じ。）の基本方針、設備及び運営並びに介護予防のための効果的な支援の方法に関する基準については、この節に定めるところによる。

（基本方針）

第二百四条　ユニット型指定介護予防短期入所療養介護の事業は、利用者一人一人の意思及び人格を尊重し、利用前の居宅における生活と利用中の生活が連続したものとなるよう配慮しながら、各ユニットにおいて利用者が相互に社会的関係を築き、自律的な日常生活を営むことを支援することにより、利用者の療養生活の質の向上及び心身の機能の維持回復を図り、もって利用者の生

活機能の維持又は向上を目指すものでなければならない。

第四款　介護予防のための効果的な支援の方法に関する基準

（ユニット型指定介護予防短期入所療養介護の提供に当たっての留意事項）

第二百十一条　指定介護予防短期入所療養介護は、利用者が、その有する能力に応じて、自らの生活様式及び生活習慣に沿って自律的な日常生活を営むことができるようにするため、利用者の日常生活上の活動について必要な援助を行うことにより、利用者の日常生活を支援するものとして行われなければならない。

2　指定介護予防短期入所療養介護は、各ユニットにおいて利用者がそれぞれの役割を持って生活を営むことができるよう配慮して行われなければならない。

3　指定介護予防短期入所療養介護は、利用者のプライバシーの確保に配慮して行われなければならない。

（看護及び医学的管理の下における介護）

第二百十二条　看護及び医学的管理の下における介護は、利用者の自立の支援と日常生活の充実に資するよう、利用者の病状及び心身の状況に応じ、適切な技術をもって行わなければならない。

2　ユニット型指定介護予防短期入所療養介護事業者は、利用者の日常生活における家事を、利用者が、その病状及び心身の状況等に応じて、それぞれの役割を持って行うよう適切に支援しなければならない。

3　ユニット型指定介護予防短期入所療養介護事業者は、利用者が身体の清潔を維持し、精神的に快適な生活を営むことができるよう、適切な方法により、利用者に入浴の機会を提供しなければならない。ただし、やむを得ない場合には、清しきを行うことをもって入浴の機会の提供に代えることができる。

4　ユニット型指定介護予防短期入所療養介護事業者は、利用者の病状及び心身の状況に応じて、適切な方法により、排せつの自立について必要な支援を行わなければならない。

5　ユニット型指定介護予防短期入所療養介護事業者は、おむつを使用せざるを得ない利用者については、排せつの自立を図りつつ、そのおむつを適切に取り替えなければならない。

6　ユニット型指定介護予防短期入所療養介護事業者は、前各項に定めるほか、利用者が行う離床、着替え、整容等の日常生活上の行為を適切に支援しなければならない。

7　ユニット型指定介護予防短期入所療養介護事業者は、その利用者に対して、利用者の負担により、当該ユニット型指定介護予防短期入所療養介護事業所の従業者以外の者による看護及び介護を受けさせてはならない。

（食事）

第二百十三条　ユニット型指定介護予防短期入所療養介護事業者は、栄養並びに利用者の心身の状況及び嗜好を考慮した食事を提供しなければならない。

2　ユニット型指定介護予防短期入所療養介護事業者は、利用者の心身の状況に応じて、適切な方法により、食事の自立について必要な支援を行わなければならない。

3　ユニット型指定介護予防短期入所療養介護事業者は、利用者の生活習慣を尊重した適切な時間に食事を提供するとともに、利用者がその心身の状況に応じてできる限り自立して食事を摂ることができるよう必要な時間を確保しなければならない。

4　ユニット型指定介護予防短期入所療養介護事業者は、利用者が相互に社会的関係を築くことができるよう、その意思を尊重しつつ、利用者が共同生活室で食事を摂ることを支援しなければならない。

（その他のサービスの提供）

第二百十四条　ユニット型指定介護予防短期入所療養介護事業者は、利用者の嗜好に応じた趣味、教養又は娯楽に係る活動の機会を提供するとともに、利用者が自律的に行うこれらの活動を支援しなければならない。

2　ユニット型指定介護予防短期入所療養介

護事業者は、常に利用者の家族との連携を図るよう努めなければならない。

（準用）

第二百十五条　第百九十六条から第百九十九条までの規定は、ユニット型指定介護予防短期入所療養介護の事業について準用する。この場合において、第百九十七条中「第百八十六条」とあるのは「第二百四条」と、「前条」とあるのは「第二百十五条において準用する前条」と読み替えるものとする。

第十一章　介護予防特定施設入居者生活介護

第一節　基本方針

第二百三十条　指定介護予防サービスに該当する介護予防特定施設入居者生活介護（以下「指定介護予防特定施設入居者生活介護」という。）の事業は、介護予防特定施設サービス計画（法第八条の二第九項に規定する計画をいう。以下同じ。）に基づき、入浴、排せつ、食事等の介護その他の日常生活上の支援、機能訓練及び療養上の世話を行うことにより、当該指定介護予防特定施設入居者生活介護の提供を受ける入居者（以下この章において「利用者」という。）が指定介護予防特定施設（特定施設であって、当該指定介護予防特定施設入居者生活介護の事業が行われるものをいう。以下同じ。）において、自立した日常生活を営むことができるよう、利用者の心身機能の維持回復を図り、もって利用者の生活機能の維持又は向上を目指すものでなければならない。

2　指定介護予防特定施設入居者生活介護の事業を行う者（以下「指定介護予防特定施設入居者生活介護事業者」という。）は、安定的かつ継続的な事業運営に努めなければならない。

第五節　介護予防のための効果的な支援の方法に関する基準

（指定介護予防特定施設入居者生活介護の基本取扱方針）

第二百四十六条　指定介護予防特定施設入居者生活介護は、利用者の介護予防に資するよう、その目標を設定し、計画的に行われなければならない。

2　指定介護予防特定施設入居者生活介護事業者は、自らその提供する指定介護予防特定施設入居者生活介護の質の評価を行うとともに、主治の医師又は歯科医師とも連携を図りつつ、常にその改善を図らなければならない。

3　指定介護予防特定施設入居者生活介護事業者は、指定介護予防特定施設入居者生活介護の提供に当たり、利用者ができる限り要介護状態とならないで自立した日常生活を営むことができるよう支援することを目的とするものであることを常に意識してサービスの提供に当たらなければならない。

4　指定介護予防特定施設入居者生活介護事業者は、利用者がその有する能力を最大限活用することができるような方法によるサービスの提供に努めなければならない。

5　指定介護予防特定施設入居者生活介護事業者は、指定介護予防特定施設入居者生活介護の提供に当たり、利用者とのコミュニケーションを十分に図ることその他の方法により、利用者が主体的に事業に参加するよう適切な働きかけに努めなければならない。

（指定介護予防特定施設入居者生活介護の具体的取扱方針）

第二百四十七条　指定介護予防特定施設入居者生活介護の方針は、第二百三十条に規定する基本方針及び前条に規定する基本取扱方針に基づき、次に掲げるところによるものとする。

一　指定介護予防特定施設入居者生活介護の提供に当たっては、主治の医師又は歯科医師からの情報伝達等の適切な方法により、利用者の心身の状況、その有する能力、その置かれている環境等の評価を通じて利用者が現に抱える問題点を把握し、利用者が自立した生活を営むことができるように支援する上で解決すべき課題を把握しなければならない。

二　計画作成担当者は、利用者の希望及び利用者について把握された解決すべき課題を踏まえて、他の介護予防特定施設従業者と協議の上、指定介護予防特定施設入居者生活介護の目標及びその達成時期、当該目標を達成するための具体的なサービスの内容、サービスを提供する上での留意点、サービスの提供を行う期間等を記載した介護予防特定施設サービス計画の原案を作成するものとする。

三　計画作成担当者は、介護予防特定施設サービス計画の作成に当たっては、その原案の内容について利用者又はその家族に対して説明し、文書により利用者の同意を得なければならない。

四　計画作成担当者は、介護予防特定施設サービス計画を作成した際には、当該介護予防特定施設サービス計画を利用者に交付しなければならない。

五　指定介護予防特定施設入居者生活介護の提供に当たっては、介護予防特定施設サービス計画に基づき、利用者が日常生活を営むのに必要な支援を行うものとする。

六　指定介護予防特定施設入居者生活介護の提供に当たっては、懇切丁寧に行うことを旨とし、利用者又はその家族に対し、サービスの提供方法等について、理解しやすいように説明を行うものとする。

七　計画作成担当者は、他の介護予防特定施設従業者との連絡を継続的に行うことにより、介護予防特定施設サービス計画に基づくサービスの提供の開始時から、当該介護予防特定施設サービス計画に記載したサービスの提供を行う期間が終了するまでに、少なくとも一回は、当該介護予防特定施設サービス計画の実施状況の把握（以下この条において「モニタリング」という。）を行うとともに、利用者についての解決すべき課題の把握を行うものとする。

八　計画作成担当者は、モニタリングの結果を踏まえ、必要に応じて介護予防特定施設サービス計画の変更を行うものとする。

九　第一号から第七号までの規定は、前号に規定する介護予防特定施設サービス計画の変更について準用する。

（介護）

第二百四十八条　介護は、利用者の心身の状況に応じ、利用者の自立の支援と日常生活の充実に資するよう、適切な技術をもって行わなければならない。

2　指定介護予防特定施設入居者生活介護事業者は、自ら入浴が困難な利用者について、一週間に二回以上、適切な方法により、入浴させ、又は清しきしなければならない。

3　指定介護予防特定施設入居者生活介護事業者は、利用者の心身の状況に応じ、適切な方法により、排せつの自立について必要な援助を行わなければならない。

4　指定介護予防特定施設入居者生活介護事業者は、前三項に定めるほか、利用者に対し、食事、離床、着替え、整容その他日常生活上の世話を適切に行わなければならない。

（健康管理）

第二百四十九条　指定介護予防特定施設の看護職員は、常に利用者の健康の状況に注意するとともに、健康保持のための適切な措置を講じなければならない。

（相談及び援助）

第二百五十条　指定介護予防特定施設入居者生活介護事業者は、常に利用者の心身の状況、その置かれている環境等の的確な把握に努め、利用者又はその家族に対し、その相談に適切に応じるとともに、利用者の社会生活に必要な支援を行わなければならない。

（利用者の家族との連携等）

第二百五十一条　指定介護予防特定施設入居者生活介護事業者は、常に利用者の家族との連携を図るとともに、利用者とその家族との交流等の機会を確保するよう努めなければならない。

（準用）

第二百五十二条　第百四十七条の規定は、指定介護予防特定施設入居者生活介護の事業について準用する。

第六節　外部サービス利用型指定介護予防特定施設入居者生活介護の事業の基本方針、人

員、設備及び運営並びに介護予防のための効果的な支援の方法に関する基準

第一款　この節の趣旨及び基本方針

（趣旨）

第二百五十三条　第一節から前節までの規定にかかわらず、外部サービス利用型指定介護予防特定施設入居者生活介護（指定介護予防特定施設入居者生活介護であって、当該指定介護予防特定施設の従業者により行われる介護予防特定施設サービス計画の作成、利用者の安否の確認、利用者の生活相談等（以下この節において「基本サービス」という。）及び当該指定介護予防特定施設の事業者が委託する事業者（以下この節において「受託介護予防サービス事業者」という。）により、当該介護予防特定施設サービス計画に基づき行われる入浴、排せつ、食事等の介護その他の日常生活上の支援、機能訓練及び療養上の世話（以下この節において「受託介護予防サービス」という。）をいう。以下同じ。）の事業を行うものの基本方針、人員、設備及び運営並びに介護予防のための効果的な支援の方法に関する基準についてはこの節に定めるところによる。

（基本方針）

第二百五十四条　外部サービス利用型指定介護予防特定施設入居者生活介護の事業は、介護予防特定施設サービス計画に基づき、受託介護予防サービス事業者による受託介護予防サービスを適切かつ円滑に提供することにより、当該指定介護予防特定施設において自立した日常生活を営むことができるよう、利用者の心身機能の維持回復を図り、もって利用者の生活機能の維持又は向上を目指すものでなければならない。

2　外部サービス利用型指定介護予防特定施設入居者生活介護の事業を行う者（以下「外部サービス利用型指定介護予防特定施設入居者生活介護事業者」という。）は、安定的かつ継続的な事業運営に努めなければならない。

第五款　介護予防のための効果的な支援の方法に関する基準

（受託介護予防サービスの提供）

第二百六十三条　外部サービス利用型指定介護予防特定施設入居者生活介護事業者は、介護予防特定施設サービス計画に基づき、受託介護予防サービス事業者により、適切かつ円滑に受託介護予防サービスが提供されるよう、必要な措置を講じなければならない。

2　外部サービス利用型指定介護予防特定施設入居者生活介護事業者は、受託介護予防サービス事業者が受託介護予防サービスを提供した場合にあっては、提供した日時、時間、具体的なサービスの内容等を文書により報告させなければならない。

（準用）

第二百六十四条　第二百四十六条、第二百四十七条、第二百五十条及び第二百五十一条の規定は、外部サービス利用型指定介護予防特定施設入居者生活介護の事業について準用する。この場合において、第二百四十七条中「他の介護予防特定施設従業者」とあるのは「他の外部サービス利用型介護予防特定施設従業者及び受託介護予防サービス事業者」と読み替えるものとする。

第十二章　介護予防福祉用具貸与

第一節　基本方針

第二百六十五条　指定介護予防サービスに該当する介護予防福祉用具貸与（以下「指定介護予防福祉用具貸与」という。）の事業は、その利用者が可能な限りその居宅において、自立した日常生活を営むことができるよう、利用者の心身の状況、希望及びその置かれている環境を踏まえた適切な福祉用具（法第八条の二第十項の規定により厚生労働大臣が定める福祉用具をいう。以下この章において同じ。）の選定の援助、取付け、調整等を行い、福祉用具を貸与することにより、利用者の生活機能の維持又は改善を図るものでなければならない。

第五節　介護予防のための効果的な支援の方法に関する基準

（指定介護予防福祉用具貸与の基本取扱方針）

第二百七十七条　指定介護予防福祉用具貸与は、利用者の介護予防に資するよう、その目標を設定し、計画的に行われなければならない。

2　指定介護予防福祉用具貸与事業者は、自らその提供する指定介護予防福祉用具貸与の質の評価を行い、常にその改善を図らなければならない。

3　指定介護予防福祉用具貸与事業者は、指定介護予防福祉用具貸与の提供に当たり、利用者ができる限り要介護状態とならないで自立した日常生活を営むことができるよう支援することを目的とするものであることを常に意識してサービスの提供に当たらなければならない。

4　指定介護予防福祉用具貸与事業者は、利用者がその有する能力を最大限活用することができるような方法によるサービスの提供に努めなければならない。

（指定介護予防福祉用具貸与の具体的取扱方針）

第二百七十八条　福祉用具専門相談員の行う指定介護予防福祉用具貸与の方針は、第二百六十五条に規定する基本方針及び前条に規定する基本取扱方針に基づき、次に掲げるところによるものとする。

一　指定介護予防福祉用具貸与の提供に当たっては、主治の医師又は歯科医師からの情報伝達やサービス担当者会議を通じる等の適切な方法により、利用者の心身の状況、希望及びその置かれている環境等利用者の日常生活全般の状況の的確な把握を行い、福祉用具が適切に選定され、かつ、使用されるよう、専門的知識に基づき相談に応じるとともに、目録等の文書を示して福祉用具の機能、使用方法、利用料、全国平均貸与価格等に関する情報を提供し、個別の福祉用具の貸与に係る同意を得るものとする。

二　指定介護予防福祉用具貸与の提供に当たっては、次条第一項に規定する介護予防福祉用具貸与計画に基づき、利用者が日常生活を営むのに必要な支援を行うものとする。

三　指定介護予防福祉用具貸与の提供に当たっては、懇切丁寧に行うことを旨とし、利用者又はその家族に対し、サービスの提供方法等について、理解しやすいように説明を行うものとする。

四　指定介護予防福祉用具貸与の提供に当たっては、貸与する福祉用具の機能、安全性、衛生状態等に関し、点検を行うものとする。

五　指定介護予防福祉用具貸与の提供に当たっては、利用者の身体の状況等に応じて福祉用具の調整を行うとともに、当該福祉用具の使用方法、使用上の留意事項、故障時の対応等を記載した文書を利用者に交付し、十分な説明を行った上で、必要に応じて利用者に実際に当該福祉用具を使用させながら使用方法の指導を行うものとする。

六　指定介護予防福祉用具貸与の提供に当たっては、利用者等からの要請等に応じて、貸与した福祉用具の使用状況を確認し、必要な場合は、使用方法の指導、修理等を行うものとする。

七　指定介護予防福祉用具貸与の提供に当たっては、同一種目における機能又は価格帯の異なる複数の福祉用具に関する情報を利用者に提供するものとする。

（介護予防福祉用具貸与計画の作成）

第二百七十八条の二　福祉用具専門相談員は、利用者の心身の状況、希望及びその置かれている環境等利用者の日常生活全般の状況を踏まえて、指定介護予防福祉用具貸与の目標、当該目標を達成するための具体的なサービスの内容、サービスの提供を行う期間等を記載した介護予防福祉用具貸与計画を作成しなければならない。この場合において、指定特定介護予防福祉用具販売の利用があるときは、第二百九十二条第一項に規定する特定介護予防福祉用具販売計画と一体のものとして作成しなければならない。

2　介護予防福祉用具貸与計画は、既に介護予防サービス計画が作成されている場合は、当該介護予防サービス計画の内容に沿って作成しなければならない。

3　福祉用具専門相談員は、介護予防福祉用具貸与計画の作成に当たっては、その内容について利用者又はその家族に対して説明し、利用者の同意を得なければならない。

4　福祉用具専門相談員は、介護予防福祉用具貸与計画を作成した際には、当該介護予防福祉用具貸与計画を利用者及び当該利用者に係る介護支援専門員に交付しなければならない。

5　福祉用具専門相談員は、介護予防福祉用具貸与計画に基づくサービス提供の開始時から、必要に応じ、当該介護予防福祉用具貸与計画の実施状況の把握（以下この条において「モニタリング」という。）を行うものとする。

6　福祉用具専門相談員は、モニタリングの結果を記録し、当該記録を当該サービスの提供に係る介護予防サービス計画を作成した指定介護予防支援事業者に報告しなければならない。

7　福祉用具専門相談員は、モニタリングの結果を踏まえ、必要に応じて介護予防福祉用具貸与計画の変更を行うものとする。

8　第一項から第四項までの規定は、前項に規定する介護予防福祉用具貸与計画の変更について準用する。

第六節　基準該当介護予防サービスに関する基準

（福祉用具専門相談員の員数）

第二百七十九条　基準該当介護予防サービスに該当する介護予防福祉用具貸与又はこれに相当するサービス（以下「基準該当介護予防福祉用具貸与」という。）の事業を行う者が、当該事業を行う事業所（以下「基準該当介護予防福祉用具貸与事業所」という。）ごとに置くべき福祉用具専門相談員の員数は、常勤換算方法で、二以上とする。

2　基準該当介護予防福祉用具貸与の事業と基準該当福祉用具貸与（指定居宅サービス等基準第二百五条の二第一項に規定する基準該当福祉用具貸与をいう。以下同じ。）の事業とが、同一の事業者により同一の事業所において一体的に運営されている場合については、同項に規定する人員に関する基準を満たすことをもって、前項に規定する基準を満たしているものとみなすことができる。

第十三章　特定介護予防福祉用具販売

第一節　基本方針

第二百八十一条　指定介護予防サービスに該当する特定介護予防福祉用具販売（以下「指定特定介護予防福祉用具販売」という。）の事業は、その利用者が可能な限りその居宅において、自立した日常生活を営むことができるよう、利用者の心身の状況、希望及びその置かれている環境を踏まえた適切な特定介護予防福祉用具（法第八条の二第十一項の規定により厚生労働大臣が定める特定介護予防福祉用具をいう。以下この章において同じ。）の選定の援助、取付け、調整等を行い、特定介護予防福祉用具を販売することにより、利用者の心身機能の維持回復を図り、もって利用者の生活機能の維持又は向上を目指すものでなければならない。

第五節　介護予防のための効果的な支援の方法に関する基準

（指定特定介護予防福祉用具販売の基本取扱方針）

第二百九十条　指定特定介護予防福祉用具販売は、利用者の介護予防に資するよう、その目標を設定し、計画的に行われなければならない。

2　指定特定介護予防福祉用具販売事業者は、自らその提供する指定特定介護予防福祉用具販売の質の評価を行い、常にその改善を図らなければならない。

3　指定特定介護予防福祉用具販売事業者は、指定特定介護予防福祉用具販売の提供に当たり、利用者ができる限り要介護状態とならないで自立した日常生活を営むことができるよう支援することを目的とするものであることを常に意識してサービスの提供に当たらなければならない。

4　指定特定介護予防福祉用具販売事業者は、利用者がその有する能力を最大限活用することができるような方法によるサービスの提供に努めなければならない。

（指定特定介護予防福祉用具販売の具体的取扱方針）

第二百九十一条　専門相談員の行う指定特定介護予防福祉用具販売の方針は、次に掲げるところによるものとする。

一　指定特定介護予防福祉用具販売の提供に当たっては、利用者の心身の状況、希望及びその置かれている環境を踏まえ、特定介護予防福祉用具が適切に選定され、かつ、使用されるよう、専門的知識に基づき相談に応じるとともに、目録等の文書を示して特定介護予防福祉用具の機能、使用方法、販売費用の額等に関する情報を提供し、個別の特定介護予防福祉用具の販売に係る同意を得るものとする。

二　指定特定介護予防福祉用具販売の提供に当たっては、次条第一項に規定する特定介護予防福祉用具販売計画に基づき、利用者が日常生活を営むのに必要な支援を行うものとする。

三　指定特定介護予防福祉用具販売の提供に当たっては、販売する特定介護予防福祉用具の機能、安全性、衛生状態等に関し、点検を行うものとする。

四　指定特定介護予防福祉用具販売の提供に当たっては、利用者の身体の状況等に応じて特定介護予防福祉用具の調整を行うとともに、当該特定介護予防福祉用具の使用方法、使用上の留意事項等を記載した文書を利用者に交付し、十分な説明を行った上で、必要に応じて利用者に実際に当該特定介護予防福祉用具を使用させながら使用方法の指導を行うものとする。

五　介護予防サービス計画に指定特定介護予防福祉用具販売が位置づけられる場合には、当該計画に特定介護予防福祉用具販売が必要な理由が記載されるように必要な措置を講じるものとする。

（特定介護予防福祉用具販売計画の作成）

第二百九十二条　福祉用具専門相談員は、利用者の心身の状況、希望及びその置かれている環境を踏まえて、指定特定介護予防福祉用具販売の目標、当該目標を達成するための具体的なサービスの内容、サービスの提供を行う期間等を記載した特定介護予防福祉用具販売計画を作成しなければならない。この場合において、指定介護予防福祉用具貸与の利用があるときは、介護予防福祉用具貸与計画と一体のものとして作成しなければならない。

2　特定介護予防福祉用具販売計画は、既に介護予防サービス計画が作成されている場合は、当該計画の内容に沿って作成しなければならない。

3　福祉用具専門相談員は、特定介護予防福祉用具販売計画の作成に当たっては、その内容について利用者又はその家族に対して説明し、利用者の同意を得なければならない。

4　福祉用具専門相談員は、特定介護予防福祉用具販売計画を作成した際には、当該特定介護予防福祉用具販売計画を利用者に交付しなければならない。

附　則（抄）

（施行期日）

第一条　この省令は、平成十八年四月一日から施行する。

指定居宅サービス等の事業の人員、設備及び運営に関する基準（抄）

（平成一一・三・三一 厚令 三七）

最新改正 平成三〇厚労令三〇

第一章 総則

（趣旨）

第一条 基準該当居宅サービスの事業に係る介護保険法（平成九年法律第百二十三号。以下「法」という。）第四十二条第二項の厚生労働省令で定める基準、共生型居宅サービスの事業に係る法第七十二条の二第二項の厚生労働省令で定める基準及び指定居宅サービスの事業に係る法第七十四条第三項の厚生労働省令で定める基準は、次の各号に掲げる基準に応じ、それぞれ当該各号に定める基準とする。

一 法第四十二条第一項第二号の規定により、同条第二項第一号に掲げる事項について都道府県（地方自治法（昭和二十二年法律第六十七号）第二百五十二条の十九第一項の指定都市（以下「指定都市」という。）及び同法第二百五十二条の二十二第一項の中核市（以下「中核市」という。）にあっては、指定都市又は中核市。以下この条において同じ。）が条例を定めるに当たって従うべき基準　第四十条、第四十一条、第五十条第四号（第五十八条において準用する場合に限る。）、第五十五条、第五十六条、第百六条、第百七条、第百三十条第六項（第百四十条の三十二において準用する場合に限る。）、第百四十条の二十七、第百四十条の二十八、第百九十五条（第二百六条において準用する場合に限る。）及び第二百五条の二の規定による基準

二 法第四十二条第一項第二号の規定により、同条第二項第二号に掲げる事項について都道府県が条例を定めるに当たって従うべき基準　第百四十条の三十第一項第一号及び第二項第一号ロの規定による基準

三 法第四十二条第一項第二号の規定により、同条第二項第三号に掲げる事項について都道府県が条例を定めるに当たって従うべき基準　第八条第一項（第四十三条、第五十八条、第百九条及び第二百六条において準用する場合に限る。）、第九条（第四十三条、第五十八条、第百九条、第百四十条の三十二及び第二百六条において準用する場合に限る。）、第三十三条（第四十三条、第五十八条、第百九条、第百四十条の三十二及び第二百六条において準用する場合に限る。）、第三十七条（第四十三条、第五十八条、第百四十条の三十二及び第二百六条において準用する場合に限る。）、第四十二条の二、第百四条の二（第百九条において準用する場合に限る。）、第百二十五条第一項（第百四十条の三十二において準用する場合に限る。）、第百二十八条第四項及び第五項（第百四十条の三十二において準用する場合に限る。）並びに第百三十条第七項（第百四十条の三十二において準用する場合に限る。）の規定による基準

四 法第四十二条第一項第二号の規定により、同条第二項第四号に掲げる事項について都道府県が条例を定めるに当たって標準とすべき基準　第百四十条の二十九の規定による基準

五 法第七十二条の二第一項第一号の規定により、同条第二項第一号に掲げる事項について都道府県が条例を定めるに当たって従うべき基準　第五条第二項から第六項まで（第三十九条の三において準用する場合に限る。）、第六条（第三十九条の三において準用する場合に限る。）、第三十九条の二第一号、第九十四条（第百五条の三において準用する場合に限る。）、第百五条の二第一号、第百二十二条（第百四十条の十五において準用する場合に限る。）、第百三十条第六項（第百四十条の十五において準用する場合に限る。）及び第百四十条の十四第二号の規定による基準

六 法第七十二条の二第一項第二号の規定

により、同条第二項第二号に掲げる事項について都道府県が条例を定めるに当たって従うべき基準　第百四十条の十四第一号の規定による基準

七　法第七十二条の二第一項第二号の規定により、同条第二項第三号に掲げる事項について都道府県が条例を定めるに当たって従うべき基準　第八条第一項（第三十九条の三及び第百五条の三において準用する場合に限る。）、第九条（第三十九条の三、第百五条の三及び第百四十条の十五において準用する場合に限る。）、第二十五条（第三十九条の三において準用する場合に限る。）、第三十三条（第三十九条の三、第百五条の三及び第百四十条の十五において準用する場合に限る。）、第三十七条（第三十九条の三及び第百四十条の十五において準用する場合に限る。）、第百四条の二（第百五条の三において準用する場合に限る。）、第百二十五条第一項（第百四十条の十五において準用する場合に限る。）、第百二十八条第四項及び第五項（第百四十条の十五において準用する場合に限る。）並びに第百三十条第七項（第百四十条の十五において準用する場合に限る。）の規定による基準

八　法第七十四条第一項の規定により、同条第三項第一号に掲げる事項について都道府県が条例を定めるに当たって従うべき基準　第五条、第六条、第四十五条、第四十六条、第五十条第四号、第六十条、第六十一条、第七十六条、第八十五条、第九十三条、第九十四条、第百十一条、第百二十一条、第百二十二条、第百三十条第六項、第百四十条の八第七項、第百四十条の十一の二第二項及び第三項、第百四十二条、第百五十五条の十の二第二項及び第三項、第百七十五条、第百七十六条、第百九十二条の四、第百九十二条の五、第百九十四条、第百九十五条、第二百八条並びに第二百九条並びに附則第十四条及び附則第十五条の規定による基準

九　法第七十四条第二項の規定により、同条第三項第二号に掲げる事項について都道府県が条例を定めるに当たって従うべき基準　第百十二条第一項、第百二十四条第三項第一号及び第六項第一号ロ、第百四十条の四第六項第一号イ(3)（床面積に係る部分に限る。）、第百四十三条第一項第一号（療養室に係る部分に限る。）、第二号（病室に係る部分に限る。）、第三号（病室に係る部分に限る。）、第四号イ（病室に係る部分に限る。）及び第五号（療養室に係る部分に限る。）並びに第百五十五条の四第一項第一号（療養室に係る部分に限る。）、第二号から第四号まで（病室に係る部分に限る。）及び第五号（療養室に係る部分に限る。）並びに附則第三条（第百二十四条第六項第一号ロに係る部分に限る。）、附則第八条及び附則第十二条の規定による基準

十　法第七十四条第二項の規定により、同条第三項第三号に掲げる事項について都道府県が条例を定めるに当たって従うべき基準　第八条第一項（第五十四条、第七十四条、第八十三条、第九十一条、第百五条、第百十九条、第二百五条及び第二百十六条において準用する場合を含む。）、第九条（第五十四条、第七十四条、第八十三条、第九十一条、第百五条、第百十九条、第百四十条（第百四十条の十三において準用する場合を含む。）、第百五十五条（第百五十五条の十二において準用する場合を含む。）、第二百五条及び第二百十六条において準用する場合を含む。）、第二十五条、第三十三条（第五十四条、第七十四条、第八十三条、第九十一条、第百五条、第百五条の十九、第百十九条、第百四十条（第百四十条の十三において準用する場合を含む。）、第百五十五条（第百五十五条の十二において準用する場合を含む。）、第百九十二条、第百九十二条の十二、第二百五条及び第二百十六条において準用する場合を含む。）、第三十七条（第五十四条、第七十四条、第八十三条、第九十一条、第百十九条、第百四十条（第百四十条の十三において準用する場合を含む。）、第百五十

五条（第百五十五条の十二において準用する場合を含む。）、第百九十二条、第百九十二条の十二、第二百五条及び第二百十六条において準用する場合を含む。）、第六十九条（訪問看護計画書及び訪問看護報告書の提出に係る部分を除く。）、第七十一条、第百四条の二、第百二十五条第一項（第百四十条の十三及び第百五十五条（第百五十五の十二において準用する場合を含む。）において準用する場合を含む。）、第百二十八条第四項及び第五項、第百三十条第七項、第百四十条の七第六項及び第七項、第百四十条の八第八項、第百四十六条第四項及び第五項、第百四十八条（第百五十五条の十二において準用する場合を含む。）、第百五十条第六項、第百五十五条の六第六項及び第七項、第百五十五条の七第七項、第百七十八条第一項から第三項まで、第百七十九条第一項（第百九十二条の十二において準用する場合を含む。）及び第二項（第百九十二条の十二において準用する場合を含む。）、第百八十三条第四項から第六項まで（第百九十二条の十二において準用する場合を含む。）並びに第百九十二条の七第一項から第三項までの規定による基準

十一　法第七十四条第二項の規定により、同条第三項第四号に掲げる事項について都道府県が条例を定めるに当たって標準とすべき基準　第百二十三条（第百四十条の五において準用する場合を含む。）の規定による基準

十二　法第四十二条第一項第二号、第七十二条の二第一項各号又は第七十四条第一項若しくは第二項の規定により、法第四十二条第二項各号、第七十二条の二第二項各号及び第七十四条第三項各号に掲げる事項以外の事項について、都道府県が条例を定めるに当たって参酌すべき基準　この省令で定める基準のうち、前各号に定める基準以外のもの

（定義）

第二条　この省令において、次の各号に掲げる用語の意義は、それぞれ当該各号に定めるところによる。

一　居宅サービス事業者　法第八条第一項に規定する居宅サービス事業を行う者をいう。

二　指定居宅サービス事業者又は指定居宅サービス　それぞれ法第四十一条第一項に規定する指定居宅サービス事業者又は指定居宅サービスをいう。

三　利用料　法第四十一条第一項に規定する居宅介護サービス費の支給の対象となる費用に係る対価をいう。

四　居宅介護サービス費用基準額　法第四十一条第四項第一号又は第二号に規定する厚生労働大臣が定める基準により算定した費用の額（その額が現に当該指定居宅サービスに要した費用の額を超えるときは、当該現に指定居宅サービスに要した費用の額とする。）をいう。

五　法定代理受領サービス　法第四十一条第六項の規定により居宅介護サービス費が利用者に代わり当該指定居宅サービス事業者に支払われる場合の当該居宅介護サービス費に係る指定居宅サービスをいう。

六　基準該当居宅サービス　法第四十二条第一項第二号に規定する基準該当居宅サービスをいう。

七　共生型居宅サービス　法第七十二条の二第一項の申請に係る法第四十一条第一項本文の指定を受けた者による指定居宅サービスをいう。

八　常勤換算方法　当該事業所の従業者の勤務延時間数を当該事業所において常勤の従業者が勤務すべき時間数で除することにより、当該事業所の従業者の員数を常勤の従業者の員数に換算する方法をいう。

（指定居宅サービスの事業の一般原則）

第三条　指定居宅サービス事業者は、利用者の意思及び人格を尊重して、常に利用者の立場に立ったサービスの提供に努めなければならない。

2　指定居宅サービス事業者は、指定居宅サービスの事業を運営するに当たっては、地域との結び付きを重視し、市町村（特別

区を含む。以下同じ。）、他の居宅サービス事業者その他の保健医療サービス及び福祉サービスを提供する者との連携に努めなければならない。

第二章　訪問介護

第一節　基本方針

（基本方針）

第四条　指定居宅サービスに該当する訪問介護（以下「指定訪問介護」という。）の事業は、要介護状態となった場合においても、その利用者が可能な限りその居宅において、その有する能力に応じ自立した日常生活を営むことができるよう、入浴、排せつ、食事の介護その他の生活全般にわたる援助を行うものでなければならない。

第二節　人員に関する基準

（訪問介護員等の員数）

第五条　指定訪問介護の事業を行う者（以下「指定訪問介護事業者」という。）が当該事業を行う事業所（以下「指定訪問介護事業所」という。）ごとに置くべき訪問介護員等（指定訪問介護の提供に当たる介護福祉士又は法第八条第二項に規定する政令で定める者をいう。以下この節から第四節までにおいて同じ。）の員数は、常勤換算方法で、二・五以上とする。

2　指定訪問介護事業者は、指定訪問介護事業所ごとに、常勤の訪問介護員等のうち、利用者（当該指定訪問介護事業者が法第百十五条の四十五第一項第一号イに規定する第一号訪問事業（地域における医療及び介護の総合的な確保を推進するための関係法律の整備等に関する法律（平成二十六年法律第八十三号。以下「整備法」という。）第五条による改正前の法（以下「旧法」という。）第八条の二第二項に規定する介護予防訪問介護に相当するものとして市町村が定めるものに限る。）に係る法第百十五条の四十五の三第一項に規定する指定事業者（以下「指定事業者」という。）の指定を併せて受け、かつ、指定訪問介護の事業と当該第一号訪問事業とが同一の事業所において一体的に運営されている場合にあっては、当該事業所における指定訪問介護又は当該第一号訪問事業の利用者。以下この条において同じ。）の数が四十又はその端数を増すごとに一人以上の者をサービス提供責任者としなければならない。この場合において、当該サービス提供責任者の員数については、利用者の数に応じて常勤換算方法によることができる。

3　前項の利用者の数は、前三月の平均値とする。ただし、新規に指定を受ける場合は、推定数による。

4　第二項のサービス提供責任者は介護福祉士その他厚生労働大臣が定める者であって、専ら指定訪問介護に従事するものをもって充てなければならない。ただし、利用者に対する指定訪問介護の提供に支障がない場合は、同一敷地内にある指定定期巡回・随時対応型訪問介護看護事業所（指定地域密着型サービスの事業の人員、設備及び運営に関する基準（平成十八年厚生労働省令第三十四号。以下「指定地域密着型サービス基準」という。）第三条の四第一項に規定する指定定期巡回・随時対応型訪問介護看護事業所をいう。以下同じ。）又は指定夜間対応型訪問介護事業所（指定地域密着型サービス基準第六条第一項に規定する指定夜間対応型訪問介護事業所をいう。）に従事することができる。

5　第二項の規定にかかわらず、常勤のサービス提供責任者を三人以上配置し、かつ、サービス提供責任者の業務に主として従事する者を一人以上配置している指定訪問介護事業所において、サービス提供責任者が行う業務が効率的に行われている場合にあっては、当該指定訪問介護事業所に置くべきサービス提供責任者の員数は、利用者の数が五十又はその端数を増すごとに一人以上とすることができる。

6　指定訪問介護事業者が第二項に規定する第一号訪問事業に係る指定事業者の指定を併せて受け、かつ、指定訪問介護の事業と当該第一号訪問事業とが同一の事業所において一体的に運営されている場合については、市町村の定める当該第一号訪問事業の人員に関する基準を満たすことをもって、前各項に規定する基準を満たしているものとみなすことができる。

第四節　運営に関する基準

（内容及び手続の説明及び同意）

第八条　指定訪問介護事業者は、指定訪問介護の提供の開始に際し、あらかじめ、利用申込者又はその家族に対し、第二十九条に規定する運営規程の概要、訪問介護員等の勤務の体制その他の利用申込者のサービスの選択に資すると認められる重要事項を記した文書を交付して説明を行い、当該提供の開始について利用申込者の同意を得なければならない。

2　指定訪問介護事業者は、利用申込者又はその家族からの申出があった場合には、前項の規定による文書の交付に代えて、第五項で定めるところにより、当該利用申込者又はその家族の承諾を得て、当該文書に記すべき重要事項を電子情報処理組織を使用する方法その他の情報通信の技術を利用する方法であって次に掲げるもの（以下この条において「電磁的方法」という。）により提供することができる。この場合において、当該指定訪問介護事業者は、当該文書を交付したものとみなす。

一　電子情報処理組織を使用する方法のうちイ又はロに掲げるもの

イ　指定訪問介護事業者の使用に係る電子計算機と利用申込者又はその家族の使用に係る電子計算機とを接続する電気通信回線を通じて送信し、受信者の使用に係る電子計算機に備えられたファイルに記録する方法

ロ　指定訪問介護事業者の使用に係る電子計算機に備えられたファイルに記録された前項に規定する重要事項を電気通信回線を通じて利用申込者又はその家族の閲覧に供し、当該利用申込者又はその家族の使用に係る電子計算機に備えられたファイルに当該重要事項を記録する方法（電磁的方法による提供を受ける旨の承諾又は受けない旨の申出をする場合にあっては、指定訪問介護事業者の使用に係る電子計算機に備えられたファイルにその旨を記録する方法）

二　磁気ディスク、シー・ディー・ロムその他これらに準ずる方法により一定の事項を確実に記録しておくことができる物をもって調製するファイルに前項に規定する重要事項を記録したものを交付する方法

3　前項に掲げる方法は、利用申込者又はその家族がファイルへの記録を出力することによる文書を作成することができるものでなければならない。

4　第二項第一号の「電子情報処理組織」とは、指定訪問介護事業者の使用に係る電子計算機と、利用申込者又はその家族の使用に係る電子計算機とを電気通信回線で接続した電子情報処理組織をいう。

5　指定訪問介護事業者は、第二項の規定により第一項に規定する重要事項を提供しようとするときは、あらかじめ、当該利用申込者又はその家族に対し、その用いる次に掲げる電磁的方法の種類及び内容を示し、文書又は電磁的方法による承諾を得なければならない。

一　第二項各号に規定する方法のうち指定訪問介護事業者が使用するもの

二　ファイルへの記録の方式

6　前項の規定による承諾を得た指定訪問介護事業者は、当該利用申込者又はその家族から文書又は電磁的方法により電磁的方法による提供を受けない旨の申出があったときは、当該利用申込者又はその家族に対し、第一項に規定する重要事項の提供を電磁的方法によってしてはならない。ただし、当該利用申込者又はその家族が再び前項の規定による承諾をした場合は、この限りでない。

（提供拒否の禁止）

第九条　指定訪問介護事業者は、正当な理由なく指定訪問介護の提供を拒んではならない。

（サービス提供困難時の対応）

第十条　指定訪問介護事業者は、当該指定訪問介護事業所の通常の事業の実施地域（当該事業所が通常時に当該サービスを提供す

る地域をいう。以下同じ。）等を勘案し、利用申込者に対し自ら適切な指定訪問介護を提供することが困難であると認めた場合は、当該利用申込者に係る居宅介護支援事業者（法第八条第二十四項に規定する居宅介護支援事業を行う者をいう。以下同じ。）への連絡、適当な他の指定訪問介護事業者等の紹介その他の必要な措置を速やかに講じなければならない。

（受給資格等の確認）

第十一条 指定訪問介護事業者は、指定訪問介護の提供を求められた場合は、その者の提示する被保険者証によって、被保険者資格、要介護認定の有無及び要介護認定の有効期間を確かめるものとする。

2 指定訪問介護事業者は、前項の被保険者証に、法第七十三条第二項に規定する認定審査会意見が記載されているときは、当該認定審査会意見に配慮して、指定訪問介護を提供するように努めなければならない。

（要介護認定の申請に係る援助）

第十二条 指定訪問介護事業者は、指定訪問介護の提供の開始に際し、要介護認定を受けていない利用申込者については、要介護認定の申請が既に行われているかどうかを確認し、申請が行われていない場合は、当該利用申込者の意思を踏まえて速やかに当該申請が行われるよう必要な援助を行わなければならない。

2 指定訪問介護事業者は、居宅介護支援（これに相当するサービスを含む。）が利用者に対して行われていない等の場合であって必要と認めるときは、要介護認定の更新の申請が、遅くとも当該利用者が受けている要介護認定の有効期間が終了する三十日前にはなされるよう、必要な援助を行わなければならない。

（心身の状況等の把握）

第十三条 指定訪問介護事業者は、指定訪問介護の提供に当たっては、利用者に係る居宅介護支援事業者が開催するサービス担当者会議（指定居宅介護支援等の事業の人員及び運営に関する基準（平成十一年厚生省令第三十八号。以下「指定居宅介護支援等基準」という。）第十三条第九号に規定するサービス担当者会議をいう。以下同じ。）等を通じて、利用者の心身の状況、その置かれている環境、他の保健医療サービス又は福祉サービスの利用状況等の把握に努めなければならない。

（居宅介護支援事業者等との連携）

第十四条 指定訪問介護事業者は、指定訪問介護を提供するに当たっては、居宅介護支援事業者その他保健医療サービス又は福祉サービスを提供する者（以下「居宅介護支援事業者等」という。）との密接な連携に努めなければならない。

2 指定訪問介護事業者は、指定訪問介護の提供の終了に際しては、利用者又はその家族に対して適切な指導を行うとともに、当該利用者に係る居宅介護支援事業者に対する情報の提供及び保健医療サービス又は福祉サービスを提供する者との密接な連携に努めなければならない。

（法定代理受領サービスの提供を受けるための援助）

第十五条 指定訪問介護事業者は、指定訪問介護の提供の開始に際し、利用申込者が介護保険法施行規則（平成十一年厚生省令第三十六号。以下「施行規則」という。）第六十四条各号のいずれにも該当しないときは、当該利用申込者又はその家族に対し、居宅サービス計画の作成を居宅介護支援事業者に依頼する旨を市町村に対して届け出ること等により、指定訪問介護の提供を法定代理受領サービスとして受けることができる旨を説明すること、居宅介護支援事業者に関する情報を提供することその他の法定代理受領サービスを行うために必要な援助を行わなければならない。

（居宅サービス計画に沿ったサービスの提供）

第十六条 指定訪問介護事業者は、居宅サービス計画（施行規則第六十四条第一号ハ及びニに規定する計画を含む。以下同じ。）が作成されている場合は、当該計画に沿った指定訪問介護を提供しなければならない。

（居宅サービス計画等の変更の援助）

第十七条 指定訪問介護事業者は、利用者が居宅サービス計画の変更を希望する場合は、当該利用者に係る居宅介護支援事業者への連絡その他の必要な援助を行わなければならない。

（**身分を証する書類の携行**）

第十八条　指定訪問介護事業者は、訪問介護員等に身分を証する書類を携行させ、初回訪問時及び利用者又はその家族から求められたときは、これを提示すべき旨を指導しなければならない。

（**サービスの提供の記録**）

第十九条　指定訪問介護事業者は、指定訪問介護を提供した際には、当該指定訪問介護の提供日及び内容、当該指定訪問介護について法第四十一条第六項の規定により利用者に代わって支払を受ける居宅介護サービス費の額その他必要な事項を、利用者の居宅サービス計画を記載した書面又はこれに準ずる書面に記載しなければならない。

2　指定訪問介護事業者は、指定訪問介護を提供した際には、提供した具体的なサービスの内容等を記録するとともに、利用者からの申出があった場合には、文書の交付その他適切な方法により、その情報を利用者に対して提供しなければならない。

（**利用料等の受領**）

第二十条　指定訪問介護事業者は、法定代理受領サービスに該当する指定訪問介護を提供した際には、その利用者から利用料の一部として、当該指定訪問介護に係る居宅介護サービス費用基準額から当該指定訪問介護事業者に支払われる居宅介護サービス費の額を控除して得た額の支払を受けるものとする。

2　指定訪問介護事業者は、法定代理受領サービスに該当しない指定訪問介護を提供した際にその利用者から支払を受ける利用料の額と、指定訪問介護に係る居宅介護サービス費用基準額との間に、不合理な差額が生じないようにしなければならない。

3　指定訪問介護事業者は、前二項の支払を受ける額のほか、利用者の選定により通常の事業の実施地域以外の地域の居宅において指定訪問介護を行う場合は、それに要した交通費の額の支払を利用者から受けることができる。

4　指定訪問介護事業者は、前項の費用の額に係るサービスの提供に当たっては、あらかじめ、利用者又はその家族に対し、当該サービスの内容及び費用について説明を行い、利用者の同意を得なければならない。

（**保険給付の請求のための証明書の交付**）

第二十一条　指定訪問介護事業者は、法定代理受領サービスに該当しない指定訪問介護に係る利用料の支払を受けた場合は、提供した指定訪問介護の内容、費用の額その他必要と認められる事項を記載したサービス提供証明書を利用者に対して交付しなければならない。

（**指定訪問介護の基本取扱方針**）

第二十二条　指定訪問介護は、利用者の要介護状態の軽減又は悪化の防止に資するよう、その目標を設定し、計画的に行われなければならない。

2　指定訪問介護事業者は、自らその提供する指定訪問介護の質の評価を行い、常にその改善を図らなければならない。

（**指定訪問介護の具体的取扱方針**）

第二十三条　訪問介護員等の行う指定訪問介護の方針は、次に掲げるところによるものとする。

一　指定訪問介護の提供に当たっては、次条第一項に規定する訪問介護計画に基づき、利用者が日常生活を営むのに必要な援助を行う。

二　指定訪問介護の提供に当たっては、懇切丁寧に行うことを旨とし、利用者又はその家族に対し、サービスの提供方法等について、理解しやすいように説明を行う。

三　指定訪問介護の提供に当たっては、介護技術の進歩に対応し、適切な介護技術をもってサービスの提供を行う。

四　常に利用者の心身の状況、その置かれている環境等の的確な把握に努め、利用者又はその家族に対し、適切な相談及び助言を行う。

（**訪問介護計画の作成**）

第二十四条　サービス提供責任者（第五条第二項に規定するサービス提供責任者をい

う。以下この条及び第二十八条において同じ。）は、利用者の日常生活全般の状況及び希望を踏まえて、指定訪問介護の目標、当該目標を達成するための具体的なサービスの内容等を記載した訪問介護計画を作成しなければならない。

2　訪問介護計画は、既に居宅サービス計画が作成されている場合は、当該計画の内容に沿って作成しなければならない。

3　サービス提供責任者は、訪問介護計画の作成に当たっては、その内容について利用者又はその家族に対して説明し、利用者の同意を得なければならない。

4　サービス提供責任者は、訪問介護計画を作成した際には、当該訪問介護計画を利用者に交付しなければならない。

5　サービス提供責任者は、訪問介護計画の作成後、当該訪問介護計画の実施状況の把握を行い、必要に応じて当該訪問介護計画の変更を行うものとする。

6　第一項から第四項までの規定は、前項に規定する訪問介護計画の変更について準用する。

（同居家族に対するサービス提供の禁止）

第二十五条　指定訪問介護事業者は、訪問介護員等に、その同居の家族である利用者に対する訪問介護の提供をさせてはならない。

（緊急時等の対応）

第二十七条　訪問介護員等は、現に指定訪問介護の提供を行っているときに利用者に病状の急変が生じた場合その他必要な場合は、速やかに主治の医師への連絡を行う等の必要な措置を講じなければならない。

（管理者及びサービス提供責任者の責務）

第二十八条　指定訪問介護事業所の管理者は、当該指定訪問介護事業所の従業者及び業務の管理を、一元的に行わなければならない。

2　指定訪問介護事業所の管理者は、当該指定訪問介護事業所の従業者にこの章の規定を遵守させるため必要な指揮命令を行うものとする。

3　サービス提供責任者は、第二十四条に規定する業務のほか、次に掲げる業務を行うものとする。

一　指定訪問介護の利用の申込みに係る調整をすること。

二　利用者の状態の変化やサービスに関する意向を定期的に把握すること。

二の二　居宅介護支援事業者等に対し、指定訪問介護の提供に当たり把握した利用者の服薬状況、口腔機能その他の利用者の心身の状態及び生活の状況に係る必要な情報の提供を行うこと。

三　サービス担当者会議への出席等により、居宅介護支援事業者等と連携を図ること。

四　訪問介護員等（サービス提供責任者を除く。以下この条において同じ。）に対し、具体的な援助目標及び援助内容を指示するとともに、利用者の状況についての情報を伝達すること。

五　訪問介護員等の業務の実施状況を把握すること。

六　訪問介護員等の能力や希望を踏まえた業務管理を実施すること。

七　訪問介護員等に対する研修、技術指導等を実施すること。

八　その他サービス内容の管理について必要な業務を実施すること。

（介護等の総合的な提供）

第二十九条の二　指定訪問介護事業者は、指定訪問介護の事業の運営に当たっては、入浴、排せつ、食事等の介護又は調理、洗濯、掃除等の家事（以下この条において「介護等」という。）を常に総合的に提供するものとし、介護等のうち特定の援助に偏することがあってはならない。

（秘密保持等）

第三十三条　指定訪問介護事業所の従業者は、正当な理由がなく、その業務上知り得た利用者又はその家族の秘密を漏らしてはならない。

2　指定訪問介護事業者は、当該指定訪問介護事業所の従業者であった者が、正当な理由がなく、その業務上知り得た利用者又はその家族の秘密を漏らすことがないよう、必要な措置を講じなければならない。

3　指定訪問介護事業者は、サービス担当者会議等において、利用者の個人情報を用いる場合は利用者の同意を、利用者の家族の個人情報を用いる場合は当該家族の同意を、あらかじめ文書により得ておかなければならない。

（居宅介護支援事業者に対する利益供与の禁止）

第三十五条　指定訪問介護事業者は、居宅介護支援事業者又はその従業者に対し、利用者に対して特定の事業者によるサービスを利用させることの対償として、金品その他の財産上の利益を供与してはならない。

（苦情処理）

第三十六条　指定訪問介護事業者は、提供した指定訪問介護に係る利用者及びその家族からの苦情に迅速かつ適切に対応するために、苦情を受け付けるための窓口を設置する等の必要な措置を講じなければならない。

2　指定訪問介護事業者は、前項の苦情を受け付けた場合には、当該苦情の内容等を記録しなければならない。

3　指定訪問介護事業者は、提供した指定訪問介護に関し、法第二十三条の規定により市町村が行う文書その他の物件の提出若しくは提示の求め又は当該市町村の職員からの質問若しくは照会に応じ、及び利用者からの苦情に関して市町村が行う調査に協力するとともに、市町村から指導又は助言を受けた場合においては、当該指導又は助言に従って必要な改善を行わなければならない。

4　指定訪問介護事業者は、市町村からの求めがあった場合には、前項の改善の内容を市町村に報告しなければならない。

5　指定訪問介護事業者は、提供した指定訪問介護に係る利用者からの苦情に関して国民健康保険団体連合会（国民健康保険法（昭和三十三年法律第百九十二号）第四十五条第五項に規定する国民健康保険団体連合会をいう。以下同じ。）が行う法第百七十六条第一項第三号の調査に協力するとともに、国民健康保険団体連合会から同号の指導又は助言を受けた場合においては、当該指導又は助言に従って必要な改善を行わなければならない。

6　指定訪問介護事業者は、国民健康保険団体連合会からの求めがあった場合には、前項の改善の内容を国民健康保険団体連合会に報告しなければならない。

（地域との連携）

第三十六条の二　指定訪問介護事業者は、その事業の運営に当たっては、提供した指定訪問介護に関する利用者からの苦情に関して市町村等が派遣する者が相談及び援助を行う事業その他の市町村が実施する事業に協力するよう努めなければならない。

第五節　共生型居宅サービスに関する基準

（共生型訪問介護の基準）

第三十九条の二　訪問介護に係る共生型居宅サービス（以下この条及び次条において「共生型訪問介護」という。）の事業を行う指定居宅介護事業者（障害者の日常生活及び社会生活を総合的に支援するための法律に基づく指定障害福祉サービスの事業等の人員、設備及び運営に関する基準（平成十八年厚生労働省令第百七十一号。以下「指定障害福祉サービス等基準」という。）第五条第一項に規定する指定居宅介護事業者をいう。）及び重度訪問介護（障害者の日常生活及び社会生活を総合的に支援するための法律（平成十七年法律第百二十三号。以下この条及び第百四十条の十四において「障害者総合支援法」という。）第五条第三項に規定する重度訪問介護をいう。第一号において同じ。）に係る指定障害福祉サービス（障害者総合支援法第二十九条第一項に規定する指定障害福祉サービスをいう。第一号において同じ。）の事業を行う者が当該事業に関して満たすべき基準は、次のとおりとする。

一　指定居宅介護事業所（指定障害福祉サービス等基準第五条第一項に規定する指定居宅介護事業所をいう。）又は重度訪問介護に係る指定障害福祉サービスの事業を行う者が当該事業を行う事業所（以下この号において「指定居宅介護事業所等」という。）の従業者の員数が、当該指定居宅介護事業所等が提供する指定居宅介護（指定障害福祉サービス等基準第四条第一項に規定する指定居宅介護をいう。）又は重度訪問介護（以下この号において「指定居宅介護等」という。）の利用者の数を指定居宅介護等の利用者及び共生型訪問介護の利用者の数の合計数であるとした場合における当該指定居宅介護事業所等として必要とされる数以上であること。

二　共生型訪問介護の利用者に対して適切なサービスを提供するため、指定訪問介護事業所その他の関係施設から必要な技術的支援を受けていること。

第三章　訪問入浴介護

第一節　基本方針

（基本方針）

第四十四条　指定居宅サービスに該当する訪問入浴介護（以下「指定訪問入浴介護」という。）の事業は、要介護状態となった場合においても、その利用者が可能な限りその居宅において、その有する能力に応じ自立した日常生活を営むことができるよう、居宅における入浴の援助を行うことによって、利用者の身体の清潔の保持、心身機能の維持等を図るものでなければならない。

第四章　訪問看護

第一節　基本方針

（基本方針）

第五十九条　指定居宅サービスに該当する訪問看護（以下「指定訪問看護」という。）の事業は、要介護状態となった場合においても、その利用者が可能な限りその居宅において、その有する能力に応じ自立した日常生活を営むことができるよう、その療養生活を支援し、心身の機能の維持回復及び生活機能の維持又は向上を目指すものでなければならない。

第五章　訪問リハビリテーション

第一節　基本方針

（基本方針）

第七十五条　指定居宅サービスに該当する訪問リハビリテーション（以下「指定訪問リハビリテーション」という。）の事業は、要介護状態となった場合においても、その利用者が可能な限りその居宅において、その有する能力に応じ自立した日常生活を営むことができるよう生活機能の維持又は向上を目指し、利用者の居宅において、理学療法、作業療法その他必要なリハビリテーションを行うことにより、利用者の心身の機能の維持回復を図るものでなければならない。

第六章　居宅療養管理指導

第一節　基本方針

（基本方針）

第八十四条　指定居宅サービスに該当する居宅療養管理指導（以下「指定居宅療養管理指導」という。）の事業は、要介護状態となった場合においても、その利用者が可能な限りその居宅において、その有する能力に応じ自立した日常生活を営むことができるよう、医師、歯科医師、薬剤師、歯科衛生士（歯科衛生士が行う居宅療養管理指導に相当するものを行う保健師、看護師及び准看護師を含む。以下この章において同じ。）又は管理栄養士が、通院が困難な利用者に対して、その居宅を訪問して、その心身の状況、置かれている環境等を把握し、それらを踏まえて療養上の管理及び指導を行うことにより、その者の療養生活の質の向上を図るものでなければならない。

第七章　通所介護

第一節　基本方針

（基本方針）

第九十二条　指定居宅サービスに該当する通所介護（以下「指定通所介護」という。）の事業は、要介護状態となった場合においても、その利用者が可能な限りその居宅において、その有する能力に応じ自立した日常生活を営むことができるよう生活機能の維持又は向上を目指し、必要な日常生活上の世話及び機能訓練を行うことにより、利用者の社会的孤立感の解消及び心身の機能の維持並びに利用者の家族の身体的及び精神的負担の軽減を図るものでなければならない。

第五節　共生型居宅サービスに関する基準

（共生型通所介護の基準）

第百五条の二　通所介護に係る共生型居宅サービス（以下この条及び次条において「共生型通所介護」という。）の事業を行う指定生活介護事業者（指定障害福祉サービス等基準第七十八条第一項に規定する指定生活介護事業者をいう。）、指定自立訓練（機能訓練）事業者（指定障害福祉サービス等基準第百五十六条第一項に規定する指定自立訓練（機能訓練）事業者をいう。）、指定自立訓練（生活訓練）事業者（指定障害福祉サービス等基準第百六十六条第一項に規定する指定自立訓練（生活訓練）事業者をいう。）、指定児童発達支援事業者（児童福祉法に基づく指定通所支援の事業等の人員、設備及び運営に関する基準（平成二十四年厚生労働省令第十五号。以下この条において「指定通所支援基準」という。）第五条第一項に規定する指定児童発達支援事業者をいい、主として重症心身障害児（児童福祉法（昭和二十二年法律第百六十四号）第七条第二項に規定する重症心身障害児をいう。以下この条において同じ。）を通わせる事業所において指定児童発達支援（指定通所支援基準第四条に規定する指定児童発達支援をいう。第一号において同じ。）を提供する事業者を除く。）及び指定放課後等デイサービス事業者（指定通所支援基準第六十六条第一項に規定する指定放課後等デイサービス事業者をいい、主として重症心身障害児を通わせる事業所において指定放課後等デイサービス（指定通所支援基準第六十五条に規定する指定放課後等デイサービスをいう。第一号において同じ。）を提供する事業者を除く。）が当該事業に関して満たすべき基準は、次のとおりとする。

一　指定生活介護事業所（指定障害福祉サービス等基準第七十八条第一項に規定する指定生活介護事業所をいう。）、指定自立訓練（機能訓練）事業所（指定障害福祉サービス等基準第百五十六条第一項に規定する指定自立訓練（機能訓練）事業所をいう。）、指定自立訓練（生活訓練）事業所（指定障害福祉サービス等基準第百六十六条第一項に規定する指定自立訓練（生活訓練）事業所をいう。）、指定児童発達支援事業所（指定通所支援基準第五条第一項に規定する指定児童発達支援事業所をいう。）又は指定放課後等デイサービス事業所（指定通所支援基準第六十六条第一項に規定する指定放課後等デイサービス事業所をいう。）（以下この号において「指定生活介護事業所等」という。）の従業者の員数が、当該指定生活介護事業所等が提供する指定生活介護（指定障害福祉サービス等基準第七十七条に規定する指定生活介護をいう。）、指定自立訓練（機能訓練）（指定障害福祉サービス等基準第百五十五条に規定する指定自立訓練（機能訓練）をいう。）、指定自立訓練（生活訓練）（指定障害福祉サービス等基準第百六十五条に規定する指定自立訓練（生活訓練）をいう。）、指定児童発達支援又は指定放課後等デイサービス（以下この号において「指定生活介護等」という。）の利用者の数を指定生活介護等の利用者及び共生型通所介護の利用者の数の合計数であるとした場合における当該指定生活介護事業所等として必要とされる数以上であること。

二　共生型通所介護の利用者に対して適切なサービスを提供するため、指定通所介護事業所その他の関係施設から必要な技術的支援を受けていること。

第八章　通所リハビリテーション

第一節　基本方針

（基本方針）

第百十条　指定居宅サービスに該当する通所リハビリテーション（以下「指定通所リハ

ビリテーション」という。）の事業は、要介護状態となった場合においても、その利用者が可能な限りその居宅において、その有する能力に応じ自立した日常生活を営むことができるよう生活機能の維持又は向上を目指し、理学療法、作業療法その他必要なリハビリテーションを行うことにより、利用者の心身の機能の維持回復を図るものでなければならない。

第九章　短期入所生活介護

第一節　基本方針

（**基本方針**）

第百二十条　指定居宅サービスに該当する短期入所生活介護（以下「指定短期入所生活介護」という。）の事業は、要介護状態となった場合においても、その利用者が可能な限りその居宅において、その有する能力に応じ自立した日常生活を営むことができるよう、入浴、排せつ、食事等の介護その他の日常生活上の世話及び機能訓練を行うことにより、利用者の心身の機能の維持並びに利用者の家族の身体的及び精神的負担の軽減を図るものでなければならない。

第六節　共生型居宅サービスに関する基準

（**共生型短期入所生活介護の基準**）

第百四十条の十四　短期入所生活介護に係る共生型居宅サービス（以下この条及び次条において「共生型短期入所生活介護」という。）の事業を行う指定短期入所事業者（指定障害福祉サービス等基準第百十八条第一項に規定する指定短期入所事業者をいい、指定障害者支援施設（障害者総合支援法第二十九条第一項に規定する指定障害者支援施設をいう。以下この条において同じ。）が指定短期入所（指定障害福祉サービス等基準第百十四条に規定する指定短期入所をいう。以下この条において同じ。）の事業を行う事業所として当該施設と一体的に運営を行う事業所又は指定障害者支援施設がその施設の全部又は一部が利用者に利用されていない居室を利用して指定短期入所の事業を行う場合において、当該事業を行う事業所（以下この条において「指定短期入所事業所」という。）において指定短期入所を提供する事業者に限る。）が当該事業に関して満たすべき基準は、次のとおりとする。

一　指定短期入所事業所の居室の面積を、指定短期入所の利用者の数と共生型短期入所生活介護の利用者の数の合計数で除して得た面積が九・九平方メートル以上であること。

二　指定短期入所事業所の従業者の員数が、当該指定短期入所事業所が提供する指定短期入所の利用者の数を指定短期入所の利用者及び共生型短期入所生活介護の利用者の数の合計数であるとした場合における当該指定短期入所事業所として必要とされる数以上であること。

三　共生型短期入所生活介護の利用者に対して適切なサービスを提供するため、指定短期入所事業所その他の関係施設から必要な技術的支援を受けていること。

第十章　短期入所療養介護

第一節　基本方針

（**基本方針**）

第百四十一条　指定居宅サービスに該当する短期入所療養介護（以下「指定短期入所療養介護」という。）の事業は、要介護状態となった場合においても、その利用者が可能な限りその居宅において、その有する能力に応じ自立した日常生活を営むことができるよう、看護、医学的管理の下における介護及び機能訓練その他必要な医療並びに日常生活上の世話を行うことにより、療養生活の質の向上及び利用者の家族の身体的及び精神的負担の軽減を図るものでなければならない。

第十二章　特定施設入居者生活介護

第一節　基本方針

（**基本方針**）

第百七十四条　指定居宅サービスに該当する特定施設入居者生活介護（以下「指定特定施設入居者生活介護」という。）の事業は、特定施設サービス計画（法第八条第十一項に規定する計画をいう。以下同じ。）に基づき、入浴、排せつ、食事等の介護その他の日常生活上の世話、機能訓練及び療養上の世話を行うことにより、要介護状態となった場合でも、当該指定特定施設入居者生活介護の提供を受ける入居者（以下この章において「利用者」という。）が当該指定特定施設（特定施設であって、当該指定特定施設入居者生活介護の事業が行われるものをいう。以下同じ。）においてその有する能力に応じ自立した日常生活を営むことができるようにするものでなければならない。

2　指定特定施設入居者生活介護の事業を行う者（以下「指定特定施設入居者生活介護事業者」という。）は、安定的かつ継続的な事業運営に努めなければならない。

第十三章　福祉用具貸与

第一節　基本方針

（**基本方針**）

第百九十三条　指定居宅サービスに該当する福祉用具貸与（以下「指定福祉用具貸与」という。）の事業は、要介護状態等となった場合においても、その利用者が可能な限りその居宅において、その有する能力に応じ自立した日常生活を営むことができるよう、利用者の心身の状況、希望及びその置かれている環境を踏まえた適切な福祉用具（法第八条第十二項の規定により厚生労働大臣が定める福祉用具をいう。以下この章において同じ。）の選定の援助、取付け、調整等を行い、福祉用具を貸与することにより、利用者の日常生活上の便宜を図り、その機能訓練に資するとともに、利用者を介護する者の負担の軽減を図るものでなければならない。

附　則（抄）

（**施行期日**）

第一条　この省令は、平成十二年四月一日から施行する。

指定介護老人福祉施設の人員、設備及び運営に関する基準（抄）

（平成一一・三・三一　厚令三九）

最新改正　平成三〇厚労令四

第一章　趣旨及び基本方針

（**趣旨**）

第一条　指定介護老人福祉施設に係る介護保険法（平成九年法律第百二十三号。以下「法」という。）第八十八条第三項の厚生労働省令で定める基準は、次の各号に掲げる基準に応じ、それぞれ当該各号に定める基準とする。

一　法第八十八条第一項の規定により、同条第三項第一号に掲げる事項について都道府県（地方自治法（昭和二十二年法律第六十七号）第二百五十二条の十九第一項の指定都市（以下「指定都市」という。）及び同法第二百五十二条の二十二第一項の中核市（以下「中核市」という。）にあっては、指定都市又は中核市。以下この条において同じ。）が条例を定めるに当たって従うべき基準　第二条、第十三条第七項、第二十一条（第四十九条において準用する場合を含む。）、第四十三条第八項並びに第四十七条第二項及び第三項の規

定による基準

二　法第八十八条第三項第二号に掲げる事項について都道府県が条例を定めるに当たって従うべき基準　第三条第一項第一号ロ、第四十条第一項第一号イ(3)（床面積に係る部分に限る。）及び附則第四条第一項（第三条第一項第一号ロに係る部分に限る。）の規定による基準

三　法第八十八条第三項第三号に掲げる事項について都道府県が条例を定めるに当たって従うべき基準　第四条第一項（第四十九条において準用する場合を含む。）、第四条の二（第四十九条において準用する場合を含む。）、第十一条第四項から第六項まで、第十三条第八項、第十九条（第四十九条において準用する場合を含む。）、第三十条（第四十九条において準用する場合を含む。）、第三十五条（第四十九条において準用する場合を含む。）、第四十二条第六項から第八項まで及び第四十三条第九項の規定による基準

四　法第八十八条第一項又は第二項の規定により、同条第三項各号に掲げる事項以外の事項について都道府県が条例を定めるに当たって参酌すべき基準　この省令で定める基準のうち、前三号に定める基準以外のもの

（基本方針）

第一条の二　指定介護老人福祉施設は、施設サービス計画に基づき、可能な限り、居宅における生活への復帰を念頭に置いて、入浴、排せつ、食事等の介護、相談及び援助、社会生活上の便宜の供与その他の日常生活上の世話、機能訓練、健康管理及び療養上の世話を行うことにより、入所者がその有する能力に応じ自立した日常生活を営むことができるようにすることを目指すものでなければならない。

2　指定介護老人福祉施設は、入所者の意思及び人格を尊重し、常にその者の立場に立って指定介護福祉施設サービスを提供するように努めなければならない。

3　指定介護老人福祉施設は、明るく家庭的な雰囲気を有し、地域や家庭との結び付きを重視した運営を行い、市町村（特別区を含む。以下同じ。）、居宅介護支援事業者（居宅介護支援事業を行う者をいう。以下同じ。）、居宅サービス事業者（居宅サービス事業を行う者をいう。以下同じ。）、他の介護保険施設その他の保健医療サービス又は福祉サービスを提供する者との密接な連携に努めなければならない。

第二章　人員に関する基準

（従業者の員数）

第二条　法第八十八条第一項の規定による指定介護老人福祉施設に置くべき従業者の員数は、次のとおりとする。ただし、入所定員が四十人を超えない指定介護老人福祉施設にあっては、他の社会福祉施設等の栄養士との連携を図ることにより当該指定介護老人福祉施設の効果的な運営を期待することができる場合であって、入所者の処遇に支障がないときは、第四号の栄養士を置かないことができる。

一　医師　入所者に対し健康管理及び療養上の指導を行うために必要な数

二　生活相談員　入所者の数が百又はその端数を増すごとに一以上

三　介護職員又は看護師若しくは准看護師（以下「看護職員」という。）

イ　介護職員及び看護職員の総数は、常勤換算方法で、入所者の数が三又はその端数を増すごとに一以上とすること。

ロ　看護職員の数は、次のとおりとすること。

(1)　入所者の数が三十を超えない指定介護老人福祉施設にあっては、常勤換算方法で、一以上

(2)　入所者の数が三十を超えて五十を超えない指定介護老人福祉施設にあっては、常勤換算方法で、二以上

(3)　入所者の数が五十を超えて百三十を超えない指定介護老人福祉施設にあっては、常勤換算方法で、三以上

(4)　入所者の数が百三十を超える指定介護老人福祉施設にあっては、常勤

換算方法で、三に、入所者の数が百三十を超えて五十又はその端数を増すごとに一を加えて得た数以上

四　栄養士　一以上

五　機能訓練指導員　一以上

六　介護支援専門員　一以上（入所者の数が百又はその端数を増すごとに一を標準とする。）

2　前項の入所者の数は、前年度の平均値とする。ただし、新規に指定を受ける場合は、推定数による。

3　第一項の常勤換算方法とは、当該従業者のそれぞれの勤務延時間数の総数を当該指定介護老人福祉施設において常勤の従業者が勤務すべき時間数で除することにより常勤の従業者の員数に換算する方法をいう。

4　指定介護老人福祉施設の従業者は、専ら当該指定介護老人福祉施設の職務に従事する者でなければならない。ただし、指定介護老人福祉施設（ユニット型指定介護老人福祉施設（第三十八条に規定するユニット型指定介護老人福祉施設をいう。以下この項において同じ。）を除く。以下この項において同じ。）にユニット型指定介護老人福祉施設を併設する場合の指定介護老人福祉施設及びユニット型指定介護老人福祉施設の介護職員及び看護職員（第四十七条第二項の規定に基づき配置される看護職員に限る。）又は指定介護老人福祉施設にユニット型指定地域密着型介護老人福祉施設（指定地域密着型サービスの事業の人員、設備及び運営に関する基準（平成十八年厚生労働省令第三十四号。以下「指定地域密着型サービス基準」という。）第百五十八条に規定するユニット型指定地域密着型介護老人福祉施設をいう。以下この項において同じ。）を併設する場合の指定介護老人福祉施設及びユニット型指定地域密着型介護老人福祉施設の介護職員及び看護職員（指定地域密着型サービス基準第百六十七条第二項の規定に基づき配置される看護職員に限る。）を除き、入所者の処遇に支障がない場合は、この限りでない。

5　第一項第二号の生活相談員は、常勤の者でなければならない。

6　第一項第三号の看護職員のうち、一人以上は、常勤の者でなければならない。

7　第一項第五号の機能訓練指導員は、日常生活を営むのに必要な機能を改善し、又はその減退を防止するための訓練を行う能力を有すると認められる者でなければならない。

8　第一項第五号の機能訓練指導員は、当該指定介護老人福祉施設の他の職務に従事することができる。

9　第一項第六号の介護支援専門員は、専らその職務に従事する常勤の者でなければならない。ただし、入所者の処遇に支障がない場合は、当該指定介護老人福祉施設の他の職務に従事することができる。

10　第一項第一号の医師及び同項第六号の介護支援専門員の数は、サテライト型居住施設（指定地域密着型サービス基準第百三十一条第四項に規定するサテライト型居住施設をいう。以下同じ。）の本体施設（同項に規定する本体施設をいう。以下同じ。）である指定介護老人福祉施設であって、当該サテライト型居住施設に医師又は介護支援専門員を置かない場合にあっては、指定介護老人福祉施設の入所者の数及び当該サテライト型居住施設の入所者の数の合計数を基礎として算出しなければならない。

第三章　設備に関する基準

（設備）

第三条　指定介護老人福祉施設の設備の基準は、次のとおりとする。

一　居室

イ　一の居室の定員は、一人とすること。ただし、入所者への指定介護福祉施設サービスの提供上必要と認められる場合は、二人とすることができる。

ロ　入所者一人当たりの床面積は、十・六五平方メートル以上とすること。

ハ　ブザー又はこれに代わる設備を設けること。

二　静養室

介護職員室又は看護職員室に近接して設けること。

三　浴室

要介護者が入浴するのに適したものとすること。
四　洗面設備
イ　居室のある階ごとに設けること。
ロ　要介護者が使用するのに適したものとすること。
五　便所
イ　居室のある階ごとに居室に近接して設けること。
ロ　ブザー又はこれに代わる設備を設けるとともに、要介護者が使用するのに適したものとすること。
六　医務室
イ　医療法（昭和二十三年法律第二百五号）第一条の五第二項に規定する診療所とすること。
ロ　入所者を診療するために必要な医薬品及び医療機器を備えるほか、必要に応じて臨床検査設備を設けること。
七　食堂及び機能訓練室
イ　それぞれ必要な広さを有するものとし、その合計した面積は、三平方メートルに入所定員を乗じて得た面積以上とすること。ただし、食事の提供又は機能訓練を行う場合において、当該食事の提供又は機能訓練に支障がない広さを確保することができるときは、同一の場所とすることができる。
ロ　必要な備品を備えること。
八　廊下幅

一・八メートル以上とすること。ただし、中廊下の幅は、二・七メートル以上とすること。
九　消火設備その他の非常災害に際して必要な設備を設けること。
2　前項各号に掲げる設備は、専ら当該指定介護老人福祉施設の用に供するものでなければならない。ただし、入所者の処遇に支障がない場合は、この限りでない。

第四章　運営に関する基準

（内容及び手続の説明及び同意）
第四条　指定介護老人福祉施設は、指定介護福祉施設サービスの提供の開始に際しては、あらかじめ、入所申込者又はその家族に対し、第二十三条に規定する運営規程の概要、従業者の勤務の体制その他の入所申込者のサービスの選択に資すると認められる重要事項を記した文書を交付して説明を行い、当該提供の開始について入所申込者の同意を得なければならない。
2　指定介護老人福祉施設は、入所申込者又はその家族からの申出があった場合には、前項の規定による文書の交付に代えて、第五項で定めるところにより、当該入所申込者又はその家族の承諾を得て、当該文書に記すべき重要事項を電子情報処理組織を使用する方法その他の情報通信の技術を利用する方法であって次に掲げるもの（以下この条において「電磁的方法」という。）により提供することができる。この場合において、当該指定介護老人福祉施設は、当該文書を交付したものとみなす。
一　電子情報処理組織を使用する方法のうちイ又はロに掲げるもの
イ　指定介護老人福祉施設の使用に係る電子計算機と入所申込者又はその家族の使用に係る電子計算機とを接続する電気通信回線を通じて送信し、受信者の使用に係る電子計算機に備えられたファイルに記録する方法
ロ　指定介護老人福祉施設の使用に係る電子計算機に備えられたファイルに記録された前項に規定する重要事項を電気通信回線を通じて入所申込者又はその家族の閲覧に供し、当該入所申込者又はその家族の使用に係る電子計算機に備えられたファイルに当該重要事項を記録する方法（電磁的方法による提供を受ける旨の承諾又は受けない旨の申出をする場合にあっては、指定介護老人福祉施設の使用に係る電子計算機に備えられたファイルにその旨を記録する方法）
二　磁気ディスク、シー・ディー・ロムその他これらに準ずる方法により一定の事項を確実に記録しておくことができる物をもって調製するファイルに前項に規定する重要事項を記録したものを交付する方法

3　前項に掲げる方法は、入所申込者又はその家族がファイルへの記録を出力することによる文書を作成することができるものでなければならない。

4　第二項第一号の「電子情報処理組織」とは、指定介護老人福祉施設の使用に係る電子計算機と、入所申込者又はその家族の使用に係る電子計算機とを電気通信回線で接続した電子情報処理組織をいう。

5　指定介護老人福祉施設は、第二項の規定により第一項に規定する重要事項を提供しようとするときは、あらかじめ、当該入所申込者又はその家族に対し、その用いる次に掲げる電磁的方法の種類及び内容を示し、文書又は電磁的方法による承諾を得なければならない。

一　第二項各号に規定する方法のうち指定介護老人福祉施設が使用するもの

二　ファイルへの記録の方式

6　前項の規定による承諾を得た指定介護老人福祉施設は、当該入所申込者又はその家族から文書又は電磁的方法により電磁的方法による提供を受けない旨の申出があったときは、当該入所申込者又はその家族に対し、第一項に規定する重要事項の提供を電磁的方法によってしてはならない。ただし、当該入所申込者又はその家族が再び前項の規定による承諾をした場合は、この限りでない。

（提供拒否の禁止）

第四条の二　指定介護老人福祉施設は、正当な理由なく指定介護福祉施設サービスの提供を拒んではならない。

（サービス提供困難時の対応）

第四条の三　指定介護老人福祉施設は、入所申込者が入院治療を必要とする場合その他入所申込者に対し自ら適切な便宜を提供することが困難である場合は、適切な病院若しくは診療所又は介護老人保健施設若しくは介護医療院を紹介する等の適切な措置を速やかに講じなければならない。

（受給資格等の確認）

第五条　指定介護老人福祉施設は、指定介護福祉施設サービスの提供を求められた場合は、その者の提示する被保険者証によって、被保険者資格、要介護認定の有無及び要介護認定の有効期間を確かめなければならない。

2　指定介護老人福祉施設は、前項の被保険者証に法第七十三条第二項に規定する認定審査会意見が記載されているときは、当該認定審査会意見に配慮して、指定介護福祉施設サービスを提供するように努めなければならない。

（要介護認定の申請に係る援助）

第六条　指定介護老人福祉施設は、入所の際に要介護認定を受けていない入所申込者については、要介護認定の申請が既に行われているかどうかを確認し、申請が行われていない場合は、入所申込者の意思を踏まえて速やかに当該申請が行われるよう必要な援助を行わなければならない。

2　指定介護老人福祉施設は、要介護認定の更新の申請が遅くとも当該入所者が受けている要介護認定の有効期間の満了日の三十日前には行われるよう必要な援助を行わなければならない。

（入退所）

第七条　指定介護老人福祉施設は、身体上又は精神上著しい障害があるために常時の介護を必要とし、かつ、居宅においてこれを受けることが困難な者に対し、指定介護福祉施設サービスを提供するものとする。

2　指定介護老人福祉施設は、入所申込者の数が入所定員から入所者の数を差し引いた数を超えている場合には、介護の必要の程度及び家族等の状況を勘案し、指定介護福祉施設サービスを受ける必要性が高いと認められる入所申込者を優先的に入所させるよう努めなければならない。

3　指定介護老人福祉施設は、入所申込者の入所に際しては、その者に係る居宅介護支援事業者に対する照会等により、その者の心身の状況、生活歴、病歴、指定居宅サービス等（法第八条第二十四項に規定する指定居宅サービス等をいう。以下同じ。）の利用状況等の把握に努めなければならない。

4　指定介護老人福祉施設は、入所者の心身の状況、その置かれている環境等に照らし、その者が居宅において日常生活を営むことができるかどうかについて定期的に検討しなければならない。

5　前項の検討に当たっては、生活相談員、介護職員、看護職員、介護支援専門員等の従業者の間で協議しなければならない。

6　指定介護老人福祉施設は、その心身の状況、その置かれている環境等に照らし、居宅において日常生活を営むことができると認められる入所者に対し、その者及びその家族の希望、その者が退所後に置かれることとなる環境等を勘案し、その者の円滑な退所のために必要な援助を行わなければならない。

7　指定介護老人福祉施設は、入所者の退所に際しては、居宅サービス計画の作成等の援助に資するため、居宅介護支援事業者に対する情報の提供に努めるほか、保健医療サービス又は福祉サービスを提供する者との密接な連携に努めなければならない。

（サービスの提供の記録）

第八条　指定介護老人福祉施設は、入所に際しては入所の年月日並びに入所している介護保険施設の種類及び名称を、退所に際しては退所の年月日を、当該者の被保険者証に記載しなければならない。

2　指定介護老人福祉施設は、指定介護福祉施設サービスを提供した際には、提供した具体的なサービスの内容等を記録しなければならない。

（利用料等の受領）

第九条　指定介護老人福祉施設は、法定代理受領サービス（法第四十八条第四項の規定により施設介護サービス費（同条第一項に規定する施設介護サービス費をいう。以下同じ。）が入所者に代わり当該指定介護老人福祉施設に支払われる場合の当該施設介護サービス費に係る指定介護福祉施設サービスをいう。以下同じ。）に該当する指定介護福祉施設サービスを提供した際には、入所者から利用料（施設介護サービス費の支給の対象となる費用に係る対価をいう。以下同じ。）の一部として、当該指定介護福祉施設サービスについて同条第二項に規定する厚生労働大臣が定める基準により算定した費用の額（その額が現に当該指定介護福祉施設サービスに要した費用の額を超えるときは、当該現に指定介護福祉施設サービスに要した費用の額とする。以下「施設サービス費用基準額」という。）から当該指定介護老人福祉施設に支払われる施設介護サービス費の額を控除して得た額の支払を受けるものとする。

2　指定介護老人福祉施設は、法定代理受領サービスに該当しない指定介護福祉施設サービスを提供した際に入所者から支払を受ける利用料の額と、施設サービス費用基準額との間に、不合理な差額が生じないようにしなければならない。

3　指定介護老人福祉施設は、前二項の支払を受ける額のほか、次に掲げる費用の額の支払を受けることができる。

一　食事の提供に要する費用（法第五十一条の三第一項の規定により特定入所者介護サービス費が入所者に支給された場合は、同条第二項第一号に規定する食費の基準費用額（同条第四項の規定により当該特定入所者介護サービス費が入所者に代わり当該指定介護老人福祉施設に支払われた場合は、同条第二項第一号に規定する食費の負担限度額）を限度とする。）

二　居住に要する費用（法第五十一条の三第一項の規定により特定入所者介護サービス費が入所者に支給された場合は、同条第二項第二号に規定する居住費の基準費用額（同条第四項の規定により当該特定入所者介護サービス費が入所者に代わり当該指定介護老人福祉施設に支払われた場合は、同条第二項第二号に規定する居住費の負担限度額）を限度とする。）

三　厚生労働大臣の定める基準に基づき入所者が選定する特別な居室の提供を行ったことに伴い必要となる費用

四　厚生労働大臣の定める基準に基づき入所者が選定する特別な食事の提供を行ったことに伴い必要となる費用

五　理美容代

六　前各号に掲げるもののほか、指定介護福祉施設サービスにおいて提供される便宜のうち、日常生活においても通常必要

となるものに係る費用であって、その入所者に負担させることが適当と認められるもの

4　前項第一号から第四号までに掲げる費用については、別に厚生労働大臣が定めるところによるものとする。

5　指定介護老人福祉施設は、第三項各号に掲げる費用の額に係るサービスの提供に当たっては、あらかじめ、入所者又はその家族に対し、当該サービスの内容及び費用を記した文書を交付して説明を行い、入所者の同意を得なければならない。ただし、同項第一号から第四号までに掲げる費用に係る同意については、文書によるものとする。

（保険給付の請求のための証明書の交付）

第十条　指定介護老人福祉施設は、法定代理受領サービスに該当しない指定介護福祉施設サービスに係る費用の支払を受けた場合は、その提供した指定介護福祉施設サービスの内容、費用の額その他必要と認められる事項を記載したサービス提供証明書を入所者に対して交付しなければならない。

（指定介護福祉施設サービスの取扱方針）

第十一条　指定介護老人福祉施設は、施設サービス計画に基づき、入所者の要介護状態の軽減又は悪化の防止に資するよう、その者の心身の状況等に応じて、その者の処遇を妥当適切に行わなければならない。

2　指定介護福祉施設サービスは、施設サービス計画に基づき、漫然かつ画一的なものとならないよう配慮して行われなければならない。

3　指定介護老人福祉施設の従業者は、指定介護福祉施設サービスの提供に当たって は、懇切丁寧を旨とし、入所者又はその家族に対し、処遇上必要な事項について、理解しやすいように説明を行わなければならない。

4　指定介護老人福祉施設は、指定介護福祉施設サービスの提供に当たっては、当該入所者又は他の入所者等の生命又は身体を保護するため緊急やむを得ない場合を除き、身体的拘束その他入所者の行動を制限する行為（以下「身体的拘束等」という。）を行ってはならない。

5　指定介護老人福祉施設は、前項の身体的拘束等を行う場合には、その態様及び時間、その際の入所者の心身の状況並びに緊急やむを得ない理由を記録しなければならない。

6　指定介護老人福祉施設は、身体的拘束等の適正化を図るため、次に掲げる措置を講じなければならない。

一　身体的拘束等の適正化のための対策を検討する委員会を三月に一回以上開催するとともに、その結果について、介護職員その他の従業者に周知徹底を図ること。

二　身体的拘束等の適正化のための指針を整備すること。

三　介護職員その他の従業者に対し、身体的拘束等の適正化のための研修を定期的に実施すること。

7　指定介護老人福祉施設は、自らその提供する指定介護福祉施設サービスの質の評価を行い、常にその改善を図らなければならない。

（施設サービス計画の作成）

第十二条　指定介護老人福祉施設の管理者は、介護支援専門員に施設サービス計画の作成に関する業務を担当させるものとする。

2　施設サービス計画に関する業務を担当する介護支援専門員（以下「計画担当介護支援専門員」という。）は、施設サービス計画の作成に当たっては、入所者の日常生活全般を支援する観点から、当該地域の住民による自発的な活動によるサービス等の利用も含めて施設サービス計画上に位置付けるよう努めなければならない。

3　計画担当介護支援専門員は、施設サービス計画の作成に当たっては、適切な方法により、入所者について、その有する能力、その置かれている環境等の評価を通じて入所者が現に抱える問題点を明らかにし、入所者が自立した日常生活を営むことができるように支援する上で解決すべき課題を把握しなければならない。

4　計画担当介護支援専門員は、前項に規定する解決すべき課題の把握（以下「アセス

メント」という。）に当たっては、入所者及びその家族に面接して行わなければならない。この場合において、計画担当介護支援専門員は、面接の趣旨を入所者及びその家族に対して十分に説明し、理解を得なければならない。

5　計画担当介護支援専門員は、入所者の希望及び入所者についてのアセスメントの結果に基づき、入所者の家族の希望を勘案して、入所者及びその家族の生活に対する意向、総合的な援助の方針、生活全般の解決すべき課題、指定介護福祉施設サービスの目標及びその達成時期、指定介護福祉施設サービスの内容、指定介護福祉施設サービスを提供する上での留意事項等を記載した施設サービス計画の原案を作成しなければならない。

6　計画担当介護支援専門員は、サービス担当者会議（入所者に対する指定介護福祉施設サービスの提供に当たる他の担当者（以下この条において「担当者」という。）を召集して行う会議をいう。以下同じ。）の開催、担当者に対する照会等により、当該施設サービス計画の原案の内容について、担当者から、専門的な見地からの意見を求めるものとする。

7　計画担当介護支援専門員は、施設サービス計画の原案の内容について入所者又はその家族に対して説明し、文書により入所者の同意を得なければならない。

8　計画担当介護支援専門員は、施設サービス計画を作成した際には、当該施設サービス計画を入所者に交付しなければならない。

9　計画担当介護支援専門員は、施設サービス計画の作成後、施設サービス計画の実施状況の把握（入所者についての継続的なアセスメントを含む。）を行い、必要に応じて施設サービス計画の変更を行うものとする。

10　計画担当介護支援専門員は、前項に規定する実施状況の把握（以下「モニタリング」という。）に当たっては、入所者及びその家族並びに担当者との連絡を継続的に行うこととし、特段の事情のない限り、次に定めるところにより行わなければならない。

一　定期的に入所者に面接すること。

二　定期的にモニタリングの結果を記録すること。

11　計画担当介護支援専門員は、次に掲げる場合においては、サービス担当者会議の開催、担当者に対する照会等により、施設サービス計画の変更の必要性について、担当者から、専門的な見地からの意見を求めるものとする。

一　入所者が法第二十八条第二項に規定する要介護更新認定を受けた場合

二　入所者が法第二十九条第一項に規定する要介護状態区分の変更の認定を受けた場合

12　第二項から第八項までの規定は、第九項に規定する施設サービス計画の変更について準用する。

（介護）

第十三条　介護は、入所者の自立の支援及び日常生活の充実に資するよう、入所者の心身の状況に応じて、適切な技術をもって行われなければならない。

2　指定介護老人福祉施設は、一週間に二回以上、適切な方法により、入所者を入浴させ、又は清しきしなければならない。

3　指定介護老人福祉施設は、入所者に対し、その心身の状況に応じて、適切な方法により、排せつの自立について必要な援助を行わなければならない。

4　指定介護老人福祉施設は、おむつを使用せざるを得ない入所者のおむつを適切に取り替えなければならない。

5　指定介護老人福祉施設は、褥瘡が発生しないよう適切な介護を行うとともに、その発生を予防するための体制を整備しなければならない。

6　指定介護老人福祉施設は、入所者に対し、前各項に規定するもののほか、離床、着替え、整容等の介護を適切に行わなければならない。

7　指定介護老人福祉施設は、常時一人以上の常勤の介護職員を介護に従事させなければならない。

8　指定介護老人福祉施設は、入所者に対し、その負担により、当該指定介護老人福祉施設の従業者以外の者による介護を受けさせてはならない。

（食事）

第十四条 指定介護老人福祉施設は、栄養並びに入所者の身体の状況及び嗜好を考慮した食事を、適切な時間に提供しなければならない。

2 指定介護老人福祉施設は、入所者が可能な限り離床して、食堂で食事を摂ることを支援しなければならない。

（相談及び援助）

第十五条 指定介護老人福祉施設は、常に入所者の心身の状況、その置かれている環境等の的確な把握に努め、入所者又はその家族に対し、その相談に適切に応じるとともに、必要な助言その他の援助を行わなければならない。

（社会生活上の便宜の提供等）

第十六条 指定介護老人福祉施設は、教養娯楽設備等を備えるほか、適宜入所者のためのレクリエーション行事を行わなければならない。

2 指定介護老人福祉施設は、入所者が日常生活を営むのに必要な行政機関等に対する手続について、その者又はその家族において行うことが困難である場合は、その者の同意を得て、代わって行わなければならない。

3 指定介護老人福祉施設は、常に入所者の家族との連携を図るとともに、入所者とその家族との交流等の機会を確保するよう努めなければならない。

（機能訓練）

第十七条 指定介護老人福祉施設は、入所者に対し、その心身の状況等に応じて、日常生活を営むのに必要な機能を改善し、又はその減退を防止するための訓練を行わなければならない。

（健康管理）

第十八条 指定介護老人福祉施設の医師又は看護職員は、常に入所者の健康の状況に注意し、必要に応じて健康保持のための適切な措置を採らなければならない。

（入所者の入院期間中の取扱い）

第十九条 指定介護老人福祉施設は、入所者について、病院又は診療所に入院する必要が生じた場合であって、入院後おおむね三月以内に退院することが明らかに見込まれるときは、その者及びその家族の希望等を勘案し、必要に応じて適切な便宜を供与するとともに、やむを得ない事情がある場合を除き、退院後再び当該指定介護老人福祉施設に円滑に入所することができるようにしなければならない。

（計画担当介護支援専門員の責務）

第二十二条の二 計画担当介護支援専門員は、第十二条に規定する業務のほか、次に掲げる業務を行うものとする。

一 入所申込者の入所に際し、その者に係る居宅介護支援事業者に対する照会等により、その者の心身の状況、生活歴、病歴、指定居宅サービス等の利用状況等を把握すること。

二 入所者の心身の状況、その置かれている環境等に照らし、その者が居宅において日常生活を営むことができるかどうかについて定期的に検討すること。

三 その心身の状況、その置かれている環境等に照らし、居宅において日常生活を営むことができると認められる入所者に対し、その者及びその家族の希望、その者が退所後に置かれることとなる環境等を勘案し、その者の円滑な退所のために必要な援助を行うこと。

四 入所者の退所に際し、居宅サービス計画の作成等の援助に資するため、居宅介護支援事業者に対して情報を提供するほか、保健医療サービス又は福祉サービスを提供する者と密接に連携すること。

五 第十一条第五項に規定する身体的拘束等の態様及び時間、その際の入所者の心身の状況並びに緊急やむを得ない理由を記録すること。

六 第三十三条第二項に規定する苦情の内容等を記録すること。

七 第三十五条第三項に規定する事故の状況及び事故に際して採った処置について記録すること。

（定員の遵守）

第二十五条 指定介護老人福祉施設は、入所定員及び居室の定員を超えて入所させてはならない。ただし、災害、虐待その他のやむを得ない事情がある場合は、この限りでない。

（衛生管理等）

第二十七条 指定介護老人福祉施設は、入所者の使用する食器その他の設備又は飲用に供する水について、衛生的な管理に努め、又は衛生上必要な措置を講ずるとともに、医薬品及び医療機器の管理を適正に行わなければならない。

2 指定介護老人福祉施設は、当該指定介護老人福祉施設において感染症又は食中毒が発生し、又はまん延しないように、次の各号に掲げる措置を講じなければならない。

一 当該指定介護老人福祉施設における感染症及び食中毒の予防及びまん延の防止のための対策を検討する委員会をおおむね三月に一回以上開催するとともに、その結果について、介護職員その他の従業者に周知徹底を図ること。

二 当該指定介護老人福祉施設における感染症及び食中毒の予防及びまん延の防止のための指針を整備すること。

三 当該指定介護老人福祉施設において、介護職員その他の従業者に対し、感染症及び食中毒の予防及びまん延の防止のための研修を定期的に実施すること。

四 前三号に掲げるもののほか、別に厚生労働大臣が定める感染症及び食中毒の発生が疑われる際の対処等に関する手順に沿った対応を行うこと。

（協力病院等）

第二十八条 指定介護老人福祉施設は、入院治療を必要とする入所者のために、あらかじめ、協力病院を定めておかなければならない。

2 指定介護老人福祉施設は、あらかじめ、協力歯科医療機関を定めておくよう努めなければならない。

（秘密保持等）

第三十条 指定介護老人福祉施設の従業者は、正当な理由がなく、その業務上知り得た入所者又はその家族の秘密を漏らしてはならない。

2 指定介護老人福祉施設は、従業者であった者が、正当な理由がなく、その業務上知り得た入所者又はその家族の秘密を漏らすことがないよう、必要な措置を講じなければならない。

3 指定介護老人福祉施設は、居宅介護支援事業者等に対して、入所者に関する情報を提供する際には、あらかじめ文書により入所者の同意を得ておかなければならない。

（居宅介護支援事業者に対する利益供与等の禁止）

第三十二条 指定介護老人福祉施設は、居宅介護支援事業者又はその従業者に対し、要介護被保険者に当該指定介護老人福祉施設を紹介することの対償として、金品その他の財産上の利益を供与してはならない。

2 指定介護老人福祉施設は、居宅介護支援事業者又はその従業者から、当該指定介護老人福祉施設からの退所者を紹介することの対償として、金品その他の財産上の利益を収受してはならない。

（苦情処理）

第三十三条 指定介護老人福祉施設は、その提供した指定介護福祉施設サービスに関する入所者及びその家族からの苦情に迅速かつ適切に対応するために、苦情を受け付けるための窓口を設置する等の必要な措置を講じなければならない。

2 指定介護老人福祉施設は、前項の苦情を受け付けた場合には、当該苦情の内容等を記録しなければならない。

3 指定介護老人福祉施設は、提供した指定介護福祉施設サービスに関し、法第二十三条の規定による市町村が行う文書その他の物件の提出若しくは提示の求め又は当該市町村の職員からの質問若しくは照会に応じ、入所者からの苦情に関して市町村が行う調査に協力するとともに、市町村から指導又は助言を受けた場合は、当該指導又は助言に従って必要な改善を行わなければならない。

4 指定介護老人福祉施設は、市町村からの求めがあった場合には、前項の改善の内容を市町村に報告しなければならない。

5　指定介護老人福祉施設は、提供した指定介護福祉施設サービスに関する入所者からの苦情に関して国民健康保険団体連合会（国民健康保険法（昭和三十三年法律第百九十二号）第四十五条第五項に規定する国民健康保険団体連合会をいう。以下同じ。）が行う法第百七十六条第一項第三号の規定による調査に協力するとともに、国民健康保険団体連合会から同号の規定による指導又は助言を受けた場合は、当該指導又は助言に従って必要な改善を行わなければならない。

6　指定介護老人福祉施設は、国民健康保険団体連合会からの求めがあった場合には、前項の改善の内容を国民健康保険団体連合会に報告しなければならない。

（地域との連携等）

第三十四条　指定介護老人福祉施設は、その運営に当たっては、地域住民又はその自発的な活動等との連携及び協力を行う等の地域との交流を図らなければならない。

2　指定介護老人福祉施設は、その運営に当たっては、提供した指定介護福祉施設サービスに関する入所者からの苦情に関して、市町村等が派遣する者が相談及び援助を行う事業その他の市町村が実施する事業に協力するよう努めなければならない。

第五章　ユニット型指定介護老人福祉施設の基本方針並びに設備及び運営に関する基準

第一節　この章の趣旨及び基本方針

（この章の趣旨）

第三十八条　第一条の二、第三章及び前章の規定にかかわらず、ユニット型指定介護老人福祉施設（施設の全部において少数の居室及び当該居室に近接して設けられる共同生活室（当該居室の入居者が交流し、共同で日常生活を営むための場所をいう。以下同じ。）により一体的に構成される場所（以下「ユニット」という。）ごとに入居者の日常生活が営まれ、これに対する支援が行われる指定介護老人福祉施設をいう。以下同じ。）の基本方針並びに設備及び運営に関する基準については、この章に定めるところによる。

（基本方針）

第三十九条　ユニット型指定介護老人福祉施設は、入居者一人一人の意思及び人格を尊重し、施設サービス計画に基づき、その居宅における生活への復帰を念頭に置いて、入居前の居宅における生活と入居後の生活が連続したものとなるよう配慮しながら、各ユニットにおいて入居者が相互に社会的関係を築き、自律的な日常生活を営むことを支援しなければならない。

2　ユニット型指定介護老人福祉施設は、地域や家庭との結び付きを重視した運営を行い、市町村、居宅介護支援事業者、居宅サービス事業者、他の介護保険施設その他の保健医療サービス又は福祉サービスを提供する者との密接な連携に努めなければならない。

第二節　設備に関する基準

（設備）

第四十条　ユニット型指定介護老人福祉施設の設備の基準は、次のとおりとする。

一　ユニット

イ　居室

(1)　一の居室の定員は、一人とすること。ただし、入居者への指定介護福祉施設サービスの提供上必要と認められる場合は、二人とすることができる。

(2)　居室は、いずれかのユニットに属するものとし、当該ユニットの共同生活室に近接して一体的に設けること。ただし、一のユニットの入居定員は、おおむね十人以下としなければならない。

(3)　一の居室の床面積等は、次のいずれかを満たすこと。

(i)　十・六五平方メートル以上とすること。ただし、(1)ただし書の場合にあっては、二十一・三平方メートル以上とすること。

(ii) ユニットに属さない居室を改修したものについては、入居者同士の視線の遮断の確保を前提にした上で、居室を隔てる壁について、天井との間に一定の隙間が生じていても差し支えない。

(4) ブザー又はこれに代わる設備を設けること。

ロ 共同生活室

(1) 共同生活室は、いずれかのユニットに属するものとし、当該ユニットの入居者が交流し、共同で日常生活を営むための場所としてふさわしい形状を有すること。

(2) 一の共同生活室の床面積は、二平方メートルに当該共同生活室が属するユニットの入居定員を乗じて得た面積以上を標準とすること。

(3) 必要な設備及び備品を備えること。

ハ 洗面設備

(1) 居室ごとに設けるか、又は共同生活室ごとに適当数設けること。

(2) 要介護者が使用するのに適したものとすること。

ニ 便所

(1) 居室ごとに設けるか、又は共同生活室ごとに適当数設けること。

(2) ブザー又はこれに代わる設備を設けるとともに、要介護者が使用するのに適したものとすること。

二 浴室

要介護者が入浴するのに適したものとすること。

三 医務室

イ 医療法第一条の五第二項に規定する診療所とすること。

ロ 入居者を診療するために必要な医薬品及び医療機器を備えるほか、必要に応じて臨床検査設備を設けること。

四 廊下幅

一・八メートル以上とすること。ただし、中廊下の幅は、二・七メートル以上とすること。なお、廊下の一部の幅を拡張することにより、入居者、従業者等の円滑な往来に支障が生じないと認められる場合には、一・五メートル以上（中廊下にあっては、一・八メートル以上）として差し支えない。

五 消火設備その他の非常災害に際して必要な設備を設けること。

2 前項第二号から第五号までに掲げる設備は、専ら当該ユニット型指定介護老人福祉施設の用に供するものでなければならない。ただし、入居者に対する指定介護福祉施設サービスの提供に支障がない場合は、この限りでない。

第三節 運営に関する基準

（利用料等の受領）

第四十一条 ユニット型指定介護老人福祉施設は、法定代理受領サービスに該当する指定介護福祉施設サービスを提供した際には、入居者から利用料の一部として、施設サービス費用基準額から当該ユニット型指定介護老人福祉施設に支払われる施設介護サービス費の額を控除して得た額の支払を受けるものとする。

2 ユニット型指定介護老人福祉施設は、法定代理受領サービスに該当しない指定介護福祉施設サービスを提供した際に入居者から支払を受ける利用料の額と、施設サービス費用基準額との間に、不合理な差額が生じないようにしなければならない。

3 ユニット型指定介護老人福祉施設は、前二項の支払を受ける額のほか、次に掲げる費用の額の支払を受けることができる。

一 食事の提供に要する費用（法第五十一条の三第一項の規定により特定入所者介護サービス費が入居者に支給された場合は、同条第二項第一号に規定する食費の基準費用額（同条第四項の規定により当該特定入所者介護サービス費が入居者に代わり当該ユニット型指定介護老人福祉施設に支払われた場合は、同条第二項第一号に規定する食費の負担限度額）を限度とする。）

二 居住に要する費用（法第五十一条の三第一項の規定により特定入所者介護サービス費が入居者に支給された場合は、同条第二項第二号に規定する居住費の基準費用額（同条第四項の規定により当該特定入所者介護サービス費が入居者に代わり当該ユニット型指定介護老人福祉施設に支払われた場合は、同条第二項第二号に規定する居住費の負担限度額）を限度とする。）

三　厚生労働大臣の定める基準に基づき入居者が選定する特別な居室の提供を行ったことに伴い必要となる費用

四　厚生労働大臣の定める基準に基づき入居者が選定する特別な食事の提供を行ったことに伴い必要となる費用

五　理美容代

六　前各号に掲げるもののほか、指定介護福祉施設サービスにおいて提供される便宜のうち、日常生活においても通常必要となるものに係る費用であって、その入居者に負担させることが適当と認められるもの

4　前項第一号から第四号までに掲げる費用については、別に厚生労働大臣が定めるところによるものとする。

5　ユニット型指定介護老人福祉施設は、第三項各号に掲げる費用の額に係るサービスの提供に当たっては、あらかじめ、入居者又はその家族に対し、当該サービスの内容及び費用を記した文書を交付して説明を行い、入居者の同意を得なければならない。ただし、同項第一号から第四号までに掲げる費用に係る同意については、文書によるものとする。

（指定介護福祉施設サービスの取扱方針）

第四十二条　指定介護福祉施設サービスは、入居者が、その有する能力に応じて、自らの生活様式及び生活習慣に沿って自律的な日常生活を営むことができるようにするため、施設サービス計画に基づき、入居者の日常生活上の活動について必要な援助を行うことにより、入居者の日常生活を支援するものとして行われなければならない。

2　指定介護福祉施設サービスは、各ユニットにおいて入居者がそれぞれの役割を持って生活を営むことができるよう配慮して行われなければならない。

3　指定介護福祉施設サービスは、入居者のプライバシーの確保に配慮して行われなければならない。

4　指定介護福祉施設サービスは、入居者の自立した生活を支援することを基本として、入居者の要介護状態の軽減又は悪化の防止に資するよう、その者の心身の状況等を常に把握しながら、適切に行われなければならない。

5　ユニット型指定介護老人福祉施設の従業者は、指定介護福祉施設サービスの提供に当たって、入居者又はその家族に対し、サービスの提供方法等について、理解しやすいように説明を行わなければならない。

6　ユニット型指定介護老人福祉施設は、指定介護福祉施設サービスの提供に当たっては、当該入居者又は他の入居者等の生命又は身体を保護するため緊急やむを得ない場合を除き、身体的拘束等を行ってはならない。

7　ユニット型指定介護老人福祉施設は、前項の身体的拘束等を行う場合には、その態様及び時間、その際の入居者の心身の状況並びに緊急やむを得ない理由を記録しなければならない。

8　ユニット型指定介護老人福祉施設は、身体的拘束等の適正化を図るため、次に掲げる措置を講じなければならない。

一　身体的拘束等の適正化のための対策を検討する委員会を三月に一回以上開催するとともに、その結果について、介護職員その他の従業者に周知徹底を図ること。

二　身体的拘束等の適正化のための指針を整備すること。

三　介護職員その他の従業者に対し、身体的拘束等の適正化のための研修を定期的に実施すること。

9　ユニット型指定介護老人福祉施設は、自らその提供する指定介護福祉施設サービスの質の評価を行い、常にその改善を図らなければならない。

（介護）

第四十三条　介護は、各ユニットにおいて入居者が相互に社会的関係を築き、自律的な

日常生活を営むことを支援するよう、入居者の心身の状況等に応じ、適切な技術をもって行われなければならない。

2 ユニット型指定介護老人福祉施設は、入居者の日常生活における家事を、入居者が、その心身の状況等に応じて、それぞれの役割を持って行うよう適切に支援しなければならない。

3 ユニット型指定介護老人福祉施設は、入居者が身体の清潔を維持し、精神的に快適な生活を営むことができるよう、適切な方法により、入居者に入浴の機会を提供しなければならない。ただし、やむを得ない場合には、清しきを行うことをもって入浴の機会の提供に代えることができる。

4 ユニット型指定介護老人福祉施設は、入居者の心身の状況に応じて、適切な方法により、排せつの自立について必要な支援を行わなければならない。

5 ユニット型指定介護老人福祉施設は、おむつを使用せざるを得ない入居者については、排せつの自立を図りつつ、そのおむつを適切に取り替えなければならない。

6 ユニット型指定介護老人福祉施設は、褥瘡が発生しないよう適切な介護を行うとともに、その発生を予防するための体制を整備しなければならない。

7 ユニット型指定介護老人福祉施設は、前各項に規定するもののほか、入居者が行う離床、着替え、整容等の日常生活上の行為を適切に支援しなければならない。

8 ユニット型指定介護老人福祉施設は、常時一人以上の常勤の介護職員を介護に従事させなければならない。

9 ユニット型指定介護老人福祉施設は、入居者に対し、その負担により、当該ユニット型指定介護老人福祉施設の従業者以外の者による介護を受けさせてはならない。

（食事）

第四十四条 ユニット型指定介護老人福祉施設は、栄養並びに入居者の心身の状況及び嗜好を考慮した食事を提供しなければならない。

2 ユニット型指定介護老人福祉施設は、入居者の心身の状況に応じて、適切な方法により、食事の自立について必要な支援を行わなければならない。

3 ユニット型指定介護老人福祉施設は、入居者の生活習慣を尊重した適切な時間に食事を提供するとともに、入居者がその心身の状況に応じてできる限り自立して食事を摂ることができるよう必要な時間を確保しなければならない。

4 ユニット型指定介護老人福祉施設は、入居者が相互に社会的関係を築くことができるよう、その意思を尊重しつつ、入居者が共同生活室で食事を摂ることを支援しなければならない。

（社会生活上の便宜の提供等）

第四十五条 ユニット型指定介護老人福祉施設は、入居者の嗜好に応じた趣味、教養又は娯楽に係る活動の機会を提供するとともに、入居者が自律的に行うこれらの活動を支援しなければならない。

2 ユニット型指定介護老人福祉施設は、入居者が日常生活を営む上で必要な行政機関等に対する手続について、その者又はその家族が行うことが困難である場合は、その者の同意を得て、代わって行わなければならない。

3 ユニット型指定介護老人福祉施設は、常に入居者の家族との連携を図るとともに、入居者とその家族との交流等の機会を確保するよう努めなければならない。

4 ユニット型指定介護老人福祉施設は、入居者の外出の機会を確保するよう努めなければならない。

（定員の遵守）

第四十八条 ユニット型指定介護老人福祉施設は、ユニットごとの入居定員及び居室の定員を超えて入居させてはならない。ただし、災害、虐待その他のやむを得ない事情がある場合は、この限りでない。

附　則（抄）

（施行期日）

第一条 この省令は、平成十二年四月一日から施行する。

知的障害者の権利宣言

（一九七一・一二・二〇　第二六回国際連合総会で採択）

総会は、

国際連合憲章のもとにおいて、一層高い生活水準、完全雇用および経済的、社会的進歩および発展の条件を促進するためこの機構と協力して共同および個別の行動をとるとの加盟国の誓約に留意し、

この憲章で宣言された人権と基本的自由並びに平和、人間の尊厳と価値および社会的正義の諸原則に対する信念を再確認し、

世界人権宣言、国際人権規約、児童の権利に関する宣言の諸原則並びに国際労働機関、国連教育科学文化機関、世界保健機関、国連児童基金およびその他の関係機関の憲章、条約、勧告および決議においてすでに設定された社会の進歩のための基準を想起し、社会の進歩と発展に関する宣言が心身障害者の権利を保護し、かつそれらの福祉およびリハビリテーションを確保する必要性を宣言したことを強調し、

知的障害者が多くの活動分野においてその能力を発揮し得るよう援助し、かつ可能な限り通常の生活にかれらを受け入れることを促進する必要性に留意し、

若干の国は、その現在の発展段階においては、この目的のために限られた努力しか払い得ないことを認識し、

この知的障害者の権利宣言を宣言し、かつこれらの権利の保護のための共通の基礎および指針として使用されることを確保するための国内的および国際的行動を要請する。

1　知的障害者は、実際上可能な限りにおいて、他の人間と同等の権利を有する。

2　知的障害者は、適当な医学的管理及び物理療法並びにその能力と最大限の可能性を発揮せしめ得るような教育、訓練、リハビリテーション及び指導を受ける権利を有する。

3　知的障害者は経済的保障及び相当な生活水準を享有する権利を有する。また、生産的仕事を遂行し、又は自己の能力が許す最大限の範囲においてその他の有意義な職業に就く権利を有する。

4　可能な場合はいつでも、知的障害者はその家族又は里親と同居し、各種の社会生活に参加すべきである。知的障害者が同居する家族は扶助を受けるべきである。施設における処遇が必要とされる場合は、できるだけ通常の生活に近い環境においてこれを行なうべきである。

5　自己の個人的福祉及び利益を保護するために必要とされる場合は、知的障害者は資格を有する後見人を与えられる権利を有する。

6　知的障害者は、搾取、乱用及び虐待から保護される権利を有する。犯罪行為のため訴追される場合は、知的障害者は正当な司法手続に対する権利を有する。ただし、その心神上の責任能力は十分認識されなければならない。

7　重障害のため、知的障害者がそのすべての権利を有意義に行使し得ない場合、又はこれらの権利の若干又は全部を制限又は排除することが必要とされる場合は、その権利の制限又は排除のために援用された手続はあらゆる形態の乱用防止のための適当な法的保障措置を含まなければならない。この手続は資格を有する専門家による知的障害者の社会的能力についての評価に基づくものであり、かつ、定期的な再検討及び上級機関に対する不服申立の権利に従うべきものでなければならない。

障害者の権利宣言

（一九七五・一二・九）
（第三〇回国際連合総会で採択）

総会は、

・国際連合憲章のもとにおいて、国連と協力しつつ、生活水準の向上、完全雇用、経済・社会の進歩・発展の条件を促進するため、この機構と協力して共同及び個別の行動をとるとの加盟諸国の誓約に留意し、

・国際連合憲章において宣言された人権及び基本的自由並びに平和、人間の尊厳と価値及び社会正義に関する諸原則に対する信念を再確認し、

・世界人権宣言、国際人権規約、児童権利宣言、及び知的障害者の権利宣言の諸原則並びに国際労働機関、国連教育科学文化機関、世界保健機関、国連児童基金及び他の関係諸機関の規約、条約、勧告及び決議において社会発展を目的として既に定められた基準を想起し、

・障害防止及び障害者のリハビリテーションに関する一九七五年五月六日の経済社会理事会決議第一九二一（第五八回会期）をも、また想起し、

・社会の進歩及び発展に関する宣言が身体障害者の権利を保護し、またそれらの福祉及びリハビリテーションを確保する必要性を宣言したことを強調し、

・身体的・精神的障害を防止し、障害者が最大限に多様な活動分野においてその能力を発揮し得るよう援助し、また可能な限り彼らの通常の生活への統合を促進する必要性に留意し、

・若干の国においては、その現在の発展段階においては、この目的のために限られた努力しか払い得ないことを認識し、

・この障害者の権利に関する宣言を宣言し、かつこれらの権利の保護のための共通の基礎及び指針として使用されることを確保するための国内的及び国際的行動を要請する。

1　「障害者」という言葉は、先天的か否かにかかわらず、身体的又は精神的能力の不全のために、通常の個人又は社会生活に必要なことを確保することが、自分自身では完全に又は部分的にできない人のことを意味する。

2　障害者は、この宣言において掲げられるすべての権利を享受する。これらの権利は、いかなる例外もなく、かつ、人種、皮膚の色、性、言語、宗教、政治上若しくはその他の意見、国若しくは社会的身分、貧富、出生又は障害者自身若しくはその家族の置かれている状況に基づく区別又は差別もなく、すべての障害者に認められる。

3　障害者は、その人間としての尊厳が尊重される生まれながらの権利を有している。障害者は、その障害の原因、特質及び程度にかかわらず、同年齢の市民と同等の基本的権利を有する。このことは、まず第一に、可能な限り通常のかつ十分満たされた相当の生活を送ることができる権利を意味する。

4　障害者は、他の人々と同等の市民権及び政治的権利を有する。「知的障害者の権利宣言」の第七条は、精神障害者のこのような諸権利のいかなる制限又は排除にも適用される。

5　障害者は、可能な限り自立させるよう構成された施策を受ける資格がある。

6　障害者は、補装具を含む医学的、心理学的及び機能的治療、並びに医学的・社会的リハビリテーション、教育、職業教育、訓練リハビリテーション、介助、カウンセリング、職業あっ旋及びその他障害者の能力と技能を最大限に開発でき、社会統合又は再統合する過程を促進するようなサービスを受ける権利を有する。

7　障害者は、経済的社会的保障を受け、相当の生活水準を保つ権利を有する。障害者は、その能力に従い、保障を受け、雇用され、または有益で生産的かつ報酬を受ける職業に従事し、労働組合に参加する権利を有する。

8　障害者は、経済社会計画のすべての段階において、その特別のニーズが考慮される資格を有する。

9　障害者は、その家族又は養親とともに生

活し、すべての社会的活動、創造的活動又はレクリエーション活動に参加する権利を有する。障害者は、その居住に関する限り、その状態のため必要であるか又はその状態に由来して改善するため必要である場合以外、差別的な扱いをまぬがれる。もし、障害者が専門施設に入所することが絶対に必要であっても、そこでの環境及び生活条件は、同年齢の人の通常の生活に可能な限り似通ったものであるべきである。

10　障害者は、差別的、侮辱的又は下劣な性質をもつ、あらゆる搾取、あらゆる規則そしてあらゆる取り扱いから保護されるものとする。

11　障害者は、その人格及び財産の保護のために適格なる法的援助が必要な場合には、それらを受け得るようにされなければならない。もし、障害者に対して訴訟が起こされた場合には、その適用される法的手続きは、彼らの身体的精神的状態が十分に考慮されるべきである。

12　障害者団体は、障害者の権利に関するすべての事項について有効に協議を受けるものとする。

13　障害者、その家族及び地域社会は、この宣言に含まれる権利について、あらゆる適切な手段により十分に知らされるべきである。

障害者の権利に関する条約

（平成二六・一・二二 条約一号）

二〇〇六・一二・一三　第六一回国際連合総会で採択
二〇一四・二・一九日本国について発効

前文

この条約の締約国は、

(a)　国際連合憲章において宣明された原則が、人類社会の全ての構成員の固有の尊厳及び価値並びに平等のかつ奪い得ない権利が世界における自由、正義及び平和の基礎を成すものであると認めていることを想起し、

(b)　国際連合が、世界人権宣言及び人権に関する国際規約において、全ての人はいかなる差別もなしに同宣言及びこれらの規約に掲げる全ての権利及び自由を享有することができることを宣明し、及び合意したことを認め、

(c)　全ての人権及び基本的自由が普遍的であり、不可分のものであり、相互に依存し、かつ、相互に関連を有すること並びに障害者が全ての人権及び基本的自由を差別なしに完全に享有することを保障することが必要であることを再確認し、

(d)　経済的、社会的及び文化的権利に関する国際規約、市民的及び政治的権利に関する国際規約、あらゆる形態の人種差別の撤廃に関する国際条約、女子に対するあらゆる形態の差別の撤廃に関する条約、拷問及び他の残虐な、非人道的な又は品位を傷つける取扱い又は刑罰に関する条約、児童の権利に関する条約及び全ての移住労働者及びその家族の構成員の権利の保護に関する国際条約を想起し、

(e)　障害が発展する概念であることを認め、また、障害が、機能障害を有する者とこれらの者に対する態度及び環境による障壁との間の相互作用であって、これらの者が他の者との平等を基礎として社会に完全かつ効果的に参加することを妨げるものによって生ずることを認め、

(f)　障害者に関する世界行動計画及び障害者の機会均等化に関する標準規則に定める原則及び政策上の指針が、障害者の機会均等を更に促進するための国内的、地域的及び国際的な政策、計画及び行動の促進、作成及び評価に影響を及ぼす上で重要であることを認め、

(g)　持続可能な開発に関連する戦略の不可分の一部として障害に関する問題を主流に組み入れることが重要であることを強調し、

(h)　また、いかなる者に対する障害に基づく差別も、人間の固有の尊厳及び価値を侵害するものであることを認め、

(i)　さらに、障害者の多様性を認め、

(j) 全ての障害者（より多くの支援を必要とする障害者を含む。）の人権を促進し、及び保護することが必要であることを認め、

(k) これらの種々の文書及び約束にもかかわらず、障害者が、世界の全ての地域において、社会の平等な構成員としての参加を妨げる障壁及び人権侵害に依然として直面していることを憂慮し、

(l) あらゆる国（特に開発途上国）における障害者の生活条件を改善するための国際協力が重要であることを認め、

(m) 障害者が地域社会における全般的な福祉及び多様性に対して既に貴重な貢献をしており、又は貴重な貢献をし得ることを認め、また、障害者による人権及び基本的自由の完全な享有並びに完全な参加を促進することにより、その帰属意識が高められること並びに社会の人的、社会的及び経済的開発並びに貧困の撲滅に大きな前進がもたらされることを認め、

(n) 障害者にとって、個人の自律及び自立（自ら選択する自由を含む。）が重要であることを認め、

(o) 障害者が、政策及び計画（障害者に直接関連する政策及び計画を含む。）に係る意思決定の過程に積極的に関与する機会を有すべきであることを考慮し、

(p) 人種、皮膚の色、性、言語、宗教、政治的意見その他の意見、国民的な、種族的な、先住民族としての若しくは社会的な出身、財産、出生、年齢又は他の地位に基づく複合的又は加重的な形態の差別を受けている障害者が直面する困難な状況を憂慮し、

(q) 障害のある女子が、家庭の内外で暴力、傷害若しくは虐待、放置若しくは怠慢な取扱い、不当な取扱い又は搾取を受ける一層大きな危険にしばしばさらされていることを認め、

(r) 障害のある児童が、他の児童との平等を基礎として全ての人権及び基本的自由を完全に享有すべきであることを認め、また、このため、児童の権利に関する条約の締約国が負う義務を想起し、

(s) 障害者による人権及び基本的自由の完全な享有を促進するためのあらゆる努力に性別の視点を組み込む必要があることを強調し、

(t) 障害者の大多数が貧困の状況下で生活している事実を強調し、また、この点に関し、貧困が障害者に及ぼす悪影響に対処することが真に必要であることを認め、

(u) 国際連合憲章に定める目的及び原則の十分な尊重並びに人権に関する適用可能な文書の遵守に基づく平和で安全な状況が、特に武力紛争及び外国による占領の期間中における障害者の十分な保護に不可欠であることに留意し、

(v) 障害者が全ての人権及び基本的自由を完全に享有することを可能とするに当たっては、物理的、社会的、経済的及び文化的な環境並びに健康及び教育を享受しやすいようにし、並びに情報及び通信を利用しやすいようにすることが重要であることを認め、

(w) 個人が、他人に対し及びその属する地域社会に対して義務を負うこと並びに国際人権章典において認められる権利の増進及び擁護のために努力する責任を有することを認識し、

(x) 家族が、社会の自然かつ基礎的な単位であること並びに社会及び国家による保護を受ける権利を有することを確信し、また、障害者及びその家族の構成員が、障害者の権利の完全かつ平等な享有に向けて家族が貢献することを可能とするために必要な保護及び支援を受けるべきであることを確信し、

(y) 障害者の権利及び尊厳を促進し、及び保護するための包括的かつ総合的な国際条約が、開発途上国及び先進国において、障害者の社会的に著しく不利な立場を是正することに重要な貢献を行うこと並びに障害者が市民的、政治的、経済的、社会的及び文化的分野に均等な機会により参加することを促進することを確信して、

次のとおり協定した。

第一条　目的

この条約は、全ての障害者によるあらゆる人権及び基本的自由の完全かつ平等な享有を促進し、保護し、及び確保すること並びに障害者の固有の尊厳の尊重を促進することを目的とする。

障害者には、長期的な身体的、精神的、知的又は感覚的な機能障害であって、様々な障壁との相互作用により他の者との平等を基礎として社会に完全かつ効果的に参加することを妨げ得るものを有する者を含む。

第二条　定義

この条約の適用上、

「意思疎通」とは、言語、文字の表示、点字、触覚を使った意思疎通、拡大文字、利用しやすいマルチメディア並びに筆記、音声、平易な言葉、朗読その他の補助的及び代替的な意思疎通の形態、手段及び様式（利用しやすい情報通信機器を含む。）をいう。

「言語」とは、音声言語及び手話その他の形態の非音声言語をいう。

「障害に基づく差別」とは、障害に基づくあらゆる区別、排除又は制限であって、政治的、経済的、社会的、文化的、市民的その他のあらゆる分野において、他の者との平等を基礎として全ての人権及び基本的自由を認識し、享有し、又は行使することを害し、又は妨げる目的又は効果を有するものをいう。障害に基づく差別には、あらゆる形態の差別（合理的配慮の否定を含む。）を含む。

「合理的配慮」とは、障害者が他の者との平等を基礎として全ての人権及び基本的自由を享有し、又は行使することを確保するための必要かつ適当な変更及び調整であって、特定の場合において必要とされるものであり、かつ、均衡を失した又は過度の負担を課さないものをいう。

「ユニバーサルデザイン」とは、調整又は特別な設計を必要とすることなく、最大限可能な範囲で全ての人が使用することのできる製品、環境、計画及びサービスの設計をいう。ユニバーサルデザインは、特定の障害者の集団のための補装具が必要な場合には、これを排除するものではない。

第三条　一般原則

この条約の原則は、次のとおりとする。

(a) 固有の尊厳、個人の自律（自ら選択する自由を含む。）及び個人の自立の尊重

(b) 無差別

(c) 社会への完全かつ効果的な参加及び包容

(d) 差異の尊重並びに人間の多様性の一部及び人類の一員としての障害者の受入れ

(e) 機会の均等

(f) 施設及びサービス等の利用の容易さ

(g) 男女の平等

(h) 障害のある児童の発達しつつある能力の尊重及び障害のある児童がその同一性を保持する権利の尊重

第四条　一般的義務

1 締約国は、障害に基づくいかなる差別もなしに、全ての障害者のあらゆる人権及び基本的自由を完全に実現することを確保し、及び促進することを約束する。このため、締約国は、次のことを約束する。

(a) この条約において認められる権利の実現のため、全ての適当な立法措置、行政措置その他の措置をとること。

(b) 障害者に対する差別となる既存の法律、規則、慣習及び慣行を修正し、又は廃止するための全ての適当な措置（立法を含む。）をとること。

(c) 全ての政策及び計画において障害者の人権の保護及び促進を考慮に入れること。

(d) この条約と両立しないいかなる行為又は慣行も差し控えること。また、公の当局及び機関がこの条約に従って行動することを確保すること。

(e) いかなる個人、団体又は民間企業による障害に基づく差別も撤廃するための全ての適当な措置をとること。

(f) 第二条に規定するユニバーサルデザインの製品、サービス、設備及び施設であって、障害者に特有のニーズを満たすために必要な調整が可能な限り最小限であり、かつ、当該ニーズを満たすために必要な費用が最小限であるべきものについての研究及び開発を実施し、又は促進すること。また、当該ユニバーサルデザイ

ンの製品、サービス、設備及び施設の利用可能性及び使用を促進すること。さらに、基準及び指針を作成するに当たっては、ユニバーサルデザインが当該基準及び指針に含まれることを促進すること。

(g) 障害者に適した新たな機器（情報通信機器、移動補助具、補装具及び支援機器を含む。）についての研究及び開発を実施し、又は促進し、並びに当該新たな機器の利用可能性及び使用を促進すること。この場合において、締約国は、負担しやすい費用の機器を優先させる。

(h) 移動補助具、補装具及び支援機器（新たな機器を含む。）並びに他の形態の援助、支援サービス及び施設に関する情報であって、障害者にとって利用しやすいものを提供すること。

(i) この条約において認められる権利によって保障される支援及びサービスをより良く提供するため、障害者と共に行動する専門家及び職員に対する当該権利に関する研修を促進すること。

2 各締約国は、経済的、社会的及び文化的権利に関しては、これらの権利の完全な実現を漸進的に達成するため、自国における利用可能な手段を最大限に用いることにより、また、必要な場合には国際協力の枠内で、措置をとることを約束する。ただし、この条約に定める義務であって、国際法に従って直ちに適用されるものに影響を及ぼすものではない。

3 締約国は、この条約を実施するための法令及び政策の作成及び実施において、並びに障害者に関する問題についての他の意思決定過程において、障害者（障害のある児童を含む。以下この3において同じ。）を代表する団体を通じ、障害者と緊密に協議し、及び障害者を積極的に関与させる。

4 この条約のいかなる規定も、締約国の法律又は締約国について効力を有する国際法に含まれる規定であって障害者の権利の実現に一層貢献するものに影響を及ぼすものではない。この条約のいずれかの締約国において法律、条約、規則又は慣習によって認められ、又は存する人権及び基本的自由については、この条約がそれらの権利若しくは自由を認めていないこと又はその認める範囲がより狭いことを理由として、それらの権利及び自由を制限し、又は侵してはならない。

5 この条約は、いかなる制限又は例外もなしに、連邦国家の全ての地域について適用する。

第五条　平等及び無差別

1 締約国は、全ての者が、法律の前に又は法律に基づいて平等であり、並びにいかなる差別もなしに法律による平等の保護及び利益を受ける権利を有することを認める。

2 締約国は、障害に基づくあらゆる差別を禁止するものとし、いかなる理由による差別に対しても平等かつ効果的な法的保護を障害者に保障する。

3 締約国は、平等を促進し、及び差別を撤廃することを目的として、合理的配慮が提供されることを確保するための全ての適当な措置をとる。

4 障害者の事実上の平等を促進し、又は達成するために必要な特別の措置は、この条約に規定する差別と解してはならない。

第六条　障害のある女子

1 締約国は、障害のある女子が複合的な差別を受けていることを認識するものとし、この点に関し、障害のある女子が全ての人権及び基本的自由を完全かつ平等に享有することを確保するための措置をとる。

2 締約国は、女子に対してこの条約に定める人権及び基本的自由を行使し、及び享有することを保障することを目的として、女子の完全な能力開発、向上及び自律的な力の育成を確保するための全ての適当な措置をとる。

第七条　障害のある児童

1 締約国は、障害のある児童が他の児童との平等を基礎として全ての人権及び基本的自由を完全に享有することを確保するための全ての必要な措置をとる。

2 障害のある児童に関する全ての措置をとるに当たっては、児童の最善の利益が主として考慮されるものとする。

3 締約国は、障害のある児童が、自己に影響を及ぼす全ての事項について自由に自己の意見を表明する権利並びにこの権利を実現するための障害及び年齢に適した支援を提供される権利を有することを確保する。この場合において、障害のある児童の意見は、他の児童との平等を基礎として、その児童の年齢及び成熟度に従って相応に考慮されるものとする。

第八条　意識の向上

1　締約国は、次のことのための即時の、効果的なかつ適当な措置をとることを約束する。

(a)　障害者に関する社会全体（各家庭を含む。）の意識を向上させ、並びに障害者の権利及び尊厳に対する尊重を育成すること。

(b)　あらゆる活動分野における障害者に関する定型化された観念、偏見及び有害な慣行（性及び年齢に基づくものを含む。）と戦うこと。

(c)　障害者の能力及び貢献に関する意識を向上させること。

2　このため、1の措置には、次のことを含む。

(a)　次のことのための効果的な公衆の意識の啓発活動を開始し、及び維持すること。

(i)　障害者の権利に対する理解を育てること。

(ii)　障害者に対する肯定的認識及び一層の社会の啓発を促進すること。

(iii)　障害者の技能、長所及び能力並びに職場及び労働市場に対する障害者の貢献についての認識を促進すること。

(b)　教育制度の全ての段階（幼年期からの全ての児童に対する教育制度を含む。）において、障害者の権利を尊重する態度を育成すること。

(c)　全ての報道機関が、この条約の目的に適合するように障害者を描写するよう奨励すること。

(d)　障害者及びその権利に関する啓発のための研修計画を促進すること。

第九条　施設及びサービス等の利用の容易さ

1　締約国は、障害者が自立して生活し、及び生活のあらゆる側面に完全に参加することを可能にすることを目的として、障害者が、他の者との平等を基礎として、都市及び農村の双方において、物理的環境、輸送機関、情報通信（情報通信機器及び情報通信システムを含む。）並びに公衆に開放され、又は提供される他の施設及びサービスを利用する機会を有することを確保するための適当な措置をとる。この措置は、施設及びサービス等の利用の容易さに対する妨げ及び障壁を特定し、及び撤廃することを含むものとし、特に次の事項について適用する。

(a)　建物、道路、輸送機関その他の屋内及び屋外の施設（学校、住居、医療施設及び職場を含む。）

(b)　情報、通信その他のサービス（電子サービス及び緊急事態に係るサービスを含む。）

2　締約国は、また、次のことのための適当な措置をとる。

(a)　公衆に開放され、又は提供される施設及びサービスの利用の容易さに関する最低基準及び指針を作成し、及び公表し、並びに当該最低基準及び指針の実施を監視すること。

(b)　公衆に開放され、又は提供される施設及びサービスを提供する民間の団体が、当該施設及びサービスの障害者にとっての利用の容易さについてあらゆる側面を考慮することを確保すること。

(c)　施設及びサービス等の利用の容易さに関して障害者が直面する問題についての研修を関係者に提供すること。

(d)　公衆に開放される建物その他の施設において、点字の表示及び読みやすく、かつ、理解しやすい形式の表示を提供すること。

(e)　公衆に開放される建物その他の施設の利用の容易さを促進するため、人又は動物による支援及び仲介する者（案内者、朗読者及び専門の手話通訳を含む。）を提供すること。

(f)　障害者が情報を利用する機会を有することを確保するため、障害者に対する他の適当な形態の援助及び支援を促進すること。

(g) 障害者が新たな情報通信機器及び情報通信システム（インターネットを含む。）を利用する機会を有することを促進すること。

(h) 情報通信機器及び情報通信システムを最小限の費用で利用しやすいものとするため、早い段階で、利用しやすい情報通信機器及び情報通信システムの設計、開発、生産及び流通を促進すること。

第十条　生命に対する権利

締約国は、全ての人間が生命に対する固有の権利を有することを再確認するものとし、障害者が他の者との平等を基礎としてその権利を効果的に享有することを確保するための全ての必要な措置をとる。

第十一条　危険な状況及び人道上の緊急事態

締約国は、国際法（国際人道法及び国際人権法を含む。）に基づく自国の義務に従い、危険な状況（武力紛争、人道上の緊急事態及び自然災害の発生を含む。）において障害者の保護及び安全を確保するための全ての必要な措置をとる。

第十二条　法律の前にひとしく認められる権利

1　締約国は、障害者が全ての場所において法律の前に人として認められる権利を有することを再確認する。

2　締約国は、障害者が生活のあらゆる側面において他の者との平等を基礎として法的能力を享有することを認める。

3　締約国は、障害者がその法的能力の行使に当たって必要とする支援を利用する機会を提供するための適当な措置をとる。

4　締約国は、法的能力の行使に関連する全ての措置において、濫用を防止するための適当かつ効果的な保障を国際人権法に従って定めることを確保する。当該保障は、法的能力の行使に関連する措置が、障害者の権利、意思及び選好を尊重すること、利益相反を生じさせず、及び不当な影響を及ぼさないこと、障害者の状況に応じ、かつ、適合すること、可能な限り短い期間に適用されること並びに権限のある、独立の、かつ、公平な当局又は司法機関による定期的な審査の対象となることを確保するものとする。当該保障は、当該措置が障害者の権利及び利益に及ぼす影響の程度に応じたものとする。

5　締約国は、この条の規定に従うことを条件として、障害者が財産を所有し、又は相続し、自己の会計を管理し、及び銀行貸付け、抵当その他の形態の金融上の信用を利用する均等な機会を有することについての平等の権利を確保するための全ての適当かつ効果的な措置をとるものとし、障害者がその財産を恣意的に奪われないことを確保する。

第十三条　司法手続の利用の機会

1　締約国は、障害者が全ての法的手続（捜査段階その他予備的な段階を含む。）において直接及び間接の参加者（証人を含む。）として効果的な役割を果たすことを容易にするため、手続上の配慮及び年齢に適した配慮が提供されること等により、障害者が他の者との平等を基礎として司法手続を利用する効果的な機会を有することを確保する。

2　締約国は、障害者が司法手続を利用する効果的な機会を有することを確保することに役立てるため、司法に係る分野に携わる者（警察官及び刑務官を含む。）に対する適当な研修を促進する。

第十四条　身体の自由及び安全

1　締約国は、障害者に対し、他の者との平等を基礎として、次のことを確保する。

(a) 身体の自由及び安全についての権利を享有すること。

(b) 不法に又は恣意的に自由を奪われないこと、いかなる自由の剥奪も法律に従って行われること及びいかなる場合においても自由の剥奪が障害の存在によって正当化されないこと。

2　締約国は、障害者がいずれの手続を通じて自由を奪われた場合であっても、当該障害者が、他の者との平等を基礎として国際人権法による保障を受ける権利を有すること並びにこの条約の目的及び原則に従って取り扱われること（合理的配慮の提供によるものを含む。）を確保する。

第十五条　拷問又は残虐な、非人道的な若しくは品位を傷つける取扱い若しくは刑罰からの自由

1　いかなる者も、拷問又は残虐な、非人道的な若しくは品位を傷つける取扱い若しくは刑罰を受けない。特に、いかなる者も、その自由な同意なしに医学的又は科学的実験を受けない。

2　締約国は、障害者が、他の者との平等を基礎として、拷問又は残虐な、非人道的な若しくは品位を傷つける取扱い若しくは刑罰を受けることがないようにするため、全ての効果的な立法上、行政上、司法上その他の措置をとる。

第十六条　搾取、暴力及び虐待からの自由

1　締約国は、家庭の内外におけるあらゆる形態の搾取、暴力及び虐待（性別に基づくものを含む。）から障害者を保護するための全ての適当な立法上、行政上、社会上、教育上その他の措置をとる。

2　また、締約国は、特に、障害者並びにその家族及び介護者に対する適当な形態の性別及び年齢に配慮した援助及び支援（搾取、暴力及び虐待の事案を防止し、認識し、及び報告する方法に関する情報及び教育を提供することによるものを含む。）を確保することにより、あらゆる形態の搾取、暴力及び虐待を防止するための全ての適当な措置をとる。締約国は、保護事業が年齢、性別及び障害に配慮したものであることを確保する。

3　締約国は、あらゆる形態の搾取、暴力及び虐待の発生を防止するため、障害者に役立つことを意図した全ての施設及び計画が独立した当局により効果的に監視されることを確保する。

4　締約国は、あらゆる形態の搾取、暴力又は虐待の被害者となる障害者の身体的、認知的及び心理的な回復、リハビリテーション並びに社会復帰を促進するための全ての適当な措置（保護事業の提供によるものを含む。）をとる。このような回復及び復帰は、障害者の健康、福祉、自尊心、尊厳及び自律を育成する環境において行われるものとし、性別及び年齢に応じたニーズを考慮に入れる。

5　締約国は、障害者に対する搾取、暴力及び虐待の事案が特定され、捜査され、及び適当な場合には訴追されることを確保するための効果的な法令及び政策（女子及び児童に重点を置いた法令及び政策を含む。）を策定する。

第十七条　個人をそのままの状態で保護すること

全ての障害者は、他の者との平等を基礎として、その心身がそのままの状態で尊重される権利を有する。

第十八条　移動の自由及び国籍についての権利

1　締約国は、障害者に対して次のことを確保すること等により、障害者が他の者との平等を基礎として移動の自由、居住の自由及び国籍についての権利を有することを認める。

(a)　国籍を取得し、及び変更する権利を有すること並びにその国籍を恣意的に又は障害に基づいて奪われないこと。

(b)　国籍に係る文書若しくは身元に係る他の文書を入手し、所有し、及び利用すること又は移動の自由についての権利の行使を容易にするために必要とされる関連手続（例えば、出入国の手続）を利用することを、障害に基づいて奪われないこと。

(c)　いずれの国（自国を含む。）からも自由に離れることができること。

(d)　自国に戻る権利を恣意的に又は障害に基づいて奪われないこと。

2　障害のある児童は、出生の後直ちに登録される。障害のある児童は、出生の時から氏名を有する権利及び国籍を取得する権利を有するものとし、また、できる限りその父母を知り、かつ、その父母によって養育される権利を有する。

第十九条　自立した生活及び地域社会への包容

この条約の締約国は、全ての障害者が他の者と平等の選択の機会をもって地域社会で生活する平等の権利を有することを認めるものとし、障害者が、この権利を完全に享受し、並びに地域社会に完全に包容され、及び参加することを容易にするための効果的かつ適当な措置をとる。この措置には、次のことを確保することによるものを含む。

(a) 障害者が、他の者との平等を基礎として、居住地を選択し、及びどこで誰と生活するかを選択する機会を有すること並びに特定の生活施設で生活する義務を負わないこと。

(b) 地域社会における生活及び地域社会への包容を支援し、並びに地域社会からの孤立及び隔離を防止するために必要な在宅サービス、居住サービスその他の地域社会支援サービス(個別の支援を含む。)を障害者が利用する機会を有すること。

(c) 一般住民向けの地域社会サービス及び施設が、障害者にとって他の者との平等を基礎として利用可能であり、かつ、障害者のニーズに対応していること。

第二十条　個人の移動を容易にすること

締約国は、障害者自身ができる限り自立して移動することを容易にすることを確保するための効果的な措置をとる。この措置には、次のことによるものを含む。

(a) 障害者自身が、自ら選択する方法で、自ら選択する時に、かつ、負担しやすい費用で移動することを容易にすること。

(b) 障害者が質の高い移動補助具、補装具、支援機器、人又は動物による支援及び仲介する者を利用する機会を得やすくすること(これらを負担しやすい費用で利用可能なものとすることを含む。)。

(c) 障害者及び障害者と共に行動する専門職員に対し、移動のための技能に関する研修を提供すること。

(d) 移動補助具、補装具及び支援機器を生産する事業体に対し、障害者の移動のあらゆる側面を考慮するよう奨励すること。

第二十一条　表現及び意見の自由並びに情報の利用の機会

締約国は、障害者が、第二条に定めるあらゆる形態の意思疎通であって自ら選択するものにより、表現及び意見の自由(他の者との平等を基礎として情報及び考えを求め、受け、及び伝える自由を含む。)についての権利を行使することができることを確保するための全ての適当な措置をとる。この措置には、次のことによるものを含む。

(a) 障害者に対し、様々な種類の障害に相応した利用しやすい様式及び機器により、適時に、かつ、追加の費用を伴わず、一般公衆向けの情報を提供すること。

(b) 公的な活動において、手話、点字、補助的及び代替的な意思疎通並びに障害者が自ら選択する他の全ての利用しやすい意思疎通の手段、形態及び様式を用いることを受け入れ、及び容易にすること。

(c) 一般公衆に対してサービス(インターネットによるものを含む。)を提供する民間の団体が情報及びサービスを障害者にとって利用しやすい又は使用可能な様式で提供するよう要請すること。

(d) マスメディア(インターネットを通じて情報を提供する者を含む。)がそのサービスを障害者にとって利用しやすいものとするよう奨励すること。

(e) 手話の使用を認め、及び促進すること。

第二十二条　プライバシーの尊重

1　いかなる障害者も、居住地又は生活施設のいかんを問わず、そのプライバシー、家族、住居又は通信その他の形態の意思疎通に対して恣意的に又は不法に干渉されず、また、名誉及び信用を不法に攻撃されない。障害者は、このような干渉又は攻撃に対する法律の保護を受ける権利を有する。

2　締約国は、他の者との平等を基礎として、障害者の個人、健康及びリハビリテーションに関する情報に係るプライバシーを保護する。

第二十三条　家庭及び家族の尊重

1　締約国は、他の者との平等を基礎として、婚姻、家族、親子関係及び個人的な関係に係る全ての事項に関し、障害者に対する差別を撤廃するための効果的かつ適当な措置をとる。この措置は、次のことを確保することを目的とする。

(a) 婚姻をすることができる年齢の全ての障害者が、両当事者の自由かつ完全な合意に基づいて婚姻をし、かつ、家族を形成する権利を認められること。

(b) 障害者が子の数及び出産の間隔を自由にかつ責任をもって決定する権利を認められ、また、障害者が生殖及び家族計画について年齢に適した情報及び教育を享受する権利を認められること。さらに、障害者がこれらの権利を行使することを可能とするために必要な手段を提供されること。

(c) 障害者（児童を含む。）が、他の者との平等を基礎として生殖能力を保持すること。

2 締約国は、子の後見、養子縁組又はこれらに類する制度が国内法令に存在する場合には、それらの制度に係る障害者の権利及び責任を確保する。あらゆる場合において、子の最善の利益は至上である。締約国は、障害者が子の養育についての責任を遂行するに当たり、当該障害者に対して適当な援助を与える。

3 締約国は、障害のある児童が家庭生活について平等の権利を有することを確保する。締約国は、この権利を実現し、並びに障害のある児童の隠匿、遺棄、放置及び隔離を防止するため、障害のある児童及びその家族に対し、包括的な情報、サービス及び支援を早期に提供することを約束する。

4 締約国は、児童がその父母の意思に反してその父母から分離されないことを確保する。ただし、権限のある当局が司法の審査に従うことを条件として適用のある法律及び手続に従いその分離が児童の最善の利益のために必要であると決定する場合は、この限りでない。いかなる場合にも、児童は、自己の障害又は父母の一方若しくは双方の障害に基づいて父母から分離されない。

5 締約国は、近親の家族が障害のある児童を監護することができない場合には、一層広い範囲の家族の中で代替的な監護を提供し、及びこれが不可能なときは、地域社会の中で家庭的な環境により代替的な監護を提供するようあらゆる努力を払う。

第二十四条　教育

1 締約国は、教育についての障害者の権利を認める。締約国は、この権利を差別なしに、かつ、機会の均等を基礎として実現するため、障害者を包容するあらゆる段階の教育制度及び生涯学習を確保する。当該教育制度及び生涯学習は、次のことを目的とする。

(a) 人間の潜在能力並びに尊厳及び自己の価値についての意識を十分に発達させ、並びに人権、基本的自由及び人間の多様性の尊重を強化すること。

(b) 障害者が、その人格、才能及び創造力並びに精神的及び身体的な能力をその可能な最大限度まで発達させること。

(c) 障害者が自由な社会に効果的に参加することを可能とすること。

2 締約国は、1の権利の実現に当たり、次のことを確保する。

(a) 障害者が障害に基づいて一般的な教育制度から排除されないこと及び障害のある児童が障害に基づいて無償のかつ義務的な初等教育から又は中等教育から排除されないこと。

(b) 障害者が、他の者との平等を基礎として、自己の生活する地域社会において、障害者を包容し、質が高く、かつ、無償の初等教育を享受することができること及び中等教育を享受することができること。

(c) 個人に必要とされる合理的配慮が提供されること。

(d) 障害者が、その効果的な教育を容易にするために必要な支援を一般的な教育制度の下で受けること。

(e) 学問的及び社会的な発達を最大にする環境において、完全な包容という目標に合致する効果的で個別化された支援措置がとられること。

3 締約国は、障害者が教育に完全かつ平等に参加し、及び地域社会の構成員として完全かつ平等に参加することを容易にするため、障害者が生活する上での技能及び社会的な発達のための技能を習得することを可能とする。このため、締約国は、次のことを含む適当な措置をとる。

(a) 点字、代替的な文字、意思疎通の補助的及び代替的な形態、手段及び様式並び

障害者福祉

に定位及び移動のための技能の習得並びに障害者相互による支援及び助言を容易にすること。

(b) 手話の習得及び聾社会の言語的な同一性の促進を容易にすること。

(c) 盲人、聾者又は盲聾者（特に盲人、聾者又は盲聾者である児童）の教育が、その個人にとって最も適当な言語並びに意思疎通の形態及び手段で、かつ、学問的及び社会的な発達を最大にする環境において行われることを確保すること。

4 締約国は、1の権利の実現の確保を助長することを目的として、手話又は点字について能力を有する教員（障害のある教員を含む。）を雇用し、並びに教育に従事する専門家及び職員（教育のいずれの段階において従事するかを問わない。）に対する研修を行うための適当な措置をとる。この研修には、障害についての意識の向上を組み入れ、また、適当な意思疎通の補助的及び代替的な形態、手段及び様式の使用並びに障害者を支援するための教育技法及び教材の使用を組み入れるものとする。

5 締約国は、障害者が、差別なしに、かつ、他の者との平等を基礎として、一般的な高等教育、職業訓練、成人教育及び生涯学習を享受することができることを確保する。このため、締約国は、合理的配慮が障害者に提供されることを確保する。

第二十五条　健康

締約国は、障害者が障害に基づく差別なしに到達可能な最高水準の健康を享受する権利を有することを認める。締約国は、障害者が性別に配慮した保健サービス（保健に関連するリハビリテーションを含む。）を利用する機会を有することを確保するための全ての適当な措置をとる。締約国は、特に、次のことを行う。

(a) 障害者に対して他の者に提供されるものと同一の範囲、質及び水準の無償の又は負担しやすい費用の保健及び保健計画（性及び生殖に係る健康並びに住民のための公衆衛生計画の分野のものを含む。）を提供すること。

(b) 障害者が特にその障害のために必要とする保健サービス（早期発見及び適当な場合には早期関与並びに特に児童及び高齢者の新たな障害を最小限にし、及び防止するためのサービスを含む。）を提供すること。

(c) これらの保健サービスを、障害者自身が属する地域社会（農村を含む。）の可能な限り近くにおいて提供すること。

(d) 保健に従事する者に対し、特に、研修を通じて及び公私の保健に関する倫理基準を広く知らせることによって障害者の人権、尊厳、自律及びニーズに関する意識を高めることにより、他の者と同一の質の医療（例えば、事情を知らされた上での自由な同意を基礎とした医療）を障害者に提供するよう要請すること。

(e) 健康保険及び国内法により認められている場合には生命保険の提供に当たり、公正かつ妥当な方法で行い、及び障害者に対する差別を禁止すること。

(f) 保健若しくは保健サービス又は食糧及び飲料の提供に関し、障害に基づく差別的な拒否を防止すること。

第二十六条　ハビリテーション（適応のための技能の習得）及びリハビリテーション

1 締約国は、障害者が、最大限の自立並びに十分な身体的、精神的、社会的及び職業的な能力を達成し、及び維持し、並びに生活のあらゆる側面への完全な包容及び参加を達成し、及び維持することを可能とするための効果的かつ適当な措置（障害者相互による支援を通じたものを含む。）をとる。このため、締約国は、特に、保健、雇用、教育及び社会に係るサービスの分野において、ハビリテーション及びリハビリテーションについての包括的なサービス及びプログラムを企画し、強化し、及び拡張する。この場合において、これらのサービス及びプログラムは、次のようなものとする。

(a) 可能な限り初期の段階において開始し、並びに個人のニーズ及び長所に関する学際的な評価を基礎とするものであること。

(b) 地域社会及び社会のあらゆる側面への参加及び包容を支援し、自発的なものであり、並びに障害者自身が属する地域社会（農村を含む。）の可能な限り近くにおいて利用可能なものであること。

2　締約国は、ハビリテーション及びリハビリテーションのサービスに従事する専門家及び職員に対する初期研修及び継続的な研修の充実を促進する。

3　締約国は、障害者のために設計された補装具及び支援機器であって、ハビリテーション及びリハビリテーションに関連するものの利用可能性、知識及び使用を促進する。

第二十七条　労働及び雇用

1　締約国は、障害者が他の者との平等を基礎として労働についての権利を有することを認める。この権利には、障害者に対して開放され、障害者を包容し、及び障害者にとって利用しやすい労働市場及び労働環境において、障害者が自由に選択し、又は承諾する労働によって生計を立てる機会を有する権利を含む。締約国は、特に次のことのための適当な措置（立法によるものを含む。）をとることにより、労働についての障害者（雇用の過程で障害を有することとなった者を含む。）の権利が実現されることを保障し、及び促進する。

(a)　あらゆる形態の雇用に係る全ての事項（募集、採用及び雇用の条件、雇用の継続、昇進並びに安全かつ健康的な作業条件を含む。）に関し、障害に基づく差別を禁止すること。

(b)　他の者との平等を基礎として、公正かつ良好な労働条件（均等な機会及び同一価値の労働についての同一報酬を含む。）、安全かつ健康的な作業条件（嫌がらせからの保護を含む。）及び苦情に対する救済についての障害者の権利を保護すること。

(c)　障害者が他の者との平等を基礎として労働及び労働組合についての権利を行使することができることを確保すること。

(d)　障害者が技術及び職業の指導に関する一般的な計画、職業紹介サービス並びに職業訓練及び継続的な訓練を利用する効果的な機会を有することを可能とすること。

(e)　労働市場において障害者の雇用機会の増大を図り、及びその昇進を促進すること並びに職業を求め、これに就き、これを継続し、及びこれに復帰する際の支援を促進すること。

(f)　自営活動の機会、起業家精神、協同組合の発展及び自己の事業の開始を促進すること。

(g)　公的部門において障害者を雇用すること。

(h)　適当な政策及び措置（積極的差別是正措置、奨励措置その他の措置を含めることができる。）を通じて、民間部門における障害者の雇用を促進すること。

(i)　職場において合理的配慮が障害者に提供されることを確保すること。

(j)　開かれた労働市場において障害者が職業経験を得ることを促進すること。

(k)　障害者の職業リハビリテーション、職業の保持及び職場復帰計画を促進すること。

2　締約国は、障害者が、奴隷の状態又は隷属状態に置かれないこと及び他の者との平等を基礎として強制労働から保護されることを確保する。

第二十八条　相当な生活水準及び社会的な保障

1　締約国は、障害者が、自己及びその家族の相当な生活水準（相当な食糧、衣類及び住居を含む。）についての権利並びに生活条件の不断の改善についての権利を有することを認めるものとし、障害に基づく差別なしにこの権利を実現することを保障し、及び促進するための適当な措置をとる。

2　締約国は、社会的な保障についての障害者の権利及び障害に基づく差別なしにこの権利を享受することについての障害者の権利を認めるものとし、この権利の実現を保障し、及び促進するための適当な措置をとる。この措置には、次のことを確保するための措置を含む。

(a)　障害者が清浄な水のサービスを利用する均等な機会を有し、及び障害者が障害に関連するニーズに係る適当なかつ費用の負担しやすいサービス、補装具その他の援助を利用する機会を有すること。

(b) 障害者(特に、障害のある女子及び高齢者)が社会的な保障及び貧困削減に関する計画を利用する機会を有すること。

(c) 貧困の状況において生活している障害者及びその家族が障害に関連する費用についての国の援助(適当な研修、カウンセリング、財政的援助及び介護者の休息のための一時的な介護を含む。)を利用する機会を有すること。

(d) 障害者が公営住宅計画を利用する機会を有すること。

(e) 障害者が退職に伴う給付及び計画を利用する均等な機会を有すること。

第二十九条　政治的及び公的活動への参加

締約国は、障害者に対して政治的権利を保障し、及び他の者との平等を基礎としてこの権利を享受する機会を保障するものとし、次のことを約束する。

(a) 特に次のことを行うことにより、障害者が、直接に、又は自由に選んだ代表者を通じて、他の者との平等を基礎として、政治的及び公的活動に効果的かつ完全に参加することができること(障害者が投票し、及び選挙される権利及び機会を含む。)を確保すること。

(i) 投票の手続、設備及び資料が適当な及び利用しやすいものであり、並びにその理解及び使用が容易であることを確保すること。

(ii) 障害者が、選挙及び国民投票において脅迫を受けることなく秘密投票によって投票し、選挙に立候補し、並びに政府のあらゆる段階において実質的に在職し、及びあらゆる公務を遂行する権利を保護すること。この場合において、適当なときは支援機器及び新たな機器の使用を容易にするものとする。

(iii) 選挙人としての障害者の意思の自由な表明を保障すること。このため、必要な場合には、障害者の要請に応じて、当該障害者により選択される者が投票の際に援助することを認めること。

(b) 障害者が、差別なしに、かつ、他の者との平等を基礎として、政治に効果的かつ完全に参加することができる環境を積極的に促進し、及び政治への障害者の参加を奨励すること。政治への参加には、次のことを含む。

(i) 国の公的及び政治的活動に関係のある非政府機関及び非政府団体に参加し、並びに政党の活動及び運営に参加すること。

(ii) 国際、国内、地域及び地方の各段階において障害者を代表するための障害者の組織を結成し、並びにこれに参加すること。

第三十条　文化的な生活、レクリエーション、余暇及びスポーツへの参加

1 締約国は、障害者が他の者との平等を基礎として文化的な生活に参加する権利を認めるものとし、次のことを確保するための全ての適当な措置をとる。

(a) 障害者が、利用しやすい様式を通じて、文化的な作品を享受する機会を有すること。

(b) 障害者が、利用しやすい様式を通じて、テレビジョン番組、映画、演劇その他の文化的な活動を享受する機会を有すること。

(c) 障害者が、文化的な公演又はサービスが行われる場所(例えば、劇場、博物館、映画館、図書館、観光サービス)を利用する機会を有し、並びに自国の文化的に重要な記念物及び場所を享受する機会をできる限り有すること。

2 締約国は、障害者が、自己の利益のためのみでなく、社会を豊かにするためにも、自己の創造的、芸術的及び知的な潜在能力を開発し、及び活用する機会を有することを可能とするための適当な措置をとる。

3 締約国は、国際法に従い、知的財産権を保護する法律が、障害者が文化的な作品を享受する機会を妨げる不当な又は差別的な障壁とならないことを確保するための全ての適当な措置をとる。

4 障害者は、他の者との平等を基礎として、その独自の文化的及び言語的な同一性(手話及び聾文化を含む。）の承認及び支持を受ける権利を有する。

5　締約国は、障害者が他の者との平等を基礎としてレクリエーション、余暇及びスポーツの活動に参加することを可能とすることを目的として、次のことのための適当な措置をとる。

(a)　障害者があらゆる水準の一般のスポーツ活動に可能な限り参加することを奨励し、及び促進すること。

(b)　障害者が障害に応じたスポーツ及びレクリエーションの活動を組織し、及び発展させ、並びにこれらに参加する機会を有することを確保すること。このため、適当な指導、研修及び資源が他の者との平等を基礎として提供されるよう奨励すること。

(c)　障害者がスポーツ、レクリエーション及び観光の場所を利用する機会を有することを確保すること。

(d)　障害のある児童が遊び、レクリエーション、余暇及びスポーツの活動（学校制度におけるこれらの活動を含む。）への参加について他の児童と均等な機会を有することを確保すること。

(e)　障害者がレクリエーション、観光、余暇及びスポーツの活動の企画に関与する者によるサービスを利用する機会を有することを確保すること。

第三十一条　統計及び資料の収集

1　締約国は、この条約を実効的なものとするための政策を立案し、及び実施することを可能とするための適当な情報（統計資料及び研究資料を含む。）を収集することを約束する。この情報を収集し、及び保持する過程においては、次のことを満たさなければならない。

(a)　障害者の秘密の保持及びプライバシーの尊重を確保するため、法令に定める保障措置（資料の保護に関する法令を含む。）を遵守すること。

(b)　人権及び基本的自由を保護するための国際的に受け入れられた規範並びに統計の収集及び利用に関する倫理上の原則を遵守すること。

2　この条の規定に従って収集された情報は、適宜分類されるものとし、この条約に基づく締約国の義務の履行の評価に役立てるために、並びに障害者がその権利を行使する際に直面する障壁を特定し、及び当該障壁に対処するために利用される。

3　締約国は、これらの統計の普及について責任を負うものとし、これらの統計が障害者及び他の者にとって利用しやすいことを確保する。

第三十二条　国際協力

1　締約国は、この条約の目的及び趣旨を実現するための自国の努力を支援するために国際協力及びその促進が重要であることを認識し、この点に関し、国家間において並びに適当な場合には関連のある国際的及び地域的機関並びに市民社会（特に障害者の組織）と連携して、適当かつ効果的な措置をとる。これらの措置には、特に次のことを含むことができる。

(a)　国際協力（国際的な開発計画を含む。）が、障害者を包容し、かつ、障害者にとって利用しやすいものであることを確保すること。

(b)　能力の開発（情報、経験、研修計画及び最良の実例の交換及び共有を通じたものを含む。）を容易にし、及び支援すること。

(c)　研究における協力を容易にし、並びに科学及び技術に関する知識を利用する機会を得やすくすること。

(d)　適当な場合には、技術援助及び経済援助（利用しやすい支援機器を利用する機会を得やすくし、及びこれらの機器の共有を容易にすることによる援助並びに技術移転を通じた援助を含む。）を提供すること。

2　この条の規定は、この条約に基づく義務を履行する各締約国の義務に影響を及ぼすものではない。

第三十三条　国内における実施及び監視

1　締約国は、自国の制度に従い、この条約の実施に関連する事項を取り扱う一又は二以上の中央連絡先を政府内に指定する。また、締約国は、異なる部門及び段階における関連のある活動を容易にするため、政府内における調整のための仕組みの設置又は指定に十分な考慮を払う。

2　締約国は、自国の法律上及び行政上の制度に従い、この条約の実施を促進し、保護し、及び監視するための枠組み（適当な場合には、一又は二以上の独立した仕組みを含む。）を自国内において維持し、強化し、指定し、又は設置する。締約国は、このような仕組みを指定し、又は設置する場合には、人権の保護及び促進のための国内機構の地位及び役割に関する原則を考慮に入れる。

3　市民社会（特に、障害者及び障害者を代表する団体）は、監視の過程に十分に関与し、かつ、参加する。

第三十四条　障害者の権利に関する委員会

1　障害者の権利に関する委員会（以下「委員会」という。）を設置する。委員会は、以下に定める任務を遂行する。

2　委員会は、この条約の効力発生の時は十二人の専門家で構成する。効力発生の時の締約国に加え更に六十の国がこの条約を批准し、又はこれに加入した後は、委員会の委員の数を六人増加させ、上限である十八人とする。

3　委員会の委員は、個人の資格で職務を遂行するものとし、徳望が高く、かつ、この条約が対象とする分野において能力及び経験を認められた者とする。締約国は、委員の候補者を指名するに当たり、第四条3の規定に十分な考慮を払うよう要請される。

4　委員会の委員については、締約国が、委員の配分が地理的に衡平に行われること、異なる文明形態及び主要な法体系が代表されること、男女が衡平に代表されること並びに障害のある専門家が参加することを考慮に入れて選出する。

5　委員会の委員は、締約国会議の会合において、締約国により当該締約国の国民の中から指名された者の名簿の中から秘密投票により選出される。締約国会議の会合は、締約国の三分の二をもって定足数とする。これらの会合においては、出席し、かつ、投票する締約国の代表によって投じられた票の最多数で、かつ、過半数の票を得た者をもって委員会に選出された委員とする。

6　委員会の委員の最初の選挙は、この条約の効力発生の日の後六箇月以内に行う。国際連合事務総長は、委員会の委員の選挙の日の遅くとも四箇月前までに、締約国に対し、自国が指名する者の氏名を二箇月以内に提出するよう書簡で要請する。その後、同事務総長は、指名された者のアルファベット順による名簿（これらの者を指名した締約国名を表示した名簿とする。）を作成し、この条約の締約国に送付する。

7　委員会の委員は、四年の任期で選出される。委員は、一回のみ再選される資格を有する。ただし、最初の選挙において選出された委員のうち六人の委員の任期は、二年で終了するものとし、これらの六人の委員は、最初の選挙の後直ちに、5に規定する会合の議長によりくじ引で選ばれる。

8　委員会の六人の追加的な委員の選挙は、この条の関連規定に従って定期選挙の際に行われる。

9　委員会の委員が死亡し、辞任し、又は他の理由のためにその職務を遂行することができなくなったことを宣言した場合には、当該委員を指名した締約国は、残余の期間その職務を遂行する他の専門家であって、資格を有し、かつ、この条の関連規定に定める条件を満たすものを任命する。

10　委員会は、その手続規則を定める。

11　国際連合事務総長は、委員会がこの条約に定める任務を効果的に遂行するために必要な職員及び便益を提供するものとし、委員会の最初の会合を招集する。

12　この条約に基づいて設置される委員会の委員は、国際連合総会が委員会の任務の重要性を考慮して決定する条件に従い、同総会の承認を得て、国際連合の財源から報酬を受ける。

13　委員会の委員は、国際連合の特権及び免除に関する条約の関連規定に規定する国際連合のための職務を遂行する専門家の便益、特権及び免除を享受する。

第三十五条　締約国による報告

1　各締約国は、この条約に基づく義務を履行するためにとった措置及びこれらの措置によりもたらされた進歩に関する包括的な報告を、この条約が自国について効力を生じた後二年以内に国際連合事務総長を通じて委員会に提出する。

2　その後、締約国は、少なくとも四年ごとに、更に委員会が要請するときはいつでも、その後の報告を提出する。

3　委員会は、報告の内容について適用される指針を決定する。

4　委員会に対して包括的な最初の報告を提出した締約国は、その後の報告においては、既に提供した情報を繰り返す必要はない。締約国は、委員会に対する報告を作成するに当たり、公開され、かつ、透明性のある過程において作成することを検討し、及び第四条3の規定に十分な考慮を払うよう要請される。

5　報告には、この条約に基づく義務の履行の程度に影響を及ぼす要因及び困難を記載することができる。

第三十六条　報告の検討

1　委員会は、各報告を検討する。委員会は、当該報告について、適当と認める提案及び一般的な性格を有する勧告を行うものとし、これらの提案及び一般的な性格を有する勧告を関係締約国に送付する。当該関係締約国は、委員会に対し、自国が選択する情報を提供することにより回答することができる。委員会は、この条約の実施に関連する追加の情報を当該関係締約国に要請することができる。

2　いずれかの締約国による報告の提出が著しく遅延している場合には、委員会は、委員会にとって利用可能な信頼し得る情報を基礎として当該締約国におけるこの条約の実施状況を審査することが必要であることについて当該締約国に通報（当該通報には、関連する報告が当該通報の後三箇月以内に行われない場合には審査する旨を含む。）を行うことができる。委員会は、当該締約国がその審査に参加するよう要請する。当該締約国が関連する報告を提出することにより回答する場合には、1の規定を適用する。

3　国際連合事務総長は、1の報告を全ての締約国が利用することができるようにする。

4　締約国は、1の報告を自国において公衆が広く利用することができるようにし、これらの報告に関連する提案及び一般的な性格を有する勧告を利用する機会を得やすくする。

5　委員会は、適当と認める場合には、締約国からの報告に記載されている技術的な助言若しくは援助の要請又はこれらの必要性の記載に対処するため、これらの要請又は必要性の記載に関する委員会の見解及び勧告がある場合には当該見解及び勧告とともに、国際連合の専門機関、基金及び計画その他の権限のある機関に当該報告を送付する。

第三十七条　締約国と委員会との間の協力

1　各締約国は、委員会と協力するものとし、委員の任務の遂行を支援する。

2　委員会は、締約国との関係において、この条約の実施のための当該締約国の能力を向上させる方法及び手段（国際協力を通じたものを含む。）に十分な考慮を払う。

第三十八条　委員会と他の機関との関係

この条約の効果的な実施を促進し、及びこの条約が対象とする分野における国際協力を奨励するため、

(a)　専門機関その他の国際連合の機関は、その任務の範囲内にある事項に関するこの条約の規定の実施についての検討に際し、代表を出す権利を有する。委員会は、適当と認める場合には、専門機関その他の権限のある機関に対し、これらの機関の任務の範囲内にある事項に関するこの条約の実施について専門家の助言を提供するよう要請することができる。委員会は、専門機関その他の国際連合の機関に対し、これらの機関の任務の範囲内にある事項に関するこの条約の実施について報告を提出するよう要請することができる。

(b)　委員会は、その任務を遂行するに当たり、それぞれの報告に係る指針、提案及び一般的な性格を有する勧告の整合性を

確保し、並びにその任務の遂行における重複を避けるため、適当な場合には、人権に関する国際条約によって設置された他の関連する組織と協議する。

第三十九条　委員会の報告

委員会は、その活動につき二年ごとに国際連合総会及び経済社会理事会に報告するものとし、また、締約国から得た報告及び情報の検討に基づく提案及び一般的な性格を有する勧告を行うことができる。これらの提案及び一般的な性格を有する勧告は、締約国から意見がある場合にはその意見とともに、委員会の報告に記載する。

第四十条　締約国会議

1　締約国は、この条約の実施に関する事項を検討するため、定期的に締約国会議を開催する。

2　締約国会議は、この条約が効力を生じた後六箇月以内に国際連合事務総長が招集する。その後の締約国会議は、二年ごとに又は締約国会議の決定に基づき同事務総長が招集する。

第四十一条　寄託者

この条約の寄託者は、国際連合事務総長とする。

第四十二条　署名

この条約は、二千七年三月三十日から、ニューヨークにある国際連合本部において、全ての国及び地域的な統合のための機関による署名のために開放しておく。

第四十三条　拘束されることについての同意

この条約は、署名国によって批准されなければならず、また、署名した地域的な統合のための機関によって正式確認されなければならない。この条約は、これに署名していない国及び地域的な統合のための機関による加入のために開放しておく。

第四十四条　地域的な統合のための機関

1　「地域的な統合のための機関」とは、特定の地域の主権国家によって構成される機関であって、この条約が規律する事項に関してその構成国から権限の委譲を受けたものをいう。地域的な統合のための機関は、この条約の規律する事項に関するその権限の範囲をこの条約の正式確認書又は加入書において宣言する。その後、当該機関は、その権限の範囲の実質的な変更を寄託者に通報する。

2　この条約において「締約国」についての規定は、地域的な統合のための機関の権限の範囲内で当該機関について適用する。

3　次条1並びに第四十七条2及び3の規定の適用上、地域的な統合のための機関が寄託する文書は、これを数に加えてはならない。

4　地域的な統合のための機関は、その権限の範囲内の事項について、この条約の締約国であるその構成国の数と同数の票を締約国会議において投ずる権利を行使することができる。当該機関は、その構成国が自国の投票権を行使する場合には、投票権を行使してはならない。その逆の場合も、同様とする。

第四十五条　効力発生

1　この条約は、二十番目の批准書又は加入書が寄託された後三十日目の日に効力を生ずる。

2　この条約は、二十番目の批准書又は加入書が寄託された後にこれを批准し、若しくは正式確認し、又はこれに加入する国又は地域的な統合のための機関については、その批准書、正式確認書又は加入書の寄託の後三十日目の日に効力を生ずる。

第四十六条　留保

1　この条約の趣旨及び目的と両立しない留保は、認められない。

2　留保は、いつでも撤回することができる。

第四十七条　改正

1　いずれの締約国も、この条約の改正を提案し、及び改正案を国際連合事務総長に提出することができる。同事務総長は、締約国に対し、改正案を送付するものとし、締約国による改正案の審議及び決定のための締約国の会議の開催についての賛否を通報するよう要請する。その送付の日から四箇月以内に締約国の三分の一以上が会議の開催に賛成する場合には、同事務総長は、国際連合の主催の下に会議を招集する。会議において出席し、かつ、投票する締約国の三分の二以上の多数によって採択された改正案は、同事務総長により、承認のために国際連合総会に送付され、その後受諾のために全ての締約国に送付される。

2　1の規定により採択され、かつ、承認された改正は、当該改正の採択の日における締約国の三分の二以上が受諾書を寄託した後三十日目の日に効力を生ずる。その後は、当該改正は、いずれの締約国についても、その受諾書の寄託の後三十日目の日に効力を生ずる。改正は、それを受諾した締約国のみを拘束する。

3　締約国会議がコンセンサス方式によって決定する場合には、1の規定により採択され、かつ、承認された改正であって、第三十四条及び第三十八条から第四十条までの規定にのみ関連するものは、当該改正の採択の日における締約国の三分の二以上が受諾書を寄託した後三十日目の日に全ての締約国について効力を生ずる。

第四十八条　廃棄

締約国は、国際連合事務総長に対して書面による通告を行うことにより、この条約を廃棄することができる。廃棄は、同事務総長がその通告を受領した日の後一年で効力を生ずる。

第四十九条　利用しやすい様式

この条約の本文は、利用しやすい様式で提供される。

第五十条　正文

この条約は、アラビア語、中国語、英語、フランス語、ロシア語及びスペイン語をひとしく正文とする。

以上の証拠として、下名の全権委員は、各自の政府から正当に委任を受けてこの条約に署名した。

障害者基本法

（昭和四五・五・二一　法律　八　四）

（題名改正＝平成五法律九四）

最新改正　平成二五法律六五

第一章　総則

（目的）

第一条　この法律は、全ての国民が、障害の有無にかかわらず、等しく基本的人権を享有するかけがえのない個人として尊重されるものであるとの理念にのつとり、全ての国民が、障害の有無によつて分け隔てられることなく、相互に人格と個性を尊重し合いながら共生する社会を実現するため、障害者の自立及び社会参加の支援等のための施策に関し、基本原則を定め、及び国、地方公共団体等の責務を明らかにするとともに、障害者の自立及び社会参加の支援等のための施策の基本となる事項を定めること等により、障害者の自立及び社会参加の支援等のための施策を総合的かつ計画的に推進することを目的とする。

（定義）

第二条　この法律において、次の各号に掲げる用語の意義は、それぞれ当該各号に定めるところによる。

一　障害者　身体障害、知的障害、精神障

害（発達障害を含む。）その他の心身の機能の障害（以下「障害」と総称する。）がある者であつて、障害及び社会的障壁により継続的に日常生活又は社会生活に相当な制限を受ける状態にあるものをいう。

二　社会的障壁　障害がある者にとつて日常生活又は社会生活を営む上で障壁となるような社会における事物、制度、慣行、観念その他一切のものをいう。

（**地域社会における共生等**）

第三条　第一条に規定する社会の実現は、全ての障害者が、障害者でない者と等しく、基本的人権を享有する個人としてその尊厳が重んぜられ、その尊厳にふさわしい生活を保障される権利を有することを前提としつつ、次に掲げる事項を旨として図られなければならない。

一　全て障害者は、社会を構成する一員として社会、経済、文化その他あらゆる分野の活動に参加する機会が確保されること。

二　全て障害者は、可能な限り、どこで誰と生活するかについての選択の機会が確保され、地域社会において他の人々と共生することを妨げられないこと。

三　全て障害者は、可能な限り、言語（手話を含む。）その他の意思疎通のための手段についての選択の機会が確保されるとともに、情報の取得又は利用のための手段についての選択の機会の拡大が図られること。

（**差別の禁止**）

第四条　何人も、障害者に対して、障害を理由として、差別することその他の権利利益を侵害する行為をしてはならない。

2　社会的障壁の除去は、それを必要としている障害者が現に存し、かつ、その実施に伴う負担が過重でないときは、それを怠ることによつて前項の規定に違反することとならないよう、その実施について必要かつ合理的な配慮がされなければならない。

3　国は、第一項の規定に違反する行為の防止に関する啓発及び知識の普及を図るため、当該行為の防止を図るために必要となる情報の収集、整理及び提供を行うものとする。

（**国際的協調**）

第五条　第一条に規定する社会の実現は、そのための施策が国際社会における取組と密接な関係を有していることに鑑み、国際的協調の下に図られなければならない。

（**国及び地方公共団体の責務**）

第六条　国及び地方公共団体は、第一条に規定する社会の実現を図るため、前三条に定める基本原則（以下「基本原則」という。）にのつとり、障害者の自立及び社会参加の支援等のための施策を総合的かつ計画的に実施する責務を有する。

（**国民の理解**）

第七条　国及び地方公共団体は、基本原則に関する国民の理解を深めるよう必要な施策を講じなければならない。

（**国民の責務**）

第八条　国民は、基本原則にのつとり、第一条に規定する社会の実現に寄与するよう努めなければならない。

（**障害者週間**）

第九条　国民の間に広く基本原則に関する関心と理解を深めるとともに、障害者が社会、経済、文化その他あらゆる分野の活動に参加することを促進するため、障害者週間を設ける。

2　障害者週間は、十二月三日から十二月九日までの一週間とする。

3　国及び地方公共団体は、障害者の自立及び社会参加の支援等に関する活動を行う民間の団体等と相互に緊密な連携協力を図りながら、障害者週間の趣旨にふさわしい事業を実施するよう努めなければならない。

（**施策の基本方針**）

第十条　障害者の自立及び社会参加の支援等のための施策は、障害者の性別、年齢、障害の状態及び生活の実態に応じて、かつ、有機的連携の下に総合的に、策定され、及び実施されなければならない。

2　国及び地方公共団体は、障害者の自立及び社会参加の支援等のための施策を講ずるに当たつては、障害者その他の関係者の意見を聴き、その意見を尊重するよう努めなければならない。

（障害者基本計画等）

第十一条　政府は、障害者の自立及び社会参加の支援等のための施策の総合的かつ計画的な推進を図るため、障害者のための施策に関する基本的な計画（以下「障害者基本計画」という。）を策定しなければならない。

2　都道府県は、障害者基本計画を基本とするとともに、当該都道府県における障害者の状況等を踏まえ、当該都道府県における障害者のための施策に関する基本的な計画（以下「都道府県障害者計画」という。）を策定しなければならない。

3　市町村は、障害者基本計画及び都道府県障害者計画を基本とするとともに、当該市町村における障害者の状況等を踏まえ、当該市町村における障害者のための施策に関する基本的な計画（以下「市町村障害者計画」という。）を策定しなければならない。

4　内閣総理大臣は、関係行政機関の長に協議するとともに、障害者政策委員会の意見を聴いて、障害者基本計画の案を作成し、閣議の決定を求めなければならない。

5　都道府県は、都道府県障害者計画を策定するに当たつては、第三十六条第一項の合議制の機関の意見を聴かなければならない。

6　市町村は、市町村障害者計画を策定するに当たつては、第三十六条第四項の合議制の機関を設置している場合にあつてはその意見を、その他の場合にあつては障害者その他の関係者の意見を聴かなければならない。

7　政府は、障害者基本計画を策定したときは、これを国会に報告するとともに、その要旨を公表しなければならない。

8　第二項又は第三項の規定により都道府県障害者計画又は市町村障害者計画が策定されたときは、都道府県知事又は市町村長は、これを当該都道府県の議会又は当該市町村の議会に報告するとともに、その要旨を公表しなければならない。

9　第四項及び第七項の規定は障害者基本計画の変更について、第五項及び前項の規定は都道府県障害者計画の変更について、第六項及び前項の規定は市町村障害者計画の変更について準用する。

（法制上の措置等）

第十二条　政府は、この法律の目的を達成するため、必要な法制上及び財政上の措置を講じなければならない。

（年次報告）

第十三条　政府は、毎年、国会に、障害者のために講じた施策の概況に関する報告書を提出しなければならない。

第二章　障害者の自立及び社会参加の支援等のための基本的施策

（医療、介護等）

第十四条　国及び地方公共団体は、障害者が生活機能を回復し、取得し、又は維持するために必要な医療の給付及びリハビリテーションの提供を行うよう必要な施策を講じなければならない。

2　国及び地方公共団体は、前項に規定する医療及びリハビリテーションの研究、開発及び普及を促進しなければならない。

3　国及び地方公共団体は、障害者が、その性別、年齢、障害の状態及び生活の実態に応じ、医療、介護、保健、生活支援その他自立のための適切な支援を受けられるよう必要な施策を講じなければならない。

4　国及び地方公共団体は、第一項及び前項に規定する施策を講ずるために必要な専門的技術職員その他の専門的知識又は技能を有する職員を育成するよう努めなければならない。

5　国及び地方公共団体は、医療若しくは介護の給付又はリハビリテーションの提供を行うに当たつては、障害者が、可能な限りその身近な場所においてこれらを受けられるよう必要な施策を講ずるものとするほか、その人権を十分に尊重しなければならない。

6　国及び地方公共団体は、福祉用具及び身体障害者補助犬の給付又は貸与その他障害者が日常生活及び社会生活を営むのに必要な施策を講じなければならない。

7　国及び地方公共団体は、前項に規定する施策を講ずるために必要な福祉用具の研究及び開発、身体障害者補助犬の育成等を促進しなければならない。

（年金等）

第十五条　国及び地方公共団体は、障害者の自立及び生活の安定に資するため、年金、手当等の制度に関し必要な施策を講じなければならない。

（教育）

第十六条　国及び地方公共団体は、障害者が、その年齢及び能力に応じ、かつ、その特性を踏まえた十分な教育が受けられるようにするため、可能な限り障害者である児童及び生徒が障害者でない児童及び生徒と共に教育を受けられるよう配慮しつつ、教育の内容及び方法の改善及び充実を図る等必要な施策を講じなければならない。

2　国及び地方公共団体は、前項の目的を達成するため、障害者である児童及び生徒並びにその保護者に対し十分な情報の提供を行うとともに、可能な限りその意向を尊重しなければならない。

3　国及び地方公共団体は、障害者である児童及び生徒と障害者でない児童及び生徒との交流及び共同学習を積極的に進めることによつて、その相互理解を促進しなければならない。

4　国及び地方公共団体は、障害者の教育に関し、調査及び研究並びに人材の確保及び資質の向上、適切な教材等の提供、学校施設の整備その他の環境の整備を促進しなければならない。

（療育）

第十七条　国及び地方公共団体は、障害者である子どもが可能な限りその身近な場所において療育その他これに関連する支援を受けられるよう必要な施策を講じなければならない。

2　国及び地方公共団体は、療育に関し、研究、開発及び普及の促進、専門的知識又は技能を有する職員の育成その他の環境の整備を促進しなければならない。

（職業相談等）

第十八条　国及び地方公共団体は、障害者の職業選択の自由を尊重しつつ、障害者がその能力に応じて適切な職業に従事することができるようにするため、障害者の多様な就業の機会を確保するよう努めるとともに、個々の障害者の特性に配慮した職業相談、職業指導、職業訓練及び職業紹介の実施その他必要な施策を講じなければならない。

2　国及び地方公共団体は、障害者の多様な就業の機会の確保を図るため、前項に規定する施策に関する調査及び研究を促進しなければならない。

3　国及び地方公共団体は、障害者の地域社会における作業活動の場及び障害者の職業訓練のための施設の拡充を図るため、これに必要な費用の助成その他必要な施策を講じなければならない。

（雇用の促進等）

第十九条　国及び地方公共団体は、国及び地方公共団体並びに事業者における障害者の雇用を促進するため、障害者の優先雇用その他の施策を講じなければならない。

2　事業主は、障害者の雇用に関し、その有する能力を正当に評価し、適切な雇用の機会を確保するとともに、個々の障害者の特性に応じた適正な雇用管理を行うことによりその雇用の安定を図るよう努めなければならない。

3　国及び地方公共団体は、障害者を雇用する事業主に対して、障害者の雇用のための経済的負担を軽減し、もつてその雇用の促進及び継続を図るため、障害者が雇用されるのに伴い必要となる施設又は設備の整備等に要する費用の助成その他必要な施策を講じなければならない。

（住宅の確保）

第二十条　国及び地方公共団体は、障害者が地域社会において安定した生活を営むことができるようにするため、障害者のための住宅を確保し、及び障害者の日常生活に適するような住宅の整備を促進するよう必要な施策を講じなければならない。

（公共的施設のバリアフリー化）

第二十一条　国及び地方公共団体は、障害者の利用の便宜を図ることによつて障害者の自立及び社会参加を支援するため、自ら設置する官公庁施設、交通施設（車両、船舶、

障害者福祉

航空機等の移動施設を含む。次項において同じ。）その他の公共的施設について、障害者が円滑に利用できるような施設の構造及び設備の整備等の計画的推進を図らなければならない。

2　交通施設その他の公共的施設を設置する事業者は、障害者の利用の便宜を図ることによつて障害者の自立及び社会参加を支援するため、当該公共的施設について、障害者が円滑に利用できるような施設の構造及び設備の整備等の計画的推進に努めなければならない。

3　国及び地方公共団体は、前二項の規定により行われる公共的施設の構造及び設備の整備等が総合的かつ計画的に推進されるようにするため、必要な施策を講じなければならない。

4　国、地方公共団体及び公共的施設を設置する事業者は、自ら設置する公共的施設を利用する障害者の補助を行う身体障害者補助犬の同伴について障害者の利用の便宜を図らなければならない。

（情報の利用におけるバリアフリー化等）

第二十二条　国及び地方公共団体は、障害者が円滑に情報を取得し及び利用し、その意思を表示し、並びに他人との意思疎通を図ることができるようにするため、障害者が利用しやすい電子計算機及びその関連装置その他情報通信機器の普及、電気通信及び放送の役務の利用に関する障害者の利便の増進、障害者に対して情報を提供する施設の整備、障害者の意思疎通を仲介する者の養成及び派遣等が図られるよう必要な施策を講じなければならない。

2　国及び地方公共団体は、災害その他非常の事態の場合に障害者に対しその安全を確保するため必要な情報が迅速かつ的確に伝えられるよう必要な施策を講ずるものとするほか、行政の情報化及び公共分野における情報通信技術の活用の推進に当たつては、障害者の利用の便宜が図られるよう特に配慮しなければならない。

3　電気通信及び放送その他の情報の提供に係る役務の提供並びに電子計算機及びその関連装置その他情報通信機器の製造等を行う事業者は、当該役務の提供又は当該機器の製造等に当たつては、障害者の利用の便宜を図るよう努めなければならない。

（相談等）

第二十三条　国及び地方公共団体は、障害者の意思決定の支援に配慮しつつ、障害者及びその家族その他の関係者に対する相談業務、成年後見制度その他の障害者の権利利益の保護等のための施策又は制度が、適切に行われ又は広く利用されるようにしなければならない。

2　国及び地方公共団体は、障害者及びその家族その他の関係者からの各種の相談に総合的に応ずることができるようにするため、関係機関相互の有機的連携の下に必要な相談体制の整備を図るとともに、障害者の家族に対し、障害者の家族が互いに支え合うための活動の支援その他の支援を適切に行うものとする。

（経済的負担の軽減）

第二十四条　国及び地方公共団体は、障害者及び障害者を扶養する者の経済的負担の軽減を図り、又は障害者の自立の促進を図るため、税制上の措置、公共的施設の利用料等の減免その他必要な施策を講じなければならない。

（文化的諸条件の整備等）

第二十五条　国及び地方公共団体は、障害者が円滑に文化芸術活動、スポーツ又はレクリエーションを行うことができるようにするため、施設、設備その他の諸条件の整備、文化芸術、スポーツ等に関する活動の助成その他必要な施策を講じなければならない。

（防災及び防犯）

第二十六条　国及び地方公共団体は、障害者が地域社会において安全にかつ安心して生活を営むことができるようにするため、障害者の性別、年齢、障害の状態及び生活の実態に応じて、防災及び防犯に関し必要な施策を講じなければならない。

（消費者としての障害者の保護）

第二十七条　国及び地方公共団体は、障害者の消費者としての利益の擁護及び増進が図られるようにするため、適切な方法による

障害者福祉

情報の提供その他必要な施策を講じなければならない。

2　事業者は、障害者の消費者としての利益の擁護及び増進が図られるようにするため、適切な方法による情報の提供等に努めなければならない。

（選挙等における配慮）

第二十八条　国及び地方公共団体は、法律又は条例の定めるところにより行われる選挙、国民審査又は投票において、障害者が円滑に投票できるようにするため、投票所の施設又は設備の整備その他必要な施策を講じなければならない。

（司法手続における配慮等）

第二十九条　国又は地方公共団体は、障害者が、刑事事件若しくは少年の保護事件に関する手続その他これに準ずる手続の対象となつた場合又は裁判所における民事事件、家事事件若しくは行政事件に関する手続の当事者その他の関係人となつた場合において、障害者がその権利を円滑に行使できるようにするため、個々の障害者の特性に応じた意思疎通の手段を確保するよう配慮するとともに、関係職員に対する研修その他必要な施策を講じなければならない。

（国際協力）

第三十条　国は、障害者の自立及び社会参加の支援等のための施策を国際的協調の下に推進するため、外国政府、国際機関又は関係団体等との情報の交換その他必要な施策を講ずるように努めるものとする。

第三章　障害の原因となる傷病の予防に関する基本的施策

第三十一条　国及び地方公共団体は、障害の原因となる傷病及びその予防に関する調査及び研究を促進しなければならない。

2　国及び地方公共団体は、障害の原因となる傷病の予防のため、必要な知識の普及、母子保健等の保健対策の強化、当該傷病の早期発見及び早期治療の推進その他必要な施策を講じなければならない。

3　国及び地方公共団体は、障害の原因となる難病等の予防及び治療が困難であることに鑑み、障害の原因となる難病等に係る調査及び研究を推進するとともに、難病等に係る障害者に対する施策をきめ細かく推進するよう努めなければならない。

第四章　障害者政策委員会等

（障害者政策委員会の設置）

第三十二条　内閣府に、障害者政策委員会（以下「政策委員会」という。）を置く。

2　政策委員会は、次に掲げる事務をつかさどる。

一　障害者基本計画に関し、第十一条第四項（同条第九項において準用する場合を含む。）に規定する事項を処理すること。

二　前号に規定する事項に関し、調査審議し、必要があると認めるときは、内閣総理大臣又は関係各大臣に対し、意見を述べること。

三　障害者基本計画の実施状況を監視し、必要があると認めるときは、内閣総理大臣又は内閣総理大臣を通じて関係各大臣に勧告すること。

四　障害を理由とする差別の解消の推進に関する法律（平成二十五年法律第六十五号）の規定によりその権限に属させられた事項を処理すること。

3　内閣総理大臣又は関係各大臣は、前項第三号の規定による勧告に基づき講じた施策について政策委員会に報告しなければならない。

（政策委員会の組織及び運営）

第三十三条　政策委員会は、委員三十人以内で組織する。

2　政策委員会の委員は、障害者、障害者の自立及び社会参加に関する事業に従事する者並びに学識経験のある者のうちから、内閣総理大臣が任命する。この場合において、委員の構成については、政策委員会が様々な障害者の意見を聴き障害者の実情を踏まえた調査審議を行うことができることとなるよう、配慮されなければならない。

3　政策委員会の委員は、非常勤とする。

第三十四条　政策委員会は、その所掌事務を遂行するため必要があると認めるときは、関係行政機関の長に対し、資料の提出、意見の表明、説明その他必要な協力を求めることができる。

2　政策委員会は、その所掌事務を遂行するため特に必要があると認めるときは、前項に規定する者以外の者に対しても、必要な協力を依頼することができる。

第三十五条　前二条に定めるもののほか、政策委員会の組織及び運営に関し必要な事項は、政令で定める。

（都道府県等における合議制の機関）

第三十六条　都道府県（地方自治法（昭和二十二年法律第六十七号）第二百五十二条の十九第一項の指定都市（以下「指定都市」という。）を含む。以下同じ。）に、次に掲げる事務を処理するため、審議会その他の合議制の機関を置く。

一　都道府県障害者計画に関し、第十一条第五項（同条第九項において準用する場合を含む。）に規定する事項を処理すること。

二　当該都道府県における障害者に関する施策の総合的かつ計画的な推進について必要な事項を調査審議し、及びその施策の実施状況を監視すること。

三　当該都道府県における障害者に関する施策の推進について必要な関係行政機関相互の連絡調整を要する事項を調査審議すること。

2　前項の合議制の機関の委員の構成については、当該機関が様々な障害者の意見を聴き障害者の実情を踏まえた調査審議を行うことができることとなるよう、配慮されなければならない。

3　前項に定めるもののほか、第一項の合議制の機関の組織及び運営に関し必要な事項は、条例で定める。

4　市町村（指定都市を除く。）は、条例で定めるところにより、次に掲げる事務を処理するため、審議会その他の合議制の機関を置くことができる。

一　市町村障害者計画に関し、第十一条第六項（同条第九項において準用する場合を含む。）に規定する事項を処理すること。

二　当該市町村における障害者に関する施策の総合的かつ計画的な推進について必要な事項を調査審議し、及びその施策の実施状況を監視すること。

三　当該市町村における障害者に関する施策の推進について必要な関係行政機関相互の連絡調整を要する事項を調査審議すること。

5　第二項及び第三項の規定は、前項の規定により合議制の機関が置かれた場合に準用する。

附　則（抄）

（施行期日）

1　この法律は、公布の日〔昭和四十五年五月二十一日〕から施行する。

障害を理由とする差別の解消の推進に関する法律

（平成二五・六・二六　法律　六五）

第一章　総則

（目的）

第一条　この法律は、障害者基本法（昭和四十五年法律第八十四号）の基本的な理念にのっとり、全ての障害者が、障害者でない者と等しく、基本的人権を享有する個人としてその尊厳が重んぜられ、その尊厳にふさわしい生活を保障される権利を有することを踏まえ、障害を理由とする差別の解消の推進に関する基本的な事項、行政機関等及び事業者における障害を理由とする差別を解消するための措置等を定めることにより、障害を理由とする差別の解消を推進し、もって全ての国民が、障害の有無によって分け隔てられることなく、相互に人格と個性を尊重し合いながら共生する社会の実現に資することを目的とする。

（定義）

第二条　この法律において、次の各号に掲げる用語の意義は、それぞれ当該各号に定めるところによる。

一　障害者　身体障害、知的障害、精神障害（発達障害を含む。）その他の心身の機能の障害(以下「障害」と総称する。)がある者であって、障害及び社会的障壁により継続的に日常生活又は社会生活に相当な制限を受ける状態にあるものをいう。

二　社会的障壁　障害がある者にとって日常生活又は社会生活を営む上で障壁となるような社会における事物、制度、慣行、観念その他一切のものをいう。

三　行政機関等　国の行政機関、独立行政法人等、地方公共団体(地方公営企業法(昭和二十七年法律第二百九十二号)第三章の規定の適用を受ける地方公共団体の経営する企業を除く。第七号、第十条及び附則第四条第一項において同じ。)及び地方独立行政法人をいう。

四　国の行政機関　次に掲げる機関をいう。

イ　法律の規定に基づき内閣に置かれる機関(内閣府を除く。)及び内閣の所轄の下に置かれる機関

ロ　内閣府、宮内庁並びに内閣府設置法(平成十一年法律第八十九号)第四十九条第一項及び第二項に規定する機関(これらの機関のうちニの政令で定める機関が置かれる機関にあっては、当該政令で定める機関を除く。)

ハ　国家行政組織法(昭和二十三年法律第百二十号)第三条第二項に規定する機関(ホの政令で定める機関が置かれる機関にあっては、当該政令で定める機関を除く。)

ニ　内閣府設置法第三十九条及び第五十五条並びに宮内庁法(昭和二十二年法律第七十号)第十六条第二項の機関並びに内閣府設置法第四十条及び第五十六条(宮内庁法第十八条第一項において準用する場合を含む。)の特別の機関で、政令で定めるもの

ホ　国家行政組織法第八条の二の施設等機関及び同法第八条の三の特別の機関で、政令で定めるもの

ヘ　会計検査院

五　独立行政法人等　次に掲げる法人をいう。

イ　独立行政法人(独立行政法人通則法(平成十一年法律第百三号)第二条第一項に規定する独立行政法人をいう。ロにおいて同じ。)

ロ　法律により直接に設立された法人、特別の法律により特別の設立行為をもって設立された法人(独立行政法人を除く。)又は特別の法律により設立され、かつ、その設立に関し行政庁の認可を要する法人のうち、政令で定めるもの

六　地方独立行政法人　地方独立行政法人法(平成十五年法律第百十八号)第二条第一項に規定する地方独立行政法人(同法第二十一条第三号に掲げる業務を行うものを除く。)をいう。

七　事業者　商業その他の事業を行う者(国、独立行政法人等、地方公共団体及び地方独立行政法人を除く。)をいう。

(国及び地方公共団体の責務)

第三条　国及び地方公共団体は、この法律の趣旨にのっとり、障害を理由とする差別の解消の推進に関して必要な施策を策定し、及びこれを実施しなければならない。

(国民の責務)

第四条　国民は、第一条に規定する社会を実現する上で障害を理由とする差別の解消が重要であることに鑑み、障害を理由とする差別の解消の推進に寄与するよう努めなければならない。

(社会的障壁の除去の実施についての必要かつ合理的な配慮に関する環境の整備)

第五条　行政機関等及び事業者は、社会的障壁の除去の実施についての必要かつ合理的な配慮を的確に行うため、自ら設置する施設の構造の改善及び設備の整備、関係職員に対する研修その他の必要な環境の整備に努めなければならない。

第二章　障害を理由とする差別の解消の推進に関する基本方針

第六条　政府は、障害を理由とする差別の解消の推進に関する施策を総合的かつ一体的に実施するため、障害を理由とする差別の解消の推進に関する基本方針(以下「基本

方針」という。）を定めなければならない。

2　基本方針は、次に掲げる事項について定めるものとする。

一　障害を理由とする差別の解消の推進に関する施策に関する基本的な方向

二　行政機関等が講ずべき障害を理由とする差別を解消するための措置に関する基本的な事項

三　事業者が講ずべき障害を理由とする差別を解消するための措置に関する基本的な事項

四　その他障害を理由とする差別の解消の推進に関する施策に関する重要事項

3　内閣総理大臣は、基本方針の案を作成し、閣議の決定を求めなければならない。

4　内閣総理大臣は、基本方針の案を作成しようとするときは、あらかじめ、障害者その他の関係者の意見を反映させるために必要な措置を講ずるとともに、障害者政策委員会の意見を聴かなければならない。

5　内閣総理大臣は、第三項の規定による閣議の決定があったときは、遅滞なく、基本方針を公表しなければならない。

6　前三項の規定は、基本方針の変更について準用する。

第三章　行政機関等及び事業者における障害を理由とする差別を解消するための措置

（行政機関等における障害を理由とする差別の禁止）

第七条　行政機関等は、その事務又は事業を行うに当たり、障害を理由として障害者でない者と不当な差別的取扱いをすることにより、障害者の権利利益を侵害してはならない。

2　行政機関等は、その事務又は事業を行うに当たり、障害者から現に社会的障壁の除去を必要としている旨の意思の表明があった場合において、その実施に伴う負担が過重でないときは、障害者の権利利益を侵害することとならないよう、当該障害者の性別、年齢及び障害の状態に応じて、社会的障壁の除去の実施について必要かつ合理的な配慮をしなければならない。

（事業者における障害を理由とする差別の禁止）

第八条　事業者は、その事業を行うに当たり、障害を理由として障害者でない者と不当な差別的取扱いをすることにより、障害者の権利利益を侵害してはならない。

2　事業者は、その事業を行うに当たり、障害者から現に社会的障壁の除去を必要としている旨の意思の表明があった場合において、その実施に伴う負担が過重でないときは、障害者の権利利益を侵害することとならないよう、当該障害者の性別、年齢及び障害の状態に応じて、社会的障壁の除去の実施について必要かつ合理的な配慮をするように努めなければならない。

（国等職員対応要領）

第九条　国の行政機関の長及び独立行政法人等は、基本方針に即して、第七条に規定する事項に関し、当該国の行政機関及び独立行政法人等の職員が適切に対応するために必要な要領（以下この条及び附則第三条において「国等職員対応要領」という。）を定めるものとする。

2　国の行政機関の長及び独立行政法人等は、国等職員対応要領を定めようとするときは、あらかじめ、障害者その他の関係者の意見を反映させるために必要な措置を講じなければならない。

3　国の行政機関の長及び独立行政法人等は、国等職員対応要領を定めたときは、遅滞なく、これを公表しなければならない。

4　前二項の規定は、国等職員対応要領の変更について準用する。

（地方公共団体等職員対応要領）

第十条　地方公共団体の機関及び地方独立行政法人は、基本方針に即して、第七条に規定する事項に関し、当該地方公共団体の機関及び地方独立行政法人の職員が適切に対応するために必要な要領（以下この条及び附則第四条において「地方公共団体等職員対応要領」という。）を定めるよう努めるものとする。

2　地方公共団体の機関及び地方独立行政法人は、地方公共団体等職員対応要領を定めようとするときは、あらかじめ、障害者その他の関係者の意見を反映させるために必要な措置を講ずるよう努めなければならない。

3　地方公共団体の機関及び地方独立行政法人は、地方公共団体等職員対応要領を定めたときは、遅滞なく、これを公表するよう努めなければならない。

4　国は、地方公共団体の機関及び地方独立行政法人による地方公共団体等職員対応要領の作成に協力しなければならない。

5　前三項の規定は、地方公共団体等職員対応要領の変更について準用する。

（事業者のための対応指針）

第十一条　主務大臣は、基本方針に即して、第八条に規定する事項に関し、事業者が適切に対応するために必要な指針（以下「対応指針」という。）を定めるものとする。

2　第九条第二項から第四項までの規定は、対応指針について準用する。

（報告の徴収並びに助言、指導及び勧告）

第十二条　主務大臣は、第八条の規定の施行に関し、特に必要があると認めるときは、対応指針に定める事項について、当該事業者に対し、報告を求め、又は助言、指導若しくは勧告をすることができる。

（事業主による措置に関する特例）

第十三条　行政機関等及び事業者が事業主としての立場で労働者に対して行う障害を理由とする差別を解消するための措置については、障害者の雇用の促進等に関する法律（昭和三十五年法律第百二十三号）の定めるところによる。

第四章　障害を理由とする差別を解消するための支援措置

（相談及び紛争の防止等のための体制の整備）

第十四条　国及び地方公共団体は、障害者及びその家族その他の関係者からの障害を理由とする差別に関する相談に的確に応ずるとともに、障害を理由とする差別に関する紛争の防止又は解決を図ることができるよう必要な体制の整備を図るものとする。

（啓発活動）

第十五条　国及び地方公共団体は、障害を理由とする差別の解消について国民の関心と理解を深めるとともに、特に、障害を理由とする差別の解消を妨げている諸要因の解消を図るため、必要な啓発活動を行うものとする。

（情報の収集、整理及び提供）

第十六条　国は、障害を理由とする差別を解消するための取組に資するよう、国内外における障害を理由とする差別及びその解消のための取組に関する情報の収集、整理及び提供を行うものとする。

（障害者差別解消支援地域協議会）

第十七条　国及び地方公共団体の機関であって、医療、介護、教育その他の障害者の自立と社会参加に関連する分野の事務に従事するもの（以下この項及び次条第二項において「関係機関」という。）は、当該地方公共団体の区域において関係機関が行う障害を理由とする差別に関する相談及び当該相談に係る事例を踏まえた障害を理由とする差別を解消するための取組を効果的かつ円滑に行うため、関係機関により構成される障害者差別解消支援地域協議会（以下「協議会」という。）を組織することができる。

2　前項の規定により協議会を組織する国及び地方公共団体の機関は、必要があると認めるときは、協議会に次に掲げる者を構成員として加えることができる。

一　特定非営利活動促進法（平成十年法律第七号）第二条第二項に規定する特定非営利活動法人その他の団体

二　学識経験者

三　その他当該国及び地方公共団体の機関が必要と認める者

（協議会の事務等）

第十八条　協議会は、前条第一項の目的を達するため、必要な情報を交換するとともに、障害者からの相談及び当該相談に係る事例を踏まえた障害を理由とする差別を解消するための取組に関する協議を行うものとする。

2　関係機関及び前条第二項の構成員（次項において「構成機関等」という。）は、前項の協議の結果に基づき、当該相談に係る事例を踏まえた障害を理由とする差別を解消するための取組を行うものとする。

3　協議会は、第一項に規定する情報の交換及び協議を行うため必要があると認めるとき、又は構成機関等が行う相談及び当該相談に係る事例を踏まえた障害を理由とする差別を解消するための取組に関し他の構成機関等から要請があった場合において必要があると認めるときは、構成機関等に対し、相談を行った障害者及び差別に係る事案に関する情報の提供、意見の表明その他の必要な協力を求めることができる。

4　協議会の庶務は、協議会を構成する地方公共団体において処理する。

5　協議会が組織されたときは、当該地方公共団体は、内閣府令で定めるところにより、その旨を公表しなければならない。

（**秘密保持義務**）

第十九条　協議会の事務に従事する者又は協議会の事務に従事していた者は、正当な理由なく、協議会の事務に関して知り得た秘密を漏らしてはならない。

（**協議会の定める事項**）

第二十条　前三条に定めるもののほか、協議会の組織及び運営に関し必要な事項は、協議会が定める。

第五章　雑則

（**主務大臣**）

第二十一条　この法律における主務大臣は、対応指針の対象となる事業者の事業を所管する大臣又は国家公安委員会とする。

（**地方公共団体が処理する事務**）

第二十二条　第十二条に規定する主務大臣の権限に属する事務は、政令で定めるところにより、地方公共団体の長その他の執行機関が行うこととすることができる。

（**権限の委任**）

第二十三条　この法律の規定により主務大臣の権限に属する事項は、政令で定めるところにより、その所属の職員に委任することができる。

（**政令への委任**）

第二十四条　この法律に定めるもののほか、この法律の実施のため必要な事項は、政令で定める。

第六章　罰則

第二十五条　第十九条の規定に違反した者は、一年以下の懲役又は五十万円以下の罰金に処する。

第二十六条　第十二条の規定による報告をせず、又は虚偽の報告をした者は、二十万円以下の過料に処する。

附　則（抄）

（**施行期日**）

第一条　この法律は、平成二十八年四月一日から施行する。〔後略〕

障害者虐待の防止、障害者の養護者に対する支援等に関する法律

（平成二三・六・二四　法律七九）

最新改正　平成二八法律六五

第一章　総則

（**目的**）

第一条　この法律は、障害者に対する虐待が障害者の尊厳を害するものであり、障害者の自立及び社会参加にとって障害者に対する虐待を防止することが極めて重要であること等に鑑み、障害者に対する虐待の禁止、障害者虐待の予防及び早期発見その他の障害者虐待の防止等に関する国等の責務、障害者虐待を受けた障害者に対する保護及び自立の支援のための措置、養護者の負担の軽減を図ること等の養護者に対する養護者による障害者虐待の防止に資する支援（以下「養護者に対する支援」という。）のための措置等を定めることにより、障害者虐待の防止、養護者に対する支援等に関する施策を促進し、もって障害者の権利利益の擁護に資することを目的とする。

（**定義**）

第二条　この法律において「障害者」とは、障害者基本法（昭和四十五年法律第八十四

号）第二条第一号に規定する障害者をいう。

2　この法律において「障害者虐待」とは、養護者による障害者虐待、障害者福祉施設従事者等による障害者虐待及び使用者による障害者虐待をいう。

3　この法律において「養護者」とは、障害者を現に養護する者であって障害者福祉施設従事者等及び使用者以外のものをいう。

4　この法律において「障害者福祉施設従事者等」とは、障害者の日常生活及び社会生活を総合的に支援するための法律（平成十七年法律第百二十三号）第五条第十一項に規定する障害者支援施設（以下「障害者支援施設」という。）若しくは独立行政法人国立重度知的障害者総合施設のぞみの園法（平成十四年法律第百六十七号）第十一条第一号の規定により独立行政法人国立重度知的障害者総合施設のぞみの園が設置する施設（以下「のぞみの園」という。）（以下「障害者福祉施設」という。）又は障害者の日常生活及び社会生活を総合的に支援するための法律第五条第一項に規定する障害福祉サービス事業、同条第十八項に規定する一般相談支援事業若しくは特定相談支援事業、同条第二十六項に規定する移動支援事業、同条第二十七項に規定する地域活動支援センターを経営する事業若しくは同条第二十八項に規定する福祉ホームを経営する事業その他厚生労働省令で定める事業（以下「障害福祉サービス事業等」という。）に係る業務に従事する者をいう。

5　この法律において「使用者」とは、障害者を雇用する事業主（当該障害者が派遣労働者（労働者派遣事業の適正な運営の確保及び派遣労働者の保護等に関する法律（昭和六十年法律第八十八号）第二条第二号に規定する派遣労働者をいう。以下同じ。）である場合において当該派遣労働者に係る労働者派遣（同条第一号に規定する労働者派遣をいう。）の役務の提供を受ける事業主その他これに類するものとして政令で定める事業主を含み、国及び地方公共団体を除く。以下同じ。）又は事業の経営担当者その他その事業の労働者に関する事項について事業主のために行為をする者をいう。

6　この法律において「養護者による障害者虐待」とは、次のいずれかに該当する行為をいう。

一　養護者がその養護する障害者について行う次に掲げる行為

イ　障害者の身体に外傷が生じ、若しくは生じるおそれのある暴行を加え、又は正当な理由なく障害者の身体を拘束すること。

ロ　障害者にわいせつな行為をすること又は障害者をしてわいせつな行為をさせること。

ハ　障害者に対する著しい暴言又は著しく拒絶的な対応その他の障害者に著しい心理的外傷を与える言動を行うこと。

ニ　障害者を衰弱させるような著しい減食又は長時間の放置、養護者以外の同居人によるイからハまでに掲げる行為と同様の行為の放置等養護を著しく怠ること。

二　養護者又は障害者の親族が当該障害者の財産を不当に処分することその他当該障害者から不当に財産上の利益を得ること。

7　この法律において「障害者福祉施設従事者等による障害者虐待」とは、障害者福祉施設従事者等が、当該障害者福祉施設に入所し、その他当該障害者福祉施設を利用する障害者又は当該障害福祉サービス事業等に係るサービスの提供を受ける障害者について行う次のいずれかに該当する行為をいう。

一　障害者の身体に外傷が生じ、若しくは生じるおそれのある暴行を加え、又は正当な理由なく障害者の身体を拘束すること。

二　障害者にわいせつな行為をすること又は障害者をしてわいせつな行為をさせること。

三　障害者に対する著しい暴言、著しく拒絶的な対応又は不当な差別的言動その他の障害者に著しい心理的外傷を与える言動を行うこと。

四　障害者を衰弱させるような著しい減食

障害者福祉

又は長時間の放置、当該障害者福祉施設に入所し、その他当該障害者福祉施設を利用する他の障害者又は当該障害福祉サービス事業等に係るサービスの提供を受ける他の障害者による前三号に掲げる行為と同様の行為の放置その他の障害者を養護すべき職務上の義務を著しく怠ること。

五　障害者の財産を不当に処分することその他障害者から不当に財産上の利益を得ること。

8　この法律において「使用者による障害者虐待」とは、使用者が当該事業所に使用される障害者について行う次のいずれかに該当する行為をいう。

一　障害者の身体に外傷が生じ、若しくは生じるおそれのある暴行を加え、又は正当な理由なく障害者の身体を拘束すること。

二　障害者にわいせつな行為をすること又は障害者をしてわいせつな行為をさせること。

三　障害者に対する著しい暴言、著しく拒絶的な対応又は不当な差別的言動その他の障害者に著しい心理的外傷を与える言動を行うこと。

四　障害者を衰弱させるような著しい減食又は長時間の放置、当該事業所に使用される他の労働者による前三号に掲げる行為と同様の行為の放置その他これらに準ずる行為を行うこと。

五　障害者の財産を不当に処分することその他障害者から不当に財産上の利益を得ること。

（障害者に対する虐待の禁止）

第三条　何人も、障害者に対し、虐待をしてはならない。

（国及び地方公共団体の責務等）

第四条　国及び地方公共団体は、障害者虐待の予防及び早期発見その他の障害者虐待の防止、障害者虐待を受けた障害者の迅速かつ適切な保護及び自立の支援並びに適切な養護者に対する支援を行うため、関係省庁相互間その他関係機関及び民間団体の間の連携の強化、民間団体の支援その他必要な体制の整備に努めなければならない。

2　国及び地方公共団体は、障害者虐待の防止、障害者虐待を受けた障害者の保護及び自立の支援並びに養護者に対する支援が専門的知識に基づき適切に行われるよう、これらの職務に携わる専門的知識及び技術を有する人材その他必要な人材の確保及び資質の向上を図るため、関係機関の職員の研修等必要な措置を講ずるよう努めなければならない。

3　国及び地方公共団体は、障害者虐待の防止、障害者虐待を受けた障害者の保護及び自立の支援並びに養護者に対する支援に資するため、障害者虐待に係る通報義務、人権侵犯事件に係る救済制度等について必要な広報その他の啓発活動を行うものとする。

（国民の責務）

第五条　国民は、障害者虐待の防止、養護者に対する支援等の重要性に関する理解を深めるとともに、国又は地方公共団体が講ずる障害者虐待の防止、養護者に対する支援等のための施策に協力するよう努めなければならない。

（障害者虐待の早期発見等）

第六条　国及び地方公共団体の障害者の福祉に関する事務を所掌する部局その他の関係機関は、障害者虐待を発見しやすい立場にあることに鑑み、相互に緊密な連携を図りつつ、障害者虐待の早期発見に努めなければならない。

2　障害者福祉施設、学校、医療機関、保健所その他障害者の福祉に業務上関係のある団体並びに障害者福祉施設従事者等、学校の教職員、医師、歯科医師、保健師、弁護士その他障害者の福祉に職務上関係のある者及び使用者は、障害者虐待を発見しやすい立場にあることを自覚し、障害者虐待の早期発見に努めなければならない。

3　前項に規定する者は、国及び地方公共団体が講ずる障害者虐待の防止のための啓発活動並びに障害者虐待を受けた障害者の保護及び自立の支援のための施策に協力するよう努めなければならない。

第二章　養護者による障害者虐待の防止、養護者に対する支援等

（養護者による障害者虐待に係る通報等）

第七条　養護者による障害者虐待（十八歳未満の障害者について行われるものを除く。以下この章において同じ。）を受けたと思われる障害者を発見した者は、速やかに、これを市町村に通報しなければならない。

2　刑法（明治四十年法律第四十五号）の秘密漏示罪の規定その他の守秘義務に関する法律の規定は、前項の規定による通報をすることを妨げるものと解釈してはならない。

第八条　市町村が前条第一項の規定による通報又は次条第一項に規定する届出を受けた場合においては、当該通報又は届出を受けた市町村の職員は、その職務上知り得た事項であって当該通報又は届出をした者を特定させるものを漏らしてはならない。

（通報等を受けた場合の措置）

第九条　市町村は、第七条第一項の規定による通報又は障害者からの養護者による障害者虐待を受けた旨の届出を受けたときは、速やかに、当該障害者の安全の確認その他当該通報又は届出に係る事実の確認のための措置を講ずるとともに、第三十五条の規定により当該市町村と連携協力する者（以下「市町村障害者虐待対応協力者」という。）とその対応について協議を行うものとする。

2　市町村は、第七条第一項の規定による通報又は前項に規定する届出があった場合には、当該通報又は届出に係る障害者に対する養護者による障害者虐待の防止及び当該障害者の保護が図られるよう、養護者による障害者虐待により生命又は身体に重大な危険が生じているおそれがあると認められる障害者を一時的に保護するため迅速に当該市町村の設置する障害者支援施設又は障害者の日常生活及び社会生活を総合的に支援するための法律第五条第六項の厚生労働省令で定める施設（以下「障害者支援施設等」という。）に入所させる等、適切に、身体障害者福祉法（昭和二十四年法律第二百八十三号）第十八条第一項若しくは第二項又は知的障害者福祉法（昭和三十五年法律第三十七号）第十五条の四若しくは第十六条第一項第二号の規定による措置を講ずるものとする。この場合において、当該障害者が身体障害者福祉法第四条に規定する身体障害者（以下「身体障害者」という。）及び知的障害者福祉法にいう知的障害者（以下「知的障害者」という。）以外の障害者であるときは、当該障害者を身体障害者又は知的障害者とみなして、身体障害者福祉法第十八条第一項若しくは第二項又は知的障害者福祉法第十五条の四若しくは第十六条第一項第二号の規定を適用する。

3　市町村長は、第七条第一項の規定による通報又は第一項に規定する届出があった場合には、当該通報又は届出に係る障害者に対する養護者による障害者虐待の防止並びに当該障害者の保護及び自立の支援が図られるよう、適切に、精神保健及び精神障害者福祉に関する法律（昭和二十五年法律第百二十三号）第五十一条の十一の二又は知的障害者福祉法第二十八条の規定により審判の請求をするものとする。

（居室の確保）

第十条　市町村は、養護者による障害者虐待を受けた障害者について前条第二項の措置を採るために必要な居室を確保するための措置を講ずるものとする。

（立入調査）

第十一条　市町村長は、養護者による障害者虐待により障害者の生命又は身体に重大な危険が生じているおそれがあると認めるときは、障害者の福祉に関する事務に従事する職員をして、当該障害者の住所又は居所に立ち入り、必要な調査又は質問をさせることができる。

2　前項の規定による立入り及び調査又は質問を行う場合においては、当該職員は、その身分を示す証明書を携帯し、関係者の請求があるときは、これを提示しなければならない。

3　第一項の規定による立入り及び調査又は質問を行う権限は、犯罪捜査のために認められたものと解釈してはならない。

（警察署長に対する援助要請等）

第十二条　市町村長は、前条第一項の規定による立入り及び調査又は質問をさせようとする場合において、これらの職務の執行に際し必要があると認めるときは、当該障害者の住所又は居所の所在地を管轄する警察署長に対し援助を求めることができる。

2　市町村長は、障害者の生命又は身体の安全の確保に万全を期する観点から、必要に応じ適切に、前項の規定により警察署長に対し援助を求めなければならない。

3　警察署長は、第一項の規定による援助の求めを受けた場合において、障害者の生命又は身体の安全を確保するため必要と認めるときは、速やかに、所属の警察官に、同項の職務の執行を援助するために必要な警察官職務執行法（昭和二十三年法律第百三十六号）その他の法令の定めるところによる措置を講じさせるよう努めなければならない。

（面会の制限）

第十三条　養護者による障害者虐待を受けた障害者について第九条第二項の措置が採られた場合においては、市町村長又は当該措置に係る障害者支援施設等若しくはのぞみの園の長若しくは当該措置に係る身体障害者福祉法第十八条第二項に規定する指定医療機関の管理者は、養護者による障害者虐待の防止及び当該障害者の保護の観点から、当該養護者による障害者虐待を行った養護者について当該障害者との面会を制限することができる。

（養護者の支援）

第十四条　市町村は、第三十二条第二項第二号に規定するもののほか、養護者の負担の軽減のため、養護者に対する相談、指導及び助言その他必要な措置を講ずるものとする。

2　市町村は、前項の措置として、養護者の心身の状態に照らしその養護の負担の軽減を図るため緊急の必要があると認める場合に障害者が短期間養護を受けるために必要となる居室を確保するための措置を講ずるものとする。

第三章　障害者福祉施設従事者等による障害者虐待の防止等

（障害者福祉施設従事者等による障害者虐待の防止等のための措置）

第十五条　障害者福祉施設の設置者又は障害福祉サービス事業等を行う者は、障害者福祉施設従事者等の研修の実施、当該障害者福祉施設に入所し、その他当該障害者福祉施設を利用し、又は当該障害福祉サービス事業等に係るサービスの提供を受ける障害者及びその家族からの苦情の処理の体制の整備その他の障害者福祉施設従事者等による障害者虐待の防止等のための措置を講ずるものとする。

（障害者福祉施設従事者等による障害者虐待に係る通報等）

第十六条　障害者福祉施設従事者等による障害者虐待を受けたと思われる障害者を発見した者は、速やかに、これを市町村に通報しなければならない。

2　障害者福祉施設従事者等による障害者虐待を受けた障害者は、その旨を市町村に届け出ることができる。

3　刑法の秘密漏示罪の規定その他の守秘義務に関する法律の規定は、第一項の規定による通報（虚偽であるもの及び過失によるものを除く。次項において同じ。）をすることを妨げるものと解釈してはならない。

4　障害者福祉施設従事者等は、第一項の規定による通報をしたことを理由として、解雇その他不利益な取扱いを受けない。

第十七条　市町村は、前条第一項の規定による通報又は同条第二項の規定による届出を受けたときは、厚生労働省令で定めるところにより、当該通報又は届出に係る障害者福祉施設従事者等による障害者虐待に関する事項を、当該障害者虐待に係る障害者福祉施設又は当該障害者福祉施設従事者等による障害者虐待に係る障害福祉サービス事業等の事業所の所在地の都道府県に報告しなければならない。

第十八条　市町村が第十六条第一項の規定による通報又は同条第二項の規定による届出を受けた場合においては、当該通報又は届出を受けた市町村の職員は、その職務上知り得た事項であって当該通報又は届出をした者を特定させるものを漏らしてはならない。都道府県が前条の規定による報告を受けた場合における当該報告を受けた都道府県の職員についても、同様とする。

（通報等を受けた場合の措置）

第十九条 市町村が第十六条第一項の規定による通報若しくは同条第二項の規定による届出を受け、又は都道府県が第十七条の規定による報告を受けたときは、市町村長又は都道府県知事は、障害者福祉施設の業務又は障害福祉サービス事業等の適正な運営を確保することにより、当該通報又は届出に係る障害者に対する障害者福祉施設従事者等による障害者虐待の防止並びに当該障害者の保護及び自立の支援を図るため、社会福祉法（昭和二十六年法律第四十五号）、障害者の日常生活及び社会生活を総合的に支援するための法律その他関係法律の規定による権限を適切に行使するものとする。

（公表）

第二十条 都道府県知事は、毎年度、障害者福祉施設従事者等による障害者虐待の状況、障害者福祉施設従事者等による障害者虐待があった場合に採った措置その他厚生労働省令で定める事項を公表するものとする。

第四章　使用者による障害者虐待の防止等

（使用者による障害者虐待の防止等のための措置）

第二十一条 障害者を雇用する事業主は、労働者の研修の実施、当該事業所に使用される障害者及びその家族からの苦情の処理の体制の整備その他の使用者による障害者虐待の防止等のための措置を講ずるものとする。

（使用者による障害者虐待に係る通報等）

第二十二条 使用者による障害者虐待を受けたと思われる障害者を発見した者は、速やかに、これを市町村又は都道府県に通報しなければならない。

2　使用者による障害者虐待を受けた障害者は、その旨を市町村又は都道府県に届け出ることができる。

3　刑法の秘密漏示罪の規定その他の守秘義務に関する法律の規定は、第一項の規定による通報（虚偽であるもの及び過失によるものを除く。次項において同じ。）をすることを妨げるものと解釈してはならない。

4　労働者は、第一項の規定による通報又は第二項の規定による届出（虚偽であるもの及び過失によるものを除く。）をしたことを理由として、解雇その他不利益な取扱いを受けない。

第二十三条 市町村は、前条第一項の規定による通報又は同条第二項の規定による届出を受けたときは、厚生労働省令で定めるところにより、当該通報又は届出に係る使用者による障害者虐待に関する事項を、当該使用者による障害者虐待に係る事業所の所在地の都道府県に通知しなければならない。

第二十四条 都道府県は、第二十二条第一項の規定による通報、同条第二項の規定による届出又は前条の規定による通知を受けたときは、厚生労働省令で定めるところにより、当該通報、届出又は通知に係る使用者による障害者虐待に関する事項を、当該使用者による障害者虐待に係る事業所の所在地を管轄する都道府県労働局に報告しなければならない。

第二十五条 市町村又は都道府県が第二十二条第一項の規定による通報又は同条第二項の規定による届出を受けた場合においては、当該通報又は届出を受けた市町村又は都道府県の職員は、その職務上知り得た事項であって当該通報又は届出をした者を特定させるものを漏らしてはならない。都道府県が第二十三条の規定による通知を受けた場合における当該通知を受けた都道府県の職員及び都道府県労働局が前条の規定による報告を受けた場合における当該都道府県労働局の職員についても、同様とする。

（報告を受けた場合の措置）

第二十六条　都道府県労働局が第二十四条の規定による報告を受けたときは、都道府県労働局長又は労働基準監督署長若しくは公共職業安定所長は、事業所における障害者の適正な労働条件及び雇用管理を確保することにより、当該報告に係る障害者に対する使用者による障害者虐待の防止並びに当該障害者の保護及び自立の支援を図るため、当該報告に係る都道府県との連携を図りつつ、労働基準法（昭和二十二年法律第四十九号）、障害者の雇用の促進等に関する法律（昭和三十五年法律第百二十三号）、個別労働関係紛争の解決の促進に関する法律（平成十三年法律第百十二号）その他関係法律の規定による権限を適切に行使するものとする。

（船員に関する特例）

第二十七条　船員法（昭和二十二年法律第百号）の適用を受ける船員である障害者について行われる使用者による障害者虐待に係る前三条の規定の適用については、第二十四条中「厚生労働省令」とあるのは「国土交通省令又は厚生労働省令」と、「当該使用者による障害者虐待に係る事業所の所在地を管轄する都道府県労働局」とあるのは「地方運輸局その他の関係行政機関」と、第二十五条中「都道府県労働局」とあるのは「地方運輸局その他の関係行政機関」と、前条中「都道府県労働局が」とあるのは「地方運輸局その他の関係行政機関が」と、「都道府県労働局長又は労働基準監督署長若しくは公共職業安定所長」とあるのは「地方運輸局その他の関係行政機関の長」と、「労働基準法（昭和二十二年法律第四十九号）」とあるのは「船員法（昭和二十二年法律第百号）」とする。

（公表）

第二十八条　厚生労働大臣は、毎年度、使用者による障害者虐待の状況、使用者による障害者虐待があった場合に採った措置その他厚生労働省令で定める事項を公表するものとする。

第五章　就学する障害者等に対する虐待の防止等

（就学する障害者に対する虐待の防止等）

第二十九条　学校（学校教育法（昭和二十二年法律第二十六号）第一条に規定する学校、同法第百二十四条に規定する専修学校又は同法第百三十四条第一項に規定する各種学校をいう。以下同じ。）の長は、教職員、児童、生徒、学生その他の関係者に対する障害及び障害者に関する理解を深めるための研修の実施及び普及啓発、就学する障害者に対する虐待に関する相談に係る体制の整備、就学する障害者に対する虐待に対処するための措置その他の当該学校に就学する障害者に対する虐待を防止するため必要な措置を講ずるものとする。

（保育所等に通う障害者に対する虐待の防止等）

第三十条　保育所等（児童福祉法（昭和二十二年法律第百六十四号）第三十九条第一項に規定する保育所若しくは同法第五十九条第一項に規定する施設のうち同法第三十九条第一項に規定する業務を目的とするもの（少数の乳児又は幼児を対象とするものその他の厚生労働省令で定めるものを除く。）又は就学前の子どもに関する教育、保育等の総合的な提供の推進に関する法律（平成十八年法律第七十七号）第二条第六項に規定する認定こども園をいう。以下同じ。）の長は、保育所等の職員その他の関係者に対する障害及び障害者に関する理解を深めるための研修の実施及び普及啓発、保育所等に通う障害者に対する虐待に関する相談に係る体制の整備、保育所等に通う障害者に対する虐待に対処するための措置その他の当該保育所等に通う障害者に対する虐待を防止するため必要な措置を講ずるものとする。

（医療機関を利用する障害者に対する虐待の防止等）

第三十一条　医療機関（医療法（昭和二十三年法律第二百五号）第一条の五第一項に規定する病院又は同条第二項に規定する診療所をいう。以下同じ。）の管理者は、医療機関の職員その他の関係者に対する障害及び障害者に関する理解を深めるための研修の実施及び普及啓発、医療機関を利用する障害者に対する虐待に関する相談に係る体制の整備、医療機関を利用する障害者に対する虐待に対処するための措置その他の当該医療機関を利用する障害者に対する虐待を防止するため必要な措置を講ずるものとする。

第六章　市町村障害者虐待防止センター及び都道府県障害者権利擁護センター

（市町村障害者虐待防止センター）

第三十二条　市町村は、障害者の福祉に関する事務を所掌する部局又は当該市町村が設置する施設において、当該部局又は施設が市町村障害者虐待防止センターとしての機能を果たすようにするものとする。

2　市町村障害者虐待防止センターは、次に掲げる業務を行うものとする。

一　第七条第一項、第十六条第一項若しくは第二十二条第一項の規定による通報又は第九条第一項に規定する届出若しくは第十六条第二項若しくは第二十二条第二項の規定による届出を受理すること。

二　養護者による障害者虐待の防止及び養護者による障害者虐待を受けた障害者の保護のため、障害者及び養護者に対して、相談、指導及び助言を行うこと。

三　障害者虐待の防止及び養護者に対する支援に関する広報その他の啓発活動を行うこと。

（市町村障害者虐待防止センターの業務の委託）

第三十三条　市町村は、市町村障害者虐待対応協力者のうち適当と認められるものに、前条第二項各号に掲げる業務の全部又は一部を委託することができる。

2　前項の規定による委託を受けた者若しくはその役員若しくは職員又はこれらの者であった者は、正当な理由なしに、その委託を受けた業務に関して知り得た秘密を漏らしてはならない。

3　第一項の規定により第七条第一項、第十六条第一項若しくは第二十二条第一項に規定する通報又は第九条第一項に規定する届出若しくは第十六条第二項若しくは第二十二条第二項の規定による届出の受理に関する業務の委託を受けた者が第七条第一項、第十六条第一項若しくは第二十二条第一項の規定による通報又は第九条第一項に規定する届出若しくは第十六条第二項若しくは第二十二条第二項の規定による届出を受けた場合には、当該通報若しくは届出を受けた者又はその役員若しくは職員は、その職務上知り得た事項であって当該通報又は届出をした者を特定させるものを漏らしてはならない。

（市町村等における専門的に従事する職員の確保）

第三十四条　市町村及び前条第一項の規定による委託を受けた者は、障害者虐待の防止、障害者虐待を受けた障害者の保護及び自立の支援並びに養護者に対する支援を適切に実施するために、障害者の福祉又は権利の擁護に関し専門的知識又は経験を有し、かつ、これらの事務に専門的に従事する職員を確保するよう努めなければならない。

（市町村における連携協力体制の整備）

第三十五条　市町村は、養護者による障害者虐待の防止、養護者による障害者虐待を受けた障害者の保護及び自立の支援並びに養護者に対する支援を適切に実施するため、社会福祉法に定める福祉に関する事務所（以下「福祉事務所」という。）その他関係機関、民間団体等との連携協力体制を整備しなければならない。この場合において、養護者による障害者虐待にいつでも迅速に対応することができるよう、特に配慮しなければならない。

（都道府県障害者権利擁護センター）

第三十六条　都道府県は、障害者の福祉に関する事務を所掌する部局又は当該都道府県が設置する施設において、当該部局又は施設が都道府県障害者権利擁護センターとしての機能を果たすようにするものとする。

2　都道府県障害者権利擁護センターは、次に掲げる業務を行うものとする。

一　第二十二条第一項の規定による通報又は同条第二項の規定による届出を受理すること。

二　この法律の規定により市町村が行う措

置の実施に関し、市町村相互間の連絡調整、市町村に対する情報の提供、助言その他必要な援助を行うこと。

三　障害者虐待を受けた障害者に関する各般の問題及び養護者に対する支援に関し、相談に応ずること又は相談を行う機関を紹介すること。

四　障害者虐待を受けた障害者の支援及び養護者に対する支援のため、情報の提供、助言、関係機関との連絡調整その他の援助を行うこと。

五　障害者虐待の防止及び養護者に対する支援に関する情報を収集し、分析し、及び提供すること。

六　障害者虐待の防止及び養護者に対する支援に関する広報その他の啓発活動を行うこと。

七　その他障害者に対する虐待の防止等のために必要な支援を行うこと。

（都道府県障害者権利擁護センターの業務の委託）

第三十七条　都道府県は、第三十九条の規定により当該都道府県と連携協力する者（以下「都道府県障害者虐待対応協力者」という。）のうち適当と認められるものに、前条第二項第一号又は第三号から第七号までに掲げる業務の全部又は一部を委託することができる。

2　前項の規定による委託を受けた者若しくはその役員若しくは職員又はこれらの者であった者は、正当な理由なしに、その委託を受けた業務に関して知り得た秘密を漏らしてはならない。

3　第一項の規定により第二十二条第一項の規定による通報又は同条第二項に規定する届出の受理に関する業務の委託を受けた者が同条第一項の規定による通報又は同条第二項に規定する届出を受けた場合には、当該通報若しくは届出を受けた者又はその役員若しくは職員は、その職務上知り得た事項であって当該通報又は届出をした者を特定させるものを漏らしてはならない。

（都道府県等における専門的に従事する職員の確保）

第三十八条　都道府県及び前条第一項の規定による委託を受けた者は、障害者虐待の防止、障害者虐待を受けた障害者の保護及び自立の支援並びに養護者に対する支援を適切に実施するために、障害者の福祉又は権利の擁護に関し専門的知識又は経験を有し、かつ、これらの事務に専門的に従事する職員を確保するよう努めなければならない。

（都道府県における連携協力体制の整備）

第三十九条　都道府県は、障害者虐待の防止、障害者虐待を受けた障害者の保護及び自立の支援並びに養護者に対する支援を適切に実施するため、福祉事務所その他関係機関、民間団体等との連携協力体制を整備しなければならない。

第七章　雑則

（周知）

第四十条　市町村又は都道府県は、市町村障害者虐待防止センター又は都道府県障害者権利擁護センターとしての機能を果たす部局又は施設及び市町村障害者虐待対応協力者又は都道府県障害者虐待対応協力者の名称を明示すること等により、当該部局又は施設及び市町村障害者虐待対応協力者又は都道府県障害者虐待対応協力者を周知させなければならない。

（障害者虐待を受けた障害者の自立の支援）

第四十一条　国及び地方公共団体は、障害者虐待を受けた障害者が地域において自立した生活を円滑に営むことができるよう、居住の場所の確保、就業の支援その他の必要な施策を講ずるものとする。

（調査研究）

第四十二条　国及び地方公共団体は、障害者虐待を受けた障害者がその心身に著しく重大な被害を受けた事例の分析を行うとともに、障害者虐待の予防及び早期発見のための方策、障害者虐待があった場合の適切な対応方法、養護者に対する支援の在り方その他障害者虐待の防止、障害者虐待を受けた障害者の保護及び自立の支援並びに養護者に対する支援のために必要な事項についての調査及び研究を行うものとする。

（財産上の不当取引による被害の防止等）

障害者福祉

第四十三条　市町村は、養護者、障害者の親族、障害者福祉施設従事者等及び使用者以外の者が不当に財産上の利益を得る目的で障害者と行う取引（以下「財産上の不当取引」という。）による障害者の被害について、相談に応じ、若しくは消費生活に関する業務を担当する部局その他の関係機関を紹介し、又は市町村障害者虐待対応協力者に、財産上の不当取引による障害者の被害に係る相談若しくは関係機関の紹介の実施を委託するものとする。

2　市町村長は、財産上の不当取引の被害を受け、又は受けるおそれのある障害者について、適切に、精神保健及び精神障害者福祉に関する法律第五十一条の十一の二又は知的障害者福祉法第二十八条の規定により審判の請求をするものとする。

（成年後見制度の利用促進）

第四十四条　国及び地方公共団体は、障害者虐待の防止並びに障害者虐待を受けた障害者の保護及び自立の支援並びに財産上の不当取引による障害者の被害の防止及び救済を図るため、成年後見制度の周知のための措置、成年後見制度の利用に係る経済的負担の軽減のための措置等を講ずることにより、成年後見制度が広く利用されるようにしなければならない。

第八章　罰則

第四十五条　第三十三条第二項又は第三十七条第二項の規定に違反した者は、一年以下の懲役又は百万円以下の罰金に処する。

第四十六条　正当な理由がなく、第十一条第一項の規定による立入調査を拒み、妨げ、若しくは忌避し、又は同項の規定による質問に対して答弁をせず、若しくは虚偽の答弁をし、若しくは障害者に答弁をさせず、若しくは虚偽の答弁をさせた者は、三十万円以下の罰金に処する。

附　則（抄）

（施行期日）

第一条　この法律は、平成二十四年十月一日から施行する。

（検討）

第二条　政府は、学校、保育所等、医療機関、官公署等における障害者に対する虐待の防止等の体制の在り方並びに障害者の安全の確認又は安全の確保を実効的に行うための方策、障害者を訪問して相談等を行う体制の充実強化その他の障害者虐待の防止、障害者虐待を受けた障害者の保護及び自立の支援、養護者に対する支援等のための制度について、この法律の施行後三年を目途として、児童虐待、高齢者虐待、配偶者からの暴力等の防止等に関する法制度全般の見直しの状況を踏まえ、この法律の施行状況等を勘案して検討を加え、その結果に基づいて必要な措置を講ずるものとする。

障害者の日常生活及び社会生活を総合的に支援するための法律

（平成一七・一一・七／法律一二三）

（題名改正＝平成二四法律五一）

最新改正　平成三〇法律四四

第一章　総則

（目的）

第一条　この法律は、障害者基本法（昭和四十五年法律第八十四号）の基本的な理念にのっとり、身体障害者福祉法（昭和二十四年法律第二百八十三号）、知的障害者福祉法（昭和三十五年法律第三十七号）、精神保健及び精神障害者福祉に関する法律（昭和二十五年法律第百二十三号）、児童福祉法（昭和二十二年法律第百六十四号）その他障害者及び障害児の福祉に関する法律と相まって、障害者及び障害児が基本的人権を享有する個人としての尊厳にふさわしい日常生活又は社会生活を営むことができるよう、必要な障害福祉サービスに係る給付、地域生活支援事業その他の支援を総合的に行い、もって障害者及び障害児の福祉の増進を図るとともに、障害の有無にかかわらず国民が相互に人格と個性を尊重し安心して暮らすことのできる地域社会の実現に寄与することを目的とする。

（基本理念）

第一条の二　障害者及び障害児が日常生活又は社会生活を営むための支援は、全ての国民が、障害の有無にかかわらず、等しく基本的人権を享有するかけがえのない個人として尊重されるものであるとの理念にのっとり、全ての国民が、障害の有無によって分け隔てられることなく、相互に人格と個性を尊重し合いながら共生する社会を実現するため、全ての障害者及び障害児が可能な限りその身近な場所において必要な日常生活又は社会生活を営むための支援を受けられることにより社会参加の機会が確保されること及びどこで誰と生活するかについての選択の機会が確保され、地域社会において他の人々と共生することを妨げられないこと並びに障害者及び障害児にとって日常生活又は社会生活を営む上で障壁となるような社会における事物、制度、慣行、観念その他一切のものの除去に資することを旨として、総合的かつ計画的に行わなければならない。

（市町村等の責務）

第二条　市町村（特別区を含む。以下同じ。）は、この法律の実施に関し、次に掲げる責務を有する。

一　障害者が自ら選択した場所に居住し、又は障害者若しくは障害児（以下「障害者等」という。）が自立した日常生活又は社会生活を営むことができるよう、当該市町村の区域における障害者等の生活の実態を把握した上で、公共職業安定所その他の職業リハビリテーション（障害者の雇用の促進等に関する法律（昭和三十五年法律第百二十三号）第二条第七号に規定する職業リハビリテーションをいう。以下同じ。）の措置を実施する機関、教育機関その他の関係機関との緊密な連携を図りつつ、必要な自立支援給付及び地域生活支援事業を総合的かつ計画的に行うこと。

二　障害者等の福祉に関し、必要な情報の提供を行い、並びに相談に応じ、必要な調査及び指導を行い、並びにこれらに付随する業務を行うこと。

三　意思疎通について支援が必要な障害者等が障害福祉サービスを円滑に利用することができるよう必要な便宜を供与すること、障害者等に対する虐待の防止及びその早期発見のために関係機関と連絡調整を行うことその他障害者等の権利の擁護のために必要な援助を行うこと。

2　都道府県は、この法律の実施に関し、次に掲げる責務を有する。

一　市町村が行う自立支援給付及び地域生活支援事業が適正かつ円滑に行われるよう、市町村に対する必要な助言、情報の提供その他の援助を行うこと。

二　市町村と連携を図りつつ、必要な自立支援医療費の支給及び地域生活支援事業を総合的に行うこと。

三　障害者等に関する相談及び指導のうち、専門的な知識及び技術を必要とするものを行うこと。

四　市町村と協力して障害者等の権利の擁護のために必要な援助を行うとともに、市町村が行う障害者等の権利の擁護のために必要な援助が適正かつ円滑に行われるよう、市町村に対する必要な助言、情報の提供その他の援助を行うこと。

3　国は、市町村及び都道府県が行う自立支援給付、地域生活支援事業その他この法律に基づく業務が適正かつ円滑に行われるよう、市町村及び都道府県に対する必要な助言、情報の提供その他の援助を行わなければならない。

4　国及び地方公共団体は、障害者等が自立した日常生活又は社会生活を営むことができるよう、必要な障害福祉サービス、相談支援及び地域生活支援事業の提供体制の確保に努めなければならない。

（国民の責務）

第三条　すべての国民は、その障害の有無にかかわらず、障害者等が自立した日常生活又は社会生活を営めるような地域社会の実現に協力するよう努めなければならない。

（定義）

第四条　この法律において「障害者」とは、身体障害者福祉法第四条に規定する身体障害者、知的障害者福祉法にいう知的障害者のうち十八歳以上である者及び精神保健及び精神障害者福祉に関する法律第五条に規定する精神障害者（発達障害者支援法（平成十六年法律第百六十七号）第二条第二項に規定する発達障害者を含み、知的障害者福祉法にいう知的障害者を除く。以下「精神障害者」という。）のうち十八歳以上である者並びに治療方法が確立していない疾病その他の特殊の疾病であって政令で定めるものによる障害の程度が厚生労働大臣が定める程度である者であって十八歳以上であるものをいう。

2　この法律において「障害児」とは、児童福祉法第四条第二項に規定する障害児をいう。

3　この法律において「保護者」とは、児童福祉法第六条に規定する保護者をいう。

4　この法律において「障害支援区分」とは、障害者等の障害の多様な特性その他の心身の状態に応じて必要とされる標準的な支援の度合を総合的に示すものとして厚生労働省令で定める区分をいう。

第五条　この法律において「障害福祉サービス」とは、居宅介護、重度訪問介護、同行援護、行動援護、療養介護、生活介護、短期入所、重度障害者等包括支援、施設入所支援、自立訓練、就労移行支援、就労継続支援、就労定着支援、自立生活援助及び共同生活援助をいい、「障害福祉サービス事業」とは、障害福祉サービス（障害者支援施設、独立行政法人国立重度知的障害者総合施設のぞみの園法（平成十四年法律第百六十七号）第十一条第一号の規定により独立行政法人国立重度知的障害者総合施設のぞみの園が設置する施設（以下「のぞみの園」という。）その他厚生労働省令で定める施設において行われる施設障害福祉サービス（施設入所支援及び厚生労働省令で定める障害福祉サービスをいう。以下同じ。）を除く。）を行う事業をいう。

2　この法律において「居宅介護」とは、障害者等につき、居宅において入浴、排せつ又は食事の介護その他の厚生労働省令で定める便宜を供与することをいう。

3　この法律において「重度訪問介護」とは、重度の肢体不自由者その他の障害者であって常時介護を要するものとして厚生労働省令で定めるものにつき、居宅又はこれに相当する場所として厚生労働省令で定める場所における入浴、排せつ又は食事の介護その他の厚生労働省令で定める便宜及び外出時における移動中の介護を総合的に供与することをいう。

4　この法律において「同行援護」とは、視覚障害により、移動に著しい困難を有する障害者等につき、外出時において、当該障害者等に同行し、移動に必要な情報を提供するとともに、移動の援護その他の厚生労働省令で定める便宜を供与することをいう。

5　この法律において「行動援護」とは、知的障害又は精神障害により行動上著しい困難を有する障害者等であって常時介護を要するものにつき、当該障害者等が行動する際に生じ得る危険を回避するために必要な援護、外出時における移動中の介護その他の厚生労働省令で定める便宜を供与することをいう。

6　この法律において「療養介護」とは、医療を要する障害者であって常時介護を要するものとして厚生労働省令で定めるものにつき、主として昼間において、病院その他の厚生労働省令で定める施設において行われる機能訓練、療養上の管理、看護、医学的管理の下における介護及び日常生活上の世話の供与をいい、「療養介護医療」とは、療養介護のうち医療に係るものをいう。

7　この法律において「生活介護」とは、常時介護を要する障害者として厚生労働省令で定める者につき、主として昼間において、障害者支援施設その他の厚生労働省令で定める施設において行われる入浴、排せつ又は食事の介護、創作的活動又は生産活動の機会の提供その他の厚生労働省令で定める便宜を供与することをいう。

8　この法律において「短期入所」とは、居宅においてその介護を行う者の疾病その他の理由により、障害者支援施設その他の厚生労働省令で定める施設への短期間の入所を必要とする障害者等につき、当該施設に短期間の入所をさせ、入浴、排せつ又は食事の介護その他の厚生労働省令で定める便宜を供与することをいう。

9　この法律において「重度障害者等包括支援」とは、常時介護を要する障害者等であって、その介護の必要の程度が著しく高いものとして厚生労働省令で定めるものにつき、居宅介護その他の厚生労働省令で定める障害福祉サービスを包括的に提供することをいう。

10　この法律において「施設入所支援」とは、その施設に入所する障害者につき、主として夜間において、入浴、排せつ又は食事の介護その他の厚生労働省令で定める便宜を供与することをいう。

11　この法律において「障害者支援施設」とは、障害者につき、施設入所支援を行うとともに、施設入所支援以外の施設障害福祉サービスを行う施設（のぞみの園及び第一項の厚生労働省令で定める施設を除く。）をいう。

12　この法律において「自立訓練」とは、障害者につき、自立した日常生活又は社会生活を営むことができるよう、厚生労働省令で定める期間にわたり、身体機能又は生活能力の向上のために必要な訓練その他の厚生労働省令で定める便宜を供与することをいう。

13　この法律において「就労移行支援」とは、就労を希望する障害者につき、厚生労働省令で定める期間にわたり、生産活動その他の活動の機会の提供を通じて、就労に必要な知識及び能力の向上のために必要な訓練その他の厚生労働省令で定める便宜を供与することをいう。

14　この法律において「就労継続支援」とは、通常の事業所に雇用されることが困難な障害者につき、就労の機会を提供するとともに、生産活動その他の活動の機会の提供を通じて、その知識及び能力の向上のために必要な訓練その他の厚生労働省令で定める便宜を供与することをいう。

15　この法律において「就労定着支援」とは、就労に向けた支援として厚生労働省令で定めるものを受けて通常の事業所に新たに雇用された障害者につき、厚生労働省令で定める期間にわたり、当該事業所での就労の継続を図るために必要な当該事業所の事業主、障害福祉サービス事業を行う者、医療機関その他の者との連絡調整その他の厚生労働省令で定める便宜を供与することをいう。

16　この法律において「自立生活援助」とは、施設入所支援又は共同生活援助を受けていた障害者その他の厚生労働省令で定める障害者が居宅における自立した日常生活を営む上での各般の問題につき、厚生労働省令で定める期間にわたり、定期的な巡回訪問により、又は随時通報を受け、当該障害者からの相談に応じ、必要な情報の提供及び助言その他の厚生労働省令で定める援助を行うことをいう。

17　この法律において「共同生活援助」とは、障害者につき、主として夜間において、共同生活を営むべき住居において相談、入浴、排せつ又は食事の介護その他の日常生活上の援助を行うことをいう。

18　この法律において「相談支援」とは、基本相談支援、地域相談支援及び計画相談支援をいい、「地域相談支援」とは、地域移行支援及び地域定着支援をいい、「計画相談支援」とは、サービス利用支援及び継続サービス利用支援をいい、「一般相談支援事業」とは、基本相談支援及び地域相談支援のいずれも行う事業をいい、「特定相談支援事業」とは、基本相談支援及び計画相談支援のいずれも行う事業をいう。

19　この法律において「基本相談支援」とは、地域の障害者等の福祉に関する各般の問題につき、障害者等、障害児の保護者又は障害者等の介護を行う者からの相談に応じ、必要な情報の提供及び助言を行い、併せてこれらの者と市町村及び第二十九条第二項に規定する指定障害福祉サービス事業者等との連絡調整（サービス利用支援及び継続サービス利用支援に関するものを除く。）その他の厚生労働省令で定める便宜を総合的に供与することをいう。

20　この法律において「地域移行支援」とは、

障害者福祉

障害者支援施設、のぞみの園若しくは第一項若しくは第六項の厚生労働省令で定める施設に入所している障害者又は精神科病院（精神科病院以外の病院で精神病室が設けられているものを含む。第八十九条第六項において同じ。）に入院している精神障害者その他の地域における生活に移行するために重点的な支援を必要とする者であって厚生労働省令で定めるものにつき、住居の確保その他の地域における生活に移行するための活動に関する相談その他の厚生労働省令で定める便宜を供与することをいう。

21　この法律において「地域定着支援」とは、居宅において単身その他の厚生労働省令で定める状況において生活する障害者につき、当該障害者との常時の連絡体制を確保し、当該障害者に対し、障害の特性に起因して生じた緊急の事態その他の厚生労働省令で定める場合に相談その他の便宜を供与することをいう。

22　この法律において「サービス利用支援」とは、第二十条第一項若しくは第二十四条第一項の申請に係る障害者等又は第五十一条の六第一項若しくは第五十一条の九第一項の申請に係る障害者の心身の状況、その置かれている環境、当該障害者等又は障害児の保護者の障害福祉サービス又は地域相談支援の利用に関する意向その他の事情を勘案し、利用する障害福祉サービス又は地域相談支援の種類及び内容その他の厚生労働省令で定める事項を定めた計画（以下「サービス等利用計画案」という。）を作成し、第十九条第一項に規定する支給決定（次項において「支給決定」という。）、第二十四条第二項に規定する支給決定の変更の決定（次項において「支給決定の変更の決定」という。）、第五十一条の五第一項に規定する地域相談支援給付決定（次項において「地域相談支援給付決定」という。）又は第五十一条の九第二項に規定する地域相談支援給付決定の変更の決定（次項において「地域相談支援給付決定の変更の決定」という。）（以下「支給決定等」と総称する。）が行われた後に、第二十九条第二項に規定する指定障害福祉サービス事業者等、第五十一条の十四第一項に規定する指定一般相談支援事業者その他の者（次項において「関係者」という。）との連絡調整その他の便宜を供与するとともに、当該支給決定等に係る障害福祉サービス又は地域相談支援の種類及び内容、これを担当する者その他の厚生労働省令で定める事項を記載した計画（以下「サービス等利用計画」という。）を作成することをいう。

23　この法律において「継続サービス利用支援」とは、第十九条第一項の規定により支給決定を受けた障害者若しくは障害児の保護者（以下「支給決定障害者等」という。）又は第五十一条の五第一項の規定により地域相談支援給付決定を受けた障害者（以下「地域相談支援給付決定障害者」という。）が、第二十三条に規定する支給決定の有効期間又は第五十一条の八に規定する地域相談支援給付決定の有効期間内において継続して障害福祉サービス又は地域相談支援を適切に利用することができるよう、当該支給決定障害者等又は地域相談支援給付決定障害者に係るサービス等利用計画（この項の規定により変更されたものを含む。以下同じ。）が適切であるかどうかにつき、厚生労働省令で定める期間ごとに、当該支給決定障害者等の障害福祉サービス又は当該地域相談支援給付決定障害者の地域相談支援の利用状況を検証し、その結果及び当該支給決定に係る障害者等又は当該地域相談支援給付決定に係る障害者の心身の状況、その置かれている環境、当該障害者等又は障害児の保護者の障害福祉サービス又は地域相談支援の利用に関する意向その他の事情を勘案し、サービス等利用計画の見直しを行い、その結果に基づき、次のいずれかの便宜の供与を行うことをいう。

一　サービス等利用計画を変更するとともに、関係者との連絡調整その他の便宜の供与を行うこと。

二　新たな支給決定若しくは地域相談支援給付決定又は支給決定の変更の決定若しくは地域相談支援給付決定の変更の決定が必要であると認められる場合において、当該支給決定等に係る障害者又は障害児の保護者に対し、支給決定等に係る申請の勧奨を行うこと。

24 この法律において「自立支援医療」とは、障害者等につき、その心身の障害の状態の軽減を図り、自立した日常生活又は社会生活を営むために必要な医療であって政令で定めるものをいう。

25 この法律において「補装具」とは、障害者等の身体機能を補完し、又は代替し、かつ、長期間にわたり継続して使用されるものその他の厚生労働省令で定める基準に該当するものとして、義肢、装具、車いすその他の厚生労働大臣が定めるものをいう。

26 この法律において「移動支援事業」とは、障害者等が円滑に外出することができるよう、障害者等の移動を支援する事業をいう。

27 この法律において「地域活動支援センター」とは、障害者等を通わせ、創作的活動又は生産活動の機会の提供、社会との交流の促進その他の厚生労働省令で定める便宜を供与する施設をいう。

28 この法律において「福祉ホーム」とは、現に住居を求めている障害者につき、低額な料金で、居室その他の設備を利用させるとともに、日常生活に必要な便宜を供与する施設をいう。

第二章　自立支援給付

第一節　通則

（自立支援給付）

第六条　自立支援給付は、介護給付費、特例介護給付費、訓練等給付費、特例訓練等給付費、特定障害者特別給付費、特例特定障害者特別給付費、地域相談支援給付費、特例地域相談支援給付費、計画相談支援給付費、特例計画相談支援給付費、自立支援医療費、療養介護医療費、基準該当療養介護医療費、補装具費及び高額障害福祉サービス等給付費の支給とする。

（他の法令による給付等との調整）

第七条　自立支援給付は、当該障害の状態につき、介護保険法（平成九年法律第百二十三号）の規定による介護給付、健康保険法（大正十一年法律第七十号）の規定による療養の給付その他の法令に基づく給付又は事業であって政令で定めるもののうち自立支援給付に相当するものを受け、又は利用することができるときは政令で定める限度において、当該政令で定める給付又は事業以外の給付であって国又は地方公共団体の負担において自立支援給付に相当するものが行われたときはその限度において、行わない。

（不正利得の徴収）

第八条　市町村（政令で定める医療に係る自立支援医療費の支給に関しては、都道府県とする。以下「市町村等」という。）は、偽りその他不正の手段により自立支援給付を受けた者があるときは、その者から、その自立支援給付の額に相当する金額の全部又は一部を徴収することができる。

2 市町村等は、第二十九条第二項に規定する指定障害福祉サービス事業者等、第五十一条の十四第一項に規定する指定一般相談支援事業者、第五十一条の十七第一項第一号に規定する指定特定相談支援事業者又は第五十四条第二項に規定する指定自立支援医療機関（以下この項において「事業者等」という。）が、偽りその他不正の行為により介護給付費、訓練等給付費、特定障害者特別給付費、地域相談支援給付費、計画相談支援給付費、自立支援医療費又は療養介護医療費の支給を受けたときは、当該事業者等に対し、その支払った額につき返還させるほか、その返還させる額に百分の四十を乗じて得た額を支払わせることができる。

3 前二項の規定による徴収金は、地方自治法（昭和二十二年法律第六十七号）第二百三十一条の三第三項に規定する法律で定める歳入とする。

（報告等）

第九条　市町村等は、自立支援給付に関して必要があると認めるときは、障害者等、障害児の保護者、障害者等の配偶者若しくは障害者等の属する世帯の世帯主その他その世帯に属する者又はこれらの者であった者に対し、報告若しくは文書その他の物件の提出若しくは提示を命じ、又は当該職員に質問させることができる。

2　前項の規定による質問を行う場合においては、当該職員は、その身分を示す証明書を携帯し、かつ、関係人の請求があるときは、これを提示しなければならない。

3　第一項の規定による権限は、犯罪捜査のために認められたものと解釈してはならない。

第十条　市町村等は、自立支援給付に関して必要があると認めるときは、当該自立支援給付に係る障害福祉サービス、相談支援、自立支援医療、療養介護医療若しくは補装具の販売、貸与若しくは修理（以下「自立支援給付対象サービス等」という。）を行う者若しくはこれらを使用する者若しくはこれらの者であった者に対し、報告若しくは文書その他の物件の提出若しくは提示を命じ、又は当該職員に関係者に対して質問させ、若しくは当該自立支援給付対象サービス等の事業を行う事業所若しくは施設に立ち入り、その設備若しくは帳簿書類その他の物件を検査させることができる。

2　前条第二項の規定は前項の規定による質問又は検査について、同条第三項の規定は前項の規定による権限について準用する。

（厚生労働大臣又は都道府県知事の自立支援給付対象サービス等に関する調査等）

第十一条　厚生労働大臣又は都道府県知事は、自立支援給付に関して必要があると認めるときは、自立支援給付に係る障害者等若しくは障害児の保護者又はこれらの者であった者に対し、当該自立支援給付に係る自立支援給付対象サービス等の内容に関し、報告若しくは文書その他の物件の提出若しくは提示を命じ、又は当該職員に質問させることができる。

2　厚生労働大臣又は都道府県知事は、自立支援給付に関して必要があると認めるときは、自立支援給付対象サービス等を行った者若しくはこれらを使用した者に対し、その行った自立支援給付対象サービス等に関し、報告若しくは当該自立支援給付対象サービス等の提供の記録、帳簿書類その他の物件の提出若しくは提示を命じ、又は当該職員に関係者に対して質問させることができる。

3　第九条第二項の規定は前二項の規定による質問について、同条第三項の規定は前二項の規定による権限について準用する。

（指定事務受託法人）

第十一条の二　市町村及び都道府県は、次に掲げる事務の一部を、法人であって厚生労働省令で定める要件に該当し、当該事務を適正に実施することができると認められるものとして都道府県知事が指定するもの（以下「指定事務受託法人」という。）に委託することができる。

一　第九条第一項、第十条第一項並びに前条第一項及び第二項に規定する事務（これらの規定による命令及び質問の対象となる者並びに立入検査の対象となる事業所及び施設の選定に係るもの並びに当該命令及び当該立入検査を除く。）

二　その他厚生労働省令で定める事務（前号括弧書に規定するものを除く。）

2　指定事務受託法人の役員若しくは職員又はこれらの職にあった者は、正当な理由なしに、当該委託事務に関して知り得た秘密を漏らしてはならない。

3　指定事務受託法人の役員又は職員で、当該委託事務に従事するものは、刑法（明治四十年法律第四十五号）その他の罰則の適用については、法令により公務に従事する職員とみなす。

4　市町村又は都道府県は、第一項の規定により事務を委託したときは、厚生労働省令で定めるところにより、その旨を公示しなければならない。

5　第九条第二項の規定は、第一項の規定により委託を受けて行う同条第一項、第十条第一項並びに前条第一項及び第二項の規定による質問について準用する。

6　前各項に定めるもののほか、指定事務受託法人に関し必要な事項は、政令で定める。

（資料の提供等）

第十二条　市町村等は、自立支援給付に関して必要があると認めるときは、障害者等、障害児の保護者、障害者等の配偶者又は障害者等の属する世帯の世帯主その他その世帯に属する者の資産又は収入の状況につき、官公署に対し必要な文書の閲覧若しくは

障害者福祉

は資料の提供を求め、又は銀行、信託会社その他の機関若しくは障害者の雇用主その他の関係人に報告を求めることができる。

（受給権の保護）

第十三条　自立支援給付を受ける権利は、譲り渡し、担保に供し、又は差し押さえることができない。

（租税その他の公課の禁止）

第十四条　租税その他の公課は、自立支援給付として支給を受けた金品を標準として、課することができない。

第二節　介護給付費、特例介護給付費、訓練等給付費、特例訓練等給付費、特定障害者特別給付費及び特例特定障害者特別給付費の支給

第一款　市町村審査会

（市町村審査会）

第十五条　第二十六条第二項に規定する審査判定業務を行わせるため、市町村に第十九条第一項に規定する介護給付費等の支給に関する審査会（以下「市町村審査会」という。）を置く。

（委員）

第十六条　市町村審査会の委員の定数は、政令で定める基準に従い条例で定める数とする。

2　委員は、障害者等の保健又は福祉に関する学識経験を有する者のうちから、市町村長（特別区の区長を含む。以下同じ。）が任命する。

（共同設置の支援）

第十七条　都道府県は、市町村審査会について地方自治法第二百五十二条の七第一項の規定による共同設置をしようとする市町村の求めに応じ、市町村相互間における必要な調整を行うことができる。

2　都道府県は、市町村審査会を共同設置した市町村に対し、その円滑な運営が確保されるように必要な技術的な助言その他の援助をすることができる。

（政令への委任）

第十八条　この法律に定めるもののほか、市町村審査会に関し必要な事項は、政令で定める。

第二款　支給決定等

（介護給付費等の支給決定）

第十九条　介護給付費、特例介護給付費、訓練等給付費又は特例訓練等給付費（以下「介護給付費等」という。）の支給を受けようとする障害者又は障害児の保護者は、市町村の介護給付費等を支給する旨の決定（以下「支給決定」という。）を受けなければならない。

2　支給決定は、障害者又は障害児の保護者の居住地の市町村が行うものとする。ただし、障害者又は障害児の保護者が居住地を有しないとき、又は明らかでないときは、その障害者又は障害児の保護者の現在地の市町村が行うものとする。

3　前項の規定にかかわらず、第二十九条第一項若しくは第三十条第一項の規定により介護給付費等の支給を受けて又は身体障害者福祉法第十八条第二項若しくは知的障害者福祉法第十六条第一項の規定により入所措置が採られて障害者支援施設、のぞみの園又は第五条第一項若しくは第六項の厚生労働省令で定める施設に入所している障害者及び生活保護法（昭和二十五年法律第百四十四号）第三十条第一項ただし書の規定により同法第三十八条第二項に規定する救護施設（以下この項において「救護施設」という。）、同条第三項に規定する更生施設（以下この項において「更生施設」という。）又は同法第三十条第一項ただし書に規定するその他の適当な施設（以下この項において「その他の適当な施設」という。）に入所している障害者（以下この項において「特定施設入所障害者」と総称する。）については、その者が障害者支援施設、のぞみの園、第五条第一項若しくは第六項の厚生労働省令で定める施設又は救護施設、更生施設若しくはその他の適当な施設（以下「特定施設」という。）への入所前に有した居住地（継続して二以上の特定施設に入所している特定施設入所障害者（以下この項において「継続入所障害者」という。）については、最初に入所した特定施設への入所

前に有した居住地）の市町村が、支給決定を行うものとする。ただし、特定施設への入所前に居住地を有しないか、又は明らかでなかった特定施設入所障害者については、入所前におけるその者の所在地（継続入所障害者については、最初に入所した特定施設の入所前に有した所在地）の市町村が、支給決定を行うものとする。

4　前二項の規定にかかわらず、児童福祉法第二十四条の二第一項若しくは第二十四条の二十四第一項の規定により障害児入所給付費の支給を受けて又は同法第二十七条第一項第三号若しくは第二項の規定により措置（同法第三十一条第五項の規定により同法第二十七条第一項第三号又は第二項の規定による措置とみなされる場合を含む。）が採られて第五条第一項の厚生労働省令で定める施設に入所していた障害者等が、継続して、第二十九条第一項若しくは第三十条第一項の規定により介護給付費等の支給を受けて、身体障害者福祉法第十八条第二項若しくは知的障害者福祉法第十六条第一項の規定により入所措置が採られて又は生活保護法第三十条第一項ただし書の規定により特定施設に入所した場合は、当該障害者等が満十八歳となる日の前日に当該障害者等の保護者であった者（以下この項において「保護者であった者」という。）が有した居住地の市町村が、支給決定を行うものとする。ただし、当該障害者等が満十八歳となる日の前日に保護者であった者がいないか、保護者であった者の居住地が明らかでない障害者等については、当該障害者等が満十八歳となる日の前日におけるその者の所在地の市町村が支給決定を行うものとする。

5　前二項の規定の適用を受ける障害者等が入所している特定施設は、当該特定施設の所在する市町村及び当該障害者等に対し支給決定を行う市町村に、必要な協力をしなければならない。

（申請）

第二十条　支給決定を受けようとする障害者又は障害児の保護者は、厚生労働省令で定めるところにより、市町村に申請をしなければならない。

2　市町村は、前項の申請があったときは、次条第一項及び第二十二条第一項の規定により障害支援区分の認定及び同項に規定する支給要否決定を行うため、厚生労働省令で定めるところにより、当該職員をして、当該申請に係る障害者等又は障害児の保護者に面接をさせ、その心身の状況、その置かれている環境その他厚生労働省令で定める事項について調査をさせるものとする。この場合において、市町村は、当該調査を第五十一条の十四第一項に規定する指定一般相談支援事業者その他の厚生労働省令で定める者（以下この条において「指定一般相談支援事業者等」という。）に委託することができる。

3　前項後段の規定により委託を受けた指定一般相談支援事業者等は、障害者等の保健又は福祉に関する専門的知識及び技術を有するものとして厚生労働省令で定める者に当該委託に係る調査を行わせるものとする。

4　第二項後段の規定により委託を受けた指定一般相談支援事業者等の役員（業務を執行する社員、取締役、執行役又はこれらに準ずる者をいい、相談役、顧問その他いかなる名称を有する者であるかを問わず、法人に対し業務を執行する社員、取締役、執行役又はこれらに準ずる者と同等以上の支配力を有するものと認められる者を含む。第百九条第一項を除き、以下同じ。）若しくは前項の厚生労働省令で定める者又はこれらの職にあった者は、正当な理由なしに、当該委託業務に関して知り得た個人の秘密を漏らしてはならない。

5　第二項後段の規定により委託を受けた指定一般相談支援事業者等の役員又は第三項の厚生労働省令で定める者で、当該委託業務に従事するものは、刑法その他の罰則の適用については、法令により公務に従事する職員とみなす。

6　第二項の場合において、市町村は、当該障害者等又は障害児の保護者が遠隔の地に居住地又は現在地を有するときは、当該調査を他の市町村に嘱託することができる。

（**障害支援区分の認定**）

第二十一条　市町村は、前条第一項の申請があったときは、政令で定めるところにより、市町村審査会が行う当該申請に係る障害者等の障害支援区分に関する審査及び判定の結果に基づき、障害支援区分の認定を行うものとする。

2　市町村審査会は、前項の審査及び判定を行うに当たって必要があると認めるときは、当該審査及び判定に係る障害者等、その家族、医師その他の関係者の意見を聴くことができる。

（**支給要否決定等**）

第二十二条　市町村は、第二十条第一項の申請に係る障害者等の障害支援区分、当該障害者等の介護を行う者の状況、当該障害者等の置かれている環境、当該申請に係る障害者等又は障害児の保護者の障害福祉サービスの利用に関する意向その他の厚生労働省令で定める事項を勘案して介護給付費等の支給の要否の決定（以下この条及び第二十七条において「支給要否決定」という。）を行うものとする。

2　市町村は、支給要否決定を行うに当たって必要があると認めるときは、厚生労働省令で定めるところにより、市町村審査会又は身体障害者福祉法第九条第七項に規定する身体障害者更生相談所（第七十四条及び第七十六条第三項において「身体障害者更生相談所」という。）、知的障害者福祉法第九条第六項に規定する知的障害者更生相談所、精神保健及び精神障害者福祉に関する法律第六条第一項に規定する精神保健福祉センター若しくは児童相談所（以下「身体障害者更生相談所等」と総称する。）その他厚生労働省令で定める機関の意見を聴くことができる。

3　市町村審査会、身体障害者更生相談所等又は前項の厚生労働省令で定める機関は、同項の意見を述べるに当たって必要があると認めるときは、当該支給要否決定に係る障害者等、その家族、医師その他の関係者の意見を聴くことができる。

4　市町村は、支給要否決定を行うに当たって必要と認められる場合として厚生労働省令で定める場合には、厚生労働省令で定めるところにより、第二十条第一項の申請に係る障害者又は障害児の保護者に対し、第五十一条の十七第一項第一号に規定する指定特定相談支援事業者が作成するサービス等利用計画案の提出を求めるものとする。

5　前項の規定によりサービス等利用計画案の提出を求められた障害者又は障害児の保護者は、厚生労働省令で定める場合には、同項のサービス等利用計画案に代えて厚生労働省令で定めるサービス等利用計画案を提出することができる。

6　市町村は、前二項のサービス等利用計画案の提出があった場合には、第一項の厚生労働省令で定める事項及び当該サービス等利用計画案を勘案して支給要否決定を行うものとする。

7　市町村は、支給決定を行う場合には、障害福祉サービスの種類ごとに月を単位として厚生労働省令で定める期間において介護給付費等を支給する障害福祉サービスの量（以下「支給量」という。）を定めなければならない。

8　市町村は、支給決定を行ったときは、当該支給決定障害者等に対し、厚生労働省令で定めるところにより、支給量その他の厚生労働省令で定める事項を記載した障害福祉サービス受給者証（以下「受給者証」という。）を交付しなければならない。

（**支給決定の有効期間**）

第二十三条　支給決定は、厚生労働省令で定める期間（以下「支給決定の有効期間」という。）内に限り、その効力を有する。

（**支給決定の変更**）

第二十四条　支給決定障害者等は、現に受けている支給決定に係る障害福祉サービスの種類、支給量その他の厚生労働省令で定める事項を変更する必要があるときは、厚生労働省令で定めるところにより、市町村に対し、当該支給決定の変更の申請をすることができる。

2　市町村は、前項の申請又は職権により、第二十二条第一項の厚生労働省令で定める事項を勘案し、支給決定障害者等につき、必要があると認めるときは、支給決定の変更の決定を行うことができる。この場合において、市町村は、当該決定に係る支給決定障害者等に対し受給者証の提出を求めるものとする。

3　第十九条（第一項を除く。）、第二十条（第一項を除く。）及び第二十二条（第一項を除く。）の規定は、前項の支給決定の変更の決定について準用する。この場合において、必要な技術的読替えは、政令で定める。

4　市町村は、第二項の支給決定の変更の決定を行うに当たり、必要があると認めるときは、障害支援区分の変更の認定を行うことができる。

5　第二十一条の規定は、前項の障害支援区分の変更の認定について準用する。この場合において、必要な技術的読替えは、政令で定める。

6　市町村は、第二項の支給決定の変更の決定を行った場合には、受給者証に当該決定に係る事項を記載し、これを返還するものとする。

（支給決定の取消し）

第二十五条　支給決定を行った市町村は、次に掲げる場合には、当該支給決定を取り消すことができる。

一　支給決定に係る障害者等が、第二十九条第一項に規定する指定障害福祉サービス等及び第三十条第一項第二号に規定する基準該当障害福祉サービスを受ける必要がなくなったと認めるとき。

二　支給決定障害者等が、支給決定の有効期間内に、当該市町村以外の市町村の区域内に居住地を有するに至ったと認めるとき（支給決定に係る障害者が特定施設に入所することにより当該市町村以外の市町村の区域内に居住地を有するに至ったと認めるときを除く。）。

三　支給決定に係る障害者等又は障害児の保護者が、正当な理由なしに第二十条第二項（前条第三項において準用する場合を含む。）の規定による調査に応じないとき。

四　その他政令で定めるとき。

2　前項の規定により支給決定の取消しを行った市町村は、厚生労働省令で定めるところにより、当該取消しに係る支給決定障害者等に対し受給者証の返還を求めるものとする。

（都道府県による援助等）

第二十六条　都道府県は、市町村の求めに応じ、市町村が行う第十九条から第二十二条まで、第二十四条及び前条の規定による業務に関し、その設置する身体障害者更生相談所等による技術的事項についての協力その他市町村に対する必要な援助を行うものとする。

2　地方自治法第二百五十二条の十四第一項の規定により市町村の委託を受けて審査判定業務（第二十一条（第二十四条第五項において準用する場合を含む。第四項において同じ。）、第二十二条第二項及び第三項（これらの規定を第二十四条第三項において準用する場合を含む。第四項において同じ。）並びに第五十一条の七第二項及び第三項（これらの規定を第五十一条の九第三項において準用する場合を含む。）の規定により市町村審査会が行う業務をいう。以下この条及び第九十五条第二項第一号において同じ。）を行う都道府県に、当該審査判定業務を行わせるため、介護給付費等の支給に関する審査会（以下「都道府県審査会」という。）を置く。

3　第十六条及び第十八条の規定は、前項の都道府県審査会について準用する。この場合において、第十六条第二項中「市町村長（特別区の区長を含む。以下同じ。）」とあるのは、「都道府県知事」と読み替えるものとする。

4　審査判定業務を都道府県に委託した市町村について第二十一条並びに第二十二条第二項及び第三項の規定を適用する場合においては、これらの規定中「市町村審査会」とあるのは、「都道府県審査会」とする。

（政令への委任）

第二十七条　この款に定めるもののほか、障害支援区分に関する審査及び判定、支給決定、支給要否決定、受給者証、支給決定の変更の決定並びに支給決定の取消しに関し必要な事項は、政令で定める。

第三款　介護給付費、特例介護給付費、訓練等給付費及び特例訓練等給付費の支給

（介護給付費、特例介護給付費、訓練等給付費及び特例訓練等給付費の支給）

第二十八条　介護給付費及び特例介護給付費の支給は、次に掲げる障害福祉サービスに関して次条及び第三十条の規定により支給する給付とする。

一　居宅介護
二　重度訪問介護
三　同行援護
四　行動援護
五　療養介護（医療に係るものを除く。）
六　生活介護
七　短期入所
八　重度障害者等包括支援
九　施設入所支援

2　訓練等給付費及び特例訓練等給付費の支給は、次に掲げる障害福祉サービスに関して次条及び第三十条の規定により支給する給付とする。

一　自立訓練
二　就労移行支援
三　就労継続支援
四　就労定着支援
五　自立生活援助
六　共同生活援助

（介護給付費又は訓練等給付費）

第二十九条　市町村は、支給決定障害者等が、支給決定の有効期間内において、都道府県知事が指定する障害福祉サービス事業を行う者（以下「指定障害福祉サービス事業者」という。）若しくは障害者支援施設（以下「指定障害者支援施設」という。）から当該指定に係る障害福祉サービス（以下「指定障害福祉サービス」という。）を受けたとき、又はのぞみの園から施設障害福祉サービスを受けたときは、厚生労働省令で定めるところにより、当該支給決定障害者等に対し、当該指定障害福祉サービス又は施設障害福祉サービス（支給量の範囲内のものに限る。以下「指定障害福祉サービス等」という。）に要した費用（食事の提供に要する費用、居住若しくは滞在に要する費用その他の日常生活に要する費用又は創作的活動若しくは生産活動に要する費用のうち厚生労働省令で定める費用（以下「特定費用」という。）を除く。）について、介護給付費又は訓練等給付費を支給する。

2　指定障害福祉サービス等を受けようとする支給決定障害者等は、厚生労働省令で定めるところにより、指定障害福祉サービス事業者、指定障害者支援施設又はのぞみの園（以下「指定障害福祉サービス事業者等」という。）に受給者証を提示して当該指定障害福祉サービス等を受けるものとする。ただし、緊急の場合その他やむを得ない事由のある場合については、この限りでない。

3　介護給付費又は訓練等給付費の額は、一月につき、第一号に掲げる額から第二号に掲げる額を控除して得た額とする。

一　同一の月に受けた指定障害福祉サービス等について、障害福祉サービスの種類ごとに指定障害福祉サービス等に通常要する費用（特定費用を除く。）につき、厚生労働大臣が定める基準により算定した費用の額（その額が現に当該指定障害福祉サービス等に要した費用（特定費用を除く。）の額を超えるときは、当該現に指定障害福祉サービス等に要した費用の額）を合計した額

二　当該支給決定障害者等の家計の負担能力その他の事情をしん酌して政令で定める額（当該政令で定める額が前号に掲げる額の百分の十に相当する額を超えるときは、当該相当する額）

4　支給決定障害者等が指定障害福祉サービス事業者等から指定障害福祉サービス等を受けたときは、市町村は、当該支給決定障害者等が当該指定障害福祉サービス事業者等に支払うべき当該指定障害福祉サービス等に要した費用（特定費用を除く。）について、介護給付費又は訓練等給付費として当該支給決定障害者等に支給すべき額の限度において、当該支給決定障害者等に代わり、当該指定障害福祉サービス事業者等に支払うことができる。

5　前項の規定による支払があったときは、

支給決定障害者等に対し介護給付費又は訓練等給付費の支給があったものとみなす。

6　市町村は、指定障害福祉サービス事業者等から介護給付費又は訓練等給付費の請求があったときは、第三項第一号の厚生労働大臣が定める基準及び第四十三条第二項の厚生労働省令で定める指定障害福祉サービスの事業の設備及び運営に関する基準（指定障害福祉サービスの取扱いに関する部分に限る。）又は第四十四条第二項の都道府県の条例で定める指定障害者支援施設等の設備及び運営に関する基準（施設障害福祉サービスの取扱いに関する部分に限る。）に照らして審査の上、支払うものとする。

7　市町村は、前項の規定による審査及び支払に関する事務を国民健康保険法（昭和三十三年法律第百九十二号）第四十五条第五項に規定する国民健康保険団体連合会（以下「連合会」という。）に委託することができる。

8　前各項に定めるもののほか、介護給付費及び訓練等給付費の支給並びに指定障害福祉サービス事業者等の介護給付費及び訓練等給付費の請求に関し必要な事項は、厚生労働省令で定める。

（**特例介護給付費又は特例訓練等給付費**）

第三十条　市町村は、次に掲げる場合において、必要があると認めるときは、厚生労働省令で定めるところにより、当該指定障害福祉サービス等又は第二号に規定する基準該当障害福祉サービス（支給量の範囲内のものに限る。）に要した費用（特定費用を除く。）について、特例介護給付費又は特例訓練等給付費を支給することができる。

一　支給決定障害者等が、第二十条第一項の申請をした日から当該支給決定の効力が生じた日の前日までの間に、緊急その他やむを得ない理由により指定障害福祉サービス等を受けたとき。

二　支給決定障害者等が、指定障害福祉サービス等以外の障害福祉サービス（次に掲げる事業所又は施設により行われるものに限る。以下「基準該当障害福祉サービス」という。）を受けたとき。

イ　第四十三条第一項の都道府県の条例で定める基準又は同条第二項の都道府県の条例で定める指定障害福祉サービスの事業の設備及び運営に関する基準に定める事項のうち都道府県の条例で定めるものを満たすと認められる事業を行う事業所（以下「基準該当事業所」という。）

ロ　第四十四条第一項の都道府県の条例で定める基準又は同条第二項の都道府県の条例で定める指定障害者支援施設等の設備及び運営に関する基準に定める事項のうち都道府県の条例で定めるものを満たすと認められる施設（以下「基準該当施設」という。）

三　その他政令で定めるとき。

2　都道府県が前項第二号イ及びロの条例を定めるに当たっては、第一号から第三号までに掲げる事項については厚生労働省令で定める基準に従い定めるものとし、第四号に掲げる事項については厚生労働省令で定める基準を標準として定めるものとし、その他の事項については厚生労働省令で定める基準を参酌するものとする。

一　基準該当障害福祉サービスに従事する従業者及びその員数

二　基準該当障害福祉サービスの事業に係る居室及び病室の床面積

三　基準該当障害福祉サービスの事業の運営に関する事項であって、障害者又は障害児の保護者のサービスの適切な利用の確保、障害者等の安全の確保及び秘密の保持等に密接に関連するものとして厚生労働省令で定めるもの

四　基準該当障害福祉サービスの事業に係る利用定員

3　特例介護給付費又は特例訓練等給付費の額は、一月につき、同一の月に受けた次の各号に掲げる障害福祉サービスの区分に応じ、当該各号に定める額を合計した額から、それぞれ当該支給決定障害者等の家計の負担能力その他の事情をしん酌して政令で定める額（当該政令で定める額が当該合計した額の百分の十に相当する額を超えるときは、当該相当する額）を控除して得た額を基準として、市町村が定める。

一　指定障害福祉サービス等　前条第三項第一号の厚生労働大臣が定める基準により算定した費用の額（その額が現に当該指定障害福祉サービス等に要した費用（特定費用を除く。）の額を超えるときは、当該現に指定障害福祉サービス等に要した費用の額）

二　基準該当障害福祉サービス　障害福祉サービスの種類ごとに基準該当障害福祉サービスに通常要する費用（特定費用を除く。）につき厚生労働大臣が定める基準により算定した費用の額（その額が現に当該基準該当障害福祉サービスに要した費用（特定費用を除く。）の額を超えるときは、当該現に基準該当障害福祉サービスに要した費用の額）

4　前三項に定めるもののほか、特例介護給付費及び特例訓練等給付費の支給に関し必要な事項は、厚生労働省令で定める。

（**介護給付費等の額の特例**）

第三十一条　市町村が、災害その他の厚生労働省令で定める特別の事情があることにより、障害福祉サービスに要する費用を負担することが困難であると認めた支給決定障害者等が受ける介護給付費又は訓練等給付費の支給について第二十九条第三項の規定を適用する場合においては、同項第二号中「額）」とあるのは、「額）の範囲内において市町村が定める額」とする。

2　前項に規定する支給決定障害者等が受ける特例介護給付費又は特例訓練等給付費の支給について前条第三項の規定を適用する場合においては、同項中「を控除して得た額を基準として、市町村が定める」とあるのは、「の範囲内において市町村が定める額を控除して得た額とする」とする。

第四款　特定障害者特別給付費及び特例特定障害者特別給付費の支給

第三十二条及び第三十三条　削除

（**特定障害者特別給付費の支給**）

第三十四条　市町村は、施設入所支援、共同生活援助その他の政令で定める障害福祉サービス（以下この項において「特定入所等サービス」という。）に係る支給決定を受けた障害者のうち所得の状況その他の事情をしん酌して厚生労働省令で定めるもの（以下この項及び次条第一項において「特定障害者」という。）が、支給決定の有効期間内において、指定障害者支援施設若しくはのぞみの園（以下「指定障害者支援施設等」という。）に入所し、又は共同生活援助を行う住居に入居して、当該指定障害者支援施設等又は指定障害福祉サービス事業者から特定入所等サービスを受けたときは、当該特定障害者に対し、当該指定障害者支援施設等又は共同生活援助を行う住居における食事の提供に要した費用又は居住に要した費用（同項において「特定入所等費用」という。）について、政令で定めるところにより、特定障害者特別給付費を支給する。

2　第二十九条第二項及び第四項から第七項までの規定は、特定障害者特別給付費の支給について準用する。この場合において、必要な技術的読替えは、政令で定める。

3　前二項に定めるもののほか、特定障害者特別給付費の支給及び指定障害者支援施設等又は指定障害福祉サービス事業者の特定障害者特別給付費の請求に関し必要な事項は、厚生労働省令で定める。

（**特例特定障害者特別給付費の支給**）

第三十五条　市町村は、次に掲げる場合において、必要があると認めるときは、特定障害者に対し、当該指定障害者支援施設等若しくは基準該当施設又は共同生活援助を行う住居における特定入所等費用について、政令で定めるところにより、特例特定障害者特別給付費を支給することができる。

一　特定障害者が、第二十条第一項の申請をした日から当該支給決定の効力が生じた日の前日までの間に、緊急その他やむを得ない理由により指定障害福祉サービス等を受けたとき。

二　特定障害者が、基準該当障害福祉サービスを受けたとき。

2　前項に定めるもののほか、特例特定障害者特別給付費の支給に関し必要な事項は、厚生労働省令で定める。

第五款　指定障害福祉サービス事業者及び指定障害者支援施設等

（指定障害福祉サービス事業者の指定）

第三十六条　第二十九条第一項の指定障害福祉サービス事業者の指定は、厚生労働省令で定めるところにより、障害福祉サービス事業を行う者の申請により、障害福祉サービスの種類及び障害福祉サービス事業を行う事業所（以下この款において「サービス事業所」という。）ごとに行う。

2　就労継続支援その他の厚生労働省令で定める障害福祉サービス（以下この条及び次条第一項において「特定障害福祉サービス」という。）に係る第二十九条第一項の指定障害福祉サービス事業者の指定は、当該特定障害福祉サービスの量を定めてするものとする。

3　都道府県知事は、第一項の申請があった場合において、次の各号（療養介護に係る指定の申請にあっては、第七号を除く。）のいずれかに該当するときは、指定障害福祉サービス事業者の指定をしてはならない。

一　申請者が都道府県の条例で定める者でないとき。

二　当該申請に係るサービス事業所の従業者の知識及び技能並びに人員が、第四十三条第一項の都道府県の条例で定める基準を満たしていないとき。

三　申請者が、第四十三条第二項の都道府県の条例で定める指定障害福祉サービスの事業の設備及び運営に関する基準に従って適正な障害福祉サービス事業の運営をすることができないと認められるとき。

四　申請者が、禁錮以上の刑に処せられ、その執行を終わり、又は執行を受けることがなくなるまでの者であるとき。

五　申請者が、この法律その他国民の保健医療若しくは福祉に関する法律で政令で定めるものの規定により罰金の刑に処せられ、その執行を終わり、又は執行を受けることがなくなるまでの者であるとき。

五の二　申請者が、労働に関する法律の規定であって政令で定めるものにより罰金の刑に処せられ、その執行を終わり、又は執行を受けることがなくなるまでの者であるとき。

六　申請者が、第五十条第一項（同条第三項において準用する場合を含む。以下この項において同じ。）、第五十一条の二十九第一項若しくは第二項又は第七十六条の三第六項の規定により指定を取り消され、その取消しの日から起算して五年を経過しない者（当該指定を取り消された者が法人である場合においては、当該取消しの処分に係る行政手続法（平成五年法律第八十八号）第十五条の規定による通知があった日前六十日以内に当該法人の役員又はそのサービス事業所を管理する者その他の政令で定める使用人（以下「役員等」という。）であった者で当該取消しの日から起算して五年を経過しないものを含み、当該指定を取り消された者が法人でない場合においては、当該通知があった日前六十日以内に当該者の管理者であった者で当該取消しの日から起算して五年を経過しないものを含む。）であるとき。ただし、当該指定の取消しが、指定障害福祉サービス事業者の指定の取消しのうち当該指定の取消しの処分の理由となった事実及び当該事実の発生を防止するための当該指定障害福祉サービス事業者による業務管理体制の整備についての取組の状況その他の当該事実に関して当該指定障害福祉サービス事業者が有していた責任の程度を考慮して、この号本文に規定する指定の取消しに該当しないこととすることが相当であると認められるものとして厚生労働省令で定めるものに該当する場合を除く。

七　申請者と密接な関係を有する者（申請者（法人に限る。以下この号において同じ。）の株式の所有その他の事由を通じて当該申請者の事業を実質的に支配し、若しくはその事業に重要な影響を与える関係にある者として厚生労働省令で定めるもの（以下この号において「申請者の親会社等」という。）、申請者の親会社等が株式の所有その他の事由を通じてその事業を実質的に支配し、若しくはその事業に重要な影響を与える関係にある者として厚生労働省令で定めるもの又は当該申請者が株式の所有その他の事由を通じてその事業を実質的に支配し、若しくはその事業に重要な影響を与える関係にある者として厚生労働省令で定めるもののうち、当該申請者と厚生労働省令で定める密接な関係を有する法人をいう。）が、第五十条第一項、第五十一条の二十九第一項若しくは第二項又は第七十六条の三第六項の規定により指定を取り消され、その取消しの日から起算して五年を経過していないとき。ただし、当該指定の取消しが、指定障害福祉サービス事業者の指定の取消しのうち当該指定の取消しの処分の理由となった事実及び当該事実の発生を防止するための当該指定障害福祉サービス事業者による業務管理体制の整備についての取組の状況その他の当該事実に関して当該指定障害福祉サービス事業者が有していた責任の程度を考慮して、この号本文に規定する指定の取消しに該当しないこととすることが相当であると認められるものとして厚生労働省令で定めるものに該当する場合を除く。

八　申請者が、第五十条第一項、第五十一条の二十九第一項若しくは第二項又は第七十六条の三第六項の規定による指定の取消しの処分に係る行政手続法第十五条の規定による通知があった日から当該処分をする日又は処分をしないことを決定する日までの間に第四十六条第二項又は第五十一条の二十五第二項若しくは第四項の規定による事業の廃止の届出をした者（当該事業の廃止について相当の理由がある者を除く。）で、当該届出の日から起算して五年を経過しないものであるとき。

九　申請者が、第四十八条第一項（同条第三項において準用する場合を含む。）又は第五十一条の二十七第一項若しくは第二項の規定による検査が行われた日から聴聞決定予定日（当該検査の結果に基づき第五十条第一項又は第五十一条の二十九第一項若しくは第二項の規定による指定の取消しの処分に係る聴聞を行うか否かの決定をすることが見込まれる日として厚生労働省令で定めるところにより都道府県知事が当該申請者に当該検査が行われた日から十日以内に特定の日を通知した場合における当該特定の日をいう。）までの間に第四十六条第二項又は第五十一条の二十五第二項若しくは第四項の規定による事業の廃止の届出をした者（当該事業の廃止について相当の理由がある者を除く。）で、当該届出の日から起算して五年を経過しないものであるとき。

十　第八号に規定する期間内に第四十六条第二項又は第五十一条の二十五第二項若しくは第四項の規定による事業の廃止の届出があった場合において、申請者が、同号の通知の日前六十日以内に当該届出に係る法人（当該事業の廃止について相当の理由がある法人を除く。）の役員等又は当該届出に係る法人でない者（当該事業の廃止について相当の理由がある者を除く。）の管理者であった者で、当該届出の日から起算して五年を経過しないものであるとき。

十一　申請者が、指定の申請前五年以内に障害福祉サービスに関し不正又は著しく不当な行為をした者であるとき。

十二　申請者が、法人で、その役員等のうちに第四号から第六号まで又は第八号から前号までのいずれかに該当する者のあるものであるとき。

十三　申請者が、法人でない者で、その管理者が第四号から第六号まで又は第八号から第十一号までのいずれかに該当する者であるとき。

4　都道府県が前項第一号の条例を定めるに当たっては、厚生労働省令で定める基準に従い定めるものとする。

5　都道府県知事は、特定障害福祉サービスにつき第一項の申請があった場合において、当該都道府県又は当該申請に係るサービス事業所の所在地を含む区域（第八十九条第二項第二号の規定により都道府県が定める区域をいう。）における当該申請に係る種類ごとの指定障害福祉サービスの量が、同条第一項の規定により当該都道府県が定める都道府県障害福祉計画において定める当該都道府県若しくは当該区域の当該指定障害福祉サービスの必要な量に既に達しているか、又は当該申請に係る事業者の指定によってこれを超えることになると認めるとき、その他の当該都道府県障害福祉計画の達成に支障を生ずるおそれがあると認めるときは、第二十九条第一項の指定をしないことができる。

（指定障害福祉サービス事業者の指定の変更）

第三十七条　指定障害福祉サービス事業者は、第二十九条第一項の指定に係る特定障害福祉サービスの量を増加しようとするときは、厚生労働省令で定めるところにより、同項の指定の変更を申請することができる。

2　前条第三項から第五項までの規定は、前項の指定の変更の申請があった場合について準用する。この場合において、必要な技術的読替えは、政令で定める。

（指定障害者支援施設の指定）

第三十八条　第二十九条第一項の指定障害者支援施設の指定は、厚生労働省令で定めるところにより、障害者支援施設の設置者の申請により、施設障害福祉サービスの種類及び当該障害者支援施設の入所定員を定めて、行う。

2　都道府県知事は、前項の申請があった場合において、当該都道府県における当該申請に係る指定障害者支援施設の入所定員の総数が、第八十九条第一項の規定により当該都道府県が定める都道府県障害福祉計画において定める当該都道府県の当該指定障害者支援施設の必要入所定員総数に既に達しているか、又は当該申請に係る施設の指定によってこれを超えることになると認めるとき、その他の当該都道府県障害福祉計画の達成に支障を生ずるおそれがあると認めるときは、第二十九条第一項の指定をしないことができる。

3　第三十六条第三項及び第四項の規定は、第二十九条第一項の指定障害者支援施設の指定について準用する。この場合において、必要な技術的読替えは、政令で定める。

（指定障害者支援施設の指定の変更）

第三十九条　指定障害者支援施設の設置者は、第二十九条第一項の指定に係る施設障害福祉サービスの種類を変更しようとするとき、又は当該指定に係る入所定員を増加しようとするときは、厚生労働省令で定めるところにより、同項の指定の変更を申請することができる。

2　前条第二項及び第三項の規定は、前項の指定の変更の申請があった場合について準用する。この場合において、必要な技術的読替えは、政令で定める。

第四十条　削除

（指定の更新）

第四十一条　第二十九条第一項の指定障害福祉サービス事業者及び指定障害者支援施設の指定は、六年ごとにそれらの更新を受けなければ、その期間の経過によって、それらの効力を失う。

2　前項の更新の申請があった場合において、同項の期間（以下この条において「指定の有効期間」という。）の満了の日までにその申請に対する処分がされないときは、従前の指定は、指定の有効期間の満了後もその処分がされるまでの間は、なおその効力を有する。

3　前項の場合において、指定の更新がされたときは、その指定の有効期間は、従前の指定の有効期間の満了の日の翌日から起算するものとする。

4　第三十六条及び第三十八条の規定は、第一項の指定の更新について準用する。この場合において、必要な技術的読替えは、政令で定める。

（共生型障害福祉サービス事業者の特例）

第四十一条の二　居宅介護、生活介護その他厚生労働省令で定める障害福祉サービスに係るサービス事業所について、児童福祉法第二十一条の五の三第一項の指定（当該障害福祉サービス事業所により行われる障害福祉サービスの種類に応じて厚生労働省令で定める種類の同法第六条の二の二第一項に規定する障害児通所支援に係るものに限る。）又は介護保険法第四十一条第一項本文の指定（当該サービス事業所により行われる障害福祉サービスの種類に応じて厚生労働省令で定める種類の同法第八条第一項に規定する居宅サービスに係るものに限る。）、同法第四十二条の二第一項本文の指定（当該サービス事業所により行われる障害福祉サービスの種類に応じて厚生労働省令で定める種類の同法第八条第十四項に規定する地域密着型サービスに係るものに限る。）、同法第五十三条第一項本文の指定（当該サービス事業所により行われる障害福祉サービスの種類に応じて厚生労働省令で定める種類の同法第八条の二第一項に規定する介護予防サービスに係るものに限る。）若しくは同法第五十四条の二第一項本文の指定（当該サービス事業所により行われる障害福祉サービスの種類に応じて厚生労働省令で定める種類の同法第八条の二第十二項に規定する地域密着型介護予防サービスに係るものに限る。）を受けている者から当該サービス事業所に係る第三十六条第一項（前条第四項において準用する場合を含む。）の申請があった場合において、次の各号のいずれにも該当するときにおける第三十六条第三項（前条第四項において準用する場合を含む。以下この項において同じ。）の規定の適用については、第三十六条第三項第二号中「第四十三条第一項の」とあるのは「第四十一条の二第一項第一号の指定障害福祉サービスに従事する従業者に係る」と、同項第三号中「第四十三条第二項」とあるのは「第四十一条の二第一項第二号」とする。ただし、申請者が、厚生労働省令で定めるところにより、別段の申出をしたときは、この限りでない。

一　当該申請に係るサービス事業所の従業者の知識及び技能並びに人員が、指定障害福祉サービスに従事する従業者に係る都道府県の条例で定める基準を満たしていること。

二　申請者が、都道府県の条例で定める指定障害福祉サービスの事業の設備及び運営に関する基準に従って適正な障害福祉サービス事業の運営をすることができると認められること。

2　都道府県が前項各号の条例を定めるに当たっては、第一号から第三号までに掲げる事項については厚生労働省令で定める基準に従い定めるものとし、第四号に掲げる事項については厚生労働省令で定める基準を標準として定めるものとし、その他の事項については厚生労働省令で定める基準を参酌するものとする。

一　指定障害福祉サービスに従事する従業者及びその員数

二　指定障害福祉サービスの事業に係る居室の床面積

三　指定障害福祉サービスの事業の運営に関する事項であって、障害者又は障害児の保護者のサービスの適切な利用の確保、障害者等の適切な処遇及び安全の確保並びに秘密の保持等に密接に関連するものとして厚生労働省令で定めるもの

四　指定障害福祉サービスの事業に係る利用定員

3　第一項の場合において、同項に規定する者が同項の申請に係る第二十九条第一項の指定を受けたときは、その者に対しては、第四十三条第三項の規定は適用せず、次の表の上欄に掲げる規定中同表の中欄に掲げる字句は、それぞれ同表の下欄に掲げる字句とする。

第二十九条第六項	第四十三条第二項	第四十一条の二第一項第二号
第四十三条第一項	都道府県	第四十一条の二第一項第一号の指定障害福祉サービスに従事する従業者に係る都道府県
第四十三条第二項	指定障害福祉サービス	第四十一条の二第一項第二

障害者福祉

	の事業	号の指定障害福祉サービスの事業
第四十九条第一項第一号	第四十三条第一項の	第四十一条の二第一項第一号の指定障害福祉サービスに従事する従業者に係る
第四十九条第一項第二号	第四十三条第二項	第四十一条の二第一項第二号
第五十条第一項第三号	第四十三条第一項の	第四十一条の二第一項第一号の指定障害福祉サービスに従事する従業者に係る
第五十条第一項第四号	第四十三条第二項	第四十一条の二第一項第二号

4　第一項に規定する者であって、同項の申請に係る第二十九条第一項の指定を受けたものから、次の各号のいずれかの届出があったときは、当該指定に係る指定障害福祉サービスの事業について、第四十六条第二項の規定による事業の廃止又は休止の届出があったものとみなす。

一　児童福祉法第二十一条の五の三第一項に規定する指定通所支援の事業（当該指定に係るサービス事業所において行うものに限る。）に係る同法第二十一条の五の二十第四項の規定による事業の廃止又は休止の届出

二　介護保険法第四十一条第一項に規定する指定居宅サービスの事業（当該指定に係るサービス事業所において行うものに限る。）に係る同法第七十五条第二項の規定による事業の廃止又は休止の届出

三　介護保険法第五十三条第一項に規定する指定介護予防サービスの事業（当該指定に係るサービス事業所において行うものに限る。）に係る同法第百十五条の五第二項の規定による事業の廃止又は休止の届出

5　第一項に規定する者であって、同項の申請に係る第二十九条第一項の指定を受けたものは、介護保険法第四十二条の二第一項に規定する指定地域密着型サービスの事業（当該指定に係るサービス事業所において行うものに限る。）又は同法第五十四条の二第一項に規定する指定地域密着型介護予防サービスの事業（当該指定に係るサービス事業所において行うものに限る。）を廃止し、又は休止しようとするときは、厚生労働省令で定めるところにより、その廃止又は休止の日の一月前までに、その旨を当該指定を行った都道府県知事に届け出なければならない。この場合において、当該届出があったときは、当該指定に係る指定障害福祉サービスの事業について、第四十六条第二項の規定による事業の廃止又は休止の届出があったものとみなす。

（指定障害福祉サービス事業者及び指定障害者支援施設等の設置者の責務）

第四十二条　指定障害福祉サービス事業者及び指定障害者支援施設等の設置者（以下「指定事業者等」という。）は、障害者等が自立した日常生活又は社会生活を営むことができるよう、障害者等の意思決定の支援に配慮するとともに、市町村、公共職業安定所その他の職業リハビリテーションの措置を実施する機関、教育機関その他の関係機関との緊密な連携を図りつつ、障害福祉サービスを当該障害者等の意向、適性、障害の特性その他の事情に応じ、常に障害者等の立場に立って効果的に行うように努めなければならない。

2　指定事業者等は、その提供する障害福祉サービスの質の評価を行うことその他の措置を講ずることにより、障害福祉サービスの質の向上に努めなければならない。

3　指定事業者等は、障害者等の人格を尊重するとともに、この法律又はこの法律に基づく命令を遵守し、障害者等のため忠実にその職務を遂行しなければならない。

（指定障害福祉サービスの事業の基準）

第四十三条　指定障害福祉サービス事業者

は、当該指定に係るサービス事業所ごとに、当該都道府県の条例で定める基準に従い、当該指定障害福祉サービスに従事する従業者を有しなければならない。

2　指定障害福祉サービス事業者は、都道府県の条例で定める指定障害福祉サービスの事業の設備及び運営に関する基準に従い、指定障害福祉サービスを提供しなければならない。

3　都道府県が前二項の条例を定めるに当たっては、第一号から第三号までに掲げる事項については厚生労働省令で定める基準に従い定めるものとし、第四号に掲げる事項については厚生労働省令で定める基準を標準として定めるものとし、その他の事項については厚生労働省令で定める基準を参酌するものとする。

一　指定障害福祉サービスに従事する従業者及びその員数

二　指定障害福祉サービスの事業に係る居室及び病室の床面積

三　指定障害福祉サービスの事業の運営に関する事項であって、障害者又は障害児の保護者のサービスの適切な利用の確保、障害者等の適切な処遇及び安全の確保並びに秘密の保持等に密接に関連するものとして厚生労働省令で定めるもの

四　指定障害福祉サービスの事業に係る利用定員

4　指定障害福祉サービス事業者は、第四十六条第二項の規定による事業の廃止又は休止の届出をしたときは、当該届出の日前一月以内に当該指定障害福祉サービスを受けていた者であって、当該事業の廃止又は休止の日以後においても引き続き当該指定障害福祉サービスに相当するサービスの提供を希望する者に対し、必要な障害福祉サービスが継続的に提供されるよう、他の指定障害福祉サービス事業者その他関係者との連絡調整その他の便宜の提供を行わなければならない。

（指定障害者支援施設等の基準）

第四十四条　指定障害者支援施設等の設置者は、都道府県の条例で定める基準に従い、施設障害福祉サービスに従事する従業者を有しなければならない。

2　指定障害者支援施設等の設置者は、都道府県の条例で定める指定障害者支援施設等の設備及び運営に関する基準に従い、施設障害福祉サービスを提供しなければならない。

3　都道府県が前二項の条例を定めるに当たっては、次に掲げる事項については厚生労働省令で定める基準に従い定めるものとし、その他の事項については厚生労働省令で定める基準を参酌するものとする。

一　施設障害福祉サービスに従事する従業者及びその員数

二　指定障害者支援施設等に係る居室の床面積

三　指定障害者支援施設等の運営に関する事項であって、障害者のサービスの適切な利用、適切な処遇及び安全の確保並びに秘密の保持に密接に関連するものとして厚生労働省令で定めるもの

4　指定障害者支援施設の設置者は、第四十七条の規定による指定の辞退をするときは、同条に規定する予告期間の開始日の前日に当該施設障害福祉サービスを受けていた者であって、当該指定の辞退の日以後においても引き続き当該施設障害福祉サービスに相当するサービスの提供を希望する者に対し、必要な施設障害福祉サービスが継続的に提供されるよう、他の指定障害者支援施設等の設置者その他関係者との連絡調整その他の便宜の提供を行わなければならない。

第四十五条　削除

（変更の届出等）

第四十六条　指定障害福祉サービス事業者は、当該指定に係るサービス事業所の名称及び所在地その他厚生労働省令で定める事項に変更があったとき、又は休止した当該指定障害福祉サービスの事業を再開したときは、厚生労働省令で定めるところにより、十日以内に、その旨を都道府県知事に届け出なければならない。

2　指定障害福祉サービス事業者は、当該指定障害福祉サービスの事業を廃止し、又は休止しようとするときは、厚生労働省令で

定めるところにより、その廃止又は休止の日の一月前までに、その旨を都道府県知事に届け出なければならない。

3　指定障害者支援施設の設置者は、設置者の住所その他の厚生労働省令で定める事項に変更があったときは、厚生労働省令で定めるところにより、十日以内に、その旨を都道府県知事に届け出なければならない。

（指定の辞退）

第四十七条　指定障害者支援施設は、三月以上の予告期間を設けて、その指定を辞退することができる。

（都道府県知事等による連絡調整又は援助）

第四十七条の二　都道府県知事又は市町村長は、第四十三条第四項又は第四十四条第四項に規定する便宜の提供が円滑に行われるため必要があると認めるときは、当該指定障害福祉サービス事業者、指定障害者支援施設の設置者その他の関係者相互間の連絡調整又は当該指定障害福祉サービス事業者、指定障害者支援施設の設置者その他の関係者に対する助言その他の援助を行うことができる。

2　厚生労働大臣は、同一の指定障害福祉サービス事業者又は指定障害者支援施設の設置者について二以上の都道府県知事が前項の規定による連絡調整又は援助を行う場合において、第四十三条第四項又は第四十四条第四項に規定する便宜の提供が円滑に行われるため必要があると認めるときは、当該都道府県知事相互間の連絡調整又は当該指定障害福祉サービス事業者若しくは指定障害者支援施設の設置者に対する都道府県の区域を超えた広域的な見地からの助言その他の援助を行うことができる。

（報告等）

第四十八条　都道府県知事又は市町村長は、必要があると認めるときは、指定障害福祉サービス事業者若しくは指定障害福祉サービス事業者であった者若しくは当該指定に係るサービス事業所の従業者であった者（以下この項において「指定障害福祉サービス事業者であった者等」という。）に対し、報告若しくは帳簿書類その他の物件の提出若しくは提示を命じ、指定障害福祉サービス事業者若しくは当該指定に係るサービス事業所の従業者若しくは指定障害福祉サービス事業者であった者等に対し出頭を求め、又は当該職員に関係者に対して質問させ、若しくは当該指定障害福祉サービス事業者の当該指定に係るサービス事業所、事務所その他当該指定障害福祉サービスの事業に関係のある場所に立ち入り、その設備若しくは帳簿書類その他の物件を検査させることができる。

2　第九条第二項の規定は前項の規定による質問又は検査について、同条第三項の規定は前項の規定による権限について準用する。

3　前二項の規定は、指定障害者支援施設等の設置者について準用する。この場合において、必要な技術的読替えは、政令で定める。

（勧告、命令等）

第四十九条　都道府県知事は、指定障害福祉サービス事業者が、次の各号に掲げる場合に該当すると認めるときは、当該指定障害福祉サービス事業者に対し、期限を定めて、当該各号に定める措置をとるべきことを勧告することができる。

一　当該指定に係るサービス事業所の従業者の知識若しくは技能又は人員について第四十三条第一項の都道府県の条例で定める基準に適合していない場合　当該基準を遵守すること。

二　第四十三条第二項の都道府県の条例で定める指定障害福祉サービスの事業の設備及び運営に関する基準に従って適正な指定障害福祉サービスの事業の運営をしていない場合　当該基準を遵守すること。

三　第四十三条第四項に規定する便宜の提供を適正に行っていない場合　当該便宜の提供を適正に行うこと。

2　都道府県知事は、指定障害者支援施設等の設置者が、次の各号（のぞみの園の設置者にあっては、第三号を除く。以下この項において同じ。）に掲げる場合に該当すると認めるときは、当該指定障害者支援施設等の設置者に対し、期限を定めて、当該各号に定める措置をとるべきことを勧告することができる。

一　指定障害者支援施設等の従業者の知識若しくは技能又は人員について第四十四条第一項の都道府県の条例で定める基準に適合していない場合　当該基準を遵守すること。

二　第四十四条第二項の都道府県の条例で定める指定障害者支援施設等の設備及び運営に関する基準に従って適正な施設障害福祉サービスの事業の運営をしていない場合　当該基準を遵守すること。

三　第四十四条第四項に規定する便宜の提供を適正に行っていない場合　当該便宜の提供を適正に行うこと。

3　都道府県知事は、前二項の規定による勧告をした場合において、その勧告を受けた指定事業者等が、前二項の期限内にこれに従わなかったときは、その旨を公表することができる。

4　都道府県知事は、第一項又は第二項の規定による勧告を受けた指定事業者等が、正当な理由がなくてその勧告に係る措置をとらなかったときは、当該指定事業者等に対し、期限を定めて、その勧告に係る措置をとるべきことを命ずることができる。

5　都道府県知事は、前項の規定による命令をしたときは、その旨を公示しなければならない。

6　市町村は、介護給付費、訓練等給付費又は特定障害者特別給付費の支給に係る指定障害福祉サービス等を行った指定事業者等について、第一項各号又は第二項各号（のぞみの園の設置者にあっては、第三号を除く。）に掲げる場合のいずれかに該当すると認めるときは、その旨を当該指定に係るサービス事業所又は施設の所在地の都道府県知事に通知しなければならない。

（指定の取消し等）

第五十条　都道府県知事は、次の各号のいずれかに該当する場合においては、当該指定障害福祉サービス事業者に係る第二十九条第一項の指定を取り消し、又は期間を定めてその指定の全部若しくは一部の効力を停止することができる。

一　指定障害福祉サービス事業者が、第三十六条第三項第四号から第五号の二まで、第十二号又は第十三号のいずれかに該当するに至ったとき。

二　指定障害福祉サービス事業者が、第四十二条第三項の規定に違反したと認められるとき。

三　指定障害福祉サービス事業者が、当該指定に係るサービス事業所の従業者の知識若しくは技能又は人員について、第四十三条第一項の都道府県の条例で定める基準を満たすことができなくなったとき。

四　指定障害福祉サービス事業者が、第四十三条第二項の都道府県の条例で定める指定障害福祉サービスの事業の設備及び運営に関する基準に従って適正な指定障害福祉サービスの事業の運営をすることができなくなったとき。

五　介護給付費若しくは訓練等給付費又は療養介護医療費の請求に関し不正があったとき。

六　指定障害福祉サービス事業者が、第四十八条第一項の規定により報告又は帳簿書類その他の物件の提出若しくは提示を命ぜられてこれに従わず、又は虚偽の報告をしたとき。

七　指定障害福祉サービス事業者又は当該指定に係るサービス事業所の従業者が、第四十八条第一項の規定により出頭を求められてこれに応ぜず、同項の規定による質問に対して答弁せず、若しくは虚偽の答弁をし、又は同項の規定による検査を拒み、妨げ、若しくは忌避したとき。ただし、当該指定に係るサービス事業所の従業者がその行為をした場合において、その行為を防止するため、当該指定障害福祉サービス事業者が相当の注意及び監督を尽くしたときを除く。

八　指定障害福祉サービス事業者が、不正の手段により第二十九条第一項の指定を受けたとき。

九　前各号に掲げる場合のほか、指定障害福祉サービス事業者が、この法律その他国民の保健医療若しくは福祉に関する法律で定めるもの又はこれらの法律に基づく命令若しくは処分に違反したとき。

十　前各号に掲げる場合のほか、指定障害福祉サービス事業者が、障害福祉サービスに関し不正又は著しく不当な行為をしたとき。

十一　指定障害福祉サービス事業者が法人である場合において、その役員等のうちに指定の取消し又は指定の全部若しくは一部の効力の停止をしようとするとき前五年以内に障害福祉サービスに関し不正又は著しく不当な行為をした者があるとき。

十二　指定障害福祉サービス事業者が法人でない場合において、その管理者が指定の取消し又は指定の全部若しくは一部の効力の停止をしようとするとき前五年以内に障害福祉サービスに関し不正又は著しく不当な行為をした者であるとき。

2　市町村は、自立支援給付に係る指定障害福祉サービスを行った指定障害福祉サービス事業者について、前項各号のいずれかに該当すると認めるときは、その旨を当該指定に係るサービス事業所の所在地の都道府県知事に通知しなければならない。

3　前二項の規定は、指定障害者支援施設について準用する。この場合において、必要な技術的読替えは、政令で定める。

（公示）

第五十一条　都道府県知事は、次に掲げる場合には、その旨を公示しなければならない。

一　第二十九条第一項の指定障害福祉サービス事業者又は指定障害者支援施設の指定をしたとき。

二　第四十六条第二項の規定による事業の廃止の届出があったとき。

三　第四十七条の規定による指定障害者支援施設の指定の辞退があったとき。

四　前条第一項（同条第三項において準用する場合を含む。）又は第七十六条の三第六項の規定により指定障害福祉サービス事業者又は指定障害者支援施設の指定を取り消したとき。

第六款　業務管理体制の整備等

（業務管理体制の整備等）

第五十一条の二　指定事業者等は、第四十二条第三項に規定する義務の履行が確保されるよう、厚生労働省令で定める基準に従い、業務管理体制を整備しなければならない。

2　指定事業者等は、次の各号に掲げる区分に応じ、当該各号に定める者に対し、厚生労働省令で定めるところにより、業務管理体制の整備に関する事項を届け出なければならない。

一　次号から第四号までに掲げる指定事業者等以外の指定事業者等　都道府県知事

二　当該指定に係る事業所又は施設が一の地方自治法第二百五十二条の十九第一項の指定都市（以下「指定都市」という。）の区域に所在する指定事業者等　指定都市の長

三　当該指定に係る事業所又は施設が一の地方自治法第二百五十二条の二十二第一項の中核市（以下「中核市」という。）の区域に所在する指定事業者等　中核市の長

四　当該指定に係る事業所若しくは施設が二以上の都道府県の区域に所在する指定事業者等（のぞみの園の設置者を除く。第四項、次条第二項及び第三項並びに第五十一条の四第五項において同じ。）又はのぞみの園の設置者　厚生労働大臣

3　前項の規定により届出をした指定事業者等は、その届け出た事項に変更があったときは、厚生労働省令で定めるところにより、遅滞なく、その旨を当該届出をした厚生労働大臣、都道府県知事又は指定都市若しくは中核市の長（以下この款において「厚生労働大臣等」という。）に届け出なければならない。

4　第二項の規定による届出をした指定事業者等は、同項各号に掲げる区分の変更により、同項の規定により当該届出をした厚生労働大臣等以外の厚生労働大臣等に届出を行うときは、厚生労働省令で定めるところにより、その旨を当該届出をした厚生労働大臣等にも届け出なければならない。

5　厚生労働大臣等は、前三項の規定による

届出が適正になされるよう、相互に密接な連携を図るものとする。

（報告等）

第五十一条の三　前条第二項の規定による届出を受けた厚生労働大臣等は、当該届出をした指定事業者等（同条第四項の規定による届出を受けた厚生労働大臣等にあっては、同項の規定による届出をした指定事業者等を除く。）における同条第一項の規定による業務管理体制の整備に関して必要があると認めるときは、当該指定事業者等に対し、報告若しくは帳簿書類その他の物件の提出若しくは提示を命じ、当該指定事業者等若しくは当該指定事業者等の従業者に対し出頭を求め、又は当該職員に関係者に対して質問させ、若しくは当該指定事業者等の当該指定に係る事業所若しくは施設、事務所その他の指定障害福祉サービス等の提供に関係のある場所に立ち入り、その設備若しくは帳簿書類その他の物件を検査させることができる。

2　厚生労働大臣又は指定都市若しくは中核市の長が前項の権限を行うときは、当該指定に係る指定事業者等に係る指定を行った都道府県知事（次条第五項において「関係都道府県知事」という。）と密接な連携の下に行うものとする。

3　都道府県知事は、その行った又はその行おうとする指定に係る指定事業者等における前条第一項の規定による業務管理体制の整備に関して必要があると認めるときは、厚生労働大臣又は指定都市若しくは中核市の長に対し、第一項の権限を行うよう求めることができる。

4　厚生労働大臣又は指定都市若しくは中核市の長は、前項の規定による都道府県知事の求めに応じて第一項の権限を行ったときは、厚生労働省令で定めるところにより、その結果を当該権限を行うよう求めた都道府県知事に通知しなければならない。

5　第九条第二項の規定は第一項の規定による質問又は検査について、同条第三項の規定は第一項の規定による権限について準用する。

（勧告、命令等）

第五十一条の四　第五十一条の二第二項の規定による届出を受けた厚生労働大臣等は、当該届出をした指定事業者等（同条第四項の規定による届出を受けた厚生労働大臣等にあっては、同項の規定による届出をした指定事業者等を除く。）が、同条第一項の厚生労働省令で定める基準に従って適正な業務管理体制の整備をしていないと認めるときは、当該指定事業者等に対し、期限を定めて、当該厚生労働省令で定める基準に従って適正な業務管理体制を整備すべきことを勧告することができる。

2　厚生労働大臣等は、前項の規定による勧告をした場合において、その勧告を受けた指定事業者等が、同項の期限内にこれに従わなかったときは、その旨を公表することができる。

3　厚生労働大臣等は、第一項の規定による勧告を受けた指定事業者等が、正当な理由がなくてその勧告に係る措置をとらなかったときは、当該指定事業者等に対し、期限を定めて、その勧告に係る措置をとるべきことを命ずることができる。

4　厚生労働大臣等は、前項の規定による命令をしたときは、その旨を公示しなければならない。

5　厚生労働大臣又は指定都市若しくは中核市の長は、指定事業者等が第三項の規定による命令に違反したときは、厚生労働省令で定めるところにより、当該違反の内容を関係都道府県知事に通知しなければならない。

第三節　地域相談支援給付費、特例地域相談支援給付費、計画相談支援給付費及び特例計画相談支援給付費の支給

第一款　地域相談支援給付費及び特例地域相談支援給付費の支給

（地域相談支援給付費等の相談支援給付決定）

第五十一条の五　地域相談支援給付費又は特例地域相談支援給付費（以下「地域相談支援給付費等」という。）の支給を受けよう

とする障害者は、市町村の地域相談支援給付費等を支給する旨の決定（以下「地域相談支援給付決定」という。）を受けなければならない。

2　第十九条（第一項を除く。）の規定は、地域相談支援給付決定について準用する。この場合において、必要な技術的読替えは、政令で定める。

（申請）

第五十一条の六　地域相談支援給付決定を受けようとする障害者は、厚生労働省令で定めるところにより、市町村に申請しなければならない。

2　第二十条（第一項を除く。）の規定は、前項の申請について準用する。この場合において、必要な技術的読替えは、政令で定める。

（給付要否決定等）

第五十一条の七　市町村は、前条第一項の申請があったときは、当該申請に係る障害者の心身の状態、当該障害者の地域相談支援の利用に関する意向その他の厚生労働省令で定める事項を勘案して地域相談支援給付費等の支給の要否の決定（以下この条及び第五十一条の十二において「給付要否決定」という。）を行うものとする。

2　市町村は、給付要否決定を行うに当たって必要があると認めるときは、厚生労働省令で定めるところにより、市町村審査会、身体障害者更生相談所等その他厚生労働省令で定める機関の意見を聴くことができる。

3　市町村審査会、身体障害者更生相談所等又は前項の厚生労働省令で定める機関は、同項の意見を述べるに当たって必要があると認めるときは、当該給付要否決定に係る障害者、その家族、医師その他の関係者の意見を聴くことができる。

4　市町村は、給付要否決定を行うに当たって必要と認められる場合として厚生労働省令で定める場合には、厚生労働省令で定めるところにより、前条第一項の申請に係る障害者に対し、第五十一条の十七第一項第一号に規定する指定特定相談支援事業者が作成するサービス等利用計画案の提出を求めるものとする。

5　前項の規定によりサービス等利用計画案の提出を求められた障害者は、厚生労働省令で定める場合には、同項のサービス等利用計画案に代えて厚生労働省令で定めるサービス等利用計画案を提出することができる。

6　市町村は、前二項のサービス等利用計画案の提出があった場合には、第一項の厚生労働省令で定める事項及び当該サービス等利用計画案を勘案して給付要否決定を行うものとする。

7　市町村は、地域相談支援給付決定を行う場合には、地域相談支援の種類ごとに月を単位として厚生労働省令で定める期間において地域相談支援給付費等を支給する地域相談支援の量（以下「地域相談支援給付量」という。）を定めなければならない。

8　市町村は、地域相談支援給付決定を行ったときは、当該地域相談支援給付決定障害者に対し、厚生労働省令で定めるところにより、地域相談支援給付量その他の厚生労働省令で定める事項を記載した地域相談支援受給者証（以下「地域相談支援受給者証」という。）を交付しなければならない。

（地域相談支援給付決定の有効期間）

第五十一条の八　地域相談支援給付決定は、厚生労働省令で定める期間（以下「地域相談支援給付決定の有効期間」という。）内に限り、その効力を有する。

（地域相談支援給付決定の変更）

第五十一条の九　地域相談支援給付決定障害者は、現に受けている地域相談支援給付決定に係る地域相談支援の種類、地域相談支援給付量その他の厚生労働省令で定める事項を変更する必要があるときは、厚生労働省令で定めるところにより、市町村に対し、当該地域相談支援給付決定の変更の申請をすることができる。

2　市町村は、前項の申請又は職権により、第五十一条の七第一項の厚生労働省令で定める事項を勘案し、地域相談支援給付決定障害者につき、必要があると認めるときは、地域相談支援給付決定の変更の決定を行うことができる。この場合において、市町村は、当該決定に係る地域相談支援給付決定障害者に対し地域相談支援受給者証の提出を求めるものとする。

3　第十九条（第一項を除く。）、第二十条（第一項を除く。）及び第五十一条の七（第一項を除く。）の規定は、前項の地域相談支援給付決定の変更の決定について準用する。この場合において、必要な技術的読替えは、政令で定める。

4　市町村は、第二項の地域相談支援給付決定の変更の決定を行った場合には、地域相談支援受給者証に当該決定に係る事項を記載し、これを返還するものとする。

（地域相談支援給付決定の取消し）

第五十一条の十　地域相談支援給付決定を行った市町村は、次に掲げる場合には、当該地域相談支援給付決定を取り消すことができる。

一　地域相談支援給付決定に係る障害者が、第五十一条の十四第一項に規定する指定地域相談支援を受ける必要がなくなったと認めるとき。

二　地域相談支援給付決定障害者が、地域相談支援給付決定の有効期間内に、当該市町村以外の市町村の区域内に居住地を有するに至ったと認めるとき（地域相談支援給付決定に係る障害者が特定施設に入所することにより当該市町村以外の市町村の区域内に居住地を有するに至ったと認めるときを除く。）。

三　地域相談支援給付決定に係る障害者が、正当な理由なしに第五十一条の六第二項及び前条第三項において準用する第二十条第二項の規定による調査に応じないとき。

四　その他政令で定めるとき。

2　前項の規定により地域相談支援給付決定の取消しを行った市町村は、厚生労働省令で定めるところにより、当該取消しに係る地域相談支援給付決定障害者に対し地域相談支援受給者証の返還を求めるものとする。

（都道府県による援助等）

第五十一条の十一　都道府県は、市町村の求めに応じ、市町村が行う第五十一条の五から第五十一条の七まで、第五十一条の九及び前条の規定による業務に関し、その設置する身体障害者更生相談所等による技術的事項についての協力その他市町村に対する必要な援助を行うものとする。

（政令への委任）

第五十一条の十二　第五十一条の五から前条までに定めるもののほか、地域相談支援給付決定、給付要否決定、地域相談支援受給者証、地域相談支援給付決定の変更の決定及び地域相談支援給付決定の取消しに関し必要な事項は、政令で定める。

（地域相談支援給付費及び特例地域相談支援給付費の支給）

第五十一条の十三　地域相談支援給付費及び特例地域相談支援給付費の支給は、地域相談支援に関して次条及び第五十一条の十五の規定により支給する給付とする。

（地域相談支援給付費）

第五十一条の十四　市町村は、地域相談支援給付決定障害者が、地域相談支援給付決定の有効期間内において、都道府県知事が指定する一般相談支援事業を行う者（以下「指定一般相談支援事業者」という。）から当該指定に係る地域相談支援（以下「指定地域相談支援」という。）を受けたときは、厚生労働省令で定めるところにより、当該地域相談支援給付決定障害者に対し、当該指定地域相談支援（地域相談支援給付量の範囲内のものに限る。以下この条及び次条において同じ。）に要した費用について、地域相談支援給付費を支給する。

2　指定地域相談支援を受けようとする地域相談支援給付決定障害者は、厚生労働省令で定めるところにより、指定一般相談支援事業者に地域相談支援受給者証を提示して当該指定地域相談支援を受けるものとする。ただし、緊急の場合その他やむを得ない事由のある場合については、この限りでない。

3　地域相談支援給付費の額は、指定地域相談支援の種類ごとに指定地域相談支援に通常要する費用につき、厚生労働大臣が定める基準により算定した費用の額（その額が現に当該指定地域相談支援に要した費用の額を超えるときは、当該現に指定地域相談支援に要した費用の額）とする。

4　地域相談支援給付決定障害者が指定一般相談支援事業者から指定地域相談支援を受けたときは、市町村は、当該地域相談支援給付決定障害者が当該指定一般相談支援事業者に支払うべき当該指定地域相談支援に要した費用について、地域相談支援給付費として当該地域相談支援給付決定障害者に支給すべき額の限度において、当該地域相談支援給付決定障害者に代わり、当該指定一般相談支援事業者に支払うことができる。

5　前項の規定による支払があったときは、地域相談支援給付決定障害者に対し地域相談支援給付費の支給があったものとみなす。

6　市町村は、指定一般相談支援事業者から地域相談支援給付費の請求があったときは、第三項の厚生労働大臣が定める基準及び第五十一条の二十三第二項の厚生労働省令で定める指定地域相談支援の事業の運営に関する基準（指定地域相談支援の取扱いに関する部分に限る。）に照らして審査の上、支払うものとする。

7　市町村は、前項の規定による審査及び支払に関する事務を連合会に委託することができる。

8　前各項に定めるもののほか、地域相談支援給付費の支給及び指定一般相談支援事業者の地域相談支援給付費の請求に関し必要な事項は、厚生労働省令で定める。

（特例地域相談支援給付費）

第五十一条の十五　市町村は、地域相談支援給付決定障害者が、第五十一条の六第一項の申請をした日から当該地域相談支援給付決定の効力が生じた日の前日までの間に、緊急その他やむを得ない理由により指定地域相談支援を受けた場合において、必要があると認めるときは、厚生労働省令で定めるところにより、当該指定地域相談支援に要した費用について、特例地域相談支援給付費を支給することができる。

2　特例地域相談支援給付費の額は、前条第三項の厚生労働大臣が定める基準により算定した費用の額（その額が現に当該指定地域相談支援に要した費用の額を超えるときは、当該現に指定地域相談支援に要した費用の額）を基準として、市町村が定める。

3　前二項に定めるもののほか、特例地域相談支援給付費の支給に関し必要な事項は、厚生労働省令で定める。

第二款　計画相談支援給付費及び特例計画相談支援給付費の支給

（計画相談支援給付費及び特例計画相談支援給付費の支給）

第五十一条の十六　計画相談支援給付費及び特例計画相談支援給付費の支給は、計画相談支援に関して次条及び第五十一条の十八の規定により支給する給付とする。

（計画相談支援給付費）

第五十一条の十七　市町村は、次の各号に掲げる者（以下「計画相談支援対象障害者等」という。）に対し、当該各号に定める場合の区分に応じ、当該各号に規定する計画相談支援に要した費用について、計画相談支援給付費を支給する。

一　第二十二条第四項（第二十四条第三項において準用する場合を含む。）の規定により、サービス等利用計画案の提出を求められた第二十条第一項若しくは第二十四条第一項の申請に係る障害者若しくは障害児の保護者又は第五十一条の七第四項（第五十一条の九第三項において準用する場合を含む。）の規定により、サービス等利用計画案の提出を求められた第五十一条の六第一項若しくは第五十一条の九第一項の申請に係る障害者　市町村長が指定する特定相談支援事業を行う者（以下「指定特定相談支援事業者」という。）から当該指定に係るサービス利用支援（次項において「指定サービス利用支援」という。）を受けた場合であって、当該申請に係る支給決定等を受けたとき。

二　支給決定障害者等又は地域相談支援給付決定障害者　指定特定相談支援事業者から当該指定に係る継続サービス利用支

援（次項において「指定継続サービス利用支援」という。）を受けたとき。

2　計画相談支援給付費の額は、指定サービス利用支援又は指定継続サービス利用支援（以下「指定計画相談支援」という。）に通常要する費用につき、厚生労働大臣が定める基準により算定した費用の額（その額が現に当該指定計画相談支援に要した費用の額を超えるときは、当該現に指定計画相談支援に要した費用の額）とする。

3　計画相談支援対象障害者等が指定特定相談支援事業者から指定計画相談支援を受けたときは、市町村は、当該計画相談支援対象障害者等が当該指定特定相談支援事業者に支払うべき当該指定計画相談支援に要した費用について、計画相談支援給付費として当該計画相談支援対象障害者等に対し支給すべき額の限度において、当該計画相談支援対象障害者等に代わり、当該指定特定相談支援事業者に支払うことができる。

4　前項の規定による支払があったときは、計画相談支援対象障害者等に対し計画相談支援給付費の支給があったものとみなす。

5　市町村は、指定特定相談支援事業者から計画相談支援給付費の請求があったときは、第二項の厚生労働大臣が定める基準及び第五十一条の二十四第二項の厚生労働省令で定める指定計画相談支援の事業の運営に関する基準（指定計画相談支援の取扱いに関する部分に限る。）に照らして審査の上、支払うものとする。

6　市町村は、前項の規定による審査及び支払に関する事務を連合会に委託することができる。

7　前各項に定めるもののほか、計画相談支援給付費の支給及び指定特定相談支援事業者の計画相談支援給付費の請求に関し必要な事項は、厚生労働省令で定める。

（特例計画相談支援給付費）

第五十一条の十八　市町村は、計画相談支援対象障害者等が、指定計画相談支援以外の計画相談支援（第五十一条の二十四第一項の厚生労働省令で定める基準及び同条第二項の厚生労働省令で定める指定計画相談支援の事業の運営に関する基準に定める事項のうち厚生労働省令で定めるものを満たすと認められる事業を行う事業所により行われるものに限る。以下この条において「基準該当計画相談支援」という。）を受けた場合において、必要があると認めるときは、厚生労働省令で定めるところにより、基準該当計画相談支援に要した費用について、特例計画相談支援給付費を支給することができる。

2　特例計画相談支援給付費の額は、当該基準該当計画相談支援について前条第二項の厚生労働大臣が定める基準により算定した費用の額（その額が現に当該基準該当計画相談支援に要した費用の額を超えるときは、当該現に基準該当計画相談支援に要した費用の額）を基準として、市町村が定める。

3　前二項に定めるもののほか、特例計画相談支援給付費の支給に関し必要な事項は、厚生労働省令で定める。

第三款　指定一般相談支援事業者及び指定特定相談支援事業者

（指定一般相談支援事業者の指定）

第五十一条の十九　第五十一条の十四第一項の指定一般相談支援事業者の指定は、厚生労働省令で定めるところにより、一般相談支援事業を行う者の申請により、地域相談支援の種類及び一般相談支援事業を行う事業所（以下この款において「一般相談支援事業所」という。）ごとに行う。

2　第三十六条第三項（第四号、第十号及び第十三号を除く。）の規定は、第五十一条の十四第一項の指定一般相談支援事業者の指定について準用する。この場合において、第三十六条第三項第一号中「都道府県の条例で定める者」とあるのは、「法人」と読み替えるほか、必要な技術的読替えは、政令で定める。

（指定特定相談支援事業者の指定）

第五十一条の二十　第五十一条の十七第一項第一号の指定特定相談支援事業者の指定は、厚生労働省令で定めるところにより、総合的に相談支援を行う者として厚生労働省令で定める基準に該当する者の申請により、特定相談支援事業を行う事業所（以下この款において「特定相談支援事業所」という。）ごとに行う。

2　第三十六条第三項（第四号、第十号及び第十三号を除く。）の規定は、第五十一条の十七第一項第一号の指定特定相談支援事業者の指定について準用する。この場合において、第三十六条第三項第一号中「都道府県の条例で定める者」とあるのは、「法人」と読み替えるほか、必要な技術的読替えは、政令で定める。

（指定の更新）

第五十一条の二十一　第五十一条の十四第一項の指定一般相談支援事業者及び第五十一条の十七第一項第一号の指定特定相談支援事業者の指定は、六年ごとにそれらの更新を受けなければ、その期間の経過によって、それらの効力を失う。

2　第四十一条第二項及び第三項並びに前二条の規定は、前項の指定の更新について準用する。この場合において、必要な技術的読替えは、政令で定める。

（指定一般相談支援事業者及び指定特定相談支援事業者の責務）

第五十一条の二十二　指定一般相談支援事業者及び指定特定相談支援事業者（以下「指定相談支援事業者」という。）は、障害者等が自立した日常生活又は社会生活を営むことができるよう、障害者等の意思決定の支援に配慮するとともに、市町村、公共職業安定所その他の職業リハビリテーションの措置を実施する機関、教育機関その他の関係機関との緊密な連携を図りつつ、相談支援を当該障害者等の意向、適性、障害の特性その他の事情に応じ、常に障害者等の立場に立って効果的に行うように努めなければならない。

2　指定相談支援事業者は、その提供する相談支援の質の評価を行うことその他の措置を講ずることにより、相談支援の質の向上に努めなければならない。

3　指定相談支援事業者は、障害者等の人格を尊重するとともに、この法律又はこの法律に基づく命令を遵守し、障害者等のため忠実にその職務を遂行しなければならない。

（指定地域相談支援の事業の基準）

第五十一条の二十三　指定一般相談支援事業者は、当該指定に係る一般相談支援事業所ごとに、厚生労働省令で定める基準に従い、当該指定地域相談支援に従事する従業者を有しなければならない。

2　指定一般相談支援事業者は、厚生労働省令で定める指定地域相談支援の事業の運営に関する基準に従い、指定地域相談支援を提供しなければならない。

3　指定一般相談支援事業者は、第五十一条の二十五第二項の規定による事業の廃止又は休止の届出をしたときは、当該届出の日前一月以内に当該指定地域相談支援を受けていた者であって、当該事業の廃止又は休止の日以後においても引き続き当該指定地域相談支援に相当するサービスの提供を希望する者に対し、必要な地域相談支援が継続的に提供されるよう、他の指定一般相談支援事業者その他関係者との連絡調整その他の便宜の提供を行わなければならない。

（指定計画相談支援の事業の基準）

第五十一条の二十四　指定特定相談支援事業者は、当該指定に係る特定相談支援事業所ごとに、厚生労働省令で定める基準に従い、当該指定計画相談支援に従事する従業者を有しなければならない。

2　指定特定相談支援事業者は、厚生労働省令で定める指定計画相談支援の事業の運営に関する基準に従い、指定計画相談支援を提供しなければならない。

3　指定特定相談支援事業者は、次条第四項の規定による事業の廃止又は休止の届出をしたときは、当該届出の日前一月以内に当該指定計画相談支援を受けていた者であって、当該事業の廃止又は休止の日以後においても引き続き当該指定計画相談支援に相当するサービスの提供を希望する者に対し、必要な計画相談支援が継続的に提供されるよう、他の指定特定相談支援事業者その他関係者との連絡調整その他の便宜の提供を行わなければならない。

（変更の届出等）

第五十一条の二十五　指定一般相談支援事業者は、当該指定に係る一般相談支援事業所の名称及び所在地その他厚生労働省令で定める事項に変更があったとき、又は休止した当該指定地域相談支援の事業を再開したときは、厚生労働省令で定めるところにより、十日以内に、その旨を都道府県知事に届け出なければならない。

2　指定一般相談支援事業者は、当該指定地域相談支援の事業を廃止し、又は休止しようとするときは、厚生労働省令で定めるところにより、その廃止又は休止の日の一月前までに、その旨を都道府県知事に届け出なければならない。

3　指定特定相談支援事業者は、当該指定に係る特定相談支援事業所の名称及び所在地その他厚生労働省令で定める事項に変更があったとき、又は休止した当該指定計画相談支援の事業を再開したときは、厚生労働省令で定めるところにより、十日以内に、その旨を市町村長に届け出なければならない。

4　指定特定相談支援事業者は、当該指定計画相談支援の事業を廃止し、又は休止しようとするときは、厚生労働省令で定めるところにより、その廃止又は休止の日の一月前までに、その旨を市町村長に届け出なければならない。

（都道府県知事等による連絡調整又は援助）

第五十一条の二十六　第四十七条の二の規定は、指定一般相談支援事業者が行う第五十一条の二十三第三項に規定する便宜の提供について準用する。

2　市町村長は、指定特定相談支援事業者による第五十一条の二十四第三項に規定する便宜の提供が円滑に行われるため必要があると認めるときは、当該指定特定相談支援事業者その他の関係者相互間の連絡調整又は当該指定特定相談支援事業者その他の関係者に対する助言その他の援助を行うことができる。

（報告等）

第五十一条の二十七　都道府県知事又は市町村長は、必要があると認めるときは、指定一般相談支援事業者若しくは指定一般相談支援事業者であった者若しくは当該指定に係る一般相談支援事業所の従業者であった者（以下この項において「指定一般相談支援事業者であった者等」という。）に対し、報告若しくは帳簿書類その他の物件の提出若しくは提示を命じ、指定一般相談支援事業者若しくは当該指定に係る一般相談支援事業所の従業者若しくは指定一般相談支援事業者であった者等に対し出頭を求め、又は当該職員に関係者に対して質問させ、若しくは当該指定一般相談支援事業者の当該指定に係る一般相談支援事業所、事務所その他当該指定地域相談支援の事業に関係のある場所に立ち入り、その設備若しくは帳簿書類その他の物件を検査させることができる。

2　市町村長は、必要があると認めるときは、指定特定相談支援事業者若しくは指定特定相談支援事業者であった者若しくは当該指定に係る特定相談支援事業所の従業者であった者（以下この項において「指定特定相談支援事業者であった者等」という。）に対し、報告若しくは帳簿書類その他の物件の提出若しくは提示を命じ、指定特定相談支援事業者若しくは当該指定に係る特定相談支援事業所の従業者若しくは指定特定相談支援事業者であった者等に対し出頭を求め、又は当該職員に関係者に対して質問させ、若しくは当該指定特定相談支援事業者の当該指定に係る特定相談支援事業所、事務所その他当該指定計画相談支援の事業に関係のある場所に立ち入り、その設備若しくは帳簿書類その他の物件を検査させることができる。

3　第九条第二項の規定は前二項の規定による質問又は検査について、同条第三項の規定は前二項の規定による権限について準用する。

（勧告、命令等）

第五十一条の二十八　都道府県知事は、指定一般相談支援事業者が、次の各号に掲げる場合に該当すると認めるときは、当該指定一般相談支援事業者に対し、期限を定めて、当該各号に定める措置をとるべきことを勧告することができる。

一　当該指定に係る一般相談支援事業所の従業者の知識若しくは技能又は人員について第五十一条の二十三第一項の厚生労働省令で定める基準に適合していない場合　当該基準を遵守すること。
二　第五十一条の二十三第二項の厚生労働省令で定める指定地域相談支援の事業の運営に関する基準に従って適正な指定地域相談支援の事業の運営をしていない場合　当該基準を遵守すること。
三　第五十一条の二十三第三項に規定する便宜の提供を適正に行っていない場合　当該便宜の提供を適正に行うこと。

2　市町村長は、指定特定相談支援事業者が、次の各号に掲げる場合に該当すると認めるときは、当該指定特定相談支援事業者に対し、期限を定めて、当該各号に定める措置をとるべきことを勧告することができる。
一　当該指定に係る特定相談支援事業所の従業者の知識若しくは技能又は人員について第五十一条の二十四第一項の厚生労働省令で定める基準に適合していない場合　当該基準を遵守すること。
二　第五十一条の二十四第二項の厚生労働省令で定める指定計画相談支援の事業の運営に関する基準に従って適正な指定計画相談支援の事業の運営をしていない場合　当該基準を遵守すること。
三　第五十一条の二十四第三項に規定する便宜の提供を適正に行っていない場合　当該便宜の提供を適正に行うこと。

3　都道府県知事は、第一項の規定による勧告をした場合において、市町村長は、前項の規定による勧告をした場合において、その勧告を受けた指定相談支援事業者が、前二項の期限内にこれに従わなかったときは、その旨を公表することができる。

4　都道府県知事は、第一項の規定による勧告を受けた指定一般相談支援事業者が、正当な理由がなくてその勧告に係る措置をとらなかったとき、市町村長は、第二項の規定による勧告を受けた指定特定相談支援事業者が、正当な理由がなくてその勧告に係る措置をとらなかったときは、当該指定相談支援事業者に対し、期限を定めて、その勧告に係る措置をとるべきことを命ずることができる。

5　都道府県知事又は市町村長は、前項の規定による命令をしたときは、その旨を公示しなければならない。

6　市町村は、地域相談支援給付費の支給に係る指定地域相談支援を行った指定一般相談支援事業者について、第一項各号に掲げる場合のいずれかに該当すると認めるときは、その旨を当該指定に係る一般相談支援事業所の所在地の都道府県知事に通知しなければならない。

（指定の取消し等）

第五十一条の二十九　都道府県知事は、次の各号のいずれかに該当する場合においては、当該指定一般相談支援事業者に係る第五十一条の十四第一項の指定を取り消し、又は期間を定めてその指定の全部若しくは一部の効力を停止することができる。
一　指定一般相談支援事業者が、第五十一条の十九第二項において準用する第三十六条第三項第五号、第五号の二又は第十二号のいずれかに該当するに至ったとき。
二　指定一般相談支援事業者が、第五十一条の二十二第三項の規定に違反したと認められるとき。
三　指定一般相談支援事業者が、当該指定に係る一般相談支援事業所の従業者の知識若しくは技能又は人員について、第五十一条の二十三第一項の厚生労働省令で定める基準を満たすことができなくなったとき。
四　指定一般相談支援事業者が、第五十一条の二十三第二項の厚生労働省令で定める指定地域相談支援の事業の運営に関する基準に従って適正な指定地域相談支援の事業の運営をすることができなくなったとき。
五　地域相談支援給付費の請求に関し不正があったとき。
六　指定一般相談支援事業者が、第五十一条の二十七第一項の規定により報告又は帳簿書類その他の物件の提出若しくは提示を命ぜられてこれに従わず、又は虚偽の報告をしたとき。

七　指定一般相談支援事業者又は当該指定に係る一般相談支援事業所の従業者が、第五十一条の二十七第一項の規定により出頭を求められてこれに応ぜず、同項の規定による質問に対して答弁せず、若しくは虚偽の答弁をし、又は同項の規定による検査を拒み、妨げ、若しくは忌避したとき。ただし、当該指定に係る一般相談支援事業所の従業者がその行為をした場合において、その行為を防止するため、当該指定一般相談支援事業者が相当の注意及び監督を尽くしたときを除く。

八　指定一般相談支援事業者が、不正の手段により第五十一条の十四第一項の指定を受けたとき。

九　前各号に掲げる場合のほか、指定一般相談支援事業者が、この法律その他国民の福祉に関する法律で政令で定めるもの又はこれらの法律に基づく命令若しくは処分に違反したとき。

十　前各号に掲げる場合のほか、指定一般相談支援事業者が、地域相談支援に関し不正又は著しく不当な行為をしたとき。

十一　指定一般相談支援事業者の役員又はその一般相談支援事業所を管理する者その他の政令で定める使用人のうちに指定の取消し又は指定の全部若しくは一部の効力の停止をしようとするとき前五年以内に地域相談支援に関し不正又は著しく不当な行為をした者があるとき。

2　市町村長は、次の各号のいずれかに該当する場合においては、当該指定特定相談支援事業者に係る第五十一条の十七第一項第一号の指定を取り消し、又は期間を定めてその指定の全部若しくは一部の効力を停止することができる。

一　指定特定相談支援事業者が、第五十一条の二十第二項において準用する第三十六条第三項第五号、第五号の二又は第十二号のいずれかに該当するに至ったとき。

二　指定特定相談支援事業者が、第五十一条の二十二第三項の規定に違反したと認められるとき。

三　指定特定相談支援事業者が、当該指定に係る特定相談支援事業所の従業者の知識若しくは技能又は人員について、第五十一条の二十四第一項の厚生労働省令で定める基準を満たすことができなくなったとき。

四　指定特定相談支援事業者が、第五十一条の二十四第二項の厚生労働省令で定める指定計画相談支援の事業の運営に関する基準に従って適正な指定計画相談支援の事業の運営をすることができなくなったとき。

五　計画相談支援給付費の請求に関し不正があったとき。

六　指定特定相談支援事業者が、第五十一条の二十七第二項の規定により報告又は帳簿書類その他の物件の提出若しくは提示を命ぜられてこれに従わず、又は虚偽の報告をしたとき。

七　指定特定相談支援事業者又は当該指定に係る特定相談支援事業所の従業者が、第五十一条の二十七第二項の規定により出頭を求められてこれに応ぜず、同項の規定による質問に対して答弁せず、若しくは虚偽の答弁をし、又は同項の規定による検査を拒み、妨げ、若しくは忌避したとき。ただし、当該指定に係る特定相談支援事業所の従業者がその行為をした場合において、その行為を防止するため、当該指定特定相談支援事業者が相当の注意及び監督を尽くしたときを除く。

八　指定特定相談支援事業者が、不正の手段により第五十一条の十七第一項第一号の指定を受けたとき。

九　前各号に掲げる場合のほか、指定特定相談支援事業者が、この法律その他国民の福祉に関する法律で政令で定めるもの又はこれらの法律に基づく命令若しくは処分に違反したとき。

十　前各号に掲げる場合のほか、指定特定相談支援事業者が、計画相談支援に関し不正又は著しく不当な行為をしたとき。

十一　指定特定相談支援事業者の役員又はその特定相談支援事業所を管理する者その他の政令で定める使用人のうちに指定

の取消し又は指定の全部若しくは一部の効力の停止をしようとするとき前五年以内に計画相談支援に関し不正又は著しく不当な行為をした者があるとき。

3　市町村は、地域相談支援給付費の支給に係る指定地域相談支援を行った指定一般相談支援事業者について、第一項各号のいずれかに該当すると認めるときは、その旨を当該指定に係る一般相談支援事業所の所在地の都道府県知事に通知しなければならない。

（公示）

第五十一条の三十　都道府県知事は、次に掲げる場合には、その旨を公示しなければならない。

一　第五十一条の十四第一項の指定一般相談支援事業者の指定をしたとき。

二　第五十一条の二十五第二項の規定による事業の廃止の届出があったとき。

三　前条第一項又は第七十六条の三第六項の規定により指定一般相談支援事業者の指定を取り消したとき。

2　市町村長は、次に掲げる場合には、その旨を公示しなければならない。

一　第五十一条の十七第一項第一号の指定特定相談支援事業者の指定をしたとき。

二　第五十一条の二十五第四項の規定による事業の廃止の届出があったとき。

三　前条第二項の規定により指定特定相談支援事業者の指定を取り消したとき。

第四款　業務管理体制の整備等

（業務管理体制の整備等）

第五十一条の三十一　指定相談支援事業者は、第五十一条の二十二第三項に規定する義務の履行が確保されるよう、厚生労働省令で定める基準に従い、業務管理体制を整備しなければならない。

2　指定相談支援事業者は、次の各号に掲げる区分に応じ、当該各号に定める者に対し、厚生労働省令で定めるところにより、業務管理体制の整備に関する事項を届け出なければならない。

一　次号から第五号までに掲げる指定相談支援事業者以外の指定相談支援事業者　都道府県知事

二　特定相談支援事業のみを行う指定特定相談支援事業者であって、当該指定に係る事業所が一の市町村の区域に所在するもの　市町村長

三　当該指定に係る事業所が一の指定都市の区域に所在する指定相談支援事業者（前号に掲げるものを除く。）　指定都市の長

四　当該指定に係る事業所が一の中核市の区域に所在する指定相談支援事業者（第二号に掲げるものを除く。）　中核市の長

五　当該指定に係る事業所が二以上の都道府県の区域に所在する指定相談支援事業者　厚生労働大臣

3　前項の規定により届出をした指定相談支援事業者は、その届け出た事項に変更があったときは、厚生労働省令で定めるところにより、遅滞なく、その旨を当該届出をした厚生労働大臣、都道府県知事、指定都市若しくは中核市の長又は市町村長（以下この款において「厚生労働大臣等」という。）に届け出なければならない。

4　第二項の規定による届出をした指定相談支援事業者は、同項各号に掲げる区分の変更により、同項の規定により当該届出をした厚生労働大臣等以外の厚生労働大臣等に届出を行うときは、厚生労働省令で定めるところにより、その旨を当該届出をした厚生労働大臣等にも届け出なければならない。

5　厚生労働大臣等は、前三項の規定による届出が適正になされるよう、相互に密接な連携を図るものとする。

（報告等）

第五十一条の三十二　前条第二項の規定による届出を受けた厚生労働大臣等は、当該届出をした指定相談支援事業者（同条第四項の規定による届出を受けた厚生労働大臣等にあっては、同項の規定による届出をした指定相談支援事業者を除く。）における同条第一項の規定による業務管理体制の整備に関して必要があると認めるときは、当該指定相談支援事業者に対し、報告若しくは帳簿書類その他の物件の提出若しくは提示

を命じ、当該指定相談支援事業者若しくは当該指定相談支援事業者の従業者に対し出頭を求め、又は当該職員に関係者に対して質問させ、若しくは当該指定相談支援事業者の当該指定に係る事業所、事務所その他の指定地域相談支援若しくは指定計画相談支援の提供に関係のある場所に立ち入り、その設備若しくは帳簿書類その他の物件を検査させることができる。

2　厚生労働大臣が前項の権限を行うときは当該指定一般相談支援事業者に係る指定を行った都道府県知事（以下この項及び次条第五項において「関係都道府県知事」という。）又は当該指定特定相談支援事業者に係る指定を行った市町村長（以下この項及び次条第五項において「関係市町村長」という。）と、都道府県知事が前項の権限を行うときは関係市町村長と、指定都市又は中核市の長が同項の権限を行うときは関係都道府県知事と密接な連携の下に行うものとする。

3　都道府県知事は、その行った又はその行おうとする指定に係る指定一般相談支援事業者における前条第一項の規定による業務管理体制の整備に関して必要があると認めるときは、厚生労働大臣又は指定都市若しくは中核市の長に対し、市町村長は、その行った又はその行おうとする指定に係る指定特定相談支援事業者における同項の規定による業務管理体制の整備に関して必要があると認めるときは、厚生労働大臣又は都道府県知事に対し、第一項の権限を行うよう求めることができる。

4　厚生労働大臣、都道府県知事又は指定都市若しくは中核市の長は、前項の規定による都道府県知事又は市町村長の求めに応じて第一項の権限を行ったときは、厚生労働省令で定めるところにより、その結果を当該権限を行うよう求めた都道府県知事又は市町村長に通知しなければならない。

5　第九条第二項の規定は第一項の規定による質問又は検査について、同条第三項の規定は第一項の規定による権限について準用する。

（勧告、命令等）

第五十一条の三十三　第五十一条の三十一第二項の規定による届出を受けた厚生労働大臣等は、当該届出をした指定相談支援事業者（同条第四項の規定による届出を受けた厚生労働大臣等にあっては、同項の規定による届出をした指定相談支援事業者を除く。）が、同条第一項の厚生労働省令で定める基準に従って適正な業務管理体制の整備をしていないと認めるときは、当該指定相談支援事業者に対し、期限を定めて、当該厚生労働省令で定める基準に従って適正な業務管理体制を整備すべきことを勧告することができる。

2　厚生労働大臣等は、前項の規定による勧告をした場合において、その勧告を受けた指定相談支援事業者が、同項の期限内にこれに従わなかったときは、その旨を公表することができる。

3　厚生労働大臣等は、第一項の規定による勧告を受けた指定相談支援事業者が、正当な理由がなくてその勧告に係る措置をとらなかったときは、当該指定相談支援事業者に対し、期限を定めて、その勧告に係る措置をとるべきことを命ずることができる。

4　厚生労働大臣等は、前項の規定による命令をしたときは、その旨を公示しなければならない。

5　厚生労働大臣、都道府県知事又は指定都市若しくは中核市の長は、指定相談支援事業者が第三項の規定による命令に違反したときは、厚生労働省令で定めるところにより、当該違反の内容を関係都道府県知事又は関係市町村長に通知しなければならない。

第四節　自立支援医療費、療養介護医療費及び基準該当療養介護医療費の支給

（自立支援医療費の支給認定）

第五十二条　自立支援医療費の支給を受けようとする障害者又は障害児の保護者は、市町村等の自立支援医療費を支給する旨の認定（以下「支給認定」という。）を受けなければならない。

2　第十九条第二項の規定は市町村等が行う

支給認定について、同条第三項から第五項までの規定は市町村が行う支給認定について準用する。この場合において、必要な技術的読替えは、政令で定める。

（申請）

第五十三条　支給認定を受けようとする障害者又は障害児の保護者は、厚生労働省令で定めるところにより、市町村等に申請をしなければならない。

2　前項の申請は、都道府県が支給認定を行う場合には、政令で定めるところにより、当該障害者又は障害児の保護者の居住地の市町村（障害者又は障害児の保護者が居住地を有しないか、又はその居住地が明らかでないときは、その障害者又は障害児の保護者の現在地の市町村）を経由して行うことができる。

（支給認定等）

第五十四条　市町村等は、前条第一項の申請に係る障害者等が、その心身の障害の状態からみて自立支援医療を受ける必要があり、かつ、当該障害者等又はその属する世帯の他の世帯員の所得の状況、治療状況その他の事情を勘案して政令で定める基準に該当する場合には、厚生労働省令で定める自立支援医療の種類ごとに支給認定を行うものとする。ただし、当該障害者等が、自立支援医療のうち厚生労働省令で定める種類の医療を、戦傷病者特別援護法（昭和三十八年法律第百六十八号）又は心神喪失等の状態で重大な他害行為を行った者の医療及び観察等に関する法律（平成十五年法律第百十号）の規定により受けることができるときは、この限りでない。

2　市町村等は、支給認定をしたときは、厚生労働省令で定めるところにより、都道府県知事が指定する医療機関（以下「指定自立支援医療機関」という。）の中から、当該支給認定に係る障害者等が自立支援医療を受けるものを定めるものとする。

3　市町村等は、支給認定をしたときは、支給認定を受けた障害者又は障害児の保護者（以下「支給認定障害者等」という。）に対し、厚生労働省令で定めるところにより、次条に規定する支給認定の有効期間、前項の規定により定められた指定自立支援医療機関の名称その他の厚生労働省令で定める事項を記載した自立支援医療受給者証（以下「医療受給者証」という。）を交付しなければならない。

（支給認定の有効期間）

第五十五条　支給認定は、厚生労働省令で定める期間（以下「支給認定の有効期間」という。）内に限り、その効力を有する。

（支給認定の変更）

第五十六条　支給認定障害者等は、現に受けている支給認定に係る第五十四条第二項の規定により定められた指定自立支援医療機関その他の厚生労働省令で定める事項について変更の必要があるときは、厚生労働省令で定めるところにより、市町村等に対し、支給認定の変更の申請をすることができる。

2　市町村等は、前項の申請又は職権により、支給認定障害者等につき、同項の厚生労働省令で定める事項について変更の必要があると認めるときは、厚生労働省令で定めるところにより、支給認定の変更の認定を行うことができる。この場合において、市町村等は、当該支給認定障害者等に対し医療受給者証の提出を求めるものとする。

3　第十九条第二項の規定は市町村等が行う前項の支給認定の変更の認定について、同条第三項から第五項までの規定は市町村が行う前項の支給認定の変更の認定について準用する。この場合において、必要な技術的読替えは、政令で定める。

4　市町村等は、第二項の支給認定の変更の認定を行った場合には、医療受給者証に当該認定に係る事項を記載し、これを返還するものとする。

（支給認定の取消し）

第五十七条　支給認定を行った市町村等は、次に掲げる場合には、当該支給認定を取り消すことができる。

一　支給認定に係る障害者等が、その心身の障害の状態からみて自立支援医療を受ける必要がなくなったと認めるとき。

二　支給認定障害者等が、支給認定の有効期間内に、当該市町村等以外の市町村等の区域内に居住地を有するに至ったと認めるとき（支給認定に係る障害者が特定施設に入所することにより当該市町村以外の市町村の区域内に居住地を有するに至ったと認めるときを除く。）。

三　支給認定に係る障害者等が、正当な理由なしに第九条第一項の規定による命令に応じないとき。

四　その他政令で定めるとき。

2　前項の規定により支給認定の取消しを行った市町村等は、厚生労働省令で定めるところにより、当該取消しに係る支給認定障害者等に対し医療受給者証の返還を求めるものとする。

（**自立支援医療費の支給**）

第五十八条　市町村等は、支給認定に係る障害者等が、支給認定の有効期間内において、第五十四条第二項の規定により定められた指定自立支援医療機関から当該指定に係る自立支援医療（以下「指定自立支援医療」という。）を受けたときは、厚生労働省令で定めるところにより、当該支給認定障害者等に対し、当該指定自立支援医療に要した費用について、自立支援医療費を支給する。

2　指定自立支援医療を受けようとする支給認定障害者等は、厚生労働省令で定めるところにより、指定自立支援医療機関に医療受給者証を提示して当該指定自立支援医療を受けるものとする。ただし、緊急の場合その他やむを得ない事由のある場合については、この限りでない。

3　自立支援医療費の額は、一月につき、第一号に掲げる額（当該指定自立支援医療に食事療養（健康保険法第六十三条第二項第一号に規定する食事療養をいう。以下この項において同じ。）が含まれるときは、当該額及び第二号に掲げる額の合算額、当該指定自立支援医療に生活療養（同条第二項第二号に規定する生活療養をいう。以下この項において同じ。）が含まれるときは、当該額及び第三号に掲げる額の合算額）とする。

一　同一の月に受けた指定自立支援医療（食事療養及び生活療養を除く。）につき健康保険の療養に要する費用の額の算定方法の例により算定した額から、当該支給認定障害者等の家計の負担能力、障害の状態その他の事情をしん酌して政令で定める額（当該政令で定める額が当該算定した額の百分の十に相当する額を超えるときは、当該相当する額）を控除して得た額

二　当該指定自立支援医療（食事療養に限る。）につき健康保険の療養に要する費用の額の算定方法の例により算定した額から、健康保険法第八十五条第二項に規定する食事療養標準負担額、支給認定障害者等の所得の状況その他の事情を勘案して厚生労働大臣が定める額を控除した額

三　当該指定自立支援医療（生活療養に限る。）につき健康保険の療養に要する費用の額の算定方法の例により算定した額から、健康保険法第八十五条の二第二項に規定する生活療養標準負担額、支給認定障害者等の所得の状況その他の事情を勘案して厚生労働大臣が定める額を控除した額

4　前項に規定する療養に要する費用の額の算定方法の例によることができないとき、及びこれによることを適当としないときの自立支援医療に要する費用の額の算定方法は、厚生労働大臣の定めるところによる。

5　支給認定に係る障害者等が指定自立支援医療機関から指定自立支援医療を受けたときは、市町村等は、当該支給認定障害者等が当該指定自立支援医療機関に支払うべき当該指定自立支援医療に要した費用について、自立支援医療費として当該支給認定障害者等に支給すべき額の限度において、当該支給認定障害者等に代わり、当該指定自立支援医療機関に支払うことができる。

6　前項の規定による支払があったときは、支給認定障害者等に対し自立支援医療費の支給があったものとみなす。

（**指定自立支援医療機関の指定**）

第五十九条　第五十四条第二項の指定は、厚生労働省令で定めるところにより、病院若しくは診療所（これらに準ずるものとして

政令で定めるものを含む。以下同じ。）又は薬局の開設者の申請により、同条第一項の厚生労働省令で定める自立支援医療の種類ごとに行う。

2　都道府県知事は、前項の申請があった場合において、次の各号のいずれかに該当するときは、指定自立支援医療機関の指定をしないことができる。

一　当該申請に係る病院若しくは診療所又は薬局が、健康保険法第六十三条第三項第一号に規定する保険医療機関若しくは保険薬局又は厚生労働省令で定める事業所若しくは施設でないとき。

二　当該申請に係る病院若しくは診療所若しくは薬局又は申請者が、自立支援医療費の支給に関し診療又は調剤の内容の適切さを欠くおそれがあるとして重ねて第六十三条の規定による指導又は第六十七条第一項の規定による勧告を受けたものであるとき。

三　申請者が、第六十七条第三項の規定による命令に従わないものであるとき。

四　前三号のほか、当該申請に係る病院若しくは診療所又は薬局が、指定自立支援医療機関として著しく不適当と認めるものであるとき。

3　第三十六条第三項（第一号から第三号まで及び第七号を除く。）の規定は、指定自立支援医療機関の指定について準用する。この場合において、必要な技術的読替えは、政令で定める。

（指定の更新）

第六十条　第五十四条第二項の指定は、六年ごとにその更新を受けなければ、その期間の経過によって、その効力を失う。

2　健康保険法第六十八条第二項の規定は、前項の指定の更新について準用する。この場合において、必要な技術的読替えは、政令で定める。

（指定自立支援医療機関の責務）

第六十一条　指定自立支援医療機関は、厚生労働省令で定めるところにより、良質かつ適切な自立支援医療を行わなければならない。

（診療方針）

第六十二条　指定自立支援医療機関の診療方針は、健康保険の診療方針の例による。

2　前項に規定する診療方針によることができないとき、及びこれによることを適当としないときの診療方針は、厚生労働大臣が定めるところによる。

（都道府県知事の指導）

第六十三条　指定自立支援医療機関は、自立支援医療の実施に関し、都道府県知事の指導を受けなければならない。

（変更の届出）

第六十四条　指定自立支援医療機関は、当該指定に係る医療機関の名称及び所在地その他厚生労働省令で定める事項に変更があったときは、厚生労働省令で定めるところにより、その旨を都道府県知事に届け出なければならない。

（指定の辞退）

第六十五条　指定自立支援医療機関は、一月以上の予告期間を設けて、その指定を辞退することができる。

（報告等）

第六十六条　都道府県知事は、自立支援医療の実施に関して必要があると認めるときは、指定自立支援医療機関若しくは指定自立支援医療機関の開設者若しくは管理者、医師、薬剤師その他の従業者であった者（以下この項において「開設者であった者等」という。）に対し報告若しくは診療録、帳簿書類その他の物件の提出若しくは提示を命じ、指定自立支援医療機関の開設者若しくは管理者、医師、薬剤師その他の従業者（開設者であった者等を含む。）に対し出頭を求め、又は当該職員に関係者に対して質問させ、若しくは指定自立支援医療機関について設備若しくは診療録、帳簿書類その他の物件を検査させることができる。

2　第九条第二項の規定は前項の規定による質問又は検査について、同条第三項の規定は前項の規定による権限について準用する。

3　指定自立支援医療機関が、正当な理由がなく、第一項の規定による報告若しくは提出若しくは提示をせず、若しくは虚偽の報告をし、又は同項の規定による検査を拒み、妨げ、若しくは忌避したときは、都道府県知事は、当該指定自立支援医療機関に対する市町村等の自立支援医療費の支払を一時差し止めることを指示し、又は差し止めることができる。

（**勧告、命令等**）

第六十七条　都道府県知事は、指定自立支援医療機関が、第六十一条又は第六十二条の規定に従って良質かつ適切な自立支援医療を行っていないと認めるときは、当該指定自立支援医療機関の開設者に対し、期限を定めて、第六十一条又は第六十二条の規定を遵守すべきことを勧告することができる。

2　都道府県知事は、前項の規定による勧告をした場合において、その勧告を受けた指定自立支援医療機関の開設者が、同項の期限内にこれに従わなかったときは、その旨を公表することができる。

3　都道府県知事は、第一項の規定による勧告を受けた指定自立支援医療機関の開設者が、正当な理由がなくてその勧告に係る措置をとらなかったときは、当該指定自立支援医療機関の開設者に対し、期限を定めて、その勧告に係る措置をとるべきことを命ずることができる。

4　都道府県知事は、前項の規定による命令をしたときは、その旨を公示しなければならない。

5　市町村は、指定自立支援医療を行った指定自立支援医療機関の開設者について、第六十一条又は第六十二条の規定に従って良質かつ適切な自立支援医療を行っていないと認めるときは、その旨を当該指定に係る医療機関の所在地の都道府県知事に通知しなければならない。

（**指定の取消し等**）

第六十八条　都道府県知事は、次の各号のいずれかに該当する場合においては、当該指定自立支援医療機関に係る第五十四条第二項の指定を取り消し、又は期間を定めてその指定の全部若しくは一部の効力を停止することができる。

一　指定自立支援医療機関が、第五十九条第二項各号のいずれかに該当するに至ったとき。

二　指定自立支援医療機関が、第五十九条第三項の規定により準用する第三十六条第三項第四号から第五号の二まで、第十二号又は第十三号のいずれかに該当するに至ったとき。

三　指定自立支援医療機関が、第六十一条又は第六十二条の規定に違反したとき。

四　自立支援医療費の請求に関し不正があったとき。

五　指定自立支援医療機関が、第六十六条第一項の規定により報告若しくは診療録、帳簿書類その他の物件の提出若しくは提示を命ぜられてこれに従わず、又は虚偽の報告をしたとき。

六　指定自立支援医療機関の開設者又は従業者が、第六十六条第一項の規定により出頭を求められてこれに応ぜず、同項の規定による質問に対して答弁せず、若しくは虚偽の答弁をし、又は同項の規定による検査を拒み、妨げ、若しくは忌避したとき。ただし、当該指定自立支援医療機関の従業者がその行為をした場合において、その行為を防止するため、当該指定自立支援医療機関の開設者が相当の注意及び監督を尽くしたときを除く。

2　第五十条第一項第八号から第十二号まで及び第二項の規定は、前項の指定自立支援医療機関の指定の取消し又は効力の停止について準用する。この場合において、必要な技術的読替えは、政令で定める。

（**公示**）

第六十九条　都道府県知事は、次に掲げる場合には、その旨を公示しなければならない。

一　第五十四条第二項の指定自立支援医療機関の指定をしたとき。

二　第六十四条の規定による届出（同条の厚生労働省令で定める事項の変更に係るものを除く。）があったとき。

三　第六十五条の規定による指定自立支援医療機関の指定の辞退があったとき。

四　前条の規定により指定自立支援医療機関の指定を取り消したとき。

（**療養介護医療費の支給**）

第七十条　市町村は、介護給付費（療養介護

に係るものに限る。）に係る支給決定を受けた障害者が、支給決定の有効期間内において、指定障害福祉サービス事業者等から当該指定に係る療養介護医療を受けたときは、厚生労働省令で定めるところにより、当該支給決定に係る障害者に対し、当該療養介護医療に要した費用について、療養介護医療費を支給する。

2　第五十八条第三項から第六項までの規定は、療養介護医療費について準用する。この場合において、必要な技術的読替えは、政令で定める。

（基準該当療養介護医療費の支給）

第七十一条　市町村は、特例介護給付費（療養介護に係るものに限る。）に係る支給決定を受けた障害者が、基準該当事業所又は基準該当施設から当該療養介護医療（以下「基準該当療養介護医療」という。）を受けたときは、厚生労働省令で定めるところにより、当該支給決定に係る障害者に対し、当該基準該当療養介護医療に要した費用について、基準該当療養介護医療費を支給する。

2　第五十八条第三項及び第四項の規定は、基準該当療養介護医療費について準用する。この場合において、必要な技術的読替えは、政令で定める。

（準用）

第七十二条　第六十一条及び第六十二条の規定は、療養介護医療を行う指定障害福祉サービス事業者等又は基準該当療養介護医療を行う基準該当事業所若しくは基準該当施設について準用する。

（自立支援医療費等の審査及び支払）

第七十三条　都道府県知事は、指定自立支援医療機関、療養介護医療を行う指定障害福祉サービス事業者等又は基準該当療養介護医療を行う基準該当事業所若しくは基準該当施設（以下この条において「公費負担医療機関」という。）の診療内容並びに自立支援医療費、療養介護医療費及び基準該当療養介護医療費（以下この条及び第七十五条において「自立支援医療費等」という。）の請求を随時審査し、かつ、公費負担医療機関が第五十八条第五項（第七十条第二項において準用する場合を含む。）の規定によって請求することができる自立支援医療費等の額を決定することができる。

2　公費負担医療機関は、都道府県知事が行う前項の決定に従わなければならない。

3　都道府県知事は、第一項の規定により公費負担医療機関が請求することができる自立支援医療費等の額を決定するに当たっては、社会保険診療報酬支払基金法（昭和二十三年法律第百二十九号）に定める審査委員会、国民健康保険法に定める国民健康保険診療報酬審査委員会その他政令で定める医療に関する審査機関の意見を聴かなければならない。

4　市町村等は、公費負担医療機関に対する自立支援医療費等の支払に関する事務を社会保険診療報酬支払基金、連合会その他厚生労働省令で定める者に委託することができる。

5　前各項に定めるもののほか、自立支援医療費等の請求に関し必要な事項は、厚生労働省令で定める。

6　第一項の規定による自立支援医療費等の額の決定については、審査請求をすることができない。

（都道府県による援助等）

第七十四条　市町村は、支給認定又は自立支援医療費を支給しない旨の認定を行うに当たって必要があると認めるときは、厚生労働省令で定めるところにより、身体障害者更生相談所その他厚生労働省令で定める機関の意見を聴くことができる。

2　都道府県は、市町村の求めに応じ、市町村が行うこの節の規定による業務に関し、その設置する身体障害者更生相談所その他厚生労働省令で定める機関による技術的事項についての協力その他市町村に対する必要な援助を行うものとする。

（政令への委任）

第七十五条　この節に定めるもののほか、支給認定、医療受給者証、支給認定の変更の認定及び支給認定の取消しその他自立支援医療費等に関し必要な事項は、政令で定める。

第五節　補装具費の支給

第七十六条　市町村は、障害者又は障害児の保護者から申請があった場合において、当該申請に係る障害者等の障害の状態からみて、当該障害者等が補装具の購入、借受け又は修理（以下この条及び次条において「購入等」という。）を必要とする者であると認めるとき（補装具の借受けにあっては、補装具の借受けによることが適当である場合として厚生労働省令で定める場合に限る。）は、当該障害者又は障害児の保護者（以下この条において「補装具費支給対象障害者等」という。）に対し、当該補装具の購入等に要した費用について、補装具費を支給する。ただし、当該申請に係る障害者等又はその属する世帯の他の世帯員のうち政令で定める者の所得が政令で定める基準以上であるときは、この限りでない。

2　補装具費の額は、一月につき、同一の月に購入等をした補装具について、補装具の購入等に通常要する費用の額を勘案して厚生労働大臣が定める基準により算定した費用の額（その額が現に当該補装具の購入等に要した費用の額を超えるときは、当該現に補装具の購入等に要した費用の額。以下この項において「基準額」という。）を合計した額から、当該補装具費支給対象障害者等の家計の負担能力その他の事情をしん酌して政令で定める額（当該政令で定める額が基準額を合計した額の百分の十に相当する額を超えるときは、当該相当する額）を控除して得た額とする。

3　市町村は、補装具費の支給に当たって必要があると認めるときは、厚生労働省令で定めるところにより、身体障害者更生相談所その他厚生労働省令で定める機関の意見を聴くことができる。

4　第十九条第二項から第五項までの規定は、補装具費の支給に係る市町村の認定について準用する。この場合において、必要な技術的読替えは、政令で定める。

5　厚生労働大臣は、第二項の規定により厚生労働大臣の定める基準を適正なものとするため、必要な調査を行うことができる。

6　前各項に定めるもののほか、補装具費の支給に関し必要な事項は、厚生労働省令で定める。

第六節　高額障害福祉サービス等給付費の支給

第七十六条の二　市町村は、次に掲げる者が受けた障害福祉サービス及び介護保険法第二十四条第二項に規定する介護給付等対象サービスのうち政令で定めるもの並びに補装具の購入等に要した費用の合計額（それぞれ厚生労働大臣が定める基準により算定した費用の額（その額が現に要した費用の額を超えるときは、当該現に要した額）の合計額を限度とする。）から当該費用につき支給された介護給付費等及び同法第二十条に規定する介護給付等のうち政令で定めるもの並びに補装具費の合計額を控除して得た額が、著しく高額であるときは、当該者に対し、高額障害福祉サービス等給付費を支給する。

一　支給決定障害者等

二　六十五歳に達する前に長期間にわたり障害福祉サービス（介護保険法第二十四条第二項に規定する介護給付等対象サービスに相当するものとして政令で定めるものに限る。）に係る支給決定を受けていた障害者であって、同項に規定する介護給付等対象サービス（障害福祉サービスに相当するものとして政令で定めるものに限る。）を受けているもの（支給決定を受けていない者に限る。）のうち、当該障害者の所得の状況及び障害の程度その他の事情を勘案して政令で定めるもの

2　前項に定めるもののほか、高額障害福祉サービス等給付費の支給要件、支給額その他高額障害福祉サービス等給付費の支給に関し必要な事項は、障害福祉サービス及び補装具の購入等に要する費用の負担の家計に与える影響を考慮して、政令で定める。

第七節　情報公表対象サービス等の利用に資する情報の報告及び公表

第七十六条の三　指定障害福祉サービス事業者、指定一般相談支援事業者及び指定特定相談支援事業者並びに指定障害者支援施設等の設置者（以下この条において「対象事業者」という。）は、指定障害福祉サービス等、指定地域相談支援又は指定計画相談支援（以下この条において「情報公表対象サービス等」という。）の提供を開始しようとするとき、その他厚生労働省令で定めるときは、厚生労働省令で定めるところにより、情報公表対象サービス等情報（その提供する情報公表対象サービス等の内容及び情報公表対象サービス等を提供する事業者又は施設の運営状況に関する情報であって、情報公表対象サービス等を利用し、又は利用しようとする障害者等が適切かつ円滑に当該情報公表対象サービス等を利用する機会を確保するために公表されることが適当なものとして厚生労働省令で定めるものをいう。第八項において同じ。）を、当該情報公表対象サービス等を提供する事業所又は施設の所在地を管轄する都道府県知事に報告しなければならない。

2　都道府県知事は、前項の規定による報告を受けた後、厚生労働省令で定めるところにより、当該報告の内容を公表しなければならない。

3　都道府県知事は、前項の規定による公表を行うため必要があると認めるときは、第一項の規定による報告が真正であることを確認するのに必要な限度において、当該報告をした対象事業者に対し、当該報告の内容について、調査を行うことができる。

4　都道府県知事は、対象事業者が第一項の規定による報告をせず、若しくは虚偽の報告をし、又は前項の規定による調査を受けず、若しくは調査を妨げたときは、期間を定めて、当該対象事業者に対し、その報告を行い、若しくはその報告の内容を是正し、又はその調査を受けることを命ずることができる。

5　都道府県知事は、指定特定相談支援事業者に対して前項の規定による処分をしたときは、遅滞なく、その旨をその指定をした市町村長に通知しなければならない。

6　都道府県知事は、指定障害福祉サービス事業者若しくは指定一般相談支援事業者又は指定障害者支援施設の設置者が第四項の規定による命令に従わないときは、当該指定障害福祉サービス事業者、指定一般相談支援事業者又は指定障害者支援施設の指定を取り消し、又は期間を定めてその指定の全部若しくは一部の効力を停止することができる。

7　都道府県知事は、指定特定相談支援事業者が第四項の規定による命令に従わない場合において、当該指定特定相談支援事業者の指定を取り消し、又は期間を定めてその指定の全部若しくは一部の効力を停止することが適当であると認めるときは、理由を付して、その旨をその指定をした市町村長に通知しなければならない。

8　都道府県知事は、情報公表対象サービス等を利用し、又は利用しようとする障害者等が適切かつ円滑に当該情報公表対象サービス等を利用する機会の確保に資するため、情報公表対象サービス等の質及び情報公表対象サービス等に従事する従業者に関する情報（情報公表対象サービス等情報に該当するものを除く。）であって厚生労働省令で定めるものの提供を希望する対象事業者から提供を受けた当該情報について、公表を行うよう配慮するものとする。

第三章　地域生活支援事業

（**市町村の地域生活支援事業**）

第七十七条　市町村は、厚生労働省令で定めるところにより、地域生活支援事業として、次に掲げる事業を行うものとする。

一　障害者等の自立した日常生活及び社会生活に関する理解を深めるための研修及び啓発を行う事業

二　障害者等、障害者等の家族、地域住民等により自発的に行われる障害者等が自立した日常生活及び社会生活を営むことができるようにするための活動に対する支援を行う事業

三　障害者等が障害福祉サービスその他のサービスを利用しつつ、自立した日常生活又は社会生活を営むことができるよ

う、地域の障害者等の福祉に関する各般の問題につき、障害者等、障害児の保護者又は障害者等の介護を行う者からの相談に応じ、必要な情報の提供及び助言その他の厚生労働省令で定める便宜を供与するとともに、障害者等に対する虐待の防止及びその早期発見のための関係機関との連絡調整その他の障害者等の権利の擁護のために必要な援助を行う事業（次号に掲げるものを除く。）

四　障害福祉サービスの利用の観点から成年後見制度を利用することが有用であると認められる障害者で成年後見制度の利用に要する費用について補助を受けなければ成年後見制度の利用が困難であると認められるものにつき、当該費用のうち厚生労働省令で定める費用を支給する事業

五　障害者に係る民法（明治二十九年法律第八十九号）に規定する後見、保佐及び補助の業務を適正に行うことができる人材の育成及び活用を図るための研修を行う事業

六　聴覚、言語機能、音声機能その他の障害のため意思疎通を図ることに支障がある障害者等その他の日常生活を営むのに支障がある障害者等につき、意思疎通支援（手話その他厚生労働省令で定める方法により当該障害者等とその他の者の意思疎通を支援することをいう。以下同じ。）を行う者の派遣、日常生活上の便宜を図るための用具であって厚生労働大臣が定めるものの給付又は貸与その他の厚生労働省令で定める便宜を供与する事業

七　意思疎通支援を行う者を養成する事業

八　移動支援事業

九　障害者等につき、地域活動支援センターその他の厚生労働省令で定める施設に通わせ、創作的活動又は生産活動の機会の提供、社会との交流の促進その他の厚生労働省令で定める便宜を供与する事業

2　都道府県は、市町村の地域生活支援事業の実施体制の整備の状況その他の地域の実情を勘案して、関係市町村の意見を聴いて、当該市町村に代わって前項各号に掲げる事業の一部を行うことができる。

3　市町村は、第一項各号に掲げる事業のほか、現に住居を求めている障害者につき低額な料金で福祉ホームその他の施設において当該施設の居室その他の設備を利用させ、日常生活に必要な便宜を供与する事業その他の障害者等が自立した日常生活又は社会生活を営むために必要な事業を行うことができる。

（基幹相談支援センター）

第七十七条の二　基幹相談支援センターは、地域における相談支援の中核的な役割を担う機関として、前条第一項第三号及び第四号に掲げる事業並びに身体障害者福祉法第九条第五項第二号及び第三号、知的障害者福祉法第九条第五項第二号及び第三号並びに精神保健及び精神障害者福祉に関する法律第四十九条第一項に規定する業務を総合的に行うことを目的とする施設とする。

2　市町村は、基幹相談支援センターを設置することができる。

3　市町村は、一般相談支援事業を行う者その他の厚生労働省令で定める者に対し、第一項の事業及び業務の実施を委託することができる。

4　前項の委託を受けた者は、第一項の事業及び業務を実施するため、厚生労働省令で定めるところにより、あらかじめ、厚生労働省令で定める事項を市町村長に届け出て、基幹相談支援センターを設置することができる。

5　基幹相談支援センターを設置する者は、第一項の事業及び業務の効果的な実施のために、指定障害福祉サービス事業者等、医療機関、民生委員法（昭和二十三年法律第百九十八号）に定める民生委員、身体障害者福祉法第十二条の三第一項又は第二項の規定により委託を受けた身体障害者相談員、知的障害者福祉法第十五条の二第一項又は第二項の規定により委託を受けた知的障害者相談員、意思疎通支援を行う者を養成し、又は派遣する事業の関係者その他の関係者との連携に努めなければならない。

6　第三項の規定により委託を受けて第一項の事業及び業務を実施するため基幹相談支援センターを設置する者（その者が法人である場合にあっては、その役員）若しくはその職員又はこれらの職にあった者は、正当な理由なしに、その業務に関して知り得た秘密を漏らしてはならない。

（**都道府県の地域生活支援事業**）

第七十八条　都道府県は、厚生労働省令で定めるところにより、地域生活支援事業として、第七十七条第一項第三号、第六号及び第七号に掲げる事業のうち、特に専門性の高い相談支援に係る事業及び特に専門性の高い意思疎通支援を行う者を養成し、又は派遣する事業、意思疎通支援を行う者の派遣に係る市町村相互間の連絡調整その他の広域的な対応が必要な事業として厚生労働省令で定める事業を行うものとする。

2　都道府県は、前項に定めるもののほか、障害福祉サービス又は相談支援の質の向上のために障害福祉サービス若しくは相談支援を提供する者又はこれらの者に対し必要な指導を行う者を育成する事業その他障害者等が自立した日常生活又は社会生活を営むために必要な事業を行うことができる。

第四章　事業及び施設

（**事業の開始等**）

第七十九条　都道府県は、次に掲げる事業を行うことができる。

一　障害福祉サービス事業

二　一般相談支援事業及び特定相談支援事業

三　移動支援事業

四　地域活動支援センターを経営する事業

五　福祉ホームを経営する事業

2　国及び都道府県以外の者は、厚生労働省令で定めるところにより、あらかじめ、厚生労働省令で定める事項を都道府県知事に届け出て、前項各号に掲げる事業を行うことができる。

3　前項の規定による届出をした者は、厚生労働省令で定める事項に変更が生じたときは、変更の日から一月以内に、その旨を都道府県知事に届け出なければならない。

4　国及び都道府県以外の者は、第一項各号に掲げる事業を廃止し、又は休止しようとするときは、あらかじめ、厚生労働省令で定める事項を都道府県知事に届け出なければならない。

（**障害福祉サービス事業、地域活動支援センター及び福祉ホームの基準**）

第八十条　都道府県は、障害福祉サービス事業（施設を必要とするものに限る。以下この条及び第八十二条第二項において同じ。）、地域活動支援センター及び福祉ホームの設備及び運営について、条例で基準を定めなければならない。

2　都道府県が前項の条例を定めるに当たっては、第一号から第三号までに掲げる事項については厚生労働省令で定める基準に従い定めるものとし、第四号に掲げる事項については厚生労働省令で定める基準を標準として定めるものとし、その他の事項については厚生労働省令で定める基準を参酌するものとする。

一　障害福祉サービス事業に従事する従業者及びその員数並びに地域活動支援センター及び福祉ホームに配置する従業者及びその員数

二　障害福祉サービス事業に係る居室及び病室の床面積並びに福祉ホームに係る居室の床面積

三　障害福祉サービス事業の運営に関する事項であって、障害者の適切な処遇及び安全の確保並びに秘密の保持に密接に関連するものとして厚生労働省令で定めるもの並びに地域活動支援センター及び福祉ホームの運営に関する事項であって、障害者等の安全の確保及び秘密の保持に密接に関連するものとして厚生労働省令で定めるもの

四　障害福祉サービス事業、地域活動支援センター及び福祉ホームに係る利用定員

3　第一項の障害福祉サービス事業を行う者並びに地域活動支援センター及び福祉ホームの設置者は、同項の基準を遵守しなければならない。

（**報告の徴収等**）

第八十一条　都道府県知事は、障害者等の福

祉のために必要があると認めるときは、障害福祉サービス事業、一般相談支援事業、特定相談支援事業若しくは移動支援事業を行う者若しくは地域活動支援センター若しくは福祉ホームの設置者に対して、報告若しくは帳簿書類その他の物件の提出若しくは提示を求め、又は当該職員に関係者に対して質問させ、若しくはその事業所若しくは施設に立ち入り、その設備若しくは帳簿書類その他の物件を検査させることができる。

2　第九条第二項の規定は前項の規定による質問又は検査について、同条第三項の規定は前項の規定による権限について準用する。

（**事業の停止等**）

第八十二条　都道府県知事は、障害福祉サービス事業、一般相談支援事業、特定相談支援事業又は移動支援事業を行う者が、この章の規定若しくは当該規定に基づく命令若しくはこれらに基づいてする処分に違反したとき、その事業に関し不当に営利を図り、若しくはその事業に係る者の処遇につき不当な行為をしたとき、又は身体障害者福祉法第十八条の二、知的障害者福祉法第二十一条若しくは児童福祉法第二十一条の七の規定に違反したときは、その事業を行う者に対して、その事業の制限又は停止を命ずることができる。

2　都道府県知事は、障害福祉サービス事業を行う者又は地域活動支援センター若しくは福祉ホームの設置者が、この章の規定若しくは当該規定に基づく命令若しくはこれらに基づいてする処分に違反したとき、当該障害福祉サービス事業、地域活動支援センター若しくは福祉ホームが第八十条第一項の基準に適合しなくなったとき、又は身体障害者福祉法第十八条の二、知的障害者福祉法第二十一条若しくは児童福祉法第二十一条の七の規定に違反したときは、その事業を行う者又はその設置者に対して、その施設の設備若しくは運営の改善又はその事業の停止若しくは廃止を命ずることができる。

（**施設の設置等**）

第八十三条　国は、障害者支援施設を設置しなければならない。

2　都道府県は、障害者支援施設を設置することができる。

3　市町村は、あらかじめ厚生労働省令で定める事項を都道府県知事に届け出て、障害者支援施設を設置することができる。

4　国、都道府県及び市町村以外の者は、社会福祉法（昭和二十六年法律第四十五号）の定めるところにより、障害者支援施設を設置することができる。

5　前各項に定めるもののほか、障害者支援施設の設置、廃止又は休止に関し必要な事項は、政令で定める。

（**施設の基準**）

第八十四条　都道府県は、障害者支援施設の設備及び運営について、条例で基準を定めなければならない。

2　都道府県が前項の条例を定めるに当たっては、第一号から第三号までに掲げる事項については厚生労働省令で定める基準に従い定めるものとし、第四号に掲げる事項については厚生労働省令で定める基準を標準として定めるものとし、その他の事項については厚生労働省令で定める基準を参酌するものとする。

一　障害者支援施設に配置する従業者及びその員数

二　障害者支援施設に係る居室の床面積

三　障害者支援施設の運営に関する事項であって、障害者の適切な処遇及び安全の確保並びに秘密の保持に密接に関連するものとして厚生労働省令で定めるもの

四　障害者支援施設に係る利用定員

3　国、都道府県及び市町村以外の者が設置する障害者支援施設については、第一項の基準を社会福祉法第六十五条第一項の基準とみなして、同法第六十二条第四項、第六十五条第三項及び第七十一条の規定を適用する。

（**報告の徴収等**）

第八十五条　都道府県知事は、市町村が設置した障害者支援施設の運営を適切にさせるため、必要があると認めるときは、当該施設の長に対して、必要と認める事項の報告

若しくは帳簿書類その他の物件の提出若しくは提示を求め、又は当該職員に関係者に対して質問させ、若しくはその施設に立ち入り、設備若しくは帳簿書類その他の物件を検査させることができる。

2　第九条第二項の規定は前項の規定による質問又は検査について、同条第三項の規定は前項の規定による権限について準用する。

（事業の停止等）

第八十六条　都道府県知事は、市町村が設置した障害者支援施設について、その設備又は運営が第八十四条第一項の基準に適合しなくなったと認め、又は法令の規定に違反すると認めるときは、その事業の停止又は廃止を命ずることができる。

2　都道府県知事は、前項の規定による処分をするには、文書をもって、その理由を示さなければならない。

第五章　障害福祉計画

（基本指針）

第八十七条　厚生労働大臣は、障害福祉サービス及び相談支援並びに市町村及び都道府県の地域生活支援事業の提供体制を整備し、自立支援給付及び地域生活支援事業の円滑な実施を確保するための基本的な指針（以下「基本指針」という。）を定めるものとする。

2　基本指針においては、次に掲げる事項を定めるものとする。

一　障害福祉サービス及び相談支援の提供体制の確保に関する基本的事項

二　障害福祉サービス、相談支援並びに市町村及び都道府県の地域生活支援事業の提供体制の確保に係る目標に関する事項

三　次条第一項に規定する市町村障害福祉計画及び第八十九条第一項に規定する都道府県障害福祉計画の作成に関する事項

四　その他自立支援給付及び地域生活支援事業の円滑な実施を確保するために必要な事項

3　基本指針は、児童福祉法第三十三条の十九第一項に規定する基本指針と一体のものとして作成することができる。

4　厚生労働大臣は、基本指針の案を作成し、又は基本指針を変更しようとするときは、あらかじめ、障害者等及びその家族その他の関係者の意見を反映させるために必要な措置を講ずるものとする。

5　厚生労働大臣は、障害者等の生活の実態、障害者等を取り巻く環境の変化その他の事情を勘案して必要があると認めるときは、速やかに基本指針を変更するものとする。

6　厚生労働大臣は、基本指針を定め、又はこれを変更したときは、遅滞なく、これを公表しなければならない。

（市町村障害福祉計画）

第八十八条　市町村は、基本指針に即して、障害福祉サービスの提供体制の確保その他この法律に基づく業務の円滑な実施に関する計画（以下「市町村障害福祉計画」という。）を定めるものとする。

2　市町村障害福祉計画においては、次に掲げる事項を定めるものとする。

一　障害福祉サービス、相談支援及び地域生活支援事業の提供体制の確保に係る目標に関する事項

二　各年度における指定障害福祉サービス、指定地域相談支援又は指定計画相談支援の種類ごとの必要な量の見込み

三　地域生活支援事業の種類ごとの実施に関する事項

3　市町村障害福祉計画においては、前項各号に掲げるもののほか、次に掲げる事項について定めるよう努めるものとする。

一　前項第二号の指定障害福祉サービス、指定地域相談支援又は指定計画相談支援の種類ごとの必要な見込量の確保のための方策

二　前項第二号の指定障害福祉サービス、指定地域相談支援又は指定計画相談支援及び同項第三号の地域生活支援事業の提供体制の確保に係る医療機関、教育機関、公共職業安定所その他の職業リハビリテーションの措置を実施する機関その他の関係機関との連携に関する事項

4　市町村障害福祉計画は、当該市町村の区域における障害者等の数及びその障害の状況を勘案して作成されなければならない。

5　市町村は、当該市町村の区域における障害者等の心身の状況、その置かれている環境その他の事情を正確に把握した上で、これらの事情を勘案して、市町村障害福祉計画を作成するよう努めるものとする。

6　市町村障害福祉計画は、児童福祉法第三十三条の二十第一項に規定する市町村障害児福祉計画と一体のものとして作成することができる。

7　市町村障害福祉計画は、障害者基本法第十一条第三項に規定する市町村障害者計画、社会福祉法第百七条第一項に規定する市町村地域福祉計画その他の法律の規定による計画であって障害者等の福祉に関する事項を定めるものと調和が保たれたものでなければならない。

8　市町村は、市町村障害福祉計画を定め、又は変更しようとするときは、あらかじめ、住民の意見を反映させるために必要な措置を講ずるよう努めるものとする。

9　市町村は、第八十九条の三第一項に規定する協議会（以下この項及び第八十九条第七項において「協議会」という。）を設置したときは、市町村障害福祉計画を定め、又は変更しようとする場合において、あらかじめ、協議会の意見を聴くよう努めなければならない。

10　障害者基本法第三十六条第四項の合議制の機関を設置する市町村は、市町村障害福祉計画を定め、又は変更しようとするときは、あらかじめ、当該機関の意見を聴かなければならない。

11　市町村は、市町村障害福祉計画を定め、又は変更しようとするときは、第二項に規定する事項について、あらかじめ、都道府県の意見を聴かなければならない。

12　市町村は、市町村障害福祉計画を定め、又は変更したときは、遅滞なく、これを都道府県知事に提出しなければならない。

第八十八条の二　市町村は、定期的に、前条第二項各号に掲げる事項（市町村障害福祉計画に同条第三項各号に掲げる事項を定める場合にあっては、当該各号に掲げる事項を含む。）について、調査、分析及び評価を行い、必要があると認めるときは、当該市町村障害福祉計画を変更することその他の必要な措置を講ずるものとする。

（都道府県障害福祉計画）

第八十九条　都道府県は、基本指針に即して、市町村障害福祉計画の達成に資するため、各市町村を通ずる広域的な見地から、障害福祉サービスの提供体制の確保その他この法律に基づく業務の円滑な実施に関する計画（以下「都道府県障害福祉計画」という。）を定めるものとする。

2　都道府県障害福祉計画においては、次に掲げる事項を定めるものとする。

一　障害福祉サービス、相談支援及び地域生活支援事業の提供体制の確保に係る目標に関する事項

二　当該都道府県が定める区域ごとに当該区域における各年度の指定障害福祉サービス、指定地域相談支援又は指定計画相談支援の種類ごとの必要な量の見込み

三　各年度の指定障害者支援施設の必要入所定員総数

四　地域生活支援事業の種類ごとの実施に関する事項

3　都道府県障害福祉計画においては、前項各号に掲げる事項のほか、次に掲げる事項について定めるよう努めるものとする。

一　前項第二号の区域ごとの指定障害福祉サービス又は指定地域相談支援の種類ごとの必要な見込量の確保のための方策

二　前項第二号の区域ごとの指定障害福祉サービス、指定地域相談支援又は指定計画相談支援に従事する者の確保又は資質の向上のために講ずる措置に関する事項

三　指定障害者支援施設の施設障害福祉サービスの質の向上のために講ずる措置に関する事項

四　前項第二号の区域ごとの指定障害福祉サービス又は指定地域相談支援及び同項第四号の地域生活支援事業の提供体制の確保に係る医療機関、教育機関、公共職業安定所その他の職業リハビリテーションの措置を実施する機関その他の関係機関との連携に関する事項

4　都道府県障害福祉計画は、児童福祉法第三十三条の二十二第一項に規定する都道府県

県障害児福祉計画と一体のものとして作成することができる。

5　都道府県障害福祉計画は、障害者基本法第十一条第二項に規定する都道府県障害者計画、社会福祉法第百八条第一項に規定する都道府県地域福祉支援計画その他の法律の規定による計画であつて障害者等の福祉に関する事項を定めるものと調和が保たれたものでなければならない。

6　都道府県障害福祉計画は、医療法（昭和二十三年法律第二百五号）第三十条の四第一項に規定する医療計画と相まつて、精神科病院に入院している精神障害者の退院の促進に資するものでなければならない。

7　都道府県は、協議会を設置したときは、都道府県障害福祉計画を定め、又は変更しようとする場合において、あらかじめ、協議会の意見を聴くよう努めなければならない。

8　都道府県は、都道府県障害福祉計画を定め、又は変更しようとするときは、あらかじめ、障害者基本法第三十六条第一項の合議制の機関の意見を聴かなければならない。

9　都道府県は、都道府県障害福祉計画を定め、又は変更したときは、遅滞なく、これを厚生労働大臣に提出しなければならない。

第八十九条の二　都道府県は、定期的に、前条第二項各号に掲げる事項（都道府県障害福祉計画に同条第三項各号に掲げる事項を定める場合にあつては、当該各号に掲げる事項を含む。）について、調査、分析及び評価を行い、必要があると認めるときは、当該都道府県障害福祉計画を変更することその他の必要な措置を講ずるものとする。

（協議会の設置）

第八十九条の三　地方公共団体は、単独で又は共同して、障害者等への支援の体制の整備を図るため、関係機関、関係団体並びに障害者等及びその家族並びに障害者等の福祉、医療、教育又は雇用に関連する職務に従事する者その他の関係者（次項において「関係機関等」という。）により構成される協議会を置くように努めなければならない。

2　前項の協議会は、関係機関等が相互の連絡を図ることにより、地域における障害者等への支援体制に関する課題について情報を共有し、関係機関等の連携の緊密化を図るとともに、地域の実情に応じた体制の整備について協議を行うものとする。

（都道府県知事の助言等）

第九十条　都道府県知事は、市町村に対し、市町村障害福祉計画の作成上の技術的事項について必要な助言をすることができる。

2　厚生労働大臣は、都道府県に対し、都道府県障害福祉計画の作成の手法その他都道府県障害福祉計画の作成上の重要な技術的事項について必要な助言をすることができる。

（国の援助）

第九十一条　国は、市町村又は都道府県が、市町村障害福祉計画又は都道府県障害福祉計画に定められた事業を実施しようとするときは、当該事業が円滑に実施されるように必要な助言その他の援助の実施に努めるものとする。

第六章　費用

（市町村の支弁）

第九十二条　次に掲げる費用は、市町村の支弁とする。

一　介護給付費等、特定障害者特別給付費及び特例特定障害者特別給付費（以下「障害福祉サービス費等」という。）の支給に要する費用

二　地域相談支援給付費、特例地域相談支援給付費、計画相談支援給付費及び特例計画相談支援給付費（第九十四条第一項において「相談支援給付費等」という。）の支給に要する費用

三　自立支援医療費（第八条第一項の政令で定める医療に係るものを除く。）、療養介護医療費及び基準該当療養介護医療費の支給に要する費用

四　補装具費の支給に要する費用

五　高額障害福祉サービス等給付費の支給に要する費用

六　市町村が行う地域生活支援事業に要す

る費用

（都道府県の支弁）

第九十三条　次に掲げる費用は、都道府県の支弁とする。

一　自立支援医療費（第八条第一項の政令で定める医療に係るものに限る。）の支給に要する費用

二　都道府県が行う地域生活支援事業に要する費用

（都道府県の負担及び補助）

第九十四条　都道府県は、政令で定めるところにより、第九十二条の規定により市町村が支弁する費用について、次に掲げるものを負担する。

一　第九十二条第一号、第二号及び第五号に掲げる費用のうち、国及び都道府県が負担すべきものとして当該市町村における障害福祉サービス費等及び高額障害福祉サービス等給付費の支給に係る障害者等の障害支援区分ごとの人数、相談支援給付費等の支給に係る障害者等の人数その他の事情を勘案して政令で定めるところにより算定した額（以下「障害福祉サービス費等負担対象額」という。）の百分の二十五

二　第九十二条第三号及び第四号に掲げる費用のうち、その百分の二十五

2　都道府県は、当該都道府県の予算の範囲内において、政令で定めるところにより、第九十二条の規定により市町村が支弁する費用のうち、同条第六号に掲げる費用の百分の二十五以内を補助することができる。

（国の負担及び補助）

第九十五条　国は、政令で定めるところにより、次に掲げるものを負担する。

一　第九十二条の規定により市町村が支弁する費用のうち、障害福祉サービス費等負担対象額の百分の五十

二　第九十二条の規定により市町村が支弁する費用のうち、同条第三号及び第四号に掲げる費用の百分の五十

三　第九十三条の規定により都道府県が支弁する費用のうち、同条第一号に掲げる費用の百分の五十

2　国は、予算の範囲内において、政令で定めるところにより、次に掲げるものを補助することができる。

一　第十九条から第二十二条まで、第二十四条及び第二十五条の規定により市町村が行う支給決定に係る事務の処理に要する費用（地方自治法第二百五十二条の十四第一項の規定により市町村が審査判定業務を都道府県審査会に委託している場合にあっては、当該委託に係る費用を含む。）並びに第五十一条の五から第五十一条の七まで、第五十一条の九及び第五十一条の十の規定により市町村が行う地域相談支援給付決定に係る事務の百分の五十以内

二　第九十二条及び第九十三条の規定により市町村及び都道府県が支弁する費用のうち、第九十二条第六号及び第九十三条第二号に掲げる費用の百分の五十以内

（準用規定）

第九十六条　社会福祉法第五十八条第二項から第四項までの規定は、国有財産特別措置法（昭和二十七年法律第二百十九号）第二条第二項第三号の規定又は同法第三条第一項第四号及び第二項の規定により普通財産の譲渡又は貸付けを受けた社会福祉法人に準用する。

第七章　国民健康保険団体連合会の障害者総合支援法関係業務

（連合会の業務）

第九十六条の二　連合会は、国民健康保険法の規定による業務のほか、第二十九条第七項（第三十四条第二項において準用する場合を含む。）、第五十一条の十四第七項及び第五十一条の十七第六項の規定により市町村から委託を受けて行う介護給付費、訓練等給付費、特定障害者特別給付費、地域相談支援給付費及び計画相談支援給付費の審査及び支払に関する業務を行う。

（議決権の特例）

第九十六条の三　連合会が前条の規定により行う業務（次条において「障害者総合支援法関係業務」という。）については、国民健康保険法第八十六条において準用する同法第二十九条の規定にかかわらず、厚生労

働省令で定めるところにより、規約をもって議決権に関する特段の定めをすることができる。

（区分経理）

第九十六条の四　連合会は、障害者総合支援法関係業務に係る経理については、その他の経理と区分して整理しなければならない。

第八章　審査請求

（審査請求）

第九十七条　市町村の介護給付費等又は地域相談支援給付費等に係る処分に不服がある障害者又は障害児の保護者は、都道府県知事に対して審査請求をすることができる。

2　前項の審査請求は、時効の完成猶予及び更新に関しては、裁判上の請求とみなす。

（不服審査会）

第九十八条　都道府県知事は、条例で定めるところにより、前条第一項の審査請求の事件を取り扱わせるため、障害者介護給付費等不服審査会（以下「不服審査会」という。）を置くことができる。

2　不服審査会の委員の定数は、政令で定める基準に従い、条例で定める員数とする。

3　委員は、人格が高潔であって、介護給付費等又は地域相談支援給付費等に関する処分の審理に関し公正かつ中立な判断をすることができ、かつ、障害者等の保健又は福祉に関する学識経験を有する者のうちから、都道府県知事が任命する。

（委員の任期）

第九十九条　委員の任期は、三年とする。ただし、補欠の委員の任期は、前任者の残任期間とする。

2　委員は、再任されることができる。

（会長）

第百条　不服審査会に、委員のうちから委員が選挙する会長一人を置く。

2　会長に事故があるときは、前項の規定に準じて選挙された者が、その職務を代行する。

（審査請求の期間及び方式）

第百一条　審査請求は、処分があったことを知った日の翌日から起算して三月以内に、文書又は口頭でしなければならない。ただし、正当な理由により、この期間内に審査請求をすることができなかったことを疎明したときは、この限りでない。

（市町村に対する通知）

第百二条　都道府県知事は、審査請求がされたときは、行政不服審査法（平成二十六年法律第六十八号）第二十四条の規定により当該審査請求を却下する場合を除き、原処分をした市町村及びその他の利害関係人に通知しなければならない。

（審理のための処分）

第百三条　都道府県知事は、審理を行うため必要があると認めるときは、審査請求人若しくは関係人に対して報告若しくは意見を求め、その出頭を命じて審問し、又は医師その他都道府県知事の指定する者（次項において「医師等」という。）に診断その他の調査をさせることができる。

2　都道府県は、前項の規定により出頭した関係人又は診断その他の調査をした医師等に対し、政令で定めるところにより、旅費、日当及び宿泊料又は報酬を支給しなければならない。

（政令等への委任）

第百四条　この章及び行政不服審査法に定めるもののほか、審査請求の手続に関し必要な事項は政令で、不服審査会に関し必要な事項は当該不服審査会を設置した都道府県の条例で定める。

（審査請求と訴訟との関係）

第百五条　第九十七条第一項に規定する処分の取消しの訴えは、当該処分についての審査請求に対する裁決を経た後でなければ、提起することができない。

第九章　雑則

（連合会に対する監督）

第百五条の二　連合会について国民健康保険法第百六条及び第百八条の規定を適用する場合において、これらの規定中「事業」とあるのは、「事業（障害者の日常生活及び社会生活を総合的に支援するための法律（平成十七年法律第百二十三号）第九十六条の三に規定する障害者総合支援法関係業務を含む。）」とする。

（大都市等の特例）

第百六条　この法律中都道府県が処理することとされている事務に関する規定で政令で定めるものは、指定都市及び中核市並びに児童福祉法第五十九条の四第一項に規定する児童相談所設置市（以下「児童相談所設置市」という。）においては、政令で定めるところにより、指定都市若しくは中核市又は児童相談所設置市（以下「指定都市等」という。）が処理するものとする。この場合においては、この法律中都道府県に関する規定は、指定都市等に関する規定として指定都市等に適用があるものとする。

（権限の委任）

第百七条　この法律に規定する厚生労働大臣の権限は、厚生労働省令で定めるところにより、地方厚生局長に委任することができる。

2　前項の規定により地方厚生局長に委任された権限は、厚生労働省令で定めるところにより、地方厚生支局長に委任することができる。

（実施規定）

第百八条　この法律に特別の規定があるものを除くほか、この法律の実施のための手続その他その執行について必要な細則は、厚生労働省令で定める。

第十章　罰則

第百九条　市町村審査会、都道府県審査会若しくは不服審査会の委員若しくは連合会の役員若しくは職員又はこれらの者であった者が、正当な理由なしに、職務上知り得た自立支援給付対象サービス等を行った者の業務上の秘密又は個人の秘密を漏らしたときは、一年以下の懲役又は百万円以下の罰金に処する。

2　第十一条の二第二項、第二十条第四項（第二十四条第三項、第五十一条の六第二項及び第五十一条の九第三項において準用する場合を含む。）又は第七十七条の二第六項の規定に違反した者は、一年以下の懲役又は百万円以下の罰金に処する。

第百十条　第十一条第一項の規定による報告若しくは物件の提出若しくは提示をせず、若しくは虚偽の報告若しくは虚偽の物件の提出若しくは提示をし、又は同項の規定による当該職員の質問若しくは第十一条の二第一項の規定により委託を受けた指定事務受託法人の職員の第十一条第一項の規定による質問に対して、答弁せず、若しくは虚偽の答弁をした者は、三十万円以下の罰金に処する。

第百十一条　第四十八条第一項（同条第三項において準用する場合を含む。）、第五十一条の三第一項、第五十一条の二十七第一項若しくは第二項若しくは第五十一条の三十二第一項の規定による報告若しくは物件の提出若しくは提示をせず、若しくは虚偽の報告若しくは虚偽の物件の提出若しくは提示をし、又はこれらの規定による当該職員の質問に対して、答弁せず、若しくは虚偽の答弁をし、若しくはこれらの規定による検査を拒み、妨げ、若しくは忌避した者は、三十万円以下の罰金に処する。

第百十二条　法人の代表者又は法人若しくは人の代理人、使用人その他の従業者が、その法人又は人の業務に関して前条の違反行為をしたときは、行為者を罰するほか、その法人又は人に対しても、同条の刑を科する。

第百十三条　正当な理由なしに、第百三条第一項の規定による処分に違反して、出頭せず、陳述をせず、報告をせず、若しくは虚偽の陳述若しくは報告をし、又は診断その他の調査をしなかった者は、三十万円以下の罰金に処する。ただし、不服審査会の行う審査の手続における請求人又は第百二条の規定により通知を受けた市町村その他の利害関係人は、この限りでない。

第百十四条　第十一条第二項の規定による報告若しくは物件の提出若しくは提示をせず、若しくは虚偽の報告若しくは虚偽の物件の提出若しくは提示をし、又は同項の規定による当該職員の質問若しくは第十一条の二第一項の規定により委託を受けた指定事務受託法人の職員の第十一条第二項の規定による質問に対して、答弁せず、若しくは虚偽の答弁をした者は、十万円以下の過料に処する。

第百十五条 市町村等は、条例で、正当な理由なしに、第九条第一項の規定による報告若しくは物件の提出若しくは提示をせず、若しくは虚偽の報告若しくは虚偽の物件の提出若しくは提示をし、又は同項の規定による当該職員の質問若しくは第十一条の二第一項の規定により委託を受けた指定事務受託法人の職員の第九条第一項の規定による質問に対して、答弁せず、若しくは虚偽の答弁をした者に対し十万円以下の過料を科する規定を設けることができる。

2　市町村等は、条例で、正当な理由なしに、第十条第一項の規定による報告若しくは物件の提出若しくは提示をせず、若しくは虚偽の報告若しくは虚偽の物件の提出若しくは提示をし、又は同項の規定による当該職員の質問若しくは第十一条の二第一項の規定により委託を受けた指定事務受託法人の職員の第十条第一項の規定による質問に対して、答弁せず、若しくは虚偽の答弁をし、若しくは同項の規定による検査を拒み、妨げ、若しくは忌避した者に対し十万円以下の過料を科する規定を設けることができる。

3　市町村は、条例で、第二十四条第二項、第二十五条第二項、第五十一条の九第二項又は第五十一条の十第二項の規定による受給者証又は地域相談支援受給者証の提出又は返還を求められてこれに応じない者に対し十万円以下の過料を科する規定を設けることができる。

附　則（抄）

（施行期日）

第一条 この法律は、平成十八年四月一日から施行する。〔後略〕

障害者の日常生活及び社会生活を総合的に支援するための法律に基づく指定地域相談支援の事業の人員及び運営に関する基準（抄）

（平成二四・三・一三）
（厚　労　令　二　七）

（題名改正＝平成二五厚労令四）
最新改正　平成三〇厚労令二

第一章　総則

（定義）

第一条 この省令において、次の各号に掲げる用語の意義は、それぞれ当該各号に定めるところによる。

一　利用者　地域相談支援を利用する障害者をいう。

二　障害者支援施設等　障害者の日常生活及び社会生活を総合的に支援するための法律（平成十七年法律第百二十三号。以下「法」という。）第五条第十一項に規定する障害者支援施設、独立行政法人国立重度知的障害者総合施設のぞみの園法（平成十四年法律第百六十七号）第十一条第一号の規定により独立行政法人国立重度知的障害者総合施設のぞみの園が設置する施設又は法第五条第一項若しくは第六項の厚生労働省令で定める施設をいう。

三　救護施設等　生活保護法（昭和二十五年法律第百四十四号）第三十八条第二項に規定する救護施設又は同条第三項に規定する更生施設をいう。

四　刑事施設等　刑事収容施設及び被収容者等の処遇に関する法律（平成十七年法律第五十号）第三条に規定する刑事施設、少年院法(平成二十六年法律第五十八号)第三条に規定する少年院、更生保護事業法（平成七年法律第八十六号）第二条第七項に規定する更生保護施設（以下この号において「更生保護施設」という。）、法務省設置法（平成十一年法律第九十三号）第十五条に規定する保護観察所に設置若しくは併設された宿泊施設又は更生保護法（平成十九年法律第八十八号）第六十二条第三項若しくは第八十五条第三項の規定による委託を受けた者が当該委託に係る同法第六十二条第二項の救護若しくは同法第八十五条第一項の更生緊急保護として利用させる宿泊施設（更生保護施設を除く。）をいう。

五　地域相談支援給付決定障害者　法第五条第二十三項に規定する地域相談支援給付決定障害者をいう。

六　指定障害福祉サービス事業者等　法第二十九条第二項に規定する指定障害福祉サービス事業者等をいう。

七　地域相談支援給付決定　法第五十一条の五第一項に規定する地域相談支援給付決定をいう。

八　地域相談支援給付決定の有効期間　法第五十一条の八に規定する地域相談支援給付決定の有効期間をいう。

九　指定一般相談支援事業者　法第五十一条の十四第一項に規定する指定一般相談支援事業者をいう。

十　指定地域相談支援　法第五十一条の十四第一項に規定する指定地域相談支援をいう。

十一　指定地域移行支援　指定地域相談支援のうち地域移行支援であるものをいう。

十二　指定地域定着支援　指定地域相談支援のうち地域定着支援であるものをいう。

十三　指定特定相談支援事業者　法第五十一条の十七第一項第一号に規定する指定特定相談支援事業者をいう。

十四　法定代理受領　法第五十一条の十四第四項の規定により地域相談支援給付決定障害者に代わり市町村(特別区を含む。以下同じ。）が支払う指定地域相談支援に要した費用の額の全部又は一部を指定一般相談支援事業者が受けることをいう。

第二章　指定地域移行支援の事業の人員及び運営に関する基準

第一節　基本方針

第二条　指定地域移行支援の事業は、利用者が地域において自立した日常生活又は社会生活を営むことができるよう、当該利用者につき、住居の確保その他の地域における生活に移行するための活動に関する相談その他の必要な支援が、保健、医療、福祉、就労支援、教育等の関係機関との密接な連携の下で、当該利用者の意向、適性、障害の特性その他の状況及びその置かれている環境に応じて、適切かつ効果的に行われるものでなければならない。

2　指定地域移行支援の事業は、利用者の意思及び人格を尊重し、常に当該利用者の立場に立って行われるものでなければならない。

3　指定地域移行支援の事業を行う指定一般相談支援事業者（以下この章において「指定地域移行支援事業者」という。）は、自らその提供する指定地域移行支援の質の評価を行い、常にその改善を図らなければならない。

第二節　人員に関する基準

（**従業者**）

第三条　指定地域移行支援事業者は、当該指定に係る一般相談支援事業所（法第五十一

条の十九第一項に規定する一般相談支援事業所をいう。）（以下この章において「指定地域移行支援事業所」という。）ごとに専らその職務に従事する者（以下「指定地域移行支援従事者」という。）を置かなければならない。ただし、指定地域移行支援の業務に支障がない場合は、当該指定地域移行支援事業所の他の職務に従事させ、又は他の事業所、施設等の職務に従事させることができるものとする。

2　指定地域移行支援従事者のうち一人以上は、相談支援専門員（指定地域相談支援の提供に当たる者として厚生労働大臣が定めるものをいう。以下同じ。）でなければならない。

第三節　運営に関する基準

（内容及び手続の説明及び同意）

第五条　指定地域移行支援事業者は、地域相談支援給付決定障害者が指定地域移行支援の利用の申込みを行ったときは、当該利用の申込みを行った地域相談支援給付決定障害者（以下「利用申込者」という。）に係る障害の特性に応じた適切な配慮をしつつ、当該利用申込者に対し、第二十七条に規定する運営規程の概要その他の利用申込者のサービスの選択に資すると認められる重要事項を記した文書を交付して説明を行い、当該指定地域移行支援の提供の開始について当該利用申込者の同意を得なければならない。

2　指定地域移行支援事業者は、社会福祉法（昭和二十六年法律第四十五号）第七十七条の規定に基づき書面の交付を行う場合は、利用者の障害の特性に応じた適切な配慮をしなければならない。

（提供拒否の禁止）

第七条　指定地域移行支援事業者は、正当な理由がなく、指定地域移行支援の提供を拒んではならない。

（連絡調整に対する協力）

第八条　指定地域移行支援事業者は、指定地域移行支援の利用について市町村又は指定特定相談支援事業者が行う連絡調整に、できる限り協力しなければならない。

（サービス提供困難時の対応）

第九条　指定地域移行支援事業者は、指定地域移行支援事業所の通常の事業の実施地域（当該指定地域移行支援事業所が通常時に指定地域移行支援を提供する地域をいう。第十七条第二項及び第二十七条第五号において同じ。）等を勘案し、利用申込者に対し自ら適切な指定地域移行支援を提供することが困難であると認めた場合は、適当な他の指定地域移行支援事業者の紹介その他の必要な措置を速やかに講じなければならない。

（受給資格の確認）

第十条　指定地域移行支援事業者は、指定地域移行支援の提供を求められた場合は、その者の提示する地域相談支援受給者証（法第五十一条の七第八項に規定する地域相談支援受給者証をいう。）によって、地域相談支援給付費の支給対象者であること、地域相談支援給付決定の有無、地域相談支援給付決定の有効期間、地域相談支援給付量（同条第七項に規定する地域相談支援給付量をいう。）等を確かめるものとする。

（地域相談支援給付決定の申請に係る援助）

第十一条　指定地域移行支援事業者は、地域相談支援給付決定を受けていない者から利用の申込みがあった場合は、その者の意向を踏まえて速やかに地域相談支援給付決定の申請が行われるよう必要な援助を行わなければならない。

2　指定地域移行支援事業者は、地域相談支援給付決定に通常要すべき標準的な期間を考慮し、地域相談支援給付決定の有効期間の終了に伴う地域相談支援給付決定の申請について、必要な援助を行わなければならない。

（心身の状況等の把握）

第十二条　指定地域移行支援事業者は、指定地域移行支援の提供に当たっては、利用者の心身の状況、その置かれている環境、他の保健医療サービス又は福祉サービスの利用状況等の把握に努めなければならない。

（指定障害福祉サービス事業者等との連携等）

第十三条　指定地域移行支援事業者は、指定地域移行支援の提供に当たっては、地域及び家庭との結び付きを重視した運営を行い、市町村、指定障害福祉サービス事業者等その他の保健医療サービス又は福祉サービスを提供する者との密接な連携に努めなければならない。

2　指定地域移行支援事業者は、指定地域移行支援の提供の終了に際しては、利用者又はその家族に対して適切な援助を行うとともに、市町村、指定障害福祉サービス事業者等その他の保健医療サービス又は福祉サービスを提供する者との密接な連携に努めなければならない。

（身分を証する書類の携行）

第十四条　指定地域移行支援事業者は、指定地域移行支援従事者に身分を証する書類を携行させ、初回訪問時及び利用者又はその家族から求められたときは、これを提示すべき旨を指導しなければならない。

（サービスの提供の記録）

第十五条　指定地域移行支援事業者は、指定地域移行支援を提供した際は、当該指定地域移行支援の提供日、内容その他必要な事項を、当該指定地域移行支援の提供の都度記録しなければならない。

2　指定地域移行支援事業者は、前項の規定による記録に際しては、地域相談支援給付決定障害者から指定地域移行支援を提供したことについて確認を受けなければならない。

（指定地域移行支援事業者が地域相談支援給付決定障害者に求めることのできる金銭の支払の範囲等）

第十六条　指定地域移行支援事業者が、指定地域移行支援を提供する地域相談支援給付決定障害者に対して金銭の支払を求めることができるのは、当該金銭の使途が直接利用者の便益を向上させるものであって、当該地域相談支援給付決定障害者に支払を求めることが適当であるものに限るものとする。

2　前項の規定により金銭の支払を求める際は、当該金銭の使途及び額並びに地域相談支援給付決定障害者に金銭の支払を求める理由について書面によって明らかにするとともに、地域相談支援給付決定障害者に対して説明を行い、その同意を得なければならない。ただし、次条第一項又は第二項に規定する支払については、この限りでない。

（地域相談支援給付費の額等の受領）

第十七条　指定地域移行支援事業者は、法定代理受領を行わない指定地域移行支援を提供した際は、地域相談支援給付決定障害者から当該指定地域移行支援につき法第五十一条の十四第三項に規定する厚生労働大臣が定める基準により算定した費用の額（その額が現に当該指定地域相談支援に要した費用の額を超えるときは、当該現に指定地域相談支援に要した費用の額）の支払を受けるものとする。

2　指定地域移行支援事業者は、前項の支払を受ける額のほか、地域相談支援給付決定障害者の選定により通常の事業の実施地域以外の地域の利用者を訪問して指定地域移行支援を提供する場合は、それに要した交通費の額の支払を地域相談支援給付決定障害者から受けることができる。

3　指定地域移行支援事業者は、前二項の費用の額の支払を受けた場合は、当該費用に係る領収証を当該費用の額を支払った地域相談支援給付決定障害者に対し交付しなければならない。

4　指定地域移行支援事業者は、第二項の交通費については、あらかじめ、地域相談支援給付決定障害者に対し、その額について説明を行い、地域相談支援給付決定障害者の同意を得なければならない。

（指定地域移行支援の具体的取扱方針）

第十九条　指定地域移行支援の方針は、第二条に規定する基本方針に基づき、次の各号に掲げるところによるものとする。

一　指定地域移行支援事業所の管理者は、指定地域移行支援従事者に、基本相談支援に関する業務及び次条第一項に規定する地域移行支援計画の作成その他指定地域移行支援に関する業務を担当させるものとする。

二　指定地域移行支援事業所の管理者は、相談支援専門員に、相談支援専門員以外の指定地域移行支援従事者に対する技術的指導及び助言を行わせるものとする。

三　指定地域移行支援事業者は、次条第一項に規定する地域移行支援計画に基づき、利用者の心身の状況等に応じて、その者の支援を適切に行うとともに、指定地域移行支援の提供が漫然かつ画一的なものとならないよう配慮しなければならない。

四　指定地域移行支援の提供に当たっては、利用者の立場に立って懇切丁寧に行うことを旨とし、利用者又はその家族に対し、サービスの提供方法等について理解しやすいように説明を行うとともに、必要に応じ、同じ障害を有する者による支援等適切な手法を通じて行うものとする。

（地域移行支援計画の作成等）

第二十条　指定地域移行支援従事者は、利用者の意向、適性、障害の特性その他の事情を踏まえた指定地域移行支援に係る計画（以下この条及び第三十二条第三項において「地域移行支援計画」という。）を作成しなければならない。

2　指定地域移行支援従事者は、地域移行支援計画の作成に当たっては、適切な方法により、利用者について、その心身の状況、その置かれている環境及び日常生活全般の状況等の評価を通じて利用者の希望する生活や課題等の把握（以下この条及び第四十二条において「アセスメント」という。）を行い、利用者が地域において自立した日常生活又は社会生活を営むことができるように支援する上での適切な支援内容の検討をしなければならない。

3　指定地域移行支援従事者は、アセスメントに当たっては、利用者に面接しなければならない。この場合において、指定地域移行支援従事者は、面接の趣旨を利用者に対して十分に説明し、理解を得なければならない。

4　指定地域移行支援従事者は、アセスメント及び支援内容の検討結果に基づき、利用者及びその家族の生活に対する意向、総合的な支援の方針、生活全般の質を向上させるための課題、地域移行支援の目標及びその達成時期並びに地域移行支援を提供する上での留意事項等を記載した地域移行支援計画の原案を作成しなければならない。この場合において、当該指定地域移行支援事業所が提供する指定地域移行支援以外の保健医療サービス又は福祉サービスとの連携も含めて地域移行支援計画の原案に位置付けるよう努めなければならない。

5　指定地域移行支援従事者は、計画作成会議（地域移行支援計画の作成に当たり、当該利用者に係る障害者支援施設等、精神科病院、救護施設等又は刑事施設等における担当者等を招集して行う会議をいう。第三十二条第三項において同じ。）を開催し、地域移行支援計画の原案の内容について意見を求めなければならない。

6　指定地域移行支援従事者は、地域移行支援計画の作成に当たっては、利用者又はその家族に対して説明し、文書により利用者の同意を得なければならない。

7　指定地域移行支援従事者は、地域移行支援計画を作成した際には、当該地域移行支援計画を利用者に交付しなければならない。

8　指定地域移行支援従事者は、地域移行支援計画の作成後においても、適宜、地域移行支援計画の見直しを行い、必要に応じて地域移行支援計画の変更を行うものとする。

9　第二項から第七項までの規定は、前項に規定する地域移行支援計画の変更について準用する。

（地域における生活に移行するための活動に関する支援）

第二十一条　指定地域移行支援事業者は、利用者に対し、住居の確保その他の地域における生活に移行するための活動に関する相談、外出の際の同行、障害福祉サービス（生活介護、自立訓練、就労移行支援及び就労継続支援に限る。次条において同じ。）の体験的な利用支援、体験的な宿泊支援その他の必要な支援を提供するに当たっては、利用者の心身の状況、その置かれている環境及び日常生活全般の状況等の的確な把握に努めなければならない。

2　指定地域移行支援事業者は、利用者に対して前項の支援を提供するに当たっては、おおむね週に一回以上、利用者との対面により行わなければならない。

（障害福祉サービスの体験的な利用支援）

第二十二条　指定地域移行支援事業者は、障害福祉サービスの体験的な利用支援について、指定障害福祉サービス事業者等への委託により行うものとする。

（体験的な宿泊支援）

第二十三条　指定地域移行支援事業者は、体験的な宿泊支援について、次の各号に定める要件を満たす場所において行わなければならない。

一　利用者が体験的な宿泊を行うために必要な広さの居室を有するとともに、体験的な宿泊に必要な設備及び備品等を備えていること。

二　衛生的に管理されている場所であること。

2　指定地域移行支援事業者は、体験的な宿泊支援について、指定障害福祉サービス事業者等への委託により行うことができる。

（関係機関との連絡調整等）

第二十四条　指定地域移行支援事業者は、指定地域移行支援を提供するに当たっては、市町村、指定障害福祉サービス事業者等その他の退院又は退所後の地域における生活に係る関係機関（第二十八条第二項において「関係機関」という。）との連絡調整その他の便宜の供与を行うものとする。

（秘密保持等）

第三十二条　指定地域移行支援事業所の従業者及び管理者は、正当な理由がなく、その業務上知り得た利用者又はその家族の秘密を漏らしてはならない。

2　指定地域移行支援事業者は、従業者及び管理者であった者が、正当な理由がなく、その業務上知り得た利用者又はその家族の秘密を漏らすことがないよう、必要な措置を講じなければならない。

3　指定地域移行支援事業者は、計画作成会議等において、利用者又はその家族の個人情報を用いる場合は、あらかじめ文書により当該利用者又はその家族の同意を得ておかなければならない。

（情報の提供等）

第三十三条　指定地域移行支援事業者は、指定地域移行支援を利用しようとする者が、これを適切かつ円滑に利用することができるように、当該指定地域移行支援事業者が実施する事業の内容に関する情報の提供を行うよう努めなければならない。

2　指定地域移行支援事業者は、当該指定地域移行支援事業者について広告をする場合においては、その内容を虚偽のもの又は誇大なものとしてはならない。

（利益供与等の禁止）

第三十四条　指定地域移行支援事業者は、指定特定相談支援事業者若しくは障害福祉サービスの事業を行う者等又はその従業者に対し、利用者又はその家族に対して当該指定地域移行支援事業者を紹介することの対償として、金品その他の財産上の利益を供与してはならない。

2　指定地域移行支援事業者は、指定特定相談支援事業者若しくは障害福祉サービスの事業を行う者等又はその従業者から、利用者又はその家族を紹介することの対償として、金品その他の財産上の利益を収受してはならない。

（苦情解決）

第三十五条　指定地域移行支援事業者は、その提供した指定地域移行支援に関する利用者又はその家族からの苦情に迅速かつ適切に対応するために、苦情を受け付けるための窓口を設置する等の必要な措置を講じなければならない。

2　指定地域移行支援事業者は、前項の苦情を受け付けた場合には、当該苦情の内容等を記録しなければならない。

3　指定地域移行支援事業者は、その提供した指定地域移行支援に関し、法第十条第一項の規定により市町村が行う報告若しくは文書その他の物件の提出若しくは提示の命令又は当該職員からの質問若しくは指定地域移行支援事業所の設備若しくは帳簿書類その他の物件の検査に応じ、及び利用者又はその家族からの苦情に関して市町村が行う調査に協力するとともに、市町村から指導又は助言を受けた場合は、当該指導又は助言に従って必要な改善を行わなければならない。

4　指定地域移行支援事業者は、その提供した指定地域移行支援に関し、法第十一条第二項の規定により都道府県知事が行う報告若しくは指定地域移行支援の提供の記録、帳簿書類その他の物件の提出若しくは提示の命令又は当該職員からの質問に応じ、及び利用者又はその家族からの苦情に関して都道府県知事が行う調査に協力するとともに、都道府県知事から指導又は助言を受けた場合は、当該指導又は助言に従って必要な改善を行わなければならない。

5　指定地域移行支援事業者は、その提供した指定地域移行支援に関し、法第五十一条の二十七第一項の規定により都道府県知事又は市町村長が行う報告若しくは帳簿書類その他の物件の提出若しくは提示の命令又は当該職員からの質問若しくは指定地域移行支援事業所の設備若しくは帳簿書類その他の物件の検査に応じ、及び利用者又はその家族からの苦情に関して都道府県知事又は市町村長が行う調査に協力するとともに、都道府県知事又は市町村長から指導又は助言を受けた場合は、当該指導又は助言に従って必要な改善を行わなければならない。

6　指定地域移行支援事業者は、都道府県知事、市町村又は市町村長から求めがあった場合には、前三項の改善の内容を都道府県知事、市町村又は市町村長に報告しなければならない。

7　指定地域移行支援事業者は、社会福祉法第八十三条に規定する運営適正化委員会が同法第八十五条の規定により行う調査又はあっせんにできる限り協力しなければならない。

第三章　指定地域定着支援の事業の人員及び運営に関する基準

第一節　基本方針

第三十九条　指定地域定着支援の事業は、利用者が自立した日常生活又は社会生活を営むことができるよう、当該利用者との常時の連絡体制を確保し、当該利用者に対し、障害の特性に起因して生じた緊急の事態その他の緊急に支援が必要な事態が生じた場合に、相談その他の必要な支援が、保健、医療、福祉、就労支援、教育等の関係機関との密接な連携の下で、当該利用者の意向、適性、障害の特性その他の状況及びその置かれている環境に応じて、適切に行われるものでなければならない。

2　指定地域定着支援の事業は、利用者の意思及び人格を尊重し、常に当該利用者の立場に立って行われるものでなければならない。

3　指定地域定着支援の事業を行う指定一般相談支援事業者（以下この章において「指定地域定着支援事業者」という。）は、自らその提供する指定地域定着支援の評価を行い、常にその改善を図らなければならない。

第二節　人員に関する基準

（準用）

第四十条　第三条及び第四条の規定は、指定地域定着支援の事業について準用する。

第三節　運営に関する基準

（**指定地域定着支援の具体的取扱方針**）

第四十一条　指定地域定着支援の方針は、第三十九条に規定する基本方針に基づき、次の各号に掲げるところによるものとする。

一　指定地域定着支援事業所の管理者は、指定地域定着支援従事者に、基本相談支援に関する業務及び次条第一項に規定する地域定着支援台帳の作成その他指定地域定着支援に関する業務を担当させるものとする。

二　指定地域定着支援事業所の管理者は、相談支援専門員に、相談支援専門員以外の指定地域定着支援従事者に対する技術的指導及び助言を行わせるものとする。

三　指定地域定着支援事業者は、利用者の心身の状況等に応じて、その者の支援を適切に行わなければならない。

四　指定地域定着支援の提供に当たっては、利用者の立場に立って懇切丁寧に行うことを旨とし、利用者又はその家族に対し、サービスの提供方法等について理解しやすいように説明を行うとともに、必要に応じ、同じ障害を有する者による支援等適切な手法を通じて行うものとする。

（地域定着支援台帳の作成等）

第四十二条　指定地域定着支援従事者は、利用者の心身の状況、その置かれている環境、緊急時において必要となる当該利用者の家族等及び当該利用者が利用する指定障害福祉サービス事業者等、医療機関その他の関係機関の連絡先その他の利用者に関する情報を記載した指定地域定着支援に係る台帳（以下「地域定着支援台帳」という。）を作成しなければならない。

2　指定地域定着支援従事者は、地域定着支援台帳の作成に当たっては、適切な方法によりアセスメントを行わなければならない。

3　指定地域定着支援従事者は、アセスメントに当たっては、利用者に面接して行わなければならない。この場合において、指定地域定着支援の職務に従事する者は、面接の趣旨を利用者に対して十分に説明し、理解を得なければならない。

4　指定地域定着支援従事者は、地域定着支援台帳の作成後においても、適宜、地域定着支援台帳の見直しを行い、必要に応じて地域定着支援台帳の変更を行うものとする。

5　第二項及び第三項の規定は、前項に規定する地域定着支援台帳の変更について準用する。

（常時の連絡体制の確保等）

第四十三条　指定地域定着支援事業者は、利用者の心身の状況及び障害の特性等に応じ、適切な方法により、当該利用者又はその家族との常時の連絡体制を確保するものとする。

2　指定地域定着支援事業者は、適宜利用者の居宅への訪問等を行い、利用者の状況を把握するものとする。

（緊急の事態における支援等）

第四十四条　指定地域定着支援事業者は、利用者の障害の特性に起因して生じた緊急の事態その他の緊急に支援が必要な事態が生じた場合には、速やかに当該利用者の居宅への訪問等による状況把握を行わなければならない。

2　指定地域定着支援事業者は、前項の状況把握を踏まえ、当該利用者が置かれている状況に応じて、当該利用者の家族、当該利用者が利用する指定障害福祉サービス事業者等、医療機関その他の関係機関との連絡調整、一時的な滞在による支援その他の必要な措置を適切に講じなければならない。

3　指定地域定着支援事業者は、前項の一時的な滞在による支援について、次の各号に定める要件を満たす場所において行わなければならない。

一　利用者が一時的な滞在を行うために必要な広さの区画を有するとともに、一時的な滞在に必要な設備及び備品等を備えていること。

二　衛生的に管理されている場所であること。

4　指定地域定着支援事業者は、第二項の一時的な滞在による支援について、指定障害福祉サービス事業者等への委託により行うことができる。

附　則（抄）

（施行期日）

第一条　この省令は、平成二十四年四月一日から施行する。

障害者の日常生活及び社会生活を総合的に支援するための法律に基づく指定計画相談支援の事業の人員及び運営に関する基準（抄）

（平成二四・三・一三）
（厚労令二八）

（題名改正＝平成二五厚労令四）
最新改正　平成三〇厚労令二

第一章　総則

（定義）

第一条　この省令において、次の各号に掲げる用語の意義は、それぞれ当該各号に定めるところによる。

一　利用者　障害福祉サービスを利用する障害者若しくは障害児又は地域相談支援を利用する障害者をいう。

二　サービス等利用計画案　障害者の日常生活及び社会生活を総合的に支援するための法律（平成十七年法律第百二十三号。以下「法」という。）第五条第二十二項に規定するサービス等利用計画案をいう。

三　サービス等利用計画　法第五条第二十二項に規定するサービス等利用計画をいう。

四　支給決定　法第十九条第一項に規定する支給決定をいう。

五　支給決定の有効期間　法第二十三条に規定する支給決定の有効期間をいう。

六　指定障害者支援施設　法第二十九条第一項に規定する指定障害者支援施設をいう。

七　指定障害福祉サービス等　法第二十九条第一項に規定する指定障害福祉サービス等をいう。

八　指定障害福祉サービス事業者等　法第二十九条第二項に規定する指定障害福祉サービス事業者等をいう。

九　地域相談支援給付決定　法第五十一条の五第一項に規定する地域相談支援給付決定をいう。

十　地域相談支援給付決定の有効期間　法第五十一条の八に規定する地域相談支援給付決定の有効期間をいう。

十一　指定一般相談支援事業者　法第五十一条の十四第一項に規定する指定一般相談支援事業者をいう。

十二　指定地域相談支援　法第五十一条の十四第一項に規定する指定地域相談支援をいう。

十三　計画相談支援対象障害者等　法第五十一条の十七第一項に規定する計画相談支援対象障害者等をいう。

十四　指定特定相談支援事業者　法第五十一条の十七第一項第一号に規定する指定特定相談支援事業者をいう。

十五　指定計画相談支援　法第五十一条の十七第二項に規定する指定計画相談支援をいう。

十六　法定代理受領　法第五十一条の十七第三項の規定により計画相談支援対象障害者等に代わり市町村（特別区を含む。以下同じ。）が支払う指定計画相談支援に要した費用の額の全部又は一部を指定特定相談支援事業者が受けることをいう。

第二章　指定計画相談支援の事業の人員及び運営に関する基準

第一節　基本方針

第二条　指定計画相談支援の事業は、利用者又は障害児の保護者（以下「利用者等」という。）の意思及び人格を尊重し、常に当該利用者等の立場に立って行われるものでなければならない。

2　指定計画相談支援の事業は、利用者が自立した日常生活又は社会生活を営むことができるように配慮して行われるものでなければならない。

3　指定計画相談支援の事業は、利用者の心身の状況、その置かれている環境等に応じて、利用者等の選択に基づき、適切な保健、医療、福祉、就労支援、教育等のサービス（以下「福祉サービス等」という。）が、多様な事業者から、総合的かつ効率的に提供されるよう配慮して行われるものでなければばならない。

4　指定計画相談支援の事業は、利用者等に提供される福祉サービス等が特定の種類又は特定の障害福祉サービス事業を行う者に不当に偏ることのないよう、公正中立に行われるものでなければならない。

5　指定特定相談支援事業者は、市町村、障害福祉サービス事業を行う者、指定居宅介護支援事業者（介護保険法（平成九年法律第百二十三号）第四十六条第一項に規定する指定居宅介護支援事業者をいう。）、指定介護予防支援事業者（介護保険法第五十八条第一項に規定する指定介護予防支援事業者をいう。）その他の関係者との連携を図り、地域において必要な社会資源の改善及び開発に努めなければならない。

6　指定特定相談支援事業者は、自らその提供する指定計画相談支援の評価を行い、常にその改善を図らなければならない。

第二節　人員に関する基準

（従業者）

第三条　指定特定相談支援事業者は、当該指定に係る特定相談支援事業所（法第五十一条の二十第一項に規定する特定相談支援事業所をいう。）（以下「指定特定相談支援事業所」という。）ごとに専らその職務に従事する相談支援専門員（指定計画相談支援の提供に当たる者として厚生労働大臣が定めるものをいう。以下同じ。）を置かなければならない。ただし、指定計画相談支援の業務に支障がない場合は、当該指定特定相談支援事業所の他の職務に従事させ、又は他の事業所、施設等の職務に従事させることができるものとする。

2　前項に規定する相談支援専門員の員数の標準は、計画相談支援対象障害者等の数（当該指定特定相談支援事業者が、指定障害児相談支援事業者（児童福祉法に基づく指定障害児相談支援の事業の人員及び運営に関する基準（平成二十四年厚生労働省令第二十九号。以下「指定障害児相談支援基準」という。）第一条第九号に規定する指定障害児相談支援事業者をいう。）の指定を併せて受け、かつ、指定計画相談支援の事業と指定障害児相談支援（指定障害児相談支援基準第一条第十号に規定する指定障害児相談支援をいう。以下この項において同じ。）の事業とを同一の事業所において一体的に運営している場合にあっては、当該事業所において一体的に運営している指定計画相談支援の事業における計画相談支援対象障害者等の数及び指定障害児相談支援の事業における障害児相談支援対象保護者（指定障害児相談支援基準第一条第八号に規定する障害児相談支援対象保護者をいう。）の数の合計数）が三十五又はその端数を増すごとに一とする。

3　前項に規定する計画相談支援対象障害者等の数は、前六月の平均値とする。ただし、新規に指定を受ける場合は、推定数とする。

第三節　運営に関する基準

（内容及び手続の説明及び同意）

第五条　指定特定相談支援事業者は、計画相談支援対象障害者等が指定計画相談支援の利用の申込みを行ったときは、当該利用の申込みを行った計画相談支援対象障害者等（以下「利用申込者」という。）に係る障害の特性に応じた適切な配慮をしつつ、当該利用申込者に対し、第十九条に規定する運営規程の概要その他の利用申込者のサービスの選択に資すると認められる重要事項を記した文書を交付して説明を行い、当該指定計画相談支援の提供の開始について当該利用申込者の同意を得なければならない。

2　指定特定相談支援事業者は、社会福祉法（昭和二十六年法律第四十五号）第七十七条の規定に基づき書面の交付を行う場合は、利用者の障害の特性に応じた適切な配慮をしなければならない。

（提供拒否の禁止）

第七条　指定特定相談支援事業者は、正当な理由がなく、指定計画相談支援の提供を拒んではならない。

（サービス提供困難時の対応）

第八条　指定特定相談支援事業者は、指定特定相談支援事業所の通常の事業の実施地域（当該指定特定相談支援事業所が通常時に指定計画相談支援を提供する地域をいう。

第十二条第二項及び第十九条第五号において同じ。）等を勘案し、利用申込者に対し自ら適切な指定計画相談支援を提供することが困難であると認めた場合は、適当な他の指定特定相談支援事業者の紹介その他の必要な措置を速やかに講じなければならない。

（受給資格の確認）

第九条　指定特定相談支援事業者は、指定計画相談支援の提供を求められた場合は、その者の提示する受給者証（法第二十二条第八項に規定する受給者証をいう。）又は地域相談支援受給者証（法第五十一条の七第八項に規定する地域相談支援受給者証をいう。）によって、計画相談支援給付費の支給対象者であること、法第五条第二十三項に規定する厚生労働省令で定める期間、支給決定又は地域相談支援給付決定の有無、支給決定の有効期間又は地域相談支援給付決定の有効期間、支給量（法第二十二条第七項に規定する支給量をいう。）又は地域相談支援給付量（法第五十一条の七第七項に規定する地域相談支援給付量をいう。）等を確かめるものとする。

（支給決定又は地域相談支援給付決定の申請に係る援助）

第十条　指定特定相談支援事業者は、支給決定又は地域相談支援給付決定に通常要すべき標準的な期間を考慮し、支給決定の有効期間又は地域相談支援給付決定の有効期間の終了に伴う支給決定又は地域相談支援給付決定の申請について、必要な援助を行わなければならない。

（身分を証する書類の携行）

第十一条　指定特定相談支援事業者は、当該指定特定相談支援事業所の相談支援専門員に身分を証する書類を携行させ、初回訪問時及び利用者又はその家族から求められたときは、これを提示すべき旨を指導しなければならない。

（計画相談支援給付費の額等の受領）

第十二条　指定特定相談支援事業者は、法定代理受領を行わない指定計画相談支援を提供した際は、計画相談支援対象障害者等から当該指定計画相談支援につき法第五十一条の十七第二項に規定する厚生労働大臣が定める基準により算定した費用の額（その額が現に当該指定計画相談支援に要した費用の額を超えるときは、当該現に指定計画相談支援に要した費用の額）の支払を受けるものとする。

2　指定特定相談支援事業者は、前項の支払を受ける額のほか、計画相談支援対象障害者等の選定により通常の事業の実施地域以外の地域の居宅等を訪問して指定計画相談支援を提供する場合は、それに要した交通費の額の支払を計画相談支援対象障害者等から受けることができる。

3　指定特定相談支援事業者は、前二項の費用の額の支払を受けた場合は、当該費用に係る領収証を当該費用の額を支払った計画相談支援対象障害者等に対し交付しなければならない。

4　指定特定相談支援事業者は、第二項の交通費については、あらかじめ、計画相談支援対象障害者等に対し、その額について説明を行い、計画相談支援対象障害者等の同意を得なければならない。

（指定計画相談支援の具体的取扱方針）

第十五条　指定計画相談支援の方針は、第二条に規定する基本方針に基づき、次の各号に掲げるところによるものとする。

一　指定特定相談支援事業所の管理者は、相談支援専門員に基本相談支援に関する業務及びサービス等利用計画の作成に関する業務を担当させるものとする。

二　指定計画相談支援の提供に当たっては、利用者等の立場に立って懇切丁寧に行うことを旨とし、利用者又はその家族に対し、サービスの提供方法等について理解しやすいように説明を行うとともに、必要に応じ、同じ障害を有する者による支援等適切な手法を通じて行うものとする。

2　指定計画相談支援における指定サービス利用支援（法第五十一条の十七第一項第一号に規定する指定サービス利用支援をいう。）の方針は、第二条に規定する基本方針及び前項に規定する方針に基づき、次に掲げるところによるものとする。

障害者福祉

一　相談支援専門員は、サービス等利用計画の作成に当たっては、利用者の希望等を踏まえて作成するよう努めなければならない。

二　相談支援専門員は、サービス等利用計画の作成に当たっては、利用者の自立した日常生活の支援を効果的に行うため、利用者の心身又は家族の状況等に応じ、継続的かつ計画的に適切な福祉サービス等の利用が行われるようにしなければならない。

三　相談支援専門員は、サービス等利用計画の作成に当たっては、利用者の日常生活全般を支援する観点から、指定障害福祉サービス等又は指定地域相談支援に加えて、指定障害福祉サービス等又は指定地域相談支援以外の福祉サービス等、当該地域の住民による自発的な活動によるサービス等の利用も含めてサービス等利用計画上に位置付けるよう努めなければならない。

四　相談支援専門員は、サービス等利用計画の作成の開始に当たっては、利用者等によるサービスの選択に資するよう、当該地域における指定障害福祉サービス事業者等又は指定一般相談支援事業者に関するサービスの内容、利用料等の情報を適正に利用者又はその家族に対して提供しなければならない。

五　相談支援専門員は、サービス等利用計画の作成に当たっては、適切な方法により、利用者について、その心身の状況、その置かれている環境及び日常生活全般の状況等の評価を通じて利用者の希望する生活や利用者が自立した日常生活を営むことができるよう支援する上で解決すべき課題等の把握（以下この項及び第三十条第二項第二号ロにおいて「アセスメント」という。）を行わなければならない。

六　相談支援専門員は、アセスメントに当たっては、利用者の居宅等を訪問し、利用者及びその家族に面接しなければならない。この場合において、相談支援専門員は、面接の趣旨を利用者及びその家族に対して十分に説明し、理解を得なければならない。

七　相談支援専門員は、利用者についてのアセスメントに基づき、当該地域における指定障害福祉サービス等又は指定地域相談支援が提供される体制を勘案して、当該アセスメントにより把握された解決すべき課題等に対応するための最も適切な福祉サービス等の組合せについて検討し、利用者及びその家族の生活に対する意向、総合的な援助の方針、生活全般の解決すべき課題、提供される福祉サービス等の目標及びその達成時期、福祉サービス等の種類、内容、量、福祉サービス等を提供する上での留意事項、法第五条第二十三項に規定する厚生労働省令で定める期間に係る提案等を記載したサービス等利用計画案を作成しなければならない。

八　相談支援専門員は、サービス等利用計画案に法第五条第八項に定める短期入所（以下「短期入所」という。）を位置付ける場合にあっては、利用者の居宅における自立した日常生活又は社会生活の維持に十分に留意するものとし、利用者の心身の状況等を勘案して特に必要と認められる場合を除き、短期入所を利用する日数が年間百八十日を超えないようにしなければならない。

九　相談支援専門員は、サービス等利用計画案に位置付けた福祉サービス等について、法第十九条第一項に規定する介護給付費等の対象となるかどうかを区分した上で、当該サービス等利用計画案の内容について、利用者又はその家族に対して説明し、文書により利用者等の同意を得なければならない。

十　相談支援専門員は、サービス等利用計画案を作成した際には、当該サービス等利用計画案を利用者等に交付しなければならない。

十一　相談支援専門員は、支給決定又は地域相談支援給付決定を踏まえてサービス等利用計画案の変更を行い、指定障害福祉サービス事業者等、指定一般相談支援事業者その他の者との連絡調整等を行う

障害者福祉

とともに、サービス担当者会議（相談支援専門員がサービス等利用計画の作成のために当該変更を行ったサービス等利用計画案に位置付けた福祉サービス等の担当者（以下この条において「担当者」という。）を招集して行う会議をいう。以下同じ。）の開催等により、当該サービス等利用計画案の内容について説明を行うとともに、担当者から、専門的な見地からの意見を求めなければならない。

十二　相談支援専門員は、サービス担当者会議を踏まえたサービス等利用計画案の内容について、利用者又はその家族に対して説明し、文書により利用者等の同意を得なければならない。

十三　相談支援専門員は、サービス等利用計画を作成した際には、当該サービス等利用計画を利用者等及び担当者に交付しなければならない。

3　指定計画相談支援における指定継続サービス利用支援（法第五十一条の十七第一項第二号に規定する指定継続サービス利用支援をいう。）の方針は、第二条に規定する基本方針及び前二項に規定する方針に基づき、次の各号に掲げるところによるものとする。

一　相談支援専門員は、サービス等利用計画の作成後、サービス等利用計画の実施状況の把握（利用者についての継続的な評価を含む。次号及び第三十条第二項第二号ニにおいて「モニタリング」という。）を行い、必要に応じてサービス等利用計画の変更、福祉サービス等の事業を行う者等との連絡調整その他の便宜の提供を行うとともに、新たな支給決定又は地域相談支援給付決定が必要であると認められる場合には、利用者等に対し、支給決定又は地域相談支援給付決定に係る申請の勧奨を行うものとする。

二　相談支援専門員は、モニタリングに当たっては、利用者及びその家族、福祉サービス等の事業を行う者等との連絡を継続的に行うこととし、法第五条第二十三項に規定する厚生労働省令で定める期間ごとに利用者の居宅等を訪問し、利用者等に面接するほか、その結果を記録しなければならない。

三　前項第一号から第八号まで及び第十一号から第十三号までの規定は、第一号に規定するサービス等利用計画の変更について準用する。

四　相談支援専門員は、適切な福祉サービス等が総合的かつ効率的に提供された場合においても、利用者がその居宅において日常生活を営むことが困難となったと認める場合又は利用者が指定障害者支援施設等への入所又は入院を希望する場合には、指定障害者支援施設等への紹介その他の便宜の提供を行うものとする。

五　相談支援専門員は、指定障害者支援施設、精神科病院等から退所又は退院しようとする利用者又はその家族から依頼があった場合には、居宅における生活へ円滑に移行できるよう、あらかじめ、必要な情報の提供及び助言を行う等の援助を行うものとする。

（利用者等に対するサービス等利用計画等の書類の交付）

第十六条　指定特定相談支援事業者は、利用者等が他の指定特定相談支援事業者の利用を希望する場合その他利用者等から申出があった場合には、当該利用者等に対し、直近のサービス等利用計画及びその実施状況に関する書類を交付しなければならない。

（秘密保持等）

第二十四条　指定特定相談支援事業所の従業者及び管理者は、正当な理由がなく、その業務上知り得た利用者又はその家族の秘密を漏らしてはならない。

2　指定特定相談支援事業者は、従業者及び管理者であった者が、正当な理由がなく、その業務上知り得た利用者又はその家族の秘密を漏らすことがないよう、必要な措置を講じなければならない。

3　指定特定相談支援事業者は、サービス担当者会議等において、利用者又はその家族の個人情報を用いる場合は、あらかじめ文書により当該利用者又はその家族の同意を得ておかなければならない。

（障害福祉サービス事業者等からの利益収受

等の禁止）

第二十六条　指定特定相談支援事業者及び指定特定相談支援事業所の管理者は、サービス等利用計画の作成又は変更に関し、当該指定特定相談支援事業所の相談支援専門員に対して特定の福祉サービス等の事業を行う者等によるサービスを位置付けるべき旨の指示等を行ってはならない。

2　指定特定相談支援事業所の相談支援専門員は、サービス等利用計画の作成又は変更に関し、利用者等に対して特定の福祉サービス等の事業を行う者等によるサービスを利用すべき旨の指示等を行ってはならない。

3　指定特定相談支援事業者及びその従業者は、サービス等利用計画の作成又は変更に関し、利用者に対して特定の福祉サービス等の事業を行う者等によるサービスを利用させることの対償として、当該福祉サービス等の事業を行う者等から金品その他の財産上の利益を収受してはならない。

（**苦情解決**）

第二十七条　指定特定相談支援事業者は、その提供した指定計画相談支援又はサービス等利用計画に位置付けた福祉サービス等に関する利用者又はその家族からの苦情に迅速かつ適切に対応するために、苦情を受け付けるための窓口を設置する等の必要な措置を講じなければならない。

2　指定特定相談支援事業者は、前項の苦情を受け付けた場合には、当該苦情の内容等を記録しなければならない。

3　指定特定相談支援事業者は、その提供した指定計画相談支援に関し、法第十条第一項の規定により市町村が行う報告若しくは文書その他の物件の提出若しくは提示の命令又は当該職員からの質問若しくは指定特定相談支援事業所の設備若しくは帳簿書類その他の物件の検査に応じ、及び利用者又はその家族からの苦情に関して市町村が行う調査に協力するとともに、市町村から指導又は助言を受けた場合は、当該指導又は助言に従って必要な改善を行わなければならない。

4　指定特定相談支援事業者は、その提供した指定計画相談支援に関し、法第十一条第二項の規定により都道府県知事が行う報告若しくは指定計画相談支援の提供の記録、帳簿書類その他の物件の提出若しくは提示の命令又は当該職員からの質問に応じ、及び利用者又はその家族からの苦情に関して都道府県知事が行う調査に協力するとともに、都道府県知事から指導又は助言を受けた場合は、当該指導又は助言に従って必要な改善を行わなければならない。

5　指定特定相談支援事業者は、その提供した指定計画相談支援に関し、法第五十一条の二十七第二項の規定により市町村長が行う報告若しくは帳簿書類その他の物件の提出若しくは提示の命令又は当該職員からの質問若しくは指定特定相談支援事業所の設備若しくは帳簿書類その他の物件の検査に応じ、及び利用者又はその家族からの苦情に関して市町村長が行う調査に協力するとともに、市町村長から指導又は助言を受けた場合は、当該指導又は助言に従って必要な改善を行わなければならない。

6　指定特定相談支援事業者は、都道府県知事、市町村又は市町村長から求めがあった場合には、前三項の改善の内容を都道府県知事、市町村又は市町村長に報告しなければならない。

7　指定特定相談支援事業者は、社会福祉法第八十三条に規定する運営適正化委員会が同法第八十五条の規定により行う調査又はあっせんにできる限り協力しなければならない。

附　則

この省令は、平成二十四年四月一日から施行する。

障害者の日常生活及び社会生活を総合的に支援するための法律に基づく障害福祉サービス事業の設備及び運営に関する基準（抄）

（平成一八・九・二九 厚労令一七四）

（題名改正＝平成二五厚労令四）

最新改正 平成三〇厚労令二

第一章 総則

（趣旨）

第一条 障害者の日常生活及び社会生活を総合的に支援するための法律（平成十七年法律第百二十三号。以下「法」という。）第八十条第二項の厚生労働省令で定める基準のうち、法第八十条第一項に規定する障害福祉サービス事業に係るものは、次の各号に掲げる基準に応じ、それぞれ当該各号に定める規定による基準とする。

一 法第八十条第一項の規定により、同条第二項第一号に掲げる事項について都道府県（地方自治法（昭和二十二年法律第六十七号）第二百五十二条の十九第一項の指定都市（以下この条及び第五十八条第七項において「指定都市」という。）及び同法第二百五十二条の二十二第一項の中核市（以下この条及び第五十八条第七項において「中核市」という。）にあっては、指定都市又は中核市。以下この条において同じ。）が条例を定めるに当たって従うべき基準　第六条、第十二条（第三項を除く。）、第三十五条（第五十五条、第六十一条及び第七十条において準用する場合を含む。）、第三十九条（第三項を除く。）、第四十条第三項（第五十五条、第六十一条及び第七十条において準用する場合を含む。）、第四十二条第五項、第五十二条、第五十三条第三項（第六十一条、第七十条、第八十五条及び第八十八条において準用する場合を含む。）、第五十九条、第六十四条、第六十五条、第七十二条（第八十八条において準用する場合を含む。）、第七十五条（第八十八条において準用する場合を含む。）、第七十六条第三項（第八十八条において準用する場合を含む。）及び第九十条の規定による基準

二 法第八十条第一項の規定により、同条第二項第二号に掲げる事項について都道府県が条例を定めるに当たって従うべき基準　第十一条第一項（病室に係る部分に限る。）並びに第五十八条第三項本文（居室に係る部分に限る。）及び第一号ロの規定による基準

三 法第八十条第一項の規定により、同条第二項第三号に掲げる事項について都道府県が条例を定めるに当たって従うべき基準　第二十一条第五項、第二十八条（第五十条、第五十五条、第六十一条、第七十条、第八十五条及び第八十八条において準用する場合を含む。）、第二十九条（第五十条、第五十五条、第六十一条、第七十条、第八十五条及び第八十八条において準用する場合を含む。）、第三十二条（第五十条、第五十五条、第六十一条、第七十条、第八十五条及び第八十八条において準用する場合を含む。）、第四十二条第六項、第四十四条（第七十条において準用する場合を含む。）、第五十三条第四項（第六十一条、第七十条、第八十五条及び第八十八条において準用する場合を含む。）、第七十七条、第七十八条、第八十条及び第八十七条の規定による基準

四 法第八十条第一項の規定により、同条第二項第四号に掲げる事項について都道府県が条例を定めるに当たって標準とすべき基準　第十条、第十二条第三項、第三十七条（第五十五条、第七十条及び第八十八条において準用する場合を含む。）、第三十九条第三項、第四十条第二項（第五十五条、第六十一条及び第七十条において準用する場合を含む。）、第五十七条、第七十三条、第七十六条第二項（第八十八条において準用する場合を含む。）及び第八十九条の規定による基準

五 法第八十条第一項の規定により、同条第二項各号に掲げる事項以外の事項について都道府県が条例を定めるに当たって

参酌すべき基準　この省令に定める基準のうち、前各号に定める規定による基準以外のもの

（定義）

第二条　この省令において、次の各号に掲げる用語の意義は、それぞれ当該各号に定めるところによる。

一　利用者　障害福祉サービスを利用する障害者をいう。

二　常勤換算方法　事業所の職員の勤務延べ時間数を当該事業所において常勤の職員が勤務すべき時間数で除することにより、当該事業所の職員の員数を常勤の職員の員数に換算する方法をいう。

三　多機能型　生活介護の事業、自立訓練（機能訓練）（障害者の日常生活及び社会生活を総合的に支援するための法律施行規則（平成十八年厚生労働省令第十九号。以下「規則」という。）第六条の六第一号に規定する自立訓練（機能訓練）をいう。以下同じ。）の事業、自立訓練（生活訓練）（規則第六条の六第二号に規定する自立訓練（生活訓練）をいう。以下同じ。）の事業、就労移行支援の事業、就労継続支援A型（規則第六条の十第一号に規定する就労継続支援A型をいう。以下同じ。）の事業及び就労継続支援B型（規則第六条の十第二号に規定する就労継続支援B型をいう。以下同じ。）の事業並びに児童発達支援（児童福祉法（昭和二十二年法律第百六十四号）第六条の二の二第二項に規定する児童発達支援をいう。）の事業、医療型児童発達支援（同条第三項に規定する医療型児童発達支援をいう。）の事業、放課後等デイサービス（同条第四項に規定する放課後等デイサービスをいう。）の事業、居宅訪問型児童発達支援（同条第五項に規定する居宅訪問型児童発達支援をいう。）の事業及び保育所等訪問支援（同条第六項に規定する保育所等訪問支援をいう。）の事業のうち二以上の事業を一体的に行うこと（同法に規定する事業のみを行う場合を除く。）をいう。

（障害福祉サービス事業者の一般原則）

第三条　障害福祉サービス事業を行う者（以下「障害福祉サービス事業者」という。）（次章から第八章までに掲げる事業を行うものに限る。）は、利用者の意向、適性、障害の特性その他の事情を踏まえた計画（以下「個別支援計画」という。）を作成し、これに基づき利用者に対して障害福祉サービスを提供するとともに、その効果について継続的な評価を実施することその他の措置を講ずることにより利用者に対して適切かつ効果的に障害福祉サービスを提供しなければならない。

2　障害福祉サービス事業者は、利用者の意思及び人格を尊重して、常に当該利用者の立場に立った障害福祉サービスの提供に努めなければならない。

3　障害福祉サービス事業者は、利用者の人権の擁護、虐待の防止等のため、責任者を設置する等必要な体制の整備を行うとともに、その職員に対し、研修を実施する等の措置を講ずるよう努めなければならない。

第二章　療養介護

（基本方針）

第四条　療養介護の事業は、利用者が自立した日常生活又は社会生活を営むことができるよう、規則第二条の二に規定する者に対して、当該利用者の身体その他の状況及びその置かれている環境に応じて、機能訓練、療養上の管理、看護、医学的管理の下における介護及び日常生活上の世話を適切かつ効果的に行うものでなければならない。

第三章　生活介護

（基本方針）

第三十三条　生活介護の事業は、利用者が自立した日常生活又は社会生活を営むことができるよう、規則第二条の四に規定する者に対して、入浴、排せつ及び食事の介護、創作的活動又は生産活動の機会の提供その他の便宜を適切かつ効果的に行うものでなければならない。

第四章　自立訓練（機能訓練）

（基本方針）

第五十一条　自立訓練（機能訓練）の事業は、利用者が自立した日常生活又は社会生活を営むことができるよう、規則第六条の六第一号に規定する期間にわたり、身体機能又は生活能力の維持、向上等のために必要な訓練その他の便宜を適切かつ効果的に行うものでなければならない。

第五章　自立訓練（生活訓練）

（**基本方針**）

第五十六条　自立訓練（生活訓練）の事業は、利用者が自立した日常生活又は社会生活を営むことができるよう、規則第六条の六第二号に規定する期間にわたり、生活能力の維持、向上等のために必要な支援、訓練その他の便宜を適切かつ効果的に行うものでなければならない。

第六章　就労移行支援

（**基本方針**）

第六十二条　就労移行支援の事業は、利用者が自立した日常生活又は社会生活を営むことができるよう、規則第六条の九に規定する者に対して、規則第六条の八に規定する期間にわたり、生産活動その他の活動の機会の提供を通じて、就労に必要な知識及び能力の向上のために必要な訓練その他の便宜を適切かつ効果的に行うものでなければならない。

第七章　就労継続支援Ａ型

（**基本方針**）

第七十一条　就労継続支援Ａ型の事業は、利用者が自立した日常生活又は社会生活を営むことができるよう、専ら規則第六条の十第一号に規定する者を雇用して就労の機会を提供するとともに、その知識及び能力の向上のために必要な訓練その他の便宜を適切かつ効果的に行うものでなければならない。

第八章　就労継続支援Ｂ型

（**基本方針**）

第八十六条　就労継続支援Ｂ型の事業は、利用者が自立した日常生活又は社会生活を営むことができるよう、規則第六条の十第二号に規定する者に対して就労の機会を提供するとともに、生産活動その他の活動の機会の提供を通じて、その知識及び能力の向上のために必要な訓練その他の便宜を適切かつ効果的に行うものでなければならない。

第九章　多機能型に関する特例

（**規模に関する特例**）

第八十九条　多機能型による生活介護事業所（以下「多機能型生活介護事業所」という。）、自立訓練（機能訓練）事業所（以下「多機能型自立訓練（機能訓練）事業所」という。）、自立訓練（生活訓練）事業所（以下「多機能型自立訓練（生活訓練）事業所」という。）、就労移行支援事業所（以下「多機能型就労移行支援事業所」という。）、就労継続支援Ａ型事業所（以下「多機能型就労継続支援Ａ型事業所」という。）及び就労継続支援Ｂ型事業所（以下「多機能型就労継続支援Ｂ型事業所」という。）（以下「多機能型事業所」と総称する。）は、一体的に事業を行う多機能型事業所の利用定員（多機能型による指定児童発達支援（児童福祉法に基づく指定通所支援の事業等の人員、設備及び運営に関する基準（平成二十四年厚生労働省令第十五号。以下「指定通所支援基準」という。）第四条に規定する指定児童発達支援をいう。）の事業、指定医療型児童発達支援（指定通所支援基準第五十五条に規定する指定医療型児童発達支援をいう。）の事業又は指定放課後等デイサービス（指定通所支援基準第六十五条に規定する指定放課後等デイサービスをいう。）の事業（以下「多機能型児童発達支援事業等」という。）を一体的に行う場合にあっては、当該事業を行う事業所の利用定員を含むものとし、宿泊型自立訓練の利用定員を除く。）の合計が二十人以上である場合は、当該多機能型事業所の利用定員を、次の各号に掲げる多機能型事業所の区分に応じ、当該各号に掲げる人数とすることができる。

一　多機能型生活介護事業所、多機能型自立訓練（機能訓練）事業所及び多機能型

就労移行支援事業所（認定就労移行支援事業所を除く。） 六人以上

二 多機能型自立訓練（生活訓練）事業所 六人以上。ただし、宿泊型自立訓練及び宿泊型自立訓練以外の自立訓練（生活訓練）を併せて行う場合にあっては、宿泊型自立訓練の利用定員が十人以上かつ宿泊型自立訓練以外の自立訓練（生活訓練）の利用定員が六人以上とする。

三 多機能型就労継続支援A型事業所及び多機能型就労継続支援B型事業所 十人以上

2 前項の規定にかかわらず、主として重度の知的障害及び重度の上肢、下肢又は体幹の機能の障害が重複している障害者を通わせる多機能型生活介護事業所が、多機能型児童発達支援事業等を一体的に行う場合にあっては、第三十七条の規定にかかわらず、その利用定員を、当該多機能型生活介護事業所が行う全ての事業を通じて五人以上とすることができる。

3 多機能型生活介護事業所が、主として重症心身障害児（児童福祉法第七条第二項に規定する重症心身障害児をいう。）につき行う多機能型児童発達支援事業等を一体的に行う場合にあっては、第三十七条の規定にかかわらず、その利用定員を、当該多機能型生活介護事業所が行う全ての事業を通じて五人以上とすることができる。

4 離島その他の地域であって厚生労働大臣が定めるもののうち、将来的にも利用者の確保の見込みがないとして都道府県知事が認めるものにおいて事業を行う多機能型事業所については、第一項中「二十人」とあるのは「十人」とする。この場合において、地域において障害福祉サービスが提供されていないこと等により障害福祉サービスを利用することが困難なものにおいて事業を行う多機能型事業所（多機能型生活介護事業所、多機能型自立訓練（機能訓練）事業所、多機能型自立訓練（生活訓練）事業所、多機能型就労継続支援B型事業所に限る。以下この条及び第九十条第三項において同じ。）については、当該多機能型事業所の利用定員を、一人以上とすることができる。

（職員の員数等の特例）

第九十条 多機能型事業所は、一体的に事業を行う多機能型事業所の利用定員（多機能型児童発達支援事業等を一体的に行う場合にあっては、当該事業を行う事業所の利用定員を含む。）の合計が二十人未満である場合は、第三十九条第七項、第五十二条第七項及び第八項、第五十九条第七項、第六十四条第五項及び第六項並びに第七十五条第五項（第八十八条において準用する場合を含む。）の規定にかかわらず、当該多機能型事業所に置くべき職員（多機能型児童発達支援事業等を一体的に行う場合にあっては、指定通所支援基準の規定により当該事業を行う事業所に置くべきものとされる職員（指定通所支援基準第五条第一項第二号に規定する児童発達支援管理責任者を除く。）を含むものとし、管理者、医師及びサービス管理責任者を除く。）のうち、一人以上は、常勤でなければならないとすることができる。

2 多機能型事業所は、第三十九条第一項第四号及び第八項、第五十二条第一項第三号及び第九項、第五十九条第一項第四号及び第七項、第六十四条第一項第四号及び第七項並びに第七十五条第一項第三号及び第六項（これらの規定を第八十八条において準用する場合を含む。）の規定にかかわらず、一体的に事業を行う多機能型事業所のうち厚生労働大臣が定めるものを一の事業所であるとみなして、当該一の事業所とみなされた事業所に置くべきサービス管理責任者の数を、次の各号に掲げる当該多機能型事業所の利用者の数の合計の区分に応じ、当該各号に掲げる数とすることができる。この場合において、この項の規定により置くべきものとされるサービス管理責任者のうち、一人以上は、常勤でなければならないとすることができる。

一 利用者の数の合計が六十以下 一以上

二 利用者の数の合計が六十一以上 一に、利用者の数の合計が六十を超えて四十又はその端数を増すごとに一を加えて得た数以上

3 前条第四項後段の規定により、多機能型

事業所の利用定員を一人以上とすることができることとされた多機能型事業所は、第三十九条第一項第三号ニ及び第七項、第五十二条第一項第二号ニ及び第八項、第五十九条第一項第二号及び第七項並びに第八十八条において準用する第七十五条第一項第二号及び第五項の規定にかかわらず、一体的に事業を行う多機能型事業所を一の事業所であるとみなして、当該一の事業所とみなされた事業所に置くべき生活支援員の数を、常勤換算方法で、第一号に掲げる利用者の数を六で除した数と第二号に掲げる利用者の数を十で除した数の合計数以上とすることができる。この場合において、この項の規定により置くべきものとされる生活支援員のうち、一人以上は常勤でなければならない。

一　生活介護、自立訓練（機能訓練）及び自立訓練（生活訓練）の利用者

二　就労継続支援Ｂ型の利用者

（設備の特例）

第九十一条　多機能型事業所については、サービスの提供に支障を来さないよう配慮しつつ、一体的に事業を行う他の多機能型事業所の設備を兼用することができる。

附　則（抄）

（施行期日）

第一条　この省令は、平成十八年十月一日から施行する。

障害者の日常生活及び社会生活を総合的に支援するための法律に基づく地域活動支援センターの設備及び運営に関する基準（抄）

（平成一八・九・二九　厚労令一七五）

（題名改正＝平成二五厚労令四）
最新改正　平成二五厚労令四

（趣旨）

第一条　障害者の日常生活及び社会生活を総合的に支援するための法律（平成十七年法律第百二十三号。以下「法」という。）第八十条第二項の厚生労働省令で定める基準のうち、地域活動支援センターに係るものは、次の各号に掲げる基準に応じ、それぞれ当該各号に定める規定による基準とする。

一　法第八十条第一項の規定により、同条第二項第一号に掲げる事項について都道府県（地方自治法（昭和二十二年法律第六十七号）第二百五十二条の十九第一項の指定都市（以下この条において「指定都市」という。）及び同法第二百五十二条の二十二第一項の中核市（以下この条において「中核市」という。）にあっては、指定都市又は中核市。以下この条において同じ。）が条例を定めるに当たって従うべき基準　第九条及び第九条の二第二項の規定による基準

二　法第八十条第一項の規定により、同条第二項第三号に掲げる事項について都道府県が条例を定めるに当たって従うべき基準　第十二条、第十五条及び第十七条の規定による基準

三　法第八十条第一項の規定により、同条第二項第四号に掲げる事項について都道府県が条例を定めるに当たって標準とすべき基準　第七条の規定による基準

四　法第八十条第一項の規定により、同条第二項各号（第二号を除く。）に掲げる事項以外の事項について都道府県が条例を定めるに当たって参酌すべき基準　この省令に定める基準のうち、前三号に定める規定による基準以外のもの

（基本方針）

第二条　地域活動支援センターは、利用者（地域活動支援センターを利用する障害者及び障害児をいう。以下同じ。）が地域において自立した日常生活又は社会生活を営むことができるよう、利用者を通わせ、創作的活動又は生産活動の機会の提供及び社会との交流の促進を図るとともに、日常生活に必要な便宜の供与を適切かつ効果的に行うものでなければならない。

2　地域活動支援センターは、利用者又は障害児の保護者（以下、「利用者等」という。）の意思及び人格を尊重して、常に当該利用者等の立場に立ったサービスの提供に努め

なければならない。

3　地域活動支援センターは、地域及び家庭との結び付きを重視した運営を行い、市町村（特別区を含む。以下同じ。）、障害福祉サービス事業を行う者その他の保健医療サービス又は福祉サービスを提供する者等との連携に努めなければならない。

4　地域活動支援センターは、利用者の人権の擁護、虐待の防止等のため、責任者を設置する等必要な体制の整備を行うとともに、その職員に対し、研修を実施する等の措置を講ずるよう努めなければならない。

（サービスの提供の記録）

第五条　地域活動支援センターは、利用者に対しサービスを提供した際は、当該サービスの提供日、内容その他必要な事項を、サービスの提供の都度記録しなければならない。

（規模）

第七条　地域活動支援センターは、十人以上の人員を利用させることができる規模を有するものでなければならない。

（設備の基準）

第八条　地域活動支援センターは、次の各号に掲げる設備を設けなければならない。ただし、他の社会福祉施設等の設備を利用することにより当該地域活動支援センターの効果的な運営を期待することができる場合であって、利用者に対するサービスの提供に支障がないときは、次の各号に掲げる設備の一部を設けないことができる。

一　創作的活動又は生産活動の機会の提供及び社会との交流の促進等ができる場所

二　便所

2　前項各号に掲げる設備の基準は、次のとおりとする。

一　創作的活動又は生産活動の機会の提供及び社会との交流の促進等ができる場所　必要な設備及び備品等を備えること。

二　便所　利用者の特性に応じたものであること。

（職員の配置の基準）

第九条　地域活動支援センターに置くべき職員及びその員数は、次のとおりとする。

一　施設長　一

二　指導員　二以上

2　施設長は、地域活動支援センターの管理上支障がない場合は、当該地域活動支援センターの他の職務に従事し、又は他の施設等の職務に従事することができるものとする。

3　施設長は、障害者及び障害児の福祉の増進に熱意を有し、地域活動支援センターを適切に運営する能力を有する者でなければならない。

（従たる事業所を設置する場合における特例）

第九条の二　地域活動支援センターは、地域活動支援センターにおける主たる事業所（以下この条において「主たる事業所」という。）と一体的に管理運営を行う事業所（以下この条において「従たる事業所」という。）を設置することができる。

2　従たる事業所を設置する場合においては、主たる事業所及び従たる事業所の職員のうちそれぞれ一人以上は、専ら当該主たる事業所又は従たる事業所の職務に従事する者でなければならない。

（利用者に求めることのできる金銭の支払の範囲等）

第十条　地域活動支援センターが利用者等に対して金銭の支払を求めることができるのは、当該金銭の使途が直接利用者の便益を向上させるものであって、当該利用者等に支払を求めることが適当であるものに限るものとする。

2　前項の規定により金銭の支払を求める際は、当該金銭の使途及び額並びに利用者等に金銭の支払を求める理由について書面によって明らかにするとともに、利用者に対し説明を行い、その同意を得なければならない。

（生産活動）

第十一条　地域活動支援センターは、生産活動の機会の提供に当たっては、地域の実情並びに製品及びサービスの需給状況等を考慮して行うよう努めなければならない。

2　地域活動支援センターは、生産活動の機会の提供に当たっては、生産活動に従事する者の作業時間、作業量等がその者に過重

障害者福祉

な負担とならないように配慮しなければならない。

（工賃の支払）

第十二条 地域活動支援センターは、生産活動に従事している者に、生産活動に係る事業の収入から生産活動に係る事業に必要な経費を控除した額に相当する金額を工賃として支払わなければならない。

（定員の遵守）

第十三条 地域活動支援センターは、利用定員を超えて利用させてはならない。ただし、災害、虐待その他のやむを得ない事情がある場合は、この限りでない。

（衛生管理等）

第十四条 地域活動支援センターは、利用者の使用する設備及び飲用に供する水について、衛生的な管理に努め、又は衛生上必要な措置を講じなければならない。

2 地域活動支援センターは、地域活動支援センターにおいて感染症又は食中毒が発生し、又はまん延しないように必要な措置を講ずるよう努めなければならない。

（秘密保持等）

第十五条 地域活動支援センターの職員は、正当な理由がなく、その業務上知り得た利用者又はその家族の秘密を漏らしてはならない。

2 地域活動支援センターは、職員であった者が、正当な理由がなく、その業務上知り得た利用者又はその家族の秘密を漏らすことがないよう、必要な措置を講じなければならない。

（苦情解決）

第十六条 地域活動支援センターは、その提供したサービスに関する利用者又はその家族からの苦情に迅速かつ適切に対応するために、苦情を受け付けるための窓口を設置する等の必要な措置を講じなければならない。

2 地域活動支援センターは、前項の苦情を受け付けた場合には、当該苦情の内容等を記録しなければならない。

3 地域活動支援センターは、その提供したサービスに関し、都道府県又は市町村から指導又は助言を受けた場合は、当該指導又は助言に従って必要な改善を行わなければならない。

4 地域活動支援センターは、都道府県又は市町村からの求めがあった場合には、前項の改善の内容を都道府県又は市町村に報告しなければならない。

5 地域活動支援センターは、社会福祉法（昭和二十六年法律第四十五号）第八十三条に規定する運営適正化委員会が同法第八十五条の規定により行う調査又はあっせんにできる限り協力しなければならない。

附　則

この省令は、平成十八年十月一日から施行する。

障害者の日常生活及び社会生活を総合的に支援するための法律に基づく福祉ホームの設備及び運営に関する基準（抄）

（平成一八・九・二九 厚労令一七六）

（題名改正＝平成二五厚労令四）
最新改正 平成二五厚労令四

（趣旨）

第一条 障害者の日常生活及び社会生活を総合的に支援するための法律（平成十七年法律第百二十三号。以下「法」という。）第八十条第二項の厚生労働省令で定める基準のうち、福祉ホームに係るものは、次の各号に掲げる基準に応じ、それぞれ当該各号に定める規定による基準とする。

一 法第八十条第一項の規定により、同条第二項第一号に掲げる事項について都道府県（地方自治法（昭和二十二年法律第六十七号）第二百五十二条の十九第一項の指定都市（以下この条及び第三条第三項において「指定都市」という。）及び同法第二百五十二条の二十二第一項の中核市（以下この条及び第三条第三項において「中核市」という。）にあっては、指定都市又は中核市。以下この条において同じ。）が条例を定めるに当たって従うべき基準　第十条の規定による基準

二　法第八十条第一項の規定により、同条第二項第二号に掲げる事項について都道府県が条例を定めるに当たって従うべき基準　第九条第一項（居室に係る部分に限る。）及び第二項第一号ロ並びに附則第二条の規定による基準

三　法第八十条第一項の規定により、同条第二項第三号に掲げる事項について都道府県が条例を定めるに当たって従うべき基準　第十四条及び第十六条の規定による基準

四　法第八十条第一項の規定により、同条第二項第四号に掲げる事項について都道府県が条例を定めるに当たって標準とすべき基準　第八条の規定による基準

五　法第八十条第一項の規定により、同条第二項各号に掲げる事項以外の事項について都道府県が条例を定めるに当たって参酌すべき基準　この省令に定める基準のうち、前各号に定める規定による基準以外のもの

（基本方針）

第二条　福祉ホームは、利用者（福祉ホームを利用する障害者をいう。以下同じ。）が地域において自立した日常生活又は社会生活を営むことができるよう、現に住居を求めている障害者につき、低額な料金で、居室その他の設備を利用させるとともに、日常生活に必要な便宜の供与を適切かつ効果的に行うものでなければならない。

2　福祉ホームは、利用者の意思及び人格を尊重して、常に当該利用者の立場に立ったサービスの提供に努めなければならない。

3　福祉ホームは、地域及び家庭との結び付きを重視した運営を行い、市町村（特別区を含む。以下同じ。）、障害福祉サービス事業を行う者その他の保健医療サービス又は福祉サービスを提供する者等との連携に努めなければならない。

4　福祉ホームは、利用者の人権の擁護、虐待の防止等のため、責任者を設置する等必要な体制の整備を行うとともに、その職員に対し、研修を実施する等の措置を講ずるよう努めなければならない。

（構造設備）

第三条　福祉ホームの配置、構造及び設備は、利用者の特性に応じて工夫され、かつ、日照、採光、換気等の利用者の保健衛生に関する事項及び防災について十分考慮されたものでなければならない。

2　福祉ホームの建物（利用者の日常生活のために使用しない附属の建物を除く。次項において同じ。）は、耐火建築物（建築基準法（昭和二十五年法律第二百一号）第二条第九号の二に規定する耐火建築物をいう。次項において同じ。）又は準耐火建築物（同条第九号の三に規定する準耐火建築物をいう。次項において同じ。）でなければならない。

3　前項の規定にかかわらず、都道府県知事（指定都市及び中核市にあっては、指定都市又は中核市の市長）が、火災予防、消火活動等に関し専門的知識を有する者の意見を聴いて、次の各号のいずれかの要件を満たす木造かつ平屋建ての福祉ホームの建物であって、火災に係る利用者の安全性が確保されていると認めたときは、耐火建築物又は準耐火建築物とすることを要しない。

一　スプリンクラー設備の設置、天井等の内装材等への難燃性の材料の使用、火災が発生するおそれがある箇所における防火区画の設置等により、初期消火及び延焼の抑制に配慮した構造であること。

二　非常警報設備の設置等による火災の早期発見及び通報の体制が整備されており、円滑な消火活動が可能なものであること。

三　避難口の増設、搬送を容易に行うために十分な幅員を有する避難路の確保等により、円滑な避難が可能な構造であり、かつ、避難訓練を頻繁に実施すること、配置人員を増員すること等により、火災の際の円滑な避難が可能なものであること。

（サービスの提供の記録）

第六条　福祉ホームは、利用者に対しサービスを提供した際は、当該サービスの提供日、内容その他必要な事項を、サービスの提供の都度記録しなければならない。

（規模）

第八条　福祉ホームは、五人以上の人員を利

用させることができる規模を有するものでなければならない。

（設備の基準）

第九条　福祉ホームは、次の各号に掲げる設備を設けなければならない。ただし、他の社会福祉施設等の設備を利用することにより当該福祉ホームの効果的な運営を期待することができる場合であって、利用者に対するサービスの提供に支障がないときは、次の各号に掲げる設備の一部を設けないことができる。

一　居室
二　浴室
三　便所
四　管理人室
五　共用室

2　前項各号に掲げる設備の基準は、次のとおりとする。

一　居室
　イ　一の居室の定員は、原則として、一人とすること。
　ロ　利用者一人当たりの床面積は、原則として、収納設備等を除き、九・九平方メートル以上とすること。
二　浴室　利用者の特性に応じたものであること。
三　便所　利用者の特性に応じたものであること。
四　共用室　利用者の娯楽、団らん、集会等の用に供する共用の部屋として、利用定員に応じて適当な広さを有すること。

3　福祉ホームの設備は、専ら当該福祉ホームの用に供するものでなければならない。ただし、利用者に対するサービスの提供に支障がない場合は、この限りではない。

（職員の配置の基準）

第十条　福祉ホームには、管理人を置かなければならない。

2　管理人は、障害者の福祉の増進に熱意を有し、福祉ホームを適切に運営する能力を有する者でなければならない。

（定員の遵守）

第十二条　福祉ホームは、利用定員を超えて利用させてはならない。ただし、災害、虐待その他のやむを得ない事情がある場合は、この限りでない。

（衛生管理等）

第十三条　福祉ホームは、利用者の使用する設備及び飲用に供する水について、衛生的な管理に努め、又は衛生上必要な措置を講じなければならない。

2　福祉ホームは、福祉ホームにおいて感染症が発生し、又はまん延しないように必要な措置を講ずるよう努めなければならない。

（秘密保持等）

第十四条　福祉ホームの職員は、正当な理由がなく、その業務上知り得た利用者又はその家族の秘密を漏らしてはならない。

2　福祉ホームは、職員であった者が、正当な理由がなく、その業務上知り得た利用者又はその家族の秘密を漏らすことがないよう、必要な措置を講じなければならない。

（苦情解決）

第十五条　福祉ホームは、その提供したサービスに関する利用者又はその家族からの苦情に迅速かつ適切に対応するために、苦情を受け付けるための窓口を設置する等の必要な措置を講じなければならない。

2　福祉ホームは、前項の苦情を受け付けた場合には、当該苦情の内容等を記録しなければならない。

3　福祉ホームは、その提供したサービスに関し、都道府県又は市町村から指導又は助言を受けた場合は、当該指導又は助言に従って必要な改善を行わなければならない。

4　福祉ホームは、都道府県又は市町村からの求めがあった場合には、前項の改善の内容を都道府県又は市町村に報告しなければならない。

5　福祉ホームは、社会福祉法（昭和二十六年法律第四十五号）第八十三条に規定する運営適正化委員会が同法第八十五条の規定により行う調査又はあっせんにできる限り協力しなければならない。

附　則（抄）

（施行期日）

第一条　この省令は、平成十八年十月一日から施行する。

障害者の日常生活及び社会生活を総合的に支援するための法律に基づく障害者支援施設の設備及び運営に関する基準（抄）

（平成一八・九・二九　厚労令一七七）
（題名改正＝平成二五厚労令四）
最新改正　平成二五厚労令一二四

第一章　総則

（趣旨）
第一条　障害者の日常生活及び社会生活を総合的に支援するための法律（平成十七年法律第百二十三号。以下「法」という。）第八十四条第二項の厚生労働省令で定める基準は、次の各号に掲げる基準に応じ、それぞれ当該各号に定める規定による基準とする。

一　法第八十四条第一項の規定により、同条第二項第一号に掲げる事項について都道府県（地方自治法（昭和二十二年法律第六十七号）第二百五十二条の十九第一項の指定都市（以下この条及び第四条第三項において「指定都市」という。）及び同法第二百五十二条の二十二第一項の中核市（以下この条及び第四条第三項において「中核市」という。）にあっては、指定都市又は中核市。以下この条において同じ。）が条例を定めるに当たって従うべき基準　第五条、第十一条（第一項第二号ロ及び第七号ロを除く。）、第十二条、第十二条の二第三項、第二十一条第六項及び第二十二条第三項の規定による基準

二　法第八十四条第一項の規定により、同条第二項第二号に掲げる事項について都道府県が条例を定めるに当たって従うべき基準　第十条第一項（居室に係る部分に限る。）及び第二項第二号ハの規定による基準

三　法第八十四条第一項の規定により、同条第二項第三号に掲げる事項について都道府県が条例を定めるに当たって従うべき基準　第二十一条第七項、第二十二条第四項、第二十四条、第三十三条、第三十九条、第四十条及び第四十三条の規定による基準

四　法第八十四条第一項の規定により、同条第二項第四号に掲げる事項について都道府県が条例を定めるに当たって標準とすべき基準　第九条、第十一条第一項第二号ロ及び第七号ロ並びに第十二条の二第二項の規定による基準

五　法第八十四条第一項の規定により、同条第二項各号に掲げる事項以外の事項について都道府県が条例を定めるに当たって参酌すべき基準　この省令に定める基準のうち、前各号に定める規定による基準以外のもの

（定義）
第二条　この省令において、次の各号に掲げる用語の意義は、それぞれ当該各号に定めるところによる。

一　利用者　障害福祉サービスを利用する障害者をいう。

二　施設障害福祉サービス　法第五条第一項に規定する施設障害福祉サービスをいう。

三　常勤換算方法　障害者支援施設の職員の勤務延べ時間数を当該障害者支援施設において常勤の職員が勤務すべき時間数で除することにより、当該障害者支援施設の職員の員数を常勤の職員の員数に換算する方法をいう。

四　昼間実施サービス　障害者支援施設が提供する施設障害福祉サービスのうち施設入所支援を除いたものをいう。

（障害者支援施設の一般原則）
第三条　障害者支援施設は、利用者の意向、適性、障害の特性その他の事情を踏まえた計画（以下「個別支援計画」という。）を作成し、これに基づき利用者に対して施設障害福祉サービスを提供するとともに、その効果について継続的な評価を実施することその他の措置を講ずることにより利用者に対して適切かつ効果的に施設障害福祉サービスを提供しなければならない。

2　障害者支援施設は、利用者の意思及び人格を尊重して、常に当該利用者の立場に立った施設障害福祉サービスの提供に努めなければならない。

3　障害者支援施設は、利用者の人権の擁護、虐待の防止等のため、責任者を設置する等必要な体制の整備を行うとともに、その職員に対し、研修を実施する等の措置を講ずるよう努めなければならない。

第二章　設備及び運営に関する基準

（構造設備）

第四条　障害者支援施設の配置、構造及び設備は、利用者の特性に応じて工夫され、かつ、日照、採光、換気等の利用者の保健衛生に関する事項及び防災について十分考慮されたものでなければならない。

2　障害者支援施設の建物（利用者の日常生活のために使用しない附属の建物を除く。次項において同じ。）は、耐火建築物（建築基準法（昭和二十五年法律第二百一号）第二条第九号の二に規定する耐火建築物をいう。次項において同じ。）又は準耐火建築物（同条第九号の三に規定する準耐火建築物をいう。次項において同じ。）でなければならない。

3　前項の規定にかかわらず、都道府県知事（指定都市及び中核市にあっては、指定都市又は中核市の市長）が、火災予防、消火活動等に関し専門的知識を有する者の意見を聴いて、次の各号のいずれかの要件を満たす木造かつ平屋建ての障害者支援施設の建物であって、火災に係る利用者の安全性が確保されていると認めたときは、耐火建築物又は準耐火建築物とすることを要しない。

一　スプリンクラー設備の設置、天井等の内装材等への難燃性の材料の使用、火災が発生するおそれがある箇所における防火区画の設置等により、初期消火及び延焼の抑制に配慮した構造であること。

二　非常警報設備の設置等による火災の早期発見及び通報の体制が整備されており、円滑な消火活動が可能なものであること。

三　避難口の増設、搬送を容易に行うために十分な幅員を有する避難路の確保等により、円滑な避難が可能な構造であり、かつ、避難訓練を頻繁に実施すること、配置人員を増員すること等により、火災の際の円滑な避難が可能なものであること。

（施設長の資格要件）

第五条　障害者支援施設の施設長は、社会福祉法（昭和二十六年法律第四十五号）第十九条第一項各号のいずれかに該当する者若しくは社会福祉事業に二年以上従事した者又はこれらと同等以上の能力を有すると認められる者でなければならない。

（規模）

第九条　障害者支援施設は、次の各号に掲げる当該障害者支援施設が提供する施設障害福祉サービスの種類の区分に応じ、当該各号に掲げる人員を利用させることができる規模を有するものでなければならない。

一　生活介護、自立訓練（機能訓練）（障害者の日常生活及び社会生活を総合的に支援するための法律施行規則（平成十八年厚生労働省令第十九号。以下「規則」という。）第六条の六第一号に規定する自立訓練（機能訓練）をいう。以下同じ。）、自立訓練（生活訓練）（規則第六条の六第二号に規定する自立訓練（生活訓練）をいう。以下同じ。）、就労移行支援及び就労継続支援B型（規則第六条の十第二号に規定する就労継続支援B型をいう。以下同じ。）　二十人以上（入所を目的とする他の社会福祉施設等に併設する障害者支援施設（次条第三項に規定する認定障害者支援施設を除く。次項において同じ。）にあっては、十人以上）

二　施設入所支援　三十人以上（入所を目的とする他の社会福祉施設等に併設する障害者支援施設にあっては、十人以上）

2　複数の昼間実施サービスを行う障害者支援施設は、その利用定員を、次の各号に掲げる当該障害者支援施設が提供する施設障害福祉サービスの種類の区分に応じ、当該各号に定める数としなければならない。ただし、当該障害者支援施設が提供する昼間実施サービスの利用定員の合計が二十人以上（入所を目的とする他の社会福祉施設等に併設する障害者支援施設にあっては、十二人以上）でなければならないものとする。
一　生活介護、自立訓練（機能訓練）、自立訓練（生活訓練）又は就労移行支援　六人以上。
二　就労継続支援B型　十人以上
三　施設入所支援　三十人以上（入所を目的とする他の社会福祉施設等に併設する障害者支援施設にあっては、十人以上）

（設備の基準）
第十条　障害者支援施設は、訓練・作業室、居室、食堂、浴室、洗面所、便所、相談室及び多目的室その他運営上必要な設備を設けなければならない。ただし、他の社会福祉施設等の設備を利用することにより当該障害者支援施設の効果的な運営を期待することができる場合であって、利用者の支援に支障がないときは、その一部を設けないことができる。
2　障害者支援施設の設備の基準は、次のとおりとする。
一　訓練・作業室
イ　専ら当該障害者支援施設が提供する施設障害福祉サービスの種類ごとの用に供するものであること。ただし、利用者の支援に支障がない場合はこの限りでない。
ロ　訓練又は作業に支障がない広さを有すること。
ハ　訓練又は作業に必要な機械器具等を備えること。
二　居室
イ　一の居室の定員は、四人以下とすること。
ロ　地階に設けてはならないこと。
ハ　利用者一人当たりの床面積は、収納設備等を除き、九・九平方メートル以上とすること。
ニ　寝台又はこれに代わる設備を備えること。
ホ　一以上の出入口は、避難上有効な空地、廊下又は広間に直接面して設けること。
ヘ　必要に応じて利用者の身の回り品を保管することができる設備を備えること。
ト　ブザー又はこれに代わる設備を設けること。
三　食堂
イ　食事の提供に支障がない広さを有すること。
ロ　必要な備品を備えること。
四　浴室　利用者の特性に応じたものとすること。
五　洗面所
イ　居室のある階ごとに設けること。
ロ　利用者の特性に応じたものであること。
六　便所
イ　居室のある階ごとに設けること。
ロ　利用者の特性に応じたものであること。
七　相談室　室内における談話の漏えいを防ぐための間仕切り等を設けること。
八　廊下幅
イ　一・五メートル以上とすること。ただし、中廊下の幅は、一・八メートル以上とすること。
ロ　廊下の一部の幅を拡張することにより、利用者、職員等の円滑な往来に支障がないようにしなければならないこと。
3　あん摩マッサージ指圧師、はり師及びきゅう師に係る学校養成施設認定規則（昭和二十六年文部省・厚生省令第二号）によるあん摩マッサージ指圧師、はり師又はきゅう師の養成施設として認定されている障害者支援施設（以下「認定障害者支援施設」という。）が就労移行支援を行う場合は、前項の規定のほか、あん摩マッサージ指圧師、はり師及びきゅう師に係る学校養成施設として必要とされる設備を有することとする。
4　第一項に規定する相談室及び多目的室については、利用者へのサービスの提供に当たって支障がない範囲で兼用することができる。

（職員の配置の基準）

障害者福祉

第十一条　障害者支援施設に置くべき職員及びその員数は、次のとおりとする。

一　施設長　一

二　生活介護を行う場合

イ　生活介護を行う場合に置くべき職員及びその員数は、次のとおりとする。

(1)　医師　利用者に対して日常生活上の健康管理及び療養上の指導を行うために必要な数

(2)　看護職員（保健師又は看護師若しくは准看護師をいう。以下同じ。）、理学療法士又は作業療法士及び生活支援員

(一)　看護職員、理学療法士又は作業療法士及び生活支援員の総数は、生活介護の単位ごとに、常勤換算方法で、(イ)及び(ロ)に掲げる数を合計した数以上とする。

(イ)　(i)から(iii)までに掲げる平均障害支援区分（厚生労働大臣が定めるところにより算定した障害支援区分の平均値をいう。以下同じ。）に応じ、それぞれ(i)から(iii)までに定める数

(i)　平均障害支援区分が四未満　利用者（厚生労働大臣が定める者を除く。(ii)及び(iii)において同じ。）の数を六で除した数

(ii)　平均障害支援区分が四以上五未満　利用者の数を五で除した数

(iii)　平均障害支援区分が五以上　利用者の数を三で除した数

(ロ)　(イ)(i)の厚生労働大臣が定める者である利用者の数を十で除した数

(二)　看護職員の数は、生活介護の単位ごとに、一以上とする。

(三)　理学療法士又は作業療法士の数は、利用者に対して日常生活を営むのに必要な機能の減退を防止するための訓練を行う場合は、生活介護の単位ごとに、当該訓練を行うために必要な数とする。

(四)　生活支援員の数は、生活介護の単位ごとに、一以上とする。

(3)　サービス管理責任者（施設障害福祉サービスの提供に係るサービス管理を行う者として厚生労働大臣が定めるものをいう。以下同じ。）(一)又は(二)に掲げる利用者の数の区分に応じ、それぞれ(一)又は(二)に掲げる数

(一)　利用者の数が六十以下　一以上

(二)　利用者の数が六十一以上　一に、利用者の数が六十を超えて四十又はその端数を増すごとに一を加えて得た数以上

ロ　イ(2)の生活介護の単位は、生活介護であって、その提供が同時に一又は複数の利用者に対して一体的に行われるものをいい、複数の生活介護の単位を置く場合の生活介護の単位の利用定員は二十人以上とする。

ハ　イ(2)の理学療法士又は作業療法士を確保することが困難な場合には、これらの者に代えて、日常生活を営むのに必要な機能の減退を防止するための訓練を行う能力を有する看護師その他の者を機能訓練指導員として置くことができる。

ニ　イ(2)の生活支援員のうち、一人以上は、常勤でなければならない。

ホ　イ(3)のサービス管理責任者のうち、一人以上は、常勤でなければならない。

三　自立訓練（機能訓練）を行う場合

イ　自立訓練（機能訓練）を行う場合に置くべき職員及びその員数は、次のとおりとする。

(1)　看護職員、理学療法士又は作業療法士及び生活支援員

(一)　看護職員、理学療法士又は作業療法士及び生活支援員の総数は、常勤換算方法で、利用者の数を六で除した数以上とする。

(二)　看護職員の数は、一以上とする。

(三)　理学療法士又は作業療法士の数は、一以上とする。

(四)　生活支援員の数は、一以上とする。

(2) サービス管理責任者　(一)又は(二)に掲げる利用者の数の区分に応じ、それぞれ(一)又は(二)に掲げる数
(一) 利用者の数が六十以下　一以上
(二) 利用者の数が六十一以上　一に、利用者の数が六十を超えて四十又はその端数を増すごとに一を加えて得た数以上

ロ　障害者支援施設が、障害者支援施設における自立訓練（機能訓練）に併せて、利用者の居宅を訪問することにより、自立訓練（機能訓練）（以下この条において「訪問による自立訓練（機能訓練）」という。）を提供する場合は、イに掲げる員数の職員に加えて、当該訪問による自立訓練（機能訓練）を提供する生活支援員を一人以上置くものとする。

ハ　イ(1)の理学療法士又は作業療法士を確保することが困難な場合には、これらの者に代えて、日常生活を営むのに必要な機能の減退を防止するための訓練を行う能力を有する看護師その他の者を機能訓練指導員として置くことができる。

ニ　イ(1)の看護職員のうち、一人以上は、常勤でなければならない。

ホ　イ(1)の生活支援員のうち、一人以上は、常勤でなければならない。

ヘ　イ(2)のサービス管理責任者のうち、一人以上は、常勤でなければならない。

四　自立訓練（生活訓練）を行う場合

イ　自立訓練（生活訓練）を行う場合に置くべき職員及びその員数は、次のとおりとする。
(1) 生活支援員　常勤換算方法で、利用者の数を六で除した数以上
(2) サービス管理責任者　(一)又は(二)に掲げる利用者の数の区分に応じ、それぞれ(一)又は(二)に掲げる数
(一) 利用者の数が六十以下　一以上
(二) 利用者の数が六十一以上　一に、利用者の数が六十を超えて四十又はその端数を増すごとに一を加えて得た数以上

ロ　健康上の管理等の必要がある利用者がいるために看護職員を置いている場合については、イ(1)中「生活支援員」とあるのは「生活支援員及び看護職員」と、「常勤換算方法」とあるのは「生活支援員及び看護職員の総数は、常勤換算方法」と読み替えるものとする。この場合において、生活支援員及び看護職員の数は、それぞれ一以上とする。

ハ　障害者支援施設が、障害者支援施設における自立訓練（生活訓練）に併せて、利用者の居宅を訪問することにより自立訓練（生活訓練）（以下この条において「訪問による自立訓練（生活訓練）」という。）を行う場合は、イ及びロに掲げる員数の職員に加えて、当該訪問による自立訓練（生活訓練）を提供する生活支援員を一人以上置くものとする。

ニ　イ(1)及びロの生活支援員のうち、一人以上は、常勤でなければならない。

ホ　イ(2)のサービス管理責任者のうち、一人以上は、常勤でなければならない。

五　就労移行支援を行う場合

イ　就労移行支援を行う場合に置くべき職員及びその員数は、次のとおりとする。
(1) 職業指導員及び生活支援員
(一) 職業指導員及び生活支援員の総数は、常勤換算方法で、利用者の数を六で除した数以上とする。
(二) 職業指導員の数は、一以上とする。
(三) 生活支援員の数は、一以上とする。
(2) 就労支援員　常勤換算方法で、利用者の数を十五で除した数以上
(3) サービス管理責任者　(一)又は(二)に掲げる利用者の数の区分に応じ、それぞれ(一)又は(二)に掲げる数
(一) 利用者の数が六十以下　一以上
(二) 利用者の数が六十一以上　一に、利用者の数が六十を超えて四十又はその端数を増すごとに一を加えて得た数以上

障害者福祉

ロ　イの規定にかかわらず、認定障害者支援施設が就労移行支援を行う場合に置くべき職員及びその員数は、次のとおりとする。
(1)　職業指導員及び生活支援員
㈠　職業指導員及び生活支援員の総数は、常勤換算方法で、利用者の数を十で除した数以上とする。
㈡　職業指導員の数は、一以上とする。
㈢　生活支援員の数は、一以上とする。
(2)　サービス管理責任者　㈠又は㈡に掲げる利用者の数の区分に応じ、それぞれ㈠又は㈡に掲げる数
㈠　利用者の数が六十以下　一以上
㈡　利用者の数が六十一以上　一に、利用者の数が六十を超えて四十又はその端数を増すごとに一を加えて得た数以上
ハ　イ(1)又はロ(1)の職業指導員又は生活支援員のうち、いずれか一人以上は、常勤でなければならない。
ニ　イ(2)の就労支援員のうち、一人以上は、常勤でなければならない。
ホ　イ(3)又はロ(2)のサービス管理責任者のうち、一人以上は、常勤でなければならない。
六　就労継続支援B型を行う場合
イ　就労継続支援B型を行う場合に置くべき職員及びその員数は、次のとおりとする。
(1)　職業指導員及び生活支援員
㈠　職業指導員及び生活支援員の総数は、常勤換算方法で、利用者の数を十で除した数以上とする。
㈡　職業指導員の数は、一以上とする。
㈢　生活支援員の数は、一以上とする。
(2)　サービス管理責任者　㈠又は㈡に掲げる利用者の数の区分に応じ、それぞれ㈠又は㈡に定める数
㈠　利用者の数が六十以下　一以上
㈡　利用者の数が六十一以上　一に、利用者の数が六十を超えて四十又はその端数を増すごとに一を加えて得た数以上
ロ　イ(1)の職業指導員又は生活支援員のうち、いずれか一人以上は、常勤でなければならない。
ハ　イ(2)のサービス管理責任者のうち、一人以上は、常勤でなければならない。
七　施設入所支援を行う場合
イ　施設入所支援を行うために置くべき職員及びその員数は、次のとおりとする。
(1)　生活支援員　施設入所支援の単位ごとに、㈠又は㈡に掲げる利用者の数の区分に応じ、それぞれ㈠又は㈡に掲げる数とする。ただし、自立訓練（機能訓練）、自立訓練（生活訓練）、就労移行支援、就労継続支援B型を受ける利用者又は厚生労働大臣が定める者に対してのみその提供が行われる単位にあっては、宿直勤務を行う生活支援員を一以上とする。
㈠　利用者の数が六十以下　一以上
㈡　利用者の数が六十一以上　一に、利用者の数が六十を超えて四十又はその端数を増すごとに一を加えて得た数以上
(2)　サービス管理責任者　当該障害者支援施設において昼間実施サービスを行う場合に配置されるサービス管理責任者が兼ねるものとする。
ロ　イの施設入所支援の単位は、施設入所支援であって、その提供が同時に一又は複数の利用者に対して一体的に行われるものをいい、複数の施設入所支援の単位を置く場合の施設入所支援の単位の利用定員は三十人以上とする。
2　前項の利用者の数は、前年度の平均値とする。ただし、新規に事業を開始する場合は、前項の利用者の数は推定数とする。
3　第一項に規定する障害者支援施設の職員（施設長を除く。）は、生活介護の単位若しくは施設入所支援の単位ごとに専ら当該生活介護若しくは当該施設入所支援の提供に当たる者又は専ら自立訓練（機能訓練）、

自立訓練（生活訓練）、就労移行支援若しくは就労継続支援B型の提供に当たる者でなければならない。ただし、利用者の支援に支障がない場合はこの限りでない。

4　第一項の施設長は、専らその職務に従事する者でなければならない。ただし、障害者支援施設の管理上支障がない場合は、当該障害者支援施設の他の業務に従事し、又は当該障害者支援施設以外の事業所、施設等の職務に従事することができるものとする。

（複数の昼間実施サービスを行う場合における職員の員数）

第十二条　複数の昼間実施サービスを行う障害者支援施設は、昼間実施サービスの利用定員の合計が二十人未満である場合は、前条第一項第二号ニ、第三号ニ及びホ、第四号ニ、第五号ハ（ロ(1)に係る部分を除く。）及びニ並びに第六号ロの規定にかかわらず、当該障害者支援施設が昼間実施サービスを行う場合に置くべき職員（施設長、医師及びサービス管理責任者を除く。）のうち、一人以上は、常勤でなければならないとすることができる。

2　複数の昼間実施サービスを行う障害者支援施設は、前条第一項第二号イ(3)及びホ、第三号イ(2)及びヘ、第四号イ(2)及びホ、第五号イ(3)、ロ(2)及びホ並びに第六号イ(2)及びハの規定にかかわらず、サービス管理責任者の数を、次の各号に掲げる当該障害者支援施設が提供する昼間実施サービスのうち厚生労働大臣が定めるものの利用者の数の合計の区分に応じ、当該各号に掲げる数とし、この規定により置くべきものとされるサービス管理責任者のうち、一人以上は、常勤でなければならないとすることができる。

一　利用者の数の合計が六十以下　一以上

二　利用者の数の合計が六十一以上　一に、利用者の数の合計が六十を超えて四十又はその端数を増すごとに一を加えて得た数以上

（サービス提供困難時の対応）

第十三条　障害者支援施設は、生活介護、自立訓練（機能訓練）、自立訓練（生活訓練）、就労移行支援又は就労継続支援B型に係る通常の事業の実施地域（当該障害者支援施設が通常時に当該施設障害福祉サービスを提供する地域をいう。以下同じ。）等を勘案し、利用申込者に対し自ら適切な生活介護、自立訓練（機能訓練）、自立訓練（生活訓練）、就労移行支援又は就労継続支援B型を提供することが困難であると認めた場合は、適当な他の障害者支援施設等の紹介その他の必要な措置を速やかに講じなければならない。

2　障害者支援施設は、利用申込者が入院治療を必要とする場合その他利用申込者に対し自ら適切な便宜を供与することが困難である場合は、適切な病院又は診療所の紹介その他の措置を速やかに講じなければならない。

（心身の状況等の把握）

第十四条　障害者支援施設は、施設障害福祉サービスの提供に当たっては、利用者の心身の状況、その置かれている環境、他の保健医療サービス又は福祉サービスの利用状況等の把握に努めなければならない。

（障害福祉サービス事業者等との連携等）

第十五条　障害者支援施設は、施設障害福祉サービスを提供するに当たっては、地域及び家庭との結びつきを重視した運営を行い、市町村（特別区を含む。以下同じ。）、他の障害者支援施設、障害福祉サービス事業を行う者その他の保健医療サービス又は福祉サービスを提供する者等との密接な連携に努めなければならない。

2　障害者支援施設は、施設障害福祉サービスの提供の終了に際しては、利用者又はその家族に対して適切な援助を行うとともに、保健医療サービス又は福祉サービスを提供する者との密接な連携に努めなければならない。

（障害者支援施設が利用者に求めることのできる金銭の支払の範囲等）

第十六条　障害者支援施設が、施設障害福祉サービスを提供する利用者に対して金銭の支払を求めることができるのは、当該金銭の使途が直接利用者の便益を向上させるものであって、当該利用者に支払を求めるこ

とが適当であるものに限るものとする。

2　前項の規定により金銭の支払を求める際は、当該金銭の使途及び額並びに利用者に金銭の支払を求める理由について書面によって明らかにするとともに、利用者に対して説明を行い、その同意を得なければならない。

（施設障害福祉サービスの取扱方針）

第十七条　障害者支援施設は、次条第一項に規定する施設障害福祉サービス計画に基づき、利用者の心身の状況等に応じて、その者の支援を適切に行うとともに、施設障害福祉サービスの提供が漫然かつ画一的なものとならないよう配慮しなければならない。

2　障害者支援施設の職員は、施設障害福祉サービスの提供に当たっては、懇切丁寧を旨とし、利用者又はその家族に対し、支援上必要な事項について、理解しやすいように説明を行わなければならない。

3　障害者支援施設は、その提供する施設障害福祉サービスの質の評価を行い、常にその改善を図らなければならない。

（施設障害福祉サービス計画の作成等）

第十八条　障害者支援施設の施設長は、サービス管理責任者に施設障害福祉サービスに係る個別支援計画（以下「施設障害福祉サービス計画」という。）の作成に関する業務を担当させるものとする。

2　サービス管理責任者は、施設障害福祉サービス計画の作成に当たっては、適切な方法により、利用者について、その置かれている環境及び日常生活全般の状況等の評価を通じて利用者の希望する生活や課題等の把握（以下「アセスメント」という。）を行い、利用者が自立した日常生活を営むことができるように支援する上での適切な支援内容の検討をしなければならない。

3　アセスメントに当たっては、利用者に面接して行わなければならない。この場合において、サービス管理責任者は、面接の趣旨を利用者に対して十分に説明し、理解を得なければならない。

4　サービス管理責任者は、アセスメント及び支援内容の検討結果に基づき、利用者及びその家族の生活に対する意向、総合的な支援の方針、生活全般の質を向上させるための課題、施設障害福祉サービスごとの目標及びその達成時期、施設障害福祉サービスを提供する上での留意事項等を記載した施設障害福祉サービス計画の原案を作成しなければならない。この場合において、当該障害者支援施設が提供する施設障害福祉サービス以外の保健医療サービス又はその他の福祉サービス等との連携も含めて施設障害福祉サービス計画の原案に位置付けるように努めなければならない。

5　サービス管理責任者は、施設障害福祉サービス計画の作成に係る会議（利用者に対する施設障害福祉サービス等の提供に当たる担当者等を招集して行う会議をいう。）を開催し、前項に規定する施設障害福祉サービス計画の原案の内容について意見を求めるものとする。

6　サービス管理責任者は、第四項に規定する施設障害福祉サービス計画の原案の内容について利用者又はその家族に対して説明し、文書により利用者の同意を得なければならない。

7　サービス管理責任者は、施設障害福祉サービス計画を作成した際には、当該施設障害福祉サービス計画を利用者に交付しなければならない。

8　サービス管理責任者は、施設障害福祉サービス計画の作成後、施設障害福祉サービス計画の実施状況の把握（利用者についての継続的なアセスメントを含む。以下「モニタリング」という。）を行うとともに、少なくとも六月に一回以上、施設障害福祉サービス計画の見直しを行い、必要に応じて、施設障害福祉サービス計画の変更を行うものとする。

9　サービス管理責任者は、モニタリングに当たっては、利用者及びその家族等と連絡を継続的に行うこととし、特段の事情のない限り、次に定めるところにより行わなければならない。

一　定期的に利用者に面接すること。

二　定期的にモニタリングの結果を記録すること。

10　第二項から第七項までの規定は、第八項に規定する施設障害福祉サービス計画の変更について準用する。

（**サービス管理責任者の責務**）

第十九条　サービス管理責任者は、前条に規定する業務のほか、次に掲げる業務を行うものとする。

一　利用申込者の利用に際し、その者が現に利用している障害福祉サービス事業を行う者等に対する照会等により、その者の心身の状況、当該障害者支援施設以外における障害福祉サービス等の利用状況等を把握すること。

二　利用者の心身の状況、その置かれている環境等に照らし、利用者が自立した日常生活を営むことができるよう定期的に検討するとともに、自立した日常生活を営むことができると認められる利用者に対し、必要な援助を行うこと。

三　他の職員に対する技術指導及び助言を行うこと。

（**相談等**）

第二十条　障害者支援施設は、常に利用者の心身の状況、その置かれている環境等の的確な把握に努め、利用者又はその家族に対し、その相談に適切に応じるとともに、必要な助言その他の援助を行わなければならない。

2　障害者支援施設は、利用者が、当該障害者支援施設以外において生活介護、自立訓練（機能訓練）、自立訓練（生活訓練）、就労移行支援、就労継続支援A型（規則第六条の十第一号に規定する就労継続支援A型をいう。以下同じ。）又は就労継続支援B型の利用を希望する場合には、他のサービス事業所（法第三十六条第一項に規定するサービス事業所をいう。）等との利用調整等必要な支援を実施しなければならない。

（**介護**）

第二十一条　介護は、利用者の心身の状況に応じ、利用者の自立の支援と日常生活の充実に資するよう、適切な技術をもって行われなければならない。

2　障害者支援施設は、施設入所支援の提供に当たっては、適切な方法により、利用者を入浴させ、又は清しきしなければならない。

3　障害者支援施設は、生活介護又は施設入所支援の提供に当たっては、利用者の心身の状況に応じ、適切な方法により、排せつの自立について必要な援助を行わなければならない。

4　障害者支援施設は、生活介護又は施設入所支援の提供に当たっては、おむつを使用せざるを得ない利用者のおむつを適切に取り替えなければならない。

5　障害者支援施設は、生活介護又は施設入所支援の提供に当たっては、利用者に対し、離床、着替え、整容等の介護その他日常生活上必要な支援を適切に行わなければならない。

6　障害者支援施設は、常時一人以上の職員を介護に従事させなければならない。

7　障害者支援施設は、その利用者に対して、利用者の負担により、当該障害者支援施設の職員以外の者による介護を受けさせてはならない。

（**訓練**）

第二十二条　障害者支援施設は、利用者の心身の状況に応じ、利用者の自立の支援と日常生活の充実に資するよう、適切な技術をもって訓練を行わなければならない。

2　障害者支援施設は、自立訓練（機能訓練）、自立訓練（生活訓練）、就労移行支援又は就労継続支援B型の提供に当たっては、利用者に対し、自立した日常生活又は社会生活を営むことができるよう、利用者の心身の特性に応じた必要な訓練を行わなければならない。

3　障害者支援施設は、常時一人以上の職員を訓練に従事させなければならない。

4　障害者支援施設は、その利用者に対して、利用者の負担により、当該障害者支援施設の職員以外の者による訓練を受けさせてはならない。

（**生産活動**）

第二十三条　障害者支援施設は、生活介護又は就労移行支援における生産活動の機会の提供に当たっては、地域の実情並びに製品及びサービスの需給状況等を考慮して行うように努めなければならない。

2　障害者支援施設は、生活介護又は就労移行支援における生産活動の機会の提供に当たっては、生産活動に従事する者の作業時間、作業量等がその者に過重な負担とならないように配慮しなければならない。

3　障害者支援施設は、生活介護又は就労移行支援における生産活動の機会の提供に当たっては、生産活動の能率の向上が図られるよう、利用者の障害の特性等を踏まえた工夫を行わなければならない。

4　障害者支援施設は、生活介護又は就労移行支援における生産活動の機会の提供に当たっては、防塵設備又は消火設備の設置等生産活動を安全に行うために必要かつ適切な措置を講じなければならない。

（工賃の支払等）

第二十四条　障害者支援施設は、生活介護、就労移行支援又は就労継続支援B型において行われる生産活動に従事している者に、当該生活介護、就労移行支援又は就労継続支援B型ごとに、生産活動に係る事業の収入から生産活動に係る事業に必要な経費を控除した額に相当する金額を工賃として支払わなければならない。

2　障害者支援施設は、就労継続支援B型の提供に当たっては、前項の規定により利用者それぞれに対し支払われる一月当たりの工賃の平均額（第四項において「工賃の平均額」という。）を、三千円を下回るものとしてはならない。

3　障害者支援施設は、就労継続支援B型の提供に当たっては、利用者が自立した日常生活又は社会生活を営むことを支援するため、工賃の水準を高めるよう努めなければならない。

4　障害者支援施設は、就労継続支援B型の提供に当たっては、年度ごとに、工賃の目標水準を設定し、当該工賃の目標水準及び前年度に利用者それぞれに対し支払われた工賃の平均額を利用者に通知するとともに、都道府県に報告しなければならない。

（実習の実施）

第二十五条　障害者支援施設は、就労移行支援の提供に当たっては、利用者が施設障害福祉サービス計画に基づいて実習できるよう、実習の受入先を確保しなければならない。

2　障害者支援施設は、就労継続支援B型の提供に当たっては、利用者が施設障害福祉サービス計画に基づいて実習できるよう、実習の受入先の確保に努めなければならない。

3　障害者支援施設は、前二項の実習の受入先の確保に当たっては、公共職業安定所、障害者就業・生活支援センター（障害者の雇用の促進等に関する法律（昭和三十五年法律第百二十三号）第二十七条第二項に規定する障害者就業・生活支援センターをいう。以下同じ。）、特別支援学校等の関係機関と連携して、利用者の意向及び適性を踏まえて行うよう努めなければならない。

（求職活動の支援等の実施）

第二十六条　障害者支援施設は、就労移行支援の提供に当たっては、公共職業安定所での求職の登録その他の利用者が行う求職活動を支援しなければならない。

2　障害者支援施設は、就労継続支援B型の提供に当たっては、公共職業安定所での求職の登録その他の利用者が行う求職活動の支援に努めなければならない。

3　障害者支援施設は、就労移行支援又は就労継続支援B型の提供に当たっては、公共職業安定所、障害者就業・生活支援センター、特別支援学校等の関係機関と連携して、利用者の意向及び適性に応じた求人の開拓に努めなければならない。

（職場への定着のための支援の実施）

第二十七条　障害者支援施設は、就労移行支援の提供に当たっては、利用者の職場への定着を促進するため、障害者就業・生活支援センター等の関係機関と連携して、利用者が就職した日から六月以上、職業生活における相談等の支援を継続しなければならない。

2　障害者支援施設は、就労継続支援B型の提供に当たっては、利用者の職場への定着を促進するため、障害者就業・生活支援センター等の関係機関と連携して、利用者が就職した日から六月以上、職業生活における相談等の支援の継続に努めなければならない。

（就職状況の報告）

第二十八条　障害者支援施設は、就労移行支援の提供に当たっては、毎年、前年度における就職した利用者の数その他の就職に関する状況を、都道府県に報告しなければならない。

（食事）

第二十九条　障害者支援施設（施設入所支援を提供する場合に限る。）は、正当な理由がなく、食事の提供を拒んではならない。

2　障害者支援施設は、食事の提供を行う場合には、当該食事の提供に当たり、あらかじめ、利用者に対しその内容及び費用に関して説明を行い、その同意を得なければならない。

3　障害者支援施設は、食事の提供に当たっては、利用者の心身の状況及び嗜好を考慮し、適切な時間に食事の提供を行うとともに、利用者の年齢及び障害の特性に応じた、適切な栄養量及び内容の食事の提供を行うため、必要な栄養管理を行わなければならない。

4　調理はあらかじめ作成された献立に従って行われなければならない。

5　障害者支援施設は、食事の提供を行う場合であって、障害者支援施設に栄養士を置かないときは、献立の内容、栄養価の算定及び調理の方法について保健所等の指導を受けるよう努めなければならない。

（社会生活上の便宜の供与等）

第三十条　障害者支援施設は、適宜利用者のためのレクリエーション行事を行うよう努めなければならない。

2　障害者支援施設は、利用者が日常生活を営む上で必要な行政機関に対する手続等について、その者又はその家族が行うことが困難である場合は、その者の同意を得て代わって行わなければならない。

3　障害者支援施設は、常に利用者の家族との連携を図るとともに、利用者とその家族との交流等の機会を確保するよう努めなければならない。

（健康管理）

第三十一条　障害者支援施設は、常に利用者の健康の状況に注意するとともに、健康保持のための適切な措置を講じなければならない。

2　障害者支援施設は、施設入所支援を利用する利用者に対して、毎年二回以上定期に健康診断を行わなければならない。

（緊急時等の対応）

第三十二条　職員は、現に施設障害福祉サービスの提供を行っているときに利用者に病状の急変が生じた場合その他必要な場合は、速やかに医療機関への連絡を行う等の必要な措置を講じなければならない。

（施設入所支援利用者の入院期間中の取扱い）

第三十三条　障害者支援施設は、施設入所支援を利用する利用者について、病院又は診療所に入院する必要が生じた場合であって、入院後おおむね三月以内に退院することが見込まれるときは、その者の希望等を勘案し、必要に応じて適切な便宜を供与するとともに、やむを得ない事情がある場合を除き、退院後再び当該障害者支援施設の施設入所支援を円滑に利用することができるようにしなければならない。

（定員の遵守）

第三十六条　障害者支援施設は、施設障害福祉サービスの種類ごとのそれぞれの利用定員及び居室の定員を超えて施設障害福祉サービスの提供を行ってはならない。ただし、災害、虐待その他のやむを得ない事情がある場合は、この限りでない。

（衛生管理等）

第三十七条　障害者支援施設は、利用者の使用する設備及び飲用に供する水について、衛生的な管理に努め、又は衛生上必要な措置を講ずるとともに、健康管理等に必要となる機械器具等の管理を適正に行わなければならない。

2　障害者支援施設は、障害者支援施設において感染症又は食中毒が発生し、又はまん延しないように必要な措置を講ずるよう努めなければならない。

（協力医療機関等）

第三十八条　障害者支援施設は、利用者の病

障害者福祉

状の急変等に備えるため、あらかじめ、協力医療機関を定めておかなければならない。

2　障害者支援施設は、あらかじめ、協力歯科医療機関を定めておくよう努めなければならない。

（身体拘束等の禁止）

第三十九条　障害者支援施設は、施設障害福祉サービスの提供に当たっては、利用者又は他の利用者の生命又は身体を保護するため緊急やむを得ない場合を除き、身体的拘束その他利用者の行動を制限する行為（以下「身体拘束等」という。）を行ってはならない。

2　障害者支援施設は、やむを得ず身体拘束等を行う場合には、その態様及び時間、その際の利用者の心身の状況並びに緊急やむを得ない理由その他必要な事項を記録しなければならない。

（秘密保持等）

第四十条　障害者支援施設の職員は、正当な理由がなく、その業務上知り得た利用者又はその家族の秘密を漏らしてはならない。

2　障害者支援施設は、職員であった者が、正当な理由がなく、その業務上知り得た利用者又はその家族の秘密を漏らすことがないよう、必要な措置を講じなければならない。

（苦情解決）

第四十一条　障害者支援施設は、その提供した施設障害福祉サービスに関する利用者又はその家族からの苦情に迅速かつ適切に対応するために、苦情を受け付けるための窓口を設置する等の必要な措置を講じなければならない。

2　障害者支援施設は、前項の苦情を受け付けた場合には、当該苦情の内容等を記録しなければならない。

3　障害者支援施設は、その提供した施設障害福祉サービスに関し、市町村（特別区を含む。以下同じ。）から指導又は助言を受けた場合は、当該指導又は助言に従って必要な改善を行わなければならない。

4　障害者支援施設は、市町村からの求めがあった場合には、前項の改善の内容を市町村に報告しなければならない。

（地域との連携等）

第四十二条　障害者支援施設は、その運営に当たっては、地域住民又はその自発的な活動等との連携及び協力を行う等の地域との交流に努めなければならない。

附　則（抄）

（施行期日）

第一条　この省令は、平成十八年十月一日から施行する。

障害者基本計画（抄）

（平成三〇・三月　閣議決定）

はじめに

（我が国におけるこれまでの主な取組）

我が国における障害者施策に関する基本法としての位置付けを有する法律を遡ると、昭和四十五（一九七〇）年に制定された心身障害者対策基本法（昭和四十五年法律第八十四号）に端を発することとなる。同法は、心身障害者対策の総合的推進を図ることを目的として、心身障害者の福祉に関する施策の基本となる事項等を定めており、心身障害があるため長期にわたり日常生活又は社会生活に相当な制限を受ける者を「心身障害者」と位置付けていた。

平成五（一九九三）年、同法は障害者基本法（以下「基本法」という。）に改正され、従来の心身障害者に加え、精神障害により長期にわたり日常生活又は社会生活に相当な制限を受ける者についても、新たに「障害者」と位置付けられることとなった。さらに、法の目的も、障害者の自立とあらゆる分野の活動への参加の促進に改められた。

その後、平成十六（二〇〇四）年の改正では、障害者差別等をしてはならない旨が基本的理念として新たに規定されるとともに、中央障害者施策推進協議会が創設された。さらに、多くの障害当事者の参画の下で検討が進められた平成二十三（二〇一一）年の改正では、平成十九（二〇〇七）年に我が国が署名した障害者の権利に関する条約（以下「条約」という。）の批准に向けた国内法整備の一環として、条約が採用する、いわゆる「社会モデル」の考え方や「合理的配慮」の概念が新たに取り入れられるとともに、国内において障害者基本計画の実施状況を監視し、勧告を行う機関として、障害者政策委員会が新たに設置された。

　この基本法に基づき、平成二十五（二〇一三）年九月には、「障害者基本計画（第四次）」（以下「本基本計画」という。）の前身に当たる「障害者基本計画（第三次）」（以下「旧基本計画」という。）が閣議決定された。旧基本計画では、各分野に共通する横断的視点として、「障害者の自己決定の尊重及び意思決定の支援」、「当事者本位の総合的な支援」、「障害特性等に配慮した支援」、「アクセシビリティの向上」及び「総合的かつ計画的な取組の推進」の五点が掲げられるとともに、一〇の施策分野ごとに基本的考え方や具体的な取組が示されており、本基本計画の策定に至るまでの間、障害者政策委員会における実施状況の監視を経ながら、それぞれの施策分野で着実に取組が進められてきた。

（障害者政策委員会における検討）

　旧基本計画の計画期間が平成二十九（二〇一七）年度をもって満了することを踏まえ、障害者政策委員会において、平成二十八（二〇一六）年十月以降、本基本計画の策定に向けた精力的な調査審議が行われてきた。

　本基本計画の調査審議が開始されるまでの間、障害者施策の分野では、二〇二〇年東京オリンピック・パラリンピック競技大会（以下「二〇二〇年東京オリンピック・パラリンピック」という。）の開催決定、条約の批准、障害を理由とする差別の解消の推進に関する法律（平成二十五年法律第六十五号。以下「障害者差別解消法」という。）の施行等の大きな動きが見られた。障害者政策委員会における調査審議においては、こうした動向も踏まえつつ、本基本計画が旧基本計画から質的な深化を遂げたものとなるよう、障害者施策の大きな方向性や取り組むべき政策課題等について、大局的・俯瞰的見地より議論が行われた。

　その結果、計一一回にわたる審議を経て、平成三十（二〇一八）年二月、「障害者基本計画（第四次）の策定に向けた障害者政策委員会意見」が取りまとめられた。

（本基本計画の策定）

　政府においては、障害者政策委員会の意見に即して本基本計画の案を作成し、パブリックコメントを経て、平成三十（二〇一八）年三月に本基本計画を閣議決定した。

（本基本計画を通じて実現を目指すべき社会）

　基本法第一条は、全ての国民が、障害の有無によって分け隔てられることなく、相互に人格と個性を尊重し合いながら共生する社会を実現するため、障害者の自立及び社会参加の支援等のための施策を総合的かつ計画的に推進することが同法の目的である旨を規定している。

　本基本計画は、同法の目的の達成はもちろんのこと、次に掲げる社会の実現にも寄与することが期待されている。

・「一人ひとりの命の重さは障害の有無によって少しも変わることはない」という当たり前の価値観を国民全体で共有できる共生社会

・二〇二〇年東京オリンピック・パラリンピックにおいて、成熟社会における我が国の先進的な取組を世界に示し、世界の範となるべく、女性も男性も、お年寄りも若者も、一度失敗を経験した方も、障害や難病のある方も、家庭で、職場で、地域で、あらゆる場で、誰もが活躍できる社会

・障害者施策が国民の安全や社会経済の進歩につながる社会

本基本計画に基づく施策を策定し、及び実施するに当たっては、こうした目指すべき社会の姿を常に念頭に置くとともに、その実現に向けた観点から不断に取組を進めていくことが重要である。

Ⅰ　障害者基本計画（第四次）について

1　位置付け

　本基本計画は、基本法第十一条第一項の規

定に基づき、障害者の自立及び社会参加の支援等のための施策の総合的かつ計画的な推進を図るために策定されるものであり、政府が講ずる障害者のための施策の最も基本的な計画として位置付けられる。

2 対象期間

本基本計画は、平成三十（二〇一八）年度からの五年間を対象とする。

3 構成

本基本計画は、この「Ⅰ 障害者基本計画（第四次）について」、「Ⅱ 基本的な考え方」及び「Ⅲ 各分野における障害者施策の基本的な方向」で構成される。

「Ⅱ 基本的な考え方」では、本基本計画全体の基本理念及び基本原則を示すとともに、各分野に共通する横断的視点や、施策の円滑な推進に向けた考え方を示している。

「Ⅲ 各分野における障害者施策の基本的な方向」では、障害者の自立及び社会参加の支援等のための施策を一一の分野に整理し、それぞれの分野について、本基本計画の対象期間に政府が講ずる施策の基本的な方向を示している。

4 条約との関係

(1) 条約の概要

①経緯

平成十八（二〇〇六）年六月に条約が採択される前から、国際連合（以下「国連」という。）総会では、障害者の人権を促進及び保護すべく、障害者の権利に関する宣言を採択するなど、様々な取組が行われてきた。

しかしながら、こうした取組にもかかわらず、依然として障害者が人権侵害に直面する状況が指摘されてきたところであり、こうした事態を改善すべく、国際社会において法的拘束力を有する新たな文書を作成する必要性が強く認識されるようになった。

このため、平成十三（二〇〇一）年十二月、第五六回国連総会において、障害者の権利及び尊厳を保護し、及び促進するための包括的かつ総合的な国際条約を検討するための条約起草委員会が設置された。

その後、平成十四（二〇〇二）年から計八回にわたり開催された条約起草委員会を経て、平成十八（二〇〇六）年十二月、条約が国連総会で採択され、平成二十（二〇〇八）年五月、効力発生の要件が整い発効した。

②主な内容

条約は、障害者の人権及び基本的自由の享有を確保し、障害者の固有の尊厳の尊重を促進することを目的として、障害者の権利の実現のための措置等について定めており、障害者に関する初の国際条約に当たる。その主な内容は次のとおりである。

・一般原則（障害者の尊厳、自律及び自立の尊重、無差別、社会への完全かつ効果的な参加及び包容等）

・一般的義務（合理的配慮の実施を怠ることを含め、障害に基づくいかなる差別もなしに、全ての障害者のあらゆる人権及び基本的自由を完全に実現することを確保し、及び促進すること等）

・障害者の権利実現のための措置（身体の自由、拷問の禁止、表現の自由等の自由権的権利及び教育、労働等の社会権的権利について締約国がとるべき措置等を規定）

・条約の実施のための仕組み（条約の実施及び監視のための国内の枠組みの設置、障害者の権利に関する委員会（以下「障害者権利委員会」という。）における各締約国からの報告の検討）

③我が国の関連するこれまでの取組

我が国は、条約が国連総会で採択された翌年に当たる平成十九（二〇〇七）年九月に条約に署名した。一方、条約の批准については、国内の障害当事者等から、批准に先立ち国内法の整備等を進めるべきとの意見が寄せられた。

我が国は、これらの意見も踏まえ、基本法の改正（平成二十三（二〇一一）年八月）、障害者自立支援法（平成十七年法律第百二十三号）の改正（平成二十四（二〇一二）年六月。このとき、障害者の日常生活及び社会生活を総合的に支援

障害者福祉

するための法律（以下「障害者総合支援法」という。）に改称）、障害者差別解消法の制定（平成二十五（二〇一三）年六月）、障害者の雇用の促進等に関する法律（昭和三十五年法律第百二十三号。以下「障害者雇用促進法」という。）の改正（平成二十五（二〇一三）年六月）など、様々な国内法の整備を進めてきた。

こうした国内法整備を経て、平成二十五（二〇一三）年十一月に衆議院、十二月に参議院で共に全会一致で締結が承認され、平成二十六（二〇一四）年二月、条約が我が国について効力を生じた。

条約は、締約国に対し「条約に基づく義務を履行するためにとった措置及びこれらの措置によりもたらされた進歩に関する包括的な報告」の定期的な提出を求めており、我が国は、条約が我が国について効力を生じてから平成二十八（二〇一六）年二月までの期間を対象とした政府報告を取りまとめ、同年六月、国連事務総長を通じて障害者権利委員会に提出した。

政府報告には、我が国において条約第三十三条に規定する「条約の実施を監視するための枠組み」の機能を担う障害者政策委員会のコメントを反映させるとともに、案文に対する意見募集（以下「パブリックコメント」という。）を実施した。また、付属文書として、政府報告の提出を視野に入れて障害者政策委員会が実施した旧基本計画の実施状況の監視の結果を取りまとめた文書（「議論の整理」）を添付した。

(2)　条約の基本的な考え方

①「障害」の捉え方

従来の「障害」の捉え方は、心身の機能の障害のみに起因するとする、いわゆる「医学モデル」の考え方を反映したものであった。一方、条約では、障害者が日常生活又は社会生活において受ける制限は、心身の機能の障害のみに起因するものではなく、社会における様々な障壁と相対することによって生ずるものとする、いわゆる「社会モデル」の考え方が貫かれている。

②平等・無差別及び合理的配慮

条約は、第一条において「全ての障害者によるあらゆる人権及び基本的自由の完全かつ平等な享有を促進し、保護し、確保すること並びに障害者の固有の尊厳の尊重を促進すること」を目的と定めている。

また、第二条では、障害者の人権と基本的自由を確保するための「必要かつ適当な変更及び調整」であって、「均衡を失した又は過度の負担を課さないもの」を「合理的配慮」と定義し、第五条で、締約国に対し、障害に基づくあらゆる差別を禁止することや、合理的配慮の提供が確保されるための適当な措置を採ることを求めている。

さらに、第四条では、締約国に対し、障害者に関する問題についての意思決定過程において、障害者と緊密に協議し、障害者を積極的に関与させることを求めている。

③実施に関する仕組み

条約は、第三十三条において、自国の法律上・行政上の制度に従って「条約の実施を監視するための枠組み」を自国内に設置することを締約国に求めている。我が国では、障害者、障害者の自立・社会参加に関する事業の従事者及び学識経験者から構成される障害者政策委員会が設置されており、障害者基本計画の実施状況の監視を通じて条約の実施状況を監視している。この「条約の実施を監視するための枠組み」は、これまでの人権条約には見られない新たな規定である。

また、第三十五条において、締約国に対し、「条約に基づく義務を履行するためにとった措置及びこれらの措置によりもたらされた進歩に関する包括的な報告」を、国連事務総長を経由して障害者権利委員会に提出することを求めている。この報告の作成に当たっては、公開された透明性のある過程を踏むことを検討するとともに、障害者の関与について十分な考慮を払うことが求められている。

障害者権利委員会は、締約国から選ばれた一八名の専門家から構成され、締約国による報告を検討し、提案や勧告を行うことが定められている。この仕組みにより、締約国は条約の実施について国際的に審査されることになる。

(3) 障害者基本計画(第四次)との関係

本基本計画は、我が国が条約を批准した後に初めて策定される障害者基本計画であり、条約との整合性の確保が強く求められている。このため、本基本計画では、条約の理念を随所に反映するとともに、「Ⅲ 各分野における障害者施策の基本的な方向」で掲げる各分野と、条約の各条項の対応関係を明示している。これにより、本基本計画の実施状況と、条約の国内実施の状況とを対応させつつ、本基本計画に基づく取組をより効果的かつ適切に進めるとともに、本基本計画の実施状況の監視を通じた障害者政策委員会による条約の実施状況の監視の円滑化に資することが期待される。

また、本基本計画に掲げる施策のPDCAサイクルの中で、条約の実施状況に関する障害者権利委員会による勧告、意見等も扱うなど、本基本計画と条約に係る取組の適切な連携に努めていく。

5 二〇二〇年東京オリンピック・パラリンピックとの関係

本基本計画の計画期間中には、二〇二〇年東京オリンピック・パラリンピックが開催される。とりわけ、障害の有無にかかわらず、世界中からあらゆる人が集い、障害のある選手が繰り広げる圧倒的なパフォーマンスを直に目にすることのできるパラリンピック競技大会は、共生社会の実現に向けて社会の在り方を大きく変える絶好の機会となる。

昭和三十九(一九六四)年に開催された東京オリンピック・パラリンピックは、「パラリンピック」の名称が初めて用いられ、また、車椅子を利用する障害者以外の選手も初めて参加する大会となった。同大会には世界二一か国から三七八名の選手が集い、我が国からも選手五三名が参加するなど、国内でも広く注目を集め、我が国における障害者の社会活動への参画を促す大きな契機となった。それから約半世紀が経過し、東京は、同一都市で二回目の夏季パラリンピック競技大会を開催する世界初の都市として、再び世界中からパラリンピアンを受け入れることとなる。

政府においては、来る二〇二〇年東京オリンピック・パラリンピック競技大会に向け、共生社会の実現に向けた大きな二つの柱として、心のバリアフリー及びまちづくりの分野における施策を「ユニバーサルデザイン二〇二〇行動計画」(平成二十九年二月二十日ユニバーサルデザイン二〇二〇関係閣僚会議決定)として取りまとめ、障害者の視点を反映しながら推進するなど、各般の取組を進めているところであるが、こうした方向性は、共生社会の実現に向け、政府が取り組むべき障害者施策の基本的な方向を定める旨を基本理念として掲げる本基本計画においても何ら変わるところはない。

本基本計画は、二〇二〇年東京オリンピック・パラリンピック競技大会において、障害の有無にかかわらず、世界中から多くの人を迎えることも踏まえ、後述のように「社会のあらゆる場面におけるアクセシビリティの向上」を横断的視点の一つとして掲げ、社会的障壁の除去に向けた各種の取組をより強力に推進していくため、社会のあらゆる場面でアクセシビリティ向上の視点を取り入れていく旨を記載している。さらに、こうした視点を具体的施策にも反映し、公共交通機関のバリアフリー化を始めとする移動しやすい環境の整備や、障害者に配慮したまちづくり等の取組を幅広く推進していくこととしている。

また、旧基本計画では小項目の一つであった「文化芸術活動・スポーツ等の振興」を、本基本計画では独立した施策分野として格上げするとともに、競技性の高い障害者スポーツにおけるアスリートの育成強化など、パラリンピック競技大会を念頭に置いた施策を充実させている。さらに、障害者が地域でスポーツに親しめる環境の整備や、障害者スポーツ人材の養成・活用の推進など、障害者スポーツの裾野の拡大に向けた取組についても幅広く推進していくこととしている。

加えて、本基本計画では、「重点的に理解促進等を図る事項」として、二〇二〇年東京オリンピック・パラリンピックを通じて実現を目指す共生社会の姿について広く発信を行い、国民の機運を醸成するとともに、「心のバリアフリー」への理解を深め、社会全体で推進する旨を明記している。

本基本計画が掲げるこうした視点や各種施策とあいまって、来る二〇二〇年東京オリンピック・パラリンピック競技大会を、成熟社会における先進的な取組を世界に示す契機とするとともに、我が国が共生社会の実現に向けた大きな一歩を踏み出すきっかけとしていくことが強く求められる。また、二〇二〇年東京オリンピック・パラリンピック競技大会そのものをゴールと捉えるのではなく、開催後においても、得られた成果をいかしつつ、共生社会の実現に向けて一層の取組を重ねていくことが重要である。

Ⅱ　基本的な考え方

1　基本理念

条約は、障害者の人権及び基本的自由の享有を確保し、障害者の固有の尊厳の尊重を促進することを目的として、障害者の権利の実現のための措置等について定めている。

こうした条約の理念に即して改正された基本法第一条に規定されているように、障害者施策は、全ての国民が、障害の有無にかかわらず、等しく基本的人権を享有するかけがえのない個人として尊重されるという理念にのっとり、全ての国民が、障害の有無によって分け隔てられることなく、相互に人格と個性を尊重し合いながら共生する社会の実現を目指して講じられる必要がある。

本基本計画では、このような社会の実現に向け、障害者を、必要な支援を受けながら、自らの決定に基づき社会のあらゆる活動に参加する主体として捉え、障害者が自らの能力を最大限発揮し自己実現できるよう支援するとともに、障害者の活動を制限し、社会への参加を制約している社会的な障壁を除去するため、政府が取り組むべき障害者施策の基本的な方向を定めるものとする。

2　基本原則

障害者を、必要な支援を受けながら自らの決定に基づき社会のあらゆる活動に参加する主体として捉えた上で、政府は、条約の理念に即して改正された次に掲げる基本法の各基本原則にのっとり、当該理念の実現に向けた障害者の自立及び社会参加の支援等のための施策を総合的かつ計画的に実施する。

(地域社会における共生等)

基本法第三条において、共生社会の実現は、全ての障害者が、障害者でない者と等しく、基本的人権を享有する個人としてその尊厳が重んぜられ、その尊厳にふさわしい生活を保障される権利を有することを前提とする旨が規定されていること、また、条約も「全ての障害者によるあらゆる人権及び基本的自由の完全かつ平等な享有を促進し、保護し、確保すること並びに障害者の固有の尊厳の尊重を促進すること」を目的としていることに鑑みれば、本基本計画に関しても、全ての障害者が、障害者でない者と平等に、基本的人権を享有する個人として、その尊厳が重んぜられ、その尊厳にふさわしい生活を保障される権利を有することを前提としつつ、次に掲げる機会の適切な確保・拡大を図ることを旨として障害者施策を実施する必要がある。

・社会を構成する一員として社会、経済、文化その他のあらゆる分野の活動に参加する機会の確保

・地域社会において他の人々と共生することを妨げられず、どこで誰と生活するかについて選択する機会の確保

・言語（手話を含む。以下同じ。）その他の意思疎通のための手段について選択する機会の確保

・情報の取得又は利用のための手段について選択する機会の拡大

(差別の禁止)

基本法第四条において、障害者差別その他の障害者に対する権利利益の侵害行為が禁止されるとともに、合理的配慮の提供が求められていること、また、条約第五条においても、障害に基づくあらゆる差別を禁止するとともに、合理的配慮の提供が確保されるための適当な措置を採ることが求められていること、さらに、障害者差別解消法においてこうした趣旨が具体化されていることに鑑みれば、障害者差別その他の権利利益を侵害する行為を

禁止するとともに、社会的障壁を除去するための合理的配慮が提供される必要がある。

我が国においては、障害者差別解消法が制定され、既に施行されるなど、法制的な整備は講じられているところであるが、今後、障害者差別解消法の実効性の確保のため、その施行状況について検討を加え、必要があると認めるときは、その結果に応じて所要の見直しを行うものとする。

（国際的協調）

基本法第五条において、共生社会の実現は、国際的協調の下に図られなければならない旨が規定されていること、また、条約第三十二条においても、国際協力及びその促進の重要性について規定されていること、さらに、障害者の自立及び社会参加の支援等のための施策が国際社会における取組と密接な関係を有していることに鑑みれば、国際的な協調の下で共生社会の実現が図られる必要がある。

我が国においては、条約を批准するとともに、政府報告を障害者権利委員会に提出するなど、これまでも国際的な枠組みとの連携を深めてきたところであるが、今後、こうした連携をより一層推進し、国際的協調の理念を体現していくことが求められる。

3　各分野に共通する横断的視点

(1)　条約の理念の尊重及び整合性の確保

障害者に係る施策、制度、事業等を策定し、及び実施するに当たっては、条約の理念を尊重するとともに、条約との整合性を確保することが重要である。

「私たちのことを、私たち抜きに決めないで」の考え方の下、「インクルージョン」を推進する観点から、障害者を施策の客体ではなく、必要な支援を受けながら、自らの決定に基づき社会に参加する主体として捉えるとともに、障害者施策の検討及び評価に当たっては、障害者が意思決定過程に参画することとし、障害者の視点を施策に反映させることが求められる。その際、障害者の社会参加は、障害者の自立にもつながることに留意する。

また、障害者の政策決定過程への参画を促進する観点から、国の審議会等の委員の選任に当たっては、障害者の委員の選任に配慮する。特に、障害者施策を審議する国の審議会等における障害者の委員については、障害種別及び性別にも配慮して選任を行うとともに、「第四次男女共同参画基本計画」（平成二十七年十二月二十五日閣議決定）の定めるところにより、女性の参画拡大に向けた取組を行うものとする。また、障害者である委員に対する障害特性に応じた適切な情報保障その他の合理的配慮を行う。

あわせて、障害者本人の自己決定を尊重する観点から、障害者本人が適切に意思決定を行い、その意思を表明することができるよう、相談の実施等による意思決定の支援とともに、言語その他の意思疎通のための手段を選択する機会の提供を促進する。

(2)　社会のあらゆる場面におけるアクセシビリティの向上

①社会のあらゆる場面におけるアクセシビリティ向上の視点の採用

条約が採用している、いわゆる「社会モデル」の考え方に即して改正された障害者基本法第二条においても、障害者を「障害がある者であって、障害と社会的障壁により継続的に日常生活又は社会生活に相当な制限を受ける状態にあるもの」と定義しており、障害者が経験する困難や制限が障害者個人の障害と社会的な要因の双方に起因するという視点が示されている。

こうした視点に照らして、障害者の活動を制限し、社会への参加を制約している事物、制度、慣行、観念等の社会的障壁の除去を進めることにより、障害者の社会への参加を実質的なものとし、障害の有無にかかわらず、その能力を伸長し、最大限に発揮しながら安心して生活できるようにする必要がある。そのためには、障害者のアクセシビリティ向上の環境整備を図ることが重要であり、社会的障壁の除去に向けた各種の取組をより強力に推進していくため、社会のあらゆる場面でアクセシビリティ向上の視点を取り入れていく。

また、障害を理由とする差別は、障害

者の自立又は社会参加に深刻な悪影響を与えるものであり、社会のあらゆる場面においてその解消に向けた取組が行われる必要がある。このため、障害者差別解消法及び障害者雇用促進法に基づき、地方公共団体や障害者団体を始めとする様々な主体の取組との連携を図りつつ、事業者・事業主や国民一般の幅広い理解の下、障害者差別の解消に向けた取組を積極的に推進する。

あわせて、社会のあらゆる場面におけるアクセシビリティの向上と心のバリアフリーを推進する観点から、積極的な広報・啓発活動に努めるとともに、企業・市民団体等の取組を積極的に支援する。

さらに、審議会等の開催時を含め、障害者施策に関する情報を公開する際や、障害者施策に関連する命令、計画等に関するパブリックコメントを行う際には、障害特性に配慮した適切な情報保障を実施するなど、アクセシビリティの向上を進める。

②アクセシビリティ向上に資する新技術の利活用の推進

社会のあらゆる場面で情報通信技術（以下「ICT」という。）が浸透しつつある。こうした新たな技術を用いた機器やサービスは、新たな社会的障壁となる可能性がある一方で、アクセシビリティとの親和性が高いという特徴もあり、社会的障壁の除去の観点から、障害者への移動の支援や情報の提供を行う場合など、様々な場面でアクセシビリティに配慮したICTを始めとする新たな技術の利活用について検討を行い、利活用が可能なものについては積極的な導入を推進する。

また、アクセシビリティの向上に資する技術等を含め、中小・ベンチャー企業が行う先進的な技術等については、市場創出が大きな課題となるため、市場創出の呼び水としての初期需要の確保等の観点から、国が需要側の視点に立った施策の充実を図る必要がある。このため、「科学技術基本計画」（平成二十八年一月二十二日閣議決定）の定めるところにより、国は、アクセシビリティの向上に資する新技術を含め、公共部門における新技術を用いた製品の調達において、透明性及び公正性の確保を前提に、総合評価落札方式等の技術力を重視する入札制度の一層の活用を促進し、イノベーション創出に貢献し得る中小・ベンチャー企業の入札機会の拡大を図るなどの必要な措置を講ずる。

さらに、アクセシビリティに配慮した機器・サービス等の政府調達を一層推進するため、WTO政府調達協定の適用を受ける調達等を行うに当たっては、WTO政府調達協定等の定めるところにより、適当な場合には、アクセシビリティに関する国際規格が存在するときは当該国際規格に基づいて技術仕様を定める。

あわせて、遺伝子診断、再生医療等に見られるように、科学技術の社会実装に関し、倫理的・法制度的な課題について社会としての意思決定が必要となる事例が増加しつつあることに留意する。

(3) 当事者本位の総合的かつ分野横断的な支援

障害者の尊厳、自律及び自立の尊重を目指す条約の趣旨を踏まえ、障害者が各ライフステージを通じて適切な支援を受けられるよう、教育、文化芸術、スポーツ、福祉、医療、雇用等の各分野の有機的な連携の下、施策を総合的に展開し、切れ目のない支援を行う。

支援に当たっては、基本法第二条の障害者の定義を踏まえ、障害者施策が、障害者が日常生活又は社会生活で直面する困難に着目して講じられる必要があること、障害者の支援は障害者が直面するその時々の困難の解消だけに着目するのではなく、障害者の自立と社会参加の支援という観点に立って行われる必要があること、障害者の家族を始めとする関係者への支援も重要であることに留意する。

また、複数の分野にまたがる課題については、各分野の枠のみにとらわれることなく、関係する機関、制度等の必要な連携を図ることを通じて総合的かつ横断的に対応していく必要がある。

(4) 障害特性等に配慮したきめ細かい支援

障害者一人ひとりの固有の尊厳を重視する条約の理念を踏まえ、障害者施策は、障害特性、障害の状態、生活実態等に応じた障害者の個別的な支援の必要性を踏まえて策定及び実施する。その際、外見からは分かりにくい障害が持つ特有の事情を考慮するとともに、状態が変動する障害は、症状が多様化しがちであり、一般に、障害の程度を適切に把握することが難しい点に留意する必要がある。

また、発達障害、難病、高次脳機能障害、盲ろう、重症心身障害その他の重複障害等について、社会全体の更なる理解の促進に向けた広報・啓発活動を行うとともに、施策の充実を図る必要がある。

特に発達障害については、社会全体の理解促進、家族支援、福祉・労働・教育・医療分野の取組等を総合的に進めていくことが重要である。

(5) 障害のある女性、子供及び高齢者の複合的困難に配慮したきめ細かい支援

条約第六条、第七条等の趣旨を踏まえ、障害のある女性を始め、複合的に困難な状況に置かれた障害者に対するきめ細かい配慮が求められていることを踏まえて障害者施策を策定し、及び実施する必要がある。

障害のある女性は、それぞれの障害の種別ごとの特性、状態により様々な支援が必要であることに加えて、女性であることにより、更に複合的に困難な状況に置かれている場合があることから、こうした点も念頭に置いて障害者施策を策定し、及び実施することが重要である。

また、障害のある子供は、成人の障害者とは異なる支援を行う必要性があることに留意する必要がある。

さらに、障害のある高齢者に係る施策については、条約の理念も踏まえつつ、高齢者施策との整合性に留意して実施していく必要がある。

(6) PDCAサイクル等を通じた実効性のある取組の推進

条約第三十一条、第三十三条等の趣旨を踏まえ、「確かな根拠に基づく政策立案」の実現に向け、次に掲げるところにより、必要なデータ収集及び統計の充実を図るとともに、障害者施策のPDCAサイクルを構築し、着実に実行する。また、当該サイクル等を通じて施策の不断の見直しを行っていく。

①企画(Plan)

「確かな根拠に基づく政策立案」を実現する観点から、障害当事者や障害当事者を取り巻く社会環境の実態把握を適切に行うため、障害者の性別、年齢、障害種別等の観点に留意しつつ必要なデータ収集や統計の充実を行うことが重要である。

このため、各分野における障害者施策の一義的な責任を負うこととなる各府省は、障害者の状況や障害者施策等に関する情報・データの適切な収集・評価の在り方等を検討するとともに、本基本計画に掲げる施策について具体的な成果目標を設定し、より効果的な施策を企画できるよう努める。

本基本計画の着実な推進を図るために策定する各分野における成果目標は、それぞれの分野における具体的施策を、他の分野の施策との連携の下、総合的に実施することにより、政府全体で達成を目指す水準であり、地方公共団体や民間団体等の政府以外の機関・団体等が成果目標に係る項目に直接取り組む場合においては、成果目標は、政府がこれらの機関・団体等に働きかける際に、政府として達成を目指す水準として位置付けられる。

②実施(Do)

各府省は、障害者やその家族を始めとする関係者の意見を聴きつつ、本基本計画に基づく取組の計画的な実施に努める。また、障害者施策を適切に講ずるため、障害者の実態調査等を通じて、障害者の状況や障害者施策等に関する情報・データの収集・分析を行うとともに、障害者の性別、年齢、障害種別等の観点に留意しつつ、その充実を図る。

また、効果的かつ効率的に施策を推進する観点から、高齢者施策、医療関係施策、子供・子育て関係施策、男女共同参画施策等、障害者施策に関係する他の施策・計画等との整合性を確保し、総合的な施策の展開を図る。

③評価（Check）

障害者施策の評価に当たっては、障害者が意思決定過程に参画することとし、障害者の視点を施策に反映させることが求められる。また、障害者施策の推進に係る取組の実施状況の継続的なモニタリングを行うことが重要である。

こうした考え方の下、各府省は、数値等に基づき取組の実施状況及びその効果の把握・評価を行う。また、障害者施策の実施に当たり課題や支障が生じている場合は、その円滑な解消に資するよう、具体的な要因について必要な分析を行う。

また、障害者政策委員会は、基本法に基づき、政府全体の見地から本基本計画の実施状況の評価・監視を行う。

④見直し（Act）

各府省は、障害者施策の推進に係る取組の実施状況やその効果に係る評価結果を踏まえ、不断に取組の見直しを行う。また、必要があると認められる場合には、所要の法制的な整備を含め検討を行う。

障害者政策委員会においては、基本法に基づき、政府全体の見地から本基本計画の実施状況を評価・監視し、必要に応じて内閣総理大臣又は内閣総理大臣を通じて関係各大臣に本基本計画の実施に関して勧告を行う。さらに、「条約の実施を監視するための枠組み」としての立場から、本基本計画の実施状況の監視を通じて条約の実施状況の監視を行う。また、障害者政策委員会の円滑かつ適切な運営のため、事務局機能の充実を図る。

社会情勢の変化等により本基本計画の変更の必要性が生じた場合、あるいは本基本計画の推進及び評価を通じて本基本計画の変更の必要性が生じた場合には、計画期間の途中であっても、政府は本基本計画を柔軟に見直すこととする。

また、成果目標のうち、計画期間の途中で目標の期限が到来するものについては、本基本計画を通じて実現を目指すべき社会の姿に照らしつつ、当該目標の達成状況等も踏まえて、連続性の確保に留意しながら新たな成果目標の設定を行うなど、必要な対応を行う。

障害者の実態調査等を通じて得られた知見については、本基本計画の推進状況の評価及び評価を踏まえた取組の見直しへの活用に努める。

4　施策の円滑な推進

(1)　連携・協力の確保

政府の障害者施策を一体的に推進し、総合的な企画立案及び横断的な調整を確保するため、各府省相互間の緊密な連携・協力を図る。

また、本基本計画は政府の障害者施策の基本的方向を定めるものであるが、障害者の地域移行を推進し、障害者が必要なときに必要な場所で、地域の実情に即した適切な支援を受けられるようにするなど、実効性ある形で取組を実施していくためには、地方公共団体との連携・協力が必要不可欠である。このため、適切な役割分担の下、地方公共団体との連携・協力体制の一層の強化を図るとともに、地方公共団体において優良かつ先進的な取組やモデルを実施している場合は、その知見もいかしつつ施策を展開する。

さらに、障害者の自立と社会参加に関する取組を社会全体で進めるため、政府における様々な活動の実施に当たっては、障害者団体、専門職による職能団体、企業、経済団体等の協力を得るよう努める。特に、障害者の自立及び社会参加の支援に当たり、障害者団体等の自主的な活動は重要な役割を果たしており、本基本計画の推進に当たっては、これらの団体等との情報共有等の一層の促進を図る必要がある。

国際機関、諸外国政府等との連携に努めるとともに、関係行政機関相互の緊密な連携の下、条約の国内実施に十分留意しつつ、持続可能な開発目標（以下「ＳＤＧｓ」という。）の実施を総合的かつ効果的に推進する。

障害者政策委員会において、必要があると認められる場合は、他の審議会等との情報共有を行うことについて検討を行う。

(2) 理解促進・広報啓発に係る取組等の推進

①重点的に理解促進等を図る事項

「命の重さは障害の有無によって少しも変わることはない」という当たり前の価値観を社会全体で共有し、障害のある者と障害のない者が、お互いに、障害の有無にとらわれることなく、支え合いながら社会で共に暮らしていくことが日常となるように、国民の理解促進に努める。また、本基本計画の実施を通じて実現を目指す「共生社会」の理念や、いわゆる「社会モデル」の考え方について、必要な広報啓発を推進する。

二〇二〇年東京オリンピック・パラリンピックを通じて実現を目指す共生社会の姿について広く発信を行い、パラリンピック競技大会に向けた国民の機運を醸成するとともに、障害者施策の意義について更なる理解の促進を図る。

あわせて、障害者が自立した日常生活及び社会生活を確保することの重要性に対する国民の理解を深め、様々な心身の特性や考え方を持つ全ての人々が、相互に理解を深めようとコミュニケーションをとり、支え合う「心のバリアフリー」を社会全体で推進するとともに、「心のバリアフリー」を学び身に付けるためのツールも活用し、心のバリアフリーへの理解を深めるための取組を進める。

知的障害、精神障害、発達障害、難病、高次脳機能障害、盲ろう、重症心身障害その他の重複障害など、より一層の国民の理解が必要な障害や、外見からは分かりにくい障害について、その障害特性や必要な配慮等に関する理解の促進を図る。

一般国民における、点字、手話、視覚障害者誘導用ブロック、身体障害者補助犬、障害者用駐車スペース等に対する理解を促進するとともに、その円滑な利活用に必要な配慮等について周知を図る。また、障害者団体等が作成する啓発・周知のためのマーク等について、関連する事業者等の協力の下、国民に対する情報提供を行い、その普及及び理解の促進を図る。

児童、生徒や地域住民等のボランティア活動に対する理解を深め、その活動を支援するよう努めるとともに、企業等の社会貢献活動に対する理解と協力を促進する。

②理解促進等に当たり配慮する事項

障害者施策は幅広い国民の理解を得ながら進めていくことが重要であり、行政はもとより、企業、民間団体、マスメディア等の多様な主体との連携による幅広い広報・啓発活動を計画的かつ効果的に推進する。その際、効果的な情報提供や、国民の意見の反映に努めるとともに、障害当事者以外に対する訴求も重要であることに留意する。

また、地域社会における障害者への理解を促進するため、福祉施設、教育機関等と地域住民等との日常的交流の一層の拡大を図るとともに、NPO法人（特定非営利活動法人）、ボランティア団体等、障害者も含む多様な主体による障害者のための取組を促進するため、必要な活動環境の整備を図る。

国内外の取組等に関する調査研究や先進的な事例の紹介等に努める。その際、障害に係る訳語の統一を図ることが分かりやすさや比較の便宜に資することに留意する。

また、基本法に定められた障害者週間における各種行事を中心に、一般市民、ボランティア団体、障害者団体など幅広い層の参加による啓発活動を推進する。

障害のある幼児児童生徒と障害のない幼児児童生徒との相互理解を深めるための活動を一層促進するとともに、小・中学校等の特別活動等における、障害者に対する理解と認識を深めるための指導を推進する。

Ⅲ　各分野における障害者施策の基本的な方向

〔略〕

身体障害者福祉法

（昭和二四・一二・二六）
（法律二八三）

最新改正　平成三〇法律六六

第一章　総則

（法の目的）

第一条　この法律は、障害者の日常生活及び社会生活を総合的に支援するための法律（平成十七年法律第百二十三号）と相まつて、身体障害者の自立と社会経済活動への参加を促進するため、身体障害者を援助し、及び必要に応じて保護し、もつて身体障害者の福祉の増進を図ることを目的とする。

（自立への努力及び機会の確保）

第二条　すべて身体障害者は、自ら進んでその障害を克服し、その有する能力を活用することにより、社会経済活動に参加することができるように努めなければならない。

2　すべて身体障害者は、社会を構成する一員として社会、経済、文化その他あらゆる分野の活動に参加する機会を与えられるものとする。

（国、地方公共団体及び国民の責務）

第三条　国及び地方公共団体は、前条に規定する理念が実現されるように配慮して、身体障害者の自立と社会経済活動への参加を促進するための援助と必要な保護（以下「更生援護」という。）を総合的に実施するように努めなければならない。

2　国民は、社会連帯の理念に基づき、身体障害者がその障害を克服し、社会経済活動に参加しようとする努力に対し、協力するように努めなければならない。

第一節　定義

（身体障害者）

第四条　この法律において、「身体障害者」とは、別表に掲げる身体上の障害がある十八歳以上の者であつて、都道府県知事から身体障害者手帳の交付を受けたものをいう。

（事業）

第四条の二　この法律において、「身体障害者生活訓練等事業」とは、身体障害者に対する点字又は手話の訓練その他の身体障害者が日常生活又は社会生活を営むために必要な厚生労働省令で定める訓練その他の援助を提供する事業をいう。

2　この法律において、「手話通訳事業」とは、聴覚、言語機能又は音声機能の障害のため、音声言語により意思疎通を図ることに支障がある身体障害者（以下この項において「聴覚障害者等」という。）につき、手話通訳等（手話その他厚生労働省令で定める方法により聴覚障害者等とその他の者の意思疎通を仲介することをいう。第三十四条において同じ。）に関する便宜を供与する事業をいう。

3　この法律において、「介助犬訓練事業」とは、介助犬（身体障害者補助犬法（平成十四年法律第四十九号）第二条第三項に規定する介助犬をいう。以下同じ。）の訓練を行うとともに、肢体の不自由な身体障害者に対し、介助犬の利用に必要な訓練を行う事業をいい、「聴導犬訓練事業」とは、聴導犬（同条第四項に規定する聴導犬をいう。以下同じ。）の訓練を行うとともに、聴覚障害のある身体障害者に対し、聴導犬の利用に必要な訓練を行う事業をいう。

（施設）

第五条　この法律において、「身体障害者社会参加支援施設」とは、身体障害者福祉センター、補装具製作施設、盲導犬訓練施設及び視聴覚障害者情報提供施設をいう。

2　この法律において、「医療保健施設」とは、地域保健法（昭和二十二年法律第百一号）に基づく保健所並びに医療法（昭和二十三年法律第二百五号）に規定する病院及び診療所をいう。

第二節　削除

第六条から第八条まで　削除

第三節　実施機関等

（援護の実施者）

第九条　この法律に定める身体障害者又はその介護を行う者に対する援護は、その身体障害者の居住地の市町村（特別区を含む。以下同じ。）が行うものとする。ただし、身体障害者が居住地を有しないか、又は明らかでない者であるときは、その身体障害者の現在地の市町村が行うものとする。

2　前項の規定にかかわらず、第十八条第二項の規定により入所措置が採られて又は障害者の日常生活及び社会生活を総合的に支援するための法律第二十九条第一項若しくは第三十条第一項の規定により同法第十九条第一項に規定する介護給付費等（次項及び第十八条において「介護給付費等」という。）の支給を受けて同法第五条第一項若しくは第六項の厚生労働省令で定める施設又は同条第十一項に規定する障害者支援施設（以下「障害者支援施設」という。）に入所している身体障害者及び生活保護法（昭和二十五年法律第百四十四号）第三十条第一項ただし書の規定により同法第三十八条第二項に規定する救護施設（以下この項において「救護施設」という。）、同条第三項に規定する更生施設（以下この項において「更生施設」という。）又は同法第三十条第一項ただし書に規定するその他の適当な施設（以下この項において「その他の適当な施設」という。）に入所している身体障害者（以下この項において「特定施設入所身体障害者」という。）については、その者が障害者の日常生活及び社会生活を総合的に支援するための法律第五条第一項若しくは第六項の厚生労働省令で定める施設、障害者支援施設、救護施設、更生施設若しくはその他の適当な施設（以下この条において「特定施設」という。）への入所前に有した居住地（継続して二以上の特定施設に入所している特定施設入所身体障害者（以下この項において「継続入所身体障害者」という。）については、最初に入所した特定施設への入所前に有した居住地）の市町村が、この法律に定める援護を行うものとする。ただし、特定施設への入所前に居住地を有しないか、又は明らかでなかつた特定施設入所身体障害者については、入所前におけるその者の所在地（継続入所身体障害者については、最初に入所した特定施設への入所前に有した所在地）の市町村が、この法律に定める援護を行うものとする。

3　前二項の規定にかかわらず、児童福祉法（昭和二十二年法律第百六十四号）第二十四条の二第一項若しくは第二十四条の二十四第一項の規定により障害児入所給付費の支給を受けて又は同法第二十七条第一項第三号若しくは第二項の規定により措置（同法第三十一条第五項の規定により同法第二十七条第一項第三号又は第二項の規定による措置とみなされる場合を含む。）が採られて障害者の日常生活及び社会生活を総合的に支援するための法律第五条第一項の厚生労働省令で定める施設に入所していた身体障害者又は身体に障害のある児童福祉法第四条第一項に規定する児童（以下この項において「身体障害者等」という。）が、継続して、第十八条第二項の規定により入所措置が採られて、障害者の日常生活及び社会生活を総合的に支援するための法律第二十九条第一項若しくは第三十条第一項の規定により介護給付費等の支給を受けて、又は生活保護法第三十条第一項ただし書の規定により特定施設に入所した場合は、当該身体障害者等が満十八歳となる日の前日に当該身体障害者等の保護者であつた者（以下この項において「保護者であつた者」という。）が有した居住地の市町村が、この法律に定める援護を行うものとする。ただし、当該身体障害者等が満十八歳となる日の前日に保護者であつた者がいないか、保護者であつた者が居住地を有しないか、又は保護者であつた者の居住地が明らかでない身体障害者等については、当該身体障害者等が満十八歳となる日の前日におけるその者の所在地の市町村がこの法律に定める援護を行うものとする。

4　前二項の規定の適用を受ける身体障害者が入所している特定施設の設置者は、当該特定施設の所在する市町村及び当該身体障害者に対しこの法律に定める援護を行う市町村に必要な協力をしなければならない。

5　市町村は、この法律の施行に関し、次に掲げる業務を行わなければならない。

一　身体に障害のある者を発見して、又はその相談に応じて、その福祉の増進を図るために必要な指導を行うこと。
二　身体障害者の福祉に関し、必要な情報の提供を行うこと。
三　身体障害者の相談に応じ、その生活の実情、環境等を調査し、更生援護の必要の有無及びその種類を判断し、本人に対して、直接に、又は間接に、社会的更生の方途を指導すること並びにこれに付随する業務を行うこと。

6　市町村は、前項第二号の規定による情報の提供並びに同項第三号の規定による相談及び指導のうち主として居宅において日常生活を営む身体障害者及びその介護を行う者に係るものについては、これを障害者の日常生活及び社会生活を総合的に支援するための法律第五条第十八項に規定する一般相談支援事業又は特定相談支援事業を行う当該市町村以外の者に委託することができる。

7　その設置する福祉事務所（社会福祉法（昭和二十六年法律第四十五号）に定める福祉に関する事務所をいう。以下同じ。）に身体障害者の福祉に関する事務をつかさどる職員（以下「身体障害者福祉司」という。）を置いていない市町村の長及び福祉事務所を設置していない町村の長は、第五項第三号に掲げる業務のうち専門的な知識及び技術を必要とするもの（次条第二項及び第三項において「専門的相談指導」という。）については、身体障害者の更生援護に関する相談所（以下「身体障害者更生相談所」という。）の技術的援助及び助言を求めなければならない。

8　市町村長（特別区の区長を含む。以下同じ。）は、第五項第三号に掲げる業務を行うに当たつて、特に医学的、心理学的及び職能的判定を必要とする場合には、身体障害者更生相談所の判定を求めなければならない。

9　市町村長は、この法律の規定による市町村の事務の全部又は一部をその管理に属する行政庁に委任することができる。

（市町村の福祉事務所）

第九条の二　市町村の設置する福祉事務所又はその長は、この法律の施行に関し、主として前条第五項各号に掲げる業務又は同条第七項及び第八項の規定による市町村長の業務を行うものとする。

2　市の設置する福祉事務所に身体障害者福祉司を置いている福祉事務所があるときは、当該市の身体障害者福祉司を置いていない福祉事務所の長は、専門的相談指導については、当該市の身体障害者福祉司の技術的援助及び助言を求めなければならない。

3　市町村の設置する福祉事務所のうち身体障害者福祉司を置いている福祉事務所の長は、専門的相談指導を行うに当たつて、特に専門的な知識及び技術を必要とする場合には、身体障害者更生相談所の技術的援助及び助言を求めなければならない。

（連絡調整等の実施者）

第十条　都道府県は、この法律の施行に関し、次に掲げる業務を行わなければならない。
一　市町村の援護の実施に関し、市町村相互間の連絡調整、市町村に対する情報の提供その他必要な援助を行うこと及びこれらに付随する業務を行うこと。
二　身体障害者の福祉に関し、主として次に掲げる業務を行うこと。
イ　各市町村の区域を超えた広域的な見地から、実情の把握に努めること。
ロ　身体障害者に関する相談及び指導のうち、専門的な知識及び技術を必要とするものを行うこと。
ハ　身体障害者の医学的、心理学的及び職能的判定を行うこと。
ニ　必要に応じ、障害者の日常生活及び社会生活を総合的に支援するための法律第五条第二十五項に規定する補装具の処方及び適合判定を行うこと。

2　都道府県知事は、市町村の援護の適切な実施を確保するため必要があると認めるときは、市町村に対し、必要な助言を行うことができる。

3　都道府県知事は、第一項又は前項の規定による都道府県の事務の全部又は一部を、その管理に属する行政庁に限り、委任することができる。

（更生相談所）

第十一条　都道府県は、身体障害者の更生援護の利便のため、及び市町村の援護の適切な実施の支援のため、必要の地に身体障害者更生相談所を設けなければならない。

2　身体障害者更生相談所は、身体障害者の福祉に関し、主として前条第一項第一号に掲げる業務（第十八条第二項の措置に係るものに限る。）及び前条第一項第二号ロからニまでに掲げる業務並びに障害者の日常生活及び社会生活を総合的に支援するための法律第二十二条第二項及び第三項、第二十六条第一項、第五十一条の七第二項及び第三項、第五十一条の十一、第七十四条並びに第七十六条第三項に規定する業務を行うものとする。

3　身体障害者更生相談所は、必要に応じ、巡回して、前項に規定する業務を行うことができる。

4　前各項に定めるもののほか、身体障害者更生相談所に関し必要な事項は、政令で定める。

（身体障害者福祉司）

第十一条の二　都道府県は、その設置する身体障害者更生相談所に、身体障害者福祉司を置かなければならない。

2　市及び町村は、その設置する福祉事務所に、身体障害者福祉司を置くことができる。

3　都道府県の身体障害者福祉司は、身体障害者更生相談所の長の命を受けて、次に掲げる業務を行うものとする。

一　第十条第一項第一号に掲げる業務のうち、専門的な知識及び技術を必要とするものを行うこと。

二　身体障害者の福祉に関し、第十条第一項第二号ロに掲げる業務を行うこと。

4　市町村の身体障害者福祉司は、当該市町村の福祉事務所の長の命を受けて、身体障害者の福祉に関し、次に掲げる業務を行うものとする。

一　福祉事務所の所員に対し、技術的指導を行うこと。

二　第九条第五項第三号に掲げる業務のうち、専門的な知識及び技術を必要とするものを行うこと。

5　市の身体障害者福祉司は、第九条の二第二項の規定により技術的援助及び助言を求められたときは、これに協力しなければならない。この場合において、特に専門的な知識及び技術が必要であると認めるときは、身体障害者更生相談所に当該技術的援助及び助言を求めるよう助言しなければならない。

第十二条　身体障害者福祉司は、都道府県知事又は市町村長の補助機関である職員とし、次の各号のいずれかに該当する者のうちから、任用しなければならない。

一　社会福祉法に定める社会福祉主事たる資格を有する者であつて、身体障害者の更生援護その他その福祉に関する事業に二年以上従事した経験を有するもの

二　学校教育法（昭和二十二年法律第二十六号）に基づく大学又は旧大学令（大正七年勅令第三百八十八号）に基づく大学において、厚生労働大臣の指定する社会福祉に関する科目を修めて卒業した者（当該科目を修めて同法に基づく専門職大学の前期課程を修了した者を含む。）

三　医師

四　社会福祉士

五　身体障害者の更生援護の事業に従事する職員を養成する学校その他の施設で都道府県知事の指定するものを卒業した者

六　前各号に準ずる者であつて、身体障害者福祉司として必要な学識経験を有するもの

（民生委員の協力）

第十二条の二　民生委員法（昭和二十三年法律第百九十八号）に定める民生委員は、この法律の施行について、市町村長、福祉事務所の長、身体障害者福祉司又は社会福祉主事の事務の執行に協力するものとする。

（身体障害者相談員）

第十二条の三　市町村は、身体に障害のある者の福祉の増進を図るため、身体に障害のある者の相談に応じ、及び身体に障害のある者の更生のために必要な援助を行うこと（次項において「相談援助」という。）を、社会的信望があり、かつ、身体に障害のあ

る者の更生援護に熱意と識見を持つている者に委託することができる。

2　前項の規定にかかわらず、都道府県は、障害の特性その他の事情に応じた相談援助を委託することが困難であると認められる市町村がある場合にあつては、当該市町村の区域における当該相談援助を、社会的信望があり、かつ、身体に障害のある者の更生援護に熱意と識見を持つている者に委託することができる。

3　前二項の規定により委託を受けた者は、身体障害者相談員と称する。

4　身体障害者相談員は、その委託を受けた業務を行うに当たつては、身体に障害のある者が、障害者の日常生活及び社会生活を総合的に支援するための法律第五条第一項に規定する障害福祉サービス事業（第十八条の二において「障害福祉サービス事業」という。）、同法第五条第十八項に規定する一般相談支援事業その他の身体障害者の福祉に関する事業に係るサービスを円滑に利用することができるように配慮し、これらのサービスを提供する者その他の関係者等との連携を保つよう努めなければならない。

5　身体障害者相談員は、その委託を受けた業務を行うに当たつては、個人の人格を尊重し、その身上に関する秘密を守らなければならない。

第二章　更生援護

第一節　総則

（指導啓発）

第十三条　国及び地方公共団体は、疾病又は事故による身体障害の発生の予防及び身体に障害のある者の早期治療等について国民の関心を高め、かつ、身体に障害のある者の福祉に関する思想を普及するため、広く国民の指導啓発に努めなければならない。

（調査）

第十四条　厚生労働大臣は、身体に障害のある者の状況について、自ら調査を実施し、又は都道府県知事その他関係行政機関から調査報告を求め、その研究調査の結果に基づいて身体に障害のある者に対し十分な福祉サービスの提供が行われる体制が整備されるように努めなければならない。

（支援体制の整備等）

第十四条の二　市町村は、この章に規定する更生援護、障害者の日常生活及び社会生活を総合的に支援するための法律の規定による自立支援給付及び地域生活支援事業その他地域の実情に応じたきめ細かな福祉サービスが積極的に提供され、身体障害者が、心身の状況、その置かれている環境等に応じて、自立した日常生活及び社会生活を営むために最も適切な支援が総合的に受けられるように、福祉サービスを提供する者又はこれらに参画する者の活動の連携及び調整を図る等地域の実情に応じた体制の整備に努めなければならない。

2　市町村は、前項の体制の整備及びこの章に規定する更生援護の実施に当たつては、身体障害者が引き続き居宅において日常生活を営むことができるよう配慮しなければならない。

（身体障害者手帳）

第十五条　身体に障害のある者は、都道府県知事の定める医師の診断書を添えて、その居住地（居住地を有しないときは、その現在地）の都道府県知事に身体障害者手帳の交付を申請することができる。ただし、本人が十五歳に満たないときは、その保護者（親権を行う者及び後見人をいう。ただし、児童福祉法第二十七条第一項第三号又は第二十七条の二の規定により里親に委託され、又は児童福祉施設に入所した児童については、当該里親又は児童福祉施設の長とする。以下同じ。）が代わつて申請するものとする。

2　前項の規定により都道府県知事が医師を定めるときは、厚生労働大臣の定めるところに従い、かつ、その指定に当たつては、社会福祉法第七条第一項に規定する社会福祉に関する審議会その他の合議制の機関（以下「地方社会福祉審議会」という。）の意見を聴かなければならない。

3　第一項に規定する医師が、その身体に障害のある者に診断書を交付するときは、その者の障害が別表に掲げる障害に該当するか否かについて意見書をつけなければならない。

4　都道府県知事は、第一項の申請に基いて審査し、その障害が別表に掲げるものに該当すると認めたときは、申請者に身体障害者手帳を交付しなければならない。

5　前項に規定する審査の結果、その障害が別表に掲げるものに該当しないと認めたときは、都道府県知事は、理由を附して、その旨を申請者に通知しなければならない。

6　身体障害者手帳の交付を受けた者は、身体障害者手帳を譲渡し又は貸与してはならない。

7　身体に障害のある十五歳未満の者につき、その保護者が身体障害者手帳の交付を受けた場合において、本人が満十五歳に達したとき、又は本人が満十五歳に達する以前にその保護者が保護者でなくなつたときは、身体障害者手帳の交付を受けた保護者は、すみやかにこれを本人又は新たな保護者に引き渡さなければならない。

8　前項の場合において、本人が満十五歳に達する以前に、身体障害者手帳の交付を受けたその保護者が死亡したときは、その者の親族又は同居の縁故者でその身体障害者手帳を所持するものは、すみやかにこれを新たな保護者に引き渡さなければならない。

9　前二項の規定により本人又は新たな保護者が身体障害者手帳の引渡を受けたときは、その身体障害者手帳は、本人又は新たな保護者が交付を受けたものとみなす。

10　前各項に定めるものの外、身体障害者手帳に関し必要な事項は、政令で定める。

（身体障害者手帳の返還）

第十六条　身体障害者手帳の交付を受けた者又はその者の親族若しくは同居の縁故者でその身体障害者手帳を所持するものは、本人が別表に掲げる障害を有しなくなつたとき、又は死亡したときは、すみやかに身体障害者手帳を都道府県知事に返還しなければならない。

2　都道府県知事は、次に掲げる場合には、身体障害者手帳の交付を受けた者に対し身体障害者手帳の返還を命ずることができる。

一　本人の障害が別表に掲げるものに該当しないと認めたとき。

二　身体障害者手帳の交付を受けた者が正当な理由がなく、第十七条の二第一項の規定による診査又は児童福祉法第十九条第一項の規定による診査を拒み、又は忌避したとき。

三　身体障害者手帳の交付を受けた者がその身体障害者手帳を他人に譲渡し又は貸与したとき。

3　都道府県知事は、前項の規定による処分をするには、文書をもつて、その理由を示さなければならない。

4　市町村長は、身体障害者につき、第二項各号に掲げる事由があると認めるときは、その旨を都道府県知事に通知しなければならない。

第十七条　前条第二項の規定による処分に係る行政手続法（平成五年法律第八十八号）第十五条第一項の通知は、聴聞の期日の十日前までにしなければならない。

（診査及び更生相談）

第十七条の二　市町村は、身体障害者の診査及び更生相談を行い、必要に応じ、次に掲げる措置を採らなければならない。

一　医療又は保健指導を必要とする者に対しては、医療保健施設に紹介すること。

二　公共職業能力開発施設の行う職業訓練（職業能力開発総合大学校の行うものを含む。）又は就職あつせんを必要とする者に対しては、公共職業安定所に紹介すること。

三　前二号に規定するもののほか、その更生に必要な事項につき指導すること。

2　医療保健施設又は公共職業安定所は、前項第一号又は第二号の規定により市町村から身体障害者の紹介があつたときは、その更生のために協力しなければならない。

第二節　障害福祉サービス、障害者支援施設等への入所等の措置

（障害福祉サービス、障害者支援施設等への入所等の措置）

第十八条　市町村は、障害者の日常生活及び社会生活を総合的に支援するための法律第五条第一項に規定する障害福祉サービス（同条第六項に規定する療養介護及び同条第十項に規定する施設入所支援（以下この条において「療養介護等」という。）を除く。以下「障害福祉サービス」という。）を必要とする身体障害者が、やむを得ない事由により介護給付費等（療養介護等に係るものを除く。）の支給を受けることが著しく困難であると認めるときは、その身体障害者につき、政令で定める基準に従い、障害福祉サービスを提供し、又は当該市町村以外の者に障害福祉サービスの提供を委託することができる。

2　市町村は、障害者支援施設又は障害者の日常生活及び社会生活を総合的に支援するための法律第五条第六項の厚生労働省令で定める施設（以下「障害者支援施設等」という。）への入所を必要とする身体障害者が、やむを得ない事由により介護給付費等（療養介護等に係るものに限る。）の支給を受けることが著しく困難であると認めるときは、その身体障害者を当該市町村の設置する障害者支援施設等に入所させ、又は国、都道府県若しくは他の市町村若しくは社会福祉法人の設置する障害者支援施設等若しくは独立行政法人国立病院機構若しくは高度専門医療に関する研究等を行う国立研究開発法人に関する法律（平成二十年法律第九十三号）第三条の二に規定する国立高度専門医療研究センターの設置する医療機関であつて厚生労働大臣の指定するもの（以下「指定医療機関」という。）にその身体障害者の入所若しくは入院を委託しなければならない。

（措置の受託義務）

第十八条の二　障害福祉サービス事業を行う者又は障害者支援施設等若しくは指定医療機関の設置者は、前条の規定による委託を受けたときは、正当な理由がない限り、これを拒んではならない。

（措置の解除に係る説明等）

第十八条の三　市町村長は、第十七条の二第一項第三号又は第十八条の措置を解除する場合には、あらかじめ、当該措置に係る者に対し、当該措置の解除の理由について説明するとともに、その意見を聴かなければならない。ただし、当該措置に係る者から当該措置の解除の申出があつた場合その他厚生労働省令で定める場合においては、この限りでない。

（行政手続法の適用除外）

第十九条　第十七条の二第一項第三号又は第十八条の措置を解除する処分については、行政手続法第三章（第十二条及び第十四条を除く。）の規定は、適用しない。

第三節　盲導犬等の貸与

第二十条　都道府県は、視覚障害のある身体障害者、肢体の不自由な身体障害者又は聴覚障害のある身体障害者から申請があつたときは、その福祉を図るため、必要に応じ、盲導犬訓練施設において訓練を受けた盲導犬（身体障害者補助犬法第二条第二項に規定する盲導犬をいう。以下同じ。）、介助犬訓練事業を行う者により訓練を受けた介助犬又は聴導犬訓練事業を行う者により訓練を受けた聴導犬を貸与し、又は当該都道府県以外の者にこれを貸与することを委託することができる。

第四節　社会参加の促進等

（社会参加を促進する事業の実施）

第二十一条　地方公共団体は、視覚障害のある身体障害者及び聴覚障害のある身体障害者の意思疎通を支援する事業、身体障害者の盲導犬、介助犬又は聴導犬の使用を支援する事業、身体障害者のスポーツ活動への参加を促進する事業その他の身体障害者の社会、経済、文化その他あらゆる分野の活動への参加を促進する事業を実施するよう努めなければならない。

（売店の設置）

第二十二条　国又は地方公共団体の設置した事務所その他の公共的施設の管理者は、身体障害者からの申請があつたときは、その公共的施設内において、新聞、書籍、たばこ、事務用品、食料品その他の物品を販売するために、売店を設置することを許すように努めなければならない。

２　前項の規定により公共的施設内に売店を設置することを許したときは、当該施設の管理者は、その売店の運営について必要な規則を定めて、これを監督することができる。

３　第一項の規定により、売店を設置することを許された身体障害者は、病気その他正当な理由がある場合の外は、自らその業務に従事しなければならない。

第二十三条　市町村は、前条に規定する売店の設置及びその運営を円滑にするため、その区域内の公共的施設の管理者と協議を行い、かつ、公共的施設における売店設置の可能な場所、販売物品の種類等を調査し、その結果を身体障害者に知らせなければならない。

（製造たばこの小売販売業の許可）

第二十四条　身体障害者がたばこ事業法（昭和五十九年法律第六十八号）第二十二条第一項の規定による小売販売業の許可を申請した場合において同法第二十三条各号の規定に該当しないときは、財務大臣は、当該身体障害者に当該許可を与えるように努めなければならない。

２　第二十二条第三項の規定は、前項の規定によりたばこ事業法第二十二条第一項の許可を受けた者について準用する。

（製作品の購買）

第二十五条　身体障害者の援護を目的とする社会福祉法人で厚生労働大臣の指定するものは、その援護する身体障害者の製作した政令で定める物品について、国又は地方公共団体の行政機関に対し、購買を求めることができる。

２　国又は地方公共団体の行政機関は、前項の規定により当該物品の購買を求められた場合において、適当と認められる価格により、且つ、自らの指定する期限内に購買することができるときは、自らの用に供する範囲において、その求に応じなければならない。但し、前項の社会福祉法人からその必要とする数量を購買することができないときは、この限りでない。

３　国の行政機関が、前二項の規定により当該物品を購買するときは、第一項の社会福祉法人の受註、納入等を円滑ならしめることを目的とする社会福祉法人で厚生労働大臣の指定するものを通じて行うことができる。

４　社会保障審議会は、この条に規定する業務の運営について必要があると認めるときは、国又は地方公共団体の機関に対し、勧告をすることができる。

（芸能、出版物等の推薦等）

第二十五条の二　社会保障審議会は、身体障害者の福祉を図るため、芸能、出版物等を推薦し、又はそれらを製作し、興行し、若しくは販売する者等に対し、必要な勧告をすることができる。

第三章　事業及び施設

（事業の開始等）

第二十六条　国及び都道府県以外の者は、厚生労働省令の定めるところにより、あらかじめ、厚生労働省令で定める事項を都道府県知事に届け出て、身体障害者生活訓練等事業又は介助犬訓練事業若しくは聴導犬訓練事業（以下「身体障害者生活訓練等事業等」という。）を行うことができる。

２　国及び都道府県以外の者は、前項の規定により届け出た事項に変更を生じたときは、変更の日から一月以内に、その旨を都道府県知事に届け出なければならない。

３　国及び都道府県以外の者は、身体障害者生活訓練等事業等を廃止し、又は休止しようとするときは、あらかじめ、厚生労働省令で定める事項を都道府県知事に届け出なければならない。

第二十七条　国及び都道府県以外の者は、社会福祉法の定めるところにより、手話通訳事業を行うことができる。

（施設の設置等）

第二十八条　都道府県は、身体障害者社会参加支援施設を設置することができる。

２　市町村は、あらかじめ厚生労働省令で定める事項を都道府県知事に届け出て、身体障害者社会参加支援施設を設置することができる。

3　社会福祉法人その他の者は、社会福祉法の定めるところにより、身体障害者社会参加支援施設を設置することができる。

4　身体障害者社会参加支援施設には、身体障害者の社会参加の支援の事務に従事する者の養成施設（以下「養成施設」という。）を附置することができる。ただし、市町村がこれを附置する場合には、あらかじめ、厚生労働省令で定める事項を都道府県知事に届け出なければならない。

5　前各項に定めるもののほか、身体障害者社会参加支援施設の設置、廃止又は休止に関し必要な事項は、政令で定める。

（施設の基準）

第二十九条　厚生労働大臣は、身体障害者社会参加支援施設及び養成施設の設備及び運営について、基準を定めなければならない。

2　社会福祉法人その他の者が設置する身体障害者社会参加支援施設については、前項の規定による基準を社会福祉法第六十五条第一項の規定による基準とみなして、同法第六十二条第四項、第六十五条第三項及び第七十一条の規定を適用する。

第三十条　削除

（身体障害者福祉センター）

第三十一条　身体障害者福祉センターは、無料又は低額な料金で、身体障害者に関する各種の相談に応じ、身体障害者に対し、機能訓練、教養の向上、社会との交流の促進及びレクリエーションのための便宜を総合的に供与する施設とする。

（補装具製作施設）

第三十二条　補装具製作施設は、無料又は低額な料金で、補装具の製作又は修理を行う施設とする。

（盲導犬訓練施設）

第三十三条　盲導犬訓練施設は、無料又は低額な料金で、盲導犬の訓練を行うとともに、視覚障害のある身体障害者に対し、盲導犬の利用に必要な訓練を行う施設とする。

（視聴覚障害者情報提供施設）

第三十四条　視聴覚障害者情報提供施設は、無料又は低額な料金で、点字刊行物、視覚障害者用の録音物、聴覚障害者用の録画物その他各種情報を記録した物であつて専ら視聴覚障害者が利用するものを製作し、若しくはこれらを視聴覚障害者の利用に供し、又は点訳（文字を点字に訳すことをいう。）若しくは手話通訳等を行う者の養成若しくは派遣その他の厚生労働省令で定める便宜を供与する施設とする。

第四章　費用

（市町村の支弁）

第三十五条　身体障害者の更生援護について、この法律において規定する事項に要する費用のうち、次に掲げるものは、市町村の支弁とする。

一　第十一条の二の規定により市町村が設置する身体障害者福祉司の設置及び運営に要する費用

二　第十二条の三の規定により市町村が行う委託に要する費用

三　第十三条、第十四条、第十七条の二及び第十八条の規定により市町村が行う行政措置に要する費用（国の設置する障害者支援施設等に対し第十八条第二項の規定による委託をした場合において、その委託後に要する費用を除く。）

四　第二十八条第二項及び第四項の規定により、市町村が設置する身体障害者社会参加支援施設及び養成施設の設置及び運営に要する費用

（都道府県の支弁）

第三十六条　身体障害者の更生援護について、この法律において規定する事項に要する費用のうち、次に掲げるものは、都道府県の支弁とする。

一　第十一条の二の規定により都道府県が設置する身体障害者福祉司の設置及び運営に要する費用

二　第十一条の規定により都道府県が設置する身体障害者更生相談所の設置及び運営に要する費用

二の二　第十二条の三の規定により都道府県が行う委託に要する費用

三　第十三条、第十四条、第十五条及び第二十条の規定により都道府県知事が行う

行政措置に要する費用
四　第二十八条第一項及び第四項の規定により都道府県が設置する身体障害者社会参加支援施設及び養成施設の設置及び運営に要する費用

（国の支弁）
第三十六条の二　国は、第十八条第二項の規定により、国の設置する障害者支援施設等に入所した身体障害者の入所後に要する費用を支弁する。

（都道府県の負担）
第三十七条　都道府県は、政令の定めるところにより、第三十五条の規定により市町村が支弁する費用について、次に掲げるものを負担する。
一　第三十五条第三号の費用（第十八条の規定により市町村が行う行政措置に要する費用に限り、次号に掲げる費用を除く。）については、その四分の一
二　第三十五条第三号の費用（第九条第一項に規定する居住地を有しないか、又は明らかでない身体障害者についての第十八条の規定により市町村が行う行政措置に要する費用に限る。）については、その十分の五

（国の負担）
第三十七条の二　国は、政令の定めるところにより、第三十五条及び第三十六条の規定により市町村及び都道府県が支弁する費用について、次に掲げるものを負担する。
一　第三十五条第四号及び第三十六条第四号の費用（視聴覚障害者情報提供施設の運営に要する費用に限る。）については、その十分の五
二　第三十五条第三号の費用（第十七条の二の規定により市町村が行う行政措置に要する費用を除く。）及び第三十六条第三号の費用（第十五条及び第二十条の規定により都道府県知事が行う行政措置に要する費用を除く。）については、その十分の五

（費用の徴収）
第三十八条　第十八条第一項の規定により障害福祉サービスの提供若しくは提供の委託が行われた場合又は同条第二項の規定により障害者支援施設等への入所若しくは障害者支援施設等若しくは指定医療機関への入所若しくは入院の委託（国の設置する障害者支援施設等への入所の委託を除く。）が行われた場合においては、当該行政措置に要する費用を支弁した市町村の長は、当該身体障害者又はその扶養義務者（民法（明治二十九年法律第八十九号）に定める扶養義務者をいう。以下同じ。）から、その負担能力に応じ、その費用の全部又は一部を徴収することができる。
2　市町村により国の設置する障害者支援施設等への入所の委託が行われた場合においては、厚生労働大臣は、当該身体障害者又はその扶養義務者から、その負担能力に応じ、その費用の全部又は一部を徴収することができる。
3　厚生労働大臣又は市町村長は、前二項の規定による費用の徴収に関し必要があると認めるときは、当該身体障害者又はその扶養義務者の収入の状況につき、当該身体障害者若しくはその扶養義務者に対し報告を求め、又は官公署に対し必要な書類の閲覧若しくは資料の提供を求めることができる。

（準用規定）
第三十八条の二　社会福祉法第五十八条第二項から第四項までの規定は、国有財産特別措置法（昭和二十七年法律第二百十九号）第二条第二項第三号の規定又は同法第三条第一項第四号及び第二項の規定により普通財産の譲渡又は貸付けを受けた社会福祉法人に準用する。

第五章　雑則

（報告の徴収等）
第三十九条　都道府県知事は、身体障害者の福祉のために必要があると認めるときは、身体障害者生活訓練等事業等を行う者に対して、必要と認める事項の報告を求め、又は当該職員に、関係者に対して質問させ、若しくはその事務所若しくは施設に立ち入り、設備、帳簿書類その他の物件を検査させることができる。
2　都道府県知事は、第三十八条第二項の規

定により市町村が設置する身体障害者社会参加支援施設の運営を適切にさせるため、必要があると認めるときは、当該施設の長に対して、必要と認める事項の報告を求め、又は当該職員に、関係者に対して質問させ、若しくはその施設に立ち入り、設備、帳簿書類その他の物件を検査させることができる。

3　前二項の規定による質問又は立入検査を行う場合においては、当該職員は、その身分を示す証明書を携帯し、関係者の請求があるときは、これを提示しなければならない。

4　第一項及び第二項の規定による権限は、犯罪捜査のために認められたものと解釈してはならない。

（事業の停止等）

第四十条　都道府県知事は、身体障害者生活訓練等事業等を行う者が、この法律若しくはこれに基づく命令若しくはこれらに基づいてする処分に違反したとき、又はその事業に関し不当に営利を図り、若しくはその事業に係る者の処遇につき不当な行為をしたときは、その事業を行う者に対し、その事業の制限又は停止を命ずることができる。

第四十一条　身体障害者社会参加支援施設又は養成施設について、その設備若しくは運営が第二十九条第一項の規定による基準にそわなくなつたと認められ、又は法令の規定に違反すると認められるときは、都道府県の設置したものについては厚生労働大臣が、市町村の設置したものについては都道府県知事が、それぞれ、その事業の停止又は廃止を命ずることができる。

2　厚生労働大臣又は都道府県知事は、前項の規定による処分をするには、文書をもつて、その理由を示さなければならない。

第四十二条　削除

（町村の一部事務組合等）

第四十三条　町村が一部事務組合又は広域連合を設けて福祉事務所を設置した場合には、この法律の適用については、その一部事務組合又は広域連合を福祉事務所を設置する町村とみなす。

（大都市等の特例）

第四十三条の二　この法律中都道府県が処理することとされている事務で政令で定めるものは、地方自治法（昭和二十二年法律第六十七号）第二百五十二条の十九第一項の指定都市（以下「指定都市」という。）及び同法第二百五十二条の二十二第一項の中核市（以下「中核市」という。）においては、政令で定めるところにより、指定都市又は中核市（以下「指定都市等」という。）が処理するものとする。この場合においては、この法律中都道府県に関する規定は、指定都市等に関する規定として指定都市等に適用があるものとする。

（権限の委任）

第四十四条　この法律に規定する厚生労働大臣の権限は、厚生労働省令で定めるところにより、地方厚生局長に委任することができる。

2　前項の規定により地方厚生局長に委任された権限は、厚生労働省令で定めるところにより、地方厚生支局長に委任することができる。

（実施命令）

第四十五条　この法律に特別の規定があるものを除くほか、この法律の実施のための手続その他その執行について必要な細則は、厚生労働省令で定める。

（罰則）

第四十六条　次の各号の一に該当する者は、十万円以下の罰金に処する。

一　第十五条第六項の規定に違反した者

二　第十六条第一項の規定に違反した者

第四十七条　偽りその他不正な手段により、身体障害者手帳の交付を受けた者又は受けさせた者は、六月以下の懲役又は二十万円以下の罰金に処する。

第四十八条　第十六条第二項の規定に基づく都道府県知事の命令に違反した者は、三月以下の懲役又は十万円以下の罰金に処する。

第四十九条　正当な理由がなく、第三十八条第三項の規定による報告をせず、又は虚偽の報告をした者は、十万円以下の過料に処する。

障害者福祉

附　則（抄）

（施行期日）

1　この法律は、昭和二十五年四月一日から施行する。

（更生援護の特例）

2　児童福祉法第六十三条の二の規定による通知に係る児童は、第九条から第十条まで、第十一条の二、第十八条及び第三十五条から第三十八条までの規定の適用については、身体障害者とみなす。

別表（第四条、第十五条、第十六条関係）

一　次に掲げる視覚障害で、永続するもの

1　両眼の視力（万国式試視力表によつて測つたものをいい、屈折異常がある者については、矯正視力について測つたものをいう。以下同じ。）がそれぞれ〇・一以下のもの

2　一眼の視力が〇・〇二以下、他眼の視力が〇・六以下のもの

3　両眼の視野がそれぞれ一〇度以内のもの

4　両眼による視野の二分の一以上が欠けているもの

二　次に掲げる聴覚又は平衡機能の障害で、永続するもの

1　両耳の聴力レベルがそれぞれ七〇デシベル以上のもの

2　一耳の聴力レベルが九〇デシベル以上、他耳の聴力レベルが五〇デシベル以上のもの

3　両耳による普通話声の最良の語音明瞭度が五〇パーセント以下のもの

4　平衡機能の著しい障害

三　次に掲げる音声機能、言語機能又はそしやく機能の障害

1　音声機能、言語機能又はそしやく機能の喪失

2　音声機能、言語機能又はそしやく機能の著しい障害で、永続するもの

四　次に掲げる肢体不自由

1　一上肢、一下肢又は体幹の機能の著しい障害で、永続するもの

2　一上肢のおや指を指骨間関節以上で欠くもの又はひとさし指を含めて一上肢の二指以上をそれぞれ第一指骨間関節以上で欠くもの

3　一下肢をリスフラン関節以上で欠くもの

4　両下肢のすべての指を欠くもの

5　一上肢のおや指の機能の著しい障害又はひとさし指を含めて一上肢の三指以上の機能の著しい障害で、永続するもの

6　1から5までに掲げるもののほか、その程度が1から5までに掲げる障害の程度以上であると認められる障害

五　心臓、じん臓又は呼吸器の機能の障害その他政令で定める障害で、永続し、かつ、日常生活が著しい制限を受ける程度であると認められるもの

〔編集部註〕第五号の政令で定める障害は、(1)ぼうこう又は直腸の機能障害、(2)小腸機能障害、(3)ヒト免疫不全ウイルスによる免疫機能障害、(4)肝臓機能障害

身体障害者障害程度等級表

身体障害者福祉法施行規則（昭和二五・四・六厚令一五（最新改正　令和元厚労令二〇））別表第五号（第五条関係）

級別			一級	
視覚障害			視力の良い方の目の視力（万国式試視力表によつて測つたものをいい、屈折異常のある者については、矯正視力について測つたものをいう。以下同じ。）が〇・〇一以下のもの	1　視力の良い方の眼の視力が〇・〇二以上〇・〇三以下のもの 2　視力の良い方の眼の視力が〇・〇四かつ他方の眼の視力が手動弁以下のもの
聴覚又は平衡機能の障害	聴覚障害			両耳の聴力レベルがそれぞれ一〇〇デシベル以上のもの（両耳全ろう）
	平衡機能障害			
音声機能、言語機能又はそしゃく機能の障害				
肢体不自由	上肢		1　両上肢の機能を全廃したもの 2　両上肢を手関節以上で欠くもの	1　両上肢の機能の著しい障害 2　両上肢のすべての指を欠くもの 3　一上肢を上腕の二分の一以上で欠くもの 4　一上肢の機能を全廃したもの
	下肢		1　両下肢の機能を全廃したもの 2　両下肢を大腿の二分の一以上で欠くもの	1　両下肢の機能の著しい障害 2　両下肢を下腿の二分の一以上で欠くもの
	体幹		体幹の機能障害により坐つていることができないもの	1　体幹の機能障害により坐位又は起立位を保つことが困難なもの 2　体幹の機能障害に
	乳幼児期以前の非進行性の脳病変による運動機能障害	上肢機能	不随意運動・失調等により上肢を使用する日常生活動作がほとんど不可能なもの	不随意運動・失調等により上肢を使用する日常生活動作が極度に制限されるもの
		移動機能	不随意運動・失調等により歩行が不可能なもの	不随意運動・失調等により歩行が極度に制限されるもの
心臓、じん臓若しくは呼吸器又はぼうこう若しくは直腸、小腸、ヒト免疫不全ウイルスによる免疫若しくは肝臓の機能の障害	心臓機能障害		心臓の機能の障害により自己の身辺の日常生活活動が極度に制限されるもの	
	じん臓機能障害		じん臓の機能の障害により自己の身辺の日常生活活動が極度に制限されるもの	
	呼吸器機能障害		呼吸器の機能の障害により自己の身辺の日常生活活動が極度に制限されるもの	
	ぼうこう又は直腸の機能障害		ぼうこう又は直腸の機能の障害により自己の身辺の日常生活活動が極度に制限されるもの	
	小腸機能障害		小腸の機能の障害により自己の身辺の日常生活活動が極度に制限されるもの	
	ヒト免疫不全ウイルスによる免疫機能障害		ヒト免疫不全ウイルスによる免疫の機能の障害により日常生活がほとんど不可能なもの	ヒト免疫不全ウイルスによる免疫の機能の障害により日常生活が極度に制限されるもの
	肝臓機能障害		肝臓の機能の障害により日常生活活動がほとんど不可能なもの	肝臓の機能の障害により日常生活活動が極度に制限されるもの

二級	三級
3 周辺視野角度（Ｉ／四視標による。以下同じ。）の総和が左右眼それぞれ八〇度以下かつ両眼中心視野角度（Ｉ／二視標による。以下同じ。）が二八度以下のもの 4 両眼開放視認点数が七〇点以下かつ両眼中心視野視認点数が二〇点以下のもの	1 視力の良い方の眼の視力が〇・〇四以上〇・〇七以下のもの（二級の二に該当するものを除く。） 2 視力の良い方の眼の視力が〇・〇八かつ他方の眼の視力が手動弁以下のもの
	両耳の聴力レベルが九〇デシベル以上のもの（耳介に接しなければ大声語を理解し得ないもの）
	平衡機能の極めて著しい障害
	音声機能、言語機能又はそしゃく機能の喪失
	1 両上肢のおや指及びひとさし指を欠くもの 2 両上肢のおや指及びひとさし指の機能を全廃したもの 3 一上肢の機能の著しい障害 4 一上肢のすべての指を欠くもの 5 一上肢のすべての指の機能を全廃したもの
	1 両下肢をショパー関節以上で欠くもの 2 一下肢を大腿の二分の一以上で欠くもの 3 一下肢の機能を全廃したもの
より立ち上ることが困難なもの	体幹の機能障害により歩行が困難なもの
	不随意運動・失調等により上肢を使用する日常生活動作が著しく制限されるもの
	不随意運動・失調等により歩行が家庭内での日常生活活動に制限されるもの
	心臓の機能の障害により家庭内での日常生活活動が著しく制限されるもの
	じん臓の機能の障害により家庭内での日常生活活動が著しく制限されるもの
	呼吸器の機能の障害により家庭内での日常生活活動が著しく制限されるもの
	ぼうこう又は直腸の機能の障害により家庭内での日常生活活動が著しく制限されるもの
	小腸の機能の障害により家庭内での日常生活活動が著しく制限されるもの
	ヒト免疫不全ウイルスによる免疫の機能の障害により日常生活が著しく制限されるもの（社会での日常生活活動が著しく制限されるものを除く。）
	肝臓の機能の障害により日常生活活動が著しく制限されるもの（社会での日常生活活動が著しく制限されるものを除く。）

	四級
3 周辺視野角度の総和が左右眼それぞれ八〇度以下かつ両眼中心視野角度が五六度以下のもの 4 両眼開放視認点数が七〇点以下かつ両眼中心視野視認点数が四〇点以下のもの	1 視力の良い方の眼の視力が〇・〇八以上〇・一以下のもの（三級の二に該当するものを除く。） 2 周辺視野角度の総和が左右眼それぞれ八〇度以下のもの 3 両眼開放視認点数が七〇点以下のもの
	1 両耳の聴力レベルが八〇デシベル以上のもの（耳介に接しなければ話声語を理解し得ないもの） 2 両耳による普通話声の最良の語音明瞭度が五〇パーセント以下のもの
	音声機能、言語機能又はそしゃく機能の著しい障害
	1 両上肢のおや指を欠くもの 2 両上肢のおや指の機能を全廃したもの 3 一上肢の肩関節、肘関節又は手関節のうち、いずれか一関節の機能を全廃したもの 4 一上肢のおや指及びひとさし指を欠くもの 5 一上肢のおや指及びひとさし指の機能を全廃したもの 6 おや指又はひとさし指を含めて一上肢の三指を欠くもの 7 おや指又はひ
	1 両下肢のすべての指を欠くもの 2 両下肢のすべての指の機能を全廃したもの 3 一下肢を下腿の二分の一以上で欠くもの 4 一下肢の機能の著しい障害 5 一下肢の股関節又は膝関節の機能を全廃したもの 6 一下肢が健側に比して一〇センチメートル以上又は健側の長さの
	不随意運動・失調等による上肢の機能障害により社会での日常生活活動が著しく制限されるもの
	不随意運動・失調等により社会での日常生活活動が著しく制限されるもの
	心臓の機能の障害により社会での日常生活活動が著しく制限されるもの
	じん臓の機能の障害により社会での日常生活活動が著しく制限されるもの
	呼吸器の機能の障害により社会での日常生活活動が著しく制限されるもの
	ぼうこう又は直腸の機能の障害により社会での日常生活活動が著しく制限されるもの
	小腸の機能の障害により社会での日常生活活動が著しく制限されるもの
	ヒト免疫不全ウイルスによる免疫の機能の障害により社会での日常生活活動が著しく制限されるもの
	肝臓の機能の障害により社会での日常生活活動が著しく制限されるもの

	五級	
	1 視力の良い方の眼の視力が〇・二かつ他方の眼の視力が〇・〇二以下のもの 2 両眼による視野の二分の一以上が欠けているもの 3 両眼中心視野角度が五六度以下のもの 4 両眼開放視認点数が七〇点を超えかつ一〇〇点以下のもの 5 両眼中心視野視認点数が四〇点以下のもの	視力の良い方の眼の視力が〇・三以上〇・六以下かつ他方の眼の
		1 両耳の聴力レベルが七〇デシベル以上のもの（四〇センチメートル
	平衡機能の著しい障害	
とさし指を含めて一上肢の三指の機能を全廃したもの 8 おや指又はひとさし指を含めて一上肢の四指の機能の著しい障害	1 両上肢のおや指の機能の著しい障害 2 一上肢の肩関節、肘関節又は手関節のうち、いずれか一関節の機能の著しい障害 3 一上肢のおや指を欠くもの 4 一上肢のおや指の機能を全廃したもの 5 一上肢のおや指及びひとさし指の機能の著しい障害 6 おや指又はひとさし指を含めて一上肢の三指の機能の著しい障害	1 一上肢のおや指の機能の著しい障害 2 ひとさし指を含めて一上肢の
十分の一以上短いもの	1 一下肢の股関節又は膝関節の機能の著しい障害 2 一下肢の足関節の機能を全廃したもの 3 一下肢が健側に比して五センチメートル以上又は健側の長さの十五分の一以上短いもの	1 一下肢をリスフラン関節以上で欠くもの 2 一下肢の足
	体幹の機能の著しい障害	
	不随意運動・失調等による上肢の機能障害により社会での日常生活活動に支障のあるもの	不随意運動・失調等により上肢の機能の劣
	不随意運動・失調等により社会での日常生活活動に支障のあるもの	不随意運動・失調等により移動機能の劣る

六級	七級
視力が〇・〇二以下のもの	
ル以上の距離で発声された会話語を理解し得ないもの） 2　一側耳の聴力レベルが九〇デシベル以上、他側耳の聴力レベルが五〇デシベル以上のもの	
二指を欠くもの 3　ひとさし指を含めて一上肢の二指の機能を全廃したもの	1　一上肢の機能の軽度の障害 2　一上肢の肩関節、肘関節又は手関節のうち、いずれか一関節の機能の軽度の障害 3　一上肢の手指の機能の軽度の障害 4　ひとさし指を含めて一上肢の二指の機能の著しい障害 5　一上肢のなか指、くすり指及び小指を欠くもの 6　一上肢のなか指、くすり指及び小指の機能を全廃したもの
関節の機能の著しい障害	1　両下肢のすべての指の機能の著しい障害 2　一下肢の機能の軽度の障害 3　一下肢の股関節、膝関節又は足関節のうち、いずれか一関節の機能の軽度の障害 4　一下肢のすべての指を欠くもの 5　一下肢のすべての指の機能を全廃したもの 6　一下肢が健側に比して三センチメートル以上又は健側の長さの二十分の一以上短いもの
るもの	上肢に不随意運動・失調等を有するもの
もの	下肢に不随意運動・失調等を有するもの

備考

1 同一の等級について二つの重複する障害がある場合は、一級うえの級とする。ただし、二つの重複する障害が特に本表中に指定せられているものは、該当等級とする。
2 肢体不自由においては、七級に該当する障害が二以上重複する場合は、六級とする。
3 異なる等級について二以上の重複する障害がある場合については、障害の程度を勘案して当該等級より上の級とすることができる。
4 「指を欠くもの」とは、おや指については指骨間関節、その他の指については第一指骨間関節以上を欠くものをいう。
5 「指の機能障害」とは、中手指節関節以下の障害をいい、おや指については、対抗運動障害をも含むものとする。
6 上肢又は下肢欠損の断端の長さは、実用長（上腕においては腋窩より、大腿においては坐骨結節の高さより計測したもの）をもつて計測したものをいう。
7 下肢の長さは、前腸骨棘より内くるぶし下端までを計測したものをいう。

身体障害者社会参加支援施設の設備及び運営に関する基準

（平成一五・三・一二）
（厚　労　令　二　一）

最新改正　平成一八厚労令一六九

第一章　総則

（趣旨）

第一条　身体障害者福祉法（昭和二十四年法律第二百八十三号。以下「法」という。）第二十八条第一項の規定による身体障害者社会参加支援施設の設備及び運営に関する基準は、この省令の定めるところによる。

（基本方針）

第二条　身体障害者社会参加支援施設は、入所者又は利用者（以下この章において「入所者等」という。）に対し、その自立と社会経済活動への参加を促進する観点から、健全な環境の下で、社会福祉事業に関する熱意及び能力を有する職員による適切な支援を行うよう努めなければならない。

2　身体障害者社会参加支援施設は、入所者等の意思及び人格を尊重し、常にその者の立場に立って支援を行うよう努めなければならない。

3　身体障害者社会参加支援施設は、できる限り居宅に近い環境の中で、地域や家庭との結び付きを重視した運営を行い、市町村（特別区を含む。以下同じ。）、身体障害者の福祉を増進することを目的とする事業を行う者その他の保健医療サービス又は福祉サービスを提供する者との密接な連携に努めなければならない。

4　身体障害者社会参加支援施設は、入所者の人権の擁護、虐待の防止等のため、責任者を設置する等必要な体制の整備を行うとともに、その従業者に対し、研修を実施する等の措置を講じるよう努めなければならない。

（構造設備の一般原則）

第三条　身体障害者社会参加支援施設の配置、構造及び設備は、入所者等の特性に応じて工夫され、かつ、日照、採光、換気等の入所者等の保健衛生に関する事項及び防災について十分考慮されたものでなければならない。

2　身体障害者社会参加支援施設（身体障害者福祉センター（第十三条に規定する障害者更生センターを除く。）を除く。）の建物（入所者等の日常生活のために使用しない附属の建物を除く。）は、耐火建築物（建築基準法（昭和二十五年法律第二百一号）第二条第九号の二に規定する耐火建築物をいう。次項において同じ。）又は準耐火建築物（同条第九号の三に規定する準耐火建築物をいう。次項において同じ。）でなければならない。ただし、通所による入所者のみを対象とする施設にあっては、この限りでない。

3　前項本文の規定にかかわらず、都道府県知事（地方自治法（昭和二十二年法律第六十七号）第二百五十二条の十九第一項の指定都市（以下この項において「指定都市」という。）及び同法第二百五十二条の二十二第一項の中核市（以下この項において「中核市」という。）においては、指定都市又は中核市の市長）が、火災予防、消火活動等に関し専門的知識を有する者の意見を聴いて、次の各号のいずれかの要件を満たす木造かつ平屋建ての身体障害者社会参加支援施設の建物であって、火災に係る入所者等の安全性が確保されていると認めたときは、耐火建築物又は準耐火建築物とすることを要しない。

一　スプリンクラー設備の設置、天井等の内装材等への難燃性の材料の使用、調理室等火災が発生するおそれがある箇所における防火区画の設置等により、初期消火及び延焼の抑制に配慮した構造であること。

二　非常警報設備の設置等による火災の早期発見及び通報の体制が整備されており、円滑な消火活動が可能なものであること。

三　避難口の増設、搬送を容易に行うために十分な幅員を有する避難路の確保等により、円滑な避難が可能な構造であり、かつ、避難訓練を頻繁に実施すること、配置人員を増員すること等により、火災の際の円滑な避難が可能なものであること。

（設備の専用）
第四条　身体障害者社会参加支援施設の設備は、専ら当該身体障害者社会参加支援施設の用に供するものでなければならない。ただし、入所者等の支援に支障がない場合は、この限りでない。

（職員の専従）
第五条　身体障害者社会参加支援施設の職員は、専ら当該身体障害者社会参加支援施設の職務に従事する者でなければならない。ただし、入所者等の支援に支障がない場合は、この限りでない。

（非常災害対策）
第六条　身体障害者社会参加支援施設は、消火設備その他の非常災害に際して必要な設備を設けるとともに、非常災害に関する具体的計画を立て、非常災害時の関係機関への通報及び連携体制を整備し、それらを定期的に職員に周知しなければならない。

2　身体障害者社会参加支援施設は、非常災害に備えるため、定期的に避難、救出その他必要な訓練を行わなければならない。

（記録の整備）
第七条　身体障害者社会参加支援施設は、設備、職員及び会計に関する諸記録を整備しておかなければならない。

2　身体障害者社会参加支援施設は、入所者等の支援の状況に関する諸記録を整備し、当該支援を提供した日から五年間保存しなければならない。

（相談及び援助）
第八条　身体障害者社会参加支援施設は、常に入所者等の心身の状況、その置かれている環境等の的確な把握に努め、その者又はその家族に対し、その相談に適切に応じるとともに、必要な助言その他の援助を行わなければならない。

（秘密保持等）
第九条　身体障害者社会参加支援施設の職員は、正当な理由がなく、その業務上知り得た入所者等又はその家族の秘密を漏らしてはならない。

2　身体障害者社会参加支援施設は、職員であった者が、正当な理由がなく、その業務上知り得た入所者等又はその家族の秘密を漏らすことがないよう、必要な措置を講じなければならない。

（苦情解決）
第十条　身体障害者社会参加支援施設は、その行った支援に関する入所者等からの苦情に迅速かつ適切に対応するために、苦情を受け付けるための窓口を設置する等の必要な措置を講じなければならない。

2　身体障害者社会参加支援施設は、その行った支援に関し、市町村から指導又は助言を受けた場合は、当該指導又は助言に従って必要な改善を行わなければならない。

3　身体障害者社会参加支援施設は、社会福祉法（昭和二十六年法律第四十五号）第八十三条に規定する運営適正化委員会が同法第八十五条の規定により行う調査又はあっせんにできる限り協力しなければならない。

（地域との連携等）
第十一条　身体障害者社会参加支援施設は、その運営に当たっては、地域住民又はその自発的な活動等との連携及び協力を行う等の地域との交流に努めなければならない。

（事故発生時の対応）
第十二条　身体障害者社会参加支援施設は、入所者等に対する支援の提供により事故が発生した場合は、速やかに市町村、入所者等の家族等に連絡を行うとともに、必要な措置を講じなければならない。

2　身体障害者社会参加支援施設は、入所者等に対する支援の提供により賠償すべき事故が発生した場合は、損害賠償を速やかに行わなければならない。

第二章　身体障害者福祉センター

（種類）
第十三条　身体障害者福祉センターの種類は、次の各号に掲げるとおりとし、その定義は当該各号に定めるとおりとする。

一　身体障害者福祉センターA型　身体障害者福祉センターのうち更生相談、機能訓練、スポーツ及びレクリエーションの指導、ボランティアの養成、身体障害者社会参加支援施設の職員に対する研修その他身体障害者の福祉の増進を図る事業を総合的に行うもの
二　身体障害者福祉センターB型　身体障害者福祉センターのうち創作的活動又は生産活動の機会の提供、社会との交流の促進、ボランティアの養成その他身体障害者が自立した日常生活及び社会生活を営むために必要な事業を行うもの
三　障害者更生センター　身体障害者福祉センターのうち身体障害者又はその家族に対し、宿泊、レクリエーションその他休養のための便宜を供与するもの

（建築面積）
第十四条　身体障害者福祉センターは、次の各号の区分に従い、それぞれ当該各号に規定する建築面積を有するものでなければならない。
一　身体障害者福祉センターA型　二千七百平方メートル以上
二　身体障害者福祉センターB型　四百二十四平方メートル以上
三　在宅障害者デイサービス施設（次号に掲げるものを除く。）　二百八十平方メートル以上
四　在宅障害者デイサービス施設であって他の社会福祉施設等に併設されるもの　二百二十平方メートル以上

（身体障害者福祉センターA型の設備の基準）
第十五条　身体障害者福祉センターA型には、おおむね次の各号に掲げる設備を設けなければならない。
一　相談室
二　機能訓練回復室
三　社会適応訓練室
四　図書室
五　書庫
六　研修室
七　会議室
八　日常生活用具展示室
九　体育館
十　プール
十一　更衣室
十二　宿泊室
十三　食堂
十四　調理室
十五　事務室
2　前項各号に掲げる設備の基準は、次のとおりとする。
一　相談室　室内における談話の漏えいを防ぐための間仕切り等を設けること。
二　機能訓練回復室　訓練に必要な機械器具等を備えること。
三　社会適応訓練室　訓練に必要な備品等を備えること。
四　更衣室　男子用と女子用を別に設けること。
五　食堂
イ　食事の提供に支障がない広さを有すること。
ロ　必要な備品を備えること。
六　調理室　火気を使用する部分は、不燃材料を用いること。

（身体障害者福祉センターB型の設備の基準）
第十六条　身体障害者福祉センターB型には、おおむね次の各号に掲げる設備を設けなければならない。
一　相談室
二　日常生活訓練室
三　社会適応訓練室兼集会室
四　作業室
五　図書室
六　事務室
2　前項各号に掲げる設備の基準は、次のとおりとする。
一　相談室　室内における談話の漏えいを防ぐための間仕切り等を設けること。
二　日常生活訓練室　訓練に必要な機械器具等を備えること。
三　社会適応訓練室兼集会室　訓練に必要な備品等を備えること。
四　作業室　作業に必要な機械器具等を備えること。

（在宅障害者デイサービス施設の設備の基準）
第十七条　在宅障害者デイサービス施設に

は、おおむね次の各号に掲げる設備を設けなければならない。
一　相談室
二　日常生活訓練室
三　社会適応訓練室
四　作業室
五　更衣室
六　シャワー室
2　前項各号に掲げる設備の基準は、次のとおりとする。
一　相談室　室内における談話の漏えいを防ぐための間仕切り等を設けること。
二　日常生活訓練室　訓練に必要な機械器具等を備えること。
三　社会適応訓練室　訓練に必要な備品等を備えること。
四　作業室　作業に必要な機械器具等を備えること。
五　更衣室　男子用と女子用を別に設けること。

（**障害者更生センターの設備の基準**）
第十八条　障害者更生センターには、おおむね次の各号に掲げる設備を設けなければならない。
一　相談室
二　宿泊室
三　食堂
四　浴室
五　便所
六　洗面所
七　調理室
八　娯楽室
九　マッサージ室
十　訓練室
十一　会議室
十二　売店
十三　事務室
2　前項各号に掲げる設備の基準は、次のとおりとする。
一　相談室　室内における談話の漏えいを防ぐための間仕切り等を設けること。
二　浴室　利用者の特性に応じたものであること。
三　便所　利用者の特性に応じたものであること。
四　洗面所　利用者の特性に応じたものであること。
五　食堂
イ　食事の提供に支障がない広さを有すること。
ロ　必要な備品を備えること。
六　調理室　火気を使用する部分は、不燃材料を用いること。
3　障害者更生センターのうち、宿泊室等を二階以上の階に設けるものにあっては、第一項に掲げる設備のほか、傾斜路又はエレベーターを設けなければならない。

（**職員の配置の基準**）
第十九条　身体障害者福祉センターには、施設長その他当該身体障害者福祉センターの運営に必要な職員を置かなければならない。

（**運営規程**）
第二十条　身体障害者福祉センターは、次に掲げる施設の運営についての重要事項に関する規程を定めておかなければならない。
一　施設の目的及び運営の方針
二　職員の職種、員数及び職務の内容
三　利用者に対して行う支援の内容及び利用者から受領する費用の額
四　施設の利用に当たっての留意事項
五　非常災害対策
六　虐待の防止のための措置に関する事項
七　その他施設の運営に関する重要事項

（**施設長の責務**）
第二十一条　身体障害者福祉センターの施設長は、当該身体障害者福祉センターの職員の管理、業務の実施状況の把握その他の管理を一元的に行わなければならない。
2　身体障害者福祉センターの施設長は、職員にこの章の規定を遵守させるために必要な指揮命令を行うものとする。

（**勤務体制の確保等**）
第二十二条　身体障害者福祉センターは、利用者に対し、適切な支援を行うことができるよう、職員の勤務の体制を定めておかなければならない。
2　身体障害者福祉センターは、当該身体障害者福祉センターの職員によって支援を行わなければならない。ただし、利用者の支援に直接影響を及ぼさない業務については、この限りでない。

3　身体障害者福祉センターは、職員に対し、その資質の向上のための研修の機会を確保しなければならない。

（衛生管理等）

第二十三条　身体障害者福祉センターは、利用者の使用する食器その他の設備又は飲用に供する水について、衛生的な管理に努め、又は衛生上必要な措置を講ずるとともに、治療に必要な機械器具等の管理を適正に行わなければならない。

2　身体障害者福祉センターは、当該身体障害者福祉センターにおいて感染症が発生し、又はまん延しないように必要な措置を講ずるよう努めなければならない。

（身体障害者福祉センターが利用者に求めることのできる金銭の支払の範囲等）

第二十四条　身体障害者福祉センターが利用者に対して金銭の支払を求めることができるのは、当該金銭の使途が直接当該利用者の便益を向上させるものであって、当該利用者に支払を求めることが適当であるものに限るものとする。

2　前項の規定により金銭の支払を求める際には、当該金銭の使途及び額並びに当該利用者に金銭の支払を求める理由について書面によって明らかにするとともに、当該利用者の同意を得なければならない。

第三章　補装具製作施設

（設備の基準）

第二十五条　補装具製作施設には、おおむね次の各号に掲げる設備を設けるほか、補装具の製作及び修理に必要な機械器具等を備えなければならない。

一　診断室
二　仮合室
三　型採室
四　作業室
五　訓練室
六　宿泊室
七　事務室

（職員の配置の基準）

第二十六条　補装具製作施設に置くべき職員及びその員数は、次のとおりとする。

一　施設長　一
二　義肢装具技術員　一以上
三　訓練指導員　一以上

2　補装具製作施設には、前項に掲げる職員に加えて、当該補装具製作施設の運営に必要な職員を置かなければならない。

（職員の資格要件）

第二十七条　施設長は、社会福祉事業に五年以上従事した者又は補装具製作施設の施設長として必要な学識経験を有する者でなければならない。

2　義肢装具技術員は、解剖学及び生理学に関する基礎理論（義肢装具に係る部分に限る。次項において同じ。）に精通し、かつ、義肢装具の製作に関し五年以上の経験を有する者でなければならない。

3　訓練指導員は、解剖学及び生理学に関する基礎理論に精通し、かつ、理学療法及び作業療法に関する知識を有する者でなければならない。

（準用）

第二十八条　第二十条から第二十二条まで及び第二十四条の規定は、補装具製作施設について準用する。

第四章　盲導犬訓練施設

（設備の基準）

第二十九条　盲導犬訓練施設には、次の各号に掲げる設備を設けなければならない。ただし、他の社会福祉施設等の設備を利用することにより当該盲導犬訓練施設の効果的な運営を期待することができる場合であって、当該盲導犬訓練施設が行う訓練に支障がないときは、次の各号（第九号を除く。）に掲げる設備の一部を設けないことができる。

一　居室
二　食堂
三　浴室
四　洗面所
五　便所
六　調理室
七　洗濯室

障害者福祉

八　相談室
九　犬舎
十　事務室
2　前項各号に掲げる設備の基準は、次のとおりとする。
一　居室
イ　一の居室の定員は、二人以下とすること。
ロ　地階に設けてはならないこと。
ハ　入所者（盲導犬の利用に必要な訓練を受けるために盲導犬訓練施設に入所又は通所する者をいう。以下同じ。）一人当たりの床面積は、収納設備等を除き、三・三平方メートル以上とすること。
ニ　一以上の出入口は、避難上有効な空地、廊下又は広間に直接面して設けること。
二　食堂
イ　食事の提供に支障がない広さを有すること。
ロ　必要な備品を備えること。
三　浴室　入所者の特性に応じたものであること。
四　洗面所　入所者の特性に応じたものであること。
五　便所　入所者の特性に応じたものであること。
六　調理室　火気を使用する部分は、不燃材料を用いること。
七　相談室　室内における談話の漏えいを防ぐための間仕切り等を設けること。
八　犬舎
イ　清潔を保ち、犬の運動及び排せつの場所を備えること。
ロ　犬の飼育及び健康管理等に必要な機械器具等を備えること。
3　盲導犬訓練施設は、前二項に規定するもののほか、犬の訓練等に必要な機械器具等を備えなければならない。

（職員の配置の基準）

第三十条　盲導犬訓練施設に置くべき職員及びその員数は、次のとおりとする。
一　施設長　一
二　医師　入所者に対し健康管理及び療養上の指導を行うために必要な数
三　獣医師　一以上
四　訓練指導員　一以上
2　盲導犬訓練施設には、前項に掲げる職員に加えて、当該盲導犬訓練施設の運営に必要な職員を置かなければならない。

（職員の資格要件）

第三十一条　施設長は、社会福祉事業に五年以上従事した者又は盲導犬訓練施設の施設長として必要な学識経験を有する者でなければならない。
2　訓練指導員は、盲導犬の訓練等に関する相当の知識及び経験を有する者でなければならない。

（健康管理）

第三十二条　入所者については、必要に応じて健康診断を行わなければならない。

（準用）

第三十三条　第二十条から第二十四条までの規定は、盲導犬訓練施設について準用する。

第五章　視聴覚障害者情報提供施設

（種類）

第三十四条　視聴覚障害者情報提供施設の種類は、次の各号に掲げるとおりとし、その定義は当該各号に定めるとおりとする。
一　点字図書館　視聴覚障害者情報提供施設のうち点字刊行物及び視覚障害者用の録音物の貸出しその他利用に係る事業を主として行うもの
二　点字出版施設　視聴覚障害者情報提供施設のうち点字刊行物の出版に係る事業を主として行うもの
三　聴覚障害者情報提供施設　視聴覚障害者情報提供施設のうち聴覚障害者用の録画物の製作及び貸出しに係る事業を主として行うもの

（点字図書館の設備の基準）

第三十五条　点字図書館には、おおむね次の各号に掲げる設備を設けなければならない。
一　閲覧室
二　録音室
三　印刷室
四　聴読室

五　発送室
六　書庫
七　研修室
八　相談室
九　事務室

2　前項各号に掲げる設備のうち、相談室については、室内における談話の漏えいを防ぐための間仕切り等を設けなければならない。

3　点字図書館には、前二項に規定するもののほか、点字刊行物及び視覚障害者用の録音物の利用に必要な機械器具等を備えなければならない。

（点字出版施設の設備の基準）

第三十六条　点字出版施設には、おおむね次の各号に掲げる設備を設けなければならない。

一　製版室
二　校正室
三　印刷室
四　製本室
五　倉庫
六　事務室

2　点字出版施設には、前項に規定するもののほか、点字刊行物の出版等に必要な機械器具等を備えなければならない。

（聴覚障害者情報提供施設の設備の基準）

第三十七条　聴覚障害者情報提供施設には、おおむね次の各号に掲げる設備を設けなければならない。

一　貸出利用室
二　試写室
三　情報機器利用室
四　製作室
五　発送室
六　相談室
七　研修室兼会議室
八　事務室

2　前項各号に掲げる設備のうち、相談室については、室内における談話の漏えいを防ぐための間仕切り等を設けなければならない。

3　聴覚障害者情報提供施設には、前二項に規定するもののほか、試写等に必要な機械器具等を備えなければならない。

（点字図書館の職員の配置の基準）

第三十八条　点字図書館に置くべき職員及びその員数は、次のとおりとする。

一　施設長　一
二　司書　一以上
三　点字指導員　一以上
四　貸出閲覧員又は情報支援員　一以上
五　校正員又は音声訳指導員　一以上

2　点字図書館には、前項に掲げる職員に加えて、当該点字図書館の運営に必要な職員を置かなければならない。

（点字出版施設の職員の配置の基準）

第三十九条　点字出版施設に置くべき職員及びその員数は、次のとおりとする。

一　施設長　一
二　編集員　一以上
三　製版員　一以上
四　校正員　一以上
五　印刷員　一以上
六　製本員　一以上

2　点字出版施設には、前項に掲げる職員に加えて、当該点字出版施設の運営に必要な職員を置かなければならない。

（聴覚障害者情報提供施設の職員の配置の基準）

第四十条　聴覚障害者情報提供施設には、施設長その他当該聴覚障害者情報提供施設の運営に必要な職員を置かなければならない。

（職員の資格要件）

第四十一条　点字図書館の施設長は、司書として三年以上勤務した者、社会福祉事業に五年以上従事した者又はこれらと同等以上の能力を有すると認められる者でなければならない。

2　点字出版施設の施設長は、社会福祉事業に五年以上従事した者又はこれと同等以上の能力を有すると認められる者でなければならない。

（準用）

第四十二条　第二十条から第二十二条まで、第二十三条第二項及び第二十四条の規定は、視聴覚障害者情報提供施設について準用する。

附　則（抄）

（施行期日）
第一条　この省令は、平成十五年四月一日から施行する。

身体障害者補助犬法（抄）

（平成一四・五・二九）
（法　律　四　九）

最新改正　平成二七法律六六

第一章　総則

（目的）
第一条　この法律は、身体障害者補助犬を訓練する事業を行う者及び身体障害者補助犬を使用する身体障害者の義務等を定めるとともに、身体障害者が国等が管理する施設、公共交通機関等を利用する場合において身体障害者補助犬を同伴することができるようにするための措置を講ずること等により、身体障害者補助犬の育成及びこれを使用する身体障害者の施設等の利用の円滑化を図り、もって身体障害者の自立及び社会参加の促進に寄与することを目的とする。

（定義）
第二条　この法律において「身体障害者補助犬」とは、盲導犬、介助犬及び聴導犬をいう。

2　この法律において「盲導犬」とは、道路交通法（昭和三十五年法律第百五号）第十四条第一項に規定する政令で定める盲導犬であって、第十六条第一項の認定を受けているものをいう。

3　この法律において「介助犬」とは、肢体不自由により日常生活に著しい支障がある身体障害者のために、物の拾い上げ及び運搬、着脱衣の補助、体位の変更、起立及び歩行の際の支持、扉の開閉、スイッチの操作、緊急の場合における救助の要請その他の肢体不自由を補う補助を行う犬であって、第十六条第一項の認定を受けているものをいう。

4　この法律において「聴導犬」とは、聴覚障害により日常生活に著しい支障がある身体障害者のために、ブザー音、電話の呼出音、その者を呼ぶ声、危険を意味する音等を聞き分け、その者に必要な情報を伝え、及び必要に応じ音源への誘導を行う犬であって、第十六条第一項の認定を受けているものをいう。

第二章　身体障害者補助犬の訓練

（訓練事業者の義務）
第三条　盲導犬訓練施設（身体障害者福祉法（昭和二十四年法律第二百八十三号）第三十三条に規定する盲導犬訓練施設をいう。）を経営する事業を行う者、介助犬訓練事業（同法第四条の二第三項に規定する介助犬訓練事業をいう。）を行う者及び聴導犬訓練事業（同項に規定する聴導犬訓練事業をいう。）を行う者（以下「訓練事業者」という。）は、身体障害者補助犬としての適性を有する犬を選択するとともに、必要に応じ医療を提供する者、獣医師等との連携を確保しつつ、これを使用しようとする各身体障害者に必要とされる補助を適確に把握し、その身体障害者の状況に応じた訓練を行うことにより、良質な身体障害者補助犬を育成しなければならない。

2 訓練事業者は、障害の程度の増進により必要とされる補助が変化することが予想される身体障害者のために前項の訓練を行うに当たっては、医療を提供する者との連携を確保することによりその身体障害者について将来必要となる補助を適確に把握しなければならない。

第三章 身体障害者補助犬の使用に係る適格性

第六条 身体障害者補助犬を使用する身体障害者は、自ら身体障害者補助犬の行動を適切に管理することができる者でなければならない。

第四章 施設等における身体障害者補助犬の同伴等

（国等が管理する施設における身体障害者補助犬の同伴等）

第七条 国等（国及び地方公共団体並びに独立行政法人（独立行政法人通則法（平成十一年法律第百三号）第二条第一項に規定する独立行政法人をいう。）、特殊法人（法律により直接に設立された法人又は特別の法律により特別の設立行為をもって設立された法人であって、総務省設置法（平成十一年法律第九十一号）第四条第一項第九号の規定の適用を受けるものをいう。）その他の政令で定める公共法人をいう。以下同じ。）は、その管理する施設を身体障害者が利用する場合において身体障害者補助犬（第十二条第一項に規定する表示をしたものに限る。以下この項及び次項並びに次条から第十条までにおいて同じ。）を同伴することを拒んではならない。ただし、身体障害者補助犬の同伴により当該施設に著しい損害が発生し、又は当該施設を利用する者が著しい損害を受けるおそれがある場合その他のやむを得ない理由がある場合は、この限りでない。

2 前項の規定は、国等の事業所又は事務所に勤務する身体障害者が当該事業所又は事務所において身体障害者補助犬を使用する場合について準用する。この場合において、同項ただし書中「身体障害者補助犬の同伴により当該施設に著しい損害が発生し、又は当該施設を利用する者が著しい損害を受けるおそれがある場合」とあるのは、「身体障害者補助犬の使用により国等の事業の遂行に著しい支障が生ずるおそれがある場合」と読み替えるものとする。

3 第一項の規定は、国等が管理する住宅に居住する身体障害者が当該住宅において身体障害者補助犬を使用する場合について準用する。

（公共交通機関における身体障害者補助犬の同伴）

第八条 公共交通事業者等（高齢者、障害者等の移動等の円滑化の促進に関する法律（平成十八年法律第九十一号）第二条第四号に規定する公共交通事業者等をいう。以下同じ。）は、その管理する旅客施設（同条第五号に規定する旅客施設をいう。以下同じ。）及び旅客の運送を行うためその事業の用に供する車両等（車両、自動車、船舶及び航空機をいう。以下同じ。）を身体障害者が利用する場合において身体障害者補助犬を同伴することを拒んではならない。ただし、身体障害者補助犬の同伴により当該旅客施設若しくは当該車両等に著しい損害が発生し、又はこれらを利用する者が著しい損害を受けるおそれがある場合その他のやむを得ない理由がある場合は、この限りでない。

（不特定かつ多数の者が利用する施設における身体障害者補助犬の同伴）

第九条 前二条に定めるもののほか、不特定かつ多数の者が利用する施設を管理する者は、当該施設を身体障害者が利用する場合において身体障害者補助犬を同伴することを拒んではならない。ただし、身体障害者補助犬の同伴により当該施設に著しい損害が発生し、又は当該施設を利用する者が著しい損害を受けるおそれがある場合その他のやむを得ない理由がある場合は、この限りでない。

（事業所又は事務所における身体障害者補助犬の使用）

第十条　障害者の雇用の促進等に関する法律（昭和三十五年法律第百二十三号）第四十三条第一項の規定により算定した同項に規定する法定雇用障害者数が一人以上である場合の同項の事業主が雇用する同項の労働者の数のうち最小の数を勘案して政令で定める数以上の同項の労働者を雇用している事業主（国等を除く。）並びに当該事業主が同法第四十四条第一項の親事業主である場合の同項の子会社及び当該事業主が同法第四十五条第一項に規定する親事業主である場合の同項の関係会社（以下「障害者雇用事業主」という。）は、その事業所又は事務所に勤務する身体障害者が当該事業所又は事務所において身体障害者補助犬を使用することを拒んではならない。ただし、身体障害者補助犬の使用により当該障害者雇用事業主の事業の遂行に著しい支障が生ずるおそれがある場合その他のやむを得ない理由がある場合は、この限りでない。

2　障害者雇用事業主以外の事業主（国等を除く。）は、その事業所又は事務所に勤務する身体障害者が当該事業所又は事務所において身体障害者補助犬を使用することを拒まないよう努めなければならない。

（住宅における身体障害者補助犬の使用）

第十一条　住宅を管理する者（国等を除く。）は、その管理する住宅に居住する身体障害者が当該住宅において身体障害者補助犬を使用することを拒まないよう努めなければならない。

（身体障害者補助犬の表示等）

第十二条　この章に規定する施設等（住宅を除く。）の利用等を行う場合において身体障害者補助犬を同伴し、又は使用する身体障害者は、厚生労働省令で定めるところにより、その身体障害者補助犬に、その者のために訓練された身体障害者補助犬である旨を明らかにするための表示をしなければならない。

2　この章に規定する施設等の利用等を行う場合において身体障害者補助犬を同伴し、又は使用する身体障害者は、その身体障害者補助犬が公衆衛生上の危害を生じさせるおそれがない旨を明らかにするため必要な厚生労働省令で定める書類を所持し、関係者の請求があるときは、これを提示しなければならない。

（身体障害者補助犬の行動の管理）

第十三条　この章に規定する施設等の利用等を行う場合において身体障害者補助犬を同伴し、又は使用する身体障害者は、その身体障害者補助犬が他人に迷惑を及ぼすことがないようその行動を十分管理しなければならない。

（表示の制限）

第十四条　何人も、この章に規定する施設等の利用等を行う場合において身体障害者補助犬以外の犬を同伴し、又は使用するときは、その犬に第十二条第一項の表示又はこれと紛らわしい表示をしてはならない。ただし、身体障害者補助犬となるため訓練中である犬又は第十六条第一項の認定を受けるため試験中である犬であって、その旨が明示されているものについては、この限りでない。

第五章　身体障害者補助犬に関する認定等

（法人の指定）

第十五条　厚生労働大臣は、厚生労働省令で定めるところにより、身体障害者補助犬の種類ごとに、身体障害者補助犬の訓練又は研究を目的とする一般社団法人若しくは一般財団法人又は社会福祉法（昭和二十六年法律第四十五号）第三十一条第一項の規定により設立された社会福祉法人であって、次条に規定する認定の業務を適切かつ確実に行うことができると認められるものを、その申請により、当該業務を行う者として指定することができる。

2　厚生労働大臣は、前項の規定による指定をしたときは、当該指定を受けた者（以下「指定法人」という。）の名称及び主たる事務所の所在地を公示しなければならない。

3　指定法人は、その名称又は主たる事務所の所在地を変更しようとするときは、あらかじめ、その旨を厚生労働大臣に届け出なければならない。

4　厚生労働大臣は、前項の規定による届出があったときは、当該届出に係る事項を公示しなければならない。

（同伴に係る身体障害者補助犬に必要な能力の認定）

第十六条　指定法人は、身体障害者補助犬とするために育成された犬（当該指定法人が訓練事業者として自ら育成した犬を含む。）であって当該指定法人に申請があったものについて、身体障害者がこれを同伴して不特定かつ多数の者が利用する施設等を利用する場合において他人に迷惑を及ぼさないことその他適切な行動をとる能力を有すると認める場合には、その旨の認定を行わなければならない。

2　指定法人は、前項の規定による認定をした身体障害者補助犬について、同項に規定する能力を欠くこととなったと認める場合には、当該認定を取り消さなければならない。

第六章　身体障害者補助犬の衛生の確保等

（身体障害者補助犬の取扱い）

第二十一条　訓練事業者及び身体障害者補助犬を使用する身体障害者は、犬の保健衛生に関し獣医師の行う指導を受けるとともに、犬を苦しめることなく愛情をもって接すること等により、これを適正に取り扱わなければならない。

（身体障害者補助犬の衛生の確保）

第二十二条　身体障害者補助犬を使用する身体障害者は、その身体障害者補助犬について、体を清潔に保つとともに、予防接種及び検診を受けさせることにより、公衆衛生上の危害を生じさせないよう努めなければならない。

（国民の理解を深めるための措置）

第二十三条　国及び地方公共団体は、教育活動、広報活動等を通じて、身体障害者の自立及び社会参加の促進のために身体障害者補助犬が果たす役割の重要性について国民の理解を深めるよう努めなければならない。

（国民の協力）

第二十四条　国民は、身体障害者補助犬を使用する身体障害者に対し、必要な協力をするよう努めなければならない。

第七章　雑則

（苦情の申出等）

第二十五条　身体障害者又は第四章に規定する施設等を管理する者（事業所又は事務所にあっては当該事業所又は事務所の事業主とし、公共交通事業者等が旅客の運送を行うためその事業の用に供する車両等にあっては当該公共交通事業者等とする。以下同じ。）は、当該施設等の所在地（公共交通事業者等が旅客の運送を行うためその事業の用に供する車両等にあっては、当該公共交通事業者等の営業所の所在地）を管轄する都道府県知事に対し、当該施設等における当該身体障害者による身体障害者補助犬の同伴又は使用に関する苦情の申出をすることができる。

2　都道府県知事は、前項の苦情の申出があったときは、その相談に応ずるとともに、当該苦情に係る身体障害者又は第四章に規定する施設等を管理する者に対し、必要な助言、指導等を行うほか、必要に応じて、関係行政機関の紹介を行うものとする。

3　都道府県知事は、第一項の苦情の申出を受けた場合において当該苦情を適切に処理するため必要があると認めるときは、関係行政機関の長若しくは関係地方公共団体の長又は訓練事業者若しくは指定法人に対し、必要な資料の送付、情報の提供その他の協力を求めることができる。

（大都市等の特例）

第二十六条　前条の規定により都道府県知事の権限に属するものとされている事務は、地方自治法（昭和二十二年法律第六十七号）第二百五十二条の十九第一項の指定都市（以下「指定都市」という。）及び同法第二百五十二条の二十二第一項の中核市（以下「中核市」という。）においては、指定都市又は中核市（以下「指定都市等」という。）の長が行う。この場合においては、前条の規定中都道府県知事に関する規定は、指定都市等の長に関する規定として指定都市等の長に適用があるものとする。

第八章　罰則

第二十七条　第十九条第一項の規定による報告をせず、若しくは虚偽の報告をし、又は同項の規定による立入調査を拒み、妨げ、若しくは忌避し、若しくは質問に対して答弁をせず、若しくは虚偽の答弁をした場合には、その違反行為をした指定法人の役員又は職員は、二十万円以下の罰金に処する。

附　則（抄）

（施行期日）

第一条　この法律は、平成十四年十月一日から施行する。ただし、第二章の規定（介助犬又は聴導犬の訓練に係る部分に限る。）は平成十五年四月一日から、第九条の規定は同年十月一日から施行する。

障害者の雇用の促進等に関する法律（抄）

（昭和三五・七・二五
法律一二三）

（題名改正＝昭和六二法律四一）
最新改正　令和元法律三六

第一章　総則

（目的）

第一条　この法律は、障害者の雇用義務等に基づく雇用の促進等のための措置、雇用の分野における障害者と障害者でない者との均等な機会及び待遇の確保並びに障害者がその有する能力を有効に発揮することができるようにするための措置、職業リハビリテーションの措置その他障害者がその能力に適合する職業に就くこと等を通じてその職業生活において自立することを促進するための措置を総合的に講じ、もつて障害者の職業の安定を図ることを目的とする。

（用語の意義）

第二条　この法律において、次の各号に掲げる用語の意義は、当該各号に定めるところによる。

一　障害者　身体障害、知的障害、精神障害（発達障害を含む。第六号において同じ。）その他の心身の機能の障害（以下「障害」と総称する。）があるため、長期にわたり、職業生活に相当の制限を受け、又は職業生活を営むことが著しく困難な者をいう。

二　身体障害者　障害者のうち、身体障害がある者であつて別表に掲げる障害があるものをいう。

三　重度身体障害者　身体障害者のうち、身体障害の程度が重い者であつて厚生労働省令で定めるものをいう。

四　知的障害者　障害者のうち、知的障害がある者であつて厚生労働省令で定めるものをいう。

五　重度知的障害者　知的障害者のうち、知的障害の程度が重い者であつて厚生労働省令で定めるものをいう。

六　精神障害者　障害者のうち、精神障害がある者であつて厚生労働省令で定めるものをいう。

七　職業リハビリテーション　障害者に対して職業指導、職業訓練、職業紹介その他この法律に定める措置を講じ、その職業生活における自立を図ることをいう。

（基本的理念）

第三条　障害者である労働者は、経済社会を構成する労働者の一員として、職業生活においてその能力を発揮する機会を与えられるものとする。

第四条　障害者である労働者は、職業に従事する者としての自覚を持ち、自ら進んで、その能力の開発及び向上を図り、有為な職業人として自立するように努めなければならない。

（事業主の責務）

第五条　すべて事業主は、障害者の雇用に関し、社会連帯の理念に基づき、障害者である労働者が有為な職業人として自立しようとする努力に対して協力する責務を有するものであつて、その有する能力を正当に評価し、適当な雇用の場を与えるとともに適正な雇用管理を行うことによりその雇用の安定を図るように努めなければならない。

（国及び地方公共団体の責務）

第六条　国及び地方公共団体は、自ら率先して障害者を雇用するとともに、障害者の雇用について事業主その他国民一般の理解を高めるほか、事業主、障害者その他の関係者に対する援助の措置及び障害者の特性に配慮した職業リハビリテーションの措置を講ずる等障害者の雇用の促進及びその職業の安定を図るために必要な施策を、障害者の福祉に関する施策との有機的な連携を図りつつ総合的かつ効果的に推進するように努めなければならない。

（障害者雇用対策基本方針）

第七条　厚生労働大臣は、障害者の雇用の促進及びその職業の安定に関する施策の基本となるべき方針（以下「障害者雇用対策基本方針」という。）を策定するものとする。

2　障害者雇用対策基本方針に定める事項は、次のとおりとする。

一　障害者の就業の動向に関する事項

二　職業リハビリテーションの措置の総合的かつ効果的な実施を図るため講じようとする施策の基本となるべき事項

三　前二号に掲げるもののほか、障害者の雇用の促進及びその職業の安定を図るため講じようとする施策の基本となるべき事項

3　厚生労働大臣は、障害者雇用対策基本方針を定めるに当たつては、あらかじめ、労働政策審議会の意見を聴くほか、都道府県知事の意見を求めるものとする。

4　厚生労働大臣は、障害者雇用対策基本方針を定めたときは、遅滞なく、その概要を公表しなければならない。

5　前二項の規定は、障害者雇用対策基本方針の変更について準用する。

第二章　職業リハビリテーションの推進

第一節　通則

（職業リハビリテーションの原則）

第八条　職業リハビリテーションの措置は、障害者各人の障害の種類及び程度並びに希望、適性、職業経験等の条件に応じ、総合的かつ効果的に実施されなければならない。

2　職業リハビリテーションの措置は、必要に応じ、医学的リハビリテーション及び社会的リハビリテーションの措置との適切な連携の下に実施されるものとする。

第二節　職業紹介等

（求人の開拓等）

第九条　公共職業安定所は、障害者の雇用を促進するため、障害者の求職に関する情報を収集し、事業主に対して当該情報の提供、障害者の雇入れの勧奨等を行うとともに、その内容が障害者の能力に適合する求人の開拓に努めるものとする。

（求人の条件等）

第十条　公共職業安定所は、障害者にその能力に適合する職業を紹介するため必要があるときは、求人者に対して、身体的又は精神的な条件その他の求人の条件について指導するものとする。

2　公共職業安定所は、障害者について職業紹介を行う場合において、求人者から求めがあるときは、その有する当該障害者の職業能力に関する資料を提供するものとする。

（職業指導等）

第十一条　公共職業安定所は、障害者がその能力に適合する職業に就くことができるようにするため、適性検査を実施し、雇用情報を提供し、障害者に適応した職業指導を行う等必要な措置を講ずるものとする。

（障害者職業センターとの連携）

第十二条　公共職業安定所は、前条の適性検査、職業指導等を特に専門的な知識及び技

障害者福祉

術に基づいて行う必要があると認める障害者については、第十九条第一項に規定する障害者職業センターとの密接な連携の下に当該適性検査、職業指導等を行い、又は当該障害者職業センターにおいて当該適性検査、職業指導等を受けることについてあっせんを行うものとする。

（**適応訓練**）

第十三条　都道府県は、必要があると認めるときは、求職者である障害者（身体障害者、知的障害者又は精神障害者に限る。次条及び第十五条第二項において同じ。）について、その能力に適合する作業の環境に適応することを容易にすることを目的として、適応訓練を行うものとする。

2　適応訓練は、前項に規定する作業でその環境が標準的なものであると認められるものを行う事業主に委託して実施するものとする。

（**適応訓練のあっせん**）

第十四条　公共職業安定所は、その雇用の促進のために必要があると認めるときは、障害者に対して、適応訓練を受けることについてあっせんするものとする。

（**適応訓練を受ける者に対する措置**）

第十五条　適応訓練は、無料とする。

2　都道府県は、適応訓練を受ける障害者に対して、労働施策の総合的な推進並びに労働者の雇用の安定及び職業生活の充実等に関する法律（昭和四十一年法律第百三十二号）の規定に基づき、手当を支給することができる。

第三節　障害者職業センター

（**障害者職業センターの設置等の業務**）

第十九条　厚生労働大臣は、障害者の職業生活における自立を促進するため、次に掲げる施設（以下「障害者職業センター」という。）の設置及び運営の業務を行う。

一　障害者職業総合センター
二　広域障害者職業センター
三　地域障害者職業センター

2　厚生労働大臣は、前項に規定する業務の全部又は一部を独立行政法人高齢・障害・求職者雇用支援機構（以下「機構」という。）に行わせるものとする。

第四節　障害者就業・生活支援センター

（**指定**）

第二十七条　都道府県知事は、職業生活における自立を図るために就業及びこれに伴う日常生活又は社会生活上の支援を必要とする障害者（以下この節において「支援対象障害者」という。）の職業の安定を図ることを目的とする一般社団法人若しくは一般財団法人、社会福祉法（昭和二十六年法律第四十五号）第二十二条に規定する社会福祉法人又は特定非営利活動促進法（平成十年法律第七号）第二条第二項に規定する特定非営利活動法人その他厚生労働省令で定める法人であつて、次条に規定する業務に関し次に掲げる基準に適合すると認められるものを、その申請により、同条に規定する業務を行う者として指定することができる。

一　職員、業務の方法その他の事項についての業務の実施に関する計画が適正なものであり、かつ、その計画を確実に遂行するに足りる経理的及び技術的な基礎を有すると認められること。
二　前号に定めるもののほか、業務の運営が適正かつ確実に行われ、支援対象障害者の雇用の促進その他福祉の増進に資すると認められること。

2　都道府県知事は、前項の規定による指定をしたときは、同項の規定による指定を受けた者（以下「障害者就業・生活支援センター」という。）の名称及び住所並びに事務所の所在地を公示しなければならない。

3　障害者就業・生活支援センターは、その名称及び住所並びに事務所の所在地を変更しようとするときは、あらかじめ、その旨を都道府県知事に届け出なければならない。

4　都道府県知事は、前項の規定による届出があつたときは、当該届出に係る事項を公示しなければならない。

第二章の二　障害者に対する差別の禁止等

（障害者に対する差別の禁止）

第三十四条　事業主は、労働者の募集及び採用について、障害者に対して、障害者でない者と均等な機会を与えなければならない。

第三十五条　事業主は、賃金の決定、教育訓練の実施、福利厚生施設の利用その他の待遇について、労働者が障害者であることを理由として、障害者でない者と不当な差別的取扱いをしてはならない。

（障害者に対する差別の禁止に関する指針）

第三十六条　厚生労働大臣は、前二条の規定に定める事項に関し、事業主が適切に対処するために必要な指針（次項において「差別の禁止に関する指針」という。）を定めるものとする。

2　第七条第三項及び第四項の規定は、差別の禁止に関する指針の策定及び変更について準用する。この場合において、同条第三項中「聴くほか、都道府県知事の意見を求める」とあるのは、「聴く」と読み替えるものとする。

第三章　対象障害者の雇用義務等に基づく雇用の促進等

第一節　対象障害者の雇用義務等

（対象障害者の雇用に関する事業主の責務）

第三十七条　全て事業主は、対象障害者の雇用に関し、社会連帯の理念に基づき、適当な雇用の場を与える共同の責務を有するものであつて、進んで対象障害者の雇入れに努めなければならない。

2　この章、第八十六条第二号及び附則第三条から第六条までにおいて「対象障害者」とは、身体障害者、知的障害者又は精神障害者（精神保健及び精神障害者福祉に関する法律（昭和二十五年法律第百二十三号）第四十五条第二項の規定により精神障害者保健福祉手帳の交付を受けているものに限る。第三節及び第七十九条第一項を除き、以下同じ。）をいう。

（雇用に関する国及び地方公共団体の義務）

第三十八条　国及び地方公共団体の任命権者は、職員（当該機関（当該任命権者の委任を受けて任命権を行う者に係る機関を含む。以下同じ。）に常時勤務する職員であつて、警察官、自衛官その他の政令で定める職員以外のものに限る。第七十九条第一項及び第八十一条第二項を除き、以下同じ。）の採用について、当該機関に勤務する対象障害者である職員の数が、当該機関の職員の総数に、第四十三条第二項に規定する障害者雇用率を下回らない率であつて政令で定めるものを乗じて得た数（その数に一人未満の端数があるときは、その端数は、切り捨てる。）未満である場合には、対象障害者である職員の数がその率を乗じて得た数以上となるようにするため、政令で定めるところにより、対象障害者の採用に関する計画を作成しなければならない。

2　前項の職員の総数の算定に当たつては、短時間勤務職員（一週間の勤務時間が、当該機関に勤務する通常の職員の一週間の勤務時間に比し短く、かつ、第四十三条第三項の厚生労働大臣の定める時間数未満である常時勤務する職員をいう。以下同じ。）は、その一人をもつて、厚生労働省令で定める数の職員に相当するものとみなす。

3　第一項の対象障害者である職員の数の算定に当たつては、対象障害者である短時間勤務職員は、その一人をもつて、厚生労働省令で定める数の対象障害者である職員に相当するものとみなす。

4　第一項の対象障害者である職員の数の算定に当たつては、重度身体障害者又は重度知的障害者である職員（短時間勤務職員を除く。）は、その一人をもつて、政令で定める数の対象障害者である職員に相当するものとみなす。

5　第一項の対象障害者である職員の数の算定に当たつては、第三項の規定にかかわらず、重度身体障害者又は重度知的障害者である短時間勤務職員は、その一人をもつて、前項の政令で定める数に満たない範囲内において厚生労働省令で定める数の対象障害者である職員に相当するものとみなす。

6　当該機関に勤務する職員が対象障害者で

あるかどうかの確認は、厚生労働省令で定める書類により行うものとする。

7 厚生労働大臣は、必要があると認めるときは、国及び地方公共団体の任命権者に対して、前項の規定による確認の適正な実施に関し、勧告をすることができる。

（一般事業主の雇用義務等）

第四十三条 事業主（常時雇用する労働者（以下単に「労働者」という。）を雇用する事業主をいい、国及び地方公共団体を除く。次章及び第八十一条の二を除き、以下同じ。）は、厚生労働省令で定める雇用関係の変動がある場合には、その雇用する対象障害者である労働者の数が、その雇用する労働者の数に障害者雇用率を乗じて得た数（その数に一人未満の端数があるときは、その端数は、切り捨てる。第四十六条第一項において「法定雇用障害者数」という。）以上であるようにしなければならない。

2 前項の障害者雇用率は、労働者（労働の意思及び能力を有するにもかかわらず、安定した職業に就くことができない状態にある者を含む。第五十四条第三項において同じ。）の総数に対する対象障害者である労働者（労働の意思及び能力を有するにもかかわらず、安定した職業に就くことができない状態にある対象障害者を含む。第五十四条第三項において同じ。）の総数の割合を基準として設定するものとし、少なくとも五年ごとに、当該割合の推移を勘案して政令で定める。

3 第一項の対象障害者である労働者の数及び前項の対象障害者である労働者の総数の算定に当たつては、対象障害者である短時間労働者（一週間の所定労働時間が、当該事業主の事業所に雇用する通常の労働者の一週間の所定労働時間に比し短く、かつ、厚生労働大臣の定める時間数未満である常時雇用する労働者をいう。以下同じ。）は、その一人をもつて、厚生労働省令で定める数の対象障害者である労働者に相当するものとみなす。

4 第一項の対象障害者である労働者の数及び第二項の対象障害者である労働者の総数の算定に当たつては、重度身体障害者又は重度知的障害者である労働者（短時間労働者を除く。）は、その一人をもつて、政令で定める数の対象障害者である労働者に相当するものとみなす。

5 第一項の対象障害者である労働者の数及び第二項の対象障害者である労働者の総数の算定に当たつては、第三項の規定にかかわらず、重度身体障害者又は重度知的障害者である短時間労働者は、その一人をもつて、前項の政令で定める数に満たない範囲内において厚生労働省令で定める数の対象障害者である労働者に相当するものとみなす。

6 第二項の規定にかかわらず、特殊法人（法律により直接に設立された法人、特別の法律により特別の設立行為をもつて設立された法人又は特別の法律により地方公共団体が設立者となつて設立された法人のうち、その資本金の全部若しくは大部分が国若しくは地方公共団体からの出資による法人又はその事業の運営のために必要な経費の主たる財源を国若しくは地方公共団体からの交付金若しくは補助金によつて得ている法人であつて、政令で定めるものをいう。以下同じ。）に係る第一項の障害者雇用率は、第二項の規定による率を下回らない率であつて政令で定めるものとする。

7 事業主（その雇用する労働者の数が常時厚生労働省令で定める数以上である事業主に限る。）は、毎年一回、厚生労働省令で定めるところにより、対象障害者である労働者の雇用に関する状況を厚生労働大臣に報告しなければならない。

8 第一項及び前項の雇用する労働者の数並びに第二項の労働者の総数の算定に当たつては、短時間労働者は、その一人をもつて、厚生労働省令で定める数の労働者に相当するものとみなす。

9 当該事業主が雇用する労働者が対象障害者であるかどうかの確認は、厚生労働省令で定める書類により行うものとする。

（一般事業主の対象障害者の雇入れに関する計画）

第四十六条 厚生労働大臣は、対象障害者の雇用を促進するため必要があると認める場合には、その雇用する対象障害者である労働者の数が法定雇用障害者数未満である事業主（特定組合等及び前条第一項の認定に係る特定事業主であるものを除く。以下この条及び次条において同じ。）に対して、対象障害者である労働者の数がその法定雇用障害者数以上となるようにするため、厚生労働省令で定めるところにより、対象障害者の雇入れに関する計画の作成を命ずることができる。

2　第四十五条の二第四項から第六項までの規定は、前項の対象障害者である労働者の数の算定について準用する。

3　親事業主又は関係親事業主に係る第一項の規定の適用については、当該子会社及び当該関係会社が雇用する労働者は当該親事業主のみが雇用する労働者と、当該関係子会社が雇用する労働者は当該関係親事業主のみが雇用する労働者とみなす。

4　事業主は、第一項の計画を作成したときは、厚生労働省令で定めるところにより、これを厚生労働大臣に提出しなければならない。これを変更したときも、同様とする。

5　厚生労働大臣は、第一項の計画が著しく不適当であると認めるときは、当該計画を作成した事業主に対してその変更を勧告することができる。

6　厚生労働大臣は、特に必要があると認めるときは、第一項の計画を作成した事業主に対して、その適正な実施に関し、勧告をすることができる。

（一般事業主についての公表）

第四十七条　厚生労働大臣は、前条第一項の計画を作成した事業主が、正当な理由がなく、同条第五項又は第六項の勧告に従わないときは、その旨を公表することができる。

第二節　障害者雇用調整金の支給等及び障害者雇用納付金の徴収

第二款　障害者雇用納付金の徴収

（障害者雇用納付金の徴収及び納付義務）

第五十三条　機構は、第四十九条第一項第一号の調整金、同項第一号の二の特例給付金及び同項第二号から第七号までの助成金の支給に要する費用、同項第八号及び第九号の業務の実施に要する費用並びに同項各号に掲げる業務に係る事務の処理に要する費用に充てるため、この款に定めるところにより、事業主から、毎年度、障害者雇用納付金（以下「納付金」という。）を徴収する。

2　事業主は、納付金を納付する義務を負う。

（納付金の額等）

第五十四条　事業主が納付すべき納付金の額は、各年度につき、調整基礎額に、当該年度に属する各月ごとにその初日におけるその雇用する労働者の数に基準雇用率を乗じて得た数（その数に一人未満の端数があるときは、その端数は、切り捨てる。）の合計数を乗じて得た額とする。

2　前項の調整基礎額は、事業主がその雇用する労働者の数に基準雇用率を乗じて得た数に達するまでの数の対象障害者である者を雇用するものとした場合に当該対象障害者である者一人につき通常必要とされる一月当たりの特別費用（対象障害者である者を雇用する場合に必要な施設又は設備の設置又は整備その他の対象障害者である者の適正な雇用管理に必要な措置に通常要する費用その他対象障害者である者を雇用するために特別に必要とされる費用をいう。）の額の平均額を基準として、政令で定める金額とする。

3　前二項の基準雇用率は、労働者の総数に対する対象障害者である労働者の総数の割合を基準として設定するものとし、少なくとも五年ごとに、当該割合の推移を勘案して政令で定める。

4　第四十三条第八項の規定は、第一項及び第二項の雇用する労働者の数並びに前項の労働者の総数の算定について準用する。

5　第四十五条の二第四項から第六項までの規定は第三項の対象障害者である労働者の総数の算定について、第四十八条第八項の規定は親事業主、関係親事業主又は特定組合等に係る第一項の規定の適用について準用する。

附　則（抄）

（施行期日）

第一条　この法律は、公布の日〔昭和三十五年七月二十五日〕から施行する。

障害者の雇用の促進等に関する法律施行令（抄）

（昭和三五・一二・一二　政令二九二）

最新改正　令和元政令一二二

（法第三十八条第一項の政令で定める率）

第二条　法第三十八条第一項の政令で定める率は、百分の二・六とする。ただし、都道府県に置かれる教育委員会その他厚生労働大臣の指定する教育委員会にあつては、百分の二・五とする。

（法第三十八条第四項の政令で定める数）

第五条　法第三十八条第四項の政令で定める数は、二人とする。

（障害者雇用率）

第九条　法第四十三条第二項に規定する障害者雇用率は、百分の二・三とする。

（法第四十三条第四項及び第四十五条の二第五項の政令で定める数）

第十条　法第四十三条第四項及び第四十五条の二第五項（法第四十五条の三第六項、第四十六条第二項、第五十条第四項、第五十四条第五項、第五十五条第三項及び第七十四条の二第十項並びに法附則第四条第八項において準用する場合を含む。）の政令で定める数は、二人とする。

（法第四十三条第六項の政令で定める法人等）

第十条の二　法第四十三条第六項の政令で定める法人は、別表第二のとおりとする。

2　法第四十三条第六項の政令で定める障害者雇用率は、百分の二・六とする。

（単位調整額）

第十五条　法第五十条第二項に規定する単位調整額は、二万七千円とする。

（調整基礎額）

第十七条　法第五十四条第二項に規定する調整基礎額は、五万円とする。

知的障害者福祉法

（昭和三五・三・三一 法律三七）

（題名改正＝平成一〇法律一一〇）
最新改正 平成三〇法律六六

第一章 総則

（この法律の目的）
第一条 この法律は、障害者の日常生活及び社会生活を総合的に支援するための法律（平成十七年法律第百二十三号）と相まつて、知的障害者の自立と社会経済活動への参加を促進するため、知的障害者を援助するとともに必要な保護を行い、もつて知的障害者の福祉を図ることを目的とする。

（自立への努力及び機会の確保）
第一条の二 すべての知的障害者は、その有する能力を活用することにより、進んで社会経済活動に参加するよう努めなければならない。
2 すべての知的障害者は、社会を構成する一員として、社会、経済、文化その他あらゆる分野の活動に参加する機会を与えられるものとする。

（国、地方公共団体及び国民の責務）
第二条 国及び地方公共団体は、前条に規定する理念が実現されるように配慮して、知的障害者の福祉について国民の理解を深めるとともに、知的障害者の自立と社会経済活動への参加を促進するための援助と必要な保護（以下「更生援護」という。）の実施に努めなければならない。
2 国民は、知的障害者の福祉について理解を深めるとともに、社会連帯の理念に基づき、知的障害者が社会経済活動に参加しようとする努力に対し、協力するように努めなければならない。

（関係職員の協力義務）
第三条 この法律及び児童福祉法（昭和二十二年法律第百六十四号）による更生援護の実施並びにその監督に当たる国及び地方公共団体の職員は、知的障害者に対する更生援護が児童から成人まで関連性をもつて行われるように相互に協力しなければならない。

第四条から第八条まで 削除

第二章 実施機関及び更生援護

第一節 実施機関等

（更生援護の実施者）
第九条 この法律に定める知的障害者又はその介護を行う者に対する市町村（特別区を含む。以下同じ。）による更生援護は、その知的障害者の居住地の市町村が行うものとする。ただし、知的障害者が居住地を有しないか、又は明らかでない者であるときは、その知的障害者の現在地の市町村が行うものとする。
2 前項の規定にかかわらず、第十六条第一項第二号の規定により入所措置が採られて又は障害者の日常生活及び社会生活を総合的に支援するための法律第二十九条第一項若しくは第三十条第一項の規定により同法第十九条第一項に規定する介護給付費等（次項、第十五条の四及び第十六条第一項第二号において「介護給付費等」という。）の支給を受けて同法第五条第一項若しくは第六項の厚生労働省令で定める施設、同条第十一項に規定する障害者支援施設（以下「障害者支援施設」という。）又は独立行政法人国立重度知的障害者総合施設のぞみの園法（平成十四年法律第百六十七号）第十一条第一号の規定により独立行政法人国立重度知的障害者総合施設のぞみの園が設置する施設（以下「のぞみの園」という。）に入所している知的障害者及び生活保護法（昭和二十五年法律第百四十四号）第三十条第一項ただし書の規定により同法第三十八条第二項に規定する救護施設（以下この項において「救護施設」という。）、同条第三項に規定する更生施設（以下この項において「更生施設」という。）又は同法第三十条第一項ただし書に規定するその他の適当な施設（以下この項において「その他の適当な施設」という。）に入所している知的障害者（以下この項において「特定施設入所知的障害者」という。）については、その者が障害者の日常生活及び社会生活を総合的に支援するための法律第五条第一項若しくは第六項の厚生労働省令で定める施設、障害者支援施設、のぞみの園又は救護施設、更生施設若しくはその他の適当な施設（以下この条において「特定施設」という。）への入所前に有した居住地（継続して二以上の特定施設に入所している特定施設入所知的障害者（以下この項において「継続入所知的障害者」という。）については、最初に入所した特定施設への入所前に有した居住地）の市町村が、この法律に定める更生援護を行うものとする。ただし、特定施設への入所前に居住地を有しないか、又は明らかでなかつた特定施設入所知的障害者については、入所前におけるその者の所在地（継続入所知的障害者については、最初に入所した特定施設への入所前に有した所在地）の市町村が、この法律に定める更生援護を行うものとする。

3　前二項の規定にかかわらず、児童福祉法第二十四条の二第一項若しくは第二十四条の二十四第一項の規定により障害児入所給付費の支給を受けて又は同法第二十七条第一項第三号若しくは第二項の規定により措置（同法第三十一条第五項の規定により同法第二十七条第一項第三号又は第二項の規定による措置とみなされる場合を含む。）が採られて障害者の日常生活及び社会生活を総合的に支援するための法律第五条第一項の厚生労働省令で定める施設に入所していた知的障害者が、継続して、第十六条第一項第二号の規定により入所措置が採られて、同法第二十九条第一項若しくは第三十条第一項の規定により介護給付費等の支給を受けて、又は生活保護法第三十条第一項ただし書の規定により特定施設に入所した場合は、当該知的障害者が満十八歳となる日の前日に当該知的障害者の保護者であつた者（以下この項において「保護者であつた者」という。）が有した居住地の市町村が、この法律に定める更生援護を行うものとする。ただし、当該知的障害者が満十八歳となる日の前日に保護者であつた者がいないか、保護者であつた者が居住地を有しないか、又は保護者であつた者の居住地が明らかでない知的障害者については、当該知的障害者が満十八歳となる日の前日におけるその者の所在地の市町村がこの法律に定める更生援護を行うものとする。

4　前二項の規定の適用を受ける知的障害者が入所している特定施設の設置者は、当該特定施設の所在する市町村及び当該知的障害者に対しこの法律に定める更生援護を行う市町村に必要な協力をしなければならない。

5　市町村は、この法律の施行に関し、次に掲げる業務を行わなければならない。

一　知的障害者の福祉に関し、必要な実情の把握に努めること。

二　知的障害者の福祉に関し、必要な情報の提供を行うこと。

三　知的障害者の福祉に関する相談に応じ、必要な調査及び指導を行うこと並びにこれらに付随する業務を行うこと。

6　その設置する福祉事務所（社会福祉法（昭和二十六年法律第四十五号）に定める福祉に関する事務所をいう。以下同じ。）に知的障害者の福祉に関する事務をつかさどる職員（以下「知的障害者福祉司」という。）を置いていない市町村の長及び福祉事務所を設置していない町村の長は、前項第三号に掲げる業務のうち専門的な知識及び技術を必要とするもの（次条第二項及び第三項において「専門的相談指導」という。）であつて十八歳以上の知的障害者に係るものについては、知的障害者の更生援護に関する相談所（以下「知的障害者更生相談所」という。）の技術的援助及び助言を求めなければならない。

7　市町村長（特別区の区長を含む。以下同じ。）は、十八歳以上の知的障害者につき第五項第三号の業務を行うに当たつて、特に医学的、心理学的及び職能的判定を必要とする場合には、知的障害者更生相談所の判定を求めなければならない。

（市町村の福祉事務所）

第十条　市町村の設置する福祉事務所又はその長は、この法律の施行に関し、主として前条第五項各号に掲げる業務又は同条第六項及び第七項の規定による市町村長の業務を行うものとする。

2　市の設置する福祉事務所に知的障害者福祉司を置いている福祉事務所があるときは、当該市の知的障害者福祉司を置いていない福祉事務所の長は、十八歳以上の知的障害者に係る専門的相談指導については、当該市の知的障害者福祉司の技術的援助及び助言を求めなければならない。

3　市町村の設置する福祉事務所のうち知的障害者福祉司を置いている福祉事務所の長は、十八歳以上の知的障害者に係る専門的相談指導を行うに当たつて、特に専門的な知識及び技術を必要とする場合には、知的障害者更生相談所の技術的援助及び助言を求めなければならない。

（連絡調整等の実施者）

第十一条　都道府県は、この法律の施行に関し、次に掲げる業務を行わなければならない。

一　市町村の更生援護の実施に関し、市町村相互間の連絡及び調整、市町村に対する情報の提供その他必要な援助を行うこと並びにこれらに付随する業務を行うこと。

二　知的障害者の福祉に関し、次に掲げる業務を行うこと。

イ　各市町村の区域を超えた広域的な見地から、実情の把握に努めること。

ロ　知的障害者に関する相談及び指導のうち、専門的な知識及び技術を必要とするものを行うこと。

ハ　十八歳以上の知的障害者の医学的、心理学的及び職能的判定を行うこと。

2　都道府県は、前項第二号ロに規定する相談及び指導のうち主として居宅において日常生活を営む知的障害者及びその介護を行う者に係るものについては、これを障害者の日常生活及び社会生活を総合的に支援するための法律第五条第十八項に規定する一般相談支援事業又は特定相談支援事業を行う当該都道府県以外の者に委託することができる。

（知的障害者更生相談所）

第十二条　都道府県は、知的障害者更生相談所を設けなければならない。

2　知的障害者更生相談所は、知的障害者の福祉に関し、主として前条第一項第一号に掲げる業務（第十六条第一項第二号の措置に係るものに限る。）並びに前条第一項第二号ロ及びハに掲げる業務並びに障害者の日常生活及び社会生活を総合的に支援するための法律第二十二条第二項及び第三項、第二十六条第一項、第五十一条の七第二項及び第三項並びに第五十一条の十一に規定する業務を行うものとする。

3　知的障害者更生相談所は、必要に応じ、巡回して、前項の業務を行うことができる。

4　前三項に定めるもののほか、知的障害者更生相談所に関し必要な事項は、政令で定める。

（知的障害者福祉司）

第十三条　都道府県は、その設置する知的障害者更生相談所に、知的障害者福祉司を置かなければならない。

2　市町村は、その設置する福祉事務所に、知的障害者福祉司を置くことができる。

3　都道府県の知的障害者福祉司は、知的障害者更生相談所の長の命を受けて、次に掲げる業務を行うものとする。

一　第十一条第一項第一号に掲げる業務のうち、専門的な知識及び技術を必要とするものを行うこと。

二　知的障害者の福祉に関し、第十一条第一項第二号ロに掲げる業務を行うこと。

4　市町村の知的障害者福祉司は、福祉事務所の長（以下「福祉事務所長」という。）の命を受けて、知的障害者の福祉に関し、主として、次の業務を行うものとする。

一　福祉事務所の所員に対し、技術的指導を行うこと。

二　第九条第五項第三号に掲げる業務のうち、専門的な知識及び技術を必要とするものを行うこと。

5　市の知的障害者福祉司は、第十条第二項の規定により技術的援助及び助言を求められたときは、これに協力しなければならない。この場合において、特に専門的な知識及び技術が必要であると認めるときは、知的障害者更生相談所に当該技術的援助及び助言を求めるよう助言しなければならない。

第十四条 知的障害者福祉司は、都道府県知事又は市町村長の補助機関である職員とし、次の各号のいずれかに該当する者のうちから、任用しなければならない。

一 社会福祉法に定める社会福祉主事たる資格を有する者であつて、知的障害者の福祉に関する事業に二年以上従事した経験を有するもの

二 学校教育法(昭和二十二年法律第二十六号)に基づく大学又は旧大学令(大正七年勅令第三百八十八号)に基づく大学において、厚生労働大臣の指定する社会福祉に関する科目を修めて卒業した者(当該科目を修めて同法に基づく専門職大学の前期課程を修了した者を含む。)

三 医師

四 社会福祉士

五 知的障害者の福祉に関する事業に従事する職員を養成する学校その他の施設で都道府県知事の指定するものを卒業した者

六 前各号に準ずる者であつて、知的障害者福祉司として必要な学識経験を有するもの

(民生委員の協力)

第十五条 民生委員法(昭和二十三年法律第百九十八号)に定める民生委員は、この法律の施行について、市町村長、福祉事務所長、知的障害者福祉司又は社会福祉主事の事務の執行に協力するものとする。

(知的障害者相談員)

第十五条の二 市町村は、知的障害者の福祉の増進を図るため、知的障害者又はその保護者(配偶者、親権を行う者、後見人その他の者で、知的障害者を現に保護するものをいう。以下同じ。)の相談に応じ、及び知的障害者の更生のために必要な援助を行うこと(次項において「相談援助」という。)を、社会的信望があり、かつ、知的障害者に対する更生援護に熱意と識見を持つている者に委託することができる。

2 前項の規定にかかわらず、都道府県は、障害の特性その他の事情に応じた相談援助を委託することが困難であると認められる市町村がある場合にあつては、当該市町村の区域における当該相談援助を、社会的信望があり、かつ、知的障害者に対する更生援護に熱意と識見を持つている者に委託することができる。

3 前二項の規定により委託を受けた者は、知的障害者相談員と称する。

4 知的障害者相談員は、その委託を受けた業務を行うに当たつては、知的障害者又はその保護者が、障害者の日常生活及び社会生活を総合的に支援するための法律第五条第一項に規定する障害福祉サービス事業(第二十一条において「障害福祉サービス事業」という。)、同法第五条第十八項に規定する一般相談支援事業その他の知的障害者の福祉に関する事業に係るサービスを円滑に利用することができるように配慮し、これらのサービスを提供する者その他の関係者等との連携を保つよう努めなければならない。

5 知的障害者相談員は、その委託を受けた業務を行うに当たつては、個人の人格を尊重し、その身上に関する秘密を守らなければならない。

(支援体制の整備等)

第十五条の三 市町村は、知的障害者の意思決定の支援に配慮しつつ、この章に規定する更生援護、障害者の日常生活及び社会生活を総合的に支援するための法律の規定による自立支援給付及び地域生活支援事業その他地域の実情に応じたきめ細かな福祉サービスが積極的に提供され、知的障害者が、心身の状況、その置かれている環境等に応じて、自立した日常生活及び社会生活を営むために最も適切な支援が総合的に受けられるように、福祉サービスを提供する者又はこれらに参画する者の活動の連携及び調整を図る等地域の実情に応じた体制の整備に努めなければならない。

2 市町村は、前項の体制の整備及びこの章に規定する更生援護の実施に当たつては、知的障害者が引き続き居宅において日常生活を営むことができるよう配慮しなければならない。

障害者福祉

第二節　障害福祉サービス、障害者支援施設等への入所等の措置

（障害福祉サービス）

第十五条の四　市町村は、障害者の日常生活及び社会生活を総合的に支援するための法律第五条第一項に規定する障害福祉サービス（同条第六項に規定する療養介護及び同条第十項に規定する施設入所支援（以下この条及び次条第一項第二号において「療養介護等」という。）を除く。以下「障害福祉サービス」という。）を必要とする知的障害者が、やむを得ない事由により介護給付費等（療養介護等に係るものを除く。）の支給を受けることが著しく困難であると認めるときは、その知的障害者につき、政令で定める基準に従い、障害福祉サービスを提供し、又は当該市町村以外の者に障害福祉サービスの提供を委託することができる。

（障害者支援施設等への入所等の措置）

第十六条　市町村は、十八歳以上の知的障害者につき、その福祉を図るため、必要に応じ、次の措置を採らなければならない。

一　知的障害者又はその保護者を知的障害者福祉司又は社会福祉主事に指導させること。

二　やむを得ない事由により介護給付費等（療養介護等に係るものに限る。）の支給を受けることが著しく困難であると認めるときは、当該市町村の設置する障害者支援施設若しくは障害者の日常生活及び社会生活を総合的に支援するための法律第五条第六項の厚生労働省令で定める施設（以下「障害者支援施設等」という。）に入所させてその更生援護を行い、又は都道府県若しくは他の市町村若しくは社会福祉法人の設置する障害者支援施設等若しくはのぞみの園に入所させてその更生援護を行うことを委託すること。

三　知的障害者の更生援護を職親（知的障害者を自己の下に預かり、その更生に必要な指導訓練を行うことを希望する者であつて、市町村長が適当と認めるものをいう。）に委託すること。

2　市町村は、前項第二号又は第三号の措置を採るに当たつて、医学的、心理学的及び職能的判定を必要とする場合には、あらかじめ、知的障害者更生相談所の判定を求めなければならない。

（措置の解除に係る説明等）

第十七条　市町村長は、第十五条の四又は前条第一項の措置を解除する場合には、あらかじめ、当該措置に係る者又はその保護者に対し、当該措置の解除の理由について説明するとともに、その意見を聴かなければならない。ただし、当該措置に係る者又はその保護者から当該措置の解除の申出があつた場合その他厚生労働省令で定める場合においては、この限りでない。

（行政手続法の適用除外）

第十八条　第十五条の四又は第十六条第一項の措置を解除する処分については、行政手続法（平成五年法律第八十八号）第三章（第十二条及び第十四条を除く。）の規定は、適用しない。

第十九条及び第二十条　削除

（受託義務）

第二十一条　障害福祉サービス事業を行う者又は障害者支援施設等若しくはのぞみの園の設置者は、第十五条の四又は第十六条第一項第二号の規定による委託を受けたときは、正当な理由がない限り、これを拒んではならない。

第三章　費用

（市町村の支弁）

第二十二条　次に掲げる費用は、市町村の支弁とする。

一　第十三条第二項の規定により市町村が設置する知的障害者福祉司に要する費用

二　第十五条の二の規定により市町村が行う委託に要する費用

三　第十五条の四の規定により市町村が行う行政措置に要する費用

四　第十六条の規定により市町村が行う行政措置に要する費用

（都道府県の支弁）

第二十三条　次に掲げる費用は、都道府県の

障害者福祉

支弁とする。
一　第十二条第一項の規定により都道府県が設置する知的障害者更生相談所に要する費用
二　第十三条第一項の規定により都道府県が設置する知的障害者福祉司に要する費用
三　第十五条の二の規定により都道府県が行う委託に要する費用

第二十四条　削除

（都道府県の負担）

第二十五条　都道府県は、政令の定めるところにより、第二十二条の規定により市町村が支弁した費用について、次に掲げるものを負担する。
一　第二十二条第三号の費用（次号に掲げる費用を除く。）については、その四分の一
二　第二十二条第三号の費用（第九条第一項に規定する居住地を有しないか、又は居住地が明らかでない知的障害者（第四号において「居住地不明知的障害者」という。）についての行政措置に要する費用に限る。）については、その十分の五
三　第二十二条第四号の費用（第十六条第一項第二号の規定による行政措置に要する費用に限り、次号に掲げる費用を除く。）については、その四分の一
四　第二十二条第四号の費用（居住地不明知的障害者について第十六条第一項第二号の規定により市町村が行う行政措置に要する費用に限る。）については、その十分の五

（国の負担）

第二十六条　国は、政令の定めるところにより、第二十二条の規定により市町村が支弁した費用について、次に掲げる費用の十分の五を負担する。
一　第二十二条第三号の費用
二　第二十二条第四号の費用のうち、第十六条第一項第二号の規定による行政措置に要する費用

（費用の徴収）

第二十七条　第十五条の四又は第十六条第一項第二号の規定による行政措置に要する費用を支弁すべき市町村の長は、当該知的障害者又はその扶養義務者（民法（明治二十九年法律第八十九号）に定める扶養義務者をいう。次項において同じ。）から、その負担能力に応じて、当該行政措置に要する費用の全部又は一部を徴収することができる。

2　市町村長は、前項の規定による費用の徴収に関し必要があると認めるときは、当該知的障害者又はその扶養義務者の収入の状況につき、当該知的障害者若しくはその扶養義務者に対し報告を求め、又は官公署に対し必要な書類の閲覧若しくは資料の提供を求めることができる。

（準用規定）

第二十七条の二　社会福祉法第五十八条第二項から第四項までの規定は、国有財産特別措置法（昭和二十七年法律第二百十九号）第二条第二項第三号の規定又は同法第三条第一項第四号及び第二項の規定により普通財産の譲渡又は貸付けを受けた社会福祉法人に準用する。

第四章　雑則

（審判の請求）

第二十八条　市町村長は、知的障害者につき、その福祉を図るため特に必要があると認めるときは、民法第七条、第十一条、第十三条第二項、第十五条第一項、第十七条第一項、第八百七十六条の四第一項又は第八百七十六条の九第一項に規定する審判の請求をすることができる。

（後見等を行う者の推薦等）

第二十八条の二　市町村は、前条の規定による審判の請求の円滑な実施に資するよう、民法に規定する後見、保佐及び補助（以下この条において「後見等」という。）の業務を適正に行うことができる人材の活用を図るため、後見等の業務を適正に行うことができる者の家庭裁判所への推薦その他の必要な措置を講ずるよう努めなければならない。

2　都道府県は、市町村と協力して後見等の業務を適正に行うことができる人材の活用を図るため、前項に規定する措置の実施に

関し助言その他の援助を行うように努めなければならない。

（町村の一部事務組合等）

第二十九条　町村が一部事務組合又は広域連合を設けて福祉事務所を設置した場合には、この法律の適用については、その一部事務組合又は広域連合を福祉事務所を設置する町村とみなす。

（大都市等の特例）

第三十条　この法律の規定中都道府県が処理することとされている事務で政令で定めるものは、地方自治法（昭和二十二年法律第六十七号）第二百五十二条の十九第一項の指定都市（以下「指定都市」という。）及び同法第二百五十二条の二十二第一項の中核市（以下「中核市」という。）においては、政令の定めるところにより、指定都市又は中核市（以下「指定都市等」という。）が処理するものとする。この場合においては、この法律の規定中都道府県に関する規定は、指定都市等に関する規定として指定都市等に適用があるものとする。

（権限の委任）

第三十一条　この法律に規定する厚生労働大臣の権限は、厚生労働省令で定めるところにより、地方厚生局長に委任することができる。

2　前項の規定により地方厚生局長に委任された権限は、厚生労働省令で定めるところにより、地方厚生支局長に委任することができる。

（実施命令）

第三十二条　この法律に特別の規定があるものを除くほか、この法律の実施のための手続その他その執行について必要な細則は、厚生労働省令で定める。

第五章　罰則

第三十三条　正当な理由がなく、第二十七条第二項の規定による報告をせず、又は虚偽の報告をした者は、十万円以下の過料に処する。

附　則（抄）

（施行期日）

1　この法律は、昭和三十五年四月一日から施行する。

（更生援護の特例）

3　児童福祉法第六十三条の三の規定による通知に係る児童は、第九条から第十一条まで、第十三条、第十五条の四、第十六条（第一項第二号に限る。）及び第二十二条から第二十七条までの規定の適用については、十八歳以上の知的障害者とみなす。

精神保健及び精神障害者福祉に関する法律（抄）

（昭和二五・五・一
法律一二三）

（題名改正＝昭和六二法律九八、
平成七法律九四）

最新改正　令和元法律三七

第一章　総則

（この法律の目的）

第一条　この法律は、精神障害者の医療及び保護を行い、障害者の日常生活及び社会生活を総合的に支援するための法律（平成十七年法律第百二十三号）と相まつてその社会復帰の促進及びその自立と社会経済活動への参加の促進のために必要な援助を行い、並びにその発生の予防その他国民の精神的健康の保持及び増進に努めることによつて、精神障害者の福祉の増進及び国民の精神保健の向上を図ることを目的とする。

（国及び地方公共団体の義務）

第二条　国及び地方公共団体は、障害者の日常生活及び社会生活を総合的に支援するための法律の規定による自立支援給付及び地域生活支援事業と相まつて、医療施設及び教育施設を充実する等精神障害者の医療及び保護並びに保健及び福祉に関する施策を総合的に実施することによつて精神障害者が社会復帰をし、自立と社会経済活動への参加をすることができるように努力するとともに、精神保健に関する調査研究の推進及び知識の普及を図る等精神障害者の発生の予防その他国民の精神保健の向上のための施策を講じなければならない。

（国民の義務）

第三条　国民は、精神的健康の保持及び増進に努めるとともに、精神障害者に対する理解を深め、及び精神障害者がその障害を克服して社会復帰をし、自立と社会経済活動への参加をしようとする努力に対し、協力するように努めなければならない。

（精神障害者の社会復帰、自立及び社会参加への配慮）

第四条　医療施設の設置者は、その施設を運営するに当たつては、精神障害者の社会復帰の促進及び自立と社会経済活動への参加の促進を図るため、当該施設において医療を受ける精神障害者が、障害者の日常生活及び社会生活を総合的に支援するための法律第五条第一項に規定する障害福祉サービスに係る事業（以下「障害福祉サービス事業」という。）、同条第十八項に規定する一般相談支援事業（以下「一般相談支援事業」という。）その他の精神障害者の福祉に関する事業に係るサービスを円滑に利用することができるように配慮し、必要に応じ、これらの事業を行う者と連携を図るとともに、地域に即した創意と工夫を行い、及び地域住民等の理解と協力を得るように努めなければならない。

２　国、地方公共団体及び医療施設の設置者は、精神障害者の社会復帰の促進及び自立と社会経済活動への参加の促進を図るため、相互に連携を図りながら協力するよう努めなければならない。

（定義）

第五条　この法律で「精神障害者」とは、統合失調症、精神作用物質による急性中毒又はその依存症、知的障害、精神病質その他の精神疾患を有する者をいう。

第二章　精神保健福祉センター

（精神保健福祉センター）

第六条　都道府県は、精神保健の向上及び精神障害者の福祉の増進を図るための機関（以下「精神保健福祉センター」という。）を置くものとする。

２　精神保健福祉センターは、次に掲げる業務を行うものとする。

一　精神保健及び精神障害者の福祉に関する知識の普及を図り、及び調査研究を行うこと。

二　精神保健及び精神障害者の福祉に関する相談及び指導のうち複雑又は困難なものを行うこと。

三　精神医療審査会の事務を行うこと。

四　第四十五条第一項の申請に対する決定及び障害者の日常生活及び社会生活を総合的に支援するための法律第五十二条第一項に規定する支給認定（精神障害者に係るものに限る。）に関する事務のうち専門的な知識及び技術を必要とするものを行うこと。

五　障害者の日常生活及び社会生活を総合的に支援するための法律第二十二条第二項又は第五十一条の七第二項の規定により、市町村（特別区を含む。第四十七条第三項及び第四項を除き、以下同じ。）が同法第二十二条第一項又は第五十一条の七第一項の支給の要否の決定を行うに当たり意見を述べること。

六　障害者の日常生活及び社会生活を総合的に支援するための法律第二十六条第一項又は第五十一条の十一の規定により、市町村に対し技術的事項についての協力その他必要な援助を行うこと。

第三章　地方精神保健福祉審議会及び精神医療審査会

（地方精神保健福祉審議会）

第九条　精神保健及び精神障害者の福祉に関する事項を調査審議させるため、都道府県は、条例で、精神保健福祉に関する審議会その他の合議制の機関（以下「地方精神保健福祉審議会」という。）を置くことができる。

２　地方精神保健福祉審議会は、都道府県知事の諮問に答えるほか、精神保健及び精神障害者の福祉に関する事項に関して都道府県知事に意見を具申することができる。

3　前二項に定めるもののほか、地方精神保健福祉審議会の組織及び運営に関し必要な事項は、都道府県の条例で定める。

（精神医療審査会）

第十二条　第三十八条の三第二項（同条第六項において準用する場合を含む。）及び第三十八条の五第二項の規定による審査を行わせるため、都道府県に、精神医療審査会を置く。

（審査の案件の取扱い）

第十四条　精神医療審査会は、その指名する委員五人をもつて構成する合議体で、審査の案件を取り扱う。

2　合議体を構成する委員は、次の各号に掲げる者とし、その員数は、当該各号に定める員数以上とする。

一　精神障害者の医療に関し学識経験を有する者　二

二　精神障害者の保健又は福祉に関し学識経験を有する者　一

三　法律に関し学識経験を有する者　一

第四章　精神保健指定医、登録研修機関、精神科病院及び精神科救急医療体制

第一節　精神保健指定医

（精神保健指定医）

第十八条　厚生労働大臣は、その申請に基づき、次に該当する医師のうち第十九条の四に規定する職務を行うのに必要な知識及び技能を有すると認められる者を、精神保健指定医（以下「指定医」という。）に指定する。

一　五年以上診断又は治療に従事した経験を有すること。

二　三年以上精神障害の診断又は治療に従事した経験を有すること。

三　厚生労働大臣が定める精神障害につき厚生労働大臣が定める程度の診断又は治療に従事した経験を有すること。

四　厚生労働大臣の登録を受けた者が厚生労働省令で定めるところにより行う研修（申請前一年以内に行われたものに限る。）の課程を修了していること。

2　厚生労働大臣は、前項の規定にかかわらず、第十九条の二第一項又は第二項の規定により指定医の指定を取り消された後五年を経過していない者その他指定医として著しく不適当と認められる者については、前項の指定をしないことができる。

3　厚生労働大臣は、第一項第三号に規定する精神障害及びその診断又は治療に従事した経験の程度を定めようとするとき、同項の規定により指定医の指定をしようとするとき又は前項の規定により指定医の指定をしないものとするときは、あらかじめ、医道審議会の意見を聴かなければならない。

（職務）

第十九条の四　指定医は、第二十一条第三項及び第二十九条の五の規定により入院を継続する必要があるかどうかの判定、第三十三条第一項及び第三十三条の七第一項の規定による入院を必要とするかどうか及び第二十条の規定による入院が行われる状態にないかどうかの判定、第三十六条第三項に規定する行動の制限を必要とするかどうかの判定、第三十八条の二第一項（同条第二項において準用する場合を含む。）に規定する報告事項に係る入院中の者の診察並びに第四十条の規定により一時退院させて経過を見ることが適当かどうかの判定の職務を行う。

2　指定医は、前項に規定する職務のほか、公務員として、次に掲げる職務を行う。

一　第二十九条第一項及び第二十九条の二第一項の規定による入院を必要とするかどうかの判定

二　第二十九条の二の二第三項（第三十四条第四項において準用する場合を含む。）に規定する行動の制限を必要とするかどうかの判定

三　第二十九条の四第二項の規定により入院を継続する必要があるかどうかの判定

四　第三十四条第一項及び第三項の規定による移送を必要とするかどうかの判定

五　第三十八条の三第三項（同条第六項において準用する場合を含む。）及び第三十八条の五第四項の規定による診察

六　第三十八条の六第一項の規定による立入検査、質問及び診察
七　第三十八条の七第二項の規定により入院を継続する必要があるかどうかの判定
八　第四十五条の二第四項の規定による診察

3　指定医は、その勤務する医療施設の業務に支障がある場合その他やむを得ない理由がある場合を除き、前項各号に掲げる職務を行うよう都道府県知事から求めがあつた場合には、これに応じなければならない。

（診療録の記載義務）
第十九条の四の二　指定医は、前条第一項に規定する職務を行つたときは、遅滞なく、当該指定医の氏名その他厚生労働省令で定める事項を診療録に記載しなければならない。

（指定医の必置）
第十九条の五　第二十九条第一項、第二十九条の二第一項、第三十三条第一項、第三項若しくは第四項又は第三十三条の七第一項若しくは第二項の規定により精神障害者を入院させている精神科病院（精神科病院以外の病院で精神病室が設けられているものを含む。第十九条の十を除き、以下同じ。）の管理者は、厚生労働省令で定めるところにより、その精神科病院に常時勤務する指定医（第十九条の二第二項の規定によりその職務を停止されている者を除く。第五十三条第一項を除き、以下同じ。）を置かなければならない。

第二節　登録研修機関

（登録）
第十九条の六の二　第十八条第一項第四号又は第十九条第一項の登録（以下この節において「登録」という。）は、厚生労働省令で定めるところにより、第十八条第一項第四号又は第十九条第一項の研修（以下この節において「研修」という。）を行おうとする者の申請により行う。

（報告の徴収及び立入検査）
第十九条の六の十六　厚生労働大臣は、研修の業務の適正な運営を確保するために必要な限度において、登録研修機関に対し、必要と認める事項の報告を求め、又は当該職員に、その事務所に立ち入り、業務の状況若しくは帳簿書類その他の物件を検査させることができる。

2　前項の規定により立入検査を行う当該職員は、その身分を示す証票を携帯し、関係者の請求があつたときは、これを提示しなければならない。

3　第一項の規定による権限は、犯罪捜査のために認められたものと解釈してはならない。

（公示）
第十九条の六の十七　厚生労働大臣は、次の場合には、その旨を公示しなければならない。

一　登録をしたとき。
二　第十九条の六の七の規定による届出があつたとき。
三　第十九条の六の九の規定による届出があつたとき。
四　第十九条の六の十三の規定により登録を取り消し、又は研修の業務の停止を命じたとき。
五　第十九条の六の十五の規定により厚生労働大臣が研修の業務の全部若しくは一部を自ら行うものとするとき、又は自ら行つていた研修の業務の全部若しくは一部を行わないこととするとき。

第三節　精神科病院

（都道府県立精神科病院）
第十九条の七　都道府県は、精神科病院を設置しなければならない。ただし、次条の規定による指定病院がある場合においては、その設置を延期することができる。

2　都道府県又は都道府県及び都道府県以外の地方公共団体が設立した地方独立行政法人（地方独立行政法人法（平成十五年法律第百十八号）第二条第一項に規定する地方独立行政法人をいう。次条において同じ。）が精神科病院を設置している場合には、当該都道府県については、前項の規定は、適用しない。

（指定病院）
第十九条の八　都道府県知事は、国、都道府

障害者福祉

県並びに都道府県又は都道府県及び都道府県以外の地方公共団体が設立した地方独立行政法人（以下「国等」という。）以外の者が設置した精神科病院であつて厚生労働大臣の定める基準に適合するものの全部又は一部を、その設置者の同意を得て、都道府県が設置する精神科病院に代わる施設（以下「指定病院」という。）として指定することができる。

第四節　精神科救急医療の確保

第十九条の十一　都道府県は、精神障害の救急医療が適切かつ効率的に提供されるように、夜間又は休日において精神障害の医療を必要とする精神障害者又はその第三十三条第二項に規定する家族等その他の関係者からの相談に応ずること、精神障害の救急医療を提供する医療施設相互間の連携を確保することその他の地域の実情に応じた体制の整備を図るよう努めるものとする。

2　都道府県知事は、前項の体制の整備に当たつては、精神科病院その他の精神障害の医療を提供する施設の管理者、当該施設の指定医その他の関係者に対し、必要な協力を求めることができる。

第五章　医療及び保護

第一節　任意入院

第二十条　精神科病院の管理者は、精神障害者を入院させる場合においては、本人の同意に基づいて入院が行われるように努めなければならない。

第二十一条　精神障害者が自ら入院する場合においては、精神科病院の管理者は、その入院に際し、当該精神障害者に対して第三十八条の四の規定による退院等の請求に関することその他厚生労働省令で定める事項を書面で知らせ、当該精神障害者から自ら入院する旨を記載した書面を受けなければならない。

2　精神科病院の管理者は、自ら入院した精神障害者（以下「任意入院者」という。）から退院の申出があつた場合においては、その者を退院させなければならない。

3　前項に規定する場合において、精神科病院の管理者は、指定医による診察の結果、当該任意入院者の医療及び保護のため入院を継続する必要があると認めたときは、同項の規定にかかわらず、七十二時間を限り、その者を退院させないことができる。

4　前項に規定する場合において、精神科病院（厚生労働省令で定める基準に適合すると都道府県知事が認めるものに限る。）の管理者は、緊急その他やむを得ない理由があるときは、指定医に代えて指定医以外の医師（医師法（昭和二十三年法律第二百一号）第十六条の六第一項の規定による登録を受けていることその他厚生労働省令で定める基準に該当する者に限る。以下「特定医師」という。）に任意入院者の診察を行わせることができる。この場合において、診察の結果、当該任意入院者の医療及び保護のため入院を継続する必要があると認めたときは、前二項の規定にかかわらず、十二時間を限り、その者を退院させないことができる。

5　第十九条の四の二の規定は、前項の規定により診察を行つた場合について準用する。この場合において、同条中「指定医は、前条第一項」とあるのは「第二十一条第四項に規定する特定医師は、同項」と、「当該指定医」とあるのは「当該特定医師」と読み替えるものとする。

6　精神科病院の管理者は、第四項後段の規定による措置を採つたときは、遅滞なく、厚生労働省令で定めるところにより、当該措置に関する記録を作成し、これを保存しなければならない。

7　精神科病院の管理者は、第三項又は第四項後段の規定による措置を採る場合においては、当該任意入院者に対し、当該措置を採る旨、第三十八条の四の規定による退院等の請求に関することその他厚生労働省令で定める事項を書面で知らせなければならない。

第二節　指定医の診察及び措置入院

（診察及び保護の申請）

第二十二条　精神障害者又はその疑いのある者を知つた者は、誰でも、その者について指定医の診察及び必要な保護を都道府県知事に申請することができる。

2 前項の申請をするには、次の事項を記載した申請書を最寄りの保健所長を経て都道府県知事に提出しなければならない。

一 申請者の住所、氏名及び生年月日
二 本人の現在場所、居住地、氏名、性別及び生年月日
三 症状の概要
四 現に本人の保護の任に当たつている者があるときはその者の住所及び氏名

（警察官の通報）

第二十三条 警察官は、職務を執行するに当たり、異常な挙動その他周囲の事情から判断して、精神障害のために自身を傷つけ又は他人に害を及ぼすおそれがあると認められる者を発見したときは、直ちに、その旨を、最寄りの保健所長を経て都道府県知事に通報しなければならない。

（検察官の通報）

第二十四条 検察官は、精神障害者又はその疑いのある被疑者又は被告人について、不起訴処分をしたとき、又は裁判（懲役若しくは禁錮の刑を言い渡し、その刑の全部の執行猶予の言渡しをせず、又は拘留の刑を言い渡す裁判を除く。）が確定したときは、速やかに、その旨を都道府県知事に通報しなければならない。ただし、当該不起訴処分をされ、又は裁判を受けた者について、心神喪失等の状態で重大な他害行為を行つた者の医療及び観察等に関する法律（平成十五年法律第百十号）第三十三条第一項の申立てをしたときは、この限りでない。

2 検察官は、前項本文に規定する場合のほか、精神障害者若しくはその疑いのある被疑者若しくは被告人又は心神喪失等の状態で重大な他害行為を行つた者の医療及び観察等に関する法律の対象者（同法第二条第二項に規定する対象者をいう。第二十六条の三及び第四十四条第一項において同じ。）について、特に必要があると認めたときは、速やかに、都道府県知事に通報しなければならない。

（保護観察所の長の通報）

第二十五条 保護観察所の長は、保護観察に付されている者が精神障害者又はその疑いのある者であることを知つたときは、速やかに、その旨を都道府県知事に通報しなければならない。

（矯正施設の長の通報）

第二十六条 矯正施設（拘置所、刑務所、少年刑務所、少年院、少年鑑別所及び婦人補導院をいう。以下同じ。）の長は、精神障害者又はその疑のある収容者を釈放、退院又は退所させようとするときは、あらかじめ、左の事項を本人の帰住地（帰住地がない場合は当該矯正施設の所在地）の都道府県知事に通報しなければならない。

一 本人の帰住地、氏名、性別及び生年月日
二 症状の概要
三 釈放、退院又は退所の年月日
四 引取人の住所及び氏名

（精神科病院の管理者の届出）

第二十六条の二 精神科病院の管理者は、入院中の精神障害者であつて、第二十九条第一項の要件に該当すると認められるものから退院の申出があつたときは、直ちに、その旨を、最寄りの保健所長を経て都道府県知事に届け出なければならない。

（心神喪失等の状態で重大な他害行為を行つた者に係る通報）

第二十六条の三 心神喪失等の状態で重大な他害行為を行つた者の医療及び観察等に関する法律第二条第五項に規定する指定通院医療機関の管理者及び保護観察所の長は、同法の対象者であつて同条第四項に規定する指定入院医療機関に入院していないものがその精神障害のために自身を傷つけ又は他人に害を及ぼすおそれがあると認めたときは、直ちに、その旨を、最寄りの保健所長を経て都道府県知事に通報しなければならない。

（申請等に基づき行われる指定医の診察等）

第二十七条 都道府県知事は、第二十二条から前条までの規定による申請、通報又は届出のあつた者について調査の上必要があると認めるときは、その指定する指定医をして診察をさせなければならない。

2 都道府県知事は、入院させなければ精神

障害のために自身を傷つけ又は他人に害を及ぼすおそれがあることが明らかである者については、第二十二条から前条までの規定による申請、通報又は届出がない場合においても、その指定する指定医をして診察をさせることができる。

3　都道府県知事は、前二項の規定により診察をさせる場合には、当該職員を立ち会わせなければならない。

4　指定医及び前項の当該職員は、前三項の職務を行うに当たつて必要な限度においてその者の居住する場所へ立ち入ることができる。

5　第十九条の六の十六第二項及び第三項の規定は、前項の規定による立入りについて準用する。この場合において、同条第二項中「前項」とあるのは「第二十七条第四項」と、「当該職員」とあるのは「指定医及び当該職員」と、同条第三項中「第一項」とあるのは「第二十七条第四項」と読み替えるものとする。

（診察の通知）

第二十八条　都道府県知事は、前条第一項の規定により診察をさせるに当つて現に本人の保護の任に当つている者がある場合には、あらかじめ、診察の日時及び場所をその者に通知しなければならない。

2　後見人又は保佐人、親権を行う者、配偶者その他現に本人の保護の任に当たつている者は、前条第一項の診察に立ち会うことができる。

（判定の基準）

第二十八条の二　第二十七条第一項又は第二項の規定により診察をした指定医は、厚生労働大臣の定める基準に従い、当該診察をした者が精神障害者であり、かつ、医療及び保護のために入院させなければその精神障害のために自身を傷つけ又は他人に害を及ぼすおそれがあるかどうかの判定を行わなければならない。

（都道府県知事による入院措置）

第二十九条　都道府県知事は、第二十七条の規定による診察の結果、その診察を受けた者が精神障害者であり、かつ、医療及び保護のために入院させなければその精神障害のために自身を傷つけ又は他人に害を及ぼすおそれがあると認めたときは、その者を国等の設置した精神科病院又は指定病院に入院させることができる。

2　前項の場合において都道府県知事がその者を入院させるには、その指定する二人以上の指定医の診察を経て、その者が精神障害者であり、かつ、医療及び保護のために入院させなければその精神障害のために自身を傷つけ又は他人に害を及ぼすおそれがあると認めることについて、各指定医の診察の結果が一致した場合でなければならない。

3　都道府県知事は、第一項の規定による措置を採る場合においては、当該精神障害者に対し、当該入院措置を採る旨、第三十八条の四の規定による退院等の請求に関することその他厚生労働省令で定める事項を書面で知らせなければならない。

4　国等の設置した精神科病院及び指定病院の管理者は、病床（病院の一部について第十九条の八の指定を受けている指定病院にあつてはその指定に係る病床）に既に第一項又は次条第一項の規定により入院をさせた者がいるため余裕がない場合のほかは、第一項の精神障害者を入院させなければならない。

第二十九条の二　都道府県知事は、前条第一項の要件に該当すると認められる精神障害者又はその疑いのある者について、急速を要し、第二十七条、第二十八条及び前条の規定による手続を採ることができない場合において、その指定する指定医をして診察をさせた結果、その者が精神障害者であり、かつ、直ちに入院させなければその精神障害のために自身を傷つけ又は他人を害するおそれが著しいと認めたときは、その者を前条第一項に規定する精神科病院又は指定病院に入院させることができる。

2　都道府県知事は、前項の措置をとつたときは、すみやかに、その者につき、前条第一項の規定による入院措置をとるかどうかを決定しなければならない。

3　第一項の規定による入院の期間は、七十二時間を超えることができない。

4　第二十七条第四項及び第五項並びに第二十八条の二の規定は第一項の規定による診察について、前条第三項の規定は第一項の規定による措置を採る場合について、同条第四項の規定は第一項の規定により入院する者の入院について準用する。

第二十九条の二の二　都道府県知事は、第二十九条第一項又は前条第一項の規定による入院措置を採ろうとする精神障害者を、当該入院措置に係る病院に移送しなければならない。

2　都道府県知事は、前項の規定により移送を行う場合においては、当該精神障害者に対し、当該移送を行う旨その他厚生労働省令で定める事項を書面で知らせなければならない。

3　都道府県知事は、第一項の規定による移送を行うに当たつては、当該精神障害者を診察した指定医が必要と認めたときは、その者の医療又は保護に欠くことのできない限度において、厚生労働大臣があらかじめ社会保障審議会の意見を聴いて定める行動の制限を行うことができる。

第二十九条の三　第二十九条第一項に規定する精神科病院又は指定病院の管理者は、第二十九条の二第一項の規定により入院した者について、都道府県知事から、第二十九条第一項の規定による入院措置を採らない旨の通知を受けたとき、又は第二十九条の二第三項の期間内に第二十九条第一項の規定による入院措置を採る旨の通知がないときは、直ちに、その者を退院させなければならない。

（入院措置の解除）

第二十九条の四　都道府県知事は、第二十九条第一項の規定により入院した者（以下「措置入院者」という。）が、入院を継続しなくてもその精神障害のために自身を傷つけ又は他人に害を及ぼすおそれがないと認められるに至つたときは、直ちに、その者を退院させなければならない。この場合においては、都道府県知事は、あらかじめ、その者を入院させている精神科病院又は指定病院の管理者の意見を聞くものとする。

2　前項の場合において都道府県知事がその者を退院させるには、その者が入院を継続しなくてもその精神障害のために自身を傷つけ又は他人に害を及ぼすおそれがないと認められることについて、その指定する指定医による診察の結果又は次条の規定による診察の結果に基づく場合でなければならない。

第二十九条の五　措置入院者を入院させている精神科病院又は指定病院の管理者は、指定医による診察の結果、措置入院者が、入院を継続しなくてもその精神障害のために自身を傷つけ又は他人に害を及ぼすおそれがないと認められるに至つたときは、直ちに、その旨、その者の症状その他厚生労働省令で定める事項を最寄りの保健所長を経て都道府県知事に届け出なければならない。

（費用の負担）

第三十条　第二十九条第一項及び第二十九条の二第一項の規定により都道府県知事が入院させた精神障害者の入院に要する費用は、都道府県が負担する。

2　国は、都道府県が前項の規定により負担する費用を支弁したときは、政令の定めるところにより、その四分の三を負担する。

（他の法律による医療に関する給付との調整）

第三十条の二　前条第一項の規定により費用の負担を受ける精神障害者が、健康保険法（大正十一年法律第七十号）、国民健康保険法（昭和三十三年法律第百九十二号）、船員保険法（昭和十四年法律第七十三号）、労働者災害補償保険法（昭和二十二年法律第五十号）、国家公務員共済組合法（昭和三十三年法律第百二十八号。他の法律において準用し、又は例による場合を含む。）、地方公務員等共済組合法（昭和三十七年法律第百五十二号）、高齢者の医療の確保に関する法律（昭和五十七年法律第八十号）又は介護保険法（平成九年法律第百二十三号）の規定により医療に関する給付を受けることができる者であるときは、都道府県は、その限度において、同項の規定による負担をすることを要しない。

（費用の徴収）

第三十一条 都道府県知事は、第二十九条第一項及び第二十九条の二第一項の規定により入院させた精神障害者又はその扶養義務者が入院に要する費用を負担することができると認めたときは、その費用の全部又は一部を徴収することができる。

2 都道府県知事は、前項の規定による費用の徴収に関し必要があると認めるときは、当該精神障害者又はその扶養義務者の収入の状況につき、当該精神障害者若しくはその扶養義務者に対し報告を求め、又は官公署に対し必要な書類の閲覧若しくは資料の提供を求めることができる。

第三十二条 削除

第三節 医療保護入院等

（**医療保護入院**）

第三十三条 精神科病院の管理者は、次に掲げる者について、その家族等のうちいずれかの者の同意があるときは、本人の同意がなくてもその者を入院させることができる。

一 指定医による診察の結果、精神障害者であり、かつ、医療及び保護のため入院の必要がある者であつて当該精神障害のために第二十条の規定による入院が行われる状態にないと判定されたもの

二 第三十四条第一項の規定により移送された者

2 前項の「家族等」とは、当該精神障害者の配偶者、親権を行う者、扶養義務者及び後見人又は保佐人をいう。ただし、次の各号のいずれかに該当する者を除く。

一 行方の知れない者

二 当該精神障害者に対して訴訟をしている者又はした者並びにその配偶者及び直系血族

三 家庭裁判所で免ぜられた法定代理人、保佐人又は補助人

四 心身の故障により前項の規定による同意又は不同意の意思表示を適切に行うことができない者として厚生労働省令で定めるもの

五 未成年者

3 精神科病院の管理者は、第一項第一号に掲げる者について、その家族等（前項に規定する家族等をいう。以下同じ。）がない場合又はその家族等の全員がその意思を表示することができない場合において、その者の居住地（居住地がないか、又は明らかでないときは、その者の現在地。第四十五条第一項を除き、以下同じ。）を管轄する市町村長（特別区の長を含む。以下同じ。）の同意があるときは、本人の同意がなくてもその者を入院させることができる。第三十四条第二項の規定により移送された者について、その者の居住地を管轄する市町村長の同意があるときも、同様とする。

4 第一項又は前項に規定する場合において、精神科病院（厚生労働省令で定める基準に適合すると都道府県知事が認めるものに限る。）の管理者は、緊急その他やむを得ない理由があるときは、指定医に代えて特定医師に診察を行わせることができる。この場合において、診察の結果、精神障害者であり、かつ、医療及び保護のため入院の必要がある者であつて当該精神障害のために第二十条の規定による入院が行われる状態にないと判定されたときは、第一項又は前項の規定にかかわらず、本人の同意がなくても、十二時間を限り、その者を入院させることができる。

5 第十九条の四の二の規定は、前項の規定により診察を行つた場合について準用する。この場合において、同条中「指定医は、前条第一項」とあるのは「第二十一条第四項に規定する特定医師は、第三十三条第四項」と、「当該指定医」とあるのは「当該特定医師」と読み替えるものとする。

6 精神科病院の管理者は、第四項後段の規定による措置を採つたときは、遅滞なく、厚生労働省令で定めるところにより、当該措置に関する記録を作成し、これを保存しなければならない。

7 精神科病院の管理者は、第一項、第三項又は第四項後段の規定による措置を採つたときは、十日以内に、その者の症状その他厚生労働省令で定める事項を当該入院について同意をした者の同意書を添え、最寄りの保健所長を経て都道府県知事に届け出な

ければならない。

第三十三条の二　精神科病院の管理者は、前条第一項又は第三項の規定により入院した者（以下「医療保護入院者」という。）を退院させたときは、十日以内に、その旨及び厚生労働省令で定める事項を最寄りの保健所長を経て都道府県知事に届け出なければならない。

第三十三条の三　精神科病院の管理者は、第三十三条第一項、第三項又は第四項後段の規定による措置を採る場合においては、当該精神障害者に対し、当該入院措置を採る旨、第三十八条の四の規定による退院等の請求に関することその他厚生労働省令で定める事項を書面で知らせなければならない。ただし、当該入院措置を採つた日から四週間を経過する日までの間であつて、当該精神障害者の症状に照らし、その者の医療及び保護を図る上で支障があると認められる間においては、この限りでない。

2　精神科病院の管理者は、前項ただし書の規定により同項本文に規定する事項を書面で知らせなかつたときは、厚生労働省令で定めるところにより、厚生労働省令で定める事項を診療録に記載しなければならない。

（医療保護入院者の退院による地域における生活への移行を促進するための措置）

第三十三条の四　医療保護入院者を入院させている精神科病院の管理者は、精神保健福祉士その他厚生労働省令で定める資格を有する者のうちから、厚生労働省令で定めるところにより、退院後生活環境相談員を選任し、その者に医療保護入院者の退院後の生活環境に関し、医療保護入院者及びその家族等からの相談に応じさせ、及びこれらの者を指導させなければならない。

第三十三条の五　医療保護入院者を入院させている精神科病院の管理者は、医療保護入院者又はその家族等から求めがあつた場合その他医療保護入院者の退院による地域における生活への移行を促進するために必要があると認められる場合には、これらの者に対して、厚生労働省令で定めるところにより、一般相談支援事業若しくは障害者の日常生活及び社会生活を総合的に支援するための法律第五条第十八項に規定する特定相談支援事業（第四十九条第一項において「特定相談支援事業」という。）を行う者、介護保険法第八条第二十四項に規定する居宅介護支援事業を行う者その他の地域の精神障害者の保健又は福祉に関する各般の問題につき精神障害者又はその家族等からの相談に応じ必要な情報の提供、助言その他の援助を行う事業を行うことができると認められる者として厚生労働省令で定めるもの（次条において「地域援助事業者」という。）を紹介するよう努めなければならない。

第三十三条の六　精神科病院の管理者は、前二条に規定する措置のほか、厚生労働省令で定めるところにより、必要に応じて地域援助事業者と連携を図りながら、医療保護入院者の退院による地域における生活への移行を促進するために必要な体制の整備その他の当該精神科病院における医療保護入院者の退院による地域における生活への移行を促進するための措置を講じなければならない。

（応急入院）

第三十三条の七　厚生労働大臣の定める基準に適合するものとして都道府県知事が指定する精神科病院の管理者は、医療及び保護の依頼があつた者について、急速を要し、その家族等の同意を得ることができない場合において、その者が、次に該当する者であるときは、本人の同意がなくても、七十二時間を限り、その者を入院させることができる。

一　指定医の診察の結果、精神障害者であり、かつ、直ちに入院させなければその者の医療及び保護を図る上で著しく支障がある者であつて当該精神障害のために第二十条の規定による入院が行われる状態にないと判定されたもの

二　第三十四条第三項の規定により移送された者

2　前項に規定する場合において、同項に規定する精神科病院の管理者は、緊急その他やむを得ない理由があるときは、指定医に

代えて特定医師に同項の医療及び保護の依頼があつた者の診察を行わせることができる。この場合において、診察の結果、その者が、精神障害者であり、かつ、直ちに入院させなければその者の医療及び保護を図る上で著しく支障がある者であつて当該精神障害のために第二十条の規定による入院が行われる状態にないと判定されたときは、同項の規定にかかわらず、本人の同意がなくても、十二時間を限り、その者を入院させることができる。

3　第十九条の四の二の規定は、前項の規定により診察を行つた場合について準用する。この場合において、同条中「指定医は、前条第一項」とあるのは「第二十一条第四項に規定する特定医師は、第三十三条の七第二項」と、「当該指定医」とあるのは「当該特定医師」と読み替えるものとする。

4　第一項に規定する精神科病院の管理者は、第二項後段の規定による措置を採つたときは、遅滞なく、厚生労働省令で定めるところにより、当該措置に関する記録を作成し、これを保存しなければならない。

5　第一項に規定する精神科病院の管理者は、同項又は第二項後段の規定による措置を採つたときは、直ちに、当該措置を採つた理由その他厚生労働省令で定める事項を最寄りの保健所長を経て都道府県知事に届け出なければならない。

6　都道府県知事は、第一項の指定を受けた精神科病院が同項の基準に適合しなくなつたと認めたときは、その指定を取り消すことができる。

7　厚生労働大臣は、前項に規定する都道府県知事の権限に属する事務について、第一項の指定を受けた精神科病院に入院中の者の処遇を確保する緊急の必要があると認めるときは、都道府県知事に対し前項の事務を行うことを指示することができる。

（医療保護入院等のための移送）

第三十四条　都道府県知事は、その指定する指定医による診察の結果、精神障害者であり、かつ、直ちに入院させなければその者の医療及び保護を図る上で著しく支障がある者であつて当該精神障害のために第二十条の規定による入院が行われる状態にないと判定されたものにつき、その家族等のうちいずれかの者の同意があるときは、本人の同意がなくてもその者を第三十三条第一項の規定による入院をさせるため第三十三条の七第一項に規定する精神科病院に移送することができる。

2　都道府県知事は、前項に規定する精神障害者の家族等がない場合又はその家族等の全員がその意思を表示することができない場合において、その者の居住地を管轄する市町村長の同意があるときは、本人の同意がなくてもその者を第三十三条第三項の規定による入院をさせるため第三十三条の七第一項に規定する精神科病院に移送することができる。

3　都道府県知事は、急速を要し、その者の家族等の同意を得ることができない場合において、その指定する指定医の診察の結果、その者が精神障害者であり、かつ、直ちに入院させなければその者の医療及び保護を図る上で著しく支障がある者であつて当該精神障害のために第二十条の規定による入院が行われる状態にないと判定されたときは、本人の同意がなくてもその者を第三十三条の七第一項の規定による入院をさせるため同項に規定する精神科病院に移送することができる。

4　第二十九条の二の二第二項及び第三項の規定は、前三項の規定による移送を行う場合について準用する。

第四節　精神科病院における処遇等

（処遇）

第三十六条　精神科病院の管理者は、入院中の者につき、その医療又は保護に欠くことのできない限度において、その行動について必要な制限を行うことができる。

2　精神科病院の管理者は、前項の規定にかかわらず、信書の発受の制限、都道府県その他の行政機関の職員との面会の制限その他の行動の制限であつて、厚生労働大臣があらかじめ社会保障審議会の意見を聴いて定める行動の制限については、これを行うことができない。

3　第一項の規定による行動の制限のうち、厚生労働大臣があらかじめ社会保障審議会の意見を聴いて定める患者の隔離その他の行動の制限は、指定医が必要と認める場合でなければ行うことができない。

第三十七条　厚生労働大臣は、前条に定めるもののほか、精神科病院に入院中の者の処遇について必要な基準を定めることができる。

2　前項の基準が定められたときは、精神科病院の管理者は、その基準を遵守しなければならない。

3　厚生労働大臣は、第一項の基準を定めようとするときは、あらかじめ、社会保障審議会の意見を聴かなければならない。

（指定医の精神科病院の管理者への報告等）

第三十七条の二　指定医は、その勤務する精神科病院に入院中の者の処遇が第三十六条の規定に違反していると思料するとき又は前条第一項の基準に適合していないと認めるときその他精神科病院に入院中の者の処遇が著しく適当でないと認めるときは、当該精神科病院の管理者にその旨を報告すること等により、当該管理者において当該精神科病院に入院中の者の処遇の改善のために必要な措置が採られるよう努めなければならない。

（相談、援助等）

第三十八条　精神科病院その他の精神障害の医療を提供する施設の管理者は、当該施設において医療を受ける精神障害者の社会復帰の促進を図るため、当該施設の医師、看護師その他の医療従事者による有機的な連携の確保に配慮しつつ、その者の相談に応じ、必要に応じて一般相談支援事業を行う者と連携を図りながら、その者に必要な援助を行い、及びその家族等その他の関係者との連絡調整を行うように努めなければならない。

（定期の報告等）

第三十八条の二　措置入院者を入院させている精神科病院又は指定病院の管理者は、措置入院者の症状その他厚生労働省令で定める事項（以下この項において「報告事項」という。）を、厚生労働省令で定めるところにより、定期に、最寄りの保健所長を経て都道府県知事に報告しなければならない。この場合においては、報告事項のうち厚生労働省令で定める事項については、指定医による診察の結果に基づくものでなければならない。

2　前項の規定は、医療保護入院者を入院させている精神科病院の管理者について準用する。この場合において、同項中「措置入院者」とあるのは、「医療保護入院者」と読み替えるものとする。

3　都道府県知事は、条例で定めるところにより、精神科病院の管理者（第三十八条の七第一項、第二項又は第四項の規定による命令を受けた者であつて、当該命令を受けた日から起算して厚生労働省令で定める期間を経過しないものその他これに準ずる者として厚生労働省令で定めるものに限る。）に対し、当該精神科病院に入院中の任意入院者（厚生労働省令で定める基準に該当する者に限る。）の症状その他厚生労働省令で定める事項について報告を求めることができる。

（定期の報告等による審査）

第三十八条の三　都道府県知事は、前条第一項若しくは第二項の規定による報告又は第三十三条第七項の規定による届出（同条第一項又は第三項の規定による措置に係るものに限る。）があつたときは、当該報告又は届出に係る入院中の者の症状その他厚生労働省令で定める事項を精神医療審査会に通知し、当該入院中の者についてその入院の必要があるかどうかに関し審査を求めなければならない。

2　精神医療審査会は、前項の規定により審査を求められたときは、当該審査に係る入院中の者についてその入院の必要があるかどうかに関し審査を行い、その結果を都道府県知事に通知しなければならない。

3　精神医療審査会は、前項の審査をするに当たつて必要があると認めるときは、当該審査に係る入院中の者に対して意見を求め、若しくはその者の同意を得て委員（指定医である者に限る。第三十八条の五第四項において同じ。）に診察させ、又はその者が入院している精神科病院の管理者その他関係者に対して報告若しくは意見を求め、診療録その他の帳簿書類の提出を命じ、若しくは出頭を命じて審問することができる。

4　都道府県知事は、第二項の規定により通知された精神医療審査会の審査の結果に基づき、その入院が必要でないと認められた者を退院させ、又は精神科病院の管理者に対しその者を退院させることを命じなければならない。

5　都道府県知事は、第一項に定めるもののほか、前条第三項の規定による報告を受けたときは、当該報告に係る入院中の者の症状その他厚生労働省令で定める事項を精神医療審査会に通知し、当該入院中の者についてその入院の必要があるかどうかに関し審査を求めることができる。

6　第二項及び第三項の規定は、前項の規定により都道府県知事が審査を求めた場合について準用する。

（退院等の請求）

第三十八条の四　精神科病院に入院中の者又はその家族等（その家族等がない場合又はその家族等の全員がその意思を表示することができない場合にあつては、その者の居住地を管轄する市町村長）は、厚生労働省令で定めるところにより、都道府県知事に対し、当該入院中の者を退院させ、又は精神科病院の管理者に対し、その者を退院させることを命じ、若しくはその者の処遇の改善のために必要な措置を採ることを命じることを求めることができる。

（退院等の請求による審査）

第三十八条の五　都道府県知事は、前条の規定による請求を受けたときは、当該請求の内容を精神医療審査会に通知し、当該請求に係る入院中の者について、その入院の必要があるかどうか、又はその処遇が適当であるかどうかに関し審査を求めなければならない。

2　精神医療審査会は、前項の規定により審査を求められたときは、当該審査に係る者について、その入院の必要があるかどうか、又はその処遇が適当であるかどうかに関し審査を行い、その結果を都道府県知事に通知しなければならない。

3　精神医療審査会は、前項の審査をするに当たつては、当該審査に係る前条の規定による請求をした者及び当該審査に係る入院中の者が入院している精神科病院の管理者の意見を聴かなければならない。ただし、精神医療審査会がこれらの者の意見を聴く必要がないと特に認めたときは、この限りでない。

4　精神医療審査会は、前項に定めるもののほか、第二項の審査をするに当たつて必要があると認めるときは、当該審査に係る入院中の者の同意を得て委員に診察させ、又はその者が入院している精神科病院の管理者その他関係者に対して報告を求め、診療録その他の帳簿書類の提出を命じ、若しくは出頭を命じて審問することができる。

5　都道府県知事は、第二項の規定により通知された精神医療審査会の審査の結果に基づき、その入院が必要でないと認められた者を退院させ、又は当該精神科病院の管理者に対しその者を退院させることを命じ若しくはその者の処遇の改善のために必要な措置を採ることを命じなければならない。

6　都道府県知事は、前条の規定による請求をした者に対し、当該請求に係る精神医療審査会の審査の結果及びこれに基づき採つた措置を通知しなければならない。

（報告徴収等）

第三十八条の六　厚生労働大臣又は都道府県知事は、必要があると認めるときは、精神科病院の管理者に対し、当該精神科病院に入院中の者の症状若しくは処遇に関し、報告を求め、若しくは診療録その他の帳簿書類の提出若しくは提示を命じ、当該職員若しくはその指定する指定医に、精神科病院に立ち入り、これらの事項に関し、診療録その他の帳簿書類（その作成又は保存に代えて電磁的記録の作成又は保存がされている場合における当該電磁的記録を含む。）を検査させ、若しくは当該精神科病院に入院中の者その他の関係者に質問させ、又はその指定する指定医に、精神科病院に立ち入り、当該精神科病院に入院中の者を診察させることができる。

2　厚生労働大臣又は都道府県知事は、必要があると認めるときは、精神科病院の管理者、精神科病院に入院中の者又は第三十三条第一項、第三項若しくは第四項の規定による入院について同意をした者に対し、この法律による入院に必要な手続に関し、報告を求め、又は帳簿書類の提出若しくは提示を命じることができる。

3　第十九条の六の十六第二項及び第三項の規定は、第一項の規定による立入検査、質問又は診察について準用する。この場合において、同条第二項中「前項」とあるのは「第三十八条の六第一項」と、「当該職員」とあるのは「当該職員及び指定医」と、同条第三項中「第一項」とあるのは「第三十八条の六第一項」と読み替えるものとする。

（改善命令等）

第三十八条の七　厚生労働大臣又は都道府県知事は、精神科病院に入院中の者の処遇が第三十六条の規定に違反していると認めるとき又は第三十七条第一項の基準に適合していないと認めるときその他精神科病院に入院中の者の処遇が著しく適当でないと認めるときは、当該精神科病院の管理者に対し、措置を講ずべき事項及び期限を示して、処遇を確保するための改善計画の提出を求め、若しくは提出された改善計画の変更を命じ、又はその処遇の改善のために必要な措置を採ることを命ずることができる。

2　厚生労働大臣又は都道府県知事は、必要があると認めるときは、第二十一条第三項の規定により入院している者又は第三十三条第一項、第三項若しくは第四項若しくは第三十三条の七第一項若しくは第二項の規定により入院した者について、その指定する二人以上の指定医に診察させ、各指定医の診察の結果がその入院を継続する必要があることに一致しない場合又はこれらの者の入院がこの法律若しくはこの法律に基づく命令に違反して行われた場合には、これらの者が入院している精神科病院の管理者に対し、その者を退院させることを命ずることができる。

3　都道府県知事は、前二項の規定による命令をした場合において、その命令を受けた精神科病院の管理者がこれに従わなかつたときは、その旨を公表することができる。

4　厚生労働大臣又は都道府県知事は、精神科病院の管理者が第一項又は第二項の規定による命令に従わないときは、当該精神科病院の管理者に対し、期間を定めて第二十一条第一項、第三十三条第一項、第三項及び第四項並びに第三十三条の七第一項及び第二項の規定による精神障害者の入院に係る医療の提供の全部又は一部を制限することを命ずることができる。

5　都道府県知事は、前項の規定による命令をした場合においては、その旨を公示しなければならない。

（無断退去者に対する措置）

第三十九条　精神科病院の管理者は、入院中の者で自身を傷つけ又は他人に害を及ぼすおそれのあるものが無断で退去しその行方が不明になつたときは、所轄の警察署長に次の事項を通知してその探索を求めなければならない。

一　退去者の住所、氏名、性別及び生年月日

二　退去の年月日及び時刻

三　症状の概要

四　退去者を発見するために参考となるべき人相、服装その他の事項

五　入院年月日

六　退去者の家族等又はこれに準ずる者の住所、氏名その他厚生労働省令で定める事項

2　警察官は、前項の探索を求められた者を発見したときは、直ちに、その旨を当該精神科病院の管理者に通知しなければならない。この場合において、警察官は、当該精神科病院の管理者がその者を引き取るまでの間、二十四時間を限り、その者を、警察署、病院、救護施設等の精神障害者を保護するのに適当な場所に、保護することができる。

（仮退院）

第四十条　第二十九条第一項に規定する精神科病院又は指定病院の管理者は、指定医による診察の結果、措置入院者の症状に照ら

しその者を一時退院させて経過を見ることが適当であると認めるときは、都道府県知事の許可を得て、六月を超えない期間を限り仮に退院させることができる。

第五節　雑則

（指針）

第四十一条　厚生労働大臣は、精神障害者の障害の特性その他の心身の状態に応じた良質かつ適切な精神障害者に対する医療の提供を確保するための指針（以下この条において「指針」という。）を定めなければならない。

2　指針に定める事項は、次のとおりとする。

一　精神病床（病院の病床のうち、精神疾患を有する者を入院させるためのものをいう。）の機能分化に関する事項

二　精神障害者の居宅等（居宅その他の厚生労働省令で定める場所をいう。）における保健医療サービス及び福祉サービスの提供に関する事項

三　精神障害者に対する医療の提供に当たつての医師、看護師その他の医療従事者と精神保健福祉士その他の精神障害者の保健及び福祉に関する専門的知識を有する者との連携に関する事項

四　その他良質かつ適切な精神障害者に対する医療の提供の確保に関する重要事項

3　厚生労働大臣は、指針を定め、又はこれを変更したときは、遅滞なく、これを公表しなければならない。

第四十二条　削除

（刑事事件に関する手続等との関係）

第四十三条　この章の規定は、精神障害者又はその疑いのある者について、刑事事件若しくは少年の保護事件の処理に関する法令の規定による手続を行ない、又は刑若しくは補導処分若しくは保護処分の執行のためこれらの者を矯正施設に収容することを妨げるものではない。

2　第二十四条、第二十六条及び第二十七条の規定を除くほか、この章の規定は矯正施設に収容中の者には適用しない。

（心神喪失等の状態で重大な他害行為を行つた者に係る手続等との関係）

第四十四条　この章の規定は、心神喪失等の状態で重大な他害行為を行った者の医療及び観察等に関する法律の対象者について、同法又は同法に基づく命令の規定による手続又は処分をすることを妨げるものではない。

2　前各節の規定は、心神喪失等の状態で重大な他害行為を行った者の医療及び観察等に関する法律第三十四条第一項前段若しくは第六十条第一項前段の命令若しくは第三十七条第五項前段若しくは第六十二条第二項前段の決定により入院している者又は同法第四十二条第一項第一号若しくは第六十一条第一項第一号の決定により指定入院医療機関に入院している者については、適用しない。

第六章　保健及び福祉

第一節　精神障害者保健福祉手帳

（精神障害者保健福祉手帳）

第四十五条　精神障害者（知的障害者を除く。以下この章及び次章において同じ。）は、厚生労働省令で定める書類を添えて、その居住地（居住地を有しないときは、その現在地）の都道府県知事に精神障害者保健福祉手帳の交付を申請することができる。

2　都道府県知事は、前項の申請に基づいて審査し、申請者が政令で定める精神障害の状態にあると認めたときは、申請者に精神障害者保健福祉手帳を交付しなければならない。

3　前項の規定による審査の結果、申請者が同項の政令で定める精神障害の状態にないと認めたときは、都道府県知事は、理由を付して、その旨を申請者に通知しなければならない。

4　精神障害者保健福祉手帳の交付を受けた者は、厚生労働省令で定めるところにより、二年ごとに、第二項の政令で定める精神障害の状態にあることについて、都道府県知事の認定を受けなければならない。

5　第三項の規定は、前項の認定について準用する。

6　前各項に定めるもののほか、精神障害者保健福祉手帳に関し必要な事項は、政令で

障害者福祉

定める。

（精神障害者保健福祉手帳の返還等）

第四十五条の二 精神障害者保健福祉手帳の交付を受けた者は、前条第二項の政令で定める精神障害の状態がなくなつたときは、速やかに精神障害者保健福祉手帳を都道府県に返還しなければならない。

2 精神障害者保健福祉手帳の交付を受けた者は、精神障害者保健福祉手帳を譲渡し、又は貸与してはならない。

3 都道府県知事は、精神障害者保健福祉手帳の交付を受けた者について、前条第二項の政令で定める状態がなくなつたと認めるときは、その者に対し精神障害者保健福祉手帳の返還を命ずることができる。

4 都道府県知事は、前項の規定により、精神障害者保健福祉手帳の返還を命じようとするときは、あらかじめその指定する指定医をして診察させなければならない。

5 前条第三項の規定は、第三項の認定について準用する。

第二節 相談指導等

（正しい知識の普及）

第四十六条 都道府県及び市町村は、精神障害についての正しい知識の普及のための広報活動等を通じて、精神障害者の社会復帰及びその自立と社会経済活動への参加に対する地域住民の関心と理解を深めるように努めなければならない。

（相談指導等）

第四十七条 都道府県、保健所を設置する市又は特別区（以下「都道府県等」という。）は、必要に応じて、次条第一項に規定する精神保健福祉相談員その他の職員又は都道府県知事若しくは保健所を設置する市若しくは特別区の長（以下「都道府県知事等」という。）が指定した医師をして、精神保健及び精神障害者の福祉に関し、精神障害者及びその家族等その他の関係者からの相談に応じさせ、及びこれらの者を指導させなければならない。

2 都道府県等は、必要に応じて、医療を必要とする精神障害者に対し、その精神障害の状態に応じた適切な医療施設を紹介しなければならない。

3 市町村（保健所を設置する市を除く。次項において同じ。）は、前二項の規定により都道府県が行う精神障害者に関する事務に必要な協力をするとともに、必要に応じて、精神障害者の福祉に関し、精神障害者及びその家族等その他の関係者からの相談に応じ、及びこれらの者を指導しなければならない。

4 市町村は、前項に定めるもののほか、必要に応じて、精神保健に関し、精神障害者及びその家族等その他の関係者からの相談に応じ、及びこれらの者を指導するように努めなければならない。

5 市町村、精神保健福祉センター及び保健所は、精神保健及び精神障害者の福祉に関し、精神障害者及びその家族等その他の関係者からの相談に応じ、又はこれらの者へ指導を行うに当たつては、相互に、及び福祉事務所（社会福祉法（昭和二十六年法律第四十五号）に定める福祉に関する事務所をいう。）その他の関係行政機関と密接な連携を図るよう努めなければならない。

（精神保健福祉相談員）

第四十八条 都道府県及び市町村は、精神保健福祉センター及び保健所その他これらに準ずる施設に、精神保健及び精神障害者の福祉に関する相談に応じ、並びに精神障害者及びその家族等その他の関係者を訪問して必要な指導を行うための職員（次項において「精神保健福祉相談員」という。）を置くことができる。

2 精神保健福祉相談員は、精神保健福祉士その他政令で定める資格を有する者のうちから、都道府県知事又は市町村長が任命する。

（事業の利用の調整等）

第四十九条 市町村は、精神障害者から求めがあつたときは、当該精神障害者の希望、精神障害の状態、社会復帰の促進及び自立と社会経済活動への参加の促進のために必要な指導及び訓練その他の援助の内容等を勘案し、当該精神障害者が最も適切な障害福祉サービス事業の利用ができるよう、相談に応じ、必要な助言を行うものとする。

この場合において、市町村は、当該事務を一般相談支援事業又は特定相談支援事業を行う者に委託することができる。

2　市町村は、前項の助言を受けた精神障害者から求めがあつた場合には、必要に応じて、障害福祉サービス事業の利用についてあつせん又は調整を行うとともに、必要に応じて、障害福祉サービス事業を行う者に対し、当該精神障害者の利用についての要請を行うものとする。

3　都道府県は、前項の規定により市町村が行うあつせん、調整及び要請に関し、その設置する保健所による技術的事項についての協力その他市町村に対する必要な援助及び市町村相互間の連絡調整を行う。

4　障害福祉サービス事業を行う者は、第二項のあつせん、調整及び要請に対し、できる限り協力しなければならない。

第五十条及び第五十一条　削除

第七章　精神障害者社会復帰促進センター

（**指定等**）

第五十一条の二　厚生労働大臣は、精神障害者の社会復帰の促進を図るための訓練及び指導等に関する研究開発を行うこと等により精神障害者の社会復帰を促進することを目的とする一般社団法人又は一般財団法人であつて、次条に規定する業務を適正かつ確実に行うことができると認められるものを、その申請により、全国を通じて一個に限り、精神障害者社会復帰促進センター（以下「センター」という。）として指定することができる。

2　厚生労働大臣は、前項の規定による指定をしたときは、センターの名称、住所及び事務所の所在地を公示しなければならない。

3　センターは、その名称、住所又は事務所の所在地を変更しようとするときは、あらかじめ、その旨を厚生労働大臣に届け出なければならない。

4　厚生労働大臣は、前項の規定による届出があつたときは、当該届出に係る事項を公示しなければならない。

（**業務**）

第五十一条の三　センターは、次に掲げる業務を行うものとする。

一　精神障害者の社会復帰の促進に資するための啓発活動及び広報活動を行うこと。

二　精神障害者の社会復帰の実例に即して、精神障害者の社会復帰の促進を図るための訓練及び指導等に関する研究開発を行うこと。

三　前号に掲げるもののほか、精神障害者の社会復帰の促進に関する研究を行うこと。

四　精神障害者の社会復帰の促進を図るため、第二号の規定による研究開発の成果又は前号の規定による研究の成果を、定期的に又は時宜に応じて提供すること。

五　精神障害者の社会復帰の促進を図るための事業の業務に関し、当該事業に従事する者及び当該事業に従事しようとする者に対して研修を行うこと。

六　前各号に掲げるもののほか、精神障害者の社会復帰を促進するために必要な業務を行うこと。

（**センターへの協力**）

第五十一条の四　精神科病院その他の精神障害の医療を提供する施設の設置者及び障害福祉サービス事業を行う者は、センターの求めに応じ、センターが前条第二号及び第三号に掲げる業務を行うために必要な限度において、センターに対し、精神障害者の社会復帰の促進を図るための訓練及び指導に関する情報又は資料その他の必要な情報又は資料で厚生労働省令で定めるものを提供することができる。

（**秘密保持義務**）

第五十一条の六　センターの役員若しくは職員又はこれらの職にあつた者は、第五十一条の三第二号又は第三号に掲げる業務に関して知り得た秘密を漏らしてはならない。

第八章　雑則

（**審判の請求**）

第五十一条の十一の二　市町村長は、精神障害者につき、その福祉を図るため特に必要があると認めるときは、民法（明治二十九年法律第八十九号）第七条、第十一条、第十三条第二項、第十五条第一項、第十七条第一項、第八百七十六条の四第一項又は第八百七十六条の九第一項に規定する審判の請求をすることができる。

（**後見等を行う者の推薦等**）

第五十一条の十一の三　市町村は、前条の規定による審判の請求の円滑な実施に資するよう、民法に規定する後見、保佐及び補助（以下この条において「後見等」という。）の業務を適正に行うことができる人材の活用を図るため、後見等の業務を適正に行うことができる者の家庭裁判所への推薦その他の必要な措置を講ずるよう努めなければならない。

2　都道府県は、市町村と協力して後見等の業務を適正に行うことができる人材の活用を図るため、前項に規定する措置の実施に関し助言その他の援助を行うように努めなければならない。

（**大都市の特例**）

第五十一条の十二　この法律の規定中都道府県が処理することとされている事務で政令で定めるものは、地方自治法（昭和二十二年法律第六十七号）第二百五十二条の十九第一項の指定都市（以下「指定都市」という。）においては、政令の定めるところにより、指定都市が処理するものとする。この場合においては、この法律の規定中都道府県に関する規定は、指定都市に関する規定として指定都市に適用があるものとする。

2　前項の規定により指定都市の長がした処分（地方自治法第二条第九項第一号に規定する第一号法定受託事務（以下「第一号法定受託事務」という。）に係るものに限る。）に係る審査請求についての都道府県知事の裁決に不服がある者は、厚生労働大臣に対し再審査請求をすることができる。

3　指定都市の長が第一項の規定によりその処理することとされた事務のうち第一号法定受託事務に係る処分をする権限をその補助機関である職員又はその管理に属する行政機関の長に委任した場合において、委任を受けた職員又は行政機関の長がその委任に基づいてした処分につき、地方自治法第二百五十五条の二第二項の再審査請求の裁決があつたときは、当該裁決に不服がある者は、同法第二百五十二条の十七の四第五項から第七項までの規定の例により、厚生労働大臣に対して再々審査請求をすることができる。

（**事務の区分**）

第五十一条の十三　この法律（第一章から第三章まで、第十九条の二第四項、第十九条の七、第十九条の八、第十九条の九第一項、同条第二項（第三十三条の八において準用する場合を含む。）、第十九条の十一、第二十九条の七、第三十条第一項及び第三十一条、第三十三条の七第一項及び第六項、第六章並びに第五十一条の十一の三第二項を除く。）の規定により都道府県が処理することとされている事務は、第一号法定受託事務とする。

2　この法律（第六章第二節を除く。）の規定により保健所を設置する市又は特別区が処理することとされている事務（保健所長に係るものに限る。）は、第一号法定受託事務とする。

3　第三十三条第三項及び第三十四条第二項の規定により市町村が処理することとされている事務は、第一号法定受託事務とする。

第九章　罰則

第五十二条　次の各号のいずれかに該当する者は、三年以下の懲役又は百万円以下の罰金に処する。

一　第三十八条の三第四項の規定による命令に違反した者

二　第三十八条の五第五項の規定による退院の命令に違反した者

三　第三十八条の七第二項の規定による命令に違反した者

四　第三十八条の七第四項の規定による命令に違反した者

第五十三条　精神科病院の管理者、指定医、地方精神保健福祉審議会の委員、精神医療審査会の委員、第二十一条第四項、第三十三条第四項若しくは第三十三条の七第二項

の規定により診察を行つた特定医師若しくは第四十七条第一項の規定により都道府県知事等が指定した医師又はこれらの職にあつた者が、この法律の規定に基づく職務の執行に関して知り得た人の秘密を正当な理由がなく漏らしたときは、一年以下の懲役又は百万円以下の罰金に処する。

2　精神科病院の職員又はその職にあつた者が、この法律の規定に基づく精神科病院の管理者の職務の執行を補助するに際して知り得た人の秘密を正当な理由がなく漏らしたときも、前項と同様とする。

第五十三条の二　第五十一条の六の規定に違反した者は、一年以下の懲役又は百万円以下の罰金に処する。

第五十四条　次の各号のいずれかに該当する者は、六月以下の懲役又は五十万円以下の罰金に処する。

一　第十九条の六の十三の規定による停止の命令に違反した者

二　虚偽の事実を記載して第二十二条第一項の申請をした者

第五十五条　次の各号のいずれかに該当する者は、三十万円以下の罰金に処する。

一　第十九条の六の十六第一項の規定による報告をせず、若しくは虚偽の報告をし、又は同項の規定による検査を拒み、妨げ、若しくは忌避した者

二　第二十七条第一項又は第二項の規定による診察を拒み、妨げ、若しくは忌避した者又は同条第四項の規定による立入りを拒み、若しくは妨げた者

三　第二十九条の二第一項の規定による診察を拒み、妨げ、若しくは忌避した者又は同条第四項において準用する第二十七条第四項の規定による立入りを拒み、若しくは妨げた者

四　第三十八条の三第三項（同条第六項において準用する場合を含む。以下この号において同じ。）の規定による報告若しくは提出をせず、若しくは虚偽の報告をし、同条第三項の規定による診察を妨げ、又は同項の規定による出頭をせず、若しくは同項の規定による審問に対して、正当な理由がなく答弁せず、若しくは虚偽の答弁をした者

五　第三十八条の五第四項の規定による報告若しくは提出をせず、若しくは虚偽の報告をし、同項の規定による診察を妨げ、又は同項の規定による出頭をせず、若しくは同項の規定による審問に対して、正当な理由がなく答弁せず、若しくは虚偽の答弁をした者

六　第三十八条の六第一項の規定による報告若しくは提出若しくは提示をせず、若しくは虚偽の報告をし、同項の規定による検査若しくは診察を拒み、妨げ、若しくは忌避し、又は同項の規定による質問に対して、正当な理由がなく答弁せず、若しくは虚偽の答弁をした者

七　第三十八条の六第二項の規定による報告若しくは提出若しくは提示をせず、又は虚偽の報告をした精神科病院の管理者

八　第五十一条の九第一項の規定による報告をせず、若しくは虚偽の報告をし、又は同項の規定による検査を拒み、妨げ、若しくは忌避した者

第五十六条　法人の代表者又は法人若しくは人の代理人、使用人その他の従業者が、その法人又は人の業務に関して第五十二条、第五十四条第一号又は前条の違反行為をしたときは、行為者を罰するほか、その法人又は人に対しても各本条の罰金刑を科する。

第五十七条　次の各号のいずれかに該当する者は、十万円以下の過料に処する。

一　第十九条の四の二（第二十一条第五項、第三十三条第五項及び第三十三条の七第三項において準用する場合を含む。）の規定に違反した者

二　第十九条の六の九の規定による届出をせず、又は虚偽の届出をした者

三　第十九条の六の十第一項の規定に違反して財務諸表等を備えて置かず、財務諸表等に記載すべき事項を記載せず、若しくは虚偽の記載をし、又は正当な理由がないのに同条第二項各号の規定による請求を拒んだ者

四　第十九条の六の十四の規定に違反して同条に規定する事項の記載をせず、若し

くは虚偽の記載をし、又は帳簿を保存しなかつた者
五　第二十一条第七項の規定に違反した者
六　正当な理由がなく、第三十一条第二項の規定による報告をせず、又は虚偽の報告をした者
七　第三十三条第七項の規定に違反した者
八　第三十三条の七第五項の規定に違反した者
九　第三十八条の二第一項又は同条第二項において準用する同条第一項の規定に違反した者

発達障害者支援法

（平成一六・一二・一〇 法律一六七）

最新改正　平成二八法律六四

第一章　総則

（目的）

第一条　この法律は、発達障害者の心理機能の適正な発達及び円滑な社会生活の促進のために発達障害の症状の発現後できるだけ早期に発達支援を行うとともに、切れ目なく発達障害者の支援を行うことが特に重要であることに鑑み、障害者基本法（昭和四十五年法律第八十四号）の基本的な理念にのっとり、発達障害者が基本的人権を享有する個人としての尊厳にふさわしい日常生活又は社会生活を営むことができるよう、発達障害を早期に発見し、発達支援を行うことに関する国及び地方公共団体の責務を明らかにするとともに、学校教育における発達障害者への支援、発達障害者の就労の支援、発達障害者支援センターの指定等について定めることにより、発達障害者の自立及び社会参加のためのその生活全般にわたる支援を図り、もって全ての国民が、障害の有無によって分け隔てられることなく、相互に人格と個性を尊重し合いながら共生する社会の実現に資することを目的とする。

（定義）

第二条　この法律において「発達障害」とは、自閉症、アスペルガー症候群その他の広汎性発達障害、学習障害、注意欠陥多動性障害その他これに類する脳機能の障害であってその症状が通常低年齢において発現するものとして政令で定めるものをいう。

2　この法律において「発達障害者」とは、発達障害がある者であって発達障害及び社会的障壁により日常生活又は社会生活に制限を受けるものをいい、「発達障害児」とは、発達障害者のうち十八歳未満のものをいう。

3　この法律において「社会的障壁」とは、発達障害がある者にとって日常生活又は社会生活を営む上で障壁となるような社会における事物、制度、慣行、観念その他一切のものをいう。

4　この法律において「発達支援」とは、発達障害者に対し、その心理機能の適正な発達を支援し、及び円滑な社会生活を促進するため行う個々の発達障害者の特性に対応した医療的、福祉的及び教育的援助をいう。

（基本理念）

第二条の二　発達障害者の支援は、全ての発達障害者が社会参加の機会が確保されること及びどこで誰と生活するかについての選択の機会が確保され、地域社会において他の人々と共生することを妨げられないこと

を旨として、行われなければならない。

2　発達障害者の支援は、社会的障壁の除去に資することを旨として、行われなければならない。

3　発達障害者の支援は、個々の発達障害者の性別、年齢、障害の状態及び生活の実態に応じて、かつ、医療、保健、福祉、教育、労働等に関する業務を行う関係機関及び民間団体相互の緊密な連携の下に、その意思決定の支援に配慮しつつ、切れ目なく行われなければならない。

（国及び地方公共団体の責務）

第三条　国及び地方公共団体は、発達障害者の心理機能の適正な発達及び円滑な社会生活の促進のために発達障害の症状の発現後できるだけ早期に発達支援を行うことが特に重要であることに鑑み、前条の基本理念（次項及び次条において「基本理念」という。）にのっとり、発達障害の早期発見のため必要な措置を講じるものとする。

2　国及び地方公共団体は、基本理念にのっとり、発達障害児に対し、発達障害の症状の発現後できるだけ早期に、その者の状況に応じて適切に、就学前の発達支援、学校における発達支援その他の発達支援が行われるとともに、発達障害者に対する就労、地域における生活等に関する支援及び発達障害者の家族その他の関係者に対する支援が行われるよう、必要な措置を講じるものとする。

3　国及び地方公共団体は、発達障害者及びその家族その他の関係者からの各種の相談に対し、個々の発達障害者の特性に配慮しつつ総合的に応ずることができるようにするため、医療、保健、福祉、教育、労働等に関する業務を行う関係機関及び民間団体相互の有機的連携の下に必要な相談体制の整備を行うものとする。

4　発達障害者の支援等の施策が講じられるに当たっては、発達障害者及び発達障害児の保護者（親権を行う者、未成年後見人その他の者で、児童を現に監護するものをいう。以下同じ。）の意思ができる限り尊重されなければならないものとする。

5　国及び地方公共団体は、発達障害者の支援等の施策を講じるに当たっては、医療、保健、福祉、教育、労働等に関する業務を担当する部局の相互の緊密な連携を確保するとともに、発達障害者が被害を受けること等を防止するため、これらの部局と消費生活、警察等に関する業務を担当する部局その他の関係機関との必要な協力体制の整備を行うものとする。

（国民の責務）

第四条　国民は、個々の発達障害の特性その他発達障害に関する理解を深めるとともに、基本理念にのっとり、発達障害者の自立及び社会参加に協力するように努めなければならない。

第二章　児童の発達障害の早期発見及び発達障害者の支援のための施策

（児童の発達障害の早期発見等）

第五条　市町村は、母子保健法（昭和四十年法律第百四十一号）第十二条及び第十三条に規定する健康診査を行うに当たり、発達障害の早期発見に十分留意しなければならない。

2　市町村の教育委員会は、学校保健安全法（昭和三十三年法律第五十六号）第十一条に規定する健康診断を行うに当たり、発達障害の早期発見に十分留意しなければならない。

3　市町村は、児童に発達障害の疑いがある場合には、適切に支援を行うため、当該児童の保護者に対し、継続的な相談、情報の提供及び助言を行うよう努めるとともに、必要に応じ、当該児童が早期に医学的又は心理学的判定を受けることができるよう、当該児童の保護者に対し、第十四条第一項の発達障害者支援センター、第十九条の規定により都道府県が確保した医療機関その他の機関（次条第一項において「センター等」という。）を紹介し、又は助言を行うものとする。

4　市町村は、前三項の措置を講じるに当たっては、当該措置の対象となる児童及び保護者の意思を尊重するとともに、必要な

障害者福祉

配慮をしなければならない。

5　都道府県は、市町村の求めに応じ、児童の発達障害の早期発見に関する技術的事項についての指導、助言その他の市町村に対する必要な技術的援助を行うものとする。

（早期の発達支援）

第六条　市町村は、発達障害児が早期の発達支援を受けることができるよう、発達障害児の保護者に対し、その相談に応じ、センター等を紹介し、又は助言を行い、その他適切な措置を講じるものとする。

2　前条第四項の規定は、前項の措置を講じる場合について準用する。

3　都道府県は、発達障害児の早期の発達支援のために必要な体制の整備を行うとともに、発達障害児に対して行われる発達支援の専門性を確保するため必要な措置を講じるものとする。

（保育）

第七条　市町村は、児童福祉法（昭和二十二年法律第百六十四号）第二十四条第一項の規定により保育所における保育を行う場合又は同条第二項の規定による必要な保育を確保するための措置を講じる場合は、発達障害児の健全な発達が他の児童と共に生活することを通じて図られるよう適切な配慮をするものとする。

（教育）

第八条　国及び地方公共団体は、発達障害児（十八歳以上の発達障害者であって高等学校、中等教育学校及び特別支援学校並びに専修学校の高等課程に在学する者を含む。以下この項において同じ。）が、その年齢及び能力に応じ、かつ、その特性を踏まえた十分な教育を受けられるようにするため、可能な限り発達障害児が発達障害児でない児童と共に教育を受けられるよう配慮しつつ、適切な教育的支援を行うこと、個別の教育支援計画の作成（教育に関する業務を行う関係機関と医療、保健、福祉、労働等に関する業務を行う関係機関及び民間団体との連携の下に行う個別の長期的な支援に関する計画の作成をいう。）及び個別の指導に関する計画の作成の推進、いじめの防止等のための対策の推進その他の支援体制の整備を行うことその他必要な措置を講じるものとする。

2　大学及び高等専門学校は、個々の発達障害者の特性に応じ、適切な教育上の配慮をするものとする。

（放課後児童健全育成事業の利用）

第九条　市町村は、放課後児童健全育成事業について、発達障害児の利用の機会の確保を図るため、適切な配慮をするものとする。

（情報の共有の促進）

第九条の二　国及び地方公共団体は、個人情報の保護に十分配慮しつつ、福祉及び教育に関する業務を行う関係機関及び民間団体が医療、保健、労働等に関する業務を行う関係機関及び民間団体と連携を図りつつ行う発達障害者の支援に資する情報の共有を促進するため必要な措置を講じるものとする。

（就労の支援）

第十条　国及び都道府県は、発達障害者が就労することができるようにするため、発達障害者の就労を支援するため必要な体制の整備に努めるとともに、公共職業安定所、地域障害者職業センター（障害者の雇用の促進等に関する法律（昭和三十五年法律第百二十三号）第十九条第一項第三号の地域障害者職業センターをいう。）、障害者就業・生活支援センター（同法第二十七条第一項の規定による指定を受けた者をいう。）、社会福祉協議会、教育委員会その他の関係機関及び民間団体相互の連携を確保しつつ、個々の発達障害者の特性に応じた適切な就労の機会の確保、就労の定着のための支援その他の必要な支援に努めなければならない。

2　都道府県及び市町村は、必要に応じ、発達障害者が就労のための準備を適切に行えるようにするための支援が学校において行われるよう必要な措置を講じるものとする。

3　事業主は、発達障害者の雇用に関し、その有する能力を正当に評価し、適切な雇用の機会を確保するとともに、個々の発達障害者の特性に応じた適正な雇用管理を行うことによりその雇用の安定を図るよう努めなければならない。

（地域での生活支援）

第十一条 市町村は、発達障害者が、その希望に応じて、地域において自立した生活を営むことができるようにするため、発達障害者に対し、その性別、年齢、障害の状態及び生活の実態に応じて、社会生活への適応のために必要な訓練を受ける機会の確保、共同生活を営むべき住居その他の地域において生活を営むべき住居の確保その他必要な支援に努めなければならない。

（権利利益の擁護）

第十二条 国及び地方公共団体は、発達障害者が、その発達障害のために差別され、並びにいじめ及び虐待を受けること、消費生活における被害を受けること等権利利益を害されることがないようにするため、その差別の解消、いじめの防止等及び虐待の防止等のための対策を推進すること、成年後見制度が適切に行われ又は広く利用されるようにすることその他の発達障害者の権利利益の擁護のために必要な支援を行うものとする。

（司法手続における配慮）

第十二条の二 国及び地方公共団体は、発達障害者が、刑事事件若しくは少年の保護事件に関する手続その他これに準ずる手続の対象となった場合又は裁判所における民事事件、家事事件若しくは行政事件に関する手続の当事者その他の関係人となった場合において、発達障害者がその権利を円滑に行使できるようにするため、個々の発達障害者の特性に応じた意思疎通の手段の確保のための配慮その他の適切な配慮をするものとする。

（発達障害者の家族等への支援）

第十三条 都道府県及び市町村は、発達障害者の家族その他の関係者が適切な対応をすることができるようにすること等のため、児童相談所等関係機関と連携を図りつつ、発達障害者の家族その他の関係者に対し、相談、情報の提供及び助言、発達障害者の家族が互いに支え合うための活動の支援その他の支援を適切に行うよう努めなければならない。

第三章　発達障害者支援センター等

（発達障害者支援センター等）

第十四条 都道府県知事は、次に掲げる業務を、社会福祉法人その他の政令で定める法人であって当該業務を適正かつ確実に行うことができると認めて指定した者（以下「発達障害者支援センター」という。）に行わせ、又は自ら行うことができる。

一　発達障害の早期発見、早期の発達支援等に資するよう、発達障害者及びその家族その他の関係者に対し、専門的に、その相談に応じ、又は情報の提供若しくは助言を行うこと。

二　発達障害者に対し、専門的な発達支援及び就労の支援を行うこと。

三　医療、保健、福祉、教育、労働等に関する業務を行う関係機関及び民間団体並びにこれに従事する者に対し発達障害についての情報の提供及び研修を行うこと。

四　発達障害に関して、医療、保健、福祉、教育、労働等に関する業務を行う関係機関及び民間団体との連絡調整を行うこと。

五　前各号に掲げる業務に附帯する業務

2　前項の規定による指定は、当該指定を受けようとする者の申請により行う。

3　都道府県は、第一項に規定する業務を発達障害者支援センターに行わせ、又は自ら行うに当たっては、地域の実情を踏まえつつ、発達障害者及びその家族その他の関係者が可能な限りその身近な場所において必要な支援を受けられるよう適切な配慮をするものとする。

（秘密保持義務）

第十五条 発達障害者支援センターの役員若しくは職員又はこれらの職にあった者は、職務上知ることのできた個人の秘密を漏らしてはならない。

（報告の徴収等）

第十六条 都道府県知事は、発達障害者支援センターの第十四条第一項に規定する業務の適正な運営を確保するため必要があると認めるときは、当該発達障害者支援セン

障害者福祉

ターに対し、その業務の状況に関し必要な報告を求め、又はその職員に、当該発達障害者支援センターの事業所若しくは事務所に立ち入り、その業務の状況に関し必要な調査若しくは質問をさせることができる。

2 前項の規定により立入調査又は質問をする職員は、その身分を示す証明書を携帯し、関係者の請求があるときは、これを提示しなければならない。

3 第一項の規定による立入調査及び質問の権限は、犯罪捜査のために認められたものと解釈してはならない。

（改善命令）

第十七条 都道府県知事は、発達障害者支援センターの第十四条第一項に規定する業務の適正な運営を確保するため必要があると認めるときは、当該発達障害者支援センターに対し、その改善のために必要な措置をとるべきことを命ずることができる。

（指定の取消し）

第十八条 都道府県知事は、発達障害者支援センターが第十六条第一項の規定による報告をせず、若しくは虚偽の報告をし、若しくは同項の規定による立入調査を拒み、妨げ、若しくは忌避し、若しくは質問に対して答弁をせず、若しくは虚偽の答弁をした場合において、その業務の状況の把握に著しい支障が生じたとき、又は発達障害者支援センターが前条の規定による命令に違反したときは、その指定を取り消すことができる。

（専門的な医療機関の確保等）

第十九条 都道府県は、専門的に発達障害の診断及び発達支援を行うことができると認める病院又は診療所を確保しなければならない。

2 国及び地方公共団体は、前項の医療機関の相互協力を推進するとともに、同項の医療機関に対し、発達障害者の発達支援等に関する情報の提供その他必要な援助を行うものとする。

（発達障害者支援地域協議会）

第十九条の二 都道府県は、発達障害者の支援の体制の整備を図るため、発達障害者及びその家族、学識経験者その他の関係者並びに医療、保健、福祉、教育、労働等に関する業務を行う関係機関及び民間団体並びにこれに従事する者（次項において「関係者等」という。）により構成される発達障害者支援地域協議会を置くことができる。

2 前項の発達障害者支援地域協議会は、関係者等が相互の連絡を図ることにより、地域における発達障害者の支援体制に関する課題について情報を共有し、関係者等の連携の緊密化を図るとともに、地域の実情に応じた体制の整備について協議を行うものとする。

第四章　補則

（民間団体への支援）

第二十条 国及び地方公共団体は、発達障害者を支援するために行う民間団体の活動の活性化を図るよう配慮するものとする。

（国民に対する普及及び啓発）

第二十一条 国及び地方公共団体は、個々の発達障害の特性その他発達障害に関する国民の理解を深めるため、学校、地域、家庭、職域その他の様々な場を通じて、必要な広報その他の啓発活動を行うものとする。

（医療又は保健の業務に従事する者に対する知識の普及及び啓発）

第二十二条 国及び地方公共団体は、医療又は保健の業務に従事する者に対し、発達障害の発見のため必要な知識の普及及び啓発に努めなければならない。

（専門的知識を有する人材の確保等）

第二十三条 国及び地方公共団体は、個々の発達障害者の特性に応じた支援を適切に行うことができるよう発達障害に関する専門的知識を有する人材の確保、養成及び資質の向上を図るため、医療、保健、福祉、教育、労働等並びに捜査及び裁判に関する業務に従事する者に対し、個々の発達障害の特性その他発達障害に関する理解を深め、及び専門性を高めるため研修を実施することその他の必要な措置を講じるものとする。

（調査研究）

第二十四条 国は、性別、年齢その他の事情を考慮しつつ、発達障害者の実態の把握に努めるとともに、個々の発達障害の原因の究明及び診断、発達支援の方法等に関する必要な調査研究を行うものとする。

（大都市等の特例）

第二十五条　この法律中都道府県が処理することとされている事務で政令で定めるものは、地方自治法（昭和二十二年法律第六十七号）第二百五十二条の十九第一項の指定都市（以下「指定都市」という。）においては、政令で定めるところにより、指定都市が処理するものとする。この場合においては、この法律中都道府県に関する規定は、指定都市に関する規定として指定都市に適用があるものとする。

附　則

（施行期日）

1　この法律は、平成十七年四月一日から施行する。

（見直し）

2　政府は、この法律の施行後三年を経過した場合において、この法律の施行の状況について検討を加え、その結果に基づいて必要な見直しを行うものとする。

特定障害者に対する特別障害給付金の支給に関する法律

（平成一六・一二・一〇
法律一六六）

最新改正　平成二九法律四五

第一章　総則

（目的）

第一条　この法律は、国民年金制度の発展過程において生じた特別な事情にかんがみ、障害基礎年金等の受給権を有していない障害者に特別障害給付金を支給することにより、その福祉の増進を図ることを目的とする。

（定義）

第二条　この法律において「特定障害者」とは、次の各号のいずれかに該当する者であって、国民年金法（昭和三十四年法律第百四十一号）の規定による障害基礎年金その他障害を支給事由とする政令で定める給付を受ける権利を有していないものをいう。

一　疾病にかかり、又は負傷し、かつ、その疾病又は負傷及びこれらに起因する疾病（以下「傷病」という。）について初めて医師又は歯科医師の診療を受けた日（以下「初診日」といい、昭和六十一年三月三十一日以前にあるものに限る。）において国民年金法等の一部を改正する法律（昭和六十年法律第三十四号）第一条の規定による改正前の国民年金法第七条第二項第七号又は第八号に該当し、かつ、同法附則第六条第一項の規定による被保険者でなかった者であって、その傷病により現に国民年金法第三十条第二項に規定する障害等級（以下「障害等級」という。）に該当する程度の障害の状態にあるもの（当該傷病による障害と当該傷病の初診日以前に初診日のある傷病による障害とを併合して障害等級に該当する程度の障害の状態にあるものを含み、六十五歳に達する日の前日までにおいて障害等級に該当する程度の障害の状態に該当するに至ったものに限る。次号において同じ。）

二　疾病にかかり、又は負傷し、かつ、当該傷病に係る初診日（昭和六十一年四月一日から平成三年三月三十一日までの間にあるものに限る。）において国民年金法等の一部を改正する法律（平成元年法律第八十六号）第一条の規定による改正前の国民年金法第七条第一項第一号イに該当し、かつ、同法附則第五条第一項の規定による被保険者でなかった者であって、その傷病により現に障害等級に該当する程度の障害の状態にあるもの

第二章　特別障害給付金の支給

（特別障害給付金の支給）

第三条　国は、特定障害者に対し、特別障害給付金を支給する。

2　前項の規定にかかわらず、特別障害給付金は、特定障害者が次の各号のいずれかに該当するとき（第二号に該当する場合にあっては、厚生労働省令で定める場合に限る。）は、支給しない。

一　日本国内に住所を有しないとき。

二　刑事施設、労役場その他これらに準ずる施設に拘禁されているとき。

（特別障害給付金の額）

第四条　特別障害給付金は、月を単位として支給するものとし、その額は、一月につき、四万円（障害の程度が障害等級の一級に該当する特定障害者にあっては、五万円）とする。

（特別障害給付金の額の自動改定）

第五条　前条に規定する特別障害給付金の額については、総務省において作成する年平均の全国消費者物価指数（以下「物価指数」という。）が平成十六年（この項の規定による特別障害給付金の額の改定の措置が講じられたときは、直近の当該措置が講じられた年の前年）の物価指数を超え、又は下回るに至った場合においては、その上昇し、又は低下した比率を基準として、その翌年の四月以降の当該特別障害給付金の額を改定する。

2　前項の規定による特別障害給付金の額の改定の措置は、政令で定める。

（認定）

第六条　特定障害者は、特別障害給付金の支給を受けようとするときは、六十五歳に達する日の前日までに、厚生労働大臣に対し、その受給資格及び特別障害給付金の額について認定の請求をしなければならない。

2　前項の認定を受けた者が、特別障害給付金の支給要件に該当しなくなった後再びその要件に該当するに至った場合において、その該当するに至った後の期間に係る特別障害給付金の支給を受けようとするときも、認定の請求の期限に係る部分を除き、同項と同様とする。

3　前二項の規定による認定の請求は、当該請求をする者の住所地の市町村長（特別区の区長を含む。以下同じ。）を経由してしなければならない。

（支給期間及び支払期月）

第七条　特別障害給付金の支給は、特定障害者が前条第一項又は第二項の規定による認定の請求をした日の属する月の翌月から始め、特別障害給付金を支給すべき事由が消滅した日の属する月で終わる。

2　特定障害者が災害その他やむを得ない理由により前条第一項又は第二項の規定による認定の請求をすることができなかった場合において、その理由がやんだ後十五日以内にその請求をしたときは、特別障害給付金の支給は、前項の規定にかかわらず、特定障害者がやむを得ない理由により認定の請求をすることができなくなった日の属する月の翌月から始める。

3　特別障害給付金は、毎年二月、四月、六月、八月、十月及び十二月の六期に、それぞれの前月までの分を支払う。ただし、前支払期月に支払うべきであった特別障害給付金又は支給すべき事由が消滅した場合におけるその期の特別障害給付金は、その支払期月でない月であっても、支払うものとする。

（特別障害給付金の額の改定時期）

第八条　特別障害給付金の支給を受けている者につき、障害の程度が増進した場合における特別障害給付金の額の改定は、その者がその改定後の額につき認定の請求をした日の属する月の翌月から行う。

2　前条第二項の規定は、前項の改定について準用する。

3　特別障害給付金の支給を受けている者につき、障害の程度が低下した場合における特別障害給付金の額の改定は、その低下した日の属する月の翌月から行う。

（支給の制限）

第九条　特別障害給付金は、特定障害者の前年の所得が、その者の所得税法（昭和四十年法律第三十三号）に規定する同一生計配偶者及び扶養親族（以下「扶養親族等」という。）の有無及び数に応じて、政令で定める額を超えるときは、その年の八月から翌年の七月までは、政令で定めるところにより、その額の全部又は二分の一に相当する部分を支給しない。

第十条　震災、風水害、火災その他これらに類する災害により、自己又は所得税法に規定する同一生計配偶者若しくは扶養親族の所有に係る住宅、家財又は政令で定めるその他の財産につき被害金額（保険金、損害賠償金等により補充された金額を除く。）がその価格のおおむね二分の一以上である損害を受けた者（以下「被災者」という。）がある場合においては、その損害を受けた月から翌年の七月までの特別障害給付金については、その損害を受けた年の前年又は前々年における当該被災者の所得に関しては、前条の規定を適用しない。

2　前項の規定により同項に規定する期間に係る特別障害給付金が支給された場合において、当該被災者の当該損害を受けた年の所得が、その者の扶養親族等の有無及び数に応じて、前条の政令で定める額を超えるときは、当該被災者に支給された特別障害給付金で同項に規定する期間に係るものに相当する金額の全部又は二分の一に相当する部分を国に返還しなければならない。

第十一条　第九条及び前条第二項に規定する所得の範囲及びその額の計算方法は、政令で定める。

第十二条　故意に障害又はその直接の原因となった事故を生じさせた者の当該障害については、これを支給事由とする特別障害給付金は、支給しない。

第十三条　故意の犯罪行為若しくは重大な過失により、又は正当な理由がなくて療養に関する指示に従わないことにより、障害若しくはその原因となった事故を生じさせ、又は障害の程度を増進させた者の当該障害については、これを支給事由とする特別障害給付金は、その額の全部又は一部を支給しないことができる。

第十四条　特別障害給付金は、次の各号のいずれかに該当する場合においては、その額の全部又は一部を支給しないことができる。

一　特定障害者が、正当な理由がなくて、第二十八条第一項の規定による命令に従わず、又は同項の規定による当該職員の質問に応じなかったとき。

二　特定障害者が、正当な理由がなくて、第二十八条第二項の規定による命令に従わず、又は同項の規定による当該職員の診断を拒んだとき。

第十五条　特別障害給付金の支給を受けている者が、正当な理由がなくて、第二十七条第一項の規定による届出をせず、又は書類その他の物件を提出しないときは、特別障害給付金の支払を一時差し止めることができる。

（支給の調整）

第十六条　特別障害給付金は、特定障害者が国民年金法の規定による老齢基礎年金その他政令で定める給付を受けることができるときは、政令で定めるところにより、その額の全部又は一部を支給しない。ただし、当該給付の全額につきその支給が停止されているときは、この限りでない。

第三章　不服申立て

第十七条　厚生労働大臣のした特別障害給付金の支給に関する処分は、国民年金法に基づく処分とみなして、同法第百一条及び第百一条の二の規定並びに社会保険審査官及び社会保険審査会法（昭和二十八年法律第二百六号）の規定を適用する。

第四章　雑則

（国民年金保険料の免除に関する特例）

第十八条　特別障害給付金の支給を受けている者であって国民年金の被保険者であるものに係る国民年金法第九十条及び第九十条の二の規定の適用に関し必要な事項については、同法の規定にかかわらず、政令で特別の定めをすることができる。

（費用の負担）

第十九条　特別障害給付金の支給に要する費用は、その全額を国庫が負担する。

2　国庫は、毎年度、予算の範囲内で、特別障害給付金に関する事務の執行に要する費用を負担する。

（事務費の交付）

第二十条 国は、政令で定めるところにより、市町村(特別区を含む。以下同じ。)に対し、市町村長がこの法律又はこの法律に基づく政令の規定によって行う事務の処理に必要な費用を交付する。

(時効)

第二十一条 特別障害給付金の支給を受ける権利は、これを行使することができる時から五年を経過したときは、時効によって消滅する。

(不正利得の徴収)

第二十二条 偽りその他不正の手段により特別障害給付金の支給を受けた者があるときは、厚生労働大臣は、国税徴収の例により、その者から、その支給を受けた額に相当する金額の全部又は一部を徴収することができる。

2 国民年金法第九十六条第一項から第五項まで、第九十七条及び第九十八条の規定は、前項の規定による徴収金の徴収について準用する。この場合において、同法第九十七条第一項中「年十四・六パーセント(当該督促が保険料に係るものであるときは、当該納期限の翌日から三月を経過する日までの期間については、年七・三パーセント)」とあるのは、「年十四・六パーセント」と読み替えるものとする。

(受給権の保護)

第二十三条 特別障害給付金の支給を受ける権利は、譲り渡し、担保に供し、又は差し押さえることができない。

(公課の禁止)

第二十四条 租税その他の公課は、特別障害給付金として支給を受けた金銭を標準として、課することができない。

(期間の計算)

第二十五条 この法律又はこの法律に基づく命令に規定する期間の計算については、民法(明治二十九年法律第八十九号)の期間に関する規定を準用する。

(戸籍事項の無料証明)

第二十六条 市町村長(地方自治法(昭和二十二年法律第六十七号)第二百五十二条の十九第一項の指定都市においては、区長又は総合区長とする。)は、厚生労働大臣又は特定障害者に対して、当該市町村の条例で定めるところにより、特定障害者の戸籍に関し、無料で証明を行うことができる。

(届出)

第二十七条 特別障害給付金の支給を受けている者は、厚生労働省令で定めるところにより、厚生労働大臣に対し、厚生労働省令で定める事項を届け出、かつ、厚生労働省令で定める書類その他の物件を提出しなければならない。

2 特別障害給付金の支給を受けている者が死亡したときは、戸籍法(昭和二十二年法律第二百二十四号)の規定による死亡の届出義務者は、厚生労働省令で定めるところにより、その旨を厚生労働大臣に届け出なければならない。

3 前二項の規定による届出又は提出は、当該届出又は提出をする者の住所地の市町村長を経由して行わなければならない。

(調査)

第二十八条 厚生労働大臣は、必要があると認めるときは、特定障害者に対して、受給資格の有無及び特別障害給付金の額の決定のために必要な事項に関する書類その他の物件を提出すべきことを命じ、又は当該職員をしてこれらの事項に関し特定障害者その他の関係者に質問させることができる。

2 厚生労働大臣は、必要があると認めるときは、特定障害者に対して、その指定する医師若しくは歯科医師の診断を受けるべきことを命じ、又は当該職員をして特定障害者の障害の状態を診断させることができる。

3 前二項の規定によって質問又は診断を行う当該職員は、その身分を示す証明書を携帯し、かつ、関係者の請求があるときは、これを提示しなければならない。

(資料の提供等)

第二十九条 厚生労働大臣は、特別障害給付金の支給に関する処分に関し必要があると認めるときは、特定障害者の資産若しくは収入の状況又は特定障害者に対する厚生年金保険法(昭和二十九年法律第百十五号)による年金たる保険給付(政府が支給するものを除く。)の支給状況若しくは第十六条の政令で定める給付の支給状況につき、官公署、国民年金法第三条第二項に規定する共済組合等若しくは第十六条の政令で定める給付に係る制度の管掌機関に対し必要な書類の閲覧若しくは資料の提供を求め、又は銀行、信託会社その他の機関若しくは特定障害者の雇用主その他の関係者に報告を求めることができる。

（特別障害給付金の支払の調整）

第三十条　特別障害給付金を支給すべきでないにもかかわらず、特別障害給付金の支給としての支払が行われたときは、その支払われた特別障害給付金は、その後に支払うべき特別障害給付金の内払とみなすことができる。第十条第二項の規定により既に支給を受けた特別障害給付金に相当する金額の全部又は二分の一に相当する部分を返還すべき場合におけるその返還すべき金額及び特別障害給付金の額を減額して改定すべき事由が生じたにもかかわらず、その事由が生じた日の属する月の翌月以降の分として減額しない額の特別障害給付金が支払われた場合における当該特別障害給付金の当該減額すべきであった部分についても、同様とする。

（市町村長が行う事務）

第三十一条　特別障害給付金の支給に関する事務の一部は、政令で定めるところにより、市町村長が行うこととすることができる。

（事務の区分）

第三十二条　第六条第三項及び第二十七条第三項の規定により市町村が処理することとされている事務は、地方自治法第二条第九項第一号に規定する第一号法定受託事務とする。

（機構への厚生労働大臣の権限に係る事務の委任）

第三十二条の二　次に掲げる厚生労働大臣の権限に係る事務（第三十一条の規定により市町村長が行うこととされたものを除く。）は、日本年金機構（以下「機構」という。）に行わせるものとする。ただし、第五号、第七号及び第八号に掲げる権限は、厚生労働大臣が自ら行うことを妨げない。

一　第六条第一項及び第二項並びに第七条第二項（第八条第二項において準用する場合を含む。）の規定による請求の受理

二　第二十二条第一項の規定により国税徴収の例によるものとされる徴収に係る権限（国税通則法（昭和三十七年法律第六十六号）第三十六条第一項の規定の例による納入の告知、同法第四十二条において準用する民法第四百二十三条第一項の規定の例による納付義務者に属する権利の行使、国税通則法第四十六条の規定の例による納付の猶予その他の厚生労働省令で定める権限並びに次号に掲げる質問及び検査並びに捜索を除く。）

三　第二十二条第一項の規定によりその例によるものとされる国税徴収法（昭和三十四年法律第百四十七号）第百四十一条の規定による質問及び検査並びに同法第百四十二条の規定による捜索

四　第二十二条第二項において準用する国民年金法第九十六条第四項の規定による国税滞納処分の例による処分及び同項の規定による市町村に対する処分の請求

五　第二十六条の規定による戸籍事項に関する証明書の受領

六　第二十七条第一項及び第二項の規定による届出の受理並びに同条第一項の規定による書類その他の物件の受領

七　第二十八条第一項の規定による命令及び質問並びに同条第二項の規定による命令及び診断

八　第二十九条の規定による書類の閲覧及び資料の提供の求め並びに報告の求め（第五号に掲げる証明書の受領を除く。）

九　前各号に掲げるもののほか、厚生労働省令で定める権限

2　機構は、前項第三号に掲げる権限及び同項第四号に掲げる国税滞納処分の例による処分（以下「滞納処分等」という。）その他同項各号に掲げる権限のうち厚生労働省令で定める権限に係る事務を効果的に行うため必要があると認めるときは、厚生労働省令で定めるところにより、厚生労働大臣に当該権限の行使に必要な情報を提供するとともに、厚生労働大臣自らその権限を行うよう求めることができる。

3　厚生労働大臣は、前項の規定による求めがあった場合において必要があると認めるとき、又は機構が天災その他の事由により第一項各号に掲げる権限に係る事務の全部若しくは一部を行うことが困難若しくは不適当となったと認めるときは、同項各号に掲げる権限の全部又は一部を自ら行うものとする。

4　国民年金法第百九条の四第四項から第七項までの規定は、機構による第一項各号に掲げる権限に係る事務の実施又は厚生労働大臣による同項各号に掲げる権限の行使について準用する。

（機構が行う滞納処分等に係る認可等）

第三十二条の三　機構は、滞納処分等を行う場合には、あらかじめ、厚生労働大臣の認可を受けるとともに、次条第一項に規定する滞納処分等実施規程に従い、徴収職員に行わせなければならない。

2　国民年金法第百九条の六第二項及び第三項の規定は、前項の規定による機構が行う滞納処分等について準用する。

（滞納処分等実施規程の認可等）

第三十二条の四　機構は、滞納処分等の実施に関する規程（次項において「滞納処分等実施規程」という。）を定め、厚生労働大臣の認可を受けなければならない。これを変更しようとするときも、同様とする。

2　国民年金法第百九条の七第二項及び第三項の規定は、滞納処分等実施規程の認可及び変更について準用する。

（機構が行う命令等に係る認可等）

第三十二条の五　機構は、第三十二条の二第一項第七号に掲げる権限に係る事務を行う場合には、あらかじめ、厚生労働大臣の認可を受けなければならない。

2　機構が第三十二条の二第一項第七号に掲げる権限に係る事務を行う場合における第十四条及び第二十八条の規定の適用については、これらの規定中「当該職員」とあるのは、「機構の職員」とする。

（地方厚生局長等への権限の委任）

第三十二条の六　この法律に規定する厚生労働大臣の権限は、厚生労働省令で定めるところにより、地方厚生局長に委任することができる。

2　前項の規定により地方厚生局長に委任された権限は、厚生労働省令で定めるところにより、地方厚生支局長に委任することができる。

（機構への事務の委託）

第三十二条の七　厚生労働大臣は、機構に、次に掲げる事務（第三十一条の規定により市町村長が行うこととされたものを除く。）を行わせるものとする。

一　第三条、第九条、第十二条から第十四条まで及び第十六条の規定による特別障害給付金の支給に係る事務（当該特別障害給付金の支給の認定を除く。）

二　第六条第一項及び第二項の規定による認定に係る事務（第三十二条の二第一項第一号に掲げる請求の受理及び当該認定を除く。）

三　第十五条の規定による特別障害給付金の支払の一時差止めに係る事務（当該支払の一時差止めに係る決定を除く。）

四　第二十二条第一項の規定による不正利得の徴収に係る事務（第三十二条の二第一項第二号から第四号までに掲げる権限を行使する事務及び次条第一項の規定により機構が行う収納、第二十二条第二項において準用する国民年金法第九十六条第一項の規定による督促その他の厚生労働省令で定める権限を行使する事務並びに次号及び第七号に掲げる事務を除く。）

五　第二十二条第二項において準用する国民年金法第九十六条第一項及び第二項の規定による督促に係る事務（当該督促及び督促状を発すること（督促状の発送に係る事務を除く。）を除く。）

六　第二十二条第二項において準用する国民年金法第九十七条第一項及び第四項の規定による延滞金の徴収に係る事務（第三十二条の二第一項第二号から第四号までに掲げる権限を行使する事務及び次条第一項の規定により機構が行う収納、第二十二条第二項において準用する国民年金法第九十六条第一項の規定による督促その他の厚生労働省令で定める権限を行使する事務並びに前号及び次号に掲げる事務を除く。）

七　第三十二条の二第一項第二号に規定する厚生労働省令で定める権限に係る事務（当該権限を行使する事務を除く。）

八　介護保険法（平成九年法律第百二十三号）第二百三条その他の厚生労働省令で定める法律の規定による求めに応じたこの法律の実施に関し厚生労働大臣が保有する情報の提供に係る事務（当該情報の提供及び厚生労働省令で定める事務を除く。）

九　前各号に掲げるもののほか、厚生労働省令で定める事務

2　国民年金法第百九条の十第二項及び第三項の規定は、前項の事務について準用する。

（**機構が行う収納**）

第三十二条の八　厚生労働大臣は、会計法（昭和二十二年法律第三十五号）第七条第一項の規定にかかわらず、政令で定める場合におけるこの法律の規定による徴収金の収納を、政令で定めるところにより、機構に行わせることができる。

2　国民年金法第百九条の十一第二項から第六項までの規定は、前項の規定による機構が行う収納について準用する。この場合において、必要な技術的読替えは、政令で定める。

（**情報の提供等**）

第三十二条の九　機構は、厚生労働大臣に対し、厚生労働省令で定めるところにより、特定障害者の障害の状態その他厚生労働大臣の権限の行使に関して必要な情報の提供を行うものとする。

2　厚生労働大臣及び機構は、この法律に基づく特別障害給付金の支給に関する事業が、適正かつ円滑に行われるよう、必要な情報交換を行うことその他相互の密接な連携の確保に努めるものとする。

（**命令への委任**）

第三十三条　この法律に定めるもののほか、この法律の実施に関し必要な事項は、命令で定める。

（**経過措置**）

第三十四条　この法律の規定に基づき命令を制定し、又は改廃する場合においては、その命令で、その制定又は改廃に伴い合理的に必要とされる範囲内において、所要の経過措置（罰則に関する経過措置を含む。）を定めることができる。

（**罰則**）

第三十五条　偽りその他不正の手段により特別障害給付金を受けた者は、三年以下の懲役又は百万円以下の罰金に処する。ただし、刑法（明治四十年法律第四十五号）に正条があるときは、刑法による。

第三十六条　第二十七条第二項の規定に違反して届出をしなかった戸籍法の規定による死亡の届出義務者は、十万円以下の過料に処する。

附　則（抄）

（**施行期日**）

第一条　この法律は、平成十七年四月一日から施行する。

（**検討**）

第二条　日本国籍を有していなかったため障害基礎年金の受給権を有していない障害者その他の障害を支給事由とする年金たる給付を受けられない特定障害者以外の障害者に対する福祉的措置については、国民年金制度の発展過程において生じた特別な事情を踏まえ、障害者の福祉に関する施策との整合性等に十分留意しつつ、今後検討が加えられ、必要があると認められるときは、その結果に基づいて所要の措置が講ぜられるものとする。

（**財源の確保**）

第三条　国は、この法律に基づく特別障害給付金の支給に要する費用を賄うための安定した財源の確保に努めるものとする。

特定障害者に対する特別障害給付金の支給に関する法律施行令（抄）

（平成一七・三・一八
政令五六）

最新改正　平成三一政令一四六

（特別障害給付金の額の改定）

第一条の二　平成三十一年四月以降の月分の特別障害給付金については、法第四条中「四万円」とあるのは「四万千七百二十円」と、「五万円」とあるのは「五万二千百五十円」と読み替えて、法の規定を適用する。

社会福祉士の資格取得方法

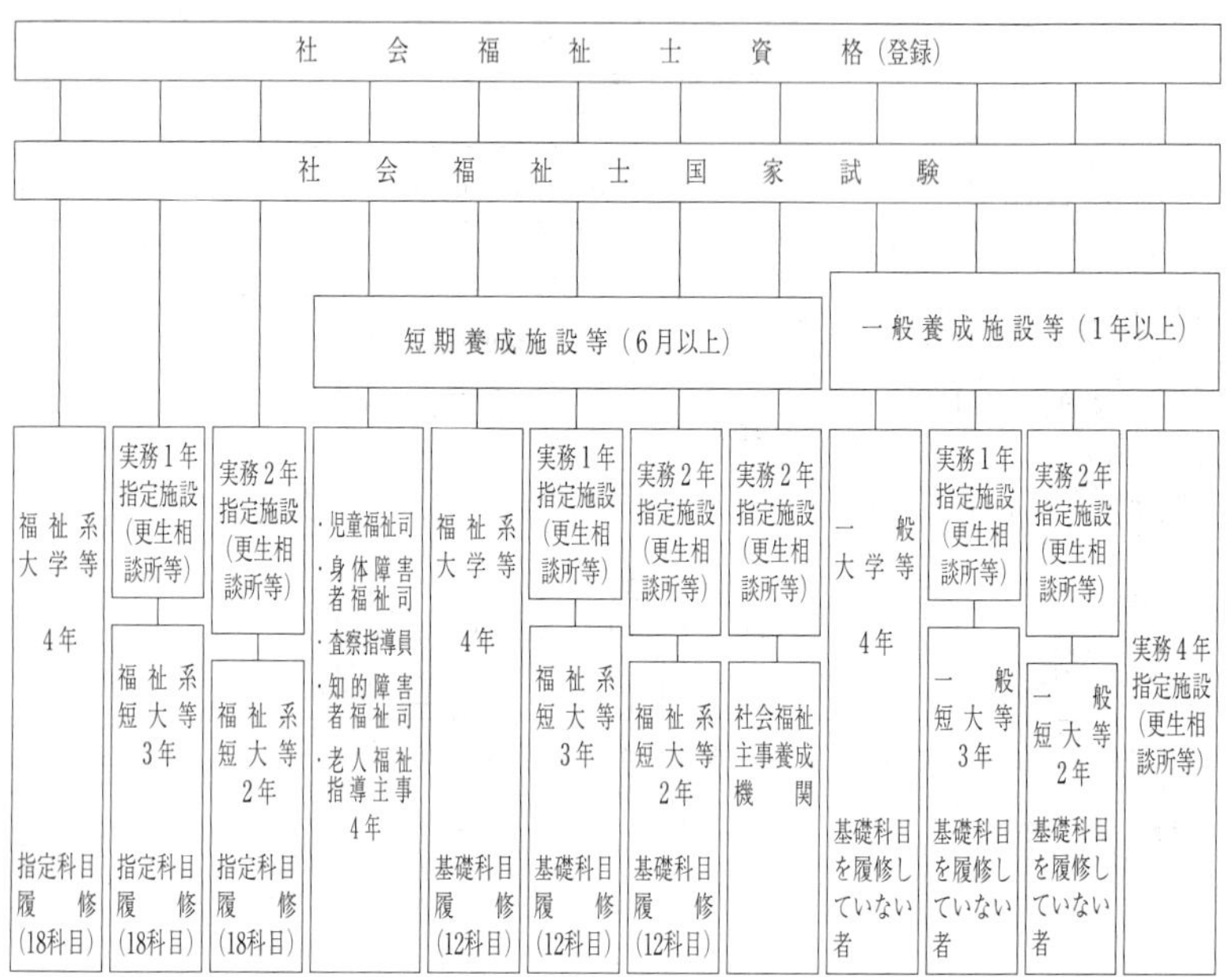

出所　厚生労働省資料。

介護福祉士の資格取得方法

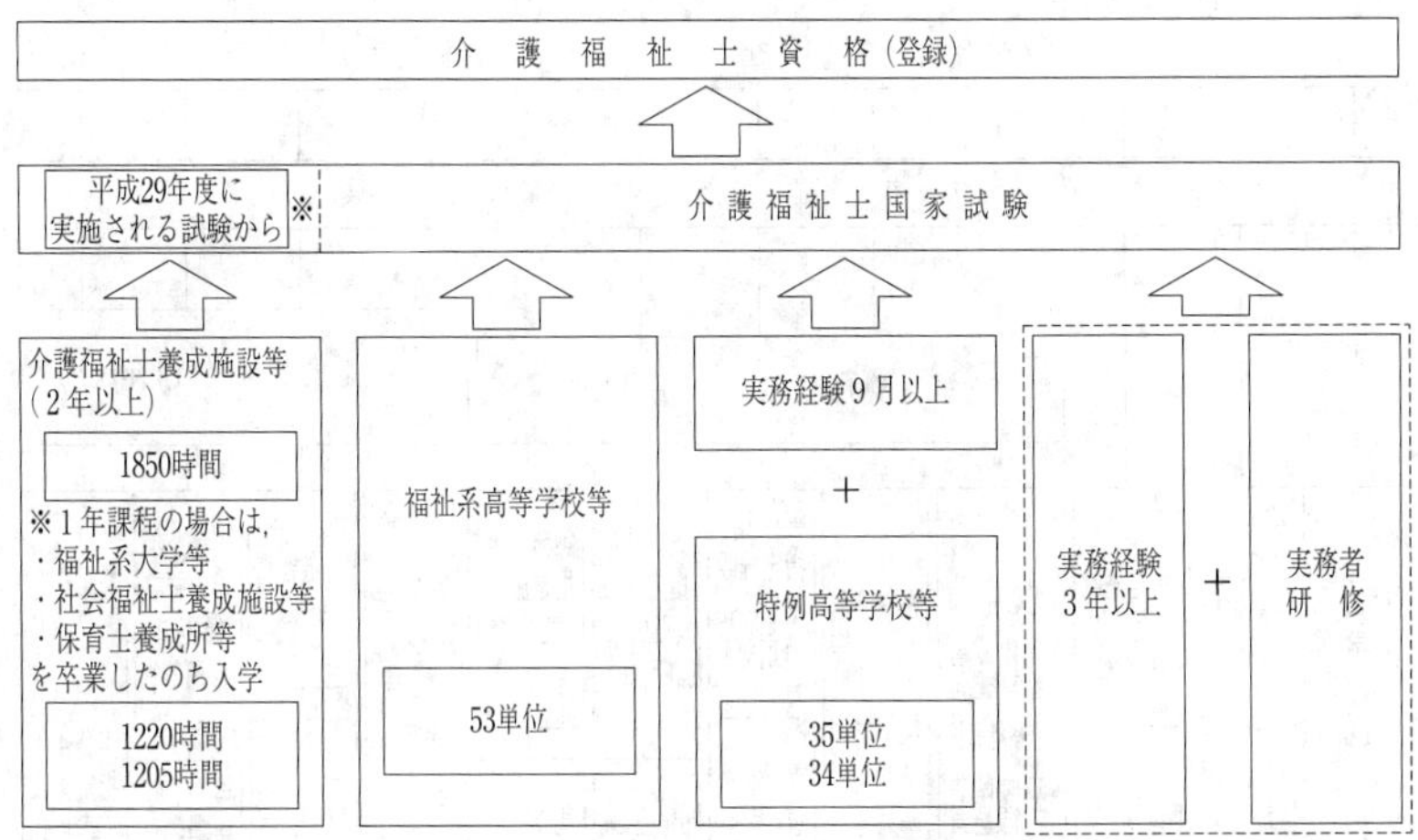

注　※平成29（2017）年度から，養成施設卒業者に国家試験の受験資格を付与し，５年間かけて漸進的に導入し，令和４（2022）年度より完全実施される予定である。
出所　厚生労働省資料。

巻末資料

精神保健福祉士の資格取得方法

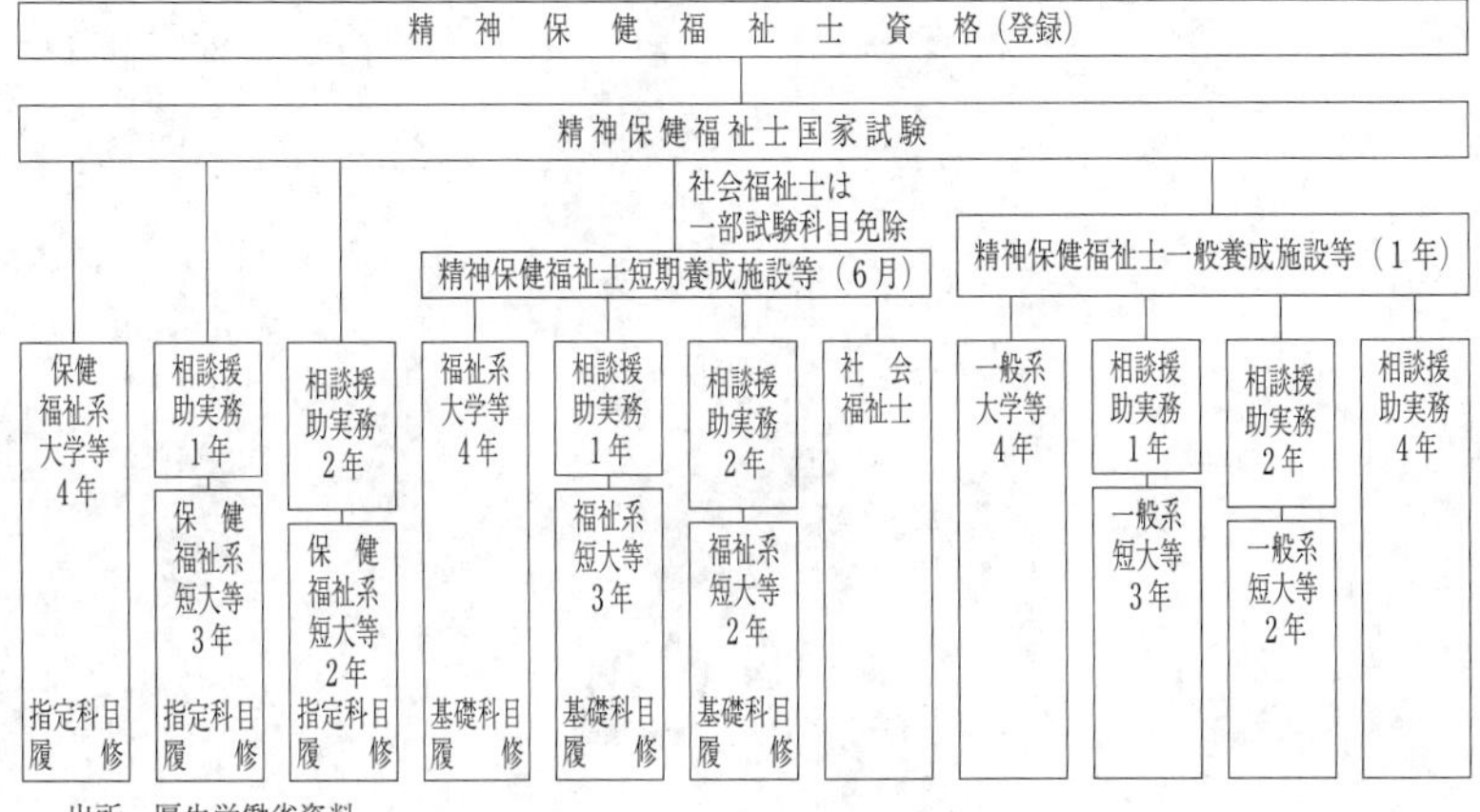

出所　厚生労働省資料。

人口の推移と将来推計人口〔平成29年推計・出生中位（死亡中位）推計〕

年　次	人　口　（千人）				年齢3区分別割合（%）			1)	2)	3)
	総　数	年少人口（0～14歳）	生産年齢人口（15～64歳）	老年人口（65歳以上）	年少人口（0～14歳）	生産年齢人口（15～64歳）	老年人口（65歳以上）	年少人口指数	老年人口指数	従属人口指数
昭和25年（1950）	83,200	29,428	49,658	4,109	35.4	59.7	4.9	59.3	8.3	67.5
30（'55）	89,276	29,798	54,729	4,747	33.4	61.3	5.3	54.4	8.7	63.1
35（'60）	93,419	28,067	60,002	5,350	30.0	64.2	5.7	46.8	8.9	55.7
40（'65）	98,275	25,166	66,928	6,181	25.6	68.1	6.3	37.6	9.2	46.8
45（'70）	103,720	24,823	71,566	7,331	23.9	69.0	7.1	34.7	10.2	44.9
50（'75）	111,940	27,221	75,807	8,865	24.3	67.7	7.9	35.9	11.7	47.6
55（'80）	117,060	27,507	78,835	10,647	23.5	67.4	9.1	34.9	13.5	48.4
60（'85）	121,049	26,033	82,506	12,468	21.5	68.2	10.3	31.6	15.1	46.7
平成2（'90）	123,611	22,486	85,904	14,895	18.2	69.7	12.1	26.2	17.3	43.5
7（'95）	125,570	20,014	87,165	18,261	16.0	69.5	14.6	23.0	20.9	43.9
12（2000）	126,926	18,472	86,220	22,005	14.6	68.1	17.4	21.4	25.5	46.9
17（2005）	127,768	17,521	84,092	25,672	13.8	66.1	20.2	20.8	30.5	51.4
22（2010）	128,057	16,803	81,032	29,246	13.2	63.8	23.0	20.7	36.1	56.8
23（2011）	127,799	16,705	81,342	29,752	13.1	63.6	23.3	20.5	36.6	57.1
24（2012）	127,515	16,547	80,175	30,793	13.0	62.9	24.1	20.6	38.4	59.0
25（2013）	127,298	16,390	79,010	31,898	12.9	62.1	25.1	20.7	40.4	61.1
26（2014）	127,083	16,233	77,850	33,000	12.8	61.3	26.0	20.9	42.4	63.2
27（2015）	127,095	15,887	76,289	33,465	12.6	60.7	26.6	20.8	43.9	64.7
28（2016）	126,933	15,780	76,562	34,591	12.4	60.3	27.3	20.6	45.2	65.8
29（2017）	126,706	15,592	75,962	35,152	12.3	60.0	27.7	20.5	46.3	66.8
30（2018）	126,443	15,415	75,451	35,578	12.2	59.7	28.1	20.4	47.2	67.6
将来推計人口										
令和元（2019）	125,773	15,235	74,622	35,916	12.1	59.3	28.6	20.4	48.1	68.5
2（2020）	125,325	15,075	74,058	36,192	12.0	59.1	28.9	20.4	48.9	69.2
7（2025）	122,544	14,073	71,701	36,771	11.5	58.5	**30.0**	19.6	51.3	70.9
12（2030）	119,125	13,212	68,754	37,160	11.1	57.7	31.2	19.2	54.0	73.3
17（2035）	115,216	12,457	64,942	37,817	10.8	56.4	32.8	19.2	58.2	77.4
22（2040）	110,919	11,936	59,777	39,206	10.8	53.9	**35.3**	20.0	65.6	85.6
27（2045）	106,421	11,384	55,845	39,192	10.7	52.5	36.8	20.4	70.2	90.6
32（2050）	101,923	10,767	52,750	38,406	10.6	51.8	37.7	20.4	72.8	93.2
37（2055）	97,441	10,123	50,276	37,042	10.4	51.6	38.0	20.1	73.7	93.8
42（2060）	92,840	9,508	47,928	35,403	10.2	51.6	38.1	19.8	73.9	93.7
47（2065）	88,077	8,975	45,291	33,810	10.2	51.4	38.4	19.8	74.7	94.5

注　各年10月1日。昭和25年～平成17年および平成22年，27年は国勢調査による人口，平成23年，24年，25年，26年，28年，29年，30年は推計人口。老年人口割合は，令和7年に30%，令和22年に35%に達すると推計されている（太字）。

1）$\frac{(0\sim14歳)}{(15歳\sim64歳)}\times100$　2）$\frac{(65歳以上)}{(15\sim64歳)}\times100$　3）$\frac{(0\sim14歳)+(65歳以上)}{(15\sim64歳)}\times100$

出所　年次推移は，『国民衛生の動向』による。将来推計人口は，国立社会保障・人口問題研究所「日本の将来推計人口（平成29年推計）結果の概要」2017年4月，による。

生活扶助基準額の推移（１級地―１，標準世帯，月額）（61年４月以前は１級地の基準額）

	実施時期	基準額	対前年比		実施時期	基準額	対前年比
（1960）	35年４月	8,914円		（1990）	２年４月	140,674	103.1
（1961）	36年４月	10,344[(1)]	116.0	（1991）	３年４月	145,457	103.4
（1962）	37年４月	12,123[(2)]	118.0	（1992）	４年４月	149,966	103.1
（1965）	40年４月	18,204[(3)]	112.0	（1993）	５年４月	153,265	102.1
（1966）	41年４月	20,662[(4)]	113.5	（1994）	６年４月	155,717	101.6
（1968）	43年４月	26,500	113.0	（1995）	７年４月	157,274	101.0
（1970）	45年４月	34,137	114.0	（1996）	８年４月	158,375	100.7
（1971）	46年４月	38,916	114.0	（1997）	９年４月	161,859	102.2
（1972）	47年４月	44,364	114.0	（1998）	10年４月	163,316	100.9
（1974）	49年４月	60,690	120.0	（1999）	11年４月	163,806	100.3
（1975）	50年４月	74,952	123.5	（2000）	12年４月	163,970	100.1
（1976）	51年４月	84,321	112.5	（2001）	13年４月	163,970	100.0
（1977）	52年４月	95,114	112.8	（2002）	14年４月	163,970	100.0
（1978）	53年４月	105,577	111.0	（2003）	15年４月	162,490	99.1
（1979）	54年４月	114,340	108.3	（2004）	16年４月	162,170	99.8
（1980）	55年４月	124,173	108.6	（2005）	17年４月	162,170	100.0
（1981）	56年４月	134,976	108.7	～	～	～	～
（1982）	57年４月	143,345	106.2	（2012）	24年４月	162,170	100.0
（1983）	58年４月	148,649	103.7	（2013）	25年８月	156,810[(8)]	96.7
（1984）	59年４月	152,960[(5)]	102.9	（2014）	26年４月	165,840	105.8
（1985）	60年４月	157,396	102.9	（2015）	27年４月	160,110[(9)]	96.5
		（124,487）[(7)]		（2016）	28年４月	160,110	100.0
（1986）	61年４月	126,977[(6)]	102.0	（2017）	29年４月	160,110	100.0
（1987）	62年４月	129,136	101.7	（2018）	30年10月	158,900	99.2
（1988）	63年４月	130,944	101.4	（2019）	令和元年10月	159,980	100.7
（1989）	平成元年４月	136,444	104.2				

注　⑴昭和36年４月からマーケット・バスケット方式を改め，エンゲル方式を採用。⑵標準世帯（35歳男，30歳女，９歳男，４歳女）。⑶一般世帯との格差縮小方式を採用。特別控除1.3倍適用。⑷収入金額別基礎控除創設。⑸水準均衡方式を採用。⑹標準３人世帯（33歳男，29歳女，４歳子）。⑺昭和61年４月との比較のため60年４月における標準３人世帯の基準額を表示。⑻平成25年８月以降は３人世帯（33歳男，29歳女，４歳子）の場合。⑼平成27年４月以降は冬期加算（Ⅵ区の月額×5/12），児童養育加算を含む額。

資料　厚生労働省社会・援護局調べ。

生活保護法による被保護世帯数等の推移（１か月平均）

年度	被保護実世帯数（世帯）	被保護実人員（人）	保護率（％）	扶助率（実人員＝100）					
				生活扶助	住宅扶助	教育扶助	介護扶助	医療扶助	その他扶助
昭和35	611,456	1,627,509	1.74	87.6	40.3	30.5	・	28.3	0.6
45	658,277	1,334,306	1.30	85.0	47.8	19.6	・	52.2	0.5
55	746,997	1,426,984	1.22	87.7	60.8	18.3	・	60.0	0.4
平成２	623,755	1,014,842	0.82	87.7	71.9	13.4	・	70.0	0.3
12	751,303	1,072,241	0.84	87.9	76.9	9.0	6.2	80.6	0.2
17	1,041,508	1,475,838	1.16	89.5	80.9	9.2	11.1	81.8	2.1
22	1,410,049	1,952,063	1.52	90.5	83.7	8.0	11.7	79.6	2.9
27	1,629,743	2,163,685	1.70	89.1	85.1	6.6	15.3	82.1	2.7
28	1,637,045	2,145,438	1.69	88.9	85.3	6.3	16.2	82.5	2.5
29	1,640,854	2,124,631	1.68	88.7	85.5	5.9	17.2	83.1	2.4

資料　厚生労働省「福祉行政報告例」，平成27年度以降は厚生労働省「被保護者調査」。

世帯類型別の最低生活保障水準の具体的事例

（月額，単位 円）　　令和元年度（2019）

	1級地−1	1級地−2	2級地−1	2級地−2	3級地−1	3級地−2
1．標準3人世帯【33歳，29歳，4歳】						
生活扶助[1]	159,980	154,600	149,040	147,690	141,480	137,600
住宅扶助[2]	69,800	44,000	56,000	46,000	42,000	42,000
合　計	229,780	198,600	205,040	193,690	183,480	179,600
就労収入が手元に残る額（勤労控除）[3]	23,600	23,600	23,600	23,600	23,600	23,600
医療扶助，出産扶助等	上記額に加えて，医療，出産等の実費相当が必要に応じ給付される。					
2．高齢者単独世帯【68歳】						
生活扶助[4]	79,330	75,980	71,830	71,270	68,280	66,370
住宅扶助[2]	53,700	34,000	43,000	35,000	32,000	32,000
合　計	133,030	109,980	114,830	106,270	100,280	98,370
医療扶助，介護扶助等	上記額に加えて，医療，介護等の実費相当が必要に応じ給付される。					
3．母子3人世帯【30歳，4歳，2歳】						
生活扶助[5]	191,350	186,150	178,730	177,750	170,150	166,440
住宅扶助[2]	69,800	44,000	56,000	46,000	42,000	42,000
合　計	261,150	230,150	234,730	223,750	212,150	208,440
就労収入が手元に残る額（勤労控除）[3]	23,600	23,600	23,600	23,600	23,600	23,600
医療扶助等	上記額に加えて，医療等の実費相当が必要に応じ給付される。					

注　1）生活扶助の額には，冬期加算（Ⅵ区の月額×5/12），児童養育加算を含む。

2）住宅扶助の額は，1級地－1：東京都区部，1級地－2：福山市，2級地－1：熊谷市，2級地－2：荒尾市，3級地－1：柳川市，3級地－2：さぬき市とした場合の令和元年度における上限額の例である。

3）就労収入が10万円の場合の例。

4）生活扶助の額には，冬期加算（Ⅵ区の月額×5/12）を含む。

5）生活扶助の額には，冬期加算（Ⅵ区の月額×5/12），児童養育加算，母子加算を含む。

その他，学齢期の子がいる場合には，教育扶助として学用品費，教材代等が別途給付される。

資料　厚生労働省社会・援護局会議資料。

［生活保護費の決め方］

（最低生活費の計算）

・このほか，出産，葬祭等がある場合は，その基準額が加えられる。

（収入充当額の計算）　平均月額収入－（必要経費の実費＋各種控除）＝収入充当額

（扶助額の計算）　最低生活費－収入充当額＝扶助額

出所　厚生労働省編『厚生労働白書（平成30年版）』2019年，資料編205ページ。

生活福祉資金貸付条件等一覧

平成31年（2019）4月現在

<table>
<tr><th colspan="3" rowspan="2">資金の種類</th><th colspan="5">貸付条件</th></tr>
<tr><th>貸付限度額</th><th>据置期間</th><th>償還期限</th><th>貸付利子</th><th>保証人</th></tr>
<tr><td rowspan="3">総合支援資金</td><td>生活支援費</td><td>・生活再建までの間に必要な生活費用</td><td>（2人以上）
月20万円以内
（単身）
月15万円以内
・貸付期間：
原則3月
（最長12月）</td><td>最終貸付日から6月以内</td><td rowspan="3">据置期間経過後10年以内</td><td rowspan="3">保証人あり
無利子

保証人なし
年1.5%</td><td rowspan="3">原則必要

ただし，保証人なしでも貸付可</td></tr>
<tr><td>住宅入居費</td><td>・敷金，礼金等住宅の賃貸契約を結ぶために必要な費用</td><td>40万円以内</td><td rowspan="2">貸付けの日（生活支援費とあわせて貸し付けている場合は，生活支援費の最終貸付日）から6月以内</td></tr>
<tr><td>一時生活再建費</td><td>・生活を再建するために一時的に必要かつ日常生活費で賄うことが困難である費用
就職・転職を前提とした技能習得に要する経費
滞納している公共料金等の立て替え費用
債務整理をするために必要な経費　等</td><td>60万円以内</td></tr>
<tr><td rowspan="2">福祉資金</td><td>福祉費</td><td>・生業を営むために必要な経費
・技能習得に必要な経費とその期間中の生計を維持するために必要な経費
・住宅の増改築，補修等と公営住宅の譲り受けに必要な経費
・福祉用具等の購入に必要な経費
・障害者用の自動車の購入に必要な経費
・中国残留邦人等にかかる国民年金保険料の追納に必要な経費
・負傷または疾病の療養に必要な経費とその療養期間中の生計を維持するために必要な経費
・介護サービス，障害者サービス等を受けるのに必要な経費とその期間中の生計を維持するために必要な経費
・災害を受けたことにより臨時に必要となる経費
・冠婚葬祭に必要な経費
・住居の移転等，給排水設備等の設置に必要な経費
・就職，技能習得等の支度に必要な経費
・その他日常生活上一時的に必要な経費</td><td>580万円以内
※資金の用途に応じて上限目安額を設定</td><td>貸付けの日（分割による交付の場合には最終貸付日）から6月以内</td><td>据置期間経過後20年以内</td><td>保証人あり
無利子

保証人なし
年1.5%</td><td>原則必要

ただし，保証人なしでも貸付可</td></tr>
<tr><td>緊急小口資金</td><td>・緊急かつ一時的に生計の維持が困難となった場合に貸し付ける少額の費用</td><td>10万円以内</td><td>貸付けの日から2月以内</td><td>据置期間経過後12月以内</td><td>無利子</td><td>不要</td></tr>
</table>

<table>
<tr><th colspan="3" rowspan="2">資金の種類</th><th colspan="5">貸付条件</th></tr>
<tr><th>貸付限度額</th><th>据置期間</th><th>償還期限</th><th>貸付利子</th><th>保証人</th></tr>
<tr><td rowspan="2">教育支援資金</td><td>教育支援費</td><td>・低所得世帯に属する者が高等学校，大学または高等専門学校に就学するために必要な経費</td><td>〈高校〉
月3.5万円以内
〈高専〉
月６万円以内
〈短大〉
月６万円以内
〈大学〉
月6.5万円以内
※特に必要と認める場合は，上記各上限額の1.5倍まで貸付可能</td><td rowspan="2">卒業後
６月以内</td><td rowspan="2">据置期間
経過後
20年以内</td><td rowspan="2">無利子</td><td rowspan="2">不要

※世帯内で連帯借受人が必要</td></tr>
<tr><td>就学支度費</td><td>・低所得世帯に属する者が高等学校，大学または高等専門学校への入学に際し必要な経費</td><td>50万円以内</td></tr>
<tr><td rowspan="2">不動産担保型生活資金</td><td>不動産担保型
生活資金</td><td>・低所得の高齢者世帯に対し，一定の居住用不動産を担保として生活資金を貸し付ける資金</td><td>・土地の評価額の70％程度
・月30万円以内
・貸付期間
借受人の死亡時までの期間または貸付元利金が貸付限度額に達するまでの期間</td><td rowspan="2">契約終了後
３月以内</td><td rowspan="2">据置期間
終了時</td><td rowspan="2">年３％，
または
長期プライムレートのいずれか低い利率</td><td>要

※推定相続人の中から選任</td></tr>
<tr><td>要保護
世帯向け
不動産担保型
生活資金</td><td>・要保護の高齢者世帯に対し，一定の居住用不動産を担保として生活資金を貸し付ける資金</td><td>・土地と建物の評価額の70％程度（集合住宅の場合は50％）
・生活扶助額の1.5倍以内
・貸付期間
借受人の死亡時までの期間または貸付元利金が貸付限度額に達するまでの期間</td><td>不要</td></tr>
</table>

出所　『国民の福祉と介護の動向2019/2020』厚生労働統計協会，2019年，216-217ページ。

母子父子寡婦福祉資金貸付金の概要

平成31年度（2019）

資金の種類	貸付対象等		貸付限度額	貸付を受ける期間	据置期間	償還期限	利率
事業開始資金	母子家庭の母 父子家庭の父 母子・父子福祉団体 寡婦	事業（例えば洋裁，軽飲食，文具販売，菓子小売業等，母子・父子福祉団体については政令で定める事業）を開始するのに必要な設備，什器，機械等の購入資金	2,870,000円 団体　4,320,000円		1年	7年以内	（保証人有）無利子 （保証人無）年1.0%
事業継続資金	母子家庭の母 父子家庭の父 母子・父子福祉団体 寡婦	現在営んでいる事業（母子・父子福祉団体については政令で定める事業）を継続するために必要な商品，材料等を購入する運転資金	1,440,000円 団体　1,440,000円		6カ月	7年以内	（保証人有）無利子 （保証人無）年1.0%
修学資金	母子家庭の母が扶養する児童 父子家庭の父が扶養する児童 父母のない児童 寡婦が扶養する子	高等学校，大学，高等専門学校又は専修学校に就学させるための授業料，書籍代，交通費等に必要な資金	※私立の自宅外通学の場合の限度額を例示 高校，専修学校（高等課程） 月額　52,500円 高等専門学校 月額［1～3年］52,500円 ［4～5年］90,000円 短期大学，専修学校（専門課程） 月額　90,000円 大学　月額　96,000円 大学院（修士課程）　月額　132,000円 大学院（博士課程）　月額　183,000円 専修学校（一般課程）　月額　48,000円 （注）高等学校，高等専門学校および専修学校に就学する児童が18歳に達した日以後の最初の3月31日が終了したことにより児童扶養手当等の給付を受けることができなくなった場合，上記の額に児童扶養手当の額を加算した額	就学期間中	当該学校卒業後6カ月	20年以内 専修学校（一般課程） 5年以内	無利子 ※親に貸付ける場合 児童を連帯借受人とする。 （連帯保証人は不要） ※児童に貸付ける場合 親等を連帯保証人とする。
技能習得資金	母子家庭の母 父子家庭の父 寡婦	自ら事業を開始し又は会社等に就職するために必要な知識技能を習得するために必要な資金（例：訪問介護員（ホームヘルパー），ワープロ，パソコン，栄養士等）	【一般】月額　68,000円 【特別】一括　816,000円 （12月相当） 運転免許　460,000円	知識技能を習得する期間中5年を超えない範囲内	知識技能習得後1年	20年以内	（保証人有）無利子 （保証人無）年1.0%
修業資金	母子家庭の母が扶養する児童 父子家庭の父が扶養する児童 父母のない児童 寡婦が扶養する子	事業を開始し又は就職するために必要な知識技能を習得するために必要な資金	月額　68,000円 特別　460,000円 （注）修業施設で知識，技能習得中の児童が18歳に達した日以後の最初の3月31日が終了したことにより児童扶養手当等の給付を受けることができなくなった場合，上記の額に児童扶養手当の額を加算した額	知識技能を習得する期間中5年を超えない範囲内	知識技能習得後1年	20年以内	※修学資金と同様

就職支度資金	母子家庭の母又は児童 父子家庭の父又は児童 父母のない児童 寡婦	就職するために直接必要な被服，履物等および通勤用自動車等を購入する資金	一般　100,000円 特別　330,000円		1年	6年以内	※親に係る貸付けの場合 （保証人有）無利子 （保証人無）年1.0% ※児童に係る貸付けの場合 修学資金と同様
医療介護資金	母子家庭の母又は児童（介護の場合は児童を除く） 父子家庭の父又は児童（介護の場合は児童を除く） 寡婦	医療又は介護（当該医療又は介護を受ける期間が1年以内の場合に限る）を受けるために必要な資金	【医療】　340,000円 特別　480,000円 【介護】　500,000円		6カ月	5年以内	（保証人有）無利子 （保証人無）年1.0%
生活資金	母子家庭の母 父子家庭の父 寡婦	知識技能を習得している間，医療もしくは介護を受けている間，母子家庭又は父子家庭になって間もない（7年未満）者の生活を安定・継続する間（生活安定期間）又は失業中の生活を安定・継続するのに必要な生活補給資金	【一般】　月額　105,000円 【技能】　月額　141,000円 （注）生活安定期間の貸付は，配偶者のない女子又は男子となった事由の生じたときから7年を経過するまでの期間中，月額105,000円，合計252万円を限度とする。 また，生活安定期間中の養育費の取得のための裁判費用については，1,260,000円（一般分の12月相当）を限度として貸し付けることができる。 （注）3月相当額の一括貸付を行うことができる。	・知識技能を習得する期間中5年以内 ・医療又は介護を受けている期間中1年以内 ・離職した日の翌日から1年以内	知識技能習得後，医療もしくは介護終了後又は生活安定期間の貸付もしくは失業中の貸付期間満了後6カ月	（技能習得）20年以内 （医療又は介護）5年以内 （生活安定貸付）8年以内 （失業）5年以内	（保証人有）無利子 （保証人無）年1.0%
住宅資金	母子家庭の母 父子家庭の父 寡婦	住宅を建設し，購入し，補修し，保全し，改築し，又は増築するのに必要な資金	1,500,000円 （特別　2,000,000円）		6カ月	6年以内 特別 7年以内	（保証人有）無利子 （保証人無）年1.0%
転宅資金	母子家庭の母 父子家庭の父 寡婦	住宅を移転するため住宅の貸借に際し必要な資金	260,000円		6カ月	3年以内	（保証人有）無利子 （保証人無）年1.0%
就学支度資金	母子家庭の母が扶養する児童 父子家庭の父が扶養する児童 父母のない児童 寡婦が扶養する子	就学，修業するために必要な被服等の購入に必要な資金	小学校　63,100円 中学校　79,500円 国公立高校等　160,000円 修業施設　282,000円 私立高校等　420,000円 国公立大学・短大・大学院等　380,000円 私立大学・短大・大学院等　590,000円		6カ月	就学 20年以内 修業施設等 5年以内	※修学資金と同様
結婚資金	母子家庭の母 父子家庭の父 寡婦	母子家庭の母又は父子家庭の父が扶養する児童，寡婦が扶養する20歳以上の子の婚姻に際し必要な資金	300,000円		6カ月	5年以内	（保証人有）無利子 （保証人無）年1.0%
臨時児童扶養等資金	母子家庭の母 父子家庭の父 父母のない児童	児童扶養手当の支払回数の見直し及び支給制限の適用期間の変更に伴う影響を緩和するための資金	令和元年11月分の児童扶養手当の額に相当する額に3を乗じて得た額から同年10月分の児童扶養手当の額に相当する額に3を乗じて得た額を控除した額	令和元年11月1日から令和2年1月31日まで	6カ月	3年以内	無利子 ※父母のない児童が貸付けを受けようとする場合は，保証人要

出所　『国民の福祉と介護の動向2019/2020』厚生労働統計協会，2019年，113-114ページ。

社会福祉施設数（年次別）と定員・在所者数（平成29年）

施設の種類	施設数						定員（平29）	在所者数（平29）
	平24	平25	平26	平27	平28	平29		
総数	**63,425**	**66,473**	**70,247**	**75,665**	**79,783**	**82,936**	**4,473,578**	**3,748,980**
保護施設	**295**	**292**	**291**	**292**	**293**	**291**	**19,495**	**18,752**
救護施設	184	184	183	185	186	186	16,728	16,650
更生施設	20	19	19	19	21	21	1,497	1,411
医療保護施設	60	60	60	59	59	59	…	…
授産施設	20	18	18	18	17	15	490	343
宿所提供施設	11	11	11	11	10	10	780	348
老人福祉施設	**12,867**	**13,168**	**14,274**	**14,779**	**14,973**	**15,342**	**756,675**	**676,200**
養護老人ホーム	8,497	953	952	957	954	959	64,084	55,678
養護老人ホーム(一般)	904	903	901	906	902	907	61,100	52,935
養護老人ホーム(盲)	49	50	51	51	52	52	2,984	2,743
特別養護老人ホーム*	7,544	7,860	8,940	9,452	9,682	10,049	598,117	536,027
軽費老人ホーム	2,182	2,198	2,250	2,264	2,280	2,302	94,474	84,495
軽費老人ホーム(A型)	215	213	209	204	199	194	11,496	10,467
軽費老人ホーム(B型)	24	22	17	16	15	14	618	379
軽費老人ホーム(ケアハウス)	1,943	1,963	1,989	1,996	2,007	2,023	81,132	72,579
都市型軽費老人ホーム	·	·	35	48	59	71	1,228	1,070
老人福祉センター	2,188	2,157	2,132	2,106	2,057	2,032	·	·
老人福祉センター(特A型)	259	253	250	246	244	242	·	·
老人福祉センター(A型)	1,479	1,454	1,435	1,417	1,371	1,353	·	·
老人福祉センター(B型)	450	450	447	443	442	437	·	·
障害者支援施設等	**5,962**	**6,099**	**5,951**	**5,874**	**5,778**	**5,734**	**191,636**	**145,639**
障害者支援施設	2,660	2,652	2,612	2,559	2,550	2,549	139,040	144,238
地域活動支援センター	3,135	3,286	3,183	3,165	3,082	3,038	50,687	…
福祉ホーム	167	161	156	150	146	147	1,909	1,401
身体障害者社会参加支援施設	**308**	**322**	**322**	**322**	**309**	**314**	**360**	…
身体障害者福祉センター	152	162	163	161	151	150	·	·
身体障害者福祉センター(A型)	31	35	36	36	36	36	·	·
身体障害者福祉センター(B型)	121	127	127	125	115	114	·	·
障害者更生センター	5	5	5	5	5	5	360	…
補装具製作施設	18	18	17	16	15	16	·	·
盲導犬訓練施設	11	13	12	12	12	13	…	…
点字図書館	72	73	74	73	72	73	·	·
点字出版施設	11	11	11	11	10	10	·	·
聴覚障害者情報提供施設	39	40	40	44	44	47	·	·

施設の種類	施設数						定員(平29)	在所者数(平29)
	平24	平25	平26	平27	平28	平29		
婦人保護施設	**46**	**48**	**47**	**47**	**47**	**46**	**1,220**	**358**
児童福祉施設	**33,873**	**33,938**	**34,462**	**37,139**	**38,808**	**40,137**	**2,796,574**	**2,520,165**
助産施設	411	403	393	391	388	387	3,813	…
乳児院	130	131	133	134	136	138	3,934	2,851
母子生活支援施設	259	248	243	235	228	227	4,938	8,100
保育所等	·	·	·	25,580	26,265	27,137	2,645,050	2,397,504
幼保連携型認定こども園	·	·	·	1,938	2,790	3,620	365,222	331,292
保育所型認定こども園	·	·	·	330	476	591	64,809	51,905
保育所	23,740	24,076	24,509	23,312	22,999	22,926	2,215,019	2,014,307
小規模保育事業所	·	·	·	1,555	2,535	3,401	55,731	47,402
児童養護施設	589	590	602	609	609	608	32,387	25,636
障害児入所施設（福祉型）	264	263	276	267	266	263	9,801	6,774
障害児入所施設（医療型）	187	189	207	200	212	212	20,139	7,432
児童発達支援センター（福祉型）	316	355	453	467	500	528	16,759	27,460
児童発達支援センター（医療型）	109	107	111	106	99	99	3,277	2,468
児童心理治療施設	38	38	38	40	42	44	1,964	1,374
児童自立支援施設	58	59	58	58	58	58	3,719	1,264
児童家庭支援センター	90	96	99	103	108	114	·	·
児童館	4,617	4,598	4,598	4,613	4,637	4,541	·	·
児童遊園	3,065	2,785	2,742	2,781	2,725	2,380	·	·
母子・父子福祉施設	**61**	**60**	**59**	**58**	**56**	**56**	…	…
母子・父子福祉センター	57	56	56	55	54	54	·	·
母子・父子休養ホーム	4	4	3	3	2	2	…	…
その他の社会福祉施設等	**10,013**	**12,546**	**14,841**	**17,154**	**19,519**	**21,016**	**707,618**	**387,866**
授産施設	69	70	71	68	68	66	2,059	1,662
宿所提供施設	282	291	296	296	350	366	12,360	9,070
盲人ホーム	19	19	19	20	19	19	380	…
無料低額診療施設	416	475	509	553	571	586	…	…
隣保館	1,101	1,089	1,085	1,076	1,064	1,071	·	·
へき地保健福祉館	62	50	45	42	38	32	·	·
へき地保育所	545	517	493	·	·	·	·	·
有料老人ホーム（サ高住以外）	7,519	8,502	9,632	10,651	12,570	13,525	518,507	377,134
有料老人ホーム（サ高住）	…	1,533	2,691	4,448	4,839	5,351	174,312	…

注 (1) ＊の数値は「介護サービス施設・事業所調査」において，介護老人福祉施設として把握した数値である（地域密着型介護老人福祉施設の数値も含む）。
(2) 母子生活支援施設の定員は「世帯数」，在所者数は「世帯人員数」であり，定員と在所者の総数に含まない。
(3) 数値は，調査方法や集計方法等の変更による影響を受けていることに留意する必要がある。
(4) 有料老人ホームは，平成25年以降，サービス付き高齢者向け住宅（サ高住）を分けて表示している。
資料 厚生労働省「社会福祉施設等調査」。

施設の種類別にみた職種別常勤換算従事者数

	総　数	保護施設[2]	老人福祉施設	障害者支援施設等	身体障害者社会参加支援施設
	従事者数〈人〉				
総数	1,007,414	6,293	44,719	101,443	2,796
施設長・園長・管理者	48,910	211	3,331	3,688	216
サービス管理責任者	3,828	…	…	3,828	…
生活指導・支援員等[4]	84,463	753	4,613	57,597	270
職業・作業指導員	4,107	75	133	2,720	111
セラピスト	6,216	7	132	929	74
理学療法士	2,047	2	35	465	25
作業療法士	1,409	3	21	304	23
その他の療法員	2,760	1	76	160	26
心理・職能判定員	67	…	…	67	…
医師	3,169	28	135	302	6
歯科医師	1,233	…	…	…	…
保健師・助産師・看護師	44,029	417	2,834	4,870	78
精神保健福祉士	1,145	97	25	879	2
保育士	379,839	…	…	…	…
保育教諭[5]	65,812	…	…	…	…
うち保育士資格保有者	59,217	…	…	…	…
保育従事者[6]	16,607	…	…	…	…
家庭的保育者[6]	320	…	…	…	…
家庭的保育補助者[6]	110	…	…	…	…
児童生活支援員	609	…	…	…	…
児童厚生員	10,843	…	…	…	…
母子支援員	674	…	…	…	…
介護職員	134,258	3,264	17,805	12,019	96
栄養士	25,449	198	2,065	2,301	6
調理員	74,997	548	4,811	4,735	16
事務員	36,935	448	4,815	4,911	587
児童発達支援管理責任者	989	…	…	…	…
その他の教諭[7]	3,139	…	…	…	…
その他の職員[8]	59,668	247	4,020	2,597	1,336

注　1）従事者数は，小数点以下第1位を四捨五入している。なお，調査した職種以外は「…」とした。
　　2）保護施設には医療保護施設，児童福祉施設等（保育所等を除く）には助産施設及び児童遊園，そ
　　3）幼保連携型認定こども園，保育所型認定こども園及び保育所を含む。
　　4）生活指導・支援員等には，生活指導員，生活相談員，生活支援員，児童指導員及び児童自立支
　　5）主幹保育教諭，指導保育教諭，助保育教諭及び講師を含む。また，資格の特例のため，保育士
　　6）小規模保育事業所の従事者である。なお，保育士資格を有さない者も含む。
　　7）園長及び保育教諭以外の教諭である。
　　8）幼保連携型認定こども園の教育・保育補助員及び養護職員（看護師等を除く）を含む。
資料　厚生労働省政策統括官付社会統計室「平成29年社会福祉施設等調査」。

巻末資料

平成29年（2017）10月1日現在

婦人保護施設	児童福祉施設等（保育所等を除く）[2]	保育所等[3]	母子・父子福祉施設	その他の社会福祉施設等[2]	有料老人ホーム（サ高住以外）
従事者数〈人〉					
370	105,263	577,577	206	3,741	165,006
28	6,992	25,226	24	1,036	8,159
…	…	…	…	…	…
143	13,828	…	3	742	6,514
11	454	…	4	274	325
7	3,526	…	—	4	1,537
—	961	…	—	2	557
—	772	…	—	—	285
7	1,792	…	—	2	696
…	…	…	…	…	…
5	1,346	1,265	—	4	78
…	81	1,153	…	…	…
23	10,477	9,488	—	35	15,807
—	…	…	…	0	142
…	16,830	363,003	6	…	…
…	…	65,812	…	…	…
…	…	59,217	…	…	…
…	16,607	…	…	…	…
…	320	…	…	…	…
…	110	…	…	…	…
…	609	…	—	…	…
…	10,843	…	—	…	…
…	674	…	—	…	…
2	…	…	…	54	101,017
17	2,242	17,120	—	2	1,499
52	5,745	47,219	7	177	11,687
38	4,303	13,271	74	845	7,643
…	989	…	—	…	…
…	…	3,139	…	…	…
43	9,290	30,883	87	568	10,599

の他の社会福祉施設等には無料定額診療施設及び有料老人ホームをそれぞれ含まない。

援専門員を含むが，保護施設及び婦人保護施設は生活指導員のみである。
資格を有さない者も含む。

介護サービス施設・事業所の常勤換算従事者数

平成29年（2017）10月1日現在

	介護老人福祉施設（特別養護老人ホーム）			通所介護[1)2)]			短期入所生活介護[1)2)4)]		
	総数	常勤	非常勤	総数	常勤	非常勤	総数	常勤	非常勤
総数	327,105	274,353	52,751	230,040	155,144	74,896	172,032	143,240	28,791
施設長	5,556	5,549	7	·	·	·	·	·	·
医師	1,509	215	1,295	78	56	21	1,475	303	1,172
歯科医師	84	9	74	·	·	·	·	·	·
看護師	16,746	13,150	3,597	13,332	6,540	6,793	8,988	7,153	1,835
准看護師	12,518	10,018	2,501	12,049	7,005	5,044	7,020	5,588	1,433
機能訓練指導員	5,649	5,074	575	20,346	13,929	6,418	4,063	3,438	624
理学療法士（再掲）	1,025	896	129	3,296	2,680	616	631	522	109
作業療法士（再掲）	696	634	62	1,754	1,392	362	384	337	48
言語聴覚士（再掲）	129	107	22	187	119	68	55	44	11
柔道整復師（再掲）	537	516	22	2,413	2,106	307	330	307	23
あん摩マッサージ指圧師（再掲）	526	479	47	1,021	682	339	251	221	30
歯科衛生士	291	177	114	165	83	83	·	·	·
介護支援専門員	8,781	8,561	220	·	·	·	3,388	3,308	80
生活相談員	9,648	9,525	124	29,060	26,935	2,125	7,781	7,619	162
社会福祉士（再掲）	2,844	2,808	37	3,154	2,954	201	1,803	1,776	27
障害者生活支援員	64	55	9	·	·	·	·	·	·
介護職員	217,295	186,650	30,645	125,865	83,908	41,957	112,793	96,299	16,495
介護福祉士（再掲）	131,056	120,778	10,278	53,113	40,623	12,490	64,463	59,267	5,195
管理栄養士	6,535	6,447	88	852	766	86	3,340	3,239	101
栄養士	1,643	1,582	61	794	626	168	1,362	1,227	135
調理員	14,266	10,579	3,687	9,041	3,661	5,380	8,309	5,704	2,605
その他の職員	26,521	16,764	9,757	18,458	11,636	6,822	13,513	9,363	4,150

注　1）介護予防サービスを一体的に行っている事業所の従事者を含む。
　　2）介護予防サービスのみ行っている事業所は対象外とした。
　　3）従事者数は，小数点以下第1位を四捨五入して求めた常勤換算数であるため，内訳の合計が「総数」に合わない場合がある。
　　4）短期入所生活介護は空床利用型の従事者を含まない。
　　5）平成21年からの調査方法の変更等による回収率変動の影響を受けているため，単純に年次比較できない。

資料　厚生労働省「介護サービス施設・事業所調査」。
出所　『国民の福祉と介護の動向2019/2020』厚生労働統計協会，2019年，292ページ。

社会福祉施設等の種類と目的

令和元年現在

●――保護施設

救護施設……第１種・入所・生活保護法38条＝身体上又は精神上著しい障害があるために日常生活を営むことが困難な要保護者を入所させて，生活扶助を行う。

更生施設……第１種・入所・生活保護法38条＝身体上又は精神上の理由により養護及び生活指導を必要とする要保護者を入所させて，生活扶助を行う。

医療保護施設……第２種・利用・生活保護法38条＝医療を必要とする要保護者に対して，医療の給付を行う。

授産施設……第１種・通所・生活保護法38条＝身体上若しくは精神上の理由又は世帯の事情により就業能力の限られている要保護者に対して，就労又は技能の修得のために必要な機会及び便宜を与えて，その自立を助長する。

宿所提供施設……第１種・利用・生活保護法38条＝住居のない要保護者の世帯に対して，住宅扶助を行う。

●――老人福祉施設

老人デイサービスセンター（老人日帰り介護施設）……第２種・通所・老人福祉法20条の２の２＝65歳以上の者であって，身体上又は精神上の障害があるために日常生活を営むのに支障がある者又は介護保険法の規定による通所介護に係る居宅介護サービス費，認知症対応型通所介護に係る地域密着型介護サービス費，介護予防通所介護に係る介護予防サービス費若しくは介護予防認知症対応型通所介護に係る地域密着型介護予防サービス費の支給に係る者その他の政令で定める者（その者を現に養護する者を含む）を通わせ，入浴，排せつ，食事等の介護，機能訓練，介護方法の指導等を行う。

老人短期入所施設……第２種・入所・老人福祉法20条の３＝65歳以上の者であって，養護者の疾病その他の理由により，居宅において介護を受けることが一時的に困難となった者又は介護保険法の規定による短期入所生活介護に係る居宅介護サービス費若しくは介護予防短期入所生活介護に係る介護予防サービス費の支給に係る者その他の政令で定める者を短期間入所させ，養護する。

養護老人ホーム……第１種・入所・老人福祉法20条の４＝65歳以上の者であって，環境上の理由及び経済的理由により居宅において養護を受けることが困難な者を入所させ，養護するとともに，その者が自立した日常生活を営み，社会的活動に参加するために必要な指導及び訓練その他の援助を行う。

特別養護老人ホーム……第１種・入所・老人福祉法20条の５＝65歳以上の者であって，身体上又は精神上著しい障害があるために常時の介護を必要とし，かつ，居宅においてこれを受けることが困難な者又は介護保険法の規定による地域密着型介護老人福祉施設入所者生活介護に係る地域密着型介護サービス費若しくは介護福祉施設サービスに係る施設介護サービス費の支給に係る者その他の政令で定める者を入所させ，養護する。

軽費老人ホーム……第１種・入所・老人福祉法20条の６＝無料又は低額な料金で，老人を入所させ，食事の提供その他日常生活上必要な便宜を供与する。

老人福祉センター……第２種・利用・老人福祉法20条の７＝無料又は低額な料金で，老人に関する各種の相談に応ずるとともに，老人に対して，健康の増進，教養の向上及びレクリエーションのための便宜を総合的に供与する。

老人介護支援センター……第２種・利用・老人福祉法20条の７の２＝地域の老人の福祉に関する各般の問題につき，老人，その者を現に養護する者，地域住民その他の者からの相談に応じ，必要な助言を行うとともに，主として居宅において介護を受ける老人又はその者を現に養護する者と市町村，老人居宅生活支援事業を行う者，老人福祉施設，医療施設，老人クラブその他老人の

福祉を増進することを目的とする事業を行う者等との連絡調整その他の厚生労働省令で定める援助を総合的に行う。

●——障害者支援施設等

障害者支援施設……第１種・入所・通所・障害者総合支援法５条11項＝障害者に，施設入所支援（主に夜間に，入浴，排せつ，食事の介護等の便宜の供与）を行うとともに，施設入所支援以外の施設障害福祉サービスを行う施設。

地域活動支援センター……第２種・利用・障害者総合支援法５条27項＝障害者等を通わせ，創作的活動，又は生産活動の機会の提供，社会との交流の促進その他障害者が自立した日常生活及び社会生活を営むために，必要な支援を行う施設。

福祉ホーム……第２種・利用・障害者総合支援法５条28項＝現に住居を求めている障害者につき，低額な料金で，居室その他の設備を利用させるとともに，日常生活に必要な便宜を供与する施設。

●——身体障害者社会参加支援施設

身体障害者福祉センター……第２種・利用・身体障害者福祉法31条＝無料又は低額な料金で，身体障害者に関する各種の相談に応じ，身体障害者に対し，機能訓練，教養の向上，社会との交流の促進及びレクリエーションのための便宜を総合的に供与する。

補装具製作施設……第２種・利用・身体障害者福祉法32条＝無料又は低額な料金で，補装具の製作又は修理を行う。

盲導犬訓練施設……第２種・利用・身体障害者福祉法33条＝無料又は低額な料金で，盲導犬の訓練を行うとともに，視覚障害のある身体障害者に対し，盲導犬の利用に必要な訓練を行う。

点字図書館……第２種・利用・身体障害者福祉法34条＝視聴覚障害者情報提供施設のうち，無料又は低額な料金で，点字刊行物及び視覚障害者用の録音物の貸出しその他利用に係る事業を主として行うもの。

点字出版施設……第２種・利用・身体障害者福祉法34条＝視聴覚障害者情報提供施設のうち，無料又は低額な料金で，点字刊行物の出版に係る事業を主として行うもの。

聴覚障害者情報提供施設……第２種・利用・身体障害者福祉法34条＝視聴覚障害者情報提供施設のうち，無料又は低額な料金で，聴覚障害者用の録画物の製作及び貸し出しに係る事業を主として行うもの。

●——婦人保護施設

婦人保護施設……第１種・入所・売春防止法36条，配偶者からの暴力の防止及び被害者の保護に関する法律５条＝要保護女子を収容保護し，その自立更生を図る。

●——児童福祉施設

助産施設……第２種・入所・児童福祉法36条＝保健上必要があるにもかかわらず，経済的理由により，入院助産を受けることができない妊産婦を入所させて，助産を受けさせる。

乳児院……第１種・入所・児童福祉法37条＝乳児（保健上，安定した生活環境の確保その他の理由により特に必要のある場合には，幼児を含む）を入院させて，これを養育し，あわせて退院した者について相談その他の援助を行う。

母子生活支援施設……第１種・入所・児童福祉法38条＝配偶者のない女子又はこれに準ずる事情にある女子及びその者の監護すべき児童を入所させて，これらの者を保護するとともに，これらの者の自立の促進のためにその生活を支援し，あわせて退所した者について相談その他の援助を行う。

保育所……第２種・通所・児童福祉法39条＝保育を必要とする乳児・幼児を日々保護者の下から通わせて保育を行う。特に必要があるときは，保育を必要とするその他の児童を日々保護者の下から通わせて保育することができる。

幼保連携型認定こども園……第２種・通所・児童福祉法39条の２＝義務教育及びその後の教育の基礎を培うものとしての満３歳以上の幼児に対する教育及び保育を必要とする乳児・幼児に対する保育を一体的に行い，これらの乳児又は幼児の健やかな成長

が図られるよう適当な環境を与えて，その心身の発達を助長する。

児童養護施設……第1種・入所・児童福祉法41条＝保護者のない児童（乳児を除く。ただし，安定した生活環境の確保その他の理由により特に必要のある場合には，乳児を含む），虐待されている児童その他環境上養護を要する児童を入所させて，これを養護し，あわせて退所した者に対する相談その他の自立のための援助を行う。

障害児入所施設……第1種・入所・児童福祉法42条＝障害児を入所させて，保護，日常生活の指導，独立自活に必要な知識技能の付与及び治療を行う。

児童発達支援センター……第2種・通所・児童福祉法43条＝障害児を日々保護者の下から通わせて，日常生活における基本的動作の指導，独立自活に必要な知識技能の付与又は集団生活への適応のための訓練及び治療を提供する。

児童心理治療施設……第1種・入所・通所・児童福祉法43条の2＝家庭環境，学校における交友関係その他の環境上の理由により社会生活への適応が困難となつた児童を，短期間，入所させ，又は保護者の下から通わせて，社会生活に適応するために必要な心理に関する治療及び生活指導を主として行い，あわせて退所した者について相談その他の援助を行う。

注：ただし，1352頁のデータについては，平成28年までは改正前の情緒障害児短期治療施設のデータとして掲載している。

児童自立支援施設……第1種・入所・通所・児童福祉法44条＝不良行為をなし，又はなすおそれのある児童及び家庭環境その他の環境上の理由により生活指導等を要する児童を入所させ，又は保護者の下から通わせて，個々の児童の状況に応じて必要な指導を行い，その自立を支援し，あわせて退所した者について相談その他の援助を行う。

児童家庭支援センター……第2種・利用・児童福祉法44条の2＝地域の児童の福祉に関する各般の問題につき，児童に関する家庭その他からの相談のうち，専門的な知識及び技術を必要とするものに応じ，必要な助言を行うとともに，市町村の求めに応じ，技術的助言その他必要な援助を行うほか，児童相談所長及び都道府県の委託による指導を行い，あわせて児童相談所，児童福祉施設等との連絡調整その他厚生労働省令の定める援助を総合的に行う。

児童館……第2種・利用・児童福祉法40条（平成2．8．7厚生省発児123号）＝児童に健全な遊びを与えて，その健康を増進し，情操を豊かにする。

児童遊園……第2種・利用・児童福祉法40条（平成4．3．26児育8号）＝児童に健全な遊びを与えて，その健康を増進し，情操を豊かにする。

●——母子・父子福祉施設

母子・父子福祉センター……第2種・利用・母子及び父子並びに寡婦福祉法39条＝無料又は低額な料金で，母子家庭等に対して，各種の相談に応ずるとともに，生活指導及び生業の指導を行う等母子家庭等の福祉のための便宜を総合的に供与する。

母子・父子休養ホーム……第2種・利用・母子及び父子並びに寡婦福祉法39条＝無料又は低額な料金で，母子家庭等に対して，レクリエーションその他休養のための便宜を供与する。

●——その他の社会福祉施設等

授産施設……第1種・通所・社会福祉法2条2項7号＝労働力の比較的低い生活困難者に対し，施設を利用させることによって就労の機会を与え，又は技能を修得させ，これらの者の保護と自立更生を図る。

宿所提供施設……第2種・利用・社会福祉法2条3項8号＝生計困難者のために，無料又は低額な料金で，簡易住宅を貸し付け，又は宿泊所等の施設を提供する。

盲人ホーム……利用・昭和37．2．27社発109号＝あん摩師，はり師又はきゅう師の免許を有する視覚障害者であって，自営し，又は雇用されることの困難なものに対し施設を利用させるとともに，必要な技術の指導を行い，その自立更生を図る。

無料低額診療施設……第2種・利用・社会福

祉法２条３項９号＝生活困難者のために，無料又は低額な料金で診療を行う。

隣保館……第２種・利用・社会福祉法２条３項11号＝無料又は低額な料金で施設を利用させることその他その近隣地域における住民の生活の改善及び向上を図る。

へき地保健福祉館……利用・昭和40．９．１厚生省発社222号＝いわゆるへき地において地域住民に対し，保健福祉に関する福祉相談，健康相談，講習会，集会，保育，授産など生活の各般の便宜を供与する。

へき地保育所……第２種・通所・昭和36．４．３厚生省発児76号＝へき地における保育を要する児童に対し，必要な保護を行い，これらの児童の福祉の増進を図る。

有料老人ホーム……公益事業・入所・老人福祉法29条＝老人を入居させ，入浴，排せつ若しくは食事の介護，食事の提供又はその他の日常生活上必要な便宜であって厚生労働省令で定めるものの供与（他に委託して供与をする場合及び将来において供与をすることを約する場合を含む。）をする事業を行う施設であって，老人福祉施設，認知症対応型老人共同生活援助事業を行う住居その他厚生労働省令で定める施設でないものをいう。

●――**介護保険施設**（介護保険法において「介護保険施設」とは，法48条１項１号に規定する指定介護老人福祉施設，介護老人保健施設及び介護医療院をいう。＝介護保険法８条25項）

介護老人福祉施設……介護保険法８条27項及び48条１項１号＝介護老人福祉施設とは，特別養護老人ホーム（入所定員が30人以上であるものに限る。）であって，当該特別養護老人ホームに入所する要介護者に対し，施設サービス計画に基づいて，入浴，排せつ，食事等の介護その他の日常生活上の世話，機能訓練，健康管理及び療養上の世話を行うことを目的とする施設をいう。法48条１項１号の規定により都道府県知事が指定する介護老人福祉施設を**指定介護老人福祉施設**という。

介護老人保健施設……介護保険法８条28項＝介護老人保健施設とは，要介護者であって，主としてその心身の機能の維持回復を図り，居宅における生活を営むことができるようにするための支援が必要である者（その治療の必要の程度につき厚生労働省令で定めるものに限る。）に対し，施設サービス計画に基づいて，看護，医学的管理の下における介護及び機能訓練その他必要な医療並びに日常生活上の世話を行うことを目的とする施設として，法94条１項の都道府県知事の許可を受けたものをいう。

介護医療院……介護保険法８条29項＝介護医療院とは，要介護者であって，主として長期にわたり療養が必要である者（その治療の必要の程度につき厚生労働省令で定めるものに限る。）に対し，施設サービス計画に基づいて，療養上の管理，看護，医学的管理の下における介護及び機能訓練その他必要な医療並びに日常生活上の世話を行うことを目的とする施設として，法107条１項の都道府県知事の許可を受けたものをいう。

資料 『国民の福祉と介護の動向』各年版（統計表付表）等を参考にして令和元年改正現在で作成。

社会福祉小六法 2020［令和２年版］

2020年４月15日　初版第１刷発行　〈検印省略〉

定価はカバーに
表示しています

編　者　ミネルヴァ書房編集部
発行者　杉　田　啓　三
印刷者　江　戸　孝　典

発行所　株式会社　ミネルヴァ書房
607-8494　京都市山科区日ノ岡堤谷町１
電話代表　(075)581-5191
振替口座　01020-0-8076

印刷・製本　共同印刷工業

ISBN 978-4-623-08815-7
Printed in Japan